lonely planet

Inde

Sarina Singh
Joe Bindloss
Teresa Cannon
Joyce Connolly
Peter Davis
Paul Greenway
Anthony Ham
Paul Harding
Alan Murphy
Richard Plunkett

LONELY PLANET PUBLICATIONS
Melbourne • Oakland • London • Paris

McLEOD GANJ
Niché dans les paysages lunaires de l'Himalaya, cet avant-poste du bouddhisme tibétain accueille le dalaï-lama en exil
TAJ MAHAL, AGRA
Bien que la visite du plus fabuleux témoignage d'amour fasse partie des clichés, vous ne pourrez que vous extasier devant ce sublime mausolée de marbre serti de pierres semi-précieuses
KHAJURAHO
Voluptueuses nymphes célestes et figures érotiques ornent ces temples superbement sculptés, qui décrivent l'amour et la vie quotidienne dans l'Inde du premier millénaire
JAISALMER
Perdez-vous dans le dédale des ruelles de cette citadelle féerique, puis découvrez le romantisme du désert de Thar à dos de chameau
VARANASI
Pèlerins, voyageurs et sadhu se bousculent au bord du Gange, sur les ghats d'une des villes indiennes les plus sacrées
KOLKATA
Métropole indienne la plus accueillante, cette ville fébrile est, depuis longtemps, la capitale culturelle du pays
TADJIKISTAN
AFGHANISTAN
PAKISTAN
ISLAMABAD
CHINE
TIBET
NÉPAL
KATMANDOU
BHOUTAN
THIMPHU
BANGLADESH
DHAKA
GRANDE CHAÎNE DE L'HIMALAYA
K2 (8 611 m)
Nanda Devi (7 816 m)
Mt Everest (8 848 m)
Kanchenjunga (6 889 m)
JAMMU & KASHMIR
LADAKH
ZANSKAR
HIMACHAL PRADESH
PUNJAB
HARYANA
UTTARANCHAL
UTTAR PRADESH
RAJASTHAN
GUJARAT
MADHYA PRADESH
BIHAR
JHARKHAND
BENGALE-OCCIDENTAL
SIKKIM
ARUNACHAL PRADESH
ASSAM
NAGALAND
MEGHALAYA
MANIPUR
MIZORAM
TRIPURA
Désert de Thar
Rann de Kutch
DELHI
Srinagar
Kargil
Leh
Padum
Kishtwar
Jammu
Dalhousie
McLeod Ganj
Manali
Pathankot
Dharamsala
Kullu
Amritsar
Firozpur
Ludhiana
Shimla
Chandigarh
Bathinda
Dehra Dun
Haridwar
Almora
Nainital
Hansi
Churu
Bikaner
Bareilly
Mathura
Agra
Nagaur
Jaisalmer
Jaipur
Pushkar
Ajmer
Jodhpur
Gwalior
Lucknow
Kanpur
Ayodhya
Gorakhpur
Barmer
Shivpuri
Jhansi
Bundi
Kota
Chittorgarh
Mt Abu
Udaipur
Khajuraho
Satna
Jaunpur
Allahabad
Varanasi
Patna
Muzaffarpur
Gaya
Bodhgaya
Pokhara
Yuksom
Darjeeling
Gangtok
Siliguri
Guwahati
Shillong
Itanagar
Dibrugarh
Kohima
Imphal
Aizawl
Agartala
Shantiniketan
Ranchi
Kolkata (Calcutta)
Jamshedpur
Kharagpur
Digha
Balasore
Bhuj
Dwarka
Jamnagar
Rajkot
Porbandar
Bhavnagar
Gandhinagar
Ahmedabad
Vadodara (Baroda)
Ratlam
Ujjain
Indore
Dewas
Mandu
Khandwa
Sanchi
Bhopal
Sagar
Jabalpur
Katni
Dindori
Seoni
Bilaspur
Corbett Tiger Reserve
Keoladeo Ghana National Park
Ranthambhore National Park
Little Rann of Kutch Wildlife Sanctuary
Kanha National Park
Similipal National Park
Sunderbans Wildlife Sanctuary
Jaldhapara Wildlife Sanctuary
Kaziranga National Park
Indus River
Gange
Yamuna River
Son River
Hooghly River
Brahmaputra River
Mahanadi
Bouches du Gange

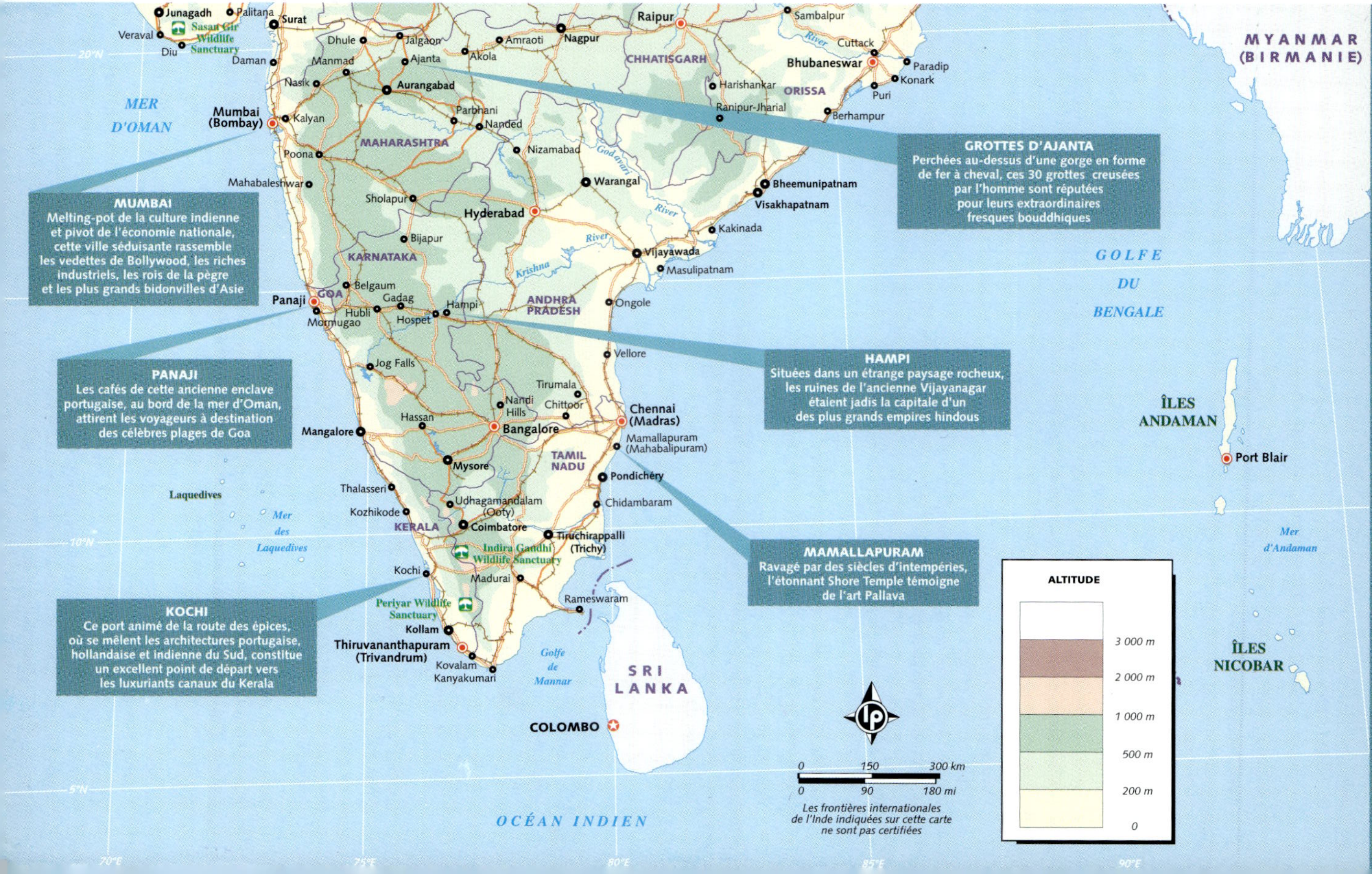

MUMBAI
Melting-pot de la culture indienne et pivot de l'économie nationale, cette ville séduisante rassemble les vedettes de Bollywood, les riches industriels, les rois de la pègre et les plus grands bidonvilles d'Asie

PANAJI
Les cafés de cette ancienne enclave portugaise, au bord de la mer d'Oman, attirent les voyageurs à destination des célèbres plages de Goa

KOCHI
Ce port animé de la route des épices, où se mêlent les architectures portugaise, hollandaise et indienne du Sud, constitue un excellent point de départ vers les luxuriants canaux du Kerala

GROTTES D'AJANTA
Perchées au-dessus d'une gorge en forme de fer à cheval, ces 30 grottes creusées par l'homme sont réputées pour leurs extraordinaires fresques bouddhiques

HAMPI
Situées dans un étrange paysage rocheux, les ruines de l'ancienne Vijayanagar étaient jadis la capitale d'un des plus grands empires hindous

MAMALLAPURAM
Ravagé par des siècles d'intempéries, l'étonnant Shore Temple témoigne de l'art Pallava

Inde
5e édition française – Janvier 2002
Traduit de l'ouvrage *India* (9th edition)

Une mise à jour de ce titre est disponible sur notre site
www.lonelyplanet.fr/mise

Publié par
Lonely Planet Publications 1, rue du Dahomey, 75011 Paris

Autres bureaux Lonely Planet
Australie Locked Bag 1, Footscray, Victoria 3011
États-Unis 150 Linden St, Oakland, CA 94607
Grande-Bretagne 10a Spring Place, London NW5 3BH

Photographies
La plupart des photos publiées dans ce guide sont disponibles auprès de notre agence photographique Lonely Planet Images (e-mail : lpi@lonelyplanet.com.au)

Photo de couverture
Une foule colorée lors d'une fête religieuse, Rajasthan (Greg Elms)

Page de titre de la section *Regards sur l'Inde*
Défilé pendant le Kumh Mela (Richard l'Anson)

Page de titre de la section *Arts et artisanat*
La broderie est un art connu dans toute l'Inde (Pramod Mistry)

Traduction de
Isabelle Delaye, Élisabeth Kern, Pascale Haas, Pascaline Truc

Dépôt légal
Janvier 2002

ISBN 2-84070-213-4
ISSN 1242-9244

Imprimé par Colorcraft Ltd, Hong Kong
Imprimé en Chine

Table des matières

Table des cartes

MAHARASHTRA

GOA

KARNATAKA

ANDHRA PRADESH

KERALA

CHENNAI

TAMIL NADU

ÎLES ANDAMAN ET NICOBAR

Les auteurs

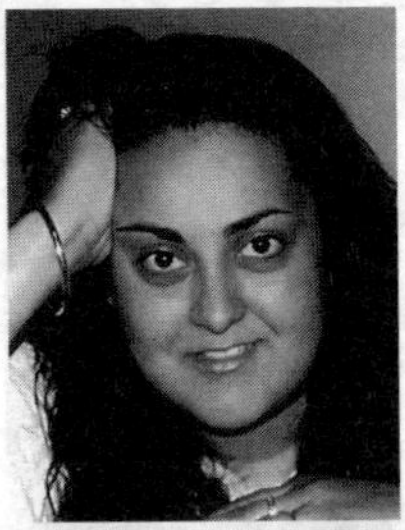

Sarina Singh

Sarina a assuré la coordination de cette édition. Passionnée de voyages depuis toujours, elle a mis le cap sur Delhi après avoir été diplômée d'une école de commerce de Melbourne. D'abord cadre stagiaire responsable du marketing pour les hôtels Sheraton, elle a ensuite travaillé comme journaliste free-lance et correspondante à l'étranger. Après quatre ans en Inde, elle est retournée en Australie où elle a obtenu un diplôme supérieur de journalisme et a écrit deux documentaires pour la télévision. Elle a également participé à la rédaction de plusieurs guides Lonely Planet : *Aboriginal Australia & the Torres Strait Islands*, *North India*, *Mauritius, Réunion & Seychelles*, *Africa on a shoestring*, *Sacred India*, ainsi qu'à deux éditions du *Rajasthan* et aux guides de restaurants *Out to Eat* de Melbourne et de Sydney. Elle est aussi l'auteur de *Polo in India* et a collaboré avec diverses publications internationales, notamment le *Sunday Times* et le *National Geographic Traveler*.

Joe Bindloss

Né à Chypre et élevé en Angleterre, Joe a vécu dans plusieurs autres pays et réside en général à Londres. Après un diplôme en biologie, il a renoncé à faire une carrière scientifique pour se tourner vers le journalisme ; il a aussi été peintre, relieur et sculpteur. Joe s'est découvert la passion des voyages au cours de périples en famille autour de la Méditerranée à bord d'un vieux combi VW. Il a par ailleurs cosigné divers guides Lonely Planet – *Australie*, *Philippines* et *Indian Ocean*.

Teresa Canon et Peter Davis

Lasse de travailler dans un environnement confiné, Teresa a opté pour l'air raréfié de l'Himalaya. Son âme de voyageuse l'a conduite plusieurs fois en Asie, où, en 1995, elle a coécrit un livre sur les éléphants d'Asie. Ce guide signe sa cinquième collaboration avec Lonely Planet.

Après des débuts d'assistant photographe au *Melbourne Herald*, Peter s'est plongé dans des études universitaires d'économie, de sciences politiques et de communication avant de se lancer dans le journalisme free-lance et la photo. Il est le coauteur et le photographe du livre *Aliya – Stories of the Elephants of Sri Lanka*. Peter a participé à la rédaction des guides *South India*, *Kerala* et *Sacred India* pour Lonely Planet. Il donne des cours d'écriture professionnelle à la Deakin University et de photojournalisme au Photography Studies College de Melbourne.

Joyce Connolly

Née en Écosse, Joyce a commencé très jeune à voyager. Elle a passé six ans en Allemagne et aux Pays-Bas, où elle a appris à apprécier la bière. Adorant bouger, elle a fait des études pour travailler dans le tourisme et s'est finalement tournée vers l'édition. En 1955, elle est partie en Australie rejoindre Jason Donovan, qui a eu l'obligeance de déménager pour devenir son voisin. Après quoi, elle s'est intéressée à Lonely Planet ; elle a réactualisé une partie du guide *Victoria* et a participé à la rédaction de *Zimbabwe*, *Maroc* et *Inde*. Joyce a récemment troqué son *salwar kameez* pour un bikini. Aux dernières nouvelles, elle poursuivait les cyclones quelque part à l'ouest de l'Australie.

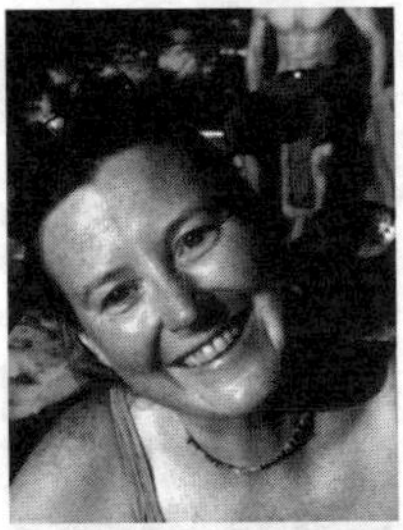

Paul Greenway

Paul a contracté le virus des voyages en 1985 et ne s'en est pas vraiment débarrassé depuis. Abandonner la fonction publique australienne lui a permis de devenir voyageur et rédacteur à temps complet. Paul a collaboré aux guides *Mongolia*, *Iran* et *Bali & Lombok* pour Lonely Planet. Pendant les rares périodes où il ne voyage pas (ni ne lit, ni n'écrit sur les voyages), Paul compose et enregistre des chansonnettes, s'adonne avec passion au football australien et fait tout ce qu'il peut pour ne pas s'encroûter.

Anthony Ham

Pendant les trois années où il a été avocat spécialiste des réfugiés, Anthony a rencontré des gens du monde entier. Fatigué de se battre quotidiennement contre les mesquineries du gouvernement australien, il est parti arpenter le monde dans l'espoir de retrouver foi en l'humanité. Depuis, il a travaillé un peu partout en Asie et en Afrique, où il a utilisé de manière inattendue ses connaissances sur la politique du Moyen-Orient. Basé actuellement à Melbourne, il travaille comme rédacteur free-lance et photographe. Au cours de ses voyages pour Lonely Planet, Anthony a mangé du rat en Afrique et a été arrêté en Iran, sans cesser d'admirer la gentillesse que lui ont prodiguée les gens simples de tous les pays qu'il a visités.

Paul Harding

Né à Melbourne, Paul a grandi dans la province de Victoria, où il a commencé à gagner sa vie comme reporter pour un journal local. Il a passé trois ans à voyager en Europe et en Asie, puis a séjourné brièvement à Londres où il a été rédacteur pour un magazine de voyages avant d'atterrir au bureau Lonely Planet de Melbourne où il est devenu rédacteur en chef en 1996. Lire des manuscrits de guides n'ayant fait que stimuler son envie de bouger, il travaille maintenant à plein temps comme rédacteur et enquêteur. Ce voyage en Inde est le troisième qu'il a effectué pour le compte de Lonely Planet. Paul a aussi collaboré à *Istanbul to Kathmandu*, *South-East Asia*, *South India*, *Australie*, *New South Wales* et *Read this first : Europe*.

Alan Murphy

Né à Melbourne, Alan a passé six mois à explorer l'Europe et le Moyen-Orient en 1992. Quatre ans plus tard, après avoir tâté à l'univers du marketing et de la finance entre diverses escapades, il est revenu sur sa terre natale. Convaincu qu'il valait mieux éviter le carriérisme et les embouteillages, il a repris des études en 1997. Après avoir terminé une formation de journaliste à la Murdoch University, il a proposé ses services à Lonely Planet. Alan vit aujourd'hui à Melbourne. Il adore travailler à des heures bizarres, découvrir de nouveaux débits de boissons et espère écrire un jour un bon guide sur les pubs. Alan a travaillé sur les guides *Southern Africa* et *Africa* de Lonely Planet.

Richard Plunkett

Richard a grandi près d'Avenel, au centre de la province de Victoria. Avant de rejoindre l'équipe de Lonely Planet, il a travaillé pour le journal *The Age* à Melbourne, a contribué au lancement du *Big Issue* australien et a donné un coup de main à la ferme familiale pendant ses périodes de chômage. Il a effectué son premier voyage en Inde à l'âge de 18 ans et a participé à la rédaction de plusieurs guides du sous-continent pour Lonely Planet, ainsi qu'à *Central Asia* et *Turkey*.

UN MOT DES AUTEURS

Sarina Singh

Je suis reconnaissante aux personnes suivantes de m'avoir si généreusement offert leur temps et leur savoir : Bhaichand Patel pour sa remarquable culture et son soutien permanent ; M. et Mme Neeraj Padhi pour leur aide et leur merveilleuse compagnie à Kolkata ; Attari Oberoi pour ses constantes informations ; Tilottama Das (West Bengal Tourism Centre, Kolkata), ainsi que Satarupa Das et Ashok Banerjie (Office du tourisme, Kolkata). Pour leurs précieux conseils, merci à Abisheik Khan, Priya Sharma, Rahul Bhatia, Ashok Roy, Shalini et Anand Krishnan, Arvind Narayan, et tout particulièrement à Patrick Moffat pour avoir supervisé en expert les informations motos, ainsi qu'Amit, Swati et Parth Jhaveri à Mumbai pour leur soutien indéfectible et leur amitié.

A tous les co-auteurs, merci pour votre enthousiasme et votre dur labeur. Merci aussi aux auteurs qui ont coordonné les parties Inde du Nord et du Sud – Richard Plunkett et Mark Honan. Merci à Brigitte Ellemor, Leonie Mugavin, Geoff Stringer, Adriana Mammarella, Julia Taylor, Shahara Ahmed et Sharan Kaur. Merci à Gabrielle Knight (Lonely Planet USA) pour ses renseignements éclairés en matière de visas. Enfin, merci à Hilary Ericksen pour ses encouragements, notamment pendant ces longues semaines solitaires passées au retour devant mon ordinateur.

Joe Bindloss

Merci tout d'abord à Rajinder Budhraja, à Delhi, d'avoir rendu possible l'impossible. Merci également à Ramesh Wadhwa, à Agra,de m'avoir tenu au courant des tarifs du Taj Mahal. Ce projet n'aurait pu voir le jour sans l'aide du gouvernement tibétain en exil à Dharamsala. Et merci à tous les voyageurs qui nous ont fait parvenir leurs avis, mises en garde et conseils.

Teresa Cannon et Peter Davis

Nous tenons à remercier M. Shankaran pour sa généreuse assistance. Mme Nalini Chettur a poursuivi son habile détection d'ouvrages encore plus utiles. Les membres du Railway Ticket Collector's Union nous ont fourni un guide délicieux et inattendu. M. JR Moses nous a éclairé de ses lumières sur les problèmes d'environnement, tandis que le professeur CT Indra nous a généreusement fait partager ses connaissances littéraires. Nous remercions également Mme Eugenie Pinto et Mme Mridula Syed, ainsi que tout le personnel de l'Australian Studies Centre de la Madras University pour leur accueil. Merci à nos compagnons de voyage, notamment Bette et Beck, qui nous ont fait part de leurs idées et expériences.

Joyce Connolly

Je remercie ma mère et Reem Mina. J'applaudis Rujendra Kumar, de même que Martin Hughes, Louari Ramouch et Isla James pour ces quelques séances de dénouement. Parmi les personnes qui se sont révélées serviables au Ladakh figurent : Tsering Dolang à LEDeG ; Rebecca Norman, Aachan Dolma et Roxanna à Secmol, Dawa à l'Oriental Guest House ; et Unchuck, le meilleur chauffeur du Ladakh. Au Punjab, Prince Manyot Bubber a transformé Amritsar en plaisir, Mnoj Sharma m'a montré Jalandhar et RC Yadar, du département du tourisme du Penjab, m'a aidée à y parvenir. Enfin, je voudrais dédier ma contribution à Molly Blackford-Jennings.

Paul Greenway

Félicitations spéciales à : Pema Gyaltsen Bhutia, du Khangchendzonga Conservation Committee à Yuksom; Bubu, de Heritage Tours à Puri ; et Amy Smith pour m'avoir tenu compagnie au Sikkim. Merci à Geoff Stringer de Lonely Planet pour m'avoir envoyé dans tous ces endroits étranges et merveilleux ; et à l'ensemble des éditeurs et cartographes.

Anthony Ham

Je tiens à remercier spécialement Ron, Jan, Lisa, Greg, Alex, Thomas, Tanya, Samantha et Damien d'avoir accepté mes absences. Merci également à Alan Paruit de STA Travel. Un merci tout particulier à Pankaj Shah du KMVS à Nhuj ; à M. Sorathia à Junagadh ; à Vinod Bhojak à Bikaner ; à Mukesh Mehta à Bundi ; à JD Kahan du Tourist Reception Centre à Ranthambore ; à Digviday Singh Patan et à sa famille ; et à Viro à Bharatpur. Une mention spéciale à Shabir Ali Lalah – demandez-le à la gare ferroviaire de Jaipur. Bhuweneshwari et Vishwa Vijay Singh m'ont fait découvrir la magie d'Udaipur et l'hospitalité des Rajput. Toujours à Udaipur, merci à Meenu pour son dévouement. Merci aux voyageurs Hamish et Anna, Matt et Bel, Laurent, Alpa et Carinae.

Paul Harding

Merci à tous ceux qui m'ont aidé au cours de ces recherches. A Mumbai, un grand merci à David Collins et à Kamlesh pour m'avoir fait partager leur savoir, ainsi qu'au personnel du Bentley's Hotel. Au Maharashtra, merci, comme toujours, à M. Yadav de l'office du tourisme national à Aurangabad et à M. Lors à Matheran, tout comme à l'efficace équipe du conseil municipal de Nasik. A Goa, merci au personnel de l'Afonso Guest House et à tous ceux de Goacom – une source de renseignements fantastique. Merci également à Sarina pour ses encouragements, ainsi qu'à l'équipe éditoriale et graphique de Lonely Planet à Melbourne.

Alan Murphy

Je dédie la partie que j'ai rédigée à mes deux nièces, Lauren-Elise et Caitlin. Un grand merci à ma coéquipière, Justine Vaisutis, pour ses nombreuses recherches et sa présence. Je remercie également Jules du Flight Centre, un bon ami et le meilleur voyagiste de la planète. En Inde, toute ma reconnaissance va à P. Anbalagan (An-Bu) de Chennai, qui m'a offert son amitié. Son aide lors de mes recherches est inestimable. Merci aussi à M. Shaw du Government of India Tourist office de Varanasi, à Dwarko Sundrani de Bodhgaya, et à M. Sunil Kumar Sinha pour son merveilleux accueil. Je tiens également à exprimer ma gratitude à M. Ajay Awasthi de la Global Village Development Organisation et du Government of India Tourist office de Khajuraho, à M. D. Karunanidhi de Welcome Tourrs and Travels, à Rob et Michelle de Mandu pour m'avoir tenu compagnie. Je suis reconnaissant à toutes les personnes qui ont eu la gentillesse de nous indiquer notre chemin, à celles qui n'ont pas compté leur temps pour nous aider et qui ont partagé avec nous, ne serait-ce que pour un court instant, un bout de leur pays.

Richard Plunkett

Un grand merci à Santosh Kumar pour s'être risqué à prendre la route pendant un *hartal*. A Bangalore, merci à Alice Malpass, Ravi, Tony Scully et Karin. Merci à Richard Tricot, Emmanuelle Boue, Nathan Barley et aux amis de Varkala. Merci aussi à Ganesh Aiyappa et Ravi Ananth pour leur aide à Kodagu, ainsi qu'à Lidy van den Berg et Hanneke Sletering pour le trajet de Madikeri à Bylakuppe. Raoul Butler a mon éternelle admiration pour être passé en scooter de Chennai au Karnataka *via* le Kerala. Raghu Kumar et Mohammed Hossein ont été d'une compagnie inestimable à Sravanabelgola. Enfin, merci à Sarina Singh.

A propos de l'ouvrage

Lorsque la première édition de ce livre vit le jour en 1981, elle était le fruit du projet de Tony et Maureen. L'année suivante, ils repartirent avec Geoff Crowther et Prakash Raj et passèrent, à eux quatre, environ un an à sillonner cet immense pays. Tony, Prakash, Geoff et Hugh Finlay préparèrent les éditions suivantes. Hugh, Tony, Geoff et Bryn Thomas prirent en charge la cinquième édition. La sixième fut le fruit des recherches de Hugh, Tony, Bryn, Prakash, Michelle Coxall, Leanne Logan et Geert Cole. Pour la septième, ce sont Bryn, Christine Niven, David Collins, Rob Flynn, Sarina Singh et Dani Valent qui mouillèrent leur chemise. La huitième édition a sollicité Chritine, Teresa Cannon, Peter Davis, David Collins, Richard Plunkett, Mark Honan, Bradley Mayhew, Sarina, Paul Harding et Phillipa Saxton.

Pour cette neuvième édition, Sarina Singh a coordonné le projet et mis à jour les chapitres introductifs, Kolkatta et le Bengale-Occidental. Joe Bindloss a actualisé l'Himachal Pradesh, l'Uttaranchal et la région d'Agra. Teresa Cannon et Peter Davis se sont rendus en Andhra Pradesh, à Chennai, dans le Tamil Nadu et les îles Andaman et Nicobar. Joyce Connolly a revisité Delhi, l'Haryana, Le Penjab, le Jammu-et-Cachemire ainsi que le Ladakh. Paul Greenway est allé en Orissa, dans le Nord-Est, au Sikkim, à Darjeeling et à Kalimpong. Anthony Ham s'est chargé du Rajasthan et du Gujarat, et Paul Hardingde de Mumbai, du Maharasthra et de Goa. Pour l'Uttar Pradesh, Vanarasi, le Jharkhand et le Madhya Pradesh, voyez du côté d'Alan Murphy. Le Karnataka et le Kerala ont été revus par Richard Plunkett. Bhaichand Patel a écrit sur le cinéma indien, Martin Hughes la section sur la cuisine et Michael Sklovsky sur les arts et artisanats.

Un mot de l'éditeur

Régis Couturier a assuré la coordination éditoriale de cet ouvrage. La maquette et la mise en pages ont été réalisées par Valérie Police, avec l'aide de Jean-Noël Doan. Nous remercions Chantal Boos, Maja Brion-Raphaël, Carole Haché, Françoise Blondel et Lucie Fontaine pour leur précieuse contribution au texte. Un grand merci à Solveig Henry pour son travail sur l'index, à Ann Mulvaney pour sa soigneuse préparation à l'étape du compare, à Mitch pour ses commentaires et à toutes les personnes du bureau parisien de LP qui ont participé à l'édition de ce guide. Les cartes originales sont l'œuvre de Shahara Ahmed et Anna Judd assistées de S. Sloane, J. Whiteoak, A. Sierp, B. Jordan, H. et C. Csutoros, P. Gastar, H. Comrie, H. Fowles et R. Zandbergs. Elles ont été adaptées en français par Caro Sahanouk et Corinne Holst. Quentin Frayne a travaillé sur le chapitre Langue. Merci à Helen Papadimitriou, Graham Imeson et à toute l'équipe de la LPI, du bureau australien, pour leur constante collaboration avec le bureau français.

Avant propos

LES GUIDES LONELY PLANET

Tout commence par un long voyage : en 1972, Tony et Maureen Wheeler rallient l'Australie après avoir traversé l'Europe et l'Asie. A cette époque, on ne disposait d'aucune information pratique pour mener à bien ce type d'aventure. Pour répondre à une demande croissante, ils rédigent le premier guide Lonely Planet, un fascicule écrit sur le coin d'une table.

Depuis, Lonely Planet est devenu le plus grand éditeur indépendant de guides de voyage dans le monde, et dispose de bureaux à Melbourne (Australie), Oakland (États-Unis), Londres (Royaume-Uni) et Paris (France).

La collection couvre désormais le monde entier, et ne cesse de s'étoffer. L'information est aujourd'hui présentée sur différents supports, mais notre objectif reste constant : donner des clés au voyageur pour qu'il comprenne mieux les pays qu'il visite.

L'équipe de Lonely Planet est convaincue que les voyageurs peuvent avoir un impact positif sur les pays qu'ils visitent, pour peu qu'ils fassent preuve d'une attitude responsable. Depuis 1986, nous reversons un pourcentage de nos bénéfices à des actions humanitaires.

Remises à jour. Lonely Planet remet régulièrement à jour ses guides, dans leur totalité. Il s'écoule généralement deux ans entre deux éditions, parfois plus pour certaines destinations moins sujettes au changement. Pour connaître l'année de publication, reportez-vous à la page qui suit la carte couleur, au début du livre.

Entre deux éditions, consultez notre journal gratuit d'informations trimestrielles *Le Journal de Lonely Planet*. Sur notre site Internet www.lonelyplanet.fr, vous aurez accès à des fiches pays régulièrement remises à jour. D'autres informations (en anglais) sont disponibles sur notre site anglais www.lonelyplanet.com.

Courrier des lecteurs. La réalisation d'un livre commence avec le courrier que nous recevons de nos lecteurs. Nous traitons chaque semaine des centaines de lettres, de cartes postales et d'e-mails, qui sont ajoutés à notre base de données, publiés dans notre journal d'information ou intégrés à notre site Internet. Aucune information n'est publiée dans un guide sans avoir été scrupuleusement vérifiée sur place par nos auteurs.

Recherches sur le terrain. Nos auteurs recueillent des informations pratiques et donnent des éclairages historiques et culturels pour mieux appréhender le contexte culturel ou écologique d'un pays.

Les auteurs ne séjournent pas dans chaque hôtel mentionné. Il leur faudrait en effet passer plusieurs mois dans chacune des villes ; ils ne déjeunent pas non plus dans tous les restaurants. En revanche, ils inspectent systématiquement ces établissements pour s'assurer de la qualité de leurs prestations et de leurs tarifs. Nous lisons également avec grand intérêt les commentaires des lecteurs.

La plupart de nos auteurs travaillent sous le sceau du secret, bien que certains déclinent leur identité. Tous s'engagent formellement à ne percevoir aucune gratification, sous quelque forme que ce soit, en échange de leurs commentaires. Par ailleurs, aucun de nos ouvrages ne contient de publicité, pour préserver notre indépendance.

Lonely Planet s'adresse en priorité aux voyageurs indépendants qui font la démarche de partir à la découverte d'un pays. Nous disposons de multiples outils pour aider tous ceux qui adhèrent à cet esprit : guides de voyage, guides de conversation, guides thématiques, cartes, littérature de voyage, journaux d'information, banque d'images, séries télévisées et site Internet.

Production. Les auteurs soumettent leur texte et leurs cartes à l'un de nos bureaux en Australie, aux États-Unis, au Royaume-Uni ou en France. Les secrétaires d'édition et les cartographes, eux-mêmes voyageurs expérimentés, traitent alors le manuscrit. Trois à six mois plus tard, celui-ci est envoyé à l'imprimeur. Lorsque le livre sort en librairie, certaines informations sont déjà caduques et le processus se remet en marche...

ATTENTION !

Un guide de voyage ressemble un peu à un instantané. A peine a-t-on imprimé le livre que la situation a déjà évolué. Les prix augmentent, les horaires changent, les bonnes adresses se déprécient et les mauvaises font faillite. Gardez toujours à l'esprit que cet ouvrage n'a d'autre ambition que celle d'être un guide, pas un bréviaire. Il a pour but de vous faciliter la tâche le plus souvent possible au cours de votre voyage.

N'hésitez pas à prendre la plume pour nous faire part de vos expériences.

Toutes les personnes qui nous écrivent seront citées dans la prochaine édition et gratuitement abonnées à notre revue d'information trimestrielle le *Journal de Lonely Planet*. Une newsletter par e-mail, *Comète*, est également éditée à l'attention de notre communauté de voyageurs. L'inscription (gratuite) à cette lettre se fait depuis la page d'accueil de notre site web.

Des extraits de courriers seront éventuellement publiés et les auteurs des meilleures contributions seront remerciés par l'offre d'un guide parmi nos collections. Si vous ne souhaitez pas que votre courrier soit repris dans le *Journal* ou que votre nom apparaisse, merci de nous le préciser. Lonely Planet s'engage par ailleurs, dans le cadre de la loi Informatique et Libertés, à ne pas divulguer son fichier d'adresses.

Envoyez vos courriers à Lonely Planet, 1 rue du Dahomey, Paris 75011
ou vos e-mails à : bip@lonelyplanet.fr

Informations de dernière minute : www.lonelyplanet.fr et www.lonelyplanet.com

COMMENT UTILISER VOTRE GUIDE LONELY PLANET

Les guides de voyage Lonely Planet n'ont pour seule ambition que d'être des guides, pas des bibles synonymes d'infaillibilité. Nos ouvrages visent à donner des clés au voyageur afin qu'il s'épargne d'inutiles contraintes et qu'il tire le meilleur parti de son périple.

Contenu des ouvrages. La conception des guides Lonely Planet est identique, quelle que soit la destination. Le chapitre *Présentation* met en lumière les diverses facettes de la culture du pays, qu'il s'agisse de l'histoire, du climat ou des institutions politiques. Le chapitre *Renseignements pratiques* comporte des informations plus spécifiques pour préparer son voyage, telles que les formalités d'obtention des visas ou les précautions sanitaires. Le chapitre *Comment s'y rendre* détaille toutes les possibilités pour se rendre dans le pays. Le chapitre *Comment circuler* porte sur les moyens de transport sur place.

Le découpage du reste du guide est organisé selon les caractéristiques géographiques de la destination. Vous retrouverez toutefois systématiquement la même trame, à savoir : centres d'intérêt, possibilités d'hébergement et de restauration, où sortir, comment s'y rendre, comment circuler.

Présentation des rubriques. Une rigoureuse structure hiérarchique régit la présentation de l'information. Chaque chapitre est respectivement découpé en sections, rubriques et paragraphes.

Accès à l'information. Pour faciliter vos recherches, consultez le sommaire en début d'ouvrage et l'index détaillé à la fin de celui-ci. Une liste des cartes et un index des cartes constituent également des clés pour se repérer plus facilement dans l'ouvrage.

Généralement, le guide s'ouvre avec une carte en couleurs, sur laquelle nous faisons ressortir les centres d'intérêt incontournables. Ceux-ci sont décrits plus en détails dans le chapitre *Renseignements pratiques*, où nous indiquons les meilleures périodes pour les visiter et où nous suggérons des itinéraires. Les chapitres régionaux ouvrent sur une carte de situation, accompagnée d'une liste de sites ou d'activités à ne pas manquer. Consultez ensuite l'index, qui vous renverra aux pages *ad hoc*.

Cartes. Les cartes sont une mine d'informations. La légende des symboles employés figure en fin d'ouvrage. Nous avons le souci constant d'assurer la cohérence entre le texte et les cartes, en mentionnant sur la carte chaque donnée importante présente dans le texte. Les numéros désignant un établissement ou un site se lisent de haut en bas et de gauche à droite. Les guides consacrés à une ville comprennent une série de cartes en couleurs numérotées en fin d'ouvrage.

Remerciements
Nous exprimons toute notre gratitude aux lecteurs qui nous ont fait part de leurs remarques, expériences et anecdotes. Leurs noms apparaissent à la fin de l'ouvrage.

Introduction

Peu de pays offrent des contrastes aussi saisissants que l'Inde, tout à la fois ancrée dans des traditions ancestrales et aspirée par la nouvelle économie et sa technologie.

Avec un milliard d'habitants – et une démographie en perpétuelle croissance –, l'Inde est aussi vaste que peuplée, aussi splendide que misérable. Ses plaines monotones butent sur la chaîne de l'Himalaya, vertigineuse et spectaculaire. Malgré leur complexité, les textes religieux délivrent un message simple et limpide. La population se montre aussi accommodante que tenace.

On pourrait peut-être définir le sous-continent par cette formule : attendez-vous à l'inattendu ! Le voyageur ressent immanquablement un mélange de frustration et de fascination, mais, qu'on l'aime ou qu'on la déteste, l'Inde ne laisse personne indifférent. Si de nombreux visiteurs prennent l'avion de retour avec soulagement, la plupart d'entre eux rêvent d'y revenir.

S'adapter à la vie indienne n'est pas toujours facile : la pauvreté est omniprésente, la bureaucratie requiert une patience d'ange, les trajets en bus sur les routes défoncées épuisent les plus énergiques, et

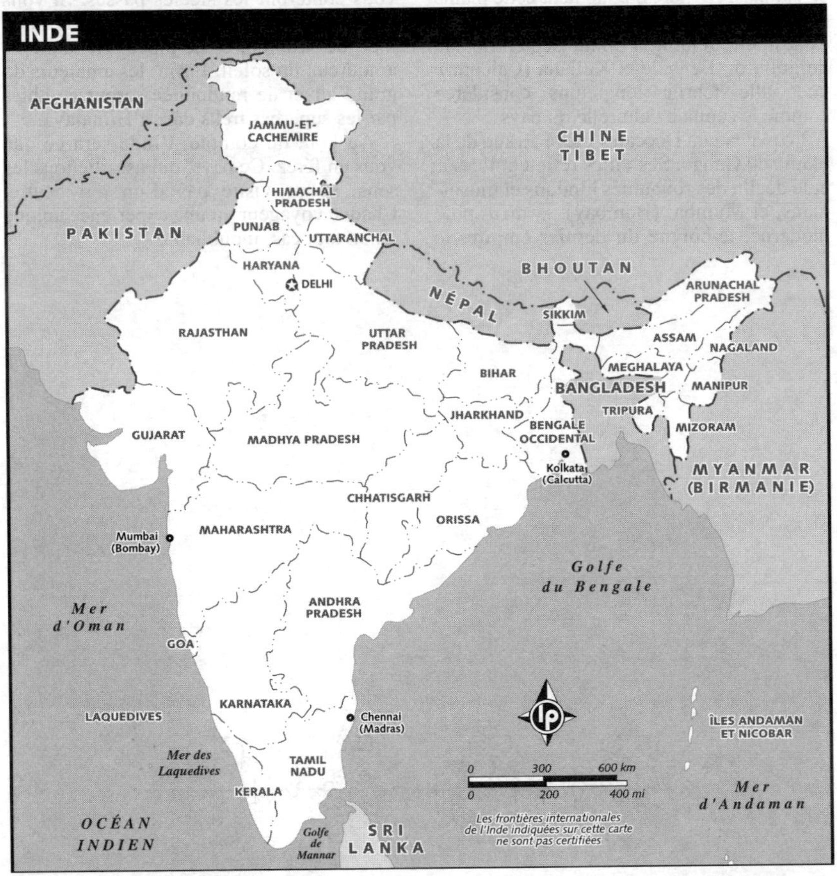

même les voyageurs les plus expérimentés parviennent à perdre, par moments, leur bonne humeur. Néanmoins, le voyage vaut largement la peine (ce qu'on ne réalise souvent que rétrospectivement).

On dit souvent que l'Inde n'est pas un pays, mais un continent. Du nord au sud et d'est en ouest, les populations, les langues, les coutumes et les paysages diffèrent.

Le pays a la forme d'un triangle inversé, suspendu à la chaîne de l'Himalaya. Dans les hauteurs se nichent le fabuleux Ladakh, fortement influencé par le Tibet, l'Himachal Pradesh, le Garhwal, Darjeeling et le Sikkim, de splendides régions montagneuses. Au sud, la plaine du Gange s'étend d'ouest en est, du Punjab, une région pittoresque et relativement riche, à l'océan Indien. Delhi, la capitale, Agra (et le Taj Mahal), Khajuraho et Varanasi (Bénarès) ponctuent cette plaine que traverse le fleuve sacré du Gange. A l'ouest, elle rejoint la pointe septentrionale du golfe du Bengale et Kolkata (Calcutta), une ville fébrile longtemps considérée comme la capitale culturelle du pays.

Le plateau du Deccan s'élève au sud de la plaine du Gange. Ses villes reflètent l'essor et le déclin des royaumes hindous et musulmans, et Mumbai (Bombay), la métropole moderne, témoigne du dernier empire, le Raj britannique. Tout au long de son histoire, l'Inde fut le théâtre de rivalités entre de nombreux royaumes, comme en attestent Bijapur, Mandu, Golconde et plusieurs autres villes de l'Inde centrale. Le Sud tropical, berceau de la civilisation dravidienne, offre une diversité tout aussi extraordinaire en matière de paysages, de populations, d'arts, de traditions et de culture.

Le sous-continent répond à toutes les attentes. Si vous vous intéressez aux édifices religieux, vous en découvrirez d'innombrables, des temples jaïna délicatement sculptés aux stupa bouddhiques dépouillés, des mosquées majestueuses aux temples dravidiens exubérants. Si l'histoire vous passionne, les forts témoins d'anciennes batailles, les palais époustouflants, les villes abandonnées, les ruines et les monuments vous conteront les siècles passés. Si vous désirez lézarder quelques jours en bord de mer, des kilomètres de plage attendent les amoureux du soleil. Enfin, les amateurs de grand air et de randonnée seront comblés par les superbes treks dans l'Himalaya.

Au bout du compte, l'Inde sera ce que vous en ferez. Ce pays, qui assaille tous les sens, ne se visite pas d'un œil neutre. Chaque voyageur vit une expérience unique et, en tout cas, inoubliable.

Présentation de l'Inde

L'Inde est l'un des rares pays où les structures sociales et religieuses perdurent depuis plusieurs milliers d'années, en dépit des invasions, des famines, des persécutions, des soulèvements politiques et autres cataclysmes. Dire que l'Inde est une terre de contrastes relève de l'évidence. Si de nombreux pays se caractérisent par leur diversité ethnique, linguistique, religieuse et géographique, rares sont ceux qui peuvent rivaliser avec le sous-continent.

Son dynamisme équivaut à son endurance et des changements interviennent inévitablement au fur et à mesure que les technologies modernes pénètrent le tissu social. Cependant, l'Inde rurale demeure immuable depuis des millénaires. Même dans des villes modernes, telles Delhi, Kolkata (Calcutta), Mumbai (Bombay) et Bangalore, les modifications des comportements et du style de vie ne s'opèrent qu'en surface. Les traditions ancestrales continuent de régir les règles de la société.

La religion se mêle intimement à tous les aspects de la vie, ce que comprennent difficilement les Occidentaux, dont l'éducation libérale est fondée sur la logique. Le raisonnement indien peut paraître étrange, alambiqué, voire exaspérant, mais il s'appuie sur une cosmologie unique, cohérente et fascinante.

L'Inde a vu naître deux grandes religions, l'hindouisme et le bouddhisme, et l'une des plus confidentielles, le jaïnisme. Elle abrite l'une des dernières communautés de parsis, les adeptes du zoroastrisme (voir plus loin la rubrique *Religion*).

L'État moderne, relativement récent, est né de l'opiniâtreté d'un peuple à se débarrasser du joug colonial. Les civilisations anciennes, même les plus puissantes, n'ont pu transformer le pays entier et l'Inde d'aujourd'hui présente plus de diversité que d'unité. Malgré ses multiples visages, parfois difficiles à concilier avec une conscience nationale, le sous-continent reste, depuis plus de cinquante ans, la plus grande démocratie du monde.

HISTOIRE

La civilisation de la vallée de l'Indus

Florissante durant un millénaire, la première grande civilisation du sous-continent naquit vers 2500 av. J.-C. dans la vallée de l'Indus, l'actuel Pakistan. Les villes de Mohenjodaro et de Harappa furent au centre de son rayonnement et développèrent une civilisation très complexe. Les sites majeurs ont été retrouvés dans les années 1920 et d'autres, de moindre importance, ont été découverts depuis, notamment celui de Lothal, près d'Ahmedabad (Gujarat).

Les origines de l'hindouisme viennent de cette antique civilisation, où les prêtres – et non les rois – dirigeaient la société, intercédaient auprès des dieux, édictaient les règles sociales et élaboraient le régime foncier. Les figurines d'argile retrouvées sur les sites de la vallée de l'Indus suggèrent l'existence d'un culte honorant une déesse-mère (la future Kali), ainsi qu'un dieu mâle à trois visages (le proto-Shiva), assis en position de yogi et servi par quatre animaux. Des piliers de pierre noire (culte phallique associé à Shiva) furent également découverts. Certains animaux étaient déjà sacrés, notamment le taureau à bosse qui devint la monture de Shiva. Par ailleurs, la phobie de l'impur et la nécessité d'ablutions rituelles expliquent la présence d'égouts perfectionnés à Harappa. Il existait même un système d'évacuation des déchets !

Peu d'indices permettent de suivre l'évolution de cette civilisation, dont l'écriture n'est toujours pas décryptée. Son effondrement, provoqué peut-être par l'invasion des Aryens, demeure mystérieux.

Les premières invasions et l'essor des religions

Soulignons tout d'abord que des experts continuent d'émettre des doutes sur la théorie d'une invasion aryenne "colonialo-missionnaire", arguant qu'il n'existe ni preuve archéologique, ni mention d'une quelconque invasion dans les textes indiens anciens. Ils supposent que les Aryens furent les premiers habitants de l'Inde et que la prétendue invasion fut imaginée par des conquérants étrangers pour justifier leurs raids. D'autres affirment que l'arrivée des Aryens ressemblait plus à une migration paisible qu'à une invasion hostile.

GRANDES ÉTAPES DE L'HISTOIRE INDIENNE

PETER DAVIS

TONY WHEELER

BILL WASSMAN

BILL WASSMAN

RICHARD I'ANSON

VERS 2200 AV. J.-C.

CIVILISATION DE LA VALLÉE DE L'INDUS

Cette civilisation avancée développe le commerce, conçoit l'urbanisme, favorise l'art et pose les bases des religions actuelles. Centrée à Mohenjodaro et à Harappa, dans les plaines fertiles de l'Indus (pakistanaise aujourd'hui), l'influence harappa sur l'Inde reste perceptible à travers les découvertes archéologiques de Kalibangan et Lothal.

VERS 1500 AV. J.-C.

ÉPOQUE ARYANO-VÉDIQUE

Les Aryens introduisent le système des castes et rédigent les textes sacrés en sanscrit, les Veda. Complétés ultérieurement par les Brahmana et les Upanishad, ces textes exposent les concepts du karma, du samsara et du nirvana. Ces doctrines constituent le fondement du bouddhisme et de l'hindouisme, qui ont façonné la conscience de l'Inde.

VERS 326 AV. J.-C.

ALEXANDRE LE GRAND

Bien que ses troupes refusent d'aller plus à l'est que l'Himachal Pradesh, l'influence hellénique perdure pendant des siècles dans toute l'Inde du Nord-Ouest, mais surtout à travers l'art et la sculpture du Gandhara (au Pakistan).

VERS 321 AV. J.-C.

EMPIRE MAURYA

Fondé par Chandragupta Maurya, c'est le premier grand empire indien, qui s'étend sur une grande partie du centre, de l'est et de l'ouest du pays. Il connaît son apogée sous le charismatique empereur Ashoka, qui se convertit au bouddhisme (260 av. J.-C.). L'Empire maurya instaure un nouvel ordre politique et social, tout en consolidant le système des castes. Le pouvoir de l'empire est très étendu ; des ambassadeurs sont envoyés à Sri Lanka et au Népal pour propager le bouddhisme. L'historien grec Mégasthènes témoigne de la richesse de Pataliputra, la capitale maurya. Les stupa, les piliers et les édits gravés sur la pierre qui subsistent aujourd'hui à Sanchi, Sarnath et Mathura indiquent l'étendue de cet empire.

PATRICK HORTON

VERS 320

EMPIRE GUPTA

Bien qu'essentiellement bouddhiste, l'Empire gupta propage l'hindouisme dans le Centre. La stabilité politique favorise la création d'institutions et l'avènement d'une grande époque artistique et architecturale, appelée la période classique.

RICHARD I'ANSON

RICHARD I'ANSON

VERS 800

EMPIRE CHOLA

Cet empire de bâtisseurs et de commerçants introduit l'hindouisme dans d'autres parties d'Asie. Les Chola contrôlent une grande partie du Sud et construisent certains des monuments extraordinaires à Thanjavur et à Kumbakonam.

LEANNE LOGAN

EDDIE GERALD

EDDIE GERALD

TERESA CANNON

ARRIVÉE DE L'ISLAM

VERS 700

Les raids en provenance du nord-ouest introduisent l'islam, une religion qui va profondément marquer l'Inde. La création du sultanat de Delhi, puis des royaumes provinciaux, comme ceux du Gujarat et du Bengale, assure la domination musulmane dans le Nord. L'introduction de superbes éléments d'architecture, tels les dômes et les arches, entraîne l'apparition d'un nouveau style architectural dans la région.

MARK DAFFEY

EMPIRE DE VIJAYANAGAR

VERS 1336

Ce vaste empire hindou contrôle pratiquement tout le Sud du pays au XVIe siècle. La capitale, Vijayanagar (Hampi), est le théâtre de massacres et d'atrocités jusqu'à la bataille de Talikota (1565) qui voit la défaite des Vijayanagar face à la coalition musulmane. Le fascinant héritage architectural de cet empire mêle les thèmes hindous et islamiques – du fait de sa situation dans la région du Deccan, à la charnière du Nord musulman et du Sud hindouiste.

CHRIS MELLOR

RICHARD I'ANSON

EMPIRE MOGHOL

VERS 1526

Six grands empereurs moghols supervisent un âge d'or des arts et du progrès. Ils encouragent l'intégration des musulmans et des hindous, jusqu'à ce que l'intolérance religieuse et l'alourdissement des impôts affaiblisse leur pouvoir. Le Taj Mahal (Agra) et le Red Fort de Delhi comptent parmi les plus beaux exemples de la puissance moghole.

GREG ELMS

NEIL SETCHFIELD

COLONISATION EUROPÉENNE

VERS 1690

Les Portugais, qui s'emparent de Goa pour s'assurer le monopole du commerce en Orient pour contrecarrer l'expansion de l'islam, et les Britanniques, qui contrôlent l'Inde pendant 250 ans à travers East India Company, laissent derrière eux des bâtiments imposants.

MARK HONAN

INDÉPENDANCE

DE 1947 A AUJOURD'HUI

Aujourd'hui la plus grande démocratie du monde, la route vers l'Indépendance est longue et douloureuse. Malgré la résistance pacifiste menée par Gandhi, la Partition de 1947 est sanglante. Le pays se divise en fonction de critères religieux, créant les États à forte proportion musulmane du Pakistan de l'Ouest et de l'Est (devenu l'actuel Bangladesh). Après l'Indépendance, l'industrialisation rapide et la croissance de la population poussent de nombreux Indiens à s'installer dans les zones urbaines. Les traditions culturelles et artistiques s'expriment à travers de grands travaux, comme la construction de Chandigarh. L'instabilité politique reste le fléau du pays, comme en témoignent les assassinats du Mahatma Gandhi, d'Indira et de Rajiv Ghandi, ainsi que les tensions frontalières permanentes. Ces dernières années, l'Inde a entrepris une restructuration industrielle et économique et s'est ouverte aux technologies électroniques du futur.

Les partisans de l'invasion estiment que les tribus aryennes (aryen en sanskrit signifie noble), venues d'Afghanistan et d'Asie centrale, commencèrent à infiltrer le Nord-Ouest de l'Inde vers 1500 av. J.-C. Malgré leur supériorité militaire, ils ne progressèrent que graduellement, combattant diverses tribus au fur et à mesure de leur pénétration dans la plaine du Gange. Finalement, ils contrôlèrent l'Inde du Nord jusqu'aux monts Vindhya, repoussant les populations dravidiennes d'origine vers le sud.

Les envahisseurs imposèrent leurs dieux, parmi lesquels prédominaient celui du feu (Agni) et celui de la guerre (Indra). Carnivores, les Aryens répandirent aussi leur pratique de l'élevage. C'est durant cette période de transition (1500-1200 av. J.-C.) que furent rédigés les *Veda*, textes sacrés de l'hindouisme, et que le système des castes fut instauré. L'origine des castes serait expliquée dans l'un des hymnes védiques, consacré à l'origine du monde (voir plus loin la rubrique *Règles de conduite*). Il est dit dans cet écrit que le grand corps cosmique de Purusha fut offert en sacrifice par les dieux et démembré :

> En combien de parties Purusha fut-il divisé ?
> Que désigne-t-on lorsque l'on parle de sa bouche, de ses bras ? De ses cuisses et de ses pieds ?
> Sa bouche engendra les brahmanes. De ses deux bras naquirent les rajanya kshatriya.
> De ses cuisses sortirent les vaishya, et de ses pieds les sudra.

Lorsqu'elles envahirent, à la fin du VIIe siècle av. J.-C., la vallée du Gange, plusieurs tribus aryennes s'unirent et formèrent 16 importants royaumes. L'*asvamedha* (sacrifice d'un cheval) était l'un des aspects du système très formel de règles qui prévalait à l'époque. Lors de cette cérémonie, un cheval était mis en liberté et suivi par des soldats pendant une certaine période. Dès qu'il rencontrait un obstacle, le roi ordonnait de conquérir le territoire concerné. A la fin de ladite période, toutes les terres qu'avait foulées l'animal étaient considérées comme la chasse gardée du roi et le cheval était sacrifié. Cette pratique se poursuivit pendant des siècles, notamment à l'époque de la dynastie des Chalukya de Badami, désireuse de conforter sa suprématie et son contrôle sur ses territoires.

Petit à petit, les 16 royaumes furent regroupés en 4 grands États. Au Ve siècle av. J.-C., Kosala et Maghada se démarquèrent et devinrent les plus puissants. Par la suite, en 364 av. J.-C., après maints changements dynastiques, les Nanda prirent le contrôle d'un immense territoire s'étendant au Nord de l'Inde.

A l'époque où les Aryens consolidaient leur domination sur le Nord de l'Inde, le centre du pays échappa de peu à deux autres invasions venues de l'ouest. La première était conduite par le roi perse Darius Ier (521-486 av. J.-C.), qui annexa le Punjab et le Sind. En 326 av. J.-C., Alexandre le Grand atteignait le sous-continent, mais ses troupes refusèrent d'aller au-delà de la Beas, un fleuve de l'Himachal Pradesh et la limite orientale de l'Empire perse récemment conquis. Alexandre chemin, renonçant à s'emparer de l'Inde. Le souvenir le plus durable de son passage fut l'épanouissement de l'art du Gandhara, curieux mélange des idéaux artistiques grecs et des concepts de la nouvelle foi bouddhiste.

Le bouddhisme apparut en même temps que le jaïnisme, vers 500 av. J.-C. Tous deux contestaient les *Veda* et condamnaient le système des castes. Les jaïna ne renièrent pas l'héritage hindou et leur foi ne se propagea jamais hors de l'Inde.

Le bouddhisme ébranla l'assise sociale et spirituelle de l'hindouisme. Il connut une ascension fulgurante lorsque l'empereur Ashoka se convertit, en 262 av. J.-C., et en fit la religion d'État. Néanmoins, peu à peu coupé du peuple, il perdit en influence entre 200 et 800, tandis que l'hindouisme connaissait un renouveau. Le rayonnement du Bouddha était cependant tel qu'il ne pouvait simplement être mis à l'index. Il fut donc intégré au panthéon hindou comme un nouvel avatar de Vishnu : exemple parfait de la façon dont l'hindouisme a toujours su absorber ses "concurrents" spirituels.

Les Maurya et l'empereur Ashoka

Deux siècles avant la longue marche d'Alexandre vers l'Orient, un royaume avait commencé à se développer dans le Nord de l'Inde. Le vide causé par le retrait d'Alexandre profita à son expansion, lorsque Chandragupta Maurya accéda au pouvoir en 321 av. J.-C et fonda son empire. De sa capitale, Pataliputra (l'actuelle Patna), il étendit sa domination sur le Nord du pays et vers le sud, jusqu'au Karnataka actuel.

Les Maurya mirent en place une organisation efficace, qui s'appuyait sur une administration performante, des gouvernements locaux hiérarchisés et un ordre social régi par un système de castes rigide. Une immense armée de métier veillait à la sécurité de l'empire ; selon un récit, elle se composait de 9 000 éléphants, 30 000 cavalieers et 600 000 fantassins.

L'empire connut son apogée sous le règne d'Ashoka, dont les colonnes et les édits gravés sur la pierre témoignent de l'impressionnante étendue de son empire. On peut les voir à Delhi, dans le Gujarat, dans l'Orissa, à Sarnath (Uttar Pradesh) et à Sanchi (Madhya Pradesh).

Ashoka dépêcha également des missions à l'étranger et son nom est vénéré au Sri Lanka, où il envoya son fils et sa fille convertir l'île au bouddhisme. L'art et la sculpture s'épanouirent sous son règne ; son emblème, couronnant nombre de ses colonnes, est devenu le sceau de l'État indien moderne. Après la mort d'Ashoka, en 232 av. J.-C., l'empire se désintégra rapidement, puis s'effondra en 184 av. J.-C.

Les Gupta

Dans le sillage des Maurya, de nombreux empires éphémères virent le jour. Les successeurs des royaumes d'Alexandre, dans l'Inde du Nord-Ouest, étendirent leur pouvoir sur la région du Punjab, où s'épanouit par la suite le royaume du Gandhara. Dans le Sud-Est et l'Est du pays, la dynastie des Andhra (ou Telougou) se déploya vers l'intérieur des terres, tandis que la dynastie Shunga, succédant aux Maurya, régna de 184 à 70 av. J.-C. C'est vers cette époque que furent achevés de nombreux monuments bouddhiques. Ce fut l'âge du "petit véhicule", ou bouddhisme *hinayana*, qui interdisait la représentation directe du Bouddha et la remplaça par des évocations symboliques : *stupa*, empreintes de pied, arbres ou éléphants. Si cette forme du bouddhisme a été pratiquée jusque vers 400, elle était déjà supplantée en l'an 100 par le bouddhisme *mahayana*, dit du "grand véhicule".

En 319, Chandragupta II fonda l'empire des Gupta, lesquels furent d'abord connus sous le nom de Gupta impériaux. Les successeurs de Chandragupta II étendirent leur pouvoir sur l'Inde du Nord, d'abord depuis Patna, puis à partir d'autres capitales septentrionales comme Ayodhya. En 455, les Gupta impériaux cédèrent la place aux Gupta tardifs qui régnèrent jusqu'en 606. L'ère des Gupta, considérée comme l'âge d'or du classicisme indien, favorisa les arts. Des œuvres de toute beauté furent réalisées à Ajanta, Ellora, Sanchi et Sarnath. La fin du règne des Gupta marqua cependant le déclin du bouddhisme et du jaïnisme au profit de l'hindouisme.

Un moment contenues par les Gupta, les invasions des Huns Blancs (ou Hephthalites), mirent fin à l'empire. Ils pillèrent d'abord le Nord-Ouest, contraignant les Gandhara établis près de Peshawar à fuir au Cachemire. L'Inde du Nord se disloqua alors en plusieurs royaumes hindous distincts et ne fut réunifiée qu'à la venue au pouvoir des musulmans.

Pendant ce temps, dans le Sud

L'histoire de l'Inde montre que les événements touchant une région n'affectaient pas nécessairement le reste du pays. Les royaumes qui contrôlèrent le Nord n'eurent aucune influence sur ceux du Sud. Les Chola, les Pandya, les Chera, les Chalukya et les Pallava créèrent tous de grands empires. Les Chalukya dominèrent principalement le plateau du Deccan, dans le centre, et poussèrent parfois leur expansion vers le nord. Exerçant le pouvoir à partir de leur capitale, Badami (Karnataka), ils régnèrent de 550 à 753, puis furent renversés par les Rashtrakuta. Une branche orientale des Chalukya reprit le pouvoir et régna de Kalyani (Karnataka) de 972 à 1190.

Les Pallava, tout au sud, contribuèrent à l'essor de l'architecture dravidienne, dont l'exubérance confine au baroque. En 850, les Chola accédèrent au pouvoir et supplantèrent peu à peu les Pallava. Grands bâtisseurs eux aussi, ils portèrent leur puissance par-delà les mers et, sous Raja Raja (985-1014), contrôlèrent la quasi-totalité de l'Inde méridionale, le Deccan, l'actuel Sri Lanka, une partie de la péninsule malaise et le royaume de Srivijaya établi à Sumatra.

La prospérité du Sud reposait sur ses relations commerciales avec d'autres civilisations, comme l'Égypte, puis Rome et enfin l'Asie du Sud-Est.

Tandis que le bouddhisme et, dans une moindre mesure, le jaïnisme supplantaient l'hindouisme en Inde centrale et septentrionale, l'hindouisme continuait de se développer en Inde méridionale. Le bouddhisme, et plus tard l'hindouisme, s'épanouirent en Indonésie, où l'Inde servit alors de modèle culturel. Aujourd'hui encore, le *Ramayana,* le plus célèbre récit épique hindou, est inlassablement repris et conté sous diverses formes dans plusieurs pays d'Asie du Sud-Est. Parmi les influences étrangères qui ont imprégné le Sud de l'Inde à cette époque figure celle de saint Thomas, qui serait arrivé au Kerala en 52. Le christianisme est d'ailleurs toujours présent dans cette région.

Les premières invasions musulmanes

Tandis que les royaumes hindous dominaient le Sud et que le bouddhisme perdait du terrain dans le Nord, la puissance musulmane originaire du Moyen-Orient gagnait le sous-continent.

La puissance des musulmans se fit pour la première fois durement ressentir lors des assauts de Mahmud de Ghazni. Aujourd'hui, Ghazni n'est plus qu'une bourgade située entre Kaboul et Kandahar, en Afghanistan, mais c'est de là que Mahmud dirigeait ses offensives sur l'Inde du Nord dès 1001. En 1033, après sa mort, un de ses successeurs s'empara de Varanasi (Bénarès). En 1038, l'invasion de Ghazni par les Turcs seldjoukides mit fin aux attaques.

Ces premières incursions n'étaient rien d'autre que du banditisme et le restèrent jusqu'en 1191. Cette année-là, après avoir conquis le Punjab, Mohammed de Ghur pénétra au Rajasthan et s'empara d'Ajmer. L'année suivante, son général, Qutb-ud-din, prit Varanasi, puis Delhi. A la mort de Mohammed de Ghur, en 1206, Qutb-ud-din devint le premier sultan de Delhi. En vingt ans, toute la vallée du Gange passa sous contrôle musulman. L'instabilité du sultanat de Delhi rendait la prospérité du royaume dépendante de la personnalité du sultan en place.

En 1297, Ala-ud-din Khilji repoussa les frontières méridionales jusqu'au Gujarat et, bien que son général soit parvenu plus au sud, il ne put s'y maintenir. En 1338, Mohammed Tughlaq décida de déplacer sa capitale de Delhi à Daulatabad, près d'Aurangabad dans le Maharashtra. Bientôt s'imposa le royaume des Bahmani et le sultanat de Delhi fut contraint de se replier au nord où devait encore l'affaiblir l'incursion dévastatrice de Tamerlan (Timur), venu de Samarcande (Asie centrale). Le sultanat, en plein déclin, dut laisser les Moghols imposer leur propre empire. Si les musulmans ne se laissèrent jamais absorber par l'hindouisme, l'Inde ne fut pas un terrain fertile pour l'islam. Au XXe siècle, après 800 ans de domination musulmane, seule 25% de la population s'était convertie à l'islam.

Les musulmans ne pouvant gouverner sans l'aide des hindous, ils recrutèrent ces derniers en nombre dans l'administration. L'apparition d'une langue commune a traduit cette cohabitation : l'ourdou, une combinaison de vocabulaire persan et de grammaire hindi qui s'écrit en caractères arabo-persans. Elle demeure la langue usuelle du Pakistan et est largement parlée en Inde septentrionale.

Pendant ce temps, dans le Centre et (de nouveau) dans le Sud

De même que les invasions aryennes n'atteignirent jamais le Sud, les premières invasions musulmanes y furent sans réelle conséquence. L'empire de Hoysala, comprenant les villes de Belur, Halebid et Somnathpur, connut son apogée entre 1000 et 1300. Il fut renversé en 1328 par l'incursion sauvage de Mohammed Tughlaq et une opposition concertée d'autres royaumes hindous.

Deux autres grands royaumes, l'un musulman et l'autre hindou, se développèrent au nord de l'actuel Karnataka. Le royaume hindou de Vijayanagar fut fondé en 1336, avec Hampi pour capitale. Ce fut sans doute le royaume hindou le plus puissant sous le sultanat de Delhi. Pendant ce temps, le royaume musulman des Bahmani prenait son essor. Cependant, en 1489, il éclata en cinq royaumes distincts, autour de Berar, Ahmednagar, Bijapur, Golconde et Ahmedabad. En 1520, le roi Krishnadevaraya Vijayanagar s'empara de Bijapur, mais, en 1565, les opposants musulmans s'allièrent afin de le détruire au cours de l'épique bataille de Talikota. Plus tard, les royaumes Bahmani devaient tomber aux mains des Moghols.

Les Moghols

Souverains grandioses, les empereurs moghols ne se contentèrent pas de gouverner. S'ils étendirent leur contrôle à toute l'Inde, sur des étendues comparables aux seuls empires d'Ashoka et des Britanniques, les Moghols firent aussi éclore un

Grandeur et décadence de l'empire de Vijayanagar

Né de l'alliance de royaumes hindous cherchant à contenir la poussée musulmane, l'empire de Vijayanagar devint rapidement l'un des plus illustres et prospères que connut l'Inde. Sous le règne de Bukka Ier (vers 1343-1379), il étendit sa domination sur la majeure partie de l'Inde du Sud et s'enrichit en développant le commerce.

De puissance sensiblement égale, cet empire et le sultanat des Bahmani, qui contrôlait presque intégralement le Deccan, se livrèrent maintes guerres sanglantes au cours d'une lutte constante. Si les armées hindoues prenaient parfois le dessus, les Bahmani leur infligeaient souvent de cuisantes défaites. Les atrocités commises défient l'entendement. Ainsi en 1366, pour se venger d'un affront, Bukka Ier s'empara de la forteresse musulmane de Mudkal et massacra tous ses habitants. Seul l'un d'eux en réchappa et put prévenir Mohammed Shah, le sultan, qui fit serment de tuer 100 000 hindous – chiffre qu'il dépassa largement. L'historien musulman Firishtah estime à un demi-million le nombre d'"infidèles" victimes de ses représailles.

L'empire de Vijayanagar connut un essor considérable après la désintégration du sultanat des Bahmani, en 1482, et atteint son apogée dans les années suivantes. Mais cet âge d'or annonçait déjà le déclin. Une série de soulèvements vint diviser l'empire au moment même où les sultans musulmans s'engageaient dans de nouvelles alliances. En 1565, une coalition musulmane anéantit les troupes hindoues à la bataille de Talikota et dévasta Hampi. Les derniers représentants de la lignée Vijayanagar purent s'échapper et la dynastie se maintint tant bien que mal pendant plusieurs années. Dans les faits, le pouvoir était passé aux mains des souverains musulmans ou de chefs locaux qui devaient leur puissance à leur loyauté envers les souverains de Vijayanagar.

nouvel âge d'or des arts, de la littérature et de l'architecture.

Ces bâtisseurs passionnés ont laissé derrière eux quelques-uns des plus grands monuments du sous-continent, dont le superbe Taj Mahal, l'une des merveilles du monde. Leur ascension fut tout aussi fulgurante que leur chute. Les quelques empereurs qui succédèrent à Aurangzeb ne le furent que de nom.

Voici les dates de règne des six empereurs, habituellement appelés les Grands Moghols, pour les distinguer de leurs successeurs :

Babur	1526-1530
Humayun	1530-1556
Akbar	1556-1605
Jahangir	1605-1627
Shah Jahan	1627-1658
Aurangzeb	1658-1707

En 1525, Babur, descendant de Tamerlan et de Gengis Khan, arriva de Kaboul, sa capitale afghane, pour envahir le Punjab et vainquit le sultan de Delhi à Panipat. Cette première victoire ne réussit pas à détruire totalement l'opposition aux Moghols. En 1540, Sher Shah renversa l'Empire moghol d'Humayun, lequel passa quinze années en exil avant de retrouver son trône. En 1560, son fils Akbar, qui avait accédé au trône à l'âge de 14 ans, pouvait enfin s'arroger le contrôle effectif de son empire.

Akbar fut sans doute, par ses talents militaires, sa culture, sa sagesse et son sens de la justice, le plus grand des chefs moghols. A la différence de ses prédécesseurs, il comprit que la population hindoue était trop importante pour envisager de la soumettre. Il chercha au contraire à l'intégrer à son empire et s'entoura de nombreux conseillers, généraux et fonctionnaires hindous. Akbar s'intéressait aux questions religieuses et passait des heures à discuter avec des théologiens de toutes confessions.

Jahangir succéda à Akbar et maintint la tolérance religieuse prônée par son père. Il profita de la stabilité politique de son royaume pour passer le plus clair de son temps au Cachemire, qu'il chérissait. Il mourut au cours d'un de ses voyages et fut enseveli à Lahore, dans l'actuel Pakistan.

Shah Jahan, quant à lui, consolida sa position en éliminant tous les héritiers mâles de sa famille et résida la plupart du temps à Agra et à Delhi. Les vestiges les plus durables et les plus marquants de la gloire des Moghols datent de son règne. Le plus célèbre est le

Taj Mahal. Certains avancent que sa passion de l'architecture a précipité sa chute et que son fils Aurangzeb le déposa pour mettre un terme à ses extravagances. Shah Jahan abandonna la politique de tolérance d'Akbar et favorisa un retour au fondamentalisme musulman. C'est sous son règne, cependant, que les Britanniques obtinrent, en 1639, l'autorisation d'ouvrir un important comptoir de commerce à Madras.

Aurangzeb, le dernier des Grands Moghols, consacra ses ressources à étendre son empire, mais son fanatisme religieux et des impôts écrasants destinés à financer ses exploits militaires entraînèrent sa chute. Sous son règne, la décomposition de l'empire s'accéléra. Ses valeurs austères le poussèrent à détruire de nombreux temples hindous pour ériger des mosquées, dressant le peuple contre lui.

Très vite, des révoltes éclatèrent de toutes parts et, après sa mort en 1707, l'Empire moghol déclina rapidement. Des "empereurs" moghols régnèrent jusqu'à la Grande Mutinerie (révolte des cipayes) de 1857 à 1858, après quoi les Britanniques exilèrent le dernier empereur et exécutèrent ses fils.

Les États qui succédèrent à l'Empire moghol réussirent parfois à durer. Dans le Sud, la vice-royauté d'Hyderabad survécut à l'ombre de la tolérance britannique jusqu'à l'Indépendance en 1947. Dans le Nord, les nababs d'Avadh gouvernèrent de manière excentrique et dispendieuse jusqu'en 1856, date à laquelle les Britanniques mirent le dernier nabab à la retraite. Au Bengale, les Moghols commirent l'erreur de se fâcher avec les Britanniques, récemment installés, et leur pouvoir prit fin en 1757 avec leur défaite à la bataille de Plassey.

Les Rajput et les Marathes

A travers toute la période moghole, les hindous, et notamment les célèbres Rajput, avaient su conserver une grande partie de leur puissance. Habitant le Rajasthan, ils formaient une caste de guerriers animés d'une foi aveugle dans les préceptes de la chevalerie, appliqués à la guerre et à la conduite des affaires publiques. S'opposant à toute incursion étrangère sur leur territoire, ils se montrèrent incapables de s'organiser pour vaincre durablement. Dès qu'ils n'étaient pas occupés à combattre un assaillant étranger, ils s'épuisaient à guerroyer entre eux. Leurs États devinrent les vassaux de l'Empire moghol. Leur vaillance au combat était légendaire et les plus grands chefs de l'armée impériale furent souvent des Rajput.

Les Marathes entrèrent en scène avec le grand chef Shivaji qui gagna la faveur populaire en défendant la cause hindoue contre les souverains musulmans. De 1646 à 1680, ses faits d'armes et son héroïsme couvrirent de gloire la majeure partie de l'Inde centrale. Shivaji est resté très populaire dans le Maharashtra, son théâtre d'action privilégié. Membre de la caste inférieure des *sudra*, il prouva que les grands chefs guerriers n'étaient pas nécessairement des *kshatriya* (soldats et administrateurs) et sut opposer aux Moghols une résistance efficace. Capturé par ceux-ci et emmené à Agra, Shivaji parvint à s'enfuir et poursuivit ses aventures.

Son fils fut fait prisonnier par Aurangzeb, qui lui fit arracher les yeux avant de l'exécuter. Le petit-fils de Shivaji ne possédait pas la hardiesse de son grand-père et l'Empire marathe fut maintenu sous la tutelle des Peshwa, puissants ministres aux charges héréditaires. Ils grignotèrent peu à peu l'Empire moghol affaibli, d'abord en fournissant des hommes de troupe, puis en prenant le contrôle effectif du territoire moghol. En 1739, le sac de Delhi par Nadir Shah précipita encore le déclin des Moghols. Cependant, l'expansion des Marathes fut stoppée en 1761 à Panipat. C'est là que, deux siècles plus tôt, Babur avait remporté la bataille décisive qui instaura le pouvoir moghol. L'Afghan Ahmad Shah Durani arrêta les Marathes dans leur progression vers l'ouest, les contraignant à consolider leur pouvoir dans le centre et dans la région de Malwa. Ils durent bientôt céder à la pression du dernier pouvoir impérial qu'ait connu l'Inde : le Raj britannique.

L'expansion de la puissance britannique et européenne

Les Britanniques ne furent ni les premiers Européens à s'installer en Inde, ni les derniers à en partir, ce double honneur revenant aux Portugais. C'est en 1498 que Vasco de Gama, après avoir doublé le cap de Bonne-Espérance, arriva en vue de la côte du Kerala. Cette avance devait assurer aux Portugais le monopole du commerce avec l'Inde et l'Extrême-Orient pendant près d'un siècle. Ils s'emparèrent de Goa en 1510 et y restèrent jusqu'en 1961. A son apogée, la "Golden

Goa" (Goa dorée) rivalisait avec Lisbonne pour la prospérité de son commerce. Les Portugais n'avaient cependant pas les moyens de défendre un empire colonial d'une telle envergure et furent rapidement éclipsés par l'arrivée des Britanniques, des Français et des Hollandais.

En 1600, Elizabeth Ire d'Angleterre accorda le monopole du commerce avec l'Inde à l'East India Company (Compagnie des Indes orientales, connue sous diverses appellations, dont la Compagnie des Marchands, jusqu'en 1830), qui exerça effectivement le pouvoir dans le pays pendant deux siècles et demi. Les Britanniques établirent leur premier comptoir en 1612 à Surat, dans le Gujarat. Ils ouvrirent ensuite des comptoirs à Madras en 1640, à Bombay en 1668 et à Calcutta en 1690.

D'autres Européens s'implantèrent en Inde, notamment les Danois, les Hollandais et les Français. En 1672, ces derniers s'installèrent à Pondichéry, une enclave qu'ils conservèrent jusqu'en 1954.

Le contrôle du commerce indien fut l'enjeu d'un siècle de rivalités entre les Britanniques et les Français. Sous la conduite de commandants talentueux et expérimentés, les Français semblèrent l'emporter un moment. En 1746, ils prirent Madras, mais durent finalement la restituer en 1749. Dans les années qui suivirent, les intrigues foisonnèrent entre les pouvoirs des empires en présence. Si les Français ou les Britanniques avaient à se battre contre une puissance locale, ils pouvaient être certains que la partie adverse était derrière, avec un soutien en armes, en hommes ou en stratégie.

En juin 1756, Siraj-ud-daula, le nabab du Bengale, s'empara de Calcutta (aujourd'hui Kolkata), dont le gouverneur anglais avait pris la fuite, et provoqua l'Empire britannique avec l'incident du "trou noir", cellule exiguë où des dizaines de citoyens britanniques avaient été entassés et où beaucoup moururent. Reprenant la ville l'année suivante, Robert Clive remporta la bataille de Plassey (l'actuelle Palashi) contre Siraj-ud-daula et ses alliés français. Cette victoire ouvrit la voie à l'expansion britannique et mit un terme à l'influence française. Elle profita pleinement à l'East India Company jusqu'au XIXe siècle, époque à laquelle le gouvernement britannique prit les rênes du pouvoir.

L'Inde subissait alors d'incessants changements de pouvoir, dus au vide créé par la désintégration de l'Empire moghol. Seuls les Marathes profitaient de la brèche ouverte mais, plutôt qu'une puissance proprement dite, il s'agissait d'une confédération de petits royaumes aux associations fluctuantes. Dans le Sud, où l'influence moghole n'avait jamais profondément pénétré, la situation était rendue plus confuse encore par la rivalité franco-britannique qui favorisait tantôt un dirigeant local, tantôt un autre.

Cela apparut clairement au cours des guerres de Mysore. Tippu Sultan, qui irritait tant les autorités britanniques, fut tué à Srirangapatnam au cours de la quatrième guerre (1789-1799) et la pénétration britannique progressa un peu plus. En 1803, un point final fut mis à l'interminable conflit entre les Britanniques et les Marathes. Seul échappait au contrôle britannique le Punjab, qui tomba en 1849 et revint aux Britanniques, après deux guerres contre les sikhs.

A la même époque furent tracées les frontières du Népal, décidées en 1814 par une brève série de batailles entre les Britanniques et les Gurkha. D'abord victorieux, les Gurkha durent demander la paix deux ans plus tard, tandis que les Britanniques marchaient sur Katmandou. Les Népalais furent contraints de céder les provinces de Kumaon et de Shimla, mais le respect mutuel des qualités militaires de l'adversaire évita au Népal l'incorporation dans l'empire des Indes. Des régiments de Gurkha furent même créés dans l'armée britannique.

L'Inde britannique

Au début du XIXe siècle, l'Inde était passée sous le contrôle effectif des Britanniques qui, occupant le vide laissé par les Moghols, respectaient les grandes règles administratives datant du règne d'Akbar. Venus en Inde pour s'enrichir, les nouveaux maîtres se souciaient peu de la culture, des croyances et des religions locales. Peu leur importait, disait-on, qu'un serviteur soit de telle ou telle confession, du moment qu'il savait préparer une tasse de thé. Les Britanniques avaient à leur service une armée disciplinée et efficace et de fins conseillers politiques. Ils appliquèrent avec succès la technique "diviser pour régner" et signèrent des traités séparés leur donnant le droit d'intervenir dans les États locaux s'ils jugeaient leur gestion inefficace ; le critère d'efficacité était de leur convenir.

Malgré cela, l'Inde demeura un conglomérat d'États dont beaucoup n'étaient indépendants qu'en apparence et qui se trouvaient en réalité sous domination britannique. Les États princiers, gouvernés par des maharajas ou des nababs, furent maintenus jusqu'à l'Indépendance. Les visées commerciales britanniques intensifièrent l'exploitation des mines de fer et de charbon, la culture du thé, du café ainsi que du coton, et accélérèrent la mise en chantier du réseau ferroviaire et des programmes d'irrigation, qui transformèrent radicalement l'agriculture en la modernisant.

Dans le domaine administratif et législatif, la Grande-Bretagne dota l'Inde d'une infrastructure efficace. L'omniprésence de la bureaucratie, héritée des Britanniques, est parfois gênante mais, dans l'ensemble, le pays est parvenu à l'indépendance avec un système administratif organisé et relativement sain.

Toutefois, il fallut en payer le prix car l'altruisme ne figure jamais au programme des colons. Les textiles des nouvelles manufactures britanniques inondèrent l'Inde, éliminant la production villageoise. Si les Britanniques interdirent certaines coutumes jugées rétrogrades, dont celle du *sati* (immolation de la veuve sur le bûcher de son époux défunt), ils encouragèrent la domination des grands propriétaires terriens, les *zamindar*. Bien que souvent absents de leurs fiefs, ces derniers facilitèrent la collecte des impôts levés par les Britanniques, mais contribuèrent à augmenter le nombre de paysans pauvres et sans terre.

L'anglais devint la langue administrative nationale. Tout en étant nécessaire dans un pays où les langues sont si nombreuses, cette mesure a aussi tenu les Britanniques à distance des Indiens.

La révolte des cipayes

En 1857, moins d'un demi-siècle après avoir pris le contrôle du pays, les Britanniques essuyèrent leur premier revers sérieux. Les causes de la Grande Mutinerie, ou révolte des cipayes, restent aujourd'hui encore difficiles à démêler. Impossible de savoir s'il s'est réellement agi d'une guerre d'indépendance, comme l'affirment parfois les Indiens, ou d'une simple mutinerie. Les trois causes connues de ces émeutes furent le renversement d'une administration régionale, la destitution de chefs locaux – impopulaires au demeurant – et, surtout, l'utilisation d'un lubrifiant de balles de fusil. Une rumeur, parfaitement plausible, laissait entendre que le nouveau type de balles, distribué aux troupes où servaient de nombreux musulmans, était lubrifié avec de la graisse de porc. Une autre rumeur dans les rangs hindous précisait qu'il s'agissait en réalité de graisse de vache. Or les porcs sont impurs pour les musulmans et les vaches sont sacrées pour les hindous.

Les Britanniques ne prirent pas ces rumeurs au sérieux et la mutinerie se déclencha, sans véritable coordination, dans les bataillons indiens de l'armée du Bengale. Sur 74 bataillons, 7 (dont un de Gurkha) restèrent fidèles et 20 furent désarmés. Les 47 autres se mutinèrent. Les premiers troubles éclatèrent à Meerut, en Uttar Pradesh, et se propagèrent rapidement dans le Nord de l'Inde. Ce furent, de part et d'autre, des massacres, de longs sièges et d'interminables luttes. Finalement, la mutinerie s'acheva sans jamais déborder de l'Inde du Nord et, même si elle révéla de brillantes individualités du côté indien, elle ne bénéficia jamais d'une réelle stratégie commune.

Au lendemain de la révolte

A la suite de ces événements, les Britanniques prirent deux mesures. Ils décidèrent d'abord de ne pas chercher de boucs émissaires et de ne pas exercer de représailles officielles. Puis l'East India Company fut liquidée et l'administration du pays, confiée à la Couronne britannique. La fin du siècle marqua les heures de gloire de l'Empire britannique, sur lequel "le soleil ne se couchait jamais", et l'Inde (le British Raj) en fut l'un des plus beaux fleurons.

Dès la fin du XIXe siècle, deux évolutions parallèles préparèrent peu à peu le pays à l'indépendance. Tout d'abord, les Britanniques cédèrent une partie du pouvoir exécutif aux Indiens ; ils instaurèrent un système démocratique dont ils gardèrent le contrôle. Ensuite, dans certains secteurs administratifs, ils les autorisèrent à occuper des postes clés, jusque-là réservés aux administrateurs coloniaux.

L'hindouisme entrait au même moment dans une phase de renouveau et de réajustement. Durant la période moghole et au début de l'ère britannique, son impact sur les masses s'était considérablement amenuisé. Il était temps, de toute évidence, d'adapter ses principes à la réalité de l'époque et de rétablir son bien-fondé dans l'esprit du peuple. Ram Mohan Roy, Ramakrishna et Swami Vivekananda furent parmi les grands acteurs de cette réforme. Ils plaidèrent pour une transformation radicale de la société hindoue et ouvrirent la voie aux croyances contemporaines qui exercent aujourd'hui un attrait considérable sur la société occidentale. D'autres réformateurs, comme Sri Aurobindo, tentèrent pour leur part de réunir la philosophie hindoue et la science moderne.

Le chemin de l'indépendance

Au tournant du XXe siècle, l'opposition aux Britanniques changea de forme. Le Congrès national indien – ou parti du Congrès –, à l'origine créé pour apporter un minimum d'autonomie aux institutions indiennes, se mit à revendiquer une véritable indépendance. En marge du Congrès, des individus plus virulents appelaient à conquérir la liberté par la violence. Finalement, les Britanniques établirent un plan d'accession à l'indépendance analogue à celui prévu pour le Canada et l'Australie. Cependant, la Première Guerre mondiale (à laquelle l'Inde participa largement en effectifs et en finances) et les événements qui en découlèrent retardèrent sa mise en application. Après la guerre, la lutte reprit sous la conduite de Mohandas Gandhi (voir plus loin l'encadré *Le Mahatma Gandhi*).

En 1915, de retour d'Afrique du Sud, Gandhi mit toute son énergie au service du combat pour l'indépendance et, après le massacre d'Amritsar en 1919, adopta une politique de résistance passive face aux Britanniques, la *satyagraha* (la "force de la vérité").

La réussite essentielle de son action fut le ralliement des paysans et des villageois à la lutte pour l'indépendance qui, jusque-là, n'intéressait que les classes moyennes. Gandhi prit la tête de divers mouvements et organisa à plusieurs reprises le boycott des textiles britanniques. Ces actions lui valurent de nombreux séjours derrière les barreaux.

La politique de non-coopération et de non-violence de Gandhi ne faisait pas l'unanimité, car elle signifiait la fin de l'exploitation des masses paysannes par les zamindar, les alliés traditionnels des Britanniques. Pourtant, le parti du Congrès, son leader Jawaharlal Nehru et le Mahatma occupaient le devant de la scène et, dès les années 30, l'indépendance semblait inévitable.

La Seconde Guerre mondiale porta un coup fatal au colonialisme et au mythe de la supériorité européenne. En 1942, le parti du Congrès adopta la Quit India Resolution, qui demandait aux Britanniques de remettre le gouvernement du pays aux Indiens. Ressentie comme une déclaration de guerre par les Britanniques, cette campagne de la Quit India fut un parfait alibi pour mettre sous les verrous les deux principaux protagonistes, Nehru et Ghandi.

Les autorités britanniques, dans le cadre de la politique de terre brûlée destinée à prévenir toute invasion de l'Inde orientale par les forces japonaises, avaient détruit des milliers de bateaux qui assuraient le transport du riz dans le delta du Bengale oriental et il fut impossible d'acheminer une grande partie de la récolte. La conséquence fut la grande famine du Bengale de 1943, la plus grave que l'Inde ait connue au XXe siècle, qui fit trois millions de victimes.

Dès 1944, l'Angleterre n'avait plus les moyens ni la volonté de maintenir un si vaste empire. Sur le sol indien, un problème majeur se posait désormais : l'importante minorité musulmane prenait conscience qu'une Inde indépendante serait une Inde hindoue et que, malgré l'esprit équitable et impartial de Gandhi, d'autres membres du parti du Congrès ne seraient pas aussi disposés au partage du pouvoir.

L'Indépendance

En Angleterre, les élections de juillet 1945 donnèrent la victoire au Parti travailliste qui s'appliqua immédiatement à trouver une solution au problème indien.

Les élections indiennes, quant à elles, firent apparaître les dangers d'un vote communautaire. Le pays était manifestement divisé selon des axes purement religieux avec, d'un côté, la Ligue musulmane de Mohammed Ali Jinnah, porte-parole des musulmans et, de l'autre côté, le parti du Congrès de Jawaharlal Nehru représentant la population hindoue. Le Mahatma Gandhi restait la figure tutélaire du Congrès mais sans rôle officiel et, comme les événements devaient le prouver, son influence politique perdait du terrain.

Le Mahatma Gandhi

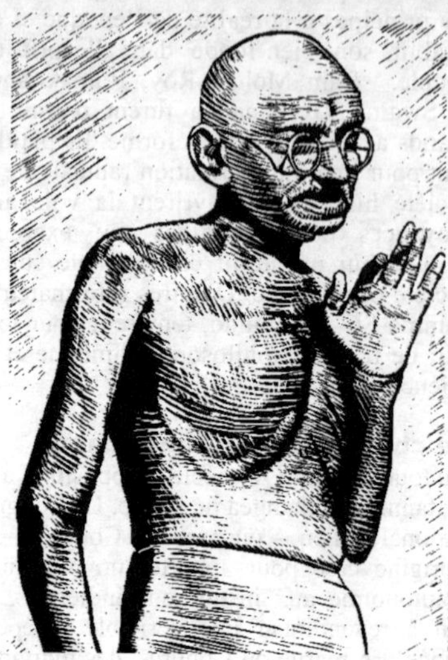
SIMON BORG

Mohandas Karamchand Gandhi naquit le 2 octobre 1869 à Porbandar, une petite ville du Gujarat; État dont son père était Premier ministre. Marié à l'âge de 13 ans, il embrassa, selon les vœux familiaux, la carrière d'avocat et quitta l'Inde en 1888 pour Londres. De retour au pays en 1891, il se heurta à une forte concurrence et accepta un contrat en Afrique du Sud. Dès son arrivée, il fut frappé par la discrimination que subissaient les Indiens et les autres personnes de couleur ; il devint rapidement le porte-parole de sa communauté et lutta pour l'égalité des droits.

Quand Gandhi rentra en Inde en 1915, ses conceptions politiques et ses convictions avaient déjà pris forme. L'*ahimsa* (non-violence) et l'astreinte à une vie simple et disciplinée constituaient les piliers de sa doctrine. Il créa un ashram à Ahmedabad (Gujarat), novateur tant dans l'accueil des intouchables que dans le développement des activités économiques et sociales, comme le filage et le tissage en communauté.

Gandhi fit une entrée discrète sur la scène politique indienne et, dès la première année, remporta un succès en défendant des paysans exploités du Bihar. C'est alors qu'il reçut d'un admirateur le titre de "Mahatma" (grande âme). En 1919, l'adoption de lois discriminatoires, les Rowlatt Acts, l'incita à poursuivre son action en lançant un mouvement de protestation nationale. Les jours suivant le *hartal* (grève), les passions se déchaînèrent dans tout le pays et des manifestants pacifiques furent massacrés par les troupes à Amritsar. Profondément choqué, Gandhi interrompit le mouvement sur-le-champ.

"J'obtiendrai une Inde divisée ou détruite", déclarait Jinnah. Son opposition à la naissance d'une grande Inde hindoue fit naître une volonté de créer un autre État musulman indépendant : le Pakistan. Ce fut la principale pierre d'achoppement à l'octroi de l'indépendance par les Britanniques. Chaque jour qui passait faisait apparaître l'imminence d'une guerre intercommunautaire. Au début de 1946, une mission britannique de conciliation ne put trouver un terrain d'entente entre les deux camps. A l'appel de la Ligue musulmane, la Journée d'action directe (Direct Action Day) du 16 août 1946 devait mobiliser les masses. Elle aboutit à une grande tuerie à Calcutta, où le conflit entre musulmans et hindous fit 10 000 morts. La nomination, en février 1947, du nouveau vice-roi des Indes, Lord Mountbatten, ne produisit pas l'effet escompté : la Ligue restait sourde à toute tentative du Congrès d'empêcher la Partition. Avec l'Indépendance, qui devait prendre effet en juin 1948, on voyait émerger deux États distincts.

Au nord, le Punjab était déjà plongé dans le chaos. A l'est, le Bengale n'allait pas tarder à suivre le même chemin. Le nouveau vice-roi fit une ultime tentative pour convaincre les factions rivales qu'une Inde unie était une proposition plus sensée, mais les positions – celles de Jinnah en particulier – étaient intransigeantes, et il fut décidé, à contrecœur, de partager le pays. Seul Gandhi s'opposa fermement à la division, préférant l'éventualité d'une guerre civile au chaos qu'il prévoyait à juste titre.

Couper une région en deux ne peut être que cruel et injuste. Si certaines provinces étaient clairement hindoues ou musulmanes, d'autres abritaient des populations très mélangées. Même après la Partition, l'Inde demeura le troisième pays musulman au monde, après l'Indonésie et le Pakistan.

Le Mahatma Gandhi

En 1920, devenu l'un des ténors du Congrès national indien, il coordonna une campagne nationale de non-coopération. Ses efforts se soldèrent par un développement du sentiment national, mais aussi par de nouvelles explosions de violence. Au milieu des années 1920, Gandhi se fit relativement discret. Il reprit la lutte en 1927 et, trois ans plus tard, début 1930, il fascina son pays et le monde entier par son fabuleux défi au gouvernement britannique : à l'issue d'une longue marche d'Ahmedabad à Dandi (sur la côte du Gujarat) à la tête de milliers de partisans, Gandhi recueillit le sel de la mer, bravant publiquement l'impôt sur le sel tant haï. Ceci lui valut une nouvelle incarcération. Relâché en 1931 afin de représenter le Congrès national indien à la table des négociations à Londres, il conquit le peuple britannique mais ne put obtenir de concessions significatives du gouvernement.

Jeté à nouveau en prison à son retour en Inde, il entama immédiatement une grève de la faim pour contraindre ses compatriotes à reconnaître les droits des intouchables. Tout le pays retint son souffle. A mesure que Gandhi déclinait, la pression sur les hommes politiques augmentait. Enfin, quand il parut à l'article de la mort, on parvint à un accord.

De nouveau libre, Gandhi connut des désillusions politiques. Reprochant aux dirigeants du Congrès de ne pas suivre la juste voie qu'il préconisait pour l'Inde, il renonça à son siège en 1934 et se lança dans un projet d'éducation en zone rurale. En 1942, il revint sur le devant de la scène avec la campagne "Quit India" qui exhortait les Britanniques à quitter l'Inde immédiatement. Jugées subversives, les actions qu'il mena pendant la Seconde Guerre mondiale le conduisirent une fois de plus derrière les barreaux avec la plupart des dirigeants du Congrès.

Gandhi fut laissé à l'écart des âpres marchandages qui suivirent la guerre, spectateur impuissant et désespéré des plans de partition. N'ayant pas les moyens d'éviter cette tragédie, il partit en campagne dans les zones sensibles pour tenter de calmer les tensions communautaires et de défendre la paix.

Toutefois, défendre toutes les communautés ne pouvait qu'exacerber le ressentiment des extrémistes hindous. Le soir du 30 janvier 1948, comme il se rendait à une prière publique, Gandhi fut assassiné par un fanatique hindou.

Comble de difficulté, les régions à prépondérance musulmane étaient géographiquement situées à l'opposé l'une de l'autre. Le Pakistan serait donc inévitablement divisé en deux régions, l'une occidentale et l'autre orientale, séparées par une Inde hostile. La précarité d'un tel arrangement était évidente, mais il fallut 25 ans pour que survienne une séparation effective et que le Pakistan oriental devienne le Bangladesh.

D'autres problèmes apparurent lors de l'accession à l'indépendance. Le Pakistan manquait cruellement des cadres et employés de bureau dont l'Inde était si bien pourvue. Ces emplois n'attiraient pas les musulmans. D'autres métiers, comme celui de prêteur, étaient des spécialités hindoues, et les tâches les plus dégradantes étaient réservées aux intouchables. Les sikhs du Punjab, à la religion distincte, voyaient leur "patrie" coupée en deux.

Mountbatten décida d'accélérer l'indépendance, qui fut décrétée le 14 août 1947. Une fois prise la décision de partager le pays, il fallut tracer la ligne de démarcation. Comme l'établissement d'une frontière au niveau local amènerait certainement des récriminations des deux parties et prendrait un temps infini, il fut décidé de s'en remettre à un arbitre britannique, auquel on donna la terrible responsabilité de régler le sort de millions de gens. Les décisions les plus délicates concernaient le Bengale et le Punjab.

Pour la deuxième fois au cours du XXe siècle (Curzon avait déjà scindé la région en deux en 1905), Calcutta, avec sa majorité hindoue, son port et ses fabriques de jute, fut séparée du Bengale oriental, à majorité musulmane et dont l'activité principale était la culture du jute, mais qui ne disposait d'aucune usine pour le traiter, ni de port adéquat pour l'exporter.

Le problème était encore plus délicat au Punjab où la fièvre était déjà à son comble. La région la plus riche et la plus fertile du pays abritait une nombreuse population musulmane (55%) et hindoue (30%), ainsi qu'un grand nombre de sikhs. Toutes les conditions d'un désastre étaient réunies. La divulgation de la ligne de partage suivit de peu la proclamation de l'indépendance. Le carnage fut pire que toutes les prévisions réunies. Ce fut un déferlement paniqué de populations entières traversant la frontière, les musulmans pour rejoindre le Pakistan, les hindous et les sikhs l'Inde.

La ligne de partage passait entre les deux grandes villes du Punjab, Amritsar et Lahore. Avant l'Indépendance, la population de Lahore (1,2 million d'habitants) comptait environ 500 000 hindous et 100 000 sikhs. Quand la poussière fut retombée, Lahore ne comptait plus qu'un millier d'hindous et de sikhs.

Pendant des mois, l'exode se poursuivit à travers le Punjab. Des trains entiers de musulmans fuyant vers l'ouest étaient pillés et leurs occupants massacrés par les foules hindoues et sikhs. Hindous et sikhs fuyant en sens inverse connaissaient le même sort. L'armée envoyée en renfort pour maintenir l'ordre se montra totalement impuissante, quand elle ne prêtait pas main forte au déferlement de haine. Dix millions d'individus furent ainsi déplacés et les estimations les plus modestes évaluent à 250 000 le nombre de morts. Les chiffres réels pourraient dépasser le demi-million. A l'autre extrémité, un million de personnes, principalement des hindous, traversèrent la frontière du Bengale ; très peu de musulmans quittèrent le Bengale-Occidental pour le Pakistan oriental.

La division du Punjab ne fut pas le seul prétexte à ces massacres. Pendant toute l'ère britannique, l'Inde avait conservé de nombreux États princiers. Leur incorporation aux deux nations indépendantes ne fut pas simple. Pour les convaincre, il fallut apporter des garanties concernant le maintien de leur autonomie. Mais à l'heure de l'Indépendance, trois de ces États refusaient toujours d'obtempérer.

Ce fut le cas du Cachemire, de population musulmane mais dirigé par un maharaja hindou. En octobre 1948, le maharaja n'avait toujours pas fait son choix entre le Pakistan et l'Inde. Une colonne motorisée de 5 000 Pathan (ethnie pakistanaise) traversa la frontière avec l'intention de marcher sur Srinagar et d'annexer le Cachemire. Le maharaja lança un appel au secours au gouvernement indien. Ce dernier accepta de l'aider à condition qu'il signe son rattachement à l'Inde, ce qui provoqua la première et très brève guerre indo-pakistanaise.

En effet, l'ONU, alertée, intervint pour séparer les deux camps. La question du Cachemire n'était cependant pas résolue et allait constituer une source de conflits latents entre les deux pays. Beaucoup étaient enclins à soutenir la légitimité d'un contrôle du Pakistan sur le Cachemire, compte tenu de sa population très largement musulmane et de ses liens géographiques étroits avec ce pays. A l'heure actuelle, Inde et Pakistan se partagent la région selon une ligne de cessez-le-feu (Line of Actual Control), qu'aucun des deux pays ne reconnaît.

Un sombre événement devait couronner les dernières étapes menant à l'Indépendance. Le 30 janvier 1948, Mohandas Gandhi, alors profondément atteint par la Partition et les effusions de sang qui l'accompagnèrent, fut assassiné par un fanatique hindou. Aussi longtemps que durèrent les tractations qui conduisirent à l'Indépendance, il se fit, le plus souvent seul, le chantre de la tolérance et d'une Inde unie. Gandhi était même prêt à accepter que Jinnah prît la tête du sous-continent, si c'était la condition pour éviter la Partition. Toutefois, de nombreuses personnes, éprouvées par les événements des mois passés, interprétèrent sa proposition comme une alliance avec l'ennemi.

L'Inde indépendante

Depuis 1947, l'Inde avance à grands pas, tout en affrontant d'énormes problèmes. Le simple fait qu'elle n'ait pas succombé à la dictature, au pouvoir militaire ou à une massive invasion des marchés étrangers témoigne de la force de ses institutions démocratiques. Sur le plan économique, sa production agricole s'est améliorée et son industrie s'est développée au point de la placer parmi les dix plus grandes puissances industrielles du monde.

Premier Indien à occuper le poste de Premier ministre, Jawaharlal Nehru mena une politique de non-alignement. Tout en maintenant des relations cordiales avec la Grande-Bretagne en tant que membre du

Commonwealth, Nehru se rapprocha de l'URSS, cherchant ainsi à neutraliser d'une part les conflits avec la Chine, d'autre part l'appui des États-Unis aux Pakistanais.

En 1965 et 1971, deux nouveaux conflits éclatèrent avec le Pakistan, l'un à propos du Cachemire, l'autre à l'occasion de l'indépendance du Bengale oriental, le Bangladesh. Peu avant, une guerre frontalière déclarée avec la Chine en 1962, dans les zones limitrophes de la North-East Frontier Area (Zone de la frontière du Nord-Est, ou NEFA, rebaptisée depuis NER, ou Région du Nord-Est) et du Ladakh, avait entraîné la perte d'Aksai Chin (au Ladakh) et de petits territoires de la NEFA. L'Inde n'a cessé de revendiquer depuis sa souveraineté sur ces territoires.

L'Inde d'Indira

Sur le plan politique, le culte de la personnalité développé autour de ses leaders représente le problème principal rencontré par la démocratie indienne depuis l'Indépendance. Il n'y eut que trois Premiers ministres de réelle envergure : Nehru, sa fille Indira Gandhi (sans lien de parenté avec le Mahatma) et le fils de celle-ci, Rajiv Gandhi. Nehru mit en œuvre une série de plans quinquennaux visant à stimuler la production et poursuivit la politique de non-alignement qui valut à son pays des aides de l'URSS, des États-Unis et de l'Europe. Il mourut en 1964. Indira Gandhi, élue Premier ministre en 1966, dut affronter en 1975 une très sérieuse opposition et des troubles auxquels elle répliqua en décrétant l'état d'urgence. Dans bien d'autres pays, cette situation aurait pu dégénérer rapidement en dictature.

Pendant cet état d'urgence, un ensemble de mesures, à la fois judicieuses et néfastes, furent instaurées. Libérée de nombreuses entraves parlementaires, Indira Gandhi put contrer efficacement l'inflation, relancer l'économie et renforcer de manière décisive l'efficacité gouvernementale. En revanche, ses opposants politiques se retrouvèrent fréquemment en prison, le système judiciaire ressembla à un théâtre de marionnettes, la presse fut muselée et le népotisme devint une pratique courante, notamment en faveur de son propre fils, Sanjay. Le désastreux programme de stérilisations forcées, lancé par ce dernier, provoqua une énorme colère.

En dépit du mécontentement populaire, Indira organisa des élections générales en 1977. Elle fut désavouée et le parti du Congrès dut céder le pouvoir au Parti populaire Janata, constitué à la hâte dans le seul but de la renverser. Jaya Prakash Narayan, "JP", un vieux socialiste pro-Gandhi, avait fondé ce parti pour lutter contre la corruption et l'autoritarisme croissant d'Indira. Il fut emprisonné pendant cinq mois en 1975, ce qui mit sa santé à rude épreuve. A sa mort, en 1977, le Janata avait détrôné Indira. Nombreux sont ceux à penser que la démocratie n'aurait sans doute pas survécu sans la stature morale et le courage de Narayan face à l'administration monolithique du Congrès.

Après sa victoire, il s'avéra que le Janata manquait d'une politique cohérente. Son dirigeant, Moraji Desai, semblait davantage préoccupé par la protection des vaches et l'interdiction de l'alcool que par les problèmes réels du pays. Aux prises avec une inflation galopante, de nombreux troubles et une économie défaillante, le Janata se disloqua fin 1979. Indira Gandhi revint au pouvoir aux élections de 1980, avec la plus importante majorité de sa carrière.

L'Inde des années 1980 et 1990

L'habileté politique d'Indira Gandhi s'émoussa face aux troubles communautaires qui éclatèrent dans plusieurs régions, aux violentes agressions contre les *dalit* (castes répertoriées ou intouchables), aux brutalités policières, à la corruption et aux soulèvements du Nord-Est et du Punjab. A cela s'ajouta la disparition de son fils et héritier politique, l'impopulaire Sanjay, qui trouva la mort dans un accident d'avion en juin 1980. En 1984, après avoir inconsidérément décidé d'envoyer l'armée déloger les séparatistes sikhs du Golden Temple d'Amritsar, Indira Gandhi fut assassinée par ses gardes du corps sikhs. Hautement controversée, sa décision de profaner le lieu de culte sikh le plus sacré fut une catastrophe. Elle déclencha de sanglants affrontements entre hindous et sikhs qui firent plus de 3 000 morts (pour la plupart des sikhs sauvagement lynchés). Depuis lors, la requête de la création d'un État sikh autonome, le Khalistan, n'est plus prise en compte.

Le fils d'Indira, Rajiv Ghandi, un ancien pilote d'Indian Airlines, accéda au poste de Premier ministre. Après une brève période de calme, pendant laquelle il mit fin au protectionnisme du pays et l'ouvrit aux investissements étrangers, Rajiv se retrouva soupçonné de corruption (notamment dans le scandale Bofors, où il a été accusé d'avoir touché des pots-de-vin dans un important contrat avec le fabricant d'armes suédois). Il échoua également à venir à bout des troubles au Punjab, au Cachemire et ailleurs. En 1991, en pleine campagne électorale au Tamil Nadu, Rajiv et plusieurs autres personnes furent tués lors d'un attentat à la bombe perpétré par une militante du Front de Libération des Tigres de l'Eelam Tamoul (LTTE ; un mouvement séparatiste armé sri-lankais).

Narasimha Rao prit la tête du parti du Congrès qu'il conduisit à la victoire aux élections de 1991. Rao partageait la détermination de Rajiv et souhaitait que l'Inde affronte la réalité économique des années 1990. L'économie reçut un formidable coup de fouet en 1992, lorsque le ministre des Finances, Manmohan Singh, prit la décision de laisser partiellement flotter la roupie par rapport à un panier de monnaies "fortes".

Rao hérita d'un certain nombre de problèmes récurrents qui mirent à l'épreuve la stabilité de son gouvernement. Sa préoccupation la plus grave fut la montée du radicalisme communautaire, opposant en particulier les hindous et les musulmans, dont la ville d'Ayodhya (Uttar Pradesh), vénérée par les hindous comme le lieu de naissance de Rama, devint le foyer. En décembre 1992, des hindous fondamentalistes, soutenus par le parti Bharatiya Janata (le BJP, fervent partisan du retour à l'hindouisme), détruisirent Babri Masjid, la mosquée érigée, selon eux, sur le site de l'ancien temple de Rama. Des émeutes éclatèrent dans tout le Nord et, à Mumbai, une série d'attentats à la bombe fit plus de 250 morts et 1 100 blessés.

Dans les années 1990, la tension latente entre l'Inde et le Pakistan revint sur le devant de la scène, accompagnée d'une recrudescence des opérations de guérilla. L'Inde accusa le Pakistan d'entraîner et d'armer les insurgés cachemiri – ce qu'Islamabad s'empressa bien sûr de nier en rejetant la responsabilité sur l'armée indienne. Des terroristes cachemiri prirent alors pour cible des touristes étrangers et indiens, dont plusieurs furent assassinés (pour plus d'informations, voir le chapitre *Jammu-et-Cachemire*).

La montée du nationalisme hindou et les divers scandales de corruption impliquant le gouvernement de Rao (voir ci-dessous *L'Inde d'après 2000*) se révélèrent désastreux pour le parti du Congrès, qui perdit les élections générales de 1996 au profit du BJP. Le gouvernement formé par ce dernier dura moins de deux semaines et fut remplacé par une coalition de 13 partis, appelée United Front, qui ne résista que 9 mois. En avril 1997, il fut désavoué après que le Congrès lui eut retiré son soutien. En 1998, le BJP et ses alliés remportèrent la majorité des sièges, provoquant la démission de Sitaram Kesri à la présidence du Congrès au profit de Sonia Ghandi (la veuve de Rajiv). Cette décision fut vivement condamnée par plusieurs membres du Parti (et d'autres politiciens), qui estimaient que les hautes fonctions (et la possibilité d'accéder au fauteuil de Premier ministre) devaient être réservées à des candidats d'origine indienne. Certains membres du Parti furent tellement ulcérés qu'ils démissionnèrent en signe de protestation, plongeant le Congrès dans un total désarroi. Sonia Gandhi a résisté aux pressions et certains la soupçonnent de vouloir garder la place pour sa fille, Priyanka, considérée comme future dirigeante.

En 1998, le BJP, conduit par le Premier ministre Atal Behari Vajpayee, prit les rênes du pouvoir et fit rapidement la une de la presse internationale en procédant à cinq essais nucléaires dans le désert du Rajasthan, mettant ainsi fin aux espoirs de trouver une solution pacifique à la crise du Cachemire. Le Pakistan réagit violemment en effectuant ses propres essais nucléaires, ce qui suscita l'inquiétude des puissances mondiales quant à l'éventualité d'une course à l'armement nucléaire en Asie du Sud. En dépit de la condamnation au niveau international (qui se traduisit par des sanctions économiques imposées par plusieurs nations), Vajpayee conserva le pouvoir après le succès du BJP aux élections d'octobre 1999. Lors de ce vote, 43 femmes seulement ont été élues (le gouvernement a présenté un amendement visant à augmenter le nombre de femmes à des positions clés, mais celui-ci n'a toujours pas été adopté).

Bien que Vajpayee et son parti soient considérés par beaucoup comme des nationalistes hindous intolérants, ils se sont révélés jusqu'à présent des dirigeants plus avisés que le parti du Congrès, malgré les allégation concernant le scandale des armes de mars 2001.

L'Inde de l'après-2000

Ces dernières décennies, la politique indienne a été marquée par de multiples affaires de corruption. Ces scandales sont apparus au grand jour en octobre 2000, quand l'une des figures politiques les plus emblématiques, l'ex-Premier ministre Narasimha Rao, a été condamné à 3 ans de prison. Rao, qui a dirigé le gouvernement du 21 juin 1991 au 16 mai 1996, a été reconnu coupable d'avoir versé des pots-de-vin en échange de voix lors d'un vote parlementaire décisif en 1993. Libéré sous caution, il a fait appel de cette décision.

En mars 2001, des marchés frauduleux impliquant des responsables de haut niveau ont été révélés par un site web indien d'informations, puis relayés par la presse du monde entier ; des membres du gouvernement étaient mêlés à une affaire de corruption autour d'une vente d'armes. Afin de restaurer la confiance du public dans le gouvernement Vajpayee, le ministre indien de la Défense, George Fernandes, a démissionné dès qu'a éclaté le scandale, tout en protestant de son innocence. Malgré les appels vigoureux des partis d'opposition pour pousser la coalition dirigée par le BJP à démissionner, le Premier ministre Vajpayee a refusé de se retirer. Il s'est au contraire engagé à "faire toute la lumière sur ces allégations" en ordonnant une enquête au plus haut niveau judiciaire.

Le début du nouveau millénaire reste focalisé sur l'éternel désaccord entre l'Inde et le Pakistan à propos du Cachemire. En dépit des promesses continuelles des deux pays de renouer un dialogue constructif, les tensions demeurent explosives.

GÉOGRAPHIE ET GÉOLOGIE

L'Inde couvre une superficie de 3 287 263 km^2. Elle se divise en 29 États et en 6 territoires de l'Union, directement administrés. Les États se subdivisent à leur tour en districts.

Himalaya

Le Nord du pays est largement bordé par la longue chaîne montagneuse de l'Himalaya, la plus élevée du globe, qui sépare l'Inde de la Chine, d'est en ouest, et forme l'un des plus récents massifs montagneux au monde. Son évolution remonte au jurassique (il y a 80 millions d'années), lorsqu'une mer profonde sépara les terres en deux blocs, la Laurasia au nord, et le Gondwana au sud. La vaste étendue de terre devenue l'Inde se sépara à son tour du Gondwana et entra en collision avec la Laurasia. Les roches volcaniques de l'Inde furent projetées contre la croûte sédimentaire de la Laurasia, la forçant à se soulever pour créer l'Himalaya. Cette collision continentale se poursuit et la chaîne montagneuse s'élève de quelque 8 mm par an.

En réalité, l'Himalaya n'est pas constitué d'une seule chaîne montagneuse mais de plusieurs, séparées par de superbes vallées, celle de Kullu dans l'Himachal Pradesh, celle du Cachemire dans le Jammu-et-Cachemire, et celle de Katmandou au Népal. Le Kanchenjunga (8 598 m), au Sikkim, est le point culminant de l'Inde ; avant le rattachement du Sikkim à l'Inde, ce record appartenait au Nanda Devi (7 817 m). Au-delà de l'Himalaya s'étend le haut plateau tibétain, sec et dénudé, dont une petite partie, le Ladakh, se trouve à l'intérieur des frontières indiennes.

La dernière chaîne méridionale de l'Himalaya, les Siwalik Hills (collines de Siwalik), se termine brusquement en bordure de la grande plaine septentrionale, au nord-ouest.

Plaine septentrionale

Contrastant avec les pics vertigineux des montagnes, cette plaine plate s'abaisse imperceptiblement de 200 m entre Delhi et le golfe du Bengale. Le Gange, le grand fleuve sacré, prend sa source à Gangotri et arrose une grande partie de la plaine septentrionale avant de mêler ses eaux à celles du Brahmapoutre. Au nord-ouest, l'Indus prend naissance au Ladakh mais bifurque rapidement vers le Pakistan, dont il est le fleuve le plus important.

Nord-Est

La frontière nord-est de l'Inde suit les contreforts de l'Himalaya, qui la séparent du Myanmar (Birmanie). Dans cette région, l'Inde contourne le Bangladesh, atteignant presque l'océan sur le versant est.

Centre et Sud

Au sud des plaines septentrionales, le sol s'élève jusqu'au plateau du Deccan, bordé à l'est et à l'ouest par des chaînes de collines

Le séisme dévastateur du Gujarat

Le 26 janvier 2001, jour de la fête de la République, un très fort tremblement de terre a frappé l'État du Gujarat, faisant un grand nombre de morts et provoquant des destructions massives (voir également l'encadré *Attention* dans le chapitre *Gujarat*). Le séisme, dont l'épicentre était situé dans la région reculée de Kutch, a atteint une amplitude de 7,9 sur l'échelle de Richter, et des secousses ont été ressenties jusqu'à Chennai (Madras), dans le Sud, et jusqu'au Népal, dans le Nord-Est.

Le nombre officiel de victimes approche 17 000 (dont 15 000 dans le district de Kutch). Des ministres ont parlé de 100 000 morts, maisle nombre de 30 000 semble plus vraisemblable. Le chiffre exact ne sera jamais connu, en partie à cause de l'étendue de la catastrophe. Les équipes de secours ont travaillé au maximum de leurs capacités, mais le danger de voir se propager des épidémies était tel que des centaines, voire des milliers de maisons ont été rasées sans que l'on ait pu vérifier la présence de corps à l'intérieur.

Reste aux survivants à reconstruire leurs vies dévastées, ce qu'ils parviendront sans doute à faire, mais les souffrances endurées sont impossibles à évaluer. En termes économiques, les dégâts auraient cependant pu être pires. Le Gujarat, l'un des États indiens les plus industrialisés et donc les plus riches, représente 13% de la production industrielle du pays et 11% du revenu national. Bien qu'Ahmedabad, la capitale économique, ait été gravement touchée, l'infrastructure industrielle de l'État a peu souffert. Pour le Gujarat, et par conséquent pour l'Inde, plus inquiétantes sont les conséquences économiques de la dévastation du port de Kandla, qui traite 17% du trafic maritime national. A cela s'ajoute le coût social et économique exorbitant de la reconstruction des villes et des villages frappés par le séisme.

parallèles aux côtes. Les Ghats occidentaux sont plus hauts et ménagent une bande côtière plus large que les Ghats orientaux. Les deux chaînes se rejoignent à l'extrême sud dans les collines de Nilgiri. Les grandes rivières du Sud, la Godavari et la Krishna, naissent sur les pentes orientales des Ghats occidentaux et se jettent dans le golfe du Bengale à l'est, après avoir traversé le Deccan.

Ouest

Du côté ouest, l'Inde est séparée du Pakistan par trois régions distinctes. Au nord, dans la zone disputée du Cachemire, l'Himalaya forme la frontière entre les deux pays, puis s'abaisse dans les plaines du Punjab qui se fondent dans le grand désert du Thar. Cette zone totalement aride, d'une grande beauté, à la frange occidentale du Rajasthan, était autrefois recouverte d'épaisses forêts. Les découvertes faites par des paléontologues en 1996 tendent à prouver que la région abrita des dinosaures et leurs ancêtres il y a quelque 300 millions d'années.

Enfin, l'État indien du Gujarat est séparé du Sind pakistanais par une étendue marécageuse appelée le Rann de Kutch. Pendant la saison sèche (de novembre à avril), le Rann s'assèche, ne laissant que des îlots de sel au milieu d'une vaste plaine. Pendant la saison humide (de juin à août), les inondations forment une grande mer intérieure.

Îles

Bien que politiquement intégrées à l'Inde, les îles Andaman et Nicobar, éparpillées à l'extrémité est du golfe du Bengale, sont physiquement et géographiquement plus proches du Myanmar et de l'Indonésie. Les atolls coralliens des Laquedives (Lakshadweep), à quelque 300 km à l'ouest de la côte de Malabar, forment le prolongement septentrional des Maldives.

Sur les 300 îles Andaman, les épaisses forêts qui tapissaient autrefois les collines de l'intérieur se sont hélas considérablement éclaircies du fait d'un déboisement intensif. Les côtes bordées de coraux, très découpées, offrent des ports naturels et des criques se découvrent à marée basse. Les 19 îles Nicobar, essentiellement plates, sont couvertes de coraux. Seule fait exception la Great Nicobar, qui culmine à 642 m et possède de nombreuses rivières, contrairement aux autres îles dépourvues d'eau douce.

L'archipel des Laquedives compte deux douzaines d'îles d'une superficie totale de 22 km^2. Ce sont toutes des atolls coralliens (théoriquement formés autour d'un volcan immergé), inclinés vers l'ouest, où des lagons protègent les habitants des pires effets de la mousson du Sud-Ouest.

CLIMAT

L'Inde est si étendue que les conditions climatiques à l'extrême Nord n'ont rien à voir avec celles de l'extrême Sud. Lorsque la chaleur devient intolérable dans les plaines, les habitants du Ladakh, haut perché dans l'Himalaya, attendent encore la fonte des neiges sur les cols.

L'Inde connaît trois saisons : une chaude, une humide et une fraîche. Globalement, l'hiver (de novembre à février) est la meilleure saison pour visiter le pays, à quelques exceptions régionales près (reportez-vous aux encadrés *En bref* au début de chaque chapitre).

Saison chaude

Dans les plaines du Nord, la chaleur commence à s'élever vers février, pour devenir insupportable en avril ou mai. En Inde centrale, les températures de 45°C, voire davantage, sont courantes. L'air est sec et poussiéreux et le paysage noyé dans une brume de chaleur.

Vers la fin mai arrivent les premiers signes de la mousson : une forte humidité, de courtes et furieuses pluies orageuses, de violentes tempêtes ; des tornades de poussière transforment le jour en nuit. La chaleur et l'humidité, vers la fin de la saison chaude, deviennent abrutissantes.

Pendant cette saison, mieux vaut quitter les plaines pour les collines. C'est le moment idéal pour se rendre dans les stations de l'Himalaya et les États comme le Sikkim, alors très fréquentés. Début juin, les neiges disparaissent des cols du Ladakh et les routes redeviennent praticables.

Saison humide

La mousson n'arrive pas d'un coup. Après une période d'avertissement, la pluie avance graduellement, touchant l'extrême Sud début juin et le Nord début juillet. La mousson n'apporte pas vraiment la fraîcheur. Les premières semaines, on passe simplement d'un temps chaud, sec et poussiéreux à un temps chaud et humide où l'on patauge dans la boue. Même ainsi, cela représente une bénédiction pour tous, et principalement pour les agriculteurs qui doivent préparer les champs avant les semences. Il ne pleut pas toute la journée, mais tous les jours et à seaux, puis un agréable soleil suit les trombes d'eau.

La principale mousson vient du sud-ouest. La côte sud-est est affectée par la mousson du nord-est, courte et étonnamment pluvieuse, qui dure de mi-octobre à fin décembre.

La mousson, traditionnellement nourricière, s'accompagne aussi de catastrophes. Chaque année, les inondations font des ravages et des milliers de gens se retrouvent sans abri. Les rivières débordent, emportant routes et voies ferrées. Les trajets aériens sont souvent annulés et se déplacer pendant cette saison devient plus aléatoire.

Saison fraîche

Aux alentours du mois d'octobre, la mousson s'achève dans la majeure partie du pays, ouvrant la saison touristique. Il est en revanche trop tard pour visiter le Ladakh et le Zanskar, où la meilleure période s'étend de mai à octobre. En général, les températures ne sont ni trop chaudes, ni trop fraîches, bien que l'humidité puisse persister en octobre dans certaines régions. Dans l'Himalaya, l'air est limpide et les montagnes se détachent clairement, du moins en début de journée. A Delhi et dans les autres villes du Nord, les nuits se font froides en décembre et janvier. A l'extrême Nord, la température devient carrément glaciale. L'arrivée de la neige permet à la petite industrie du ski indien de fonctionner, si bien que quelques sites, comme la vallée de Kullu, connaissent aussi une saison d'hiver.

A l'extrême Sud où il ne fait jamais froid, la température devient agréable. Puis, vers le mois de février, le thermomètre remonte et, avant de pouvoir s'en étonner, il fait déjà incroyablement chaud.

ÉCOLOGIE ET ENVIRONNEMENT

Avec une population de plus d'un milliard d'individus, une industrialisation rapide, des infrastructures médiocres, une déforestation continuelle et un recours massif aux engrais, aux pesticides et aux herbicides, l'environnement indien subit d'énormes pressions. Si les lois destinées à le protéger ne manquent pas, la corruption et les flagrants abus de pouvoir ne font qu'aggraver les dégradations. L'équipement

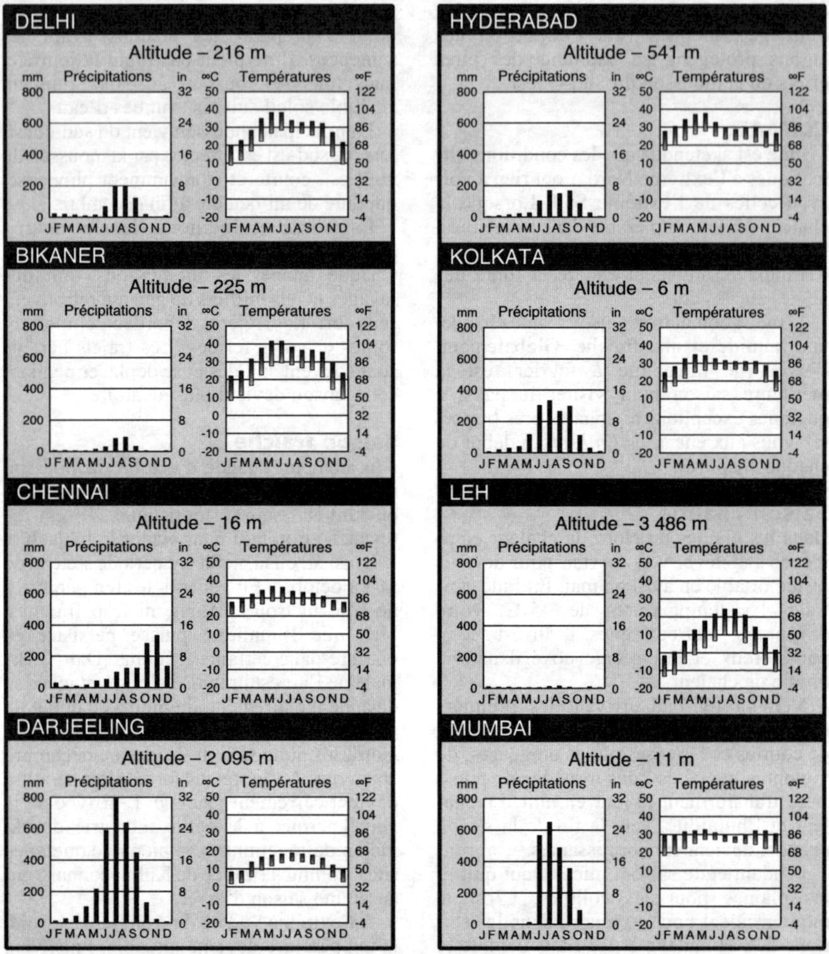

industriel dépassé pose également un problème croissant ; il ne correspond pas aux nouvelles normes de contrôle de la pollution et menace gravement la qualité de l'air et de l'eau.

Les initiatives les plus payantes et les plus sérieuses émanent de communautés locales soucieuses de sauvegarder leur habitat, leur mode de vie et leurs traditions. Ainsi, dans une région à l'écosystème fragile comme le Ladakh, les habitants ont mis en place plusieurs mesures, notamment en préconisant les économies d'énergie et le tourisme écologique.

Sur le plan national, l'une des inquiétudes grandissantes concerne l'importance des déchets de plastique (voir plus loin la rubrique *Déchets de plastique*).

Organismes de protection de l'environnement

Les organismes ci-après, qui œuvrent pour la protection et la préservation de l'environnement en Inde, vous fourniront des renseignement sur les projets menés dans le pays.

Certains vous proposeront peut-être une activité bénévole.

Bombay Natural History Society
(☎ 022 2821811, fax 2837615, bnhs@bom4.vsnl.net.in), Hornbill House, Shahid Bhagat Singh Rd, Mumbai 400023. Ce mouvement écologiste, l'un des plus renommés en Inde et l'ONG la plus importante du sous-continent, publie une liste impressionnante de livres sur la flore, la faune et les problèmes d'environnement.

Equations
(admin@equation.ilban.ernet.in),
198 2nd Cross, Church Rd, New Thippasandra, Bangalore, Karnataka 560075. Ce groupe de pression vient en aide aux populations locales.

Global Village Development Trust
(☎ 07686-74237, 72250), Chandra Prabha Gardens, Rajnagan Rd, Khajuraho, Madhya Pradesh. Créé par des résidents de Khajuraho en 2000 dans le but de permettre aux communautés locales de lutter contre la dégradation écologique, cet organisme s'occupe de problèmes majeurs comme les déchets de plastique, la diminution des ressources en eau, la pollution automobile et le traitement anarchique des ordures. Pour plus de détails, contactez Ajay Awasthi ou Shailesh Singh.

Goa Desc Resource Centre
(☎ 0832-252660), N° 11 Liberty Apartments, Feira Alta, Mapusa, Goa 403507. Ce centre accueille un groupe de discussion tous les quinze jours sur les problèmes d'environnement à Goa.

Goa Foundation
(☎ 0832-263305), c/o Other India Bookstore, Mapusa, Goa 403507. Principal mouvement écologique de Goa, cette fondation publie le mensuel *Green Goa* et gère divers projets, dont celui de débarrasser les plages de Goa des bouteilles de plastique.

Himalayan Environment Trust
(☎ 011-6215635, fax 6862374), Legend Inn E-4 East of Kailash, New Delhi. Cet organisme à but non lucratif cherche à faire prendre conscience des menaces écologiques croissantes qui pèsent sur l'Himalaya.

Himalayan Foundation
(☎ 0137-251268, fax 252367, happrc@vsnl.com), Sartoli Village, PO Bagna, Nandprayag, Uttaranchal. La fondation s'occupe de la reforestation à grande échelle dans l'Himalaya. L'un des projets concerne la préservation de 26 864 ha dans le Garwhal Himalaya.

Himalaya Trust
(☎ 0137-773081, fax 620334, ubcentre@de12.vsnl.net.in), 274/2 Vasant Vihar, Dehra Dun, Uttaranchal. Cette association promeut le développement durable de villages de montagne isolés tout en sauvegardant leur patrimoine écologique, culturel et spirituel.

Madras Naturalists' Society
(☎ 044-4997614), 8 Janaki Ave., Abhiramapuram, Chennai 600018. En matière d'environnement, cet organisme est une bonne adresse dans cette partie du Tamil Nadu.

Mysore Amateur Naturalists
(☎ 0821-541744), 571 9th Cross, Anikethana Rd, Kuvempu Nagar, Mysore, Karnataka. Les naturalistes participent au Project Pelican, un projet local visant à protéger les pélicans.

Sankat Mochan Foundation
(☎ 0542-313884, fax 314278, vbmganga@satyam.net.in), Tulsi Ghat, Varanasi. Cette fondation a créé le Swatcha Ganga Environmental Education Centre, qui dispense des cours d'initiation à l'écologie en collaboration avec des écoles, des villages, des prêtres brahmanes, des pèlerins et des bateliers qui s'intéressent aux problèmes de pollution du Gange à Varanasi. Contactez le professeur Veer Bhadra Mishra.

Society for the Prevention of Cruelty to Animals
Bangalore : (SPCA ; ☎ 080-5540205), Kasturba Rd, près de Queen's Circle, Karnakata 560001
Kolkata : (☎ 033-2370520, ☎ /fax 2365592, bdhar@caltiger.com), 276BB Ganguly St, 700012
Ces deux branches sont très actives dans la prévention de la cruauté envers les animaux.

Traffic India
(☎ 011-4698578, fax 4626837, traffic@wwfind.ernet.in), 172B Lodi Estate, New Delhi 110003. Cet organisme organise des campagnes contre le trafic d'animaux sauvages.

Wildlife Institute of India
(☎ 0135-620910, wii.isnet@axcess.net.in), PO Box 18, Chandrabani, Dehra Dun, Uttaranchal. Expert reconnu de la faune indienne, cet institut contrôle les populations d'espèces locales.

Wildlife Preservation Society of India
7 Astley Hall, Dehra Dun, Garhwal, Uttar Pradesh. Cette organisation promeut la préservation de l'environnement.

Wildlife Protection Society of India
(☎ 011-6213864, fax 3368729, blue@giasdlol.vsnl.net.in), Thapara House, 124 Janpath, Delhi. Cet organisme gère des programmes de protection de la faune dans tout le pays.

World Wide Fund for Nature (WWF)
Siège : (☎ 011-4627586, fax 4626837), 172B Lodi Estate, Max Mueller Marg, New Delhi 110003
Mumbai : (☎ 022-2078105, fax 2076037), National Insurance Building
Goa : (☎ 0832-226020), Hill Side Apartments, Block B, Flat B2, rez-de-chaussée, Fontainhas, Panaji, 403001
Kerala : (☎/fax 0471-325183), A/10 Tagore Nagar, TC N°15/989, Vazhutacaud, Thiruvananthapuram, 695014
Bangalore : (☎ 080-2863206, fax 2866685), Kamala Mansion, 143 Infantry Rd, 560001
Tamil Nadu : (☎ 044-4348064, fax 4347967), 28 4th Main Road, CIT Nagar, Chennai, 600035
Hyderabad : (☎ 040-3327246), 38/A New Shanti Nagar, 500057

Déforestation

De tout temps les Indiens ont vénéré et protégé arbres et forêts. Au XVIIIe siècle, des centaines de *bishnoi* (une secte de Vishnu), au Rajasthan, sacrifièrent leur vie pour sauver des khejri (*Prosopis cineraria*), arbres sacrés que les autorités destinaient au bois de chauffage. Un décret interdit depuis l'abattage des arbres aux alentours des villages bishnoi. Quand les Britanniques commencèrent à commercialiser le bois, les opposants pratiquèrent la satyagraha instaurée par Gandhi. Plus récemment, cette cause fut défendue par le mouvement Chipko, né dans l'Uttarakhand (aujourd'hui Uttaranchal) au milieu des années 70. Exprimant d'abord un mécontentement local, le mouvement prit de l'ampleur et gagna en puissance. Les femmes y jouèrent un rôle clé, bravant les autorités en tenant les arbres embrassés pour empêcher les coupes. Le slogan du Chipko, "Oui à la terre, l'eau et l'oxygène, non à l'abattage de nos arbres", retentit aux quatre coins du pays dans les communautés en lutte pour la sauvegarde de leurs forêts.

En 1951, le premier plan quinquennal reconnut le rôle primordial des forêts dans la préservation des sols. La politique forestière nationale afficha l'ambition d'accroître les superficies d'au moins 33%. Aujourd'hui, seul un tiers de l'épais couvert forestier demeure et décline chaque année malgré les lois de protection.

Nombreuses sont les raisons de cette situation. Des millions d'habitants utilisent du bois issu des forêts comme combustible à raison de 250 millions de tonnes par an, alors que prélever plus du quart de cette quantité cause des dommages irréversibles. Avec la régression des pâturages, le bétail pénètre plus avant dans les forêts. A ces facteurs s'ajoute le déclassement par les États de zones protégées, ouvrant la voie à l'exploitation commerciale. Dans ce cas, les États sont censés affecter une superficie équivalente à la reforestation mais, d'après des défenseurs de l'environnement, ils s'y soustraient ou réservent des terres inadaptées. La contrebande fait des ravages dans certaines régions : dans les Ghats occidentaux, les bois précieux de santal et de rose attirent régulièrement des trafiquants armés jusqu'aux dents auxquels les gardes forestiers, mal équipés, ne peuvent faire face. Les catastrophes naturelles, comme les glissements de terrain qui ont eu lieu dans le nord de l'Uttar Pradesh (devenu Uttaranchal) en 1998 (provoquant la mort de 400 personnes et la destruction de 12 villages), contribuent aussi à la déforestation. Bien que le nombre d'arbres replantés soit à la hausse, les eucalyptus et autres espèces similaires ne remplaceront jamais les forêts originelles.

A la fin des années 90, le gouvernement a pris des mesures pour accélérer le reboisement, encourageant les actions au niveau des villages ainsi qu'une plus grande vigilance à l'encontre du braconnage. Reste à savoir si ces mesures seront suivies d'effets significatifs.

Bon nombre des organismes mentionnés ci-dessus sont impliqués dans des campagnes de reforestation. Le site web www.greencleanindia.com se consacre à la plantation d'un plus grand nombre d'arbres, à la protection écologique et à la sensibilisation du public aux questions d'environnement.

Dégradation des sols

On estime que 65% des terres indiennes subissent diverses formes de dégradation. Voilà qui remet en cause l'utilisation massive d'engrais chimiques préconisée pendant la Révolution verte des années 1960, période du boom de la production agricole. L'Inde se range au 4e rang mondial des consommateurs d'engrais. Cependant, pour nourrir les 20 millions d'habitants qui viennent chaque année grossir sa population, l'arrêt de l'emploi de ces engrais relève de l'utopie, même s'ils contaminent les eaux de surface et les nappes phréatiques. Le DDT et le HCH (hexachlorocyclohexane) sont interdits respectivement depuis 1992 et 1996. Depuis l'Indépendance, plus d'un million de tonnes de ces insecticides avaient été répandus sur les terres indiennes.

Malgré cela, rien ne laisse présager que la demande d'autres substances chimiques va diminuer. De 10 à 25% des récoltes annuelles sont ravagées par des parasites. Cependant, les précipitations provoquent les plus gros dégâts : environ 80% de la dégradation des sols leur est imputable. La disparition du couvert forestier accroît encore l'érosion due aux pluies et aux vents. Les politiques de soutien aux agriculteurs (subventions de l'irrigation et des pesticides, passage des ressources en eau des vil-

Débats houleux autour des barrages

Peu de projets éclairent aussi crûment les dilemmes posés par le développement que le Narmada Valley Development Project. Ambitieux et hautement controversé, ce projet de 6 milliards de dollars américains a pour but d'exploiter les eaux des rivières de la vallée de la Narmada en construisant un ensemble de barrages : 30 grands, 135 moyens et 3 000 petits. Quiconque passe quelques jours dans le Gujarat, le Madhya Pradesh et le Rajasthan prend conscience du dramatique manque de ressource en eau de ces États. Durant la sécheresse catastrophique de 1999-2000, certaines villes n'étaient alimentées en eau courante que tous les trois jours, tandis que la rareté des pluies de mousson ruinait le secteur agricole. Le gouvernement du Gujarat a affirmé que toutes les eaux de surface avaient été captées, que le pompage de la nappe phréatique avait entraîné une augmentation du fluor, des nitrates et de la salinité dans l'eau potable et que 43% de l'énergie de l'État était consommée par les puits fonctionnant à l'électricité, forés plus profondément chaque année. Les défenseurs du projet assurent que l'exploitation des eaux de la Narmada alimenterait en eau potable 8 215 villages et 135 centres urbains et, par ricochet, endiguerait la migration urbaine et ralentirait le processus de désertification.

Néanmoins, les conséquences d'un tel projet sur le plan humain et environnemental donnent à réfléchir. Les opposants – dans les rangs desquels figurent la romancière indienne Arundhati Roy (lauréate du Booker Prize) et le Narmada Bachao Andolan (Mouvement de sauvegarde de la Narmada) – critiquent vivement le projet, arguant qu'il provoquera le déplacement de dizaines de milliers de villageois *adivasi*, qui vivent le long de la Narmada et en vénèrent les eaux depuis des générations, et qu'il modifiera l'écosystème de tout le bassin fluvial de manière irréversible. Ces craintes ont paru suffisantes à la Banque mondiale pour qu'elle retire son soutien au projet en 1993.

Pour l'instant, le gouvernement et les défenseurs du projet semblent avoir eu gain de cause. Le 18 décembre 2000, la Cour suprême indienne a autorisé la mise en œuvre du projet et a même permis que le barrage s'élève à 90 m de haut, dépassant ainsi la hauteur minimum fixée par les partisans du projet. Une minorité a réclamé une étude de l'impact sur l'environnement avant le début des travaux.

Le gouvernement du Gujarat a salué la décision comme inaugurant "un nouvel âge d'or dans l'histoire du Gujarat" et a appelé au soutien massif de la population, dans la mesure où le projet réduira les pénuries d'eau. Les opposants ont taxé la décision d'"antipopulaire" et se sont engagés à poursuivre la lutte pour protéger les droits des villageois, condamnés à un prochain déplacement, et pour faire reconnaître des alternatives, comme la biomasse, l'énergie solaire et les systèmes d'irrigation alimentés par l'eau de pluie. En attendant, les murs du barrage (et les niveaux des rivières) montent doucement.

lages sous contrôle gouvernemental) ont aggravé la situation. Les cultures permanentes entraînent également des problèmes, provoquant un sérieux appauvrissement des sols en minéraux. Ceci, ajouté au rejet des résidus industriels, explique l'augmentation de maladies diverses, allant des goitres aux affections respiratoires.

Des initiatives locales tentent de renverser la tendance. Ainsi en octobre 1997, des fermiers de Dahanu, une riche région de vergers proche de Mumbai, déçus par les techniques classiques, ont accueilli Masanobu Fukuoka, le gourou japonais de l'agriculture sauvage (permaculture).

Ressources en eau

L'accès à l'eau potable et les conditions sanitaires constituent les dangers les plus graves pour la santé publique. L'agriculture absorbe 85% de la consommation d'eau et ses besoins devraient doubler d'ici à 2025, de même que ceux de l'industrie. La consommation domestique devrait, pour sa part, tripler. Certaines régions, tel le nord du Gujarat, souffrent déjà de graves pénuries. Dans cet État, plus de 40% de l'électricité est affectée au fonctionnement des puits. Les grandes villes comme Chennai et Delhi ne couvrent pas la totalité des besoins de leur population et les banlieues qui en ont les moyens s'équipent de réservoirs alimentés par des camions amenant l'eau d'autres régions. Les eaux souterraines (qui fournissent 85% de l'eau potable des campagnes et 55% de celle des villes) sont exploitées de façon incontrôlée et souvent polluées par infiltration. Au Bengale-Occidental (et au Bangladesh), des dizaines de milliers de villageois s'empoisonnent en buvant l'eau de puits très profonds contaminée à l'arsenic (présent naturellement dans des soubassements de pyrite). Au Tamil Nadu, la nappe phréatique baisse de plus de un mètre par an. Une grande partie de l'eau se perd dans des canalisations percées (les pertes s'élèveraient à la moitié au moins de l'eau pompée dans tout le pays). Le réseau hydrographique indien souffre lui aussi d'infiltrations, de pollution industrielle et de contamination par les égouts. La Sabarmati et le Gange sont les fleuves les plus pollués du pays.

Moins de 20% du nouvel État du Chhatisgarh est irrigué et la région se retrouve confrontée à de fréquentes sécheresses. En 2000, plus de 50% des fermiers et des paysans sans terres ont quitté la région en raison du manque d'eau, ce qui a eu pour effet de diminuer de plus de moitié la production de riz, principale ressource du Chhatisgarh.

Pollution de l'air

Environ 45 millions de véhicules circulent sur les routes indiennes, dont 60% de deux-roues, comme les auto-rickshaws, économiques mais polluants. L'abandon du diesel, subventionné et relativement bon marché, n'est pas à l'ordre du jour.

Ces dix dernières années, les véhicules ont constitué une source majeure de pollution à Delhi (voir l'encadré *Alerte à la pollution* dans le chapitre *Delhi*). Depuis peu, des efforts ont toutefois été entrepris pour améliorer la situation : les taxis, les auto-rickshaws et les bus vieux de plus de huit ans sont désormais interdits en ville et tous les taxis roulent à l'essence. La construction du métro (actuellement en cours) devrait améliorer la situation. Par ailleurs, des projets visent à assainir la Yamuna et à déplacer les industries hors de la ville.

Pendant ce temps, à Agra, la zone de 4 km autour du Taj Mahal a été interdite à la circulation en 1994, une décision suivie en 1999 par un décret de la Cour suprême ordonnant la fermeture des usines polluantes des environs. Les bâtiments construits sans autorisation dans un périmètre de 500 m autour du Taj ont également été rasés. Malheureusement, la loi a été appliquée sans qu'aucune mesure n'ait été prise en faveur des personnes concernées. De nombreuses usines ont dû fermer sans recevoir aucune compensation ; d'autres ont accepté la délocalisation pour découvrir que les sites proposés n'étaient guère plus que des emplacements en plein désert – sans eau, sans électricité ou sans route. Cependant, Agra a bénéficié d'aménagements positifs, notamment avec l'introduction de véhicules électriques non polluants et de cyclo-pousse conçus pour alléger la charge du conducteur. La plupart de ces initiatives ont été financées par des ONG européennes et américaines, en collaboration avec les hôtels locaux et l'Uttar Pradesh Tourism.

Malgré les engagements du gouvernement et les législations visant à réduire les émanations toxiques, la pollution industrielle continue d'atteindre des niveaux élevés dans tout le pays, surtout dans les grandes villes. Le nom de Bhopal reste synonyme de l'une des plus graves catastrophes industrielles de l'Inde et du monde entier (voir l'encadré *La catastrophe de Bhopal* dans le chapitre *Madhya Pradesh et Chhatisgarh*).

Déchets de plastique

Presque partout en Inde, sacs et bouteilles de plastique bouchent les égouts, jonchent les rues, les déserts et les plages, et vont jusqu'à empêcher l'herbe de pousser dans les parcs. Plus alarmant encore est le nombre de vaches, d'éléphants et d'autres animaux qui avalent des débris de plastique, ce qui les conduit à une mort lente et douloureuse. Selon le lobby des opposants au plastique, environ 72% des emballages de plastique utilisés sont jetés dans un délai d'une semaine et seulement 11% sont recyclés. Il incombe à chacun (y compris au voyageur) de limiter sa consommation de plastique et de recycler sacs et bouteilles. Heureusement, de plus en plus d'initiatives voient le jour au niveau local. A Kodaikanal, par exemple, les sacs des magasins sont désormais en papier et non plus en plastique. Pour plus de renseignements, reportez-vous à la rubrique *Tourisme responsable* du chapitre *Renseignements pratiques*.

Les bienfaits de Mère Nature

Tandis que le frère de Rama gisait mortellement blessé à Lanka, domaine du roi des démons Ravana, le dieu-singe Hanuman, fidèle second de Rama, partit quérir des plantes miraculeuses dans une montagne sacrée de l'Himalaya. Une fois sur place, ne sachant lesquelles prendre, il arracha la montagne et l'emporta à Lanka. Chemin faisant, il en laissa choir des morceaux, semant ainsi les plantes dans les Ghats occidentaux. Voilà pourquoi les plantes utilisées par la médecine ayurvédique traditionnelle poussent en Inde méridionale !

Science ancienne et complexe des herbes médicinales, l'Ayurveda décrit 2 000 espèces, dont 500 au moins sont d'usage courant. Plus de 85% des plantes poussent à l'état sauvage, mais nombre d'entre elles sont aujourd'hui menacées de disparition. Par exemple, la *Rauwolfia serpentina*, utilisée pour traiter la tension artérielle, n'existe qu'en Inde. L'offre ne peut satisfaire la demande internationale et l'avenir de l'espèce suscite de vives inquiétudes. En outre, des problèmes surgissent quant à la propriété intellectuelle des plantes médicinales et à la répartition équitable des profits tirés de leur commercialisation.

Actuellement, de nombreux médecins indiens se tournent vers le passé pour soigner les maladies d'aujourd'hui. A Mumbai, un groupe de médecins et d'herboristes indiens effectue des recherches dans l'espoir de guérir le sida à l'aide de la médecine ayurvédique (voir l'encadré *Le sida en Inde* dans le chapitre *Renseignements pratiques*). Pendant ce temps, à l'All India Institute of Medical Sciences de Delhi, d'autres médecins associent le *pranayama*, science traditionnelle du contrôle de la respiration, à la chimiothérapie.

Énergie

Les centrales thermiques produisent 75% de l'électricité du pays. Le charbon, première source d'énergie, couvre 67% des besoins énergétiques de l'industrie. Après la découverte de pétrole au large du Maharashtra en 1976, la production de brut a augmenté d'environ 10% par an jusqu'au milieu des années 80. Puis, les gisements s'épuisant et les nouvelles découvertes se faisant attendre, elle a décliné et le gouvernement a dû recourir aux importations pour satisfaire la demande intérieure.

Proportionnellement moins importantes, les énergies hydraulique et nucléaire suscitent maintes controverses. Les bénéfices tirés des barrages hydroélectriques sont loin de compenser le coût social et écologique, souvent injustifié aux dires des critiques (voir l'encadré *Débats houleux autour des barrages*). L'Himachal Pradesh a récemment lancé une vaste campagne afin d'exploiter le potentiel hydraulique des principales rivières de l'État. Une série de gigantesques barrages et de centrales thermiques sont actuellement en construction sur la Sutlej, la Baspa, la Ravi et la Parbati, des rivières qui traversent toutes des régions d'une grande beauté. Ces projets ont été conçus dans l'idée d'ouvrir les régions montagneuses escarpées au développement économique, mais ils menacent à la fois l'environnement local et le mode de vie traditionnel des montagnards. La capacité énergétique de l'Inde est passée de 1 400 MW en 1947 à 92 864 MW à la fin 1999. Le nucléaire fournit moins de 2 000 MW et la part d'électricité produite ne représente que 1%.

La biomasse (bouses de vache, résidus agricoles, bois) joue un rôle important dans le secteur non commercial, notamment pour la cuisine. Les trois quarts environ servent de combustible.

L'Inde s'est aussi tournée vers les énergies renouvelables : solaire, éolienne et hydraulique à petite échelle. Elle est le quatrième producteur mondial d'énergie éolienne, après l'Allemagne, les États-Unis et le Danemark.

FLORE ET FAUNE

Dans le golfe de Kutch (Gujarat), là où le désert et la mer se confondent, les flamants roses au plumage flamboyant viennent par milliers bâtir leurs nids de boue salée et élever leurs petits. Ce n'est que l'un des multiples et fabuleux spectacles de ce pays qui possède l'un des patrimoines naturels les plus riches au monde, avec 65 000 espèces animales : 350 de mammifères (7,6% du total mondial), 408 de reptiles (6,2%), 197 d'amphibiens (4,4%), 1 244 d'oiseaux (12,6%), 2 546 de poissons (11,7%) et avec une flore de 15 000 espèces (6%).

Dans ce foisonnement d'animaux et de plantes, l'Inde a choisi comme emblèmes nationaux le tigre, le paon et le lotus.

Flore

Le pays compte 16 grands types de forêts qui se répartissent en 221 sous-catégories. Des forêts tropicales couvrent les îles Andaman et Nicobar, les Ghats occidentaux et l'Assam, plus quelques ultimes parcelles dans l'Orissa. La valeur commerciale de leurs essences a provoqué l'exploitation de ces forêts ; ainsi, dans les Ghats occidentaux, le bois de rose indien (*Dalbergia latifolia*), le kino du Malabar (*Pterocarpus marsupium*) et le tek ont quasiment disparu de certaines zones.

L'Himalaya abrite à la fois des espèces alpines, tempérées et subtropicales. Dans les parties enneigées poussent de petites fleurs robustes, tels les anémones, les edelweiss et les gentianes. Plus bas, les contreforts arrosés par la mousson sont tapissés de forêts à feuillages persistants : canneliers, marronniers, bouleaux et pruniers. Dans la *terai* (plaine), le sal (*Shorea robusta*), un arbre de bois dur, domine. Les banians (figuiers) se retrouvent dans tout le pays.

Dans les déserts brûlants prospèrent le khejri (*Prosopis cineraria*) et différentes espèces d'acacia (des épineux rabougris et bien adaptés). Pour survivre dans ces conditions climatiques extrêmes, les plantes doivent supporter des températures supérieures à 50°C. La plupart d'entre elles sont dotées de longues racines sinueuses, qui vont puiser l'eau très profondément, et de feuilles minuscules pour limiter l'évaporation.

Faune

L'Himalaya possède une faune très riche. Sur les hauteurs glaciales du Ladakh se côtoient le yak (un bovidé sauvage doté de cornes, d'une épaisse toison, et pesant près d'une tonne), le chameau bactrien (qui habite les dunes en altitude), l'urial du Ladakh (un mouflon), l'antilope du Tibet, le bharal (*Pseudois Nayaur*), le kiang (l'âne sauvage du Tibet), l'ibex et le tahr de l'Himalaya. A ceux-ci s'ajoutent des ours noirs et bruns (au Cachemire), des marmottes et des chevrotains porte-musc. Dépourvus de bois, ces derniers, très gracieux, ont des oreilles de lièvre et des canines qui, chez certains mâles, ressemblent à des défenses. Ils sont chassés sans pitié pour leur musc, utilisé en parfumerie.

Aucun de ces animaux n'est plus chargé d'évocation mystique que le léopard des neiges, dont la nature fuyante a fait naître de nombreux mythes : certains croient qu'il peut apparaître et disparaître à sa guise. Il en reste moins de 5 000 dans le monde et leur nombre ne cesse de diminuer. On le trouve au Sikkim et dans l'Arunachal Pradesh.

Dans les bosquets de bambous de l'Himalaya oriental se cachent quelques rares pandas roux, très attachants, qui se nourrissent de pousses de bambou, de feuilles, de fruits et d'insectes. L'hiver, des oiseaux migrateurs aquatiques, oies et canards, viennent se réfugier sur les lacs et marécages du Cachemire depuis la lointaine Sibérie. Certaines espèces voyagent à des altitudes extraordinaires ; ainsi le crave, une sorte de corneille à bec rouge et jaune, peut voler bien au-dessus de 5 000 m.

Les basses terres fourmillent de vie et sont le théâtre d'une intense compétition pour l'espace vital, entre la nature et l'humanité. Dans bien des cas, la nature en pâtit ; les animaux sont délogés de leur habitat au fur et à mesure que la pauvreté et la densité de la population chassent les habitants des villes et des villages, les obligeant parfois à pratiquer le braconnage et la chasse.

Le Gange et la Yamuna se confondent dans la plaine septentrionale avant de poursuivre leur cours sinueux sur des milliers de kilomètres jusqu'au golfe du Bengale, formant un delta de 80 000 km^2. Dans le delta, les marécages des Sunderbans abritent une importante population de tigres (estimée à presque 300 en 2000), des reptiles aquatiques, des poissons, des crabes, des sangliers, des tortues de mer de passage, des serpents et des chitals (ces derniers se sont adaptés à la salinité en développant des glandes sécrétant du sel). Les eaux douces du Gange (Ganga) sont peuplées de dauphins du Gange, messagers mythiques de Shiva, de crocodiles des marais, de gavials à la gueule effilée, qui semblent venir de la nuit des temps, de crabes nécrophages et de poissons en tous genres.

On peut encore croiser le rhinocéros unicorne et l'éléphant dans les herbages du Nord (reportez-vous plus loin à *Espèces menacées*).

Les rudes déserts du Rajasthan et du Gujarat accueillent une faune étonnamment riche. Le *chinkara* (gazelle indienne), l'âne sauvage, le loup indien et l'antilope cervicapre se sont remarquablement adaptés à la chaleur, à la salinité des sols et aux maigres ressources en eau de la région. Au Gujarat, les 1 400 m^2 du parc national de Sasan Gir constituent le dernier refuge du lion d'Asie. Dépourvus de l'impressionnante crinière de leurs cousins africains, ces lions, estimés à 325 en mai 2000, présentent un ventre plissé.

Parmi les primates, outre le très rare entelle doré, qui vit près de la frontière du Bhoutan, l'Inde recèle des espèces plus communes, comme le bonnet chinois et son cousin du nord, le macaque rhésus. Dans les forêts tropicales du Sud, quelques macaques à queue de lion côtoient des entelles noirs et soyeux du Nilgiri et des loris grêles, une espèce menacée (le nycticèbe se trouve en Inde orientale).

Le *dhole* (chien sauvage) et le chacal se répartissent sur toute la péninsule, ainsi que plusieurs espèces de cerfs et de gazelles, dont le sambar, assez courant. En revanche, le muntjac et le chevrotain se font de plus en plus rares. La mangouste tueuse de serpents, immortalisée par Kipling, demeure fraîche et gaillarde.

Si vous redoutez les serpents, vous préférerez ignorer que l'Inde en compte 238 espèces, dont 50 (y compris 20 de serpents de mer) venimeuses. Très répandu, le cobra, le roi des serpents (du moins dans la mythologie), est le plus long serpent venimeux du monde et peut atteindre 5 m. Un cobra qui se dresse, capuchon déployé, au son de la flûte du charmeur, reste un spectacle inoubliable. Tout aussi venimeux, le bongare, la vipère de Russel et l'échide carénée causent chaque année, avec le cobra, une dizaine de milliers de morts. Cependant, il est rare de les croiser. Parmi les espèces inoffensives, citons le serpent ratier, qui ressemble beaucoup au cobra, le serpent-liane (vert vif), le serpent d'arbre (marron foncé) et le python des rochers.

Les forêts des Ghats occidentaux, qui s'étendent du sud de Mumbai à l'extrémité de la péninsule, abritent une faune et une flore foisonnantes. A leurs confins humides, peu perturbés, vivent la *Latidens salimalii*, une petite chauve-souris frugivore, un lézard volant capable de franchir 12 m d'un seul mouvement, l'ours jongleur, le léopard, le lynx des marais, le calao et maints autres oiseaux. C'est aussi sur les pentes rocheuses et embrumées des Ghats que subsistent les derniers spécimens des tahrs du Nilgiri (chèvres sauvages).

En dehors de la péninsule, les eaux du golfe du Bengale et de l'océan Indien, qui baignent respectivement les îles Andaman et Nicobar, à l'est, et l'archipel des Laquedives, à l'ouest, regorgent de tortues marines, de dauphins souffleurs, d'innombrables variétés d'oiseaux (225 espèces et sous-espèces recensées sur les seules îles Andaman et Nicobar), des reptiles, des amphibiens, des papillons (des centaines d'espèces), des poissons et des coraux. Les îles Andaman accueillent également un petit nombre d'éléphants (dont certains vivent à l'état sauvage) introduits par les compagnies d'exploitation du bois. Ils peuvent nager jusqu'à 3 km d'une île à l'autre. Autre curiosité de cette partie du monde : le crabe des cocotiers qui, malgré son poids pouvant atteindre 5 kg, grimpe en haut des cocotiers et déchire les fruits de ses robustes pinces.

Espèces menacées

Les gros animaux, éléphants, tigres et rhinocéros, fournissent un excellent indicateur pour mesurer l'état d'un écosystème. Dans le cas de l'Inde, ils mettent en évidence sa fragilité : les trois espèces sont en effet menacées d'extinction.

Les réserves naturelles sont une tradition ancienne en Inde, mais leur nombre s'est accru après l'Indépendance. Adopté en 1972, le Wildlife Protection Act (loi de protection de la faune) visait à réduire l'exploitation abusive de la faune. Il fut suivi d'autres lois de préservation de l'environnement, comme le Forest Conservation Act et l'Environment Protection Act. L'Inde figure en outre parmi les 143 signataires de la Convention sur le

SIMON BORG

Le rhinocéros unicorne lutte pour sa survie

commerce international des espèces menacées de la faune et de la flore (Cites), entrée en vigueur en 1975 pour contrôler le commerce de ces espèces. Cependant il est difficile de résister à la pression croissante de la population sans terre, à l'insatiable demande de la pharmacopée chinoise en animaux et au marché international des peaux et des fourrures.

Les 230 zoos indiens, gérés en majorité par le gouvernement, abritent 65 000 animaux appartenant à 645 espèces différentes. La mort récente d'une douzaine de tigres (dont huit tigres blancs très rares) au zoo de Nandankanan, dans l'Orissa, a fait prendre conscience de la nécessité de reconsidérer le budget restreint (de ce zoo et des autres), les cages surpeuplées et la gestion globalement laxiste des animaux en captivité. Selon les autorités, les tigres de Nandankanan auraient succombé à une maladie transmise par un insecte, ce qui aurait pu être évité si celle-ci avait été détectée plus tôt. Des vétérinaires affirment que la surpopulation (56 tigres confinés dans un espace limité) serait à l'origine de cette maladie mortelle.

L'Inde fait partie des douze pays qui renferment à eux seuls 70% de la biodiversité mondiale. C'est le seul pays qui possède à la fois des lions et des tigres. Pourtant, l'avenir de maintes espèces s'annonce sombre. Le tigre, animal national, semble incarner la gravité de la situation. En 2000, l'Environmental Investigation Agency (EIA) a estimé qu'au moins 100 tigres avaient été massacrés en un an par des braconniers. Leurs peaux constituent des trophées et leurs os, une fois broyés, entrent dans la composition de potions supposées renforcer la virilité (comme les cornes de rhinocéros) ; un tigre peut rapporter un minimum de 10 000 $US. L'Inde possédant plus de la moitié du nombre de tigres restant dans le monde, des écologistes ont demandé la création d'une agence gouvernementale chargée de lutter spécifiquement contre le braconnage des tigres. Alors que les chiffres concernant le nombre d'individus manquent de précision, si leur habitat naturel ne cesse de rétrécir et qu'aucun organisme de protection national n'est mis en place, il semble évident que les jours des derniers tigres sont comptés.

La situation du rhinocéros unicorne s'aggrave à mesure que son habitat naturel herbeux régresse au profit des plantations de canne à sucre ou d'autres cultures. Il n'en reste plus que quelques maigres troupeaux aux abords de la frontière népalaise. Sa corne, constituée de poils amalgamés, est recherchée pour ses prétendues vertus médicinales, de même que son urine, sa chair et son sang.

Le léopard des neiges, que l'on trouve au Sikkim et dans l'Arunachal Pradesh, est mondialement reconnu comme une espèce en danger. Sa fourrure pouvant atteindre des prix astronomiques, il continue à représenter une cible privilégiée.

En décembre 2000, la police indienne a saisi 809 tortues, estimées valoir quelque 30 000 $US sur le marché international. La tortue a récemment été classée parmi les espèces menacées ; sans la mise en place de mesures de protection adéquates, son avenir semble, lui aussi, fortement compromis

A l'heure actuelle, environ 2 500 éléphants indiens vivent à l'état sauvage. S'inspirant des projets mis en œuvre pour la sauvegarde du tigre, les défenseurs de la nature déploient d'énormes efforts pour en maintenir le nombre. Le Project Elephant, lancé en 1992 sous les auspices du ministère de l'Environnement et des Forêts, s'appuie sur la contribution financière des États pour les salaires et les dépenses de terrain. Il a permis de créer onze réserves couvrant les quatre principales populations d'éléphants dans le Nord-Ouest (Uttar Pradesh et Uttaranchal), le Centre et l'Est (Bihar et Jharkhand, Orissa, Bengale-Occidental), le Nord-Est (Arunachal Pradesh, Assam, Meghalaya, Nagaland) et le Sud (Karnataka, Kerala, Tamil Nadu, Andhra Pradesh). Ce projet a pour objectif de protéger les éléphants et leur habitat. Si plusieurs mesures ont déjà donné des résultats significatifs, le braconnage et la mort des pachydermes en captivité n'en continuent pas moins de faire peser une réelle menace sur la population d'éléphants existante.

Le commerce de végétaux, d'animaux et d'insectes, vivants ou morts, est supervisé par un département du WWF, le Traffic India (voir plus haut *Organismes de protection de l'environnement*). Il cherche à sensibiliser populations locales et voyageurs étrangers au rôle joué par l'Inde dans le commerce international d'animaux sauvages (un marché mondial de 20 milliards de dollars US). Le pays est plus particulièrement concerné par les os de tigre, les cornes de rhinocéros, les peaux de reptile et les écailles de tortue, ainsi que par certains mammifères, reptiles et oiseaux vivants. Friends of Butterflies (Les Amis des papillons), une ONG installée à Delhi, contribue à faire prendre conscience de l'existence d'un trafic d'espèces rares, notamment dans le Nord-Est (alors que le Wildlife Protection Act de 1972 l'interdit explicitement). Le commerce mondial du papillon, en pleine croissance, représente 200 millions de dollars US et ce sont les montagnes et les contreforts de l'Himalaya qui l'alimentent en espèces rares. Les défenseurs des papillons attirent l'attention sur les conséquences dramatiques de la quasi-disparition du papillon Atlas des Khasi Hills, qui assure la pollinisation de nombreuses variétés de plantes.

Parcs nationaux et réserves naturelles

L'Inde compte 84 parcs nationaux et 447 réserves naturelles, qui couvrent environ 4,5% de la surface du pays. A cela s'ajoutent 11 réserves de la biosphère, créées dans le but de préserver la diversité des différents écosystèmes et de promouvoir la recherche dans le domaine de la conservation écologique.

Les parcs et les réserves représentent une attraction touristique majeure. Autant que possible, réservez à l'avance vos titres de transport et votre hébergement ; vérifiez également si vous avez besoin d'un permis (voir les détails dans les chapitres correspondants). Les différentes taxes (droits d'entrée, de photographier, etc.) sont souvent incluses dans les forfaits.

La plupart des parcs proposent des randonnées en 4x4 ou en camionnettes et certains organisent des expéditions en bateau ou à dos d'éléphant pour approcher la faune plus discrètement. Quelques-uns possèdent des tours de guet bien placées pour observer la faune de près.

INSTITUTIONS POLITIQUES

Démocratie constitutionnelle, l'Inde comprend 29 États et 6 territoires de l'Union (administrés de Delhi par le président, assisté d'un administrateur nommé). La Constitution en vigueur depuis le 26 janvier 1950 précise les compétences respectives du pouvoir central et des gouvernements des États. Le gouvernement central possède le droit controversé d'assumer le pouvoir exécutif dans tout État où la situation deviendrait incontrôlable. Ce droit, appelé President's Rule (gouvernement présidentiel), a été appliqué à plusieurs reprises au cours de ces dernières années, soit lorsque la loi et l'ordre n'étaient plus respectés – comme au Punjab de 1985 à 1992, au Cachemire en 1990 et dans l'Assam en 1991 –, soit lorsque la situation politique était dans l'impasse – comme à Pondichéry, à Goa, dans le Tamil Nadu, l'Haryana et le Meghalaya au début des années 1990.

Deux chambres légifèrent au Parlement : la chambre basse, ou *Lok Sabha* (chambre du Peuple) et la chambre haute, ou *Rajya Sabha* (conseil des États).

La Lok Sabha compte 545 membres, élus au suffrage proportionnel pour cinq ans, sauf si le gouvernement provoque des élections anticipées. Ont le droit de vote tous les citoyens âgés de 18 ans révolus. Sur les 545 sièges, 125 sont réservés aux tribus et castes répertoriées (terme officiel pour désigner les *dalit* ou intouchables).

A la chambre haute siègent 245 membres, dotés d'un mandat de six ans et renouvelés par tiers tous les deux ans. Douze sont nommés par le président de la République et les autres élus par les assemblées législatives des États selon un système de quotas par région. Le président, au rôle essentiellement honorifique, est élu pour cinq ans par les deux chambres nationales et les assemblées des États. Il agit sur avis du conseil des ministres, nommé par le Premier ministre, et ne peut dissoudre que la chambre basse.

Les assemblées des États, qui comprennent une ou deux chambres, suivent la ligne politique tracée par le Parlement national. Le *chief minister* (Premier ministre de l'État) est responsable devant elles au même titre que le Premier ministre devant le Parlement. Dans chaque État, un gouverneur, nommé par le président, peut assumer des pouvoirs accrus en temps de crise. Dans les villages (où vit 75% de la population), on assiste à un regain d'intérêt pour le système traditionnel du *panchayat* (conseil du village), dans lequel des volontaires sont élus pour représenter les intérêts de la population locale.

En novembre 2000, après des années de pression en faveur de l'autonomie, l'Inde a créé trois nouveaux États. : le Chhatisgarh a été détaché du Madhya Pradesh, l'Utta-

Principaux parcs nationaux et réserves naturelles

Parc/Réserve	Situation	Caractéristiques	Meilleure période
Valley of Flowers National Park	25 km de Badrinath, Uttaranchal	3 500 m au-dessus du niveau de la mer ; fleurs sauvages et papillons	juin-nov.
Corbett Tiger Reserve	50 km de Ramnagar Uttaranchal	forêts de sals et plaines fluviales ; tigres, chitals, cerfs, éléphants, léopards et ours lippus	nov.-juin
Rajaji National ParK	13 km de Haridwar, Uttaranchal	contreforts montagneux boisés ; éléphants, tigres, cerfs, ours jongleurs et léopards	nov.-juin
Govind Wildlife Sanctuary & National Park	Saur-Sanki, Uttaranchal	paysages de montagne ; ours bruns et noirs, léopards des neiges, cerfs et oiseaux	juin-nov.
Pin Valley National Park	Dhankar, Himachal Pradesh	montagnes primitives ; léopards des neiges, bouquetins, ours noirs et cerfs	juin-nov.
Sunderbans Wildlife Sanctuary	sud du Bengale-Occidental	forêts de mangrove ; tigres, cerfs, singes et oiseaux	janv.-mars
Jaldhapara Wildlife Sanctuary	nord du Bengale-Occidental	forêts et herbages ; cerfs, rhinocéros indiens et éléphants	oct.-mai
Kaziranga National Park	Nord-Est, Assam	hauts herbages et marécages ; rhinocéros, éléphants, tigres et oiseaux	févr.-mars
Sariska National Park	Sariska, Rajasthan	plaines ; tigres, chinkaras, sambars, nilgais et sangliers	nov.-juin
Ranthambhore National Park	sud de Jaipur, Rajasthan	lac peuplé de crocodiles ; tigres	oct.-avr.
Keoladeo Ghana National Park	Bharatpur, Rajasthan	plaines ; hérons, cigognes, grues de Sibérie, oies et cerfs	oct.-fév.
Sasan Gir National Park	Sasan Gir, Gujarat	oasis dans le désert ; léopards, lions d'Asie, chowsingha (antilopes tétracères) et crocodiles	déc.-avr.
Velavadar National Park	près de Bhavnagar, Gujarat	herbages du delta ; antilopes cervicapres	oct.-juin
Little Rann of kutch Wildlife Sanctuary	nord-ouest du Gujarat	désert ; khurs (ânes sauvages), loups et caracals	oct.-juin

ranchal de l'Uttar Pradesh et le Jharkhand du Bihar. De nombreux observateurs pensent que la création de ces nouveaux États va intensifier les revendications d'autres groupes sécessionnistes réclamant leur autonomie.

Principaux parcs nationaux et réserves naturelles

Parc/Réserve	Situation	Caractéristiques	Meilleure période
Kanha National Park	Jabalpur, Madhya Pradesh	marais ; cerfs, tigres, chitals, gaurs, antilopes cervicapres, léopards et hyènes	mars-juin
Bandhavgarh National Park	Jabalpur, Madhya Pradesh	ancienne forteresse sur des falaises dominant la plaine ; tigres	nov.-avr.
Navagaon National Park	135 km à l'est de Nagpur, Maharashtra	collines boisées et mangrove de bambous autour d'un lac artificiel ; léopards, ours jongleurs, cerfs et oiseaux migrateurs	oct.-juin
Similipal National Park	Balasore, Orissa	forêts ; tigres, éléphants, léopards, crocodiles et oiseaux	nov.-juin
Sanjay Gandhi National Park	près de Mumbai, Maharashtra	superbes paysages ; oiseaux aquatiques et papillons	oct.-avr. et août-nov.
Periyar Wildlife Sanctuary	Kumily, Kerala	forêts et herbages d'altitude ; entelles, éléphants, tortues, chiens sauvages, gaurs, loutres, martins-pêcheurs et chouettes pêcheuses	nov.-avr.
Nilgiri Biosphere Reserve (Bandipur, Nagarhole, Wayanad et Mudumulai)	Karnataka, Tamil Nadu et Kerala	forêts ; éléphants, léopards, gaurs, sambars, chitals, muntjacs, chevrotains, bonnets chinois, écureuils géants et oiseaux	jan.-juin
Vedantangal Bird Sanctuary	près de Chengalpattu, Tamil Nadu	lac et île ; cormorans, aigrettes, hérons, cigognes, ibis, spatules blanches, grèbes et pélicans	nov.-janv.
Calimere Wildlife & Bird Sanctuary	près de Thanjavur, Tamil Nadu	marécages côtiers ; oiseaux aquatiques, flamants, cerfs, antilopes cervicapres et sangliers	nov.-janv.
Indira Gandhi Wildlife Sanctuary	près de Pollachi, Tamil Nadu	montagnes boisées ; éléphants, gaurs, tigres, panthères, cerfs, sangliers, ours, porcs-épics et civettes	nov.-déc.
Mahatma Gandhi National Marine Park	îles Andaman et Nicobar	mangrove, forêt tropicale, coraux ; plongée sous-marine	toute l'année

ÉCONOMIE

En juin 1991, l'Inde a mis fin à 40 années d'économie planifiée. La politique protectionniste menée depuis l'Indépendance avait fait chuter sa contribution au commerce international de 2% dans les

SIMON BORG

Le tigre du Bengale, emblème national de l'Inde, figure désormais parmi les espèces menacées

années 1950 à moins de 0,5% dans les années 1980. Les réformes se sont traduites par un essor prodigieux des investissements privés, une croissance des exportations et la réduction de la part du secteur public dans de nombreuses activités (industrie lourde, banques, télécommunications, production et distribution d'électricité, ports et routes).

En 1999, la croissance à l'exportation était indexée à 6,1%. Le budget 1999 a conclu que le seul moyen de soutenir et d'accélérer la croissance économique du pays était de mettre en place une véritable discipline fiscale et de rigoureuses réformes économiques. Seul le temps permettra de dire si le gouvernement applique effectivement ces mesures.

Les exportations indiennes représentent quelque 7 500 produits envoyés dans près de 200 pays. Les importations, en provenance de plus de 140 nations, recouvrent environ 6 000 sortes de produits. Les pierres précieuses, la joaillerie, le fil et les étoffes de coton, l'artisanat, les céréales, les produits de la mer, le prêt-à-porter et les équipements de transport constituent l'essentiel des exportations. L'industrie naissante des logiciels informatiques est apparue depuis peu comme une source importante de devises étrangères.

Le gouvernement indien est confronté à une pression croissante en faveur d'une plus grande dérégulation (condition posée par la Banque mondiale et le Fonds monétaire international pour accorder leurs subventions), ce qui ne va pas sans provoquer quelques inquiétudes. Ainsi, les importations chinoises à bas prix ont commencé à inonder les marchés locaux et, bien que les politiciens indiens y voient le signe que le marché se libéralise, certains craignent que les producteurs locaux ne soient pas correctement préparés pour faire face à une concurrence aussi sauvage.

Le déficit budgétaire est passé de 4,4 milliards de dollars US en 1998-1999 à 4,16 milliards en 1999-2000. En 1999, la croissance économique a atteint le chiffre rassurant de 6,8%, mais les économistes estiment que seules de nouvelles restructurations permettront de retrouver le taux de croissance de 8% du milieu des années 1990. Bien que le gouvernement Vajpayee promette d'améliorer le climat économique en accélérant les privatisations, une proportion importante d'investisseurs étrangers potentiels jugent les formalités administratives encore trop contraignantes.

Alors que Vajpayee vante en public la croissance, un magazine indien a récemment rapporté qu'il s'inquiétait tout particulièrement de l'écart numérique entre "ceux qui ont accès aux technologies de l'information et ceux qui ne l'ont pas" et des conséquences sociales de cette inégalité. Néanmoins, l'Inde continue à progresser à grand pas. Ainsi, à la fin des années 1990, le gouvernement de l'Andhra Pradesh, en collaboration avec de grandes entreprises privées, a créé "Hitec City" (Hyberabad Information Technology Engineering Consulting), à 20 km d'Hyderabad. Avec des réductions d'impôts généreuses et d'autres avantages séduisants, c'est l'un des nombreux projets qui visent à attirer les entreprises informatiques internationales dans le pays. Déjà plus de 45 compagnies se sont installées à Hitec City et nombre d'autres se préparent à suivre.

Agriculture

Le secteur agricole représente 27% du PNB et emploie 64% de la main-d'œuvre. Très protégé, il bénéficie de nombreuses subventions. Bien que l'Inde compte parmi les plus gros producteurs de fruits, de légumes, de lait, de blé, de riz et de sucre, moins de 1% de la production est conditionné et l'importation de conserves alimentaires est soumise à d'importantes restrictions. Les céréales fournissent 63% de la production agricole (203 millions de tonnes en 1998-1999) et le gouvernement table sur 234 millions de tonnes en 2001-2002.

Le Punjab, la "corbeille à pain" de l'Inde, est l'un des premiers producteurs de denrées alimentaires du pays (environ 85% de sa superficie est consacrée aux cultures, principalement de blé et de riz). L'Inde se range au deuxième rang mondial pour le riz et au quatrième pour le blé. Elle est le premier producteur mondial de thé, essentiellement cultivé dans l'Assam, le Bengale-Occidental, le Kerala et le Tamil Nadu, et exporté pour la pus grande part. Moins cultivé, le café se récolte surtout dans le Karnataka. Autre ressource non négligeable, le caoutchouc indien satisfait 95% des besoins du pays. Le Kerala arrive en tête et renferme, avec le Tamil Nadu, 86% des terres consacrées aux plantations d'hévéas. Par ailleurs, l'Inde détient le premier rang mondial pour les bananes, les mangues, les noix de coco et de cajou, les pommes de terre, les tomates, les oignons et les petits pois. Elle figure parmi les dix premiers producteurs d'agrumes, d'ananas et de pommes. Elle possède également le plus gros cheptel du monde, regroupant à elle seule 57% du nombre total de buffles et 15% du bétail. C'est le premier producteur mondial de lait (73,5 millions de tonnes en 1998-1999).

Industrie

La plupart des entreprises de biens d'équipements (engrais, machines et produits chimiques) restent aux mains des gouvernements central et régionaux. Des milliers de petits entrepreneurs et quelques gros conglomérats (comme la Tata Iron and Steel Company) composent le secteur privé.

De toutes les grosses industries, le textile – jute, coton, laine, soie et fibres synthétiques – emploie la plus forte main-d'œuvre (passée de 39 millions au début des années 1990 à 64,2 millions au milieu de la décennie). Les exportations de textiles représentent actuellement plus d'un tiers du revenu total du pays. Cependant, le plus important secteur d'emplois industriels reste celui des millions de petites entreprises artisanales, dont certaines ne fournissent que leur village.

La croissance de l'industrie textile a atteint 6,7% en 1999, alors qu'elle n'était que de 3,9% l'année précédente. Cette augmentation s'explique en partie par l'amélioration des équipements électriques. L'industrie du textile indienne est solidement implantée ; l'ouverture de la première usine, à Mumbai, remonte à 1854.

Après une embellie à 9% entre 1993 et 1996, la croissance annuelle du secteur industriel indien s'est ralentie à la fin des années 1990 et ne se montait plus qu'à 6,2% au deuxième semestre 1999, une baisse liée au coût élevé du crédit et à l'insuffisance des infrastructures. Dans son dernier budget, le gouvernement dirigé par le BJP prévoyait de poursuivre la privatisation de certaines industries du secteur public et d'accroître de 35% les crédits consacrés à l'électricité, aux communications et à l'énergie.

Informatique

En 1999-2000, les exportations de logiciels ont rapporté à l'Inde environ 4 milliards de dollars US. Pour 2002, on prévoit le chiffre de 6 milliards de dollars US et plus d'un millier de sociétés exportatrices. Le Tamil Nadu, le Karnakata et l'Andhra Pradesh assurent actuellement 60% des exportations de logiciels. Bangalore, le centre de cette industrie, a exporté pour 1,2 milliard de dollars US en 1999 (voir l'encadré *La Silicon Valley indienne* dans le chapitre *Karnataka*), le Tamil Nadu pour 270 millions de dollars US entre 1996 et 1999, et les exportations de l'Andhra Pradesh progressent encore plus vite. Bangalore abrite le siège de l'un des géants indiens de l'informatique, Infosys, tandis que l'autre, Satyam Infoway, est installé à Chennai.

L'industrie indienne du logiciel a démarré à Mumbai au début des années 1980. Cependant, le coût de la vie trop élevé et des infrastructures inadaptées ont contraint les développeurs locaux et les compagnies étrangères à s'installer ailleurs – principalement à Bangalore, mais aussi à Hyberabad et à Chennai. Néanmoins, Mumbai a conservé une part importante de la production de logiciels, notamment dans les secteurs du cinéma et de la télévision. Depuis 1998, on estime à 122 le nombre de sociétés informatiques venues s'implanter à Mumbai. Ces dernières années, Poona (Maharashtra) a fait une percée fulgurante, grâce à des coûts moindres dans l'immobilier et à un climat plus agréable que celui de Mumbai. Poona a attiré plusieurs géants du logiciel dans sa poignée de parcs informatiques, tels que le Pune Infotech Park, le Software Tech Park Pune et le Kharadi Knowledge Park. Le succès de ces entreprises a entraîné une augmentation des investissements, qui se sont répercutés sur Mumbai (depuis l'achèvement de la route express à six voies entre les deux villes). Ce “couloir du savoir”, entre Mumbai et Poona, compte désormais une douzaine de parcs informatiques où sont installées des compagnies comme IBM et AT&T. Des spécialistes prédisent que Mumbai et Poona finiront par supplanter Bangalore, même si la majorité des sociétés sont nationales.

Ces dernières années, la main-d'œuvre indienne hautement qualifiée (et relativement bon marché) n'a pas manqué de séduire un nombre croissant de multinationales, encourageant d'autres États indiens à créer des pépinières de développement informatique. Toutefois, les autoroutes de l'information restent encore extrêmement limitées, si l'on considère que la population dépasse le milliard. A la mi-2001, le nombre d'Indiens connectés à l'Internet ne devrait pas dépasser 1,5 million.

Extraction minière

Le charbon, principale source d'énergie de l'Inde, couvre environ 67% des besoins industriels du pays. En 1998-1999, la production a atteint 290 millions de tonnes. Depuis les années 70, elle connaît une croissance annuelle d'environ 4%. Le pays compte plus de 500 mines (sous contrôle des États pour la plupart) et produit un léger excédent. Ce charbon est toutefois de piètre qualité. L'Inde possède également d'importantes réserves de chaux, de minerai de fer, de bauxite et de manganèse.

Pêche et bois

La pêche se pratique sur tout le littoral, dans les fleuves et les cours d'eau. Cette industrie ne cesse de se développer : les prises commercialisées ont représenté 5,3 millions de tonnes en 1997-1998 (mers et eaux douces confondues), alors qu'elles n'étaient que de 4,6 millions au début des années 1990. La plupart des embarcations ne sont pas mécanisées. Toutefois la mécanisation s'accroît, au détriment des communautés de pêcheurs et de l'environnement marin. L'industrie du bois, peu importante, s'exerce dans les Ghats occidentaux, l'ouest de l'Himalaya et les collines du Centre.

Tourisme

En 1999, 2,4 millions de touristes ont visité l'Inde, chiffre qui devrait passer à 2,6 millions en 2001. Le tourisme constitue une source de revenus primordiale pour le pays et stimule l'économie en encourageant l'embauche. Les responsables de ce secteur affirment que la faible desserte aérienne du pays et un marketing sans imagination freinent sérieusement l'essor de cette industrie. La médiocrité des infrastructures représente un autre obstacle important.

A la fin des années 1990, la plupart des visiteurs étaient originaires du Royaume-Uni, d'Allemagne, des États-Unis et (phénomène intéressant) du Sri Lanka.

Bien qu'il ne rapporte rien en termes de devises étrangères, le tourisme national contribue à la croissance de l'économie. En 1999, près de 160 millions d'Indiens ont voyagé dans le pays, dont environ 100 millions pour des motifs religieux.

POPULATION ET ETHNIES

L'Inde est le pays le plus peuplé du monde après la Chine. Avec une population qui a dépassé le milliard en mai 2000, elle devrait supplanter cette dernière au cours des deux prochaines décennies. Loin de former un groupe homogène, la population indienne compte de multiples ethnies, facilement reconnaissables, et présente une pléthore de coutumes, de religions et de langues.

Le recensement a lieu tous les dix ans. Selon le dernier, qui date de 2001, le pays compte 1 027 015 247 habitants (consultez le site web du recensement : www.censusindia.net).

D'après le recensement de 1991 (lors de notre passage, les résultats de celui de 2001 concernant la population des villes n'étaient pas disponibles), Mumbai est la ville la plus peuplée (16 millions d'habitants), suivie de

Kolkata (14 millions), de Dehli (13,8 millions) et de Chennai (5,9 millions).

La situation des femmes reste préoccupante (voir plus loin la rubrique *Règles de conduite*). Elles connaissent un taux de mortalité avant 35 ans supérieur à celui des hommes et un fort taux de mortalité en couches (25% du total mondial). La proportion de femmes chute d'année en année (972 femmes pour 1 000 hommes en 1901 contre 933 en 2001). Seul le Kerala compte plus de femmes que d'hommes, avec 1 058 femmes pour 1 000 hommes.

Malgré la priorité accordée par les gouvernements à l'amélioration des conditions de vie des pauvres depuis l'Indépendance, la misère reste omniprésente. Le PNB annuel par habitant ne dépasse pas 360 $US. La moitié des enfants souffrent de sous-alimentation. La moitié des maladies signalées pourraient être évitées, comme la tuberculose, le paludisme, la cécité et la lèpre. Le sida suscite de vives inquiétudes (voir l'encadré *Le sida en Inde* dans le chapitre *Renseignements pratiques*).

Malgré le nombre important de grandes villes, le pays demeure majoritairement rural, avec près de 75% de la population vivant dans les campagnes.

SYSTÈME ÉDUCATIF

La Constitution indienne institue l'enseignement gratuit et obligatoire jusqu'à l'âge de 14 ans. L'Inde compte 688 000 écoles primaires, 110 000 écoles secondaires, 10 555 collèges et 221 universités (où sont actuellement inscrits 7 078 000 étudiants). Pour les castes répertoriées socialement défavorisées, des cours publics subventionnés sont offerts à ceux qui veulent se présenter aux examens d'entrée des universités. Ce programme est pour l'instant appliqué dans 22 universités et 57 collèges. Outre les établissements publics, il existe quantité d'écoles privées (où l'enseignement est généralement dispensé en anglais). Ces institutions, souvent religieuses, sont très prisées par la classe aisée.

Les deux tiers des enfants indiens sont scolarisés, pour la plupart à l'âge de l'école primaire. Cependant, beaucoup ne suivent pas les cours régulièrement et au moins 33 millions d'enfants n'y mettent jamais les pieds. Les filles restent sous-représentées, surtout dans l'éducation supérieure. Au moins la moitié des étudiants originaires de zones rurales n'achèvent pas leurs études. En 1997-1998, le taux d'abandon à l'école secondaire était de 69%. On estime à 20 millions les enfants handicapés fréquentant le primaire et le secondaire, ce qui ne représente qu'une fraction du nombre total. Les diverses mesures prises pour éradiquer l'analphabétisme des adultes (notamment des femmes) ont donné des résultats mitigés.

De gros efforts ont été entrepris dans le domaine de l'éducation supérieure, en dépit d'une baisse de qualité, aux dires de critiques, et de l'importance du chômage chez les diplômés en lettres. Les étudiants les plus brillants partent fréquemment achever leurs études à l'étranger et nombreux sont ceux qui ne reviennent jamais.

Le pouvoir central et les gouvernements des États se partagent les responsabilités en matière d'éducation, même si le premier se montre plus enclin à encourager la scolarisation des filles et des groupes défavorisés. Le taux d'alphabétisation, qui s'élève à 65,38% selon le recensement de 2001, indique une progression de 13,75% par rapport aux chiffres de 1991. Avec un taux de 76% pour les hommes et de 54% pour les femmes, il semble que l'inégalité entre les sexes se soit quelque peu réduite. Le Kerala enregistre le plus fort taux d'alphabétisation (91%), le Bihar et le nouvel État du Jharkhand les plus bas, avec respectivement 48% et 54%.

SCIENCES ET PHILOSOPHIE

Religion et philosophie

Dans l'Inde ancienne, la religion védique imprègne tous les aspects de la culture, y compris la philosophie et les sciences. Transmis par les brahmanes, ou caste des prêtres, l'enseignement védique est resté au centre de la pensée indienne tout au long de son histoire. La religion et la philosophie ne se font pas concurrence puisque la sagesse philosophique a le statut de vérité religieuse. Les étudiants devaient acquérir une connaissance approfondie des mantra védiques et de la phonétique sanskrite avant de pouvoir participer aux discussions philosophiques dans un *parisad* (académie). Les textes védiques font toujours autorité dans les écoles orthodoxes de philosophie hindouiste.

Les *Upanishad*, dont les textes les plus anciens sont considérés védiques, constituent l'une des grandes sources de la philosophie

Les Adivasi

Au moins 55 millions d'Indiens appartiennent à des communautés tribales. La présence de ces *Adivasi*, comme on les appelle en Inde, est antérieure à celle des Aryens védiques et des Dravidiens du Sud. Pendant des millénaires, ils ont vécu plus ou moins paisiblement dans les collines et les régions densément boisées, dédaignées par les agriculteurs. Beaucoup parlent encore des langues incomprises par ceux qui dominent la vie politique et observent des coutumes différentes de celles des hindous et des musulmans.

Bien qu'il y ait eu manifestement des contacts entre les Adivasi et les villageois hindous des plaines, ils furent généralement pacifiques, car la recherche de ressources et de terres n'était pas encore, ou bien faiblement, source de conflit. Tout cela a changé. En l'espace de 50 ans, la grande majorité des Adivasi ont été dépossédés de leurs terres ancestrales et sont devenus de pauvres ouvriers. Cependant, certains estiment que, grâce au système de quota au sein du Parlement, ils bénéficient d'une meilleure représentation politique que les populations indigènes des États-Unis, du Canada ou d'Australie.

Dans certaines parties du pays, en particulier dans le Madhya Pradesh, l'Andhra Pradesh, le Bihar et les îles Andaman et Nicobar, ces peuplades ont été spoliées, exploitées et affamées avec l'appui des autorités officielles. L'État, désireux d'oublier ces abus, les nie avec véhémence et se vante des millions de roupies qu'il aurait investis dans des programmes de développement pour les Adivasi. Bien que certaines aides soient parvenues à leurs destinataires, la corruption en a englouti une large portion.

Le besoin pressant de terres ne laisse guère espérer que de réels efforts soient entrepris pour améliorer la condition des Adivasi. Plus vraisemblablement, l'érosion de leur culture et de leurs traditions se poursuivra jusqu'à ce qu'elles soient proches de la disparition.

mystique. Ils insistent sur la notion du Un universel omniprésent, dans lequel il n'existe pas de différence entre l'esprit et la matière (non-dualisme). Cependant, les textes védiques et les *Upanishad* préconisent, plutôt qu'une voie unique, un moyen terme entre l'effort de rendre cette vie meilleure et le renoncement à la société pour atteindre l'illumination.

Des idéologies non orthodoxes se sont également développées en parallèle. Le bouddhisme a rejeté les notions d'*atman* (âme), mais a retenu celles de *karma* (sanction des actes antérieurs) et de *moksha* (délivrance du cycle des réincarnations). Le jaïnisme s'en tient au concept de *naya*, selon lequel il existe maintes façons d'appréhender la réalité, toutes étant en partie valables.

Le défi posé par le bouddhisme, et plus tard par l'islam, a été à l'origine d'un tournant dans la pensée hindouiste. Pour renverser cette tendance, le saint hindou, théologien et philosophe Shankaracharya (788-820), né au Kerala, fit prévaloir le non-dualisme et le *jnana* (importance de la connaissance) comme voies de salut. Il défendit la liberté pour chacun de poursuivre son propre raisonnement, tant que celui-ci n'entrait pas en contradiction avec les écritures védiques. Influencé par le culte *bhakti* du Sud (dévotion à une divinité personnifiée et rejet du rite brahmanique), le Tamoul Brahmin Ramanuja adopta une tout autre position, défendant l'idée que si la connaissance pouvait mener vers le salut, elle n'en constituait ni l'unique voie, ni la plus efficace.

Bien que l'islam et l'hindouisme soient des religions très différentes, les mystiques soufis se révélèrent d'efficaces missionnaires et utilisèrent des moyens comme le yoga et le jeûne pour répandre la bonne parole.

Au XIXe siècle, le Bengali Ramakrishna et son disciple Vivekananda entreprirent une réforme de l'hindouisme, reconnaissant que les autres religions poursuivaient le même but.

Parmi les grands philosophes du XXe siècle figurent Sri Aurobindo, qui passa de l'activisme politique à l'étude du yoga, et, bien entendu, le Mahatma Ghandi, qui s'appuya sur des idées traditionnelles comme l'*ahimsa* (non-violence) et en fit des armes pour lutter contre le gouvernement britannique.

Dans l'Inde ancienne, les chemins de la philosophie et de la science se croisèrent fréquemment. Vers 600 av. J.-C., le philosophe Kanada suggéra l'existence d'une unité indivisible de matière qu'il appela *parmanu* (atomes). Il pensait que les divers états de la matière (feu, eau, terre) se composaient de différents parmanu, et que ceux-ci se rejoignaient pour devenir un *dwinka* (molécule), possédant un peu des propriétés de chacun.

Science

L'histoire des sciences, telles que la médecine, la linguistique et les mathématiques, remonte à la lointaine époque védique où l'on consigna les rites aryens. L'étude linguistique rédigée au IVe siècle av. J.-C. par le grammairien du sanskrit Panini constituerait la toute première analyse scientifique d'une langue. L'étude des mathématiques est relatée dans les *Shulvasutra* du Ve siècle, qui s'intéressent à la géométrie et aux algorithmes. A la même époque s'élabora une théorie de la numération incluant le concept du zéro, les nombres négatifs et des algorithmes simples utilisant la notation décimale. Le concept du zéro, apport le plus important de l'Inde aux mathématiques, fut introduit en Europe par les commerçants arabes.

Vers l'époque de la rédaction des *Shulvasutra*, l'illustre mathématicien du Kerala Aryabhara détermina que l'ombre de la Terre était responsable des variations du disque lunaire et que la Terre tournait sur elle même, tandis que la Lune tournait autour d'elle. Aryabhara proposa également une valeur de pi. Brahmagupta, né au Gujarat en 598, rassembla et publia des travaux sur l'astronomie et les mathématiques, qui servirent de référence pendant des siècles. Il aida par ailleurs à affiner le concept du zéro.

Les textes classiques de la médecine ayurvédique, le *Charak Samhita* et le *Sushrita* furent écrits au VIe siècle av. J.-C. A cette époque, des chirurgiens comme Susruta firent même des opérations de chirurgie esthétique.

En 1930, Sir Chandrasekhar Venkata Raman reçut le prix Nobel de physique pour ses travaux sur les modifications subies par la lumière en traversant des corps transparents (l'effet Raman). Depuis l'Indépendance, le gouvernement a privilégié les recherches sur la technologie spatiale, l'énergie nucléaire et l'électronique. Ce dernier domaine est à l'origine du développement spectaculaire de l'Inde dans l'industrie du logiciel informa-

Les records indiens

L'Inde – qui compte 330 millions de dieux et de déesses hindous – remporte la palme des records inattendus. Son industrie cinématographique est la plus importante de la planète et le film indien *Ghandi* (1982) a fait appel au plus grand nombre de figurants (300 000). C'est également en Inde qu'ont été rédigés le plus long testament (104 567 mots) et le plus court (2 mots : *sub seta* – tout au fils).

Voici, pêle-mêle, quelques autres records mondiaux : on crédite les Indiens de multiples découvertes mathématiques, dont l'invention de la trigonométrie (2 av. J.-C.) et du premier système décimal (en l'an 6 de notre ère) ; l'aéroport civil le plus haut du monde se trouve à Leh, au Ladakh (3 256 m), et le terrain de cricket le plus élevé, à Chail, près de Shimla (2 250 m) ; Kharagpur, au Bengale-Occidental, détient le plus long quai de gare (833 m).

L'Inde démontre au reste de la planète que tout est possible si l'on s'y consacre pleinement : un septuagénaire du Rajasthan arbore la moustache la plus longue du monde (3,39 m) – du moins tant qu'il ne croisera pas les ciseaux du coiffeur Razman Ali de Dehli, qui a coiffé 1 200 clients en 102 heures sans souffler un instant. Un homme du Maharashtra s'enorgueillit des plus longs ongles (qui totalisent 6,15 m sur une main) ; une famille de paysans du Karnakata loge la famille la plus étendue (170 personnes) ; un jeune homme du Kerala détient le record du décorticage de noix de coco… avec les dents (en 25 secondes seulement) ! Mais ce n'est pas tout… Parmi les autres records indiens, citons encore ramper sur 1 400 km d'affilée, se balancer sur un pied pendant 65 heures et 50 minutes, serrer la main de 31 118 personnes en 8 heures, roter à répétition (92 rots à la minute), couper des légumes en petits morceaux (964 kg en 130 heures), etc.

Pour établir la liste des prochaines performances à venir, qui serait mieux placé que Dinesh Pathak, le recordman de la frappe à la machine sans discontinuer (210 heures) ?

tique. Certains déplorent cependant que les sciences "sociales" aient été négligées, opinion qui s'est renforcée en 1998, quand Amartya Sen a reçu le prix Nobel d'économie pour sa contribution à l'économie sociale. Sen, qui vit et travaille au Royaume-Uni, est né en Inde, où fort peu de ses idées ont été mises en pratique.

ARTS

Danse

Forme d'art ancienne, la danse indienne est inextricablement liée à la mythologie et à la littérature classique. Elle peut se diviser en deux groupes principaux, classique et folklorique.

La danse classique se base essentiellement sur des disciplines traditionnelles bien définies, dont font partie le bharata natyam, le kathakali, le kathak, le manipuri, le kuchipudi et l'odissi.

Le **bharata natyam**, originaire de l'État du Tamil Nadu, a été largement adopté dans l'ensemble du pays. Le **Kathakali**, apparu au Kerala, est souvent assimilé à une danse, ce qu'il n'est pas. Il s'agit en fait d'une pièce (ou épopée) jouée à l'aide de paroles et de gestes. Pendant que l'histoire est psalmodiée par les chanteurs, les acteurs la "racontent" à l'aide de mouvements et de gestes précis. Les danseurs de kathakali sont traditionnellement des hommes et les histoires, inspirées des grands récits épiques hindous. Le maquillage et les costumes surprenants des danseurs laissent une impression inoubliable.

Le **kathak**, mêlant des influences hindoues et musulmanes, connut son heure de gloire à la cour moghole ; les costumes datent encore aujourd'hui du XVIIe siècle. Sa popularité s'accrut lorsqu'il quitta les cours royales pour des établissements où les *nautch* (danseuses) aguichaient le public en reproduisant les amours de Krishna et de Radha. Il regagna les rangs des arts "sérieux" au début du XXe siècle.

Le **manipuri**, d'une tonalité lyrique et raffinée, provient de Manipur. Il suscita beaucoup plus d'intérêt dans les années 1920, lorsque le poète bengali Rabindranath Tragore invita l'un de ses plus éminents représentants à l'enseigner à Shantiniketan, près de Kolkata.

Le **kuchipudi** est une danse théâtrale du XVIIe siècle, issue d'un village de l'Andhra Pradesh dont elle tire son nom. Elle met en scène la jalousie de l'épouse de Krishna.

L'**odissi** serait la danse classique la plus ancienne de l'Inde. Né dans les temples, cet art fut aussi représenté par la suite dans les cours royales.

Second groupe important, les danses **folkloriques**, largement répandues et diverses, vont du bhangra hautement inspiré du Punjab aux ballets de chevaux factices du Karnataka et du Tamil Nadu, en passant par la gracieuse danse des pêcheurs de l'Orissa.

Parmi les précurseurs de la danse indienne moderne, Uday Shankar, frère aîné de Ravi, le grand maître du sitar, fut le partenaire d'Anna Pavlova, une ballerine russe. Autre innovateur, Rabindranath Tagore créa en 1901 une école à Shantiniketan (près de Kolkata) afin de promouvoir les arts. Poète, dramaturge, romancier, philosophe, acteur et peintre, Tagore fit venir des maîtres depuis les quatre coins de l'Inde à Shantiniketan, où se développa un nouveau style de danse. Critiquée pour son manque de précision technique, cette expérience n'aurait eu d'autre objectif que d'attirer vers la danse un plus large public.

Musique

Les origines de la musique classique indienne remontent aux temps védiques, lorsque les poèmes religieux chantés par les prêtres furent réunis dans une anthologie intitulée la *Rig-Veda*. Au cours des millénaires, cette musique s'est enrichie de multiples influences pour donner les deux branches connues aujourd'hui : carnatique (du Sud) et hindoustani (du Nord). Du fait de leurs origines communes, elles partagent certaines caractéristiques : toutes deux utilisent le *raga* (mode mélodique) et le *tala* (rythme caractérisé par un certain nombre de temps). Le *tintal*, par exemple, est un tala à 16 temps. L'auditoire suit le tala en frappant dans ses mains aux temps appropriés (premier, cinquième et treizième temps pour le tintal). Le neuvième n'est pas scandé, car il s'agit du *khali* (temps mort) que l'on marque d'un mouvement de la main. Raga et tala constituent les deux éléments de base de la composition et de l'improvisation.

Les musiques carnatique et hindoustani sont interprétées par de petites formations d'une demi-douzaine de musiciens, utilisent nombre d'instruments similaires et ne chan-

Instruments de musique classique

Instruments hindoustani (musique classique du Nord)

La musique purement instrumentale connaît une faveur croissante. Les instruments mélodiques secondaires participent exclusivement à la musique chantée.

Cordes. Parmi les instruments mélodiques, les plus répandus sont le *sitar*, le *surbahar*, plus grand, le *sarod*, sans frettes et pourvu d'un manche court. D'origine persane, le *santoor* comporte plus de cent cordes réparties par paires et frappées à l'aide de deux baguettes de bois. Le violon et le *surmandal* (cithare à cordes pincées) accompagnent parfois le style vocal. Le *tambura* (voir *Instruments carnatiques*) assume le rôle de bourdon.

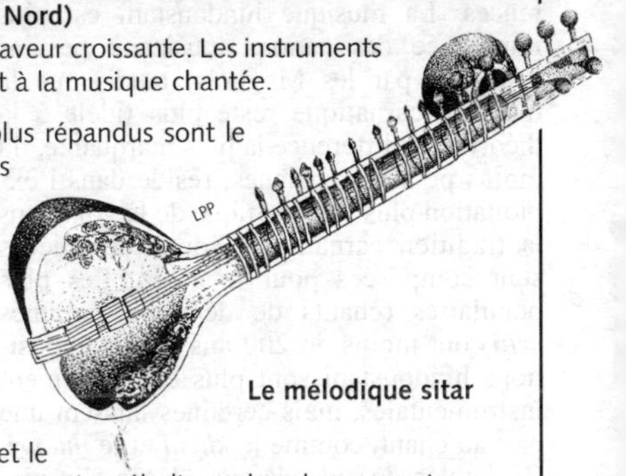
Le mélodique sitar

Vents. Le *bansuri*, flûte traversière en bambou, et le *shehnai*, qui ressemble au hautbois, sont les instruments mélodiques les plus courants.

Les tablas battent le rythme

Percussions. Principal instrument à percussion, le *tabla* est aujourd'hui, comme le sitar, bien connu du public occidental. On utilise aussi le *bayan* et le *pakhavaj*, semblable à un grand *mridangam* (voir *Instruments carnatiques*).

Clavier. L'harmonium, actionné à la main, sert à accompagner le chant.

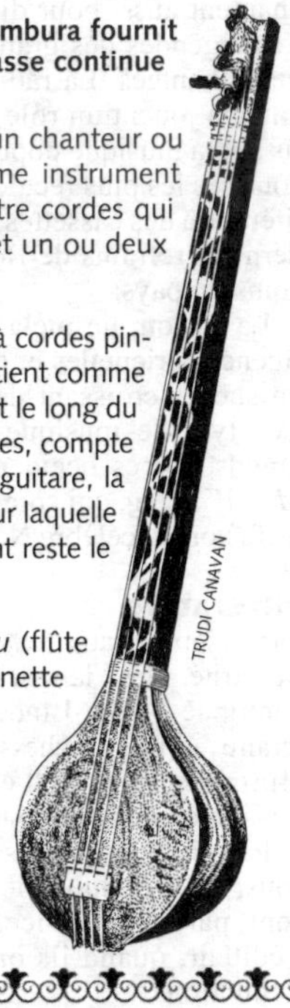
Le tambura fournit la basse continue

Instruments carnatiques (musique classique du Sud)

Les formations musicales d'Inde du Sud comprennent généralement un chanteur ou un instrument mélodique principal (souvent un violon), un deuxième instrument mélodique, un bourdon (par exemple, le *tambura*, instrument à quatre cordes qui donne en permanence la tonique et un point de référence constant) et un ou deux instruments à percussion.

Cordes. La *vina* et la *chitravina* sont incontestablement les instruments à cordes pincées les plus répandus. La première, dotée de 24 frettes et de 7 cordes, se tient comme le sitar, les doigts de la main gauche appuyant entre les frettes ou glissant le long du manche pour produire les ornements. La chitravina, dénuée de touchettes, compte 21 cordes. On en joue comme d'une guitare. Importés d'Occident, la guitare, la mandoline et le violon entrent également dans la musique carnatique pour laquelle on en a adapté les accords et les techniques. L'instrument le plus courant reste le tambura, qui joue le rôle de bourdon tout au long du concert.

Vents. Aux côtés du *nagaswaram* (flûte double en roseau) et du *venu* (flûte traversière) apparaissent parfois des instruments occidentaux tels la clarinette et le saxophone.

Percussions. L'instrument le plus populaire est sans doute le mridangam, un tambour à deux faces qui appartient à une tonalité donnée. Outre le tabla, tambour double caractéristique du Nord, on utilise parfois le *ghatam* (cruche en argile sans peau), le *thavil* (tambour à deux faces en forme de fût) et le *timila* (tambour long et effilé comme un sablier).

gent jamais de clé ou de mode mélodique. Il n'existe pas de diapason fixe, mais des différences. La musique hindoustani est plus imprégnée des canons musicaux persans (transmis par les Moghols) tandis que la musique carnatique reste plus fidèle à la théorie. La différence la plus marquante, du moins pour les profanes, réside dans l'exploitation plus systématique de la voix dans la tradition carnatique. Toutes les pièces sont composées pour le chant. Les plus populaires (chants de dévotion nommés *kriti*) ont moins de 200 ans. Les compositions hindoustani sont plus exclusivement instrumentales, mais certaines laissent une part au chant, comme le *khyal* et le *thumri*. Ce dernier, de style classique léger, s'inspire de la littérature religieuse, avec pour thème principal les amours de Krishna et de Radha.

La musique classique n'intéresse qu'une frange relativement minime de la société. La plupart des Indiens connaissent mieux les formes régionales et folkloriques, appréciées lors des fêtes et des cérémonies, ou les musiques populaires. Charmeurs de serpents, conteurs et magiciens ambulants chantent aussi pour divertir leur auditoire. Les légendes des grandes gestes sont souvent chantées. La radio, la télévision et le cinéma jouent un rôle considérable en diffusant la musique populaire jusque dans les contrées les plus reculées et, grâce à la prolifération des cassettes, on peut entendre les derniers refrains de Bollywood aux quatre coins du pays.

La fusion, un mélange innovateur d'influences orientales et occidentales, connaît un succès croissant dans le monde entier. Ce style de musique a figuré parmi les grands succès occidentaux, comme *Dead Man Walking*, qui comportait des morceaux de fusion du célèbre Nusrat Fateh Ali Khan.

Littérature

Parallèlement aux textes anciens en langue sanskrite, les langues vernaculaires ont contribué à doter l'Inde d'un patrimoine littéraire d'une richesse prodigieuse. On affirme en effet qu'il existe autant de traditions littéraires que de langues écrites.

Parmi les ouvrages mentionnés ci-dessous, nous donnons le titre sous lequel ils sont paru en France, suivi du nom de l'éditeur, quand ils ont fait l'objet d'une traduction.

Au nombre des poètes figurent A. K. Ramanujan (*The Striders*, *Relations*), Arun Kolatkar, lauréat du prix de poésie du Commonwealth en 1977 pour *Jejuri*, un recueil de 31 pièces en langue anglaise, et Kamala Das, l'une des plus célèbres poétesses indiennes.

Parmi les grands noms de la littérature, citons Mul Raj Anand, dont l'œuvre est consacrée aux démunis (*Cooli*, *Untouchable* – salué comme le premier roman dalit) ; le romancier Raja Rao (*Kanthapura*, *The Serpent and the Rope*, *The Cat and Shakespeare*) et Nissam Ezekiel, un juif indien dont les poésies explorent l'identité juive en Inde. L'œuvre de Shashi Tharoor, *Le Grand Roman indien* (Seuil, 1993), écrite sur le principe du *Mahabharata*, a remporté le prix du Commonwealth ; il est également l'auteur d'*India : From Midnight to the Millennium*, dans lequel il se penche sur les succès et les échecs de l'Inde indépendante. A lire aussi : le dernier roman de cet auteur paru en français, *Show Business* (Seuil, 1995). Le récit de Rohinton Mistry, *L'Équilibre du monde* (GF, 2001), retrace le destin de deux tailleurs et rend compte du système des castes. *Les Beaux Jours de Firozsha Baag* (10/18, 1994), se déroule dans le milieu quotidien des parsis de Mumbai. Largement traduit, le romancier Amitav Ghosh a remporté, en France, le prix Médicis étranger avec *Les Feux du Bengale* (Points Seuil) en 1990. L'illustre Rabindranath Tagore a, quant à lui, reçu le prix Nobel de littérature en 1913. Une grande partie de son œuvre est parue en français, notamment *La Maison et le monde* (Payot, 1991), roman porté à l'écran par Satyajit Ray, qui a pour cadre le Bengale au début du XXe siècle et pour contexte le nationalisme hindou face à la présence britannique, ainsi que plusieurs recueils de poésie, dont l'*Offrande lyrique* (Gallimard, 1971).

R. K. Narayan, récemment disparu, est l'un des écrivains les plus connus, originaire de Mysore. Ses romans se situent souvent à Malgudi, une ville imaginaire d'Inde du Sud. Parmi ses œuvres traduites en français et parues en poche (chez 10/18), citons *Le Conte de grand-mère*, *L'Ingénieux Mr Sampath*, *Sous le banian*, *Le Peintre d'enseignes*, *Le Guide* ou *Le Professeur d'anglais*. Son dernier livre, *Mémoires d'un Indien du Sud* (Rocher, 2001), offre un point de vue unique sur la langue et l'atmosphère de l'Inde du Sud.

Khushwant Singh est sans doute l'un des auteurs et journalistes contemporains les plus publiés, même si ce prolifique écrivain sikh semble avoir autant de détracteurs que d'admirateurs. Il a décrit les horreurs de la Partition dans le déchirant *Train pour le Pakistan* et relaté la campagne sikh en faveur d'une région autonome dans *My Bleeding Punjab. Dehli* s'intéresse à l'histoire de la capitale, des premières invasions mogholes à la chute de l'Empire britannique, vue à travers le regard de poètes, de soldats, de sultans et de gens du peuple. Dans le recueil de nouvelles *Une épouse pour le sahib* (Picquier, 2001), tour à tour ironique et compatissant, Singh épingle ses concitoyens.

Dans *Les Enfants de minuit* (Livre de poche), qui a reçu le Booker Prize (la plus haute récompense littéraire anglaise) en 1981, Salman Rushdie, d'origine indienne, parle des enfants nés, comme l'Inde moderne, cette nuit d'août 1947 à minuit et raconte comment la vie de l'un d'entre eux restera inextricablement liée à l'histoire du pays. Son livre suivant, *La Honte*, se déroule dans l'actuel Pakistan. *Le Dernier Soupir du Maure* (10/18) décrit les activités d'un parti politique, le Mumbai Axis. *Haroun et la mer des histoires* (10/18) est un merveilleux conte que l'on pourra lire à plusieurs niveaux. Son dernier roman, *La Terre sous ses pieds* (Plon, 1999), tisse une histoire d'amour baroque et flamboyante entre une chanteuse de rock et un musicien, écartelés entre les cultures indiennes et anglo-saxonnes. Quel que soit le sujet abordé, Salman Rushdie est certainement l'un des plus talentueux écrivains contemporains.

Née dans le Kerala, Arundhati Roy a fait la une des journaux en 1997 en remportant le Booker Prize pour *Le Dieu des petits riens* (Gallimard, 1997). Ce roman relate, dans une superbe langue, la destinée de jumeaux de sept ans dans le Kerala. Récemment, Arundhati Roy a participé activement à la campagne contre le barrage de la Narmada (voir l'encadré *Débats houleux autour des barrages*).

Originaire de Kolkata, Vikram Seth a écrit une formidable épopée sur l'Inde d'après l'Indépendante : *Un garçon convenable* (Livre de poche). L'histoire d'une mère hindoue, à la recherche du mari idéal pour sa fille, se déroule au milieu de tous les soubresauts et les conflits de cette époque.

Anita Desai a beaucoup écrit sur l'Inde, notamment *Cry*, *The Peacock*, *In Custody* et *Le Feu sur la montagne* (Stock).

A Matter of Time, de Shashi Deshpande, est consacré aux difficultés rencontrées par une famille de classe moyenne après le départ du mari. Originaire de Bangalore, Deshpande s'attache plus particulièrement à la description des relations entre les hommes et les femmes. *The Dark Holds No Terror* et *That Long Silence* sont deux de ses plus récents ouvrages.

Sharanpanjara, œuvre d'une romancière du Karnataka sous le pseudonyme de Triveni, représente l'un des plus grands romans en langue kannara. Il raconte l'histoire d'une femme de la haute société de Mysore confrontée à une maladie mentale.

Du Karnataka également, Kaveri Nambisan écrit des romans historiques qui mettent en lumière la période coloniale. *The Scent of Peppers* et *Mango Couloured Fish* sont deux ouvrages passionnants.

Ruskin Bond, écrivain respecté et largement publié en Inde, est l'auteur de plusieurs romans fabuleux, dont *Delhi is Not Far*, *An Island of Trees* et d'un recueil de nouvelles, *Collected Fiction*.

Upamanyu Chatterjee a écrit deux livres fort intéressants. *English, August* raconte l'histoire drôle et cynique d'un fonctionnaire fumeur de drogue envoyé à Madna, l'une des villes les plus sinistres du pays. *The Last Burden* privilégie l'humour noir en examinant les dysfonctionnements d'une famille.

Grandir (Picquier, 1993), de Firdaus Kanga, retrace le parcours d'un jeune parsi de la petite bourgeoisie anglophile de Bombay cloué dans un fauteuil roulant par l'ostéoporose.

Dans *Le Gourou sur la branche* (Calmann-Lévy, 1999), Kiran Desai s'intéresse à un employé des Postes, las et rêveur, qui se réfugie dans les branches d'un goyavier dans l'espoir de mener une vie contemplative et se retrouve poursuivi par une foule de gens en quête de l'Illumination.

Certains ont salué les romans savoureux de Shobha De comme très significatifs dans leur représentation de la sexualité de la femme indienne, alors que d'autres les qualifient de honteux. Elle n'en reste pas moins l'auteur de langue anglaise la plus lue en Inde.

La librairie indienne Crossword vient d'instaurer un prix littéraire récompensant le meilleur roman indien de langue anglaise. En 1999, deux prix ont été décernés : l'un à Mukundan, un auteur du Kerala, pour *On the Banks of the Mayyazhi* ; l'autre à Vikram Seth, pour l'excellent *Quatuor* (Grasset, 2000).

Architecture

Les temples de bois (parfois de brique) bâtis par les Indiens des temps anciens n'ont pas survécu aux rigueurs du climat et seuls les *stupa* (hémisphères surmontés d'une flèche) bouddhiques sont parvenus jusqu'à nous. Sous l'impulsion des Gupta du Nord (du IVe au VIe siècle), de nouvelles structures sacrées virent le jour, instaurant une tradition architecturale respectée pendant des siècles (voir plus loin la rubrique *Religion*). Le *sikara* ou *vimana* permet de distinguer aisément les temples du Sud et ceux du Nord. Dans le Nord, le sikara est une tour curviligne surmontée d'un disque côtelé sur lequel repose un faîteau en forme de pot ; dans le Sud, le vimana présente une structure à gradins, le disque faisant place à une robuste coupole.

Dans le Kerala, le style s'est adapté aux violentes précipitations et les temples se coiffent de toitures de pierre très pentues qui facilitent l'écoulement de l'eau. Le *gopuram*, une porte surmontée d'une haute pyramide, caractérise les temples dravidiens.

Les envahisseurs musulmans introduisirent des éléments caractéristiques, tels le cloître à arcades et la coupole. Le dôme du tombeau de Golgumbaz, à Bijapur (Karnataka), est l'un des plus grands au monde. Réalisant la synthèse entre les styles persan, indien et locaux, les Moghols ont laissé des ouvrages d'un raffinement extrême, comme le tombeau d'influence persane d'Humayun à Delhi, le superbe fort d'Agra et la cité de Fatehpur Sikri. Shah Jahan (1627-1658) s'illustra tout particulièrement avec Red Fort (fort Rouge), à Delhi, et surtout le Taj Mahal, le mausolée de Mumtaz Mahal, sa femme bien-aimée.

La trace des Européens se reconnaît dans les églises de Goa (comme la Basilica de Bom Jesus, achevée en 1605), les édifices néoclassiques construits par les Britanniques aux XVIIIe et XIXe siècles (ainsi que le complexe du Parlement de New Delhi) et les tentatives de synthèse des styles néogothique et néosarrasin (musulman) avec les traditions architecturales locales. La ville de Chandigarh, capitale du Punjab et de l'Haryana, a été entièrement conçue par Le Corbusier au début des années 1950.

Peinture

Vieilles de 1 500 ans, les fresques qui ornent les parois et les plafonds des grottes d'Ajanta, en Inde occidentale, représentent des scènes de la vie du Bouddha, des fleurs de lotus et des animaux ; leur grâce et leur naturel contrastent étonnamment avec le style qui prédomina dans cette partie du pays à partir du XIe siècle. Pour accroître leurs mérites spirituels, les jaïna laïcs – dont la prospérité reposait sur le commerce et la bienveillance des rois locaux à l'égard de l'importante communauté svetambara (une des deux grandes sectes du jaïnisme) du Gujarat – finançaient la construction de temples somptueusement décorés. Après la conquête du Gujarat par les musulmans en 1299, ils se tournèrent vers l'illustration des manuscrits, plus faciles à dissimuler. Ces derniers constituent les uniques spécimens d'art pictural indien du Nord, rescapés de l'époque musulmane. Au tout début, les artistes travaillaient sur des feuilles de palme. A la fin du XIVe siècle, l'arrivée du papier leur permit de réaliser des œuvres plus élaborées aux dimensions plus imposantes : texte doré à la feuille et marges richement rehaussées de bleu, de rouge et d'or. La complexité des motifs et le luxe des matériaux attestent de l'opulence des mécènes. A l'opposé des motifs graciles des fresques d'Ajanta, le style jaïna, aux lignes anguleuses, représente divinités et mortels de profil, l'œil sortant des contours du visage.

Le style indo-persan se développa dans les cours musulmanes, en conservant toutefois la tradition locale de l'œil allongé. L'esthétique persane, introduite par des artisans réfugiés en Inde après l'attaque d'Herat (Afghanistan) par les Ouzbeks en 1507, s'épanouit grâce au commerce et aux échanges de présents entre la ville persane de Chiraz, grand centre de production de miniatures, et les sultans des provinces indiennes.

La victoire remportée par Babur à la bataille de Panipat, en 1526, marque le début de l'ère des Moghols en Inde. Si Babur et son fils Humayun encourageaient les arts, c'est à Akbar, le fils de ce dernier, que l'on attribue généralement le développement du style moghol. Il fit venir des artistes de très loin pour créer un atelier, dirigé, au moins au début, par des artistes persans. L'activité, d'abord essentiellement tournée vers l'enluminure de manuscrits (consacrés à l'histoire, aux romans d'amour, aux mythes et aux légendes), s'élargit ensuite aux portraits et aux œuvres glorifiant les événements de la vie courante.

Akbar s'intéressait personnellement au travail des artistes et récompensait ceux dont il était satisfait. Régi par la division du travail, l'atelier produisait toujours plus d'œuvres en moins de temps. D'habiles dessinateurs traçaient les contours, les coloristes appliquaient des couches de pigment qu'ils polissaient à chaque fois afin de leur donner l'aspect de l'émail. Les peintres parvenaient à des lignes d'une grande finesse en utilisant des pinceaux de poils d'écureuil ou de chameau. Des artistes furent aussi autorisés à déployer leurs fabuleux talents dans des œuvres personnelles. L'influence des peintres occidentaux se traduisit par quelques innovations dans les motifs et la perspective.

Si Jehangir, le fils d'Akbar, favorisa également la peinture, il fit preuve de goûts et d'intérêts différents. Sa préférence allait à l'art du portrait et sa fascination pour les sciences naturelles suscita de nombreuses représentations d'oiseaux, de fleurs et d'animaux. L'évolution du style amorça un tournant décisif sous son règne. Malgré leur richesse, les œuvres exécutées dans son atelier ne laissaient nulle place au frivole ou au superflu. L'agencement des figures, plus formel, reflète le rôle croissant de l'étiquette dans la vie de cour. Jehangir voyait dans le portrait un excellent instrument pour jauger ses rivaux étrangers : miroir de la personnalité, il devait lui permettre d'apprécier le caractère du sujet. Sous le règne de son fils Shah Jahan, le style moghol perdit en fluidité et, malgré leurs couleurs vives et accrocheuses, les peintures ne retrouvèrent pas la force et la vitalité de la période antérieure. Cette tendance se poursuivit et s'accéléra avec la désintégration de la cour moghole au XVIIIe siècle. L'art pictural moghol en tant que tel disparut avec le règne de Shah Alam II (1759-1806).

Au XIXe siècle, la peinture du Nord subit fortement l'influence des styles occidentaux (notamment des aquarelles britannique), donnant naissance à ce que l'on appelle la Company School, basée à Delhi.

Le Rajasthan vit fleurir des styles particuliers, inspirés des goûts et des canons moghols, entre autres parce que les rois rajput étaient tenus de passer une partie de leur temps à la cour de leurs suzerains. L'art pictural rajasthani présente néanmoins des caractéristiques propres, notamment une imagerie poétique qui apparaît dans des thèmes populaires comme le *ragamala*, description des modes musicaux, et le *nayakanayikabheda*, classification des catégories d'amants idéaux. Le romantisme et l'érotisme de ces peintures offrent un contraste saisissant avec la morale stricte qui régissait la société rajput. L'art du portrait se modifia sous l'influence des peintres de formation moghole engagés par les rois rajput, sans toutefois intégrer la fonction si chère à Jehangir : loin de refléter la personnalité du sujet, les portraits tendirent plutôt vers une idéalisation des individus, dissimulant habilement leurs défauts.

Dans les contreforts de l'Himalaya, au nord-ouest de l'Inde, un style de peinture distinct, le pahari, se développa aux XVIIe et XVIIIe siècles. Cette zone relativement réduite, entre Jammu et Garhwal, était alors divisée en 35 royaumes. L'art pictural pahari peut se diviser en deux courants principaux : l'école basholi, puis l'école kangra qui l'éclipsa à la fin du XVIIIe siècle. De l'art basholi, très coloré, émanent vigueur et puissance. Les réalisations kangra, plus fluides, aux teintes plus atténuées, attestent vraisemblablement l'influence des peintres de la cour moghole qui migrèrent vers cette région. Si l'école kangra perdura jusqu'à la fin du XIXe siècle, ses plus grandes réalisations datent de la fin du XVIIIe et du début du XIXe.

Sculpture

Pendant la quinzaine de siècles qui suivirent l'extinction de la civilisation de la vallée de l'Indus, la sculpture semble avoir totalement disparu du sous-continent. Puis, au IIIe siècle av. J.-C., elle revint brusquement sous une forme nouvelle, techniquement très élaborée, qui fleurit sous le règne des Maurya en Inde centrale.

Ce phénomène perturbe encore aujourd'hui les chercheurs et les historiens de l'art ; certains prêtent à la sculpture maurya des origines étrangères, peut-être persanes – ce qui n'a jamais été prouvé. Les colonnes de grès poli érigées par l'empereur bouddhiste Ashoka font partie du patrimoine maurya. La plus célèbre, le pilier surmonté de lions de Sanchi (Madhya Pradesh), est aujourd'hui l'emblème de l'Inde moderne.

Vers le milieu du IIe siècle av. J.-C., de nouvelles formes sculpturales apparurent, dont les balustrades des stupa de Bharut (Madhya Pradesh) fournissent un exemple caractéristique. Leur style et leurs motifs furent ensuite largement repris dans la sculpture indienne. L'ornementation symbolise l'abondance (étroitement liée à la beauté dans l'art sculptural indien) : pot débordant de fleurs, lotus, arbres, éléphants et *makara* (créature fabuleuse et protectrice, semblable au crocodile). Elle représente également les *yaksha* et *yakshi*, divinités mâles et femelles associées aux anciens cultes de la fertilité, dont les images constituent le fondement des iconographies bouddhique, jaïna et hindoue.

Après les premières réticences à représenter le Bouddha sous des formes autres que symboliques, on l'assimila peu à peu à la figure du yaksha au cours des siècles suivants, sans toutefois conserver le vêtement et les ornements sophistiqués, jugés incompatibles avec l'austérité du bouddhisme. Ainsi le Bouddha de Sarnath, un pan de robe jeté de façon caractéristique sur l'épaule gauche, lève la main droite selon

Dans les coulisses du cinéma indien

L'industrie du cinéma indien, qui jouit d'une popularité et d'un succès considérables, est née en 1897, quand le premier film réalisé en Inde, *Panorama of Calcutta*, a été projeté au cinéma Star de Kolkata. Tourné par des techniciens étrangers, ce film n'avait pas de scénario. Le premier film de fiction, *Raja Harishchandra*, date de 1913, époque du muet. C'est de ce film que descend en droite ligne le cinéma indien. Entre 1931 (date du début du parlant) et 1999, l'Inde a produit plus de 30 000 films, détenant, et de loin, le record mondial.

L'industrie cinématographique indienne, la plus importante du monde, devance celle d'Hollywood. Mumbai, la capitale du cinéma, s'est surnommée "Bollywood". Chennai et Hyberabad la concurrencent. En 1999, 764 films ont été produits en 12 langues. Plus de 2,5 millions de personnes sont employées dans ce secteur. L'Inde compte environ 13 000 salles, y compris les cinémas ambulants qui vont de village en village. Pour les classes défavorisées, le cinéma reste la distraction la moins chère et la plus populaire.

Aller dans un cinéma indien constitue une expérience intéressante, si l'on ne craint ni la foule ni la bousculade. Si le film vient de sortir et remporte un grand succès, les spectateurs doivent souvent acheter leur billet au prix fort à un rabatteur qui traîne aux alentours. La transaction est totalement illégale, mais les policiers détournent le regard. Néanmoins, nous déconseillons cette forme d'achat.

Les films indiens se départagent en deux catégories. En guise d'expérience culturelle (il faudrait plutôt parler de choc), essayez un film "grand public". Vous n'avez sans doute jamais vu quelque chose de ce genre. D'une durée d'au moins trois heures, les plus grands succès rassemblent plusieurs vedettes, parfois jusqu'à trois couples de stars. Vous assisterez à un mélange de viols, de violences, de rêves, entremêlé d'une douzaine de chansons ; immanquablement, interviendra le policier honnête, doté d'un frère diabolique vraisemblablement traumatisé dans son enfance, ou la poursuite en voiture qui ne fait en rien avancer l'histoire.

Le tout est ficelé avec tant de verve, d'exubérance et de vitalité que le public se laisse transporter, alors que le spectateur étranger reste abasourdi. En surface, ces films évoquent Rambo, Roméo ou l'Inspecteur Harry, mais le message relève plutôt du *Mahabharata*, du dharma et de la justice sociale. Grisants et croustillants, ces spectacles, que les Indiens surnomment non sans raisons *masala* (mélange d'épices), relèvent d'une imagination effrénée. Ils sont le moyen pour l'homme de la rue de s'évader de la vie ordinaire. Sur le plan technique, ils sont aujourd'hui aussi bien faits que tout ce qui se fait ailleurs.

Il existe également un sous-produit, les films de série C, absolument épouvantables. L'histoire comporte systématiquement une héroïne à laquelle un propriétaire terrien local a fait "perdre son honneur" et qui devient une *dacoit* (hors-la-loi) réclamant vengeance. S'ensuiun *mudra* (geste rituel) symbolisant la libération de l'emprise de la peur, la main gauche, vide, reposant sur la taille. A partir de la domination gupta dans le Nord (du IVe au VIe siècle), les représentations du Bouddha délaissèrent le style grossier des yaksha pour adopter la sérénité du modèle contemplatif, aux yeux baissés, seyant à l'image du maître miséricordieux de la loi.

A la même époque, les iconographies hindoue et jaïna amorcèrent une évolution significative, les figures multipliant bras et têtes (pour distinguer les dieux des simples mortels), avant d'adopter les expressions sereines que l'on associe à la contemplation.

A partir du Xe siècle, sculpture et architecture devinrent presque indissociables et les temples s'ornèrent d'une profusion de sculptures destinées à l'édification des fidèles. Avec les animaux fantastiques et les gopuram des temples gigantesques de l'Inde méridionale (tel celui de Meenakshi à Madurai), l'art monumental et l'ornementation prirent des dimensions nouvelles.

La plupart des sculptures furent réalisées en pierre. L'Inde du Sud produisit néanmoins une splendide série de bronzes pendant la dynastie Chola (IXe et Xe siècles). Si la technique de la cire perdue, appliquée à la représentation des divinités les plus populaires, se perpétue aujourd'hui dans le

Dans les coulisses du cinéma indien

vent des variations autour de ce thème, avec scène de viol obligatoire. Un grand talent d'acteur n'est pas indispensable, mais l'héroïne doit avoir les hanches larges et savoir monter à cheval. Ces films s'adressent à un public masculin qui veut de l'action et n'a pas de temps à perdre avec les amourettes. Réalisés avec un budget restreint, les films de série C sortent directement dans les salles infestées de puces des petites villes.

Une censure très rigoureuse interdit les scènes de sexe explicites dans les films indiens destinés au marché local. Si le baiser est toléré depuis peu, les actrices reconnues refusent de se laisser embrasser à l'écran. La caméra se tourne discrètement au moment crucial. Toutefois, l'absence de nudité est largement compensée par l'héroïne en sari trempé qui se tortille sous la pluie – scène qui fait se pâmer de joie les spectateurs des premiers rangs.

Les extérieurs des films à gros budget sont souvent tournés à l'étranger. La Suisse est très prisée pour ses sommets et ses lacs qui peuvent remplacer l'Himalaya. Le plus grand succès de l'année 2000, *Kaho Na Pyar Hai* (*Dis-moi que tu m'aimes*), a été tourné en grande partie en Nouvelle-Zélande. L'Australie et l'Europe de l'Est – cette dernière en raison du moindre coût technique – sont des lieux de tournage de plus en plus appréciés.

Le cinéma d'art et d'essai s'inspire de la réalité indienne. Les images proposent une fidèle reproduction de ce que l'on voit autour de soi et les films sont tournés en anglais. Il sont, ou supposés être, socialement et politiquement pertinents. Réalisés avec des budgets ridicules par rapport à leurs concurrents commerciaux, ils récoltent des récompenses dans les festivals internationaux. La plupart ne rapportent que très peu d'argent ou disparaissent sans laisser de trace sur le marché local. Si le film est bon, vous pourrez probablement le voir de retour dans votre pays.

Parmi les films les plus célèbres de cette catégorie figurent ceux de Satyajit Ray (*La Trilogie d'Apu*, *Charulata...*), de Mira Nair (*Salaam Bombay*, *Mississipi Masala*, *Kama Sutra*) et de Deepa Mehta (*Terre, Feu*). Mehta s'apprêtait à compléter sa trilogie en tournant son troisième film, *Eau*, quand, quelques jours avant le début du tournage à Varanasi, l'équipe a été sommée de remballer son matériel et de partir. Le scénario traite de la situation désespérée des veuves hindoues, mais le thème et l'approche du sujet n'ont pas eu l'heur de plaire aux fondamentalistes hindous de droite (voir l'encadré *En plein conservatisme* du chapitre *Uttar Pradesh et Uttaranchal*).

Bhaichand Patel

Ancien directeur du Centre d'information sur l'Inde des Nations unies, Bhaichand Patel partage désormais son temps entre Dehli et New York. Il rédige une chronique sur la scène artistique pour l'*Hindoustan Times* (Dehli) et le *Mid-Day* (Mumbai).

Tamil Nadu, elle n'a pas retrouvé la splendeur de la période chola.

Théâtre

La forme la plus ancienne du théâtre classique, le théâtre sanskrit, partage les mêmes origines que la danse. Ces deux disciplines, dont les principes furent autrefois exposés dans le *Natya Shastra*, se divisent en catégories distinctes selon qu'on les exécute pour les dieux ou pour les mortels. Les productions théâtrales en sanskrit se classent ensuite en naturalistes ou stylisées, notions conservées par les traditions populaires postérieures. Le théâtre sanskrit connut son apogée aux alentours de l'an 1000 avant d'être supplanté par le drame populaire. Aujourd'hui, il ne subsiste plus que sous la forme du *kudiyattam*, style théâtral du Kerala.

La grande diversité régionale et linguistique de l'Inde fut propice au développement d'un théâtre populaire, qui reprend certaines conventions dramatiques sanskrites, comme la prière d'ouverture et le *vidushaka* (clown), alter ego comique du héros et allié de l'auditoire. Il s'inspire fortement des épopées védiques (voir la rubrique *Religion*), mais aussi des problèmes politiques et sociaux contemporains. Les spectacles se déroulent en plein air et les acteurs appartiennent à des castes où cet art se transmet de père en fils. Les femmes jouent beaucoup plus rarement. Les troupes entreprennent parfois des tournées de plusieurs mois et les formes théâtrales les plus populaires (non religieuses) remportent un succès constant.

Les marionnettes ont aussi leur public, qui apprécie principalement celles du Rajasthan (*kathputli*). En bois, vêtues de costumes colorés, elles sont exclusivement manipulées par des hommes à l'aide de ficelles.

Les marionnettes de cuir de l'Andhra Pradesh actionnées par des baguettes (semblables à celles du *wayang kulit* indonésien) et les marionnettes à gaine du Kerala sont moins connues. Cependant le public va diminuant, à cause de la concurrence du cinéma et de la télévision, mais aussi des réticences des marionnettistes à modifier leur répertoire fondé sur les épopées.

Le théâtre moderne fit son entrée au Bengale au XVIIIe siècle. Sensibilisés plus tôt que leurs compatriotes à la littérature et au théâtre occidentaux, les artistes bengalis réalisèrent la synthèse des techniques de scène occidentales et des conventions sanskrites. Leur pièces se firent bientôt l'écho des critiques politiques et de l'opposition au pouvoir britannique. Les compagnies ambulantes parsies de Bombay, qui se développèrent dans le Nord et l'Ouest au XIXe siècle, s'appuyèrent elles aussi sur les traditions occidentales, populaires et classiques, pour fonder un théâtre d'une grande vitalité, tant en hindi qu'en ourdou.

RÈGLES DE CONDUITE

Mariage, naissance et décès

Les cérémonies organisées lors des occasions importantes, tels que les mariages, varient selon les religions, et il faudrait des pages pour décrire chacune d'elles.

Dans l'Inde majoritairement hindouiste, les *samskara* (cérémonies des rites de passage) ont été simplifiés au cours des siècles, mais conservent une grande importance. Le mariage, notamment, entraîne des dépenses considérables. Si le nombre des "mariages d'amour" a augmenté depuis quelques années (surtout dans les grandes villes), la plupart des mariages hindous sont arrangés (voir plus loin *Les femmes dans la société*) et donnent lieu à de discrètes enquêtes au sein de la communauté. Lorsque le tissu communautaire s'est relâché, comme dans les grandes villes, on passe des petites annonces dans les journaux locaux ou sur Internet. Beaucoup d'Indiens résidant à l'étranger utilisent cette méthode ; ils feront ensuite un voyage en Inde pour rencontrer les candidat(e)s sélectionné(e)s.

Les horoscopes sont passés au crible, et s'ils paraissent compatibles, les deux familles se rencontrent. Bon nombre de prétendants sont rejetés à cause de signes défavorables. On consulte aussi l'astrologue pour fixer la date de la cérémonie. Pour les jeunes filles, la dot, bien qu'illégale, reste capitale, et les familles s'endettent souvent considérablement pour fournir l'argent et les biens promis.

Le jour du mariage, le jeune homme est escorté jusqu'à la demeure de sa future épouse par une foule d'amis et d'admirateurs, sous les accents sonores d'une fanfare de cuivres, et des offrandes de céréales grillées sont jetées dans l'âtre. Le mariage, célébré par un prêtre, prend effet quand les mariés, main dans la main, ont tourné sept fois autour du feu.

Suite à la page 72

Arts et artisanat

Voyager en Inde représente une véritable expérience sur le plan visuel. Au fil des siècles, d'innombrables groupes ethniques ont laissé un riche héritage, chargé d'inventivité et de sens. Plus que la simple expression de l'artisan ou d'une croyance religieuse, l'artisanat constituent la représentation la plus profonde d'une culture.

Souvent harcelé par des rabatteurs cherchant à vous attirer dans l'atelier de leur "frère", vous verrez peut-être dans l'artisanat un stratagème pour escroquer les touristes. Pourtant, comme la nourriture ou la musique, il est un élément fondamental de la culture indienne. Il n'est pas de scène de rue où ne figurent un camion ou un bus abondamment décorés, un superbe tissu porté avec désinvolture, ou encore un bijou délicatement ouvragé. Chaque village possède ses artisans et ses artistes ; quant aux maisons, aux rickshaws et aux objets quotidiens, ils sont ornés selon des procédés très divers. Tous les matériaux naturels, tels le bois, le cuir, les os, le métal, la pierre, l'herbe, le papier mâché (spécialité du Cachemire), le coton et la laine, sont utilisés sous toutes sortes de formes attrayantes.

PRAMOD MISTRY

L'art élaboré du hénné ou *mehndi*

Les objets artisanaux ne restent pas confinés dans leur région d'origine : les populations se déplacent, les artistes subissent les influences des créations d'autres régions, et le commerce émigre là où se trouvent les débouchés. Ainsi, vous rencontrerez à peu près n'importe où un emporium (grand magasin d'artisanat) du Cachemire ou encore une boutique tibétaine. Pour une liste complète des articles, leur lieu de vente et leur prix habituel, ainsi que des informations sur le shopping "éthique", les achats dans les emporiums et le marchandage, consultez la rubrique *Achats* du chapitre *Renseignements pratiques*.

POTERIES

Les racines de la poterie s'enfoncent dans la mythologie. En effet, les premiers hommes auraient été façonnés dans l'argile par Brahma, le Créateur, et le nom le plus fréquemment donné aux potiers, *prajapati*, figure parmi les titres de Brahma. Mais ce n'est pas là l'unique rapport de ces artisans avec le divin. On raconte que lorsque Shiva voulut épouser Parvati, ils ne disposaient pas de l'indispensable pot à eau. Alors Shiva créa un homme et une femme à partir de deux perles de son collier ; l'homme confectionna une cruche et fonda, avec la femme, toute une lignée de potiers. De nos jours, on appelle aussi le potier *kumbhar* ou *kumbar*, nom qui désigne aussi la cruche (*kumbh*), un objet omniprésent.

Malgré l'intrusion du plastique, la poterie reste présente dans chaque foyer indien et dans tous les sanctuaires du pays. Rien ne conserve la fraîcheur autant que la terre cuite dans les nombreuses demeures dépourvues de réfrigérateur. L'ustensile le plus courant de l'Inde est incontestablement le pot à eau rond en terre cuite lisse. Le col étroit empêche l'eau de s'échapper des cruches juchées sur la tête des femmes qui vont et viennent entre le puits et leur maison. Les potiers façonnent aussi de nombreux ustensiles de cuisine. Aux dires de certains, les plats traditionnels perdent en saveur lorsqu'on les prépare dans un pot en métal ou une casserole. Les voyageurs ne manqueront pas de remarquer les tasses en terre cuite dans lesquelles on sert le lait caillé ou le chai (thé) dans les gares, et qu'on brise sur la voie ferrée une fois vidées. Dans le Tamil Nadu, la coutume veut qu'on brise tous ses pots la veille de la fête de Pongal (fête tamoule de renouveau du soleil et de remerciement à la terre et aux bœufs) pour les remplacer par de nouveaux.

Le tournage des pots et des jarres de stockage en tous genres est une activité réservée aux hommes, tandis que les femmes se consacrent à la décoration. On utilise parfois les techniques du galetage et du colombin, ou encore des moules en plastique.

Les talents du potier se déploient également dans les shiloms, les narguilés, les perles et les *jhanvan* (plaques dentelées en forme de palmier) utilisés comme la pierre ponce pour éliminer les callosités des pieds.

On fabrique aussi des statues votives en terre cuite (chevaux et autres créatures), diverses idoles et parfois des parties du corps humain qu'on dispose devant un sanctuaire dans l'espoir d'obtenir une guérison miraculeuse. Il arrive que le potier joue un rôle d'intercesseur entre les dieux et les fidèles. Par exemple, dans le Tamil Nadu, les villageois lui demandent de façonner des chevaux en terre cuite quand ils traversent une période critique, puis il participe aux cérémonies et entre en transes pour attirer sur la communauté les faveurs de la divinité protectrice Ayannar.

Les Moghols ornaient leurs mosquées, forteresses et palais de carreaux couverts de glaçure aux motifs colorés.

Les céramiques bleues (vases, assiettes, carreaux et poignées de portes), produites aujourd'hui dans diverses régions, et plus particulièrement à Jaipur, sont surtout destinées à l'exportation. Des recherches scientifiques ayant permis de détecter un niveau de plomb élevé dans ces objets, assiettes et récipients sont donc déconseillés pour la cuisine. Cette découverte a eu un impact significatif sur l'artisanat traditionnel, qui faisait vivre environ 15 000 artisans potiers. Désormais, les quelques derniers potiers réalisent des objets décoratifs tels que vases, plateaux, coffrets à bijoux et cendriers. Cette gamme, caractérisée par des peintures faites à la main, est cuite à basse température (750°C) afin que l'éclat des couleurs ne se ternisse pas.

Cuits à basse température, la plupart des objets fabriqués dans les villages sont fragiles. Toutes les céramiques d'aspect brillant ont subi deux cuissons : la première pour les biscuiter, la deuxième pour les vernir. Pour déterminer le degré de cuisson d'une poterie, donnez-lui simplement un petit coup avec la main : plus la température était élevée à la cuisson, plus le son est aigu. Cette méthode permet également de détecter une céramique craquelée. Les objets en argile et en pierre sont non poreux ; cependant, certaines poteries indiennes cuites à température légèrement trop basse ne présentent pas toujours un beau brillant et restent un peu poreuses.

ENCENS

Omniprésente dans l'ensemble de l'Inde, l'odeur de l'encens est associée à la méditation et à la dévotion. Sa production – un artisanat déjà ancien – est assurée par des milliers de fabricants dans le pays, en particulier à Bangalore et à Mysore. L'encens indien s'exporte dans le monde entier.

L'encens sert généralement pour les cérémonies religieuses. Les chauffeurs de taxis, de bus et de camions en brûlent fréquemment dans leur véhicule avant d'entreprendre un trajet. Il fait partie du *puja* (offrande) à la divinité choisie par le chauffeur pour protéger le véhicule et ses passagers. De nombreux commerçants s'adonnent au même rite et chantent des *bhajan* (airs de dévotion) le matin, dans l'espoir que la journée sera profitable pour leurs affaires.

L'encens d'Auroville, un ashram situé près de Pondichéry, est de grande qualité. Autre encens très populaire, le Nag Champa est produit par des dévots de Sai Baba. A base de bois de santal, il possède une odeur caractéristique issue de sources variées. Utilisé pour la méditation, il fait des merveilles ! Mais prenez garde : l'exclusivité des droits de production n'étant pas en application, ces marques célèbres sont souvent contrefaites.

KOLAM

Plus que de simples décorations, les kolam (aussi appelés *rangoli*), motifs qui décorent le seuil des portes du Tamil Nadu, revêtent une fonction symbolique. On dit qu'ils sont bénéfiques. Le terme kolam signifie "jeu", "forme" ou "beauté" dans la langue tamoule. Les motifs sont exécutés au lever du soleil à l'aide d'une pâte à base de farine de riz – que les plus infimes créatures peuvent manger –, symbole du respect pour toute forme de vie, même la plus insignifiante.

Le geste ainsi accompli est deux fois béni : le don, en tant que premier acte de la journée, est considéré comme extrêmement favorable et un beau kolam peut attirer les divinités. Ainsi, Lakshmi, déesse de la prospérité et de la chance, peut être tentée de franchir symboliquement le seuil de la demeure et de dispenser ses bienfaits à ses occupants.

Pour ceux qui savent en saisir les nuances, les kolam donnent toutes sortes d'informations. Ils peuvent signifier aux sadhu et aux hommes pieux qu'ils trouveront là de quoi se restaurer ou, plus généralement, indiquer une famille prospère et hospitalière. Leur absence peut signaler un foyer frappé par la mauvaise fortune ou la mort, ou simplement dépourvu de femme, ou encore des habitants trop occupés aux champs. Certains pensent qu'il protège du mauvais œil, écartant les méchantes intentions comme l'envie ou la gourmandise.

Le rouge et le blanc sont les couleurs les plus employées, bien qu'on leur en associe parfois d'autres, comme le bleu. En revanche, on exclut le noir, couleur des ténèbres et des forces du mal. Les motifs, variables, peuvent représenter des figures géométriques sophistiquées, des fleurs de lotus, des oiseaux ou d'autres animaux. Aujourd'hui, on vend des tubes de bambou ou de plastique percés de trous qui, emplis de poussière de craie et roulés sur le sol tassé et humidifié, permettent de réaliser de jolis motifs.

BIJOUX

Le port de bijoux est un signe de statut social et de richesse, ainsi qu'un investissement. En or, en argent et en métal blanc, ils revêtent des formes diverses et sont vendus au poids. Il arrive parfois qu'une parure prétendument précieuse cache en fait un bijou de médiocre qualité.

En Inde, la rareté de l'or et le niveau élevé de la demande le rendent onéreux. Récemment encore, de l'or bien meilleur marché provenant d'autres pays était introduit en contrebande. Mieux vaut donc ne pas en acheter, à moins que vous ne tombiez sur une parure dotée de décorations indiennes particulières. Hormis de rares exceptions, le plaqué or est de médiocre qualité en raison du manque de technicité avec lequel il est réalisé.

Pour l'argent traditionnel, il existe plusieurs qualités (y compris le métal blanc à 0% d'argent). En dépit des allégations, on en trouve rarement à plus de 84%. Des joailliers renommés vendent de l'argent fin (92,5%) ; demandez à comparer avec des objets à teneur inférieure : vous serez rapidement capable de faire la différence.

En Inde, on extrait et on taille de nombreuses pierres précieuses et semi-précieuses. Le diamant Kohinoor ("Montagne de lumière"), qui fait aujourd'hui partie des joyaux de la monarchie britannique (incrusté dans la couronne de la Reine mère), passa entre les mains de plusieurs dirigeants en Inde avant d'être offert à la Reine Victoria en 1849. La pietra dura, technique bien connue prédominante durant l'Empire moghol, consistait à utiliser des pierres semi-précieuses pour décorer les édifices monumentaux et les objets quotidiens. Aujourd'hui, vous pouvez vous procurer des objets de style Taj Mahal, notamment aux alentours d'Agra.

Pénétrer dans le monde des pierres précieuses requiert de nombreuses connaissances. Il est possible de relever artificiellement la couleur et de donner ainsi à un spécimen ordinaire une riche teinte – plus prisée. Les imitations synthétiques sont courantes. Le cas échéant, du dissolvant ou un vigoureux coup de chiffon blanc permettent souvent de dévoiler la tromperie. Néanmoins, certains processus de cuisson rehaussent également les couleurs, qui ne peuvent alors pas "s'effacer". Pour en apprendre davantage, n'hésitez pas à poser des questions au joaillier, qui lui-même sera sans doute ravi de vous renseigner. Certains palais abritant des musées exposent de merveilleuses collections comportant toutes sortes d'objets, y compris des bijoux.

CUIR

Les peaux de mouton, de chèvre et de chameau permettent de réaliser différentes qualités de cuir. En raison de l'importance religieuse de la vache, sa peau n'est pas utilisée. Dans ce pays, où les bovins sont à la fois très communs et sacrés pour la population hindoue (majoritaire), c'est à la caste la plus basse qu'incombe le travail du cuir. Le style du tannage varie de la simple préparation de village aux méthodes sophistiquées des usines fournissant le marché italien.

Les chaussures traditionnelles, faites habituellement à partir de cuir, sont des sortes de sandales, ou *jooti*. Très décoratives, elles présentent souvent une extrémité recourbée ainsi que des broderies colorées qui diffèrent selon les régions. Les chaussures gauche et droite étant semblables, mieux vaut les marquer afin de toujours les porter au même pied, pour qu'elles prennent leurs formes respectives.

ARTISANAT EN MÉTAL

Les nombreuses possibilités qu'offre le travail des métaux se reflètent dans les délicates *qandeel* (lampes suspendues présentant des motifs ajourés), les bijoux, ainsi que les traditionnelles pipes à eau. Moradabad, dans l'Uttar Pradesh, centre de production commerciale à grande échelle, et Bidar dans le Karnataka, d'où proviennent les *bidri* (délicats damasquinages d'argent sur métaux), constituent les deux principaux foyers de l'artisanat en métal.

Traditionnellement, les objets de dévotion sont réalisés selon la technique de la cire perdue. Le modèle, tout d'abord en cire, est trempé dans l'argile : il forme un moule dans lequel on verse du métal en fusion, qui prend alors la place de la cire. Retirer l'argile et polir le métal constituent ensuite un travail considérable. Cette technique demandant beaucoup de temps et de savoir-faire, et chaque moule étant à usage unique, ornements et statuettes réalisées ainsi sont généralement chers. Les moules à usage multiple, façonnés mécaniquement, représentent une méthode de production plus simple et meilleur marché.

Les populations migrantes ont influencé la ferronnerie. Depuis que la Chine a pris le contrôle du Tibet, des communautés tibétaines se sont installées dans diverses régions d'Inde, dont Dharamsala et McLeod Ganj, Darjeeling, Kodaikanal, Bodhgaya, Jabalpur ou encore Gwalior, où elles produisent des objets artisanaux en métal bien caractéristiques. Les bols chantants, confectionnés à partir d'un mélange secret de sept métaux différents, sont des objets de méditation provenant de la religion Bon, dans le Tibet prébouddhique. Ils émettent un bourdonnement mystique, dit "dissocié", lorsque l'on fait tourner une baguette tout autour. Quant aux bols guérisseurs, on les remplit partiellement d'eau, puis on les frappe à l'aide d'une baguette – l'illumination escomptée ne s'ensuit pas toujours ! Lampes au beurre de yack, cornes et théières ornées sont d'autres objets populaires.

TEXTILES

Les textiles ont toujours joué un rôle important dans la société et le commerce en Inde – pays choisi par les Romains pour y passer commande de leurs étoffes. Cette merveilleuse tradition inclut saris de mariage, tapis/couvertures tissées manuellement, couvre-lits imprimés à la main, coussins brodés, *zari* (brocart rehaussé de fil de métal) et tentes de fête (réminiscence de l'époque où maharajas et Moghols les utilisaient pour des occasions particulières).

L'Inde est renommée, à juste titre, pour ses *khadi*, des tissus en coton et en soie filés à la main, tels que l'étamine et le voile. La promotion du khadi faite par le Mahatma Gandhi constitua d'ailleurs un aspect majeur de la lutte pour l'indépendance : remplacer le coton provenant des usines de Manchester par des produits locaux représentait un retournement politique notable, à tel point que le rouet, symbole de liberté, figure encore sur le drapeau national indien.

Si l'utilisation de teintures chimiques est répandue depuis presque un siècle, on recourt souvent aux produits naturels : indigotier pour le bleu ; racine de garance, pavot, pétale de tulipe, rhubarbe, racine de rose, peau de cerise et écorce de jujubier pour le rouge ; camomille et safran pour le jaune ; mélange de jaune et de rouge, henné et écorce de prunier pour l'orange ; peau de grenade et noix de galle pour le noir ; cupule, coquille de noix et laine brune naturelle pour le beige et le brun ; enfin, mélange de rouge et de bleu, peau de raisin et cochenille pour le pourpre et le violet.

Dans toutes les régions d'Inde, on peut voir de merveilleux textiles de toutes sortes, revêtant des styles bien caractéristiques à Chennai (Madras), au Gujarat, au Rajasthan et au Cachemire.

Tapis

Le Cachemire possède une riche tradition en matière de textiles : utilisation du point de chaînette, réalisation de châles délicats et fabrication de tapis brodés en feutre connus sous le nom de *numda*, particulièrement résistants lorsqu'ils contiennent au moins 50% de laine. Presque tous les tapis sont faits majoritairement de laine, certains selon la tradition persane, avec un mélange d'autres fibres comme le coton ou la soie.

D'immenses usines et des ateliers produisent des copies de tapis persans. Certains de ces centres sont associés à une atroce réalité : l'exploitation d'enfants et le travail forcé (certains diraient l'esclavage). Réfléchissez à deux fois avant d'acheter (voir *Achats responsables* sous la rubrique *Tourisme responsable* du chapitre *Renseignements pratiques*).

Où que vous alliez en Inde, vous trouverez des vendeurs de tapis et de kilims (tapis tribaux tissés à plat). Selon un mythe, la solidité des tapis dépend du nombre de nœuds par centimètre carré. Si ce facteur y contribue, le type de laine est en fait plus déterminant. Celle, torsadée, des moutons locaux donne des pulls qui démangent désagréablement, mais également des tapis solides.

Souvent rayés, les *dhurrie*, tissés à plat à partir de coton et de laine, puis teintés chimiquement, comportent également une large gamme de motifs et de couleurs. S'ils sont produits dans toute l'Inde, ils sont principalement exportés dans le Nord-Ouest.

Appliques et broderies

Les appliques (décorations ou passementeries réalisées à l'aide de deux matériaux cousus ensemble) sont particulièrement répandues dans les textiles ouvragés du Rajasthan et du Gujarat. Parmi les motifs utilisés figurent des pièces en forme d'animaux de couleur ou d'arbres, cousus sur un drap de coton. Un autre style de draperie et de rideau appelé *toran* présente des motifs brodés à la main au point de croix. Traditionnellement, un prétendant perçait de son épée le toran suspendu devant la porte d'entrée de la maison de la jeune fille qu'il voulait épouser, "gagnant" ainsi symboliquement sa promise et obtenant le droit d'entrer dans la maison familiale afin de faire sa demande. Cette pratique perdure encore chez les Rajput ainsi que dans d'autres clans hindous. La tapisserie décorative sur canevas (point de chaînette) sert à la fabrication de nombreuses tentures murales. Certaines, présentant éventuellement de petits miroirs, sont énormément appréciées des voyageurs. Des broderies superbes, également ornées de miroirs, agrémentent capes, châles et autres vêtements dans une infinie variété de styles. Sur tous les marchés, vous trouverez des vendeurs spécialisés en la matière.

Variant en fonction des régions, les châles, légers et souvent brodés, peuvent être portés de nombreuses manières, servir pour recouvrir des meubles, ou encore faire office de rideaux et de tentures murales (consultez la rubrique *Achats* du chapitre *Renseignements pratiques*).

Au Tamil Nadu, les châles traditionnels jouent un rôle clé dans la culture toda et de la population des Nilgiri Hills. Brodés exclusivement par les femmes, ils sont réalisés dans des pièces d'épais coton blanc mesurant 2 m sur 1,5 m sur lesquelles on coud une grande poche. Selon les anthropologues, les Toda n'ont jamais tissé leurs étoffes, préférant se fournir au marché et consacrer de longues heures à broder les motifs rouge et noir caractéristiques de leur art.

On revêt un châle simple dans la vie courante, l'épais tissu protégeant du froid qui sévit le matin et le soir dans les montagnes. Pour les grandes occasions, on s'en couvre la tête et le corps. Des châles plus sophistiqués sont confectionnés pour les cérémonies, notamment pour le mariage et la naissance, tandis que les plus somptueux sont réservés aux funérailles. Pendant les rituels complexes des funérailles toda, un châle d'une extrême finesse est suspendu à l'extérieur de la hutte abritant la dépouille et les membres du cortège l'effleurent du front avant d'entrer. A un moment donné, on emporte le châle dans la hutte et on bourre la poche de feuilles. Puis on enveloppe soigneusement le corps avec le précieux tissu afin de lui assurer protection et sécurité dans sa vie future.

Saris

Le sari est porté par les femmes à travers tout le pays. De nombreuses femmes actives et jeunes filles préfèrent le *salwar kameez* ou vêtement punjabi (deux pièces consistant en une tunique et en un pantalon avec cordon, accompagnés d'un foulard ou *dupatta*), plus pratique. Néanmoins, le sari reste le choix privilégié de la plupart des femmes lors d'occasions particulières. Temps, efforts et dépenses ne sont pas ménagés pour sélectionner le tissu, les broderies, la couleur et le fil. Les ornements vont des matériaux synthétiques à l'argent et à l'or, en passant par les perles, les sequins, les glands et les miroirs. La complexité de l'ouvrage contribue au coût final du vêtement.

Tous les saris à sequins, à perles et à *salma* (fil élastique continu) sont faits mains. Le tissu, généralement de la rayonne, du coton, de la mousseline, du satin ou de la soie, d'une dimension de 6 m sur 1 m, sert également à la fabrication de coussins, de rideaux et d'habits à la mode.

SCULPTURE SUR BOIS

Dans toutes les régions du pays, les Indiens travaillent le bois de façon remarquable. Au Cachemire, où les arbres poussent en abondance, on se sert depuis des siècles de larges plaques décorées pour l'architecture locale et l'artisanat. Parmi les bois utilisés, figurent le teck, le bois de santal aromatique, le palissandre, le noyer et d'autres arbres fruitiers, ainsi que – au Nord – le cèdre de l'Himalaya. Toutefois, le plus répandu reste le bois de couleur sombre issu des plantations de palissandres cultivés dans le Nord. Le manguier est apprécié en raison de son coût inférieur et de sa bonne qualité. La sculpture sur bois s'inscrit en fait dans un recyclage judicieux des ressources naturelles, les arbres utilisés étant vieux et peu productifs (consultez la rubrique *Écologie et environnement* plus haut dans ce chapitre).

Le Sud de l'Inde propose un style d'art très différent. Le bois étant plus dense, les sculptures peuvent comporter davantage de détails. Les artisans sculptent les éléments avec une grande précision, en maintenant le bloc entre leurs pieds.

Le mobilier destiné à l'exportation présente souvent de la ferronnerie (clous, grilles et bords décoratifs). L'Inde produit ainsi tables basses et tables à manger, tables de chevet, fauteuils, rangements pour CD, armoires (ou *almirahs*) et commodes.

Meuble traditionnel, le *pitara* est un coffre sur pieds, en bois sculpté. Il présente un aspect rustique ainsi qu'un fini à la peinture décolorée. Sa façade possède de petites portes qui, selon les légendes populaires, empêcheraient les voleurs de dérober trop d'objets en une fois.

Les portes, généralement dotées de motifs géométriques complexes, constituent de magnifiques exemples d'œuvres d'art sur bois. Parmi les objets quotidiens en bois, les plus courants sont : les boîtes agrémentées de cuivre, de ferronnerie ou de sculptures artisanales, les planches à *chapati*, les bols et les plateaux, les coffres rectangulaires avec serrure en fer, les boîtes à bijoux, les ustensiles de cuisine tels que rouleaux à pâtisserie et cuillères, ainsi que les objets ornementaux ciselés à la main (figurines, masques et tampons à imprimer).

Michael Sklovsky

Michael Sklovsky, designer et artisan, a fondé les boutiques Ishka à Melbourne, en Australie.

suite de la page 64

La naissance d'un enfant, autre événement important, s'entoure de plusieurs cérémonies spécifiques : premier horoscope de l'enfant, attribution du prénom, première ingestion de nourriture solide et, pour les garçons, première coupe de cheveux, vers l'âge de cinq ans.

Le divorce et le remariage sont très mal vus. Dans les hautes castes, les veuves ne se remarient pas, s'habillent de blanc et vivent pieusement leur célibat. La tradition les exclut des fêtes et des cérémonies religieuses, car on pense qu'elles portent malheur.

Les hindous incinèrent leurs morts ; la cérémonie funéraire vise à purifier et à consoler le défunt autant que les vivants. Le *sharadda* en constitue un aspect important. Marque de respect pour les ancêtres auxquels on offre de l'eau et des gâteaux de riz, il se répète à chaque anniversaire de la mort. Après l'incinération, les cendres sont rassemblées puis, treize jours après le décès (quand les parents de sang ont retrouvé leur pureté rituelle), un membre de la famille les disperse dans un fleuve sacré, comme le Gange, ou dans l'océan.

Les pèlerinages

Les hindous pieux doivent effectuer un *yatra* (pèlerinage), au moins une fois par an. Les motivations diffèrent : implorer les dieux de réaliser un vœu, disperser les cendres d'un membre de la famille dans un fleuve sacré, demander santé et fortune, ou accroître son mérite spirituel. L'Inde compte des milliers de lieux de pèlerinage. Les personnes âgées optent souvent pour Varanasi, car y mourir les libère du cycle des renaissances. Malgré l'ambiance de carnaval de certaines foires (comme celle aux chameaux de Pushkar, au Rajasthan), la plupart sont d'inspiration religieuse et attirent de nombreux pèlerins.

Le système des castes

Les castes constituent le fondement de la société hindoue. Mener une vie vertueuse et accomplir son *dharma* (devoir) augmente les chances de renaître dans une plus haute caste, donc dans de meilleures conditions (voir plus loin la rubrique *Religion*). Les *varna* (castes) sont au nombre de quatre : les *brahmanes* (prêtres), nés de la bouche de Brahma, les *kshatriya* (guerriers), issus de ses bras, les *vaishya* (marchands), de ses cuisses et les *sudra* (serviteurs), de ses pieds. En bas de l'échelle sociale se trouvent les *dalit* (autrefois appelés intouchables et officiellement nommés *Scheduled Castes* ou castes répertoriées). Encore aujourd'hui, ils sont relégués aux tâches les plus serviles. Chaque varna se subdivise en milliers de *jati* ou groupes de “familles”.

Actuellement, le système des castes, bien qu'affaibli, conserve un pouvoir considérable. Le lien entre caste et vie politique demeure vivace ; les candidats au pouvoir considèrent certaines jati comme un vivier électoral potentiel. Les tensions entre castes supérieures et dalit se transforment souvent en explosion de violence. Pour améliorer le sort des dalit, le gouvernement leur réserve un quota d'emplois dans le secteur public, de sièges au Parlement et de places à l'université. Ceci contrarie les nombreux diplômés qui n'obtiennent pas les emplois auxquels ils pourraient prétendre. En 1994, les gouvernements de certains États (comme le Karnataka) avaient augmenté ces quotas afin de s'assurer le soutien des dalit, provoquant de violentes manifestations. Précédemment, en 1991, une action semblable avait entraîné l'immolation volontaire d'une centaine de manifestants. La situation reste critique. En 1999, le gouvernement a inscrit 242 castes sur la liste des “Other Backwards Classes” (Autres classes arriérées). Les castes figurant sur cette liste ont droit à 27% des postes de la fonction publique. Toutefois, ce chiffre demeure bien inférieur à celui recommandé par la National Commission for Backwards Classes (mise en place par la Cour suprême), qui préconise l'ajout de 110 castes supplémentaires.

Les femmes dans la société

Bien que la vie active soit encore dominée par les hommes, les femmes parviennent peu à peu à s'imposer : en 1993, les premières femmes ont été incorporées dans les forces armées et le Parlement compte environ 10% de représentantes féminines. Moins visible aux yeux des étrangers, l'influence des femmes s'exerce dans les affaires familiales, notamment lors des cérémonies.

Cette percée se fait beaucoup moins sentir dans les villages, mais des groupes comme la Self Employed Women's Association (SEWA) d'Ahmedabad (Gujarat)

La gloire incompréhensible des veuves immolées

En septembre 1987, une controverse a agité le pays lorsqu'une jeune veuve âgée de 18 ans, Roop Kanwar, s'est immolée sur le bûcher funéraire de son mari dans le village de Deorala, au Rajasthan. Selon la famille de la défunte et les villageois, Roop Kanwar serait montée volontairement sur le bûcher et aurait prié calmement pendant que les flammes la dévoraient. Les sceptiques ont affirmé que la jeune femme, mariée depuis sept mois seulement, aurait été droguée et emmenée de force au bûcher.

Tout aussi révoltant que la mort inutile, volontaire ou non, d'une jeune femme est le fait que le *sati* (le suicide d'une veuve sur le bûcher de son mari) ait été glorifié à la fin du XXe siècle et la victime déifiée, non seulement par des paysans superstitieux mais par des centaines de milliers de personnes à travers le pays. Dans la semaine qui a suivi la mort de Roop Kanwar, Deorala est devenu un haut lieu de pèlerinage, attirant un demi-million de dévots, qui ont financé la construction d'un sanctuaire en l'honneur de la malheureuse. Parmi ces pèlerins se trouvaient des membres des gouvernements central et régional !

Le 27 septembre 1987, le Premier ministre Rajiv Ghandi publiait un communiqué déclarant la mort de Roop Kanwar "hautement répréhensible et barbare". En décembre de la même année, le gouvernement central votait une loi interdisant les sati et privant d'héritage la famille des femmes immolées. Toute personne accusée de "glorifier" le sati était frappée d'inéligibilité. De plus, les *mela* (foires) organisés autour des sati étaient prohibés.

Malgré ces mesures, le sati continue d'exercer une fascination incontestable sur la population, éduquée ou non. Les femmes viennent se recueillir dans les sanctuaires érigés en leur honneur, leur attribuant le pouvoir de guérir la stérilité et les maladies incurables.

Le sati a un bel avenir devant lui. En novembre 1999, dans le village de Satpurva (Uttar Pradesh), une femme dalit de 55 ans s'est immolée sur le bûcher de son mari, mort de la tuberculose. Des milliers de villageois se sont rassemblés pour glorifier son suicide !

ont fait les preuves de leur efficacité. Là, des femmes pauvres ou de castes inférieures, embauchées pour beaucoup aux travaux les plus ingrats, se sont syndicalisées afin de se défendre de la discrimination et de l'exploitation pratiquées par les employeurs (pour plus d'information sur ce sujet, reportez-vous à l'encadré *La SEWA* dans le chapitre *Gujarat*).

Traditionnellement, et plus encore dans les couches pauvres de la société, le désir d'avoir des héritiers mâles est tel que le gouvernement à dû faire passer une loi interdisant l'avortement des fœtus sains, équivalent moderne de la pratique ancestrale de l'infanticide des filles. La détermination du sexe, bien qu'interdite, continue de se pratiquer dans des cliniques clandestines et occasionne de nombreux avortements. Les filles sont souvent considérées comme une charge, non seulement parce qu'elles quittent la famille une fois mariées (tandis que les fils amènent leur épouse dans la demeure paternelle), mais aussi parce que la constitution de la dot représente un énorme fardeau financier.

Les mariages arrangés restent la norme. Dans les campagnes, une fillette impubère peut se retrouver mariée à un homme qu'elle n'a jamais vu. Elle doit alors partir vivre dans le village de son mari, où elle exercera un métier manuel (pour la moitié du salaire que reçoit un homme), élèvera les enfants et tiendra la maison. Il lui faudra parfois parcourir plusieurs kilomètres par jour pour aller puiser de l'eau, ramasser du bois et chercher du fourrage pour les animaux. Si son mari est propriétaire, elle n'a aucun droit sur ses possessions, mais doit subir la violence domestique, une pratique relativement courante.

Le sort d'une jeune citadine de classe moyenne, matériellement plus confortable, n'est guère plus enviable. Si elle a plus de chances de recevoir une meilleure éducation, c'est seulement dans la perspective de réaliser un meilleur mariage. Une fois mariée, elle devra se conformer aux désirs de sa belle-famille et devenir avant tout une parfaite maîtresse de maison. Tout comme pour la villageoise, ne pas satisfaire à ses attentes, par exemple ne pas donner de petit-fils à ses beaux-parents, l'expose aux pires conséquences, comme le démontre la pratique du sati, "l'immolation par le feu de l'épouse". Seul un cas sur 320 serait signalé et 8% seulement des cas signalés donnent lieu à des poursuites judiciaires.

Une femme mariée est soumise à des pressions encore plus fortes lorsqu'elle veut divorcer. Même si la Constitution permet aux divorcées (et aux veuves) de se remarier, rares sont celles qui peuvent le faire car elles sont alors considérées comme rebuts de la société. Une femme qui souhaite divorcer verra sa propre famille lui tourner le dos et elle ne pourra compter sur aucun réseau d'aide sociale. Pour beaucoup, un autre mariage signifie également une nouvelle dot à verser. Loin d'une union fondée sur l'amour, le mariage indien constitue plutôt un contrat social passé entre deux personnes et leurs familles. La responsabilité du bon fonctionnement du foyer incombe au couple, quels que soient les obstacles rencontrés. Si le mariage échoue, les deux époux sont fautifs, avec des conséquences plus cruelles pour la femme. On ne s'étonnera pas, dans ces conditions, de la faiblesse du taux des divorces. La plupart d'entre eux interviennent dans les grandes villes, comme Mumbai et Dehli, où il paraît également plus acceptable (bien que peu souhaitable sur le plan social) que les femmes poursuivent une carrière et mènent une vie indépendante.

En ce qui concerne les comportements masculins en milieu urbain, une récente enquête, effectuée à Dehli, Mumbai, Chennai et Bangalore indique que la première qualité recherchée par les hommes célibataires chez une épouse était la confiance en soi. La compatibilité intellectuelle n'arrivait qu'en lointaine position mais, curieusement, 65% des hommes interrogés ont déclaré que la capacité d'adaptation était très importante (les anciennes traditions ont la peau dure !).

Le contrôle des naissances

Avec une population qui devrait dépasser celle de la Chine dans les prochaines décennies, le contrôle des naissances reste un problème crucial. Les premières campagnes, lancées lors de l'état d'urgence dans les années 1970, virent des escadres de stérilisateurs s'abattre sur les campagnes et terroriser les villageois. Dans les années 1980, le Premier ministre Rajiv Gandhi lança un ambitieux programme visant à stériliser 1,3 milliard d'Indiens d'ici à 2050. Il rencontra un succès mitigé, notamment dans les campagnes où les enfants (surtout les garçons) représentent une sécurité pour les personnes âgées. Les médias ont largement soutenu le contrôle des naissances en présentant la famille de deux enfants comme le modèle idéal et en recommandant l'usage des contraceptifs, notamment des préservatifs. Néanmoins, les familles nombreuses restent la norme dans l'Inde rurale.

Les vêtements indiens

Actuellement, dans les grandes villes (notamment Mumbai et Dehli), il n'est pas rare de voir de jeunes Indiennes en jean et tee-shirt. Toutefois, le sari, sans doute le costume le plus gracieux au monde, continue d'être porté par la plupart des femmes. Dans les classes privilégiées (en Inde ou à l'étranger), il est même devenu très à la mode, en grande partie grâce aux modèles innovateurs et contemporains des grands stylistes indiens.

L'achat d'un sari est une expérience inoubliable. On vous invite à prendre place, pieds nus, sur un matelas recouvert de coton immaculé, et le marchand déploie des dizaines de rouleaux de tissus chatoyants pour en révéler les motifs et les couleurs. Difficile de résister à tant de splendeurs !

Constitué d'une unique pièce d'étoffe (de 5 à 9 m de long sur 1 m de large), le sari s'enroule et se serre sans épingle ni bouton. Il se porte sur un *choli* (court chemisier très ajusté) et un jupon de coton serré par un cordon. Le *palloo* est le pan du sari que l'on drape sur l'épaule.

Les jeunes indiennes adoptent souvent le *salwar kameez*, une ample tunique sur un pantalon bouffant – une tenue plébiscitée par les voyageuses occidentales (voir la rubrique *Seule en voyage* du chapitre *Renseignements pratiques*). Pour compléter la tenue, on ajoute un *dupatta*, longue écharpe de même tissu dont les extrémités flottent dans le dos. Le dupatta sert aussi à se couvrir la tête dans les temples, ou en présence des aînés (notamment la belle-famille) en signe de respect.

Les costumes sont bien entendu soumis à des variantes régionales et religieuses. Ainsi, des musulmanes s'enveloppent d'un *burkha*, un long vêtement qui les dissimule.

Les hommes s'habillent souvent à l'occidentale (chemise et pantalon), bien que le *dhoti* reste très répandu, ainsi que le *lungi* et le *mundu* dans le Sud. Le dhoti est une sorte de pagne blanc ample, qu'on relève entre les jambes. Le lungi, toujours coloré, ressemble plus au sarong : un morceau de tissu tubulaire enroulé autour des hanches et bien ajusté. Le mundu, porté dans le Kerala, s'apparente au lungi mais est toujours blanc. Les hommes relèvent souvent le bas de leur vêtement et le fixent à la taille, ce qui lui donne l'apparence d'une jupe. Lungi et mundu doivent être abaissés pour s'asseoir ou pour entrer chez quelqu'un.

Pas d'impair !

Traditions et coutumes séculaires régissent la vie indienne. Même si vous ne pouvez pas tout savoir, faites preuve de bon sens et de courtoisie. En cas de doute sur le comportement à adopter, observez les Indiens (dans les temples, en particulier) ou demandez conseil à l'un d'eux : il sera ravi de vous renseigner et appréciera votre intérêt pour sa culture.

Les effusions en public et la nudité ne sont pas acceptables. Avant de jeter quelque chose pour alléger votre sac, demandez-vous si cela peut être d'une quelconque utilité et, dans ce cas, faites-en don à une organisation caritative locale. Enfin, si vous vous promenez la nuit, regardez où vous mettez les pieds – toute forme floue d'une taille respectable est probablement un humain assoupi (notamment dans les grandes villes).

Bain. Le nudisme est prohibé, même dans les endroits les plus isolés. Dans les piscines des hôtels, les femmes peuvent porter un maillot de bain. Ailleurs, les femmes indiennes se baignant exclusivement en sari, nous leur conseillons de préférer le sarong au maillot (voir la rubrique *Voyager seule* du chapitre *Renseignements pratiques*).

A table et en visite. Servez-vous exclusivement de votre main droite pour manger et pour les interactions sociales – qu'il s'agisse de serrer la main ou de tendre un objet quelconque. Si l'on vous propose de l'eau dans un récipient commun, buvez sans le toucher de vos lèvres ; tenez-le au-dessus de la bouche et laissez l'eau couler.

Si vous êtes invité dans une famille indienne, retirez vos chaussures et lavez-vous les mains avant de passer à table. L'âtre est, par tradition, sacré ; ne vous en approchez pas sans y avoir été invité. La même règle s'applique à la cuisine (ôtez vos chaussures). Ne touchez pas la nourriture ou les ustensiles culinaires. Lors d'un repas, attendez d'être servi ou que le maître de maison vous invite à vous servir. En cas de doute, demandez à votre hôte.

Photographie. Ne photographiez pas des personnes sans demander leur permission, en particulier lorsqu'il s'agit de femmes. Évitez de prendre des photos dans un sanctuaire, lors d'un enterrement ou de toute autre cérémonie religieuse, ainsi que de personnes se baignant dans un bain public ou une rivière (voir la rubrique *Photo et vidéo* du chapitre *Renseignements pratiques*). N'utilisez pas de flash dans les salles de prière des *gompa* (monastères) ou pour photographier des fresques (en cas de doute, renseignez-vous).

Religion. Montrez-vous particulièrement respectueux lorsque vous visitez un site religieux. Ne portez pas de shorts ou de hauts sans manches (cette règle est valable pour les hommes et les femmes) et abstenez-vous de fumer. Un comportement bruyant et dérangeant ne sera pas apprécié, pas plus que des démonstrations d'affection ou des ricanements.

Avant d'entrer dans un lieu saint, retirez vos chaussures (n'oubliez pas de donner quelques roupies au gardien en les reprenant). Photographier est généralement interdit ; demandez l'autorisation. Ne touchez jamais une sculpture ou une statue représentant une divinité. Dans certains endroits, tels que les mosquées et certains temples hindous, vous devrez vous couvrir la tête. Pour les femmes, le dupatta est idéal. L'entrée de certaines moquées est réservée aux seuls musulmans, d'autres n'admettent pas les femmes. Renseignez-vous avant d'entrer. Les femmes doivent s'asseoir à l'écart des hommes. Dans certains temples jaïna, on vous demandera de vous débarrasser des articles en cuir que vous pourriez porter. L'entrée est parfois interdite aux femmes en période menstruelle.

Pour des raisons religieuses, ne touchez jamais la tête d'un Indien, ne dirigez pas la plante de vos pieds vers un individu, un sanctuaire ou la statue d'un dieu. Ne touchez jamais quelqu'un avec vos pieds (voir plus loin la rubrique *Religion*).

Chauffeurs de taxis, d'auto-rickshaw et hôtels

Si vous louez une voiture avec chauffeur, sachez que de nombreux hôtels (en particulier au Rajasthan et à Agra) refusent que les chauffeurs dînent à la table de leurs clients, même si vous payez. Cette pratique s'explique par le racket des commissions qui a posé toutes sortes de problèmes à bon nombre d'hôteliers ; aussi louable soit votre intention, les patrons d'hôtels risquent de se voir harcelés par les chauffeurs après votre départ.

Certains établissements acceptent que les chauffeurs dînent avec leurs clients au restaurant de l'hôtel, mais, dans le cas contraire, n'insistez pas. En cas de doute, posez la question. Si vous souhaitez offrir un repas à votre chauffeur, choisissez un des multiples bons restaurants indépendants qui accueillent tout le monde. Et si vous êtes satisfait des services de votre chauffeur, vous pouvez le remercier par un pourboire (voir la rubrique *Voiture* du chapitre *Comment circuler*).

Sévices sur animaux

La vénération que les Indiens ont toujours eue pour les animaux se manifeste sous différentes formes. Elle se retrouve dans les mythes, les croyances et les cultes, autant de composants du tissu culturel du sous-continent. Toutefois, dans un pays où des millions de personnes vivent en dessous du seuil de pauvreté, l'instinct de survie l'emporte sur cette sensibilité. En outre, le pays retire un important profit de son commerce d'organes d'animaux avec la Chine, qui les utilise dans ses préparations médicinales. Cela a fortement contribué à la disparition progressive du tigre, animal emblématique de l'Inde.

Œuvrant depuis des années en faveur des animaux et souhaitant attirer l'attention internationale sur les cas de maltraitance et d'exploitation, la WSPA (World Society for the Protection of Animals) a récemment lancé une campagne de protection des ours que l'on dresse pour danser (*dancing bears*). Chaque année, de nombreux bébés ours lippus sont capturés. Les braconniers percent alors leur museau afin d'y introduire une laisse et leur arrachent les dents. Les dresseurs sont nomades et organisent des spectacles pour les touristes à Agra, Jaipur ou au Karnataka. La WSPA recommande vivement de ne prendre aucune photo et de ne pas laisser d'argent pour ne pas encourager cette pratique.

En 1999, l'organisation publiait un rapport sur les conditions de vie des éléphants domestiqués, et révélait ainsi le cruel dressage que subissent la plupart de ces bêtes, enlevées très jeunes à leur milieu naturel. Mais il arrive parfois que l'animal soit vengé : en 1998, un tribunal du Kerala convoqua un éléphant à comparaître au procès de son maître, convaincu de mauvais traitements.

En 2000, la cruauté des conditions de captivité des serpents a attiré l'attention des défenseurs des droits des animaux. Selon le WWF, cela provoque chaque année la mort de quelque 70 000 serpents (dont le cobra royal, une espèce menacée). Récemment, des mesures sévères ont été prises pour empêcher les violents combats organisés entre serpents et mangoustes ; à Mumbai, un charmeur de serpents a été arrêté ; ses trois serpents (dont un cobra noir) et une mangouste ont été remis en liberté dans le parc national Sanjay Ghandi. Les charmeurs de serpents craignent que ces mesures mettent fin à une tradition ancienne et révérée et les privent de leur gagne-pain.

RELIGION

De l'employé des postes faisant une *puja* (prière) pour l'acheminement d'un colis à l'ancien vendeur de voitures qui a renoncé à la vie matérielle pour s'engager sur le chemin de l'accomplissement de soi, la religion imprègne tous les aspects de la vie indienne.

Pratiqué par 82% de la population, l'hindouisme est la principale religion du pays et compte plus de fidèles que les autres religions d'Asie. Avec le bouddhisme, le jaïnisme et le zoroastrisme, il figure parmi les religions les plus anciennes de l'humanité. Ses racines remontent au-delà du premier millénaire av. J.-C. La civilisation de la vallée de l'Indus semble avoir développé une religion très proche de l'hindouisme, mais ce furent les *Veda* qui en jetèrent les bases.

Le bouddhisme et le jaïnisme apparurent au VIe siècle av. J.-C., époque d'agitation sociale et religieuse. Tous deux s'élevaient contre le conservatisme de l'hindouisme brahmanique. Plus récent, le sikhisme trouve lui aussi son origine dans un mouvement réformiste, la tradition *bhakti* (dévotionnelle) du sud de l'Inde. L'islam pénétra en Inde par le Nord et fut introduit dans le Sud par des marchands arabes. Ses adeptes

OM

"Om" est l'un des signes hindouistes les plus respectés. Prononcé "aum", ce *mantra* (mot ou syllabe sacrés) de première importance, dont la forme évoque un "3", symbolise la création, le maintien et la destruction de l'univers (et donc le trimurti). Le *chandra* (croissant ou demi-lune) inversé représente l'esprit discursif, et le *bindu* (point), Brahman.

Pour les bouddhistes, répéter ce son dans une totale concentration est censé permettre de faire le vide en soi.

forment aujourd'hui la première minorité religieuse du pays. Le christianisme doit son implantation à des immigrés syriens, bien avant que les premiers Occidentaux ne jettent l'ancre dans cette partie du monde. L'Inde abrite également l'une des plus anciennes communautés juives.

Pour tout renseignement sur le comportement à adopter dans les temples ou les lieux de culte, reportez-vous au paragraphe *Religion* de la rubrique *Règles de conduite*.

Hindouisme

L'hindouisme échappe à toute définition. Il ne possède ni fondateur, ni autorité centrale, ni hiérarchie, et ignore le prosélytisme.

Les hindous croient en Brahman, éternel, increé et infini. Tout ce qui existe en émane et revient à lui. Les innombrables dieux et déesses ne sont que les manifestations de Brahman, formes reconnaissables de ce phénomène sans forme – et chacun peut choisir sa divinité d'élection.

Bien que croyances et pratiques varient considérablement d'une région à l'autre, plusieurs principes de base restent communs : la *samsara* (croyance en la réincarnation), le *karma* (conduite ou actes), le *dharma* (code de conduite déterminé par la naissance) et le système des castes.

Les hindous considèrent la vie terrestre comme cyclique. L'homme renaît selon le processus du samsara, son karma dans la vie présente déterminant la qualité de la suivante. Quiconque respecte son dharma et remplit ses devoirs accroît ses chances de renaître dans une caste supérieure. Un mauvais karma peut conduire à se réincarner en animal. Seul l'être humain peut acquérir une connaissance de soi suffisante pour mettre fin au cycle des renaissances et atteindre le *moksha* (délivrance). Selon la tradition, la femme ne peut prétendre à la délivrance. Elle peut seulement se conformer à son dharma dans l'espoir de se réincarner en homme la fois suivante.

Le système de l'*ashrama* reconnaît trois degrés de vie terrestre : le *brahmachari* ou étudiant chaste, le *grihastha* ou maître de maison, qui accomplit son devoir envers ses ancêtres en procréant des fils et en rendant les sacrifices aux dieux, et le *sanyasin*, ascète errant qui a renoncé aux choses d'ici-bas. L'observation des obligations rituelles et sociales, ou *karma-marga*, est l'une des voies de la libération, avec le *jnana-marga*, voie de la connaissance (étude et pratique du yoga et de la méditation), et le *bhakti-marga*, dévotion à un dieu personnel, voie ouverte aux femmes et aux *sudra* (la caste des serviteurs).

Pendant votre séjour en Inde, vous rencontrerez de nombreux sadhu. Un sadhu est quelqu'un qui a renoncé à toutes responsabilités familiales et sociales et aux biens matériels afin de se consacrer totalement à la quête spirituelle en pratiquant la méditation, la dévotion, l'étude des textes sacrés, la mortification et le pèlerinage.

Panthéon hindou. Selon les écritures, quelque 330 millions de divinités composeraient le panthéon hindou. Toutes sont considérées comme une manifestation de Brahman. Vénérer et implorer un dieu particulier relève souvent d'un choix personnel ou d'une tradition locale ou de caste. Brahman revêt généralement trois visages – le *trimurti* que constituent Brahma, Vishnu et Shiva.

Brahman. Il est l'Un, la réalité absolue. Informe et éternel, il est source de toute forme de vie. On le dit *nirguna* (dénué d'attribut), contrairement aux autres dieux – ses manifestations – qualifiés de *saguna* (pourvus d'attributs).

Brahma. Il ne joue de rôle actif que dans la création de l'univers. Méditant le reste du temps, on le considère comme un dieu lointain, contrairement aux deux autres membres du trimurti, Shiva et Vishnu. Il a pour épouse

Saraswati, déesse de la connaissance, et pour monture un cygne. On le représente parfois assis sur un lotus émergeant du nombril de Vishnu pour symboliser l'interdépendance des dieux. Il possède généralement quatre têtes, couronnées et barbues, tournées vers les quatre points cardinaux.

Vishnu. Il est le conservateur ou le protecteur. Associé à l'"action correcte", il se comporte comme un hindou fidèle et dévoué. Il protège et préserve le bien dans l'univers. On le figure généralement avec quatre bras tenant un lotus (dont les pétales représentent l'univers déployé), une conque (symbole des vibrations cosmiques créatrices, car on y souffle comme dans une trompe), un disque et une massue (récompense pour sa victoire sur Indra, dieu de la guerre). Son épouse est Lakshmi, la déesse de la prospérité, et sa monture Garuda, mi-oiseau mi-homme. Il habite un paradis nommé Vaikuntha. On dit que le Gange coule de ses pieds. Vishnu compte 22 avatars, dont Rama, Krishna et le Bouddha. On le connaît aussi sous le nom de Narayan, et Lakshmi sous celui de Mohini.

Shiva. C'est le destructeur sans lequel aucune création ne serait possible. Son rôle créatif est symbolisé par le lingam, une représentation phallique vénérée. Doté de 1 008 noms, Shiva revêt une multitude de formes, dont celles de Pashupati, défenseur des animaux, et de Nataraja, seigneur du *tandava* (danse cosmique), dont les pas créent l'univers et le désintègrent.

Shiva est aussi le grand yogi, l'ascète qui vit retiré dans l'Himalaya, le corps nu couvert de cendres et la chevelure emmêlée ; au milieu du front, un troisième œil symbolise la sagesse. Parfois, des serpents entourent son cou et, armé d'un trident (représentant le trimurti), il chevauche son taureau, Nandi ("plaisir"). Nandi incarne le pouvoir et la puissance, la justice et l'ordre moral. Parvati, l'épouse de Shiva, peut prendre quantité de formes. La générosité et le respect dont Shiva fait preuve envers elle font que les femmes le considèrent comme le modèle du mari idéal.

Autres dieux. Jovial et dodu, **Ganesh**, le dieu à tête d'éléphant bien-aimé, est particulièrement vénéré à Mumbai. C'est le dieu de la chance et le patron des scribes (la défense brisée qu'il brandit lui servit à écrire la fin du *Mahabharata*). Sa monture est un rat. L'origine de sa tête d'éléphant donne lieu à de multiples légendes. Selon l'une d'elles, Ganesh naquit de Parvati en l'absence de Shiva et grandit sans connaître son père. Un jour où il montait la garde pendant que sa mère se baignait, Shiva arriva et demanda à la voir. Ganesh refusa de le laisser entrer. Furieux, Shiva le décapita, pour découvrir ensuite qu'il avait tué son propre fils. Il décida alors de remplacer la tête de Ganesh par celle de la première créature vivante qu'il croiserait et… ce fut un pachyderme !

Avatar de Vishnu envoyé sur terre pour défendre le bien et combattre le mal, **Krishna** jouit d'une popularité immense. Ses marivaudages avec les *gopi* (vachères) et son amour pour Radha (une femme mariée) ont inspiré quantité de peintures et de chansons. Krishna est peint en bleu sombre et porte souvent une flûte.

Héros du *Ramayana* et fidèle allié de Rama, **Hanuman** incarne le concept du *bhakti* (dévotion). On dit que son cœur porte les figures de Rama et de Sita. Roi des singes, il protège les primates qui se réfugient dans les temples, mais peut prendre la forme qu'il souhaite.

Dieu de la guerre, **Murugan**, fils de Shiva et frère de Skanda, est particulièrement vénéré en Inde du Sud, notamment au Tamil Nadu. Certains prétendent que Murugan et Skanda ne forment qu'une seule et unique divinité. Habituellement, il porte une lance ou un trident.

Déesses. Les shivaïtes (adorateurs de Shiva) vénèrent **Shakti**, la déesse-mère créatrice, l'énergie. Ses adeptes sont appelés shakti.

L'ancienne déesse **Devi** (mère et féroce destructrice) personnifie le concept de shakti. Au Bengale-Occidental, on la nomme **Durga** (un avatar de Devi) et on célèbre la Durga Puja (qui commémore la réconciliation de Shiva et de Parvati, l'incarnation bienveillante de Devi). La victoire de Durga sur le démon-buffle Mahishasura compte parmi les mythes hindous les mieux connus, souvent représentés dans les œuvres artistiques. C'est le thème de la fête de Dussehra célébrée dans tout le pays (voir la rubrique *Jours fériés et manifestations annuelles* dans le chapitre *Renseignements pratiques*).

Kali, la "Noire" à la langue rouge, est la divinité la plus cruelle du panthéon hindou. On la représente souvent parée de guirlandes de crânes, dansant sur le "cadavre" de Shiva. Seuls les sacrifices humains pouvaient apaiser cette déesse assoiffée de sang, avide de batailles et de carnages, jusqu'à ce que cette pratique soit interdite au début du XIXe siècle.

Saraswati, déesse de la connaissance et épouse à peau de porcelaine de Brahma, est généralement considérée comme la plus belle divinité.

Textes sacrés. Les textes sacrés de l'hindouisme se rangent dans deux catégories, selon qu'ils représentent le verbe divin (*shruti*, entendu) ou la parole humaine (*smriti*, mémorisé).

On considère les *Veda*, introduits dans le sous-continent par les Aryens, comme un savoir shruti, fondement et autorité de l'hindouisme. Le plus ancien des textes védiques, le *Rig-Veda*, fut colligé voici plus de trois milliers d'années. Ses 1 028 versets renferment des prières de prospérité et de longévité ainsi qu'une explication de l'origine du monde. Les *Upanishad*, parties les plus tardives des *Veda*, traitent du mystère de la mort et insistent sur l'unité de l'univers.

Le plus ancien de ces textes est rédigé en sanskrit védique, une langue proche du persan ancien, et les plus récents en sanskrit classique. La plupart ont été traduits dans les langues vernaculaires.

La littérature smriti comprend un large éventail de textes embrassant plusieurs siècles. Ils exposent les rites domestiques ainsi que des principes politiques, économiques et religieux. Parmi les plus connus figurent le *Kama Sutra*, le *Ramayana*, le *Mahabharata* et les *Purana*, qui prolongent les épopées et soulignent la notion de trimurti. Contrairement aux *Veda*, les *Purana* ne sont pas exclusivement destinés aux initiés mâles des castes supérieures et jouissent donc d'une plus grande popularité. Le *Mahabharata* et le *Ramayana* connaissent également un vif succès : une série, réalisée et diffusée par la télévision indienne dans les années 80, a été suivie par un public estimé à 80 millions de téléspectateurs.

Le Mahabharata. Cette grande épopée remonterait aux alentours du premier millénaire av. J.-C. Apanage des classes dirigeantes et guerrières, il a pour thème central les exploits de Krishna, leur divinité d'élection. Vers 500 av. J.-C., il acquit une forme nettement plus complexe en assimilant de nouveaux éléments, dont la *Bhagavad Gita* (où Krishna conseille Arjuna avant une importante bataille). Avec huit fois plus de vers que *L'Iliade* et *L'Odyssée* réunies, le *Mahabharata* constitue le plus long texte littéraire de l'histoire de l'humanité.

Il s'articule autour des luttes entre les dieux-héros (Pandava) et les démons (Kaurava), supervisées par Krishna (avatar de Vishnu), qui prend forme humaine pour conduire le char d'Arjuna, le héros Pandava. Ce dernier finit par triompher sur les Kaurava, à l'issue d'un combat décisif.

Le Ramayana. Cette autre vaste épopée fut rédigée vers le IIIe ou le IIe siècle av. J.-C. Sa paternité reviendrait essentiellement au poète Valmiki. Comme le *Mahabharata*, il met en scène des conflits entre dieux et démons.

L'histoire raconte que le roi d'Ayodhya, sans enfant, implora les dieux de lui accorder un fils. Sa femme lui en donna effectivement un, nommé Rama, qui n'était autre que Vishnu, incarné en humain pour renverser Ravana, le roi des démons de Lanka. Devenu adulte, Rama remporta la main de la princesse Sita lors d'un tournoi et son père le désigna héritier du royaume. Au dernier moment, la belle-mère de Rama exigea que cette faveur fût accordée à son propre fils. Exilés, Sita, Rama et son frère Lakshmana se réfugièrent dans les forêts où ils durent affronter les démons et les forces du mal. Pour venger sa sœur, rejetée par Rama qu'elle tentait de séduire, Ravana enleva Sita et l'enferma dans son palais de Lanka. Rama, s'appuyant sur une armée de singes menée par le fidèle dieu-singe Hanuman, finit par trouver le palais, tua Ravana et libéra Sita. Tous rentrèrent triomphants à Ayodhya, où Rama fut couronné roi.

Lieux sacrés. Le chiffre sept revêt une signification particulière dans l'hindouisme. Sept villes particulièrement saintes constituent de grands lieux de pèlerinage : Varanasi (associée à Shiva), Haridwar (où le Gange, descendant de l'Himalaya, pénètre dans les plaines), Ayodhya (ville natale de Rama), Mathura (berceau de Krishna), Dwarka (capitale légendaire de Krishna, qui se trouverait au large de la côte du Gujarat), Kanchipuram (où s'élève le grand temple de Shiva) et Ujjain (site de la Kumbh Mela, tous les 12 ans). L'Inde compte également sept fleuves sacrés : le Gange (Ganga), la Saraswati (supposée souterraine), la Yamuna, l'Indus, la Narmada, la Godavari et la Cauvery.

A cela s'ajoutent des milliers d'autres lieux sacrés – bosquets, grottes, montagnes et tout autre phénomène naturel, ou quoi que ce soit associé aux épopées.

Temples. On dit qu'un temple aux proportions parfaites garantit la perfection de l'univers. Pour les hindous, le carré représente la perfection. Le choix de l'emplacement, la conception et l'édification d'un temple obéissent à des règles complexes qui empruntent à la numérologie, à l'astrologie, à l'astronomie et à la loi religieuse. Ces calculs revêtent une importance telle qu'on les conserve au sein de l'édifice sacré, au même titre qu'un texte religieux.

A la base, le temple est une reproduction du cosmos. Au centre figure un espace dénué de tout ornement, le *garbhagriha* (saint des saints), symbole de la "grotte matrice de l'univers" et demeure de la divinité à laquelle le temple est dédié. Au-dessus du sanctuaire s'élève une structure monumentale, nommée *vimana* en Inde du Sud et *sikara* dans le Nord, qui représente le mont Meru, montagne cosmique soutenant les cieux. La grotte est reliée à la montagne par un axe vertical allant de l'image du dieu (dans le sanctuaire) au faîteau qui surmonte la tour du vimana.

Demeure de la divinité, le temple est un lieu sacré. En reconnaissance de ce principe, les fidèles pratiquent le *parkrama* (promenade circulaire dans le sens des aiguilles d'une montre), un rituel qui trouve son expression architecturale dans les corridors qui ceignent le sanctuaire principal. Certains temples possèdent également un *mandapa* (antichambre du temple), relié au sanctuaire par des vestibules. Des vimana ou des sikara surmontent parfois les mandapa. Avant d'entrer dans le temple, les fidèles font tinter des cloches de cuivre pour attirer l'attention de la divinité.

Islam

Représentant quelque 12% de la population, les musulmans forment la minorité religieuse la plus importante du pays. L'islam fut introduit au nord par les armées d'invasion (au XVIe siècle, l'Empire moghol s'étendait sur la quasi-totalité du Nord de l'Inde) et au sud par des marchands arabes.

La religion islamique fut fondée dans la péninsule arabique au VIIe siècle par le prophète Mahomet (Muhammad). Le terme arabe *islam* signifie "soumission" et les musulmans se disent soumis à la volonté d'Allah (Dieu), telle qu'elle est exposée dans le Coran (*Qur'an* signifie "récitation") révélé par Dieu à Mahomet, son messager.

L'islam, religion monothéiste, affirme l'unicité de Dieu, qui n'a ni égal ni associé. Tout est créé par Dieu et a sa place et sa fonction dans l'univers. Seul Dieu est infini et se suffit à lui-même. Tout être vivant a pour objet de se soumettre à la volonté divine. Dieu ne s'adresse jamais à l'homme directement ; sa parole lui est transmise par l'intermédiaire de messagers, ou prophètes, qui n'acquièrent nullement la nature divine. Mahomet est le prophète le plus récent.

Dans les années qui suivirent sa mort, sa succession déchira la communauté et occasionna le premier schisme de l'islam, entre sunnites et chiites. Les premiers, majoritaires, font valoir la voie orthodoxe et veillent à perpétuer la tradition prophétique, les coutumes et les avis des anciens. Les chiites croient que seuls les *imams* (guides exemplaires) sont à même de révéler le sens véritable et ésotérique du Coran. Le chiisme orthodoxe ou duodécimain compte douze imams, mais les *mujtahid* (théologiens) interprètent la loi et la doctrine en se référant au dernier d'entre eux, Muhammad al-Madhi, l'"imam caché", qui doit revenir à la fin des temps pour répandre la vérité et la justice sur terre. La plupart des musulmans indiens sont sunnites.

Tous les musulmans s'accordent sur les cinq piliers de l'islam : la *shahada* (profession de foi) "il n'y a de dieu que Dieu et Mahomet est son prophète", que le croyant doit prononcer à voix haute une fois au moins dans sa vie pour affirmer sa foi ; la prière, idéalement cinq fois par jour, seul ou à la mosquée ; la *zakat* (impôt) qui prend aujourd'hui la forme d'un don de charité ; le jeûne pendant le mois du ramadan, dont seuls sont exemptés les malades, les jeunes enfants, les vieillards et les voyageurs (quand le voyage s'effectue dans des conditions pénibles) ; et le *haj* (pèlerinage) à La Mecque, que tout musulman espère réaliser au moins une fois dans sa vie.

L'une des différences les plus frappantes entre l'hindouisme et l'islam concerne l'iconographie religieuse : l'art islamique rejette toute forme d'idolâtrie et toute représentation du divin.

Toutes les mosquées du monde renferment les mêmes éléments de base. La prière en commun s'effectue dans un vaste espace ou hall, agrémenté d'un *mihrab* (niche) qui indique la direction de La Mecque. A l'extérieur, une cour comprend les équipements nécessaires aux ablutions (lavage des mains et des pieds avant la prière). Depuis les minarets, placés aux points cardinaux, le muezzin appelle les croyants à la prière.

Créatures et plantes sacrées

En Inde, les animaux, en particulier les serpents et les vaches, font l'objet d'une vénération depuis les temps anciens. La vache représente la fertilité et l'abondance. Le taureau, plus agressif, inspire un immense respect du fait de son association à Shiva (il est Nandi, sa monture). Vaches et taureaux circulent librement dans le pays. Dans les villes, ils observent, impavides, la circulation frénétique, quand ils n'occupent pas le centre d'un carrefour.

Les serpents, plus spécialement les cobras, sont également sacrés. Les pierres *naga* (pierres à serpent) servent à se protéger de leur venin et à se concilier les dieux-serpents. Les serpents sont associés à la fertilité et au bien-être.

Certaines plantes possèdent une forte signification spirituelle. Le banian (*Ficus benghalensis*), révéré au point que l'on ne ramasse ses feuilles qu'en cas d'extrême nécessité et qu'on évite de le perturber, symbolise le trimurti. Un pèlerinage à un banian sacré équivaut à 12 ans de sacrifice. Ses cendres auraient le pouvoir d'effacer les péchés. Shiva aurait épousé Parvati sous un manguier (*Mangifera indica*) et cet arbre symbolise l'amour ; on décore de feuilles de manguier les *pandal* (tentes) dressés pour les mariages.

Sikhisme

Les sikhs (environ 18 millions) vivent principalement au Punjab, le berceau de cette religion fondée par le gourou Nanak à la fin du XVe siècle. Le sikhisme trouve son origine dans une réaction au système des castes et au rite brahmanique dominant. Il tente de réaliser une synthèse de l'islam et de l'hindouisme. Le texte sacré des sikhs, le *Guru Granth Sahib*, contient, entre autres, l'enseignement des dix gourous sikhs.

Les sikhs croient en un dieu unique et s'opposent au culte des idoles, ce qui n'empêche pas certains de décorer leur intérieur des portraits des dix gourous. A l'instar des hindous et des bouddhistes, ils admettent les principes des réincarnations et du karma, et croient que seul l'être humain peut accéder à la délivrance. Aucune voie ascétique ou monastique ne met fin au cycle éternel des renaissances.

Le concept du *khalsa*, essentiel, implique la croyance en une race élue de saints-soldats qui respectent un code moral très strict (ni alcool, ni tabac, ni drogues) et s'engagent à défendre le *dharmayudha* (vertu). Cinq *kakkar* (emblèmes) distinguent la fraternité khalsa : le *kesh* (chevelure et barbe non coupées qui symbolisent la sainteté) ; le *kangha* (peigne qui coiffe la chevelure sacrée) ; le *kaccha* (caleçon qui symbolise la modestie) ; le *kirpan* (sabre ou épée, symbole de pouvoir et de dignité) ; le *karra* (bracelet d'acier généralement porté au poignet droit, signe d'intrépidité et de force). Singh, qui signifie "lion", est le nom adopté par les Rajput et les sikhs.

Les *gurdwara* (temples sikhs) comportent généralement un *nishan sahib* (mât) portant le drapeau triangulaire orné du symbole sikh. Le Golden Temple (temple d'Or) d'Amritsar (Punjab) est le lieu le plus sacré du sikhisme.

Bouddhisme

Quelque sept millions d'Indiens pratiquent le bouddhisme, un chiffre inférieur à celui des chrétiens et des sikhs. Le Bouddha (l'Éveillé), personnage historique, aurait vécu de 563 à 483 av. J.-C. C'est à l'âge de 29 ans que le prince Siddhartha Gautama (le futur Bouddha) partit en quête de l'Illumination afin de soulager le monde de ses souffrances. A 35 ans, il atteignit le *nirvana* (état de pleine conscience) à Bodhgaya

(Bihar). Critiquant le système des castes, l'hégémonie des prêtres brahmanes et la vénération irréfléchie des dieux, le Bouddha conseilla à ses disciples de rechercher la vérité à travers leur propre expérience. Son enseignement, dispensé oralement, fut consigné par ces derniers.

Selon l'enseignement du Bouddha, la vie repose sur Quatre Nobles Vérités : la vie s'enracine dans la souffrance ; les désirs provoquent la souffrance ; on peut se libérer de la souffrance en éliminant les désirs ; pour éliminer les désirs, il faut suivre "l'Octuple Sentier". Ce sentier se compose de : la compréhension juste, l'intention juste, la parole juste, l'action juste, le mode de vie juste, l'effort juste, l'attention juste et la concentration juste. L'observation parfaite de ces huit règles conduit au nirvana.

Le bouddhisme avait pratiquement disparu d'Inde au début du XXe siècle. A partir des années 1950, il a suscité un regain d'intérêt chez les intellectuels et les dalit, déçus par le système des castes. Le nombre d'adeptes a encore augmenté avec l'afflux des réfugiés tibétains et l'annexion du Sikkim en 1975, royaume indépendant jusque-là. Les bouddhistes du Ladakh suivent les traditions tibétaines.

Évolution du tumulus, le stupa, qui caractérise les lieux de culte du bouddhisme, n'est pas conçu pour réunir une communauté, mais pour préserver les reliques du Bouddha ou d'un lama vénéré. Le *chaitya* (hall) menant au stupa lui-même est un ajout relativement récemment. Les dévots marchent autour du stupa dans le sens des aiguilles d'une montre. Celui de Bodhgaya, où le Bouddha atteignit l'Éveil, constitue un haut lieu de pèlerinage.

Les gompa tibétains du Ladakh et de Dharamsala se distinguent par leurs motifs colorés caractéristiques du Tibet, qui véhiculent les croyances du bouddhisme mahayana. Pour plus d'informations, voir l'encadré *Visiter les gompa* dans le chapitre *Ladakh et Zanskar*.

Jaïnisme

Fort d'au moins quatre millions d'adeptes en Inde, le jaïnisme fut fondé au VIe siècle av. J.-C. par Mahavira, un contemporain du Bouddha. Les jaïna pensent que seule une âme totalement pure peut atteindre la délivrance. La purifier implique de se défaire de tout *karman*, matière engendrée par les actions de chacun et qui s'attache à l'âme. Pour ce faire, il convient de suivre diverses pratiques ascétiques (jeûne, méditation, retraite dans un lieu isolé). Essentielle, la juste conduite est l'apanage des moines. Elle se fonde sur le principe de l'*ahimsa* (non-violence) en pensée comme en acte.

Les laïcs suivent des règles moins strictes que les moines. Certains prêtres jaïna vont nus et recueillent les aumônes dans le creux de leur main. D'autres, un peu moins ascètes, limitent leurs possessions au strict minimum, dont un balai, avec lequel ils écartent toutes les particules vivantes de leur passage pour ne pas les écraser, et un linge, attaché devant la bouche pour éviter d'ingérer accidentellement un insecte.

De l'extérieur, les temples jaïna ne diffèrent guère des sanctuaires hindous. A l'intérieur, la débauche d'ornementations sculpturales offre un contraste saisissant avec les principes austères du jaïnisme, mais s'explique en partie par sa conception de la beauté. La communauté jaïna, prospère, consacre une partie de ses revenus à entretenir ses temples avec soin.

Christianisme

En 1498, quand l'explorateur portugais Vasco de Gama jeta l'ancre à Calicut (dans l'actuel Kerala), il cherchait des chrétiens et des épices. Il trouva les deux.

On impute souvent à l'apôtre saint Thomas l'introduction du christianisme en Inde du Sud, sur la côte de Malabar, en 52 de notre ère. En fait, les chercheurs pensent que le christianisme se serait plutôt implanté vers le IVe siècle avec Thomas Kanna, un marchand syrien venu s'établir au Kerala en compagnie de 400 familles. Le catholicisme pénétra largement l'Inde du Sud à la suite du débarquement de Vasco de Gama, sous l'impulsion du prosélytisme des dominicains, des franciscains et des jésuites. Le protestantisme fit son entrée avec les Anglais, les Néerlandais et les Danois.

L'Inde compte 19 millions de chrétiens, regroupés pour les trois quarts dans le Sud.

Les églises reflètent les traditions architecturales occidentales. Arcs et arcs-boutants gothiques, ornementation baroque et lignes classiques élégantes s'agrémentent de superbes éléments hindouistes.

L'église Saint-François de Fort Cochin, édifiée en 1503 par des frères franciscains portugais, abrita pendant 14 ans les reliques de Vasco de Gama, premier Occidental connu qui traversa l'océan Indien.

Judaïsme

La communauté juive, très ancienne, ne compte plus que 17 000 membres. Les juifs arrivèrent à Kochi (Kerala) au VIe siècle av. J.-C. (voir l'encadré *Les juifs de Kochi* dans le chapitre *Kerala*). Au cours des siècles, ils furent de plus en plus nombreux à émigrer en Israël ou dans d'autres pays.

Zoroastrisme

Né en Perse, le zoroastrisme influença le développement du judaïsme et du christianisme. On sait peu de choses sur son fondateur, Zoroastre (Zarathustra), hormis qu'il était prêtre et vivait en Perse orientale. Le zoroastrisme fut pourtant adopté comme religion officielle dans la région correspondant à l'actuel Iran et le resta quelque 1 200 ans.

Le zoroastrisme se caractérise par le dualisme, les forces du Bien et du Mal se livrant un éternel combat dont le premier sort toujours vainqueur. Bien que de tendance monothéiste, il ne l'est pas totalement car les entités du Bien et du Mal coexistent, même si on encourage les fidèles à ne vénérer que le premier. L'humanité peut donc choisir. On parvient à l'état de pureté en évitant tout contact avec les cadavres et la mort. Contrairement au christianisme, le zoroastrisme ignore le conflit entre l'âme et l'enveloppe charnelle, tous deux s'unissant dans la lutte du Bien contre le Mal. Cette religion rejette donc les pratiques telles que le jeûne ou le célibat, sauf dans des circonstances purement rituelles. L'homme, mortel, possède des composantes éternelles, comme l'âme. Une existence agréable attend dans l'au-delà ceux qui l'ont méritée par leurs actes, leurs paroles et leurs intentions sur terre. Cependant, tout écart n'entre pas dans la balance et l'âme errante ne devra pas rendre compte de ses actes au jour du Jugement.

Éclipsé par l'islam au VIIe siècle, le zoroastrisme résista, mais ses adeptes furent persécutés. Au Xe siècle, certains émigrèrent en Inde et formèrent la communauté parsi ("persane"). Installés dans le Gujarat, les parsi devinrent cultivateurs et adoptèrent la langue gujurati. Sous la domination britannique, les parsis se tournèrent vers le négoce et l'industrie et constituèrent une communauté prospère à Mumbai (à laquelle appartient la famille Tata). Ils adoptèrent de nombreuses coutumes britanniques et abolirent le mariage des enfants.

Le sacrifice et le feu sacré jouent toujours un rôle primordial dans le rite. Toutefois, la tradition la plus connue est peut-être celle des tours du silence. La tour joue un rôle important dans les rituels funéraires ; elle se compose de trois cercles concentriques (destinés aux hommes, aux femmes et aux enfants). A l'intérieur, les cadavres dénudés sont livrés aux vautours. Les os, séchés au soleil, s'effritent et glissent dans le puits central. Les rites du quatrième jour sont les plus importants, car c'est alors que l'âme du défunt rejoint l'au-delà et se présente aux divinités pour le Jugement.

Les 90 000 parsis ne se marient qu'au sein de leur communauté. Ils conservent une forte influence politique et économique.

Religions tribales

Les religions tribales ont fusionné avec les grandes confessions et peu d'entre elles restent facilement identifiables.

Dans les collines de Nilgiri, en Inde du Sud, les Toda ont préservé leurs croyances tout en adoptant quelques coutumes hindoues et chrétiennes. Végétariens, ils vénèrent le buffle, qui leur fournit le lait, le beurre et le ghee (beurre clarifié). Cette relation se poursuit dans l'au-delà : quand un Toda meurt, on sacrifie un buffle qui l'accompagne afin de lui fournir les produits laitiers nécessaires à sa subsistance et à ses rituels.

LANGUE

Outre l'hindi, la langue nationale, l'Inde compte 18 langues officielles et plus de mille dialectes. L'anglais est largement répandu, mais s'efforcer de parler la langue locale sera toujours très apprécié. Le chapitre *Langue*, à la fin de ce guide, récapitule quelques mots et expressions usuels en hindi et en tamoul.

Renseignements pratiques

A NE PAS MANQUER

L'Inde offre tant de choses à voir et à faire qu'il faudrait plusieurs vies pour toutes les expérimenter. Ce qui suit n'est qu'un aperçu des multiples possibilités.

Temples et tombeaux

Certains temples indiens comptent parmi les plus anciens et les plus splendides de la planète, héritages plein de vie d'un fabuleux passé religieux et historique. Le Tamil Nadu en réunit quelques superbes exemples, dont Sri Meenakshi à Madurai et Nataraja à Chidambaram, mais aucune partie de l'Inde n'est exempte de lieux de cultes renommés. Tout aussi remarquables sont les temples taillés dans le roc sur l'île Elephanta, près de Mumbai, le Golden Temple (temple d'Or) d'Amritsar, au Punjab, le Sun Temple (temple du Soleil) de Konark, dans l'Orissa, le ravissant Dilwara de Mt Abu et les temples jaïna de Ranakpur, au Rajasthan.

Dans le Nord, les souverains moghols ont laissé de nombreux tombeaux de marbre superbement sculptés. Le plus célèbre de tous, le Taj Mahal (Agra), est un mausolée édifié par l'empereur Shah Jahan à la mémoire de son épouse préférée, Mumtaz Mahal. Le tombeau de Humayun et le sanctuaire de Nizam-ud-din à Delhi sont également impressionnants.

Forts majestueux

D'innombrables forts témoignent du passé tumultueux du pays. Le Red Fort (fort Rouge) de Delhi est l'un des plus spectaculaires ; le fort d'Agra, tout aussi imposant, rappelle la puissance des Moghols à leur apogée. Un peu plus loin, au sud, se dresse l'imprenable fort de Gwalior.

Les Rajput étaient passés maîtres dans l'art de construire des forteresses. De toutes tailles et de toutes formes, elles racontent toutes une histoire particulière : Chittorgarh reflète la tragédie, Bundi et Kota sont atypiques, le fort de Jodhpur en impose par la taille, celui d'Amber par sa beauté ; Jaisalmer est la quintessence du romantisme. Plus

Demeures royales

Si les palais et les forteresses vous font rêver, l'Inde vous comblera. Plusieurs figurent parmi les plus spectaculaires au monde et certains sont encore habités par les descendants des anciens maharajas. Le Rajasthan en offre le choix le plus divers et le plus époustouflant. Un prince rajput, le maharana Bhagwat Singh d'Udaipur, est en grande partie responsable de la présence du Rajasthan, voire de l'Inde, sur la carte du tourisme international, depuis qu'il a converti sa résidence d'été (le Lake Palace) en hôtel de luxe dans les années 1960. Aujourd'hui, privés des privilèges financiers de leurs ancêtres, la plupart des héritiers princiers transforment leur demeure en hôtel, en restaurant ou en musée.

Traditionnellement, les palais comportaient des sections séparées, les femmes possédant leurs propres quartiers (souvent appelés *zenana*), reliés aux appartements royaux par de discrets tunnels. Padmanabhapuram, le palais des maharajas de Tranvancore (Kerala), fait exception à cette règle : dans cette société matrilinéaire, le maharaja devait rester célibataire et n'avait nul besoin de tunnel secret. Ses appartements, installés au-dessus de ceux des autres habitants du palais, sont plus petits que ceux de la matriarche.

Dès que la possibilité se présentait, les bâtisseurs de forts exploitaient les barrières naturelles (lacs et océans, montagnes et collines, forêts et déserts) afin de dissuader les envahisseurs. La déforestation en a rendu certains beaucoup plus accessibles, mais d'autres ont conservé une position stratégique, comme l'imposant Meherangarh (fort) de Jodhpur, qui surplombe la ville du haut d'un piton rocheux imprenable. Dans le Sud, Vellore reste l'un des plus beaux châteaux forts entourés de douves. Enfin, n'oublions pas Shah Jahan qui, outre le somptueux Taj Mahal, fit construire le Red Fort (fort Rouge) de Dehli, qui allie à la perfection les considérations pratiques et l'esthétique.

A consulter avant de partir

Des journaux et des sites Internet vous aideront à préparer votre voyage, à commencer par *Le Journal de Lonely Planet* et notre site www.lonelyplanet.fr (rubrique *Ressources*).

www.dfae.diplomatie.fr
Site informatif, régulièrement mis à jour, du ministère des Affaires étrangères français

www.expatries.org
Site de la Maison des Français de l'étranger, dépendant du ministère des Affaires étrangères : conseils aux voyageurs et informations par pays

Globe-Trotters/www.abm.fr
Magazine et site Internet de l'association Aventure du bout du monde (ABM, ☎ 01 45 45 29 29 ; 11 rue de Coulmiers, 75014 Paris)

Job Trotter
Magazine répertoriant stages et offres d'emploi en France et à l'étranger, publié par Dakota Éditions (☎ 01 55 28 37 00, fax 01 55 28 37 07, www.dakotaeditions.com ; 45 rue Saint-Sébastien, 75011 Paris)

www.courrier-international.com
Site du magazine *Courrier international*, donnant accès, entre autres, à un annuaire de la presse internationale

Plongeurs International
Magazine rassemblant des informations pratiques sur les sites de plongée dans le monde (fax 01 43 91 18 10, redaction@plongeurs.com, www.plongeurs.com ; 35 av. de Lugo, 94600 Choisy-le-Roi)

Trek magazine
Tout sur le trek partout dans le monde (☎ 04 76 70 54 11, fax 04 76 70 54 12, www.trek-mag.com, 6 rue Irvoy, 38027 Grenoble cedex 1)

En Belgique :

Farang
Lettre d'information sur le voyage (☎ 019 69 98 23, La Rue 12, 4261 Braives)

Reiskrand
Magazine en flamand de l'association Wegwyzer (☎ 50-332 178, Beenhouwersstraat 9, B-8000 Bruges)

En Suisse :

Globetrotter Magazin
(☎ 213 80 80 ; Rennweg 35, PO Box, CH-8023 Zurich)

Newland magazine
(☎ 324 50 42, fax 324 50 41, www.newland.ch ; CB communication, CP 223, CH-1000 Lausanne 17)

Des librairies et des sites web concernant l'Inde figurent aux rubriques *Librairies de voyage* et *Internet*, plus loin dans ce chapitre.

à l'ouest, dans le Gujarat, les forts impressionnants de Junagadh furent construits par les princes du Saurashtra.

Dans le Madhya Pradesh, le grandiose fort de Mandu fut le théâtre de sombres événements. Plus au sud, conflits de pouvoir et d'ambition furent à l'origine de l'abandon du grand fort de Daulatabad, sitôt après sa construction. Parmi les superbes forteresses du Sud, citons encore Bijapur et Golconde.

Les envahisseurs européens construisirent leurs forts : portugais à Goa, Bassein, Daman et Diu, britanniques, comme celui de St George à Chennai. Les forts français, hollandais et danois, généralement en ruine, conservent cependant un certain charme.

Cités abandonnées

Certains sites furent autrefois des cités prospères avant d'être désertées. La plus célèbre,

Fatehpur Sikri, près d'Agra, fut fondée par l'empereur Akbar, qui l'abandonna moins de 20 ans après sa construction. Hampi, la capitale de l'empire de Vijayanagar, est tout aussi extraordinaire. Non loin de là, Aihole et Badami sont des cités antiques, comme certains des forts mentionnés plus haut.

Plages

En règle générale, nul ne fait un si long voyage dans l'unique but de lézarder sur une plage, mais, si le cœur vous en dit, certaines plages sont superbes, comme Varkala, au Kerala. Plus au nord, Goa s'ourle de belles plages bordées de palmiers ondoyants. Si vous préférez fuir les hauts lieux touristiques, réfugiez-vous sur la petite île autrefois portugaise de Diu, au large de la côte sud du Saurashtra (Gujarat), ou à Gokarna, dans le Karnataka, où les anciens de Goa viennent déposer leur balluchon.

Sur la côte est, certaines portions de la plage de Mamallapuram (Tamil Nadu) sont recommandables. Dans l'Orissa, la plage de Gopalpur-on-Sea est propre et tranquille. Les îles Andaman, véritables paradis exotiques, offrent une eau cristalline peuplée de poissons et de coraux multicolores. Les plages enchanteresses des Laquedives, une succession d'atolls coralliens qui s'étirent au large de la côte ouest, ne sont accessibles qu'aux plus fortunés.

Fêtes et autres manifestations annuelles

Une multitude de fêtes et de festivals, pour la plupart d'origine religieuse, donnent lieu à des manifestations animées (voir plus loin la rubrique *Jours fériés et manifestations annuelles*). Accompagné d'une procession et d'un défilé militaire, le Republic Day Festival (fête de la République), en janvier à Delhi, marque le début des festivités. Également en début d'année, le Camel Festival (fête du Chameau) de Bikaner, la foire de Nagaur et le Desert Festival (fête du Désert), assez convenu, de Jaisalmer se déroulent tous trois au Rajasthan. Au début du printemps, en février/mars, Holi, la fête des couleurs, donne l'occasion de s'arroser d'eau et de *gulal* (poudre colorée). En juin/juillet, la fête du Char (Rath yatra), à Puri, offre un spectacle inoubliable : le gigantesque char de Jagannath fait sa sortie annuelle, tiré par des milliers de fidèles enfiévrés. Au Kerala, la Nehru Cup Boat Race, sur les canaux d'Alappuzha (Alleppey), est l'un des grands événements de l'année. En septembre/octobre, grimpez dans les collines, à Kullu, pour assister au Festival of the Gods (fête des dieux). Il fait partie de la fête de Dussehra, dont les fastes sont plus spectaculaires encore à Mysore. Novembre est le mois de la célèbre foire aux chameaux de Pushkar, au Rajasthan. Pour finir, où fêter Noël en Inde mieux qu'à Goa ?

Farniente

Envie de repos après un voyage harassant ? Les lieux où l'on peut se ressourcer en compagnie de ses pairs ne manquent pas. Les plages de Goa demeurent le principal point de ralliement, mais Hampi, plus à l'est, attire ceux qui recherchent plus d'authenticité. Pushkar, au Rajasthan, accueille les voyageurs séduits par l'atmosphère enchanteresse (quoique commerciale) de cette ville sacrée. Ceux qui recherchent la solitude trouveront au Rajasthan, hors des sentiers battus, de nombreuses demeures princières transformées en hôtels pétris de charme. Le modèle tibétain, haut en couleur, qui rencontre un vif succès à Katmandou, ne pouvait que réussir en Inde ; ainsi, Dharamsala et Manali, dans l'Himachal Pradesh, ont fidélisé une population de visiteurs en séjours de longue durée. Puri, dans l'Orissa, et Mamallapuram, au Tamil Nadu, offrent toutes deux le double attrait des temples et des plages.

SUGGESTIONS D'ITINÉRAIRES

Devant tant de merveilles, la première difficulté consiste à choisir celles que l'on veut visiter en fonction du temps dont on dispose.

N'oubliez pas que se déplacer en Inde peut être harassant – des voyageurs, trop ambitieux, se retrouvent épuisés à la fin de leur séjour et ne rêvent que de vacances en rentrant dans leur pays ! Soyez sélectif et prenez le temps de décompresser.

Les itinéraires proposés ci-dessous supposent un séjour d'un mois. Ils vous permettront de découvrir les principaux sites d'une région et de tirer au maximum profit de votre temps. Ils partent du principe que vous n'avez pas envie de passer la majeure partie de votre temps dans les transports. Pour les détails sur ces itinéraires, consultez les chapitres régionaux. Si votre temps est limité, les forfaits aériens peuvent vous faire gagner des heures précieuses (voir la rubrique *Forfaits aériens* du chapitre *Comment circuler*).

Couleurs du Rajasthan

Delhi – Agra – Bharatpur – Jaipur – Shekhawati – Bikaner – Jaisalmer – Jodhpur – Pushkar – Bundi – Chittorgarh – Udaipur – Mumbai

Ce parcours vous donnera un bon aperçu de l'architecture moghole – y compris bien sûr le Taj Mahal –, de l'environnement naturel, du désert, des temples hindous, des rendez-vous hippies, de l'exubérance rajput, d'une architecture islamique inhabituelle, ainsi qu'un regard sur deux grandes villes très différentes, Mumbai et Delhi.

Moghols, jaïna et influence portugaise

Delhi – Agra – Jaipur – Pushkar – Jodhpur – Ranakpur – Udaipur – Rajkot – Junagadh – Sasan Gir – Diu – Palitana – Ahmedabad – Mumbai

Cet itinéraire englobe le Rajasthan et les plus beaux sites du Gujarat : les cultures tribales du Rann de Kutch, à l'extrême ouest de l'État, la ville fortifiée de Junagadh et ses superbes bâtiments, les sublimes temples jaïna juchés sur la colline de Girnar, le Sasan Gir Wildlife Sanctuary (la réserve de Sasan Gir) – dernier refuge du lion asiatique –, Diu – l'ancienne enclave portugaise et ses plages –, Palitana – une autre ville dotée de temples jaïna au sommet des collines –, et Ahmedabad – une ville animée avec un bel éventail d'architecture indo-sarrasine.

Au cœur des Empires hindou et moghol

Delhi – Jaipur – Agra – Varanasi – Khajuraho – Jhansi – Sanchi – Mandu – Aurangabad – Mumbai

Bien que peu visité, le Madhya Pradesh n'en offre pas moins de nombreux sites dignes d'intérêt. Les temples érotiques de Khajuraho attirent les foules, alors que Sanchi et Mandu, sur le parcours, abritent de magnifiques exemples d'architectures bouddhique, hindoue et afghane.

Varanasi, l'un des principaux lieux sacrés du pays, Agra et son incomparable Taj Mahal, et les grottes d'Ajanta et d'Ellora jalonnent également ce circuit.

Stations climatiques et Himalaya

Delhi – Dalhousie – Dharamsala – Shimla – Manali – Leh – Delhi

Cet itinéraire est particulièrement recommandé en été, quand la chaleur devient intenable dans les plaines. La route de Manali à Leh n'est ouverte que quelques mois par an, après la fonte des neiges.

Les stations climatiques de Shimla et Dalhousie ramènent à un passé qui appartient désormais à l'histoire. Dharamsala, un étonnant centre culturel, est devenu la résidence du dalaï-lama en exil. Manali, dans la vallée de Kullu, est tout simplement l'un des plus beaux sites naturels du pays. Capitale du Ladakh et centre d'une culture himalayenne unique en son genre, Leh se perche sur le plateau tibétain.

Les randonneurs et les passionnés d'aventure trouveront, sur ce parcours, de quoi satisfaire leurs envies. De Manali partent des dizaines de treks pouvant durer de quelques jours à plusieurs semaines et qui permettent d'explorer, entre autres, la lointaine vallée du Zanskar. Leh est également un centre de randonnée.

Palais, temples et villes saintes

Delhi – Jaipur – Agra – Jhansi – Khajuraho – Jabalpur – Kanha – Varanasi – Kolkata

Ce circuit donne un bref aperçu du Rajasthan et permet de découvrir le Taj Mahal. A Jhansi, vous prendrez le bus pour les fameux temples de Khajuraho, mais, en chemin, arrêtez-vous à Orchha, à 18 km de Jhansi, pour visiter les temples et les palais de cette ancienne cité bien conservée. De Khajuraho, 3 heures de bus vous amèneront à Satna, où vous prendrez le train pour Jabalpur. Une excursion en bateau au milieu des Marble Rocks constitue la principale attraction. L'étape suivante sera le Kanha National Park (parc national de Kanha) où vous apercevrez peut-être un tigre. De retour à Jabalpur, vous prendrez le train pour Varanasi, la ville sainte. Kolkata, la dernière étape, est l'une des cités les plus envoûtantes du pays.

Temples et monuments anciens

Chennai – Kanchipuram – Mamallapuram (Mahabalipuram) – Pondichéry – Kumbakonam – Thanjavur – Tiruchirappalli – Madurai – Kodaikanal – Udhagamandalam (Ooty) – Mysore – Bangalore – Belur/Halebid/Sravanabelagola – Hampi – Badami – Bijapur – Mumbai

Cet itinéraire explore un petit coin de l'Inde moderne, une station balnéaire appréciée des voyageurs, un ancien comptoir français, la communauté internationale d'Auroville, les cités-temples sublimes de Belur et d'Halebid, le surprenant et monumental Sravanabelagola, puis s'attarde quelques jours dans les montagnes des Ghats occidentaux, à la frontière du Tamil Nadu et du Kerala.

Temples et plages

Chennai – Mamallapuram – Pondichéry – Thanjavur – Tiruchirappalli – Madurai – Kanyakumari – Thiruvananthapuram (Trivandrum) – Kovalam Beach – Kollam – Alappuzha – Kochi – Bangalore – Mysore – Hampi – Bijapur – Mumbai

Variante du précédent, ce circuit donne une vision beaucoup plus large de l'Inde du Sud et vous fera découvrir les paradis tropicaux du Kerala, ses plages, ses canaux, ses spectacles de kathakali et ses vestiges historiques indo-européens. Il englobe également quelques-uns des plus grands temples du Tamil Nadu, les palais de Mysore, les ruines de Vijayanagar à Hampi et la splendeur musulmane de Bijapur.

PRÉPARATION AU VOYAGE

Quand partir

La plupart des touristes visitent l'Inde durant les mois frais, de novembre à mars. Dans l'Himalaya, l'hiver est trop froid ; la saison s'étend d'avril à septembre, avec quelques variations régionales en fonction du début et de la fin de la mousson. Pour plus de détails sur les saisons, reportez-vous à la rubrique *Climat* du chapitre *Présentation de l'Inde*.

L'époque de certaines fêtes et manifestations annuelles peut également influencer vos dates de voyage (voir *Jours fériés et manifestations annuelles* plus loin dans ce chapitre). Si votre séjour coïncide avec une campagne électorale, attendez-vous à des retards dans les transports, à des foules immenses et à quelques dysfonctionnements.

Cartes

L'*India & Bangladesh Road Atlas* de Lonely Planet détaille le pays en plus de 100 cartes et offre une couverture inégalée au 1/1 250 000. Il comprend des plans de villes, des tableaux de distances, des informations climatiques, des cartes d'itinéraires et un index complet. Son format et sa couverture souple en rendent l'utilisation aisée, même dans un bus bondé.

Il existe quantité de cartes de l'Inde, fiables et facilement disponibles. La carte Lascelles au 1/4 000 000, *India, Pakistan, Nepal, Bangladesh & Sri Lanka,* est sans doute la carte générale la plus pratique. Celle de Bartholomews est similaire.

L'offre est moins séduisante en matière de cartes régionales. La série Discover India, la meilleure (et la plus facile à trouver sur place), compte quelques bonnes cartes de villes et d'États ; les prix s'échelonnent de 35 à 50 Rs. L'Indian Map Service (☎ 0291-740874), Sector G, Shastri Nagar, Jodhpur, Rajasthan 342003, publie une série correcte d'atlas routiers par État, établis d'après les cartes Survey of India. Outre un atlas de l'Inde, elle comprend des atlas du Rajasthan, du Gujarat, du Tamil Nadu, du Maharashtra, de l'Andhra Pradesh, du Kerala et du Karnataka.

Partout en Inde, les offices du tourisme disposent de cartes locales, qui semblent bien faites à première vue, mais sont souvent obsolètes et incomplètes.

Que prendre avec soi

Si vous vous contentez d'une destination unique, une valise se révélera très utile ; elle peut se fermer à clé, vous pouvez ranger vos vêtements à plat et elle risque moins d'être endommagée par les bagagistes des aéroports. Peu importe le poids s'il vous suffit de prendre un taxi pour rejoindre votre hôtel.

D'autres préfèrent le sac à dos. Mieux vaut investir dans un bagage résistant, de bonne qualité et doté de cadenas qui pourra résister aux rigueurs du voyage en Inde.

Vous pouvez également choisir un grand sac souple à fermeture Éclair et à large bandoulière solidement fixée (à éviter si vous envisagez de partir en trekking).

Si vous séjournez dans les stations climatiques, surtout durant la saison froide, prévoyez des vêtements chauds pour la nuit. En hiver, dans certaines régions, et particulièrement en Inde du Nord, la température peut chuter de façon vertigineuse au coucher du soleil.

Quel que soit le voyage envisagé, fiez-vous à la devise des baroudeurs : ne pas se charger inutilement.

Choisissez une garde-robe qui corresponde aux critères culturels du pays (voir

L'art de ne pas se perdre

Voir des étrangers tourner en rond (dans la mauvaise direction) comme des poulets sans tête avant de demander de l'aide suscite parfois la curiosité et l'amusement de la population locale.

Pour ne pas perdre un temps précieux, n'hésitez pas à aborder les passants, qui seront ravis de vous indiquer la bonne direction. Cependant, demander son chemin en Inde requiert certaines précautions : vous risquez d'obtenir une réponse toute faite (habituellement "*yes*") si votre interlocuteur ne comprend pas votre accent bizarre, ou s'il n'a pas bien entendu votre question. N'y voyez pas malice, il essaie simplement d'être poli – et "*no*" semble tellement antipathique !

Le secret pour obtenir une réponse aussi exacte que possible consiste à bien formuler la question. Par exemple, mieux vaut demander : "De quel côté est le zoo ?" que tendre le bras en suggérant : "Le zoo est par ici ?". Une fois en chemin, interrogez plusieurs personnes pour vérifier que vous êtes dans la bonne direction.

Enfin, rappelez-vous que balancer la tête ne correspond pas toujours à une réponse négative. Cela peut vouloir dire : oui, peut-être ou je n'en ai pas la moindre idée !

Règles de conduite dans le chapitre *Présentation de l'Inde*). Prévoyez :

- des sous-vêtements et un maillot de bain.
- un pantalon en coton.
- un short (pour les hommes).
- une jupe longue en coton (pour les femmes).
- quelques tee-shirts ou chemisettes.
- un pull ou une veste légère pour les nuits fraîches en montagne ou l'hiver dans le Nord de l'Inde.
- une paire de tennis ou de chaussures.
- des sandales.
- des tongs, pratiques pour la douche.
- un imperméable si vous voyagez pendant la mousson.
- une tenue habillée pour une soirée dans un restaurant élégant ou dans une discothèque.
- un chapeau à rebord pour se protéger du soleil.

Si vous partez en camping ou en trekking, n'oubliez pas :

- des chaussures de marche. Elles doivent bien maintenir la cheville et posséder une semelle relativement souple. Portez-les avant le départ pour les faire à votre pied.
- une veste chaude (pour le froid).
- une chemise de laine ou un pull (pour le froid).
- un short. Ne le portez pas n'importe où, car cette tenue peut choquer.
- des chemisettes. Les tee-shirts conviennent, mais un col et des manches protègent davantage du soleil.
- des chaussettes. Prévoir une quantité suffisante de chaussettes fines et épaisses.
- un chapeau.
- des gants chauds (pour le froid).
- des sous-vêtements isothermes (pour le froid).
- un réchaud (facultatif).

Sac de couchage. Bien qu'un peu encombrant, un sac de couchage vous rendra de grands services : il remplacera avantageusement la literie de l'hôtel si elle vous paraît douteuse (notamment dans certains hôtels pour petits budgets) et vous servira de coussin dans le train ou de siège lors des interminables attentes sur les quais de gare. Si vous prévoyez de séjourner en montagne ou de faire une randonnée à dos de chameau au Rajasthan en hiver, il se révèle indispensable. Un coussin gonflable vous sera d'un grand secours si vous campez ou descendez dans des hôtels rudimentaires, où les oreillers sont rarement moelleux.

Objets de toilette. Savon, dentifrice, shampooing et autres articles de toilette se trouvent sur place sans difficulté. Dans la plupart des pharmacies, vous pourrez acheter des produits astringents, pratiques pour se débarrasser de la saleté en fin de journée. Une brosse à ongles et des lingettes démaquillantes sont également très utiles.

Les tampons restent une marchandise rare (même dans les grandes villes) et mieux vaut en emporter. En revanche, les serviettes périodiques sont en vente dans toutes les pharmacies, y compris dans les petites villes. Munissez-vous de préservatifs car la qualité de ceux vendus sur place est inégale. Vous aurez du mal à trouver un bonnet de douche ailleurs que dans un cinq-étoiles. Prévoyez un bouche-lavabo universel, rarement présent dans les petits hôtels.

Les hommes peuvent laisser chez eux leur nécessaire de rasage : ils trouveront partout des barbiers prêts à les raser pour une somme modique. Cependant, le sida posant un réel problème, choisissez une échoppe propre qui utilise des lames jetables (éventuellement, apportez la vôtre).

Divers. Pour plus de détails concernant la trousse à pharmacie, reportez-vous à la rubrique *Santé*, plus loin dans ce chapitre. Parmi les objets pratiques à ne pas oublier, citons :

- un cadenas, notamment pour les voyageurs à petit budget, car dans la plupart des hôtels bon marché, les portes se ferment avec un loquet et un cadenas très légers. Votre solide cadenas vous tranquillisera bien davantage. Des voyageurs emportent une forte chaîne pour attacher leur sac dans les compartiments à bagages des trains et des bus.
- un couteau (suisse de préférence) vous rendra de grands services, notamment pour peler les fruits.
- un sarong, qui se métamorphosera à volonté en drap, en vêtement (recommandé pour les bains publics), en serviette de secours ou en oreiller.
- un produit anti-insectes, des serpentins anti-moustique ou un diffuseur électrique (inefficace pendant les coupures de courant), disponibles sur place. Une moustiquaire peut se révéler d'un grand secours ; munissez-vous de scotch si votre modèle ne comporte pas de cadre portatif.
- une lampe de poche (torche) et/ou des bougies, car les coupures de courant (appelées par euphémisme "baisses de tension") sont fréquentes et l'éclairage public très faible.
- un onduleur pour les équipements électroniques sensibles.
- une paire de lunettes de secours (des voyageurs assurent que l'on peut se faire faire sur place des lunettes de bonne qualité à petits prix) et l'ordonnance de votre ophtalmologiste. Si vous portez des lentilles, emportez des produits de nettoyage pour la durée de votre voyage.
- des boules Quiès (pour combattre le bruit dans certains hôtels) et un masque.
- un chapeau et des lunettes de soleil. Si vous détestez les chapeaux, achetez une ombrelle sur place (elle vous apportera ombre et fraîcheur).
- ayez en permanence une bouteille d'eau sur vous. Pour réduire le nombre de bouteilles de plastique dans les décharges indiennes, utilisez des pastilles de purification ou les filtres.
- un écran solaire à fort indice de protection pour la peau et les lèvres. Ils se répandent en Inde mais restent chers.
- de la ficelle, très utile pour étendre le linge (un double fil de Nylon est idéal lorsqu'on ne dispose pas de pinces). Des petits sachets de lessive bon marché sont en vente un peu partout.
- Les femmes peuvent emporter un soutien-gorge de maintien pour le sport si elles prévoient de faire une randonnée à dos de chameau (le trot provoque des secousses assez désagréables).
- une paire de jumelles, pour observer les oiseaux et la faune.
- un sifflet. Des voyageuses s'en servent pour dissuader d'éventuels agresseurs.

Si vous vous déplacez à moto, emportez votre casque, car ceux que l'on trouve sur place ne sont pas toujours de bonne qualité. Munissez-vous également d'un vêtement et de solides bottes imperméables et de sous-vêtements isothermes si vous comptez voyager dans l'Himalaya (même en été). Pour plus de détails, consultez la rubrique *Moto* du chapitre *Comment circuler*.

TOURISME RESPONSABLE

En voyage, le bons sens et la courtoisie ont force de loi, mais se comporter en touriste responsable ne se résume pas à adopter une attitude convenable (voir *Usages et comportements* dans le chapitre *Présentation de l'Inde*). Cela implique également de s'informer le mieux possible sur le pays avant le départ et d'être conscient de son propre impact sur l'environnement. Chez vous, divers organismes vous renseigneront dans plusieurs domaines, comme le commerce équitable, le travail des enfants et le tourisme économiquement viable. Pour connaître les associations écologistes œuvrant en Inde, reportez-vous à la rubrique *Organismes de protection de l'environnement* du chapitre *Présentation de l'Inde*.

De nombreux monuments indiens subissent des dommages irréparables dus à l'afflux de touristes et à l'indifférence du gouvernement. L'un des plus menacés, le fort de Jaisalmer au Rajasthan, figure désormais sur la liste des 100 sites menacés à travers le monde, établie par le World Monuments Watch, établi à New York. Au fil des ans, l'augmentation du nombre de touristes a entraîné l'accroissement des boutiques, des hôtels et des restaurants à l'intérieur des remparts, au détriment du fort historique.

Le développement touristique a provoqué ailleurs d'autres effets négatifs. A Udaipur (Rajasthan), la forte concentration d'hôtels autour du lac Pichola a contribué à étendre la pollution du lac et de ses alentours. Les voyageurs peuvent aider à remédier à cette situation en encourageant les gérants d'hôtels à traiter les ordures de manière écologique. A Goa, l'environnement a également souffert de l'afflux considérable de touristes. Ainsi, les eaux usées de plusieurs hôtels polluent l'eau des puits dans les villages et les forages pratiqués par les grands hôtels (pour remplir les piscines et fournir de l'eau courante en permanence) font baisser les réserves en eau potable. A Agra, de constants efforts sont entrepris pour limiter l'impact du tourisme sur le Taj Mahal. Outre l'introduction de bus et d'auto-rickshaws électriques et la création d'une zone interdite à la circulation, la récente augmentation du prix d'entrée au Taj Mahal a pour but de grossir le budget alloué à son entretien et de limiter le nombre de visiteurs.

Le tourisme responsable concerne aussi les échanges avec les personnes que vous rencontrez au cours d'un voyage. Par exemple, si vous êtes invité à séjourner dans une famille indienne, sachez qu'offrir le gîte et le couvert peut représenter un effort financier considérable pour un foyer à faibles revenus. Cela ne signifie pas qu'il faut refuser l'invitation, mais que vous devrez faire preuve de jugeote et participer aux dépenses quotidiennes. De même, si vous promettez d'envoyer une photo à quelqu'un, tenez parole (ou ne vous engagez pas). De nombreux Indiens demandent aux touristes de ne pas distribuer bonbons, stylos ou argent aux enfants dans la mesure où cette pratique encourage la mendicité. Faire un don à un organisme caritatif (voir plus loin la rubrique *Volontariat*), un centre de soins ou une école se révélera bien plus efficace à long terme.

Halte au plastique !

De nombreuses régions de l'Inde, jadis intactes, disparaissent sous des amoncellements de bouteilles en plastique (voir aussi *Écologie et environnement* dans le chapitre *Présentation de l'Inde*). Les voyageurs, en grande partie responsables de cette invasion du plastique, peuvent aider à remédier au problème en privilégiant les produits conditionnés dans un emballage recyclable ou en réutilisant les sacs et les bouteilles en plastique. Voici quelques autres façons de lutter contre ce fléau pendant votre séjour : préférez les tasses en terre cuite aux gobelets de plastique pour boire un thé dans les gares ; apportez une gourde et purifiez l'eau (voir plus loin la rubrique *Santé*) ; achetez plutôt des boissons en bouteilles de verre (recyclables).

Plongée responsable

Plonger dans les îles Andaman, aux Laquedives ou ailleurs n'est pas sans effet sur les sites. Pour contribuer à préserver l'environnement et la beauté des récifs, respectez les quelques règles suivantes :

- Évitez de toucher ou de déranger les organismes marins vivants. Le plus léger contact peut les endommager. Ne prenez jamais appui sur les coraux, même s'ils semblent robustes.
- Faites attention à vos palmes. Même si elles ne touchent pas le corail, le simple déplacement de l'eau risque d'endommager les organismes fragiles des récifs.
- Maîtrisez-vous. Si vous plongez trop brusquement, vous risquez de heurter le récif.
- Jetez les détritus dans les endroits prévus, y compris ceux que vous trouvez.
- Ne ramassez pas ni n'achetez du corail ou des coquillages.
- Choisissez un centre de plongée qui respecte l'environnement.

Le refus de bon nombre de voyageurs d'acheter des produits en plastique a sensibilisé les responsables du tourisme. Toutefois, au-delà des grandes déclarations, rares sont ceux qui ont pris des mesures pour protéger l'environnement. En revanche, des communautés luttent chacune de son côté contre cette pollution. Ainsi, à Leh (Ladakh) et dans tout l'État du Sikkim, les sacs en plastique sont interdits et tous les magasins utilisent des sacs en papier. A Delhli, des panneaux "Say no to plastic" ("Dites non au plastique") jalonnent la ville (bien que les commerçants continuent à utiliser ce type de sac). Au Tamil Nadu, le Palani Hills Conservation Council est parvenu à bannir le plastique dans la région de Kodaikanal – les sacs sont désormais fabriqués à partir de journaux. La prolifération des détritus de plastique sur les plages de Goa a conduit, en 2000, la Goa Foundation à lancer le projet "Clean up Calangute" ("Nettoyez Calangute" – plage de Goa).

Achats responsables

Les touristes peuvent dépenser utilement leur argent en faisant leurs achats dans des coopératives, créées pour protéger et augmenter le

Trekking responsable

Lors d'un trek, respectez les conseils suivants pour aider à protéger l'équilibre écologique des massifs montagneux.

Déchets

- Remportez toujours vos détritus (y compris mégots de cigarettes, tampons, serviettes hygiéniques et préservatifs) et ceux que vous rencontrez.
- N'enterrez pas les déchets : creuser favorise l'érosion et les détritus enfouis risquent d'être déterrés et consommés par des animaux (ce qui peut les tuer).
- Utilisez des récipients réutilisables ou des sacs de toile. N'achetez pas de bouteilles en plastique.

Déjections humaines

- Pour éviter la propagation des maladies, utilisez, s'il en existe, des toilettes. Sinon, creusez un trou à plus de 100 m de tout point d'eau (apportez une petite pelle) et recouvrez-le de terre et de pierres. Utilisez le minimum de papier hygiénique. Dans la neige, assurez-vous de creuser le sol, sinon vos excréments referont surface au moment de la fonte.
- Si les environs sont peuplés, demandez aux habitants si l'emplacement de vos toilettes improvisées les gêne.
- Veillez à faire respecter ces règles de conduite si vous utilisez des toilettes portables. Incitez tous les membres de l'expédition, y compris les porteurs, à les utiliser.

Toilette, vaisselle et lessive

- N'employez ni détergent ni dentifrice dans ou à proximité des cours d'eau, même s'il s'agit de produits biodégradables.
- Pour la toilette personnelle, utilisez du savon biodégradable et un récipient à 100 m au moins des cours d'eau. Répandez l'eau usée sur une large surface afin qu'elle soit entièrement filtrée.

revenu des journaliers agricoles et des artisans. Les produits, de qualité supérieure à ceux des boutiques, sont vendus à prix fixes, si bien qu'il n'est pas besoin de marchander. Le Gujarat compte plusieurs coopératives, dont la plus importante est la Self-Employed Women's Association (SEWA) – pour plus de détails, voir le chapitre *Gujarat*. Dans l'État voisin du Rajasthan, l'Urmul Trust aide et promeut l'artisanat rural. Les bénéfices sont reversés directement aux artisans.

Dans l'Himachal Pradesh, le programme Bhuttico (Bhutti Weavers' Cooperative), une gigantesque entreprise, emploie des villageoises à la fabrication de châles et de coiffes, vendus à prix raisonnables dans les nombreuses boutiques que possède l'organisation à travers l'État.

Dans le même État, à McLeod Ganj, le Tibetan Office of Handicrafts et la Tibetan Handicrafts Cooperative emploient des réfugiés nouvellement arrivés, qui produisent des articles d'excellente qualité à prix abordables. De même, à Bodhgaya, Jabalpur et Gwalior, les marchés des réfugiés tibétains offrent l'occasion d'acheter des articles en laine, aidant ainsi les Tibétains en exil. Si vous recherchez un tapis, choisissez de préférence la marque Smiling Carpet, fruit d'une initiative des Nations unies et d'une ONG (organisation non gouvernementale) visant à décourager l'emploi des enfants dans la fabrication des tapis.

Aussi exotiques soient-ils, n'achetez pas de produits aggravant la situation des espèces et des habitats en voie de disparition (voir l'encadré *Plongée responsable* et la rubrique *Espèces menacées* du chapitre *Présentation de l'Inde*).

Précautions lors d'un circuit organisé

Pendant leur séjour en Inde, de nombreux voyageurs participent à un circuit organisé. Certains, comme les randonnées à dos de chameau au Rajasthan, laissent derrière eux une piste jonchée de détritus. Si vous optez pour un circuit, veillez à ramasser vos déchets et encouragez les organisateurs à faire de même. Cette règle s'applique également au trekking et à l'alpinisme. Refusez, autant que possible, l'utilisation de plastique.

Trekking responsable

- Lavez les ustensiles de cuisine à 100 m des cours d'eau à l'aide d'un tampon à récurer, de sable ou de neige plutôt que de détergent.

Vêtements, feu et cuisine

- Beaucoup de voyageurs ne sont pas préparés au froid extrême des montagnes – informez-vous au préalable sur les conditions climatiques et demandez conseil à un professionnel, qui vous indiquera les vêtements appropriés. Vous aurez alors moins souvent besoin de faire du feu pour vous réchauffer.
- Couper du bois accélère la déforestation – problème majeur en Inde. Évitez de faire du feu et choisissez un lodge qui n'utilise pas de bois pour chauffer l'eau et cuisiner.
- Utilisez un réchaud à kérosène, alcool ou tablettes et évitez ceux à recharges de gaz butane.
- Si vous allumez un feu, utilisez un foyer existant et ne brûlez que du bois mort, ramassé par terre. Éteignez le feu avec soin ; il n'est plus dangereux quand on peut y laisser la main.

Divers

- Respectez les coutumes sociales et culturelles des communautés locales. Observez les règles des régions que vous visitez et demandez la permission aux propriétaires avant de pénétrer sur une propriété privée.
- Suivez les sentiers existants. Ouvrir de nouveaux chemins sur les pentes peut entraîner des ruissellements d'eau, facteurs d'érosion. Si un sentier traverse une plaque de boue, ne la contournez pas ; cela ne fera qu'en accroître la taille.
- La chasse est illégale en Inde et, même si la population locale l'encourage, n'acceptez *jamais* d'y participer.
- Abstenez-vous de nourrir les animaux sauvages (et ne laissez pas de restes de nourriture) ; cela risque de les rendre dépendants et d'augmenter pour eux les risques de maladie. Rangez la nourriture hors d'atteinte (en accrochant des sacs fermés en hauteur).

Vous limiterez l'impact sur l'environnement en vous abstenant de cueillir des fleurs ou des plantes, en évitant de faire du feu et en n'ouvrant jamais une barrière sans la refermer derrière vous.

Si vous comptez louer les services d'un guide, adressez-vous aux guides officiels (demandez à voir leur carte), surtout à Varanasi, où des voyageurs ont été volés (ou pire) par de faux guides (voir *Varanasi* dans le chapitre *Uttar Pradesh et Uttaranchal*).

Prostitution des enfants

Depuis la condamnation de Freddy Peat en 1996 pour crimes sexuels commis sur des enfants, l'État de Goa a réalisé que la prostitution enfantine pose un véritable problème. La police et les autorités locales font preuve d'une plus grande vigilance et une procédure juridique a été mise en place pour juger les pédophiles. Les criminels risquent la prison à vie. Les recherches menées par l'organisation internationale End Child Prostitution, Pornography and Trafficking (Ecpat), présentées en 1996 lors du congrès mondial contre l'exploitation sexuelle et commerciale des enfants, mentionnaient Goa.

Le Code pénal indien et la loi sur le trafic immoral prévoient des sanctions pour les enlèvements et la prostitution. De plus, la communauté internationale a réagi à ce problème mondial en édictant des lois qui permettent de poursuivre les auteurs de crimes sexuels sur enfants à leur retour dans leur pays. Si vous êtes témoin de ce genre de pratiques, vous pouvez le signaler à la police locale ainsi qu'à celle de votre pays à votre retour.

OFFICES DU TOURISME

Offices du tourisme locaux

Outre l'office national (Government of India) du tourisme, chaque État dispose du sien propre. Les offices du tourisme d'État varient considérablement en efficacité et en amabilité. Si dans certains le personnel est dynamique et compétent, dans d'autres il se montre désagréable, à la limite de la grossièreté. Dans 90% des offices du tourisme, estimez-vous heureux si l'on vous répond autrement que par “oui” ou par “non” – insistez ! Plusieurs États possèdent une chaîne de *tourist bungalows* (hôtels), où sont souvent installés les offices du tourisme régionaux.

Les activités de ces deux types d'offices manquent souvent de coordination. Tous deux peuvent publier une superbe brochure sur le site A, mais rien sur le site B. Pour ajouter à la confusion, dans de nombreux endroits, outre l'office du tourisme national, vous trouverez aussi celui de l'Indian Tourism Development Corporation (ITDC). Cette dernière, qui gère également des hôtels, a davantage vocation de "faire" et d'organiser que de "dire" et d'informer. Par exemple, l'ITDC organise un circuit en bus et l'office du tourisme vend les billets.

Pour plus de détails sur les offices du tourisme, reportez-vous aux chapitres régionaux.

Offices du tourisme à l'étranger

Le Government of India Department of Tourism (ministère national du Tourisme ; www.tourismofindia.com) possède des bureaux à l'étranger, dont les suivants :

Canada
60 Bloor St West, Suite 1003, Toronto, Ontario M4N 3N6 (☎ 416-962 3787, fax 962 6279, india@istar.ca)

France
11-13 bd Haussmann, 75009 Paris (☎ 01 45 23 30 45, fax 01 45 23 33 45, goitotar@aol.com), www.india-tourism.com

Il n'y a pas d'office du tourisme indien en Belgique et en Suisse.

VISAS ET FORMALITÉS COMPLÉMENTAIRES

Passeport

Votre passeport ne doit pas vous quitter, c'est votre document de voyage le plus important. Assurez-vous que sa durée de validité couvre la période de votre séjour à l'étranger. Si votre passeport est perdu ou volé, contactez immédiatement votre ambassade ou votre consulat (voir plus loin *Ambassades et consulats*).

Visas

Les ressortissants de la plupart des pays peuvent désormais obtenir un visa de 6 mois à entrées multiples (valable à partir de la date de délivrance), qu'ils souhaitent séjourner toute la durée du visa ou entrer à nouveau dans le pays (renseignez-vous sur les différents visas auprès de l'ambassade d'Inde de votre pays). Au moment où nous mettons sous presse, il coûte 48,75 € pour les détenteurs d'un passeport français, les ressortissants suisses doivent acquitter 50,50 € et les Belges 43,50 €.

La carte spéciale People of Indian Origin (PIO) concerne les Indiens d'origine (à l'exception de ceux vivant au Pakistan et au Bangladesh) qui détiennent un passeport d'un autre pays, résident à l'étranger et appartiennent au maximum à la quatrième génération. Elle coûte 1 000 $US et permet de multiples entrées pendant 20 ans. Les personnes d'origine indienne peuvent aussi demander un visa à entrée multiples valable 5 ans, dont le coût correspond environ à un quart de celui de la carte PIO. La validité de ces documents court de la date de délivrance.

Prorogations de visa. Exceptionnellement, les Foreigners'Registration Offices (bureaux d'enregistrement des étrangers) des grandes villes indiennes délivrent des prorogations de 15 jours. Vous n'obtiendrez un autre visa de 6 mois qu'en sortant du pays.

Permis pour les zones réservées

Un visa ne vous donne pas accès à tout le pays. Certaines zones ne sont accessibles que sur autorisation spéciale. Les formalités sont détaillées dans les chapitres consacrés aux régions concernées.

Îles Andaman. Les étrangers ont besoin d'un permis pour visiter ces îles ; heureusement, les formalités ont été simplifiées ces dernières années et les taxes supprimées. Des autorisations supplémentaires sont requises pour la plupart des îles isolées.

Himachal Pradesh et Uttaranchal. Dans ces deux États, il faut un permis pour pénétrer dans certaines régions proches de la frontière indo-tibétaine. Pour passer du Kinnaur au Spiti dans l'Himachal Pradesh, les touristes doivent se procurer un permis de circulation interne (pour plus de détails, voir le chapitre *Himachal Pradesh*)

Le glacier de Milam, au nord du Kumaon dans l'Uttaranchal, relève également de la juridiction des autorités frontalières indo-tibétaines.

Suite en page 106

LA CUISINE INDIENNE

Le plus court chemin pour sonder le cœur d'une culture, si complexe soit-elle, consiste sans doute à partir à la découverte de sa cuisine. Les plats que vous avez l'occasion de goûter dans les restaurants indiens, en Occident, ne sont en rien comparables à la réalité qu'il vous sera donné de découvrir au fil de votre voyage. Reflet de la pluralité de ce fascinant pays, les saveurs authentiques de sa cuisine sont difficilement exportables, et vous noterez en outre que chaque recette varie d'une ville à l'autre, d'un État à l'autre.

De nombreux voyageurs prétendent apprécier l'Inde *malgré* la cuisine, qu'ils trouvent suspecte au point de l'éviter autant que faire se peut. Il serait dommage de vous encombrer d'un tel préjugé, votre approche de la culture indienne s'en trouverait singulièrement limitée et en aucun cas vous ne pourriez plonger dans la vie réelle du peuple indien. Bien sûr, au cours de votre périple, vous rencontrerez peut-être quelques problèmes digestifs, mais ces rares désagréments pèsent bien peu, comparés au plaisir divin de savourer des mets subtils et variés et de vous initier ainsi à quelques traits essentiels de la culture du sous-continent.

Les céréales, que ce soit le riz, dans l'Inde du Sud, ou le blé sous forme de **roti** (pain plat et rond) dans l'Inde du Nord, constituent la base de tout repas. Invariablement accompagnées de **dhal** (purée de lentilles), de **sabzi** (légumes) ou de **chatni** (chutney), elles sont, selon les circonstances, agrémentées de viande ou de poisson. Au-delà de ces denrées fondamentales, les combinaisons sont infinies et la cuisine indienne connaît comme uniques limites les ressources de la région et l'imagination du cuisinier.

Idées reçues sur le curry

La plupart des plats indiens que nous connaissons (dhal, tandoori, naan, aloo gobi, lassi, poulet tikka…) proviennent de l'État du Punjab. Lorsque celui-ci fut démembré au moment de la Partition, des millions de Punjabis s'installèrent dans les États voisins et à l'étranger. Certains ouvrirent alors des restaurants, ce qui explique que leurs spécialités soient devenues l'emblème de la cuisine indienne dans le monde entier.

Le mot *curry* n'a aucune signification en Inde. Cet anglicisme dérivé du tamil **kari** (poivre gris), était utilisé par les Anglais, à l'époque coloniale, comme terme générique servant à désigner n'importe quel plat épicé. Il faut savoir que la poudre de curry ne fait pas partie de l'art culinaire traditionnel. Elle a été inventée pour être expédiée en Grande-Bretagne aux nostalgiques du Raj. Aucun cuisinier indien digne de ce nom ne se permettrait d'utiliser le même **masala** (mélange d'épices) pour préparer des plats différents. Enfin, le mot *balti* (très employé en Angleterre dans les "balti houses") n'est lui aussi que pure invention de restaurateurs en mal de marketing. A l'origine, dans le Nord-Ouest de l'Inde il désignait ce qui est plus connu sous le nom de *kadhai*. Aujourd'hui, ce terme s'emploie généralement à propos des plats du Punjab et de ceux de la région située vers la frontière nord-ouest, et préparés dans les balti houses.

Denrées premières et spécialités

Épices

A l'heure du repas, les effluves exotiques embaument les demeures indiennes et cela ne manquera pas d'exciter vos papilles.

Lorsqu'il découvrit l'Amérique, Christophe Colomb était, en fait, parti à la recherche du **poivre gris** de la côte de Malabar (Kerala). Cette région cultive aujourd'hui encore la meilleure variété du condiment le plus utilisé dans le monde. Le poivre, incorporé dans la majorité des plats épicés, n'est cependant pas le seul trésor du sous-continent. Très apprécié, le **curcuma** constitue l'essence de tous les curries. La **coriandre**, une épice particulièrement utilisée, donne goût et corps à presque toutes les préparations salées. Les **graines de cumin** jetées dans de l'huile bouillante marquent le point de départ de la plupart des sauces, que l'on désigne sous le nom de curries en Occident. Le **tamarin**, parfois appelé "datte indienne", est très prisé dans le Sud pour son goût acidulé. Enfin, considérée comme la meilleure au monde, la **cardamome verte** des Ghats occidentaux du Kerala est incorporée dans de nombreux desserts et dans le **chai** (thé). Stimulante pour la digestion, la cardamome est aussi rafraîchissante en bouche, après le repas.

Le **safran**, plus que tout autre terme du lexique culinaire, évoque richesse et rareté. Cette épice de luxe est produite à partir des stigmates desséchés d'un crocus du Cachemire. Les fines étamines rouge-orangé qui le composent sont tellement légères qu'il faut plus de 1 500 fleurs (cueillies à la main) pour obtenir un gramme de ce condiment. Il vaut de l'or et constitue une excellente idée de cadeau. En raison de son prix élevé, les contrefaçons abondent, le plus souvent sous forme de carthame, surnommé (par des touristes malchanceux) "safran bâtard".

Riz

L'aliment de base le plus courant est souvent associé, dans ce pays où nourriture et spiritualité sont intimement liées, à la pureté et à la fertilité. Le riz entre dans la composition de tous les repas – ou presque – dans le Sud, l'Est et l'Ouest, et la consommation moyenne hebdomadaire avoisine 2 kg par personne. Bien que le riz blanc à longs grains représente la variété la plus courante, le choix est infini, du riz collant de l'Assam à celui strié de rouge du Kerala. Les palais inexpérimentés auront du mal à différencier nettement toutes ces variétés, si l'on excepte l'une d'entre elles, le **basmati,** de loin la meilleure, qui surpasse largement toute les autres. Tirant son nom de l'hindi "reine des fragrances", ce riz a établi sa réputation dans le monde entier. Ses grains sont longs, blancs, soyeux, parfumés et leur arôme rappelle la fraîcheur des contreforts de l'Himalaya sur lesquels il croît.

Roti (pain)

Dans l'Inde du Nord, on ne peut se passer de **roti**. Il en existe plusieurs sortes, la plus courante étant le **chapati**, délicieuse galette à base de farine de blé complet et d'eau, cuite sur une plaque légèrement concave, appelée *tawa*. Le **puri** est un disque de pâte ferme à base de farine de blé complet, qui prend la forme d'une bulle soufflée et croustillante, une fois plongé dans un bain de friture. Il se déguste avec viandes et légumes cuits à l'étouffée. Un mélange de lentilles, de maïs et de pois concassés entre dans la composition de la pate des **kachori,** de fabrication à peu près identique. Le **paratha** est une galette souple, feuilletée, à déguster en en-cas avec les sauces de l'Inde du Nord. Tou-

MARTIN HUGHES

LIZ BARRY

GREG ELMS

GREG ELMS

GREG ELMS

MARTIN HUGHES

Les marchés sont un véritable vivier de couleurs et de saveurs : du poisson frais aux goyaves sucrées, en passant par les légumes et les épices, on y trouve tous les ingrédients qui font le bonheur des amateurs de cuisine indienne

PHOTOS DE GREG ELMS

Quelques indications sur le rituel des repas : les plats, préparés avec soin, parfois présentés sur une feuille de bananier, sont mangés avec la main droite ; ils sont traditionnellement suivis d'un *paan* (feuille de bétel fourrée d'un mélange à base de noix d'arec), qui facilite la digestion

Cuisine de rue

Le pire, comme le meilleur, vous attend dans les rues où vous découvrirez les différents visages de l'Inde : explosion de couleurs et pauvreté ; joie et tristesse. Le pays s'exprime pleinement dans ses rues, lesquelles sont un véritable spectacle et un régal pour les sens. Certains plats vous déplairont sans doute, mais les odeurs, les saveurs, les couleurs, le rythme et l'atmosphère qui se dégagent de la cuisine de rue resteront à jamais gravés dans votre mémoire.

Du matin au soir, les vendeurs ambulants font mijoter, bouillir, griller, frire ou cuire au four toutes sortes de mets. Ils aiment également allécher le chaland en épluchant, pressant ou mélangeant de merveilleux fruits. Peut-être serez vous séduit par un simple cornet de riz soufflé ou des cacahuètes grillées dans du sable. Ou l'envie vous prendra de mordre dans un surprenant sandwich à l'œuf frit. Les préparations peuvent également être plus élaborées : n'hésitez pas à déguster un **chaat**, en-cas au chaat masala, mélange d'épices très populaire. Nos salades sont sans doute ce qui s'en rapproche le plus. Vous serez servi dans un bol biodégradable, moulé dans du papier journal ou constitué de feuilles de l'arbre appelé sal, grossièrement cousues. Les fritures sont les préparations les plus courantes et vous n'aurez aucune difficulté à trouver des samosas, des aloo tikkis et des **bonda** (petits pâtés de purée). Si vous aimez les mets épicés, goûtez aux **pakora** et aux **bhaji** (beignets de légumes plus ou moins relevés). Difficile de résister à un épi de maïs grillé et impossible de visiter Mumbai sans s'arrêter pour déguster un **paobhaji** (légumes épicés accompagnés de pain) ou savourer un bhelpuri sur la plage de Chowpatty. Il arrive aussi que l'on ait envie de retrouver des saveurs familières. Ne vous inquiétez pas, des plats "à l'occidentale" vous seront également proposés : omelettes, œufs durs et même de classiques sandwiches (avec tomates, concombre et chutney).

tefois, rien ne vaut un **naan** (pain levé, à la fois moelleux et croustillant), sortant du *tandoor* (four en argile)...

Dhal (lentilles)

Contrairement aux céréales de base qui diffèrent entre le Sud et le Nord, le dhal est prisé dans tout le pays. C'est un plat composé de légumes secs et d'épices. Le **dhal roti** (du dhal et du pain) occupe pour les Indiens la place que le pain et le beurre tiennent chez les Occidentaux. Avec les lentilles, en passant du sambar liquide à l'épais mung dhal (prononcez moung), les haricots et les pois, ce sont plus de 60 variétés de légumes secs qui entrent, d'une façon ou d'une autre, dans la composition de la plupart des repas.

Viande

Bien que l'Inde compte à elle seule plus de végétariens que le restant de la planète, les préparations carnées ne manquent pas, même dans le Sud, majoritairement végétarien. Elles sont en usage dans les communautés musulmanes et chrétiennes du pays. La consommation de viande de bœuf étant taboue pour les hindous, tout comme la viande

Arrêts buffet

Parmi les aspects les plus agréables des voyages en train, il faut citer la noria des plateaux chargés de nourritures les plus diverses qui défilent sous le nez des voyageurs à chaque arrêt en gare. Un train approche, aussitôt les quais s'animent : les vendeurs ambulants courent d'un wagon à l'autre, hélant les voyageurs. Des bananes, des omelettes et des cacahuètes sont vendues aux fenêtres à moins que l'odeur des samosas rissolant dans l'huile bouillante ne parvienne à vous attirer hors de votre wagon. Les habitués du transport ferroviaire connaissent les spécialités de chaque arrêt et se restaurent en connaissance de cause. Ainsi, la gare de Lonavla au Maharashtra est réputée pour ses **chikki** (noix et caramel de jagré), celle d'Agra pour ses **peitha** (potiron enrobé de sucre cristallisé) et celle de Dhaund, près de Delhi, pour ses biryani.

de porc pour les musulmans, la cuisine non végétarienne accommode avant tout la viande d'agneau, de chèvre (appelée "mutton" depuis l'époque du Raj) et la chair de poulet.

Poissons et fruits de mer

Bordé de côtes poissonneuses, le sous-continent dispose de réserves immenses, notamment dans la mer d'Oman. En conséquence, poissons et fruits de mer sont une composante importante de la cuisine indienne. De Mumbai (Bombay) au Kerala, la côte ouest est réputée pour ses recettes de la mer, que vous pourrez déguster dans la plupart des restaurants populaires de Bombay. Les poissons de rivière sont la spécialité du Bengale-Occidental où ils sont préparés avec une moutarde très forte.

Fruits et légumes

Bénéficiant d'un climat très diversifié, l'Inde produit une gamme très étendue de fruits et de légumes. Ses marchés sont une vraie fête pour l'œil comme pour les papilles. Des légumes familiers côtoient d'autres végétaux bien plus exotiques. Certaines courges ont moins l'air d'aliments comestibles que de purs produits de science-fiction. N'hésitez pas à vous promener entre les étals. Les Indiens étant grands amateurs de **saag** (légumes verts à feuilles), vous n'aurez pas de mal à vous procurer moutarde, épinards, fenugrec ou radis blancs.

L'Inde, qui regorge de délices exotiques, dont la production suit du sud au nord les exigences du climat, se révèle un véritable paradis pour les amateurs de fruits. Quelle que soit la saison, vous ne pourrez échapper à la tentation d'en savourer quelques-uns. Si vous appréciez les mangues, l'Inde avec ses 500 variétés de la "reine des fruits" offre un terrain de prédilection pour assouvir votre péché mignon. Nous vous recommandons tout particulièrement l'**alphonso** que vous trouverez dès le mois de novembre au Crawford Market de Mumbai.

Les agrumes, que ce soit les oranges (de couleur vert-jaune), les tangerines, les pamplemousses roses ou jaunes, les kumquats ou les citrons doux, poussent partout. L'Himachal Pradesh est réputé pour ses pommes, que l'on croque en automne. En été, des tapis de fraises juteuses et au goût inégalable s'étendent à perte de vue au Cachemire. L'hiver est la saison des grenades, dont les grains sucrés sont étroite-

Friandises en fête

La gastronomie joue un rôle essentiel dans la vie quotidienne du sous-continent et permet d'exprimer la joie. Le calendrier indien étant jalonné de centaines de fêtes auxquelles correspondent autant de plats spécifiques, il serait étonnant que vous passiez plus d'une semaine sans être happé par les préparatifs de l'une d'entre elles.

Friandises luxueuses, les **mithai** sont confectionnés en très grande quantité à l'occasion des diverses fêtes célébrées dans le pays. Ils sont souvent écœurants car trop sucrés, exception faite des préparations à base de lait du Bengale-Occidental, notamment les **rasgulla** (des boulettes de fromage frais dans du sirop). Les autres desserts les plus répandus sont le **barfi** (sucrerie à base de confiture de lait), le **halwa** (confiserie fabriquée à partir de légumes, de farine de céréales, de lentilles, d'amandes ou de fruits) et les **ladoo** (bonbons ronds à base de farine de pois chiche, de semoule...). De nombreuses sucreries indiennes sont recouvertes d'une pellicule d'argent. Inutile de la retirer, elle est comestible.

ment gainés de fines membranes sous l'épaisse peau vernissée. Les goyaves sont idéales pour étancher la soif. Enfin, rien n'interdit de vous laisser tenter par les jus de citron vert, que d'innombrables vendeurs ambulants préparent avec dextérité.

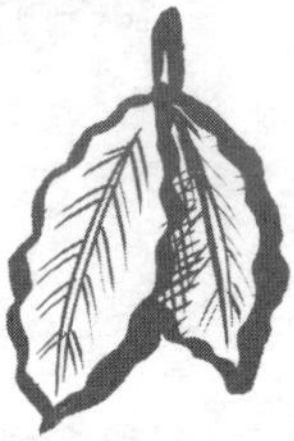

Produits laitiers

Vénérée par les hindous pour qui elle symbolise la fertilité et la nutrition, la vache n'est pas devenue par le simple fait du hasard et de ses beaux yeux, un animal sacré. A l'origine d'une telle dévotion, on doit rappeler l'importance primordiale du lait et de ses produits dérivés dans l'équilibre du régime alimentaire indien. Une vache constitue de fait une garantie alimentaire durable, à condition de rester vivante, et non pendue à un crochet de boucher.

Idéal pour supporter la chaleur, le **dahi**, du lait caillé, vient compléter la grande majorité des mets. Le **paneer** (fromage non fermenté), est très prisé par les végétariens qui le considèrent comme une protéine de substitution parfaite. Le **lassi**, sorte de yaourt à boire très répandu, entre dans la composition de nombreuses boissons sucrées et nourrissantes. Enfin, à l'inverse du beurre cru, le **ghee** (beurre clarifié) est un ingrédient traditionnel considéré comme pur (largement moins utilisé en Inde que dans les restaurants indiens à l'étranger). Rappelons également que les meilleures confiseries sont élaborées à partir du lait.

Huile

Autant que les ingrédients, les modes de cuisson varient d'un État à l'autre, contribuant à donner aux plats leur caractère régional. L'huile d'arachide est la plus répandue, notamment dans les régions du Maharashtra et du Gujarat. Elle est riche en protéines, de parfum et de goût neutre. Le long de la côte est (dans le Bengale-Occidental, le Bihar, dans certaines régions du Punjab, au Jammu-et-Cachemire), on lui préfère une huile de moutarde, forte et piquante. Les perspicaces cuisiniers du Sud recourent à la légère huile de sésame. Elle donne un petit goût de noisette aux préparations et son degré d'ébullition élevé la rend

Veg ou non veg, telle est la question…

Les hôtels et les restaurants, aussi nombreux soient-ils, ne manquent pas de s'identifier clairement comme "veg", "pure veg" ou "non veg". Les établissements dits "pure veg" garantissent que leur nourriture n'a jamais été en contact avec de la viande et qu'ils n'utilisent pas d'œufs. Par ailleurs, les spécialités du Sud (c'est-à-dire les spécialités végétariennes du Tamil Nadu et du Karnataka) et celles du Nord (y compris la cuisine du Punjab avec des incursions mughlaï) sont les deux types de cuisine habituellement préparés dans les restaurants de catégorie moyenne. L'on vous proposera également certains plats des régions voisines.
Les Indiens sont souvent appelés à se déplacer pour trouver du travail. Ainsi vont-ils dans ces établissements pour retrouver des goûts familiers et des personnes originaires du même État qu'eux.

idéale pour les fritures. Enfin, dans le Sud et l'Ouest où les noix de coco abondent, on utilise l'huile de coco, notamment au Kerala. Son goût prononcé peut heurter les palais non initiés. Beaucoup d'Indiens eux-mêmes ne prisent guère cette huile, aussi n'ayez pas de scrupule pour demander au cuisinier d'en utiliser une autre. Enfin, si l'huile de colza (huile du pauvre) existe également en Inde, l'huile d'olive est, elle, quasiment introuvable.

Thali

Au restaurant, ne soyez pas surpris si l'on vous annonce qu'il y a seulement des "repas" et pas de carte. Vous aurez simplement le choix entre un thali végétarien (*veg*) et un thali avec viande (*non veg*). En effet, le thali est un repas à lui seul, servi à volonté, succulent et bon marché. Il tire son nom du support sur lequel il est présenté : un plateau métallique rond compartimenté ou garni de petits bols (les **katori**), où sont disposées plusieurs préparations. Idéal pour découvrir les variantes culinaires d'une région à l'autre, il est toujours composé de légumes, de chapati, de *pappadam* (fine galette croquante de farine de lentilles), de riz, de *pickles* (légumes macérés dans du vinaigre), de lait caillé, d'une sucrerie et d'une viande, si vous avez choisi un thali "non veg". A chaque bouchée, le serveur sera là pour remplir votre plateau (en général lorsque vous avez la bouche pleine).

Dans le Sud ou à l'occasion des fêtes traditionnelles, les thali sont servis sur une feuille de bananier. Nous vous recommandons par ailleurs de ne pas quitter le pays sans avoir dégusté un thali gujarati (très peu épicé, plutôt sucré), que ce soit au Gujarat, ou dans un État voisin.

Pickles, chutney et autres condiments

Sans eux, un repas indien ne serait pas complet. L'assaisonnement le plus connu est le **raita** (yaourt agrémenté de légumes râpés ou de fruits et servi glacé). Délicieux, il vous rafraîchira même après le plus relevé des repas. Les petits "plus" qui vous permettront d'assaisonner vos plats et d'en modifier le goût sont légion. Soyez toutefois prudent et réfléchissez à deux fois avant d'agrémenter au hasard votre thali… Une seule pincée de certains condiments pourrait bien mettre le feu à vos papilles ; en général, plus c'est petit, plus c'est fort.

Desserts

Le **kheer**, également connu sous le nom de **payasam** dans le Sud, est le dessert préféré des Indiens. Cette crème à base de riz rond cuit dans le lait peut aussi bien être parfumée à la cardamome qu'au safran, à la pistache, aux amandes, aux noix de cajou ou aux fruits secs. De délicieux payasam onctueux sont généralement servis dans des tasses ou des bols en argile lors des fêtes traditionnelles... Laissez-vous tenter. Autre mets sucré, le **vermicelle** (eh oui ! des pâtes italiennes), cuit dans du lait ou encore frit dans du ghee et agrémenté de raisins, d'amandes effilées et de sucre pour donner une pâtisserie croustillante. Les **gulab jamun** sont des boulettes de **khoya** (lait réduit), frites et parfumées à la rose. Elles se dégustent tièdes ou froides en en-cas ou en dessert. Enfin, le **kulfi** est une crème glacée de texture assez ferme à base de lait réduit. Délicieuse, cette glace doit son goût aux nombreux fruits que l'on y ajoute (pistaches, baies...).

Paan (chique de bétel)

Un repas indien se termine par un **paan**, nom donné à un mélange sucré, relevé et parfumé de noix d'arec, de pâte de citron vert, d'épices et de condiments, le tout enveloppé dans une feuille de bétel. Il est apprécié pour ses vertus digestives et rafraîchissantes. La noix d'arec est légèrement narcotique et l'on peut voir certains Indiens mâcher du paan comme un fumeur allume une cigarette. Par ailleurs, cette chique finit par donner aux dents une teinte noire rougeâtre, signature indélébile du sourire des chiqueurs invétérés.

Les paan peuvent être ou bien **mitha** (sucré) ou bien **saadha** (avec du tabac). Nous vous déconseillons le paan au tabac. En revanche, une bouchée de mitha paan terminera de façon agréable et inoffensive un bon repas. Vous prendrez peut-être même l'habitude de vous diriger, à peine sorti du restaurant, vers le premier paan-wallah, que vous n'aurez d'ailleurs aucune peine à trouver. Mâchez lentement la préparation dans sa totalité. Après avoir extrait les sucs, recrachez le tout sur le trottoir.

Offrir un paan est une véritable marque de respect. L'histoire raconte qu'un jour, Shah Jahan, l'empereur moghol qui fit construire le Taj Mahal, surprit sa fille en compagnie d'un inconnu. Il tendit à ce dernier une feuille de bétel. Ne pouvant offenser le monarque, le jeune homme porta le présent à sa bouche et commença à mâcher. Malheureusement, la feuille contenait du poison et le bel inconnu, forcé de mâcher, mourut.

Les spécialités régionales

Tel un kaléidoscope mêlant les influences régionales et les interprétations personnelles, la cuisine indienne produit tant de plats qu'une vie entière ne suffirait pas pour tous les découvrir. Où que vous soyez, nous vous conseillons de toujours chercher à déguster les spécialités locales.

Nord de l'Inde

La cuisine mughlaï est très populaire dans le Nord, notamment à Delhi et Lucknow où vous pourrez savourer un **pulao** (pilaf assez riche, également appelé pilau à l'Ouest) et un **biryani** (le riz est agrémenté de noix, de fruits secs, d'épices et de viande). Les **kebabs** sont eux aussi très répandus. Les deux formes les plus courantes sont le **sheekh** (en brochette) et le **shami** (en chausson). Les **kakori kebabs** tirent leur nom d'une ville proche de Lucknow. La viande est finement hachée, épicée, puis cuite en brochette jusqu'à ce qu'elle soit croustillante à l'extérieur et fondante à l'intérieur. Autre spécialité : le petit déjeuner musulman qui comprend traditionnellement le **nihari** (un épais bouillon que l'on obtient en faisant mijoter des pieds de chèvre sur la braise une nuit entière et que l'on déguste avec du pain chaud) et le **haleen** (bouillie de céréale et d'agneau haché, également mijotée sur des braises).

Le **tangri** (pilon de poulet farci), le **boti** (morceaux d'agneau désossés et épicés), le **chicken tikka** (de délicieuses brochettes de poulet mariné) et, bien sûr, l'incontournable tandoori de poulet, sont toutes des spécialités du Punjab, cuites dans un four tandoor. Les plats sortant de ces fours doivent leur petit goût au charbon de bois utilisé et au mélange d'épices, appelé tandoori masala, dont on badigeonne les viandes. La marinade est composée de cumin, de graines de coriandre, de piment, de gingembre, de curcuma et d'un colorant rouge (sans goût) qui donne à la nourriture sa teinte caractéristique. Les végétariens préfèrent savourer du **palak paneer** (curry d'épinards au fromage frais et aux épices).

Les céréales entrent dans la composition de tous les mets du Rajasthan. Le plat le plus remarquable de la région est le **bati** (boulettes de farine complète cuites au four) que l'on émiette à la main avant de l'arroser de ghee et de le mélanger à un dhal épicé. Le **besan** (farine de pois chiche) est un autre ingrédient de base, servant à l'élaboration des **pakora** (beignets), des **sev** et des **farsan**, qui sont autant de délicieux en-cas à grignoter. Le **besan gate**, un serpentin de besan cuit à la vapeur et servi avec une sauce très relevée, constitue une autre spécialité locale.

Les Bengalis apprécient au plus haut point les poissons d'eau douce. Le plus utilisé est le hilsa (de la même famille que le hareng), que l'on prépare dans un **jhaal** (curry aux graines de moutarde et aux piments).

En Orissa, impossible de célébrer quoi que ce soit sans **ghanto tarkari** (mélange de colocase – feuilles de taro – d'igname, de pois, de pommes de terre, de chou-fleur et d'aubergines assaisonné de graines de horsegram et de noix de coco râpée). Le **sattu** (pois chiches grillés, moulus, donnant une excellente farine) fait l'unanimité dans le Bihar, toutes catégories sociales confondues. Peu d'odeurs sont plus appétissantes que celle du sattu en train de griller sur les braises, dans des pots en terre cuite.

Le **tenga** est un ragoût de poisson qui a la faveur des habitants de l'Assam. Il est préparé avec du **rohu** (une sorte de carpe), doré sur un lit d'oignons puis mijoté à feu doux dans une sauce claire, relevée de jus de citron. Enfin, si vous vous aventurez jusqu'au Cachemire, vous pourrez savourez un authentique **rogan josh**, un curry de mouton très relevé.

Sud de l'Inde

Le **sambar** (dhal additionné de légumes en dés et en purée), le **rasam** (bouillon clair de légumes, parfumé au tamarin) et les dosa, constituent la base de la cuisine végétarienne du Tamil Nadu et du Karnataka. Parmi tous les dosa, nous vous recommandons plus particulièrement le **masala dosa** (large crêpe de farine de lentilles, croustillante et dorée, fourrée de pommes de terre revenues avec oignons et feuilles de curry). Les **idli** sont de petits gateaux de riz étuvés à la vapeur, faciles à digérer, ou plus riches, lorsqu'il sont frits et préparés avec la même pâte que les dosa. Dosa et idli se révèlent une excellente alternative (par exemple au petit déjeuner) pour rompre la ronde des épices, des piments et des fritures.

Très répandu au Maharashtra, le **khichdi** (sorte de risotto dans la composition duquel entrent lentilles, pommes de terre et cacahuètes) est l'ancêtre du kedgeree anglais (pilaf de poisson). Ce n'est toutefois pas le plat le plus caractéristique de cet État, surtout connu pour son **bhelpuri**. Présenté sur une feuille moulée en forme de petite assiette creuse, cet en-cas que les Indiens adorent grignoter le long de la plage de Chowpatty, mélange des saveurs à la fois sucrées, salées, épicées, croustillantes et moelleuses. Également en vedette à Mumbai, le **Bombay duck** (plat de poisson très relevé) ou le **dhansak,** une spécialité parsie qui réunit dans un pot "magique" de la viande (le plus souvent du poulet), des légumes et une purée épicée de plusieurs dhals.

L'État de Goa est célèbre pour ses curries de poisson, son **chicken cafreal** (dés de poulet froid badigeonnés d'une sauce verte aux épices douces) et le **fish caldeen** (mijoté dans du lait de coco parfumé au cumin et au gingembre). Importé par les Portugais, le **vindaloo** (curry de porc mariné dans du vinaigre et de l'ail) est aujourd'hui encore préparé par les chrétiens de Goa. N'oubliez pas non plus de goûter au délicieux **bebinca** (dessert aux œufs, enrichi de ghee et de lait de coco)

Le **toran** (légumes verts sautés), l'**appam** (gâteau de riz) et une avalanche de plats de poisson vous attendent au Kerala. Poissons et crevettes sont savoureux et le brûlant **meen** (curry de poisson) doit cuire dans un pot d'argile pour devenir moelleux avant d'être servi avec du riz. Le **molee** de poisson (morceaux de poisson pochés dans du lait de coco et des épices) est considéré comme la spécialité des chrétiens malayali.

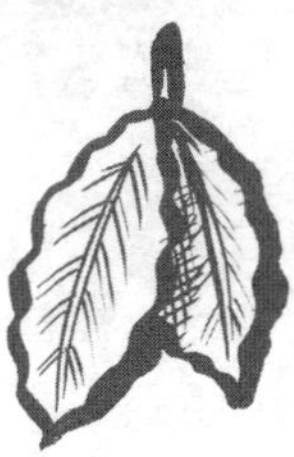

Les boissons

Thé

Bien que le *chai* (thé) soit la boisson nationale, on ne le boit pas dans des tasses en porcelaine, et encore moins avec le petit doigt en l'air. Le chai est préparé avec plus de lait que d'eau, plus de sucre que vous ne pouvez l'imaginer et il est épicé avec du gingembre en été et de la cardamome en hiver. Omniprésent partout dans le pays, et particulièrement là où les gens se trouvent rassemblés, il est préparé et vendu sur de petits étals de rue. Tout le monde n'est pas obligé d'y prendre goût, toutefois, si vous apprenez à l'apprécier, la culture de ce fascinant pays ne pourra pas vous rester complètement fermée.

Fatigué par la chaleur et stressé ? Une tasse de chai fumant fera merveille, tonifiant le corps et l'esprit. La voix nasillarde des marchands ambulants psalmodiant "Chai, chai garam" (thé chaud) le long des quais de gare pourrait bien devenir l'un des échos les plus familiers et les plus agréables de votre voyage. Même dans la plus simple des chambres d'hôtel, le "boy", qu'il ait 10 ou 80 ans, a dans ses attributions de porter vos bagages et de vous procurer un verre de chai. Si ce n'est décidément pas votre tasse de thé préférée, vous trouverez dans les hôtels (deux étoiles et plus) ou dans les planters clubs des régions abritant des plantations de théiers, un thé plus conforme à vos habitudes : thé noir dans une théière ou dans une simple tasse, un pot de lait et du sucre en morceaux (commandez un *tray tea* ou *separate tea*). Si ce n'est pas dans les habitudes de la maison, vous le comprendrez vite.

Tout le monde connaît, ou croit connaître, le thé de Darjeeling, parfumé, léger et sucré. Toutefois, qui l'a réellement goûté ? Alors que 12 000 tonnes de ces délicieuses feuilles sont produites chaque année, 60 000 tonnes de thé sont vendues dans le monde sous le nom de Darjeeling (voir la rubrique *Darjeeling* du chapitre *Bengale-Occidental*). Cette ville, avec l'Assam et les monts Nilgiri, fait partie de l'une des trois régions du sous-continent où se cultive le thé.

Café

Bien que le chai ait les faveurs de la nation tout entière, les Indiens du Sud apprécient tout autant le café, mais si sucré et contenant une telle quantité de lait qu'il ressemble au chai. Dans les meilleurs hôtels, vous aurez parfois la surprise de goûter du café indien de grande qualité ; c'est le cas du Mysore Nuggets et du Monsooned Malabar.

Autres boissons non alcoolisées

Coca-Cola et Pepsi sont entrés en force sur le marché indien. Leurs publicités colorent les murs du pays et les jeunes qui se veulent branchés sirotent ces sodas, qui sont, au même titre que les boissons locales (Thum's Up, Campa Cola...), sans risque, sauf pour les diabétiques peut-être ! Boisson sucrée indienne par excellence, le **masala soda** (soda agrémenté de citron vert, d'épices, de sel et de sucre) est vendu à chaque coin de rue.

Un nombre ahurissant de fruits pousse en Inde, dont la plupart finit à un moment ou à un autre sous forme de jus ! Afin de relever leur goût, la majorité des restaurants ajoutent du sel et du sucre. Si vous souhaitez simplement déguster l'une de ces boissons pour faire le plein de vitamines, pensez à la commander nature (*plain*). Parmi tous les jus de fruits vendus dans la rue, les plus appréciés sont sans doute le citron doux et la canne à sucre. Sous vos yeux, vous verrez les longues tiges de canne à sucre avalées par une presse à rouleau, dans un tintement de clochettes.

Le **jal jeera** passe pour la plus thérapeutique et rafraîchissante des boissons locales. Jus de citron vert, cumin, menthe et sel gemme entrent dans sa composition. Le jal jeera est préparé et servi, dans la rue comme au restaurant, dans un grand pot d'argile. Autre breuvage, sans risque et désaltérant, très apprécié dans le Sud où vous le trouverez partout : le **jus de coco** à boire à même la noix verte. Le spectacle commence par le wallah entaillant le fruit à coups de machette. Quand vous aurez bu, la noix sera fendue pour que vous puissiez savourer la pulpe.

Sucrés ou salés, les **lassi** (yaourts à boire) sont très populaires. Nous vous recommandons tout particulièrement les lassis de la région de Varanasi et du Punjab. Le **faluda** est une spécialité musulmane aromatisée à la rose, composée de lait, de crème, de noix et de vermicelle. A déguster au petit déjeuner, chaud ou froid, le **lait badam** (parfumé au safran et aux amandes) est particulièrement revigorant.

Bière

Après une longue journée de canicule et de poussière, il n'est pas rare que le voyageur rêve de siroter une bière fraîche. Cet espérance bien légitime risque malheureusement d'être souvent déçue. La plupart des bières sont des blondes au fort goût de houblon, contenant de la glycérine comme émulsifiant et ayant un taux d'alcool d'environ 5%.

Rarement fraîches en dehors des grandes villes et des centres touristiques, mais très chère, il est conseillé de s'assurer de la fraîcheur de la bouteille avant de laisser le garçon la décapsuler.

La Kingfisher, disponible partout, est très appréciée des voyageurs. Nous vous conseillons également la Royal Challenge, la Dansberg, la Golden Eagle, la London Pilsner et la Sandpiper. Vous pouvez essayer aussi la Solan, fabriquée dans la brasserie la plus élevée du monde (2 400 m), en Himachal Pradesh.

Autres boissons alcoolisées

Les Indiens amateurs d'alcool se divisent en deux catégories : les petites gens qui boivent pour s'enivrer et les snobs qui se piquent d'apprécier les spiritueux indiens ou importés. Les boissons locales, appelées "country liquors" sont consommées en abondance, notamment l'arak du Sud qui parvient dans le Nord affublé de noms évocateurs, comme Amanush (inhumain) et Asha (espoir). Très bon marché, son goût est abominable et il vous assomme sans crier gare. Soyez très prudent et buvez de l'alcool provenant uniquement d'une distillerie sous contrôle d'État. Chaque année, des centaines de personnes meurent ou perdent la vue après avoir bu de l'arak fabriqué dans une distillerie illicite et qui contenait de l'alcool méthylique.

Les boissons indiennes à base d'alcool rectifié subissent l'adjonction de parfums. Leur goût vaguement familier se révèle le plus souvent désagréable. Les meilleurs whiskies autorisés sont, dans l'ordre, le Peter Scott, l'Antiquity et le Solan n°1.

Le **mahua**, boisson claire et entêtante, au goût âcre, est un alcool réputé. Fabriqué dans les villages du Centre du pays en mars-avril grâce à des installations de fortune, il contient les fleurs distillées de l'arbre du même nom. Vous pouvez le boire sans risque s'il provient d'une fabrique digne de confiance.

Le **toddy**, alcool à base de sève de palmier, fait l'unanimité dans les régions côtières, notamment au Kerala. Tendez l'oreille : si vous entendez cogner un os de buffle contre un palmier (le matin ou le soir), dirigez-vous vers la source du bruit et demandez gentiment une gorgée de ce délice naturel, très peu alcoolisé.

Le plus apprécié des alcools indiens, le **feni,** est le monopole de Goa. Les deux variétés les plus courantes sont le feni de coco (léger et assez banal) et le feni de noix de cajou, bien plus prisé et qui mérite d'être rapporté à la maison.

Martin Hughes
(co-auteur de *World Food India*, Lonely Planet)

Suite de la page 94

Actuellement, les visiteurs peuvent y accéder avec l'aval de la police locale. D'autres zones aux alentours du Nanda Devi sont officiellement interdites, mais les groupes parviennent à obtenir les permis de circulation interne nécessaires auprès du tribunal régional à Pithoragarh (☎ 05964-22202).

Ladakh. Aucun permis n'est requis dans une grande partie du Ladahk ; vous devez remplir un Foreigners' Registration Form (formulaire d'enregistrement des étrangers) en arrivant à l'aéroport de Leh ou en franchissant le premier contrôle routier, puis dans chacun des hôtels où vous descendez. Une fois à Leh, vous pouvez demander des permis pour les régions du Ladakh récemment ouvertes – soit en versant quelque 100 Rs à une agence de voyages qui se chargera des formalités, soit en affrontant seul la bureaucratie.

Laquedives. Cet archipel, situé au sud du pays, s'ouvre peu à peu. Cinq îles (Agatti, Bangaram, Kadmat, Kalpeni et Minicoy) sont actuellement accessibles aux étrangers. Seuls les Indiens peuvent visiter les deux autres (Andrott et Kavaratti). D'ici quelque temps, les étrangers pourront sans doute emprunter les bateaux de croisière destinés aux Indiens. Pour réserver et obtenir les permis nécessaires, adressez-vous à la Society for the Promotion of Recreational Tourism & Sports in Lakshadweep (Sports), filiale de la principale organisation du tourisme aux Laquedives. Ses bureaux (☎ 0484-668387, fax 668647) sont situés dans IG Rd, Willingdon Island, Kochi, Kerala 682003.

Région du Nord-Est. Cette partie de l'Inde est soumise à diverses réglementations. Les permis ne sont plus nécessaires pour visiter l'Assam, le Meghalaya ou le Tripura – renseignez-vous au préalable pour savoir s'il est prudent de s'y rendre. Il faut en revanche des autorisations pour le Mizoram et le Manipur. Les étrangers peuvent obtenir un permis qui leur permet de voyager en indépendant dans l'Arunachal Pradesh et le Nagaland, mais la plupart optent généralement pour un circuit organisé. Reportez-vous au chapitre *Région du Nord-Est* pour de plus amples détails.

Sikkim. Un permis de 15 jours, facile à obtenir et gratuit, est requis pour entrer au Sikkim (pour plus de détails, consultez le chapitre *Sikkim*).

Bengale-Occidental. Les étrangers ont besoin d'un permis (gratuit) pour visiter le Sunderbans Wildlife Sanctuary (réserve naturelle des Sunderbans) ; le West Bengal Tourism Centre, à Kolkata, le délivre instantanément sur présentation du passeport.

Billets de continuation

Nombre d'ambassades et de consulats indiens refusent de délivrer un visa si vous ne présentez pas un billet aller-retour, ou prouvant que vous avez l'intention de quitter le pays.

Assurance de voyage

Il est conseillé de souscrire une police d'assurance qui vous couvrira en cas d'annulation de voyage, de vol, de perte de vos affaires, de maladie ou encore d'accident. Les assurances internationales pour étudiants sont en général d'un bon rapport qualité/prix. Lisez avec la plus grande attention les clauses en petits caractères : c'est là que se cachent les restrictions.

Vérifiez notamment que les "sports à risques", comme la plongée, la moto ou même la randonnée ne sont pas exclus de votre contrat, ou encore que le rapatriement médical d'urgence, en ambulance ou en avion, est couvert. De même, le fait d'acquérir un véhicule dans un autre pays ne signifie pas nécessairement que vous serez protégé par votre propre assurance.

Vous pouvez contracter une assurance qui réglera directement les hôpitaux et les médecins, vous évitant ainsi d'avancer des sommes qui ne vous seront remboursées qu'à votre retour. Dans ce cas, conservez avec vous tous les documents nécessaires.

Attention ! avant de souscrire une police d'assurance, vérifiez bien que vous ne bénéficiez pas déjà d'une assistance par votre carte de crédit, votre mutuelle ou votre assurance automobile. C'est souvent le cas.

Permis de conduire

Si vous avez l'intention de conduire en Inde, faites-vous délivrer un permis international à la préfecture. Dans certaines villes, comme Delhi, il est possible de louer ou d'acheter une moto et l'on vous réclamera souvent

En quête de racines

Les responsables du tourisme de l'Uttar Pradesh ont découvert un nouveau moyen d'accroître le nombre des visiteurs en permettant à des millions de personnes d'origine indienne de retrouver la trace de leurs ancêtres.

Selon les autorités, sur les 10 millions d'Indiens vivant à l'étranger, une majorité descendent d'ouvriers agricoles de l'Uttar Pradesh oriental, qui émigrèrent vers différents coins de la planète aux XVIIIe et XIXe siècles. Les populations concernées habitent l'île Maurice, Fidji, Trinidad et le Surinam, mais aussi l'Europe, le Canada et les États-Unis. Les Indiens vivant à l'étranger disposent souvent de revenus confortables et l'un des effets visés par le programme "Discover your roots" ("Découvrez vos racines") est d'encourager les investissements financiers dans l'État.

Les Indiens non-résidents que ce programme intéresse doivent communiquer à Uttar Pradesh (UP) Tourism toutes les informations dont ils disposent sur leurs ancêtres ; les responsables essaieront alors d'établir leur arbre généalogique. Le site web d'UP Tourism (www.up-tourism.com) fournit de plus amples informations, un formulaire de demande et les adresses à contacter. Bonne chance !

votre permis (voir la rubrique *Moto* du chapitre *Comment circuler*). Un permis international peut répondre à d'autres besoins d'identification, notamment lors de la location d'une simple bicyclette.

Autres documents

Le certificat de santé, s'il n'est pas nécessaire en Inde, peut être exigé ultérieurement durant votre voyage. Les cartes d'étudiant sont quasiment inutiles à l'heure actuelle – la plupart des concessions accordées aux étudiants ont été soit éliminées, soit remplacées par des "tarifs jeune" ou des réductions similaires liées à l'âge. De même, la carte des auberges de jeunesse (Hostelling International – HI) n'est généralement pas exigée, mais elle donne droit à une petite réduction dans les auberges officielles.

Munissez-vous de photos d'identité pour les demandes de visa ainsi que pour l'obtention des permis dans les régions réservées. Si vous êtes à court, les photographes indiens vous fourniront d'excellents portraits à petits prix.

Protection des documents

Avant de partir, nous vous conseillons de photocopier tous vos documents importants (pages d'introduction de votre passeport, cartes de crédit, numéros de chèques de voyage, police d'assurance, billets de train/d'avion/de bus, permis de conduire, etc.). Emportez un jeu de ces copies, que vous conserverez à part des originaux. Vous remplacerez ainsi plus aisément ces documents en cas de perte ou de vol.

Si l'anglais n'est pas un obstacle, vous pouvez également utiliser le service en ligne gratuit de Lonely Planet, Travel Vault (la "chambre forte des voyageurs"), qui vous permet de mettre en mémoire les références de vos documents. Si vous ne voulez pas vous encombrer de photocopies ou si vous les égarez, vous pouvez ainsi accéder à tout moment à cette précieuse banque de données, protégée par un mot de passe. Pour plus d'informations, visitez www.ekno.lonelyplanet.com.

AMBASSADES ET CONSULATS

Ambassades et hautes délégations de l'Inde

L'Inde est largement représentée à l'étranger. La liste ci-dessous est loin d'être exhaustive :

Bangladesh
120 Road 2, Dhamondi, Residential Area, Dhaka (☎ 02-603717, fax 863662)

Belgique
Chaussée de Vleurgat 217, 1050 Bruxelles (☎ 02-640 9140, fax 648 9638, eoibru@skynet.be)

Bhoutan
India House Estate, Thimpu (☎ 09752-22162, fax 23195)

Canada
10 Springfield Rd, Ottawa, Ontario K1M 1C9 (☎ 613-744 3751, fax 744 0913, hicomind@ottawa.net)

France
15 rue Alfred-Dehodencq, 75116 Paris (☎ 01 40 50 70 70, fax 01 40 50 09 96, administra@wanadoo.fr, www.amb-inde.fr)

Service des visas : 20, rue Albéric-Magnard, 75016 Paris (☎ 01 40 50 71 71, fax 01 40 50 09 96)

Myanmar (Birmanie)
545-547 Merchant St, Yangon (☎ 01-282550, fax 254086)

Népal
Lain Chaur, PO Box 292, Katmandou (☎ 071-414940, fax 413132)
Pakistan
G5, Diplomatic Enclave, Islamabad (☎ 051-814371, fax 820742)
Sri Lanka
36-38 Galle Rd, Colombo 3 (☎ 01-421605, fax 446403)
Suisse
Kirchenfeldstrasse 28, Postfach, 406 CH 3000 Berne (☎ 31 382 31 11, fax 382 26 87, india@spectraweb.ch)
9 rue du Valais, 1202 Genève (☎ 22 906 86 76, fax 906 86 96)
Thaïlande
46 Soi 23 (Prasarnmitr), Sukhumvit Rd, Bangkok 10110 (☎ 02-258 0300, fax 258 4627)

Ambassades, hautes délégations et consulats en Inde

La plupart des missions diplomatiques étrangères sont regroupées à Delhi, la capitale du pays ; toutefois, plusieurs consulats sont installés à Mumbai, Kolkata et Chennai.

Bangladesh
Haute délégation : 56 Ring Rd, Lajpat Nagar III, Delhi (☎ 011-6834065, fax 6839237)
Consulat : 9 Circus Ave, Kolkata (☎ 033-2475208)
Palace Compound Rd, Agartala, Tripura (☎ 0381-225260)
Belgique
50-N Shantipath, Chanakyapuri, Delhi (☎ 011-6889851, fax 6885821, newdelhi@diplobel.org)
Bhoutan
Ambassade : Chandragupta Marg, Chanakyapuri, Delhi (☎ 011-6889807, fax 6876710)
Canada
Haute délégation : 7/8 Shantipath, Chanakyapuri, Delhi (☎ 011-6876500, fax 6876579)
Chine
Ambassade : 50-D Shantipath, Chanakyapuri, Delhi (☎ 011-6871585, fax 6885486)
France
Ambassade : 2/50-E Shantipath, Chanakyapuri, Delhi (☎ 011-6118790, fax 6872305)
Consulat : 2e étage, Datta Prasad Building, 10 Naoroji Gamadia Cross Rd, près de N Gamadia Marg, Cumballa Hill, Mumbai (☎ 022-4950918, fax 4950312, consufra@ bom3.vsnl.net.in)
Rue de la Marine, Pondichéry, Tamil Nadu (☎ 0413-334058, fax 335594)
Malaisie
Ambassade : 50M Satya Marg, Chanakyapuri, Delhi (☎ 011-6111291, fax 6881538)
Consulat : 6 Sri Ramnagar Nth St, Alwarpet, Chennai (☎ 044-4343048, fax 4343049)
Maldives
Ambassade : 7C Kiron Shankar Roy Rd, Kolkata (☎ 033-2485400, fax 2485750)
Myanmar (Birmanie)
Ambassade : 3/50-F Nyaya Marg, Chanakyapuri, Delhi (☎ 011-6889007, fax 6877942)
Népal
Ambassade : Barakhamba Rd, Delhi (☎ 011-3328191, fax 3326857)
Consulat : 1 National Library Ave, Kolkata (☎ 033-4791224, fax 4791410)
Pakistan
Ambassade : 2/50G Shantipath, Chanakyapuri, Delhi (☎ 011-4676004, fax 6872339)
Singapour
Ambassade : E6 Chandragupta Marg, Chanakyapuri, Delhi (☎ 011-6877939, fax 6886798)
Consulat : West Minster, 108 Dr Radhakrishnan Salai, Chennai (☎ 044-8415541, fax 8415544)
Sri Lanka
Haute délégation : 27 Kautilya Marg, Delhi (☎ 011-3010201, fax 3015295)
Consulat : 34 Homi Modi St, Fort, Mumbai (☎ 022-2045861, fax 2876132)
Nicco House, 2 Hare St, Kolkata (☎ 033-2485102, fax 2486414)
196 TTK Rd, Alwarpet, Chennai (☎ 044-4987896, 4987612)
Suisse
Ambassade : Nyaya Marg, Chanakyapuri, Delhi (☎ 011-6878372, fax 6873093, vertretung@ ndh.rep.admin.ch)
Consulat : 113 Park St, Kolkata (☎ 033-2295542)
Thaïlande
Ambassade : 56N Nyaya Marg, Chanakyapuri, Delhi (☎ 011-6118103, fax 6872029)
Haute délégation : 18B Mandeville Gardens, Kolkata (☎ 033-4407836, fax 4406251)

DOUANE

L'Inde applique les réglementations de détaxe habituelles, soit : 1 litre d'alcool et 200 cigarettes, ou 50 cigares, ou 250 g de tabac.

L'importation des merveilles technologiques occidentales est autorisée, mais les articles de valeur, comme les Caméscopes et les ordinateurs portables, peuvent faire l'objet d'une déclaration spéciale sur un formulaire "Tourist Baggage Re-export", par laquelle vous vous engagez à les remporter (ce qui n'est pas toujours contrôlé).

En théorie, vous êtes censé déclarer à votre arrivée les sommes en liquide ou en chèques de voyage supérieures à 10 000 $US. Importer ou exporter des devises indiennes est en principe interdit, mais des voyageurs ont été autorisés à importer un maximum de 5 000 Rs.

Si vous entrez en Inde par le Népal, vous ne bénéficiez d'aucune détaxe.

L'exportation de la faune et des antiquités est interdite ou réglementée – voir *Res-*

Ce que peut faire votre consulat

En règle générale, votre consulat pourra vous venir en aide dans les cas suivants :

Perte ou vol de documents. Sur présentation d'une déclaration de la police, il vous procurera des attestations, vous délivrera un laissez-passer pour sortir du territoire ou, éventuellement, un nouveau passeport.

Problèmes financiers. Il pourra vous indiquer les moyens les plus efficaces pour recevoir rapidement de l'argent de vos proches.

Maladie. Il pourra vous indiquer des médecins, les frais restant à votre charge.

Accident. Il peut prévenir votre famille, faciliter votre hospitalisation ou votre rapatriement. Une assurance rapatriement reste le plus efficace.

Problèmes divers. Il pourra vous conseiller sur la marche à suivre.

Sauf cas de force majeure, le consulat ne vous rapatriera pas à ses frais, ne vous avancera pas d'argent sans garantie, n'interviendra pas dans le cours de la justice du pays d'accueil si vous êtes impliqué dans une affaire judiciaire ou accusé d'un délit.

trictions concernant la faune et les antiquités à la fin de ce chapitre.

QUESTIONS D'ARGENT

Monnaie nationale

La roupie (Rp/Rs) est divisée en 100 paisa (p). Il existe des pièces de 5, 10, 20, 25 et 50 p et de 1, 2 et 5 Rs, ainsi que des billets de 10, 20, 50, 100 et 500 Rs. En 1996, la Reserve Bank of India a cessé d'imprimer les billets de 1, 2 et 5 Rs, mais certains sont encore en circulation. Lors de notre passage, un nouveau billet de 1 000 Rs venait d'être imprimé, mais n'était pas encore très répandu.

Quand vous changez de l'argent, prenez le temps de vérifier chaque billet, même si la liasse est agrafée. N'acceptez pas les billets trop usés, sales ou déchirés, car vous aurez du mal à les écouler (en dernier recours, vous pourrez les échanger à la Reserve Bank of India). Enfin, certains billets se ressemblent ; prenez garde à ne pas les confondre.

Les grosses coupures ne s'utilisent pas facilement, car les commerçants manquent perpétuellement de monnaie ; ayez toujours une réserve de petites coupures.

Taux de change

Ces taux, valables au moment de la rédaction de ce guide, sont donnés à titre indicatifs :

Canada	1C$	=	30,53 Rs
États-Unis	1 US$	=	47,04 Rs
Euro	1 €	=	42,91 Rs
Suisse	1 FS	=	28,29 Rs

Change

Espèces. Changer de l'argent dans les grandes villes et les centres touristiques ne pose en général aucune difficulté. Cependant, il est toujours intéressant de posséder quelques billets en dollars US ou en livres sterling au cas où vous ne pourriez pas changer de chèques de voyage ou utiliser une carte de crédit, notamment dans les petites localités. La plupart des endroits hors des sentiers battus ne disposent pas de services de change – prévoyez suffisamment de roupies.

Chèques de voyage. Les chèques de voyage des principaux émetteurs, notamment American Express et Thomas Cook, sont acceptés en Inde. Les livres sterling et les dollars américains sont les devises les plus pratiques. Les yen et les deutsche Mark se changent facilement dans les grandes villes. Tous les établissements n'acceptent pas toutes les "marques" et mieux vaut en posséder plusieurs. Les frais de change varient selon les villes et les banques.

Distributeurs (DAB). Mumbai, Kolkata, Bangalore, Chennai et Dehli, ainsi que quelques grandes villes comme Jaipur et Ahmedabad, sont équipées de DAB (distributeurs automatiques de billets). La plupart fonctionnent 24h/24 et acceptent les cartes Visa, MasterCard, Cirrus et Maestro (parfois seulement certaines). Ne comptez pas sur ce seul moyen pour vous procurer des espèces si vous envisagez de voyager en dehors des grandes agglomérations. Le Ladakh, par exemple, ne possède aucun DAB, tout comme la majorité des petites villes et les destinations peu touristiques. En outre, dans les petites localités, certains DAB n'acceptent pas les cartes étrangères. Avant de partir, assurez-vous auprès de votre banque que votre carte accède aux réseaux bancaires internationaux.

Cartes de crédit. Elles sont acceptées dans la plupart des grandes villes et des centres touristiques, avec une préférence pour la Visa et la MasterCard. Vous pourrez retirer du liquide dans différentes banques (mais pas toujours dans les petites villes). Pour savoir si vous aurez accès à votre compte bancaire une fois en Inde, informez-vous avant le départ auprès de votre banque.

La plupart des hôtels de catégorie supérieure et un nombre croissant de ceux de catégorie moyenne acceptent les règlements par cartes de crédit ; en revanche, les hôtels, les restaurants et les boutiques qui pratiquent des prix modiques les refusent généralement. Sur les îles Andaman, les principales cartes ne sont acceptées que dans les hôtels de luxe ; sur les îles isolées, les espèces constituent le seul moyen de paiement.

Virements internationaux. Mieux vaut ne pas se retrouver à court d'argent en Inde. Toutefois vous pouvez obtenir un transfert de fonds en un clin d'œil grâce au service Moneygram de Thomas Cook, plutôt cher, ou à celui, plus compétitif, de Western Union (*via* Sita Travels ☎ 011-3311122, 12 F-Block Connaught Circus, Delhi, ou *via* les agences DHL). Western Union possède d'autres agences, notamment Nucleus Forex, dont vous trouverez des succursales à Dehli, Bangalore, Chennai, Mumbai et Hyberabad. Quelques bureaux de change, comme Travellers Express Club à Kolkata, effectuent également des virements internationaux (pour plus de détails, reportez-vous aux chapitres régionaux). Munissez-vous de votre passeport pour encaisser l'argent.

Marché noir. La roupie, monnaie convertible, voit son taux fixé par le marché et non par le gouvernement. Pour cette raison, le marché noir est quasiment inexistant et ne rapporte guère plus que le change légal. De plus, vous encourez le risque de vous faire escroquer dans une opération illégale.

Bureaux de change. Très nombreux, ils offrent l'avantage d'ouvrir plus longtemps que les banques. Consultez au préalable les taux bancaires et vérifiez l'argent remis (voir plus haut *Monnaie nationale*).

Change des roupies. Avant de quitter l'Inde, vous voudrez probablement changer votre surplus de roupies. Pour ce faire, vous devez présenter des certificats d'encaissement (Encashment Certificates, voir plus loin) qui couvrent le montant que vous souhaitez changer et datent de moins de trois mois. Il vous faut également montrer votre passeport et votre billet d'avion.

Vous pouvez changer des roupies dans les principales devises étrangères dans quelques banques et bureaux de change des grandes villes et dans les aéroports internationaux. Si vous demandez des dollars US, certains établissements ne changeront que l'équivalent de 500 $US, et seulement 48 heures avant votre départ du pays.

Sécurité

Une ceinture ou une pochette portée sous la chemise ou le tee-shirt constitue le moyen le plus sûr de transporter argent et passeport. Ne les laissez jamais dans vos bagages ou dans un sac à bandoulière. Les bananes, très appréciées des voyageurs, le sont également des agresseurs qui repèrent ainsi aisément leurs victimes. Ne laissez pas de documents importants et des chèques de voyage dans votre chambre d'hôtel. Si vous logez dans un établissement réputé, vous pourrez sans doute les déposer dans le coffre. Constituez une petite réserve de secours d'au moins 50 $US, rangée séparément. Ne mélangez pas les grosses et les petites coupures, de façon à ne pas sortir trop d'argent lorsque vous réglez une petite somme.

Coût de la vie

Les prix ont tendance à varier selon la saison, touristique ou non. Ils grimpent également pendant les fêtes ou autres manifestations particulières et les hôtels doublent parfois leurs prix. Sachez que vous dépenserez plus dans les grandes villes (comme Mumbai, Dehli et Kolkata) et dans les sites touristiques.

Bien que certains endroits soient moins chers que d'autres, comptez un minimum

Taxons les touristes étrangers !

A la fin de l'année 2000, l'Archaeological Survey of India (ASI) a publié les nouveaux tarifs appliqués aux étrangers pour l'entrée de 72 monuments nationaux. Les droits d'entrée des monuments classés au Patrimoine mondial, dont le Taj Mahal, le fort d'Agra et Fatehpur Sikri, ont bondi à 450 Rs (soit environ 10 $US). L'accès aux autres monuments est fixé à 220 Rs (5 $US). La Chambre nationale du Commerce et de l'Industrie a condamné l'ASI pour ces augmentations disproportionnées. Les responsables du tourisme redoutent en effet que cela entraîne une diminution significative du nombre de visiteurs.

Dans ce guide, nous avons indiqué les nouveaux tarifs lorsqu'ils étaient disponibles ; cependant, lors de notre passage, ils n'avaient pas tous été modifiés et vous constaterez peut-être des écarts une fois sur place. D'autre part, le bruit court que les protestations véhémentes des professionnels du tourisme pourraient conduire à une modération des prix. Bonnes ou mauvaises, attendez-vous à des surprises (voir également l'encadré *Flambée des prix au Taj* dans le chapitre *Uttar Pradesh et Uttaranchal*) !

de 8 $US par personne et par jour ; dans les grandes villes, comme Mumbai, ou dans les stations climatiques et les endroits touristiques (certaines régions, comme les îles Andaman, sont encore plus chères), vous ne dépenserez pas moins de 10 à 17 $US. Ce budget implique de dormir en dortoir, de voyager en bus publics et en 2e classe dans les trains, et de se nourrir de plats de base (dahl et riz, par exemple). A l'inverse, vous pouvez dépenser plus de 200 $US pour une nuit dans un palais-hôtel au Rajasthan, sans compter tous les achats et les excursions.

Le budget de la plupart des visiteurs se situe entre ces deux extrêmes. Si vous descendez dans des hôtels corrects de catégorie moyenne, mangez dans des restaurants raisonnables (en vous offrant de temps à autre un festin dans un restaurant élégant) et vous déplacez en auto-rickshaw ou en taxi, vos dépenses quotidiennes se situeront entre 18 et 35 $US (y compris les taxes hôtelières). Encore une fois, les grandes villes et les endroits touristiques occasionneront les plus fortes dépenses, alors que, dans les petites villes, vous parviendrez à vivre avec moins de 18 $US.

Droits d'entrée. L'accès de la plupart des sites touristiques est payant, de même que l'utilisation d'un Caméscope ou d'un appareil photo. Souvent, ces droits d'entrée sont moins élevés pour les Indiens. Les Indiens d'origine non-résidents paient le même tarif que les étrangers, à moins qu'on ne leur pose aucune question et qu'on leur applique d'office le prix réservé aux nationaux.

Pourboire, bakchich et marchandage

Dans les hôtels et les restaurants touristiques, le service est en général inclus dans l'addition (le pourcentage varie selon les régions) et le pourboire facultatif. Dans les établissements plus simples, où le service n'est pas compté, un pourboire est toujours apprécié (même quelques roupies). Dans les hôtels et dans les gares, les porteurs s'attendent à recevoir environ 10 Rs, tout comme le personnel hôtelier, en échange de menus services. Les chauffeurs de taxi ou d'auto-rickshaw n'exigent pas de pourboire.

Le bakchich pourrait être défini comme un "pourboire", mais il s'agit en réalité de beaucoup plus que cela. Si vous devez recourir régulièrement à un service, le pourboire initial vous garantira un niveau de qualité constant. Le mot bakchich désigne également l'aumône. Pour certains mendiants, elle est réellement vitale mais donner ou non est une décision personnelle. De grâce, n'encouragez pas la mendicité des enfants en distribuant des bonbons, des stylos ou de l'argent ; faites plutôt un don à une école ou à une organisation caritative (voir aussi *Volontariat* plus loin dans ce chapitre).

Dans les grandes villes, certains magasins pratiquent des prix fixes ; en revanche, le marchandage s'impose dans les bazars et sur les marchés destinés aux touristes. Pour marchander avec discernement, il faut avoir une idée de la valeur de l'article convoité. Faites un tour dans les boutiques à prix fixes (généralement élevés), renseignez-vous auprès d'autres voyageurs et comparez les tarifs de la concurrence avant de choisir un vendeur.

A défaut, commencez par proposer la moitié du prix demandé, puis entamez la négociation. Souvent, le prix baisse si vous sortez de la boutique en disant que vous allez réfléchir. N'oubliez pas que le marchandage est une forme d'échange social et non une lutte à mort ! Gardez en mémoire la valeur de la roupie et ne perdez pas votre belle humeur pour quelques francs !

Taxes

Les prestations des hôtels de catégories moyenne et supérieure et des grands restaurants sont soumises à une ou deux taxes (voire davantage). Celle-ci s'élève à 10% minimum, mais peut grimper beaucoup plus pour une chambre climatisée et dans un hôtel de luxe. Renseignez-vous avant de réserver, ne serait-ce que pour vous éviter une mauvaise surprise au moment de payer.

Sauf mention contraire, les prix sont indiqués *hors* taxe dans les rubriques *Où se loger* de ce guide. Pour plus d'informations sur les taxes de chaque État, reportez-vous aux chapitres régionaux.

Si vous possédez un visa vous autorisant à séjourner plus de 180 jours en Inde, vous devrez produire un certificat d'apurement d'impôt pour sortir du pays. Ce certificat est censé prouver que vous avez financé vous-même votre séjour, sans avoir travaillé ni vendu quoi que ce soit (contactez l'un des Foreigners' Registration Offices situés dans les grandes villes). Vous devrez présenter votre passeport, le formulaire de prorogation de votre visa, ainsi que d'autres documents et des certificats d'encaissement bancaires.

Certificats d'encaissement

Vous êtes supposé changer votre argent dans des banques ou des bureaux de change officiels et recevoir à chaque transaction un certificat d'encaissement (reçu de change). Réclamez-le au besoin, d'autant qu'il vous sera indispensable pour changer en monnaie forte le reste de vos roupies avant de quitter le sol indien (voir plus haut la rubrique *Change des roupies*).

Ces reçus vous seront réclamés pour la délivrance du certificat d'apurement d'impôt, obligatoire si vous séjournez plus de 180 jours en Inde. Certains agents maritimes risquent également de vous les demander.

POSTE ET COMMUNICATIONS

Poste

En Inde, les services postaux et de poste restante sont excellents. Les lettres attendues parviennent de façon quasi certaine et celles que l'on envoie arrivent à leurs destinataires, même si l'acheminement demande parfois jusqu'à trois semaines. Aussi fiable que soit le système postal indien, il est très imprudent de se faire envoyer ou d'envoyer quelque chose de valeur. Dans ses agences des grandes villes, American Express offre un service de poste restante. Dans certaines villes, des sociétés de courrier internationales (comme DHL Worldwide Express) acheminent dans le monde entier, à prix fort, plis ou colis par avion, rapidement et en toute sécurité.

Envoyer du courrier. Les aérogrammes et les cartes postales s'affranchissent à 8,50 Rs, les lettres par avion, à 15 Rs.

L'expédition d'un colis postal ne présente aucune difficulté, à condition de suivre la procédure indiquée ci-après ; les prix, raisonnables, varient en fonction du poids.

- Portez le colis chez un tailleur ou un artisan spécialisé dans l'emballage des paquets (parfois installé devant le bureau de poste) et demandez-lui de l'envelopper dans un tissu bon marché. Négociez le prix (environ 50 Rs par paquet, selon les dimensions).
- Allez à la poste avec votre paquet et demandez les formulaires de déclaration en douane. Remplissez-les et collez-en un sur le colis. Le second sera cousu par-dessus. Pour éviter les taxes lors de la réception du colis, spécifiez que son contenu est un cadeau (*gift*).
- Ne déclarez pas une valeur trop élevée pour le contenu. Au-dessus de 1 000 Rs, votre paquet ne sera accepté qu'accompagné d'un certificat d'acquittement de taxes bancaires (*bank clearance certificate*), compliqué à obtenir.
- Faites peser et affranchir le colis au guichet idoine.

Si vous n'expédiez que des livres ou des imprimés, vous pouvez bénéficier du tarif imprimés, bien moins cher que le tarif colis. Dans ce cas, votre paquet doit être emballé de papier kraft ou de carton, fermé par une ficelle de façon à ce que l'on puisse voir son contenu et l'ouvrir éventuellement. Pour protéger les livres, enveloppez-les d'abord de plastique transparent. Aucune déclaration douanière n'est nécessaire pour ces colis. Les tarifs d'expédition s'élèvent à 230 Rs pour 500 g, 455 Rs pour 1 kg et 1 010 Rs pour 2 kg.

Ne vous fiez pas aux propositions d'envoi de vos achats par un magasin. En général, les emporiums gouvernementaux s'en acquittent correctement, mais, dans la plupart des cas, mieux vaut s'en occuper soi-même.

Recevoir du courrier. Demandez à vos correspondants de rédiger votre adresse en mentionnant d'abord votre nom de famille en capitales, souligné, puis Poste restante, GPO (poste centrale) et le nom de la ville. Beaucoup de lettres "perdues" sont en fait classées sous le prénom. Vérifiez toujours à vos nom et prénom. Demandez à l'expéditeur d'indiquer son adresse, au cas où vous ne viendriez pas chercher votre courrier. Les lettres envoyées en poste restante sont en général conservées un mois avant d'être retournées. Vous devez présenter votre passeport pour retirer votre courrier.

Téléphone

Même les plus petites localités possèdent des cabines téléphoniques privées PCO/STD/ISD, reliées au réseau local, national et international. Les communications y sont toujours moins chères que dans les hôtels. Souvent installées dans une boutique ou dans un bureau, ces cabines sont signalées par un grand panneau PCO/STD/ISD. La plupart fonctionnent 24h/24. Un compteur numérique indique le montant de la communication et délivre un reçu.

Dans la quasi-totalité du pays, à partir d'une cabine (et non d'un hôtel), le plein tarif s'applique pour les appels nationaux de 9h à 20h. Après 20h, les prix baissent ; la tranche horaire la plus économique se situe entre 23h et 6h.

Des cabines, les appels internationaux reviennent à une moyenne de 100 Rs la minute, selon le pays appelé. Les tarifs diminuent à certains moments de la journée. Lors de notre passage, les tranches horaires les moins chères s'étendaient de 22h à 11h pour l'Europe et de 11h à 18h pour les États-Unis. Certains endroits pratiquent des tarifs réduits pendant les fêtes nationales indiennes. Pour appeler l'étranger, voici la marche à suivre :

00 (accès à l'international) + indicatif du pays appelé + indicatif régional + numéro d'abonné

Dans certaines villes, des cabines PCO/STD/ISD offrent un service de "rappel" : vous appelez vos proches, vous leur communiquez le numéro de la cabine et vous attendez qu'ils vous rappellent. Ce service revient à 5 Rs la minute, plus le coût de l'appel préliminaire. Indiquez à votre interlocuteur le temps que vous comptez attendre près de la cabine au cas où il aurait des difficultés à vous joindre. Il doit composer le numéro suivant :

(indicatif international de son pays) + 91 (indicatif international de l'Inde) + indicatif régional + numéro local (numéro de la cabine)

Dans les grandes villes, les bureaux du Central Telegraph offrent un service correct et certains ouvrent 24h/24. Leurs prix équivalent ceux des cabines PCO/STD/ISD.

Vous pouvez aussi choisir le service Home Country Direct, qui vous met en relation avec l'opérateur de l'un des pays cités ci-dessous. Pour le prix d'un appel local, vous pouvez passer un appel en PCV ou payé par carte bancaire. Vous aurez peut-être du mal à persuader le propriétaire du téléphone qu'il n'aura rien à payer pour l'appel. Parmi les pays accessibles, citons :

Numéro d'accès Home Country Direct

Pays	*Numéro*
Belgique	☎ 0003217
Canada	☎ 000167
France	☎ 0003317
Suisse	☎ 0004117

Vous trouverez les Pages jaunes indiennes sur le site www.indiayellowpages.com. Si vous essayez de retrouver un ami perdu de vue, tentez votre chance sur le site Welcome to 1 Billion Indians (www.1billionindians.com), affectueusement surnommé "India's People Finder".

Fax

La plupart des cabines PCO/STD/ISD proposent un service de fax. L'envoi d'un fax à l'étranger coûte de 125 à 155 Rs la page A4. La réception d'un fax varie de 10 à 30 Rs la page.

E-mail et accès Internet

Largement répandus dans les grandes villes, les établissements équipés de l'Internet fleurissent à toute vitesse. Sachez que certains offrent des connexions médiocres, d'une lenteur extrême. Le service est meilleur le matin et en début d'après-midi, hors des heures de pointe (de 17h à 21h). Dans un nombre croissant de localités touristiques (comme Dharamsala et Pushkar), vous trouverez un service e-mail, même s'il ne s'agit que d'un ordinateur au fin fond d'un petit bureau.

Les coûts (précisés dans les chapitres régionaux) s'échelonnent de 30 à 100 Rs l'heure ; Bangalore pratique les tarifs les moins élevés. La multiplication de ces services tire les prix à la baisse.

INTERNET

Le World Wide Web offre une formidable source de renseignements pour les voyageurs. Vous pouvez y glaner des informations pour votre voyage, dénicher des billets d'avion à prix réduit, réserver des chambres d'hôtel, consulter la météo locale ou discuter avec d'autres internautes des endroits à visiter (ou à éviter).

Pour obtenir des informations de dernière minute, connectez-vous au site de Lonely Planet (www.lonelyplanet.fr). Des rubriques complètent utilement votre information : mises à jour de certains guides entre deux éditions papier, catalogue des guides, courrier des voyageurs, actualités en bref et fiches pays. Profitez aussi des forums pour poser des questions ou partager vos expériences avec d'autres voyageurs. Vous pouvez consulter également le site anglais de Lonely Planet (www.lonelyplanet.com).

Parmi les nombreux sites en français consacrés à l'Inde, nous recommandons les suivants :

Ambassade de l'Inde : propose une liste d'organismes et d'associations culturels franco-indiens
www.amb-inde.fr

Cyber guide sur l'Inde : quantité de rubriques, de l'histoire à la cuisine, et des photos pour vous mettre en appétit
www.ifrance.com/mumbai/

Le Monde diplomatique : l'édition en ligne de l'hebdo engagé est une mine d'informations classées par thèmes
www.mondediplomatique.fr/index/pays/inde.html

Histoire de la religion de l'Inde : tout sur le védisme et l'hindouisme, très sérieux et documenté
www.chez.com/historel2/orient/menuinde.htm

Eurasie : un beau webzine avec des articles consacrés à l'Inde
www.eurasie.net

Office du tourisme : le site de l'office du tourisme indien, on ne peut mieux fait
www.india-tourism.com

Webasie : site de liens sur des reportages, récits de voyage et photographies. Plusieurs liens sont consacrés à l'Inde
www.chez.com/anamika/webasie.html

LIVRES

L'Inde est un pays idéal pour la lecture, en particulier durant les interminables trajets en bus ou en train. Dans les grandes villes, le lecteur anglophone pourra se procurer, à des prix abordables, de nombreux titres introuvables en Occident. La liste ci-dessous n'est pas exhaustive et a fait l'objet de choix subjectifs que le lecteur saura compléter.

Romans

De nombreux auteurs étrangers n'ont pas résisté à la tentation de situer leurs romans dans un cadre aussi pittoresque que l'Inde.

Né à Mumbai en 1865, Rudyard Kipling éprouva toute sa vie une fascination inconditionnelle pour l'Empire britannique. Dans *Kim* (Folio), il se fit l'interprète privilégié du Raj durant la période victorienne.

Après un voyage en Inde en 1912, E.M. Forster, un autre célèbre écrivain anglais, milita violemment contre l'impérialisme britannique et prit fait et cause pour les Indiens. Avec *La Route des Indes* (10/18), paru en 1924 sous le titre *A Passage to India*, il connut un succès immédiat. Dans cet ouvrage, il a cherché notamment à cerner l'incompréhension entre Britanniques et Indiens.

La Nuit bengali (Folio), de Mircea Eliade – écrivain roumain francophone –, décrit l'amour, la fascination mutuelle et finalement le malentendu entre un étudiant européen et une jeune fille indienne.

Siddharta, de Hermann Hesse (Grasset, Les Cahiers rouges, 1988), raconte la vie d'un jeune garçon à l'époque du Bouddha, qui, après avoir suivi des maîtres à penser, suit son propre chemin et s'éveille à la vie.

Récits de voyage et essais

Le poète Henri Michaux a rapporté de son long voyage en Chine et en Inde un journal de bord : *Un barbare en Asie* (Gallimard, L'Imaginaire). Une lecture essentielle et drôle.

"L'Inde prive tout visiteur de ses certitudes, de sa souveraineté et de ses repères", voilà les mots d'introduction du magnifique récit de Giorgio Manganelli, *Itinéraire indien* (Le Promeneur, 1992), qui conseille d'arriver avec un "soi" désarmé pour réussir son voyage.

Les Éditions Chandaigne ont fait paraître en 1998 un très bel et passionnant ouvrage : *Voyage de Pyrard de Laval aux Indes orientales (1601-1611)*. En 2 tomes, ce récit d'époque est tout aussi agréable à lire qu'à regarder.

Le Journal des Indes, de Mircea Eliade (Pocket), fut écrit pendant le séjour de l'auteur à Calcutta dans les années 30.

Édité par Guy Deleury, *Les Indes florissantes* (Bouquins, 1991), est une anthologie de récits de voyageurs français, de 1750 à 1820.

Le poète mexicain Octavio Paz donne, dans *Lueurs de l'Inde* (Gallimard, 1997), un saisissant portrait de l'Inde passée et présente, mêlant poésie, histoire et art.

Histoire et politique

L'*Histoire de l'Inde moderne 1480-1950*, sous la direction de Claude Markovits (Fayard, 1994), est un ouvrage complet, clair et pédagogique.

Chez le même éditeur, *L'Inde contemporaine, de 1950 à nos jours*, fruit du travail de plus de trente spécialistes et dirigé par Christophe Jaffrelot (1996), est un formidable ouvrage qui éclaire sur les évolutions politiques, sociales et économiques récentes de l'Inde.

Du même auteur, *Le Pakistan, carrefour des tensions régionales* (Complexe, 1999) permet une bonne compréhension des événements qui agitent la région du Cachemire depuis le milieu du XXe siècle.

L'Histoire politique de l'Inde indépendante, de Max-Jean Zins (PUF, 1992), est une remarquable étude de l'Inde politique, de 1947 à nos jours.

Pondichéry, l'échec d'un rêve d'empire 1674/1761 (Autrement, coll. Mémoires, 1993) décrit le sort tragique de cette ville, premier protectorat français.

Au rayon des biographies, celle d'*Indira Ghandi*, de Pupul Jayakar (Plon, 1994), est conseillée. *Gandhi, athlète de la liberté,* par Catherine Clément (Découvertes Gallimard, 1989), esquisse les contours de la personnalité du Mahatma et donne un aperçu clair de son action libératrice.

Dans *Où va l'Inde moderne ?*, Gérard Heuzé (L'Harmattan, 1993), donne de sérieux éclairages sur la montée du nationalisme hindou, les conflits ethniques et l'affaire des quotas d'embauche.

L'Inde, un million de révoltes, de V.S. Naipaul (10/18), démontre comment l'Inde cherche à donner un sens au renouveau de la civilisation indienne, quête selon lui vouée à l'échec.

Récit des événements qui ont conduit à l'indépendance de 1947, *Cette nuit la liberté* (Pocket), de Larry Collins et Dominique Lapierre, est l'un des livres les plus vendus en Inde.

Sept clés pour l'Inde (Odile Jacob), de Jackie Assayag, livre quelques clés pour percer le mystère et les paradoxes du sous-continent : sa non-violence constitutionnelle et ses conflits incessants avec ses voisins pakistanais et chinois, sa misère et ses prouesses artistiques, scientifiques et technologiques, sa modernité politique et son conservatisme social.

Civilisation

Le *Dictionnaire de la civilisation indienne,* de Louis Frédéric (Laffont, coll. Bouquins, 1987), expose l'essentiel des connaissances sur l'Inde et les pays de culture apparentée.

L'Inde classique, de Louis Renou et Jean Filliozat (J. Maisonneuve, 1985), est sans doute l'un des ouvrages les plus sérieux sur ce vaste sujet. Les thèmes sont classés en chapitres indépendants, ce qui rend ce livre facile et agréable à consulter.

L'Inde ancienne, de H.G. Franz (Bordas, 1990), superbement illustré et très complet, s'intéresse à l'histoire et aux civilisations du sous-continent.

Spiritualités

Parmi une bibliographie abondante, nous avons sélectionné : *L'Hindouisme, anthropologie d'une civilisation* (Champs-Flammarion, 1981), de Madeleine Biardeau, un ouvrage pour le grand public ; *L'Hindouisme,* de Louis Renou (Que sais-je ?, 2000) ; et *Mythes et dieux de l'Inde, le polythéisme hindou,* d'Alain Daniélou (Champs-Flammarion, 1994), qui possède en plus une table des matières exhaustive et un index très pratique.

Sur le yoga, nous avons retenu deux ouvrages : *Le Yoga*, de Pierre Feuga et Tara Michaël (Que sais-je ?, 1998), et *Yoga et symbolisme*, de Shri Mahesh (Éd. du Rocher, 1996).

Mais cette liste serait incomplète sans une mention spéciale pour l'œuvre de Mircea Eliade, à qui on doit une *Histoire des idées et des croyances religieuses* – le tome 2 (Payot, 1989) est intitulé *De Gautama Bouddha au triomphe du christianisme* –, mais aussi un livre de notes, *L'Inde* (Pocket), témoignage irremplaçable sur le berceau de la civilisation orientale. On y trouvera notamment un chapitre consacré à ses entretiens avec Rabindranath Tagore.

Plusieurs textes sacrés sont disponibles en français : *La Bhagavad-Gita* (Albin Michel, coll. Spiritualités vivantes, 1977), extraits du texte sacré de l'hindouisme, commentés par Sri Aurobindo ; texte également disponible aux éditions Mille et Une Nuits (1997) ; *Le Mahabharata* (GF, 2 tomes), le plus grand récit épique de l'Inde, avec une préface de Madeleine Biardeau ; le *Pançatantra* (Gallimard, coll. Connaissance de l'Orient, 1991), récit qui met en scène des animaux dotés de sentiments humains, et qui inspira directement La Fontaine. On peut noter également des extraits du *Ramayan de Tulsidas* (Les Belles Lettres, 1977).

Ethnologie et sociologie

Le Système des castes, de Robert Deliège (Que sais-je ?, 1993), vous permettra de mieux comprendre cette organisation de la société.

Une vie paria : le rire des asservis : pays tamoul, Inde du Sud, de Viramma, dont le propos a été recueilli par Josiane et Jean-Luc Racine (Pocket, coll. Terre humaine, 2001), décrit la vie d'une intouchable, villageoise et sage-femme de métier, ses craintes et ses aspirations. Un témoignage unique sur la dignité des exclus.

Arts

L'Art indien, de R.C. Craven (Thames and Hudson, 1991), est un ouvrage pédagogique et richement illustré qui vous donnera les bases de la compréhension de cet art pluriel et complexe. *L'Art en Inde*, réédité en 1999 par Citadelle et Mazenod, est un magnifique ouvrage, très complet, à consulter avec délectation.

La Musique de l'Inde du Nord, d'Alain Daniélou (Fata Morgana, 1995), donne des explications sur les ragas, les rythmes, la description des instruments et un guide des musiciens. *La Danse hindoue,* d'Usha Chatterji (L'Asiathèque, 1982), est un ouvrage classique sur le sujet : les cinq principaux styles, la musique et une cinquantaine de mudras.

Sur le cinéma, on lira, d'Yves Thoraval – spécialiste des cinémas égyptien et indien – *Les Cinémas de l'Inde* (L'Harmattan, 1998), un panorama très documenté de toutes les formes du cinéma indien de 1896 à nos jours ; et, en forme d'hommage, *Satyajit Ray,* de Charles Tesson (Cahiers du cinéma, coll. Auteurs, 1992).

Art culinaire. Les éditions Philippe Picquier ont fait paraître en 1999 un recueil de recettes, réunies par Jean Papin, intitulé *L'Inde gourmande. Encyclopédie de la cuisine indienne*. Un livre riche et épicé.

Sur les épices, on picorera quelques histoires dans *Le Jardin des épices*, de Maït Foulkes, paru en format poche chez le même éditeur en 1998 ; un chapitre est consacré aux "épices des maharajas".

Bandes dessinées

Découvrez l'Inde autrement grâce aux albums de Daniel Ceppi, avec les aventures indiennes de Stéphane, notamment le formidable *Pondicherry, filiation fatale* (Les Humanoïdes associés, 1995).

Méthodes de langues

On citera notamment le *Manuel de la langue hindoustani : urdu et hindi* (Librairie de l'Inde, 1987). Le *Manuel de bengali*, accrédité par l'Inalco et l'Alliance française de Kolkata, est signé France Bhattacharya et P. Dasgupta (L'Asiathèque, 1991, livre et cassettes). Le *Manuel de télougou,* de Deena et Olivier Bossé, a été publié par l'Harmattan (1991). *Parlons ourdou,* de M. Aslam Yousouf et M. Malherbe (L'Harmattan, 1993, livres et cassette), et *Le Tamoul facile,* de P.C. Soundiram (J. Maisonneuve, 1986), sont également recommandés. Assimil a également fait paraître *Le Tamoul de poche* (1999).

Plusieurs manuels et méthodes d'auto-apprentissage sont en vente en Inde si vous voulez approfondir vos connaissances.

Lonely Planet

Lonely Planet édite, en anglais, un vaste choix de guides détaillés sur diverses régions et villes indiennes : *Dehli*, *Mumbai (Bombay)*, *Rajasthan*, *Kerala*, *Goa*, *South India*, *North India*, *Indian Himalaya* et *Trekking in the Indian Himalaya*. Nous couvrons également des régions limitrophes avec les guides suivants : *Pakistan*, *Népal* (traduit en français), *Bangladesh*, *Sri Lanka* (traduit en français), *Bhutan*, *The Maldives* et *Istanbul to Kathmandu*. Nous publions également un petit guide pratique de conversation courante, *Hindi/Urdu phrasebook*, ainsi que les guides *Healthy Travel in Asia & India* et *Read This First : Asia & India*.

World Food India, introduction alléchante à la gastronomie indienne, en explique sa signification culturelle et décrit de nombreuses spécialités régionales.

En couleurs et pratique à emporter en voyage, *Travel Photography : A Guide to Taking Better Pictures* est rédigé par un voyageur-photographe de réputation internationale, Richard l'Anson.

In Rajasthan, de Royina Grewal, donne un aperçu de la vie dans cet État fascinant et fait partie de Journeys, notre collection de littérature de voyage. Dans la même collection, *Hello Goodnight : A Life in Goa*, de David Tomory, raconte ce que Goa a représenté pour les voyageurs au fil de l'histoire. Tomory a publié dans cette collection *A Season in Heaven : True Tales from the Road to Kathmandu*.

Lonely Planet propose aussi des livres superbement illustrés de photos en couleur : *Sur la trace des rickshaws* (en français), un hommage rendu aux cyclo-pousse et à leurs conducteurs par le photographe Richard l'Anson et Tony Wheeler (vous en trouverez un extrait dans le chapitre *Kolkata*) ; *Sacred India*, écrit par l'équipe de Lonely Planet et plusieurs auteurs, contient des images étonnantes des diverses religions indiennes ; *Buddhist Stupas in Asia : The Shape of Perfection*, un ouvrage sur l'influence du bouddhisme et la construction des stupa en Inde et en Asie.

Guides spécialisés

Les guides généraux sur l'Inde abondent et nombre d'entre eux s'agrémentent de photos en couleurs ; vous les trouverez facilement dans la plupart des librairies indiennes.

Parmi la profusion de titres, nous vous recommandons les suivants : *From Here to Nirvana*, d'Anne Cushman et Jerry Jones, qui vous conseillera utilement sur les ashrams et les gourous.

Window on Goa, de Maurice Hall, s'intéresse aux églises, aux forts, aux villages et aus divers aspects de cet État. Pour tout savoir sur les *haveli*, les demeures peintes du Rajasthan, procurez-vous *The Guide to the Painted Towns of Shekhawati*, d'Ilay Cooper.

D'un prix raisonnable, les guides Insight *Rajasthan* et *India* contiennent de très belles photos.

LIBRAIRIES

Librairies spécialisées sur l'Inde

Fenêtre sur l'Asie, 49 rue Gay-Lussac, 75005 Paris (☎ 01 43 29 11 00)

Librairie du Musée Guimet, 19 avenue d'Iéna, 75016 Paris (☎ 01 56 52 54 21).

Librairies de l'Inde, 20 rue Descartes, 75005 Paris (☎ 01 43 25 83 38)

Librairies de voyages

En France, vous trouverez un vaste de choix de cartes et de documentation dans les librairies de voyages suivantes :

Ulysse, 26 rue Saint-Louis-en-l'île, 75004 Paris (☎ 01 43 25 17 35)

L'Astrolabe, 46 rue de Provence, 75009 Paris (☎ 01 42 85 42 95)

Au Vieux Campeur, 2 rue de Latran, 75005 Paris (☎ 01 53 10 48 27)

Itinéraires, 60 rue Saint-Honoré, 75001 Paris (☎ 01 42 36 12 63)

Planète Havas Librairie, 26 avenue de l'Opéra, 75002 Paris (☎ 01 53 29 40 00)

Voyageurs du monde, 55 rue Sainte-Anne, 75002 Paris (☎ 01 42 86 17 38)

Espace IGN, 107 rue La Boétie, 75008 Paris (☎ 01 43 98 85 00)

Librairies générales en province

Ariane, 20 rue du Capitaine-A.-Dreyfus, 35000 Rennes (☎ 02 99 79 68 47)

Géorama, 22 rue du Fossé-des-Tanneurs, 67000 Strasbourg (☎ 03 88 75 01 95)

Géothèque, 6 rue Michelet, 37000 Tours (☎ 02 47 05 23 56)

Géothèque, 10 place du Pilori, 44000 Nantes (☎ 02 40 47 40 68)

Hémisphères, 15 rue des Croisiers, BP 99, 14000 Caen cedex (☎ 02 31 86 67 26)

L'Atlantide, 56 rue Saint-Dizier, 54000 Nancy (☎ 03 83 37 52 36)

Les Cinq Continents, 20 rue Jacques-Cœur, 34000 Montpellier (☎ 04 67 66 46 70)

Magellan, 3 rue d'Italie, 06000 Nice (☎ 04 93 82 31 81)
Ombres Blanches, 48 rue Gambetta, 31000 Toulouse (☎ 05 34 45 53 38)
Librairie du voyage, 60 rue Bayard, 31000 Toulouse (☎ 05 61 99 82 10)
Raconte-moi la Terre, 38 rue Thomassin BP 2021, 69226 Lyon cedex 2 (☎ 04 78 92 60 20)
Planète Bleue, 41 rue des Merciers, 17000 La Rochelle (☎ 05 46 34 23 23)
Rose des vents, 40 rue Sainte-Colombe, 33000 Bordeaux (☎ 05 56 79 73 27)

En Belgique

Peuples et continents, rue Ravenstein 11, 1000 Bruxelles (☎ 2-511 27 75)
Anticyclone des Açores, rue des Fossés-aux-Loups 34 B, 1000 Bruxelles (☎ 2-217 52 46)
Les Alizés, rue Saint-Jean-en-Isle 2 A, 4000 Liège (☎ 4-221 41 90)
Le 7e Continent, Chaussée de Bruxelles 407 bis, B 1410 Waterloo (☎ 2-353 02 30)

En Suisse

Artou, rue de Rive, 1204 Genève (☎ 22 818 02 40)
Artou, 18 rue de la Madeleine, 1003 Lausanne (☎ 21 323 65 56)
Vent des routes, 50-52 rue des Bains, CH-1205 Genève (☎ 22 80O 33 81)

Au Canada

Ulysse, 4176 rue Saint-Denis, Montréal (☎ 514-843 9882)
Ulysse, 4 bd René-Lévesque Est, Québec G1R2B1 (☎ 418-418 654 9779)
Tourisme Jeunesse, 4008 rue Saint-Denis, Montréal (☎ 514-884 0287)
Librairie Pantoute, 1100 rue Saint-Jean Est, Québec (☎ 418-694 9748)

JOURNAUX ET MAGAZINES

Parmi les quotidiens en anglais, citons : *Times of India*, *Hindustan Times*, *The Statesman*, *The Pioneer*, *Asian Age*, *The Hindu* et *Indian Express* ; d'après de nombreux avis, l'*Express* se détache du lot. L'*Economic Times* s'intéresse au monde des affaires et aux analyses économiques. A la presse nationale, s'ajoutent plusieurs quotidiens régionaux (en anglais), comme le *Mid-Day* à Mumbai, le *Bihar Times*, le *Herald* et le *Navhind Times* à Goa.

Parmi les magazines d'actualité, *Frontline*, *India Today*, *Sunday*, *Rashtriya Sahara*, *Outlook*, *The Week* et l'*Illustrated Weekly* sont largement diffusés dans les librairies et les kiosques à journaux.

Les librairies des grandes villes et des hôtels de catégorie supérieure proposent un grand choix de magazines internationaux (pas toujours récents et chers), notamment *The Economist*, *Time*, *Newsweek*, *The International Herald Tribune* et *Der Spiegel*.

Les magazines féminins les plus répandus sont *Femina*, *Savvy* et *Gladrags*, ainsi que les éditions indiennes de *Elle* et de *Cosmopolitan*. Les derniers potins de Bollywood remplissent les colonnes de *Stardust*, *Cineblitz* et *Filmfare*.

Vous trouverez des magazines en anglais spécialisés dans tous les domaines, du sport à l'informatique.

TÉLÉVISION ET RADIO

La télévision a longtemps été dominée par une chaîne nationale plutôt médiocre, Doordarshan. Depuis l'arrivée de la télévision par câble et par satellite (au début des années 1990), l'Inde est rapidement devenue l'un des pays les plus avides de zapping. Le câble est installé dans tous les hôtels de catégorie supérieure, dans la plupart de ceux de catégorie moyenne et dans quelques hôtels pour petit budget. Les journaux locaux publient les programmes de TV.

Fonctionnant 24h/24, le câble offre une cinquantaine de chaînes, dont de nombreuses en hindi, y compris la populaire Zee TV. Les succès de Bollywood sont largement diffusés sur les multiples chaînes consacrées au cinéma. Ceux qui préfèrent les nourritures spirituelles resteront sur la chaîne du Maharishi Mahesh Yogi et s'imprégneront d'images saintes, de *bhajan* (chants religieux) et de vibrations hautement positives. Des chaînes régionales diffusent des programmes dans la langue locale.

Parmi les chaînes en anglais, on capte la BBC, CNN, Discovery et National Geographic. Le groupe Star TV se compose de Star Movies (succès hollywoodiens), Star Plus (séries et feuilletons américains), Star Sports et Star News ; ces deux dernières sont diffusées en hindi et en anglais. Toujours en anglais, Nickelodeon propose divers feuilletons, tandis qu'AXN et HBO se spécialisent dans les films (parmi lesquels d'excellents classiques). MTV et Channel 5, les plus grandes chaînes musicales, diffusent aussi bien du *bhangra* (disco punjabi) que du rap américain.

Les programmes radiophoniques d'All India Radio (AIR ; www.air.kode.net) comprennent des interviews, de la musique, du sport et des bulletins d'information. En 1999, le gouvernement a annoncé que la bande FM allait s'ouvrir aux opérateurs privés *via* un système d'enchères. Mumbai a obtenu 10 fréquences (plus qu'aucune autre ville). L'attribution des fréquences n'était pas encore terminée lors de notre passage, mais vous trouverez les nouvelles stations dans la presse locale. Parmi celles qui fonctionnaient déjà, citons 102.6FM (Dehli) et FM107 (Kolkata), qui diffusent toutes deux des bulletins d'information, des reportages et de la musique indienne classique et régionale. A Chennai, vous pourrez écouter de la musique indienne contemporaine et classique sur 102FM et 108FM. AIR Panaji (105.4FM), la première station FM de Goa, vise avant tout les jeunes et privilégie la musique. Les programmations et les fréquences sont indiquées dans les principaux quotidiens en anglais.

Certaines stations radiophoniques diffusent des entretiens en anglais tard dans la nuit, parfois très amusants et intéressants. Vous devrez les chercher car les fréquences peuvent varier.

SYSTÈMES VIDÉO

En Inde, les cassettes vidéo répondent au format VHS ; il est possible de convertir les formats PAL et NTSC dans les grandes villes.

PHOTO ET VIDÉO

Pellicules et cassettes

Le développement et le tirage des pellicules couleur s'effectue facilement dans les grandes villes. Les pellicules sont relativement bon marché et, généralement, de bonne qualité. De nombreux laboratoires les développent dans la journée. Moins répandus que les pellicules papier, les films pour diapos se trouvent surtout dans les grandes villes et les centres touristiques. Vous pourrez les faire développer (en deux ou trois jours ; précisez si vous les voulez montées ou non) dans les métropoles, comme Dehli, Kolkata, Mumbai, Chennai, Hyberabad et Jaipur, mais la plupart des voyageurs préfèrent attendre de rentrer chez eux. En moyenne, le développement d'une pellicule 36 poses revient à 18 Rs, plus 3,50 Rs par tirage papier. Pour 36 diapos, vous paierez environ 120 Rs (montage carton) ou 160 Rs (montage plastique).

Lorsque vous achetez une pellicule, vérifiez toujours la date de péremption. Assurez-vous que la boîte est bien scellée et qu'elle n'est pas restée dans une vitrine en plein soleil pendant des mois ; la chaleur et l'humidité peuvent ruiner un film, même si la date n'est pas dépassée. Évitez d'acheter des pellicules auprès des vendeurs de rue, qui recyclent parfois des films inutilisables dans des boîtes neuves. Préférez les boutiques ayant pignon sur rue et, de préférence, celles qui gardent les films au frais.

Les cassettes vidéo (VHS, Super 8 et Betacam) sont disponibles dans les grandes villes, comme Delhi, Mumbai, Bangalore, Hyderabad, Kolkata et Chennai ; elles coûtent de 220 à 450 Rs.

Conseils techniques

Édité par Lonely Planet et écrit par un photographe de réputation internationale, Richard l'Anson, *Travel Photography : A Guide to Taking Better Pictures* (en anglais) fournit de précieux conseils pour faire des photos pendant un voyage.

Voici quelques conseils pratiques pour réaliser de meilleures photos :

- La qualité de vos photos dépend de la qualité de la lumière, meilleure lorsque le soleil est bas : en début de matinée ou en fin d'après-midi.
- N'achetez pas un matériel trop bon marché, mais ne vous lancez pas dans des dépenses pharaoniques pour ensuite ne pas savoir utiliser correctement le petit bijou que vous avez acquis.
- Un bon appareil reflex est conseillé, mais c'est la qualité des objectifs qui prime. Les zooms pèsent plus lourd que les objectifs fixes et offrent une moindre qualité. Préférez un téléconvertisseur qui s'adapte sur les objectifs et double la distance focale.
- Emportez un filtre neutre ou de protection UV. Les filtres polarisants créent de superbes effets et évitent l'éblouissement, mais ne les fixez pas sur un filtre UV.
- Munissez-vous d'un pied et préférez les pellicules sensibles (au moins 400 ASA) au flash, car ce dernier produit des ombres portées. Le déclencheur automatique est utile pour prendre des photos avec un pied.
- Choisissez une marque de pellicules et renseignez-vous au préalable sur le mode d'emploi.
- Autant que possible, conservez vos pellicules dans un endroit sombre et frais, avant et après utilisation. Dans la pratique, les films semblent résister à la forte chaleur, même en Inde. Des sachets de gel de silice disposés autour de vos pellicules aideront à absorber l'humidité.
- Emportez un kit de nettoyage pour votre appareil.
- Cadrez l'élément principal de la scène à photographier et remplissez le cadre.

- Anticipez la prise de vue ; c'est un principe fondamental. Vous devez "visualiser" la photo avant de la prendre.

Restrictions

Attention : on ne peut pas tout prendre en photo. Certains sites sont considérés comme stratégiques (gares ferroviaires, ponts, aéroports, installations militaires et régions frontalières sensibles). Dans certains temples, il est interdit de photographier dans le *mandapam* (antichambre) ainsi que dans le sanctuaire. Renseignez-vous si vous avez un doute. Certains temples, de nombreux musées et forts font payer à l'entrée un droit pour les appareils photo et les Caméscopes (reportez-vous aux chapitres régionaux).

Photographier les habitants

Si certaines personnes sont plus que ravies d'être photographiées, ne pointez pas ouvertement votre appareil, en particulier vers les femmes. En cas de doute, demandez. Un zoom se révèle fort utile pour réaliser des portraits car, même si vous avez la permission de prendre une photo, votre sujet sera moins gêné si vous le photographiez à distance et vous obtiendrez des clichés plus naturels.

Rayons X dans les aéroports

Des voyageurs achètent un sac plombé, car les expositions répétées aux rayons X (même aux prétendus rayons sans risques – "film proof") peuvent détériorer les pellicules. Ne laissez jamais de pellicules dans un bagage voyageant en soute. Elles risquent d'être soumises à de fortes doses de rayons X qui les détérioreront complètement. Certains photographes professionnels refusent de passer leurs pellicules dans les machines à rayons X et préfèrent les ranger dans des conteneurs en plastique transparent qu'ils présentent à la douane. Sachez que des douaniers peuvent vous demander d'ouvrir chaque boîte.

HEURE LOCALE

L'Indian Standard Time (IST) avance de 5 heures 30 par rapport à l'heure européenne GMT/UTC et de 10 heures 30 par rapport à l'heure américaine EST. Quand il est 12h à Paris (en hiver), il est 16h30 à Delhi.

ÉLECTRICITÉ

Le courant est en 230-240 V, 50 Hz. L'électricité est installée quasiment partout, mais les coupures de courant sont fréquentes – gardez une lampe électrique ou des bougies à portée de main. Les baisses de tension ou les pannes totales peuvent durer de quelques minutes à plusieurs heures, surtout pendant les mois les plus chauds où la demande dépasse l'offre. Si vous apportez des appareils sensibles (comme un ordinateur portable), munissez-vous d'un onduleur pour les protéger des variations de courant.

Les prises comportent trois plots ronds. Vous pourrez brancher les appareils européens, mais, comme les plots des prises indiennes sont plus gros, le contact est instable et la connexion ne se fait pas toujours.

Les magiciens lavandiers de l'Inde

Grâce aux dhobi-wallah (lavandiers), vous n'aurez besoin que d'une tenue de rechange. Vous leur confiez vos vêtements sales le matin et les récupérez lavés et repassés en fin de journée ; le tout pour un prix modique. Comment s'opère la transformation ?

Loin de passer en machine, les effets sont emportés au dhobi ghat – une volée de marches au bord d'un lac ou d'une rivière où les dhobi-wallah exercent leur métier – puis triés par couleur. On les laisse tremper dans de l'eau savonneuse pendant quelques heures, puis on les bat vigoureusement pour désincruster la saleté. Aucune machine ne lave aussi bien qu'un dhobi expérimenté ! Cependant, vos vêtements deviendront plus fins et moins colorés après plusieurs lavages à l'indienne. De même, les boutons, les fermetures Éclair, les dentelles et les tissus délicats ne résistent pas toujours. Une fois propre, le linge est mis à sécher au soleil, puis repassé à l'aide de fers à l'ancienne.

Des centaines, voire des milliers de vêtements sont lavés chaque jour au même endroit, mais le système de marquage habile (et secret) des dhobi-whallah les identifie parfaitement. On dit que ces marques ont permis de confondre des criminels.

POIDS ET MESURES

Bien que l'Inde ait officiellement adopté le système métrique, le système anglais reste utilisé dans certains commerces. Vous entendrez souvent parler de *lakh* (1 lakh – 100 000) ou de *crore* (1 crore – 10 millions). Vous trouverez une table de conversion à la dernière page de ce guide.

BLANCHISSAGE/NETTOYAGE

Faire laver et repasser ses vêtements est un véritable plaisir, facilement accessible. Si votre hôtel ne dispose pas de sa propre laverie, votre linge sera lavé par un *dhobi-wallah* sur les dhobi-ghats (voir l'encadré *Les magiciens lavandiers de l'Inde*). Si certains de vos effets ne supportent pas le battoir à linge, lavez-les vous-même. Vous trouverez partout de la lessive en petits sachets et les hôtels vous prêteront facilement une bassine.

Dans les hôtels bon marché et de catégorie moyenne, le linge est habituellement lavé et repassé dans la journée par un dhobi, moyennant quelque 10 Rs par article ou un peu plus dans les endroits touristiques (renseignez-vous à la réception). La plupart des hôtels de luxe possèdent leur propre laverie, dont les prix sont nettement supérieurs (et plus encore pour un service dans la journée).

TOILETTES

Tous les hôtels de catégories supérieure et moyenne disposent de toilettes à l'occidentale, approvisionnées en papier hygiénique. Dans les hôtels plus modestes, on trouve souvent deux sortes de toilettes, à l'occidentale et à la turque (voir plus loin l'encadré *Salle de bains : mode d'emploi*). Dans les établissements les plus spartiates et hors des circuits touristiques, les toilettes à la turque (plus hygiéniques que celles comportant un siège) sont la norme, mais le papier est rarement fourni.

La plupart des restaurants élégants possèdent des toilettes avec siège et chasse d'eau ; dans les autres, vous devrez souvent vous contenter de toilettes à la turque.

A défaut de papier hygiénique, la coutume veut que l'on utilise l'eau et la main gauche. Un robinet, placé à bonne hauteur, et un récipient sont dédiés à cet usage. Si vous ne parvenez pas à vous habituer à cette méthode, transportez votre rouleau de papier (en vente dans toutes les villes). Néanmoins, le système d'écoulement évacue mal (ou pas du tout) le papier, les tampons ou les serviettes hygiéniques ; utilisez les poubelles en plastique, généralement disposées dans les toilettes.

SANTÉ

Votre santé en voyage dépendra des précautions prises avant de partir, de votre hygiène quotidienne et de votre façon de réagir aux problèmes médicaux qui peuvent perturber votre séjour.

Ne vous laissez pas effrayer par l'énumération ci-dessous : avec un minimum de chance,

Trousse médicale de voyage

Veillez à emporter avec vous une petite trousse à pharmacie contenant quelques produits indispensables.

Certains ne sont délivrés que sur ordonnance médicale.

- des **antibiotiques** à utiliser uniquement aux doses et périodes prescrites, même si vous avez l'impression d'être guéri avant. Chaque antibiotique soigne une affection précise : ne les utilisez pas au hasard. Cessez immédiatement le traitement en cas de réactions graves.
- un **antidiarrhéique** et un **réhydratant**, en cas de forte diarrhée, surtout si vous voyagez avec des enfants
- un **antihistaminique** en cas de rhume, allergie, piqûres d'insecte, mal des transports – évitez l'alcool
- un **antiseptique** ou un désinfectant pour les coupures, les égratignures superficielles et les brûlures, ainsi que des **pansements gras** pour les brûlures
- de l'**aspirine** ou du paracétamol (douleurs, fièvre)
- une **bande Velpeau** et des **pansements** pour les petites blessures
- une **paire de lunettes de secours** (si vous portez des lunettes ou des lentilles de contact) et la copie de votre ordonnance
- un **produit contre les moustiques**, un **écran total**, une **pommade pour soigner les piqûres et les coupures** et des **comprimés pour stériliser l'eau**
- une **paire de ciseaux**, une **pince à épiler** et un **thermomètre à alcool**
- une petite **trousse de matériel stérile** comprenant une seringue, des aiguilles, du fil à suture et des compresses

quelques précautions élémentaires et une information adéquate, un bon voyageur s'en sort au pire avec quelques troubles digestifs.

Même les plus petites villes possèdent au moins une pharmacie bien pourvue. Beaucoup d'entre elles ouvrent jusque tard, voire 24h/24. Maints produits pharmaceutiques vendus en Inde sont fabriqués sous licence de compagnies multinationales et vous retrouverez sans doute des marques familières. Vérifiez toujours la date de péremption.

Les villes comptent de nombreux médecins et pharmaciens parlant anglais, mais ils sont plus rares dans les campagnes. La majorité des hôtels ont un médecin attitré (pour plus de détails, reportez-vous aux chapitres régionaux). Si vous logez dans un hôtel bon marché qui n'en connaît pas, contactez un grand hôtel et demandez quel est son médecin habituel. Si vous êtes gravement malade, adressez-vous à votre ambassade (voir *Ambassades et consulats* plus haut dans ce chapitre). Habituellement, les ambassades détiennent une liste de médecins et de dentistes recommandés.

Selon certaines rumeurs, des cliniques privées auraient prescrit des traitements plus importants que nécessaire afin de pouvoir réclamer plus d'argent aux compagnies d'assurances médicales (voir plus loin *Désagréments et dangers*).

Les accidents sont une des premières causes de blessures et de décès parmi les voyageurs qui se rendent en Inde, notamment les accidents de la circulation (voir l'encadré *Survivre sur les routes* dans le chapitre *Comment circuler*). Dans l'Himalaya, utiliser un poêle à charbon dans une chambre d'hôtel sans aération peut entraîner la mort par asphyxie à l'oxyde de carbone (voir plus loin l'encadré *Asphyxie à l'oxyde de carbone*). Emportez éventuellement un détecteur de fumée, peu cher et léger à transporter).

Un guide sur la santé peut s'avérer utile. *Les Maladies en voyage*, du Dr Éric Caumes (Points Planète), *Voyages internationaux et santé* de l'Organisation mondiale de la santé (OMS) et *Saisons et climats*, de Jean-Noël Darde (Balland), sont d'excellentes références.

Ceux qui lisent l'anglais pourront se procurer *Healthy Travel Asia & India*, de Lonely Planet Publications. Mine d'informations pratiques, cet ouvrage renseigne sur la conduite à tenir en matière de santé en voyage.

Santé au jour le jour

La température normale du corps est de 37°C ; deux degrés de plus représentent une forte fièvre. Le pouls normal d'un adulte est de 60 à 80 pulsations par minute (celui d'un enfant est de 80 à 100 pulsations ; celui d'un bébé de 100 à 140 pulsations). En général, le pouls augmente d'environ 20 pulsations à la minute avec chaque degré de fièvre.

La respiration est aussi un bon indicateur en cas de maladie. Comptez le nombre d'inspirations par minute : entre 12 et 20 chez un adulte, jusqu'à 30 pour un jeune enfant et jusqu'à 40 pour un bébé, elle est normale. Les personnes qui ont une forte fièvre ou qui sont atteintes d'une maladie respiratoire grave (pneumonie par exemple) respirent plus rapidement. Plus de 40 inspirations faibles par minute indiquent en général une pneumonie.

Avant le départ

Reportez-vous plus haut au paragraphe *Assurance de voyage*.

Quelques conseils. Assurez-vous que vous êtes en bonne santé avant de partir. Si vous partez pour un long voyage, faites contrôler l'état de vos dents. Nombreux sont les endroits où l'on ne souhaiterait pas une visite chez le dentiste à son pire ennemi.

Si vous suivez un traitement de façon régulière, n'oubliez pas votre ordonnance (avec le nom du principe actif plutôt que la marque du médicament, afin de pouvoir trouver un équivalent local, le cas échéant). De plus, l'ordonnance vous permettra de prouver que vos médicaments vous sont légalement prescrits, des médicaments en vente libre dans certains pays ne l'étant pas dans d'autres.

Dans de nombreux pays, n'hésitez pas, avant de partir, à donner tous les médicaments et seringues qui vous restent (avec les notices) à un centre de soins, un dispensaire ou un hôpital.

Vaccins. Plus vous vous éloignez des circuits classiques, plus il faut prendre vos précautions. Il est important de faire la différence entre les vaccins recommandés lorsque l'on voyage dans certains pays et ceux obligatoires. Au cours des dix dernières années, le nombre de vaccins inscrits au registre du Règlement sanitaire international a beaucoup diminué. Seul le vaccin contre la fièvre jaune peut encore être exigé pour passer une frontière, parfois seulement pour les voyageurs qui viennent de régions contaminées. Faites inscrire vos vaccinations dans un carnet international de vaccination que vous pourrez vous procurer auprès de votre médecin ou d'un centre.

Planifiez vos vaccinations à l'avance (au moins six semaines avant le départ), car certaines demandent des rappels ou sont incompatibles entre elles. Même si vous avez été vacciné contre plusieurs maladies dans votre enfance, votre médecin vous recommandera peut-être des rappels contre le tétanos ou la poliomyélite, maladies qui existent toujours dans de nombreux pays en développement. Les vaccins ont des durées d'efficacité très variables ; certains sont contre-indiqués pour les femmes enceintes.

Voici les coordonnées de quelques centres de vaccination à Paris :

Hôtel-Dieu, centre gratuit de l'Assistance publique (☎ 01 42 34 84 84), 1, parvis Notre-Dame, 75004 Paris.

Assistance publique voyages, service payant de l'hôpital de la Pitié-Salpêtrière (☎ 01 45 85 90 21), 47, bd de l'Hôpital, 75013 Paris.

Institut Pasteur (☎ 01 45 68 81 98, 3615 Pasteur), 209, rue de Vaugirard, 75015 Paris.

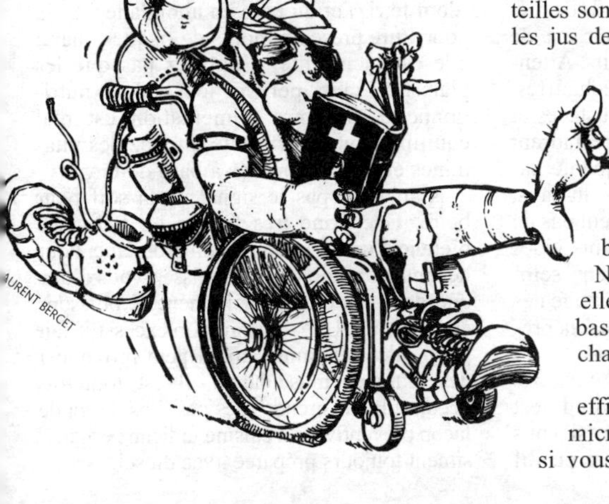

Air France, centre de vaccination (☎ 01 41 56 66 00, 3615 VACAF), aérogare des Invalides, 75007 Paris.

Il existe de nombreux centres en province, en général liés à un hôpital ou un service de santé municipal. Vous pouvez obtenir la liste de ces centres de vaccination en France en vous connectant sur le site Internet www.dfae.diplomatie.fr, émanant du ministère des Affaires étrangères.

Le serveur Minitel 3615 Visa Santé fournit des conseils pratiques, des informations sanitaires et des adresses utiles sur plus de 150 pays. Le 3615 Ecran Santé dispense également des conseils médicaux. Attention ! le recours à ces serveurs ne dispense pas de consulter un médecin.

Vous pouvez également vous connecter au site Internet Lonely Planet (www.lonelyplanet.fr), qui est relié à l'Institut Pasteur.

Précautions élémentaires

Faire attention à ce que l'on mange et ce que l'on boit est la première des précautions à prendre. Les troubles gastriques et intestinaux sont fréquents, même s'ils restent sans gravité la plupart du temps. Ne soyez cependant pas paranoïaque et ne vous privez pas de goûter la cuisine locale, cela fait partie du voyage. N'hésitez pas également à vous laver les mains fréquemment.

Eau. Règle d'or : ne buvez jamais l'eau du robinet (même sous forme de glaçons). Préférez les eaux minérales et les boissons gazeuses, tout en vous assurant que les bouteilles sont décapsulées devant vous. Évitez les jus de fruits, souvent allongés à l'eau. Attention au lait, rarement pasteurisé. Pas de problème pour le lait bouilli et les yaourts. Thé et café, en principe, sont sûrs puisque l'eau doit bouillir.

Pour stériliser l'eau, la meilleure solution est de la faire bouillir durant quinze minutes. N'oubliez pas qu'à haute altitude, elle bout à une température plus basse et que les germes ont plus de chance de survivre.

Un simple filtrage peut être très efficace mais n'éliminera pas tous les micro-organismes dangereux. Aussi, si vous ne pouvez faire bouillir l'eau,

Vaccins

Maladie	Durée du vaccin	Précautions
Choléra		Ce vaccin n'est plus recommandé.
Diphtérie	10 ans	Recommandé en particulier pour l'ex-URSS.
Fièvre jaune	10 ans	Obligatoire dans les régions où la maladie est endémique (Afrique et Amérique du Sud) et dans certains pays lorsque l'on vient d'une région infectée. A éviter en début de grossesse.
Hépatite virale A Hépatite virale B	5 ans (environ) 10 ans (environ)	Il existe un vaccin combiné hépatite A et B qui s'administre en trois injections. La durée effective de ce vaccin ne sera pas connue avant quelques années.
Tétanos et poliomyélite	10 ans	Fortement recommandé.
Thyphoïde	3 ans	Recommandé si vous voyagez dans des conditions d'hygiène médiocres.

traitez-la chimiquement. Le Micropur (vendu en pharmacie) tuera la plupart des germes pathogènes.

N'oubliez pas que les bouteilles de plastique menacent gravement l'environnement (voir plus haut la rubrique *Tourisme responsable*).

Alimentation. Fruits et légumes doivent être lavés à l'eau traitée ou épluchés. Ne mangez pas de glaces des marchands de rue. D'une façon générale, le plus sûr est de vous en tenir aux aliments bien cuits. Attention aux plats refroidis ou réchauffés. Méfiez-vous des poissons, des crustacés et des viandes peu cuites. Si un restaurant semble bien tenu et qu'il est fréquenté par des touristes comme par des gens du pays, la nourriture ne posera probablement pas de problèmes. Attention aux restaurants vides ! Même si les conditions d'hygiène semblent laisser à désirer, le grand avantage des échoppes de rue est que l'on assiste à la préparation et à la cuisson de son repas.

Nutrition. Si votre alimentation est pauvre, en quantité ou en variété, si vous voyagez à la dure et sautez des repas ou s'il vous arrive de perdre l'appétit, votre santé risque très vite de s'en ressentir, en même temps que vous perdrez du poids.

Assurez-vous que votre régime est équilibré. Œufs, tofu, légumes secs, dahl et noix variées vous fourniront des protéines. Les fruits que l'on peut éplucher (bananes, oranges et mandarines par exemple) sont sans danger et vous apportent des vitamines. Essayez de manger des céréales (dont le riz) et du pain en abondance. Si la nourriture présente moins de risques quand elle est bien cuite, n'oubliez pas que les plats trop cuits perdent leur valeur nutritionnelle. Si votre alimentation est mal équilibrée ou insuffisante, prenez des vitamines et des comprimés à base de fer.

N'attendez pas le signal de la soif pour boire. Une urine très foncée ou l'absence d'envie d'uriner indiquent un problème. Pour de longues randonnées, munissez-vous d'une gourde d'eau et éventuellement de boissons énergisantes. Une transpiration excessive fait perdre des sels minéraux et peut provoquer des crampes musculaires. Il est toutefois déconseillé de prendre des pastilles de sel de façon préventive. La cuisine indienne est quasiment toujours préparée avec du sel.

Avertissement

La santé en voyage dépend du soin avec lequel on prépare le départ et, sur place, de l'observance d'un minimum de règles quotidiennes. Les risques sanitaires sont généralement faibles si une prévention minimale et les précautions élémentaires d'usage ont été envisagées avant le départ.

Problèmes de santé et traitement

Les éventuels ennuis de santé peuvent être répartis en plusieurs catégories. Tout d'abord, les problèmes liés au climat, à la géographie, aux températures extrêmes, à l'altitude ou aux transports ; puis les maladies dues au manque d'hygiène ; celles transmises par les animaux ou les hommes ; enfin, les maladies transmises par les insectes. De simples coupures, morsures ou égratignures peuvent aussi être source de problèmes.

L'autodiagnostic et l'autotraitement sont risqués ; aussi, chaque fois que cela est possible, adressez-vous à un médecin. Ambassades et consulats pourront en général vous en recommander un. L'Unité médicosociale de l'ambassade de France à New Dehli (coordonnées dans la rubrique *Ambassades et consulats en Inde*) est ouverte du lundi au vendredi de 9h à 12h. Elle tient à disposition des voyageurs français une liste des structures sanitaires recommandées. Les hôtels cinq-étoiles peuvent également vous orienter vers un médecin, mais les honoraires risquent aussi d'être cinq-étoiles (utilisez votre assurance).

Vous éviterez bien des problèmes de santé en vous lavant souvent les mains et en gardant vos ongles courts, afin de ne pas contaminer vos aliments. Brossez-vous les dents avec de l'eau traitée.

Affections liées à l'environnement

Pollution de l'air. Vous serez très vite confronté à ce problème si vous voyagez dans les grandes villes, notamment à Dehli et à Kolkata. La pollution de l'air peut avoir des effets nocifs sur la santé, surtout si vous souffrez d'une maladie respiratoire telle que l'asthme. Cela peut également aggraver la toux, les rhumes, les problèmes de sinus et provoquer une irritation des yeux. Si vous êtes fragiles, évitez les zones fortement polluées, ou investissez dans un masque anti-pollution.

Coup de chaleur. Cet état grave, parfois mortel, survient quand le mécanisme de régulation thermique du corps ne fonctionne plus : la température s'élève alors de façon dangereuse. De longues périodes d'exposition à des températures élevées peuvent vous rendre vulnérable au coup de chaleur. Évitez l'alcool et les activités fatigantes dès votre arrivée.

Symptômes : malaise général, transpiration faible ou inexistante et forte fièvre (39°C à 41°C). Là où la transpiration a cessé, la peau devient rouge. La personne qui souffre d'un coup de chaleur est atteinte d'une céphalée lancinante et éprouve des difficultés à coordonner ses mouvements ; elle peut aussi donner des signes de confusion mentale ou d'agressivité. Enfin, elle délire et est en proie à des convulsions. Il faut absolument hospitaliser le malade. En attendant les secours, installez-le à l'ombre, ôtez-lui ses vêtements, couvrez-le d'un drap ou d'une serviette mouillés et éventez-le continuellement.

Insolation. Une exposition prolongée au soleil peut provoquer une insolation. Symptômes : nausées, peau chaude, maux de tête. Dans cas, il faut rester dans le noir, appliquer une compresse d'eau froide sur les yeux et prendre de l'aspirine.

Coup de soleil. Pour prévenir les coups de soleil, et même par temps couvert, utilisez un écran solaire et pensez à couvrir les endroits qui sont habituellement protégés, les pieds par exemple. Si les chapeaux fournissent une bonne protection, n'hésitez pas à appliquer également un écran total sur le nez et les lèvres. Protégez vos yeux avec des lunettes de soleil de bonne qualité.

Hypothermie. L'excès de froid est aussi dangereux que l'excès de chaleur. Si vous faites une randonnée en haute altitude ou, plus simplement, un trajet de nuit en bus dans la montagne, prenez vos précautions.

L'hypothermie a lieu lorsque le corps perd de la chaleur plus vite qu'il n'en produit et que sa température baisse. Le passage d'une sensation de grand froid à un état dangereusement froid est étonnamment rapide quand vent, vêtements humides, fatigue et faim se combinent, même si la température extérieure est supérieure à zéro. Le mieux est de s'habiller par couches : soie, laine et certaines fibres synthétiques nouvelles sont tous de bons isolants. N'oubliez pas de prendre un chapeau, car on perd beaucoup de chaleur par la tête. La couche supérieure de vêtements doit être solide et imperméable, car il est vital de rester au sec. Emportez du ravitaillement de base comprenant des sucres rapides, qui génèrent rapidement des calories, et des boissons en abondance.

Symptômes : fatigue, engourdissement, en particulier des extrémités (doigts et orteils), grelottements, élocution difficile, comportement incohérent ou violent, léthargie, démarche trébuchante, vertiges, crampes musculaires et explosions soudaines d'énergie. La personne atteinte d'hypothermie peut déraisonner au point de prétendre qu'elle a chaud et de se dévêtir.

Pour soigner l'hypothermie, protégez le malade du vent et de la pluie, enlevez-lui ses vêtements s'ils sont humides et habillez-le chaudement. Donnez-lui une boisson chaude (pas d'alcool) et de la nourriture très calorique, facile à digérer. Cela devrait suffire pour les premiers stades de l'hypothermie. Néanmoins, si son état est plus grave, couchez-le dans un sac de couchage chaud. Il ne faut ni le frictionner, ni le placer près d'un feu ni lui changer ses vêtements dans le vent. Si possible, faites-lui prendre un bain chaud (pas brûlant).

Mal des montagnes. Le mal des montagnes a lieu à haute altitude et peut s'avérer mortel. Il survient à des altitudes variables, parfois à 3 000 m, mais en général il frappe plutôt à partir de 3 500 à 4 500 m. Il pourra vous prendre au cours d'un trek dans l'Himalaya. Il est recommandé de dormir à une altitude inférieure à l'altitude maximale atteinte dans la journée. Le manque d'oxygène affecte la plupart des individus de façon plus ou moins forte.

Symptômes : manque de souffle, toux sèche irritante (qui peut aller jusqu'à produire une écume teintée de sang), fort mal de tête, perte d'appétit, nausée et parfois vomissements. Les symptômes disparaissent généralement au bout d'un jour ou deux, mais s'ils persistent ou empirent, le seul traitement consiste à redescendre, ne serait-ce que de 500 m. Une fatigue grandissante, un comportement incohérent, des troubles de la coordination et de l'équilibre indiquent un réel danger. Chacun de ces symptômes pris séparément est un signal à ne pas négliger.

Vous pouvez prendre certaines mesures à titre préventif : ne faites pas trop d'efforts au début, reposez-vous souvent. A chaque palier de 1 000 m, arrêtez-vous pendant au moins un jour ou deux afin de vous acclimater. Buvez plus que d'habitude, mangez légèrement, évitez l'alcool afin de ne pas risquer la déshydratation, et tout sédatif. Même si vous prenez le temps de vous habituer progressivement à l'altitude, vous aurez probablement de petits problèmes passagers.

Mal des transports. Pour réduire les risques d'avoir le mal des transports, mangez légèrement avant et pendant le voyage. Si vous êtes sujet à ces malaises, essayez de trouver un siège dans une partie du véhicule où les oscillations sont moindres : près de l'aile dans un avion, au centre sur un bateau et dans un bus. Évitez de lire et de fumer. Tout médicament doit être pris avant le départ ; une fois que vous vous sentez mal, il est trop tard.

Infections oculaires. Évitez de vous essuyer le visage avec les serviettes réutilisables fournies par les restaurants, car c'est un bon moyen d'attraper une infection oculaire. Si vous avez les mains sales après un trajet poussiéreux, ne vous frottez pas les yeux tant que vous n'aurez pas pu vous les laver.

Souvent, des yeux qui brûlent ou démangent ne sont pas le résultat d'une infection mais simplement les effets de la poussière, des gaz d'échappement ou du soleil. L'utilisation d'un collyre ou des bains oculaires réguliers sont conseillés aux plus sensibles. Il est dangereux de soigner une simple irritation par des antibiotiques.

La conjonctivite peut venir d'une allergie.

Miliaire et bourbouille. C'est une éruption cutanée (appelée bourbouille en cas de surinfection) due à la sueur qui s'évacue mal : elle frappe en général les personnes qui viennent d'arriver dans un climat à pays chaud et dont les pores ne sont pas encore suffisamment dilatés pour permettre une transpiration plus abondante que d'habitude. En attendant de vous acclimater, prenez des bains fréquents suivis d'un léger talcage, ou réfugiez-

Décalage horaire

Les malaises liés aux voyages en avion apparaissent généralement après la traversée de trois fuseaux horaires (chaque zone correspond à un décalage d'une heure). Plusieurs fonctions de notre organisme – dont la régulation thermique, les pulsations cardiaques, le travail de la vessie et des intestins – obéissent en effet à des cycles internes de 24 heures, qu'on appelle rythmes circadiens. Lorsque nous effectuons de longs parcours en avion, le corps met un certain temps à s'adapter à la "nouvelle" heure de notre lieu de destination – ce qui se traduit souvent par des sensations d'épuisement, de confusion, d'anxiété, accompagnées d'insomnie et de perte d'appétit. Ces symptômes disparaissent généralement au bout de quelques jours, mais on peut en atténuer les effets moyennant quelques précautions :

- Efforcez-vous de partir reposé. Autrement dit, organisez-vous : pas d'affolement de dernière minute, pas de courses échevelées pour récupérer passeports ou chèques de voyage. Évitez aussi les soirées prolongées avant d'entreprendre un long voyage aérien.
- A bord, évitez les repas trop copieux (ils gonflent l'estomac !) et l'alcool (qui déshydrate). Mais veillez à boire beaucoup – des boissons non gazeuses, non alcoolisées, comme de l'eau et des jus de fruits.
- Abstenez-vous de fumer pour ne pas appauvrir les réserves d'oxygène ; ce serait un facteur de fatigue supplémentaire.
- Portez des vêtements amples, dans lesquels vous vous sentez à l'aise ; un masque oculaire et des bouchons d'oreille vous aideront peut-être à dormir.

vous, quand cela est possible, dans des locaux climatisés. Attention ! il est recommandé de ne pas prendre plus de deux douches savonneuses par jour.

Mycoses. Les infections fongiques dues à la chaleur apparaissent généralement sur le cuir chevelu, entre les doigts ou les orteils (pied d'athlète), sur l'aine ou sur tout le corps (teigne). On attrape la teigne (qui est un champignon et non un parasite animal) par le contact avec des animaux infectés ou en marchant dans des endroits humides, comme le sol des douches.

Pour éviter les mycoses, portez des vêtements amples et confortables, en fibres naturelles, lavez-les fréquemment et séchez-les bien. Conservez vos tongs dans les pièces d'eau. Si vous attrapez des champignons, nettoyez quotidiennement la partie infectée avec un désinfectant ou un savon traitant et séchez bien. Appliquez ensuite un fongicide et laissez autant que possible à l'air libre. Changez fréquemment de serviettes et de sous-vêtements et lavez-les soigneusement à l'eau chaude. Bannissez absolument les sous-vêtements qui ne sont pas en coton.

Maladies infectieuses et parasitaires

Bilharzioses. Les bilharzioses sont des maladies dues à des vers qui vivent dans les vaisseaux sanguins et dont les femelles viennent pondre leurs œufs à travers la paroi des intestins ou de la vessie.

On se contamine en se baignant dans les eaux douces (rivières, ruisseaux, lacs et retenues de barrage) où vivent les mollusques qui hébergent la forme larvaire des bilharzies. Juste après le bain infestant, on peut noter des picotements ou une légère éruption cutanée à l'endroit où le parasite est passé à travers la peau. Quatre à douze semaines plus tard, apparaissent une fièvre et des manifestations allergiques. En phase chronique, les symptômes principaux sont des douleurs abdominales et une diarrhée, ou la présence de sang dans les urines.

Si par mégarde ou par accident, vous vous baignez dans une eau infectée (même les eaux douces profondes peuvent être infestées), séchez-vous vite et séchez aussi vos vêtements. Consultez un médecin si vous êtes inquiet. Les premiers symptômes de la bilharziose peuvent être confondus avec ceux du paludisme ou de la typhoïde.

Choléra. Les cas de choléra sont généralement signalés à grande échelle dans les médias, ce qui permet d'éviter les régions concernées. La protection conférée par le vaccin n'étant pas fiable, celui-ci n'est pas recommandé. Prenez donc toutes les précautions alimentaires nécessaires. Symptômes : diarrhée soudaine, selles très liquides et claires, vomissements, crampes musculaires et extrême faiblesse. Il faut consulter un médecin ou aller à l'hôpital au plus vite, mais on peut commencer à lutter immédiatement contre la déshydratation qui peut être très forte. Une boisson à base de cola salée, dégazéifiée et diluée au 1/5 ou encore du bouillon bien salé seront utiles en cas d'urgence.

Diarrhée. Le changement de nourriture, d'eau ou de climat suffit à la provoquer ; si elle est causée par des aliments ou de l'eau contaminés, le problème est plus grave. En dépit de tout es vos précautions, vous aurez peut-être la "turista", mais quelques visites aux toilettes sans aucun autre symptôme n'ont rien d'alarmant. La déshydratation est le danger principal que fait courir toute diarrhée, particulièrement chez les enfants. Ainsi le premier traitement consiste à boire beaucoup : idéalement, il faut mélanger huit cuillerées à café de sucre et une de sel dans un litre d'eau. Sinon du thé noir léger, avec peu de sucre, des boissons gazeuses qu'on laisse se dégazéifier et qu'on dilue à 50% avec de l'eau purifiée, sont à recommander. En cas de forte diarrhée, il faut prendre une solution réhydratante pour remplacer les sels minéraux. Quand vous irez mieux, continuez à manger légèrement. Les antibiotiques peuvent être utiles dans le traitement de diarrhées très fortes, en particulier si elles sont accompagnées de nausées, de vomissements, de crampes d'estomac ou d'une fièvre légère. Trois jours de traitement sont généralement suffisants et on constate normalement une amélioration dans les 24 heures. Toutefois, lorsque la diarrhée persiste au-delà de 48 heures ou s'il y a présence de sang dans les selles, il est préférable de consulter un médecin.

Diphtérie. Elle prend deux formes : celle d'une infection cutanée ou celle d'une infection de la gorge, plus dangereuse. On l'attrape au contact de poussière contaminée sur la peau, ou en inhalant des postillons d'éternuements ou de toux de personnes contaminées. Pour prévenir l'infection cutanée, il faut se laver souvent et bien sécher la peau. Il existe un vaccin contre l'infection de la gorge.

Dysenterie. Affection grave, due à des aliments ou de l'eau contaminés, la dysenterie se manifeste par une violente diarrhée, souvent accompagnée de sang ou de mucus dans les selles. On distingue deux types de dysenterie : la dysenterie bacillaire se caractérise par une forte fièvre et une évolution rapide ; maux de tête et d'estomac et vomissements en sont les symptômes. Elle dure rarement plus d'une semaine mais elle est très contagieuse. La dysenterie amibienne, quant à elle, évolue plus graduellement, sans fièvre ni vomissements, mais elle est plus grave. Elle dure tant qu'elle n'est pas traitée, peut réapparaître et causer des problèmes de santé à long terme. Une analyse des selles est indispensable pour diagnostiquer le type de dysenterie. Il faut donc consulter rapidement.

Gastro-entérite virale. Provoquée par un virus et non par une bactérie, elle se traduit par des crampes d'estomac, une diarrhée et parfois des vomissements et/ou une légère fièvre. Un seul traitement : repos et boissons en quantité.

Giardiase. Ce parasite intestinal est présent dans l'eau souillée ou dans les aliments souillés par l'eau. Symptômes : crampes d'estomac, nausées, estomac ballonné, selles très liquides et nauséabondes, et gaz fréquents. La giardiase peut n'apparaître que plusieurs semaines après la contamination. Les symptômes peuvent disparaître pendant quelques jours puis réapparaître, et ceci pendant plusieurs semaines.

Hépatites. L'hépatite est un terme général qui désigne une inflammation du foie. Elle est le plus souvent due à un virus. Dans les formes les plus discrètes, le patient n'a aucun symptôme. Les formes les plus habituelles se manifestent par une fièvre, une fatigue qui peut être intense, des douleurs abdominales, des nausées, des vomissements, associés à la présence d'urines très foncées et de selles décolorées presque blanches. La peau et le blanc des yeux prennent une teinte jaune (ictère). L'hépatite peut parfois se résumer à un simple épisode de fatigue sur quelques jours ou semaines.

Hépatite A. C'est la plus répandue et la contamination est alimentaire. Il n'y a pas de traitement médical ; il faut simplement se reposer, boire beaucoup, manger légèrement en évitant les graisses et s'abstenir totalement de toute boisson alcoolisée pendant au moins six mois.

L'hépatite A se transmet par l'eau, les coquillages et, d'une manière générale, tous les produits manipulés à mains nues. En faisant attention à la nourriture et à la boisson, vous préviendrez le virus. Malgré tout, s'il existe un fort risque d'exposition, il vaut mieux se faire vacciner.

Hépatite B. Elle est très répandue, puisqu'il existe environ 30 millions de porteurs chroniques dans le monde. Elle se transmet par voie sexuelle ou sanguine (piqûre, transfusion). Évitez de vous faire percer les oreilles, tatouer, raser ou de vous faire soigner par piqûres si vous avez des doutes quant à l'hygiène des lieux. Les symptômes de l'hépatite B sont les mêmes que ceux de l'hépatite A, mais, dans un faible pourcentage de cas, elle peut évoluer vers des formes chroniques dont, dans des cas extrêmes, le cancer du foie. La vaccination est très efficace.

Hépatite C. Ce virus se transmet par voie sanguine (transfusion ou utilisation de seringues usagées) et semble donner assez souvent des hépatites chroniques. La seule prévention est d'éviter tout contact sanguin, car il n'existe pour le moment aucun vaccin contre cette hépatite.

Hépatite D. On sait encore peu de choses sur ce virus, sinon qu'il apparaît chez des sujets atteints de l'hépatite B et qu'il se transmet par voie sanguine. Il n'existe pas de vaccin, mais le risque de contamination est, pour l'instant, limité.

Hépatite E. Il semblerait que cette souche soit assez fréquente dans certains pays en développement, bien que l'on ne dispose pas de beaucoup d'éléments actuellement. Similaire à l'hépatite A, elle se contracte de la même manière, généralement par l'eau. De forme bénigne, elle peut néanmoins être dangereuse pour les femmes enceintes. A l'heure actuelle, il n'existe pas de vaccin.

Leptospirose. Cette maladie infectieuse, due à une bactérie (le leptospire) qui se développe dans les mares et les ruisseaux, se transmet par des animaux comme le rat et la mangouste.

On peut attraper cette maladie en se baignant dans des nappes d'eau douce, contaminées par de l'urine animale. La leptospirose pénètre dans le corps humain par le nez, les yeux, la bouche ou les petites coupures cutanées. Les symptômes, similaires à ceux de la grippe, peuvent survenir 2 à 20 jours suivant la date d'exposition : fièvre, frissons, sudation, maux de tête, douleurs musculaires, vomissements et diarrhées en sont les plus courants. Du sang dans les urines ou une jaunisse peuvent apparaître dans les cas les plus sévères. Les symptômes durent habituellement quelques jours, voire quelques semaines. La maladie est rarement mortelle.

Évitez donc de nager et de vous baigner dans tout plan d'eau douce, notamment si vous avez des plaies ouvertes ou des coupures.

Maladies sexuellement transmissibles. La blennorragie, l'herpès et la syphilis sont les plus connues. Plaies, cloques ou éruptions autour des parties génitales, suppurations ou douleurs lors de la miction en sont les symptômes habituels ; ils peuvent être moins aigus ou inexistants chez les femmes. Les symptômes de la syphilis finissent par disparaître complètement, mais la maladie continue à se développer et provoque de graves problèmes par la suite. On traite la blennorragie et la syphilis par les antibiotiques.

Les maladies sexuellement transmissibles (MST) sont nombreuses, mais on dispose d'un traitement efficace pour la plupart d'entre elles.

La seule prévention des MST est l'usage systématique du préservatif lors des rapports sexuels. Pensez à en emporter ; ceux vendus en Inde ne sont pas toujours fiables.

Méningite à méningocoques. Le Népal et le nord de l'Inde connaissent des épidémies de méningite. Postillons et éternuements suffisent à propager le germe. Cette maladie très grave attaque le cerveau et peut être mortelle.

Symptômes : taches disséminées sur le corps, fièvre, trouble de la conscience, fort mal de tête, hypersensibilité à la lumière et raideur du cou. La mort peut survenir en quelques heures. Il faut se faire soigner immédiatement. Le vaccin est efficace pendant plus de quatre ans, mais renseignez-vous quand même sur les épidémies.

Rage. Très répandue, cette maladie est transmise par un animal contaminé : chien, singe et chat principalement. Morsures, griffures ou même simples coups de langue d'un mammifère doivent être nettoyés immédiatement et à fond. Frottez avec du savon et de l'eau courante, puis nettoyez avec de l'alcool. S'il y a le moindre risque que l'animal soit contaminé, allez immédiatement voir un médecin. Même si l'animal n'est pas enragé, toutes les morsures doivent être surveillées de près pour éviter les risques d'infection et de tétanos. Un vaccin antirabique est désormais disponible. Il faut y songer si vous pensez explorer des grottes (les morsures de chauves-souris peuvent être dangereuses) ou travailler avec des animaux. Cependant, la vaccination préventive ne dispense pas de la nécessité d'un traitement antirabique immédiatement après un contact avec un animal enragé ou dont le comportement peut paraître suspect.

Tétanos. Cette maladie parfois mortelle se rencontre partout, et surtout dans les pays tropicaux en voie de développement. Difficile à soigner, elle se prévient par vaccination. Le bacille du tétanos se développe dans les plaies. Il est donc indispensable de bien nettoyer coupures et morsures. Premiers symptômes : difficulté à avaler ou raideur de la mâchoire ou du cou. Puis suivent des convulsions douloureuses de la mâchoire et du corps tout entier.

Tuberculose. Bien que très répandue dans de nombreux pays en développement, cette maladie ne présente pas de grand danger pour le voyageur. Les enfants de moins de 12 ans sont plus exposés que les adultes. Il est donc conseillé de les faire vacciner s'ils voyagent dans des régions où la maladie est endémique. La tuberculose se propage habituellement par la toux ou par des produits laitiers non pasteurisés faits avec du lait de vaches tuberculeuses. On peut boire du lait bouilli et manger yaourts ou fromages (l'acidification du lait dans le processus de fabrication élimine les bacilles) sans courir de risques.

Typhoïde. La fièvre typhoïde est une infection du tube digestif. La vaccination n'est pas entièrement efficace et l'infection est particulièrement dangereuse.

Premiers symptômes : les mêmes que ceux d'un mauvais rhume ou d'une grippe, mal de tête et de gorge, fièvre qui augmente régulièrement pour atteindre 40°C ou plus. Le pouls est souvent lent par rapport à la température élevée et ralentit à mesure que la fièvre augmente. Ces symptômes peuvent être accompagnés de vomissements, de diarrhée ou de constipation.

La deuxième semaine, quelques petites taches roses peuvent apparaître sur le corps. Autres symptômes : tremblements, délire, faiblesse, perte de poids et déshydratation. S'il n'y a pas d'autres complications, la fièvre et les autres symptômes disparaissent peu à peu la troisième semaine. Cependant, un suivi médical est indispensable, car les complications sont fréquentes, en particulier la pneumonie (infection aiguë des poumons) et la péritonite (éclatement de l'appendice). De plus, la typhoïde est très contagieuse.

Mieux vaut garder le malade dans une pièce fraîche et veiller à ce qu'il ne se déshydrate pas.

Vers. Fréquents en zones rurales tropicales, on les trouve dans les légumes non lavés ou la viande trop peu cuite. Ils se logent également sous la peau quand on marche pieds nus (ankylostome). Souvent l'infection ne se déclare qu'au bout de plusieurs semaines. Bien que bénigne en général, elle doit être traitée sous peine de complications sérieuses. Une analyse des selles est nécessaire.

VIH/sida. L'infection à VIH (virus de l'immunodéficience humaine), agent causal du sida (syndrome d'immunodéficience acquise) est présente dans pratiquement tous les pays et épidémique dans nombre d'entre eux. La transmission de cette infection se fait : par rapport sexuel (hétérosexuel ou homosexuel – anal, vaginal ou oral), d'où l'impérieuse nécessité d'utiliser des préservatifs à titre préventif ; par le sang, les produits sanguins et les aiguilles contaminées. Il est impossible de détecter la présence du VIH chez un individu apparemment en parfaite santé sans procéder à un examen sanguin. Bien que l'Inde soit en

Le sida en Inde

En 2000, l'Inde a enregistré le plus grand nombre d'infections par le VIH de la planète avec 3,7 millions de cas signalés – un chiffre sans doute inférieur à la réalité car la majorité des cas de sida et des décès dus au VIH ne sont pas déclarés. Mumbai détient le taux le plus élevé du pays ; on estime que 72 % de ses travailleurs sexuels (avec une moyenne de 50 clients par jour) sont séropositifs. Les chauffeurs routiers (dans tout le pays) font également partie de la catégorie à haut risque.

Dans ce pays de plus d'un milliard d'habitants, certains responsables de la santé affirment que, sans la mise en place de programmes d'éducation appropriés et l'augmentation de l'utilisation des préservatifs, le nombre de séropositifs pourrait atteindre le chiffre affolant de 31 millions en 2010.

mesure d'analyser les dons de sang, il faut rester d'une extrême prudence – les laboratoires ne subissent pas tous les contrôles garantissant que ces tests sont effectués sérieusement.

Évitez tout échange d'aiguilles. S'ils ne sont pas stérilisés, les instruments de chirurgie, les aiguilles d'acupuncture et de tatouage, les instruments utilisés pour percer les oreilles ou le nez peuvent transmettre l'infection. Il est fortement conseillé d'acheter seringues et aiguilles avant de partir.

Toute demande de certificat attestant la séronégativité concernant le VIH (certificat d'absence de sida) est contraire au Règlement sanitaire international (article 81).

Affections transmises par les insectes

Dengue. Il n'existe pas de traitement prophylactique contre cette maladie propagée par les moustiques, qui devient rapidement l'un des problèmes de santé les plus préoccupants dans les pays tropicaux, Inde comprise. Poussée de fièvre, maux de tête, douleurs articulaires et musculaires précèdent une éventuelle éruption cutanée sur le tronc qui s'étend ensuite aux membres, puis au visage. Au bout de quelques jours, la fièvre régresse et la convalescence commence. Les complications graves sont rares.

Encéphalite japonaise. Un moustique nocturne (le culex) est responsable de sa transmission, surtout dans les zones rurales près des élevages de cochons ou des rizières, car les porcs et certains oiseaux nichant dans les rizières servent de réservoirs au virus.

Symptômes : fièvre soudaine, frissons et maux de tête, suivis de vomissements et de délire, aversion marquée pour la lumière vive et douleurs aux articulations et aux muscles. Les cas les plus graves provoquent des convulsions et un coma. Chez la plupart des individus qui contractent le virus, aucun symptôme n'apparaît.

Les personnes les plus en danger sont celles qui doivent passer de longues périodes en zone rurale pendant la saison des pluies (de juillet à octobre). Si c'est votre cas, il faudra peut-être vous faire vacciner.

Paludisme. Le paludisme, ou malaria, est transmis par un moustique, l'anophèle, dont la femelle pique surtout la nuit, entre le coucher et le lever du soleil.

En Inde, seuls l'Himachal Pradesh, le Jammu et Cachemire et le Sikkim ne sont pas touchés par le paludisme.

Il survient généralement dans le mois suivant le retour de la zone d'endémie. Symptômes : maux de tête, fièvre et troubles digestifs. Non traité, il peut avoir des suites graves, parfois mortelles. Il existe différentes espèces de paludisme, dont celui à *Plasmodium falciparum* pour lequel le traitement devient de plus en plus difficile à mesure que la résistance du parasite aux médicaments gagne en intensité.

Les médicaments antipaludéens n'empêchent pas la contamination mais ils suppriment les symptômes de la maladie. Si vous voyagez dans des régions où la maladie est endémique, il faut absolument suivre un traitement préventif. La chimioprophylaxie fait appel à la chloroquine (seule ou associée au proguanil), ou à la méfloquine en fonction de la zone géographique du séjour. Renseignez-vous impérativement auprès d'un médecin spécialisé, car le traitement n'est pas toujours le même à l'intérieur d'un même pays.

Tout voyageur atteint de fièvre ou montrant les symptômes de la grippe doit se faire examiner. Il suffit d'une analyse de sang pour établir le diagnostic. Contrairement à certaines croyances, une crise de paludisme ne signifie pas que l'on est touché à vie.

Rickettsioses. Les rickettsioses sont des maladies transmises soit par des acariens (dont les tiques), soit des poux. La plus connue est le typhus. Elle commence comme un mauvais rhume, suivi de fièvre, de frissons, de migraines, de douleurs musculaires et d'une éruption cutanée. Une plaie douloureuse se forme autour de la piqûre et les ganglions lymphatiques voisins sont enflés et douloureux.

Le typhus des broussailles est transmis par des acariens. On le rencontre principalement en Asie et dans les îles du Pacifique.

Coupures, piqûres et morsures

Coupures et égratignures. Les blessures s'infectent très facilement dans les climats chauds et cicatrisent difficilement. Coupures et égratignures doivent être traitées avec un antiseptique et du mercurochrome. Évitez si possible bandages et pansements qui empêchent la plaie de sécher.

Les coupures de corail sont particulièrement longues à cicatriser, car le corail injecte un venin léger dans la plaie. Portez des chaussures pour marcher sur des récifs, et nettoyez chaque blessure à fond.

Méduses. Les conseils des habitants vous éviteront de faire la rencontre des méduses et de leurs tentacules urticants. Certaines espèces peuvent être mortelles mais, en général, la piqûre est seulement douloureuse. Des antihistaminiques et des analgésiques limiteront la réaction et la douleur.

Piqûres. Les piqûres de guêpe ou d'abeille sont généralement plus douloureuses que dangereuses. Une lotion apaisante ou des glaçons soulageront la douleur et empêcheront la piqûre de trop gonfler. Certaines araignées sont dangereuses mais il existe en général des antivenins. Les piqûres de scorpion sont très douloureuses et parfois mortelles. Inspectez vos vêtements ou vos chaussures avant de les enfiler.

Punaises et poux. Les punaises – un réel problème dans les hôtels indiens les plus spartiates – affectionnent les literies douteuses. Si vous repérez de petites taches de sang sur les draps ou les murs autour du lit, cherchez un autre hôtel. Les piqûres de punaises forment des alignements réguliers. Une pommade calmante apaisera la démangeaison.

Les poux provoquent des démangeaisons. Ils élisent domicile dans les cheveux, les vêtements ou les poils pubiens. On en attrape par contact direct avec des personnes infestées ou en utilisant leur peigne, leurs vêtements, etc. Poudres et shampooings détruisent poux et lentes ; il faut également laver les vêtements à l'eau très chaude.

Sangsues et tiques. Les sangsues, présentes dans les régions de forêts humides, se collent à la peau et sucent le sang. Les randonneurs en retrouvent souvent sur leurs jambes ou dans leurs bottes. Du sel ou le contact d'une cigarette allumée les feront tomber. Ne les arrachez pas, car la morsure s'infecterait plus facilement. Une crème

La prévention antipaludique

Le soir, dès le coucher du soleil, quand les moustiques sont en pleine activité, couvrez vos bras et surtout vos chevilles, mettez de la crème répulsives. Les moustiques sont parfois attirés par le parfum ou l'après-rasage.

En dehors du port de vêtements longs, l'utilisation d'insecticides (diffuseurs électriques, bombes insecticides, tortillons fumigènes) ou de répulsifs sur les parties découvertes du corps est à recommander. La durée d'action de ces répulsifs est généralement de 3 à 6 heures. Les moustiquaires constituent en outre une protection efficace à condition qu'elles soient imprégnées d'insecticide (non nocif pour l'homme). L'Organisation mondiale de la santé (OMS) préconise fortement ce mode de prévention. De plus, ces moustiquaires sont radicales contre tout insecte à sang froid (puces, punaises, etc.) et permettent d'éloigner serpents et scorpions.

Il existe désormais des moustiquaires imprégnées synthétiques très légères (environ 350 g) que l'on peut trouver en pharmacie. A titre indicatif, vous pouvez vous en procurer par correspondance auprès du Service médical international (SMI), 9, rue Ambroise-Thomas, 75009 Paris (☎ 01 44 79 95 95 ; fax 01 44 79 95 94).

Notez enfin que, d'une manière générale, le risque de contamination est plus élevé en zone rurale et pendant la saison des pluies.

répulsive peut les maintenir éloignées. Utilisez de l'alcool, de l'éther, de la vaseline ou de l'huile pour vous en débarrasser. Vérifiez toujours que vous n'avez pas attrapé de tiques dans une région infestée : elles peuvent transmettre le typhus.

Serpents. Portez toujours bottes, chaussettes et pantalons longs pour marcher dans la végétation à risque. Ne hasardez pas la main dans les trous et les anfractuosités et faites attention lorsque vous ramassez du bois pour faire du feu. Les morsures de serpents ne provoquent pas instantanément la mort et il existe généralement des antivenins. Il faut calmer la victime, lui interdire de bouger, bander étroitement le membre comme pour une foulure et l'immobiliser avec une attelle. Trouvez ensuite un médecin et essayez de lui apporter le serpent mort. N'essayez en aucun cas d'attraper le serpent s'il y a le moindre risque qu'il pique à nouveau. On sait désormais qu'il ne faut absolument pas sucer le venin ou poser un garrot.

Santé au féminin

Grossesse. La plupart des fausses couches ont lieu pendant les trois premiers mois de la grossesse. C'est donc la période la plus risquée pour voyager. Pendant les trois derniers mois, il vaut mieux rester à distance raisonnable de bonnes infrastructures médicales, en cas de problèmes. Les femmes enceintes doivent éviter de prendre inutilement des médicaments. Cependant, certains vaccins et traitements préventifs contre le paludisme restent nécessaires. Mieux vaut consulter un médecin avant de prendre quoi que ce soit.

Problèmes gynécologiques. Une nourriture pauvre, une résistance amoindrie par l'utilisation d'antibiotiques contre des problèmes intestinaux peuvent favoriser les infections vaginales lorsqu'on voyage dans des pays à climat chaud. Respectez une hygiène intime scrupuleuse et portez jupes ou pantalons amples et sous-vêtements en coton.

Les champignons, caractérisés par une éruption cutanée, des démangeaisons et des pertes, peuvent se soigner facilement. En revanche, les trichomonas sont plus graves ; pertes blanches et sensation de brûlure lors de la miction en sont les symptômes. Le partenaire masculin doit également être soigné. Le meilleur moyen d'éviter les MST (voir plus haut *Maladies sexuellement transmissibles*) reste l'utilisation systématique d'un préservatif.

Il n'est pas rare que le cycle menstruel soit perturbé lors d'un voyage.

VOYAGER SEULE

Même s'il est arrivé que des étrangères (y compris d'origine indienne) aient été agressées, l'Inde est beaucoup plus sûre pour les femmes seules que bien d'autres pays ; en revanche, vous vous ferez souvent (voire sans cesse) dévisager. Les conseils fournis dans cette rubrique ont pour but de vous informer des problèmes, non de vous affoler (voir aussi *Les femmes dans la société* à la rubrique *Règles de conduite* du chapitre *Présentation de l'Inde*).

Les femmes qui voyagent en compagnie d'un homme courent moins de risques de se faire importuner. Néanmoins, une femme étrangère d'origine indienne voyageant avec un homme non-indien doit se préparer à affronter des regards désapprobateurs ; avoir un compagnon d'origine étrangère reste mal accepté dans une grande partie du pays.

Être femme procure quelques avantages. Habituellement, les femmes peuvent passer devant tout le monde dans une queue sans que quiconque proteste, utiliser les wagons de train qui leur sont réservés et, parfois, entrer gratuitement dans les boîtes de nuit. Des sections sont destinées aux femmes dans certains cinémas, restaurants et autres lieux publics. Pour des conseils sur ce que vous devez emporter, reportez-vous à la rubrique *Que prendre avec soi*, plus haut dans ce chapitre.

Comment s'habiller

La sécurité est une question de bon sens et de comportement culturellement adapté. Respecter quelques règles vestimentaires minimise en grande partie les problèmes. Évitez les chemisiers sans manches, les shorts, les vêtements moulants et les tenues qui suggèrent que vous n'avez pas de soutien-gorge. S'il va de soi que s'exposer à moitié nue encourage le harcèlement sexuel, cela donne aussi une piètre image des femmes étrangères en général.

Porter un costume indien, selon l'usage consacré, donne une impression positive.

Se vêtir d'un *choli* (courte blouse ajustée portée sous le sari) et d'un jupon (que beaucoup d'étrangères confondent avec une jupe) revient à sortir à moitié habillée. En revanche, le *salwar kameez* (le traditionnel costume penjabi composé d'une longue tunique et d'un pantalon) est une tenue tout à fait convenable, pratique et confortable. Les Occidentales l'adoptent de plus en plus, d'autant qu'il en existe de très jolis, à tous les prix. Par temps chaud, un salwar kameez en coton, agréablement frais, évite les coups de soleil. Le dupatta (longue écharpe) qui complète cette tenue est idéal pour se couvrir la tête dans certains temples.

Précautions à prendre

Vous devrez vous habituer aux regards incessants. Marchez avec assurance et ignorez les coups d'œil masculins ; y répondre ne ferait que les encourager. Porter des lunettes de soleil peut être d'un grand secours. Au restaurant, se plonger dans un livre ou écrire des cartes postales décourage les importuns.

Si vous ne souhaitez pas qu'une conversation se prolonge, posez une question directe tout en restant polie. Répondre à des propos saugrenus peut passer pour un encouragement. Si votre interlocuteur s'extasie sur votre physique ou s'enquiert d'un éventuel petit ami, soyez sûre qu'il a des arrière-pensées. Des voyageuses se protègent en portant une alliance ou en glissant rapidement dans la conversation qu'elles sont mariées ou fiancées (que cela soit vrai ou non). Si vous avez l'impression qu'un homme vous suit, dites-lui fermement de vous laisser tranquille – assez fort pour attirer l'attention des passants. S'il insiste, le silence constitue souvent le moyen le plus efficace de se débarrasser d'un importun.

Dans les trains et les bus, n'hésitez pas à repousser les gestes déplacés ; posez un sac entre vous et votre voisin et, si cela ne suffit pas, changez de place. Essayez d'arriver dans une ville avant la tombée de la nuit et, bien entendu, ne vous promenez pas seule le soir, surtout dans les endroits isolés.

Les voyageuses doivent parfois faire face à des commentaires désagréables, des gestes déplacés, des moqueries, des bousculades "accidentelles", voire des attouchements. Plusieurs cas de viols d'étrangères ont également été rapportés. Certaines fêtes ou manifestations exubérantes, comme la fête de Holi, peuvent occasionner des problèmes (voir plus loin *Désagréments et dangers*).

Harcèlement sexuel

Les étrangères ne sont pas les seules à susciter une attention masculine non sollicitée. Ces dernières années, de plus en plus de femmes indiennes ont fait les frais de ce qu'on appelle l'"Eve-teasing" (un euphémisme qui désigne le harcèlement sexuel, souvent verbal). Récemment, on a pu lire dans la presse que 80% des femmes des villes subissaient "de temps à autre ces pratiques répugnantes", notamment sur les campus universitaires et dans les bazars. Selon les autorités, les coupables sont, pour la plupart, des groupes d'adolescents et d'étudiants issus de familles aisées.

Sensibilisées, les autorités ont pris diverses mesures pour mettre fin à ce comportement. Ainsi, à Indore (Madhya Pradesh), la police a lancé l'"Operation Rangeen" ; malheureusement, faute des résultats escomptés, la campagne a été rapidement abandonnée. Dans certains commissariats de police, des unités spéciales "We Care for You" ("Nous nous soucions de vous") ont été mises en place dans le seul but d'encourager les femmes victimes de harcèlement à porter plainte. Là encore, les résultats ont été décevants. Nombre de femmes ont dit avoir honte d'entreprendre une telle démarche. Certaines ont déclaré ouvertement ne pas faire confiance à ce système car elles avaient été harcelées par des représentants de la loi. D'autres ont simplement trop peur, leurs agresseurs les ayant menacées de représailles au cas où elles iraient "bavarder chez les flics".

COMMUNAUTÉ HOMOSEXUELLE

En dehors de certains quartiers plus tolérants des grandes villes (comme Mumbai, Dehli, Kolkata et Bangalore), l'homosexualité reste largement refoulée. Si vous voyez des hommes se tenir par la main ou se montrer affectueux en public, n'en concluez pas trop vite qu'ils sont gays ; il s'agit d'une démonstration d'amitié communément admise.

Étant donné l'importance du mariage, la plupart des homosexuels ne dévoilent pas leur tendance ou risquent de se voir reniés par leur famille et par la société.

A l'instar des couples occidentaux hétérosexuels – mariés ou non – qui voyagent dans le sous-continent, les voyageurs homosexuels doivent faire preuve de discrétion et s'abstenir de tendres épanchements en public.

La communauté non hétérosexuelle la plus visible est celle des *hijra*, une caste de travestis et d'eunuques qui s'habillent en femmes. Certains sont gays, certains hermaphrodites, d'autres castrés (volontairement ou non). Les hijra contournent le refus de l'homosexualité en s'affichant comme une sorte de troisième sexe. La plupart gagnent leur vie en animant les mariages et les fêtes célébrant la naissance d'un enfant mâle et en se prostituant.

Statut légal

En Inde, les relations homosexuelles entre hommes sont illégales. Le paragraphe 377 de la législation nationale interdit "les rapports charnels contre nature". Les peines prévues en cas de transgression peuvent aller jusqu'à l'emprisonnement à vie. Aucune loi n'interdit les relations lesbiennes.

Publications et sites web

Le *Bombay Dost*, une publication gay et lesbienne de Mumbai, est en vente au centre commercial 105 Veena-Beena, Bandra West, Mumbai, ainsi que dans plusieurs librairies et kiosques à journaux de diverses villes.

Le magazine gay de Dehli, *Darpan*, est publié par le mouvement homosexuel Humrahi. On le trouve dans les librairies et les kiosques de la capitale.

Quelques excellents sites web fournissent des informations sur le milieu homosexuel indien :

Bombay Dost – publication gay et lesbienne www.bombay-dost.com

Gay Bombay – manifestations, problèmes juridiques, arts et distractions à Mumbai www.gaybombay.com

Gay Dehli – horoscopes, manifestations, informations et critiques à Dehli www.members.tripod.com/gaydehli

Humrahi – forum pour les gays à Dehli www.geocities.com/WestHollywood/Heights/7258

Humsafar – groupe de soutien de Mumbai, spécialisé dans les questions de santé www.humsafar.org

Sahodaran – groupes de discussion, yoga et distractions à Chennai www.sahodaran.faithweb.com

VOYAGEURS HANDICAPÉS

Voyager en Inde relève parfois du défi, même pour le voyageur robuste. Les longs trajets dans des bus surchargés entre des villages reculés, la foule omniprésente des grandes villes et les escaliers ardus de certains hôtels mettent à l'épreuve les plus résistants. Si vous ne pouvez pas marcher, la situation se complique. Peu d'édifices disposent de rampes d'accès ; les toilettes ne sont pas conçues pour accueillir les fauteuils roulants ; les trottoirs, lorsqu'ils existent (uniquement dans les grandes villes), sont généralement creusés de nids-de-poule, jonchés de débris et encombrés de piétons. Toutefois, la façon dont les handicapés locaux se frayent un chemin à travers la circulation, à une vitesse stupéfiante sur des bicyclettes améliorées, peut inspirer les plus hardis ! Si votre mobilité est restreinte, vous aurez besoin d'un compagnon valide et robuste et nous vous conseillons d'envisager la location d'un véhicule privé avec chauffeur.

Pour tous renseignements sur les possibilités de voyage en Inde pour les personnes à mobilité réduite, vous pouvez contacter les organismes suivants en France :

Comité national pour la réadaptation des handicapés (CNRH ; ☎ 01 53 80 66 66, cnrh@worldnet.net), 236bis rue de Tolbiac, 75013 Paris

Association des paralysés de France (APF ; ☎ 01 40 78 69 00, www.aps-asso.com), 17 bd Blanqui, 75013 Paris

VOYAGEURS SENIORS

A moins que vous ne souffriez d'une mobilité restreinte, d'une mauvaise vue ou de toute incapacité grave, l'âge ne constitue pas un handicap pour voyager en Inde.

Sachez toutefois que cela peut être épuisant, même pour les jeunes les plus dynamiques. Mieux vaut ne pas en faire trop en un seul jour et prévoir, de temps en temps, une journée de farniente pour recharger ses batteries.

Si vous aimez le confort, choisissez des hôtels de catégories supérieure ou moyenne (ces derniers ne sont pas toujours luxueux) et réservez quelques circuits organisés (voir les chapitres régionaux). Vous pouvez aussi louer une voiture avec chauffeur, ce qui procure plus de flexibilité (et de confort) que les transports publics (voir la rubrique *Voiture* du chapitre *Comment circuler*).

Quel que soit votre projet, discutez-en au préalable avec votre médecin traitant (voir aussi la rubrique *Santé* plus haut dans ce chapitre).

VOYAGER AVEC DES ENFANTS

L'Inde est un pays très accueillant pour les enfants – non pour les équipements disponibles, mais pour la manière dont ils sont considérés. Les enfants facilitent souvent les contacts avec la population locale, car ils sont moins gênés et moins conscients des différences de culture qui inhibent les relations entre adultes.

La société indienne étant fondée sur la famille, les enfants sont bienvenus dans la majorité des hôtels et des restaurants. Certains établissements comportent des "chambres familiales", ou vous fourniront volontiers un lit supplémentaire. Quelques hôtels de catégorie supérieure offrent un service de baby-sitting.

En matière de repas, même si peu de restaurants proposent un menu enfant, on se fera un plaisir de satisfaire les commandes les plus simples. Le personnel proteste rarement si vos petits anges prennent le restaurant pour une salle de jeux (veillez toutefois à ce qu'ils ne dérangent pas les autres clients).

Emportez leurs livres et jeux favoris, afin qu'ils aient de quoi s'occuper quand vous vous reposez. Si vous logez dans un hôtel doté de la TV par câble, plusieurs chaînes diffusent des programmes pour enfants en anglais, dont Cartoon Network (une chaîne de dessins animés).

Malgré la bienveillance à l'égard des enfants, voyager en Inde avec sa progéniture peut être fatigant et mieux vaut se partager la tâche entre deux adultes. Soyez prudent à tout moment, et plus particulièrement près des routes ; le comportement des automobilistes est parfois imprévisible, même dans les petites villes. Tout long trajet par la route doit comporter des arrêts réguliers, d'autant que l'état des routes peut rendre le voyage plus éprouvant que prévu, notamment pour les petits. Autant que possible, préférez le train, généralement plus confortable. N'oubliez pas d'emporter de la crème solaire et un chapeau – le soleil de la mi-journée tape très fort (même en hiver). Enfin, prévoyez toujours des réserves d'eau.

Vous trouverez des articles pour bébés, comme les couches, dans les grandes villes et même dans les plus petites ; les marques occidentales sont souvent assez chères. Voici quelques exemples de prix : petits pots Nestlé, 77 Rs (400 g), couches de marque locale, 160 Rs (paquet de 10), lait en poudre Lactogen, 236 Rs (boîte d'1 kg). Emportez les produits et médicaments spécifiques. Si votre enfant est difficile, emportez aussi les produits alimentaires auxquels il est habitué ; vous risquez de ne pas les trouver en Inde. Sur les îles comme les Laquedives, très peu de produits pour bébés sont en vente. Des voyageurs conseillent également d'apporter un matelas de change lavable, pratique à poser sur les surfaces douteuses.

Les distractions susceptibles de plaire aux enfants (zoos, parcs de loisirs, spectacles son et lumière) sont décrites dans les chapitres régionaux.

Pour plus de conseils, consultez la rubrique *Santé*, plus haut dans ce chapitre, ou reportez-vous au guide *Travel with Children* de Maureen Wheeler, publié par Lonely Planet. Le site de Lonely Planet (www.lonelyplanet.com.au) propose également une section consacrée à la question.

DÉSAGRÉMENTS ET DANGERS

Les escroqueries courantes et les éventuels dangers évoqués dans cette rubrique ne doivent pas vous conduire à la paranoïa. Nous ne souhaitons pas donner une image négative de l'Inde ou de ses habitants. Comme partout ailleurs, le bon sens et la prudence sont les meilleures armes contre les agissements délictueux. Nos conseils visent à vous éviter des mésaventures, rapportées, pour la plupart, par des voyageurs. Au cours de votre séjour, prenez le temps de discuter avec d'autres visiteurs, le personnel des hôtels et les agents de voyages afin de vous informer des risques éventuels.

Vols

Ne laissez jamais vos papiers les plus précieux (passeport, billets d'avion, argent) dans votre chambre. Vous devez les garder sur vous en permanence (voir plus haut le paragraphe *Sécurité* de la rubrique *Argent*). Si vous voyagez en train, gardez vos bagages à portée de main. Au besoin, attachez-les par un cadenas au porte-bagages ; dans certains trains récents, des anneaux sous les sièges sont prévus à cet effet. Ne marchez jamais avec des objets de valeur négligemment jetés sur l'épaule. Redoublez d'attention dans les transports publics bondés.

Les voleurs s'intéressent particulièrement aux lignes de train très touristiques, comme le *Shatabdi Express*, entre Delhi et Agra. Toutefois, restez vigilant sur les autres lignes. Le moment du départ, quand la confusion et la foule sont à leur comble, est celui où il faut redoubler d'attention. A l'instant où le train va partir, quelqu'un vous distrait le temps que son complice saisisse le sac que vous avez posé à vos pieds. Soyez également prudent dans les aéroports, surtout si vous arrivez au milieu de la nuit.

De temps en temps, on signale des cas de personnes droguées. Le scénario commence par quelques mots échangés dans un train, un bus ou en ville, puis votre interlocuteur vous offre un *chai* ou une autre boisson. Quelques heures plus tard, vous vous réveillez la tête lourde et vos affaires ont disparu. N'acceptez pas trop facilement nourriture ou boisson, surtout si vous êtes seul.

Ne vous fiez pas non plus trop vite à des voyageurs de rencontre. Malheureusement, certains routards n'ont guère de scrupules à dérober l'argent de leurs compagnons.

Souvenez-vous que les sacs à dos sont très faciles à dévaliser et que la perte d'un objet sans valeur pour le voleur (comme une pellicule photo) vous crèvera le cœur.

Une bonne police d'assurance est indispensable. Si vous êtes victime d'un vol, vous devez le déclarer à la police. Vous aurez besoin du reçu de votre déclaration pour vous faire rembourser par la compagnie. Attention, certaines polices d'assurance imposent un délai maximum entre le moment de la perte et sa déclaration.

Chèques de voyage. Quelques sages précautions vous faciliteront la vie en cas de vol de vos chèques de voyage. Ils sont remplaçables, mais si vous devez attendre votre retour pour en faire la demande à votre banque, cela n'est pas d'une grande utilité ; vous avez besoin de leur remplacement immédiat. Que faire s'il vous faut au moins deux jours pour vous rendre à l'agence idoine ? La meilleure solution consiste à garder dans une pochette à part une petite somme en liquide avec la liste des numéros de vos chèques, les reçus d'achat et de change et votre numéro de passeport.

American Express et d'autres prestataires vantent à grand renfort de publicité le "remplacement immédiat" de leurs chèques. Cependant, de nombreux voyageurs ont constaté à leurs dépens que, faute de certaines précautions, l'immédiat peut s'éterniser. Si vous n'avez pas le reçu délivré lors de l'achat des chèques, le remplacement sera bien moins rapide. Conservez ce reçu à part de vos chèques et faites-en une photocopie.

Le remplacement des chèques American Express perdus se fait sur présentation d'une photocopie de la déclaration de perte à la police, d'une photo, du reçu d'achat des chèques et des numéros des chèques manquants. Si vous ne connaissez pas ces derniers, le bureau contactera l'agence où vous les avez achetés. Si chèques et reçus ont été volés, American Express peut vous remettre une somme de dépannage, le temps de procéder aux vérifications. En cas de perte ou de vol de chèques, appelez dans les 24 heures suivantes le ☎ 011-6145151 à Dehli, accessible 24h/24.

Fête de Holi

La fête hindoue de Holi (voir plus loin *Jours fériés et manifestations annuelles*) mérite bien son surnom de "fête des couleurs". Les joyeux festivaliers font des réserves d'eau et de *gulal* (poudre colorée) dont ils arrosent tout ce qui bouge (piétons, bus, rickshaws et même les vaches sacrées !). C'est l'occasion rêvée de mettre votre plus vilaine chemise et de la voir se transformer en un vêtement psychédélique.

Tout ceci reste dans l'ensemble bon enfant, bien que certains participants aillent parfois trop loin. Des voyageurs ont été aspergés de substances toxiques mélangées à l'eau, qui leur ont laissé des cicatrices douloureuses. Pendant Holi, une tradition non écrite veut que l'on avale quantité d'alcool et de *bhang*, un dérivé du cannabis mélangé aux lassi, aux pakora et aux biscuits. Des voyageuses ont été harcelées par des hommes complètement défoncés, notamment dans des endroits touristiques comme le Rajasthan. Nous conseillons vivement aux femmes de ne pas s'aventurer seules dans les rues.

Aliments et boissons contaminés

Les microbes ne constituent pas la seule menace en ce qui concerne l'alimentation. Au Rajasthan, et ailleurs, le bhang lassi, peut avoir un effet nettement supérieur à celui escompté par l'infortuné voyageur.

On a découvert que certaines cliniques privées avaient prescrits des traitements exagérés pour des problèmes digestifs afin d'obtenir plus d'argent des assurances médicales ; si possible, prenez plusieurs avis. Plus inquiétant, un sérieux problème de nourriture contaminée est apparu en Inde du Nord en 1998, essentiellement à Agra et Varanasi. De nombreux voyageurs sont tombés malades et deux sont morts après avoir mangé dans des restaurants locaux (voir l'encadré *Et un plat frelaté, un !* dans la section *Agra* du chapitre *Uttar Pradesh et Uttaranchal*).

L'eau peut aussi poser problème. Quand vous achetez de l'eau minérale, vérifiez toujours que le bouchon est hermétiquement scellé et que le fond de la bouteille n'a pas été trafiqué. Un voyageur a signalé avoir acheté de l'eau minérale droguée. Une fois vides, écrasez les bouteilles en plastique afin qu'elles ne puissent être réutilisées. Mieux encore, apportez des tablettes pour purifier l'eau, évitant ainsi de contribuer à la pollution par le plastique (voir plus haut les rubriques *Tourisme responsable* et *Santé*).

Régions à risques

Ces dernières années, 17 étrangers ont disparu ou ont été assassinés dans la région de Kullu. Partez en trekking avec un groupe organisé et ne prenez pas de drogue (voir plus loin *Problèmes juridiques*). Nous conseillons également aux randonneurs d'informer plusieurs personnes de leur itinéraire et de leur date de retour (voir l'encadré *Attention, portés disparus* dans le chapitre *Himachal Pradesh*).

Les régions frontalières, et plus particulièrement le Jammu-et-Cachemire, sont sujettes au terrorisme et aux enlèvements. Même si des rabatteurs (en particulier à Delhi) tentent de vous persuader qu'il n'y a aucun risque, consultez votre ambassade pour connaître la situation actuelle.

Racisme

Il n'est pas rare que les voyageurs noirs soient confrontés au racisme. Si vous parlez à des étudiants africains, inscrits dans les universités indiennes, vous les entendrez souvent évoquer les comportements racistes dont ils font l'objet, des insultes au refus de l'accès à certains restaurants et night-clubs.

Si la couleur de la peau n'est pas toujours liée à la caste, les teints les plus clairs sont considérés plus séduisants que les peaux sombres. Pour vous en convaincre, jetez un coup d'œil aux petites annonces matrimoniales des journaux indiens ; le "teint clair" est souvent la condition préalable pour un conjoint potentiel.

Au cours de leur séjour en Inde, les voyageurs noirs ne seront pas systématiquement confrontés au racisme, mais ils doivent s'attendre à des regards plus insistants (souvent méprisants) que les étrangers à peau claire.

Autres recommandations importantes

Plusieurs femmes ont raconté avoir été importunées par des masseurs et autres thérapeutes à McLeod Ganj (Himachal Pradesh). Où que vous soyez, renseignez-vous sur la réputation d'un enseignant ou d'un thérapeute avant de vous rendre à une séance individuelle. Si vous vous sentez mal à l'aise, partez.

De nombreux voyageurs ont été abusés par de faux gourous, ce qui a parfois abouti à des vols, des blessures ou pire (voir plus loin l'encadré *Gourous, ashrams et voyage mystique*).

Pour toute information sur les escroqueries actuelles, comme le fameux trafic de pierres précieuses, reportez-vous à l'encadré *Voyageurs, attention !* à la rubrique *Achats*, en fin de chapitre. L'encadré *Choisissez bien* de la rubrique *Activités*, plus loin dans ce chapitre, donne des conseils pour le choix d'un tour-opérateur fiable spécialisé dans les sports extrêmes. Le paragraphe *Rabatteurs* de la rubrique *Hébergement* explique le racket à la commission dans les hôtels.

Sur les plages indiennes, des marées et des courants dangereux provoquent chaque année de nombreuses noyades. Certaines des plages les plus fréquentées sont surveillées ou possèdent une signalisation indiquant les dangers, mais beaucoup en sont dépourvues. Soyez prudent et renseignez-vous sur place avant d'aller nager. Si vous vous baignez à Puri, sachez que les courants sont parfois traîtres – renseignez-vous auprès d'un maître nageur (voir *Puri* dans le chapitre *Orissa*).

Vous trouverez des informations sur les mouvements de rébellion et les *bandh* (grèves) dans la région du Nord-Est au chapitre correspondant.

Soyez prudent, pas paranoïaque

Ce guide vous avertit des derniers déboires survenus à des voyageurs, mais il serait navrant que l'idée d'être confronté à d'éventuels problèmes vous empêche de participer à des activités et de rencontrer des Indiens.

L'omniprésence des rabatteurs et autres racoleurs qui harcèlent les touristes a pour conséquence regrettable que des voyageurs cèdent à la paranoïa et rudoient des Indiens désintéressés et amicaux, notamment à Dehli et dans certains endroits du Rajasthan.

L'Inde est renommée pour son hospitalité envers les étrangers – ne vous privez pas de rencontres amicales en concluant hâtivement que tout le monde essaie de vous escroquer. Ce n'est nullement le cas.

Si vous circulez dans des régions fraîches et montagneuses, prenez garde au risque d'asphyxie à l'oxyde de carbone (voir l'encadré à ce sujet).

A Varanasi, vous verrez un peu partout des affiches concernant les "personnes disparues" ; reportez-vous à la rubrique *Désagréments et dangers* dans la section *Varanasi*.

EN CAS D'URGENCE

Dans la majeure partie du pays, les numéros d'urgence locaux sont les suivants :

Ambulance	☎ 102
Pompiers	☎ 101
Police	☎ 100

En cas de préjudice grave, mieux vaut contacter votre ambassade (voir plus bas *Problèmes juridiques*).

PROBLÈMES JURIDIQUES

Si vous vous retrouvez dans une situation juridique fâcheuse, contactez immédiatement votre ambassade (voir *Ambassades et consulats* plus haut dans ce chapitre). Les voyageurs étrangers doivent se soumettre aux lois indiennes et, dans le système judiciaire indien, il semble que la charge de la preuve soit souvent imputée à l'accusé.

Veillez à toujours avoir votre passeport sur vous. Moins vous aurez affaire à la police locale, mieux vous vous porterez.

Drogues

Longtemps renommée pour son vaste choix de drogues illégales (herbe et haschisch essentiellement), l'Inde a renforcé sa législation concernant la possession, la consommation et le trafic de drogues. Les éventuels consommateurs doivent savoir qu'outre le fait qu'on puisse profiter d'eux, ils risquent la prison. Le trafic est puni de 10 ans d'emprisonnement minimum et la détention de 1 an. A cela s'ajoutent de lourdes amendes.

A Goa, la police applique désormais une politique antidrogue très stricte. Un tribunal spécial, la Narcotic Drugs and Psychotropic Substances Court, doté de son propre juge, se consacre aux affaires de drogue. Il semble que l'attitude prédominante consiste à "condamner en cas de doute", car l'accusé peut toujours faire appel auprès d'une instance supérieure. Le traitement des dossiers peut être lent – au début de l'année 2000, on estimait à 25 millions les procès en attente de jugement dans le pays !

Cigarettes

En février 2001, le gouvernement a voté l'interdiction de fumer dans les lieux publics et a interdit toute forme de publicité pour le tabac. L'interdiction ne concerne pas le tabac à priser et à chiquer, qui représente le plus gros de la consommation indienne. Reste à savoir comment la loi sera appliquée ; ceux qui la transgressent pour la première fois risquent une amende de 100 Rs.

HEURES D'OUVERTURE

Officiellement, les bureaux ouvrent du lundi au vendredi, de 9h30 à 17h30 ; en réalité,

Attention au bhang lassi !

Bien que rarement mentionné sur la carte, quelques restaurants de certaines régions (surtout les endroits touristiques comme le Rajasthan) préparent clandestinement du bhang lassi, un mélange de yaourt et d'eau glacée aromatisé de *bhang*, un dérivé du cannabis. Généralement appelé "special lassi", ce breuvage, souvent puissant, n'est pas bien supporté par tout le monde. Après ingestion, des voyageurs ont dû passer plusieurs jours au lit ; d'autres se sont fait voler alors qu'ils étaient en plein délire.

Asphyxie à l'oxyde de carbone

L'utilisation d'un poêle, en particulier à charbon, est fortement déconseillée dans les chambres d'hôtel, car elle provoque chaque année plusieurs décès par asphyxie à l'oxyde de carbone.

Si vous avez froid et que vous n'êtes pas sûr de l'aération de la pièce, imitez les randonneurs et remplissez une bouteille d'eau bouillante (glissée dans une chaussette pour ne pas vous brûler). Certains hôtels fournissent des bouteilles d'eau bouillante. Quelle que soit la température, ne vous servez *jamais* d'un poêle à charbon.

plutôt de 10h à 17h. Les administrations semblent prolonger la sacro-sainte pause-déjeuner, qui peut durer de 12h à tard dans l'après-midi. La plupart des banques ouvrent en semaine de 10h à 14h et le samedi de 10h à 12h ; compte tenu des variations, mieux vaut vérifier. Les transactions concernant les chèques de voyage cessent en général 30 minutes avant l'heure officielle de fermeture. Dans certains centres touristiques, les bureaux de change restent souvent ouverts plus longtemps (Thomas Cook ouvre du lundi au samedi, de 9h30 à 18h).

Dans les capitales fédérales, la poste centrale ouvre en semaine de 10h à 17h et le samedi matin. Nombre d'édifices publics, comme les musées et les galeries, ferment au moins un jour par semaine (voir les chapitres régionaux).

Les heures d'ouverture des magasins varient d'un État à l'autre, mais la plupart ouvrent tous les jours vers 10h jusqu'en fin d'après-midi, sauf le dimanche. Renseignez-vous sur place pour ne pas trouver porte close le jour où vous voulez faire vos achats.

JOURS FÉRIÉS ET MANIFESTATIONS ANNUELLES

Riche en religions et en traditions, l'Inde compte une multitude de fêtes et de jours fériés. De nombreuses fêtes se déroulent pendant la *purnima* (pleine lune), considérée de bon augure. Parmi les différents sites web consacrés aux fêtes indiennes, citons www.hindunet.org/festivals et www.indiatimes.com (cherchez "festivals" à la rubrique "arts").

La "saison des mariages" tombe en général pendant les mois plus frais, entre novembre et mars (mais les dates changent en fonction des jours favorables déterminés par les astrologues). Pendant cette période, vous avez de fortes chances de voir au moins une procession de mariage dans la rue, joyeusement accompagnée de chants, de danses et d'une fanfare.

La plupart des fêtes et jours fériés suivent le calendrier lunaire indien (système complexe déterminé par les astrologues) ou le calendrier musulman (qui commence 11 jours plus tôt chaque année et 12 jours plus tôt les années bissextiles). Par conséquent, ces dates changent d'une année sur l'autre pour le calendrier grégorien.

Les fêtes et les jours fériés indiqués ci-après sont classés selon le calendrier lunaire (et grégorien) qui commence par le mois de chaitra (mars/avril). Les offices du tourisme locaux vous préciseront les dates exactes (en particulier celles des fêtes musulmanes, qui varient chaque année). Les fêtes régionales sont indiquées sur la carte figurant au début des chapitres régionaux.

Chaitra (mars-avr.)

Mahavir Jayanti. Cette fête jaïna célèbre la naissance de Mahavira, le fondateur du jaïnisme.

Ramanavami. Les temples de toute l'Inde célèbrent la naissance de Rama. Durant la semaine précédente, le *Ramayana* fait l'objet de nombreuses lectures et représentations.

Pâques. Cette fête chrétienne marque la crucifixion et la résurrection du Christ.

Vaisakha (avr.-mai)

Muharram. Le martyre du petit-fils de Mahomet, l'imam Hussein, est commémoré pendant 10 jours.

Buddha Jayanti. Cette "fête trois fois bénie" tombe lors de la pleine lune (en général en mai, parfois fin avril ou début juin) et célèbre la naissance, l'éveil et l'accès au nirvana du Bouddha. Des processions de moines portant les écritures sacrées défilent dans les rues de Gangtok (Sikkim) et d'autres villes.

Jyaistha (mai-juin)

Milad-un-Nabi. Cette fête musulmane célèbre la naissance de Mahomet.

Asadha (juin-juill.)

Rath Yatra (fête du Char). Le char du seigneur Jagannath quitte le grand temple pour effectuer un parcours solennel dans les rues de Puri

(Orissa). Des fêtes semblables ont lieu en d'autres endroits, notamment dans le Sud dravidien.

Sravana (juill.-août)

Naga Panchami. Cette fête est dédiée à Ananta, le serpent sur les anneaux duquel Vishnu se reposait entre deux univers. Des offrandes sont déposées devant les représentations de serpent et les charmeurs de serpents font recette. Les serpents sont censés avoir un pouvoir sur les pluies de la mousson et chasser les mauvais esprits des maisons.

Raksha Bandhan (Narali Purnima). Le jour de la pleine lune, les filles attachent des amulettes (*rakhi*) aux poignets de leurs frères (pas forcément du même sang) pour les protéger durant l'année à venir. En échange, les frères leur offrent des cadeaux. Ce jour-là, certains vénèrent aussi Varuna, divinité védique des océans.

Bhadra (août-sept.)

Fête de l'Indépendance. Le 15 août, date anniversaire de l'Indépendance de l'Inde en 1947, le Premier ministre prononce un discours sur les remparts du Red Fort, à Delhi.

Drukpa Teshi. Cette fête célèbre le premier enseignement donné par le Bouddha.

Ganesh Chaturthi. Cette fête joyeuse est dédiée à Ganesh, le dieu populaire à tête d'éléphant. Elle est largement célébrée dans le pays, mais plus particulièrement à Mumbai. Les pétards explosent à toute heure et les familles achètent des effigies d'argile du dieu de la chance. Le dernier jour, elles sont promenées dans les rues avant d'être immergées en grande cérémonie dans une rivière, un bassin ou l'océan.

Janmashtami. L'anniversaire de la naissance de Krishna est célébré avec une joyeuse désinvolture, à l'image des humeurs espiègles du dieu. Les adeptes jeûnent toute la journée jusqu'à minuit ; à Mathura (lieu de naissance de Krishna), les festivités durent un mois entier.

Shravan Purnima. Après ce jour de jeûne, les hindous de haute caste remplacent le fil sacré qu'ils portent en permanence sur l'épaule gauche.

Pateti. Les parsi fêtent leur nouvelle année.

Asvina (sept.-oct.)

Dussehra. Cette fête populaire célèbre la victoire de Durga sur le démon à tête de buffle Mahishasura. En maints endroits, elle culmine par un bûcher sur lequel on brûle d'immenses effigies de Ravana, roi des démons, et de ses acolytes, symbolisant le triomphe du bien sur le mal. A Delhi, la fête porte le nom de Ram Lila (saga de Rama) et s'accompagne de feux d'artifice et de représentations du *Ramayana*, tandis que des processions se déroulent à Mysore et Ahmedabad. Au Bengale-Occidental, la fête s'appelle Durga Puja et dans le Gujarat, Navratri (fête des neuf nuits).

Gandhi Jayanti. Le 2 octobre, date de célébration solennelle de l'anniversaire de Mohandas Gandhi, les fidèles se réunissent pour prier au Raj Ghat de Delhi où le Mahatma fut incinéré.

Kartika (oct.-nov.)

Diwali (Deepavali). La plus joyeuse (et la plus bruyante) des fêtes du calendrier hindouiste débute le quinzième jour de kartika. La nuit tombée, d'innombrables lampes à huile illuminent le chemin de Rama rentrant de sa période d'exil. La fête est également dédiée à Lakshmi (notamment à Mumbai) et à Kali (à Kolkata). En tout, elle dure cinq jours. Le premier jour, les maisons sont entièrement nettoyées et les seuils, décorés d'élégants *rangoli* (dessins à la craie). Le second jour est dédié à la victoire de Krishna sur Narakasura, un tyran légendaire. Dans le Sud, ce jour-là, on prend un bain avant l'aube, puis on revêt des vêtements neufs. Le troisième jour est consacré au culte de Lakshmi, la déesse de la fortune. Traditionnellement, c'est le début du nouvel exercice financier pour les entreprises. Le quatrième jour commémore la visite de l'amical démon Bali que Vishnu remit à sa place. Le cinquième jour, les hommes rendent visite à leurs sœurs qui leur placent un *tika* (point de couleur) sur le front. Diwali est également devenue la fête des bonbons. La distribution de sucreries est aussi traditionnelle que les lampes à huile et les feux d'artifice.

Govardhana Puja. Fête hindouiste dédiée au plus sacré des animaux, la vache.

Aghan (nov.-déc.)

Nanak Jayanti. L'anniversaire de Guru Nanak, le fondateur du sikhisme, est marqué par des lectures de prières et des processions.

Ramadan. Ce jeûne de 30 jours, de l'aube au coucher du soleil, rappelle le mois pendant lequel le Coran fut révélé au prophète Mahomet à La Mecque. Les dates du ramadan varient chaque année.

Id al-Fitr. Ce jour de fête célèbre la fin du ramadan.

Pausa (déc.-janv.)

Noël. L'anniversaire de la naissance du Christ est célébré le 25 décembre.

Magha (janv.-fév.)

Fête de la République. L'anniversaire de la création de la République indienne, en 1950, se célèbre le 26 janvier. Des manifestations se déroulent dans toutes les capitales fédérales et celle de Delhi, la plus spectaculaire, comprend une parade militaire haute en couleur le long de Rajpath. Trois jours plus tard, la cérémonie de la Retraite (*Beating of the Retreat*) est organisée à Delhi devant le Rashtrapati Bhavan, la résidence du président.

Pongal. Cette fête tamoule marque la fin des moissons. Elle a lieu le premier jour du mois tamoul de thai, vers la mi-janvier. Les festivités durent 4 jours et comprennent des célébrations telles que la préparation d'une marmite de *pongal* (mélange de riz, de sucre, de dhal et de lait), symbole de prospérité et d'abondance. Le troisième jour, on lave le bétail, on le décore, on le peint parfois, puis on le nourrit de pongal.

Vasant Panchami. Pour célébrer cette fête hindoue, le cinquième jour de magha, il est traditionnel de s'habiller en jaune. Dans certains endroits, notamment au Bengale-Occidental, Saraswati, la déesse de la connaissance, est à l'honneur. Des livres, des instruments de musique et autres objets liés aux arts et à la connaissance sont déposés au pied de la déesse pour attirer sa bénédiction.

Phalguna (fév.-mars)

Holi. C'est l'une des fêtes hindouistes les plus exubérantes. On célèbre la fin de l'hiver en se lançant de l'eau et du *gulal* (poudre) colorés. Dans les endroits touristiques, c'est parfois l'occasion de prendre des libertés vis-à-vis des étrangers, surtout des étrangères (voir plus haut *Désagréments et dangers*) ; ne revêtez pas vos plus beaux atours ce jour-là, et soyez prêts à vous esquiver. La veille de Holi, on allume des feux pour symboliser la destruction du démon Holika. Cette fête est essentiellement célébrée dans le Nord ; dans le Sud, l'hiver est inexistant et elle n'est pas très répandue. A Barsana, près de Mathura, les femmes ne se contentent pas d'arroser les hommes de poudre colorée, mais les battent à coups de bâtons, faisant revivre la déroute des *gopa* en face des *gopi* (vachères).

Shivaratri. Cette journée de jeûne est dédiée à Shiva, qui dansa le *tandava* (danse cosmique) ce jour-là. Les processions aux temples sont suivies de la psalmodie des mantra et de l'onction des lingams.

Id al-Adha. Cette fête musulmane rappelle le jour où Abraham faillit sacrifier son propre fils.

Losar. Le Nouvel An tibétain est un moment idéal pour séjourner à McLeod Ganj (Himachal Pradesh) ; le dalaï-lama dispense alors son enseignement pendant une semaine.

ACTIVITÉS SPORTIVES

L'Inde offre un bel éventail d'activités pour les amateurs de grands et de petits frissons. La liste qui suit donne un aperçu des diverses possibilités ; pour plus de détails, reportez-vous aux chapitres régionaux.

Safaris à dos de chameau, à cheval et en 4x4

Les randonnées à dos de chameau sont très en vogue au Rajasthan, notamment aux environs de Jaisalmer. Vous pouvez choisir une promenade d'une après-midi ou plusieurs jours d'expédition. Si les touristes se pressent à Jaisalmer, essayez Bikaner ou le Shekhawati. Ce genre de safari se fait également dans les dunes de Hunder (Ladakh) sur des chameaux d'Asie centrale.

De nombreuses régions touristiques, comme le Rajasthan, les stations climatiques et l'Himalaya, proposent des randonnées à cheval plus ou moins longues. Vous devrez parfois apporter vos bottes d'équitation (renseignez-vous lors de la réservation).

Vous pourrez faire de multiples excursions en 4x4, notamment au Rajasthan ; celles d'une journée dans les villages Bishnoi des alentours de Jodhpur sont particulièrement appréciées.

Bicyclette et moto

Il existe d'excellents circuits organisés en vélo ou en moto. Vous pouvez aussi louer votre propre véhicule (à l'heure, à la journée ou à la semaine). Pour plus de détails, reportez-vous à la rubrique *Bicyclette et moto* du chapitre *Comment circuler*.

Plongée et sports aquatiques

Des écoles de plongées sont installées à Goa, sur les îles Laquedives et Andaman (voir plus haut l'encadré *Plongée responsable* à la rubrique *Tourisme responsable*).

A Goa, plusieurs gérants de plage proposent des sports nautiques : ski nautique, parachute ascensionnel, planche à voile et jet-ski.

Kayak et rafting

Les rivières de montagne, idéales pour le rafting, offrent des degrés de difficulté adaptés à tous les niveaux. Dans l'Himachal Pradesh, on peut faire du rafting sur la Beas, le Gange, l'Indus, la Spiti et la Kanskar, tous accessibles de Manali. Dans l'Uttaranchal, Rishikesh est le point de départ d'expéditions de rafting d'une journée sur le Gange. Le rafting se pratique également sur l'Indus et la Zanskar au Ladahk et au Zanskar, sur la Teesta dans les collines du Bengale-Occidental, au Sikkim et dans les parcs nationaux de la région du Nord-Est.

Alpinisme

L'ascension des pics de plus de 6 000 m nécessite une autorisation de l'International Mountaineering Foundation (IMF ; ☎ 011-

Choisir le bon guide

Une randonnée de deux ou trois heures, en montagne ou ailleurs, peut s'effectuer sans guide. D'autres, plus difficiles, peuvent prendre la journée, voire plusieurs jours. Elles requièrent de l'expérience ainsi qu'une bonne connaissance des environs et il vaut mieux s'assurer les services d'un guide professionnel. Le problème est de savoir reconnaître un bon guide. Dans certaines régions, une foule de rabatteurs se prétendent du métier. Certains sont de véritables professionnels et vous feront vivre de merveilleux moments ; d'autres gâcheront votre plaisir.

Vous devez d'abord déterminer le type de randonnée que vous souhaitez entreprendre et connaître vos limites. Recherchez-vous la facilité ou la difficulté ? Préférez-vous être de retour avant la tombée de la nuit ou, au contraire, partir deux ou trois jours ?

Renseignez-vous auprès d'autres voyageurs et, si vous entamez les négociations avec un guide potentiel, n'hésitez pas à lui poser les questions suivantes :

- Disposez-vous de témoignages écrits ? (Naturellement, il est facile d'en fabriquer de faux, mais ils peuvent vous donner une idée de votre interlocuteur.)
- Pouvez-vous nous indiquer l'itinéraire que nous suivrons, les distances, les dénivelés et le type de terrain rencontré ?
- Pouvez-vous nous préciser les éventuels obstacles : traversées de cours d'eau, animaux sauvages, etc. ?
- Si nous partons pour plusieurs jours, combien d'heures par jour devrons-nous marcher ?
- Si le trekking traverse des secteurs habités par des tribus, parlez-vous leur langue ? Connaissez-vous leurs coutumes ?
- Vers quelle heure serons-nous rentrés ?
- Disposez-vous d'une lampe de poche et d'une trousse de secours ? (Les trekkers doivent toujours être munis de leur propre trousse, mais un bon guide en possède une.)
- Si le guide (ou l'agence) fournit le matériel de camping, pouvons-nous l'inspecter avant de donner notre accord ?
- Si un cuisinier nous accompagne, quel sera le menu et qui fournit les provisions ?
- Aurons-nous la possibilité en chemin de refaire le plein d'eau potable ?
- Le prix est-il indiqué par personne, pour un groupe, par jour, par heure ? Les repas sont-ils compris ?

Il vaut mieux partir avec un groupe, si petit soit-il, que de s'aventurer seul avec un guide. Veillez à emporter des vêtements adéquats (chaussures comprises) permettant de faire face aux variations météorologiques. Avertissez quelqu'un de votre itinéraire et de la date de retour prévue (voir plus haut l'encadré *Trekking responsable*).

4677935, fax 688 3412), Benito Juarez Marg, Anand Niketan, New Delhi, 110021.

Le département Trekking & Mountaineering du Garhwal Mandal Vikas Nigam (GMVN), Kailash Gate, Muni-ki-Reti, Rishikesh (☎ 0135-431793, fax 430372) vous renseignera sur les expéditions vers les sommets moins élevés de l'Uttaranchal. Il propose un large choix de circuits organisés et peut fournir aux groupes indépendants les services de guides et de porteurs, ainsi que l'équipement.

Dans l'Himachal Pradesh, des tour-opérateurs de Manali organisent des sorties en montagne, tout comme l'Institute of Mountaineering and Allied Sports de Manali (☎ 01902-52342) ou de Bharmour (☎ 01090-25036). A McLeod Ganj, le Regional Mountaineering Centre (☎ 01892-21787) se révèle également très compétent.

Les agences de voyages de Gangtok (Sikkim) vous aideront à mettre sur pied une expédition au Kanchenjunga.

Consultez l'encadré *Trekking responsable*, plus haut dans ce chapitre.

Parapente, deltaplane et autres survols

On peut survoler Udhagamandalam (Ooty) en parapente (avec un parachute au lieu d'une aile delta) ou en ULM.

Le parapente est également proposé dans plusieurs sites du Maharashtra et de Goa, notamment près de Lonavla, entre Mumbai et Poona. A Arambol Beach (Goa), des vols d'apprentissage et en tandem partent du sommet de la falaise.

Pour une vue époustouflante sur l'Himalaya, faites du parapente et du deltaplane en tandem à Solang Nullah, au nord de Manali, et à Billing, dans les collines situées au nord-est de Mandi.

Au mois de mai, Himachal Tourism organise le rallye himalayen de parapente (Himalayan Hang-Gliding Rally) à Billing.

Les vols s'effectuent en général de février à juin et de septembre à novembre. Malheureusement, les standards de sécurité varient (voir plus loin l'encadré *Choisissez avec soin*). Parmi les organisations fiables figurent North Face Adventure Tours (☎ 01902-52441) et Himalayan Journeys (☎ 01902-52365) à Manali. Basé à Dehli, l'Himalayan Adventure Club International (☎ 011-7178870), E15, Plot n°144-145, Secteur 8, Rohini, propose des vols et des stages de formation dans plusieurs endroits de l'Himalaya. Nainital, dans l'Uttaranchal, semble promise à un bel avenir dans le domaine du parapente.

Le Sikkim offre toutes sortes d'aventures, de la randonnée à dos de yak autour du lac Tsomgo (Changu) au survol en hélicoptère du Sikkim occidental.

Ski

La principale station de ski indienne se trouve à Auli, près de Joshimath, dans l'Uttaranchal. Le GMVN (☎ 0135-46817, fax 744408), 74/1 Rajpur Rd, Dehra Dun, propose des forfaits très compétitifs, comprenant la location des skis, les remontées mécaniques, des cours et l'hébergement. La saison dure de début janvier à fin mars.

L'Himachal Pradesh possède des stations moins développées : Solang Nullah, au nord de Manali, Kufri et Narkanda, près de Shimla. Himachal Tourism, qui dispose de bureaux à Shimla (☎ 0177-214311, fax 212591) et à Manali (☎ 01902-52175), offre des forfaits de ski dans ces stations. La plupart des voyageurs affirment que les séjours à Solang Nullah proposés par les tour-opérateurs privés de Manali sont de meilleure qualité.

Trekking

Avec certaines des montagnes les plus hautes du monde, il n'est guère surprenant que l'Inde offre de magnifiques itinéraires de trekking, même si ce secteur est moins développé qu'au Népal. Les principales destinations sont l'Uttaranchal, l'Himachal Pradesh, le Ladakh, les environs de Darjeeling (Bengale-Occidental), le Sikkim et la région du Nord-Est.

Le GMVN (☎ 0135-431793, fax 430372), à Rishikesh, et le Kumaon Mandal Vikas Nigam (KMVN ; ☎ 05942-36209), à Nainital, fournissent des conseils et organisent des treks dans l'Uttaranchal. Dans l'Himachal Pradesh, adressez-vous à l'Institute of Mountaineering & Allied Sports (☎ 01902-52342), à Manali, ou contactez le Regional Mountaineering Centre (☎ 01892-21787), à

Choisissez avec soin

S'il est possible de s'adonner à des sports extrêmes en Inde, il faut savoir que les tour-opérateurs sur place n'offrent pas tous le même niveau d'expérience et de matériel. Si vous envisagez de pratiquer le parapente dans l'Himachal Pradesh ou la plongée sous-marine dans les îles Laquedives, faites preuve de discernement (comme vous le feriez chez vous) et comparez soigneusement les offres avant de vous engager.

Au fil des années, Lonely Planet a reçu d'innombrables lettres signalant que des agences peu scrupuleuses n'hésitaient pas à placer des touristes naïfs dans des situations dangereuses entraînant souvent des blessures graves et, quelquefois, la mort. Vérifiez toujours les équipements de sauvetage avant de vous embarquer et assurez-vous qu'ils sont compris dans le prix indiqué. Si les normes de sécurité ne vous semblent pas respectées, informez-en le tour-opérateur. S'il refuse de remplacer le matériel ou d'améliorer la qualité de ses services, refusez-les et signalez le cas aux autorités locales du tourisme.

Lorsque vous avez trouvé une agence qui vous convient, assurez-vous de disposer d'une assurance adéquate au cas où il vous arriverait quelque chose ; de nombreux contrats ne couvrent pas les activités dangereuses, y compris le trekking !

McLeod Ganj. Consultez l'encadré *Trekking responsable*, plus haut dans ce chapitre. Si vous lisez l'anglais, le guide Lonely Planet *Trekking in the Indian Himalaya* vous donnera des informations plus détaillées.

Safaris photos

Plusieurs grandes réserves naturelles, dont le Rajaji National Park et la Corbett Tiger Reserve dans l'Uttaranchal, proposent des safaris à dos d'éléphant, qui constituent un meilleur moyen d'approcher la faune que la randonnée en 4x4. D'autres réserves offrent des courtes promenades à dos d'éléphant, comme le Jaldhapara Wildlife Sanctuary (Bengale-Occidental) et quelques parcs nationaux du Madhya Pradesh.

Les safaris en 4x4, plus répandus, mais moins romantiques, n'en restent pas moins intéressants. Parmi les parcs nationaux qui les organisent, citons : le Sariska National Park et le Ranthambhore National Park (Rajasthan), le Sasan Gir Wildlife Sanctuary (Gujarat), le Kanha National Park et le Bandhavgarh National Park (Madhya Pradesh) et le Kaziranga National Park (Assam).

Tour-opérateurs

Les adresses des tour-opérateurs locaux figurent dans les chapitres régionaux. Les suivants sont tous installés à Delhi :

Amber Tours Pty Ltd
(☎ 011-3312773, fax 3312984) Flat 2, Dwarka Sadan, 42 C-Block, Connaught Place. Propose des circuits basés sur le yoga et le mysticisme, du rafting, des treks, de la pêche au mahseer, ainsi que des vols en jet privé ou en hélicoptère au-dessus de l'Himalaya.

Himalayan River Runners
(☎ 011-615736) 188-A Jor Bagh. Offre un éventail d'expéditions de rafting dans l'Himalaya occidental.

Mercury Himalayan Explorations
(☎ 011-312008) Jeevan Tara Building, Parliament St. Spécialisé dans les treks dans l'Himalaya occidental.

Shikhar Travels
(☎ 011-3312444, fax 3323660) S209 Competent House, 14 Middle Circle, Connaught Circus. Spécialisé dans le trekking et l'alpinisme ; organise aussi des expéditions pour débutants.

World Expeditions
(☎ 011-6983358, fax 6983357) rez-de-chaussée, MG Bhawan-1, 7 Local Shopping Centre, Madangir. Organise des circuits et des treks hors pair dans l'Himalaya depuis 1975.

COURS

Si vous souhaitez vous instruire pendant vos vacances, voici un bref aperçu des innombrables possibilités (pour plus de détails, reportez-vous aux chapitres régionaux).

Langue

De février à décembre, la Landour Language School, près de Mussoorie (Uttaranchal), organise des cours d'hindi de trois mois pour débutants, ainsi que des cours de niveau supérieur. A Varanasi, le Bhasha Bharati propose également des cours d'hindi (de durée variable). A McLeod Ganj (Himachal Pradesh), on peut apprendre le tibétain à la Library of Tibetan Works & Archives ou avec des professeurs privés. Des cours particuliers d'hindi sont également dispensés. A Darjeeling, le Manjushree Centre of Tibetan Culture offre des cours d'initiation au tibétain. A Mumbai, le Davar's College organise des cours d'hindi et de marathi.

Musique et danse

A Pushkar (Rajasthan), la Saraswati Music School donne des cours de *tabla* (percussions) et de chant classiques. Dans le même État, à Udaipur, vous pourrez apprendre à jouer du sitar, du tabla et de la flûte à Prem Musical Instruments.

A Varanasi, le Triveni Music Centre propose de découvrir la plupart des instruments classiques indiens, dont le sitar et le tabla.

Des cours de musique indienne traditionnelle sont également organisés au Tamil Nadu, à 3 km de Mamallapuram.

A Chennai, la Kuchipudi Art Academy offre des cours et un hébergement gratuits aux étudiants qui s'intéressent à la danse traditionnelle kuchipudi. Également à Chennai, le Kalakshetra enseigne la danse classique (informez-vous au préalable).

Cuisine

Kali Travel Home organise un stage culinaire et culturel de deux semaines à Kolkata, durant lequel vous visiterez la ville, dînerez dans divers restaurants et vous initierez à la cuisine du Bengale sous la tutelle de femmes bengalies. On peut également suivre un stage de cuisine plus court.

A McLeod Ganj (Himachal Pradesh), des réfugiés tibétains donnent des cours particuliers de cuisine tibétaine ; ils vous apprendront notamment à préparer de parfaits *momo* (gros raviolis).

Méditation, reiki, yoga et philosophie

La plupart des villes indiennes possèdent au moins un centre où l'on peut suivre des cours de méditation, de yoga et de philosophie. Renseignez-vous à l'office du tourisme ou à votre hôtel et jetez un coup d'œil sur les journaux locaux.

McLeod Ganj, Darjeeling, Choglamsar (près de Leh) et Leh proposent des cours sur la culture et le bouddhisme tibétains. McLeod Ganj (Himachal Pradesh) abrite également un centre officiel d'étude du bouddhisme indien et des centres privés de yoga, de reiki et autres thérapies alternatives.

Rishikesh (Uttaranchal), capitale indienne incontestée du yoga, rassemble des dizaines d'ashrams et de centres de yoga. Les plus réputés n'acceptent que des étudiants à long terme et imposent des rituels rigoureux de prière et de méditation.

Les cours de yoga abondent également à Varanasi. Le Malaviya Bhavan de la Benares Hindu University offre des cours de yoga et de philosophie hindoue. L'International Yoga Clinic & Meditation Centre nous a été fortement recommandé. Les moins exigeants trouveront facilement des cours de yoga dans la vieille ville, voire à leur hôtel.

Au Maharashtra, Mumbai et Lonavla proposent des cours de yoga. A Igatpuri, vous pourrez suivre un cours de méditation Vipassana.

Goa abrite de multiples écoles de yoga, de méditation et de massage. A Bodhgaya (Bihar), vous pourrez également vous initier à la méditation Vipassana ou effectuer une retraite. Son Burmese Monastery attire de nombreux Occidentaux.

Art et artisanat

Dans tout le pays, de multiples centres permettent de s'initier à toute forme d'art, de la peinture de miniatures à la poterie. Renseignez-vous à l'office du tourisme ou à votre l'hôtel et consultez les journaux et les magazines locaux. Le Tibetan Refugee Self-Help Centre de Darjeeling (Bengale-Occidental) propose des cours de sculpture sur bois traditionnelle.

VOLONTARIAT

De nombreuses organisations caritatives internationales sont présentes en Inde et, si leur personnel est essentiellement indien, elles ont parfois besoin d'une aide étrangère. Cependant, vous rendrez un meilleur service

Gourous, ashrams et voyage mystique

Depuis longtemps, l'Inde attire des voyageurs en quête de spiritualité, dont certains ne sont pas conscients de cette recherche avant leur arrivée. La diversité des visiteurs et de leurs motivations équivaut à celle des gourous et des ashrams.

Un gourou est un guide spirituel. Le mot signifie "celui qui dissipe l'ombre" ou "empreint de sagesse". La plupart des gourous vivent dans un ashram, "lieu d'effort", qui se crée quand des gourous s'installent dans un lieu et que leurs disciples les rejoignent. De nombreux ashrams sont les héritages de gourous décédés. L'atmosphère du lieu peut avoir un effet profond et troublant sur les visiteurs ; certains jouissent d'une meilleure réputation que d'autres.

Lonely Planet a reçu de multiples témoignages de voyageurs qui ont été escroqués, drogués (puis volés), ou pire, par de prétendus gourous. Si les gourous et les ashrams authentiques sont légion, il existe malheureusement des imposteurs dont les motivations n'ont rien de spirituel : faites preuve de bon sens et renseignez-vous auprès de la population locale et d'autres voyageurs avant de choisir. Si vous vous sentez mal à l'aise, partez (voir l'encadré *Des loups déguisés en sadhu* dans le chapitre *Uttar Pradesh et Uttaranchal*).

De nombreux ashrams imposent un code de conduite ; la majorité sont végétariens et l'on peut vous demander de ne pas consommer d'œufs et d'alcool, et de ne pas fumer de tabac. Certains exigent que l'on s'habille en blanc, d'autres sont moins pointilleux. Dans la plupart des ashrams, il n'est pas nécessaire de prévenir de son arrivée, mais mieux vaut vérifier. Certains gourous se déplacent d'un lieu à l'autre sans prévenir ; renseignez-vous pour éviter une déception.

à l'organisme visé en le contactant avant votre départ et, s'il a besoin de vous (ce qui n'est pas sûr), en restant suffisamment longtemps pour être d'un quelconque secours.

La souplesse pour la tâche à effectuer est essentielle. Par exemple, certaines organisations sont submergées de demandes de bénévoles étrangers désireux de s'occuper de bébés dans des orphelinats, mais plus rares sont ceux qui acceptent de travailler avec des adultes handicapés physiques ou mentaux.

Si vous voulez contribuer au nettoyage du pays et rencontrer des bénévoles locaux qui participent au programme Clean Up the World (projet annuel de ramassage des détritus), consultez le site www.cleanuptheworld.org.au.

En France, vous pouvez vous informer des actions spécifiques menées en Inde auprès des principales organisations humanitaires. Si vous souhaitez connaître les postes à moyen et long termes, les organisations suivantes sont en mesure de vous conseiller et d'aiguiller vos recherches :

Comité de coordination pour le bénévolat international
c/o Unesco, 1 rue Miollis, 75015 Paris
(☎ 01 45 68 27 31, ccivs@zcc.net, www.unesco.org/ccivs)

Délégation catholique pour la coopération (DCC)
9-11 rue Guyton-de-Morveau, 75013 Paris
(☎ 01 45 65 96 65, ladcc@worldnet.fr, www.cef.fr/dcc)

Pour en savoir plus, vous pouvez consulter le serveur Minitel 3615 IBISCUS ou le site www.ibiscus.fr, qui recensent des projets français de coopération, les coordonnées des associations de votre région et les postes offerts.

Programmes d'aide en Inde

Nous indiquons ci-dessous des organisations installées en Inde, susceptibles de faire appel à des bénévoles. Contactez-les à l'avance pour connaître leurs besoins éventuels.

Bengale-Occidental et Kolkata. Siège des Mother Teresa's Missionaries of Charuty, la "Motherhouse" (☎ 033-2447115), 54 AJC Bose Rd, Kolkata 700016, accueille des bénévoles dans plusieurs foyers, dont Nirmal Hriday (la maison des mourants), Prem Dan (pour les malades physiques et mentaux) et Shishu Bhavan (l'orphelinat). On peut également travailler avec les sœurs dans les campagnes. A Kolkata, renseignez-vous à la Motherhouse les lundi, mercredi et vendredi à 15h (vérifiez l'horaire). Pour de plus amples informations sur Mère Teresa, reportez vous au chapitre *Kolkata*.

Ceux qui ont le temps de s'engager à moyen ou long termes, surtout s'ils ont reçu une formation médicale, peuvent contacter Calcutta's Rescue. Cette organisation, fondée en 1979 par le Dr. J. Preger, comprend actuellement plusieurs cliniques et pourvoit aux besoins médicaux, nutritionnels et éducatifs des personnes les plus démunies et socialement défavorisées de Kolkata et du Bengale-Occidental rural. Écrivez à Calcutta's Rescue, PO Box 9253, Middleton Row PO, Kolkata 700071. Sur place, renseignez-vous au bureau administratif (☎/fax 033-2175675, 2461520, calres@cal.vsnl.net.in), 85 Collins St.

La Calcutta Society for Prevention of Cruelty to Animals (CSPCA) accomplit un travail admirable en faveur des animaux de la ville. Fondée en 1861, cette organisation vient en aide aux innombrables chiens errants et aux autres animaux malades ou blessés. Elle a désespérément besoin de bénévoles et de dons. Toux ceux qui aiment les animaux sont les bienvenus, mais manquent particulièrement les vétérinaires qualifiés (il faut disposer d'un mois minimum). Les dons peuvent être versés à la CSPCA, 276BB Ganguly St, Kolkata 700012. Devenir membre à vie coûte 1 000 Rs. Pour tout renseignement sur le bénévolat, contactez le président de la CSPSCA (☎ 033-2370520 ou ☎/fax 2365592, bdhar@caltiger.com).

A Darjeeling, les organismes suivants ont parfois recours à des bénévoles. Le Nepali Girls' Social Service Centre (☎ 0354-2985), Ghandi Rd, entreprend des projets de protection de l'environnement et destinés à promouvoir les droits des femmes, la survie des enfants et le développement. Les bénévoles sont accueillis de façon informelle pour enseigner l'anglais, l'art ou la musique.

Hayden Hall, une organisation chrétienne, fait appel à des bénévoles dans le domaine de la médecine, de l'enseignement, de l'artisanat et du conseil, mais les candidats doivent s'engager pour six mois. Pour toute information, contactez le personnel administratif (hayden@cal.vsnl.net.in), 42 Laden La Rd.

Le Tibetan Refugee Self-Help Centre reçoit des bénévoles – enseignants, médecins et infirmiers spécialistes en gériatrie et en pédiatrie. Renseignez-vous au siège (☎ 0354-52346), 65 Ghandi Rd.

Bihar. A Bodhgaya, la Sujata Charitable Society (☎ 0631-400463) gère une école qui dispense un enseignement gratuit aux enfants et adultes analphabètes. Des projets sont à l'étude pour installer des services de soins gratuits pour les habitants du Bihar. Le Samanway Ashram, à Bodhgaya, fait parfois appel à des bénévoles pour ses projets de développement social dans la région.

Goa. Principal groupe écologiste de Goa, la Goa Foundation (☎ 0832-263305), c/o Other India Bookstore, Mapusa, Goa 403507, dirige divers programmes, comme le ramassage des détritus ; renseignez-vous pour de plus amples détails.

Himachal Pradesh. Les étrangers en long séjour à McLeod Ganj sont bienvenus pour enseigner l'anglais et l'informatique aux réfugiés tibétains. Adressez-vous à la Library of Tibetan Works & Archives, à Gangchen Kyishong, ou consultez les panneaux d'annonces et les petites annonces du magazine *Contact*. Les bénévoles sont très appréciés au Tibetan Youth Congress, au Tibetan Welfare Office, au Tibetan Children's Village, à la Tibetan Women's Association et au Refugee Reception Centre. Les médecins pourront proposer leurs services au Delek Hospital (☎ 01892-22053).

Ladakh. Le Mahabodhi International Meditation Centre, PO Box 22, Leh, Ladakh, 194101 Jammu-et-Cachemire, fait office de pensionnat pour les enfants pauvres et acceptent des bénévoles pour l'enseignement et les tâches administratives. Contactez le centre à l'adresse ci-dessus ou au siège (☎ 0812-260684, fax 260292), 14 Kalidas Rd, Gandhinagar, Bangalore 560009.

A Leh, les organisations impliquées dans l'éducation et l'environnement sont les suivantes : Ladakh Ecological Development Group (LEDeG), Child Welfare Society et Student's Educational & Cultural Movement of Ladakh (Secmol).

Madhya Pradesh. Le Golbal Village Development Trust, à Khajuraho, emploie parfois des bénévoles (voir *Organismes de protection de l'environnement* à la rubrique *Écologie et environnement* du chapitre *Présentation de l'Inde*).

Mumbai. La Concern India Foundation (☎ 022-2029707, fax 2043625, concern@vsnl.com,www.concernindia.org), Ador House, 6K Dubash Marg, Mumbai 400001, est une œuvre de charité qui soutient les organisations d'aide au développement.

Child Relief and You (CRY ; ☎ 022-306651, crymum@bom3.vsnl.net.in, www.cry.org), 189A Anand Estate, Sane Guruji Marg, Mumbai, une organisation indépendante, collecte des fonds pour plus de 300 projets à travers l'Inde, dont une dizaine de programmes d'aide aux enfants démunis de Mumbai.

La Vatsalya Foundation, Anand Niketan, King George V Memorial, Dr E Moses Rd, Mahalaxmi, Mumbai 400011, travaille avec les enfants des rues de Mumbai, en s'efforçant de les réhabiliter pour qu'ils puissent se réinsérer dans la société. Pour la joindre rapidement, passez par la Concern India Foundation.

Rajasthan. SOS Children's Village (☎ 0141-202393, fax 200140), en face de Pital Factory, Jhotwara Rd, Jaipur 302016, prend soin d'enfants abandonnés ou orphelins.

Urmul Trust (☎/fax 0151-523093), dans l'enceinte d'Urmul Dairy, Ganganagar Rd, Bikaner (à côté du terminus des bus) fournit une assistance aux populations retirées, aux femmes et promeut l'artisanat local.

Les Amis du Shekhawati s'attachent à la restauration des haveli et des peintures de cette région. Contactez Ramesh Jangid, Tourist Pension (☎ 01594-24060, fax 24061), à Nawalgarh.

Uttaranchal. Dans la région de Garwhal, l'International Society For Alternative Medicine (ISAM ; ☎0135-653709, arawal@nde.vsnl.net.in), Rawal Nursing Home, 35/1 East Canal Rd, Dehra Dun, est une organisation caritative qui dispense des soins aux handicapés et aux démunis en recourant aux médecines alternatives et traditionnelles. L'ISAM accueille des bénévoles et les aide à trouver un hébergement.

Studios cinématographiques

Bien que les studios cinématographiques ne fassent pas officiellement appel à des bénévoles, quelques voyageurs nous ont signalé avoir été "repérés" pendant leur séjour et s'être vu confier un petit rôle dans un film Bollywood. Les adresses suivantes sont celles des principaux studios de Mumbai, mais vous *devez* obtenir une autorisation officielle avant d'y pénétrer, même dans l'espoir de décrocher un rôle de figurant (ne vous emballez pas, les opportunités sont extrêmement rares).

Film City
(☎ 022-8401755, fax 8400734, filmcityfilmcity@hotmail.com), Goregaon (East), Mumbai 400065

Kamal Amrohi Studio
(☎ 022-8371160, fax 8371170, mahal_pictures@hotmail.com), Mahal Pictures Pty Ltd, 6 Jogeshwari Vikhroli Link Road, Andheri (East), Mumbai 400093

RK Studio
(☎ 022-5580234, fax 5563533), Sion Trombay Rd, Chembur, Mumbai 400071

HÉBERGEMENT

L'Inde offre un vaste choix d'hébergements, des pensions extrêmement bon marché (mais très rudimentaires) aux hôtels d'un luxe incroyable. Certains établissements fonctionnent par 24 heures (le temps du séjour est calculé à partir de l'heure d'arrivée). Dans d'autres, il faut libérer la chambre à une heure précise (fixée entre 9h et 13h) – renseignez-vous en arrivant. Certains pratiquent un tarif à la demi-journée, idéal pour couper un long voyage.

Les cartes de crédit sont acceptées dans la majorité des hôtels de catégorie supérieure, dans un nombre croissant de ceux de catégorie moyenne et presque jamais dans les hôtels bon marché. Certains établissements exigent une avance, calculée sur la durée du séjour. Si votre note est inférieure à l'avance, vous serez remboursé lors de votre départ. On peut également vous demander de signer une empreinte vierge de votre carte de crédit, supposée détruite lors du règlement de la note. Refusez ce procédé

Salle de bains : mode d'emploi

Dans les rubriques *Où se loger* de ce guide, vous rencontrerez les termes "s.d.b. commune" ou "s.d.b." (désignant une salle de bains privative). Sur place, vous constaterez que ces termes varient selon les régions. Ainsi, *common bath*, *without bath* ou *shared bath* sont des s.d.b. communes, tandis que *private bath*, *attached bath* ou *with bath* signifient que la chambre possède sa propre s.d.b. – et que vous pourrez chanter sons la douche sans qu'on vous jette des regards en biais au petit déjeuner !

Running water ou *constant water* sous-entend que l'eau est disponible toute la journée (ce qui n'est pas toujours vrai dans la réalité). *Bucket water* implique que vous n'aurez droit qu'à des baquets d'eau. Nombre d'hôtels disposent de s.d.b. où seule l'eau froide est disponible, mais fournissent des baquets d'eau chaude (parfois à certaines heures uniquement et moyennant un léger supplément).

Les établissements qui annoncent *room with shower* sont quelquefois trompeurs. Même si la s.d.b. comporte effectivement une douche, mieux vous assurer que celle-ci fonctionne avant d'accepter la chambre. Certains hôtels débranchent subrepticement le système pour faire des économies ; dans d'autres, les douches ne délivrent qu'un maigre filet d'eau.

Un *geyser*, ou chauffe-eau, est un petit réservoir d'eau chaude, que l'on trouve habituellement dans les établissements les moins chers. Ces chauffe-eau doivent souvent être branchés environ une heure avant l'utilisation.

A moins qu'il ne soit précisé dans le guide "toilettes à la turque", les s.d.b. disposent de toilettes à l'occidentale, avec siège et chasse d'eau. En Inde du Nord, la formule *indian style* correspond à toilettes à la turque et *western style* à toilettes à l'occidentale. En Inde du Sud, ces termes deviennent respectivement *indian toilets* ou *floor toilets* et *western toilets* ou *commode toilets*. Dans certains endroits, vous trouverez un système un peu hybride, composé en général d'un siège et d'une chasse d'eau avec des emplacements pour les pieds au bord de la cuvette ! (Voir aussi *Toilettes* plus haut dans ce chapitre).

ou, tout du moins, ne signez pas. Si la direction insiste, inscrivez un montant inférieur à ce que vous estimez devoir payer.

Rarement, des établissements très bon marché refusent les étrangers en raison du tracas administratif des formulaires d'enregistrement (qui doivent être remis au commissariat de police local dans les 24 heures suivant l'arrivée).

Au plus fort de la saison touristique et pendant certaines fêtes, les tarifs hôteliers peuvent grimper de façon vertigineuse et il est parfois difficile de trouver un lit, surtout dans les sites fréquentés. Les prix indiqués dans ce guide correspondent à ceux des chambres simples et doubles ; de nombreux hôtels accepteront d'ajouter un lit, moyennant un supplément de 25%.

Hôtels bon marché

La qualité de ces hôtels varie du pire des taudis (mais à des prix imbattables) à un établissement de catégorie moyenne bien tenu. La plupart des chambres sont équipées de cartouches antimoustique, voire d'une moustiquaire, et d'un ventilateur au plafond (attention aux plafonds bas quand vous installez la moustiquaire). Certains hôtels de moyenne catégorie proposent des chambres "air-cooled", ce qui est un peu mieux qu'un ventilateur et un peu moins bien que la climatisation. Un "air-cooler" est un gros ventilateur (souvent bruyant), encastré dans le mur, qui fonctionne par un système de refroidissement à eau ; il se révèle inefficace par temps humide.

Ne vous attendez pas à une propreté irréprochable, même si ces établissements sont qualifiés "propres" dans ce guide. Dans certains hôtels respectables de catégorie moyenne, vous trouverez quelques imperfections et vous devrez parfois partager votre chambre avec des cafards ou autres créatures rampantes.

Les Indiens classent les hôtels en deux catégories : "occidentale" (*western*) et "indienne" (*indian*). Ces derniers seront meublés plus simplement et meilleur marché. La plupart d'entre eux sont équipés de toilettes à la turque (pas seulement en raison du coût, mais parce qu'elles sont considérées plus hygiéniques). Celles des hôtels occidentaux disposent toujours d'un siège, d'une chasse d'eau et sont parfois plus raffinées. Ne croyez pas cependant que les hôtels occidentaux sont supérieurs ; vous trouverez souvent des hôtels indiens modernes et bien entretenus et des hôtels occidentaux décrépits et mal tenus.

Quelques hôtels bon marché (notamment dans certaines villes du Rajasthan) autorisent leurs clients à dormir sur le toit-terrasse pour une somme modique. Vous aurez droit à un oreiller, un drap ou une couverture, et à la salle de bains commune.

Certains hôtels ferment leur porte la nuit venue ; prévenez la réception si vous pensez rentrer tard.

Un interrupteur central est parfois installé *à l'extérieur* (généralement près de la porte) des chambres. Si vous constatez que la lumière, la TV et le chauffe-eau ne fonctionnent pas, vérifiez que l'interrupteur extérieur n'a pas été éteint.

Hôtels de luxe

L'Inde compte de magnifiques hôtels, des chaînes de réputation internationale – comme l'Oberoi, Taj and Welcomgroup (filiale de Sheraton) – aux somptueux palais romantiques nichés dans un cadre exotique. En règle générale, vous ne trouverez des établissements de luxe que dans les grandes villes et les centres touristiques.

La chaîne ITDC, gérée par le gouvernement, possède des hôtels dans tout le pays qui appartiennent pour beaucoup à la catégorie supérieure. Souvent moins chers que les autres établissements de grand standing, leurs prestations laissent à désirer et les voyageurs s'en plaignent.

Si vous souhaitez séjourner dans des hôtels de cette catégorie, sachez qu'il est parfois moins cher de les réserver auprès d'un agent de voyages de votre pays.

Hébergements d'État et Tourist bungalows

A l'époque du Raj britannique, une chaîne d'hébergements administrée par le pouvoir central fut créée sous des appellations diverses, telles que Rest Houses, Dak Bungalows, Circuit Houses, PWD (Public Works Department) Bungalows, Forest Rest Houses, etc. Aujourd'hui, ils sont pour la plupart réservés aux fonctionnaires, mais, dans certains endroits, ils accueillent les touristes (excepté les Circuit Houses, réservées aux VIP en déplacement).

Les Tourist Bungalows, habituellement gérés par les États, remplacent souvent les vieux hébergements de l'administration centrale. Leur niveau de confort et la qualité du service fluctuent énormément, mais sont fréquemment en dessous de la moyenne. Certains offrent des lits en dortoirs bon marché.

En règle générale, ils disposent d'un restaurant (ou salle à manger), qui sert une nourriture bonne et abordable, et parfois d'un bar. Les bureaux de l'office du tourisme national sont souvent installés dans ces Tourist Bungalows.

Chambres chez l'habitant

Loger dans une famille indienne peut constituer une expérience intéressante et changer agréablement des habituels rapports avec les professionnels du tourisme. Cette formule d'hébergement (Paying Guest House Scheme) est particulièrement répandue au Rajasthan, mais se pratique également dans d'autres parties du pays (voir les chapitres régionaux).

Si cette formule vous séduit, les offices du tourisme d'État vous renseigneront. Attendez-vous à payer plus de 100 Rs.

Retiring rooms des gares ferroviaires

Ce sont en fait des hôtels ordinaires ou des dortoirs, dont la seule particularité est de se trouver dans les gares ferroviaires. Pour en profiter, vous devez présenter un billet de train ou un forfait Indrail Pass. Les retiring rooms sont pratiques si vous prenez un train de bonne heure, mais peuvent être bruyantes dans les gares animées. Néanmoins, dans certains endroits, elles constituent la solution la plus pratique, d'un excellent rapport qualité/prix. En général, elles sont louées pour 24 heures.

Autres hébergements

De nombreuses grandes villes abritent des YMCA (auberges de jeunesse pour les hommes) et des YWCA (pour les femmes). Leur qualité varie, mais certaines sont bien équipées et leurs tarifs équivalent à ceux d'un hôtel de catégorie moyenne. Les terrains de camping sont rares, mais les voyageurs pourvus de leur propre véhicule trouveront facilement un hôtel avec jardin où ils pourront se garer et camper (parfois pour une somme modique comprenant l'accès à une salle de bains commune).

Les auberges de jeunesse indiennes (HI – Hostelling International), parfois très bon marché, offrent des prestations et un service de qualité variable. En général, on ne vous réclamera pas de carte HI, mais celle-ci vous permettra d'obtenir un meilleur tarif

Certains *gurdwara* (temples sikhs) et *dharmasala* (gîtes pour pèlerins) hébergent les visiteurs moyennant un don. Ces endroits simples sont destinés aux pèlerins ; faites preuve de bon sens et n'abusez pas de cette hospitalité. Si l'on vous accueille, conformez-vous aux usages (par exemple, n'apportez pas d'articles en cuir dans les temples jaïna).

Taxes et suppléments

La plupart des gouvernements d'États imposent diverses taxes aux hôtels et aux restaurants (elles ne concernent pas les établissements les moins chers). Dans les meilleurs établissements pour petits budgets et ceux de catégorie moyenne, vous devrez acquitter des taxes (habituellement 10%). Dans les hôtels de luxe, les taxes s'amoncellent. Elles varient d'un État à l'autre.

Aux taxes diverses s'ajoute le service, habituellement fixé à 10%. Dans certains hôtels, on ne le compte que sur le service en chambre et le téléphone. Dans d'autres, il porte sur la totalité de la note.

De nombreux hôtels augmentent leurs tarifs chaque année ; attendez-vous à des prix plus élevés que ceux mentionnés dans ce guide. Sauf mention contraire, les tarifs indiqués dans les chapitres régionaux ne comprennent pas les taxes.

Variations saisonnières

Dans les sites touristiques (les stations climatiques, les plages et le triangle Delhi-Agra-Rajasthan), les hôteliers doublent ou triplent leurs prix en haute saison.

Le concept de haute ou basse saison varie d'une région à l'autre. Sur les plages et dans le triangle Delhi-Agra-Rajasthan, la saison bat son plein un mois avant et deux mois après Noël. Dans les stations climatiques, la haute saison dure d'avril à juillet, quand les plaines sont écrasées de chaleur. Dans certains endroits, les prix flambent pendant la brève période de Noël et du Nouvel An, ou durant les grandes fêtes comme Diwali, Dussehra et la foire aux chameaux de Pushkar. Inversement, en basse saison, les prix des hôtels les plus chers deviennent abordables.

Rabatteurs

Des hordes de rabatteurs sévissent dans de nombreuses villes – en particulier à Agra, à Varanasi et au Rajasthan, dans les aéroports, les gares routières et ferroviaires. Très souvent ce sont les rickshaw-wallahs. La technique est simple : ils vous emmènent à un hôtel qui leur verse une commission, de préférence à celui qui se montre le plus généreux plutôt qu'à l'hôtel de votre choix. Certains excellents petits hôtels refusent de participer à ce système. Si vous voulez vous rendre dans l'un d'entre eux, on vous dira qu'il est "complet", "fermé pour réparations", "qu'il a bien baissé" ou même "qu'il a brûlé". Neuf fois sur dix, c'est faux.

Réfléchissez à deux fois avant d'accepter de descendre dans un hôtel recommandé par un rabatteur ou un rickshaw-wallah ; des voyageurs nous ont signalé avoir été ensuite harcelés pour participer à une escroquerie à l'assurance, pour monter une vague affaire d'importation ou pour partir en excursion avec un taxi ou un rickshaw particulier.

Les rabatteurs ont néanmoins leur utilité. Si vous arrivez dans une ville lors d'une grande fête ou en pleine saison, il vous sera quasiment impossible de trouver une chambre. Sautez dans un rickshaw, indiquez au conducteur le prix que vous voulez mettre et il vous dénichera un hôtel. Si la recherche ne s'éternise pas, cela ne vous coûtera pas trop cher.

DISTRACTIONS

Question bars, night-clubs et autres lieux de sortie, l'Inde n'a pas grand-chose à offrir. Cependant, les distractions ne manquent pas et le spectacle est partout.

Les grandes métropoles comptent des bars et des night-clubs, mais les plus élégants sont souvent installés dans les hôtels de luxe. Vous y côtoierez la jeunesse dorée indienne (si cela vous tente). Toutefois, les discothèques des hôtels n'acceptent souvent que les membres et les résidents ; les couples ont plus de chance d'être admis. Les tarifs sont exorbitants, tant pour le droit d'entrée que pour les boissons.

La plupart des villes possèdent une salle de cinéma. L'Inde en compte plusieurs milliers et le billet coûte très peu cher. Si vous allez à Jaipur (Rajasthan), ne manquez pas de voir le dernier succès de Bollywood dans le superbe cinéma Raj Mandir. Pendant le film, ne vous attendez pas au silence des spectateurs ; le plaisir du cinéma indien tient autant à l'ambiance de la salle qu'au film en lui-même. Les grands hôtels et autres salles programment régulièrement des concerts et des danses traditionnels (voir les chapitres régionaux). Pendant certaines fêtes, comme la foire aux chameaux de Pushkar (Rajasthan), vous assisterez à des représentations impromptues de marchands de bestiaux, autour d'un feu de camp. Les *kathputli* (marionnettes traditionnelles) sont une autre spécialité du Rajasthan. La plupart des grandes villes et des sites touristiques, comme Dehli, Khajuraho et Kolkata, proposent des spectacles son et lumière qui permettent de s'imprégner de l'histoire et de la culture indiennes.

Enfin, quel plaisir dépasse en Inde celui de s'asseoir, tout simplement, et de regarder passer le temps et la foule ; un véritable festival pour les yeux et l'esprit !

MANIFESTATIONS SPORTIVES

Le cricket, sport national de l'Inde, tient presque de l'obsession. Durant la saison, lors des matches internationaux, les foules se pressent devant les boutiques dotées d'un poste de télévision et les passants marchent un poste de radio collé à l'oreille. Les test-matches contre le Pakistan enfièvrent encore cette passion.

Les matches de cricket internationaux se déroulent principalement en hiver dans plusieurs grandes villes, notamment au Wankhede Stadium de Mumbai, près de Marine Drive. Le prix du billet pour une journée commence à 150 Rs. Un test-match (qui dure 5 jours) revient à un minimum de 500 Rs (3 000 Rs dans la tribune des membres, déjeuners et thés compris). Pour assister à un match régional, vous ne débourserez que 25 Rs. Parmi les autres stades de cricket réputés, citons ceux d'Ahmedabad (Sardar Patel Stadium et Modhara Stadium), Bangalore (M Chinnaswamy Stadium), Kolkata (Ranji Stadium, Eden Gardens), Dehli (Firoz Shah Kotla Stadium), Chennai (MA Chidambaram – Chepauk – Stadium), Mohali (PCA Stadium) et Nagpur (VCA Stadium).

La mise en vente des billets est annoncée dans la presse quelques semaines avant les matches ; bien qu'il soit préférable de réserver longtemps à l'avance, plusieurs voyageurs ont pu acheter des billets sur place le jour du match.

Roi des jeux et jeu des rois

Le polo a toujours joui d'une immense popularité auprès des familles royales indiennes, en particulier à l'époque du Raj britannique. De riches rois indiens consacraient des sommes énormes à l'équipement, à l'entraînement et à l'achat des chevaux de polo. Certains dirigeants indiens comptaient parmi les meilleurs joueurs au monde, notamment le Marahaja Man Singh II de Jaipur, dont l'équipe fut championne du Grand Prix européen de polo dans les années 1930. Ce maharaja charismatique entretenait une écurie d'une quarantaine de poneys, qu'il se faisait éventuellement expédier d'Angleterre. L'équipe était accompagnée d'un menuisier (afin de fournir des maillets d'excellente qualité). Man Singh trouva la mort en pratiquant ce sport qu'il adorait, lors d'un match disputé en Angleterre en 1970. Sa veuve, Rajmata Gayatri Devi, vit à Jaipur (Rajasthan) et continue de se passionner pour le polo.

L'empereur Akbar aurait, le premier, institué les règles du jeu, mais le polo tel qu'on le joue aujourd'hui fut largement influencé par un régiment de cavalerie britannique, stationné en Inde dans les années 1870. Des règles internationales ont été instituées après la Première Guerre mondiale. L'un des plus anciens clubs de polo au monde, fondé en 1862, est installé à Kolkata.

Le polo a prospéré en Inde jusqu'à l'Indépendance, avant de connaître un brusque déclin faute de mécènes (ce jeu exige beaucoup d'argent), et une moindre popularité. Cependant, il connaît un regain d'intérêt, dû en grande partie à une augmentation des financements. L'un des principaux sponsors, l'actuel maharana d'Udaipur, a investi des sommes importantes pour maintenir la tradition du polo. Ses efforts ont été couronnés de succès puisque son équipe, Mewar, est devenue l'une des plus performantes en Inde et à l'étranger.

L'Inde se passionne également pour le hockey et compte plusieurs médailles d'or olympiques à son actif – antérieures à 1980. En 2000, à Sydney, elle a remporté une médaille de bronze en haltérophilie grâce à Karnam Malleswari.

Dans le domaine du tennis, les liens de l'Inde avec Wimbledon remontent à 1908, lorsque Sadar Nihal Singh fut le premier Indien à participer au tournoi. Ramanathan Krishnan y fut champion de la catégorie junior en 1954. Dans les années 1970, Vijay Amritraj est arrivé en quart de finale à Wimbledon et à l'US Open. Leander Paes et Mahesh Bhupathi, vainqueurs du double messieurs à Wimbledon en 1999, figurent parmi les joueurs les plus prestigieux.

ACHATS

Vous trouverez en Inde une multitude de merveilles. Faites-vous une idée de la qualité et du prix des objets d'artisanat en vous rendant dans les divers magasins d'État et dans les Central Cottage Industries Emporiums (où les prix sont fixes et plutôt élevés) des grandes villes. Vous saurez ensuite jusqu'où marchander si vous achetez des articles similaires dans des boutiques privées. Dans les lieux touristiques, les articles proposés dans les grands magasins d'artisanat sont quasiment identiques – tapis et papier mâché du Cachemire, éléphants en bois de santal, textiles du Rajasthan, souvenirs tibétains, reproductions de miniatures mogholes et soie de Bénarès (Varanasi). Pout tous renseignements sur les coopératives, reportez-vous à la rubrique *Tourisme responsable*, plus haut dans ce chapitre).

Méfiez-vous si vous achetez des articles livrables chez vous, à l'étranger. Même si l'on vous assure que le prix comprend la livraison à domicile, les taxes douanières et les frais de transport, ce n'est que rarement le cas. Vous risquez plutôt d'être obligé d'aller chercher l'envoi au port ou à l'aéroport, de le dédouaner (les taxes peuvent atteindre 20% de la valeur déclarée) et de payer les frais de manutention de la compagnie aérienne ou maritime (jusqu'à 10% de la valeur). A cela s'ajoutent des frais de garde, très élevés, si vous ne récupérez pas rapidement votre colis.

Les heures d'ouverture des magasins varient (la plupart ferment le dimanche) ; renseignez-vous sur place. Ne remettez pas vos achats au dernier jour pour vous apercevoir qu'il s'agit précisément du jour de fermeture des magasins !

Vous trouverez d'autres informations dans la section couleur *Arts et artisanat*.

Tapis

Au Cachemire, où sont fabriqués les plus beaux tapis indiens, techniques et styles furent importés de Perse bien avant l'époque moghole. Aujourd'hui, de multiples artisans se consacrent à cette activité dans la région. Les motifs persans de ces tapis, de tailles très diverses, ont été considérablement enrichis. Ils sont soit en pure laine, soit en laine et soie pour obtenir un certain lustre (la "silk touch"), soit en pure soie. Comptez un minimum de 7 000 Rs pour un tapis de 1,20 m x 2 m de bonne qualité, et ne soyez pas surpris si le prix indiqué est deux fois plus élevé.

Badhoi et Mirzapur (Uttar Pradesh), ainsi que Warangal et Eluru (Andhra Pradesh) produisent également des tapis.

Au Cachemire et au Rajasthan, on fabrique les *numda* de laine, d'un tissage grossier. Aux alentours de l'Himalaya et en Uttar Pradesh, on trouve des *dhurries*, des carpettes de coton tissées à plat. Au Cachemire, les *gabba* sont des petits tapis rehaussés de motifs brodés. Les nombreux réfugiés tibétains tissent des tapis aux magnifiques couleurs. Un tapis tibétain comportant 24 nœuds au cm^2 coûte environ 2 300 Rs le m^2. Vous en trouverez un beau choix à Darjeeling, Gangtok et McLeod Ganj. Vous pouvez faire confiance à l'étiquette Smiling Carpet, fruit d'une initiative commune des Nations unies et des ONG visant à mettre fin au travail des enfants dans l'industrie du tapis.

Textile

Le textile demeure la principale industrie de l'Inde et 40% de la production provient des petits villages, où on l'appelle *khadi*. Dans tout le pays, des magasins d'État de khadi (les Khadi Gramodyog) proposent des articles tissés artisanalement, notamment les célèbres "vestes Nehru" et les *kurta pyjama*. Vous pourrez également vous laisser tenter par les dessus-de-lit, les nappes, les housses de coussin ou du tissu au mètre.

La variété des styles, des types et des techniques de tissage est stupéfiante. Au Rajasthan et au Gujarat, de minuscules miroirs rehaussent les tenues ; la technique du nouer-lier-teindre est très répandue au Rajasthan et au Kerala. La soie *muga* est la spécialité de Sualkuchi (Assam), tandis que l'Orissa est réputé pour ses broderies de couleurs vives, ses soies et ses cotons tissés manuellement.

Les dessus-de-lit et les tentures *phulkari* (pièce de coton brodée de fleurs et surpiquée) sont l'une des gloires du Punjab ; Barmer (Rajasthan) est renommée pour ses broderies. Les textiles du Rajasthan comptent parmi les plus beaux et vous en trouverez un choix incomparable à Jaipur.

Les batiks (orné de motifs indiens souvent appliqués sur du coton) sont vendus dans tout le pays, mais plus particulièrement dans les grandes villes comme Mumbai et Dehli. Outre des tentures, on en fait des vêtements de style occidental à prix raisonnables, ainsi que des saris et des salwar kameez. Le *kaalamkari* de l'Andhra Pradesh et du Gujarat relève d'un art similaire mais beaucoup plus ancien. Il aurait fait son apparition aux alentours des temples d'Inde du Sud, dont il reprend des éléments décoratifs dans ses motifs ; ce tissu est souvent employé pour les cérémonies et les fêtes religieuses.

Les marchés des grandes villes, notamment Dehli et Mumbai, vendent des vêtements occidentaux à des prix très compétitifs.

Châles, soie et saris

Les châles de laine de la vallée de Kullu figurent parmi les souvenirs les plus appréciés de l'Himalaya et offrent un excellent rapport qualité/prix. La plupart sont tissés sur des métiers en bois traditionnels dans des coopératives villageoises. Les prix s'échelonnent de 200 Rs pour un simple châle de laine à 6 000 Rs pour une élégante étole de pashmina ou d'angora. Les châles épais et brodés que portent les montagnardes peuvent valoir jusqu'à 10 000 Rs. Bhuttico (Bhutti Weavers Cooperative), une coopérative performante, possède des boutiques à prix fixes dans plusieurs villes de l'Himachal Pradesh. Les coiffes traditionnelles des ethnies montagnardes sont également très recherchées. Elles valent de 30 Rs la coiffe légère et colorée de Kullu à 200 Rs la chaude coiffe de laine du Kinnaur. Le Ladakh est aussi réputé pour ses superbes châles pashmina.

Aurangabad (Maharashtra) est le centre de la production de châles, de draps et de saris *himroo*. Tissés de fils de coton, de soie et d'argent, ces articles coûtent 500 Rs minimum et reproduisent souvent des motifs provenant des peintures des grottes d'Ajanta. Les magnifiques saris de fils d'or et de soie de Paithan, plus raffinés, valent de 6 000 à 300 000 Rs !

Voyageurs, attention !

Dans les sites touristiques comme Agra, Jaipur (et autres lieux du Rajasthan), Varanasi et Kolkata, prenez garde aux rabatteurs payés à la commission, qui rôdent en guettant l'occasion de vous entraîner chez leur négociant favori. Ne croyez pas les boniments du genre "my family's place" (chez ma famille), "my brother's shop" (la boutique de mon frère), "special deal at my friend's place" (une affaire à saisir chez mon ami). Sachez que le prix que vous paierez sera majoré de la commission, pouvant aller jusqu'à 50% !

Ne faites pas non plus confiance au marchand qui vous affirmera que, si vous achetez un objet à expédier à l'étranger et payez par carte bancaire, il ne présentera pas la facture à sa banque avant que vous n'ayez reçu la marchandise. En fait, dans les 48 heures suivant l'achat, le commerçant aura contacté la banque et l'argent sera versé sur son compte.

Attention également aux magasins où votre carte de crédit disparaît dans l'arrière-boutique pour revenir avec la facture à signer. Il est arrivé qu'un vendeur imprime plusieurs factures, imite la signature et que le voyageur soit débité pour des achats factices.

Ne vous fiez pas davantage aux promesses de profits mirobolants que vous pourriez tirer de la revente à l'étranger d'une marchandise achetée en Inde, en particulier les pierres précieuses et les tapis. On vous affirmera que vous allez les revendre avec un bénéfice substantiel et on vous donnera même l'adresse (souvent imaginaire) de négociants intéressés. Ceux qui tiennent ce genre de discours font preuve d'une extrême habileté. Toujours très amicaux, ils vous proposeront de vous emmener chez eux et insisteront pour vous inviter à manger. Ils vous raconteront comment le mauvais sort les empêche d'obtenir une licence d'exportation. Tout cela fait partie de l'escroquerie – ne vous laissez pas attendrir !

S'il est certain que les malversations et fraudes ne concernent qu'une minorité de marchands, le racket à la commission, lui, est généralisé. Faites vos achats avec discernement. Prenez votre temps, soyez ferme, marchandez et n'hésitez pas à dire non (voir aussi l'encadré *Agra-phobie* dans le chapitre *Uttar Pradesh et Uttaranchal*).

Kanchipuram (Tamil Nadu) reste la capitale de la soie, mais Varanasi la concurrence, en particulier pour ses saris. A Varanasi, 1 mètre de soie revient au moins à 150 Rs. Un tailleur vous demandera de 125 à 140 Rs pour faire une chemise à manches longues ou une robe. Kolkata est également réputée pour ses beaux saris de coton et de soie tissés à la main.

Bijoux

Nombre de femmes indiennes transforment une grande partie de leur richesse en bijoux, d'où leur grande variété. Les Occidentaux apprécient tout particulièrement les lourds bijoux du Rajasthan, que l'on trouve dans tout le pays, mais surtout dans cet État.

Jaipur (Rajasthan) est particulièrement renommée pour les pierres précieuses et semi-précieuses (voir plus loin l'encadré *Voyageurs, attention !*).

Dans le Nord, vous pourrez acheter des bijoux tibétains, encore plus massifs. Dans les centres tibétains, comme McLeod Ganj et Darjeeling, certains bijoux apportés par les réfugiés sont de véritables antiquités. Cependant, la plupart sont des reproductions artificiellement "vieillies". Des perles d'agate, de turquoise, de cornaline et d'argent vous permettront de composer votre propre collier. Les chapelets de méditation bouddhique en pierres semi-précieuses, en bois ou incrustés d'os font également de beaux souvenirs (de 20 Rs à 500 Rs). Les perles fines sont une spécialité d'Hyderabad.

Cuir

Les articles de cuir sont en buffle, en chameau ou autre, mais jamais en vache. Kanpur (Uttar Pradesh) est le grand centre national du cuir.

Les *chappal*, ces sandales rustiques que l'on trouve partout en Inde, sont très appréciées. Celles de Kolhapur, dans le sud du Maharashtra, ont fait la réputation de la ville ; vous les trouverez sur place, à Poona et à Matheran (à partir de 150 Rs). Au Rajasthan, vous trouverez des *jooti*, de belles chaussures traditionnelles dont l'extrémité se recourbe dans les modèles masculins.

Les boutiques d'artisanat de Dehli vendent des bagages, des sacs et d'autres jolis articles en cuir. Les chaussures et les bottes du Cachemire, souvent de bonne qualité, se trouvent dans tout le pays ; la qualité des manteaux et des vestes laisse souvent à désirer.

Peintures

Des reproductions d'antiques miniatures mogholes sont effectuées dans de nombreuses régions, mais celles prétendues anciennes le sont rarement. La qualité varie énormément, tout comme les prix. Udaipur (Rajasthan) compte quelques bons ateliers spécialisés dans les reproductions sur soie et papier. Dans le même État, Jaipur abrite plusieurs galeries de très belles peintures contemporaines réalisées par des artistes locaux (de 200 à 50 000 Rs).

Au Kerala, et dans une moindre mesure, au Tamil Nadu, vous découvrirez d'extraordinaires miniatures sur feuilles séchées, représentant des scènes de la vie familiale et rurale, des dieux ou des déesses, et insérées dans des cartes imprimées. Dans l'Andhra Pradesh, vous pouvez acheter des peintures sur tissu appelées *kalamkari*.

Les fresques de Shantiniketan (Bengale-Occidental) tirent leur nom de la ville éponyme, également associée à Rabindranath Tagore, Prix Nobel de littérature.

Seul art populaire du Bihar, les sublimes peintures Mithila ou Madhubani sont réalisées par les femmes de Madhubani (voir l'encadré *Les peintures Mithila* dans le chapitre *Bihar et Jharkhand*). C'est à Patna qu'on les trouve le plus facilement.

A Mumbai, plusieurs galeries, notamment la Jehangir Art Gallery, vendent des peintures et des sculptures contemporaines. Attendez-vous à débourser plus de 1 000 Rs.

Papier mâché

Artisanat le plus caractéristique du Cachemire, l'objet en papier mâché est exécuté dans un moule, puis peint et poli en couches superposées jusqu'à l'obtention du motif final. Les prix dépendent de la complexité et de la qualité des motifs, ainsi que de la quantité de feuilles d'or utilisées. On confectionne des bols, des tasses, des boîtes, des tables, des pieds de lampe, des dessous de bouteille, des plateaux, etc. Un petit bol coûtera dans les 40 Rs, tandis qu'un objet de grande taille et de bonne qualité pourra atteindre 1 000 Rs.

Au Rajasthan (notamment à Jaipur et Jaisalmer), vous trouverez de superbes marionnettes multicolores en papier mâché (de 100 à 1 000 Rs).

Figurines en bronze, poterie et terre cuite

Dans le Sud, des artisans réalisent de délicates reproductions de divinités selon l'antique procédé de la cire perdue. On fabrique d'abord une figurine en cire autour de laquelle on forme un moule ; on chauffe le moule jusqu'à ce que la cire fonde et qu'on puisse la verser. Ensuite, on coule du métal en fusion dans le moule et, dès qu'il est solidifié, on casse le moule. Les figurines de Shiva en Nataraja dansant sont parmi les plus appréciées.

Jaipur (Rajasthan) est spécialisée dans la poterie bleue émaillée, ornée de motifs floraux et géométriques.

Les terres cuites de Kolkata vont des simples bols aux grandes figurines décoratives. Au Bihar, on réalise des reproductions de divinités et des jouets en terre cuite.

Sculpture sur bois

Dans le Sud, des représentations des dieux sont sculptées dans du bois de santal. Le bois de rose est réservé aux animaux, en particulier aux éléphants. Les meubles et objets sculptés du Cachemire, minutieusement travaillés, reproduisent les motifs des moulures décoratives qui ornent les maisons flottantes. Le Karnataka est réputé pour ses sculptures en bois de santal, le Kerala, pour celles en bois de rose.

Les incrustations de métaux et d'ivoire sur bois constituent l'un des plus anciens artisanats du Bihar ; elles ornent les décorations murales, les dessus de table, les plateaux et les boîtes.

Les roues et les boules de massage, vendues sur de nombreux sites de pèlerinage hindous, font de jolis cadeaux – elles sont bon marché et légères à transporter.

Métaux et marbre

Les objets en cuivre et en bronze sont répandus dans tout le pays. Bougeoirs, plateaux, bols, cruches et cendriers sont fabriqués à Mumbai et dans plusieurs villes. Au Rajasthan et en Uttar Pradesh, le bronze est incrusté de fins motifs d'émail rouge, vert et bleu. Le *bidri*, bronze à canon incrusté d'argent (une forme de damasquinage), est originaire de la ville musulmane médiévale de Bidar, au nord du Karnataka (voir l'encadré *Le* bidriware *de Bidar* dans le chapitre *Karnataka*). Des narguilés, des pieds de lampe et des boîtes à bijoux sont fabriqués selon ce procédé. De nombreux objets tibétains utilisent une technique similaire, avec des incrustations d'argent ou de cuivre. Les moulins à prière, les cors de cérémonie et les casiers à documents sont des achats très prisés et peu chers.

Les statues de fonte peinte des divinités tibétaines, plus lourdes, ne manqueront pas de faire de l'effet une fois chez vous. Les prix commencent à 350 Rs pour les petites figurines.

Une importante industrie artisanale prospère à Agra : les souvenirs en marbre incrustés de pierres semi-précieuses. Elle s'inspire des incrustations de *pietra dura* qui ornent le Taj Mahal et d'autres monuments. Comptez quelque 200 Rs pour une boîte à bijoux et 1 000 Rs minimum pour une plaque murale plus travaillée.

Instruments de musique

Les instruments de musique indienne, appréciés depuis longtemps par les voyageurs, sont en vente dans les grandes villes (comme Dehli, Kolkata et Jaipur) ; certains sont ornés de superbes incrustations. Faites le tour de plusieurs boutiques pour sélectionner la meilleure qualité au meilleur prix.

A Dehli, Netaji Suhash Marg est un bon endroit pour ce type d'achat. Un tabla et un *doogi* (les percussions vont par paire – le tabla est le long tambour, le doogi, plus large, est en métal) valent 950 Rs minimum. Des tambours décoratifs ne coûtent que 100 Rs, mais la qualité laisse à désirer. Les prix des sitars s'échelonnent de 3 000 à 16 000 Rs. A Kolkata, vous trouverez également des instruments de bonne facture à prix compétitif.

A Varanasi, le Triveni Music Centre propose des sitars de 5 000 à 30 000 Rs, selon la qualité.

Sachez que certains bois se déforment sous certains climats, ce qui affectera le son du sitar.

Autres achats

Les livres constituent un achat intéressant poour ceux qui lisent l'anglais, d'autant qu'ils trouveront un grand choix de titres à prix très modérés.

Mumbai compte des boutiques islamiques de parfums attar (huile essentielle). La gamme proposée est probablement la plus étendue du pays (à partir de 150 Rs le flacon).

Parmi les spécialités de Goa figure le *feni* à base de noix de cajou ou de noix de coco. Cet alcool fort, souvent présenté dans des flacons décoratifs, coûte de 30 à plus de 1 000 Rs. Goa fabrique également des chiloms d'argile traditionnels et des narguilés (fumer et détenir de la drogue est illégal, mais pas l'achat des accessoires !). Darjeeling, Kalimpong (Bengale-Occidental) et plusieurs régions de l'Inde du Sud produisent des thés excellents. Siliguri (Bengale-Occidental) propose une multitude d'objets en rotin, depuis des porte-lettres jusqu'à d'énormes meubles.

Intéressante spécialité du Bihar, le *tapper* du district de Palamau, qui provient du chanvre séché ; ce matériau, plus résistant aue la jute, servait autrefois à fabriquer des sacs pour transporter les céréales ou de lourdes charges. Aujourd'hui, on le teint et on en fait divers objets, comme des nattes, des sacs à main, etc.

Les sacs à bandoulière *jari* de Bhopal, en coton et décorés de motifs colorés, ne valent que 35 Rs. Meghalaya, dans la région du nord-ouest, est renommée pour ses magnifiques paniers faits main.

Restrictions concernant la faune et les antiquités

L'Indian Wildlife Protection Act interdit tout commerce d'espèces sauvages. Abstenez-vous d'acheter des souvenirs dont la fabrication menace les espèces et les habitats en voie de disparition – vous risquez une lourde amende, voire une peine de prison.

Les articles datant de plus de 100 ans ne peuvent pas être exportés du pays sans un certificat d'exportation (difficile à obtenir). Si vous avez des doutes sur un objet, renseignez-vous au bureau régional de l'Archaeological Survey of India (☎ 011-3019451, 3017220 à Dehli).

Comment s'y rendre

Attention

En raison de l'évolution constante du marché et de la forte concurrence régissant l'industrie du tourisme, les renseignements présentés dans ce chapitre restent purement indicatifs. En particulier, les tarifs des vols internationaux et les horaires sont toujours susceptibles d'être modifiés.

De plus, l'administration et les compagnies aériennes semblent prendre un malin plaisir à concevoir des formules relativement complexes. Assurez-vous, auprès de la compagnie aérienne ou d'une agence de voyages, que vous avez bien compris les modalités de votre billet.

Avant de vous engager, nous vous recommandons de vous renseigner auprès de votre entourage et de faire le tour des compagnies et des agences, en comparant les tarifs et les conditions proposés par chacune.

VOIE AÉRIENNE

Aéroports et compagnies

Mumbay (Bombay), Dehli, Kolkata (Calcutta) et Chennai (Madras) sont les principales destinations des vols internationaux. Ahmedabad (Gujarat) en accueille un nombre plus limité (voir *Acheter un billet en Inde*). L'aéroport international prévu à Hyberabad n'était pas encore en service au moment de la rédaction de ce guide.

Air India (www.airindia.com) est la compagnie nationale indienne, qui transporte également des passagers sur certains trajets intérieurs d'itinéraires internationaux (voir aussi *Avion* dans le chapitre *Comment circuler*). Indian Airlines, la principale compagnie intérieure, propose des vols vers une quinzaine de pays voisins (pour connaître ces destinations, consultez www.indianairlines.nic.in).

Billets

Les tarifs aériens n'ont jamais été soumis à une telle concurrence et offrent par conséquent un excellent rapport qualité/prix. Vérifiez cependant les offres avec attention pour être sûr d'obtenir le meilleur prix. L'Internet est une source de renseignements de plus en plus efficace pour comparer les tarifs.

Les étudiants et les moins de 26 ans (ou de moins de 30 ans dans certains pays) bénéficient de tarifs préférentiels. Vous devrez présenter un document comportant votre date de naissance ou une International Student Identity Card (ISIC ; carte internationale d'étudiant) au moment de l'achat du billet et (parfois) de l'embarquement.

S'adresser directement à une compagnie aérienne n'est pas toujours le plus intéressant. Les billets discount sont souvent attribués à des agents de voyages sélectionnés, ainsi qu'à des agences spécialisées dans les tarifs réduits.

Vous trouverez néanmoins de plus en plus de transporteurs aériens qui vendent des billets à prix réduits directement aux voyageurs. Une autre solution consiste à réserver sur l'Internet. Bon nombre de compagnies proposent des tarifs très attractifs aux internautes. Elles vendent parfois des sièges aux enchères ou reportent le coût réduit de la vente en ligne sur le prix du billet.

De nombreuses agences de voyages dans le monde disposent d'un site Internet, ce qui permet de comparer facilement et rapidement les tarifs. De plus en plus d'agences n'opèrent d'ailleurs plus que sur l'Internet.

Acheter un billet en ligne est idéal si vous voulez prendre un aller ou un aller-retour à des dates précises. Toutefois, ces serveurs super-rapides ne remplacent nullement un agent de voyages qui sait tout des offres spéciales, connaît les stratégies pour éviter les escales et peut fournir de multiples conseils, que ce soit sur la compagnie qui sert les meilleurs plateaux végétariens ou sur la meilleure assurance de voyage à prendre avec votre billet.

Vous verrez parfois des vols très bon marché proposés par d'obscures agences. La plupart de ces sociétés sont honnêtes et solvables, mais d'autres sont plus douteuses. Payer par carte de crédit garantit généralement une protection, puisque la majorité des organismes vous rembourseront si vous pouvez prouver que vous n'avez pas obtenu ce pour quoi vous avez payé. Il est aussi possible de se protéger en achetant un billet chez un agent agréé. Les agents qui n'acceptent que le paiement en liquide doivent vous remettre le billet immédiatement (sans vous demander de "repasser le lendemain"). Une fois que vous aurez fait une réservation ou versé des arrhes, appelez la compagnie aérienne pour avoir la confirmation de votre réservation. Il est déconseillé d'envoyer de l'argent (y compris des chèques) par la poste, sauf si l'agent de voyages jouit d'une solide réputation : des voyageurs se sont déjà fait escroquer par des agences véreuses de vente de billets par correspondance.

Si vous achetez un billet et que vous vouliez changer plus tard d'itinéraire ou vous faire rembourser, adressez-vous à votre agence de voyages. Les compagnies aériennes ne remboursent que l'acheteur du billet – en général l'agent de voyages qui a acheté le billet pour vous. Réfléchissez soigneusement avant d'acheter un billet dont le remboursement est soumis à conditions.

Services particuliers

Si elles sont prévenues suffisamment à l'avance, les compagnies aériennes peuvent en général fournir des services particuliers aux passagers (comme prévoir un fauteuil roulant à l'aéroport ou servir des plats végétariens pendant le vol). Les enfants de moins de 2 ans paient 10% du tarif standard (ou voyagent gratuitement sur certaines compagnies) s'ils n'occupent pas un siège. Dans ce cas, ils ne peuvent pas enregistrer de bagages. La compagnie fournit des berceaux, des petits pots pour bébés et des couches, si la demande est faite à l'avance. Les enfants âgés de 2 à 12 ans peuvent occuper un siège en payant la moitié ou les deux tiers du plein tarif ; ils sont alors autorisés à enregistrer la même quantité de bagages que les adultes.

Vols au départ de l'Inde

Il est indispensable de reconfirmer un vol international au moins 72 heures avant le départ ; des voyageurs qui avaient omis de le faire ont découvert que leur réservation avait été annulée.

Les compagnies recommandent aux passagers d'enregistrer leurs bagages trois heures avant le départ des vols internationaux ; la circulation en Inde étant souvent très encombrée, calculez le temps qu'il vous faudra pour arriver à l'aéroport, surtout aux heures de pointe. Dans la plupart des aéroports indiens, des chariots sont mis (gratuitement) à votre disposition, mais vous vous ferez probablement accoster par des porteurs qui vous proposeront de se charger de vos bagages en échange d'un pourboire (10 Rs est une somme correcte). Une fois à l'aéroport, vous devrez soumettre vos bagages à un contrôle et les faire sceller par les agents de la sécurité avant de les faire enregistrer. N'oubliez pas de remplir la carte d'embarquement avant de passer la douane.

Taxe d'aéroport

La taxe de départ de 500 Rs (150 Rs pour le Bangladesh, le Bhoutan, le Népal, le Sri Lanka, le Pakistan et les Maldives) est en général incluse dans le prix des billets internationaux – vérifiez auprès de votre agent de voyages.

Acheter un billet en Inde

Vous pourrez acheter des billets internationaux à Mumbai et Kolkata, mais c'est à Dehli que vous trouverez les offres les plus intéressantes. De nombreux *bucket shops*, de petites agences qui ne sont pas affiliées mais vendent des billets d'avion à prix réduits, sont installées autour de Connaught Place – renseignez-vous toutefois auprès d'autres voyageurs pour vous assurer qu'elles sont dignes de confiance. Et si vous achetez un billet, vérifiez auprès de la compagnie que la réservation a été effectuée.

L'encadré *Tarifs au départ de l'Inde* vous donnera une idée des prix des billets internationaux depuis l'Inde (ceux à destination de l'Inde depuis d'autres pays sont mentionnés plus loin dans ce chapitre à la rubrique des pays correspondants). Cette liste n'est pas exhaustive – de nombreuses autres destinations internationales sont desservies depuis l'Inde. Notez que les tarifs correspondent à un aller simple et sont indiqués dans la monnaie dans laquelle ils sont vendus en Inde. Ces tarifs peuvent varier considérablement selon la saison – consultez un agent de voyages pour connaître les toutes dernières offres.

Europe continentale

L'époque où les tarifs au départ de Londres étaient beaucoup plus avantageux que ceux offerts depuis Paris ou Bruxelles semble

Tarifs au départ de l'Inde

Depuis	Vers	Tarif aller
Dehli	Auckland	26 800 Rs
	Bangkok	11 000 Rs
	Dubai	7 700 Rs
	Katmandou	142 $US
	Kuala Lumpur	18 000 Rs
	Lahore	5 880 Rs
	Singapour	18 000 Rs
	Sydney	20 280 Rs
	Toronto	29 500 Rs
	Vancouver	36 000 Rs
Mumbai	Bangkok	15 000 Rs
	Colombo	13 350 Rs
	Dhaka	9 975 Rs
	Hong Kong	24 000 Rs
	Katmandou	217 $US
	Londres	26 500 Rs
	Nairobi	19 300 Rs
	New York	31 000 Rs
	Paris	25 700 Rs
	Singapour	21 550 Rs
	Sydney	29 000 Rs
Kolkata	Bangkok	7 300 Rs
	Dhaka	2 560 Rs
	Genève	21 000 Rs
	Hong Kong	11 800 Rs
	Katmandou	96 $US
	Londres	18 000 Rs
	Los Angeles	32 000 Rs
	New York	23 700 Rs
	Paris	21 000 Rs
	Rome	19 000 Rs
	Singapour	7 100 Rs
	Toronto	33 300 Rs
	Yangon	5 775 Rs
Chennai	Bangkok	12 800 Rs
	Colombo	3 765 Rs
	Hong Kong	18 500 Rs
	Londres	18 250 Rs
	Nairobi	16 180 Rs
	New York	25 000 Rs
	Paris	18 250 Rs
	Sydney	23 000 Rs
Ahmedabad	Chicago	27 000 Rs
	Londres	22 000 Rs
	Muscat	10 300 Rs
	New York	27 000 Rs
	Sharjah	10 300 Rs

révolue, surtout si l'on tient compte des frais pour relier Londres. La concurrence effrénée à laquelle se livrent les compagnies aériennes a nivelé le prix des billets, et l'on trouve aujourd'hui, dans toute l'Europe, des allers-retours vraiment bon marché.

Comme à l'habitude, il existe des tarifs négociés, il ne faut donc pas hésiter à appeler toutes les agences de voyages et les compagnies aériennes. Les prix ci-dessous s'entendent aller-retour. Étudiants et moins de 26 ans se voient proposer des tarifs souvent plus intéressants.

Au départ de la France, les meilleurs tarifs à destination de Delhi s'échelonnent de 450 à 600 € en basse saison (hors vacances scolaires), jusqu'à 680 € en saison haute. Les compagnies étrangères (Air India, Kuwait Airlines, Aeroflot) offrent souvent les tarifs les plus intéressants, mais les vols ne sont pas toujours directs. Renseignez-vous également auprès de KLM. Pour Mumbai, comptez en général entre 580 et 680 € selon la saison.

De Bruxelles à Dehli, les meilleurs tarifs se situent entre 480 € et 570 € taxes comprises ; pour relier Mumbai, comptez à partir de 500 €.

Au départ de Genève ou de Zurich, il vous faudra débourser de 560 à 790 € selon la saison et les conditions.

Quelques compagnies vendent à prix concurrentiel des sièges vacants, une semaine ou deux avant le départ. Renseignez-vous auprès de Dégriftour (3615 DT, www.degriftour.fr.) qui a fusionné avec Réductour (3615 RT) ou Travelprice (n° Indigo 0 825 026 028, www.travelprice.fr).

Les tour-opérateurs cités ci-après vous procureront les meilleurs tarifs négociés, en France, en Belgique, en Suisse ou au Luxembourg.

Connections (☎ 2 550 01 00, 2 512 94 47), rue du Midi 19-21, 1000 Bruxelles, (☎ 2 647 06 05), avenue Adolphe-Buyllaan 78, 1050 Bruxelles, (☎ 9 223 90 20), Nederkouter 120, 9000 Gand, (☎ 4 223 03 75, 4 223 60 10), rue Sœurs-de-Hasque 7, 4000 Liège www.connections.be

Éole (☎ 2 227 57 80, fax 2 219 90 73), chaussée de Haecht 43, 1210 Bruxelles

Errances (☎ 01 42 09 70 00, fax 01 42 09 53 39), 55 rue Louis-Blanc, 75010 Paris

Fuaj (Fédération unie des auberges de jeunesse, ☎ 01 48 04 70 30, fax 01 44 89 87 10), 9 rue Brantôme, 75003 Paris, www.fuaj.org, 3615 Fuaj

Le Monde de l'Inde et de l'Asie (☎ 01 46 34 03 20, fax 01 43 26 87 77, contact@mondeasie.com), 15 rue des Écoles, 75005 Paris, www.mondeasie.com

Nomade Expérience/Globetrotter (☎ 0 26 347 48 00, info@nomade.ch), 28 rue de Lausanne, CP 1700, Fribourg, Suisse, www.nomade.ch

Orients (☎ 01 40 51 10 40, fax 01 40 51 10 41) 29 rue des Boulangers, 75005 Paris, www.orients.com

OTU (☎ 01 40 29 12 12), 39 avenue Georges-Bernanos, 75005 Paris, www.otu.fr
L'organisation du tourisme universitaire propose des réductions pour les étudiants et les (jeunes) enseignants sur de nombreux vols. Se renseigner dans les CROUS

SSR (☎ 21 617 56 27), 20 bd de Grancy, 1006 Lausanne,
(☎ 22 329 97 33), 3 rue Vigner, 1205 Genève
Cette coopérative de voyages propose des vols à prix négociés pour les étudiants jusqu'à 26 ans et des vols charters pour tous (tarifs un peu moins chers au départ de Zurich).

USIT Connections (☎ 01 42 44 14 00, n° Indigo 0 825 08 25 25, fax 01 42 44 14 01), 14 rue Vivienne, 75002 Paris, (☎ 01 42 34 56 90, 01 42 44 14 00, fax 01 42 34 56 91), 6 rue de Vaugirard, 75006 Paris www.usitconnect.fr, www.usitworld.com, 3615 Usit

Voyageurs en Inde (☎ 01 42 86 16 00, fax 01 42 86 17 88 par fax, indiquer votre destination), 55 rue Sainte-Anne, 75002 Paris, www.vdm.com, 3615 Voyageurs

Wasteels (☎ 08 03 88 70 04, fax 01 43 25 46 25), 11 rue Dupuytren, 75006 Paris, www.voyages-wasteels.fr, 3615 Wasteels

Canada

L'agence de voyages nationale pour étudiants, Travel CUTS (☎ 800-667 2887), dispose de succursales dans toutes les grandes villes. Son adresse Internet est www.travelcuts.com.

Depuis le Canada, la majorité des vols à destination de l'Inde passent par l'Europe, mais il est possible de voyager *via* les États-Unis ou l'Asie.

En basse saison, un aller-retour de Vancouver à Dehli ou Mumbai coûte à partir de 2 500 $CA sur Air France *via* Paris ou sur Northwest Airlines *via* Hong Kong ou Singapour.

Un aller-retour de Montréal ou Toronto à Dehli ou Mumbai revient en basse saison à 2 117 $CA sur Air France *via* Paris, ou à 2 340 $CA sur Lufthansa Airlines *via* Franfort.

Afrique

Une importante communauté indienne étant installée au Kenya, de nombreux vols relient l'Afrique de l'Est et Mumbai. Un aller simple Mumbai-Nairobi revient généralement à 399 $US.

Bangladesh

Des vols Indian Airlines relient plusieurs villes du Bangladesh à Kolkata, notamment Dhaka (52 $US) et Chittagong (67 $US).

Malaisie

La Thaïlande offrant un plus grand choix de vols, la plupart des voyageurs allant en Inde préfèrent partir de Bangkok que de Kuala Lumpur. Un aller en classe économique de Kuala Lumpur à Dehli vaut 230 $US.

Maldives

Indian Airlines assure des vols de Thiruvananthapuram (Trivandrum) à Malé au prix de 68 $US l'aller.

Myanmar

Il n'existe aucun point de passage par voie terrestre entre le Myanmar et l'Inde (ou d'autres pays) ; l'avion est donc la seule solution. Le vol Indian Airlines Yangon (Rangoon)-Kolkata revient à 152 $US l'aller.

Népal

La Royal Nepal Airlines Corporation (RNAC) et Indian Airlines se partagent les vols entre l'Inde et Katmandou. Druk Air effectue aussi des liaisons. La RNAC et Indian Airlines relient Katmandou à Dehli (102 $US l'aller), Mumbai (151 $US l'aller) et Kolkata (96 $US l'aller).

Pakistan

Pakistan International Airlines (PIA) propose un vol aller de Karachi à Dehli *via* Lahore pour 107 $US et de Lahore à Dehli pour 70 $US.

Singapour

Un aller simple en classe économique de Singapour à Dehli revient à 670 $US sur Singapore Airlines ou Thai Airways International.

Sri Lanka

Plusieurs vols relient Colombo à Mumbai, Dehli, Chennai, Ţiruchirappalli (Trichy) ou Thiruvananthapuram. Les tarifs entre Colombo et Mumbai démarrent à 210 $US sur Sri Lanka Airlines ou Indian Airlines.

Thaïlande

Bangkok est la plaque tournante de l'Asie du Sud-Est à destination de l'Inde. Des vols au départ de Bangkok desservent les plus grandes villes indiennes, notamment Kolkata (159 $US l'aller) et Dehli (203 $US l'aller). Thai International et Indian Airlines effectuent également une liaison vers Kolkata *via* Yangon (Rangoon, en Birmanie) pour environ 410 $US l'aller-retour.

VOIE TERRESTRE

La rubrique suivante explique à quels endroits il est possible de passer la frontière pour entrer en Inde. Pour plus de précisions, reportez-vous aux chapitres régionaux.

Bangladesh

A la grande satisfaction de la population locale comme des travailleurs, un service de bus direct entre Kolkata et Dhaka (Bangladesh) a été mis en place en 1999, facilitant le passage de la frontière autrefois si compliqué. Bien qu'il existe d'autres petits postes-frontières en Inde, ce nouveau service de bus est de loin la solution la plus pratique, l'accès *via* les itinéraires moins fréquentés étant variable et donc incertain.

Le Bangladesh n'exige pas d'autorisation de sortie. En revanche, si vous arrivez par avion et repartez par la route, il vous faudra un permis de circuler. Il s'obtient à Dhaka au bureau des passeports et de l'immigration (☎ 02-9556020), 127 New Eskaton Rd, Mogh Bazar, qui est ouvert de 10h à 12h du samedi au jeudi.

De Dhaka à Kolkata. Le bus direct part de Kolkata tous les jours à 7h et arrive à Dhaka vers 8h le matin suivant. L'aller-retour coûte 1 000 Rs.

Pour acheter un ticket de bus Kolkata-Dhaka, contactez Shyamoli Paribahan (☎ 033-2290345, fax 2293715), 51 Mirza Ghalib St (Free School St ; près de l'Hotel VIP International), à Kolkata. Au moment où nous mettions sous presse, des bus partaient de l'International Bus Depot à côté du Salt Lake (vérifiez au cas où un point de départ plus commode aurait été choisi depuis). Un taxi des alentours de Sudder St (où logent la majorité des touristes) à Salt Lake vous reviendra à environ 40 Rs.

Pour entrer au Bangladesh, vous devrez être en possession d'un visa, délivré aux missions étrangères du Bangladesh (voir *Ambassades et consulats* dans le chapitre *Renseignements pratiques*). A Kolkata, le consulat du Bangladesh enregistre les demandes de visa de 9h à 12h en semaine, et vous pourrez repasser le prendre le même jour entre 15h et 17h. Il vous faudra apporter votre passeport et trois photos d'identité (pour savoir où en faire, reportez-vous à la rubrique *Photos* dans le chapitre *Kolkata*). Les visas sont valables pour une durée d'un mois maximum, mais vous pourrez les faire proroger au bureau des passeports et de l'immigration à Dhaka (voir la rubrique *Bangladesh* ci-dessus). Le prix du visa varie en fonction de la nationalité du demandeur : 2 900 Rs pour les Britanniques et 45 $US pour les Américains.

De Siliguri à Bhurungamari. Ce poste-frontière septentrional est très peu emprunté par les voyageurs. Le trajet de Siliguri, dans le Bengale occidental, jusqu'à la ville frontalière indienne de Chengrabandha est relativement aisé ; des bus partent toutes les heures de 6h à 13h (70 km, 3 heures 30, 35 Rs). Le bureau de l'immigration indien ouvre tous les jours à 9h, sauf le dimanche. Des bus directs rallient Rangpur (5 heures 30), Bogra (8 heures) et Dhaka (15 heures).

De New Jalpaiguri à Chilahati. Prenez un train de New Jalpaiguri (au nord du Bengale Occidental) à Haldibari, le poste-frontière côté indien (20 Rs, 2 heures). De là, vous marcherez (7 km) le long d'une voie ferrée désaffectée jusqu'au poste-frontière bandagleshi de Chilahati où se trouve une gare ferroviaire.

De Sylhet à Shillong. Le poste-frontière situé à Dawki (Meghalaya), à 70 km de Shillong, est relié par des bus quotidiens qui partent de Shillong. De Dawki, il faut parcourir 1,5 km à pied jusqu'à Tamabil, d'où la gare routière est à 15 minutes de marche et Syhlet environ à 2 heures 30 en bus.

D'Agartala à Dhaka. Cette frontière proche de Dhaka se trouve le long d'Akhaura Rd, 4 km à l'ouest d'Agartala (Tripura). Du côté bangladeshi, vous trouverez divers moyens de transport jusqu'à Akhaura, distante de 5 km.

D'Akhaura, un train part à 12h15 (heure du Bangladesh) pour Dhaka (2 heures 30). Sinon, des bus (4 heures), moins confortables, partent quand ils ont suffisamment de passagers. La frontière est ouverte tous les jours de 8h à 16h.

Népal

Lorsque les conditions politiques et météorologiques le permettent, trois importants postes-frontières sont ouverts. Depuis l'Inde, les plus fréquentés sont Sunauli (Uttar Pradesh)/Bhaiwara (au sud de Pokhara), Raxaul (Bihar)/Birganj (au sud de Katmandou) et Kakarbhitta, au Bengale occidental près de Siliguri (à l'extrême est). Si vous voyagez depuis/vers Dehli ou tout autre endroit d'Inde occidentale, l'itinéraire Sunauli/Bhairawa est le plus pratique. Un bus ordinaire de Varanasi à Sunauli revient à 140 Rs (10 heures).

De Dehli, des bus privés à destination de Katmandou partent les lundis et jeudis à 13h 30, et arrivent deux jours plus tard aux environs de 6 ou 7h. Le trajet comprend une attente de 6 heures à la frontière où vous devrez changer de bus. Le tarif est de 800 Rs. Beaucoup de voyageurs trouvent plus agréable et d'un rapport qualité/prix plus intéressant d'aller en train jusqu'à Gorackpur (Uttar Pradesh) et de prendre ensuite un bus.

Vous pouvez aussi entrer *via* le poste-frontière peu fréquenté qui est situé entre Banbassa (Uttaranchal) et Mahendrenagar (ouest du Népal). Malgré sa proximité de Dehli, c'est probablement l'itinéraire le plus lent pour se rendre à Katmandou ou Pokhara, mais vous aurez l'occasion de découvrir en chemin l'ouest du Népal. A Dehli, des bus partent pour Banbassa de la gare routière d'Anand Vihar toutes les heures, de 7h à 21h (138 Rs, 10 heures). Vous pourrez obtenir un visa à la frontière (30 $US, 2 photos d'identité nécessaires), mais uniquement de 9h à 16h. Le poste-frontière est quant à lui ouvert de 7h à 19h. Un bref trajet en auto-rickshaw vous emmènera jusqu'à la frontière. Les bus qui attendent de l'autre côté vous conduiront à l'ancienne gare routière de Mahendrenagar, d'où des bus à destination de Katmandou partent chaque jour aux alentours de 14h (le trajet, exténuant, dure 24 heures). L'autre solution consiste à prendre un bus de la nouvelle gare routière de Mahendrenagar jusqu'à Nepalganj (9 heures), d'où un autre bus vous emmènera jusqu'à Katmandou ou Pokhara (15 heures). Inutile d'espérer relier Banbassa en train ; la voie n'est ouverte que pendant la saison sèche, car la route qui part de Mahendrenagar est régulièrement inondée pendant la mousson.

Depuis Kolkata, Patna et la majeure partie de l'Inde orientale, le poste-frontière Raxaul Bazaar/Birganj est le plus facile d'accès. De Kolkata à Raxaul, prenez le *Mithilla Express* qui part de Kolkata tous les jours à 16h et arrive le lendemain matin à 7h30 (sachez toutefois que ce train est connu pour arriver avec au moins deux ou trois heures de retard). Le billet coûte 245 Rs (2e classe) ou 1 085 Rs (couchettes climatisées sur deux niveaux). De Raxaul, un auto-rickshaw jusqu'à Birganj vous reviendra environ à 10 Rs. De nombreux bus effectuent la liaison Birganj-Katmandou (350 km, 156 Rs, environ 8 heures). Pokhara, à 255 km, est desservie par des bus toutes les heures (125 Rs, environ 5 heures 30).

Un visa est nécessaire pour entrer au Népal (pour connaître les adresses des ambassades, voir *Ambassades et consulats* dans le chapitre *Renseignements pratiques*). Vous devrez être muni d'une photo d'identité. Les visas sont délivrés en 24 heures (sauf le vendredi, où il faut faire la demande le matin et retirer son visa en fin d'après-midi). A Dehli, le service des visas de l'ambassade ouvre du mardi au vendredi de 9h à 12h. Un visa à entrées multiples de 60 jours coûte 1 410 Rs. Il est également possible d'en obtenir un à l'aéroport et à la frontière (30 $US).

Pakistan

Étant donné l'instabilité des relations politiques entre l'Inde et le Pakistan, un seul poste-frontière reste ouvert entre ces deux pays et son ouverture dépend des revirements diplomatiques.

Un visa est requis pour entrer au Pakistan. L'ambassade du Pakistan à Dehli (voir *Ambassades et consulats* dans le chapitre

Attention !

De nombreux voyageurs ont signalé des escroqueries sur les forfaits depuis le Népal pour l'Inde, en particulier au départ de Pokhara. Les réservations n'avaient pas été validées ou la qualité des services ne correspondait pas au prix payé. Ces forfaits impliquent habituellement la coordination de trois compagnies au minimum, ce qui multiplie d'autant les risques de cafouillage involontaire et d'entourloupe délibérée.

Renseignements pratiques pour les adresses) délivre des visas à entrée unique valables de un à deux mois. Les demandes sont acceptées de 8h30 à 11h30 en semaine, et les visas remis le jour ouvrable suivant. Le coût dépend de la nationalité, de 120 Rs pour les ressortissants suisses à 2 975 Rs pour les Canadiens.

De Dehli à Lahore. Un bus direct relie Delhi à Lahore, *via* le poste-frontière de Wagah. Les bus quittent la gare routière Dr Ambedkhar près de Dehli Gate les mardis, mercredis, vendredis et samedis à 6h. Le trajet dure 12 heures et revient à 800 Rs (repas inclus).

D'Amritsar à Lahore. L'unique point de passage officiel entre l'Inde et le Pakistan se trouve à Wagah, à l'est de Lahore (Attari du côté indien). Le passage de la frontière se fait en bus, en train ou avec son propre véhicule. De chaque côté, après l'immigration et la douane, vous subirez divers contrôles de sécurité. La frontière ouvre tous les jours de 9h à 15h (9h30 à 15h30 à l'heure indienne). Des trains quotidiens express relient Lahore à Amritsar (Inde). Il existe également des trains plus lents circulant chaque jour entre Lahore et Wagah. Les bus sont plus rapides et plus fréquents, mais le trajet demande presque une demi-journée. Tout compte fait, la solution la plus pratique et la plus simple consiste à prendre le bus direct de Dehli à Lahore.

Bhoutan

De Siliguri à Phuentsholing. La distance entre Siliguri (Bengale occidental) et Phuentsholing (Bhoutan) est de 169 km. De Siliguri, des bus partent tous les jours de la gare routière Bhutan dans Burwan Rd à 8h, 11h, 14h et 15h (60 Rs, 3 heures 30). De Phuentsholing à Thimphu, il existe plusieurs lignes de bus (de 107 à 149 Rs). Le trajet dure entre 6 et 7 heures.

Aucun permis n'est exigé actuellement pour Phuentsholing, mais vous devrez demander un visa au moins 15 jours avant votre départ auprès d'un agent de voyages agréé, figurant sur la liste de la Tourism Authority of Bhutan (TAB).

Europe

Chaque année, quelques voyageurs viennent d'Europe à moto ou en voiture. Bien que difficiles, certains itinéraires à travers l'Europe centrale et orientale et les républiques de l'ex-URSS sont intéressants. Un laissez-passer international est indispensable. Beaucoup de voyageurs combinent leur voyage dans le sous-continent avec un séjour au Moyen-Orient, en prenant l'avion d'Inde ou du Pakistan jusqu'à Amman (Jordanie) ou l'un des pays du Golfe.

Asie du Sud-Est

Contrairement aux difficultés rencontrées en Asie centrale, l'Asie du Sud-Est reste très ouverte et toujours très fréquentée, dans les deux sens.

De Bali, vous rejoindrez Jakarta au nord en traversant Java, d'où vous continuerez par avion ou par bateau sur Singapour, puis Penang en Malaisie.

Après avoir visité la Malaisie, vous pourrez prendre l'avion de Penang à Chennai en Inde ou poursuivre jusqu'en Thaïlande et rejoindre l'Inde par avion depuis Bangkok, avec éventuellement une étape de quinze jours au Myanmar.

VOIE MARITIME

Le seul service de ferry qui part de Chennai relie les îles Andaman (voir le chapitre *Îles Andaman et Nicobar* pour plus d'informations). Les liaisons maritimes entre l'Inde et l'Afrique sont réservées au fret (véhicules compris).

VOYAGES ORGANISÉS

De nombreuses agences se sont spécialisées dans les voyages d'aventure, alternatives originales et intéressantes aux circuits classiques proposés par d'autres tour-opérateurs.

Nous vous donnons ici une liste non exhaustive de compagnies qui organisent des circuits dans diverses régions de l'Inde :

Allibert (☎ 04 76 45 22 26, fax 04 76 45 50 75), Route de Grenoble, 38530 Chapareillan (☎ 01 44 59 35 35, fax 01 44 59 35 36), 37 bd Beaumarchais, 75003 Paris www. allibert-voyages.com

Atalante (☎ 01 55 42 81 00, fax 01 55 42 81 01), 10 rue des Carmes, 75005 Paris (☎ 04 72 53 24 80, fax 04 72 53 24 81), 36-37 quai Arloing, 69256 Lyon Cedex 09 www.atalante.fr

Errances (voir plus haut *Europe continentale* sous *Voie aérienne*)

Esprit d'Aventure et Terres d'Aventure (☎ 01 53 73 77 77, fax 01 43 29 96 31), 6 rue Saint-Victor, 75005 Paris
(☎ 04 78 42 99 94, 04 78 37 15 01), 9 rue des Remparts-d'Ainay, 69002 Lyon
3615 Terdav ; www.terdav.com

Explorator (☎ 01 53 45 85 85, fax 01 42 60 80 00), 16 rue de la Banque, 75002 Paris, 3615 Explo, www.explo.com

Horizons nouveaux (☎ 01 42 46 21 22, fax 01 48 00 00 55), 25 rue du Faubourg-Montmartre, 75009 Paris
En Suisse (☎ 27 771 71 71, fax 27 771 71 75) Centre de l'Étoile, case postale 196, 1936 Verbier
www.horizonsnouveaux.com

Fleuves du Monde (☎ 01 44 32 12 85, fax 01 44 32 12 89), 17 rue de la Bûcherie, 75005 Paris, www.fleuves-du-monde.com

Jerrycan Voyages (☎ 22 346 92 82, fax 22 789 43 63), 11 rue Sauter, 1205 Genève
4, av. Béthusy, 1005 Lausanne (☎ 21 311 13 61)

Nomade (☎ 01 46 33 71 71, fax 01 43 54 76 12), 40, rue de la Montagne-Sainte-Geneviève, 75005 Paris, www.nomade-aventure.com, 3615 Nomadav

Nomade Expérience (voir plus haut *Europe continentale* sous *Voie aérienne*)

Orients (voir plus haut *Europe continentale*)

La Route des cuisines (☎ 06 12 29 70 81) 210, rue de Sicile, 34080 Montpellier, www.laroutedescuisines.com

La Route des Indes (☎ 01 42 60 60 90, fax 01 42 61 11 70), 7 rue d'Argenteuil, 75001 Paris

Voyageurs en Inde (voir *Europe continentale*)

Zig Zag (☎ 01 42 85 13 93, fax 01 45 26 32 85, caravanzigzag@compuserve.com), 54 rue de Dunkerque, 75009 Paris, www.zig-zag.tm.fr, 3615 Zig Zag Voyage

Comment circuler

AVION

Lignes intérieures

L'industrie aéronautique indienne est en plein essor et le pays possède plus de 70 aéroports. Indian Airlines (www.indian-airlines.nic.in) et sa filiale, Alliance Air, desservent quasiment la totalité du pays (59 destinations) ainsi que les pays voisins, des États du Golfe jusqu'à la Thaïlande. Une partie de la flotte a vieilli et sa réputation de fiabilité n'est plus ce qu'elle était. Privatisée peu à peu, Indian Airlines cessera d'être gérée par le gouvernement à la fin 2001, ce qui devrait donner lieu à de nettes améliorations.

Le transporteur international, Air India, assure également des vols intérieurs, qui partent le plus souvent des aéroports internationaux (voir plus loin).

Considérée comme la meilleure compagnie aérienne du pays, Jet Airways (www.jetairways.com) dessert 38 villes, emploie un personnel efficace et dispose d'une flotte moderne. La troisième grande compagnie, Sahara Airlines (www.saharaairline.com) effectue des liaisons vers 14 destinations.

Les tarifs sont quasiment identiques d'une compagnie à l'autre.

Il existe également quelques compagnies régionales de moindre importance ; les liaisons n'étant pas toujours régulières, renseignez-vous auprès d'un agent de voyages.

Réservation

Les grandes compagnies sont informatisées, tout comme des milliers d'agences de voyages. Les numéros de téléphone des bureaux de chaque ville sont indiqués dans les chapitres régionaux. Vous devrez fournir un numéro de téléphone et une adresse au moment de la réservation. Sur les plus grandes compagnies, reconfirmer la réservation n'est plus nécessaire, sauf si le billet a été acheté ailleurs qu'en Inde – auquel cas, la règle des 72 heures reste valable.

Les billets peuvent être réglés en roupies, en devises ou par cartes de crédit. La monnaie est rendue en roupies. Si vous perdez votre billet, la compagnie peut vous en délivrer un autre gratuitement, mais se faire rembourser est quasiment impossible.

Indian Airlines accorde une réduction de 25% aux étudiants et aux jeunes de 12 à 30 ans.

Forfaits aériens

Pour 500/700 $US, Indian Airlines propose un forfait "Discover India" valable 15/21 jours. Il donne droit à tous ses vols intérieurs, à certaines conditions : il est impossible de transiter plus d'une fois par la même ville, sauf pour prendre une correspondance. Des billets individuels permettant de visiter quatre grandes villes indiennes coûtent environ 750 $US, ce qui offre également un bon rapport qualité/prix.

Le forfait "Visit India" de Jet Airways vaut 300/550/800 $US pour 7/15/21 jours (50% de réduction pour les moins de 12 ans). Jet propose également des réductions dans des hôtels de luxe, principalement en Inde du Nord. Le transit par une même ville est soumis aux mêmes conditions qu'Indian Airlines.

L'autre forfait, "India Wonder", coûte 300 $US pour une semaine de vols sans restriction entre les villes (à l'exception de Port Blair) de l'une des quatre régions : Nord, Ouest, Sud et Est.

Région Nord
Agra, Amritsar, Bhopal, Delhi, Chandigarh, Gwalior, Indore, Jaipur, Jammu, Jodhpur, Khajuraho, Leh, Lucknow, Raipur, Srinagar, Udaipur, Varanasi

Région Ouest
Ahmedabad, Aurangabad, Bhavnagar, Bhuj, Goa, Indore, Jamnagar, Jodhpur, Kozhikode, Mangalore, Mumbai (Bombay), Nagpur, Rajkot, Udaipur, Vadodara (Baroda)

Région Sud
Bangalore, Chennai (Madras), Coimbatore, Goa, Hyderabad, Kochi, Kozhikode, Madurai, Nagpur, Poona, Thiruvananthapuram (Trivandrum), Tiruchirappalli (Trichy), Visakhapatnam

Région Est
Agartala, Bhubaneswar, Kolkata (Calcutta), Dibrugarh, Guwahati, Imphal, Jorhat, Lucknow, Patna, Ranchi, Silchar, Tezpur, Vadodara, Varanasi, Visakhapatnam

Enregistrement

Le délai d'enregistrement est de 1 heure avant le décollage. Il faut ajouter 15 min pour les vols depuis/vers Srinagar, Jammu et Leh.

Liaisons aériennes

Depuis	Vers	Durée approximative (heures)	Nombre de vols par jour	Tarif aller ($US)
Delhi	Mumbai	2	20	175
	Chennai	1 1/2	6	260
	Kolkata	2	4	200
	Leh	1 1/4	1	105
	Khajuraho	1 3/4	1	100
	Varanasi	1 1/4	1	125
Kolkata	Chennai	2	2	220
	Bangalore	2 1/4	2	265
	Hyderabad	2	2	210
	Guwahati	1 1/4	4	70
	Agartala	3/4	2	50
Mumbai	Aurangabad	3/4	2	75
	Bangalore	1 3/4	14	140
	Chennai	1 3/4	9	160
	Kolkata	2 1/4	7	230
	Goa	1	6	93
	Jaipur	1 1/2	3	155
Chennai	Hyderabad	1 1/2	3	105
	Thiruvananthapuram	1 1/4	2	105
	Kochi	1	2	120
	Port Blair	2	2	195
Bangalore	Delhi	2 3/4	7	255
	Thiruvananthapuram	1	2	120
	Goa	1	3	105
	Kochi	1 1/4	2	80

Sur les lignes intérieures, le poids des bagages est limité à 20 kg en classe économique et à 30 kg en classe affaires. Sur certaines lignes intérieures, on vous demandera d'identifier vos bagages enregistrés sur le tarmac, avant l'embarquement (demandez dès l'enregistrement si cette mesure est appliquée) et on procédera à une fouille consciencieuse de vos bagages. Sachez que toute pile électrique découverte dans vos bagages à main par les gardes de sécurité sera confisquée. Rangez vos piles dans vos bagages enregistrés, y compris celle de votre appareil photo.

Si vous avez des bagages à main, pensez à demander une étiquette au comptoir d'enregistrement (celle-ci doit être tamponnée par le service de sécurité).

BUS

L'Inde dispose d'un réseau de bus étendu, mais la plupart des voyageurs préfèrent le train, qui est souvent plus confortable. Néanmoins, voyager en bus peut être pratique, même si les déplacements sont plus lents que par train (avec de fréquents arrêts pour laisser monter ou descendre des passagers), ou, au contraire, un peu trop rapides. En outre, bon nombre de bus sont dans un état de décrépitude avancé.

Les bus ont l'avantage d'être plus fréquents que les trains, et il n'est en général pas nécessaire d'arriver longtemps à l'avance. C'est un moyen de transport parfait pour de courts trajets ; si vous devez aller loin, surtout pendant la nuit, optez de préférence pour le train.

Enfin, emporter des boules Quiès (ou un walkman) pour voyager en bus est une bonne idée – certains chauffeurs raffolent de la musique pop hindi et n'hésitent pas à mettre le volume à fond. Plusieurs lignes de bus plus onéreuses diffusent des vidéos, dont le son est, là encore, assourdissant. Si vous voyagez de nuit et désirez dormir, évitez cette catégorie de bus.

Classes

La qualité et le choix des bus varient considérablement d'un État à l'autre. Sur les

L'Inde et ses monstres mécaniques

Les bus locaux, notamment dans les grandes villes comme Kolkata et Delhi, ressemblent en général à de vieilles guimbardes bondées crachotant de la fumée et roulant à une vitesse insensée ; sauf quand ils se retrouvent coincés dans un embouteillage. Les passagers ont à peine le temps de monter et de descendre, et les bus provoquent chaque jour des accidents qui font des morts et des blessés. Cette situation s'explique en grande partie par le fait que les conducteurs subissent d'énormes pressions pour rentabiliser leur engin au maximum.

Les conducteurs de bus sont souvent payés en fonction du nombre de passagers transportés et peuvent même recevoir une amende pour chaque minute de retard. Lorsqu'ils se font arrêter pour conduite dangereuse, ils sont libérés sous caution et reprennent le travail immédiatement, sachant pertinemment que leur dossier ne sera pas jugé avant des années ; et le moment venu, tous les témoins se seront volatilisés ou n'auront plus qu'un souvenir très vague de l'incident. Selon la presse, quatre conducteurs sur cinq se voient infliger une amende mais ne sont jamais jugés.

Bon nombre d'entre eux admettent ouvertement qu'ils sont dans l'obligation d'adopter certaines "techniques", comme bloquer délibérément le passage à des bus concurrents ou prendre des risques pour les dépasser, mettant en péril la vie d'innocents piétons et automobilistes. Ces conducteurs expliquent que, en dehors des heures de pointe, ils commencent par rouler lentement pour ramasser le maximum de passagers, puis appuient à fond sur l'accélérateur à la fin du trajet pour rattraper le temps perdu.

La morale est la suivante : quand vous traversez une rue, renoncez à le faire si vous voyez un bus arriver. De même, ne vous faufilez pas entre plusieurs bus à l'arrêt – le premier peut toujours en cacher un autre beaucoup plus rapide !

principales lignes de bus publics gérées par les États, vous avez le choix entre plusieurs catégories (ordinaire, express, deluxe, etc.). Des bus privés opèrent également dans certaines régions ; ils sont souvent plus rapides et plus confortables (certains ont des vitres teintées et des sièges inclinables), et la procédure de réservation est généralement plus simple que sur les bus publics. En revanche, les compagnies privées tiennent à réaliser un maximum de bénéfices, ce qui peut malheureusement se traduire par un mauvais entretien des véhicules et une vitesse exagérée – mauvais mélange s'il en est ! L'autre inconvénient est que les horaires peuvent changer à la dernière minute dans le but de faire le plein de passagers. Le niveau de qualité des compagnies privées étant variable, demandez conseil sur place à d'autres voyageurs ou aux tour-opérateurs locaux.

Les deux catégories de bus les plus répandues sont "ordinaire" et "express". Les bus ordinaires disposent de cinq sièges de front (trois d'un côté, deux de l'autre), mais s'il n'y a que cinq personnes assises, vous aurez de la chance ! Une montagne de bagages est entassée dans l'allée centrale, des poulets voyagent sous les sièges et, dans certains endroits reculés, des passagers prennent place sur le toit.

Les express s'arrêtent beaucoup moins souvent. Ils sont également bondés, mais, au moins, vous aurez le sentiment de vous déplacer normalement. Ils vous coûteront quelques roupies de plus qu'un bus ordinaire. Dans la plupart des États, des services plus luxueux sont proposés, sous diverses appellations – informez-vous sur place.

Réservations

Si vous voyagez à deux, vous avez tout intérêt à élaborer une stratégie d'embarquement. Pendant que l'un garde les affaires, l'autre monte dans le bus pour retenir les places. Une autre méthode efficace consiste à glisser un journal ou un vêtement par une fenêtre ouverte et à le poser sur un siège libre ou à demander à un passager de le faire pour vous. La "réservation" faite, vous pourrez monter une fois la cohue apaisée.

Pour un petit supplément, vous pourrez même réserver un siège, mais uniquement en catégorie supérieure, comme dans les express ou les deluxe. Dans les bus privés, il faut toujours réserver.

Dans de nombreuses gares routières, une file d'attente est réservée aux femmes. Le plus souvent, c'est le même guichet qui sert les hommes et les femmes à tour de rôle. Malgré les regards désapprobateurs (voire le refus de certains hommes de bouger), les voyageuses ne devront pas hésiter à jouer des coudes et à aller se placer directement en tête de file, où elles obtiendront leurs billets presque immédiatement.

Bagages

Certaines compagnies vous feront payer pour mettre vos bagages dans une soute fermée à l'arrière du bus. Autrement, les valises voyagent parfois gratuitement sur le toit, mais il est alors préférable de prendre quelques précautions. Veillez à ce que votre bagage soit bien fermé et que personne ne jette une malle métallique dessus. Si quelqu'un hisse votre bagage sur le toit, n'oubliez pas de lui donner quelques roupies en échange de ce service. Attention aux vols – gardez un œil sur vos sacs durant les arrêts (le moment est idéal pour aller vous dégourdir les jambes).

Arrêts pipi

Sur les bus longue distance, les arrêts peuvent être très fréquents ou très rares. De toutes façons, l'état des toilettes vous laissera toujours pantois. En cas d'arrêt dans une région isolée, oubliez votre pudeur naturelle et faites ce que font là-bas toutes les femmes – éloignez-vous de quelques mètres pour trouver un buisson.

TRAIN

L'Inde gère le plus gros réseau ferroviaire du monde – plus de 60 000 km de voies. Avec 1,6 million de salariés, la compagnie Indian Railways (www.indianrailway.com) est aussi le plus gros employeur du monde. Elle transporte chaque jour 11 millions de passagers vers 7 085 gares. A première vue, le système ferroviaire indien peut sembler complexe, que vous preniez le train express *Shatabdi* ou un train national de passagers comportant 10 classes différentes, du siège inclinable en wagon climatisé au simple banc en bois. De plus, les bureaux de réservations des différents trains sont différents et la file d'attente... souvent interminable. Néanmoins, une fois qu'on a compris, se repérer est assez facile. S'ils sont parfois plus lents qu'en bus, les voyages en train sont en général relaxants, fascinants, voire romantiques. Pour voyager de nuit, ils sont en tout cas préférables aux bus.

Des quotas sont réservés aux touristes sur de nombreux trains express, et il existe des bureaux ou des guichets spéciaux pour les étrangers dans la majorité des grandes villes et sites touristiques (si vous payez en roupies, vous devrez apporter un reçu du bureau de change ou un reçu de distributeur de billets). Nous avons indiqué un certain nombre de trains, mais il en existe quantité d'autres. La publication nationale *Trains at a Glance* (25 Rs) compte 200 pages d'itinéraires de trains, avec des tableaux couvrant chaque région du pays. Vous la trouverez dans les kiosques des gares.

Malgré un nombre d'accidents élevé, le train est un moyen sûr de voyager, quoique pas toujours rapide. Aller de Mumbai à Chennai prend environ 30 heures (1 heure 45 en avion). Pendant la mousson, il arrive que les inondations et la montée des eaux coupent certaines voies ou bloquent des ponts, en particulier dans le bassin du Gange (Inde du Nord) et près des deltas côtiers.

Plusieurs villes disposent d'un réseau de trains de banlieue, qui sont confortables dans la journée, mais bondés aux heures de pointe. Ces trains ne s'arrêtent parfois que brièvement dans les gares ; si c'est la cohue, placez-vous près de la porte suffisamment de temps à l'avance.

Classes

Les trains express *Shatabdi* relient les grandes villes – distantes de trois à huit heures – dans la même journée. Ce sont les plus rapides et les plus chers – ils ne comportent que deux classes, "air-con executive chair" (siège inclinable en voiture climatisée) et "air-con chair" (siège en voiture climatisée). Les *Shatabdi* sont confortables, mais la forme des fenêtres réduit considérablement la vue par rapport à celles des classes non climatisées, sur des trains plus lents, qui ont des barreaux aux fenêtres et laissent entrer l'air frais.

Les trains express *Rajdhani* effectuent des liaisons longue distance entre Delhi et les capitales de chaque État. Ils se composent de 4 classes : 1re classe climatisée (1A), couchettes climatisées sur deux niveaux ("2-tier air-con" ou 2A), couchettes climatisées sur trois niveaux ("3-tier air-con" ou 3A) et 2e classe. Le terme "2-tier" signifie que chaque compartiment a deux niveaux de couchettes, qui sont un peu plus larges et un peu plus confortables que celles sur trois niveaux. Les classes 2A et 3A coûtent respectivement la moitié et le tiers du prix de la 1A ; elles sont parfaites pour un trajet de nuit.

D'autres trains express, ainsi que des trains postaux, comportent des voitures avec couchettes climatisées sur deux niveaux ("2-tier"), une voiture équipée de sièges ("chair-car"), si le train circule seulement dans la journée, des couchettes ("sleeper") non climatisées (la literie n'est pas fournie), des 2e classe non climatisées et enfin des places non réservées. Une couchette non climatisée ne coûte qu'un quart du prix d'une couchette climatisée "2-tier". Certains trains ont aussi des couchettes climatisées sur trois niveaux et une 1re classe non climatisée, mais cette dernière est peu à peu supprimée. Les trains postaux et express portent parfois de jolis noms (*Flying Mail*, *Himalayan Queen* ou *Black Diamond Express*) qui n'indiquent pas nécessairement leur destination. Consultez la brochure *Trains at a Glance* ou demandez au guichet d'information des gares, où les employés parlent fréquemment anglais, quel est le meilleur train. Dans les petites gares, certains responsables, tel que le chef de gare, devraient parler anglais.

Les adeptes de la 2e classe pourront emprunter l'express *Janata* (peuple) qui ne comporte qu'une seule classe et ne revient qu'à 174 Rs (4 $US) les 1 000 km. Voyager en 2e classe dans les trains de passagers est encore meilleur marché, environ 60% de moins qu'en 2e classe en train express. Dans les classes les moins chères, les toilettes à la turque sont souvent plus propres que celles dotées d'un siège et d'une chasse d'eau. Les trains de passagers circulent sur les lignes locales et s'arrêtent dans la moindre petite gare de campagne. C'est par une belle journée paisible qu'ils sont le plus agréable ; vous pourrez sentir la brise entrer par les fenêtres et écouter les chanteurs itinérants tout en roulant à une vitesse d'escargot.

Réservations

Pour réserver un billet, vous devrez remplir un formulaire en précisant la classe dans laquelle vous voulez voyager, le nom du train et son numéro. Pour les trajets de nuit, il est préférable de réserver quelques jours à l'avance, surtout en période de fête. Si vous ne voyez aucun guichet ou bureau spécial pour étrangers à la gare (ils sont parfois regroupés avec ceux d'autres minorités, tels les *Freedom fighters* ("combattants de la liberté"), vous n'aurez plus qu'à adopter les coutumes locales en matière de file d'attente. Ces files peuvent être relativement ordonnées ou se transformer en véritable cauchemar. Il existe parfois une file à part pour les femmes ("Ladies' queue"), mais c'est habituellement le même guichet qui sert les hommes et les femmes, chacun leur tour. Sachez que les femmes peuvent aller directement en tête de file, derrière le premier homme, et se faire servir.

Sinon, de nombreux hôtels et agences de voyages se chargent d'acheter des billets de train en échange d'une faible commission. Méfiez-vous toutefois des petits agences qui vous promettent des billets en train express et vous remettent des billets pour d'obscurs trains postaux ou de passagers. Ne versez qu'un minimum d'arrhes, voire pas du tout, et vérifiez soigneusement vos billets avant de payer.

Les billets réservés indiquent le numéro de la couchette et de la voiture. Quand le personnel est efficace, il colle une liste des noms et des couchettes sur chaque voiture réservée et inscrit le numéro de la voiture à la craie. Les voitures climatisées sont le plus souvent en tête de train.

Si vous n'avez pu acheter une place réservée, demandez s'il y a une liste d'attente, ou tentez votre chance en montant dans le train. Vous trouverez sûrement une place, à moins qu'il s'agisse d'un train express très emprunté ou d'un jour de fête. Monter sans billet est toujours possible, mais il vaut mieux acheter un billet non

Tarifs des trains express en roupies

Distance (km)	1re classe clim. (1A)	2-tier clim. (2A)	3-tier clim. (3A)	sièges (CC)	couchettes (SL)	2e classe (II)
100	542	322	158	114	84	32
200	778	430	243	171	84	54
300	1 052	543	329	231	114	73
400	1 296	653	405	277	140	90
500	1 541	771	482	323	166	107
1 000	2 506	1 253	783	522	270	174
1 500	3 154	1 577	986	658	340	219
2 000	3 644	1 841	1 139	800	393	253

réservé, mis en vente une heure avant le départ, et de le convertir ensuite. Cherchez une place libre dans une voiture de classe réservée et attendez le passage du contrôleur (appelé officiellement TTE ou Travelling Ticket Examiner). Expliquez-lui que vous étiez dans l'impossibilité d'acheter un autre type de billet et demandez-lui s'il reste des places libres. Avec un peu de chance, le contrôleur essaiera de vous satisfaire. Vous paierez la différence entre le tarif ordinaire et celui de la classe dans laquelle vous voyagez, plus un petit supplément d'environ 25 Rs. Avoir de la monnaie facilitera les choses, car les contrôleurs n'en ont pas toujours, sinon vous devrez attendre qu'il en ait récolté auprès d'autres passagers.

Coûts

Les prix sont calculés en fonction de la distance. Aller de Delhi à Mumbai en prenant le train le plus rapide et la classe la plus chère revient à 4 180 Rs, alors qu'une couchette climatisée à trois niveaux ("3-tier") coûte 1 485 Rs et une couchette non climatisée 431 Rs. Sur les billets réservés, il est perçu un supplément d'environ 50 Rs. Si votre trajet est supérieur à 500 km, vous pourrez faire une pause d'une journée en cours de route, mais vous devrez faire viser votre billet par le chef de gare ou le contrôleur à la gare dans laquelle vous vous arrêterez.

La literie est fournie dans les classes climatisées et coûte 20 Rs dans celles non climatisées. Des repas sont servis gratuitement dans les trains *Shatabdi* et *Rajdhani* ; et des repas bon marché sont proposés dans les autres trains.

Les gares les plus importantes disposent d'une salle de repos (retiring room), dont vous pourrez profiter si vous êtes muni d'un billet de train. Ces salles sont de qualité variable, mais elles sont très bon marché, d'une propreté souvent irréprochable et comportent des lits en dortoirs ou en chambres privées (voir à ce sujet la rubrique *Hébergement* dans le chapitre *Renseignements pratiques*).

Remboursements. Les billets sont remboursables, mais des frais d'annulation vous seront comptés. Si vous vous présentez plus de deux jours à l'avance, il vous en coûtera au maximum 50 Rs. Moins de quatre heures avant le départ, la somme retenue sera plus élevée, mais il est possible de se faire rembourser en partie jusqu'à 12 heures après le départ.

Pour un remboursement, vous pouvez en principe aller directement en tête de la file d'attente (s'il n'existe pas de guichet spécial).

Forfait Indrail Pass

Ce forfait permet de voyager sans aucune limitation pendant la durée de sa validité. Il coûte assez cher et ne vous dispense pas de faire la queue. Pour l'amortir, il faudrait parcourir au moins 300 km par jour. Néanmoins, ces forfaits sont pratiques lorsqu'on vient d'arriver en Inde. Certaines agences des pays occidentaux peuvent réserver ou vendre un Indrail Pass. Sinon, ils sont en vente dans les bureaux de chemin de fer d'une vingtaine de villes indiennes.

Les enfants âgés de 5 à 12 ans paient demi-tarif. Les billets perdus ou partiellement utilisés ne sont pas remboursables.

Trains spéciaux

Véritable palais sur roues, le *Palace on Wheels* effectue un circuit de 8 jours au Rajasthan et offre un standing incomparable (pour plus de détails, consultez le chapitre *Rajasthan*). Avec le *Royal Orient*, dont les voitures-salons sont d'un luxe opulent, vous découvrirez principalement le Gujarat, mais aussi une partie du Rajasthan (voir le chapitre *Gujarat*).

Consigne

La plupart des gares disposent d'une consigne, appelée "left-luggage rooms", où l'on peut laisser son sac ou sa valise moyennant 2 Rs par jour. Une solution idéale pour visiter une ville sans y passer la nuit ou chercher un logement sans se fatiguer.

VOITURE

Très peu de gens s'embarrassent de leur voiture pour se rendre en Inde. Au cas où vous seriez tenté par l'aventure, un carnet de passage en douane est nécessaire. Ce document garantit que le véhicule repassera la frontière à votre retour. Faute de quoi, son importation vous coûtera très cher.

Location

Voiture sans chauffeur. Louer une voiture sans chauffeur est une formule qui ne revient pas très cher comparé aux tarifs occidentaux. Mais étant donné les conditions de conduite sur les routes indiennes, il est préférable (et plus économique) de louer une voiture avec chauffeur.

Si vous décidez de louer une voiture, il vous en coûtera environ 1 500 Rs par jour (deux jours minimum). L'assurance est en sus, et vous devrez laisser une caution (que l'on vous rendra) de 10 000 Rs. Budget, Euro Car, Hertz et plusieurs autres compagnies disposent de bureaux de location dans les grandes villes. Vous devrez présenter un permis de conduire international ou le permis délivré dans votre pays.

Voiture avec chauffeur. La location d'une voiture avec chauffeur pour parcourir de longues distances est de plus en plus utilisée dans le pays. Partagé entre quatre passagers, le coût de cette formule reste abordable et elle permet une grande liberté de mouvement. Le tarif de la location répercute les hausses du prix du pétrole.

Presque tous les taxis se feront un plaisir de vous emmener sur de longues distances. Le plus simple est de s'adresser à une station de taxis. Votre hôtel pourra vous en réserver un, mais le coût sera plus élevé.

La course est en principe basée sur un minimum de 250 km par jour (environ 4 Rs/km), mais si vous louez pour plusieurs jours, essayez de négocier un tarif journalier, plus économique. Si vous ne prenez le taxi que pour une journée, n'oubliez pas

Le train de la solidarité

Indian Railways ne se considère pas seulement comme une compagnie de chemin de fer mais comme une force d'unité nationale, où toutes les communautés et les castes seraient à égalité. Mieux encore, elle touche toutes sortes de groupes en proposant des réductions aussi bien aux plus fortunés qu'aux plus démunis. Une réduction de 50% est ainsi accordée aux cadets du génie maritime, aux seniors, aux comédiens amateurs, aux professionnels du cirque, aux jeunes sans emploi et aux sourds, tandis que les lépreux (non contagieux), les aveugles, les veuves de guerre et les malades du cancer ont droit à 75%. Les Freedom fighters, certains détenteurs de récompenses, ainsi que les parents accompagnant les enfants à qui a été décernée la National Bravery Award bénéficient également de tarifs préférentiels. Malheureusement, vous aurez beau être un acrobate amateur atteint de surdité faisant des études pour devenir ingénieur, en tant qu'étranger, vous n'aurez droit à aucune réduction.

Indrail Pass en $US

Jours	1re classe clim.	2-tier clim.	pas de clim.
1	57	26	11
2	95	47	19
7	270	135	80
15	370	185	90
30	495	248	125
60	800	400	185
90	1 060	530	235

Quelques conseils pour la location de voiture avec chauffeur

Si vous louez une voiture avec chauffeur pour une longue période, demandez un chauffeur qui parle un peu l'anglais et connaît la ou les régions où vous comptez vous rendre. Renseignez-vous dans plusieurs endroits pour comparer les tarifs et éviter de vous faire escroquer.

Trop de voyageurs ont payé l'hébergement et les repas de leur chauffeur (parfois même de l'alcool !), sans se douter une seconde que ces frais étaient déjà inclus dans le prix fixé. Assurez-vous que ces dépenses sont prises en compte dans le montant total avant de régler la compagnie de location et veillez à ce que le chauffeur en soit clairement averti avant de partir. Dans la plupart des cas, le prix comprend une allocation attribuée au chauffeur pour ses dépenses quotidiennes (nourriture et logement).

Quand à l'endroit où le chauffeur dormira, c'est à lui seul de le décider (la plupart préfèrent dormir sur la banquette arrière de la voiture afin d'empocher l'allocation reçue pour se loger). Certains hôtels (surtout dans les coins reculés) les logeront gratuitement (ou pour un coût modique) s'il n'existe aucune autre possibilité d'hébergement.

Dans les villes et les petites localités, de nombreux hôtels (particulièrement dans les endroits touristiques comme le Rajasthan) n'autorisent pas les chauffeurs à loger et à dîner avec les clients, même si vous insistez pour payer – pour de plus amples détails, voir *Chauffeurs de taxi, d'auto-rickshaw et hôtels* à la rubrique *Règles de conduite* dans le chapitre *Présentation de l'Inde*.

Pour plus de sécurité, étant donné les conditions de conduite souvent hasardeuses, évitez de rouler de nuit (consultez l'encadré *Survivre sur les routes indiennes* dans ce chapitre).

Enfin, dernier point important, il est impératif d'établir des règles de base dès le premier jour. De nombreux voyageurs nous ont signalé que le programme de leur séjour avait été dicté de bout en bout par leur chauffeur. Un couple n'avait ainsi le droit de se restaurer que lorsque cela convenait au chauffeur. D'autres voyageurs n'ont pu descendre que dans des hôtels choisis par leur mentor (reportez-vous aussi à *Rabatteurs* de la rubrique *Hébergement* dans le chapitre *Renseignements pratiques*). Vos vacances seront bien entendu beaucoup plus agréables si vous n'entretenez pas de rapports conflictuels avec votre chauffeur. Le meilleur moyen pour cela est de lui faire savoir poliment, mais fermement, dès le départ que c'est vous le patron. Il comprendra ainsi que vous n'êtes pas du genre à vous laisser intimider.

A la fin du voyage, un pourboire sera le meilleur moyen de lui montrer que vous avez apprécié ses services. Donner 50 Rs par jour paraît correct, mais si vous êtes vraiment satisfait, toute somme supérieure vous vaudra un immense sourire.

que le tarif de l'aller sera plus cher au kilomètre, puisque le chauffeur devra revenir à vide au point de départ. Une voiture climatisée coûte pratiquement le double d'une voiture ordinaire. Sachez enfin que certains États font payer une taxe d'entrée.

A Delhi, la location d'une Ambassador non climatisée avec chauffeur vous reviendra à quelque 1 300 Rs par jour, tarif qui diminuera si vous la prenez pour plusieurs jours. Dans les régions montagneuses, les tarifs démarrent à 800 Rs par jour, mais le prix de la course est en général fixé en fonction du point le plus éloigné dans lequel vous vous rendrez. Si vous vous éloignez de la route principale, le détour sera calculé en supplément et ajouté au montant total de la course.

Jeep collective. Dans certaines parties de l'Himalaya (et ailleurs), des jeeps collectives complètent le service de bus. Elles sont très pratiques pour accéder au point de départ des pistes de trekking, car peu de bus desservent les petits villages.

Les jeeps circulent entre les centres de transport, situés en général aux carrefours des grandes routes, et desservent les localités et villages des environs. Dans l'Himalaya, beaucoup de destinations ne sont reliées qu'une fois/jour par bus, mais vous pourrez presque toujours parcourir le même trajet en prenant plusieurs jeeps collectives. Celles-ci partent dès qu'elles ont fait le plein de passagers dans les stations des faubourgs et des villages ; la population locale vous indiquera la bonne direction. Le prix moyen d'un trajet d'une heure est d'environ 50 Rs.

Certaines jeeps collectives entassent les voyageurs pour gagner le plus d'argent possible (malgré les lois limitant le nombre de passagers) – ce moyen de transport ne convient donc pas pour de longs trajets.

Achat

Les voitures sont très chères. Une telle dépense ne se justifie que pour un long séjour.

Sur la route

L'extrême congestion du trafic urbain et l'étroitesse des routes de campagne cahoteuses obligent à rouler lentement et par à-coups – ce qui use le conducteur, la voiture et le carburant. Les services sont médiocres, les pièces détachées et les pneus pas toujours faciles à obtenir, mais vous trouverez partout des garages pour réparer une crevaison.

MOTO

Parcourir l'Inde en moto est exaltant et offre une grande liberté de mouvement. Vous aurez certes l'arrière-train en capilotade et recevrez sans doute des indications erronées lorsque vous demanderez votre chemin (pour plus de détails, consultez l'encadré *L'art de ne pas se perdre* dans le chapitre *Renseignements pratiques*), mais vous vivrez des aventures inaccessibles aux usagers des transports publics. Depuis quelque temps, il existe bon nombre d'excellents circuits à moto (voir la rubrique *Circuits organisés à moto* un peu plus loin) qui vous éviteront de voyager en solo.

Parmi les livres relatant des voyages à moto en Inde figure *Bullet up the Grand Trunk Road* de Jonathan Gregson, qui raconte son voyage dans le nord de l'Inde sur une moto Enfield. *Divining the Deccan* et *Riding the Ranges*, de Bill Aitken, sont également des comptes rendus de voyage en moto dans plusieurs régions indiennes intéressantes.

Équipement

Vous devrez être en possession d'un permis de conduire international ou du permis délivré dans votre pays.

Vous devrez absolument apporter votre casque. Bien que les casques indiens soient bon marché, vous aurez du mal à en trouver un à votre taille et leur qualité laisse à désirer. Prenez également vos blousons de cuir, gants, bottes, lunettes, imperméables et autres protections.

Les circuits organisés prévoient souvent un véhicule pour transporter les bagages. Mais si vous voyagez seul, assurez-vous que votre sac est facile à transporter.

Location

Si vous optez pour un circuit organisé, une moto vous sera fournie. Si vous voyagez en indépendant, vous trouverez des motos à louer dans plusieurs endroits, notamment à Delhi et Goa, pour un prix négociable. Attendez-vous à payer au moins 400/ 10 000 Rs par jour/mois pour une 500 cm^3 (assurance comprise). Vous devrez sans doute laisser une caution en argent liquide (qui vous sera restituée) ou votre billet d'avion.

Achat

Pour acheter une moto d'occasion, il suffit de demander autour de soi. Commencez par interroger les mécaniciens, qui pourront également vous donner des conseils pour trouver une assurance. A Delhi, les abords de Hari Singh Nalwa St, dans Karol Bagh, regroupent quantité d'endroits où acheter, vendre et louer des motos. De nombreux voyageurs nous ont recommandé ces deux agences :

Inder Motors
(☎ 011-572 8579, fax 578 1052), 1744/55 Hari Singh Nalwa St, Karol Bagh.

Madaan Motors
(☎ 011-573 5801, fax 723 5684, madaanmotors@yahoo.com), 1767/53 Naiwala St, Karol Bagh.

Pour acheter une moto neuve, vous devez en principe posséder une adresse locale et être résident étranger. Seule une adresse est requise pour l'achat d'une moto d'occasion.

Les motos neuves sont généralement vendues dans un hall d'exposition. Lors de notre passage, les prix étaient les suivants :

Enfield 500 cm^3	69 000 Rs
Enfield 350 cm^3	54 000 Rs (standard)
	58 000 Rs (deluxe)
Rajdoot 175 cm^3	800 $US

Inder Motors et Madaan peuvent expédier une moto par bateau pour environ 13 500 Rs, caisse, conditionnement et assurance com-

Pouêt pouêt !

En Inde, les pneus élimés et les freins défaillants ne font sourciller personne, mais un véhicule sans klaxon paraît aussi absurde qu'un chai sans sucre. Les statistiques menées par divers auteurs de Lonely Planet ont révélé que le conducteur moyen klaxonnait de 10 à 20 fois par kilomètre, ce qui aboutit au chiffre ahurissant de 2 000 coups de klaxon sur un trajet de 100 km ! Selon une règle non écrite, il faut vérifier le bon fonctionnement de son klaxon tous les 100 m. Inutile de préciser que les panneaux interdisant de klaxonner ne sont guère respectés.

pris. Une 500 cm^3 d'occasion (deux ou trois ans) coûte environ 1 000 $US. Le prix des formalités varie de 1 000 à 1 500 Rs.

Lorsque vous souhaitez revendre votre moto, ne montrez pas votre impatience. Si l'on vous propose un prix raisonnable, saisissez l'occasion.

Papiers d'immatriculation. Évidemment ne payez rien avant d'être en possession des papiers d'immatriculation, du reçu et de la déclaration sous serment signée par un magistrat autorisant le propriétaire (dont le nom est inscrit sur les papiers) à vendre la machine. Sans parler des clés de la moto et de la moto elle-même !

Chaque État a ses propres règles de transfert de propriété. Faites-vous conseiller sur place pour connaître les modalités.

Quelle moto ? Neuve ou d'occasion, c'est la grande question. Le prix joue naturellement un rôle décisif, mais rappelez-vous qu'avec un véhicule neuf vous avez moins de chance de vous faire escroquer par le vendeur, car les prix sont fixes. Les motos d'occasion sont moins chères et leur acquisition ne nécessite pas la présentation d'une carte de résident étranger. Cependant, vous risquez de payer un prix trop élevé et de vous retrouver avec un véhicule en mauvais état.

Le mieux est de comparer sérieusement les prix des dernières machines mises sur le marché. Pensez aussi à interroger des voyageurs qui ont exploré l'Inde à moto – ils sont souvent une mine d'informations !

Sur la route

Conduire une moto présente des risques certains et ne concerne que les conducteurs expérimentés. Les rencontres inopinées vont de la paisible famille de cochons traversant la route au véhicule en panne abandonné au milieu de la chaussée.

Sans parler bien entendu des nids-de-poule et des ralentisseurs de vitesse dont il faut sans cesse se méfier. A la campagne, les paysans déposent parfois leurs récoltes de céréales sur la route pour que celles-ci soient battues par le passage des véhicules – ce qui est passablement dangereux pour les motards.

Le risque de se faire voler sa moto est minime. En revanche, elle devient facilement un objet d'utilité publique : pratique pour s'asseoir, pour se recoiffer dans le rétroviseur, ou pour s'amuser avec les boutons. Le vandalisme est inexistant. Vous aurez simplement à remettre les manettes en ordre et à réajuster les rétroviseurs.

N'essayez pas de parcourir trop de kilomètres en une seule journée. De longues étapes sont fatigantes et dangereuses. Sur les routes nationales, n'espérez pas faire plus de 50 km/h de moyenne, sans compter les arrêts. Sur les petites routes, une moyenne de 10 km/h n'est pas irréaliste. Dans l'ensemble, vous pourrez parcourir aisément 100 km par jour sur de bonnes routes (jusqu'à 300 km sans s'arrêter trop souvent).

Pour une longue étape, il est pratique de mettre sa moto dans le train ; cela vous coûtera le prix d'une place en seconde classe. Le réservoir doit être vide et il faut accrocher une étiquette, bien en évidence, portant votre nom, la destination, le numéro de votre passeport et les coordonnées du train. Au moment d'emballer la moto, pensez à enlever les rétroviseurs et à desserrer le guidon pour éviter les dégâts.

Réparations et entretien

Les pièces détachées garanties d'origine, achetées chez un vendeur agréé (authorised dealer), sont relativement chères, comparées aux copies que l'on trouve chez les vendeurs de pièces détachées (spare-parts wallahs). Le quartier de Karol Bagh à Delhi est l'endroit par excellence pour se procurer des pièces pour les motos indiennes et étrangères. Si vous allez dans des régions reculées, emportez des pièces de rechange (valves, segments et tiges de piston) car elles sont difficiles à trouver sur place.

Crevaisons. Vu l'état des routes, vous aurez sans doute recours aux services d'un "puncture wallah" (réparateur de crevaison ou *punkucha wallah* en hindi). On en trouve partout, souvent dans les endroits les plus inattendus, mais il est conseillé d'avoir au moins les outils nécessaires pour enlever la roue et le faire soi-même. Si vous achetez une moto d'occasion, épargnez-vous la corvée de regonfler constamment des pneus usés ; équipez-la de neuf (600 à 700 Rs pour un pneu arrière d'Enfield).

Circuits organisés à moto

Ces circuits sont un moyen extraordinaire et détendu de découvrir l'Inde. Il faut en général un nombre minimum de participants, mais certains circuits sont organisés à la demande. Pour connaître les prix et les conditions, contactez directement les organisateurs :

Asia Safari
(☎ /fax 011-613 6752, www.asiasafari.com), 491 Sector A, Pocket C, Vasant Kunj, New Delhi. Cette compagnie propose des circuits à Kumaon, Garwhal, Lahaul, Spiti et Kinnaur.

Classic Bike Adventure
(☎ 0832-262076, fax 276124, 277343, info @classic-bike-india.de), Casa Tres Amigos, Socol Vado n°425, Assagao, Bardez, Goa, une agence allemande, propose des circuits de plusieurs semaines qui couvrent des destinations variées.

Himalayan MotorcycleTours
(☎ /fax 44-1256-771773, patrickmoffat @yahoo.com), 16 High St, Overton, Hants R625 3HA, Royaume-Uni. Cette société est dirigée par Patrick Moffat, un expatrié Américain très décontracté. Il emmène des groupes dans l'Himachal Pradesh, au Sikkim, au Rajasthan et au Ladakh, ainsi qu'au Tibet, au Bhoutan et au Népal.

BICYCLETTE

L'Inde propose au cycliste averti une infinie variété de lieux à découvrir et de défis à relever : cols en haute altitude et pistes rocailleuses, mais aussi grandes voies bien entretenues bordées de restaurants et d'auberges, routes côtières sous les cocotiers ou routes de campagne sinueuses à souhait, traversant des plantations de thé. Montagnes, plaines, plateaux, déserts : tout ce dont vous rêvez, l'Inde vous l'offre !

Les revues spécialisées vous fourniront des renseignements utiles, dont la liste des organisateurs de randonnées et des revendeurs de pièces détachées. Vous pouvez également, à travers leurs petites annonces, trouver un compagnon de route.

Pour une réelle approche du cyclotourisme en terre inconnue, nous ne saurions trop vous conseiller un grand classique en anglais : *Full Tilt – From Dunkirk to Delhi on a Bicycle*, de Dervla Murphy.

Votre club local pourra sans doute aussi vous donner quelques informations et conseils. Au Royaume-Uni, le Cycling Touring Club (☎ 01483-417217, fax 426994, cycling@ctc.org.uk), 69 Meadrow, Godalming, Surrey GU7 3HS, propose des fiches d'itinéraires (gratuites pour les membres) et un site Web (www.ctc.org.uk). Aux États-Unis, l'International Bicycle Fund (☎ 206-767 0848), 4487 Columbia Drive South, Seattle, WA 98108-1919, possède un site Web à www.ibike.org et édite plusieurs publications fort utiles : *Selecting and Preparing a Bike for Travel in Remote Areas* et *Bikes Can Fly* (ou comment prendre l'avion avec son vélo).

Si vous êtes passionné de cyclisme ou coureur amateur, vous pourrez contacter vos homologues indiens à la Cycle Federation of India (Secretary, Yamun Velodrome, New Delhi). Au marché Jhandwalan, près de Karol Bagh, sont vendues des bicyclettes neuves et d'occasion de marques étrangères ou nationales, ainsi que des pièces détachées.

Emporter sa bicyclette

Vous aurez du mal à trouver des pièces de rechange, notamment des roues, pour les VTT équipés de roues 700 cm^3. Des pièces pour les bicyclettes à roues de 26 inches (26 pouces) et d'autres pièces (de différents standards) sont vendues sur place.

Emportez un bon cadenas et utilisez-le. Envelopper le cadre de votre vélo dans de vieilles chambres à air est une bonne idée – cela permet de cacher les peintures originales et de les protéger des chocs éventuels ou égratignures. Si vous prévoyez d'acheter une bicyclette en Inde, pensez à emporter une selle confortable, un porte-bagages et des paniers de bonne qualité.

Location et achat

Même dans les plus petites villes, vous trouverez toujours une boutique qui loue des vélos. Dans les régions touristiques (notamment les stations climatiques, Goa et le Rajasthan), vous paierez beaucoup plus que le prix habituel.

Si vous décider d'acheter un vélo en Inde, le mieux est de passer dans plusieurs magasins pour comparer les marques et les prix. Si les marques sont nombreuses (Hero, Atlas, BSA, Raleigh, Bajaj, Avon), Raleigh est la marque la plus appréciée, suivie de près par BSA, dont le catalogue, assez fourni, propose quelques modèles sportifs. Les VTT Hero sont en vente dans les plus grandes villes.

Les porte-bagages ne se distinguent les uns des autres que par la couleur, la solidité et le prix. Les selles ont un dénominateur commun : l'inconfort. N'oubliez pas la béquille et l'indispensable sonnette.

La revente ne pose pas de problème. Vous récupérerez environ 60 à 70% de la somme payée pour un vélo neuf. Votre offre intéressera probablement un magasin de location. Vous pouvez aussi demander autour de vous pour connaître des acheteurs potentiels.

La plupart des voyageurs préfèrent acheter un vélo en Inde, mais envisagez plutôt d'apporter le vôtre. Les VTT sont tout particulièrement adaptés ; leur châssis plus compact les rend faciles à manœuvrer, moins fragiles, et permet d'emprunter des pistes rocailleuses ou boueuses inaccessibles aux engins plus légers. Renseignez-vous dans votre pays sur les formalités de transport et de douane.

Transporter son vélo

Retirez les pédales, tous les bagages et accessoires, tournez le guidon, couvrez la chaîne et dégonflez légèrement les pneus.

Sur la route

Rouler sur les petites routes tranquilles est évidemment agréable – évitez les grandes villes où la circulation chaotique n'est pas sans danger pour les cyclistes.

Les nationales peuvent être un véritable cauchemar en raison des camions et des bus filant à toute allure. Pensez toujours à vous informer avant de vous aventurer sur la route.

Si vous n'avez jamais parcouru de longues distances, commencez par faire de 20 à 40 km par jour, et augmentez la dose progressivement.

Sachez que demander votre chemin risque de vous entraîner très loin… dans la mauvaise direction ! (reportez-vous à l'encadré *L'art de ne pas se perdre* dans le chapitre *Renseignements pratiques*.)

Si votre vélo reste sans surveillance, évitez de laisser tout ce qui peut s'enlever facilement. Vous pouvez aussi emporter une chaîne et un cadenas. Ne devenez pas pour autant paranoïaque – votre vélo est plus en sécurité en Inde que dans bien des pays occidentaux.

Distances

En pédalant pendant huit heures, un cyclotouriste expérimenté parcourt en moyenne 70 à 100 km sur terrain plat, et de 50 à 70 km en région montagneuse ; sur les petits chemins, il faut diviser ce chiffre au moins par trois. La distance parcourue peut aussi dépendre des possibilités d'hébergement (tous les villages n'en disposent pas). Si le climat est chaud, essayez de terminer votre périple de la journée avant midi (le soleil de l'après-midi est souvent trop fort). Les voyageurs arrivent souvent dans les hôtels l'après-midi, et la nuit tombe en général vers 18h – deux raisons de plus pour partir de bonne heure !

Réparations et entretien

Si vous avez un vélo indien, vous trouverez sans difficulté un atelier de réparation (certains se résumant à un puncture-wallah installé sous un arbre avec sa boîte à outils), ce qui rend l'entretien d'une délicieuse simplicité. Les puncture-wallahs répareront vos chambres à air pour quelques roupies. Vérifiez régulièrement vos pneus pour voir si des tessons de verre ou autres objets pointus n'y sont pas incrustés et retirez-les.

Si vous emportez votre vélo, pensez aux pièces qu'il faudra éventuellement remplacer ou réparer, car il est plutôt difficile d'en trouver en Inde. Assurez-vous que vous maîtrisez bien les problèmes mécaniques de votre engin. Prenez les outils nécessaires ainsi qu'un manuel illustré de schémas. Les mécaniciens indiens sont capables d'accomplir des miracles et les schémas aideront à surmonter la barrière du langage. Les routes, souvent dépourvues de bas-côtés asphaltés, sont très poussiéreuses ; graissez régulièrement votre chaîne et emportez-en une de rechange.

EN STOP

Le stop n'est jamais vraiment sûr et nous ne le conseillons pas, quel que soit le pays. Les voyageurs qui décident de faire du stop doivent savoir qu'ils prennent des risques, minimes mais potentiellement sérieux. Il est plus sûr de voyager à deux et de prévenir quelqu'un de sa destination.

Faire du stop en Inde est quelque peu utopique. Il est rare que des voitures privées traversent le pays. Restent les camions, avec les dilemmes habituels : "Dois-je payer pour ce service ?", "Le chauffeur attend-il une récompense ?", "Sera-t-il mécontent si je ne donne rien ?", "Sera-t-il mécontent si j'offre quelque chose ou voudra-t-il trop ?".

Il est fortement déconseillé aux femmes de faire du stop. Une femme qui se risque dans une cabine de poids lourd sur une route déserte tente vraiment le diable.

BATEAU

A part les nombreux ferries traversant les rivières, la seule occasion de faire du bateau sont les canaux (backwaters) du Kerala – à ne pas manquer.

Les seuls autres ferries maritimes sont ceux qui relient Kolkata et Chennai aux îles Andaman.

TRANSPORTS LOCAUX

Toutes les villes possèdent des réseaux de bus municipaux bien développés mais, à moins de prendre le temps de se familiariser avec les lignes, il vaut mieux s'en tenir aux taxis, aux rickshaws et auto-rickshaws, et aux bicyclettes de location. Les bus sont souvent tellement bondés que vous ne pourrez les prendre et en descendre qu'au terminus !

La règle de base pour n'importe quel type de transport où le tarif n'est pas fixé par des billets ou un compteur est de s'entendre sur le prix avant de monter. Faute de quoi, il faut vous attendre, une fois arrivé à destination, à d'interminables palabres. Si vous n'êtes pas seul, assurez-vous que le prix est valable pour le groupe. Si vous avez des bagages, faites-vous préciser qu'il n'y aura pas de supplément à payer. Si un chauffeur refuse d'enclencher le compteur ou exige un tarif exorbitant, tournez les talons. S'il tient réellement à faire cette course, il baissera son prix.

Voici quelques conseils utiles pour héler un taxi/rickshaw : ayez toujours assez de petite monnaie sur vous – les chauffeurs en ont rarement, ce qui pose problème surtout le soir quand les boutiques qui changent de l'argent et les banques sont fermées ; si vous logez ou dînez dans un endroit chic et voulez prendre un rickshaw, parcourez quelques centaines de mètres pour éviter que les conducteurs vous prennent pour un richissime touriste. Enfin, c'est une bonne idée de garder sur vous la carte de votre hôtel, votre prononciation pouvant être incompréhensible au chauffeur. Certaines cartes comportent un petit plan indiquant clairement leur emplacement.

La nuit, les tarifs augmentent (ils peuvent même doubler) ; et certains chauffeurs demandent un supplément de quelques roupies pour les bagages.

Bon nombre de conducteurs d'auto-rickshaws participent au racket à la commission (voir *Rabatteurs* à la rubrique *Hébergement* dans le chapitre *Renseignements pratiques*).

Desserte des aéroports

Des bus publics, et ceux d'Indian Airlines ou d'une coopérative locale desservent la plupart des aéroports. S'ils font défaut, des taxis ou des auto-rickshaws attendent les passagers. Certains aéroports sont si près de la ville qu'on peut y aller en rickshaw.

En arrivant dans un aéroport, cherchez s'il existe un guichet de taxis payables d'avance dans le hall des arrivées. Dans ce cas, payez votre taxi à cet endroit. Sinon, vous paierez inévitablement plus cher et vous devrez âprement négocier. Les chauffeurs de taxi refusent fréquemment de mettre leur compteur en marche au départ de l'aéroport. Bien entendu, certains chauffeurs n'apprécient pas le système de prépaiement (aucune escroquerie possible) ; mieux vaut donc ne pas leur montrer le coupon avant d'être arrivé à destination.

Taxi

La plupart des villes possèdent des taxis, en majorité équipés de compteur (en tout cas dans les grandes villes). Obtenir sa mise en marche est une autre affaire. S'il est "cassé", menacez de prendre un autre taxi. Il sera réparé séance tenante, sauf pendant les heures de pointe. Ici encore, il est préférable de prendre un taxi prépayé.

Ensuite, le compteur peut très bien ne pas être à jour. Les tarifs sont réajustés à la hausse si fréquemment que les compteurs n'ont pas le temps d'être révisés, d'où la présence de "fare adjustment cards" (tables de révision des tarifs) indiquant le montant à payer en fonction du prix affiché sur le compteur. C'est naturellement la porte grande ouverte aux abus. Vous ne pouvez pas savoir si le compteur du taxi a déjà été révisé. Dans les États où les chiffres s'écrivent différemment (comme au Gujarat), il est inutile de demander à voir la table des tarifs si vous ne pouvez pas la lire.

Conclusion : la seule marche à suivre consiste à avoir une idée du prix de la course avant de monter (renseignez-vous auprès des guichets d'information des aéroports ou à votre hôtel).

Dans plusieurs régions, notamment dans les montagnes de l'Himachal Pradesh et de l'Uttaranchal, les compagnies de taxis se sont rassemblés en syndicats et offrent des prix fixes sur les destinations les plus demandées, prix qui comprennent souvent la visite d'un site touristique local. En général, ces tarifs ne sont pas négociables, ce qui n'empêchera pas les chauffeurs de vous approcher (à bonne distance du bureau du syndicat) pour vous proposer un tarif inférieur. Les bureaux des syndicats de taxis sont installés dans les gares routières des grandes villes.

Auto-rickshaw

Un auto-rickshaw est un triporteur bruyant, doté d'un moteur à deux temps, d'un chauffeur à l'avant et de deux places (parfois plus) à l'arrière. Il n'a pas de portière (sauf à Goa) et est muni d'une capote de toile. On l'appelle parfois scooter ou "auto". Bien qu'ils soient tous fabriqués par Bajaj, ils sont étonnamment différents les uns des autres. Bon nombre arborent d'artistiques images pieuses, d'autres promènent fièrement les portraits des vedettes de Bollywood préférées du chauffeur.

Équipés de compteurs, ils sont généralement deux fois moins chers qu'un taxi et obéissent plus ou moins aux mêmes règles.

Du fait de leur taille, les auto-rickshaws sont souvent plus rapides que les taxis (sur de courtes distances) et leurs conducteurs de véritables casse-cou. On frôle sans cesse l'accident et les accrochages sont fréquents. Avis aux amateurs d'émotions fortes.

Dans les villes animées, vous constaterez aux feux rouges que vous êtes à la hauteur des pots d'échappement des bus et des camions. De plus, la petitesse des roues et la rudesse de la suspension les rendent suprêmement inconfortables. A la moindre bosse, vous décollerez littéralement du siège et irez taper dans la bâche.

Tempo

Semblables à de grands auto-rickshaws, en plus disgracieux, les tempos font office de minibus ou de taxis collectifs sur des parcours fixes, difficiles à repérer. Il est plus pratique de prendre un auto-rickshaw.

Rickshaw

C'est un cyclo-pousse à trois roues, munie d'un siège pour deux personnes à l'arrière. Ils ne circulent plus dans les grandes villes sauf à Chennai, dans le vieux Delhi et dans certains quartiers de Kolkata ; vous en trouverez dans toutes les petites villes, où ils constituent le moyen de transport essentiel.

Fixez toujours le prix de la course avant de monter. Le conducteur compte sur votre ignorance des tarifs pour obtenir une somme plus avantageuse. Quoi que vous donniez, ce ne sera pas assez et il s'ensuivra une discussion désagréable. C'est notamment le cas dans des endroits très touristiques comme Agra ou Jaipur – pour éviter tout désagrément, fixez le prix avant de démarrer. Une course en rickshaw de 1 à 3 kilomètres revient de 15 à 30 Rs. Pour le chauffeur, le trajet est exténuant – un pourboire sera le bienvenu.

Il est tout à fait envisageable (et financièrement intéressant) de louer un rickshaw-wallah pour un ou plusieurs jours.

Autres moyens de transport

Dans certaines villes, des tongas (cabriolets à deux roues tirés par des chevaux) et des victorias (voitures hippomobiles) circulent encore. Kolkata possède un vaste réseau de tramway et le plus grand métro indien. Des trains de banlieue circulent à Mumbai, Delhi et Chennai. Il reste encore quelques pousse-pousse à Kolkata (reportez-vous à l'encadré *Les pousse-pousse de Kolkata* dans le chapitre *Kolkata*).

CIRCUITS ORGANISÉS

Dans presque tous les grands sites touristiques et dans quelques endroits moins fréquentés, des circuits sont organisés par l'office du tourisme du gouvernement indien, l'office du tourisme de l'État ou la compagnie locale de transport, parfois par les trois. Des opérateurs privés se lancent peu à peu dans l'aventure. Ces excursions sont souvent très intéressantes financièrement, surtout dans les villes où les sites sont très éparpillés. Il est impossible de visiter ceux de Delhi à aussi bon compte par les transports publics. Les droits d'entrée et les taxes pour l'utilisation d'un Caméscope ne sont généralement pas inclus.

Ces circuits ne sont pas réservés aux touristes étrangers. Vous vous retrouverez souvent en minorité parmi des touristes locaux. Malgré cela, ils sont commentés en anglais (renseignez-vous au moment de réserver). Leur seul inconvénient est qu'il vous faudra suivre la cadence ! On vous fait visiter souvent trop de sites en trop peu de temps. Vous préférerez peut-être partir seul, à votre rythme. Vous pouvez ainsi repérer les sites proposés dans un circuit, que vous visiterez ensuite par vos propres moyens.

Delhi

Capitale de l'Inde et troisième ville du pays, Delhi est aussi le grand centre industriel de l'Inde du Nord. Du XVIIe au XIXe siècle, "Old" Delhi fut la capitale de l'Inde musulmane, comme en témoignent ses nombreux monuments, ses forts et ses mosquées. Les Britanniques créèrent New Delhi, la capitale de l'empire des Indes. C'est une ville spacieuse, aérée, qui compte une multitude d'ambassades et de bâtiments administratifs. Les nouvelles banlieues opulentes s'étendent essentiellement au sud de New Delhi, tandis que la ceinture des quartiers pauvres et des bidonvilles (*jhuggies*) ne cesse de gagner du terrain dans toutes les directions.

Outre son intérêt historique et son rôle politique, Delhi est l'un des principaux points d'accès au sous-continent, la plaque tournante des communications dans le Nord de l'Inde et une étape obligée sur la route transasiatique. Elle occupe la majeure partie de l'État de Delhi.

Peu de voyageurs l'apprécient vraiment : le taux de pollution extrêmement élevé et le harcèlement des rabatteurs déroutent souvent les nouveaux venus. La ville possède toutefois un long et passionnant passé et regorge de sites intéressants.

En bref

Population : 13,8 millions d'habitants
Superficie : 1 483 km^2
Principales langues : hindi, ourdou, punjabi et anglais
Indicatif téléphonique : 011
Meilleure saison : octobre à mars

Cartes du chapitre :

- Red Fort, un fort imposant de l'ère moghole, dont l'ambiance paisible invite à la flânerie
- Qutb Minar, une tour vertigineuse dressée pour proclamer l'avènement de l'islam
- Jama Masjid, la plus grande mosquée d'Inde, érigée par Shah Jahan, à qui l'on doit le Taj Mahal
- Connaught Place, le centre prospère de New Delhi
- Le tombeau d'Humayun, un bel exemple des débuts de l'architecture moghole
- Le Central Cottage Industries Emporium, sur Janpath, ou Dilli Haat, pour faire emplette d'artisanat local

HISTOIRE

Delhi n'a pas toujours été la capitale de l'Inde mais elle a joué un rôle important dans l'histoire du pays. La ville d'Indraprastha, vieille de 3 000 ans et mentionnée dans l'épopée du *Mahabharata*, s'élevait approximativement sur le site de l'actuelle Delhi. Il y a plus de 2 000 ans, Pataliputra (près de l'actuelle Patna) fut la capitale de l'empire d'Ashoka. Aux XVIe et XVIIe siècles, les empereurs moghols firent d'Agra le siège de leur pouvoir politique. Les Britanniques dirigèrent le pays depuis Kolkata (Calcutta) jusqu'à l'inauguration de New Delhi en 1931.

Il y eut au moins huit villes autour de l'actuelle Delhi, confirmant l'ancien dicton selon lequel celui qui fonde une nouvelle ville à Delhi la perd – ce qui arriva aux Britanniques qui ne la conservèrent que 16 ans. Les quatre premières villes se trouvaient au sud, là où se dresse le Qutb Minar. La plus ancienne, Indraprastha, s'étendait près de l'actuelle Purana Qila. Au début du XIIe siècle, le dernier royaume hindou de Delhi fut dirigé par les dynasties Tomara et Chauthan, qui s'installèrent également à proximité du Qutb Minar et à Surajkund, aujourd'hui situé dans l'Haryana.

A cette ville succéda Siri, construite au XIIe siècle par Ala-ud-din près de l'actuelle Hauz Khas. La troisième Delhi, Tughlaqabad, aujourd'hui en ruine, se dressait à 10 km au sud-est du Qutb Minar. Datant du XIVe siècle, la quatrième Delhi fut également érigée par les Tughlaq. Appelée Jahanpanah, elle s'étendait aussi à proximité du Qutb Minar.

La cinquième Delhi, Firozabad, se trouvait à Firoz Shah Kotla dans l'actuelle New Delhi. Ses ruines comportent une colonne d'Ashoka provenant d'un autre site et les vestiges d'une mosquée où Tamerlan se recueillit durant son raid contre l'Inde.

Sher Shar, l'empereur afghan qui battit le Moghol Humayun et s'empara de Delhi, créa la sixième ville à Purana Qila, près de l'India Gate à New Delhi. L'empereur moghol Shah Jahan construisit la septième au XVIIe siècle, et transféra la capitale d'Agra à Delhi : Shahjahanabad, en grande partie conservée, correspond approximativement aux limites d'Old Delhi. Elle comprenait le Red Fort et la majestueuse Jama Masjid (*masjid* signifie mosquée). Enfin, la huitième, New Delhi, fut érigée par les Britanniques. Ils annoncèrent leur départ de Kolkata en 1911 mais l'inauguration de la ville nouvelle n'eut lieu qu'en 1931. En 1947, après la Partition, elle devient la capitale de l'Inde tronquée et vit affluer les réfugiés hindous et sikhs fuyant le Pakistan.

Au cours des siècles, Delhi vit passer de nombreux envahisseurs. Tamerlan la pilla au XIVe siècle. L'Afghan Babur l'occupa au XVIe siècle et, en 1739, l'empereur persan Nadir Shah la mit à sac et emporta en Iran le diamant Kohinoor (qui fait aujourd'hui partie des joyaux de la Couronne britannique) et le fameux trône du Paon. Les Anglais s'emparèrent de la ville en 1803. Cependant, en 1857, elle fut l'un des foyers de la révolte des cipayes. Avant la Partition, Delhi comptait une importante population musulmane et l'ourdou était la langue dominante. Aujourd'hui, les Penjabi hindous l'emportent en nombre et le hindi prédomine.

ORIENTATION

Malgré son étendue, il est facile de s'orienter dans Delhi. Les principaux centres d'intérêt pour le visiteur sont regroupés sur la rive ouest de la Yamuna et se divisent en deux parties : les rues surpeuplées d'Old Delhi et les quartiers aérés et urbanisés de New Delhi.

Old Delhi est l'ancienne Shahjahanabad, une ville fortifiée du XVIIe siècle avec ses portes et ses ruelles étroites, des embouteillages permanents, un taux de pollution redoutable, l'imposant Red Fort, la Jama Masjid, des temples, des mosquées, des bazars et la célèbre Chandni Chowk, une rue commerçante. C'est là que se trouvent la gare ferroviaire de New Delhi et, un peu plus au nord, près de Kashmiri Gate, la principale gare routière interurbaine (Inter State Bus Terminal ; ISBT). Près de la gare ferroviaire de New Delhi s'étend le quartier commerçant et très animé de Paharganj, sorte de zone tampon entre la vieille ville et la nouvelle. Très fréquenté par les voyageurs à petits budgets, ce quartier compte nombre d'hôtels et de restaurants bon marché.

New Delhi est une ville conçue méthodiquement, avec de larges rues bordées d'arbres, des parcs et des fontaines. L'Inde éternelle y reste présente avec ses vaches au doux regard ignorant la circulation et les taudis installés sur les terrains vagues. Le centre des affaires et la zone résidentielle se regroupent autour de Connaught Place. Les ministères se dressent au sud, près de Rajpath. A l'extrémité est de Rajpath s'élève l'India Gate Memorial et à l'extrémité ouest, le Rashtrapati Bhavan, la résidence présidentielle.

Le centre de New Delhi est Connaught Place, une vaste place circulaire d'où partent les avenues où sont installés la plupart

SIMON BORG

Le paon, emblème de l'Inde, est le thème de nombreuses réalisations artistiques, dont la plus célèbre est le Peackcock Throne

des compagnies aériennes, des banques, des agences de voyages, les offices du tourisme de l'Inde et des différents États, quelques hébergements bon marché et plusieurs grands hôtels. Le quartier est divisé en "blocks" répertoriés de A à N. Des panneaux vous indiquent les directions. Les cinémas Regal, côté sud de la place, et Plaza, côté nord, sont deux points de repère importants, connus de tous les chauffeurs de taxis et d'auto-rickshaws.

Janpath, qui part de Connaught Place vers le sud, abrite l'office du tourisme indien, des hôtels, des compagnies aériennes et nombre d'adresses utiles.

Au sud des quartiers ministériels s'étendent les zones les plus huppées de Delhi : Defence Colony, South Extension, Lodi Colony, Greater Kailash et Vasant Vihar, qui recèlent les plus grands (et les plus chers) cinémas et centres commerciaux. A mi-chemin entre l'aéroport international Indira Gandhi (17 km au sud-ouest de la ville), et Connaught Place se situe Chanakyapuri, l'enclave diplomatique. Dans ce quartier se concentrent la majorité des ambassades, la résidence du Premier ministre et plusieurs hôtels de luxe.

De l'autre côté de la Yamuna (gravement polluée, excepté pendant les trois mois de mousson) s'étendent de nouveaux quartiers industriels et résidentiels et certains des plus sinistres bidonvilles.

Avec ses 174 cartes, le guide en anglais *Eicher City Map* (270 Rs) vous sera précieux si vous comptez explorer les environs de la capitale. Il est en vente dans les grandes librairies et certaines stations-service.

RENSEIGNEMENTS

Offices du tourisme

Le Government of India tourist office (office du tourisme indien, ☎ 3320005), 88 Janpath, ouvre en semaine de 9h à 18h et le samedi, de 9h à 14h. Vous pourrez consulter sur place, à la demande, de nombreuses brochures sur l'Inde et vous procurer un bon plan de Delhi. Le personnel peut vous aider à trouver une chambre. Certains employés tentent de vendre des circuits en taxi à des tarifs prohibitifs.

Les offices de tourisme installés dans le hall d'arrivée des aéroports international (☎ 569 4229) et national (☎ 566 5296) restent ouverts 24h/24. Là aussi, on vous aidera à trouver un hébergement ; mais, comme dans beaucoup d'offices du tourisme indiens, vous vous entendrez dire que l'hôtel que vous avez choisi est "complet".

La Delhi Tourism Corporation possède deux bureaux à Connaught Place : l'un dans N-Block (☎ 3313637), ouvert du lundi au vendredi de 7h à 21h, l'autre (doté d'une cafétéria et d'un jardin) près des *state emporiums* (grands magasins d'État) dans Baba Kharak Singh Marg. Ses guichets vous accueilleront également dans les gares ferroviaires de New Delhi, Old Dehli et Nizamuddin, ainsi qu'à l'ISBT de Kashmiri Gate.

Les kiosques à journaux vendent divers guides, dont le *Delhi City Guide* et le *Delhi Diary*. *First City* (30 Rs) est un magazine mensuel de potins sur la haute société indienne, auxquels s'ajoute une liste assez complète des manifestations culturelles et des restaurants. Le site Internet de la revue (www.delhigate.com) est très pratique.

La plupart des États indiens possèdent des centres d'information à Delhi, tenus par un mélange d'employés serviables et de *babu* (bureaucrates) peu avenants.

Andhra Pradesh
(☎ 3382031) Andhra Bhavan, 1 Ashoka Rd

Arunachal Pradesh
(☎ 3013956) Arunachal Bhavan, Kautilya Marg, Chanakyapuri

Assam
(☎ 3342064) B1, Baba Kharak Singh Marg

Bengale-Occidental
(☎ 3732840) A2, Baba Kharak Singh Marg

Bihar
(☎ 3368371) 216-217 Kanishka Shopping Plaza, Ashoka Rd

Goa
(☎ 462 9967) 18 Amrita Shergil Marg

Gujarat
(☎ 3734015) A6 Baba Kharak Singh Marg

Haryana
(☎ 3324911) Chandralok Bldg, 36 Janpath

Himachal Pradesh
(☎ 3325320) Chandralok Bldg, 36 Janpath

Îles Andaman et Nicobar
(☎ 687 1443) Chanakyapuri

Jammu et Cachemire
(☎ 3345373) Kanishka Shopping Plaza, Ashoka Rd

Karnataka
(☎ 3363862) Karnataka State Emporium, Baba Kharak Singh Marg

Kerala
(☎ 3368541) Kanishka Shopping Plaza, Ashoka Rd

Madhya Pradesh
(☎ 3341187) Kanishka Shopping Plaza, Ashoka Rd
Maharashtra
(☎ 3363773) A8 Baba Kharak Singh Marg
Manipur
(☎ 3344026) State Emporium Bldg, Baba Kharak Singh Marg
Meghalaya
(☎ 3014417) 9 Aurangzeb Rd
Mizoram
(☎ 3012331) Mizoram State Government House, Circular Rd, Chanakyapuri
Nagaland
(☎ 3343161) Nagaland Emporium, Baba Kharak Singh Marg
Orissa
(☎ 3364580) B4 Baba Kharak Singh Marg
Rajasthan
(☎ 3383837) Bikaner House
Sikkim
(☎ 6115346) New Sikkim House, 14 Panchsheel Marg, Chanakyapuri
Tamil Nadu
(☎ 3735427) State Emporium Bldg, Baba Kharak Singh Marg
Tripura
(☎ 3793827) Tripura Bhavan, près de Kautilya Marg, Chanakyapuri
Uttar Pradesh
(☎ 3322251) Chandralok Bldg, 36 Janpath

Argent

Les agences centrales de toutes les banques indiennes et étrangères présentes en Inde se trouvent à Delhi, où il est possible de retirer du liquide jour et nuit. Si vous voulez changer de l'argent en dehors des heures d'ouverture des banques, une succursale de la Citibank (☎ 371 2484) est ouverte 24h/24 à Connaught Place : Jeevan Bharati Bldg, Outer Circle, Connaught Place ; et une de la Standard Chartered Grindlays Bank, E-Block, Connaught Place.

Thomas Cook possède également des filiales ouvertes 24h/24 à la gare ferroviaire de New Delhi et à l'aéroport, tout comme la State Bank of India. Vous trouverez aussi des distributeurs automatiques de billets un peu partout.

Le reste du temps, vous aurez l'embarras du choix. A Paharganj, le Checkpoint Foreign Exchange change tous les jours des espèces et des chèques de voyage sans commission entre 9h30 et 20h.

American Express (AmEx ; ☎ 3324119), A-Block, Connaught Place, ouvre tous les jours de 9h à 19h. Le service est très rapide malgré l'affluence. Thomas Cook dispose d'autres succursales dans C-Block, à Connaught Place et dans l'hôtel Imperial.

Parmi les autres banques, citons :

Bank of America
(☎ 3722332), DCM Bldg, Barakhamba Rd
Banque nationale de Paris
(☎ 3314848), 2nd floor, Hansalya Building, Barakhamba Rd
Crédit Lyonnais
(☎ 375 5213), Mercantile House, Kasturba Ghandi Marg
Deutsche Bank
(☎ 371 2028), 15 Tolstoy House, Tolstoy Marg
Hong Kong & Shanghai Bank
(☎ 3314355), ECE House, Kasturba Ghandi Marg
Standard Chartered Grindlays Bank
(☎ 3721242), 10 H-Block, Connaught Place ; (☎ 3732260), 17 Sansard Marg, Connaught Place

Poste et communications

Paharganj et A Block, Connaught Place, abritent de petits bureaux de poste ; la poste centrale (GPO) se trouve sur le rond-point dans Baba Kharak Singh Marg, à 500 m au sud-ouest de Connaught Place. Le guichet du service de Poste restante ouvre du lundi au samedi de 10h à 16h30. On peut aussi se faire envoyer du courrier au "Government of India tourist office" de Janpath.

De nombreux bureaux de téléphone privés STD/ISD offrent, pour la plupart, un service de fax et d'e-mail.

Les établissements équipés de l'Internet autour de Connaught Place sont souvent plus chers qu'ailleurs. Moderne, le Hub Internet Centre, dans B-Block, offre un grand nombre de terminaux pour 30 Rs l'heure (temps minimum). Le DSIDC Cyber Cafe proche de Delhi Tourism dans N-Block est plus petit et plus cher (30/50 Rs pour 30 min/1 heure), mais vous aurez droit à une boisson gratuite. Il ouvre de 9h à 20h. D'autres endroits plus petits à tarifs similaires sont installés autour de la Ringo Guest House.

A Paharganj, plusieurs pensions proposent un accès Internet pour environ 20 Rs l'heure, et vous trouverez de nombreux cybercafés dans les ruelles autour de Main Bazaar. Vous pourrez aussi savourer une bière en surfant sur Internet à l'Hotel Gold Regency. L'accès coûte 20 Rs l'heure, mais le compteur électronique risque de couper la liaison en plein milieu d'un message. Un bon centre Internet ouvert 24h/24 est situé dans la petite rue à l'est du Khosla Cafe. Il coûte un peu plus cher (30 Rs l'heure), mais l'accès est rapide. Un autre centre Internet à connexion rapide, en face du Malhotra Restaurant, ouvre jusqu'à 21h.

Prorogations de visa et autres permis

Le Foreigners' Regional Registration Office (FRRO, ☎ 3319489) se trouve au Hans Bhavan, près de la gare ferroviaire de Tilak Bridge. C'est là que vous obtiendrez un permis pour visiter les zones d'accès limité, tel le Mizoram. Le bureau est ouvert du lundi au vendredi, de 9h30 à 13h30 et de 14h à 16h.

Le FRRO peut prolonger gratuitement votre visa de 15 jours. Obtenir une prorogation de 1 mois (maximum) lorsque vous avez un visa de 6 mois est moins aisé. Il faut d'abord avoir une bonne raison et ensuite retirer un formulaire de prorogation d'un visa longue durée au ministère de l'Intérieur (Ministry of Home Affairs, ☎ 4693334), Lok Nayak Bhavan, près de Khan Market. ouvert du lundi au vendredi de 10h à 12h. Attendez-vous à goûter aux joies des lenteurs de l'administration. Déposez ensuite le formulaire accompagné de quatre photos au FRRO (environ 20 Rs la course en rickshaw). Une prorogation de 1 mois vous coûtera 30 $US. Quand (et si) elle est accordée, vous devrez rapporter le formulaire au ministère de l'Intérieur qui vous délivrera un visa.

Compte tenu des difficultés que pose l'obtention d'une prorogation pour un visa de 6 mois, il est possible que des personnes vous approchent pour vous proposer un faux. Ne vous laissez pas tenter, car les autorités vérifieront soigneusement vos documents sur leurs ordinateurs lors de votre départ. Les amendes sont lourdes et vous ne pourrez plus revenir en Inde.

Pour obtenir un "tax clearance certificate" (attestation d'acquittement des taxes), dont vous pourrez avoir besoin à la sortie du territoire (même si elle est très rarement demandée), adressez-vous à la Foreign Section de l'Income Tax Department (☎ 3317826), installée dans l'Indraprastha Estate. Apportez tous vos certificats de change. Ce bureau est fermé de 13h à 14h.

L'exportation de tout objet ayant plus de 100 ans est soumise à autorisation. En cas de doute, adressez-vous au Director (☎ 301 7220), Antiquities, Archaeological Survey of India, Janpath, près du National Museum.

Agences de voyages

Beaucoup de voyageurs ont recours au Student Travel Information Centre (☎ 3327582) de l'Hotel Janpath pour obtenir ou renouveler leur carte d'étudiant, mais les titres de transport qu'ils délivrent sont souvent plus chers qu'ailleurs.

Certains soldeurs de billets de Paharganj et de Connaught Place peuvent plier bagage du jour au lendemain : soyez prudent. Nos lecteurs nous ont recommandé les suivants :

Aa Bee Travels
(☎ 752 0117) Hare Rama Guest House, Paharganj

Cozy Travels
(☎ 3312873) BMC House, 1N-Block, Connaught Place

Don't Pass Me By Travels
(☎ 3352942) à l'étage du café du même nom, dans l'immeuble de la Ringo Guest House

VINstring Holidays
(☎ 3368717) YWCA International Guest House, Sansad Marg

Vin Tours
(☎ 3348571) YWCA Blue Triangle Family Hostel, Ashoka Rd

Y Tours & Travel
(☎ 371 1662) YMCA, Ashoka Rd

L'Hotel Namaskar (☎ 3621234), à côté de Main Bazaar, Paharganj, et l'agence de voyages de l'Hotel Ajanta (☎ 752 0925), Arakashan Rd, sont également recommandables (voir la rubrique *Où se loger – catégorie moyenne* plus loin dans ce chapitre).

Pour des voyages plus confortables, en Inde et hors de l'Inde, plusieurs agences vous attendent autour de Connaught Place, dont Cox & Kings (☎ 3320067) et Sita World Travels (☎ 3311133).

Librairies

Plusieurs bonnes librairies sont regroupées autour de Connaught Place et de Khan Market où les anglophones pourront faire provision de romans fleuves pour les interminables trajets en train. Parmi les meilleures, citons :

Bahri & Sons
Khan Market, Subramania Bharati Rd, New Delhi

Bookworm
29 B-Block, Radial Rd 4, Connaught Place

English Book Store
17 L-Block, Radial Road 5, Connaught Place

New Book Depot
18 B-Block, Connaught Place

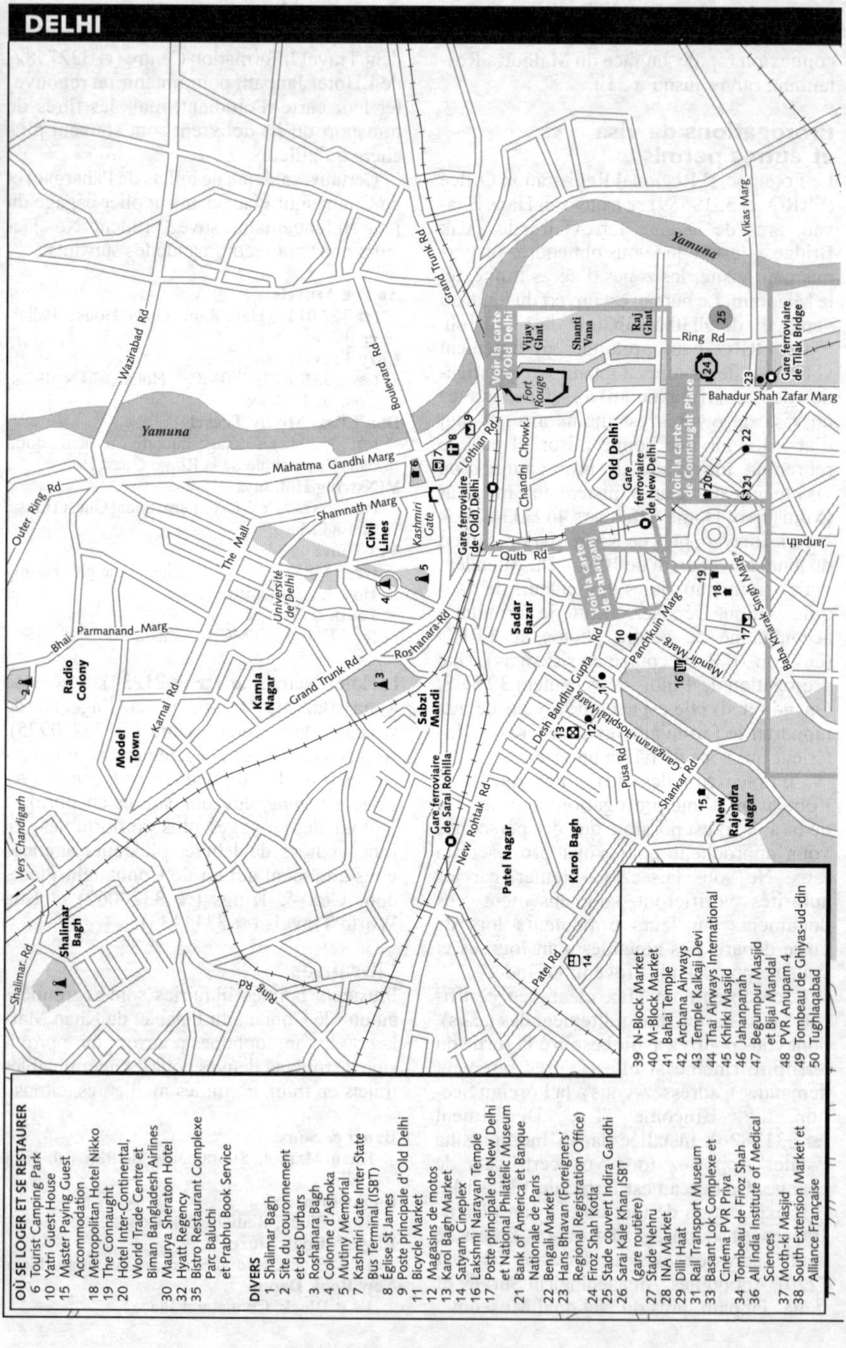
DELHI
OÙ SE LOGER ET SE RESTAURER
6 Tourist Camping Park
10 Yatri Guest House
15 Master Paying Guest Accommodation
18 Metropolitan Hotel Nikko
19 The Connaught
20 Hotel Inter-Continental, World Trade Centre et Biman Bangladesh Airlines
30 Maurya Sheraton Hotel
32 Hyatt Regency
35 Bistro Restaurant Complexe Parc Baluchi et Prabhu Book Service
DIVERS
1 Shalimar Bagh
2 Site du couronnement et des Durbars
3 Roshanara Bagh
4 Colonne d'Ashoka
5 Mutiny Memorial
7 Kashmiri Gate Inter State Bus Terminal (ISBT)
8 Église St James
9 Poste principale d'Old Delhi
11 Bicycle Market
12 Magasins de motos
13 Karol Bagh Market
14 Satyam Cineplex
16 Lakshmi Narayan Temple
17 Poste principale de New Delhi et National Philatelic Museum
21 Bank of America et Banque Nationale de Paris
22 Bengali Market
23 Hans Bhavan (Foreigners' Regional Registration Office)
24 Firoz Shah Kotla
25 Stade couvert Indira Gandhi
26 Sarai Kale Khan ISBT (gare routière)
27 Stade Nehru
28 INA Market
29 Dilli Haat
31 Rail Transport Museum
33 Basant Lok Complexe et Cinéma PVR Priya
34 Tombeau de Firoz Shah
36 All India Institute of Medical Sciences
37 Moth-ki Masjid
38 South Extension Market et Alliance Française
39 N-Block Market
40 M-Block Market
41 Bahai Temple
42 Archana Airways
43 Temple Kalkaji Devi
44 Thai Airways International
45 Khirki Masjid
46 Jahanpanah
47 Begumpur Masjid et Bijai Mandal
48 PVR Anupam 4
49 Tombeau de Ghiyas-ud-din
50 Tughlaqabad
Shalimar Rd
Vers Chandigarh
Shalimar Bagh
Radio Colony
Outer Ring Rd
Bhai Parmanand Marg
Wazirabad Rd
Yamuna
Model Town
Karnal Rd
The Mall
Kamla Nagar
Université de Delhi
Ring Rd
Grand Trunk Rd
Mahatma Gandhi Marg
Shamnath Marg
Civil Lines
Boulevard Rd
Kashmiri Gate
Sabzi Mandi
Roshanara Rd
Gare ferroviaire de Sarai Rohilla
New Rohtak Rd
Gare ferroviaire de (Old) Delhi
Lothian Rd
Voir la carte d'Old Delhi
Fort Rouge
Vijay Ghat
Shanti Vana
Chandni Chowk
Patel Nagar
Sadar Bazar
Qutb Rd
Patel Rd
Karol Bagh
Desh Bandhu Gupta Rd
Voir la carte de Paharganj
Old Delhi
Gare ferroviaire de New Delhi
Raj Ghat
Pusa Rd
Gangaram Hospital Marg
Panchkuin Marg
Shankar Rd
Mandir Marg
Voir la carte de Connaught Place
Ring Rd
New Rajendra Nagar
Baba Kharak Singh Marg
Janpath
Bahadur Shah Zafar Marg
Vikas Marg
Gare ferroviaire de Tilak Bridge

DELHI

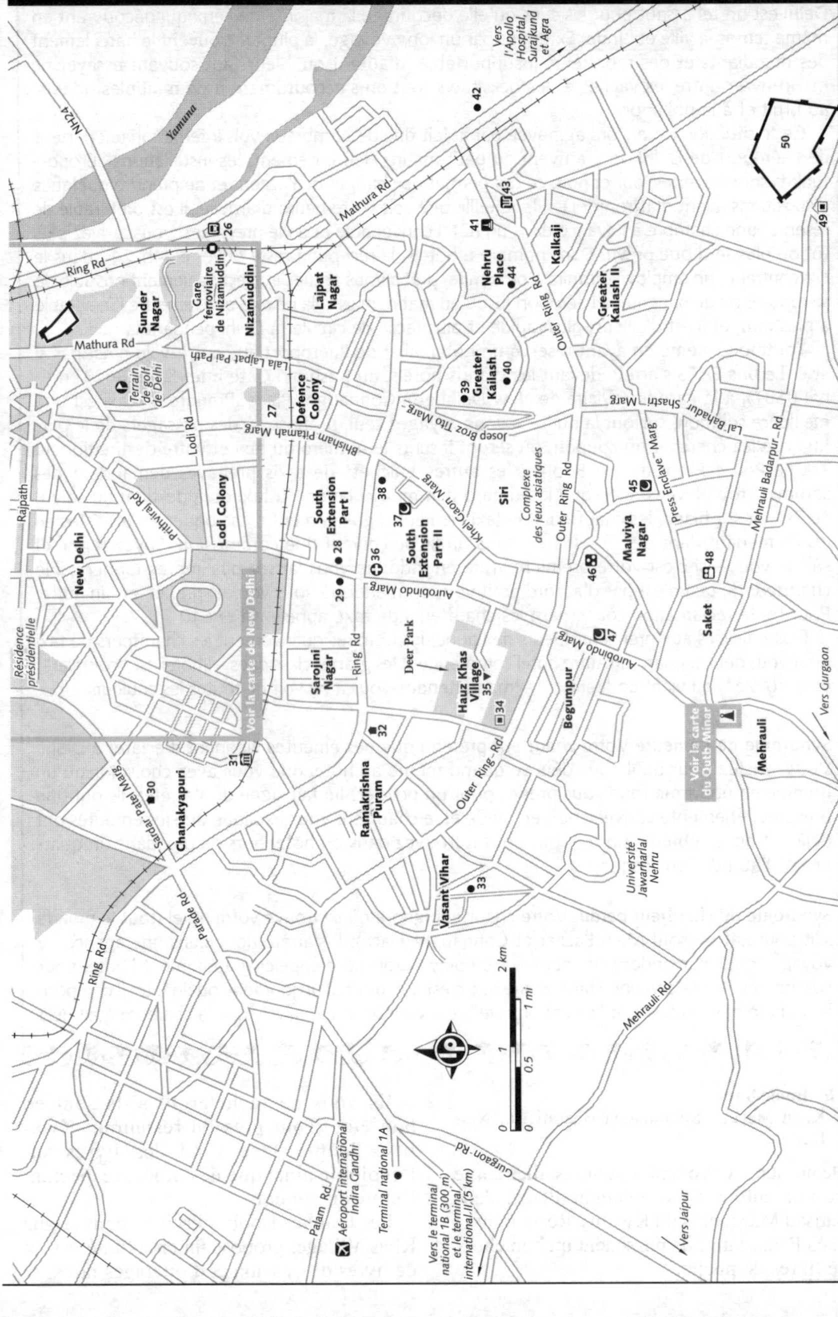

Yamuna
NH24
Vers l'Apollo Hospital, Surajkund et Agra
Mathura Rd
Ring Rd
Gare ferroviaire de Nizamuddin
Sunder Nagar
Nizamuddin
Lajpat Nagar
Nehru Place
Kalkaji
Greater Kailash II
Greater Kailash I
Defence Colony
Terrain de golf de Delhi
Lala Lajpat Rai Path
Lodi Rd
Bhisham Pitamah Marg
Josep Broz Tito Marg
Lal Bahadur Shastri Marg
Outer Ring Rd
Lodi Colony
Prithviraj Rd
South Extension Part I
South Extension Part II
Khel Gaon Marg
Siri
Complexe des jeux asiatiques
Press Enclave Marg
Mehrauli Badarpur Rd
Malviya Nagar
Saket
Rajpath
New Delhi
Résidence présidentielle
Voir la carte de New Delhi
Aurobindo Marg
Sarojini Nagar
Deer Park
Hauz Khas Village
Begumpur
Voir la carte du Qutb Minar
Mehrauli
Vers Gurgaon
Chanakyapuri
Sardar Patel Marg
Ramakrishna Puram
Vasant Vihar
Université Jawaharlal Nehru
Parade Rd
Mehrauli Rd
Aéroport international Indira Gandhi
Terminal national 1A
Vers le terminal national 1B (300 m) et le terminal international II (5 km)
Palam Rd
Gurgaon Rd
Vers Jaipur
0 0.5 1 2 km
0 1 mi
26 27 28 29 30 31 32 33 34 35 36 37 38 39 40 41 42 43 44 45 46 47 48 49 50

Entourloupes à Delhi

Delhi est un tel assaut pour les sens qu'elle décourage la majorité de ceux qui découvrent en même temps la ville et l'Inde. Exténués par un long voyage, la plupart trouvent le harcèlement des mendiants et des rabatteurs insupportable, d'autant qu'il leur faut souvent essayer de manœuvrer entre les vaches et les rickshaws tout en s'accoutumant à de multiples odeurs, au bruit et à la pollution.

Cette situation est encore aggravée par le fait que de nombreux vols internationaux partent de l'aéroport de Delhi ou y arrivent au petit matin. Heureusement, les installations aéroportuaires sont ouvertes jour et nuit, ce qui permet de changer de l'argent et de prendre quelques dispositions avant d'affronter la ville. Quelle que soit votre heure d'arrivée, il est préférable de réserver une chambre à l'avance dans un hôtel convenable et de le prévenir si vous arrivez plus tôt ou plus tard que prévu. Dans nombre d'hôtels, la réception reste ouverte 24h/24 ; dans le cas contraire, un employé dormira à proximité, prêt à vous accueillir. Il est également possible de se reposer ou de patienter à l'aéroport jusqu'au matin, mais cela ne fera que remettre l'inévitable à plus tard, et il est d'ailleurs plus rapide et plus facile de circuler à Delhi pendant la nuit.

Toutefois, même en ayant réservé un hôtel, aller de l'aéroport au centre-ville n'est pas si aisé. Le bus EATS s'arrête devant les grands hôtels, au Kashmiri Gate Inter State Bus Terminal (ISBT), à la gare ferroviaire de New Delhi et à Connaught Place. Prendre un taxi est une meilleure solution, surtout la nuit – si vous voyagez seul, proposez à des passagers de le partager. Allez chercher un coupon, où seront inscrits le numéro du taxi et votre destination au Traffic Police Prepaid Taxi Booth ; les autres guichets de taxis prépayés demandent des sommes trop élevées. Bien que le numéro d'immatriculation du taxi et la destination soient écrits noir sur blanc, les chauffeurs de taxi essaient régulièrement d'escroquer les touristes en les emmenant dans des hôtels très chers où ils perçoivent une commission. Soyez ferme et sûr de vous – si c'est votre première visite en Inde, ne vous laissez pas impressionner ; si le chauffeur de taxi n'est pas d'accord pour vous emmener où vous voulez, prenez-en un autre. Pour toute réclamation concernant les chauffeurs de taxi, appelez le ☎ 610 1197.

Plus efficaces aux premières lueurs de l'aube, les histoires qu'inventent les chauffeurs de taxi pour vous déposer dans un autre hôtel comprennent les grands classiques – l'hôtel est "complet", ou a "brûlé", ou vient de "fermer" – mais attendez-vous à en voir de toutes les couleurs :

Syndrome de l'émeute.Votre chauffeur prétend que des émeutes viennent d'éclater à Delhi. Vous insistez pour qu'il vous dépose quand même à l'hôtel que vous avez choisi lorsqu'un homme en uniforme (que vous prenez pour un policier) lui fait signe de s'arrêter. Ils ont une brève et véhémente conversation en hindi, et le chauffeur vous explique que les émeutes ont déjà fait de nombreux morts. Vous vous retrouvez dans un hôtel hors de prix dans un quartier "à l'abri de tous risques".

Syndrome du chauffeur perdu. Votre chauffeur ignore où se trouve votre hôtel (tout le monde sait pourtant où sont Main Bazaar et Connaught Place). Il s'arrête donc dans une agence de voyages pour demander son chemin. L'employé propose d'appeler gratuitement l'hôtel pour confirmer votre réservation étant donné que c'est aujourd'hui un jour férié ou de fête. Il compose le numéro et vous passe le "réceptionniste", qui vous informe, navré, que la chambre était déjà

The Bookshop
Khan Market, Subramania Bharati Rd, New Delhi

De nombreux éventaires sont installés sur le trottoir autour de Connaught Place, dans Sansad Marg, près du Kwality Restaurant et dans Paharganj ; ils possèdent un bon choix de livres de poche.

Ils vous en rachèteront s'ils sont en bon état. Tout près du restaurant Kwality, People Tree vend des livres sur l'écologie ainsi que des objets respectant l'environnement.

Le Prabhu Book Service, dans Hauz Khas Village, propose un choix intéressant de livres d'occasion et d'ouvrages rares.

Entourloupes à Delhi

louée et que votre réservation est annulée. Par chance, vous êtes dans une agence de voyages qui peut vous dénicher sans peine un bien meilleur hôtel (lequel lui versera une commission). Certains voyageurs décrètent que Delhi (et par conséquent l'Inde) est insupportable et veulent reprendre le premier avion pour rentrer chez eux. Si telle est votre envie, attendez un peu et dites-vous que les choses ne sont pas si terribles. Accordez-vous quelques jours pour décompresser et vous acclimater à l'environnement indien. N'allez pas vous réfugier dans les ghettos à touristes – explorez quelques sites agréables à Delhi, comme les jardins, le Red Fort, le tombeau d'Humayun, le National Museum ou Raj Ghat. Si vraiment la situation vous pèse, allez à Connaught Place, où les bars et pizzerias climatisés aux enseignes familières vous aideront à retrouver quelques repères. Évitez le quartier d'Old Delhi jusqu'à ce que vous soyez pleinement détendu, et prêt à apprécier l'histoire fascinante et l'atmosphère vibrante de la ville – qui sait, peut-être finirez-vous par l'apprécier ! Si vous êtes toujours décidé à repartir, sachez qu'il existe quantité d'endroits plus paisibles et facilement accessibles depuis Delhi (voir la rubrique *Comment s'y rendre* plus loin dans ce chapitre, ainsi que les différentes rubriques individuelles sur les sites à visiter).

Train. C'est l'un des moyens les plus simples et les plus confortables de voyager. Il existe des bureaux de réservation pour les étrangers dans les grandes villes et les centres touristiques. Prenez garde aux rabatteurs qui traînent devant la gare de New Delhi et dirigent les voyageurs vers leurs agences de voyages (situées généralement juste en face) sous prétexte que le bureau de réservation est fermé, a déménagé ou a brûlé la veille.

Bus. Des bus publics et privés sillonnent les principaux itinéraires. Les bus privés, que l'on réserve par l'intermédiaire de l'hôtel ou d'une agence de voyages, sont souvent l'option la plus confortable et la plus directe.

Circuits. Si vous préférez la tranquillité, voyager en circuit organisé est une bonne idée – ceux reliant Delhi-Jaipur-Agra sont très appréciés. Les agences de voyages et les hôtels vous fourniront tous les détails. Méfiez-vous des agents de voyages et des rabatteurs désireux d'aider les touristes un peu perdus – nous recevons régulièrement des plaintes au sujet de ce genre d'escrocs (pour connaître les tour-opérateurs conseillés, voir *Agences de voyages* plus loin dans ce chapitre). Les Cachemiris qui traînent autour de Connaught Place et Paharganj tiennent de beaux discours pour vendre leur pays économiquement si mal en point et néanmoins magnifique. Il existe une excellente raison pour qu'ils se donnent tant de mal : la région est en guerre.

Taxi. Il est possible de louer un taxi avec chauffeur pour environ 30 $US par jour (prix de base pour deux personnes effectuant un circuit tout compris en Inde du Nord) auprès des agences de voyages et des hôtels. Les transferts à l'aéroport et la visite de Delhi sont en général "offerts" sur les circuits de longue durée.

MICK WELDON

Bibliothèques et centres culturels

Delhi offre un bon choix de bibliothèques et de centres culturels, notamment la Delhi Public Library, en face de la gare ferroviaire d'Old Delhi, dans SP Mukherjee Marg. Elle est ouverte tous les jours sauf le dimanche de 8h30 à 20h30. Voici d'autres adresses :

Alliance française
(☎ 625 8128), D-13 South Extension Part II.

India International Centre
(☎ 4619431) près des tombeaux des Lodi, organise chaque semaine des conférences sur l'art, l'économie et d'autres sujets contemporains.

Sangeet Natak Akademi
(☎ 3387248), 35 Firoz Shah Rd, Rabindra Bhavan, est un important centre de spectacles

qui possède une bibliothèque très complète. La Lalit Laka Akademi, académie de beaux-arts et de sculpture, et la Sahitya Akademi, académie de littérature, occupent deux autres ailes dans le même bâtiment. Toutes trois abritent des galeries et une boutique.

World Wide Fund for Nature India
(☎ 4693744), 172-B Lodi Estate, dispose d'excellentes données informatisées sur l'environnement, d'une bonne bibliothèque et d'une boutique d'objets d'artisanat et de livres. Le centre ouvre du lundi au vendredi de 9h30 à 17h30.

Blanchisserie/nettoyage

La majorité des hôtels et des pensions possèdent un service de blanchisserie. Vous économiserez un peu d'argent en apportant vous-même votre linge à la blanchisserie à côté de la Hare Rama Guest House, où les tee-shirts/pantalons sont lavés en machine pour environ 5/10 Rs.

Consigne

En général, les hôtels gardent les bagages gratuitement ou pour une somme modique. Sinon, vous pourrez laisser vos sacs en toute sécurité à la Luggage Room (☎ 3618971), dans une petite rue à l'est de la Hare Rama Guest House, à Paharganj, pour 4 Rs par jour. L'argent, les appareils photo ou les walkmans ne sont pas acceptés, et vous devrez présenter votre passeport au moment de déposer et de retirer vos bagages (tous les jours entre 8h et 20h). Shota Tours & Travel, au-dessus du Diamond Cafe, demande une ou deux roupies de plus pour le même service.

Photo

A Connaught Place, vous trouverez de nombreux endroits où acheter et faire développer vos pellicules. Tout près du Government of India tourist office, la Delhi Photo Company, 78 Janpath, offre un développement de qualité. Kinsey Bros, A-Block, Connaught Place, est un peu plus rapide et un peu plus cher.

Moto

Si vous êtes à la recherche d'une moto Enfield ou d'accessoires pour deux-roues, allez à Karol Bagh. Vous pouvez essayer aussi Madaan Motors, 1770/53 Naiwala Gali, Har Kishan Das Rd, et Inder Motors (☎ 572 8579, fax 578 1052), 1744/55 Hari Singh Nalwa St.

Services médicaux et urgences

Pour appeler une ambulance, composez le ☎ 102. Les ambassades donnent des listes de médecins et dentistes recommandés. Voici une sélection de services médicaux à Delhi :

All India Institute of Medical Services
(AIIMS ; ☎ 656 1123), Ansari Nagar. Hôpital gouvernemental.

Apollo Hospital
(☎ 692 5858), Sarita Vihar, Mathura Rd. A une bonne réputation.

Dr. Ram Manohar Lohia Hospital
(☎ 3365525), Baba Kharak Singh Marg. Hôpital gouvernemental.

East West Medical Centre
(☎ 462 3738/4699229), 38 Golf Links Rd. Recommandé par de nombreux voyageurs, diplomates et expatriés. Près du golf de Delhi – tous les rickshaw-wallahs connaissent l'adresse.

Pharmacie
(☎ 3310163, ext. 180), Super Bazaar, Connaught Place. Ouverte 24h/24.

OLD DELHI

La vieille ville fortifiée de Shahjahanabad s'étend à l'ouest du Red Fort. Des puissantes murailles qui l'enserraient, il ne reste que des fragments. La **Kashmiri Gate** (porte du Cachemire), au nord de la ville fortifiée, fut le théâtre de violents combats lors de la révolte des cipayes en 1857. A l'ouest, près de Sabzi Mandi, se dresse le **Mutiny Memorial**, édifié par les Anglais à la mémoire de leurs soldats morts pendant le soulèvement. Près du monument, s'élève l'un des deux **Ashoka pillars** (colonnes d'Ashoka) qui, comme celui de la citadelle de Firoz Shah Kotla, fut apporté au XIVe siècle par le sultan Firoz Shah.

Red Fort (fort Rouge)

Les murs de grès rouge du Lal Qila, le Red Fort, s'étirent sur 2 km. Leur hauteur varie de 18 m le long de la rivière à 33 m du côté de la ville. Shah Jahan en commença la construction en 1638 (achevée en 1648), mais il ne put s'installer dans sa nouvelle ville de Shahjahanabad car il fut déposé et emprisonné au fort d'Agra, son ancienne capitale, par son fils Aurangzeb.

Le Red Fort est contemporain de l'apogée de la puissance moghole. Quand l'empereur sortait à dos d'éléphant dans les rues du vieux Delhi, le peuple pouvait assister à un extraordinaire déploiement de faste et de puissance. Le règne moghol à Delhi fut,

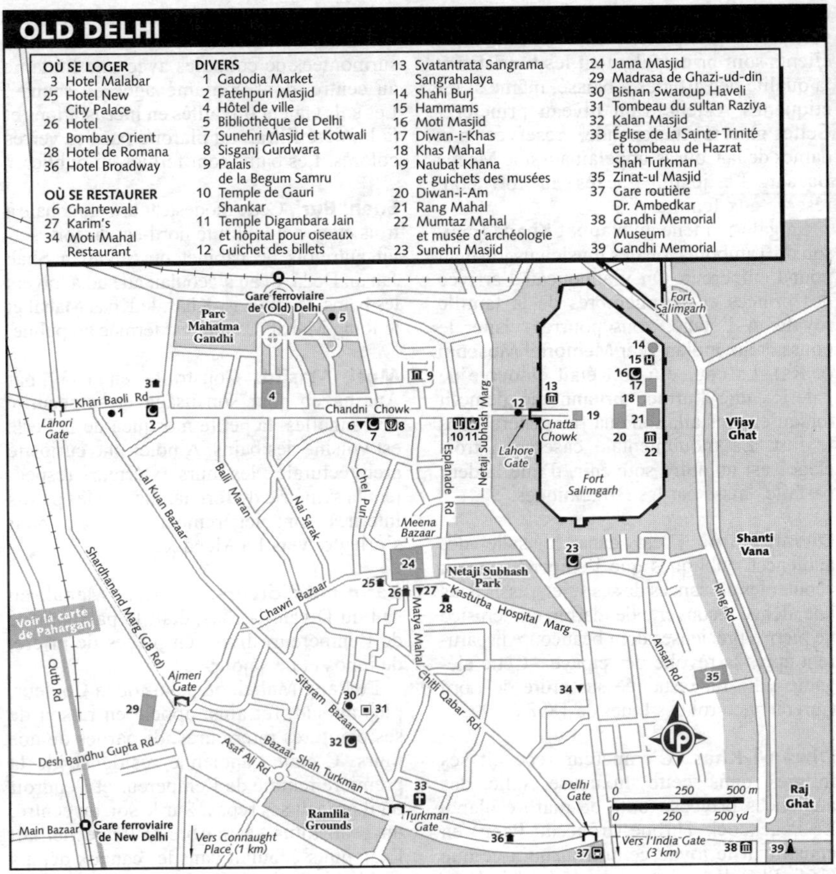

toutefois, de courte durée et Aurangzeb fut le seul grand moghol à y résider.

Aujourd'hui, de nombreux guides vous accueillent à l'entrée du fort, qui demeure un havre de paix précieux après la cohue du vieux Delhi. Ses paisibles jardins et pavillons vous paraîtront à des années-lumière du bruit et de l'agitation des rues.

La Yamuna coulait autrefois au pied du flanc oriental du fort dont elle remplissait les douves, profondes de 10 m. Son cours s'est déplacé de 1 km plus à l'est et les douves sont vides. Le guichet de l'entrée du fort (10 $US) se trouve en face de la porte principale. Le fort est fermé le lundi.

Lahore Gate (porte de Lahore). La porte principale du fort est ainsi nommée parce qu'elle se trouve dans la direction de Lahore, maintenant au Pakistan. A nul autre endroit ne s'attache une si forte valeur symbolique dans l'histoire de l'Inde moderne. En effet, durant la lutte pour l'indépendance, l'une des revendications des nationalistes était de voir le drapeau indien flotter sur le Red Fort. Après l'Indépendance, Nehru et Indira Gandhi ont prononcé de nombreux discours devant les foules rassemblées sur le *maidan* (place publique), et c'est de là que, chaque année, le jour de la fête de l'Indépendance (15 août), le Premier ministre s'adresse au peuple.

Une fois entré dans le fort par cette porte, on se retrouve immédiatement dans une galerie voûtée, le **Chatta Chowk** (bazar couvert). Les boutiques vendaient autrefois des articles de luxe pour la maison royale : soieries, bijoux, or… Aujourd'hui, leurs clients sont principalement les touristes et la qualité des articles a baissé, même si les étiquettes restent d'un niveau princier ! Cette galerie marchande, réservée aux dames de la Cour, s'appelait aussi le Meena Bazaar. Le jeudi, l'accès au fort était réservé aux femmes.

La galerie mène au **Naubat Khana** (maison du Tambour), où des musiciens jouaient pour l'empereur. On y annonçait l'arrivée des princes et des membres de la famille royale. A l'étage, vous pourrez visiter le poussiéreux **Indian War Memorial Museum** (2 Rs). La cour qui suit était entourée de galeries que l'armée britannique démolit lorsqu'elle installa son quartier général dans le fort. La monumentale caserne à trois étages est un autre souvenir, d'une laideur parfaite, laissé par les Britanniques.

Diwan-i-Am. C'est dans la salle des audiences publiques que l'empereur venait écouter les doléances de ses sujets, assis dans une alcôve recouverte de marbre et incrustée de pierres précieuses dont beaucoup disparurent après la révolte des cipayes. Cette élégante salle fut restaurée sur ordre de Lord Curzon, vice-roi des Indes de 1898 à 1905.

Diwan-i-Khas. L'empereur recevait ses intimes dans cette luxueuse salle des audiences privées, toute de marbre blanc. Le Peackcock Throne (trône du Paon) en constituait le joyau central jusqu'à ce que Nadir Shah l'emporte en Iran en 1739. Derrière un trône en or massif, se dressaient des paons incrustés de pierres précieuses aux couleurs chatoyantes, enserrant un perroquet taillé dans une seule émeraude.

Ce chef-d'œuvre de métaux précieux, de saphirs, de rubis, d'émeraudes et de perles fut mis en pièces. Le trône du Paon que l'on montre à Téhéran n'est qu'un assemblage de morceaux provenant de l'original. Sur place, il ne reste que le piédestal de marbre qui supportait le trône.

En 1760, les Marathes firent disparaître le plafond en argent, si bien que la salle actuelle n'est plus qu'une coquille vide. Sur les murs, on peut lire un célèbre couplet persan :

S'il existe un paradis sur terre
Le voici, le voici, le voici.

Bains royaux. Voisin du Diwan-i-Khas, le hammam comprenait trois grandes salles surmontées de coupoles avec une fontaine au centre, dont une aménagée en sauna ! Les sols étaient travaillés en incrustations et la lumière filtrait du plafond par des verres colorés. Les bains sont fermés au public.

Shahi Burj. Cette modeste tour octogonale à trois étages, à la limite nord-est du fort, servit autrefois de cabinet de travail à Shah Jahan. De là, l'eau s'écoulait au sud à travers les bains, le Diwan-i-Khas, le Khas Mahal et le Rang Mahal. La tour est fermée au public.

Moti Masjid. Construite en 1659 par Aurangzeb pour son usage et sa sécurité personnelles, la petite mosquée de la Perle est voisine des bains. A noter une curiosité architecturale : les murs extérieurs respectent la symétrie du fort, tandis que les parois internes sont légèrement de biais pour s'orienter vers La Mecque.

Bâtiments divers. Le **Khas Mahal**, au sud du Diwan-i-Khas, était le palais privé de l'empereur, divisé en pièces de prière, de repos et de séjour.

Le **Rang Mahal**, ou palais de la Couleur, plus au sud, fut ainsi appelé en raison de ses peintures intérieures, disparues de nos jours. C'était l'ancienne résidence de la première femme de l'empereur et l'endroit où il prenait ses repas. Sur le sol, au centre, un beau lotus en marbre taillé recueillait l'eau qui s'écoulait dans les canaux depuis le Shahi Burj. A l'origine, une fontaine d'ivoire en occupait le centre.

Un petit musée d'archéologie se cache dans le **Mumtaz Mahal**, encore plus au sud, le long du mur oriental. Il mérite largement une visite.

Autre musée intéressant, le **Svatantrata Sangrama Sangrahalaya** (musée du Mouvement indépendantiste), se dresse à gauche parmi les bâtiments de l'armée, avant le Naubat Khana. L'exposition rassemble photos, courriers, coupures de journaux et passionnants diaporamas sur l'Indépendance. Les billets pour entrer dans ces trois musées (2 Rs chacun) sont en vente au guichet du Naubat Khana.

Jardins. Entre les merveilleux bâtiments s'étendaient des *charbaghs* (jardins en quatre parties) classiques, dotés de fontaines, de bassins et de petits pavillons. Le tracé d'ensemble est toujours visible, ainsi que quelques pavillons, mais les jardins n'ont plus le charme d'antan.

Son et lumière. Chaque soir, un spectacle son et lumière retrace des épisodes de l'épopée indienne, en particulier ceux en rapport avec le Red Fort. Les commentaires sont en anglais ou en hindi et les billets se vendent au fort (30 Rs). Séances en anglais à 19h30 de nov. à janv., à 20h30 de fév. à avr. et en sept.-oct., et à 21h de mai à août.

Chandni Chowk

La principale artère d'Old Delhi est le bazar pittoresque appelé Chandni Chowk, encombré – et pollué – jour et nuit. A son extrémité orientale (Red Fort), s'élève le **Digambara Jain**, un temple doté d'une petite cour en marbre entourée d'une colonnade. Traditionnellement, les moines jaïna de l'ordre digambara (qui signifie "vêtu du ciel") ne portent aucun vêtement, de peur que des insectes ne soient écrasés dans leurs plis. Les jaïna gèrent un **hôpital pour oiseaux**, très intéressant. L'entrée est gratuite, mais les donations sont appréciées.

A côté du *kotwali* (ancien poste de police) se trouve la **Sunehri Masjid**. En 1739, Nadir Shah, l'envahisseur persan qui s'empara du trône du Paon, monta sur le toit de la mosquée pour regarder ses troupes massacrer les habitants.

A l'extrémité ouest de Chandni Chowk, la **Fatehpuri Masjid** fut construite en 1650 par l'une des épouses de Shah Jahan.

Jama Masjid

La mosquée d'Old Delhi est la plus grande du sous-continent et la dernière extravagance architecturale de Shah Jahan. Commencée en 1644, elle ne fut achevée qu'en 1658. Elle comprend trois grandes portes, quatre tours d'angle et deux minarets de 40 m de hauteur, à bandes verticales de grès rouge alternant avec du marbre blanc.

De larges escaliers conduisent à de majestueuses portes. La porte orientale était autrefois réservée à l'empereur. Aujourd'hui, elle n'est ouverte que le vendredi et lors des fêtes musulmanes. Le public entre par les portes nord ou sud (10 Rs). Il faut ôter ses chaussures et les personnes dont la tenue n'est pas inadaptée (les jambes découvertes, pour les deux sexes) peuvent louer des tuniques à la porte nord.

La cour de la mosquée peut contenir jusqu'à 25 000 personnes. Pour 5 Rs (10 Rs avec un appareil photo), vous pourrez grimper dans le minaret sud (si vous êtes une femme, veillez à être accompagnée) et admirer le superbe panorama sur Old Delhi, le Red Fort et les usines polluantes au-delà de la rivière, ainsi que sur New Delhi au sud. Vous remarquerez l'une des caractéristiques du plan d'Edwin Lutyens, l'architecte britannique de New Delhi : l'alignement de la Jama Masjid, de Connaught Place et de Sansad Bhavan (le Parlement). On a également une belle vue sur le Red Fort depuis le côté est de la mosquée.

Raj Ghat

Au nord-est de Firoz Shah Kotla, sur les rives de la Yamuna, une plaque carrée de marbre noir, très simple, signale l'endroit où le Mahatma Gandhi a été incinéré après son assassinat en 1948. Une cérémonie commémorative a lieu tous les vendredis, jour de sa mort.

Jawaharlal Nehru, Premier ministre après l'Indépendance, fut incinéré en 1964 juste au nord, à Shanti Vana (forêt de la Paix). Sa fille Indira Gandhi, assassinée en 1984, et ses petits-fils Sanjay (1980) et Rajiv (1991) furent également incinérés dans les environs.

Le quartier du Raj Ghat est aujourd'hui un magnifique parc. Le **Gandhi Memorial Museum**, très intéressant, contient une relique macabre : le pistolet avec lequel Gandhi fut assassiné. Il ouvre tous les jours, sauf le lundi, de 9h30 à 17h30 (entrée gratuite).

NEW DELHI

Connaught Place

Au nord de New Delhi, Connaught Place est le quartier des affaires et du tourisme. C'est un vaste rond-point bordé de bâtiments à colonnades d'une architecture uniforme, occupés principalement par des commerces, des banques, des restaurants et des agences de compagnies aériennes. La place est dégagée, mais animée et peuplée d'une foule de solliciteurs en tout genre.

En 1995, les rues circulaires intérieure et extérieure ont été rebaptisées respectivement Rajiv Chowk et Indira Chowk, mais tout le monde continue de les appeler CP (Connaught Place) et Connaught Circus.

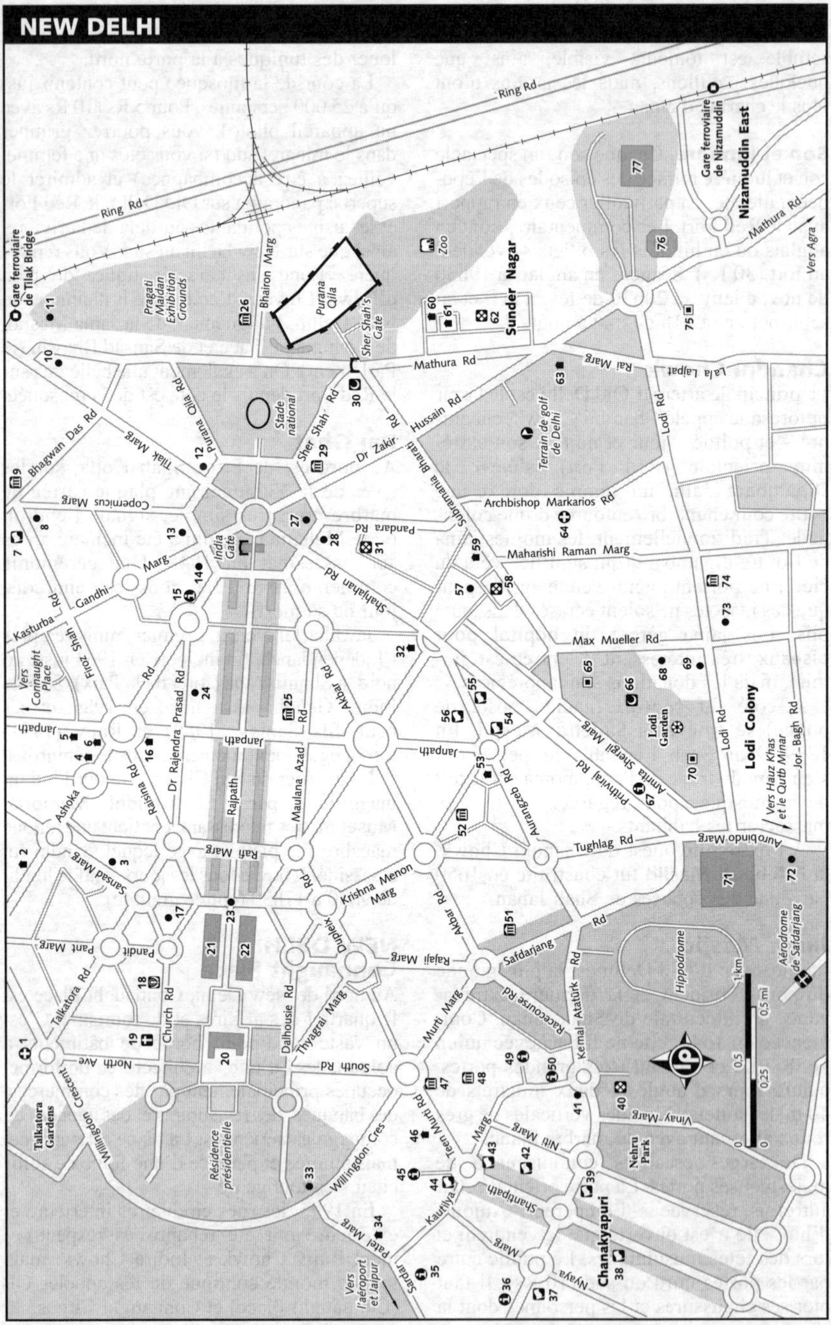
NEW DELHI
Ring Rd
Gare ferroviaire de Nizamuddin
Nizamuddin East
Mathura Rd
Vers Agra
Zoo
Sunder Nagar
Purana Qila
Sher Shah's Gate
Bhairon Marg
Pragati Maidan Exhibition Grounds
Gare ferroviaire de Tilak Bridge
Lala Lajpat Rai Marg
Lodi Rd
Terrain de golf de Delhi
Dr Zakir Hussain Rd
Subramania Bharati Marg
Stade national
Sher Shah Rd
Purana Qila Rd
Tilak Marg
Bhagwan Das Rd
Copernicus Marg
India Gate
Pandara Rd
Archbishop Markarios Rd
Maharishi Raman Marg
Shahjahan Rd
Max Mueller Rd
Lodi Garden
Lodi Colony
Jor Bagh Rd
Vers Hauz Khas et le Qutb Minar
Aurobindo Marg
Amrita Shergil Marg
Prithviraj Rd
Aurangzeb Rd
Tughlag Rd
Kasturba Gandhi Marg
Firoz Shah Rd
Vers Connaught Place
Janpath
Ashoka Rd
Raisina Rd
Dr Rajendra Prasad Rd
Rajpath
Maulana Azad Rd
Akbar Rd
Krishna Menon Marg
Rafi Marg
Sansad Marg
Pandit Pant Marg
Talkatora Rd
Church Rd
North Ave
South Rd
Dalhousie Rd
Duplex Rd
Thyagraj Marg
Rajaji Marg
Safdarjang Rd
Murti Marg
Teen Murti Rd
Kemal Atatürk Rd
Racecourse Rd
Hippodrome
Aérodrome de Safdarjang
Willingdon Cres
Willingdon Crescent
Talkatora Gardens
Résidence présidentielle
Kautilya Marg
Shantipath
Nyaya Marg
Chanakyapuri
Nehru Park
Niti Marg
Vinay Marg
Sardar Patel Marg
Vers l'aéroport et Jaipur
0 0,5 1 km
0 0,25 0,5 mi

NEW DELHI

OÙ SE LOGER
2 YWCA Blue Triangle Family Hostel
4 ITDC Hotel Indraprastha
5 ITDC Hotel Janpath, Air Lanka, Virgin Airways, STIC, Kazakhstan Airlines
6 ITDC Hotel Kanishka (Kanishka Shopping Plaza), offices du tourisme du Bihar, du Jammu-et-Cachemire, du Kerala et du Madhya Pradesh
16 Hôtel Le Méridien
32 Taj Mahal Hotel
34 Hotel Diplomat
46 Youth Hostel
53 Hôtel The Claridges
59 Ambassador Hotel
60 Kailash Inn, La Sagrita Tourist Home
61 Jukaso Inn
63 The Oberoi

DIVERS
1 Dr Ram Manohar Lohia Hospital
3 Indian Airlines
7 Ambassade du Népal
8 Rabindra Bhavan (Sangeet Natak Akademi, Lalit Kala Akademi et Shahitya Akademi)
9 National Museum of Natural History
10 Cour suprême
11 Appu Ghar
12 Patiala House
13 Baroda House
14 Hyderabad House
15 Office du tourisme de l'Andhra Pradesh
17 Sansad Bhavan
18 Gurdwara Rakab Ganj
19 Cathédrale de la Rédemption
20 Rashtrapati Bhavan
21 Secretariat (bâtiment nord)
22 Secretariat (bâtiment sud)
23 Vijay Chowk
24 Indira Gandhi National Centre for the Arts
25 National Museum et Archaeological Survey of India
26 Crafts Museum
27 Children's Park
28 Bikaner House et office du tourisme du Rajasthan
29 National Gallery of Modern Art
30 Khairul Manzil Masjid
31 Pandara Market, Ichiban, Pindi et Chicken Inn
33 Sculpture Gandhi Salt March
35 Office du tourisme des îles Andaman et Nicobar
36 Office du tourisme du Sikkim
37 Ambassade des États-Unis
38 Ambassade de France
39 Ambassade d'Australie
40 Santushti Shopping Centre et Basil & Thyme
41 Ashok Hotel et Iran Air
42 Ambassade de Grande-Bretagne
43 Ambassade de Norvège
44 Haute délégation du Sri Lanka
45 Office du tourisme de Mizoram
47 Planétarium Nehru
48 Nehru Memorial Museum
49 Office du tourisme du Tripura
50 Office du tourisme de l'Arunachal Pradesh
51 Indira Gandhi Memorial Museum
52 Gandhi Smriti
54 Ambassade du Danemark et Meghalaya Tourist Board
55 Ambassade d'Israël
56 Ambassade du Brésil
57 Lok Nayak Bhavan et ministère de l'Intérieur
58 Khan Market, The Bookshop, Bahri & Sons, China Garden et China Fare
62 Sunder Nagar Market
64 East West Medical Centre
65 Tombeau de Sikander Lodi
66 Bara Gumbad Masjid
67 Office du tourisme de Goa
68 India International Centre
69 World Wide Fund for Nature India
70 Tombeau de Mohammed Shah
71 Tombeau de Safdarjang
72 Indian Airlines (24h/24)
73 Indian Habitat Centre et Habitat World
74 Tibet House
75 Sanctuaire de Nizamuddin
76 Tombeau d'Isa Khan
77 Tombeau de Humayun

Jantar Mantar

A quelques pas de Connaught Place, dans Sansad Marg, un étrange ensemble de bâtiments couleur saumon est l'un des observatoires de Jai Singh II, le maharaja de Jaipur. Dominé par un immense cadran solaire appelé le "prince des cadrans", il fut construit en 1725. D'autres instruments suivent le cheminement des corps célestes et prévoient les éclipses. L'entrée coûte 5 $US, mais n'est pas vraiment nécessaire car la plupart des instruments sont visibles de l'extérieur.

Rajpath

La voie royale, d'une largeur démesurée et flanquée de bassins décoratifs, est due à Luytens, l'architecte de New Delhi. La parade de la fête de la République s'y déroule chaque 26 janvier et réunit des millions de spectateurs.

A l'extrémité est s'élève l'India Gate et, tout à l'ouest, le Rashtrapati Bhavan, ancienne résidence du vice-roi qui accueille aujourd'hui le président. Il est flanqué des deux grands bâtiments du Secretariat, qui abritent les principaux ministères du gouvernement central ; ces trois édifices reposent sur une petite éminence baptisée Raisina Hill.

India Gate. Sur cet arc de triomphe de 42 m de haut, à l'est de Rajpath, figurent les noms des 85 000 soldats de l'armée des Indes qui trouvèrent la mort durant la Première Guerre mondiale, dans les opérations à la frontière du Nord-Ouest et dans la nouvelle tentative, en 1919, de mainmise des Britanniques sur l'Afghanistan, qui s'était soldée par un échec.

Rashtrapati Bhavan. La résidence officielle du président de l'Inde s'élève à l'ouest de Rajpath. Achevé en 1929, ce similipalais est un intéressant mélange de styles moghol et occidental, l'immense dôme de cuivre étant l'élément indien le plus évident. A l'ouest, un jardin moghol s'étend sur 130 ha. Il n'ouvre au public qu'en février et au début de mars ; réservez votre visite auprès du Government of India tourist office, dans Janpath.

Résidence du vice-roi avant l'Indépendance, il fallait, du temps de Mountbatten – dernier vice-roi des Indes –, une armée de serviteurs pour entretenir les 340 pièces et les vastes jardins. On dénombrait 418 jardiniers. Parmi eux, 50 enfants avaient pour seule tâche de chasser les oiseaux.

Secretariat. Les deux bâtiments du Secretariat, surmontés de *chhatri* (petites coupoles) et situés de part et d'autre de Rajpath, sur Raisina Hill, abritent aujourd'hui le ministère des Finances et celui des Affaires étrangères.

Sansad Bhavan. Quoique vaste et imposant, le Sansad Bhavan, le Parlement indien, se cache au bout de Sansad Marg, au nord de Rajpath, et passe pratiquement inaperçu. C'est une structure circulaire à colonnades, de 171 m de diamètre. Sa relative insignifiance, dans le plan grandiose de New Delhi, souligne combien la réalité du pouvoir s'est déplacée depuis l'époque du vice-roi.

Les autorisations pour visiter le Parlement et s'asseoir dans la galerie réservée au public sont délivrées à la réception, dans Raisina Rd, sur présentation d'une lettre de recommandation de votre ambassade.

Purana Qila

Situé au sud-est de l'India Gate et au nord du tombeau d'Humayun et de la gare ferroviaire de Nizamuddin, le Purana Qila (vieux fort) est le site présumé d'Indraprastha, la Delhi des origines. Le chef afghan Sher Shar, qui interrompit brièvement la souveraineté moghole en défaisant les armées d'Humayun, en acheva la construction durant son règne, de 1538 à 1545. Le fort possède des murs massifs et trois grandes portes.

En entrant par la porte sud, vous apercevrez la petite tour octogonale de grès rouge, la Sher Mandal, qu'Humayun transforma par la suite en bibliothèque. C'est en descendant l'escalier de cette tour, un jour de 1556, qu'il glissa et se blessa, succombant plus tard à ses blessures. Juste derrière, la mosquée **Qila-i-Kuhran**, ou mosquée de Sher Shar, demeure en bon état, contrairement au fort.

Un petit **musée archéologique** est installé à l'intérieur de la porte principale. Du haut de la porte, vous jouirez d'une belle vue sur New Delhi (entrée : 5 $US).

Un **spectacle son et lumière** (les hauts parleurs sont de piètre qualité) se déroule chaque soir (25 Rs). Les séances en anglais commencent à 19h30 de nov. à janv., à 20h30 de fév. à avr. et de sept. à oct., et à 21h de mai à août. Les billets se prennent sur place ou à l'office du tourisme.

Venir en auto-rickshaw depuis Connaught Place revient environ à 30 Rs.

Humayun's Tomb

Construit au milieu du XVIe siècle par Haji Begum, la première épouse d'origine perse d'Humayun, le deuxième empereur moghol, ce tombeau est un superbe exemple des débuts de l'architecture moghole. Les formes employées – un bâtiment trapu, entouré de jardins, éclairé par de hauts arcs d'entrée et couronné par un dôme en forme de bulbe – ont été affinées par la suite jusqu'à donner naissance au Taj Mahal d'Agra. L'intérêt de ce tombeau réside dans son lien formel avec le Taj. Haji Begum repose aussi dans le tombeau de grès rouge et blanc et de marbre noir et jaune.

Dans le classique charbagh persan, se dressent d'autres tombes, dont celle du barbier d'Humayun. Près d'une porte à gauche de l'entrée, le tombeau octogonal d'Isa Khan illustre avec élégance l'architecture lodi (entrée gratuite). L'accès au tombeau d'Humayun coûte 10 $US (plus 25 Rs pour un caméscope). Des terrasses, vous aurez une belle vue sur la campagne environnante. Le Humayun's Tomb se trouve près de la gare ferroviaire de Nizamuddin, à côté de Mathura Rd. De Connaught Place, la course en auto-rickshaw vous reviendra à 50 Rs environ.

Nizam-ud-din's Shrine

De l'autre côté de la rue, en face du tombeau d'Humayun, se trouve le sanctuaire du saint musulman soufi, Nizam-ud-din Chishti, qui mourut en 1325 à l'âge de 92 ans. Le sanctuaire et son grand bassin font partie d'un ensemble de plusieurs tombes. La construction du bassin provoqua une dispute entre le saint et le bâtisseur de Tughlaqabad, plus au sud (voir *Tughlaqabad* dans la rubrique *Envi-*

rons de Delhi, plus loin dans ce chapitre). Les autres tombes sont celles de Jahanara, la fille de Shah Jahan qui resta aux côtés de son père emprisonné par Aurangzeb au fort d'Agra ; celle d'Amir Khusru, un célèbre poète ourdou ; celle d'Atgah Khan, un favori d'Humayun et de son fils Akbar. Atgah Khan fut assassiné par Adham Khan à Agra. Akbar fit exécuter Adham Khan, dont la tombe se trouve près du Qutb Minar.

Pour vous y rendre, empruntez les petites rues qui partent de Mathura Rd ; vous saurez que vous approchez quand les mendiants commenceront à vous harceler tandis que d'autres vous proposeront de surveiller vos chaussures (qu'il faut retirer avant d'entrer dans le sanctuaire). Essayez de le visiter un jeudi, au coucher du soleil, moment de prédilection des fidèles : des *qawwali* (chants sacrés soufi) suivent les prières. C'est l'un des plus importants lieux de pèlerinage de Delhi ; habillez-vous en conséquence.

Lodi Garden

A 3 km environ à l'ouest du tombeau d'Humayun, près de l'India International Centre, ces jardins, très bien entretenus, contiennent les **tombeaux** des Sayyid et des Lodi. Le tombeau de Mohammed Shah (1450) est un prototype du tombeau moghol plus tardif d'Humayun, une conception architecturale qui aboutira au Taj Mahal. Parmi les autres tombeaux figurent ceux de son prédécesseur Mubarak Shah (1433), d'Ibrahim Lodi (1526) et de Sikander Lodi (1517). La Bara Gumbad Masjid offre un bel exemple de décoration en stuc. De Connaught Place, la course en auto-rickshaw vous reviendra à 30 Rs environ.

Safdarjang's Tomb

A côté du petit aéroport de Safdarjang se dresse un tombeau, érigé en 1753-1754 par le nabab d'Avadh pour son père. C'est l'un des derniers exemples d'architecture moghole avant l'écroulement de l'Empire. Le mausolée se dresse sur une haute terrasse entourée d'un vaste jardin clos, à quelques pas du Lodi Garden. Il est agréable de s'y reposer, loin de l'agitation de la capitale (entrée : 5 $US).

Musées et galeries

National Museum. Dans Janpath, au sud du Rajpath, le National Museum (☎ 3019272) présente une belle collection de bronzes, terres cuites et bois sculptés indiens datant de la période maurya (IIe et IIIe siècles av. J.-C.), des objets de l'époque vijayanagar en provenance d'Inde du Sud, des miniatures, des peintures murales et des costumes des diverses Adivasi (tribus). Ouvert du mardi au dimanche, de 10h à 17h, il mérite absolument une visite ; des visites guidées gratuites ont lieu à 10h30, 11h30, 12h et 14h (entrée : 150 Rs). Une présentation audiovisuelle est projetée les week-ends.

Juste à côté se trouve le bureau de l'**Archaeological Survey of India**, dont les publications traitent de tous les grands sites archéologiques du pays (beaucoup ne sont pas en vente sur les sites mêmes). Il ouvre du lundi au vendredi, de 9h à 13h et de 15h30 à 17h.

National Gallery of Modern Art. Cette galerie nationale d'art moderne (☎ 3382835), située près de l'India Gate, à l'extrémité est de Rajpath, servait autrefois de résidence au maharaja de Jaipur. Elle abrite une superbe collection d'œuvres d'artistes indiens et européens. Elle ouvre du mardi au dimanche de 10h à 17h (entrée : 150 Rs, l'accès au jardin de sculptures est gratuit).

Nehru Memorial Museum et Planétarium. Dans Teen Murti Rd, près de Chanakyapuri, la résidence de Jawaharlal Nehru, Teen Murti Bhavan, a été transformée en musée. Des photos et des coupures de presse illustrent les faits marquants du mouvement pour l'Indépendance. Le musée ouvre du mardi au dimanche, de 10h à 17h (entrée gratuite).

Un **planétarium**, au-dessus duquel se trouve un petit café, est également installé sur le site (des animations de 40 minutes sont proposées à 11h30 et 15h ; 10 Rs).

Tibet House. La Tibet House abrite un petit musée (☎ 4611515) qui présente une fascinante collection d'objets rituels apportés par le dalaï-lama lorsqu'il a quitté le Tibet pour fuir l'occupation chinoise. Au rez-de-chaussée, une boutique vend un grand choix d'artisanat tibétain. Le musée, Lodi Rd, organise souvent des conférences-débats et ouvre du lundi au vendredi de 10h à 13h, puis de 14h à 17h30. L'entrée coûte 5 Rs.

Crafts Museum. Installé dans le pavillon Aditi du Pragati Maidan Exhibition Grounds (parc des expositions), Mathura Rd, le musée de l'Artisanat (☎ 337 1817) renferme une collection d'objets traditionnels en tissu, métal, bois et céramique. Il fait partie d'un complexe consacré à la "vie rurale" qui vous donnera un aperçu de la campagne indienne sans quitter Delhi. Il ouvre du mardi au dimanche, de 9h30 à 16h30 (entrée libre).

Indira Gandhi Memorial Museum. L'ancienne résidence d'Indira Gandhi, 1 Safdarjang Rd, a également été transformée en musée (☎ 3010094). Y sont exposés quelques effets personnels, comme le sari, qu'elle portait le jour de son assassinat. Ajoutant une note un peu plus macabre à l'endroit, une plaque de cristal, flanquée en permanence de deux soldats, recouvre quelques taches du sang bruni de Mme Gandhi à l'endroit où, en décembre 1984, elle tomba sous les balles de deux de ses gardes du corps sikhs. Le musée est ouvert du mardi au dimanche de 9h30 à 16h45 – évitez toutefois le week-end pendant lequel de nombreux touristes indiens le visitent. L'entrée est libre. Apporter de la nourriture et de l'eau est interdit.

Museum of Natural History. Le musée d'Histoire naturelle (☎ 3314849) se dresse juste en face de l'ambassade du Népal dans Barakhamba Rd. Il ouvre du mardi au dimanche, de 10h à 17h.

AUTRES CURIOSITÉS

Coronation Durbar Site

Ce site arrachera des soupirs aux nostalgiques du Raj. Il se trouve au nord d'Old Delhi et l'idéal est de s'y rendre en auto-rickshaw (environ 120 Rs l'aller-retour depuis Paharganj) ou en taxi. Dans un coin de campagne désolée se dresse un obélisque solitaire qui marque l'emplacement où, en 1877 et 1903, les durbars, qui représentaient l'ensemble des dirigeants indiens, rendirent pompeusement hommage à la Couronne britannique.

C'est aussi à cet endroit que le roi George V fut proclamé empereur des Indes en 1911. En regardant bien, vous apercevrez sa statue, dans l'enceinte d'un parc mal entretenu. C'est là qu'elle a été abandonnée sans cérémonie après avoir été ôtée du terre-plein central de Rajpath, entre l'India Gate et le Rashtrapati Bhavan. D'autres dignitaires de l'empire des Indes gisent au milieu des fourrés, mais les statues ont tendance à disparaître mystérieusement des socles.

Firoz Shah Kotla

De Firozabad, la cinquième ville de Delhi érigée par Firoz Shah en 1354, il ne reste plus que des ruines. Vous les trouverez à Firoz Shah Kotla, près de Bahadur Shah Zafar Marg, entre Old et New Delhi. Dans le palais forteresse s'élève un **Ashoka pillar** en grès de 13 m, sur laquelle ont été gravés des édits d'Ashoka, ainsi qu'un texte plus tardif. Vous verrez également les vestiges d'une ancienne mosquée et d'un beau puits. Cependant, Firozabad a surtout servi de carrière pour la construction des villes postérieures (entrée : 5 $US).

National Philatelic Museum

Caché dans le bureau de poste de Dak Bhavan, Sardar Patel Chowk (dans Sansad Marg), le musée national de la Philatélie (☎ 371 0154) possède une belle collection de timbres. Il ferme le samedi et le dimanche.

Lakshmi Narayan Temple

Directement à l'ouest de Connaught Place, ce temple du style de l'Orissa a été érigé par l'industriel B. D. Birla en 1938, en l'honneur de Lakshmi, déesse de la prospérité et de la chance. Il est communément appelé Birla Mandir (*mandir* signifie temple). Les enfants de tout âge adorent cet endroit où l'on trouve des grottes artificielles et diverses créatures disséminées dans de vastes jardins. Vous pourrez même rapporter de là une photo-souvenir.

Rail Transport Museum

Le musée du Transport ferroviaire (☎ 688 1816) à Chanakyapuri, intéressera ceux que passionnent les exotiques machines indiennes. Parmi les objets exposés figurent une locomotive à vapeur de 1855, en état de marche, et de nombreuses curiosités. Un mini-train fait le tour des jardins en fonction de la demande (10 Rs). Le musée ouvre du mardi au dimanche de 9h30 à 17h30 (jusqu'à 19h30 d'avril à septembre) ; l'entrée coûte 5 Rs.

Hauz Khas Village

A mi-chemin entre le tombeau de Safdarjang et le Qutb Minar, ce village urbain entouré d'un parc était autrefois le réservoir d'eau de la seconde Delhi, Siri, qui s'étend un peu plus à l'est. Les sites intéressants sont le **tombeau de Firoz Shah** et les vestiges d'un ancien collège. C'est dans ces parages que Tamerlan vainquit les forces de Mohammed Shah Tughlaq en 1398. Hauz Khas est maintenant l'un des endroits les plus chic de Delhi, doté d'excellents (et coûteux) restaurants et de belles boutiques. A l'est de Hauz Khas, la **Moth-ki Masjid**, réputée la plus belle mosquée de style lodi, fait également partie de l'ancienne Siri. Un auto-rickshaw vous demandera environ 70 Rs depuis Connaught Place.

Bahai Temple

A l'est de Siri, ce bâtiment en forme de fleur de lotus, achevé en 1986, est entouré de jardins et de bassins. Les adeptes de toutes les religions sont libres de venir y prier et y méditer en silence, selon leurs rites. L'édifice est particulièrement impressionnant au crépuscule, quand il est éclairé par les projecteurs, mais décevant de près. Il se situe à l'intérieur d'Outer Ring Road, à 12 km au sud-est du centre-ville (environ 70 Rs en auto-rickshaw).

VOYAGES ORGANISÉS

Delhi est très étendue et vous aurez tout intérêt à suivre une visite guidée. Deux grandes agences en proposent. L'Indian Tourism Development Corporation (ITDC) offre, par l'intermédiaire d'Ashok Travels & Tours (☎ 3322336), L-Block, Connaught Place, à côté du Nirula's Hotel, des circuits guidés en bus deluxe. Vous pouvez réserver au Government of India tourist office, dans Janpath, ou auprès des grands hôtels. Delhi Tourism Corporation (☎ 3313637), N-Block, Middle Circle, dépend de la municipalité et organise les mêmes excursions.

Delhi Tourism propose une visite matinale en 5 heures de New Delhi (147 Rs). Le circuit commence à 8h. La visite d'Old Delhi a lieu l'après-midi à partir de 14h15 (126 Rs). Si vous suivez les deux circuits le même jour (une rude journée !), vous paierez 231 Rs. Ces visites ne comprenant pas les droits d'entrée, un circuit d'une journée revient en tout à 35 $US.

L'Hotel Broadway, près de Delhi Gate, organise des promenades gastronomiques dans Old Delhi (450 Rs). Les participants suivent le guide à travers les bazars et les petites rues historiques et digèrent le tout en faisant un repas à l'excellent restaurant de l'hôtel.

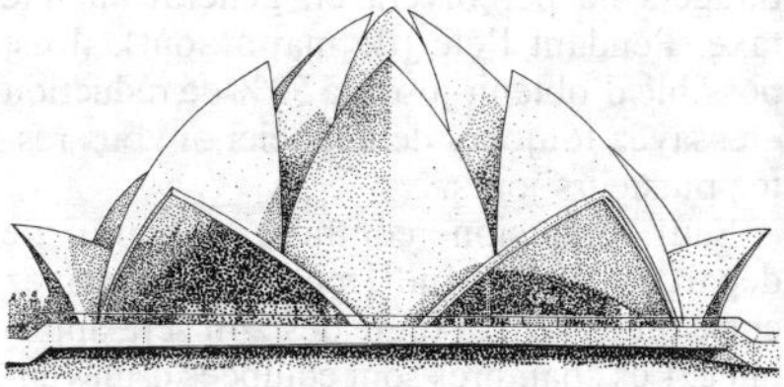

Le temple bahaï de Delhi, en forme de fleur de lotus, est construit en marbre blanc

Les taxis proposent également des visites guidées et vous attendent devant les principaux sites.

MANIFESTATIONS ANNUELLES

Un grand nombre de festivités se déroulent à Delhi :

Lori. Dans toute la ville, janvier. Feux de joie, chants et danses.
Delhi Horse Show. Sous le Red Fort, janvier.
Delhi Flower Show. Dans toute la ville, janvier.
Republic Day. Rajpath, 26 janvier. Parade militaire pour la fête de la République.
Beating Retreat. Vijay, 29 janvier. Cérémonie près de Rashtrapati Bhavan, la résidence présidentielle.
Independence Day. Red Fort, 15 août. Discours du Premier ministre à la nation.
Dusshhera. Sudhash Maidan et Ramlila Grounds, octobre. Feux d'artifice et foire.
Indian Trade Fair. Pragati Maidan, Mathura Rd, novembre. Foire commerciale.

OÙ SE LOGER

Si Delhi est votre premier point de chute en Inde, il est fortement conseillé de réserver une chambre depuis votre pays. Les endroits présentant un rapport qualité/prix correct sont vite complets, pour la plus grande joie des rabatteurs qui sont prêts à tout pour gagner une commission en vous conduisant dans un hôtel médiocre et cher. C'est encore plus vrai si vous arrivez de nuit. Heureusement, dans de nombreux établissements, y compris les hôtels bon marché, la réception reste ouverte 24h/24. Voir l'encadré *Entourloupes à Delhi* plus haut dans ce chapitre.

Les prix indiqués ne comprennent pas la "taxe de luxe", qui s'élève jusqu'à 22,5% dans les établissements de catégories moyenne à supérieure ; ceux pour petits budgets ne perçoivent en général aucune taxe. Pendant l'été (de mai à août), il est possible d'obtenir jusqu'à 50% de réduction – essayez toujours de négocier si vous restez plusieurs jours.

Sauf précision contraire, l'heure de départ est fixée à midi, mais si vous arrivez entre 6h et 12h, la règle des 24h sera appliquée. Les chambres sont équipées d'un ventilateur ou d'un air-cooler (système de ventilation par refroidissement à eau). En dehors des mois étouffants d'été, la climatisation n'est pas vraiment indispensable, d'autant que la municipalité de Delhi en interdit l'usage entre 18h30 et 21h30. Sauf mention particulière, les toilettes sont dotées d'un siège et d'une chasse d'eau, et l'eau chaude est disponible 24h/24.

OÙ SE LOGER – PETITS BUDGETS

Si la majorité des chambres bon marché n'ont rien d'enthousiasmant, les services offerts (room service 24h/24, TV, consigne, organisation de circuits, transferts à l'aéroport et service de blanchisserie) en font des endroits agréables et d'un bon rapport qualité/prix.

Camping

Le principal terrain de camping a été fermé par la police en 2000 suite à des problèmes de drogue. En attendant sa réouverture, vous pourrez planter votre tente au ***Tourist Camping Park*** (☎ 397 3121), en face de l'ISBT dans Old Delhi. Camper sur la pelouse proche de la route principale – très fréquentée – revient à 30 Rs par personne. Le camping loue également des simples/doubles très rudimentaires pour 140/175 Rs et quelques chambres avec s.d.b. pour 250 Rs. Les toilettes et les douches (avec eau chaude) sont relativement propres.

Auberge de jeunesse

La ***Youth Hostel*** *(☎ 6116285, fax 6113469, yhostel@del2.vsnl.net.in, 5 Nyaya Marg)*, située dans la paisible Chanakyapuri, n'accepte que les membres (la carte vaut 250 Rs). Un lit en dortoir non mixte sans clim./avec clim. coûte 50/250 Rs et les doubles avec s.d.b. commune démarrent à 300/650 Rs – les prix grimpent au bout de cinq jours ; le tabac et l'alcool sont interdits. Ouverte 24h/24 (mais l'heure d'arrivée/de départ est fixée à 11h/12h), l'auberge abrite un café, une banque, un jardin et un centre de loisirs.

Connaught Place

Dans une petite rue proche de l'office du tourisme, la ***Ringo Guest House*** *(☎ 3310605)* est une institution vieillissante qui compte autant d'inconditionnels que de détracteurs. Les petites chambres sommaires et un peu tristounettes disposées autour du restaurant de la cour centrale valent 125/250 Rs en simple/double avec s.d.b. commune et 350 ou 400 Rs en double avec s.d.b. privée (toilettes à la turque, eau chaude 24h/24). Une nuit en dortoir revient à 90 Rs.

A côté, et à peine mieux, la ***Sunny Guest House*** *(☎ 3312909)* propose des chambres un peu moins sombres avec s.d.b. commune à 125/250 Rs, et des doubles avec s.d.b. à 350 ou 500 Rs. Là encore, elles donnent sur une cour centrale où se trouve un restaurant. Un lit en dortoir se paie 90 Rs. Ces deux adresses plutôt propres et agréables possèdent un certain charme qui attire de nombreux voyageurs. La consigne à la journée coûte 8 Rs. Cependant, ces endroits peuvent être déplaisants quand il fait très chaud (en juillet) ou très froid (pendant les nuits humides de février). A moins que vous teniez à la proximité de Connaught Circus, vous trouverez beaucoup mieux à Paharganj.

L'***Hotel Blue*** *(☎ 3322222, hotel-blue@yahoo.com, M-Block)* est un bâtiment de 3 étages plus ancien qui ne manque pas de caractère. Il loue des chambres de taille convenable avec téléphone, TV et s.d.b. commune pour 300/500 Rs ; celles avec s.d.b. privée sont à 500/800 Rs. Les taxes sont en sus. Vous profiterez là d'un grand balcon en terrasse et d'une petite cour.

Juste en dessous, l'***Hotel Bright*** *(☎ 3323456, fax 3736049)* est d'un style similaire, mais sans terrasse et donc moins agréable. Il faut compter 350/550 Rs pour une chambre avec s.d.b. commune, et 575/1 100 Rs avec s.d.b. privée.

Le ***Central Court Hotel*** *(☎ 3315013, N-Block)* offre un certain charme et demande 800/1 150 Rs pour des chambres à l'ancienne avec bain, cheminée et salon ; le fait qu'on y accède par la terrasse compense un peu l'absence de fenêtres. Les chambres avec s.d.b. commune coûtent 600/800 Rs et sont toutes équipées de la clim., d'une TV, d'un réfrigérateur et d'un téléphone. L'hôtel comporte une cafétéria et deux restaurants.

Paharganj

L'***Hotel Navrang*** *(☎ 521965, Baoli Chowk)* est apprécié du milieu grunge et sert une sélection de plats japonais dans son café-terrasse voisin. Les chambres avec s.d.b. privée (toilettes à la turque et bassine d'eau chaude pour 10 Rs) reviennent à 80/100/150 Rs (plus vous payez, plus elles sont grandes). Essayez d'en obtenir une surplombant le café – elles sont plus claires et ont un petit coin terrasse.

L'***Ajay Guest House*** *(☎ 35431253, fax 3540656, sent@ndf.vsnl.net.in)* propose des doubles moyennes sans/avec fenêtre donnant sur la cage d'escalier, avec téléphone et s.d.b. privée (chauffe-eau) à 260/270 Rs ; quelques chambres plus grandes et climatisées disposent d'un petit balcon (400 Rs). La pension abrite une agence de voyages et un accès à l'Internet. Un café sur le toit offre une vue superbe. Le grand avantage de cet endroit est la boulangerie située au rez-de-chaussée qui sert du bon café ainsi que des gâteaux, des pizzas et des petits pains délicieux ; elle dispose en plus de tables de billards.

En face, la ***Hare Rama Guest House*** *(☎ 3521413, fax 7532795, harerama@ndf.vsnl.net.in)* se compose de chambres similaires autour d'une cour couverte ; certaines ont des toilettes à la turque, d'autres à l'occidentale, plus un réfrigérateur et une TV (250/320 Rs). Là aussi, le restaurant (avec TV) sur le toit en terrasse donne sur la cime des arbres (ouverture 24h/24). Très prisée de la clientèle israélienne, elle comprend en outre une agence de voyages, un cybercafé, une boutique d'artisanat et une consigne à bagages. L'accueil dans l'Ajay et la Hare, qui attirent beaucoup de joyeux fêtards le soir, se fait 24h/24.

Gérée par la même équipe, la ***Hare Krishna Guest House*** *(☎ 3521467, anoophotel@hotmail.com, Main Bazaar)* loue des chambres avec téléphone à 220 Rs (s.d.b. commune) et de 230 à 250 Rs (s.d.b. privée avec chauffe-eau).

Pratiquement voisin, l'***Anoop Hotel*** *(☎ 3521451, fax 7532942, anoophote@hotmail.com)* fait payer 220/280 Rs les simples/doubles carrelées de marbre avec téléphone et s.d.b. privée (chauffe-eau), et 150/220 Rs celles avec s.d.b. commune. Ces deux établissements se partagent un restaurant thaï ouvert 24h/24 sur leurs larges toits, ainsi qu'un accès Internet situé au rez-de-chaussée de l'Anoop. Le séjour est calculé sur la base de 24h.

Dans une ruelle proche du cinéma Imperial, le ***Major's Den*** *(☎ 3629599)* offre moins d'avantages que ses concurrents (à savoir ni restaurant, ni Internet), mais reste un havre de paix recherché par ceux qui veulent échapper à l'animation de Main Bazaar. L'hôtel possède une terrasse, une agence de voyages et des chambres propres avec s.d.b. privée et fenêtre (250/300 Rs). Les portes ferment à minuit.

A l'***Hotel Victoria*** *(☎ 3524413)*, un établissement très accueillant situé dans un quartier paisible à l'est de Rajguru Rd, les grandes chambres avec TV et s.d.b. privée (toilettes à la turque et à l'occidentale) sont équipées de fenêtres tendues de plastique qui vous fera tout voir en rose. Les prix démarrent à 222/250 Rs.

Le ***Vivek Hotel*** *(☎ 351 2900, fax 753 7103, vivekhotel@mailcity.com)* propose des chambres lumineuses dont certaines donnent sur une cour – 200/250 Rs avec s.d.b. privée, 150/200 Rs avec s.d.b. commune. Le Leema Restaurant se trouve au 1er étage, mais risquez-vous à prendre l'ascenseur pour aller à l'autre restaurant, encore plus agréable, qui est installé sur le toit et doté d'une minuscule pelouse.

L'***Hotel Satyam*** *(☎ 3525200)* dispose de chambres avec TV, téléphone, s.d.b. privée (toilettes à la turque et à l'occidentale, et chauffe-eau) à 250/300 Rs (les draps sont franchement crasseux). Le long toit en terrasse et les balcons dominent Rajguru Rd.

A côté, l'***Hotel Star View*** *(☎ 355 6300, fax 355 4220, starview@vsnl.com)* offre la même vue sur Rajguru Rd de la terrasse, qui abrite un restaurant. Comptez 300 Rs pour une double confortable avec TV, téléphone, meubles recouverts de velours et s.d.b. privée (chauffe-eau), et 500 Rs avec la clim.

Dans une petite rue au nord de Main Bazaar, l'***Hotel Bajrang*** *(☎ 355 1730)* est un endroit simple mais accueillant où les doubles disposées autour d'une cour valent 100/150 Rs sans/avec s.d.b. privée (chauffe-eau). La cantine dans la cour est très bon marché, et l'accès Internet revient à 12 Rs l'heure.

En face, le ***Shivlok Palace*** *(☎ 351 1270)* a un certain cachet avec ses divans sur le toit en terrasse et ses lits circulaires. Le prix des chambres avec téléphone, TV et s.d.b.

CONNAUGHT PLACE

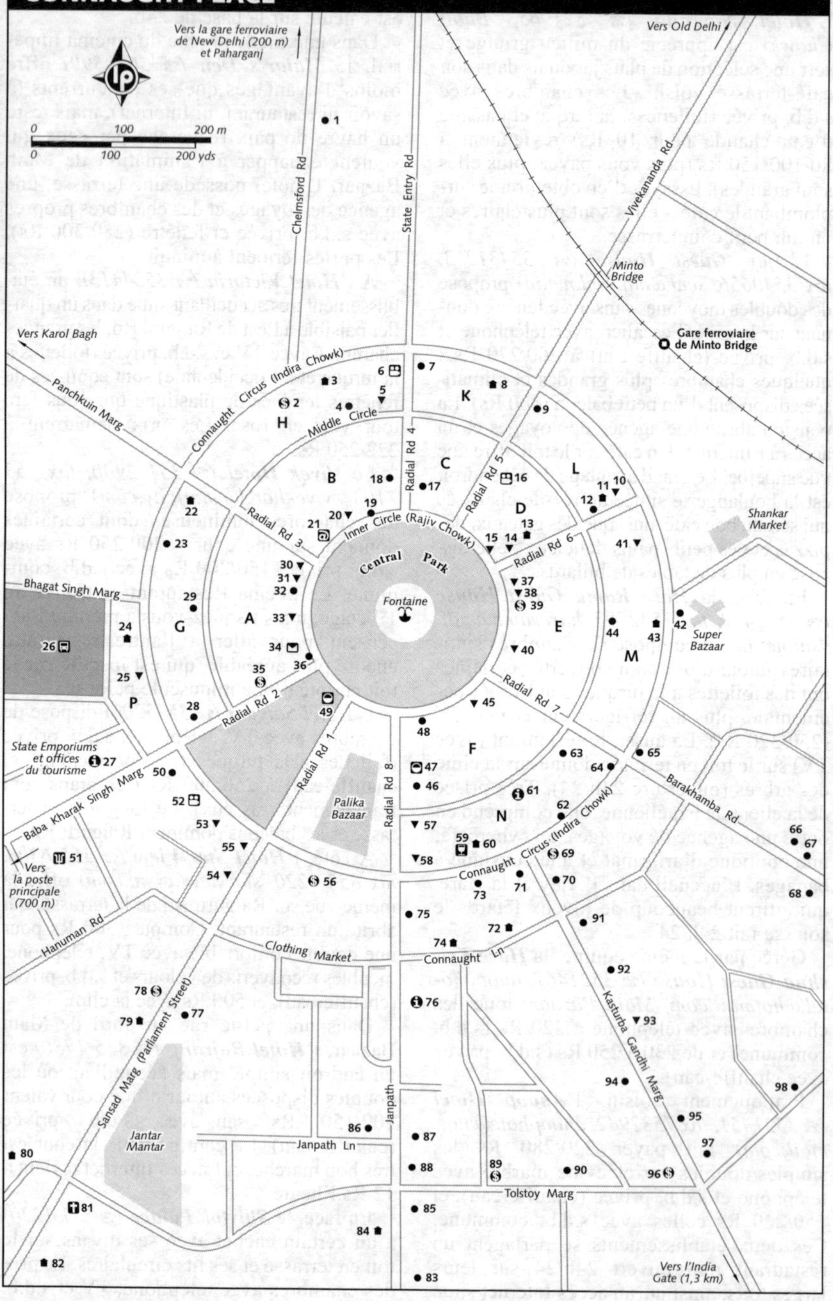

CONNAUGHT PLACE

OÙ SE LOGER
3 Hotel 55
8 York Hotel
11 Nirula's Hotel
13 Hotel Palace Heights
22 Hotel Marina
24 Hotel Alka, Vega
43 Hotel Blue, Hotel Bright
60 Central Court Hotel
72 Sunny Guest House
74 Ringo Guest House, Don't Pass Me By Cafe, Don't Pass Me By Travels
79 The Park
80 YMCA Tourist Hotel, Y Tours & Travels
82 YWCA International Guest House, VINstring Holidays
84 The Imperial, Thomas Cook

OÙ SE RESTAURER
5 Katri Kebab
10 Complexe Nirula's, Pegasus
14 The Embassy
15 Pizza Pizza Express
20 Cafe 100
25 McDonald's
30 Keventer's
31 Wenger's
33 Rodeo
37 Kovil, Pizza Hut
38 Berco's
40 United Coffee House
41 Domino's Pizza
45 The Host
53 Gaylord
54 Restaurant Kwality, People Tree
55 DV8
57 Nirula's (succursale)
58 Wimpy
93 Parikrama, Tarom

DIVERS
1 Bureau des réservations ferroviaires
2 Standard Chartered Grindlays Bank
4 Cox & Kings
6 Cinéma Plaza
7 Boutique d'alcool
9 English Book Store
12 Ashok Travels & Tours
16 Cinéma Odeon
17 Thomas Cook
18 Bookworm
19 New Book Depot
21 Hub Internet Centre
23 Gulf Air
26 Gare routière locale
27 Delhi Tourism Corporation, Indian Coffee House
28 Royal Jordanian
29 Boutique d'alcool
32 American Express
34 Poste
35 American Express Bank (distributeur)
36 Kinsey Bros
39 Standard Chartered Grindlays Bank 24h/24 (distributeur)
42 Pharmacie (24h/24)
44 Singapore Airlines
46 Indian Airlines
47 Navette de l'aéroport EATS
48 Sita World Travels
49 Guichet des auto-rickshaws prépayés
50 Khadi Gramodyog Bhavan
51 Hanuman Mandir
52 Cinéma Regal
56 Citibank 24h/24 (distributeur), Air India
59 Blues Bar
61 Delhi Tourism Corporation, DSIDC Cyber Cafe
62 Jet Airways
63 Aeroflot
64 Cozy Travels
65 British Airways, Qantas Airways
66 Emirates
67 Kuwait Airways
68 Saudi Arabian Airlines
69 Hong Kong & Shanghai Bank (distributeur)
70 Air Canada
71 Air France
73 Delhi Transport Corporation
75 Air India, location de voitures Budget
76 Government of India Tourist Office, Delhi Photo Company
77 Swissair
78 Standard Chartered Grindlays Bank (distributeur)
81 Église (liberté de culte)
83 Chandralok Building (offices du tourisme de l'Haryana, de l'Himachal Pradesh et de l'Uttar Pradesh, Delta Air Lines, Druk Air, Japan Airlines)
85 Central Cottage Industries Emporium
86 Bureau de vente des cartes
87 Lufthansa Airlines, location de voitures Budget
88 Royal Nepal Airlines Corporation (RNAC)
89 Deutsche Bank (distributeur)
90 Jagson Airlines
91 Pakistan International Airlines
92 American Center
94 British Council
95 Asiana Airlines, Ethiopian Airlines, Kuwait Airways
96 Crédit Lyonnais
97 United Airlines, Sahara Airlines, Scandinavian Airlines
98 KLM, Northwest Airlines, El Al Israël Airlines, Uzbekistan Airways

privée qui commencent à 350/400 Rs (10% de service en sus) est négociable.

Dans une ruelle proche de Main Bazaar, l'***Hotel Sweet Drream** (☎ 3629801)* loue des chambres avec s.d.b. privée (certaines avec balcon) pour 175/200 Rs (plus 10% de service).

A l'angle de la rue, la ***Smyle Inn** (☎ 355 9107, smyleinn@hotmail.com)* prend 150/200 Rs pour une chambre avec s.d.b. privée, TV et téléphone.

Le ***Camran Lodge** (☎ 3526053, fax 3621030, camranlodge@id.eth.net)* est rudimentaire avec un petit côté funky. Ce vieux bâtiment rouge est facile à repérer dans Main Bazaar grâce à ses dômes et à sa mosquée désaffectée sur le toit – parfait pour admirer un coucher de soleil. Les chambres bleu et vert donnent sur Main Bazaar. Celles du 2e étage séparées par des cloisons en métal risquent toutefois d'être étouffantes par grosse chaleur. Vous débourserez 80/160 Rs pour une chambre avec s.d.b. commune, ou 100/180 Rs avec s.d.b. privée (toilette à la turque et seau d'eau chaude). Les portes ferment à minuit.

Dans une petite rue au nord de Main Bazaar, l'***Hotel Namaskar** (☎ 3621234,* *fax 3622233, namaskarhotel@yahoo.com)* jouit d'une bonne réputation, même si certains lecteurs se sont récemment plaints de la qualité du serviece. Les chambres rose et vert spacieuses, dotées de fenêtres pour la plupart, valent 200/250 Rs avec s.d.b. commune, et de 300 à 400 Rs avec s.d.b. privée (chauffe-eau, toilettes à l'occidentale et à la turque) ; celles équipées de la clim coûtent 450 Rs. Cet établissement est l'un des rares à être géré par ses propriétaires, qui sont une excellente source d'informations et mettent une consigne gratuite à disposition.

L'***Hotel Payal*** *(☎ 3520867)* vaut plus pour sa propreté que pour ses installations. Les chambres de belle taille avec s.d.b. (chauffe-eau) et fenêtre reviennent à 200/250 Rs (à partir de 150 Rs avec s.d.b. commune). Il ferme à minuit.

L'***Hotel Vishal*** *(☎ 3526314)* comporte deux bons restaurants au rez-de-chaussée, mais les chambres sont petites et la plupart dénuées de fenêtres. Elles coûtent 200/250 Rs avec s.d.b. privée et téléphone.

L'***Hotel Fortuna*** *(☎ 3614211)* bénéficie d'une arcade au rez-de-chaussée et vient d'être repeint. Les chambres comportent TV, téléphone et s.d.b. (200/250 Rs). Celles sur le devant ont un balcon.

A l'***Hotel Rak International*** *(☎ 355 0478, hotelrak@yahoo.com)*, dans Baoli Chowk, les chambres avec TV, téléphone, canapé et s.d.b. privée (chauffe-eau, toilettes à l'occidentale et à la turque) sont à 250/350 Rs. Ouvert 24h/24, le restaurant en terrasse est agrémenté d'une cascade et domine la place et le temple.

Old Delhi. Loger dans ce quartier permet d'être au cœur de l'animation et de profiter d'une atmosphère haute en couleur sans être entouré de trop nombreux touristes – la clientèle est en majorité indienne et masculine.

Le ***Rail Yatri Niwas*** *(☎ 3313484)*, au-dessus et à l'est de la gare ferroviaire de New Delhi, propose des chambres de repos aux voyageurs en transit. Les passagers munis d'un billet pour une distance supérieure à 500 km peuvent louer des simples/doubles avec s.d.b. commune pour 150/210 Rs, ou 250/500 Rs avec s.d.b. privée. Un lit en dortoir vaut 70 Rs. Les portes ouvrent à 9h, et le séjour maximum autorisé est de trois jours.

A l'***Hotel New City Palace*** *(☎ 3279548, fax 328 9923)*, les balcons et le restaurant sur le toit en terrasse offrent une vue imprenable sur la Jama Masjid. Les chambres avec téléphone et s.d.b. privée (toilettes à la turque et eau chaude en continu) à 450 Rs n'ont rien du "confort royal" dont se targue l'établissement – essayez d'en obtenir une sur le devant. Le temps de séjour est calculé sur 24h.

Proche du cinéma Jagat, l'***Hotel de Romana*** *(☎ 326 6031, fax 328 6635, deromana@hotmail.com)* représente un meilleur choix sur tous les plans (sauf la vue). Les chambres très convenables avec TV, téléphone, s.d.b. privée et clim. vous coûteront ici 330/400 Rs. Elles doivent être libérées à 12h.

Dans la rue principale qui part de la Jama Masjid, l'***Hotel Bombay Orient*** *(☎ 328 6253)* est une autre bonne adresse. Comptez 250/350 Rs pour une chambre avec s.d.b. privée.

Au bout de Chandni Chowk, l'***Hotel Malabar*** *(☎ 395 6669)* loue des chambres sommaires avec s.d.b. privée à 150/250 Rs.

OÙ SE LOGER – CATÉGORIE MOYENNE

Les YMCA et les YWCA

Il en existe trois dans un grand complexe, à 10 min à pied au sud-ouest de Connaught Place. Tous ont un petit côté austère sans être vraiment exceptionnels, mais ce sont des endroits propres, proches du centre et parfaits pour rencontrer d'autres voyageurs. L'arrivée et le départ se font à 12h. Les tarifs, auxquels viennent s'ajouter taxes et service (sauf en dortoir), comprennent le petit déjeuner.

Le ***YMCA Tourist Hotel*** *(☎ 3361915, fax 374 6032, ymcath@ndf.vsnl.net.in, Jai Singh Rd)* est le plus proche de Connaught Circle et le plus grand des trois. Vous trouverez sur place une laverie, une piscine (d'avr. à oct.), un centre de remise en forme, un restaurant, une agence de voyages et un accès Internet. Débutant à 415/725 Rs, le prix des chambres avec s.d.b. commune passe à 800/1 350 Rs avec clim., TV, téléphone et s.d.b. privée (plus 30 Rs pour devenir membre temporaire). Il est ouvert 24h/24 et accepte les cartes de crédit.

La ***YWCA International Guest House*** *(☎ 3361561, fax 3341765, ywcaind@del3.vsnl.net.in, 10 Sansad Marg)*, qu'entoure un petit jardin, abrite un café ouvert 24h/24, ainsi qu'une agence de voyages. Il faut compter 800/1 000 Rs (cartes American Express acceptées).

La ***YWCA Blue Triangle Family Hostel*** *(☎ 3360133, fax 3360202, ywcadel@vsnl.net, Ashoka Rd)* dispose d'un restaurant, d'un salon TV et d'un accès Internet. Les chambres avec téléphone commencent à 575/1 035 Rs et s'élèvent à 2 875 Rs pour une suite à deux lits avec cuisine/salon. Les lits en dortoir valent 185 Rs (275 Rs avec la clim.). La carte de membre temporaire (obligatoire) coûte 20 Rs. Les enfants de moins de 5 ans sont hébergés gratuitement.

Connaught Place

L'***ITDC Hotel Indraprashta*** *(☎ 3344511, fax 3368153, 19 Ashok Rd)* est un bâtiment à l'ambiance très institutionnelle appréciée des tour-opérateurs indiens. Les chambres sont de taille convenable, mais essayez d'en voir plusieurs. Vous paierez 600/750/1 000 Rs pour une/deux/trois personnes en chambre standard et 750/850/1 100 Rs dans une deluxe (plus 12,5% de taxes dans les deux cas). L'établissement possède un bar ainsi qu'un restaurant-café self-service sans grand intérêt (ouvert 24h/24).

Les hôtels situés directement sur Connaught Circus occupent des bâtiments de l'époque coloniale qui ont tous un minimum de caractère.

Outre un couloir tapissé de miroirs assez baroques, l'***Hotel Alka*** *(☎ 3344328, fax 3732796, hotelalka@vsnl.com, P-Block, Connaught Circus)* comprend un restaurant végétarien, un bar et une terrasse qui surplombe la gare routière locale. Les chambres démarrent à 1 800/2 900 Rs (cartes bancaires acceptées).

Assez chic, l'***Hotel Marina*** *(☎ 3324658, fax 3328609, marina@nde.vsnl. net.in)* dispose d'un bar, d'un restaurant, d'une cafétéria ouverte 24h/24 et d'un dentiste à demeure. Les chambres valent entre 2 600/3 200 Rs minimum, petit déjeuner compris (cartes de crédit acceptées). Pour la petite histoire, c'est ici que l'assassin de Ghandi a passé la nuit avant de commettre l'irréparable.

Le ***Nirula's Hotel*** *(☎ 3322419, fax 335 3957, L-Block)*, près du restaurant éponyme, loue des chambres avec téléphone, réfrigérateur et TV à 1 995/3 500 Rs (gratuit pour les moins de 12 ans).

Paharganj

Le ***Prince Polonia*** *(☎ 351 1930, fax 355 7646)*, proche du cinéma Imperial, a l'avantage d'avoir une petite piscine, la seule du quartier, sur son toit en terrasse (les non-résidents peuvent y passer deux heures pour 100 Rs). Les doubles deluxe/super deluxe/suites, la plupart avec balcon et toutes avec TV, réfrigérateur, eau chaude par énergie solaire et clim., valent 935/1 155/1 320 Rs. Vous pourrez vous détendre sur plusieurs autres terrasses accessibles en ascenseur.

Le ***Metropolis Tourist Home*** *(☎ 7531782, metravel@bom9.vsnl.net.in)* propose des chambres simples, mais propres et climatisées, avec téléphone, TV et s.d.b. privée (chauffe-eau) à 600/675 Rs. Le restaurant du rez-de-chaussée (doté d'une licence pour servir de l'alcool) est moins agréable que celui du toit en terrasse (où l'ambiance est très plaisante). Un bureau de change et une agence de voyages vous accueilleront sur place.

A l'***Hotel Relax*** *(☎ 3681030, vidur 109@hotmail.com, Nehru Bazaar)*, un établissement flambant neuf, la direction est pleine d'enthousiasme. Les chambres impeccables avec téléphone, TV, réfrigérateur et clim. sont à 800/1 000 Rs. Du balcon, vous pourrez observer la foule tout en vous restaurant.

La ***Vinn Inn*** *(☎ 3677705, fax 3621398)* est un hôtel moderne et joliment meublé, situé loin de l'animation trépidante de Main Bazaar, près de Rajguru Rd. Les chambres propres avec fenêtres reviennent à 500/700 Rs.

La ***Yatri Guest House*** *(☎ 3625563, yatri@nde.vsnl.net.in, 3/4 Punchkuin Marg)* se trouve en fait dans une petite rue qui part de Punchkuin Marg, en face du croisement avec Mandir Marg. Cette petite pension calme et sécurisante dispose d'une pelouse à l'avant et de deux cours à l'arrière. D'une propreté irréprochable, les doubles avec ventil., grand lit et s.d.b. privée (chauffe-eau) coûtent 1 100/1 250 Rs, taxes comprises. Les repas et en-cas sont préparés sur place. Des circuits en taxi sont proposés à partir de 28 $US par jour.

Au nord de Pajarganj dans Arakashan Rd, l'***Hotel Ajanta*** *(☎ 3620927, fax 3620228, ccity@nda.vsnl.net.in)* est l'un des meilleurs établissements de cette catégorie et offre d'excellents services aux voyageurs – un res-

PAHARGANJ

OÙ SE LOGER
1 Hotel Syal
2 Hotel Ajanta
4 Rail Yatri Niwas
8 Smyle Inn
9 Hotel Namaskar
10 Hotel Sweet Dream
11 Camran Lodge
12 Hotel Payal, Satyam Restaurant
13 Hotel Navrang
14 Hotel Rak International
16 Vivek Hotel
18 Major's Den
19 Hare Krishna Guest House, Anoop Hotel
20 Hotel Vishal, Appetite German Bakery
21 Prince Polonia
22 Hotel Victoria
23 Vinn Inn
28 Metropolis Tourist Home
29 Hotel Star View
30 Hotel Satyam
34 Hotel Fortuna, livres d'occasion, location de vélos
36 Ajay Guest House, German Bakery
38 Hare Rama Guest House, Aa Bee Travels, blanchisserie
42 Hotel Relax
44 Shivlok Palace
45 Hotel Bajrang
46 Hotel Star Palace
48 Traveller Guest House Inn
49 Hotel Gold Regency

OÙ SE RESTAURER
7 Gem Restaurant
17 Grand Sindh Cafe
27 Malhotra Restaurant
31 Madan Cafe
33 Khosla Cafe
37 Diamond Cafe, Shota Tours & Travel
40 Sonu Chat House

DIVERS
3 Cinéma Shiela
5 Location de voitures Budget
6 Bureau de change Thomas Cook (24h/24), Citibank (distributeur)
15 Blanchisserie
24 ISIC Bank (distributeur)
25 Centre Internet
26 Cinéma Imperial
32 Centre Internet
35 Centre Internet (24h/24)
39 Luggage Room
41 Poste de Paharganj
43 Police
47 Checkpoint Foreign Exchange

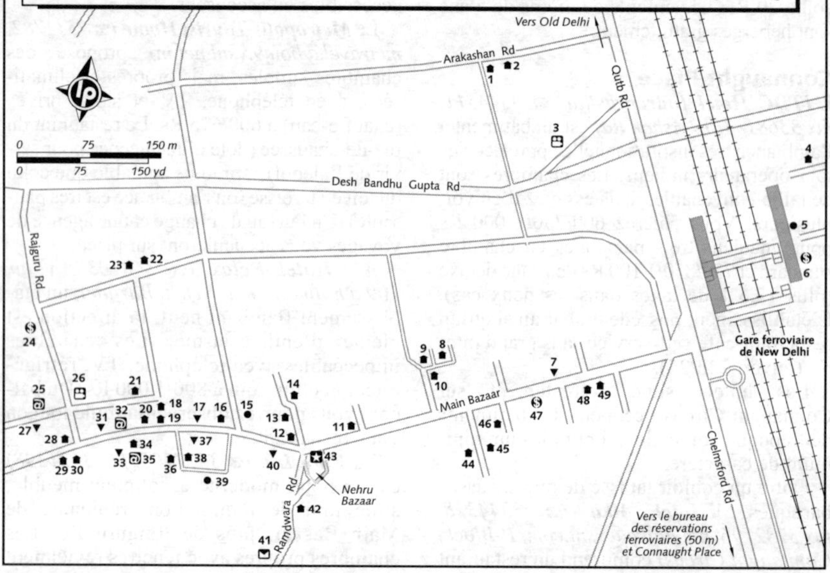

taurant, un accès Internet et une agence de voyages réputée. Les chambres sont plutôt petites mais très propres, et celles sur l'avant ont un balcon. Comptez 425/525 Rs, plus 10% de service.

A proximité, l'***Hotel Syal*** *(☎ 3610091, fax 351 4290, nomex@vsnl.com)* est central, climatisé et reçoit de nombreux groupes. Les chambres, certaines avec balcon, démarrent à 450 Rs. La terrasse est agréable et le restaurant très bon.

Autres quartiers

Sur la route de l'aéroport, la ***Master Paying Guest Accomodation*** *(☎ 5741089, 5850914, urvashi@del2.vsnl.net.in, R-500 New Rajinder Nagar)* est un petit établissement décontracté, situé dans un quartier résidentiel loin de toute agitation. Les chambres aux meubles classiques dotées de portes-fenêtres ne manquent pas de caractère (750/950 Rs avec s.d.b. commune, taxes comprises). Le petit déjeuner, des boissons et des en-cas sont servis dans le salon accueillant ou sur la terrasse ombragée sur le toit.

L'***Hotel Broadway*** *(☎ 3273821, fax 326 9966, broadway@oldworldhospitality.com, 4/15 Asaf Ali Rd)*, près de Delhi Gate dans Old Delhi, est un endroit élégant où le personnel est attentif, le restaurant excellent et le bar très animé. Des promenades gastronomiques et des visites guidées sont proposées dans Old Delhi. Les chambres reviennent à au moins 1 195/1 495 Rs (celles qui donnent sur l'arrière ont vue sur la Jama Masjid).

Il existe plusieurs autres établissements dans le Sunder Nagar, idéalement placé entre Purana Qila et le tombeau d'Humayun, où l'on trouve des antiquaires, quelques restaurants convenables et beaucoup de verdure. Les hôtels climatisés sont tous nichés dans des jardins agrémentés d'une pelouse et offrent propreté et confort dans un environnement plutôt paisible.

Le meilleur du lot, ***La Sagrita Tourist Home*** *(☎ 4694541, fax 4636956, lasagrit@del3.vsnl.net.in)*, loue des chambres très confortables à partir de 1 490/2 090 Rs.

Un peu plus bas, à la ***Kailash Inn*** *(☎ 462 3634, fax 4617401)*, il faut compter à partir de 1 500/1 900 Rs (gratuit pour les enfants de moins de 6 ans).

La ***Jukaso Inn*** *(☎ 4692137, fax 4694402, jukaso@hotmail.com)* attire surtout des hommes d'affaires. Les chambres démarrent à 1 650/2 400 Rs. Outre un billard, vous trouverez là un restaurant où un buffet est servi au petit déjeuner (150 Rs) et au dîner (250 Rs).

OÙ SE LOGER – CATÉGORIE SUPÉRIEURE

Hôtels quatre-étoiles

L'***ITDC Hotel Kanishka*** *(☎ 3344422, fax 3368242, 19 Ashoka Rd)* n'a rien d'exceptionnel, en dehors d'une petite piscine. Il demande 4 000/4 500 Rs, plus 22,5% de taxes.

A côté, l'***ITDC Hotel Janpath*** *(☎ 334 0070, fax 3347083)* offre un meilleur rapport qualité/prix avec des chambres à 1 999/ 2 900 Rs. Il comporte des restaurants, des bars et des agences de voyages, mais pas de piscine.

Le ***Connaught*** *(☎ 3364225, fax 3340757, prominent.hotel@gems.vsnl.net.in, 37 Shahhed Bhagat Singh Marg)* est un établissement moderne doté de restaurants, d'une agence de voyages, d'une cafétéria ouverte 24h/24 et de boutiques (120/130 $US avec petit déjeuner).

L'***Hotel Diplomat*** *(☎ 3010204, fax 301 8605, 9 Sardar Patel Marg)*, niché dans un jardin très soigné à Chanakyapuri, sert un peu de vitrine à l'associé du propriétaire, une agence d'architecture intérieure. Il comprend 25 chambres équipées d'un minibar, toutes décorées dans un style différent (100/ 110 $US), ainsi qu'un bar et un restaurant.

Hôtels cinq-étoiles

Au ***Claridges*** *(☎ 3010211, fax 3010625, Claridges.hotel@gems.vsnl.net.in, 12 Aurangzeb Rd)*, l'extérieur est plutôt banal, mais l'intérieur est en marbre dans le style Art déco. Il rassemble quatre restaurants (voir la rubrique *Où se restaurer – Hôtels internationaux* un peu plus loin), une boulangerie, un bar qui ouvre sur la pelouse, une piscine, une salle de remise en forme et un parking. Il représente un excellent choix dans cette catégorie. Les chambres sont au prix négociable de 175/200 $US.

The Imperial *(☎ 3341234, fax 3342255, luxury@theimperialindia.com)*, dans Janpath, est conçu dans un mélange de styles victorien et Art déco. Les pelouses verdoyantes, l'allée de palmiers, les halls en marbre et les chambres de style colonial rappellent l'époque du Raj. Vous pairez ici un minimum de 200 $US, ou 1 000 $US pour la suite royale.

L'***Oberoi*** *(☎ 436 3030, fax 436 0484, reservationoberoidel.com, Dr Zakir Hussain Marg)*, à côté du golf de Delhi, appartient à la chaîne World's Leading Hotels. Cet endroit très chic réunit une superbe piscine, des bars et des restaurants où officient des chefs réputés. Comptez à partir de 295/320 $US.

Le Méridien *(☎ 370101, fax 371 4545, info@lemeridien-newdehli.com, Janpath)* est moderne et sans grand caractère. A l'intérieur, l'atrium est d'un luxe opulent, et l'hôtel propose tous les services d'un cinq-étoiles, notamment une salle de remise en forme. Les chambres sont moins luxueuses mais offrent de belles vues (à partir de 220/240 $US).

Le ***The Park*** *(☎ 3733737, fax 3732025, 15 Sansad Marg)* est central et surplombe le Jantar Mantar. Outre les cafétérias et restaurants habituels, il comporte un restaurant espagnol particulièrement bon et un bar-night-clubs réservé aux clients. Les chambres coûtent à partir de 225/250 $US.

Somptueux, le ***Maurya Sheraton Hotel*** *(☎ 6112233, fax 6113333, maurya@cyberclub.com, Sardar Patel Marg)* et ses huit étages sont destinés à satisfaire tous les besoins des hommes d'affaires. Outre quelques restaurants renommés, un bar, un night-club, une piscine, etc., vous trouverez là un café Internet et un golf intérieur. Chambres à partir de 7 000/7 500 Rs.

L'***Ambassador Hotel*** *(☎ 4632600, fax 4632252, ambassador.dehli@tajhotels.com, Cornwallis Rd)*, qui date de l'époque du Raj, a été rénové récemment. Le bar fait de son mieux pour être dans l'air du temps. Les prix commencent à 135/145 $US.

Hôtels de luxe cinq-étoiles

Dans l'immense et moderne ***Hotel Inter-Continental*** *(☎ 3320101, fax 3325335, newdehli@interconti.com, Barakhamba Ave)* un foyer en marbre mêle les styles indien et colonial. En dehors des prestations habituelles, vous pourrez profiter de la piscine extérieure du 3e étage et de salles de réunion (dont l'une est spécialement destinée à recevoir des juristes). Les chambres (certaines non-fumeurs) valent à partir de 220/245 $US.

Le ***Metropolitan Hotel Nikko*** *(☎ 3342000, fax 3343000, reservations@hotelnikkodelhi.com)* est un établissement tout neuf et très élégant où il est possible de dîner fort bien dans une ambiance plus intime que dans certains hôtels concurrents. Les chambres coûtent au minimum 210/240 $US, prix qui comprend une boisson de bienvenue, de l'eau minérale à discrétion, l'accès au centre de remise en forme, sans oublier un cadeau-souvenir remis le jour du départ. Les chambres "executive" à 330/360 $US incluent les tranferts à l'aéroport, l'accès à un salon réservé, la mise à disposition d'une voiture, d'un majordome, d'une salle de réunion et plus encore. Chambres non-fumeurs sur demande.

OÙ SE RESTAURER

Delhi regorge de restaurants pour tous les budgets – des *dhaba* (snack-bars) où l'on mange pour 15 Rs aux restaurants de luxe qui facturent le repas pour deux à 3 500 Rs.

Connaught Place

De nombreux fast-foods de style indien ou occidental sont rassemblés dans ce quartier. Vous trouverez là ***McDonald's***, ***Wimpy***, ***Kwality***, ***Pizza Hut*** et ***Domino's Pizza***. Une chaîne de Delhi, ***Nirula's***, propose des plats indiens, des hamburgers, des pizzas et des glaces (les meilleures de la ville, dont on peut goûter les parfums avant d'acheter). Les avantages de cette chaîne, dont les établissements sont propres et soignés, sont la qualité de la nourriture et les prix raisonnables. Toutefois, on ne peut pas toujours s'asseoir – il faut alors manger debout. Des chaînes plus haut de gamme comme ***TGI Friday's*** et ***Pizza Pizza Express*** apparaissent peu à peu.

Le ***Café 100*** *(B-Block, Connaught Place)* est un endroit apprécié ressemblant à un self-service, qui concurrence Nirula's. Il prépare des snacks indiens, des hamburgers, un bel assortiment de glaces, ainsi qu'un excellent buffet à l'étage (ouvert de 12h à 15h et de 19h à 23h).

Le ***Berco's*** *(☎ 3323757, E-Block, Connaught Place)* est l'un des restaurants les plus prisés pour ses plats chinois et japonais (environ 150 Rs). Attendez-vous à faire la queue.

Le ***DV8*** *(☎ 3361444)*, à l'angle de Connaught Circus et de Sansad Marg, ne cesse de se réinventer pour attirer une clientèle à la mode. Cette ancienne discothèque (la première à Delhi, créée dans les années 60 et fermée depuis) est aujourd'hui un endroit accueillant où l'on vient se détendre en prenant un verre ou en savourant une cuisine fusion plutôt bonne. La salle à l'étage est réservée aux dîners fins, tandis que le rez-de-chaussée offre une ambiance plus décontractée avec canapés en cuir, bibliothèque et billard (125 Rs les 30 minutes). La carte, qui propose un large choix, est la même en haut et en bas. Un repas pour deux revient environ à 800 Rs. Mais vous pourrez aussi vous contenter d'un café/pichet de bière pour 70/150 Rs et écouter quelques bons disques tout en lisant le journal. Le DV8 ouvre à 11h et ferme à une heure tardive. Des groupes de musique se produisent parfois (entrée payante).

Le ***Rodeo*** *(A-Block, Connaught Place)* est un restaurant animé qui mitonne de bons plats tex-mex et indiens ; les serveurs habillés en cow-boys valent le coup d'œil ! Dîner à deux vous reviendra environ à 400 Rs. Une taxe de 175 Rs est perçue après 20h30, sauf si vous êtes déjà à table. Des chants accompagnés à l'orgue accompagneront agréablement votre repas.

L'un des restaurants les plus chers et les plus luxueux de Connaught Place, le ***Gaylord*** *(Connaught Circus)*, est décoré de lustres et de grands miroirs et sert une excellente cuisine indienne. Le prix des plats (autour de 200 Rs) est largement justifié par la qualité des ingrédients.

Le restaurant tournant ***Parikrama*** *(Kasturba Gandhi Marg)* est un endroit intéressant. Contrairement à la plupart des établissements du genre, où la vue est censée vous faire oublier la médiocrité du repas, les prix élevés sont à la hauteur des plats (environ 150 Rs). Il ouvre tous les jours pour le déjeuner et le dîner, et de 15h à 19h pour les consommations.

L'***Embassy*** *(D-Block, Connaught Place)* sert, entre autres, des plats végétariens. Il est fréquenté principalement par les employés des bureaux du quartier ; un repas pour deux coûte environ 350 Rs.

Le ***Kovil*** *(E-Block, Connaught Place)* est l'une des meilleures adresses pour déguster de la cuisine végétarienne d'Inde du Sud. Comptez 150 Rs par personne.

Le ***Vega***, dans l'Hotel Alka, se spécialise dans les plats végétariens à la mode de Delhi (cuits dans du beurre clarifié, mais sans oignon ou ail), vous débourserez 200 Rs par personne environ.

Dans une ambiance agréable, détendue et assez luxueuse, l'***United Coffee House*** *(E-Block, Connaught Place)* sert de la bonne cuisine et l'un des meilleurs cafés de Delhi pour environ 100 Rs.

Le ***Host*** *(F-Block, Connaught Place)* prépare d'excellents plats indiens et chinois. Très prisé des Indiens aisés, il est plutôt onéreux. Le ***Nizam Katri Kabab*** *(H-Block)* est l'endroit idéal pour manger rapidement une brochette bon marché (de 30 à 40 Rs).

Tout près d'AmEx, à l'angle de Connaught Place et de Radial Rd 3, le ***Keventer's*** est un petit milk-bar qui vous servira du bon lait frais.

La pâtisserie ***Wenger's*** *(A-Block, Connaught Place)* propose un assortiment de petits gâteaux (environ 20 Rs pièce) disposés dans un carton entouré d'un ruban – que vous pourrez savourer tranquillement dans votre chambre.

C'est au ***Yamu's Panchayat*** que les plus fortunés terminent leur repas en s'offrant les paan parmi les plus chers de la ville (de 5 à 50 Rs). Certains renferment une feuille d'argent comestible.

Paharganj

Une série de restaurants de même style accueille les voyageurs affamés le long de Main Bazaar. Les cartes comportent un choix standard de plats indiens, chinois et occidentaux auxquels viennent s'ajouter quelques spécialités israéliennes, japonaises et coréennes. Le service n'engage pas à s'éterniser, mais vous pourrez vous restaurer convenablement pour environ 50 à 100 Rs.

La plupart des cafés pour voyageurs proposent à côté de leur établissement des services divers : agence de voyages, librairie, boutique de vêtements et/ou consigne à bagages.

Le ***Diamond Cafe*** et le ***Grand Sindh Cafe*** vendent des cassettes et des CD – ces deux endroits sont parfaits pour se reposer et siroter un café tout en choisissant quelques mélodies à rapporter en souvenir.

Le ***Khosla Cafe*** et le ***Madan Cafe*** disposent des chaises sur le trottoir, ce qui peut être agréable mais tourner au cauchemar selon l'heure à laquelle vous passerez. En milieu de matinée ou en fin d'après-midi, vous serez harcelé par les mendiants, les rabatteurs, etc. Si vous voulez être dehors sans vous faire bousculer, essayez le ***Satyam***, à côté de l'Hotel Payal, où la terrasse donne sur le marché aux légumes.

Pour déguster un dosa, allez à la ***Sonu Chat House***, fréquentée aussi bien par la population locale que par les voyageurs qui raffolent de dosa à la banane et au chocolat.

Si un bon repas vous tente, pour quelques roupies de plus, offrez-vous le ***Malhotra Restaurant***, derrière le Metropolis Tourist Home. Prisé à la fois des Indiens et des touristes, cet endroit n'est jamais décevant.

Voisine de l'Hotel Vishal, l'***Appetite German Bakery*** propose une sélection de gâteaux alléchants, sur fond de musique new-age. Vous pourrez jouer aux échecs ou lire un ouvrage de la petite bibliothèque.

Tout neuf, et donc très propre, le ***Gem Restaurant*** est éclairé au néon et s'ouvre sur de grandes fenêtres au 1er étage – un poisson rouge se sentirait ici comme dans son bocal.

Ceux en manque de vitamine C, s'arrêteront dans l'une des innombrables ***juice shops*** (échoppes de jus de fruits) ; celles proches du Diamond Cafe sont très appréciées.

Bon nombre de pensions et d'hôtels disposent d'un restaurant, souvent installé sur le toit en terrasse (voir la rubrique *Où se loger*).

Old Delhi

L'***ISBT Workers' Canteen***, dans la gare routière ISBT de Kashmiri Gate, prépare de bons petits plats à prix réduit.

Le ***Karim's***, dans une petite rue qui part de la porte sud de la Jama Masjid, est très connu des Delhi-wallahs pour son excellente cuisine végétarienne. Ce vaste restaurant propose aussi bien des kebabs que des plats moghols, et les prix sont raisonnables.

Le ***Moti Mahal Restaurant*** *(Netaji Subhash Marg, Daryagani)* est un endroit en plein air où de la musique qawwali (chants soufis) est présentée chaque soir. Il est particulièrement réputé pour ses plats tandoori.

Le ***Chor Bizarre*** de l'Hotel Broadway sert de savoureux plats cachemiris et indiens dans une ambiance très kitsch. Une voiture ancienne, encore en état de marche, fait office de bar à salades, et les amateurs d'histoires romantiques pourront s'attabler autour d'un lit à baldaquin ! La carte à elle seule est un plaisir, mais pas seulement pour l'excellence des plats ; elle vous conseille par exemple un thali, qui vous permettra de goûter un assortiment de plats délicieux pour 225/295 Rs (végétariens/non végétariens). Si vous pouvez réunir huit personnes, offrez-vous un festin cachemiri qui se mange assis par terre autour d'un grand plateau (585 Rs par personne).

L'***Hotel Inter-Continental*** abrite plusieurs restaurants, notamment le ***Baluchi*** qui sert des spécialités indiennes, ainsi qu'un buffet biryani le dimanche (500 Rs, bière comprise), et le ***Blue Elephant*** qui prépare des plats thaïs, mais aussi un buffet les mercredi, jeudi et dimanche (550 Rs, vin pétillant et sodas compris).

Le ***Ghantewala*** *(Chandni Chowk)*, près du Sisganj Gurdwara (temple sikh) est reconnu pour concocter les plus exquises douceurs de Delhi. Les échoppes installées dans la rue qui longe la Jama Masjid sont très bon marché.

New Delhi

De très bons restaurants se répartissent au sud de Connaught Place, mais il faut prendre un taxi ou un autre moyen de transport pour s'y rendre.

Pandara Market, un centre commercial près de Bikaner House, rassemble plusieurs restaurants de catégorie moyenne, comme l'***Ichiban***, le ***Pindi*** et le ***Chicken Inn***, ainsi que quelques autres fréquentés par la bourgeoisie de Delhi. Ils coûtent tous de 300 à 400 Rs environ pour deux personnes.

Khan Market compte également quelques bonnes adresses, un peu moins onéreuses que celles de Pandara Market, dont le ***China Garden*** et le ***China Fare***.

Le ***Basil & Thyme*** *(Chanakyapuri)*, dans l'élégant Santushti Shopping Centre, est toujours très à la mode. Il sert une bonne cuisine occidentale et le service est parfait. Un repas pour deux revient à environ 500 Rs. Il est ouvert du lundi au samedi, uniquement pour le déjeuner.

En face de l'INA Market, le ***Dilli Haat*** *(Aurobindo Marg)* est idéal pour goûter aux spécialités des différentes régions de l'Inde – la plupart des stands sont consacrés à un État et possèdent un restaurant (50 Rs environ). Ce sera peut-être votre seule occasion de découvrir la cuisine du Nagaland ou du Mizoram. Le droit d'entrée s'élève à 7 Rs.

Hauz Khas Village réunit de nombreux restaurants, de catégorie moyenne pour la plupart, où un repas coûte environ 250 Rs. Très couru, le ***Bistro Restaurant Complex*** comprend le ***Kowloon*** (restaurant chinois), le ***Mohalla*** (curries en sauce) et le ***Roof-top*** (barbecue indien avec orchestre). A proximité, dans le Deer Park, le ***Park Baluchi*** prépare des spécialités afghanes tel le poulet tandoori embroché sur un sabre.

Hôtels internationaux

Beaucoup d'habitants de Delhi considèrent que les meilleures tables de la capitale se trouvent dans les grand hôtels.

Ambassador Hotel

D'excellents thali sont préparés au restaurant végétarien ***Dasaprakash*** et au ***Larry's China***.

The Claridges

Les restaurants de cet hôtel sont étonnants et d'un très bon rapport qualité/prix. Dans un décor de relais routier, le ***Dhaba*** prépare d'excellents plats ; le ***Jade Garden*** sert de la cuisine chinoise dans un bosquet de bambous ; le ***Pickwick*** mitonne des plats occidentaux dans un décor anglais du siècle dernier ; au ***Corbetts***, du nom du légendaire chasseur de tigres Jim Corbett, la viande est à l'honneur et se déguste en plein air sur fond de bruits de jungle enregistrés. Tous ces restaurants affichent des prix modérés – la majorité des plats valent moins de 200 Rs.

Hyatt Regency

Le ***Delhi Ka Angan*** est spécialisé dans la très riche cuisine punjabi et moghole. Le restaurant italien ***La Piazza*** possède la meilleure carte de vins italiens de Delhi. L'un comme l'autre vous coûtera environ 1 000 Rs pour deux.

The Imperial

C'est une excellente adresse pour un petit déjeuner en plein air dans un agréable jardin. Le ***Spice Route***, très réputé et très cher (1 800 Rs pour deux) sert essentiellement des plats thaïs et du Kerala. Au ***Tavern Restaurant***, les plats tournent autour de 200 Rs. Les prix du ***Garden Party***, moins guindé, sont inférieurs de 10%.

Maurya Sheraton Hotel
Le ***Bukhara***, l'un des meilleurs restaurants de la ville, prépare de nombreuses spécialités d'Asie centrale, dont des tandoori et des plats de la région de Peshawar (au nord-ouest du Pakistan). Le dhal est ici tellement réputé qu'il est vendu en conserves (150 Rs). Le ***Bali Hi*** est le restaurant chinois de l'hôtel, le ***West View***, l'européen. Un repas dans ces restaurants revient environ à 1 000 Rs. Le ***Dum Pukht*** doit son nom à la spécialité culinaire que préféraient les nababs d'Avadh (Lucknow) il y a trois siècles environ ; les mets sont recouverts de pâte et cuits à l'étouffée. Les plats ainsi obtenus sont absolument délicieux, et un peu moins chers que les autres : 1 200 Rs pour deux.

The Oberoi
Le ***Baan Thai*** est probablement le meilleur restaurant thaï de Delhi. Comptez 1 000 Rs pour deux.

OÙ SORTIR

Programmes culturels

Delhi est réputée pour ses spectacles de danse et ses expositions d'arts plastiques ; consultez la revue *First City* pour connaître le programme. Les principales salles de danse et de concert programment à la fois des pièces de théâtre et des ballets.

Habitat World *(☎ 4691920, Lodhi Rd)*, dans l'Indian Habitat Centre

India International Centre *(☎ 4619431)*, près de l'Habitat World

Kamani Auditorium *(☎ 3388084, Copernicus Marg)*, près du Rabindra Bhavan

Triveni Chamber Theatre *(205 Tansen Marg)* dans Triveni Kala Sangam, près du Rabindra Bhavan.

Cinémas

En 2000, suite à plusieurs incendies tragiques dans des cinémas de la capitale, la police a déclaré que seulement six salles répondaient aux normes de sécurité, sans préciser lesquelles.

Si vous êtes prêts à prendre le risque, plusieurs cinémas installés autour de Connaught Place projettent des mélos en hindi, très appréciés de la population locale. La place coûte de 25 à 5 Rs. Pour les amateurs de films plus intellectuels et parlant anglais, le ***British Council*** *(☎ 371 0111, Kasturba Gandhi Marg)* passe souvent de bons films étrangers.

Les meilleurs cinémas se trouvent dans les banlieues sud, notamment le ***PVR Priya Cinema*** *(☎ 614 0048, 61 Basant Lok, Vasant Vihar)*, dans le Basant Lok Complex, et le ***PVR Anupam 4*** *(☎ 686 5999)*, dans le Saket Community Centre, à Saket. Le ***Satyam Cineplex*** *(☎ 579 7387, Patel Nagar)* est installé dans Patel Road, à l'ouest de Karol Bagh. Ces cinémas diffusent régulièrement des superproductions hollywoodiennes. Le cinéma de l'Habitat World présente des documentaires et des films d'art et d'essai indiens.

Bars et night-clubs

La plupart des bars et des discothèques sont installés dans les hôtels cinq-étoiles et pratiquent des prix prohibitifs. L'entrée de ces discothèques est habituellement réservée aux membres et aux clients de l'hôtel. Les couples et les femmes seules ont plus de chance d'être admis que les hommes seuls. Certains restaurants et les bars des grands hôtels servent de l'alcool, vendu à un prix excessif auquel s'ajoute une taxe de 30% – une bière vous reviendra de 75 à 200 Rs, sans les taxes. Heureusement, de nombreux endroits pratiquent les "happy hours", généralement du milieu de l'après-midi jusqu'en début de soirée. Vous ne risquez cependant pas de vous ruiner car la plupart des endroits arrêtent de servir de l'alcool à 22h30.

A Paharganj, vous pourrez boire de la bière dans plusieurs établissements. Certains restaurants bon marché pourront même vous en servir dans une tasse à thé si vous vous comportez discrètement. Sinon, allez au bar de l'**Hotel Gold Regency** que fréquentent autant d'Indiens que d'étrangers et où s'échangent quantité d'anecdotes et d'informations – certaines concernant des transactions plus ou moins licites… Le bar se transforme parfois en piste de danse et accueille des soirées gay. L'endroit a cependant connu quelques problèmes avec des prostituées russes. Jusqu'à 22h, un verre de bière ou de whisky donne droit à un deuxième gratuit.

A Connaught Place, le ***Blues Bar***, le ***DV8***, la ***Pizza Express*** et le ***Rodeo*** sont de bonnes adresses pour aller boire un verre en écoutant de la musique ; des groupes de musique s'y produisent parfois (dans ce dernier cas, il faut payer un droit d'entrée de 175 Rs après 20h30 si l'on ne dîne pas). Consultez la rubrique *Où se restaurer* plus haut dans ce chapitre. Dans le complexe du Nirula's, le ***Pegasus*** s'efforce de recréer l'atmosphère d'un pub anglais sans y parvenir tout à fait.

De nombreux autres restaurants proposent des happy hours, annoncées généralement sur la vitrine.

Si l'envie vous prend de pousser la chansonnette, le ***Ruby Tuesday's*** organise des soirées karaoké le mardi soir. Des spectacles sont également proposés aux enfants le dimanche à l'heure du déjeuner, et des numéros de ventriloque et de magicien aux adultes le dimanche soir. Ce restaurant, qui possède une licence pour vendre de l'alcool, sert des hamburgers, des grillades, des pommes de terre au four et des salades. Il attire une clientèle décontractée qui vient là pour s'amuser.

Son et lumière

Ces spectacles constituent une bonne introduction à l'histoire de Delhi et se déroulent dans des monuments historiques comme le Red Fort ou Purana Qila (voir ces rubriques). Ils offrent en outre l'avantage de voir ces sites sans devoir payer le droit d'entrée prohibitif réclamé aux touristes dans la journée.

ACHATS

Parmi les achats intéressants, signalons les soieries, les pierres précieuses, les objets en cuir et en bois. Vous trouverez à Delhi absolument tout ce qui se fabrique dans le sous-continent.

A New Delhi, près de Connaught Place, sur Janpath, le **Central Cottage Industries Emporium** propose des articles de bonne qualité et de toutes provenances, à des prix raisonnables : bois sculptés, bronzes, peintures, vêtements, textiles ou meubles. Dans Baba Kharak Singh Marg, à deux rues à l'ouest de Janpath, se trouvent les divers **State Emporiums**, des magasins gérés par les États, qui vendent l'artisanat régional.

De nombreuses boutiques se répartissent autour de **Connaught Place** et sur **Janpath**. Près de l'hôtel Imperial, des étals et des petites boutiques, tenus par des réfugiés tibétains et des Cachemiris, vendent des tapis, des bijoux et de nombreuses antiquités (souvent fabriquées la veille).

Dans Old Delhi, **Chandni Chowk** est la rue commerçante la plus réputée. Vous trouverez tapis et bijoux dans les ruelles tortueuses et des fabriques de parfum dans l'étroite rue appelée Kariba Kalan.

Main Bazaar à Paharganj est bien approvisionné. Deux magasins proposent un choix de parfums, d'huiles, de savons et d'encens. Signalés par leurs enseignes, l'un se situe près de l'Hotel Vivek, l'autre près du Camran Lodge. Le lundi est le jour de fermeture des boutiques de Main Bazaar, mais beaucoup restent ouvertes 7 jours sur 7.

Ces dernières années, le **Karol Bagh Market**, à 3 km à l'ouest de Connaught Place, le long de Panchkuin Marg (Radial Rd 3), est devenu aussi populaire que Connaught Place ou Main Bazaar, sinon plus.

Juste au sud du Purana Qila, à côté de Dr Zakir Hussain Rd – et en face de l'hôtel Oberoi et du golf du Delhi –, le **Sunder Nagar Market** est un ensemble de boutiques dans lesquelles sont vendus des antiquités et des bronzes. Les prix sont élevés mais vous trouverez un choix de merveilleux objets. De même, les boutiques des grands hôtels internationaux proposent souvent de superbes articles, très coûteux.

En face de l'Ashok Hotel, dans Chanakyapuri, le **Santushti Shopping Centre** comporte une enfilade de petites boutiques de luxe qui vendent des objets de valeur à des prix élevés.

Le **M-Block Market**, dans Greater Kailash I, est l'un des plus grands centres commerciaux fréquentés par les classes moyenne et supérieure. Tout proche, le **N-Block Market** abrite lui aussi des boutiques élégantes, dont le célèbre magasin de vêtements, de tissus et d'ameublement Fab India (les jeunes parlementaires indiens sont parfois dénommés la "bande de Fab India").

Hauz Khas Village, au sud de Delhi, est devenu un intéressant quartier commerçant, avec un choix de galeries d'art et de boutiques de luxe sans cesse renouvelé.

QUITTER LA VILLE

Delhi est l'une des grandes portes d'entrée du pays. Concernant l'arrivée depuis l'étranger, consultez le chapitre *Comment s'y rendre*. A certaines périodes, les vols internationaux au départ de Delhi sont très chargés et il est prudent de réserver le plus tôt possible. Ceci est aussi valable pour les vols bon marché depuis l'Europe. Vérifiez soigneusement vos réservations et n'oubliez pas de confirmer votre retour.

Delhi est aussi un centre important de communications intérieures par la route, le rail et l'air. L'aéroport de Delhi est souvent recouvert de brouillard en décembre et janvier, ce qui peut entraîner de sérieux retards pour les vols, au départ comme à l'arrivée.

Avion

Les terminaux des lignes intérieures (terminaux IA et IB de l'aéroport international Indira Ghandhi) sont à 12 km du centre-ville. Le terminal international (Terminal II), tout récent, est situé 5 km plus loin. Une navette gratuite IAAI dessert les deux terminaux, mais vous pouvez aussi emprunter l'Ex-Servicemen's Air Link Transport Service (EATS ; consultez plus loin la rubrique *Comment circuler*).

Si vous arrivez de l'étranger, vous trouverez des comptoirs de change de la State Bank of India (ouvert 24h/24) et de Thomas Cook dans le hall des arrivées, après la douane et l'immigration. Vous ne pourrez pas retourner dans ce hall après l'avoir quitté.

De nombreuses compagnies exigent que tous les bagages soient passés aux rayons X et scellés. Accomplissez cette formalité grâce aux machines installées à l'intérieur du hall des départs, avant de faire la queue pour l'enregistrement. De manière générale, la taxe de départ est comprise dans le prix du billet d'avion. Sinon, il faut l'acquitter, avant l'enregistrement, au guichet de la State Bank, dans le hall des départs.

Le terminal international est équipé d'un snack-bar, d'une librairie et de banques. Une fois dans la salle de départ, vous trouverez quelques boutiques détaxées, hors de prix comme d'habitude, et un autre snack-bar.

Indian Airlines. Indian Airlines possède plusieurs agences. Celle du Malhotra Building (☎ 3310517), F-Block, Connaught Place, est sans doute la plus pratique, quoiqu'elle soit souvent bondée. Elle ouvre tous les jours, sauf le dimanche, de 10h à 17h.

Une autre agence installée dans le PTI Building (☎ 371 9168), dans Sansad Marg, ouvre également tous les jours, sauf le dimanche, de 10h à 17h.

A l'aérodrome de Safdarjang, dans Aurobindo Marg, une agence (☎ 141) ouvre 24h/24 et effectue les réservations en un temps record.

Les passagers en classe affaires peuvent se faire enregistrer en appelant le ☎ 566 5166. Pour obtenir des informations pré-enregistrées sur les vols au départ, appelez le ☎ 142.

Indian Airlines relie Delhi à toutes les grandes villes de l'Inde (voir l'encadré des *Vols intérieurs au départ de Delhi*). L'enregistrement a lieu 75 min avant le départ. Notez que si vous arrivez de l'étranger et que vous avez une correspondance vers une autre ville, elle peut être assurée par Air India, la compagnie internationale, plutôt que par Indian Airlines, la compagnie de vols domestiques. Dans ce cas, vous devrez faire l'enregistrement au terminal international (terminal II) et non au terminal des lignes intérieures.

Autres compagnies nationales. Outre les agences indiquées ci-dessous, toutes les compagnies privées possèdent un comptoir au terminal des lignes intérieures.

Archana Airways
(☎ 6842001/5665768) 41A Friends Colony East, Mathura Rd

Jagson Airlines
(☎ 3721594) 12E Vandana Bldg, 11 Tolstoy Marg

Jet Airways
(☎ 6853700) 40 N-Block, Connaught Circus

Sahara Airlines
(☎ 3326851) Ambadeep Bldg, Kasturba Gandhi Marg

Compagnies internationales. Les agences présentes à Delhi sont les suivantes :

Aeroflot
(☎ 3312843) Toltoy House, 15-17 Tolstoy Marg

Air Canada
(☎ 3720014) ALPs Bldg, 56 Janpath

Air France
(☎ 3738004) 7 Atma Ram Mansion, Connaught Circus

Air India
(☎ 3311225) 2nd floor, Jeevan Bharati Bldg, Sansad Marg

Asiana Airlines (Corée)
(☎ 3315631) Ansal Bhavan, 16 Kasturba Gandhi Marg

Biman Bangladesh Airlines
(☎ 3354401) World Trade Centre, Babar Rd, Connaught Place

British Airways
(☎ 565 2077) 11th floor, Gopal Das Bhawan, Barakhamba Rd

Delta Airlines
(☎ 3325222) Chandralok Bldg, 36 Janpath

Druk Air (Bhoutan)
(☎ 3310990) Chandralok Bldg, 36 Janpath

El Al Israel Airlines
(☎ 3357965) Prakash Deep Bldg, 7 Tolstoy Marg

Emirates
(☎ 3324665) Kanchenjunga Bldg, 18 Barakhamba Rd

Vols intérieurs au départ de Delhi

Destination	Durée (heure)	Comp. aérienne	Fréqu. (j/s*)	Prix (en $US)
Ahmedabad	$1^{1/4}$	IC	2/j	135
		9W	1/j	
Amritsar	1	IC	5/s	
Aurangabad	$3^{1/2}$	IC	1/j	175
Bagdogra	$2^{1/2}$	IC	3/s	
		9W	1/j	
Bangalore	$2^{1/2}$	S2	2/j	
		IC	3/j	
Bhopal	$^{1/2}$	CD	1/j	
Bhubaneswar	2	CD	1/j	215
Chandigarh	$^{3/4}$	CD	2/s	75
		9W	1/j	
Chennai	$2^{1/2}$	S2	1/j	
	$1^{1/2}$	IC	2/j	
Cochin	4	IC	1/j	
Coimbatore	$4^{1/2}$	IC	1/j	285
Dehra Dun	1	IC	3/s	
Dharamsala	$1^{1/2}$	IC	3/s	145
Dibrugarh	$3^{1/2}$	S2	1/j	
Goa	$2^{1/2}$	S2	2/j	
		IC	4/s	
Guwahati	$3^{1/4}$	S2	1/j	
	$2^{1/4}$	IC	1/j	
		9W	1/j	
Gwalior	$^{3/4}$	IC	5/s	
Hyderabad	2	IC	2/j	
Imphal	$3^{1/4}$	IC	2/s	
Indore	$2^{1/4}$	CD	1/j	
		9W	1/j	
Jaipur	$^{3/4}$	CD	1/j	
		9W	1/j	
Jammu	$1^{1/4}$	CD	1/j	
		9W	1/j	
Jodhpur	$1^{1/2}$	CD	1/j	
Kolkata	$3^{1/2}$	S2	4/s	
	2	IC	3/j	
Kozhikode	$5^{3/4}$	IC	1/j	
Kulu	$1^{3/4}$	IC	3/s	
Leh	$1^{1/4}$	CD	4/s	
Lucknow	1	S2	1/j	
		IC	17/s	
		9W	1/j	
Mumbai	2	S2	2/j	175
		IC	7/j	
		CD	5/s	
		9W	8/j	131
Nagpur	$2^{3/4}$	CD	1/j	150
Patna	$1^{1/2}$	S2	1/j	145
	$2^{1/4}$	IC	2/j	
Pune	2	IC	1/j	205
		9W	1/j	
Shimla	1	IC	3/s	110
Srinagar	$2^{1/2}$	IC	1/j	115
		9W	1/j	
Thiruvananthapuram	$4^{1/2}$	IC	2/j	360
Udaipur	3	CD	1/j	105
		9W	1/j	
Varanasi	$2^{1/2}$	S2	1/j	125
		IC	1/j	
		9W	1/j	
Visakhapatnam	$3^{1/2}$	CD	4/s	285

Codes des compagnies :

CD Alliance Air (Indian Airlines)
IC Indian Airlines
S2 Sahara Airlines
9W Jet Airways

* j = jour, s = semaine

Ethiopian Airlines
(☎ 3312302) Ansal Bhavan, Kasturba Gandhi Marg

Gulf Air
(☎ 3324922) 12 G-Block, Connaught Circus

Japan Airlines
(☎ 3324922) Chandralok Bldg, 36 Janpath

Kazakhstan Airlines
(☎ 3367889) ITDC Hotel Janpath

KLM-Royal Dutch Airlines
(☎ 3721141) Prakash Deep Bld, 7 Tolstoy Marg

Kuwait Airways
(☎ 3359711) 16 Kasturba Gandhi Marg

Lufthansa Airlines
(☎ 3323310) 56 Janpath

Northwest Airlines
(☎ 3721141) Prakash Deep Bldg, 7 Tolstoy Marg

Pakistan International Airlines (PIA)
(☎ 3313161) Kailash Bldg, Kasturba Gandhi Marg

Qantas Airways
(☎ 3329027) Barakhamba Rd

Royal Jordanian
(☎ 3320635) 56 G-Block Connaught Place

Royal Nepal Airlines Corporation (RNAC)
(☎ 3321164) 44 Janpath

Saudi Arabian Airlines
(☎ 3310466) DCM Bldg, 16 Barakhamba Rd
Scandinavian Airlines (SAS)
(☎ 3352299) Ambadeep Bldg, Kasturba Gandhi Marg
Singapore Airlines (SIA)
(☎ 3329036) Ashoka Estate Bldg, Barakhamba Rd
SriLankan Airlines
(☎ 3731473) 55 G-Block, Connaught Circus
Swissair
(☎ 3325511) DLF Bldg, Sansad Marg
Thai Airways International (THAI)
(☎ 6239988) Park Royal Hotel, America Plaza, Nehru Place
United Airlines
(☎ 3353377) Ambadeep Bldg, Kasturba Gandhi Marg
Virgin Atlantic
(☎ 3369663) ITDC Hotel Janpath

Bus

Toutes les grandes voies qui sortent de Delhi sont surchargées et la circulation est effrayante. Mieux vaut partir tôt le matin. La principale gare routière est l'Interstate bus terminal (ISBT) de Kashmiri Gate, au nord de la gare ferroviaire d'Old Delhi. Elle dispose d'une consigne ouverte 24h/24, d'une agence de la State Bank of India, d'un bureau de poste, d'une pharmacie et d'un restaurant. De la gare, des bus urbains desservent tout Delhi. Les compagnies nationales assurant les liaisons entre les différents États (et leur guichet) sont les suivantes :

Delhi Transport Corporation (34) ☎ 3354518
Haryana Roadways (35) ☎ 296 1262
Himachal Roadways (40) ☎ 296 8694
Punjab Roadways (37) ☎ 296 7842
Rajasthan Roadways (central block ; on peut également réserver à la Bikaner House, au sud de Rajpath) ☎ 296 1246
Uttar Pradesh Roadways
(central block) ☎ 296 8709

Rajasthan. C'est de la Bikaner House, près d'India Gate, que partent les confortables bus – gérés par l'État – vers le Rajasthan. Des bus quotidiens desservent Ajmer (269 Rs, 9 heures ; 19h, 22h et 23h40), Jaipur (206/331Rs deluxe/climatisé, 6 heures ; entre 6h et 0h30), Jodhpur (365 Rs, 14 heures ; 22h) et Udaipur (404 Rs, 15 heures ; 19h). D'autres bus quittent l'ISBT à destination d'Ajmer (174 Rs) à 23h, de Jaipur (113 Rs) entre 6h et 17h, Jodhpur (364 Rs) et Udaipur (404 Rs) à 18h15.

Nord de Delhi. Pour relier la région de l'Himalaya, mieux vaut aller en train jusqu'à Pathankot ou Shimla, puis prendre un bus. Si vous optez pour le bus sur la totalité du trajet, empruntez plutôt les bus publics qui partent de l'ISBT dans Old Delhi ou un bus privé partant de Paharganj ou de Connaught Place. Les bus publics sont en général gérés par l'État dont relève la destination choisie.

Les bus privés partent habituellement le soir. Les tarifs fluctuent en fonction de la saison et de la guerre des prix ; ceux indiqués dans les encadrés correspondent au prix moyen.

Sud de Delhi. De la Sarai Kale Khan ISBT, proche de la gare ferroviaire de Nizamuddin, des bus partent fréquemment pour Agra (de 75 à 100 Rs selon la classe, 5 heures), Mathura et Gwalior. En général, le train est plus rapide. Un bus urbain relie cette gare routière à l'ISBT de Kashmiri Gate.

Népal et Pakistan. Pour toute information sur les moyens d'accéder par la route à Katmandou et Lahore, reportez-vous à la rubrique *Voie terrestre* dans le chapitre *Comment s'y rendre* en début de ce guide.

Train

Delhi est un important centre ferroviaire et l'endroit tout indiqué pour faire ses réservations. Le mieux est de se rendre au bureau réservé aux touristes étrangers qui se trouve à l'étage de la gare de New Delhi (ouvert du lundi au samedi, de 7h30 à 17h, et le dimanche de 8h à 14h). C'est là que vous devez aller pour obtenir vos places si vous détenez un Indrail Pass ou si vous voulez en acheter un. Les billets se paient en roupies accompagnées d'un certificat de change, ou en dollars US ; on vous rendra la monnaie en roupies.

Vous trouverez d'autres bureaux de réservation destinés aux touristes étrangers à l'aéroport (ouvert 24h/24) et à la Delhi Tourism Corporation, N-Block, Connaught Place (ouvert du lundi au samedi de 7h30 à 17h).

Le principal point de vente de billets se trouve dans Chelmsford Rd, entre la gare de New Delhi et Connaught Place. Bien organisé, l'endroit est très fréquenté. La queue réservée aux femmes est beaucoup plus rapide. Mieux vaut venir tôt le matin ou tout de suite après le déjeuner. Le bureau ouvre du lundi au samedi, de 8h à 20h, et le dimanche jusqu'à 14h.

N'oubliez pas qu'il y a deux grandes gares à Delhi, la gare ferroviaire de Delhi à Old Delhi et la gare ferroviaire de New Delhi à Paharganj. Cette dernière est beaucoup plus proche de Connaught Place. Si vous partez de la gare d'Old Delhi, vous devez prévoir suffisamment de temps (plus d'une heure aux heures de pointe) pour venir à bout des embouteillages. Le bus n°6 relie les deux gares.

Quelques trains desservent la gare de Nizamuddin, au sud de New Delhi. C'est là qu'il faut descendre si vous logez à Chanakyapuri ou au sud de Connaught Place.

Certains trains reliant Delhi à Jaipur, Jodhpur et Udaipur partent de la gare de Sarai Rohilla, qui se trouve à 3,5 km au nord-ouest de Connaught Place, dans Guru Govind Singh Marg.

COMMENT CIRCULER

Delhi est une ville étendue, embouteillée, avec des bus généralement bondés. Mieux vaut emprunter les taxis, les auto-rickshaws et, pour les plus audacieux, un vélo. Au moment où nous mettions sous presse, la première phase de la construction d'un métro avait commencé ; il devrait être achevé en 2005.

Desserte de l'aéroport

Malgré le choix des transports entre l'aéroport et le centre-ville, ce trajet n'est pas toujours aussi direct qu'il le devrait : les chauffeurs de taxi et d'auto-rickshaws sont enclins à faire des détours, surtout avec les touristes fraîchement débarqués. Voir à cet effet l'encadré *Entourloupes à Delhi* en début de chapitre.

Bus. L'Ex-Servicemen's Air Link Transport Service (EATS ; ☎ 3316530) assure un service de bus régulier entre l'aéroport (les deux terminaux) et son bureau situé près d'Indian Airlines, F-Block, Connaught Place, entre 4h et 23h. Il vous en coûtera 50 Rs, plus 5 Rs par bagage. Le bus dessert les plus grands hôtels et s'arrête en chemin devant l'entrée "Ajmeri Gate" de la gare ferroviaire de New Delhi (pratique pour ceux qui logent à Paharganj).

Au terminal international, le comptoir EATS se trouve sur la droite avant la sortie du bâtiment. C'est probablement la meilleure façon, sinon la plus rapide, de parvenir en ville lorsqu'on arrive tard dans la nuit.

Taxi. Ne vous adressez pas à n'importe quel guichet de taxis prépayés. Le Delhi Traffic Police Prepaid Taxi Booth, juste à la sortie du terminal, offre les meilleurs prix (170 Rs pour Paharganj). Les autres guichets demandent beaucoup plus. Vous recevrez un coupon que vous devrez remettre au chauffeur une fois arrivé à destination.

Au terminal national, le comptoir de réservation de taxis se trouve à l'intérieur (120 Rs pour Paharganj, plus 5 Rs par bagage). Les taxis-wallahs qui attendent à la sortie vous réclameront bien davantage.

Bus

Évitez les bus aux heures de pointe. Si possible, montez (et descendez) aux terminus, notamment ceux des cinémas Regal et Plaza à Connaught Place. Quelques places sont réservées aux femmes sur le côté gauche. La Delhi Transport Corporation gère certains bus, d'autres appartiennent à des sociétés privées, mais tous suivent les mêmes trajets imposés. Les ambassades occidentales déconseillent généralement à leurs employés d'emprunter les bus. Sachez néanmoins que ceux des compagnies White Line et Green Line sont un peu

Bus privés

Destination	Prix (en Rs)
Agra (circuit)	200
Ajmer (pour Pushkar)	250
Amritsar	250
Dehra Dun	200/300*
Dharamsala	300
Haridwar	200/300*
Jaipur	200
Jammu	250
Jodhpur	250
Manali	300
Mussoorie	200/300*
Nainital	200/300*
Rishikesh	200/300*
Shimla	350
Udaipur	275

* ordinaire/climatisé

Bus publics

Destination	Durée (heure)	Heure de départ	Prix (en Rs)
Amritsar	11	18h30	430
Chandigarh	5	toutes les 30 min	205/215*
Dehra Dun	7	7h15 – 21h30•	120/163*
Dharamsala	13	6h30 – 23h	240/340*
Haridwar	6	5h45 – 17h•	95/129*
Jammu	12	1h – 14h15•	242
Kulu	13	6h40 – 20h•	266/452*
Manali	16	11h30 – 22h15•	322
Mandi	16	5h40	222
McLeod Ganj	14	17h30	246
Rekong Peo	20	20h	351
Rishikesh	7	8h – 20h – 22h	96/108*
Shimla	10	5h – 22h	182/360*

*ordinaire/deluxe • six départs

plus chers et donc un peu moins bondés. Les bus et minibus privés suivent les mêmes itinéraires. Un court trajet en bus (par exemple, de Connaught Place au Red Fort) ne coûte que 2 Rs.

Bus n°505 – de Super Bazaar ou Janpath (en face de l'hôtel Imperial) au Qutb Minar
Bus n°101 – de la gare routière Kashmiri Gate Inter State Bus Terminal (ISBT) à Connaught Place
Bus n°s620 et 630 – de Connaught Place (devant le Jantar Mantar) à Chanakyapuri
Bus n°s101, 104 et 139 – de l'arrêt du cinéma Regal au Red Fort

Voiture

Compte tenu de la circulation délirante (six décès par jour en moyenne), mieux vaut ne pas conduire à Delhi. Si vous devez louer une voiture, Budget possède des bureaux à Janpath (☎ 3318600, fax 3739182, bracindia@hotmail.com) et à la gare ferroviaire de New Delhi (☎ 3232725).

Taxi et auto-rickshaw

Tous les taxis et auto-rickshaws sont équipés de compteurs, invariablement "à l'ancien tarif", "hors service" ou que les chauffeurs refusent de mettre en marche.

Dans les environs de Connaught Place, faites appel à l'un des auto-rickshaws prépayés au kiosque situé près du Palika Bazaar. Sinon, vous devrez négocier le prix (qui sera toujours supérieur à ce qu'il devrait être) avant de vous installer.

A la fin d'une course, le prix indiqué au compteur sera majoré selon un barème de prix révisé assez compliqué (qui diffère si le compteur n'a pas été recalibré). Les chauffeurs sont censés avoir les bons barèmes, mais ils sont en général incapables de mettre la main dessus. Ils figurent cependant dans le *Delhi City Guide* (15 Rs, vendu dans les kiosques). Si vous disposez d'un barème, payez le prix qui vous semble juste. Soyez certain que personne ne sera lésé, si ce n'est vous, malgré les protestations scandalisées du chauffeur. La course de Connaught Place au Red Fort devrait coûter autour de 60 Rs en taxi, 30 Rs en auto-rickshaw, bien que les embouteillages puissent rallonger le trajet. Au compteur, la course de Connaught Place à Paharganj devrait revenir à 15 Rs, mais un étranger ne paiera pas moins de 30 Rs. De Connaught Place au tombeau d'Humayun, un auto-rickshaw ne devrait pas réclamer plus de 30 Rs.

Entre 23h et 5h, les prix sont majorés de 20% en auto-rickshaw et de 25% en taxi. Si vous vous déplacez seul la nuit, notez le numéro d'immatriculation du véhicule avant de monter.

Principaux trains au départ de Delhi

Destination	Nom du train et numéro		Heure de départ*	Distance (en km)	Durée approx. (heure)	Prix (en Rs) 2e/1e cl.
Agra	2180	*Taj Exp*	7h15 HN	199	2½	53/279
	2002	*Shatabdi Exp.*	6h00 ND		2	390/760*
Amritsar	2013	*Shatabdi Exp.*	16h30 ND	447	5½	610/1 220*
Bangalore	2430	*Rajdhani Exp.*	20h50 HN	2 444	34	2 205/3 470/6 385•
	2628	*Karnataka Exp.*	21h15 ND	2 434	41	278/1659
Chennai	2434	*Rajdhani Exp.*	15h30 HN	2 194	28	2 045/3 335/5 965•
	2622	*Tamil Nadu Exp.*	22h30 ND		33	1 524/2 664
Haridwar	2017	*Shatabdi Exp.*	7h00 ND	320	4½	60/910*
Jaipur	2413	*Delhi Jaipur Intercity Exp.*	5h15 OD	308	5¾	77/405
	2015	*Shatabdi Exp.*	6h15 ND		4½	495/985*
Kolkata	2302	*Rajdhani Exp.*	17h15 ND	1 441	17½	1 500/2 470/4 270•
	2304	*Poorva Exp.*	16h15 ND		24	213/1119
Lucknow	4230	*Lucknow Mail*	14h20 ND	487	17½	105/552
	2004	*Shatabdi Exp.*	6h20 ND		6	640/1 320*
Mumbai	2952	*Rajdhani Exp.*	16h00 ND	1 388	16½	485/2 405/4 180•
	2926	*Paschim Exp.*	16h30 ND		23	210/1 103
Shimla	4095	*Himalayan Queen*	6h00 ND	364	4	84/441
Udaipur	9615	*Chetak Exp.*	8h35 SR	739	21	145/762
Varanasi	2382	*Poorva Exp.*	16h15 ND	764	12½	149/783

* Abréviations des gares : ND (New Delhi), OD (Old Delhi), HN(Hazrat Nizamuddin), SR (Sarai Rohilla)

* Siège climatisé/siège inclinable climatisé ; le prix du billet comprend repas et boisson

• Couchettes climatisées sur 3 niveaux ("3-tier")/couchettes climatisées sur 2 niveaux ("2-tier") /1re classe climatisée ; le prix du billet comprend repas et boisson

Le chauffeur vous demandera à coup sûr si vous voulez faire des achats ; une commission (200 Rs en moyenne) lui est versée, même si vous n'achetez rien. Vous pouvez essayer d'obtenir une balade gratuite contre la visite de quelques boutiques. Cependant, vous risquez de perdre au change face à l'extraordinaire persuasion des vendeurs. Louer un taxi pour huit heures coûte environ 450 Rs, mais le chauffeur s'attend à recevoir un pourboire (100 Rs environ).

Bicyclette et rickshaw

En dépit de la circulation cauchemardesque dans Old Delhi et autour de Connaught Place, la bicyclette est un bon moyen de visiter le sud de la ville, même si peu de boutiques louent des vélos. Vous trouverez un petit magasin à Paharganj, près de Rajguru Rd.

Les rickshaws sont interdits dans le secteur de Connaught Place et dans tout New Delhi, mais ils sont bien pratiques pour aller de Connaught Circus à Paharganj (environ 10 Rs), ou pour circuler dans Old Delhi.

Environs de Delhi

KHIRKI MASJID ET JAHANPANAH

Cette intéressante mosquée (à 12 km au sud de la ville) avec ses quatre cours date de 1380. Le village voisin de Khirki tire son nom de la mosquée. Près de l'édifice se dressent les vestiges de la quatrième ville de Delhi, Jahanpanah, avec la haute plate-forme du Bijai Mandal et la Begumpur Masjid aux multiples coupoles.

Alerte à la pollution

Dans les rues de Delhi, le nombre de véhicules a triplé depuis 1990. Leurs émissions incontrôlées, ajoutées aux fumées des nombreuses usines de la ville, empoisonnaient l'atmosphère. Aux carrefours, le niveau des oxydes de carbone émis par les pots d'échappement (qui arboraient des autocollants "Pollution sous contrôle") atteignait parfois 5 000 mg/m^3, soit 50 fois la norme imposée par l'OMS. En l'absence de vent, un voile sombre recouvrait la ville.

En 1997, le conseil municipal a promulgué l'interdiction de fumer dans les lieux publics. Étant donné que le simple fait de respirer l'air de Delhi équivaut à fumer 20 cigarettes par jour (40 en pleine circulation), cette mesure paraît nettement insuffisante. Diverses pressions visant à remédier à cette situation, notamment une injonction de la Cour suprême à nettoyer la ville, ont conduit à prendre d'autres initiatives : faire payer sur-le-champ une amende aux personnes prises en flagrant délit de jeter des détritus et de cracher dans la rue, interdire les véhicules commerciaux âgés de plus de huit ans, convertir tous les taxis qui roulent au diesel à l'essence, améliorer les transports publics et interdire aux camions de circuler en ville aux heures de pointe (en permanence à Connaught Place).

D'autres propositions (par exemple, déplacer toutes les usines à l'extérieur de la ville afin de préserver la Yamuna, dans laquelle sont rejetés deux milliards de litres de déchets par jour) sont actuellement mises en œuvre. Simultanément, de nombreux bidonvilles sont rasés au bull-dozer, et l'on peut se demander où les 320 000 habitants délogés iront vivre, dans la mesure où Delhi compte déjà 23 000 sans-abri.

Malgré une amélioration sensible, Delhi reste extrêmement polluée, surtout pendant les mois d'été humides – là encore, c'est comme si vous fumiez un paquet par jour. Si vous êtes asthmatique, ne séjournez pas trop longtemps dans la capitale.

TUGHLAQABAD

Les murs massifs de Tughlaqabad, la troisième ville de Delhi, s'élèvent à l'est du Qutb Minar. Ordonnée par Ghiyas-ud-din Tughlaq, la construction de cette ville fortifiée aux treize portes entraîna une querelle légendaire avec le saint Nizam-ud-din. Lorsque Tughlaq prit les ouvriers dont Nizam-ud-din avait besoin pour édifier son sanctuaire, le saint prédit au souverain que sa ville ne serait peuplée que de *gujars* (bergers). Sa "malédiction" s'est aujourd'hui réalisée. Comme Tughlaq préparait sa vengeance, Nizam-ud-din rassura ses disciples d'une phrase, devenue adage populaire : "Delhi est loin." En 1325, le roi fut assassiné sur la route, en venant de Delhi.

Les murs du fort sont composés de blocs de pierre massifs. Derrière le mur sud s'étend un lac artificiel, au centre duquel se dresse le tombeau du roi. Une longue chaussée relie le tombeau au fort, tous deux pourvus de murs inclinés vers l'intérieur.

Comment s'y rendre

Le mieux est de combiner la visite de Tughlaqabad avec celle du Qutb Minar. C'est un long trajet en auto-rickshaw et mieux vaut prendre un taxi, qui coûtera environ 150 Rs.

QUTB MINAR

La construction de cet ensemble architectural, situé à 15 km au sud de Connaught Place, remonte à l'aube de l'ère musulmane en Inde et illustre magnifiquement le début de l'architecture afghane.

La construction du Qutb Minar, une tour de victoire d'une hauteur vertigineuse, fut entreprise en 1193, immédiatement après la défaite du dernier roi hindou de Delhi. Elle mesure presque 73 m de haut et s'affine progressivement, passant de 15 m de diamètre à la base à 2,50 m au sommet.

Des balcons en saillie ornent chacun de ses cinq étages. Les trois premiers sont en grès rouge, les deux derniers en marbre et en grès. La tour ne comptait qu'un étage du vivant de Qutb-ud-din. Ses successeurs poursuivirent les travaux et, en 1368, Firoz Shah fit reconstruire les derniers étages et ajouta une coupole. Cette dernière s'effondra en 1803, lors d'un tremblement de terre. Un Anglais la fit remplacer en 1829, mais elle fut jugée inopportune et ôtée quelques années plus tard.

Bien qu'aujourd'hui la tour penche légèrement, elle a traversé les siècles sans plus de dommage. Il n'est plus possible de grimper à son sommet.

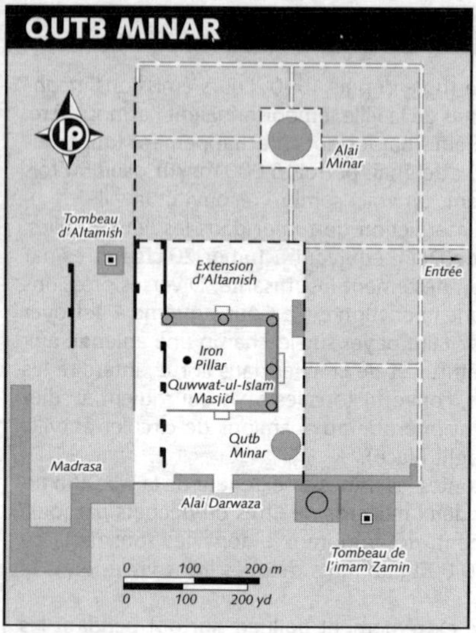

Le Qutb Minar ouvre du lever au coucher du soleil (entrée : 5 $US).

Quwwat-ul-Islam Masjid

Au pied du Qutb Minar se dresse la première mosquée érigée en Inde, la mosquée de la Puissance de l'islam. Qutb-ud-din en commença la construction en 1193 et elle fut plusieurs fois agrandie et remaniée au cours des siècles. Le premier bâtiment fut édifié sur les fondations d'un temple hindou. Une inscription au-dessus de la porte orientale rappelle qu'elle fut construite à partir de "27 temples idolâtres". De nombreux éléments témoignent de l'origine hindoue ou jaïna des matériaux.

En 1210-1220, Altamish, gendre de Qutb-ud-din, fit entourer la petite mosquée d'origine d'une cour à arcades. Ala-ud-din, en 1300, ajouta une cour à l'est ainsi que la somptueuse porte Alai Darwaza.

Iron Pillar. Cette colonne de fer de 7 m de haut s'élève dans la cour et se trouvait là bien avant la construction de la mosquée. Une inscription de six lignes en sanskrit rappelle qu'elle fut d'abord dressée à l'extérieur d'un temple vishnouite, sans doute du Bihar, à la mémoire du roi Chandragupta II qui régna de 375 à 413. L'inscription ne dit pas comment elle fut fabriquée. Son fer est d'une pureté exceptionnelle et les scientifiques n'ont jamais pu découvrir comment ce métal, qui reste inoxydé depuis 2 000 ans, a pu être obtenu avec les technologies de l'époque. On disait que si, le dos contre la colonne, vous parveniez à l'encercler de vos bras, votre vœu serait exaucé. Ce n'est désormais plus possible, la colonne étant protégée par une clôture.

Alai Minar

A l'époque où Ala-ud-din agrandissait la mosquée, il eut l'idée beaucoup plus ambitieuse de construire une seconde tour de victoire, réplique de la première mais deux fois plus haute ! A sa mort, elle s'élevait à 27 m et les travaux ne furent pas poursuivis. La tour inachevée se dresse au nord du Qutb Minar et de la mosquée.

Autres curiosités

Construite en grès rouge en 1310, au sud-ouest du Qutb Minar, la porte **Alai Darwaza** d'Ala-ud-din est l'entrée principale du site. Le **tombeau de l'imam Zamin** se dresse à côté de la porte et le **tombeau d'Altamish**, mort en 1235, à l'angle nord-ouest de la mosquée. Derrière le complexe s'élèvent les ruines de la **madrasa d'Ala-ud-din**.

A quelques pas à l'ouest de l'enceinte, dans Mehrauli Village, se trouve le **tombeau d'Adham Khan** (pour plus de détails, reportez-vous à *Nizam-ud-din's Shrine* dans la rubrique *New Delhi* plus haut dans ce chapitre). Toujours à Mehrauli, un vaste ensemble de temples Shakti Pitha est en construction. Au sud de l'enceinte, se dresse l'Ahimsa Sthal de style jaïna, ainsi qu'une impressionnante statue de Mahavir, le fondateur du jaïnisme, en granit rose, de 4 m de haut.

Les alentours renferment quelques beaux palais d'été et les tombeaux des derniers rois de Delhi, qui succédèrent aux Moghols. Un espace libre entre deux tombeaux était réservé au dernier roi de Delhi qui, impliqué dans la révolte des cipayes de 1857, mourut en exil à Yangon (Rangoon, Myanmar) en 1862.

Comment s'y rendre

Pour vous rendre au Qutb Minar, prenez le bus n°505 à la porte Ajmeri Gate de la gare ferroviaire de New Delhi, ou à Janpath en face de l'hôtel Imperial. Un taxi sera cependant plus pratique.

Punjab et Haryana

Le Punjab est sans doute la région qui a le plus souffert lors de la Partition en 1947. Devenu aujourd'hui, et de loin, l'État le plus prospère du pays, il ne doit cette position qu'au travail acharné des Punjabis.

Essentiellement agricole, le Punjab fournit une grande partie de la production indienne de riz et de blé, mais possède également nombre d'industries florissantes, dont Hero Bicycles, le premier fabricant de cycles au monde.

Les visiteurs privilégient deux destinations : Amritsar au Punjab et Chandigarh en Haryana. Cependant, le Punjab compte de nombreux *gurdwara* (temples sikhs) imposants ; des *serai* (hébergements pour les voyageurs) jalonnent la Grand Trunk Rd (GT Rd), l'une des routes les plus fréquentées du pays, et des monuments mogols se dressent à l'ouest, dans la région proche de Lahore (Pakistan).

En bref

PUNJAB
Population : 24,3 millions d'habitants
Superficie : 50 362 km^2
Capitale : Chandigarh
Langue principale : punjabi
Meilleure saison : octobre à mars

HARYANA
Population : 21,1 millions d'habitants
Superficie : 44 212 km^2
Capitale : Chandigarh
Langue principale : hindi
Meilleure saison : octobre à mars

Cartes du chapitre :

- Ne manquez pas le fabuleux Golden Temple (temple d'Or) d'Amritsar, sanctuaire le plus sacré du sikhisme
- Visitez Chandigarh, une ville construite sur les plans de Le Corbusier, et son Rock Garden, où les rebuts de la cité ont été transformés en étranges sculptures

Histoire

Avant la Partition, le Punjab s'étendait de part et d'autre de l'actuelle frontière indo-pakistanaise. Lahore, son ancienne capitale, est devenue celle de l'État pakistanais du Punjab. La logique absurde de la Partition força la population à se répartir entre deux régions, l'une musulmane et l'autre sikh et hindoue. Cet exode massif conduisit à d'innombrables atrocités des deux côtés.

La principale ville du Punjab est Amritsar, la ville sainte des sikhs, mais sa proximité avec la frontière pakistanaise a conduit les autorités à établir une capitale plus sûre, à l'intérieur des terres. On opta tout d'abord pour Shimla, l'ancienne capitale d'été impériale, avant de construire, dans les années 1950, une ville nouvelle : Chandigarh.

En 1966, le Punjab fut à nouveau partagé pour apaiser les revendications des sikhs qui réclamaient la création d'un État sikh indépendant, le Khalistan (Terre des Purs). Cette fois, les prédominances linguistiques déterminèrent la nouvelle frontière séparant l'État du Punjab, à dominante sikh et de langue punjabi, de l'État de l'Haryana, essentiellement de langue hindi.

Cependant, cette nouvelle partition ne suffit pas pour calmer les séparatistes sikhs. Simultanément, certaines parties du nord du Punjab avaient été rattachées à l'Himachal Pradesh et Chandigarh, à la frontière du Punjab et de l'Haryana, restait la capitale des deux nouveaux États. Le mouvement séparatiste gagna du terrain en 1973, lorsque les chefs sikhs énumérèrent leurs exigences religieuses, politiques et économiques dans la résolution d'Anandpur Sahib. En 1984, l'occupation du Golden Temple (temple d'Or) à Amritsar par les extrémistes provoqua une bataille sanglante.

Le gouvernement central instaura l'état d'urgence au Punjab et le plaça sous l'autorité du président de 1985 à 1992. Un "superflic", KPS Gill, fut envoyé sur place pour juguler le militantisme ambiant. Gill fit preuve d'une telle efficacité qu'en 1992 la

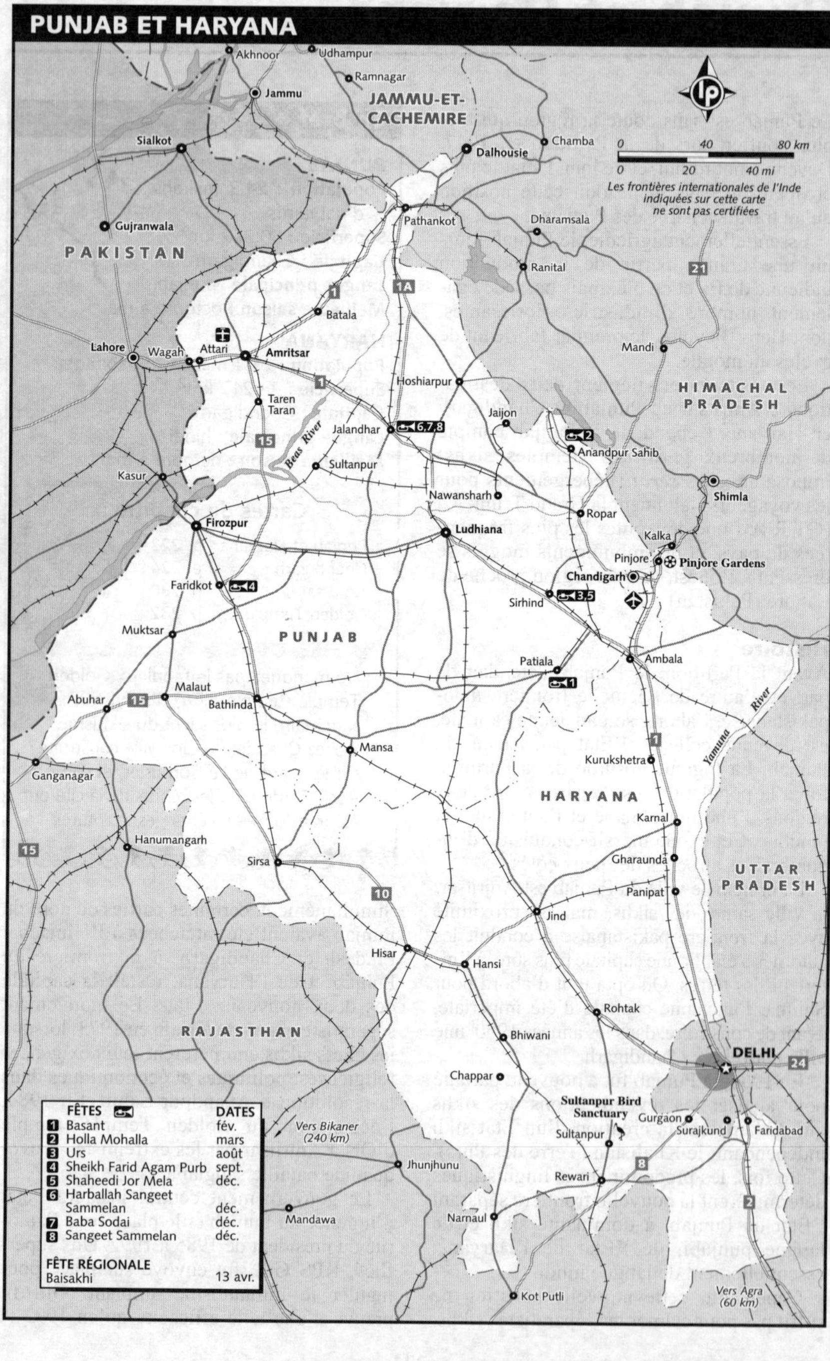

FÊTES	DATES
1 Basant	fév.
2 Holla Mohalla	mars
3 Urs	août
4 Sheikh Farid Agam Purb	sept.
5 Shaheedi Jor Mela	déc.
6 Harballah Sangeet Sammelan	déc.
7 Baba Sodai	déc.
8 Sangeet Sammelan	déc.
FÊTE RÉGIONALE	
Baisakhi	13 avr.

plupart des activistes étaient morts ou derrière les barreaux. Gill laissa derrière lui un héritage de brutalité policière et d'atteintes aux droits de l'homme qui font, encore aujourd'hui, l'objet de contestations.
En 1986, afin de calmer les sikhs, le gouvernement annonça que Chandigarh serait réintégrée au Punjab. Cependant, la violence persista et la décision ne fut pas appliquée, bien qu'elle reste à l'ordre du jour. En attendant, Chandigarh demeure la capitale des deux États, administrée par Delhi comme un territoire de l'Union.

Les sikhs rêvent toujours du Khalistan, mais le souvenir des violences passées reste assez vif pour les inciter à rechercher une solution pacifique. Dans le même temps, la prospérité économique du Punjab en fait une région calme, accueillante et paisible pour le visiteur.

Haryana

De Delhi, que vous alliez à Jaipur, Agra ou Amritsar, vous traverserez l'Haryana.

Le long de la route reliant Delhi à Lahore, Shah Jahan fit installer des *kos minar* (bornes), ainsi que des *serai* (hébergements pour les voyageurs), plus espacés. La plupart des kos minar sont toujours en place, mais il ne reste pas grand-chose des divers serai. Les Haryanais ont construit une série de "centres de services" le long des routes principales. Nommés du nom des oiseaux qui vivent dans l'État, ces complexes station-service-motel-restaurant facilitent les trajets dans la région. Ils disposent d'un terrain de camping, de huttes (350 Rs environ) et de chambres (de 450 à 650 Rs avec clim., moins chères sans). Certains possèdent aussi des dortoirs. Pour plus de détails, procurez-vous la brochure à l'Haryana Government Tourist Bureau (☎ 332 4910, Chanderlok Building, 36 Janpath, Delhi ou à l'office du tourisme de Chandigarh (Sector 17B).

Sur la route Delhi-Chandigarh, Surajkund, à 10 km de Delhi, accueille la **Surajkund Crafts Mela** (foire artisanale de Surajkund) pendant les deux premières semaines de février. Des artisans de différents États vendent directement leurs produits, de très bonne qualité, à des prix inférieurs à ceux des magasins d'État.

De nombreux oiseaux, dont des flamants, peuplent le **Sultanpur Bird Sanctuary** (réserve ornithologique de Sultanpur), à 46 km au sud-ouest de Delhi. La meilleure période pour le visiter court de septembre à mars ; vous pourrez loger au ***Rosy Pelican***, géré par Haryana Tourism. Mal desservie de Delhi par les transports publics lors de notre passage, la réserve devrait devenir plus accessible dans un proche avenir ; en effet, Haryana Tourism envisage de créer une liaison ferroviaire. Pour venir par la route, prenez un bus Haryana bleu au Sarai Kale Khan ISBT de Delhi jusqu'à Gurgaon, puis un bus Chandu à destination de Sultanpur.

Panipat, à 92 km au nord de Delhi, serait l'une des villes les plus envahies de mouches du pays. La légende raconte qu'un saint homme musulman, enterré sur place, avait débarrassé la cité de ce fléau ; les habitants se plaignant de ce qu'il avait accompli sa tâche avec trop de zèle, il les fit toutes revenir et les multiplia par milliers !

Les portes d'un ancien serai moghol se dressent à l'ouest de **Gharaunda**, à 102 km au nord de Delhi.

Karnal, citée dans le *Mahabharata*, est l'endroit où Nadir Shah, le Perse qui déroba le trône du Paon à Delhi, vainquit l'empereur moghol Mohammed Shah en 1739. Plus au nord, le **bassin de Kurukshetra** attire des foules de pèlerins pendant les éclipses, son eau étant alors réputée avoir des pouvoirs purificateurs.

En Haryana, des villes mineures, dignes d'intérêt, jalonnent la ligne ferroviaire secondaire qui rejoint Amritsar. Reportez-vous à l'introduction de la section consacrée au Punjab, plus loin dans ce chapitre.

CHANDIGARH

☎ 0172 • 750 000 habitants

Chandigarh fut construite dans les années 1950 selon les plans de l'architecte moderniste européen Le Corbusier. Dans aucune autre ville indienne ne règne une atmosphère semblable. Les habitants sont très fiers de leur ville, la plus propre et la plus saine du pays.

Orientation

Chandigarh se trouve à la lisière des monts Siwalik, la chaîne la plus extérieure de l'Himalaya. La ville est découpée en 61 *sectors*, séparés par de larges avenues. Chaque sector comprend quatre zones, de A à D, et chaque immeuble possède un numéro unique.

En dépit de ce découpage logique, il peut être difficile de s'orienter sans carte, car seules les grandes avenues qui séparent les sectors portent un nom. Dans les adresses professionnelles, "SCO" signifie "shop-cum-office" (magasin-bureau). La gare routière, le centre commercial moderne et la plupart des restaurants se trouvent dans le Sector 17. La gare ferroviaire se situant à 8 km de la ville, il est plus commode de recourir aux bus.

Renseignements

Offices du tourisme. L'office du tourisme de Chandigarh (☎ 703839), installé à l'étage de la gare routière, ouvre en semaine de 9h à 17h et le samedi, jusqu'à 13h. Voisin, Himachal Tourism (☎ 708569) ouvre à peu près aux mêmes horaires, comme Punjab Tourism (☎ 711878) et Uttar Pradesh (UP) Tourism (☎ 707649), à l'étage supérieur. Haryana Tourism (☎ 702955), dans le Sector 17B, SCO 17-19, n'ouvre qu'en semaine, de 9h à 17h.

Argent. Les principaux organismes de change se trouvent dans le Sector 9. La Punjab National Bank possède un DAB qui accepte la MasterCard et les cartes Maestro et Cirrus ; le DAB de l'ICIC Bank reconnaît les cartes Visa. Derrière, se tient la Dresdner Bank, ainsi qu'une agence Thomas Cook ouverte du lundi au samedi, de 9h30 à 18h.

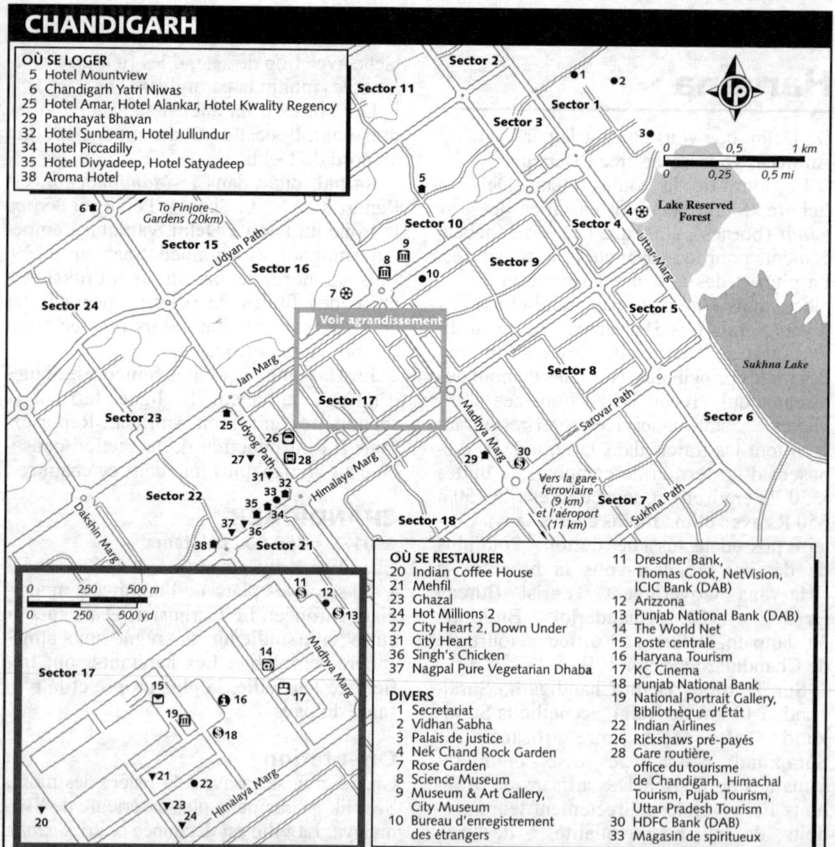

Chandigarh, ville nouvelle

Chandigarh ne ressemble à aucune autre ville indienne. Agencement très soigné et circulation réglementée, larges avenues, nombreux parcs et espaces verts entre les immeubles de béton… un vent de prospérité semble balayer la ville. Sans-abri, cordonniers, vendeurs ambulants et mendiants dépenaillés sont quasiment absents. En outre, c'est sans doute le seul endroit en Inde sans vaches ou autre bétail arpentant les rues. Côté inconvénients, la ville est trop étendue : les déplacements prennent un temps fou, surtout en cyclo-pousse, et certains espaces ouverts semblent désolés. Il manque à Chandigarh la vie et les couleurs qui font le charme des cités indiennes.

La particularité de Chandigarh tient au fait que c'est une ville planifiée. Le gouvernement punjabi avait tout d'abord fait appel à l'urbaniste américain Albert Mayer et à l'architecte polonais Matthew Nowicki pour créer sa nouvelle capitale. Au tout début du projet, Nowicki disparut dans un accident d'avion en 1950, ce qui contraignit Mayer à se retirer.

Architecte d'origine suisse, Le Corbusier prit la suite des travaux. Réputé pour ses bâtiments fonctionnels de béton et d'acier, il révisa entièrement les plans de ses prédécesseurs. Il voulait que Chandigarh réponde à quatre exigences fondamentales : vivre, travailler, circuler et prendre soin du corps et de l'esprit. Il conçut la ville comme une entité unifiée et, plus exactement, comme un organisme vivant : les bâtiments administratifs, dans le Sector 1, représentaient la tête, le centre-ville (Sector 17), le cœur, les institutions culturelles, le cerveau ; les routes constituaient le système circulatoire.

Si Matthew Nowicki avait pu terminer son œuvre, Chandigarh aurait sans aucun doute été très différente. Il avait déclaré que "les rêves de certains urbanistes modernes se fondent entièrement sur un mode de vie étranger à la réalité indienne." Le Corbusier a-t-il pris en compte cette réflexion ? A vous d'en juger !

Poste et communications. La poste centrale et son service téléphonique ouvert 24h/24 sont installés dans le Sector 17.

Pour vous connecter à Internet ou lire vos mails, essayez The World Net (35 Rs l'heure), dans le Sector 17, ou NetVision, près des banques dans le Sector 9.

Pellicules et photos. Des magasins d'appareils photo et de pellicules bordent Udyog Path, en face de la gare routière.

Bâtiments administratifs

Le Secretariat (ensemble des ministères) et le Vidhan Sabha (assemblée législative) se situent dans le Sector 1. Le toit-jardin du Secretariat offre une très belle vue sur Chandigarh, mais on entre moins facilement dans le bâtiment depuis que le ministre en chef du Punjab y a été assassiné en 1995. A proximité, une énorme sculpture tournante représente une main ouverte, symbole d'unité. Remarquez les façades colorées de la Cour suprême et son double toit.

Sur autorisation de l'accueillant Architect Department, au 2e étage de l'UD Secretariat, dans le Sector 9, les visiteurs ont accès à certains bâtiments administratifs, comme le Vidhan Sabha aux allures d'usine. L'office du tourisme peut se charger de cette formalité.

Nek Chand Rock Garden

Principale attraction de Chandigarh, ce jardin bizarre et fantastique évoque une sorte de Disneyworld sans manèges. Il se compose de grottes rocheuses reliées entre elles, de passerelles et de cours d'eau surmontés de tourelles, de maisonnettes miniatures et de milliers de statues d'animaux ou d'humains regroupées en armées silencieuses. Le chemin qui parcourt le jardin passe sous des voûtes surbaissées (obligeant le visiteur à s'incliner devant les "dieux"), qui délimitent les différentes parties.

Très fréquenté par les touristes indiens, le jardin ouvre tous les jours, de 9h à 18h et jusqu'à 19h du 1er avril au 30 septembre (entrée : 3/5 Rs enfants/adultes). Reportez-vous à l'encadré *Le jardin idéal de Nek Chand*). Au **Sukhna Lake**, un lac artificiel au sud-est du jardin, vous pourrez louer un canot ou vous promener sur les rives, longues de 2 km.

Le jardin idéal de Nek Chand

Le Rock Garden est l'œuvre de Nek Chand, qui lança le projet en 1958, alors qu'il était inspecteur des ponts et chaussées pour le service d'ingénierie de Chandigarh. Après avoir parcouru les rues et les décharges publiques à la recherche de pièces de rebut (céramiques brisées, câbles et prises électriques, pièces de machines) destinées à créer des personnages, il les emportait dans son jardin, alors dissimulé dans la forêt, loin de la ville en devenir. Il travaillait en secret, consacrant 4 heures à son projet tous les soirs.

En 1972, la découverte du jardin par des ouvriers chargés de déboiser la région pour l'agrandissement de la ville devait sonner le glas de l'œuvre de Chand. Construite illégalement sur un terrain gouvernemental, elle devait entièrement disparaître. Néanmoins, le jardin est très vite devenu le centre d'intérêt de la ville, contraignant les autorités à reculer. Finalement, la mairie rendit hommage à Chand en lui offrant un salaire et des ouvriers pour continuer son œuvre et agrandir le parc.

Aujourd'hui, le Rock Garden occupe 10 ha et n'est toujours pas achevé. Quelque 5 000 sculptures peuplent d'ores et déjà le parc, qui reçoit autant de visiteurs chaque jour. Entre-temps, Nek Chand a été reconnu dans le monde entier comme l'interprète majeur d'un art hors du commun.

Souvent présent dans le parc, il se fera un plaisir de répondre à vos questions. Ce personnage effacé affirme avec modestie que son travail "tient plus de l'ingénierie que de l'art".

PUNJAB ET HARYANA

Rose Garden

Proclamée la plus grande d'Asie, la roseraie, dans le Sector 16, contient plus d'un millier de variétés. Elle ouvre tous les jours (entrée libre).

Musées

Trois musées se regroupent dans le Sector 10C. Le **Museum & Art Gallery** présente une modeste collection de sculptures de pierre de la période gandhara, ainsi que quelques miniatures et des œuvres modernes (entrée : 1 Rp). A côté, le **City Museum** (musée de la Ville) donne un aperçu très complet de la création, du développement et de l'architecture de Chandigarh. Tout proche, le **Science Museum** (musée des Sciences) se consacre à l'évolution de la vie sur terre et expose des fossiles et des objets préhistoriques découverts en Inde. Les trois musées ouvrent du mardi au dimanche, de 10h à 16h30 ou 17h (entrée gratuite au City Museum et au Science Museum).

La National Portrait Gallery, installée derrière la State Library (bibliothèque d'État) dans le Sector 17, ouvre du lundi au vendredi, de 9h à 13h et de 13h30 à 17h.

Circuits organisés

Étant donné l'étendue de Chandigarh, une visite organisée par l'office du tourisme vous la fera découvrir plus facilement. Cette visite commence chaque jour à 11h30 et comprend le Rose Garden, le Nek Chand Rock Garden, l'université du Punjab, les musées, le Capitol et le Sukhna Lake (50 Rs, quatre personnes minimum). Une excursion aux Pinjore Gardens, près de Chandigarh, vous coûtera 80 Rs.

Où se loger

Chandigarh compte peu d'établissements bon marché et les hôtels affichent souvent complet. Quelques pensions modestes subsistent, mais le gouvernement essaie de les fermer et on vous dira souvent qu'elles ne peuvent pas accueillir d'étrangers. Vérifiez quand même, au cas où la situation aurait évolué ; vous en trouverez quelques-unes dans la rue derrière l'Hotel Jullundur. La plupart des établissements ajoutent une taxe de luxe de 10%. Toutes les chambres indiquées ici possèdent une s.d.b. (eau chaude et toilettes occidentales). Elles doivent être libérées à 12h.

Où se loger – petits budgets

Le ***Panchayat Bhavan*** *(☎ 780701, Sector 18)* pratique les prix les plus doux. Ce bâtiment de style institutionnel baigne dans une ambiance d'auberge de jeunesse. Il offre des lits en dortoir à 24 Rs et des doubles spacieuses et dépouillées, avec TV, à 200/500 Rs sans/avec clim.

L'***Hotel Divyadeep*** *(☎ 705191, Sector 22B)* propose des simples/doubles sans prétention à 250/300 Rs avec ventil., ou 450/500 Rs avec clim. Dans la même rue, l'***Hotel Satyadeep*** *(☎ 703103)* propose des prestations presque identiques à 50 Rs de moins ; les chambres les moins chères n'existent qu'en simple. Le Divyadeep abrite un bon restaurant végétarien, le Satyadeep, une pâtisserie. Dans ces deux hôtels, les chambres sont louées pour 24 heures.

Le ***Chandigarh Yatri Niwas*** *(☎ 706038, Sector 24B)*, un peu décentré, possède des chambres propres, avec TV et téléphone, à 500/750 Rs avec air-cooler/clim., ainsi que des dortoirs à 8 lits à 800 Rs. L'établissement comporte un restaurant bon marché et prête des bicyclettes.

Où se loger – catégorie moyenne

En face de la gare routière et doté d'un restaurant sous licence, l'***Hotel Jullundur*** *(☎ 706777, info@jullundurhotel.com, Sector 22)* loue des chambres standard, avec TV et clim., à partir de 300/550 Rs. Les simples sont microscopiques. A 500 m au nord-ouest de la gare routière, dans le Sector 22, quelques hôtels, dont le rez-de-chaussée est occupé par un restaurant et un bar, se succèdent dans Udyog Path.

L'***Hotel Amar*** *(☎ 704638)* demande 300/400 Rs pour de petites chambres quelconques avec TV. Les chambres climatisées débutent à 600 Rs.

L'***Hotel Alankar*** *(☎ 708802)* dispose de chambres avec air-cooler et TV à 500/600 Rs, ou 800 Rs avec clim.

L'***Hotel Kwality Regency*** *(☎ 720205, fax 720206)* flirte avec la catégorie supérieure pour ses 12 "chambres de décorateur", élégantes et climatisées, à partir de 1 295/1 425 Rs. Il possède un centre d'affaires.

L'***Aroma Hotel*** *(☎ 700045, fax 700051, hotelaroma@glide.net.in, Sector 22)*, dans Himalaya Marg, offre un luxe similaire à plus grande échelle. Les prix débutent à 1 145/1 395 Rs. Outre un centre d'affaires, il comprend un restaurant en plein air avec chute d'eau, un bar, un café ouvert 24h/24 et une boulangerie.

Où se loger – catégorie supérieure

Face à la gare routière, l'***Hotel Sunbeam*** *(☎ 708101, fax 708900, Udyog Path, Sector 22)* propose d'agréables chambres climatisées, avec réfrigérateur, à partir de 1 095/1 495 Rs, un restaurant, un café ouvert 24h/24 et un bar animé par des musiciens.

Très fréquenté par les hommes d'affaires, l'***Hotel Piccadilly*** *(☎ 707571, fax 705692, Sector 22)*, doté d'un restaurant et d'un bar, facture 1 838/2 165 Rs.

Niché dans un jardin paisible, l'***Hotel Mountview*** *(☎ 740544, fax 742220, citci10@ch1.dot.net.in, Sector 10)* comporte des chambres climatisées avec balcon à 1 950/2 450 Rs, un restaurant, un café ouvert 24h/24, une piscine, un club de remise en forme et un bar avec musique live. Il prête en outre des bicyclettes.

Où se restaurer

Chandigarh compte de nombreux restaurants modernes préparant tout aussi bien les standards des fast-foods occidentaux, que des spécialités chinoises et régionales.

Près de la gare routière, le ***City Heart*** *(Udyog Path)* sert une cuisine indienne végétarienne bon marché. Non loin, le ***City Heart 2***, plus cher, propose des plats non végétariens et de la bière.

Le ***Singh's Chicken*** *(Sector 22, Himalaya Marg)* prépare un choix de plats à base de poulet, de 25 à 50 Rs. L'enseigne prétend – à tort ! – que l'édition britannique des guides Lonely Planet l'a plébiscité.

Dans la même rue, le ***Nagpal Pure Vegetarian Dhaba*** est apprécié pour ses spécialités indiennes végétariennes à moins de 40 Rs.

Le quartier commerçant du Sector 17 regorge de restaurants. Le ***Hot Millions 2*** (SCO 74-75, Sector 17) sert de la cuisine rapide (indienne, tex-mex et pizzas) sur trois niveaux bruyants. Il attire surtout les familles.

Au coin de la rue, vous apprécierez l'ambiance plus paisible de l'***Indian Coffee House*** et ses plats indiens bon marché, servis jusqu'à 21h30.

Le ***Mehfil*** *(SCO 185, Sector 17)* et le ***Ghazal*** *(SCO 189-91)*, en face, sont les meilleurs restaurants de Chandigarh. Leurs cartes proposent le mélange habituel de plats occidentaux, chinois et indiens et les plats valent environ 100 Rs (on peut commander une demi-portion). Tous deux abritent un bar et le Mehfil accueille des musiciens tous les soirs, sauf le lundi.

Le ***restaurant en plein air*** du Rock Garden, plaisant pour se reposer avant ou

Bus au départ de Chandigarh

destination	tarif (Rs) ordinaire/deluxe	durée approx. (heures)	quai n°	départs
Anandpur Sahib	50/-	$2^{1/2}$	29**	toutes les heures
Amritsar	196/-	6	29 et 34	toutes les heures
Delhi	108/215	$5^{1/2}$	12 et 13/11	toutes les demi-heures/ toutes les 5 minutes
Dharamsala	140/-	10	9	13h30
Haridwar/Rishikesh	95/-	6	16	toutes les demi-heures
Manali	155/-	10	-	17h50, 18h40, 19h30
Pinjore	15/-	1	7*	toutes les 10 minutes
Sirhind	29/-	2	26	2 par heure

* de l'arrêt de bus local
** entre 10h et 16h les bus partent de la gare routière du Sector 43

après la visite, sert des repas, des en-cas et de la bière. En cas de fringale nocturne, quelques hôtels disposent de cafés ouverts 24h/24 où vous pourrez vous restaurer. ***The Eating House***, à l'hôtel Aroma, est renommé pour ses pâtisseries et ses glaces.

Le soir, des ***échoppes de restauration*** s'installent dans Udyog Path et dans Himalaya Marg, où se trouvent également des magasins de spiritueux bon marché.

Où sortir

Au sous-sol du Hot Millions 2, le ***Down Under***, un pub australien au fond musical sonore, propose un billard et un service de restauration. L'***Arizzona***, une discothèque, ouvre de 13h à 18h le samedi et le jeudi. L'endroit, obscur et bruyant, attire la jeunesse. Le ***KC Cinema***, près d'Haryana Tourism, passe les dernières productions d'Hollywood et de Bollywood.

Achats

Dans les emporiums d'État, vous trouverez de beaux pulls et châles de laine du Punjab. Ils se trouvent pour la plupart dans le Sector 17, qui présente sans doute la plus grande concentration de boutiques du pays.

Comment s'y rendre

Avion. Indian Airlines (☎ 704539), SCO 170, Sector 17, ouvre du lundi au samedi, de 10h à 17h. La compagnie dessert Delhi (65 $US) et Amritsar (55 $US) les mercredi et samedi, et Leh (70 $US) le mercredi.

Bus. La bruyante gare routière de Chandigarh se tient dans le Sector 17, à côté du terminus des bus locaux. Elle abrite une poste, une consigne à bagages, des services téléphoniques et un guichet de rickshaws prépayés. Les bus partent entre 7h et 24h.

Train. La gare ferroviaire est mal située, à 8 km au sud-est du centre. On peut toutefois réserver au bureau (☎ 708573) installé à l'étage de la gare routière, ouvert de 8h à 20h (jusqu'à 14h le dimanche). Le bus local n°37 relie les gares routière et ferroviaire à chaque départ et arrivée de train. Deux fois par jour, le *Shatabdi Express* parcourt en trois heures les 245 km qui séparent Delhi de Chandigarh (400/790 Rs en air-con chair car/classe affaires). Un train de nuit, plus lent, parcourt le même trajet (97/489 Rs en 2e/couchettes climatisées, 6 heures).

Des trains quotidiens desservent Kalka (5 Rs, 1 heure, 24 km). De là, quatre trains sur voie étroite entreprennent chaque jour la montée vers Shimla (31 Rs, 5 heures).

Comment circuler

Desserte de l'aéroport. L'aéroport se trouve à 11 km au sud du Sector 17. La course en taxi revient à 250 Rs et à 57 Rs en rickshaw.

Transports locaux. Chandigarh est trop étendue pour l'explorer à pied. Le réseau de bus, très développé, permet de se déplacer à moindres frais. Le bus n°13 passe devant l'Aroma Hotel et continue jusqu'aux bâtiments administratifs, dans le Sector 1 ; le n°37 relie la gare routière et la gare ferroviaire.

Si vous devez faire un long trajet en ville, prenez plutôt un auto-rickshaw bleu. Un guichet d'auto-rickshaws prépayés est installé derrière la gare routière. Les rickshaw-wallahs offrent parfois un rabais en période creuse. De la gare routière, la course devrait coûter 34 Rs jusqu'à la gare ferroviaire et 20 Rs jusqu'au Rock Garden.

La bicyclette constitue le meilleur moyen de transport et certains hôtels en prêtent. Sinon, l'office du tourisme vous indiquera où en louer. A proximité des grands hôtels, vous trouverez des stations de taxis fonctionnant 24h/24. Comptez 250 Rs l'aller-retour pour une course de moins de 2 heures, 400 Rs pour Pinjore et 800 Rs pour Anandpur Sahib.

ENVIRONS DE CHANDIGARH

Pinjore

Les **Yadavindra Gardens** de Pinjore furent dessinés par Fidai Khan, souverain moghol et frère de lait d'Aurangzeb, à qui l'on doit également la mosquée Badshahi de Lahore (Pakistan). Situés à 20 km de Chandigarh, près de Kalka, ces jardins suspendus agrémentent le Shish Mahal, de style moghol-rajasthani, le Rang Mahal, le Jal Mahal, de forme cubique, avec une une série de fontaines et de cascades. Illuminés le soir, ils ouvrent tous les jours, de 7h à 20h (entrée : 5 Rs). Non loin, un petit zoo contient un enclos à loutres et d'autres animaux.

Le restaurant et l'hôtel installés dans les jardins se révèlent très agréables (chambres à 400/600 Rs sans/avec clim.). La ville elle-même compte de nombreux hôtels et restaurants. Les bus en provenance de Chandigarh (15 Rs, 1 heure) s'arrêtent à l'entrée des jardins toutes les 10 minutes environ (voir le tableau *Bus au départ de Chandigarh*).

Punjab

Jusque récemment, peu de visiteurs ont prêté attention aux sites qui jalonnent les grands axes routiers entre Delhi et Amritsar. Depuis peu, Punjab Tourism a entrepris de les promouvoir et on peut désormais passer la nuit aux endroits cités ci-dessous, dotés d'un ***Tourist Complex*** ou d'un gurdwara.

A 72 km au sud-est de Ludhiana, **Sirhind** fut autrefois une ville importante et la capitale de la dynastie pathan Sur. Aujourd'hui, c'est un grand centre de pèlerinage pour la sikhs et les musulmans sunnites. Le principal gurdwara commémore le martyre, en 1708, des deux jeunes fils du dixième gourou sikh, qui furent emmurés dans une pièce en briques après leur refus de se convertir à l'islam. La Shaheedi Jor Mela, une fête qui dure deux jours, se déroule au mois de décembre.

A 500 m du gurdwara s'élève un petit mausolée, le Rauza Sharif, vénéré comme une seconde Mecque par les musulmans sunnites, qui viennent chaque année en août à l'occasion de la fête d'Urs.

Près de la GT Road, à hauteur de Surhind, l'Aam Khas Bagh, un vaste serai moghol, fut construit à la fois pour la cour royale et le bas peuple. Commencé par Babar, il fut achevé par Shah Jahan. Aujourd'hui encore, les jardins et le bassin en font une halte agréable. Le Shish Mahal et le bassin, enclos d'un mur, se dressent à une extrémité des jardins et, à l'opposé, un hammam et les appartements privés de Shah Jahan. Près du monument, le ***Red Rose Tourist Complex***, doté d'un restaurant, facture ses chambres 500 Rs.

A 35 km au sud de Sirhind, **Patiala** fut la capitale d'un état sikh indépendant. Elle possède un fort, dont le musée présente des chandeliers et des armes, et le Motibagh Palace, déclaré patrimoine national en raison de ses fresques bien conservées (elles sont d'origine à plus de 75%). Le National Institute of Sports (institut national des Sports) est installé dans cette ville. En février la fête de Basant se déroule à Patiala.

Centre national du textile, **Ludhiana** fut le cadre d'une grande bataille au cours de la première guerre sikh (1845-1846). Hero Bicycles, qui produit presque 3 millions de vélos chaque année, est installé dans cette ville. Il n'y a pas grand-chose à voir à Ludhiana, hormis l'ensemble archaïque et confus des anciens tribunaux, le Purana Karcharia.

Capitale d'un ancien royaume hindou, **Jalandhar** survécut au pillage de Mahmud de Ghazni, il y a près d'un millénaire, et devint par la suite une importante cité moghole. C'est aujourd'hui un carrefour routier majeur et un centre de commerce florissant, réputé pour les articles de sport et les outils. En décembre, Jalandhar accueille trois grandes fêtes : Sangeet Sammelan, Harballah Sangeet Sammelan et Baba Sodai.

Une seconde ligne ferroviaire relie Amritsar en passant par **Rohtak**, à 70 km au nord-ouest de Delhi. Cette ancienne ville frontalière, entre les régions sikh et marathe, fut la raison de fréquents affrontements. C'est à **Hansi**, au nord-ouest de Rohtak, que mourut le colonel Skinner (son régiment privé de cavalerie, le Skinner's Horse, qu'il créa en 1790, conquit de vastes régions du Nord de l'Inde pour l'East India Company). A 90 km au nord-ouest, il ne reste pas grand-chose de la cité antique de **Sirsa**, hormis ses remparts.

La voie ferrée continue jusqu'à **Bathinda**, une ville importante sous la dynastie pathan Sur. A 350 km au nord-ouest de Delhi, près de la frontière pakistanaise, **Faridkot**, jadis capitale d'un État sikh éponyme, conserve son fort vieux de 700 ans et accueille, en septembre, la fête du Sheikh Farid Agam Purb.

Presqu'à la frontière, à 382 km au nord-ouest de Delhi, Firozpur ne mérite pas vraiment le détour. Avant la Partition, la ligne ferroviaire se prolongeait jusqu'à Lahore, désormais au Pakistan.

AMRITSAR

☎ 0183 • 1 million d'habitants

Fondée en 1577 par Ram Das, le quatrième gourou des sikhs, Amritsar est à la fois le centre de cette religion et la plus grande ville du Punjab. Son nom, qui signifie "bassin de nectar", fait référence au bassin sacré qui entoure le Golden Temple. La ville n'est

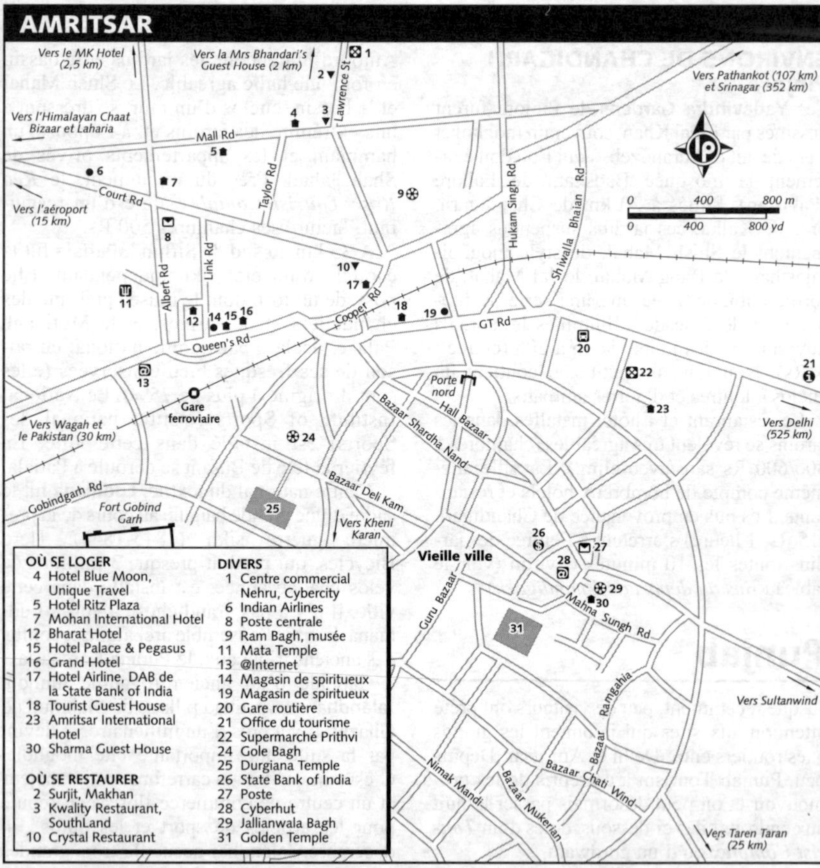

guère qu'une banale cité poussiéreuse, mais le sanctuaire, exceptionnel de beauté et de sérénité, mérite la visite.

Le site d'origine fut octroyé par l'empereur moghol Akbar, mais, en 1761, Ahmad Shah Durani mit la ville à sac et détruisit le temple. Il fut reconstruit en 1764, puis Ranjit Singh fit couvrir son toit de plaques de cuivre doré en 1802 et il devint le Golden Temple (temple d'Or). Durant les terribles événements qui accompagnèrent la Partition de l'Inde en 1947, Amritsar fut le centre de violents combats.

Lors des troubles qui secouèrent le Punjab au début des années 1980, le Golden Temple fut occupé par des sikhs extrémistes qui projetaient d'expulser les non-sikhs de l'État et de créer une patrie sikh. Sur ordre d'Indira Gandhi, l'armée indienne les en chassa en 1984, endommageant le temple et faisant plusieurs centaines de morts. La même année, Indira Gandhi fut assassinée par ses gardes sikhs. En 1986, des extrémistes occupèrent à nouveau le sanctuaire. Les dégâts causés par les tanks de l'armée indienne au Golden Temple sont aujourd'hui réparés et, après plusieurs années de rébellion, le calme règne dans la région.

Orientation

La vieille ville, encerclée par une rue qui suit le tracé des anciens remparts, se situe au sud-est de la gare ferroviaire centrale. Dix-huit portes subsistent, mais seule la porte nord, en face des jardins de Ram Bagh, est d'origine. Le Golden Temple et les étroites ruelles du quartier du bazar se trouvent dans la vieille ville.

La partie la plus moderne d'Amritsar s'élève au nord de la gare ferroviaire et abrite la plupart des d'hôtels. La gare routière se tient à 2 km à l'est de la gare ferroviaire, sur GT Rd.

Renseignements

Offices du tourisme. L'office du tourisme (☎ 231452) occupe l'ancienne auberge de jeunesse, à 1 km à l'est de la gare routière. Efficace, il ouvre du lundi au samedi, de 9h à 17h. Le bureau d'information du Golden Temple est ouvert tous les jours, de 8h à 13h et de 14h30 à 20h ; son personnel, très accueillant, propose des visites guidées gratuites.

Argent. De nombreux bureaux de change sont installés dans Link Rd, en face de la gare ferroviaire, et près du Golden Temple ; leurs taux sont un peu moins avantageux que ceux des banques. La Bank of Punjab, au Golden Temple, ne change que les dollars US et son DAB accepte la MasterCard. Dans la vieille ville, la State Bank of India change les dollars US et les livres sterling.

Poste et communications. Le bureau de poste du Golden Temple vend des timbres (ouvert du lundi au samedi de 9h à 18h30). La poste centrale, dans Court Rd, au nord-ouest de la gare ferroviaire, ouvre du lundi au samedi, de 9h à 17h.

La ville compte quelques établissements Internet, qui facturent 30 Rs l'heure. Cybercity, dans le Nehru Shopping Centre, ouvre 24h/24 ; @Internet, près de la gare ferroviaire, et Cyberhut, près du Golden Temple, sont ouverts de 8h30 à 22h.

Golden Temple

Le temple le plus vénéré de la religion sikh se situe au cœur de la vieille ville. Le sanctuaire lui-même, appelé Hari Mandir (ou Darbar Sahib), est entouré de l'Amrit Sarovar, un bassin qui a donné son nom à la ville. Une chaussée mène au sanctuaire. Ouvert à tous, c'est un site magnifique, surtout au petit matin. Le week-end, la foule s'y presse.

Les pèlerins et les visiteurs doivent se déchausser, se laver les pieds et se couvrir la tête avant d'entrer. Il est interdit de fumer. Vous ne pouvez prendre de photos que depuis le Parkarma, l'allée de marbre qui entoure le bassin sacré. Un guide anglophone est à la disposition des touristes au bureau d'information, près de la tour de l'horloge qui marque l'entrée principale du temple ; ce bureau dispose de plusieurs intéressantes brochures (gratuites).

La chaussée appelée Gurus' Bridge (pont des Gourous) mène au temple de marbre à deux étages, au centre du bassin sacré. La partie inférieure des murs est incrustée de fleurs et d'animaux en pierres semi-précieuses, selon la technique de la *pietra dura* employée au Taj Mahal. Une fois dans le sanctuaire, les pèlerins offrent des *prasad* (offrandes de nourriture) aux gardiens, qui en distribuent la moitié aux fidèles et aux visiteurs lorsqu'ils quittent le temple.

L'architecture est un mélange de styles hindou et musulman. La coupole, que recou-

GOLDEN TEMPLE

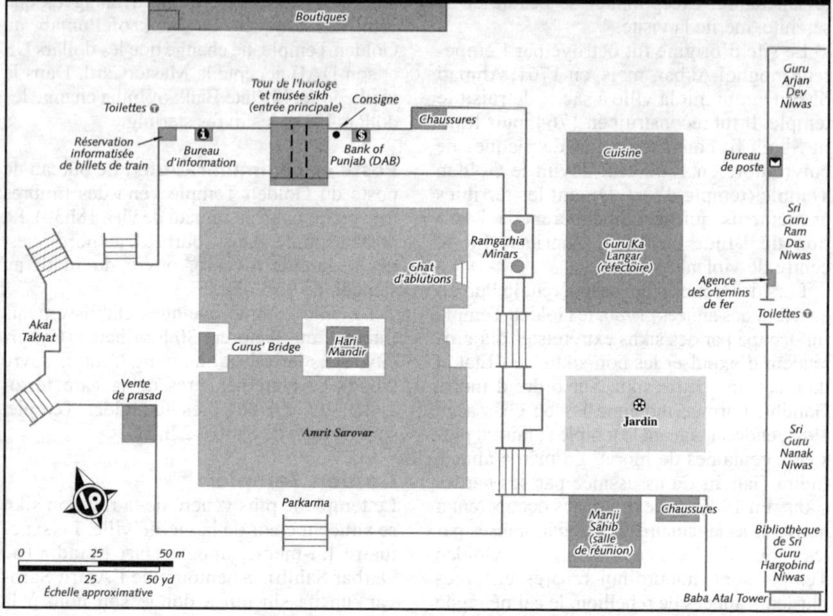

vrirait 100 kg d'or massif, représente une fleur de lotus renversée. Cette disposition symbolise la préoccupation des sikhs pour les problèmes terrestres.

Guru Granth Sahib. Quatre prêtres, postés à des endroits clés du temple, se relaient pour la lecture en continu (et en punjabi) du livre saint, le *Guru Granth Sahib,* retransmise par haut-parleurs. Pendant la journée, l'original est conservé sous un voile rose dans le Hari Mandir ; le soir vers 22h, il est solennellement rangé dans l'Akal Takht (le parlement sikh). La cérémonie du matin a lieu à 4h en été et à 5h en hiver.

Sikh Museum. A l'étage de la tour de l'horloge, ce musée abrite une galerie de peintures, souvent terrifiantes, retraçant l'histoire des sikhs et de leurs martyres. Il ouvre tous les jours, de 7h à 19h.

Akal Takht. Le Shiromani Gurdwara Parbandhak Committee, ou parlement sikh, se réunit traditionnellement dans ce bâtiment, qui fut la cible de l'armée indienne en 1984. Il a, depuis, été totalement reconstruit.

Guru-ka-Langar et gurdwara. Tous les temples sikhs possèdent une cuisine communautaire. Dans celle-ci, des bénévoles préparent chaque jour quelque 30 000 repas gratuits. Vous les verrez s'affairer devant la salle principale. La nourriture est très simple (chapati et lentilles), mais cuisinée chaque jour de façon méthodique. Prenez une assiette, asseyez-vous sur les nattes de jonc et attendez la fin des prières pour manger. A proximité, les gurdwara offrent à tous un hébergement gratuit. Les pèlerins disposent de nombreux services, dont une bibliothèque, une poste, une banque et un bureau de réservation de train.

Autres bâtiments. Au sud-est de l'enceinte du temple se dresse la **Baba Atal Tower**, une tour de neuf étages (30 m de haut) construite en 1784. Les hauts **Ramgarhia Minars**, balafrés par les projectiles des chars, s'élèvent à l'extérieur de l'enceinte.

Vieille ville

Quinze minutes de marche depuis le Golden Temple, à travers les étroites ruelles de la vieille ville, vous mènent au **Durgiana**

Temple. Ce temple hindou, dédié à la déesse Durga, date du XVIe siècle. Un temple plus important, édifié au centre d'un bassin, est consacré aux divinités hindoues Lakshmi et Narayan (Vishnu).

La vieille ville abrite plusieurs mosquées, dont celle de **Mohammed Jan**, dotée de trois coupoles blanches et de minarets élancés.

Mata Temple

Au nord-ouest de la gare ferroviaire, ce temple hindou rend hommage à Lal Devi, une sainte à lunettes du XXe siècle. C'est une version réduite du temple-grotte de Vaishno Devi, qui se trouve près de Jammu. Viennent y prier les femmes qui souhaitent avoir un enfant. Vous devrez ramper dans un tunnel et traverser un cours d'eau pour explorer la succession de grottes et de sanctuaires, ornés de divinités hindoues un peu kitsch (prenez l'escalier sur la gauche).

Jallianwala Bagh

Ce parc, plein d'arbres et de fleurs, commémore les 2 000 Indiens désarmés, tués ou blessés par les tirs des troupes britanniques en 1919. Cet effroyable carnage fut l'un des événements majeurs de la lutte pour l'Indépendance et a été fidèlement reconstitué dans le film *Gandhi*, de Richard Attenborough.

Le parc se trouve à 5 minutes à pied du Golden Temple et ouvre de 6h à 19h en été et de 7h à 18h en hiver. Un pan de mur conserve des traces de balles, non loin du puits où certains se jetèrent pour échapper à la mort ; on en retira 120 cadavres. Quelques portraits et de brèves biographies des victimes sont présentés dans la **Martyr's Gallery** (galerie des Martyrs), ouverte de 9h à 17h en été et de 10h à 16h en hiver.

Ram Bagh

Situé dans la ville nouvelle, ce parc entoure le petit palais construit par le maharaja sikh Ranjit Singh. Dans le palais, un **musée** présente des armes de l'époque moghole et quelques portraits des familles régnantes du Punjab. Il ouvre du mardi au dimanche, de 10h à 16h45 (entrée : 5 Rs).

Taren Taran

Ce bassin sikh important se situe à 25 km au sud d'Amritsar. Il s'agrémente d'un temple, antérieur à la construction de la ville, et d'une tour, sur la rive est, œuvre de Ranjit Singh. La légende veut que les lépreux qui parviennent à traverser le bassin à la nage soient miraculeusement guéris. Des bus partent toutes les 5 minutes de la gare routière d'Amritsar (9 Rs, 1 heure).

Le massacre de Jallianwala Bagh

Les troubles d'Amritsar furent déclenchés par l'adoption du *Rowlatt Act* (1919), qui conférait aux autorités britanniques les pleins pouvoirs pour emprisonner sans procès les Indiens suspectés de sédition. Des *hartal* (grèves d'une journée) furent organisés en signe de protestation. Le lieutenant gouverneur du Punjab, Sir Michael O'Dwyer ("un réactionnaire qui méprisait les Indiens éduqués", est-il écrit dans la Martyrs' Gallery) opta pour la fermeté et fit arrêter un dirigeant indien. Il s'ensuivit des manifestations de la part des Indiens, que les tirs des Britanniques transformèrent en émeutes et pillages.

Le général Dyer fut rappelé pour rétablir l'ordre dans la ville. Le 13 avril 1919, il se présenta à la tête de 150 soldats devant une manifestation pacifique rassemblant 20 000 Indiens dans Jallianwala Bagh. Il ordonna aux manifestants de se disperser, alors que le lieu était entouré de hauts murs et que ses hommes barraient l'entrée principale. Sans autre préavis, les Britanniques ouvrirent le feu. Quelques minutes plus tard, le bilan s'élevait à 337 hommes, 41 jeunes garçons et un bébé tués. A leurs côtés gisaient 1 500 blessés. Certains furent abattus alors qu'ils tentaient d'escalader les murs.

Bien que le carnage fût dénoncé par le monde entier, les Britanniques ne condamnèrent pas O'Dwyer et Dyer, mais bien au contraire, allèrent parfois jusqu'à les considérer comme des héros. En réaction au massacre, Gandhi lança son programme de désobéissance civile et déclara que "toute coopération avec ce gouvernement démoniaque était un péché".

Dyer mourut d'une chute en 1927 ; O'Dwyer fut assassiné à Londres en 1940 par un sikh, l'un de ceux qui avait servi l'eau pendant la réunion de 1919.

Où se loger – petits budgets

La ***Tourist Guest House*** *(☎ 553830, 1355 Grand Trunk Rd)* possède quelques charmantes chambres anciennes, propres et pleines de cachet. Comptez 100 Rs, ou 150 et 200 Rs avec s.d.b. (chauffe-eau). Une terrasse agréable et une jolie pelouse ajoutent à son agrément. La réception reste ouverte 24h/24 et on peut, le soir, se connecter à Internet. Seule ombre au tableau, l'odeur des étables du marché voisin peut être gênante.

Près de la gare ferroviaire et de Link Rd, le ***Bharat Hotel*** *(☎ 227536)*, accueillant, propose des chambres correctes et propres, avec TV, téléphone et s.d.b. (chauffe-eau), de 150 à 250 Rs.

Plus rudimentaire, mais plus proche de la gare, l'***Hotel Palace & Pegasus*** *(☎ 565111, Queen's Rd)* offre des simples/doubles avec s.d.b. (toilettes turques et seau d'eau chaude) à partir de 150/250 Rs.

Quelques petits hôtels bon marché se regroupent aux abords du Golden Temple. La ***Sharma Guest House*** *(☎ 551657)*, très accueillante et dotée d'un restaurant, dispose de chambres à 150/200 Rs, ou 250 Rs avec s.d.b.

Beaucoup apprécient l'atmosphère chaleureuse qui règne au ***gurdwara du Golden Temple***. Il reste ouvert 24h/24, mais il faut libérer les chambres à 12h. Si vous voulez séjourner plus d'une nuit, vous avez besoin d'une autorisation spéciale. Vous devez verser une caution, remboursable, de 50 Rs et faire une donation lors de votre départ.

Où se loger – catégorie moyenne

La ***Mrs Bhandari's Guest House*** *(☎ 228509, fax 222390, payal@mol.net.in, 10 Cantonment)* s'agrémente d'un vaste jardin paisible et d'une piscine. Les chambres propres, avec cheminée, varient en prix et en dimensions (à partir de 750/950 Rs en simple/double). Camper dans le jardin revient à 150 Rs par personne. Les résidents peuvent prendre leurs repas sur place (250 Rs). Jetez un coup d'œil dans la maison de Mrs Bhandari, au fantastique intérieur Arts déco.

En face de la gare ferroviaire, le ***Grand Hotel*** *(☎ 562424, fax 229677, grand@jla.vsnl.net.in)* constitue un bon choix avec ses chambres réparties autour d'un jardin verdoyant et fleuri (ne cueillez pas les fleurs !). Comptez 395/500 Rs pour une chambre avec TV, téléphone et s.d.b. (chauffe-eau), ou 675/775 Rs avec clim. L'établissement, qui accepte les cartes de crédit, abrite également un bar-restaurant plaisant et un billard dans le patio (100 Rs l'heure).

L'***Hotel Airline*** *(☎ 564848)*, doté d'un patio central, propose des chambres originales, avec une balancelle confortable, une baignoire, la TV et le téléphone, à 350/450 Rs, ou 600/750 Rs avec clim. Lors de notre passage, un restaurant était en construction. Exemple type des hauts hôtels gouvernementaux, l'***Amritsar International Hotel*** *(☎ 555991, fax 556234)*, proche de la gare routière et géré par Punjab Tourism, comporte une petite pelouse, un restaurant et un parking. Les chambres avec s.d.b. débutent à 475/550 Rs et, contre toute attente, le personnel se révèle serviable.

Dans Mall Rd, l'***Hotel Blue Moon*** *(☎ 220416, blue moon@jla.vsnl.net.in)*, un établissement correct entouré de pelouses, loue des chambres avec TV, téléphone et s.d.b. de 695 à 745 Rs. Les chambres les plus chères (990/1 080 Rs) sont modernes et plus claires.

Où se loger – catégorie supérieure

Le ***Mohan International Hotel*** *(☎ 227801, fax 226520, Albert Rd)*, le plus central dans cette catégorie, dispose d'une piscine et de chambres à partir de 1 500/2 500 Rs. L'agence Unique Travel est installée sur place.

Dernier-né des hôtels d'Amritsar, le ***MK Hotel*** *(☎ 504610, fax 507910, mkhotel@mol.net.in, Ranjit Ave)*, étincelant, se situe loin du centre-ville. Le prix des chambres commence à 1 600/2 500 Rs. Une piscine occupe la terrasse du 1er étage et de la musique ghazal berce le restaurant.

Tout aussi élégant, l'***Hotel Ritz Plaza*** *(☎ 562836, 226657, litz@del3.vsnl.net.in, 45 The Mall)* offre un excellent service, une piscine, un bar superbe et un restaurant. Prévoyez un minimum de 1 650/2 200 Rs pour une chambre avec balcon et 275 Rs pour un repas.

Où se restaurer

De nombreux *dhaba* (snack-bars) bordent Lawrence St et vous pourrez y déguster d'excellents plats bon marché. Parmi ceux-ci, citons le ***Surjit***, célèbre pour son poulet tandoori, et le ***Makhan***, un établissement en plein air de poisson tandoori ; ce dernier épuise ses plats en quelques heures, mais refuse d'en préparer d'autres. l'***Himalayan Chaat Bizaar*** et la pâtisserie ***Lahoria*** sont également de bonnes adresses.

Très fréquenté, le ***Crystal Restaurant*** (*☎ 225555*), sous licence, sert de savoureuses spécialités indiennes, chinoises et occidentales dans une atmosphère feutrée et climatisée (de 60 à 120 Rs le plat). Tout aussi excellent, le ***Napoli***, à l'Hotel Blue Moon, possède également une licence.

Amritsar est réputée pour ses lassi, en vente partout dans la vieille ville. Des ***magasins de spiritueux*** sont installées aux alentours de la gare ferroviaire. Pour acheter des provisions ou des produits de toilette, allez au ***supermarché Prithvi***, près de l'arrêt de bus.

Achats

Les couvertures, châles et pulls de laine, de fabrication locale, devraient coûter moins cher à Amritsar qu'ailleurs en Inde ; flânez dans le Guru Bazaar, près du Golden Temple. Le thé et les objets en argent sont également intéressants ; explorez les boutiques de Katra Jaimal Singh, près du central téléphonique de la vieille ville.

Comment s'y rendre

Avion. Air India (☎ 546122) propose des vols internationaux reliant Amritsar au Moyen-Orient essentiellement. L'agence d'Indian Airlines (☎ 503780) se situe 39A Court Rd. Des vols rallient Delhi (90 $US, 1 heure) cinq fois par semaine, Chandigarh (55 $US) deux fois par semaine et Lucknow (4 565 Rs, 1 heure 30) deux fois par semaine.

Bus. Des bus locaux desservent fréquemment Delhi (160 Rs, 10 heures), Chandigarh (90 Rs, 5 heures, guichet 15), Jammu (70 Rs, 5 heures, guichet 15), Taren Taran (9 Rs, 1 heure, guichets 1 et 4) et Wagah (13 Rs, 1 heure, guichets 2 et 3). Un bus part pour Dehra Dun à 7h (167 Rs, 10 heures, guichets 13 et 14), pour Dalhousie à 9h20 (90 Rs, 10 heures, guichet 8) et pour Dharamsala à 11h (93 Rs, 10 heures, guichets 13 et 14) ; mieux vaut toutefois prendre le train jusqu'à Pathankot, puis un bus. Pour tout renseignement concernant les bus, appelez le ☎ 551734. Des bus privés partent de la gare ferroviaire, où des agences vendent les billets.

Train. Vous pouvez réserver vos billets de train à la gare ferroviaire ou au service de réservation ferroviaire du Golden Temple, ouvert du lundi au samedi de 8h à 14h et de 14h15 à 20h, le dimanche de 8h à 14h.

Des trains directs rejoignent Delhi (99/520 Rs en 2e/1re classe, 8 à 10 heures, 447 km), mais le *Shatabdi Express*, quotidien, effectue ce trajet en 5 heures 30 (610/1 220 Rs en chair car/classe affaires). L'*Amritsar-Howrah Mail* relie Amritsar à Lucknow (158/830 Rs, 17 heures, 850 km), Varanasi (201/1 056 Rs, 23 heures, 1 251 km) et Kolkata (Calcutta ; 245/1 336 Rs, 38 heures, 1 829 km).

Le point de passage ferroviaire de la frontière indo-pakistanaise se trouve à Attari, à 26 km d'Amritsar. Le *4607 Indo-Pak Express* quitte Amritsar à 7h et arrive à Lahore (Pakistan) à 16h15. Il ne circule

Parades frontalières

Les relations entre l'Inde et le Pakistan sont rarement détendues et chacun des deux pays semble déterminé à surpasser son voisin à la moindre occasion, aussi bien sur un terrain de cricket que dans le domaine de l'armement nucléaire. Une démonstration inoffensive, mais divertissante, de cette vieille rivalité se déroule chaque jour au poste-frontière de Wagah, le seul point de passage routier entre les deux pays.

Le spectacle commence 30 minutes avant le lever et le coucher du soleil. Vêtus de leurs plus beaux uniformes, les gardes se réunissent de chaque côté de la frontière et entament un défilé au pas cadencé parfaitement orchestré, sous les hurlements de leurs supérieurs. Les drapeaux glissent le long des mats et les portes sont ouvertes ou claquées.

La foule se rassemble de chaque côté, mais les Indiens semblent l'emporter, d'autant qu'il disposent d'un abri en béton, construit spécialement, et que des gardes s'assurent à grands coups de sifflet que tout le monde jouit d'une vue excellente. Le nombre de spectateurs est effarant, environ 5 000 chaque soir, qui tous encouragent leurs propres troupes et se moquent des adversaires. A la fin de la cérémonie, les foules se précipitent vers les grilles et se menacent du poing. Ne témoignez aucune sympathie au clan opposé, faute de quoi vous serez sévèrement rappelé à l'ordre par un garde-frontière courroucé !

PUNJAB ET HARYANA

que le lundi et le jeudi (retour le mardi et le vendredi) et le passage de la frontière prend des heures.

Plus rapide, le passage de la frontière par la route se situe à Wagah, 4 km après Attari. La frontière ouvre tous les jours de 9h à 15h30 en hiver, jusqu'à 16h en été. La plupart des gens la traversent à pied car les véhicules sont retardés. Des bus relient Amritsar à Attari (13 Rs, 1 heure) toutes les heures jusqu'à 15h, mais tous ne poursuivent pas jusqu'à Wagah. On peut facilement louer un rickshaw d'Attari à Wagah. Un taxi depuis Amritsar coûte de 300 à 400 Rs ; des minibus partent de la gare ferroviaire (60 Rs).

A Wagah, le ***Neem Chameli Tourist Complex*** *(☎ 231452)*, géré par Punjab Tourism, loue des lits en dortoirs et des doubles bon marché. Vous trouverez des cafés où vous restaurer et changer de l'argent. Reportez-vous au chapitre *Comment s'y rendre* pour plus de renseignements sur le passage de la frontière.

Comment circuler

L'aéroport se situe à 15 km du centre-ville. La course en auto-rickshaw/taxi revient à 100/400 Rs. Cyclo-pousse et auto-rickshaws sillonnent la ville ; de la gare ferroviaire au Golden Temple, il devrait vous en coûter respectivement 15 et 30 Rs.

PATHANKOT

☎ 0186 • 150 000 habitants

Située à l'extrême nord du Punjab, Pathankot est une importante tête de ligne ferroviaire pour les voyageurs qui se rendent à Dharamsala et Dalhousie. En face de l'entrée principale de la gare ferroviaire, un office du tourisme de l'Himachal Pradesh, très compétent, ouvre du lundi au samedi, de 10h à 17h. Un service de bus régulier vous évitera de séjourner trop longtemps dans cette ville sans grand intérêt. Si vous devez y passer quelques heures, installez-vous dans un dhaba pour bavarder avec les habitants, flânez dans le bazar ou explorez les rives de la Beas, toute proche.

La Bank of India, la poste centrale et un café Internet bordent l'embranchement gauche de Gurdaspur Rd, la route venant de Delhi.

Où se loger

La plupart des hôtels sont installés dans Gurdaspur Rd et leurs chambres en façade sont bruyantes. Sauf mention contraire, tous demandent que les chambres soient libérées à 12h et disposent de toilettes occidentales et de chauffe-eau. Le plus proche de la gare ferroviaire, le ***Green Hotel***, propose des chambres avec TV, téléphone et s.d.b., ouvrant sur une coursive, à 250 Rs. Il possède un restaurant au 1er étage et un bar au rez-de-chaussée.

Près de l'embranchement de Gurdaspur Rd, l'***Hotel Tourist***, le meilleur des établissements bon marché, répartit ses chambres autour d'une cour intérieure. Il facture 90/100 Rs les lumineuses simples/doubles, avec toilettes turques, installées sur la terrasse ; celles des deux premiers étages, avec s.d.b. (toilettes turques), reviennent à 220/225 Rs. L'hôtel compte de nombreuses chambres, toutes avec TV et téléphone. Un médecin dermato-vénérologue consulte au 1er étage.

Au nord-est de la poste, l'***Hotel Airlines*** *(☎ 20505)*, un peu moins bruyant que ceux de Gurdaspur Rd, dispose de chambres entourant une cour couverte, à 250 Rs (toilettes turques) ou 250 Rs avec s.d.b. et balcon. Il comporte un restaurant sous licence.

A 100 m de la gare routière en direction de Delhi, l'***Hotel Parag*** *(☎ 25672)* offre de vastes chambres avec TV, téléphone et s.d.b. de 250 à 350 Rs avec air-cooler, ou 500 Rs avec clim., plus 10% de service.

Où se restaurer

Nombre de ***dhaba*** sont installés dans Gurdaspur Rd et tous les hôtels possèdent un restaurant correct ; le meilleur est le ***Vitaka***, à l'Hotel Parag. A l'est de la poste, le ***Kalotra Coffee House*** sert un bon café et des jus de mangue, mais les couples non mariés ne peuvent pas rester plus de 20 minutes dans l'établissement.

Comment s'y rendre

La gare routière se trouve dans Gurdaspur Rd et la gare ferroviaire, 400 m plus loin en direction de la ville. Si votre train s'arrête à la gare ferroviaire de Chowkibank, prenez un cyclo-pousse pour parcourir les 3 km qui séparent les deux gares (25 Rs).

Plusieurs trains quotidiens desservent Delhi (105/552 Rs en 2e/1re classe). Des trains rallient Amritsar (20/173 Rs, 2 heures 30) et Jammu (32/173 Rs, 3 heures). Dans la gare, un bureau de réservation informatisé ouvre tous les jours.

Les bus pour Dalhousie (45 Rs, 3 heures), Chamba (70 Rs, 5 heures), Dharamsala (60 Rs, 4 heures) et McLeod Ganj (90 Rs, 4 heures 30) partent toutes les heures entre 5h et 17h. Pour Manali (225 Rs, 13 heures), les départs ont lieu de 4h30 à 8h et de 17h à 20h et pour Chandigarh (48 Rs, 3 heures), toutes les cinq minutes.

Vous pouvez prendre un taxi pour toutes ces destinations ; le voyage sera plus rapide mais beaucoup plus cher (environ 800 Rs pour Dalhousie ou Dharamsala). La station de taxis proche de l'office du tourisme de l'Himachal Pradesh fonctionne 24h/24.

ANANDPUR SAHIB

☎ 01881

Cette ville en pleine expansion, lieu de pèlerinage depuis plus de 300 ans, compte parmi les sites les plus sacrés des sikhs et abrite nombre de gurdwara anciens. S'adossant à la chaîne des Naina Devi, Anandpur Sahib est le berceau de la Khalsa (confrérie sikh), dont le tricentenaire a été célébré en 1999. Pour accueillir le flux de pèlerins et promouvoir le tourisme, de nouvelles infrastructures ont été mises en place. Un bureau d'informations touristiques est installé à l'entrée de la ville ; des bureaux de change, des restaurants et des hôtels de luxe devraient bientôt être achevés. Les gares routière et ferroviaire sont à 200 m l'une de l'autre, dans l'artère principale qui traverse la ville.

Le **Gurdwara Kesgarh Sahib**, le plus grand gurdwara, a vu naître la Khalsa. Il comporte un bureau d'information, un hébergement et une cuisine. Dans le sanctuaire, décoré d'armes, les fidèles chantent des prières. Chaque année, au mois de mars, la fête de Holla Mohalla commémore la naissance de la confrérie. Une foule de pèlerins se réunit au-dessous du gurdwara pour regarder de pittoresques armées de guerriers sikhs rejouer les sanglants combats de jadis.

A l'arrière, sur la colline, en face de Kesgarh Sahib, le **Gurdwara Anandgarh Sahib** se reconnaît à son petit fort ; en contrebas, une volée de marches mène à un puits. Un spectacle son et lumière s'y déroule à la nuit tombée. Lors de notre passage, les hébergements d'Anandpur Sahib se limitaient aux gurdwara et à un complexe touristique gouvernemental. Des échoppes vendent des en-cas et, bien sûr, vous pouvez vous restaurer dans les gurdwara.

A 75 km au nord-ouest de Chandigarh (Haryana), Anandpur Sahib est desservie par des bus et des train. Des bus partent toutes les heures pour le Sector 43 de Chandigarh (29 Rs, 2 heures 30), mais il est plus simple de prendre un bus plus régulier jusqu'à Ropar, puis une correspondance pour Chandigarh (ou ailleurs).

Quatre trains quotidiens rallient Ambala (25 Rs). De Chandigarh, l'excursion aller-retour en taxi dans la journée revient à quelque 800 Rs.

Himachal Pradesh

L'Himachal Pradesh – le pays des sommets aux neiges éternelles – englobe les contreforts de l'Himalaya ainsi que la région transhimalayenne du Lahaul et du Spiti, traversant cette imposante barrière pour rejoindre le plateau tibétain.

Dotée d'une économie surtout orientée vers le tourisme, Kullu Valley peut être considérée comme l'épine dorsale de l'État, bien que cet aspect commercial commence à porter atteinte au charme particulier de la région, qui avait attiré les touristes dès les années 60. A l'est, s'étend Parvati Valley, appréciée par les voyageurs au long cours. Rares sont les visiteurs à pousser plus au nord, vers la splendide Chamba Valley au paysage rocailleux, parsemée de villages de montagne et de temples séculaires. Kangra Valley est surtout réputée pour abriter les quartiers généraux du gouvernement tibétain en exil, avec la résidence du dalaï-lama située sur les hauteurs de Dharamsala (McLeod Ganj).

Pour découvrir des paysages montagneux encore vierges, gagnez, en altitude, les régions désolées du Lahaul, du Spiti et du Kinnaur. Fermées aux étrangers jusqu'en 1992, ces régions qui enjambent la chaîne de l'Himalaya ont plus en commun avec le Tibet tout proche qu'avec le reste de l'Inde. Des autorisations (faciles à obtenir) sont nécessaires pour visiter la zone sensible entre Spiti et Kinnaur. Pour plus de renseignements sur le trekking dans cette région, consultez nos guides *Trekking in the Indian Himalaya* et *Indian Himalaya*.

En bref

Population : 6,1 millions d'habitants
Superficie : 55 673 km^2
Capitale : Shimla
Principales langues : hindi, pahari
Meilleure saison : de mi-mai à mi-octobre (trekking) ; de fin décembre à mars (sports d'hiver)

Cartes du chapitre :

- Shimla : le trajet en train miniature jusqu'à cette station climatique vous permettra de goûter la splendeur passée de l'empire Britannique
- McLeod Ganj, la patrie d'adoption du dalaï-lama offre l'opportunité d'étudier le bouddhisme ou d'aider les réfugiés tibétains
- Kinnaur, un territoire sauvage à explorer aux confins de la frontière nord
- Chamba Valley : d'antiques temples hindous et d'impressionnants paysages de montagne
- Manali, un magnifique terrain de jeu pour les amateurs de ski, de rafting ou de parapente

Histoire

Les régions que couvre aujourd'hui l'Himachal Pradesh étaient autrefois sillonnées de routes commerçantes vers le Tibet (par-delà le Shipki La) et l'Asie centrale (*via* le Baralacha La et Leh) et elles commandaient également Sach Pass (col de Sach) qui menait au Cachemire. Les rajas, les ranas et les thakur dirigeaient leur *rahun* et leur *thakurai* rivaux, morcelant ainsi l'Himachal en un véritable patchwork de minuscules États. Seules les régions de Kangra et de Kullu (puis de Chamba) parvinrent à se libérer de ce système féodal.

Des rois bengalis régnèrent sur différents États de l'Himachal Pradesh, le plus célèbre de ces États étant le Mandi, qui fut fondé en 1527. A l'exception des plus importants d'entre eux, la plupart des États montagneux furent créés par des aventuriers rajpoutes venus des plaines au début de la période médiévale. Durant la période coloniale, de nombreux rajas durent partager leur sort avec les Britanniques, pour se voir ensuite confisquer leurs royaumes et leurs titres au moment de l'Indépendance de l'Inde.

Les premiers Occidentaux à se rendre dans la région furent des missionnaires jésuites partis à la recherche du royaume légendaire de John Prester. Les Britanniques découvrirent l'Himachal Pradesh à la suite de leurs différents conflits avec les sikhs et les Gurkha. De petits "îlots" britanniques furent créés à Shimla, Dalhousie et Dharamsala au tout début du XXe siècle. A la même époque, on construisit une ligne ferroviaire jusqu'à Shimla, puis une autre qui traversait Kangra Valley.

L'État de l'Himachal Pradesh qui fut fondé en 1948 libéra de nombreux villages du système féodal encore en vigueur. En 1966, on lui ajouta les régions de dialecte pahari, alors administrées par le Punjab : Kangra, Kullu, Lahaul et Spiti. L'Himachal Pradesh devint un État de l'Union indienne à part entière en 1971.

Aujourd'hui, l'Himachal tire surtout ses revenus du tourisme, de l'agriculture et de l'industrie textile. Son gouvernement espère bientôt ajouter l'énergie hydraulique à cette liste, avec la construction de grands barrages sur de nombreux fleuves de l'État, censés représenter 25% du potentiel hydroélectrique de l'Inde.

Une large part des revenus du tourisme sont générés par la taxe de luxe de 10% prélevée dans tous les hôtels, à l'exception des plus humbles. Dans ces établissements, les tarifs indiqués dans ce chapitre n'incluent pas cette taxe, qu'il convient donc de rajouter.

Géographie

Les montagnes, qui s'élèvent à pic des plaines du Punjab, dominent l'Himachal Pradesh. Les plus hauts sommets sont le Leo Purgyal (6 791 m), près de Nako dans le Kinnaur, le Deo Tibba (6 001 m), dans les environs de Manali, et le Kinnaur Kailash (6 050 m), qui surplombe Rekong Peo et Kalpa dans le Kinnaur.

Les cols (*la* en tibétain et *pass* en anglais), notamment le Rohtang La (3 978 m), le Baralacha La (4 950 m) et le Kunzum La (4 551 m), constituent les points de passage entre des régions de culture distincte. L'hiver, le Lahaul et le Spiti sont totalement isolés lorsque ces cols sont ensevelis sous la neige.

Le Lahaul abrite Chandra Valley et Bhaga Valley, arrosées par la Chandra qui devient la Chenab avant de poursuivre son cours à l'ouest vers le Cachemire. A l'est, la Spiti rejoint la Sutlej au Kinnaur et s'étire jusqu'au Punjab. Kullu Valley longe la Beas (prononcer "bi-aze") et s'étend de Mandi à Manali. La Parvati coule dans la vallée du même nom en direction de l'est, pour se jeter dans la Beas près de Bhuntar.

A l'ouest, s'étend la superbe Kangra Valley et de l'autre côté de la chaîne du Dhauladhar, Chamba Valley, séparée de la lointaine Pattan Valley (vallée de la Chenab supérieure) par les montagnes de Pir Panjal. La Ravi traverse Chamba pour rejoindre Lahore à l'extrémité nord.

Renseignements

Offices du tourisme. L'Himachal Pradesh Tourist Development Corporation (HPTDC) fournit cartes et informations sur la région, organise des visites guidées et gère un certain nombre d'hôtels de catégorie moyenne. Ceux-ci, qui abritent souvent des dortoirs, offrent un hébergement correct. Ils font office de centres d'information touristique dans les régions privées d'offices du tourisme et assurent les réservations de visites guidées et de chambres d'hôtels dans les autres établissements du HPTDC.

En haute saison, le HPTDC affrète des bus deluxe pour les touristes à destination de Shimla, Kullu et Manali. Ces villes sont reliées à Delhi et à Chandigarh. Plus chers que les bus publics, ces véhicules s'avèrent plus rapides et nettement plus confortables. Le HPTDC organise en outre des excursions quotidiennes au départ de Shimla et de Manali, qui sont un bon moyen de découvrir les environs.

Les bureaux du HPTDC des autres États indiens peuvent également fournir des renseignements utiles.

Ahmedabad
(☎ 079-7544800) B/163/8 Navdeep House, Ashram Rd
Bangalore
(☎ 080-2876591) Ganesh Complex, n°13 SC Rd
Chandigarh
(☎ 0172-707267) Inter State Bus Terminal, Sector 17
Chennai
(☎ 044-8272966) 28 Commander-in-Chief Rd

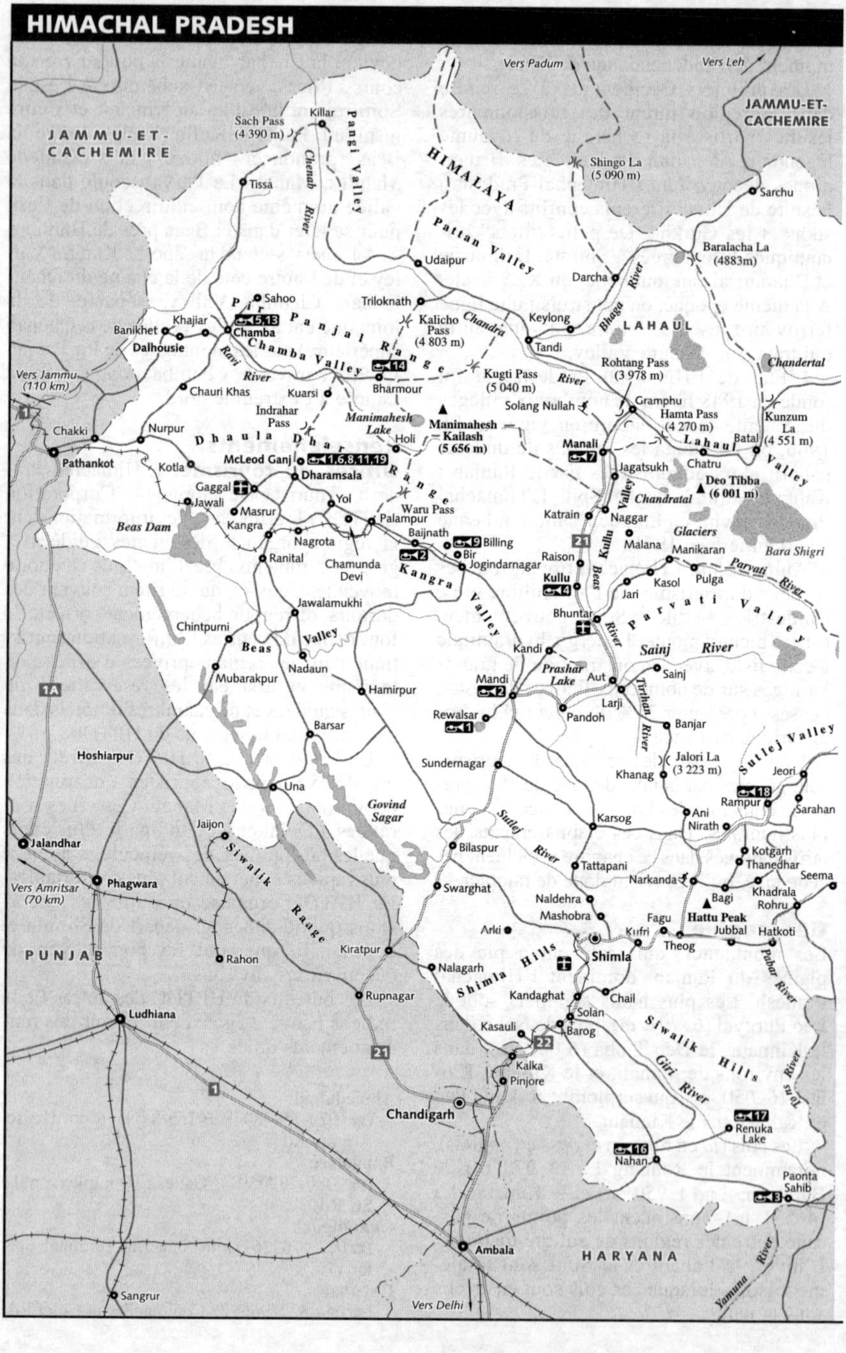
HIMACHAL PRADESH
Vers Padum
Vers Leh
JAMMU-ET-CACHEMIRE
JAMMU-ET-CACHEMIRE
Sach Pass (4 390 m)
Killar
Pangi Valley
Chenab River
HIMALAYA
Shingo La (5 090 m)
Sarchu
Tissa
Pattan Valley
Baralacha La (4883m)
Udaipur
Darcha
Bhaga River
LAHAUL
Sahoo
Trilokhnath
Keylong
Pir Panjal Range
Kalicho Pass (4 803 m)
Chandra
Tandi
Chandertal
Banikhet
Khajiar
Chamba
Dalhousie
Chamba Valley
Ravi River
Bharmour
Kugti Pass (5 040 m)
Rohtang Pass (3 978 m)
River
Vers Jammu (110 km)
Chauri Khas
Kuarsi
Solang Nullah
Gramphu
Hamta Pass (4 270 m)
Kunzum La (4 551 m)
Indrahar Pass
Manimahesh Lake
Manimahesh Kailash (5 656 m)
Chakki
Nurpur
Dhaula Dhar Range
Holi
Manali
Lahaul Valley
Batal
Chatru
Pathankot
Kotla
McLeod Ganj
Dharamsala
Jagatsukh
Deo Tibba (6 001 m)
Gaggal
Jawali
Masrur
Yol
Chandratal
Kangra
Waru Pass
Katrain
Kullu Valley
Naggar
Beas Dam
Palampur
Glaciers
Nagrota
Baijnath
Billing
Bir
Malana
Bara Shigri
Ranital
Jogindarnagar
Raison
Manikaran
Parvati River
Chamunda Devi
Kangra Valley
Kullu
Beas
Kasol
Pulga
Jari
Jawalamukhi
Bhuntar
Parvati Valley
Chintpurni
Beas Valley
River
Kandi
Sainj River
Nadaun
Prashar Lake
Mubarakpur
Mandi
Aut
Sainj
Tirthan River
Larji
Hamirpur
Pandoh
Rewalsar
Banjar
Barsar
Sutlej Valley
Jalori La (3 223 m)
Hoshiarpur
Sundernagar
Khanag
Jeori
Rampur
Sarahan
Una
Govind Sagar
Ani
Nirath
Karsog
Sutlej River
Jaijon
Siwalik Range
Bilaspur
Kotgarh
Thanedhar
Jalandhar
Tattapani
Narkanda
Seema
Vers Amritsar (70 km)
Phagwara
Swarghat
Bagi
Khadrala
Rohru
Naldehra
Mashobra
Hattu Peak
Fagu
Arki
Kufri
Theog
Jubbal
Hatkoti
PUNJAB
Kiratpur
Shimla
Pabar River
Rahon
Nalagarh
Shimla Hills
Rupnagar
Kandaghat
Chail
Ludhiana
Solan
Barog
Kasauli
Siwalik Hills
Kalka
Pinjore
Giri River
Tons River
Chandigarh
Renuka Lake
Nahan
Paonta Sahib
Ambala
HARYANA
Yamuna River
Sangrur
Vers Delhi
1A
1
21
22

	FÊTES	DATES
1	Losar (Nouvel an tibétain)	fév./mars
2	Shivaratri	fév./mars
3	Holi	mars
4	Dussehra	mars/avr.
5	Sui Mata	mars/avr.
6	Opera Festival	mars/avr.
7	Dhungri Festival	mai
8	Anniversaire du Tipa	27 mai
9	Himalayan Hang-Gliding Rally	mai/juin
10	Chaam	juin/juil.
11	Anniversaire du Dalaï-Lama	6 juil.
12	Ladarcha	juil.
13	Minjar	juil./août
14	Manimahesh Yatra	juil./août
15	Phulech	sept.
16	Bhawan Dwadshi	fin de la mousson (oct.)
17	Renuka Mela	nov.
18	Lavi Fair	nov.
19	International Himalayan Festival	10-12 déc.

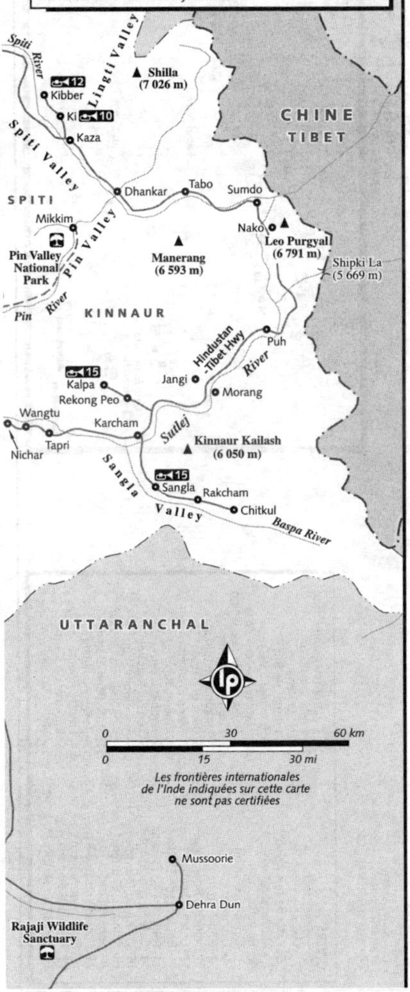

Delhi
(☎ 011-3325320) Chandralok Bldg, 36 Janpath
Kolkata
(Calcutta ; ☎ 033-2219072) 2H, 2nd floor, Electronic Centre, 1-1A, BAC St
Mumbai
(Bombay; ☎ 022-2181123) 36 World Trade Centre, Cuffe Parade

Internet. Le site officiel de l'Himachal Pradesh, www.himachaltourism.com (aussi www.himachaltourism.nic.in) est très bien conçu, de même que celui du HPTDC, www.hptdc.com, destiné à la promotion des hôtels et des visites organisées du groupe. Enfin, www.himachalguide.com est un site indépendant très utile.

Autorisations. La région jouxtant la frontière tibétaine étant politiquement sensible, les étrangers doivent généralement produire une autorisation pour pouvoir aller de Kinnaur à Spiti *via* Tabo (ou vice-versa). C'est à Kaza, dans le district du Spiti, et à Rekong Peo, dans celui du Kinnaur (voir les rubriques *Lahaul et Spiti* et *Nord et Kinnaur*, plus loin dans ce chapitre) que ces certificats (appelés *Inner Line Permits*) s'obtiennent le plus facilement. Si les tensions entre l'Inde et la Chine s'accroissent, des restrictions ne manqueront pas d'être appliquées : renseignez-vous auprès des autorités compétentes ou d'autres voyageurs avant de visiter la région.

Shimla

☎ 0177 • 123 000 habitants • altitude 2 205 m
Shimla faisait autrefois partie du royaume népalais et s'appelait alors *Shyamala*, autre nom donné à la déesse Kali. Mais Shimla resta dans l'ombre jusqu'à sa "découverte" par les Britanniques, en 1819. Trois ans plus tard, on édifiait la première maison anglaise et, en 1864, Shimla était devenue la capitale d'été de l'Inde.

Tous les étés jusqu'en 1939, le gouvernement de l'Inde quittait la chaleur écrasante de Kolkata (Calcutta) ou de Delhi pour la fraîcheur de Shimla, éloignée de 2 000 km. Dès 1903, la construction d'une ligne de chemin de fer Kalka-Shimla facilita l'accès à la région ; de nombreuses familles du Raj y construisirent alors d'opulentes maisons. Après l'Indépendance, Shimla

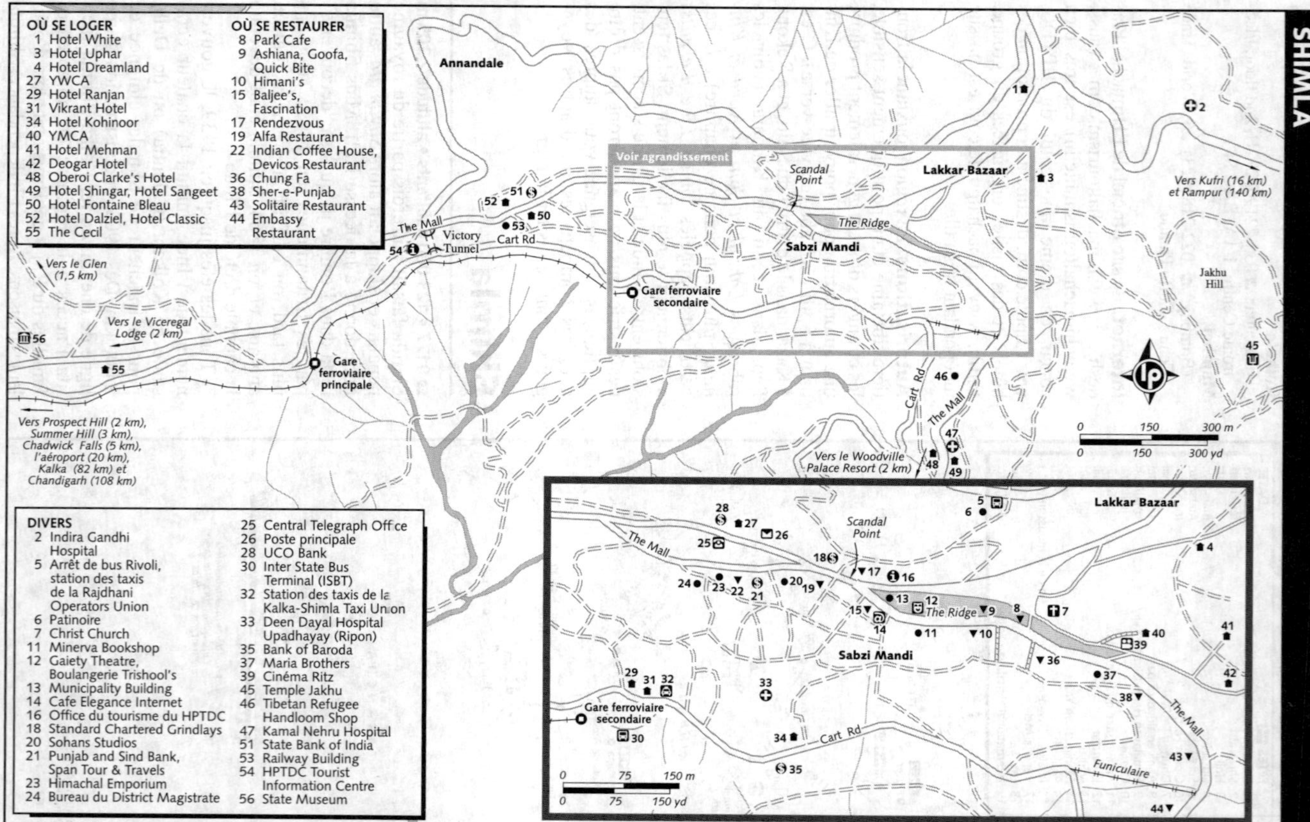
SHIMLA
OÙ SE LOGER
1 Hotel White
3 Hotel Uphar
4 Hotel Dreamland
27 YWCA
29 Hotel Ranjan
31 Vikrant Hotel
34 Hotel Kohinoor
40 YMCA
41 Hotel Mehman
42 Deogar Hotel
48 Oberoi Clarke's Hotel
49 Hotel Shingar, Hotel Sangeet
50 Hotel Fontaine Bleau
52 Hotel Dalziel, Hotel Classic
55 The Cecil
OÙ SE RESTAURER
8 Park Cafe
9 Ashiana, Goofa, Quick Bite
10 Himani's
15 Baljee's, Fascination
17 Rendezvous
19 Alfa Restaurant
22 Indian Coffee House, Devicos Restaurant
36 Chung Fa
38 Sher-e-Punjab
43 Solitaire Restaurant
44 Embassy Restaurant
DIVERS
2 Indira Gandhi Hospital
5 Arrêt de bus Rivoli, station des taxis de la Rajdhani Operators Union
6 Patinoire
7 Christ Church
11 Minerva Bookshop
12 Gaiety Theatre, Boulangerie Trishool's
13 Municipality Building
14 Cafe Elegance Internet
16 Office du tourisme du HPTDC
18 Standard Chartered Grindlays
20 Sohans Studios
21 Punjab and Sind Bank, Span Tour & Travels
23 Himachal Emporium
24 Bureau du District Magistrate
25 Central Telegraph Office
26 Poste principale
28 UCO Bank
30 Inter State Bus Terminal (ISBT)
32 Station des taxis de la Kalka-Shimla Taxi Union
33 Deen Dayal Hospital Upadhayay (Ripon)
35 Bank of Baroda
37 Maria Brothers
39 Cinéma Ritz
45 Temple Jakhu
46 Tibetan Refugee Handloom Shop
47 Kamal Nehru Hospital
51 State Bank of India
53 Railway Building
54 HPTDC Tourist Information Centre
56 State Museum
Annandale
Voir agrandissement
Scandal Point
Lakkar Bazaar
The Ridge
Sabzi Mandi
Gare ferroviaire secondaire
Gare ferroviaire principale
The Mall
Victory Tunnel
Cart Rd
Vers le Glen (1,5 km)
Vers le Viceregal Lodge (2 km)
Vers Prospect Hill (2 km), Summer Hill (3 km), Chadwick Falls (5 km), l'aéroport (20 km), Kalka (82 km) et Chandigarh (108 km)
Vers Kufri (16 km) et Rampur (140 km)
Jakhu Hill
Vers le Woodville Palace Resort (2 km)
0 150 300 m
0 150 300 yd
Funiculaire
0 75 150 m
0 75 150 yd

devint d'abord capitale du Punjab, puis de l'Himachal Pradesh en 1966.

Entourée de fraîches collines couvertes de pinèdes, dotée d'un indéniable charme colonial, Shimla est, pour beaucoup, l'archétype de la station d'altitude. Certaines constructions – à l'image du bâtiment de l'administration municipale, de style néo-Tudor, construit à Scandal Point, dans le centre de la ville –, nous plongent dans l'atmosphère de l'Angleterre du XIXe siècle. La ville offre un magnifique panorama sur l'Himalaya, ainsi que des hébergements et des restaurants de qualité. Il peut toutefois se révéler difficile de se loger à prix raisonnable en haute saison.

Celle-ci s'étend de mi-avril à mi-juillet, de mi-septembre à fin octobre et de mi-décembre à mi-juillet. La période idéale va de mi-septembre à fin novembre. A Shimla, les premières neiges tombent en janvier.

Orientation

The Mall est une rue qui s'étire d'est en ouest et culmine à Scandal Point, le centre de la ville. The Ridge, qui s'étend entre Scandal Point et Christ Church, est un lieu de promenade apprécié. Dans la partie inférieure, Cart Rd encercle le sud de Shimla, où sont regroupés les arrêts de bus, la station de taxis et la gare ferroviaire. Le reste de la ville, sur les hauteurs, est relié par un réseau de bazars animés et de ruelles sinueuses. Un funiculaire permet en outre de joindre Cart Rd au Mall (près du Solitaire Restaurant).

Aux gares routière et ferroviaire, vous serez assiégé par les porteurs qui vous offriront de s'occuper de vos bagages pour 10 à 30 Rs, en fonction du poids et de la distance. Beaucoup ont aussi la casquette de rabatteurs pour les hôtels, qui doublent alors leurs tarifs pour leur verser une commission. Faites-vous déposer à un point particulier du Mall, par exemple devant Christ Church, puis continuez à pied.

Renseignements

Offices du tourisme. Le bureau du HPTDC Tourist Information Centre (☎ 252561) de Scandal Point fournit des informations et des cartes, prend les réservations pour les bus, les hôtels et les circuits HPTDC. Il est ouvert tous les jours de 9h à 20h en haute saison et de 9h à 18h en basse saison. Il existe aussi une petite annexe près du Victory Tunnel, à 1 km à l'ouest de Scandal Point.

Argent. La State Bank of India installée à l'extrémité ouest du Mall ne change que les chèques de voyage Thomas Cook ou American Express (AmEx) libellés en dollars américains ou en livres sterling. Les chèques de voyage Visa et AmEx en dollars et en livres sterling sont acceptés à la Punjab and Sind Bank, sur le Mall. L'UCO Bank ne change que les espèces, dollars ou livres sterling.

L'ANZ Grindlays Bank, à Scandal Point, réclame une commission démesurée de 200 Rs pour changer les chèques de voyages, mais offre l'avantage de les accepter presque tous. Pour obtenir de l'argent avec une carte Visa ou MasterCard, il vous en coûtera 100 Rs. La Bank of Baroda, dans Cart Rd, verse aussi des avances sur ces deux cartes. Si vous envisagez de vous rendre dans le Kinnaur, il vaut mieux changer un peu plus d'argent à Shimla, car il n'existe aucun agent de change dans les régions du Kinnaur, du Spiti ou du Lahaul.

Poste et communications. Le bureau de poste principal, de style néo-Tudor, est non loin de Scandal Point et ouvre du lundi au samedi de 10h à 17h. Le service de poste restante est fiable. Pour téléphoner, envoyer et recevoir des fax, le Central Telegraph Office (fax 202598), à l'ouest de Scandal Point, ouvert 24h/24, offre les prestations les moins chères. Il existe également un petit cybercafé (65 Rs l'heure), mais il n'est guère fiable. Un peu mieux, le café Elegance Internet offre un accès au Net pour 60 Rs l'heure. Il se trouve tout près du Mall, au-dessous de Scandal Point.

Librairies. Les deux librairies Maria Brothers et Minerva Bookshop proposent un vaste choix de romans, ainsi que des cartes et des beaux livres sur l'Himachal.

Photos. Si vous continuez vers le nord, Shimla est votre dernière chance d'acheter des pellicules diapositives. Vous pouvez aussi faire développer vos photos pour 20 Rs, plus 3,50 Rs par cliché. Essayez Sohans Studios sur le Mall.

Himachal State Museum et bibliothèque

Situé à quelque 2,5 km à l'ouest de Scandal Point, le musée d'État mérite une visite. Il abrite une jolie collection de statues, de miniatures, de pièces de monnaie, de photos et d'autres objets originaires de l'Himachal Pradesh. L'établissement, dont l'entrée est gratuite, est ouvert tous les jours de 10h à 17h (fermé le lundi et les jours fériés). Il est formellement interdit de prendre des photos.

Viceregal Lodge et jardins botaniques

Le Viceregal Lodge, connu aussi sous le nom de Rashtrapati Niwas, fut la résidence du vice-roi britannique Lord Dufferin. Il abrite aujourd'hui l'Indian Institute of Advanced Study. Entre les murs de ce séduisant édifice colonial, furent prises bien des décisions capitales pour la destinée du sous-continent indien. Chaque brique de cette bâtisse de six étages fut transportée à dos de mule (la ligne ferroviaire n'existait pas encore). La construction du bâtiment fut achevée en 1888.

Vous pouvez suivre une visite guidée du lodge tous les jours, à l'exception du lundi, de 9h à 17h30 pour 10 Rs seulement. Une fois sur place, prenez le temps de partir à la découverte des pelouses et des jardins botaniques. Le lodge se trouve à 2 km à l'ouest du musée (et à 4,5 km de Scandal Point), une promenade agréable au terme de laquelle vous attend un petit café où l'on vous servira une boisson chaude.

A côté du lodge, une petite **volière** abrite notamment des lophophores himalayens (oiseaux emblématiques de l'Himachal Pradesh). La volière ouvre tous les jours de 10h à 17h (fermée le lundi). L'entrée coûte 5 Rs (supplément de 25/100 Rs pour l'utilisation d'un appareil photo/Caméscope).

Christ Church et St Michael's Cathedral

Christ Church est la seconde plus ancienne église du Nord de l'Inde, après celle d'Ambala. Elle fut édifiée entre 1846 et 1857. C'est l'un des sites majeurs de Shimla, célèbre notamment pour ses vitraux. On peut jeter un coup d'œil discret à l'intérieur du bâtiment, ou attendre pendant la saison touristique le service du dimanche matin en anglais.

Jakhu Temple

Dédié au dieu singe Hanuman, ce temple se dresse à une altitude de 2 455 m, à proximité du point le plus élevé de la crête de Shimla, à l'est du centre-ville. Il offre une belle vue sur les vallées alentour, sur les pics enneigés et sur Shimla. Comme son nom l'indique, une nombreuse colonie de singes a élu domicile dans le temple, situé à 45 min à pied de Scandal Point. Empruntez le sentier qui va vers l'est en passant devant l'Hotel Dreamland. Le lever du soleil y est magnifique.

Promenades

Les promenades intéressantes foisonnent dans les environs de Shimla.

Le **Glen**, à près de 4 km à l'ouest de Scandal Point, est l'un des anciens parcs des riches colons britanniques. Au croisement, il faut emprunter la route qui mène au State Museum et qui traverse le très joli quartier d'**Annandale**. C'était autrefois un champ de courses célèbre et l'on y joue toujours au cricket et au polo.

Summer Hill, à 5 km sur la ligne ferroviaire Shimla-Kalka, offre des balades agréables et ombragées. La célébrité de l'endroit vient aussi de ce que Gandhi a séjourné au sommet de la colline, dans la demeure du Raj Kumari Amrit Kaur. Deux kilomètres plus loin, les **chutes de Chadwick** (Chadwick Falls), hautes de 67 m, ne valent le déplacement qu'à la saison des moussons, de juillet à octobre.

Vous découvrirez un temple de Kamna Devi et un très beau panorama à **Prospect Hill**, située 5 km à l'ouest de Shimla, soit une ascension d'une quinzaine de minutes à partir de Boileauganj.

Circuits organisés

En haute saison, le HPTDC organise des promenades quotidiennes pour faire découvrir la ville. Le départ se fait à l'arrêt de bus Rivoli entre 10h30 et 11h, le retour est prévu en fin de journée au bas du funiculaire, dans Cart Rd :

- Chail *via* Kufri (172 Rs)
- Fagu et Theog et Narkanda (168 Rs)
- Kufri, Fagu, Mashobra et Naldehra (151 Rs)

Les stations de taxis de la Kalka-Shimla Taxi Union (☎ 258225), dans Cart Rd, et de la Rajdhani Taxi Operators Union (☎ 208654), à l'arrêt de bus Rivoli, proposent également des visites d'une journée :

- Chail/Kufri (810 Rs)
- Narkanda *via* Fagu et Theog (810 Rs)

HIMACHAL PRADESH

Là-haut sur la montagne

Poussés par le mal du pays, ou tout simplement désireux d'échapper à la chaleur accablante des plaines, les colons britanniques investirent en masse les montagnes de l'Himachal Pradesh. Des versions miniatures de la Grande-Bretagne furent ainsi recréées en de nombreux endroits, notamment à Shimla, Dalhousie, Mussoorie et Nainital, avec leurs pittoresques églises de pierre, leurs salles de bal, leurs terrains de cricket, leurs résidences d'été et leurs pelouses impeccables, très prisées à l'heure du thé.

Ce sont des explorateurs britanniques qui les premiers s'installèrent dans ce cadre qui leur rappelait la mère patrie, donnant ainsi naissance à la plupart de ces stations climatiques d'altitude. Le phénomène s'amplifia par la suite, et des villes entières grignotèrent rapidement les collines, attirant chaque été des hordes de Britanniques nostalgiques.

A l'apogée du Raj, même les gouvernements coloniaux décidèrent de faire leurs valises et de quitter Delhi et Kolkata pour Shimla, devenue capitale d'été de l'Inde. Une ligne de chemin de fer fut spécialement construite, afin d'assurer le transport des fonctionnaires ainsi que de toute la paperasse nécessaires à la bonne marche du pays. De fait, les Britanniques ne faisaient que perpétuer une tradition vieille de plusieurs siècles : les anciens souverains de l'Himachal Pradesh et de l'Uttaranchal se réfugiaient déjà sur les hauteurs en période estivale et possédaient leurs propres capitales d'été, comme Almora dans les montagnes du Kumaon.

De nombreux maharajas bâtirent à leur tour de somptueux palais dans ces lieux de villégiature, dans l'espoir de se mêler à la crème de la société coloniale. Il y avait toutefois des limites à ne pas dépasser, et le maharaja de Patiala fut le premier à en faire les frais : il fut condamné à l'exil pour avoir eu une liaison avec la fille du commandant en chef britannique. Tout ce faste ne doit cependant pas faire oublier le sort moins enviable du reste de la population indienne : chaque été, des centaines de coolies et de porteurs devaient littéralement "hisser" les familles de colons et leurs bagages en haut de la montagne.

Au lendemain de l'Indépendance, les Britanniques cédèrent la place aux classes moyennes indiennes, et la région se reconvertit en capitale de la lune de miel. Aujourd'hui, des dizaines de milliers de jeunes mariés viennent roucouler chaque été dans ces montagnes et se faire photographier au milieu des vieilles bâtisses anglaises ou sur le fond des sommets enneigés de l'Himalaya.

En saison, le HPTDC propose également une visite historique, qui comprend de nombreux monuments de la ville, dont le Viceregal Lodge (50 Rs).

Où se loger

L'hébergement coûte cher à Shimla, surtout en haute saison. Le reste du temps toutefois, où en cas de baisse d'affluence, les prix chutent nettement, parfois même jusqu'à 50%. Les tarifs indiqués ici concernent la pleine saison, mais n'incluent pas la taxe de luxe de 10%.

Où se loger – petits budgets

Si vous disposez d'un budget réduit, explorez les alentours de l'Inter State Bus Terminal (ISBT ; gare routière), ou encore Cart Rd en vous dirigeant vers l'est.

La ***YMCA*** *(☎ 250021, fax 211016)* est mixte. Vous trouverez difficilement moins cher en haute saison et il est possible de réserver (même par téléphone). Installée dans un vieux bâtiment administratif, elle propose des simples/doubles avec douches chaudes communes (de 19h à 9h) à 133/173 Rs, petit déjeuner compris. Les non-membres devront payer une cotisation provisoire de 40 Rs pour sept jours. Les doubles avec s.d.b. et eau chaude coûtent 250 Rs, petit déjeuner compris. Le YMCA est située derrière la Christ Church, en haut d'une ruelle, près du cinéma Ritz.

Mixte elle aussi, la ***YWCA*** *(☎ 203081)* installée au-dessus de la poste centrale offre un moins bon rapport qualité/prix, mais reste un lieu convivial et pratique jouissant d'une belle vue. Les petites chambres avec s.d.b. coûtent 150/ 200 Rs en basse/pleine saison, auxquels il faut ajouter une adhésion provisoire de 20 Rs.

Près de l'Inter State Bus Terminal, mais à quelques minutes de marche du Mall, l'***Ho-***

tel Ranjan (☎ *252818)* et le ***Vikrant Hotel*** (☎ *253602)* abritent des doubles avec s.d.b. à partir de 300 Rs (150 Rs en basse saison).

Plus à l'est dans Cart Rd, l'***Hotel Kohinoor*** (☎ *202008)* propose de jolies chambres avec s.d.b. et eau chaude courante de 200 à 350 Rs.

Dans les environs du Lakkar Bazaar, au-dessus du quartier du Ridge, sont regroupés plusieurs hôtels aux prix raisonnables. L'***Hotel Dreamland*** (☎ *206897)* vous héberge à partir de 250/400 Rs en simple/double, et jusqu'à 650 Rs pour une double "deluxe". L'hôtel accepte les cartes de crédit.

Tout proche, l'***Hotel Uphar*** (☎ *257670)* accueille beaucoup de routards dans des doubles correctes avec eau chaude et TV à 275 Rs, ou à 400 Rs avec un mini-balcon et une belle vue.

Si vous appréciez le charme des vieilles bâtisses, choisissez le pittoresque ***Hotel Fontaine Bleau*** (☎ *253549)*, au-dessous de la State Bank of India, à l'extrémité ouest du Mall. Géré par une famille, l'établissement abrite de vastes doubles à partir de 250 Rs, douche chaude comprise.

Où se loger – catégorie moyenne

La majorité des chambres de cette catégorie bénéficient de la TV par câble et d'une s.d.b. individuelle avec eau chaude. Elles présentent un très bon rapport qualité/prix en basse saison, lorsque le tarif de leurs doubles passe à 200 Rs environ.

Aux abords du Mall, à quelques pas de la principale gare ferroviaire, vous trouverez l'***Hotel Classic*** (☎ *253078)*, accueillant et confortable. Les simples à 300 Rs sont très quelconques, mais les doubles de 400 à 500 Rs sont correctes et jouissent d'une belle vue. Quelques numéros plus bas, l'***Hotel Dalziel*** (☎ 252691) offre un bon rapport qualité/prix lui aussi, avec des chambres de 350 à 600 Rs, toutes avec tapis et chauffe-eau. Les tarifs chutent de 50% en hiver.

Au nord du Ridge, dans le Lakkar Bazaar, l'***Hotel White*** (☎ *255276)* est une bonne adresse, avec de confortables doubles à 425 Rs, ou 500 Rs pour bénéficier d'une belle vue. Les chambres supérieures, d'où la vue est encore plus belle, coûtent 700 Rs, voire plus.

A quelques minutes de marche de Christ Church, le ***Deogar Hotel*** (☎ *208527)* ne vous décevra pas. Les doubles sont agréables et vont de 650 à 950 Rs (de 250 à 300 Rs hors saison). Les plus chères jouissent d'une belle vue sur Shimla.

Un peu plus haut, le très moderne ***Hotel Mehman*** (☎ *213692)* propose des chambres d'une propreté irréprochable avec tapis et s.d.b. individuelles, de 550 à 1 000 Rs selon l'orientation, avec 50% de réduction hors saison.

En face de l'Oberoi Clarke's Hotel, à l'extrémité sud-est du Mall, l'***Hotel Shingar*** (☎ *252881, fax 252998)* loue des chambres à 900 Rs, ou 1 100 Rs pour jouir d'une belle vue (réductions de 30% hors saison). Non loin, l'***Hotel Sangeet*** (☎ *202 506, fax 255823)* présente un bon rapport qualité/prix, avec des chambres de 700 à 900 Rs (prix réduits hors saison).

Où se loger – catégorie supérieure

Le ***Woodville Palace Resort*** (☎ *223919, fax 223098)*, installé à 2 km au sud de l'Oberoi Clarke's Hotel, sur le Mall, est une maison recouverte de lierre construite en 1938 par le raja Rana Sir Bhagat Chandra, gouverneur de l'ancienne principauté de Jubbal. De dimensions réduites, l'hôtel est installé dans de très agréables jardins. La double est à 2 000 Rs, la suite débute à 3 000 Rs. Mieux vaut réserver.

A l'extrémité sud-est du Mall, l'***Oberoi Clarke's Hotel*** (☎ *251010, fax 211321)* est l'un des plus anciens de Shimla. Les luxueuses chambres reviennent à 70/125 $US en simple/double (plus 10% de taxe) et en pension complète ("American Plan").

A l'extrémité ouest du Mall, le superbe ***The Cecil*** (☎ *204848)* est de loin l'hôtel le plus chic de la ville. Membre de l'Oberoi Group, il propose des chambres disposées autour d'un atrium central à partir de 6075/7875 Rs en simple/double en basse saison.

Où se restaurer

Cuisine indienne. Shimla compte de nombreux restaurants indiens, qui servent surtout de la cuisine du Sud de l'Inde.

Sur le Mall, près de l'office du tourisme, le ***Baljee's*** et le ***Fascination*** proposent tous deux une excellente cuisine indienne et occidentale dans une atmosphère très conviviale. Les prix débutent à 100 Rs pour un plat de viande. Près de Scandal Point, l'***Alfa***

Restaurant leur est comparable en matière de table, de tarifs et de popularité.

En contrebas du Municipality Building, sur le Mall, l'***Himani's*** prépare des en-cas typiques du Sud de l'Inde et des repas allant de 70 à 150 Rs et abrite un bar populaire à l'atmosphère décontractée.

Le lugubre ***Rendezvous***, à Scandal Point, séduit plus par ses prix que par son ambiance. Vous mangerez chinois ou thaï à partir de 65 Rs, mais le service est lent. L'établissement comporte un bar.

Excellente adresse pour les petits budgets, le ***Sher-e-Punjab***, sur le Mall, juste à l'est de Scandal Point, propose des classiques de la cuisine indienne, tel le *channa* (pois chiches au curry) à partir de 50 Rs.

Plus loin et plus bas, le ***Solitaire Restaurant*** sert un bon choix de plats indiens à partir de 70 Rs dans une vaste salle à manger dominant la vallée. Difficile de comprendre ce qui peut bien valoir sa popularité à l'***Indian Coffee House***, sur le Mall, près de la Punjab & Sind Bank ! Cette véritable institution, tenue par une coopérative ouvrière de l'industrie caféière, propose du café indien supérieur à la moyenne et des en-cas du Sud de l'Inde.

Cuisines occidentale et chinoise. Interdit aux fumeurs, l'***Embassy Restaurant*** se trouve près de l'arrivée du funiculaire, sur le Mall. Cette cantine sert de savoureuses pizzas et de délicieux hamburgers, ainsi que des spécialités chinoises et indiennes pour environ 40 Rs.

Près de Scandal Point, sur le Mall, le ***Devicos Restaurant*** est un établissement propre et branché qui propose une cuisine rapide plutôt bonne, mais un peu chère.

Au-dessous de Scandal Point, le confortable ***Park Cafe*** attire beaucoup d'étudiants indiens et de voyageurs à petit budget. Ce lieu aux allures bohèmes propose de bonnes pizzas (de 60 à 80 Rs), des milk-shakes et des petits déjeuners.

Le HPTDC possède près du Ridge un bâtiment qui abrite trois restaurants au service particulièrement lent. Parmi eux, l'***Ashiana*** est sans doute le meilleur (et le plus cher) ; à la fois pour le cadre et la rapidité du service. Comptez environ 150 Rs par repas. Le ***Goofa***, en bas, est loin d'être aussi chic, mais sert un petit déjeuner correct (et matinal). Dans le même édifice, le ***Quick Bite*** propose des pizzas et des spécialités indiennes à prix modiques.

Descendez quelques marches depuis le Mall et vous trouverez le ***Chung Fa***, meilleure adresse pour déguster une cuisine chinoise bon marché. Le restaurant propose un vaste choix de nouilles, de boulettes et de plats de résistance à moins de 40 Rs.

Pour une soirée d'exception dans un cadre de luxe, attablez-vous à l'***Oberoi Clarke's Hotel*** et comptez 250 Rs par personne.

En cas de petit creux, n'hésitez pas à entrer chez ***Trishool's***, près du Gaiety Theatre, où vous dégusterez d'excellentes pâtisseries.

Le ***Baljee's***, qui fait boulangerie à l'avant, est le lieu idéal pour un bon petit déjeuner.

Où sortir

La distraction la plus sympathique et la plus populaire consiste à flâner sur le Mall et le Ridge (interdits aux véhicules) pour voir et être vu. La patinoire installée près de la station de bus Rivoli ouvre l'hiver (suivez les panneaux depuis Scandal Point).

L'adorable théâtre à l'ancienne qu'est le ***Gaiety Theatre*** (☎ 205639) présente parfois des spectacles ou des récitals. Le cinéma ***Ritz***, près de Christ Church, programme des comédies musicales indiennes à succès. Le bar de l'Himani est populaire et animé. Le ***Rendezvous,*** sur Scandal Point, abrite également un bar, mais celui-ci est un peu miteux.

Achats

L'Himachal Emporium du Mall, près du Ridge, propose toutes sortes de produits artisanaux et… une série de chiens en poterie. La Tibetan Refugee Handloom Shop (boutique des artisans tibétains), située à l'autre extrémité du Mall, vend tapis, vêtements et autres objets d'artisanat.

Au nord du Ridge, se trouve le petit Lakkar Bazaar. Très animé, celui-ci représente le principal marché de souvenirs de Shimla, mais il semble que la plupart des offres visent les touristes indiens. Les instruments de massage en bois font des cadeaux-souvenirs légers et bon marché.

Pour les fruits et légumes, rendez-vous au Sabzi Mandi (marché aux légumes), situé entre le Ridge et Cart Rd. La foule et le bruit qui règnent dans ses rues forment un contraste bienfaisant avec l'ambiance raffinée, typiquement britannique, du Mall.

Comment s'y rendre

Avion. L'aéroport de Shimla, situé à 23 km au sud, à Jubbarhatti, est desservi par un petit avion au départ de Delhi. Indian Airlines assure cette liaison (110 $US, 1 heure) les lundi, mercredi et vendredi à 9h, puis l'avion repart pour l'aéroport de Kullu/Manali, à Bhuntar (100 $US, 30 min) à 10h20. De Kullu, l'avion repart directement pour Delhi.

Jagson Airlines assure également la liaison Delhi-Shimla (100 $US) à 8h, tous les jours sauf dimanche, puis repart pour Kullu à 9h20 (85 $US). Pour regagner Delhi depuis Shimla, il faut donc passer par Kullu.

Les agences de voyages du Mall se chargent des réservations aériennes. Span Tour & Travels (☎ 260850) est fiable. Aucun bus ne dessert l'aéroport : le trajet en taxi vous coûtera 410 Rs.

Bus. La vaste gare routière Inter State Bus Terminal (ISBT) de Cart Rd, quoique désorganisée, possède un comptoir privé informatisé (guichet 9). Les employés parlent anglais et peuvent réserver un billet jusqu'à un mois à l'avance sur n'importe quel bus public.

Les bus desservant l'est de Shimla partent de l'arrêt Rivoli, au nord de la corniche principale, en contrebas du bureau du HPTDC. Pour Tattapani, Kasauli et les autres destinations précédant Kalka ou Narkanda, empruntez l'un des bus locaux réguliers qui s'arrêtent dans Cart Rd.

Les bus pour Manali (11 heures) partent à 4h40, 8h et 9h15 (160 Rs) ou, pour un trajet de nuit, à 19h (207 Rs). Tous font escale à Kullu. Des départs vers Dharamsala ont lieu régulièrement jusqu'à 22h30 (152 Rs en journée, 190 Rs de nuit, 10 heures). Pour Mandi (90 Rs, 6 heures) et Chandigarh (70 Rs, 4 heures), les bus sont fréquents et partent jusque tard dans la soirée.

Plusieurs bus deluxe partent pour Delhi entre 8h25 et 21h45. A leur bord, vous pouvez espérer dormir (360 Rs). Les bus ordinaires assurent le même trajet toutes les heures et coûtent 182 Rs. Des départs sont prévus à 5h10, 17h40 et 18h30 pour Haridwar (171 Rs, 10 heures), *via* Paonta Sahib (110 Rs) et Dehra Dun (137 Rs, 9 heures).

Depuis l'arrêt Rivoli, des bus partent le matin toutes les heures vers Narkanda (38 Rs, 3 heures) et Rampur (78 Rs, 6 heures), puis continuent jusqu'à Rekong Peo, dans le Kinnaur (143 Rs, 10 heures). Selon l'état des routes, vous serez peut-être contraints de descendre à Karcham ou de contourner à pied plusieurs parties endommagées de la route nationale. Il existe une liaison directe avec Sangla (143 Rs) à 7h30, mais vous pourrez aussi changer pour un bus local ou une jeep à Karcham. A destination de Sarahan, les départs ont lieu à 3h30, 9h45 et 10h10 (104 Rs, 7 heures 30).

Les agences de voyages du Mall affrètent des bus de nuit privés "deluxe" (deux passagers à droite, deux passagers à gauche) pour Manali (275 Rs) et Delhi (300 Rs). Les prix et les horaires varient selon la demande et la période de l'année.

En haute saison, le HPTDC propose des bus directs pour Manali à 8h30 et 20h (338 Rs, 10 heures) et un bus de nuit pour Delhi à 20h (339 Rs, 10 heures) *via* Chandigarh. Les réservations peuvent s'effectuer à l'office du tourisme de Scandal Point et les départs se font devant l'agence de Victory Tunnel. Dans tous ces bus, les passagers sont assis deux par deux, ce qui assure un bon confort et permet de dormir.

Train. Shimla possède deux gares ferroviaires. Presque tous les trains arrivent et partent de la gare principale située à l'ouest de la ville. Le guichet des réservations (☎ 252915) de la gare principale peut également s'occuper des billets pour les trains à destination de Kalka, de Delhi et, en principe, d'autres villes d'Inde du Nord. Il est ouvert du lundi au samedi de 10h à 13h30 et de 14h à 17h, le dimanche de 10h à 14h.

Pour aller en train de Delhi à Shimla, il faut changer à Kalka (légèrement au nord de Chandigarh) pour prendre un train à voie étroite. C'est le fameux *toy train* (train miniature) de Shimla qui entame sa tortueuse ascension dans la montagne. A l'origine, cette ligne de chemin de fer fut construite en 1903 pour transporter les membres du gouvernement colonial. Elle traverse non moins de 103 tunnels avant d'atteindre la station d'altitude de Shimla. Bien entendu, le trajet est extraordinaire, surtout si vous pouvez vous offrir la Rail Car (340 Rs), une voiture vitrée spéciale équipée de sièges grand confort qui circule en saison touristique. Pour les moins fortunés, trois autres catégories sont représentées : 2e classe (16 Rs), siège inclinable (chair car ; 140 Rs) et 1re classe (170 Rs). Les trains quittent Kalka à 4h,

5h30, 6h30 et 11h55, les retours, au départ de la gare principale de Shimla, sont prévus à 10h35, 14h25, 17h30 et 17h45. En haute saison, trois trains supplémentaires sont ajoutés dans chaque direction. Renseignez-vous à la gare.

Si vous disposez de peu de temps, vous effectuerez le trajet Delhi-Shimla à bord de l'*Himalayan Queen*. Ce train confortable et sûr quitte la gare de New Delhi à 6h pour arriver à Kalka à 11h40. Prenez ensuite la correspondance : le toy train part à 11h55 pour Shimla. Comptez 400 Rs de Delhi à Shimla en voiture à siège inclinable (chair car) climatisée. En sens inverse, prenez le train de 10h35 à Shimla, puis l'*Himalayan Queen* à Kalka pour atteindre New Delhi à 22h30. La meilleure liaison de nuit est assurée par le *Shivalik Express*, qui quitte Shimla à 17h30 et permet d'attraper la correspondance sur le *Kalka-Howrah Mail* et d'arriver à Delhi à 6h25 (140/589 Rs en *sleeper* (couchette)/2-tier air-con (couchettes climatisées sur deux niveaux).

Depuis Kalka, Amritsar est desservie chaque jour à 16h15 (151 Rs en couchette) et plusieurs départs quotidiens sont prévus pour Chandigarh (104/347 Rs en sleeper/2-tier).

Taxi. Des taxis sont présents à la gare routière de l'ISBT et à l'arrêt de bus Rivoli, si bien qu'il est difficile, voire impossible, de négocier les tarifs préétablis, même hors saison. La station de taxis de la Kalka-Shimla Taxi Union (☎ 258225) se trouve dans Cart Rd, tout près de la gare routière de l'ISBT, côté est. A l'arrêt Rivoli, contactez la Rajdhani Taxi Operators Union (☎ 208654). Les taxis les moins chers sont les "multivans". Les jeeps Sumo et Maruti et les taxis Ambassador ajoutent 10% aux tarifs indiqués ci-dessous.

Voici quelques exemples de prix au départ de Shimla pour un aller simple : Chandigarh (910 Rs), Dehra Dun (2 550 Rs), Delhi (2 850 Rs), Dharamsala (2 450 Rs), Kalka (610 Rs), Kullu (1 850 Rs), Manali (2 450 Rs), Rampur (1 450 Rs) et Kalpa/Rekong Peo (2 650 Rs).

Comment circuler

Desserte de l'aéroport. Le trajet aéroport-Shimla en taxi est fixé à 410 Rs, mais si vous séjournez sur le Mall ou à proximité, vous devrez marcher un peu. Des bus locaux à destination de Nalagarh passent par l'aéroport, mais ils sont toujours bondés.

Funiculaire. Pour ne pas avoir à traîner vos bagages dans la montée, prenez le funiculaire à Cart Rd, à quelque 400 m à l'est de la gare routière. Il vous déposera à l'extrémité est du Mall (5 Rs). Il fonctionne de 8h à 21h.

Environs de Shimla

La région compte plusieurs petites villes et villages intéressants qui peuvent faire l'objet d'excursions d'une ou de deux journées au départ de Shimla.

A 11 km de Shimla, le petit village de **Mashobra** offre quelques randonnées agréables, dont une à destination de Sipi, où se tient une foire au mois de mai et où s'élève un **temple** de bois dédié à Shiva. L'unique hôtel de Mashobra est le luxueux ***Gables Resorts*** (☎ 0177-480169), dont les chambres débutent à 2 200 Rs et dont la salle à manger offre une vue splendide sur la montagne. Le village comporte en outre une ou deux ***dhaba*** (gargotes).

A 3 km de Mashobra, le long d'un joli sentier, se trouve la station de **Craignano**. Le chemin amène au bas de la colline où se dresse le temple. Vous pourrez réserver une chambre à la ***Municipal Rest House*** (☎ 224850) de Craignano par l'intermédiaire du HPTDC de Shimla.

NALDEHRA

Situé à une altitude de 2 050 m, à 15 km au nord de Mashobra, le village de Naldehra est surtout connu pour son golf, l'un des plus anciens et des plus élevés du monde. Le parc (5 Rs l'entrée) qui l'entoure accueille les amateurs de pique-niques et de balades à cheval. L'ascension jusqu'au temple de **Mahunag Mandir**, au milieu du terrain de golf (250 Rs), est une promenade très appréciée.

Le golf est ouvert de mars à novembre. Comptez 10 $US (100 Rs pour les Indiens) pour un 18 trous (deux fois le parcours), plus 5 $US la location de club et 60 Rs le caddy. En saison, le golf reste ouvert tous les jours de 7h à 19h.

L'***Hotel Golf Glade*** *(☎ 0177-487739)*, géré par le HPTDC, loue six luxueux chalets de bois de 1 100 à 4 000 Rs, ainsi que des chambres d'un meilleur rapport qualité/prix entre 800 et 1 000 Rs. Le restaurant de l'établissement est chic mais décontracté. De rares bus mènent à l'hôtel, moyennant 31 Rs, cependant, on peut aussi prendre un taxi à Shimla pour 700 Rs l'aller-retour.

TATTAPANI

A 30 km au nord de Naldehra, ce paisible village était connu pour ses sources sulfureuses, mais en août 2000, la Sutlej est sortie de son lit, dévastant les bains et la moitié du village. Les vestiges de la catastrophe témoignent de la puissance de la rivière, mais dans son état actuel, Tattapani ne mérite pas une visite, d'autant qu'elle est très éloignée de Shimla.

Le village compte quelques hôtels, dont le HPTDC ***Tourist Inn***, au-dessus du pont, qui propose des chambres correctes à 250 Rs. Pour venir, vous avez le choix entre bus et taxi.

CHAIL

☎ 01792 • altitude 2 250 m

Situé à 65 km au sud de Shimla, Chail est un village haut perché créé par le maharaja de Patiala. Celui-ci en fit sa capitale d'été lorsqu'il fut chassé de Shimla, à la suite d'une rencontre illicite avec la fille du commandant en chef britannique ! La ville s'étend sur trois collines, dont l'une est couronnée par le palais royal, une autre par le village, et la troisième par le manoir Snowview.

A 3 km du village s'étale le plus haut **terrain de cricket** du monde (2 444 m), construit en 1893. Vous y découvrirez également une **réserve naturelle** (wildlife sanctuary) qui abrite des daims et des oiseaux. La région est propice aux randonnées.

Où se loger et se restaurer

Le ***Palace Hotel*** *(☎ 48141, fax 48142)* du HPTDC dispose d'un choix de suites, de cottages, de cabanes en bois et de chambres répartis sur 28 ha de pelouse. Les prix démarrent à 1 000 Rs pour une hutte ou 1 200 Rs pour une chambre ordinaire et atteignent 6 000 Rs pour la "suite maharaja" de quatre lits.

L'***Hotel Himneel*** *(☎ 48337)* du HPTDC propose des chambres plus modestes à 600 Rs en double avec s.d.b.

L'***Hotel Deodar*** *(☎ 48318)* abrite des doubles avec TV et s.d.b. de 250 à 350 Rs, tandis qu'au ***Pine View Tourist Lodge*** (☎ 48349), vous paierez 150 Rs pour une chambre avec s.d.b. commune, et de 200 à 500 Rs avec s.d.b. individuelle.

Comment s'y rendre

On peut accéder à Chail par la route qui relie Shimla à Kalka *via* Kandaghat, ou, plus généralement, *via* la bifurcation située à Kufri. Un taxi aller simple/aller-retour depuis Shimla *via* Kufri revient à 600/800 Rs. Il existe quelques bus locaux très irréguliers (davantage en haute saison) au départ de Shimla et de Chandigarh.

KASAULI

☎ 01792 • altitude 1 850 m

Situé à 75 km de Shimla et à 12 km de la route de Kalka, Kasauli est un charmant village entouré de pins qui peut faire l'objet d'une agréable excursion d'une journée si vous séjournez à Shimla. Vous pourrez admirer quelques édifices de l'époque du Raj et faire de nombreuses promenades dans les alentours, notamment à **Sanawar**, autre pittoresque village montagnard où se trouvait un collège réputé.

Très chic, l'***Alasia Hotel*** *(☎ 72008)* propose des chambres avec s.d.b. à partir de 1 500 Rs. L'établissement jouit d'une belle vue. Plus humble, l'***Anchal Guest House*** (☎ 72052) loue des doubles avec s.d.b. à partir de 350 Rs. A l'***Hotel Ros Common*** (☎ 72005) du HPTDC, qui jouit d'une situation agréable, comptez 800 à 1 300 Rs pour une double avec TV et s.d.b.

Des bus locaux relient Shimla à Kausali. Le trajet en taxi (aller simple/aller-retour) coûte environ 750/1 000 Rs.

NAHAN

Fondée en 1621, la ville historique de Nahan comporte un bazar intéressant et de nombreux temples en ruine, mais la plupart des touristes ne font que la traverser en bus sur le trajet de Shimla à Dehra Dun. A la fin de la mousson, Nahan accueille la fête de **Bhawan Dwadshi**. Plus de 50 effigies de divinités hindoues sont alors portées en procession à travers les rues, pour être baignées d'une façon très cérémonieuse à Ranital (lac de Rani), au centre-ville. Le plus beau bâtiment de Nahan est l'ancien palais de **Raja Mahal** (fermé aux visiteurs).

Nahan compte plusieurs hôtels sympathiques et bon marché, dont l'***Hotel Hill View*** *(☎ 01702-22338)*, proche de la gare routière, qui propose des chambres correctes à 200/450 Rs en simple/ double, et l'***Hotel Regency*** *(☎ 01702-23302)*, où vous paierez de 275 à 495 Rs pour une bonne chambre avec balcon et s.d.b. individuelle avec eau chaude. L'agréable ***Milan Restaurant*** est la meilleure table de la ville.

Nahan est desservie par des bus réguliers depuis Shimla (85 Rs) et Dehra Dun (52 Rs). Pour se rendre à Renuka Lake, des bus partent toutes les heures pour Dadahu (20 Rs).

RENUKA LAKE

A une heure de bus de Nahan, s'étend le très beau lac de Renuka (Renukaji), le plus grand lac naturel de l'Himachal Pradesh. Les sports nautiques s'y pratiquent de plus en plus, mais si vous ne faites pas partie d'un groupe organisé, les activités se limiteront sans doute pour vous à un tour de pédalo en location à l'Hotel Renuka. L'endroit comporte plusieurs temples et une petite **réserve naturelle** peuplée de lions d'Asie, de muntjacs et d'ours noirs. Le **Renuka Mela**, qui se tient durant une semaine en novembre, célèbre la déesse Renukaji. Il attire des milliers de pèlerins qui viennent prendre un bain rituel dans le lac.

L'***Hotel Renuka*** *(☎ 67339)* du HPTDC dispose de chambres spacieuses et confortables donnant sur des jardins abrités. Elles coûtent de 450 à 900 Rs, toutes avec eau chaude. Il existe également des dortoirs à 75 Rs ainsi qu'un bon restaurant.

Un bus de Nahan dessert Dadahu environ toutes les heures. Ensuite, il faut marcher 40 min jusqu'au lac (certains bus continuent toutefois jusqu'au lac). Un bus privé se rend directement du lac à Paonta Sahib (30 Rs, 2 heures) plusieurs fois par jour.

PAONTA SAHIB

Sur la frontière avec l'Uttaranchal (le nord de l'Uttar Pradesh), la ville de Paonta Sahib comporte un impressionnant **gurdwara** (temple sikh), dédié à Gobind Singh, dixième gourou sikh qui vint vivre là à l'âge de 16 ans et y resta quatre ans. Le gurdwara occupe une situation agréable sur la rive de la rivière sacrée qu'est la Yamuna. Il se remplit de pèlerins durant les **fêtes saintes** de mars. Il abrite un petit **musée** qui renferme les armes personnelles de Gobind Singh, ainsi que d'autres reliques.

Situé en bordure de la rivière à 100 m de l'entrée du temple, l'***Hotel Yamuna*** *(☎ 01704-22341)* du HPTDC est le meilleur hôtel de l'endroit. Les jolies doubles avec s.d.b. coûtent de 450 à 1 200 Rs (les plus chères ont la clim.) et l'établissement comprend restaurant et bar. Les autres hôtels sont médiocres.

Des bus desservent Shimla toutes les heures (110 Rs, jusqu'à 13h), Dehra Dun (27 Rs, 1 heure 30) et Nahan (25 Rs, 2 heures). Chaque matin, trois départs pour Delhi (110 Rs, 7 heures) sont assurés.

DE SHIMLA À SUTLEJ VALLEY

La Sutlej coule dans une gorge étroite qui fournit l'accès au Kinnaur. La route qui passe par cette gorge fut construite en 1850 par Lord Dalhousie. A l'origine, elle se prolongeait jusqu'au Tibet, mais il est interdit aux étrangers d'aller au-delà de Sumdo, au nord du Kinnaur, d'où part la route pour Spiti et Lahaul.

La dernières des stations de villégiatures créées par les Britanniques est Narkanda ; les villages situés plus au nord doivent leur existence aux maharajas du Bushahr, qui gouvernaient jadis l'ensemble du Kinnaur. Le plus intéressant d'entre eux est sans doute Sarahan, puisqu'on y trouve le célèbre temple de Bhimkali, où se pratiquaient autrefois des sacrifices humains.

Kufri

☎ 0177 • altitude 2 510 m

Kufri est un petit village assez quelconque. Sur la route de Chail, l'**Himalayan Nature Park** (réserve naturelle de l'Himalaya, 10 Rs, ouverte tous les jours de 10h à 17h) comporte une faune et une flore particulière à l'Himachal Pradesh. Sur la route qui monte vers la réserve, vous pouvez louer des chevaux (160 Rs) pour une belle promenade jusqu'au Mahashu Peak, et admirer ainsi la magnifique forêt.

Où se loger et se restaurer. Installé dans la rue principale du village, l'***Hotel Snow Shelter*** *(☎ 480135)* dispose de chambres agréables avec eau chaude (la vue est superbe) au tarif raisonnable de 275/440 Rs en simple/double.

Juste à côté, la ***Kufri Holiday Inns*** *(☎ 480341)* propose des chambres grand confort de 400 à 1 250 Rs (les plus chères jouissent d'une très belle vue) et le ***Honey Dew*** est le meilleur restaurant du village.

HIMACHAL PRADESH

Plus haut, en direction de la réserve, le ***Kufri Holiday Resort*** *(☎ 480300)* est un établissement très huppé aux chambres luxueuses (à partir de 2 550 Rs), doté d'un bar et d'un restaurant.

Près de la réserve, dans l'**Indira Tourist Park** (5 Rs l'entrée), géré par le HPTDC, vous trouverez le sympathique ***Cafe Lalit***, qui sert des spécialités traditionnelles ou végétariennes à partir de 40 Rs.

Comment s'y rendre. Les bus réguliers qui assurent la liaison entre Shimla, Narkanda, Chail et Rampur s'arrêtent toujours à Kufri. L'aller simple en taxi de Shimla à Kufri coûte 350 Rs.

Narkanda

☎ 01782 • altitude 2 708 m

A mi-chemin entre Shimla et Rampur, Narkanda est depuis toujours une ville d'escale pour les routiers, mais les montagnes qui l'entourent en font une station de sports d'hiver très appréciée. La saison du **ski** s'étend de janvier à la mi-avril, mais pour ce sport, Narkanda n'est pas aussi bien lotie que Solang Nullah, au nord de Manali, et encore moins qu'Auli, dans l'Uttaranchal. Le HPTDC propose des stages de ski d'une semaine à 3 900 Rs comprenant l'hébergement en pension complète, la location de matériel et les cours. Vous pouvez également skier ici avec l'Institute of Mountaineering & Allied Sports de Manali. Ces deux organismes proposent surtout des forfaits à dates fixes. Sur place, Highland Travel and Adventures (☎ 8444) propose des locations de skis et du trekking.

Où se loger et se restaurer. Sur la route principale, l'***Hotel Mahamaya Palace*** *(☎ 8448)* dispose de belles chambres spacieuses, avec eau chaude, balcon et vue sur la montagne, de 400 à 800 Rs. L'établissement abrite un bon restaurant et baisse ses tarifs en basse saison.

Perché au-dessus du village, l'***Himalayan Hotel*** *(☎ 8440)* abrite des chambres un peu délabrées avec s.d.b. de 250 à 350 Rs. Une vue superbe et un personnel sympathique rendent le lieu accueillant. Prenez l'escalier qui monte derrière la station de bus (l'hôtel est le grand bâtiment blanc situé au sommet).

Isolé, l'***Hotel Hatu*** *(☎ 8430)* du HPTDC se trouve à 250 m au-dessus de la route principale. On y accède par un petit chemin qui monte à l'est (cherchez le panneau). Pour une double très correcte avec s.d.b., vous paierez 600 à 900 Rs en pleine saison (réductions possibles le reste de l'année).

Le centre-ville compte de nombreux ***dhaba*** rudimentaires, mais accueillants. Si vous préférez manger avec des couverts, essayez les restaurants de l'***Hotel Hatu*** ou de l'***Hotel Mahamaya Palace***, qui proposent des spécialités comme le poulet tandoori à 75 Rs environ.

Comment s'y rendre. Narkanda est desservie par des bus réguliers effectuant la liaison Shimla-Rampur (vous ne devriez guère attendre plus de 30 min, dans l'une ou l'autre direction). Pour venir de Shimla en taxi, comptez 700 Rs.

Rampur

☎ 01782 • altitude 924 m

Rampur, qui se trouvait jadis sur l'antique route qui reliait l'Inde au Tibet, était le centre du puissant empire du Bushahr, mais depuis quelque temps, elle est devenu une ville de montagne relativement classique. Le **Padam Palace**, construit en 1925 sur la route principale, appartenait au maharaja du Bushahr. On ne peut pénétrer à l'intérieur, mais vous pourrez flâner à loisir dans les beaux jardins du palais. Dans une enceinte qui s'étend en face de la station de bus, s'élèvent plusieurs temples très intéressants, dont le **Raghunath Temple**, antique construction de pierres. Ne manquez pas non plus d'aller admirer le **Purohit Mandir**, édifice de pierre également, ainsi que le **Sri Sat Narain Temple**, pittoresque temple de stuc construit en 1926. Ces deux derniers ont été bâtis dans le bazar principal, au bord de la rivière. La **Lavi Fair** (foire de Lavi) se tient à Rampur la deuxième semaine de novembre. Elle attire des populations venues des régions retirées du Lahaul, du Spiti et du Kinnaur pour vendre des chevaux ou des produits locaux. Si vous continuez vers le Kinnaur, renseignez-vous sur l'état de la route.

Orientation et renseignements. Rampur se compose d'un réseau d'étroites ruelles comprimées entre la nationale et la rivière. Tous les hôtels se trouvent en aval de la route. Pour atteindre le principal bazar et la majorité des temples, descendez les marches en face de la station de bus.

HIMACHAL PRADESH

Où se loger et se restaurer. Rampur étant une halte appréciée des routiers (on peut y boire de l'alcool), les hôtels de la ville peuvent se révéler un peu bruyants.

L'un des meilleurs d'entre eux est l'***Hotel Bhagwati*** *(☎ 33117)*, très populaire. Il se trouve au bas de la ville, en bordure du bazar principal (suivez les panneaux depuis la gare routière). Les doubles confortables avec s.d.b. débutent à 110 Rs (165 Rs avec TV), tandis que les chambres deluxe coûtent 385 Rs.

En amont de la station de bus, le ***Narindera Hotel*** *(☎ 33155)* propose des doubles correctes avec s.d.b. et eau chaude de 150 à 275 Rs. Les chambres climatisées coûtent 500 Rs et le restaurant est bon.

Rampur compte plusieurs petits établissements hôteliers (*dosshouses*), comportant généralement un bar bruyant et des chambres rudimentaires allant de 75 à 200 Rs. Le meilleur d'entre eux est sans doute le ***Highway Home*** (☎ 33063), en aval de la gare routière, le long de la route nationale.

Il faut parcourir un kilomètre depuis le palais sur la route de Shimla pour atteindre le ***Cafe Sutlej*** du HPTDC, mais vous ne regretterez pas votre effort, ne serait-ce que pour la vue et la qualité du restaurant. La vieille ville possède une multitude de ***dhaba*** (le meilleur se trouvant juste au bas de l'escalier situé face à la gare routière, du côté droit).

Comment s'y rendre. Rampur, important carrefour routier, est bien desservie par les bus (toujours bondés). Il en part un toutes les 30 min (de 4h30 à 18h30) à destination de Narkanda (38 Rs, 2 heures), puis de Shimla (78 Rs, 6 heures). La route pour Rekong Peo fut détruite en août 2000 et à l'époque de notre visite, les bus n'allaient que jusqu'à Karcham (45 Rs, 3 heures 30), d'où part la route pour Sangla Valley. De ce point, il faut parcourir 5 km à pied, suivis de 20 min en jeep ou en bus pour atteindre Rekong Peo. Les bus pour Sarahan démarrent toutes les deux heures environ entre 7h30 et 16h30 (25 Rs, 1 heure).

Sarahan

☎ 01782

Ancienne capitale d'été de l'empire du Bushahr, Sarahan est un merveilleux petit village perché au-dessus de la vallée. Il est surtout connu pour son antique temple de Bhimakali, mais il représente aussi un bon pied-à-terre pour des randonnées vers les villages voisins, comme Ranwin, ou encore vers le pic de Bashal. Le superbe palais du dernier maharaja du Bushahr se trouve juste derrière le temple de Bhimakali (l'autre bâtiment appartient au gardien du temple). Où que l'on soit dans le village, on jouit d'une vue magnifique sur le Srikhand Mahadev (5 227 m).

Bhimakali Temple. Ce sanctuaire d'anciens temples passe pour l'un des plus beaux exemples d'architecture de l'Himachal. Les deux principaux temples sont conçus comme des tours, sur lesquelles ont été greffés des étages en saillie artistiquement sculptés. Comme dans de nombreuses constructions locales, une alternance de couches de bois et de pierres a été adoptée pour rendre l'édifice résistant aux tremblements de terre.

Le temple de droite a plus de 800 ans et sa structure menace à tout moment de s'écrouler. Les visiteurs peuvent en revanche monter au temple de gauche, plus récent puisqu'il date des années 1920. Un escalier mène au 2e étage, où se trouve la principale statue de Bhimakali (version locale de Kali, la déesse assoiffée de sang), entourée, entre autres, de représentations de Parvati, du Bouddha et d'Annapurna. Toutes ces figures sont surmontées d'un superbe baldaquin en filigrane d'argent. Un escalier descend vers le 1er étage, qui abrite une statue de Parvati, l'épouse de Shiva.

Le sanctuaire est ouvert tous les jours de 9h à 19h. Pour entrer, il convient de se plier à certaines règles : avoir la tête couverte (des couvre-chefs sont prêtés à l'entrée), confier aux gardiens tous ses objets de cuir, comme les ceintures ou les portefeuilles, retirer ses chaussures et s'abstenir de photographier à l'intérieur.

A l'extrémité droite de la cour, vous pourrez admirer une petite exposition de lampes de cérémonie et d'armes anciennes. Sur le site également, se trouve le **temple Lankra Vir**, où se pratiquaient jusqu'au XIXe siècle des sacrifices humains pour apaiser Bhimakali. La tradition se perpétue aujourd'hui à travers l'étrange rituel d'Astomi : à l'occasion de la fête de la **Dussehra**, de nombreux animaux sont sacrifiés à la déesse, en particulier des chèvres, des poules, des buffles et même, paraît-il, une araignée.

Où se loger et se restaurer. Excellente, la ***pension du temple*** *(☎ 74248)*, à l'intérieur du sanctuaire religieux, propose la meilleure formule bon marché. Elle abrite quelques chambres propres et calmes avec s.d.b. à 150, 200 ou 300 Rs, ainsi que des dortoirs très rudimentaires à 25 Rs.

Près de l'entrée des temples, la ***Bushahr Guest House*** *(☎ 74238)* réclame 150 Rs pour des doubles agréables et propres avec eau chaude.

Près de la gare routière, le ***Snow View Hotel*** *(☎ 74383)* a connu des jours meilleurs. Les doubles délabrées avec s.d.b. sont proposées à 100 Rs, ou 200 Rs pour jouir d'une belle vue.

Tout près, l'***Hotel Srikhand*** *(☎ 74234)* est géré par le HPTDC. Il comporte de grandes chambres confortables avec TV, eau chaude et vue sur la vallée entre 600 et 1 100 Rs. La nuit en dortoir coûte 75 Rs, quand il reste de la place. Le restaurant est très bon.

Parmi les bonnes tables de Sarahan, citons le ***Ribal*** pour la cuisine chinoise et l'***Ajay*** pour les spécialités tibétaines et indiennes.

Comment s'y rendre. Trois bus quotidiens directs relient Shimla à Sarahan (105 Rs), mais il est plus simple de prendre un bus passant par la jonction de Jeori, puis d'attendre un bus local (ils passent environ toutes les heures) pour gravir les 17 km de montée jusqu'à Sarahan. Des bus relient Rampur et Sarahan régulièrement pour 25 Rs. En taxi, vous paierez nettement plus cher, soit environ 500 Rs, mais vous gagnerez beaucoup de temps. De Jeori à Sarahan, comptez 200 Rs.

Nord et Kinnaur

Le Kinnaur est un district montagneux reculé qui s'étend entre Shimla et la frontière tibétaine. La région s'est ouverte aux touristes en 1991. Il est donc désormais possible de voyager dans le Kinnaur et ses environs muni d'autorisations – faciles à obtenir.

Le Kinnaur est arrosé par la Sutlej, qui prend sa source près du mont Kailash au Tibet. La région est bordée à l'est par l'Himalaya central. Au nord, s'élève l'extraordinaire chaîne montagneuse de Zanskar, qui marque la frontière entre le Jammu et le Cachemire et entre l'Himachal et le Tibet. Le sommet le plus spectaculaire est le Kinnaur Kailash (6 050 m), qui domine la magnifique Sangla Valley.

Les Kinnauris, se fondant, entre autres, sur les textes hindouistes se sont toujours considérés comme un peuple distinct du groupe aryen. La plupart des Kinnauris respectent un mélange d'hindouisme et de bouddhisme tibétain. Les villages comportent souvent un temple tibétain et un autre hindou. Le costume kinnauri se distingue essentiellement par la toque en laine grise qu'arborent hommes et femmes et qui porte le nom de *thepang*. Le kinnauri (également appelé komskad) est la principale langue indigène et compte environ 12 dialectes distincts. Les Kinnauris forment un peuple d'agriculteurs qui cultivent le blé, l'orge et les pommes, mais la région est désormais placée sous le signe du développement économique, avec la construction d'immenses barrages construits sur la Sutlej et la Baspa dans le cadre du programme hydro-électrique de l'Himachal.

Les routes d'altitude du Kinnaur figurent parmi les plus impressionnantes de l'Himalaya. La spectaculaire Hindustan-Tibet Highway, route capable de résister à toutes les intempéries, qui relie le Kinnaur supérieur au Spiti, traverse les paysages les plus époustouflants de la région. Après avoir célébré son 150e anniversaire en juin 2000 (sa construction avait début en 1850 sous l'égide de Lord Dalhousie), la route fut cependant dévastée en un clin d'œil par la crue de la Sutlej, en août 2000. Au moment de notre passage, des ingénieurs faisaient leur maximum pour la reconstruire.

Autorisations

Pour voyager dans le nord du Kinnaur, au-delà de Jangi et jusqu'à Tabo, au Spiti, un "Inner Line Permit" est nécessaire. Ce document rassurera la police frontalière sur vos intentions au cas où elle vous soupçonnerait de vouloir fuir le pays par le Tibet. Cette politique est une séquelle du conflit qui opposa l'Inde à la Chine en 1962, mais elle reste strictement appliquée ; aussi devrez-vous faire un détour par le bureau du SDM (*subdivisional magistrate*), à Rekong Peo, pour pouvoir poursuivre votre périple.

Par chance, il est assez facile d'obtenir une autorisation, à condition que le SDM de Rekong Peo soit bien à son poste (appelez avant de vous déplacer au ☎ 01786-22252).

Officiellement, les touristes doivent se présenter par groupe de quatre personnes minimum et être inscrits dans un voyage organisé pour se voir délivrer le permis, mais cette règle est rarement appliquée. Valable sept jours, l'Inner Line Permit est délivré dans la journée si vous apportez trois photos d'identité, une photocopie des pages d'identité du passeport, ainsi que du feuillet portant le visa indien. En théorie, ce document peut aussi être demandé au SDM de Rampur ou au "Divisional Magistrate" de Shimla. Si vous visitez la région au sein d'un groupe organisé, votre guide se chargera de vous le procurer.

En dépit de ce que l'on peut lire sur le permis, vous pouvez séjourner dans n'importe quel campement ou village le long de la route principale reliant Rekong Peo et Kaza. Vous pouvez aussi voyager à bord de tout véhicule public ou privé, seul ou en groupe, quel que soit le nombre de participants. Le document stipule qu'il est interdit de prendre des photos, mais rien ne vous empêche de le faire tant que vous évitez les zones militaires et les ponts. Il est également précisé que vous ne devez pas emporter de cartes routières. En réalité, vous avez le droit de le faire, mais sachez que ces cartes sont de toute façon assez médiocres.

Si vous venez du Lahaul ou du Spiti, mieux vaut demander votre permis au SDM de Kaza (☎ 01906-22302), même si les bureaux de Manali, Kullu ou Keylong se montrent prêts à accomplir ces formalités, car la règle relative aux groupes de quatre personnes minimum est plus souvent appliquée dans ces derniers. Lors de notre venue, il était question de faire payer le permis 30 $US.

REKONG PEO

☎ 01786 • altitude 2 290 m

Moderne, Rekong Peo est un important centre administratif et routier situé face au magnifique Kinnaur Kailash, mais qui n'a pas le charme de Kalpa, toute proche. Si vous prévoyez de visiter le nord, vous devrez faire une halte dans la ville pour obtenir votre Inner Line Permit. Le bureau du SDM (☎ 22252) est installé dans le centre administratif, au bas de la ville (repérez le toit rouge). De l'autre côté de la route, vous trouverez plusieurs magasins avec photocopieuses qui vous permettront de constituer votre dossier de demande, mais aussi de faire le plein de provisions indispensables (l'eau minérale est rare en dehors de Rekong Peo). La ville ne possède aucun bureau de change.

Un joli *gompa* (monastère bouddhiste tibétain) aux couleurs vives, le **Kinnaur Kalachakra Celestial Palace**, ou Mahabodhi Gompa, se dresse à 20 min à pied au-dessus du village, derrière la station de radio.

Où se loger et se restaurer

Les hébergements se regroupent surtout autour de l'intersection entre la route pour Kalpa et le bazar principal, qui est piétonnier et offre un raccourci pratique pour atteindre la gare routière, au sommet de la colline.

A 200 m de la gare routière, la ***Fairyland Guest House*** *(☎ 22477)* abrite un restaurant et des chambres correctes avec eau chaude à partir de 200 Rs.

Le ***Shivling View Hotel & Restaurant*** *(☎ 22421)* se situe à une courte distance à pied en aval de la gare routière. Les doubles très agréables avec eau chaude vont de 300 à 500 Rs.

En plein centre-ville, l'***Hotel Snow View*** *(☎ 22048)* propose des doubles avec s.d.b. à 220 Rs, ainsi qu'un restaurant acceptable. Vous trouverez des chambres similaires au même prix à l'***Hotel Rangin*** *(☎ 22246)*, dans le bazar principal, et au ***Shambhala Hotel*** *(☎ 22852)*, à 10 min à pied en amont de la gare routière.

Le restaurant ***Manish Bhojnayla***, au centre-ville, sert une excellente *thugpa* (soupe tibétaine aux nouilles) et de délicieux *momo* (raviolis tibétains). Le ***Vijay Bhojnayla***, son voisin, est un bon spécialiste de cuisine indienne.

Comment s'y rendre

Les bus qui desservent la ville déposent presque tous leurs passagers au centre-ville, mais officiellement, les départs se font à la nouvelle gare routière, à 5 min à pied du centre (suivez le bazar en face de l'Hotel Snow View et tournez à droite au poste de police : c'est un peu plus loin sur la route). La plupart des bus ne font que passer, de sorte que les horaires et les réservations de sièges se révèlent un peu aléatoires.

Des bus montent à Kalpa (*via* Pangi) à 7h30, 9h, 13h, 15h30 et 17h, moyennant 5 Rs. Le dernier retour est prévu à 18h. Le même trajet en taxi revient à 250 Rs (aller simple).

Des bus quotidiens desservent Kaza (120 Rs, 12 heures) à 7h30, le retour s'effectuant à la même heure. Pour Sangla, vous devrez prendre une jeep, puis retourner à pied jusqu'à Karcham, où plusieurs bus par jour partent vers Sangla et Chitkul (si la route n'a pas été remise en état, auquel cas vous bénéficierez peut-être de bus directs). Pour Shimla (45 Rs), le bus direct quitte Karcham à peu près toutes les heures, mais il existe également plusieurs bus publics et privés à destination de Rampur.

KALPA

☎ 01786

Selon la légende, ce superbe village de montagne est la résidence d'hiver de Shiva, qui s'y retire chaque année, dit-on, pour des méditations grandement inspirées par le haschisch. Connue sous le nom de Chini à l'époque où elle faisait office de capitale régionale, Kalpa n'a guère changé en 500 ans. C'est un lieu de séjour bien plus agréable que Rekong Pao.

La vue sur le Kinnaur Kailash est l'une des plus spectaculaire de l'Himalaya. Vous pourrez jouir d'un panorama complet en vous postant derrière le *chorten* (pagode tibétaine), au sommet de la colline. Tout aussi intéressant, l'ensemble de temples de **Narayan-Nagini** comprend des sanctuaires dédiés aux divinités hindoues, bouddhistes ou locales. En septembre, les villageois viennent y offrir des fleurs sauvages lors de la pittoresque **fête de Phulech**.

Où se loger et se restaurer

Au centre-ville, l'***Hotel Blue Lotus*** *(☎ 26001)*, moderne et sans charme, loue des chambres assez cher, à partir de 500 Rs, ainsi qu'un restaurant acceptable. Sur la route au-dessus du village, le ***Kinner Kailash Cottage*** *(☎ 26159)* du HPTDC était en rénovation lors de notre venue, mais devrait avoir rouvert quand vous lirez ces lignes.

Juste en face, le ***Shivalik Guest House*** *(☎ 26158)* est un établissement moderne, mais accueillant, avec de belles doubles avec douche chaude de 300 à 500 Rs (200 Rs en hiver).

Aménagé dans une jolie pommeraie dominant la vallée, à 5 min de marche au nord-est par la même route, la chaleureuse ***Auktong Guest House*** (☎ 26019) propose des chambres simples, mais confortables avec vue sur les montagnes à 100 Rs. La s.d.b. est commune.

Au ***Timberline Trekking Camps***, aux abords du village, vous pourrez louer de luxueuses tentes pour deux (avec eau chaude) dans un joli cadre, pour 1 250 Rs. Les tentes sont démontées en octobre et remontées en mai (☎ 011-6984049 pour plus de détails).

Comment s'y rendre

Des bus très irréguliers relient Kalpa à Rekong Peo (5 Rs, 1 heure) à 8h30, 10h, 14h, 16h30 et 18h. La plupart continuent après Rekong Peo vers d'autres destinations, plus au sud. En taxi, le trajet vous reviendra à 250/400 Rs l'aller simple/aller-retour.

Aller à pied de Kalpa à Rekong Peo représente une agréable promenade de 45 min en descente. Prenez les raccourcis plutôt que la route sinueuse.

SANGLA VALLEY

La vallée de Sangla, ou de Baspa, passe pour la plus belle de tout l'Himalaya et pour une fois, cet argument de marketing n'est pas usurpé. De nombreux villages très anciens à l'architecture traditionnelle de bois et de pierre s'étirent au fond de la vallée, les populations sont accueillantes et les montagnes qui s'élèvent de tous côtés forment un paysage d'une beauté saisissante. L'embouchure de la vallée est certes un peu gâchée par la construction d'une autre usine hydroélectrique, mais celle-ci disparaît bien vite de la vue quand on grimpe dans la gorge.

Le printemps (avril et mai) et l'automne (de septembre à début novembre) sont les meilleures saisons pour visiter la région. L'été, la mousson produit de longues journées humides et l'hiver, les routes sont régulièrement bloquées par la neige. La route de la vallée est sans doute l'une des plus fantastiques de l'Himalaya.

Sangla

☎ 01786 • altitude 2 680 m

Ce superbe village est le plus grand de la vallée. Les maisons aux toits de tuiles traditionnels semblent entassées les unes sur les autres et l'impressionnante silhouette du Kinnaur Kailash (6 050 m) qui se détache donne le frisson. La ville compte plusieurs anciens temples hindous et bouddhistes, dont le **Bering Nag Temple**, site principal de la **fête des fleurs de Phulech**, qui se déroule en septembre.

HIMACHAL PRADESH

Une courte promenade à travers les vergers mène à Kamru, village tout proche doté d'un vieux fort. Prenez la route derrière le Department of Public Works (service des travaux publics).

Où se loger et se restaurer. A quelques pas de la nationale, en aval de l'arrêt de bus, la ***Baspa Guesthouse*** *(☎ 42206)* loue des chambres de 165 à 275 Rs (les plus chères sont avec s.d.b. individuelle).

Plus bas encore, par une route qui part sur la droite, la ***Mount Kailash Guest House*** *(☎ 42527)* propose de belles doubles en étage avec s.d.b. à 380 Rs (ou 300 Rs au rez-de-chaussée), ainsi qu'un dortoir où vous pourrez passer la nuit pour 75 Rs.

A l'intersection suivante, la ***Highland Guest House*** *(☎ 42285)* loue des chambres rudimentaires de 150 à 200 Rs.

L'été, les ***Banjara Camps*** vous hébergent sous des tentes de luxe à Batseri, de l'autre côté de la rivière. Appelez l'agence de Delhi pour de plus amples informations (☎ 011-6855153). Les réservations pour la ravissante ***Forest Rest House***, toute proche, s'effectuent auprès du District Forest Officer *(☎ 01786-22252, 25207)* de Kalpa.

Le restaurant ***Monal Reception***, au centre-ville, sert une bonne cuisine indienne et chinoise, ainsi que des petits déjeuners.

Comment s'y rendre. Des bus quotidiens montent à Chitkul à 12h et 16h (15 Rs), mais tous deux reviennent à 6h le lendemain matin. Pour une excursion d'une journée, vours devez donc prendre une jeep collective (peu fréquentes, 50 Rs) ou un taxi (600 Rs l'aller-retour). Les bus pour Rampur (12 Rs) partent à 7h, 8h, 10h et 15h. Si la route est réparée, des liaisons avec Rekong Peo seront peut-être assurées. Des jeeps collectives descendent à Karcham par la gorge de la vallée, où vous pourrez prendre l'un des nombreux bus pour Shimla et Rampur.

Environs de Sangla

Accroché à un étroit éperon rocheux à 2 km au-dessus de Sangla, le village de **Kamru** fut la capitale de l'empire du Bushahr, qui régnait jadis sur le Kinnaur. Le village est dominé par le **Kamakhya Devi Temple**, aux allures de forteresse, ouvert aux visiteurs de 8h à 9h et de 19h à 20h seulement (couvrez-vous la tête et retirez vos chaussures). Vous trouverez plusieurs temples bouddhistes et hindous en contrebas.

De Sangla, part une route bitumée qui traverse des pommeraies jusqu'à un portail de pierre, d'où un chemin abrupt monte jusqu'au village. Près du portail, se trouve un petit monticule de pierres de *mani* sculptées (portant l'inscription bouddhiste tibétaine "Om mani padme hum", ou "saluez le joyau dans le lotus"), ainsi qu'une représentation du Bouddha censée protéger contre le commerce avec les fantômes et autres esprits malins.

Bien au-dessus de Sangla, se trouvent les villages reculés de **Rakcham** (3 050 m), à 14 km de Sangla, et **Chitkul** (3 450 m), qui jouissent d'un point de vue extraordinaire et sont bâtis selon une architecture traditionnelle.

DE REKONG PEO A TABO

Un Inner Line Permit est requis pour cette partie de la route reliant le Kinnaur au Spiti. Le seul hébergement privé entre Rekong Peo et Tabo se trouve dans le village de **Nako**, à 7 km en amont de Yangthang (la montée en jeep collective coûte 40 Rs). Ce village isolé occupe un cadre ravissant en bordure d'un petit lac. Il comporte un **gompa** du XIe siècle renfermant quatre temples. De là, une agréable randonnée vous mènera au pic de Leo Purgyal et aux anciens gompa de Tashigang (5 heures de marche), puis à Somang (7 heures).

La ***guesthouse*** jaune située près de l'arrêt de bus est l'une des nombreuses possibilités d'hébergement du village, où l'on passe la nuit pour 100 Rs environ (faites-vous indiquer les autres). Le trajet est en descente, donc facile.

A voir également, les petits **gompa** de Khanum, près de Spillo, et de Morang.

Kangra Valley

La splendide Kangra Valley commence au nord de Mandi pour s'incurver à l'ouest et s'étendre jusqu'à Shahpur, près de Pathankot. Au nord, la vallée est bordée par la chaîne de Dhauladhar avec, accrochée à son versant, Dharamsala. Plusieurs sites présentent un intérêt certain, notamment McLeod Ganj, où sont installés le dalaï-lama et les quartiers généraux du gouvernement tibétain en exil.

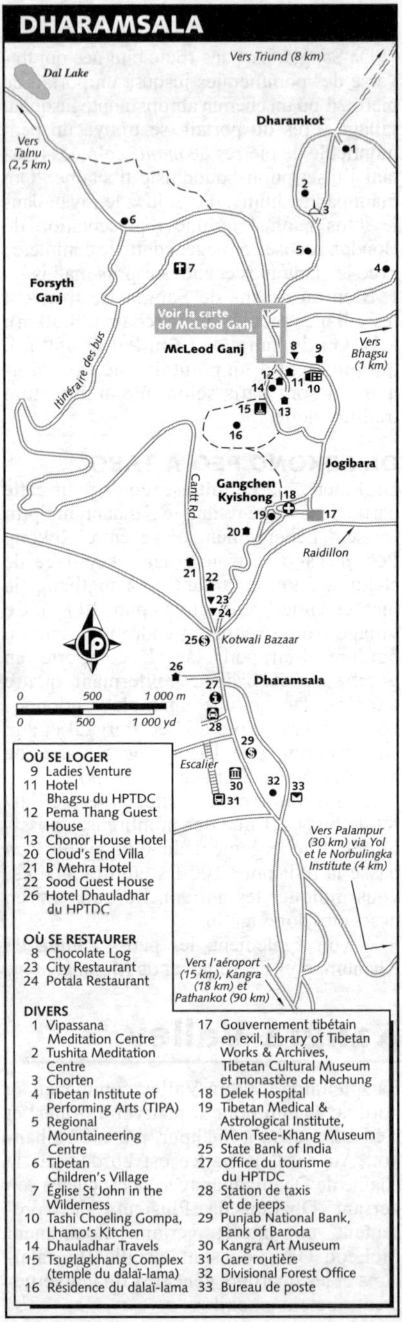

La route principale de Pathankot à Mandi longe la vallée, tandis qu'une ligne de chemin de fer à voie étroite relie Pathankot à Jogindarnagar.

DHARAMSALA

☎ 01892 • 19 200 habitants

Si Dharamsala est synonyme de gouvernement tibétain en exil, les autorités ont en fait établi leur siège à environ 4 km au-dessus de la ville, à Gangchen Kyishong. La plupart des voyageurs s'installent à McLeod Ganj, accrochée à une haute corniche, 10 km au-dessus de Dharamsala.

Dharamsala présente peu d'intérêt pour les voyageurs, même si le Kotwali Bazaar, au pied des routes menant à McLeod Ganj, accueille un marché passionnant et coloré. Vous pouvez également visiter le Kangra Art Museum.

Renseignements

Le personnel sympathique de l'office du tourisme du HPTDC (☎ 24212) fournit de meilleures indications qu'à l'ordinaire, dans la mesure où il n'organise pas de visites guidées. Le bureau est ouvert du lundi au samedi de 10h à 17h.

L'agence informatisée de la State Bank of India accepte la plupart des chèques de voyages en dollars américains et en livres sterling, ainsi que des devises. La Punjab National Bank ne change que les chèques de voyage.

A côté, la Bank of Baroda accorde des avances sur cartes Visa moyennant un délai de 24 heures (vous pouvez téléphoner pour réserver au ☎ 23175 et passer prendre votre argent le lendemain).

Le Divisional Forest Office (☎ 24887 ; centre des eaux et forêts) effectue les réservations des Forest Rest Houses (refuges) situées sur les itinéraires de randonnée au-dessus de McLeod Ganj.

Kangra Art Museum

Ce musée est situé à quelques minutes de marche au sud de l'office du tourisme. Outre des miniatures de l'école de Kangra, qui s'épanouit dans Kangra Valley, au XVIIe siècle, il expose des costumes brodés des tribus locales, des bois gravés et des bijoux. Il se visite du mardi au dimanche, de 10h à 17h. L'entrée est gratuite.

Où se loger et se restaurer

Installée dans le Kotwali Bazaar, la ***Sood Guest House*** *(☎ 24269)*, dans Cantt Rd, propose des chambres acceptables avec s.d.b. pouvant accepter une/deux/trois personnes pour 75/100/125 Rs.

Quelques portes plus haut, de l'autre côté de la rue, le ***B Mehra Hotel*** *(☎ 23582)* loue des doubles peu soignées (mais avec vue magnifique) à 250 Rs avec s.d.b. et eau chaude. Les simples avec s.d.b. commune coûtent 125 Rs.

L'***Hotel Dhauladhar*** *(☎ 24926)* du HPTDC offre le choix entre les chambres ordinaires de l'annexe, à 500 Rs avec s.d.b., et celles du bâtiment principal allant de 800 à 1 500 Rs. Du restaurant et du bar de l'établissement, vous pourrez suivre le coucher de soleil.

La ***Cloud's End Villa*** *(☎ 24904)* est la résidence du raja de Lambagraon-Kangra. Bien que mal située à mi-chemin entre Dharamsala et Gangchen Kyishong, c'est l'hôtel à choisir si vous souhaitez vous offrir un séjour de grand luxe. Les cinq chambres, qui s'échelonnent de 770 à 1 250 Rs, sont toutes décorées en style colonial traditionnel.

A Dharamsala, le ***City Restaurant*** est très apprécié. On y mange un peu de tout. Le ***Potala Restaurant***, accessible par un étroit escalier, juste en face, propose une cuisine chinoise et tibétaine.

Quitter la ville

Les bus à destination de McLeod Ganj (6 Rs, 30 min) partent toutes les demi-heures de la gare routière. Le plus simple est de les attendre à l'extrémité sud de Kotwali Bazaar. Des jeeps inconfortables effectuent également la navette pour le même prix. Le trajet en taxi Maruti (arrêt sur l'axe principal) coûte 100 Rs.

Des bus desservent Pathankot environ toutes les heures entre 5h et 17h (55 Rs, 3 heures 30). Les bus pour Mandi démarrent à 5h, 11h et 18h (80 Rs, 6 heures), ceux pour Manali (190 Rs, 12 heures 30) à 4h, 18h et 20h30. Ces derniers font escale à Kullu (120 Rs, 10 heures). On compte quatre départs quotidiens vers Dalhousie (85 Rs, 6 heures), et le bus de 8h30 continue jusqu'à Chamba (125 Rs, 8 heures).

Pour Shimla (185 à 225 Rs, 10 heures 30), trois bus partent le matin et trois autres le soir. Un seul dessert Haridwar (237 Rs, 12 heures) à 15h. Pour Dehra Dun (231 Rs, 11 heures), l'unique départ quotidien est prévu à 21h. Pour Delhi, il existe des dessertes ordinaires (237 Rs, 13 heures) à 5h, 7h, 16h30, 17h30, 19h30 et 20h, ainsi qu'un bus de luxe à 20h (340 Rs).

Vous trouverez par ailleurs des bus locaux à destination de Gaggal (pour l'aéroport de Dharamsala), de Kangra et de Jawalamukhi, ainsi que des liaisons plus occasionnelles avec Masrur. Pour Baijnath et Palampur, prenez le bus desservant Mandi ou Manali.

MCLEOD GANJ

☎ 01892 • altitude 1 770 m

A 4 km à pied au-dessus de Dharamsala (10 km par la route), McLeod Ganj abrite le gouvernement tibétain en exil et Sa Sainteté le 14e dalaï-lama. C'est aussi l'une des principales destinations des visiteurs de Kangra Valley. Ici, vous trouverez de sympathiques moines tibétains, des hôtels bon marché, des organismes de trekking, de la cuisine occidentale, des films vidéo et des boutiques de souvenirs tibétains en enfilade.

McLeod Ganj fut créée vers 1850 comme ville de garnison britannique et devint un important centre administratif pour toute la région de Kangra. En 1905, un désastreux tremblement de terre obligea les Britanniques à plier bagage et à descendre s'installer dans la vallée. La ville ne fit plus parler d'elle jusqu'en 1960 : cette année-là, le dalaï-lama et son entourage vint y demander asile suite à l'invasion du Tibet par la Chine (voir l'encadré *L'exil tibétain*).

La ville doit son curieux nom au lieutenant gouverneur du Punjab, David McLeod, et au terme hindi *ganj*, qui signifie marché. Avant l'arrivée des Britanniques, les hauteurs de Dharamsala abritaient la tribu semi-nomade des Gaddi. Aujourd'hui, une importante population gaddi vit encore dans les villages des environs.

Orientation

Le centre de McLeod Ganj se situe autour de l'arrêt de bus. De là, les routes rayonnent vers différents points de la ville, y compris celle en contrebas vers Dharamsala, qui passe devant l'église St John in the Wilderness et la zone de cantonnement de Forsyth Ganj. D'autres routes mènent aux villages de Dharamkot et de Bhagsu.

l'exil tibétain

En mai 1949, le nouveau gouvernement communiste chinois signa un traité étendant la souveraineté de la Chine sur le Tibet. Il partait pour cela du principe que les deux nations appartenaient à l'Empire mongol. La même année, l'armée chinoise du Peuple marcha donc sur Lhasa, inaugurant une politique brutale qui fit non moins de 1,2 million de victimes tibétaines et envoya d'innombrables hommes en camps de travail.

Depuis 1949, quelque 90% des institutions religieuses de la nation ont été détruites au nom de la révolution culturelle. Craignant pour sa vie et celle de son peuple, le chef spirituel du Tibet, Sa Sainteté le 14e dalaï-lama, Tenzin Gyatso, prit en 1959 la difficile décision de conduire son peuple en exil.

Accompagné d'un petit groupe de son entourage, le dalaï-lama arriva en Inde à pied après avoir marché des semaines entières à travers l'Himalaya. Depuis, quelque 292 000 Tibétains ont suivi ses traces et sont venus s'installer à Dharamsala, Darjeeling ou dans d'autres villages de montagne. Le gouvernement tibétain en exil s'est vu accorder l'asile politique à Gangchen Kyishong, en contrebas de McLeod Ganj, qui est ainsi devenu son quartier général pour une lutte de libération qui dure depuis quarante ans. Tenzin Gytaso reçut en 1989 le prix Nobel de la paix pour ses efforts visant un règlement pacifique au problème du Tibet.

La Chine continue de rejeter toute tentative de dialogue concernant le problème tibétain. Aujourd'hui, les nations occidentales commencent à relâcher leurs restrictions économiques sur la Chine, ce qui fait craindre pour l'avenir du Mouvement pour le Tibet Libre. Le Tibet Museum installé au Namgyal Gompa, dans le complexe de Tsuglagkhang, retrace la tragique histoire de l'occupation chinoise.

Le dalaï-lama, chef spirituel du Tibet, vit en exil en Inde

Au sud, Temple Rd se poursuit jusqu'au temple Tsuglagkhang, à 800 m, d'où l'on peut prendre un raccourci vers le quartier administratif de Gangchen Kyishong, où vous attend la Library of Tibetan Works & Archives. L'autre route, Jogibara Rd, serpente en direction de Gangchen Kyishong *via* le village de Jogibara.

Renseignements

Office du tourisme. Le nouveau bureau du HPTDC, situé en face de Bookworm, est ouvert tous les jours de 10h à 13h30 et de 14h à 17h. Vous pourrez acheter cartes et guides de la région et vous renseigner sur les trains.

Argent. La Punjab National Bank de Temple Road change les chèques de voyages libellés en dollars et en livres sterling, mais pas l'argent liquide, contrairement à la plupart des agences de voyages de Dharamsala. Summit Adventures, l'une des plus fiables, affiche quotidiennement les taux de change du jour. Plusieurs agences assurent les transferts d'argent par la Western Union : essayez par exemple Paul Merchants Ltd, dans la galerie située en face de la gare routière.

Poste. Le bureau de poste se trouve sur Jogibara Rd, après la State Bank of India. Pour poster des paquets, vous aurez besoin de remplir un formulaire des douanes (en trois exemplaires !), que vous pourrez obtenir à l'Office of Tibetan Handicrafts, au nord de la State Bank of India, moyennant 3 Rs. Plusieurs boutiques proposent des services de paquetage, notamment sur Jogibara Rd. Les lettres envoyées en poste restante, GPO McLeod Ganj, sont conservées pendant un mois.

Téléphone et fax. Le bureau des télécommunications (fax 21528) est installé en haut d'un escalier derrière l'arrêt de bus. Vous pouvez passer des appels internationaux et envoyer des fax aux tarifs gouvernementaux. La majorité des hôtels font payer environ 3 Rs la minute pour la réception des appels internationaux.

E-mail et accès Internet. McLeod Ganj possède les meilleures installations de l'Himalaya pour l'Internet, avec des connexions rapides et des tarifs raisonnables (60 Rs l'heure en moyenne). Le Green Cyber Cafe du Green Hotel est sans doute l'établissement le plus apprécié des internautes, avec ses multiples PC et ses économiseurs d'écran très branchés mandala. Non loin, l'Himalaya Bamboo Hut Cafe, et l'Aroma Cybercafe de Jogibara Rd demandent eux aussi 60 Rs l'heure.

Agences de voyages. McLeod Ganj compte de très nombreuses agences de voyages où vous pourrez réserver vos billets de train, d'avion et de bus, ainsi que des visites organisées. En voici quelques-unes parmi les plus sérieuses :

Himachal Travels
(☎ 21428, fax 21528, himachaltravels @vsnl.com) Jogibara Rd
Potala Tours & Travels
(☎ 21378, fax 21427, potaa@vsnl.net.in) Bhagsu Rd
Summit Adventures
(☎ 21679, fax 21681, summit65@yahoo. com) Jogibara Rd
Tibet Tours & Travels
(☎ 21966, fax 21528) Temple Rd

Organismes de trekking. Installé dans la librairie Occidental Bookshop, près de la station de taxis de Mall Rd, Eagle Height Trekkers (☎ 21330) organise des randonnées à 40 $US par jour, porteurs et guides compris. Ainsi pourrez-vous parcourir à pied, au départ de McLeod Ganj, Kullu Valley, Chamba Valley, Lahaul Valley et Spiti Valley, ou vous rendre au Ladakh.

Yeti Trekking (☎ 21060) organise également des treks sur mesure dans la plupart des régions, avec hébergement en cabanes ou en maisons. Ils sont installés dans une charmante vieille bâtisse cachée derrière un portail, sur la route de Dharamkot. Les tarifs débutent à environ 800 Rs par jour.

C'est à 15 min de marche en montée, sur la route de Dharamkot, que se trouve le Regional Mountaineering Centre (☎ 21787). Vous pouvez vous faire conseiller sur les treks et l'alpinisme dans les vallées de Chamba et de Kangra et obtenir une liste des guides et porteurs locaux agréés. Il est recommandé d'avertir le centre avant d'entreprendre une randonnée en indépendant.

Librairies. McLeod compte de nombreuses librairies spécialisées en ouvrages sur le bouddhisme, mais où l'on trouve aussi un excellent choix de romans. La Diir Bookshop, dans Jogibara Rd, est gérée par le gouvernement tibétain en exil et possède de très nombreux ouvrages sur l'histoire du Tibet et le bouddhisme. Toute proche, la Charitable Trust Bookshop offre, elle aussi, une bonne sélection de livres.

Les amateurs de romans choisiront Bookworm, en face du centre d'information touristique. Youtse Bookshop, dans Temple Rd, et Hills Bookshop, dans Bhagsu Rd, méritent également une visite.

Organisations tibétaines. McLeod Ganj abrite de nombreux organismes s'occupant d'affaires tibétaines et d'aide aux réfugiés, notamment le Tibetan Welfare Office, le Refugee Reception Centre (intégré dans les quartiers généraux tibétains de Gangchen Kyishong), le Tibetan Youth Congress, le Tibetan Children's Village (TCV) et la Tibetan Women's Association. Les visiteurs intéressés sont généralement les bienvenus.

Toutes ces institutions ouvrent en semaine de 9h à 17h (fermées de 13h à 14h l'été et de 12h à 13h l'hiver). Toutes sont fermées les jours de fête tibétaine et les trois jours fériés nationaux indiens (26 janvier, 15 août et 2 octobre).

Publications tibétaines. *Contact*, magazine local gratuit, publie des informations sur les manifestations, les cours et le bénévolat. Sont également édités à McLeod le *Tibetan Bulletin* et *Rangzen* (Liberté), publié par le Tibetan Youth Congress.

Blanchissage/nettoyage. Les deux meilleures blanchisseries de McLeod sont Premier (à l'Hotel Tibet) et RK Laundry, un peu plus cher, plus bas dans la rue. Vous paierez 10 à 20 Rs pour un pantalon, une chemise ou un tee-shirt, et vous pourrez récupérer vos vêtements le soir même si vous les apportez avant 10h le matin.

Services médicaux. Le Delek Hospital (☎ 22053) de Gangchen Kyishong est une institution charitable pour les réfugiés. Les consultations s'effectuent tous les matins en semaine. Le tarif officiel est de 5 Rs, mais les dons permettent de traiter les réfugiés.

A McLeod Ganj, essayez le Civil Dispensary de Jogibara Rd.

Médecines parallèles. La clinique du Dr Yeshi Dhonden et celle du Dr Lobsang, la Dolma Khangsar Clinic, pratiquent la médecine tibétaine traditionnelle. Toutes deux sont installées près de l'Office of Tibetan Handicrafts. Les consultations sont gratuites et les remèdes aux plantes utilisés traitent la "dysharmonie" entre le corps et l'esprit, à l'origine de toute maladie selon cette philosophie.

D'autres types de médecine se pratiquent ici : massages, réflexologie et *reiki*, entre autres, mais plusieurs voyageuses ont dit s'être fait importuner par de soi-disant thérapeutes à l'occasion d'une consultation. Assurez-vous de la réputation du praticien avant d'entrer seule dans son cabinet. Les thérapeutes se font connaître par l'intermédiaire du magazine *Contact* ou de petites annonces placées dans les hôtels et les restaurants.

Tsuglagkhang Complex

Ce sanctuaire aménagé à 5 min à pied au sud de McLeod Ganj regroupe la résidence officielle du dalaï-lama, le Namgyal Gompa (monastère), une librairie, un café et le **Tsuglagkhang**, ou chapelle centrale.

Celui-ci représente pour le gouvernement en exil l'équivalent du temple Jokhang à Lhasa, c'est donc le monument bouddhiste le plus important de McLeod Ganj. En dépit de sa structure relativement modeste, il abrite trois superbes statues, dont un gigantesque Shakyamuni (Bouddha) de 3 m de haut. A gauche (face au Tibet) se dressent les statues d'Avalokitesvara (Chenrezig, dieu tibétain de la compassion, dont le dalaï-lama est une incarnation) et de Padmasambhava (Guru Rinpoche, théologien indien qui introduisit le bouddhisme au Tibet au VIIIe siècle). La statue d'Avalokitesvara renferme plusieurs reliques sauvées du temple Jokhang durant la révolution culturelle chinoise.

A côté du Tsuglagkhang, le **Kalachakra Temple**, érigé en 1992, abrite une splendide peinture murale du mandala Kalachakra (la Roue du temps), dont le cercle symbolise l'univers. Tous les ans, des mandalas de sable sont réalisés le 5e jour du 3e mois tibétain. Il est permis de prendre des photos dans le Tsuglagkhang mais pas dans le temple.

Les autres édifices forment le **Namgyal Gompa**, où il est souvent possible l'après-

MCLEOD GANJ

OÙ SE LOGER
3 Loling Guest House
4 Kalsang Guest House
5 Tashi Khansar Guest House
6 Green Hotel
13 Hotel India House
15 Hotel Tibet, Take Out Bakery, Premier Laundry
27 Shangrila Guest House, Snow Lion Guest House
30 Om Guest House
32 Drepung Loseling Guest House, Sangye's Kitchen
33 Tibetan Ashoka Guest House
50 Surya Resorts
51 Hotel Him Queen

OÙ SE RESTAURER
7 Himalaya Bamboo Hut Cafe
8 Nick's Italian Kitchen
22 McLlo Restaurant
23 Friend's Corner
25 Malabar Cafe
34 Snowland Restaurant, Civil Dispensary
36 Gakyi Restaurant

DIVERS
1 Gare routière des bus privés
2 Yeti Trekking
9 RK Laundry
10 Tibetan Youth Congress
11 Hills Bookshop
12 Tibetan Welfare Office
14 Potala Tours & Travels
16 Eagle Height Trekkers, Occidental Bookshop
17 Paul Merchants Ltd
18 Bureau des télécommunications
19 Station de taxis
20 Magasin Nowrojee & Son
21 Arrêt des bus
24 Punjab National Bank
26 Salles vidéo
28 Diir Bookshop, Tibetan Information Centre
29 Chorten et moulins à prières
31 Charitable Trust Bookshop
35 Himachal Travels
37 Salles vidéo
38 Office of Tibetan Handicrafts
39 Aroma Cybercafe
40 Tibetan Handicrafts Cooperative, Ashoka Restaurant
.../..

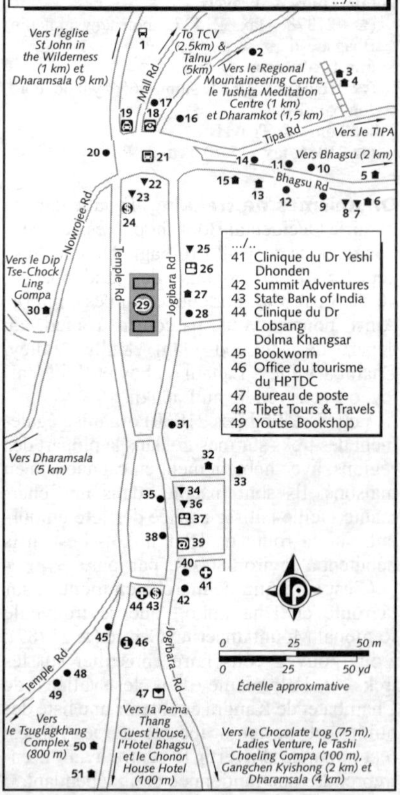

midi d'assister aux débats des moines qui ponctuent leurs arguments logiques de grands gestes des bras et d'applaudissements. La librairie du monastère propose un bon choix de textes bouddhistes. Tout près, se trouve l'excellent Tibet Museum, ouvert tous les jours sauf lundi de 10h à 18h. Il retrace, à travers des photographies et des clips vidéo, la tragique histoire de la lutte pour un Tibet libre (5 Rs l'entrée).

La plupart des pèlerins tibétains effectuent un *kora* (circuit rituel) du sanctuaire de Tsuglagkhang. Prenez la route à gauche après l'entrée du temple, quelques minutes plus loin, un petit sentier sur la droite permet de faire le tour de la résidence du dalaï-lama pour revenir finalement à l'entrée du temple. Le kora s'effectue uniquement dans le sens des aiguilles d'une montre.

Peut-être vous sera-t-il possible de rencontrer le dalaï-lama (mais brièvement) au cours d'une des rares audiences publiques organisées à Dharamsala. Pour cela, contactez son bureau, l'Office of His Holiness the Dalai Lama (☎ 01892-21343). Les demandes d'audience privée sont à adresser par écrit, quatre mois à l'avance, à l'adresse suivante : Office of His Holiness the Dalai Lama, Thekchen Choeling, PO McLeod Ganj, Dharamsala 176219, India.

Dip Tse-Chok Ling Gompa

Ce magnifique gompa se cache au fond d'un sentier escarpé qui débouche d'une allée, après l'Om Guest House. La principale *dukhang* (salle de prières) renferme une statue de Shakyamuni et deux énormes tambours recouverts d'une peau de chèvre et peints sur le pourtour ; ils furent fabriqués par des moines du gompa. Vous pourrez découvrir quelques belles sculptures en mortier, réalisées pendant le Losar (Nouvel An tibétain), détruites l'année suivante. On y confectionne aussi de beaux mandalas de sable.

Tibetan Institute of Performing Arts (TIPA)

Cet institut cherche à promouvoir l'étude et la représentation des arts du spectacle tibétains afin d'assurer la préservation du patrimoine culturel traditionnel du Tibet. La plus importante discipline enseignée est le *lhamo* (opéra tibétain) traditionnel, présenté lors des fêtes annuelles organisées par le TIPA (voir plus bas, *Manifestations annuelles*).

Library of Tibetan Works & Archives

De nombreux textes tibétains anciens furent détruits lorsque la révolution culturelle chinoise pénétra au Tibet. Ceux qui purent être sauvés (soit 40% de la littérature sacrée nationale) furent emportés ici. Installée dans les bâtiments gouvernementaux de Gangchen Kyishong, la bibliothèque comporte des traductions de nombreux textes bouddhistes en anglais, en français, et dans plusieurs langues européennes.

Pour accéder à ces textes, il faut devenir membre temporaire (15 Rs par mois ; présentez votre passeport à l'inscription). La bibliothèque est ouverte en semaine seulement, de 9h à 17h30 (jusqu'à 17h l'hiver).

Au 1er étage, le **Tibetan Cultural Museum** présente de très belles collections de statues, de timbres rares et une médaille de la mission Younghusband à Lhasa. L'entrée coûte 10 Rs.

A côté de la bibliothèque, vous pouvez également visiter le **Nechung Monastery**, qui abrite le porte-parole de l'État tibétain. Un taxi vous déposera à McLeod Ganj pour 50 Rs.

Tibetan Medical & Astrological Institute

Cet institut est installé à Gangchen Kyishong, à 5 min à pied de la principale entrée de la bibliothèque. Il compte un musée, une bibliothèque, une unité de recherche et un collège où sont enseignées la médecine et l'astrologie tibétaines. On peut vous préparer votre horoscope tibétain pour 30 $US.

Dans le même centre, vous découvrirez également le **Men Tsee-Khang Museum**, consacré à la médecine tibétaine traditionnelle. Les articles en exposition, bien présentés, regroupent toutes sortes de plantes et de minéraux utilisés en médecine tibétaine, comme le mystérieux *Great Precious Hot Compound* (grand composé chaud précieux). Le musée est ouvert tous les jours de 9h à 13h et de 14h à 17h (5 Rs l'entrée).

Promenades

Les environs de McLeod Ganj offrent de belles promenades, dont une superbe balade de 2 km qui vous mènera à l'est jusqu'à **Bhagsu**. A 3 km au nord-est, se niche le petit village de **Dharamkot**, d'où l'on jouit d'une vue splendide. De Dharamkot, vous pouvez redescendre à l'est sur Bhagsu, puis revenir à McLeod par la route de Bhagsu.

Une intéressante randonnée plus longue (8 km) au départ de McLeod se rend jusqu'au **Triund** (2827 m), grande prairie plate au pied du Dhauladhar, d'où la vue est sublime. Le sentier bifurque vers la droite à travers des éboulis juste au-dessus de Dharamkot. De là, on peut parcourir encore 5 km en direction des neiges éternelles. Celles-ci débutent aux environs d'**Ilaqa**, où vous trouverez un refuge (***Forest Rest House***). L'été, il est possible de poursuivre jusqu'à Bharmour, dans Chamba Valley, au-delà du col d'Indrahar (Indrahar Pass ; 4 300 m).

Cours

Cours de philosophie bouddhiste. A 20 min de marche au-dessus de McLeod, se trouve le Tushita Meditation Centre. Suivez la route de Dharamkot et prenez l'escalier qui monte derrière le petit *chorten* blanc. Le centre de méditation propose à dates fixes des cours d'initiation à la philosophie bouddhiste. Ceux-ci durent 8 (2 560 Rs) ou 10 jours (3 200 Rs). Il n'y a jamais de cours en déc., janv., juil. et en août. Le bureau (☎ 21866) accepte les inscriptions de 13h30 à 15h30.

Derrière le Tushita, se profile le Dhamma Sikhara Vipassana Meditation Centre (☎ 21309), qui propose d'avr. à nov. des stages de 10 jours de méditation Theravada.

A la bibliothèque (☎ 22467) de Gangchen Kyishong, des cours sur des aspects particuliers du bouddhisme sont dispensés par des lamas tibétains et traduits en anglais. Comme l'indique le prospectus disponible à la réception, les thèmes sont traités sur des périodes de quinze jours. Les cours ont lieu en semaine à 9h et 11h. Comptez 100 Rs par mois, plus 50 Rs d'inscription.

Cours de tibétain. Le meilleur endroit pour étudier la langue tibétaine est la Library of Tibetan Works & Archives (bibliothèque). Les cours ont lieu d'avr. à nov., en semaine, à 10h. Que vous soyez débutant ou confirmé, vous paierez 200 Rs par mois, plus 50 Rs de frais d'inscription. Contactez le ☎ 22467. De nombreux habitants du coin proposent eux aussi des cours de langue : consultez les panneaux de petites annonces en ville, ou encore le magazine *Contact*.

Cours de cuisine tibétaine. Quelques réfugiés ont lancé des cours de cuisine tibétaine. Vous aurez ainsi le choix entre la Sangye's Kitchen, près de la Drepung Loesling Guest House, ou la Lhamo's Kitchen du gompa Tashi Choeling, dans Jogibara Rd. L'une comme l'autre organisent trois cours par semaine à 11h et 17h, au prix de 100 Rs par jour.

Manifestation annuelles

Du 27 mars au 4 avril, le TIPA organise un **festival d'opéra** et présente des spectacles de danses folkloriques et des opéras traditionnels tibétains (lhamo). A partir du 27 mai, débute un autre festival, la **TIPA Anniversary Festival**, qui célèbre pendant trois jours la création du TIPA.

Le **Losar** (Nouvel An tibétain, en fév.-mars) est une excellente occasion de visiter McLeod Ganj, car le dalaï-lama prêche durant toute une semaine. Du 10 au 12 décembre, McLeod Ganj accueille l'**International Himalayan Festival.** A cette occasion, toutes les nations himalayennes viennent présenter des spectacles culturels.

Enfin, autre journée importante pour McLeod Ganj : le 6 juillet, qui voit affluer les fidèles venus célébrer l'anniversaire du dalaï-lama.

Visites organisées

Si vous désirez visiter les environs de McLeod Ganj et Kangra Valley, les visites en taxi à prix fixes indiquées ci-dessous nous ont été conseillées :

- Bhagsunath Temple, Tsuglagkhang, Dal Lake, église St John's et Talnu (300 Rs, 3 heures)
- Norbulingka, ashram de Chinmaya à Tapovan, Chamunda Devi, Kangra & Jawalamukhi Temple (1 600 Rs, 8 heures)
- Norbulingka, Tapovan, Chamunda Devi, Palampur et Baijnath (1 000 Rs, 8 heures)

Où se loger – petits budgets

A McLeod Ganj, le choix ne manque pas, mais il peut être malgré tout difficile de se loger durant le Losar, le 6 juillet, anniversaire du dalaï-lama, et à l'occasion d'autres festivités tibétaines.

La ***Kalsang Guest House*** *(☎ 21709)* est la première d'une série de petites auberges situées au sommet d'un escalier abrupt, au-dessus de la route du TIPA. Bon marché, elle est malheureusement prise d'assaut. Les minuscules simples avec s.d.b. commune coûtent 50 Rs, les doubles avec s.d.b. individuelle vont de 150 à 275 Rs (les plus chères bénéficient d'une vue superbe).

Plus haut par le même escalier, la ***Loling Guest House*** *(☎ 21072)* dépend du gompa de Drepung. Vous logerez dans des simples/doubles très propres pour 50/75 Rs avec s.d.b. commune ou 150 Rs avec s.d.b. individuelle.

Le ***Green Hotel*** *(☎ 21200)*, dans Bhagsu Rd, séduit depuis longtemps les voyageurs. Il possède de petites chambres rudimentaires avec s.d.b. commune à 80 Rs, ou avec s.d.b. individuelle et eau froide/chaude à 175/250 Rs. Certaines ont une vue superbe sur la vallée et l'établissement comporte un bon restaurant.

La ***Tashi Khansar Guest House***, en face du Green Hotel, possède des simples basiques avec s.d.b. commune à 70 Rs, ainsi que des doubles avec douche chaude individuelle à 165 Rs, parfois avec vue.

Installée le long d'un sentier qui descend vers la gare routière, la ***Om Guest House*** *(☎ 24313)* est une très bonne adresse. Les simples/doubles agréables avec s.d.b. commune coûtent 160/180 Rs. D'autres chambres, plus belles et avec s.d.b. individuelle, occupent l'étage supérieur et sont à 225 ou 250 Rs. Du restaurant en terrasse, la vue est magnifique.

De l'autre côté du chorten, la ***Shangrila Guest House*** *(☎ 21661)* propose des doubles avec s.d.b. commune (eau chaude au seau) à 70 Rs.

La ***Snow Lion Guest House*** *(☎ 21289)*, sa voisine, est accueillante et abrite des chambres propres et bien tenues avec s.d.b. individuelle et eau chaude à 175 Rs, ou 200 Rs avec balcon et jolie vue.

La ***Drepung Loseling Guest House*** *(☎ 23187)*, au bas d'une allée partant de Jogibara Rd, est appréciée des travailleurs bénévoles. La simple avec s.d.b. commune est à 75 Rs, la double avec s.d.b. particulière entre 125 et 200 Rs.

Juste en face, la ***Tibetan Ashoka Guest House*** *(☎ 21763)* est très similaire, mais plus simple encore ; ses doubles avec s.d.b. commune à 90 Rs et d'autres, plus claires et avec s.d.b. individuelle, à 275 ou 330 Rs.

Calme et accueillant, le ***Ladies Venture*** *(☎ 21559)* se trouve en face du couvent Geden Choeling, au bas de Jogibara Rd. Les simples/doubles avec s.d.b. coûtent 100/250 Rs et il existe en outre de grandes doubles avec s.d.b. commune à 150 Rs. La nuit en dortoir est à 40 Rs.

Où se loger – catégories moyenne et supérieure

Dans Bhagsu Rd, à quelques pas de la gare routière, l'***Hotel Tibet*** *(☎ 21587, fax 21327)* propose des doubles standard à 500 Rs, des doubles semi-luxe à 600 Rs et d'autres, de luxe, à 900 Rs. Toutes sont ornées de tapis et disposent de TV câblée et de s.d.b. individuelle. L'établissement abrite aussi un bar et un restaurant.

Tout près, l'***Hotel India House*** *(☎ 21144)* est clair, confortable et d'un bon rapport qualité/prix, même s'il lui manque le cachet tibétain. Les chambres coûtent 600/800 Rs en simple/double (ou 1 100/1 500 Rs en catégorie luxe), elles possèdent un balcon et jouissent d'une belle vue.

Quelques établissements indiens bordent la route, après l'office du tourisme, mais le service laisse parfois à désirer. Parmi les meilleurs, citons le ***Surya Resorts*** *(☎ 21418)*, dont les chambres élégantes vont de 1 400 à 2 200 Rs, et l'***Hotel Him Queen*** *(☎ 21861)*, avec de belles doubles de 750 à 1 600 Rs.

Plus loin sur la route, l'agréable ***Pema Thang Guest House*** (☎ 21871) propose des chambres décorées avec goût au prix de 600 Rs au rez-de-chaussée, ou 700 Rs à l'étage.

En face, l'***Hotel Bhagsu*** *(☎ 21091)* du HPTDC possède de bonnes doubles de 700 à 1 500 Rs (moitié prix en basse saison).

L'établissement le plus chic de McLeod Ganj est le splendide ***Chonor House Hotel*** *(☎ 21006, fax 21468)*, qui appartient au Norbulingka Institute. Les doubles s'échelonnent de 1 900 à 2 800 Rs (300 Rs de moins en simple) et sont merveilleusement décorées en style tibétain traditionnel. L'établissement comporte un bon restaurant tibétain et une boulangerie. Il est préférable de réserver.

Où se restaurer

Le ***Green Hotel*** est doté d'un restaurant très apprécié vendant d'excellentes pâtisseries maison et des spécialités végétariennes, telle la quiche aux épinards. Comptez 50 Rs pour un repas. L'endroit est parfait pour le petit déjeuner.

Tout proche, l'***Himalayan Bamboo Hut Cafe*** sert de bons petits plats, à déguster sur sa magnifique terrasse sur le toit avec vue sur les plaines. Le service est très lent.

Le ***Nick's Italian Kitchen***, non loin, est célèbre pour sa cuisine italienne végétarienne. Goûtez les succulents raviolis fromage-épinards. Le repas revient à 40 ou 50 Rs. Le café et les pâtisseries sont excellents.

L'***Hotel Tibet*** est sans doute l'une des meilleures tables de la ville. Il sert des plats tibétains, chinois et indiens, dont les prix reflètent le cadre luxueux. L'établissement abrite en outre un bar convivial et la ***Take Out Bakery***, une boulangerie qui vend un très bon pain et des gâteaux non moins exquis.

Juste au-dessus de la gare routière, le ***McLlo Restaurant*** propose une carte variée, une bonne cuisine et un bar, mais les prix sont légèrement surévalués : comptez 90 Rs pour un chili de poulet. Le service s'arrête peu après 22h30.

Le ***Friend's Corner***, à proximité, sert d'excellentes spécialités chinoises à prix raisonnable pour des portions généreuses.

Au nord du chorten, le ***Malabar Cafe*** est un agréable petit restaurant où l'on déguste une bonne cuisine chinoise, indienne et continentale.

Toujours dans Jogibara Rd, le ***Gakyi Restaurant*** et le ***Snowland Restaurant*** proposent une nourriture tibétaine végétarienne délicieuse et bon marché.

Pour une table tibétaine non végétarienne, rien ne vaut le ***Snow Lion Restaurant***, installé dans la pension du même nom. Les momo de mouton sont fortement recommandés. De plus, l'établissement sert du vrai bon café.

L'***Ashoka Restaurant***, dans Jogibara Rd, est le meilleur spécialiste de cuisine indienne de la ville. Le tandoori de poulet (70 Rs la demi-portion) et le poulet Mughlai (100 Rs) vous raviront, mais vous pourrez aussi déguster ici pizzas et spaghettis.

Très apprécié lui aussi, le restaurant de la ***Om Guest House*** propose un assez bon burger végétarien accompagné d'une salade, d'une banane et de frites. La sono marche bien et la vue est spectaculaire à l'heure du coucher de soleil.

Le restaurant de l'***Hotel Bhagsu*** est plus cher, mais délicieux et il sert de la bière fraîche. Quand il fait beau, on mange dans le jardin.

La ***Pema Thang Guest House*** possède un joli restaurant. Le buffet végétarien à volonté du dimanche offre un bon rapport qualité/prix.

A quelques minutes de marche après la porte, plus bas dans Jogibara Rd, le ***Chocolate Log*** est fréquenté par des habitués qui viennent se régaler de gâteaux et d'en-cas servis sous une véranda ensoleillée (fermé le mardi).

Où sortir

Plusieurs ***salles vidéo*** sont aménagées au centre-ville, dans Jogibara Rd. Elles projettent des films et des documentaires sur le Tibet toute la journée ainsi que le soir, le programme étant affiché à l'extérieur. Le prix du billet est de 10 Rs.

En fin de soirée, la plupart des voyageurs viennent prendre un verre au bar du ***McLlo Restaurant***.

Achats

Vous pourrez acheter des textiles tibétains, notamment des sacs, des *chuba* (robes portées par les Tibétaines), des chapeaux et des pantalons à l'Office of Tibetan Handicrafts, juste au nord de la State Bank of India et à Stitches of Time, plus bas, sur Temple Rd. Comptez 100 Rs pour une chuba si vous apportez votre tissu, 650 Rs si le centre vous le fournit.

A proximité d'Aroma Cybercafe, la Tibetan Handicrafts Cooperative emploie environ 145 personnes, essentiellement des réfugiés de fraîche date, pour tisser des tapis tibétains. De beuax tapis en laine de Nouvelle-Zélande, à 48 nœuds par pouce carré, se vendent 2 603 Rs/m^2, en fonction du motif. La société se charge de l'empaquetage et de l'expédition des tapis vers l'étranger.

Quantités d'autres boutiques commercialisent des objets tibétains. Parmi les achats intéressants à faire ici, citons les moulins à prière avec des incrustations, les drapeaux de prière (une affaire, à 20 Rs le faisceau), les perles de chapelet, les bijoux traditionnels en argent et les figurines représentant des divinités tibétaines.

Comment s'y rendre

Avion. L'aéroport de Kangra se trouve à Gaggal, à 15 km au sud-ouest de Dharamsala (il est aussi appelé aéroport de Gaggal). Les avions d'Indian Airlines relient Delhi à Kangra les lundi, mercredi et vendredi à 13h15 (145 $US, 1 heure 30). Le retour à Delhi se fait à 15h le même jour. Les 18 sièges du petit avion étant pris d'assaut, mieux vaut réserver longtemps à l'avance. Dhauladhar Travels (☎ 21158, fax 21246), dans Temple Rd, est l'agent d'Indian Airlines à Dharamsala.

Bus. Tous les axes de McLeod partent de l'arrêt de bus, où vous trouverez le bureau de réservations de l'Himachal Roadways Transport Corporation (HRTC). Ici, vous pourrez réserver des places pour les bus partant tous les jours vers Delhi, Dehra Dun ou Pathankot.

Les bus ordinaires pour Delhi partent à 16h30, 18h15 et 19h30 (247 Rs, 12 heures), mais mieux vaut choisir le bus "super deluxe" de 19h (346 Rs). Les bus pour Pathankot sont prévus à 10h, 11h20, 11h50, 15h et 16h (60 Rs, 4 heures). Il existe aussi un bus quotidien pour Dehra Dun à 20h (260 Rs, 12 heures). Pour les autres destinations, vous devrez changer à Dharamsala.

Plusieurs agences de voyages de la ville proposent des bus deluxe (les passagers sont assis deux par deux) pour Delhi. Le départ est prévu à 18h en contrebas de McLeod Ganj, sur la route de Dharamsala. Parmi les autres destinations, citons Dehra Dun (280 Rs, 19h) et Manali (250 Rs, 9h).

Des bus effectuent le trajet de 40 min jusqu'à Dharamsala (6 Rs) toutes les 30 min de 4h15 à 20h30. Pour le même prix, des jeeps bondées partent lorsqu'elles sont pleines.

Train. De nombreuses agences de voyages s'occupent des réservations sur les lignes au départ de Pathankot, dans les plaines du Punjab (reportez-vous à la rubrique *Pathankot* dans le chapitre *Punjab et Haryana*). Il est conseillé de réserver le plus tôt possible, de préférence une semaine à l'avance. En général, la réservation coûte entre 75 et 100 Rs.

La gare ferroviaire la plus commode desservant McLeod se trouve à Kangra (gare de Kangra Mandir), à environ 20 km au sud de Dharamsala, qui est situé sur la ligne à voies étroites reliant Pathankot à Jogindarnagar. Le meilleur train de la ligne est le *Kangra Queen*, qui quitte Pathankot à 8h20 et atteint Kangra vers 11h (155/245 Rs en *sleeper* (classe couchette)/*chair-class* (siège inclinable). Au moins quatre autres trains circulent quotidiennement entre les deux villes et rejoignent Kangra en cinq heures (20 Rs la place assise), puis continuent jusqu'à Palampur.

Taxi. La station de McLeod (☎ 21034) jouxte l'arrêt de bus. Le taxi pour Pathankot coûte environ 900 Rs. Si vous louez un taxi pour la journée, sur un parcours de moins de 80 km, comptez 800 Rs.

Auto-rickshaw. Étant donné les montées très raides, les auto-rickshaws ne sont utilisés que pour gagner Bhagsu (30 Rs) et Gangchen Kyishong (70 Rs).

ENVIRONS DE MCLEOD GANJ

Bhagsu

Si vous trouvez McLeod surfaite, Bhagsu représentera pour vous un lieu de séjour plus calme. Situé à 2 km à l'est de McLeod, ce village (également appelé Bhagsunag) possède une source froide avec des **bains**, ainsi qu'un petit **temple de Shiva** construit au XVIe siècle par le raja de Kangra. Vous pourrez admirer de belles **chutes d'eau** à quelques minutes de marche au-delà du temple.

A l'extrémité du village, l'***Hotel Meghavan*** *(☎ 21277)* est un grand établissement qui accueille surtout des touristes indiens. Les chambres coûtent de 750 à 950 Rs.

En face, la ***Pink White Guest House*** *(☎ 21917)* abrite de belles simples/doubles avec s.d.b., balcon et vue magnifique à partir de 150/200 Rs.

Si vous empruntez le sentier qui monte près de l'arrêt de bus principal, vous découvrirez trois pensions visant une clientèle de voyageurs occidentaux à petit budget. La ***Samgyal Guest House*** propose des chambres avec s.d.b. commune/individuelle à 150/ 250 Rs. Le ***Seven Seas Lodge*** (☎ 23359) dispose de grandes chambres très propres dallées de marbre à 150 Rs (rez-de-chaussée) et à 200 Rs (1er étage). Plus haut, l'***Omni Guest House*** *(☎ 21576)*, abondamment décorée, possède un restaurant correct et des chambres rudimentaires avec douche chaude commune à 80 Rs.

Le ***Trimurti Restaurant***, qui sert de bons plats végétariens comme l'*aloo gobi* (pommes de terre et chou-fleur) à 40 Rs environ, affiche un grand panneau détaillant les horaires des cours de yoga et de massages locaux.

Tout près, le ***Cafe Jaldhara***, géré par le HPTDC, propose des spécialités du Sud de l'Inde pour environ 50 Rs. Le ***Shiva Cafe***, au-dessus des chutes d'eau de Bhagsu, est parfait pour boire du *chai* (thé).

SUD ET OUEST DE DHARAMSALA

Kangra

☎ 01892

Kangra fut jadis la capitale de la principauté de Kangra, qui appartenait à la dynastie Chand, mais il subsiste aujourd'hui peu de vestiges de cette période faste. Le célèbre **Temple de Bajreshwari Devi** renfermait en effet de telles richesses que chaque envahisseur ne manquait jamais de le piller. Aujourd'hui, il faut visiter la ville plus pour son atmosphère que pour ses monuments. On parvient au temple par un dédale d'allées bordées d'échoppes qui vendent le *prasad* (offrande de nourriture utilisée dans les cérémonies religieuses).

Lorsque les Britanniques prirent possession de l'ancienne forteresse de **Nagar Kot**, qui s'élève à 2,5 km au sud de la ville moderne, ils y établirent une garnison, qu'ils abandonnèrent après le désastreux tremblement de terre de 1905. Les ruines du fort sont haut perchées sur une arête balayée par le vent qui domine le confluent de la Manjhi et de la Baner. De Kangra, on l'atteint en auto-rickshaw (40 Rs). L'Archaeological Survey of India a imposé un droit d'entrée de 5 $US aux touristes étrangers.

Où se loger. Près du centre, dans Dharamsala Rd, l'***Hotel Royal*** *(☎ 65013)* propose des doubles impeccables avec douche chaude de 300 à 350 Rs. Plus bas dans la même rue, l'***Hotel Maurya*** *(☎ 65875)* loue des simples à 150 Rs et des doubles à 250 et 350 Rs, toutes avec s.d.b. individuelle.

Dans la catégorie des petits hôtels, l'***Hotel Raj*** *(☎ 64478)*, installé près de la gare routière, se détache du lot. Ses chambres confortables avec douche chaude coûtent 300/400 Rs en simple/double. Parmi les établissements les moins chers, le ***Jai Hotel*** *(☎ 65568)* se révèle correct, avec des doubles à 100 Rs.

Vous trouverez plusieurs ***dhaba*** près de la station de taxis, au centre-ville et le long du bazar qui s'étend jusqu'à Bajreshwari Devi.

Comment s'y rendre. La gare routière de Kangra se situe à 1,5 km au nord du bazar, dans Dharamsala Rd. Le trajet en auto-rickshaw depuis le centre-ville coûte 20 Rs. Des bus partent pour Dharamsala toutes les 15 min (12 Rs, 45 min) et pour Palampur (25 Rs, 2 heures) toutes les 20 min. Des bus locaux desservent Masrur à 10h et 15h (20 Rs). Le trajet en bus jusqu'à Gaggal (l'aéroport de Kangra) coûte 7 Rs.

En train, il est plus simple de descendre à la gare de Kangra Mandir, à 3 km à l'est de la ville, plutôt qu'à celle de Kangra, située à 5 km au sud. Rickshaws et taxis attendent les clients à l'intersection du centre-ville.

De là à la gare, vous paierez 60 Rs. Un taxi de McLeod Ganj à Kangra coûte 400 Rs (600 Rs l'aller-retour).

Masrur

Au sud-ouest de Dharamsala, Masrur regroupe 15 temples de style indo-européen du Xe siècle taillés dans le roc, mais en mauvais état.Ces édifices furent en effet détruits par le tremblement de terre de 1905, mais il reste néanmoins possible de remarquer leurs similitudes avec ceux d'Ellora, dans le Maharashtra.

Il faut vraiment être passionné de temples anciens pour visiter Masrur, d'autant que l'Archaeological Survey of India impose désormais un droit d'entrée exorbitant de 5 $US.

Des bus directs desservent Masrur depuis Kangra, mais de Dharamsala, il vous faudra sans doute changer à Gaggal. La course en taxi depuis McLeod Ganj revient à 800 Rs environ (1 200 Rs l'aller-retour).

Jawalamukhi

A 34 km au sud de Kangra, s'élève le temple de Jawalamukhi, la déesse de la lumière. Le temple, l'un des sites les plus sacrés de Kangra Valley, est coiffé d'un dôme et d'une flèche dorés, héritages de Ranjit Singh et de l'empereur moghol Akbar.

L'***Hotel Jawalaji*** *(☎ 01970-22280)* du HPTDC propose des doubles avec s.d.b. individuelle de 450 à 1 000 Rs. La nuit en dortoir coûte 75 Rs. Hors saison, une réduction de 30% est accordée.

Des bus pour Dharamsala (35 Rs) partent toute la journée de l'arrêt situé en contrebas de la route menant au temple. Le trajet en taxi depuis McLeod Ganj vaut 700/1 000 Rs l'aller simple/aller-retour.

EST DE DHARAMSALA

Norbulingka Institute

Installé à 14 km de McLeod Ganj et à 4 km de Dharamsala, ce centre d'éducation fut créé pour enseigner et sauvegarder les arts traditionnels tibétains comme la sculpture sur bois, la peinture *thanka* (peinture sur tissu), l'orfèvrerie et la broderie. Norbulingka se trouve au cœur de jardins de type japonais faits d'allées ombragées, de ponts de bois, de petits ruisseaux et de chutes d'eau miniature.

Non loin, le **couvent de Dolmaling** (Dolmaling Nunnery) abrite le Women's Higher Studies Institute (institut de hautes études pour femmes), qui enseigne à des religieuses la philosophie bouddhiste à un niveau avancé.

La sympathique ***Norling Guest House*** *(☎ 01892-22664)*, dans les jardins de l'institut, propose de bonnes simples/doubles à partir de 1 000/1 150 Rs. Vous pouvez commander vos repas ou manger au ***Norling Cafe*** tout proche.

Pour y parvenir, prenez un bus en direction de Yol et demandez à descendre à Sidhpur, non loin de la Sacred Heart School. Au croisement, un panneau indique la direction de Norbulingka (comptez 20 min de marche). Un taxi depuis McLeod vous reviendra à 200 Rs.

Palampur

Agréable localité environnée de plantations de thé, Palampur est située à 30 km au sud-est de Dharamsala. Ce n'est cependant pas tellement la peine de s'y attarder. Pour une petite balade, vous pouvez vous rendre au **gouffre de la Bundla**, juste à la sortie de la ville, d'où une cascade se jette dans la Bundla.

L'***Hotel T-Bud*** *(☎ 01894-31298)*, du HPTDC, à 1 km au nord du Main Bazaar, loue des doubles avec s.d.b. individuelle de 550 à 800 Rs (de 330 à 450 Rs en basse saison). Près de l'ancienne gare routière, le ***Pine's Hotel*** *(☎ 01894-32633)* propose des simples de 110 à 140 Rs et des doubles de 175 à 250 Rs.

Pour vous restaurer, les deux meilleures adresses de la ville sont le restaurant de l'***Hotel T-Bud*** et le ***Joy Restaurant***, au-dessus de l'ancienne gare routière.

La nouvelle gare routière se trouve à 1 km au sud du Main Bazaar. Du centre, la course en taxi coûte non moins de 50 Rs. Les bus partent tout au long de la journée pour Dharamsala (20 Rs, 2 heures), Mandi (57 Rs, 4 heures) et Pathankot (70 Rs, 4 heures, dernier départ à 16h15). Le trajet en taxi depuis Dharamsala coûte 500 Rs (700 Rs l'aller-retour).

Tashijong Gompa

Cet accueillant monastère, à 5 km au nord-ouest de Baijnath, est le centre d'une petite communauté appartenant à l'école Drukpa Kagyud, réunissant 150 moines et 400 réfugiés tibétains. On peut visiter plusieurs salles ainsi qu'une coopérative réalisant des tapis, des thanka et des sculptures sur bois. Le village de Tashijong s'étend à 2 km à pied au nord de l'axe principal qui relie Palampur à Baijnath. Demandez au conducteur du bus de vous laisser descendre près de l'embranchement pour Tashijong. Vous pouvez également venir en taxi de Dharamsala, moyennant 600/750 Rs l'aller simple/aller-retour.

A 2 km au sud de Tashijong, à Taragarh, le splendide ***Palace Hotel*** *(☎ 01894-63034)*, était le palais d'été du dernier maharaja du Jammu-et-Cachemire. Son fils, le Dr Karan Singh, l'a transformé en hôtel, décoré avec les traditionnelles peaux de tigre et autres meubles de style colonial. Des portraits de la famille royale ornent les murs. Le prix des doubles s'échelonne de 950 à 2 000 Rs, les suites richement meublées pouvant atteindre 2 500 Rs.

Baijnath

☎ 01894 • altitude 1 010 m

La petite ville de Baijnath, située à 46 km au sud-est de Dharamsala, est un lieu de pèlerinage important, en raison de son ancien **Baidyanath Temple**, en pierre, consacré à Vaidyanath (dieu des physiciens), une incarnation de Shiva. Sa construction remonterait à 804. Les parois extérieures du temple sont ornées de savantes sculptures et le sanctuaire abrite l'un des douze *jyoti linga* (linga de lumière) d'Inde. De très nombreux pèlerins viennent assister à la **fête de Shivaratri** fin fév./début mars.

En dépit de la superbe toile de fond que lui fournit le Dhauladhar, Baijnath est une bourgade désorganisée et décrépite. L'***Hotel Shanker View*** *(☎ 63036)*, à 300 m de la ville par la route de Mandi, propose des chambres à partir de 150/250 Rs. Le seau d'eau chaude, payant, coûte 10 Rs.

C'est au *Cafe Bhairav* géré par le HPTDC que vous mangerez le mieux. Ce restaurant, installé au bas de la colline, sur la route de Palampur, offre en outre une vue magnifique sur la rivière.

La plupart des bus reliant Mandi à Dharamsala font escale à Baijnath. Le train (sur voies étroites) traverse Paprola, à 1 km à l'ouest du principal arrêt de bus. Le trajet en taxi depuis Dharamsala coûte 700 Rs (1 000 Rs l'aller-retour).

BIR ET BILLING

A 9 km au sud-est de Baijnath, la petite communauté tibétaine de Bir est perchée à 2 080 m d'altitude. Là, se dresse un magnifique **gompa** appartenant à l'ordre tibétain nyingmapa. Bien plus haut que Bir, à 2 600 m d'altitude, Billing sert de cadre à l'**Himalayan Hang-Gliding Rally**, un rallye de deltaplane qui se déroule chaque année en mai/juin et attire des concurrents venus des quatre coins du monde. Contactez le HPTDC de Shimla (☎ 0177-252561) ou de Delhi (☎ 011-3325320) pour de plus amples renseignements.

Il existe une liaison quotidienne en bus entre Jogindarnagar et Bir. Vous pouvez aussi prendre n'importe quel bus reliant Baijnath et Jogindarnagar et descendre à l'embranchement, puis parcourir à pied les 4 km en montée qui séparent le village de la route.

Chamba Valley

Séparée de Kangra Valley, au sud, par la chaîne montagneuse du Dhauladhar et de la lointaine Pattan Valley, au nord, par les montagnes de Pir Panjal, s'étire la belle Chamba Valley, traversée par la rivière Ravi. Pendant plus d'un millénaire, cette région constitua l'État princier de Chamba, l'État le plus ancien du Nord de l'Inde.

Un nombre restreint d'étrangers s'aventurent dans ces contrées, où s'élèvent les fameux temples shikara, dont quelques-uns se trouvent à Chamba, à 56 km de Dalhousie, ainsi qu'à Bharmour, l'ancienne capitale, 65 km plus loin dans la vallée.

DALHOUSIE

☎ 01899 • 10 100 habitants • altitude 2 036 m

Étalée sur cinq collines à environ 2 000 m d'altitude, Dalhousie faisait office sous l'empire Britannique de station climatique pour les habitants de Lahore. Lorsqu'elle fut vendue par le raja de Chamba aux Britanniques, David McLeod (qui a donné son nom à McLeod Ganj) la baptisa du nom de Lord Dalhousie, alors vice-roi des Indes.

Dalhousie accueille une très large communauté de réfugiés tibétains. A mi-chemin entre Gandhi Chowk et Subhash Chowk (carrefours), sur Garam Sarak, vous passerez devant des **bas-reliefs** peints de couleurs vives représentant des divinités tibétaines, comme Padmasambhava et Avalokitesvara. Vous trouverez aussi un petit **marché tibétain**.

C'est surtout pour le **paysage** exceptionnel que l'on vient à Dalhousie. C'est aussi pour séjourner dans l'un des beaux hôtels à l'ancienne, qui rappellent l'époque du Raj. La haute saison (durant laquelle trouver une chambre peut se révéler difficile) s'étend de mi-avril à mi-juil., de mi-sept. à mi-nov. et enfin, de mi-déc. à début janv.

Orientation

Les Britanniques sont parvenus à construire un certain nombre de routes assez planes pour relier les diverses parties de la ville, ce qui facilite les déplacements. L'arrêt des bus et certains hôtels, parmi les plus chics, se trouvent à 1 km du reste de la ville, en contrebas. Les agglomérations de Subhash Chowk et de Gandhi Chowk, en haut, sur la corniche, sont reliées par la Garam Sarak (Hot Rd : route chaude) – plus ensoleillée – et par Thandi Sarak (Cold Road : "route froide"), appelée le Mall.

Pour aller en taxi de l'arrêt des bus à Gandhi Chowk ou à Subhash Chowk, vous paierez 50 Rs. Vous pouvez aussi louer les services d'un porteur pour 20 Rs environ.

Renseignements

L'office du tourisme (☎ 42136) occupe le dernier étage du bureau des télégraphes, à proximité de l'arrêt des bus. Il est ouvert du lundi au samedi de 10h à 17h, et également le dimanche durant la saison touristique.

La State Bank of India, près de l'arrêt des bus, change les chèques de voyage American Express, Thomas Cook ou Citicorp libellés en dollars américains. La Punjab National Bank, installée à 5 min à pied de l'église catholique St Francis, peut changer argent liquide et chèques de voyage en dol-

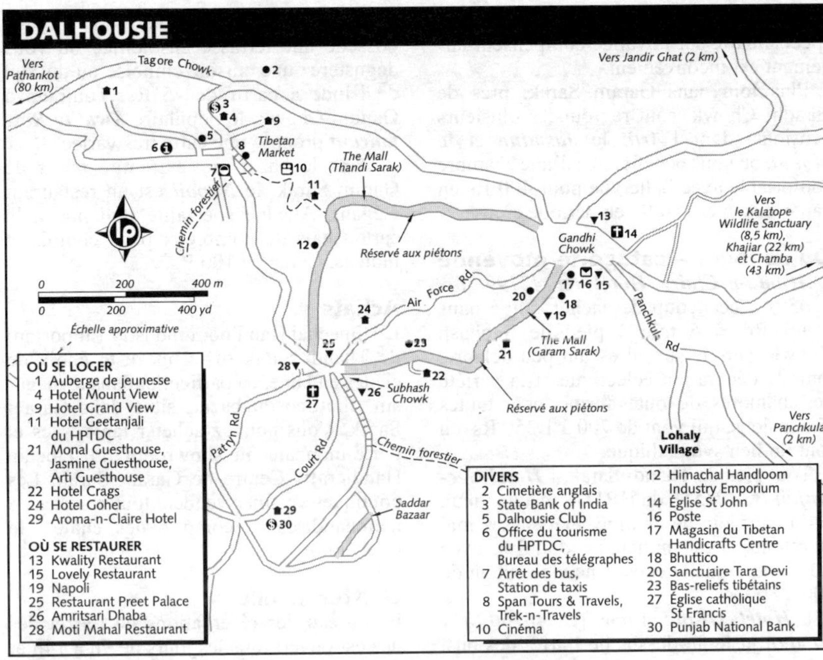

lars US ou en livres sterling, tous les jours ouvrables sauf mercredi.

Trek-n-Travels (☎ 40277, fax 40476), proche de l'arrêt des bus, organise des randonnées dans la région proche pour 300 à 600 Rs par jour, selon la durée et l'itinéraire suivi. Span Tours & Travels (☎ 40281, fax 40341), tout près, peut vous réserver des places en bus deluxe pour Delhi, Manali ou Dharamsala.

Kalatope Wildlife Sancturay

Située à 8,5 km de Gandhi Chowk, la réserve naturelle de Kalatope abrite une grande variété d'oiseaux et de mammifères, notamment des ours noirs et des muntjacs. Du poste de contrôle de **Lakkar Mandi**, sur le périmètre de la réserve, vous découvrirez des vues somptueuses sur la montagne.

Il est possible de s'y rendre en taxi (200 Rs aller-retour), puis de se promener sur 3 km à l'intérieur de la réserve. Pour pénétrer dans l'enceinte en voiture, il faut obtenir une autorisation auprès du District Forest Officer (DFO) de Chamba (☎ 01899-22239).

Où se loger

Dalhousie compte plus de 50 hôtels, mais beaucoup d'entre eux se sont dégradés avec le temps. Les tarifs cités ici s'appliquent à la pleine saison ; le reste du temps, ils diminuent de moitié, voire des deux tiers.

Où se loger – petits budgets

L'***auberge de jeunesse*** *(☎ 42189)*, ou Youth Hostel, se situe à 5 min à pied de l'arrêt des bus. Les tarifs demeurent constants toute l'année, à 20 Rs (40 Rs pour les non-membres). Pour ce prix, vous n'avez que le lit, mais vous pouvez louer oreiller, draps et couverture pour 2 Rs (la couette est à 6 Rs). L'établissement ferme entre 10h et 17h.

L'***Hotel Goher*** *(☎ 42253)*, à deux pas de Subhash Chowk, pratique les tarifs les plus raisonnables d'Air Force Rd. La double coûte 600 Rs en haute saison, 200 Rs le reste du temps.

L'***Hotel Crags*** *(☎ 42124)* se trouve à 5 min à pied en contrebas de la route, en empruntant Garam Sarak. Il propose diverses doubles de 350 à 550 Rs, mais réduit souvent ces tarifs. Toutes les chambres disposent d'une s.d.b. avec eau chaude. Le bâtiment est assez délabré, mais le calme du site et la vue spectaculaire sur la vallée compensent largement cet inconvénient.

Plus loin dans Garam Sarak, près de Gandhi Chowk, sont regroupées plusieurs pensions, dont l'*Arti*, le *Jasmine* et le *Monal*, où vous bénéficierez d'une chambre confortable avec belle vue pour 400 Rs en haute saison et 150 Rs en période creuse.

Où se loger – catégorie moyenne

L'***Aroma-n-Claire Hotel*** *(☎ 42199, fax 42639)* a beaucoup de cachet. Situé dans Court Rd, à 5 min à pied de Subhash Chowk, vers le sud, il est un peu délabré, mais la décoration éclectique et la variété des chambres, de toutes formes et de toutes dimensions, qui vont de 700 à 1 350 Rs, en font un lieu sympathique.

Tout près de Thandi Sarak, l'***Hotel Geetanjali*** *(☎ 42155)*, du HPTDC, est un vieux bâtiment plein de charme, mais assez mal entretenu. Les immenses doubles avec s.d.b. individuelle et eau chaude coûtent de 500 à 800 Rs.

L'***Hotel Grand View*** *(☎ 40760, fax 40609)*, juste au-dessus de l'arrêt des bus, loue ses doubles de 1 350 à 1 800 Rs et ses suites pour deux à 1 950 Rs. L'établissement est bien tenu et présente un meilleur rapport qualité/prix que d'autres hôtels de la même catégorie. Du jardin en terrasse, les montagnes de l'Himalaya paraissent à portée de main.

Non loin, l'***Hotel Mount View*** (☎ 42120, fax 40741) se présente comme un hôtel classé monument historique, mais il laisse à désirer. Les doubles s'échelonnent de 1 000 à 1 400 Rs (moins 30% hors saison).

Où se restaurer

Le ***Restaurant Preet Palace***, dans Subhash Chowk, sert une cuisine chinoise, moghole et du Cachemire à prix raisonnables, soit environ 70 Rs le repas. Tout proche, le ***Moti Mahal Restaurant*** propose des spécialités du Sud de l'Inde à partir de 55 Rs et abrite un bar.

Pour un bon rapport qualité/prix, choisissez l'un des dhaba proches de Subhash Chowk. Le meilleur du lot est sans doute l'***Amritsari Dhaba***, où vous vous restaurerez de plats du Punjab à partir de 50 Rs. Dans l'ensemble, les dhaba de Dalhousie se situent au-dessus de la moyenne.

Le ***Lovely Restaurant*** de Gandhi Chowk possède une terrasse ensoleillée où vous dégusterez une cuisine chinoise ou du Sud de l'Inde à partir de 45 Rs. Toujours à Gandhi Chowk, le populaire ***Kwality Restaurant*** propose une carte très variée.

Dans le bazar, à l'extrémité ouest de Garam Sarak, le ***Napoli*** est un restaurant élégant. Aucune spécialité italienne à la carte, mais de nombreux plats chinois et indiens. Comptez 100 Rs.

Achats

L'Himachal Handloom Industry Emporium de Thandi Sarak offre un vaste choix de châles en laine, en particulier dans le magasin Bhuttico du bazar, situé dans Garam Sarak. Vous pouvez acheter tapis, sacs et porte-monnaie au showroom du Tibetan Handicrafts Centre de Garam Sarak. Les boutiques voisines vendent toutes sortes de marchandises, y compris des châles du Cachemire.

Quitter la ville

Le bureau des réservations de l'arrêt des bus est ouvert tous les jours de 9h à 14h et de 15h à 17h. Des bus desservent Pathankot toutes les heures (45 Rs, 4 heures).

Pour Dharamsala (85 Rs, 6 heures), il existe au moins quatre bus. Un bus quotidien se rend à Shimla à 12h45 (210 Rs, 12 heures) et un à Manali à 13h30 (260 Rs, 17 heures).

Les bus à destination de Chamba partent à peu près toutes les heures, de 7h à 16h30 (34 Rs, 3 heures), ceux de 9h30, 10h10 et 16h30 passent par Khajiar (15 Rs, 1 heure 30). En haute saison, des bus pour touristes partent de Dalhousie à 9h et 10h10, s'arrêtent à Khajiar (80 à 100 Rs) où ils patientent environ une heure avant de continuer sur Chamba. Le retour à Dalhousie a lieu dans la même journée.

Les prix indiqués à la station de taxis (☎ 40220) concernent Pathankot (920 Rs aller simple), Chamba (720 Rs aller simple, 920 Rs aller-retour *via* Khajiar), Khajiar (460 Rs aller-retour), Bharmour (1 650 Rs aller simple), Kalatope (360 Rs aller-retour) et Dharamsala (1 550 Rs aller simple).

KHAJIAR

Ce *marg* (prairie) se situe à 22 km de Dalhousie, en direction de Chamba. On peut s'y rendre en bus (1 heure 30), ou à pied en comptant une journée de marche. Mesurant plus de 1 km de long sur près de 1 km de large, il est encerclé de pins avec un lac au milieu. Là, vous découvrirez le **temple de Khajjinag**, datant du XIIe siècle, paré d'impressionnantes sculptures en bois sur les corniches, et d'autres, plus grossières, des cinq Pandava, héros du *Mahabharata*, qui furent installées dans le temple par le raja Balbhadra Varman au XVIe siècle.

Où se loger et se restaurer

L'***Hotel Devdar*** *(☎ 01899-36333)* du HPTDC regroupe des cottages en bordure du marg. La nuit en double coûte de 750 à 1 100 Rs, ou 75 Rs en dortoir. Vous trouverez d'autres dortoirs au même tarif au très rudimentaire ***Khajiar Cottage*** du HPTDC, du côté nord du marg.

La ***Gautam Guest House*** *(☎ 01899-36355)*, à 2 min à pied à l'est du marg, reste la meilleure option petit budget. Les chambres claires et spacieuses avec s.d.b. et eau chaude coûtent 250 Rs et l'établissement dispose d'un joli salon commun. Plusieurs ***restaurants*** bordent le marg.

Comment s'y rendre

Les bus reliant Dalhousie à Khajiar (13 Rs, 1 heure 30) partent à 9h30, 10h10 et 16h30. Dans l'autre sens, le seul bus fiable quitte Khajiar à 15h30. Pour Chamba, les départs sont prévus à 11h, 12h30 et 17h30 (15 Rs, 1 heure 30). Les bus pour touristes à destination de cette dernière ville s'arrêtent une heure à Khajiar. En taxi, la course Khajiar-Chamba revient à 400 Rs environ.

CHAMBA

☎ 01899 • 19 000 habitants • altitude 996 m

Le trajet de 56 km de Dalhousie à Chamba est très pittoresque (43 km *via* Khajiar). Le panorama sur les champs en terrasses est spectaculaire, avec de petits villages accrochés aux flancs des vallées. Se trouvant à 926 m d'altitude, Chamba est perchée sur un promontoire au-dessus de la rivière Ravi. Avec ses petites rues tortueuses, elle a été souvent comparée à un village médiéval italien ; elle doit sa réputation à ses temples.

Durant les mille ans qui précédèrent l'Indépendance, Chamba fut le chef-lieu d'un district du même nom, gouverné par une seule dynastie de maharajas. La ville fut fon-

CHAMBA

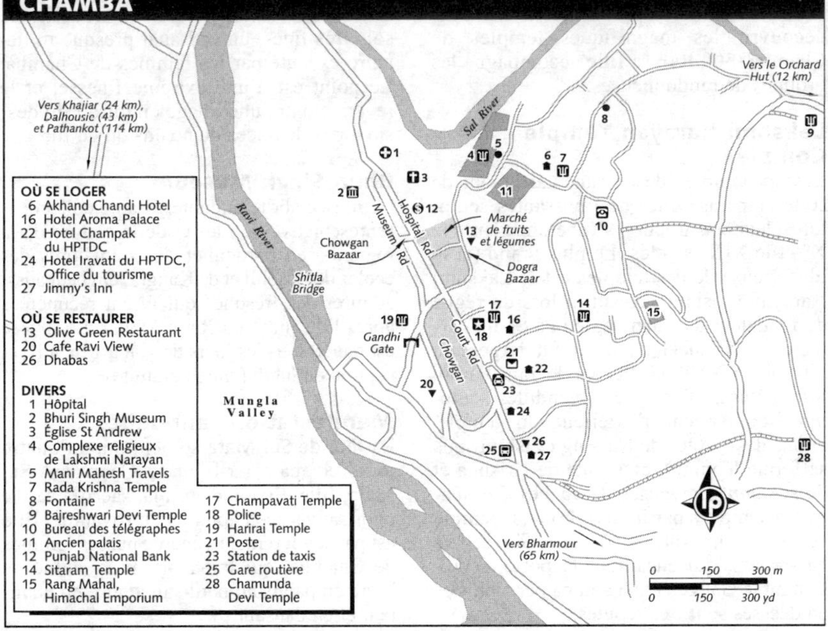

dée par le raja Sahil Varman qui, délaissant Bharmour, y transféra sa capitale et lui donna le nom de sa fille, Champavati.

Chamba dispose d'une promenade herbeuse appelée Chowgan, où sont organisées les fêtes de Minjar et de Sui Mata (à ce sujet, lisez la rubrique *Manifestations annuelles* un peu plus loin).

Renseignements

L'office du tourisme (☎ 24002) est installé dans l'intéressant bâtiment beige qui jouxte l'Hotel Iravati, dans Court Rd. Il est ouvert tous les jours, à l'exception du dimanche, de 10h à 17h.

Le seul établissement qui change de l'argent est la Punjab National Bank de Hospital Rd, qui accepte heureusement tous les chèques de voyage en dollars américain et en livres sterling.

Circuits organisés

La famille qui tient l'agence Mani Mahesh Travels (☎ 22507) est sympathique et dévouée. Située près du temple de Lakshmi Narayan, l'agence vous organisera des randonnées avec guide et porteurs de 700 à 900 Rs par jour (ce tarif peut atteindre 1 400 Rs pour la haute montagne). Le fils du propriétaire vous fera découvrir les magnifiques temples de Chamba (300 Rs), sa fille accompagne les groupes de randonneuses.

Lakshmi Narayan Temple Complex

Les six temples de ce sanctuaire sont de style sikhara. Ornés de ravissantes sculptures, leur construction s'échelonne entre le Xe et le XIXe siècles. Le plus grand (et le plus vieux) de ces temples est le Lakshmi Narayan (Vishnu), construit lors du règne du fondateur de Chamba, le raja Sahil Varman, au Xe siècle, puis il fut largement rénové au XVIe siècle par le raja Partap Singh Varna. Parmi les splendides sculptures qui ornent l'extérieur du temple, citons des statues de Narsing (Vishnu sous sa forme léonine), ainsi que de Krishna et de ses *gopi* (trayeuses de vache). Le quatrième temple à partir de la droite, le temple de Gauri Shankar, est dédié à Shiva. Les bas-reliefs, qui encadrent la porte, représentant le Gange et la Yamuna personnifiés en déesses sont très réputés.

Autres temples

De nombreux autres temples se dissimulent dans le dédale de ruelles qui constitue Chamba. Au sommet, le **Chamunda Devi Temple** est accessible par un sentier qui part au-dessus de l'arrêt des bus et possède d'impressionnantes représentations sculptées de Durga sous son aspect effrayant de Chamunda Devi, entourées de motifs de fleurs et d'animaux. Du temple, on jouit d'une vue merveilleuse sur les vieilles maisons de Chamba.

Parmi les autres sites à découvrir, citons le **Bajreshwari Devi Temple**, installé au sommet de la colline qui surmonte le complexe de Lakshmi Narayan. Il abrite une statue de Bajreshwari (l'une des formes de Durga). Tout aussi intéressant, le **Harirai Temple**, qui date du XIe siècle, le **Rada Krishna Temple**, également appelé Bhansi Gopal, le **Sitaram Temple**, dédié à Rama, et le **Champavati Temple**, consacré à la fille du raja Sahil Varman.

Rang Mahal

Le Rang Mahal, ancien palais qui fut détruit par les flammes, abrite aujourd'hui plusieurs bureaux gouvernementaux, dont l'**Himachal Emporium**. Vous pourrez y acheter des *rumal* – tissus aux broderies de soie très fines, un artisanat presque millénaire exécuté par les femmes de Chamba. Le point est d'une extrême finesse, et le revers montre une image en miroir du dessin – pas de traces de nœuds ou de fils.

Bhuri Singh Museum

Ce musée abrite une intéressante collection, représentative de l'art et de la culture de la région – en particulier des miniatures des écoles de Basohli et de Kangra. On peut aussi admirer des fresques qui furent récupérées après l'incendie du Rang Mahal. Le musée est ouvert tous les jours de 10h à 17h, à l'exception du lundi (entrée gratuite).

Manifestations annuelles

La **fête de Sui Mata** se tient durant quatre jours en mars/avril sur le Chowgan. Sui Mata, fille d'un ancien raja, sacrifia sa vie pour sauver les habitants du royaume. Elle est particulièrement vénérée par les femmes de Chamba, qui transportent sa statue de l'ancien palais au petit sanctuaire en chantant et en dansant.

La **fête de Minjar**, célébrée chaque année depuis l'an 935 fin juil.-début août, culmine avec une procession haute en couleur, conduite par un palanquin qui porte une représentation de Raghuvira, incarnation de Rama.

Où se loger

A quelques minutes à pied de l'arrêt des bus, dans Court Rd, l'***Hotel Iravati*** *(☎ 22671, fax 22565)* du HPTDC loue des doubles assez vétustes avec s.d.b. de 500 à 1 000 Rs (25% de réduction en basse saison).

En catégorie moyenne, l'***Hotel Aroma Palace*** *(☎ 25177)*, en direction du temple de Sitaram, représente un meilleur choix, avec des simples/doubles accueillantes avec TV et s.d.b. à partir de 400/700 Rs.

L'***Hotel Champak*** *(☎ 22774)*, derrière la poste, est lui aussi tenu par le HPTDC. Ses vastes doubles avec s.d.b. commune/individuelle coûtent 200/250 Rs. La nuit en dortoir est à 75 Rs.

En face de la gare routière, le ***Jimmy's Inn*** *(☎ 24748)* possède une série de chambres très variées avec s.d.b. de 100 à 300 Rs (toutes sont propres et les plus chères ont l'eau chaude et la TV).

Sis dans une vieille maison de pierres, l'***Akhand Chandi Hotel*** *(☎ 24072)* est à l'ombre du temple de Rada Krishna, dans une magnifique cour. Les chambres, très propres, sont ornées de tapis et possèdent leur s.d.b. particulière avec eau chaude. Comptez 300 à 400 Rs.

L'***Orchard Hut*** *(☎ 22607)* occupe un site paisible de la vallée de Saal, à 12 km de Chamba. Il appartient à la famille qui gère l'agence Mani Mahesh Travels. Les chambres vont de 350 Rs en demi-pension à 650 Rs en pension complète avec des repas de qualité. En arrivant à Chamba, allez d'abord chez Mani Mahesh Travels : de là, vous serez conduit à l'hôtel.

Où se restaurer

Chamba est réputée pour sa *chukh* (une sauce forte à base de piments rouges et verts, de citron, de moutarde, d'huile et de sel), mais malheureusement pas pour ses restaurants.

Situé en bordure du bazar de Chowgan, le petit ***Cafe Ravi View*** appartient au HPTDC et sert donc l'habituelle série de plats indiens et chinois, à partir de 50 Rs. Meilleure adresse, le restaurant de l'***Hotel Iravati***, également tenu par le HPTDC, propose de bonnes spécialités, végétariennes ou non, à 75 Rs environ.

Essayez également l'***Olive Green Restaurant***, en haut des marches de Temple Rd. Celui-ci mitonne un bon choix de plats, végétariens ou non, à prix raisonnables, dont une spécialité locale, le *chamba madhra* (haricots rouges accompagnés de lait caillé et de ghee).

Quelques ***dhaba*** assez quelconques jouxtent l'arrêt des bus.

Comment s'y rendre

Six bus quotidiens assurent la pénible liaison avec Bharmour (38 Rs, 3 heures 30). Pour Dharamsala (100 à 135 Rs, 10 heures), les bus partent à 6h, 11h30, 16h et 21h30. Pour Khajiar (15 Rs, 1 heure 30), les départs sont prévus à 7h30, 14h et 17h. Les bus à destination de Dalhousie quittent l'arrêt des bus régulièrement entre 6h et 18h (34 Rs, 3 heures). Les liaisons avec Pathankot 67, 6 heures) sont assurées toutes les heures. Depuis Dharamsala, le meilleur bus pour Chamba est sans doute celui de 8h30 (125 Rs).

Un aller simple/aller-retour en taxi revient à 400/ 600 Rs pour Khajiar, 800/1 000 Rs pour Bharmour et 800 /1 050 Rs pour Dalhousie.

BHARMOUR

☎ 01090 • altitude 2 195 m

L'ancien village aux toits d'ardoise de Bharmour s'étend à 64 km au sud-est de Chamba. Le trajet par une route précaire jusqu'à la vallée de la Ravi est spectaculaire. L'aval de la rivière risque cependant d'être gâté par la construction d'un barrage hydroélectrique.

Avant la fondation par le raja Sahil Varman d'une nouvelle capitale à Chamba, en 920, Bharmour fut la capitale de l'État princier de Chamba pendant plus de quatre siècles. Bharmour est le village des Gaddi, des bergers semi-nomades qui conduisent leurs troupeaux de moutons dans les alpages en été, et les ramènent en hiver à Kangra, à Mandi et à Bilaspur.

A voir et à faire

Les **temples de Chaurasi**, surtout consacrés à Shiva, comportent des dizaines de sanctuaires de lingam de Shiva disséminés dans la cour. Le plus grand édifice du groupe est le **Manimahesh Temple**, au centre, de style shikara. Un immense bronze de Nandi lui fait face. A l'arrière, le **Narsingh Temple**, plus petit, est dédié à Vishnu sous sa forme de lion. A côté du temple de Manimahesh, se trouve le **temple de Laskna Devi**, plus ancien puisqu'il remonte à l'an 700, qui comporte un porche merveilleusement sculpté, surmonté de 12 Vishnu armés chevauchant leur Garuda.

De belles **randonnées** partent de Bharmour. The Mountaineering & Allied Sports Sub-Centre (☎ 25036) pourra vous fournir des guides et des porteurs.

En juillet/août, des pèlerins venus de toute l'Inde du Nord se réunissent à Bharmour pour la foire de **Manimahesh Yatra**, avant d'entamer le pèlerinage jusqu'au lac sacré de Manimahesh, qui s'étend à 28 km au pied du Manimahesh Kailash (5 656 m). Près du lac se tient un superbe **temple** antique (VIIe siècle) consacré à Lakshmi Devi terrassant le démon buffle Mahishasuramardini.

Où se loger

Sur la route qui mène aux temples, l'*Amit Guest House* (☎ 25104) propose des doubles avec s.d.b. et eau chaude au prix exagéré de 350 Rs.

Vous bénéficierez d'un meilleur rapport qualité/prix dans la *Rest House* du Public Works Department, situé en bordure de la plus basse des deux routes qui montent de l'arrêt des bus. La nuit en chambre double avec s.d.b. coûte 250 Rs.

Juste au-dessous, la sympathique *Chamunda Guest House (☎ 25056)* abrite des simples avec s.d.b. commune à 150 Rs (100 Rs en période creuse).

En contrebas des temples Chaurasi, vous trouverez plusieurs *dhaba*.

Quitter la ville

Des bus partent toutes les deux heures pour Chamba entre 6h30 et 17h30 (38 Rs, 3 heures 30). Le même trajet en taxi coûte 800/1 000 Rs l'aller simple/l'aller-retour. Attention : la route est sujette aux glissements de terrain.

Kullu Valley et Parvati Valley

Kullu Valley et, dans une moindre mesure, Parvati Valley jouissent depuis longtemps d'une grande popularité en raison des magnifiques paysages montagneux qui les entourent. Toutefois, avec les troubles survenus au Cachemire, la région, et plus particulièrement Manali, connaît un développement rapide qui menace son atmosphère paisible.

Autrefois connue sous le nom de Kulanthapitha, qui signifie le "bout du monde habitable", Kullu Valley fut peuplée dès le premier siècle de notre ère. La première capitale fut Jagatsukh, puis elle déménagea à Nagar, avant que les Britanniques la déplacent à Kullu. Kullu Valley, qui s'étire sur 80 km et dépasse rarement les 2 km de large, s'élève au nord, à partir de Mandi, à 760 m d'altitude, jusqu'au Rohtang La (3 978 m), porte d'entrée du Lahaul et du Spiti.

Kullu Valley et Parvati Valley sont desservies, de Mandi à Manali, par l'aéroport Kullu/Manali de Bhuntar, à 10 km au sud de Kullu.

La haute saison s'étend de mi-avr. à mi-juin, de mi-sept. à début nov., sans oublier Noël et le Nouvel An.

MANDI

☎ 01905 • 26 000 habitants

Ancien grand carrefour sur la route du sel vers le Tibet, Mandi est la porte de Kullu Valley et le croisement des routes longeant Kullu Valley, Kangra Valley et venant de Shimla. L'atmosphère de la ville rappelle plus le Punjab que l'Himalaya, car elle abrite une vaste communauté sikh et compte 81 temples de diverses périodes parsemés sur les collines. C'est une halte agréable entre Shimla et Kullu Valley, et les hauteurs environnantes sont d'intéressants buts d'excursions, notamment les lacs sacrés de Rewalsar et de Prashar.

Orientation et renseignements

Le centre de Mandi est matérialisé par une grande place, dominée par un centre commercial impressionnant appelé Indira Market. Quantité d'hôtels et de restaurants sont disséminés sur la place ou à proximité. La gare routière est aménagée de l'autre côté de la rivière, à 15 min à pied.

L'unique bureau de change, installé dans l'Evening Plaza Hotel sur la place principale, change les chèques de voyage American Express pour 1% de commission. En contrebas de la ville, sur la route de Rewalsar, la Bank of Baroda accorde des avances en espèces sur les cartes Visa et MasterCard.

KULLU VALLEY ET PARVATI VALLEY

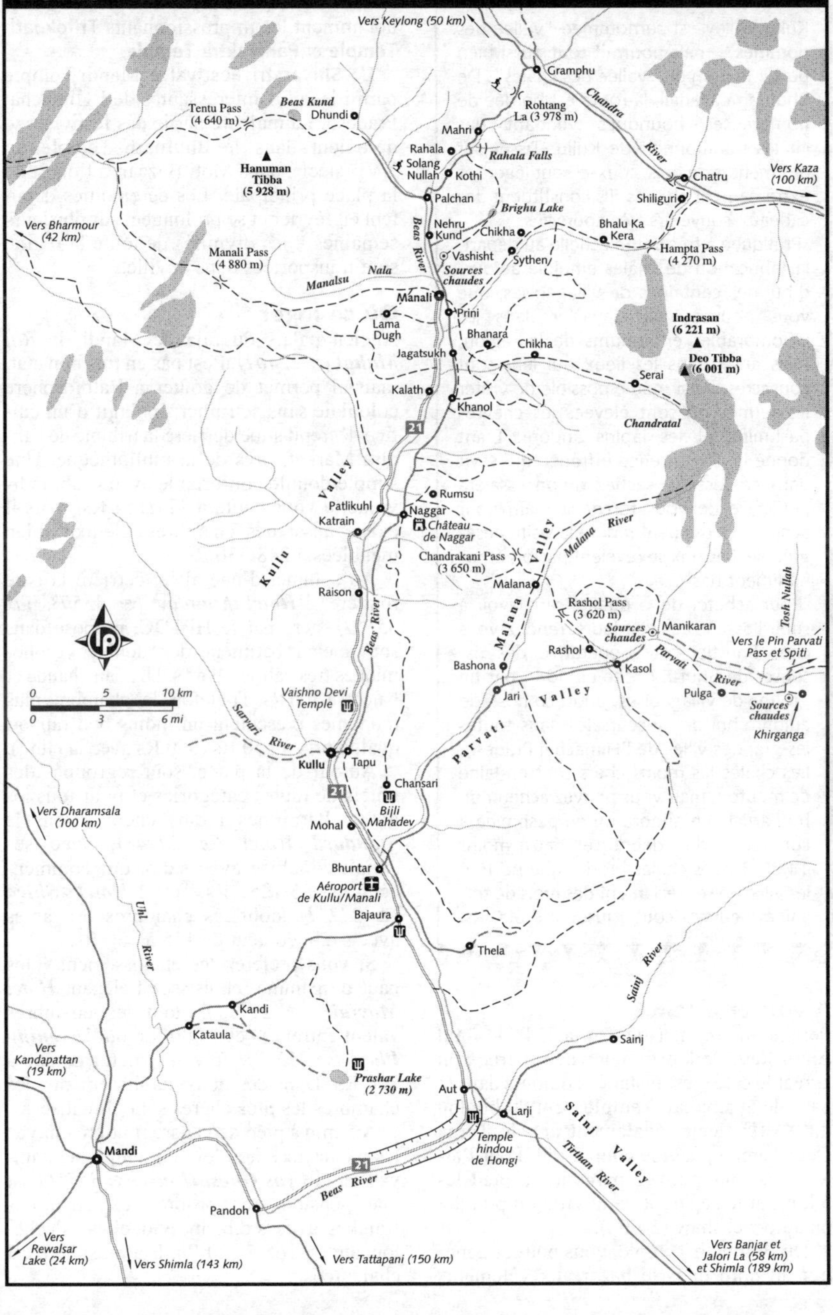

HIMACHAL PRADESH

Chacun cherche son châle

Kullu Valley est surnommée "vallée des pommes", mais pourrait tout aussi bien porter le nom de "vallée des châles". De Bhuntar à Manali, la route est bordée de nombreuses boutiques vendant des châles traditionnels de Kullu. Tissés sur des métiers de bois, ceux-ci sont légers et extrêmement chauds. Ils constituent des cadeaux-souvenirs très appréciés.

Pratiquée à très petite échelle au départ, la fabrication de châles emploie aujourd'hui des centaines de villageoises, que vous pouvez voir travailler dans les innombrables emporiums de la région, mais aussi dans les lieux qui leur sont consacrés. Il est même possible de visiter les fermes où sont élevées les chèvres pashmina et les lapins angora. Étant donné la concurrence effrénée qui sévit dans ce secteur, sachez qu'on essaiera peut-être de vous forcer la main pour acheter, ce qui peut rendre la visite désagréable. Les prix se révèlent parfois étonnamment bas.

Pour acheter de la qualité sans avoir à subir l'assaut des vendeurs, rendez-vous chez Bhuttico, la coopérative des tisseuses de Bhutti. Créée en 1944 par un groupe de villageoises, Bhuttico possède aujourd'hui des succursales dans toutes les grandes villes de l'Himachal Pradesh. Les châles les moins chers sont en laine de mouton, mais vous pouvez acheter un bon article en angora ou en pashmina à condition de débourser au moins 1 000 Rs. Les châles brodés que portent les villageoises réclament des mois de travail et peuvent coûter jusqu'à 6 000 Rs.

A voir et à faire

Perché au sommet de Tarna Hill, le **Rani Amrit Kaur Park** offre une vue superbe ; un agréable café y est installé. Toujours dans le parc, le **Syamakali Temple**, temple hindou du XVIIe siècle, également appelé Tarna Devi Temple, vaut le coup d'œil. Pour l'atteindre, vous pouvez parcourir à pied les 5 km qui le séparent de la ville ou prendre un auto-rickshaw (30 Rs).

Du Bhutnath Temple, vous pouvez pénétrer au nord dans le bazar aux vêtements pour descendre jusqu'aux rives de la Beas et admirer les nombreux temples et ghats, notamment les impressionnants **Triloknath Temple** et **Panjvaktra Temple**.

Le **Shivaratri Festival** à Mandi compte parmi les plus intéressantes de l'Himachal Pradesh. La majeure partie des festivités se déroulent dans le **Bhutnath Temple** du XVIe siècle, dans Moti Bazaar, à l'ouest de la place principale. Les cérémonies débutent en février et se prolongent sur plusieurs semaines – les divinités de toute la région sont transportées dans la ville.

Où se loger

Ancien palais du raja de Mandi, le ***Raj Mahal*** *(☎ 22401)* n'est pas en très bon état, mais il permet de goûter à l'atmosphère coloniale sans se ruiner. Il s'agit d'un édifice décrépit situé derrière la tribune de l'Indira Market, près de la bibliothèque. Une simple/double confortable avec s.d.b. individuelle vous coûtera 121/154 Rs, mais il existe aussi des chambres "deluxe" bien meublées à 248/330 Rs.

Au sommet d'une allée, derrière la gare routière, l'***Hotel Mandav*** *(☎ 35503, fax 35551)*, géré par le HPTDC, propose dans son ancien bâtiment des doubles économiques très calmes avec s.d.b., eau chaude et balcon à 300 Rs. Toutefois, les chambres plus modernes présentent un moins bon rapport qualité/prix à 550 Rs (850 Rs avec la clim.).

Autour de la place, sont regroupés des hôtels de toutes catégories et pour tous les goûts. Parmi les moins chers, citons le ***Standard Hotel*** *(☎ 22948)*, avec ses simples/doubles avec s.d.b. qui commencent à 65/125 Rs, et l'***Hotel Shiva*** *(☎ 24211)*, dont les chambres bruyantes avec s.d.b. coûtent de 135 à 350 Rs.

Si vous préférez les établissements plus haut de gamme, choisissez l'élégant ***Hotel Mayfair*** *(☎ 22777)*, dont les chambres valent entre 500 et 1 000 Rs, ou l'***Evening Plaza*** *(☎ 25123)*, où vous paierez de 250 à 800 Rs. Dans ces deux établissements, les chambres les plus chères sont climatisées.

A 5 min à pied de la gare routière (suivez les panneaux), non loin du temple de Panjvaktra, la ***Vyas Guest House*** *(☎ 35556)* est une pension très propre aux chambres fraîches avec s.d.b. individuelles, s'échelonnant de 165 à 220 Rs. L'atmosphère est chaleureuse.

Où se restaurer

Le ***Copacabana Bar & Restaurant*** du Raj Mahal est un établissement à ciel ouvert très fréquenté où l'on mange un bon repas pour 70 Rs environ, accompagné de bière fraîche.

N'hésitez pas à monter jusqu'à l'***Hotel Mandav*** pour profiter du large choix de plats au menu (60 Rs), des petits déjeuners et des bières.

Le ***Treet Restaurant***, au rez-de-chaussée de l'Indira Gandhi Plaza, est sans doute le meilleur restaurant de la ville. Il sert des spécialités chinoises et du Sud de l'Inde dans un cadre sombre, mais raffiné. Comptez 60 Rs pour un plat traditionnel comme le *saag* (épinards) ou le dhal.

L'***Hotel Standard*** propose une bonne cuisine à prix modiques. Vous trouverez de nombreux ***dhaba*** aux alentours de la grand-place.

Quitter la ville

Située à l'intersection de Kangra Valley et de Kullu Valley, Mandi est bien desservie par les bus locaux. La gare routière – où il est possible de réserver – se trouve de l'autre côté de la rivière, dans la partie est de la ville.

Des bus partent toutes les heures pour Shimla (88 à 120 Rs, 6 heures) jusqu'à 22h *via* Bilaspur. Pour Dharamsala (85 à 95 Rs, 6 heures), des départs sont prévus à 8h30, 11h30, 12h30, 18h30, 20h et 23h. Les liaisons avec Bhuntar, Kullu et Manali sont assurées toutes les 30 min jusque tard dans la soirée. Des bus desservent Delhi régulièrement, au prix de 220 à 240 Rs. Le plus confortable est le bus deluxe de 20h30 (372 Rs).

Les taxis attendent devant la gare routière et à l'arrêt de bus situé du côté est de la place. L'aller simple de Mandi à Kullu coûte 700 Rs (600 Rs jusqu'à Bhuntar).

ENVIRONS DE MANDI

Rewalsar Lake

☎ 01905 • altitude 1 350 m

Ce lac est perché dans les hauteurs à 24 km au sud-ouest de Mandi. C'est un important centre du bouddhisme tibétain. C'est de là que partit Padmasambhava, ce moine du VIIIe siècle qui entreprit de répandre la foi au Tibet. Le lieu compte également plusieurs gompa consacrés à l'école nyingmapa. Tous les ans, peu après le Nouvel An tibétain (fév. ou mars), une foule de bouddhistes, surtout originaires de Dharamsala, viennent ici en pèlerinage.

Quand on pénètre aux abords du lac, le **Drigung Kagyud Gompa**, immédiatement sur la droite, abrite de nombreux moines hospitaliers qui s'empressent de vous faire visiter l'endroit. Juste après, se trouve le **Tso-Pema Ogyen Heru-kai Nyingmapa Gompa & Institute** (généralement appelé Nyingmapa), construit au XIXe siècle. Ce gompa abrite un immense mur de prières. Les magnifiques peintures murales que l'on peut voir aujourd'hui furent créées en 2000 par une équipe d'artistes de Spiti.

Les Hindous révèrent également le lac, car c'est ici que le sage Rishi Lomas fit pénitence en hommage à Shiva. Les sikhs possèdent le gigantesque **gurdwara de Guru Gobind Singh**, dédié à Gobind Singh, qui séjourna au lac Rewalsar durant un mois.

Trois **temples hindous**, dédiés à Rishi Lomas, Shiva et Krishna, sont disséminés autour du lac. Au terme d'une pénible montée de 30 min, vous découvrirez, au-dessus du lac, un immense bouddha dans une grotte : dirigez-vous vers les drapeaux de prière installés au sommet de la colline.

Où se loger et se restaurer. Le ***Tourist Inn*** *(☎ 80252)* du HPTDC dispose de dortoirs à 75 Rs et de jolies doubles/triples à 200/300 Rs dans l'ancien bâtiment, ou à 300/350 Rs dans le nouveau. Le restaurant sert un bon choix de spécialités chinoises et indiennes.

Le gompa de Drigung Kagyud propose des chambres confortables à la ***Peace Memorial Inn***, au prix de 65/150 Rs avec s.d.b. commune/individuelle.

La ***guesthouse*** du Nyingmapa Gompa loue des chambres rudimentaires en bordure de lac. Vous paierez 25/50 Rs, ou 100/150 Rs en chambre deluxe avec s.d.b. et eau chaude. La pension est très appréciée des bouddhistes occidentaux.

La ***guesthouse*** du gompa de Zigar abrite des chambres avec s.d.b. à 50 Rs, ainsi qu'un sympathique restaurant, le ***Tibetan Food Corner***. A proximité, les restaurants ***Mentok*** et ***Choesang*** servent de délicieux momo et un bon thugpa pour environ 35 Rs.

Comment s'y rendre. Les bus au départ de Mandi desservent le village de Rewalsar, adjacent au lac, régulièrement (14 Rs,

1 heure 30). La route est jolie, bien qu'assez mauvaise. Un aller simple/aller-retour depuis Mandi revient à 300/450 Rs.

DE MANDI A KULLU

A 15 km au sud de Kullu, le village de Bajaura abrite le **Basheshar Mahadev**, le plus grand temple de pierre de Kullu Valley. Édifié au VIIIe siècle, il est orné de superbes sculptures. Sur la grand-route, le sentier de 200 m qui y mène est indiqué par une pancarte marquée "Indo Italian Fruit Dev".

Caché dans les hauteurs, entre Mandi et Bajaura, le spectaculaire **Prashar Lake** (lac de Prashar) s'étend à 2 730 m d'altitude. Sur la rive, se dresse un temple ancien d'où l'on jouit d'une vue superbe sur l'Himalaya. Le lac, que l'on atteint à pied, se trouve à 8 km du village de Kandi, sur la route Mandi-Bajaura. Deux bus relient Mandi à Kandi (20 Rs) à 6h30 et à 14h.

Bhuntar

☎ 01902

Bhuntar est fière de son aéroport qui dessert Kullu Valley et de son embranchement qui mène à Parvati Valley, sur la rive opposée de la Beas. Bien que le village ne soit situé qu'à 10 km de Kullu, il est souvent plus facile de loger sur place lorsqu'on arrive tard ou qu'on part de bonne heure.

Jagson Airlines (☎ 65222) possède un bureau à côté de l'aéroport et plusieurs agences de voyages sont installées à proximité.

Où se loger et se restaurer. Le moins mauvais des établissements aménagés près de l'aéroport et de la gare routière est l'***Hotel Airport-End***, équipé de chambres propres mais bruyantes, avec s.d.b. individuelle, de 250 à 350 Rs (négociables).

A environ 500 m au nord de l'aéroport, en direction de Kullu, sont regroupés plusieurs établissements de catégorie moyenne. Tous accordent une réduction de 50% en basse saison. L'***Hotel Sunbeam*** *(☎ 65790)* loue des chambres correctes avec eau chaude de 200 à 550 Rs. A côté, l'***Hotel Amit*** *(☎ 65123)* propose des doubles de 450 Rs à 850 Rs.

Autour de la gare routière, plusieurs ***dhaba*** servent les cuisines indienne et chinoise habituelles, le ***Malabar Restaurant*** (face à l'entrée de l'aéroport) offre sans doute le meilleur choix.

Quitter la ville. Bhuntar est bien desservie par les bus, qui partent devant l'entrée de l'aéroport. La plupart rejoignent Kullu (5 Rs), où vous devrez prendre un autre bus pour vous rendre plus au nord. Tous les bus entre Manali et les villes au sud de Kullu s'arrêtent à Bhuntar ou à proximité. Des bus réguliers assurent la liaison avec Manikaran (20 Rs) *via* Jari (17 Rs) et Kasol (17 Rs).

En taxi, comptez 125 Rs pour Kullu, 650 Rs pour Manali, 500 Rs pour Manikaran et 700 Rs pour Mandi.

Pour connaître les vols au départ de Bhuntar, consultez *Comment s'y rendre*, dans la rubrique *Kullu*, ci-dessous.

KULLU

☎ 01902 • 16 000 habitants • altitude 1 200 m

Chef-lieu du district situé dans la vallée, Kullu est une ville pleine d'animation, mais elle n'offre pas beaucoup à voir. Elle compte malgré tout bon nombre d'hôtels et d'autres infrastructures et le séjour est plaisant, notamment du côté de Dhalpur. La plupart du temps, les visiteurs lui préfèrent les sites touristiques disséminés dans la vallée.

Orientation et renseignements

La Sarvari divise la ville en deux. Le *maidan* situé à Dhalpur (où se déroulent les festivités de Kullu) se trouve sur la rive sud, tout comme l'office du tourisme et la station de taxis. La gare routière et le temple Raghunath sont installés sur la rive nord ; le sentier piétonnier qui passe près de l'Hotel Shobla est plus rapide que la route.

L'office du tourisme du HPTDC (☎ 22349), à proximité du maidan de Dhalpur, est ouvert tous les jours de 10h à 19h l'été (de 10h à 17h l'hiver) et est pratique pour réserver des places sur les bus du HPTDC, qui partent de l'arrêt situé devant.

La State Bank of Patiala, au nord d'Akhara Bazaar, accepte la plupart des chèques de voyage (sauf Citicorp), cependant elle ne change pas les espèces.

La poste principale est au-dessus de la station de taxis, mais le service se révèle plutôt lent. La Madhu Chandrika Guest House propose un accès à Internet moyennant 100 Rs/heure.

Si vous devez acheter des châles de Kullu, choisissez les boutiques du Bhuttico ou de l'Himachal Emporium, situé sur la nationale dans l'Akhara Bazaar (vous passerez sans

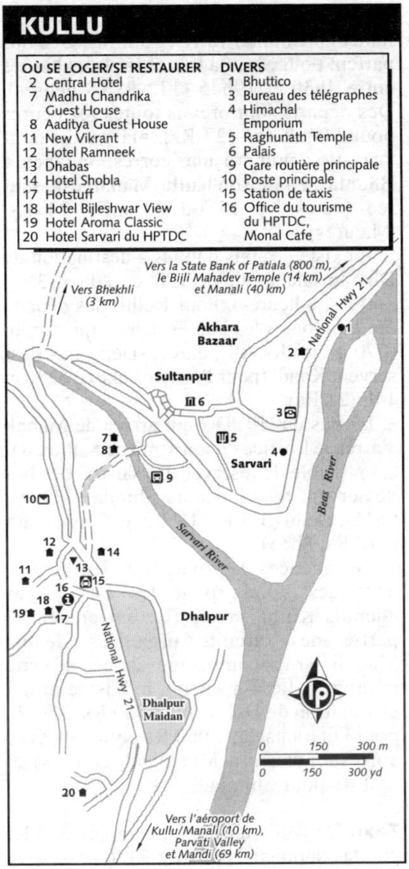

doute devant l'immense centre Bhuttico si vous prenez le bus pour Mandi, vers le sud). Voir l'encadré *Chacun cherche son châle*.

Temples

Le **Raghunath Temple** (1660), au nord de la ville, est dédié au principal dieu de la vallée. Malgré son importance, il est moyennement intéressant (ouvert avant 9h et après 17h).

A 3 km de Kullu, le village de Bhekhli abrite le **Jagannathi Devi Temple** (connu aussi sous le nom de Bhekhli Temple). L'ascension de 1 heure 30 en pente raide est récompensée par de magnifiques vues sur Kullu. Prenez la route principale jusqu'à l'Akhara Bazaar, puis suivez le sentier menant à Bhekhli, après le pont. Le trajet en taxi vous coûtera 200/300 Rs l'aller simple/l'aller-retour. Vous pouvez également choisir le bus public qui part à 9h, 14h30 et 17h30 (7 Rs, 45 min).

Manifestations annuelles

Kullu accueille la plus colorée des fêtes de **Dussehra** en Inde (mars/avril). Durant les festivités, on honore Rama sous la forme de Raghunath, dont la statue est portée à travers les rues sur un *rath* (palanquin) à roues tiré par des pèlerins. Derrière la procession, les villageois suivent en dansant, vêtus de leur costume traditionnel. C'est une fête très spectaculaire, mais de plus en plus commercialisée, si bien qu'il devient difficile de trouver une chambre dans les environs à cette époque de l'année.

Circuits organisés

La compagnie de taxis Kullu Taxi Operators (☎ 22332), installée au nord du maidan de Dhalpur, propose diverses visites guidées, parmi lesquelles :

- Bhekhli Temple, Vaishno Devi Temple et Raghunath Temple, fabrique de châles et Bajaura (550 Rs, 5 heures)
- Kasol et Manikaran (700 Rs, 6 heures)
- Larji, Banjar et Jalori La (1 500 Rs, 10 heures)
- Rewalsar Lake (1 300 Rs, 8 heures)
- Vaishno Devi Temple, châteaux de Naggar et de Roerich (550 Rs, 5 heures)

Où se loger – petits budgets

A Dhalpur, derrière l'office du tourisme, le très populaire ***Hotel Bijleshwar View*** *(☎ 22677)* loue des chambres calmes avec s.d.b. individuelle et eau chaude de 350 à 500 Rs (moins chères en basse saison). Le ***New Vikrant*** *(☎ 22756)* se trouve dans une petite allée derrière la station de taxis. Il offre un vaste choix de chambres de 150 à 375 Rs et les clients bénéficient de lieux de détente communs. Non loin, l'immense ***Hotel Ramneek*** *(☎ 25588)* possède de bonnes chambres avec douche chaude, TV et tapis à partir de 350 Rs.

Dans l'Akhara Bazaar, tout près de la rivière, l'***Aaditya Guest House*** *(☎ 24263)* propose des doubles très claires avec s.d.b. commune/individuelle (avec eau chaude) à 100/200 Rs. A côté, la ***Madhu Chandrika Guest House*** *(☎ 24395)* demande 100/150 Rs pour une chambre sans/avec s.d.b., ou 40 Rs pour passer la nuit dans un petit dortoir. L'établissement abrite aussi un cybercafé (100 Rs/heure).

Le sympathique ***Central Hotel*** *(☎ 22482)* est le plus ancien de Kullu. Il loue un grand choix de chambres allant de 50 à 200 Rs.

Où se loger – catégorie moyenne

L'***Hotel Shobla*** *(☎ 22800)*, en centre-ville, dispose de chambres luxueuses de 550 à 950 Rs. Une formule en pension complète est possible.

L'***Hotel Sarvari*** *(☎ 22471)* du HPTDC se trouve légèrement au sud du maidan, à quelques pas de la route principale. Bien entretenu, ses chambres propres et claires sont à 450 Rs dans l'ancien bâtiment ou à partir de 800 Rs dans le nouveau, et ses dortoirs à 75 Rs par personne.

L'***Hotel Aroma Classic*** *(☎ 23075)*, juste après l'Hotel Bijleshwar, est tout aussi impeccable. Il propose des chambres de 500 à 750 Rs et abrite un bon restaurant.

Où se restaurer

Près de l'office du tourisme, le ***Monal Cafe***, géré par le HPTDC, sert en-cas et repas de qualité. Le ***Hotstuff***, juste en face, est un bon fast-food qui propose, entre autres, pizzas et soupe.

Vous trouverez plusieurs ***dhaba*** au nord de la station de taxi et autour de l'arrêt de bus.

Vous pouvez également essayer la table de l'***Hotel Aroma Classic*** ou celle de l'***Hotel Shobla***, qui servent une cuisine honnête à prix raisonnables.

Comment s'y rendre

Avion. La compagnie Jagson Airlines relie quotidiennement Delhi à l'aéroport de Kullu/Manali (Bhuntar) pour 145 $US, avec escale à Shimla. L'avion quitte Delhi à 8h et le retour se fait sans délai, à 10h10. Indian Airlines propose la même liaison les lundi, mercredi et vendredi à 9h (145 $US), avec un retour à 11h10.

Jagson Airlines dispose d'un bureau (☎ 65222) en face de l'aéroport de Bhuntar. Les vols Indian Airlines sont à réserver chez Ambassador Travels à Kullu (☎ 25286).

Bus. Kullu possède une vaste gare routière très animée. Les horaires sont affichés en anglais et il existe un système de réservation.

De nombreux bus traversent Kullu en allant à Mandi (44 Rs, 2 heures) toutes les 30 min entre 4h et 20h15. Il s'arrêtent également à Bhuntar (5 Rs, 15 min). Des bus partent pour Shimla toutes les trois heures entre 4h30 et 19h45 (132 Rs, 8 heures). Des départs sont prévus toutes les heures pour Manikaran (27 Rs), mais vous pouvez aussi prendre une correspondance à Bhuntar. La liaison Kullu-Manali est assurée toutes les 15 ou 20 min (24 Rs, 2 heures).

Il existe des bus publics à destination de Dharamsala à 9h50, 17h et 20h (135 à 160 Rs, 8 heures). Pour Delhi, des départs ont lieu toutes les heures dans l'après-midi (270 à 290 Rs, 14 heures). Deux bus desservent Kandi (pour Prashar Lake) à 6h30 et 14h (21 Rs).

Le bus du HPTDC qui arrive de Manali s'arrête à l'office du tourisme de Kullu où il est possible de réserver. En saison, des bus desservent tous les jours Shimla (337 Rs, 9h15), Delhi (521 Rs, 18h30) et Chandigarh (312 Rs, 8h15).

Les agences de voyages de Kullu vendent des billets pour les bus privés "depuis Kullu", mais ils font en réalité partie des circuits organisés depuis Manali par les compagnies de bus de cette dernière ville. En saison, le bus de nuit à destination de Delhi coûte 350 Rs, 250 Rs pour Dharamsala, 1 000 Rs pour Leh avec correspondance à Manali (1 000 Rs) et 250 Rs pour Shimla.

Taxi. De Kullu à Manali, comptez 550 Rs par la National Highway 21 (sur la rive ouest de la rivière), ou 700 Rs si vous préférez la route plus lente, mais plus belle, qui passe par Naggar.

Parmi les trajets à prix fixes, citons Katrain (225/ 325 Rs), Naggar (400/ 550 Rs l'aller simple/aller-retour), Manikaran (450/600 Rs), Mandi (800 Rs l'aller simple), Dharamsala (1 900 Rs) et Shimla (1 900 Rs). Pour l'aéroport de Bhuntar, le tarif s'élève à 125 Rs.

Comment circuler

L'auto-rickshaw est le mode de transport le plus pratique, en particulier si vous êtes très chargé ou si vous souhaitez visiter les temples des environs.

De Dhalpur à la gare routière, il vous en coûtera 15 Rs environ, jusqu'à l'aéroport de Bhuntar, 60 Rs.

Attention, vacances fatales

Entre 1996 et 2000, plus de 17 touristes étrangers ont disparu ou ont été assassinés dans Kullu Valley. La plupart de ces disparitions ont été signalées par les centres de voyageurs de Naggar, Malana, Manali, Manikaran et Kasol. Ces personnes étaient parties en randonnée sans accompagnateur dans les hauteurs de Kullu. Jusqu'à présent, la police indienne mettait ces disparitions sur le compte d'accidents de trekking, mais depuis le meurtre brutal d'un touriste allemand en juillet 2000 et celui d'une femme espagnole et de son enfant en août 2000, il semble probable que beaucoup d'autres disparus aient subi le même sort.

La région est un important centre de production de *charas* (marijuana) et beaucoup de voyageurs ne viennent que pour cette raison. On considère donc que la drogue a une grande part de responsabilité dans certaines disparitions. Si vous visitez le secteur, nous vous recommandons donc d'éviter de vous promener sans accompagnateur, de ne pas toucher à la drogue et d'indiquer votre destination à votre hôtel avant de partir. Soyez extrêmement prudent vis-à-vis des *sadhu* (adeptes de spiritualité) ou d'autres vagabonds trop prompts à se lier d'amitié.

Si vous disposez d'informations concernant les personnes disparues, un bureau spécial a été créé à Delhi. Contactez-le par l'intermédiaire de la haute délégation britannique (☎ 011-6872161).

JARI

☎ 01902

Jari se trouve à mi-chemin de Parvati Valley – à environ 19 km de Bhuntar. Comme Kasol, la ville accueille une foule de voyageurs à petits budgets, mais à une échelle bien inférieure. Les hébergements sont surtout répartis dans les hameaux situés au-dessus de Jari. La beauté et la tranquillité du lieu ont été légèrement altérées par le projet de barrage hydroélectrique sur la Parvati.

Juste au-dessus de l'arrêt des bus, l'immense bâtiment blanc de la ***Dharma Family Guest House*** abrite des chambres correctes à 60 Rs. Sur la route principale, l'agréable ***Om Shiva Guest House*** *(☎ 73202)* propose des simples/doubles à 50/100 Rs, ainsi qu'un café sur le toit. La ***Roman Guest House*** *(☎ 73461)* loue ses chambres à partir de 100 Rs.

Le ***Golden Rays Hotel*** *(☎ 73210)* offre le meilleur rapport qualité/prix des établissements bordant la nationale, avec des doubles propres et spacieuses avec s.d.b. commune/individuelle à 100/165 Rs.

A 10 min à pied au-dessus du centre du village, la ***Village Guest House*** *(☎ 73570)* est un établissement calme et bien tenu, doté de chambres correctes à 50 et 75 Rs.

Sur la route principale, le ***Deepak Restaurant*** est la meilleure table de la ville.

Les bus Parvati Valley demandent 7 Rs pour Manikaran, 12 Rs pour Bhuntar et 20 Rs pour Kullu. En taxi, l'aller simple de Kullu à Jari coûte environ 350 Rs.

MALANA

Traversez la rivière en venant de Jari et vous découvrirez l'intéressante Malana Valley. Le village de Malana (2 652 m) se trouve à une journée de marche de Jari. Cette agglomération isolée possède son propre système d'administration et une structure de castes si rigide qu'il est interdit aux visiteurs de toucher les gens, ou même leurs possessions. Il est très important de respecter cette coutume : attendez aux abords du village que l'on vous invite à entrer. Pour se rendre à Malana, mieux vaut se joindre à un trek organisé : renseignez-vous chez Negi's Himalayan Adventures (☎ 01902-73619), à Jari.

KASOL

☎ 01902

Kasol est l'un de ces minuscules villages qui a développé (on pourrait même dire à l'extrême) ses capacités d'accueil de voyageurs. Installé dans un cadre ravissant au milieu des pins, sillonné de cours d'eau, il voit malheureusement s'édifier un nombre impressionnant d'hôtels depuis quelques années. La plus jolie partie du village, appelée Old Kasol (vieux Kasol) se trouve sur la même rive que Bhuntar, à l'extrémité du pont. Dénué de charme, New Kasol (nouveau Kasol) s'étend côté Manikaran.

Dans un bâtiment moderne au centre du nouveau Kasol, la ***Rainbow Cafe & Guest House*** *(☎ 73714)* et la ***Parvati River View Guest House*** *(☎ 73716)* attirent une clientèle de hippies dans des chambres correctes avec s.d.b. commune allant de 100 à 150 Rs. Le Rainbow dispose aussi de doubles avec s.d.b. individuelle à 200 Rs.

Parmi les hébergements les plus agréables du vieux Kasol, figurent la ***Yerpa's Guest House*** *(☎ 73763)*, dans l'artère principale, et l'***Alpine Guest House***, cachée dans les bois. Ces deux pensions proposent des chambres propres avec s.d.b. commune et eau chaude de 100 à 150 Rs, ainsi que d'autres, plus chères (deluxe). Elles possèdent l'une comme l'autre un restaurant très accueillant.

Près du pont, le ***Deep Forest Cafe*** et le ***Moon Dance*** servent tous deux une cuisine occidentale servie sur fond de musique *groove*.

Bien au-dessus du vieux Kasol, dans une ancienne maison de village, la sympathique ***White House Guest House*** abrite un restaurant qui offre une vue merveilleuse, ainsi que quelques chambres rudimentaires, mais impeccables avec s.d.b. commune. Suivez les panneaux à partir du village.

MANIKARAN

☎ 01902 • altitude 1 737 m

Célèbre pour ses sources chaudes qui semblent guérir tous les maux, des rhumatismes aux bronchites, et qui sont suffisamment bouillantes pour faire cuire du riz, Manikaran est une agglomération où nombre d'étrangers semblent s'être définitivement installés. Manikaran signifie "joyau de l'oreille" en sanskrit.

Les nuages dus à la condensation rejetée par les bains et les temples donnent du cachet à Manikaran, mais dès que le soleil quitte la vallée (en début d'après-midi), il peut faire froid et sombre. La ville, vénérée à la fois par les hindous et les sikhs, est constituée d'une étonnante association de sadhu, de pèlerins et de boutiques de souvenirs religieux.

A l'entrée du village, se dresse le gigantesque gurdwara sikh de **Sri Guru Nanak Dev Ji**, dont l'attrait est inversement proportionnel aux dimensions. Portés à une température tolérable, les **bains** permettent d'expérimenter l'action bienfaisante des eaux du temple sikh, sous le *gurdwara* (installations séparées pour hommes et femmes). Il existe également une grande salle de bains publics (où l'hygiène est douteuse) sur la place du village. Pour un bain privé, l'Hotel Parvati vous réclamera 25 Rs par personne, ou 40 Rs pour deux, pour un bain de 20 min. La plupart des pensions locales disposent également de leur propre bain.

Depuis l'arrêt des bus, on accède à Manikaran par un pont suspendu réservé aux piétons à l'extrémité de la route de Parvati Valley. Les bureaux de change installés près de l'arrêt des bus n'acceptent que l'argent liquide. A la lumière des disparitions d'étrangers qui ont eu lieu dans la région, il vaut mieux ne pas lier conversation avec les fumeurs de chilom, même s'ils paraissent sympathiques, et éviter de s'aventurer sans accompagnateur dans les montagnes environnantes.

Où se loger

Comme pour le reste de la région, les prix fluctuent selon la demande. La plupart des pensions se situent sur la rive nord de la Parvati.

La ***Sharma Guest House*** *(☎ 73742)* est la première pension que l'on rencontre après avoir traversé la passerelle. Les doubles, acceptables, vont de 75 à 125 Rs.

Le ***Sharma Sadan*** (☎ 73703) jouit d'un bel emplacement près du temple de Rama, sur la place principale. Les jolies chambres débutent à 125 Rs (basse saison) et vont jusqu'à 400 Rs (juin/juil.).

Tout près de la place, la ***Padha Family Guest House*** *(☎ 73728)* et la ***Kailash Guest House*** *(☎ 73717)* proposent toutes les deux des sources chaudes naturelles et des chambres réparties autour d'un patio allant de 75 à 300 Rs.

L'***Hotel Parvati*** *(☎ 73735)* du HPTDC dispose de chambres propres à 450 Rs (200 Rs hors saison), ce qui représente un piètre rapport qualité/prix pour la ville.

Près de la gare routière, se trouvent deux établissements : l'***Hotel Amar Palace*** *(☎ 73740)*, assez délabré, et l'***Hotel Sharda Classic*** *(☎ 73851)*, mieux entretenu. Tous deux abritent des chambres correctes à 500 Rs environ (200 Rs hors saison).

Où se restaurer

A l'extrémité orientale du village, le ***Hot Springs Restaurant*** sert de délicieuses pizzas. Le ***Holy Palace*** possède une impressionnante devanture de bois sculpté et propose des spécialités italiennes et israéliennes assez bonnes pour 40 Rs environ le plat.

Non loin, dominant la rivière, le ***O-Rest*** lui ressemble beaucoup, avec des mets internationaux à 45 Rs.

Près du gurdwara, le ***Shiva Restaurant*** attire les pèlerins et les voyageurs, avec un carte de thalis et de plats italiens classiques.

Comment s'y rendre

Des bus relient Kullu à Manikaran toutes les 30 min environ jusqu'à 13h15 (27 Rs, 2 heures 30). Pour rejoindre Manali, prenez à Kullu ou à Bhuntar un bus descendant dans la vallée (20 Rs, 2 heures). Le dernier départ de Manikaran pour Bhuntar est prévu à 17h45. Vous pouvez également faire une excursion d'une journée au départ de Manali à bord d'un bus pour touristes, moyennant 197 Rs. Un court arrêt est alors prévu à Kasol.

L'aller-retour en taxi de Manali à Manikaran coûte 1 100 Rs. Le taxi à prix fixe qui part de la gare routière de Manikaran demande 500 Rs pour Bhuntar (aller simple) et 600 Rs pour Kullu.

NAGGAR

☎ 01902 • altitude 1 760 m

Le charmant petit village de Naggar est surtout connu pour son château, ses temples anciens et sa galerie d'art russe. Les forêts environnantes offrent d'agréables randonnées (les hôtels Ragini, Snow View et Poonam Lodge se chargent de l'organisation, moyennant 30 $US par jour).

La majeure partie du village de Naggar occupe la partie est de la route Kullu-Manali, mais les hôtels, les temples et la galerie d'art se regroupent autour du château, au sommet d'un raidillon de 2 km. Pour y monter, descendez du bus au village, sur la route principale (vers Patlikuhl) puis montez à pied ou prenez l'un des taxis ou des auto-rickshaws qui circulent dans le secteur.

Naggar Castle

Pendant près de 1 500 ans, Naggar fut la capitale de Kullu Valley. Ce château fut construit il y a 500 ans par le raja Sidh Singh, autour d'une cour dans laquelle se dresse le minuscule Jagtipath Temple et un petit musée. L'intérieur du château fut transformé en hôtel en 1978. Le site est ouvert tous les jours de 7h à 22h. Les clients de l'hôtel et du restaurant sont dispensés du droit d'entrée, qui s'élève à 10 Rs.

Temples

Le **temple de Gauri Shankar**, temple shivaïte en grès gris, se dresse au pied du petit bazar, sous le château, et date du XIe ou du XIIe siècle. Presque en face du château se dresse l'étrange **Chatar Bhuj Temple** dédié à Vishnu. Près de la Snow View Guest House, le **Tripura Sundari Devi Temple**, en forme de pagode, présente de superbes sculptures sur bois. Sur la crête qui surplombe Naggar, près du village de Thawa, vous pouvez visiter le **Murlidhar Krishna Temple**, que l'on atteint par un sentier forestier qui part derrière la Roerich Gallery.

Roerich Gallery

A peine 1 km après le château, dans une jolie maison ancienne sont exposées les œuvres de l'excentrique peintre russe Nicholas Roerich, décédé à Naggar en 1947, et de son fils, Svetoslav Roerich, mort à Bangalore en 1993. Le style de Roerich, très caractéristique, se situe quelque part entre le surréalisme et la peinture d'icônes russes. Le musée est ouvert tous les jours de 9h à 17h (de 10h à 17h l'hiver) et l'entrée coûte 10 Rs. Retirez vos chaussures à la porte.

Un peu plus haut, à 5 min à pied, l'**Urusvati Himalayan Folk & Art Museum** expose une collection de broderies et d'objets folkloriques. A l'étage, une galerie d'art moderne vend des cartes postales et des reproductions des peintures de Roerich.

Où se loger

Selon la légende, le ***Castle Hotel*** *(☎ 47816)*, géré par le HPTDC et installé dans le château, est hanté. Les chambres rudimentaires avec s.d.b. commune coûtent 250 Rs, les autres, bien meilleures et avec s.d.b. individuelle, vont de 600 à 1 500 Rs. Les dortoirs, où l'on peut passer la nuit pour 75 Rs, sont souvent complets.

Le ***Poonam Mountain Lodge & Restaurant*** *(☎ 47747)* se trouve au bas de l'allée située derrière le château. Les belles simples/doubles avec eau chaude coûtent 150/200 Rs et l'établissement loue du matériel de trekking.

En catégorie moyenne, l'***Hotel Ragini*** *(☎ 47855)* offre un joli décor en bois et d'excellentes chambres de 350 à 500 Rs avec TV, douche chaude et balcon (comptez 50 Rs supplémentaires pour un radiateur).

Plus près de la Roerich Gallery, la ***Snow View Guest House*** *(☎ 47325)* propose des doubles sombres, mais correctes, de 100 à 200 Rs, et des petites simples à 50 ou 70 Rs.

L'***Alliance Guest House*** *(☎ 47763)* est simple, mais propre, accueillante et confortable. Elle est tenue par un Français émigré qui propose des chambres avec s.d.b. commune et eau chaude à 100 Rs, et quelques doubles avec s.d.b. individuelle de 200 à 300 Rs. L'hiver, il faut rajouter 50 Rs pour le chauffage.

Où se restaurer

Le ***Castle Hotel***, qui offre le plus beau panorama et est sans doute le plus convivial du village, propose une bonne cuisine, avec des plats végétariens ou non, comme le tandoori de poulet à 75 Rs. L'agréable ***Kailash Rooftop Restaurant***, sur le toit de l'Hotel Ragini, mérite également qu'on s'y attable.

Le ***Poonam Restaurant*** sert une cuisine végétarienne dans un cadre superbe, à l'ombre du temple de Vishnu. Juste à côté, le ***Rollick Restaurant*** est un minuscule restaurant végétarien.

Dans le village même, à l'intersection de la route principale et du raidillon qui monte au château, ***La Purezza Italian Restaurant*** sert d'authentiques plats de pâtes à 70 Rs environ.

Comment s'y rendre

Les bus relient directement le village de Naggar (sur la grand-route) et Manali six fois par jour (11 Rs, 1 heure). Sinon, vous pouvez prendre le bus de Patlikuhl (les bus sont plus nombreux sur la rive ouest) au départ de Manali ou de Kullu, puis un taxi (100 Rs) de Patlikuhl au château de Naggar (vous pouvez marcher mais l'ascension s'étire sur 7 km).

L'aller simple/aller-retour en taxi de Manali au château de Naggar coûte 300/400 Rs. De Kullu, l'aller-retour revient à 400 Rs. Si vous souhaitez vous arrêter brièvement à Naggar sur la route de Kullu à Manali (550 Rs), comptez un supplément de 150 Rs.

HIMACHAL PRADESH

Manali

☎ 01902 • 4 200 habitants • altitude 2 050 m

A l'extrémité nord de Kullu Valley, la très populaire station de Manali est la plus grosse agglomération de la vallée. Lorsque des voyageurs la découvrirent, dans les années 60, c'était un paisible village de montagne aux vieilles maisons de pierre au cœur d'un paysage alpin plein de sérénité. La vue est aujourd'hui masquée par les constructions hôtelières entreprises dans les années 80 et Manali ressemble à n'importe quelle station d'altitude moderne, avec ses agences de voyages, ses enfilades de boutiques de souvenirs et sa multitude d'hôtels.

Dans les années 70 et 80, la ville accueillait l'été quantité de hippies et de voyageurs venus d'Occident, tous attirés par la qualité de la marijuana de la région. Ces derniers temps, l'activité liée à la drogue s'est presque éteinte et la plupart des touristes ne viennent plus que pour profiter des bonnes pistes de ski ou pratiquer des sports de montagne dans les hauteurs environnantes.

Selon la légende, Manu, le Noé de l'hindouisme, descendit d'un bateau à Manali pour recréer la vie humaine après la destruction du monde par le déluge : Manali signifie patrie de Manu. De mi-avr. à fin juin, de mi-sept. à début nov., ainsi que pour Noël et le Nouvel An, la ville déborde d'activités. Les villages voisins du vieux Manali (Old Manali), de Dhungri et de Vashisht attirent beaucoup de monde en été, mais l'hiver, la vie semble s'arrêter.

Orientation

Manali s'organise autour d'une rue, le Mall, qui est la prolongation de la nationale. Au nord de l'agglomération principale, sur l'autre rive de la Manalsu, le vieux Manali possède un certain cachet, tandis que le joli village de Vashisht, à l'est, s'élève bien audessus de la Beas, du côté est de la vallée.

Renseignements

Office du tourisme. Pour toute information touristique, consultez le Tourist Reception Centre d'Himachal Pradesh (☎ 52175) du HPTDC, dans la petite cabane blanche sous l'Hotel Kunzam. Ouvert tous les jours de 10h à 17h pendant l'été (il est fermé le dimanche le reste de l'année), il ne faut pas le confondre avec le plus grand Tourism Marketing Office (☎ 52116), du HPTDC, installé à côté, qui vend des billets pour les bus du HPTDC, et prend les réservations pour les cours de ski et les hôtels du HPTDC, mais ne fournit pas de renseignements sur les sites à visiter (ouvert de 8h à 19h tous les jours).

Argent. L'UCO Bank, en face des offices du tourisme, change la plupart des chèques de voyage libellés en dollars américains ou en livres sterling, mais pas l'argent liquide. Elle est ouverte 7j/7 (jusqu'à 12h le samedi). La State Bank of India, située au sud de l'Hotel Ibex, sur le Mall, change l'argent et la plupart des chèques de voyage. De nombreux bureaux de change et agences de voyages proposent également ce service.

Si vous vous rendez au nord de Manali, changez davantage d'argent, car il n'existe aucun bureau de change dans les régions du Lahaul, du Spiti et du Kinnaur.

Poste et communications. Ouverte du lundi au samedi de 9h à 17h, la poste principale de Model Town propose un service fiable de poste restante. Le bureau des télégraphes (fax 52404), à un pâté de maisons au nord, est le lieu le moins cher pour recevoir/envoyer des fax (10/100 Rs la page).

La ville compte plusieurs bons cybercafés. Au centre, essayez l'Himalayan Quest, au-dessus du restaurant Chopsticks, ou l'Himalaya Internet, près de la poste. Tous deux ont un tarif de 60 Rs l'heure. Juste audessous du vieux Manali, Nirvana Travels possède plusieurs PC qu'elle met à votre disposition moyennant 60 Rs l'heure.

Organisation de circuits d'aventures. Les agences locales ci-dessous sont fiables et ont bonne réputation. Elles organisent leurs propres circuits et activités, de sorte que leurs conditions de sécurité sont optimales.

Antrek Tours
(☎ 52292, fax 52786, naushad _kaludi@yahoo.com) Manu Market

Himalayan Adventures
(☎ 52750, fax 52182, roopu@nde.vsnl.net.in) sur le Mall (près de l'UCO Bank)

Himalayan Journeys
(☎ 52365, fax 53065, himjourn@del3.vsnl.net.in) sur le Mall (en face du parc Nehru)

Institute of Mountaineering & Allied Sports
(☎ 52342) en face du Ram Regency Honeymoon Hotel (à 3 km du centre)

North Face Adventure Tours
(☎ 52441, fax 52694, northface_adventures@usa.net) sur le Mall (près du Mount View Restaurant)

Librairie. Bookworm est installé au 16 NAC Markets, derrière la gare routière. Cette librairie vend un grand choix de romans étrangers et de livres sur l'Inde.

Désagréments et dangers. N'oubliez pas que la drogue reste illégale à Manali. Ces dix dernières années, 140 visiteurs étrangers ont été arrêtés pour des délits liés à sa consommation et il est quasi certain que les disparitions et les meurtres d'étrangers recensés dans Kullu Valley ont un rapport direct avec les stupéfiants.

Dhungri Temple

Le Dhungri Temple (ou Hadimba Temple) est un édifice de quatre étages en bois construit au milieu d'un joli parc forestier, le Dhungri Van Vihar. Édifié en 1553, le temple est dédié à la déesse Hadimba. Il présente de savantes sculptures en bois figurant des danseurs et des personnages de divers contes hindous. Des cornes de buffle et d'autres animaux en ornent les murs. Une grande **fête** se déroule dans le temple chaque année en mai. Des sacrifices sont organisés en l'honneur d'Hadimba.

Une route mène directement à l'entrée du parc. Comptez 20 min à pied ou prenez un taxi ou un auto-rickshaw (20 Rs).

Gadhan Thekchokling Gompa

Construit par des réfugiés tibétains à la fin des années 60, ce monastère abrite quelques belles fresques colorées et une statue de Shakyamuni (Bouddha). Le gompa, ouvert de 6h à 19h, domine le quartier tibétain situé en contrebas du Mall (ouvert de 6h à 19h ; 2 Rs sont demandés pour faire des photos.

Old Manali

Le vieux village de Manali s'étend à quelque 2,5 km au nord-ouest de la ville nouvelle. C'est un quartier très agréable, où se mêlent vergers et pensions. Moderne, mais élégant, le **Manu Maharishi Temple** est édifié sur le site où Manu venait méditer. Le vieux Manali se trouve en amont du Mall, à l'extrémité de la Beas. Suivez la route partant sur la gauche au sommet du Mall.

Clubs

Le Club House du HPTDC, au-dessus du pont conduisant au vieux Manali, offre une adhésion temporaire d'une journée (5 Rs) qui permet d'accéder au bar et au restaurant, ainsi qu'à une bibliothèque où il est possible de lire (mais pas d'emprunter) des livres en anglais. Le tennis de table et le billard coûtent quelques roupies supplémentaires.

MANALI

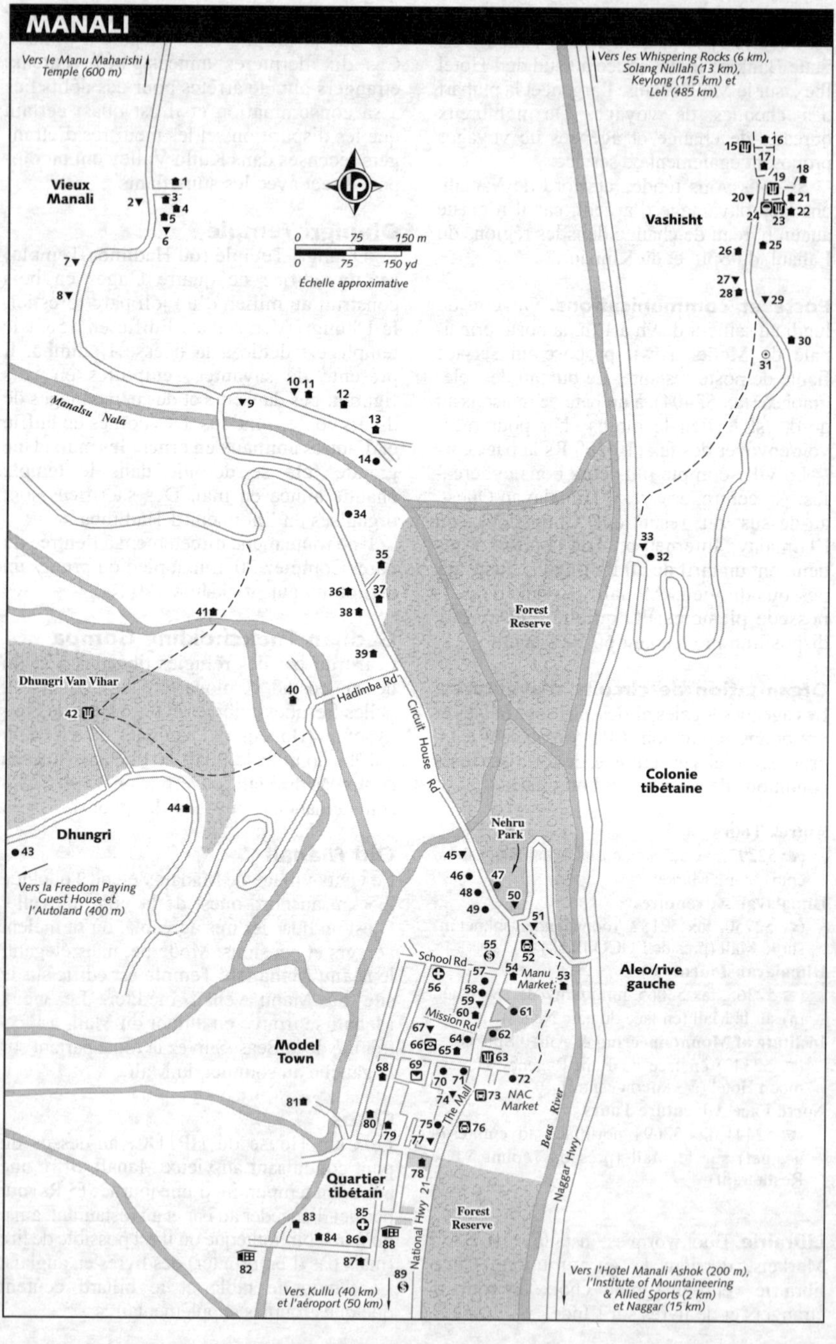

Vers le Manu Maharishi Temple (600 m)
Vers les Whispering Rocks (6 km), Solang Nullah (13 km), Keylong (115 km) et Leh (485 km)
Vieux Manali
Vashisht
0 75 150 m
0 75 150 yd
Échelle approximative
Manalsu Nala
Forest Reserve
Dhungri Van Vihar
Hadimba Rd
Circuit House Rd
Colonie tibétaine
Nehru Park
Dhungri
Vers la Freedom Paying Guest House et l'Autoland (400 m)
School Rd
Manu Market
Aleo/rive gauche
Mission Rd
Model Town
The Mall
NAC Market
Beas River
Naggar Hwy
Quartier tibétain
National Hwy 21
Forest Reserve
Vers Kullu (40 km) et l'aéroport (50 km)
Vers l'Hotel Manali Ashok (200 m), l'Institute of Mountaineering & Allied Sports (2 km) et Naggar (15 km)

MANALI

OÙ SE LOGER

1 Dragon Guest House
3 Tourist Nest
4 Veer Paying Guest House
5 Kishoor Guest House
11 Hotel Riverbank, Hotel Him View
12 Rising Moon, Riverside, Hema Guest House, Mamta Paying Guest House
13 Jungle Bungalow
16 Bodh Guest House
17 Dolath Guest House
18 Dharma Guest House, Amrit Guest House
21 Kalptaru Guest House
22 New Dharma Guest House
25 Anand Hotel
26 Surabhi Guest House, World Peace Cafe
28 Hotel Valley View
30 Sita Cottage
35 Pinewood Hotel
36 Sunshine Guest House
37 Hotel Mayflower
38 Banon Resorts
39 John Banon's Hotel
40 Hotel Rohtang Manalsu du HPTDC
41 Hotel Chetna
44 Hotel Shrinagar Regency
53 Hotel Beas du HPTDC
54 Hotel Kunzam du HPTDC, Tourism Reception Centre d'Himachal Pradesh, Tourism Marketing Office du HPTDC
60 Hotel Renuka, Verma Newsagency
65 Su-Khiran Guest House
68 Mona Lisa
78 Hotel Ibex, Ibex Travels, Underground Market
79 Premier Hotel
80 Hotel Shishar, Lhasa Hotel
81 Mount View Hotel
83 Potala Hotel
84 Sunflower
87 Hotel Snow Drop

OÙ SE RESTAURER

2 Mount View Cafe
6 Little Tibet Cafe, Shiva Garden Cafe
7 Ish Cafe
8 Moon Dance Garden
9 River Music Cafe
10 Tibet Kitchen
20 Super Bake, Zodiac Cafe, Ranu Rooftop Cafe
27 Freedom Cafe
29 Rose Garden Inn
33 Phuntsok Coffee House
45 Johnson's Cafe
50 Sa-Ba Restaurant
51 Juniper (du HPTDC), Chandertal (du HPTDC)
59 Sher-e-Punjab
67 Swamiji's Madras Cafe
74 Mount View Restaurant, Chopsticks, Himalayan Quest
77 Gozy Restaurant

DIVERS

14 Club House du HPTDC
15 Temple à deux étages
19 Vashisht Temple
23 Rama Temple, Bains publics
24 Gare routière et station de taxis
31 Bains du HPTDC
32 The Enfield Club
34 Nirvana Travels
42 Dhungri Temple
43 Utopia Complex
46 Ambassador Travels (Indian Airlines)
47 Himachal Emporium
48 Himalayan Journeys
49 Jagson Airlines
52 Station des taxis Him-Aanchal
55 UCO Bank
56 Mission Hospital
57 Himalayan Adventures, Bhuttico
58 Charitrust Tibetan Handicraft Emporium
61 Antrek Tours
62 Bhuttico
63 Temple
64 Swagtam Tours
66 Bureau des télégraphes
69 Poste principale, Himalaya Internet
70 Delightful Things
71 Harison Travels
72 Bookworm
73 Gare routière
75 North Face Adventure Tours
76 Station des taxis Him-Aanchal
82 Gadhan Thekchokling Gompa
85 Clinique de Mentsikhang
86 Inder Motors
88 Himalayan Nyingmapa Gompa
89 State Bank of India

Près du temple Dhungri, l'Utopia Complex (☎ 53846) propose une version terre à terre de l'utopie : tables de billard, bains de vapeur et salle de sports (25 Rs la séance), ainsi qu'un restaurant et un petit musée d'artisanat (entrée : 5 Rs).

Circuits organisés

Le HPTDC propose de vous faire découvrir le Rohtang La (3 978 m), le Nehru Kund (lac), le Kothi, les chutes de Rahala et Marhi pour 172 Rs, ou encore Parvati Valley, le temple Vaishno et Manikaran pour 197 Rs. En haute saison, il vous emmène également à Solang Nullah et au château de Naggar pour 146 Rs.

Certaines agences de voyages indépendantes et des compagnies de taxis organisent les mêmes circuits, ainsi qu'une visite du château de Naggar, de la Roerich Gallery et des temples Jagatsukh pour 400 Rs.

Où se loger

Les tarifs affichés à la réception des hôtels sont les prix maximum autorisés et la plupart des établissements proposent un *low-season discount* (réduction basse saison) pouvant aller jusqu'à 50%, même en pleine saison, s'il n'y a pas foule.

La haute saison s'étend de mai à juil. et de mi-déc. à mi-janv., mais certains établissements y ajoutent le mois d'octobre. Les prix indiqués ici concernent la haute saison.

A Manali, peu d'hôtels sont chauffés et bien isolés contre le froid. Même en catégorie moyenne, sachez qu'il vous faudra bien quatre ou cinq couvertures.

Activités de plein air à Manali

Pêche

Le guichet du Tourism Reception Office de l'Himachal Pradesh (☎ 52175), à Manali, ainsi que le bureau des pêches de Patlikhul délivrent des permis journaliers à 100 Rs (de mars à juin et de juil. à nov.). Les meilleurs sites de Kullu Valley sont Larji, Katrain et Kasol.

Rafting

On peut faire du rafting (assez rudimentaire) sur la Beas d'avr. à juil. et, selon la mousson, de la mi-sept. à la mi-oct. Les excursions partent en général de Pirdi et se poursuivent sur 16 km jusqu'à Jhiri. Les prix varient en fonction du nombre de passagers et des capacités de chacun à marchander, néanmoins comptez environ 900 Rs/jour, transport, matériel, déjeuner et services d'un guide compris. Pour plus de détails, contactez Himalayan Adventures ou Himalayan Journeys.

Parapente

L'été, plusieurs agences de voyages organisent des descentes en parapente à Solang Nullah, au nord de Manali. Himalayan Journeys et North Face Adventure Tours proposent des vols en tandem de 2 min à 400 Rs ou des vols de 10 à 15 min à 1 500 Rs. Des vols plus longs sont proposés à Gullubah, sur la route du Rhotang La (2 500 Rs, 30 min à 1 heure de vol).

Ski

Les débutants peuvent se lancer à Solang Nullah de janv. à mars. Pour plus de détails, reportez-vous à *Solang Nullah* dans la rubrique *Environs de Manali*, plus loin dans ce chapitre. Il est possible de skier l'été (d'avr. à juin) au Rohtang La, au nord de Manali, sur de la neige vierge (skieurs expérimentés uniquement).

Alpinisme

L'Institute of Mountaineering & Allied Sports propose des stages pour les alpinistes débutants ou confirmés, à dates fixes. Les stages durent 25 jours et le prix (700 à 1 000 Rs par jour) comprend le matériel, l'entraînement, les repas et l'hébergement (en dortoirs), mais non le transport. Himalayan Journeys organise des cours à la semaine pour débutants à 7 000 Rs (apportez vos propres chaussures).

Randonnée

On peut effectuer plusieurs jolies randonnées d'une journée au départ de Manali. Le chemin de 12 km qui remonte la rive ouest de la Beas jusqu'à la vallée de Solang offre une agréable alternative au bus. Pour atteindre la prairie de Lama Dugh, il faut monter sur 6 km jusqu'au Manalsu Nala, à l'ouest de Manali. Le trajet peut s'effectuer dans la journée. Pour des expéditions plus longues, inscrivez-vous à une randonnée organisée. Il existe d'autres régions moins risquées et plus belles si vous tenez à votre indépendance. Lisez l'encadré intitulé *Attention, vacances fatales*, dans ce chapitre.

Parmi les randonnées les plus appréciées, citons le kund (lac) de la Beas (3 jours), le col de Hamta (4 270 m, 5 jours), et le village de Manala, dans la Parvati Valley (5 jours). Les tarifs d'Himalayan Journeys débutent aux alentours de 45 $US par jour et comprennent guides, porteurs, repas et matériel de camping de qualité.

Où se loger – petits budgets

Les hébergements bon marché sont nombreux à Manali, surtout dans les villages du vieux Manali, de Vashisht (voir plus loin *Environs de Manali*) et de Dhungri. Tous ceux mentionnés ici proposent une s.d.b. commune, sauf mention contraire.

Manali. Derrière le Mall, la ***Su-Khiran Guest House*** *(☎ 52178)* présente l'un des meilleurs rapports qualité/prix de la ville. On dort dans des doubles rudimentaires pour 125 Rs ou en dortoir pour 25 Rs.

L'***Hotel Renuka*** *(☎ 53294)* est central, mais parfois bruyant. Les chambres sont plutôt chères, à 450 Rs avec eau chaude et balcon. Le ***Mount View Hotel*** *(☎ 52465)*, à Model Town, propose des doubles acceptables avec TV pour 450 Rs environ. Des réductions sont accordées en basse saison et la nourriture est très bonne.

L'***Hotel Snow Drop*** *(☎ 52883)*, dans la zone tibétaine, possède des chambres propres et claires, de 150 à 350 Rs selon la saison.

A proximité, le ***Potala Hotel*** *(☎ 52950)* loue des chambres propres et confortables de 425 à 625 Rs (de 250 à 300 Rs hors saison).

Le ***Sunflower*** *(☎ 52419)* est moins cher, avec des doubles à 275 et 450 Rs, ainsi que des triples spacieuses à 325 Rs. Toutes les chambres ont la TV. Les tarifs baissent de 100 Rs en basse saison.

Au-dessus de l'embranchement vers le vieux Manali, l'***Hotel Chetna*** *(☎ 52245)* offre une vue superbe sur la forêt de pins. Les chambres coûtent 450 Rs (200 Rs en basse saison).

Vieux Manali. Ce gros village compte une multitude d'hôtels résolument tournés vers une clientèle de voyageurs à petits budgets, mais il n'a pas le charme de Vashisht, son voisin. La plupart des établissements occupent le bas du vieux village, bordant la route qui mène à Manali. Ils ferment presque tous en hiver.

Dans le village même, le ***Tourist Nest*** *(☎ 56520)* est tout neuf. Les chambres, claires et propres avec s.d.b. individuelle et eau chaude, coûtent 200 à 300 Rs. Il abrite une agence de voyages et la nouvelle aile devrait être achevée au moment où vous lirez ces lignes.

En face, la ***Dragon Guest House*** (☎ 52790) est un établissement prospère doté de grandes chambres modernes à 250 Rs, ou 300 Rs avec vue sur le verger attenant.

Au bas du sentier qui part derrière le Tourist Nest, le vieux bâtiment de bois de la ***Veer Paying Guest House*** et le bloc de béton de la ***Kishoor Guest House*** offrent un cadre agréable et réclament 150 Rs pour des chambres propres avec s.d.b. individuelle.

Plus bas, dans un quartier moins séduisant, près du pont et du Club-House du HPTDC, se regroupent plusieurs pensions rudimentaires, dont le ***Rising Moon*** *(☎ 52731)*, le ***Riverside***, la ***Mamta Paying Guest House*** et le ***Jungle Bungalow***, qui possèdent toutes des doubles à 150 Rs environ, ainsi que des cafés pour voyageurs assez médiocres. Légèrement plus chic, l'***Hotel Riverbank*** (☎ 53004), l'***Hotel Him View*** (☎ 53074) et la ***Hema Guest House*** (☎ 52285) proposent des chambres de 200 à 400 Rs.

Dhungri. Le village de Dhungri attire un certain type de voyageurs, mais n'offre d'intérêt que si vous êtes particulièrement attiré par l'herbe. De vieilles maisons de village ont été reconverties en pensions dotées de chambres bon marché, mais ultra-rudimentaires. Les propriétaires passent leur temps à arpenter le village en quête de clients.

La ***Freedom Paying Guest House*** *(☎ 53673)* loue des chambres à 50 Rs et l'***Autoland*** *(☎ 53673)* en propose de correctes à 150 Rs. Chez l'habitant, vous pourrez loger pour 50 Rs.

Où se loger – catégorie moyenne

Beaucoup d'hôtels de cette catégorie sont des bâtiments neufs en béton qui s'alignent dans la "banlieue" sans charme appelée Model Town, à quelques dizaines de mètres à l'ouest du Mall. Tous proposent des prestations identiques, incluant généralement TV et eau chaude, pour un prix d'environ 450 Rs en chambre double (haute saison) ou de 250 Rs hors saison. Parmi les meilleurs d'entre eux, citons le ***Mona Lisa*** *(☎ 52447)*, l'***Hotel Shishar*** *(☎ 52745)*, le ***Lhasa Hotel*** *(☎ 52134)* et le ***Premier Hotel*** *(☎ 52473)*.

D'autres établissements, bien plus attrayants, bordent la route principale entre Manali et le vieux Manali. Ils s'adressent surtout à une clientèle familiale indienne, ainsi qu'aux jeunes mariés en voyage de noces. Plusieurs d'entre eux sont installés dans d'anciennes maisons coloniales et comportent TV, douches chaudes, jardins et (luxe rare !) cheminées.

Le ***John Banon's Hotel*** *(☎ 52335)* en fait partie. Les chambres à l'ancienne, spacieuses et propres, coûtent 550 Rs pour deux personnes.

Un peu en amont, le ***Pinewood Hotel*** *(☎ 52118)* est un autre bâtiment colonial tenu par la famille Banon. Dans ce bâtiment un peu délabré, les doubles coûtent 650 Rs.

Traversez la route pour atteindre la ***Sunshine Guest House*** *(☎ 52320)*, une pension du même style dotée d'une belle pelouse et de chambres de qualité avec cheminée de 350 à 600 Rs.

Plus haut, l'excellent ***Hotel Mayflower*** *(☎ 52104, fax 53923)* est un hôtel flambant neuf. Vous paierez 600 à 700 Rs pour une jolie chambre meublée en pin ou 1 400 Rs pour une magnifique suite.

Le HPTDC possède plusieurs établissements hôteliers. Pour réserver, adressez-vous au Tourism Marketing Office du HPTDC, sur le Mall. L'***Hotel Beas*** *(☎ 52832)*, à l'extrémité orientale du Mall, offre une belle vue sur la rivière et abrite des chambres de 250 à 650 Rs. L'***Hotel Rohtang Manalsu*** *(☎ 52332)*, sur la route qui mène au Dhungri Temple, est agréable avec une vue sur la vallée. La double est à 500 Rs, ou 700 Rs dans la nouvelle annexe.

A la limite supérieure de cette catégorie, l'***Hotel Ibex*** (☎ 52480) propose de belles chambres à 900 Rs en saison ou à 450 Rs le reste du temps.

Où se loger – catégorie supérieure

Payez le prix fort n'assure pas un service zéro faute, mais garantit au moins le chauffage central et l'eau courante.

L'***Hotel Kunzam*** *(☎ 53197)*, du HPTDC au sommet du Mall, abrite de belles chambres de 1 000 à 1 600 Rs (30% de réduction en basse saison).

L'***Hotel Shrinagar Regency*** *(☎ 52251)*, sur la route du village de Dhungri, est plus central. Les doubles coûtent 1 650 Rs.

Sur la route du vieux Manali, le magnifique ***Banon Resorts*** *(☎ 53026, fax 52378)* propose des chambres luxueuses, un restaurant très chic, un café en terrasse et un bar. Les prix débutent à 1 400 Rs (à 900 Rs hors saison).

L'***Hotel Manali Ashok*** *(☎ 52331, fax 53108)* se situe juste au sud de Manali, sur la rive gauche de la Beas. Il loue des chambres luxueuses avec une belle vue allant de 1 700 à 2 150 Rs.

A mi-chemin entre Manali et Solang Nullah, l'excellent ***Whispering Rocks*** *(☎ 56680, fax 56622)* jouit d'une situation privilégiée de par son isolement. Outre cet avantage, les prestations, les beaux jardins, le restaurant et la piscine découverte justifient les prix oscillant entre 1 200 et 2 000 Rs la chambre.

Où se restaurer

Manali. Le ***Sa-Ba Restaurant*** du Nehru Park, au sommet du Mall, sert une bonne cuisine occidentale faite de hamburgers, de pizzas et de milk-shakes à partir de 35 Rs.

Le HPTDC possède près du pont un centre où se trouvent deux restaurants : le ***Juniper*** et le ***Chandertal***. Ceux-ci proposent une carte variée dans un cadre agréable, mais les prix sont assez élevés, aux alentours de 65 Rs le plat.

Au ***Sher-e-Punjab***, sur le Mall, le décor est quelconque, mais la cuisine indienne fortement recommandée. Un autre restaurant porte le même nom (mais n'a aucun rapport), un peu plus bas sur la route ; il est souvent vide.

C'est au ***Gozy Restaurant***, dans la partie sud du Mall, que beaucoup viennent terminer leurs soirées. On déguste de délicieuses spécialités du Punjab et du Gujarat à prix raisonnables et le service est efficace. Vous ne devriez pas payer plus de 120 Rs.

Plus loin sur le Mall, le ***Swamiji's Madras Cafe*** prépare de copieux thalis à 35 Rs.

Confortables et sympathiques, le ***Mount View Restaurant*** et le ***Chopsticks***, juste à côté, servent une authentique cuisine chinoise, des momo tibétains et du *sukiyaki* japonais (fines tranches de viande). Comptez 45 Rs.

Plus haut, le ***Johnson's Cafe*** appartient à la catégorie supérieure. De bons plats de pâtes et des pizzas (100 Rs) sont servis dans un agréable jardin et la bière est fraîche. Goûtez les excellents desserts.

Le ***Phuntsok Coffee House***, à l'angle des routes de Naggar et de Vashisht, est un restaurant tibétain qui sert des petits déjeuners aux voyageurs et propose, aux autres repas, les grands classiques de la cuisine tibétaine.

Vieux Manali. En haut, dans le vieux village, les restaurants pour voyageurs ne manquent pas. Ils visent une clientèle de touristes et les spécialités italiennes et israéliennes abondent, contrairement à la cuisine indienne. Il est rare de payer un plat plus de 65 Rs.

Juste après le pont, le ***Moon Dance Garden*** est un établissement typique et décontracté en plein air, qui abrite l'une des nombreuses "boulangeries allemandes" du coin.

Plus haut, le ***Ish Cafe*** pâtit malheureusement de sa popularité, qu'il doit à une atmosphère détendue et à une bonne table occidentale. Non loin, le ***Little Tibet Cafe*** sert une cuisine tibétaine saine et bon marché.

Tout près également, le ***Shiva Garden Cafe*** propose de bons plats italiens, ainsi que des spécialités israéliennes.

De retour près du pont, vous trouverez le ***Tibet Kitchen***, qui est la meilleure adresse du village avec une excellente carte de nouilles tibétaines et de délicieux plats occidentaux. Pour la musique et l'ambiance, choisissez le ***River Music Cafe***, plein d'animation.

Au sommet d'un petit chemin situé au-dessus du vieux Manali, le ***Mount View Cafe*** offre une vue superbe et sert l'habituelle cuisine destinée aux voyageurs.

Achats

La fabrication de châles, qui a pris beaucoup d'ampleur dans Kullu Valley, s'est désormais étendue à Manali, où une kyrielle d'emporiums spécialisés se livrent une concurrence effrénée. Commencez par jeter un coup d'œil chez Bhuttico, qui possède deux magasins, l'un sur le Mall, l'autre près d'Himalayan Adventures. Les prix sont honnêtes et fixes et l'on ne cherchera pas à vous faire passer de la laine pour du pashmina. L'Himachal Emporium, plus au nord, propose des produits d'excellente qualité à prix raisonnables. Les principaux marchés sont l'**Underground Market**, sous l'Hotel Ibex, et le **NAC Market**, derrière la gare routière. Lisez l'encadré *Chacun cherche son châle* dans ce chapitre pour des précisions sur cet article.

Quelques réfugiés tibétains ont ouvert des boutiques où ils vendent bijoux et objets artisanaux. Le Charitrust Tibetan Handicraft Emporium du Mall et Delightful Things, sur la route derrière la poste, commercialisent également de l'artisanat et des thanka de qualité.

Comment s'y rendre

Avion. Consultez *Comment s'y rendre* dans la rubrique *Kullu*, plus haut dans ce chapitre, pour connaître les vols de l'aéroport Kullu-Manali (Bhuntar). Vous pouvez réserver vos billets au bureau de Jagson Airlines (☎ 52843), au nord de la ville de Manali (cartes Visa acceptées) et dans la plupart des agences de voyages. Ambassador Travels (☎ 52110), à l'extrémité nord du Mall, est l'agent d'Indian Airlines.

Bus. Au principal arrêt de bus, deux guichets – ouverts de 9h à 12h et de 14h à 17h – bénéficient de services de réservation informatisés. Vous avez la possibilité de réserver votre billet jusqu'à un mois à l'avance.

Les tour-opérateurs locaux qui assurent les trajets longue distance depuis Manali, ainsi que les circuits touristiques, sont cités ci-dessous.

Harison Travels (☎ 53319), le Mall
Ibex Travels (☎ 53180), Hotel Ibex, le Mall
Swagtam Tours (☎ 52390), Mission Rd

Leh. Plusieurs bus quotidiens, publics et deluxe, relient Manali à Leh de juin à mi-septembre. Ce trajet, long et spectaculaire dure deux jours, avec une étape dans un camping.

Le HPTDC propose un bus quotidien (au départ de Delhi) à 1 100 Rs, campement pour la nuit à Sarchu, dîner et petit déjeuner compris. Les agences privées font payer 1 000 Rs, nourriture et hébergement non compris. Les bus partent à 5h. Le bus public part à 12h de Manali et s'arrête à Keylong pour la nuit (405 Rs). Emportez un peu de nourriture, de l'eau et des vêtements chauds et évitez de vous installer à l'arrière du bus.

Pour plus de détails sur les itinéraires, reportez-vous à la rubrique *De Leh à Manali* dans le chapitre *Ladakh et Zanskar*.

Spiti, Lahaul et Kinnaur. Toutes les routes situées entre Manali et Spiti passent en haute montagne et n'ouvrent donc que d'avril à octobre. En saison, des bus réguliers partent pour Keylong de 4h30 à 15h (72 Rs, 6 heures). Pour Spiti, prenez le bus de 4h30 à destination de Tabo (160 Rs, 15 heures) ou celui de 6h pour Kaza (135 Rs, 12 heures).

Kullu Valley et Parvati Valley. Des bus publics relient Manali et Kullu toutes les 30 min (24 Rs, 1 heure 30), puis continuent sur Mandi (71 Rs, 4 heures). Tous passent près de l'aéroport de Bhuntar (31 Rs). Pour Naggar (11 Rs, 1 heure), six bus quotidiens partent de Manali entre 7h et 17h30.

Pour Parvati Valley, il faut prendre un bus jusqu'à Bhuntar (les bus pour Kullu, qui partent toutes les 15 min, traversent Bhuntar), puis prendre l'un des fréquents bus en correspondance qui montent jusqu'à 18h.

Autres destinations. Pour Delhi (16 heures), un bus public deluxe part à 17h (492 Rs), ainsi que six bus ordinaires au moins (305 Rs). Vu la longueur du trajet, il vaut la peine de s'offrir une place en bus privé, qui comportent deux sièges de part et d'autre de l'allée centrale. Le HPTDC propose un bus de nuit à 17h (521 Rs), mais vous pouvez aussi réserver sur n'importe quelle compagnie de bus privés de la ville (350 à 450 Rs). Tous les bus partent vers 15h30 et traversent Chandigarh (300 Rs, 10 heures). Vous pouvez réserver des places pour ces mêmes véhicules grand confort dans les agences de voyages de Paharganj, à Delhi, mais assurez-vous qu'il s'agit bien d'un bus "deux plus deux" au moment de la réservation. Il n'est pas rare que l'on vous fasse payer le prix fort pour vous propulser dans un bus de village très ordinaire.

En saison, il existe aussi des bus privés ou du HPTDC à destination de Shimla (250 à 275 Rs, 10 heures) et de Dharamsala (250 à 275 Rs, 10 heures) vers 19h.

Les bus publics pour Dharamsala démarrent à 8h, 9h et 18h (157 Rs de jour, 190 Rs de nuit). Cinq bus par jour partent également pour Shimla (160 Rs). A destination de l'Uttar Pradesh, des bus quittent la gare routière pour Haridwar à 10h et 12h40 (280 Rs, 16 heures) et pour Dehra Dun à 17h15 (305 Rs, 15 heures).

Taxi. Des taxis longue distance vous attendent aux stations de l'Him-Aanchal Taxi Operators' Union (☎ 52120) sur le Mall. L'aller simple/aller-retour en taxi de Manali à Kullu coûte 500/700 Rs (800 Rs si vous revenez par Naggar). La course jusqu'à Naggar revient à 300/400 Rs. Parmi les autres allers simples, citons Bhuntar (650 Rs), Dharamsala (2 500 Rs) et Leh (13 000 Rs, trois jours et deux nuits).

Comment circuler

Auto-rickshaw. Appelés *three-wheelers* (trois-roues) dans la région, ces véhicules vous emmèneront à Dhungri, au vieux Manali ou à Vashisht, mais pas beaucoup plus loin, moyennant un tarif négociable de 30 à 60 Rs.

Moto. Nirvana Travels (☎ 53222), dans le nord de Manali, loue des Enfields et des petits deux-roues japonais à 300 Rs les 24 heures, assurance au tiers comprise. Pour les réparations ou les réglages de dernière minute avant de partir pour Leh, adressez-vous à Inder Motors, dans le quartier tibétain de Manali, ou à l'Enfield Club, situé à l'embranchement pour Vashisht.

Environs de Manali

VASHISHT

Le joli village de Vashisht, à 4 km par la route qui monte du Mall, comporte des sources chaudes, de vieilles maisons de pierres et quelques temples anciens, mais tout cela relève de la carte postale. Le village fut fondé par le sage Vashisht Muni et il regroupe plusieurs temples qui lui sont dédiés, à lui ainsi qu'au dieu Rama.

Le sentier et la route menant à Vashisht passent devant le **Vashisht Hot Baths Complex** (bains chauds) du HPTDC, ouvert tous les jours de 8h à 20h (mais fermé parfois pour grève). Le bain ordinaire de 30 min coûte 40 Rs pour une personne, 60 Rs pour deux. Le bain deluxe est à 80/100 Rs. Les bains publics (hommes et femmes séparés) du village sont gratuits, mais l'hygiène paraît douteuse (ouverts de 9h à 17h).

Sachez que de nombreux hébergements et restaurants sont fermés l'hiver.

Orientation et renseignements

Bus et taxis stationnent près de Superbake, au centre du village. De là, partent les sentiers pour piétons qui sillonnent le village. Celui qui monte sur la droite mène au temple de Vashisht et aux bains publics. La plupart des pensions se dissimulent dans les allées situées au nord de la station de taxis.

Pour naviguer sur Internet, essayez le World Peace Cafe, près de la Surabhi Guest House. Les agences de voyages proches de la gare routière réservent des places dans les bus confortables au départ de Manali. Plusieurs salles vidéo projettent des films étrangers (entrée à 10 Rs environ).

Où se loger

Avec ses hébergements bon marché, son cadre grandiose et ses attraits végétaux (!), Vashisht continue de séduire les voyageurs désireux de poser leur sac à dos plusieurs jours, voire plusieurs semaines.

Parmi les pensions les moins chères, citons la ***Dharma Guest House*** (☎ 52354), l'***Amrit Guest House*** et la ***Kalptaru Guest House*** (☎ 53443), derrière le temple de Vashisht, la ***Bodh Guest House*** et la ***Dolath Guest House***, en aval de la gare routière. Toutes proposent des chambres similaires, c'est-à-dire rudimentaires, avec s.d.b. commune. Les tarifs varient de 50 à 100 Rs.

Installée dans un grand bâtiment blanc, au sommet de la colline, derrière la Kalptaru Guest House, la ***New Dharma Guest House*** *(☎ 52354)* appartient aux mêmes propriétaires que la Dharma Guest House. Vous paierez 200 Rs une double avec s.d.b. individuelle.

Plus bas, l'***Anand Hotel*** *(☎ 54153)* loue des chambres plus propres et plus spacieuses avec s.d.b. individuelle de 100 à 150 Rs.

Non loin, la ***Surabhi Guest House*** *(☎ 52796)* est un bâtiment moderne bien entretenu qui surplombe la vallée. Les chambres avec s.d.b. individuelle (douche chaude) vont de 200 à 350 Rs. L'établissement comporte aussi un cybercafé et un bon restaurant.

Plus loin en direction de Manali, l'***Hotel Valley View*** *(☎ 53420)* propose de belles chambres avec vue magnifique de 200 à 500 Rs.

La meilleure adresse de Vashisht est le ravissant ***Sita Cottage*** *(☎ 52164)*, près des bains du HPTDC, avec des chambres tout confort à partir de 500 Rs et un restaurant très chic.

Où se restaurer

Le *cafe* des bains du HPTDC sert des boissons chaudes et froides et propose une carte de bonnes spécialités indiennes, chinoises et israéliennes. Comparé à ses concurrents, il est cependant un peu cher.

La ***Rose Garden Inn***, sa voisine, prépare une cuisine italienne un peu chère aussi, mais délicieuse, tout comme les autres plats "continentaux". Un peu plus haut, le restaurant du Sita Cottage offre la meilleure ambiance de la ville.

Le ***Freedom Cafe***, un peu plus haut par la route, est installé dans un cadre superbe. On déguste des petits déjeuners à l'occidentale et des plats israéliens, mais les prix ont tendance à monter.

Au centre du village, le ***Super Bake*** sert de succulents gâteaux. A la gare routière, le ***Ranu Rooftop Cafe*** et le ***Zodiac Cafe*** sont des bars sympathiques.

Comment s'y rendre

Vashisht est desservi par une bonne route. Comptez environ 60 Rs en auto-rickshaw de Manali. A pied, il est plus rapide d'emprunter le sentier non indiqué qui part à environ 200 m après la bifurcation pour Vashisht et remonte jusqu'à l'Hotel Valley View *via* les bains chauds du HPTDC.

SOLANG NULLAH

Solang Nullah, à environ 13 km au nord de Manali, possède des pistes de ski qui sont parmi les meilleures de l'Himachal Pradesh. Il existe 2,5 km de pistes noires, rouges et bleues qui conviendront aux débutants, et pour le moment une seule remontée mécanique de 300 m. Février et mars sont les meilleurs mois pour skier.

Il existe plusieurs possibilités pour prendre des cours de ski. Le HPTDC (☎ 01902-52116) de Manali organise des stages de sept jours tout compris à 3 900 Rs, incluant logement en pension complète, cours de ski et quelques visites de la région. Toutefois, certains voyageurs se sont plaints de la médiocrité des leçons et du service. L'Institute of Mountaineering & Allied Sports (☎ 01902-52342), également à Manali, propose des cours pour skieurs débutants, intermédiaires ou confirmés : les 15 jours en pension complète reviennent à 220 $US. L'équipement est fourni, l'hébergement (dortoirs) se trouve près des pistes, mais le transport est en sus.

Les leçons particulières varient de 6 000 à 8 000 Rs pour une semaine de ski avec hébergement dans un chalet de Solang Nullah, cours, repas et location de matériel. Parmi les organisateurs fiables, citons Antrek Tours, North Face Adventure Tours, Himalayan Journeys et Himalayan Adventures (voir plus haut la rubrique *Organisation de circuits d'aventures*, pour les coordonnées).

Où se loger et se restaurer

Tous les hôtels de Solang Nullah sont dotés d'une salle à manger avec cheminée. Confortablement installé au coin du feu, on s'y réchauffe en dégustant de consistants repas végétariens accompagnés de chai brûlant.

Près de l'arrêt de bus, la ***Friendship Guest House*** *(☎ 56510)* abrite de grandes chambres à 300 Rs et d'autres, plus petites et avec s.d.b. commune, à 250 Rs. Le ***Friendship Fastfood Corner*** sert une bonne cuisine rapide.

La ***Raju Paying Guest House*** *(☎ 56575)* propose de jolies chambres lambrissées de bois avec s.d.b. individuelle à 200 Rs, ainsi que des quadruples à 300 Rs.

Plus bas, dans un bâtiment de pierres grises, est installé l'***Hotel Patalsu Heights*** (☎ 56509), dont les chambres très simples coûtent 100/200 Rs (s.d.b. commune/individuelle). Toutefois, l'établissement, qui est aussi le siège de la ***North Face Ski School***, est souvent occupé en intégralité par des groupes de skieurs qui suivent les stages.

Comment s'y rendre

Des bus partent de Manali tous les jours à 8h, 14h et 16h en direction de Solang Nullah (8 Rs). Un autre circuit attrayant consiste à prendre le bus à destination de Palchan, endroit où il faut quitter la route principale pour se rendre à Solang Nullah, et à marcher pendant une demi-heure jusqu'au village tout en profitant d'un magnifique panorama. La course en taxis coûte 300 Rs depuis Manali. Les routes sont parfois bloquées par la neige en janvier et en février.

Comment circuler

Les versants situés au-dessus du village sont assez abrupts. Il n'existe qu'un seul téléski, d'une longueur de 300 m à peine sur la piste la plus facile. Le reste se remonte à pied, mais vous pouvez toujours louer un porteur par l'intermédiaire de votre hôtel.

Lahaul et Spiti

Le district constitué par le Lahaul et le Spiti – le plus vaste de l'Himachal Pradesh – est une région de hautes montagnes et de vallées étroites bordées par le Ladakh au nord, le Tibet à l'est, le Kinnaur au sud-est et Kullu Valley au sud. Le Lahaul et le Spiti sont des régions sous le vent de l'Himalaya (et donc moins exposées aux pluies), ce qui crée ce désert de haute altitude qui inspira à Rudyard Kipling le commentaire suivant : "Ce sont les dieux, sans doute, qui vivent ici ; il n'y a pas de place pour les hommes."

S'étendant autour de la ville de Keylong, le Lahaul est souvent considéré comme une simple étape à mi-chemin entre Leh et la vallée de l'Indus, mais on découvre plusieurs gompa dans les hauteurs environnantes. A l'est, reliant le Lahaul au Kinnaur, le Spiti ne s'ouvrit au touristes étrangers qu'en 1991 et il est encore considéré comme un territoire à part, aux installations rudimentaires et aux axes de transports limités.

La plupart des habitants du Spiti étant bouddhistes, les villages sont dominés par des gompa très colorés. Au Lahaul, près de la moitié de la population est bouddhiste, l'autre, hindoue. Dans certains temples et foyers lahauli, il n'est pas rare de voir se côtoyer des idoles des deux religions.

Les principales productions sont l'orge et le blé, mais on cultive aussi le houblon (pour la bière) et le *kuth*, plante médicinale très prisée. La langue dominante est le bhoti, très proche du tibétain. Il existe plusieurs dialectes distincts qui se comprennent néanmoins mutuellement. Le mot très pratique *jule*, qui signifie "bonjour, au revoir, s'il vous plaît et merci" au Ladakh, s'emploie également au Lahaul et au Spiti.

Le Lahaul et le Spiti sont séparés de Kullu Valley huit mois de l'année par la neige. Le Rohtang La qui mène au Lahaul est généralement fermé de la mi-nov. à la mi-juin tandis que le Kunzum La vers le Spiti ferme en principe de la mi-octobre à la mi-juillet.

En théorie, la route qui relie Sutlej Valley à Kaza est ouverte toute l'année, mais les glissements de terrain et les inondations la bloquent fréquemment, ce qui oblige à parcourir à pied une partie du trajet. Lors de notre passage, elle était gravement endommagée au sud de Rekong Peo et au nord de Kharu, ce qui représentait 7 km de marche pour les voyageurs (jusqu'à sa remise en état, il n'est pas possible d'accéder au Lahaul et au Spiti en moto par cette route).

Histoire

Au Xe siècle, les régions du Lahaul supérieur, du Spiti et de Zanskar faisaient partie du vaste royaume Guge du Tibet occidental. Après la défaite du Ladakh devant les armées tibéto-mongoles au XVIIIe siècle, le Lahaul fut départagé en deux régions. Le Lahaul supérieur passa sous le commandement du raja de Kullu, tandis que le Lahaul inférieur, de l'autre côté du district de Pangi, revenait aux cours de Chamba. Plus isolé d'un point de vue géographique, le Spiti faisait toujours partie du Ladakh.

En 1847, Kullu et le Lahaul passèrent sous administration britannique, faisant désormais partie de l'État de Kangra. Le Spiti à son tour intégra le Kangra deux ans plus tard. En réalité, le pouvoir était détenu par les Nono, dirigeants héréditaires du Spiti.

L'occupation du Tibet par les Chinois en 1949 mit fin aux liens culturels avec la région. Paradoxalement, l'exil du dalaï-lama a entraîné une regain d'intérêt pour la vie culturelle et religieuse du Spiti. D'importants travaux ont récemment été entrepris pour préserver l'art bouddhiste ancien dans les gompa de la région.

Autorisations

Il n'est plus nécessaire de posséder un Inner Line Permit pour se déplacer du Lahaul au Spiti. Par ailleurs, vous êtes autorisé à vous rendre jusqu'à Tabo. Seul le trajet entre Tabo et Rekong Peo, capitale du Kinnaur, est soumis à autorisation. Pour plus de renseignements, reportez-vous à *Autorisations* dans la rubrique *Nord et Kinnaur* plus haut dans ce chapitre.

KAZA

☎ 01906 • altitude 3 640 m

Kaza, modeste ville de montagne, est le centre administratif et le principal carrefour routier du sous-district du Spiti. Elle est entourée d'un paysage à couper le souffle. Old Town (vieille ville) qui s'étend autour du nouvel arrêt de bus forme un dédale de petites boutiques, d'hôtels et de maisons blanchies à la chaux. New Town (ville nouvelle), sur la rive opposée, regroupe des édifices officiels aux toits en tôle ondulée, notamment le bureau du subdivisional magistrate (vous apercevrez le drapeau indien). La State Bank of India ne change pas les espèces, mais certains commerçants acceptent de changer des dollars américains en petites coupures.

Il est très agréable de séjourner quelques jours dans la ville pour se remettre des voyages en bus exténuants, visiter quelques splendides monastères ou attendre son autorisation avant de poursuivre sa route au Kinnaur.

Où se loger et se restaurer

La ***Mahabauda Guest House***, sur la route principale, à l'extrémité supérieure de la vieille ville, est une entreprise familiale qui propose des chambres confortables avec s.d.b. commune à 150 Rs. Son voisin, le ***Snow Lion Hotel and Restaurant***, est tout aussi accueillant et présente un bon rapport qualité/prix.

Certains voyageurs nous ont recommandé l'***Hotel Snow View*** et l'***Hotel Moonlight***, qui proposent tous deux des doubles de 100 à 250 Rs.

Sur la rive opposée, la ***Milaraepa Guesthouse*** loue des chambres d'un bon rapport qualité/prix à 175 Rs.

Le ***Sakya's Abode*** *(☎ 22254)*, à côté, attire beaucoup de groupes, qui apprécient son joli jardin. Il possède de belles chambres de 250 à 500 Rs, mais aussi des simples assez lugubres à 100 Rs. Dans la salle à manger, vous dégusterez une bonne cuisine locale.

Installé dans la ville nouvelle, le Tourist Lodge du HPTDC n'est pas un mauvais choix, avec cinq chambres confortables avec s.d.b. individuelle et eau chaude à 400 Rs.

Le ***Layul Cafe*** sert de copieux bols d'un excellent *kiyu* (ragoût à base de pâtes carrées, pommes de terre, tomates et oignons). Parmi les autres restaurants, essayez l'***Himalaya Hotel***, typiquement tibétain, et le ***Il Pomo d'Oro***, tenu par un Italien qui prépare des spécialités italiennes un peu chères, mais délicieuses.

Quitter la ville

Le nouvel arrêt de bus est aménagé au sud de la ville. Le bus à destination de Rekong Peo (105 Rs, 12 heures) part de Kaza à 7h. Il existe un ou deux bus quotidiens à destination de Manali (100 Rs, 12 heures) vers 6h et un pour Kullu (145 Rs) à environ 4h30 du matin. Des bus irréguliers assurent en outre la liaison entre Kaza et Keylong (115 Rs, 8 heures), sinon prenez un bus à destination de Manali et changez à Gramphu (85 Rs). Pour Tabo (30 Rs, 2 heures), prenez un bus en direction de l'est.

Il existe une station non officielle de taxis devant le Zambala Guest House, néanmoins des minibus patientent autour du centre de la vieille ville. Les tarifs sont élevés en raison du manque de concurrence et du coût de l'essence qui vient de loin. La course jusqu'à Manali ne coûte pas moins de 4 000 Rs.

ENVIRONS DE KAZA

Ki Gompa et Kibber

Ki, le plus ancien et le plus vaste monastère du Spiti, jouit d'une situation incomparable (4 116 m) à 14 km de Kaza. Érigé par le fameux traducteur tibétain Ringchen Zangpo, il appartient à l'ordre gelugpa. Au XIXe siècle, le gompa subit trois invasions par les Ladakhis, puis les Dogra et les sikhs. Il fut partiellement détruit par un tremblement de terre en 1975. Si sa restauration n'est pas achevée (les dons sont appréciés), le monastère est célèbre pour sa collection d'inestimables thanka anciens. Les photos ne sont pas autorisées à l'intérieur.

La restauration du gompa, qui visait à réparer les dégâts causés par le tremblement de terre de 1975, fut achevé en 2000, juste avant la visite du dalaï-lama, venu accomplir ici un rituel *kalachakra* afin de promouvoir l'harmonie dans le monde. Ki est en outre, en juin et juillet, le théâtre de la **fête de Chaam**, mais aussi d'une des manifestations les plus populaires, la **fête de Losar**, en février ou mars.

A 11 km de Ki, le petit village de **Kibber**, également appelé Khyipur, prenait jadis part au commerce international du sel. Il jouit d'une situation impressionnante ; installé à une altitude de 4 205 m, il se targuait autrefois d'être le plus haut village du monde, mais aujourd'hui, ses habitants se contentent de le qualifier de "plus haut village du monde doté d'une route carrossable et d'électricité". La **fête de Ladarcha**, qui se déroule près de Kibber chaque année en juillet, attire des bouddhistes de toute la région.

Où se loger et se restaurer. Il est normalement possible de loger au gompa Ki en échange d'un don, sinon l'accueillant ***Samdup Tashi Khangsar Hotel & Restaurant*** dans le village de Ki loue de jolies chambres à 50 Rs.

Kibber possède trois petites pensions. La ***Sargaung Guest House*** et l'***Hotel Rainbow*** proposent des chambres sans façons à 50 Rs et une cuisine rudimentaire. Le ***Resang Hotel & Restaurant***, à l'entrée du village, dispose de chambres moquettées avec s.d.b. à 150 Rs.

Comment s'y rendre. L'été, un bus se rend tous les jours à 14h de Kaza à Ki et Kibber (10 Rs). Vous avez le temps de visiter le gompa Ki pendant que le bus poursuit jusqu'à Kibber, toutefois vous ne pourrez pas voir à la fois Ki et Kibber la même journée. En taxi, l'aller-retour de Kaza à Ki vous coûtera quelque 350 Rs. Pour combiner Ki et Kibber dans votre excursion, comptez environ 400/500 Rs l'aller simple/aller-retour en taxi.

Dhankar Gompa

Construit il y a près d'un millénaire, ce monastère s'élève dans un décor rocailleux tout à fait spectaculaire. Autrefois site de la capitale du Spiti, puis converti en prison, le gompa abrite encore des sculptures et des fresques intéressantes. Un nouveau monastère est en cours de construction à 1 km. C'est l'endroit idéal pour demander à un guide de vous faire découvrir les environs.

De Kaza à Dhankar, empruntez un des bus à destination de la vallée et descendez au village de Sichling. L'ascension s'étire ensuite sur 8 km (avec environ 600 m de dénivelé). Avec un peu de chance, vous pourrez prendre une jeep depuis Sichling. L'aller-retour en taxi de Kaza au gompa Dhankar coûte 800 Rs.

Pin Valley National Park

Cette vallée qui s'étend au sud de Dhankar est désormais classée parc national. Comme elle est célèbre pour sa faune, les agences touristiques l'ont baptisée "terre de l'ibex et du léopard des neiges", mais vous n'y verrez probablement que des marmottes. Vous découvrirez également le **Kungri Gompa**, vieux de 600 ans, qui s'élève à 2 km de la route principale, près de Gulling, et qui fait partie de l'école Nyingmapa. Avec un guide et une belle énergie, il est possible de venir à pied de la Pin Valley à Parvati Valley par le Pin Parvati Pass (col de Pin Parvati) qui se trouve à 5 319 m.

C'est une région de randonnées et de camping. L'hébergement se limite à l'***Hotel Himalaya*** de Gulling (120 Rs) et aux pensions ***Ibex*** et ***Narzang*** de Sagnam (50 Rs).

Les transports publics s'arrêtent à Mikkim, cependant une route en cours de construction devrait bientôt permettre de rejoindre Mud. Un seul bus quotidien part de Kaza le matin (25 Rs) ; si vous venez de l'est, vous pouvez l'attendre à Attargo, au carrefour de la grand-route. L'aller en taxi de Kaza à Mikkim coûte 800 Rs.

Tabo Gompa

Ce monastère est le plus important du monde bouddhiste tibétain. C'est là que l'actuel dalaï-lama doit prendre sa retraite. Construit en 996 par le Grand Traducteur Ringchen Zangpo, qui fit venir des artistes du Cachemire pour le décorer, il abrite certains des spécimens les mieux préservés d'art indo-tibétain du monde, de même qualité que ceux d'Alchi au Ladakh ou de Thöling au Tibet occidental (la majorité des œuvres d'art tibétaines ont été détruites pendant la révolution culturelle chinoise).

L'ensemble compte neuf temples (formant le *choskhor*), tous au niveau du sol, datant du Xe au XVIe siècle. La principale salle de réunion, le **Tsuglhakhang**, est entourée de 33 statues de bodhisattvas et abrite une statue à quatre faces de Sarvarvid Vairocana, l'un des cinq bouddhas dhyani.

A gauche du Tsuglhakhang, le **Lhakang Chenmo** renferme un grand bouddha Shakyamuni et huit bouddhas médecins. Plus loin sur la gauche, s'élève le **Serkhang** (chapelle d'or). La statue de Tara, partenaire d'Avalokitesvara), est particulièrement belle. Son dhoti présente la même élégance dans le drapé et les couleurs que celle des statues du gompa Alchi au Ladakh.

Derrière l'ensemble principal se dresse le **Kyil Khor** (temple mystique du Mandala), qui abrite quelques somptueux mandalas aux couleurs malheureusement défraîchies. De l'autre côté de la route, en face du village de Tabo, des **grottes**, localement baptisées gompa Pho, renferment des peintures murales antiques ; munissez-vous d'une torche. Il est interdit de photographier à l'intérieur des temples.

L'excellente **bibliothèque** de la pension du monastère, ouverte à tous, offre une opportunité idéale de découvrir le bouddhisme tibétain. A côté, une **école de peinture de thanka** a été fondée par le dalaï-lama.

Où se loger et se restaurer. La *pension du gompa* (Gompa Guesthouse) abrite de bonnes chambres avec s.d.b. individuelle réparties autour d'un atrium central, au prix de 200 Rs. S'ils ne sont pas occupés par des moines, les dortoirs sont accessibles moyennant 50 Rs environ.

L'*Himalayan Ajanta Hotel* propose des chambres calmes avec tapis de 100 à 150 Rs. Pour loger à la *Forest Rest House*, vous devez réserver au District Forest Office de Keylong (☎ 019002-22235).

Les deux meilleures tables sont celles du *Tenzin Restaurant* et du *Millennium Monastery Restaurant*, à l'arrière de la pension du gompa.

Comment s'y rendre. De Kaza à Tabo (35 Rs, 2 heures), prenez le bus qui part à 7h et continue ensuite sur Rekong Peo. Pour le retour à Kaza, le bus passe par Tabo dans l'après-midi. Un bus de Tabo à destination de Kullu part tous les jours vers 5h30. Le trajet en taxi depuis Kaza coûte 1 200 Rs.

DE KAZA A KEYLONG

De Kaza, le premier grand village s'appelle Losar, à environ 60 km. Cette superbe localité possède quelques ***pensions*** bon marché. Un peu plus loin, on arrive au Kunzum La (4 551 m). Un sentier de 9 km part du col pour rejoindre le joli **Chandratal** (lac de la Lune), à environ 4 250 m.

Batal est le point de départ des treks pour le **Bara Shigri** (grand glacier), l'un des plus longs de l'Himalaya. A Batal, deux ***dhaba*** servent une cuisine rudimentaire.

La route se poursuit vers Gondhla, où se dresse le **château** de sept étages des thakur de Gondhla. C'est le point de départ pour la visite du **gompa Guru Ghantal** au village de Tupchiling, au bout de 4 km d'ascension en pente raide.

KEYLONG

☎ 019002 • 1 797 habitants • altitude 3 350 m

Keylong, la capitale du Lahaul et du Spiti, s'étend dans la plaine fertile de Bhaga. Elle constitue une halte parfaite sur le trajet de Leh à Manali (vous êtes toutefois presque arrivé à Manali), ou encore une base idéale pour visiter les gompa alentour en quelques jours. La gare routière, installée sur la route de Manali à Leh, se trouve à deux pas de la ville qu'on rejoint par une série d'escaliers. Il existe un bureau du télégraphe au nord de la ville mais aucun bureau de change. Drilbu Adventures (☎ 22207), à côté du Gyespa Hotel, est une nouvelle agence de voyages proposant les services de porteurs et des moyens de transport pour se rendre à Leh.

Où se loger et se restaurer

Le *Lamayuru Hotel (☎ 22279)* est un bon choix pour les petits budgets. Les chambres avec s.d.b. et eau chaude, spacieuses, mais humides, coûtent 100 Rs.

L'*Hotel Dubchen Keylong* est mieux, avec des doubles à partir de 200 Rs.

A deux minutes à pied en amont du Lamayuru, l'*Hotel Snowland (☎ 22219)* loue des chambres confortables dotées de jolies s.d.b. de 300 à 500 Rs.

Le *Tourist Bungalow (☎ 22247)* du HPTDC comporte quelques chambres surévaluées à 350 Rs, ainsi que des dortoirs pour six à 50 Rs par personne.

L'*Hotel Dekyid (☎ 22217)* et le *Tashi Deleg (☎ 22450)* sont des établissements de catégorie moyenne avec des chambres propres avec s.d.b. individuelle à environ 300 Rs. Le Tashi Deleg abrite un bon restaurant.

A 18 km au nord de Keylong, dans le village de Jispa, le très chic ***Hotel Ibex-Jispa*** *(☎ 019003-33204)* est un établissement de luxe dont les chambres coûtent 800 à 1 200 Rs, mais qui possède aussi un dortoir à 100 Rs la nuit.

Quitter la ville

Six bus par jour assurent la liaison entre Keylong et Manali (72 Rs, 6 heures). Réservez votre billet au guichet. Pour Kaza, il existe un bus direct à 6h (115 Rs), sinon il faut changer à Gramphu (30 Rs).

Du 15 juil. au 15 sept., le bus quotidien deluxe du HPTDC qui relie Leh et Manali s'arrête à Keylong, mais il est très difficile de réserver une place. Vous risquez, en réservant, de payer la totalité du trajet (environ 1 000 Rs). Le bus public part de Keylong à 4h du matin. Vous pouvez également demander à monter dans l'un des nombreux camions qui empruntent la route. (Pour plus de détails, reportez-vous à la rubrique *De Leh à Manali* dans le chapitre *Ladakh et Zanskar*.)

ENVIRONS DE KEYLONG

Khardong Gompa

Ce monastère vieux de neuf siècles, installé dans l'ancienne capitale du Lahaul, se dresse juste en face de Keylong, de l'autre côté de la vallée de la Bhaga. Abritant une trentaine de lamas et de *chomo* (religieuses) de l'école drukpa-kagyu (kagyupa), il est le plus grand de la région. On peut y admirer de superbes fresques, à condition de se faire ouvrir les portes. On dit que le moulin à prières contient un million de bandeaux de papier sur lesquels sont inscrits : "Om mani padme hum" (saluez le joyau dans le lotus).

Pour accéder au gompa, traversez le bazar, suivez le sentier ponctué de marches qui descend vers l'hôpital, passez le pont sur la Bhaga, puis montez 4 km jusqu'à Khardong.

Shashur Gompa

Ce gompa se trouve à 3 km de Keylong. Dédié à un lama zanskari, Deva Gyatsho, le monastère fut construit au XVIe siècle et appartient aux Gelugpas. Le **Chaam Festival**, qui se tient chaque année en juin ou juillet (en fonction du calendrier tibétain), est très connue pour les danses masquées exécutées par les lamas.

Jammu-et-Cachemire

L'État de Jammu-et-Cachemire (Jammu & Cachemire, J&K) comprend des régions du Ladakh et du Zanskar, décrites dans le chapitre *Ladakh et Zanskar*. Srinagar en est la capitale d'été et Jammu, plus au sud dans les plaines, celle d'hiver. Le Jammu et le Cachemire (à distinguer du Ladakh) connaissent de graves troubles politiques depuis la fin des années 80 et les renseignements qui suivent ne sont donnés qu'à titre indicatif.

Attention

Même si aucune restriction n'est imposée par le gouvernement indien, Lonely Planet déconseille vivement de se rendre au Jammu-et-Cachemire. Des centaines de groupes activistes armés sévissent dans la région et le risque d'enlèvement perdure ; on est toujours sans nouvelles de quatre des six Occidentaux pris en otage en 1995 dans la Lidder Valley, près de Pahalgam. Attentats aveugles et tirs d'armes automatiques sont courants dans les rues de Jammu et de Srinagar (le couvre-feu est instauré de temps à autre), et des voyageurs ont été dévalisés par des hommes armés. Des bus et des trains ont également essuyé des tirs sur la route de Jammu ; les régions proches de la frontière pakista-naise (vers Drass, sur le chemin de Kargil) sont souvent bombardées.

Ne croyez pas une seconde les rabatteurs qui, à Delhi, tenteront de vous convaincre que vous ne courez aucun risque. Ils vous montreront des photos et des lettres de voyageurs affirmant qu'ils ont passé un fabuleux séjour. Certains de ceux qui s'y sont laissés prendre (et ont payé bien trop cher) se sont aperçu, une fois au Cachemire, que l'on utilisait le conflit pour faire d'eux des prisonniers virtuels, sans aucune liberté pour explorer la région.

Les pourparlers de paix continuent, mais les tensions, en particulier depuis les essais nucléaires de 1998, restent fortes. Le site Internet de l'armée indienne (armyinkashmir.org) fournit sa version du conflit, avec force détails orientés sur les derniers affrontements. Le site www.kashmirnews.com fait preuve d'un peu moins de partialité. Si vous êtes farouchement déterminé à visiter la région, renseignez-vous auprès de votre ambassade, à Delhi, avant de partir.

En bref

Population : 10,1 millions d'habitants
Superficie : 222 236 km^2
Capitales : Srinagar (été) et Jammu (hiver)
Principales langues : kashmiri, dogri, ourdou, ladakhi
Meilleure saison : mai à septembre

Cartes du chapitre :

Jammu-et-Cachemire p. 302

Le Jammu-et-Cachemire est un État riche en contrastes, tant culturels que géographiques, et le seul du sous-continent à majorité islamique ; sa population compte plus de 60% de musulmans, dont l'histoire remonte au XIVe siècle. La Kashmir Valley (vallée du Cachemire) est une région fertile et verdoyante, délimitée par les pics enneigés de la chaîne du Pir Panjal, à l'ouest et au sud, et par la chaîne de l'Himalaya, à l'est. Au sud de cette vallée s'étend la région du Jammu ; la ville de Jammu se situe dans les plaines de l'Inde du Nord, à proximité des monts Siwalik. Au nord des Siwalik, cette portion du Jammu est arrosée par la Chenab, dont le vaste bassin comprend plusieurs vallées étroites qui s'enfoncent au plus profond de l'Himalaya. Le Jammu est principalement hindou, bien que de petites communautés musulmanes soient installées aux alentours de Banihal et de Kishtwar, au sud de la Kashmir Valley.

La violence armée qui secoue le Cachemire depuis la fin des années 80 a découragé la plupart des touristes. Jusqu'en 1989, un séjour dans les fameux houseboats (maisons flottantes) du Dal Lake (lac Dal), proche du

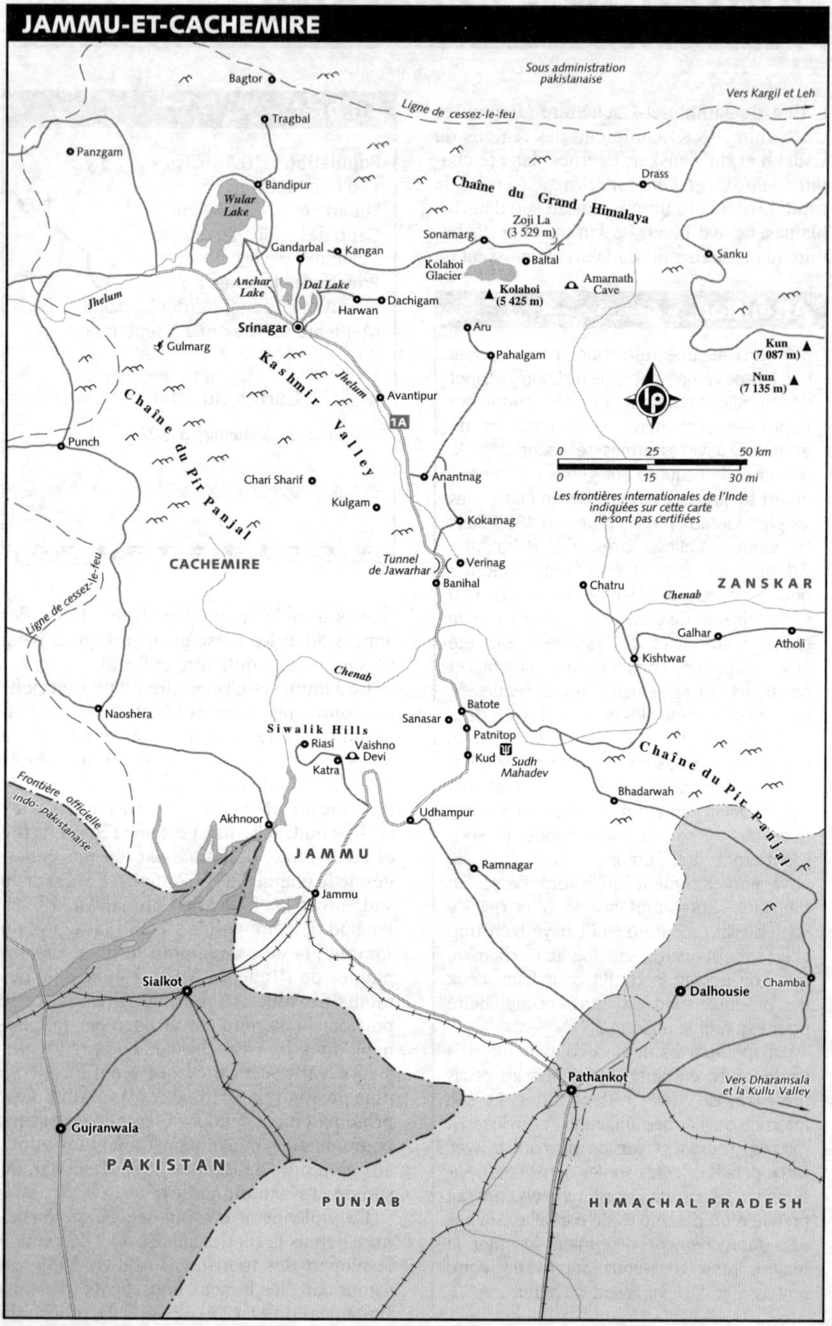
JAMMU-ET-CACHEMIRE
Sous administration pakistanaise
Vers Kargil et Leh
Ligne de cessez-le-feu
Bagtor
Tragbal
Panzgam
Bandipur
Wular Lake
Chaîne du Grand Himalaya
Drass
Zoji La (3 529 m)
Sonamarg
Gandarbal
Kangan
Kolahoi Glacier
Baltal
Sanku
Anchar Lake
Dal Lake
Dachigam
Harwan
Kolahoi (5 425 m)
Amarnath Cave
Jhelum
Srinagar
Aru
Gulmarg
Pahalgam
Kun (7 087 m)
Nun (7 135 m)
Kashmir Valley
Avantipur
1A
Chaîne du Pir Panjal
Punch
0 25 50 km
0 15 30 mi
Anantnag
Chari Sharif
Les frontières internationales de l'Inde indiquées sur cette carte ne sont pas certifiées
Kulgam
Kokarnag
CACHEMIRE
Tunnel de Jawarhar
Verinag
Banihal
Chatru
ZANSKAR
Chenab
Galhar
Atholi
Kishtwar
Naoshera
Batote
Sanasar
Siwalik Hills
Patnitop
Riasi
Vaishno Devi
Katra
Kud
Sudh Mahadev
Frontière officielle indo-pakistanaise
Bhadarwah
Akhnoor
Udhampur
JAMMU
Ramnagar
Jammu
Sialkot
Chamba
Dalhousie
Pathankot
Vers Dharamsala et la Kullu Valley
Gujranwala
PAKISTAN
PUNJAB
HIMACHAL PRADESH

centre-ville de Srinagar, constituait l'un des plaisirs suprêmes de l'Inde du Nord, tandis que les treks au départ de Gulmarg, Sonamarg et Pahalgam comptaient parmi les plus populaires de l'Himalaya. Avant les troubles, plus de 600 000 touristes indiens et 60 000 étrangers visitaient le Cachemire chaque année en été, de début juin à mi-octobre.

Histoire

Lors de l'Indépendance, la question du rattachement du J&K à l'Inde ou au Pakistan fut vivement débattue. L'État, en majorité musulman, ne faisait pas partie de l'Inde britannique ; c'était un État princier, dirigé par un maharaja hindou auquel il appartenait de décider du sort de son pays. Comme le décrivent Larry Collins et Dominique Lapierre dans *Cette nuit la liberté*, le maharaja attendit qu'une colonne d'envahisseurs pathan (pakistanais) passe la frontière pour prendre sa décision et appeler l'Inde à son secours. Le résultat de cet accord fut la première guerre indo-pakistanaise.

Depuis ce premier conflit, en octobre 1948, le Cachemire est resté une pomme de discorde entre les deux pays. Deux tiers de la région appartiennent à l'Inde et un tiers, l'Azad Cachemire, au Pakistan ; les deux nations en réclament la totalité.

A partir de 1989, le militantisme s'est exacerbé et l'on estime que les combats ont déjà fait 30 000 victimes.

En 1990, le gouvernement du J&K a été dissous et l'État placé sous le contrôle direct de l'autorité présidentielle de Delhi. En novembre 1995, la demande du gouvernement indien de tenir des élections dans la province a été rejetée en raison de son instabilité. Les partis d'opposition kashmiris (et le gouvernement pakistanais, qui soutient les séparatistes musulmans) projetaient de boycotter le scrutin. Toutefois ces élections furent organisées en septembre 1996 et remportées par le National Conference Party (parti régional proindien), sous la direction de Farouk Abdullah. En octobre, le Cachemire disposait d'un gouvernement élu, ce qui mit fin au contrôle direct exercé par Delhi. Abdullah occupait le poste de ministre en chef. La proposition de diviser l'État en trois entités indépendantes : un Cachemire musulman, un Jammu hindouiste et un Ladakh bouddhiste, a été repoussée par le gouvernement indien et ne semble pas avoir la moindre chance de succès.

Lors de notre passage, un cessez-le-feu unilatéral entre l'Inde et le Pakistan, annoncé pour le mois du ramadan, a été prolongé. Il paraît néanmoins très fragile, d'autant que 666 personnes ont déjà été tuées lors d'attaques d'activistes durant les cent premiers jours. Les espoirs de trouver une solution ne cessent de s'amenuiser ; toutefois, l'Hurriyat, une organisation qui chapeaute une vingtaine de groupes nationalistes et séparatistes du Cachemire, envisage toujours de se rendre au Pakistan pour de nouveaux pourparlers de paix. Le 18 août 2001, 16 personnes, dont des séparatistes, ont été assassinées.

RÉGION DE JAMMU

Jammu

☎ 0191 • 260 000 habitants

Jammu est la deuxième ville de l'État et sa capitale d'hiver. C'est une étuve en été, ce qui surprend désagréablement si l'on arrive des hauteurs du Cachemire. A partir d'octobre, elle devient beaucoup plus plaisante. Jammu se compose en fait de deux villes : la vieille ville, juchée sur une colline qui surplombe la rivière, et Jammu Tawi, la ville nouvelle, à plusieurs kilomètres sur l'autre rive.

De Jammu à Srinagar

Les stations climatiques de Katra, Kud, Patnitop et Batote jalonnent la route de Jammu à Srinagar. Chaque année, quatre millions de pèlerins parcourent à pied les 12 km qui séparent Katra du sanctuaire de la grotte de Vaishno Devi. A l'est de Kud et de Patnitop, s'élève l'important Sudh Mahadev Shiva Temple. Plus loin, Sanasar est une vallée magnifique où les bergers gujar se rassemblent chaque été.

Jusqu'à la construction du tunnel de Jawahar, Srinagar était fréquemment coupée du reste de l'Inde. Ce tunnel sombre et enfumé de 2,5 km de long se trouve à 200 km de Jammu et à 93 km de Srinagar. Le Cachemire commence à Banihal, à 17 km au sud du tunnel. La population parle kashmiri et dogri. Au nord du tunnel s'ouvre la luxuriante Kashmir Valley.

KASHMIR VALLEY

C'est l'une des plus belles régions de l'Inde, malheureusement ravagée par la violence depuis 1989. Les chefs moghols ont toujours apprécié cette fraîche retraite. Avant d'expirer sur la route de la "vallée heureuse", en

1627, le sultan Jahangir avait émis le souhait de revoir une dernière fois le Cachemire. Les Moghols y ont porté l'art des jardins à sa plus belle expression.

Les **houseboats** (maisons flottantes) du Dal Lake sont l'un des plus grands attraits du Cachemire. A l'époque du Raj, le maharaja du Cachemire refusa aux Britanniques (qui raffolaient du frais climat de la région) le droit d'y posséder des terres. Ces derniers contournèrent cette interdiction en construisant des houseboats sur le Dal Lake.

Srinagar

☎ 0194 • 725 000 habitants

Srinagar, capitale d'été du Cachemire, s'étend sur les rives du Dal Lake et de la Jhelum. Cette ville évoque l'Asie centrale. Ici, partir vers le sud signifie "retourner en Inde".

La vieille ville, proche du mont Hari Parbat, comprend un dédale de ruelles, de mosquées et d'habitations qui constituent le centre commerçant de la cité. La ville moderne est installée plus en amont de la Jhelum (au-dessus de ses fameux sept ponts), qui sinue à travers Srinagar.

A l'est miroitent le Dal Lake et le labyrinthe de ses bras. Il se compose d'un ensemble de lacs, dont le Nagin Lake, à quelque 8 km du centre de la ville. La plupart des houseboats les plus récents sont ancrés sur ces lacs. Les célèbres jardins moghols, dont le Shalimar Bagh et le Nishat Bagh, se trouvent à l'extrémité est du Dal Lake.

Pahalgam

A environ 95 km à l'est de Srinagar, Pahalgam se situe à 2 130 m d'altitude. Au confluent des Lidder est et ouest, c'était une base de trekking très prisée avant les troubles actuels. Chaque année, en juillet-août, des milliers de pèlerins hindous se rendent de Pahalgam à la grotte d'Armanath pour le Shri Amarnath *yatra* (pèlerinage).

Gulmarg

A 52 km au sud-ouest de Srinagar, le grand alpage de Gulmarg se trouve à 2 730 m d'altitude. Son nom signifie "prairie des fleurs", ce qu'il est véritablement au printemps. C'était autrefois un point de départ de randonnées et la plus grande station de ski du pays.

De Srinagar à Kargil

A 2 740 m d'altitude, **Sonamarg** est la dernière ville importante avant le Ladakh et constituait, elle aussi, une excellente base de trekking. Son nom signifie "prairie d'or".

Au pied du Zoji La (3 529 m) se trouve le camp militaire de **Baltal**. Le **Zoji La** forme la ligne de partage des eaux entre le Cachemire et le Ladakh : d'un côté s'étendent les verdoyants paysages du Cachemire, tandis que de l'autre tout est sec et aride. **Drass** est le premier bourg de l'autre côté du col. De là, il faut compter 56 km pour atteindre Kargil (reportez-vous au chapitre *Ladakh et Zanskar*).

JAMMU-ET-CACHEMIRE

Ladakh et Zanskar

Le Ladakh marque la frontière entre les sommets de l'Himalaya occidental et le vaste plateau tibétain. Ouvert aux touristes en 1974, il s'est vu attribuer les surnoms de "terre lunaire" ou de "petit Tibet" et compte parmi les régions les plus reculées d'Inde. Il a toujours entretenu des liens étroits avec le Tibet, tant culturels que commerciaux, et l'influence bouddhique prédomine. Cette empreinte est particulièrement manifeste aux alentours de Leh, la région la plus peuplée, et dans l'Indus Valley (vallée de l'Indus), parsemés de *gompa* (monastères) et de forts blanchis à la chaux, perchés au sommet de montagnes coniques. Padum, la capitale du Zanskar, encore plus reculé, partage ce patrimoine bouddhique. Kargil et la Suru Valley, la troisième région du Ladakh, abritent une population à majorité musulmane chiite, culturellement proche du Baltistan (province pakistanaise depuis 1947). Aucune autorisation n'est requise pour se rendre au Zanskar, à Leh ou sur les principales routes menant à Srinagar et Manali. Vous aurez besoin d'un permis pour d'autres régions reculées, mais mieux vaut ne pas s'aventurer trop près des

Attention

Le Ladakh reste une région sensible en raison de conflits frontaliers avec le Pakistan et la Chine. En 1962, la guerre entre l'Inde et la Chine exacerba les tensions et fut la principale raison pour laquelle le Ladakh demeura fermé aux étrangers jusqu'en 1974. Si ces deux pays semblent parvenir à un accord, des combats opposent l'Inde au Pakistan sur le glacier de Siachen (à plus de 6 000 m d'altitude, dans le Karakorum oriental). Ce conflit, meurtrier et onéreux, entraîne une importante présence militaire dans le Ladakh. Il est interdit aux voyageurs d'approcher la zone frontalière.

En 1998, la route de Kargil à Srinagar a été fermée aux étrangers pendant quelque temps, puis à nouveau en 1999 en raison des bombardements pakistanais sur Kargil et ses environs. Renseignez-vous sur la situation avant d'emprunter cet itinéraire pour vous rendre au Ladakh.

En bref

Population : 140 000 habitants
Superficie : environ 96 701 km^2
Capitales : Leh et Kargil
Principales langues : ladakhi, purig, tibétain et anglais
Meilleure saison : mai à octobre
Régions de trekking : de Padum à Darcha, Lamayuru et Leh ; de Spituk à la Marka Valley et Hemis ; de Lamayuru à Chilling ; de Likir à Temisgam

Cartes du chapitre :

- Explorez le dédale des ruelles de la vieille ville de Leh et grimpez jusqu'au Leh Palace, le "mini-Potala" du Ladakh
- Assistez aux extraordinaires pénitences que s'infligent les moines lors de la fête annuelle du Matho Gompa
- Suivez l'ancienne route commerciale de la Nubra Valley, qui reliait autrefois le Tibet au Turkestan et traverse le col carrossable le plus haut au monde
- Ne manquez pas Lamayuru, l'un des plus beaux et des plus spectaculaires gompa du Ladakh
- Faites un trek vers les cols haut perchés de la région isolée du Zanskar
- Admirez les merveilles artistiques bouddhiques d'Alchi, de Hemis et de Tikse
- Visitez Tso Moriri, la région des nomades Khampa, et guettez sa faune diverse

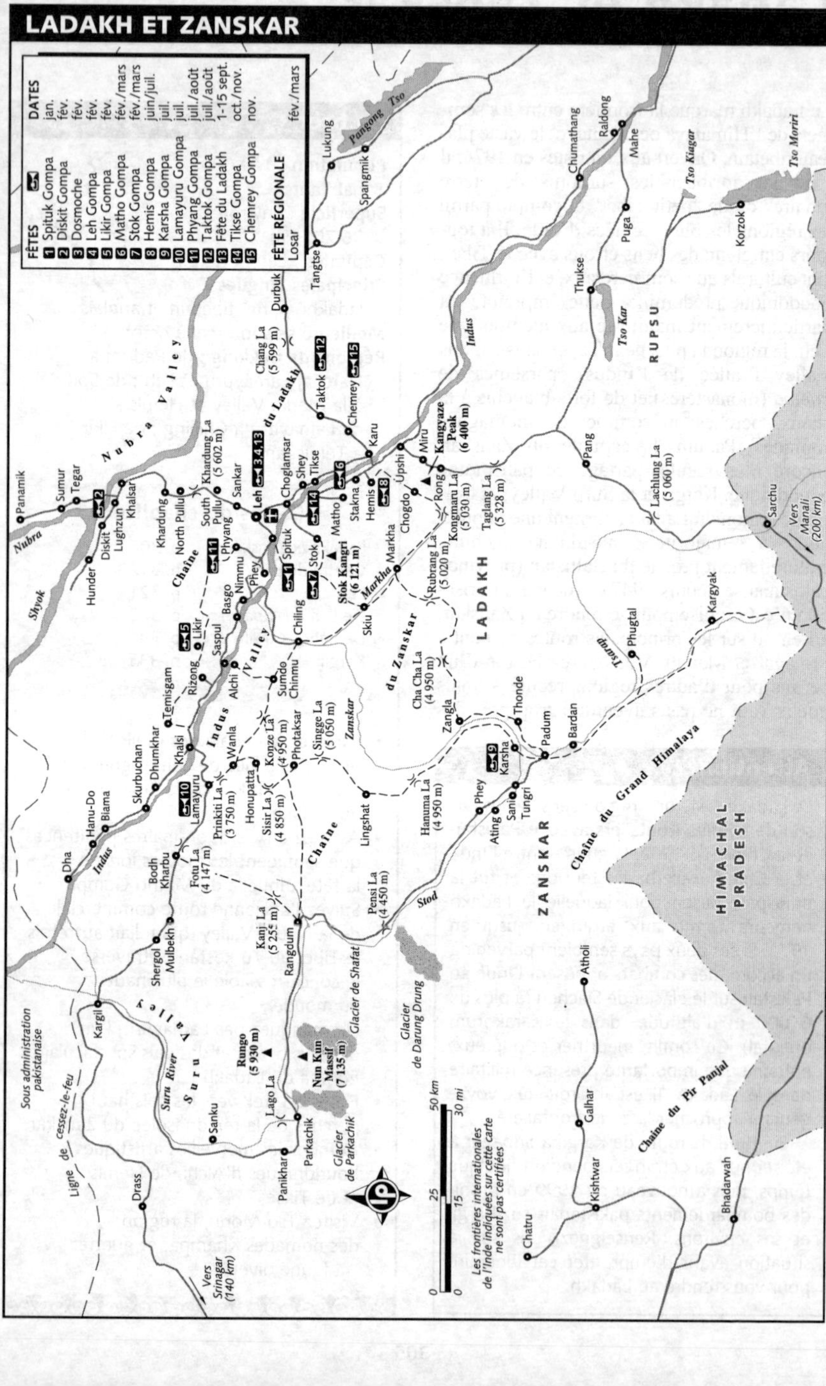
LADAKH ET ZANSKAR
FÊTES
DATES
1 Spituk Gompa jan.
2 Diskit Gompa fév.
3 Dosmoche fév.
4 Leh Gompa fév.
5 Likir Gompa fév.
6 Matho Gompa fév./mars
7 Stok Gompa fév./mars
8 Hemis Gompa juin/juil.
9 Karsha Gompa juil.
10 Lamayuru Gompa juil.
11 Phyang Gompa juil./août
12 Taktok Gompa juil./août
13 Fête du Ladakh 1-15 sept.
14 Tikse Gompa oct./nov.
15 Chemrey Gompa nov.
FÊTE RÉGIONALE
Losar fév./mars
Pangong Tso
Lukung
Spangmik
Tangtse
Durbuk
Chang La (5 599 m)
Chumathang
Raldong
Mahe
Puga
Tso Kiagar
Tso Moriri
Korzok
Thukse
Tso Kar
RUPSU
Indus
Nubra Valley
Panamik
Sumur
Tegar
Nubra
Diskit
Hunder
Lughzun
Khalsar
Khardung
North Pullu
South Pullu
Khardung La (5 602 m)
Sankar
Leh
Choglamsar
Shey
Tikse
Taktok
Chemrey
Karu
Upshi
Miru
Kangyaze Peak (6 400 m)
Pang
Lachlung La (5 060 m)
Sarchu
Vers Manali (200 km)
Shyok
Chaîne du Ladakh
Phyang
Spituk
Stok
Matho
Stakna
Hemis
Chogdo
Rong
Kongmaru La (5 030 m)
Taglang La (5 328 m)
Markha
Stok Kangri (6 121 m)
Phey
Nimmu
Basgo
Saspul
Likir
Skiu
Chilling
Rubrang La (5 020 m)
LADAKH
Rizong
Alchi
Temisgam
Indus Valley
Sumdo
Chinmu
Cha Cha La (4 950 m)
Zangla
Thonde
Phugtal
Tsarap
Kargyak
Chaîne du Zanskar
Khalsi
Wanla
Dhumkhar
Skurbuchan
Hanu-Do
Biama
Lamayuru
Prinkiti La (3 750 m)
Honupatta
Konze La (4 950 m)
Photaksar
Singge La (5 050 m)
Zanskar
Padum
Bardan
Karsha
Tungri
Sani
Phey
Ating
Hanuma La (4 950 m)
Lingshat
Sisir La (4 850 m)
Fotu La (4 147 m)
Bodh Kharbu
Dha
Indus
Chaîne du Grand Himalaya
ZANSKAR
HIMACHAL PRADESH
Stod
Pensi La (4 450 m)
Kanji La (5 255 m)
Rangdum
Shergol
Mulbekh
Kargil
Suru Valley
Suru River
Rungo (5 930 m)
Nun Kun Massif (7 135 m)
Glacier de Shafat
Glacier de Darung Drung
Lago La
Sous administration pakistanaise
Ligne de cessez-le-feu
Sanku
Drass
Panikhar
Parkachik
Glacier de Parkachik
Atholi
Galhar
Kishtwar
Chatru
Bhadarwah
Chaîne du Pir Panjal
Vers Srinagar (140 km)
Les frontières internationales de l'Inde indiquées sur cette carte ne sont pas certifiées
0 25 50 km
0 15 30 mi
lp

zones frontalières sensibles. Lorsque la tension monte entre l'Inde et le Pakistan, la route reliant Kargil à Srinagar peut être fermée aux étrangers.

Les bureaux de change sont rares ; entre Manali et Kargil, vous n'en trouverez qu'à Leh. Ne comptez pas utiliser votre carte de crédit.

Ladakh

Histoire

Les premiers habitants du Ladakh, les Khampa, étaient des nomades qui faisaient paître leurs yaks dans les hauts pâturages. Les premières communautés furent établies sur le cours supérieur de l'Indus par les Mon, des pèlerins bouddhistes qui se rendaient d'Inde au mont Kailash, au Tibet. La tribu des Brokpa (ou Dard), qui vit aujourd'hui au Dha-Hanu, constitue le dernier groupe indo-iranien encore bouddhiste. Au IXe siècle, l'influence du Ladakh s'étendit au-delà de l'Indus Valley, entraînant la construction de nombreux forts et palais, dont celui de Shey. A la fin du XIVe siècle, un pèlerin tibétain, Tsongkhapa, introduisit un ordre bouddhiste dirigé par le premier dalaï-lama. Connu sous le nom de gelugpa, cet ordre prospéra et construisit des gompa à Tikse, Likir et Spituk.

Au cours des années suivantes, les armées baltistano-kashmiries lancèrent diverses attaques contre le Ladakh qui, au XVIe siècle, tomba sous le joug d'Ali Mir du Baltistan. La région connut un meilleur sort sous le règne de Singge Namgyal (1570-1642) qui établit sa capitale à Leh où il fit bâtir un palais. Au début du XVIIe siècle, la famille royale ladakhie aida des moines brokpa à fonder des gompa à Hemis et Stakna.

Bientôt, les forces ladakhies durent affronter une armée mongolo-tibétaine et demandèrent le soutien du gouverneur du Cachemire. Cette aide impliquait un tribut symbolique à l'Empire moghol et la mosquée de Main Bazaar Rd, à Leh, fut le prix exigé par Aurangzeb. A l'issue de ce conflit, les relations commerciales reprirent et Leh rétablit son influence sur le Zanskar.

La chance du Ladakh tourna de nouveau dans les années 1830 lorsque l'armée dogra de Jammu l'envahit et exila son souverain à Stok. Les Dogra étaient dirigés par le célèbre général Zorawar Singh, nommé par le premier maharaja du Cachemire, Gulab Singh. Le Ladakh devint partie intégrante du vaste État du maharaja en 1846 et demeura sous l'autorité du Jammu-et-Cachemire après l'Indépendance. Il n'obtint une relative autonomie administrative qu'en 1995. Aujourd'hui, le Ladakh et le Zanskar appartiennent toujours à l'État du Jammu-et-Cachemire, sous le contrôle semi-autonome du Ladakh Autonomous Hill Development Council (LAHDC).

Géographie

Le Ladakh est bordé au sud-ouest par l'Himalaya, dont les impressionnants pics enneigés – le Nun (7 135 m) et le Kun (7 087 m) – sont les plus hauts du Cachemire. Au nord et parallèlement à l'Himalaya s'étire la chaîne du Zanskar, la plus importante entre l'Himalaya et l'Indus Valley. La région est arrosée par la Zanskar, qui se jette dans l'Indus juste au-dessous de Leh, et la Suru, qui rejoint l'Indus en aval de Kargil.

La chaîne du Stok, au sud de Leh, dresse ses hauts sommets au nord de la chaîne du Zanskar, tandis qu'au nord de Leh s'étend la chaîne enneigée du Ladakh. Au nord de cette dernière, la Nubra et la Shyok prennent leur source dans les vertigineux sommets du Karakorum oriental, dont le Rimo 1 (7 385 m) et le Teram Kangri 1 (7 464 m), qui marquent la frontière nord du Ladakh.

A l'est du Ladakh miroitent plusieurs *tso* (lacs), notamment le Pangong Tso qui forme la frontière avec le Tibet, le Tso Moriri et le Tso Kar, au milieu d'un désert d'altitude caractéristique du plateau tibétain.

Permis

La visite de Leh ne nécessite pas d'autorisation. Toutefois, vous devrez remplir un Foreigners' Registration Form (formulaire d'enregistrement des étrangers) à l'aéroport (à Upshi ou à Drass si vous venez par la route), à l'arrivée et au départ, ainsi qu'à votre hôtel. Tous les étrangers (y compris les Indiens non ladakhis et non zanskaris) ont besoin d'un permis pour les régions protégées : la Nubra Valley (vallée de la Nubra), Pangong Tso, Tso Moriri et Dha-Hanu. Vous pouvez vous déplacer en transport public ou privé, seul ou en groupe de quatre personnes maximum, à condition que ces dernières soient inscrites sur le permis. Obtenu par l'intermédiaire d'une agence de voyages, ce permis est délivré dans la journée et valable 7 jours (de 100 à

Hiver au Ladakh

Pour visiter le Ladakh en hiver, il faut être fou ou vraiment endurci. Les journées sont ensoleillées, mais les nuits sont glaciales, et, dès le crépuscule, on s'emmitoufle dans des vêtements chauds. Bien que les hôtels fournissent des seaux d'eau chaude, il faut trouver le courage de se déshabiller pour se laver. Nombre de pensions et de restaurants ferment leurs portes, les prestations touristiques disparaissent et le chauffage devient un luxe convoité.

Malgré cet inconfort, l'hiver garde des charmes. Les touristes se font rares, contrairement à l'été où les Occidentaux sont plus nombreux que les Ladakhis. Les fêtes qui se tiennent encore pendant la froidure permettent d'apprécier des pratiques séculaires sans devoir se frayer un passage au milieu d'une horde de vacanciers.

C'est aussi l'occasion de partager le mode de vie de ces robustes montagnards et d'admirer leur endurance face à la rudesse de leur environnement, sans jamais perdre leur sourire ni leur générosité.

Enfin, les routes étant coupées, vous deviendrez un voyageur intrépide ! Ceux qui attendent un vol, anxieux de ne pouvoir partir, passeront sans doute les derniers jours à scruter le ciel et les nuages menaçants.

200 Rs). Quatre personnes *doivent* demander un permis en même temps, même si elles *ne sont pas obligées* de voyager ensemble. Les agences de voyages conservent généralement des photocopies d'autres passeports pour vous permettre de "constituer" un groupe. Recensez tous les lieux que vous comptez visiter et emportez l'original et des photocopies du permis ; vous devrez passer plusieurs postes de contrôle et chacun réclamera une copie. Partir sans permis, essayer de visiter des régions interdites ou dépasser les 7 jours autorisés peut vous valoir la prison et causer de gros ennuis à votre agence de voyages.

Climat

Le Ladakh subit des températures extrêmes : certains affirment que c'est le seul endroit où l'on peut, assis au soleil et les pieds à l'ombre, attraper simultanément une insolation et des engelures. Le soleil, qui brille en moyenne 300 jours par an, cogne fortement à cette altitude. Une bonne crème solaire s'impose.

Ces dernières années, les conditions atmosphériques se sont modifiées, avec davantage de pluie et de neige, ce qui a posé des difficultés à cette population habituée au climat désertique. Les températures moyennes en été (de juin à septembre) et en hiver (d'octobre à mai) sont les suivantes :

Région	Été	Hiver
Dha-Hanu	-3/29°C	-15/15°C
Leh	-9/30°C	-20/17°C
Nubra Valley	-3/28°C	-15/15°C
Pangong Tso	-12/18°C	-25/18°C
Tso Moriri	-10/17°C	-22/6°C

Que prendre avec soi

Même au cœur de l'été, le thermomètre descend très bas dans certaines vallées. Sac de couchage et vêtements chauds sont essentiels où que vous alliez. Le jour, la chaleur intense peut causer le dessèchement de la peau et des coups de soleil ; n'oubliez pas un chapeau et une crème solaire, ainsi que du paracétamol contre le mal des montagnes. Une lampe de poche et des bougies vous seront d'un grand secours car, lorsqu'elle est installée, l'électricité n'est pas fiable et elle est coupée à 22h. Des jumelles vous permettront d'observer la faune.

Désagréments et dangers

Ces dernières années, le Pakistan a sporadiquement bombardé Kargil et ses environs (voir l'encadré *Attention*, en début de chapitre). En 2000, à Leh, des heurts entre des moines bouddhistes et la police ont entraîné la fermeture des magasins et des bureaux. Les bouddhistes se sentent de plus en plus persécutés par les autorités qui cherchent à éradiquer leur culture et ils revendiquent une totale autonomie. Lors de notre passage, la région était relativement calme, mais mieux vaut se renseigner avant de venir. A 3 505 m d'altitude, tous les visiteurs souffrent du mal des montagnes (voir la rubrique *Santé* du chapitre *Renseignements pratiques*). Respectez ces quelques consignes : mettez-vous au repos pendant les 2 jours suivant votre arrivée et buvez beaucoup d'eau. Si vous prévoyez un seul trajet en avion, prenez un vol pour Leh et repartez en bus : les effets de l'altitude se feront moins sentir de Leh à Manali qu'en sens inverse. Beaucoup de visiteurs venant de Manali passent une très mauvaise nuit à Sarchu, où l'altitude atteint 4 100 m.

Des voyageurs visitant les gompa du circuit touristique de Leh à bord d'un véhicule non ladakhi ont dû payer une amende de 500 Rs sous prétexte qu'ils n'avaient pas de "gompa ticket" (20 Rs), prétendument en vente au syndicat des taxis de Leh. A Leh, personne ne connaît l'existence de ce billet ; c'est donc une entourloupe à déjouer !

Visiter les gompa

Les *gompa* (monastères) du bouddhisme tibétain mahayana qui dominent le paysage ladakhi demeurent des lieux de prière et d'enseignement. Parés de drapeaux multicolores et de moulins qui égrènent au vent les prières, les sanctuaires et les stupa, ornés de superbes fresques anciennes, sont devenus des centres d'intérêt pour les des touristes. Dans la plupart des gompa, un moine guide les visiteurs, moyennant un don de 10 à 20 Rs. Quelques-uns proposent un logement bon marché à ceux qui viennent étudier le bouddhisme. Lors de votre visite, faites preuve de respect et observez les règles de conduite suivantes :

- couvrez vos bras et vos jambes ;
- ôtez vos chaussures avant de pénétrer dans un sanctuaire ;
- abstenez-vous de boire, de fumer ou de cracher ;
- ne dérangez pas les moines pendant les prières, ni pendant les cérémonies de fête ;
- n'utilisez pas de flash ; les fresques sont très fragiles ;
- tournez autour des *mani* (murs de pierre tibétains gravés d'inscriptions sacrées) des *chortens* (stupa en tibétain) et des moulins à prières dans le sens des aiguilles d'une montre, en les gardant à votre droite.

Manifestations annuelles

L'essor du tourisme dans la région a entraîné la prolongation de la **fête du Ladakh**, qui se déroule pendant les deux premières semaines de septembre. Même si cette mesure vise surtout à prolonger la saison touristique, ne manquez cette fête sous aucun prétexte : dans tout le Ladakh sont organisés des spectacles de danse colorés, des compétitions sportives, des cérémonies et des expositions. L'animation bat son plein à Leh, mais d'autres fêtes, plus modestes, se déroulent aussi à Tangtse, près du Pangong Tso, à Shey, à Basgo, à Korzok, au bord du Tso Moriri, et à Biama, dans le Dha-Hanu. La fête s'ouvre par un défilé spectaculaire dans les rues principales de Leh. Venus de tout le Ladakh, moines en robes safran ou orange, équipes de polo, troupes d'archers et réfugiés tibétains installés à Choglamsar paradent fièrement en costume traditionnel, avec leur *perak* (haut chapeau de couleur vive) et leurs *papu* (chaussures à bouts recourbés). Le défilé se poursuit par une journée de spectacle culturel sur le terrain de polo de Leh. Pour assister aux cérémonies d'ouverture dans les meilleures conditions, abandonnez le défilé et rendez-vous le plus tôt possible au terrain de polo.

Pendant les deux semaines de fête, vous assisterez aux danses masquées, graves et solennelles lorsqu'elles sont exécutées par les moines, joyeuses et frivoles quand il s'agit d'enfants. Matchs de polo, concours de tir à l'arc, concerts et activités culturelles sont également au programme dans tout le Ladakh.

La Nubra Valley comptant bien moins de gompa que les alentours de Leh, les fêtes sont moins religieuses et plus sportives. Ainsi, durant la fête du Ladakh, vous pourrez voir un safari à dos de chameau, entre Diskit et Hunder, des "démonstrations guerrières" (moins violentes qu'il n'y paraît), des danses du paon et du bouquetin, des mariages traditionnels, des danses de l'épée du Baltistan, des expositions florales et des concours de tir à l'arc. Ces activités se déroulent généralement dans les villages de Diskit et Sumur.

Parmi les fêtes hivernales, citons celles du Nouvel An, **Dosmoche**, également appelée "fête du bouc émissaire", et **Losar**. Pour la première, un grand mât de bois est érigé aux abords de Leh et des figurines de pâte sont brûlées ou jetées dans le désert afin de chasser les mauvais esprits de l'année écoulée. La seconde consiste à faire des offrandes aux dieux. Tout au long de l'année, d'autres festivités sont organisées dans les gompa, accompagnées de cérémonies religieuses, de musique et de danse.

Bénévolat

Des organisations non gouvernementales (ONG) s'intéressent en permanence au Ladakh, peut-être parce que cette région s'efforce de préserver sa culture bouddhique tibétaine et son écosystème fragile. Une de leurs cibles est l'échec scolaire : 90% des élèves de terminale échouent à leur examen final, et seuls 1 200 élèves par an (dont 85% de filles) poursuivent leurs études à Jammu, Chandigarh ou Delhi. Le problème majeur réside dans la langue : les cours se font en ourdou jusqu'à la 2e, puis en anglais les deux années suivantes ; les examens finaux sont en anglais.

Diverses associations militent pour des cours en anglais dès les petites classes et pour des livres plus adaptés à la culture locale (par exemple des livres d'images avec des yaks plutôt que des éléphants). Elles organisent des cours d'été et d'hiver, paient et forment des professeurs et fournissent des médicaments et du matériel. Elles accueillent volontiers des bénévoles prêts à aider les élèves en anglais et leur procurent une expérience multiculturelle tout en œuvrant à préserver la culture du Ladakh.

Les bénévoles dotés de talents pédagogiques ou commerciaux sont les plus recherchés, mais toute personne désireuse de travailler avec des enfants est la bienvenue. Les emplois ne sont généralement disponibles qu'en été, mais ceux qui possèdent des compétences spécifiques pourront travailler en hiver. Mieux vaut contacter les ONG sur place. Les écologistes et les ingénieur devraient trouver facilement un travail bénévole. Les organismes ci-dessous accueilleront à bras ouverts toute compétence dans le domaine de la construction et de la recherche de nouvelles technologies pour préserver l'environnement et les ressources naturelles de la région.

Child Welfare Society of Ladakh
(☎ /fax 53308) Fort Rd, Leh. Cette société vient en aide aux étudiants de régions isolées du Ladakh et du Zanskar. Basée à Leh, elle embauche des bénévoles en hiver, de décembre à février, pour enseigner l'anglais, s'occuper de l'administration et tenir compagnie aux écoliers. Ses bureaux ouvrent du lundi au samedi, de 10h à 13h et de 14h à 17h.

Ladakh Ecological Development Group
(LEDeG ; ☎ 52646) Karzoo. Ce groupe promeut un développement écologique et viable, respectueux de la culture traditionnelle (voir plus loin *Ecology Centre*). Essentiellement intéressé par la formation, le LEDeG accepte les volontaires spécialisés dans la recherche et le développement ou dans l'éducation.

The Students Educational and Cultural Movement of Ladakh
(Secmol ; ☎ 53012, fax 53561). Créée par des diplômés originaires du Ladakh, cette organisation dispense des cours aux étudiants et aux professeurs. Elle propose aussi des aides à l'enseignement, encourage les arts et participe à l'opération New Hope (Nouvel espoir) pour réformer le système éducatif de la région. Installés à Phey, à 18 km de Leh, huit volontaires au maximum paient 100 Rs par jour pour un lit en dortoir chauffé à l'énergie solaire (apportez votre sac de couchage) et des repas végétariens. Il est inutile de parler un anglais parfait. Des spécialistes en art plastique sont demandés tout au long de l'année. Adressez-vous au bureau de Leh, sur la route du terrain de polo.

Langue

La majorité de la population du Ladakh et du Zanskar parle ladakhi. Autrefois proche du tibétain, cette langue a considérablement évolué. Si vous ne devez retenir qu'un mot, ce sera l'universel *jule* (prononcez djou-lé), qui signifie à la fois bonjour, au revoir, s'il vous plaît et merci.

Activités sportives

Le Ladakh, terre d'aventure, offre de plus en plus d'activités excitantes. Les standards de sécurité sont généralement respectés et, en cas d'urgence, l'armée indienne, omniprésente, transporte les blessés en hélicoptère ; vérifiez les garanties de votre assurance. Leh et Delhi comptent une multitude d'agences spécialisées dans l'organisation de circuits. Choisissez-en une qui veille au respect de l'environnement (voir *Tourisme responsable* dans le chapitre *Renseignements pratiques*).

Rafting en eau vive. Plusieurs agences de Leh proposent des descentes de l'Indus et de la Zanskar. Le rafting n'est pas particulièrement populaire, car les rivières ne sont pas très sûres et la saison ne dure que de juillet à mi-septembre environ. Une tranquille descente de 3 heures de Hemis à Choglamsar ou de Phey à Nimmu coûte 1 000 Rs par personne. De Nimmu à Alchi, comptez 2 000 Rs et 5 000 Rs pour un trajet de deux jours à la pleine lune. Les descentes plus longues et sur mesure reviennent à environ 70 $US par jour, transport, matériel, nourriture et services d'un guide compris.

Indus Himalayan Explorers (☎ 52788), en face de la station de taxis de Fort Rd, et Rimo Expeditions (☎ 53257), dans l'Hotel Kamglachan, comptent parmi les meilleures agences de voyages de Leh organisant des sorties de rafting.

Promenades à dos de chameau. Le Ladakh est bien un désert puisque des chameaux y vivent et, calé entre leurs deux bosses, vous pourrez parcourir 8 km parmi les dunes de sable de Hunder. L'excursion d'une journée, au départ de Leh, revient à quelque 1 000 Rs, transferts en jeep compris. Vous pouvez également l'organiser par l'intermédiaire de votre pension à Hunder ou à Diskit.

Alpinisme. Paradis des alpinistes, le Ladakh compte des sommets très convoités, comme le Stok Kangri (6 121 m), dans les monts du Zanskar au sud de Leh, le Kangyaze Peak (6 400 m), au sud-est de Leh, et le Nun Kun Massif, auquel on accède par la route Kargil-Padum. Les groupes souhaitant faire de l'escalade dans la région doivent d'abord obtenir l'autorisation de l'International Mountaineering Foundation, à Delhi (voir *Alpinisme*, dans la rubrique *Activités sportives* du chapitre *Renseignements pratiques*). A Leh, des agences organisent des expéditions pour 60 $US par jour (sur la base de quatre ou cinq jours).

Trekking. Les treks coûtent de 30 à 40 $US par jour, tout compris (quatre participants au minimum). Consultez la rubrique *Trekking au Ladakh*, plus loin dans ce chapitre.

LEH

☎ 01982 • 15 000 habitants

Leh se niche dans une vallée perpendiculaire, au nord de l'Indus Valley. Jusqu'en 1947, elle entretenait d'étroits liens commerciaux avec l'Asie centrale et des caravanes de yaks partaient du bazar et franchissaient le Karakorum Pass (col du Karakorum) pour rejoindre Yarkand et Kashgar. Aujourd'hui, Leh constitue une position stratégique pour l'armée indienne et la présence massive de militaires rappelle la proximité des frontières sensibles avec le Pakistan et la Chine.

La ville a changé depuis l'ouverture du Ladakh aux étrangers en 1974. Plus d'une centaine d'hôtels ont surgi et la plupart des boutiques du bazar vendent aujourd'hui des objets d'art et d'artisanat locaux. La cité est dominée par le Leh Palace, un palais de neuf étages totalement délabré où vivait la famille royale ladakhie avant son exil à Stok dans les années 1830. En surplomb du palais, au sommet de Namgyal Hill, se dresse le Victory Fort, érigé en commémoration de la victoire du Ladakh sur les armées baltistano-kashmiries au début du XVIe siècle.

La vieille ville, qui s'étend au pied de Namgyal Hill, est un dédale de ruelles et de maisons, où les piles de bois et de bouses séchées sont entassées pour servir de combustible durant les longs mois d'hiver. Au sud, s'étend le terrain de polo (voir plus loin la rubrique *Manifestations sportives*). La mosquée, au début de Main Bazar Rd, fut commandée par l'empereur moghol Aurangzeb.

A Changspa, petit village des environs, d'importantes sculptures bouddhiques datent des VIIIe et IXe siècles, époque à laquelle le Ladakh se convertit au bouddhisme. Non loin, le village de Sankar abrite un gompa moderne qui dessert une grande partie de la Leh Valley (vallée de Leh). Il est entretenu par 15 à 20 moines du gompa de Spituk. Le principal lieu de culte bouddhique de Leh, le Soma Gompa, se situe à proximité de la mosquée.

Depuis peu, l'atmosphère de Leh s'est chargée d'électricité ; craignant pour leurs cultures respectives, bouddhistes et musulmans sont descendus dans la rue. Les bouddhistes s'inquiètent de l'arrivée massive de musulmans venus du Pakistan et du nombre croissant de jeunes filles bouddhistes qui se convertissent à l'islam pour se marier. Ils estiment aussi que l'attribution de postes de la fonction publique à des non-bouddhistes s'inscrit dans une conspiration gouvernementale visant à l'épuration ethnique.

Orientation

Leh est une petite ville où l'on se repère facilement. La route de l'aéroport passe devant l'ancienne et la nouvelle gare routière, puis rejoint l'artère principale, Main Bazaar Rd, où sont installés nombre de commerces et de restaurants. Le quartier le plus fréquenté pour ses hôtels, ses restaurants et ses magasins se trouve aux alentours de Fort Rd, au sud-ouest du Leh Palace. Le village de

CENTRE DE LEH

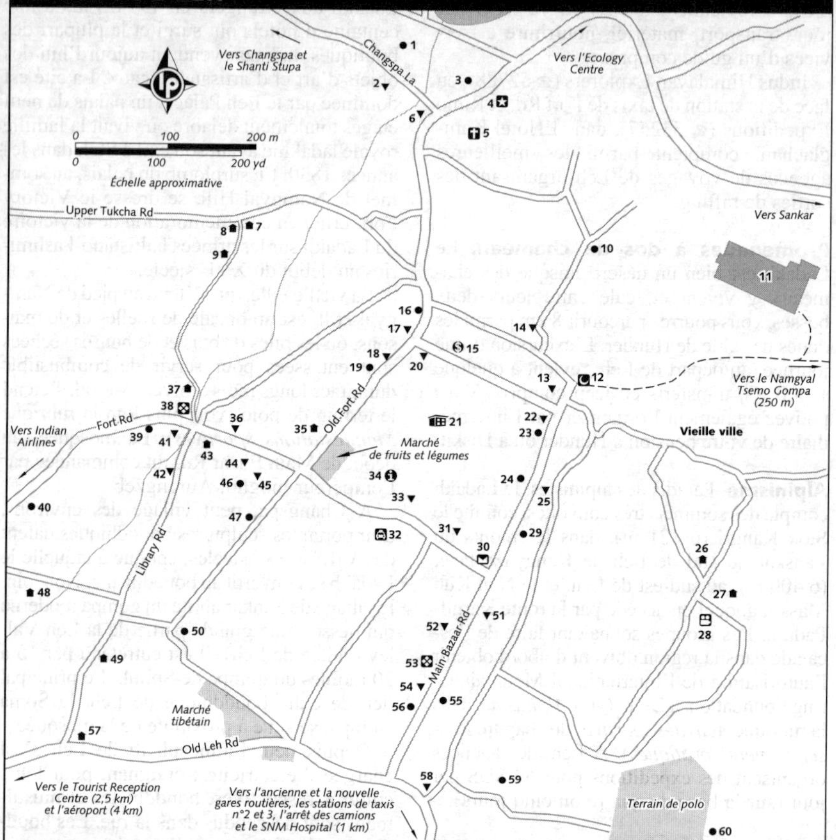

OÙ SE LOGER
- 7 Jigmet Guest House
- 8 Ti-Sei Guest House
- 9 Dehlex House
- 26 Tak Guest House
- 27 Old Ladakh Guest House
- 35 Hotel Ga-Idan Continental
- 37 Indus Guest House, Bimla Hotel
- 43 Hotel Yak Tail
- 48 Yasmin Guest House, Padma Hotel & Guest House
- 49 Panong Hotel
- 57 Hotel Dragon

OÙ SE RESTAURER
- 2 Mentokling Restaurant
- 6 World Garden Cafe
- 13 Budshah Inn
- 14 Boulangeries ladakhies
- 17 Tibetan Cafe
- 18 Pumperknickel German Bakery
- 20 La Terrasse
- 22 Rôtisserie
- 25 Kokonor Tibetan Restaurant
- 31 Tibetan Friends Corner Restaurant
- 33 Ibex Bar & Restaurant, boutique de spiritueux
- 36 Gezmo Dogra Dhaba, Poora Barba, Namra Bar, Gemini Colour Lab
- 41 Hotel Tso-Kar, Tibetan Kitchen
- 42 Instyle German Bakery
- 44 Summer Harvest
- 45 Eidelweiss Restaurant
- 51 Wok Tibetan Kitchen, Upel Tibetan Restaurant
- 52 Himalaya Cafe
- 54 La Montessori
- 58 Iqra Restaurant

DIVERS
- 1 Moravian Mission School
- 3 Rimo Expeditions
- 4 Poste de police
- 5 Église morave
- 10 Boutique de cartes postales de Syed Ali Shah
- 11 Leh Palace
- 12 Jama Masjid
- 15 State Bank of India
- 16 Blanchisserie Dzomsa
- 19 Parkash Booksellers
- 21 Soma Gompa, Ladakh Buddhist Association
- 23 Pharmacie Het Ram Vinay Kumar
- 24 Leh Ling Bookshop
- 28 Delite Cinema
- 29 Explore Himalayas
- 30 Poste
- 32 Station de taxis 1 et syndicat
- 34 Office du tourisme et bureau de change
- 38 Complexe de Shamshu, Penguin, Mero Equipments, Ecotours, Bureau des bus HPTDC, Indus Himalayan Explorers, Fantasy Tours
- 39 White House Building, Gypsy's World Adventure, Travellers Shop
- 40 Child Welfare Society
- 46 Dreamland Hotel (location de vélo)
- 47 Hotel Khangri (change)
- 50 Bibliothèque de Leh District
- 53 Himalaya Centre, LEHO, bureau de change de la Jammu & Kashmir Bank
- 55 Tibetan Handicrafts Emporium
- 56 Ladakh Art Palace
- 59 Secmol
- 60 District Magistrates Office

Changspa, à 2 km au nord-ouest de la ville, abrite de nombreuses pensions fréquentées par des visiteurs en long séjour. A 2 km au nord-est de Leh, Sankar possède également maintes pensions tenues par des familles.

Renseignements

Offices du tourisme. Le Tourist Reception Centre (☎ 52297) se situe à 3 km au sud du centre-ville, sur la route de l'aéroport. Pour des informations d'ordre général, adressez-vous plutôt au petit bureau de Fort Rd. Tous deux ouvrent du lundi au samedi, de 10h à 16h. Le comptoir d'information touristique de l'aéroport ouvre pour l'arrivée des vols ; il fournit les formulaires d'enregistrement pour les étrangers et des cartes de la région.

Argent. La State Bank of India et la Jammu & Cachemire Bank, près de Main Bazaar Rd, changent des espèces et des chèques de voyages. La première ouvre en semaine, de 10h30 à 16h, la seconde, de 10h30 à 14h30 et toutes deux le samedi, de 10h30 à 12h. Prévoyez de longues files d'attente en haute saison. Les hôtels Khangri, Yasmin et Paradise changent également des espèces à des taux un peu plus bas. Les boutiques de Fort Rd offrent un meilleur taux pour les dollars US en espèces.

Poste et communications. Mal située, à plus de 2 km au sud du centre-ville, la poste centrale ouvre du lundi au samedi, de 10h à 13h et de 14h à 17h. Son service de poste restante n'est pas fiable. La poste installée à l'angle de Fort Rd et de Main Bazaar Rd ouvre du lundi au samedi, de 10h à 17h. Dans toute la ville, des cabines téléphoniques sont raccordées à l'international. Les communications intérieures coûtent de 30 à 40 Rs la minute, celles pour l'Europe 70 Rs et pour le Canada 80 Rs. Toutefois, les lignes sont parfois difficiles à obtenir, surtout le soir. Le fax est plus cher et moins fiable (3 Rs la seconde pour l'international). A Gypsy's World, dans le White House Building, Fort Rd, vous pouvez envoyer/recevoir des mails pour 50/30 Rs le message ; vous pouvez également consulter Internet, mais la connexion, relayée par Srinagar, est très lente et chère (5 Rs la minute). Essayez aussi Cyberia, à l'hôtel Tashi Dalek.

Agences de voyages. Quantité d'agences de voyages ouvrent en été. Rétribuées à la commission, elles vendent presque toutes les prestations des confrères : billets de bus et circuits organisés dans les régions protégées du Ladakh. Voici quelques adresses recommandées par nos lecteurs :

Ecotours
(☎ 52918) Fort Rd
Explore Himalayas
(☎ 52727, fax 53354) Main Bazaar Rd
Fantasy Tours
(☎ 53124) Fort Rd
Gypsy's World
(☎ 53659, fax 52735) White House Bldg, Fort Rd
Oriental Trek & Tour
(☎ 53153, fax 52414, orientalleh@hotmail.com) Oriental Guest House, Changspa
Paradise Trek & Tour
(☎ 52640) Fort Rd
Rimo Expeditions
(☎ 53257) Hotel Kamglachan

Location de matériel. Quelques agences de voyages louent des sacs de couchage, des tentes, etc., mais le matériel peut être de mauvaise qualité, mal entretenu et la caution demandée est importante. Vérifiez soigneusement l'équipement avant de vous décider. Les boutiques suivantes louent du matériel de camping et d'alpinisme : Travellers Shop (☎ 52248), dans le White House Building, et Mero Equipments (☎ 53070), en face. Par jour, comptez environ 100 Rs pour une tente à deux places, 70 Rs pour un sac de couchage et 30 Rs pour un réchaud à gaz. La caution pour une tente peut atteindre 3 000 Rs.

Librairies et bibliothèques. Leh Ling Bookshop présente une belle sélection d'ouvrages sur le Ladakh et le Tibet, ainsi que des romans. Le Tibetan Handicrafts Emporium, Main Bazaar Rd, dispose d'un bon choix de littérature tibétaine. A côté de l'Hotel Bijoo, la petite bibliothèque de Leh District est une bonne adresse pour les livres (anciens surtout) sur le Ladakh et la presse récente en langue anglaise ; elle ouvre du lundi au samedi, de 10h à 16h. L'Ecology Centre possède une bibliothèque intéressante, axée sur les problèmes locaux et l'écologie. Pour les ouvrages sur le bouddhisme et le Tibet, essayez la bibliothèque tibétaine de Choglamsar ou celle du Mahabodhi Meditation Centre.

Journaux et magazines. Parkash Booksellers, dans Old Fort Rd, vend des quotidiens et des magazines indiens en langue anglaise un jour ou deux après leur date de parution. Disponible en librairie, le magazine bilingue (ladakhi-anglais) trimestriel *Ladags Melong* (20 Rs) est une bonne source d'informations sur la culture, l'éducation et l'histoire du Ladakh.

Photo. Plusieurs boutiques de Fort Rd et de Main Bazaar Rd vendent des pellicules (papier et diapo), dont il faut toujours vérifier la date de validité. Le Gemini Lab, Fort Rd, en face de l'Hotel Yak Tail, effectue de très bons développements (papier seulement). Pour une réparation, adressez-vous à Jullay Colour Lab, dans le Moti Market. Vous pourrez vous procurer des pellicules et de superbes photographies anciennes du Ladakh dans la boutique de cartes postales de Syed Ali Shah, derrière la mosquée.

Blanchissage/nettoyage. Respectueuse de l'environnement, la blanchisserie Dzomsa veille à ne pas contaminer les cours d'eau. Comptez 15 Rs pour un pantalon et 10 Rs pour une chemise (travail soigné). Dzomsa remplit également les bouteilles d'eau filtrée (7 Rs), un bon moyen de limiter l'amoncellement des déchets de plastique. Cette blanchisserie ferme en hiver, mais la ville en compte quantité d'autres.

Services médicaux. Si vous pensez souffrir du mal des montagnes, appelez le ☎ 52014 de 10h à 16h ou le ☎ 52360 de 16h à 10h pour un avis médical (voir également la rubrique *Santé* du chapitre *Renseignements pratiques)*. Leh compte plusieurs cliniques et pharmacies qui peuvent vous conseiller et délivrer des médicaments pour les affections simples. Pour des problèmes plus sérieux, rendez-vous au Sonam Norbu Memorial (SNM) Hospital (☎ 52360), à 3 km au sud de la ville. Leh compte quelques cliniques *amchi* (médecine traditionnelle tibétaine), dont celle de l'Ecology Center, où des médecins anglophones consultent le dimanche de 9h à 15h ; prenez rendez-vous la veille. Des conférences sur l'amchi ont lieu le même jour à 10h. Près de la mosquée, dans Main Bazaar Rd, le Het Ram Vinay Kumar vend des médicaments et des produits de toilette occidentaux, comme des tampons.

Pour appeler la police, composez le ☎ 52018 et pour une ambulance, le ☎ 53629.

Leh Palace

Version miniature du Potala de Lhassa (Tibet), ce palais construit au XVIIe siècle est aujourd'hui déserté. Il ouvre de 7h à 21h (entrée : 10 Rs). Jetez un coup d'œil à la salle de prière, mais attention aux trous dans le sol !

Namgyal Tsemo Gompa

Édifié en 1430, ce gompa renferme un immense bouddha assis, des fresques et des manuscrits anciens. Il ouvre habituellement de 7h à 9h.

Le fort qui le surplombe, en ruine, offre un superbe point de vue sur la ville. Le sentier abrupt part de la route du Leh Palace ; l'aller-retour en taxi coûte 150 Rs.

Soma Gompa

Le centre moderne du bouddhisme de Leh, siège de la Ladakh Buddhist Association, possède les aménagements habituels d'un gompa, dont une bibliothèque et un tableau d'affichage comportant des articles sur la "persécution" des bouddhistes. C'est de ce bâtiment que s'élèvent les psalmodies qui concurrencent le muezzin.

Sankar Gompa

Facile d'accès, cet intéressant petit gompa d'obédience gelugpa se situe à 2 km au nord du centre-ville. A l'étage, vous pourrez admirer une impressionnante représentation d'Avalokitesvara (ou Chenresig), le bodhisattva de la compassion, doté de 1 000 bras et de 1 000 têtes. Le gompa ouvre de 7h à 10h et de 17h à 19h. De Leh, l'aller-retour en taxi revient à 135 Rs.

Shanti Stupa

Imposant par sa silhouette, surtout le soir lorsqu'il est illuminé, ce stupa a été construit (avec le soutien financier du gouvernement japonais) par un ordre japonais qui souhaite répandre le bouddhisme en édifiant des temples à travers le monde. Le dalaï-lama l'a inauguré en 1985. Le stupa se dresse au bout de la route qui traverse Changspa, à 3 km de Fort Rd. A pied, les escaliers sont extrêmement raides et déconseillés à ceux qui viennent d'arriver à Leh.

En taxi (135 Rs l'aller-retour) ou avec votre propre moyen de transport, une longue route sinueuse (mais moins raide) conduit au sommet, où vous découvrirez un magnifique panorama.

Ecology Centre

Appelé Ecology Centre (Centre écologique), le Ladakh Ecological Development Group (LEDeG), fondé en 1983, lance et promeut un "développement écologique et viable, respectueux de l'agriculture traditionnelle". Ceci comprend l'éducation sanitaire et écologique, le renforcement des méthodes traditionnelles de culture organique et la publication de livres en langue locale. Le LEDeG accepte des travailleurs bénévoles.

Sa petite bibliothèque est très intéressante ; la boutique d'artisanat propose un bon choix (un peu cher mais non lucratif) d'objets fabriqués localement ; une clinique amchi fonctionne le dimanche. Le centre ouvre du 1er avril au 30 octobre, de 10h à 16h30, et le reste de l'année, de 10h30 à 13h30 et de 14h à 16h.

Sauna et massage

Idéal pour se décontracter après un trek, Ladakh Sauna and Massage, à Changspa, propose sauna (100 Rs) et massage (300 Rs), à réserver la veille.

Cours

Des centres d'études bouddhiques sont établis à Leh et à Choglamsar, un village voisin. L'été, le Mahabodhi Meditation Centre (☎ 44025), dans Changspa Lane, organise, du lundi au vendredi, des cours de yoga de 15h15 à 16h45 et des séances de méditation en groupe d'une heure à 17h. Le centre, doté d'une librairie et d'une bibliothèque, propose aussi des sessions d'étude de 5 jours maximum.

Où se loger

Sauf mention contraire, les hôtels et pensions répertoriés ci-dessous ferment en hiver. La date exacte de fermeture dépend de la demande, mais se situe généralement aux alentours du 15 septembre. Les établissements commencent à rouvrir en mars. En l'hiver, beaucoup d'établissements coupent l'arrivée d'eau pour éviter l'éclatement des canalisations ; ils fournissent alors des seaux d'eau chaude et froide et l'on peut négocier le prix des chambres. De nombreux hôtels de catégories moyenne et supérieure ajoutent quelque 10% de service à la note.

Très peu d'hôtels sont chauffés et la plupart des chambres possèdent de grandes fenêtres, qui laissent entrer le soleil. Quand le climat le permet, laissez les rideaux ouverts la nuit pour vous réveiller lorsque le soleil commence à éclairer les montagnes. A toute époque de l'année, renseignez-vous sur la disponibilité de l'eau chaude avant de payer le supplément correspondant. Vu la fréquence des coupures de courant, munissez-vous d'une lampe de poche.

Leh et ses alentours comptent des centaines de pensions ; nous n'en présentons qu'un échantillon.

Où se loger – petits budgets

Leh. Ouverte en permanence depuis 1974, l'***Old Ladakh Guest House*** *(☎ 52951)*, un lieu merveilleux et plein de cachet, se trouve au nord du terrain de polo. Elle comporte des chambres charmantes et individualisées, à partir de 180/250 sans/avec s.d.b. Des escaliers de bois vermoulus montent de la petite cour arborée jusqu'à la terrasse. Presqu'en face, la ***Tak Guest House***, plus simple, offre des chambres sombres au rez-de-chaussée, à 100 Rs, et des chambres plus claires à l'étage, à 150 Rs (s.d.b. communes et toilettes à la turque).

Plusieurs pensions correctes sont installées au nord de Fort Rd. La ***Jigmet Guest House*** *(☎ 53563)* possède de grandes chambres, dont l'une sert aussi de bibliothèque, à 150/300 Rs sans/avec s.d.b. La ***Ti-Sei Guest House*** *(☎ 52404)* comprend un beau jardin, une cuisine ladakhie et des chambres à 150/200 Rs. Dotée d'un grand jardin, la ***Dehlex Guest House*** facture ses simples/doubles avec s.d.b. commune 100/200 Rs.

Changspa. Installée dans un jardin en contrebas du Shanti Stupa, l'***Oriental Guest House*** *(☎ 53153, fax 52414, orientalleh@hotmail.com)* est tenue par une famille sympathique, très bien informée sur les questions locales. Les simples/doubles, avec s.d.b. commune, de l'ancien bâtiment reviennent à 80/120 Rs, celles de la nouvelle aile, avec s.d.b. et chauffage, à 250/300 Rs. L'énergie solaire assure l'eau chaude toute l'année ; les petits déjeuners (35 Rs) et dîners (45 Rs) sont servis dans une grande salle à manger, confortable et conviviale. La pension reste ouverte en hiver et organise des excursions respectueuses de l'environnement en collaboration avec une ONG.

La ***Goba Guest House***, similaire mais plus champêtre, dispose de chambres sans prétention, avec s.d.b. commune, à 80/150 Rs. On peut partager les repas familiaux, servis dans la cuisine. Un voyageur a tellement aimé cet endroit qu'il s'y est installé depuis trois ans, garantissant son ouverture en hiver.

Autre ferme appréciée et recommandée pour son accueil, la ***Shanti Guest House*** *(☎ 53084)* se situe en contrebas du Shanti Stupa. Ouverte en hiver, elle loue ses chambres pour 100/200 Rs. Derrière, la ***LEDeG Hostel*** *(☎ 52918)*, une auberge de jeunesse écologique pour non-fumeurs, s'adresse à ceux qui s'intéressent aux projets du LEDeG. Comptez 100/160 Rs pour une chambre chauffée à l'énergie solaire, avec eau chaude.

Renommée depuis longtemps, l'***Asia Guest House*** *(☎ 53403)* possède un restaurant en terrasse qui surplombe un grand jardin (chambres à 150 Rs).

L'***Eagle Guest House*** *(☎ 53074, fax 52107)* offre des chambres à 100/250 Rs et une terrasse dominant les champs environnants.

La ***Stumpa Guest House*** est une maison familiale aux chambres rustiques à partir de 60/160 Rs. La ***Greenland Guest House*** *(☎ 53156)* lui ressemble, avec son petit jardin et ses chambres spacieuses à 100/160 Rs.

Où se loger – catégorie moyenne

Près de Fort Rd, le ***Bimla Hotel*** *(☎ 52754)*, entouré d'arbres, demande 200/300 Rs pour des simples/doubles avec grandes fenêtres et s.d.b. ; certaines chambres s'agrémentent d'une véranda. Du toit, vous découvrirez le palais et le fort ; au rez-de-chaussée, vous pourrez vous délasser dans le salon. A côté, l'***Indus Guest House*** *(☎ 52502)*, semblable, offre des chambres avec vue et s.d.b. à 250/350 Rs. Ces deux établissements restent ouverts en hiver.

Ouvert toute l'année, le ***Padma Hotel & Guest House*** *(☎ 52630, fax 51019)* se compose d'une ferme authentique et d'un bâtiment moderne. Les chambres spacieuses et confortables de la ferme valent 150/300 Rs ; celles impeccables de la nouvelle aile, 900/1 500 Rs en pension complète. Les repas sont servis sur le toit-terrasse, dans le jardin ou à la cuisine.

La ***Yasmin Guest House*** *(☎ 52405)*, un bâtiment récent à deux niveaux doté d'un jardin ensoleillé, dispose de belles doubles avec eau chaude à 400/500 Rs. Le ***Panong*** *(☎ 52300)*, également moderne, accueille les passagers d'Indian Airlines lorsque les vols sont retardés par les intempéries. Il reste ouvert en hiver, quand le prix des chambres s'échelonne de 200 à 500 Rs.

Près de l'Ecology Centre, l'***Hotel Saser*** *(☎ 52654, fax 52575)*, récent mais décoré d'objets traditionnels, propose des chambres à 800/900 Rs, réparties autour d'un jardin.

Régulièrement recommandée par des lecteurs, la ***Silver Cloud Guest House*** *(☎ 53128, fax 52659)*, à l'écart de l'agitation de Sankar, facture ses chambres, dont certaines avec balcon, 150/300 Rs, ou 300/400 Rs avec s.d.b.

Où se loger – catégorie supérieure

Les établissements de cette catégorie n'offrent guère plus de confort que leurs concurrents moins coûteux, sinon l'eau chaude courante quand les clients de ces derniers doivent se contenter de seaux. L'***Hotel Yak Tail*** *(☎/fax 52118, Fort Rd)*, vaste et central, possède une cour plaisante, un restaurant et un bureau de change. Il offre des chambres très spacieuses, avec s.d.b., TV noir et blanc et parfois un salon, à 1 000/ 1 300 Rs, ou 1 600/2 070 Rs en pension complète. L'établissement propose des spectacles en soirée durant l'été (voir plus loin *Où sortir*).

L'***Hotel Dragon*** *(☎ 52139, fax 52720, advnorth@vsnl.com)*, l'un des plus représentatifs de cette catégorie, dispose de chambres claires et joliment décorées à partir de 850/1 200 Rs. Quelques terrasses surplombent la cour centrale et de nombreuses sculptures sur bois traditionnelles ornent l'établissement. Il comprend également une grande salle à manger et une agence de voyages.

Central et ouvert toute l'année, l'***Hotel Galdan Continental*** *(☎ 52173, fax 52414, Old Fort Rd)* facture ses chambres, dont certaines avec TV, 1 595/1 895 Rs. A l'***Hotel Lasermo*** *(☎ 52313)*, comptez 1 890/2 270 Rs en pension complète. Les repas sont servis dans une salle à manger de style ladakhi.

A Changspa, le ***Gypsy's Panorama Hotel*** *(☎ 52660, fax 52735, matin@vsnl.com)*, équipé du chauffage central, ouvre toute l'année. Les chambres n'ont rien d'extraordinaire, mais lorsqu'il gèle, le chauffage et les repas valent largement les 1 800/2 277 Rs demandées. Une chambre sans chauffage revient à 800 Rs.

Où se restaurer

La plupart des hôtels possèdent leur propre restaurant et le choix des plats est tout à fait satisfaisant beaucoup ferment en hiver, à moins d'un afflux de clientèle. Les boulangeries font souvent office de restaurants. Les pensions aux douillettes cuisines ladakhies, avec leur poêle ronflant et les étagères où s'alignent des pots de cuivre, mitonnent de consistants repas (généralement à base de légumes du potager), quel que soit le nombre de convives. L'importante population tibétaine de Leh a influencé la cuisine locale et accru le nombre de restaurants tibétains (et donc végétariens). Vous n'aurez que l'embarras du choix, mais seuls quelques-uns restent ouverts en hiver. Sauf mention contraire, les établissements cités ici ouvrent toute l'année et proposent des plats tibétains, chinois et occidentaux. Installez-vous avant 20h30/19h30 l'été/l'hiver pour être sûr de dîner.

Quartier de Main Bazaar. Le long de Main Bazaar Rd, généralement en étage, plusieurs bons restaurants à petits prix (bien signalés) permettent, grâce à de grandes fenêtres, d'observer l'animation de la rue. Parmi les restaurants tibétains appréciés, citons l'Himalaya Cafe, le plus plaisant pour l'éclairage et la musique, le Kokonor Tibetan Restaurant, le Wok Tibetan Kitchen, La Montessori et l'Upel Tibetan Restaurant. Près du Soma Gompa, La Terrasse, fermée en hiver, possède une jolie terrasse avec parasols en étage ; les petits déjeuners et les en-cas sont meilleurs que les plats principaux.

Près de la mosquée, le ***Budshah Inn*** sert de bonnes spécialités cachemiries (environ 100 Rs) et satisfera les amateurs de viande. L'***Iqra Restaurant***, à l'autre bout de Main Bazaar Rd, propose un choix bien plus limité de plats cachemiris, mais offre de belles vues.

Le ***Tibetan Cafe***, dans Old Fort Rd, se révèle idéal pour boire un thé ou grignoter des en-cas. Dans Main Bazaar Rd, une ***rôtisserie*** vend 100 Rs un poulet entier, parfait pour un pique-nique. Dans la rue derrière la mosquée, des ***boulangeries ladakhies*** vendent du pain indien et tibétain, frais et chaud, délicieux avec de la confiture locale ! Elles font des fournées toute la journée et l'on peut assister à la fabrication du pain.

Fort Road. En face de l'Hotel Yak Tail, le ***Gezmo Dogra Dhaba*** est une excellente adresse pour un repas indien bon marché, comme le copieux curry de légumes avec du riz ; il dispose d'un tableau d'affichage utile. Pour un thé, allez au ***Poora Barba***, tout proche.

Meilleure table de la ville, le ***Tibetan Kitchen***, dans l'Hotel Tso-Kar, pratique des prix qui reflètent sa réputation : 250 Rs le repas. Les diverses spécialités tibétaines sont décrites sur la carte. Sur commande la veille, il prépare un succulent *gyarhcee* (pot-au-feu tibétain) pour un minimum de quatre personnes. Il est fermé en hiver.

En face de la station de taxis et dépourvu de vue, le ***Tibetan Friends Corner Restaurant*** attire une fidèle clientèle de locaux qui se régalent de *thugpa* (soupe de nouilles tibétaine).

Près de l'Hotel Yak Tail, le ***Summer Harvest***, en étage dans Fort Rd, est, à juste titre, très apprécié. Il ferme en hiver. Près de Fort Rd, l'***Instyle German Bakery*** est idéale pour une tasse de café et une pâtisserie, des sandwiches ou un petit déjeuner avec du porridge fumant. Très prisée, la ***Pumperknickel German Bakery***, en haut d'Old Fort Rd, propose, entre autres spécialités, des lasagnes et un plantureux petit déjeuner à 40 Rs.

Si vous souhaitez accompagner votre repas d'une bière, essayez l'***Eidelweiss***, au bas d'une allée près du Summer Harvest, ou encore le ***Penguin*** ou l'***Ibex Bar & Restaurant***. Les deux premiers ferment en hiver. Un ***marché de fruits et légumes*** est installé au coin de Fort Rd et d'Old Fort Rd.

Changspa. Dans ce village, les restaurants n'ouvrent qu'en été. Si vous séjournez ici, vous devrez vous contenter de la table de votre hôtel, à moins de marcher dans l'obscurité et le froid ou de prendre un taxi jusqu'à Leh.

Le ***Shelden Green Restaurant*** vous apportera rapidement une bière mais moins vite les habituelles spécialités occidentales, chinoises et indiennes. Son jardin ombragé est plaisant. Près de la Moravian Mission School, le ***Mentokling Restaurant***, un autre établissement en plein air, sert également de la bière. Le ***World Garden Cafe***, installé dans un charmant jardin, est idéal pour prendre le frais.

Près de l'Ecology Centre, le ***Mona Lisa Bar & Restaurant***, en plein air, propose, dans une ambiance détendue et sur fond de musique occidentale, de la bière, des pizzas ou du pain ladakhi avec du falafel (60 Rs environ).

Si vous avez envie de faire une halte en vous rendant à Leh, arrêtez-vous au ***Rainbow Cafe***, ouvert toute l'année.

Où sortir

Bars. Quelques bars et restaurants sous licence (voir *Où se restaurer*) permettent aux assoiffés de bière de se désaltérer, moyennant quelque 60 Rs. En revanche, il est plus difficile de trouver du *chang* (bière de riz ou de millet tibétaine) ; adressez-vous à votre hôtel. Meilleur bar de Leh, le ***Namra Bar***, en face de l'Hotel Yak Tail, offre musique et lumière tamisée et sert aussi quelques plats. Dans le complexe de l'Hotel Ibex, en face de la station de taxis, une ***boutique de spiritueux*** vend de la bière et du whisky indiens, de même qu'une autre installée dans le Moti Market.

Spectacles culturels. En été, la ***Cultural & Traditional Society*** propose un spectacle culturel derrière le Shamshu Complex à 18h (50 Rs). La ***Ladakh Artists' Society of Leh*** lui fait concurrence avec son spectacle quotidien de chants et de danses ladakhis devant le Leh Palace à 17h30 (70 Rs) ; le spectacle est agréable et l'endroit superbe. Prenez une lampe de poche pour le trajet du retour. Conçus pour les touristes, ces spectacles sont sans doute les versions les plus approchantes qu'il vous sera donné de voir des chants et danses traditionnels. Les plus intrépides en profiteront pour goûter le *gur-gur* (thé au beurre) ladakhi. Évitez les premiers rangs si vous ne voulez pas participer au spectacle en fin de soirée.

Cinéma. Les amateurs d'anciennes comédies musicales hindi, ponctuées de combats sanguinolents, se délecteront au ***Delite Cinema***, dans la vieille ville. Du lundi au samedi, à 16h30, l'Ecology Centre présente la vidéo *Ancient Futures – Learning from Ladakh* si la demande est suffisante. Il offre une bonne approche du Ladakh et des problèmes liés au tourisme. Un débat suit la projection. Du lundi au vendredi, à 16h30, le Tibetan Environment Network, à Choglamsar, projette des films se rapportant aux Tibétains.

Manifestations sportives

Leh et les villages avoisinants de l'Indus Valley disputent chaque semaine des matchs de polo sur le terrain installé au sud de la vieille ville. En hiver, les habitants pratiquent le hockey sur glace sur l'étang situé devant l'Ecology Centre.

Achats

Parmi les spécialités locales, vous pourrez acheter de l'artisanat tibétain, des châles pashmina (laine douce), des chaussettes de laine et des abricots biologiques, mais vous trouverez sans doute les mêmes articles bien moins chers à Delhi, Dharamsala ou au Népal. Le Tibetan Market (marché tibétain), près d'Old Leh Rd, vend des produits occidentaux, et c'est un bon endroit pour se procurer un manteau, un sac ou des lunettes de soleil avant de partir en randonnée. Le Moti Market, sur la route des gares routières, propose un choix plus intéressant, avec de l'artisanat et des bijoux locaux. Vous pouvez aussi explorer les boutiques de la vieille ville, derrière Main Bazaar Rd, le Ladakh Art Palace et le Tibetan Handicrafts Emporium, ainsi que l'Ecology Centre et la Cottage Industries Exposition à Changspa. Si vous séjournez à Leh pendant la fête du Ladakh, ne manquez pas les expositions et les stands d'artisanat et de vêtements.

La Ladakh Environment & Health Organisation (LEHO ; ☎ 53691) forme des femmes ladakhies à la fabrication traditionnelle de pashmina. Elle organise la visite de sa coopérative villageoise, à 20 km de Leh, où vous pourrez voir les femmes au travail avant de faire vos achats. Le prix des châles s'échelonne de 50 à 4 500 Rs.

Comment s'y rendre

Avion. Indian Airlines est actuellement la seule compagnie aérienne à desservir Leh, un monopole qui compense les vols à perte qu'elle doit maintenir en hiver. Elle avertit les passagers de l'impossibilité de quitter Leh avec plus de 60 à 75 personnes à bord en raison de l'altitude, des conditions climatiques et des dimensions de la piste. En période d'affluence, les vols sont très souvent complets ; réservez suffisamment à l'avance, mais préparez-vous à une éventuelle déception. Si vous ne trouvez pas de place en classe économique, tentez votre chance en 1re classe. Vous pouvez aussi vous inscrire en liste d'attente car, même avec le n°100, vous aurez une chance de partir si les conditions climatiques permettent d'embarquer plus de passagers. Ne réservez pas votre vol pour Delhi et celui du retour dans votre pays le même jour ; prévoyez toujours quelques jours de battement. En cas de retard au départ de Leh, Indian Airlines loge ses passagers pour la nuit.

En arrivant à l'aéroport commercial (☎ 52255) le plus élevé au monde, à Leh, sachez que l'altitude affectera sans doute votre organisme ; accordez-vous au moins deux jours de repos pour que votre corps s'acclimate avant de vous lancer dans l'exploration de la région et passez au moins les premières 24 heures à ne rien faire ! L'agence Indian Airlines (☎ 52076), installée dans un petit bâtiment blanc dans le prolongement de Fort Rd, ouvre du lundi au samedi, de 10h à 13h et de 14h à 17h, et le dimanche, de 10h à 12h. La lutte pour les places fait rage en haute saison et certains voyageurs, en désespoir de cause, tentent de soudoyer le personnel. Présentez-vous de bonne heure.

De juin à septembre, Indian Airlines propose des vols quotidiens entre Leh et Delhi (105 $US), *via* Chandigarh (US$70) le mercredi. D'octobre à mai, le vol Delhi-Leh n'a lieu que quatre fois par semaine, mais dépend des conditions climatiques. Toute l'année, des vols directs relient Leh à Srinagar (55 $US) le dimanche, et à Jammu (65 $US) deux fois par semaine. Ils peuvent constituer une solution (indirecte) si tous les vols Leh-Delhi sont complets.

Bus. Un bon réseau de bus locaux et de minibus dessert les principaux sites et au-delà (voir les rubriques correspondantes). Les bus partent de la nouvelle gare routière, au sud de la ville. Seules deux routes mènent à Leh en traversant l'Himalaya : celle de Srinagar et celle de Manali (Himachal Pradesh). Si vous souhaitez partir de Leh pour Srinagar ou Manali, vous ne pouvez acheter un billet de bus local (ou privé en fin de saison) que le soir précédant le départ, dans la mesure où les bus risquent de se retrouver dans l'impossibilité de revenir ; le départ peut être annulé à la dernière minute. En pleine saison, réservez dès que possible à la nouvelle gare routière de Leh, d'où partent les bus publics.

Depuis/vers Srinagar. La route est habituellement ouverte de juin à octobre mais, en pratique, les dates varient. Ces dernières années, la route de Kargil à Srinagar a été fermée aux étrangers à cause des tirs pakistanais ; renseignez-vous à l'office du tourisme. Le trajet dure deux jours (environ 12 heures par jour) avec une nuit à Kargil. Il existe deux classes de bus publics, mais on ne peut pas toujours obtenir la classe souhaitée à la date choisie. Les bus de la Jammu & Cachemire State Transport Corporation (J&KSTC) pour Kargil/Srinagar coûtent 145/285 Rs (climatisés) et 110/220 Rs (ordinaires). En bus deluxe, le trajet jusqu'à Srinagar revient à 460 Rs. En haute saison, tous partent de la nouvelle gare routière de Leh, tous les jours à 3h30.

Depuis/vers Manali. La route de Manali est ouverte moins longtemps, habituellement à partir de mi-juillet et jamais plus tard que le 15 octobre. Ici encore, les dates varient en fonction des conditions météorologiques. De nombreux bus publics et privés couvrent cet itinéraire. La route culminant à 5 328 m, la plupart des passagers souffrent du mal des montagnes, à moins qu'ils n'aient eu le temps de s'acclimater. En saison, trois catégories de bus circulent quotidiennement pour la plupart entre Leh et Manali, et le nombre de départs s'accroît en fonction de la demande. Plus en avant dans la saison, le nombre de bus au départ de Leh dépend de la demande en sens inverse.

Le bus le plus confortable de la HPTDC (Himachal Pradesh Tourist Development Corporation) part à 6h du Shamshu Complex, dans Fort Rd, à Leh, et du HPTDC Marketing Office (☎ 01902-2116), The Mall, Manali. Les billets, en vente dans les agences de voyages et à la nouvelle gare routière, coûtent 750 Rs, ou 1 000 Rs avec nuit sous une tente, dîner et petit déjeuner à Sarchu. Vous bénéficierez de prestations identiques à Sarchu pour moins cher si vous vous en occupez vous-même. Une autre possibilité consiste à prendre les bus privés (appartenant pour la plupart à des agences de voyages de Manali). Ils partent vers 3h30 et coûtent environ 800 Rs, plus le logement et la nourriture à Sarchu ou Darcha, mais le tarif peut varier en fonction de la demande. A Leh, vous pouvez acheter vos billets dans une agence de voyages et vous ne saurez probablement pas dans quel bus vous allez voyager avant de monter à bord. A Manali, les réservations se font directement auprès des compagnies ou dans les agences de voyages (voir *Comment s'y rendre* de la rubrique *Manali*, dans le chapitre *Himachal Pradesh*). La troisième solution, la moins confortable et généralement la plus lente mais la moins chère, consiste à prendre un bus public. Ces bus partent tous les jours de Leh vers 5h. Les billets, qu'il vaut mieux acheter au plus tard la veille à la nouvelle gare routière, coûtent 400 Rs.

Camions. Moins confortables mais moins chers (300 Rs) que les bus, les camions constituent un moyen de transport correct pour gagner Manali, Srinagar, ou tout autre village situé sur le parcours. Toutefois, certains ne s'arrêtent pas pour la nuit et font le trajet d'une traite, ce qui n'est pas prudent, ou s'arrêtent n'importe où en bord de route, ce qui n'est pas très agréable. S'il n'y a que deux personnes dans la cabine, le camion se révélera plus confortable. En saison, de nombreux camions circulent sur cet itinéraire ; discutez avec les chauffeurs, à l'ancienne gare routière de Leh, la veille du jour où vous souhaitez partir.

Jeep et taxi. Coûteux, ils offrent une bonne alternative au bus et permettent de s'arrêter pour faire des photos et pour visiter des villages. Cinq passagers peuvent grimper dans une "jeep indienne", quatre dans une "jeep japonaise" ou un taxi Ambassador. Vous pouvez réserver un taxi par l'intermédiaire de votre hôtel ou dans l'une des trois stations de taxis numérotées. La station n°1 (☎ 52723), dans Fort Rd, ouvre de 7h à 19h. Des taxis sont en maraude dans Fort Rd très tôt le matin. La station n°2 se trouve à l'ancienne gare routière, où stationnent quelques vieux taxis, et la n°3, à la nouvelle gare routière, mais les taxis y sont plus rares. Si vous prévoycz un long voyage ou circuit, essayez de trouver, la veille du départ, un chauffeur qui parle anglais et qui connaît bien la région.

Les tarifs syndicaux sont affichés aux stations de taxis (des réductions pouvant aller jusqu'à 40% sont négociables en basse saison). Les tarifs de l'aller-retour jusqu'aux gompa environnants sont les suivants :

Sankar, Spituk et Phyang	580 Rs
Shey, Tikse et Stok	685 Rs
Stakna et Matho	785 Rs
De Leh à Manali (2 jours, halte d'une nuit comprise)	10 130 Rs

Ajoutez 250 Rs par nuit et 115 Rs l'heure pour les deuxième et troisième heures d'attente (la première est gratuite).

Moto. La moto représente le moyen idéal pour se rendre au Ladakh et circuler dans la région. N'oubliez pas qu'il n'y a aucun village entre Keylong et Leh (voir paragraphe *De Leh à Manali*) ; vous devez emporter des pièces de rechange, en particulier chaînes et chambres à air. Des stations-services sont installées à Tandi et à Keylong et les villages de toile vous vendront peut-être un peu de carburant (parfois dilué) deux fois plus cher qu'à Leh ou Manali. En toutes saisons, portez des vêtements chauds et imperméables, ainsi que des bottes, car la route est toujours en mauvais état, boueuse, humide et/ou poussiéreuse. Pour explorer les alentours, World Adventure (☎ 53373), dans Main Bazaar Rd, et Peaks and Lamas, dans Fort Rd, louent des motos pour 500 Rs par jour, essence non comprise. Vérifiez que votre assurance vous couvre bien en cas d'accident, ainsi que les tiers.

Comment circuler

Desserte de l'aéroport. Un service de bus irrégulier circule de l'aéroport, mais mieux vaut prendre un taxi pour Leh/Changspa (80/125 Rs). Certains "chauffeurs de taxis" postés à l'arrivée des vols sont en fait des rabatteurs d'hôtels, mais ils n'insisteront pas si vous demandez à être conduit à l'hôtel de votre choix.

Bicyclette. De Leh, nombre de sites sont accessibles en vélo. Le Dreamland Hotel et Wisdom Travels, tous deux dans Fort Rd, louent des VTT pour quelque 250 Rs par jour.

ENVIRONS DE LEH

De Leh, de nombreuses excursions d'une journée vous permettent de découvrir de magnifiques gompa et de beaux villages, ainsi que les régions récemment ouvertes au tourisme (avec permis) par les autorités indiennes. Certains sites, comme Pangong Tso ou Tso Moriri, ne comportent ni pension ni magasin d'alimentation (mais cela risque de changer rapidement). Emportez des provisions et un matériel de camping (qui peut être loué à Leh).

Dans les lieux plus fréquentés, dotés de quelques infrastructures touristiques, mieux vaut apporter de Leh de la viande en conserve et des légumes frais, qui agrémenteront l'immuable assiette de dhal et de riz et que vous pourrez partager avec la population locale.

RICHARD I'ANSON

PATRICK HORTON

GARRY WEARE

Contrastes culturels et paysages grandioses, voilà résumé le Nord-Ouest de l'Inde : une mère et son enfant, habitants du Cachemire majoritairement musulman **(en haut à gauche)** ; des drapeaux de prières bouddhistes flottent au-dessus du Spituk Gompa, édifié au XVe siècle, près de Leh **(en haut à droite)** ; un village hindou surplombe les montagnes du Garhwal dans l'Uttaranchal **(en bas)**

SARA-JANE CLELAND

RICHARD I'ANSON

SARA-JANE CLELAND

Varanasi, où le Gange rythme la vie des fidèles, est l'une des sept villes sacrées de l'Inde. Sur les ghats, des étals vendent des offrandes pour les dieux **(en haut à droite)**. Les pèlerins procèdent au bain rituel **(en bas)**, puis se sèchent au soleil **(en haut à gauche)**.

Spituk Gompa

Sur une colline dominant l'Indus, à 8 km de Leh, ce monastère gelugpa fut construit au XVe siècle. La proximité de l'aéroport gâche la vue en façade, mais l'arrière donne sur un joli village. Les deux salles de prière renferment quelques beaux bouddhas, dévoilés une fois par an, lors de la fête de janvier.

Spituk ne compte ni restaurant ni hôtel. De Leh, c'est un longue et chaude marche. Sinon, prenez l'un des minibus (4,50 Rs) qui partent de Leh toutes les 30 min ou un taxi (225 Rs l'aller-retour).

Phyang

Peu après Spituk, une longue piste cahoteuse part de la route et conduit au joli village de Phyang. Des **murs mani** mènent à un gompa peu visité, construit vers le XVIe siècle par le roi Tashi Namgyal et abritant aujourd'hui quelque 45 moines kagyupa. Un *thanka* (peinture tibétaine religieuse sur étoffe) travaillé est dévoilé lors de la fête annuelle, en juillet/août.

Des minibus à destination de Phyang (9 Rs) quittent Leh à 8h et reviennent à 10h. Des bus partent de Leh tous les jours à 7h30, 13h30 et 16h30 (11,50 Rs). L'aller-retour en taxi de Leh coûte 495 Rs.

Nimmu

Halte agréable pour boire un thé, à 8 km à l'est en direction de Leh, Nimmu, visible de la route, est le confluent de l'Indus et de la Zanskar. Si vous le pouvez, descendez du bus pour admirer ce site exceptionnel, où les deux fleuves mêlent leurs eaux de différentes

LEH

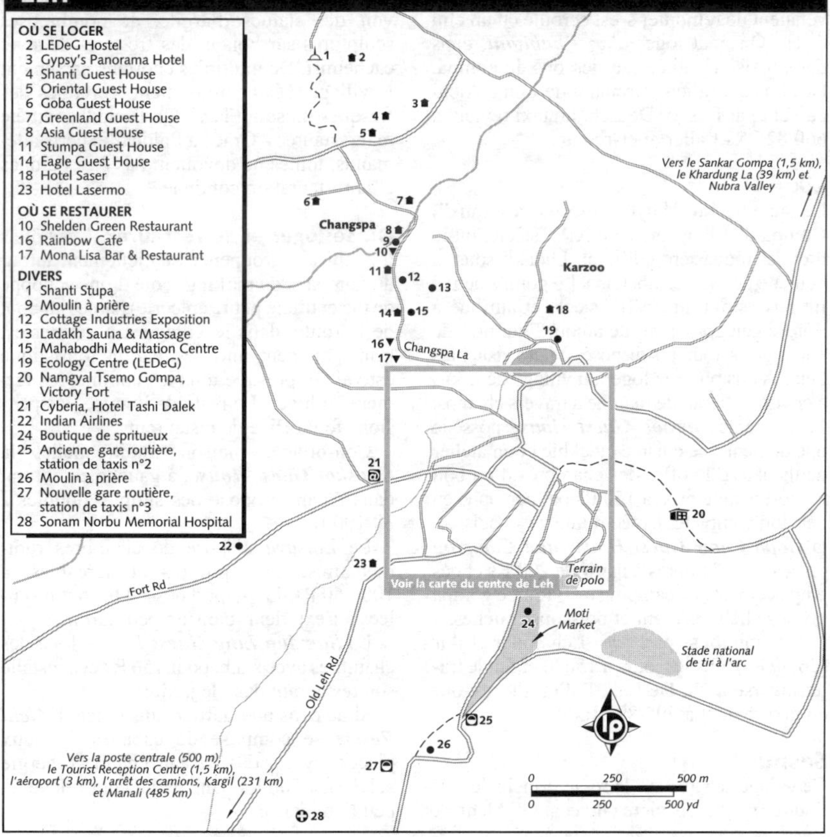

couleurs. Un minibus direct part de Leh à 15h30 pour Nimmu (16 Rs) et revient le lendemain à 7h. De Leh, le trajet en taxi coûte 577/715 Rs l'aller/aller-retour.

Basgo

Basgo était la capitale du bas Ladakh avant l'unification du royaume du Ladakh. Répertorié en 2000 parmi les 100 sites les plus menacés du patrimoine mondial, le **gompa** de brique crue, vieux de quatre siècles, apparaît en haut d'un sentier sinueux et abrupt. La salle de prières du **Ser Zung Temple** s'orne de fresques superbes ; un autre temple possède une imposante statue en or et cuivre du Bouddha Maitreya (Bouddha du Futur), un toit travaillé et des fresques. Le Basgo Welfare Committee of Volunteers (association de bénévoles) travaille tant bien que mal à la restauration du gompa. En 2000, après trois mois de dur labeur, un mur que les bénévoles venaient de remonter s'est écroulé en un clin d'œil. On peut loger ***chez l'habitant***, dans deux maisons situées au-dessous du gompa. Des bus quotidiens circulant de Leh à Alchi passent par Basgo. De Leh, un taxi revient à 660/825 Rs l'aller/aller-retour.

Likir

Le superbe **Klu-kkhyil** ("esprits des eaux") **Gompa** de Likir, fondé au XIVe siècle, fut le premier monastère édifié au Ladakh sous la houlette de moines tibétains. Le gompa actuel fut reconstruit au XVIIIe siècle et attribué à l'ordre gelugpa ; il abrite aujourd'hui près de 150 moines, toujours disposés à faire visiter les lieux. Vous pourrez loger au village de Likir, à environ 30 min de marche à travers champs. La plaisante ***Norboo Guest House*** possède une authentique cuisine ladakhie et un atelier de thanka. Elle offre des chambres d'un bon rapport qualité/prix, à 150 Rs par personne en pension complète. Dotée d'une vaste cuisine, la ***Gaph-Chow Guest House and Camping*** dispose de chambres à partir de 200 Rs et des emplacements de camping à 60 Rs. Le gompa propose hébergement et boissons fraîches.

Un minibus part de Leh pour Likir (26,50 Rs) tous les jours à 15h30 et fait le trajet inverse à 7h. De Leh, l'aller/aller-retour en taxi revient à 795/890 Rs.

Saspul

Ce village se situe sur la route principale, sur l'autre rive de la rivière en venant d'Alchi. A gauche du gompa, un petit **temple** blanc et rouge est aménagé dans une grotte. A Saspul, la ***Chakzoth Guest House***, sur la route principale, offre de petites chambres à 50 Rs. L'***Hotel Duke*** *(☎ 194106-27021)*, un établissement de catégorie moyenne correct, s'agrémente de peintures murales ladakhies et de portes sculptées. Comptez 500 Rs pour une double confortable et 120 Rs pour le dîner.

Les minibus pour Saspul (27,50 Rs) partent de Leh à 15h30 et reviennent à 7h.

Alchi

Le Gompa Alchi, seul du Ladakh bâti sur un terrain plat, fut fondé au XIe siècle par le grand traducteur Ringchen Zangpo à son retour d'Inde ; ceci explique les influences indiennes et plus particulièrement cachemiries. Le **Gompa Dharma Wheel**, dirigé par le gompa Likir, se distingue par ses imposants bouddhas. Au sein de cet ensemble, on peut voir des statues d'argile, de nombreuses sculptures sur bois et des fresques de style cachemiri. De multiples chortens parsèment le village. Malheureusement, certaines des fresques illustrant la vie du Bouddha ont été mal restaurées. Grâce à l'aide d'experts allemands, toutes ne devraient pas être perdues et la restauration continue.

Où se loger et se restaurer. Les hôtels d'Alchi se regroupent essentiellement autour du gompa et du parking (doté d'une échoppe de thé et d'une petite épicerie), situés au bout de la route, dans le village. Ce dernier est principalement une destination touristique estivale et presque tous les commerces ferment en hiver. Le reste de l'année, les pensions font office de restaurants.

Confortable maison traditionnelle, la ***Choskor Guest House***, à gauche en entrant dans Alchi, propose des simples/doubles à 80/100 Rs.

Le ***Lotsava*** dispose de chambres rudimentaires, mais propres et agréables, à 100/150 Rs. La plupart des s.d.b. sont installées à l'extérieur, dans un petit jardin.

La ***Samdup Ling Guest House*** loue des chambres avec s.d.b. pour 150 Rs et a installé son restaurant dans le jardin.

Situé dans un quartier sans grâce, l'***Alchi Resort*** se compose de cabanes de deux pièces, avec s.d.b. et eau chaude (énergie solaire), à 500 Rs. Une petite cour relève un peu l'ambiance.

Comment s'y rendre. Chaque jour un minibus part de Leh pour Alchi (32 Rs) à 15h30 ; en sens inverse, il quitte Alchi à 7h. Vous pouvez aussi prendre un bus pour Khalsi, ou au-delà, et parcourir à pied 3 km à partir du pont qui se trouve à 2 km après Saspul. De Leh, l'aller/aller-retour en taxi, coûte 935/1 155 Rs.

Rizong

A 6 km de piste raide et rocailleuse, au nord de la route, commence la région isolée du **Julichen Nunnery** (couvent de Julichen) et du **Rizong Gompa**. Il n'y a pas de village à Rizong, mais on peut loger au gompa (hommes uniquement) ou au couvent (femmes seulement) ; apportez vos provisions. Sinon, près de l'embranchement de Rizong, à 200 m sur la route d'Alchi, l'***Uley Tokpo Camping Ground*** *(☎ 53640, fax 52735)* loue des tentes assez luxueuses, installées au milieu des abricotiers, pour 2 280 Rs la double en pension complète. Aucun bus direct ne relie Leh à Rizong ; il faut prendre un bus à destination de Kargil. En venant d'Alchi, vous trouverez facilement un camion ou un bus entre les embranchements d'Alchi et de Rizong. Sinon, l'aller en taxi de Leh jusqu'au début de la piste menant au gompa vous reviendra à 1 330 Rs.

Khalsi

Depuis des siècles, un pont enjambe l'Indus à Khalsi, au niveau de l'embranchement vers Dha-Hanu. Dans cette région fortement militarisée, vous devrez présenter votre passeport quelle que soit votre destination et votre permis si vous allez à Dha-Hanu. Des gargotes et des hôtels sans charme bordent la route qui traverse le village.

Choglamsar

Choglamsar est un centre important du bouddhisme tibétain, ainsi que de l'étude de la culture et de l'histoire tibétaines. Les environs du camp de réfugiés, près de la route de Leh, comptent une bibliothèque tibétaine, un centre médical, des boutiques d'artisanat, un centre d'études, des librairies, de nombreux restaurants et le Central Institute of Buddhist Studies (Institut central d'études bouddhiques).

Les bus pour Choglamsar (4 Rs) partent de la nouvelle gare routière de Leh toutes les 15 min ; l'aller simple en taxi revient à 130 Rs. Quelques guesthouses spartiates bordent l'artère principale.

Shey Gompa

A 15 km au sud de Leh, Shey était le palais d'été des rois du Ladakh. Le gompa, partiellement utilisé, est en cours de restauration. Il abrite une petite bibliothèque et une collection de thanka ; à proximité s'élèvent quelques stupa et des **murs mani** (murs de pierre gravés d'inscriptions sacrées). Érigée par le fils du roi Singge Namgyal, la **statue du Bouddha Sakyamuni**, en cuivre plaqué or, haute de 12 m, est la plus grande de la région. De nombreux **chortens** en ruine sont éparpillés dans les champs environnants. La visite de Shey, facile d'accès, peut se combiner avec celle de Tikse. Les minibus pour Shey (8 Rs) partent toutes les 30 min. En taxi, le trajet aller-retour coûte 265 Rs. Unique hébergement, l'agréable et vaste ***Shilkhar Hotel & Restaurant***, près de la route qui monte au gompa, propose des chambres avec s.d.b. à 150/200 Rs.

Tikse Gompa

A 17 km au sud de Leh, ce splendide gompa, qui appartient à l'ordre gelugpa, possède une bibliothèque dotée d'une importante collection d'ouvrages tibétains, quelques belles œuvres d'art et un nouveau temple Maitreya. Très actif, le monastère retentit de psalmodies et de musique et vous pourrez sans doute assister à une *puja* (prière ou offrande rituelle). Du toit, découvrez la superbe vue sur les vallées et les villages. Le gompa, qui comporte un petit café accueillant et une boutique, ouvre tous les jours de 7h30 à 18h. Il faut une autorisation pour utiliser un caméscope. Seul hébergement de Tikse, le ***Skalzang Chamba Hotel*** *(☎ 47004)*, bien tenu et agréable, se trouve au début de la route menant au gompa. Il dispose d'un petit jardin, d'un restaurant et de chambres à 200 Rs. A Leh, un bus part pour Tikse (8 Rs) toutes 15 min. De l'arrêt de bus, une bonne grimpette conduit au gompa. L'aller-retour en taxi de Leh coûte 400 Rs.

Matho Gompa

Construit au XVIe siècle par l'ordre lamaïste sasakya, Matho organise une fête annuelle, en février et mars, durant laquelle moines et novices entrent en transes et s'infligent des blessures qui ne laissent aucune marque. Un sentier pédestre de 5 km relie Matho au Stakna Gompa. Le minibus de Leh à Matho (12 Rs) part à 7h30 et 16h30 ; en sens inverse, il quitte Matho à 6h30. De Leh, un taxi jusqu'à Stakna et Matho coûte environ

785 Rs. Matho ne compte aucun hébergement, mais on peut camper.

Stakna Gompa

Le gompa de Stakna ("nez de tigre") est installé dans un cadre spectaculaire, sur la rive de l'Indus, du côté de Hemis. Construit par le beau-frère du roi Singge Namgyal pour l'ordre brokpa, il est accessible de Matho et l'on peut combiner la visite de ces deux gompa. Pour vous y rendre, prenez le minibus de 7h30 à Leh (12 Rs) et descendez au panneau signalant le gompa. Traversez le pont et marchez 30 min à travers champs, puis grimpez le raidillon. De Leh, l'aller-retour en taxi vaut 630 Rs. Le village ne possède aucun hébergement, mais on peut sans doute camper sur les bords de l'Indus.

Hemis Gompa

Également appelé Chang-Chub-Sam-Ling ("lieu solitaire de la personne compatissante"), le Hemis Gompa, à 45 km au sud de Leh, appartient à l'ordre brokpa et fut fondé au début du XVIIe siècle. Aujourd'hui, c'est l'un des monastères les plus accessibles, les plus célèbres et les plus visités. Il possède une excellente bibliothèque, des fresques bien conservées témoignant de l'influence kashmirie, de beaux bouddhas et du plus grand thanka du Ladakh (plus de 12 m de long). Sa fête annuelle, renommée, commémore la naissance du sage indien Padmasambhava du 9e au 11e jour du 5e mois tibétain (juin/juillet). Tous les 12 ans, durant l'année du Singe, on déroule le thanka pendant la fête (prochaine célébration en 2004).

Les alentours du gompa ne comptent aucun hébergement, mais on peut camper en plusieurs endroits (emplacement à 35 Rs ou tente double à 50 Rs). Dans le village, assez loin à pied, l'***East West Guesthouse*** dispose de doubles à 150 Rs. Réservez au joli ***restaurant en plein air***, à côté de l'entrée du monastère, qui sert du thé, de la bière et des plats chinois sans grand intérêt mais réconfortants. Un minibus quotidien quitte Leh pour Hemis (20 Rs) à 9h45 et 16h ; il retourne à Leh à 7h et 12h. Un bus part de Leh à 13h30 et revient à 9h. De Leh, l'aller-retour en taxi coûte 860 Rs.

Stok Gompa et Museum

Le dernier roi du Ladakh mourut au Stok Gompa en 1974. Situé de l'autre côté du pont en venant de Choglamsar, ce monastère, construit en 1814, attire de nombreux visiteurs en raison de sa facilité d'accès. Orné de beaux masques et de fresques, il compte plus de 80 pièces, dont quelques-unes ouvertes au public. Situé devant le gompa, le musée abrite une collection exceptionnelle d'ornements rares ayant appartenus à la famille royale, des thanka, des vêtements et des bijoux traditionnels. Il ouvre en été de 8h à 19h (entrée : 20 Rs ; photos interdites).

Seul hébergement à proximité, l'élégant ***Hotel Highland*** *(☎ 3783)*, sous le musée, offre des doubles à 600 Rs. Des établissements plus modestes sont installés vers la route principale. Les bus directs (7 Rs) partent de Leh à 13h, 16h et 16h30 et reviennent à 8h, 8h30 et 14h. De Leh, l'aller-retour en taxi revient à 370 Rs.

NUBRA VALLEY

☎ 01982

La vallée verte (*nubra* signifie "vert") se trouvait autrefois sur la route commerciale reliant le Tibet au Turkestan ; convoitée par ce dernier, elle fut envahie à plusieurs reprises. Également appelée "vallée des Fleurs", la Nubra Valley a toujours été cultivée et fertile. Jouissant du meilleur climat du Ladakh, elle produit en abondance des céréales et des fruits. La population locale est à 90% bouddhiste.

La vallée présente une beauté exceptionnelle, dominée par une plaine inondable, incroyablement large et inhabitée, qui s'étend entre la Nubra et la Shyok. Dans les dunes de sable proches de Hunder, les chameaux sont communément utilisés. Les jolis petits villages, les forêts denses et la faune sont lentement touchés par le développement du tourisme. Votre autorisation ne vous permet d'aller que jusqu'à Hunder dans la vallée sud et Panamik dans la vallée nord.

Tous les hébergements de la vallée préparent des repas et fournissent l'électricité jusqu'à 22h, mais le confort reste rudimentaire (sauf mention contraire, toilettes occidentales). La plupart d'entre eux ferment en hiver et vous ne pourrez alors vous loger qu'à Diskit (eau chaude en seau uniquement).

Comment s'y rendre

La route menant à la Nubra Valley, la plus haute route carrossable au monde, reste officiellement ouverte toute l'année. Camions et bus ne sont autorisés à traverser le col que tous les deux jours dans chaque sens, entre 10h et 12h : les mardi, jeudi et samedi en direction de la Nubra, les lundi, mercredi, vendredi et dimanche en direction de Leh. Les taxis, les voitures privées et les véhicules militaires peuvent circuler à leur guise.

Bus. De Leh, des bus circulent des deux côtés de la Nubra Valley tous les quelques jours. Ils sont lents et bondés, ce qui n'est guère surprenant, mais l'expérience en vaut la peine. Ils partent de Leh le jeudi à 5h30 à destination de Diskit (57,50 Rs, 6 heures). Le bus pour Sumur et Panamik (79 Rs, 10 heures) quitte Leh à 5h30 le mardi et le samedi.

Camion. Les touristes, comme les habitants de la région, peuvent voyager à bord d'un camion, même militaire, pour rejoindre la Nubra Valley ou l'explorer. Comme toujours, négociez le prix (environ celui du bus) la veille du départ et préparez-vous aux cahots.

Taxi. La location d'une jeep ou d'un taxi risque d'être l'unique possibilité, mais constitue une bonne solution pour un groupe. L'aller/aller-retour en taxi de Leh à Diskit coûte 3 355/4 425 Rs et 3 520/4 700 Rs jusqu'à Panamik. Un circuit de trois jours en taxi de Leh à Diskit, Hunder, Sumur, Panamik et retour revient à quelque 8 000 Rs.

Comment circuler

Dans la vallée, un service restreint de bus publics vous permettra d'explorer la région. A Diskit, les bus pour Panamik (28 Rs, 2 heures) *via* Sumur (16 Rs, 1 heure) partent les lundi et mercredi à 16h et reviennent le lendemain à 8h30. Si vous trouvez un taxi à Diskit, un circuit d'une journée dans la partie sud de la vallée vous coûtera 950 Rs, ou 1 250 Rs pour l'ensemble de la région. De Diskit à Panamik, l'aller/aller-retour revient à 1 155/1 490 Rs ; de Diskit à Sumur, comptez 770/970 Rs.

Khardung La

La route de la Nubra Valley passe par le Khardung La, le plus haut col carrossable du monde (5 602 m). Enneigé et perdu dans le brouillard la plupart du temps, il demeure glacial toute l'année. Il est occupé par un camp militaire, par le temple le plus haut perché de la planète, une échoppe de thé (gratuit) et des monticules de bidons d'huile. En été, vous y verrez peut-être le plus haut embouteillage de camions et de bus. La route de Leh à Khalsar est convenable, sauf l'épouvantable tronçon entre les misérables baraques de chantier de South Pullu et North Pullu, de chaque côté du Khardung La. Ces campements comportent des toilettes, des échoppes de thé et d'alimentation. Près du col, de nombreux points de vue, comme l'India Gate, permettent de contempler le panorama.

Après le col, le village de Khardung abrite une boutique très rudimentaire et une Government Rest House désaffectée. Un petit bureau vous demandera peut-être 40 Rs "pour la faune".

Khalsar

La Nubra Valley commence réellement au village de Khalsar (3 018 m), doté de plusieurs maisons de thé et d'un monceau de matériel militaire au rebut. La route se divise avant le village de Lughzun : la voie de gauche continue vers Hunder et au-delà, le long de la Shyok ; celle de droite rejoint Panamik, au nord, et suit la Nubra.

Diskit

L'embranchement de Diskit (3 144 m) longe sur 3 km le large lit asséché d'une rivière, avant de monter, à flanc de montagne, pendant 13 km. Le **Diskit Gompa**, où vivent une centaine de moines, est le plus ancien (plus de 500 ans) et le plus grand de la Nubra Valley. Les statues sont dévoilées lors de la fête annuelle, en février. Entre Diskit et Hunder, un **désert de dunes** se détache devant les pics enneigés.

Où se loger et se restaurer. Les pensions de Diskit s'alignent pratiquement du bas du gompa au centre du village.

La première, l'***Olthang Guest House*** *(☎ 20025)* offre des simples/doubles joliment meublées, avec s.d.b. (toilettes à la turque), à 150/200 Rs. Lors de notre passage, d'autres chambres étaient en construction près du bâtiment principal. L'établissement, ouvert en hiver, comporte un salon confortable, un solarium et un grand jardin avec parking. En face, la ***Sunrise Guest House*** *(☎ 20011)*, installée dans un beau jardin et dotée d'une confortable cuisine ladakhie, propose des chambres ensoleillées, avec s.d.b. et belles vues, à 100/200 Rs.

Du même côté de la route, après une arche surmontée d'un stupa, la ***Karakuram Guest House** (☎ 20024)*, ouverte en hiver, dispose de simples/doubles rudimentaires, réparties autour de la terrasse du 1er étage, à 50/100 Rs. Certaines sont équipées de toilettes. On peut camper sur place, moyennant 25 Rs par tente.

Un peu plus haut, la ***Khangsar Guest House** (☎ 20014)*, une ferme chaleureuse, ouverte toute l'année, a également disposé ses chambres autour d'une terrasse au 1er étage. Comptez 50/100 Rs pour une simple/double spartiate, avec toilettes communes à la turque. Pour entrer, vous devez traverser un parc à bestiaux.

En face de l'hôpital, dans un jardin verdoyant, la ***Sangum Guest House** (☎ 20016)*, ouverte toute l'année, occupe un bâtiment de béton. Une chambre propre, avec s.d.b., meubles douillets et belle vue, vous reviendra à 200/300 Rs.

Au centre, près de deux ***restaurants*** installés en bord de route et de l'arrêt des bus, la ***Sand Dune Guest House***, au cœur d'un jardin sauvage, loue 150/200 Rs ses chambres spacieuses avec s.d.b.

Hunder

Plus joli que Diskit, ce village, niché parmi les arbres et les cours d'eau, offre moins de commodités que le premier, plus important. Hunder ne se trouve qu'à 8 km de Diskit et certains visiteurs font le trajet à pied, soit par la route principale, soit à travers les dunes (attention aux chameaux sauvages !). Les pensions peuvent également organiser cette promenade à dos de chameau (dressé) pour quelque 200 Rs. Le **gompa** de Hunder surplombe le village à environ 2 km, dont une rude mais courte grimpée rocailleuse. Complètement déserté, il s'en dégage une atmosphère étrange ; seuls demeurent un petit bouddha et quelques fresques endommagées. l'ambiance et la vue justifient l'escalade. Ne vous aventurez pas trop loin sur la route en raison de l'importante présence militaire.

Où se loger. Hunder est assez étendu et vous devrez sans doute demander votre chemin pour trouver les établissements cités ici, centraux, mais à bonne distance au nord des dunes. Située dans un grand jardin plaisant, la ***Moon Land Guest House*** occupe un grand bâtiment de brique bien indiqué et possède une jolie cuisine ladakhie. Ouverte toute l'année, elle loue 100/150 Rs ses simples/doubles spacieuses avec s.d.b. (toilettes occidentales). Également dans un beau jardin, la ***Snow Leopard Guest House*** propose de grandes chambres avec s.d.b. (toilettes occidentales) à 200 Rs. Lors de notre passage, un nouvel hôtel était en construction en face de la Moon Land.

Sumur

Grand village sur les rives de la Nubra, Sumur (3 096 m) mérite le détour. Vaste ensemble de sept temples, le **Samstemling Gompa**, vieux de plus de 150 ans, a été inauguré par le dalaï-lama en 1962. Dans ce lieu animé et chaleureux, 45 enfants passent la journée à psalmodier et à cultiver des pommes et des abricots. Les salles de prière, ouvertes au public, contiennent une impressionnante collection de thanka et des fresques parfaitement restaurées. Les règles en vigueur, très strictes, interdisent aux femmes de pénétrer dans le gompa entre le coucher et le lever du soleil.

Par la route, le gompa se trouve assez loin de Sumur : il faut parcourir environ 3 km au sud en direction du village de Tegar, d'où part la route qui mène au monastère, à 3 km de là. A pied, le trajet est bien plus court car on peut couper par la colline, mais vous devrez demander votre chemin. Ne confondez pas le Tegar Gompa, au début de la route, avec celui de Samstemling. Ce dernier est le plus coloré des deux et le plus proche de Sumur.

En face de Sumur, sur la rive opposée, Charasa, au sommet d'un tertre, se repère sans peine. En face de Samstemling, le gompa le plus important de la vallée, c'était le palais des rois de Nubra jusqu'à ce que la région passe sous le contrôle de Leh.

Où se loger. Près des commerces et de l'embranchement qui mène au centre, la ***Twesang Jorgais Guest House***, entourée d'un grand jardin, propose des chambres au 1er étage d'une maison familiale, à 100/150 Rs en simple/double.

Plus bas dans la même rue, la ***Tashi Khangsar Guest House*** occupe un bloc de béton, mais les chambres, à 100/150 Rs, se révèlent assez confortables.

Plus loin, la ***LP Guest House*** a installé des chambres (100/150 Rs) dans une cour de ferme et les toilettes sont à l'extérieur.

La ***Largyal Guest House***, l'établissement le plus charmant, offre des chambres rudimentaires dans une ferme traditionnelle à 100/200 Rs en pension complète. Les repas sont servis dans la cuisine ladakhie. On peut également camper sur place.

La région compte deux établissements haut de gamme. Le vaste ***Hotel Yarabtso*** *(☎ 20008)*, dans le village de Tegar, au nord de Sumur, dispose de chambres avec s.d.b. à 1 200/1 750 Rs en pension complète. A Sumur, près de la rivière, le ***Lharimo North Camp*** *(☎ 52177)* facture 1 650/2 000 Rs en pension complète.

Panamik

Autre petit village, Panamik (3 183 m) est célèbre depuis des siècles pour ses **sources chaudes** et pour être la première (ou la dernière) halte sur l'ancienne route commerciale entre le Ladakh et l'Asie centrale. Si les sources ne méritent pas le détour, vous aurez la satisfaction d'atteindre la fin de la route et vous apprécierez la beauté naturelle de ce bout du monde. L'eau de source, supposée guérir les rhumatismes et autres tourments, vient de la Nubra, qui coule à 2 km de là. Une cabane sombre, composée de deux salles, sert aux bains, mais elle est surtout fréquentée par des hommes et la propreté laisse à désirer. L'**Ensa Gompa**, vieux de 250 ans, se révèle bien plus éloigné qu'il n'y paraît, à 2 heures de marche au moins du village. Pour vous y rendre, parcourez environ 5 km jusqu'à Hargam, puis continuez après avoir traversé le pont. Certains ont essayé de traverser la rivière à la nage ou à pied et beaucoup ont failli y laisser la vie. Soyez raisonnable, empruntez le pont !

Surplombant la rivière et l'Ensa Gompa, la ***Silk Route Guest House***, dans un grand jardin, propose des chambres spacieuses et joliment meublées, avec toilettes à la turque, à 100/200 Rs. Bien que la pension n'ouvre qu'en été, une chambre et la salle à manger possèdent un chauffage.

RUPSU VALLEY

Appelé "mountain lake" (lac de montagne), le Tso Moriri s'étend dans la Rupsu Valley (vallée de la Rupsu), à 140 km de Leh, soit six bonnes heures de cahots en jeep. Ce lac salé mesure environ 28 km de long, 8 km de large au maximum et se situe à plus de 4 000 m d'altitude. Entouré de montagnes pelées qui s'adossent à des sommets enneigés, le Tso Moriri est un bon endroit pour se détendre, visiter les **gompa** environnants et faire quelques randonnées. Sur le chemin de Leh au Tso Moriri, on peut voir un autre lac salé, plus petit, le Tso Kar ou "lac blanc". La région abrite une population nomade, les Khampa, qui, l'été, mène ses troupeaux de chèvres, de vaches et de yaks d'un pâturage à l'autre. Sorte de cow-boys tibétains, les Khampa vivent dans de vastes tentes familiales ou dans des maisonnettes de brique à l'épreuve de l'hiver. L'autre grand attrait de la région est l'abondance de la faune. Vous verrez des ânes sauvages (*kiang*), des renards et des marmottes tout juste sorties d'hibernation ou s'y préparant. Les abords des lacs accueillent d'importantes volées d'oies à cou noir ; juillet et août sont les meilleurs mois pour observer l'avifaune.

La région ne compte ni hébergement, ni restaurant, mais la situation risque d'évoluer. Apportez votre matériel de camping et des provisions. Dans le village de Tso Moriri, on peut louer des tentes montées, servant aux circuits organisés, au prix astronomique de 800 Rs en double. Compte tenu de la fragilité de l'environnement, ne laissez aucun déchet sur place et rapportez à Leh *tout* ce que vous avez emporté (boîtes de conserve, bouteilles, papiers, etc.).

Comment s'y rendre

Les 4x4 peuvent emprunter deux routes pour entrer ou sortir de la région. La première passe par le pont de Mahe (près de Radlong, à l'extrémité est de la route de l'Indus Valley), traverse Puga et arrive aux lacs. L'autre, la route du sud, part d'Upshi, franchit le Taglang La, puis dévie – repérez le panneau jaune. Aucun transport public ne dessert les lacs. Vu l'absence de cartes fiables et de signalisation, nous vous déconseillons de vous y rendre en moto sans guide (l'embrayage risque de ne pas résister au sable). Vous ne trouverez pas grand monde pour vous renseigner, la région comptant 50 fois plus de marmottes que d'êtres humains !

Le circuit de trois jours de Leh au Tso Moriri coûte environ 9 000 Rs *via* Tso Kar et Taglang La ; l'itinéraire plus court et plus direct revient à 7 500 Rs. De Leh, l'aller-retour en deux jours à Tso Kar vaut 6 500 Rs. A Leh, des agences de voyages proposent un "safari en jeep" de trois jours, de 7 500 à 10 000 Rs par véhicule en fonction de l'itinéraire choisi, repas et hébergement sous tente compris.

Tso Moriri

Le petit groupe de cabanes installé sur la rive du Tso Moriri porte le même nom. Vous devrez vous y faire enregistrer et montrer votre permis. Vous pouvez planter votre tente près des cabanes (et des toilettes) ou plus à l'écart.

Korzok

Derrière les cabanes, un sentier mène au charmant village de Korzok, à 1 km environ. Le **gompa**, tout à fait inhabituel, est habité, pour l'essentiel, par des femmes qui passent souvent leurs journées à se confectionner de très beaux vêtements (qui ne sont pas à vendre). Le gompa, qui date de 1850, remplace celui qui fut détruit lors d'une invasion dogra.

Tso Kar

Sur les rives du Tso Kar, à 6 km du Tso Moriri, le village de Thukse, un ensemble de maisonnettes de brique capables d'affronter les rudes hivers, abrite un petit **gompa**. Adressez-vous au moine pour entrer. Un léger détour, légal, sur la piste reliant le Tso Kar au Tso Moriri, mène au **Tso Kiagar**, plus petit.

DHA-HANU

La région du Dha-Hanu se résume à quelques villages bordant la route qui part de Khalsi vers le nord-ouest. Les rives abruptes et dénudées de l'Indus confèrent aux champs en terrasse davantage de lumière et de chaleur qu'ailleurs au Ladakh, ce qui, associé à une altitude moindre, procure d'importantes récoltes de légumes et de fruits (notamment d'abricots). La région doit essentiellement sa célébrité à ses habitants, des Dard ou Brokpa, "gens de la terre", une ancienne ethnie indo-iranienne. Malgré la proximité du Pakistan et d'autres contrées islamisées, ils sont restés fidèles à leurs traditions et croyances bouddhistes, bien que quelques mosquées s'élèvent çà et là.

Où se loger et se restaurer

Dha abrite quelques pensions rudimentaires, dont la ***Skyababa Guesthouse***, au bout du village en direction de Leh. Tenue par une famille accueillante, elle loue ses doubles 100 Rs. Au cœur du village, la ***Chunu Guesthouse*** possède des doubles très rustiques à 60 Rs. Similaire et toute proche, la ***Lhariemo Shamo Guesthouse*** facture 100 Rs en double.

Des ***terrains de camping*** officiels sont installés à Dhumkhar, Skurbuchan, Hanu-Do, Biama et Dha. Sur la route, il en existe une foule d'autres, non officiels mais légaux. Les rares boutiques de Dha et de Skurbuchan n'offrent pas grand-chose en termes d'alimentation, mais les pensions préparent des repas simples.

Comment s'y rendre

Les bus quotidiens qui circulent entre Leh et Dha (72 Rs) démarrent à 9h dans les deux sens. Un bus part chaque jour à 10h de Leh pour Skurbuchan et revient à 9h le lendemain. De Leh à Dha, un taxi demande 2 486/3 393 Rs l'aller/aller-retour en deux jours.

DE LEH A MANALI

Ouverte aux étrangers depuis 1989, cette route est devenue un itinéraire apprécié pour gagner ou quitter Leh. L'unique autre route, qui traverse le Cachemire et longe la bande entre Drass et Kargil, est devenue dangereuse depuis que le Pakistan bombarde la région. Il est souvent difficile de trouver une place sur les vols depuis/vers Leh. Aucun village ou gompa ne retient le regard, mais les paysages d'altitude justifient à eux seuls ce parcours.

Deuxième route carrossable la plus haute du monde, la route de Manali atteint 5 328 m au Taglang La. Elle n'est asphaltée que sur la moitié de ses 485 km et le trajet est éprouvant. Sur la majeure partie des hauts plateaux, on ne croise que des nomades khampa, des soldats et des équipes d'ouvriers venus du Bihar et du Népal, qui peinent pour entretenir cette route stratégique. Quel que soit le moyen de transport adopté, il faut compter au moins deux jours de voyage, avec une nuit dans un camp de toile, probablement à Sarchu. Les brusques changements de temps sont fréquents, même en plein mois d'août, et peuvent entraîner plusieurs jours de retard. Prévoyez des vêtements chauds et imperméables car le climat peut être glacial et/ou humide au sommet des cols. En général, la route est ouverte de début juin à mi-octobre.

De Leh à Upshi

A la sortie de Leh, vous apercevrez de la route les magnifiques gompa de Tikse, Shey et Stok. Pendant une heure environ avant Upshi, de nombreux camps militaires disgracieux bordent une route bitumée mais poussiéreuse, comme à Karu, où un embran-

DE LEH À MANALI

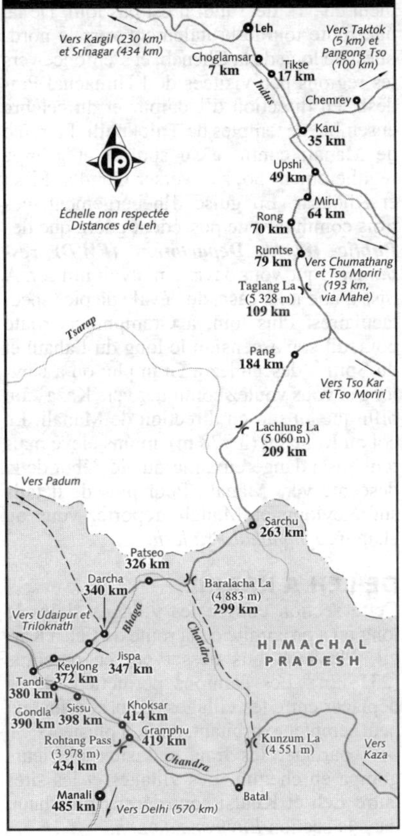

chement mène à la région de Pangong Tso et aux gompa de Taktok et de Chemrey. Reportez-vous à la section *Environs de Leh*, plus haut dans ce chapitre, pour la description des villages et des sites entre Leh et Upshi.

Le premier poste de contrôle d'Upshi se trouve à l'embranchement pour Manali, au sud. Bien qu'un permis ne soit pas requis pour ce trajet, les étrangers doivent se présenter à la police. Si vous voyagez dans un bus rempli d'étrangers, vous aurez le temps de prendre un thé, de manger une "omlate" huileuse ou de faire provision de chocolat et d'autres friandises.

D'Upshi au Taglang La

A Miru, un petit **gompa** délabré vaut le coup d'œil. Entouré de chortens, il domine la colline. Vous ne trouverez ni hôtel, ni restaurant, mais de nombreux sites de camping. Lato présente un immense **chorten** sur le bord de la route, mais on ne peut guère parler de village. De là, la route grimpe pendant trois heures jusqu'au Taglang La (5 328 m), qui comporte un petit sanctuaire. Le bus fait une halte, mais, si vous venez de Manali et que vous n'êtes pas acclimaté à l'altitude, ne vous précipitez pas.

Du Taglang La au Lachlung La

Peu après la Taglang La, la route qui longe la plaine de Morey s'aplanit et devient asphaltée. Des nomades khampa s'installent parfois dans la région. Jusqu'à Pang, la route, en bon état, traverse une vallée ventée, puis se transforme en une succession de nids-de-poule. A environ 5 km avant Pang, elle descend à travers une enfilade de **gorges** impressionnantes avant d'arriver à une échoppe de thé. **Pang**, au fond des gorges, compte plusieurs ***restaurants*** sous tente près de la rivière, où la plupart des bus s'arrêtent pour le déjeuner. Un plat de riz, de dhal et de légumes vous reviendra à quelque 30 Rs et vous trouverez sans doute de l'eau minérale et des biscuits. La plupart des tentes disposent de matelas sur lesquels vous pouvez dérouler votre sac de couchage pour 50 Rs la nuit. Quelques sanitaires douteux sont installés à proximité.

Perché à 5 060 m, le Lachlung La est le second plus haut col sur la route de Leh à Manali. Non loin, les routes serpentent en épingle à cheveux sur 20 km. L'un des flancs de la montagne comporte la série des vertigineux 21 Gata Loops (lacets).

Sarchu

Juste après la frontière de l'Himachal Pradesh, Sarchu constitue la halte nocturne de la plupart des bus. Il ne s'agit que d'un regroupement de tentes qui s'étend sur une quinzaine de kilomètres et disparaît pendant huit mois de l'année (d'octobre à mai). En face des tentes rayées du HPTDC, vous devez vous présenter à nouveau à la police. Votre chauffeur de bus rassemblera peut-être lui-même les passeports et s'occupera des formalités, mais, de toutes façons, cela prend du temps.

Les bus HPTDC s'arrêtent aux ***campements*** HPTDC. Meilleurs du lot, ils proposent des tentes doubles, propres, équipées de lits de camp et de nombreuses couvertures (115 Rs par personne). La ***tente-cuisine*** prépare un dîner acceptable de dhal et de riz et des omelettes au petit déjeuner (environ 40 Rs).

Les chauffeurs des bus publics et d'autres compagnies privées semblent avoir un arrangement avec d'autres campements et vous devrez peut-être loger dans une tente moins confortable que celles du HPTDC, mais au même prix. Les voyageurs qui arrivent tard sont ceux qui souffrent le plus. Même si le chauffeur essaie de vous en dissuader, vous pouvez dormir gratuitement dans le bus, où il fera plus chaud, ou bien planter votre propre tente dans les environs.

De l'autre côté du pont et du campement HPTDC, plusieurs ***restaurants sous tente*** servent du dhal et du riz, du thé, des omelettes, des nouilles au curry et, pour les longues soirées d'hiver, du whisky ou du *chang*. Soyez raisonnable, l'alcool agit puissamment en altitude.

Baralacha La

Une brève ascension conduit au Baralacha La ("col des carrefours", 4 883 m) ; ce double col relie la Chandra Valley et la Bhaga Valley supérieures à la Lingti Valley et aux vastes plaines de la Lingti, aux alentours de Sarchu. Une heure plus tard, on arrive au poste de police de Patseo et la route commence à longer la Bhaga jusqu'à Tandi, où la rivière se jette dans la Chandra.

Darcha

Cet autre campement important sert de halte aux bus rapides venant de Leh, ou aux bus lents en provenance de Manali, en fonction de l'heure et de l'état de la route vers le Baralacha La. Comme Sarchu, Darcha n'est qu'un campement temporaire, doté de quelques tentes médiocres (50 Rs) et d'une poignée de ***restaurants sous tente***. Peu après Darcha, vous traversez Jispa, occupé par un autre camp militaire. Darcha est le point de départ d'un trek populaire à Padum. En hiver, c'est le seul chemin possible. De là, vous pouvez faire diverses randonnées, jusqu'à Hemis (environ 11 jours), par exemple. Si vous disposez de votre propre moyen de transport, essayez d'atteindre le **Deepak Tal**, un petit lac à 16 km de Darcha. C'est un endroit superbe pour planter sa tente et explorer les environs.

De Keylong à Manali

Keylong est la première ville de taille respectable sur cet itinéraire et la capitale administrative du Lahaul et du Spiti. Le croisement en "T" de Tandi n'est pas loin. De là, une route tourne brutalement vers le nord-ouest, le long de la Chenab, et s'enfonce vers les régions peu visitées de l'Himachal Pradesh, en direction d'Udaipur et du célèbre ensemble de temples de **Triloknath**. La route de Manali continue au sud-est et grimpe régulièrement pour traverser Gondla, Sissu et Khoksar. En guise d'hébergement, ces trois communes ne possèdent guère que des ***Public Works Department (PWD) resthouses***, que vous devriez pouvoir utiliser. A Sissu, une jolie **cascade** dévale de pics spectaculaires. Plus loin, à Gramphu, la route poursuit son ascension le long du Lahaul et du Spiti – descendez à Gramphu ou à Keylong si vous voulez continuer vers Kaza – ou bifurque au sud en direction de Manali. Le col du Rohtang (3 978 m), moins élevé mais tout aussi dangereux, marque le début de la descente vers Manali. Pour plus de détails sur Keylong et Manali, reportez-vous au chapitre *Himachal Pradesh*.

DE LEH A KARGIL

Cette section couvre les villages situés le long ou à proximité de la route de Leh à Kargil. Plusieurs bus desservent ce parcours (231 km). Les camions permettent de se déplacer entre les villages. Le prix d'un taxi peut sembler exorbitant, mais, à plusieurs, on peut partager les frais et visiter plusieurs gompa en chemin. Les villages et les sites entre Leh et Khalsi sont décrits plus haut, dans la section *Environs de Leh*.

Lamayuru

Après avoir exploré d'autres villages de la région, Lamayuru (3 390 m) semble bien négligé. Néanmoins, il abrite l'un des plus célèbres et des plus spectaculaires gompa du Ladakh.

La particularité de ce **gompa**, qui appartient à l'ordre kagyupa, tient à sa situation : juché sur un rocher escarpé et entouré de montagnes impressionnantes, il surplombe un lac asséché. Datant d'avant le Xe siècle, c'est le plus ancien gompa connu du Ladakh et il a été détruit et restauré à plusieurs reprises au fil des siècles. Il possède des collections renommées de tapis, de thanka et de fresques. Autrefois, les criminels y jouissaient du droit d'asile, ce qui explique son ancien nom : Tharpa Ling ou

DE LEH À KARGIL

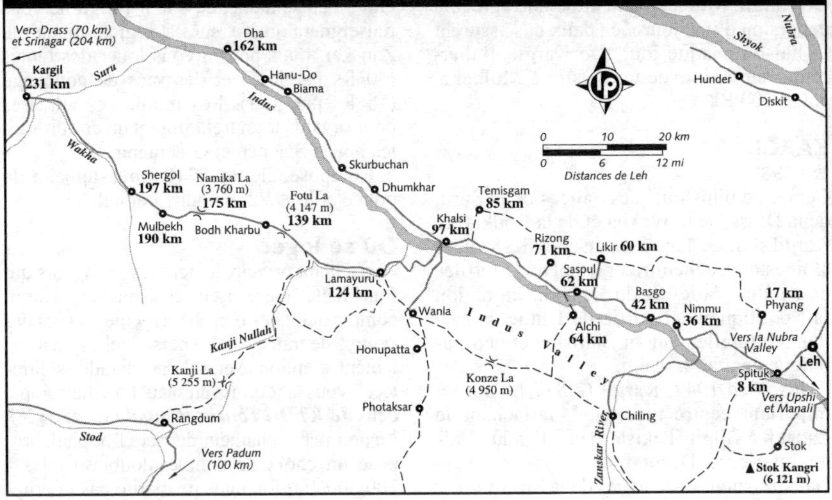

"lieu de liberté''. Essayez d'arriver tôt pour assister à une puja extraordinaire.

A quelques kilomètres au sud de Lamayuru, le petit **Wanla Gompa** se trouve sur le parcours du trek de Padum, dans le Zanskar.

Où se loger et se restaurer. Lamayuru compte quelques hébergements, tous avec s.d.b. communes et seau d'eau chaude. Dans la principale rue du village, l'***Hotel Shangri-La***, un peu défraîchi, offre des chambres à 150 Rs, dotées d'une belle vue. Il comporte un restaurant, mais ferme en hiver.

Dans le village et signalées sur les sentiers qui montent au gompa, deux pensions familiales possèdent plus de caractère et restent sans doute ouvertes en hiver. L'***Hotel Dragon*** propose des chambres joliment décorées à 100 Rs et prépare des repas sur demande. L'***Hotel Moonland***, également plaisant, dispose d'un restaurant. Lors de notre passage, l'hébergement au ***gompa*** n'avait rien de séduisant, mais la construction d'un nouveau bâtiment laisse espérer plus de confort.

Comment s'y rendre. Aucun bus direct ne relie Leh ou Kargil à Lamayuru. Prenez le bus de Leh à Kargil/Srinagar et descendez à l'arrêt des camions, en haut du village. La meilleure solution consiste à voyager dans l'un des nombreux camions qui s'arrêtent pour la nuit et quittent Lamayuru tôt le matin. De Leh, l'aller en taxi coûte 1 952 Rs.

Mulbekh

De Lamayuru, la route passe le Fotu La (4 147 m), le plus haut col sur cet itinéraire, puis le Namika La (3 760 m), avant de tourner dans une vallée fertile. Mulbekh est la dernière halte bouddhiste avant de pénétrer dans les régions à prédominance musulmane de Kargil et au-delà.

Mulbekh doit sa renommée à l'impressionnante **statue de Maitreya**, le Bouddha du futur, sculptée dans la roche vers 700 et mesurant 8 m de haut. Malheureusement, tous les bus font halte pour déjeuner au village de Wakha, à 2 km de Mulbekh, ce qui ne laisse pas le temps d'aller voir la statue ; néanmoins, on l'aperçoit du bus en passant. Deux gompa, **Serdung** et **Gandentse**, jouissent de magnifiques panoramas sur la vallée. Comme dans tous les petits villages, demandez si le monastère est ouvert avant d'entreprendre l'ascension.

En face de la statue chamba, le ***Paradise Hotel and Restaurant*** loue des chambres pour 80 Rs. Le ***Namchung Hotel*** offre des prestations similaires. Situé sur le côté de la statue en direction de Leh, le ***Jammu & Cachemire Tourism Development Corporation (J&KTDC) Tourist Bungalow*** propose des chambres à 40 Rs par personne.

De Leh, prenez le bus Kargil/Srinagar. De Kargil, Mulbekh constitue une agréable excursion d'une journée ; deux bus assurent la liaison chaque jour. De Kargil, l'aller-retour en taxi, avec une heure à Mulbekh, coûte 800 Rs.

KARGIL

☎ 01985

Centre administratif des vallées de la Suru, de la Drass, de la Wakha et de la Bodkarbu, Kargil se situe à mi-chemin entre les vallées alpines du Cachemire et les plaines fertiles de l'Indus Valley et du Ladakh. La région fait politiquement partie de l'Inde, appartient culturellement au Baltistan et géographiquement au Ladakh.

Jusqu'en 1947, Kargil (2 817 m) fut un important centre marchand, rattachant le Ladakh à Gilgit (Pakistan) et à l'Indus Valley inférieure. D'importants liens commerciaux reliaient les villages de la Suru Valley et à ceux de la Zanskar Valley. Il y a vingt ans, il n'était pas rare de voir des caravanes de yaks, venues de Padum, cheminer dans le bazar de Kargil.

Les troubles permanents qui agitent le Cachemire ont fait considérablement chuter le nombre des visiteurs et les hôtels ne survivent que grâce à la poignée de voyageurs qui se rendent de Leh à Pandum et à la Zanskar Valley. La population locale est essentiellement chiite ; les inscriptions sont rédigées en arabe, les hommes et les mosquées dominent la ville, bombardée à plusieurs reprises par le Pakistan. Lorsque la situation s'envenime, Kargil est déclarée zone interdite.

Orientation et renseignements

Située au bord de la tumultueuse Suru, Kargil est la deuxième ville du Ladakh. En réalité, il s'agit d'une longue artère, Main Bazaar, et de ruelles adjacentes (attention aux camions). Le long de Main Bazaar, de nombreuses échoppes proposent un service téléphonique longue distance et international. La poste et la State Bank of India, ouverte en semaine de 10h à 14h, bordent cette rue. Si vous en avez le temps, remontez Hospital Rd pour découvrir le panorama sur les environs.

De l'autre côté du Qatilgah Bridge, à l'extrémité de Balti Bazaar Rd, se profilent des champs et des villages. Le Tourist Reception Centre (☎ 2228) est installé à côté de la station de taxis, près de l'artère principale. Ouvert en semaine, de 10h à 16h, il ne vous renseignera guère sur la région ni sur le Zanskar, mais pourra vous louer des tentes (40 Rs par jour) et des sacs de couchage (16 Rs par jour). Les meilleures adresses pour organiser un trekking ou un circuit sont les hôtels Siachen et Greenland.

Composez le ☎ 2210 pour appeler la police et le ☎ 2216 pour l'hôpital.

Où se loger

Accueillant principalement les voyageurs qui font halte entre Leh et Srinagar, Kargil compte quelques bons hébergements près des centres de transport. Le personnel est généralement attentionné et, si l'eau chaude est limitée, il vous la fournira en seau. La ville compte deux ***J&KTDC Tourist Bungalows*** *(☎ 2328)*. Le premier, en hauteur derrière l'hôpital, propose un choix de simples/doubles/triples à 200/300/400 Rs, mais ne mérite pas la grimpette. Bien plus pratique et moins cher, le second, près de la gare routière, facture ses chambres 45 Rs par personne.

L'***Hotel Tourist Marjina*** *(☎ 33085)* dispose de chambres rudimentaires, avec s.d.b., à 150/200/250 Rs au rez-de-chaussée/1er/2e étages. Celles-ci s'organisent autour d'un jardin et l'on entre dans l'hôtel en traversant le restaurant (correct).

Doté d'un parking et d'un restaurant, l'***Hotel Kargil Continental*** *(☎ 2304)* demande 200/400 Rs (négociables) pour de grandes chambres avec s.d.b. et literie douillette. Celles situées à l'arrière donnent sur la rivière.

Si les autres hôtels pour petits budgets affichent complet, essayez l'***Hotel Greenland*** *(☎ 2324)*. Il loue 50/100 Rs les chambres du rez-de-chaussée, avec s.d.b. mais d'une propreté douteuse. Préférez celles en étages, avec véranda, à 150/300 Rs.

Installé sur trois étages autour d'un jardin, l'***Hotel Siachen*** *(☎ 2221)* offre d'excellentes chambres avec véranda et eau chaude à 350/500 Rs. Il comporte une agence de voyages, un restaurant et un parking.

Plus bel hôtel de la ville, le ***Caravan Serai*** *(☎ 2278)* s'élève sur une hauteur dominant l'agglomération. Une chambre confortable, avec eau chaude et vue, vous reviendra à 1 500/2 000 Rs, petit déjeuner compris. Visant principalement la clientèle des trekkers aisés, il ferme en hiver. A 2 km de la ville, sur la route de Padum, l'***Hotel D'Zojila***

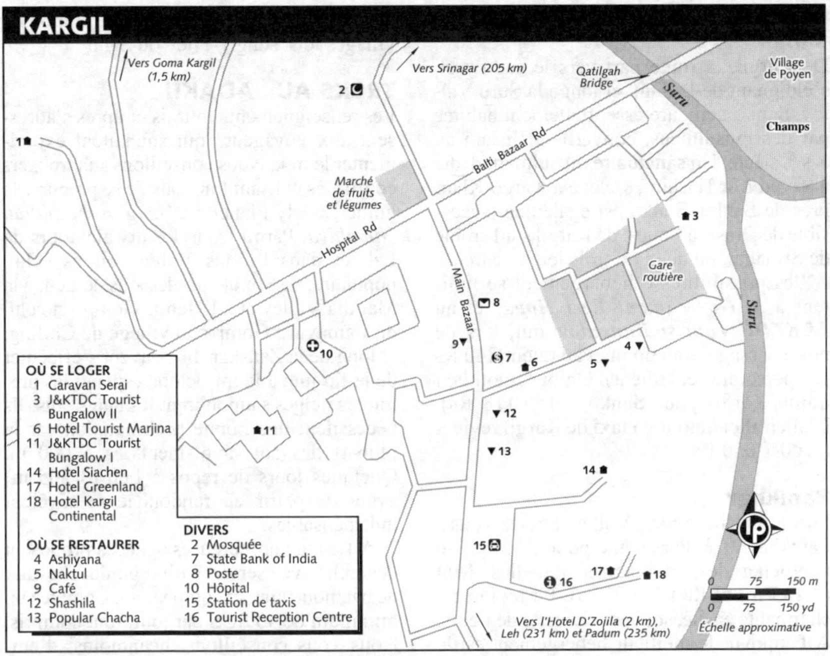

(☎/fax 2227) ne mérite pas le déplacement, à moins de vouloir contempler la rivière et profiter de l'eau chaude courante. Les chambres, spacieuses mais banales, avec s.d.b., ne valent pas les 1 200/1 500 Rs demandées. La direction insistera pour que vous choisissiez la pension complète (2 064/2 484 Rs).

Où se restaurer

Les restaurants de Kargil ne vous laisseront pas de souvenirs impérissables. Le choix se limite à la cuisine chinoise ou cachemirie et les hôtels servent des omelettes et du pain au petit déjeuner. Dans Main Bazaar et aux alentours, vous pourrez essayer l'***Ashiyana***, le ***Naktul***, le ***Shashila*** et le ***Popular Chacha***. Le ***café*** situé en face de la banque est l'un des rares ouverts pour le petit déjeuner.

Les ***restaurants*** des hôtels Siachen et Greenland préparent une cuisine convenable. Le soir, le serveur pourra poser discrètement une bière sur votre table, moyennant 125 Rs (l'alcool est interdit à Kargil, d'où le prix). Un ***marché de fruits et légumes*** occupe l'angle d'Hospital Rd et de Main Bazaar, et les nombreux magasins d'alimentation vous fourniront de quoi composer un pique-nique.

Comment s'y rendre

Bus. Chaque jour, des bus partent à 5h30 pour Leh (140/200 Rs ordinaire/climatisé, 12 heures) et à 4h30 pour Srinagar (160/200 Rs, 12 heures). Par le passé, la route de Srinagar a été fermée à plusieurs reprises aux étrangers à cause des bombardements pakistanais ; renseignez-vous sur place de l'évolution de la situation. En direction de Leh, deux bus rejoignent Mulbekh chaque jour et un bus dessert Shergol. En direction de Srinagar, des bus quotidiens réguliers rallient Drass.

Au moins deux bus circulent quotidiennement vers Panikhar et Parkachik. Pour Padum (Zanskar), un bus part tous les deux jours à 4h30 (150/220 Rs en classe B/A, 15 heures). La gare routière de Kargil se trouve près de l'artère principale. Réservez la veille du départ.

Taxi. En une journée, un taxi peut vous conduire de Leh à Kargil pour 3 355 Rs, ou de Kargil à Srinagar pour 3 100 Rs. De Kargil à Padum, comptez 7 000/12 000 Rs l'aller/aller-retour. La station de taxis de Kargil se trouve dans Main Bazaar.

DE KARGIL A PADUM

Sanku

De Kargil, la route part vers le sud-ouest, s'éloignant de Padum, et longe la Suru Valley. Sanku demeure essentiellement habitée par des musulmans, convertis à l'islam au XVe siècle. Un **sanctuaire musulman**, dédié à Sayed Mir Hashim, s'élève à Karpo-Khar, près de Sanku. Sanku est également accessible de Drass, à l'ouest de Kargil sur la route de Srinagar, en deux ou trois jours de trek.

Les possibilités d'hébergement se limitent à la ***Government Rest House*** et au ***J&KTDC Tourist Bungalow*** qui, lors de notre passage, fonctionnait au ralenti (40 Rs par personne seulement). Un bus quotidien quitte Kargil pour Sanku à 15h (18 Rs). L'aller/aller-retour en taxi de Kargil revient à 700/1 050 Rs.

Panikhar

Plus loin dans la Suru Valley, arrêtez-vous à Panikhar et à Parkachik pour admirer ou approcher les montagnes jumelles **Nun** (7 135 m) et **Kun** (7 087 m). La région est charmante en été, souvent couverte de fleurs. A Panikhar, le meilleur hébergement est le confortable ***J&KTDC Tourist Bungalow***, qui facture 150 Rs par personne.

Deux bus quotidiens circulent dans la matinée entre Panikhar et Kargil (35 Rs). Vous pouvez aussi prendre le bus de Kargil à Padum, qui part tous les deux jours à 5h30. En taxi, l'aller/aller-retour revient à 1 200 /1 800 Rs.

Rangdum

Entre Kargil et Padum, à mi-chemin en temps mais pas en distance, Rangdum constitue une halte de nuit pour les taxis et les camions (mais pas les bus). Vous pouvez visiter le **Rangdum Gompa**, qui date du XVIIIe siècle et abrite environ 35 moines et de nombreux novices. Le ***J&KTDC Tourist Complex*** propose des installations rudimentaires pour 40 Rs par personne. Plusieurs ***échoppes de thé*** servent une nourriture sans grand intérêt. De Rangdum, un trek intéressant grimpe à l'est au Kanji La (5 255 m) et rejoint plus haut la route Leh-Kargil à Lamayuru.

De Rangdum, la route se dirige plus au sud vers le Pensi La (4 450 m). Plus loin, on arrive à Ating, d'où l'on peut visiter le **Zongkul Gompa**. A partir de Padum, la vallée devient plus peuplée et compte de nombreux villages tels Tungri, Phey ou Sani.

TREKS AU LADAKH

Les renseignements fournis ci-après s'adressent aux voyageurs qui souhaitent expérimenter le trek. Nous conseillons aux trekkers confirmés et lisant l'anglais de se procurer le guide Lonely Planet *Trekking in the Indian Himalaya*. Parmi les treks aux alentours de Leh et dans l'Indus Valley, citons celui, populaire, de Spituk, au-dessous de Leh, à la Markha Valley et à l'Hemis Gompa et celui du Lamayuru Gompa au village de Chiling, le long de la Zanskar. Ils peuvent s'effectuer de la fin juin à la mi-octobre, quand les premières neiges saupoudrent les hauts cols. Ils nécessitent une bonne acclimatation car la plupart des cols avoisinent les 5 000 m. Quelques jours de repos à Leh (3 505 m) avant de partir en randonnée se révèlent indispensables.

A Leh, de nombreuses agences proposent des treks avec services d'un guide, chevaux de bât, nourriture et équipement. Comptez un minimum de 40 $US par jour, tout compris. Nous vous conseillons, néanmoins, d'emporter votre propre matériel de camping, sac de couchage et tente compris. Si vous partez en indépendant, vous pouvez louer des chevaux de bât à Spituk ou à Lamayuru pour 250 à 300 Rs par cheval et par jour. N'oubliez pas les provisions de bouche car vous ne trouverez pas de lodge ou d'échoppe de thé à toutes les étapes.

De Spituk à la Markha Valley et à Hemis *via* le Kongmaru La

Le trek part du Spituk Gompa puis suit la Jingchen Valley jusqu'au Ganda La (4 920 m). Prévoyez au moins une journée de repos avant de franchir le col. Une descente régulière conduit à la Markha Valley et au village de Skiu. L'étape suivante mène au village de Markha, avant de grimper jusqu'aux pâturages des yaks, à Nimaling. L'impressionnant pic du Kangyaze (6 400 m) domine le camp. Au Kongmaru La (5 030 m), le col le plus élevé du trek, un panorama splendide embrasse la chaîne du Zanskar, au sud, et la chaîne du Ladakh, au nord. Une fois le col franchi, un autre camp vous attend au village de Chogdo, avant de rejoindre l'Hemis Gompa. De là, un bus quotidien dessert Leh.

étape	itinéraire	durée (heures)
1	Spituk-Rumbak	6-7
2	Rumbak-Yurutse et campement	4-5
3	Yurutse-Skiu *via* le Ganda La	6-7
4	Skiu-Markha	7-8
5	Markha-Nimaling	7-8
6	Nimaling-Chogdo *via* le Kongmaru La	6
7	Chogdo-Hemis	4-5

De Lamayuru à Chiling *via* le Konze La et le Dung Dung La

A partir de Lamayuru, le trek franchit le Prinkiti La (3 750 m) pour atteindre le village de Wanla et son ancien gompa. L'étape suivante mène au village de Hinju, au pied du Konze La (4 950 m), où il est conseillé de passer une journée avant de s'attaquer au col. Du Konze La, on découvre la chaîne du Karakorum oriental avant d'amorcer la courte descente jusqu'au village de Sumdo Chinmu. Le lendemain, l'ascension du Dung Dung La (4 820 m) est récompensée par les vues sur la chaîne du Zanskar et les méandres du fleuve éponyme. Commence ensuite la longue et pénible descente jusqu'au village de Chiling. De Chiling, vous pouvez retourner à Leh ou continuer jusqu'à la Markha Valley. L'étape de Chiling au village de Skiu, dans cette vallée, peut s'effectuer en trois heures. Très intéressante, elle comprend la traversée de la Zanskar sur un pont suspendu. Les villageois qui l'entretiennent demandent 100 Rs par personne.

étape	itinéraire	durée (heures)
1	Lamayuru-Wanla *via* le Prinkiti La	3-4
2	Wanla-Hinju	4-5
3	Hinju-Sumdo Chinmu *via* le Konze La	6
4	Sumdo Chinmu-camp de base du Dung Dung La	3
5	Camp de base-Chiling *via* le Dung Dung La	6

De Likir à Temisgam

A condition d'être en forme, ce trek peut se faire en un seul jour. Du Likir Gompa, la piste traverse un petit col pour rejoindre le village de Yantang, proche du Rizong Gompa. La seconde étape mène au village d'Hemis-Shukpachu. Il ne reste alors que deux petits cols à franchir pour arriver à Temisgam. La piste est praticable tout au long de l'année ; vous pouvez louer les chevaux à Likir, mais, de Leh, il faut emporter des provisions et une tente. La construction d'une route fera peut-être disparaître ce trek. Jusque-là, un bus quotidien dessert Likir et un bus relie Temisgam à Leh.

étape	itinéraire	durée (heures)
1	Likir-Yangtang	4-5
2	Yangtang-Hemis-Shukpachu	3
3	Hemis-Shukpachu-Temisgam	3-4

Zanskar

Région enclavée au sud du Ladakh, le Zanskar se compose de petites vallées encaissées, bordées au nord par la chaîne du Zanskar et au sud par la chaîne du Grand Himalaya. A l'est et à l'ouest, les hautes barrières qui relient l'Himalaya aux montagnes du Zanskar compliquent encore la communication avec le monde extérieur.

Le Zanskar comprend essentiellement la Stod Valley, à l'ouest, et la Lunak Valley, à l'est. Toutes deux convergent à Padum, le centre administratif de la région. Les terres fertiles entourant Padum, les villages avoisinants et les gompa constituent le cœur du Zanskar. L'isolement de la région a contribué à préserver sa culture bouddhiste.

PADUM

Centre administratif du Zanskar, Padum est une ancienne capitale sans grand attrait. Ses bâtiments officiels incongrus datent de l'achèvement de la route de Kargil, en 1981, et la font ressembler à la plupart des villes en bout de route ; c'est là que l'on jette tout ce dont on ne veut plus. Le principal terrain de camping et le petit quartier des hôtels jouxtent la récente mosquée (la seule du Zanskar) où se réunit la communauté sunnite. Le seul bureau de téléphone se trouve à l'Hotel Ibex.

Padum est également le point de départ de plusieurs treks éprouvants.

Où se loger et se restaurer

Vous trouverez quelques pensions bon marché et un hôtel plus confortable. L'***Hotel Shapodok-la***, au centre-ville, propose des lits en dortoir à petits prix. Plutôt négligé, l'***Hotel Haftal View***, près de la gare routière, offre des chambres à 100/150 Rs. A proximité, l'***Hotel Chorala***, un peu plus soigné, facture ses doubles 150 Rs.

Installé au milieu des champs, à 100 m de l'Hotel Chorala, l'***Hotel Snowland***, doté d'un joli jardin, constitue l'un des meilleurs choix. Il loue ses simples/doubles pour 100/150 Rs.

Le ***J&KTDC Tourist Bungalow*** dispose de chambres assez spacieuses avec s.d.b. (eau froide seulement) à 50 Rs par personne. Meilleure adresse de la ville, l'***Hotel Ibex*** *(☎ 01983-45012)* demande 300 Rs pour des simples ou doubles correctes, réparties autour d'une cour centrale abritée.

Côté restauration, le choix reste maigre. Le moins médiocre est le ***restaurant*** de l'Hotel Ibex. En face, le ***restaurant Lhasa Tibetan*** prépare une cuisine acceptable, tout comme celui de l'***Hotel Chorala*** et le ***restaurant tibétain*** de la gare routière, surmonté de l'enseigne Campa Cola.

Comment s'y rendre

La route reliant Kargil à Padum offre des paysages spectaculaires, capables d'impressionner les voyageurs éreintés qui pensent avoir tout vu entre Leh et Kargil. Comme toujours dans cette partie du monde, elle est étroite, sinueuse et se parcourt lentement. Ouverte de juillet à début octobre, elle est totalement impraticable le reste de l'année, isolant ainsi les Zanskaris.

Bus. En saison, un bus circule tous les deux jours entre Padum et Kargil et part vers 4h30 (renseignez-vous dans les gares routières locales). Le trajet coûte 150/220 Rs en classe B/A (selon le bus qui se présente). Il dure habituellement 15 heures, mais peut prendre beaucoup plus de temps. Vous devez réserver la veille à Padum ou à Kargil. Vous pouvez descendre en cours de route, mais vous devrez sans doute attendre un ou deux jours pour un autre bus. Sinon, tentez votre chance auprès des rares camions qui parcourent cette route.

Taxi. L'aller/aller-retour de Kargil à Padum revient à 7 000/12 000 Rs. En groupe, le prix devient abordable et c'est le meilleur moyen d'admirer les fantastiques paysages. Le trajet peut s'effectuer d'une seule (longue) traite, en 12 heures, mais on peut faire halte à Rangdum, Parkachik et Panikhar.

Camion. Des camions empruntent cette route de temps à autre, mais moins souvent que celle de Kargil à Leh, car le Zanskar est faiblement peuplé. Quoi qu'il en soit, faire signe à un camion, si vous en voyez un, est une pratique courante et la plupart des chauffeurs vous emmèneront moyennant un tarif négociable, sans doute équivalent à celui du bus.

Comment circuler

Jeep et taxi. Le bureau de la Padum Taxi Union, en face de l'Hotel Haftal View, pratique des tarifs exorbitants : 650 Rs l'aller-retour au Sani Gompa, 800 Rs l'aller-retour au Karsha Gompa et 5 500/7 000 Rs pour Rangdum. Il n'est pas étonnant que la plupart des visiteurs optent pour le trekking.

TREKS AU ZANSKAR

Parmi les treks les plus appréciés au Zanskar, citons celui de Padum à Darcha et Manali par le Shingo La (5 090 m) et celui de Lamayuru à Leh par le Singge La (5 050 m). Un trek plus lointain vers le nord mène à la Markha Valley et à Leh par le Cha Cha La (4 950 m) et le Rubrang La (5 020 m). Ces randonnées peuvent se faire de la fin juin, lorsque la neige commence à fondre dans les hauts cols, à la mi-octobre, avant l'arrivée des premières neiges d'hiver. Il y a, bien sûr, des exceptions ; en août et en septembre, de fortes tempêtes en provenance des plaines indiennes coupent occasionnellement les parcours. La traversée des rivières pose problème, notamment sur le trek de Padum à la Markha Valley ; il est conseillé de ne pas l'entreprendre avant la mi-août, lorsque les eaux baissent. Sachez également que tous ces treks comportent le passage de cols très élevés ; il est indispensable de s'acclimater à l'altitude.

Si vous organisez vous-même votre trek, vous pouvez louer des chevaux de bât à Padum ou à Karsha pour environ 200 Rs par jour ; ce tarif est susceptible d'augmenter durant les récoltes, de fin août à début septembre. Les services d'un guide local se révèlent utiles, notamment pour le trek de Padum à la Markha Valley. Emportez votre équipement de camping (tente et sac de couchage compris), car plusieurs étapes ne comportent pas de village. Achetez des provisions à Leh.

De Padum à Darcha *via* le Shingo La

Pendant les trois premières étapes, la piste,

bien indiquée, remonte la Tsarap Valley pour aboutir au monastère de Phugtal, l'un des plus anciens du Zanskar. Elle traverse ensuite plusieurs villages avant d'arriver à Kargyak, l'agglomération la plus élevée. L'étape suivante conduit jusqu'au pied du Shingo La (5 090 m), avant la traversée de la chaîne du Grand Himalaya. La dernière étape rejoint le début de la route à Darcha, d'où un transport prévu à l'avance vous ramènera à Leh ou à Manali.

étape	itinéraire	durée (heures)
1	Padum-Mune	6
2	Mune-Purne	8
3	Purne-monastère de Phugtal et Tetha	6
4	Tetha-Kargyak	7
5	Kargyak-Lakong	6-7
6	Lakong-Rumjak *via* le Shingo La	6-7
7	Rumjak-Darcha	6-7

De Padum à Lamayuru *via* le Singge La

Ce trek part de Padum ou du monastère de Karsha, le plus grand du Zanskar. Pendant deux étapes, la piste suit la rive gauche de la Zanskar avant de grimper vers le Hanuma La (4 950 m) et le monastère de Lingshat. L'étape suivante mène au pied du Singge La (5 050 m), avant de traverser la chaîne du Zanskar. Du col, une vue extraordinaire surplombe les gorges de la Zanskar et s'étend, au sud, sur les sommets enneigés de la chaîne du Grand Himalaya. La traversée du Singge La ne présente pas de difficultés et la descente progressive jusqu'au village de Photaksar s'effectue aisément dans la même étape.

Ensuite, la piste monte jusqu'au Sisir La (4 850 m) et au village de Honupatta. L'étape suivante conduit au monastère de Wanla, avant de franchir le Prinkiti La (3 750 m) et de rejoindre le Lamayuru Gompa. Un bus ou un camion vous ramène à Leh.

étape	itinéraire	durée (heures)
1	Padum-Karsha	2
2	Karsha-Pishu	4-5
3	Pishu-Hanumil	4-5
4	Hanumil-Snertse	5
5	Snertse-Lingshat *via* le Hanuma La	5-6
6	Lingshat-camp de base du Singge La	5-6
7	Camp de base du Singge La-Photaksar *via* le Singge La	5-6
8	Photaksar-Honupatta *via* le Sisir La	6
9	Honupatta-Wanla	5
10	Wanla-Lamayuru *via* le Prinkiti La	3-4

De Padum à Leh *via* le Cha Cha La, le Rubrang La et la Markha Valley

Ce trek difficile n'est emprunté chaque saison que par une poignée de trekkers. De Padum, la piste se dirige au nord vers le village de Zangla avant de bifurquer de la Zanskar Valley vers le Cha Cha La (4 950 m).

Du col, le panorama se déroule à perte de vue au sud jusqu'à la chaîne du Grand Himalaya. Poursuivant au nord, la piste traverse une enfilade de gorges impressionnantes qui abritent une faune rare, dont des ours bruns, des bharals et des léopards des neiges. Il faut au moins deux étapes pour atteindre le Rubrang La (5 020 m) et la crête de la chaîne du Zanskar avant d'entamer la descente régulière jusqu'aux villages de la Markha Valley. Du village de Markha, comptez encore trois étapes pour passer le Kongmaru La (5 030 m) et arriver à l'Hemis Gompa et dans l'Indus Valley.

étape	itinéraire	durée (heures)
1	Padum-Zangla	7
2	Zangla-camp de base du Cha Cha La	3
3	Camp de base-campement des gorges *via* le Cha Cha La	6
4	Camp des gorges-Tilat Sumdo	6
5	Tilat Sumdo-camp de base du Rubrang La	5-6
6	Camp de base-Markha *via* le Rubrang La	6
7	Markha-Nimaling	7-8
8	Nimaling-Chogdo *via* le Kongmaru La	6
9	Chogdo-Hemis	4-5

Uttar Pradesh et Uttaranchal

Le vaste territoire de l'Uttar Pradesh, qui s'étendait des plaines du Gange à la frontière tibétaine, s'est trouvé largement amputé par la création du nouvel État de l'Uttaranchal, en novembre 2000. Cependant, il comprend toujours Agra, Varanasi et Lucknow.

En bref

Population : 166,1 millions d'habitants (Uttar Pradesh), 8,5 millions d'habitants (Uttaranchal)
Superficie : 231 254 km² (Uttar Pradesh), 63 157 km² (Uttaranchal)
Capitales : Lucknow (Uttar Pradesh), Dehra Dun (Uttaranchal)
Principale langue : hindi
Meilleure saison : octobre à mars

Cartes du chapitre :

- Visitez le Taj Mahal au lever du soleil et Fatehpur Sikri, désertée, au crépuscule
- Suivez la trace de Krishna à Mathura et à Vrindavan
- Prenez, à l'aube, un bateau sur le Gange à Varanasi
- Méditez dans l'ancien sanctuaire bouddhique de Sarnath
- Pratiquez le yoga sur les rives du Gange à Rishikesh
- Faites le parcours du Char Dham sacré dans les hauteurs de l'Himalaya
- Partez en randonnée vers les lacs et les glaciers reculés du Garhwal et du Kumaon

Uttar Pradesh

Depuis l'Indépendance, l'Uttar Pradesh demeure l'État prédominant sur les plans politique et culturel ; il a offert au pays plus de la moitié de ses Premiers ministres. Cela s'explique par l'importance de sa population, la plus nombreuse du sous-continent, et par son rôle central dans la religion hindouiste. Le Gange, épine dorsale de l'État, est le fleuve sacré de l'hindouisme, et Varanasi, le lieu de pèlerinage le plus vénéré du pays. C'est à Sarnath, près de Varanasi, que le Bouddha commença à prêcher la "voie du milieu".

La population de l'Uttar Pradesh se compose essentiellement de paysans peu éduqués, mais la vie politique et économique est contrôlée par la classe aisée des villes. En plus des centres religieux, l'Uttar Pradesh possède le monument le plus célèbre de l'Inde, le Taj Mahal, et compte de multiples exemples de cette exubérante architecture moghole. A l'exception des hébergements très bon marché, les hôtels d'Uttar Pradesh ajoutent 5% de taxe de luxe à leur note. Les tarifs indiqués dans ce chapitre n'incluent pas cette taxe.

Histoire

Il y a plus de 2 000 ans, l'Uttar Pradesh faisait partie de l'empire bouddhique d'Ashoka. Les incursions musulmanes en provenance du nord-ouest commencèrent au XIe siècle. Au XVIe siècle, la région était intégrée à l'Empire moghol, qui établit un temps sa capitale à Agra et à Fatehpur Sikri.

Après le déclin de l'Empire moghol, les envahisseurs perses l'occupèrent brièvement avant que les nababs d'Avadh montent en puissance au cœur de la région, transformant Lucknow en un centre artistique florissant. Cependant leur empire connut une fin tragique, lorsque la Compagnie britannique des Indes orientales renversa le dernier nabab, provoquant la mutinerie de 1857. Agra fut ensuite réunie à Avadh et l'État devint la United Province. Il retrouva son nom d'Uttar Pradesh ("État du Nord" ; fréquemment surnommé UP) après l'Indépendance.

Ces dernières années, l'Uttar Pradesh est devenu le fief du Bharatiya Janata Party (BJP), parti fondamentaliste hindou, au pouvoir actuellement. Ce dernier a utilisé la profanation des temples hindous par les envahisseurs moghols pour rallier des partisans, déclenchant des tensions entre hindous et musulmans dans de nombreuses villes-clés. Les troubles ont atteint leur summum en 1992 à Ayodhya, où des hindous ont détruit une mosquée érigée par les Moghols sur le site d'un temple de Rama. La récente découverte de ruines jaïna sous la ville moghole de Fatehpur Skiri, près d'Agra, a provoqué des mécontentements de mauvais augure.

Fin 1996, l'État fut placé sous l'administration directe de Delhi, aucune majorité n'étant sortie des urnes. Au bout de cinq mois d'impasse politique, le BJP, qui avait remporté la plupart des sièges, forma un gouvernement de coalition avec le BSP, parti anticaste séculaire, situé à l'opposé du spectre politique. Le parti du Congrès fit brièvement partie de cette coalition, avant d'être, avec le BSP, remplacé par l'UP Loktrantrik Congress et le JBS. Actuellement, le BJP doit faire face à des luttes internes, et plusieurs membres du parti ont démissionné pour protester contre la politique "autocratique" du ministre en chef de l'UP, Kalyan Singh.

Offices du tourisme

Vous trouverez des offices du tourisme dans les villes mentionnées ci-dessous, ainsi que dans les centres urbains des deux États.

Ahmedabad
(☎ 079-6560752) 303 Ashwamedh House, 5 Smriti Kunj, Navrangpura

Chandigarh
(☎ 0172-707649) SCO 1046-47, 1er étage, Secteur 22B

Chennai (Madras)
(☎ 044-8283276) 28 Commander in Chief Rd

Delhi
(☎ 011-3322251, fax 3711296) Chandralok Building, 36 Janpath, Delhi

Kolkata (Calcutta)
(☎ 033-2207855) 12A Netaji Subashi Rd

Mumbai (Bombay)
(☎ 022-2185458) 38 World Trade Centre, Cuffe Parade, Colaba

Internet

Pour des informations fiables, consultez le site d'UP Tourism, www.up-tourism.com, et le site indépendant www.upportal.com, qui couvre aussi l'Uttaranchal.

AGRA

☎ 0562 • 1 118 800 habitants

Située à 204 km de Dehli, cette ville industrielle étendue est indissociable du Taj Mahal, érigé sur les rives de la Yamuna. L'empereur moghol Babur en fit sa capitale en 1526 et, pendant un siècle, une remarquable activité architecturale s'y déploya, chaque monarque s'efforçant de surpasser les monuments grandioses de son prédécesseur.

La ville moderne d'Agra, frénétique et polluée, étouffe ces splendeurs d'antan. Elle abrite un *chowk* (marché) animé et un grand choix d'hôtels et de restaurants, mais, pour la majorité des visiteurs, un séjour à Agra représente plus une épreuve qu'une joie. Cela tient pour beaucoup au harcèlement incessant des rabatteurs, des rickshaws et des vendeurs de souvenirs…

Depuis la hausse controversée des prix d'entrée du Taj Mahal et d'autres sites moghols, de nombreux touristes choisissent de visiter Agra en une journée au départ de Dehli ; un excellent service de train facilite cette formule. Cependant, si votre budget le permet, ne manquez pas les autres merveilles que recèle cette cité : le fort d'Agra, les tombeaux d'Itimad-ud-Daulah et d'Akbar (Sikandra) et la ville voisine abandonnée de Fatehpur Sikri. Agra mérite largement un séjour prolongé.

Histoire

Fondée, semble-t-il, sur le site d'un ancien royaume hindou, Agra fut détruite par le roi afghan Mahmud de Ghazni vers 1022. Elle ne retrouva son lustre qu'en 1501, lorsque le sultan Sikander Lodi en fit sa capitale. L'empereur moghol Babur s'empara de la ville en 1526, après avoir vaincu le dernier sultan lodi à Panipat, à 80 km au nord de Dehli.

La cité connut son apogée entre le milieu du XVIe siècle et le milieu du XVIIe siècle, sous les règnes d'Akbar, de Jehangir et de Shah Jahan. En témoignent l'édification du fort, du Taj Mahal et des principaux mausolées. En 1638, Shah Jahan bâtit une nouvelle ville à Delhi et son fils, Aurangzeb, y transféra sa capitale dix ans plus tard.

UTTAR PRADESH ET UTTARANCHAL

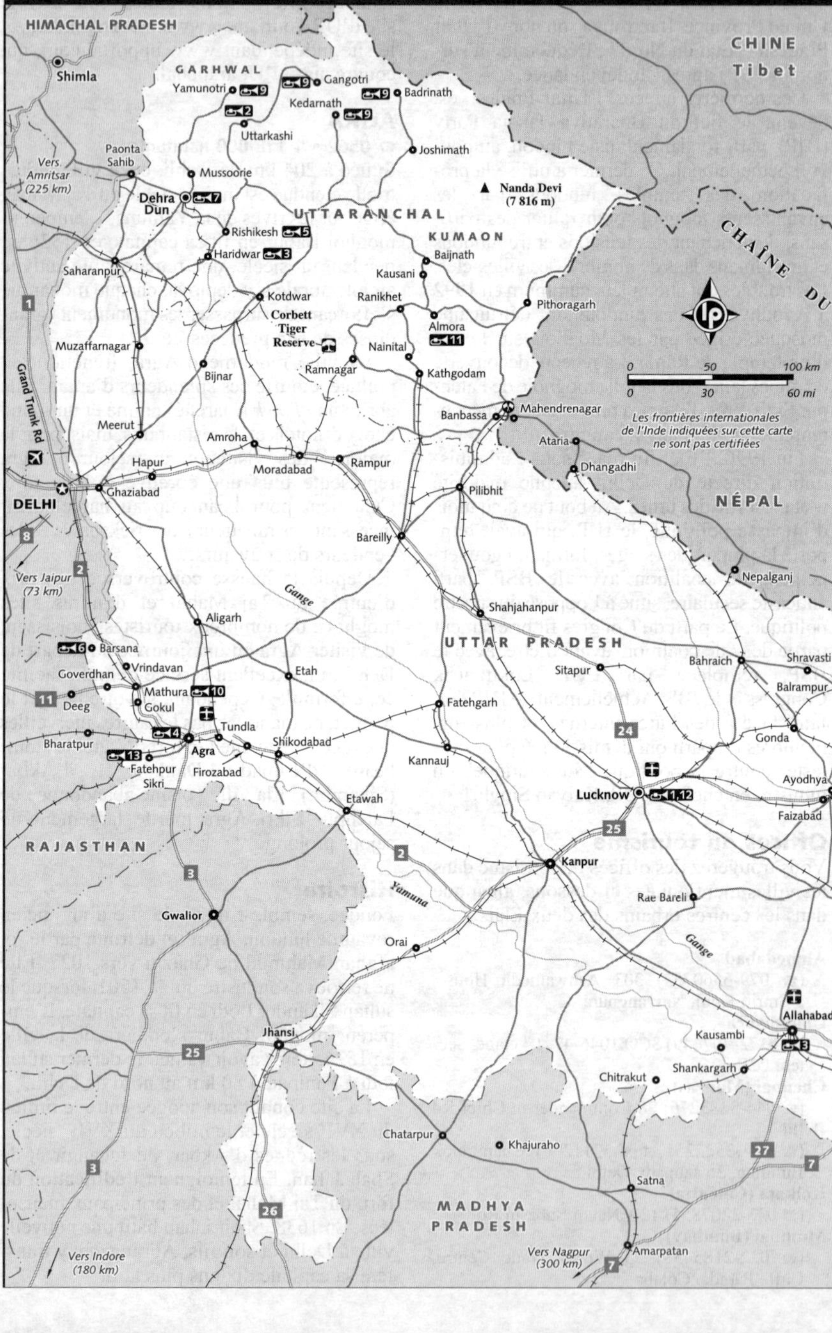

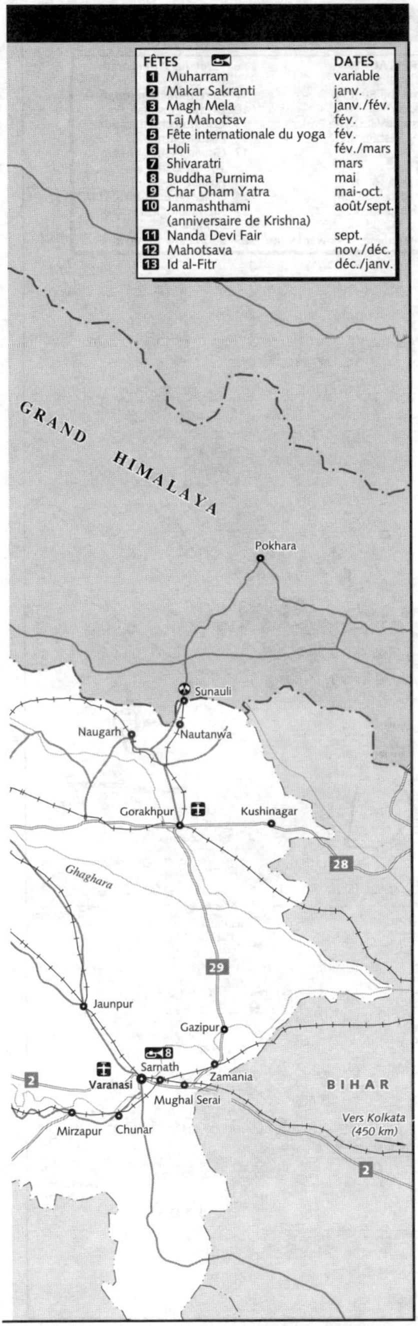

En 1761, Agra tomba aux mains des Jat, qui pillèrent les monuments sans épargner le Taj Mahal. Elle fut prise par les Mahrata en 1770, puis par les Britanniques en 1803. Après la révolte de 1857, les Britanniques transférèrent l'administration des provinces du Nord-Ouest à Allahabad. Privée de son rôle administratif, Agra se transforma en centre d'industrie lourde et devint rapidement connue pour ses produits chimiques, ses cuirs et sa pollution, avant que le tourisme constitue sa principale source de revenus.

Orientation

Agra s'étend sur la rive ouest de la Yamuna, dans la plaine du Gange. Le fort et le Kinari Bazaar, l'ancien marché haut en couleur, se situent au nord-ouest de la gare ferroviaire d'Agra Cantonment et de la gare routière d'Idgah, où arrivent la plupart des trains et des bus longue distance. Le Taj Mahal se trouve à 1,5 km à l'est du fort, à l'extrémité du vaste Cantonment édifié par les Britanniques, au bout du Mall.

Les ouvriers et les artisans qui participèrent à la construction du Taj Mahal s'installèrent au sud du mausolée, créant un dédale de ruelles appelé Taj Ganj. Ce quartier abrite aujourd'hui la majeure partie des pensions et des hôtels bon marché. La plupart des établissements de catégorie moyenne sont installés au sud de Taj Ganj, dans Fatehbad Rd et alentour. Les bus locaux partent de la gare routière de Power House, près du fort (appelée aussi gare routière d'Agra Fort). Quelques trains partent de la gare ferroviaire d'Agra Fort, dans le Kinari Bazaar. L'aéroport d'Agra, Kheria, se trouve à 7 km à l'ouest du centre-ville.

Renseignements

Le Government of India tourist office (☎ 226368, fax 226378, goitoagra@nde.vsnl.net.in), 191 The Mall, ouvre en semaine, de 9h à 17h30, et le samedi, de 9h à 16h30. Il propose des plans d'Agra et des brochures sur les sites de la région et du pays. Très serviable, l'office du tourisme de l'UP (☎ 226431), 64 Taj Rd, ouvre tous les jours, sauf le dimanche et le deuxième samedi du mois, de 10h à 17h. Le comptoir d'information touristique (☎ 368598) de la gare ferroviaire d'Agra Cantonment ouvre tous les jours, de 8h à 20h. Le Foreigners' Registration Office (☎ 269563) se trouve à

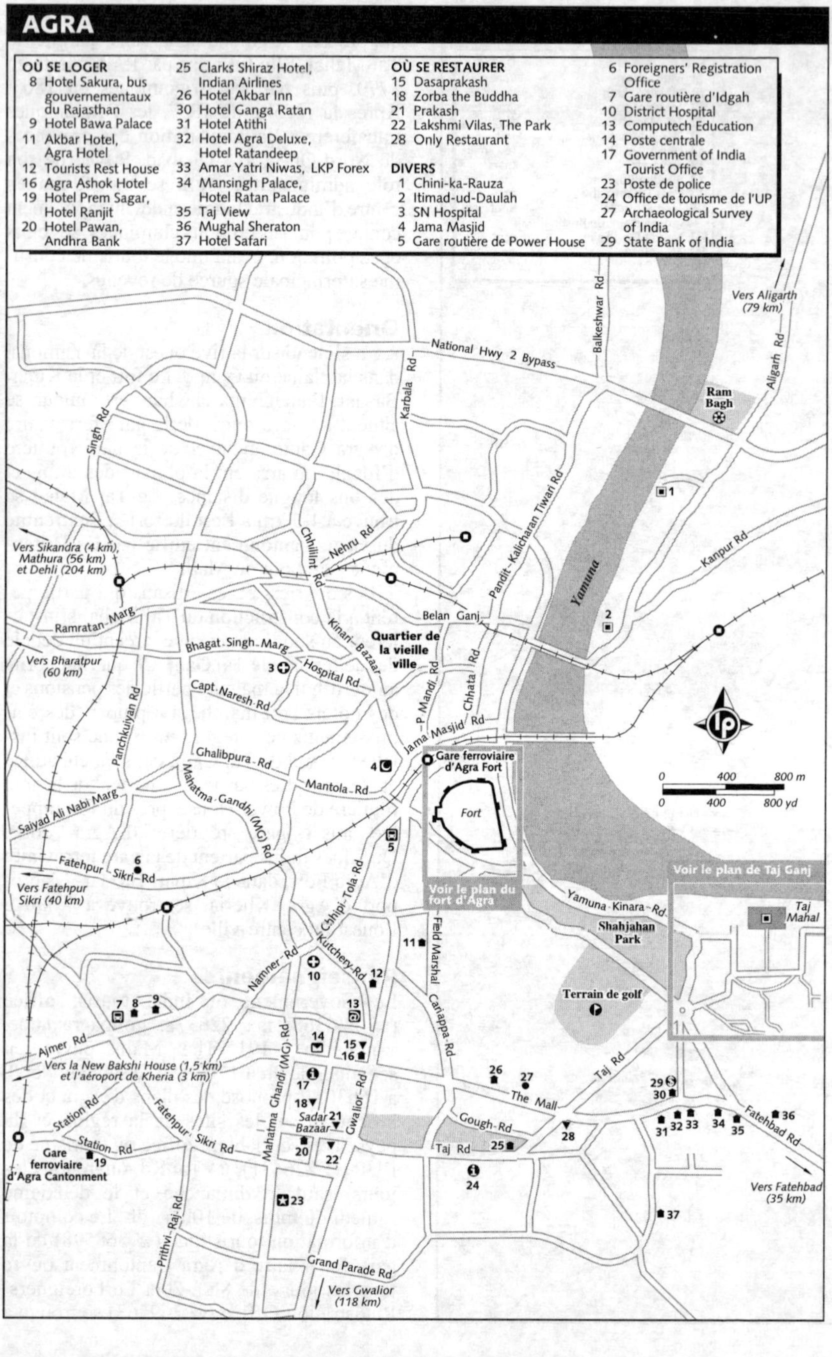
AGRA
OÙ SE LOGER
8 Hotel Sakura, bus gouvernementaux du Rajasthan
9 Hotel Bawa Palace
11 Akbar Hotel, Agra Hotel
12 Tourists Rest House
16 Agra Ashok Hotel
19 Hotel Prem Sagar, Hotel Ranjit
20 Hotel Pawan, Andhra Bank
25 Clarks Shiraz Hotel, Indian Airlines
26 Hotel Akbar Inn
30 Hotel Ganga Ratan
31 Hotel Atithi
32 Hotel Agra Deluxe, Hotel Ratandeep
33 Amar Yatri Niwas, LKP Forex
34 Mansingh Palace, Hotel Ratan Palace
35 Taj View
36 Mughal Sheraton
37 Hotel Safari
OÙ SE RESTAURER
15 Dasaprakash
18 Zorba the Buddha
21 Prakash
22 Lakshmi Vilas, The Park
28 Only Restaurant
DIVERS
1 Chini-ka-Rauza
2 Itimad-ud-Daulah
3 SN Hospital
4 Jama Masjid
5 Gare routière de Power House
6 Foreigners' Registration Office
7 Gare routière d'Idgah
10 District Hospital
13 Computech Education
14 Poste centrale
17 Government of India Tourist Office
23 Poste de police
24 Office de tourisme de l'UP
27 Archaeological Survey of India
29 State Bank of India
Vers Aligarth (79 km)
National Hwy 2 Bypass
Balkeshwar Rd
Aligarh Rd
Karbala Rd
Ram Bagh
Singh Rd
Pandit-Kalicharan Tiwari Rd
Yamuna
Kanpur Rd
Vers Sikandra (4 km), Mathura (56 km) et Dehli (204 km)
Nehru Rd
Chhillint Rd
Ramratan-Marg
Belan Ganj
Kinari Bazaar
Quartier de la vieille ville
Vers Bharatpur (60 km)
Bhagat Singh Marg
Hospital Rd
Capt. Naresh Rd
P. Mandi Rd
Chhata Rd
Panchkuiyan Rd
Jama Masjid Rd
Ghalibpura Rd
Gare ferroviaire d'Agra Fort
Mantola Rd
Mahatma Gandhi (MG) Rd
Saiyad Ali Nabi Marg
Fort
0 400 800 m
0 400 800 yd
Fatehpur Sikri Rd
Chhipi Tola Rd
Voir le plan du fort d'Agra
Voir le plan de Taj Ganj
Vers Fatehpur Sikri (40 km)
Yamuna Kinara Rd
Taj Mahal
Shahjahan Park
Namner Rd
Kutchery Rd
Field Marshal Cariappa Rd
Terrain de golf
Ajmer Rd
Vers la New Bakshi House (1,5 km) et l'aéroport de Kheria (3 km)
Mahatma Ghandi (MG) Rd
Gwalior Rd
Taj Rd
The Mall
Station Rd
Sadar Bazaar
Gough Rd
Fatehbad Rd
Gare ferroviaire d'Agra Cantonment
Station Rd
Fatehpur Sikri Rd
Vers Fatehbad (35 km)
Prithvi Raj Rd
Grand Parade Rd
Vers Gwalior (118 km)

Flambée des prix au Taj

Après n'avoir perçu que quelques roupies pendant des décennies, l'Archaeological Survey of India a brusquement propulsé le droit d'entrée au Taj à 960 Rs ! Cette hausse, qui s'applique aux visiteurs étrangers – les Indiens paient seulement 20 Rs –, vise à limiter les touristes, dont le nombre fragilise la structure du monument, et à dégager un revenu indispensable à sa conservation. Pourtant, le Taj attire beaucoup plus d'Indiens que d'étrangers et nombreux sont ceux qui estiment que cette augmentation n'est qu'une taxe arbitraire.

Toujours dans le souci de protéger le monument de ses adorateurs, l'ancienne tradition de gratuité du vendredi a été abolie, au grand scandale des milliers d'Indiens qui avaient l'habitude d'envahir le Taj ce jour-là. Les hommes d'affaires d'Agra ont porté l'affaire devant la Cour suprême. Des négociations sont en cours pour fixer un tarif intermédiaire, adapté aux différents niveaux de vie des Indiens et des étrangers, sans trop grever le budget des voyageurs venus du monde entier.

Police Lines, Fatehpur Sikri Rd. L'Archaeological Survey of India (☎ 363506), 22 The Mall, vous renseignera sur les tarifs d'entrée du Taj et des autres monuments.

Argent. La State Bank of India, au sud de Taj Ganj, et l'Andhra Bank, dans Sadar Bazaar, près de l'Hotel Pawan, sont les meilleures banques pour changer des espèces et des chèques de voyage. Dans Fatehbad Rd, plusieurs officines, ouvertes à des horaires plus pratiques, changent pour la plupart des devises et des chèques de voyage. LKP Forest, qui fait partie d'une chaîne indienne réputée, ouvre tous les jours, sauf le dimanche, de 9h30 à 19h.

Poste et communications. Dans The Mall, en face du Government of India tourist office, la poste centrale, ouverte du lundi au samedi, de 10h à 18h, possède un service de poste restante peu zélé.

A Taj Ganj, Cyberlink dispose de plusieurs PC reliés à Internet et demande 90 Rs l'heure. On peut également se connecter à Internet à Computech Education (☎ 253059), Kutchery Rd, pour 80 Rs l'heure.

Services médicaux. Quelques cliniques privées ont été impliquées dans des affaires de fraude à l'assurance médicale (voir plus loin l'encadré *Du poison dans votre plat, Sahib ?*). Mieux vaut s'en tenir aux hôpitaux publics : le District Hospital (☎ 363043), Mahatma Ghandi (MG) Rd et le SN Hospital (☎ 361313), Hospital Rd.

Taj Mahal

Considéré comme le monument le plus extravagant jamais bâti pour l'amour d'une femme, cet émouvant mausolée moghol est devenu l'emblème touristique de l'Inde. Nombreux sont ceux qui se sont essayés à décrire sa beauté, mais même les poètes de l'époque n'ont pas réussi à rendre justice à ce somptueux édifice. Ce fabuleux monument de marbre blanc n'a rien perdu de sa splendeur au fil des siècles.

Le Taj Mahal fut construit par l'empereur Shah Jahan pour recevoir la dépouille de sa deuxième épouse, Mumtaz Mahal, morte en couches en 1631. Son trépas brisa le cœur de l'empereur dont les cheveux devinrent gris en une nuit. La construction du Taj, entreprise la même année, ne s'acheva qu'en 1653. Les ouvriers, 20 000 au total, furent recrutés dans toute l'Inde ainsi qu'en Asie centrale ; certains furent ensuite amputés des mains ou des pouces pour qu'ils ne puissent reproduire la perfection du Taj. Le principal architecte aurait été Isa Khan, originaire de Shiraz (Iran), mais d'autres experts furent amenés d'Europe pour concevoir les délicates dentelles de marbre et les incrustations en *pietra dura* (faites de milliers de pierres semi-précieuses).

On accède au Taj par une cour extérieure, dont les portes sont orientées à l'ouest, au nord et à l'est (la plupart des touristes empruntent la porte ouest, la plus proche du parking). Au sud de l'avant-cour, une immense **porte** de grès rouge, couverte de versets du Coran en arabe, donne accès à l'intérieur de l'enceinte. A côté, se trouvent la billetterie et un petit **vestiaire** où l'on dépose les objets interdits, comme la nourriture, le tabac, les allumettes, les téléphones portables, les trépieds pour appareil photo, ainsi que les *paan* (chiques de bétel), afin d'éviter que le Taj soit constellé de cra-

UTTAR PRADESH ET UTTARANCHAL

chats rouges. Laissez dans votre chambre d'hôtel ce que vous ne souhaitez pas confier au vestiaire.

Les appareils photos sont autorisés et vous pourrez immortaliser l'extérieur du monument ; des gardes vous empêcheront de photographier l'intérieur du mausolée. Les foules de touristes prenant *la* photo immortelle du Taj se reflétant dans le bassin qui traverse les jardins vous empêcheront sans doute de l'apprécier au premier coup d'œil. Vous pouvez apporter votre Caméscope (25 Rs), mais les gardiens ne vous laisseront pas aller au-delà des marches (vous devrez le déposer dans un casier).

Les jardins ornementaux sont dessinés selon le modèle moghol classique du *charbagh* (jardin persan formel) – un carré quadrillé par des canaux, avec une plate-forme de marbre décorative au centre. A l'ouest, un petit **musée** (ouvert de 10h à 17h, tous les jours sauf le lundi et le vendredi ; entrée gratuite) présente les plans originaux du Taj et quelques jolies assiettes en céladon, dont on dit qu'elles se brisent ou changent de couleur lorsque les aliments qu'elles contiennent sont empoisonnés.

Le Taj se dresse sur une plateforme de marbre, au nord des jardins d'ornement. De hauts **minarets** blancs, purement décoratifs, soulignent les angles du soubassement. La mosquée de grès rouge, à l'ouest de la structure principale, est un important lieu de culte pour les musulmans d'Agra. A l'est, un bâtiment identique n'est là que par souci de symétrie (orienté dans la mauvaise direction, il ne peut avoir de fonction religieuse).

La structure centrale du Taj est construite en marbre blanc à demi translucide, sculpté de fleurs et incrusté de milliers de pierres semi-précieuses composant de superbes motifs. Parfait exercice de symétrie, les quatre façades identiques du Taj sont ornées de grandes arches voûtées, décorées de volutes en pietra dura et de phrases du Coran. L'ensemble de la structure est coiffé de quatre petites coupoles entourant le célèbre dôme central. Sous ce dernier se trouve le **cénotaphe de Mumtaz Mahal** – il ne contient pas son corps –, travaillé, entouré de claires-voies incrustées de 43 sortes de pierres semi-précieuses. A côté, perturbant la symétrie du monument, se trouve le **cénotaphe de Shah Jahan**, placé là sans grande cérémonie par Aurangzeb en 1666. La lumière pénètre dans la salle centrale par des claires-voies de marbre finement ciselées. Les vrais **tombeaux** de Mumtaz Mahal et de Shah Jahan reposent au sous-sol dans une salle fermée, en dessous de la salle principale.

Ces dernières années, les effets de la pollution sur le Taj ont fait naître une inquiétude croissante. Les pluies acides, provoquées par les émissions d'oxyde sulfurique des véhicules, décolorent le marbre blanc et érodent les sculptures et les incrustations. Afin de réduire la pollution, aucune nouvelle industrie ne peut s'installer depuis 1994

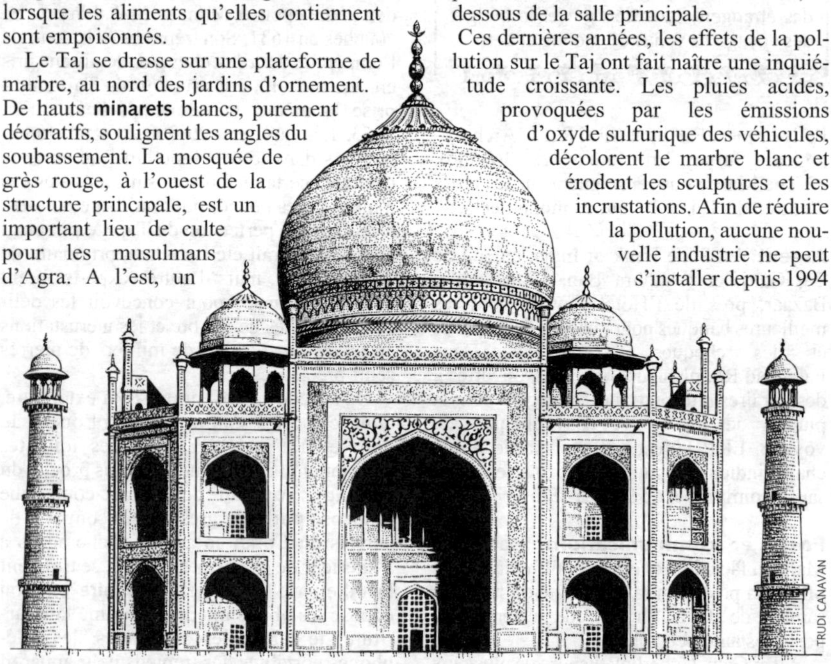

TRUDI CANAVAN

Malgré les effets nocifs de la pollution et l'usure du temps, la visite du Taj Mahal reste un moment inoubliable dans une zone de 10 400 km² autour du Taj Mahal, et les véhicules à moteur sont interdits dans un périmètre de 4 km autour du monument.

Le Taj est actuellement ouvert tous les jours, sauf le vendredi, du lever du soleil à 19h. En octobre 2000, le droit d'entrée est passé à 960 Rs (!) pour les étrangers, alors que les Indiens continuent à payer 20 Rs, ou 110 Rs avant 7h et après 17h. La gratuité d'accès du vendredi a également été supprimée. La controverse sur la hausse des tarifs a été présentée à l'arbitrage de la Cour suprême indienne ; renseignez-vous à votre arrivée sur l'évolution de la situation. Pour de plus amples informations, voir plus haut l'encadré *Flambée des prix au Taj*.

Le lever du soleil sur le Taj est réellement impressionnant ; le marbre blanc se pare d'abord de reflets dorés, qui virent lentement au rose, au rouge, puis au bleu au fur et à mesure que change la lumière. En hiver, inutile de vous lever à l'aube car la brume obstrue la vue.

Fort d'Agra

La construction de cet imposant fort de grès rouge, au bord de la Yamuna, fut entreprise par l'empereur Akbar en 1565. Il fut agrandi jusqu'au règne de son petit-fils, Shah Jahan. Édifié en tant que structure militaire, il fut transformé en palais sous le règne de Shah Jahan, puis devint la prison (dorée) de ce dernier lorsqu'Aurangzeb s'empara du pouvoir en 1658.

Les doubles remparts massifs du fort mesurent 2,5 km de circonférence et 20 m de haut. Ils abritent un dédale de bâtiments, véritable ville dans la ville. Bon nombre de ces structures ont été gravement endommagées au fil des ans par Nadir Shah, les Mahrata, les Jat, puis par les Britanniques durant la révolte de 1857. Parmi les bâtiments encore debout, le plus impressionnant est la légendaire Moti Mashid (mosquée de la Perle), une mosquée de marbre blanc que certains considèrent comme la plus belle du pays. Elle n'est malheureusement pas accessible aux visiteurs.

L'Amar Singh Gate (porte d'Amar Singh), au sud, unique point d'entrée du fort, ouvre tous les jours du lever au coucher du soleil (entrée : 20/510 Rs pour les Indiens/étrangers, gratuite le vendredi). Une fois payé ce tarif exorbitant, louez les services d'un guide afin de tirer le plus grand profit de la visite.

Diwan-i-Am et Diwan-i-Khas. Shah Jahan gérait les affaires intérieures dans le pavillon des audiences publiques (Diwan-i-Am) et s'installait dans la salle du trône, en marbre, pour écouter les requêtes. A côté s'élèvent la minuscule **Nagina Masjid** ou "mosquée du Joyau" et le **Ladies' Bazaar** (bazar des dames), où les marchandes venaient présenter leurs articles aux dames de la cour moghole.

Le pavillon des audiences privées (Diwan-i-Khas), réservé aux dignitaires et aux ambassadeurs étrangers, se compose de deux salles reliées par trois arcs. Il contenait le célèbre trône du Paon avant qu'il soit transféré à Delhi par Aurangzeb, puis plus tard en Iran. Ce qu'il en reste est maintenant à Téhéran.

Musamman Burj. La délicate Musamman Burj (tour Octogonale), orientée vers le Taj, s'élève près du Diwan-i-Khas. C'est ici que Shah Jahan fut emprisonné par Aurangzeb et termina ses jours en contemplant, par-delà la Yamuna, le mausolée de son épouse.

Jehangir's Palace. Akbar aurait fait ériger ce palais, la plus grande résidence du fort, pour son fils. Il présente un mélange intéressant de styles hindou et d'Asie centrale, très

FORT D'AGRA

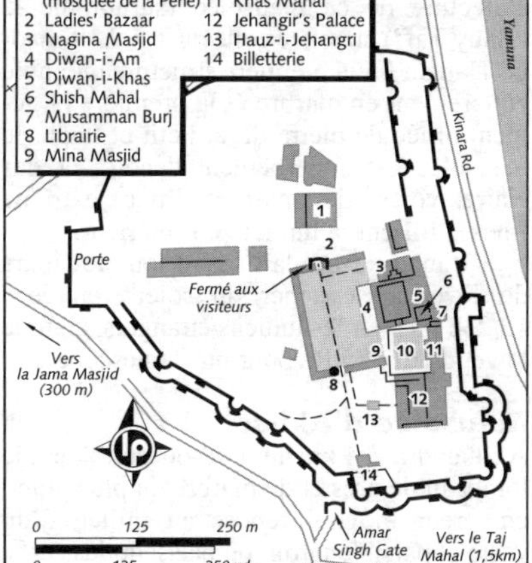

différent du style moghol original qui prendra son essor sous Shah Jahan.

Devant le Jehangir's Palace, le **Hauz-i-Jehangri** est une énorme cuvette superbement sculptée dans un seul bloc de pierre. Selon la légende, l'épouse de Jehangir, Nur Jahan, s'en servait pour préparer de l'*attar* (huile essentielle) de rose.

Autres édifices. Le **Khas Mahal** de Shah Jahan est un superbe palais privé de marbre blanc. Les salles situées en contrebas servaient de refuge lors des fortes chaleurs. Le **Shish Mahal** (palais des Miroirs) aurait été le cabinet de toilette du harem et ses murs sont incrustés de petits miroirs.

L'**Amar Singh Gate** doit son nom à un maharaja de Jodhpur qui tua le trésorier impérial dans le Diwan-i-Am en 1644. Dans sa fuite, il aurait tenté de faire sauter son cheval par-dessus le rempart du fort. Amar Singh survécut à la chute, mais la fureur de Shah Jahan lui fut fatale ; précipité une seconde fois du haut des remparts, il succomba.

Itimad-ud-Daulah

Sur la rive opposée de la Yamuna, au nord du fort, s'élève le délicat Itimad-ud-Daulah, le tombeau de Mirza Ghiyas Beg. Ce noble Persan fut le vizir ou ministre en chef de Jehangir. Plus tard, sa fille, Nur Jahan, d'une grande beauté, épousa l'empereur. Elle fit construire ce tombeau entre 1622 et 1628, dans le style de celui qu'elle avait édifié pour Jehangir, près de Lahore (Pakistan).

Bien que beaucoup moins raffinée, l'architecture de ce mausolée (surnommé le "Baby Taj") annonce celle du Taj. L'Itimad-ud-Daulah fut la première structure moghole entièrement en marbre et la première largement ornée de pietra dura. Petit et trapu, le mausolée est superbement décoré, et des claires-voies de marbre d'une extrême finesse filtrent la lumière à l'intérieur.

L'Itimad-ud-Daulah ouvre tous les jours du lever au coucher du soleil (entrée : 15/235 Rs pour les Indiens/étrangers, gratuite le vendredi ; 25 Rs pour un Caméscope).

Mausolée d'Akbar

A Sikandra, à 4 km au nord-ouest d'Agra, le tombeau de grès et de marbre du plus grand empereur moghol repose au milieu d'un vaste et paisible jardin où paissent des cerfs. Akbar en entreprit la construction de son vivant, mêlant motifs et styles islamique, hindou, bouddhique, jaïna et chrétien, dans la lignée de la religion syncrétique qu'il développa : le Din-i-Ilahi (voir plus loin l'encadré *Akbar le Grand*). A sa mort, le mausolée fut achevé par son fils Jehangir, qui en modifia considérablement les plans.

L'extraordinaire porte sud constitue la partie la plus impressionnante de l'ensemble. Construite en grès rouge incrusté de motifs abstraits en marbre blanc, elle est flanquée, à chaque angle, de minarets à trois étages. La billetterie y est installée, à gauche de l'entrée voûtée. Le mausolée ouvre du lever au coucher du soleil (entrée : 15/235 Rs pour les Indiens/étrangers, gratuite le vendredi ; 25 Rs pour un Caméscope).

Sikandra doit son nom à Sikander Lodi, le sultan de Delhi qui régna de 1488 à 1517, juste avant l'expansion du pouvoir moghol sur le sous-continent. On lui doit le **Baradi Palace**, qui se dresse dans les jardins du mausolée. La **Delhi Gate** s'élève de l'autre côté de la rue.

Les bus locaux à destination de Sikandra partent de la gare routière de Power House et empruntent MG Rd (4 Rs). L'aller-retour en auto-rickshaw revient à environ 80 Rs, avec une heure d'attente.

Autres curiosités

En face de la Delhi Gate du fort d'Agra, de l'autre côté de la voie ferrée, la **Jama Masjid**, construite en 1648 par Shah Jahan, est dépourvue de minaret, mais ses dômes présentent d'extraordinaires motifs de marbre. On y parvient par les allées du pittoresque **Kinari Bazaar**, ou ancien marché.

Dans ce marché, des sections distinctes portent des noms hérités de la période moghole, qui ne correspondent plus toujours aux marchandises proposées. Le **Loha Mandi** (marché du fer) et le **Sabji Mandi** (marché aux légumes) s'en tiennent aux produits annoncés, mais le **Nai-ki-Mandi** (marché des barbiers) est désormais célèbre pour ses tissus.

A 1 km au nord de l'Itimad-ud-Daulah, le **Chini-ka-Rauza** est le mausolée d'Afzal Khan, poète et dignitaire de la cour de Shah Jahan. Au fil du temps, il a perdu la plupart de ses faïences colorées, mais vous aurez un aperçu de sa splendeur passée.

A 500 m au nord, le **Ram Bagh**, le tout premier jardin moghol du pays, fut tracé sous Babur, en 1528, mais semble bien délaissé. Le jardin ouvre du lever au coucher du soleil, mais ne mérite pas la dépense (entrée : 15/225 Rs pour les Indiens/étrangers, gratuite le vendredi).

Piscines

Les hôtels suivants autorisent l'accès à leur piscine aux non-résidents contre un droit d'entrée : Agra Ashok Hotel (200 Rs), Hotel Atithi (250 Rs) et Clarks Shiraz Hotel (300 Rs). Celle de l'Agra Ashok est la plus agréable.

Circuits organisés

Des excursions guidées partent du Government of India tourist office à 9h30 et passent par la gare ferroviaire d'Agra Cantonment pour prendre les passagers arrivant de Delhi par le *Taj Express*, à 9h47. Le circuit comprend le Taj Mahal, le fort d'Agra et une visite rapide de Fatehpur Sikri. Le bus revient à la gare à 18h afin que les visiteurs puissent rentrer à Delhi par le *Taj Express* de 18h35.

Depuis la hausse des tarifs, ce circuit coûte 250/2 100 Rs pour les Indiens/étrangers. On peut choisir uniquement la visite de Fatehpur Sikri (650/175 Rs) et descendre à la porte est du Taj Mahal à 13h30. Le billet est en vente au comptoir d'information touristique de la gare ferroviaire (vous pouvez monter dans le bus au Government of India tourist office avant de l'acheter).

Manifestation annuelle

Du 18 au 27 février, la **fête de Taj Mahotsav** se tient à Shilpgram, village d'artisanat et emporium en plein air, à environ 1 km sur la route qui part de la porte est du Taj. Musique et danse figurent au programme.

Où se loger – petits budgets

Taj Ganj regroupe les établissements les moins chers, mais, pour quelques roupies de plus, vous trouverez de meilleures adresses dans les quartiers de Sadar Bazaar et de Fatehbad Rd. Sauf mention contraire, les chambres citées ici disposent d'une s.d.b. et doivent être libérées à 10h. Attendez-vous à payer le double si un rickshaw-wallah colle à vos basques.

Taj Ganj. De nombreux hôtels très bon marché sont installés au sud du Taj ; ils prétendent offrir une vue sur le mausolée de leur toit-terrasse et "les meilleures chambres à bas prix", ce qui se traduit habituellement par une vue partielle du célèbre dôme et des chambres rudimentaires aux matelas minces et à la plomberie défaillante. Vous y croiserez des voyageurs prêts à se priver de confort pour pouvoir payer le prix d'entrée faramineux du Taj.

L'***Hotel Kamal*** *(☎ 330126, hotelkamal@hotmail.com)*, au cœur de l'animation, bénéficie d'échos très favorables de la part des voyageurs et d'une vue dégagée sur le Taj depuis la salle à manger du toit-terrasse. Doté d'un personnel serviable, il facture ses simples/doubles correctes 120/150 Rs (150/200 Rs avec s.d.b.).

A quelques pas de là, le ***Shanti Lodge*** *(☎ 330900)* ne fait pas l'unanimité mais, du toit, jouit d'une vue acceptable sur le mausolée. Il propose des chambres un peu exiguës à partir de 80/100 Rs et des doubles avec vue à 150 Rs. Certaines chambres sont plus agréables que d'autres.

Non loin de la porte ouest du Taj, l'***Hotel Host*** *(☎ 331010)* comporte des petites simples/doubles banales à 100/150 Rs et des doubles plus plaisantes, avec balcon, à 200 Rs. Toutes comprennent une s.d.b. et, du toit, vous profiterez d'une vue convenable.

Tout près, l'***Hotel Sidhartha*** *(☎ 331238)*, un établissement de style motel propre et spacieux construit autour d'un jardin, dispose de simples/doubles à 100/150 Rs (baquet d'eau chaude), ou plus vastes à 200/300 Rs (eau chaude courante) ; toutes possèdent des fenêtres de bonne taille.

Proche de la porte sud du Taj, l'***Hotel Raj*** *(☎ 331314)*, un grand bâtiment, autrefois luxueux pour le quartier, s'est dégradé au fil des ans. Le prix des chambres, propres avec eau chaude, commence à 100/150 Rs en simple/double.

En face, l'***Hotel Sikander*** *(☎ 330279)*, plus rudimentaire, loue des chambres avec eau chaude pour 80/100 Rs.

L'***Hotel Shahjahan*** *(☎ 331159)*, près du poste de police, offre des chambres assez ordinaires, avec s.d.b. commune, à 60/100 Rs et d'autres plus agréables, avec s.d.b. privée et eau chaude, à 150 Rs. Une consigne gratuite est à la disposition des clients.

Bonne adresse, l'***Hotel Sheela*** *(☎ 331194)*, près de la porte est du Taj, se trouve dans la zone interdite à la circulation et possède un choix de chambres réparties autour d'un jardin paisible. Comptez 200 Rs pour une petite double et 300 ou 350 Rs pour les plus grandes (avec s.d.b. sombre). L'endroit affiche souvent complet ; réservez à l'avance.

Sadar Bazaar. Située dans une rue tranquille, la ***Tourists Rest House*** *(☎ 363961, trh@vsnl.com, Kutchery Rd)*, l'une des meilleures options, fait l'unanimité parmi les voyageurs depuis pas mal d'années. Elle offre des simples/doubles, confortables et impeccables, avec air-cooler, à 75/120 Rs (douche chaude commune) ou 150/200 Rs (s.d.b. et eau chaude) ; serviettes et articles de toilette sont fournis. Vous pourrez prendre vos repas (végétariens) dans le jardin, éclairé aux chandelles, ou sur le toit-terrasse. Les propriétaires de cette pension accueillante peuvent vous réserver un billet de train ou d'avion, organiser un circuit et vous donneront de précieuses informations sur la région. L'établissement refusant le système des commissions, les rickshaw-wallahs tenteront peut-être de vous amener ailleurs.

A mi-chemin entre Sadar et Taj Ganj, l'***Hotel Akbar Inn*** *(☎ 226836, 21 The Mall)* possède des chambres sans prétention, avec s.d.b. commune, à 60 Rs et des doubles avec ventil. de 150 à 200 Rs. Le calme, la pelouse et l'atmosphère détendue compensent un peu la vétusté des installations.

Très apprécié pour célébrer des mariages, l'***Agra Hotel*** *(☎ 363331, Field Marshal Cariappa Rd)*, installé dans un ancien bâtiment du Cantonment, affiche souvent complet. Les chambres, convenables, valent 150 Rs en simple, avec ventil. et s.d.b., et de 250 à 450 Rs en double, avec douche chaude.

Voisin et plus calme, l'***Akbar Hotel*** *(☎ 363312, 196 Field Marshal Cariappa Rd)* facture 150 Rs ses doubles avec douche froide et de 300 à 450 Rs celles avec douche chaude. Un nouveau bâtiment de chambres "d'étudiant" spartiates est en cours de construction (tarif prévu : 50 Rs).

Proche des restaurants du quartier, l'***Hotel Pawan*** *(☎ 225506, fax 225604, 3 Taj Rd)*, un établissement de catégorie moyenne acceptable, a installé l'eau chaude dans toutes ses chambres (à libérer à 12h). Les prix commencent à 240/350 Rs en simple/double avec ventil., ou 500/600 Rs pour des chambres plus agréables, avec clim., TV et téléphone.

Ouest de Sadar Bazaar. Plusieurs hôtels se regroupent près de la gare routière d'Idgah, un quartier très bruyant.

Le meilleur du lot, l'***Hotel Sakura*** *(☎ 369961, Ajmer Rd)* est aussi le point de départ des bus deluxe à destination de Jaipur. Prévoyez 200/250 Rs pour une chambre propre, avec ventil. et douche chaude, ou 450/600 Rs pour une chambre plus raffinée, avec clim. et TV.

Plus luxueux, l'***Hotel Bawa Palace*** *(☎ 265681, Ajmer Rd)* dispose de simples/doubles, avec moquette, TV, ventil. et eau chaude, à 550/700 Rs, ou 800/1 000 Rs avec clim.

Excellente adresse dans cette catégorie, l'***Hotel Prem Sagar*** *(☎ 267408, 264 Station Rd)*, lumineux et aéré, réserve un accueil sympathique et loue des doubles/triples spacieuses et propres, avec ventil. et eau chaude, pour 275/325 Rs.

L'***Hotel Ranjit*** *(☎ 364446, 263 Station Rd)* n'offre pas un mauvais rapport qualité/prix. Vous débourserez 250/400 Rs pour une simple/double avec ventil. et eau chaude, ou 330/480 Rs avec clim., TV et téléphone.

Fatehbad Road. En retrait de Fatehbad Rd, l'***Hotel Ratan Palace*** *(☎ 333400)* pro-

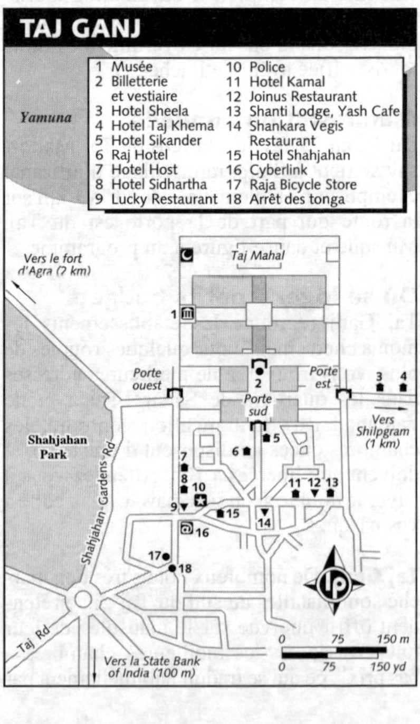

pose des chambres fort convenables, avec s.d.b. et ventil., à 250/300 Rs et des doubles climatisées à 500 Rs.

Au sud de Fatehbad Rd et tenu par les propriétaires de la Tourists Rest House, l'***Hotel Safari*** *(☎ 333029, Shamsabad Rd)*, accueillant, propre et très prisé, comprend des simples/doubles avec ventil., eau chaude et baignoire à 175/250 Rs (plus 100 Rs avec clim.) et des chambres avec douche à 120/200 Rs ; les serviettes et les articles de toilettes sont fournis.

Où se loger – catégorie moyenne

La majorité des hôtels de cette catégorie se trouvent près de Fatehbad Rd et disposent de chambres avec eau chaude, TV, téléphone et clim.

Proche de la porte est du Taj, l'***Hotel Taj Khema*** *(☎ 330140)*, un établissement d'UP Tourism délabré, pratique des prix trop élevés, à 600/700 Rs minimum les simples/doubles avec ventil., ou 800/900 Rs avec clim. D'avril à septembre, les tarifs baissent de 20%. Dans le jardin, un tertre offre une belle vue sur le Taj.

L'***Hotel Agra Deluxe*** *(☎ 330110, fax 331330, Fatehbad Rd)* fait partie des adresses convenables de cette catégorie. Comptez à partir de 400 Rs pour une chambre avec moquette, TV et ventil. ou 500 Rs avec clim.

Autre bon choix, l'***Hotel Ratandeep*** *(☎ 331074, fax 334920)* offre des tarifs et des prestations similaires.

Bien qu'il ne paie pas de mine, l'***Amar Yatri Niwas*** *(☎ 333800, fax 333805, Fatehbad Rd)* dispose de chambres supérieures à la moyenne. Les prix des simples/doubles, propres et bien tenues, avec clim., TV et téléphone, commencent à 900/1 100 Rs.

A côté de la State Bank of India, l'***Hotel Ganga Ratan*** *(☎ 330329, fax 330193, Fatehbad Rd)*, un établissement sérieux, professionnel et bien équipé, loue des simples/doubles avec clim., TV et douche chaude à partir de 900/1 020 Rs.

Entre la gare ferroviaire et l'aéroport, la ***New Bakshi House*** *(☎ 302176, fax 301448, 5 Laxman Nagar)* est une maison privée où vous pourrez profiter du salon familial. Les doubles, confortables et propres, s'échelonnent de 850 à 1 250 Rs (certaines sont climatisées).

L'***Hotel Atithi*** *(☎ 330879, fax 330878, Fatehbad Rd)* possède des chambres climatisées de belle taille et bien installées à partir de 1 175/1 425 Rs, ainsi qu'une piscine et plusieurs restaurants.

Où se loger – catégorie supérieure

Tous les hôtels de cette catégorie sont climatisés et dotés d'une piscine. A l'exception de l'Agra Ashok et du Clarks Shiraz Hotel, tous se trouvent dans Fatehbad Rd.

Agréable et bien géré, l'***Agra Ashok Hotel*** *(☎ 361223, fax 361620, 6B The Mall)* se trouve à mi-chemin entre Agra Cantonment et le Taj. Comptez 2 000 Rs en double d'avril à septembre et 2 500 Rs d'octobre à mars (curieusement, les simples valent 1 995 Rs toute l'année).

Établi de longue date, le ***Clarks Shiraz Hotel*** *(☎ 226121, fax 282001, clarkraz@nde.vsnl.net.in)* offre tout le confort attendu, y compris un réfrigérateur dans les chambres, pour 45/90 $US.

Superbe bâtiment de grès rouge, le ***Mansingh Palace*** *(☎ 331771, fax 330202, Fatehbad Rd)* s'agrémente d'un décor raffiné, inspiré du style moghol, et d'un personnel attentif. Tout ce luxe se paie. Vous dépenserez au minimum 1 995/3 000 Rs pour une chambre sophistiquée.

Le***Taj View*** *(☎ 331841, fax 331860)*, un cinq-étoiles de la chaîne Taj Group, propose les habituelles prestations haut de gamme. Prévoyez 105/115 $US pour une simple/double avec vue sur le Taj, ou 90/95 $US sans la vue.

Loin du centre, le ***Mughal Sheraton*** *(☎ 331701, fax 331730)* est probablement le plus bel hôtel d'Agra. Le bâtiment en brique rouge, récompensé par un prix, ne séduit pas tous les visiteurs, mais le nombre des prestations est impressionnant. Une chambre standard revient à 110/120 $US, ou 175/185 $US avec vue sur le Taj à moyenne distance.

Où se restaurer

Agra compte un grand choix d'établissements à tous les prix. Si vous flânez dans le Kinari Bazaar, ne manquez pas de goûter la spécialité locale, la *peitha*, de la citrouille confite très sucrée.

Taj Gang. Ce quartier fourmille de petits restaurants bon marché, installés sur les toits en terrasse. Presque tous proposent une carte identique de plats indiens et occidentaux, et la plupart respectent des règles d'hygiène satisfaisantes (voir l'encadré *Du poison dans votre*

UTTAR PRADESH ET UTTARANCHAL

plat, Sahib ?). Évitez les restaurants peu fréquentés. Aucun ne possède de licence, mais, sur demande, ils vous serviront discrètement une bière. Promenez-vous dans le quartier pour repérer les endroits les plus en vogue.

Le ***Joinus Restaurant***, près de l'Hotel Kamal, est installé sur le toit le plus haut et propose un choix correct de curries, de plats occidentaux et de petits déjeuners à moins de 50 Rs, sur fond de bonne musique. Par temps clair, la vue sur le Taj est splendide.

En face, également sur un toit-terrasse, le ***Shankara Vegis Restaurant*** s'essaie un peu à tout, du *murg masala* (poulet au curry) aux escalopes viennoises. Comptez de 30 à 55 Rs.

Près du Shanti Lodge, le ***Yash Cafe***, en terrasse, se révèle idéal pour se détendre en écoutant de la musique dans un fauteuil confortable, devant un jeu de société. Il sert toutes sortes de plats occidentaux, mais, habituellement, pas de bière. Au niveau de la rue, le ***Lucky Restaurant*** offre le menu habituel dans un cadre très convivial. Il installe aussi quelques tables sur le toit, avec vue sur le Taj.

Autres quartiers. Bien qu'Agra possède une longue tradition d'excellente cuisine moghole, vous ne la goûterez que dans le quartier de Sadar Bazaar et dans les grands hôtels, en entamant quelque peu votre budget.

Dans Sadar Bazaar, le ***Zorba the Buddha*** *(☎ 225055)*, tenu par des adeptes du défunt gourou Osho (Bhagwan Shree Rajneesh), sert une excellente cuisine végétarienne dans un cadre agréable et non fumeur. Son naan au yoghourt est un régal ; les plats coûtent de 70 à 80 Rs. En soirée, mieux vaut réserver (le restaurant ferme en mai et juin).

Au coin, le ***Lakshmi Vilas*** *(Taj Rd)*, un restaurant végétarien d'Inde du Sud, prépare 23 variétés de *dosa* (crêpes de farine de lentille), à quelque 30 Rs.

Le ***Prakash***, défraîchi mais très apprécié, propose des thali végétariens d'un excellent rapport qualité/prix à 38 Rs.

Tout proche, ***The Park,*** un élégant restaurant, sert des plats indiens et chinois (de 70 à 130 Rs) dans un décor raffiné.

Près de l'Agra Ashok Hotel, le ***Dasaprakash***, au-dessus du cinéma Meher, mitonne une savoureuse cuisine d'Inde du Sud, très appréciée, et reste ouvert tard le soir (de 45 à 100 Rs).

Très fréquenté par la population locale, l'***Only Restaurant***, à l'extrémité du Mall côté Taj Ganj, sert une cuisine assez fade, souvent agrémentée en soirée de concerts de musique indienne.

Les meilleurs restaurants, et les plus chers, sont ceux des hôtels de luxe. Pour un repas gastronomique, choisissez le ***Clarks Shiraz Hotel*** ou le ***Mughal Sheraton***.

Du poison dans votre plat, Sahib ?

Vers la fin des années 90, Agra s'est retrouvée au cœur d'une affaire d'empoisonnement volontaire par la nourriture qui a atteint des proportions catastrophiques. Pendant plusieurs années, des restaurants de Taj Ganj ont servi des plats trafiqués à des centaines de voyageurs, qui ont été transportés dans des cliniques privées où des médecins les ont soignés pour intoxication alimentaire. Ce procédé a contraint des compagnies d'assurances étrangères à verser des milliers de dollars en remboursement de ces "faux" traitements.

Par chance, aucun cas grave n'a été à déplorer à Agra, mais deux voyageurs irlandais sont morts à Varanasi en 1998 à cause d'une escroquerie semblable. Les compagnies d'assurances ont rapidement flairé l'entourloupe et mené leur propre enquête, conduisant à l'arrestation de plusieurs médecins et employés de restaurants. Lors de notre passage, aucun cas nouveau n'avait été signalé, mais la plupart des cliniques et des restaurants impliqués continuaient à fonctionner. Dans cette édition, nous ne recommandons aucun des restaurants soupçonnés d'avoir été mêlés à cette sinistre affaire.

Achats

Agra est réputée pour ses objets en marbre incrustés de pierres de couleur, selon la technique employée au Taj. De nombreux magasins sont installés dans Sadar Bazaar et dans le quartier au sud de Taj Ganj, mais leurs prix sont plus élevés que ceux des marchés de la vieille ville. Vous paierez environ 200 Rs pour une boîte à bijoux et 1 000 Rs pour une plaque murale superbement travaillée.

Parmi les souvenirs appréciés figurent également les tapis, le cuir et les pierres précieuses (ces dernières viennent du Rajasthan et valent moins cher à Jaipur). Les

Agra-phobie

Avec ses multiples combines et l'insistance inébranlable des rabatteurs et des rickshaw-wallahs, Agra peut amener certains voyageurs au bord de l'hystérie. Tous les pièges peuvent être évités, à condition de rester sur ses gardes. Méfiez-vous de ceux qui proposent de vous faciliter les choses. Une course gratuite implique inévitablement un arrêt dans une boutique d'artisanat. Un coup de main pour acheter un billet de train signifie que celui-ci est complet et que vous n'avez d'autre choix qu'un bus privé ou un taxi. Arriver dans un hôtel accompagné d'un rickshaw-wallah risque fort de doubler votre note.

Si vous acceptez le détour par une boutique de pierres ou de souvenirs recommandée par un rickshaw-wallah, vous paierez invariablement un prix plus élevé pour compenser sa commission. Certaines boutiques profiteront du fait que vous serez incapable de les retrouver pour vous rouler, de la vente de pierre à savon au prix du marbre à l'escroquerie reine à Agra, "l'importation de pierres précieuses".

Cette fraude à la carte de crédit, très au point, consiste à demander au voyageur d'aider le magasin à ne pas payer les taxes douanières en emportant lui-même les pierres précieuses dans son pays (moyennant une somme minime payable par carte de crédit), où un représentant du magasin le remboursera de ses frais et lui remettra un dédommagement substantiel. Invariablement, les pierres n'ont aucune valeur, le représentant n'existe pas et le voyageur découvre un débit de quelque 1 000 $US sur sa carte de crédit. Gardez cette dernière au plus profond de votre poche !

joailleries sont connues pour la fraude à la carte de crédit et autres combines (voir l'encadré *Agra-phobie*).

Situé à 1 km du Taj, le long de la route qui part de la porte est, Shilpgram est un village d'artisanat et un emporium à ciel ouvert. Une navette de bus électriques le dessert du fort d'Agra et de la porte est. Vous y trouverez de l'artisanat de bonne qualité en provenance de tout le pays, mais les prix visent clairement les groupes organisés.

Comment s'y rendre

Avion. L'aéroport Kheria d'Agra, à 7 km de la ville, est l'une des étapes du vol touristique quotidien d'Indian Airlines, très fréquenté, de Delhi à Agra, Khajuraho et Varanasi. Il quitte Delhi à 11h30, arrive à Agra 40 min plus tard, d'où il repart pour Khajuraho, puis rejoint Varanasi à 12h35. Le vol de retour vers Dehli décolle à 17h20. D'Agra, les tarifs s'élèvent à 55 $US pour Dehli, 80 $US pour Khajuraho et 160 $US pour Varanasi. L'agence Indian Airlines (☎ 360948), dans le Clarks Shiraz Hotel, ouvre tous les jours de 10h à 13h15 et de 14h à 17h.

Bus. La plupart des bus longue distance partent de la gare routière d'Idgah (☎ 363588), proche de la gare ferroviaire. Les bus à destination de la gare routière Sarai Kale Khan de Dehli partent toutes les heures de 4h à 23h30 (92 Rs, 5 heures). Des bus démarrent toutes les heures pour Jaipur (103 Rs, 6 heures) et Mathura (28 Rs, 1 heure 30) et toutes les 30 min entre 6h30 et 19h pour Fatehpur Sikri (17 Rs, 1 heure 30). Un bus part pour Khajuraho (140 Rs, 10 heures) à 5h.

De la plus petite gare routière de Power House/Agra Fort, dans la vieille ville, des bus lents desservent régulièrement Mathura (23 Rs, 2 heures) et d'autres localités alentour.

Les bus du gouvernement du Rajasthan démarrent du petit kiosque situé devant l'Hotel Sakura, près de la gare routière d'Idgah, et rallient Jaipur (201 Rs, climatisé, 6 heures) toutes les heures, entre 6h30 et 24h ; il faut réserver la veille.

Train. La gare ferroviaire d'Agra Cantonment, arrêt important sur la ligne Dehli-Mumbai (Bombay), accueille plusieurs trains quotidiens en provenance des gares ferroviaires de New Dehli et de Nizamuddin. Le train le plus rapide pour Dehli, le *Shatabdi Express*, quotidien et climatisé (390/125 Rs en air-con chair/couchette, 2 heures) quitte New Dehli à 6h et repart d'Agra à 20h18, permettant ainsi de faire l'excursion dans la journée.

Beaucoup moins cher, le *Taj Express* (2 heures 30) quitte chaque jour la gare fer-

UTTAR PRADESH ET UTTARANCHAL

roviaire de Nizamuddin (Dehli) à 7h15 et repart d'Agra à 18h35. Il laisse moins de temps pour visiter Agra, mais ses horaires correspondent à ceux des visites guidées (voir plus haut la rubrique *Circuits organisés*). Au moins quatre autres trains express au départ de la gare ferroviaire de New Delhi effectuent ce même parcours chaque jour. Surveillez vos bagages sur cet itinéraire, quitte à les attacher avec une chaîne et un cadenas (en vente sur le quai).

Plusieurs trains quotidiens relient Agra à Howrah, à Kolkata (337 Rs en couchette), mais aucun ne passe par Varanasi. La meilleure solution consiste à prendre le *Marudhar Express*, qui part de la gare ferroviaire d'Agra Cantonment chaque jour à 8h45 et arrive à Varanasi le lendemain matin entre 8h et 9h30 (208 Rs).

En direction du Rajasthan, le *Marudhar Express*, quotidien, quitte la gare ferroviaire d'Agra Cantonment à 7h15, arrive à Jaipur à 14h (123 Rs) et à Jodhpur à 20h50 (205 Rs). Pour Kharujaho, montez dans n'importe quel train à destination de Jhansi (95 Rs, 3 heures), puis prenez un bus.

Des trains desservent Mumbai, Poona (Goa), Chennai et Thiruvananthapuram (Trivandrum).

Comment circuler

Desserte de l'aéroport. L'aéroport de Kheria se trouve à 7 km du centre d'Agra et à 3 km à l'ouest de la gare routière d'Idgah. De Taj Ganj, la course en taxi coûte environ 100 Rs et 60 Rs en auto-rickshaw.

Taxi et auto-rickshaw. Bien qu'ils contribuent lourdement à la pollution atmosphérique, les taxis et les auto-rickshaws sont pratiques pour les longs trajets, comme Sikandra et Fatehpur Sikri. Aucun ne possède de compteur ; préparez-vous à marchander ferme.

On peut réserver un taxi ou un auto-rickshaw prépayé au kiosque de la gare ferroviaire d'Agra Cantonment. Le trajet de la gare à Taj Ganj revient à 40/150 Rs en auto-rickshaw/taxi. Une excursion de 4 heures en taxi au Taj Mahal et au fort d'Agra coûte 250/350 Rs. Comptez 500 Rs pour 8 heures (650 Rs avec Fatehpur Sikri). Prévoyez 25% de plus en voiture climatisée. Si le kiosque est désert, vous devrez négocier avec les chauffeurs stationnés devant la gare.

Rickshaw. Ce moyen de transport non polluant est probablement le plus pratique pour parcourir Agra, si le harcèlement incessant des rickshaw-wallahs vous laisse de marbre. Ne perdez pas patience, convenez d'un prix avant de vous installer et refusez tout détour par une boutique d'artisanat ou de pierres précieuses.

De Taj Ganj à Sadar Bazaar, la course ne devrait pas dépasser 15 Rs et les autres trajets dans Agra, 20 Rs. De Taj Ganj à la gare ferroviaire d'Agra Cantonment, comptez un minimum de 30 Rs.

Bicyclette. Pour esquiver les problèmes de transport, le meilleur moyen est de louer un vélo, même si la majorité des engins proposés sont des bicyclettes indiennes rudimentaires. Raja Bicycle Store, à la sortie de Taj Gang vers le Cantonment, facture 50 Rs par jour. En cas de crevaison, vous trouverez généralement un réparateur à proximité. Plusieurs hôtels pour petits budgets louent des vélos à leurs clients.

Transports non polluants. Dans le cadre des mesures antipollution prises par le gouvernement, des bus et des tempos (gros tricycles) électriques circulent du Taj Mahal au fort d'Agra et au village d'artisanat de Shilpgram (4 Rs). Plusieurs grands hôtels, dont le Sheraton, le Taj View et l'Ashok, possèdent des rickshaws différemment conçus, plus confortables pour les passagers et les conducteurs.

FATEHPUR SIKRI

☎ 05619 • 29 280 habitants

Cette magnifique cité fantôme fortifiée fut la capitale de l'Empire moghol de 1571 à 1585, sous le règne d'Akbar. Superbe sur le plan architectural, la ville fut construite sur un site insuffisamment irrigué et, pour cette raison, fut abandonnée peu après la mort d'Akbar. L'ensemble des bâtiments du palais principal et de la splendide Jama Masjid ont été merveilleusement restaurés par l'Archaeological Survey of India, mais la partie la plus intéressante reste peut-être la ville en ruine qui s'étend à perte de vue dans la campagne environnante.

Bien que Fatehpur Sikri compte plusieurs hôtels, la plupart des voyageurs la visitent dans la journée en venant d'Agra. Cependant, l'aube et le crépuscule sont les

ANDREW LUBRAN

ANDREW LUBRAN

GREG ELMS

DAVID TIPLING

Instantanés du Rajasthan : safari à dos de dromadaire dans le désert près de Jaisalmer **(en haut)** ; une villageoise devant une maison en terre séchée, près d'Udaipur **(au milieu à droite)** ; les *chhatris* (cénotaphes moghols) ponctuent les étendues désertiques près de Jaisalmer **(en bas)** ; et une fenêtre en *jali* (claires-voies en marbre sculpté) de l'Amber Palace **(au milieu à gauche)**

CHRISTINE OSBORNE

LINDY HICKMAN

KAREN TRIST

DAVID COLLINS

Mumbai la chatoyante : Crawford Market **(en haut)** ; une affiche annonçant une production bollywoodienne **(au milieu à droite)** ; Juhu Beach envahie par les citadins venus se relaxer **(en bas)** ; le *dhobi ghat*, ou laverie, égayé par les couleurs bigarrées du linge propre **(au milieu à gauche)** meilleurs moments pour ressentir l'atmosphère particulière de cette ville désertée. Le plus beau point de vue se situe en haut des remparts, à 2 km au sud. La ville qui s'est développée autour de Fatehpur comprend un petit marché très animé, et célèbre chaque année la fête de l'Id al-Fitr qui marque la fin du ramadan.

Orientation et renseignements

La cité abandonnée s'étend au sommet d'une crête, à 40 km à l'ouest d'Agra. Le village de Fatehpur Sikri, avec ses gares ferroviaire et routière, est implanté au sud de la crête. Si vous venez en taxi, vous devrez payer un droit de 5 Rs par véhicule à l'Agra Gate, à l'entrée est du village.

L'enceinte historique ouvre du lever au coucher du soleil (entrée : 24,50/475 Rs pour les Indiens/étrangers, gratuite le vendredi ; 25 Rs pour un Caméscope). Pour l'instant, la visite de la spectaculaire Jama Masjid et de la ville en ruine entourant le site de l'Archaeological Survey est gratuite. La fonction et les noms de nombreux bâtiments font l'objet de controverses et les services d'un guide s'avèrent précieux. Des guides officiels (85 Rs) attendent près de la billetterie ; d'autres, non patentés, sollicitent les touristes devant la Jama Masjid.

Jama Masjid

La superbe mosquée de Fatehpur Sikri, appelée mosquée de Dargah, comprend des éléments persans et hindous et serait une copie de celle de La Mecque. On y accède par l'imposante **Buland Darwaza** (porte de la Victoire), haute de 54 m, commémorant la victoire d'Akbar au Gujarat. Sous la voûte, une inscription coranique rappelle cette parole prophétique : "Le monde est un pont, traverse-le mais n'y bâtis pas de maison. Qui espère une heure peut espérer l'éternité."

Au nord de la cour se dresse le magnifique *dargah* de marbre blanc ou **tombeau du cheikh Salim Chishti**, construit en 1570. A l'instar d'Akbar qui, quatre siècles auparavant, vint implorer le saint pour avoir un fils, des femmes sans enfants se rendent aujourd'hui au tombeau. Les *jali* (treillis de marbre) figurent parmi les plus beaux jamais ciselés dans le pays. La tombe d'Islam Khan, le petit-fils du saint, se trouve dans la cour de la mosquée.

Palais de Jodh Bai

L'entrée de l'ancienne cité et la billetterie se situent au nord-est de la mosquée. Passée l'entrée, le premier édifice est un palais, attribué à tort à Jodh Bai, la mère hindoue de Jehangir, fille du maharaja d'Amber. L'architecture est un mélange de styles, avec des colonnes hindoues et des coupoles musulmanes.

Le **Hawa Mahal** (palais des Vents) est une salle en saillie aux murs entièrement composés de claires-voies de pierre. Les dames de la cour s'asseyaient là, probablement pour regarder ce qui se passait en contrebas.

Près du palais de Jodh Bai, le **palais de l'épouse chrétienne** était celui de Maryam, l'épouse chrétienne d'Akbar, originaire de Goa, et fut à une époque entièrement doré, d'où son nom de Golden House (maison Dorée).

Birbal Bhavan

Construit par ou pour le raja Birbal, le courtisan hindou favori d'Akbar, cet élégant édifice mêle des éléments hindous et moghols. La façade du palais donne sur le **Lower Haramsara**, qu'on croyait autrefois une immense écurie avec 200 stalles d'éléphants, de chevaux et de chameaux. On suppose aujourd'hui qu'il s'agissait des logements des domestiques et que les anneaux de pierre, encore en place, servaient à attacher des rideaux et non des pachydermes.

Panch Mahal

Cet amusant petit palais de cinq étages a probablement servi aux dames de la cour. A l'origine, il possédait des treillis de pierre sur les côtés, qui ont été retirés, révélant les colonnades intérieures. Comme dans un château de cartes, chaque étage est en retrait par rapport au précédent jusqu'au sommet, occupé par un petit kiosque. Les 84 colonnes du rez-de-chaussée sont toutes différentes.

Trésor

Pendant longtemps, cet édifice fut connu sous le nom d'Ankh Micholi, que l'on pourrait traduire par "cache-cache", un jeu que l'empereur y aurait pratiqué avec les dames du harem. On pense aujourd'hui qu'il renfermait le trésor impérial, thèse soutenue par les curieuses traverses ornées de monstres marins, censés protéger les trésors des profondeurs.

FATEHPUR SIKRI

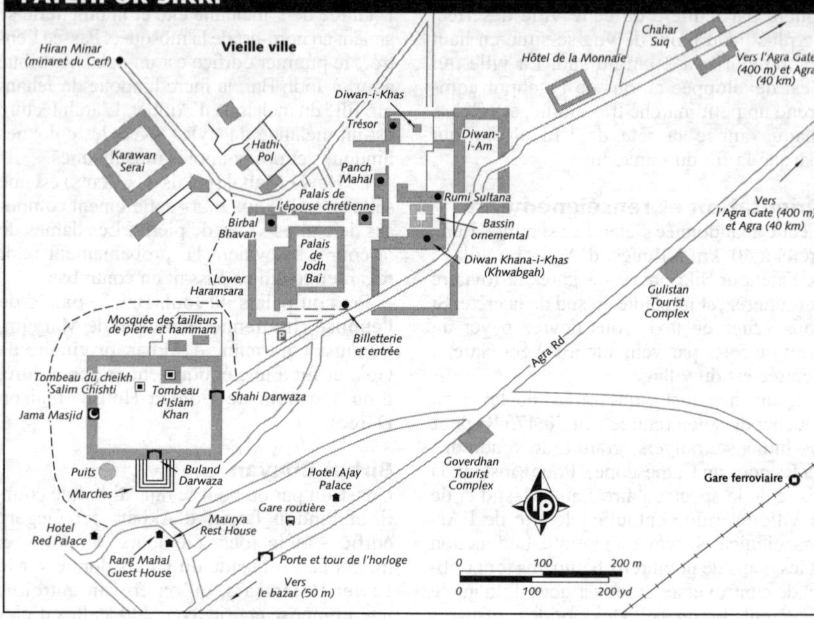

Diwan-i-Khas

Assez dépouillé à l'extérieur, le pavillon des audiences privées, appelé Jewel House (maison des Bijoux), offre une architecture intérieure exceptionnelle, dominée par une colonne de pierre finement sculptée qui se dresse au centre du bâtiment. La colonne s'évase pour former un socle plat, relié aux quatre coins de la pièce par d'étroites passerelles de pierre. Ce serait à cet endroit qu'Akbar s'installait pour discuter avec des érudits de croyances religieuses diverses, qui se tenaient au bout des quatre passerelles.

Diwan-i-Am

À l'extrémité nord-est de la ville déserte, le pavillon des audiences publiques consiste en une grande cour entourée de portiques. A côté du Diwan-i-Am, la **Pachisi Courtyard** (cour du Pachisi) est disposée comme un immense échiquier, sur lequel Akbar aurait joué au pachisi (sorte de jeu d'échecs) avec de jeunes esclaves en guise de pions.

La cité en ruine

Autour des palais restaurés, les ruines de la cité d'Akbar s'étendent jusqu'à l'horizon. Parmi les structures identifiables figurent le **Karawan Serai** (caravansérail), une vaste cour entourée d'auberges où logeaient les marchands de passage, et le **Hiran Minar** (minaret au Cerf), haut de 21 m, orné de centaines de sculptures en pierre représentant des défenses d'éléphant.

Près du Karawan Serai, des éléphants très endommagés gardent toujours la **Hathi Pol** (porte des Éléphants) du palais. Derrière la Jama Masjid se trouvent les vestiges de la petite mosquée des tailleurs de pierre, qui aurait été érigée sur le site de la grotte du cheikh Salim Chishti, antérieure à la ville d'Akbar. Remarquez le beau **hammam** (bain turc), voisin. D'autres ruines imposantes sont disséminées autour de l'Agra Gate, à l'est de la ville moderne de Fatehpur Sikri.

Où se loger et se restaurer

Fatehpur compte un bon nombre de pensions simples et bon marché. Toute proche de la Buland Gate, la ***Maurya Rest House*** *(☎ 882348)* dispose de simples/doubles rudimentaires à 60/90 Rs, ou 120/150 Rs avec s.d.b. (seau d'eau chaude gratuit). Bien tenue par une famille sympathique, cette pension

Akbar le Grand

Considéré comme le plus grand empereur moghol, Akbar accéda au pouvoir à l'âge tendre de 13 ans et étendit son empire pratiquement jusqu'aux confins de l'Inde du Nord. Dirigeant sage et épris de justice, il croyait dans le principe du Sulh-i-Kul (la paix pour tous) et abolit de nombreuses mesures qui frappaient les infidèles (les non-croyants), dont le très impopulaire "impôt sur le pèlerinage" auquel étaient soumis les hindous.

Bien que ses campagnes militaires aient été tout aussi sanglantes que celles des autres empereurs – après sa victoire à Panipat il aurait érigé une tour composée de têtes d'hindous –, le Grand Moghol est resté célèbre pour sa tolérance à l'égard des autres religions. Akbar, qui comptait des chrétiennes et des hindoues parmi ses 5 000 femmes, inventa une philosophie, le Din-i-Ilahi (la foi en Dieu) qui reconnaissait la vérité commune à toutes les religions.

MARTIN HARRIS

En hommage au mystique soufi Shaik Salim Chishti, grâce auquel l'empereur aurait eu un héritier, Akbar fit ériger une "ville parfaite" dans le désert, à Fatehpur Sikri, symbole concret du Din-i-Ilahi. Une communauté d'intellectuels de croyances diverses y fut rassemblée pour satisfaire la passion de l'empereur pour la discussion.

Cette ville parfaite se révéla la seule folie d'Akbar. Construite trop loin de la plus proche rivière, Fatehpur souffrait d'une pénurie d'eau chronique, et tous les systèmes d'irrigation ingénieux mis au point par les savants moghols restèrent impuissants à résoudre le problème. Fatehpur fut abandonnée peu de temps après la mort de l'empereur, en même temps que ses pratiques libérales. Comme pour mettre un bémol à cette belle histoire, d'anciennes statues jaïna découvertes sous la ville de Fatehpur laissent à penser qu'Akbar aurait détruit un village jaïna pour construire son royaume tolérant !

sert des repas dans la petite cour ombragée ou dans son restaurant sur le toit.

Non loin, la ***Rang Mahal Guest House*** *(☎ 883020)* et l'***Hotel Red Palace*** *(☎ 882637)* offrent des prestations similaires aux mêmes prix. Les autres établissements se regroupent autour de la gare routière.

L'***Hotel Ajay Palace*** *(☎ 882950)*, dirigé par la chaleureuse famille Ajay, propose quatre chambres propres, avec ventil. et s.d.b., à 100 Rs en simple ou double. Son ***restaurant*** est excellent.

Plus loin du centre et plus familial, le ***Goverdhan Tourist Complex*** *(☎ 882643)* possède un grand jardin et des chambres propres et aérées. Comptez 50 Rs pour un lit en dortoir, 100/150 Rs pour une grande simple/double avec ventil. et s.d.b. et 300 Rs pour un appartement avec eau chaude et TV.

A environ 300 m en direction de l'Agra Gate, le ***Gulistan Tourist Complex*** *(☎ 882490)* appartient à l'UP Tourism, ce qui explique son atmosphère un peu guindée. Une simple/double spacieuse, avec ventil. et s.d.b., revient à 525/575 Rs, ou 775/900 Rs avec clim. téléphone, TV et réfrigérateur.

De nombreux vendeurs d'en-cas et de sodas sont installés près des entrées de chaque enceinte. Fatehpur est renommée pour ses *khataie*, des biscuits sablés dont vous verrez des piles vertigineuses dans le bazar.

Comment s'y rendre

Les bus des visites guidées ne s'arrêtent qu'une heure à Fatehpur Sikri. Mieux vaut prendre un bus à la gare routière d'Idgah, à Agra (17 Rs, 1 heure 30) et y passer la journée. Les bus partent toutes les 30 min entre 6h30 et 19h. Chaque jour, huit trains relient Agra Fort à Fatehpur Sikri (8 Rs, 1 heure).

Vous pouvez passer la journée à Fatehpur Sikri, puis continuer en soirée vers la réserve ornithologique de Bharatpur (voir le chapitre *Rajasthan*), de renommée internationale. Des bus partent de la gare routière de Fatehpur Sikri toutes les heures jusqu'à 17h (10 Rs)

N'encouragez pas les villageois qui, sur la route d'Agra, forcent les ours danseurs à arrêter la circulation. Des groupes de défense des animaux unissent leurs efforts pour sauver les ours de cette vie misérable, que les oboles des touristes font se perpétuer.

MATHURA

☎ 0565 • 272 500 habitants

Associée aujourd'hui au nom de Krishna, Mathura fut à l'origine un centre monastique bouddhique. La ville, qui abritait alors 20 monastères bouddhiques où vivaient environ 3 000 moines, commença à décliner au VIIIe siècle, lorsque l'hindouisme prit le pas sur le bouddhisme dans le nord du pays. En 1017, le seigneur de guerre afghan, Mahmud de Ghazni, mit un terme à cette rivalité en rasant la plupart des sanctuaires hindous et bouddhiques. Au XVIe siècle, des érudits hindous identifièrent la ville comme le lieu de naissance de Krishna, et Mathura connut un nouvel essor avant qu'Aurangzeb, le fanatique, rase le Kesava Deo Temple, édifié à l'endroit précis où Krishna avait vu le jour, et construise une mosquée à la place. L'Afghan Ahmad Shah Abdali acheva l'œuvre de ses prédécesseurs en incendiant Mathura en 1757.

Riche d'un glorieux passé mystique, Mathura resurgit de ses cendres et est aujourd'hui un centre religieux vibrant. La partie la plus intéressante de la ville borde la Yamuna ; elle comprend de nombreux *ghats* (marches en bord de rivière), un marché animé et plusieurs temples dignes d'intérêt. Lors de Janmashtami, des décorations couvrent le Dwarkadheesh Temple, des milliers de pèlerins et de *sadhu* (saints hommes) viennent célébrer la naissance de Krishna et circuler dans Mathura devient très difficile.

Renseignements

Serviable, l'office du tourisme (☎ 405351) de l'ancienne gare routière ouvre du lundi au samedi, de 10h à 17h. UP Tourism organise tous les jours le circuit "Braj Brashan", qui conduit à Vrindavan, Barsana, Nandgaon et Goverdhan ; il part de l'office du tourisme à 6h30 et ne coûte que 60 Rs.

Shri Krishna Janmbhoomi

Dans les fondations du Kesava Deo Temple, une petite pièce ressemble à une cellule de prison. Ici, les pèlerins défilent devant une dalle sur laquelle Krishna serait né il y a 3 500 ans. L'emprisonnement de ses parents par le tyrannique roi Kansa, l'oncle de Krishna, fut la cause de cette arrivée au monde dans ce cadre peu glorieux.

En fait, il s'agit là d'une reproduction du site, le temple d'origine étant enfoui sous la mosquée construite par Aurangzeb, la **Katra Masjid** – gardée en permanence par la police pour éviter que ne se répètent les événements qui se sont déroulés à Ayodhya en 1992. De nombreux endroits sont inaccessibles et les appareils photo doivent être déposés au poste de contrôle, à l'entrée. Le temple ouvre de 5h à 12h et de 16h à 21h (de 15h à 20h en hiver).

Un autre lieu de naissance de Krishna se situe à quelque 200 m de Shri Krishna Janmbhoomi. Tout près, le **Potara-Kund** serait le bassin où on lavait les langes de Krishna.

A voir

La Yamuna, bordée de ghats, arrose Mathura. Le **Vishram Ghat**, le lieu de baignade le plus important, serait l'endroit où Krishna se reposa après avoir tué le roi Kansa. Vous devez ôter vos chaussures et faire un don. Vous pouvez louer un bateau pour faire un tour sur la rivière (30 Rs les 30 min).

A côté du Vishram Ghat, la **Sati Burj**, une tour de quatre étages, fut construite par le fils de Behari Mal de Jaipur en 1570 pour commémorer le *sati* (immolation volontaire d'une veuve dans le bûcher funéraire de son époux) de sa mère. Aurangzeb fit raser les étages supérieurs, mais ils ont été reconstruits.

Le **marché** environnant regorge de petites échoppes colorées qui vendent des objets de dévotion. Le long des ruelles étroites qui mènent vers Shri Krishna Janmbhoomi, une porte décorée débouche dans le **Dwarkadheesh Temple**, érigé en 1814 par Seth Gokuldass en l'honneur de Krishna. Non loin de là, dans ce quartier essentiellement musulman, se dresse la **Jama Masjid**, édifiée en 1661 par Abo-in Nabir Khan.

Au bord de la rivière, le **Kans Qila**, un fort en ruine, est l'œuvre du raja Man Singh d'Amber.

L'**Archaeological Museum** (musée archéologique) mérite la visite. Il renferme une superbe collection de sculptures jaïna et bouddhiques de l'école de Mathura datant des Ier au VIe siècles, dont le fameux Bouddha debout du Ve siècle, merveilleusement préservé, attribué au moine Dinna. Le musée

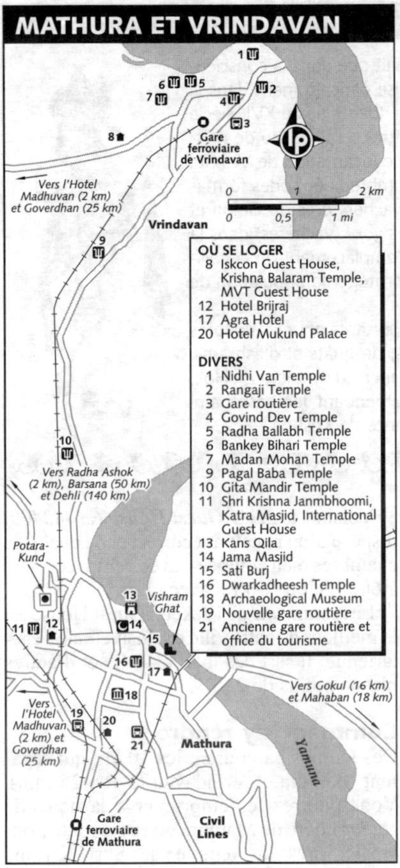

ouvre tous les jours, sauf le lundi, de10h30 à 16h30 (entrée libre).

Où se loger et se restaurer

L'*International Guest House* (☎ *423888)*, près de Shri Krishna Janmbhoomi, offre un excellent rapport qualité/prix, avec des simples/doubles à 35/50 Rs et des doubles avec s.d.b. à partir de 85 Rs. Dotée d'un agréable jardin et d'un restaurant végétarien bon marché, elle sert de caserne aux soldats chargés de protéger la mosquée voisine et affiche souvent complet.

Tout proche, l'***Hotel Brijraj*** (☎ *424172)*, simple mais confortable, loue des chambres propres avec s.d.b. à partir de 175/200 Rs.

L'***Agra Hotel*** (☎ *403318, Bengali Ghat)*, niché sur la rive de la Yamuna, ne fait pas l'unanimité mais propose des chambres correctes. Comptez de 250 à 400 Rs pour une chambre avec ventil. et s.d.b. (eau chaude), ou 600 Rs avec clim.

Plus près de la gare ferroviaire, le ***Mukund Palace*** (☎ *410316, Junction Rd)* occupe un nouveau bâtiment élégant de grès rouge. Il facture 500/600 Rs ses belles chambres avec ventil., ou 700/800 Rs avec clim.

L'***Hotel Madhuvan*** (☎ *420064, fax 420684)*, un trois-étoiles, se trouve au nord-ouest de la nouvelle gare routière (20 Rs en rickshaw). Agrémenté d'une piscine, d'un restaurant et d'un bar, il dispose de chambres à partir de 1 000/2 000 Rs.

Meilleur hôtel de la région, le ***Radha Ashok*** (☎ *405557, fax 409557)* appartient à la chaîne Best Western et se situe à 3 km de la ville, sur la route de Dehli. Vous y trouverez un restaurant, une piscine et des chambres à 140/160 $US.

Comment s'y rendre

Mathura se trouve à 47 km au nord-ouest d'Agra et à 141 km au sud de Dehli. De la nouvelle gare routière, des bus partent toutes les 30 min jusqu'à 13h45 pour la gare routière de Salai Kale Khan à Dehli (69 Rs, 3 heures 30) et jusqu'à 22h30 pour Agra (28 Rs, 1 heure 30). L'ancienne gare routière dessert les localités environnantes, comme Goverdhan et Barsana, mais deux bus quotidiens rallient Agra.

Le *Taj Express*, le train le plus rapide pour la gare de Nizamuddin à Delhi, part de Mathura à 19h30 (42/213 Rs en place assise/couchette, 2 heures 15). Des trains directs rejoignent Agra (43 Rs, 1 heure), Bharatpur, Sawai Madhopur (pour Ranthambhore) et Kota.

VRINDAVAN

C'est à Vrindavan que Krishna commit ses frasques d'adolescent, flirtant avec les gopi et volant leurs vêtements pendant qu'elles se baignaient dans la rivière. Les forêts légendaires ont quasiment disparu et la rivière a déserté la plupart des ghats de Vrindavan, mais les pèlerins continuent d'affluer de tout le pays – et dans le cas de la secte Hare Krishna (Iskcon), du monde entier.

La ville compte des dizaines de temples, des sanctuaires modernes clinquants aux temples anciens, plus raffinés. Le grand **Govind Dev Temple** de grès rouge, l'édifice

Braj Bhoomi

Braj Bhoomi, le "pays de l'amour éternel", n'existait que dans la conscience collective des hindous avant qu'on ne le localise concrètement dans la région de Mathura, à 58 km au nord-ouest d'Agra. Identifiée au XVIe siècle grâce aux premiers textes hindous, Mathura (Muttra) serait le lieu de naissance de Krishna, qui se révéla par la suite être une incarnation de Vishnu.

La campagne environnante fut le théâtre de nombreux épisodes formateurs de la vie de Krishna, qui grandit chez des vachers près de Gokul et Mahaban. Dans son adolescence, il flirtait avec ses *gopi* (vachères) dans la forêt de Vrindavan (Vrindaban). Goverdhan est l'emplacement de la colline que Krishna aurait soulevé d'un doigt afin de protéger la population de Braj de la colère d'Indra.

Ces villes constituent des sites de pèlerinage importants pour les adeptes de Krishna et comptent des centaines de temples, de ghats et d'ashrams. Chaque année, toute la région entre en efferves-cence au moment de Holi, la fête des couleurs (février/mars), et plus encore pendant Janmashthami (août/septembre), la commémoration de la naissance de Krishna.

HIRA LAL DANGOL

le plus imposant de Vrindavan, est, du point de vue architectural, l'un des temples hindous les plus évolués de l'Inde du Nord. Il fut construit en 1590 par le raja Man Singh d'Amber en l'honneur du "bouvier divin" (Krishna). A l'origine, il comptait sept étages, mais Aurangzeb en fit raser quatre.

Le **Rangaji Temple** date de 1851. Il présente un bizarre mélange de styles, notamment une porte d'entrée rajput, un très haut *gopuram* (tour-portail) d'Inde du Sud et une colonnade à l'italienne. A l'entrée, deux marionnettes électroniques content des histoires tirées du *Ramayana* et du *Mahabharata*. Les non-hindous ne sont pas admis dans l'enceinte centrale du temple, où se dresse un pilier couvert d'or de 15 m de haut. Vrindavan compterait 4 000 autres temples, dont l'immense **Pagal Baba**, à dix étages, le **Bankey Bihari**, très populaire, et le **Radha Ballabh**, construit en 1626.

La secte Hare Krisna occupe l'incroyable ensemble de marbre blanc, le **Krishna Balaram Temple** (voir l'encadré *Le rapport Rochford*).

Où se loger et se restaurer

L'***Iskcon Guest House*** (☎ *442478)*, dans le complexe appartenant à la secte Hare Krishna, loue des doubles propres, avec s.d.b., seau d'eau chaude et lits très durs, pour 200 Rs. Iskcon peut réserver des places dans des ashrams de Vrindavan, comme le ***Chitrakoot*** *(☎ 442729)* et le ***Sadhna Kunj***, qui facturent tous deux 100 Rs la nuit.

Voisine, la ***MVT Guest House*** *(☎ 443400)* dispose d'un restaurant correct et de quelques chambres bien équipées, avec ventil. et s.d.b., à 600 Rs, ou 850 Rs avec clim.

Le ***restaurant*** de l'Iskcon Guest House est le meilleur de cette ville exclusivement végétarienne. Il sert des thali à 40 Rs et d'autres plats à moins de 25 Rs.

Comment s'y rendre

Des tempos parcourent les 10 km qui séparent Mathura et Vrindavan (5 Rs, 25 min). Vous pourrez les emprunter à la nouvelle gare routière de Mathura ou sur la route principale, près du temple de Shri Krishna Janmbhoomi. Ces véhicules sont bondés et vous devrez garder votre bagage sur les genoux. Plus confortables, les auto-rickshaws demandent environ 60 Rs.

ENVIRONS DE MATHURA ET DE VRINDAVAN

Radha, l'épouse de Krishna, naquit à **Barsana**, à 50 km au nord-ouest de Mathura. Le village est dominé par l'énorme temple Ladli-ji, dédié à Radha, qui s'étire le long de la crête. Barsana est amusant à visiter lors de Holi, quand les femmes du village attaquent les hommes de Nandgaon, le village voisin, avec des bâtons et de l'eau colorée.

Ce serait à **Goverdhan**, à 25 km à l'ouest de Mathura sur la route de Deeg, que Krishna aurait protégé les habitants de la colère (pluie) d'Indra, en tenant une colline en équi-

Le rapport Rochford

Longtemps considérée comme inoffensive, l'International Society for Krishna Consciousness (Iskcon) ou Hare Krishna a scandalisé le monde entier en 1999 en reconnaissant que les enfants vivant dans ses pensionnats avaient été fréquemment victimes de mauvais traitements dans les années 70 et 80.

Suite à ce rapport, Iskcon a cessé de promouvoir ses résidences et a révisé ses pratiques pour assurer une meilleure protection aux enfants qui lui sont confiés. Néanmoins, le rapport fait part d'une inquiétude croissante quant aux sectes religieuses New Age. Le gourou indien Sai Baba, avec ses 25 millions d'adeptes dans le monde, a dû récemment faire face à des accusations d'abus sexuels. Voir l'encadré *Le Dieu des grands riens* dans le chapitre *Andhra Pradesh*.

libre sur un doigt au-dessus de la ville pendant sept jours et sept nuits. De nombreux temples sont érigés autour de la colline sacrée, dont le Har Deva Ji, fondé durant le règne d'Akbar. Les bus pour Barsana (16 Rs) et Goverdhan (11 Rs) partent de la nouvelle gare routière de Mathura.

Gokul, où Krishna fut élevé en secret, se situe à 16 km au sud de Mathura. Les pèlerins s'y pressent lors de Janmashthami, la fête qui célèbre l'anniversaire du dieu en juillet/août. Mieux vaut se rendre à Gokul en auto-rickshaw ; après négociation, comptez 160 Rs l'aller-retour, temps de visite compris.

Autre site de l'enfance idyllique de Krishna, **Mahaban**, à 18 km au sud-est de Mathura, n'est aujourd'hui qu'un village poussiéreux, mais l'ancien temple Mathura Nath mérite le coup d'œil. Vous pouvez vous y rendre en bus ou en auto-rickshaw.

MEERUT

☎ 0121 • 980 000 habitants

C'est à Meerut, à 70 km au nord-est de Delhi, qu'éclata la révolte des cipayes en 1857, lorsque les Britanniques eurent la malencontreuse idée de déposer le dernier nabab de Lucknow. Aujourd'hui, seul le cimetière, proche de l'église St John, rappelle cet événement. Il contient la tombe du général Ochterlony, dont le monument domine le Maidan à Kolkata (Calcutta). Le **Suraj Khund** est le temple hindou le plus intéressant de Meerut. Un **mausolée moghol**, le Shahpir, se dresse près de l'ancienne Shahpir Gate.

Meerut compte plusieurs hôtels ; le meilleur, l'***Hotel Shaleen***, et le moins cher, l'***Anand Hotel***, se trouvent tous deux dans le quartier de Begum Bridge.

A Delhi, les bus pour Meerut partent de l'ISBT de Kashmiri Gate (36 Rs, 2 heures).

KANPUR

☎ 0512 • 2 470 000 habitants

Bien que la capitale de l'Uttar Pradesh soit Lucknow, Kanpur est la plus grande ville de l'État et l'une des plus polluées au monde.

A voir

Kanpur n'offre guère de sites touristiques, mais vous pouvez visiter le **camp retranché du général Hugh Wheeler**, à un peu plus de 1 km de la gare ferroviaire centrale. Le général Wheeler et la majorité de ses soldats furent massacrés à Sati Chaura Ghat pendant la révolte de 1857. Non loin, l'**All Souls' Memorial Church** conserve des vestiges émouvants de la tragique mutinerie. Allen Park abrite un vaste **zoo**, à quelques kilomètres au nord-ouest du Mall.

Le principal centre commercial, **Navin Market**, est connu pour ses cotonnades de fabrication locale. Kanpur est renommée pour ses sacs et chaussures de cuir bon marché.

Où se loger et se restaurer

De nombreux hôtels aux tarifs excessifs bordent The Mall. Vous devrez probablement y loger, car les établissements bon marché, proches de la gare, n'acceptent pas les étrangers. Tous les hôtels mentionnés ci-dessous proposent un service en chambre.

Les ***retiring rooms*** de la gare ferroviaire Kanpur Central peuvent être une solution pratique et économique. Comptez 100 Rs pour un lit en dortoir, 250 Rs pour une double et 450 Rs la double climatisée (ces prix s'entendent pour 24 heures).

La ***Meera Inn*** *(☎ 319972, 37/19 The Mall)* dispose de bonnes simples/doubles avec air-cooler. et s.d.b. (chauffe-eau) à partir de 375/475 Rs, ou 600/700 Rs avec clim.

Au nord du Mall, ***The Attic*** *(☎ 311691, 15/198 Vikramajit Singh Rd)* occupe un bungalow de l'époque du Raj, installé dans un agréable jardin et doté d'un bon restaurant. Les chambres climatisées valent 550/650 Rs, ce qui, pour Kanpur, représente un bon rapport qualité/prix. Ces deux derniers hôtels ajoutent 10% à la note pour les "aménagements".

Plus luxueux, l'*Hotel Landmark* (☎ *317601, fax 315291)* nous a été recommandé par plusieurs voyageurs.

Comment s'y rendre

De l'arrêt de bus de Chunniganj, à 3 km à l'ouest du Mall, des bus partent vers l'ouest. L'arrêt de bus de Collectorganj, à 300 m de la gare ferroviaire, dessert l'est et les nombreux bus pour Lucknow (39 Rs, 2 heures).

De Kanpur, de nombreux trains rallient Delhi (99/520 Rs en 2e/1re classe, environ 6 heures) et Kolkata (284/961 Rs en couchette/1re classe, de 16 à 25 heures). Des trains rejoignent Mumbai (326/1 103 Rs, environ 24 heures), Allahabad (53/279 Rs en 2e/1re classe, 3 heures), Varanasi (77/441 Rs, 7 heures) et Lucknow (28/173 Rs, 1 heure 30).

LUCKNOW

☎ 0522 • 1 917 000 habitants

La capitale de l'Uttar Pradesh doit son importance aux nababs d'Avadh. Ces seigneurs musulmans, également appelés nababs d'Oudh, contrôlèrent une région du Centre-Nord de l'Inde pendant un siècle après le déclin de l'Empire moghol. La plupart des monuments intéressants de Lucknow datent de cette période.

La capitale des Avadh fut transférée de Faizabad à Lucknow sous le règne d'Asaf-ud-Daula (1775-1797). Après Sa'adat Ali Khan (1798-1814), les nababs d'Avadh se révélèrent tous incompétents dans la gestion des affaires de l'État. Wajid Ali Shah (1847-1856) était d'une telle extravagance et d'une telle indolence que son nom, jusqu'à ce jour, est resté synonyme de débauche. Toutefois, les nababs furent de grands protecteurs des arts, en particulier de la danse et de la musique, et Lucknow leur doit sa réputation de ville culturelle et policée.

En 1856, les Britanniques annexèrent Avadh et exilèrent Wajid Ali Shah dans un palais de Kolkata. Cette annexion fut l'une des étincelles qui provoquèrent la révolte des cipayes (soldats indiens au service des Britanniques) l'année suivante.

En dépit de ses riches associations culturelles, Lucknow n'est guère attrayante et souffre d'un niveau de pollution élevé. Néanmoins, les gigantesques mausolées des nababs, qui tombent en ruine, et les vestiges criblés de balles de la Résidence présentent un certain intérêt.

Orientation

Lucknow est très étendue. Les monuments historiques sont, pour la plupart, regroupés au nord-ouest de la vieille ville, près de la Gomti. Aminabad et ses ruelles étroites constituent le principal quartier commerçant. Hazratganj, le quartier moderne, abrite la plupart des hôtels bon marché.

Renseignements

Pour des informations touristiques, adressez vous à UP Tours (☎ 212659), une succursale d'UP Tourism installée dans l'Hotel Gomti. L'office du tourisme régional (☎ 226205), totalement inefficace, se cache dans une ruelle, près de Station Rd. A la gare ferroviaire de Lucknow Junction, un kiosque d'information, beaucoup plus compétent, ouvre tous les jours. Le Garhwal Mandal Vikas Nigam (GMVN ; ☎ 207844), pièces 4 à 7, RF Bahadur Marg, dispose d'un bureau régional, tout comme le Kumaon Mandal Vikas Nigam (KMVN ; ☎ 239434), 2 Gopai Khera, Sarojini Marg.

Changer de l'argent peut se révéler compliqué ; la ville compte de nombreuses banques, mais peu semblent disposées à convertir les chèques de voyage (le samedi matin, abandonnez tout espoir !). La Canara Bank, dans Hazratganj devrait pouvoir vous aider ; sinon, essayez une agence de la Bank of India dans le même quartier. La bijouterie du Carlton Hotel change des espèces.

Le Login Cybercafe, 1A Sapru Marg, installé en étage près de l'Hotel Gomti, propose des connexions Internet très rapides (50 Rs l'heure). A Hazratganj, Mayfair Travels représente l'American Express. A côté, Ram Advani est une excellente librairie. Universal Booksellers, dans Mahatma Ghandi Rd, offre un grand choix de livres et vend un plan de Lucknow très précis (35 Rs).

Bara Imambara

Le Bara (grand) Imambara (un *imambara* est le tombeau d'un saint musulman chiite) fut construit en 1784 par Asaf-ud-Daula pour aider la population frappée par la famine. La salle centrale, de 50 m de long et 15 m de haut, est l'une des plus grandes galeries voûtées au

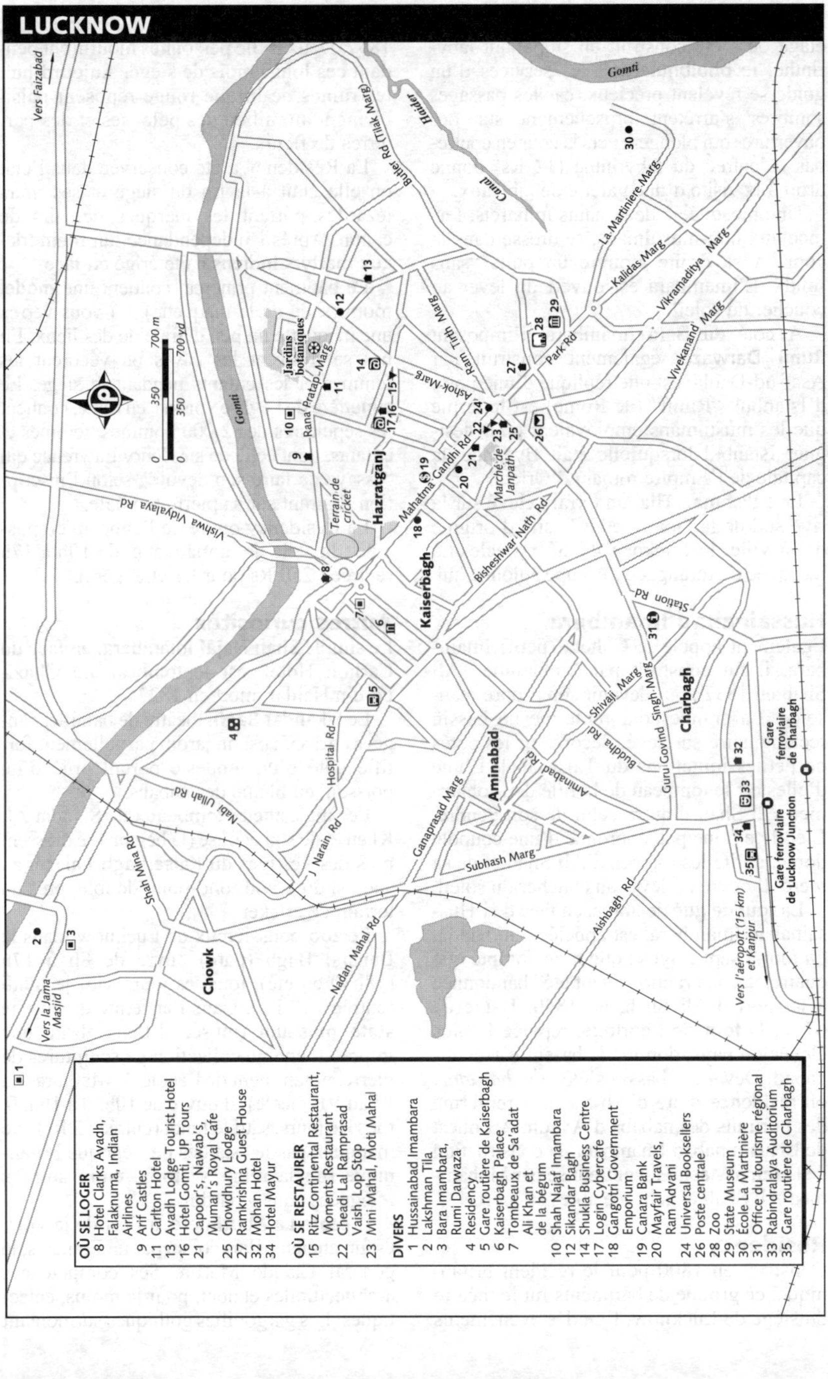
LUCKNOW
OÙ SE LOGER
8 Hotel Clarks Avadh, Falaknuma, Indian Airlines
9 Arif Castles
11 Carlton Hotel
13 Avadh Lodge Tourist Hotel
16 Hotel Gomti, UP Tours
21 Capoor's, Nawab's, Muman's Royal Cafe
25 Chowdhury Lodge
27 Ramkrishna Guest House
32 Mohan Hotel
34 Hotel Mayur
OÙ SE RESTAURER
15 Ritz Continental Restaurant, Moments Restaurant
22 Cheadi Lal Ramprasad Vaish, Lop Stop
23 Mini Mahal, Moti Mahal
DIVERS
1 Hussainabad Imambara
2 Lakshman Tila
3 Bara Imambara, Rumi Darwaza
4 Residency
5 Gare routière de Kaiserbagh
6 Kaiserbagh Palace
7 Tombeaux de Sa'adat Ali Khan et de la bégum
10 Shah Najaf Imambara
12 Sikandar Bagh
14 Shukla Business Centre
17 Login Cybercafe
18 Gangotri Government Emporium
19 Canara Bank
20 Mayfair Travels, Ram Advani
24 Universal Booksellers
26 Poste centrale
28 Zoo
29 State Museum
30 École La Martinière
31 Office du tourisme régional
33 Rabindralaya Auditorium
35 Gare routière de Charbagh
Vers la Jama Masjid
Vers Faizabad
Vers l'aéroport (15 km) et Kanpur
0 350 700 m
0 350 700 yd
Gomti
Chowk
Aminabad
Kaiserbagh
Hazratganj
Charbagh
Jardins botaniques
Terrain de cricket
Marché de Janpath
Gare ferroviaire de Lucknow Junction
Gare ferroviaire de Charbagh
Shah Mina Rd
Nabi Ullah Rd
Vishwa Vidyalaya Rd
J Narain Rd
Hospital Rd
Nadan Mahal Rd
Ganaprasad Marg
Subhash Marg
Aminabad Rd
Buddha Rd
Shivaji Marg
Aishbagh Rd
Guru Govind Singh Marg
Station Rd
Bisheshwar Nath Rd
Mahatma Gandhi Rd
Ashok Marg
Ram Tirth Marg
Rana Pratap Marg
Butler Rd (Tilak Marg)
Haider Canal
Park Rd
La Martiniere Marg
Kalidas Marg
Vikramaditya Marg
Vivekanand Marg

monde. Un escalier extérieur conduit à un étage où a été construit un stupéfiant labyrinthe, le **bhulbhulaiya** ; les services d'un guide se révèlent précieux, car les passages sombres s'arrêtent brusquement sur des ouvertures qui plongent vers la cour en contrebas. L'entrée du labyrinthe (12 Rs) donne droit à la visite d'une galerie de tableaux.

Une mosquée à deux hauts minarets, fermée aux non-musulmans, se dresse dans la cour. A sa droite s'ouvre un puits "sans fond". L'imambara est ouvert du lever au coucher du soleil.

A côté du Bara Imambara, l'imposant **Rumi Darwaza**, également construit par Asaf-ud-Daula, est une réplique d'une porte d'Istanbul. "Rumi" (de Rome) est le terme que les musulmans employaient pour désigner Istanbul lorsqu'elle était Byzance, la capitale de l'Empire romain d'Orient.

Le **Lakshman Tila**, un terrain élevé sur la rive sud de la Gomti, était le site d'origine de la ville, la Lucknau du XVe siècle. La mosquée d'Aurangzeb l'occupe aujourd'hui.

Hussainabad Imambara

Également appelé le Chhota (petit) Imambara, il fut construit par Mohammed Ali Shah en 1837 pour devenir son propre mausolée. La grande cour renferme un bassin rectangulaire surélevé, décoré sur les côtés de petites imitations du Taj Mahal. L'une d'elles est le tombeau de la fille de Mohammed Ali Shah, l'autre celui de son gendre. L'édifice principal, couronné d'une coupole dorée, abrite les tombes d'Ali Shah et de sa mère. Il ouvre du lever au coucher du soleil.

La **tour de gué** délabrée, en face de l'Hussainabad Imambara, est appelée Satkhanda, ou tour à sept étages ; elle n'en compte que quatre, la construction ayant été abandonnée à la mort d'Ali Shah, en 1840. Haute de 67 m, la **tour de l'horloge**, réputée la plus élevée du pays, domine le bassin d'Hussainabad. Devant le bassin s'élève le *baradari* ou **résidence d'été** d'Ali Shah. Il renferme des portraits des nababs d'Avadh. A l'ouest de l'Hussainabad Imambara, la construction de la **Jama Masjid** fut entreprise par Mohammed Ali Shah et achevée après sa mort.

Residency

Construit en 1800 pour le résident britannique, ce groupe de bâtiments fut le théâtre du siège de Lucknow, l'un des événements les plus dramatiques du soulèvement de 1857. Deux mille personnes moururent pendant ces longs mois de siège. Aujourd'hui, les ruines de brique rouge reposent paisiblement au milieu des pelouses et des parterres de fleurs.

La Residency a été conservée dans l'état où elle était à la fin du siège et ses murs lézardés portent les marques des tirs de canon. Après l'Indépendance, un **mémorial aux martyrs indiens** a été érigé en face.

Le bâtiment principal contient une **model room** (salle de la maquette), où vous verrez une maquette un peu défraîchie des lieux. En bas se trouvent les caves où vécurent les femmes et les enfants pendant le siège. Le **cimetière** de l'église voisine, en ruine, contient les sépultures des 2 000 hommes, femmes et enfants, dont celle de sir Henry Lawrence qui "essaya de faire son devoir", selon l'inscription figurant sur sa pierre tombale.

La Residency ouvre de l'aube au crépuscule ; la salle de la maquette, de 10h à 17h (entrée : 250 Rs pour les étrangers).

Autres curiosités

Le simple **Shah Najaf Imambara**, en face du Carlton Hotel, est le tombeau de Ghazi-ud-din Haidar, mort en 1827.

Le **Sikandar Bagh**, théâtre de batailles rangées en 1857, est un jardin partiellement fortifié doté d'un modeste portail orné d'un poisson, emblème des nababs.

Les majestueux **tombeaux** de Sa'adat Ali Khan et de son épouse (la bégum) se dressent près des vestiges du **Kaiserbagh Palace**, au sud-est du grand rond-point double, près du terrain de cricket.

Le **zoo** poussiéreux de Lucknow, dans le Banarsi Bagh (parc) ouvre de 8h à 17h (18h30 en été), tous les jours sauf le lundi (entrée : 10 Rs). Dans l'enceinte du zoo, le **state museum** (musée d'État) abrite une impressionnante collection de sculptures de pierre, notamment de l'école de Mathura (du Ier au VIe siècle). Il ouvre de 10h30 à 16h30, tous les jours, sauf le lundi (entrée : 2 Rs). Ne manquez pas les statues de l'époque britannique (de la reine Victoria, entre autres), reléguées dans le jardin.

L'**école La Martinière**, à l'est de la ville, est un ancien palais conçu par un Français, le général Claude Martin. Ses compétences architecturales étaient, pour le moins, éclectiques. Les gargouilles gothiques surmontant

Le siège de Lucknow

La révolte des cipayes de 1857 est également appelée première guerre d'indépendance ou première bataille pour la liberté.

Dès le début de la mutinerie, les habitants britanniques de la ville se réfugièrent auprès de sir Henry Lawrence. Au total, 2 994 personnes, soldats, officiers, femmes et enfants, s'entassèrent sur le terrain de la Residency. Techniquement, celle-ci était indéfendable, mais tous espéraient voir des renforts arriver en quelques jours.

En réalité, ce n'est qu'après 87 jours qu'une petite troupe, commandée par sir Henry Havelock, put traverser les lignes des insurgés et rejoindre les assiégés à demi morts de faim. A peine Havelock était-il entré dans la Residency que le siège reprenait. Il dura du 25 septembre au 17 novembre, date à laquelle sir Colin Campbell vint délivrer les survivants, au nombre de 980. Ceux qui n'avaient pas succombé sous les balles étaient morts du choléra, de la typhoïde ou de la petit vérole.

Les écrits relatant le siège de Lucknow mêlent des faits héroïques et des commentaires ironiques sur la vie quotidienne, témoignant de la volonté de surmonter l'adversité.

les colonnes corinthiennes évoquaient, de l'avis sarcastique d'une marquise anglaise, un gâteau de mariage. L'école, la première école privée d'Inde, peut être visitée avec la permission du principal (☎ 223863).

Circuits organisés

UP Tours (☎ 212659) organise une intéressante visite de Lucknow en une demi-journée (75 Rs, sur réservation). Le bus part de la gare ferroviaire à 8h30 et passe par divers hôtels, dont l'Hotel Gomti, tout proche.

Manifestations annuelles

L'esprit des nababs renaît durant le **Lucknow Mahotsava**, de la fin novembre à début décembre. Ces 10 jours de fête nostalgique donnent lieu à des processions, des danses *kathak* (une danse traditionnelle énergique en costumes très colorés), des récitals de *ghazal* (chant ourdou) et de sitar, des concours de cerfs-volants et des courses de tonga.

Principale ville chiite indienne depuis les nababs, Lucknow est un bon endroit pour assister à la fête chiite de **Muharram** (les dates varient d'une année sur l'autre). La plupart des activités se concentrent au Bara Imambara et peuvent atteindre une forte intensité lorsque les pénitents se flagellent ; ne vous faites pas remarquer !

Où se loger – petits budgets

La plupart des voyageurs logent dans le quartier d'Hazratganj. Les chambres mentionnées ci-dessous disposent d'une s.d.b.

Au bout d'une ruelle en face de la poste centrale, le ***Chowdhury Lodge** (☎ 221911, 273135, 3 Vidhan Sabha Marg)*, près du cinéma Capitol, offre des simples/doubles, dont certaines sans fenêtre, à partir de 125/170 Rs, ou 200/250 Rs avec air-cooler. Les chambres sont louées pour 24 heures et il faut prévoir un supplément pour la literie et les seaux d'eau chaude.

Proche du zoo, la ***Ramkrishna Guest House** (☎ 238363, 4A Park Rd)* propose de petites doubles convenables à 340 Rs avec air-cooler ou 575 Rs avec clim. et TV. Les chambres en façade sont bruyantes.

Près de Sikandar Bagh, l'***Avadh Lodge Tourist Hotel** (☎ 282861, 1 Ram Mohan Rai Marg)* était fermé pour rénovation lors de notre passage et augmentera sans doute ses prix à la réouverture. Il fallait compter 200/300/375 Rs en simple/double/triple avec eau chaude.

Meilleur choix dans le quartier bruyant des gares ferroviaires, l'***Hotel Mayur** (☎ 451824, Subhash Marg)* dispose de chambres avec TV, chauffe-eau et toilettes à la turque à 275/350 Rs.

Les ***retiring rooms*** de Lucknow Junction comportent des lits en dortoir (50 Rs), des doubles (250 Rs) et des chambres climatisées (450 Rs), louées pour 24 heures.

Agréable mais trop cher, le ***Mohan Hotel** (☎ 635642/635797, Buddha Rd)* facture ses chambres climatisées à partir de 450/600 Rs. A trois, mieux vaut prendre une double (150 Rs le lit supplémentaire).

Où se loger – catégories moyenne et supérieure

Installé dans un ancien palais, le ***Carlton Hotel*** *(☎ 224021, fax 229793)* reste un bâtiment imposant à l'élégance défraîchie. Les chambres spacieuses, pleines de cachet, reviennent à 600/700 Rs, ou 900/1 200 Rs avec clim. et TV. Les grands jardins invitent à la détente. Lors de notre séjour, le ***Capoor's*** *(☎ 223958, Mahatma Ghandi Rd)*, établi de longue date en plein cœur de Hazratganj, était fermé en raison du décès du propriétaire. Il devrait avoir rouvert quand vous lirez ces lignes.

Géré par UP Tourism, l'***Hotel Gomti*** *(☎ 220624, 6 Sapru Marg)* pratique des tarifs excessifs, mais ses chambres sont agréables : 550/650 Rs avec air-cooler et TV, 875/975 Rs avec clim. Il possède un restaurant, un café et un bar très fréquenté.

Moderne, l'***Arif Castles*** *(☎ 211313, arifind@lw1.vsnl.net.in, 4 Rana Pratap Marg)* loue des petites chambres charmantes à partir de 900/1 000 Rs.

L'***Hotel Clarks Avadh*** *(☎ 216500, fax 216507, 8 MG Rd)* offre des chambres dotées d'une belle vue et de tout le luxe attendu à partir de 3 700/4 000 Rs). Il comporte un restaurant, un café et un bar.

Où se restaurer

Fins gourmets, les nababs ont laissé à Lucknow une riche tradition culinaire moghole. La ville est réputée pour la diversité de ses kebabs et le *dum puhkt*, l'art de cuire la viande et les légumes à la vapeur sous pression dans un pot en terre scellé. Nombre de petits restaurants musulmans de la vieille ville servent d'immenses *rumali roti* (chapati), fins comme du papier ; ils arrivent sur votre table pliés et accompagnent un curry de chèvre ou d'agneau, tels le *bhuna ghosht* ou le *rogan josh*. Plusieurs établissements d'Aminabad proposent du *kulfi faluda* (glace avec des nouilles de farine de maïs), un dessert très apprécié. Le *zarda*, du riz orange et sucré, est également renommé.

Dans Hazratganj, des restaurants, des snack-bars et des fast-foods à l'occidentale bordent Mahatma Ghandi (MG) Rd.

Le ***Nawab's***, dans l'Hotel Capoor's, sert des plats corrects, végétariens ou non, à partir de 45 Rs, et offre de la musique indienne live en soirée. Goûtez les spécialités *kha*, nappées d'une délicieuse sauce épaisse.

A côté du Capoor's, le ***Muman's Royal Cafe*** accueille également des musiciens et mitonne une bonne cuisine indienne et chinois, végétarienne ou non. Le service est rapide et l'ambiance policée. Comptez 25 Rs minimum pour un en-cas et 65 Rs environ pour un plat non végétarien. A l'extérieur, l'excellente ***échoppe*** de *chaat* (snacks) connaît un grand succès avec ses savoureux en-cas à 15 Rs seulement.

Le ***Cheadi Lal Ramprasad Vaish*** *(MG Rd)* prépare de délicieux cafés, jus de fruits et glaces. Mal indiqué, il se trouve à côté du fast-food Lop Stop.

A proximité, le ***Mini Mahal*** propose une bonne sélection de pâtisseries indiennes et de plats chinois. A côté, le ***Moti Mahal*** offre les mêmes douceurs, ainsi que des plats indiens.

Plutôt élégant, le ***Ritz Continental*** *(Sapru Marg)*, un restaurant végétarien, sert de bons en-cas (à partir de 16 Rs), des plats indiens (autour de 40 Rs) et chinois, et des pizzas (de 38 à 50 Rs). Adjacent, le ***Moments Restaurant***, apprécié pour ses kebabs et son poulet, pratique des prix très doux.

Le ***Falaknuma***, dans l'Hotel Clarks Avadh, est l'une des meilleures adresses pour goûter la cuisine de Lucknow. Les plats sont chers mais excellents, et le restaurant jouit d'une très belle vue sur la ville.

Où sortir

Lucknow possède une longue tradition dans les arts scéniques. Le ***Rabindralaya Auditorium*** *(☎ 455670)*, en face des gares ferroviaires, programme des concerts de musique classique, de la danse et des pièces de théâtre. Quelques restaurants accueillent des musiciens indiens en soirée.

Achats

Dans les ruelles d'Aminabad, vous pourrez acheter de l'*attar*, des huiles essentielles extraites de fleurs selon la méthode traditionnelle. Dans le chowk, Nakkhas est le coin des oiseliers. La colombophilie et les combats de coqs sont en faveur depuis l'époque des nababs. Le Gangotri Government Emporium, dans Hazratganj, vend de l'artisanat local, dont le *chikan*, une étoffe tissée et brodée à la main, typique de Lucknow.

Comment s'y rendre

Avion. L'aéroport d'Amausi se situe à 15 km au sud-ouest de Lucknow. L'agence

Indian Airlines (☎ 220927) se trouve dans l'Hotel Clarks Avadh. La compagnie assure des vols quotidiens pour Delhi (90 $US) et quatre vols hebdomadaires pour Patna (100 $US) et Kolkata (155 $US).

Sahara India Airlines (☎ 377675) dessert Delhi (90 $US) et Mumbai (250 $US) tous les jours. Jet Airways (☎ 202026) propose également des vols pour Delhi et Mumbai.

Bus. La ville compte deux gares routières : Charbagh, près des gares ferroviaires, et Kaiserbagh. De Charbagh, des services réguliers rallient Kanpur (39 Rs, 2 heures) et Allahabad (86 Rs, 5 heures) ; des bus partent tôt le matin et en soirée pour Varanasi (120 Rs, 8 heures 30) et Agra (105 Rs, 10 heures). De Kaiserbagh, des bus rejoignent Delhi (207 Rs, 12 heures), Gorakhpur (112 Rs, 7 heures 30) et Faizabad (55 Rs, 3 heures).

Train. Les deux gares principales, Charbagh et Lucknow Junction, se côtoient ; elles accueillent toutes deux les trains de la Northern Railway, mais ceux de la North Eastern Railway ne sont desservis que par la seconde. En pratique, cela signifie que tous les trains circulant entre New Delhi et Kolkata s'arrêtent à Charbagh, tandis que ceux qui rallient les villes du Sud partent de Lucknow Junction.

Le *Shatabdi Express* circule entre Lucknow et Delhi (640 Rs en chair, 6 heures 30) *via* Kanpur (210 Rs, 1 heure 30). Des express desservent Delhi (107/588 Rs en 2e/1re classe, de 8 à 9 heures) et Kolkata (270/914 Rs en couchette/1re classe, environ 23 heures). Les autres express (2e/1re classe) partant de Lucknow sont les suivants :

destination	durée	prix
Allahabad	4 heures	36/321 Rs
Faizabad	3 heures	43/226 Rs
Gorakhpur	5-6 heures	70/368 Rs
Varanasi	5-6 heures	73/384 Rs

Le trajet jusqu'à Mumbai coûte 311/1 119 Rs en couchette/1re classe (27 heures) et jusqu'à Agra, 143/222/751 Rs en 2e/couchette/1re classe (de 5 à 6 heures).

Comment circuler

Desserte de l'aéroport. La course en taxi coûte environ 220 Rs ; si vous n'êtes pas très chargé, prenez un tempo à la gare ferroviaire de Charbagh (8 Rs).

Transport local. Des auto-rickshaws stationnent à la gare ferroviaire ; jusqu'à Hazratganj, comptez environ 35 Rs. Les tempos empruntent des itinéraires fixes et relient la gare ferroviaire de Charbagh à la poste centrale (Hazratganj), Sikandar Bagh, la gare routière de Kaiserbagh et le chowk (pour les imambara). Le coût de ces trajets excède rarement 4 Rs. Le meilleur moyen, et le plus agréable, de parcourir les rues encombrées du centre-ville consiste à circuler en rickshaw. Le trajet des gares ferroviaires à Hazratganj coûte 5 Rs pour les Indiens, de 10 à 15 Rs pour les étrangers. D'Hazratganj aux imambara, comptez 20 Rs et environ 25 Rs l'heure (après négociation) pour la visite de la ville.

ALLAHABAD

☎ 0532 • 2 000 000 habitants

La ville d'Allahabad se situe à 135 km à l'ouest de Varanasi, au confluent de deux des plus grands fleuves de l'Inde, le Gange et la Yamuna (Jumna). La mythique Saraswati, la rivière de l'Éveil, les rejoindrait également à cet endroit. On attribue de grands pouvoirs purificateurs au *sangam*, le point de confluence, et tous les hindous espèrent s'y baigner une fois dans leur vie.

Peu de voyageurs étrangers font halte dans cette cité accueillante, bien qu'elle soit intéressante et mérite la visite ; elle enchantera les amateurs de terrasses de café !

Histoire

Construite sur un site très ancien, où Brahma en personne aurait fait un sacrifice, Allahabad s'appelait Prayag à l'époque aryenne. Le pèlerin chinois Xuan Zhang, de passage dans la ville en 634, en fit la description. Elle acquit son nom actuel en 1584, sous Akbar. Elle fut ensuite prise par les Marathes, mise à sac par les Pathans et finalement cédée aux Anglais en 1801 par le nabab d'Avadh.

Allahabad fut un centre du Congrès national indien et, lors d'une conférence tenue en 1920, le mahatma Gandhi y proposa son programme de lutte non violente pour obtenir l'indépendance.

Orientation et renseignements

Le quartier de Civil Lines, avec ses commerces modernes, ses pavillons de l'époque du Raj et quelques petits restaurants en plein air, est parcouru de larges avenues. C'est là que se trouve la gare routière principale. La gare ferroviaire d'Allahabad Junction le sépare du Chowk, la vieille ville, plus dense.

L'UP Tourism office (☎ 601873) est installé dans le Tourist Bungalow-Hotel Ilawart, dans Mahatma Gandhi (MG) Marg. Il ouvre de 10h à 17h, tous les jours, sauf le dimanche.

La principale agence de la State Bank of India, dans Police Lines, possède un guichet de change. SAS Travels (☎ 623598) représente Sahara India Airlines, Jet Airways et Indian Airlines.

Pour vous connecter à Internet, essayez le kiosque STD, dans MG Marg, près du restaurant tandoor. Il ouvre tous les jours, de 9h à 21h30 (60 Rs l'heure).

Sangam

A cet endroit, le Gange, boueux et peu profond, se mêle à la verte Yamuna, plus limpide et plus profonde. Durant le mois de magha (de mi-janvier à mi-février), des pèlerins viennent se baigner en ce lieu sacré lors du **Magh Mela**. Des astrologues calculent le moment le plus saint pour entrer dans l'eau et établissent un "Holy Dip Schedule" (horaire de bain sacré). L'époque propice entre toutes survient tous les 12 ans, quand se déroule l'imposant **Kumbh Mela**. Un demi-mela (Ardh Mela) intervient tous les 6 ans. Pour plus de détails, reportez-vous à l'encadré *Kumbh Mela* dans le chapitre *Maharashtra*.

Pendant le Kumbh Mela, une gigantesque ville temporaire surgit sur les terrains libres qui bordent le fleuve du côté d'Allahabad ; d'importantes mesures de sécurité visent à protéger les pèlerins. Au début des années 50, 350 personnes périrent dans une folle cavalcade vers l'eau (un événement relaté dans le roman de Vikram Seth, *Un garçon convenable*).

Le lever et le coucher du soleil peuvent être spectaculaires. Les bateaux qui vont jusqu'au confluent se transforment facilement en piège à touristes : le prix de la promenade dépend du nombre de personnes attroupées autour de vous. Près du fort, vous devriez pouvoir louer un bateau pour 50 à 60 Rs, même si la négociation démarre à 200 Rs. Vous comprendrez beaucoup mieux l'importance religieuse du sangam en partageant le bateau avec des pèlerins indiens.

Fort

Érigé par Akbar en 1583, le fort se dresse sur la rive nord de la Yamuna, près du confluent avec le Gange. Il possède d'épaisses murailles et trois portes, flanquées de hautes tours. Vu du fleuve, le fort donne toute la mesure de sa puissance ; si vous ne prenez pas un bateau pour le sangam, empruntez le sentier qui longe la rive et le sud des remparts. L'armée occupe le fort et vous aurez besoin d'une autorisation pour le visiter. Les laissez-passer, délivrés par le Defence Ministry Security Officer, ne sont généralement accordés qu'aux personnalités. N'ayez pas de regret, le site ne présente guère d'intérêt.

Patalpuri Temple et arbre immortel. Une petite porte dans le rempart oriental mène à la seule partie du fort accessible sans permis, le temple souterrain de Patalpuri, où se trouve l'"Undying Banyan Tree" (banian immortel). Aussi appelé Akshai Veta, il est déjà mentionné par Xuan Zhang, qui décrit des pèlerins sacrifiant leur vie en sautant du haut de l'arbre pour obtenir le salut. Étant donné ce qu'il en reste, le saut ne présente plus aucun risque !

Hanuman Temple. Ce temple populaire, ouvert aux non-hindous, contient une statue insolite d'Hanuman allongé. Chaque année, durant les crues, le Gange viendrait lécher les pieds d'Hanuman endormi avant de commencer à se retirer.

Anand Bhavan

Ce sanctuaire à la mémoire de la famille Nehru est sans doute le musée le mieux entretenu du pays, signe de la haute estime portée à cette célèbre dynastie. Les objets exposés montrent comment cette famille aisée s'impliqua dans la lutte pour l'indépendance et produisit quatre générations de fins politiciens : Motilal Nehru, Jawaharlal Nehru, Indira Gandhi et Rajiv Gandhi.

Les visiteurs font le tour des vérandas de la villa de deux étages, regardant à travers des vitrages l'aménagement des pièces. Vous remarquerez les grandes bibliothèques et les nombreux ouvrages de penseurs socialistes. La maison ouvre tous les jours, sauf le lundi et les jours fériés, de 9h30 à 17h. L'accès au rez-de-chaussée est gratuit, mais il faut payer 5 Rs pour monter à l'étage. La dernière

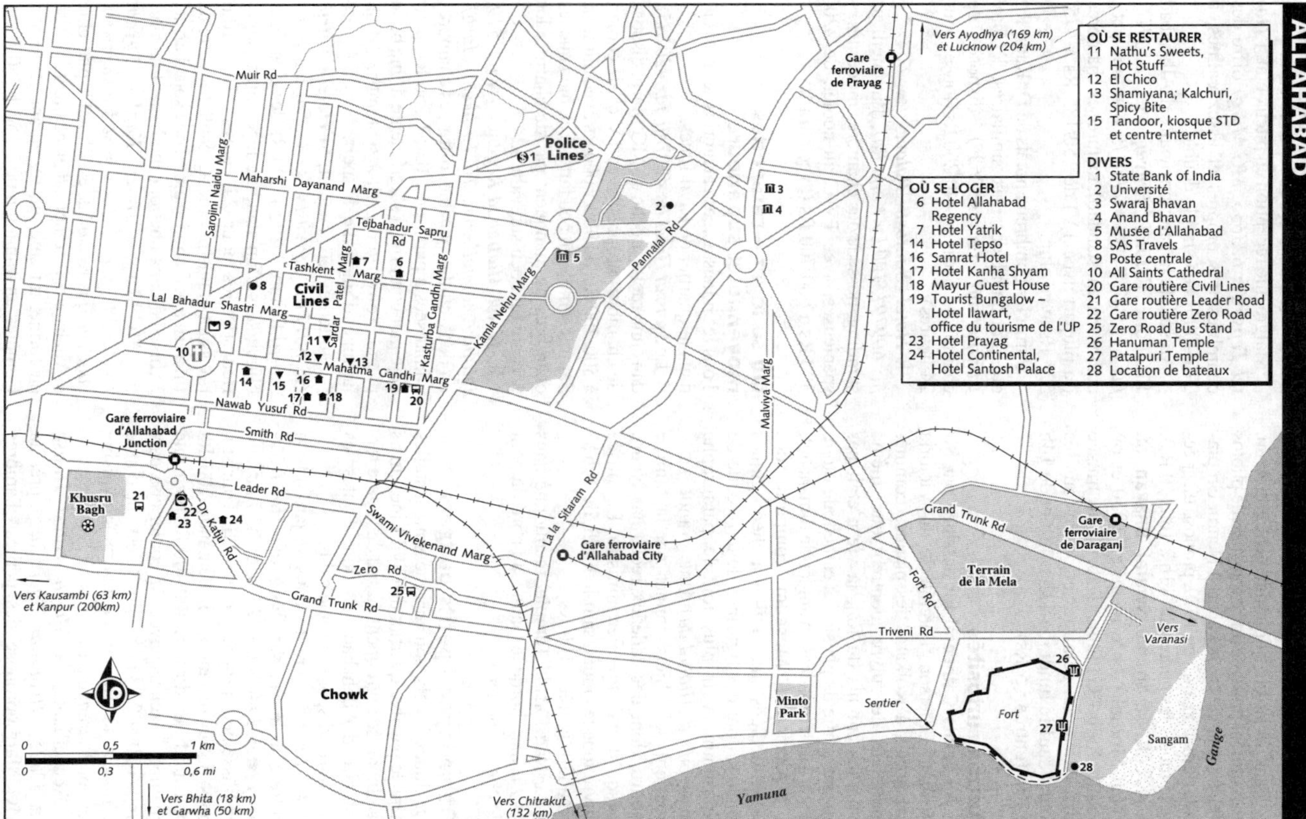

UTTAR PRADESH ET UTTARANCHAL

entrée est fixée à 16h30 et les guichets sont fermés de 12h45 à 13h30.

Dans le jardin, admirablement entretenu, un bâtiment présente une exposition de photos illustrant la vie de Jawaharlal Nehru. Un **planétarium**, construit en 1979, propose un spectacle toutes les heures, de 11h à 16h (10 Rs).

A côté se trouve **Swaraj Bhavan** où vécut Motilal Nehru jusqu'en 1930 et où naquit Indira Gandhi. Il abrite un musée aux salles mal éclairées et ouvre tous les jours, sauf le lundi, de 11h à 13h et de 14h à 17h (entrée : 5 Rs).

Autres curiosités

L'**All Saints Cathedral** fut dessinée par Sir William Emerson, l'architecte du Victoria Memorial, à Kolkata. Ses plaques commémoratives de cuivre montrent que, même pour les enfants du Raj, la vie n'était pas qu'une partie de plaisir. La cathédrale ouvre de 8h à 10h (services en anglais le dimanche).

L'**Allahabad Museum** comporte des salles dédiées aux fouilles archéologiques locales, dont des figurines de terre cuite de Kausambi (voir plus loin le paragraphe *Environs d'Allahabad*). Une grande salle contient des objets donnés par la famille Nehru, dont des cadeaux reçus par Nehru lorsqu'il était Premier ministre. Le musée ouvre tous les jours, sauf le lundi, de 10h15 à 16h30 (entrée : 100 Rs).

Le **Nag Basuki Temple**, mentionné dans les *Purana*, borde le Gange, au nord du pont de chemin de fer.

Où se loger – petits budgets

Quelques hôtels bon marché sont installés dans le paisible quartier de Civil Lines, mais la plupart se regroupent au sud de la gare ferroviaire d'Allahabad Junction. Toutes les chambres disposent d'une s.d.b.

A l'écart de la route, dans un jardin bien entretenu, le ***Tourist Bungalow-Hotel Ilawart*** *(☎ 601440, fax 611374, 35 MG Rd)*, un établissement propre géré par UP Tourism, possède un restaurant. Il demande 100 Rs pour un lit en dortoir, 300/400 Rs pour une chambre spacieuse avec air-cooler et à partir de 650/800 Rs avec clim. C'est une bonne adresse si le bruit de la gare routière voisine ne vous dérange pas.

Accueillante, la ***Mayur Guest House*** *(☎ 420250, 10 Sardar Patel Marg)*, près de MG Marg, propose des petites chambres avec air-cooler, chauffe-eau et TV à partir de 265/345 Rs, ou 475/600 Rs avec clim.

Malgré une réception en piteux état, l'***Hotel Tepso*** *(☎ 623635, MG Marg)* offre des chambres très propres et assez calmes, à 275/400 Rs en simple/double.

Au sud de la gare ferroviaire d'Allahabad Junction, l'***Hotel Prayag*** *(☎ 656416, fax 655596, 73 Noorullah Rd)*, un bon petit établissement standard, facture ses chambres (la plupart avec TV) de 150/185 Rs à 475/525 Rs avec clim.

Parmi les nombreux hôtels de Dr Katju Rd qui pratiquent des prix similaires, l'***Hotel Continental*** *(☎ 652629)* dispose de chambres à partir de 140/260 Rs (louées pour 24 heures).

L'***Hotel Santosh Palace*** *(☎ 654773, fax 609791, 100 Dr Katju Rd)*, d'un meilleur standing, possède des chambres modernes et spacieuses, avec TV et air-cooler, de 220/300 Rs à 600/700 Rs (avec clim.).

Où se loger – catégories moyenne et supérieure

Tous les hôtels de ces catégories se trouvent dans le quartier de Civil Lines.

Le ***Samrat Hotel*** *(☎ 420780, fax 420785)*, dans une ruelle proche de MG Marg, dispose de chambres propres, avec TV et air-cooler, à 500/700 Rs, ou 900/1 000 Rs avec clim. Le Samrat semble un peu fatigué et, bien que les chambres ne manquent pas de charme, les prix sont un peu surévalués.

L'***Hotel Allahabad Regency*** *(☎ 601519, tglalld@hotmail.com, 16 Tashkent Marg)*, un deux-étoiles paisible, offre des chambres climatisées à partir de 1 050/1 250 Rs, petit déjeuner compris. Il s'agrémente d'une belle piscine (ouverte d'avril à septembre), d'un jardin et d'une salle de sport.

Moderne et élégant, l'***Hotel Yatrik*** *(☎ 601713, fax 601434, 33 Sardar Patel Marg)* facture 1 100/1 300 Rs des chambres climatisées d'un standing légèrement supérieur (louées pour 24 heures). Un jardin ravissant et une piscine agréable (ouverte de fin avril à septembre) ajoutent à son charme.

Installé dans une tour moderne, tout près de MG Marg, l'***Hotel Kanha Shyam*** *(☎ 420281, fax 622164, info@kanhashyam.com)*, un quatre-étoiles, est l'hôtel le plus chic d'Allahabad. Il comprend un centre de remise en forme, un café, un restaurant et un bar. Comptez un minimum de 1 550/1 750 Rs.

Où se restaurer

Les restaurants de plein air font fureur à Allahabad. A la nuit tombée, le long de MG Marg, de nombreuses échoppes semi-permanentes dressent des tables et des chaises sur le trottoir. Les prix sont doux et l'ambiance animée.

Le ***Shamiyana***, l'une des rares échoppes de MG Marg ouverte toute la journée, sert un excellent chow mein à 32 Rs (18 Rs la demi-portion) et des masala dosa corrects à 16 Rs. Un peu plus à l'est, le ***Kalchuri*** et le ***Spicy Bite*** préparent une cuisine chinoise savoureuse et bon marché.

El Chico, sans doute le meilleur restaurant d'Allahabad, pratique des prix élevés (plats de 60 à 130 Rs). Lors de notre passage, il était en rénovation. Devant, le ***potato chaat*** propose de succulents en-cas à 5 Rs.

Le ***Tandoor***, toujours dans MG Marg, prépare essentiellement de la cuisine indienne, mais sert aussi des pizzas ; un demi-poulet tandoori revient à 70 Rs, une pizza végétarienne, à 60 Rs. Le ***Nathu's Sweet*** *(18B Sardar Patel Marg)*, végétarien, offre des pizzas, des spécialités d'Inde du Sud et toutes sortes de douceurs au rez-de-chaussée. Un peu plus loin, le ***Hot Stuff***, un fast-food de type occidental, vend des pizzas (à partir de 55 Rs), des burgers, des plats indiens ou chinois et un bon choix de glaces.

De nombreux restaurants rustiques sont installés dans la vieille ville et plusieurs ***dhaba*** bordent la Dr Katju Rd, près de la gare ferroviaire.

Comment s'y rendre

Lors de notre passage, aucun vol ne desservait Allahabad.

Bus. De la gare routière de Civil Lines, à côté du Tourist Bungalow, des bus réguliers partent pour Varanasi (55 Rs, 3 heures), Lucknow (74/105 Rs en ordinaire/deluxe, 5 heures), Faizabad (72 Rs, 5 heures) et Gorakhpur (119 Rs, 9 heures 30) *via* Jaunpur. Si vous allez au Népal, quatre bus rallient Sunauli (158 Rs, 13 heures).

Train. La principale gare ferroviaire, Allahabad Junction, se trouve au centre de la ville. Des trains desservent Varanasi (41/365 Rs en 2e/2e climatisée, 3 heures) et Lucknow (61/321 Rs en 2e/1re classe, 4 heures). Des express rejoignent Delhi (204/688 Rs en couchette/1re classe, 10 heures), Kolkata (242/819 Rs, 15 heures) et Mumbai (326/1 512 Rs en couchette/2e climatisée, 24 heures).

De nombreux trains express rallient Satna (104/448/784 Rs en couchette/2e/1re classe, 3 heures 30), d'où l'on peut rejoindre Khajuraho. Le *Patna Kurla Express* part à 8h30, laissant ainsi largement le temps de prendre un bus de Satna à Khajuraho (4 heures).

Comment circuler

De nombreux rickshaws circulent dans la ville, mais peu d'auto-rickshaws. Sortez de la gare ferroviaire d'Allahabad Junction par derrière pour vous rendre à Civil Lines. Le trajet en rickshaw de la gare ferroviaire à la gare routière de Civil Lines ne coûte pas plus de 5 Rs. Comptez 20 Rs de la gare ferroviaire au fort et 10 Rs de MG Marg à Anand Bhavan. Des tempos relient la gare ferroviaire d'Allahabad Junction à celle de Daraganj, située à 800 m au nord du fort.

ENVIRONS D'ALLAHABAD

Les fouilles archéologiques de **Bhita**, à 18 km au sud d'Allahabad, près de la Yamuna, ont mis au jour une ancienne cité fortifiée. Un musée renferme des sceaux de pierre et de métal, des monnaies et des statues en terre cuite. Les temples en ruine de l'enceinte fortifiée de **Garwha** se dressent à 50 km au sud-ouest d'Allahabad. Seize colonnes de pierre finement sculptées ornent le temple principal.

Le meilleur moyen de se rendre à Bhita et Garwha consiste à prendre un taxi à Allahabad. Autrefois appelé Kosam, **Kausambi** est un ancien centre bouddhique, à 63 km au sud-ouest d'Allahabad. Près du village, une immense forteresse contient les vestiges d'une colonne d'Ashoka. Des bus partent irrégulièrement de l'arrêt de bus de Leader Rd, à Allahabad.

Site de pèlerinage hindou populaire, **Chitrakut**, à 132 km d'Allahabad, serait le lieu de naissance de Brahma, de Vishnu et de Shiva, ainsi que celui de leurs réincarnations. UP Tourism possède un ***Tourist Bungalow*** *(☎ 22219)*, qui facture 150/175 Rs ses simples/doubles standard. Des bus partent de l'arrêt de Zero Rd, à Allahabad.

FAIZABAD

☎ 05278 • 350 000 habitants

Ancienne capitale d'Avadh, Faizabad déclina rapidement après le décès de Bahu

Begum, l'épouse du nabab Shuja-ud-Daula. La bégum fit construire la plupart des monuments islamiques de la cité, et son mausolée passe pour le plus beau de ce style en Uttar Pradesh. Celui de son mari est également imposant. Trois grandes mosquées se regroupent dans le quartier du chowk. Dans les agréables jardins de Gupta Park se dresse le temple d'où Rama aurait disparu. De Faizabad, on peut facilement visiter Ayodhya, toute proche.

Un café Internet est installé dans la même rue que l'Hotel Krishna Palace, un peu plus haut.

Où se loger et se restaurer

Si vous n'êtes pas trop chargé, vous pouvez depuis la gare routière vous rendre à pied aux hôtels qui se trouvent dans la même rue ; de la gare ferroviaire, le trajet en rickshaw revient à 5 Rs.

L'***Hotel Shane-Avadh*** *(☎ 23586)*, propre et bien tenu, possède un ascenseur. Il loue des simples/doubles avec s.d.b. (eau chaude) à partir de 150/175 Rs, ou 550/650 Rs avec clim. et TV. Son restaurant, le ***Mezban***, sert de généreuses portions de cuisine végétarienne ou non et chinoise.

L'***Hotel Tirupati*** *(☎ 23231)*, voisin, présente un bon rapport qualité/prix et son personnel serviable ajoute à son agrément. Il offre des chambres avec s.d.b., eau chaude et TV à partir de 135/175 Rs, ou 550/650 Rs avec clim. Le restaurant, petit mais somptueux, propose une carte similaire à celle du Mezban, avec des en-cas à partir de 20 Rs et des plats végétariens à quelque 40 Rs.

L'***Abha Hotel*** *(☎ 22550)* est le meilleur des établissements regroupés dans une ruelle proche du cinéma Majestic, dans le quartier du Chowk. Il dispose de vastes chambres, avec TV et grande s.d.b. impeccable, à partir de 160/200 Rs et d'un restaurant qui prépare des plats végétariens ou non. Il était en cours de rénovation lors de notre passage.

A quelques pas de la gare ferroviaire, l'***Hotel Krishna Palace*** *(☎ 21367, fax 21371)*, le plus bel établissement de Faizabad (sans ascenseur), propose un choix de chambres modernes et confortables, à partir de 550/650 Rs avec ventil.

Comment s'y rendre

Faizabad offre de bonnes correspondances ferroviaires, dont des express à destination de Lucknow (39/205 Rs en 2e/1re classe, 3 heures) et Varanasi (54/284 Rs, de 4 à 6 heures).

De nombreux bus partent de la paisible gare routière, sur la route Lucknow-Gorakhpur, à 750 m à l'ouest de l'Hotel Shane-Avadh. Ils desservent Gorakhpur (62 Rs, 4 heures), Lucknow (55 Rs, 3 heures), Allahabad (71 Rs, 5 heures), Sunauli (94 Rs) et Ayodhya (10 Rs). Des tempos à destination d'Ayodhya (8 Rs) partent de la grand-route, à environ 80 m au nord de la tour de l'horloge, dans le quartier du Chowk.

AYODHYA

☎ 05278 • 75 000 habitants

Ayodhya, à 6 km de Faizabad, est l'une des sept villes saintes de l'hindouisme. Grand centre de pèlerinage et lieu de naissance de Rama, elle est associée à de nombreux événements du *Ramayana*. Malheureusement, son nom est devenu synonyme d'un fanatisme hindou croissant depuis ce funeste 6 décembre 1992, lorsqu'une foule hindoue détruisit la mosquée qui aurait été érigée sur l'emplacement d'un temple marquant l'endroit où naquit Rama. L'événement eut des répercussions dans tout le pays et menaça la structure séculaire de la nation.

L'*Atharvaveda* (le quatrième et dernier *veda*) décrivait Ayodhya comme "une cité construite par les dieux et aussi prospère que le paradis". Aujourd'hui, ce n'est plus qu'une petite ville poussiéreuse, parsemée de temples et abritant de nombreux singes. Elle attire peu de visiteurs étrangers ; ceux qui désirent s'y rendre doivent s'informer des derniers développements de l'affaire du temple-mosquée. Lors des fêtes, évitez la ville et soyez particulièrement prudent le 6 décembre.

Babri Masjid – Ram Janam Bhumi

La **Babri Masjid** fut construite par les Moghols au XVe siècle sur le prétendu site de la naissance de Rama. La mosquée était peu utilisée et les autorités civiles en interdirent l'accès aux musulmans, tout en autorisant les hindous à y pratiquer leurs *puja*.

En 1990, les hindous fondamentalistes s'approprièrent Rama afin de justifier leur revendication d'une Inde hindoue. Leur projet de construire à la place de la mosquée un temple dédié à Rama (le Ram Mandir) engendra des violences entre les deux communautés. Une fragile décision de justice aboutit au maintien du statu quo et des gardes armés encerclèrent la mosquée et tentèrent de contenir l'ardeur guerrière des deux communautés.

A la fin de 1992, des groupes hindous réussirent à détruire la mosquée et à bâtir à sa place le **Ram Janam Bhumi**, un petit sanctuaire également appelé Ram Janmabhoomi. Cet événement provoqua des émeutes dans tout le pays et des troubles dans les pays musulmans voisins.

Le gouvernement, propriétaire du site, promit d'y édifier un temple, à condition qu'il soit prouvé qu'un temple précédait la mosquée. Fin 1994, la Haute Cour de Delhi refusa, prudemment, de se prononcer, et l'affaire fut portée devant la Haute Cour d'Allahabad. Actuellement, aucune décision n'a été prise et le gouvernement penche pour maintenir le statu quo du 7 janvier 1993.

Une importante présence policière garde le site du temple/mosquée, le foyer d'émeute le plus sensible du pays. Vous serez minutieusement (et exagérément) fouillé. Les appareils photo sont interdits et il n'est pas possible de les déposer en lieu sûr. Dans la réalité, vous ne pouvez emporter un sac et même les stylos sont confisqués. N'oubliez pas votre passeport.

Si la tension qui règne sur les lieux rend la visite mémorable, vous n'y verrez rien d'exceptionnel à part un petit sanctuaire abrité par une sorte de tente. Le site ouvre tous les jours, à des horaires variables ; de 8h à 13h et de 15h à 17h lors de notre passage.

Si vous venez en tempo de Faizabad, demandez au chauffeur de vous déposer à l'Hanuman Temple, à 10 min de marche.

Où se loger

Près de la gare ferroviaire, l'*UP Tourist Bungalow (☎ 32435)*, ou Saket Hotel, est le seul hébergement acceptable d'Ayodhya. Cet endroit tranquille dispose de simples/doubles propres, avec s.d.b., à partir de 175/200 Rs, de chambres avec clim. à 450/500 Rs et de lits en dortoir à 60 Rs. Quelques chambres possèdent un agréable balcon. L'hôtel comprend un restaurant végétarien banal et un office du tourisme.

Comment s'y rendre

Des tempos font la navette entre Ayodhya et Faizabad (8 Rs). Le trajet en bus revient à 4 Rs. La gare routière d'Ayodhya se trouve à environ 300 m de l'Hanuman Temple, en direction de Faizabad.

SHRAVASTI

Les vastes ruines de cette ancienne cité et le monastère de Jetavana se trouvent à proximité des villages de Saheth-Maheth. C'est à Shravasti que le Bouddha accomplit le miracle de s'asseoir sur un lotus à mille pétales et de se multiplier un million de fois, tandis que du feu et de l'eau jaillissaient de son corps. Ashoka fut l'un des premiers pèlerins et laissa quelques colonnes en souvenir de sa visite.

Le site est accessible de Gonda, à 50 km au nord-ouest d'Ayodhya. La gare ferroviaire la plus proche est Gainjahwa, sur la boucle Gonda-Naugarh-Gorakhpur. Balrampur, à 20 km, est la première ville à proximité.

VARANASI

☎ 0542 • 2 000 000 habitants

La cité de Shiva, sur les rives du Gange sacré, est l'une des plus saintes de l'Inde. Les pèlerins hindous viennent à Varanasi pour se baigner dans les eaux du Gange, un rite censé laver de tous les péchés. Il est de bon augure d'y mourir car cela permet d'atteindre le *moksha*, l'interruption du cycle des réincarnations. Cette ville magique voit se côtoyer sur ses ghats célèbres les rites les plus intimes de la vie et de la mort.

Autrefois, la ville s'est appelée Kashi et Bénarès. Son nom actuel est la restauration d'un nom ancien qui signifie "la ville entre deux rivières", la Varuna et l'Assi.

Histoire

Varanasi est un centre d'enseignement et de civilisation depuis plus de 2 000 ans et compte parmi les plus anciennes cités du monde. Manifestement, Mark Twain partageait cette opinion puisqu'il déclara lors de son passage : "Bénarès est plus ancienne que l'histoire, plus ancienne que la tradition, plus ancienne même que la légende ; elle semble deux fois plus ancienne que tout cela réuni."

Le premier événement historique connu, lié à Varanasi, se déroula entre 1400 et 1000 av. J.-C., lorsque les Kasi (une tribu aryenne du Nord de l'Inde) s'établirent dans la vallée du Gange, près de la ville actuelle. Avant cette époque, Varanasi aurait été un lieu de culte primitif du soleil.

La cité devint un grand centre hindou et les Kasi furent intégrés dans le royaume Kosala, absorbé à son tour dans le grand empire de Magadha, dirigé depuis l'actuelle Patna.

Vers le VIIIe siècle, Varanasi connut un renouveau avec Shankaracharya, un réformateur de l'hindouisme qui fit du culte de Shiva la principale secte de la religion hindoue.

A partir du XIe siècle, la ville fut dévastée par les envahisseurs musulmans. Les Afghans l'auraient détruite vers 1300, après avoir saccagé Sarnath. L'empereur moghol Aurangzeb, pire que ses prédécesseurs, pilla et rasa pratiquement tous les temples.

Malgré l'atmosphère antique qui se dégage de la vieille ville, peu de bâtiments datent de plus de deux siècles.

Orientation

La vieille ville de Varanasi longe la rive ouest du Gange et étend son dédale de ruelles étroites derrière les ghats. Godaulia jouxte la vieille ville, tandis que Lahurabir se situe au nord-est, séparé du Cantonment par la voie ferrée.

L'un des meilleurs moyens de s'orienter dans Varanasi est de mémoriser la position des ghats, en particulier des plus importants comme le Dasaswamedh Ghat. Dans le labyrinthe de la vieille ville, les hôtels sont bien indiqués. Les grands hôtels internationaux et le Government of India tourist office sont installés dans le Cantonment, au nord de la gare ferroviaire de Varanasi Junction. La tour de TV est le point de repère le plus visible.

Renseignements

Offices du tourisme. Un kiosque d'information d'UP Tourism (☎ 346370) est implanté à la gare ferroviaire de Varanasi Junction. Si vous venez d'arriver, il pourra vous orienter mais n'en attendez rien de plus. Une autre agence d'UP Tourism (☎ 341162), installée dans l'hôtel Tourist Bungalow, ouvre tous les jours, sauf le dimanche.

Accueillant et efficace, le Government of India tourist office (☎ 343744, goitovns@satyam.net.in), 15B The Mall, dans le Cantonment, est le meilleur endroit où obtenir des informations sur Varanasi. Il ouvre en semaine, de 9h à 18h, et le samedi, jusqu'à 16h.

Prorogation de visa. Le Foreigners' Registration Office (☎ 351968) se trouve à Srinagar Colony, Siddgiri Bagh, Sigra. Longez Luxa Rd vers l'ouest en vous écartant du fleuve, puis tournez à droite juste avant la Theosophical Society, qui se trouve sur la gauche. Suivez cette rue jusqu'au bout, au carrefour en "T" ; le bureau se trouve à 50 m sur la droite.

Argent. Dans le quartier du Cantonment, la State Bank of India, près de l'Hotel Surya, change des espèces et des chèques de voyage, en dollars US uniquement. Plusieurs grands hôtels du Cantonment possèdent un comptoir de change. L'agence de la State Bank of India située près du Dasaswamedh Ghat n'accepte que les chèques de voyage Thomas Cook (en dollars US et en livres sterling), mais ne change pas d'autres devises.

Radiant Services, dans Luxa Rd à Godaulia, ouvert tous les jours de 9h à 20h, se révèle le plus pratique ; ses taux sont légèrement inférieurs à ceux des banques, mais il change rapidement tous les chèques de voyage et 36 devises différentes. Il possède des succursales à la Shanti Guest House, à la Radiant YMCA Tourist Hostel et au-dessus de l'Union Bank of India, dans le Mall, au Cantonment. La Bank of Baroda, près de l'Hotel Ganges, et l'Andhra Bank, dans Dasaswamedh Ghat Rd, à côté du restaurant Yelchiko, délivrent des espèces sur les cartes bancaires les plus connues.

Le marché noir se pratique essentiellement dans les boutiques de soie, où vous pourrez en général changer des espèces et parfois des chèques de voyage.

Poste et communications. La poste centrale se situe au nord de la vieille ville, à quelques minutes en rickshaw. Son service de poste restante ouvre de 10h à 18h, du lundi au samedi. Dans le Cantonment, un bureau de poste est installé au Central Telegraph Office (CTO), d'où vous pouvez appeler l'étranger 24h/24.

Les endroits offrant un accès Internet ne manquent pas, mais rares sont ceux qui utilisent des serveurs basés à Varanasi, d'où les prix élevés. En dehors de la vieille ville, les tarifs tournent autour de 50 à 70 Rs l'heure dans les établissements reliés à un fournisseur local, et 2 Rs la minute si le serveur est basé à Lucknow. Parfois, les tarifs baissent après 19h. Essayez la librairie (équipée de quatre terminaux) proche de l'Hotel Vaibhav, dans Raja Bazar Rd, ou Aarohi Travels,

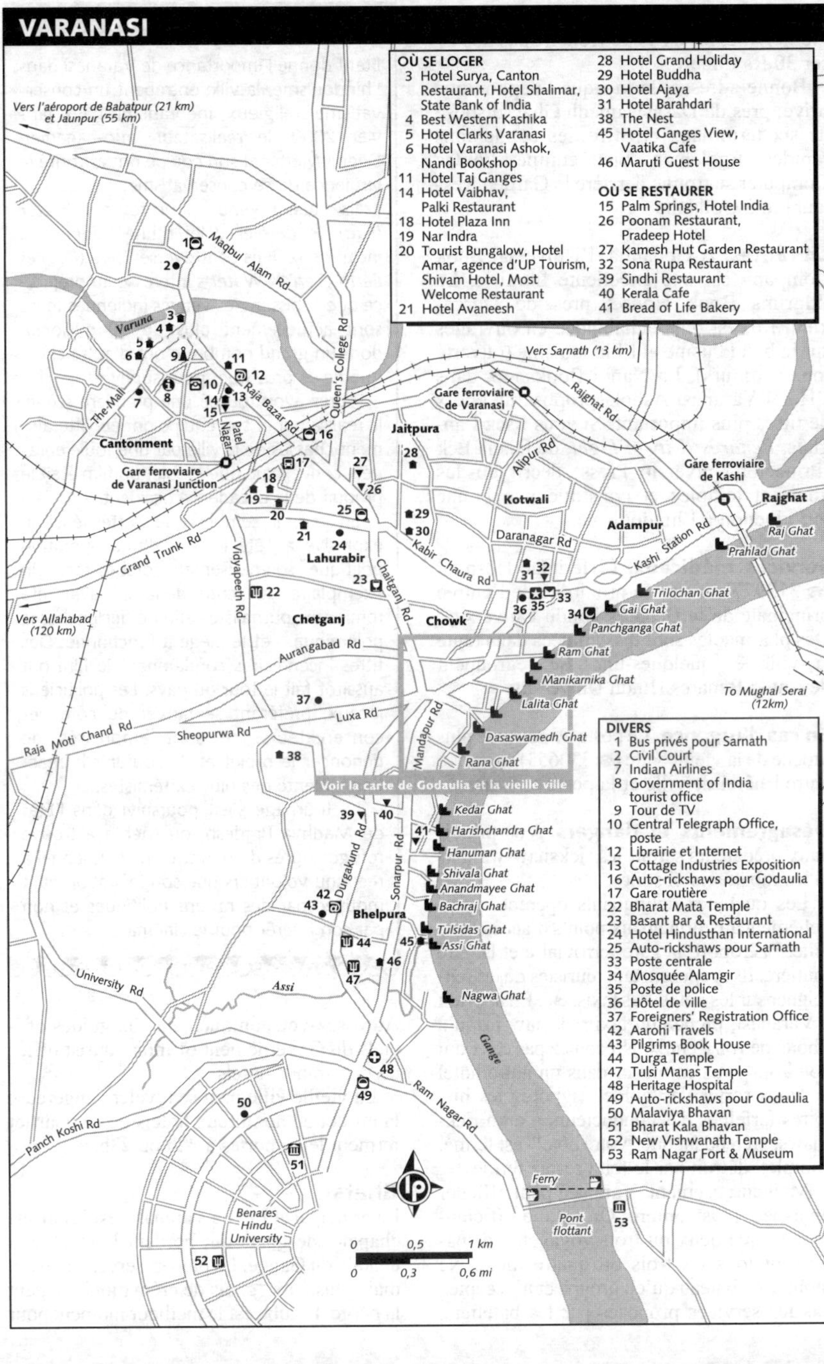
VARANASI
OÙ SE LOGER
3 Hotel Surya, Canton Restaurant, Hotel Shalimar, State Bank of India
4 Best Western Kashika
5 Hotel Clarks Varanasi
6 Hotel Varanasi Ashok, Nandi Bookshop
11 Hotel Taj Ganges
14 Hotel Vaibhav, Palki Restaurant
18 Hotel Plaza Inn
19 Nar Indra
20 Tourist Bungalow, Hotel Amar, agence d'UP Tourism, Shivam Hotel, Most Welcome Restaurant
21 Hotel Avaneesh
28 Hotel Grand Holiday
29 Hotel Buddha
30 Hotel Ajaya
31 Hotel Barahdari
38 The Nest
45 Hotel Ganges View, Vaatika Cafe
46 Maruti Guest House
OÙ SE RESTAURER
15 Palm Springs, Hotel India
26 Poonam Restaurant, Pradeep Hotel
27 Kamesh Hut Garden Restaurant
32 Sona Rupa Restaurant
39 Sindhi Restaurant
40 Kerala Cafe
41 Bread of Life Bakery
DIVERS
1 Bus privés pour Sarnath
2 Civil Court
7 Indian Airlines
8 Government of India tourist office
9 Tour de TV
10 Central Telegraph Office, poste
12 Librairie et Internet
13 Cottage Industries Exposition
16 Auto-rickshaws pour Godaulia
17 Gare routière
22 Bharat Mata Temple
23 Basant Bar & Restaurant
24 Hotel Hindusthan International
25 Auto-rickshaws pour Sarnath
33 Poste centrale
34 Mosquée Alamgir
35 Poste de police
36 Hôtel de ville
37 Foreigners' Registration Office
42 Aarohi Travels
43 Pilgrims Book House
44 Durga Temple
47 Tulsi Manas Temple
48 Heritage Hospital
49 Auto-rickshaws pour Godaulia
50 Malaviya Bhavan
51 Bharat Kala Bhavan
52 New Vishwanath Temple
53 Ram Nagar Fort & Museum
Vers l'aéroport de Babatpur (21 km) et Jaunpur (55 km)
Vers Sarnath (13 km)
Vers Allahabad (120 km)
To Mughal Serai (12km)
Maqbul Alam Rd
Varuna
Queen's College Rd
The Mall
Raja Bazar Rd
Patel Nagar
Cantonment
Gare ferroviaire de Varanasi Junction
Gare ferroviaire de Varanasi
Gare ferroviaire de Kashi
Jaitpura
Rajghat Rd
Alipur Rd
Kotwali
Adampur
Rajghat
Raj Ghat
Prahlad Ghat
Kashi Station Rd
Daranagar Rd
Kabir Chaura Rd
Grand Trunk Rd
Vidyapeeth Rd
Lahurabir
Chaitganj Rd
Chetganj
Chowk
Trilochan Ghat
Gai Ghat
Panchganga Ghat
Ram Ghat
Manikarnika Ghat
Lalita Ghat
Dasaswamedh Ghat
Rana Ghat
Aurangabad Rd
Luxa Rd
Sheopurwa Rd
Raja Moti Chand Rd
Mandapur Rd
Voir la carte de Godaulia et la vieille ville
Kedar Ghat
Harishchandra Ghat
Hanuman Ghat
Shivala Ghat
Anandmayee Ghat
Bachraj Ghat
Tulsidas Ghat
Assi Ghat
Nagwa Ghat
Durgakund Rd
Sonarpur Rd
Bhelpura
University Rd
Assi
Gange
Ram Nagar Rd
Panch Koshi Rd
Benares Hindu University
Ferry
Pont flottant
0 0,5 1 km
0 0,3 0,6 mi

dans Durgakund Rd, plus au sud. Dans la vieille ville, les tarifs peuvent ne pas dépasser 30 Rs l'heure.

Bonne adresse, le kiosque téléphonique privé, près de Dasaswamedh Ghat, dispose de six terminaux et offre des connexions rapides. Également bien équipé, Fontac Computer se trouve derrière le Garden Restaurant, à Godaulia.

Librairies. A Godaulia, l'Universal Book Company est une excellente librairie. La Pilgrims Book House, près de Durgakund Rd, est bien achalandée en ouvrages sur le bouddhisme et l'hindouisme (ouverte tous les jours). La Nandi Bookshop, dans l'Hotel Varanasi Ashok, propose un choix de titres plus important. Si vous lisez l'anglais, *Benares: City of Light*, de Diana Eck (Princeton University Press), décrit tous les ghats et temples et constitue une bonne introduction à l'hindouisme.

Services médicaux. L'Heritage Hospital (☎ 313977) se situe à proximité de l'entrée principale de la Benares Hindu University. Des pharmacies sont disséminées dans toute la ville et quelques-unes se regroupent devant la Benares Hindu University.

En cas d'urgence. Le poste de police le plus proche de la vieille ville (☎ 330653) se trouve entre l'hôtel de ville et la poste centrale.

Désagréments et dangers. Vos principaux prédateurs seront les rickshaw-wallahs et les rabatteurs obstinés.

Les quelques délinquants opèrent essentiellement aux principaux points d'accès de la ville, l'aéroport, la gare ferroviaire et la gare routière. Ils proposent aux touristes de les renseigner sur les hôtels, les taxis, etc. En arrivant à Varanasi, prenez un taxi/rickshaw jusqu'à l'hôtel de *votre* choix. N'écoutez pas ceux qui voudront vous emmener dans un autre hôtel ou vous servir de "guide" (ignorez les histoires farfelues des conducteurs d'auto-rickshaws, prétendant que "votre hôtel" est fermé, complet, détruit par le feu ; restez ferme).

Malheureusement, Varanasi peut afficher un aspect plus sombre. On estime officieusement que deux ou trois voyageurs disparaissent tous les trois ou quatre mois. Ne montez en bateau qu'en groupe et n'acceptez pas les services proposés par les bateliers.

En plein conservatisme

Étant donné l'importance de Varanasi dans l'hindouisme, la ville entretient un conservatisme religieux inébranlable. En janvier 2000, le réalisateur indo-canadien Deepa Metha et son équipe ont affronté la virulence de ce conservatisme.

Ils étaient venus pour tourner *Water* (*Eau*), le dernier volet d'une trilogie qui inclut deux films controversés, *Fire* (*Feu*) et *Earth* (*Terre*). *Water* s'intéresse au préjudice que subissent les veuves indiennes (elles sont actuellement plus de 30 millions), dont un grand nombre n'ont d'autre choix que de se prostituer pour survivre.

Après avoir tourné une première scène, le réalisateur et son équipe ont été littéralement chassés de la ville par une foule enragée, convaincue que le sujet du film était le produit de la décadence occidentale.

En fait, il semble que cette réaction explosive ait été le fruit d'une opération politique soigneusement orchestrée. Un exemplaire du script dénaturé avait été remis aux journalistes afin de déclencher la polémique – et le piège a fonctionné. Des titres incendiaires condamnant le film ont aussitôt fait le tour du pays. Les politiciens locaux, préférant se ranger du côté des conservateurs, se sont empressés de dénoncer le projet et de soutenir la réaction violente des plus extrémistes.

Le tournage s'est poursuivi dans l'État du Madhya Pradesh, où Mehta a trouvé refuge auprès du ministre en chef, lequel a reconnu volontiers que son invitation était motivée par des raisons politiques et non par son intérêt pour le cinéma.

Adressez-vous uniquement aux guides officiels du Governement of India tourist office ou des grands hôtels.

La vieille ville peut se révéler dangereuse la nuit et de nombreux hôtels de ce quartier ferment leurs portes à 22h ou 23h.

Ghats

Le principal attrait de Varanasi réside dans le chapelet de ghats qui bordent la rive occidentale du Gange. La plupart servent au bain, mais plusieurs "ghats de crémation" longent la berge. L'aube est le meilleur moment pour visiter les ghats, lorsqu'une lumière magique nimbe le fleuve et que les pèlerins viennent accomplir un puja au lever du soleil.

Parmi la centaine de ghats que compte Varanasi, le Dasaswamedh Ghat offre probablement le point de départ le plus pratique. Le court trajet en bateau de ce ghat au Manikarnika Ghat constitue une bonne introduction (voir plus loin la rubrique *Promenades sur le fleuve*). Si le niveau du fleuve le permet, vous pouvez marcher d'un ghat à l'autre, au milieu de tous ceux qui viennent pour un bain rituel, pratiquer le yoga, déposer une offrande, acheter un paan, vendre des fleurs, se faire masser, jouer au cricket, se faire raser ou améliorer leur karma par une aumône.

La ville s'étend du Raj Ghat, près de la grand-route et du pont de chemin de fer, à l'Assi Ghat, près de l'université. L'**Assi Ghat** figure parmi les cinq ghats où les pèlerins doivent se baigner dans un certain ordre pour accomplir le rite du Panchatirthi Yatra.

Une grande partie du **Tulsi Ghat** a glissé dans le fleuve. Le **Bachraj Ghat**, jaïna, est bordé de trois temples jaïna. De nombreux ghats appartiennent à des maharajas ou à des princes, comme le très beau **Shivala Ghat**, propriété du maharaja de Varanasi. Les Dandi Panth, des ascètes, possèdent le **Dandi Ghat** ; à proximité se trouve le **Hanuman Ghat**, très fréquenté.

L'**Harishchandra** ou Smashan Ghat, un ghat de crémation secondaire, est l'un des plus anciens de la ville. Au-dessus, le **Kedar Ghat** accueille des foules de Bengalis et d'Indiens du Sud. Le **Mansarowar Ghat** fut construit par le raja d'Amber, Man Singh, et nommé d'après un lac tibétain situé au pied du mont Kailash, la demeure himalayenne de Shiva. Le **Someswar Ghat**, ou ghat du dieu de la Lune, aurait des pouvoirs curatifs. Le **Munshi Ghat** est très pittoresque, et l'**Ahalya Bai's Ghat** tient son nom de la reine marathe d'Indore.

Le nom du **Dasaswamedh Ghat** indique que Brahma y sacrifia (*medh*) dix (*das*) chevaux (*aswa*). Très central, c'est l'un des plus importants et des plus animés, idéal pour s'imprégner de l'atmosphère, si les innombrables diseurs de bonne aventure ne vous exaspèrent pas. Remarquez ses statues et le sanctuaire de Sitala, la déesse de la variole.

Le **Man Mandir Ghat** du raja Man Singh fut construit en 1600, puis fut mal restauré au XIXe siècle. Dans l'angle nord du ghat subsiste un beau balcon de pierre. En 1710, le raja Jai Singh de Jaipur érigea l'un de ses observatoires sur ce ghat.

Le **Meer Ghat** conduit au temple népalais et à ses sculptures érotiques. Le **Jalsain Ghat**, où se pratiquent des crémations, jouxte le **Manikarnika Ghat**, l'un des plus anciens et des plus sacrés de Varanasi. Manikarnika, le principal ghat de crémation, est l'un des lieux préférés des hindous pour se faire incinérer. Les corps sont transportés à travers les ruelles de la vieille ville par des hors-castes, appelés *dom*, sur des brancards de bambou recouverts d'un linge et plongés dans le Gange avant la crémation. D'immenses tas de bois s'empilent au sommet du ghat et chaque bûche est minutieusement pesée pour calculer le prix de la crémation. Assister aux crémations ne pose aucune difficulté, car la mort n'est pas un tabou, mais laissez votre appareil photo à l'hôtel.

En haut des marches se trouve un bassin, le **Manikarnika Well** (puits de Manikarnika), à l'endroit où Parvati aurait laissé tomber une boucle d'oreille ; Shiva aurait creusé ce bassin pour la récupérer, remplissant la dépression de sa sueur. Le **Charanpaduka**, une dalle de pierre entre le puits et le ghat, porte les empreintes des pieds de Vishnu. Les dignitaires de haut rang y sont incinérés. Un temple dédié à Ganesh s'élève sur le ghat.

Dans un petit temple proche du **Dattatreya Ghat**, un saint brahmane éponyme a laissé l'empreinte de ses pieds. Le **Scindia Ghat**, construit en 1830, était si grandiose qu'il s'effondra et dut être reconstruit. Le **Ram Ghat** fut érigé par le raja de Jaipur. Le **Panchganga Ghat**, comme son nom l'indique (*panch* signifie "cinq"), serait au confluent de cinq rivières. Au-dessus du ghat se dresse la petite mosquée d'Aurangzeb, ou **mosquée d'Alamgir**, construite sur le site d'un grand temple dédié à Vishnu. Le **Gai Ghat** est surmonté de l'effigie d'une vache en pierre. Le **Trilochan Ghat** comporte deux tourelles sortant du fleuve ; l'eau coulant entre elles est particulièrement sacrée. Le **Raj Ghat** était le quai des ferries jusqu'à la construction du pont routier et ferroviaire.

Vishwanath Temple

Le plus sacré des temples de Varanasi, le Vishwanath Temple, ou Golden Temple (temple d'Or), est dédié à Vishveswara, Shiva en tant que dieu de l'Univers. Le

UTTAR PRADESH ET UTTARANCHAL

temple actuel fut construit en 1776 par Ahalya Bai d'Indore, mais les 800 kg d'or qui couvrent ses tours furent donnés par le maharaja Ranjit Singh de Lahore environ 50 ans plus tard. Il se situe dans une ruelle étroite de la vieille ville. Les non-hindous ne sont pas autorisés à y pénétrer, mais peuvent l'admirer de l'étage de la boutique de soie, de l'autre côté de la rue.

De nombreux temples dédiés à Shiva ont été successivement édifiés dans les alentours durant les quinze derniers siècles et régulièrement détruits lors des invasions musulmanes. Aurangzeb ne faillit pas à la tradition, rasant un temple pour ériger sa **grande mosquée**. Des gardes armés la protègent depuis que le BJP a déclaré que, après Ayodhya, les mosquées de Varanasi et de Mathura étaient ses prochaines cibles. Soyez discret si vous prenez une photo dans ce quartier.

A côté du Vishwanath Temple, le **Gyan Kupor Well** (puits de la Connaissance) contiendrait le lingam de Shiva, transféré du temple originel pour le protéger des entreprises d'Aurangzeb.

Son eau conduirait à un niveau de conscience supérieur, mais la tradition et un important dispositif de sécurité empêchent les fidèles d'en boire.

Durga Temple

Ce petit temple ocre rouge est couramment appelé temple des Singes en raison du nombre de ces animaux qui peuplent l'enceinte. Situé à quelque 2 km au sud de la vieille ville, il fut construit au XVIIIe siècle par une maharani bengalie. De style nagara d'Inde du Nord, il possède un *sikhara* (flèche) à plusieurs étages. Lors des fêtes, des chèvres sont souvent sacrifiées à Durga,

Aider la Grande Mère à retrouver son souffle

Le Gange, ou la Grande Mère comme l'appellent les hindous, représente un lien spirituel important pour des millions d'Indiens. Sur 7 km le long du fleuve, quelque 60 000 personnes descendent chaque jour les ghats pour prendre un bain rituel. Sur cette même portion de berge, 30 égouts se déversent en permanence dans les eaux du fleuve.

A la sortie de Varanasi, le Gange est tellement pollué que l'eau, dépourvue d'oxygène, est contaminée. Les statistiques sont alarmantes : les échantillons prélevés révèlent que l'eau contient 1,5 million de bactéries coliformes au 100 ml, alors que la norme admise est inférieure à 500 !

Le problème s'étend bien au-delà de Varanasi – 400 millions de personnes vivent dans le bassin du Gange. Ce niveau de pollution provoque une endémie des maladies transmises par l'eau dans les nombreux villages qui bordent le fleuve.

Le combat entrepris pour nettoyer le Gange s'est intensifié ces dernières années. Une initiative à but non lucratif, la Sankat Mochan Foundation, se consacre à cette tâche. Entre 1986 et 1993, les groupes de pression ont amené le gouvernement à installer trois usines de retraitement des eaux et un incinérateur électrique.

Malheureusement, les usines provoquent d'autres problèmes. Elles consomment beaucoup d'énergie et Varanasi souffre régulièrement de longues coupures de courant. En outre, leur fonctionnement entraîne une augmentation de la pollution dans les villages voisins et cause le reflux des égouts dans Varanasi ; ceux-ci se déversent alors dans les zones de baignade, à travers les bouches d'égout et dans les rues.

Un programme visant à améliorer le traitement des eaux usées, moins cher et plus efficace que le système actuel, a été mis au point par la fondation. Il n'a pas encore été accepté par le gouvernement mais a reçu des avis favorables.

En 1998, le Swatcha Ganga Environmental Education Centre a ouvert ses portes à Tulsi Ghat. Ce centre dispense des cours sur l'environnement dans les écoles, les villages de la région, aux pèlerins et aux bateliers. Des changements ont commencé à se faire sentir, quoique très lentement – des prêtres brahmanes ont parfois convaincu des pèlerins d'enterrer leurs parents à proximité du fleuve au lieu de les incinérer.

Les voyageurs qui souhaitent apporter leur contribution à ce projet, financièrement ou en tant que bénévole, peuvent contacter le professeur Veer Bhadra Mishra, Sankat Mochan Foundation (☎ 313884, fax 314278, vbmganga@satyam.net.in), Tulsi Ghat, Varanasi.

la forme destructrice de Parvati, l'épouse de Shiva. Les non-hindous peuvent entrer dans l'enceinte mais pas dans le sanctuaire.

Tulsi Manas Temple

A 150 m au sud du Durga Temple se dresse un temple de marbre moderne de style sikhara datant de 1964. Les murs de ses deux étages sont gravés de versets et de scènes du *Ram Charit Manas*, la version hindi du *Ramayana*. Son auteur, le poète Tulsi Das, vécut dans ce temple pendant la rédaction de son ouvrage. A l'étage, des marionnettes jouent des scènes de la mythologie hindoue (1 Rp). Le temple ouvre de 6h à 11h30 et de 15h à 21h.

Benares Hindu University

Varanasi est depuis longtemps un centre d'enseignement, une tradition poursuivie aujourd'hui à la Benares Hindu University (BHU, université hindoue de Bénarès). Elle fut créée en 1917 par le pandit Malaviya pour promouvoir l'enseignement de l'art, de la musique, de la culture et de la philosophie indiens, ainsi que l'étude du sanskrit.

Le joli campus verdoyant de 5 km² abrite le **Bharat Kala Bhavan** qui renferme une très belle collection de miniatures et de sculptures du Ier au XVe siècle, ainsi que des photos anciennes de Varanasi. Il ouvre du lundi au samedi, de 11h à 16h (de 7h30 à 12h30 en mai et juin). La visite complète coûte 10/40 Rs pour les Indiens/étrangers. La BHU se trouve à 20 min de marche ou quelques minutes en rickshaw du Durga Temple.

Une marche de 30 min vous conduira des portes de l'université au **New Vishwanath Temple**. Conçu par le pandit Malaviya et construit grâce à la générosité de la famille Birla, ce temple, à la différence de tant d'autres à Varanasi, est ouvert à tous, sans distinction de caste ou de religion. Il ouvre de 4h à 12h et de 13h à 21h. De Godaulia, le trajet coûte environ 20 Rs en rickshaw ou 35 Rs en auto-rickshaw.

Ram Nagar Fort & Museum

Sur l'autre rive, ce fort du XVIIe siècle est la demeure de l'ancien maharaja de Bénarès. Malgré le pont flottant délabré qui y mène, il reste imposant vu du fleuve. Durant la mousson, on y accède par ferry. L'intéressant musée contient d'anciens palanquins de brocart et d'argent qui servaient aux dames de la cour, des *howdah* (sièges installés sur le dos d'un éléphant) plaqués d'or, une horloge astrologique, de sinistres pièges à éléphants ainsi qu'une collection d'épées et de fusils anciens. Le fort ouvre tous les jours, de 9h à 12h et de 14h à 17h (entrée : 7 Rs).

Promenades sur le fleuve

On ne peut visiter Varanasi sans sacrifier à la promenade en bateau sur le Gange. Sachez toutefois qu'il n'est pas rare de voir un cadavre flotter au fil du courant. On fait habituellement cette promenade à l'aube, lorsque la lumière effleure le fleuve. Même si vous ne logez pas à proximité des berges, il est facile d'organiser un rendez-vous avec un rickshaw-wallah. Demandez-lui de vous conduire à un grand ghat comme Dasaswamedh, où attendent toujours de nombreux bateaux.

Le tarif officiel d'un bateau pouvant accueillir 4 personnes s'élève à 50 Rs l'heure, et à 75 Rs l'heure pour un bateau d'une capacité de 15 personnes. Vous devrez certainement rappeler ces tarifs aux bateliers car les touristes payent souvent beaucoup plus. Mettez-vous d'accord sur le prix avant d'embarquer.

Bains de vapeur et massage

L'Hotel Surya propose des bains de vapeur (50 Rs) et des massages (150 Rs). Au Dasaswamedh Ghat, un vigoureux massage de la tête, de la nuque et du dos revient à quelque 10 Rs.

Piscines

Si la vue des pèlerins dans le Gange vous donne envie de piquer une tête, les hôtels suivants autorisent les non-résidents à utiliser leur piscine : Hotel Varanasi Ashok (150 Rs), Hotel Hindustan International (200 Rs), Hotel Clarks Varanasi (200 Rs). Celle du Clarks est la plus agréable.

Cours

Langue. Basha Bharati (☎ 320447, bhasha_bharati@hotmail.com), Ck 19/8 Thatheri Bazar, propose des cours d'hindi. Une session d'initiation de 30 heures s'adresse aux voyageurs – l'accent est mis sur la capacité à parler et à comprendre, et non sur la lecture et l'écriture ; on peut suivre les cours en une semaine ou les répartir sur une plus longue période (une heure par jour pendant un mois).

Musique. Le Triveni Music Centre (☎ 452266), D24/38 Panday Ghat, Dasaswamedh Ghat Rd, jouit d'une bonne réputation pour l'enseignement de la musique indienne classique. Parmi les instruments étudiés figurent le sitar et les tabla. Les cours, donnés par des professionnels comme Sri Monilal Hazra et Sri Nandlal Mishra, durent de 1 heure à 1 heure 30 et coûtent environ 50 Rs. Vous pouvez acheter un sitar à cet endroit.

Aarohi Travels (☎ 312729, arohivns@satyam.net.in), Dharm Sangh Complex, 2e étage, 74-75 Durkakund Rd, organise des cours de musique indienne classique et folklorique. Ils valent de 50 à 100 Rs et durent de 1 heure à 1 heure 30.

Yoga et philosophie hindoue. Des voyageurs disent grand bien de l'International Yoga Clinic & Meditation Centre (☎ 327139), D16/19 Man-Dandir, Dasaswamedh, près de Meer Ghat. Les cours de yoga d'une heure reviennent à 100 Rs par personne (moins si vous êtes en groupe).

Le Malaviya Bhavan (☎ 310291, fax 312059), à la Benares Hindu University, offre des cours de yoga et de philosophie hindoue, dont une session de 4 semaines, sanctionnée par un certificat, ou de 4 mois à mi-temps, avec obtention d'un diplôme.

Circuits organisés

Les guides officiels du Government of India tourist office facturent 255/380 Rs la demi-journée/journée, mais vous paierez plus cher en incluant le transport en voiture et/ou en bateau.Un circuit de 3 heures – à pied dans la vieilleville, à Sarnath en rickshaw ou en bateau sur le fleuve – coûte 300 Rs (plus le droit d'entrée aux ruines de Sarnath). Vous pourrez suivre l'itinéraire fixé ou choisir le vôtre.

Où se loger

Les hôtels de Varanasi se répartissent essentiellement dans trois quartiers : la vieille ville, Lahurabir et le Cantonment. Quel que soit votre choix, soyez ferme lorsque vous donnerez vos instructions au rickshaw-wallah à votre arrivée (voir *Désagréments et dangers* plus haut dans ce chapitre). Si vous logez dans la vieille ville, demandez-lui de vous déposer au Dasaswamedh Ghat, d'où vous gagnerez votre hôtel à pied car les rickshaws ne passent pas dans les ruelles.

Pour trouver une chambre chez l'habitant, contactez le Government of India tourist office ou le bureau d'UP Tourism. ***The Nest*** *(☎ 360137, goitovns@satyam.net.in, B21/122 A2, Kamachha)*, près du Baijnath Mandir (un ancien temple dédié à Shiva), est l'une des adresses les moins chères : 60/125 Rs en simple/double et seulement 15 Rs la nuit si vous disposez de votre propre couchage.

Sachez que la plupart des hôtels baissent leurs tarifs jusqu'à 50% en basse saison (d'avril à juillet).

Où se loger – petits budgets et catégorie moyenne

Vieille ville et quartier des ghats. La vieille ville regorge d'hôtels bon marché qui conviendront à ceux qui ne recherchent pas l'espace. C'est le quartier qui possède le plus de charme et plusieurs lodges agréables, en bordure de fleuve, offrent une vue superbe sur les ghats. Quasiment tous les hôtels possèdent des toits-terrasses où se détendre.

Au bord du fleuve, la ***Vishnu Rest House*** *(☎ 450206, Panday Ghat)*, très appréciée, jouit de vues splendides depuis ses terrasses. Elle loue de belles simples sans/avec s.d.b. à partir de 60/70 Rs et des lits en dortoir pour 40 Rs (baquet d'eau chaude gratuit). Ne la confondez pas avec la Real Vishnu Rest House ou d'autres lodges au nom similaire qui essaient de profiter de son succès. Téléphonez avant de venir car elle affiche souvent complet.

L'***Alka Hotel****(☎ 328445, hotelalka@hotmail.com, Meer Ghat),* un peu plus élégant que ses voisins, bénéficie d'eau chaude en permanence, d'un agréable restaurant en terrasse et de quelques chambres avec TV. Les prix s'échelonnent de 120/200 Rs, avec s.d.b. commune, à 750 Rs, avec clim. et balcon.

Un peu plus au nord, la ***Scindia Guest House*** *(☎ 320319, Scindia Ghat)* possède des chambres propres, dont certaines avec une vue magnifique sur le fleuve. Comptez 100/150 Rs avec s.d.b. commune ; une double avec s.d.b., eau chaude, balcon et air-cooler revient à 350 Rs minimum. La direction n'apprécie pas l'usage des drogues.

La vue sur le Gange n'est pas indispensable pour apprécier la vieille ville ; de nombreux voyageurs préfèrent loger dans les ruelles derrière les ghats.

Depuis longtemps plébiscité par les voyageurs à petit budget, le ***Yogi Lodge***

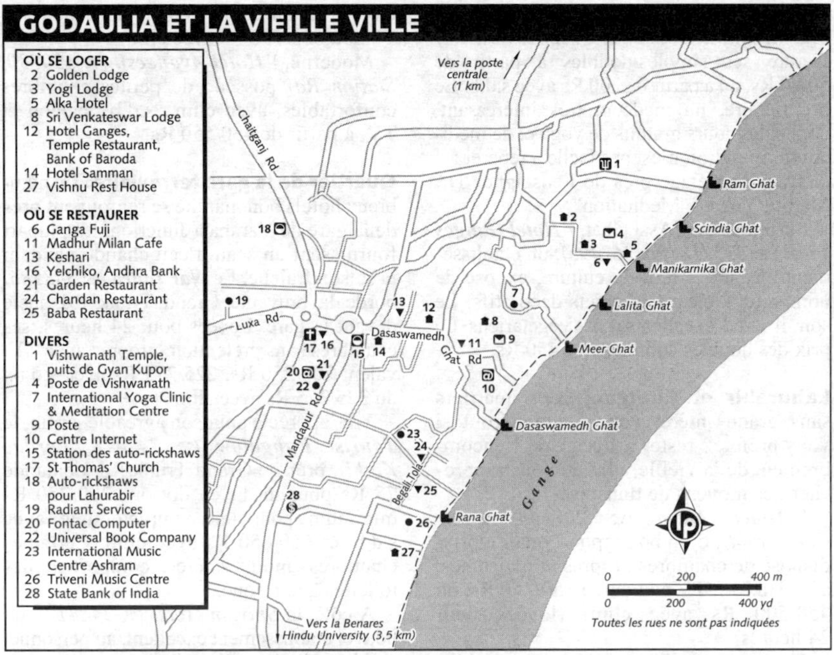

(☎ *392588, yogilodge@yahoo.com, Kalika Gali)*, tenu par une famille accueillante, facture ses lits en dortoir à partir de 50 Rs et ses petites chambres avec s.d.b. commune à partir de 80/100 Rs. Prévoyez 5 Rs de supplément pour les draps et les couvertures. Comme partout dans la vieille ville, son succès a poussé nombre de pensions de qualité inférieure à copier son nom.

Tout proche et calme, le ***Golden Lodge*** *(☎ 328788)* propose des chambres rudimentaires à 50/100 Rs avec s.d.b. commune (eau chaude), ou 80/120 Rs avec s.d.b.. Il vend aussi un bon choix de glaces.

Derrière le temple de Shiva, dans Dasaswahmed Ghat Rd, le ***Sri Venkateswar Lodge*** *(☎ 392357, venlodge@satyam.net.in)* est un endroit tranquille, doté d'une direction serviable. Les chambres, réparties autour d'une cour, propres et équipées d'air-cooler, valent 70/110 Rs avec s.d.b. commune (eau chaude) et à partir de 175 Rs en double avec s.d.b.

Près d'une ruelle menant au Manikarnika Ghat, la ***Shanti Guest House*** *(☎ 392568, info@visitvaranasi.com)*, très appréciée, offre une belle vue sur la vieille ville et le Gange depuis le restaurant sur le toit (ouvert 24h/24). Comptez un minimum de 40/60 Rs pour une chambre spartiate avec s.d.b. commune et de 100/125 Rs pour celles avec s.d.b. privée et eau tiède. Malheureusement, les fenêtres en façade sont rares, et le moindre bruit se répercute dans tout le bâtiment.

Deux établissements corrects bordent Dasaswahmed Ghat Rd, à Godaulia. Ils sont un peu plus vastes que ceux des ruelles de la vieille ville, mais évitez les chambres sur la rue bruyante.

D'un bon rapport qualité/prix, l'***Hotel Samman*** *(☎ 392241)* affiche souvent complet. Il loue (pour 24 heures) des chambres sommaires mais plaisantes, avec s.d.b., à partir de 100/150 Rs (seau d'eau chaude gratuit).

L'***Hotel Ganges*** *(☎ 321097, bhataksun@yahoo.com)* offre diverses chambres avec s.d.b., de 175/225 Rs à 400/500 Rs (climatisées), plus 5% de service. Il possède des tables de billard et de ping-pong.

Bhelpura. Ce quartier, en bordure de fleuve, se situe à mi-chemin entre la vieille ville et l'université.

Tenue par une famille chaleureuse, la ***Maruti Guest House*** *(☎ 312261, Assi Rd)* facture ses simples/doubles à partir de 50/80 Rs, ou à partir de 200 Rs avec s.d.b. Le propriétaire, un médecin très intéressant, donne des cours gratuits de yoga et de méditation. L'endroit n'est pas facile à repérer ; il se trouve en étage près de l'enseigne "Dr. Maruti, Yoga & Meditation".

Surplombant l'Assi Ghat, l'***Hotel Ganges View*** *(☎ 313218, fax 367495)*, un établissement élégant et féru de culture, expose de nombreux tableaux et objets décoratifs. Le soir, il sert d'excellents repas végétariens. Le prix des doubles commence à 450 Rs.

Lahurabir et Chetganj. Ces quartiers sans grand intérêt vous conviendront si vous préférez rester à l'écart de l'encombrement de la vieille ville ou vous rapprocher des moyens de transport.

L'***Hotel Ajaya*** *(☎ 207763, Kabir Chaura Rd)*, d'un bon rapport qualité/prix, dispose de chambres propres et plaisantes, avec s.d.b. et TV couleur, à 150/250 Rs, ou 450/500 Rs avec clim. (louées pour 24 heures).

Plus tranquille, l'***Hotel Buddha*** *(☎ 343686, hotel_buddha@satyam.net.in)*, l'un des meilleurs hôtels bon marché du quartier, se trouve derrière l'Hotel Ajaya, en retrait de la rue principale. Il propose des chambres banales, mais spacieuses et hautes de plafond, à partir de 170/250 Rs en simple/double avec s.d.b. et eau chaude. Quelques chambres minuscules avec s.d.b. commune se louent 90/130 Rs.

Dans une rue résidentielle paisible, l'***Hotel Grand Holiday*** *(☎ 203792, Narain Villa)* offre un choix de chambres avec s.d.b. et eau chaude à partir de 250 Rs, ou 500 Rs avec clim., et des lits en dortoir à 75 Rs. Vous apprécierez son jardin et sa sympathique ambiance familiale. Les chambres se libèrent au bout de 24 heures. Téléphonez à l'avance pour que l'on vienne vous chercher (gratuitement).

A l'est de Lahurabir, l'***Hotel Barahdari*** *(☎ 330040, baradari@lw1.vsnl.net.in)* se trouve non loin de la poste centrale et à deux pas des ghats. Les prix sont un peu surévalués, mais l'hôtel, bien tenu par une famille jaïna accueillante, dispose d'un restaurant végétarien et d'un agréable jardin. Prévoyez 425/475 Rs pour une petite chambre confortable, avec air-cooler, s.d.b. (eau chaude) et TV, ou 625/700 Rs avec clim.

Moderne, l'***Hotel Avaneesh*** *(☎ 350730, Station Rd)* possède de petites chambres confortables, avec clim., s.d.b., balcon et TV, à partir de 450/550 Rs.

Quartier de la gare ferroviaire. De nombreux hôtels bon marché se regroupent près de la gare de Varanasi Junction. La plupart fournissent un seau d'eau chaude pendant la saison fraîche. Le ***Nar Indra*** *(☎ 343586)* borde la bruyante Grand Trunk Rd, juste devant la gare. Louées pour 24 heures, ses chambres sans prétention, propres avec TV, valent 200/250 Rs, 225/275 Rs avec s.d.b., ou 325/375 Rs avec clim.

Très apprécié pour son agréable jardin, le ***Tourist Bungalow*** *(☎ 343413, Parade Kothi)*, près de Grand Trunk Rd, demande 75 Rs pour un lit en dortoir, 200/250 Rs minimum pour une simple/double avec s.d.b. et 550/650 Rs avec clim. Certaines chambres, moins chères, comportent des toilettes à la turque.

A côté, le ***Shivam Hotel*** *(☎ 348412)*, un nouvel établissement excellent, au personnel souriant, dispose d'installations modernes et de chambres d'une propreté irréprochable. Comptez un minimum de 275/375 Rs en simple/double et 500/650 Rs avec clim.

En face, l'***Hotel Plaza Inn*** *(☎ 348210, fax 340504)* loue des chambres confortables et bien équipées, à partir de 500/600 Rs avec ventil.

Les autres établissements de cette rue sont très rudimentaires. L'***Hotel Amar*** *(☎ 343509)* possède des chambres sombres et mal aérées, mais avec TV, et vous fournira un seau d'eau chaude pour 5 Rs. Vous paierez de 100 à 200 Rs en simple et de 175 à 300 Rs en double ; les plus chères disposent d'une s.d.b. et d'un air-cooler.

Cantonment. Ce quartier, au nord de la gare de Varanasi Junction, abrite quelques hôtels pour petits budgets et la majorité des hôtels de luxe. Il plaira à ceux que la vieille ville rend claustrophobes.

L'***Hotel Surya*** *(☎ 343014, fax 348330, Suria@lw1.vsnl.net.in, The Mall)* est idéal pour se détendre après les affres de la route. Installé dans un jardin plaisant, il propose des simples/doubles avec s.d.b. et eau chaude à 250/350 Rs, ou 500/650 Rs avec clim.

A côté, l'***Hotel Shalimar*** *(☎ 346227)*, dépourvu de jardin, offre le même standing. Les chambres à 250/350 Rs sont correctes, mais celles avec clim. et TV couleur, trop chères à 600/700 Rs. Plusieurs hôtels se regroupent dans Patel Nagar, la rue qui part au nord de la gare ferroviaire et rejoint le Cantonment.

L'***Hotel Vaibhav*** *(☎ 345056, fax 346466, 56 Patel Nagar)*, propre et bien tenu, comporte un bar et un bon restaurant. Les chambres confortables, avec s.d.b., eau chaude et TV, valent 400/500 Rs, ou 600/700 Rs avec la clim. Celles de la nouvelle aile (à partir de 750/850 Rs) sont très agréables.

Où se loger – catégorie supérieure

Pratiquement tous les hôtels de cette catégorie se trouvent dans le Cantonment.

L'***Hotel Clarks Varanasi*** *(☎ 348501, fax 348186, The Mall)*, le plus ancien établissement de la ville, date de l'époque britannique, mais comprend aujourd'hui une vaste extension moderne et une belle piscine (simples/doubles climatisées à 80/90 $US).

L'***Hotel Taj Ganges*** *(☎ 345100, fax 348067, Nadesar Palace)*, de même standing, possède les chambres les plus luxueuses de la ville (à partir de 125 $US), une piscine, un court de tennis, une piste de jogging et d'autres équipements.

Proche du Clarks, le ***Best Western Kashika*** *(☎ 348091, fax 348685, The Mall)*, anciennement Hotel Ideal Tops, est un hôtel moderne avec des chambres climatisées et bien aménagées à 45/70 $US.

En face du Clarks, l'***Hotel Varanasi Ashok*** *(☎ 346020, fax 348089, The Mall)*, un quatre-étoiles paisible, loue ses chambres avec clim. et balcon pour 1 600/2 500 Rs (1 400/2 000 Rs d'avril à septembre). Une piscine, un restaurant et un bar ajoutent à son confort.

Où se restaurer

Godaulia et la vieille ville. Dans ce quartier, l'inspiration et l'hygiène ne sont pas toujours au rendez-vous. Varanasi est cependant réputée pour ses douceurs et son paan de qualité, que vous trouverez un peu partout dans les ruelles de la vieille ville. Les établissements de ce quartier ne sont pas censés servir d'alcool, mais quelques-uns vous proposeront une bière dissimulée dans une théière ! A la saison des mangues, goûtez la variété locale appelée Langda Aam.

Près du Vishwanath Temple, le ***Ganga Fuji***, confortable, sert des petits déjeuners occidentaux et des plats indiens, chinois ou japonais, végétariens ou non, de 25 à 40 Rs. A partir de 19h, des musiciens indiens animent la soirée.

Petit restaurant tranquille sur un toit-terrasse, le ***Garden Restaurant*** propose la carte touristique habituelle et des plats indiens, végétariens ou non, de 25 à 60 Rs ; les portions sont un peu chiches. Un petit déjeuner vous reviendra à 15 Rs minimum.

Plusieurs gargotes de cuisine indienne bordent Dasaswamedh Ghat Rd.

Près du rond-point principal de Godaulia, le ***Yelchiko***, en sous-sol, sert les traditionnels plats indiens, chinois et occidentaux pour 25 à 55 Rs. La nourriture est quelconque, mais vous pourrez l'accompagner d'un "special tea" à 75 Rs.

Au bout d'une ruelle située en face, le ***Keshari***, un restaurant végétarien propre et réputé, affiche une carte étoffée de plats (de 35 à 60 Rs) et d'en-cas.

Au 1er étage de l'Hotel Ganges, le ***Temple Restaurant*** surplombe l'animation de Dasaswamedh Ghat Rd. Vous y dégusterez une bonne cuisine indienne, végétarienne ou non, des plats chinois et des petits déjeuners occidentaux. Les plats ("très satisfaisants" à en croire la carte) valent de 30 à 70 Rs.

Un peu plus loin à l'est, le ***Madhur Cafe***, un petit restaurant végétarien animé, propose des dosa, des samosa et des thali bon marché.

Parmi les restaurants pour voyageurs de Begali Tola, une ruelle située au sud de Dasaswamedh Ghat Rd, citons le ***Chandan Restaurant***, qui offre un grand choix de plats à moins de 35 Rs, et le ***Baba Restaurant***, où les délicieux thali, végétariens/non végétariens, ne dépassent pas 25/75 Rs.

Bhelpura. Près du cinéma Lalita, le ***Sindhi Restaurant*** prépare un assortiment de bons plats indiens végétariens à moins de 40 Rs.

De l'autre côté du carrefour, le ***Kerala Cafe*** *(Mandapur Rd)*, encore plus fréquenté, se spécialise dans les dosa (de 12 à 18 Rs). Leur masala dosa est apparemment le meilleur de la ville.

La ***Bread of Life Bakery*** *(Sonarpur Rd)* est un paradis pour les amateurs de pains et de biscuits occidentaux. La partie restaurant sert des burgers au thon (65 Rs), des petits déjeuners et des pommes de terre au four.

La boutique ouvre de 8h à 21h, mais le restaurant est fermé entre 15h et 18h. A côté de l'Hotel Ganges et surplombant Assi Ghat, le ***Vaatika Cafe*** propose des pizzas et des spaghetti convenables (de 35 à 50 Rs).

Gare ferroviaire et Lahurabir. Plusieurs restaurants sont installés dans ces quartiers. Outre ceux mentionnés ci-dessous, les ***restaurants*** des hôtels Buddha, Shivam et Plaza Inn méritent la visite.

Charmant, le petit ***Most Welcome Restaurant,*** près du Tourist Bungalow, prépare des plats végétariens ou non et des petits déjeuners occidentaux à prix très raisonnables (de 15 à 40 Rs). C'est une excellente adresse : le service est attentif, et les portions généreuses sont servies avec le sourire.

Le ***Poonam Restaurant***, dans le Pradeep Hotel à Jagatganj, offre un bon service et des plats indiens, chinois et occidentaux corrects, végétariens/non végétariens, à partir de 75/100 Rs. Les clients de l'hôtel peuvent profiter du restaurant sur le toit, très agréable.

Au coin de la rue, le ***Kamesh Hut Garden Restaurant***, installé dans un joli jardin, prépare une excellente cuisine, d'un bon rapport qualité/prix. Comptez à partir de 25/45 Rs pour un plat indien, chinois ou occidental végétarien/non végétarien.

En face de la poste centrale, le ***Sona Rupa Restaurant***, réputé pour ses dosa (environ 20 Rs), sert des plats indiens végétariens. Une boulangerie est installée sur place. Pour la repérer, cherchez une porte verte au rez-de-chaussée.

Cantonment. Dans ce quartier, les restaurants des hôtels constituent le meilleur choix. Surplombant le jardin de l'Hotel Surya, le ***Canton Restaurant*** mitonne une bonne cuisine, plus indienne que chinoise, végétarienne ou non, et des plats occidentaux classiques. Prendre son petit déjeuner sur la pelouse est une façon idéale de commencer la journée. Les plats s'échelonnent entre 40 et 80 Rs ; la bière, un peu chère, est à 80 Rs.

Le ***Palm Springs*** de l'Hotel India prépare une excellente cuisine indienne. La qualité justifie les prix (environ 100 Rs le plat). Le ***Pakli Restaurant*** de l'Hotel Vaibhav, voisin, est également une bonne adresse.

L'***Hotel Clarks Varanasi*** et l'***Hotel Taj Ganges*** possèdent tous deux plusieurs restaurants élégants.

Où sortir

Varanasi n'est guère renommée pour sa vie nocturne. Hormis les cinémas qui présentent les dernières productions de Bollywood, vous n'aurez d'autre choix que les concerts de musique indienne classique. Ils se tiennent généralement dans les centres d'enseignement musical (et coûtent environ 50 Rs), comme l'***International Music Centre Ashram***, au sud de Dasaswamedh Ghat Rd (de 19h et 21h les mercredi et samedi) et le ***Triveni Music Centre***, près de Panday Ghat (de 20h à 22h30 les lundi et jeudi). Le ***Nagari Natak Mandali*** accueille parfois de grands concerts classiques. Consultez le *Pioneer* pour les dates.

Le restaurant ***Ganga Fuji*** accueille des musiciens en soirée.

Peu nombreux, les bars sont aussi très éloignés les uns des autres. Essayez le ***Basant Bar & Restaurant*** *(Chaitganj Rd)*, où la bière coûte environ 65 Rs. Sinon, allez de préférence dans l'un des grands hôtels.

Achats

Varanasi est célèbre dans toute l'Inde pour ses brocarts de soie et ses magnifiques saris. Néanmoins, escrocs et rabatteurs ne manquent pas. Les invitations à "prendre un thé à la maison" mènent immanquablement à un magasin de soieries où l'on vous poussera à acheter. Consultez le plan de la ville éditée par UP Tourism (disponible dans les offices du tourisme) pour les adresses des emporiums d'État et des boutiques de souvenirs "officiellement reconnues".

Un marché appelé Golghar, à l'ouest de la poste centrale, regroupe les fabricants de brocarts qui vendent aux détaillants. Vous y obtiendrez de meilleurs prix que dans les grands magasins du Chowk, mais faites attention à la qualité : les mélanges de soie et de coton ressemblent beaucoup à de la soie pure aux yeux des profanes. Pilikothi, un quartier musulman au nord-est de la poste centrale, offre également de belles soieries.

Indiquer des prix pour la soie n'est pas facile, car les marchands essaient d'en tirer le maximum de profit ; le mètre peut coûter de 150 à 600 Rs et, si vous faites de multiples achats, vous obtiendrez une remise d'au moins 20%. Un tailleur demande de 125 à 140 Rs pour faire une chemise à manches longues ou une robe courte.

Principaux trains au départ de Varanasi

Destination	Numéro et nom du train	Heure de départ [1]	Distance (en km)	Durée (heures)	Prix (Rs) ($2^e/1^{re}$)
Chennai	6040 *Ganga Kaveri Exp*	17h45 V	2 144	41	262/1 913*
Delhi	2301 ou 2305 *Rajdhani Exp* [2]	2h35 MS	764	9	-/1 073*
	2381 *Poorva Exp*	20h00 V	792	12	151/1 088*
	4257 *Kashi Vishwanath Exp*	14h10 V		17	151/1 088*
Gorakhpur	5003 *Chauri Exp*	12h00 V	231	5	61/470*
Gwalior	1108 *Bundelkhand Exp*	13h30 V	679	9	135/972*
Kolkata	2382 *Poorva Exp*	5h00 V	678	11	135/972*
	3010 *Doon Exp*	16h15 V	678	15	135/972*
Lucknow	4227 *Varuna Exp*	5h10 V	302	5	77/-
Mumbai	1094 *Mahanagri Exp*	11h30 V	1 509	22	221/1 592*
New Jalpaiguri	5622 *NE Exp*	18h35 MS	848	16	158/1 138*
Patna	3484 *Farrakka Exp*	15h20 V	228	6	61/470*
Puri	8476 *Neelachal Exp*	20h10 V	1 061	23	186/1 340*
Satna	5218 *Tilak Exp*	23h30 V	236	7	62/477*

Tous les trains circulent tous les jours sauf :

Ganga Kaveri 6040 lun/mer seulement
Poorva 2382 lun/mar/ven seulement
Poorva 2381 mer/jeu/dim seulement
Rajdhani 2301 lun/mar/jeu/ven/sam seulement
Rajdhani 2305 mer/dim seulement
Neelachal 8476 lun/mer/sam seulement

[1] Abréviations pour les gares : V = Varanasi Junction, MS = Mughal Serai
* $2^e/2^e$-tier air-con classe

Le Triveni Music Centre (voir *Cours* plus haut dans ce chapitre) vend des instruments de musique. Un sitar coûte de 5 000 à 30 000 Rs. Renseignez-vous sur le bois dans lequel il est fabriqué ; sous certains climats, il peut jouer au point d'abîmer la tonalité de l'instrument.

Varanasi est aussi réputée pour ses jouets ingénieux et ses tapis bhadohi, fort onéreux. La Cottage Industries Exposition, dans le Cantonment en face de l'Hotel Taj Ganges, présente des produits locaux et nationaux à prix fixes, mais élevés ; cela vous donnera une idée des coûts pour marchander dans les bazars.

Comment s'y rendre

Avion. Varanasi est desservie par le vol touristique quotidien reliant Khajuraho (80 $US), Agra (105 $US) et Delhi (125 $US). Plusieurs vols quotidiens d'Indian Airlines rallient Mumbai (235 $US). L'agence Indian Airlines (☎ 345959), installée dans le Cantonment près de l'Hotel de Paris, ouvre de 10h à 13h et de 14h à 17h.

Sahara India Airlines (☎ 343094) assure quatre vols par semaine pour Mumbai et Lucknow et trois pour Delhi.

Bus. La gare routière de Varanasi se situe à quelques centaines de mètres à l'est de la gare ferroviaire de Varanasi Junction. Peu active, elle n'affiche aucun horaire en anglais. Les bus alignés dans la rue devant la gare sont essentiellement des bus privés, plus rapides. Des bus express fréquents se rendent à Jaunpur (26 Rs, 1 heure 30), Allahabad (54 Rs, 3 heures), Lucknow (120 Rs, 8 heures 30), Faizabad (94 Rs, 7 heures) et Gorakhpur (95 Rs, 7 heures).

Les bus pour Khajuraho (165 Rs) et Bodhgaya (91 Rs) partent de l'autre côté du terminal.

Les bus pour Sarnath (4 Rs) partent du nord du Cantonment.

Train. Varanasi Junction (ou Varanasi Cantonment) est la gare principale. Le bureau des réservations se trouve dans un immeuble séparé, sur la gauche en arrivant à la gare. Toutefois, les billets réservés aux touristes étrangers sont vendus dans le bâtiment principal, au Foreign Tourist Assistance Bureau, près du kiosque d'information d'UP Tourism, ouvert tous les jours sauf le dimanche, de 8h à 20h.

Les trains de Delhi à Kolkata ne s'arrêtent pas tous à Varanasi Junction, mais, pour la plupart, à Mughal Serai, à 12 km au sud de la ville. Ce trajet sur la Grand Trunk Rd embouteillée dure 45 min en bus (5 Rs), en tempo (10 Rs) ou en auto-rickshaw (70 Rs). Vous pouvez réserver à la gare de Varanasi Junction une place sur un train partant de Mughal Serai.

Surveillez vos bagages dans les trains à destination de Varanasi. Selon le kiosque d'information touristique de Varanasi Junction, il se passe rarement un jour où un voyageur n'est pas délesté de son sac à dos.

Népal. Des bus ordinaires assurent régulièrement la liaison entre la gare routière de Varanasi et Sunauli (120 Rs, 10 heures). De nombreuses agences de voyages et pensions proposent des billets "directs" pour Katmandou et Pokhara (400 Rs). Le bus part à 8h30 de Varanasi et le billet inclut un petit déjeuner, un hébergement spartiate à Sunauli et un changement de bus à la frontière. S'organiser soi-même revient moins cher et permet de choisir son hôtel et son bus à la frontière.

Cela ne vaut pas la peine de se rendre en train à la frontière car la ligne de Gorakhpur à Sunauli emprunte une voie à écartement faible ; cependant vous pouvez prendre un express pour Gorakhpur puis un bus jusqu'à Sunauli.

Indian Airlines dessert quotidiennement Katmandou (72 $US, plus 4 $US de taxe), mais ce vol est très chargé. Les moins de 30 ans bénéficient d'une réduction de 20%. Si vous ne parvenez pas à obtenir une place d'avion et si vous ne voulez pas effectuer le long trajet en bus, une agence de voyages vous trouvera une voiture pour environ 4,25 Rs le kilomètre ; les 620 km jusqu'à Katmandou se parcourent en une douzaine d'heures.

Comment circuler

Desserte de l'aéroport. L'aéroport de Babatpur se situe à 22 km au nord-ouest de la ville. Un bus part de l'Hotel Vaibhav, dans le Cantonment, à 10h30 et 14h30, *via* le Government of India tourist office et l'agence Indian Airlines (30 Rs, 45 min). Après négociation, la course en auto-rickshaw coûte de 120 à 150 Rs. En sens inverse, les rickshaw-wallahs se montrent parfois moins gourmands car ils espèrent une commission de l'hôtel où ils vous déposeront. Les taxis essaieront d'obtenir bien plus de 200 Rs pour se rendre à l'aéroport ; de l'aéroport à la ville, comptez un minimum de 210 Rs, selon la destination.

Bus. Les bus locaux sont bondés, à moins de partir du terminus (de 2 à 5 Rs). Leurs passages sont irréguliers et vous devrez faire attention aux pickpockets. Une ligne pratique relie la gare ferroviaire de Varanasi Junction à Lanka, proche de la Benares Hindu University.

Taxi et auto-rickshaw. Négociez le prix avant de monter dans un taxi ou un auto-rickshaw, tous dépourvus de compteurs. Vous aurez du mal à parvenir à un tarif acceptable, mais vous pouvez utiliser les kiosques de prépaiement installés au sud de la gare ferroviaire de Varanasi Junction. En théorie, ils sont ouverts 24h/24. Voici quelques-uns des tarifs de taxis affichés : Dasaswamedh Ghat 50 Rs, Assi Ghat 64 Rs, Benares Hindu University ou Sarnath 78 Rs, Mughal Serai 136 Rs. Ceux des auto-rickshaws sont les suivants : Godaulia 25 Rs, Benares Hindu University 30 Rs, Sarnath 40 Rs et Mughal Serai 70 Rs.

Ces kiosques, mis en place depuis plusieurs années, n'ont pas eu le succès escompté et le personnel brille souvent par son absence ; attendez-vous par conséquent à payer bien plus que les prix indiqués.

Auto-rickshaw et tempo collectifs. Ceux-ci circulent le long d'itinéraires préétablis et pratiquent des tarifs fixes (de 3 à 5 Rs). Ils constituent la solution la moins chère pour parcourir la ville, si vous n'êtes pas chargé. De l'arrêt situé devant l'entrée nord de la gare ferroviaire de Varanasi Junc-

UTTAR PRADESH ET UTTARANCHAL

tion, comptez 5 Rs jusqu'à la tour de TV du Cantonment. Devant l'entrée sud, un arrêt dessert les destinations telle que Lahurabir (5 Rs). Faites attention : les conducteurs essaient parfois de doubler, voire tripler, les tarifs pour les touristes.

Rickshaw et bicyclette. Dès vos premiers pas dans les rues de Varanasi, vous deviendrez la cible des rickshaw-wallahs. Les tarifs annoncés sont en général cinq fois supérieurs au prix normal ; dans le Cantonment, certains rickshaw-wallahs parlent même en dollars US ! En théorie, vous devriez payer environ 10 Rs de la gare ferroviaire à Godaulia, 15 Rs des hôtels du Cantonment à Godaulia et quelque 10 Rs jusqu'à Lahurabir. Toutefois, ce sont les prix payés par les Indiens ; il est communément admis que les étrangers paient le double.

SARNATH

☎ 0542

Étant parvenu à l'Illumination à Bodhgaya, Bouddha vint à Sarnath, à 10 km au nord-est de Varanasi, pour prêcher la "voie du milieu". Plus tard, le grand empereur bouddhiste Ashoka y fit ériger de superbes stupa et monastères.

Sarnath était à son zénith quand l'infatigable voyageur chinois Fahsien la découvrit au début du Ve siècle. En 640, lors du passage d'un autre voyageur chinois, Xuan Zhang, Sarnath comptait 1 500 prêtres, un stupa de près de 100 m de haut, l'imposante colonne de pierre d'Ashoka et maintes autres merveilles. La ville s'appelait alors le "parc aux Cerfs", du nom du premier et célèbre sermon du Bouddha, le *Sermon du parc aux Cerfs*.

Peu après, le bouddhisme déclina et, après le passage des envahisseurs musulmans qui détruisirent et profanèrent les sanctuaires, Sarnath n'était plus qu'une coquille vide. Ce n'est qu'en 1835, lorsque des archéologues britanniques commencèrent à fouiller le site, que Sarnath retrouva un peu de sa gloire passée. C'est aujourd'hui l'un des lieux les plus importants du bouddhisme.

La plupart des monuments étant entourés de jardins paysagers, il est agréable d'y passer une demi-journée (entrée : 230 Rs, plus 25 Rs pour un Caméscope). Durant la **fête de Buddha Purnima**, en mai, Sarnath célèbre l'anniversaire du Bouddha par une grande foire et une procession.

Dhamekh Stupa

Ce stupa de 34 m de haut domine le site et marquerait, dit-on, l'endroit où Bouddha délivra son célèbre message. Dans sa forme actuelle, il remonte au VIe siècle, mais fut sans doute reconstruit plusieurs fois. Ses motifs géométriques et floraux sont typiques de la période gupta, mais des fouilles ont mis au jour des parties en brique de la période maurya, vers 200 av. J.-C. A l'origine, un second stupa, le Dharmarajika Stupa, se dressait à proximité, mais il fut détruit par les pilleurs de trésors au XIXe siècle.

A côté, le **Jain Temple** (temple jaïna), construit en 1824, s'élèverait sur le lieu de naissance de Shreyanshnath, le onzième tirthankar.

Sanctuaire principal et colonne d'Ashoka

Ashoka aurait médité dans le bâtiment dit *main shrine* (sanctuaire principal). Il n'en reste plus que les fondations, prolongées au nord par les vastes ruines des monastères.

Devant le sanctuaire principal, vous verrez les vestiges de la colonne d'Ashoka qui mesurait autrefois 20 m de haut. Son chapiteau se trouve maintenant dans l'Archaeological Museum, ce qui la raccourcit considérablement. Un édit d'Ashoka est gravé sur ce qui reste de la colonne.

Archaeological Museum

La pièce centrale de ce très beau musée est le superbe chapiteau de la colonne d'Ashoka. Il porte le symbole royal des quatre lions dos à dos, qui est devenu l'emblème de l'Inde moderne. Dessous sont représentés un lion, un éléphant, un cheval et un taureau. Le lion symbolise le courage, l'éléphant, le rêve que la mère du Bouddha eut avant sa naissance, le cheval rappelle le départ du Bouddha à la recherche de l'Éveil.

Parmi les sculptures et les figurines des époques maurya, kushana et gupta découvertes sur le site, une belle statue du Bouddha provient de Sarnath et de nombreuses représentations de dieux hindous datent du IXe au XIIe siècle. Le musée ouvre tous les jours, sauf le vendredi, de 10h à 17h (entrée : 2 Rs). Les billets sont en vente au kiosque, de l'autre côté de la rue.

Mulgandha Kuti Vihar

Ce temple moderne de la Mahabodhi Society renferme des fresques de l'artiste japonais

Kosetsu Nosi. L'arbre de la bodhi, planté ici en 1931, provient d'une pousse de l'arbre d'Anuradhapura (Sri Lanka), qui serait lui-même un rejeton de l'arbre sacré sous lequel le Bouddha parvint à l'Illumination. Un groupe de statues le montre délivrant son premier sermon à ses cinq disciples. Le temple est fermé entre 11h30 et 13h30.

Circuits organisés

L'UP Tourist Bungalow organise un "Buddhist Circuit" de six jours sur les sites bouddhiques importants de l'Uttar Pradesh et du Népal : Varanasi, Kushinagar, Lumbini, Shravasti, Allahabad et Sarnath (9 000 Rs, hébergement et repas compris, deux participants au minimum). En été, il propose un choix d'excursions d'une journée, notamment à Varanasi ou Lucknow (400 Rs, guide, repas et transport compris).

Où se loger et se restaurer

L'***UP Tourist Bungalow*** *(☎ 586965)* offre des lits en dortoir rudimentaire à 70 Rs, des chambres avec s.d.b. propres (seau d'eau chaude pour certaines) à 250/300 Rs, ou 450/550 Rs avec clim. Le restaurant sert des plats standard pour touristes.

Le ***Golden Buddha*** *(☎ 587933)* possède un superbe jardin et des chambres bien tenues, à 350/450 Rs en double/triple avec s.d.b. (chauffe-eau). Il dispose également de quelques lits en dortoir.

L'***Anand***, un petit restaurant bon marché, prépare de la cuisine indienne et chinoise.

Plus spacieux, le ***Rangoli Garden Restaurant*** comporte une salle et une terrasse dans le jardin. Comptez un minimum de 45/100 Rs pour un plat indien végétarien/non végétarien.

Comment s'y rendre

La plupart des visiteurs viennent de Varanasi pour la journée. Le trajet de 20 min en auto-rickshaw coûte 40 Rs (prépayé). Des bus locaux partent fréquemment du côté sud de la gare ferroviaire de Varanasi Junction (4 Rs, 45 min) ; ils passent par la Civil Court (palais de justice, 3 Rs) dans le Cantonment, mais sont déjà pleins. Seuls quelques trains locaux s'arrêtent à Sarnath.

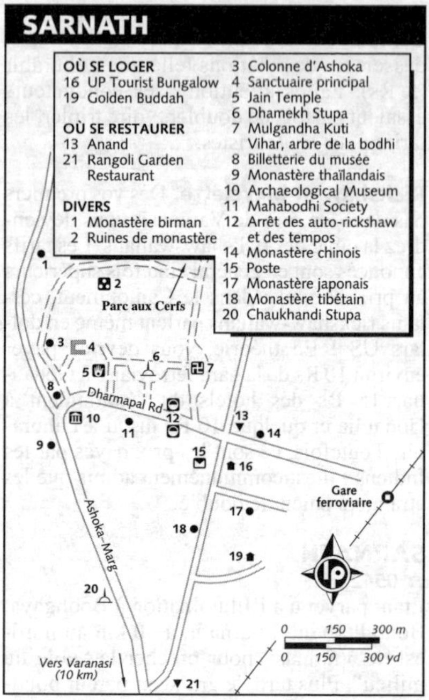

JAUNPUR

☎ 05452 • 160 000 habitants

Cette ville animée, à 58 km au nord-ouest de Varanasi, intéresse particulièrement les historiens de l'architecture à cause de ses mosquées d'un style unique – en partie hindou, en partie jaïna et en partie islamique.

Les rares visiteurs viennent souvent pour la journée de Varanasi. Si vous décidez d'y passer la nuit, l'***Hotel Amber*** *(☎ 63201)*, près du fort, propose des simples/doubles, sommaires mais acceptables, avec s.d.b., à 100/200 Rs (louées pour 24 heures).

Des bus réguliers desservent Varanasi (26 Rs, 1 heure 30). Quelques trains express relient Jaunpur Junction à Varanasi (25/173 Rs en 2e/1re classe, 1 heure 30), Faizabad (42/221 Rs, 3 heures) et Lucknow (61/321 Rs, 6 heures).

GORAKHPUR

☎ 0551 • 575 000 habitants

La plupart des voyageurs en route pour le Népal ne s'arrêtent pas à Gorakhpur, ce qui n'est guère surprenant compte tenu des nuages de mouches et de moustiques qui s'abattent tous les ans sur la ville ; même l'office du tourisme local annonce, candide, que "Gorakhpur ne possède aucun site touristique". Cependant, la ville abrite le siège de la North Eastern Railway et constitue un carrefour ferroviaire pratique. Gorakhpur héberge les célèbres éditions hindouistes Geeta Press. Si vous visitez la maison, on vous offrira une pile d'ouvrages en anglais aux titres évocateurs, tels que *Comment bien tenir son foyer*.

Renseignements

Les offices du tourisme se situent à la gare ferroviaire et dans Park Rd (☎ 335450). Ils ouvrent du lundi au samedi, de 10h à 17h, et distribuent un plan de Gorakhpur et de Kushinagar, très utile. La State Bank of India, dans Bank Rd, ne change que les espèces et les chèques de voyage American Express (en dollars US ou en livres sterling).

Quelques centres Internet sont installés au bout d'une ruelle proche de Cinema Rd, à l'angle de l'Hotel President. L'Internet Club, le meilleur, offre des connexions rapides (35 Rs l'heure).

Où se loger

Les hôtels les plus agréables se trouvent dans le quartier central de Golghar, près des quelques restaurants corrects. Aucun n'est particulièrement attrayant et tous fournissent l'eau chaude en seau. Les chambres sont généralement louées pour 24 heures. Pour vous rendre à Golghar de la gare ferroviaire, comptez environ 10 Rs en rickshaw.

L'***Hotel Yark-Inn*** *(☎ 338233)* propose un choix de simples/doubles, avec s.d.b. et (pour la plupart) TV, à partir de 120/200 Rs jusqu'à 500 Rs la grande double climatisée.

L'***Hotel Marina*** *(☎ 337630)* dispose de chambres propres, avec s.d.b. et TV, à partir de 170/195 Rs et de doubles climatisées à partir de 500 Rs. Les chambres les moins chères, petites et sombres, sont équipées de toilettes à la turque.

En face, l'***Hotel President*** *(T☎ 337654)* possède un ascenseur mais affiche des tarifs un peu élevés. Comptez 350 Rs pour une double propre et carrelée, avec ventil., s.d.b. et TV, ou 550 Rs avec clim.

Les hôtels situés en face de la gare ferroviaire sont les plus proches de la gare routière, pratiques si vous devez prendre un bus à l'aube pour Sunauli. Malheureusement, le quartier est si bruyant qu'il est inutile de régler son réveil.

Accueillant, l'***Hotel Elora*** *(☎ 200647)* est le meilleur du lot. A l'arrière, les chambres pourvues de balcons surplombant un vaste terrain de jeu sont un peu protégées du bruit. Les prix commencent à 110/150 Rs pour une simple/double avec s.d.b. et TV et à 300/400 Rs avec clim.

Où se restaurer

Gorakhpur compte peu de restaurants, mais vous pouvez essayer les petites ***échoppes en plein air*** proches de la gare ferroviaire.

Très fréquenté, le ***Bobi's*** de l'Ambar Hotel, dans le centre-ville, prépare des plats corrects, végétariens ou non, dont une pizza végétarienne à 40 Rs, et sert des pâtisseries et des glaces.

Le ***Queen's Restaurant*** de l'Hotel President pratique des prix très doux et reste ouvert jusqu'à 23h, longtemps après que la ville se soit assoupie. Comme le Bobi's, il sert une bonne cuisine indienne et chinoise.

Comment s'y rendre

Bus. De l'arrêt situé au sud de la gare ferroviaire, des bus fréquents partent pour Lucknow (113 Rs, 7 heures 30) et Faizabad (62 Rs, 4 heures). Les bus à destination de Kushinagar (24 Rs, 1 heure 30) démarrent toutes les 30 min.

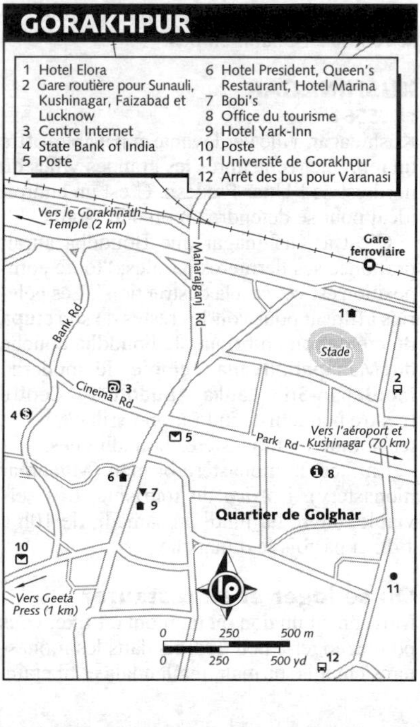

Les bus pour Varanasi (95 Rs, 7 heures) quittent régulièrement l'arrêt de bus de Katchari, au sud-est du centre-ville (5 Rs en rickshaw).

Népal. A partir de 5h30, des bus réguliers partent de l'arrêt au sud de la gare ferroviaire pour Sunauli et la frontière (33 Rs, 3 heures). Vous devez prendre le tout premier bus (à 5h30) pour faire de jour le trajet de la frontière à Katmandou ou Pokhara. Les agents de voyages proposent des billets "directs" (*through tickets*, 265 Rs) pour Katmandou ou Pokhara, mais il faut changer de bus à la frontière. Organiser vous-même votre voyage vous reviendra moins cher et vous pourrez choisir le bus qui vous convient à la frontière.

Train. Des trains directs rallient Varanasi (62/326 Rs en 2e/1re classe, 5 heures), Lucknow (70/368 Rs, de 5 à 6 heures), Delhi (231/793 Rs en couchette/1re classe, 15 heures), Kolkata (248/840 Rs, de 18 à 22 heures) et Mumbai (366/1 278 Rs, de 30 à 34 heures, 1 690 km).

Des trains sur voie à faible écartement desservent Nautanwa, à 8 km de Sunauli. Il est beaucoup plus rapide et plus pratique de se rendre à Sunauli en bus.

KUSHINAGAR

☎ 05564

Kushinagar, ville verdoyante et paisible, offre un répit bienvenu après les grandes villes du nord-est de l'Uttar Pradesh. C'est un endroit idéal pour se détendre un ou deux jours.

C'est à Kushinagar que Bouddha aurait prononcé ses dernières paroles, "toute composition est vouée à la destruction". Les pèlerins affluent pour voir les restes de son **stupa de crémation** en brique, le bouddha couché du **Mahaparinirvana Temple**, le moderne **IndoJapan-Sri Lanka Buddhist Centre** (centre bouddhiste indo-nippo-srilankais) et les nombreux monastères bouddhiques.

En face du monastère birman (Myanmar monastery), l'office du tourisme, très serviable, ouvre du lundi au samedi, de 10h à 17h, et parfois le dimanche.

Où se loger et se restaurer

Moyennant un don ou un montant fixe, vous pouvez loger à peu de frais dans les monastères chinois, birman, thaïlandais et tibétain.

L'***International Cultural Guest House*** *(☎ 72164)*, en face du Buddhist Centre, dispose de 18 chambres très simples et demande 100 Rs pour des doubles propres et dépouillées.

Dans un grand jardin paisible, le ***Pathik Nivas*** *(☎ 71038)*, un UP Tourist Bungalow, offre de belles simples/doubles, mais surévaluées, de 500/600 Rs, avec s.d.b. et eau chaude, à 1 100/1 400 Rs, avec clim. Cher également, le restaurant facture 30 Rs la bouteille d'eau.

Le ***Lotus Nikko Hotel*** *(☎/fax 71139)*, un trois-étoiles fréquenté par les touristes japonais, propose d'immenses chambres à 90 $US par personne en pension complète et des quadruples sans prétention, dans une annexe, à 4 500 Rs (un repas compris).

Le ***Yama Kwality Cafe***, près du temple chinois, sert des plats bon marché, végétariens ou non.

Comment s'y rendre

Des bus font fréquemment la navette entre Gorakhpur et Kushinagar, à 55 km à l'est (24 Rs, 1 heure 30) ; le dernier part vers 18h. L'arrêt de bus de Kushinagar se trouve à plusieurs kilomètres des temples et des monastères. Pour les rejoindre, descendez devant le poste de police de Kushinagar et prenez l'embranchement en direction du sud.

SUNAULI

☎ 05522

A cheval sur la frontière indo-népalaise, ce village somnolent se limite à un arrêt de bus, deux ou trois hôtels, quelques boutiques et un poste-frontière ouvert 24 h/24. Le côté népalais offre sans conteste des ressources plus variées. Indiens et Népalais frontaliers peuvent circuler librement entre les deux parties de Sunauli ; les autres ont besoin d'un passeport. Les étrangers quittent officiellement l'un des deux pays et doivent posséder le visa requis par l'État voisin.

Le poste-frontière népalais s'appelle Belhiya, mais il est couramment dénommé Sunauli. Les visas népalais sont délivrés par le bureau de l'immigration en 10 min, 24h/24 (c'est ce qu'il affirme !). Ils coûtent 30 $US pour 60 jours, payables en dollars US (espèces uniquement).

Le bureau de l'immigration indienne, mal indiqué, se trouve sur le côté droit de la route qui mène au Népal, à 200 m environ du poste-frontière.

UTTAR PRADESH ET UTTARANCHAL

Phoolan Devi, la rebelle

La Chambal Valley, vallée érodée qui court du Rajasthan à l'Uttar Pradesh en passant par le Madhya Pradesh, cache des villages plus ou moins misérables. Ses ravines, desséchées ou inondées selon les saisons, servent de repaire aux *dacoïts*, bandits de grands chemins sanguinaires mais aussi brigands d'honneur.

C'est là que naît Phoolan Devi, en 1963, dans une famille *mallah* (sous-caste de la basse caste sudra) d'un village d'Uttar Pradesh. Après une petite enfance misérable, jalonnée d'humiliations et de révoltes, Phoolan est mariée à 11 ans à un veuf de 35 ans ! Femme-enfant abusée, battue, affamée, elle finit par être répudiée par son époux et revient dans son village natal pour être en butte aux pires avanies. Loin de se soumettre, elle lutte contre ces injustices mais, quelques années plus tard, sans doute sur ordre des propriétaires terriens locaux, elle est enlevée dans la maison de son père par des dacoïts. Vikram, un chef de bande de caste mallah, prend Phoolan sous sa protection et commence alors une histoire d'amour qui durera un an, jusqu'à ce que Vikram soit assassiné par un autre chef de bande, Sri Ram, appartenant à la caste des *thakur* (propriétaires terriens). Sri Ram séquestre alors Phoolan à Bhemai, où elle est violée et frappée pendant plusieurs jours par les thakur du village. Elle parvient à s'enfuir, forme sa propre bande et réussit à s'imposer dans cet univers masculin. Phoolan s'est juré de venger la mort de Vikram et le viol collectif de Bhemai. En février 1981, persuadée que Sri Ram se trouve dans le village, la bande de Phoolan s'y infiltre, s'empare de 22 thakur et en tue 20 ; les deux rescapés témoignent contre Phoolan, alors que celle-ci a toujours affirmé ne pas être présente le jour du massacre.

Dans les basses castes naît alors la légende de la Reine des bandits, tandis que Phoolan est honnie des hautes castes. Pendant deux ans, Phoolan et sa bande continuent rapines et violences dans la Chambal Valley, puis, en février 1983, la Reine des bandits se rend avec ses compagnons, après de longues négociations, au Premier ministre du Madhya Pradesh, Arjun Singh. Elle purge onze années de prison et sort en 1994, sans être passée en jugement. Un film de Shekhar Kapur, *Bandit Queen* (La Reine des Bandits) la rend mondialement célèbre en 1996. Elle entame une carrière politique sous la bannière du Samajwadi Party, un parti qui représente les Indiens les plus pauvres, et devient député de l'Uttar Pradesh. Après avoir perdu son siège en 1998, elle le regagne l'année suivante et poursuit son combat en faveur des basses castes.

Le mercredi 25 juillet 2001, alors que Phoolan Devi revient de l'Assemblée nationale, trois hommes masqués, dissimulés dans une voiture, l'abattent devant sa résidence de New Delhi. Seul est arrêté Sher Singh Rana, qui prétend avoir voulu venger l'assassinat des 20 thakur de Bhemai. Meurtre politique ? Vengeance des hautes castes ? On ne peut actuellement que spéculer, mais la mort de Phoolan Devi, à 38 ans, n'a pas entamé sa popularité parmi les millions de pauvres du sous-continent et nul doute que sa vie alimente pour longtemps les contes des villageois de la Chambal Valley.

Tout récemment, Putti Lal, son infâme premier mari, s'est proclamé héritier légal de la petite fille qu'il a torturée. Espérons que la justice indienne ne donnera pas le coup de pied de l'âne posthume à cette rebelle flamboyante !

Si l'histoire extraordinaire de cette femme vous intéresse, lisez *Moi, Phoolan Devi, Reine des Bandits* de Phoolan Devi et Marie-Thérèse Cuny (Fixot, 1996). En Inde, vous trouverez *India's Bandit Queen* de Mala Sen (Indus, 1993), en anglais.

POLICE VALERIE

UTTAR PRADESH ET UTTARANCHAL

La State Bank of India de Sunauli ne possède pas de guichet de change. Du côté népalais, plusieurs bureaux de change proposent des taux intéressants.

Vous pouvez payer vos billets de bus, et pratiquement tout, en roupies indiennes du côté népalais.

Où se loger et se restaurer

Propre et chaleureux, l'***Hotel Niranjana*** *(☎ 38201)*, un établissement d'UP Tourism doté d'un jardin, se situe à 600 m de la frontière. Il dispose de simples/doubles, avec air-cooler, s.d.b. et eau chaude, à 275/350 Rs, de quelques chambres avec clim. et TV à 450/500 Rs et de lits en dortoir à 50 Rs. Le restaurant sert des plats sans intérêt mais acceptables.

Près de l'arrêt de bus, le ***Baba Lodge & Restaurant*** *(☎ 38366)*, très accueillant, propose des doubles sans/avec s.d.b. à 150/250 Rs et des lits en dortoit à 40 Rs (tarifs négociables). Le restaurant prépare une cuisine végétarienne ou non à petits prix.

Au coin du bureau de l'immigration indien, le ***Sanju Lodge*** *(☎ 38355)*, assez rudimentaire, comporte de plaisantes parties communes. Un lit dur dans un dortoir propre mais surpeuplé revient à 30 Rs. Comptez 60/90 Rs pour une chambre, ou 140/170 Rs avec s.d.b. et eau chaude.

Plusieurs hôtels bon marché agréables et de nombreux restaurants en plein air sont installés du côté népalais, où la plupart des voyageurs préfèrent loger.

Comment s'y rendre

Bus. Les bus pour les villes indiennes partent de l'arrêt de bus de Sunauli situé à la lisière de la ville, à environ 800 m du poste-frontière. De nombreux bus font la navette entre Sunauli et Gorakhpur (33 Rs, 3 heures). Des bus directs desservent Varanasi (140 Rs, 10 heures) et Delhi (358 Rs, 24 heures), *via* Lucknow (12 heures).

Si vous arrivez en Inde par Sunauli, méfiez-vous des rabatteurs qui vous proposent des billets combinés bus/train ; souvent, ils ne sont pas fiables. Organiser vous-même votre voyage en train aux gares de Gorakhpur et de Varanasi ne présente aucune difficulté.

Népal. Des bus privés partent du côté népalais à destination de Katmandou (240 NRs, 9 heures) ou Pokhara (230 NRs, 9 heures), environ toutes les heures de 6h à 13h et de 16h à 20h. Voyagez plutôt de jour ; la nuit, le trajet dure plus longtemps et vous manquez de superbes paysages. Vous devez acheter votre billet à l'avance ; une billetterie est installée à l'arrêt de bus népalais.

De chaque côté de la frontière, des agents de voyages vendent des billets de bus ou vous trouveront un taxi (environ 850 NRs, 6 heures). Les bus d'État Sajha partent de Bhairawa, à 4 km au nord de Sunauli, pour Katmandou à 6h45, 8h, 18h30 et 19h. Moins chers (185 NRs environ), ils sont très souvent pleins et il faut réserver la veille. Les billets sont en vente au kiosque proche de l'Hotel Yeti, à Bhairawa, sur la grande route venant de Sunauli. La course en rickshaw de la frontière à Bhairawa coûte 3 NRs. Aucun bus gouvernemental ne dessert Pokhara.

De nombreux bus font la navette entre Bhairawa et Lumbini (22 km), lieu de naissance du Bouddha. Ils partent de l'arrêt de bus situé à environ 1 km au nord de l'Hotel Yeti.

Uttaranchal

Anciennement le nord de l'Uttar Pradesh, le nouvel État de l'Uttaranchal a vu le jour le 9 novembre 2000. Composé des régions du Garhwal et du Kumaon (désignées sous l'appellation collective d'Uttarakhand, le pays du Nord), l'Uttaranchal est une contrée de collines et de montagnes coiffées de neige, entre lesquelles coulent certains des fleuves les plus sacrés de l'hindouisme. Le plus vénéré, le Gange, prend sa source à Gaumukh, à l'extrême nord de l'État, et serpente à travers les plaines en traversant les centres de pèlerinage de Rishikesh et d'Haridwar.

Comme dans l'Himachal Pradesh voisin, l'Himalaya est entouré de larges contreforts où sont installées de nombreuses stations climatiques renommées, comme Nainital et Mussoorie. Plus au nord, les hauteurs de l'Himalaya attirent les randonneurs et les alpinistes. Le Garwhal, la partie ouest de l'État, est plus visitée que le Kumaon, à l'est, mais ces deux régions voient moins de touristes étrangers que de pèlerins indiens, qui, pour la plupart, suivent des chemins de *yatra* (pèlerinage) bien définis.

L'un des plus grands yatra de l'Uttaranchal himalayen, le Char Dham, remonte aux sources spirituelles de la Yamuna, du Bhagi-

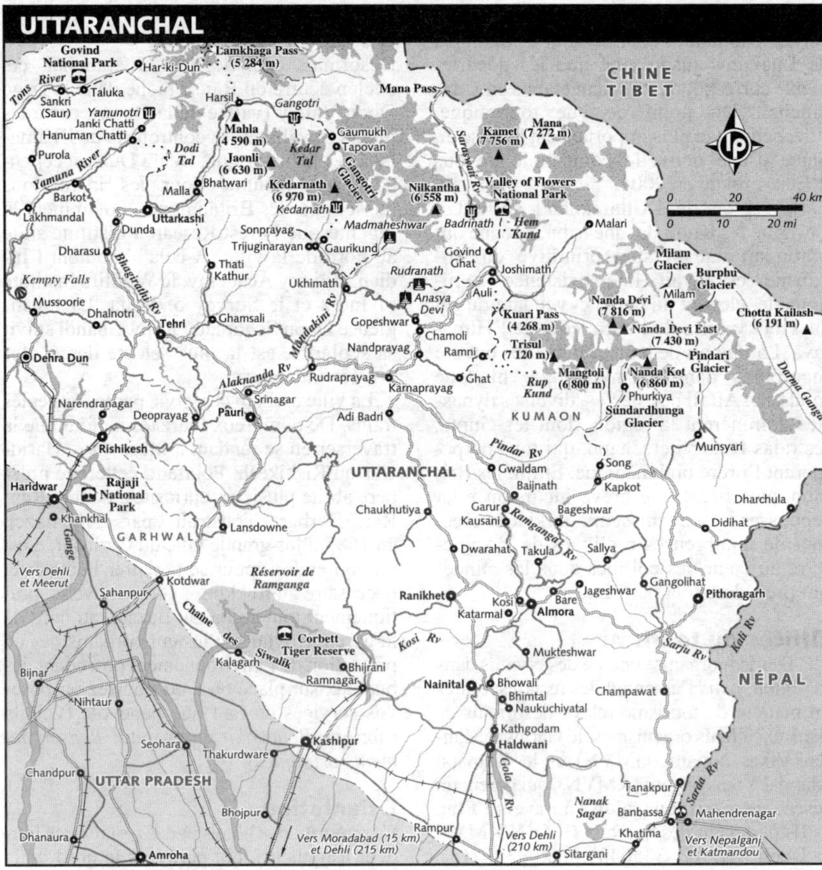

rathi (Gange), de la Mandakini et de l'Alaknanda. Plus près des plaines, de nombreux visiteurs se rendent à la Corbett Tiger Reserve et au Rajaji National Park, qui abritent quelques-uns des rares tigres et éléphants sauvages du pays. Les amateurs de yoga viennent suivre des cours de méditation à Rishikesh depuis les années 60. Quelques voyageurs traversent la région pour rejoindre le Népal, *via* le poste-frontière peu fréquenté de Banbassa.

A l'exception des hôtels pour petits budgets, attendez-vous à 10% de taxe sur votre note. La plupart des hôtels diminuent leurs tarifs d'un tiers d'août à mars.

Histoire

L'idée de créer un nouvel État à partir de l'Uttar Pradesh surpeuplé date de la Partition, mais ce n'est que depuis l'élection d'un nationaliste hindou du BJP à la tête du pays que ce mouvement a pris de l'ampleur. Le principal facteur qui a joué en faveur de l'Uttaranchal a été l'instauration dans les années 90 d'un quota de postes réservés aux castes répertoriées dans le secteur public et l'enseignement. Voyant là une opportunité politique, le BJP s'est fait le défenseur des hindous de haute caste défavorisés, qui composent l'essentiel de la population de l'Uttaranchal ; il leur a promis la création d'un nouvel État et l'attribution de postes dans la fonction publique.

Après des années de négociations, l'Uttaranchal a été officiellement déclaré le 9 novembre 2000, avec Dehra Dun pour capitale. Toutefois, le transfert du pouvoir au gouvernement du nouvel État prendra vraisemblablement plusieurs années. D'ici là, certains domaines continueront à être gérés de Lucknow jusqu'à ce que les départements correspondants soient établis en Uttaranchal. Du point de vue touristique, l'événement le plus important est la mise en place d'une nouvelle compagnie de bus d'État, prévue en 2001.

La région de l'Uttarakhand abritait à l'origine les Kuninda, une tribu aryenne qui pratiquait une version primitive du shivaïsme et vivait une existence semi-nomade, élevant du bétail et vendant du sel au Tibet voisin, de l'autre côté de l'Himalaya. La plupart de leurs sanctuaires ont été incorporés dans la mythologie hindoue moderne. Au fil des siècles, diverses dynasties dominèrent la région, dont les Gupta, les rajas Katuryi et Chand, qui tous perpétuèrent l'ordre brahmanique. Enfin, les Britanniques firent une brève incursion pour repousser les envahisseurs gurkha et créèrent de nombreuses répliques de l'Angleterre au cœur des collines dans les années qui précédèrent la partition.

Offices du tourisme

UP Tourism organise encore des circuits dans la région, mais l'essentiel des responsabilités en matière de tourisme relève désormais de deux excellents organismes, le Garhwal Mandal Vikas Nigam (GMVN) et le Kumaon Mandal Vikas Nigam (KMVN), qui gèrent un réseau de tourist bungalows à travers l'État.

Ils partagent des bureaux GMVN/KMVN à Dehli (☎ 011-3350481, fax 3327713), 36 Janpath, et à Jaipur (☎ 0141-378892), Government Hostel, MI Rd. Le GMVN, basé à Dehra Dun, dispose d'agences régionales à travers l'État, dont une très importante à Lucknow et une autre spécialisée dans le trekking à Rishikesh. Le KMVN, dont le siège est à Nainital, possède une agence régionale à Lucknow. UP Tourism représente ces deux organismes à Ahmedabad, Mumbai et Kolkata (voir *Offices du tourisme* dans la section *Uttar Pradesh)*.

Internet

L'excellent site web de l'Uttar Pradesh, www.upportal.com/uttaranchal/tourism, fournit des renseignements détaillés sur l'Uttaranchal. Le site officiel du KMVN est www.kumaontourism.com, celui du GMVN, www.gmvn.com.

DEHRA DUN

☎ 0135 • 424 500 habitants

Désormais capitale de l'Uttaranchal, cet ancien centre du Raj se niche dans la large Doon Valley (vallée de la Doon), entre les monts Siwalik et les contreforts de l'Himalaya. Ville historique, Dehra Dun est cependant plus connue pour les institutions laissées par les Britanniques, notamment le gigantesque Forest Research Institute situé au nord de la ville. A cela s'ajoutent l'Indian Military Academy, le Wildlife Institute of India et le Survey of India. La prestigieuse Doon School, où Rajiv Ghandi suivit sa scolarité, est la plus sélecte des écoles privées indiennes.

La ville est bien desservie par les bus et les trains. De nombreux touristes ne font que la traverser en se rendant à Mussoorie, Haridwar ou Rishikesh. Pourtant, cette cité prospère abrite plusieurs curiosités, dont le Ram Rai Darbar, construit par Aurangzeb en 1687. Plus grande ville du Garhwal, c'est un bon endroit pour se procurer le matériel nécessaire au trekking ; vous trouverez pratiquement tout au Paltan Bazaar, au nord de la gare ferroviaire. Plusieurs organismes de protection de l'environnement possèdent des bureaux sur place où vous pourrez proposer vos services en tant que bénévole (voir la rubrique *Bénévolat* du chapitre *Renseignements pratiques*).

Orientation

La majorité des hôtels et des restaurants bordent Rajpur Rd, qui part vers le nord de la tour de l'horloge, le centre-ville officieux. Les gares routière et ferroviaire se situent au sud de la tour de l'horloge, près du croisement de Ghandi Rd et de Haridwar Rd. Le Ram Rai Darbar se cache dans le dédale de Paltan Bazaar, à l'ouest de Ghandi Rd.

Renseignements

L'Uttaranchal Tourism office (☎ 653217), premier du genre et efficace, est installé dans l'Hotel Drona (auberge gouvernementale), près de la gare routière de Dehli, dans Ghandi Rd. Il ouvre du lundi au samedi, de 10h à 17h. Le siège du GMVN (☎ 749308, fax 744408), 74/1 Rajpur Rd, suit les mêmes horaires mais s'occupe surtout de l'administration.

La State Bank of India, en étage dans le Windlass Shopping Complex, près de la tour de l'horloge, ne change que des espèces (dollars US ou livres sterling). Dans le quartier d'Astley Hall, la Central Bank, Rajpur Rd, change des chèques de voyage Visa et d'autres marques en dollars US ou en livres sterling.

La poste centrale se trouve près de la tour de l'horloge, dans Rajpur Rd. Plusieurs bons cafés Internet sont installés dans l'enceinte du Motel Himshri, Rajpur Rd, et facturent en moyenne 60 Rs l'heure.

Pour organiser un trek ou pour des conseils, contactez Garhwal Tours & Trekking (☎ 627769), 151 Araghar Rd .

Natraj Booksellers, 17 Rajpur Rd, près du Motel Himshri, possède une vaste sélection d'ouvrages sur l'environnement, particulièrement sur l'Himalaya indien. Au coin, 15 Rajpur Rd, l'English Book Depot dispose également d'un excellent choix.

Au siège du Survey of India (☎ 747051), près de Rajpur Rd, à 4 km de la tour de l'horloge, une boutique vend des cartes de nombreuses villes et régions indiennes et quelques cartes de trekking peu détaillées. Elle ouvre en semaine, de 9h à 16h30.

Ram Rai Darbar

Les rues du Paltan Bazaar cachent le secret le mieux gardé de Dehra Dun, le mausolée de Ram Rai, le fils errant du septième gourou sikh Har Rai. Élevé depuis sa naissance pour devenir le huitième gourou sikh, Ram Rai se perdit lui-même en complotant avec l'empereur moghol Aurangzeb et fut exclus par son père de la religion sikh.

Contrairement à ses habitudes, Aurangzeb se prit de pitié pour Ram Rai et lui attribua un domaine sur le site de l'actuelle Dehra Dun en 1675. Ram Rai fonda rapidement son propre ordre religieux, la secte Udasi, qui rencontra un tel succès qu'un village, puis un bourg et enfin une ville se développèrent à cet endroit.

A la mort de Ram Rai en 1687, Aurangzeb fit construire un mausolée à la mémoire du saint homme. La structure qui en résulte est en grande partie de style moghol – le mausolée est au centre, surmonté d'un dôme en forme de bulbe et de quatre minarets – et décorée de belles fresques représentant des fleurs et des animaux. Dans la salle centrale se trouve le lit de Ram Rai, pieusement conservé de génération en génération par les adeptes de la secte Udasi.

Forest Research Institute

Créé par les Britanniques au début du XXe siècle, le Forest Research Institute (FRI) est aujourd'hui reconnu comme l'un des meilleurs instituts des sciences forestières au monde. Implanté dans un grand jardin botanique, avec l'Himalaya en toile de fond, il abrite un musée très intéressant.

L'institut ouvre tous les jours, sauf le dimanche, de 9h à 16h (entrée libre). Pour y accéder, empruntez un vikram (tempo) sur l'itinéraire 1 ou 2 depuis le champ de manœuvres de Subhash Rd (à une centaine de mètres à l'est de la tour de l'horloge).

Autres curiosités

Le **Wadia Institute of Himalayan Geology** possède un musée (ouvert du lundi au vendredi, de 9h à 16h). Prenez le même vikram que pour le Forest Research Institute.

Le **Tapkeshwar Temple**, dédié à Shiva, se niche près d'une charmante rivière, dans une grotte humide, où l'eau coule en permanence sur le lingam. Un petit don est requis. Une grande foire s'y tient le jour de Shivaratri (habituellement en mars). Vous pouvez aussi visiter les sources fraîches de **Sahastradhara**, à 14 km à l'est de Dehra Dun, et la **Robber's Cave** (grotte du Voleur), un lieu de pique-nique populaire, à 8 km du centre-ville. Prenez un bus local pour Anarwala et parcourez à pied le chemin restant (1,5 km).

Où se loger

Les chambres des hôtels cités disposent toutes de s.d.b.

Proche des gares routière et ferroviaire, l'***Hotel Nishima*** *(☎ 626640)*, bon marché et sans prétention, loue des simples/doubles convenables pour 150/200 Rs

Simple mais spacieux, l'***Hotel Meedo*** *(☎ 627088, Haridwar Rd)*, à côté de la gare ferroviaire, facture ses simples/doubles à partir de 150/250 Rs. Les chambres donnant sur l'arrière sont plus tranquilles.

Dans une belle et ancienne villa (un peu délabrée) entourée d'un jardin, l'***Hotel White House*** *(☎ 652765, Lytton Rd)*, derrière Astley Hall, dispose d'un patio où vous pourrez prendre le thé et de chambres immenses à partir de 195/285 Rs ; un air-cooler ou un chauffage reviennent à 60 Rs par jour.

Bien situé, le ***Motel Himshri*** *(☎ 653880, fax 650177, 17 Rajpur Rd)* propose des

DEHRA DUN

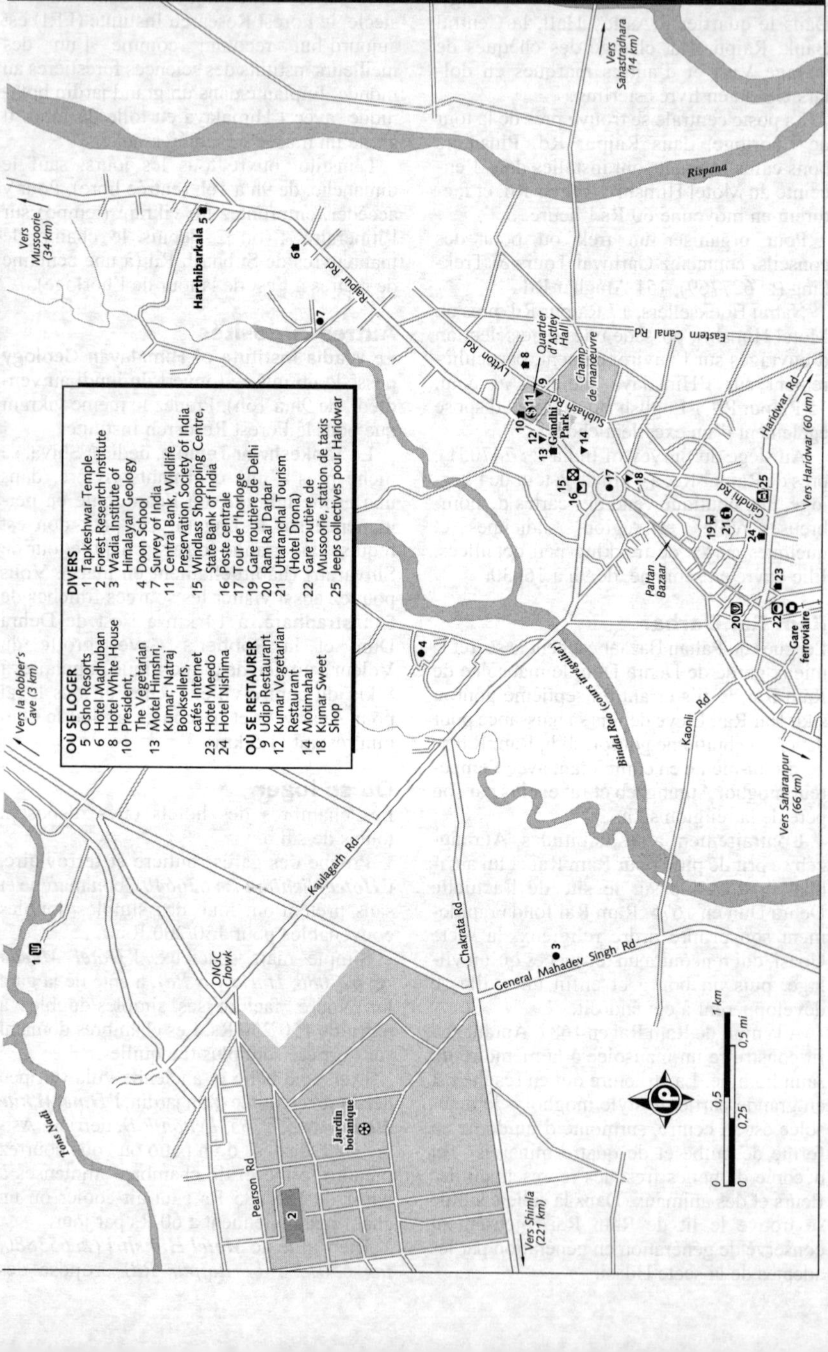
OÙ SE LOGER
5 Osho Resorts
6 Hotel Madhuban
8 Hotel White House
10 President, The Vegetarian
13 Motel Himshri, Kumar; Natraj Booksellers, cafés Internet
23 Hotel Meedo
24 Hotel Nishima
OÙ SE RESTAURER
9 Udipi Restaurant
12 Kumar Vegetarian Restaurant
14 Motimahal
18 Kumar Sweet Shop
DIVERS
1 Tapkeshwar Temple
2 Forest Research Institute
3 Wadia Institute of Himalayan Geology
4 Doon School
7 Survey of India
11 Central Bank, Wildlife Preservation Society of India
15 Windlass Shoppping Centre, State Bank of India
16 Poste centrale
17 Tour de l'horloge
19 Gare routière de Delhi
20 Ram Rai Darbar
21 Uttaranchal Tourism (Hotel Drona)
22 Gare routière de Mussoorie, station de taxis
25 Jeeps collectives pour Hadwar
Vers la Robber's Cave (3 km)
Vers Mussoorie (34 km)
Vers Sahastradhara (14 km)
Rispana
Harthibarkala
Rajpur Rd
Lytton Rd
Quartier d'Astley Hall
Champ de manœuvre
Eastern Canal Rd
Subhash Rd
Gandhi Park
Haridwar Rd
Vers Haridwar (60 km)
Gandhi Rd
Paltan Bazaar
Gare ferroviaire
Kaonli Rd
Bindal Rao (cours irrégulier)
Vers Saharanpur (66 km)
Kaulagarh Rd
Chakrata Rd
ONGC Chowk
General Mahadev Singh Rd
Jardin botanique
Pearson Rd
Tons Nadi
Vers Shimla (221 km)
1 km
0,5 mi

chambres ordinaires à partir de 325/395 Rs et de chambres deluxe, plus spacieuses, à 525/625 Rs avec clim.

A Astley Hall, le ***President*** *(☎ 657082, fax 658883)*, un établissement charmant et décoré avec goût, offre des chambres, toutes avec clim. et TV, à partir de 1 100/1 300 Rs. L'hôtel possède un restaurant, un bar et un café.

L'établissement le plus somptueux de Dehra Dun, l'***Hotel Madhuban*** *(☎ 749990, fax 746496, 97 Rajpur Rd)*, se trouve en dehors de la ville. Doté d'un mini-golf et d'un succulent restaurant (très cher), il loue des chambres climatisées tout confort à partir de 1 700/2 500 Rs.

Où se restaurer

Le ***Kumar***, un restaurant élégant près du Motel Himshri, dans Rajpur Rd, sert d'excellents et plantureux plats de poulet et de mouton pour environ 75 Rs.

A quelques pas, le ***Kumar Vegetarian Restaurant*** prépare, comme son nom l'indique, de la cuisine végétarienne.

Le ***Motimahal***, l'une des meilleures de la série de gargotes installées de l'autre côté de Rajpur Rd, propose de bons plats végétariens ou non dans un environnement agréable.

A l'***Udipi Restaurant***, dans Lytton Rd, vous vous régalerez de spécialités d'Inde du Sud dans une salle climatisée ; un *masala dosa* (crêpe de farine de lentilles farcie) revient à 80 Rs.

The Vegetarian, près de l'hôtel President, sert des plats savoureux et bon marché, à moins de 30 Rs.

Dehra Dun est réputée pour ses pâtisseries. La plus appréciée, la ***Kumar Sweet Shop***, près de la tour de l'horloge, offre un grand choix de douceurs très sucrées pour quelques roupies et de délicieuses *kulfi* (glaces indiennes).

Attention

En dehors de Rishikesh, Haridwar, Dehra Dun et Mussorie, vous ne trouverez aucun bureau de change au Garhwal. Si vous prévoyez d'aller vers le nord jusqu'au Char Dham ou d'autres régions himalayennes, changez tout l'argent nécessaire dans l'une de ces villes avant de partir.

Comment s'y rendre

Bus. La gare routière de Dehli, à côté de l'Hotel Drona, dessert les villes des plaines. Des bus deluxe rallient Dehli toutes les heures de 6h15 à 13h15 (202 Rs, 7 heures). Des bus ordinaires partent aussi toutes les heures jusqu'à 22h30 (120 Rs). Des bus assurent une liaison toutes les 30 min jusqu'à 19h30 pour Rishikesh (20 Rs, 2 heures), et toutes les heures pour Chandigarh (95 Rs, 7 heures). Des bus partent pour Lucknow (235 Rs, 11 heures) à 13h30 et 18h30.

Dehra Dun est également bien reliée à l'Himachal Pradesh. Un bus dessert Dharamsala à 12h30 (220 Rs, 11 heures) et Manali (250 Rs, 13 heures), *via* Kullu (125 Rs, 11 heures 30). Les bus pour Shimla, *via* Nahan et Paonta Sahib, partent à 6h, 8h, 10h et 23h (130 Rs, 10 heures). Ceux à destination de Nainital, au Kumaon, partent plusieurs fois par jour (de 180 à 200 Rs, 10 heures). Pour Ramnagar (Corbett Tiger Reserve), les départs ont lieu à 4h30, 6h15 et 7h30 (135 Rs).

Les bus à destination du Garhwal partent de la gare routière de Mussoorie, près de la gare ferroviaire. De 6h à 20h, des bus desservent toutes les 30 min les gares routières de Library et de Masonic Lodge à Mussoorie (22 Rs, 1 heure 30). Ceux pour Uttarkashi partent à 6h, 8h30 et 10h30 (125 Rs, 8 heures). En saison, au moins quatre bus (100 Rs) partent le matin pour Hanuman Chatti (pour Yamunotri).

Train. Dehra Dun, terminus de la Northern Railway, est notamment desservie par le *Shatabdi Express*, qui part de New Delhi tous les jours à 7h, s'arrête à Haridwar à 11h20 et arrive à Dehra Dun à 12h40. Au retour, il quitte Dehra Dun à 17h, fait halte à Haridwar à 18h10 et parvient à Delhi à 22h40 (495 Rs en chair car).

Le *Mussoorie Express* circule de nuit entre Delhi et Dehra Dun. Il part de la gare d'Old Delhi à 22h15, s'arrête à Haridwar à 6h et arrive à Dehra Dun à 8h. Au retour, il quitte Dehra Dun à 21h15, s'arrête à Haridwar à 23h et arrive à Old Delhi à 7h (146/451 Rs en couchette/1re classe). Des trains rallient Varanasi, Amritsar et Kolkata.

Taxi. De la station située devant la gare ferroviaire dans Haridwar Rd, des taxis collectifs desservent Mussoorie jusqu'à 18h environ (70 Rs, 1 heure 30). Pour Rishikesh et Haridwar, vous pouvez prendre une jeep collective à une centaine de mètres à l'est de l'Hotel Prince, dans Haridwar Rd (20/30 Rs).

On peut louer un taxi en face de la gare routière de Dehli. Comptez 350 Rs pour Rishikesh ou Mussoorie, 450 Rs pour Haridwar, 1 325 Rs pour Dehli, 1 500 Rs pour Uttarkashi et 2 300 Rs pour Hanuman Chatti.

Comment circuler

Les vikrams à six places circulent sur des trajets fixes. Les itinéraires 1 et 2 partent du champ de manœuvres dans Sunhash Rd (à l'est de la tour de l'horloge), passent par Astley Hall et continuent jusqu'au Forest Research Institute, puis reviennent le long de Rajpur Rd (tarif minimum : 4 Rs). Les auto-rickshaws refusent d'aller où que ce soit pour moins de 25 Rs.

MUSSOORIE

☎ 0135 • 35 000 habitants • 2 000 m d'altitude

Créée par les Britanniques en 1823, la station climatique de Mussoorie surplombe Dehra Dun, à 34 km de la première gare ferroviaire. Refuge estival très apprécié à l'époque du Raj, la ville avait également la réputation d'abriter les amours coupables. Plusieurs splendides hôtels coloniaux et des palais d'été témoignent de sa splendeur d'antan.

Les habitants de Dehli se précipitent à Mussoorie chaque été, et la ville est devenue une destination favorite pour les jeunes couples indiens en lune de miel. Plus de 100 hôtels rivalisent dans le domaine lucratif du voyage de noces ; des dizaines de photographes arpentent Gun Hill, le point culminant de Mussoorie, prêts à faire un portrait romantique sur fond de pics himalayens.

Les hôteliers pratiquent des prix prohibitifs de mai à juillet, mais les baissent considérablement en basse saison.

Orientation

La ville se compose de deux quartiers, Gandhi Chowk et Kulri Bazaar, reliés par The Mall, une agréable promenade de 2 km. Les bus en provenance de Dehra Dun s'arrêtent à Library (Gandhi Chowk) ou à Masonic Lodge (Kulri Bazaar). Vérifiez leur destination avant de monter, car le Mall est fermé à la circulation en haute saison.

Renseignements

L'UP Tourism office (☎ 632863) se trouve à l'extrémité du Mall vers Kulri Bazaar, près de la station du télésiège ; un kiosque du GMVN (☎ 631281) est installé à l'arrêt de bus de Library, dans Gandhi Chowk ; tous deux ouvrent du lundi au samedi, de 10h à 17h.

La State Bank of India, à Kulri Bazaar, change les chèques de voyage American

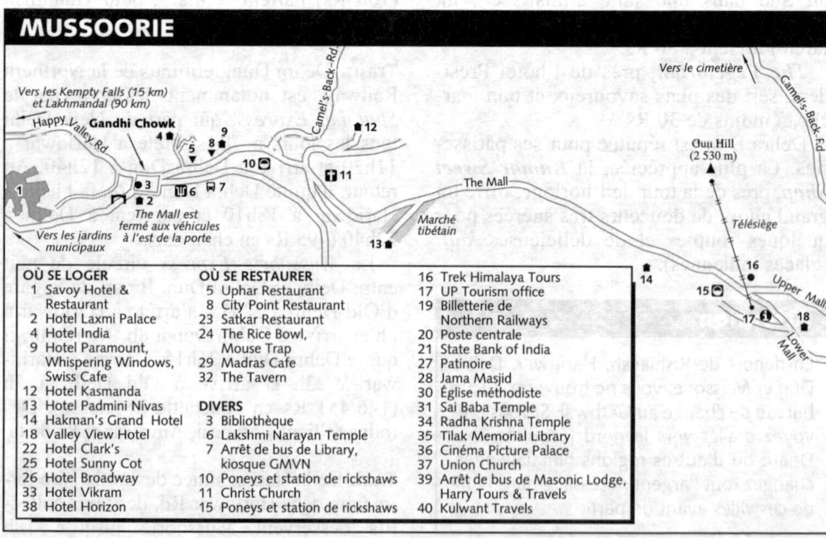

Express en dollars US uniquement, les chèques de voyage Thomas Cook et MasterCard en dollars US et en livres sterling. L'agence Trek Himalaya accepte les chèques de voyages Visa. La poste se situe dans l'Upper Mall, à Kulri Bazaar. Dans l'arcade en contrebas du restaurant The Rice Bowl, le cafe Internet Mouse Trap, ouvert jusqu'à 20h, facture 100 Rs l'heure.

Gun Hill

Un télésiège conduit au point culminant de Mussoorie, tous les jours de 10h à 18h (plus tard en haute saison), pour 30 Rs. De là, la vue s'étend sur plusieurs pics, dont le Bandarpunch. Un chemin escarpé grimpe jusqu'à Gun Hill. Au sommet, vous trouverez quelques dhaba et de nombreux photographes, prêts à vous immortaliser en costume garhwali à sequins pour quelque 50 Rs.

Promenades à pied

Les promenades aux alentours de Mussoorie offrent de superbes panoramas. La **Camel's Back Rd** longe une formation rocheuse dont le contour évoque un chameau, d'où son nom. Vous pouvez louer un poney ou un rickshaw (120 ou 80 Rs). Une randonnée plus longue (5 km) vous fera traverser Landour Bazaar jusqu'à **Childers Lodge** (Lal Tibba), un autre magnifique point de vue, et Sisters' Bazaar.

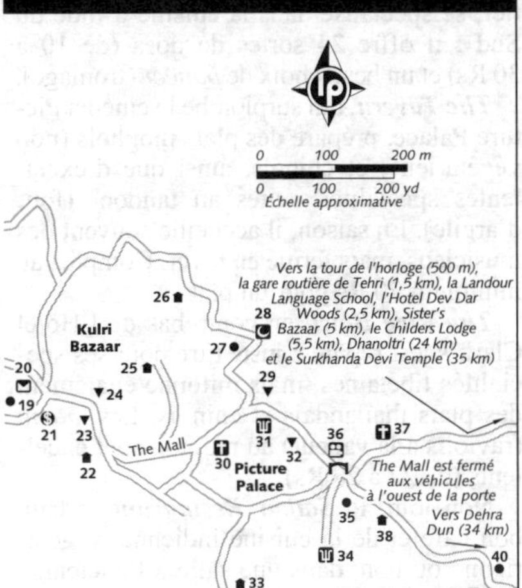

Cours de langue

Située dans l'agréable quartier boisé de Landour, la Landour Language School (☎ 631487, fax 631917) propose des cours d'hindi pour débutants. La plupart des cours se tiennent dans une ancienne église méthodiste. L'école ouvre du 9 février au 11 décembre. Comptez 70 Rs l'heure pour un cours particulier et 45 Rs pour un cours collectif. Contactez le principal, M. Chitranjan Datt, Landour Language School, Landour, Mussoorie, 248179. L'Hotel Dev Dar Woods (☎ 632644), tout proche, offre des réductions aux étudiants de l'école (les tarifs commencent à 350 Rs la nuit, petit déjeuner compris).

Circuits organisés

Le GMVN offre des circuits d'une demi-journée aux Kempty Falls, très touristiques, à 10h et 13h (50 Rs, 3 heures). L'excursion d'une journée – Kempty Falls, Mussoorie Lake, pique-nique à Dhanoltri (avec belles vues sur l'Himalaya) et le Surkunda Devi Temple (belles vues également) – part à 10h (130 Rs).

Agence réputée, Trek Himalaya Tours (☎ 630491, fax 631302), dans Upper Mall, organise des treks dans le Garwhal et au-delà. Harry Tours (☎ 631747) et Kulwant Travels (☎ 632717), près de l'arrêt de bus de Masonic Lodge, proposent également des treks et vendent des billets de train et d'avion.

Où se loger

Comme dans toute station climatique, les prix varient considérablement selon la saison. Les tarifs indiqués correspondent à la haute saison (celle des lunes de miel !), de mai à juillet. En dehors de cette période, ils baissent jusqu'à 60%. Attendez-vous à payer le prix fort au moment de Noël et pendant les fêtes hindoues de Dussehra et de Diwali.

Où se loger – petits budgets

Les hôtels bon marché sont rares, mais une double dans les établissements indiqués ci-dessous vous reviendra à 200 Rs d'août à avril. Sauf mention contraire, les chambres disposent toutes de s.d.b.

Kulri Bazaar. L'*Hotel Vikram (☎ 632551)*, en bas de Kulri Bazaar, dans une ruelle proche de la Tilak Memorial Library, loue des doubles convenables de 400 à 500 Rs. L'endroit, calme, offre une belle vue sur la Doon Valley.

UTTAR PRADESH ET UTTARANCHAL

Au sommet d'une colline, l'***Hotel Sunny Cot*** *(☎ 632789)*, tenu par une famille accueillante, facture ses doubles propres 850 Rs. Prenez la rue qui monte vers la colline, à l'est de l'Hotel Clark's en allant vers l'arrêt de bus de Masonic Lodge.

Bien géré et doté d'un personnel sympathique, le ***Valley View Hotel*** *(☎ 632324, The Mall)*, près de la State Bank, dispose de chambres propres de 600 à 800 Rs et d'un restaurant non végétarien.

Plaisant et bien tenu, l'***Hotel Broadway*** *(☎ 632243)*, à l'écart du centre sur la route qui passe devant la patinoire, jouit d'une belle vue et d'une réputation méritée. Il offre des doubles à partir de 250 Rs et quelques simples avec s.d.b. commune à 150 Rs.

Gandhi Chowk. Dans The Mall, l'***Hotel Paramount*** *(☎ 632352)* comporte plusieurs belles petites chambres de 600 à 1 500 Rs.

Nouvel établissement, l'***Hotel Laxmi Palace*** *(☎ 632774)* propose des chambres propres et agréables, avec eau chaude courante (doubles à 900 Rs). Le sentier qui descend vers l'hôtel part près de l'arche de Ghandi Chowk.

L'***Hotel India*** *(☎ 632359)* se trouve au bout d'une ruelle, derrière les restaurants City Point et Uphar. Les doubles sans prétention valent ici 600 Rs.

Où se loger – catégories moyenne et supérieure

La majorité des hôtels les plus chers occupent d'anciens palais du Raj ; tous offrent s.d.b. avec douche (eau chaude) et TV.

Kulri Bazaar. Plein de charme colonial, l'***Hotel Clark's*** *(☎ 632393)* possède une salle de billard et des chambres bien tenues, lumineuses et spacieuses, de 850 à 1 700 Rs.

Les nostalgiques du Raj apprécieront l'***Hakman's Grand Hotel*** *(☎ 632159)* qui, outre une salle de bal, comprend des chambres, vastes et sombres, à partir de 750 Rs.

Très bon hôtel moderne, l'***Hotel Horizon*** *(☎ 632899)* s'agrémente d'épais tapis, de s.d.b. en marbre, de TV par satellite et de belles vues sur la vallée. Comptez 1 400 Rs en double (réduction de 40% hors saison).

Gandhi Chowk. Ancien palais très bien conservé du maharaja de Kasmanda, le splendide ***Hotel Kasmanda*** *(☎ 632424, fax 630007)* surplombe Christ Church. Les jardins s'étendent sur plusieurs hectares et les chambres, à partir de 1 400 Rs, sont décorées de tableaux de chasse et de lithographies anciennes.

Autrefois la demeure du maharaja de Rajpila, l'***Hotel Padmini Nivas*** *(☎ 631093, fax 532793)*, à 600 m à l'est de la bibliothèque, propose de jolies chambres ensoleillées au charme désuet, à partir de 900 Rs en double ou de 1 650 Rs en suite bien équipée.

Le ***Savoy Hotel*** *(☎ 632010, fax 632001)* est un vaste bâtiment britannique couvert de lierre où subsistent quelques vestiges du Raj, dont des trophées de chasse mités. Comme il se doit, l'hôtel serait hanté par un fantôme, celui de Lady Gore Ormsby, dont la mort aurait inspiré à Agatha Christie son premier roman, *La mystérieuse affaire de styles*. Prévoyez un minimum de 1 395/2 295 Rs en simple/double et pension complète.

Où se restaurer

La plupart des grands hôtels possèdent leur propre restaurant. Le quartier de Kulri Bazaar compte de nombreux établissements d'un bon rapport qualité/prix. Hors saison, les restaurants ferment généralement vers 22h.

Kulri Bazaar. Le ***Madras Cafe***, l'un des nombreux restaurants végétariens du quartier, se spécialise dans la cuisine d'Inde du Sud ; il offre 24 sortes de dosa (de 10 à 30 Rs) et un beau choix de *paneer* (fromage).

The Tavern, qui surplombe le cinéma Picture Palace, prépare des plats moghols (non végétariens) et chinois, ainsi que d'excellentes spécialités cuites au tandoor (four d'argile). En saison, il accueille souvent des musiciens, mais ferme en hiver. Comptez au minimum 70 Rs pour un plat.

The Rice Bowl, en contrebas de l'Hotel Clark's, est réputé à juste titre pour ses spécialités tibétaines, mais mitonne également des plats thaïlandais et chinois. Les *momo* (raviolis à la vapeur) au mouton sont excellents (de 22 à 28 Rs).

Non loin, le ***Satkar Restaurant*** sert un bon café et de la cuisine indienne, végétarienne ou non, dans une salle à l'ancienne, très agréable. La majorité des plats coûtent de 40 à 65 Rs.

Gandhi Chowk. Proches de la bibliothèque et bien aménagés, le ***City Point Restaurant*** et l'***Uphar Restaurant*** mitonnent de bons plats indiens standard, végétariens ou non.

Près de l'Hotel Paramount, le ***Whispering Windows***, une salle de danse désuète dont les tables surplombent la promenade, prépare une cuisine indienne correcte (biryani à 65 Rs environ).

Tout proche, le ***Swiss Cafe*** propose des plats chinois et indiens, ainsi qu'un choix de muffins et de pâtisseries danoises durant la saison.

En réservant à l'avance, vous pourrez dîner au ***Savoy Hotel*** (en saison uniquement) et savourer son ambiance un peu guindée. Peut-être apercevrez-vous le fantôme de Lady Gore Ormsby (qui a dû s'étrangler en voyant la note !).

Comment s'y rendre

Bus. De nombreux bus partent de l'arrêt de Mussoorie à Dehra Dun (proche de la gare ferroviaire) entre 6h et 20h (22 Rs, 1 heure 30). Ils arrivent soit à l'arrêt de Library (Gandhi Chowk), soit à celui de Masonic Lodge (Kulri Bazaar).

Les bus pour Dehra Dun partent toutes les 30 min ou toutes les heures des arrêts de Library et de Masonic Lodge (22 Rs). Pour Delhi, un bus deluxe de nuit part de Library à 20h30 (172 Rs) ; l'express ordinaire de nuit (139 Rs) part de Masonic Lodge à la même heure.

Chaque jour, plusieurs bus à destination de Hanuman Chatti (Yamunotri) démarrent de Dehra Dun et prennent des passagers à Mussoorie au milieu de la matinée, à l'arrêt de Library (90 Rs, 7 heures). Pour Uttarkashi et Gangotri, on peut prendre un bus jusqu'à Tehri et changer (l'arrêt de Tehri est à 45 min à pied en direction de Landour Bazaar), mais mieux vaut rebrousser chemin jusqu'à Dehra Dun.

Train. La billetterie de la Northern Railway (☎ 632846), au bout du Mall, côté Kulri Bazaar, dispose d'un nombre limité de places au départ de Dehra Dun, mais il faut réserver 24 heures à l'avance. Elle ouvre du lundi au samedi, de 8h à 11 et de 12h à 17h, et le dimanche de 8h à 14h.

Taxi. Les stations de taxis des deux arrêts de bus affichent des tarifs identiques pour les principales destinations du Garwhal et du Kumaon, comme Sister's Bazaar (150 Rs l'aller simple), Dehra Dun (350 Rs), Rishikesh (700 Rs), Haridwar (800 Rs), Uttarkashi, pour Gangotri (1 700 Rs) et Hanuman Chatti (3 000 Rs).

Comment circuler

Le Mall étant fermé à la circulation la plus grande partie de l'année, on peut parcourir les deux kilomètres qui séparent Kulri Bazaar de Gandhi Chowk à pied, en poney (officiellement 20 Rs le kilomètre) ou en rickshaw (20 Rs).

ENVIRONS DE MUSSOORIE

Site le plus fréquenté des environs de Mussoorie, les **Kempty Falls** (chutes de Kempty), à 15 km, peuvent être impressionnantes et attirent les foules. A 25,5 km au nord-est de Mussoorie, **Dhanoltri**, un endroit charmant et plus tranquille, se révèle idéal pour pique-niquer au milieu des cèdres et offre, de la crête, une vue splendide sur l'Himalaya. Environ 10 km plus au nord, le **Surkhanda Devi Temple**, à 3 030 m d'altitude, se trouve à 2 km de la route ; le panorama sur l'Himalaya vous récompensera de cette courte marche.

Plus intéressant encore, **Lakhmandal** se situe à 75 km au-delà des Kempty Falls. Cet ancien ensemble de temples comporte de belles statues et un temple en pierre de style sikhara, dédié à Shiva, comme la plupart des sanctuaires de montagne. L'aller-retour en taxi de Mussoorie revient à 1 500 Rs.

Trek dans la Har-ki-Dun Valley

Loin au-dessus de Mussoorie, à 3 566 m, s'étend Har-ki-Dun, une prairie d'altitude merveilleusement isolée, traversée de rivières glaciaires et entourée de forêts primaires et de pics enneigés. Cette région préservée fait partie du Goving Wildlife Sanctuary & National Park. Les étrangers doivent désormais payer 350 Rs pour y pénétrer et séjourner jusqu'à trois jours (175 Rs la journée supplémentaire).

La randonnée commence à Sankri (Saur), desservi par un seul bus qui part tôt le matin de Dehra Dun. A Sankri, une ***GMVN Tourist Rest House*** loue des lits en dortoir pour 120 Rs et des doubles pour 360 Rs. De là, il faut compter trois ou quatre jours pour rejoindre Har-ki-Dun et revenir ; on peut loger à Osla mais, dans la vallée, le camping est le seul choix.

HARIDWAR

☎ 0133 • 230 000 habitants

La position privilégiée de Haridwar, à l'endroit où le Gange émerge de l'Himalaya, fait de cette ville l'une des plus sacrées de l'hindouisme. Tout au long de l'année, d'innombrables pèlerins viennent se baigner dans le Gange, transparent et glacé à cet endroit. La partie la plus intéressante de la ville est Har-ki-Pairi, le ghat principal, entouré d'une multitude de boutiques vendant des objets de dévotion. Au crépuscule, d'innombrables flammes vacillantes, offrandes confiées au fleuve, se reflètent dans ses eaux.

Sur le plan spirituel, Haridwar revêt une importance bien plus considérable que Rishikesh, sa voisine ; elle compte de nombreux ashrams où l'on peut étudier le yoga, mais la plupart imposent des règles de silence et de prière extrêmement rigoureuses. Tous les douze ans, le Kumbh Mela, le plus grand rassemblement religieux au monde, se tient à Haridwar. Cette fête se déroule tous les trois ans, successivement à Allahabad, Nasik, Ujjain et Haridwar, et attire des millions de pèlerins. Pour de plus amples informations, voir l'encadré *Kumbh Mela* dans le chapitre *Maharashtra*.

Orientation

L'artère principale de Haridwar, Railway Rd, est parallèle au canal du Gange (le fleuve proprement dit a été détourné). Cette rue devient Upper Rd au nord de l'embranchement du Laltarao Bridge, qui mène vers Rishikesh. L'office du tourisme et les gares routière et ferroviaire se regroupent à l'extrémité sud-ouest de Railway Rd ; le ghat de Har-ki-Pairi se trouve à 2,5 km au nord-est, dans Upper Rd. Bara Bazaar, un véritable dédale de boutiques religieuses, est le quartier le plus animé de la ville.

Renseignements

Offices du tourisme. Bien informé, l'office du tourisme du GMVN (☎ 424240), dans Upper Rd en face du Laltarao Bridge, ouvre du lundi au samedi, de 10h à 17h. Vous pouvez y réserver un forfait pour le Char Dham (les quatre grands sites de pèlerinage : Yamunotri, Gangotri, Kedarnath et Badrinath). Actuellement, l'agence régionale d'UP Tourism (☎ 427370 ; ouverte du lundi au samedi, de 10h à 17h) est installée dans le Rahi Motel, à l'ouest de l'arrêt de bus de Railway Rd.

Le Foreigners Registration Office (☎ 423980) se situe à côté de la poste, dans Railway Rd.

Argent. La Canara Bank, dans Railway Rd, change la plupart des chèques de voyage en dollars US ou livres sterling, ainsi que les espèces. La Bank of Baroda, à côté de l'Hotel Mansarovar International, délivre des avances sur les cartes Visa, MasterCard et AmEx moyennant une commission de 150 Rs.

Poste et communications. La poste centrale se tient dans Upper Rd (Railway Rd), à 200 m au nord-ouest du Laltarao Bridge. Mohan's Adventure Tours propose un accès Internet d'une fiabilité incertaine pour 2 Rs la minute.

Centres de yoga. Haridwar, grand centre d'étude du yoga, compte des dizaines d'ashrams ; la plupart proposent un enseignement formel et appliquent des règles très strictes en ce qui concerne la discipline, le silence et la participation aux prières. La plupart des voyageurs préfèrent les ashrams de Rishikesh, moins rigoureux. Voici quelques centres de yoga et ashrams à Haridwar :

Maha Prabhu Yoga & Natural Medicine Centre
(☎ 425602) Kankhal
Parmath Niketan
(☎ 427099) Swami Shukdevanand Marg
Prem Naga Ashram
(☎ 426345) Jwalapur, Haridwar Rd
Shanti Kunj
(☎ 426403) au nord de Har-ki-Pairi
Yogadham
(☎ 424961) Arya Nagar

Har-ki-Pairi

Har-ki-Pairi (l'empreinte de Dieu) marquerait l'endroit précis où le Gange quitte les montagnes pour entrer dans la plaine, ce qui renforce le pouvoir purificateur du fleuve, comme en atteste l'empreinte du pied de Vishnu sur une pierre. Les pèlerins se tiennent aux chaînes fixées sur les marches pour ne pas être emportés par le courant. Le ghat longe la rive ouest du canal du Gange

HARIDWAR ET SES ENVIRONS

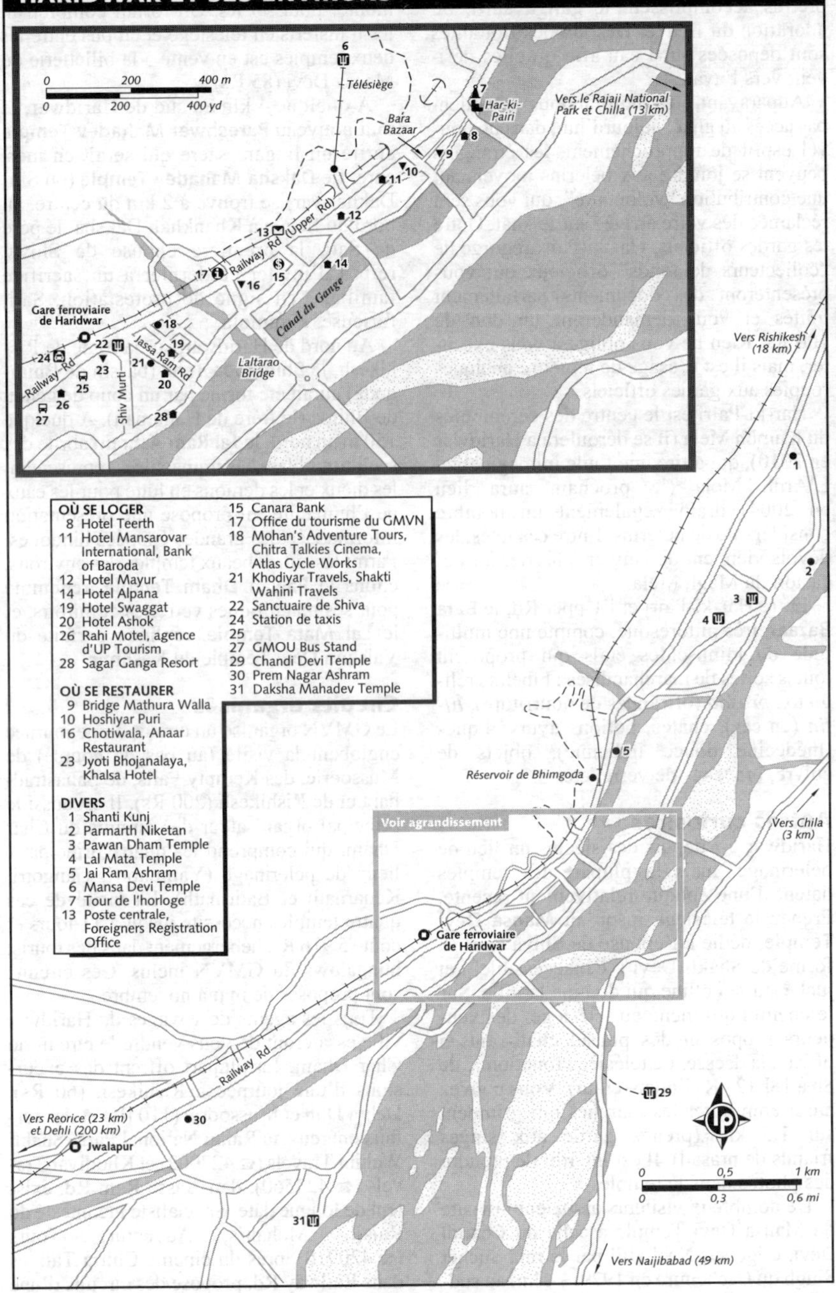

et, chaque soir au coucher du soleil, les prêtres accomplissent le **ganga aarti**, ou adoration du fleuve. Des lampes flottantes sont déposées sur l'eau afin qu'elles dérivent vers l'aval.

Auparavant, les non-hindous n'avaient pas accès au ghat ; aujourd'hui, dans un nouvel esprit de rapprochement, les étrangers peuvent se joindre aux pèlerins moyennant une contribution "volontaire", qui vous sera réclamée dès votre arrivée sur le ghat. Outre les gardes officiels, Har-ki-Pairi regorge de "collecteurs de fonds" officieux qui vous présenteront des documents parfaitement imités et vous demanderont un don de 100 Rs. Rien ne vous oblige à vous exécuter, mais il est d'usage de remettre quelques roupies aux gardes officiels.

Har-ki-Pairi est le centre des cérémonies du Kumbh Mela (il se déroulera à Haridwar en 2010), qui attire une foule inimaginable. L'Ardh Mela (le prochain aura lieu en 2004) draine également un nombre considérable de pèlerins. Entre ces fêtes, les dévots viennent de janvier à février à l'occasion du Magh Mela.

Entre Har-ki-Pairi et l'Upper Rd, le **Bara Bazaar**, très pittoresque, compte une multitude de minuscules étals qui proposent toutes sortes de marchandises : bibelots religieux, *prasad* (offrandes de nourriture), *tiffin* (en-cas), châles, potions ayurvédiques (médecine douce indienne), objets de cuivre, bracelets de verre, etc.

Autres curiosités

Haridwar est depuis des siècles un lieu de pèlerinage, mais la plupart des temples datent d'une époque relativement récente. Prenez le télésiège jusqu'au **Mansa Devi Temple**, dédié à l'épouse de Shiva sous sa forme de Shakti Devi ("l'Inaccessible") et juché sur la colline qui domine la ville. Sur le chemin qui mène au télésiège, des vendeurs proposent des prasad chatoyants à offrir à la déesse. Le télésiège fonctionne de 8h à 18h (25 Rs l'aller-retour). Vous pouvez aussi emprunter les marches qui grimpent sur 1,5 km (prenez garde aux singes friands de prasad). Il est interdit de prendre des photos dans le temple.

De nombreux visiteurs associent la visite du Mansa Devi Temple à celle du **Chandi Devi**, érigé sur Neel Hill par le raja Suchet Singh du Cachemire en 1929, à 4 km au sud-est de Haridwar. Un télésiège permet d'y monter pour 50 Rs. Un forfait comprenant les transferts en télésiège et en bus entre les deux temples est en vente à la billetterie du Mansa Devi (85 Rs).

A quelque 4 km au sud de Haridwar, le tout nouveau **Pareshwar Mahadev Temple** abrite un lingam sacré qui serait en mercure. Le **Daksha Mahadev Temple** (ou Shri Dakheswar) se trouve à 2 km du centre, au bord du fleuve à Khankhal. Daksha, le père de Sati, la première épouse de Shiva, refusa d'inviter ce dernier à un sacrifice familial ; en signe de protestation, Sati, furieuse, s'immola.

Au nord de Haridwar, sur la route de Rishikesh, le **Bhimgoda Tank** (bassin de Bhimgoda) aurait été formé par un coup de genou de Bhima (le frère de Hanuman). A quelque 150 m au nord, le **Jai Ram Ashram** abrite des sculptures blanches immaculées représentant les dieux et les démons en lutte pour les eaux de l'humanité ; il propose une présentation informatisée des grandes épopées hindoues. Parmi les autres beaux temples des environs, citons le **Pawan Dham Temple**, renommé pour ses magnifiques verreries et miroirs, et le **Lal Mata Temple**, réplique parfaite du Vaishno Devi Temple du Kashmir.

Circuits organisés

Le GMVN organise un circuit d'une journée englobant la visite (au pas de course) de Mussoorie, des Kempty Falls, de Sahastradhara et de Rishikesh (200 Rs). Il est aussi le principal organisateur des circuits du Char Dham, qui comprend les quatre principaux lieux de pèlerinage (Yamunotri, Gangotri, Kedarnath et Badrinath). La visite de ces quatre temples nécessite jusqu'à 11 jours et coûte 5 916 Rs, hébergement dans des tourist bungalows du GMVN inclus. Ces circuits sont proposés de mai à novembre.

Tous les agents de voyages de Haridwar ville essaieront de vous vendre le circuit du Char Dham. La plupart offrent des excursions d'une journée à Rishikesh (60 Rs), Dehra Dun et Mussoorie (110 Rs) et des forfaits onéreux au Rajaji National Park. Shakti Wahini Travels (☎ 427002) et Khodiyar Travels (☎ 423560), dans Jassa Ram Rd, existent de longue date. Spécialiste incontesté du Rajaji, Mohan's Adventure Tours (☎ 420910), près du cinéma Chitra Talkies dans Railway Rd, propose des circuits d'une journée, conduits par Sanjeev Metha, un guide confirmé (1 600 Rs, tout compris).

Où se loger

Les prix varient selon les saisons ; prohibitifs de mai à juillet, ils deviennent de véritables aubaines d'août à avril. De nombreux pèlerins viennent en janvier et février. Les tarifs indiqués s'appliquent en haute saison, en dehors de laquelle ils diminuent de 30% à 50%. Toutes les chambres disposent d'une s.d.b.

Près du télésiège, l'***Hotel Mayur*** *(☎ 427586, Upper Rd)* loue des simples/doubles avec ventil. et chauffe-eau pour 170/220 Rs en basse saison, 300/500 Rs en haute saison (mai et juin). Celles en façade sont plus spacieuses.

Relativement récent, l'***Hotel Mansarovar International*** *(☎ 426501, Upper Rd)*, vers Har-ki-Pairi, propose des chambres banales à 500/600 Rs (800/900 Rs avec clim.). Il possède un bon restaurant, le Swagat, et accepte les principales cartes de crédit.

Au cœur du Bara Bazaar, l'***Hotel Teerth*** *(☎ 425311)* borde le fleuve et jouit de belles vues sur Har-ki-Pairi. Il offre des doubles avec ventil./clim. à 900/1 200 Rs, toutes dotées d'un balcon donnant sur le fleuve. Le personnel est accueillant et l'hôtel abrite un restaurant.

Au sud du Bara Bazaar, l'***Hotel Alpana*** *(☎ 424567)*, élégant et climatisé, dispose de chambres impeccables, avec TV, à partir de 1 100 Rs (500 Rs hors saison).

Dans le quartier de Shiv Mutri, près du rond-point du sanctuaire de Shiva, l'***Hotel Ashok*** *(☎ 426469, Jassa Ram Rd)*, établi de longue date, facture 150/110 Rs (haute/basse saison) ses simples avec douche froide et 350/220 Rs minimum ses doubles avec douche chaude.

L'***Hotel Swaggat*** *(☎ 421581, fax 426553, Jassa Ram Rd)*, l'un des meilleurs établissements de Shiv Mutri, comporte des doubles propres et modernes à partir de 495 Rs avec ventil. et TV, ou 995 Rs avec clim. En hiver, le premier prix descend à 200 Rs.

A proximité des arrêts de bus et de la gare ferroviaire, le ***Rahi Motel*** *(☎ 426430)* se situe dans un endroit paisible et abrite l'UP Tourism office. Comptez 600 Rs pour une double avec TV couleur et air-cooler (900 Rs avec clim.) ; vous devriez pouvoir obtenir une simple pour 100 Rs de moins. Dans le petit dortoir, un lit revient à 50 Rs. L'hôtel possède un restaurant.

Au bord du fleuve, le ***Sagar Ganga Resort*** *(☎ 422115)*, un charmant lodge Art déco, appartenait autrefois au roi du Népal. Il demande 750 Rs pour ses doubles et 1 250 Rs pour l'immense double deluxe. La ravissante salle à manger de style colonial surplombe le Gange.

Où se restaurer

Dans cette ville sainte, viande et alcool sont prohibés et vous n'en trouverez nulle part. En revanche, les restaurants végétariens abondent.

Dans Upper Rd près de Har-ki-Pairi, le ***Hoshiyar Puri*** sert, depuis plus de 50 ans, des thali d'un bon rapport qualité/prix. Vous pourrez choisir parmi la variété de paneer et de "special thali", accompagnés de dahl et de *kheer* (gâteau de riz) délicieux.

Sur les ghats, les ***puri houses*** préparent des *puri* (pain plat qui gonfle quand il est frit), servis avec divers curries végétariens pour 10 Rs.

La pâtisserie ***Bridge Mathura Walla***, au cœur du Bara Bazaar, offre un grand choix de douceurs à moins de 10 Rs, dont le *ras malai,* un dessert à base de lait et de sucre saupoudré de pistaches.

L'***Ahaar Restaurant***, en face de l'office du tourisme GMVN, mitonne d'excellents plats punjabis. A côté, le ***Chotiwala*** est connu de longue date pour sa cuisine d'Inde du Sud et ses savoureux dosa.

En face de la gare ferroviaire, le ***Jyoti Bhojanalaya*** et le ***Kalsa Hotel***, deux excellents *bhojanalya* (snack-bars végétariens), servent des plats standard, comme l'*aloo gobi* (curry de chou-fleur et de pomme de terre), et de copieux thali végétariens de 20 à 40 Rs.

Comment s'y rendre

Bus. L'arrêt de bus d'UP Roadways (☎ 427037) se trouve à l'extrémité sud-ouest de Railway Rd. Des bus partent toutes les 30 min pour Rishikesh (14 Rs, 1 heure) et Dehra Dun (26 Rs, de 1 heure 30 à 2 heures). Pour Mussoorie, il faut changer à Dehra Dun. Des bus ordinaires partent toutes les 30 min jusqu'à 23h pour Delhi (95 Rs, 8 heures) et toutes les deux heures environ pour Agra entre 5h40 et 21h (149 Rs, 12 heures).

Pour Nainital, plusieurs bus démarrent tôt le matin et deux bus de nuit partent à 18h30 et 21h30 (135 Rs, 7 heures). Les services à destination d'Almora partent à 5h, 6h30, 7h30 et 16h (171 Rs, 10 heures). Les bus pour Ranikhet partent à 6h30 et 16h30 (150 Rs, 9 heures).

Les bus d'Himachal Road Transport Company qui desservent Shimla démarrent à 6h, 8h30, 17h, 19h, 20h30 et 22h (179 Rs, 14 heures). Seul un bus rallie Dharamsala à 14h30 (227 Rs, 15 heures). Des bus rejoignent Chandigarh (95 Rs, 10 heures) et Jaipur (207 Rs, 12 heures) – un bus superdeluxe pour Jaipur part à 17h (368 Rs).

En direction des sites du Char Dham, des bus d'UP Roadways se rendent à Uttarkashi à 3h30, 6h20, 8h30 et 9h30 (118 Rs, 10 heures). A l'époque des yatra (pèlerinage), d'avril à octobre, le Garhwal Motor Owners' Union (GMOU ; ☎ 426886), près du Rahi Motel, propose des bus pour Badrinath (*via* Joshimath) toutes les quelques heures, entre 3h30 et 14h30 (200 Rs, 15 heures). Les bus pour Kedarnath (150 Rs, 10 heures), Hanuman Chatti (190 Rs, 10 heures) et Gangotri (175 Rs 8 heures) partent entre 3h et 5h.

Le GMOU dessert également Chilla (pour le Rajaji National Park) toutes les quelques heures entre 4h et 13h30 (5 Rs). Le dernier bus repart de Chilla à 17h30.

Train. Pour toute information sur les trains entre Haridwar et Dehli, reportez-vous à *Comment s'y rendre* de la rubrique *Dehra Dun*. Des trains express relient Haridwar à Kolkata (363/1 592 Rs en couchette/two-tier, 35 heures), Mumbai (380/1 673 Rs, 40 heures), Varanasi (262/1 149 Rs, 20 heures) et Lucknow (194/821 Rs, 11 heures). Le train le plus pratique pour Varanasi, le *Vanarasi Express*, part à 18h15 et arrive le lendemain à 14h15.

Taxi et vikram. La Haridwar Taxi Union (☎ 427338), ouverte 24h/24, se trouve juste en face de l'arrêt de bus d'UP Roadways. Les tarifs affichés ne sont pas bon marché : Rishikesh (330 Rs), Dehra Dun (510 Rs), Chilla (pour le Rajaji National Park, 410 Rs), Dehli (1 510 Rs) et Uttarkashi (1 510 Rs).

Les taxis collectifs Ambassador à destination de Dehli partent près de la gare ferroviaire et demandent 150 Rs par passager.

Des vikrams collectifs circulent toute la journée sur la route cahoteuse Haridwar-Rishikesh (15 Rs, 1 heure). Des conducteurs chassent le client près du Laltarao Bridge.

Comment circuler

Pour aller de la gare ferroviaire ou de l'arrêt de bus d'UP Roadways à Har-ki-Pairi, comptez 15 Rs en rickshaw. Ne vous laissez pas tenter par un auto-rickshaw car les véhicules motorisés sont interdits à partir d'Upper Rd.

Atlas Cycle Works, dans Railway Rd, loue des bicyclettes en mauvais état pour la somme minime de 3 Rs l'heure.

RAJAJI NATIONAL PARK

Ce superbe parc, qui occupe 820 km^2 dans les contreforts boisés proches de Haridwar, doit sa renommée à ses éléphants sauvages, au nombre de 445. Leur avenir semble malheureusement compromis par les activités humaines et leur traditionnelle voie de migration, qui s'étendait jusqu'à la Corbett Tiger Reserve, a déjà été coupée. Divers projets visant à créer un couloir de migration, dont l'un prévoyait la construction d'un "tunnel pour éléphants" sous la route Chilla-Rishikesh, se sont perdus dans les méandres de la bureaucratie. Les éléphants sont également menacés par la présence de la tribu Gujar, qui effeuille les arbres pour fournir du fourrage à ses troupeaux de buffles.

Outre des éléphants, le parc abrite quelques tigres et léopards, des chitals (cerfs tachetés), des sambars (les plus grands cervidés indiens) et des ours jongleurs. Toutefois, les visiteurs n'aperçoivent que rarement des individus de cette faune.

Le parc ouvre de mi-novembre à mi-juin. L'entrée (30/350 Rs pour les Indiens/étrangers) permet de rester trois jours au maximum (175 Rs par jour supplémentaire). L'accès au parc est interdit entre le coucher et le lever du soleil. L'usage d'un appareil photo coûte 50 Rs, celui d'un Caméscope 2 500 Rs !

A 13 km au nord-est de Haridwar, le village de **Chilla** est le seul endroit pourvu d'une infrastructure d'accueil. Les promenades à dos d'éléphant, proposées le matin et au crépuscule (50/100 Rs pour les Indiens/étrangers), offrent la meilleure chance d'apercevoir la faune. Adressez-vous au bureau du Forest Ranger, près du Tourist Bungalow de Chilla, où se paie l'entrée.

A environ 1 km après l'entrée, un *machaan* (poste de guet), autrefois utilisé par les chasseurs, permet d'observer les animaux sans les perturber.

Où se loger

A Chilla, le ***GMVN Tourist Bungalow*** *(☎ 01832-66697)* loue des doubles avec ventil. de 590 à 720 Rs, ou 1 040 Rs avec clim., des lits en dortoir à 130 Rs et des "jungle huts" à 650 Rs.

Neuf ***Forest Resthouses*** sont disséminées dans le parc. Le prix des doubles à Beribara, Ranipur, Kansrao, Kunnao, Phandowala, Satyanarain et Asarodi s'élève à 225 Rs ; à Motichur et à Chilla, comptez 450 Rs. Dans toutes ces resthouses, sauf à Chilla, vous devrez apporter votre nourriture. Pour réserver, contactez le Director (☎ 0135-621669), Rajaji National Park Office, 5/1 Ansari Marg, Dehra Dun.

Comment s'y rendre

Les bus pour Chilla (5 Rs) partent du GMOU, à Haridwar, toutes les quelques heures de 4h à 13h30. Au retour, le dernier bus quitte Chilla à 17h30. Les taxis demandent 410 Rs pour l'aller-retour. On peut également aller à pied de Haridwar à Chilla : traversez le Laltarao Bridge et marchez jusqu'au rond-point, puis tournez à gauche sur la route de Rishikesh. Le chemin part sur la droite avant le pont suspendu et bifurque à droite au-dessus du barrage ; de là, Chilla est à 5 km.

RISHIKESH

☎ 0135 • 82 000 habitants

Autoproclamée "capitale mondiale du yoga", Rishikesh est une ville plus calme et plus détendue que Haridwar. Sa situation, sur les rives du Gange et cernée de collines sur les trois autres côtés, incite à la méditation et les centres de yoga se trouvent à l'écart du bruit du centre-ville. Le Gange sacré est ici limpide (à la différence de Varanasi) et nombre de voyageurs se joignent aux sadhu pour le bain du matin. Le soir, le vent qui s'engouffre dans la vallée fait tinter les cloches des temples, renforçant l'atmosphère contemplative.

Si Haridwar, plus authentique, revêt une plus grande importance aux yeux des hindous, Rishikesh se révèle idéale pour étudier le yoga, la méditation et d'autres aspects de l'hindouisme ou, tout simplement, oublier la fatigue du voyage. Le yoga a connu une popularité croissante depuis les années 60, lorsque les Beatles rencontrèrent ici leur gourou, le maharishi Mahesh Yogi. Pour les pèlerins indiens, Rishikesh constitue le point de départ du Char Dham, le pèlerinage qui conduit à Yamunotri, Gangotri, Kedarnath et Badrinath.

Orientation

Le centre-ville se trouve sur la rive ouest du Gange, ainsi que principaux arrêts de bus, dont celui du yatra. La plupart des visiteurs logent plus au nord, dans les centres pour pèlerins bien plus attrayants qui bordent la rive est du Gange. Haridwar Rd, qui devient ensuite Lakshman Jhula Rd, part du centre en direction du nord et passe par l'office du tourisme GMVN et le centre de trekking.

Au bout, le Shivanand Juhla, un pont suspendu, enjambe le Gange et mène à Swarg Ashram, la plus importante des deux communautés religieuses de Rishikesh. Plus au nord, de l'autre côté du pont Lakshman Jhula, une petite ville éponyme abrite d'autres temples, pensions et ashrams.

Renseignements

Offices du tourisme. L'office du tourisme de l'UP (☎ 430209), dans Railway Station Rd, fournit des informations locales et ouvre du lundi au samedi, de 10h à 17h. Serviable, l'office du tourisme GMVN (☎ 430799, fax 430372), Lakshman Jhula Rd, dans le quartier de Muni-ki-Reti, est ouvert aux mêmes horaires. La GMVN Trekking & Mountaineering Division (☎ 431793, fax 430372) le jouxte.

Argent. La State Bank of India, près de l'Inderlok Hotel dans Railway Station Rd, change les chèques de voyage Thomas Cook, Citicorp et AmEx en euros, dollars US, livres sterling et yens. La Bank of Baroda et l'Indian Overseas Bank, toutes deux dans Dehra Dun Rd vers l'arrêt de bus du yatra, changent la plupart des chèques de voyage en dollars US ou en livres sterling. Jaipur Gems, à Lakshman Jhula, est l'un des nombreux bijoutiers de la rive est qui changent des espèces, des chèques de voyage et délivrent des avances sur les cartes de crédit.

Poste et communications. La poste se situe dans Ghat Rd, près du Triveni Ghat. A Swarg Ashram, vous pourrez vous connecter

Des loups déguisés en sadhu

A Rishikesh, comme dans les autres centres religieux, ne prenez pas pour argent comptant les démonstrations d'amitié des sadhu et des fumeurs de chilom. Si bon nombre de sadhu effectuent réellement un voyage spirituel, les robes orange ont servi de déguisement aux hors-la-loi depuis les temps médiévaux. Depuis 1995, au moins 10 voyageurs ont été assassinés par des criminels se prétendant sadhu (voir l'encadré *Gourous, ashrams et voyage mystique* dans le chapitre *Renseignements pratiques*).

à Internet à Blue Hills Travels ou au Green Hotel ; à Lakshman Jhula, essayez Om Telecoms & Handicrafts ou l'Hotel Divya. Tous facturent environ 60 Rs l'heure ; contentez-vous de messages brefs car les connexions sont constamment interrompues.

A voir

L'image qui résume Rishikesh est la vue sur le pont suspendu de Lakshman Jhula, construit en 1929, qui ouvre sur les gigantesques temples à 13 étages de **Swarg Niwas** et de **Shri Trayanbakshwar** (érigés par le mouvement du gourou Kailashanand). D'étroites tourelles effilées surmontent ces curiosités architecturales orange, dont chaque niveau contient des dizaines de sanctuaires dédiés à diverses divinités.

Les pèlerins puisent l'eau du Gange pour l'offrir au temple de **Neelkantha Mahadev**, à 4 heures de marche (17 km) de Lakshman Jhula, sur la rive est. Neelkanth (Gorge bleue) est l'un des noms de Shiva. Selon la légende, Shiva aurait bu le poison extrait de la mer par les dieux et les démons, et sa gorge serait devenue bleue. Les pèlerins les moins austères s'y rendent en bus ou en taxi (500 Rs l'aller-retour).

Une agréable promenade de 2 km longe la rive est, entre Lakshman Jhula et Swarg Ashram, et passe devant de nombreuses retraites privées nichées dans les bois. Swarg (qui signifie paradis) Ashram abrite nombre de vastes ashrams de yoga, ornés de fresques colorées et de statues inspirées par les grandes épopées. Le **Parmath Niketan Ashram**, doté d'un ghat surmonté d'une arche sculptée, et le **Swarg Ashram**, qui renferme des peintures religieuses et de jolis jardins, sont les plus flamboyants.

A l'aube, allez au **Triveni Ghat**, au centre de Rishikesh, lorsque les fidèles font des offrandes de lait au fleuve et nourrissent d'énormes poissons. Après le coucher du soleil, des prêtres déposent des lampes flottantes sur l'eau lors de la cérémonie du ganga aarti. A proximité se trouve le **Bharat Mandir**, le temple le plus ancien de Rishikesh.

Trekking

La GMVN Trekking & Mountaineering Division (☎ 431793, fax 430372), à côté de l'office du tourisme GMVN, organise différents treks en haute et basse altitudes dans le Garhwal Himalaya. Elle loue des tentes, des sacs à dos, des sacs de couchage et du matériel de cuisine à des tarifs très raisonnables. Les prix des treks commencent à 2 200 Rs par jour (trois personnes au minimum). Sinon, comptez 600 Rs par jour pour les services d'un guide, et de 250 à 550 Rs pour un porteur. Parmi les destinations accessibles en été figurent Har-ki-Dun (9 jours) et la Valley of Flowers (vallée des Fleurs ; 8 jours).

A proximité du GMVN, des tour-opérateurs privés proposent des treks et des expéditions similaires. Step Himalayan Adventures (☎ 432581, fax 431558) et Garhwal Himalayas Adventures (☎ 433478, fax 431654) comptent parmi les plus fiables.

Rafting

Le spécialiste de rafting le plus apprécié, Blue Hills Travels (☎ 436179), à Swarg Ashram, demande 300 Rs pour une journée de rafting sur le Gange, près de Shivpuri, à 18 km de Rishikesh. A Kaudiyala, le GMVN Rafting Resort (☎ 01378-62911) offre des excursions similaires sur le Gange, à 350 Rs par "patch" (portion de 12 km), et propose des chambres doubles de 350 à 500 Rs. Vous pouvez réserver à l'office du tourisme GMVN. Step Himalayan Adventures et Garhwal Himalayas Adventures organisent également des descentes en rafting (de 350 à 450 Rs).

Cours de méditation et de yoga

De nombreux ashrams dispensent des cours de méditation, de yoga et de philosophie hindoue. Certains des plus réputés sont cités ci-après, mais renseignez-vous sur place ; vous en trouverez sans doute d'autres tout aussi recommandables.

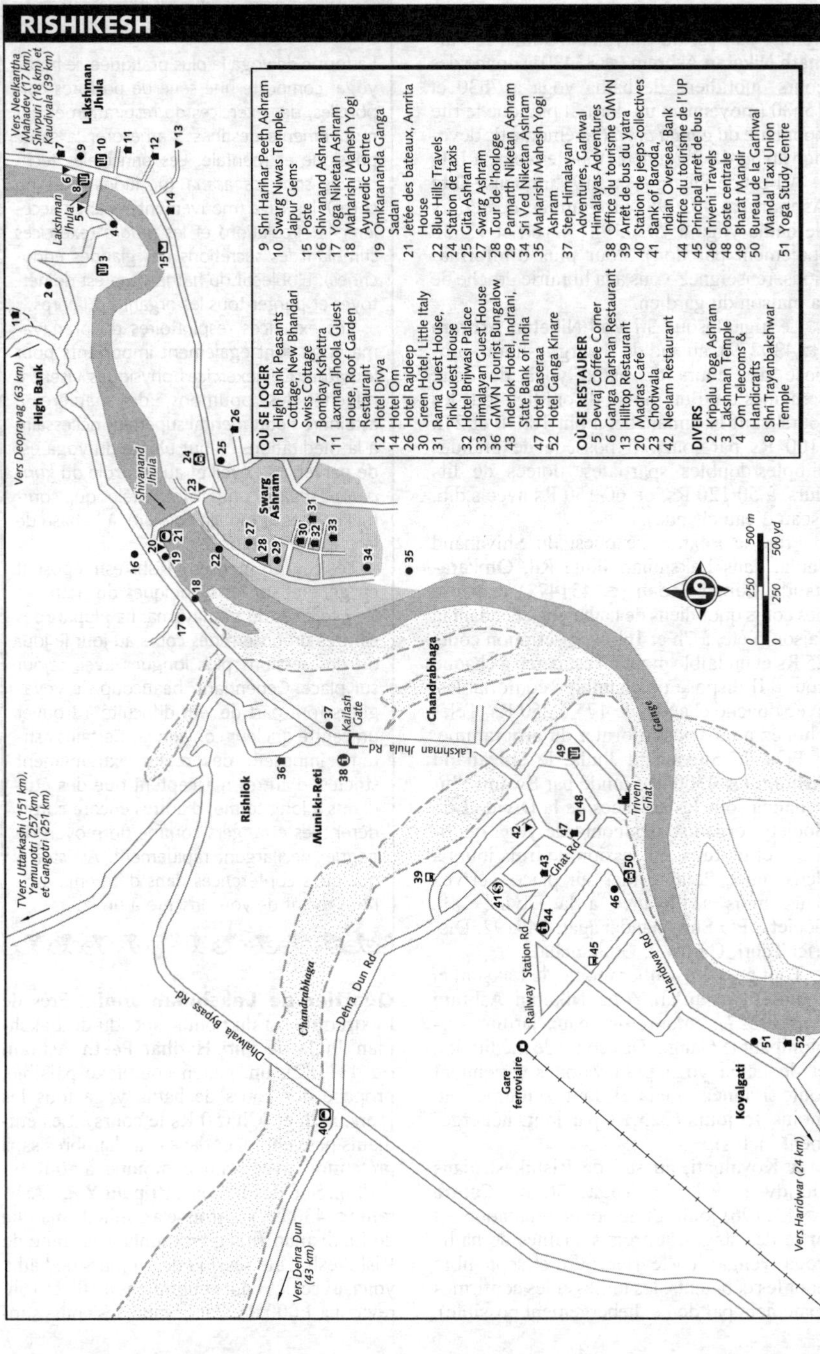
RISHIKESH
OÙ SE LOGER
1 High Bank Peasants Cottage, New Bhandari Swiss Cottage
7 Bombay Kshettra
11 Laxman Jhoola Guest House, Roof Garden Restaurant
12 Hotel Divya
14 Hotel Om
26 Hotel Rajdeep
30 Green Hotel, Little Italy
31 Rama Guest House, Pink Guest House
32 Hotel Brijwasi Palace
33 Himalayan Guest House
36 GMVN Tourist Bungalow
43 Inderlok Hotel, Indrani, State Bank of India
47 Hotel Baseraa
52 Hotel Ganga Kinare
OÙ SE RESTAURER
5 Devraj Coffee Corner
6 Ganga Darshan Restaurant
13 Hilltop Restaurant
20 Madras Cafe
23 Chotiwala
42 Neelam Restaurant
DIVERS
2 Kripalu Yoga Ashram
3 Lakshman Temple
4 Om Telecoms & Handicrafts
8 Shri Trayanbakshwar Temple
9 Shri Harihar Peeth Ashram
10 Swarg Niwas Temple, Jaipur Gems
15 Poste
16 Shivanand Ashram
17 Yoga Niketan Ashram
18 Maharishi Mahesh Yogi Ayurvedic Centre
19 Omkarananda Ganga Sadan
21 Jetée des bateaux, Amrita House
22 Blue Hills Travels
24 Station de taxis
25 Gita Ashram
27 Swarg Ashram
28 Tour de l'horloge
29 Parmarth Niketan Ashram
34 Sri Ved Niketan Ashram
35 Maharishi Mahesh Yogi Ashram
37 Step Himalayan Adventures, Garhwal Himalayas Adventures
38 Office du tourisme GMVN
39 Arrêt de bus du yatra
40 Station de jeeps collectives
41 Bank of Baroda, Indian Overseas Bank
44 Office du tourisme de l'UP
45 Principal arrêt de bus
46 Triveni Travels
48 Poste centrale
49 Bharat Mandir
50 Bureau de la Garhwal Mandal Taxi Union
51 Yoga Study Centre
Vers Neelkantha Mahadev (17 km), Shivpuri (18 km) et Kaudiyala (39 km)
Lakshman Jhula
Vers Deoprayag (63 km)
High Bank
Shivanand Jhula
Swarg Ashram
TVers Uttarkashi (151 km), Yamunotri (257 km) et Gangotri (251 km)
Rishilok
Muni-ki-Reti
Kailash Gate
Lakshman Jhula Rd
Chandrabhaga
Ganga
Ghat Rd
Triveni Ghat
Railway Station Rd
Haridwar Rd
Gare ferroviaire
Koyalgati
Dhalwala Bypass Rd
Dehra Dun Rd
Vers Dehra Dun (43 km)
Vers Haridwar (24 km)
0 250 500 m
0 250 500 yd

Swarg Ashram et Koyalgati. Près de l'extrémité sud-est du Shivanand Jhula, le **Parmath Niketan Ashram** (☎ 434301) donne des cours quotidiens de hatha yoga à 7h30 et 15h30 (moyennant un don). Il pratique le rite populaire du *ganga aarti* (cérémonie de dévotion au bord de la rivière) tous les soirs, à 17h.

A l'est de Swarg Ashram, l'immense **Gita Ashram** (☎ 431998) programme des cours de hatha yoga à 7h30, 9h15, 16h et 17h30 (paiement par don). Pour plus d'informations, renseignez-vous à la librairie proche de la maison du gardien.

Le gigantesque **Sri Ved Niketan Ashram** (☎ 430279), au sud de Swarg Ashram, propose des cours de hatha yoga de deux semaines ou d'un mois ; ils ont lieu tous les jours, sauf le dimanche, à 8h, 18h30 et 21h (100 Rs par jour). Il possède de grandes simples/doubles spartiates, dotées de lits durs, à 50/120 Rs, ou 60/150 Rs avec s.d.b. (seau d'eau chaude).

Près de l'extrémité ouest du Shivanand Jhula, dans Lakshman Jhula Rd, **Omkarananda Ganga Sadan** (☎ 431473) dispense des cours quotidiens de hatha yoga pendant la saison d'été, à 7h et 16h. L'inscription coûte 25 Rs et un faible montant est perçu à chaque cours. Il dispose de chambres confortables, avec douche chaude, de 175 à 250 Rs. Téléphonez pour vous informer du programme.

Près du Shivanand Jhula, le **Shivanand Ashram** (☎ 430040), fondé par Swami Shivananda sous les auspices de la Divine Life Society, organise des cours de yoga quotidiens et gratuits, en session de trois jours à deux mois. Pour résider sur place, écrivez deux mois à l'avance à la Divine Life Society, PO Shivanandanagar, 249192, District Tehri, Garhwal, Uttaranchal.

Tout près, un sentier monte de Lakshman Jhula Rd jusqu'au **Yoga Niketan Ashram** (☎ 430227), entouré de beaux jardins surplombant le Gange. Des cours de méditation et de hatha yoga pranayama s'y tiennent toute l'année, mais il faut séjourner au moins 15 jours (225 Rs par jour, hébergement inclus).

A Koyalgati, au sud de Rishikesh dans Haridwar Rd, le **Yoga Study Centre** (☎ 431196) jouit d'une bonne réputation ; il offre des stages de trois semaines de hatha yoga iyengar, en février, avril et septembre pour les débutants, les initiés et les confirmés (paiement par don et hébergement possible).

Yoga

La forme de yoga la plus pratiquée, le hatha yoga, comporte une série de postures corporelles, des exercices de respiration et des mouvements destinés à améliorer la santé physique et mentale. Les principales techniques sont les *asana* (positions fixes du corps), les *kriya* (mouvements visant à accélérer la circulation) et les *mudra* (exercices stimulant les sécrétions des glandes endocrines). L'objectif du hatha yoga est de nettoyer et purger tous les organes du corps.

Les exercices respiratoires du pranayama yoga sont également importants pour le hatha. Ces exercices physiques visent à relâcher les poumons, de manière à atteindre l'état mental supérieur nécessaire à la méditation. Le but ultime du yoga est de parvenir à l'éveil et au contrôle du *kundalini shakti*, une force vitale qui sommeille dans la moelle épinière, à la base de la colonne vertébrale.

Les cours dispensés à Rishikesh reposent en général sur les techniques du hatha et les exercices du pranayama. La plupart des centres proposent des cours au jour le jour ou des sessions plus longues avec séjour sur place. Cependant, beaucoup de voyageurs font part de leur difficulté à trouver un centre qui leur convienne. Certains ashrams imposent des règles extrêmement strictes, d'autres n'acceptent que des étudiants à long terme, d'autres encore considèrent les étrangers comme un moyen de gagner de l'argent rapidement. Assistez à quelques conférences dans différents ashrams avant de vous inscrire à un cours.

Quartier de Lakshman Jhula. Près de l'extrémité est du pont suspendu de Lakshman Jhula, le **Shri Harihar Peeth Ashram** (☎ 431182), un ancien complexe paisible, propose des cours de hatha yoga tous les jours, à 7h et 17h (50 Rs le cours). Les étudiants peuvent loger dans des chambres sans prétention, avec s.d.b. commune, à 50 Rs.

Apprécié des Italiens, **Kripalu Yoga Ashram** (☎ 430599) se trouve à 5 min de marche de Lakhsman Jhula, en montant la route de Rishikesh. Une session de 10 jours de hatha yoga, avec des cours quotidiens à 10h et 16h, revient à 1 000 Rs. Par la suite, les cours supplémentaires coûtent 50 Rs par jour. Ce centre détendu dispose de simples/doubles de 90/150 Rs à 100/175 Rs.

Manifestations annuelles

Le **festival international de Yoga**, organisé par UP Tourism, a lieu tous les ans en février. Des maîtres de yoga et de méditation venus de tout le pays se rassemblent alors à Rishikesh.

Un forfait de 7 jours, incluant les conférences, les repas, l'hébergement, le transport de l'hôtel aux sites et le trajet de Delhi à Rishikesh en bus deluxe climatisé, revient à 40/60 $US en simple/double dans un ashram et à 60/100 $US dans un hôtel. Réservez au moins deux mois à l'avance auprès du Director (☎ 0522-228349, fax 221776), UP Tourism, Chitrahar Building, 3 Naval Kishor Rd, Lucknow.

Circuits organisés

Principal point de départ pour le pèlerinage du Char Dham, Riskikesh compte de nombreuses agences de voyages qui proposent des forfaits pour la visite de ces temples. Le GMVN, le tour-opérateur le plus important et le plus fiable, offre un large choix de circuits comprenant la visite d'un, deux, trois temples ou des quatre.

Le Char Dham complet dure 10 jours et revient à 5 800 Rs (8 645 Rs en taxi). La visite limitée à Badrinath et Kedarnath prend 6 jours et coûte 3 300/5 222 Rs en bus/taxi. Ces prix comprennent l'hébergement en chambres communes dans des tourist bungalows du GMVN, mais pas les repas.

En hiver, les tour-opérateurs proposent des forfaits de ski à Auli, près de Joshimath.

Où se loger

Quartier de Swarg Ashram. La majorité des pèlerins et des voyageurs se concentrent autour de l'immense Swarg Ashram, sur la rive est du Gange.

Au bout d'une ruelle, près du chemin qui longe le fleuve, le ***Green Hotel*** *(☎ 431242)*, établi de longue date, loue 125 Rs ses doubles très propres du rez-de-chaussée (seau d'eau chaude) et 250 Rs celles plus spacieuses de l'étage (eau chaude courante). Le restaurant sert de délicieuses pizzas.

Grand et moderne, l'***Hotel Brijwasi Palace*** *(☎ 435181)*, dans une ruelle parallèle au chemin qui borde le Gange, dispose d'un jardin et de simples/doubles très correctes à 100/120 Rs (seau d'eau chaude). Des cours de yoga ont lieu à 10h et 16h (50 Rs).

Dans le même dédale de ruelles, l'***Himalayan Guest House*** *(☎ 435507)*, appréciée mais rudimentaire, offre des chambres à 80 Rs, ou 120 Rs (avec s.d.b.) à l'étage. Des séances de méditation et de yoga ont lieu à 8h et 16h30.

Non loin de là, la ***Rama Guest House*** et la ***Pink Guest House*** proposent des chambres minuscules et spartiates à partir de 40 Rs, qui ne méritent pas plus.

Au nord du pont, dans la petite rue qui grimpe de la station de taxis, l'***Hotel Rajdeep*** (*☎ 432826, fax 433109*) facture ses simples/doubles standard 125/200 Rs (seau d'eau chaude), 350 Rs ses doubles plus plaisantes (eau chaude courante), ou 925 Rs avec clim. Il possède une agence de voyages et organise parfois des cours de yoga.

High Bank. Cette petite enclave sur la rive ouest surplombe le Gange et regroupe plusieurs retraites paisibles. Prenez la route sur la gauche, 1 km avant Lakshman Jhula.

Niché dans un beau jardin fleuri et tenu par une famille sympathique, le ***High Bank Peasants Cottage*** *(☎ 431167)* demande au moins 300/350 Rs pour des chambres avec s.d.b. (seau d'eau chaude gratuit). Sur le balcon, vous pourrez vous installer dans un fauteuil en osier pour contempler le Gange.

Bien tenu, le ***New Bhandari Swiss Cottage*** *(☎ 431322)* comporte des grandes chambres agréables à 100 Rs (douche froide) et de 150 à 250 Rs (eau chaude), un café et un café Internet. Un jardin paisible et les belles vues du balcon ajoutent à son charme.

Lakshman Jhula. Nombre de voyageurs en long séjour jugent Swarg Ashram trop commercial et se réfugient dans cette localité plus calme, plus au nord. Les meilleures adresses bordent la rive est.

Au nord du pont, le ***Bombay Kshettra***, un ancien bâtiment pittoresque plein de caractère, facture ses chambres de 80 à 100 Rs, selon la taille, toutes avec s.d.b. commune et réparties autour d'une jolie cour.

En surplomb de la route, l'***Hotel Divya*** *(☎ 434938)*, moderne, bien tenu et très prisé, loue des chambres sans prétention, mais propres, pour 150 Rs (avec vue) ou 100 Rs (à l'arrière). A proximité, la ***Laxman Jhoola***

Guest House *(☎ 435720)* comprend des chambres spartiates mais bien tenues, avec s.d.b., à 100/150 Rs, ainsi que l'accueillant ***Roof Garden Restaurant***.

L'***Hotel Om*** *(☎ 433272)*, au sud du village, propose un choix de chambres propres, avec s.d.b. et eau chaude, de 150 à 250 Rs.

Centre de Rishikesh. La plupart des établissements de catégorie moyenne se situent dans le quartier bruyant du marché.

L'***Inderlok Hotel*** *(☎ 430555, Ghat Rd)* dispose de simples/doubles standard à 600/700 Rs, ou climatisées à 900/1 000 Rs, toutes avec TV, moquette, eau chaude et téléphone.

Au bout de Haridwar Rd, l'***Hotel Baseraa*** *(☎ 430720, fax 430888, Ghat Rd)*, l'une des meilleures adresses, propose des chambres impeccables, avec TV et eau chaude, à 250/350 Rs avec ventil., 850/950 Rs avec clim.

Au nord du centre-ville, de l'autre côté de la voie ferrée, le ***GMVN Tourist Bungalow*** *(☎ 430373)*, situé dans un cadre charmant, offre des chambres avec douche froide à 140/180 Rs, avec douche chaude à partir de 340/420 Rs et à 620/840 Rs avec clim. Un lit dans le petit dortoir revient à 70 Rs. L'hôtel abrite un bon restaurant.

Plus bel hôtel de Rishikesh, l'***Hotel Ganga Kinare*** *(☎ 431658, fax 435243, 16 Virbhadra Rd)* se trouve à quelque 2 km au sud du centre-ville. Cet établissement paisible comporte un restaurant, un ghat et une terrasse où se déroulent des cours de yoga et de méditation. Comptez un minimum de 1 650 Rs pour une double bien équipée, dotée de tout le luxe escompté.

Où se restaurer

Dans cette ville sainte, la cuisine est exclusivement végétarienne. L'***Indrani*** de l'Inderlok Hotel propose un bon choix de plats chinois, ainsi que des spécialités comme le *rajmah*, des haricots rouges relevés (30 Rs).

Tenu par le serviable M. Singh, le ***Neelam Restaurant***, un établissement propre et accueillant dans une ruelle proche d'Haridwar Rd, sert de la cuisine italienne et indienne. Les Occidentaux apprécient les macaroni (30 Rs), les pizzas et les spaghetti, ainsi que les plats indiens habituels.

Le ***Madras Cafe***, sur la rive ouest du Shivanand Jhula, offre une grande variété de dosa et d'autres délices d'Inde du Sud pour 20 à 30 Rs. Son café est correct.

Autre restaurant italo-indien, l'***Amrita House***, près de la jetée, prépare d'excellents spaghetti et pizzas, garnies de fromage de bufflonne maison. Vous pourrez aussi prendre un délicieux petit déjeuner et vous plonger dans l'un des livres à la disposition des clients.

Le ***Chotiwala***, à l'extrémité est du Shivanand Jhula, dans Swarg Ashram, mérite le détour, ne serait-ce que pour les employés déguisés en Chotiwala, emblème de la société. Les thali copieux valent de 35 à 70 Rs, avec une boisson gratuite.

Le ***Little Italy*** du Green Hotel sert de succulentes pizzas, d'autres plats occidentaux et les spécialités indiennes habituelles. Comptez environ 50 Rs.

Le ***Devraj Coffee Corner*** surplombe le pont dans Lakshman Jhula et offre une vue splendide sur les temples à 13 étages. Il prépare un bon café, un grand choix de délicieux plats et en-cas cuits au four et dispose en outre d'une librairie bien fournie.

Le ***Ganga Darshan Restaurant***, au nord du pont sur la rive est, propose des thali à quelque 30 Rs.

Sur la colline qui surplombe Lakshman Jhula, le ***Hilltop Restaurant***, plus élégant, offre un beau choix de plats indiens, chinois, tibétains et italiens de 35 à 60 Rs.

Achats

Rishikesh est un bon endroit pour acheter un *rudraksh mala*, collier de perles utilisé pour les *puja* (offrandes), fait de noix de rudraksh. Les prix commencent à 100 Rs, les noix plus petites valant plus cher. La plupart des ashrams possèdent leur propre pharmacie ayurvédique qui vend divers remèdes et fortifiants à base d'herbes de l'Himalaya. Le Maharishi Mahesh Yogi Ayurvedic Centre, dans Lakshman Jhula Rd, a bonne réputation.

Comment s'y rendre

Bus. Les bus pour Haridwar partent du principal arrêt de bus (☎ 430066) toutes les 30 min de 4h30 à 22h30 (14 Rs, 1 heure), et continuent vers Delhi (112 Rs, 7 heures). Des bus desservent Dehra Dun toutes les 30 min entre 5h30 et 19h30 (19 Rs, 1 heure 30). Un bus part à 8h15 pour Ramnagar (99 Rs, 7 heures) et poursuit vers Nainital (135 Rs, 11 heures). A Dehra Dun et Haridwar, des correspondances rallient Shimla et Dharamsala. Les bus à destination du Char Dham partent de l'arrêt de bus du yatra, derrière Dehra Dun Rd. Les horaires sont plutôt irréguliers, mais la majorité des bus partent le matin, entre 3h et 7h. Plusieurs bus rejoignent quotidiennement Uttarkashi (92 Rs, 7 heures), Kedarnath (127 Rs, 12 heures), Badrinath (152 Rs, 10 heures) et Joshimath (142 Rs, 8 heures). Un ou deux bus desservent Gangotri (155 Rs, 10 heures) et Hanuman Chatti (159 Rs, 8 heures). En dehors de la saison des pèlerinages (de mai à octobre), les bus ne se rendent qu'à Joshimath et Uttarkashi.

Train. Les réservations peuvent s'effectuer à la gare ferroviaire (☎ 434167) tous les jours, de 8h à 18h (jusqu'à 14h le dimanche). La gare dispose de quelques places pour Haridwar. Les trains pour Haridwar partent à 6h40, 7h45, 14h20, 15h15 et 18h35 (5 Rs, 1 heure). Celui de 6h40 continue jusqu'à Dehli (146 Rs en couchette) où il arrive à 17h20. Le train de 18h35 assure la correspondance avec le *Mussoorie Express* pour Dehli.

Taxi et jeep. Le bureau principal de la Garhwal Mandal Taxi Union (☎ 430413) se situe dans Haridwar Rd, au sud de Ghat Rd. Les tarifs officiels sont les suivants : Haridwar (350 Rs), Dehra Dun (450 Rs), Uttarkashi (pour Gangotri ; 1 000 Rs), Dehli (1 500 Rs) et Ramnagar (pour la Corbett Tiger Reserve ; 1 800 Rs). Un taxi pour le Char Dham revient à 9 500 Rs, et à 5 500 Rs pour Badrinath et Kedarnath.

Vous pouvez héler les jeeps collectives pour Dehra Dun (20 Rs) n'importe où dans Dehra Dun Rd. Vous trouverez peut-être un taxi collectif à destination de Haridwar (20 Rs) au principal arrêt de bus. Sinon, prenez un vikram collectif dans Haridwar Rd (15 Rs). Quand elles ont fait le plein de passagers, des jeeps collectives partent du coin de Dehra Dun Rd et de Dhalwala Bypass Rd pour Uttarkashi (120 Rs, 5 heures) et Joshimath (200 Rs, 8 heures) entre 8h et 14h.

Comment circuler

Des vikrams font la navette du carrefour de Ghat Rd à Shivanand Jhula (4 Rs) et Lakshman Jhula (6 Rs), mais essaieront de vous proposer un parcours spécial pour 40 Rs. Les taxis demandent 40/60 Rs pour ces mêmes trajets. Sur la rive est du fleuve, une place en jeep de Lakshman Jhula à Shivanand Jhula coûte 4 Rs (ou 40 Rs pour le véhicule). Entre 8h et 17h30, vous pouvez traverser le fleuve en bateau jusqu'à Swarg Ashram (4 Rs).

TREKKING AU GARHWAL

L'extrême nord de l'Uttaranchal doit sa célébrité au Char Dham, un circuit de pèlerinage aux sources des quatre fleuves sacrés de l'hindouisme. Toutes situées dans un cadre exceptionnel, elles attirent des milliers de pèlerins durant la saison du yatra. Pour échapper à la foule, partez découvrir la magnifique Valley of Flowers, haut perchée au-dessus de Joshimath, ou la vallée de Har-ki-Dun (3 566 m), près de la frontière de l'Himachal Pradesh. Parmi les autres treks favoris figurent ceux aux lacs d'altitude, Dodi Tal, Kedar Tal et Hem Kund.

Quelques treks spectaculaires explorent les montagnes environnant Gangotri ; le plus prisé est celui de 2 jours à Gaumukh (3 890 m), le "mufle de vache" et la véritable source du Gange. Vous trouverez divers hébergements pour pèlerins ainsi qu'une ***GMVN Tourist Rest House*** (doubles à 520 Rs, lits en dortoir à 180 Rs, tentes à 130 Rs) à Bhojbasa, à 4 km de Gaumukh. D'autres treks vous emmèneront à la prairie de Tapovan, à 6 km de Gaumuhk, et au Kedar Tal (4 425 m), à 18 km au sud de Gangotri.

Les meilleures périodes pour le trekking se situent avant la mousson (de mi-mai à fin juin) ou après (de mi-septembre à mi-octobre). Nous vous recommandons fortement de louer les services d'un guide. En juillet et en août, des averses torrentielles s'abattent sur la région, mais c'est le meilleur moment pour apprécier la diversité des fleurs sauvages dans la Valley of Flowers. La plupart des temples et des pensions ferment pendant l'hiver.

La GMVN Trekking & Mountaineering Division à Rishikesh organise des treks au Garhwal pour quelque 2 200 Rs par jour, tout compris ; elle propose également des guides, des porteurs et du matériel en location. Si vous lisez l'anglais, vous trouverez de plus amples renseignements sur les treks au Garhwal dans le guide *Trekking in the Indian Himalaya* de Lonely Planet.

UTTARKASHI

☎ 01374 • 1 158 m d'altitude

Ville agréable, Uttarkashi se situe au bord du Gange, appelé ici Bhagirathi, à 155 km de Rishikesh. Étape importante sur la route qui conduit au Char Dham, au nord, elle abrite de nombreux temples, dont le **Vishwanatha Temple**, le plus important, dédié à Shiva. C'est là également qu'est implanté le Nehru Institute of Mountaineering, où a été formée Bachhendri Pal, la première femme indienne à avoir escaladé l'Everest. Un petit office du tourisme (☎ 2290) est installé dans la rue principale ; vous pourrez faire des provisions au marché avant de partir en trekking. Louer les services d'un guide revient de 200 à 500 Rs par jour. Un des treks appréciés de la région est celui de 4 jours qui mène au Dodi Tal, un lac d'altitude qui offre des panoramas splendides et d'où l'on peut continuer jusqu'à Hanuman Chatti. Le jour de **Makar Sakranti**, qui tombe généralement en janvier, Uttarkashi accueille une fête très colorée, au cours de laquelle les divinités des villages reculés sont amenées en ville sur des palanquins.

La ***GMVN Tourist Rest House*** *(☎ 2271)* loue des lits en dortoir pour 70 Rs et des doubles de 240 à 660 Rs. Dans le bazar principal, l'***Hotel Hanslok*** *(☎ 22290)* offre des doubles rudimentaires, avec s.d.b., à 80 Rs. Non loin, l'***Hotel Bhadari*** *(☎ 22203)*, sommaire mais propre, facture ses doubles à partir de 200 Rs. Des bus partent le matin pour Gangotri (80 Rs), Rishikesh (92 Rs) et Dehra Dun (125 Rs).

CHAR DHAM

Ces quatre temples anciens marquent les sources spirituelles des quatre fleuves sacrés de l'hindouisme : la Yamuna (Yamunotri), le Gange (Gangotri), la Mandakini (Kedarnath) et l'Alaknanda (Badrinath). Situés dans des cadres spectaculaires, ils attirent chaque année des milliers de pèlerins pendant la saison du yatra. Ce pèlerinage a donné naissance à un commerce florissant, avec voitures de luxe, poneys et même palanquins, afin que tous ceux qui en ont le désir (et les moyens) puissent visiter les quatre sanctuaires. Le bon côté de cette situation est l'existence d'un réseau bien établi de pensions et de dhaba qui assurent le gîte et le couvert aux randonneurs affamés. La saison du yatra s'étend approximativement de mai à octobre ; les dates précises sont fixées chaque année par les prêtres. En saison, le GMVN organise des circuits de 12 jours au Char Dham qui partent de Dehli et comprennent les transports et l'hébergement dans les GMVN Rest Houses, mais pas les repas (7 050 Rs en bus deluxe, 9 850 Rs en taxi). Des circuits de pèlerinage similaires sont proposés au départ de Haridwar et de Rishikesh.

Yamunotri

Yamunotri est la source de la Yamuna, le second fleuve sacré de l'Inde après le Gange. C'était autrefois la source de la Saraswati, l'un des berceaux de la civilisation indienne, avant que des bouleversements géologiques ne détournent son cours. La Yamuna provient d'un lac gelé et des glaciers du Kalinda Parvat, à 4 421 m d'altitude, à 1 km après le temple. En face de ce dernier, plutôt sobre, jaillissent des sources chaudes où les prêtres font cuire les pommes de terre qu'ils offrent en prasad.

Les bus en provenance de Dehra Dun ou de Rishikesh vont jusqu'à Hanuman Chatti, mais vous devrez peut-être changer à Barkot. A Hanuman Chatti, une ***GMVN Tourist Rest House*** loue des lits en dortoir pour 130 Rs, des doubles, trop chères, à 650 Rs, et possède un restaurant sans prétention. De Hanuman Chatti, une randonnée de 13 km conduit à Yamunotri, doté de ***dharmasala*** (gîtes pour pèlerins) rudimentaires et d'une ***Tourist Rest House*** (lits en dortoir à 130 Rs). Vous pouvez aussi loger à la ***Tourist Rest House*** de Janki Chatti (à mi-chemin entre Hanuman Chatti et Yamunotri), qui propose des lits en dortoir à 130 Rs et des doubles à partir de 330 Rs.

Gangotri

A la source du Gange (appelé Bhagirathi jusqu'à Deoprayag), Gangotri est l'un des lieux les plus sacrés du pays. Le fleuve prend véritablement sa source 18 km plus au nord, à Gaumukh, mais la plupart des pèlerins se contentent de se recueillir à la source spirituelle, dans le temple très sobre de Gangotri, construit par le commandant gurkha Amar Singh Thapa au XVIIIe siècle. Le cadre environnant, à 3 042 m, est magnifique. L'enceinte du temple comporte un ghat où les pèlerins descendent se baigner dans les eaux glacées. A côté se trouve le rocher sur lequel Shiva aurait vu le Ganga s'écouler entre ses cheveux emmêlés. Les bus s'arrêtent au village de Gangotri, où la ***GMVN Tourist Rest House*** offre des lits en dortoir à 130 Rs, des doubles à 330 Rs et des doubles deluxe à 720 Rs. Gangotri compte aussi une ***Forest Rest House*** et plusieurs ***dharmasala***. En saison, des bus fréquents partent de Haridwar et de Rishikesh.

Kedarnath

Point culminant du Char Dham, à 3 584 m, Kedarnath est révéré pour être la source de la Mandakini, mais le temple est avant tout dédié à la bosse que Shiva (qui avait pris la forme d'un taureau) laissa derrière lui lorsqu'il plongea dans le sol pour échapper aux Pandava. D'autres parties de son corps sont vénérées dans les quatre autres sanctuaires du Panch Kedar : les bras à Tugnath, la bouche à Rudranth, le nombril à Madmaeshwar et les cheveux à Kalpeshwar. La véritable source de la Mandakini se trouve à 12 km au-delà de Kedarnath.

Ce joli temple a été érigé au VIIIe siècle par le gourou Shankara, enterré derrière le sanctuaire. L'environnement est superbe et le pèlerinage à Kedarnath, extrêmement populaire ; pendant la saison du yatra, les pèlerins envahissent littéralement le village. Le site est placé sous de si bons auspices que certains se sont jetés du haut d'une falaise derrière le temple dans l'espoir d'accéder instantanément au *moksha* (salut).

La ***GMVN Tourist Rest House*** *(☎ 01364-6210)* dispose de lits en dortoir à 130 Rs et de doubles à partir de 260 Rs. Si elle affiche complet, vous trouverez sans doute un lit dans l'un des ***ashrams*** ou des ***dharmasala*** situés entre le temple et le pont. Plusieurs dhaba bon marché accueillent la multitude de pèlerins.

Les bus de Rishikesh à Kernadath ne vont pas plus loin que Gaurikund, d'où il faut grimper une pente escarpée de 14 km, bordée tout le long de dhaba et d'échoppes de chai jusqu'au temple. On peut louer un poney pour effectuer ce trajet. Gaurikund possède également une ***GMVN Tourist Rest House***, avec des lits en dortoir bon marché et des doubles au prix fort. Un convoi de bus et de jeeps part le matin pour Rishikesh et Rudraprayag, où l'on trouve des correspondances pour Joshimath et Kumaon.

Badrinath

Consacré à Vishnu, Badrinath représente la source de l'Alaknanda et bénéficie d'un cadre exceptionnel, à l'ombre du Nilkantha enneigé (6 558 m). Cependant, la construction anarchique d'hôtels et de dharmasala a entamé le charme du village. Le temple aux couleurs vives fut fondé par le gourou Shankara au VIIIe siècle, mais la structure actuelle est beaucoup plus récente. Un pittoresque marché religieux entoure le temple.

Dans le vieux village de Badrinath, à une courte distance à pied vers le sud, vous verrez quelques exemples d'architecture montagnarde traditionnelle. **Mana**, un ancien village bouddhique à 4 km de Badrinath, vaut le détour mais n'est pas toujours accessible aux étrangers ; renseignez-vous sur place. Les adorateurs de Vishnu visitent également les quatre autres temples du Panch Badri, disséminés autour de Joshimath.

Le GMVN gère le grand ***Devlok Hotel*** *(☎ 01381-2212)* et la plus petite ***Tourist Rest House*** où les chambres valent de 260 à 850 Rs et les lits en dortoir, 50 Rs. Vous devrez obtenir une autorisation du Badrinath Temple Committee, sur la rive est de l'Alaknanda, si vous voulez loger dans une de leurs nombreuses ***dharmasala***. En saison, quantité de bus et de jeeps partent le matin pour Rishikesh et Haridwar.

JOSHIMATH

☎ 01389 • 1 845 m d'altitude

Cette ville administrative importante est la porte d'accès au *dham* de Badrinath. C'est là que les bus de yatra s'organisent en convois pour parcourir les derniers quarante-quatre kilomètres jusqu'à Badrinath. Haut perchée au-dessus du confluent de la Saraswati et de la Dhauliganga, Joshimath fut fondée par le gourou Shankara au VIIIe siècle et possède quelques temples intéressants, dont le **Narsingh Temple**, peint de couleurs éclatantes et dédié à Vishnu sous sa forme de lion.

Le petit office du tourisme (☎ 22181) ne loue plus d'équipements de trekking ; vous devrez pour cela aller dans la station de ski d'Auli. Deux compagnies de trekking privées, Nanda Devi Mountain Travel (☎ 22170) et Garhwal Adventure Sports (☎ 22288), sont installées à l'Hotel Nanda Devi, dans le bazar principal.

Joshimath compte deux ***GMVN Tourist Rest Houses*** : la *nouvelle* (☎ 22226), la meilleure des deux, possède des lits en dortoir à 130 Rs et des doubles à partir de 460 Rs ; un peu négligée, l'*ancienne* (☎ 22118) loue ses lits en dortoir pour 130 Rs et ses doubles à partir de 260 Rs. Parmi les hôtels privés, le ***Shailja*** *(☎ 22208)* et le ***Kamet*** *(☎ 22155)* proposent des chambres spartiates mais bon marché.

AULI

A 13 km de Joshimath par la route et facilement accessible de Rishikesh en bus ou en jeep, Auli, la première station de ski du pays, est gérée par le GMVN. Elle s'enorgueillit de pistes de 5 km de long, qui dévalent de 3 049 m d'altitude à 2 519 m, et d'un télésiège de 500 m qui longe la piste principale (50 Rs la remontée). Les pistes les plus hautes et les plus basses sont reliées par un télésiège long de 800 m.

Ouverte de janvier à mars, Auli bénéficie en général d'un bon enneigement. Un téléphérique pratique relie Joshimath à la station (3,9 km ; 250 Rs l'aller-retour), mais les coupures de courant sont fréquentes ! Le GMVN loue des skis et des chaussures (175/225 Rs la demi-journée/journée, 125/175 pour les enfants), des gants (100 Rs) et des lunettes de ski (30 Rs). A vous de prévoir un bonnet et des vêtements chauds adaptés. Les cours, quotidiens, reviennent à 100/150 Rs.

La confortable ***GMVN Tourist Rest House*** *(☎ 01389-23208)* facture les doubles 900 Rs et les lits en dortoir 70 Rs. Un forfait de ski de 7/14 jours, comprenant les repas, l'hébergement, la location du matériel, les remontées et les cours, est proposé pour 4 000/8 000 Rs. Pour réserver, écrivez au General Manager (☎ 0135-746817, fax 744408), GMVN, 74/1 Rajpur Rd, Dehra Dun, Uttaranchal. Hors saison, Auli mérite la visite pour les magnifiques randonnées dans les environs.

TREKKING DU COL DE KUARI

Également appelé le Curzon Trail (bien que Lord Curzon et son équipe aient renoncé à franchir le col après une attaque de guêpes), la randonnée au col de Kuari (4 268 m) offre des panoramas somptueux sur le Garhwal Himalaya. Le départ de la piste se situe à Auli, que l'on rejoint en bus ou en téléphérique de Joshimath. Divers itinéraires grimpent vers le col et continuent de l'autre côté jusqu'à Ghat (47 km, 4 jours), d'où vous pourrez prendre un bus ou une jeep jusqu'à Nandprayag, sur la route Rishikesh-Joshimath.

On peut aussi continuer jusqu'à Gwaldam, à la frontière du Kumaon, *via* le sinistre lac de Rup Kund (appelé le "lac mystérieux" en raison des nombreux squelettes humains retrouvés là).

VALLEY OF FLOWERS NATIONAL PARK ET HEM KUND

La découverte de la fabuleuse Valley of Flowers (vallée des Fleurs) est attribuée à l'alpiniste britannique Frank Smythe dans les années 30 ; toutefois, les habitants du Garhwal la connaissaient depuis des siècles. Tout au long de l'été, de la mi-juin à la mi-septembre, la vallée, tapissée d'une étonnante diversité de fleurs sauvages, se détache devant des pics étincelants, dont le Nilgiri Parbat (6 474 m).

Jadis, randonneurs et bétail n'ont guère respecté cette splendeur, ramassant, piétinant et mangeant les fleurs ; désormais, l'accès au parc est limité à la journée et le camping, interdit. A Ghangaria, à 4 km en dessous de la vallée, la ***GMVN Tourist Rest House*** loue des lits en dortoir pour 130 Rs et des doubles surévaluées pour 590 Rs.

Le parc est accessible par Govind Ghat, desservi par des bus locaux à partir de Joshimath. La piste de 13 km jusqu'à Ghangaria est bien tracée et suit les belles gorges de la Laxman Ganga. La randonnée au lac de Hem Kund constitue un détour intéressant ; c'est là que le gourou sikh Gobind Singh aurait médité dans une vie antérieure. Le sentier qui mène à Hem Kund part de la piste de la Valley of Flowers, à 3 km après Ghangaria ; le lac se trouve 6 km plus loin.

TREKKING AU KUMAON

Le sommet du Nanda Devi (7 816 m), le plus haut entièrement situé en Inde, marque la frontière nord entre le Garhwal et le Kumaon. La région à l'est du Nanda Devi, l'une des moins visitées de l'Himalaya indien, offre de multiples randonnées, dont les treks sportifs qui mènent aux glaciers de Pindari et de Milam, nichés contre la frontière tibétaine. En descendant les contreforts, vous découvrirez les paisibles stations climatiques de Ranikhet, Almora et Nainital. La Corbett Tiger Reserve, berceau du Project Tiger et principale attraction du Kumaon, s'étend à la limite des plaines, tandis que Banbassa, à l'extrême est de l'État, est un point d'accès au Népal.

Comme au Garhwal, les périodes les plus propices au trekking se situent avant la mousson (de mi-mai à fin juin) ou après (de mi-septembre à mi-octobre). Sachez que le Kumaon est une zone frontalière sensible et que de nombreuses régions sont interdites aux étrangers, dont les environs immédiats du Nanda Devi. Les bureaux du KMVN à Dehli et Nainital proposent des forfaits de trekking, tout compris, aux glaciers de Pindari (2 640 Rs, 6 jours) et de Milam (3 660 Rs, 8 jours). Ils organisent également des expéditions de rafting d'une semaine sur la Sarju et la Kali Ganga au départ de Dehli.

CORBETT TIGER RESERVE

☎ 05947

Premier parc national indien, fondé en 1936, la Corbett Tiger Reserve est réputée à la fois pour la richesse de sa faune et pour son emplacement unique sur les premières pentes de l'Himalaya, au bord de la Ramganga. Grâce à l'annexion du Sonanadi Wildlife Sanctuary, à l'ouest, Corbett compte aujourd'hui 1 318 km².

Attribuer à un parc national le nom d'un célèbre chasseur anglais paraît quelque peu incongru, mais Jim Corbett joua un rôle déterminant dans la création de la réserve et braqua plus volontiers son objectif que son fusil sur les animaux sauvages. Il se fit connaître grâce à son livre, *Les Mangeurs d'hommes du Kumaon* et s'attira la sympathie et l'estime des populations locales en abattant les tigres qui avaient pris goût à la chair humaine.

La réserve de Jim Corbett a servi de point de départ au programme Project Tiger inauguré dans tout le pays en 1973, qui a suscité la création de 22 réserves. Apercevoir un tigre est néanmoins une question de chance, car les animaux ne sont ni appâtés, ni suivis à la trace. Si vous voulez absolument voir un tigre, venez plutôt entre avril et mi-juin et restez plusieurs jours dans le parc.

Vous verrez plus facilement des éléphants sauvages, des langurs, des macaques rhésus, des paons et plusieurs espèces de cervidés, dont le chital (tacheté), le cerf cochon ou le muntjac. Le parc abrite aussi des léopards, des crocodiles agressifs, des gavials (crocodiles à la gueule effilée, mangeurs de poissons), des varans, des sangliers et des chacals. Depuis la création du réservoir de Ramganga sur la rivière éponyme, de nombreuses espèces d'oiseaux aquatiques s'y retrouvent. La meilleure période se situe de mi-décembre à fin mars.

Le nouveau système de tarification différenciée fait de Corbett une destination onéreuse pour les étrangers (moins pour les Indiens, qui paient un dixième du tarif étranger). Prévoyez environ 40 $US pour une visite de deux jours, mais vous dépenserez moins en partageant une jeep ou en faisant du stop.

Le parc ouvre de mi-novembre à la mi-juin, mais sachez que la faune fuit la foule des week-ends. Pensez à emporter un produit antimoustique, de l'eau minérale et des jumelles.

Transformée en musée, la maison qu'occupait autrefois Jim Corbett, à Veranda (à 26 km de Ramnagar en directin de Nainital), mérite la visite (entrée : 10 Rs).

Orientation et renseignements

La Corbett Tiger Reserve englobe le Corbett National Park d'origine, partie est de la réserve, et le Sonanadi Wildlife Sanctuary, sa partie ouest.

Le principal centre d'accueil se trouve à Ramnagar (☎ 51489, fax 51376) à la lisière sud-est du parc. Un second centre d'accueil se situe à Kotdwar (☎ 01382-24823), en bordure sud-ouest. Tous deux ouvrent tous les jours, de 8h30 à 13h et de 15h à 17h. Ramnagar abrite la gare ferroviaire la plus proche, plusieurs hôtels et des tour-opérateurs.

Les infrastructures de Dhikala, à 51 km au nord-ouest de Ramnagar à l'intérieur de la réserve, sont réservées aux visiteurs passant une nuit sur place, ou faisant partie d'un circuit réservé au centre d'accueil de Ramnagar. Si vous venez en excursion pour la journée, vous devrez vous contenter de celles de Bijrani, plus proche de la limite de la réserve.

Dhikala possède une bibliothèque qui projette le soir d'intéressants documentaires animaliers (gratuits). Ne manquez pas les promenades à dos d'éléphant au lever ou au coucher du soleil (2 heures, 4 passagers minimum, 100 Rs par personne). Dans la journée, vous pouvez vous installer dans un des *machaan* (postes d'observation) pour regarder les animaux sans les perturber. Des promenades à dos d'éléphant sont également proposées au lodge de Khinnanauli et à Bijrani, où vous trouverez un centre d'interprètes et un restaurant.

Permis. On les achète généralement à la Dhangarhi Gate (pour Dhikala) ou à l'Amdanda Gate (pour l'excursion d'une journée à Bijrani). Pour séjourner à Dhikala, vous devez d'abord réserver un hébergement au centre d'accueil de Ramnagar. On vous remettra un bon de réservation que vous devrez présenter à la Dhangarhi Gate.

Les étrangers paient un droit d'entrée de 350 Rs pour un séjour de un à trois jours, puis 175 Rs par jour supplémentaire (les Indiens paient 30 Rs, puis 20 Rs par jour). Les appareils photo ne sont pas taxés, mais l'usage d'un Caméscope revient très cher (2 500/5 000 Rs pour les Indiens/étrangers). Entrer avec une voiture à Bijrani coûte 100 Rs, plus 75 Rs pour le guide, obligatoire (4 heures maximum, 20 Rs par heure supplémentaire). Si vous louez une jeep, tous ces frais seront à votre charge.

A Dhikala, les services d'un guide reviennent à 100 Rs, plus 20 Rs par heure supplémentaire.

Toute promenade à pied est strictement interdite (depuis qu'un ornithologue britannique a été tué par une tigresse en 1985). Les portes sont fermées au coucher du soleil et la conduite de nuit, prohibée. Pour quitter le parc, vous devez présenter à la sortie une autorisation délivrée par votre guide.

Circuits organisés

A Delhi, UP Tourism organise des circuits de deux/trois nuits (départs fixes) de Delhi à Dhikala, comprenant le transport, l'hébergement, les droits d'entrée, les services d'un guide et une promenade à dos d'éléphant (3 000/3 500 Rs pour un adulte/enfant).

Le centre d'accueil du parc de Ramnagar propose des excursions en bus d'une journée à Dhikala (1 000 Rs) et à Bijrani (600 Rs), droit d'entrée compris. C'est le seul moyen de visiter Dhikala sans y passer la nuit. Les bus partent du centre d'accueil à 8h30.

Où se loger et se restaurer

La plupart des visiteurs séjournent à Dhikala, Bijrani ou Khinnanauli, qui proposent des promenades à dos d'éléphant. Des rest houses sont installées en divers endroits ; vous ne pourrez guère observer la faune que de votre hôtel, car il est interdit de s'aventurer à pied dans la réserve.

Dhikala, Bijrani et Khinnanauli. Vous aurez le choix entre plusieurs établissements, mais tous pratiquent des tarifs élevés pour les étrangers (les Indiens paient un tiers de ces prix). Les trois premiers cités peuvent se réserver au centre d'accueil de Ramnagar.

Le ***Log Huts*** possède un dortoir aussi spartiate que les couchettes three-tier des trains (100 Rs).

Le ***Tourist Hutment*** loue des triples d'un meilleur rapport qualité/prix (500 Rs). Ces deux établissements perçoivent un supplément de 25 Rs pour la literie.

La ***Forest Rest House*** propose des bungalows et des chambres avec s.d.b., plus confortables, à 900 Rs

Un règlement un peu tortueux veut que les réservations des doubles de l'***Old Forest Rest House*** (1 500 Rs), à Dhikala, soient effectuées auprès du Chief Conservator of Forests à Dehra Dun (☎ 0135-745779), alors que les sept chambres de l'***annexe*** (900 Rs) se réservent au KMVN à Dehli (☎ 011-3350481).

Dhikala compte deux ***restaurants***, dont l'un est géré par le KMVN.

La ***rest house de Bijrani***, dans l'angle sud-est de la réserve, offre des simples/doubles à 500/900 Rs et sert des repas ; on y accède par l'Amdanda Gate. La ***rest house de Khinnanauli***, accessible par la Dhangarhi Gate, facture ses chambres 1 500 Rs (plus 100 Rs pour l'utilisation du générateur).

Ramnagar. Près du centre d'accueil, le ***KMVN Tourist Bungalow*** *(☎ 51225)* dispose de doubles agréables de 400 à 800 Rs et de lits en dortoir à 60 Rs. Plusieurs pensions, sommaires mais propres, bordent la route principale de Ramnagar :

La ***Corbett Guest House*** facture 150/200 Rs ses simples/doubles avec douche chaude commune.

Plus au nord, la ***Govind Guest House*** *(☎ 51614)* demande de 200 à 300 Rs pour des doubles bien tenues et spacieuses, avec ventil. et s.d.b. commune.

Dans la rue en face de l'arrêt de bus, l'***Hotel Everest*** *(☎ 51099)*, accueillant et doté d'un beau balcon, offre des chambres confortables de 250 à 400 Rs (200 Rs hors saison). Les plus chères comportent TV et air-cooler. Des repas peuvent être servis sur place.

Le ***Corbett Green Valley Restaurant***, en bord de route, prépare de nombreuses spécialités indiennes.

Autres lieux. Plusieurs rest houses sont disséminées dans le parc ; elles conviendront à ceux qui disposent de provisions et de leur propre moyen de transport. Les plus pratiques sont celles de ***Saradpuli*** et de ***Gairal*** (500/900 Rs en simple/double), ou celle de ***Sultan*** (450 Rs). Toutes sont alimentées en électricité par un générateur (emportez quand même une lampe de poche) et se réservent au centre d'accueil de Ramnagar.

A l'extérieur de la réserve. Plusieurs complexes touristiques haut de gamme longent la route Ramnagar-Ranikhet, en dehors de la réserve. Tous offrent environ 50% de réduction quand le parc est fermé.

A 7 km de Ramnagar, le très luxueux ***Infinity Corbett Lodge*** *(☎ 51279, fax 85278, à Dehli 011-644016)*, anciennement Tiger Tops, pratique des tarifs en conséquence. Comptez un minimum de 95 $US par personne en double, y compris promenades à dos d'éléphant, excursions en jeep, accès à la piscine et projection de diapositives sur la faune en soirée.

Le ***Claridges Corbett Hideaway*** *(☎ 51959, à Dehli 011-3010211)* possède de jolis bungalows ocre, blottis sous des manguiers. Vous paierez au moins 175 $US pour une double climatisée en pension complète.

Le ***Quality Inn Corbett Jungle Resort*** *(☎/fax 51230)*, dans la Kumeria Forest Reserve, à la limite nord-est du parc, loue de charmants bungalows en surplomb de la rivière pour 3 850 Rs en pension complète. L'établissement possède son propre éléphant, ce qui garantit les promenades.

Comment s'y rendre

Les bus d'UP Roadways et de Dehli Transport Corporation à destination de Dehli partent de Ramnagar environ toutes les heures entre 5h et 19h30 (110 Rs, 7 heures). Pour Dehra Dun (*via* Haridwar), des bus démarrent toutes les heures de 8h à 13h30 (100 Rs). Chaque jour, des bus rallient Nainital (56 Rs, 3 heures 30), *via* Veranda (19 Rs, 1 heure).

Divers bus privés partent en face du centre d'accueil de la Corbett Tiger Reserve à destination du Kumaon. Pour Ranikhet, les départs ont lieu plusieurs fois par jour jusqu'à 14h (60 Rs, 4 heures 30). Le bus de 9h30 continue vers Almora (97 Rs). Des bus locaux réguliers desservent Haldwani (17 Rs), d'où des jeeps rejoignent Nainital, Almora et Ranikhet.

La gare ferroviaire de Ramnagar se trouve à 1,5 km au sud du principal centre d'accueil. Le train de nuit *Ranikhet Express* quitte Ramnagar à 21h10 et arrive à Delhi à 4h30 (120 Rs en couchette). Pour les autres destinations, changez à Moradabad. Mieux vaut réserver avant de visiter la réserve.

Comment circuler

Si vous avez réservé un hébergement, vous pouvez prendre le bus local de Ramnagar à Dhikala à 15h30 (150 Rs, 2 heures 30), qui repart à Ramnagar à 9h30 le lendemain.

On ne peut louer des jeeps qu'à Ramnagar. Comptez environ 600 Rs l'aller jusqu'à Dhikala, ou de 450 à 500 Rs pour une excursion d'une demi-journée à Bijrani, auxquels s'ajoutent le salaire du guide et les frais d'entrée du véhicule (voir *Permis* ci-dessus). Réservez par l'intermédiaire de votre hôtel ou directement auprès du chauffeur.

Les randonnées à pied sont formellement interdites. Le seul autre moyen de transport est l'éléphant.

NAINITAL

☎ 05942 • 35 700 habitants

Perchée à 1 938 m d'altitude, cette charmante station climatique, la plus grande ville du Kumaon, était autrefois la capitale d'été de l'Uttar Pradesh. Comme la plupart des stations d'altitude, elle fut fondée par des Britanniques nostalgiques du Cumbrian Lake District. Elle devint célèbre après qu'un certain M. Barron y eut fait transporter son yacht en 1840.

Le Nainital Boat Club, dont la club house en bois agrémente encore la rive du lac, devint le lieu de rencontre de la communauté. Le 16 septembre 1880, un glissement de terrain ensevelit 151 personnes et cet endroit est devenu un terrain de jeu, aujourd'hui appelé le Flats.

Les hôtels et les villas sont disséminés autour du paisible lac (ou *tal*) de Naini, d'où son nom. Nainital est incontestablement l'une des stations climatiques les plus agréables et offre de belles promenades dans les forêts environnantes, avec des vues superbes sur l'Himalaya.

L'intense fréquentation pendant les vacances scolaires pousse les hôtels à doubler ou tripler leurs prix. Évitez Noël et le Nouvel An, de mi-avril à mi-juillet et de mi-septembre à fin octobre.

NAINITAL

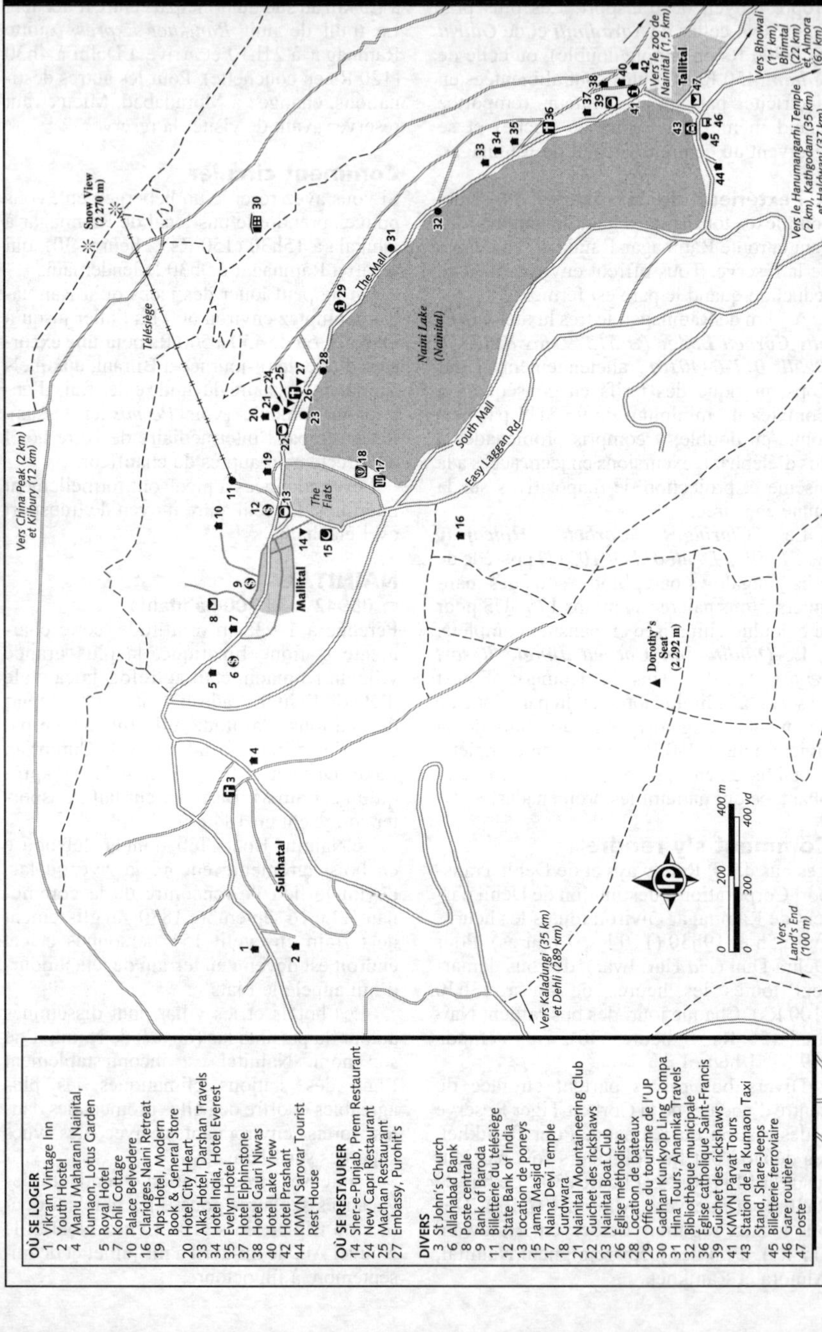
OÙ SE LOGER
1 Vikram Vintage Inn
2 Youth Hostel
4 Manu Maharani Nainital, Kumaon, Lotus Garden
5 Royal Hotel
7 Kohli Cottage
10 Palace Belvedere
16 Claridges Naini Retreat
19 Alps Hotel, Modern Book & General Store
20 Hotel City Heart
33 Alka Hotel, Darshan Travels
34 Hotel India, Hotel Everest
35 Evelyn Hotel
37 Hotel Elphinstone
38 Hotel Gauri Niwas
40 Hotel Lake View
42 Hotel Prashant
44 KMVN Sarovar Tourist Rest House
OÙ SE RESTAURER
14 Sher-e-Punjab, Prem Restaurant
24 New Capri Restaurant
25 Machan Restaurant
27 Embassy, Purohit's
DIVERS
3 St John's Church
6 Allahabad Bank
8 Poste centrale
9 Bank of Baroda
11 Billetterie du télésiège
12 State Bank of India
13 Location de poneys
15 Jama Masjid
17 Naina Devi Temple
18 Gurdwara
21 Nainital Mountaineering Club
22 Guichet des rickshaws
23 Nainital Boat Club
26 Église méthodiste
28 Location de bateaux
29 Office du tourisme de l'UP
30 Gadhan Kunkyop Ling Gompa
31 Hina Tours, Anamika Travels
32 Bibliothèque municipale
36 Église catholique Saint-Francis
39 Guichet des rickshaws
41 KMVN Parvat Tours
43 Station de la Kumaon Taxi Stand, Share-Jeeps
45 Billetterie ferroviaire
46 Gare routière
47 Poste
Vers China Peak (2 km) et Kilbury (12 km)
Snow View (2 270 m)
Télésiège
Sukhatal
Mallital
The Flats
The Mall
Naini Lake (Nainital)
South Mall
Easy Laggan Rd
Dorothy's Seat (2 292 m)
Vers Kaladungi (35 km) et Dehli (289 km)
Vers Land's End (100 m)
Vers le zoo de Nainital (1,5 km)
Tallital
Vers Bhowali (11 km), Bhimtal (22 km) et Almora (67 km)
Vers le Hanumangarhi Temple (2 km), Kathgodam (35 km) et Haldwani (37 km)
0 200 400 m
0 200 400 yd

Orientation

Durant la saison, le Mall est fermé aux véhicules lourds. Les rickshaws desservent cette portion de 1,5 km, de Tallital ("pied du lac"), au sud, à Mallital ("tête du lac"), au nord-ouest. La gare routière se trouve à Tallital. Hôtels et pensions se répartissent entre Tallital, le Mall et Mallital. La plupart des hôtels de catégorie supérieure se regroupent à 10 ou 15 min de marche à l'ouest de Mallital, dans le quartier de Sukhatal.

Renseignements

Un bureau de poste est installé près de la gare routière de Tallital, tandis que la poste centrale se trouve à Mallital. La State Bank of India et la Bank of Baroda, toutes deux dans Mallital, changent les principaux chèques de voyage.

L'office du tourisme de l'UP (☎ 35337), accueillant, se situe à l'extrémité du Mall, vers Mallital.

Naini Lake

Ce beau lac serait l'un des yeux vert émeraude de Sati, l'épouse de Shiva (*naina* signifie œil en sanskrit). Le père de Sati n'ayant pas invité Shiva à un sacrifice familial, elle s'immola par le feu en signe de protestation. Shiva ramassa les restes calcinés et entama une danse cosmique, susceptible de détruire le monde.

Pour finir, il coupa le corps de Sati en morceaux qu'il éparpilla à travers l'Inde. Le moderne Naina Devi Temple, à l'extrémité nord du lac, se dresse à l'endroit précis où serait tombé l'œil de Sati.

Des **bateliers** vous promèneront sur le lac en canot à rames pour 80 Rs. Le Nainital Boat Club loue des petits voiliers (60 Rs l'heure). Vous pouvez aussi rejoindre la flottille de pédalos (80 Rs l'heure).

Snow View

Un télésiège, officiellement appelé "Aerial Express", conduit à Snow View, à 2 270 m, d'où l'on peut admirer un superbe panorama sur l'Himalaya, dominé par le Nanda Devi (7 816 m). Il fonctionne de 10h30 à 16h et coûte 30/50 Rs l'aller/aller-retour (ticket valable 1 heure). Sinon, louer l'un des chevaux bien soignés de Mallital à Snow View (75 Rs l'aller-retour) constitue une alternative agréable à la marche escarpée de 2 km.

Sur la route de Snow View, faites un détour par le **Gadhan Kunkyop Ling Gompa** de l'ordre gelugpa (dont le dalaï-lama est le chef spirituel). Prenez la route qui monte derrière l'Hotel City Heart, d'où part un petit sentier en direction du gompa (repérable par ses drapeaux multicolores).

Promenades à pied

Les alentours offrent de nombreuses possibilités de randonnées, avec vues sur les sommets enneigés. **China Peak** (prononcé "Cheena"), appelé aussi Naini Peak, est le point culminant de la région (2 610 m). On y accède de Snow View ou de Mallital (5 km).

Une marche de 4 km à l'ouest du lac conduit à **Dorothy's Seat** (2 292 m), ou Tiffin Top, d'où une charmante promenade de quelque 45 min mène à **Land's End** (2 118 m) à travers une forêt de chênes, de cèdres et de pins. Au petit matin, vous apercevrez peut-être des oiseaux ou des gorals (chèvres des montagnes). De Land's End, vous découvrirez une vue superbe sur le lac à Khurpatal.

Parmi les autres destinations, citons le **Hanumanghari Temple**, à 3 km au sud de Tallital, réputé pour ses couchers de soleil, et le **zoo de Nainital**, à 1,5 km au sud-est ; ce dernier, spécialisé dans les espèces vivant en altitude, ouvre tous les jours, sauf le lundi, de 10h à 17h (entrée : 10 Rs).

Autres activités

Le Nainital Mountaineering Club (☎ 35051), en face de l'Hotel City Heart, propose une **escalade** au Bara Pattar, tout proche, pour 1 100 Rs. Il vous conseillera sur les treks des alentours et vous aidera à trouver des guides et des porteurs pour des randonnées dans le Kumaon. La location de tentes et de sacs de couchage revient à environ 15 Rs par jour

Circuits organisés

La plupart des agences de voyages proposent des circuits aux environs de Nainital et plus loin dans le Kumaon. Les offres habituelles comprennent des excursions en bus d'une journée à Ranikhet (200 Rs), au Mukteshwar Lake (150 Rs), à Bijrani dans la Corbett Tiger Reserve (1 500 Rs), ou de deux jours à Kausani (de 350 à 450 Rs, hébergement compris). Un circuit d'une demi-journée aux lacs des environs revient à 100 Rs. On peut faire ces mêmes excursions en taxi.

Parmi les agences de voyages fiables, citons Hina Tours (☎ 35860), Anamika Travels (☎ 35186) et Darshan Travels (☎ 35035), toutes situées dans The Mall. Gérée par le KMVN, Parvat Tours (☎ 35656), du côté Tallital du Mall, propose les circuits habituels, ainsi que des excursions à Badrinath et Kedarnath pendant la saison du yatra (800 Rs, 6 jours, hébergement, transferts et dîners compris). Elle prend aussi les inscriptions aux treks organisés par le KMVN aux glaciers de Pindari et de Milam, et réserve des vols en parapente à Naukuchiatal, au-dessus du Bhimtal Lake.

Où se loger

Nainital compte plus d'une centaine d'hébergements, des mornes pensions à petits prix aux hôtels cinq-étoiles. Les prix indiqués ci-après correspondent à la haute saison et peuvent sembler excessifs mais, sauf mention contraire, tous les établissements accordent une réduction d'*au moins* 50% en basse saison. Vous risquez d'avoir du mal à trouver une chambre pendant les fêtes hindoues de Dussehra et de Diwali et en plein été.

Où se loger – petits budgets

Tallital et The Mall. Au bout du lac du côté de Tallital, plusieurs bonnes adresses bon marché bordent la route qui monte de St Francis' Church.

L'***Hotel Lake View*** *(☎ 35632, Ramji Rd)*, tenu par la charmante famille Shah, dispose de doubles avec s.d.b. de 300 à 500 Rs. Les plus chères jouissent d'une vue superbe sur le lac.

L'***Hotel Gauri Niwas*** *(☎ 36617, Ramji Rd)* possède des doubles avec chauffe-eau, de 300 Rs (sans vue) à 1 000 Rs (avec vue sur le lac).

Dans le même quartier, l'***Hotel Prashant*** *(☎ 35347)*, doté d'une belle salle à manger, demande de 700 à 800 Rs pour ses doubles avec s.d.b. et eau chaude. Les plus chères jouissent d'une belle vue, les moins chères laissent à désirer.

Ancien bâtiment plein de charme, l'***Hotel Elphinstone*** *(☎ 35534)*, à quelques marches au-dessus du Mall, comporte des chambres confortables, pimpantes et lumineuses (avec eau chaude), de 300 à 800 Rs, et une salle à manger plaisante.

Mallital et Sukhatal. Excellente adresse au cœur de Mallital, le ***Kohli Cottage*** *(☎ 36368)* offre des doubles claires, propres et spacieuses, avec s.d.b. (eau chaude en permanence) et TV, à 300, 400 et 500 Rs. Le directeur est sympathique et serviable et le toit-terrasse surplombe de jolies vues.

L'***Alps Hotel*** *(☎ 35317)*, un centenaire bien fatigué, comprend de vastes doubles avec s.d.b. sommaire de 200 à 300 Rs. Du vieux balcon, large et charmant, vous observerez les promeneurs sur The Mall.

Dans un cadre paisible et boisé, la ***Youth Hostel*** *(☎ 36353)*, loin de tout, compense cet inconvénient par les prix : lits en dortoir (avec casiers) à 22/42 Rs pour les membres/non-membres. L'eau chaude est disponible le matin. Des plats végétariens copieux sont servis dans la salle à manger.

Où se loger – catégories moyenne et supérieure

Tallital et The Mall. La ***KMVN Sarovar Tourist Rest House*** *(☎ 35570)*, proche de la gare routière, propose des doubles de 450 à 900 Rs selon la saison, mais le dortoir reste toute l'année d'un bon rapport qualité/prix, de 40 à 80 Rs le lit.

L'***Evelyn Hotel*** *(☎ 35457)*, un vaste établissement, fait partie des hôtels de style victorien installés sur The Mall. Tous annoncent fièrement "no climb" (pas de marches) et en profitent pour facturer le prix fort, de 600 à 1 200 Rs en double avec vue. Parmi les adresses similaires figurent l'***Hotel India*** *(☎ 3517)* et l'***Hotel Everest*** *(☎ 36648)*, plus cher encore.

Très élégant, l'***Alka Hotel*** *(☎ 35220)* se démarque de ses concurrents du Mall et possède un excellent restaurant. Les chambres, de 1 100 à 2 000 Rs, n'offrent pas un mauvais rapport qualité/prix, mais la réduction accordée en basse saison ne dépasse pas 30%.

Mallital et Sukhatal. La plupart des hôtels haut de gamme se regroupent à Sukhatal.

Tenu par un propriétaire plein d'entrain et sympathique, l'***Hotel City Heart*** *(☎ 35228)*, un bon choix en catégorie moyenne, se trouve juste au-dessus du lac. Il offre des chambres impeccables, de 700 à 1 400 Rs en saison (de 250 à 700 Rs le reste de l'année). Les moins chères n'ont pas de vue, mais vous pourrez regarder le soleil se coucher derrière les collines depuis le toit-terrasse.

Le ***Royal Hotel*** *(☎/fax 35357)*, près de l'Allahabad Bank, occupe un ancien bâtiment plein de cachet, orné de trophées de chasse et d'autres vestiges du Raj. Il facture ses doubles avec TV et cheminée (7 Rs le fagot de bois) de 1 000 à 1 400 Rs.

Ancien palais du raja d'Awagarh, le ***Palace Belvedere*** *(☎ 35082, fax 35493)* s'agrémente d'une magnifique véranda ombragée. Le prix des doubles démarre à 1 500 Rs, et certaines chambres jouissent d'une très belle vue sur le lac. L'hôtel accepte les cartes de crédit et accorde, hors saison, une réduction de 30%. Prenez la rue qui monte derrière la Bank of Barroda

Tranquille et confortable, le ***Claridges Naini Retreat*** *(☎ 35105, fax 35103)* se situe à flanc de colline au-dessus de Mallital et propose des doubles luxueuses à 3 000 Rs (3 800 Rs en demi-pension).

Plus loin sur la même route, la ***Vikram Vintage Inn*** *(☎/fax 36177)*, très élégante, dispose de simples/doubles luxueuses à 1 650/3 000 Rs, petit déjeuner compris.

Le plus bel hôtel de Nainital, le ***Manu Maharani Nainital*** *(☎ 37341, fax 37350, Grasmere Estate)*, doté de deux excellents restaurants, se trouve également à Sukhatal. Les chambres sont superbement équipées et la plupart donnent sur le lac. Comptez un minimum de 3 300 Rs.

Où se restaurer

De nombreux établissements longent The Mall et tous les hôtels de catégorie supérieure possèdent leur propre restaurant (ouvert aux non-résidents).

Le ***Sher-e-Punjab*** et le ***Prem Restaurant***, deux bons dhaba à prix doux, sont installés dans une petite impasse du bazar principal de Mallital.

Le ***New Capri Restaurant***, au bout du Mall vers Mallital, prépare de la cuisine indienne, chinoise et occidentale. Très apprécié, il est souvent plein à l'heure du déjeuner. Prévoyez environ 50 Rs pour un plat non végétarien.

Non loin de là et très prisé également, le ***Machan Restaurant*** sert d'excellentes soupes (de 25 à 35 Rs) et offre un vaste choix de plats indiens, chinois et européens à quelque 55 Rs.

L'***Embassy***, considéré comme l'une des meilleures tables, propose des plats indiens copieux et de délicieuses grillades à partir de 65 Rs. A côté, le ***Purohit's*** mitonne des spécialités végétariennes d'Inde du Sud, dont des thali bon marché.

Le ***restaurant*** de l'Alka Hotel sert une bonne cuisine gujarati dans un décor sophistiqué (environ 150 Rs pour un repas).

L'hôtel Manu Maharani Nainital abrite deux restaurants : le ***Kumaon*** présente une carte très variée, avec de délicieux plats européens et indiens à 140 Rs ; le ***Lotus Garden*** se spécialise dans la cuisine chinoise.

Comment s'y rendre

Bus. De la gare routière de Tallital, plusieurs bus partent dans la journée pour Dehli (142 Rs, 9 heures). En direction de Dehra Dun, des bus ordinaires démarrent à 5h30, 6h, 7h et 16h30 (159 Rs, 10 heures), et un bus deluxe à 20h (231 Rs). Plusieurs bus desservent Haridwar tôt le matin, un autre l'après-midi à 16h30 (133 Rs, 8 heures) et un service semi-deluxe à 20h. Un seul bus part chaque jour pour Rishikesh à 5h (150 Rs, 9 heures) et pour Pithoragarh à 7h (115 Rs, 9 heures).

A destination de Ramnagar, des bus démarrent à 7h et 8h30 (56 Rs, 3 heures 30), mais mieux vaut emprunter l'un des bus plus réguliers pour Haldwani (22 Rs, 1 heure 30), le nœud des transports régionaux, puis un bus local. A Haldwani, des bus réguliers desservent Dehli et la frontière népalaise *via* Banbassa. Vous pourrez prendre un train pour Dehli à Haldwani ou à Kathgodam, dans les faubourgs nord de la ville.

En direction du nord, des bus partent à 7h pour Almora (42 Rs, 3 heures) et Kausani (70 Rs, 5 heures) et à 12h30 et 14h30 pour Ranikhet (39 Rs, 3 heures). Une solution plus rapide consiste à prendre un bus pour Bhowali, au carrefour des routes de Ranikhet et d'Almora (8 Rs, 20 min), d'où des bus rallient Almora, Ranikhet et Kausani environ toutes les 30 min. Le seul bus direct pour Song part de Bhowali à 6h.

De nombreuses agences privées proposent des bus de nuit deluxe (sièges deux par deux) pour Dehli (250/350 Rs deluxe/climatisé) et Haridwar (250 Rs).

Train. La gare ferroviaire la plus proche se trouve à Kathgodam (à 35 km au sud), mais Haldwani, l'arrêt précédent, est le principal nœud des transports de la région.

La billetterie ferroviaire, près de la gare routière de Tallital, dispose d'un quota de places pour Dehli, Moradabad et Kolkata. Le *Ranikhet Express* part de la gare d'Old Dehli à 22h45, arrive à Haldwani à 5h50 et à Kathgodam à 6h10. En sens inverse, il quitte Kathgodam à 20h45, Haldwani à 21h et parvient à la gare d'Old Dehli à 4h45 (129/550 Rs en couchette/two-tier). La billetterie ouvre du lundi au samedi, de 9h à 12h et de 14h à 17h, le dimanche de 9h à 14h.

Taxi et jeep. De la gare routière de Tallital, la course en taxi revient à 700 Rs jusqu'à Ramnagar, 650 Rs jusqu'à Almora ou Ranikhet et 1 200 Rs jusqu'à Kausani.

Dès qu'elles ont fait le plein de passagers, les jeeps collectives partent de la gare routière pour Bhowali (8 Rs), Kathgodam et Haldwani (40 Rs).

Comment circuler

Le tarif officiel d'un rickshaw de Tallital à Mallital s'élève à 4 Rs ; les billets sont en vente uniquement aux kiosques installés aux deux extrémités du Mall. Il est impossible de héler un rickshaw ailleurs.

RANIKHET

☎ 05966 • 1 829 m d'altitude

Au nord de Nainital, cette paisible station climatique fut d'abord une base militaire et abrite encore le régiment du Kumaon. Le village jouit d'un beau panorama sur l'Himalaya et compte plusieurs hébergements. Les anciens hôtels du Raj se regroupent à 3 km, à la limite du Cantonment. **Dwarahat**, à 32 km au nord, mérite le détour pour ses temples du XIIe siècle aux sculptures particulièrement raffinées.

Les alentours offrent plusieurs belles promenades, dont le **Jhula Devi Temple** (à 1 km au sud du West View Hotel) et les vergers de **Chaubatia** (3 km plus loin).

L'office du tourisme (☎ 20227) jouxte l'arrêt de bus d'UP Roadways. La State Bank of India, sur la route qui monte au Cantonment, change la plupart des chèques de voyage en dollars US ou livres sterling, mais le montant est limité à 100 $US par jour.

Où se loger et se restaurer

Plusieurs hôtels sont installés dans Sadar Bazaar, entre les deux arrêts de bus. Ils offrent tous des chambres rudimentaires, avec toilettes à la turque.

L'***Hotel Rajdeep*** *(☎ 20017)*, le meilleur des établissements pour petits budgets, possède un grand choix de chambres propres de 100 à 300 Rs et un salon.

Voisin, l'***Hotel Tourist***, doté d'un beau balcon, facture des chambres sans prétention entre 80 et 100 Rs.

En face, le grand ***Moon Hotel*** *(☎ 20382)* pratique des tarifs trop élevés, de 650 à 1 650 Rs la chambre avec TV.

Complexe moderne proche de l'arrêt des bus d'UP Roadways, la ***Parwati Inn*** *(☎ 20325)* comporte des chambres confortables à partir de 500 Rs (40% de réduction en basse saison), un restaurant et un cinéma.

Trois anciens établissements de l'époque du Raj sont installés dans un quartier tranquille, à l'ouest du Cantonment :

L'***Hotel Meghdoot*** *(☎ 20475)* loue des simples/doubles propres, avec eau chaude, à partir de 450/650 Rs et abrite un bon restaurant.

En face, Le ***Norton's Hotel*** *(☎ 20377)* offre une atmosphère familiale et un salon

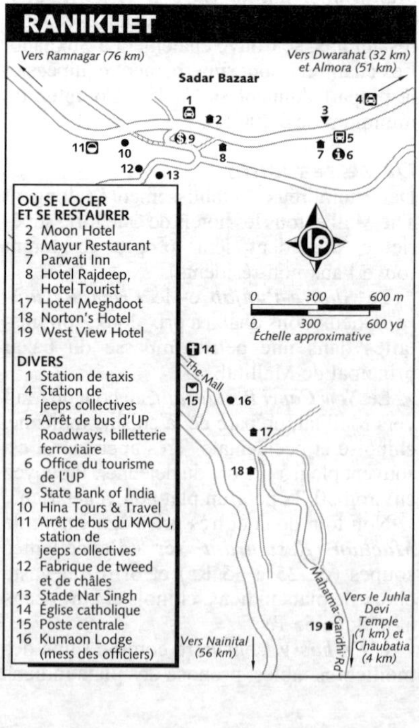

Jeeps collectives

Un vaste réseau d'itinéraires de jeeps collectives sillonne le Garhwal et le Kumaon, reliant les villes et les villages des collines aux grands carrefours routiers. Si aucun transport direct ne dessert votre destination, vous devriez y parvenir en effectuant des sauts de puce entre les divers carrefours à bord d'une jeep Tata Sumo ou Maruti, au confort très relatif. En général, les jeeps sollicitent les clients sur la route qui mène à la prochaine ville ou au prochain carrefour et partent dès qu'elles ont fait le plein (voire plus) ; les prix dépassent de peu ceux des bus.

douillet, ainsi que des chambres confortables, avec eau chaude, de 300 à 400 Rs.

Le ***West View Hotel*** *(☎ 20261)* dispose de chambres spacieuses, avec cheminée, à partir de 1 500 Rs (800 Rs en basse saison). On peut prendre le thé l'après-midi et jouer au croquet sur la pelouse.

En face de l'arrêt des bus, le ***Mayur Restaurant*** présente un bon choix de plats indiens.

Comment s'y rendre

L'UP Roadways et le KMOU possèdent chacun leur arrêt de bus, aux deux extrémités de la ville. Les bus d'UP Roadways partent pour Dehli à 16h, 16h30 et 17h (168 Rs, 12 heures) et pour Haridwar à 8h30 et 15h (146 ou 175 Rs, 10 heures). Toutes les 30 min, des bus rallient Haldwani et Kathgodam (58 Rs), *via* Bhowali, où vous pouvez prendre un bus ou une jeep pour Nainital. Les bus directs pour Nainital partent à 8h et 10h30 ; un bus du KMOU démarre à 11h30.

Les deux compagnies desservent Almora (34 Rs, 2 heures), Kausani (34 Rs, 2 heures) et Ramnagar (60 Rs, 4 heures) plusieurs fois par jour jusqu'à 15h. Pratiques, des jeeps collectives desservent Almora (30 Rs), Haldwani (60 Rs) et Dwarahat (30 Rs) ; elles démarrent quand elles ont fait le plein de passagers.

Hina Tours & Travel propose des bus de nuit deluxe à destination de Dehli (225 Rs) et Haridwar (260 Rs) ; départ à 18h. Durant la saison du yatra, un bus part à 5h pour Badrinath (550 Rs).

La billetterie ferroviaire, proche de l'arrêt des bus, dispose d'un maigre quota de places pour Dehli.

ALMORA

☎ 05962 • 53 507 habitants • 1 650 m d'altitude

Beaucoup plus indienne que les autres stations de la région, cette pittoresque station climatique fut fondée en 1560 pour servir de capitale d'été aux rajas Chand du Kumaon. Traversez le pittoresque Lalal Bazaar pour arriver au **Nanda Devi Temple**, seul vestige de la période chand. En septembre, ce temple de pierre accueille la fête de Nanda Devi, qui donne lieu à une immense procession. En ville, vous verrez plusieurs maisons de pierre et des bâtiments de l'époque coloniale. Tout comme Ranikhet et Kausani, Almora offre de belles vues sur les montagnes et de superbes promenades, dont la randonnée de 8 km au **Kasar Devi Temple**, où Swami Vivekananda venait méditer. Au **Bright End Corner**, à 2,5 km au sud-ouest du centre-ville, vous admirerez d'impressionnants couchers de soleil. Dans Almora, le petit **Pt GB Pant Museum** présente des expositions sur l'archéologie et les temples de la région.

Renseignements

Un petit bureau informel d'UP Tourism (☎ 30180) est installé près de l'Hotel Savoy. La State Bank of India change uniquement les chèques de voyage American Express en dollars US ou en livres sterling. Pour faire un trek dans les collines environnantes, ou plus loin dans les glaciers de Pindari ou de Milam, contactez High Adventure (☎ 32277), Discover Himalaya (☎ 31470) ou Ridge & Trek (☎ 22492), dans l'artère principale. Tous facturent environ 1 000 Rs par jour, guides, porteurs, nourriture et hébergement compris.

Où se loger et se restaurer

La plupart des hébergements bordent The Mall et consentent des réductions importantes en basse saison.

En plein centre, l'***Hotel Shikkar*** *(☎ 30253)* propose des chambres bien tenues et adaptées à tous les budgets, mais l'atmosphère est un peu impersonnelle. Les chambres les moins chères commencent à 150/200 Rs sans/avec s.d.b. Pour un peu plus de confort et la TV, comptez un minimum de 600 Rs.

L'***Hotel Konark*** *(☎ 31217)*, en face de la State Bank of India, offre des doubles impeccables, avec s.d.b. et eau chaude, de 300 à 450 Rs.

Tout proche, le ***Kailas Hotel*** *(☎ 30624)*, un établissement pittoresque, tendance New Age, semble réjouir les voyageurs par son excentricité et celle de ses propriétaires, M. et Mme Shah. Les plats maison sont un délice, comme les infusions. En été, vous paierez au moins 75/125 Rs en simple/ double et 40 Rs pour un lit en dortoir.

A 5 min de marche à l'est du centre, l'***Hotel Surmool*** *(☎ 22860)* dispose de lits en dortoir à 150 Rs et de chambres avec s.d.b. et chauffe-eau à partir de 300/400 Rs (450/500 Rs avec TV). Le personnel est charmant et le ***Sunrise Restaurant***, d'un bon rapport qualité/prix.

Sur la colline, derrière le Surmool, le paisible ***Hotel Savoy*** *(☎ 30329, Upper Mall Rd)* possède des chambres convenables, avec douche chaude, à 400 Rs, ou 500 Rs à l'étage ouvrant sur un balcon (réduction de 30% en basse saison).

Dans le quartier du Lalal Bazaar, le ***Madras Cafe***, un peu triste, sert de la cuisine végétarienne à prix raisonnables (plats à moins de 25 Rs).

En face, le ***New Glory Restaurant***, végétarien également, représente un meilleur choix (mais prenez garde aux plafonds bas !).

Le ***Soni Restaurant*** *(The Mall)*, un établissement sikh apprécié malgré son ambiance fast-food, prépare des plats végétariens ou non.

Goûtez la spécialité d'Almora, les *ball mithai*, des boules de sucre nappées de caramel.

Comment s'y rendre

Les arrêts des bus du KMOU et d'UP Roadways se trouvent tous deux dans The Mall (les bus d'UP Roadways s'arrêtent en face du musée). Entre 8h et 15h, des bus privés et publics partent toutes les 30 min pour Ranikhet (32 Rs, 2 heures) et Kausani (32 Rs, 2 heures). Aucun bus direct ne dessert Nainital, mais des bus relient Bhowali (40 Rs) toutes les 30 min.

Les bus publics ordinaires pour Dehli démarrent à 7h, 15h30 et 16h30 (182 Rs, 12 heures), et un bus deluxe part à 17h (225 Rs). Lion Tours (☎ 30860), The Mall, propose des bus deluxe quotidiens pour Dehli, Nainital et Kausani. Pour Pithoragarh (73 Rs, 5 heures), des bus partent tôt le matin et en soirée du Mall, et en milieu de matinée de l'arrêt de bus de Dharanaula, à l'est du Lalal Bazaar. Les randonneurs utiliseront probablement le bus privé qui part à 5h pour Munsyari (136 Rs, 12 heures) ou celui d'UP Roadways qui démarre à 5h pour Song (56 Rs, 5 heures).

Les tarifs des trajets (aller simple) en taxi sont les suivants : Ranikhet (500 Rs), Kausani (600 Rs), Nanital (600 Rs) et Bageshwar (700 Rs). Le circuit aller-retour à Bright End Corner revient à 150 Rs et l'excursion à Katarmal, à 300 Rs.

De nombreuses jeeps collectives relient Almora à diverses localités, dont Ranikhet (35 Rs), Kausani (40 Rs), Bageshwar (60 Rs), Haldwani (pour les trains à destination de Dehli, 70 Rs) et Gwaldam (pour les correspondances vers le Garwhal, 70 Rs).

ENVIRONS D'ALMORA

Plusieurs temples anciens se nichent dans les collines aux alentours d'Almora. Le Surya (soleil) Temple, vieux de 800 ans, qui se trouve à **Katarmal** (à 12 km de Kosi, puis à

ALMORA

OÙ SE LOGER
1 Hotel Shikhar
9 Hotel Konark
17 Kailas Hotel
20 Hotel Surmool, Sunrise Restaurant
23 Hotel Savoy

OÙ SE RESTAURER
2 Madras Cafe
5 New Glory Restaurant
10 Soni Restaurant

DIVERS
3 Nanda Devi Temple
4 Arrêt de bus de Dharanaula
6 Taxis et des jeeps collectives
7 Arrêt de bus d'UP Roadway
8 Jeeps collectives pour Haldwani
11 Pt GB Pant Museum
12 State Bank of India
13 Arrêt de bus du KMOU, tour de l'horloge
14 Ridge & Trek, Lion Tours
15 Statue de Gandhi
16 High Adventure
18 Discover Himalaya
19 Poste et Central Telegraph Office
21 Bureau d'UP Tourism
22 District Forestry Office

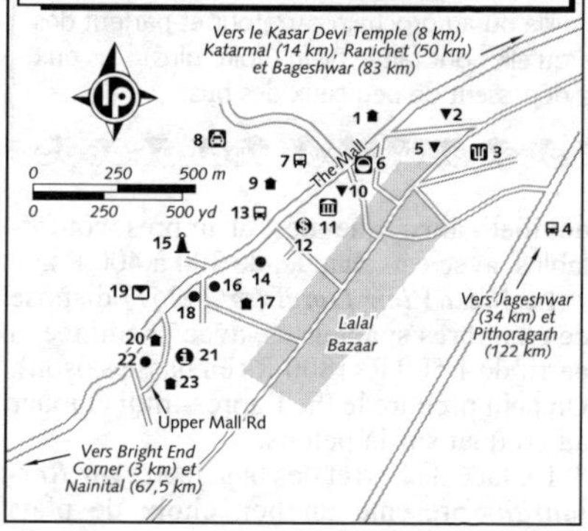

2 km de marche vers l'ouest) mérite la visite. Les bus pour Ranikhet s'arrêtent à Kosi.

A quelque 38 km au nord-est d'Almora, l'immense ensemble de temples de **Jageshwar** (VIIe siècle) se dresse au milieu d'une forêt de cèdres. Il comprend 124 édifices religieux, des sanctuaires linga à hauteur de la taille aux vastes temples de style sikhara. Ce complexe se trouve à 4 km de marche – en forêt – du vieux village de Jageshwar, où une ***KMVN Tourist Rest House*** loue des doubles à partir de 300 Rs et des lits en dortoir à 60 Rs. Un bus part d'Almora à 12h à destination de Jageshwar. Sinon, vous pouvez prendre un bus en direction de Pithoragarh jusqu'à Artola et parcourir à pied (ou en stop) 3 km vers le nord. Les taxis demandent 600 Rs pour l'aller-retour d'Almora.

KAUSANI

☎ 05969 • 1 890 m d'altitude

Les hôtels regroupés le long de la crête à Kausani, à 51 km au nord d'Almora, offrent une vue encore plus rapprochée de l'Himalaya. Le sommet le plus facilement identifiable, le Trisul (7 120 m) a la forme d'un trident. C'est dans cet endroit paisible qu'a vécu le poète G.B. Pant, qu'honore un petit musée. Gandhi séjourna à l'Anasakti Ashram en 1929 et écrivit l'*Anasakti Yoga*.

Où se loger et se restaurer

L'***Uttarakhand Tourist Lodge*** *(☎ 45012)*, en haut de l'escalier qui part de l'arrêt de bus, loue des doubles rudimentaires, avec s.d.b., à partir de 400 Rs en haute saison (100 Rs en basse saison). L'eau chaude et la TV font grimper les prix à 1 400/250 Rs. Toutes les chambres donnent sur les pics enneigés. En saison, les circuits en VTT partent de cet hôtel.

Près de l'ashram, au sommet de la crête, l'***Hotel Prashant*** *(☎ 45037)* est apprécié pour ses prix raisonnables qui compensent l'absence de vue. En saison, comptez de 400 à 750 Rs, hors saison, de 175 à 300 Rs.

Non loin, le ***Krishna Mount View*** *(☎ 45008)*, un hôtel haut de gamme doté d'un beau jardin, de vues splendides et de l'excellent ***restaurant Vaibhav***, facture ses doubles luxueuses, avec TV, à partir de 1 025 Rs en saison (30% de moins le reste de l'année). D'autres hôtels de catégorie moyenne sont installés plus loin sur la crête.

A quelque 2 km du village, la ***KMVN Tourist Rest House*** *(☎ 45006)*, d'un très bon rapport qualité prix, dispose de doubles, avec vue, balcon et eau chaude, de 200 à 800 Rs et de lits en dortoir à 60 Rs.

L'***Anasakti Ashram*** vous hébergera moyennant un don, mais vous devrez participer aux prières. Tabac, viande et alcool sont interdits. Plusieurs restaurants très similaires sont rassemblés près du Sagar Hotel, comme le ***Hill Queen***, l'***Ashoka*** et le ***Sunrise***.

Comment s'y rendre

Les bus à destination d'Almora traversent le village environ toutes les heures entre 7h et 15h (32 Rs, 2 heures 30), puis continuent vers Nainital (70 Rs, 6 heures). Le trajet en jeep collective jusqu'à Almora revient à 50 Rs. Des bus partent pour Ranikhet à 6h, 9h et 14h (42 Rs, 4 heures). Plusieurs bus rallient Bageshwar (23 Rs, 1 heure 30), *via* Baijnath. Un bus démarre entre 7h et 8h à destination de Karnaprayag dans le Garhwal (56 Rs, 3 heures).

Le carrefour des jeeps le plus proche est Garur, 10 km plus bas (10 Rs, 15 min), d'où des liaisons régulières desservent Gwaldam (20 Rs) et Bageshwar (15 Rs). Les taxis demandent 600 Rs pour Almora ou Bageshwar et 650 Rs pour Ranikhet.

BAIJNATH

☎ 05962

Ce petit village tranquille, à 19 km au nord de Kausani et à 23 km à l'ouest de Bageshwar, est réputé pour ses temples de style sikhara du XIIe siècle. Le groupe principal (connu sous le nom collectif de Baijnath Temple), dédié à Shiva, est joliment situé à l'ombre des arbres, au bord de la Gomti. L'ancien village, à 10 min de marche au nord de Baijnath, abrite plusieurs autres sanctuaires temples shivaïtes.

Seul hébergement, la ***KMVN Tourist Rest House*** *(☎ 24101)* propose des doubles à 200 Rs et des lits en dortoir à 50 Rs. De Kausani, vous pouvez prendre un bus direct pour Bageshwar ou changer à Garur et prendre une jeep à destination de Bageshwar. Les taxis demandent 250 Rs l'aller-retour (1 heure d'attente comprise).

BAGESHWAR

☎ 05963

Cette ville de pèlerinage agréable se situe au confluent de la Gomti et de la Sarju, à 41 km de Kausani et à 78 km d'Almora. Tout au long de l'année, des pèlerins indiens viennent se recueillir dans l'ancien **Bagnath Temple**, un temple de pierre dédié à Shiva, orné de quelques sculptures impressionnantes. La ville est un important carrefour de transports et possède de beaux ghats et un bazar animé.

Bageshwar compte plusieurs hébergements convenables. A côté de l'arrêt des bus, l'***Hotel Annapurna*** *(☎ 22109)* possède une jolie terrasse en bordure de rivière et des chambres sans prétention à 175 Rs (240 Rs avec TV et chauffe-eau). Plus loin sur l'artère principale, l'***Hotel Siddhartha*** *(☎ 22114)* offre des chambres d'un bon rapport qualité/prix, avec chauffe-eau et TV, à 250 Rs en double.

Plusieurs bus rallient chaque jour Almora (55 Rs, 3 heures) et Ranikhet (65 Rs, 3 heures) *via* Kausani (23 Rs, 1 heure 30). Vous pouvez aussi prendre une jeep collective jusqu'à Garur et changer. En direction du sud, des bus desservent fréquemment Bhowali (139 Rs, 6 heures) et Haldwani (155 Rs, 7 heures 30). Des jeeps et des bus rejoignent Gwaldam (30 Rs, 2 heures), d'où des correspondances partent vers le Garhwal. Pour le glacier de Pindari, prenez le bus de 7h à destination de Song. Pour le glacier de Milam, empruntez le bus de 9h jusqu'à Munsyari ou changez à Thal.

Trek du glacier de Pindari

Song, à 36 km au nord de Bageshwar, est le point de départ du trek au glacier de Pindari, à la lisière sud du Nanda Devi National Park. Le sentier traverse un paysage totalement vierge et offre des vues somptueuses sur le Nanda Kot (6 860 m) et le Nanda Khat (6 611 m). Le trajet aller-retour (100 km) se fait en six jours, mais vous pouvez ajouter le glacier de Kafni (deux jours de plus) ou continuer vers l'ouest jusqu'à Gwaldam (deux jours supplémentaires). Les bus pour Song partent de Bhowali et de Bageshwar, mais vous pouvez aussi prendre un bus local jusqu'à Bharari et continuer en jeep.

PITHORAGARH

☎ 05964 • 42 113 habitants • 1 815 m d'altitude

Pithoragarh, la principale ville de la région frontalière avec le Tibet et le Népal, abrite plusieurs temples de la période chand et un ancien fort. Elle se situe dans une vallée surnommée "Little Kashmir" (petit Cachemire), où vous pourrez faire de belles randonnées, comme celle qui grimpe jusqu'à **Chandak** (7 km) et offre un panorama sur le massif du Panchchuli (Five Chimneys ; Cinq Cheminées).

Pithoragarh possède un office du tourisme (☎ 25527) et une ***KMVN Rest House*** *(☎ 25434)*, où les doubles valent 350 Rs et les lits en dortoir, 50 Rs. Parmi les autres hôtels, citons l'***Uttaranchal Deep*** et le ***Samrat***. Le District Magistrate's office (bureau du magistrat du district ; ☎ 22202) délivre les permis (Inner-Line Permits) pour circuler dans la région sensible du Nanda Devi.

Plusieurs bus partent pour Almora entre 4h30 et 10h (73 Rs, 5 heures). Des bus réguliers desservent Haldwani, Dehli et Tanakpur (tête de ligne ferroviaire, à 151 km au sud), d'où un bus local vous conduira jusqu'à Banbassa, à la frontière népalaise. Vers le nord, des bus et des jeeps rallient Munsyari, d'où part le sentier du glacier de Milam.

Trekking du glacier de Milam

Ce trek difficile traverse une région escarpée et magnifique, à l'est du Nanda Devi (7 816 m), en suivant les gorges de la Gori Ganga. Le départ du sentier se situe dans le village spectaculaire de Munsyari. Les possibilités d'hébergement se limitent au camping et il est fortement recommandé de partir avec un guide (disponible à Munsyari). Cette région étant politiquement sensible, vous devrez présenter votre passeport et vous faire enregistrer à l'Indo-Tibet Border Police (ITBP), dans le village de Milam, qui peut ne pas vous autoriser à aller plus loin. A Munsyari, la ***KMVN Rest House*** *(☎ 05961-22339)* loue des chambres à partir de 450 Rs et des lits en dortoir à 60 Rs. Un bus quotidien relie Almora à Munsyari et plusieurs bus viennent de Pithoragarh.

BANBASSA

Banbassa est le village indien le plus proche du poste frontière népalais de Mahendrenagar. Pour plus d'informations, voir la rubrique *Voie terrestre* du chapitre *Comment s'y rendre*.

Bihar et Jharkhand

En novembre 2000, afin de satisfaire les Adivasi, le Bihar a été séparé en deux États. Ce mouvement sécessionniste s'est amplifié au fil des ans et a atteint son but avec la création du Jharkhand, qui comprend 18 districts méridionaux, riches en ressources minières. Cette division est un coup dur pour le pauvre Bihar, dont la situation risque d'empirer avec la perte de sa région la plus prospère.

La création du Jharkhand n'a pas été sans quelques grincements de dents, comme la pétition des membres du conseil législatif à la Haute Cour de Patna déniant la validité du nouvel État. De telles protestations mettront sans doute quelque temps à disparaître, mais les voyageurs ne verront guère de changements lors de leurs déplacements dans l'ancien Bihar.

En dépit de paysages d'une grande beauté et d'une longue tradition religieuse, le Bihar, l'État le plus pauvre de l'Inde, s'illustre par ses troubles politiques. Le banditisme naxalite frappe le Bihar et le Jharkhand, et Ranchi, la capitale du Jharkhand, a instauré un couvre-feu afin de maintenir l'ordre.

Historiquement, le Bihar est étroitement lié à la vie du Bouddha, qui y passa la majeure partie de sa vie et atteignit l'Éveil à Bodhgaya. Aujourd'hui, ses prédictions continuent de se vérifier : les rivières débordent périodiquement, le revenu par habitant reste faible, le taux d'alphabétisation figure parmi les plus bas du pays et le gouvernement serait le plus corrompu. Grèves et manifestations constituent le lot quotidien. "Les dissensions et le feu" annoncés par le Bouddha prennent la forme d'affrontements entre castes, et la violence – le dacoïtisme (banditisme) – est largement répandue.

Mépris des lois, instabilité politique et manque d'infrastructures touristiques font que peu de voyageurs s'attardent au Bihar ou au Jharkhand. Une situation regrettable, car la région a beaucoup à offrir. Elle possède des sites naturels magnifiques : lacs, cascades et sources chaudes. Bodhgaya enchantera ceux qui s'intéressent au bouddhisme. Rajgir, Sasaram et surtout Nalanda comptent parmi les plus fascinantes localités hors des sentiers battus.

En bref

Population : 82,9 millions d'habitants (Bihar), 26,9 millions d'habitants (Jharkhand)
Superficie : 173 877 km²
Capitales : Patna (Bihar), Ranchi (Jharkhand)
Langue principale : hindi
Meilleure saison : octobre à mars

Cartes du chapitre :

- Plongez-vous dans l'ambiance bouddhique sous le banian sacré de Bodhgaya
- Visitez le musée de Patna, un lieu de connaissance et d'objets anciens
- Savourez la sérénité des ruines de l'université de Nalanda, ancien bastion du savoir
- Après la mousson, reposez-vous près d'une des superbes cascades des alentours de Ranchi
- Ne manquez pas la foire de Sonepur, la plus grande foire aux bestiaux du pays, où se côtoient une foule d'animaux, du poulet à l'éléphant

Histoire

Le Bihar, dont le nom dérive du mot *vihara* (monastère), fut un grand centre religieux pour les jaïna, les hindous et surtout les bouddhistes.

Le Bouddha prophétisa qu'une grande ville se dresserait un jour dans cet État, mais qu'il serait toujours en butte "aux dissensions, au feu et aux inondations". Entre le VIe siècle av. J.-C. et le Ve siècle de notre ère, le Bihar attira les convoitises de maints rois et empereurs. Au IIIe siècle av. J.-C., la première prédiction du Bouddha se réalisa

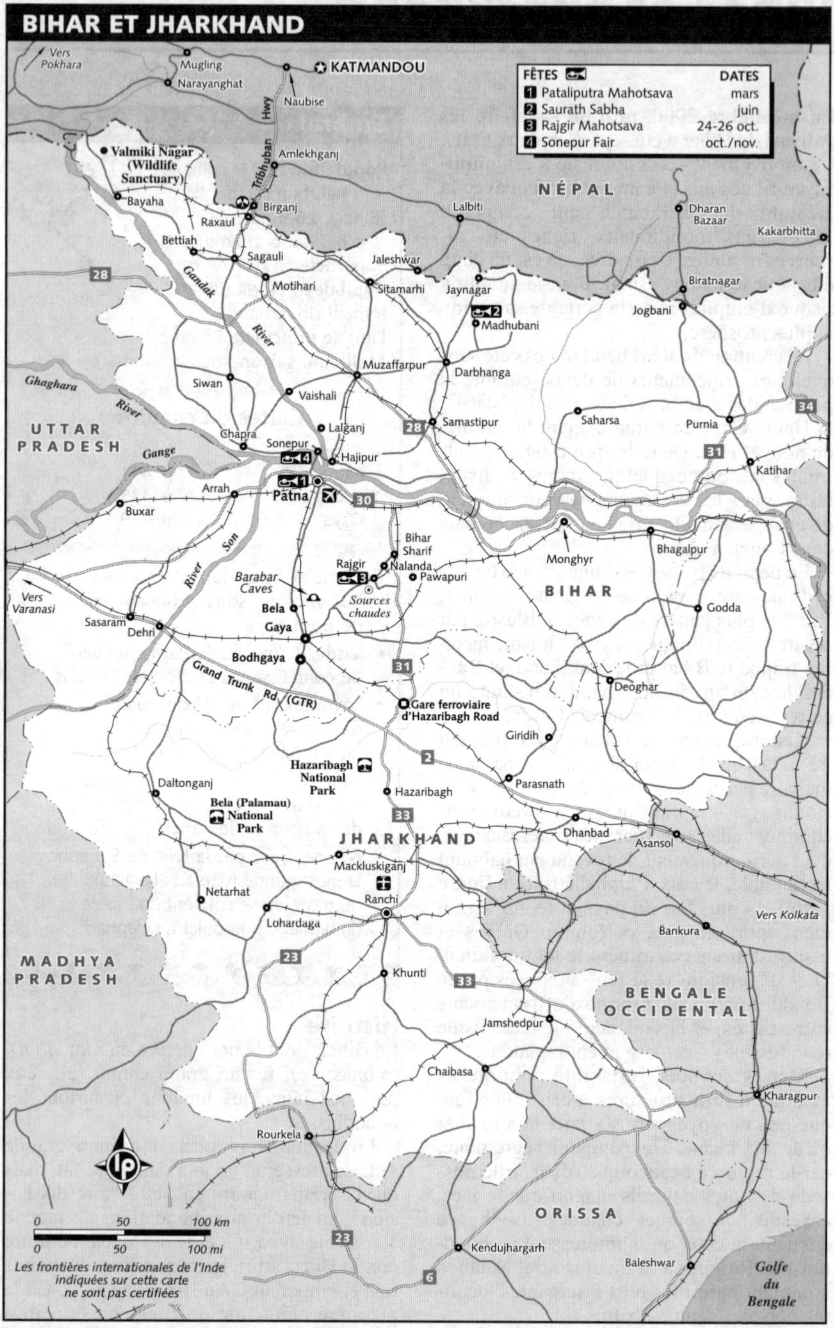

BIHAR ET JHARKHAND

sous le règne de Chandragupta Maurya qui gouvernait depuis l'illustre Pataliputra, l'actuelle Patna. Son petit-fils, l'empereur Ashoka, lui succéda.

La dynastie Magadha connut la gloire sous le règne des Gupta (IVe et Ve siècles). Les Pala du Bengale lui succédèrent et régnèrent jusqu'en 1197. L'ère musulmane dura du XIIe au XVIIe siècle et laissa une marque indélébile sur la région.

Bihar

PATNA

☎ 0612 • 1 285 470 habitants

La capitale du Bihar est polluée, mais étonnamment moins chaotique que beaucoup d'autres villes. Elle s'étend sur la rive sud du Gange, très large à cet endroit car grossi de trois grands affluents entre Varanasi et Patna. Le Mahatma Gandhi Seti, l'un des plus longs ponts du monde avec ses 7,5 km, enjambe le fleuve à 5 km à l'ouest du centre-ville.

Histoire

Au début du Ve siècle av. J.-C., Ajatasatru transféra la capitale de l'Empire magadha de Rajgir à Patna, accomplissant ainsi la prophétie du Bouddha. On peut voir les vestiges de l'ancienne Pataliputra à Kumrahar, un faubourg au sud de Patna. Capitale d'un immense empire qui couvrait une grande partie de l'Inde – d'où régnèrent Chandragupta Maurya et Ashoka –, Paliputra fut pendant presque un millénaire l'une des villes les plus importantes du sous-continent.

Orientation

La cité s'étend sur 15 km le long de la rive sud du Gange. Les hôtels, la principale gare ferroviaire et l'aéroport se rassemblent dans la partie ouest de la ville, appelée Bankipur, tandis que le quartier ancien et plus traditionnel, Patna City, se trouve à l'est. Le Gandhi Maidan constitue le cœur de la ville moderne. Le quartier commerçant, Ashok Raj Path, part du Gandhi Maidan.

Fraser Rd et Exhibition Rd ont été officiellement rebaptisées Muzharul Haque Path et Braj Kishore Path, Boring Rd est devenue Jal Prakash Rd, mais tout le monde emploie les anciens noms. A l'inverse, Birchand Patel Path, le nouveau nom de Gardiner Rd, est communément utilisé.

Renseignements

L'office du tourisme du Bihar (Bihar State Tourist Office, BSTO ; ☎ 210219, fax 236218) occupe de récents locaux spacieux, à l'angle de Dak Bungalow Rd et de Fraser Rd, à l'étage, près du Silveroak Bar & Restaurant. L'office du tourisme national (☎ 345776) est mal situé, au sud de la voie ferrée. Trade Wings, au 1er étage derrière le Maurya Patna Hotel, est une bonne adresse pour changer devises et chèques de voyages ou obtenir des espèces sur présentation d'une carte de crédit. La State Bank of India, Gandhi Maidan, également intéressante pour le change, possède un DAB.

Yahoo Internet, un établissement accueillant au coin de Dak Bungalow Rd et de Fraser Rd, offre des connexions rapides (35 Rs l'heure). Vous pouvez aussi consulter vos mails dans Fraser Rd, près de l'Hotel Samrat International.

Deux librairies correctes sont installées dans Fraser Rd, près du Satkar International Hotel, ainsi qu'une boutique de développement de photos.

Patna Museum

Ce très beau musée renferme des sculptures de métal et de pierre datant des périodes maurya et gupta. Il abrite aussi l'arbre fossilisé le plus long au monde (16 m, 200 millions d'années). Parmi les animaux empaillés, vous découvrirez les habituels tigres et cerfs, mais aussi une rareté : un chevreau doté de trois oreilles et de huit jambes ! La belle collection de peintures chinoises et de *thanka* (peintures tibétaines sur étoffes) est malheureusement souvent fermée au public. Le musée ouvre du mardi au dimanche, de 10h30 à 16h30 (entrée : 2 Rs). Vous devez demander l'autorisation avant de prendre des photos.

Fouilles de Kumrahar

Les vestiges de Pataliputra, l'antique capitale d'Ajatasatru (491-459 av. J.-C.), de Chandragupta (321-297 av. J.-C.) et d'Ashoka (274-237 av. J.-C.), ont été mis au jour à Kumrahar, au sud de Patna. Il ne reste que quelques grandes colonnes du hall hypostyle de période maurya et les fondations en brique du monastère bouddhique d'Anand Bihar. Quelques figurines d'argile et des poutres en bois, découvertes sur place, sont également exposées. Le site de Kumrahar, assez déce-

Attention !

En raison de l'extrême pauvreté du Bihar et du Jharkhand, les bus de touristes et les voitures de location sont la cible préférée des dacoïts. A plusieurs reprises, des touristes se sont fait attaquer et dévaliser par des bandits qui ont bloqué la route, simulé un accident ou des travaux pour obliger les véhicules à s'arrêter. Face à ces incidents répétés, les autorités du Bihar ont promis des escortes armées aux voyageurs étrangers. Néanmoins, ces escortes ne sont pas fournies automatiquement et il faut de la persévérance pour obtenir ce service, surtout pour les voyageurs indépendants. Le meilleur moyen consiste à s'adresser à un poste de police, qui s'attend à une rémunération. Ce système n'est pas en vigueur au Jharkhand, à moins que son gouvernement ne finisse par l'instaurer.

Il se peut que vous ne rencontriez aucune difficulté. Cependant, mieux vaut répartir votre argent en divers endroits lorsque vous faites un long trajet par la route et évitez de voyager de nuit.

vant pour le profane, ne fascinera que les passionnés d'archéologie et d'histoire indienne. Situé dans un agréable parc, il ouvre du mardi au dimanche, de 9h à 17h (entrée : 230/5 Rs pour les étrangers/Indiens).

Har Mandir

L'un des sanctuaires sikhs les plus sacrés se dresse à l'extrémité est de la vieille ville, dans le quartier du Chowk. Construit par le guerrier Ranjit Singh, ce temple de marbre blanc marque le lieu où naquit Gobind Singh, le dixième et dernier gourou sikh, en 1660. Déchaussez-vous et couvrez-vous la tête avant de pénétrer dans l'enceinte du temple ; des foulards sont prêtés à l'entrée.

Khuda Baksh Oriental Library

Créée en 1900, cette bibliothèque est réputée pour ses précieux manuscrits arabes et persans, ses peintures mogholes et rajput et des raretés, comme un coran écrit sur un livre de 25 mm de large. Elle renferme les seuls ouvrages sauvés du pillage de l'université maure de Cordoue (Espagne). La bibliothèque ouvre en semaine (entrée gratuite).

Autres curiosités

Les non-hindous sont les bienvenus au **Mahavir Mandir**, un temple moderne dédié au dieu populaire Hanuman. Le soir, l'endroit est illuminé de néons criards roses et verts ; vous ne pouvez pas le manquer en venant de la gare ferroviaire de Patna Junction.

La massive **Sher Shahi**, une mosquée surmontée d'une coupole et construite dans la partie est de la ville par l'Afghan Sher Shar en 1545, est la plus ancienne de Patna.

Édifiée sur les fondations du fort de Sher Shar dans le même quartier, la **Qila House** (ou Jalan Museum) abrite une impressionnante collection privée d'antiquités, dont des porcelaines de Sèvres de Marie-Antoinette. Appelez le ☎ 642354 pour obtenir une autorisation de visite.

Circuits organisés

Le BSTO organise parfois une excursion d'une journée qui inclut Patna, Rajgir, Nalanda et Pawapuri (125 Rs).

Reportez-vous à l'encadré *Le circuit bouddhique*, plus loin dans ce chapitre, pour la visite de ces lieux du Bihar.

Manifestations annuelles

En mars, parades, manifestations sportives, danses et concerts animent Patna lors du **Pataliputra Mahotsava**.

Où se loger – petits budgets

De nombreux hôtels bon marché se nichent dans les ruelles aux alentours de Fraser Rd.

La ***Youth Hostel*** *(SP Verma Rd)*, au sud du Maurya Patna, possède des chambres (simples/doubles à 20/40 Rs) et des dortoirs spartiates et propres. Elle n'accepte que les membres des auberges de jeunesse, mais vous pourrez sans doute attendrir le personnel s'il n'est pas trop occupé.

A l'extrémité nord de Fraser Rd, l'***Hotel Parker***, correct bien qu'assez sombre et très rudimentaire, facture 60/70 Rs ses chambres avec s.d.b.

Au bout de la ruelle qui fait face à l'Hotel Samrat International, ***l'Hotel Amar*** *(☎ 224157)*, meilleure adresse de ce quartier, propose des chambres avec s.d.b. à 125/160 Rs.

Bruyant mais propre, le ***Kautilya Vihar Tourist Bungalow*** *(☎ 225411, "R-block", Birchand Patel Path)* dispose de chambres avec s.d.b. et eau chaude. Vous paierez 75 Rs

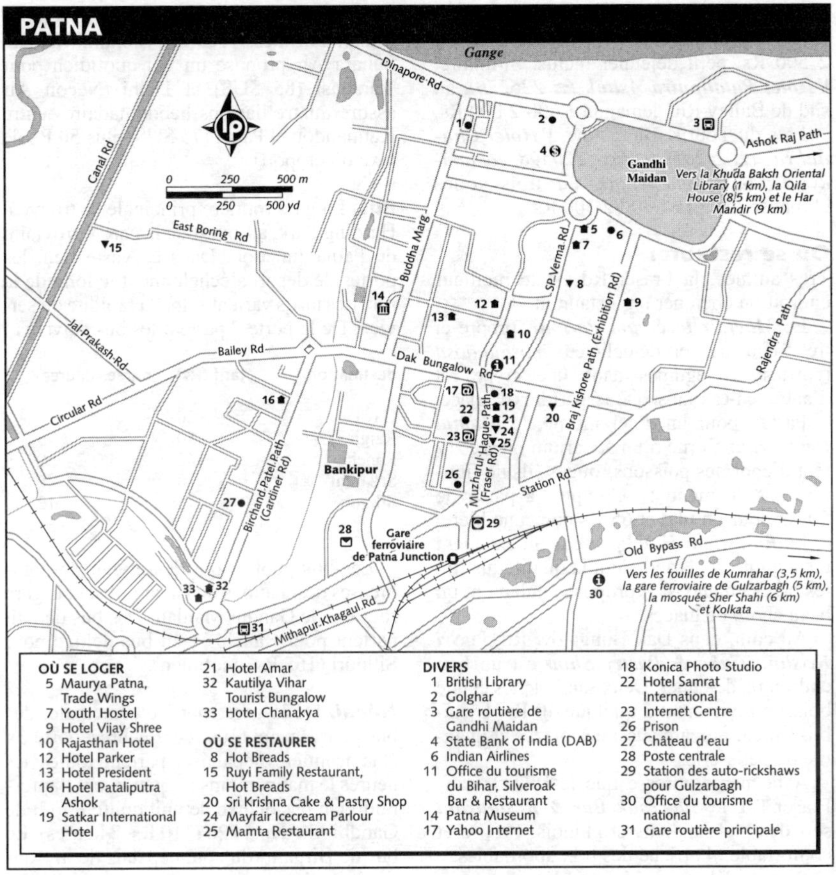

pour un lit en dortoir et un minimum de 350 Rs pour une double.

Où se loger – catégorie moyenne

Les hôtels de cette catégorie offrent des prestations de bonne qualité et toutes les chambres sont équipées de s.d.b. avec eau chaude.

Dans la rue qui mène au musée, près de Fraser Rd, l'***Hotel President*** *(☎ 220600)* bénéficie d'un environnement plus calme que la plupart de ses concurrents. Il loue ses chambres à partir de 350/400 Rs, ou 600/700 Rs avec clim.

Au ***Rajasthan Hotel*** *(☎ 225102, hotelrajasthan@hotmail.com, Fraser Rd)*, délabré mais accueillant, les doubles standard avec seau d'eau chaude reviennent à 500 Rs, ou 800 Rs avec clim. Son service d'étage fonctionne jusqu'à 22h30.

Du côté sud de Fraser Rd, le ***Satkar International Hotel*** *(☎ 220551, fax 220556)* présente un bon rapport qualité/prix. Doté d'un ascenseur, il offre des chambres propres, avec eau chaude en permanence, pour 570/800 Rs.

Aménagé avec goût, l'***Hotel Vijay Shree*** *(☎ 685312, Exhibition Rd)*, l'ancien Hotel Swayam Sidhi, est une excellente adresse. Il propose des chambres avec clim., TV et eau chaude en permanence à 550/650 Rs.

Où se loger – catégorie supérieure

Surplombant le Gandhi Maidan, le ***Maurya Patna*** *(☎ 222061, fax 222069)*, le meilleur hôtel de la ville, s'agrémente des prestations habituelles de cette catégorie, dont une piscine. Le prix des chambres débute à 1 900/2 500 Rs, petit déjeuner inclus. Similaire, l'***Hotel Pataliputra Ashok*** *(☎ 226270)*, au sud de Bailey Rd, demande 1 600/2 000 Rs.

Près du Tourist Bungalow, l'***Hotel Chanakya*** *(☎ 220590, fax 220598, chanakya@gias101.vsnl.net.in)*, un trois-étoiles climatisé, facture 1 700/2 300 Rs.

Où se restaurer

Très animée, la Fraser Rd est le meilleur endroit où chercher un restaurant.

Le ***Mayfair Icecream Parlour***, propre et très fréquenté, sert de délicieux *masala dosa* (curries de légumes dans une crêpe) et d'autres en-cas, ainsi que 16 parfums de glace.

Parfait pour un dîner intime, le ***Mamta Restaurant*** s'orne d'un aquarium où s'ébattent d'énormes poissons rouges (ils ne figurent pas au menu !). Comptez à partir de 50 Rs pour un plat et 65 Rs pour une bière.

Le ***Rajasthan Hotel*** possède un excellent restaurant végétarien, dont la qualité justifie les prix demandés. Il propose également un beau choix de glaces.

Au coin, dans Dak Bungalow Rd, le ***Sri Krishna Cake & Pastry Shop*** est un bon endroit où déjeuner. Deux sandwiches et une boisson reviennent à quelque 40 Rs. L'établissement prépare aussi des pizzas et quantité de pâtisseries.

A la même adresse que le BSTO, dans Fraser Rd, le ***Silveroak Bar & Restaurant*** sert des plats indiens et chinois. Propre et confortable, il affiche des prix abordables.

Pour de délicieux pains et pâtisseries frais, rendez-vous dans l'un des deux établissements ***Hot Breads***, dans SP Verma Rd ou dans East Boring Rd (ce dernier vend également des glaces).

Le ***Ruyi Family Restaurant***, près de Hot Breads dans East Boring Rd, est le seul restaurant du Bihar spécialisé dans la cuisine chinoise. Bien qu'un peu cher, il est joliment décoré, propre, accueillant, et réservé aux non-fumeurs. Le service est parfait.

Comment s'y rendre

Avion. Indian Airlines (☎ 226433) assure deux vols quotidiens entre Patna et Delhi (145 $US), quatre vols hebdomadaires pour Kolkata (Calcutta ; 100 $US), et des vols quotidiens pour Ranchi (70 $US). Un vol hebdomadaire relie Patna à Lucknow (100 $US). Vous pouvez réserver à l'agence Indian Airlines, près du Gandhi Maidan. Sahara Air propose un vol quotidien pour Varanasi (85 $US) et Delhi. Necon Air assure quatre liaisons hebdomadaires entre Katmandou et Patna (75 $US, plus 50 Rs de taxe d'aéroport).

Bus. La gare routière principale se trouve à Harding Park, à l'ouest de la gare ferroviaire de Patna Junction. Dans ce vaste lieu, les portes de départ s'échelonnent le long de la rue. Les tarifs varient selon la rapidité du service. De la porte 7 partent les bus suivants :

destination	tarif (Rs)	durée (heures)
Gaya	50	4
Rajgir	50	3
Ranchi	142	9
Sasaram	70	6
Siliguri	175	12

Les bus publics qui desservent de nombreuses destinations du Bihar utilisent la gare routière de Gandhi Maidan. Des bus de nuit partent pour Ranchi et un bus deluxe pour Siliguri (165 Rs, quotidien).

Népal. De la gare routière principale, des bus pour Raxaul (100 Rs, 7 heures, porte 6), à la frontière népalaise, partent toutes les heures le matin, moins fréquemment l'après-midi. Un bus deluxe de nuit quitte l'arrêt de Gandhi Maidan à 22h (110 Rs, 7 heures). Le bus de Birganj (du côté népalais de la frontière) à Katmandou coûte environ 82 Rs (114 Rs népalaises).

Train. A Patna Junction, le bureau des réservations ferroviaires se caractérise par un désordre hallucinant. Si vous avez peu de temps, mieux vaut passer par une agence de voyages et lui payer une petite commission.

Les trains les plus rapides sur la ligne Kolkata-Delhi mettent 12 heures jusqu'à Dehli (324/926 Rs en 2e/1re classe, 992 km) et 7 heures pour Kolkata (202/640 Rs, 545 km). Tous les jours, plusieurs trains directs desservent Varanasi (115/346 Rs, 5 heures, 228 km), Gaya (35/173 Rs, 2 heures, 92 km), Ranchi (168/524 Rs, 10 heures, 591 km), et Mumbai (397/1 310 Rs).

Si vous allez à Darjeeling ou dans le Nord-Est, le *North East Express*, un train rapide en provenance de Delhi, quitte Patna à 22h20 et arrive à New Jalpaiguri (Siliguri) à 9h40 (132/951 Rs en 2e/2e clim., 636 km).

Comment circuler

Desserte de l'aéroport. L'aéroport se trouve à 7 km à l'ouest du centre-ville. Il règne la plus grande confusion dans les files d'attente pour l'immigration et la douane et les agents de sécurité font également office de porteurs. Indian Airlines propose un service de bus au départ de son agence, près du Gandhi Maidan. La course en rickshaw coûte environ 60 Rs et 130 Rs en taxi.

Auto-rickshaw. Des auto-rickshaws collectifs font la navette entre la principale gare ferroviaire de Patna Junction et la gare ferroviaire de Gulzarbagh (5 Rs). Ils circulent également entre la gare ferroviaire et l'arrêt de bus de Gandhi Maidan (3 Rs).

SONEPUR

☎ 06654

La foire aux bestiaux de Sonepur se déroule pendant deux semaines en octobre-novembre. Elle a lieu lors de la pleine lune de Kartika Purnima, l'époque la plus propice pour se baigner au confluent du Gange et de la Gandak. Quatre fois plus importante que la foire de Pushkar, c'est sans doute la plus grande foire animalière d'Asie. Outre le bétail, on vend à Hathi Bazaar toutes sortes d'animaux ; selon leur âge et leur condition physique, les éléphants changent de propriétaire pour 10 000 à 100 000 Rs.

Pendant la foire, la Bihar State Tourist Development Corporation (BSTDC) ouvre un village touristique, composé de bungalows doubles à 500 Rs (pas de réduction en simple), d'un dortoir de 20 lits à 77 Rs par personne et de plusieurs huttes provisoires, ornées de peintures Mithila (voir l'encadré *Les peintures Mithila*), dont le prix varie selon la demande. Pour réserver, adressez-vous à la BSTDC (☎ 0612-225411), à Patna.

VAISHALI

☎ 06225

Dès le VIe siècle av. J.-C., Vaishali était la capitale d'une république. Mahavira, un *tirthankar* (maître) jaïna, naquit dans cette cité et le Bouddha y délivra son dernier enseignement. La ville compte peu de curiosités hormis une **colonne d'Ashoka** (avec son chapiteau au lion intact), quelques **stupa** délabrés (dont l'un renferme un huitième des cendres du Bouddha) et un petit **musée.** L'accès aux ruines s'élève à 5 $US (230 Rs) pour les étrangers.

Le ***BSTDC Tourist Youth Hostel & Tourist Bungalow*** loue des simples/doubles avec s.d.b. commune pour 150/180 Rs.

On peut venir en circuit organisé depuis Patna, ou en bus de Lalganj et Muzaffarpur.

RAXAUL

☎ 06255

Raxaul est la jumelle indienne de Birganj, la ville-frontière népalaise. Toutes deux sont surpeuplées et sales. Les rickshaws mettent 20 min (20 Rs) pour faire le trajet de la frontière (ouverte de 4h à 24h) à l'arrêt de bus de Birganj. Les visas népalais délivrés à la frontière (30 $US) ne sont payables qu'en dollars US.

Ni Raxaul ni Birganj ne méritent qu'on s'y attarde. Si vous devez y passer la nuit, l'***Hotel Kaveri*** propose des simples/doubles avec s.d.b. commune à 100/120 Rs.

L'***Hotel Ajanta***, plus agréable, est situé dans une petite rue près de l'arrêt de bus et facture 80/100 Rs ses chambres avec s.d.b. commune.

Comment s'y rendre

Plusieurs bus quotidiens relient Raxaul à Patna (100 Rs, 7 heures). Ne vous fiez pas aux revendeurs de billets combinés bus/train ; mieux vaut organiser votre voyage vous-même.

De Birganj, des bus partent le matin et le soir pour Katmandou (95 Rs, 12 heures environ) et des bus desservent Pokhara (75 Rs, 10 heures). La plupart des bus à destination de Katmandou empruntent la route *via* Narayanghat et Mugling, beaucoup plus longue que la Tribhuvan Highway (*via* Naubise) et ses magnifiques paysages.

BODHGAYA

☎ 0631

Pour le voyageur, Bodhgaya est sans doute le plus intéressants des lieux sacrés associés à la vie du Bouddha. Ce lieu de pèlerinage bouddhiste le plus important au monde est davantage un centre religieux actif qu'un site archéologique.

Le haut lieu de la ville, le Mahabodhi Temple (temple de Mahabodi), s'élève à

Les peintures mithila

L'art populaire unique et le plus célèbre du Bihar est la peinture *mithila* ou *madhubani*. Traditionnellement, les femmes de Madhubani et des villages environnants du district de Mithila, ornaient, dès le jour de leurs noces, les murs de leur demeure de dessins au style vigoureux. Elles utilisaient des pigments naturels : épices, charbon de bois, matières minérales et végétales. Les peintures représentaient des divinités locales et des scènes mythologiques, tout en incorporant des événements particuliers et certains aspects de la vie courante.

Aujourd'hui, ces peintures, qui mêlent le noir, le blanc et les tons vifs des couleurs primaires, sont exécutées par des professionnels à des fins commerciales sur papier, toile ou tissu.

On peut encore admirer des peintures murales d'origine aux alentours de Madhubani (à quelque 160 km au nord-est de Patna, soit 5 à 6 heures de bus) ainsi que sur les huttes du village touristique ouvert par le gouvernement du Bihar à l'occasion de la foire de Sonepur.

Chaque année au mois de juin, le Saurath Sabha est organisé dans un verger planté de manguiers du village de Saurath. Cet événement unique rassemble des brahmanes originaires du Mithila, venus des quatre coins de l'Inde pour la plus grande foire au mariage du pays. Les parents des candidats viennent là, munis de l'horoscope de leurs enfants, dans l'espoir de leur trouver un bon parti.

l'endroit où le Bouddha atteignit l'Éveil, avant de consacrer sa vie à la prédication.

Croyants et profanes affluent du monde entier pour étudier le bouddhisme et suivre des stages de méditation. Cette petite bourgade tranquille connaît une croissance rapide qu'accompagne l'habituel "bazar" touristique, mais reste plaisante pour un séjour de quelques jours. Tâchez de faire coïncider votre visite avec la venue des pèlerins tibétains de Dharamsala, entre octobre et mars. Le dalaï-lama y passe souvent le mois de décembre. Au Tibetan Refugee Market (marché des réfugiés tibétains), ouvert pendant cette période, vous pourrez acheter des vêtements de laine, tout en soutenant la communauté tibétaine en exil.

Renseignements

Le complexe touristique, à l'angle de Bodhgaya Rd et de Temple St, comprend deux hôtels, un restaurant, des jardins et un "Information & Media Centre" (centre d'information) qui n'est guère plus qu'un bâtiment original, ouvert tous les jours, sauf le dimanche, de 10h à 17h.

Bodhgaya compte quelques banques, dont une agence de la Bank of India, près du Om Restaurant. Lors de notre passage, il n'existait aucun établissement Internet, mais cela risque de changer rapidement ; jetez un coup d'œil dans le quartier du Mahabodhi Temple.

Mahabodhi Temple

Érigé à côté d'un rejet du banian sous lequel le Bouddha médita sur les excès de la vie et élabora sa philosophie, ce temple constitue un lieu de pèlerinage pour tous les bouddhistes. Une pousse de ce banian fut emportée par Sanghamitta (la fille de l'empereur Ashoka) à Anuradhapura, au Sri Lanka, où l'arbre qui en provient est encore vigoureux aujourd'hui. Une pousse de ce dernier fut à son tour apportée à Bodhgaya quand le premier banian mourut. La dalle de grès rouge, au pied de l'arbre, serait le Vajrasan, ou trône de diamant, sur lequel le Bouddha prenait place. Le Mahabodhi Temple s'élève

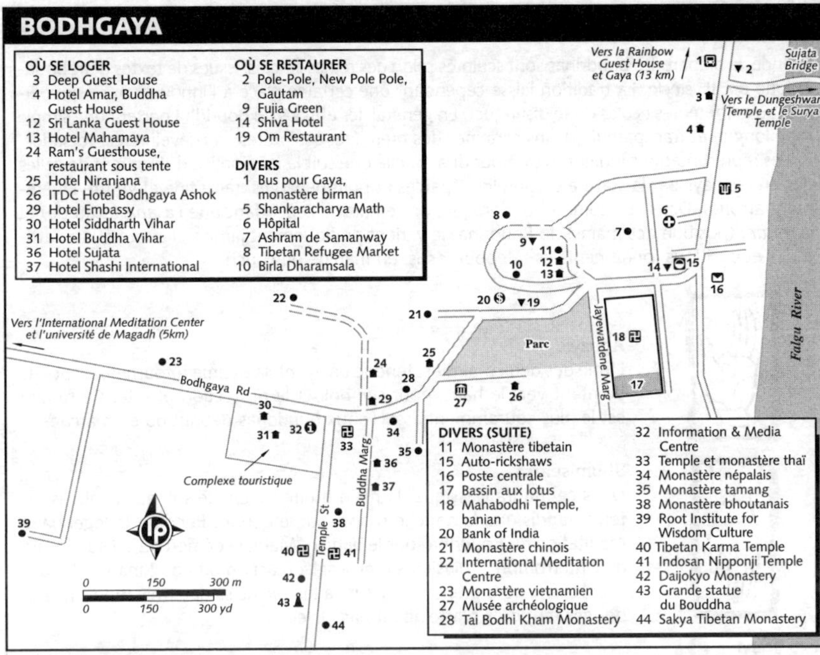

sur les ruines d'un temple construit par Ashoka au IIIe siècle av. J.-C. Surmontée d'une flèche pyramidale de 50 m, la structure ornée abrite une grande statue dorée du Bouddha. Le bâtiment actuel fut restauré au XIe siècle, puis en 1882. La balustrade de pierre qui l'entoure, en partie conservée, daterait de la période sunga (vers 184-172 av. J.-C.). Ses sculptures ont été restaurées. Certaines sont aujourd'hui exposées au musée de Kolkata et au Victoria & Albert Museum de Londres. Des stupa de pierre, érigés par les pèlerins parsèment la cour.

Le site respire le calme et la sérénité. Pèlerins et visiteurs, de religions et d'origines diverses, viennent s'y recueillir ou simplement l'admirer. Le site ouvre de 6h à 12h et de 14h à 18h30 (entrée gratuite, 10/200 Rs pour un appareil photo/Caméscope). Pour vous détendre en fin de journée, promenez-vous dans le périmètre du temple, où vous croiserez des moines du monde entier et vous imprégnerez de l'ambiance de ce lieu sacré.

Pour plus de détails sur le bouddhisme et la vie du Bouddha, reportez-vous à la rubrique *Religion* du chapitre *Renseignements pratiques*.

Monastères

La plupart des pays à forte population bouddhiste possèdent ici un temple ou un monastère, à l'architecture représentative. Ainsi, le temple thaïlandais ressemble beaucoup aux *wat* colorés que l'on voit en Thaïlande ; le temple-monastère tibétain Karma date de 1934 et renferme un grand moulin à prières.

Les Birmans, à l'origine de la campagne de restauration du Mahabodhi Temple au siècle dernier, ont bâti leur monastère en 1936. Le temple japonais (Indosan Nipponji) abrite une superbe statue du Bouddha apportée du Japon ; de l'autre côté de la rue s'élève le Daijokyo Temple. Vous verrez également des monastères chinois, sri-lankais, bouthanais, vietnamiens, népalais, coréens, taïwanais et bangladeshi. Le monastère Tai Bodhi Kham a été construit par des tribus de l'Assam et de l'Arunachal Pradesh.

Autres curiosités

Le musée archéologique (ouvert de 10h à 17h, du samedi au jeudi) présente une petite collection de bouddhas et des colonnes trouvées dans les environs. Le Shankaracharya Math hindou possède un temple et une gale-

Sculpture et symbolique

En Inde, la plupart des bouddhas sont sculptés selon des règles strictes, issues de textes d'art bouddhique du IIIe siècle. La tradition laisse cependant une certaine place à l'innovation, ce qui permet aux différentes écoles de se distinguer. En général, les effigies du Bouddha portent une simple robe longue et transparente. Dans certaines des premières sculptures, la chevelure est torsadée.

Les représentations indiennes du Bouddha, quelle que soit la religion, se distinguent de celles des autres pays par la stature corporelle : épaules et poitrine larges, taille fine et ventre légèrement arrondi. Dans la tradition bouddhique, on remarque cependant que l'*asana* (attitude) et la *mudra* (position des mains) du Bouddha ne varient pratiquement jamais. Il existe quatre attitudes et positions fondamentales : debout, assis, en marche ou couché.

Abhaya
L'une des deux mains est tendue en avant, la paume retournée, les doigts pointant vers le haut, pour symboliser la protection offerte. Ce mudra est le plus couramment associé aux bouddhas debout ou en marche.

Bhumisparsa
Dans ce mudra classique, la main droite touche le sol, qui symbolise la terre, tandis que la gauche repose sur le genou. Pendant la légendaire méditation du Bouddha sous le banian, Mara, le démon de la Mort, tenta de l'interrompre à plusieurs reprises. La réaction du Bouddha fut de toucher la terre pour prendre la nature à témoin de sa détermination à ne pas bouger tant qu'il n'atteindrait pas l'Éveil.

Vitarka (Dhammachakka)
Lorsque le pouce et l'index d'une main (*vitarka*) ou des deux mains (*dhammachakka*) forment un cercle, les autres doigts étant tournés vers l'extérieur, le mudra évoque le premier prêche public du Bouddha.

Dhyana
Les deux mains reposent paumes vers le haut sur les genoux de Bouddha, la droite sur la gauche, signifiant la méditation.

Illustrations de Martin Harris

rie de sculptures, aménagée dans l'enceinte. De l'autre côté de la rivière se dressent les temples Dungeshwari et Suraya.

Le **Grand Bouddha** (25 m de haut), de style japonais Kamakura, a été inauguré par le dalaï-lama en 1989. Symbole de paix universelle, un bouddha Maitreya de plus de 100 m de haut est en cours de construction.

Cours de méditation et de bouddhisme

Cours et retraites ont lieu en hiver, principalement d'octobre à début février.

Le Root Institute for Wisdom Culture (☎ 400714, rootinst@nda.vsnl.net.in) organise certains des cours les plus accessibles (parfaits pour les débutants). Il propose des stages de huit jours à 2 600 Rs (repas et hébergement compris), avec cours de méditation et discussions sur l'adhésion aux vœux des bouddhistes convers, ainsi que des retraites dans un cadre paisible, à la lisière de Bodhgaya.

L'International Meditation Center (☎ 400707), près de l'université de Magadh (à 5 km de Bodhgaya) dispense des cours sur place, ainsi que dans son autre centre, plus près de la ville. Ces cours sont beaucoup plus informels et les étudiants peuvent les commencer et les achever à leur convenance.

Des retraites annuelles de méditation intérieure (*vipassana*) et de quête spirituelle ont lieu du 7 au 15 janvier, du 15 au 23 janvier, et du 23 janvier au 4 février au monastère thaïlandais. Elles peuvent accueillir 130 participants. Pour vous renseigner ou vous inscrire, écrivez à Gaia House (☎ 1626-333613), West Ogwell, Near Newton Abbot, Devon TQ12 6EN, Grande-Bretagne, ou (à partir de mi-octobre) contactez le monastère thaïlandais, c/o Burmese Monastery (fax 400848), Bodhgaya. La fréquence des annulations fait que l'on peut souvent s'inscrire le jour même où l'on se présente.

Le panneau d'affichage de l'Om Restaurant annonce parfois d'autres stages.

Où se loger – petits budgets

Les prix indiqués correspondent à la basse saison. Ils augmentent fortement en haute saison (de décembre à mars).

Premier hôtel sur la droite, sur la route venant de Gaya, la ***Rainbow Guest House*** *(☎ 400308)* est un nouvel établissement d'un bon rapport qualité/prix. Elle propose des lits en dortoirs à 30 Rs et des doubles avec s.d.b. à 150/250 Rs sans/avec ventil. Toutes les chambres possèdent des toilettes à la turque.

Chaudement recommandée, la ***Deep Guest House*** *(☎ 400463)*, sur la route de Gaya, près du monastère birman, possède des doubles à 200 Rs, ou 300 Rs avec s.d.b. Vous apprécierez les s.d.b. communes, carrelées, propres et dotées d'eau chaude, ainsi que l'amabilité du personnel.

Dans la même rue, tout proche, l'***Hotel Amar*** *(☎ 400462)*, un petit établissement rudimentaire avec toilettes à la turque, loue ses doubles pour quelque 100 Rs.

Également sommaire mais propre, la ***Buddha Guest House*** *(☎ 400934)*, à côté de l'Amar, offre une belle vue depuis son toit. Comptez 150 Rs pour une double avec ventil., eau chaude et toilettes à la turque et 50 Rs pour un lit en dortoir.

Populaire et bien tenue, la ***Sri Lanka Guest House*** *(☎ 400742)*, propriété de la Mahabodhi Society, se trouve près du monastère tibétain. Vous obtiendrez une chambre avec s.d.b. contre une donation d'environ 80 Rs.

Derrière l'Hotel Embassy, la ***Ram's Guesthouse*** *(☎ 400644)*, un établissement familial et accueillant, facture 150 Rs les doubles avec s.d.b. commune (propre) et 200 Rs celles avec s.d.b. et chauffe-eau.

Bénévolat

Si vous vous intéressez aux projets de développement social dans la région, contactez Dwarko Sundrani à l'ashram Samanway de Bodhgaya, un endroit idéal pour offrir un travail bénévole (tout en découvrant la culture indienne) ou une donation.

L'ashram travaille essentiellement avec des enfants de basses castes et pratique des milliers d'opérations oculaires chaque année. En tant que bénévole, vous pouvez vous occuper des enfants et vous rendre utile à la laiterie ou à la ferme agricole. Lors de notre passage, l'ashram employait huit étrangers, dont des Japonais, des Australiens et des Danois. L'ashram étant difficile à trouver, demandez votre chemin près du Mahabodi Temple.

La Sujata Charitable Society (☎ 400463) est dirigée par Sunil Kumar Sinha, le chaleureux gérant de la Deep Guest House. Il a ouvert une école qui dispense un enseignement gratuit aux enfants et aux adultes analphabètes. Il projette de mettre en place des services médicaux gratuits pour la population du Bihar. Les bénévoles sont les bienvenus, tout comme les dons.

Contigus, les Tourist Bungalows n°1 et 2, situés dans le complexe touristique, sont également connus sous des noms plus évocateurs : l'***Hotel Buddha Vihar*** *(☎ 400445)*, qui possède des dortoirs très confortables et des chambres à 50 Rs par personne, ou 75 Rs avec s.d.b. ; et l'***Hotel Siddharth Vihar*** *(☎ 400445)*, qui offre de belles petites doubles, avec TV et s.d.b., à 200 Rs.

Si vous prévoyez un séjour prolongé, que le confort spartiate, un comportement vertueux et le respect de quelques règles simples ne vous rebutent pas, vous pouvez loger dans un monastère. Le ***monastère birman*** (très prisé des Occidentaux pour ses stages d'étude), le ***monastère bhoutanais*** et le ***monastère tibétain*** accueillent des hôtes pour environ 50 Rs la nuit.

Où se loger – catégories moyenne et supérieure

La construction permanente d'établissements de ces catégories garantit des prix concurrentiels. Toutes les chambres possèdent une s.d.b.

Face au parc, l'***Hotel Niranjana*** *(☎ 400 475, Bodhgaya Rd)* propose des doubles très correctes, avec TV, mais les s.d.b. laissent à désirer. Comptez 600/900 Rs en simple/ double.

Impeccable, l'***Hotel Embassy*** *(☎ 400711)*, doté d'un salon sur le toit-terrasse, dispose de chambres avec TV à 500/800 Rs.

Près du musée archéologique, l'***ITDC Hotel Bodhgaya Ashok***, *(☎ 400700, 400790, fax 400788)* loue ses chambres 1 000/1 500 Rs, ou 1 600/2 400 Rs avec clim. Il demande 400 Rs pour un lit en dortoir, un tarif exorbitant !

Établissement haut de gamme, l'***Hotel Sujata*** *(☎ 400761, 400481, hotel_sujata@ yahoo.com, Buddha Marg)* offre un service en chambre 24h/24, un bureau de change, un restaurant, une salle de bains à la japonaise et une salle de prière. Prévoyez 1 895/2 295 Rs en simple/double.

A côté, l'***Hotel Shashi International*** *(☎ 400459, fax 400483, Buddha Marg)* abrite un restaurant qui prépare des spécialités chinoises et thaïlandaises. Les chambres, petites mais immaculées, valent 1 000/1 200 Rs.

Luxueux et fort bien situé, le vaste ***Mahamaya Hotel*** *(☎ 400221, htl_mahamaya@ hotmail.com)*, proche du temple de Mahabodhi, comprend un hall de marbre imposant, des cours intérieures et des chambres confortables et spacieuses. Les prix débutent à 1 400/2 000 Rs, mais vous obtiendrez un rabais si les clients se font rares.

Où se restaurer

La qualité de la restauration, plutôt médiocre hors saison, devient excellente en hiver, lorsqu'arrivent les pèlerins.

Le ***Shiva Hotel***, près d'une station d'auto-rickshaws, prépare des plats japonais, indiens et occidentaux. Servis par un personnel aimable, un *chow mein* aux champignons revient à 40 Rs, un plat de poulet épicé à 75 Rs et les burgers à 35 RS.

La ***Ram's Guesthouse*** possède un restaurant sous tente bon marché, avec un choix de plats sri-lankais, japonais, chinois, tibétains et occidentaux.

Parmi les autres restaurants sous tente, le ***Pole-Pole***, le ***New Pole-Pole*** et le ***Gautam***, tous trois en face du monastère birman et très fréquentés, offrent un bon rapport qualité/ prix avec leurs cartes variées, leurs machines à *jaffle* (sorte de croque-monsieur) fatiguées et un fond musical agréable. Le Gautam ouvre une boulangerie en hiver.

Plusieurs restaurants tenus par des Tibétains se regroupent derrière le monastère tibétain. La plupart sont installés sous des tentes et n'ouvrent qu'en hiver. Toutefois, certains fonctionnent toute l'année. Établi de longue date, l'***Om Restaurant***, un lieu de rencontre populaire, se situe près de la Bank of India. Il propose de délicieux petits déjeuners et de bonnes spécialités tibétaines et japonaises. Il ne fonctionne qu'en hiver. Le ***Fujia Green***, en face du marché des réfugiés tibétains, sert des plats tibétains et chinois toute l'année.

Comment s'y rendre

Bodhgaya se situe à 13 km de Gaya et des auto-rickshaws collectifs font la navette entre les deux villes (8 Rs par personne, ou 50 Rs minimum pour le véhicule – vous paierez plutôt 100 Rs). Croulant sous le poids, ils parviennent à transporter 15 passagers (plus les animaux, les marchandises, etc.), alors qu'ils sont prévus pour 3 !

Des bus fréquents, tout aussi bondés, desservent Gaya (5 Rs). Ils partent régulièrement du monastère birman.

GAYA

☎ 0631

A une centaine de kilomètres au sud de Patna, Gaya est un lieu de pèlerinage hindouiste important. Vishnu aurait donné à Gaya le pouvoir d'absoudre les péchés. Les pèlerins offrent des *pinda* (gâteaux funéraires) sur les ghats qui longent la rivière et accomplissent le long circuit des lieux saints de la ville pour libérer leurs ancêtres de leurs attaches terrestres.

Un BSTO est installé à la gare ferroviaire. Le bureau de change le plus proche se trouve à Bodhgaya.

A voir et à faire

Dans le centre surpeuplé de la vieille ville, le **Vishnupad Temple**, un temple surmonté d'un *sikhara* (tour crénelée) construit en 1787 par la reine Ahalya Bai d'Indore, s'élève sur les rives de la Falgu. A l'intérieur, une roche portant l'empreinte du pied de Vishnu – de 40 cm de long – est entourée d'un bassin d'argent. Les non-hindous ne sont pas admis.

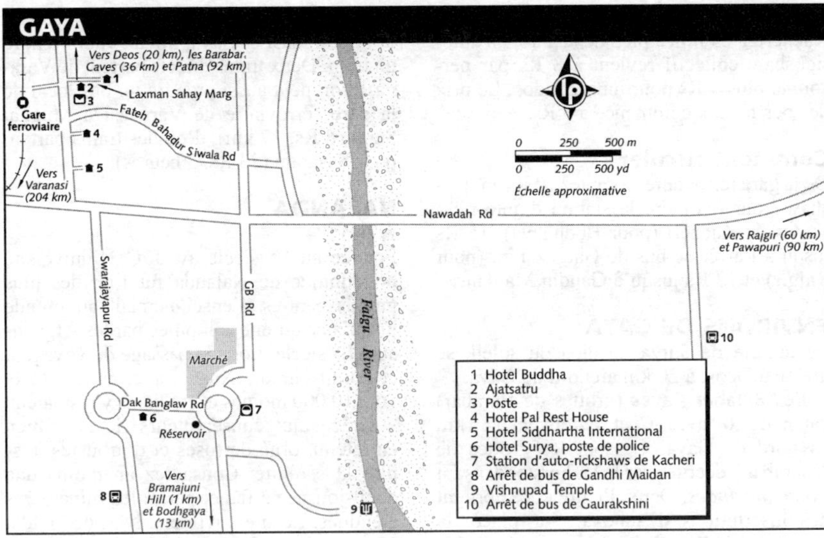

La rivière, très haute pendant la mousson, s'assèche totalement en hiver. Des crémations ont lieu sur ses berges.

A 1 km au sud-ouest du Vishnupad Temple, une volée de 1 000 marches de pierre conduit au sommet de la **Brahmajuni Hill**, d'où l'on peut admirer la ville. Gaya possède un petit **musée archéologique**, ouvert du mardi au dimanche.

Où se loger et se restaurer

De nombreux hébergements sont installés autour de la gare, spartiates pour la plupart mais acceptables pour une nuit.

L'***Hotel Buddha** (☎ 423428)*, en bas de la ruelle qui fait face à la gare, dispose d'un jardin sur le toit et de simples/doubles correctes, avec s.d.b., à 150/200 R.

En retrait de la rue, l'***Hotel Pal Rest House** (☎ 436753)*, calme et bon marché, offre des simples/doubles avec s.d.b. à 100/135 Rs, et des simples avec s.d.b. commune à 70 Rs.

L'***Ajatsatru** (☎ 434584)* propose des chambres de qualité inégale : petites ou spacieuses, sombres ou claires, avec ou sans balcon, mais toutes avec s.d.b. avec chauffe-eau. Comptez 300 Rs pour une double avec TV et ventil., ou 600 Rs avec clim.

Contigu au poste de police sur l'artère principale, l'***Hotel Surya** (☎ 424004)* loue des doubles avec s.d.b. pour 150 Rs, ou 200 Rs avec chauffe-eau et air-cooler. La course en rickshaw de la gare ferroviaire revient à 5 Rs.

Surévalué, l'***Hotel Siddhartha International** (☎ 436243, fax 436368)* accueille les pèlerins fortunés. Il facture ses chambres 45/60 $US, mais en possède de moins chères, à 995/1 400 Rs. Prévoyez 6/9 $US pour le petit déjeuner/dîner.

Partout au Bihar, des échoppes vendent des *khaja*, des petits beignets sucrés très appréciés, originaires d'un village situé entre Gaya et Rajgir. Goûtez-les dès qu'ils sortent de la friture, car les mouches en sont aussi friandes que les Biharis.

Comment s'y rendre

Des bus pour Patna (45 Rs, 4 heures) et Ranchi (de 75 à 120 Rs, 7 heures) partent de l'arrêt de Gandhi Maidan. Les bus pour Rajgir (35 Rs, 3 heures) démarrent de l'arrêt de Gaurakshini, de l'autre côté de la rivière.

Gaya se trouve sur la principale ligne ferroviaire Delhi-Kolkata. Des trains directs desservent Dehli (174/310 Rs, 2e/couchette 2e), Kolkata (104/199/571 Rs, 2e/couchette 2e/1re), Varanasi (61/115/346 Rs, 2e/couchette 2e/1re), Puri (156/282 Rs, 2e/couchette 2e) et Patna (31/198 Rs, 2e/1re).

De la gare ferroviaire à Bodhgaya (13 km), la course en auto-rickshaw devrait coûter 50 Rs, mais on essaiera sans doute de vous réclamer le double. De l'arrêt de Kacheri, à 25 min à pied de la gare, un auto-rickshaw collectif revient à 8 Rs par personne, plus 4 Rs pour un sac à dos. Le prix des bus locaux commence à 5 Rs.

Comment circuler

De la gare ferroviaire, comptez 10 Rs en rickshaw pour rejoindre la station d'auto-rickshaws de Kacheri (pour Bodhgaya), 15 Rs jusqu'à l'arrêt de bus de Gaurakshini (pour Rajgir) et 12 Rs jusqu'à Gandhi Maidan.

ENVIRONS DE GAYA

Le **temple de Surya**, le dieu du soleil, se dresse à Deos, à 20 km au nord de Gaya.

Les **Barabar Caves** (grottes de Barabar) datent de 200 av. J.-C. et se trouvent à 36 km au nord de Gaya. Ce sont les grottes de "Marabar", décrites par E.M. Forster dans La *Route des Indes*. Deux d'entre elles abritent des inscriptions d'Ashoka. Sur place, la ***Barabar Siddhnath Rest House*** *(☎ 06322-6364)*, le seul hébergement, n'affiche pas de prix fixes pour ses chambres spartiates. Pour rejoindre Barabar, prenez le train pour Bela, puis un tonga pour parcourir 10 km de route cahotante. Il vous restera cinq kilomètres de marche pénible jusqu'aux deux groupes de grottes. Malgré leur grand intérêt, il est déconseillé de s'y rendre seul car elles se situent en plein cœur de la région des bandits naxalites : demandez à un poste de police qu'un garde armé vous accompagne.

SASARAM

☎ 06184

Sasaram constitue une escale poussiéreuse et chaotique sur la Grand Trunk Rd, la célèbre route construite par Sher Shar au milieu du XVIe siècle (voir plus loin l'encadré *La Grand Trunk Road*). Le grandiose **mausolée de Sher Shar**, mort en 1545, mérite le détour. Vous verrez également le **tombeau de Hassan Khan**, le père de Sher Shar, et plusieurs autres monuments musulmans. L'accès à l'ensemble des monuments revient à 5 $US (230 Rs).

Meilleur hébergement, le ***Shershah Tourist Lodge*** se trouve à 15 min de marche de la gare ferroviaire. Devant la gare, tournez à gauche dans la Grand Trunk Rd ; l'hôtel est près de la seconde station-service. Il propose des doubles à 110 Rs, ou 160/370 Rs avec s.d.b./clim. et des lits en dortoir à 50 Rs.

Des bus rallient Patna (75 Rs, 5 heures). Pour Varanasi et Gaya, mieux vaut prendre un train. Deux trains directs partent de Varanasi ; on peut aussi prendre un bus local de la gare ferroviaire de Varanasi à Mughal Serai (8 Rs, 17 km), d'où des trains partent pour Sasaram (23 Rs, 3 heures).

NALANDA

☎ 061194

Fondée au Ve siècle av. J.-C., l'université bouddhique de Nalanda fut l'un des plus grands centres d'enseignement au monde jusqu'à ce qu'elle soit pillée par les Afghans au XIIe siècle. Lors du passage du voyageur et érudit chinois Xuan Zang, entre 685 et 762, 10 000 moines et étudiants y résidaient.

Grâce aux conservateurs, le site, bien entretenu, orné de roses et d'arbustes, respire la sérénité. Consacrez au moins une demi-journée à flâner parmi les ruines, très étendues. Le site ouvre en hiver, de 7h30 à 17h (entrée : 5 $US – ou 230 Rs – pour les étrangers).

Les vastes ruines de brique comprennent le **grand stupa**, avec ses marches et ses terrasses, qu'entourent les cellules des moines et quelques stupa votifs intacts. Un **musée archéologique** (2 Rs, ouvert du samedi au jeudi, de 10h à 16h) abrite le sceau de l'université de Nalanda, des sculptures et autres vestiges trouvés sur les lieux. Les pèlerins vénèrent les statues du Bouddha en dépit des écriteaux précisant : "Ne faites pas d'offrandes aux objets du musée." Un guide est en vente pour 4 Rs.

Le **Xuan Zang Memorial Hall** a été construit récemment par les Chinois en tant que pagode de la Paix. Xuan Zang passa cinq ans sur place à étudier et à enseigner.

Nalanda abrite également un centre international pour l'étude du bouddhisme, créé en 1951.

La plupart des voyageurs séjournent à Rajgir et visitent Nalanda dans la journée. Vous pouvez toutefois loger dans les ***dharmasala*** (hébergements pour les pèlerins) birman, japonais ou jaïna de Nalanda ou à la ***Public Works Department Rest House***. Dans ces établissements, comptez quelque 50 Rs pour un lit.

Comment s'y rendre

Des trekkers (jeeps) collectifs, incroyablement surchargés, relient Rajgir au village de

Le circuit bouddhique

Historiquement, le Bihar est étroitement lié à la vie du Bouddha. Le circuit bouddhique (ou circuit du lotus) est un chemin de pèlerinage qui suit les pas du Bouddha, essentiellement au Bihar où il passa la majeure partie de son existence. Ce parcours attire des dévots du monde entier. Les lieux mentionnés ci-dessous figurent sur la plupart des itinéraires.

Peuplé de moines venus de toute la planète, **Bodhgaya**, le plus saint des sites bouddhiques, est le lieu où le prince Siddharta Gautama atteignit l'Éveil il y a plus de 2 500 ans.

Mal entretenu mais fort intéressant, le musée de **Patna** abrite une collection de sculptures issues des sites bouddhiques du Bihar. Avant d'être rasée par les Afghans, **Nalanda** fut un haut lieu d'enseignement et un important centre bouddhique. Les conciles bouddhistes virent le jour à **Rajgir**, toute proche de Nalanda.

L'empereur Ashoka érigea de superbes monuments à **Sarnath**, près de Varanasi, où le Bouddha prêcha pour la première fois la "voie du milieu". A **Vaishali**, il annonça qu'il s'approchait du nirvana. **Kushinagar**, dans l'Uttar Pradesh, serait le lieu où mourut le Bouddha, et **Lumbini**, juste après la frontière népalaise, est sa ville natale.

Potala Tours & Travels (☎ 3723284, 3722552, potala@vsnl.com, www.potalatours.com, 1011 Antriksh Bhavan, 22 KG Marg, New Delhi), organise un "circuit bouddhique" de 10 à 15 jours, dont les tarifs s'adaptent à tous les budgets.

Au Bihar, contactez la Buddha Travel Corporation (☎ 662443, fax 674589), Bhattacharya Rd, Patna.

Nalanda (8 Rs), d'où un tonga collectif rejoint l'université (8 Rs, 10 min). Du village de Nalanda, une jeep dessert Bihar Sharif (5 Rs), au nord, d'où partent les bus pour Patna (28 Rs, 3 heures 30).

RAJGIR

☎ 06119

Capitale de l'Empire magadha jusqu'à ce qu'Ajatasatru la transfère à Pataliputra (Patna) au Ve siècle av. J.-C., Rajgir, à 12 km au sud de Nalanda, est aujourd'hui une petite station touristique. L'hiver, ses sources chaudes et son climat vivifiant attirent les vacanciers indiens. C'est un important lieu de pèlerinage bouddhiste : le Bouddha y vécut douze ans et le premier concile bouddhiste s'y réunit après que l'Éveillé eut atteint le nirvana. Rajgir revêt également un caractère sacré pour les jaïna car Mahavira y séjourna quelque temps ; des sanctuaires digambara surmontent les collines alentours. La mention de la ville dans le *Mahabharata* lui vaut son contingent de pèlerins hindouistes.

Orientation et renseignements

La route principale, où se situent la gare ferroviaire, l'arrêt des bus et plusieurs hôtels, passe à 500 m à l'ouest de la ville. Un complexe touristique avoisine les sources chaudes, à environ 1 km au sud de Rajgir, sur la route principale.

Du 24 au 26 octobre, le **Rajgir Mahotsava** (festival d'arts indiens classiques) présente des danses folkloriques, des ballets, des opéras, des chants religieux et de la musique instrumentale.

A voir

Les sites étant disséminés sur plusieurs kilomètres, la plupart des visiteurs louent un tonga pour la demi-journée (environ 60 Rs). Toutefois, vu la brutalité avec laquelle sont traités les chevaux, vous préférerez peut-être prendre un taxi.

Parmi les centres d'intérêt figurent les ruines de la cité, les grottes et les lieux associés à Ajatasatru et à son père, Bhimbisara, qu'il emprisonna puis assassina. Le bâtiment rose, près des sources chaudes surpeuplées, est le **Lakshmi Narayan Temple**.

Vous pourrez aussi admirer un temple birman, une intéressante **exposition jaïna** (10 Rs), un temple japonais moderne et, au sommet de Ratnagiri Hill, à 3 km au sud des sources chaudes, le **stupa japonais Shanti**, auquel on accède en télésiège (20 Rs l'aller-retour ; tous les jours de 8h15 à 17h).

Où se loger et se restaurer

Les prix mentionnés ici sont ceux pratiqués en haute saison (d'octobre à mars) ; hors saison, ou si le taux d'occupation est faible, ils peuvent baisser jusqu'à 50%.

Près de l'arrêt des bus, l'***Hotel Anand*** *(☎ 55030)*, l'un des établissements les moins chers, propose des simples/doubles lugubres, avec toilettes à la turque et eau froide, à 75/150 Rs. Le restaurant jaïna, strictement végétarien, ne sert ni œuf, ni oignon, ni ail.

Au sud de la ville près des sources chaudes, l'***Hotel Siddharth*** *(☎ 55216)* possède une agréable cour fermée et des chambres avec s.d.b. à 250/450 Rs. Il est renommé pour son excellente cuisine et son personnel accueillant. Sur présentation de ce guide, vous bénéficierez peut-être d'un rabais de 20%.

L'***Hotel Rajgir*** *(☎ 55266)*, un établissement à l'ancienne doté d'un jardin, demande 210/310 Rs pour une chambre rudimentaire avec s.d.b., plus 5 Rs le seau d'eau chaude.

Le BSTDC gère trois établissements à Rajgir. L'***Ajatshatru*** *(☎ 55027)*, propre, ne dispose que de dortoirs (50 Rs le lit) et de toilettes à la turque. Le ***Gautam*** *(☎ 55273)* offre des lits en dortoir à 50 Rs et des doubles avec TV et balcon à 321 Rs, ou 535 Rs avec clim.

Le ***Tathagat Vihar*** *(☎ 55176)* compte des doubles avec toilettes à la turque à 300 Rs, ou 600 Rs avec clim.

A 3 km à l'ouest des sources d'eau chaude, l'***Hotel Centaur Hokke*** *(☎ 55245)* est le meilleur hôtel de Rajgir. S'il ressemble un peu à une prison vu de l'extérieur, cet établissement de style japonais, avec bain collectif et temple, est agréable. Il loue des chambres, à la japonaise ou à l'occidentale, pour 86/124 $US. La pension complète revient à 43 $US de plus, par personne et par jour.

Comment s'y rendre

La gare ferroviaire la plus proche se trouve à Gaya. Des bus réguliers rejoignent Gaya (35 Rs, 3 heures) et Pawapuri. Des jeeps collectives rallient Nalanda (8 Rs).

PAWAPURI

Mahavira, le dernier tirthankar et fondateur du jaïnisme, mourut et fut inciméré à Pawapuri vers 500 av. J.-C. On raconte que la demande de ses cendres sacrées fut telle que la terre fut largement creusée autour du bûcher funéraire, créant ainsi le bassin aux lotus. Un temple de marbre, le **Jalmandir**, construit plus tard au milieu du bassin, est devenu un lieu de pèlerinage important pour les jaïna. Des bus s'y rendent à partir de Rajgir ou de Bihar Sharif.

Jharkhand

RANCHI

☎ 0651 • 652 m d'altitude

A cette faible altitude, Ranchi ne mérite pas vraiment son titre de station climatique, d'autant que la majeure partie de ses arbres ont aujourd'hui disparu. Capitale d'été du Bihar au temps du Raj, Ranchi est désormais la capitale du nouvel État du Jharkhand.

Ne manquez pas le **Jagannath Temple**, une version réduite du superbe Jagannath Temple de Puri. Il se trouve à 6 km au sud-ouest de Ranchi et les visiteurs sont les bienvenus.

La région renferme quantité de belles cascades, dont les plus spectaculaires, surtout en fin de mousson, sont les **Hundru Falls**, à 45 km au nord-est de Ranchi. Pratiquement la même distance sépare Ranchi de **Macluskiganj**, une station d'altitude pratiquement abandonnée au nord-ouest. S'il ne reste pas grand-chose de cette ancienne oasis pour Anglo-Indiens, les alentours offrent d'agréables promenades à travers bois, jardins et vergers. Vous y verrez quelques anciens bâtiments victoriens délabrés.

Aux abords de Ranchi, plusieurs collines permettent d'admirer le coucher du soleil sur le paysage rocheux. Le Tribal Research Institute abrite un **musée anthropologique**.

Où se loger et se restaurer

De nombreux hôtels sont installés autour de l'arrêt des bus. Sauf mention contraire, ceux mentionnés ci-dessous offrent des chambres avec s.d.b. Meilleure adresse pour les petits budgets, l'***Hotel Konark*** *(☎ 307840)*, accueillant, possède des simples/doubles propres à 150/175 Rs et un bon restaurant.

Également plaisant, l'***Hotel Paradise*** offre des chambres à 120/200 Rs.

Le ***Tourist Bungalow Birsa Vihar*** *(☎ 314826)* propose des lits en dortoir à 60 Rs, des doubles avec clim. et s.d.b. à 200 Rs, ou deluxe à 500 Rs.

A 15 min de la gare ferroviaire, l'***Hotel Yuvraj*** *(☎ 300403)*, "une maison respectable", dispose de chambres à partir de 350/450 Rs.

Non loin, l'***Hotel Yuvraj Palace*** *(☎ 500326)*, le meilleur hôtel de la ville et entièrement climatisé, facture ses chambres à partir de 1 200/1 800 Rs.

Comment s'y rendre

Ranchi est bien desservie par avion, par bus et par train. Des bus rallient Gaya (de 75 à 120 Rs, 7 heures), Hazaribagh (35 Rs, 3 heures) et Netarhat (52 Rs, 4 heures). Un bus direct rejoint Puri (Orissa) en 15 heures.

La gare ferroviaire se situe à 500 m de l'arrêt des bus. Des trains quotidiens desservent Patna (95/499 Rs, 2e/1re classe), Gaya (123/415 Rs, 2e/1re) et Delhi (326/1 512 Rs, couchette/2-tier air-con).

HAZARIBAGH

☎ 06546 • 615 m d'altitude

Cette charmante ville ombragée se trouve à 107 km au nord de Ranchi, à une altitude de 615 m. La seule raison d'y faire étape est la visite de l'**Hazaribagh National Park** (parc national d'Hazaribagh), à 19 km au nord.

L'***Hotel Upkar*** *(☎ 2246)*, le meilleur du lieu, loue des simples/doubles avec s.d.b. d'un bon rapport qualité/prix, à 175/300 Rs.

La gare ferroviaire, Hazaribagh Rd, se situe à 67 km de la ville ! Des minibus privés à destination de Gaya (50 Rs, 4 heures) partent de la gare routière.

BELA (PALAMAU) NATIONAL PARK

Connu sous les noms de Palamau et de Bela, ce parc, à 140 km à l'ouest de Ranchi, fait partie du Project Tiger ; c'est aussi l'un des meilleurs endroits pour voir des éléphants sauvages. Le District Forest Officer, à Bela, délivre les permis d'entrée au parc. Bien que des *machaan* (tours d'observation) permettent d'apercevoir la faune, les animaux sauvages se font rares depuis que le gouvernement a construit une grande route à travers la région. Pire encore, la Banque mondiale injecte des capitaux dans la construction du barrage de Kotku, ce qui signifie que les plus belles forêts du parc auront bientôt besoin de branchies pour survivre.

A Bela, le point d'accès du parc, on peut organiser une excursion en jeep ; comptez de 8 à 10 Rs le kilomètre pour sillonner les 250 km² de la réserve. Des caches, installées au sommet des arbres ou au sol, facilitent l'observation des animaux.

Vous pourrez loger à Bela ou à Daltonganj, plus à l'intérieur (à 24 km de Bela). A Bela, la ***Forest Rest House*** et le ***Tourist Lodge*** (un trois-étoiles de l'ITDC) offrent un hébergement correct.

La Grand Trunk Road

La Grand Trunk Rd (GTR) traverse l'Inde dans sa largeur, de la frontière pakistanaise, près d'Amritsar, à Kolkata. C'est, de loin, la route la plus fréquentée du pays. Rudyard Kipling la décrivit comme "une rivière de vie" et elle sert de cadre à l'un de ses romans, *Kim*.

Bordée de *khayaban* (arbres) au XVIIe siècle et surnommée "la longue promenade" par les voyageurs européens, la route, faute d'entretien, s'est détériorée depuis longtemps. Le seul réalignement d'importance fut réalisé par les Britanniques, à l'époque où la Compagnie des Indes occidentales cherchait un itinéraire plus direct entre Kolkata et Varanasi. La route actuelle, achevée en 1838, reste une artère vitale du réseau routier indien.

Aujourd'hui, la GTR, notamment le tronçon traversant le Bihar et le Jharkhand, se compose souvent d'une succession de nids-de-poule et de sections étroites, qui ressemblent plutôt à des cailloux épars et à des fossés qu'à une route. Ceci entraîne de graves problèmes de transport ; vous verrez sans doute plus d'un camion renversé, son chargement répandu au bord de la chaussée.

Toutefois, la GTR offre toujours un tableau vivant de l'Inde en mouvement. Installez-vous dans un *dhaba* (snack-bar) routier et regardez défiler les camions-citernes de l'Assam, les poids lourds Tata du Penjab, les bus cabossés aux couleurs vives, tous klaxons hurlants, les sadhu aux pieds nus, les chars à bœufs surchargés, les vaches capricieuses, les écoliers à bicyclette, les femmes à pied... Nul doute que le vacarme incessant vous assourdira !

Bela est accessible par la route depuis Ranchi et Gaya (dans les deux cas, 50 Rs, 4 à 5 heures).

Ne partez pas sans vous renseigner sur les conditions de sécurité.

PARASNATH

☎ 0653232

A la lisière de la frontière du Jharkhand et du Bengale occidental et un peu au nord de la Grand Trunk Rd, Parasnath est la tête de la ligne ferroviaire menant à Sikayi, le plus grand lieu de pèlerinage jaïna de l'Inde orientale (Madhuban étant la principale ville). Perché à 1 450 m, Sikayi est le point culminant du Jharkhand et, comme bien d'autres sites de pèlerinage, on y accède en gravissant à pied une pente escarpée. Les riches pèlerins de Kolkata se font porter en palanquin.

Les 24 temples, représentant les tirthankara jaïna, se dressent à une altitude de 1 366 m. C'est ici que Parashnath, le vingt-troisième tirthankar, atteignit le nirvana, 100 ans après sa naissance.

A Munger, une école de yoga de renommée internationale, la Bihar Yoga School (☎ 06344-22430), propose des stages.

Sikayi compte plusieurs ***dharmasala***, tous strictement végétariens. Comme ceux de Bodhgaya, ils imposent des règles de conduite strictes. Vous pouvez aussi loger au ***Tourist Bungalow*** construit par la BSTDC pour la communauté jaïna de Madhuban (pas de prix fixe).

Des trains desservent Patna et Kolkata. Des camionnettes Maruti et des minibus circulent entre la gare ferroviaire et Madhuban.

Kolkata (Calcutta)

Pour beaucoup, l'actuelle Kolkata (anciennement Calcutta) évoque *toujours* les images atroces d'une misère interminable – une réputation erronée, bâtie sur des stéréotypes dépassés et régurgités par les médias (majoritairement occidentaux). Aux yeux des voyageurs se rendant en Inde pour la première fois, Kolkata, avec sa foule incessante, ses édifices délabrés et sa circulation frénétique, peut paraître un lieu de désespoir et de laideur. Pourtant, après avoir séjourné dans d'autres grandes villes indiennes, on se rend compte que la Kolkata moderne ne mérite pas ce jugement peu flatteur.

Lorsque vous connaîtrez la ville, vous comprendrez pourquoi elle a longtemps été considérée comme la capitale culturelle du pays. Si elle abrite quelques-uns des plus beaux vestiges de l'architecture coloniale britannique, elle possède une âme bengali bien particulière. Surnommée "la plus accueillante des métropoles", Kolkata est le berceau ou la cité d'adoption de nombreuses personnalités, dont le poète Rabindranath Tagore et le romancier William Thackeray. Célèbres pour leur sens de l'humour, les Bengalis, prompts à s'insurger contre les erreurs politiques, sont également les poètes et les artistes de l'Inde.

Bien évidemment, les difficultés n'épargnent pas Kolkata. Une agitation ouvrière chronique a provoqué un déclin de la productivité. D'importantes manifestations bloquent régulièrement la circulation des heures durant et l'envasement du port limite le tonnage des navires qui peuvent accoster. Le gouvernement marxiste du Bengale-Occidental a été largement tenu pour responsable de la situation actuelle. Cependant ses erreurs et ses négligences en matière de gestion urbaine ont été compensées par un développement rural considérable. Les menaces d'inondations et de famine ne poussent plus des hordes de réfugiés vers la ville comme par le passé.

Avec l'augmentation du niveau de vie, un nombre croissant de voitures essaient de se faufiler dans des rues déjà embouteillées et contribuent à la pollution. A bord d'un véhicule, l'expérience est saisissante : les conducteurs slaloment dans une circulation démente, en évitant les bus locaux qui roulent sur les chapeaux de roues ! Sachez aussi que le temps perdu dans les embouteillages constitue l'un des inconvénients majeurs. Le dimanche, la circulation se calme, du moins d'après les critères locaux.

Les contrastes incroyables et la ténacité de cette métropole effervescente ont inspiré de nombreux auteurs. *Calcutta*, de Geoffrey Moorhouse, une étude classique de 1971, intéressera ceux qui lisent l'anglais. *L'Inde,*

En bref

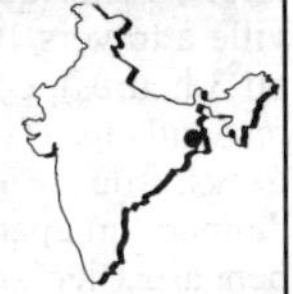

Population : 14 millions d'habitants
Superficie : 18 733 km^2
Langue principale : bengali
Capitale du Bengale-Occidental
Indicatif téléphonique : 033
Meilleure saison : de novembre à mars

Cartes du chapitre :

- Appréciez la culture vibrante de la cité dans un musée, une galerie, un théâtre ou au travers d'une discussion avec les habitants
- Visitez le Victoria Memorial, colossal bâtiment colonial et l'un des plus imposants vestiges du Raj britannique
- Tôt le matin ou en fin d'après-midi, promenez-vous au Maidan, le "poumon" de la Kolkata moderne, où les citadins promènent leur chien, font du jogging, du yoga ou bavardent avec des amis
- Laissez-vous surprendre par le Howrah Bridge, le pont qui enjambe le cours capricieux de la Hooghly et sous lequel se rassemblent une multitude de fleuristes
- Reposez-vous dans les jardins botaniques, un havre de paix dans cette ville tumultueuse, et admirez l'étonnant banian vieux de 200 ans

un million de révoltes, de VS Naipaul, comporte quelques chapitres sur Kolkata. Également en anglais, *10 Walks in Calcutta*, de Prosenjit Das Gupta, un petit ouvrage de poche, permet de découvrir les aspects culturels, historiques et contemporains de la ville à travers 10 courtes promenades (de 2 ou 3 heures), complétées par les plans correspondants. *Le Vagabond et autres histoires*, de Rabindranath Tagore, vous donnera un aperçu du talent de cet écrivain bengali. Bien sûr, une pléthore d'ouvrages ont été écrits sur Mère Teresa. *La Cité de la joie*, de Dominique Lapierre (encensé ou détesté) reste un classique pour les voyageurs et vous le trouverez chez de nombreux libraires. Le film réalisé d'après ce roman a été tourné à Kolkata, au début des années 90, dans un bidonville construit à l'occasion. Sans grande surprise, ce tournage a déclenché les protestations du gouvernement de l'État, soulignant que ce n'était, une fois de plus, que la vision occidentale, condescendante et exagérée, de la pauvreté locale.

Fin décembre 2000, le gouvernement indien a entériné le changement de nom de la capitale du Bengale-Occidental et Calcutta a retrouvé son nom traditionnel, Kolkata. Les deux autres métropoles indiennes qui ont repris leur appellation précoloniale sont Mumbai (Bombay) et Chennai (Madras).

HISTOIRE

Beaucoup moins ancienne que Delhi, Kolkata est, pour une grande part, une création britannique qui ne remonte qu'à 300 ans et fut la capitale du Raj jusqu'au début du XXe siècle.

En 1686, les Britanniques abandonnèrent Hooghly, leur comptoir installé sur la rivière éponyme, à 38 km en amont de Kolkata, et s'installèrent dans trois petits villages : Sutanati, Govindpur et Kalikata. Job Charnock, un marchand anglais qui épousa une veuve indienne après l'avoir dissuadée de respecter la coutume du *sati* (suicide d'une veuve dans le bûcher funéraire de son mari), dirigeait la colonie de négociants qui décida ce transfert. Le succès tarda à venir et le comptoir fut abandonné à plusieurs reprises. En 1696, un fort fut édifié près de l'actuel BBD Bagh (Dalhousie Square) et, en 1698, le souverain moghol, petit-fils d'Aurangzeb, accorda officiellement aux Britanniques l'autorisation d'occuper les villages.

Kolkata connut alors une croissance régulière jusqu'en 1756, lorsqu'elle fut attaquée par Siraj-ud-daula, nabab de Murshidabad. La majeure partie de la population britannique réussit à s'enfuir, mais les captifs furent entassés dans une cave où, dans la nuit, la plupart périrent suffoqués. Cet épisode fut appelé le "trou noir de Calcutta".

Début 1757, les Britanniques, conduits par Robert Clive, reprirent Kolkata et signèrent la paix avec le nabab. Peu après, la même année, Siraj-ud-daula s'allia aux Français et fut vaincu à la bataille de Plassey (l'actuelle Palashi), événement charnière dans l'histoire de l'empire des Indes. On érigea un fort plus imposant et la cité devint la capitale du Raj britannique.

Le développement économique de Kolkata s'intensifia entre 1780 et 1820. Puis le Bengale devint un foyer de la lutte pour l'indépendance et les Britanniques décidèrent de transférer la capitale à Delhi en 1911. La perte du pouvoir politique n'entama pas la puissance économique de la ville, qui continua à prospérer jusqu'au lendemain de la Seconde Guerre mondiale.

La Partition du pays affecta plus durement Kolkata que les autres métropoles indiennes. Le Bengale et le Penjab étaient en effet les deux régions peuplées d'hindous et de musulmans, coupées par la ligne de partage. Ainsi, Kolkata, le centre national de traitement et d'exportation du jute (fibre végétale avec laquelle on fabrique de la toile à sac et des nattes), fut séparée de son arrière-pays, alors que de l'autre côté de la frontière, au Pakistan oriental (aujourd'hui Bangladesh), le jute poussait sans pouvoir être transformé ni exporté. De plus, le Bengale occidental et Kolkata furent désorganisés par l'afflux de dizaines de milliers de réfugiés fuyant le Bengale oriental. Toutefois, ces mouvements de population ne s'accompagnèrent pas des sanglantes violences intercommunautaires que connut le Penjab.

Cette arrivée massive de réfugiés et l'explosion démographique de l'après-guerre transformèrent Kolkata en un véritable cauchemar urbain. L'action de Mère Teresa attira l'attention du monde entier sur les problèmes de la ville. En 1971, le conflit indo-pakistanais et la création du Bangladesh provoquèrent un nouvel afflux de réfugiés et le chaos ne fit qu'empirer.

ORIENTATION

Kolkata s'étire dans le sens nord-sud sur la rive orientale de la Hooghly, qui la sépare de Howrah sur la rive occidentale. Les quartiers qui intéressent le plus les visiteurs se situent au sud du pont, autour de BBD (Behoy Badal Dinesh) Bagh et de Chowringhee. BBD Bagh, l'ancien Dalhousie Square, est le centre du quartier des affaires (CBD, Central Business District).

Au sud de BBD Bagh s'ouvre le vaste terrain du Maidan et, à l'est de ce dernier, le quartier de Chowringhee. Dans ce dernier, vous trouverez la plupart des hôtels bon marché, de nombreux restaurants, des banques et des agences de compagnies aériennes. Avec ses hébergements pour petits budgets, la Sudder St, près de Chowringhee Rd, constitue le centre du Kolkata des voyageurs. Plus au sud de Chowringhee Rd, qui longe l'est du Maidan, Park St est bordée de restaurants et de magasins élégants.

Nouveaux noms de rues

Ancien nom	Nouveau nom
Ballygunge Rd	Gurusday Rd
Central Ave	Chittranjan Ave
Chowringhee Rd	Jawaharlal Nehru Rd
Free School St	Mirza Ghalib St
Harrington St	Ho Chi Minh Sarani
Harrison Rd	Mahatma Gandhi Rd (MG Rd)
Kyd St	Dr M Ishaque Rd
Lansdowne Rd	Sarat Bosc Rd
Lower Chitpur Rd	Rabindra Sarani
Lower Circular Rd	Acharya Jagadish Chandra (AJC) Bose Rd
Mirzapore St	Surya Sen St
Theater Rd	Shakespeare Sarani
Wellesley St	Rafi Ahmed Kidwai Rd

Noms de rue

Le changement des noms de rue, particulièrement ceux se rapportant au Raj, complique la circulation. Alors que de nombreuses plaques portent toujours les anciens noms, certains plans ne mentionnent que les nouveaux. Les chauffeurs de taxi et les rickshaw-wallahs utilisent souvent les anciens noms, plus familiers. Les cartes de ce guide comportent les nouveaux noms et les anciens entre parenthèses ; dans le texte, nous mentionnons les noms les plus communément utilisés. Par exemple, Jawaharlal Nehru Rd restant connue sous l'appellation de Chowringhee Rd, nous avons repris cette dernière.

Pour accroître la confusion et fluidifier la circulation, Kolkata a instauré des sens uniques qui changent de direction selon l'heure. Ainsi, dans une même rue, la circulation peut s'effectuer d'est en ouest aux heures de pointe du matin, d'ouest en est en fin d'après-midi, et à double sens en milieu de journée.

RENSEIGNEMENTS

Offices du tourisme

Accueillant, l'office du tourisme national (☎ 2825813), 4 Shakespeare Sarani, dans Chowringhee, fournit des informations sur Kolkata et d'autres destinations du pays. Il dispose de deux ordinateurs à écran tactile, sur lesquels vous trouverez des informations touristiques d'ordre général, dont les tarifs des taxis locaux. Il ouvre en semaine, de 9h à 18h, et le week-end, jusqu'à 13h.

En face de la poste centrale, l'office du tourisme du Bengale-Occidental (☎ 2488271), 3/2 BBD Bagh, ne vous renseignera que sur l'État. Il ouvre en semaine, de 10h30 à 16h, le samedi, de 10h30 à 13h, et le dimanche, de 7h à 12h.

Ces deux offices du tourisme possèdent des comptoirs à l'aéroport (☎ 5118299). L'office du tourisme du Bengale-Occidental dispose d'un bureau à la gare ferroviaire d'Howrah (☎ 6602518), ouvert tous les jours, de 7h à 13h. Tous peuvent organiser des visites guidées : les tarifs officiels pour une demi-journée/journée s'élèvent à 255/380 Rs (1 à 4 participants), 380/505 Rs (5 à 15 participants) et 505/825 Rs (16 à 35 participants).

Les États suivants possèdent un office du tourisme à Kolkata :

Îles Andaman et Nicobar
(☎ 2472604) 3A Auckland Place

Arunachal Pradesh
(☎ 3341243) Block-CE, 109-110 Salt Lake City

Assam
(☎ 2295094) Assam Bhawan, 8 Russel St

KOLKATA (CALCUTTA)

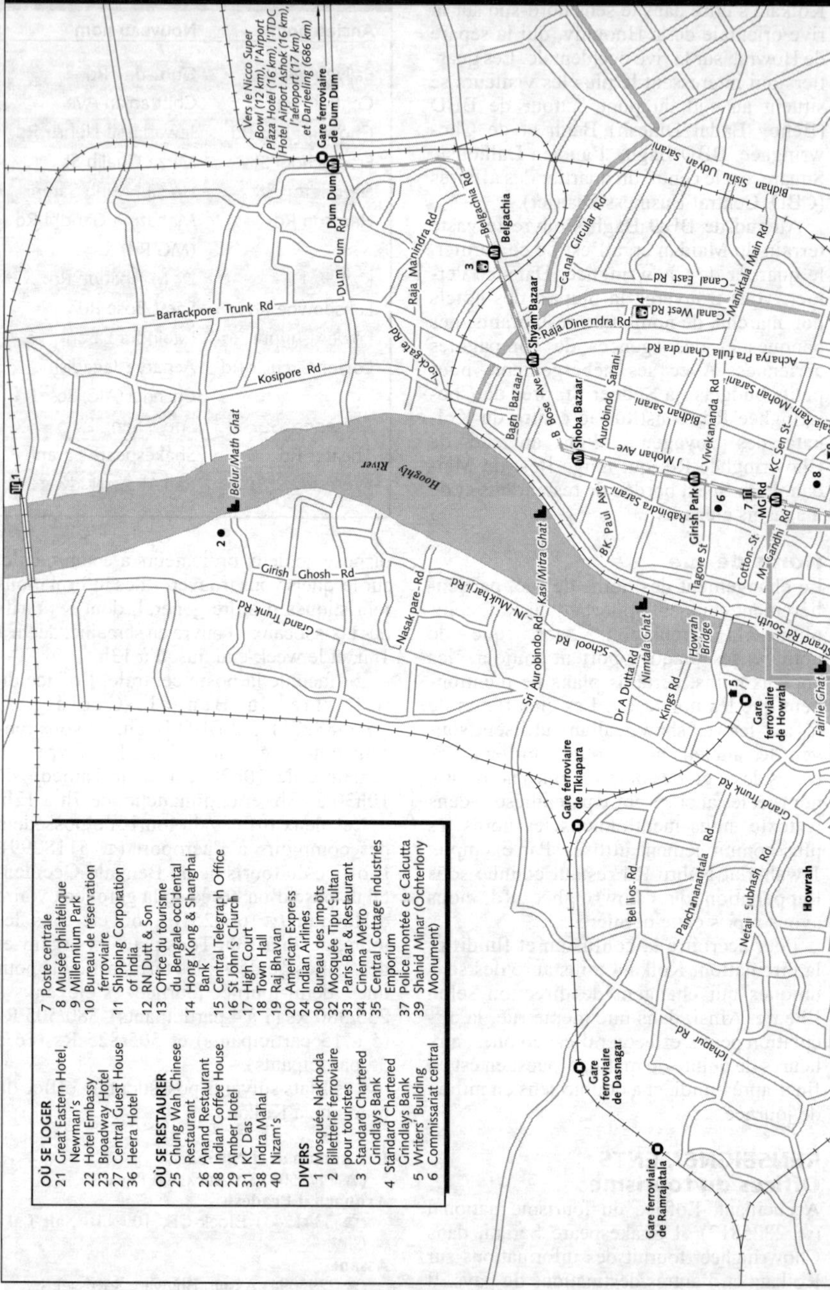

KOLKATA (CALCUTTA)

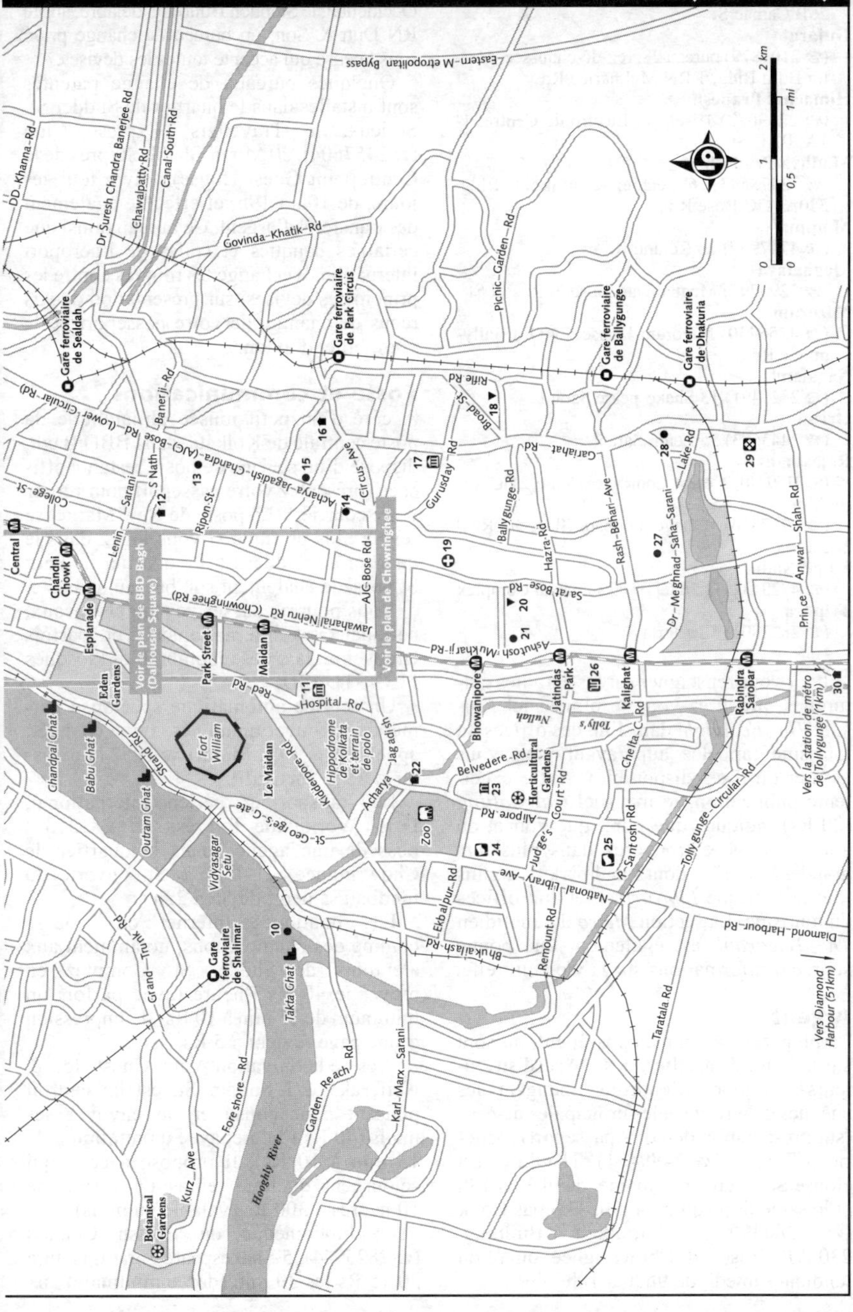

KOLKATA (CALCUTTA)

Bihar
(☎ 2803304) Neelkantha Bhawan, 1er étage, 26B Camac St
Gujarat
(☎ 2101879) bureau 28, rez-de-chaussée, Martin Burn Bldg, 1 RN Mukharjee Rd
Himachal Pradesh
(☎ 2219072) 1er étage, Electronic Centre, 1-1A, BAC St
Madhya Pradesh
(☎ 2478543) 6e étage, Chitrakoot Bldg, 230A AJC Bose Rd
Manipur
(☎ 4747937) 26 Roland Rd
Meghalaya
(☎ 2290797) Meghalaya House, 9 Russel St
Mizoram
(☎ 4756430) Mizoram House, 24 Old Ballygunge Rd
Nagaland
(☎ 2823491) 13 Shakespeare Sarani
Orissa
(☎ 2443653) 55 Lenin Sarani
Rajasthan
(☎ 2159740) 2e étage, Commerce House, 2 GC Ave
Sikkim
(☎ 2267516) 4e étage, Poonam Bldg, 5/2 Russel St
Tamil Nadu
(☎ 4720432) G-26 CIT Dakshinapan Complex
Tripura
(☎ 2822801) 1 Pretoria St

Pour vous renseigner sur les activités culturelles, procurez-vous le bimensuel *Kolkata This Fortnight* dans l'un des offices du tourisme (appelez auparavant pour vous assurer qu'il est disponible). Autre excellente publication, le mensuel *Cal Calling* (20 Rs) indique "que faire, que voir et où aller" ; vous le trouverez dans plusieurs grandes librairies, dont Landmark (voir plus loin la rubrique *Librairies*), et aux offices du tourisme. La section *Metro* du quotidien *The Telegraph* est également une bonne source d'informations sur la vie culturelle.

Argent

La plupart des banques possèdent, ou sont sur le point d'installer, des DAB (distributeurs). Nombre d'endroits changent les chèques de voyage et les principales devises (sur présentation de votre passeport). American Express (☎ 2489471), 21 Old Court House St, ouvre en semaine, de 9h30 à 18h et le samedi, jusqu'à 14h30. Thomas Cook (☎ 2803907), Chitrakoot Building, 230 AJC Bose Rd, Chowringhee, ouvre du lundi au samedi, de 9h30 à 18h.

Près de l'office du tourisme du Bengale-Occidental, le Stephen Building, délabré, abrite RN Dutt & Son, un bureau de change privé sous license qui accepte toutes les devises.

Quelques bureaux de change patentés sont installés dans le quartier de Sudder St. Sérieux, le Travellers' Express Club (☎ 2457604), 20 Mirza Ghalib St (près de la Centrepoint Guest House), ouvre tous les jours, de 10h à 19h, et effectue également des transferts d'argent. Ce bureau (ainsi que certaines banques et celles de l'aéroport international) échange les roupies contre les principales devises, sur présentation de vos reçus de change, de votre passeport et de votre billet d'avion.

Poste et communications

A côté d'un petit musée philatélique, la poste centrale de Kolkata, dans BBD Bagh, dispose d'un service de poste restante efficace (présentez votre passeport pour retirer votre courrier). La poste de New Market se révèle plus pratique si vous logez dans le quartier de Sudder St. Le quartier de Park St possède également son bureau de poste.

Vous pourrez passer vos appels locaux, nationaux et internationaux, et parfois envoyer un fax, des innombrables kiosques PCO/STD/ISD.

Un service automatique spécialisé permet de retrouver un numéro qui a changé : appelez le ☎ 1951 (hindi), ☎ 1952 (anglais) ou ☎ 1953 (bengali).

Le transporteur aérien international, DHL Worldwide Express (☎ 2813131) possède une agence dans le quartier de Chowringhee, 21 Camac St, ouverte du lundi au samedi, de 8h à 22h.

Les boutiques Internet ont poussé comme des champignons, notamment aux alentours de Sudder St. Comptez en moyenne 40 Rs l'heure (avec parfois un minimum de 15 min à 10 Rs). L'impression d'une page revient à 5 Rs.

Près de la Salvation Army Guest House, Netfreaks, 2/1 Sudder St, est un endroit plaisant pour consulter ou envoyer ses mails (40 Rs l'heure, avec un minimum de 15 min à 10 Rs). Il propose à ceux qui séjournent quelque temps un forfait de 10 heures à 300 Rs (valable un mois).

La bibliothèque du British Council (☎ 2825944), 5 Shakespeare Sarani, facture 30/15 Rs les 30 min (durée minimale) aux non-membres/membres. Au Cyber Empire Internet Cafe, dans le New Empire Cinema, près de New Market, vous paierez 20 Rs les 15 min et 50 Rs l'heure.

Prorogation de visa

Le Foreigners' Registration Office (Bureau d'enregistrement des étrangers ; ☎ 2473301), 237A AJC Bose Rd, ouvre en semaine, de 10h à 17h. Sauf exception, il ne délivre aucune prorogation.

Agences de voyages

Travellers' Express Club (☎ 2457604, www.nirvana-tours.com), 20 Mirza Ghalib St, offre des prix compétitifs pour les vols nationaux et internationaux. Son directeur, efficace, peut organiser un circuit des sites bouddhiques indiens. Kuka Travels (☎ 2260496), au 1er étage du bâtiment de la Tourist Inn, dans Sudder St, s'occupe des réservations sur les vols intérieurs.

Plusieurs agences du quartier de Sudder St vendent des billets de train, moyennant commission. Néanmoins, des voyageurs se sont plaints de tarifs trop élevés et d'un service déplorable ; mieux vaut comparer. Pour éviter les déceptions, rendez-vous à l'agence touristique des réservations ferroviaires, à Fairlie Place, près de BBD Bagh (voir plus loin la rubrique *Trains*) ; attendez-vous à faire la queue.

Photo

Si vous avez besoin de photos d'identité, le North East Color Photos (☎ 2492098), à l'angle de Sudder St et de la petite rue face à l'entrée de la Salvation Army Guest House, est une bonne adresse. Les quatre clichés standard (négatifs compris) reviennent à 50 Rs, mais vous devrez revenir les chercher quelques heures plus tard. Le développement d'une pellicule couleur de 36 poses coûte 18 Rs, plus 3,50 Rs par tirage. Cette boutique développe également les diapositives, mais mieux vaut se rendre au Bourne & Shepherd (☎ 2281658), 141 SN Banerjee Rd (près de Sudder St), "le plus ancien studio de photo du monde". Le tarif s'élève à 120 Rs (cadre en carton) ou 160 Rs (cadre en plastique) pour 36 poses.

Librairies

Kolkata possède quelques merveilleuses librairies, dont beaucoup dans le quartier de Sudder St vendent des livres d'occasion. De nombreuses librairies bordent College St, en face de la Calcutta University, à l'est de BBD Bagh. Dans le même bâtiment que l'Indian Coffee House, Rupa offre un bon choix d'ouvrages, y compris ses propres publications. Newman's dirige l'une des plus anciennes librairies de Kolkata, dans le même pâté de maisons que le Great Eastern Hotel, près de BBD Bagh.

Vous trouverez peut-être des livres en français chez Binsha Shatabdi Distributors, 7C Park St.

Dans le quartier de Chowringhee, la Cambridge Book & Stationery Company, 20D Park St, est une excellente petite librairie. Un peu plus bas dans Park St, vers Chowringhee Rd, l'élégante Oxford Book Shop, plus vaste, dispose d'un stock important. Petite et sans prétention, Classic Books, 10 Middleton St, propose un bon éventail de titres et son propriétaire, Bharat, est une mine de renseignements. Face au restaurant Khwaja, Bookland, un modeste kiosque de rue installé dans la partie orientale de Sudder St, vend des livres neufs et d'occasion en différentes langues ; il vous les rachètera pour 50% du prix de vente. Mirza Ghalib St compte d'autres établissements analogues.

Landmark, au 3e étage du complexe moderne Emami Shoppers City, 3 Lord Sinha Rd, offre un grand choix de livres, de cartes, de papeterie et de disques. Faites un tour au ***Starlit Cafe***, au 2e étage, pour savourer une glace (15 Rs la boule). Bien tenu, le Seagull Bookstore, 31A Shyama Prasad Mukherjee Rd (près de l'Indira Cinema, en face du poste de police de Bhowanipore), est une véritable caverne d'Ali Baba. Cette librairie publie ses propres titres et invite parfois des auteurs.

Bibliothèques et centres culturels

Le British Council (☎ 2825944), dans Shakespeare Sarani, comporte une bibliothèque riche en ouvrages de référence, avec un service de prêt, et un service de presse informatisé relié à Internet (voir *Poste et communications*). L'abonnement coûte 600 Rs à l'année et 100 Rs au mois. La photocopie revient à 1 Rp la page. Un café installé dans le jardin sert des repas légers et des boissons sans alcool. La bibliothèque ouvre du mardi au samedi, de 11h à 19h.

Services médicaux et urgences

Si vous avez de graves ennuis, mieux vaut contacter votre ambassade (voir la rubrique *Ambassades et Consulats* du chapitre *Renseignements pratiques*). Pour appeler une ambulance, composez le ☎ 102, les pompiers le ☎ 101 et la police le ☎ 100.

En cas de problème de santé, adressez-vous aux grands hôpitaux. Nous indiquons ci-dessous deux centres de soins :

Vital Medical Services
(☎ 2825664) 6 Ho Chi Minh Sarani, Chowringhee. Ouvert de 9h30 à 17h30.

Wockhardt Medical Centre
(☎ 4754320, 4754096) 2/7 Sarat Bose (Lansdowne) Rd, au sud de Chowringhee. Ouvert de 8h à 20h.

QUARTIER DE CHOWRINGHEE

Indian Museum

Ce musée, bâti au milieu des années 1870, occupe un bel édifice colonial et présente de superbes collections. Le hall d'entrée est dominé par un authentique chapiteau au lion de l'époque maurya, emblème national de l'Inde. Dans la galerie archéologique, on peut admirer le portique de Barhut (IIe siècle av. J.-C.), une structure massive ornée d'un bas-relief illustrant la vie du Bouddha. Le musée possède aussi les plus belles statues Pala, une riche collection d'objets d'art provenant des temples de l'Orissa et d'ailleurs, et de magnifiques spécimens d'art bouddhique du Gandhara, une fusion intéressante entre influence grecque et canons bouddhiques, matérialisée dans des représentations du Bouddha et d'autres sculptures de toute beauté. Ne manquez pas les galeries des objets d'art et des textiles. Malheureusement, l'importante collection d'histoire naturelle se détériore et croule sous la poussière. Le musée, au coin de Sudder St et de Chowringhee Rd, ouvre du mardi au dimanche, de 10h à 17h ; il ferme à 16h30 de décembre à février (entrée : 10/150 Rs pour les Indiens/étrangers, plus 25 Rs pour un appareil photo).

Asiatic Society

Fondée le 15 février 1784 à l'instigation de Sir William Jones, un érudit visionnaire, l'Asiatic Society se fixa pour objectif de préserver les sciences, la civilisation et la culture indiennes. En 1814, elle créa à Kolkata le premier musée d'art moderne d'Asie. En raison du manque de locaux et d'infrastructures, la plupart de ses inestimables collections furent transférées à l'Indian Museum quand il fut achevé, en 1875. L'Asiatic Society conserva toutefois quelques pièces et antiquités de grande valeur, que l'on peut aujourd'hui admirer dans son musée de Park St. Outre de fabuleuses peintures, des *thanka* (peintures tibétaines sur tissu), des objets d'art et des spécimens botaniques, le clou de sa collection est incontestablement l'édit rupestre d'Ashoka de Barhut (Orissa, vers 250 av. J.-C.), représentant la conversion au bouddhisme de l'empereur le plus illustre et le plus respecté de l'Inde. La bibliothèque, avec plus de 200 000 ouvrages, journaux et manuscrits rares, offre un grand intérêt pour les chercheurs ; elle ouvre du lundi au vendredi, de 8h à 19h, le samedi, de 8h à 18h (entrée libre).

Le musée ouvre en semaine, de 8h à 19h. Très intéressante, la revue trimestrielle *The Asiatic Society* est en vente dans les bureaux de l'institution (100 Rs).

MP Birla Planetarium

Ce planétarium (☎ 2231516), proche de l'office du tourisme national, est l'un des plus vastes du monde. Pour 10 Rs, vous aurez un bien meilleur aperçu du ciel nocturne de Kolkata que dans l'atmosphère polluée de la ville. Des séances en anglais sont organisées tous les jours, à 13h30 et 18h30, mais ces horaires peuvent changer ; renseignez-vous au préalable.

St Paul's Cathedral

Construite entre 1839 et 1847, la cathédrale Saint-Paul se dresse dans Cathedral Rd, à l'est du Victoria Memorial et à l'extrémité sud du Maidan. Le clocher, tombé lors d'un tremblement de terre en 1897, fut redressé puis reconstruit après le séisme qui le détériora à nouveau en 1934. A l'intérieur, on peut admirer des vitraux impressionnants, dont celui de Sir Edward Burne-Jones sur la baie ouest. La cathédrale ouvre tous les jours, de 9h à 12h et de 15h à 18h. Le dimanche, des offices en anglais ont lieu à 7h30, 8h30 et 18h et un service en bengali à 10h30.

Academy of Fine Arts

L'académie des Beaux-arts, dans Cathedral Rd, présente des expositions permanentes et dirige un atelier d'artistes. Elle ouvre tous les jours, sauf le lundi, de 15h à 20h (entrée libre).

Nehru Children's Museum

Ce petit musée, 94/1 Chowringhee Rd, expose des maquettes illustrant les épopées hindoues du *Ramayana* et du *Mahabharata*. Il ouvre du mercredi au dimanche, de 11h à 18h30, et le mardi, de 15h à 18h30 (entrée : 5 Rs).

QUARTIER DE BBD BAGH

BBD Bagh (Dalhousie Square)

Lorsque Kolkata était le centre administratif de l'Inde britannique, BBD (Binoy Badal Dimesh) Bagh était le siège du pouvoir. Au nord de la place se dresse l'énorme **Writers' Building**, qui date de 1880 (quand on appelaiot "écrivains" les employés de bureau). Les écrivains de l'East India Company ont été depuis remplacés par ceux du gouvernement du Bengale-Occidental.

Jusqu'à son abandon en 1757, le premier fort William se dressait à l'emplacement de l'actuelle poste et s'étendait jusqu'à la rivière, dont le cours a changé depuis lors. Près de la poste, des marques de bronze signalent l'emplacement des remparts du fort. Le fameux "trou noir" se trouve dans l'angle nord-est de la poste ; depuis l'Indépendance, on a retiré toute signalisation.

Le **trou noir** était une minuscule salle de garde où, selon la version britannique de l'histoire, 146 personnes furent enfermées durant la nuit fatidique de la prise de la ville par Siraj-ud-daula. Le lendemain matin, 23 seulement étaient encore en vie. Les historiens estiment aujourd'hui que le nombre de prisonniers et de morts fut exagéré pour des besoins de propagande. S'il faut sans doute diviser ces chiffres par deux, il est certain que les victimes périrent étouffées.

Pour les amateurs de timbres, un petit **musée philatélique** avoisine la poste centrale, dans BBD Bagh.

Millennium Park

Merveilleusement situé sur les rives de la Hooghly (dans Strand Rd South, en face du bâtiment de la Shipping Corporation of India) et jouissant d'une vue exceptionnelle sur le Howrah Bridge, ce parc est idéal pour se détendre et observer la vie sur la rivière. Il est particulièrement beau au coucher du soleil, mais parfois très animé. Il contient une aire de jeu pour les enfants ainsi qu'un kiosque et ouvre de 13h à 20h (entrée : 5 Rs ; billets vendus jusqu'à 19h30).

St John's Church

Au sud de BBD Bagh, l'église Saint-Jean date de 1787. Le cimetière, laissé à l'abandon, renferme quelques monuments intéressants, dont le mausolée octogonal de Job Charnock, fondateur de Kolkata, mort au début des années 1690. L'amiral Watson, qui soutint Clive dans sa reconquête de Kolkata contre Siraj-ud-daula, est aussi enterré ici. L'obélisque qui commémore le "trou noir" fut transféré des environs de la poste centrale à un coin de ce cimetière.

Shahid Minar (Ochterlony Monument)

Officiellement rebaptisée Shahid Minar (colonne des Martyrs), cette colonne de 48 m de haut – fermée au public – domine l'extrémité nord du Maidan. Elle fut érigée en 1828 en l'honneur de sir David Ochterlony, vainqueur de la guerre népalaise (1814-1816). C'est un curieux mélange d'éléments turcs, égyptiens et syriens.

Nakhoda Mosque

Au nord de BBD Bagh se trouve le principal lieu de culte musulman de Kolkata. Construite en 1926 sur le modèle du tombeau d'Akbar à Sikandra, près d'Agra, cette immense mosquée de grès rouge possède deux minarets de 46 m, une coupole à bulbe et peut accueillir jusqu'à 10 000 fidèles.

AUTRES LIEUX DE CULTE

Belur Math

Au nord de Kolkata, sur la rive ouest de la Hooghly, Belur Math est le siège de la mission Ramakrishna. Le philosophe indien Ramakrishna prêcha l'unité de toutes les religions. Il mourut en 1886 et son disciple, Swami Vivekananda, fonda la mission Ramakrishna en 1897. Celle-ci possède aujourd'hui des antennes dans tout le pays. Belur Math, le siège international, fut créé en 1899. Il est supposé représenter une église, une mosquée et un temple selon l'angle sous lequel on le regarde. Il ouvre tous les jours, de 6h30 à 11h et de 15h30 à 19h (entrée libre). L'**Institut de la culture** de la mission, qui renferme une biblio-

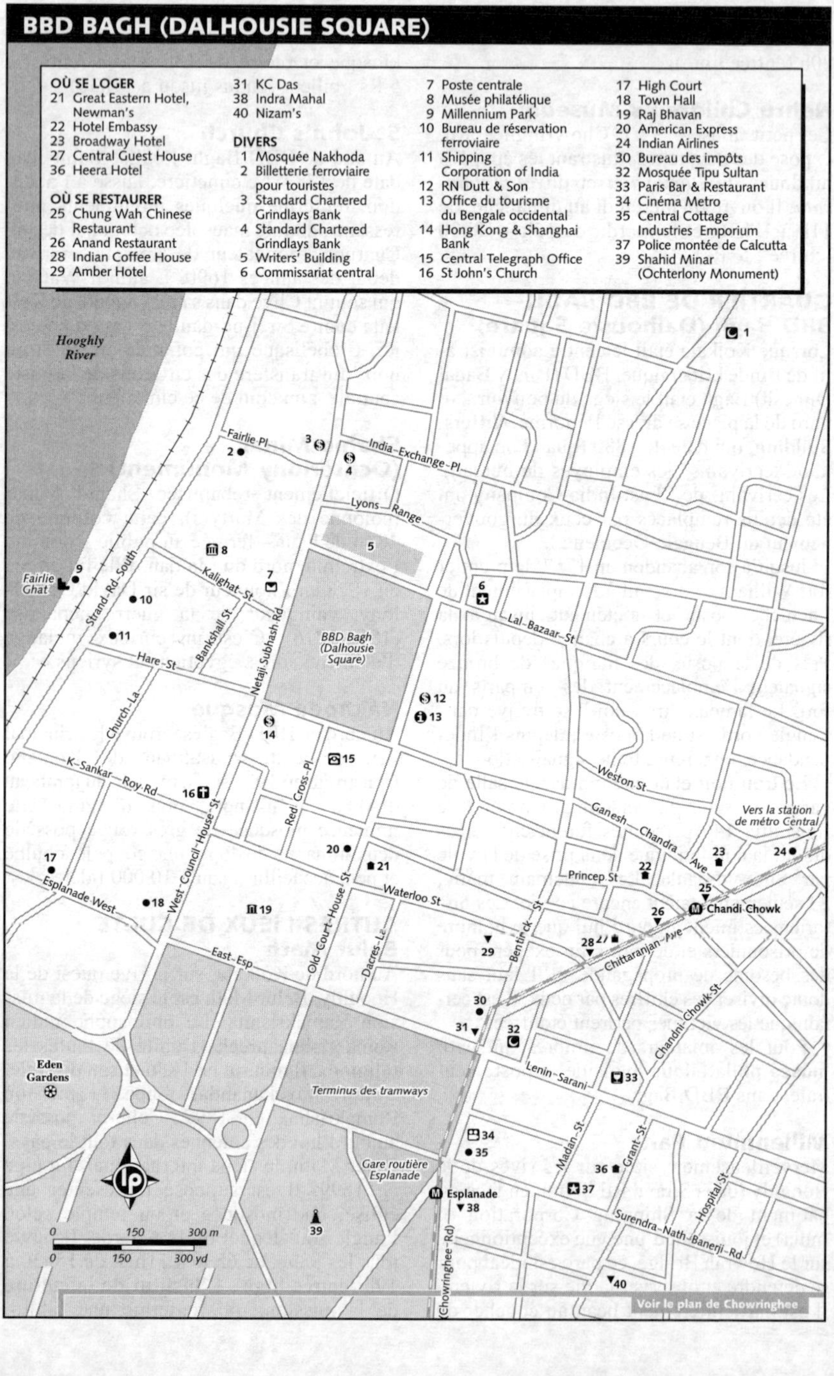
BBD BAGH (DALHOUSIE SQUARE)
OÙ SE LOGER
21 Great Eastern Hotel, Newman's
22 Hotel Embassy
23 Broadway Hotel
27 Central Guest House
36 Heera Hotel
OÙ SE RESTAURER
25 Chung Wah Chinese Restaurant
26 Anand Restaurant
28 Indian Coffee House
29 Amber Hotel
31 KC Das
38 Indra Mahal
40 Nizam's
DIVERS
1 Mosquée Nakhoda
2 Billetterie ferroviaire pour touristes
3 Standard Chartered Grindlays Bank
4 Standard Chartered Grindlays Bank
5 Writers' Building
6 Commissariat central
7 Poste centrale
8 Musée philatélique
9 Millennium Park
10 Bureau de réservation ferroviaire
11 Shipping Corporation of India
12 RN Dutt & Son
13 Office du tourisme du Bengale occidental
14 Hong Kong & Shanghai Bank
15 Central Telegraph Office
16 St John's Church
17 High Court
18 Town Hall
19 Raj Bhavan
20 American Express
24 Indian Airlines
30 Bureau des impôts
32 Mosquée Tipu Sultan
33 Paris Bar & Restaurant
34 Cinéma Metro
35 Central Cottage Industries Emporium
37 Police montée de Calcutta
39 Shahid Minar (Ochterlony Monument)
Hooghly River
Fairlie Ghat
Fairlie Pl
India-Exchange-Pl
Lyons-Range
Strand-Rd-South
Kalighat-St
Bankshall-St
Netaji-Subhash-Rd
BBD Bagh (Dalhousie Square)
Lal-Bazaar-St
Hare-St
Church-La
K-Sankar-Roy-Rd
West-Council-House-St
Red-Cross-Pl
Old-Court-House-St
Dacres-La
Weston St
Ganesh Chandra Ave
Princep St
Bentinck St
Vers la station de métro Central
Chandi Chowk
Waterloo St
Esplanade West
East-Esp
Chittaranjan-Ave
Chandni-Chowk-St
Lenin-Sarani
Madan-St
Grant-St
Hospital-St
Surendra-Nath-Banerji-Rd
Eden Gardens
Terminus des tramways
Gare routière Esplanade
Esplanade
(Chowringhee-Rd)
0 150 300 m
0 150 300 yd
Voir le plan de Chowringhee

thèque, des salles de lecture et de conférence, se trouve au sud de la ville, près de la gare ferroviaire de Dhakuria.

Dakshineswar Kali Temple

Au nord de Belur Math, de l'autre côté de la rivière, se trouve un temple de Kali où Ramakrishna fut prêtre et parvint à sa vision spirituelle de l'unité des religions (voir plus haut *Belur Math*). Datant de 1847, ce temple est entouré de 12 sanctuaires dédiés à Shiva.

Pareshnath Jain Temple

Au nord-est de la ville, ce temple jaina fut construit en 1867 et dédié à Sheetalnathji, le dixième des 24 *tirthankar* jaina. C'est une masse tarabiscotée de miroirs, de pierres colorées et de mosaïques de verre. Il donne sur un jardin et ouvre tous les jours, de 6h à 11h30 et de 15h à 19h.

Kali Temple

Reconstruit en 1809 sur un temple beaucoup plus ancien, Kalighat (comme on l'appelle également) serait à l'origine du nom de la cité : Kalikata anglicisé en Calcutta. Selon la légende, lorsque la dépouille de l'épouse de Shiva fut découpée en morceaux, un de ses doigts tomba à Kalighat. Le site est un important lieu de pèlerinage, toujours très animé. Kali, l'aspect destructeur de l'épouse de Shiva, réclame des sacrifices quotidiens. Le matin, des chèvres sont égorgées pour apaiser la soif de sang de la déesse.

Vous serez probablement harponné par des "prêtres" qui vous proposeront de vous guider en échange d'un don pouvant atteindre 1 000 Rs (et parfois plus) ! Ne vous laissez pas faire. Vous pouvez voir la déesse tous les jours, de 6h à 14h et de 17h à 21hs. L'**Hospital for the Dying Destitute** de Mère Teresa jouxte le temple.

Facilement accessible en métro (station Kalighat), le Kali Temple se trouve à 2 km au sud-est du zoo.

CENTRES CULTURELS

Tagore House

Vieille maison biscornue, la Tagore House, abrite un centre de danse, de théâtre, de musique et d'autres arts indiens. Cette maison vit naître Rabindranath Tagore, le plus illustre poète de l'Inde moderne, qui y repose aujourd'hui. Située près de Rabindra Sarani, au nord de BBD Bagh, elle ouvre tous les jours, sauf le lundi, de 10h30 à 16h30. L'entrée du musée coûte 5 Rs (enlevez vos chaussures). Un spectacle son et lumière en bengali a lieu chaque jour, sauf le lundi et le jeudi, à 19h et à 20h du 1er février au 30 juin, à 18h et 19h du 1er novembre au 31 janvier (entrée : 10 Rs).

PARCS ET JARDINS

Botanical Gardens

Sur la rive ouest de la Hooghly, les Botanical Gardens (jardins botaniques) s'étendent sur plus de 1 km et couvrent une superficie de 109 ha. Ils furent créés en 1786 et administrés par le colonel Kyd. C'est ici que l'on développa les plants des théiers cultivés aujourd'hui en Assam et à Darjeeling. L'intérêt majeur des jardins réside dans le **banian** de 200 ans qui serait le second plus grand au monde (le premier se trouvant en Andhra Pradesh). Il couvre une surface au sol de près de 400 m de circonférence et continue à pousser bien que, en 1925, on ait ôté son tronc central, attaqué par les champignons. La serre de palmiers, au centre des jardins, mérite le coup d'œil.

Les jardins, ouverts du lever au coucher du soleil, constituent un merveilleux havre de paix, mais peuvent être bondés le dimanche. Vous pouvez prendre le ferry à Babu Ghat, bien qu'il ne circule pas régulièrement.

Maidan et Fort William

Après les événements de 1756, date à laquelle Siraj-ud-daula mit la ville à sac, les Britanniques décidèrent de remplacer l'ancien fort William, sur le Maidan, par une nouvelle forteresse, massive et inexpugnable. Ils commencèrent par déloger les habitants du village de Govindpur et, en 1758, posèrent les fondations d'un fort. A son achèvement en 1781, ce dernier avait coûté la somme, fabuleuse pour l'époque, de 2 millions de livres. Tout autour, une immense étendue de jungle fut rasée pour dégager la ligne de tir, mais le fort n'eut jamais à tirer un coup de canon pour se défendre.

Le fort est toujours en activité et ne se visite que sur autorisation (rarement accordée). Même les tranchées et les profondes fortifications qui entourent les remparts semblent interdites d'accès.

La zone dégagée autour du fort devint le Maidan, "poumon" de la ville moderne. Ce vaste espace vert s'étend sur 3 km du nord au sud et sur plus de 1 km de large. Un cours d'eau, la Tolly's Nullah, coule au sud, où se trouvent un hippodrome et le Victoria Memorial. Les Eden Gardens occupent l'angle nord du Maidan, tandis que le Raj Bhavan le surplombe au nord.

Dans les jardins sont rassemblés des terrains de cricket et de football, des bassins, des arbres et même des fontaines musicales. Des vaches paissent, certains débattent de problèmes politiques, des promeneurs déambulent et les adeptes de yoga viennent s'exercer tôt le matin.

Eden Gardens

Les jardins d'Eden, du nom de la sœur de lord Auckland, l'ancien gouverneur général, se situent dans l'angle nord du Maidan. Une minuscule et pittoresque **pagode birmane**, apportée de Prome, au Myanmar (Birmanie), en 1856, est installée au milieu d'un lac. Le Calcutta Cricket Ground (stade Ranji) accueille des matchs internationaux ; appelez la Cricket Association of Bengal au ☎ 2481528 pour toute information.

Près des jardins, une agréable **promenade** longe les berges de la Hooghly. Des ferries traversent la rivière depuis plusieurs ghats et nombre de bateliers proposent des courtes **croisières**. Les prix ne sont pas fixes ; comptez 80 Rs environ par heure et par bateau.

A l'angle des jardins, près de Raj Bhavan, l'ancienne Government House (là où le sentier transversal rejoint la rue), en face de la statue de Rash Behari Bose, une colonie de petits **rats** sacrés, quasiment apprivoisés, vit dans des terriers. Ils ne sont pas forcément visibles au premier abord : jetez un peu de nourriture pour les attirer hors de leur confortable demeure souterraine.

Zoo et Horticultural Gardens

Au sud du Maidan, le zoo de Kolkata (16 ha) a ouvert ses portes en 1875. Si certains animaux jouissent d'un cadre quasi naturel, d'autres sont bien moins chanceux. Il ouvre tous les jours, sauf le jeudi, de 9h à 17h (entrée : 5 Rs).

Au sud du zoo, dans Alipore Rd, les Horticultural Gardens (jardins horticoles), agréables et tranquilles, ouvrent tous les jours, de 6h à 10h et de 13h à 17h (entrée gratuite).

AUTRES MUSÉES ET GALERIES

Installé dans la Calcutta University, l'**Asutosh Museum** expose surtout des objets d'art populaire bengali. Il ouvre du lundi au vendredi, de 11h à 17h (entrée libre).

Le **Birla Industrial & Technological Museum** (musée industriel et technologique Birla), 19A Gurusday Rd, ouvre tous les jours, de 10h à 17h30 (7 Rs). Les Birla, famille de richissimes philanthropes, ont également financé la **Birla Academy of Art & Culture** (Académie d'art et de culture Birla), 109 Southern Ave, ouverte tous les jours, sauf le lundi, de 16h à 20h (2 Rs). Elle possède une belle collection de sculptures et d'art moderne. Toujours dans le quartier de Ballygunge, la **Cima Gallery** (galerie Cima), à Sunny Towers, 43 Ashutesh Chowdhauri Ave, présente des œuvres d'art contemporain. Elle ouvre tous les jours, sauf le dimanche, de 11h à 19h (entrée libre).

Victoria Memorial

A l'extrême sud du Maidan se dresse le Victoria Memorial, peut-être le témoignage le plus imposant du Raj. Cet énorme musée de marbre blanc abrite une vaste collection de vestiges de l'empire britannique : portraits, statues et bustes de pratiquement tous les grands noms de l'histoire anglo-indienne, scènes de batailles et de la révolte indienne, superbes aquarelles de paysages et bâtiments indiens réalisées par des artistes voyageurs de l'époque victorienne. On peut aussi admirer le piano sur lequel jouait la reine Victoria dans son enfance et un immense tableau qui représente le roi Édouard VII entrant dans Jaipur, à la tête de son cortège en 1876. Des canons ravis aux Français à la bataille de Plassey sont exposés avec le trône de pierre noire du nabab défait par Robert Clive.

Inaugurée en 1992, la **Calcutta Gallery** expose de nombreuses photographies anciennes de la ville ainsi que des reliques du Raj, dont des pistolets. A l'étage, la **National Leaders Gallery** présente les portraits de diverses personnalités politiques et sociales de l'Inde (dont Tagore), une maquette de Fort William et des documents historiques ; certains se rapportent à la lutte pour l'Indépendance.

Le mémorial ouvre tous les jours, sauf le lundi, de 10h à 15h30 et jusqu'à 16h30 en été (entrée : 2 Rs, photos interdites).

Un spectacle son et lumière instructif a lieu d'octobre à février de 18h15 à 19h (en bengali) et de19h15 à 20h (en anglais). Les tickets sont en vente de 12h à 19h30. De mars à juin, le spectacle se tient de 18h45 à 19h30 (en bengali) et de 19h45 à 20h30 (en anglais). La billetterie ouvre de 12h30 à 20h. Les billets coûtent 10 Rs ; néanmoins, lors de notre passage, le bruit courait d'une augmentation prochaine. Reportez-vous à l'encadré *Taxons les touristes étrangers !* dans le chapitre *Renseignements pratiques*.

AUTRES CURIOSITÉS

Howrah Bridge

Jusqu'en 1943, on traversait la Hooghly sur un ponton, qui s'ouvrait pour laisser passer le trafic fluvial. Redoutant qu'un pont classique modifie le courant de la rivière et augmente son envasement, on construisit un pont d'une seule arche de 450 m de long, sans aucun pilier fixé dans la Hooghly.

Prodige d'ingénierie, le Howrah Bridge (Rabindra Setu) supporte un trafic de 100 000 véhicules par jour, sans compter les innombrables piétons. Aux heures de pointe, matin et soir, il faut compter trois quarts d'heure pour le traverser. Les bacs partant du bas de la gare ferroviaire de Howrah sont plus pratiques et offrent une bonne vue du pont. Si vous n'êtes pas trop chargé, la marche se révèle le meilleur moyen de franchir le Howrah Bridge.

Un deuxième pont, le Vidyasagar Setu, ressemble au Golden Gate. Achevé en 1994, il se situe à 2 km en aval du premier. Destiné à alléger la circulation sur le Howrah Bridge, il est maintenant tout aussi embouteillé !

Marble Palace

Située dans Muktaram Babu St, une étroite ruelle proche de Chittaranjan Ave, cette résidence privée fut construite en 1835 par un *zamindar* (propriétaire terrien) bengali. Elle renferme une étrange collection de bibelots côtoyant des statues et peintures de toute beauté (notamment des œuvres de Rubens et de Sir Joshua Reynolds). L'enceinte abrite aussi un zoo privé, mais ses pensionnaires ne sont guère plus vivaces que les lions de marbre qui ornent les pelouses du palais. Le site ouvre tous les jours, sauf le lundi et le jeudi, de 10h à 16h (entrée libre sur présentation d'une autorisation délivrée par l'office du tourisme national).

South Park Street Cemetery

Ce paisible cimetière, qui rappelle le passé colonial de Kolkata, mérite la visite. Bien entretenues, à l'ombre des arbres, quelques tombes étonnantes portent des épitaphes poignantes (notamment celles d'enfants). Parmi les occupants les plus célèbres figurent le colonel Kyd, le fondateur des Botanical Gardens, et Rose Aylmer, morte d'avoir trop aimé les ananas !

Le cimetière ouvre en semaine, de 7h30 à 10h30 et de 15h à 16h30, et le samedi, de 7h30 à 10h30 (entrée gratuite). Une brochure sur le cimetière est en vente pour 40 Rs.

Autres bâtiments britanniques

Le **Raj Bhavan**, l'ancienne résidence du gouvernement britannique, édifié entre 1799 et 1805 à l'extrémité nord du Maidan, est maintenant occupé par le gouverneur du Bengale-Occidental et son accès est contrôlé. Près du Raj Bhavan, vous découvrirez le **Town Hall** (hôtel de ville), de style dorique, et la **High Court** (palais de justice), copie de l'hôtel de ville d'Ypres en Belgique, achevée en 1872. Sa tour mesure 55 m de haut. Au sud du zoo, dans Alipore Rd, la **National Library** (Bibliothèque nationale), la plus grande d'Inde, est installée dans Belvedere House, l'ancienne résidence du lieutenant-gouverneur du Bengale.

ACTIVITÉS

Méditation

Vyakti Vikas Kendra (☎ 4631018, aritra@vsnl.com) propose des stages de méditation. Un stage d'initiation dure un minimum de 6 jours et coûte environ 800 Rs. Lors de notre passage, le directeur du Travellers' Express Club (voir plus haut la rubrique *Agences de voyages*) envisageait d'organiser des sessions de méditation bouddhique avec un moine birman.

Natation

A moins de loger dans un hôtel de luxe, Kolkata offre peu de choix dans ce domaine. Seuls l'Hotel Hindustan International et l'ITDC Hotel Airport Ashok permettent aux non-résidents d'utiliser leur piscine, moyennant 350 Rs par personne (serviette incluse) ; celle de l'Hindustan est la plus agréable. Les piscines du Tollygunge Club sont accessibles aux clients, aux membres et à leurs invités.

Mère Teresa

La "sainte des taudis" symbolise la compassion et le dévouement envers les déshérités, les malades et les mourants. Née Agnès Gonxha Bojaxhiu en Serbie, en 1910, de parents albanais, elle entra dans l'ordre religieux irlandais de Loreto en 1929 et fut envoyée comme enseignante à Darjeeling. Mutée dans une école de Kolkata en 1937, elle fut horrifiée par le nombre d'indigents mourant dans la rue, faute d'abri. Elle eut alors le sentiment que les hauts murs du couvent la tenaient trop éloignée de ceux qu'elle souhaitait aider.

En 1950, elle fonda un nouvel ordre religieux, les Missionnaires de la Charité. Entre autres tâches, les religieuses promettent de "servir avec compassion et dévouement les pauvres parmi les pauvres". Ce vœu fut mis en pratique avec l'ouverture de plusieurs foyers, dont le Nirmal Hriday (pour les mourants), le Shanti Nagar (pour les lépreux) et le Nirmala Shishu Bhavan (un orphelinat). Aujourd'hui, nombre de pays abritent des foyers des Missionnaires de la Charité. En 1979, Mère Teresa reçut le prix Nobel de la paix.

Malgré son dévouement, Mère Teresa fit l'objet de certaines critiques. On lui reprocha notamment son prosélytisme ; pourtant, ceux qui ont côtoyé les religieuses n'ont pas constaté une propension outrancière à l'évangélisation. Mère Teresa disait que son œuvre relevait de la contemplation ; sa foi chrétienne la poussait à soulager la souffrance physique des démunis, non à les convertir. Récemment, un nombre croissant d'allégations ont insinué que la mission prodiguait des soins médicaux obsolètes, compromettant leur qualité, et que sa situation financière manquait de clarté.

Équitation

Le Tollygunge Club (voir *Où se loger*) loue des chevaux et des poneys à ses clients et ses membres (75 Rs l'heure) pour parcourir la piste cavalière qui fait le tour du club.

Golf

Le superbe Royal Calcutta Golf Club du Tollygunge Club est le plus ancien club de golf au monde, hors de Grande-Bretagne. Fondé en 1829, il était alors installé dans la zone de l'aéroport et fut transféré à Tollygunge en 1910. Le titre de "Royal" lui fut conféré par le roi George V et la reine Mary en 1911.

La partie revient à 150 Rs, mais vous ne pourrez jouer que si vous logez au club, êtes membre ou invité par un membre.

CIRCUITS ORGANISÉS

L'office national du tourisme indien propose tous les jours, sauf le lundi, un circuit d'une journée (100 Rs). Il part de son bureau à 8h et revient vers 17h, après avoir visité Belur Math, le Dakshineswar Kali Temple, le Victoria Memorial, l'Indian Museum, etc.

L'office du tourisme du Bengale-Occidental propose un circuit similaire pour le même prix. Pendant la plus grande fête de la ville, Durga Puja (octobre), il organise des excursions comprenant une croisière sur la Hooghly pour assister à l'immersion des représentations de la déesse Durga ; les tarifs sont communiqués lors de l'inscription. D'octobre à mars, il offre plusieurs excursions hebdomadaires dans le Sunderbans Wildlife Sanctuary (réserve naturelle des Sunderbans ; voir la rubrique correspondante dans le chapitre *Bengale-Occidental*). En outre, il organise divers circuits dans le pays, notamment à Darjeeling, dans l'Himachal Pradesh, au Rajasthan, au Sikkim et dans l'Inde du Sud.

Promenades à pied

Manish Chakraborti, architecte et défenseur de l'environnement, propose des promenades intéressantes dans BBD Bagh et le nord de Kolkata (dont des quartiers hors du circuit touristique). Elles partent du Great Eastern Hotel et permettent de découvrir des monuments historiques, le patrimoine et l'histoire de la ville. Comptez 350 Rs par personne pour une promenade de 2 heures. Pour plus d'informations, adressez-vous à Footsteps (☎ 3375757, fax 3553188, ashmon@cal2.vsnl.net.in), AA171A Salt Lake, Kolkata 700064.

Autres circuits

Kali Travel Home (☎/fax 5587980, refresh@cal2.vsnl.net.in) propose un forfait "Gastronomie et culture de Kolkata" de deux

KOLKATA (CALCUTTA)

Mère Teresa

SIMON BORG

Début 1997, Mère Teresa, en mauvaise santé, abandonna la direction de l'ordre et la confia à Sœur Nirmala. Le 5 septembre 1997, quelques jours après son 87e anniversaire, elle s'éteignait dans sa chère Motherhouse (maison mère) de Kolkata, entourée des sœurs de la mission. Pendant une semaine, sa dépouille fut exposée dans un cercueil de verre recouvert du drapeau indien, dans St Thomas' Church (église de Saint-Thomas). Des milliers de personnes, des pauvres de Kolkata aux dignitaires du monde entier, vinrent lui rendre un dernier hommage. Le gouvernement organisa des funérailles nationales et son cercueil fut placé sur l'affût de canon qui avait porté autrefois les corps des plus grands hommes d'État de l'Inde : le Mahatma Gandhi et Jawaharlal Nehru. Quelque 12 000 personnes assistèrent aux cérémonies funéraires.

Mère Teresa repose aujourd'hui dans la Motherhouse, sous une petite pierre tombale de marbre où figure son nom et l'inscription "Love one another as I have loved you" (Aimez-vous les uns les autres comme que je vous ai aimés).

semaines, qui comprend des excursions culturelles, tous les repas et des cours de cuisine dispensés par des femmes bengalies à leur domicile. Le coût s'élève à 65 $US par personne et par jour pour un groupe de cinq, avec un supplément de 15% par personne pour des groupes plus restreints. On peut également suivre un cours de cuisine de 3 heures (13 $US par personne). Il est indispensable de réserver à l'avance. La même agence organise un circuit "Impressions de Kolkata", qui séduira ceux qui dessinent, photographient ou écrivent. Elle peut aussi établir un circuit sur mesure dans le Bengale-Occidental et l'Est de l'Inde. Pour plus de détails, contactez David Rowe ou Martyn Brown à l'agence.

MANIFESTATIONS ANNUELLES

Fin janvier/début février, la plus grande **foire aux livres** d'Asie se tient pendant 10 jours sur le Maidan. Le droit d'entrée est minime et l'on bénéficie de 10% de réduction sur tous les livres. Le Maidan accueille d'autres expositions, principalement pendant les mois d'hiver. Informez-vous à l'office du tourisme du Bengale-Occidental (voir plus haut la rubrique *Renseignements*).

La **Dover Lane Music Conference**, en janvier, s'accompagne de concerts de musique classique indienne. Pendant **Durga Puja**, en octobre, l'immersion des idoles de la déesse Durga dans la Hooghly porte chance. Le théâtre indien et celui des pays voisins animent le **National Theatre Festival**, du 16 au 25 décembre.

OÙ SE LOGER

Les hôtels bon marché et de catégorie moyenne sont rares à Kolkata et la plupart d'entre eux auraient besoin d'un coup de peinture et d'un grand nettoyage. Beaucoup possèdent des chambres spartiates, avec des matelas et des oreillers durs comme la

Bénévolat

Depuis longtemps, Kolkata attire des bénévoles indiens et étrangers. La ville compte de nombreuses organisations caritatives, des célèbres Missionnaires de la charité (voir l'encadré *Mère Teresa*) à la Calcutta Society for the Prevention of Cruelty to Animals (CSPCA ; société de prévention de la cruauté envers les animaux), moins connue. Si vous souhaitez travailler dans une de ces organisations, à Kolkata ou ailleurs au Bengale-Occidental, consultez la rubrique *Volontariat* du chapitre *Renseignements pratiques*.

CHOWRINGHEE

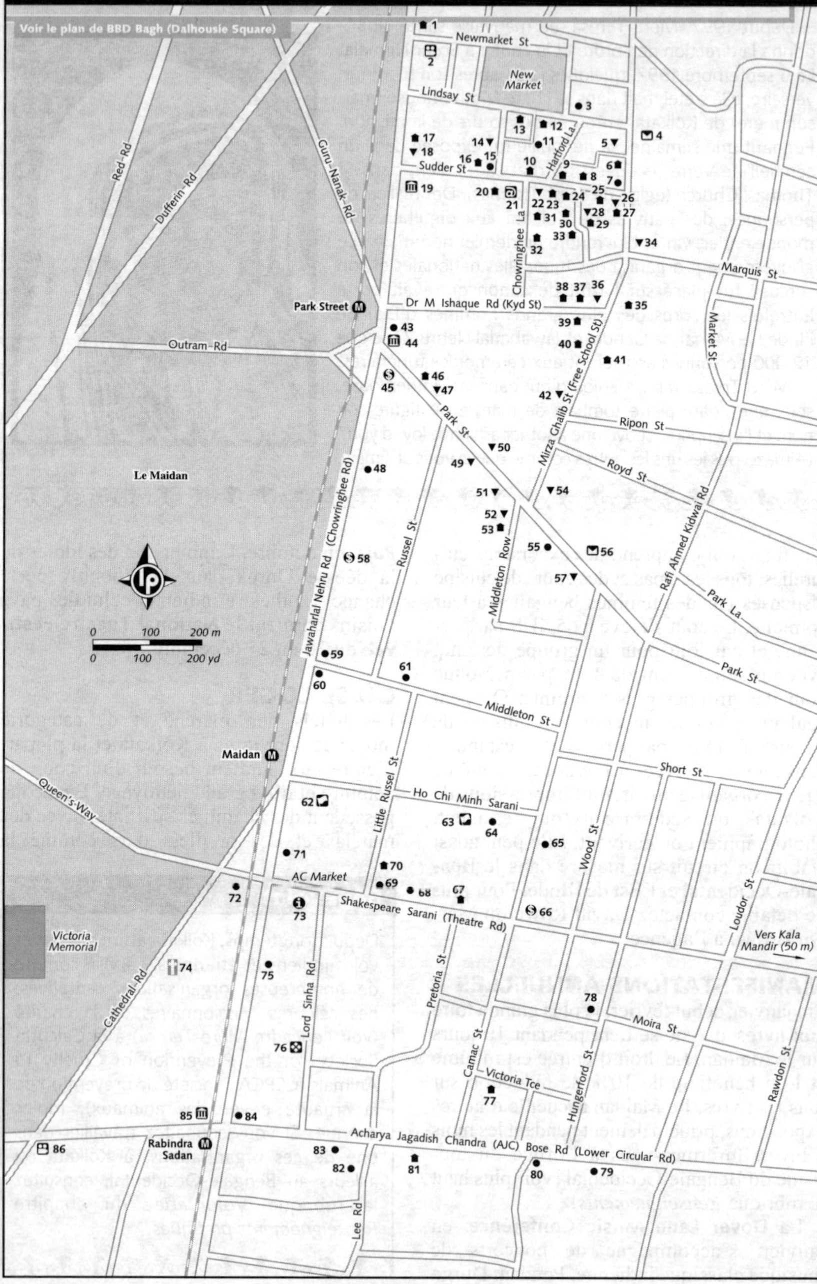

CHOWRINGHEE

OÙ SE LOGER
1 Oberoi Grand, Peerless Inn, Aaheli
6 Centrepoint Guest House, Travellers' Express Club
8 Hotel Astoria
9 Hotels Plaza et Diplomat, Titrupati's
10 Fairlawn Hotel
12 Hotel Lindsay, Gujral Guest House, Jharokha
13 CKT Inn
16 Lytton Hotel
17 YMCA
20 Salvation Army Guest House
23 Times Guest House, Hotel Hilson, Zurich's
24 Shilton Hotel, Tourist Inn, Kuka Travels
25 Hotel Maria
27 Gulistan Guest House, Hotel Royal Palace
29 Modern Lodge
30 Paragon Hotel, Hotel Galaxy
31 Hotel Palace
32 Capital Guest House
33 Timestar Hotel
35 Sonali Guest House
37 Hotel Neelam
38 Hotel Crystal
39 Hotel East End
40 Classic Hotel
41 Hotel VIP International, Shyamoli Paribahan (billets de bus pour Dhaka), Gupta Restaurant
46 Park Hotel, Someplace Else, Tantra, Trinca's Restaurant, Jet Airways
53 YWCA
67 Astor Hotel
70 Kenilworth Hotel
77 Hotel Vic Terrace
81 Hotel Hindustan International

OÙ SE RESTAURER
5 Kathleen Confectioners, Princess Restaurant & Bar
14 Khalsa Restaurant
18 Zaranj Restaurant
22 Blue Sky Café, Curd Corner
26 Khwaja
28 JoJo's Restaurant
34 Prince Restaurant
36 How Hua, Off Cum On Rambo Bar
42 Mocambo, Armenian College (lieu de naissance de Thackeray)
47 Kwality, Oxford Book Shop
49 Junior Brothers
50 Bar-B-Q, Blue Fox
51 Flury's, Music World
52 Peter Cat
54 Golden Dragon
57 Waldorf Restaurant

DIVERS
2 Cinéma New Empire, Lighthouse Bar & Restaurant, On Cue, Cyber Empire Internet Cafe
3 Maison de Merle Oberon
4 Poste de New Market
7 Bookland
11 Treasure Island Market
15 North East Color Photos
19 Indian Museum
21 Netfreaks
43 Biman Bangladesh Airlines, Lufthansa
44 Asiatic Society
45 Standard Chartered Grindlays Bank
48 Japan Airlines
55 Cambridge Book & Stationary Company
56 Poste de Park St
58 State Bank of India
59 British Airways, RNAC
60 Cathay Pacific, KLM
61 Classic Books
62 Haute délégation britanique
63 Consulat des États-Unis
64 Vital Medical Services
65 DHL Worldwide Express
66 ANZ Grindlays Bank
68 British Council et bibliothèque
69 AC Market
71 Swissair
72 MP Birla Planetarium
73 Office du tourisme national
74 St Paul's Cathedral, Academy of Fine Arts
75 Air India
76 Emami Shoppers City, Landmark, Starlit Cafe
78 Iskcon
79 Thai Airways International
80 Thomas Cook, Air France, Gulf Air
82 Singapore Airlines
83 Foreigners' Registration Office
84 Aeroflot
85 Nehru Children's Museum
86 Rabindra Sadan, Cinéma Nandan

pierre ; une fenêtre minuscule (ou inexistante) évoque plutôt une cellule. Si vous envisagez de séjourner un certain temps (en tant que bénévole, par exemple), n'hésitez pas à égayer les murs d'une tenture colorée, en vente sur place pour un prix modique.

La nuit, le vacarme de la circulation et les aboiements des chiens peuvent être infernaux à certains endroits. Demandez une chambre calme (et n'oubliez pas les boules Quiès !). La majorité des établissements de ces catégories ferment leurs portes vers 23h ; si vous pensez rentrer plus tard, prévenez la réception.

Pour loger chez l'habitant, contactez l'office national du tourisme (voir plus haut la rubrique *Renseignements*), qui vous trouvera un hébergement pour 200 à 2 000 Rs la nuit.

La plupart des hôtels ajoutent 10% de service aux tarifs affichés ; une taxe de luxe supplémentaire de 10% s'applique aux chambres climatisées (les taxes ne sont pas comprises dans les prix indiqués ci-dessous). La majorité des hôtels demandent qu'on libère les chambres à 12h et baissent leurs prix hors saison (d'avril à fin septembre).

Pour faciliter la localisation, les établissements suivants figurent sur le plan du quartier correspondant.

OÙ SE LOGER – PETITS BUDGETS
Quartier de Chowringhee

Sudder St est le quartier de prédilection des voyageurs à petit budget et les chambres se remplissent rapidement. Vu la fréquentation touristique, rabatteurs et vendeurs s'y pressent également, mais ne vous harcèlent pas autant qu'à Agra ou au Rajasthan..., du moins pas encore. Le nombre des mendiants a augmenté avec l'afflux des touristes, mais votre argent sera sans doute mieux utilisé dans une institution caritative de Kolkata ; néanmoins, si vous souhaitez donner quelque chose, la nourriture semble le plus approprié. Dans Sudder St, la dernière combine des mendiantes consiste à vous demander d'acheter du lait pour leurs bébés. Malheureusement, cette demande apparemment louable n'est qu'un stratagème : une fois qu'elles ont obtenu le lait, la plupart de ces femmes le revendent au coin de la rue.

Fréquentée de longue date, notamment par les bénévoles de la mission de Mère Teresa, la ***Salvation Army Guest House*** *(☎ 2450599, 2 Sudder St)*, un endroit détendu et bien tenu, propose des lits en dortoir à 65 Rs et des doubles avec s.d.b. de 200 à 700 Rs.

Également apprécié, l'***Hotel Maria*** *(☎ 2450860, 5/1 Sudder St)* jouit d'une atmosphère tout aussi décontractée et interdit rigoureusement drogues et alcool. Il offre des simples/doubles rudimentaires à 150/200 Rs, ou 200/250 Rs avec s.d.b., ainsi que des lits en dortoir à 70 Rs.

Près du restaurant Zurich's, l'***Hotel Hilson*** *(☎ 2173896, fax 2463999, 4 Sudder St)* dispose de simples avec s.d.b. commune à 150 Rs, de doubles avec s.d.b. à partir de 350 Rs et de quadruples à 500 Rs. Certaines chambres sentent le renfermé : choisissez avec soin.

A deux pas, la ***Times Guest House*** *(☎ 2451796, 3 Sudder St)* n'est qu'un simple asile de nuit qui vous dépannera si tous les hôtels de la rue affichent complet. N'optez pour elle qu'en dernier recours. Les doubles négligées avec s.d.b. reviennent à 250 Rs. Toutefois, l'établissement projette des travaux de rénovation.

Le ***Shilton Hotel*** *(☎ 2451512, 5A Sudder St)* possède des simples/doubles avec s.d.b. à 220/300 Rs. Si certaines sont plutôt sinistres, l'ensemble est convenable.

Petit établissement correct, la ***Tourist Inn*** *(☎ 2450134, 2e étage, 4/1 Sudder St)* loue des chambres avec s.d.b. commune pour 100/200 Rs et des quadruples avec s.d.b. pour 400 Rs. Kuka Travels est installée au 1er étage (voir plus haut la rubrique *Agences de voyages*).

Près de Sudder St, le ***Paragon Hotel*** *(☎ 2442445, 2 Stuart Lane)* recueille des avis mitigés de la part des voyageurs. Un lit en dortoir revient à 60 Rs, les petites chambres avec s.d.b. commune à 130/140 Rs, et les doubles avec s.d.b. débutent à 250 Rs.

Près du Paragon, l'***Hotel Galaxy*** *(☎ 2464565, juvena@vsnl.com)*, sans prétention, ne possède que quatre chambres, toutes avec s.d.b., à partir de 400 Rs.

A proximité, le ***Timestar Hotel*** *(☎ 2450028)*, particulièrement fréquenté par les voyageurs japonais, est un peu plus calme que les autres hôtels du quartier. Comptez 175/250 Rs pour une petite chambre avec s.d.b.

Apprécié par les visiteurs en long séjour, le ***Modern Lodge*** *(☎ 2444960, 1 Stuart Lane)* facture 70/90 Rs les chambres avec s.d.b. commune et de 120 à 240 Rs les doubles avec s.d.b.

Tout près de Sudder St, l'***Hotel Palace*** *(☎ 2446214, 13 Chowringhee Lane)* constitue un bon choix malgré le manque d'espace. Il demande 200/300 Rs pour ses chambres avec s.d.b. Choisissez-en une dotée d'une fenêtre.

La ***Capital Guest House*** *(☎ 2450598, 11B Chowringhee Lane)*, près de l'Hotel Palace, est installée dans une cour tranquille, à l'écart du bruit de Sudder St. Les doubles avec s.d.b. s'échelonnent de 300 à 350 Rs. Les chambres avec s.d.b. commune valent 150/200 Rs. Certaines s.d.b. laissent à désirer, mais les chambres sont correctes.

Au nord de Sudder St, la ***Gujral Guest House*** *(☎ 2440620, fax 2455109, 8B Lindsay St)* se trouve dans le même bâtiment que l'Hotel Lindsay, mais sur le côté, au 2e étage. Elle propose des chambres correctes (bien que sombres et sentant un peu le renfermé) à 200/270 Rs, 250/450 Rs avec s.d.b. et 850/950 Rs avec clim.

La ***Centrepoint Guest House*** *(☎ 2448184, fax 2442867, 20 Mirza Ghalib St)*, fort animée, offre des lits en dortoir à 75 Rs et de minuscules chambres avec s.d.b.à 250/300 Rs.

Face à la caserne de pompiers, la ***Gulistan Guest House*** *(☎ 2260963, 30F Mirza Ghalib St)*, en haut d'une volée de marches, remporte les faveurs des bénévoles. Les chambres (200/400 Rs avec s.d.b.) sont plus propres que celles de la plupart des hôtels du quartier. Dans le même bâtiment, l'***Hotel Royal Palace*** *(☎ 2455168)* pratique les mêmes prix pour des prestations similaires.

Plus au sud dans Mirza Ghalib St, la ***Sonali Guest House*** *(☎ 2451844)* dispose de chambres avec s.d.b. à 150/350 Rs. Les commentaires des voyageurs varient, bien que les chambres ne soient pas pires que celles des concurrents.

Le ***Classic Hotel*** *(☎ 2297390)*, au bout d'une ruelle proche de Mirza Ghalib St, présente un bon rapport qualité/prix avec des simples à 150 Rs et des doubles avec s.d.b. à 260 Rs (seau d'eau chaude gratuit).

A proximité, l'***Hotel East End*** *(☎ 2298921, 9/1 Dr M Ishaque Rd)* compense la tristesse des chambres par un accueil chaleureux (à partir de 250/350 Rs avec s.d.b.).

A deux pas, l'***Hotel Neelam*** *(☎ 2269198, 11 Dr M Ishaque Rd)* possède de grandes simples/doubles standard avec s.d.b. à partir de 175/300 Rs et des doubles plus spacieuses à 400 Rs.

Délabrée et lugubre, la ***YMCA*** *(☎ 2492192, 25 Chowringhee Rd)* loue des chambres sinistres avec s.d.b. à partir de 370/540 Rs, y compris un thé au petit matin, le petit déjeuner et le dîner. Une autre ***YMCA*** *(☎ 2443814, 42 Surendra Nath Banerji Rd)* propose des chambres sans prétention, à partir de 250 Rs la double avec s.d.b.

La ***YWCA*** *(☎ 2297033, 1 Middleton Row)* constitue un bien meilleur choix et vous n'y serez pas importuné. Malgré son nom, elle accepte femmes et hommes. Les tarifs des chambres, propres, s'élèvent à 300/500 Rs, ou 550/750 Rs avec s.d.b. et incluent la pension complète.

Quartier de BBD Bagh

Cette partie de la ville manque cruellement d'hôtels bon marché corrects. Compte tenu de cette carence, la ***Central Guest House*** *(☎ 2374876)* constitue un bon choix. Elle facture ses simples/doubles avec s.d.b. à partir de 200/275 Rs. L'hôtel, au 2e étage, fait face à la Chittaranjan (CR) Ave, mais l'entrée se trouve 18 Prafulla Sarkar St.

Autres quartiers

Le ***Yatri Niwas*** *(☎ 6601742)*, dans le bâtiment neuf qui jouxte la gare ferroviaire d'Howrah, n'accepte que les voyageurs en transit. Il loue des lits en dortoir (75 Rs) et des doubles avec s.d.b. (250 Rs, ou 450 Rs avec clim.). On ne peut y dormir que deux nuits (trois sur demande), sur présentation d'un billet de train ou d'avion. Les gares ferroviaires d'Howrah et de Sealdah possèdent des ***retiring rooms*** (50 Rs le lit) peu séduisantes. Les voyageurs en transit à l'aéroport ont accès à des chambres à prix modéré. Proche de l'aéroport, le petit ***Airport Plaza Hotel*** *(Tarun Sengupta Sarani, N°1 Airport Gate)* dispose de chambres rudimentaires, mais bon marché, à 150/250 Rs la simple/double avec s.d.b. et toilettes à la turque. Visitez plusieurs chambres avant de vous décider.

OÙ SE LOGER – CATÉGORIE MOYENNE

Les hôtels de cette catégorie n'ont rien d'extraordinaire, mais proposent, pour la plupart, des chambres avec téléphone et TV par câble, ainsi qu'un service d'étage. Sauf mention contraire, les établissements suivants offrent s.d.b. et clim.

Quartier de Chowringhee

L'***Hotel Diplomat*** *(☎ 2468434, 10 Sudder St)* compte quelques chambres bon marché, à 150/200 Rs en simple/double, ou 200/225 Rs avec s.d.b. Les chambres avec clim. (495 Rs) sont nettement plus propres. A côté, l'***Hotel Plaza*** *(☎ 2446411, fax 2468434)*, moins imposant, offre des doubles sans fenêtre à 400 Rs, ou 475 Rs avec clim.

Vu de l'extérieur, l'***Hotel Astoria*** *(☎ 2451514, fax 2448589, astoria@hotmail.com, 6/2 et 6/3 Sudder St)* semble élégant et séduisant ; une fois passée la réception, le rêve se brise ! Nombre de chambres, remarquablement spacieuses, se révèlent négligées et les couloirs sont bien mal entretenus. Comptez 600/850 Rs.

L'***Hotel Lindsay*** *(☎ 2452237, fax 2450310, 8A Lindsay St)* loue bien cher ses petites chambres : 800/950 Rs, ou 1 200/1 400 Rs avec clim.

Entièrement climatisée, la ***CKT Inn*** *(☎ 2448246, fax 2440047, 12A Lindsay St)*, un petit établissement chaleureux, demande 825/1 100 Rs pour des chambres très correctes, mais affiche souvent complet.

L'***Hotel VIP International*** *(☎ 2290345, fax 2293715, hvipcal@mantraonline.com, 51 Mirza Ghalib St)* manque de panache, mais ses chambres sont assez confortables (de 1 295 Rs à 1 695 Rs en double).

A deux pas de l'animation de Dr M Ishaque Rd, l'***Hotel Crystal*** *(☎ 2266400)* a perdu en qualité ces dernières années. Les doubles reviennent à 500 Rs, ou 800 Rs avec clim.

L'***Astor Hotel*** *(☎ 2829917, fax 282 7430, astor@cal3.vsnl.net.in, 15 Shakespeare Sarani)*, un peu décevant, réclame 1 100/1 300 Rs pour des chambres négligées. Ne le retenez que si les autres établissement sont complets.

Face à l'Industry House, l'***Hotel Vic Terrace*** *(☎ 2408788, fax 2404063, 1B Victoria Terrace)*, moderne et propre, facture ses chambres à partir de 870/970 Rs. Certaines des moins chères sont étriquées, mais le personnel est fort serviable.

Quartier de BBD Bagh

Établi de longue date, l'***Hotel Embassy*** *(☎ 2379040, fax 2373288, 27 Princep St)* propose des simples/doubles sans fioriture à 400/500 Rs, ou 500/600 Rs avec clim.

Plus fréquenté, le ***Broadway Hotel*** *(☎ 2363930, fax 2364151, broadway@vsnl.com, 27A Ganesh Chandra Ave)* offre une gamme de chambres bien tenues à partir de 340/440 Rs et quelques chambres avec s.d.b. commune à 285/400 Rs.

Au nord de New Market, le ***Heera Hotel*** *(☎ 2280663, fax 2280171, 28 Grant St)* possède probablement le plus petit ascenseur au monde. Bien que la réception soit plus séduisante que les chambres, cet hôtel reste une bonne option (475/550 Rs, ou 700/825 Rs avec clim.).

Autre quartier

La ***Royal Calcutta Guest House*** *(☎ 280 0377, fax 2404823, 124 Karaya Rd)*, à l'écart du district central (cherchez le panneau de l'école maternelle), distille une atmosphère familiale particulièrement agréable pour les longs séjours. Elle comprend 6 doubles spacieuses, aménagées par deux, avec une cuisine et un salon communs. Les prix s'élèvent 500/600 Rs en simple/double, ou 750/850 Rs avec clim. La réception peut vous trouver une voiture de location.

OÙ SE LOGER – CATÉGORIE SUPÉRIEURE

Si vous en avez les moyens et que vous souhaitez vous faire dorloter, deux hôtels sortent du lot : l'Oberoi Grand et le Taj Bengal. Le Park Hotel les talonne, mais les autres établissements de cette catégorie sont moins époustouflants.

Quartier de Chowringhee

Renommé, le ***Fairlawn Hotel*** *(☎ 2451510, fax 2441835, fairlawn@cal.vsnl.net.in, 13A Sudder St)* rappelle l'époque du Raj avec tant d'excentricité que cela peut vous amuser ou vous exaspérer. Malgré cette atmosphère, le service, facilement rude, peut friser l'incorrection. Plus de 50 ans après l'Indépendance, Edmund Smith et Violet, sa femme arménienne, continuent de le diriger. Doté d'un jardin luxuriant, l'hôtel est encombré de vestiges du passé, de chintz et de mobilier d'avant-guerre. Certaines s.d.b. possèdent de profondes baignoires sur pieds en forme de griffes. Comptez 50/60 $US pour une simple/double en pension complète.

Luxueux, accueillant et aseptisé, le ***Lytton Hotel*** *(☎ 2491872, fax 2491747, lytton@giascl01.vsnl.net.in, 14 Sudder St)* facture ses chambres à partir de 1 600/2 200 Rs. Si votre budget le permet, choisissez plutôt une super deluxe (2 200/2 700 Rs). L'établissement possède deux restaurants et un bar (voir plus loin la rubrique *Où sortir*).

Considéré depuis longtemps comme le meilleur hôtel de Kolkata, l'***Oberoi Grand*** *(☎ 2492323, fax 2491217, fo@oberoical.com, 15 Chowringhee Rd)* est effectivement l'un des joyaux de la chaîne Oberoi. Outre les installations habituelles pour ce type d'établissement, il dispose d'une piscine en plein air (réservée aux clients), de trois restaurants et de chambres élégantes et immaculées à partir de 225/250 $US.

Près de l'Oberoi Grand, la ***Peerless Inn*** *(☎ 2280301, fax 2286650, peerinn@giascl01.vsnl.net.in, 12 Chowringhee Rd)* manque un peu d'atmosphère, mais certaines chambres, confortables, jouissent d'une vue magnifique sur la ville (à partir de 2 625/3 250 Rs. Le restaurant Aaheli s'attire des commentaires élogieux (voir *Où se restaurer*).

Bien qu'assez vaste, le ***Park Hotel*** *(☎ 2493121, fax 2497343, resv.cal@theparkhotels.com, 17 Park St)* bénéficie d'une ambiance intime et loue ses chambres élégantes à partir de 225/250 $US. Entre autres installations, il abrite plusieurs bons restaurants et une piscine couverte (réservée à la clientèle).

Le ***Kenilworth Hotel*** *(☎ 2828394, fax 2825136, 1-2 Little Russel St)* comprend une aile ancienne et une nouvelle. Les avis des voyageurs sont mitigés. Dans le bâtiment neuf, les tarifs de base s'élèvent à 100/110 $US et dans l'ancien, à 140 $US (doubles uniquement).

Assez apprécié, l'***Hotel Hindustan International*** *(☎ 2472394, fax 2472824, 235 AJC Bose Rd)* abrite une salle de remise en forme, une galerie marchande, des restaurants, des bars, une piscine (ouverte au non-résidents ; voir plus haut la rubrique *Natation*) et de jolies chambres à partir de 150/165 $US.

Quartier de BBD Bagh

Le ***Great Eastern Hotel*** *(☎ 2482311, fax 2480289, geh@vsnl.com, 1-3 Old Court House St)* est un édifice biscornu de style colonial construit en 1840. Moins grandiose que ses concurrents, son ambiance est agréable et détendue. Il offre quelques chambres à prix doux (660/825 Rs en simple/double) et d'autres plus luxueuses, plus vastes et climatisées à partir de 1 375/1 980 Rs (certaines sont mieux que d'autres ; visitez-en plusieurs avant de vous décider).

Autres quartiers

Le célèbre ***Tollygunge Club*** *(☎ 4732316, fax 4731903)* occupe 44 ha à la lisière sud de Kolkata et comprend un terrain de golf fantastique (voir plus haut la rubrique *Golf*). S'il semble un peu moins flamboyant que par le passé, il donne toujours une bonne idée de la vie des privilégiés au temps du Raj. Aujourd'hui, le "Tolly" accueille l'élite de la ville. Outre le terrain de golf, où se déroulent des championnats, le domaine comporte des piscines couvertes et de plein air, des courts de tennis, de squash, un terrain de croquet, des salles de billard, de badminton et de ping-pong, ainsi qu'une écurie pour les chevaux. En tant qu'étranger, vous pourrez y séjourner et obtenir une carte de membre temporaire donnant accès à toutes les infrastructures, à condition de prévenir à l'avance par téléphone, fax ou courrier (120 DP Sasmal Rd, Kolkata 700033).

Si le club dégage un certain charme, des clients se sont plaints du personnel apathique et des chambres négligées. Les moins chères sont aménagées dans le "Hastings" (1 150/1 250 Rs en simple/double). Les bungalows "Grandstand", à partir de 2 200/2 400 Rs, bénéficient de petites terrasses surplombant le golf. La plupart des chambres des "Tolly Towers" et de "Tolly Terrace" affichent des prix similaires.

A l'extrémité sud du Maidan, le ***Taj Bengal*** *(☎ 2233939, fax 2231766, tbhfo.cal@tajhotels.com)* offre un service diligent et un intérieur impeccable. Il propose toutes les prestations d'un hôtel de luxe, dont une piscine (réservée à la clientèle), plusieurs restaurants, un café (voir la rubrique *Où se restaurer*) et un centre d'affaires. Les tarifs des chambres somptueuses débutent à 215/245 $US et grimpent jusqu'à 625 $US pour la suite présidentielle.

Géré par le gouvernement, l'***ITDC Hotel Airport Ashok*** *(☎ 5119111, fax 5119137, airpotel@cal.vsnl.net.in)*, d'un rapport qualité/prix déplorable, ne doit sa survie qu'à la proximité de l'aéroport (à 1 km). Pratique pour les voyageurs en transit, il facture ses chambres à partir de 4 500/5 500 Rs. Les installations incluent une piscine indescriptible (ouverte au public ; voir plus haut la rubrique *Natation*). Son café, accessible aux non-résidents, représente un atout ; ouvert 24h/24, c'est un endroit tranquille pour tuer le temps devant une tasse de chai (40 Rs) ou un sandwich (80 Rs) en attendant son vol.

OÙ SE RESTAURER

Le poisson (grillé ou en curry) et le riz constituent la base de la cuisine bengalie ; toutefois, très peu de restaurants servent les véritables spécialités. Si vous avez la chance d'être invité dans une maison bengalie, vous goûterez des plats authentiques et savoureux.

Parmi les spécialités sucrées, goûtez le *misthi dhoi* (yaourt sucré avec du *jaggery*, un édulcorant tiré de la sève de palme) et le *rasgulla* (boulettes de fromage blanc sucré, aromatisées à l'eau de rose), en vente dans toutes les pâtisseries.

Les habitants de Kolkata apprécient particulièrement les plats chinois "indianisés" et ceux-ci figurent souvent au menu. Si votre budget le permet, vous vous régalerez dans les restaurants des hôtels de luxe (voir la rubrique *Où se loger*).

De nombreux restaurants non climatisés appliquent une taxe de 8% à 12% ; les restaurants climatisés ajoutent souvent de 15% à 17% (les prix mentionnés ici ne tiennent pas compte des taxes).

Quartier de Chowringhee

La plupart des restaurants de Sudder St proposent les habituels menus des lieux touristiques et restent ouverts toute la journée. Si la nourriture et le service sont aléatoires, les prix restent très raisonnables et ces endroits permettent (ou obligent, étant donné la promiscuité !) de rencontrer d'autres voyageurs.

Quartier de Sudder Street. Depuis longtemps repaire de voyageurs, le petit ***Blue Sky Cafe***, au coin de Sudder St et de Chowringhee Lane, s'attire aujourd'hui autant de critiques que de faveurs. Le menu, aussi complet que les tables, propose de tout, des spaghettis fantasia (65 Rs) à diverses préparations de porridge (20 Rs environ). Voisin, le ***Curd Corner***, dans Sudder St, sert d'excellents yaourts et lassi, à petits prix.

A quelques pas, le ***Zurich's***, moins bondé que le Blue Sky Cafe, bénéficie de commentaires de plus en plus élogieux. Petit et accueillant, il prépare de la cuisine indienne, chinoise et occidentale, y compris des pizzas (35 Rs environ) et des crêpes aux pommes (18 Rs).

Les bénévoles se pressent au ***Titrupati's***, une minuscule échoppe de rue située presque en face du Zurich's, pour ses plats bon marché et copieux (de 10 à 25 Rs). Vous devrez peut-être faire la queue à l'heure du déjeuner.

Idéal pour se plonger dans un livre ou écrire ses cartes postales, le ***Khwaja***, un peu plus cher que ses concurrents, permet de se détendre, loin du tumulte des rues. Le citron chaud (8 Rs) fait des merveilles pour apaiser les maux de gorge et le cuisinier prépare de délicieuses omelettes.

Le ***Khalsa Restaurant***, près de Sudder St, semble très ordinaire, mais il sert des plats consistants et bon marché (curry de légumes à 10 Rs) et le service est rapide.

Autant apprécié des voyageurs que des habitants, le ***JoJo's Restaurant*** se trouve dans la ruelle en face de l'Hotel Astoria. Bien qu'un peu sombre, l'endroit, propre et accueillant, propose un menu varié : essayez le curry d'œufs (20 Rs) ou un étonnant jelly belly (21 Rs).

Dans Sudder St, le grand ***Zaranj Restaurant*** offre un beau choix de spécialités, mais gare à l'addition ! Vous vous régalerez de plats du Nord-Ouest, comme le *gobi peshawari* (chou-fleur sauté avec des épices, saupoudré de graines de cumin grillées et de feuilles de menthe ; 150 Rs).

Au nord de Sudder St, le ***Jharokha***, installé sur le toit du bâtiment de l'Hotel Lindsay, possède une salle couverte et une terrasse. Il mérite la visite, ne serait-ce que pour son fabuleux panorama sur Kolkata. Le cadre et la nourriture surpassent ceux des autres établissements du quartier. Essayez le poisson masala (65 Rs) ou le *palak paneer* (fromage frais et sauce aux épinards ; 50 Rs). Vous pouvez aussi vous contenter d'une glace (30 Rs) en admirant la vue.

A deux pâtés de maisons au nord de Sudder St, l'***Aaheli***, dans la Peerless Inn (voir la rubrique *Où se loger*) est, selon les habitants, le meilleur endroit où déguster une nourriture bengalie authentique. Pour goûter plusieurs spécialités, commandez un *Aahelir Bhoj* (végétarien ; 225 Rs) ou un *Aahelir Mahaabhoj* (non végétarien ; 275 Rs). Le ***Suruchi***, dans Elliot Rd (près de l'arrêt de bus de Mallik Bazaar), sert des spécialités bengalies moins chères, mais n'ouvre que pour le déjeuner. Sa cuisine, moins savoureuse qu'autrefois, reste correcte et un thali végétarien revient à 29 Rs.

Mirza Ghalib Street. Près de l'Hotel VIP International, le ***Gupta Restaurant***, havre de paix loin du brouhaha, propose une gamme appétissante de plats indiens et chinois. Les plus téméraires essaieront la cervelle masala (44 Rs), mais on peut se contenter de légumes korma (50 Rs) ou d'un poisson au gingembre (74 Rs).

Dans une ambiance surannée, le ***Mocambo*** mitonne d'étonnantes innovations indiennes et occidentales, comme les crevettes marinées à la grecque (140 Rs). Parmi les autres délices figurent le risotto au foie de poulet (80 Rs), le rogan josh (curry d'agneau épicé ; 70 Rs) et la crème caramel (45 Rs).

Dans une ambiance détendue, le ***Princess Restaurant & Bar*** prépare une excellente cuisine indienne ; laissez-vous tenter par un poulet tikka (75 Rs) ou un *dum aloo* (50 Rs).

Autre refuge à l'écart du tumulte urbain, le ***How Hua***, un restaurant chinois apprécié, sert de savoureux *won ton* aigres-doux (52 Rs les 10). Le ***Golden Dragon*** concocte également une honnête cuisine chinoise.

Bien bruyant avec son ouverture sur la rue, le ***Prince Restaurant***, au coin de Mirza Ghalib St et de Marquis St, n'a rien d'original mais pratique des prix doux. Le poisson à la bengalie est sa spécialité (de 20 à 40 Rs) et un roti ne vous coûtera pas plus de 2,50 Rs.

Le ***Kathleen Confectioners*** proclame fièrement que ses pâtisseries occidentales sont "les meilleures de la ville". Laissez-vous tenter par une "forêt noire" (13 Rs la part), sans doute le fleuron de l'établissement. Une petite succursale est installée dans AJC Bose Rd.

Quartier de Park Street. Malgré leur luxe apparent, les restaurants qui bordent l'élégante Park St ne mettront pas votre budget en péril.

Le succès du ***Bar-B-Q***, un restaurant chinois et indien, oblige souvent à faire la queue à partir de 19h30. Le service est excellent et l'ambiance, très animée. Comptez 60 Rs pour des ailes de poulet sautées.

Voisin et plaisant, le ***Blue Fox*** propose diverses cuisines, dont des spécialités thaïlandaises ; vous pourrez commander un *mee krob* (pâtes croustillantes ; 135 Rs), une soupe d'asperges (65 Rs) ou un poisson tikka (100 Rs).

Le ***Waldorf Restaurant*** met l'accent sur la cuisine chinoise, mais s'intéresse aussi à la gastronomie thaïlandaise. Les amateurs de tofu n'auront que l'embarras du choix parmi les multiples préparations (de 60 à 70 Rs).

Le ***Junior Brothers*** sert des plats indiens standard mais pratique des prix plus modérés que ses voisins.

Spacieux, le ***Kwality*** présente une carte alléchante ; régalez-vous d'un curry de crevettes (95 Rs), suivi d'un diabolique sundae au chocolat (57 Rs).

Près du Park Hotel, le ***Trinca's Restaurant*** mitonne des délices, tels que les petits pois masala (65 Rs) et le poulet tandoori (72 Rs le demi-poulet), et sert des en-cas, comme les sandwiches au chutney (35 Rs). Un groupe se produit tous les soirs à partir de 20h.

Près de Park St, dans Middleton Row, le ***Peter Cat***, un bar-restaurant confortable et intime, se révèle idéal pour discuter devant une Kingfisher (68 Rs la bouteille), une tequila (52 Rs) ou un "Gentle Murderer" ("Gentil Assassin" ; 48 Rs).

Près de Park Street, le ***Flury's***, un vaste café-traiteur animé, vous permettra de reprendre des forces au cours d'une séance de shopping. Vous n'aurez que l'embarras du choix parmi ses succulents en-cas (croissant au fromage à 39 Rs) et ses pâtisseries (sundae aux noix à 48 Rs). Le service peut être très lent.

Quartier de BBD Bagh

Avec stalles de bois privées, le ***Chung Wah Chinese Restaurant*** *(Chittaranjan Ave)* rappelle le Shanghai des années 30. Son poulet sauté au chili remporte tous les suffrages (55 Rs). Il possède une succursale au coin de l'avenue.

A deux pas, l'***Anand Restaurant*** *(Chittaranjan Ave)*, un établissement végétarien très fréquenté, sert d'excellentes spécialités d'Inde du Sud, comme les *dosa* (fines crêpes de farine de lentille), et affiche des prix modérés.

Au centre-ville, dans la rue étroite qui part du Great Eastern Hotel, l'***Amber Hotel*** *(11 Waterloo St)* continue de mitonner des plats savoureux, même si la qualité a baissé. Le poulet *saag* (accompagné de légumes verts) vous laissera un souvenir impérissable (69 Rs).

Au nord de New Market, le ***Nizam's*** prépare les classiques des fast-foods musulmans : beignets de mouton et de poulet, kebabs et autres en-cas.

Vous trouverez de nombreuses confiseries où faire provision de sucreries indiennes (et bengalie), comme ***Indra Mahal***, dans Chowringhee Rd, et ***KC Das***, dans Lenin Sarani (pres de Bentinck St) ; cette dernière est tout autant appréciée des voyageurs que des habitants.

Autres quartiers

Proche de la Calcutta University, l'***Indian Coffee House*** était autrefois le lieu de rendez-vous des intellectuels de la ville. Aujourd'hui, les étudiants s'y pressent et apprécient son café et ses collations bon marché. Il possède une succursale, plus centrale, dans le quartier de BBD Bagh.

Près de Southpoint School, le ***Yangoon*** *(☎ 4401442 pour réserver, 7D Swinhoe St)*, un petit établissement sans prétention, mitonne de la cuisine birmane authentique. Goûtez l'*ohn no khawshwe*, une merveille (55 Rs) ! Le Yangoon n'ouvre que le soir (fermé le jeudi).

Le ***Momo Plaza*** *(2A Suburban Hospital Rd)*, un modeste établissement au sud de Chowringhee, s'est spécialisé dans la fabrication des *momo* (raviolis tibétains) et vous servira un plat de cinq momo de poulet à la vapeur pour 30 Rs.

Les yuppies de Kolkata se retrouvent à l'***Aqua Java*** *(79 Shambhu Nath Pandit St)*, un élégant café proche du PG Hospital. Il propose un choix de cafés originaux, comme le cappuccino "forêt noire" (65 Rs), et possède une table de billard à l'étage (50 Rs la partie).

Si vous avez des envies de luxe, mettez votre plus belle tenue et installez-vous dans un café d'un hôtel haut de gamme (généralement ouvert au public 24h/24). Au ***Taj Bengal***, vous pourrez choisir une langouste (1 000 Rs) ou du saumon de Norvège, avec une sauce à la mangue et au citron vert (650 Rs), à moins que vous ne vous contentiez d'une pizza (225 Rs) ou d'un dosa (125 Rs). Pour terminer en beauté, commandez un banana split (125 Rs) ou un milk-shake au chocolat (90 Rs).

OÙ SORTIR

Pubs et bars

La plupart des bars des hôtels sont ouverts au public, mais le prix des boissons risque de mettre vos finances en péril.

Dans Sudder St, le ***Sunset Bar*** du Lytton Hotel, dont les lumières tamisées renforcent l'intimité, facture 80 Rs la bouteille de bière et 90 Rs le verre de cognac. Dans la même rue, la terrasse en plein air du ***Fairlawn Hotel*** attire une foule intéressante.

Plus élégant, le pub ***Someplace Else*** du Park Hotel, dans Park St, propose de la musique live tous les soirs à partir de 20h. Le ***Big Ben*** du Kenilworth Hotel *(Little Russel St)* est un lieu branché pour se retrouver devant un verre.

Au sud de BBD Bagh, près de Lenin Sarani, le ***Paris Bar & Restaurant***, un curieux mélange de pub indien et de boîte de nuit occupe une vaste cave sombre quelque peu négligée. L'atmosphère est décontractée, mais les femmes seules doivent s'attendre à être déshabillées du regard. Ouvert tous les jours, de 11h à 22h, il accueille des musiciens et sert quelques bières fortement alcoolisées, comme la Thunderbolt ou la Haward's Turbo 5000 (65 Rs la bouteille), ainsi que les spiritueux habituels, dont le rhum Old Monk velouté (40 Rs le verre). Vous pouvez essayer le ***Lighthouse Bar & Restaurant***, plus conservateur (mais plus morne), dans le complexe du New Empire Cinema, près de New Market. Mal famé, l'***Off Cum On Rambo Bar***, dans Mirza Ghalib St, est déconseillé aux femmes seules, mais sert des bières jusque tard dans la nuit.

Discothèques

Quelques grands hôtels possèdent des discothèques qui s'agitent aux rythmes technos. Si vous n'êtes ni client ni membre, vous devrez payer un droit d'entrée élevé (de 200 à 400 Rs par couple). La plupart d'entre elles n'acceptent que les couples. Lors de notre passage, le ***Tantra*** du Park Hotel était "le" lieu en vogue. L'***Incognito*** du Taj Bengal et l'***Anticlock*** de l'Hotel Hindustan International sont également de bonnes adresses, mais le second n'accepte que les clients de l'hôtel.

Danse et théâtre

Célèbre pour sa vie culturelle, Kolkata fait la joie des amateurs de cinéma, de poésie, de musique, d'arts et de danse. Les programmes figurent dans les quotidiens et dans de nombreuses publications, dont la section *Metro* du quotidien *The Telegraph* et *Kolkata This Fortnight* (voir plus haut la rubrique *Renseignements*).

A Chowringhee, le ***Rabindra Sadan*** *(☎ 2239936, Cathedral Rd)* présente presque tous les soirs des spectacles de danse théâtrale, des lectures de poésie bengali et d'autres événements similaires.

Le ***Kala Mandir*** *(☎ 2479086, 48 Shakespeare Sarani)* programme des spectacles de danse, des concerts et, parfois, des pièces de théâtre en anglais. Le ***Sisir Mancha*** *(☎ 2239917, 1/1 AJC Bose Rd)* se consacre à la musique, principalement bengalie. Du lundi au vendredi, à 17h30, l'office du tourisme national propose un spectacle de danses régionales par la troupe de l'Académie de danse orientale, dans ses locaux de Shakespeare Sarani (100 Rs, 45 min).

Cinéma

Films étrangers et rétrospectives sont projetés au cinéma du complexe ***Nandan***, près de Cathedral Rd. Dans Chowringhee, quelques cinémas passent les récents succès américains (consultez les quotidiens locaux).

Billard

Près du complexe du New Empire Cinema, à proximité de New Market, ***On Cue*** possède 10 tables de billard et ouvre tous les jours, de 11h à 21h. La partie coûte 30 Rs (40 Rs les deux grandes tables) et se déroule sur fond de musique pop occidentale.

Bowling

Bien que mal situé, à Nicco Park (à quelque 12 km du centre-ville), le moderne ***Nicco Super Bowl*** *(☎ 3578101)* possède six bonnes pistes de bowling, ainsi que des tables de billard au coût prohibitif : 40 Rs les 15 min (deux personnes) ! Un fast-food sert l'habituel éventail de nourriture insipide.

Ce complexe ouvre tous les jours, de 12h à 22h (entrée : 25 Rs). En semaine, une partie de bowling revient à 75 Rs par personne (20 boules) de 12h à 15h, et à 100 Rs après 15h. Le week-end, le tarif se monte à 125 Rs. De Sudder St, la course en taxi coûte environ 100 Rs (aller simple).

ACHATS

Les objets en terre cuite et les saris de coton ou de soie tissés à la main constituent les spécialités de Kolkata. La ville compte plusieurs magasins intéressants, dont le Central Cottage Industries Emporium, dans Chowringhee Rd, qui vend de tout, de l'artisanat aux tapis. Les boutiques de la galerie marchande de l'Oberoi Grand Hotel valent le coup d'œil, mais restent moins attrayantes que les multiples étals de Chowringhee. La municipalité de Kolkata essaie de rassembler les vendeurs de rue dans des marchés souterrains (encore en projet) afin de libérer les trottoirs, mais leurs syndicats ont, jusqu'à présent, réussi à déjouer ces tentatives.

New Market, anciennement Hogg Market, est sans doute le meilleur endroit où faire de bonnes affaires. Vous trouverez toutes sortes de choses et il est fort plaisant d'y flâner. Parmi les autres marchés, citons le Treasure Island Market (entre Sudder St et New Market) et l'AC Market, dans Shakespeare Sarani, spécialisé dans les produits alimentaires importés. Un marché de rue (vêtements essentiellement) s'installe le soir le long de Lenin Sarani et pratique des prix modérés. Les magasins élégants et les boutiques de créateurs bordent Park St, Camac St et Russel St.

Les hôtels haut de gamme possèdent généralement une ou deux galeries marchandes, dont les boutiques présentent des produits de qualité à prix élevés. Les quelques centres commerciaux modernes, comme Emami, sont meilleur marché.

Assez mal situé, dans Gariahat Rd (près de la passerelle Dhakuria dans le sud de Kolkata), le Dakshinapan Shopping Centre abrite plusieurs grands magasins d'États qui vendent de merveilleux produits régionaux à prix fixes.

Music World, 18G Park St (près du Flury's) offre un grand choix de CD indiens et occidentaux, dont d'excellents disques régionaux.

Dans le quartier de Rabindra Sadan (Sarani), vous trouverez un bel éventail d'instruments de musique indiens traditionnels à des prix compétitifs.

COMMENT S'Y RENDRE

Pour tout détail (visa compris) sur les voyages par voie aérienne ou terrestre vers les pays voisins comme le Bangladesh (qui possède un service de bus direct entre Kolkata et Dhaka), consultez le chapitre *Comment s'y rendre*.

Avion

La plupart des compagnies aériennes sont installées à Chowringhee.

Aeroflot
(☎ 2829831) 58 Chowringhee Rd
Air France
(☎ 2408646) Chitrakoot Bldg, 230A AJC Bose Rd
Air India
(☎ 2822356) 50 Chowringhee Rd
Biman Bangladesh Airlines
(☎ 2292844) 30C Chowringhee Rd
British Airways
(☎ 2883451) 41 Chowringhee Rd (entrée dans Middleton St)
Cathay Pacific
(☎ 2403312, 2403211) 1 Middleton St
Gulf Air
(☎ 2477783/5576) Chitrakoot Bldg, 230A AJC Bose Rd
Indian Airlines
(☎ 2364433) 39 Chittaranjan Ave
Japan Airlines
(☎ 2468370/1) 35A Chowringhee Rd
Jet Airways
(☎ 2292227, 2292660) 18D Park St
KLM-Royal Dutch Airlines
(☎ 2403151) 1 Middleton St

Vols au départ de Kolkata

Ce tableau n'indique que les vols intérieurs d'Indian Airlines. Jet Airways pratique des tarifs identiques, mais ne dessert actuellement que Bagdogra, Bangalore, Chennai, Guwahati, Hyderabad, Imphal, Jorhat et Mumbai.

Destination	Durée (heures)	Fréquence hebdomadaire	Tarif ($US)
Agartala	0,45	12	50
Ahmedabad	2,30	6	230
Aizawl	1	3	90
Bagdogra	1	6	80
Bangalore	2,30	14	265
Bhubaneswar	1	7	85
Chennai	2	14	220
Delhi	2	21	200
Dibrugarh	1,30	4	95
Dimapur	2,15	4	90
Guwahati	1,15	19	70
Hyderabad	2	13	210
Imphal	1	9	80
Jaipur	2,15	6	220
Jorhat	1,15	4	90
Lucknow	2,15	7	155
Mumbai	2,15	35	230
Nagpur	1,30	3	165
Patna	1	7	100
Port Blair	2	4	195
Silchar	1	6	75
Tezpur	1,15	2	80
Visakhapatnam	2,15	4	145

Lufthansa Airlines
(☎ 2299365) 30A/B Chowringhee Rd
Royal Nepal Airlines Corporation
(RNAC ; ☎ 2888549) 41 Chowringhee Rd (entrée dans Middleton St)
Singapore Airlines
(☎ 2809898, 2808586) 1 Lee Rd
Swissair
(☎ 2884643) 46C Chowringhee Rd
Thai Airways International
(☎ 2801630/5) 229 AJC Bose Rd

Kolkata est un bon endroit pour trouver des billets à prix compétitifs pour d'autres pays d'Asie, l'Europe et la côte est des États-Unis. Pour dénicher les meilleurs tarifs, discutez avec des voyageurs et renseignez-vous régulièrement auprès des agences et des compagnies aériennes (voir la rubrique *Voie aérienne* du chapitre *Comment s'y rendre*).

Ouverte 24h/24, l'agence Indian Airlines (voir l'adresse ci-dessus) possède un guichet touristique, ouvert tous les jours, de 9h à 19h. Outre ses vols intérieurs (consultez le tableau *Vols au départ de Kolkata*), Indian Airlines dessert Dhaka quatre fois par semaine (2 410 Rs), Bangkok six fois par semaine (5 825 Rs) et Katmandou cinq fois par semaine (96 $US). La taxe d'aéroport s'élève à 150 Rs.

Bus

Au départ de Kolkata, le train se révèle généralement plus rapide et plus confortable, bien

Principaux trains au départ de Kolkata

Destination	Numéro et nom du train	Heure de départ *	Distance (km)	Durée (heures)	Tarif (Rs) (3e/2e clim.)
Agra	2307 *Jodhpur Exp*	11h30 H	1 420	20,45	277/874
Ahmedabad	8034 *Ahmedabad Exp*	20h20 H	2 090	41,15	428/1 424
Ajmer	2315 *Ananaya Exp*	12h40 S	1 760	32	420/1 250
Amritsar	3005 *Amritsar Exp*	19h20 H	1 829	38,30	365/1 235
Chennai	2841 *Coromandel Exp*	13h15 H	1 636	28	406/1 117
Delhi	2301 *Rajdhani Exp*	17h H	1 441	17	1 500/2 470
	2303 *Poorva Exp*	9h15 H	1 441	24	383/1 080
	2313 *Rajdhani Exp*	16h45 S	1 441	17	1 500/2 470
Guwahati	5959 *Kamrup Exp*	15h35 H	991	25	290/806
Jodhpur	2307 *Jodhpur Exp*	23h30 H	1 975	35	474/1 240
Mumbai VT	2860 *Geetanjali Exp*	12h40 H	1 960	33	433/1 194
New Jalpaiguri	3143 *Darjeeling Mail*	19h15 S	573	12,30	210/565
Patna	3231 *Danapur Exp*	21h05 H	545	11	202/555
Puri	8007 *Puri Exp*	21h45 H	500	10,45	206/565
Tirupati	7479 *Tirupati Exp*	23h30 H	1 650	16,30	377/889
Varanasi	3009 *Doon Exp*	22h15 H	670	12	230/787

* Abréviations pour les gares ferroviaires : H – Howrah, S – Sealdah

que plusieurs itinéraires de bus pratiques desservent des villes du Bengale-Occidental. A part le Bihar, le Jharkhand et l'Orissa, peu de bus rallient les autres États.

Les bus les plus utilisés par les voyageurs sont ceux qui relient Kolkata à Siliguri & New Jalpaiguri (pour Darjeeling). Le "Rocket Service" (152 Rs) quitte Kolkata tous les jours, à 18h, 19h et 20h pour arriver le matin suivant (mieux vaut prendre le train ou l'avion). Un bus climatisé (440 Rs) part de Kolkata vers 19h et rejoint Siliguri le lendemain vers 7h.

Les bus partent généralement de la gare routière Esplanade, située au nord du Maidan près de Chowringhee Rd. Plusieurs compagnies privées disposent de leur propre arrêt. Les bus depuis/vers le sud stationnent à l'arrêt proche du Fort William, à Babu Ghat.

Train. Kolkata possède deux grandes gares, ferroviaires, aussi animées l'une que l'autre. Howrah, sur la rive ouest de la Hooghly, reçoit l'essentiel du trafic, mais les trains allant vers le nord, à Darjeeling, ou vers la région du nord-est partent de la gare de Sealdah, sur la rive est de la Hooghly. Prenez garde aux pickpockets dans les deux gares. A la gare de Howrah, les quais nos 1 à 16 se trouvent dans l'ancien bâtiment principal ; les quais nos 17 à 22, dans la nouvelle annexe, voisine. La rétribution correcte d'un porteur se monte à quelque 25 Rs par bagage.

La billetterie réservée aux touristes se trouve 6 Fairlie Place, au 1er étage, près de BBD Bagh. Bien qu'elle soit informatisée et dispose d'un quota pour les touristes, attendez-vous à faire la queue. Elle ouvre du lundi au samedi, de 8h à 13h et de 13h30 à 20h, et le dimanche, de 8h à 14h. Une billetterie proche, 14 Strand Rd South, permet d'acheter à l'avance des billets depuis/vers Delhi, Chennai et Mumbai ; remplissez un formulaire et prenez la bonne file d'attente (ce bureau n'a pas accès au quota réservé aux touristes). On peut réserver jusqu'à 60 jours avant le départ sur tous les trains, sauf le *Shatabdi Express*, pour lequel les réservations ne sont ouvertes que 15 jours avant le départ.

A Fairlie Place, le paiement en roupies est accepté sur présentation d'un certificat de change (délivré lorsque vous changez

Les pousse-pousse de Kolkata

Quelques pousse-pousse circulent dans plusieurs villes du monde, mais ce ne sont que des curiosités touristiques ou historiques. A Kolkata uniquement, ils constituent un moyen de transport quotidien.

Si la ville possède les derniers pousse-pousse, elle n'a pas accueilli les premiers du monde, ni même d'Inde. Les premiers pousse-pousse indiens firent leur apparition en 1880 dans la station himalayenne de Shimla, fréquentée par les officiels du Raj durant la saison chaude. La même année, ils apparurent à Singapour. Kolkata ne les découvrit que 20 ans plus tard et ils ne servaient alors qu'au transport des marchandises. Les premiers pousse-pousse appartenaient à des résidents chinois et étaient tirés par des immigrants chinois. Ces derniers ont disparu depuis longtemps, et, aujourd'hui, les conducteurs de pousse-pousse proviennent pour la plupart des environs de Kolkata et des campagnes miséreuses du Bihar.

En 1914, les pousse-pousse furent autorisés à transporter des passagers. Durant les années 20 et 30, leur nombre augmenta rapidement à Kolkata, alors qu'il déclinait dans d'autres villes. En 1939, la municipalité limita le nombre des licences à 6 000. Néanmoins, après la Seconde Guerre mondiale, la flotte continua de croître. La pauvreté, combinée aux embouteillages et à l'interdiction des cyclo-pousse dans le centre-ville, provoqua leur multiplication, pour atteindre de 30 000 à 50 000 pousse-pousse à la fin des années 80. Dans son best-seller, *La Cité de la joie*, Dominique Lapierre estime à 100 000 le nombre de pousse-pousse, qui transportent 1 million de passagers par jour et couvrent une distance supérieure à celle de la flotte d'Indian Airlines.

Tony Wheeler, *Sur la trace des rickshaws*

des devises). D'autres bureaux de réservation informatisés permettent d'acheter des billets à l'avance, au départ de Kolkata. Celui de la station de métro Tollygunge, facile d'accès, est rarement bondé. Moyennant une commission (40 Rs environ), les agences de Sudder St vous obtiendront un billet, même peu de temps avant le départ. Prenez garde aux agences obscures qui vous promettent le meilleur train ou la meilleure classe, puis vous remettent un billet pour un tortillard en 3e classe ! Ne laissez qu'un dépôt minime, le cas échéant, et vérifiez bien le billet avant de payer.

Bateau. Reportez-vous au chapitre *Îles Andaman et Nicobar* pour tout détail sur les bateaux partant de Kolkata.

COMMENT CIRCULER

Desserte de l'aéroport

L'aéroport (terminaux nationaux et internationaux) se situe à 17 km au nord-est du centre-ville. Un minibus public part de BBD Bagh pour l'aéroport (10 Rs). La ligne de métro qui mène à Dum Dum s'arrête à 5 km de l'aéroport ; de là, le billet de bus coûte 5 Rs. Il est prévu de prolonger la ligne de métro jusqu'aux terminaux ; renseignez-vous sur place.

Si vous voulez prendre un taxi à l'aéroport, adressez-vous au kiosque des taxis prépayés (moins chers et plus fiables), après avoir passé la douane. Vous réglez la course (160 Rs environ pour Sudder St) et l'on vous désigne un véhicule.

Bien que l'aéroport ait été officiellement rebaptisé Netaji Subhas Chandra Basu International Airport, les chauffeurs de taxi continuent de l'appeler Dum Dum ; il est bâti sur le site des Dum Dum Barracks où l'on fabriquait les balles explosives du même nom, interdites après la guerre des Boers.

Bus

Les bus locaux, monstres mécaniques surchargés, circulent à une vitesse démente (billet à partir de 2 Rs). Il existe un service privé de minibus, plus rapide encore (billet à partir de 2,25 Rs).

Tram

Les tramways publics de Kolkata donnent un certain charme à la ville, même s'ils ressemblent à des boîtes de sardines aux heures de pointe. Bien qu'ils soient non polluants, certains groupes font pression pour les supprimer car ils constituent une source majeure d'embouteillages. Les défenseurs du tramway, appuyés par une organisation identique de Melbourne (Australie), ont réussi à le sauver – du moins pour l'instant. Les tarifs débutent à 1,75 Rs.

Métro

Kolkata possède le premier réseau métropolitain du sous-continent. Le secteur sud, de Chandni Chowk à Tollygunge, et le secteur nord, jusqu'à l'ouest de BBD Bagh, sont les plus pratiques. Deux stations se trouvent à proximité de Sudder St : au nord (presque en face de l'hôtel Oberoi Grand) et au sud (en face de Dr M Ishaque Rd).

Propre et efficace, le métro est bondé aux heures de pointe (du lundi au samedi, de 9h à 11h et de 17h à 19h). Les rames circulent du lundi au samedi, de 8h15 à 22h, et le dimanche, de 15h à 21h15. Le billet coûte de 3 Rs (une section) à 7 Rs (jusqu'au bout de la ligne).

Taxi

Kolkata compte deux types de taxis : les jaunes, qui peuvent circuler dans la ville et le Bengale-Occidental ; les jaune et noir, qui se cantonnent à Kolkata.

Pour tous les trajets en taxi (autres que ceux négociés), ajoutez 20% au prix affiché sur les compteurs. Ceux-ci sont obsolètes et mieux vaut se référer au tableau de conversion, que tout chauffeur se doit de posséder. Officiellement, la prise en charge se monte à 12 Rs et augmente par paliers de 0,50 Rs, tout du moins en théorie. Les chauffeurs ne sont pas tous enclins à mettre leur compteur en marche ; insistez ou prenez-en un autre. Ils sont si nombreux que vous trouverez facilement un taxi disposé à brancher son compteur ou qui vous proposera un tarif acceptable. Pour une demi-journée/journée de visite, comptez 500/800 Rs.

Un guichet de taxis prépayés est installé devant la gare d'Howrah ; la course jusqu'à Sudder St coûte 40 Rs. Il vous faudra sans doute faire la queue. L'aéroport possède également un kiosque de taxis prépayés (voir plus haut la rubrique *Desserte de l'aéroport*).

Rickshaw

Kolkata est le dernier bastion des pousse-pousse. Les rickshaw-wallahs de la ville rejetèrent les nouveaux cyclo-pousse lorsqu'ils furent introduits dans le pays. Qui pouvait se payer un tel engin ? Nombreux sont ceux qui ne peuvent toujours pas s'offrir leur propre rickshaw et doivent le louer à un tiers, qui empoche la majeure partie de la recette.

Peut-être trouverez-vous moralement inacceptable qu'un homme vous tire dans une carriole. Pourtant, il n'aurait pas de travail si personne ne louait ses services et vous, en tant que touriste, vous le payez davantage que les habitants de la ville ! Néanmoins, les autorités de Kolkata tentent depuis longtemps de bannir les pousse-pousse ; dans une vision à court terme de la gestion du trafic, la lenteur d'un moyen de transport entraîne celle de la circulation. Cependant, l'étroitesse des rues et la médiocrité du système d'égout font que sauter dans un pousse-pousse est souvent, à part la marche, le meilleur moyen de se rendre quelque part. Quoi qu'il en soit, les pousse-pousse et les auto-rickshaws ne peuvent déjà plus circuler que dans certains quartiers du centre-ville. Sur l'autre rive, à Howrah et dans les banlieues, auto-rickshaws et cyclo-pousse sillonnent les rues.

Un court trajet en pousse-pousse revient à quelque 10 Rs. Le course de Sudder St à la Motherhouse coûte environ 25 Rs. Un pourboire sera particulièrement apprécié.

Ferry

Les ferries constituent un moyen plus rapide et plus plaisant de traverser la rivière que l'Howrah Bridge, toujours embouteillé. Entre 8h et 20h, plusieurs bacs par heure relient Howrah à Chandpal Ghat ou Fairlie Ghat. Les ferries à destination des Botanical Gardens partent de Chandpal Ghat ou de Babu Ghat, mais n'assurent que des liaisons irrégulières. Les tarifs sont minimes (de 3 à 5 Rs).

Bengale-Occidental

Berceau de la renaissance indienne et du mouvement indépendantiste, le Bengale est depuis longtemps considéré comme le centre culturel de l'Inde. Après la Partition, l'État fut séparé en Bengale oriental et Bengale occidental. Le Bengale oriental devint finalement le Bangladesh et le Bengale-Occidental, un État indien avec Kolkata (Calcutta) pour capitale. Cette région longue et étroite s'étend du delta du Gange, dans le golfe du Bengale, au sud, aux cimes de l'Himalaya et à Darjeeling, au nord.

Terre d'esthètes et d'activistes politiques, le Bengale-Occidental est célèbre pour ses écrivains, ses poètes, ses artistes, ses idéalistes, ses réformateurs, ses défenseurs de la liberté et ses révolutionnaires.

Au sud de Kolkata, sur le golfe du Bengale, les Sunderbans, l'un des plus grands deltas du monde, abritent l'insaisissable tigre royal du Bengale. Au nord, les plantations de manguiers et les champs de jute bordent les plaines fluviales fertiles. Plus au nord, les célèbres plantations de théiers de Darjeeling tapissent les contreforts de l'Himalaya.

Hormis Kolkata et Darjeeling, peu de visiteurs étrangers explorent le Bengale-Occidental, riche pourtant en sites historiques. Plusieurs sabotages de voies ferrées, au début de l'année 2000, ont failli provoquer des collisions de trains et n'ont guère encouragé le tourisme. Les autorités se sont empressées d'accuser le Pakistan, mais aucune preuve n'est venue étayer ces allégations. Avant de circuler, informez-vous sur la situation.

Afin de mettre un terme à l'immigration illégale et à la contrebande entre l'Inde et le Bangladesh, le gouvernement local prévoit d'édifier une barrière de 900 km de long entre les deux pays.

En bref

Population : 80,2 millions d'habitants
Superficie : 87 853 km²
Capitale : Kolkata (Calcutta)
Langue principale : bengali
Meilleure saison : octobre à mars

Cartes du chapitre :

- Essayez d'apercevoir un tigre dans le Sunderbans Wildlife Sanctuary, un parc inscrit au Patrimoine mondial de l'humanité.
- Promenez-vous à dos d'éléphant dans le Jaldhapara Wildlife Sanctuary, refuge du rhinocéros indien, du tigre et de nombreux autres animaux.
- Détendez-vous à Mirik, une station climatique accueillante et bien moins touristique que Darjeeling.
- De l'étonnante Paush Mela à l'exubérante Durga Puja, découvrez les diverses fêtes de l'État.
- Ne manquez pas Darjeeling, ses gompa et ses vues époustouflantes sur le Kanchenjunga.
- Visitez le Happy Valley Tea Estate, puis, de retour à Darjeeling, savourez une tasse de thé au Glenary's.

Histoire

La longue histoire de cette région, appelée Vanga dans le *Mahabharata*, débuta avant les invasions aryennes. Elle fit partie de l'Empire maurya au IIIe siècle av. J.-C., avant de passer sous la domination des Gupta. Pendant trois cents ans, à partir du IXe siècle, la dynastie des Pala contrôla un vaste territoire depuis le Bengale, qui incluait une partie de l'Orissa, du Bihar et de l'actuel Bangladesh.

Le Bengale fut placé sous domination musulmane par Qutb-ud-din, le premier sultan de Delhi, à la fin du XIIe siècle. A la mort d'Aurangzeb, en 1707, il devint un État musulman indépendant.

Les Britanniques établirent un comptoir commercial à Kolkata en 1690, qui prospéra

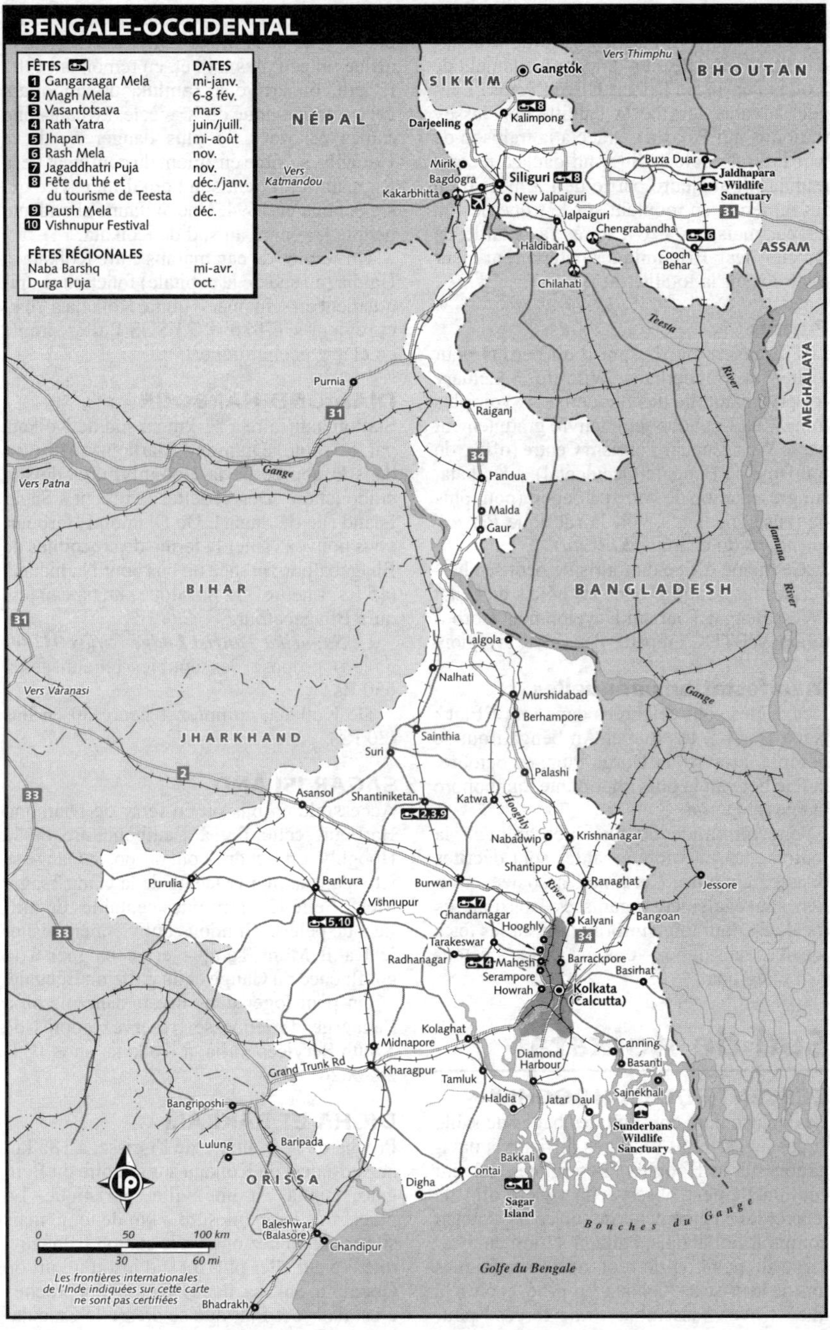
BENGALE-OCCIDENTAL
FÊTES
DATES
1 Gangarsagar Mela mi-janv.
2 Magh Mela 6-8 fév.
3 Vasantotsava mars
4 Rath Yatra juin/juill.
5 Jhapan mi-août
6 Rash Mela nov.
7 Jagaddhatri Puja nov.
8 Fête du thé et du tourisme de Teesta déc./janv. déc.
9 Paush Mela déc.
10 Vishnupur Festival
FÊTES RÉGIONALES
Naba Barshq mi-avr.
Durga Puja oct.
Vers Thimphu
Gangtok
SIKKIM
BHOUTAN
NÉPAL
Kalimpong
Darjeeling
Mirik
Bagdogra
Siliguri
Vers Katmandou
Kakarbhitta
New Jalpaiguri
Buxa Duar
Jaldhapara Wildlife Sanctuary
Jalpaiguri
Chengrabandha
Haldibari
Cooch Behar
ASSAM
Chilahati
Teesta
River
MEGHALAYA
Purnia
Raiganj
Vers Patna
Gange
Pandua
Malda
Gaur
Jamuna
River
BIHAR
BANGLADESH
Lalgola
Nalhati
Vers Varanasi
Murshidabad
Berhampore
JHARKHAND
Sainthia
Suri
Palashi
Asansol
Shantiniketan
Katwa
Hooghly
Nabadwip
Krishnanagar
Shantipur
Purulia
Bankura
Burwan
Ranaghat
Jessore
Vishnupur
Chandarnagar
Kalyani
Bangoan
Hooghly
Tarakeswar
Radhanagar
Mahesh
Barrackpore
Serampore
Basirhat
Howrah
Kolkata (Calcutta)
Kolaghat
Midnapore
Canning
Diamond Harbour
Basanti
Grand Trunk Rd
Kharagpur
Tamluk
Sajnekhali
Haldia
Jatar Daul
Bangriposhi
Sunderbans Wildlife Sanctuary
Lulung
Baripada
Bakkali
ORISSA
Contai
Digha
Sagar Island
Bouches du Gange
Baleshwar (Balasore)
Chandipur
0 50 100 km
0 30 60 mi
Golfe du Bengale
Les frontières internationales de l'Inde indiquées sur cette carte ne sont pas certifiées
Bhadrakh

rapidement. Flairant de riches prises, Siraj-ud-daula, nabab du Bengale, quitta Murshidabad, sa capitale, et s'empara facilement de Kolkata en 1756. Robert Clive l'écrasa l'année suivante lors de la bataille de Plassey (aujourd'hui Palashi), grâce à la trahison de Mir Jafar, l'oncle de Siraj-ud-daula qui commandait la majeure partie de l'armée. Il en fut remercié en montant sur le trône de son neveu, mais, en 1764, après la bataille de Buxar, les Britanniques étendirent leur contrôle sur la totalité du Bengale.

Permis

Les étrangers ont besoin d'un permis pour visiter le Sunderbans Wildlife Sanctuary (réserve naturelle des Sunderbans ; voir plus loin). Celui-ci vous sera délivré gratuitement par le West Bengal Tourism Centre (office du tourisme du Bengale-Occidental), à Kolkata, sur présentation de votre passeport (pour plus de renseignements, voir la rubrique *Renseignements* du chapitre *Kolkata*).

Ce même office du tourisme peut se charger des réservations dans les hôtels de l'État (West Bengal Tourism Development Corporation, WBTDC), répartis dans toute la région.

Manifestations annuelles

Deux fêtes sont célébrées dans tout l'État : Naba Barshq, le Nouvel An bengali qui se déroule mi-avril, et Durga Puja, en octobre, la fête bengali la plus importante, qui honore la déesse Durga.

Une multitude de festivités animent la région ; les plus intéressantes sont décrites dans ce chapitre. Certaines, associées à un lieu, sont également organisées dans d'autres localités. Pour toute information sur les fêtes locales, renseignez-vous à l'office du tourisme régional.

Sud de Kolkata

DESCENTE DE LA HOOGHLY

Le déplacement constant des bancs de sable et des hauts-fonds rend très difficile la navigation sur la Hooghly. Les pilotes doivent continuellement observer la rivière afin de repérer les changements de son cours. Ancien comptoir hollandais, **Falta**, à 43 km en aval, servit de position de repli aux Britanniques lors de la prise de Kolkata, en 1756, et c'est là que Clive rassembla ses forces pour reprendre la ville. En aval de Falta, la Damodar se jette dans la Hooghly. La Rupnarain afflue un peu plus loin et, en remontant cette rivière, on arrive à **Tamluk**, un important centre bouddhique du Xe siècle. Le haut-fond James & Mary, le plus dangereux de la Hooghly, se situe en amont du confluent de la Rupnarain ; il tient son nom d'un navire qui s'y échoua en 1694. Une avifaune abondante peuple la région au sud de Kolkata.

Un service de catamarans entre Kolkata et Haldia (au sud de la capitale) fonctionne uniquement en semaine. Il quitte Kolkata à 7h45 et revient à 17h30 (9/23 $US l'aller simple en classe économique/1re).

DIAMOND HARBOUR

Station balnéaire à 51 km au sud de Kolkata par la route, Diamond Harbour se trouve dans la courbe de la Hooghly, près de son embouchure. Des vedettes la relient à Sagar Island (île de Sagar). De Diamond Harbour, vous pouvez visiter la **ferme de crocodiles** de Bhagabatpur ; prenez un bus pour Namkhana (15 Rs, 1 heure 30), puis louez un bateau jusqu'à Bhagabatpur.

Le ***Sagarika Tourist Lodge*** *(☎/fax 03174-55246)* propose des doubles climatisées à 650 Rs.

De Kolkata, comptez 1 heure 30 en bus (20 Rs).

SAGAR ISLAND

Accessible en bus ou en ferry de Diamond Harbour, cette île, à l'embouchure de la Hooghly, est l'endroit où, dit-on, le Gange se jette dans la mer et le site de la Gangarsagar Mela. Cette fête attire des centaines de milliers de pèlerins hindous qui viennent visiter le Kapil Muni Temple et se baigner à la confluence du Gange et du golfe du Bengale.

On peut loger dans divers ashrams ou à l'auberge de jeunesse (réservez auprès de Youth Services India, à Kolkata, au ☎ 033-2480626).

DIGHA ET BAKKALI

Proche de la frontière de l'Orissa, à 185 km au sud-ouest de Kolkata sur le golfe du Bengale, Digha est une ville touristique. La plage, très large, mesure 7 km de long, mais si vous cherchez une vraie station balnéaire, mieux vaut aller plus au sud jusqu'à Puri ou Gopalpur-on-Sea, dans l'Orissa tout proche : c'est dans cet État que se dresse le Chandaneshwar Shiva Temple, à 8 km de Digha. Parmi les divers hébergements de Digha, le ***WBTDC Tourist Lodge*** *(☎ 03220-66255, fax 66256)* dispose de doubles à partir de 275 Rs et de lits en dortoir à 80 Rs. Chaque jour, plusieurs bus circulent entre Kolkata et Digha (60 Rs, 6 heures).

Parfois appelée Fraserganj, la station balnéaire de Bakkali, à 132 km de Kolkata, est moins fréquentée que Digha et abrite une merveilleuse avifaune. De là, vous pouvez prendre un bateau pour la petite île de **Jambu Dwip**, au sud-ouest. Le ***WBTDC Bakkali Tourist Lodge*** *(☎ 03210-25260)* loue des doubles standard pour 300 Rs et des lits en dortoir pour 80 Rs. Le trajet en bus de Kolkata à Bakkali dure environ 2 heures (40 Rs).

SUNDERBANS WILDLIFE SANCTUARY

Les innombrables embouchures du Gange forment le plus grand delta du monde. Une partie de ce vaste marais de mangroves est une réserve naturelle de 2 585 km^2 qui se prolonge au Bangladesh. Inscrite au Patrimoine mondial et incluse dans le Project Tiger (projet visant à protéger les tigres), elle abrite l'une des populations de tigres les plus importantes de la planète (estimée à presque 300 en 2000). Les agences de voyages insistent sur cet aspect, mais rares sont les visiteurs qui parviennent à apercevoir un tigre.

Timides avec les touristes, les tigres n'en sont pas moins amateurs de chair humaine et tuent chaque année plusieurs villageois : ils les guettent à l'abri de la végétation des étroits canaux qui sillonnent la forêt marécageuse. Les pêcheurs et les collecteurs de miel ont pris l'habitude de porter des masques peints de visages humains à l'arrière de la tête car les tigres attaquent moins facilement s'ils se croient observés.

L'hiver et le printemps sont les meilleures époques pour visiter la réserve, qui abrite également des chitals, des sangliers, des singes et diverses espèces d'oiseaux. Le calme de la région repose du brouhaha de Kolkata.

Au **centre d'accueil de Sajnekhali**, vous découvrirez un bassin à requins, un élevage de tortues et un intéressant centre d'études des mangroves (Mangrove Interpretation Centre). De là, des bateaux partent en excursion dans les mangroves. Comptez quelque 800 Rs par personne pour la journée, 400 Rs pour 4 heures, plus les services d'un guide et le permis pour le bateau. Plusieurs tours d'observation sont installées dans la réserve.

Au sud des Sunderbans, on peut rejoindre les îles **Lothian** et **Halliday** de Namkhana (à 3 heures de bus de Kolkata).

Pour visiter les Sunderbans, vous avez besoin d'un permis (voir plus haut la rubrique *Permis*) et vous devez régler le droit d'entrée à la réserve à Sajnekhali.

Circuits organisés

D'octobre à mars, la WBTDC organise chaque semaine des excursions en bateau, en pension complète, à 1 200 Rs par personne pour une nuit, ou 1 500 Rs pour deux nuits. Bien que la brochure promette une "aventure à chaque tournant", "cela ressemble plutôt à un banal pique-nique de trois jours sur l'eau", précise un lecteur.

Où se loger et se restaurer

Le ***Sajnekhali Tourist Lodge*** *(☎ 03219-52560)*, à Sajnekhali, propose des doubles à partir de 525 Rs et des lits en dortoir à 200 Rs (en demi-pension).

Comment s'y rendre

S'il est plus facile d'opter pour une excursion en bateau de la WBTDC, voyager en indépendant vous permettra de découvrir la région à votre rythme ; vous pourrez louer les services d'un guide à l'office du tourisme régional de Kolkata (500 Rs par jour, plus les repas et l'hébergement). Si vous partez seul, renseignez-vous auprès de l'office du tourisme sur les itinéraires possibles. De Kolkata (Babu Ghat), il est plus rapide de prendre un bus pour Basanti/Sonakhali (3 heures environ, 30 Rs), puis un bateau jusqu'à Gosava (10 Rs, 1 heure 15). De là, un rickshaw vous conduira à Pakhirala (20 Rs, 45 min) et, enfin, un bateau vous fera traverser la rivière jusqu'à Sajnekhali.

Vous pouvez également prendre le bateau direct qui quitte Basanti à 15h30 pour Sajnekhali (9 Rs). Le trajet en bateau privé revient à 800 Rs de Kolkata et à 400 Rs de Basanti.

Nord de Kolkata

A 25 km de Kolkata, sur la Hooghly, **Serampore** fut un comptoir danois jusqu'en 1845, année du transfert des possessions indiennes du Danemark à l'East India Company. Subsistent l'église danoise et le cimetière. **Barrackpore**, sur l'autre rive, abrite quelques bâtiments délabrés, vestiges de l'ancien cantonnement de l'East India Company, et un monument dédié à Gandhi, près de la rivière. A 3 km de Serampore, **Mahesh** possède un très ancien temple de Jagannath, où, en juin/juillet, se déroule la **Mahesh Rath Yatra** (fête du Char) ; le char de Jagannath est alors promené dans la ville.

Située à 39 km de Kolkata sur les rives de la Hooghly, **Chandernagar** (ou Chandernagor) fut autrefois l'un des comptoirs indiens de la France. Les premiers colons français arrivèrent en 1673 et le commerce se développa rapidement. Occupée à plusieurs reprises par les Britanniques, Chandernagor fut rétrocédée à l'Inde par la France en 1951. Les bâtiments coloniaux tombent lentement en ruine.

La ville historique de **Hooghly**, à 41 km de Kolkata, fut un important port marchand bien avant l'essor de Kolkata. Les Portugais y installèrent une fabrique dès 1537. Auparavant, **Satgaon**, à 10 km au nord, était le port principal du Bengale, mais fut abandonné en raison de l'envasement de la rivière. La ville garde quelques traces de sa gloire passée, dont une mosquée en ruine. Après un long siège, les Portugais furent chassés de Hooghly en 1632 par Shah Jahan, puis autorisés à revenir un an plus tard. L'East India Company britannique y construisit également une fabrique en 1651. Avec son porche d'entrée flanqué de hauts minarets, l'*imambara* (tombeau d'un saint chiite), édifié en 1836, est le plus beau monument de Hooghly. A 1 km environ au sud de Hooghly, **Chinsura** fut échangée en 1825 par les Hollandais contre l'île indonésienne de Sumatra, jusqu'alors sous domination britannique. Un fort et un cimetière hollandais, aux nombreuses tombes anciennes, s'élèvent à 1 km à l'ouest.

A 2 km au nord de Hooghly et à 43 km de Kolkata, **Bandel** possède une église et un monastère portugais datant de 1599. Détruits par Shah Jahan en 1640, ils furent reconstruits par la suite. A 4 km au nord de Bandel, à **Bansberia**, vous pourrez admirer le Vasudev Temple, orné d'intéressants bas-reliefs de terre cuite, ainsi que le Hanseswari Temple.

VISHNUPUR

Cette cité, riche de temples de terre cuite, fut la capitale des rois Malla, grands protecteurs des arts, du XVIe au début du XIXe siècle. Les façades de la douzaine de **temples** sont couvertes de carreaux de terre cuite finement décorés de scènes s'inspirant des épopées hindoues. Les principaux sont le Jor Bangla, très richement décoré, le grand Madan Mohan, le Ras Mancha, en forme de pyramide, et le Shyam Rai.

Vishnupur se situe dans le district de Bankura, célèbre pour sa **poterie** (notamment le cheval stylisé de Bankura) et sa **soie**. En août, la **fête de Jhapan** attire les charmeurs de serpents qui viennent honorer Manasa, la déesse des serpents. La fête de l'artisanat et de la musique de Vishnupur a lieu en décembre.

Le ***Vishnupur Tourist Lodge*** *(☎ 03244-52013)*, non loin de la gare ferroviaire, propose des lits en dortoir à 80 Rs et des doubles à partir de 300 Rs.

Des bus quotidiens relient Kolkata à Vishnupur (66 Rs, 6 heures).

SHANTINIKETAN

Shantiniketan tire son nom de deux mots bengalis : *shanti* (paix) et *niketan* (demeure). Rabindranath Tagore (1861-1941), brillant poète-écrivain nationaliste, y créa une école en 1901. Elle devint par la suite la Visvabharati University, dont l'enseignement mettait l'accent sur la relation de l'homme avec la nature. Tagore, prix Nobel de littérature en 1913, fit connaître la richesse historique et culturelle de l'Inde dans le monde entier. En 1915, la Grande-Bretagne lui décerna le titre de chevalier, mais il l'abandonna en 1919, en signe de protestation après le massacre d'Amritsar.

L'ensemble architectural Uttarayan, où vécut Tagore, comprend un **musée** et une **galerie d'art**. Ne manquez pas les **fresques de Shantiniketan**.

Plusieurs fêtes se déroulent chaque année à Shantiniketan : la **Magh Mela**, du 6 au 8 février, **Vasantotsava**, en mars, et la **Paush Mela**, en décembre, un festival de musique, de danse, de chant et de théâtre populaires.

Si vous envisagez un long séjour, vous pourrez loger à peu de frais dans les ***pensions de l'université*** ; appelez le ☎ 03463-52751 pour tout renseignement. Le ***Shantiniketan Tourist Lodge*** *(☎ 03463-52699, fax 52398)*, géré par la WBTDC, dispose de doubles à 275 Rs et de lits en dortoir à 80 Rs. Plus luxueux, le ***Chhuti Holiday Resort*** *(☎ 03463-52692 ; 033-2208307 à Kolkata)* offre des simples/doubles à partir de 700/850 Rs.

Des lignes ferroviaires relient Shantiniketan à d'autres localités du Bengale-Occidental.

NABADWIP ET MAYAPUR

A 114 km de Kolkata, Nabadwip (ou Nawadip), un ancien centre de culture sanskrite, est un lieu de pèlerinage important dédié à Krishna, où des foules de dévots se pressent dans ses nombreux temples. Le dernier roi hindou du Bengale, Lakshman Sen, délaissa Gaur pour en faire sa capitale.

Sur l'autre rive de la Hoogly, en face de Nabadwip, Mayapur est un centre de la secte Iskcon (Hare Krishna). Il abrite un grand temple et propose un hébergement à prix raisonnables à l'***Iskcon Guest House*** *(☎ 033-4634959 à Kolkata)*. En hiver, Iskon organise une excursion en bus au départ de Kolkata (250 Rs) ; renseignez-vous à l'Iskon (☎ 033-2476075), 3C Albert Rd, Kolkata.

MURSHIDABAD ET BERHAMPORE

Lorsque Sir-ud-daula était nabab du Bengale, **Murshidabad** était sa capitale et il y fut assassiné après la défaite de Plassey (l'actuelle Palashi). La ville était alors le principal centre de négoce entre l'arrière-pays et le port de Kolkata, à 221 km au sud. Aujourd'hui, cette bourgade paisible sur les rives de la Bhagirathi illustre parfaitement la vie rurale bengalie.

Le Hazarduari, le palais aux Mille Portes, de style classique, fut construit pour les nababs en 1837. Dans la salle du trône restaurée, un grand lustre, offert par la reine Victoria, est suspendu au-dessus du siège en argent du nabab. Dans la salle d'armes, au rez-de-chaussée, vous verrez l'un des canons utilisés lors de la bataille de Plassey. Le palais ouvre tous les jours, sauf le vendredi, de 10h30 à 16h30 (entrée : 2 Rs). La bibliothèque contient quelque 10 000 volumes, 300 manuscrits et de nombreux corans superbement enluminés. Ces collections, fermées au public, ne sont accessibles que sur autorisation de l'Assistant Superintending Archeologist, Archeological Survey of India, Hazarduari Palace Museum, Murshidabad.

En face du palais, de l'autre côté de la pelouse, le Grand Imambara se dégrade au fil du temps. Murshid Quli khan, qui fit de la ville sa capitale en 1705, est enseveli à côté des ruines imposantes de la mosquée Katra. Siraj-ud-daula, autre grand personnage de la région, fut, lui, assassiné à la Nimak Haram Deohri (porte du Traître). Le Parswatha Temple, un sanctuaire jaïna, se situe à Kathgola. Au sud de la gare ferroviaire, le Moti Jhil, ou lac de la Perle, se révèle idéal pour contempler un coucher de soleil. Traversez la rivière en bateau pour visiter le tombeau de Siraj à Khusbagh, le Jardin du Bonheur.

Des rickshaw-wallahs proposent la visite guidée des sites de Murshidabad (environ 80 Rs la demi-journée). Étant donné l'éloignement des divers monuments, c'est une excellente solution.

A 11 km au sud de Murshidabad, **Berhampore** est renommée pour sa soie. Dans le quartier du vieux bazar de Khagra, les anciennes demeures des négociants européens ont perdu leur splendeur d'antan.

Où se loger

Meilleure adresse de Berhampore, l'***Hotel Samrat*** *(☎ 03482-51147/51725, NH-34 Panchanantala)* propose des simples/doubles spacieuses et propres, avec s.d.b., à 100/125 Rs et des lits en dortoir à 50 Rs. Demandez une chambre à l'écart du tumulte de la circulation.

A Murshidabad, l'établissement le plus plaisant, le tranquille ***Hotel Manjusha*** *(☎ 03482-70321)* se situe au bord de la rivière, non loin du palais. Il facture 125/200 Rs ses simples/doubles du rez-de-chaussée, avec s.d.b. et toilettes à la turque. A l'étage, les doubles, avec toilettes à l'occidentale et balcon donnant sur le lac, reviennent à 250 Rs.

A Berhampore, les restaurants des hôtels sont les meilleurs endroits où se restaurer.

Comment s'y rendre

Chaque jour, plusieurs trains circulent entre Kolkata et Berhampore/Murshidabad (environ 52 Rs en 2e classe, 6 heures). Le trajet en bus coûte le même prix. Des bus desservent d'autres localités de l'État, dont Malda et Siliguri. Auto-rickshaws, taxis et bus font la navette entre Murshidabad et Berhampore (le trajet en rickshaw collectif revient à 5 Rs par personne).

Montagnes du Bengale-Occidental

MALDA

A quelque 349 km au nord de Kolkata, Malda (anciennement English Bazaar ou Ingraj Bazar) donne accès aux cités en ruine de Gaur et de Pandua (voir plus loin). La ville est renommée pour ses grosses mangues Fajli.

Modeste mais plaisant, l'***Hotel Purbanchal*** *(☎ 03512-66183)* offre un bon rapport qualité/prix. Il loue d'agréables simples/doubles, avec s.d.b., de 200/250 Rs à 550/800 Rs. Son restaurant sert un copieux mouton au curry (40 Rs), du ragoût de poulet (45 Rs) et d'autres plats. S'il affiche complet, le ***Malda Tourist Lodge*** *(☎ 03512-66123)*, moins imposant et plutôt fatigué, reste acceptable pour une nuit (repérez les grenouilles dans la s.d.b. !). Doté d'un restaurant, il facture ses simples/doubles avec s.d.b. à partir de 267/330 Rs. Les ***retiring rooms*** de la gare ferroviaire demandent 50 Rs pour un lit en dortoir et 250/400 Rs pour une simple/double avec s.d.b. et clim.

Malda se trouve sur la principale ligne ferroviaire menant à Kolkata (148 Rs en couchette 2e classe, 7 heures) et à New Jalpaiguri (120 Rs en couchette 2e, 5 heures). Des bus rallient Siliguri (90 Rs, 6 heures) où l'on change pour Darjeeling, Berhampore/Murshidabad (35 Rs, 3 heures), et Kolkata (117 Rs, 8 heures).

GAUR ET PANDUA

A 12 km au sud de Malda et près la frontière du Bangladesh, **Gaur** fut d'abord la capitale des Pala bouddhistes, puis celle des Sena hindous et enfin celle des nababs musulmans. Les ruines des vastes fortifications et de plusieurs grandes mosquées en sont les uniques vestiges (avec quelques ruines de l'autre côté de la frontière au tracé un peu flou). Les monuments les plus impressionnants sont la mosquée Bara Sona et la Dakhil Darwajah en brique, datant de 1425. La mosquée Qadam Rasul renferme une empreinte du pied de Mahomet. Le tombeau de Fath Khan se trouve à proximité et un panneau précise que celui-ci "vomit du sang et rendit l'âme à cet endroit". La Gumti Gate (porte Gumti) et la mosquée Lattan portent encore de beaux carreaux émaillés, mais il en reste peu sur le Firoz Minar. Les monuments, très éparpillés, ne sont pas tous faciles à trouver. D'énergiques rickshaw-wallahs proposent des excursions d'une demi-journée à partir de Malda (80 Rs l'aller-retour). Les taxis demandent environ 400 Rs (aller-retour), visite de Pandua comprise.

Gaur céda pour un temps le pouvoir à **Pandua**, à 18 km au nord de Malda. Les principaux sites se trouvent à Adina, à 2 km au nord du village de Pandua. L'attraction majeure est la mosquée d'Adina, construite au XIVe siècle par Sikander Shah sur les ruines d'un temple hindou dont on aperçoit quelques vestiges. Cette mosquée, qui fut l'une des plus grandes du sous-continent indien, tombe aujourd'hui en ruine. A proximité se dressent le mausolée Eklakhi (ainsi dénommé parce que sa construction coûta 1 lakh de roupies – 100 000 Rs) et plusieurs petites mosquées.

SILIGURI ET NEW JALPAIGURI

☎ 0353

Le centre-ville de Siliguri se trouve à 5 km au nord du grand carrefour ferroviaire de New Jalpaiguri (appelé NJP), mais ces deux localités se suivent sans interruption. Cette grosse agglomération est le point de départ vers Darjeeling, Kalimpong, le Sikkim, la région du Nord-Est, l'Est du Népal et le Bhoutan. Pour la plupart des voyageurs, Siliguri constitue une étape d'une nuit.

La ville est renommée pour ses articles en rotin et vous trouverez des objets de toutes sortes d'objets, de la corbeille à courrier aux meubles de salon.

Orientation

Les villes de Siliguri et de New Jalpaiguri consistent essentiellement en une artère nord-sud, la Hill Cart Rd (parfois appelée Tenzing Norgay Rd). La gare ferroviaire de NJP se situe à 4 km de celle de Siliguri Town ; la gare ferroviaire de Siliguri Junction, à 4 km plus loin, se trouve derrière la gare routière centrale Tenzing Norgay. Si le temps le permet, vous pouvez prendre le *toy train* (train miniature) à la gare ferroviaire de NJP. Bagdogra, l'aéroport qui dessert cette région nord, est installé à 12 km à l'ouest de Siliguri.

Renseignements

Office du tourisme. L'office du tourisme du Bengale-Occidental (☎ 511974), Hill Card Rd, ouvre en semaine, de 10h30 à 17h.

MONTAGNES DU BENGALE-OCCIDENTAL

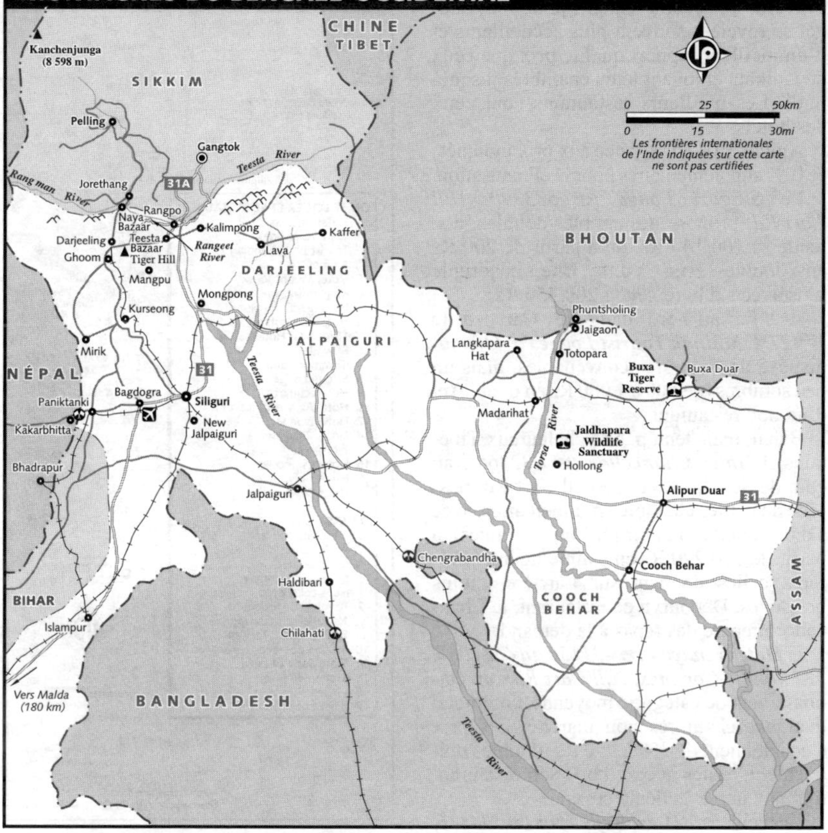

Le personnel manque d'enthousiasme et il faut parfois lui arracher les informations. Vous pourrez y réserver un hébergement au Jaldhapara Wildlife Sanctuary (voir plus loin) ou organiser une excursion au Sikkim ou au Bhoutan. L'aéroport et les gares ferroviaires possèdent des guichets d'information touristique.

Argent. Au Delhi Hotel (voir la rubrique *Où se loger*), un comptoir de change, ouvert tous les jours de 7h à 21h, accepte les chèques de voyage et les principales devises. La State Bank of India change les chèques de voyage American Express (AmEx) émis en dollars US ou en livres sterling. Elle ouvre en semaine, de 10h à 14h, et le samedi, de 10h à 12h.

Internet. Lors de notre passage, les endroits proposant un accès à Internet étaient peu nombreux. Assez central, Biswadeep Communication est installé près de la TSA Guest House, vers la gare routière de Tenzing Norgay, à proximité de Hill Cart Rd. Il facture 15 Rs l'envoi d'un mail ou l'impression d'une page et 60 Rs la demi-heure de connexion.

Permis. Sikkim Tourism (☎ 432646), installé dans les bureaux de Sikkim Nationalised Transport (SNT), à la diagonale de la gare routière, délivre des permis pour le Sikkim ; il ouvre du lundi au samedi, de 10h à 16h.

Où se loger et se restaurer

L'agglomération compte des dizaines d'hôtels, dont beaucoup se regroupent en face de la gare routière Tenzing Norgay, dans Hill Cart Rd. Les établissements pour petit budget se révèlent souvent plus accueillants et d'un meilleur rapport qualité/prix que ceux de Kolkata et louent leurs chambres jusqu'à midi. Les meilleurs restaurants sont ceux des hôtels.

Ajoutez 10% de service aux prix indiqués, et 10% supplémentaires pour la climatisation.

Le ***Siliguri Lodge*** *(☎ 533290, Hill Cart Rd)* propose des simples/doubles bien tenues à 100/140 Rs, ou à partir de 200 Rs en double avec s.d.b. Une quadruple sans/avec s.d.b. revient à 200/350 Rs.

A 1 km au nord, dans Hill Cart Rd, le ***WBTDC Mainak Tourist Lodge*** *(☎ 430986)* dispose de chambres convenables, mais un peu sombres (de 500 à 1 000 Rs en double) et d'un bon restaurant.

Banal, mais tenu par de chaleureux Tibétains, l'***Hotel Chancellor*** *(☎ 432360)*, au coin de Sevoke Rd et de Hill Cart Rd, possède de petites chambres rudimentaires, avec s.d.b. (toilettes à la turque pour certaines), à partir de 110/220 Rs en simple/double. Préférez celles donnant sur l'arrière, moins bruyantes. Dépourvu de restaurant, le Chancellor prépare des repas à la demande.

L'***Hotel Vinayak*** *(☎ 431130, fax 531067, LM Moulik Complex, Hill Cart Rd)*, un établissement de catégorie moyenne, comprend quelques chambres bon marché. Les prix s'échelonnent de 350 à 950 Rs (doubles uniquement, toutes avec s.d.b.). Son restaurant mitonne une excellente cuisine.

Accueillant, l'***Hotel Rajdarbar*** *(☎ 534316, Hill Cart Rd)* offre des chambres correctes, avec s.d.b., à partir de 275/350 Rs (à libérer à 13h). Dans son charmant petit restaurant, un poisson masala revient à 40 Rs.

Excellente adresse pour les petits budgets, l'***Hotel Blue Star*** *(☎ 431550, 53 Hill Cart RD)*, calme, chaleureux et propre, facture ses simples/doubles avec s.d.b. à partir de 250/350 Rs. Le restaurant sert des plats indiens, occidentaux et chinois.

En face de la gare routière Tenzing Norgay, dans Hill Cart Rd, l'***Hotel Mount View*** *(☎ 425919)* demande de 175 à 300 Rs en simple et de 250 à 400 Rs en double pour ses chambres spacieuses, peintes pour la plupart en rose bonbon. Vous devrez peut-être réclamer des draps propres. Vous dégusterez une cuisine savoureuse dans son petit restaurant au décor banal, mais vous

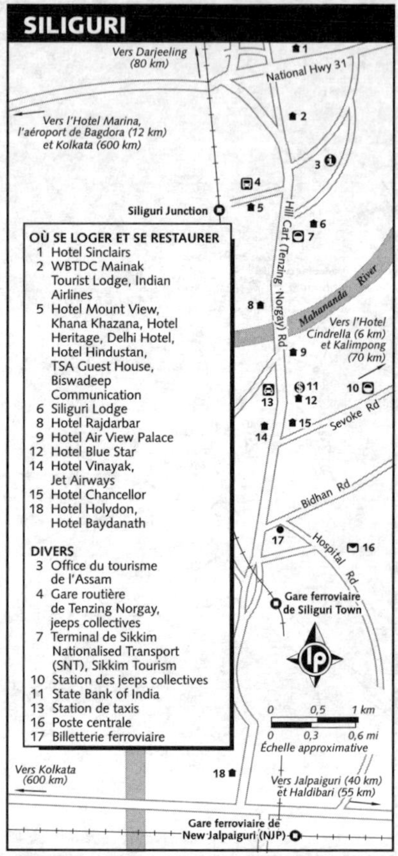

pouvez aussi essayer le restaurant voisin, le ***Khana Khazana***.

Tout près, l'***Hotel Heritage*** *(☎ 532510)* propose des doubles confortables, mais un peu négligées, à 400 Rs. Si vos finances sont en berne, essayez le ***Delhi Hotel*** *(☎ 522918)* où les simples/doubles correctes (avec s.d.b. et toilettes turques) commencent à 100/150 Rs. L'***Hotel Hindustan*** *(☎ 526571)* demande 250 Rs minimum pour une double avec s.d.b. (toilettes à la turque). La ***TSA Guest House*** *(☎/fax 432893)*, moins imposante, pratique des tarifs similaires.

L'***Hotel Air View Palace*** *(☎ 431542/538337, Hill Cart Rd)* loue des doubles propres avec s.d.b. (et parfois toilettes turques) à partir de 200/250 Rs. Il s'agrémente d'un excellent restaurant.

A 2 km au nord de la gare routière de Tenzing Norgay, l'***Hotel Sinclairs*** *(☎ 522674, fax 432743)*, un trois-étoiles un peu défraîchi mais confortable, comporte un bureau de change, une piscine, un bar et un restaurant. Comptez 1 210 Rs en double.

Plus plaisant en dépit de son absence de caractère, l'***Hotel Cindrella*** *(☎ 547136, fax 430615, cindrella@dte.vsnl.net.in, www.cindrellahotels.com, 3rd Mile, Sevoke Rd)* se situe loin de l'agitation, à 6 km du centre-ville. Doté d'une piscine, d'un centre de remise en forme, d'un bureau de change et d'une agence de voyages, il propose des simples/doubles, toutes climatisées, à partir de 2 100/2 300 Rs.

A proximité de l'aéroport, l'***Hotel Marina*** *(☎ 551371)*, assez calme, offre des doubles avec s.d.b. à 350 Rs, tasse de thé matinale comprise. Un restaurant est à la disposition des clients. L'hôtel affiche rapidement complet et mieux vaut réserver. La course en taxi depuis/vers l'aéroport coûte environ 100 Rs.

Près de la gare ferroviaire de NJP, vous aurez le choix entre deux bonne adresses : l'***Hotel Holydon*** *(☎ 564062)*, qui loue ses simples/doubles 100/160 Rs, ou 200/250 Rs avec s.d.b., et l'***Hotel Baydanath***, voisin, qui pratique les mêmes tarifs. Demandez une chambre calme.

Comment s'y rendre

Avion. L'aéroport de Bagdogra se situe à 12 km à l'ouest de Siliguri. L'agence d'Indian Airlines (☎ 431509) est installée dans le WBTDC Mainak Tourist Lodge (voir plus haut *Où se loger*) et ouvre tous les jours, de 10h à 13h et de 14h à 17h30. Deux vols hebdomadaires relient Siliguri (Bagdogra) à Kolkata (80 $US, 55 min)/Delhi (185 $US, 4 heures) ; chaque semaine, deux vols rallient Guwahati (50 $US, 50 min). Les vols à destination de Delhi ne sont pas tous directs ; certains font escale à Guwahati.

Jet Airways (☎ 435876) dessert les mêmes destinations qu'Indian Airlines à des tarifs similaires, mais ses horaires sont variables. Son agence, en haut d'une volée de marches près de l'Hotel Vinayak, ouvre tous les jours, de 9h à 18h30.

Bus. La plupart des bus de la North Bengal State Transport Corporation (NBSTC) partent de la gare routière centrale de Tenzing Norgay. Les bus privés qui desservent les régions montagneuses (Darjeeling, Gangtok, etc.) disposent de comptoirs à la gare routière. Si vous vous rendez dans l'ouest du Sikkim, vous aurez besoin d'un permis (voir la rubrique *Permis* du chapitre *Sikkim*).

Les bus NBSTC pour Darjeeling (45 Rs, 3 heures) partent toutes les heures entre 6h30 et 15h. Un bus part à 7h pour Kalimpong (45 Rs, 3 heures) et des services fréquents desservent Mirik (25 Rs, 2 heures 30). Chaque jour, des bus privés à destination de Kolkata démarrent à 18h, 19h et 20h (210 Rs). Les bus "Rocket" partent pour Kolkata aux mêmes heures (177 Rs, 12 heures). Parmi les autres destinations, citons Malda (90 Rs, 6 heures), Berhampore (130 Rs, 8 heures) et Patna (170 Rs, 12 heures). Le bus pour Patna part d'un arrêt proche de la gare routière centrale Tenzing Norgay.

Un bus Rocket NBSTC quitte la gare routière centrale de Tenzing Norgay à 17h pour rejoindre Guwahati (175 Rs, 12 heures).

Les bus de Sikkim Nationalised Transport (SNT) pour Gangtok (60 Rs, 5 heures) partent du terminal SNT toutes les heures, entre 7h et 14h. Le *Sikkim Queen*, un bus deluxe, part à 8h et 13h (100 Rs).

Népal. Des bus locaux partent devant la gare routière Tenzing Norgay Central pour Paniktanki (12 Rs, 1 heure), en face de Kakarbhitta, la ville-frontière népalaise (voir plus loin la rubrique *Comment s'y rendre* de *Darjeeling*).

Train. Le *Darjeeling Mail* quitte Sealdah (Kolkata) à 19h15 (12 heures, 570 km, 210/600 Rs en 2e/1re classe). Au retour, il quitte la gare ferroviaire de NJP à 19h20, pour atteindre Sealdah vers 8h30.

Le *North East Express,* le train le plus rapide pour Delhi (33 heures, 1 628 km), part de NJP à 17h25 *via* Patna (16 heures, 636 km). En sens inverse, ce train continue jusqu'à Guwahati (10 heures, 423 km).

Au coin de Hospital Rd et de Bidhan Rd, une billetterie ferroviaire ouvre du lundi au samedi, de 8h à 20h, et le dimanche jusqu'à 14h.

Bangladesh. Vous pouvez prendre un train de NJP à Haldibari, le poste-frontière indien (20 Rs, 2 heures). De là, il faut marcher 7 km le long d'une voie ferrée désaffectée jusqu'au poste-frontière du Bangladesh, à

Chiliharti, où se trouve une gare ferroviaire (consultez la rubrique *Voie terrestre* du chapitre *Comment s'y rendre*).

Toy train. Les billets pour le train miniature qui relie Siliguri/New Jalpaiguri à Darjeeling sont en vente dans les gares ferroviaires de NJP, Siliguri Town ou Siliguri Junction. Comme on ne peut pas réserver, il se révèle plus pratique en haute saison (de mai à mi-juillet) de prendre son billet à NJP, où le train se forme. Il part tous les jours à 8h30 (parfois à 7h15 également en saison). Ce train à vapeur met neuf interminables heures pour couvrir 80 km jusqu'à la station climatique, ou 4 heures jusqu'à Kurseong, 30 km avant Darjeeling (voir la rubrique *Comment s'y rendre* de *Darjeeling* pour plus de détails).

Taxis et jeeps. Le moyen le plus rapide et le plus confortable de se rendre dans les montagnes consiste à emprunter une jeep collective. Elles sont garées à plusieurs stations de taxi, dont une dans Sevoke Rd et une devant la gare routière centrale Tenzing Norgay. Elles desservent des localités des montagnes du Bengale-Occidental et du Sikkim, dont Darjeeling (50 Rs, 2 heures 30), Kalimpong (60 Rs, 2 heures 30), Kurseong (30 Rs, 2 heures) et Gangtok (100 Rs, 4 heures 30). Les jeeps pour Gangtok partent de la station de taxi installée en face du Sikkim Nationalised Transport.

Les tarifs affichés pour un taxi privé sont les suivants : Darjeeling, 750 Rs ; Kalimpong, 750 Rs ; Mirik, 500 Rs ; Gangtok, 1 200 Rs ; Malda, 2 000 Rs ; Kolkata, 6 000 Rs et Guwahati, 4 500 Rs. Réserver une voiture et son chauffeur revient plus cher (à négocier avec le chauffeur).

Comment circuler

De la gare routière centrale Tenzing Norgay à la gare ferroviaire de NJP, un taxi/auto-rickshaw coûte environ 150/75 Rs. Un rickshaw revient à quelque 20 Rs pour le trajet de NJP à Siliguri Junction (45 min) ou à la gare routière centrale Tenzing Norgay. Des bus peu fréquents desservent ce parcours (4 Rs).

En taxi, comptez 250 Rs de l'aéroport de Bagdogra à Siliguri. Vous pouvez aussi prendre un taxi jusqu'au marché de Bagdogra (100 Rs, 3 km), puis un bus local pour Siliguri (4 Rs, 9 km).

JALDHAPARA WILDLIFE SANCTUARY

Les voyageurs se pressent généralement de gagner les montagnes après une brève étape à Siliguri. Cependant, la réserve naturelle de Jaldhapara, à 135 km à l'est, mérite vraiment le détour. Rarement visitée, elle préserve 100 km^2 de forêts et de savanes luxuriantes, traversées par la Torsa, et abrite le rhinocéros indien (*Rhinoceros unicornis*), que le braconnage menace sérieusement.

La meilleure période pour visiter la réserve s'étend de mi-octobre à mai, et plus particulièrement en mars et en avril, lorsque les animaux sauvages sont attirés par les nouvelles pousses. Elle ferme pendant la mousson, plus ou moins du 15 juillet au 15 octobre. En dehors de quelque 35 rhinocéros, le parc abrite des tigres (difficiles à apercevoir), des éléphants sauvages, ainsi que plusieurs variétés de cerfs. De Hollong, vous pouvez explorer la réserve à dos d'éléphant (65/70/140 Rs pour les étudiants/Indiens/étrangers). L'entrée du parc s'élève à 10/50 Rs pour les Indiens/étrangers, plus 25 Rs par véhicule et 5/75 Rs pour un appareil photo/Caméscope.

L'office du tourisme du Bengale-Occidental de Siliguri (voir la rubrique *Renseignements* de *Siliguri*) organise des excursions à Jaldhapara ; elles partent de l'office du tourisme le samedi à 12h et reviennent le lendemain à 17h (1 100/1 575 Rs pour les Indiens/étrangers, y compris une promenade à dos d'éléphant, le transport, l'hébergement et les repas).

Où se loger et se restaurer

A l'intérieur de la réserve, le ***Hollong Forest Lodge*** propose des doubles à 425/850 Rs pour les Indiens/étrangers, plus 110/160 Rs par personne pour la demi-pension (obligatoire). A l'extérieur, à Madarihat, le ***Jaldhapara Tourist Lodge*** *(☎ 03563-62230)* facture ses doubles à partir de 525 Rs. Il est indispensable de réserver pour ces deux établissements, auprès de l'office du tourisme du Bengale-Occidental de Siliguri ou de Kolkata.

Comment s'y rendre

De la gare routière centrale Tenzing Norgay, à Siliguri, des bus desservent Madarihat, à 9 km de Jaldhapara (40 Rs, 3 heures). De là, un taxi pour Hollong, à l'intérieur du parc, revient à 250 Rs. Louer un taxi de Siliguri à

Jaldhapara coûte environ 1 200 Rs. Le train *Intercity Express* quitte Siliguri tous les jours à 6h et à 17h et arrive à Madarihat, près de la Torsa, vers 9h30 et 20h30 respectivement (35 Rs). Des bus deluxe/climatisés relient Kolkata à Siliguri (200/400 Rs, 14 heures).

MIRIK

☎ 0354

Promue "nouvelle" ou "mineure" station climatique, Mirik (à 1 767 m d'altitude) se trouve à une cinquantaine de kilomètres de Siliguri et de Darjeeling. Encore préservée et beaucoup moins commerciale que Darjeeling, elle offre un séjour plus serein. Un sentier de 3,5 km fait le tour du lac artificiel, principale attraction de la ville. Sur le pont, des vendeurs proposent du pain pour nourrir des poissons voraces. Krishnanagar, le quartier touristique, s'étend au sud du lac.

D'ambitieux plans de développement menacent la tranquillité de cet endroit charmant, entouré de plantations de théiers, d'orangeraies et de champs de cardamome (la vue du haut de la montagne est époustouflante).

Lors de notre passage, Mirik ne comptait aucun bureau de change.

A voir et à faire

Perché au-dessus de la ville, le **Bokar Gompa** est un petit monastère très coloré. A l'ouest du lac, à environ 10 min de marche de la station de taxis, trois petits **temples hindous** dédiés à Hanuman, Kalamata (Durga sous son incarnation de Mère du Temps) et Shiva se dressent parmi les bananiers.

Vous pouvez louer un **bateau** de 2/4 places sur la rive est du lac pour 30/40 Rs les 30 min. Agréable façon de visiter les sites, une **promenade en poney** coûte de 300 à 400 Rs la demi-journée (3 heures) ; vérifiez l'état de la selle avant le départ ! Le demi-tour/tour complet du lac revient à 20/40 Rs et la balade jusqu'aux Mirik Swiss Cottages (voir *Où se loger*), au sommet de la colline, à 60 Rs.

Où se loger et se restaurer

Au bout d'un petit chemin, en face de la State Bank of India, l'accueillant ***Lodge Ashirvad*** *(☎ 43272)* propose des doubles avec s.d.b. commune, au rez-de-chaussée, à 130 Rs et des doubles avec s.d.b., à l'étage, à partir de 200 Rs. Une cuisine est à la disposition des clients.

Voisin, le ***Lodge Panchashil*** *(☎ 43284)*, charmant et sans prétention, offre de petites simples/doubles douillettes, avec s.d.b. et parfois toilettes turques, à 120/150 Rs, ainsi que des doubles/triples plus spacieuses à 150/200 Rs. Une direction sympathique et un toit-terrasse plaisant ajoutent à son agrément.

Également séduisant, l'***Hotel Mhelung*** *(☎43300, Samendu Complex)* possède des chambres à plancher de bois ciré, de 450 à 800 Rs.

Plus luxueux, l'***Hotel Jagdeet*** *(☎ 43359)*, dans la rue principale, loue des doubles confortables, avec s.d.b., de 650 à 1 600 Rs ; une chambre familiale, pouvant accueillir jusqu'à 8 personnes, revient à 1 200 Rs.

Un peu plus excentré, mais accessible à pied du lac, le ***Mirik Tourist Lodge*** *(☎ 42237)* était en cours de rénovation lors de notre passage. Il prévoyait d'afficher ses doubles avec s.d.b. à 550 Rs.

Également en pleins travaux, le ***Mirik (Swiss) Cottages*** *(☎ 43612)* se compose de douze bungalows de deux étages, installés au sommet d'une colline et jouissant de vues superbes sur la ville et ses environs, y compris le Kanchenjunga. Un bungalow revient à quelque 1 500 Rs (4 personnes maximum).

Comment s'y rendre

Des bus quotidiens partent fréquemment pour Darjeeling (30 Rs, 3 heures). Des bus desservent Siliguri (25 Rs, 2 heures 30). Les billets sont en vente au kiosque de bois qui jouxte le Restaurant Liberty, près du lac.

Aucun taxi collectif ne se rend à Darjeeling. Un taxi privé à destination de Darjeeling ou de Siliguri revient à 650 Rs environ.

KURSEONG

Kurseong (1 458 m d'altitude) se situe à 51 km au nord de Siliguri et à 30 km au sud de Darjeeling. Son nom viendrait du mot tibéto-birman *kurson-rip*, qui désigne une petite orchidée blanche, commune dans cette région. La bourgade dégage une atmosphère paisible et, comme Mirik, reste à l'écart du tourbillon commercial et touristique de Darjeeling. Elle offre plusieurs belles **randonnées**, dont celle de l'Eagle's Crag, d'où l'on découvre une vue magnifique sur la Teesta et les plaines du Sud, et une marche de 4 heures le long de la crête et à travers une forêt préservée jusqu'à Ghoom.

Le ***Kurseong Tourist Lodge*** *(☎ 0354-44409)* offre de vastes chambres à 600 Rs en double et prépare des repas.

Des bus desservent Darjeeling (30 Rs, 2 heures 30) et Siliguri (30 Rs, 2 heures 30). Si le temps le permet, le toy train relie Siliguri à Kurseong en 4 heures.

DARJEELING

☎ 0354 • 83 000 habitants

Perchée à 2 134 m d'altitude, au cœur de plantations de théiers, Darjeeling est une station climatique renommée depuis le début du XIXe siècle, époque à laquelle les Britanniques en firent un centre de repos pour leurs troupes. Nombre d'Indiens et d'étrangers continuent de s'y réfugier pour échapper à la chaleur humide et à l'agitation de la plaine. Visite des monastères bouddhiques et des plantations de théiers, balade en téléphérique, shopping dans les boutiques d'artisanat, courtes randonnées, treks de plusieurs jours ou rafting, toutes ces activités ajoutent au charme du séjour.

En haute saison, de mi-mars à fin mai et de mi-septembre à mi-novembre, les prix des hôtels grimpent et les agences de voyages multiplient les offres de circuits organisés. La meilleure époque pour profiter des vues sur les montagnes s'étend de mi-septembre à mi-décembre. Pendant la mousson (de juin à septembre), les nuages coiffent les sommets et les pluies sont si fortes qu'elles emportent des pans entiers de route ; cependant, la ville est rarement coupée du reste du pays plus de quelques jours d'affilée.

Histoire

Jusqu'au début du XVIIIe siècle, la région qui sépare l'actuelle frontière du Sikkim des plaines du Bengale, y compris Darjeeling et Kalimpong, appartenait aux rajas du Sikkim. En 1706, ils perdirent Kalimpong au profit des Bouthanais ; les Gurkha, venus du Népal, envahirent le Sikkim en 1780 et s'emparèrent du reste de leur territoire.

Ces annexions entraînèrent les Gurkha dans un conflit avec l'East India Company. Après une série de batailles, ils se virent contraints à céder les terres conquises au Sikkim à la compagnie britannique. Une partie du territoire fut rendue aux rajas du Sikkim et la souveraineté du pays fut garantie par les Britanniques en échange de leur contrôle sur les désaccords avec les États voisins.

En 1828, à l'occasion d'une querelle, deux officiers britanniques furent envoyés dans la région, et, au cours de leur enquête, séjournèrent à Darjeeling (alors appelé Dorje Ling – cité de la Foudre –). Ils se rendirent très vite compte de la valeur du site, tant du point de vue sanitaire que stratégique, dans la mesure où il commande une voie d'accès au Népal et au Tibet.

Quand les Britanniques s'installèrent à Darjeeling, la forêt couvrait la quasi-totalité du site, virtuellement inhabité. Le développement fut rapide et, dès 1840, avaient surgi des rues, des maisons, un sanatorium et un hôtel. En 1857, le bourg comptait 10 000 habitants, Népalais pour la plupart et recrutés pour travailler dans les plantations de théiers créées au début des années 1840. Aujourd'hui encore, la majorité de la population est de langue maternelle népalaise.

Cette immigration népalaise, essentiellement composée de Gurkha, finit par causer des tensions, dont la revendication d'un Gorkhaland indépendant au milieu des années 80. Les Gurkha se sentaient de plus en plus marginalisés. Leur langue n'était pas reconnue par la Constitution indienne et seuls ceux qui parlaient bengali avaient accès à la fonction publique. En 1986 (puis dans une moindre mesure à la fin des années 90), des troubles orchestrés par le Gurkha National Liberation Front (GNLF, Front national de libération gurkha) ont agité Darjeeling.

Un compromis, intervenu à la fin de l'année 1988, accordait une large autonomie au GNLF et au tout nouveau Darjeeling Gorkha Hill Council (DGHC ; Conseil gurkha de Darjeeling). Deux ans plus tard, les hésitations du GNLF à promouvoir la sécession ont provoqué la formation, en 1990, d'un nouveau mouvement séparatiste, la Gorkhaland Liberation Organisation (GLO, Organisation de libération du Gorkhaland). Fin 2000, les médias locaux ont fait état de l'apparition, à Darjeeling et Kalimpong, de groupes armés liés à cette organisation. Aucune information ne transpire actuellement sur des troubles éventuels, mais nous vous recommandons de lire la presse locale.

Orientation

Darjeeling s'étire sur le versant ouest d'une colline (sur un dénivelé de 500 m) en un réseau compliqué de rues et d'escaliers. Une statue de Bhanu Bhakta Agharaya, un poète népalais, orne Chowrasta, le centre-ville. De là, plusieurs rues partent vers le nord et le nord-est. Nehru Rd (souvent appelée The Mall) se dirige vers le sud-est et rejoint Laden La Rd et Ganghi Rd au carrefour de Clubside.

Renseignements

Offices du tourisme. L'office du tourisme du Bengale-Occidental (☎ 54050), en bas du Bellevue Hotel, à Chowrasta, ouvre en semaine, de 10h à 16h30. Le personnel, serviable, propose des brochures réactualisées et un plan de la ville. En haute saison, des kiosques d'information touristique ouvrent dans d'autres quartiers.

L'office du tourisme DGHC (☎ 54214, dghctourism@hotmail.com), presqu'en face de l'Hotel Alice Villa et accessible de HD Lama Rd ou de Jawahar Rd West, ouvre tous les jours, de 8h à 18h. Malgré le peu d'amabilité du personnel, vous pourrez vous renseigner sur les circuits organisés, les descentes en rafting et (peut-être) les bus pour l'aéroport. Le DGHC possède un comptoir d'information (☎ 0353-450714) à l'aéroport de Bagdogra, non loin de Siliguri, et à la gare ferroviaire de Darjeeling.

Vous pouvez consulter le site web du DGHC (www.darjeelingtourism.com), ainsi qu'un site privé bien documenté, consacré à Darjeeling et Kalimpong (www.darjnet.com).

Argent. Dans Laden La Rd, la Standard Chartered Grindlays Bank et la State Bank of India (SBI) ouvrent en semaine, de 10h à 15h. La Standard Chartered ne change pas les espèces, mais *uniquement* les chèques de voyage (libellés dans les principales monnaies et émis par les compagnies connues) et prélève une commission exorbitante de 200 Rs par transaction ! Par contre, elle délivre des avances sans commission sur les cartes Visa.

La SBI change les devises (dollars US et livres sterling) et les chèques de voyage AmEx (dollars US) et Thomas Cook (dollars US ou livres sterling). La commission s'élève à 20/25 Rs pour des sommes inférieures/supérieures à 5 000 Rs.

Les bureaux de change du Mohit Hotel et de l'Hotel Seven Seventeen, dans HD Lama Rd, et celui de Pineridge Travels, à Chowrasta, acceptent les principales devises et les chèques de voyage.

Poste et communications. La poste centrale, dans Laden La Rd, possède un service de poste restante. Un petit bureau de poste est installé dans le marché de Chowk Bazaar.

Les établissements Internet se multiplient dans la ville, mais la plupart d'entre eux ne possèdent que deux ou trois ordinateurs. La demande excède souvent l'offre et les connexions sont très lentes.

Les établissements suivants facturent environ 1,25 Rp la minute : le Cyber Cafe de l'Hotel Red Rose, dans Laden La Rd, est toujours bondé et vous devrez attendre. Le Compuset Centre, dans Gandhi Rd, dispose de plusieurs terminaux et le compteur ne tourne que losque la connexion est établie. Le Rhythm Internet Cafe, près de l'Hotel Tshering Denzongpa, dans JP Sharma Rd, s'agrémente d'un excellent fond sonore de musique occidentale.

Agences de voyages. La plupart des innombrables agences de voyages installées à Darjeeling peuvent organiser des circuits personnalisés (voir plus loin la rubrique *Circuits organisés*). Certaines proposent des treks, des descentes de rafting et d'autres activités. Parmi les tour-opérateurs les plus fiables, citons :

Clubside Tours & Travels (☎ 54646, clubside@dte.vsnl.net.in), JP Sharma Rd. Il organise des treks et des circuits dans le nord du Bengale, le Sikkim et l'Assam et se spécialise dans l'observation de la faune dans les États du Nord-Est.

Diamond Treks, Tours & Travels (☎ 53467), Old Super Market Complex, Hill Cart Rd. Établi de longue date, il peut organiser des treks au Sikkim et propose des bus de luxe pour le Népal.

Himalayan Travels (☎ 55405, kkgurung@cal.vsnl.net.in), 18 Gandhi Rd. Riche lui aussi de plusieurs années d'expérience, il propose des treks et de l'alpinisme à Darjeeling et au Sikkim.

Juniper Tours & Travels (☎ 52095, fax 52625), Clubside. Comme ses voisins, il offre un choix de circuits sur place et dans la région.

Kasturi Tours & Travels (☎ 53468, fax 54430), Old Super Market Complex, Hill Cart Rd. Il organise des circuits jusqu'à Katmandou, Gangtok et le Bhoutan et propose des bus de luxe pour le Népal.

Samsara Tours, Travels & Treks (☎ 56370, samsara@dte.vsnl.net.in), Laden La Rd. Réputé et très accueillant, il offre des descentes de rafting et prévoit d'organiser des treks.

DARJEELING

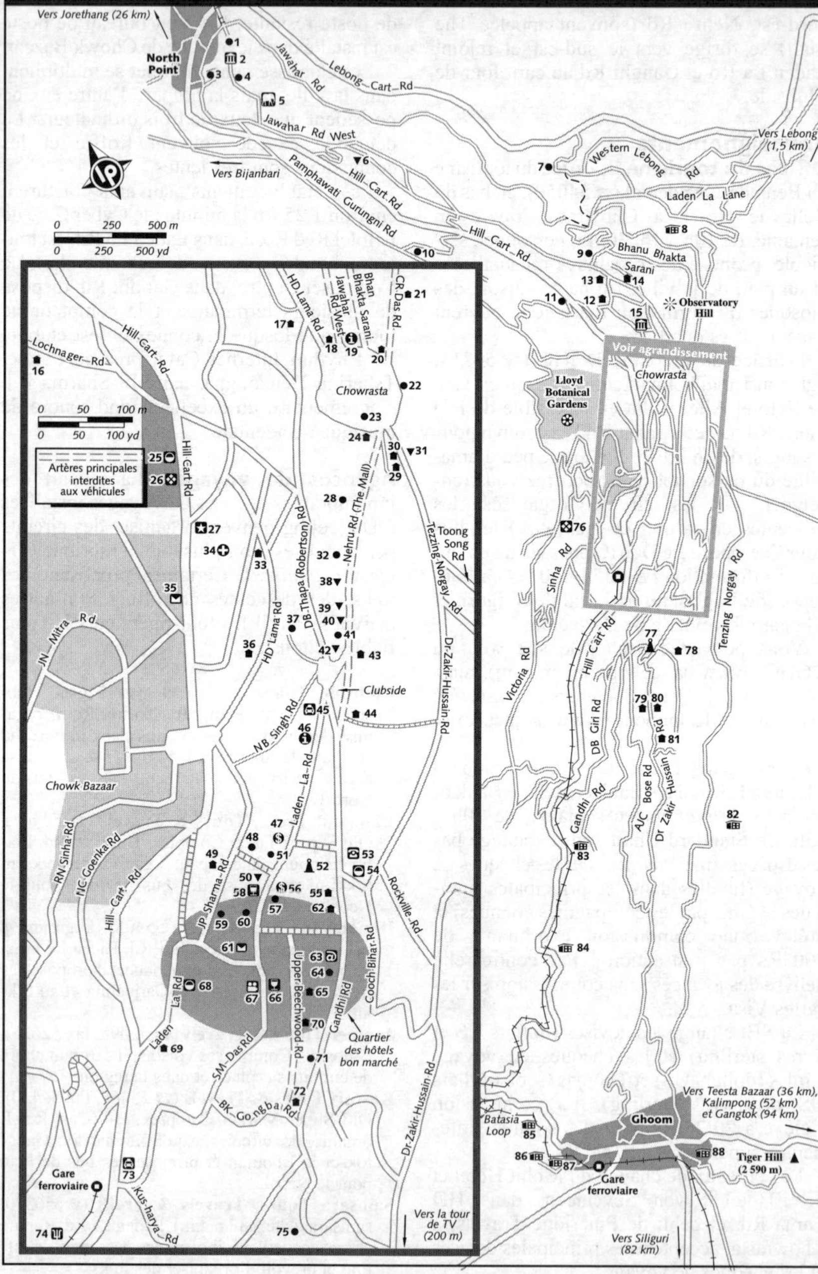

Vers Jorethang (26 km)
North Point
Jawahar Rd
Lebong Cart Rd
Jawahar Rd West
Vers Bijanbari
Hill Cart Rd
Pamphawati Gurungni Rd
Vers Lebong (1,5 km)
Western Lebong Rd
Laden La Lane
Bhanu Bhakta Sarani
Observatory Hill
Voir agrandissement
Chowrasta
Lloyd Botanical Gardens
0 250 500 m
0 250 500 yd
0 50 100 m
0 50 100 yd
Artères principales interdites aux véhicules
Lochnager Rd
HD Lama Rd
Jawahar Rd West
Bhanu Bhakta Sarani
CR Das Rd
DB Thapa (Robertson) Rd
Nehru Rd (The Mall)
Toong Song Rd
Tenzing Norgay Rd
Dr Zakir Hussain Rd
JN Mitra Rd
NB Singh Rd
Clubside
Laden La Rd
Chowk Bazaar
RN Sinha Rd
NC Goenka Rd
JP Sharma Rd
Upper Beechwood Rd
Cooch Bihar Rd
Gandhi Rd
Rockville Rd
SM Das Rd
BK Gongba Rd
Quartier des hôtels bon marché
Kus-harya Rd
Gare ferroviaire
Vers la tour de TV (200 m)
Sinha Rd
Victoria Rd
DB Giri Rd
A/C Bose Rd
Batasia Loop
Ghoom
Vers Teesta Bazaar (36 km), Kalimpong (52 km) et Gangtok (94 km)
Tiger Hill (2 590 m)
Vers Siliguri (82 km)

OÙ SE LOGER
12 Maple Tourist Lodge
13 Mayfair Hill Resort
14 Darjeeling Tourist Lodge, Darjeeling Gymkhana Club
16 Hotel New Garden
17 New Elgin
18 Hotel Alice Villa
20 Windamere Hotel
21 Classic Guest House
24 Pineridge Hotel, Pineridge Travels
29 Main (Old) Bellevue Hotel
30 Bellevue Hotel, office du tourisme, Indian Airlines
33 Mohit Hotel, bureau de change
36 Hotel Seven Seventeen, bureau de change, Tibetan Medical & Astro Institute
44 Hotel Dekeling, Kunga Restaurant
49 Hotel Tshering Denzongpa, Rhythm Internet Cafe
55 Hotel Springburn
62 Hotel Fairmont
65 Hotel Pagoda
69 Hotel Red Rose, Cyber Cafe
70 Hotel Shamrock
72 Hotel Hemadrie
78 Tower View Lodge & Restaurant
79 Triveni Guest House & Restaurant
80 Aliment Hotel & Restaurant
81 Tenzing Norgay Youth Hostel

OÙ SE RESTAURER
6 Hot Stimulating Cafe
31 Stardust Restaurant, kiosque d'assistance de la police
38 Glenary's (boulangerie, bar et restaurant)
39 Frank Ross Cafe
40 Hasty Tasty
42 Keventer's Snack Bar
50 Park Restaurant, Hayden Hall, Third Eye
58 Golden Dragon Restaurant & Bar

DIVERS
1 Téléphérique de la Rangeet Valley
2 Himalayan Mountaineering Institute
3 Centre d'élevage de léopards des neiges
4 Himalayan Nature Interpetation Centre
5 Padmaja Naidu Himalayan Zoological Park
7 Centre de réfugiés tibétains
8 Bhutia Busty Gompa
9 Raj Bhavan
10 Happy Valley Tea Estate
11 Office of the District Magistrate
15 Bengal Natural History Museum
19 Office du tourisme DGHC
22 Poneys
23 Oxford Book & Stationery Company
25 Gare routière de Chowk Bazaar
26 Old Super Market Complex, Kasturi Tours & Travels, Diamond Treks, Tours & Travels
27 Poste de police
28 Boutiques de souvenirs
32 Das Studios
34 Hôpital Sadar
35 Poste
37 Manjushree Centre of Tibetan Culture
41 Trek-Mate Tours
43 The Darjeeling Club (The Planters), D&DMA Nursing Home
45 Station de taxis de Clubside, Pool Cafe, Juniper Tours & Travels
46 Kiosque d'information touristique
47 Standard Chartered Grindlays Bank
48 Clubside Tours & Travels
51 Foreigners' Registration Office
52 Tour de l'horloge
53 Bureau du télégraphe
54 Station de jeeps/taxis (pour Siliguri)
56 State Bank of India
57 Samsara Tours, Travels & Treks
59 Darjeeling Motor Service Co (bus pour le Sikkim)
60 Nathmull's Tea Rooms
61 Poste centrale
63 Compuset Centre
64 Himalayan Travels
66 Joey's Pub
67 Rink Cinema, salons de video
68 Darjeeling Transport Corp (jeeps pour Gangtok)
71 Centre de réfugiés tibétains (siège)
73 Station de taxis (pour Ghoom)
74 Dhirdham Mandir
75 Nepali Girls' Social Service Centre
76 DGHC Lowis Jubilee Complex
77 Tour de TV
82 Aloobari Gompa
83 Samdrub Dargye Choling Gompa
84 Thupten Sangag Choling Gompa
85 Samten Choling Gompa
86 Yiga Choling Gompa
87 Sakya Choling Gompa
88 Phin Choling Gompa

Trek-Mate Tours (☎ 74092, odyssey@dte.vsnl.net.in), Singalila Arcade, Nehru Rd. Il propose quelques treks à prix modérés au Sikkim, au Népal et à Darjeeling.

La Tenzing Norgay Youth Hostel loue du matériel de trekking, contre une caution équivalente à la valeur des articles empruntés (celle-ci est restituée au retour, déduction faite du prix de la location). Le DGHC Lowis Jubilee Complex, dans Dr SK Pal Rd, offre le même service à des tarifs très compétitifs. Certaines agences de voyages, comme Trek-Mate Tours, et quelques hôtels pour petits budgets, dans le quartier de la tour de TV, louent du matériel à leurs clients.

Librairie. Meilleure librairie de la ville, l'Oxford Book & Stationery Company, à Chowrasta, reste ouverte jusque tard en soirée et dispose d'un large éventail de livres et de cartes sur le Tibet, le Népal, le Sikkim, le Bhoutan et l'Himalaya.

Photo. Dans Nehru Rd, plusieurs boutiques de photo vendent des pellicules (papier ou diapo) et les développent (papier seulement) en 24 heures. La qualité est correcte et les prix modiques. Das Studios est sans doute le plus fiable.

En cas d'urgence. Plusieurs pharmacies bordent Nehru Rd. Près du Darjeeling club, D&DMA Nursing Home (☎ 54327) est le meilleur hôpital privé. L'hôpital public Sadar (☎ 54218) se trouve en bas d'une volée de marches partant de HD Lama Rd ; il ouvre en semaine, de 9h à 12h et de 14h à 16h. Le poste de police (☎ 52193) se trouve dans Hill Cart Rd et possède un kiosque d'assistance près du Stardust Restaurant, à Chowrasta.

Permis pour le Sikkim. Un permis est indispensable pour entrer au Sikkim occidental (pour plus de détails, voir le chapitre *Sikkim*) et vous pouvez l'obtenir à Darjeeling. Rendez-vous d'abord à l'Office of the District Magistrate (ODM), dans Hill Cart Rd. A pied, prenez Bishop Eric Benjamin Rd depuis Chowrasta et restez sur la gauche à l'embranchement (la voie de droite mène au musée). A hauteur du Maple Tourist Lodge, continuez à descendre et prenez à gauche Kuchery Rd. Lorsque vous arrivez à Hill Cart Rd, continuez tout droit (ne tournez pas à gauche) et cherchez l'enseigne bleue mentionnant "Office of the District Magistrate". Vous pouvez aussi prendre un taxi collectif depuis la gare routière de Chowk Bazaar.

A l'ODM (entrée à l'arrière du bâtiment principal), montez à l'étage et cherchez le panneau "Sikkim Permit''. Au comptoir, ouvert en semaine de 11h à 13h et de 14h30 à 16h, remplissez le formulaire et faites-le tamponner. Rendez-vous ensuite au Foreigner's Registration Office (ouvert tous les jours de 10h à 17h30), dans Laden La Rd, pour obtenir un second tampon, puis retournez à l'ODM, où l'on vous délivrera rapidement votre permis. La paperasserie prend 15 min, mais la navette d'un bureau à l'autre, 45 min.

Tiger Hill

Tiger Hill (la colline du Tigre, 2 590 m), le point culminant de la région, se situe près de Ghoom, à 11 km de Darjeeling. A l'aube, par temps clair, vous découvrirez des vues magnifiques sur le Kanchenjunga et d'autres pics de la chaîne himalayenne orientale. La foule se presse souvent au sommet, où il peut faire très froid ; sur place, vous pourrez vous réchauffer d'un café.

Tous les jours pendant la saison, un convoi de jeeps fatiguées quitte Darjeeling vers 4h30. L'office du tourisme DGHC et les agences de voyages de Darjeeling vendent les billets pour ces excursions (qui, habituellement, font un crochet par Batasia Loop au retour ; voir plus loin le paragraphe *Autres curiosités*). Vous pouvez prendre une jeep se rendant à Tiger Hill dans Gandhi Rd ou Laden La Rd entre 4h et 4h30 ; ceci vous permet d'évaluer la clarté du ciel (si les étoiles se voient distinctement) avant de partir. Comptez environ 45/60 Rs l'aller simple/aller-retour.

L'extraordinaire panorama sur 250 km de chaîne himalayenne compense largement l'inconfort et le départ aux aurores. De gauche à droite, vous découvrirez le Lhotse (8 501 m), flanqué de l'Everest (8 848 m) et du Makalu (8 475 m), puis le Kokang (5 505 m), que côtoie le Janu (7 710 m), le Rathong (6 630 m), le sommet apparemment plat du Kabru (7 338 m), le Kanchenjunga (8 598 m), le Pandim (6 691 m), le Simvo (6 811 m) et le Siniolchu (5 780 m), en forme de cône.

Certains font l'aller en jeep et reviennent à pied à Darjeeling. Pour éviter l'embouteillage sur la route du retour, mieux vaut marcher jusqu'à Batasia Loop et visiter quelques gompa en chemin, puis prendre un bus ou une jeep jusqu'à la ville.

Vues sur les sommets

Le Kanchenjunga, haut de 8 598 m, est le troisième sommet du monde et le point culminant d'Inde. Son nom vient des mots tibétains qui signifient "grande forteresse des neiges aux cinq pics'' ou "grand trésor des neiges aux cinq pics'' (selon le traducteur). A Darjeeling, par temps clair, les différents points de vue situés le long de Bhanu Bhakta Sarani, Observatory Hill (des arbres bouchent une partie de la vue) et le toit du Keventer's Snack Bar, à Clubside, offrent les meilleurs panoramas sur les montagnes alentour.

Observatory Hill

Au nord-est de Chowrasta, cet endroit est sacré pour les hindous, qui vénèrent le **Mahakala mandir** (temple de Mahakala), situé dans une petite cavité en contrebas de la colline. Les bouddhistes révèrent eux aussi cette colline où s'élevait le monastère Dorje Ling (dont la ville tire son nom). Les drapeaux de prière multicolores servent également de balançoire aux singes, parfois agressifs. Les marches menant à la colline, difficiles à repérer, partent sur la gauche de Bhanu Bhakta Sarani, à 200 ou 300 m de Chowrasta.

Gompa

Se détachant sur le Kanchenjunga, le pittoresque **Bhutia Busty Gompa** dépendait à l'origine du monastère sikkimais de Phodong, appartenant à l'ordre nyingmapa, avant qu'il ne soit transféré à Darjeeling en 1879 (le sanctuaire fut tout d'abord érigé sur Observatory Hill). Ce monastère abrite une bibliothèque de textes bouddhiques, dont l'original du *Livre des morts tibétain*, et une fresque délicate (visible sur autorisation).

De Chowrasta, suivez CR Das Rd sur environ 800 m, puis, à l'embranchement, prenez à droite. Le monastère se trouve à quelques centaines de mètres plus loin.

Le **Yiga Choling Gompa** est probablement le monastère le plus célèbre de la région. Bâti en 1875, il contient une statue du Bouddha Maitreya (le futur Bouddha). Les moines, très accueillants, appartiennent, à l'ordre gelugpa. Les étrangers peuvent pénétrer dans le sanctuaire et prendre des photos, mais il est

Plantations de théiers à Darjeeling

Le thé est, bien sûr, le produit exporté le plus connu de Darjeeling. Ses 80 plantations emploient plus de 40 000 personnes et produisent l'essentiel de la récolte du Bengale-Occidental, qui représente presque le quart de la production indienne.

Bien que la région jouisse de conditions climatiques idéales pour produire un thé excellent, le résultat final dépend d'un processus complexe de séchage. Après la cueillette, les feuilles fraîches sont placées entre 15 et 25 cm de profondeur, dans un bac de dessiccation où leur teneur en eau passe de 70-80 % à 30-40 % à l'aide de ventilateurs ultra-rapides. Puis les feuilles desséchées sont passées au rouleau et pressées afin de briser les parois cellulaires et de faire remonter le suc à la surface. En règle générale, on procède à deux roulages sous des pressions différentes et, entre chaque roulage, on passe les feuilles au crible pour séparer les plus épaisses des plus fines. Les feuilles, recouvertes de leur suc, fermentent ensuite sur des râteliers dans une pièce humide, une opération qui révèle leur saveur et leur arôme particuliers. Cette fermentation doit être soigneusement contrôlée. A ce stade, tout excès ou insuffisance peut ruiner la récolte.

La fermentation est arrêtée en faisant passer les feuilles sur un tapis roulant dans une chambre d'air sec, à 115°C ou 120°C, ce qui réduit encore l'humidité de 2 à 3%. La dernière opération consiste à trier le thé selon sa qualité. Au sommet de la gamme, on trouve le Golden Flowery Orange Pekoe (feuilles entières), puis le Golden Broken Orange Pekoe, l'Orange Fannings et le Dust (les trois derniers consistent en feuilles brisées).

Le thé de certaines plantations de Darjeeling est d'une qualité exceptionnelle ; Castleton Estate détient le record des prix, à 220 $US le kilo !

La plantation la plus facile à visiter est le Happy Valley Tea Estate, où l'on emploie toujours la méthode "orthodoxe", différente de la méthode "friser-déchirer-broyer" en vigueur dans la plaine. La visite ne vaut la peine que pendant la cueillette (d'avril à novembre), lorsqu'on peut observer les différentes étapes du traitement de la feuille. L'établissement ouvre tous les jours, sauf le dimanche, de 8h à 12h et de 13h à 16h30. Un employé vous accompagnera durant toute la visite et vous réclamera, en fin de parcours, une somme démesurée pour sa peine ; 20 Rs par personne constitue un dédommagement raisonnable. L'embranchement qui mène à la plantation, signalée par un panneau vert, se trouve à 500 m après l'Office of the District Magistrate.

d'usage de faire un don. Situé à Ghoom, souvent en plein brouillard, ce gompa, ancien et sombre, est parfois surnommé "Gloom Monastery'' (monastère des ténèbres).

De Darjeeling, prenez une jeep ou le toy train, ou visitez le gompa en redescendant à pied de Tiger Hill (voir plus haut la rubrique *Tiger Hill*).

Ghoom compte trois autres gompa : le **Samten Choling Gompa**, très vaste mais sans grand intérêt, qui possède un stupa de 8 m de haut ; le **Sakya Choling Gompa**, tout proche et plus petit, et le **Phin Choling Gompa**.

A mi-chemin entre Ghoom et Darjeeling, le **Thupten Sangag Choling Gompa**, inauguré par le dalaï-lama en 1992, accueille des Occidentaux intéressés par le bouddhisme tibétain. Sur la même route, plus près de Darjeeling, le **Samdrub Dargye Choling Gompa** se caractérise par son opulence.

Le **Aloobari Gompa**, le long de Tenzing Norgay Rd, accueille lui aussi les visiteurs. Les moines vendent souvent de l'artisanat tibétain et sikkimais et des objets religieux (en général des clochettes). Si le monastère est fermé, demandez à la maison voisine de vous ouvrir la porte.

Padmaja Naidu Himalayan Zoological Park

Ce zoo fut créé en 1958 pour étudier et protéger la faune himalayenne. Il abrite les seuls tigres sibériens d'Inde ainsi que quelques espèces rares, tels des ours noir du Tibet, des pandas rouges et des loups tibétains (ces deux dernières espèces se sont reproduites en captivité). Comparativement aux autres zoos indiens, les animaux sont correctement traités par des gardiens attentionnés.

A l'intérieur du zoo, l'**Himalayan Nature Interpretation Centre** propose un spectacle son et lumière sans intérêt (5 Rs).

Le zoo ouvre tous les jours, sauf le jeudi, de 8h à 16h30 (entrée : 5 Rs, plus 5/200 Rs pour un appareil photo/Caméscope). Il se trouve dans Jawahar Rd West, à 30 min de marche de Chowrasta. Vous pouvez aussi prendre un taxi collectif à la gare routière de Chowk Bazaar.

Himalayan Mountaineering Institute (HMI)

Ce prestigieux institut d'alpinisme fut fondé en 1954. Il abrite le **Mountaineering Museum**, qui expose une collection d'anciens équipements d'alpinisme, des spécimens de faune et de flore himalayennes et une maquette en relief des principaux sommets de l'Himalaya. A côté, l'**Everest Museum** retrace l'histoire, illustrée de photos et de biographies, des différents alpinistes qui ont vaincu ce formidable sommet.

Le HMI se trouve à l'intérieur du zoo, ouvre aux mêmes horaires et demande un droit d'entrée identique. Quelques ***échoppes de chai*** (thé) et une boutique de souvenirs sont installées à côté des musées. Au-dessus de l'institut, se dresse la statue de **Tenzing Samadhi**.

Snow Leopard Breeding Centre (Centre d'élevage de léopards des neiges)

Les léopards des neiges (*Panthera uncia*), autrefois hébergés au zoo, ne parvenaient pas à se reproduire en raison de la présence des visiteurs et de la proximité des autres animaux. Des couples ont été transférés dans un vaste enclos séparé et les choses ont changé. Vous serez peut-être déçu car, si l'on peut approcher de plus près ces superbes animaux, ce centre reste une annexe du zoo.

Le centre se trouve dans Jawahar Rd West, à 10 min de marche de l'entrée du zoo. Sinon, prenez un taxi collectif à la gare routière de Chowk Bazaar et demandez au chauffeur de vous déposer près de la rue d'accès, qui donne dans Hill Cart Rd. Le centre ouvre tous les jours, sauf le jeudi, de 8h à 16h (entrée : 10 Rs).

Téléphérique de la Rangeet Valley

Le premier téléphérique d'Inde relie North Point au village de Tukvar et franchit la vallée de la Rangeet sur 1,2 km. L'expérience est amusante, mais peut se révéler un peu effrayante si le vent souffle et sans intérêt par temps couvert. Le téléphérique fonctionne tous les jours de 10h à 17h (50 min, 55 Rs l'aller-retour, assurance incluse).

Tukvar n'offre rien de plus que quelques ***cafés*** et ***bars***. Le point de départ se situe dans Hill Cart Rd, à 15 min de marche du zoo. De la gare routière de Chowk Bazaar, une jeep collective vous conduira à North Point.

Centre de réfugiés tibétains

Créé en 1959, ce centre comprend aujourd'hui une maison de retraite, un orphelinat, une école, un hôpital (☎ 53122), un **gompa** et des **ateliers d'artisanat** qui produisent des tapis, des sculptures sur bois, des articles de cuir et des lainages. Vous pouvez acheter ces produits ainsi que des souvenirs tibétains et des bijoux dans la **salle d'exposition** (☎ 52552). Les prix équivalent à ceux pratiqués dans les boutiques de Chowrasta et de Nehru Rd, mais les bénéfices sont directement reversés à la communauté tibétaine.

Les visiteurs se promènent librement dans les ateliers ; ceux de tissage, de teinture et de sculpture sur bois sont particulièrement instructifs et les artisans, accueillants et chaleureux. Autofinancé et reconnu œuvre de charité, le centre accepte les dons (voir la rubrique *Bénévolat* du chapitre *Renseignements pratiques*). Il ouvre tous les jours jusqu'à la tombée de la nuit, sauf le dimanche.

Ce centre n'est pas facile à trouver. De Chowrasta, suivez CR Das Rd sur 800 m jusqu'à un embranchement. La voie de gauche, pentue et passante, aboutit au centre après 4 km. Prenez plutôt celle sur la droite, passez le gompa de Bhutia Busty et continuez à descendre ; n'hésitez pas à demander votre chemin et essayez de repérer l'immense enseigne sur le toit du centre. Vous pouvez aussi prendre un taxi, collectif ou privé, jusqu'à la voie d'accès dans Lebong Cart Rd.

Autres curiosités

Le **Dhirdham mandir**, le temple hindou le plus voyant de Darjeeling, est construit sur le modèle du célèbre temple Pashupatinath de Katmandou. Facile à trouver, il se situe en contrebas de la gare ferroviaire.

Si vous voyagez à bord du toy train, ou si vous revenez de Tiger Hill (voir la rubrique *Tiger Hill* plus haut), jetez un œil au **mémo-**

rial militaire du surprenant **Batasia Loop** (entrée : 2 Rs, ouvert tous les jours jusqu'à la tombée de la nuit).

Le **Bengal Natural History Museum** (musée d'histoire naturelle du Bengale), sans grand intérêt, présente une collection miteuse d'animaux himalayens et bengalis et une reproduction bizarre d'un crocodile. Il ouvre tous les jours, sauf le jeudi, de 10h à 16h (entrée : 5 Rs). De Chowrasta, suivez Bishop Eric Benjamin Rd pendant 2 min puis, à l'embranchement, prenez le chemin sur la droite.

Les **Lloyd Botanical Gardens** (jardins botaniques Lloyd) abritent une multitude de plantes et de fleurs himalayennes, dont des orchidées. Les jardins ouvrent tous les jours de 6h à 17h et la serre, de 8h à 17h (entrée gratuite). De la gare routière de Chowk Bazaar, suivez les panneaux dans Lochnager Rd.

Rafting

Teesta Bazaar est le centre du rafting dans la Rangeet et la Teesta. Bien qu'il ne se trouve qu'à 16 km de Kalimpong, la plupart des voyageurs organisent leurs excursions à Darjeeling. Les rapides sont classés de II à IV. La meilleure saison pour le rafting s'étend de septembre à novembre et de mars à juin.

Himalayan River Journey (☎ 53969, jdriverjourney@rediffmail.com) facture ses descentes de rafting de 1 200 Rs (1 heure) à 2 100 Rs (4 heures 30), y compris le transport de Darjeeling, les repas, l'équipement et les services d'un guide. Sur demande, il organise de plus longues expéditions. Vous pouvez aussi vous adresser à Samsara Tours, Travels & Treks (voir plus haut la rubrique *Agences de voyages*, et plus loin *Environs de Kalimpong*).

Autres activités

L'adhésion au Darjeeling Gymkhana Club, (☎ 54341), Jawahar Rd West, s'élève à 30/250/400/600 Rs la journée/la semaine/la quinzaine/le mois. Ses activités n'ont rien à voir avec l'équitation ; le mot gymkhana vient de l'hindi *gendkhana* (maison de la balle). Moyennant des droits supplémentaires, on peut jouer au tennis, au squash, au badminton, au tennis de table, au billard ou faire du roller. Appelez le club pour vous renseigner sur les disponibilités ou consultez le panneau d'affichage dans le hall.

Le vaste Darjeeling Club (ou The Planters), à Clubside, propose des adhésions temporaires (50 Rs par jour), qui donnent accès à la salle de billard, au bar et à la bibliothèque.

De Chowrasta, vous pouvez vous promener à dos de poney dans les rues piétonnes, comme Jawahar Rd West jusqu'au zoo. Comptez 60 Rs l'heure (négociable). La location d'un poney pour une plus longue randonnée revient à quelque 250 Rs par jour (plus la rétribution du poney-wallah).

Cours

Au nord de Clubside, le Manjushree Centre of Tibetan Culture (☎ 56714), 8 Burdwan Rd, propose des cours de tibétain pour débutants (de 3 à 6 mois) et peut organiser des stages d'étude du bouddhisme pour des groupes de 6 personnes et plus. Pour vous initier à la sculpture sur bois tibétaine, contactez le siège du centre de réfugiés tibétains (☎ 52346), 65 Gandhi Rd.

Circuits organisés

Toutes les agences de voyages proposent des excursions locales identiques à celles du DGHC et vous renverront vers ce dernier si le nombre de participants se révèle insuffisant. Le DGHC requiert également un nombre minimum d'inscriptions pour organiser une excursion ; sinon, il vous proposera un taxi pour un circuit d'une demi-journée (350 Rs).

Ce circuit local d'une demi-journée (50 Rs par personne) comprend le zoo, l'Himalayan Mountaineering Institute et le centre de réfugiés tibétains, lieux faciles à visiter seul et à pied. Choisissez plutôt l'excursion d'une journée à Mirik (100 Rs), car y aller par vos propres moyens vous coûtera le même prix et vous prendra plus de temps. En pleine saison, le DGHC organise un circuit à Tiger Hill qui inclut la visite du gompa Samten Choling et de Batasia Loop.

Tenzing Norgay

Tenzing Norgay, qui conquit l'Everest aux côtés d'Edmund Hillary en 1953, vécut à Darjeeling et dirigea pendant de nombreuses années l'Himalayan Mountainee-ring Institute. Disparu en 1986, il a su transmettre sa passion à ses enfants : sa fille aînée, Pem Pen, est une alpiniste chevronnée ; son fils, Jamling, a gravi le Toit du monde en 1996 et sa petite fille l'année suivante.

La lutte pour la survie

Le superbe léopard des neiges vit dans tout l'Himalaya indien, du Cachemire, à l'ouest, au Bhoutan, à l'est. Au nord, on le rencontre au Tibet, en Asie centrale et dans les montagnes de l'Altaï, en Mongolie. Cependant, en raison de la difficulté d'accès et des altitudes élevées (plus de 3 600 m) de leur habitat, il est presque impossible d'évaluer le nombre exact d'individus vivant à l'état sauvage. Toutefois, on les estime à 4 000 ou 5 000. Bien que l'espèce soit fortement menacée et protégée, la contrebande de peaux perdure.

En captivité, le léopard des neiges vit environ 14 ans. Les femelles ont deux cycles par an, mais conçoivent plus facilement en hiver. La période de gestation dure de 92 à 100 jours et la femelle met généralement bas 2 petits (jusqu'à 5 à l'état sauvage).

S'il est terrible de voir ces magnifiques animaux cloîtrés dans des cages, ce sont malheureusement des centres comme celui de Darjeeling (ouvert en 1986 avec deux léopards venus de Suisse) qui augmentent l'espoir de survie de l'espèce.

L'International Snow Leopard Trust, qui supervise tous les centres d'élevage, fut fondé au début des années 70. Pour plus de renseignements, adressez-vous à : The Conservation Education Director (☎ 206-632 2421, fax 632 3967, islt@serv.net), International Snow Leopard Trust, 4649 Sunnyside Ave Nth, Seattle, Washington 98103, USA.

Manifestations annuelles

Étonnamment, aucune fête marquante ne se déroule à Darjeeling. Le Nouvel An des Sikkimais (décembre/janvier), des ethnies tibéto-birmanes Lepcha et Bhutia (janvier) et des Tibétains (février/mars) est célébré avec enthousiasme, souvent dans les principaux gompa. Les Népalais fêtent **Tihar** pendant 5 jours (fin octobre ou début novembre).

Où se loger

Darjeeling compte d'innombrables hôtels, dont les prix varient fortement selon la saison. Nous indiquons ici les tarifs pratiqués en haute saison, qui baissent d'environ 50% en basse saison. De nombreux établissements n'appliquent pas de tarifs réduits pour les chambres simples et la surcharge de 10% de service, arbitraire, est négociable. Beaucoup d'hôtels, notamment de catégorie supérieure, proposent un "american plan" (pension complète), qui ne présente aucun intérêt, sauf si l'établissement est loin de tout. En effet, la ville abrite une multitude de bons restaurants à petits prix.

Darjeeling souffre de coupures d'eau et de courant chroniques et rares sont les hôtels dotés de générateurs ou disposant d'eau chaude en permanence. Si la chambre possède une TV, assurez-vous qu'elle est câblée, et si l'on vous promet un chauffage, vérifiez le type d'appareil et son fonctionnement.

Où se loger – petits budgets

Près de la tour de TV, dans Dr Zakir Hussain Rd, quatre établissements visent la clientèle des routards. Tous, sauf l'auberge de jeunesse, possèdent un centre Internet, un bon restaurant à prix doux et un service d'échange de livres. Le quartier n'est pas très pratique et difficile à trouver la nuit, mais calme et propre. Pour rejoindre la tour de TV, remontez Rockville Rd en tournant le dos à la tour de l'horloge, prenez à gauche derrière le bureau du télégraphe, puis montez vers Dr Zakir Hussain Rd.

Perchée sur une crête, la ***Tenzing Norgay Youth Hostel*** jouit de vues superbes ; du balcon, vous pourrez contempler le lever de soleil sur le Kanchenjunga. Sans grand caractère mais assez propre, elle loue 40 Rs ses lits en dortoir et n'exige pas la carte de membre. Le personnel vous renseignera sur les treks et vous aidera à vous procurer l'équipement nécessaire. Le livre de commentaires des voyageurs est une bonne source d'information.

Très appréciée, la ***Triveni Guest House*** *(☎ 53878)*, rudimentaire mais accueillante, propose des simples/doubles propres avec s.d.b. commune à 90/120 Rs et des doubles avec s.d.b. à 130 Rs.

L'*Aliment Hotel* (☎ *55068)* dispose de chambres propres, avec s.d.b. commune (toilettes à la turque), à 70/150 Rs et de doubles, avec s.d.b. impeccable (eau chaude), à 200 Rs.

Au pied de la tour de TV, le ***Tower View Lodge*** *(☎ 54452, compuset@cal.vsnl.net.in)*, sans prétention, présente un excellent rapport qualité/prix et accueille souvent des hôtes en long séjour. Il facture les simples de 80 à 100 Rs et les doubles de 100 à 150 Rs. Toutes disposent de toilettes individuelles, mais les douches (avec eau chaude) sont communes. Une nuit en dortoir revient à 40 Rs. Vous devez y séjourner au moins deux nuits.

Deux hôtels charmants, mais spartiates, se situent dans Upper Beechwood Rd. Chacun ne possède que quelques chambres. L'***Hotel Pagoda*** *(☎ 53498)* demande 80/100 Rs pour des chambres minuscules mais bien tenues, avec s.d.b. commune. A côté, l'***Hotel Shamrock*** propose des prestations identiques à 80/180 Rs.

Recommandé par des voyageurs bien qu'il soit bruyant et pas très pratique, l'***Hotel Hemadrie*** *(☎ 52967, prashantpips@hotmail.com, 4 Gandhi Rd)* offre des chambres, toutes avec TV câblée et s.d.b. (toilettes à la turque), à partir de 165/275 Rs et des doubles plus confortables à 385 Rs minimum.

Près de la gare routière de Chowk Bazaar, l'***Hotel New Garden*** *(Lochnager Rd)*, se situe au bout de la paisible voie d'accès aux jardins botaniques. Une triple propre, avec s.d.b. rudimentaire, revient à 200 Rs.

Où se loger – catégorie moyenne

Sauf mention contraire, toutes les chambres des hôtels de cette catégorie disposent d'une s.d.b. avec eau chaude (souvent le matin seulement).

Géré par des Sherpa accueillants, l'***Hotel Tshering Denzongpa*** *(☎ 56061, JP Sharma Rd)* affiche souvent complet. Il propose des simples/doubles à partir de 350/600 Rs et des doubles avec s.d.b. commune à 250 Rs. Les chambres les plus chères jouissent des plus belles vues.

L'***Hotel Springburn*** *(☎ 52054, Gandhi Rd)* présente un certain cachet et dispose de doubles spacieuses et propres, avec TV câblée (mais toilettes à la turque et eau chaude capricieuse), à 385 Rs. Celles donnant à l'arrière ouvrent sur le Kanchenjunga.

Vieil établissement plein de charme, le ***Bellevue Hotel*** *(☎ 54075)*, à Chowrasta, possède de vastes chambres confortables mais bruyantes, à cause des planchers et des lambris de bois (de 440 à 660 Rs). Pour les longs séjours, des chambres immenses (dont certaines avec cuisine), mais sans caractère, sont installées sur l'arrière. L'hôtel comprend un toit-terrasse, une salle de prière bouddhique privée et un café donnant sur Chowrasta.

Tout aussi bien situé à Chowrasta, le ***Main (Old) Bellevue Hotel*** *(☎ 54178)* est régulièrement recommandé par nos lecteurs pour la gentillesse du personnel. A l'arrière, le bâtiment de l'époque coloniale abrite de grandes doubles qui sentent le renfermé (400 Rs). Celles de la nouvelle aile, plus agréables, ouvrent sur des vues sublimes (500 Rs).

Immense, biscornu et pétri de charme, le ***Pineridge Hotel*** *(☎ 54074, pineridge@dte.vsnl.net.in, Nehru Rd)* offre des chambres joliment meublées, avec cheminée et TV câblée (et parfois baie vitrée), de 400/550 Rs à 600/700 Rs. Les plus chères sont plus vastes et profitent d'une vue. Les réductions accordées en basse saison sont particulièrement intéressantes.

L'***Hotel Alice Villa*** *(☎ 54181, HD Lama Rd)* loue des doubles charmantes dans son bâtiment d'origine pour 825 Rs ou 935 Rs en demi-pension. Celles de la nouvelle aile, moins plaisantes, reviennent à 715 Rs ou 880 Rs en demi-pension. Chaque chambre possède un TV câblée. En basse saison, le rapport qualité/prix est excellent.

Pur vestige du Raj, le ***Darjeeling Club*** *(☎/fax 54348, Clubside)*, également appelé The Planters, comporte de grandes doubles défraîchies, avec cheminée, de 660 à 1 320 Rs et une suite splendide à 2 200 Rs.

L'***Hotel Dekeling*** *(☎ 54159, dekeling@dte.vsnl.net.in, Clubside)*, apprécié et accueillant, pratique des prix un peu élevés. La plupart des doubles sont réparties autour de confortables salons communs. Petites et surannées, elles valent de 660 Rs, avec s.d.b. commune, à 1 210 Rs, avec s.d.b. et meilleures vues.

L'***Hotel Fairmont*** *(☎ 53646, fax 53647, 10 Gandhi Rd)* demande 1 155/1 650 Rs pour des doubles/triples très confortables, avec TV câblée, téléphone et vues superbes.

Tenu par une chaleureuse famille tibétaine, l'***Hotel Seven Seventeen*** *(☎ 55099)*, le meilleur du lot dans HD Lama Rd, offre le service et les prestations d'un quatre-étoiles aux tarifs d'un deux-étoiles. Comptez 880/1 100/1 430 Rs pour une simple/double/triple confortable, avec TV câblée, et un peu plus pour une chambre avec vue.

En contrebas de Chowrasta, la ***Classic Guest House*** *(☎ 54106, CR Das Rd)*, un endroit séduisant mais cher, offre un décor délicieux, des vues magnifiques, un service attentionné et des doubles, avec TV câblée et balcon, à 1 000 Rs. L'endroit a beaucoup de succès ; mieux vaut réserver.

Géré par le département du tourisme du Bengale-Occidental, le ***Maple Tourist Lodge*** *(☎ 52813, Kuchery Rd)*, situé dans un endroit calme, offre un excellent rapport qualité/prix. Une simple/double, avec s.d.b. commune (impeccable) et eau chaude, revient à 315/473 Rs. Il affiche souvent complet et mieux vaut réserver. Pour vous y rendre à pied de Chowrasta, reportez-vous à la rubrique *Permis pour le Sikkim*, plus haut dans ce chapitre.

Installé au-dessus du Darjeeling Gymkhana Club, le ***Darjeeling Tourist Lodge*** *(☎ 54411, darjeeling@epages.webindia. com, Jawahar Rd West)* pratique des prix trop élevés pour la plupart de ses chambres ; seules les doubles de l'ancien bâtiment, à 400 Rs, présentent un intérêt.

Où se loger – catégorie supérieure

La plupart des hôtels de cette catégorie ne proposent que la pension complète ("american plan") et les prix indiqués ici correspondent à cette formule.

Le ***New Elgin*** *(☎ 54114, newelgin@cal. vsnl.net.in)*, près de HD Lama Rd, conserve une atmosphère coloniale. La plupart des chambres, élégamment meublées, bénéficient d'une cheminée et toutes s'agrémentent d'une s.d.b. de marbre (92/99 $US en simple/double). Vous pourrez vous détendre en buvant un thé dans les ravissants jardins.

Véritable institution pour les nostalgiques du Raj, le ***Windamere Hotel*** *(☎ 54041, windamere@vsnl.com)*, au-dessus de Chowrasta, propose des chambres douillettes, délibérément dépourvues de TV, à partir de 103/137 $US. Des soubrettes tibétaines en tablier amidonné servent un thé excellent dans le salon.

Le ***Mayfair Hill Resort*** *(☎ 56376, mayfair@cal2.vsnl.net.in, Jawahar Rd West)* se situe en face du Raj Bhavan (résidence du gouvernement). Cet ancien palais d'été d'un maharaja a été entièrement rénové et plus rien n'apparaît du bâtiment d'origine. Restent toutefois un environnement superbe, des vues magnifiques et des prestations de luxe. Comptez 3 500/4 500/5 500 Rs en chambres ou bungalows simples/doubles/triples, un bon rapport qualité/prix.

Où se restaurer

Nous ne citons ici que quelques-uns des nombreux restaurants agréables de Darjeeling.

Le ***Keventer's Snack Bar*** *(Clubside)* dispose d'une épicerie au rez-de-chaussée, qui vend entre autres produits de la charcuterie, du fromage. A l'étage, le restaurant offre un choix restreint et le service est lent, mais c'est un endroit plaisant pour prendre le petit déjeuner devant un magnifique panorama.

Le ***Hasty Tasty*** *(Nehru Rd)* prépare des spécialités végétariennes du Sud de l'Inde, comme les *dosa*. Son succès auprès des touristes indiens témoigne de la qualité de la cuisine.

Également végétarien, le ***Frank Ross Cafe*** *(Nehru Rd)* propose des pizzas (40 Rs), des burgers, des en-cas du Sud de l'Inde et même des nachos mexicains (35 Rs).

Le ***Glenary's*** *(Nehru Rd)* possède un bar-restaurant élégant à l'étage et sert des plats indiens, chinois et occidentaux à partir de 50 Rs. Au rez-de-chaussée, la ***boulangerie*** vend de délicieuses pâtisseries et vous pouvez y boire un chai excellent.

Le ***Stardust Restaurant*** offre le meilleur rapport qualité/prix de Chowrasta et des vues époustouflantes depuis ses tables en terrasse. Les plats, uniquement végétariens, commencent à 30 Rs, mais l'établissement ne sert pas le thé.

Près de Hayden Hall, dans Laden La Rd, le ***Park Restaurant***, parfait pour une soirée de fête, s'agrémente d'un service irréprochable et d'un cadre charmant (plats à partir de 50 Rs).

Petit mais très fréquenté, le ***Kunga Restaurant***, en dessous de l'Hotel Dekeling, à Clubside, offre un vaste choix de plats traditionnels tibétains et chinois, dont 36 variétés de soupes (!), ainsi que des pizzas correctes. Les portions sont copieuses et une assiette de *momo* à la vapeur (30 Rs) suffit amplement pour deux.

En face de la poste centrale, dans Laden La Rd, plusieurs petits ***restaurants tibétains*** servent une cuisine traditionnelle simple à petits prix. Dans HD Lama Rd, en face de l'Hotel Seven Seventeen, des ***échoppes indiennes*** proposent de savoureux samosa et autres en-cas.

Le ***Hot Stimilating Cafe*** *(Jawahar Rd West)*, perché sur le versant où court la rue qui mène au zoo, jouit de vues superbes sur les sommets et les vallées. Les patrons népalais préparent une cuisine délicieuse et bon marché (comme des momo) et servent un chai et un café excellents.

Où sortir

Dans une ambiance fanée des années 20, le ***Golden Dragon Restaurant & Bar*** *(Laden La Rd)*, avec ses arcs-en-ciel peints sur les murs, est l'un des nombreux repaires plus fréquentés pour leur bière que pour leur menu limité. Vous pourrez également boire une bière ou une autre boisson alcoolisée au ***Glenary's*** *(Nehru Rd)* et au ***Park Restaurant*** *(Laden La Rd)*. Plaisamment éclairé, le bar de l'***Hotel Seven Seventeen*** *(HD Lama Rd)* est confortable et accueillant.

Meilleur endroit pour rencontrer d'autres voyageurs, le ***Joey's Pub*** *(SM Das Rd)* exagère un peu sur le prix des boissons, mais le personnel est chaleureux et vous pourrez commander un plat occidental, à déguster sur fond musical tout aussi occidental.

Le ***Rink Cinema***, dans SM Das Rd, projette essentiellement des films indiens en hindi. A côté, plusieurs salons de vidéo douteux passent des navets violents. A Clubside, au-dessus de Juniper Tours & Travels, le ***Pool Cafe***, idéal pour passer quelques heures, possède des tables de billard (100 Rs de l'heure).

Achats

Souvenirs. La plupart des boutiques de souvenirs sont installées à Chowrasta et dans Nehru Rd. Elles vendent des *thanka* (peintures religieuses tibétaines sur étoffe), des statues en bronze, des objets religieux, des bijoux, des bois sculptés et des tapis, mais, si vous cherchez à réaliser de bonnes affaires, cela ne se fera pas sans peine. Les thanka sont impressionnants à première vue, mais, en inspectant soigneusement les offres bon marché, vous verrez qu'elles pèchent souvent par un manque de soin apporté aux détails.

Dans les magasins de photo de Nehru Rd, comme Das Studio, vous trouverez des photographies du Kanchenjunga, des montagnes environnantes et des alentours de Darjeeling (de 150 à 495 Rs).

Chowk Bazaar, immense et fascinant, n'est pas le meilleur endroit pour acheter des souvenirs, sauf le thé en vrac, les épices ou l'encens.

Tapis tibétains. L'un des meilleurs endroits est Hayden Hall, dans Laden La Rd. Cette coopérative de femmes vend des châles en *casemillon* (mélange laine/synthétique), des chapeaux en laine, des chaussettes et des cache-nez. A côté, Third Eye est une entreprise entièrement féminine qui forme gratuitement des tisserandes et leur assure un emploi à la fin du stage. Elle peut se charger d'expédier les tapis.

Thé Darjeeling. Un paquet de thé est un cadeau généralement apprécié. Si son nom est difficile à retenir, le First Flush Super Fine Tippy Golden Flowery Orange Pekoe I possède une saveur inoubliable. Pour en vérifier la qualité, prenez une petite poignée de thé, fermez la main, soufflez à travers vos doigts, puis rouvrez la main et respirez les arômes qui se dégagent. Évitez le thé vendu dans de jolies boîtes, habituellement mélangé et conditionné à Kolkata. Nathmull's Tea Rooms, dans Laden La Rd, est une bonne adresse. Les étals de Chowk Bazaar pratiquent des prix plus modérés ; le thé est vendu en vrac, mais on peut vous l'emballer.

Comment s'y rendre

Avion. L'aéroport le plus proche se situe à Bagdogra, à 90 km de Darjeeling et à 12 km de Siliguri. Pour tout renseignement sur les vols depuis/vers Bagdogra, reportez-vous à la rubrique *Comment s'y rendre* de *Siliguri et New Jalpaiguri*, plus haut dans ce chapitre.

A Darjeeling, Jet Airways est représenté par Clubside Tours & Travels (☎ 54646, clubside@dte.vsnl.net.in), dans JP Sharma Rd, et Pineridge Travels (☎ 53912, pineridge@dte.vsnl.net.in), à Chowrasta. L'agence Indian Airlines (☎ 54230) se trouve en dessous du Bellevue Hotel, à Chowrasta. Toutes ces agences sont fermées le dimanche.

Clubside, Pineridge et quelques-unes des agences de voyages citées plus haut vendent des billets des compagnies aériennes népalaises.

Bus. De la gare routière de Chowk Bazaar, des bus publics partent pour Kalimpong (42 Rs, 3 heures 30) à 8h, pour Mirik (30 Rs, 3 heures) toutes les 30 min entre 8h et 15h15 et pour Siliguri (environ 45 Rs, 3 heures) toutes les 30 min pendant la journée. Les billets sont en vente aux comptoirs installés au rez-de-chaussée de l'Old Super Market Complex, dans Hill Cart Rd. On ne peut réserver à l'avance que sur les bus à destination de Gangtok et Kalimpong.

Aucun bus ne relie Darjeeling à Jorethang, Pelling ou une autre localité du Sikkim (à part Gangtok). Pour rejoindre le Sikkim occidental, prenez d'abord une jeep collective jusqu'à Jorethang (voir plus loin). De la gare routière, un bus public part tous les jours à 7h30 pour Gangtok (80 Rs, 6 à 7 heures). Le Darjeeling Motor Service Co (☎ 52101), 31 Laden La Rd, représente Sikkim Nationalised Transport (SNT). Le bus SNT à destination de Gangtok part tous les jours à 12h30 de l'arrêt situé en face du bureau.

Aux alentours de l'Old Super Market Complex, dans Hill Cart Rd, plusieurs agences de voyages, comme Kasturi et Diamond, proposent des bus quotidiens pour Guwahati (Assam), *via* Siliguri (de 285 à 320 Rs). Samsara Tours, Travels & Treks, dans Laden La Rd, vend des billets pour des bus de nuit deluxe desservant diverses destinations du Nord du pays et Kolkata depuis Siliguri. Avant d'acheter un billet de bus longue distance à Darjeeling, renseignez-vous sur le nombre et la durée des correspondances, car *tous* les bus longue distance entament et finissent leur parcours à Siliguri.

Népal. Les étrangers ne peuvent passer la frontière népalaise qu'à Kakarbhitta (pas à Pasupati). Assurez-vous que votre bus se dirige vers cette ville. Le consulat népalais le plus proche se trouve à Kolkata, mais on peut obtenir un visa à Kakarbhitta moyennant 30 $US (payables en espèces).

Plusieurs agences de voyages, comme Kasturi et Diamond dans l'Old Super Market Complex, dans Hill Cart Rd, et Samasara, dans Laden La Rd, vendent des billets pour les bus quotidiens Darjeeling-Katmandou (environ 450 Rs). Elles délivrent un billet jusqu'à Siliguri et une place prépayée, garantie, dans le bus (ou la jeep) de correspondance.

Nombre de voyageurs organisent eux-mêmes leur voyage Darjeeling-Katmandou, même si cela implique quatre changements : un bus/jeep de Darjeeling à Siliguri, un bus/jeep de Siliguri à Paniktanki (45 Rs), à la frontière, un rickshaw pour traverser la frontière jusqu'à Kakarbhitta, puis un bus de Kakarbhitta à Katmandou (408 Rs népalaises, 13 heures). Cette solution, moins chère que le forfait Darjeeling-Katmandou, permet de choisir son bus à la frontière et de voyager de jour en faisant étape en chemin.

Taxis, camionnettes et jeeps. Les billets des "commander jeeps" à destination de Gangtok (5 heures), *via* Teesta Bazaar et Rangpo, peuvent s'acheter à l'avance aux comptoirs situés à l'extrémité sud de la gare routière de Chowk Bazaar (100/1 000 Rs en jeep collective/privée). Darjeeling Transport Corp, dans Laden Rd, et quelques agences des environs proposent également ce trajet en jeep collective (environ 110 Rs par personne) ; les véhicules partent à heures fixes de leurs bureaux.

A l'extrémité nord de la gare routière, des taxis collectifs/privés partent pour Jorethang (80/850 Rs, 2 heures 30), où vous trouverez facilement une correspondance pour le nord ou l'ouest du Sikkim. N'oubliez pas que la route de Darjeeling à Naya Bazaar est difficile, souvent escarpée et sujette aux glissements de terrain durant la mousson. En outre, vous ne pouvez pas l'emprunter sans un permis pour le Sikkim.

Au rez-de-chaussée de l'Old Super Market Complex, l'agence des jeeps pour Kalimpong (3 heures) facture 50 Rs (place arrière) ou 65 Rs (place avant) en jeep collective et 750 Rs en jeep privée. Les jeeps collectives pour Mirik (42 Rs, 2 heures 30) ne disposent pas d'un parking fixe à la gare routière ; renseignez-vous sur place.

Des jeeps et des taxis partent toutes les quelques minutes pour Siliguri (60 Rs, 3 heures) des environs de la gare routière, dans Hill Cart Rd et devant la tour de l'horloge, dans Gandhi Rd. Pour New Jalpaiguri ou Bagdogra, prenez une correspondance à Siliguri ou louez une jeep ou un taxi à Darjeeling (650 Rs environ).

Train. La gare ferroviaire la plus proche se situe à New Jalpaiguri (NJP), près de Siliguri (voir plus haut la rubrique *Comment s'y rendre* de *Siliguri et New Jalpaiguri*). Le Computerised Reservations Counter (billetterie informatisée ; ☎ 52555) de la gare ferroviaire de Darjeeling vend des billets – essentiellement des couchettes de 2e classe – pour les principaux trains partant de NJP ; il ouvre tous les jours, de 8h à 14h.

Toy Train. Le charmant train miniature dessert trois itinéraires différents. Cependant, la pluie provoque des glissements de terrain et le trafic peut être interrompu pendant des mois. Les horaires changent et vous devrez vous renseigner à la gare. Il n'est pas possible de réserver sur les trains à destination de NJP ou de Kurseong ; la vente des billets commence 1 heure avant le départ. De Darjeeling, en 2e/1re classe, comptez 3/45 Rs pour Ghoom, 10/90 Rs pour Kurseong, 19/172 Rs pour Siliguri et 22/202 Rs pour NJP.

Chaque jour, un train quitte Darjeeling à 9h10 ; il s'arrête à Ghoom (9h56), Kurseong (12h), Siliguri (16h40) et parvient à NPJ à 17h20. En sens inverse, il part de NJP à 9h, s'arrête à Siliguri (9h23), Kurseong (12h56), Ghoom (14h57) et arrive à Darjeeling à 15h30. Un "service local'' quitte Darjeeling tous les jours à 15h, arrive à Ghoom à 15h26, puis à Kurseong à 17h30. Dans l'autre sens, il part de Kurseong à 6h40, fait halte à Ghoom à 8h31 et rejoint Darjeeling à 9h10.

Le train touristique "joy ride'', quotidien, part à 10h30 pour un circuit de 2 heures aller-retour jusqu'à Ghoom, *via* Batasia Loop (200 Rs). Il n'emmène que 25 passagers ; mieux vaut réserver la veille.

Comment circuler

L'office du tourisme DGHC affrète un bus pour rejoindre l'aéroport de Bagdogra (65 Rs par personne) s'il peut réunir 12 passagers au minimum ; l'heure de départ doit convenir à la majorité des passagers. Il n'assure le trajet Bagdogra-Darjeeling que dans cette hypothèse.

Sinon, vous pouvez prendre un taxi prépayé jusqu'à la gare routière de Siliguri, puis un bus ou une jeep pour Darjeeling. Un taxi prépayé de l'aéroport à Darjeeling revient de 690 Rs (2 heures 30) à 1 150 Rs (5 heures par la superbe route de Mirik). Les taxis collectifs ou privés sont un peu moins chers hors de l'aéroport et au départ de Darjeeling.

Les taxis collectifs desservant le nord du centre-ville, comme North Point, partent de l'extrémité nord de la gare routière de Chowk Bazaar.

KALIMPONG

☎ 03552• 46 500 habitants

Petite ville-marché très animée et en pleine expansion, Kalimpong se perche à 1 250 m d'altitude dans les vallonnements des contreforts himalayens. Elle fit partie des terres des rajas du Sikkim avant d'appartenir au Bhoutan, au début du XVIIIe siècle. Au XIXe siècle, elle passa sous la coupe des Britanniques et devint par la suite un centre d'activité missionnaire écossaise, notamment jésuite, comme en témoigne l'orphelinat-école du Dr Graham, toujours en activité.

Plus petite, plus calme, plus accueillante, moins touristique et moins chère que Darjeeling, Kalimpong n'en possède ni le charme ni la diversité. Reportez-vous à la rubrique *Histoire* de *Darjeeling* pour des informations sur les éventuels agissements de la Gorkhaland Liberation Organisation (GLO).

Renseignements

Le Tourist Reception Centre du Darjeeling Gorkha Hill Council (DGHC ; ☎ 57992, www.kalimpong.org), dans DB Giri Rd, peut organiser des excursions de rafting et dispose d'une consigne à bagages. Il ouvre tous les jours de 9h à 17h. La State Bank of India et la Central Bank of India, toutes deux dans Main (SDB Giri) Rd, ne disposent pas de guichet de change. Les hôtels de catégories moyenne ou supérieure offrent ce service à leurs clients. L'Odyssey Internet Cafe, à l'étage du centre commercial situé au coin de Main (SDB Giri) Rd et de Rishi Rd, est le meilleur endroit où consulter ou envoyer vos mails (1 Rp la minute). Vous ne pourrez pas vous procurer de permis pour le Sikkim à Kalimpong, mais des permis gratuits de deux jours (renouvelables) sont émis à la frontière, à Rangpo (voir le chapitre *Sikkim*). Sinon, faites les démarches à Darjeeling.

Gompa et temples

Construit en 1926, le **Tharpa Choling Gompa** appartient à la branche du bouddhisme tibétain des Bonnets jaunes (gelugpa), celle dirigée par le dalaï-lama. Il se trouve à 45 min de marche (en montée) de la ville ; suivez Tripai Rd, tournez à droite dans KD Pradhan Rd, puis empruntez le sentier qui part sur la droite avant le Milk Collection et l'Extension Wing Building.

Plus bas sur la colline, le **Thongsa Gompa** (monastère bhoutanais), le plus ancien de la

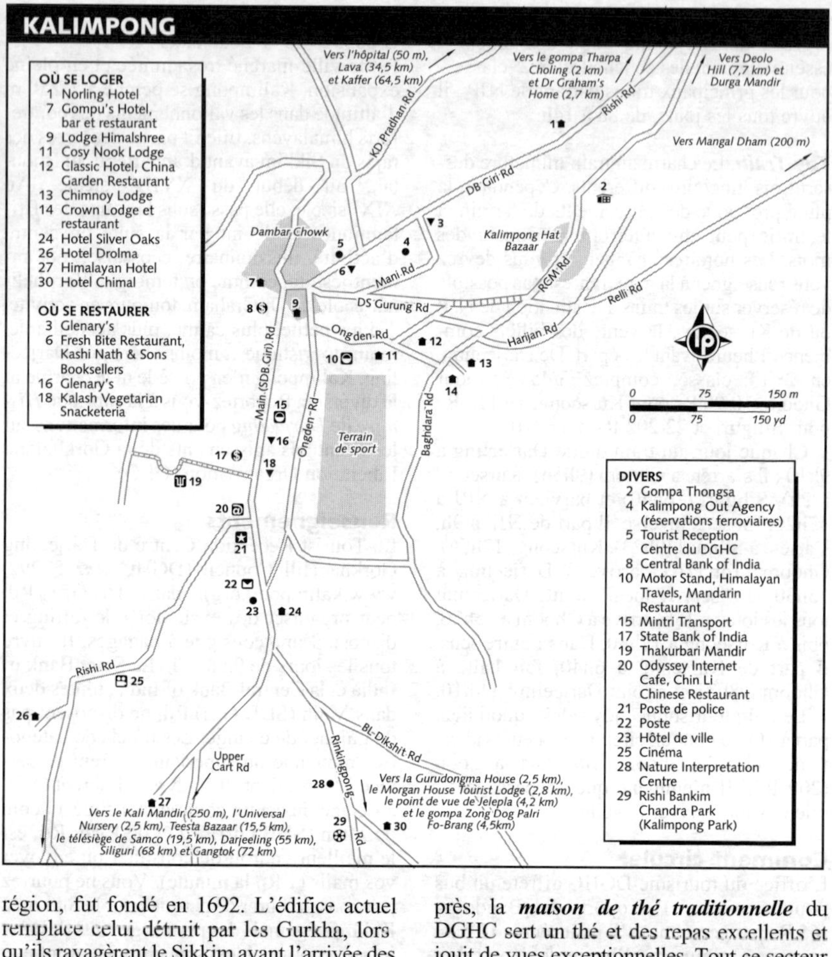

région, fut fondé en 1692. L'édifice actuel remplace celui détruit par les Gurkha, lors qu'ils ravagèrent le Sikkim avant l'arrivée des Britanniques. Les visiteurs sont les bienvenus.

Le **Zong Dog Palri Fo-Brang Gompa**, le plus grand monastère de Kalimpong, se juche au sommet de la majestueuse Durpin Hill (1 372 m) ; il fut consacré par le dalaï-lama en 1976, et sa bibliothèque reçut, à cette occasion, une édition rare du *Kangyur* en 108 volumes. La salle de prière s'orne de fresques remarquables et, à l'étage, vous pourrez admirer un exceptionnel mandala en trois dimensions. Uniquement accessible en jeep, le monastère se trouve à 5 km au sud du centre-ville. A 300 m en contrebas du gompa (repérez les marches), le **Jelepla Viewpoint** (point de vue de Jelepla) dévoile un panorama superbe. Tout près, la ***maison de thé traditionnelle*** du DGHC sert un thé et des repas excellents et jouit de vues exceptionnelles. Tout ce secteur fait partie d'un camp militaire, mais les visiteurs peuvent y circuler librement.

Dans Relli Rd, le **Mangal Dham**, un vaste temple majestueux dédié à Krishna, se distingue par son architecture moderne en marbre blanc. Il était fermé lors de notre passage, mais doit rouvrir prochainement.

Dr Graham's Home

Cet orphelinat-école fut construit en 1900 par J.A. Graham, un missionnaire écossais, afin d'instruire les enfants des ouvriers des plantations de théiers. Il accueille aujourd'hui plus de 1 300 élèves. La **chapelle** qui surplombe l'école date de 1925 et possède de magnifiques vitraux. S'il est présent, le gardien vous en ouvrira la porte. On peut visiter l'**école** et pique-niquer dans le jardin.

Installée au bout de la Kd Pradhan Rd (3 km très escarpés), cette institution n'est accessible qu'en jeep ou en taxi. Le retour vers le centre-ville constitue une agréable promenade à pied.

Autres curiosités

Kalimpong produit 80% des glaïeuls indiens et est également un grand centre de culture des orchidées (exportées dans de nombreuses villes du Nord du pays). L'**Universal Nursery**, l'une des plus grandes pépinières de la région, s'intéresse plus à des clients potentiels qu'aux touristes curieux ; elle borde Rishi Rd, à quelque 3 km du centre-ville.

Entourée de deux réservoirs d'eau qui approvisionnent la ville, **Deolo Hill** (1 704 m) offre, par temps clair, de belles vues sur Kalimpong et le Sikkim ; une ***échoppe de chai*** est installée au bout de la route. Le petit **Durga mandir** hindou se trouve à courte distance au sud-est de la colline. Deolo se situe à 8 km de la ville, par une route ardue et venteuse, et à 1 heure de marche de la Dr Graham's Home (demandez votre chemin). Une jeep ou un taxi vous y conduira.

Le **Nature Interpretation Centre** (centre d'interprétation de la nature) présente plusieurs dioramas décrivant les conséquences de l'activité humaine sur l'environnement. Du centre-ville, une agréable promenade à pied le long de Rinkingpong Rd vous y amènera. Le centre ouvre tous les jours, sauf le jeudi, de 10h à 13h30 et de 14h à 16h (entrée gratuite). A 100 m plus haut, vous découvrirez le paisible **Rishi Bankim Chandra Park** (ou Kalimpong Park).

Circuits organisés

Tous les sites de Kalimpong sont accessibles par la route et beaucoup d'entre eux peuvent se visiter à pied. Si la demande est suffisante, l'office du tourisme propose un circuit d'une demi-journée, le "11 points", pour 400 Rs par véhicule. Les hôtels ou les agences de location de jeeps du Motor Stand, comme Himalayan Travels (☎ 55023), organisent des excursions similaires pour 350 Rs par véhicule.

Gurudongma Tours & Travels (☎ 55204, gurutt@dte.vsnl.in, www.adventuresikkim.com), dans la Gurugdongma House (voir *Où se loger*), propose diverses activités séduisantes – trekking, rafting, randonnées en VTT et pêche – dans les environs de Kalimpong et de Darjeeling, au Sikkim et dans la région du Nord-Est.

Où se loger – petits budgets et catégorie moyenne

Dans un quartier bruyant, le ***Gompu's Hotel*** *(☎ 55818, Main (SDB Giri) Rd)* possède d'agréables simples/doubles rustiques, avec s.d.b. et seau d'eau chaude, à 150/250 Rs. Les craquements incessants des planchers de bois risquent de vous gêner.

Le ***Lodge Himalshree*** *(☎ 55070, Ongden Rd)*, un petit établissement au sommet d'un grand immeuble, propose des chambres banales mais propres à 120/180 Rs (s.d.b. commune). Tout près, le ***Cosy Nook Lodge*** (*Ongden Rd*), plus bruyant que confortable, facture 150/200/350 Rs ses simples/doubles/triples avec s.d.b.

Le ***Classic Hotel*** *(☎ 56335)*, dans une impasse calme au coin du Motor Stand, offre de petites chambres avec s.d.b. (eau froide) à 150/250 Rs. Certaines ouvrent sur de belles vues.

Les deux meilleures adresses du centre-ville avoisinent dans un quartier calme, près de Baghdara Rd. Le ***Crown Lodge*** *(☎ 55846, rampkg@dte.vsnl.net.in)* demande 200/350 Rs pour une chambre avec s.d.b. (eau chaude capricieuse) et TV câblée. Le ***Chimnoy Lodge*** *(☎ 56264)* dispose de simples minuscules à 150 Rs et de doubles plus agréables, avec TV câblée, de 250 à 300 Rs selon la vue. Toutes les chambres sont dotées d'une s.d.b. (eau froide et toilettes à la turque). Le propriétaire, serviable, peut organiser des circuits et vos déplacements.

Tenu par une chaleureuse famille tibétaine, le ***Norling Hotel*** *(☎ 57354, DB Giri Rd)* comporte des chambres propres, avec s.d.b. (eau chaude et toilettes turques), TV câblée et jolie vue, à 250/350/450 Rs en simple/double/triple. La rue peut être bruyante.

Entouré de jardins, l'***Hotel Drolma*** *(☎ 55968, fax 55290, Rishi Rd)* occupe un pavillon rénové qui a conservé un charme suranné. Les chambres réparties autour du salon de TV, guère attrayantes, sont un peu chères : doubles avec s.d.b. (eau chaude) de 620 à 825 Rs et triples à partir de 962 Rs. Choisissez plutôt une des petites doubles "economy", regroupées à l'écart, à 275 Rs (s.d.b. commune).

Dans un paisible environnement campagnard, l'***Hotel Chimal*** *(☎ 55776, Rinkingpong Rd)* offre de correctes chambres standard avec s.d.b. à 220/330 Rs et d'excellentes chambres "deluxe", avec eau chaude, TV câblée et vues superbes, à 330/550 Rs. Toutefois, cet hôtel n'est pas très bien situé et aurait besoin d'une rénovation.

Où se loger – catégorie supérieure

Toutes les chambres des établissements suivants disposent d'une s.d.b. et d'eau chaude.

A quelque 3 km au sud du centre-ville, la ***Gurudongma House*** *(☎ 55204, rags@dte.vsnl.net.in)*, un endroit merveilleux perdu au milieu des montagnes, propose de charmantes simples/doubles à 1 320/1 760 Rs (plus chères en pension complète). Réservez, car l'établissement ne possède que quelques chambres.

Le département du tourisme du Bengale-Occidental possède plusieurs pavillons de l'époque coloniale, entourés d'agréables jardins et jouissant de belles vues, mais parfois difficiles d'accès. Le ***Morgan House Tourist Lodge*** *(☎ 55384)* à 3,3 km du centre-ville, dispose de chambres splendides à partir de 770/1 430 Rs (en pension complète).

Au cœur de jardins enchanteurs dominés par le Kanchenjunga, l'***Himalayan Hotel*** *(☎ 54043, windamere@vsnl.com, Upper Cart Rd)* occupe un magnifique bâtiment ancien et pratique des tarifs modérés, compte tenu du site et du luxe offert. Comptez 1 430/2 200 Rs, mais beaucoup plus en pension complète.

Ancienne demeure d'une famille britannique, l'***Hotel Silver Oaks*** *(☎ 55296, fax 55368, Rinkingpong Rd)* est aujourd'hui un bel établissement entouré de jardins délicieux. Les chambres spacieuses, claires et joliment meublées donnent sur la vallée ou le Kanchenjunga (92/99 $US).

Où se restaurer

Le fromage de Kalimpong est une spécialité locale introduite par les jésuites, qui installèrent une laiterie sur place. Celle-ci est désormais fermée, mais la production continue dans la région. Les jésuites développèrent également la fabrication de sucettes, autre spécialité de la ville. Aux alentours de Dambar Chowk, des magasins vendent fromages et sucettes. A juste titre très populaire à Darjeeling, le ***Glenary's*** a ouvert deux boulangeries à Kalimpong, l'une dans DB Giri Rd, l'autre dans Main (SDB Giri) Rd. Toutes deux préparent des pâtisseries, des burgers et des petites pizzas, à emporter ou à déguster sur place.

Le ***Kalash Vegetarian Snacketeria*** *(Main (SDB Giri) Rd)* offre une grande variété d'en-cas et de plats, des pizzas aux momo, mais mieux vaut choisir ce qu'il réussit le mieux : les dosa du Sud de l'Inde et les copieux thali (environ 35 Rs).

Le ***Gompu's Bar & Restaurant***, dans l'hôtel éponyme à Dambar Chowk, sert d'excellents repas, petit déjeuner compris, et comprend un bar chaleureux et bon marché. A côté du Crown Lodge, le ***Crown Restaurant***, près de Baghdara Rd, offre un bon service, un décor plaisant et des plats consistants (à partir de 40 Rs).

Le ***Mandarin Restaurant***, au Motor Stand, mitonne une cuisine chinoise authentique, tout comme le ***Chin Li Chinese Restaurant***, au rez-de-chaussée du centre commercial au coin de Main (SDB Giri) Rd et de Rishi Rd, ou le ***China Garden Restaurant***, plus élégant, installé dans l'hôtel du même nom, près du Motor Stand.

Confortable, le ***Fresh Bite Restaurant***, au-dessus de Kashi Nath & Sons Booksellers dans DB Giri Rd, propose une grande diversité de plats, un service attentionné et pratique des prix raisonnables.

Achats

Le Kalimpong Hat Bazaar s'installe le long de Harijan Rd le mercredi et le samedi. C'est l'occasion de voir les habitants des villages environnants, souvent revêtus de leurs costumes traditionnels. Dans les rues de Dambar Chowk, plusieurs boutiques de souvenirs vendent des bijoux et de l'artisanat tibétains.

Comment s'y rendre

Avion. L'aéroport le plus proche se situe à Bagdogra, près de Siliguri (voir plus haut la section *Siliguri et New Jalpaiguri*).

Bus, taxis et jeeps. Tous les bus et les jeeps longue distance partent du Motor Stand. Les taxis et les jeeps circulant dans les environs stationnent dans Main (SDB Giri) Rd. Des bus partent pour Siliguri (45 Rs, 3 heures) toutes les 30 min de l'une des agences du Motor Stand. En jeep collective, ce trajet revient à 40 Rs (place arrière) ou

50 Rs (place avant) ou à 500 Rs pour le véhicule. L'itinéraire qui longe la Teesta à partir du pont est plus rapide et moins cher que celui qui passe par Darjeeling.

Plusieurs agences proposent, chaque matin, deux ou trois bus à destination de Gangtok, *via* Rangpo (55 Rs, de 2 à 3 heures) ; mieux vaut réserver. En jeep collective/individuelle, comptez 70/700 Rs (3 heures).

Des jeeps assurent régulièrement la liaison Kalimpong-Darjeeling (3 heures) : 50/65 Rs la place arrière/avant ou 700 Rs le véhicule. Un bus part pour Darjeeling à 8h (42 Rs, 3 heures 30).

Bhoutan. De Kalimpong, on peut se rendre à Phuentsholing, de l'autre côté de la frontière du Bhoutan. Actuellement, aucun permis n'est exigé, mais vous *devez* au moins 15 jours avant le départ obtenir un visa d'une des agences de voyages agréées par la Tourism Authority of Bhutan (TAB). Chaque jour, un bus quitte Kalimpong vers 9h pour Jaigaon (95 Rs, 8 heures), du côté indien de la frontière. Phuentsholing compte des hôtels et des pensions, mais Jaigaon en est totalement dépourvue.

Train. La Kalimpong Out Agency (☎ 55643), dans Mani Rd, peut faire des réservations sur les trains partant de la gare ferroviaire de New Jalpaiguri. Ouverte tous les jours, de 10h à 13h et de 16h à 17h, elle ne dispose que d'un quota restreint de places, essentiellement des couchettes 2e classe. Empruntez les escaliers situés derrière le bâtiment portant l'enseigne de l'agence, dans DS Gurung Rd.

ENVIRONS DE KALIMPONG

Teesta Bazaar

A 16 km de Kalimpong, à la bifurcation de la route pour Darjeeling et Siliguri, Teesta Bazaar est devenu un centre de rafting en eau vive (voir plus haut *Rafting* dans la section *Darjeeling*). Le DGHC organise des excursions à travers son bureau (☎ 09252-68261) installé dans la Chitrey Wayside Inn, à environ 1,5 km de Teesta Bazaar, sur la route de Gangtok et Kalimpong. Il facture de 350 Rs (1 heure 30) à 650 Rs (3 heures), équipement et services d'un guide inclus. Les repas et le transport restent à votre charge. Vous pouvez également réserver aux offices du tourisme du DGHC de Darjeeling et de Kalimpong.

La ***Chitrey Wayside Inn*** (☎ *09252-68261*) offre des lits en dortoir à 80 Rs, d'agréables doubles avec s.d.b. à 365 Rs et un ***restaurant***. Teesta Bazaar se situe à deux heures de route de Darjeeling ; prenez un bus ou une jeep collective (40 Rs) pour Kalimpong.

Lava et Kaffer

A quelque 35 km à l'est de Kalimpong, le petit village de Lava (2 353 m) abrite un **gompa** kagyupa et accueille un **marché** animé le mardi. A 30 km plus à l'est, Kaffer (1 555 m), également appelé Lolegaon, permet d'admirer le sommet du Kanchenjunga.

Géré par le DGHC, le ***Dafay Munal Tourist Lodge***, à Kaffer, propose des doubles, avec s.d.b. et TV câblée, à 450 Rs et des lits en dortoir à 50 Rs.

Himalayan Travels, au Motor Stand de Kalimpong, affrète deux bus par jour (à 8h et 13h) pour Kaffer (35 Rs, 4 heures), *via* Lava (21 Rs, 2 heures 30).

Télésiège de Samco

Les amateurs de sensations fortes ne manqueront pas le télésiège de la Samthar Agriculture Marketing Co-operative (Samco), installé dans le cadre d'un programme d'aide, afin de permettre aux villageois de traverser, avec leurs marchandises, la Teesta et la Relli. Après 1,5 km au-dessus du vide, vous pourrez vous promener sur le plateau de Samthar. Si l'idée de vous balancer au bout d'une tige de fer à 40 m de l'eau ne vous séduit pas, renoncez !

Le télésiège part d'un endroit appelé 27th Mile, le long de la route Siliguri-Gangtok, à 20 km de Kalimpong. Il fonctionne tous les jours, sauf habituellement le dimanche, de 8h à 16h. A Kalimpong, prenez un bus ou une jeep se dirigeant vers Siliguri (23 Rs, 1 heure).

Samthar Plateau

Cette magnifique région, idéale pour de courtes randonnées, offre des vues grandioses, des forêts et abrite des villages traditionnels.

La ***Farm House*** propose des huttes, des chambres et des tentes ; appelez la Gurudongma House (voir plus haut *Où se loger* dans la rubrique *Kalimpong*) pour les prix et les réservations. Une jeep collective (65 Rs, 3 heures) fait occasionnellement le trajet depuis Kalimpong ; sinon, frissonnez sur le télésiège de Samco !

Orissa

L'État tropical de l'Orissa longe la côte orientale de l'Inde sur le golfe du Bengale. Contenus dans un "triangle d'or" touristique, les temples de Bhubaneswar (la capitale de l'Orissa), la longue plage de sable de Puri et le majestueux temple du Soleil à Konark constituent ses principaux intérêts. En outre, la région des adivasi, dans le sud-ouest, et les parcs nationaux au nord sont de plus en plus fréquentés. Néanmoins, ces lieux sont difficiles d'accès pour ceux qui voyagent seuls.

L'Orissa est un État à dominante agricole, avec de fertiles plaines côtières s'élevant jusqu'aux collines des Ghats orientaux. Riche en minerais, l'État est un gros exportateur de fer. Son économie est souvent ébranlée par des catastrophes naturelles. La construction du barrage d'Hiraduk, près de Sambalpur, a toutefois permis de maîtriser les inondations du delta de la Mahanadi, jadis fréquentes.

Les Oriya, qui comptent 25% d'adivasi, sont particulièrement accueillants et hospitaliers. Il règne partout une atmosphère détendue et un sentiment de sécurité. Par ailleurs, l'Orissa se révèle un lieu idéal pour faire l'acquisition de souvenirs.

Cyclones et sécheresses

Un cyclone dévastateur a frappé les régions côtières de l'État en octobre 1999, faisant officiellement 2 524 morts (officieusement 50 000 au moins), environ 1 million de sans-abri, et affectant d'une manière ou d'une autre près de 19 millions de personnes.

Le raz de marée (s'avançant parfois jusqu'à 15 km à l'intérieur des terres) a détruit des milliers d'hectares de riz, et certaines récoltes n'ont pu être sauvées en raison de la mort des animaux de trait. L'élévation du niveau salin du sol qui s'est ensuivi et la destruction des systèmes d'irrigation ont, paradoxalement, entraîné une grave sécheresse à la fin 2000. A son tour, cette conséquence a suscité une migration massive des zones rurales vers les villes. Les ressources naturelles en eau ont été mises à mal et la famine généralisée s'est installée.

En octobre 2000, un autre cyclone potentiellement destructeur qui menaçait la côte s'est finalement cantonné à la mer, se dissipant rapidement.

Actuellement, il reste peu de traces du cyclone et de la sécheresse dans les principales zones touristiques, à l'exception du spectacle sinistre des arbres décapités qui jalonnent la route reliant Puri à Konark.

En bref

Population : 36,7 millions d'habitants
Superficie : 155 707 km²
Capitale : Bhubaneswar
Langue principale : oriya
Meilleure saison : novembre à mars

Cartes du chapitre :

- Konark – les architraves et les sculptures érotiques participent du mystère attaché au temple du Soleil
- Similipal National Park – éléphants, tigres et cascades enchantent de superbes forêts
- Puri – le Jagannath Mandir et le Rath Yatra, fête grandiose et colorée, attirent les pèlerins de toutes castes
- Bhubaneswar – la capitale s'enorgueillit de ses innombrables temples hindous
- Chilka Lake – l'un des plus vastes lacs d'Asie sert de somptueux refuge à des myriades d'oiseaux
- Golpapur-on-Sea – ce merveilleux village côtier offre une retraite idéale pour se détendre, nager, se promener

Histoire

Bien que déjà connu dans l'Antiquité pour son formidable empire maritime, dont les routes commerciales s'étendaient jusqu'à Bali, Sumatra et Java, l'Orissa (jadis appelé Kalinga) sortit des brumes de l'histoire sous

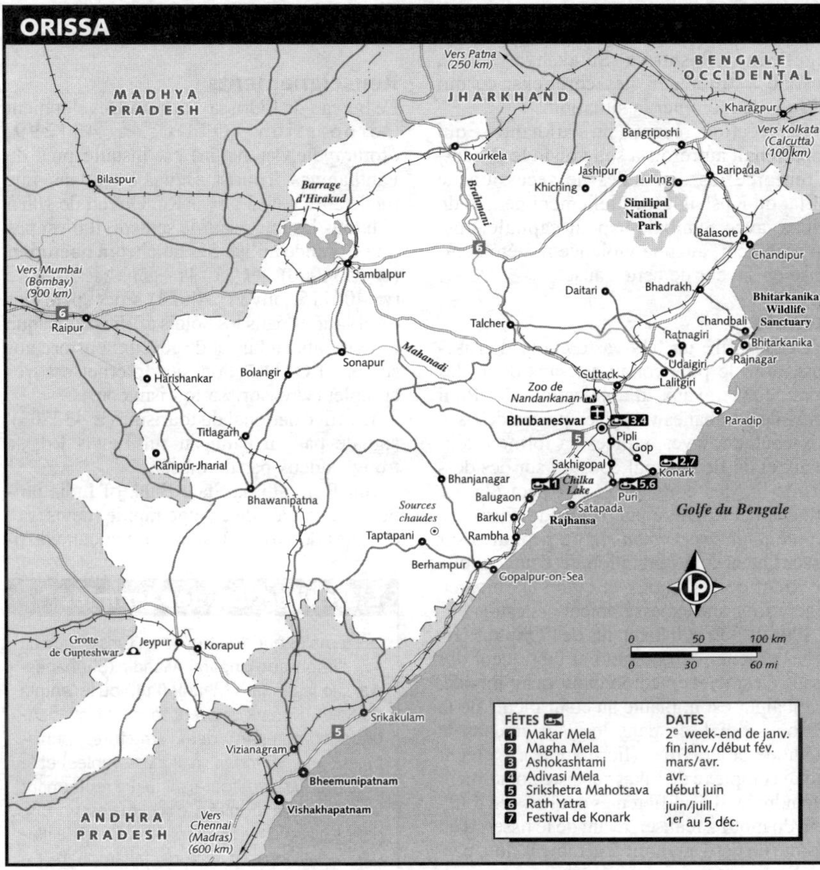

le règne de la dynastie Kalinga en 260 av. J.-C. Près de la ville actuelle de Bhubaneswar, le Kalinga fut conquis lors d'une bataille sanglante par le grand empereur indien Ashoka. Choqué par le carnage, Ashoka condamna la violence et se convertit au bouddhisme, qu'il contribua à répandre jusqu'au Sri Lanka et dans l'Est de l'Asie.

Vers le Ier siècle av. J.-C., sous le règne de Kharavela, troisième roi chedi, le bouddhisme déclina au profit du jaïnisme. Durant cette période, des grottes monastiques furent creusées dans les monts jumeaux Udayagiri et Khandagiri (près de Bhubaneswar) qui devinrent d'importants centres jaïna.

Au VIIe siècle, l'hindouisme supplanta à son tour le jaïnisme. Le commerce et la culture de l'Orissa s'épanouirent sous les rois Kesari et Ganga, et l'on peut encore admirer aujourd'hui d'innombrables temples datant de cette période classique. Les Oriya parvinrent à défier les souverains musulmans de Dehli, mais ils durent finalement céder devant les Moghols, au XVIe siècle. Nombre de temples de Bhubaneswar furent détruits à cette époque. Depuis, l'Orissa a connu le joug successif des Afghans, des Marathes et des Britanniques (de 1803 à l'Indépendance).

Ces dernières années, un groupe fondamentaliste hindou, Bajrang Dal, a entrepris une violente campagne contre les chrétiens, motivée par le succès des missionnaires qui convertissent les pauvres, en particulier dans les régions tribales. En janvier 1999, un missionnaire australien et ses deux fils ont été brûlés vifs dans leur voiture pendant leur sommeil. Ces activités ont entraîné récemment la formation d'un groupe de jeunesse chrétienne, Rashtriya Surakshya Vahni, destiné à "protéger" les chrétiens, ce qui risque d'envenimer la situation.

La création récente du Jarkhand – qui appartenait autrefois à son voisin le Bihar – a renforcé les demandes de sécession de l'État du Koshal, essentiellement peuplé de tribus, avec Sambalpur pour capitale. Jusqu'à présent, aucune violence n'a été commise en faveur de cette cause.

Achats

L'Orissa offre un très vaste choix d'artisanats, dont le plus connu est sans doute les minutieux travaux d'application de Pipli (près de Bhubaneswar). Des pièces de tissu aux couleurs vives, taillées en forme d'animaux et de fleurs, sont cousues sur des dessus-de-lit, des coussins et des parasols. Le village de Raghurajpur (près de Puri) est réputé pour ses *patachitra*, ou peintures sur tissu. Quant à la réputation de Cuttack, elle lui vient de ses bijoux et autres parures en argent filigrané excessivement délicats.

Plus de 300 000 habitants de l'Orissa exercent le métier de tisserand et fabriquent des tissus en soie et en coton uniques au monde. Sambalpur est implanté au cœur même de la région spécialisée dans les *ikat* et dans la méthode du "tie-die" (lier-teindre). La technique complexe de l'ikat consiste notamment à teindre le fil de différentes couleurs en fonction du motif à réaliser, avant de le tisser. Il en résulte un tissu au motif légèrement flou, particulièrement séduisant à l'œil.

A Puri, des répliques de toutes tailles de Jagannath, de son frère et de sa sœur, en bois peint de couleur vive, feront de plaisants souvenirs. A Balasore (dans le nord), on fabrique des jouets et des masques en bois laqué.

Parmi d'autres souvenirs très appréciés de l'Orissa, vous trouverez des horoscopes, des textes religieux et des illustrations compliquées du *Kamasutra*, minutieusement gravés ou peints sur des feuilles de palmier.

BHUBANESWAR

☎ 0674 • 528 390 habitants

Bhubaneswar est une ville assez agréable et d'accès facile, où se côtoient édifices modernes et temples anciens. Elle a suffisamment à offrir pour justifier une halte d'un jour ou deux, et sert également de point de départ à des excursions de plusieurs jours vers Dhauli, le zoo de Nandankanan et Cuttack.

Renseignements

Le bureau de l'Orissa Tourism Development Corporation (OTDC, ☎ 431299, orotur@dte.vsnl.net.in) est installé près du Panthanivas Tourist Bungalow, dans une ruelle adjacente à Lewis Rd. Ouvert de 10h à 17h tous les jours sauf le samedi, il n'est pas d'une grande utilité. Ses guichets à l'aéroport (☎ 534006) et à la gare ferroviaire (☎ 404715, ouvert 24h/24) s'occupent des réservations dans les hôtels affiliés, ainsi que des circuits en bus et des excursions organisés par l'OTDC. Son site Internet est très complet (www.orissa-tourism.com).

L'office national du tourisme (☎ 432203), signalé par un panneau sur Lewis Rd, se trouve à deux pas du musée.

Sur Raj Path, la State Bank of India propose un service de change rapide (devises et chèques de voyage), sans faire aucune diffi-

L'architecture des temples

Les temples que l'on trouve en Orissa, que ce soit l'imposant Lingaraj Mandir (Bhubaneswar), le Jagannath Mandir (Puri) ou le temple du Soleil (Konark), suivent tous un plan identique comprenant deux structures principales : le *jagamohan* (hall d'assemblée) et le *deul* (ou *sikhara*), tour-sanctuaire renfermant la statue de la divinité. Ce schéma est enrichi, dans les grands temples, par l'addition de plusieurs pavillons en face du jagamohan. Ce sont le *bhoga-mandapa*, ou salle d'offrandes, et le *natmandir*, ou pavillon de la danse.

Ces temples souvent entourés d'un mur d'enceinte, abritent parfois des temples et des sanctuaires annexes. La tour élancée et la complexité des sculptures recouvrant la moindre surface constituent des caractéristiques majeures. Les sculptures représentent des dieux, des hommes et des femmes, des plantes, des arbres, des fleurs et des animaux. Tous les aspects de la vie quotidienne sont traités, mais les sculptures érotiques attirent plus particulièrement certains visiteurs. Les plus belles et les plus explicites se trouvent à Konark où le détail architectural a reçu autant de soin que la grandiose conception de l'ensemble.

BHUBANESWAR

OÙ SE LOGER
- 2 Hotel Prachi
- 3 Jatri Nivas
- 7 Hotel Keshari
- 8 Hotel Richi
- 9 Hotel Swagat
- 10 Bhubaneswar Hotel
- 14 Hotel Sahara, Park Inn Bar & Restaurant, Net4U
- 15 Hotel Pushpak, Hotel Padma, Hotel Bhagat Niwas
- 16 Hotel Sishmo
- 29 Panthanivas Tourist Bungalow & Maloki Restaurant, agence des bus de l'OTDC

OÙ SE RESTAURER
- 4 Bhuvanashree Vegetarian Restaurant
- 5 Brown & Cream, Hotel Swosti, Swosti Travels Office
- 6 Banjara Restaurant

DIVERS
- 1 Pathani Samanta Planétarium
- 11 Modern Book Depot
- 12 Gare routière municipale
- 13 Marché, Suruchi Food Plaza, poste, Orissa State Handloom Cooperative (Utkalika)
- 17 State Museum
- 18 Office du tourisme national
- 19 Arrêt de bus (pour Cuttack et Puri)
- 20 Maussi Maa Mandir
- 21 State Bank of India
- 22 Poste de police
- 23 Ancienne gare routière Capital (désaffectée)
- 24 Agence Indian Airlines
- 25 Scheduled Tribes Research & Training Centre
- 26 Gare routière de Baramunda
- 27 Grottes d'Udayagiri et de Khandagiri
- 28 Poste centrale
- 30 Orissa Tourism Development Corporation (OTDC)
- 31 Vaital Mandir
- 32 Lingaraj Mandir
- 33 Mukteswar et Siddheswar Mandir, Kedargauri Mandir, Raghunath Crafts
- 34 Parsurameswar Mandir
- 35 Raja Rani Mandir
- 36 Brahmeswar Mandir

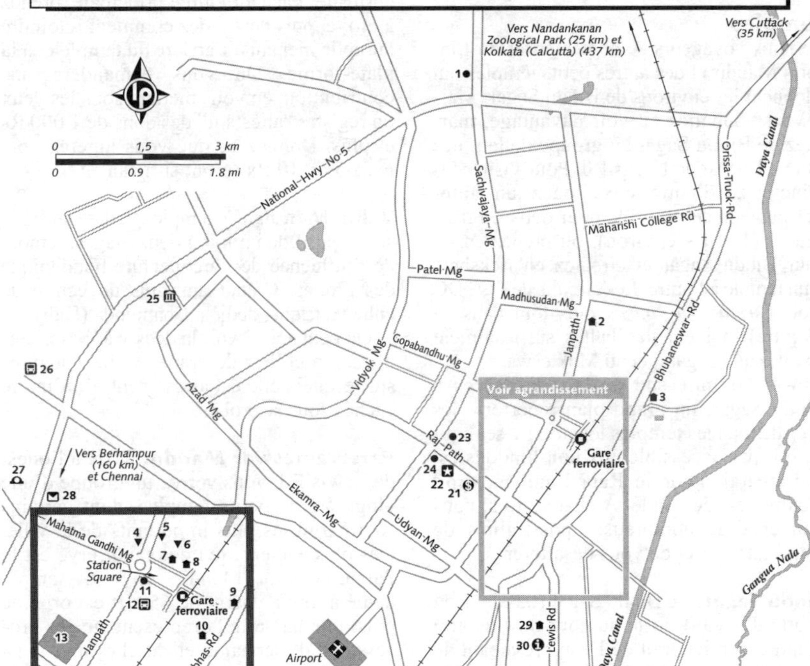

ORISSA

culté. Certains hôtels de catégories moyenne et supérieure changent également de l'argent pour leurs clients.

Située à un emplacement peu commode, sur la National Highway n°5, la poste centrale dispose d'un service de poste restante. Un autre bureau plus pratique est installé dans le bâtiment du marché, près de Raj Path. Pour Internet, Net4U, à côté de l'Hotel Sahara sur Raj Path (10 Rs pour 15 min), est le meilleur établissement.

Modern Book Depot, sur Station Square, propose un bon choix de cartes et de livres en anglais.

Temples

Certains voyageurs se contenteront du Lingaraj Mandir et des autres petits temples qui jalonnent les environs de Bindu Sagar. Mais si vous souhaitez en voir davantage, marchez de Bindu Sagar au groupe de temples situé à l'ouest de Lewis Rd. Pour visiter les principaux d'entre eux, louez un auto-rickshaw en centre-ville pour deux ou trois heures (150 Rs environ), ou prenez-en un pour Bindu Sagar et circulez en rickshaw d'un temple à l'autre. Les circuits de l'OTDC (voir *Circuits organisés* plus loin dans ce chapitre) incluent des haltes suffisamment longues au Lingaraj et au Mukteswar.

A l'extrémité sud de la rue d'accès à Bindu Sagar, un grand plan répertorie les sites de tous les temples locaux. Le seul qui ne soit pas accessible aux non-hindous est le Lingaraj. Pour le Raja Rani, un droit d'entrée est demandé. A chaque fois, vous trouverez de nombreuses possibilités de vous restaurer et de vous désaltérer.

Bindu Sagar. Le Bindu Sagar (bassin de la goutte d'océan), juste au nord du Lingaraj Mandir, contiendrait de l'eau provenant de tous les cours d'eau, bassins et lacs sacrés d'Inde : l'endroit rêvé pour laver ses péchés. Ses rives sont jalonnées de temples et de sanctuaires, dont plusieurs ornés de tours calquées sur celles du Lingaraj Mandir. Au centre du bassin, un pavillon est utilisé une fois par an, lors de la baignade rituelle de la divinité du Lingaraj Mandir.

Lingaraj Mandir. Le Lingaraj Mandir est dédié à Tribhuvaneswar ou maître des Trois Mondes, appelé aussi Bhubaneswar. Son aspect actuel date de 1090-1104, bien que certaines parties remontent à plus de 1 400 ans. Le bloc de granit représentant Tribhuvaneswar serait journellement arrosé d'eau, de lait et de *bhang* (marijuana). Dominée par la tour du temple, haute de 54 m, l'enceinte forme un carré de quelque 150 m de côté ; elle comprend plus d'une cinquantaine de petits temples. Ne ratez surtout pas, à l'angle nord-est, le petit temple dédié à Parvati, particulièrement digne d'intérêt.

Comme le temple est entouré d'un mur et fermé aux non-hindous, les étrangers ne peuvent l'observer que d'une plate-forme panoramique – qui permet de satisfaire leur curiosité. Face à l'entrée principale, prenez à droite, puis demandez comment rejoindre la ruelle menant à l'arrière du temple et à la plate-forme. On vous demandera une contribution, en vous mettant sous les yeux un registre "attestant" des dons de 1 000 Rs et plus. Donnez ce que vous jugerez bon, mais 5 ou 10 Rs seront suffisantes

Vaital Mandir. Ce temple qui date du VIIIe siècle possède un toit à deux étages, témoin de l'influence de l'architecture bouddhique des grottes. C'était autrefois un centre de culte tantrique, dédié à Chamunda (Kali).

On peut apercevoir la déesse à l'intérieur, mais son collier de crânes et les cadavres sur lesquels elle est assise sont d'ordinaire cachés sous ses robes.

Parsurameswar Mandir. Juste à l'ouest de Lewis Rd, vous verrez un groupe d'une vingtaine de petits temples, dont certains sont parmi les plus importants de la ville. Des plus anciens, le mieux conservé est le Parsurameswar Mandir, un petit temple dédié à Shiva datant de 650. Il est orné de puissants bas-reliefs représentant des processions d'éléphants et de chevaux, ainsi que de fenêtres à claire-voie et de représentations de Shiva.

Mukteswar Mandir, Siddheswar Mandir et Kedargauri Mandir. Près du Parsurameswar, le petit Mukteswar Mandir, datant du Xe siècle, est l'un des temples les plus décorés de Bhubaneswar. Les reliefs offrent un mélange de styles bouddhique, jaïna et hindou, mais certaines statues ont été défigurées. Les sculptures du plafond sont particulièrement saisissantes et le style de la clef de voûte est remarquable.

En face du temple, un beau *torana* (linteau) arqué témoigne d'une évidente influence bouddhique.

Le Siddheswar Mandir, plus tardif, se trouve dans la même enceinte. Quoique plus simple que le Mukteswar, il possède un beau ganesh debout.

Toujours près de la route, de l'autre côté du sentier lorsque l'on arrive du Mukteswar, se dresse le Kedargauri Mandir, l'un des plus anciens temples de Bhubaneswar. Il a été en grande partie reconstruit.

Raja Rani Mandir. Ce temple dont la construction remonterait à la fin du XIe siècle, entouré de jardins bien entretenus, est célèbre pour l'ornementation de son *deul* (qui abrite la représentation de la divinité à laquelle le temple est consacré). Tout autour, huit *dikpala* (gardiens) le protègent, deux de chaque côté. Dans les intervalles, des nymphes, des couples enlacés, des éléphants et des lions remplissent les niches et ornent les piliers. Les portes sont ouvertes de 6h à 18h, et l'entrée revient à 2 Rs.

Brahmeswar Mandir. Le Brahmeswar Mandir, datant du IXe siècle, se dresse dans une cour bordée de quatre petits temples. Cette réplique de taille réduite du Lingaraj Mandir est remarquable pour la finesse de ses sculptures érotiques et parfois comiques.

State Museum

Facilement repérable sur Lewis Rd, ce musée mérite une visite. Il présente une remarquable collection de manuscrits rares sur feuilles de palmier, d'instruments de musique traditionnels et folkloriques, des outils de l'âge du bronze, une armurerie et d'intéressantes expositions anthropologiques sur les tribus de l'Orissa.

La collection d'histoire naturelle vaut le détour, car les animaux présentés ont conservé leur fourrure et leurs plumes. La superbe collection de sculptures bouddhiques et jaïna présentées selon un ordre chronologique, réunit les antiquités les plus remarquables du musée.

Les artistes originaires de l'Orissa sont également mis à l'honneur dans la galerie consacrée à l'art contemporain. L'accès au musée, ouvert de 10h à 17h tous les jours sauf le lundi, revient à 1 Rp. La vente des billets ne s'effectue pas entre 13h et 14h, bien que le musée reste ouvert et que les visiteurs munis de tickets puissent continuer à flâner.

Scheduled Tribes Research & Training Center

Les visiteurs sont les bienvenus dans ce centre (ou musée de l'Homme, ☎ 61635), consacré à l'origine à la recherche anthropologique. Le modèle d'habitat en plein air des adivasi de l'Orissa a été détruit pendant le cyclone de 1999 ; une fois reconstruit, il devrait se révéler des plus intéressants. Les bus reliant le centre-ville à la gare routière de Baramunda passent devant le musée. Vous pouvez aussi louer un auto-rickshaw (30 Rs environ).

Grottes d'Udayagiri et de Khandagiri

Ces deux collines se font face, à quelques kilomètres à l'ouest de la ville. Elles sont percées de nombreuses grottes (numérotées, la plupart du temps), décorées avec faste. On pense qu'elles auraient été creusées au Ier siècle de notre ère pour servir de retraite à des ascètes jaïna. Les collines offrent en outre un merveilleux point de vue au lever et au coucher du soleil.

Udayagiri, ou colline du Soleil levant, au nord de la route, abrite les grottes les plus intéressantes. Au pied de la colline, vers la droite, se trouve le **Rani ka Naur** ou palais de la reine, à deux étages (grotte 1). Les deux niveaux possèdent 8 entrées et l'ensemble est abondamment sculpté.

Retournez sur la route par **Chota Hathi Gumpha** (grotte 3), dans laquelle vous pourrez admirer des éléphants sculptés qui surgissent de derrière un arbre. **Jaya Vijaya** (grotte 5) comporte également deux niveaux et vous découvrirez un banian sculpté dans la pièce principale.

En retournant à l'entrée, vous monterez vers la grotte 9, **Swargapuri**, et la grotte 14, **Hathi Gumpha** ou grotte de l'Éléphant, qui porte une inscription relatant en 117 lignes les exploits de son constructeur, le roi Kharaveli de Kalinga, dont le règne s'étendit de 168 à 153 av. J.-C.

Faites le tour de la colline par la droite jusqu'à **Ganesh Gumpha** (grotte 10), qui se trouve presque directement au-dessus de Rani ka Naur. Ses reliefs racontent la même histoire que ceux de la grotte inférieure mais ils sont mieux dessinés. Revenez sur vos pas jusqu'à la grotte 14, puis continuez vers **Pavana Gumpha**, ou grotte de la Purification, et la petite **Sarpa Gumpha** ou grotte du Serpent, dont le minuscule orifice est surmonté d'un cobra à trois têtes. A 15 m seulement, s'ouvre **Bagh Gumpha** (grotte 12) ou grotte du Tigre, dans laquelle on entre par la gueule du fauve.

De l'autre côté de la route, **Khandagiri** offre un beau point de vue sur Bhubaneswar. Le sentier en pente raide se divise à environ un tiers de l'ascension. Le sentier de droite mène à **Ananta** (grotte 3), ornée de sculptures d'athlètes, de femmes, d'éléphants et d'oies portant des fleurs. Plus loin sont réunis plusieurs **temples jaïna** tandis qu'un autre, datant du XVIIIe siècle, coiffe le sommet.

L'ensemble du site (grottes comprises) est ouvert de 6h à 18h tous les jours (2 Rs). Des guides sont disponibles – mais sans doute inutiles – pour un tarif négociable. Un ***restaurant*** très quelconque, géré par le gouvernement, se trouve à proximité, ainsi que quantité de boutiques en plein air préparant du ***chai*** (thé).

Si aucun transport en commun ne dessert les grottes, nombre d'entre eux passent par le carrefour de la National Highway n°5, à deux pas. Vous pouvez aussi prendre un auto-rickshaw (environ 50 Rs l'aller).

Pathani Samanta Planétarium

Ce planétarium particulièrement intéressant, sur Sachivajaya Marg, présente des spectacles "extraordinaires" dans le premier sens du terme, toutes les heures de 14h à 17h (16h en anglais), chaque jour sauf le lundi (10 Rs).

Circuits organisés

Bhubaneswar n'est pas très bien équipée pour le tourisme. Si vous voulez organiser un circuit à travers l'Orissa, par exemple chez les populations tribales, mieux vaut le faire à Puri (de toutes façons plus agréable pour séjourner). Pour des renseignements concernant ce genre d'excursion, reportez-vous à l'encadré *Les adivasi* dans la section consacrée à Puri, plus loin dans ce chapitre.

Swosti Travel (☎ 508526, swosti@cal.vsnl.net.id), l'une des rares agences de voyage de la capitale, est installée dans le bâtiment de l'Hotel Swosti sur Janpath. Elle propose des circuits destinés à des touristes haut de gamme (avec un tarif en conséquence) dans les régions tribales et dans le Bhitarkanika National Park. L'agence possède son propre site Internet (www.swosti. com).

Les lecteurs de ce guide recommandent le Travel Club (☎ 405830, fax 407819), qui organise des excursions dans les régions tribales et les parcs nationaux de Bhitarkanika et Similipal.

Tous les jours (sauf le lundi), l'OTDC organise des circuits comprenant le zoo de Nandankanan, Dhauli, les temples de Lingaraj et de Mukteswar, le State Museum ainsi que les grottes d'Udayagiri et de Khandagiri (105 Rs par personne). Une autre excursion d'une journée inclut Konark, Pipli et Puri (115 Rs). Pour tous les circuits, le groupe doit comprendre cinq participants au minimum. Les réservations s'effectuent aux bureaux et aux comptoirs de l'OTDC mentionnés dans le paragraphe *Renseignements* plus haut, ou au bureau des bus de l'OTDC (☎ 431515) derrière le Panthanivas Tourist Bungalow sur Lewis Rd.

Manifestations annuelles

Bhubaneswar accueille l'Ashokashtami, une course de chars hindous, au Lingaraj Mandir en mars/avril. En avril se tient également l'Adivasi Mela, qui présente arts, danses et objets artisanaux.

Où se loger – petits budgets et catégorie moyenne

Comme dans la majeure partie de l'Orissa, les tarifs chutent de 20% à 50% durant la mousson, de juin à septembre ; il n'est donc jamais inutile de demander un rabais. Sauf mention contraire, tous les établissements répertoriés ci-dessous possèdent TV par câble, ventil. et s.d.b.

Accueillant, ***Jatri Nivas*** *(☎ 575838, Bhubaneswar Rd)* ressemble à une auberge de jeunesse. Si ses lits en dortoir (18 au total) commencent à 50 Rs par personne, la direction demande que ses occupants paient pour tous les lits vacants ! Sinon, les chambres standard, douteuses et sans TV, reviennent à 185 Rs pour les triples avec s.d.b. commune, et à 300 Rs pour les doubles, plus agréables, avec s.d.b.

Trois établissements centraux, mais bruyants, se trouvent sur Netaji Subhas Rd. L'***Hotel Pushpak*** *(☎ 310185)* possède des doubles très ordinaires à 200 Rs, ou 300 Rs avec pension complète (trois repas). A côté, l'***Hotel Padma*** *(☎ 416626)* propose deux simples (sans TV ni s.d.b.) pour 60 Rs, ainsi que de nombreuses doubles propres et agréables (de 160 à 200 Rs). Derrière le Padma, l'***Hotel Bhagwat Niwas*** loue des simples/doubles pour 160/250 Rs ; certaines ressemblent plutôt à des cellules.

D'allure tapageuse, le ***Bhubaneswar Hotel*** *(☎ 416977, Netaji Subhas Rd)* gère un grand nombre de chambres à des tarifs étonnamment raisonnables. Une chambre deluxe (certaines avec balcon) coûte 300/400 Rs, et la direction garantit l'eau chaude à volonté. Les chambres les moins chères sans TV commencent à 125/175 RS.

L'***Hotel Swagat*** *(☎ 312686)*, juste à la sortie de Netaji Subhas Rd, est très calme. Les prix des chambres, vastes et propres, s'échelonnent de 175 Rs pour les simples avec s.d.b. commune à 275/300 Rs pour les grandes "deluxe" avec air-cooler et s.d.b.

Central mais peu bruyant, l'***Hotel Sahara*** *(☎ 313631, Raj Path)* est net et accueillant. Les petites simples avec s.d.b. commune reviennent à 185 Rs, et les immenses doubles, lumineuses et aérées, avec s.d.b., sont d'un bon rapport qualité prix (395 Rs). Les chambres avec clim. coûtent environ trois fois plus cher.

Installé près de la gare ferroviaire, l'***Hotel Richi*** *(☎ 534619, Station Square)* est également avantageux. Il loue des simples de 220 à 250 Rs et des doubles de 325 à 425 Rs, toutes avec petit déjeuner.

Situé près des temples, le ***Panthanivas Tourist Bungalow*** *(☎ 432314, Lewis Rd)* est plutôt médiocre. Il oblige de surcroît les clients à libérer la chambre à 8h, un vrai cauchemar. Les doubles/triples spacieuses coûtent 375/450 Rs (sans TV), et les doubles avec clim. et TV commencent à 700 Rs.

Où se loger – catégorie supérieure

L'***Hotel Keshari*** *(☎ 534994, keshari@orissaindia.com, Station Square)*, qui offre toutes les prestations d'un trois-étoiles avec des tarifs très raisonnables, mérite bien la dépense. Une simple/double standard revient à 675/775 Rs.

Luxueux, l'***Hotel Sishmo*** *(☎ 433600, fax 433351, Raj Path)* propose des chambres à 2 200/ 2 900 Rs. La piscine (ouverte au public pour 100 Rs) constitue l'une des ses principales attractions. Le soir, il accueille parfois des récitals de musique classique indienne.

Chic et entièrement climatisé, l'***Hotel Prachi*** *(☎ 522472, fax 503287, Janpath)* loue des chambres excessivement chères à partir de 50/55 $US (ceux qui n'y résident pas peuvent utiliser sa piscine pour 100 Rs).

Où se restaurer

De nombreux ***restaurants de spécialités de l'Inde du Sud***, corrects et bon marché, se regroupent près du carrefour de Raj Path et de Janpath, ainsi que le long des ruelles situées derrière l'Hotel Swosti. La plupart des hôtels répertoriés possèdent un restaurant, et certains un bar (ouvert au public).

Dans le bâtiment abritant le marché, près de Raj Path, ***Suruchi Food Plaza***, un peu sombre, propose des plats délicieux et bon marché, avec un service très correct. Les thali (riz et curries de légumes, servis à volonté) à partir de 25 Rs et les dosa (larges crêpes fourrées) à partir de 12 Rs sont très appréciés de la population locale.

Installé dans l'Hotel Swosti sur Janpath, ***Brown & Cream*** est idéal pour déguster pâtisseries, gâteaux, sandwiches et steaks. Des tables sont installées à l'intérieur. Les prix commencent à 3 Rs.

Le ***Park Inn Bar & Restaurant***, près de l'***Hotel Sahara*** sur Raj Path, est l'un des meilleurs hôtels-restaurants. Vous serez frigorifié par la climatisation, mais elle a au moins le mérite de garder la bière au frais ! Les tarifs des repas s'échelonnent de 15 à 65 Rs.

Situé dans le Panthanivas Tourist Bungalow sur Lewis Rd, le ***Maloki Restaurant*** est d'un excellent rapport qualité/prix (à partir de 30 Rs l'assiette). Si vous participez à une "visite de la ville" de l'OTDC, vous y terminerez inévitablement pour un déjeuner.

Le ***Banjara Restaurant***, dans une ruelle adjacente à Station Square, est un établissement à la bonne franquette, très apprécié de la population locale pour son large choix de plats savoureux. Un solide repas coûte environ 40 Rs.

A l'angle de Janpath et de Mahatma Gandhi Marg, le ***Bhuvanashree Vegetarian Restaurant*** offre tout un assortiment de thali de 31 à 45 Rs, dans un cadre propre et confortable.

Achats

Les productions artisanales d'Orissa, telles que les étoffes ornées d'appliques et les ikat, s'achètent sur les étals de la rue et dans les boutiques du marché et de ses alentours, près de Raj Path. Citons par exemple l'Orissa State Handloom Cooperative (ou Utkalika). Parmi les autres magasins pour touristes – qui pratiquent des prix en conséquence – figurent l'Orissa State Handicraft Emporium, sur la route de Dhauli, et Raghunath Crafts, près de l'entrée de Kedargauri Mandir.

Comment s'y rendre

Avion. Indian Airlines (☎ 530544), sur Raj Path, propose des vols aller-retour quotidiens entre Bhubaneswar et Kolkata (Calcutta) pour 85 $US l'aller, et entre Bhubaneswar et Delhi pour 215 $US. Il existe quatre vols par semaine de/vers Vizianagram (120 $US), dans l'Andhra Pradesh, et de/vers Chennai (Madras) pour 200 $US. Indian Airlines propose également trois vols par semaine vers (mais pas en sens inverse) Mumbai (Bombay) pour 250 $US, et vers Hyderabad (160 $US).

Bus. La gare routière de Baramunda, sur la National Highway n°5, est située à environ 6 km à l'ouest du centre-ville. Des bus partent toutes les 15 à 30 min pour Cuttack (15 Rs, 1 heure), Puri (15 Rs, 1 heure1/4) et Konark (18 Rs, 1 heure 1/2). Toutes les heures environ, des bus se rendent à Berhampur (50 Rs, 5 heures), *via* Balugaon (30 Rs, 3 heures). En fin d'après-midi, deux départs quotidiens ont lieu pour Kolkata (140 Rs, 12 heures), et tous les soirs plusieurs bus démarrent en direction de Sambalpur (100 Rs, 9 heures). Un service irrégulier dessert Baripada (85 Rs, 7 heures).

De son bureau situé à l'arrière du Panthanivas Tourist Bungalow sur Lewis Rd, l'OTDC propose des bus de nuit pour Sambalpur (8 heures, 110 Rs) ainsi qu'un service matinal pour Berhampur (4 heures, 65 Rs).

Pour ajouter à la confusion, des bus pour Cuttack démarrent de la gare des bus urbains, près de Station Square. Pour Cuttack et Puri, des départs ont également lieu en haut de Lewis Rd. Pour Nandankanan, ils s'effectuent près de Lingaraj Mandir ainsi qu'à l'extérieur de l'Old Capital Bus (l'ancienne gare routière), sur Raj Path.

Train. Située sur la ligne principale Kolkata-Chennai, Bhubaneswar est très bien desservie pour ces deux destinations. Puri est le terminus de nombreux trains. Le *Puri Express* et le *Dhauli Express*, par exemple, se rendent chaque nuit à Kolkata pour 52/99/490 Rs (2e/1re classe/clim.), et le *Howrah Mail* dessert Chennai pour 80/210/1 050 Rs.

Il existe également un service régulier (souvent quotidien) pour Guwahati (Assam), Bangalore et Delhi, *via* Agra, ainsi que des trains locaux pour Puri, Cuttack et Berhampur. Toutefois, pour ces trois dernières destinations, les bus sont bien plus rapides et plus fréquents.

Comment circuler

L'aéroport de Biju Patnaik est situé à proximité immédiate de la ville. Aucun bus ne le dessert. Un taxi pour le centre de Bhubaneswar coûte entre 70 et 100 Rs ; certains se rendent à Cuttack (300 Rs), Puri (500 Rs) et Konark (500 Rs). Autre solution pour rallier l'aéroport : empruntez un rickshaw (35 Rs environ) ou un auto-rickshaw (80 Rs) ; il vous faudra parcourir à pied les 500 m qui séparent l'entrée de l'aéroport du terminal.

ENVIRONS DE BHUBANESWAR

Dhauli

Vers 260 av. J.-C., Ashoka fit graver ses célèbres édits sur un imposant **rocher** à mi-hauteur de la colline de Dhauli, à 8 km au sud de Bhubaneswar. Après avoir éliminé plusieurs membres de sa famille pour accéder au pouvoir, puis des centaines de milliers d'hommes lors de plusieurs guerres de conquête, Ashoka finit par "voir la lumière" après une sanglante victoire à Kalinga. Il se convertit alors au bouddhisme. Plusieurs panneaux placés sur le rocher – sur la route principale au sommet de **Dhauli Hill** – relatent cette histoire extraordinaire.

En haut de la colline, l'immense pagode de la Paix, ou **Shanti Stupa**, toute blanche, fut construite par les Japonais dans les années 70. Des statues plus anciennes du Bouddha figurent dans la structure moderne.

Pour rejoindre le carrefour vers Dhauli, sur la route principale reliant Bhubaneswar à Puri, prenez n'importe quel bus pour Puri ou Konark. De là, il vous reste 3 km à parcourir sur le plat jusqu'au rocher, puis une rapide montée escarpée jusqu'au stupa. En auto-rickshaw, le voyage aller coûte environ 90 Rs.

Nandankanan Zoological Park

Connu pour ses tigres blancs, le zoo en comptait 28 (la plus grande colonie du monde) jusqu'au premier semestre 2000, lorsque 8 tigres sont morts. Pour davantage de renseignements, reportez-vous au paragraphe *Espèces menacées* du chapitre *Présentation de l'Inde*.

Le zoo abrite, entre autres, des lions et toutes sortes de reptiles, de singes et de cerfs. Juste à l'entrée, le **Nature Interpretation Centre** présente le Chilka Lake ainsi que les principaux parcs nationaux et les réserves de l'Orissa. Parmi les autres attractions figurent les **promenades à dos d'éléphant** (4 Rs par personne, entre 15h et 16h30 seulement), un **train miniature** (5 Rs) et des **promenades en bateau** (de 15 à 40 Rs par personne pour 30 min). Un **téléphérique** traverse le lac (22 Rs aller-retour), permettant à ses passagers de descendre à mi-chemin, puis de parcourir à pied les 300 m restants jusqu'au **State Botanical Garden** (jardin botanique). Pour beaucoup, les **safaris aux lions** ou aux **tigres** (6 Rs chacun) dans des bus blindés constituent le point fort de la promenade.

Le zoo est ouvert de 10h à 17h tous les jours sauf le lundi. L'entrée coûte 40 Rs, avec un supplément de 5/200 Rs pour prendre des photos/filmer. Des guides sont disponibles – mais pas nécessaires – ; ils reviennent à 50 Rs pour un petit groupe (90 min environ). De nombreux endroits pour se restaurer se trouvent à l'extérieur – mais pas à l'intérieur – du zoo.

Le mieux étant d'y consacrer une demi-journée, évitez les circuits en bus de l'OTDC car ils ne prévoient qu'une heure d'arrêt au zoo. A Bhubaneswar, des bus publics fréquents partent de Lingaraj Mandir et de l'extérieur de la gare routière d'Old Capital pour le village de Nandankanan, à environ 400 m de l'entrée du zoo.

PURI

☎ 06752 • 142 665 habitants

Puri est l'un des quatre *dham* (lieux saints de pèlerinage hindou en Inde). Les bouddhistes croient que la dent du Bouddha y était cachée, avant qu'elle ne soit subtilisée pour se retrouver à Kandy, au Sri Lanka. La vie religieuse de Puri est centrée sur le grand Jagannath Mandir et son célèbre Rath Yatra, ou fête du Char qui se tient en juin ou en juillet. Cet immense rassemblement est analogue à la *perahera* (procession annuelle) de Kandy (Sri Lanka).

L'autre attrait majeur de Puri est sa longue plage de sable blanc, malheureusement largement touchée aujourd'hui par la pollution. Néanmoins, la ville continue d'attirer un grand nombre de visiteurs, notamment des Indiens de Kolkata. Quels que soient ses inconvénients, c'est un endroit agréable, où l'atmosphère est détendue. De nombreux touristes succombent au mal local, la "paralysie de Puri", sorte d'inertie qui leur enlève toute volonté de quitter la ville !

Lieu saint, Puri est l'une des villes indiennes les plus agréablement excentriques, où la consommation de bhang (ou ganja) est légale. Néanmoins, cette drogue ne se trouve *que* dans les boutiques gérées par le gouvernement. Acheter, vendre et fumer la ganja en dehors de ce circuit légal est interdit. Pour davantage de renseignements, reportez-vous au paragraphe *Drogue* du chapitre *Renseignements pratiques*.

Renseignements

L'OTDC (☎ 22664), installé de manière peu pratique sur Station Rd, vaut néanmoins le détour. Il dispose également d'un comptoir (☎ 23536) à la gare ferroviaire qui se charge des réservations pour ses circuits en bus, ses excursions et ses hôtels.

La State Bank of India, à l'angle de Chakra Tirtha (CT) Rd et de Kutchery Rd, change devises et chèques de voyage – du moins si vous n'êtes pas pressé. L'agence de voyages Ghandara International, dans l'Hotel Ghandara sur CT Rd, offre le même service, mais à un taux inférieur de 5% environ à celui pratiqué par les banques. En dernier recours, adressez-vous à un hôtel haut de gamme.

Quelques boutiques Internet sont aménagées le long de CT Rd ou à proximité, telles que le Harry's Cafe, Juggernaut Infotech ou encore Aum Computers. Toutefois, elles sont généralement petites et l'accès à Internet revient cher (80 Rs l'heure environ).

Loknath Bookshop, près de Lodge Sagar Saikate sur CT Rd, est une bonne adresse pour troquer ou acheter des livres d'occasion.

Jagannath Mandir

Grâce à son célèbre temple, Puri est l'un des quatre dham (lieux saints situés aux quatre points cardinaux du pays) – les autres étant situés à Dwarka au Gujarat (à l'ouest), Badrinath en Uttaranchal (au nord) et Rameswaram au Tamil Nadu (au sud). Jagannath Mandir doit son immense popularité auprès des hindous à son refus de pratiquer des distinctions de caste ; tous les hindous sont les

PURI

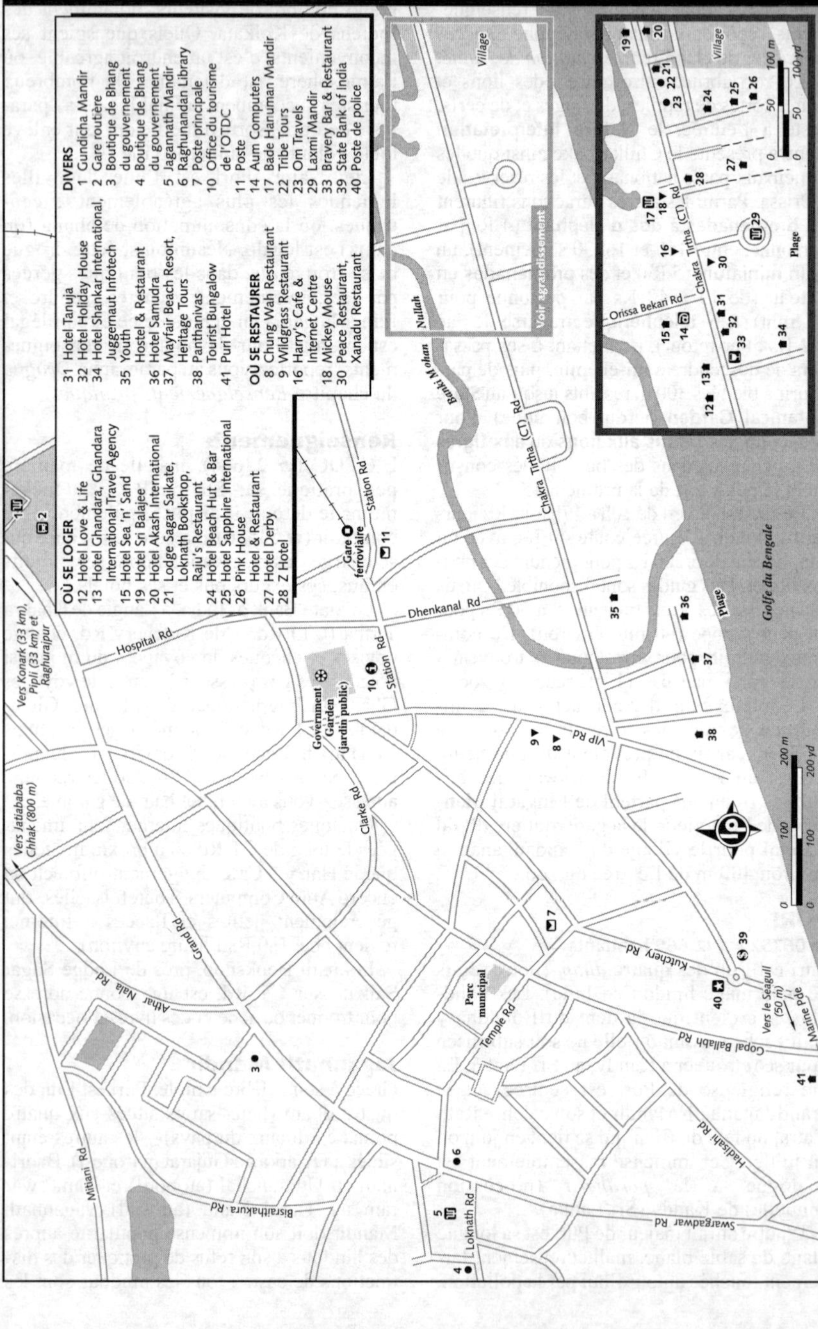
OÙ SE LOGER
12 Hotel Love & Life
13 Hotel Ghandara, Ghandara International Travel Agency
15 Hotel Sea 'n' Sand
19 Hotel Sri Balajee
20 Hotel Akash International
21 Lodge Sagar Saikate, Loknath Bookshop, Raju's Restaurant
24 Hotel Beach Hut & Bar
25 Hotel Sapphire International
26 Pink House Hotel & Restaurant
27 Hotel Derby
28 Z Hotel
31 Hotel Tanuja
32 Hotel Holiday House
34 Hotel Shankar International, Juggernaut Infotech
35 Youth Hostel & Restaurant
36 Hotel Samudra
37 Mayfair Beach Resort, Heritage Tours
38 Panthanivas Tourist Bungalow
41 Puri Hotel
OÙ SE RESTAURER
8 Chung Wah Restaurant
9 Wildgrass Restaurant
16 Harry's Cafe & Internet Centre
18 Mickey Mouse
30 Peace Restaurant, Xanadu Restaurant
DIVERS
1 Gundicha Mandir
2 Gare routière
3 Boutique de Bhang du gouvernement
4 Boutique de Bhang du gouvernement
5 Jagannath Mandir
6 Raghunandan Library
7 Poste principale
10 Office du tourisme de l'OTDC
11 Poste
14 Aum Computers
17 Bade Hanuman Mandir
22 Tribe Tours
23 Om Travels
29 Laxmi Mandir
33 Bravery Bar & Restaurant
39 State Bank of India
40 Poste de police
Vers Konark (33 km), Pipli (33 km) et Raghurajpur
Vers Jatiababa Chhak (800 m)
Hospital Rd
Dhenkanal Rd
Station Rd
Gare ferroviaire
Government Garden (Jardin public)
Clarke Rd
Grand Rd
Athar Nala Rd
Mitiani Rd
Loknath Rd
Temple Rd
Parc municipal
Kutchery Rd
VIP Rd
Gopal Ballabh Rd
Hadisahi Rd
Swargadwar Rd
Marine Pde
Vers le Seagull (50 m)
Chakra Tirtha (CT) Rd
Banki Mohan
Nullah
Village
Voir agrandissement
Orissa Bekari Rd
Plage
Golfe du Bengale
200 m
200 yd
100 m
100 yd

Attention

Ne vous aventurez pas là où vous n'avez plus pied car les courants sont traîtres. Les sauveteurs qu'il vous arrivera de croiser sur la plage vous indiqueront les emplacements où la baignade est sûre. Des agressions sur des jeunes femmes nous ont par ailleurs été signalées. Si vous êtes seule, évitez de rester isolée sur la plage, quelle que soit l'heure.

bienvenus (mais pas les non-hindous). Le temple est dédié à Jagannath, seigneur de l'Univers et incarnation de Vishnu. Son allure actuelle date de 1198. Il est protégé par deux murs d'enceinte. La tour conique, qui se dresse à 58 m, est surmontée du drapeau et de la roue de Vishnu, visible de la mer.

Devant l'entrée principale, connue sous le nom de porte des Lions en raison de ses deux lions-gardiens, se dresse un magnifique pilier, coiffé d'une statue de Garuda qui se trouvait à l'origine devant le temple de Konark. C'est l'entrée utilisée pour la procession des chars. Les portes sud, est et nord sont gardées respectivement par des cavaliers, des tigres et des éléphants.

Dans le jagamohan central, les pèlerins peuvent voir les statues du dieu Jagannath, de son frère Balbhadra et de sa sœur Subhadra.

Les frères possèdent des bras mais pas la petite Subhadra. Tous trois sont parés de guirlandes et habillés différemment selon les cérémonies et les saisons.

Le temple emploie environ 6 000 personnes, attachées aux diverses fonctions du sanctuaire et à l'accomplissement des rites compliqués entourant le service des dieux. On estime que 20 000 personnes en tout gagnent leur vie grâce au Jagannath Mandir. Tous ces serviteurs du dieu sont divisés en 36 ordres et 97 classes !

Les non-hindous ne sont pas admis dans le temple, mais vous pourrez en avoir une idée si vous grimpez sur le toit du plus haut édifice des abords, en l'occurrence, la Raghunandan Library (ouverte tous les jours de 9h à 13h et de 16h à 19h). Depuis le premier étage de la bibliothèque, vous découvrirer une vue formidable sur le chaos de la rue. Pour la vue sur le temple, demandez la permission d'accèder au toit de la bibliothèque. Un don (environ 10 Rs) vous sera demandé. Cependant ce que l'on peut observer du temple se révèle limité et même décevant de n'importe quel autre point de la bibliothèque.

Gundicha Mandir

Aux environs de Puri (voir le plan), de nombreux autres temples sont ouverts aux non-hindous. Néanmoins, la discrétion est de rigueur et il est préférable que les visiteurs soient accompagnés d'hindous. Gundicha Mandir (ou Garden House) accueille les statues des dieux durant les sept jours du Rath Yatra. L'enceinte abrite un jardin dans lequel s'élève le temple. L'accès au site, face à la gare routière, coûte 1 Rp.

Plage et village

N'imaginez pas découvrir un paradis tropical à Puri. La plage, très large, n'est pas protégée et il n'y a pas une miette d'ombre. Par ailleurs, à l'est se trouve un village où la plage fait office de toilettes. Entre le Pink House Hotel et l'Hotel Shankar International, la côte est comparativement peu fréquentée et moins polluée. Plus à l'ouest, parallèlement à Marine Parade, la plage est souvent surpeuplée.

Si vous vous levez tôt le matin, vous assisterez au départ des pêcheurs. Moyennant un petit bakchich, ils accepteront peut-être de vous emmener. La construction des bateaux est particulière. Ils sont faits de troncs d'arbre massifs très lourds et ne flottent que grâce à la masse du bois.

Circuits organisés

Parmi la dizaine d'agences de voyages de Puri, qui jalonnent pour l'essentiel CT Rd, seules quelques-unes (mentionnées ci-dessous) ont bonne réputation et sont reconnues par l'OTDC.

Heritage Tours (☎ 23656, fax 24595, Mayfair Beach Resort, heritagetours@hotmail.com), s'adresse essentiellement à la clientèle haut de gamme, mais propose également toute une série d'excellents circuits vers les régions tribales et les villages d'artisanat, ainsi que des excursions dans les environs de Konark, de Puri, du Chilka Lake et de Bhubaneswar. Le personnel est compétent et aimable.

Om Travels (☎ 24174, fax 27913, CT Rd), dotée d'une équipe bien documentée et serviable, organise toutes sortes de circuits locaux et régionaux.

Tribe Tours (☎/fax 24323, CT Rd, tribetours@hotmail.com) est spécialisée dans les circuits vers les régions tribales.

Les autres agences de voyage des alentours de Puri s'occupent généralement des billets pour les trains et des circuits en bus vers le Chilka Lake et Konark.

L'OTDC organise des circuits quotidiens (sauf le lundi) vers Chilka Lake, ainsi que des excursions au pas de course d'une (longue) journée vers Konark, Dhauli, Bhubaneswar et le zoo de Nandankanan (à partir de 110 Rs par personne). Si la demande est suffisante, le bureau propose également des excursions d'une journée vers Gopalpur-on-Sea.

Circuits dans les régions tribales. La plupart des circuits organisés partent de Bhubaneswar ou de Puri. Ils durent au moins cinq nuits et six jours – le minimum recommandé en raison du trajet à couvrir. Ces circuits se concentrent généralement sur les zones les plus accessibles, dans le Sud-Ouest, et incluent parfois une excursion supplémentaire vers Gopalpur-on-Sea et Taptapani.

Les tarifs s'échelonnent de 35 à 150 $US par personne et par jour – transport privé, nourriture, hébergement et guides compris – en fonction du niveau de confort et du nombre de participants. Quatre agences de voyage recommandées – et officiellement reconnues – proposent de tels circuits.

Heritage Tours (Puri). Une agence professionnelle, avec un personnel extrêmement bien documenté.
Swosti Travels (Bhubaneswar). Une solution haut de gamme, avec des prix en conséquence.
Travel Club (Bhubaneswar). Des circuits pour petits budgets (hébergement en tente ou en hôtel bon marché), recommandés par des lecteurs.
Tribe Tours (Puri). Une agence compétente et des tarifs raisonnables.

Pour davantage de détails concernant les agences de voyage, reportez-vous au paragraphe *Circuits organisés* sous les rubriques *Puri* et *Bhubaneswar*. Pour obtenir une liste à jour des agences de voyages reconnues proposant de tels circuits, contactez le bureau de l'OTDC à Puri. Enfin, pour en apprendre davantage sur la culture adivasi, visitez le Scheduled Tribes Research & Training Centre de Bhubaneswar.

Manifestations annuelles

L'un des principaux événements de l'Inde, le *Rath Yatra* (fête du Char), a lieu à Puri en juin ou en juillet. Cette fabuleuse procession, qui part de Jagannath Mandir, commémore le voyage de Krishna de Gokul à Mathura. Les statues de Jagannath, de son frère et de sa sœur sont sorties du temple et traînées dans d'immenses chars ou *rath*, pour descendre Grand Rd jusqu'à Gundicha Mandir.

Les adivasi

Autrefois, la population locale comptait environ 62 groupes tribaux distincts habitant la région aujourd'hui connue sous le nom d'Orissa. Officiellement appelée "peuples tribaux", et plus exactement adivasi, ils constituent plus d'un quart des habitants de cet État. Si nombre d'entre eux se sont adaptés au mode de vie indien standard, certains groupes gardent leurs traditions inchangées.

Les Kondh sont environ 1 million, installés dans le sud-ouest, aux alentours de Koraput, et à proximité de Sambalpur. Avec une population supérieure à 500 000 âmes, les Santal vivent autour de Baripada et de Khiching dans le Nord-Ouest. Les Saura (plus de 300 000) sont établis dans l'Ouest, à proximité de Bolangir. Connus sous le surnom de "peuple nu", les Bonda sont environ 5 000, regroupés dans les collines près de Koraput.

Toutes ces communautés tribales possèdent leurs propres coutumes, rituels et croyances, devenant ainsi en quelque sorte un centre d'intérêt touristique. La question de savoir s'il est opportun et moral de visiter les régions adivasi continue de susciter une certaine polémique, mais il est vrai que le tourisme apporte à ces régions pauvres des capitaux plus que nécessaires. Néanmoins, il importe de se rendre dans ces zones en circuit organisé pour les raisons suivantes :

- Pour certaines régions, un laissez-passer est nécessaire. Seule une agence de voyages reconnue peut l'obtenir.
- Certaines zones tribales sont difficiles à trouver et souvent inaccessibles en transport en commun.
- Généralement, les adivasi ne parlent guère hindi ni oriya, encore moins anglais.
- Certaines tribus peuvent devenir irritables, et même violentes, si des étrangers visitent leur village sans invitation ni permission officielle.

Le char de Jagannath mesure 14 m de haut sur 10 m de côté. Il est entraîné par 16 roues de plus de 2 m de diamètre. Autrefois, il arrivait que des fidèles se jettent sous les roues du char pour mourir sous le regard du dieu. La traction de ces masses nécessite 4 000 haleurs professionnels, tous employés du temple. Des centaines de milliers de pèlerins (et de touristes) viennent de toute l'Inde pour assister à ce spectacle stupéfiant. Ces chars colossaux sont difficiles à manœuvrer. Il est pratiquement impossible de les faire tourner et, une fois en mouvement, de les arrêter.

Arrivés à l'autre bout de la rue, les dieux s'offrent une semaine de repos au Gundicha Mandir, puis on les ramène au Jagannath Mandir au cours d'une procession identique à celle de la semaine précédente. Après la fête, les chars sont mis en pièces et utilisés comme combustible dans les cuisines communautaires du temple ou pour les bûchers funéraires. Chaque année, de nouveaux chars sont construits en grande partie dans un bois provenant d'arbres dont l'abattage excessif met en danger les forêts de l'Orissa. A intervalles de 8, 11 ou 19 ans (ou une combinaison de ces chiffres en fonction des circonstances astrologiques), les dieux eux-mêmes sont mis au rebut et l'on fabrique de nouvelles statues. Au cours des 150 dernières années, cet événement s'est produit en 1863, 1893, 1931, 1950, 1969, 1977 et 1996. Les anciennes idoles sont enterrées près de la porte nord.

Où se loger

Les prix indiqués concernent la haute saison (d'octobre à février), mais d'intéressantes réductions sont accordées en période creuse, notamment si vous restez plus de trois jours. Renseignez-vous sur l'heure à laquelle vous devez libérer votre chambre, car il faut parfois quitter l'hôtel dès 7h !

Dans tous les établissements répertoriés, les chambres possèdent ventil. et s.d.b., sauf mention contraire. La plupart des hôtels pour petits budgets ne disposent que de toilettes à la turque. Les pannes d'électricité n'étant pas rares, la présence d'un générateur n'est pas à négliger. Certains lieux bon marché sans générateur proposent une moustiquaire, car si le courant s'éteint, le ventilateur au plafond ne fonctionne plus. Autrement, les moustiquaires sont inutiles.

Où se loger – petits budgets

La plupart des hôtels bon marché sont installés sur la partie est de Puri, le long de CT Rd ou un peu à l'écart. Les établissements ci-dessous sont répertoriés d'ouest en est.

Aménagée dans un agréable jardin, le ***Youth Hostel*** (auberge de jeunesse) est très abordable *(☎ 22424)*. Les lits en dortoir pour membres/non-membres ne coûtent que 20/40 Rs par personne. Néanmoins, elle applique rigoureusement le règlement habituel (couvre-feu à 22h, par exemple), et se situe loin de tout, sur la CT Rd.

L'***Hotel Love & Life*** *(☎ 24433, fax 26093)* est accueillant et bon marché. Toutefois, ses lits en dortoirs (30 Rs) et ses simples/doubles (80/100 Rs) avec s.d.b. commune affichent généralement complet. Quant aux autres chambres (100/200 Rs), elles se révèlent très quelconques. A l'arrière, les cottages (à partir de 250 Rs pour deux) sont calmes mais pas aussi confortables que le suggère leur aspect extérieur. Toutes les s.d.b. possèdent l'eau chaude.

L'***Hotel Ghandara*** *(☎ 24117, fax 25909)* dispose de lits en dortoir à partir de 40/50 Rs pour hommes/femmes et de simples avec s.d.b. commune pour 110 Rs – le tout généralement complet. Les doubles (de 150 à 250 Rs, en fonction de la vue) sont assez agréables et équipées de moustiquaire.

Confortable et calme (à l'écart de la rue principale), l'***Hotel Sea 'n' Sand*** (*☎ 27853)* est très apprécié pour sa propreté. Par ailleurs, il est d'un bon rapport qualité/prix (150 Rs la double).

Établissement familial tranquille, l'***Hotel Tanuja*** *(☎/fax 24823)* propose des petites simples à 80 Rs (s.d.b. commune) et des doubles banales de 150 à 200 Rs (avec une immense s.d.b.).

Le ***Z Hotel*** *(☎ 22554, zhotel@email. com)* mérite sa popularité. Ancien palais d'un maharaja, ce vénérable édifice soigneusement entretenu, loue des chambres spacieuses et aérées d'où l'on aperçoit presque toujours la mer. Il compte de nombreuses parties communes ainsi qu'un joli jardin et une terrasse sur le toit pour les bains de soleil. Les lits en dortoirs coûtent 60 Rs, et les chambres avec s.d.b. commune et moustiquaire 150/200 Rs. Les immenses doubles empreintes de charme et de caractère, avec moustiquaire et s.d.b. – parfois sur un balcon fermé (!), valent largement la dépense (300 Rs).

L'***Hotel Derby** (☎ 23961)* offre des simples plutôt négligées à 100 Rs, ainsi que d'autres chambres plus attirantes à 150/200 Rs. Bien qu'il n'ait rien de remarquable, il est apprécié en raison de son adorable petit jardin et de sa proximité de la plage.

Également sur la plage, l'***Hotel Sapphire International** (☎ 22399)* dispose de doubles petites mais propres (de 150 à 250 Rs), certaines avec vue sur la mer, bénéficiant ainsi d'une brise bienvenue.

Autre adresse prisée, le ***Pink House Hotel** (☎ 22253)* possède des doubles lugubres et sans air (semblables à des cellules) face à la plage, avec s.d.b. commune (150 Rs). Les autres chambres, à 250 Rs, sont bien plus agréables. Les tarifs sont négociables.

Situé pratiquement sur la plage, l'***Hotel Beach Hut** (☎ 25704)* offre un jardin, un toit en terrasse et un bar. Les simples (100 Rs) sont rarement libres, mais les doubles sont spacieuses et propres (de 150 à 300 Rs, en fonction de la vue et de la taille).

Le ***Lodge Sagar Saikate** (☎ 23253)*, également appelé ***The Monali***, dispose de minuscules chambres négligées avec s.d.b. commune (60/80 Rs). Les doubles sont légèrement plus attrayantes (100 Rs). Les doubles situées à l'étage sont propres et d'un bon rapport qualité/prix (150 Rs), bien qu'un peu tristes.

Propre et calme, l'***Hotel Sri Balajee** (☎ 23388)* est un établissement familial doté de nombreuses chambres tout autour d'une cour, chacune avec véranda, table et fauteuils. Les simples (minuscules) avec s.d.b. communes reviennent à 50 Rs, et les doubles s'échelonnent de 150 à 350 Rs. Apprécié, l'endroit affiche souvent complet.

L'***Hotel Akash International** (☎ 24204)* propose toute une série de chambres aux formes étranges (il reste toujours un recoin vide !). Là aussi, les tarifs sont avantageux (75/100 Rs).

Où se loger – catégories moyenne et supérieure

La plupart des hôtels situés le long de Marine Parade sont presque exclusivement fréquentés par des touristes indiens. ***The Seagull** (☎ 23618)* est souvent complet, ce qui est étonnant au vu des tarifs élevés (770/1 150 Rs les chambres avec ventil./clim. et TV par câble). Le ***Puri Hotel** (☎ 22114, purihotel@satyam.net.in)* est d'un meilleur rapport qualité/prix. Les doubles/triples commencent à 220/330 Rs, et les doubles avec clim. et TV par câble à 770 Rs.

Spacieux, propre mais sans charme, l'***Hotel Holiday House** (☎ 23782, CT Rd)* propose des prix avantageux. Les doubles avec balcon coûtent entre 250 et 475 Rs, en fonction de la vue sur la mer. Pour la TV par câble, comptez un supplément de 75 Rs par jour.

Un peu à l'écart de CT Road, l'***Hotel Shankar International** (☎ 23637)* propose des doubles quelconques (de 150 à 300 Rs), ainsi que de larges cottages plus agréables avec TV par câble, eau chaude et salon, pour environ 500 Rs. Il est si proche de la plage que ses occupants peuvent entendre les vagues. Par ailleurs, le personnel est aimable.

Juste sur la plage, l'***Hotel Samudra** (☎ 22705)* est d'un rapport qualité/prix étonnant pour un établissement de catégorie moyenne. La plupart des chambres sont dotées d'un balcon face à la mer. Pour une double luxueuse, les tarifs commencent à 550 Rs (825 Rs avec clim.). Néanmoins, les chambres doivent être libérées à 7h.

Le ***Mayfair Beach Resort** (☎ 27800, fax 24242)* est un établissement haut de gamme niché discrètement au milieu de jardins luxuriants, et doté d'une piscine (accessible uniquement aux pensionnaires) ainsi que d'une plage semi-privée entretenue par l'hôtel. Les prix commencent à 2 800 Rs (TV par câble et petit déjeuner compris).

Le ***Panthanivas Tourist Bungalow** (☎ 22740)* abrite un immense jardin donnant sur la plage. Les chambres (toutes avec TV par câble) coûtent entre 350 et 450 Rs (750 Rs avec clim.). Les suites (de 1 500 à 1 800 Rs) méritent bien la dépense.

Où se restaurer

Le poisson est excellent à Puri – ce qui n'est guère surprenant. Les établissements bon marché se regroupent le long de la partie orientale de CT Rd, en direction du village, comme le ***Raju's Restaurant***, près de Lodge Sagar Saikate. Le restaurant situé dans le ***Youth Hostel*** est renommé pour ses excellents thali dans le style de la région. Tout près, toujours sur CT Rd, quatre établissements accueillent presque exclusivement des étrangers, proposant une large gamme de savoureux plats occidentaux mais aussi indiens et chinois. Le ***Harry's Cafe***, véritable institution, a perdu quelque peu son cachet depuis sa rénovation, mais la nourriture reste délicieuse et le personnel accueillant. Les plats de poisson (50 Rs environ) sont d'un bon rapport qualité/prix. Il ouvre tôt, pour le petit déjeuner.

Le ***Mickey Mouse*** offre des mets succulents, tels que spaghettis, pizzas et porridges, ainsi que 46 sortes de pancakes ! Ce lieu sans prétention pratique des prix très raisonnables.

Très fréquenté, le ***Peace Restaurant*** possède une salle intérieure quelconque mais aussi un jardin particulièrement agréable. La carte, très variée, propose d'excellents plats, tels que de savoureux steaks de thons. Le restaurant ouvre aussi de bonne heure pour le petit déjeuner. Le ***Xanadu Restaurant*** s'apparente aux trois établissements précédents.

Près du Pink House Hotel, sur la plage, le ***Pink House*** est un restaurant en plein air, probablement plus apprécié pour sa vue et sa brise rafraîchissante que pour sa nourriture.

Dans le Lee Garden Hotel, sur VIP Rd, le ***Chung Wah Restaurant*** sert une authentique cuisine chinoise, avec des prix très raisonnables (à partir de 70 Rs environ par plat).

Doté de jardins luxuriants, le ***Wildgrass Restaurant*** *(VIP Rd)* constitue sans aucun doute l'endroit le plus plaisant de la ville. Il propose un éventail de mets appétissants, tous à des prix convenables compte tenu du service impeccable et de son cadre.

Particulièrement sinistre et peu engageant, le ***Bravery Bar & Restaurant*** *(CT Rd)* est l'un des rares bars de la ville.

Achats

Les boutiques situées sur Marine Parade vendent objets artisanaux, tissus, perles, coquillages et accessoires en bambou, essentiellement aux touristes indiens. Dans la partie orientale de la ville, près du village, des étals proposent des souvenirs cachemiri et tibétains, cette fois à destination des étrangers.

Près du Jagannath Mandir, dans Temple Rd et Swargadwar Rd, de nombreux magasins vendent des peintures et des gravures sur feuilles de palmier, des objets artisanaux et des ikat tissés main, spécialité de l'Orissa que vous pouvez acheter à la coupe ou en prêt-à-porter. La plupart des visiteurs rapportent au moins une représentation de Jagannath (gravée, sculptée ou peinte), mais il existe aussi des peintures et des inscriptions sur feuilles de palmier et de superbes cartes postales imprimées sur soie, qui restent bon marché.

Comment s'y rendre

Bus. De la vaste gare située à proximité de Gundicha Mandir (☎ 23786), des bus partent toutes les 10 min environ pour Bhubaneswar (15 Rs, 1 heure 15) et Cuttack (23 Rs, 2 heures), une fois par jour pour Berhampur (110 Rs, 6 heures) et Taptapani (120 Rs, 8 heures), deux ou trois fois en fin d'après-midi pour Sambalpur (110 Rs, 10 heures), et une ou deux fois pour Kolkata (160 Rs, 13 heures).

Par minibus, des départs pour Konark (10 Rs, 1 heure) ont lieu toutes les 20 à 30 min à l'intérieur de la gare routière, et pour Satapada (18 Rs, 2 heures) toutes les 30 à 45 min de Jatiababa Chhak, à 2,5 km environ au nord-ouest de Jagannath Mandir. Demandez à votre chauffeur de rickshaw ou d'auto-rickshaw de vous y déposer.

Train. Il existe au moins trois trains directs par jour reliant Puri à Kolkata (529/613/846 Rs en 2e/1re /clim.), ainsi que des trains réguliers (souvent quotidiens) pour Delhi et Chennai. S'il n'y a pas de directs pour Chennai ou Kolkata, changez à la gare de Khurda Road, à 44 km de Puri, plutôt qu'à Bhubaneswar.

Le train quotidien pour Sambalpur (421/663/1 303 Rs) est plus confortable que le bus. Par contre, pour les destinations locales telles que Cuttack et Bhubaneswar, les bus sont plus rapides.

Le bureau des réservations de la gare ferroviaire (☎ 131) bénéficie d'un service informatisé, ouvert du lundi au samedi, de 8h à 12h et de 12h30 à 15h. Le dimanche, il est ouvert de 8h à 12h. Pendant la période du pèlerinage, mieux vaut réserver, car les trains pour Chennai et Kolkata sont complets 10 jours avant le départ. Les agences de voyages locales peuvent réserver vos billets de train contre une petite commission.

Comment circuler

A Puri, les rickshaws sont bien plus nombreux que les auto-rickshaws, notamment autour de CT Rd. Plusieurs établissements situés sur CT Rd, entre l'Hotel Ghandara et l'Hotel Akash International, louent des bicyclettes pour environ 15 Rs par jour. Ils disposent également de motos (Rajdoot ou Yamaha 100 c^3) ainsi que de scooters et de vélomoteurs à partir de 150 Rs par jour environ (carburant non compris). Néanmoins, aucun ne propose d'assurance ; examinez donc avec attention défauts et éraflures avant de louer quoi que ce soit. Et n'oubliez pas que si vous utilisez une bicyclette ou une moto sur la plage, certains établissements vous demanderont 200/500 Rs supplémentaires pour les laver !

ENVIRONS DE PURI

A 10 km de Puri, **Raghurajpur**, village d'artistes célèbre pour sa peinture *patachitra*, représente un excellent but d'excursion. Les œuvres sont exécutées sur un tissu de coton recouvert d'un mélange spécial de gomme et de craie, puis poli avant l'application des couleurs. Pour vous y rendre, empruntez un bus reliant Puri à Bhubaneswar, descendez à la pancarte "Orissa Tourism Craft Village" à 11 km au nord de Puri, puis marchez sur 1 km environ, ou prenez un auto-rickshaw sur la route d'accès.

Pipli est renommé pour ses superbes appliques artisanales d'étoffes colorées, qui servent à la confection de couvre-lits, d'ombrelles pour les temples ou encore de tentures murales. Ces parures décoratives sont en vente sur les étals de la rue principale du village. Pipli est facilement accessible par n'importe quel bus reliant Bhubaneswar à Puri ou Konark.

KONARK

☎ 06758 • 12 681 habitants

Hormis le temple du Soleil, Konark n'offre guère que quelques étals de nourriture, quelques hôtels et un office du tourisme installé dans l'hôtel Yatri Nivas. C'est une excursion facile, d'une journée, depuis Puri ou Bhubaneswar, c'est également un endroit tranquille pour passer quelques jours, car l'atmosphère du temple est plus saisissante lorsque tous les visiteurs de la journée sont partis. Konark est inscrit au Patrimoine mondial de l'Unesco.

L'office du tourisme (☎ 36821), installé dans le Yatri Nivas Hotel, vous renseignera sur les fêtes locales, y compris le célèbre **Konark Festival**, du 1er au 5 décembre : organisé dans l'auditorium en plein air, avec en toile de fond le temple du Soleil illuminé pour l'occasion, il présente des concerts et des spectacles de l'Orissa et d'autres régions de l'Inde. Le **Magha Mela** (festival du soleil) a lieu le septième jour de la "moitié ensoleillée" du mois de Magha (janvier/février) ; les pèlerins se baignent alors dans la mer avant le lever du soleil, puis se rendent au temple pour prier.

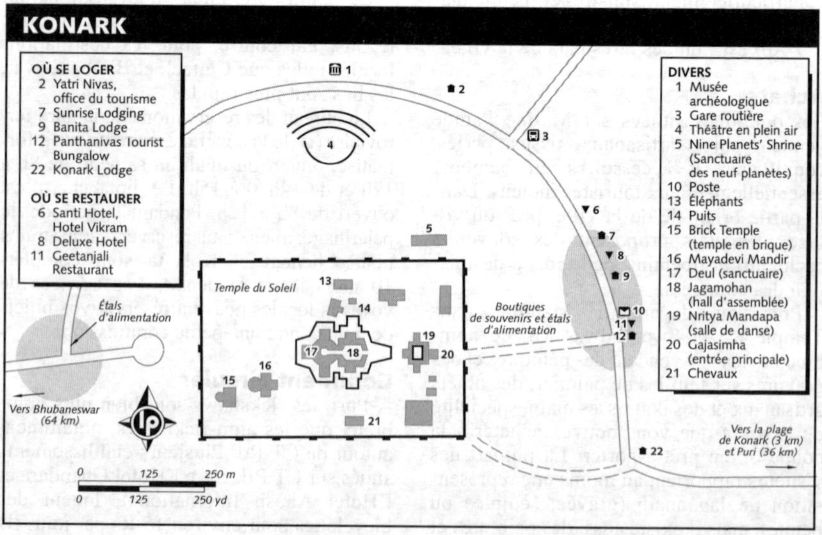

Le temple du Soleil de Konark

Le grand temple du Soleil de Konark se dresse à 3 km de la côte, à 36 km de Puri et à 64 km de Bhubaneswar. Konark fut bâti au milieu du XIIIe siècle, mais on ignore à peu près tout de ses origines. On pense que le roi Narashimhadev Ier avait voulu ainsi célébrer sa victoire sur les musulmans. Le temple aurait été abandonné au début du XVIIe siècle, après avoir été profané par un envoyé de Jehangir. (Une information est donnée à l'entrée du temple pour tenter d'éclairer ces premiers faits historiques.)

Plus proche de la côte à l'origine (la mer a reculé), Konark était visible du large. Les marins l'appelaient "la pagode noire" par opposition aux temples blancs de Puri. On raconte que Konark recélait une énorme masse de fer dont la charge magnétique était assez puissante pour faire échouer les navires qui s'approchaient imprudemment de la côte.

En 1904, les travaux entrepris pour déblayer les débris et le sable autour du temple ont révélé toute l'étendue de l'imagination de l'architecte. L'ensemble du temple est conçu comme un chariot destiné au roi du soleil, Surya. Autour de la base se trouvent 24 roues gigantesques en pierre sculptée, et 7 puissants chevaux de pierre tirent le temple. L'immense structure est recouverte de gravures, sculptures, statues et bas-reliefs.

On ignore si le temple a jamais été achevé. La tour ne l'a pas été, sinon elle aurait atteint une hauteur de 70 m. Cependant, les archéologues ne savent pas si les fondations sablonneuses auraient pu la soutenir. Une partie de la tour s'élevait encore en 1837, mais elle s'est totalement effondrée en 1869.

Deux lions de pierre écrasant des éléphants gardent le ***gajasimha*** (entrée principale), qui conduit au ***nritya mandapa*** (salle de danse) aux sculptures complexes. Les marches, flanquées de chevaux fougueux, montent vers le ***jagamohan*** (hall d'assemblée), toujours debout. Derrière, le ***deul*** (sanctuaire), qui renfermait le dieu du temple, s'est effondré. Les trois grandes statues en chlorite de Surya ont été remises dans leur position d'origine, alignées de manière à recevoir le soleil de l'aube. Au nord figure un groupe d'**éléphants,** et au sud un autre de **chevaux** se cabrant et piétinant des hommes.

La statue de la divinité autrefois abritée ici aurait été transférée au Jagannath Mandir, à Puri, au XVIIe siècle. La base du temple ainsi que les murs et le toit sont entièrement recouverts de sculptures. Beaucoup sont dans ce style érotique qui a fait la célébrité de Konark, à l'image de Khajuraho au Madhya Pradesh ; on y voit des couples enlacés, des exhibitionnistes solitaires, de petites statues (sur les rayons des roues), ou encore des représentations grandeur nature, plus hautes que les murs.

Le site comprend également un petit sanctuaire de moindre importance, le **Mayadevi Mandir**, un profond **puits** couvert ainsi que les ruines d'un **temple de brique**.

L'histoire du temple étant un amalgame complexe de réalités et de légendes, et le site manquant d'explications, mieux vaut louer un guide (60 Rs environ l'heure pour un petit groupe). Il relatera des récits passionnants et vous montrera des détails que vous risquez autrement de ne pas voir (tels qu'un danseur avec chaussures à talon, une girafe – la première représentée en Inde –, et même un homme se traitant contre une maladie vénérienne !). Assurez-vous que le guide est bien officiel : ceux sans licence (et peu fiables) sont légion.

Le site du temple est ouvert chaque jour du lever au coucher du soleil. Le mieux est de le visiter en fin d'après-midi, lorsque l'air est plus frais et que la plupart des visiteurs sont partis. Cela vaut également la peine de rester du crépuscule jusqu'à 21h environ, pour admirer le temple illuminé. Toutefois, le passage des transports en commun pour Puri ou Bhubaneswar devenant incertain après 17h, envisagez, éventuellement, de passer la nuit à Konark.

Sanctuaire des Neuf Planètes

La pierre de 6 m en chlorite, qui servait autrefois de linteau au porche principal du jagamohan, est aujourd'hui la pièce maîtresse d'un petit sanctuaire situé juste à l'extérieur du temple. Les figures assises représentent les Navagraha, les neuf planètes de la cosmogonie hindoue : Surya (le Soleil), Chandra (la Lune), Angaraka (Mars), Budha (Mercure), Brihaspati (Jupiter), Shukra (Vénus), Shani (Saturne), Rahu et Ketu (démons des éclipses).

Archaeological Museum

Cet imposant musée, le long de la route principale à l'extérieur de l'enceinte du temple, abrite des sculptures trouvées au cours des fouilles. Certaines des petites pièces, notamment la statue d'Agni, le dieu du Feu, sont particulièrement remarquables. Le musée archéologique est ouvert tous les jours, sauf le vendredi, de 10h à 17h.

Plage de Konark (Chandrabhaga)

La plage locale se trouve dans la région de Chandrabhaga, à environ 3 km du temple. Vous pouvez vous y rendre à pied, louer une bicyclette (20 Rs par jour, à partir de Yatri Nivas), ou emprunter les bus de Konark pour Puri ou Bhubaneswar. Cette plage est nettement plus propre et calme que celle de Puri ; toutefois, prenez garde au courant. Si vous n'appréciez pas son atmosphère touristique, cherchez une étendue de sable déserte le long de la route Konark-Puri.

Où se loger et se restaurer

Le ***Sunrise Lodging*** et le ***Banita Lodge*** offrent tous deux des doubles rudimentaires avec s.d.b. commune pour 70 Rs environ. Le ***Konark Lodge***, qui propose des prestations et des prix semblables, est plus calme et à l'écart de la foule.

Aménagé dans de jolis jardins, le ***Yatri Nivas*** *(☎ 36820)* est un édifice charmant. Les doubles avec ventil. et s.d.b. reviennent à 150 Rs. Pour celles avec clim., TV par câble et eau chaude (325 Rs), mieux vaut réserver.

Comme la plupart des établissements de l'OTDC, le ***Panthanivas Tourist Bungalow*** *(☎ 35831)* aurait besoin d'un bon coup de peinture. Les doubles quelconques avec ventil., moustiquaire et s.d.b. coûtent 200 Rs. Comptez 400 Rs pour celles avec TV par câble et clim.

Fréquenté par les visiteurs d'un jour, le ***Geetanjali Restaurant*** s'adresse à une clientèle haut de gamme. C'est l'un des meilleurs établissements pour se détendre et prendre un repas ou un rafraîchissement.

Des étals sont installés à l'extérieur du temple, et une dizaine d'établissements sur la rue principale servent des thali (mais rien d'autre, pour ainsi dire). C'est le cas du ***Santi Hotel***, de l'***Hotel Vikram*** et du ***Deluxe Hotel***.

Comment s'y rendre

Des minibus bondés passent fréquemment sur la route de la côte, entre Puri et Konark (10 Rs, 1 heure), jusqu'à 17h environ. Des départs réguliers ont lieu pour Bhubaneswar (18 Rs, 1 heure 30). Les circuits organisés d'un jour en bus au départ de Bhubaneswar et de Puri incluent souvent Konark. La route Puri-Konark étant plate, certains voyageurs partent de Puri à bicyclette (36 km) et logent à Konark.

CHILKA LAKE

Le lac de Chilka forme le plus vaste lagon d'eau salée d'Asie (1 100 km^2 pendant la mousson et 600 km^2 en avril/mai). Il est séparé du golfe du Bengale par un banc de sable de 60 km de long, nommé Rajhansa.

Le lac est connu pour ses oiseaux migrateurs (un million au moins de balbuzards, oies à pattes grises, hérons, grues et flamants roses) qui y font halte en hiver (de novembre à janvier), venant de Sibérie et d'Iran. Il s'agit probablement de la plus grande communauté d'oiseaux aquatiques du sous-continent. Toutefois, comme beaucoup se cantonnent à un territoire minuscule (3 km^2) dans la **réserve ornithologique** de Nalabana Island, ils font parfois l'objet de braconnage. D'autres problèmes d'ordre écologique, tels que l'ensablement et la pêche industrielle à la crevette, menacent également ce domaine aquatique.

Outre la vie ornithologique, Nalabana comporte d'autres centres d'intérêt : **dauphins** à proximité de Satapada, **plage** intacte près de Rajhansa, et le **Kalijai Temple** (sur l'île du même nom) où les pèlerins hindous se pressent pour la fête de **Makar Mela** en janvier. L'OTDC possède des offices du tourisme dans deux hôtels : Barkul Panthanivas (☎ 06756-20855) et Satapada Yatri Nivas (pas de téléphone pour l'instant).

Excursions en bateau

Il est plus facile d'observer les dauphins lors d'une sortie d'une heure (aller-retour) en bateau, au départ de Satapada, que de la jetée du village. Pour visiter Nalabana Island et Kalijai Island, louez un bateau à Barkul ou à Rambha (2 heures aller-retour). Pour Rajhansa, partez de Satapada (3 heures). Dans les trois hôtels de l'OTDC, le prix standard est de 250/350/550 Rs par heure et par bateau de 6/7/22 passagers. Des embarcations privées sont également disponibles à Balugaon pour le même prix. Si votre budget est serré, cherchez ça et là un siège vacant sur une embarcation, ou essayez de convaincre les pêcheurs de vous emmener (les bateaux de pêche étant souvent dépourvus de moteur, faute de temps vous devrez vous contenter d'observer les dauphins, depuis Satapada).

L'hôtel Barkul Panthanivas propose des excursions en bateau vers Kalijai Island (40 Rs par personne l'aller simple) et Nalabana Island (120 Rs) si le nombre des passagers est suffisant.

Voyages organisés

De Puri, l'OTDC organise de *longues* excursions d'une journée (au moins 10 heures) par bus (100 Rs par personne). Les réservations s'effectuent au bureau ou au comptoir de l'OTDC de Puri. La plupart des agences de voyage de la ville vendent également des billets pour de semblables excursions vers Chilka (90 Rs environ).

Où se loger et se restaurer

Le mieux est de loger à proximité du lac. Tous les établissements répertoriés sont administrés par l'OTDC et possèdent un ***restaurant*** servant du poisson frais.

Situé à 1 km de la route principale, le ***Barkul Panthanivas*** *(☎ 06756-20488)*, près de Barkul, est signalé à 6 km au sud de Balugaon. Il propose des doubles confortables sur le lac pour 350/700 Rs avec ventil./clim., s.d.b. et TV par câble.

A 500 m de la rue principale venant de Rambha, le ***Rambha Panthanivas*** *(☎ 06810-78346)* s'enorgueillit également d'un site agréable. Il loue des doubles avec s.d.b., TV par câble et balcon surplombant le lac pour 250/500 Rs avec ventil./clim. Les chambres sont disponibles pour la journée (de 9h à 17h) pour la moitié du tarif normal.

Satapada Yatri Nivas *(☎ 06752-45564)*, au centre de Satapada, propose des doubles très ordinaires avec s.d.b., balcon (certaines avec vue sur le lac) et lits propres pour 150 Rs seulement.

Heritage Tours (voir *Circuits organisés* sous la rubrique *Puri*, plus haut dans ce chapitre) envisage d'ouvrir un "ecocamp" avec tentes sur la plage le long de Rajhansa.

Comment s'y rendre

Tous les bus empruntant la route entre Bhubaneswar et Berhampur – y compris les confortables bus quotidiens de l'OTDC – s'arrêtent partout sur la rue principale qui ceinture le lac. De Puri, des minibus partent régulièrement pour Satapada (18 Rs, 2 heures) sur la partie sud du lac. De Satapada, un ferry (13 Rs, 3 heures) se rend à Balugaon vers midi et revient vers 7h.

Les trains qui relient Kolkata à Chennai, *via* Bhubaneswar, s'arrêtent dans plusieurs villages le long du lac, dont Balugaon et Rambha. A bord, la vue est superbe.

GOPALPUR-ON-SEA

☎ 0680

Gopalpur est une station balnéaire merveilleusement paisible. Sa **plage** agréable est *nettement* moins bondée et polluée que celle de Puri. Outre se prélasser, se promener et grimper en haut du **phare** (ouvert entre 16h et 17h tous les jours), les activités sont limitées. Hormis les hôtels, les équipements sont rares (vous ne pourrez pas changer d'argent ni envoyer de courrier électronique).

Où se loger et se restaurer

Les prix indiqués sont pratiqués en haute saison (de novembre à janvier), mais d'importantes réductions sont accordées le reste du temps. Tous les établissements répertoriés ici sont situés sur la route de la plage (Beach Rd), un peu à l'écart, ou le long de la rue principale du village (Main Rd). De nombreux hotels disposent d'un restaurant, mais certains n'assurent que l'hébergement. Sauf mention contraire, les chambres possèdent toutes ventil. et s.d.b.

Plusieurs hôtels sont installés sur votre droite, lorsque vous faites face à la plage, au bout de Main Rd. A l'***Hotel Sea Pearl*** *(☎ 242556)*, les doubles impeccables avec balcon (certains donnant sur les murs de l'établissement voisin) et TV par câble sont un peu chères (600 Rs). Pittoresque et accueillant, l'***Hotel Kalinga*** *(☎ 242067)* offre étonnamment peu de chambres bénéficiant d'une vue ou même d'une bonne aération. Les doubles du rez-de-chaussée (200 Rs) sont plus agréables que les chambres cubiques et sans fenêtre de l'étage (300 Rs avec clim. et TV par câble).

Au bout de Main Rd, l'***Hotel Holiday Home*** *(☎ 242049)*, premier établissement sur la gauche, fait face à la plage. Fréquenté par des familles indiennes en raison de la capacité de ses chambres (jusqu'à quatre lits), il propose des doubles à partir de 250 Rs. Le ***restaurant*** est ouvert au public.

Plus loin, l'***Hotel Rosalin*** *(☎ 242071)* est accueillant et bien situé. Les chambres avec/sans s.d.b. aménagées autour d'une cour délabrée valent 100/75 Rs, et sont aussi rudimentaires que leur prix le laisse prévoir.

Pratiquement sur la plage, à l'extrémité de Beach Rd, l'***Hotel Sea Side Breeze*** *(☎ 242075)* ne manque pas de charme malgré un service des plus succincts. Les doubles spacieuses avec vue imprenable sur l'océan coûtent 300 Rs.

A proximité, le ***Motel Mermaid*** *(☎ 242050)* est très fréquenté par les étrangers. Les simples/doubles, vastes, propres et confortables, avec balcon mais ne donnant pas sur la mer, se louent 500/600 Rs (en pension complète).

L'***Hotel Green Park*** *(☎ 242016)*, dans la première rue derrière le Sea Side Breeze, est une excellente adresse. Les doubles avec TV par câble coûtent entre 200 et 400 Rs (avec vue sur la mer), et 600 Rs avec clim. et vue. Un peu plus loin sur la même rue, le ***Gopalpur Panthanivas*** *(☎ 242088)* est une adresse intéressante, qui propose des doubles à 300/500 Rs avec ventil./clim. L'établissement offre parfois des lits en dortoir pour 70 Rs par personne. Le ***restaurant***, correct, ouvre tôt, pour le petit déjeuner.

L'***Hotel Rohini*** *(☎ 242309)*, à 200 m environ de la plage sur Main Rd, abrite des doubles tristes avec balcon (pas de vue). Néanmoins, le tarif est avantageux (150 Rs). Contigu, le ***Seaward Restaurant*** est sans prétention mais très fréquenté.

Le ***Youth Hostel*** (auberge de jeunesse), installée dans une rue à côté de Rohini, est plutôt négligé. Les lits en dortoir valent 20/40 Rs pour les membres/non-membres et les s.d.b. communes sont mal entretenues.

Face à l'Hotel Rosalin, le ***Sea Shell Fast Food*** est le seul restaurant installé en bord de mer. Le service est lent (mais pendant votre séjour à Gopalpur, vous n'aurez aucune raison de vous presser). L'établissement, ouvert pour le petit déjeuner, propose des repas à partir de 15 Rs.

Comment s'y rendre

Les seuls moyens de transport en commun de/vers Gopalpur sont les minibus réguliers et bondés qui se rendent vers le brouhaha de Berhampur (6 Rs, 1 heure). Entre Berhampur et Bhubaneswar, des bus publics partent à peu près toutes les heures (50 Rs, 5 heures), et des bus de l'OTDC (65 Rs, 4 heures) tous les jours. Par ailleurs, Berhampur se trouve sur la ligne ferroviaire Kolkata-Chennai.

TAPTAPANI

A l'exception des petites **sources chaudes** de cette paisible localité, située dans les collines à l'ouest de Gopalpur, il n'y a pas grand-chose à voir à Taptapani. En hiver toutefois, l'on peut s'offrir un extra en logeant dans l'une des chambres du ***Panthanivas Tourist Bungalow*** *(☎ 06814-47531)*. La source alimente en eau chaude les grandes baignoires des s.d.b. de style romain. Les doubles avec TV par câble et clim. coûtent 650 Rs, et d'autres chambres avec ventil. et s.d.b. commencent à 350 Rs. Toutes peuvent être louées pour la journée à moitié prix.

Des bus relient régulièrement Berhampur à Taptapani (18 Rs, 2 heures).

CUTTACK

☎ 0671 • 500 915 habitants

A 35 km seulement au nord de Bhubaneswar, sur les rives de la Mahanadi, de la Devi et de la Kathajuri, Cuttack compte parmi les plus anciennes villes de l'Orissa. Elle en fut d'ailleurs la capitale jusqu'en 1950. Aujourd'hui, c'est une ville désorganisée et sans grand attrait où l'on peut cependant faire d'intéressantes emplettes. La ville fabrique des soieries, des cotonnades, des objets en corne et en laiton et jouit d'une haute réputation pour sa bijouterie en argent filigrané.

L'office du tourisme (☎ 612225) se situe sur Link Rd, la rue principale venant de Bhubaneswar.

Le **Barabati Fort** datant du XIVe siècle se trouve à 8 km environ au nord de la ville. Autrefois doté de neuf étages, il ne lui reste plus que la porte et les douves, ce qui ne justifie pas vraiment un détour.

Le mur de pierre qui protège la ville des inondations de la Kathajuri, date du XIe siècle. Le **Qadam-i-Rasool** est sacré pour les hindous et les musulmans, persuadés que ce ce temple du XVIIIe siècle renferme une empreinte de pied du prophète Mahomet.

Où se loger et se restaurer

La plupart des visiteurs viennent de Bhubaneswar pour la journée ; néanmoins, Cuttack possède un certain nombre d'hôtels confortables, la majorité avec ***restaurants***.

Bon marché, l'***Hotel Adarsh*** *(☎ 619898, Banwararilal Moda Market)* propose des prestations convenables. Les simples avec s.d.b. commune coûtent 80 Rs, et les doubles avec s.d.b. entre 120 et 350 Rs.

Au ***Panthanivas Tourist Bungalow*** *(☎ 621867, Buxi Bazaar)*, les doubles avec s.d.b. et TV par câble reviennent à 300/500 Rs avec ventil./clim. L'établissement possède un ***restaurant*** correct.

L'***Hotel Neeladri*** *(☎ 614221, Mangala Bagh)* dispose de simples/doubles avec s.d.b. à partir de 180/250 Rs.

L'***Hotel Ashoka*** *(☎ 613508, College Square)* loue des simples à partir de 220/550 Rs avec ventil./clim. et des doubles à partir de 280/660 Rs.

Comment s'y rendre

Cuttack se trouvant sur la ligne de train Kolkata-Chennai, les trains ne manquent pas. Les bus à destination de Bhubaneswar (15 Rs, 1 heure), de Puri (23 Rs, 2 heures) et Sambalpur (75 Rs, 7 heures), partent régulièrement de la gare routière sur la route de Bhubaneswar. Deux bus quotidiens desservent Rajnagar (35 Rs, 4 heures) à proximité du Bhitar Kanika Wildlife Sanctuary.

LALITGIRI, UDAIGIRI ET RATNAGIRI

Ces ensembles, bâtis en hauteur sur trois collines à environ 60 km au nord-est de Cuttack abritent des reliques et des ruines bouddhiques. A Lalitgiri, on découvrit un coffret en or qui, dit-on, aurait renfermé des reliques du Bouddha. Les fouilles se poursuivent. Situé à 8 km au nord, Udaigiri abrite un autre **ensemble de bâtiments monastiques** doté d'un stupa en brique.

Le site de Ratnagiri, à 5 km au nord-est d'Udaigiri, est le plus intéressant et le plus vaste ensemble de **ruines** et mérite une visite. Les deux grands monastères ont prospéré du VIe au XIIe siècle. Vous pourrez admirer de beaux porches sculptés, ainsi qu'un grand stupa et des bouddhas gigantesques.

Il n'y a pas de logement près des sites. De Cuttack, seule une ligne de bus dessert Lalitgiri (25 Rs, 1 heure 30). Pour rejoindre directement Ratnagiri et Udaigiri, vous devrez prendre un taxi depuis Cuttack, ou un autorickshaw près de la bifurcation de Lalitgiri.

BHITARKANIKA WILDLIFE SANCTUARY

Située sur la côte du golfe du Bengale, entre Paradip et Chandipur, cette réserve de 672 km^2 est, depuis 1975, essentiellement vouée à la protection des œufs de tortues marines de Ridley, au nombre d'un million. De couleur olive, elles viennent pondre, entre janvier et mars, près de l'embouchure de la Brahmani dans la réserve marine du **Gahirmatha Wildlife Sanctuary**. Cet environnement protégé, sillonné de nombreux canaux, comprend en outre un élevage de crocodiles. La réserve est aussi le refuge de plus de 170 espèces d'oiseaux résidents et migrateurs. Sur **Bagagaham Island** viennent nicher des colonies de hérons et d'autres oiseaux aquatiques. Ils se rassemblent ici début juin, et la reproduction se termine en novembre (mais la visite de la réserve est plutôt recommandée entre le 15 octobre et le 15 avril).

Les naturalistes apprécieront les mangroves. Des 72 variétés répertoriées dans le monde, 63 sont représentées à Bhitarkanika.

La plupart des sites et des logements sont uniquement accessibles en bateau, il faut donc réserver un logement et obtenir l'autorisation de pénétrer dans la réserve auprès du Divisional Forest Officer de Rajnagar (☎ 06729-8460). L'entrée coûte 25 Rs par jour pour les étrangers. L'utilisation des appareils photo/caméra vidéo coûte 10/250 Rs.

Les aménagements sont encore très peu nombreux. Il est possible de loger à la ***Forest Rest House*** de Chandbali. Au cœur de la réserve se trouve par ailleurs le ***Forest Inspection Bungalow***, à Dangmal (avec dortoir et chambres), ainsi qu'une autre ***Forest Rest House*** à Ekakula (avec un dortoir et un cottage) sur la plage de Gahirmatha. Les lits en dortoir coûtent environ 40 Rs par personne, les chambres et les cot-

Les tortues marines de Ridley se rassemblent pour pondre sur le site protégé du Gahirmatha Wildlife Sanctuary.

tages 200 Rs pour deux. Le camping est également autorisé (25 Rs par personne).

Apportez toute la nourriture et l'eau nécessaires. La gare ferroviaire la plus proche se trouve à Bhadrakh, sur la ligne Kolkata-Chennai. Des bus quotidiens relient Cuttack à Chandbali et l'entrée du parc, près de Rajnagar.

Certaines des agences de voyage répertoriées sous *Voyages organisés* des rubriques consacrées à *Bhubaneswar* et à *Puri*, dans ce chapitre, s'occupent de circuits dans la réserve. Pugmarks Nature Resorts (☎033-287 1959, fax 240 7737), à Kolkata, propose aussi des excursions ; son site Internet (www.pugmarks.org) fournit de nombreux renseignements.

BALASORE ET CHANDIPUR

Ancien centre de commerce majeur où Hollandais, Danois, Anglais et Français établirent des comptoirs, Balasore est la première grande ville du nord de l'Orissa, sur la voie ferrée de Kolkata. A **Remina**, à 5 km de Balasore, se trouve le Khirachora Gopinath Temple, important lieu de pèlerinage datant du XIXe siècle. A **Panchalingeswar**, à 30 km de Balasore, on peut voir une grotte ainsi qu'une petite chute d'eau. Le Panthanivas Tourist Bungalow propose des excursions en bus d'une demi-journée vers ces destinations, ainsi que pour Balasore (80 Rs par personne).

A 16 km de Balasore, Chandipur est une station balnéaire où la mer, très peu profonde à marée basse, se retire chaque jour jusqu'à 5 km des côtes !

De nombreux bus relient Balasore à Chandipur. Le ***Panthanivas Tourist Bungalow*** *(☎ 06782-72251)*, à Chandipur, constituc sans doute la meilleure solution pour l'hébergement. Il possède des lits en dortoir à 70 Rs par personne, des doubles avec s.d.b. et TV par câble à partir de 300/625 Rs avec ventil./clim., ainsi qu'un ***restaurant***.

SIMILIPAL NATIONAL PARK

☎ 06792

Niché dans le nord-est de l'État, Similipal (2 750 km^2) compte parmi les jardins secrets de l'Inde. Partie prenante au Project Tiger, il abrite 95 tigres, des léopards, des éléphants, des loups, des sangliers, des cerfs et des crocodiles, ainsi que plus de 300 espèces d'oiseaux. Le cadre est exquis et varié, avec des montagnes, des chutes d'eau – dont les **Barheipani Waterfalls** hautes de 400 m – ainsi qu'une forêt intacte dans laquelle la faune trouve encore un refuge sûr.

Le parc est ouvert du 1er novembre au 15 juin. Les visiteurs doivent faire partie d'un circuit organisé ou louer un véhicule pour se déplacer à l'intérieur du parc. Apportez votre nourriture, qu'un *chowkidar* (gardien) local pourra préparer.

Orientation et renseignements

Les entrées se situent à Jashipur, du côté nord-ouest, et (plus pratique) à Pithabata, près de Lulung, à 25 km environ à l'ouest de Baripada. Les laisser-passez peuvent s'obtenir à l'avance auprès de l'Assistant Conservator of Forests (☎ 06797-2224, National Park, Jashipur, Mayurbhanj District, 757091), ou auprès du Field Director Similipal Tiger Reserve Project (☎ 52593, LIC Colony, Baripada, Mayurbhanj District, 757002). Néanmoins, mieux vaut se rendre directement à l'entrée de Pithabata, ouverte de 6h à 14h tous les jours. Le coût d'entrée est de 100 Rs pour les étrangers, plus un supplément de 100/1 000 Rs par jour pour prendre des photos/filmer.

Circuits organisés

Pour éviter les tracasseries administratives, les problèmes de nourriture, d'hébergement et de transport, participez à un circuit organisé. Reportez-vous à *Circuits organisés* sous la rubrique *Bhubaneswar* dans ce chapitre. Pugmarks Nature Resorts (☎ 033-287 1959, fax 240 7737) à Kolkata prépare des excursions et gère un camping dans le parc. Pour davantage de renseignements, consultcz son sitc Internet (www.pugmarks.org).

Où se loger

Le Forest Department possède quatre ensembles de "forest bungalows" éparpillés dans le parc. Ils coûtent entre 400 et 800 Rs pour deux et sont réservés auprès du Field Director, Similipal Tiger Reserve Project (voir ci-dessus, *Orientation et renseignements*). ***Barheipani*** offre une vue impressionnante. ***Chahala***, ancien pavillon de chasse d'un maharaja près d'un marais salant, est superbe le soir. Enfin, ***Newana*** et ***Joranda*** sont parfaits pour observer la faune.

L'***Aranya Nivas Tourist Lodge*** *(☎ 53297)*, à 10 km environ à l'intérieur du parc et à 35 km au sud-ouest de Baripada, est géré par l'OTDC. Il propose des doubles avec s.d.b. et ventil. pour 400 Rs. Les lits en dortoir sont souvent libres (70 Rs par personne). Vous devez réserver auprès du bureau de l'OTDC (☎ 52710, Baghra Rd, Baripada, Mayurbhanj District, 757002).

Le ***Tourist Lodge***, à Jashipur, facture 80 Rs ses doubles standard. Il peut s'occuper des locations de jeep ainsi que des circuits organisés. Plusieurs hôtels bon marché sont installés à Baripada, tels que l'***Hotel Durga*** *(☎ 53438)* et l'***Hotel Mayura*** *(☎ 52343)*.

Comment s'y rendre

Baripada se trouve sur un embranchement de la ligne ferroviaire en provenance des environs de Balasore. Des bus partent chaque jour de Bhubaneswar et de Kolkata pour Baripada et Jashipur, d'où vous devez prendre ou louer un véhicule.

SAMBALPUR

☎ 0663 • 1 490 000 habitants

A l'ouest, près de la frontière du Madhya Pradesh, la grande ville de Sambalpur est célèbre pour son **tissage ikat**. Vous pouvez acheter du tissu, appelé *sambalpuri*, au grand Gole Bazaar ou dans les coopératives gouvernementales.

A 10 km seulement de la ville, le **barrage d'Hirakud**, long de 24 km, fut construit pour contrôler les crues du delta de la Mahanadi durant la mousson. Annoncé comme le plus grand lac artificiel d'Asie, il draine une région d'une superficie égale à deux fois le Sri Lanka. L'OTDC organise des circuits l'après-midi (30 Rs par personne) à partir de Sambalpur. Réservez aux comptoirs de l'OTDC à la gare ferroviaire (☎ 21661) ou au Panthanivas Tourist Bungalow.

Où se loger et se restaurer

Des hébergements rudimentaires se trouvent près de la gare routière. L'***Indhrapuri Guest House*** *(☎ 521712)* possède de petites doubles avec s.d.b. commune à partir de 100 Rs. Le ***Rani Lodge***, sur la route principale, est analogue. Quelques établissements valables sont regroupés sur VSS Marg : correct, l'***Hotel Sujata*** *(☎ 521 403)* loue des simples/doubles à partir de 170/395 Rs, et l'***Hotel Uphar*** *(☎ 521 558)* propose des simples/doubles/triples propres pour 250/350/450 Rs (480 Rs les doubles avec clim.). Seul le ***restaurant*** est de médiocre qualité.

Au sommet d'une colline au bout de la rue principale, le ***Panthanivas Tourist Bungalow*** *(☎ 521482)* offre une vue splendide. Les doubles avec s.d.b. et TV par câble affichent un bon rapport qualité/prix (225/400 Rs avec ventil./clim.). Le ***restaurant*** et le bar sont accueillants.

Le ***Hong Kong Restaurant*** *(VSS Marg)* propose des plats chinois. Essayez également l'***Hotel Sujata*** et le ***Central Hotel***, face à l'***Indhrapuri Guest House***.

Comment s'y rendre

La gare routière est située dans le centre-ville. Plusieurs bus se rendent à Bhubaneswar (100 Rs, 9 heures) et Puri (110 Rs, 10 heures) tous les après-midi, mais arrivent tard ; il est donc préférable de prendre le matin un bus pour Cuttack (75 Rs, 7 heures), puis un autre pour Puri.

Plus onéreux, des bus deluxe avec vidéo partent chaque nuit de la rue principale pour Puri, Bhubaneswar et Raipur dans le Madhya Pradesh. L'OTDC dispose de bus de nuit confortables reliant Bhubaneswar à Sambalpur (110 Rs, 8 heures). Réservez aux bureaux/comptoirs de l'OTDC.

De la principale gare ferroviaire (à 3 km du centre-ville), des trains directs partent pour Bilaspur (parfois Delhi) et Kolkata. La plupart de ces trains s'arrêtent à Sambalpur Road station, un peu plus proche du centre-ville.

AUTRES CURIOSITÉS

Située dans le nord de l'Orissa, à 50 km au sud-ouest de Jashipur, **Khiching** fut autrefois une capitale et compte quelques beaux temples anciens, certains en ruine, ainsi qu'un petit musée.

La fonte du bronze se pratique dans la région de **Bolangir**, accessible en bus depuis Sambalpur et Bhubaneswar. A **Harishankar**, à l'ouest de Bolangir, on peut voir plusieurs temples et une chute d'eau. Les villages jumeaux de **Ranipur-Jharial**, plus loin vers l'ouest, sont réputés pour leurs temples bâtis sur un promontoire rocheux. Parmi ceux-ci figure un temple circulaire de 64 *yogini* (gardiennes sacrées) qui, semblable à celui de Khajuraho, renfermait 64 cellules pour les yogini au service de la déesse Kali.

La **grotte de Gupteswar** se trouve à 85 km à l'ouest de Koraput, dans la vaste région méridionale de l'Orissa, où vivent plusieurs adivasi, notamment les Khond.

Sikkim

En bref

Population : 540 493 habitants
Superficie : 7 096 km²
Capitale : Gangtok
Langue principale : népalais
Meilleure saison : mars à fin mai ; mi-oct à mi-déc.

Cartes du chapitre :

Sikkim p. 529
Gangtok p. 532

- Rendez visite aux moines du Dharma Chakra Centre de Rumtek, situé près de Gangtok, si possible à l'occasion d'une fête
- Suivez à pied la route très praticable qui mène de Pelling au Pemayangtse Gompa, l'un des plus grands monastères du Sikkim
- Partez à la découverte du Kanchenjunga National Park grâce à un trek Yuksom-Dzongri-Goecha La
- Profitez du calme extraordinaire qui règne au Sangachoeling Gompa, le second plus ancien monastère du Sikkim

En raison de son isolement, de son relief montagneux spectaculaire, de sa faune et sa flore variées et de ses anciens *gompa* (monastères bouddhiques), le Sikkim fut pendant longtemps considéré comme le dernier Shangri-La himalayen, cette contrée "magique" décrite dans la mythologie bouddhiste. Pour le visiter, vous devrez vous procurer un permis, facile à obtenir (voir le paragraphe *Autorisations* plus loin dans ce chapitre). Pour prévenir d'éventuels ressentiments contre le gouvernement central, l'Inde a engagé des sommes importantes pour la construction de routes, l'électrification, l'alimentation en eau et le développement agricole et industriel. Toute cette activité a sans aucun doute été motivée par la crainte des visées militaires chinoises sur le Sikkim. Cet État semble aujourd'hui plus riche que son voisin le Bengale-Occidental, ce en quoi son statut de zone détaxée contribue certainement.

Les périodes les plus favorables à la pratique du rafting vont de mars à fin mai et de la mi-octobre à la mi-décembre. Les fleurs sauvages connaissent leur pleine floraison aux mois de mars et d'avril (pour les orchidées, attendre la fin septembre). Octobre et novembre sont parfaits pour le trekking en altitude, tandis que les mois de mars et d'avril conviennent aux randonnées à de plus faibles hauteurs .

Histoire

Le pays fut d'abord habité par les Lepcha, ethnie tibéto-birmane, qui seraient venus des collines de l'Assam, ou peut-être même de l'Asie du Sud-Est, au XIIIe siècle. Pacifique tribu de cueilleurs et de petits cultivateurs, les Lepcha vénéraient les esprits de la nature.

Les Tibétains commencèrent à s'installer au Sikkim au cours des XVe et XVIe siècles, afin d'échapper aux violences religieuses entre lignées bouddhiques rivales. Au Tibet, la branche gelugpa (à laquelle appartient le dalaï-lama) finit par acquérir la suprématie. Au Sikkim, en revanche, l'ordre nyingmapa fut introduit par trois lamas tibétains, Lhatsun Chempo, Kathok Rikzin Chempo et Ngadak Sempa Chempo. Ce sont ces lamas qui consacrèrent le premier *chogyal* (roi), Phuntsog Namgyal, à Yuksom, qui devint la capitale du royaume (par la suite elle fut transférée à Rabdentse, près de Pelling). Face à cet afflux d'immigrants (appelés les Bhutia), les Lepcha se replièrent dans les contrées les plus reculées.

A l'époque où le royaume du Sikkim fut créé, le pays s'étendait sur l'est du Népal, la Chumbi Valley (Tibet), la Ha Valley (Bhoutan) et les contreforts du Teraï jusqu'à la plaine indienne, incluant Darjeeling et Kalimpong. La plus grande partie de ces territoires furent ensuite perdus pendant la guerre avec le Bouthan et les Gurkha du Népal.

En 1835, cherchant une station climatique pour le repos de leurs troupes, les Anglais persuadèrent le chogyal de leur

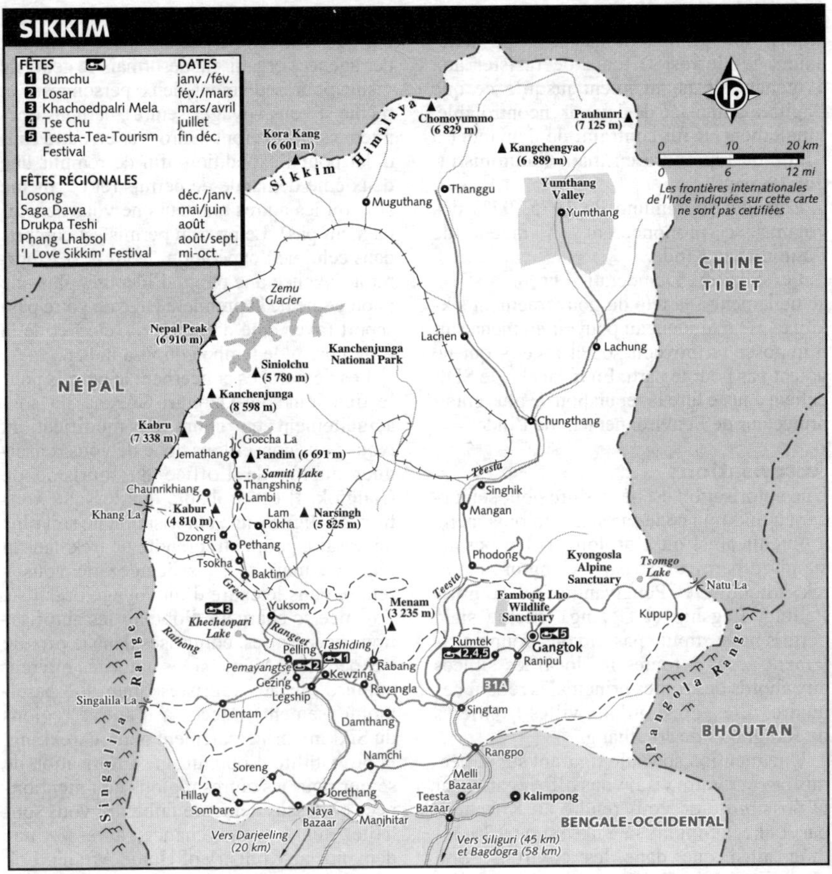

céder la région de Darjeeling contre une pension annuelle. Les Tibétains, considérant toujours le Sikkim comme un État vassal, s'opposèrent à ce transfert de territoire. Par ailleurs, la croissance rapide du commerce à Darjeeling portait préjudice aux fortunes des marchands et des *lamas* (prêtres) sikkimais.

La tension monta et, en 1849, les Anglais annexèrent toute la région comprise entre l'actuelle frontière du Sikkim et les plaines du Gange.

De nouvelles interventions anglaises conduisirent à l'établissement d'un protectorat en 1861 et à la délimitation des frontières du Sikkim. Les Tibétains, considérant ces actions comme illégales, envahirent le pays en 1886 pour rétablir leur autorité. L'attaque fut repoussée par les Anglais qui dépêchèrent une expédition punitive au Tibet, en 1888.

Les traités anglais furent transmis à l'Inde au moment de l'Indépendance. Toutefois, le Sikkim manifestait une certaine volonté de remplacer le régime du chogyal par un gouvernement démocratique. Ce mouvement fut soutenu par le gouvernement indien qui ne souhaitait nullement donner l'impression de soutenir un régime autocratique alors qu'il faisait son possible pour éliminer tout souvenir de dirigisme princier en Inde.

Le dernier chogyal, Palden Thondup Namgyal, accéda au trône en 1963. Il lutta pour faire revivre la mémoire vénérée de son père, Tashi Namgyal. La population népalaise du Sikkim fit pression pour obtenir un droit de parole au gouvernement et les fermiers appauvris commencèrent à s'attaquer aux grands monastères qui détenaient les terres. Il tenta de résister aux exigences de changement jusqu'à ce que l'agitation menace de devenir incontrôlable. Finalement, il fut contraint de demander à l'Inde de reprendre en main l'administration du pays .

Lors du référendum de 1975, 97% des votants se prononcèrent en faveur de l'union avec l'Inde.

Le Sikkim Democratic Front (SDF), actuellement à la tête du gouvernement sikkimais, se maintient au pouvoir en menaçant d'imposer un boycott social à ceux qui ne votent pas pour le parti. En revanche, le SDF détient à juste titre la réputation de plus grand protecteur de l'environnement de l'Inde.

Autorisations

Une autorisation est nécessaire pour séjourner au Sikkim ; celle-ci est néanmoins facile à obtenir ainsi qu'à prolonger. Un permis standard permet de visiter Gangtok, Rumtek, Phodong et Pemayangtse (y compris Pelling, Legship et Gezing). Même si le permis ne le stipule pas, il vous donne également accès à toutes les localités situées aux abords des routes principales reliant ces quatre villes, ainsi qu'aux villes frontières de Rangpo et de Jorethang.

Une mention spéciale figurant sur le permis (ou sur votre visa) vous offre également la possibilité de vous rendre au Khecheopari Lake, à Singhik, à Yuksom ou à Tashiding ainsi que dans les environs. Son obtention est gratuite et ne vous prendra qu'une minute : il vous suffit de vous rendre à l'office du tourisme de Gangtok (inutile de vous munir d'une photo d'identité).

Du fait de la proximité de la frontière chinoise, une autorisation spéciale est nécessaire pour se rendre au Tsomgo Lake (valable une journée seulement), une autre est requise tout le long du parcours entre Singhik et Yumthang (valable cinq jours/quatre nuits, non renouvelable). D'autre part, vous devez impérativement vous déplacer en voyage organisé et donc passer par une agence de voyages de Gangtok. Officiellement, les groupes doivent être composés au minimum de quatre personnes, mais l'agence peut se contenter d'une *demande* pour quatre permis (ou plus) pour être autorisée à organiser l'expédition. Il y a par ailleurs peu de chance que le nombre des participants soit contrôlé aux barrages routiers. C'est ainsi que la plupart des agences organisent désormais ce genre de visite pour seulement deux personnes ; et même si vous voyagez seul(e), certains opérateurs s'efforceront de trouver un autre candidat pour l'expédition afin de remplir une deuxième demande de permis (et ce, même si le ou les autres amateurs ne vous accompagnent pas). Le prix du permis est compris dans celui de l'expédition ; vous devez fournir à l'agence une photo d'identité, plus une photocopie de la première page de votre passeport (avec date d'expiration, etc.) et de la page portant le tampon du visa indien.

Les démarches concernant le permis pour le trek Yuksom-Dzongri-Goecha La sont actuellement en cours de modification. Nous vous conseillons donc de vous renseigner auprès de l'office du tourisme de Gangtok. Il est probable que lorsque vous lirez ces lignes, une autorisation ne soit plus nécessaire pour entreprendre un trek dans la région ; mais si vous décidez de vous y rendre dans le cadre d'un voyage organisé, l'agence se chargera d'obtenir les autorisations nécessaires, comprises dans le prix de l'expédition. Même si les autorités ouvrent aujourd'hui aux touristes (bien que parcimonieusement) l'accès à d'autres régions du Sikkim, principalement pour le trekking, la probabilité d'obtenir une autorisation de séjour pour les autres régions non mentionnées ci-dessus demeure faible. Si vous souhaitez tenter votre chance, adressez une demande au Ministry of Home Affairs, Lok Nayak Bhawan, Khan Market, Delhi, 11003 (tout en sachant qu'il vous en coûtera au moins trois déplacements et un mois ou plus d'attente). Si toutes vos démarches échouent, essayez le Home Office à Gangtok.

Vous pouvez accéder au Sikkim de deux façons : soit par Jorethang (en direction ou en provenance de Pelling), soit par Rangpo (en direction ou en provenance de Gangtok). Si vous choisissez de passer par Jorethang, vous devez au préalable vous procurer une autorisation (ou un visa spécial). Si vous optez pour Rangpo, vous pouvez obtenir (gratuitement) un permis de deux jours à la frontière ; celui-ci doit ensuite être prolongé à Gangtok dans les deux jours qui suivent (voir *Prorogations* ci-dessous).

Le permis standard (c'est-à-dire pour Gangtok, Rumtek, Phodong et Pemayangtse)

SIKKIM

est facile à obtenir en Inde. Vous devez remplir un formulaire précisant la date à laquelle vous souhaitez entrer au Sikkim (à noter : il vous est impossible de vous y rendre *avant* la date spécifiée). Il vous faut également fournir une photo, voire une photocopie de la première page de votre passeport ainsi que de votre visa. Le permis est gratuit et généralement disponible au bout d'une heure ou deux.

L'autorisation de séjour est habituellement délivrée pour 15 jours. Notez cependant qu'une seule entrée au Sikkim est autorisée dans une période de trois mois, même si vous quittez la région avant l'expiration de votre permis de quinze jours. Vous pouvez obtenir ce dernier aux adresses suivantes (privilégiez néanmoins les offices du tourisme du Sikkim) :

Foreigners' Registration Offices Delhi, Mumbai (Bombay) et Kolkata (Calcutta)
New Sikkim House (☎ 011-611 6346) 14 Panchseel Marg, Chanakyapuri, Delhi
Office of the District Magistrate Hill Cart Rd, Darjeeling (reportez-vous au chapitre *Bengale-Occidental* pour plus d'informations)
Sikkim Tourist Information Centres (☎ 0353-432646) SNT Colony, Hill Cart Rd, Siliguri ; (☎ 033-246 8983) 4C Poonam Building, 5/2 Russell St, Kolkata

Vous pouvez également obtenir l'autorisation de séjourner à Gangtok, Rumtek, Phodong et Pemayangtse lors de votre demande de visa à l'ambassade indienne de votre pays. L'avantage est qu'aucune date d'entrée au Sikkim n'est normalement spécifiée sur votre visa, mais les ambassades et les consulats indiens à l'étranger vous font payer un supplément (jusqu'à 30 $US) pour pouvoir vous rendre au Sikkim.

Vos permis de séjour (ou visas) sont contrôlés et votre passeport visé lorsque vous entrez et sortez du Sikkim. Ils le sont aussi généralement lors du trek Yuksom-Dzongri-Goecha La. On vous laissera probablement tranquille partout ailleurs.

Prorogations. Un permis de tourisme standard peut être prolongé à deux reprises pour une durée de 15 jours supplémentaires (45 jours est donc la durée maximale pour un séjour au Sikkim). La demande de prorogation doit se faire dans les 2 jours qui précèdent la date d'expiration. Remplissez tout d'abord un formulaire auprès du Tashi Ling (Home Office) de Gangtok, tout près de Bhanu Path. (Ne tenez pas compte du panneau "Fermé aux touristes de 10h à 16h la semaine" : ce sont justement les heures d'ouverture officielles.) Puis marchez tranquillement jusqu'au Foreigners' Registration Office sur Kazi Rd (ouvert de 10h à 16h la semaine, et de 10h à 14h le week-end). Le tout vous prendra environ 30 min.

Parcs nationaux. L'accès au Kachenjunga National Park (hors trek Yuksom-Dzongri-Goecha La) est généralement réservé aux groupes d'alpinistes ou de trekkers expérimentés faisant appel à une agence de voyages reconnue. La plupart des agences de Gangtok, dont vous trouverez la liste sous la rubrique *Gangtok*, paragraphe *Trekking et tour-opérateurs*, sont qualifiées pour organiser ce genre d'expéditions.

Manifestations annuelles

Au Sikkim, toute l'année est marquée par de nombreuses fêtes.

Losong Décembre/janvier. Nouvel An sikkimais.
Saga Dawa Mai/juin. Processions en l'honneur de la naissance du Bouddha.
Drukpa Teshi Août. Premier prêche du Bouddha.
Phang Lhabsol Août/septembre. Danses sikkimaises dédiées au Kanchenjunga.
Fête "I love Sikkim" Mi-octobre. Musique, danse et cuisine traditionnelles.

Pour les autres fêtes du Sikkim, voyez les rubriques et paragraphes consacrées à Gangtok, Enchey Gompa, Rumtek, Pemayangtse Gompa, Khecheopari Lake et Tashiding.

Sikkim oriental

GANGTOK

☎ 03592 • 90 000 habitants

La capitale du Sikkim, Gangtok ("sommet de la colline") s'étend sur le versant ouest d'une longue arête bordant la Ranipul. Le paysage est magnifique et de nombreux sites des environs de la ville jouissent de splendides vues sur toute la chaîne du Kanchenjunga.

Gangtok ne devint la capitale qu'au milieu du XIXe siècle. La ville a connu une modernisation rapide (et sans grâce) au cours de ces dernières années, mais elle demeure agréable et très bien organisée pour le confort des visiteurs. Fin décembre, Gang-

GANGTOK

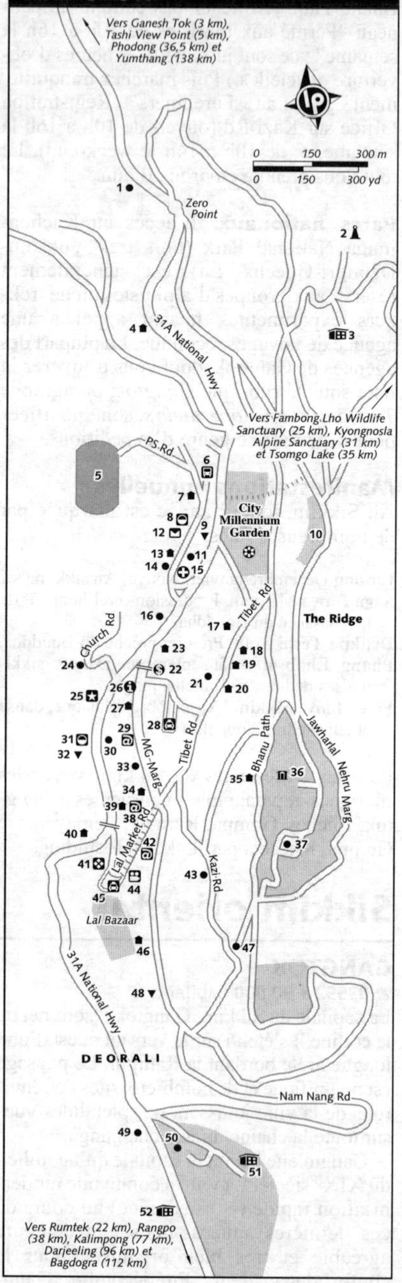

OÙ SE LOGER

4 Hotel Superview Himalchuli, Yak & Yeti Travels
7 Hotel Lha Khar
13 Hotel Tibet
17 Hotel Sonam Delek, Oyster Bar & Restaurant
18 Hotel Heritage
19 Modern Central Lodge & Restaurant
20 Hotel Lhakpa
23 Gangtok Lodge
27 Green Hotel, Silk Route Tours & Travels
34 Hotel Golden Pagoda
35 Hotel Pomra
39 Hotel Orchid, Orchid Cafe
40 Hotel Central
46 Hotel Tashi Delek

OÙ SE RESTAURER

9 Cafe Tibet
32 Hotel Hungry Jack, Tripti's
48 Oberoi's Barbique Restaurant

DIVERS

1 Directorate of Handicrafts & Handlooms
2 Tour des télécommunications
3 Enchey Gompa
5 Palijor Stadium
6 Gare routière du SNT, Bureau des réservations des chemins de fer
8 Arrêt des jeeps
10 Flower Exhibition Centre, Ridge Park
11 Siniolchu Tours & Travels, Potala Tours & Travels
12 Bureau de poste principal
14 Magasins de souvenirs et d'artisanat tibétains
15 STNM Hospital
16 Jainco Booksellers
21 Blue Sky Treks & Travels
22 State Bank of India
24 Sikkim Tours & Travels
25 Police
26 Office du tourisme du Sikkim, Blue Sheep Fast Food Centre & Restaurant, Wisdom Tours & Travels
28 Station de taxis d'Old Children's Park
29 Gokul, RNC Enterprises, Parivar Restaurant, Khan Khazana
30 Tashila Tours & Travels
31 Arrêt des bus privés et station de taxis
33 Good Books
36 Palace
37 Tsuk-La-Khang
38 Sip 'n' Surf
41 supermarché
42 Logon.com
43 Foreigners' Registration Office
44 Cinéma Denzong
45 Arrêt des taxis de Lal Bazaar
47 Tashi Ling
49 Forest Department Office
50 Namgyal Institute of Tibetology, Orchid Sanctuary
51 Do-Drul (chorten et gompa)
52 Guru Lhakhang Gompa

tok co-accueille (avec Rumtek) le **Teesta-Tea-Tourism Festival**, fête où se mêlent musique, cuisine et fleurs. En avril ou mai, les processions de moines portant des textes sacrés à travers les rues de la ville célèbrent le **Bouddha Jayanti**.

Renseignements

Office du tourisme. Situé à l'extrémité nord de MG Marg, l'office du tourisme du Sikkim (☎ 22064) est un passage obligé pour le visiteur qui arrive en ville. Les panneaux d'affichage sont une véritable mine d'informations, et le personnel saura vous renseigner sur les permis de séjour ainsi que sur les dates des fêtes. L'office du tourisme est ouvert tous les jours, de 8h à 18h en haute saison (de mars à mai et d'octobre à décembre), et le reste de l'année de 10h à 16h.

Argent. Certains hôtels de catégories moyenne et supérieure offrent un service de change, mais il est préférable de se rendre à la State Bank of India, située dans MG Marg. Celle-ci est ouverte de 10h à 14h et de 14h30 à 16h la semaine, et de 10h à 13h le samedi. Vous pouvez y changer en devises locales des chèques de voyage Thomas Cook et American Express en dollars US et en livres sterling, ainsi que des dollars US, des livres sterling, des euros et des francs suisses. Vous ne pouvez cependant obtenir de liquide avec une carte de crédit.

Poste et communications. Située sur PS Rd, la poste principale dispose d'un service de poste restante. Les public call offices (PCO), les cabines de téléphone pour les appels locaux et longue distance, se trouvent partout dans la ville.

La plupart des cybercafés de la ville sont plutôt fiables, et le tarif moyen est d'environ 1 Rp par minute de connexion. Nous vous recommandons particulièrement le Gokul, dans une galerie derrière MG Marg ; un peu plus branché, Sip 'n' Surf, en haut des marches qui longent Lal Market Rd ; et Logon.com, un peu plus loin dans MG Marg.

Librairies. Good Books, située au bout d'une galerie derrière MG Marg, et Jainco Booksellers, sur la 31A National Hwy, proposent un choix impressionnant de livres et de cartes sur le Sikkim.

En cas d'urgence. Contactez la police (☎ 22033) ou le STNM hospital (☎ 22944).

Enchey Gompa

Ce monastère mérite une visite, particulièrement en décembre/janvier pendant les fêtes de Chaam, pendant lesquelles se déroulent les danses religieuses masquées. Construit en 1909, il abrite aujourd'hui une centaine de moines de la lignée nyingmapa. Les peintures qui recouvrent les murs de la salle de prière sont d'une facture délicate, et les quatre colonnes qui soutiennent le toit sont finement sculptées. Le monastère, situé près de la tour des télécommunications (vous ne pourrez pas la manquer), à environ 2 km de marche du centre-ville sur un chemin escarpé, repose sur une corniche spectaculaire dominant Gangtok. La vue s'étend jusqu'au Kanchenjunga.

Institut de tibétologie Namgyal

Le Namgyal Institute of Tibetology fut créé en 1958 et bâti dans le style traditionnel tibétain. Cet institut unique en son genre promeut des recherches sur la langue et les traditions tibétaines, ainsi que sur le bouddhisme mahayana. Dans ce dernier domaine, il possède l'une des plus prestigieuses bibliothèques du monde, riche en œuvres d'art religieux et en *thanka* (peintures religieuses sur tissu) d'une beauté et d'une finesse d'exécution étonnantes. Il renferme également des reliques de moines de l'époque d'Ashoka, des échantillons d'écriture lepcha, des masques, des objets cérémoniels et sacrés, notamment le *kapali*, bol sculpté dans un crâne humain, et le *varku*, flûte taillée dans un fémur.

L'institut vend des objets religieux artisanaux et des livres sur le bouddhisme.

Ouvert du lundi au vendredi ainsi que le second samedi du mois de 10h à 16h ; l'entrée coûte 5 Rs. Comme il est de règle dans tout lieu sacré, il convient de retirer ses chaussures avant d'entrer dans le bâtiment principal. Il est facile de marcher jusqu'à l'institut en suivant la 31A National Hwy. Vous pouvez également vous y rendre en taxi, minivan ou jeep collectifs.

Do-Drul (chorten et gompa)

La pointe dorée de l'immense chorten blanc, entouré de drapeaux de prière, s'aperçoit de maints endroits de Gangtok. A côté, un gompa de jeunes lamas abrite d'immenses statues de Padmasambhava et de sa manifestation, Guru Snang-Sid Zilzon. Comparé au gompa relativement peu impressionnant, le chorten est vraiment spectaculaire, d'autant plus que les lieux semblent baignés d'une incroyable sérénité. Les deux édifices sont situés à environ 500 m du Namgyal Institute.

Parcs et jardins

Entourant le Namgyal Institute, et lui-même enclavé dans une paisible forêt, l'**Orchid Sanctuary** (jardin d'orchidées) vous permet d'admirer quelques-unes des 454 espèces d'orchidées rencontrées au Sikkim.

Situé le long de Jawharlal Nehru Marg, le petit **Flower Exhibition Centre** (centre d'expositions florales) présente entre autres des orchidées ainsi que des bonsaïs. Il est ouvert d'avril à juin et de septembre à fin novembre, tous les jours de 10h à 18h. Juste au-dessus du Centre, le **Ridge Park**, petit mais très joli, est l'un des nombreux endroits de la corniche où vous trouverez un peu de calme. Le tout nouveau **City Millennium Garden**, entre la 31A National Hwy et Bhanu Path, vaut également le coup d'œil.

Trekking et tour-opérateurs

Certains sites et régions, comme le Tsomgo Lake et le nord du Sikkim, ne sont accessibles que par l'intermédiaire d'une agence de voyages (voir *Autorisations* un peu plus haut). Certains tour-opérateurs proposent des circuits à thème : observation des oiseaux, alpinisme, rafting, VTT. Il est possible de louer directement l'équipement (sacs de couchage, etc.) auprès de certaines agences.

Voici une liste (non exhaustive) de tour-opérateurs fiables :

Blue Sky Treks & Travels (☎ 25113, skar@cal2.vsnl.net.in) Tibet Rd ; propose plusieurs treks pour petits budgets et gère plusieurs lodges dans le nord du Sikkim.

Potala Tours & Travels (☎ 24434, potala@dte.vsnl.net.in) PS Rd ; située près d'autres agences, elle offre les treks habituels (y compris en rafting) à des prix raisonnables.

Sikkim Tours & Travels (☎ 22188, sikkimtours@sikkim.org) Church Rd ; une équipe impressionnante et accueillante, qui organise également des circuits sur mesure pour prendre des photos et observer les oiseaux.

Siniolchu Tours & Travels (☎ 25569, siniolchu@dte.vsnl.net.in) PS Rd ; offre un vaste choix de treks, notamment culturels et en VTT.
Site Internet : www.sikkiminfo.com/siniolchu

Tashila Tours & Travels (☎ 22979, tashilatt@hotmail.com) 31A National Hwy ; organise des circuits sur mesure et aussi de rafting.
Site Internet : www.sikkiminfo.com/tashila

Wisdom Tours & Travels (☎ 20824, baichungb@hotmail.com) ; près de l'office du tourisme dans MG Marg ; accueil chaleureux, personnel efficace et compétent.
Site Internet : www.wisdomtravels.com

Yak & Yeti Travels (☎/fax 24643, yakyeti@dte.vsnl.net.in) Hotel Superview Himalchuli, 31A National Hwy ; une source d'informations et un bon rapport qualité/prix ; agence spécialisée dans l'alpinisme.

Activités culturelles et sportives

Si vous recherchez quelque chose d'original (de préférence lors d'une journée ensoleillée), le Sikkim Helicopter Service propose des vols au-dessus du Sikkim occidental (3 250 Rs par personne et pour une heure), de Yumthang (3 750 Rs pour 70 min), du Kanchenjunga (5 000 Rs pour 90 min), ainsi que de petites escapades dans les environs de Gangtok (1 200 Rs pour 20 min). Voir *Comment s'y rendre* ci-après pour les coordonnées.

Des agences de voyages, telles que Tashila et Potala, proposent des descentes en rafting de la rivière Teesta. Celles-ci offrent un bon rapport qualité/prix : 350/600/900 Rs par personne pour 1/2/3 heures 30 (matériel et guide inclus, mais pas le transport). Un nombre minimum de 6 participants est requis.

Circuits organisés

Toutes les agences de voyages énumérées ci-dessus peuvent également organiser de petits circuits locaux sur mesure. A l'instar des chauffeurs de taxi, elles offrent également trois types de circuits "officiels" : le circuit en "trois points" inclut entre autres les panoramas de Ganesh Tok et de Tashi (300 Rs par véhicule) ; celui en "cinq points" comprend Enchey Gompa, le Centre d'expositions florales ainsi que l'Institut Namgyal (420 Rs) ; enfin, le "sept points" reprend le "cinq points" plus Rumtek (600 Rs).

A moins d'être un groupe de 4 ou 5 personnes, ces circuits reviennent souvent très cher. En outre, la plupart des sites sont à faible distance à pied ou facilement accessibles en taxi, minivan ou jeep.

Où se loger

L'hiver, n'oubliez pas de demander si l'établissement dispose de l'eau chaude et du chauffage, et à quel prix. D'autre part, rares sont les endroits où trouver des chambres pour une seule personne et ne comptez guère obtenir de réduction si vous êtes seul(e) à occuper une double. De nombreux hôtels de catégorie moyenne et supérieure incluent les repas dans leurs tarifs ; mais ce n'est pas toujours la meilleure solution du point de vue rapport qualité/prix, étant donné que Gangtok regorge de bons restaurants à petits prix.

Nous mentionnons les prix de la pleine saison. Hors saison (de juin à mars et juillet/août), vous obtiendrez des rabais variant de 15 à 30%.

Où se loger – petits budgets

***Le Modern Central Lodge** (☎ 24670, Tibet Rd)* est très prisé, notamment des randonneurs. Les chambres simples/doubles avec s.d.b. commune, peu attrayantes mais propres, coûtent 100/180 Rs ; les doubles avec s.d.b. (et eau chaude) sont à 250 Rs. Un lit en dortoir (8 par chambre) revient à seulement 40 Rs par personne.

La partie centrale de la Tibet Rd regroupe de nombreux établissements offrant des chambres correctes pour environ 200/250 Rs. L'***Hotel Lhakpa** (☎ 23002)* propose des doubles (pas de simples) avec s.d.b. (eau froide et toilettes à la turque) pour 250 Rs. L'***Hotel Heritage** (☎ 22701, nirmalmist@hotmail.com)*, l'un des rares à s'enorgueillir d'une décoration originale, met à votre disposition des chambres agréables avec s.d.b. (et eau chaude) pour le prix négociable de 250/300 Rs (325/400 Rs avec la TV câblée). Des lits en dortoir sont également disponibles pour 150 Rs par personne.

Le ***Green Hotel** (☎ 25057, greenhot@dte.vsnl.net.in, MG Marg)* offre confort et un bon rapport qualité/prix. Les tarifs vont de 150 Rs pour une simple (un peu petite) à 250 Rs pour une double ; des doubles plus confortables, équipées du câble sont également proposées pour 350 Rs. Toutes les chambres bénéficient d'une s.d.b. (eau chaude capricieuse) et les prix demeurent négociables.

L'***Hotel Lha Khar** (☎ 25708, PS Rd)*, près du bureau de poste principal comme plusieurs autres établissements pour petits budgets, se trouve à proximité de l'arrêt des bus du SNT. Agréable et tranquille, l'hôtel offre des chambres rudimentaires mais d'une propreté irréprochable avec s.d.b. (eau chaude) et le câble pour 200/300 Rs.

L'***Hotel Orchid** (☎ 23151, 31A National Hwy)* offre également une formule tout à fait accessible. Seul inconvénient : les chambres avec fenêtres sont bruyantes car elles donnent sur la grand-route, tandis que celles sans ouvertures sont trop sombres. L'établissement, très bien tenu, reste cependant d'un bon rapport qualité/prix. Les chambres avec s.d.b. commune reviennent à 100/200 Rs ; les doubles (pas de simples) avec s.d.b. coûtent 300 Rs.

L'***Hotel Pomra** (☎ 26648, Bhanu Path)* nous a été recommandé par des lecteurs, principalement pour sa tranquillité. Les chambres sont propres (certaines avec vue) et coûtent 250/370 Rs. Les lits en dortoir sont également d'un bon rapport qualité/prix (80 Rs).

Où se loger – catégorie moyenne

Tous les établissements énumérés ci-dessous disposent de chambres avec s.d.b. (eau chaude en permanence) et de la TV câblée.

Très central et accueillant, le ***Gangtok Lodge** (☎ 27319, moderntreks@hotmail.com, MG Marg)* a néanmoins un point faible : le bruit. Les doubles standard reviennent à 300 Rs. L'hôtel dispose également de chambres "spéciales" très agréables (avec une très jolie s.d.b.) pour 800 Rs. Les tarifs pour une simple ne sont pas disponibles, mais vous pouvez compter sur une remise non négligeable (environ 30%) la plupart du temps.

L'agréable ***Hotel Sonam Delek** (☎ 22566, sonam.delek@gokulnet.com, Tibet Rd)* offre des chambres avec de très belles vues. Les doubles sont claires et spacieuses, et pour la plupart tranquilles. Les prix commencent à 550 Rs et s'élèvent jusqu'à 800 Rs pour une "super deluxe" (celle offrant le plus beau panorama).

L'***Hotel Superview Himalchuli** (☎/fax 24643, himalchuli@usa.net, 31A National Hwy)* est un agréable hôtel jouissant de très belles vues et d'un personnel serviable. Les lits en dortoir reviennent à 75 Rs par personne ; les doubles "standard" (375 Rs) sont plutôt petites et spartiates mais tout à fait correctes. L'établissement propose également des doubles/triples deluxe, vastes et bien meublées, pour 675/775 Rs.

L'***Hotel Golden Pagoda** (☎ 26928, goldenpagoda@hotmail.com, MG Marg)* pratique des tarifs de catégorie moyenne mais pourrait presque être classé dans la catégorie supérieure. L'hôtel est central, mais les chambres manquent d'espace. Les premiers prix pour une simple/double (certaines avec une jolie vue) sont 495/875 Rs.

Où se loger – catégorie supérieure

Les hôtels de gamme supérieure font payer un supplément de 10% pour le service (inclus dans les tarifs figurant ci-dessous).

L'***Hotel Tashi Delek*** *(☎ 22991, tashidelek@sikkim.org, MG Marg)* dispose de luxueuses suites (4 500 Rs) avec une vue superbe sur la montagne. Les simples/doubles moins onéreuses (2 500/2 700 Rs) sont confortables, toutefois elles donnent sur les murs gris des hôtels voisins.

L'***Hotel Tibet*** *(☎ 22523, fax 26233, PS Rd)* est un établissement très connu car confortable et chaleureux. Vous serez accueilli par un portier en costume tibétain traditionnel !

Les chambres les moins chères (à partir de 1 012/1 320 Rs) n'ont pas de vue, mais les plus onéreuses (à partir de 1 265/1 760 Rs) sont superbement meublées et présentent un décor tibétain traditionnel ainsi que de magnifiques vues.

L'***Hotel Central*** *(☎ 22105, hotel_central@hotmail.com, 31A National Hwy)* nous a été recommandé par des lecteurs. L'établissement est accueillant et agréable mais quelque peu bruyant. Il propose des chambres très confortables pour 990/1 430 Rs.

Où se restaurer

Les hôtels offrent souvent les meilleurs restaurants. Le ***Modern Central Lodge***, l'***Hotel Lhakpa***, l'***Hotel Lha Khar*** et le ***Green Hotel*** possèdent des restaurants très connus qui proposent des repas savoureux à petits prix, généralement tibétains, chinois et indiens, mais également des spécialités occidentales comme les pancakes.

L'***Oyster Bar & Restaurant***, dans l'Hotel Sonam Delek, Tibet Rd, est un peu plus cher. Vous pourrez manger des plats occidentaux tels que des tartines grillées, des pizzas et des pancakes, ainsi que des mets chinois, indiens et tibétains.

L'***Hotel Golden Pagoda*** *(MG Marg)* dispose d'un restaurant végétarien sur le toit de l'établissement avec une belle vue et des prix raisonnables. On peut s'y attabler dès 8h pour le petit déjeuner.

L'***Hotel Hungry Jack*** *(31A National Hwy)* offre un service rapide ainsi que des plats délicieux et dispose d'une bonne réserve de bière fraîche. Au-dessous, ***Tripti's*** est la meilleure boulangerie de la ville.

Le ***Cafe Tibet*** *(31A National Hwy)* est très apprécié de la jeunesse locale pour ses gâteaux écœurants, ses hamburgers, ses pizzas et ses milkshakes. L'***Orchid Cafe***, situé sous l'Hotel Orchid (31A National Hwy) offre le même type de nourriture.

L'***Oberoi's Barbique Restaurant*** *(MG Marg)* est un établissement très simple, propre et moderne, connu pour ses sandwichs à l'occidentale autant que pour ses plats indiens et chinois.

Le ***Blue Sheep Fast Food Centre***, à côté de l'office du tourisme dans MG Marg, vend des hamburgers très corrects, tandis qu'à l'étage le ***Blue Sheep Restaurant*** est un peu plus chic mais néanmoins d'un bon rapport qualité/prix.

Le ***Parivar Restaurant***, un peu plus bas dans MG Marg, se révèle un bon choix si vous souhaitez manger végétarien. Le ***Khan Khazana***, situé au fond de la même galerie, offre un service irréprochable et une cuisine végétarienne excellente, y compris des pizzas.

Où sortir

La ville fourmille de petits bars plus ou moins fréquentables. Tous pratiquent des tarifs peu élevés (une grande bouteille de Dansberg coûte environ 35 Rs), mais ne comptez pas trop sur une boisson fraîche. L'Hotel Hungry Jack ainsi que le Blue Sheep Restaurant sont bien plus agréables pour boire un verre. Les jours de pleine et de nouvelle lune, l'alcool est prohibé dans tout le Sikkim, mais certains établissements bravent l'interdiction. Si vous cherchez quelque chose d'un peu original, essayez le *chang*, connu ici sous le nom de *tongba* (bière de millet fermenté), dans une échoppe de Lal Bazaar.

Le Denzong Cinema, dans Lal Bazaar, passe des films populaires indiens (en hindi) à 15/30 Rs la séance pour des sièges au parterre/au balcon.

Achats

Le Directorate of Handicrafts & Handlooms à Zero Point vend des tapis, des couvertures et des châles tissés main, des papiers décoratifs ainsi que des tables superbement sculptées. Ouvert de 9h30 à 12h30 et de 13h à 15h tous les jours (sauf le dimanche), il abrite également plusieurs expositions artisanales en haute saison.

De nombreux magasins proposent des objets artisanaux tibétains, principalement le long de PS Rd. Le Lal Bazaar vaut également le coup d'œil. Il est ouvert tous les jours, mais préférez le dimanche, jour où il y a le plus d'animation.

Quitter la ville

Avion. Bagdogra, près de Siliguri, est l'aéroport le plus proche (voir *Comment s'y rendre* sous *Siliguri et New Jalpaiguri* dans le chapitre consacré au *Bengale-Occidental*).

Le Sikkim Helicopter Service propose un vol quotidien entre l'aéroport de Bagdogra et une plate-forme pour hélicoptères située à 6 km au nord de Gangtok (1 500 Rs, 30 min). L'hélicoptère quitte Gangtok à 11h et revient de l'aéroport à 14h45. Pour les réservations, adressez-vous à NRC Enterprises (☎ 28652), qui est également l'agent de Jet Airways, en haut des marches dans MG Marg. La compagnie Indian Airlines est représentée par l'agence Silk Route Tours & Travels (☎ 23354), située au-dessus du Green Hotel dans MG Marg.

Bus. Sikkim Nationalised Transport (SNT) est la principale compagnie de bus pour/au départ de Gangtok, proposant de nombreuses destinations (dans des bus malheureusement plus très jeunes), depuis la gare routière SNT bien organisée de PS Rd. Le bureau des réservations est ouvert de 9h à 12h et de 13h à 14h.

Plusieurs bus desservent quotidiennement Siliguri (55 Rs, 5 heures) ; le SNT propose également un trajet quotidien pour Darjeeling (83 Rs, 6 à 7 heures) à 7h, et un pour Kalimpong (55 Rs, 3 à 4 heures) à 13h. Les autres destinations desservies par les bus du SNT sont Rumtek (17 Rs, 1 heure 30 ; départ à 16h) ; Mangan, *via* Phodong (25 Rs, 2 heures 30 ; départ à 8h) ; Singhik (75 Rs, 4 heures ; départ à 13h30) ; et Jorethang (55 Rs, 4 heures ; départ à 7h). Des bus quittent également Gangtok pour Pelling à 7h (70 Rs, 5 heures 30) ; ils passent par Ravangla, Legship (correspondances pour Tashiding et Yuksom) et Gezing.

Outre ceux du SNT, des bus privés, qui partent de la Private Bus & Taxi Station sur la 31A National Hwy, relient Gangtok à Siliguri (un départ toutes les 30 min environ le matin) ainsi qu'à Darjeeling et Kalimpong (au moins deux fois par jour). Les tarifs sont un peu plus élevés, mais les bus sont plus rapides et plus confortables. Vous pouvez réserver à l'avance à la gare routière privée.

Train. Le guichet des réservations du Passenger Computerised Railway Service (☎ 22014), situé à la gare routière SNT, ne dispose que d'un petit quota de billets pour des trains au départ de New Jalpaiguri, près de Siliguri. Le guichet est ouvert tous les jours de 8h à 14h.

Jeeps et taxis collectifs. Les jeeps et taxis collectifs présentent l'avantage d'être plus rapides et plus nombreux que les bus, mais sont néanmoins potentiellement plus dangereux et pas toujours plus confortables (surtout si vous êtes assis à l'arrière d'une jeep).

Des jeeps partent régulièrement le matin de la gare routière privée (31A National Hwy) à destination de Siliguri (90 Rs, 4 heures), de Darjeeling (100 Rs, 5 heures), de Kalimpong (65 Rs, 3 heures), de Bagdogra (120 Rs, 4 heures) et de Kakarbittha (120 Rs, 5 heures) sur la frontière du Népal. Il est généralement possible de réserver à l'avance.

Au départ de la Old Children's Park Taxi Station, de nombreuses jeeps collectives relient Jorethang (70 Rs, 3 heures) ; deux par jour (départs à 7h et à 12h30) rejoignent Gezing (95 Rs, 4 heures 30) et continuent jusqu'à Pelling (130 Rs, 5 heures), en passant par Ravangla (60 Rs, 3 heures) ; plusieurs trajets sont organisés quotidiennement pour Rangpo (35 Rs, 2 heures) et Mangan, *via* Phodong (40 Rs, 2 heures). Vous pouvez réserver à l'avance pour la plupart des destinations à un guichet situé derrière la station.

Des jeeps partent également de Lal Bazaar et desservent des villages voisins, tels que Rumtek (20 Rs, 1 heure).

Comment circuler

Vous pouvez louer les services d'un taxi, d'une jeep ou d'un minivan à une station de jeep/taxis pour des trajets aux alentours de Gangtok (une traversée de la ville coûte environ 50 Rs).

Les tarifs des taxis vers les sites touristiques sont fixés officiellement et sont relativement excessifs (mais négociables). Les taxis, jeep et minivans collectifs marquent un arrêt aux points appelés “Taxi Stops” le long de la 31A National Hwy ; une course à partir du centre-ville jusqu'à l'Institut Namgyal ou à Zero Point revient à 5 Rs.

ENVIRONS DE GANGTOK

Rumtek

☎ 03592

Situé de l'autre côté de la vallée qui borde Gangtok, le village de Rumtek abrite le **Dharma Chakra Centre.** Il s'agit du siège du Gyalwa Karmapa, chef de l'ordre kagyu du bouddhisme tibétain, fondé au XIe siècle. A la fin du mois de décembre, Rumtek coaccueille (avec Gangtok) le Teesta-Tea-Tourism Festival, qui allie musique, cuisine traditionnelle et fleurs.

Le **monastère** principal est un édifice relativement récent que fit construire le XVIe Gyalwa Karmapa dans le respect scrupuleux de l'architecture traditionnelle de son monastère du Tibet. Toutefois, les peintures murales ne sont pas aussi raffinées que celles de gompa plus anciens du Sikkim, et le Golden Stupa a plutôt grise mine dans son emballage en plastique. Les visiteurs sont les bienvenus et peuvent assister aux prières et aux chants.

Derrière le monastère principal, vous pourrez admirer les magnifiques décorations du **Karma Shri Nalanda Institute**, dédié aux études bouddhistes. Dans le bâtiment situé en face de l'entrée de l'Institut, une petite salle abrite un joli chorten serti de pierres fines, qui renferme les cendres du XVIe Gyalwa Karmapa.

Le gompa accueille de nombreuses fêtes religieuses, comme les danses du **Tse Chu** en juillet, ainsi que Losar en février/mars qui célèbre le Nouvel An tibétain et qui donne lieu à d'importantes réjouissances.

Le gompa est ouvert tous les jours, de 8h à 17h l'été et de 10h à 17h l'hiver. Un petit plan du site (20 Rs) est disponible à l'entrée. Les visiteurs doivent se faire inscrire sur un registre à l'entrée principale du village dès leur arrivée.

Où se loger et se restaurer. La ***Sungay Guest House*** *(☎ 52221, dechen@dte.vsnl.net.in)* constitue une adresse accueillante, dans le cadre d'un joli jardin. Elle propose des chambres doubles toute simples avec s.d.b. (et eau chaude), certaines avec balcon et vue, pour la modique somme de 150 Rs. Les doubles avec s.d.b. (eau froide), mais pas de vue, sont à 100 Rs. Vous pouvez également manger des plats tibétains et occidentaux simples.

Le ***Sangay Hotel*** *(☎ 52238)*, en bas de quelques marches à proximité du monastère, offre de petites chambres simples/doubles rudimentaires mais propres, avec s.d.b. commune, pour seulement 50/100 Rs.

L'***Hotel Kunga Delek***, tenu par les moines du gompa, se trouve près de l'entrée principale. Les chambres doubles sont ordinaires et un peu chères comparativement aux tarifs proposés par les autres établissements (100/150 Rs sans/avec s.d.b.).

Quelques ***échoppes*** le long de la route qui mène au gompa vendent du *chai* (thé), des *momo* (gros raviolis tibétains farcis de légumes ou de viande) ainsi que des sandwiches.

Quitter la ville. Rumtek n'est qu'à 26 km de Gangtok. Le tarif officiel pour un aller/retour en jeep/taxi collectif est excessif : 240/400 Rs, mais il est généralement facile de marchander et de descendre jusqu'à 300 Rs. Des jeeps collectives partent parfois de Lal Bazaar (20 Rs, 1 heure), et un bus du SNT quitte tous les jours Gangtok pour Rumtek à 16h (17 Rs, 1 heure 30). Si vous vous sentez en jambes, une très agréable marche de 14 km (en descente) mène de Rumtek à l'embranchement de la grand-route, d'où vous pourrez faire du stop pour rejoindre Gangtok (encore 12 km, mais en montée !). Toutefois, ne comptez pas trop sur les transports en commun après 15h.

Tsomgo (Changu) Lake

Vénéré par les bouddhistes locaux, le Tsomgo Lake (également appelé Changu) est perché à plus de 3 752 m au-dessus du niveau de la mer (à peu près 1 250 m au-dessus de Gangtok).

Le lac étant situé à environ 37 km au nord-est de la capitale, prévoyez une journée entière pour le voyage. Si le temps est nuageux ou brumeux à Gangtok, il est préférable de reporter votre expédition, car le brouillard devrait être encore plus épais là-haut et vous ne pourriez profiter de la vue. La surface du lac est en grande partie gelée de décembre à mi-mai, mais le spectacle vaut tout de même la peine, surtout si le ciel est dégagé.

Vous trouverez autour du lac quelques **sentiers**, des **promenades à dos de yack,** ainsi que de nombreuses ***échoppes*** vendant du thé, du café et des momo. L'***Alpine Lodge***, situé plus à l'écart, sert les mêmes boissons et plats. Un curieux projet prévoit à proximité, la construction d'un lac artificiel réservé aux bateaux et aux pêcheurs (le caractère sacré du lac interdit ces activités).

Les visiteurs ne peuvent actuellement séjourner au lac que pour une journée (voir *Permis de tourisme et de trekking* un peu plus haut dans ce chapitre) lors d'une expédition organisée par une agence de Gangtok. Les tarifs pour les étrangers se révèlent quelque peu prohibitifs : 10 $US (ou l'équivalent en roupies) par personne pour une jeep avec deux à quatre personnes ; 8 $US par personne pour une jeep avec six personnes ou plus ; et (dans la limite du possible) entre 15 et 20 $US pour une seule personne. Au cas où vous seriez autorisé(e) à vous rendre au lac sans passer par une agence, la location d'une jeep (comptez 90 min pour vous y rendre) à Lal Bazaar vous coûtera environ 700 Rs aller/retour ; vous pouvez également opter pour une jeep collective (130 Rs par personne) qui vous attendra pour le retour. Il est par ailleurs interdit de visiter le lac à bord d'un véhicule privé, et aucun bus ne dessert cette destination.

Nord du Sikkim

Cette région s'ouvre progressivement aux touristes, mais rappelez-vous que durant les mois de mousson (de juin à août) les routes sont souvent coupées par des glissements de terrain.

PHODONG

Le **Phodong Gompa**, appartient au même ordre que celui de Rumtek, mais il est beaucoup plus petit et moins orné. Sa construction, assez récente, même si le gompa d'origine date, comme celui de Rumtek, de 1740, abrite une communauté de 60 moines, dont beaucoup sont nés en Inde après l'occupation du Tibet par les Chinois. Très chaleureux, les moines seront ravis de vous guider dans votre visite.

Le **Labrang Gompa**, à 1,2 km en amont (et visible depuis Phodong Gompa), créé en 1844, appartient à l'ordre nyingmapa.

Vous trouverez deux petites pensions rudimentaires où dormir dans le village de Phodong. L'***Hotel Northway*** loue des simples/doubles propres (certaines avec vue) avec s.d.b. commune pour 50/100 Rs. L'***Hotel Yak & Yeti***, à 100 m en descendant la route, possède des doubles (pas de simples) propres et claires pour 120/150 Rs sans/avec s.d.b. (tarifs négociables). Il est possible de se faire servir dans les deux établissements des repas très simples ainsi que de la bière fraîche.

Le village de Phodong se trouve sur la grand-route de Gangtok à Mangan, à 38 km au nord de la capitale. La route qui mène au gompa (1,2 km) n'est pas signalée mais facilement repérable, et commence à environ 1,5 km au sud du village. Au moment de la rédaction de ce guide, une partie de la route Gangtok-Mangan ne pouvait être franchie qu'à bord d'une jeep ; aucun bus ne pouvait donc accéder à Phodong. Des jeeps collectives font le trajet de Gangtok à Mangan en passant par le gompa et le village (40 Rs, 2 heures) ; afin d'éviter de vous retrouver à l'arrière du véhicule, achetez directement un billet pour Mangan (60 Rs).

YUMTHANG VALLEY

Cette vallée, qui s'étend à 140 km au nord de Gangtok à 3 564 m d'altitude, est désormais ouverte aux étrangers. Vous pourrez vous rendre jusqu'à Singhik avec un permis standard, mais pour voyager entre Singhik et le village de Yumthang, et ce pour des raisons techniques, vous aurez besoin de vous joindre à un groupe et de faire appel à une agence (pour plus de détails, lire *Permis de tourisme et de trekking* un peu plus haut dans ce chapitre).

Vous trouverez des hôtels petits budgets à Singhik, Chungthang et Lachung. Un bus du SNT quitte habituellement Gangtok pour Singhik à 13h30 (75 Rs, 4 heures). Vous avez également la possibilité de prendre une jeep collective à destination de Mangan, ou une autre pour Singhik et plus loin.

Sud du Sikkim

La plupart des visiteurs ne font que traverser cette région lorsqu'ils vont de Gangtok à Pelling. Or Ravangla, la ville la plus importante de cette région, mérite que l'on s'y arrête et Jorethang, à la frontière du Sikkim, offre de nombreux établissements où dormir en cas de nécessité.

RAVANGLA

☎ 03595

Ravangla s'étend sur un site spectaculaire le long de la grand-route qui mène de Gangtok à Pelling. Une marche de 15 min (suivez la route vers Gangtok, puis vers Namchi) à partir de la station de jeeps vous mènera au **Kunpheling Tibetan Settlement** (village tibétain), où vous pourrez acheter d'authentiques tapis faits main ainsi que divers objets artisanaux. Au bout de la rue principale, des drapeaux indiquent les marches qui mènent au petit mais accueillant **Mani Chokharling Gompa.**

Tout hôtel faisant face aux montagnes affiche des tarifs exorbitants, mais il est toujours possible de négocier. Toutes les adresses listées ci-dessous disposent de chambres avec s.d.b. (et eau chaude), sauf indication contraire. Toutes possèdent également un **restaurant**.

L'***Hotel 10zing*** *(☎ 60705)*, à la station de jeeps, propose des simples/doubles spartiates mais propres pour 150/250 Rs, certaines avec le câble (mais pas de vue).

L'***Hotel Kanchenjunga***, situé en haut de la côte qui monte de la station de jeeps, derrière la State Bank of India, offre des doubles (pas de simples), spacieuses et tranquilles pour 200 Rs.

L'***Hotel Meanamla*** *(☎ 60666, meanamla@hotmail.com)*, à 100 m de la station de jeeps en montant le long de la grand-route, dispose de doubles rudimentaires avec s.d.b. commune pour 495 Rs, mais aussi de doubles deluxe agréables à partir de 660 Rs avec vue et la TV câblée.

Vous trouverez à la station de jeeps des véhicules collectifs à destination de Siliguri (40 Rs, 4 heures) et de Legship (32 Rs, 2 heures). Si vous souhaitez vous rendre à Gangtok ou Pelling, attendez une jeep collective ou un bus du SNT à la station.

JORETHANG

☎ 03595

La ville frontière de Jorethang ne présente aucun intérêt particulier, et Darjeeling n'est qu'à 26 km au sud et Pelling à 53 km au nord. Vous pourrez néanmoins dormir ou vous restaurer à petits prix près de la gare routière du SNT. L'***Hotel Namgyal*** *(☎ 57263)* est la meilleure adresse : il propose des simples/doubles correctes, avec s.d.b. (dotée d'une immense baignoire) et le câble, pour 150/300 Rs.

Les bus du SNT quittent Jorethang à destination de Gangtok (55 Rs, 4 heures) à 7h et 13h30 ; de Siliguri (56 Rs, 4 heures) à 9h ; et de Pelling (35 Rs, 3 heures) à 9h30 et 13h. Des jeeps collectives partent régulièrement (dès que toutes les places sont occupées) de l'Hotel Namgyal à destination de Darjeeling (80 Rs, 2 heures 30) ; de Gangtok (70 Rs, 3 heures) ; et de Siliguri (80 Rs, 3 heures 30). Des départs, moins fréquents, existent également pour Yuksom (90 Rs, 4 heures), *via* Legship et Tashiding (75 Rs, 2 heures 30) ; et pour Pelling (60 Rs, 3 heures), *via* Gezing (35 Rs, 2 heures 30).

Sikkim occidental

La plupart des routes de cette région sont goudronnées, toutefois, celles menant à Tashiding et Yuksom ne le sont pas et sont exposées aux glissements de terrain.

GEZING (GAISHING)

☎ 03595

Les transports en commun qui relient Gangtok et Pelling contournent généralement le village de Gezing, qui n'offre aucun centre d'intérêt, mais vous serez peut-être contraint(e) d'y faire halte pour changer de jeep ou de bus. C'est le dimanche, **jour du marché**, que le village est le plus animé.

L'***Hotel Attri*** *(☎ 50602)*, à 100 m au-dessus de la place principale, dispose de simples/doubles vastes, propres et tranquilles, avec s.d.b. (et eau chaude), pour 385/495 Rs.

Les bus du SNT à destination de Gangtok (54 Rs, 4 heures 30) partent à 9h et 13h ; ceux pour Jorethang et Siliguri quittent Gezing environ toutes les heures le matin.

Vous trouverez des jeeps collectives qui vous conduiront à Pelling (15 Rs, 15 min ; départ toutes les 15 à 20 min) ; à Gangtok, *via* Jorethang ou Ravangla (95 Rs, 4 heures 30 ; départ toutes les 30 min le matin) ; à Siliguri (95 Rs, 4 heures ; plusieurs départs tous les jours vers 7h) ; à Tashiding (50 Rs, 2 heures ; départ à 13h) et à Yuksom (70 Rs, 3 heures ; départ à 12h30).

PELLING

☎ 03593

Le petit village de Pelling, perché sur une crête, offre un splendide panorama du Kanchenjunga. Même s'il est essentiellement constitué d'hôtels, Pelling n'en demeure pas moins un endroit agréable et apprécié, notamment pour son calme et les randonnées qu'il offre aux alentours.

Orientation et Renseignements

Upper Pelling, le long de la route de Gezing, rassemble les hôtels les plus confortables, l'office du tourisme du Sikkim, un bureau de poste, une station de jeeps/taxis ainsi que plusieurs restaurants. Si vous continuez à suivre la route, vous trouverez 250 m plus haut la plate-forme pour hélicoptères (en fait un terrain de football) entourée de quelques hôtels de catégorie moyenne. Une autre route, qui part de la gare routière, descend vers Middle Pelling puis Lower Pelling, où les hôtels sont peu recommandables, et continue vers Yuksom.

Fait étonnant pour un endroit qui compte une cinquantaine d'hôtels, il est impossible d'y changer de l'argent, d'envoyer un mail ou de se procurer un journal.

Pemayangtse Gompa

Pemayangtse ("lotus sublime et parfait") est l'un des gompa les plus anciens et les plus impressionnants du Sikkim. Sa fondation remonte à 1705 mais, ayant beaucoup souffert des tremblements de terre de 1913 et de 1960, il fut reconstruit plusieurs fois. Il appartient à l'ordre nyingmapa, fondé par Padmasambhava, qui introduisit le bouddhisme au Tibet (VIIIe siècle). En février/mars, le gompa célèbre Losar, le Nouvel An tibétain, par une grande fête.

L'édifice de trois étages est entièrement orné de peintures murales et de sculptures. Au dernier étage, vous découvrirez la **Zandog Palri**, étonnante maquette en bois peint, à sept niveaux, représentant la demeure de Padmasambhava, avec ses arcs-en-ciel, ses anges et la panoplie complète des bouddhas et des bodhisattvas. Cette maquette fut construite par Dungzin Rimpoche qui y travailla seul pendant cinq ans.

Pemayangtse et Upper Pelling sont distants d'une demi-heure de marche, et le chemin est bien indiqué depuis la route qui mène à Gezing.

Autres curiosités

La visite des ruines du **Rabdentse Palace**, l'ancienne capitale du Sikkim, vaut le coup d'œil car la vue est magnifique. Prenez l'embranchement qui mène au Pemayangtse Gompa et marchez environ 30 min en direction de Gezing ; tournez à gauche au panneau "Archaelogical Survey of India", puis traversez le terrain de tir à l'arc et cherchez le début d'un sentier. Celui-ci serpente sur 2 km à travers des ruines puis conduit aux vestiges du palais. Il vous sera ensuite relativement aisé de retrouver le chemin pour rejoindre la route de Gezing à Pelling en contrebas.

A 45 min de marche de la plate-forme pour hélicoptères en direction du sud-ouest, vous pouvez visiter le **Sangachoeling Gompa**, le deuxième plus ancien du Sikkim. Le monastère jouit d'un emplacement fantastique au sommet d'une crête, et le coucher de soleil est splendide vu de là-haut. Comme à Pemayangtse, les murs intérieurs sont richement ornés de peintures.

Où se loger et se restaurer

Tous les établissements énumérés ci-après sont situés dans Upper Pelling et disposent, sauf indication contraire, de s.d.b. (avec eau chaude). Les hôtels ne manquent pas à Pelling, n'hésitez donc pas à négocier.

L'***Hotel Kabur*** *(☎ 50685)* est le premier que vous apercevrez en arrivant de Gezing. Il propose des chambres simples/doubles ordinaires à un prix raisonnable (150/300 Rs). Le ***restaurant*** au charme pittoresque offre une jolie vue, mais les plats inscrits sur le menu ne sont pas toujours disponibles. Vous trouverez à proximité plusieurs autres établissements bon marché qui pratiquent à peu près les mêmes tarifs.

Un peu plus bas, le ***Sikkim Tourist Centre*** *(☎ 50788)* possède de petites chambres (toutes doubles) dont les prix vont de 550 Rs à 660 Rs (pour les plus belles vues), mais sans TV. Le ***restaurant***, qui occupe le dernier étage, allie service de qualité, bonne cuisine et panorama superbe.

Près de l'arrêt des bus/jeeps, l'***Hotel Garuda*** *(☎ 50614)* est un établissement très fréquenté par les voyageurs. Le lit en dortoir (quatre par chambre) se loue 50 Rs. Les chambres ordinaires avec s.d.b. commune reviennent à 60/100 Rs. Comptez à partir de 150/200 Rs pour disposer d'une s.d.b. et du câble. Le restaurant propose un large choix de plats occidentaux, indiens, tibétains et sikkimais.

La ***Ladakh Guesthouse*** est une maison rustique typique, un peu en contrebas de l'Hotel Garuda. Elle ne dispose que de cinq chambres, toutes avec s.d.b. commune. A 100 Rs la double et 50 Rs le lit en dortoir, rien d'étonnant à ce que la pension affiche souvent complet.

Sur la route menant à Lower Pelling, juste en dessous du Garuda, la ***Sister Guest House*** *(☎ 50569)* est un établissement pittoresque tenu par une famille. Les doubles sont propres et disposent d'une s.d.b. commune (190 Rs). Le bâtiment voisin abrite l'***Alpine Restaurant***, une adresse conviviale, dirigée par une famille tibétaine chaleureuse. Les plats sont copieux, et les prix très raisonnables.

Quitter la ville

Les transports en commun étant aléatoires, il vous reste toujours la solution d'aller jusqu'à Gezing (9 km en descente) et de prendre une jeep collective ou un bus à partir de là. Renseignez-vous toujours au sujet des horaires auprès du personnel de l'hôtel.

Les bus du SNT quittent Pelling pour Jorethang (35 Rs, 3 heures) à 7h et 15h30 ; le dernier passe à côté de la route qui mène au Khecheopari Lake (25 Rs, 1 heure 30).

Simvo Tours & Travels, en contrebas de l'arrêt des bus/jeeps, propose des départs en jeeps collectives pour Siliguri à 6h (110 Rs, 4 heures) et à 8h30 (150 Rs), *via* Jorethang ou Ravangla ; pour Kalimpong (110 Rs, 3 heures), *via* Jorethang, à 6h ; et pour Gangtok (130 Rs, 5 heures) à 6h et 12h30. S'il y a suffisamment de demandes, une jeep partira pour Darjeeling (170 Rs, 5 heures) ; sinon, prenez une correspondance à Jorethang. Même si vous vous arrêtez avant le terminus, vous devrez acheter un billet plein tarif. Il est indispensable de réserver à l'avance.

Des jeeps collectives à destination de Gezing (15 Rs, 15 min) partent de Pelling toutes les 15 à 20 min. D'autres reliant Gezing à Yuksom traversent Pelling toutes les 30 min entre 6h30 et 9h le matin, mais elles sont généralement complètes. Pour se rendre à Tashiding, il est souvent plus facile de partir de Gezing ou de faire du stop à partir de Legship.

KHECHEOPARI LAKE

Ce petit lac paisible (prononcez "catch eu péri") est niché dans une dépression entourée de drapeaux de prière et de coteaux boisés. Il est interdit de s'y baigner et de fumer, car c'est un lieu sacré. Une fois arrivé au bout de la route, le lac n'est plus qu'à environ 5 min de marche. A à peu près 1,5 km, le petit **Khecheopari Gompa** se dresse en surplomb. Aux mois de mars et avril, le lac accueille le **Khachoedpalri Mela** (Fête des lampes à beurre flottantes).

La ***Khecheopari Trekkers' Hut***, à environ 200 m avant la fin de la route, propose des lits en dortoir rudimentaires mais propres (30 Rs par personne) ainsi que des chambres (60 Rs par personne).

Les visiteurs peuvent se faire servir des plats tibétains et occidentaux très simples. Vous pourrez également y trouver des renseignements utiles sur les possibilités de randonnées.

Sur les bords du lac, la ***Pilgrims' Hut***, non signalée, offre des lits en dortoir impeccables pour 40 Rs (et certaines chambres ne disposent que de deux lits). Vous pourrez aussi vous restaurer. Une ***échoppe à thé*** tout près sert également des boissons ainsi que des momo.

Par la route, le lac se trouve à 27 km de Pelling ; le sentier de randonnée est plus court mais plus raide (voir la rubrique *Trekking* plus loin pour plus de détails). Le bus du SNT qui part quotidiennement de Pelling s'arrête à l'embranchement qui mène ensuite jusqu'au lac (11 km). Des jeeps collectives quittent le lac vers 6h et s'arrêtent à Pelling et Gezing. Si vous souhaitez vous rendre directement de Pelling au lac, trois solutions s'offrent à vous : trouver une jeep collective, vous joindre à un voyage organisé (le matin ; 75 Rs par personne) ou louer une jeep (environ 500 Rs l'aller).

TASHIDING

Ce charmant petit village, très prisé des trekkers, mérite une visite pour le spectacle impressionnant qu'il offre.

Fondé vers 1716, le Tashiding Gompa appartient à l'ordre nyingmapa et est l'un des monastères les plus sacrés du Sikkim. Majestueusement perché sur une colline presque conique, le gompa est à 45 min de marche du village de Tashiding par un sentier escarpé. Une importante fête bouddhiste, le Bumchu, s'y déroule en janvier/février. Au cours des festivités, les lamas ouvrent un récipient contenant de l'eau sacrée et y lisent l'avenir pour l'année qui s'annonce.

L'***Hotel Blue Bird***, à mi-chemin en remontant la rue principale, est un endroit très simple mais accueillant avec des lits en dortoir pour 25 Rs, ainsi que des chambres doubles avec s.d.b. commune pour 50 Rs. La ***Mt Siniolchu Guest House***, au bout de la rue principale, propose des doubles plus confortables avec s.d.b. commune pour 100 Rs.

Le bus du SNT ne va plus jusqu'à Yuksom ; la seule façon de s'y rendre est donc d'utiliser une jeep collective. La plupart quittent Yuksom entre 6h et 8h ; plusieurs desservent quotidiennement Gezing, *via* Pelling ; Jorethang ; Yuksom, lorsqu'il y a assez de demandes ; et Gangtok une fois par jour.

YUKSOM

Yuksom est le point le plus septentrional du Sikkim occidental que l'on puisse atteindre en voiture, et le point de départ du trek vers Dzongri ou Goecha La. C'est dans ce village paisible que trois lamas de l'ordre nyingmapa introduisirent le bouddhisme au Sikkim et que se déroula le couronnement du premier chogyal du Sikkim. Le trône de pierre jouxte un grand **chorten** dans une petite salle à deux pas de l'Hotel Tashi Gang.

Construit en 1701, le **Dubdi Gompa** fut la première capitale du Sikkim. A environ 45 min de marche de Yuksom en montée, il est le plus vieux monastère sikkimais. Il n'abrite plus aucun moine, mais un gardien pourra vous le faire visiter (renseignez-vous auprès de votre hôtel). La police contrôle généralement les autorisations au cours du trek Yuksom-Dzongri-Goecha La, aussi ne partez pas sans permis.

Le **Khangchendzonga Conservation Committee**, près de l'Hotel Wild Orchid, est un passage obligé pour tous les randonneurs et trekkers de la région. Vous y trouverez des conseils très utiles, ainsi que la possibilité de louer les services d'un guide ou de porteurs (si nécessaire) et du matériel (notamment des réchauds à gaz). L'ouverture d'une agence de trekking est prévue ultérieurement.

Les hôtels suivants se trouvent tous autour de la place principale du village. L'***Hotel Wild Orchid*** dispose de simples/doubles propres avec s.d.b. commune pour 75/100 Rs. L'***Hotel Dzongrila*** propose des doubles toutes simples pour 150 Rs, ainsi que de la bonne cuisine, de la bière et du chang. Propre et bien tenu, l'***Hotel Demazong*** offre des lits en dortoir pour 60 Rs et des chambres doubles à partir de 150/200 Rs sans/avec s.d.b. Vous trouverez au ***Gupta Restaurant*** de délicieux samosas et d'autres spécialités indiennes.

L'***Hotel Tashi Gang*** est perché sur une colline qui surplombe le village, vous ne pouvez donc pas le manquer. Les chambres, meublées avec goût, jouissent d'une très belle vue et disposent de la TV câblée et d'une s.d.b. (avec eau chaude). Elles méritent donc bien une petite folie : 710/990 Rs pour une simple/double. Les chambres deluxe (990/1 260 Rs) ne valent cependant pas le supplément. L'hôtel possède également un charmant ***bar/restaurant***.

Plusieurs jeeps collectives quittent chaque matin Yuksom pour Gezing, *via* Pelling, entre environ 5h et 7h ; cinq autres partent également pour Jorethang, *via* Tashiding, à partir de 6h.

A environ 10 km de Yuksom sur la route de Pelling, ne manquez pas les spectaculaires **Kanchenjunga Falls** (chutes d'eau).

Trekking

PELLING-LEGSHIP

Ce circuit relie quelques villages intéressants du Sikkim occidental Il ne nécessite aucune autorisation de trekking particulière, cependant, pour vous rendre au Khecheopari Lake et au Tashiding Gompa, il faut faire viser votre permis pour le Sikkim à Gangtok.

La première étape vous conduit de Pelling au Khecheopari Lake en suivant les routes principales. Le lendemain, vous empruntez un raccourci pour Yuksom qui descend pendant environ 1 heure puis remonte progressivement (2 heures) jusqu'à atteindre Yuksom. Il est facile de se perdre, renseignez-vous donc au lac avant de partir et à chaque fois que vous croiserez quelqu'un le long de la route.

De Yuksom à Tashiding, suivez la route en empruntant, si vous le souhaitez, les raccourcis facilement repérables. Il ne vous restera plus ensuite que 2 ou 3 heures de marche le long de la route qui mène à Legship. Pensez à emporter des sandwiches car vous trouverez difficilement de quoi vous nourrir en chemin, et n'oubliez pas de vous renseigner auprès de la population locale sur les meilleurs raccourcis. Pour le retour de Pelling depuis Legship, préférez un bus ou une jeep collective plutôt qu'une longue marche (en montée !) de 6 heures.

1re étape	De Pelling à Khecheopari (5-6 heures)
2e étape	De Khecheopari à Yuksom (3 heures)
3e étape	De Yuksom à Tashiding (5-6 heures)
4e étape	De Tashiding à Legship (2-3 heure)

YUKSOM-DZONGRI-GOECHA LA-YUKSOM

Le trek le plus fréquenté de tout le Sikkim relie Yuksom à Dzongri et au Goecha La, d'où l'on a une vue superbe sur le Kanchenjunga. Votre permis standard doit être valable pour Yuksom, et vous devez *à l'heure actuelle* faire partie d'un groupe d'au moins 4 personnes. Toutefois, ces règles pourraient bientôt être assouplies, voire définitivement abandonnées (lire plus haut *Permis de tourisme et de trekking*).

Même lorsque le trekking indépendant sera autorisé, les candidats peu expérimentés préféreront peut-être se joindre à une expédition organisée. La plupart des agences de voyages citées précédemment dans la partie consacrée à Gangtok proposent des treks pour 30/60 $US par jour et par personne, nourriture, yacks et porteurs compris.

Vous trouverez des huts (refuges) pour trekkers à Baktim, Tsokha, Dzongri, Thangshing et au Samiti Lake, non négligeables lorsqu'il fait froid. Ils sont néanmoins souvent complets en pleine saison, l'agence doit alors vous fournir des tentes. Surtout, il est impératif de ne pas monter trop haut trop vite (voir la rubrique *Santé* du chapitre *Renseignements pratiques*).

A partir de Yuksom (1 630 m), le sentier suit la vallée de Rathong à travers des forêts vierges jusqu'à Bakhim (2 740 m). De Bakhim, une ascension escarpée mène au village de Tsokha (3 050 m). Au-dessus de Tsokha, la piste pénètre dans de magnifiques forêts de rhododendrons et débouche sur une ***aire de campement*** à Pethang (3 760 m). Vous devrez soit apporter une tente et passer une nuit à Pethang, soit prendre le temps de vous acclimater en restant deux nuits à Tsokha.

L'étape suivante est Dzongri (4 025 m). De Dablakang, à 200 m au-dessus de Dzongri, on jouit d'une très belle vue. Si vous passez plus d'une nuit à Dzongri (une étape prolongée est recommandée pour vous acclimater davantage), grimpez jusqu'au Dzongri La (4 heures aller-retour, 4 550 m) pour admirer un panorama encore plus remarquable.

Après Dzongri, le sentier redescend abruptement jusqu'à la rivière où vous trouverez un ***refuge*** ; en suivant la rivière, vous arrivez à Thangshing (3 840 m). La dernière étape vous conduit au Samiti Lake (4 200 m). De là, vous pouvez partir à l'aube à l'assaut du Goecha La (4 940 m), d'où la vue sur le Kanchenjunga est magnifique. Ensuite, vous redescendrez sur Thangshing pour la nuit et serez de retour à Yuksom deux jours plus tard.

1re étape	De Yuksom à Tsokha, *via* Baktim (6-7 heures)
2e étape	De Tsokha à Pethang (2-3 heures)
3e étape	Journée d'acclimatation
4e étape	De Pethang à Dzongri (de 2 à 3 heures)
5e étape	De Dzongri au Samiti Lake *via* thansing (6-7 heures)
6e étape	Du Samiti lake au Goecha La et redescente sur Thangshing (8-9 heures)
7e étape	De Thangshing à Tsokha (6-7 heures)
8e étape	Tsokha à Yuksom (5-6 heures)

SIKKIM

Regards sur l'Inde

PAUL BEINSSEN

RICHARD I'ANSON

Les eaux du Gange revêtent aux yeux des Indiens une profonde connotation religieuse ; elles sont le réceptacle d'offrandes à la fois matérielles et spirituelles. Des couronnes de fleurs couleur safran flottent sur le fleuve sacré (en haut). Lors du Kumbh Mela, qui se tient tous les 12 ans à Allahabad, au confluent du Gange et de la Yamuna, des millions de pèlerins se pressent pour faire leurs ablutions (ci-contre et page de garde). Le Dasawamedh Ghat de Varanasi, dans l'Uttar Pradesh, déborde d'adeptes venus se baigner et prier (en bas).

RICHARD I'ANSON

HANNAH LEVY

MICHELLE COXALL

Chaque jour est une fête en Inde. Que vous soyez dans un gompa himalayen ou sur une plage de Goa, vous ne pourrez manquer d'assister à une célébration quelconque. Généralement liées à la religion, elles sont souvent très élaborées, colorées et animées. Elles peuvent être synonymes de réjouissances, comme illustré sur cette page : en haut, grand-rue d'Orchha, au Madhya Pradesh, un jour de fête ; lors de Holi, les participants célèbrent la fin de l'hiver en s'aspergeant d'eau et de poudres colorées (ci-contre) ; en bas, danses folkloriques pendant le Navaratri au Gujarat.

PAUL BEINSSEN

CHRISTINE OSBORNE

MARK NEWMAN

CHRISTINE OSBORNE

La pêche est depuis toujours une industrie traditionnelle, qui se pratique dans les fleuves et voies d'eau, ainsi que tout le long du littoral indien, comme ici sur la plage de Palolem, à Goa (en haut). L'agriculture emploie plus de la moitié de la main-d'œuvre du pays, et est largement protégée et subventionnée. Un "toddy tapper" (en bas à droite) récolte la sève d'un palmier, qui une fois fermentée donnera une boisson alcoolisée, le toddy. Dans l'Inde rurale, de nombreuses corvées, telles la collecte de l'eau, reviennent aux femmes, qui doivent en plus tenir le ménage et élever les enfants (en bas à gauche).

RICHARD I'ANSON

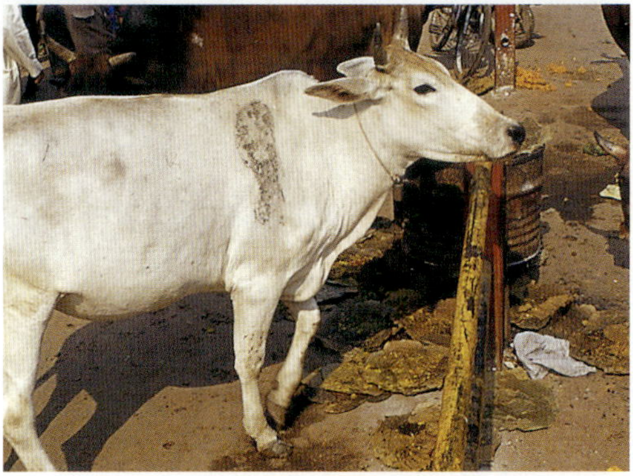

RICHARD I'ANSON

PAUL BEINSSEN

L'Inde ne cesse de surprendre par son incroyable diversité et par ses excès. Elle est capable du meilleur comme du pire : ici le sacré et le faste côtoient le profane et le sordide, et le pays est aussi vaste que surpeuplé. Les places sont chères sur un bazar de Kolkata (en haut) ; une vache arpente les rues encombrées d'Old Delhi (au milieu) ; les films à succès de "Bollywood" permettent d'échapper l'espace de quelques heures aux tracas quotidiens (en bas).

CHRIS MELLOR

DAVID TIPLING

PHOTOGRAPHER

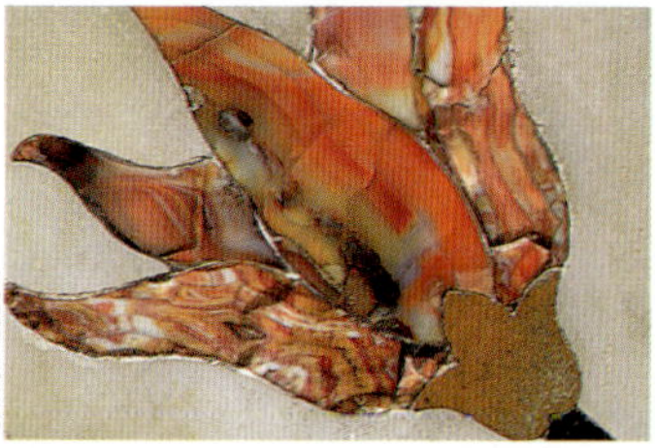

CHRIS MELLOR

Le Taj Mahal (sur cette page) est considéré comme le monument le plus extravagant jamais bâti par amour. Sa construction, commanditée par Shah Jahan à la mort de sa seconde épouse, Mumtaz Mahal, en 1631, ne s'acheva que 22 ans plus tard. Le Taj mérite bien plus qu'une simple visite, car son aspect varie selon les heures du jour. C'est à l'aube que la magie du lieu prend toute sa dimension. Quel que soit l'angle de vue, le monument impressionne par sa splendeur : de loin, il est magnifique lorsqu'il se reflète dans les eaux du canal ; de près, le délicat travail d'incrustation du marbre, connu sous le nom de pietra dura, avec ses motifs floraux, est un régal pour les yeux.

PHOTOGRAPHIES DE RICHARD I'ANSON

Cinquième des six Grands Moghols, Shah Jahan (1627-1658) a laissé une empreinte durable sur l'architecture indienne. Outre le Taj Mahal, c'est à lui que l'on doit le Red Fort d'Old Delhi, dont la construction prit fin en 1648. Les murs de grès rouge ainsi que les hautes grilles du fort sont particulièrement imposants. Aujourd'hui, les touristes et les colporteurs se pressent constamment devant l'entrée principale (en haut). Achevée en 1658, la Jama Masjid est une autre réalisation architecturale de Shah Jahan. Cette mosquée, la plus grande de l'Inde (la cour peut contenir 25 000 personnes), possède des portes impressionnantes (en bas à droite) et des dômes élégants (au milieu à gauche).

RICHARD I'ANSON

GARRY WEARE

Depuis la nuit des temps, les sages et les mystiques indiens sillonnent le nord du pays, ses sommets enneigés, ses vallées profondes et ses cours d'eau vivifiants à la recherche de l'inspiration. Perché sur un rocher escarpé, le gompa de Lamayuru (en haut), dans le Ladakh, tire son originalité du cadre spectaculaire qu'il offre aux visiteurs. Le Pin Parvati Pass (en bas) relie la vallée de Kullu à Spiti – du moins pendant les quelques mois de l'année où la neige ne le rend pas impraticable.

Région du Nord-Est

En bref

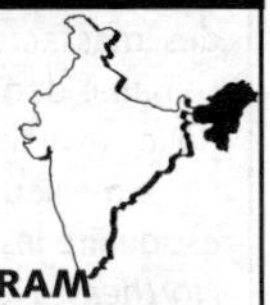

ARUNACHAL PRADESH
Pop. : 1,1million
Sup. : 83 743 km²
Capitale : Itanagar

ASSAM
Pop. : 26,6 millions
Sup. : 78 438 km²
Capitale : Dispur

MIZORAM
Pop. : 891 058
Sup. : 21 081 km²
Capitale : Aizawl

MANIPUR
Pop. : 2,4 millions
Sup. : 22 327 km²
Capitale : Imphal

NAGALAND
Pop. : 2 millions
Sup. : 16 579 km²
Capitale : Kohima

MEGHALAYA
Pop. : 2,3 millions
Sup. : 22 429 km²
Capitale : Shillong

TRIPURA
Pop. : 3,2 millions
Sup. : 10 486 km²
Capitale : Agartala

Cartes du chapitre :

- Kaziranga (Assam) : ne manquez pas le parc national qui abrite les derniers rhinocéros unicornes
- Majuli (Assam) : découvrez les monastères vishnouites de la plus vaste île fluviale du monde
- Shillong (Meghalaya) : séjournez dans une station de montagne pseudo-écossaise, aux splendides chutes d'eau
- Neermahal (Tripura) : visitez le majestueux Water palace, paradis des oiseaux
- Tawang Gompa (Arunachal Pradesh) : contemplez l'un des plus grand monastères bouddhiques d'Inde

La région du Nord-Est est la partie la plus variée et pourtant la moins visitée de l'Inde. Avant l'Indépendance, cette pittoresque région, où ondulaient des collines boisées dominant de verdoyantes prairies, constituait la province de l'Assam. Progressivement, elle fut divisée en sept États. Aujourd'hui, l'État d'Assam est essentiellement composé des plaines que délimitent les cours du Brahmapoutre et de la Barak alors que la partie montagneuse appartient aux autres États (à l'exception du Tripura).

Nombreuses sont les tribus dans le Nord-Est. Elles parlent des langues et des dialectes différents – cinquante, rien que pour l'Arunachal Pradesh. Ces *adivasis* (populations tribales) ont beaucoup de points communs avec les tribus peuplant l'arc montagneux allant de l'est de l'Himalaya au Laos par le Myanmar (Birmanie) et la Thaïlande.

L'Inde s'est toujours montrée réticente à ouvrir le Nord-Est aux étrangers. Pourtant, depuis 1995, aucun permis n'est plus nécessaire pour visiter l'Assam, le Meghalaya et le Tripura. C'est, d'abord, une zone frontalière sensible où se rejoignent le Bhoutan, la Chine, le Myanmar et le Bangladesh. Ensuite, la région est très isolée. Seul l'étroit corridor de Siliguri la relie au reste de l'Inde.

Aux menaces émanant des pays voisins s'ajoutent les émeutes et la violence ethnique que continuent de connaître certains États du Nord-Est. Cela s'explique notamment par le sentiment qu'éprouvent les habitants d'être négligés par le gouvernement central (mauvais réseau de transports et infrastructures industrielles insuffisantes). Ainsi, seule une infime partie de la richesse pétrolière de l'Assam contribuait au développement industriel de l'État, la région tout entière restant agricole.

L'abandon par le pouvoir central et l'exploitation économique n'étaient cependant qu'un problème mineur. Le grief essentiel concernait l'afflux des "étrangers" dans la région. La pauvreté et la surpopulation au Bangladesh, auxquelles s'ajoutait l'oppression exercée sur la minorité hindoue, entraînèrent un flot incessant d'immigration en provenance de ce pays vers le Nord-Est. Au Tripura, l'ampleur de ce phénomène fut telle que les immigrés devinrent plus nombreux que la population locale d'origine. On observa également un déplacement massif des Népalais vers les régions montagneuses. Malgré l'absence de frontières communes, ce flux migratoire fut ressenti

Avertissement

Compte tenu de l'activité terroriste croissante et des rivalités ethniques dans la région, il est fortement conseillé de se renseigner sur la situation avant de partir, notamment dans le Manipur et le Nagaland. Ne sous-estimez pas le danger : à l'époque des recherches pour ce guide, des massacres à grande échelle au sein de la population locale étaient perpétrés chaque semaine dans tous les États (à l'exception de l'Arunachal Pradesh) ; plus de 100 officiers de police avaient été tués dans cette région au cours de l'année précédente.

Le meilleur moyen – et parfois le seul – de connaître les régions actuellement dangereuses est de lire les quotidiens locaux en anglais, tels que *The Sentinel*, *The Assam Tribune* ou *The Northeast Daily*.

Un ou deux jours après un massacre, un ou plusieurs groupes politiques régionaux appellent inévitablement à une grève de 12 heures, ou *bandh*, en signe de protestation. Généralement, boutiques, bureaux et restaurants (hormis ceux des hôtels) sont fermés, et tous les moyens de transport en commun des alentours et en provenance de la zone concernée s'arrêtent. En revanche, tous les transports inter-États vers cette même zone restent en service.

Pour s'assurer du suivi de la grève, des groupes (souvent fanatiques) arpentent les rues, sous la surveillance de nombreux policiers et soldats. Dans la mesure du possible, évitez toutes les régions où ont lieu de telles grèves (elles sont répertoriées à l'avance dans les journaux locaux en anglais) ou, tout au moins, restez prudemment à l'abri dans votre hôtel.

dans de nombreuses régions du Nord de l'Inde ainsi qu'au Bhoutan.

La situation se compliqua encore avec les revendications indépendantistes de diverses minorités ethniques à l'intérieur même de ces États. En Assam notamment, les Bodo réclamèrent leur autonomie territoriale. Au Manipur, les sévères affrontements entre tribus rivales, notamment les Kuki et les Naga, semblent endémiques. Dans certains États, l'insurrection s'est transformée en mode de vie, les fonds nécessaires provenant d'enlèvements ou d'extorsions. Chaque année, ces troubles sont responsables de la mort de plusieurs centaines de personnes et la situation n'enregistre aucune amélioration.

Autorisations

En ce qui concerne le Mizoram et le Manipur, les étrangers doivent se déplacer par groupes de quatre, dans le cadre d'un circuit organisé par une agence de voyages officielle. Si vous êtes trop impatient et souhaitez tenter de visiter ces deux États sans passer par un organisme agréé, il vous faudra une sérieuse excuse ou des amis *très* haut placés. Mieux vaut contacter les offices du tourisme locaux avant de faire une demande d'autorisation : une lettre émanant d'un de leurs responsables augmentera vos chances.

Si les étrangers peuvent bénéficier d'une autorisation pour visiter seuls l'Arunachal Pradesh et le Nagaland, la plupart se joignent néanmoins à un circuit organisé, qui leur garantit plus de facilité et de sécurité.

Dans le cadre d'un tel circuit, les Restricted Area Permits (laissez-passer) pour les 4 États susmentionnés seront délivrés par votre agence de voyages. Si vous vous déplacez seul, formulez votre demande auprès de l'un des organismes ci-dessous.

- Une des agences gouvernementales des États (*bhavans*) répertoriées dans les sections correspondantes de ce chapitre – sans doute la meilleure solution.
- Le Ministry of Home Affairs (ministère de l'Intérieur), Foreigners' Division, Lok Nayak Bhavan, Khan Market, New Delhi – où vous pouvez vous attendre à un cauchemar bureaucratique.
- L'un des grands bureaux d'enregistrement des étrangers (Foreigners' Registration Office) – par exemple à Chennai (Madras), Mumbai (Bombay) et Kolkata (Calcutta).
- L'ambassade ou le consulat où vous avez adressé votre demande de visa pour l'Inde.

Pour visiter chaque État, vous avez besoin d'un permis distinct, généralement valable 10 jours et normalement renouvelable. Comptez trois semaines environ pour sa délivrance. Même dans les États ouverts au tou-

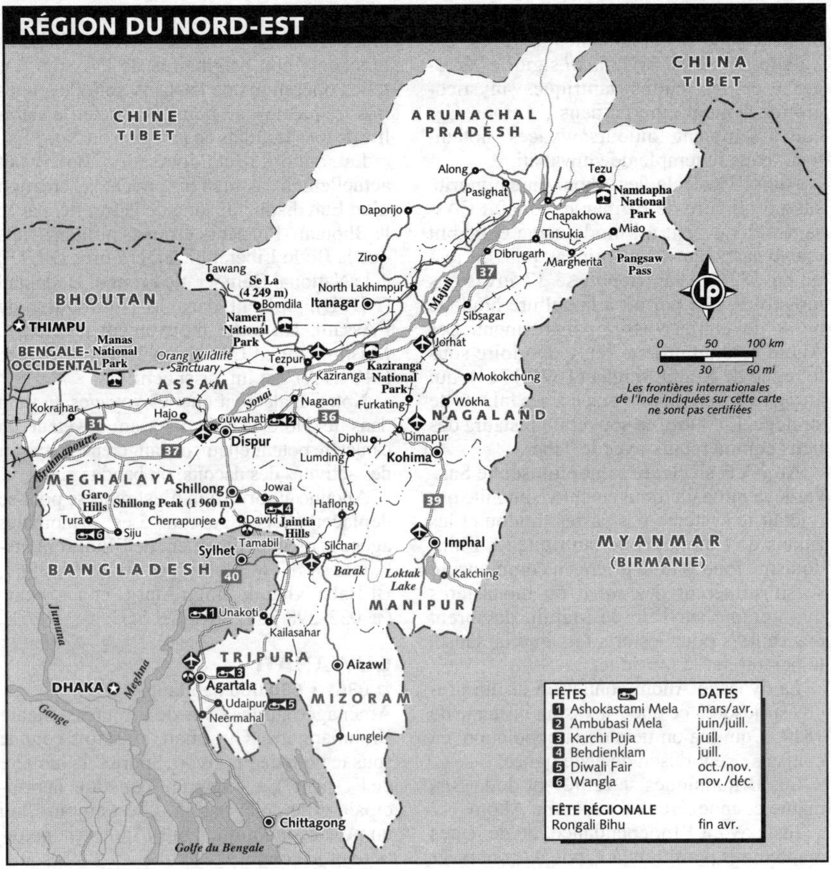

risme, les tracasseries administratives sont de mise ; ainsi, à l'aéroport, vous serez contrôlé par la police à l'entrée comme à la sortie.

Pour davantage de détails sur l'obtention des laissez-passer dans chaque État, consultez les paragraphes *Avertissement et autorisations* des différentes sections de ce chapitre.

Circuits organisés

En raison des difficultés d'obtention du permis et des problèmes potentiels de sécurité dans le Nord-Est, beaucoup de voyageurs optent pour la solution du circuit organisé. De nombreux tour-opérateurs fiables proposant des excursions à travers la région sont installés à Darjeeling et à Kalimpong (Bengale-Occidental), à Guwahati (Assam), ainsi qu'à Gangtok (Sikkim). Pour davantage de renseignements, reportez-vous aux sections afférentes dans les chapitres correspondants.

Assam

L'Assam est l'État le plus étendu et le plus accessible du Nord-Est. Le Kaziranga National Park, où vivent les rares rhinocéros unicornes indiens, en est le site le plus intéressant, avec l'île remarquable de Majuli.

Histoire

L'histoire de l'Assam commence avec celle des chefs hindous semi-mythiques tels que le grand Narakasura, mentionné dans le *Mahabharata*, qui régna depuis Pragjyotishpura (l'actuelle Guwahati). Il semble que les branches de l'hindouisme, fondées sur l'adoration de Shakti (*shakti* signifie "énergie") et les cultes tantriques mystico-érotiques aient émergé dans l'Assam. Ces cultes semblent toujours vivaces, notamment dans le temple de Guwahati.

Au XIIIe siècle, les Ahom, une minorité shan originaire de Birmanie, conquit l'Assam, se convertit à l'hindouisme et établit une dynastie qui se maintint au pouvoir jusqu'en 1826. Ayant repoussé 17 invasions mogholes, elle permit à la culture hindoue de se développer assez paisiblement. Les Ahom connurent leur heure de gloire sous le règne de Rudra Singha (1696-1714), qui atteignit la renommée grâce à ses talents de stratège. En outre, ce souverain instaura des liens commerciaux avec le Tibet.

Au XVIe siècle, le saint philosophe Sankardeva initia un mouvement vishnouite qui rejetait le système des castes hindou et les rituels de l'hindouisme tantrique. A l'hindouisme fondé sur la prière en communauté se substituèrent des *satra* ou monastères qui, comme sur l'île de Majuli, devinrent des centres pour les arts tels que la danse, la peinture et la musique.

La dynastie Ahom connut un déclin progressif jusqu'à ce que l'invasion birmane de 1817 – qui tua un tiers de la population, en cinq ans – eût raison de cette lignée.

Les Britanniques se retirèrent de la Birmanie et annexèrent le royaume Ahom.

Juste avant l'Indépendance, de délicates manœuvres permirent à l'Inde de conserver l'Assam, mais ce fut au prix de l'abandon de la région à majorité musulmane de Sylhet qui rejoignit le Pakistan oriental (l'actuel Bangladesh). Après l'Indépendance, les anciennes rivalités entre les habitants des montagnes et ceux des plaines, entre hindous et musulmans, entre adivasis et non-adivasis refirent surface. De nouveau, l'Assam se scinda au fur et à mesure en sept États.

Avertissement et autorisations

Depuis 25 ans, l'Assam est soumis aux actions militantes de plusieurs groupes armés. Initialement basé au Bangladesh et au Bhoutan, l'United Liberation Front of Asom (ULFA) vise à obtenir l'indépendance de l'État par la lutte armée. A la fin 2000, l'ULFA a intensifié ses activités terroristes dans la partie supérieure de l'État, notamment à proximité de Dibrugarh, perpétrant pour la première fois le massacre de villageois innocents non originaires de l'Assam. De telles opérations de l'ULFA sont devenues très fréquentes, au point d'affecter la stabilité de tous les États de la région du Nord-Est.

La minorité ethnique des Bodo fait actuellement campagne pour la création d'un État distinct le long de la frontière avec le Bhoutan. Plusieurs groupes militants, tels que la Bodo Liberation Tiger Force (BLTF) et le National Democratic Front of Bodoland (NDFB), opèrent dans le Nord-Ouest de l'Assam. Un autre mouvement rebelle, le Muslim United Liberation Tigers of Assam (MULTA), est lui aussi actif.

Notez également que les voyages en train dans le Nord-Est de l'Assam revêtent un caractère potentiellement dangereux en raison des activités des dacoïts, ou bandits armés.

Aucune autorisation n'est requise pour se déplacer dans l'Assam. Les principales agences du gouvernement de l'État sont installées à New Delhi (☎ 011-334 3961, Bl Baba Kharak Singh Marg) et à Kolkata (☎ 033-298 331, 8 Russel St).

GUWAHATI

☎ 0361 • 580 000 habitants

Aménagée sur les rives de l'impressionnant Brahmapoutre, Guwahati, autrefois connue sous le nom de Pragjyotishpura ("la lumière de l'Orient"), a longtemps constitué la principale ville de la région. C'est aujourd'hui un pôle économique pour l'industrie pétrolière et le commerce du thé.

En dépit de la laideur de cette ville tentaculaire, la plupart des voyageurs y séjournent quelques jours, car elle constitue la porte d'accès vers le reste de l'Assam et les autres États du Nord-Est. Elle se divise en deux parties, séparées par le fleuve. Les principaux sites dignes d'intérêt ou utiles aux visiteurs sont regroupés dans la partie sud, qui porte tout simplement le nom de Guwahati ; la partie nord-est appelée Uttar Guwahati. Le gouvernement de l'État est en fait établi à Dispur, ville morne à 8 km environ en direction du sud-est.

Renseignements

L'agence Assam Tourism (☎ 544475, astdcorp@gw1.dot.net.in), installée dans le Tourist Lodge sur Station Rd, n'est pas d'une grande utilité, mais elle vend un bon

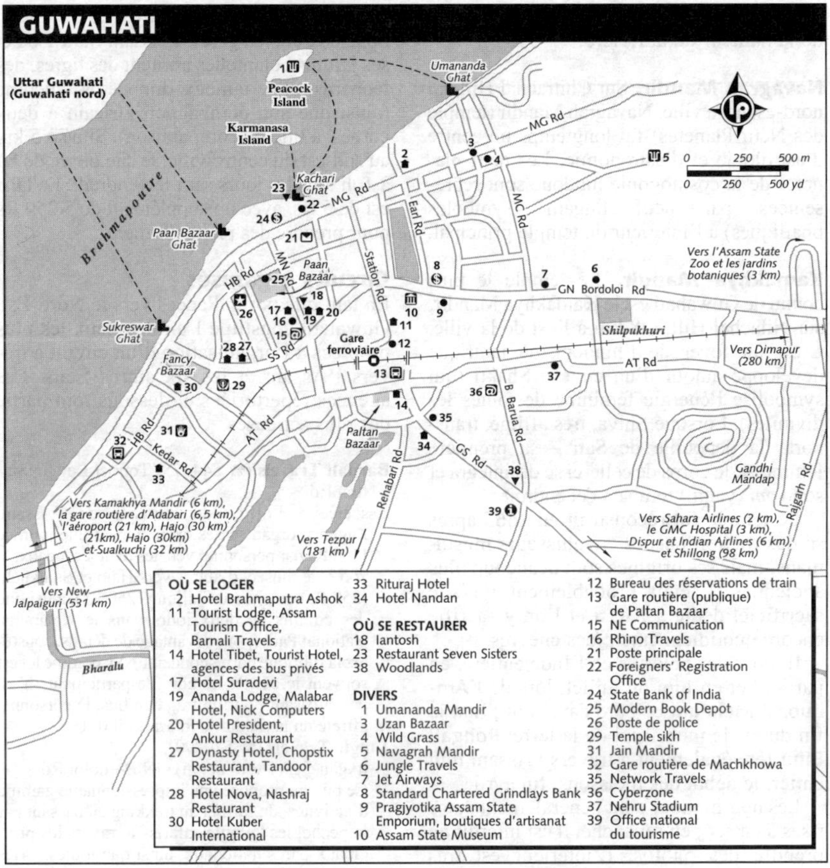

plan de la ville (25 Rs). Elle possède par ailleurs son propre site Internet (www.assamtourism.com). La gare ferroviaire abrite également un guichet touristique de l'agence. L'office national du tourisme (☎ 547407) se trouve à l'angle de B. Barua Rd et de GS Rd.

La Standard Chartered Grindlays Bank ou SCB Grindlays (GN Bordoloi Rd) et la State Bank of India (MG Rd) changent des devises ainsi que des chèques de voyage. Faites provision de roupies avant de continuer plus loin dans le Nord-Est.

MN Rd abrite quelques boutiques Internet, telles que NE Communication (qui possède une table de billard) ou Nick Computers (un peu au-dessus d'Ananda Lodge) ; une autre boutique, Cyberzone, est installée sur B. Barua Rd. Le tarif standard se monte à 50 Rs l'heure.

Modern Book Depot, HB Rd, dispose d'une belle variété d'ouvrages sur la région du Nord-Est.

Dans les situations d'urgence, vous pouvez vous adresser au Guwahati Medical College Hospital (☎ 562521), à 5 km au sud, GS Rd, ou contacter le poste de police (☎ 555650), HB Rd.

Les temples (mandirs)

Umananda Mandir. Ce temple dédié à Shiva est surtout intéressant pour son site, sur l'île de Peacock, au milieu de la rivière. Des ferries quittent généralement Kachari et Umananda Ghats, près de MG Rd, entre 7h et 17h. Un billet aller-retour revient à

10 Rs, même si le point de départ dépend de la hauteur de la rivière.

Navagrah Mandir. Sur Chitrachal Hill, au nord-est de la ville, Navagrah Mandir (temple des Neuf Planètes) fut longtemps un centre d'astrologie et d'astronomie. Les neuf planètes de la cosmogonie hindoue sont représentées par neuf lingam (symboles phalliques) à l'intérieur du temple principal.

Kamakhya Mandir. Le temple le plus connu de Guwahati est le Kamakhya Mandir, sur Nilachal Hill, à 8 km à l'est de la ville. C'est un foyer de l'hindouisme tantrique développé autour d'un culte à Shakti (qui symbolise l'énergie féminine de toutes les divinités). Lorsque Shiva, très affligé, transporta la dépouille de Sati – sa première femme –, le corps de celle-ci se désintégra et son *yoni* (vagin) tomba à cet endroit.

Le temple fut reconstruit en 1665 après sa destruction par les envahisseurs musulmans, mais ses origines sont beaucoup plus anciennes. C'était probablement un site sacrificiel dédié à Khasi et l'on y sacrifie encore quotidiennement des chèvres.

Il attire des pèlerins de l'Inde entière, en particulier en juin ou juillet, lors de l'**Ambubasi Mela** qui célèbre dans tout l'État la fin du cycle menstruel de la terre. **Rongali Bihu** fête également à travers l'Assam tout entier, le début des moissons, fin avril.

Les non-hindous sont généralement autorisés à entrer ; en revanche, il est interdit de prendre des photos. L'intérieur est très sombre et distille une atmosphère un peu magique. Le sol est maculé du sang des chèvres sacrifiées. Prenez le bus n°15 à partir d'AT Road (par exemple à Paltan Bazaar) ou prenez un auto-rickshaw.

Assam State Museum

Situé sur GN Bordoloi Rd, ce vaste musée d'archéologie, d'ethnographie et d'histoire naturelle mérite une visite. Parmi ses principaux centres d'intérêt figurent un village typique reconstitué, des étoffes tissées, des instruments de musique ainsi qu'un exposé sur les divers groupes tribaux de l'Assam (Karbi, Bodo, Rabha et Miri). Le musée est ouvert de 10h à 16h15 (jusqu'à 17h en été) tous les jours sauf le lundi. L'entrée coûte 5 Rs. Comptez un supplément de 10/250 Rs pour un appareil photo/un Caméscope.

Zoo et jardins botaniques

Spacieux et bien gérés, l'Assam State Zoo et ses jardins botaniques abritent des tigres, des léopards, et le fameux rhinocéros unicorne (ainsi que son compagnon africain à deux cornes, à titre de comparaison). Situé à 5 km au sud-est du centre-ville, le site ouvre de 8h à 16h tous les jours sauf le vendredi. Le tarif est de 5 Rs, avec un supplément de 5/250 Rs pour prendre des photos/filmer.

Circuits organisés

En tant que porte d'accès vers le Nord-Est, Guwahati constitue l'un des lieux les plus propices à l'organisation d'un circuit à travers l'Assam et les six autres États. Les agences répertoriées ci-dessous font partie des plus sérieuses.

Barnali Travels (☎ 544475) Tourist Lodge, Station Rd
Associée à l'office du tourisme de l'Assam, l'agence organise des excursions d'une journée (150 Rs par personne) vers les temples locaux, le zoo et le musée, d'autres vers Hajo et Sualkuchi (250 Rs) ou encore Shillong (250 Rs), ainsi que des circuits de deux jours dans le Kaziranga National Park (pour davantage de détails, consultez la rubrique correspondante). Si, comme tel est souvent le cas, le nombre de participants n'est pas suffisant pour un trajet en bus, le personnel affrète un taxi pour la journée (500 Rs).

Jungle Travels (☎ 520890), jtxgau@gw1.vsnl.net.in) GN Bordoloi Rd
Ce bureau propose une impressionnante gamme d'activités, du rafting au trekking en passant par la pêche, les "jungle safaris" à travers les principaux parcs nationaux, ainsi que toutes sortes d'autres circuits passionnants dans la région.

Rhino Travels (☎ 540666) MN Rd
Cet établissement prévoit tout un éventail de circuits dans l'Assam et le Nord-Est ; néanmoins, son personnel est plutôt désinvolte.

Wild Grass (☎ 546827, fax 541186) Baruah Bhawan, 107 MC Rd
Dotée d'un personnel serviable et érudit, cette agence gère une excellente étape dans le Kaziranga National Park et propose des circuits vers les États voisins.

Où se loger

A Guwahati, les hôtels pour petits budgets font cruellement défaut. En outre, les taxes gouvernementales et les charges de service – soit jusqu'à 30% du prix – rendent l'hébergement plutôt onéreux partout dans l'Assam (les prix indiqués ci-dessous en tiennent compte). Sauf mention contraire, tous les établissements répertoriés ici possèdent des chambres avec s.d.b. et ventilateur.

Où se loger – petits budgets

Les hôtels situés à l'angle de GS Rd et d'AT Rd dans Paltan Bazaar sont pratiques pour accéder aux agences de bus privés ainsi qu'aux gares routière et ferroviaire publiques ; néanmoins, à cause du bruit, vous ne dormirez pas beaucoup.

L'***Hotel Tibet*** *(☎ 539600, AT Rd)* constitue l'un des meilleurs choix en raison de son accueil et de sa propreté. Les simples/doubles coûtent 150/250 Rs (un peu plus pour la TV par câble). Le ***Tourist Hotel*** *(☎ 566882, AT Rd)* abrite un très grand nombre de chambres à un prix analogue.

Accueillant, l'***Ananda Lodge*** *(☎ 544832, MN Rd)* n'offre toutefois rien d'exceptionnel. Minuscules, les simples avec ventilateur portable (si vous êtes chanceux) et s.d.b. commune coûtent entre 60 Rs et 95 Rs. Néanmoins, l'établissement est souvent complet et le personnel rechigne parfois à accepter les étrangers.

Situé à proximité de la gare ferroviaire, le ***Tourist Lodge*** *(☎ 544475, Station Rd)*, géré par l'Assam Tourism constituait autrefois le seul hôtel correct pour petits budgets. Les chambres propres et confortables coûtaient 170/210 Rs, mais elles ont augmenté de façon substantielle, atteignant les prix absurdes de 324/383 Rs.

Vaste établissement, l'***Hotel Suradevi*** *(☎ 545050, MN Rd)* propose des lits en dortoir à 60 Rs par personne, des chambres sommaires mais propres, avec s.d.b. commune, à 85/120 Rs, ainsi que des simples/doubles/triples avec s.d.b. à 95/150/195 Rs. D'un bon rapport qualité/prix, l'hôtel est souvent complet. Là encore, les responsables hésitent parfois à héberger les étrangers.

Un peu délabré, l'***Hotel Kuber International*** *(☎ 520807, HB Rd)* est néanmoins agréable. Les simples/doubles reviennent à 200/300 Rs, ou 325/425 Rs avec clim.

Mal situé, le ***Rituraj Hotel*** *(☎ 522495, Kedar Rd)* dispose de chambres sans intérêt pour 281/375 Rs.

Où se loger – catégories moyenne et supérieure

Tous les hôtels mentionnés ci-dessous possèdent TV par câble et s.d.b. avec eau chaude.

Propre, douillet et bien situé, l'***Hotel Nova*** *(☎ 523464, SS Rd)* dispose d'un personnel serviable. Les simples/doubles de petite taille reviennent à 845/858 Rs.

L'***Hotel President*** *(☎ 544979, presihot@gw1.dot.net.in, SS Rd)* propose les mêmes prestations que le Nova, avec des chambres à 676/780 Rs.

Autre établissement bien situé et confortable, l'***Hotel Nandan*** *(☎ 540855, nandan@gw1.dot.net.in, GS Rd)*, un trois-étoiles, loue des chambres à partir de 813/1 235 Rs.

L'***Hotel Brahmaputra Ashok*** *(☎ 541064, brahmaputra@satyam.net.in, MG Rd)* occupe un emplacement idéal, en bordure du fleuve. Les chambres sont spacieuses et aérées, certaines offrant même une vue magnifique sur le Brahmapoutre. Les prix commencent à 2 000/3 250 Rs.

Apprécié des hommes d'affaires, le ***Dynasty Hotel*** *(☎ 510499, fax 522112, SS Rd)* loue des chambres confortables avec clim. à partir de 1 950/2 600 Rs.

Où se restaurer

Excellent et souvent peu onéreux (entre 15 et 30 Rs), le poisson figure au menu de la plupart des restaurants. *Rahu*, *elish*, *puthi* et *chital* sont les variétés les plus répandues.

Bon marché et pratique, le ***Malabar Hotel***, à proximité d'Ananda Lodge sur MN Rd, est spécialisé dans les mets végétariens d'Inde du Sud.

Également réputé dans le même registre culinaire, le ***Woodlands*** *(GS Rd)* propose des thali copieux (servis à volonté) pour 50 Rs environ. La cuisine, mais aussi la clim., divine, méritent le détour.

Les hôtels-restaurants constituent généralement les meilleurs établissements pour se sustenter : le ***Nashraj Restaurant*** de l'Hotel Nova sert des plats indiens et chinois savoureux mais onéreux ; le ***Dynasty Hotel*** gère les restaurants ***Chopstix*** (chinois), haut de gamme, et le ***Tandoor*** (indien) ; enfin, à l'Hotel President, les plats chers (à partir de 60 Rs) mais excellents de l'***Ankur Restaurant*** méritent bien un extra.

Établissement informel propre et accueillant, le ***Iantosh*** *(GN Bordoloi Rd)* propose l'habituel assortiment de plats chinois et indiens, ainsi que d'excellents steaks, des frites et des milk-shakes à prix raisonnables.

Le ***Restaurant Seven Sisters***, sur Kachari Ghat près de MG Rd, compte parmi les nombreux restaurants flottants amarrés en permanence sur les berges du Brahmapoutre. Il permet de bénéficier d'une brise bienvenue ainsi que d'un panorama sur les îles, pour des prix étonnamment normaux (50 Rs environ le plat copieux).

Achats

Pour acheter de la soie *muga* de l'Assam, d'autres tissus ou des objets artisanaux, allez dans les grands magasins de GN Bordoloi Rd, tels que le Pragjyotika Assam State Emporium. Par ailleurs, les bazars constituent des lieux de désordre fascinants, parfaits pour faire ses achats.

Quitter la ville

Avion. Indian Airlines (☎ 264425), sur GS Rd (Dispur), propose des vols quotidiens entre Guwahati et Kolkata à 70 $US l'aller, ainsi que plusieurs vols par semaine de/vers Delhi (220 $US), Agartala (45 $US), Aizawl (55 $US) et Imphal (50 $US).

Jet Airways (☎ 520202), sur GN Bordoloi Rd, offre des vols quotidiens de/vers Kolkata (70 $US) ainsi que des vols réguliers de/vers Delhi (210 $US), Imphal (50 $US) et Bagdogra (50 $US). Sahara Airlines (☎ 266667), à 3,5 km au sud de la ville sur GS Rd, assure également des vols quotidiens de/vers Delhi (210 $US) et Dibrugarh (55 $US).

Alternative rapide et grisante, le Meghalaya Helicopter Service propose un service quotidien vers Shillong (625 Rs, 30 min). Les réservations s'effectuent à l'agence de l'aéroport (☎ 840311).

Bus. Bien organisée, la gare routière (publique) de Paltan Bazaar est installée à la sortie sud de la gare ferroviaire. La plupart des agences privées, dont les bus sont plus rapides et plus confortables, sont situées pratiquement à l'angle d'AT Rd et de GS Rd. Parmi les compagnies les plus fiables figurent la Blue Inn, la Green Valley et la Blue Hill. Un peu plus bas sur GS Rd, l'agence Network Travels possède un réseau impressionnant d'itinéraires de bus.

Entre 6h et 17h, des bus privés et publics se rendent à Shillong (50 Rs, 3 heures 30) à intervalles de quelques minutes. D'autres partent régulièrement pour Dimapur (100 Rs, 7 heures), Kohima (145 Rs, 9 heures) ou Imphal (232 Rs, 13 heures), et circulent de nuit vers Itanagar (175 Rs, 12 heures), Siliguri (250 Rs, 13 heures), Bomdila (220 Rs, 18 heures) et Agartala (300 Rs, 25 heures).

Pour les liaisons locales, des bus privés et publics desservent fréquemment Tezpur (75 Rs, 6 heures), le village de Kaziranga (95 Rs, 6 heures), Jorhat (110 Rs, 7 à 8 heures), Haflong (180 Rs, 9 à 10 heures), Sibsagar (145 Rs, 8 à 9 heures) et Silchar (215 Rs, 12 heures).

Des bus réguliers partent des gares routières de Machkhowa et d'Adabari pour les villes des différentes régions.

Train. Plusieurs trains relient chaque jour Guwahati à Kolkata (993 km, 24 heures), pour 270/914/1 253 Rs en 2e/1re classe/clim. Les trains Guwahati-Kolkata – certains ayant Chennai pour terminus – circulent quotidiennement (472/1 823/2 213 Rs). La plupart des trains se dirigeant vers le Sud et l'Ouest s'arrêtent à New Jalpaiguri (422 km, 8 heures), près de Siliguri, pour 154/520/713 Rs.

Le *Rajdhani Express* relie Guwahati à New Delhi (402/143/1 876 Rs) trois fois par semaine. Le *BP Mail* et le *Kamrup Express* se rendent tous les jours à Lower Haflong (111/373/535 Rs), faisant parfois un détour par Dimapur (100/336/508 Rs) dans le Nagaland. Néanmoins, les étrangers ne possédant pas le permis requis n'ont pas l'autorisation de descendre du train. La ligne Lumding-Silchar (212/473/653 Rs de Guwahati) emprunte une voie à écartement de rails étroit.

Le bureau des réservations (☎ 520560) est installé sur Station Rd.

Comment circuler

L'aéroport de Lok-Priya Gopinath Bordoloi est situé à 23 km au sud-ouest de Guwahati. L'agence Rhino Travels propose une navette quotidienne (30 Rs) entre son agence de MN Rd et l'aéroport ; le départ se fait à 10h et le retour de l'aéroport à 13h. Sinon, des taxis collectifs (70 Rs par personne) partent de l'Hotel Nandan sur GS Rd, et se trouvent facilement à l'aéroport.

Le long du Brahmapoutre, de fréquents ferries et des bateaux (2 Rs l'aller) relient Paan Bazaar et Sukreswar Ghat (sur MG Rd) à Uttar Guwahati. Des croisières quotidiennes (1 heure, 50 Rs par personne) partent de Sukreswar Ghat toutes les heures entre 16h et 20h.

ENVIRONS DE GUWAHATI

Situé sur la rive nord du Brahmapoutre, **Hajo** constitue un important centre de pèlerinage à la fois pour les hindous (qui se recueillent à Hayagriba-Madhava Mandir), les bouddhistes (dont certains pensent que le Bouddha y atteignit le nirvana), et les musulmans (pour qui la mosquée Pao-Mecca possède un "quart de la sainteté" de la grande mosquée de La Mecque). Des bus desservent Hajo à partir de la gare routière de Machkhowa, à Guwahati (15 Rs, 1 heure 15).

Sualkuchi est un centre de tissage de la soie réputé essentiellement pour la variété *muga*, naturellement dorée (et non teinte). On y tisse également les soies *endi* et *pat*. Les prix sont plus bas qu'à Guwahati (350 Rs environ par mètre de muga, 170 Rs pour la soie pat). A 2 km environ au sud d'Hajo, Sualkuchi est accessible de la gare routière de Machkhowa à Guwahati.

Le **Manas National Park** (360 km^2) fait partie intégrante du Project Tiger (agence officielle du gouvernement de l'Inde, fondée en 1973 dans le but de sauver les tigres d'Inde en voie d'extinction). Il abrite également des entelles, des éléphants, des rhinocéros et des buffles. Néanmoins, en raison des activités terroristes incessantes des rebelles Bodo, la visite de Manas s'avère actuellement trop dangereuse. Pour obtenir des informations à jour sur la situation et, le cas échéant, réserver des chalets dans le parc, contactez l'office du tourisme local (☎ 03666-32749).

TEZPUR

☎ 03712

Tezpur (surnommée la "cité du sang" d'après une guerre mythique) est le centre de l'industrie régionale du thé. La ville, qui conserve une certaine atmosphère coloniale, constitue un lieu de séjour agréable.

Tezpur abrite plusieurs temples anciens, dont le **Mahabhairava Mandir**. A 5 km à l'ouest de la ville se trouvent les ruines de **Da-Parbatia Mandir** (VIe siècle) et ses antiques sculptures gupta. Au **Chitralekha Udyan** (connu également sous le nom de Cole Park), au centre de Tezpur, on peut admirer des sculptures du IXe siècle, ainsi que les vestiges mis au jour d'un palais appartenant autrefois au roi Banasura. Dans le parc, vous trouverez un snack-bar. Il est possible de faire des **sorties en bateau** sur le lac.

Où se loger et se restaurer

Situé face au lac, et contigu à l'office du tourisme, le ***Tourist Lodge*** *(☎ 21016)* est un établissement agréable. Les simples/doubles confortables coûtent 210/260 Rs (avec s.d.b. et moustiquaire). L'hôtel étant souvent complet, mieux vaut réserver.

L'***Hotel Meghdoot*** *(☎ 20714, Cemetery Rd)* propose des chambres avec s.d.b. commune pour 90/110 Rs, et des doubles avec s.d.b. à partir de 180 Rs. Certaines, sans fenêtre sur l'extérieur, sont un peu tristes.

L'***Hotel Luit*** *(☎ 22083)* possède un grand nombre de chambres diverses, toutes avec TV par câble et s.d.b. Correctes, les chambres de l'"aile ancienne" (192/275 Rs) sont pour ainsi dire les mêmes que les doubles "neuves", bien trop onéreuses (330 Rs).

Au ***Gabharu Restaurant*** de l'Hotel Luit, les plats sont chers et sans grand intérêt. De l'autre côté du bassin, ***D'Oasis Restaurant & Bar*** *(Jonaki Rd)* constitue un meilleur choix.

Quitter la ville

Indian Airlines (☎ 22083) – basé à l'Hotel Luit – propose plusieurs vols par semaine entre l'aéroport de Saloni (à 16 km de Tezpur) et Kolkata (80 $US), souvent *via* Dimapur (35 $US).

Comme Tezpur se trouve sur une ligne secondaire, les bus sont plus pratiques que les trains. Ils desservent généralement Guwahati (75 Rs, 6 heures), Jorhat (60 Rs, 4 heures) et le village de Kaziranga (32 Rs, 2 heures). Il existe également plusieurs bus quotidiens pour Itanagar (100 Rs, 6 heures) et Tawang (185 Rs, 24 heures). Les bus partent des gares routières d'ASTC ou de CM Market. Les billets s'achètent dans de nombreuses agences de la ville.

NAMERI NATIONAL PARK

Situé le long du la Bharali River, ce parc national couvre 212 km^2 de forêts et de marécages, abritant ainsi des espèces menacées de tortues, de tigres, d'éléphants et d'oiseaux. Le parc est ouvert du 1er novembre au 31 mars.

A Potasali, à 3 km de l'entrée du parc, se trouve l'***Eco Camp*** *(☎ 03714-44246, ripman@gwl.vsnl.net.in)*, où l'on pratique la pêche écologique (les poissons sont rejetés à l'eau après avoir été capturés), l'observation des oiseaux, le rafting, les randonnées (avec un garde armé !), les sorties en bateau et les promenades à dos d'éléphant. Il propose également un hébergement en tente et des lits en dortoir (contactez le camp pour connaître les tarifs en vigueur).

A Bhalukpong, à la frontière de l'Arunachal Pradesh, le ***Tourist Lodge*** facture 270/325 Rs les simples/doubles avec s.d.b.

L'entrée du parc se trouve à 35 km au nord de Tezpur. Pour s'y rendre, mieux vaut louer un véhicule à Tezpur car les transports en commun ne sont guère fiables.

KAZIRANGA NATIONAL PARK

Ce parc national (430 km²) abrite officiellement une population de plus de 1 500 rhinocéros. Depuis 1904, l'espèce est déclarée en voie d'extinction. La réserve est connue comme l'un des derniers habitats du rhinocéros unicorne.

Kaziranga, devenu "réserve naturelle de loisir" en 1916, puis parc national en 1974, accueille également des gaurs (bisons indiens), des cerfs, des éléphants, des tigres et des ours, ainsi que d'innombrables oiseaux (surtout visibles en décembre et en janvier), dont des ibis, des pélicans, des aigles et des cigognes. Une promenade à dos d'éléphant (toutefois onéreuse) constitue la meilleure manière d'observer cette faune.

Renseignements

Le parc est ouvert du 1er novembre au 30 avril. Vous devez vous enregistrer au centre d'informations touristiques installé dans le Bonani Lodge (☎ 036776-62423), où vous pourrez réserver votre hébergement, une jeep ou encore une promenade à dos d'éléphant.

L'accès au parc coûte 175 Rs, plus 150 Rs par véhicule et par jour. Comptez un supplément de 175/525 Rs par jour pour un appareil photo/un Caméscope, et 525 Rs pour une heure à dos d'éléphant. Généralement, les clients s'attardant plus de trois jours dans le parc bénéficient d'une réduction de 25% (mais pas pour les promenades en éléphant). Les jeeps se louent à l'entrée principale, près du village de Kaziranga, ainsi qu'au Bonani Lodge et à l'Aranya Lodge, pour 50 Rs par personne et par heure minimum (le tarif dépend du nombre de passagers).

> **Le grand rhinocéros indien**
>
> L'Assam est célèbre pour ses grands rhinocéros unicornes (*Rhinoceros unicornis*), très rares. Autrefois répartis à travers les plaines alluviales du nord du sous-continent, les rhinocéros n'ont cessé d'être massacrés, cédant la place aux plantations de théiers et aux villages. Ils sont désormais cantonnés dans une poignée de parcs nationaux, tel que le Kaziranga dans l'Assam (où vit la plus grande colonie de rhinocéros) ou le Royal Chitwan au Népal.

Où se loger et se restaurer

Tous les hébergements répertoriés ci-dessous (à l'exception du Wild Grass Resort) proposent des chambres avec ventil. et s.d.b. ; pour la clim., comptez un supplément de 100 Rs. Hormis pour l'Aranya et le Wild Grass, vous devez réserver au centre d'information touristique de Bonani.

Le ***Bonoshree Lodge*** loue des simples à 150/210 Rs (basse/haute saison) et des doubles à 200/260 Rs ; commandez vos repas à l'avance auprès du personnel. Le ***Bonani Lodge*** loue des simples à 250/350 Rs et des doubles à 310/410 Rs ; il possède son propre ***restaurant***. Le ***Kunjaban Lodge*** propose des lits en dortoir avec/sans draps pour 25/50 Rs par personne, et sert des repas frugaux.

Le parc renferme d'autres ***cottages*** (650 Rs pour deux personnes, quelle que soit la saison). Néanmoins ils ne comportent ni équipement pour cuisiner ni restaurant (apportez votre nourriture).

L'***Aranya Lodge*** *(☎ 03376-62429)*, le meilleur de tous, dispose de chambres avec eau chaude (ne fonctionnant pas toujours) et balcon pour 250/410 Rs (simples) et 350/510 Rs (doubles) en haute/basse saison. Contigu, le ***Rhino Restaurant*** propose des plats succulents mais onéreux (120 Rs le repas fixe).

Très agréable station privée et écologique, le ***Wild Grass Resort*** (réservations : ☎ 0361-546827, fax 541186) est signalé sur la route principale à 4 km à l'est du village de Kaziranga. L'hébergement se fait en tente luxueuse ou en lodge. Si les doubles (pas de simples) avec s.d.b. reviennent à 1 800 Rs, le personnel accorde facilement des rabais de 40%. Le "Jungle Plan" (2 200 Rs par personne et par jour) inclut hébergement, repas et promenade à dos d'éléphant.

Comment s'y rendre

L'aéroport le plus proche se situe à Jorhat (à 84 km du parc), et la gare ferroviaire à Furkating (75 km).

Les bus se rendant à Guwahati (95 Rs, 6 heures) et Jorhat (45 Rs, 2 heures 30) traversent le village de Kaziranga (connu également sous le nom de Kohora), d'où vous pouvez marcher ou faire du stop jusqu'à l'entrée du parc.

Il est conseillé de séjourner au minimum 3 ou 4 jours à Kaziranga. Évitez les circuits organisés de Guwahati, trop brefs (2 jours) : vous passerez la majeure partie du temps en bus et n'effectuerez qu'une randonnée pour observer la faune. Barnali Travels propose des circuits pour 1 440 Rs par personne, comprenant transport, repas, guide, entrée du parc, hébergement, et "safari à dos d'éléphant" (pour davantage de détails, consultez le paragraphe *Circuits organisés* sous la rubrique *Guwahati*). L'Hotel Paradise, à Jorhat, organise également des randonnées plutôt onéreuses.

NORD DE L'ASSAM

Jorhat

☎ 0376

Porte d'accès au nord de l'Assam, Jorhat constitue une halte agréable. L'Assam Tourism (☎ 321579) est installé dans le Tourist Lodge sur MG Rd. Vous pourrez changer vos devises et vos chèques de voyage à la State Bank of India sur AT Rd.

Longeant Biman Barua Rd, dans une ruelle située derrière la gare routière de l'ASTC (sur AT Rd) sont installés plusieurs hôtels tranquilles. Les 3 établissements ci-dessous possèdent un restaurant et des chambres avec ventil. et s.d.b.

L'***Hotel Dipti*** *(☎ 323502)* loue des simples/doubles sommaires mais propres avec moustiquaire pour 120/200 Rs. L'***Hotel Dilip*** *(☎ 321610)* propose des chambres à 150/200 Rs ; celles à 300/500 Rs avec clim. sont d'un bon rapport qualité/prix. L'***Hotel Paradise*** *(☎ 321521)*, le meilleur de tous, offre des chambres confortables et spacieuses avec TV par câble pour 375/500 Rs.

Douillet, le ***Tourist Lodge*** *(☎ 321579, MG Rd)* constitue un bon choix : il dispose de chambres à 210/260 Rs avec s.d.b., ventil., moustiquaire et balcon.

Indian Airlines (☎ 320011) et Jet Airways (☎ 325652) – toutes deux installées dans l'Hotel Paradise – proposent des vols de/vers Kolkata (90 $US) deux fois par semaine. Jet Airways dessert également Imphal (80 $US).

Les bus longue distance pour Sibsagar (18 Rs, 1 heure 30), le village de Kaziranga (45 Rs, 2 heures 30), Tezpur (60 Rs, 4 heures) et Guwahati (110 Rs, 7 à 8 heures) partent de la gare routière de l'ASTC. Pour les bus locaux, les départs s'effectuent de la gare routière publique, à l'angle d'AT Rd et de MG Rd. Le train est moins pratique, Jorhat se trouvant sur une ligne secondaire.

Majuli

Majuli posée au milieu du puissant Brahmapoutre est, malgré sa rapide érosion, la plus vaste île fluviale au monde (886 km²), mais son principal intérêt tient à ses 22 *satra*, des monastères hindous vishnouites qui servent aussi de centres pour l'art de l'Assam. Les satra furent fondés au XVe siècle par Sankardeva, poète, compositeur et philosophe originaire de l'Assam. Aux satra de Majuli, Vishnu est vénéré par des danses "mettant en scène" les récits du *Mahabharata*, de la musique et de la poésie. Sankardeva considérait que Vishnu est un dieu prééminent et sans forme, concept qui différencie l'hindouisme de l'Assam de celui des autres traditions. Vous trouverez davantage de renseignements sur le site Internet officiel (www.auniati.bizland. com).

Les principaux satra sont situés à Kamalabari (le "centre de l'apprentissage"), Garamur (patrie des armes anciennes), Shamaguri (renommée pour la fabrication de masques), Auniati (où l'on crée de curieux bijoux et des objets artisanaux), Dakhinpat (qui accueille d'importantes fêtes) et Bengenaati (où se trouve un centre d'arts et de danse). Bien que séparés de plusieurs kilomètres, tous sont accessibles de Garamur, la ville principale, pour 300/600 Rs environ par jour en auto-rickshaw/taxi.

Il est possible de loger dans certains satra à condition de faire un don. La ***Circuit House*** *(☎ 03775-74439)*, à proximité de Garamur, facture 100 Rs minimum par personne la chambre, sommaire mais propre, avec s.d.b. Autre solution : l'hébergement chez l'habitant.

De la gare routière publique de Jorhat, des bus branlants se rendent à intervalle régulier à Nimati Ghat (12 Rs, 1 heure 15). De là, des ferries desservent Kamalabari, sur l'île de Majuli, pour 5 Rs (départ à 10h, 15h et 16h, et retour de Kamalabari à 8h, 9h et 14h ; vérifiez les horaires auprès de l'office du tourisme de Jorhat). Des bateaux à moteur effectuent des liaisons plus fréquentes entre Nimati Ghat et Kamalabari (15 Rs par personne), d'où partent des transports publics pour Garamur.

Sibsagar

☎ 03772

Sibsagar était l'ancienne capitale de la dynastie Ahom, qui régna sur l'Assam pendant 600 ans. C'est aujourd'hui un centre important de l'industrie du thé et du pétrole.

La ville est dominée par le **Sibsagar Tank**, immense lac artificiel créé en 1734. A côté se dressent trois temples, dont le **Shivadol Mandir**, sans doute le plus haut des temples de Shiva (33 m) en Inde. A 6 km environ à l'ouest du centre-ville se dressent les ruines d'un palais de sept étages datant du XVIIIe siècle, le **Talatal Ghar**, ainsi que le **Rang Ghar** de deux étages, tout proche.

Les vestiges du **Gargaon Palace**, autre palais ahom du XVIIIe siècle, se trouvent à 13 km à l'est de Sibsagar. **Charaideo**, ancienne capitale du XIIIe siècle, à environ 28 km dans la même direction, abrite les tombeaux des rois ahom.

A proximité du lac de Sibsagar, le ***Tourist Lodge** (☎ 21814)* propose des simples/doubles avec s.d.b. pour 210/260 Rs. L'Assam Tourism (☎ 22394) y est installé. Le ***Kareng Hotel** (☎ 22713, Temple Rd)*, avec des chambres à 90/150 Rs (s.d.b. commune), est d'un bon rapport qualité/prix. Son restaurant affiche des tarifs corrects.

L'***Hotel Brindavan** (☎ 22974, AT Rd)* loue des doubles avec clim. et s.d.b. à partir de 600 Rs.

Simaluguri, la gare de chemin de fer de la ligne principale, se trouve à 16 km de Sibsagar. Les bus sont une solution plus pratique ; ils partent régulièrement pour Guwahati (145 Rs, 8 à 9 heures) et Jorhat (18 Rs, 1 heure 30).

SUD DE L'ASSAM

Haflong

L'unique station de montagne de l'Assam est une ville agréable, située sur les berges du charmant **Haflong Lake**. La région est surtout connue pour le village de **Jatinga** (à 9 km au sud d'Haflong), où des volées d'oiseaux viendraient "se suicider" entre août et novembre (en réalité, ces volatiles migrateurs se posent, attirés par les lampes allumées par les villageois… et finissent dans leurs assiettes !)

Le ***Tourist Lodge** (☎ 03673-2468)* loue des simples/doubles correctes avec s.d.b. pour 210/260 Rs. L'***Hotel Elite***, au-dessus du marché, est le meilleur établissement pour dormir et se restaurer. Les doubles avec s.d.b. commencent à 220 Rs.

Au moins deux bus par jour relient Haflong à Silchar (60 Rs, 4 heures). Deux trains quotidiens partant de/vers Silchar et Guwahati desservent la gare de Lower Haflong.

Silchar

Silchar est la plaque tournante des transports en commun. Si vous devez y passer la nuit, le ***Tourist Lodge** (Park Rd)* dispose de simples/doubles avec s.d.b. à 210/260 Rs. Des vols de l'Indian Airlines relient Silchar à Kolkata (75 $US) *via* Imphal presque tous les jours. Plusieurs bus quotidiens se rendent à Agartala, Aizawl, Shillong et Guwahati. Enfin, deux trains par jour desservent Haflong.

Meghalaya

Créé en 1972, le Meghalaya ("demeure des nuages") est le pays des tribus khasi, jaintia et garo, connues pour leur organisation sociale matrilinéaire. Seule l'ascendance maternelle est prise en compte dans la transmission des propriétés et des biens. Les collines ondulantes de cet État sont couvertes d'arbres fruitiers et d'aréquiers, dont la noix sert à préparer le pan mâché par les Indiens.

L'État, et en particulier sa capitale Shillong, figurent parmi les endroits les plus pluvieux du globe – mieux vaut donc s'y préparer.

Histoire

Étroitement liées, les tribus khasi et jaintia seraient venues du Sud-Est de l'Asie tandis que les Garo seraient originaires du Tibet. Les Khasi et les Jaintia qui remontent à Ri Hinniew Trep ("sept familles"), sont réunis sous la désignation commune de "Hynniewtrep". Si l'on en croit la légende, au commencement, seize familles, neuf dans le ciel et sept sur la Terre, étaient reliées par une échelle de vigne dorée. Lorsque le péché empoisonna la terre, ce lien fut rompu.

Des chefs belliqueux régnaient sur ces territoires avant l'arrivée des Britanniques, qui établirent leur contrôle à partir des années 1820 en dressant les tribus les unes contre les autres. Le climat doux et pluvieux de Shillong en fit un havre pour les planteurs de théiers et les administrateurs britanniques de la région.

Les missionnaires furent autorisés à approcher les tribus et aujourd'hui, plus de la moitié de la population est de confession chrétienne.

Avertissement et autorisations

Le Meghalaya semble relativement épargné par les activités terroristes. Toutefois, des violences ethniques éclatent occasionnellement dans le Sud-Ouest, à proximité de la frontière avec le Bangladesh. Renseignez-vous avant de vous rendre à Tura et dans les Garo Hills. L'A'chik National Volunteer Council, groupe basé près de Shillong revendiquant l'expansion du Garoland, est actuellement inactif.

Voyager dans le Meghalaya ne requiert aucune autorisation. Les principaux bureaux du gouvernement de l'État se trouvent à Kolkata (☎ 033-229 0797, 9-10 Russel St) ainsi qu'à New Delhi (☎ 011-301 4417, 9 Aurangzeb Rd).

Manifestations annuelles

La fête religieuse de **Behdienklam** a lieu en juillet durant la mousson, dans les Jaintia Hills.

De novembre à décembre se tient pendant quatre jours le festival de musique de **Wangla,** qui célèbre la fin des récoltes dans les Garo Hills.

SHILLONG

☎ 0364 • 260 000 habitants

De 1874 à 1972, la station de montagne de Shillong, alors surnommée "l'Écosse de l'Orient", fut la capitale de l'Assam. Les colons y aménagèrent un terrain de golf de championnat (le plus humide du monde) ainsi qu'un terrain de polo, puis les montagnes environnantes furent bientôt parsemées d'impeccables maisons victoriennes et d'églises. Aujourd'hui, une circulation

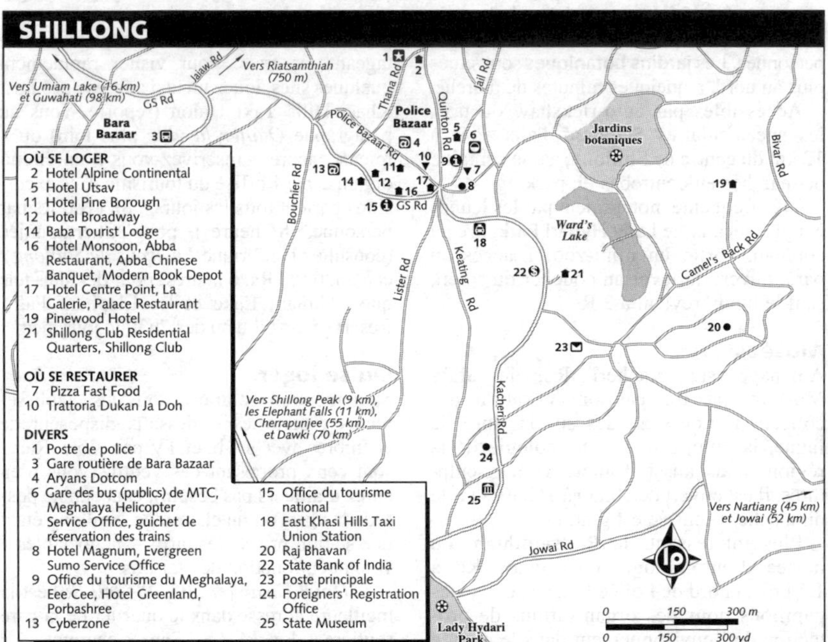

intense embouteille souvent le centre de Shillong, où une multitude d'affreux édifices en béton ont surgi de terre. Néanmoins, la ville reste ravissante.

Renseignements

Le Meghalaya Tourism office (☎ 226220), face à la gare routière de MTC, ouvre de 7h30 à 17h tous les jours (jusqu'à 11h le dimanche). Bien qu'il ne soit guère utile, il permet de réserver des circuits organisés (voir plus loin). L'office national du tourisme (☎ 225632) est installé sur GS Rd.

La State Bank of India, sur Kacheri Rd, change devises et chèques de voyage. Aryans Dotcom (Police Bazaar Rd) et Cyberzone (GS Rd) disposent de connexions à Internet. Le tarif standard est de 40 Rs l'heure.

Parcs et chutes d'eau

Comme on peut l'attendre d'un lieu aussi humide, Shillong et ses environs comptent de nombreuses chutes d'eau et des coins charmants (voir la rubrique *Environs de Shillong* plus loin).

L'attrayant **Ward's Lake**, du nom du préfet de police Sir William Ward, était le cœur du quartier européen. L'entrée au parc environnant coûte 15 Rs, et un **trajet en bateau** de 20 min revient à 60 Rs par embarcation de 4 personnes. Les **jardins botaniques** sont situés plus au nord, à quelques minutes de marche.

Accessibles par auto-rickshaw ou taxi, les spectaculaires **Elephant Falls** sont à 12 km du centre de Shillong, à une centaine de marches en contrebas du parking.

Très fréquenté, notamment par les jeunes couples locaux, le **Lady Hydari Park**, tiré au cordeau, abrite un mini-zoo. L'accès au parc, ouvert du lever au coucher du soleil, sauf le lundi, revient à 2 Rs.

Musées

Aménagé sur Kacheri Rd, le **State Museum**, pas très passionnant, abrite des collections poussiéreuses sur la flore, la faune, la culture et l'anthropologie de la région, mais aussi d'intéressantes sculptures. Il est ouvert de 10h30 à 16h30, sauf le dimanche. L'entrée est gratuite.

Plus intéressant, le **Riatsamthiah**, ou musée d'entomologie (sur Jaiaw Rd à 1,5 km au nord de Police Bazaar) élève des papillons pour des organisations de protection de l'environnement dans le monde entier. Il ouvre de 10h à 16h30 en semaine, et de 10h à 12h le samedi.

Autres curiosités

Du haut de Shillong Peak (1 965 m), la vue sur la ville et les montagnes environnantes est superbe. Situé à environ 10 km du centre-ville, le pic est accessible en taxi ou en auto-rickshaw. Faites attention aux endroits où vous flânez et où vous pointez votre objectif : le terrain appartient à l'armée de l'air.

Dans le village de Barapani, l'**Umiam Lake** (5 km^2) est mal équipé pour le tourisme. Hormis quelques bateaux hétéroclites à louer, vous n'aurez rien d'autres à faire que de profiter de la sérénité du lieu. L'***Orchid Lake Resort*** *(☎ 570258)* dispose de vastes simples/doubles propres et calmes avec s.d.b., à proximité du lac (à partir de 450/520 Rs). L'accès principal au lac, situé à 400 m de la route en direction de Guwahati (et à 17 km de Shillong), est possible par jeep ou par tous les bus empruntant cette même route.

Circuits organisés

En dépit des publicités et des promesses de toutes sortes, les agences de voyages n'organisent de circuits dans les environs que si vous parvenez à trouver des compagnons partageant les frais. Pour visiter rapidement quelques sites, louez un taxi auprès de la East Khasi Hills Taxi Union (reportez-vous au paragraphe *Quitter la ville* plus loin) ou – mieux encore – inscrivez-vous à un circuit organisé par l'office du tourisme. Ces excursions partent tous les jours à 8h (100 Rs par personne, 8 heures) pour Cherrapunjee (consultez la rubrique *Environs de Shillong*), et à 8h30 (80 Rs, 6 heures) pour des sites tels que l'Umiam Lake et les Elephant Falls. Réservez la veille ou dès 7h30 le jour même.

Où se loger

Sauf mention contraire, tous les établissements répertoriés ci-dessous disposent de chambres avec s.d.b. et TV par câble. Rares sont ceux proposant des ventil. (vous n'en aurez d'ailleurs pas besoin), et aucun ne possède la clim. ou un chauffage. Shillong étant une station prisée, les tarifs – négociables – varient en fonction des saisons.

L'***Hotel Utsav*** *(☎ 503268, Jail Rd)* est la meilleure adresse dans le quartier de la gare routière de MTC. Sans charme, les simples/doubles, dépourvues de fenêtre extérieure et de TV, commencent à 165/265 Rs.

Meilleur rapport qualité/prix dans la catégorie petits budgets, le ***Baba Tourist Lodge*** *(☎ 211285, GS Rd)* propose de minuscules chambres avec s.d.b. commune pour 75/125 Rs. Celles avec s.d.b. (182/265 Rs) sont très correctes pour le prix. Certaines étant plus agréables que d'autres, jetez-leur un coup d'œil avant de vous décider.

L'***Hotel Broadway*** *(☎ 226996, GS Rd)* possède de petites chambres propres à 165/265 Rs avec s.d.b. commune et d'autres à 275/495 Rs avec s.d.b. Certaines sont lugubres. Évitez également celles à proximité de la cuisine, très animée.

L'***Hotel Monsoon*** *(☎ 500064, hotelmonsoon@123india.com, GS Rd)* propre et central, loue des chambres bruyantes donnant sur la route principale et d'autres particulièrement tristes. Les simples/doubles/triples avec ventil. coûtent 265/495/605 Rs.

L'***Hotel Pine Borough*** *(☎ 220698, Police Bazaar Rd)* est sans doute la meilleure adresse. Étonnamment calme en dépit de son emplacement central, il dispose de petites chambres propres et confortables (de 198 Rs à 275 Rs pour les simples, et environ 330 Rs pour les doubles).

A l'***Hotel Centre Point*** *(☎ 225210, fax 225239, GS Rd)*, au cœur de Police Bazaar, les chambres sont douillettes et lumineuses, parfois dotées d'une vue superbe. Néanmoins, les prix restent trop élevés (605/715 Rs les simples/doubles).

Adresse au charme colonial, le ***Shillong Club Residential Quarters*** *(☎226938, shillongclublitd_resi@123india.com, Kacheri Rd)* propose des chambres spacieuses, confortables et calmes, à 478/565 Rs. Le tarif inclut la carte temporaire de membre du Shillong Club adjacent. L'établissement méritant bien la dépense, il est conseillé de réserver.

A l'angle de Thana Rd et de Quinton Rd, l'***Hotel Alpine Continental*** *(☎ 223617 alpineshillong@hotmail.com)* est un établissement luxueux, d'un bon rapport qualité/prix dans la catégorie moyenne. Les chambres très confortables avec eau chaude – mais la plupart donnant directement sur l'édifice voisin – coûtent 708/828 Rs.

Aménagé dans un cadre magnifique, le ***Pinewood Hotel*** *(☎ 223116, fax 224176)*, tout proche de Camel's Back Rd, est un merveilleux établissement de l'époque coloniale, construit au début du XXe siècle. Ses chambres, dotées de hauts plafonds, de larges lits confortables et de cheminées, coûtent de 660/990 Rs à 2 400/3 000Rs (pour la "chambre présidentielle").

Où se restaurer

Les meilleurs restaurants sont souvent ceux des hôtels. Établissement luxueux aménagé dans l'Hotel Centre Point et offrant une magnifique vue, ***La Galerie*** propose de savoureux plats indiens et chinois. Dans le même bâtiment, le ***Palace Restaurant*** est un établissement indien informel servant des en-cas tels que samosa (beignets farcis, de forme triangulaire) et dosa (larges crêpes fourrées).

Simple café face à l'entrée de l'Hotel Pine Borough, la ***Trattoria Dukan Ja Doh*** *(Police Bazaar Rd)* est le meilleur endroit pour goûter à l'authentique cuisine khasi.

Le minuscule ***Abba Restaurant***, à côté de l'Hotel Monsoon sur GS Rd, sert des repas chinois et tibétains bon marché. Derrière l'arcade adjacente, le luxueux ***Abba Chinese Banquet*** est sans doute le restaurant le plus fin de Shillong. Les repas coûtent environ 60 Rs et le service est excellent.

Eee Cee, à deux pas de l'office du tourisme de Jail Rd, est très apprécié pour ses plats chinois et indiens peu onéreux, ainsi que ses pâtisseries. Au-dessus, l'***Hotel Greenland*** est l'un des meilleurs endroits pour commander un curry succulent et peu cher, notamment le curry de poisson, sa spécialité (à partir de 25 Rs).

Le ***Pizza Fast Food*** *(Jail Rd)* prépare, comme son nom l'indique, de délicieuses pizzas (à partir de 50 Rs).

Achats

Pour les objets artisanaux, essayez Porbashree, l'emporium situé à côté de l'office du tourisme sur Jail Rd. A l'angle de Police Bazaar Rd et de Kacheri Rd, plusieurs boutiques vendent des paniers de toutes tailles, finement tressés.

Le marché le plus intéressant se tient à Iewduh Bazaar (appelé Bara Bazaar), le premier jour de la semaine khasi (Iewduh). Les villageois khasi et jaintia viennent de tout l'Est du Meghalaya pour vendre et acheter des produits au marché. La nourriture khasi est proposée sur tous les stands. Demandez le jour du prochain marché à l'office local du tourisme.

Quitter la ville

L'aéroport et la gare ferroviaire les plus proches se trouvent à Guwahati, dans l'Assam. Meghalaya Helicopter Service propose des vols quotidiens pour Guwahati (625 Rs, 30 min) ainsi que des promenades dans les alentours de Shillong à partir de 400 Rs par personne. Le bureau (☎ 223200) est situé à la gare routière de MTC, qui possède un guichet informatisé de réservations ferroviaires.

Toutes les heures au minimum, des bus publics (MTC) relient Shillong à Guwahati (50 Rs, 3 heures 30). Des bus privés plus confortables (60 Rs) assurent la même liaison plus fréquemment. Pour Guwahati, partagez un taxi à partir de Police Bazaar (125 Rs par personne ou 625 Rs par véhicule) ; des jeeps surchargées (90 Rs) partent également de l'agence Evergreen Sumo Service à proximité de l'Hotel Magnum sur Police Bazaar.

MTC et les compagnies privées proposent des bus de nuits pour Silchar (105 Rs, 8 heures), Dimapur (175 Rs, 15 heures) et Agartala (250 Rs, 21 heures).

Les meilleures compagnies privées, telles que Green Valley Travels, Network Travels et Assam Valley Tours, possèdent de petites agences quasiment à l'angle de Police Bazaar Rd et de GS Rd. Habituellement, les bus privés partent de la gare routière de Bara Bazaar, mais avant 9h les départs s'effectuent souvent à l'angle de Police Bazaar Rd et de GS Rd.

Du/vers le Bangladesh. Pour des informations concernant le passage de la frontière du/vers le Bangladesh, *via* Dawki, consultez la rubrique *Voie terrestre* du chapitre *Comment s'y rendre* au début de ce guide.

Comment circuler

Shillong étant trop escarpée pour les cyclo-pousses et trop pluvieuse pour les auto-rickshaws, les omniprésents taxis noir et jaune constituent les seuls moyens de transport privé. Vous pouvez en louer un pour 120 Rs par heure, ou 900 Rs pour la journée (tarif négociable). Les taxis collectifs desservant les environs partent de l'extérieur de la station d'East Khasi Hills Taxi Union, sur Kacheri Rd (pour l'aéroport situé près de Guwahati, un taxi partagé/affrété revient à 180/900 Rs). Il est également possible de louer des jeeps pour des excursions locales auprès de l'agence Evergreen Sumo Service sur Police Bazaar.

Des bus locaux partent de la gare routière de Bara Bazaar.

ENVIRONS DE SHILLONG

Situées dans le village de **Cherrapunjee**, les magnifiques Nohkalikai Falls sont les quatrièmes plus hautes chutes du monde. Ce village est le centre administratif et commercial de la population khasi ; vous pourrez y admirer des maisons traditionnelles avec murs incurvés et toits robustes voûtés, capables de résister aux fréquentes tempêtes. Cherrapunjee se trouve à 56 km environ au sud de Shillong. Des bus partent de la gare routière de Bara Bazaar. Vous pouvez aussi visiter le village dans le cadre d'un circuit organisé.

Dans les Jaintia Hills, non loin de l'agréable ville commerçante de Jowai, se trouve **Krem Um Lawan**, la plus longue grotte d'Inde (6,5 km). A **Nartiang**, environ 12 km au nord de Jowai, subsistent des vestiges évoquant l'ancienne capitale du royaume Jaintia. Jowai est accessible par bus de Bara Bazaar.

Tripura

Le minuscule État du Tripura – le deuxième de l'Inde par ordre croissant de taille – est presque entièrement entouré par le Bangladesh. Des coutumes tribales, comme celle de déposer des ombrelles sur les mares pour commémorer les défunts, se perpétuent dans les zones rurales, et on construit des arches en bambou en l'honneur des visiteurs officiels d'un village. L'État est renommé pour sa large gamme d'articles en rotin.

Plus de 60% du Tripura est couvert de forêts et la première industrie est le tissage. Bien que l'État compte 19 tribus, la majorité de la population est bengalie.

Histoire

Le Tripura émergea en tant qu'entité distincte à la fin du XIVe siècle, sous la dynastie de Manikya, ex-chef tribal indo-mongol qui se convertit à l'hindouisme. La région faisait autrefois partie d'un large royaume conquis par les Moghols en 1733. En 1808, les Britanniques prirent les rênes du Tripura, qui devint un territoire de l'Inde en 1949, puis un État à part entière en 1972.

Pendant la domination britannique, les maharajas dirigeaient chacun un État princier autonome, bien qu'ils dussent d'abord recevoir l'approbation des autorités coloniales. Au moment de l'Indépendance, la maharani régente céda son État à l'Inde, tandis que le district de Sylhet, au nord, fut réuni au Pakistan oriental (actuel Bangladesh).

Avertissement et autorisations

On peut se rendre en toute sécurité à Agartala et dans ses environs, mais pas dans le Nord ni l'extrême Sud, où le National Liberation Front of Tripura (NLFT) continue de perpétrer tueries et kidnappings sans aucun discernement. Les victimes en sont fréquemment les Bengalis du Bangladesh, dont certains commettent des violences analogues par le biais du United Bengali Liberation Front (UBLF). Renseignez-vous très précisément avant de voyager hors d'Agartala et de Neermahal, ou de circuler par voie terrestre à partir de/vers la capitale.

Aucune autorisation n'est nécessaire pour se déplacer dans le Tripura. Les principaux bureaux du gouvernement de l'État se situent à New Delhi (☎ 011-301 4607, Chanakyapuri, Kautilya Marg) et à Kolkata (☎ 033-282 5703, 1 Pretoria St).

AGARTALA

☎ 0381 • 175 500 habitants

La capitale endormie du Tripura, Agartala, fut transférée sur son site actuel en 1850. L'endroit est assez agréable et les habitants très accueillants, mais les sites dignes d'inté-

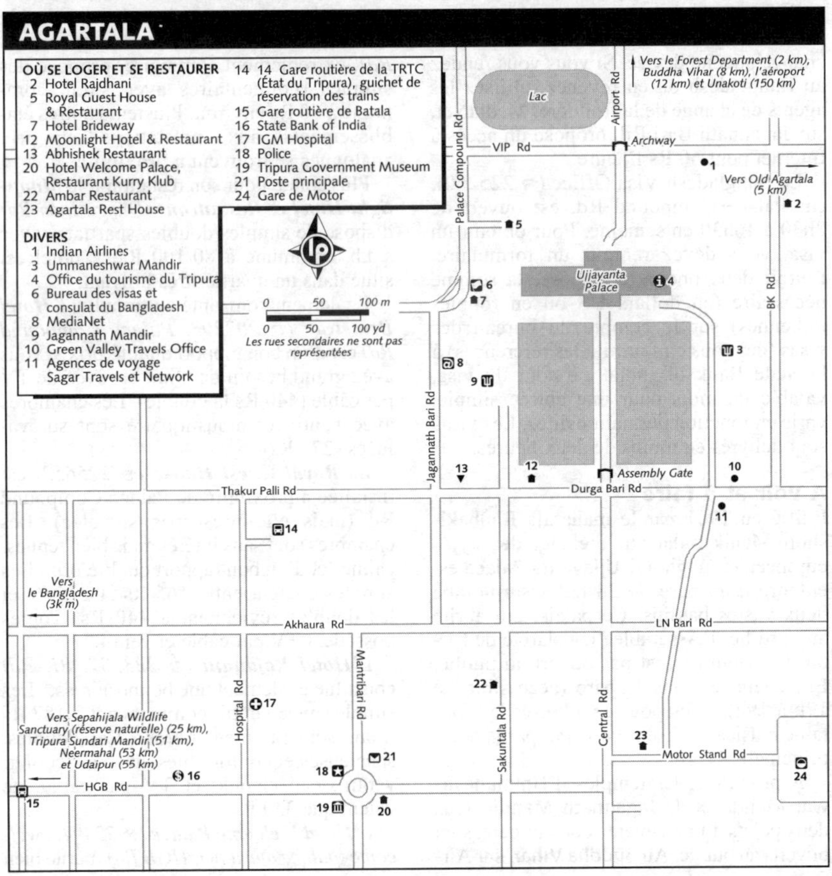

rêt sont rares. En fait, la ville ne constitue qu'une étape pour les voyageurs de retour du Bangladesh ou sur le point de s'y rendre.

Renseignements

Situé dans l'aile orientale de l'Ujjayanta Palace, le très efficace office du tourisme du Tripura (☎ 225930) ouvre en semaine de 10h à 17h et possède un site Internet excellent (www.tripura.nic.in). Le personnel organise des excursions aux alentours d'Agartala, dans la réserve naturelle de Sepahijala ainsi qu'à Neermahal, mais les chances de réunir le nombre minimum de voyageurs requis (six) sont minces. Son guichet pour les touristes, à l'aéroport, (☎ 422393) ne vous sera guère utile.

Les étrangers arrivant et partant par avion doivent s'enregistrer auprès de la police de l'aéroport.

La State Bank of India sur HGB Rd ne change aucune devise. Si vous vous rendez au Bangladesh ou en revenez, utilisez les agents de change de la frontière. MediaNet, sur Jagannath Bari Rd, propose un accès à Internet pour 60 Rs l'heure.

Le Bangladesh Visa Office (☎ 225260), sur Palace Compound Rd, est ouvert de 8h30 à 16h30 en semaine. Pour obtenir un visa, vous devez remplir un formulaire, fournir deux photos et déposer la somme nécessaire (en dollars US ou en roupies indiennes) sur le compte du bureau des visas (qui vous en fournira les références) à la State Bank of India. Le coût du visa, valable un mois pour une entrée simple, varie en fonction des nationalités. Les visas sont délivrés en moins de deux heures.

A voir et à faire

Édifié en 1901 par le maharaja Radhakishore Manikya dans un mélange des styles européen et moghol, l'**Ujjayanta Palace** est entouré d'un parc de 28 ha et surplombe deux vastes bassins. Ce palais, qui abrite aujourd'hui l'Assemblée législative de l'État du Tripura, n'est pas ouvert au public. En revanche, dans le parc (accessible de 17h à 19h), vous pourrez admirer la "fontaine musicale". L'entrée se fait par la porte principale.

A proximité, les temples d'**Ummaneshwar Mandir** et de **Jagannath Mandir**, tous deux peints d'une violente couleur ocre, sont ouverts au public. Au **Buddha Vihar**, sur Airport Rd à environ 8 km au nord de la ville, se dressent des statues birmanes de Bouddha.

Le petit **Tripura Government Museum**, sur le rond-point de HGB Rd, est assez intéressant. Il expose le produit des fouilles effectuées dans l'État, ainsi que de vieilles monnaies et des sculptures. L'accès au musée (ouvert de 10h à 17h tous les jours sauf le dimanche) est gratuit.

L'ancienne capitale, **Old Agartala**, se trouve à 5 km à l'est. Elle abrite le **Chaturdasha Devata Mandir** – ou "temple des quatorze divinités" – qui attire des milliers de dévots en juillet, à l'occasion du **Karchi Puja**, dont les festivités se déroulent pendant sept jours.

Où se loger

Sauf mention contraire, tous les établissements répertoriés ci-dessous possèdent une s.d.b.

L'***Agartala Rest House*** *(Motor Stand Rd)*, extrêmement sommaire, propose des simples rudimentaires avec s.d.b. commune à 50 Rs environ. Plusieurs autres établissements aux prestations et prix analogues se trouvent à proximité.

Plus connu pour son restaurant, le ***Moonlight Hotel & Restaurant*** *(Durga Bari Rd)* dispose de simples/doubles spartiates avec s.d.b. commune à 80/100 Rs. L'hôtel est situé dans un quartier très bruyant.

Également confronté au tumulte, l'***Hotel Brideway*** *(☎ 207298, Palace Compound Rd)* est d'un bon rapport qualité/prix si vous avez grand besoin de clim. et rêvez de TV par câble (440 Rs la double). Les chambres avec ventil. et moustiquaire sont surévaluées (275 Rs).

La ***Royal Guest House*** *(☎ 225652)* est installée à proximité de Palace Compound Rd (mais elle n'est pas signalée). Les chambres sont sans intérêt mais bien tenues, calmes et d'un bon rapport qualité/prix. Les simples coûtent entre 165 Rs et 275 Rs et les doubles reviennent à 440 Rs. Toutes possèdent TV par câble et ventil.

L'***Hotel Rajdhani*** *(☎ 223387, BK Rd)* constitue également une bonne adresse. Les simples avec ventil. commencent à 187 Rs (mais sont rarement libres). Les doubles, spacieuses et confortables, avec air-cooler, ventil., eau chaude et TV par câble, ne valent que 330 Rs.

L'***Hotel Welcome Palace*** *(☎ 224940, welcome_palace@usa.net, HGB Rd)* mérite bien la dépense, et il est conseillé de réserver. Nouveau, cet établissement est impeccable et central. Les chambres commencent à 220/330 Rs avec ventil. et à 440/550 Rs avec clim. (toutes ont la TV par câble).

Où se restaurer

Meilleur établissement de la ville, l'***Abhishek Restaurant*** *(Durga Bari Rd)* se transforme la nuit en une jolie oasis verdoyante. La nourriture est délicieuse et peu onéreuse (plats végétariens à partir de 40 Rs), et le service se montre efficace.

Bon marché, l'***Ambar Restaurant*** *(Sakuntala Rd)* est un restaurant simple et accueillant. Il en existe plusieurs aux prestations et aux prix analogues dans les environs.

Les meilleurs restaurants sont ceux des hôtels. Situé dans l'Hotel Welcome Palace, le ***Restaurant Kurry Klub*** sert des plats chinois et indiens, ainsi que de la nourriture thaïlandaise passable. Peu engageante, la salle à manger du ***Royal Guest House*** mérite néanmoins une halte.

Quitter la ville

L'avion étant le moyen le plus sûr et le plus direct pour quitter ou se rendre à Agartala, les vols sont souvent complets. Indian Airlines (☎ 225470), sur VIP Rd, propose au moins un vol par jour de/vers Kolkata (50 $US), et trois vols par semaine de/vers Guwahati (45 $US). Pour relier le centre-ville à l'aéroport (12 km), comptez 150/80 Rs environ en taxi/auto-rickshaw.

Agartala compte trois gares routières. De la gare de TRTC, sur Thakur Palli Rd, des bus gérés par l'État se rendent à Guwahati (300 Rs, 25 heures), *via* Shillong (250 Rs, 21 heures), et à Silchar (105 Rs, 12 heures). La gare possède un guichet informatisé permettant de réserver des billets de train (☎ 225533).

Des bus privés partent de la gare routière de Batala, sur HGB Rd, et de la gare de Motor, sur Motor Stand Rd. Les compagnies possédant leurs agences sur Durga Bari Rd, telles que Green Valley Travels, Sagar Travels et Network Travels, proposent des bus confortables à destination de Guwahati, Shillong et Silchar pour des prix légèrement supérieurs à ceux des bus publics.

Les bus publics et les jeeps collectives pour les villes de la région partent de la gare routière de Batala.

Du/vers le Bangladesh. Pour des informations concernant le passage de la frontière du/vers le Bangladesh à Akhaura, près d'Agartala, reportez-vous à la rubrique *Voie terrestre* dans le chapitre *Comment s'y rendre* au début de ce guide.

ENVIRONS D'AGARTALA

Tous les sites mentionnés ici sont accessibles par bus ou par jeep collective, à partir de la gare routière de Batala (Agartala).

La réserve naturelle de **Sepahijala** (18 km²), à 25 km au sud d'Agartala, abrite plusieurs espèces de cerfs et de singes, des oiseaux aquatiques, un mini-zoo, un petit train, des promenades à dos d'éléphant, un jardin d'orchidées, ainsi qu'un lac pour canoter. L'entrée coûte 5 Rs. Aménagé dans d'agréables jardins à proximité du lac, l'***Abasarika Forest Bungalow*** facture 50 Rs par personne pour un lit en dortoir et 100 Rs par personne pour un cottage. Pour réserver, contactez le Forest Department (☎ 223779) sur Airport Rd, à Agartala.

Sur une île située au centre du lac de Rudrasagar (5 km²) figure la principale attraction du Tripura, le **Water Palace** de Neermahal. Le palais, construit en 1930 à 53 km d'Agartala, tombe en ruine. Néanmoins, c'est un lieu paisible qui attire des oiseaux migrateurs en hiver. Sur les rives du lac, le ***Sagarmahal Tourist Lodge*** propose des doubles avec s.d.b. pour 132/220 Rs avec/sans clim., et des lits en dortoir pour 50 Rs. Les réservations s'effectuent à l'office du tourisme d'Agartala.

Le centre de l'ancienne capitale hindoue Udaipur (à 55 km au sud d'Agartala), est occupé par le **Jagannath Digthi tank** (lac artificiel). Sur ses berges, le **Jagannath Mandir** est aujourd'hui en ruine. A proximité se dressent plusieurs **temples** dédiés à Vishnu, ainsi que les vestiges de l'**ancien palais royal.**

A 4 km d'Udaipur, **Tripura Sundari Mandir** (également surnommé Matabari) est le temple le plus célèbre du sud du Tripura. Il fut construit en 1501 au sommet d'une colline, dans le style classique des refuges bengalis. Une grande **foire** s'y tient à l'occasion de la fête de Diwali (octobre/novembre). Le ***Matabari Pantha Niwas*** propose des lits en dortoir pour 50 Rs.

L'antique centre de pèlerinage d'**Unakoti**, qui daterait du VIIIe siècle, conserve sans doute le bas-relief le plus monumental de l'Inde ; il représente Ganesh et Shiva. La fête annuelle d'**Ashokastami Mela**, qui associe un pèlerinage à des réjouissances culturelles, a lieu en mars ou en avril. Autre centre d'intérêt tout proche : de superbes chutes d'eau ainsi que des bassins. Le site se trouve à 150 km d'Agartala et à 10 km de Kailasahar, où l'*Uttarmegh Tourist Lodge* dispose de doubles à 130 Rs ; réservez à l'office du tourisme d'Agartala.

Autres États du Nord-Est

Voyager dans les quatre autres États – l'Arunachal Pradesh, le Manipur, le Mizoram et le Nagaland – est problématique et, dans le cas du Manipur et du Nagaland, relativement dangereux. Avant de vous aventurer dans ces régions, renseignez-vous auprès de sources fiables.

ARUNACHAL PRADESH

L'Arunachal Pradesh ayant des frontières communes avec le Bhoutan, la Chine et le Myanmar (Birmanie), cette région sensible sur le plan politique fut pendant longtemps interdite aux étrangers. L'État compte 65 tribus (le recensement de 1971 n'en répertoriait toutefois pas moins de 115), dont les Adi (le groupe le plus important) dans la région d'Along, les Mishmi dans les chaînes nord-est de Pasighat, et les Nishi aux environs d'Itanagar.

Histoire. La dynastie Ahom de l'Assam avait pour politique de ne pas interférer dans les affaires des tribus des montagnes, hormis lors d'attaques de représailles. Les Britanniques adoptèrent la même stratégie et après avoir déclaré le territoire en dehors des frontières en 1873, ils ne s'en soucièrent plus jusqu'à la veille de la Seconde Guerre mondiale. Après l'Indépendance, Nehru soutint le point de vue de Verrier Elwin, un anthropologue britannique naturalisé indien qui préconisait de préparer les tribus à l'impact du monde moderne.

Le développement commença après l'invasion de Tawang par la Chine en 1962 (cette vallée montagneuse bouddhiste avait été réclamée par le Tibet jusqu'aux années 40). La Chine s'avança dans l'Assam jusqu'à Tezpur avant de se retirer. L'Inde se dépêcha alors de construire des routes et des bases militaires le long de la frontière. En 1972, l'Arunachal Pradesh devint un territoire de l'Union, puis, en 1987, un État à part entière. En 1999, après un long mandat, le *chief minister* fut déposé par son propre parti ; néanmoins, l'instabilité politique tant redoutée pour la suite n'eut pas lieu.

Avertissement et autorisations. Le gouvernement stable et relativement efficace de l'Arunachal Pradesh a permis d'éviter les violences ethniques que connaissent les États voisins. Néanmoins, la région restant sensible sur les plans militaires et politiques, les déplacements des étrangers (avec permis) sont limités aux lieux suivants : Bhalukpong, Bomdila, Seppa et Tawang dans l'Ouest ; Itanagar ; deux itinéraires rejoignant Pasighat : la route d'Itanagar qui longe le Brahmapoutre, et celle qui traverse Ziro, Daporijo et Along ; le Namdapha National Park (Miao compris).

Tous les étrangers doivent obtenir un Restricted (Prohibited) Area Permit (laissez-passer) auprès des Foreigners' Registration Offices (services d'enregistrement des étrangers) à New Delhi ou à Kolkata, ou encore – sans doute plus rapide et plus simple – à l'un des bureaux du gouvernement de l'Arunachal Pradesh, à Kolkata (☎ 033-358 9865, Block CE 109, Sector 1, Salt Lake City, face au central téléphonique de Salt Lake) ou à New Delhi (☎ 011-301 3915, Kautilya Marg, Chanakyapuri). Il vous faudra fournir 4 photos d'identité et 4 photocopies des pages de votre passeport comportant votre état civil et le visa pour l'Inde.

Le gouvernement de l'Arunachal Pradesh facture aux étrangers 50 $US (ou l'équivalent en roupies indiennes) par jour pour séjourner dans l'État – payables auprès d'un bureau du gouvernement de l'État (toutefois, il se pourrait que ce dernier revienne sur sa décision et opte pour la somme plus raisonnable de 50 $US en tout et pour tout).

En réalité, les personnes seules n'étant guère susceptibles d'obtenir un permis, la meilleure manière de visiter l'État reste le circuit organisé. Les agences de voyage (par exemple celles de Kolkata, de Guwahati et de Darjeeling) demandent environ 150 $US par jour (frais de séjour quotidiens inclus) et s'occupent du laissez-passer.

Comment circuler. L'hélicoptère est un moyen grisant de rejoindre des sites éloignés tels que Ziro, Along, Pasighat et Daporijo, ou encore de rallier Naharlagun depuis Guwahati. Les horaires et les prix sont disponibles dans les agences du Meghalaya Helicopter Service à Shillong et à Guwahati (pour davantage de détails, consultez les rubriques correspondantes).

Itanagar

☎ 0360 • 17 700 habitants

La capitale, Itanagar, présente peu d'attraits. Parmi les centres d'intérêt figurent le **Buddha Vihar**, sur la colline près de l'Hotel Arun Subansiri, le **Ganga Lake**, situé au bout d'une route rocailleuse et d'une courte piste escarpée à 6 km d'Itanagar, et le **Jawaharlal Nehru Museum**, en ville, ouvert de 10h à 17h du mardi au samedi.

Installé dans le périmètre du Ganga Market, l'***Hotel Himalaya*** possède des doubles rudimentaires à 150 Rs. L'***Hotel Blue Pine*** *(☎ 212042)*, dans la ruelle menant à la gare routière de l'ASTC, est d'un bon rapport qualité/prix : les simples/doubles avec s.d.b. reviennent à 320/535 Rs. L'***Hotel Arun Subansiri*** *(☎ 212677, Zero Point)* gère des simples/doubles/triples confortables à 600/800/900 Rs avec s.d.b. et TV par câble.

L'aéroport le plus proche se trouve à 216 km de là, à Tezpur (Assam). Les compagnies de bus Green Valley et Blue Hills assurent les dessertes de Tezpur (100 Rs, 6 heures) et de Guwahati (175 Rs, 12 heures).

Ouest de l'Arunachal Pradesh

Dans un cadre magnifique à proximité de la frontière avec le Bhoutan, le **Tawang Gompa** date du milieu du XVIIe siècle. C'est le plus important monastère du Nord-Est. Le VIe dalaï-lama y est né, et 500 lamas y vivent aujourd'hui. Il possède une intéressante collection de *thanka* ainsi qu'une grande statue dorée de Sakyamuni (le Bouddha légendaire) dans la salle de prière. Par ailleurs, un **centre d'artisanat** est installé dans la partie basse de la ville de Tawang, près de l'hôpital.

A Tawang, le ***Tourist Lodge*** possède des doubles convenables avec s.d.b. (entre 400 Rs et 700 Rs). L'***Inspection Bungalow***, au sommet de la colline, offre un hébergement rudimentaire pour 100 Rs par lit environ, avec installations communes. A l'***Hotel Paradise***, situé dans le marché principal, les doubles avec s.d.b. coûtent entre 200 Rs et 500 Rs.

Des bus partant de Tezpur, *via* le Se La (col de Se La) à 4 249 m d'altitude, mettent environ 24 heures pour se rendre à Tawang (185 Rs). Un peu plus chères, les jeeps collectives sont bien plus rapides (12 à 15 heures), mais peu fréquentes.

Dans l'agréable ville de **Bomdila**, à mi-chemin entre Tezpur et Tawang, se trouvent deux **gompa** (monastères) bouddhiques ainsi que l'insolite Yak Research Centre. Accueillant, l'Hotel Siphiyang Phong (☎ 03782-22373) loue des simples/doubles confortables avec s.d.b. à partir de 435/685 Rs.

A **Tipi**, à quelques kilomètres de la frontière de l'Assam, l'**Orchid Research Centre** abrite plus de 7 500 orchidées (visitez-le de préférence entre avril et mai).

Centre de l'Arunachal Pradesh

Ziro est le berceau de la minorité Apatani. Vous pouvez séjourner au ***Blue Pine Lodge***, qui propose des simples/doubles correctes avec s.d.b. pour 200/300 Rs, ou au ***Circuit Bungalow***, où les lits en dortoir reviennent à 100 Rs par personne.

Dans le village de **Daporijo**, qui a connu une expansion très rapide, la ***Circuit House*** loue des lits en dortoir pour 100 Rs par personne également. **Along**, bourgade tranquille essentiellement habitée par des adivasis, possède elle aussi une ***Circuit House*** (même tarif). Dans la localité plus vaste de **Pasighat** peuplée également d'adivasis, des boutiques vendent des objets artisanaux locaux ; quelques hôtels rudimentaires ainsi qu'une ***Circuit House*** disposent de chambres à 100 Rs par personne.

Namdapha National Park

Cette vaste réserve (1 850 km^2), placée sous les auspices du Project Tiger, accueille quatre types de "grands félins" (tigres, léopards, panthères longibandes et léopards des neiges). Plutôt sauvage, le parc ne comporte pas beaucoup de chemins ni de pistes.

A l'intérieur de la réserve, la ***Forest Rest House*** et le ***Tourist Bungalow*** de Deban, sommaires mais agréables, proposent des doubles à 110 Rs. Les réservations s'effectuent auprès du Namdapha National Park Field Director de Miao, et l'accès au parc coûte 50 Rs.

MIZORAM

Le nom de cet État signifie "terre du peuple des collines". En forme de doigt, à l'extrême sud-est de la région, le Mizoram s'insère entre le Myanmar et le Bangladesh. Sous les Britanniques, il portait le nom de Lushai Hills, qu'il conserva jusqu'en 1972 lorsqu'il devint territoire de l'Union.

Histoire

Probablement originaires de Chine, les Mizo se seraient installés ici il y a 300 ans. Sous la souveraineté britannique, leur territoire était l'un des rares où les missionnaires étaient autorisés à œuvrer. Aujourd'hui, 95% de la population mizo est de confession chrétienne. Près de 10 000 Mizo s'identifiant comme l'une des tribus perdues d'israël, se sont même convertis au judaïsme.

Une catastrophe naturelle, connue sous le nom de *mautam*, fut l'un des facteurs qui déclenchèrent, en 1959, la rébellion mizo. Une légion de rats, attirés par les forêts de bambous en fleurs – floraison qui se produit tous les 50 ans environ – a fait des ravages dans les champs de riz et les jardins maraîchers. Les deux ans de famine qui suivirent conduisirent le Mizo Famine Front à se soulever contre l'incurie de l'administration indienne et à se battre pour leur indépendance.

En juillet 1986, après 20 ans de combats acharnés, un accord de paix incluant la création d'un État indépendant fut conclu avec le Mizo National Front (MNF), nouvellement renommé. Le gouvernement du MNF ne dura qu'un an, puis reprit le pouvoir démocratiquement en 1998.

Avertissement et autorisations

Depuis l'acquisition de son statut d'État à part entière en 1986, le Mizoram est relativement paisible, mais son gouvernement et celui de l'Inde luttent depuis environ cinq ans contre le Bru National Liberation Front et la Hmar People's Convention (démocrates). Néanmoins, ces deux groupes sont plutôt inefficaces, et voyager à travers le Mizoram est relativement sûr.

Les étrangers ne peuvent obtenir d'autorisation que dans le cadre d'un circuit organisé par une agence reconnue et comptant 4 participants minimum. Pour davantage d'informations, contactez les bureaux du gouvernement du Mizoram à New Delhi (☎ 011-301 5951, Circular Rd, Chanakyapuri) ou à Kolkata (☎ 033-475 7034, 24 AT Chowdury Ave).

Aizawl

☎ 0389 • 160 000 habitants

La capitale du Mizoram est accrochée aux flancs d'une chaîne montagneuse, à 1 130 m d'altitude. Très accueillant, le personnel du Mizoram Tourism (☎ 21227), à Chandmary, vous sera d'une aide précieuse.

Le **Bara Bazaar**, dans le centre-ville, est un marché intéressant et l'un des meilleurs endroits pour acheter de l'artisanat. Vannerie et sacs sont vendus au **Weaving Centre** et au **Solomon's Cave**. Le **Mizoram State Museum**, Babu Tlang, présente une belle collection de vêtements et d'ustensiles traditionnels mizo. Vous pourrez aussi visiter un mini-zoo.

Luangmual est un petit village au sommet d'une corniche, à 7 km d'Aizawl. L'endroit offre un beau panorama, un hébergement bon marché au ***Yatri Niwas*** (hôtel de l'État) et un artisanat de qualité.

Parmi les hébergements d'Aizawl, l'***Hotel Embassy*** *(☎ 22570)*, près de l'office du tourisme, possède des chambres avec s.d.b. aux alentours de 250/320 Rs et un bon *restaurant*. Le ***Tourist lodge***, à Chatlang, plus loin du centre, pratique des prix similaires. Et dans le Bara Bazaar, l'***Hotel Ritz***, est un peu moins cher.

Plusieurs fois par semaine, Indian Airlines assure la liaison Guwahati-Aizawl (55 $US). Comme il n'existe aucune voie ferrée à proximité d'Aizawl, tous les transports par voie terrestre transitent par la route de Silchar au Tripura (150 Rs, 6 heures).

MANIPUR

Situé au sud du Nagaland, le Manipur (qui signifie "terre ornée de joyaux"), frontalier avec le Myanmar, abrite plus de 24 ethnies. Il est réputé pour ses danses manipuri qui se caractérisent par les mouvements acrobatiques des danseurs et les mouvements plus gracieux et plus lents des danseuses. Le sport principal est le polo, que le Manipur, comme beaucoup d'autres régions d'Asie, prétend avoir inventé. L'agriculture et le tissage constituent les bases de l'économie.

Histoire. Dans cette contrée subsiste une culture hindoue unique, préservée par les montagnes et les forêts. Après la guerre livrée aux Birmans, le Manipur se rangea du côté britannique et devint, après la signature, en 1826, du traité de Yandabo, un État princier au sein du Raj.

Durant la Seconde Guerre mondiale, la plus grande partie de l'État fut occupée par les Japonais. L'Indian National Army, composée de prisonniers de guerre indiens, se battit contre l'Inde britannique. A l'Indépendance, le maharaja céda l'État à l'Inde. Un mouvement tendant à renier l'hindouisme vishnouite et l'écriture bengalie prit de l'ampleur parmi la population Meitei dans les années 60.

Avertissement et autorisations. Depuis des années, dans le Sud, des violences, notamment entre les Naga et les Kuki, sont perpétrées dans l'État. A l'heure actuelle, une cinquantaine de groupes armés, tels que la People's Liberation Army, la Manipur People's Army et le Kangleipak Communist Party, se livrent une incessante guérilla dans le Manipur. Il est déconseillé de voyager hors d'Imphal. Actuellement, les étrangers ne peuvent pas entrer ni sortir du Manipur par voie terrestre, mais seulement par avion (de/vers Imphal).

Les étrangers n'obtiennent d'autorisation que s'ils participent à un circuit organisé par une agence de voyages reconnue, avec 4 personnes au minimum. Toutefois, les chances d'obtenir une telle autorisation sont minces. Vous obtiendrez davantage d'informations dans les bureaux du gouvernement du Manipur à New Delhi (☎ 011-301 3009, 2 Sardar Patel Marg, Chanakyapuri) ou à Kolkata (☎ 033-350 4412, 25 Ashutosh Shastri Rd).

Imphal

☎ 0385 • 210 000 habitants

La capitale est entourée de collines boisées et de lacs. Doté de deux dômes dorés, le **Shri Govindajee Mandir** (vishnouite) accueille souvent des danses de cérémonie. A proximité se trouvent les ruines de l'**Old Palace.** **Khwairamband Bazaar** est l'endroit idéal pour acheter des objets de vannerie divers et des tissus. Il s'agit de l'un des plus vastes marchés tenue par des femmes d'Inde. Le cœur du Tikendrajit Park abrite **Shaheed Minar**, un immense mémorial militaire. Enfin, le **State Museum** mérite le détour.

Imphal offre toute une gamme d'hébergements, parmi lesquels l'***Hotel Imphal*** *(☎ 220459)*, géré par le gouvernement, qui facture 250/375 Rs les simples/doubles avec s.d.b. et clim. Le Manipur Tourism y est installé.

Indian Airlines (☎ 220999) et Jet Airways (☎ 230835) assurent tous les jours la liaison Imphal-Kolkata pour un tarif identique (80 $US). Toutes deux desservent régulièrement Guwahati (50 $US). Jet Airways propose également des vols pour Jorhat (80 $US), et Indian Airlines dessert New Delhi (240 $US) et Silchar (45 $US). Des bus partent régulièrement pour Kohima, Silchar et Guwahati.

Loktak Lake

Le Loktak Lake est le plus grand lac d'eau douce du Nord-Est, enclavé presque en totalité dans le Keibul Lamjao National Park. Une bonne partie de la surface des eaux est recouverte d'un épais tapis d'herbes tressées, habitat unique en son genre sur lequel vivent des pêcheurs et quelques espèces rares d'animaux, comme le *sangai*, ou cerf dansant de Manipur. Vous pourrez loger au ***Tourist lodge***. Aménagée sur Sendra Island, la ***Tourist Home*** propose des hébergements (réservations à l'office du tourisme d'Imphal). Pour se rendre au lac, empruntez un bus à Imphal (48 km).

NAGALAND

Au sud de l'Arunachal Pradesh et au nord du Manipur, le Nagaland, bordé par le Myanmar est isolé et escarpé.

Histoire. Les 16 tribus du Nagaland, dont les Angami, les Rengma, les Ao, les Konyak, les Wanchu, les Sema et les Lotha, étaient autrefois des chasseurs de tête craints des Assamais voisins. Les guerriers naga récupéraient les têtes après les attaques. Cette coutume est liée à la croyance selon laquelle l'âme ne s'échappe que lorsque le corps est décapité. Les têtes coupées des ennemis étaient censées garantir de bonnes récoltes.

Après avoir rencontré les Naga pour la première fois en 1832, les Britanniques ne parvinrent que difficilement à les maîtriser en 1879. Les dirigeants naga luttèrent pour une indépendance immédiate après le départ des Britanniques, mais furent annexés à l'Inde contre leur volonté. Aussitôt, une rébellion éclata engendrant de nombreuses factions et annulant les accords de paix signés jusqu'à ce jour. Comme au Mizoram, la religion chrétienne domine et les églises trônent au centre des communautés.

Avertissement et autorisations. Depuis des années, divers groupes rebelles, dont le National Socialist Council of Nagaland (Khaplang) – à ne pas confondre avec le National Socialist Council of Nagalim (Isak-Mulivah) –, livrent combat contre le Nagaland et l'Inde (ainsi qu'entre eux). Par ailleurs, des affrontements entre troupes indiennes et birmanes se produisent fréquemment le long de la frontière.

A l'époque des recherches effectuées pour ce guide, parmi les autorités touristiques circulaient de nombreuses rumeurs concernant l'assouplissement des autorisations et des restrictions pour les étrangers en 2001. Toutefois, les étrangers devaient encore faire une demande d'autorisation. Ils ne pouvaient voyager seuls mais uniquement en groupe de 4 (au minimum) ou en couple marié, à condition de disposer du permis requis (il n'était pas nécessaire de faire partie d'un circuit organisé).

Les déplacements dans le Nagaland sont limités à Kohima, Dimapur, Wokha, Mokokchung, et leurs environs. Vous devez vous faire enregistrer auprès de la police à votre entrée dans chacune de ces villes, ainsi qu'au Dimapur airport si vous arrivez par avion.

Les formulaires de laissez-passer sont disponibles dans les ambassades et les consulats indiens, ainsi que dans les bureaux d'enregistrement des étrangers, situés dans les principales villes du pays (par exemple New Delhi et Kolkata). La meilleure solution consiste à vous adresser aux bureaux du gouvernement du Nagaland à New Delhi (☎ 011-301 2296, fax 379 4240, 29 Aurangzeb Rd) ou à Kolkata (☎ 033-282 5247, fax 282 3491, 11 Shakespeare Sarani). Préparez un dossier comprenant une photo, votre itinéraire, la photocopie du formulaire rempli et des pages de votre passeport mentionnant votre état civil et le visa pour l'Inde. Envoyez le tout au Home Commissioner, Government of Nagaland, Kohima, 797001 (☎ 0370-270068, fax 270071). Les autorités responsables vous transmettront par courrier ou par fax votre autorisation. Elle est gratuite, mais comptez deux semaines environ.

Kohima

☎ 0370

C'est dans la capitale du Nagaland, Kohima, que la progression japonaise en Inde fut stoppée en avril 1944. Pour commémorer cet événement, un **cimetière militaire** y fut aménagé. Le **Musée d'État** et ses collections anthropologiques des tribus Naga méritent la visite. L'office du tourisme est plutôt actif (☎ 22214).

Le ***Yatri Niwas*** *(☎ 22708)* facture 120/150 Rs les simples/doubles sommaires mais bien tenues avec s.d.b. commune. L'***Hotel Japfu*** *(☎ 22721)* propose des chambres confortables avec s.d.b. et TV par câble à partir de 550/770 Rs.

L'aéroport le plus proche et la tête de ligne ferroviaire se trouvent à Dimapur, à 4 heures par la route, au nord. Des bus publics relient Kohima avec Imphal et Guwahati.

Dimapur

☎ 03862

Porte d'accès au Nagaland, c'est aussi son centre commercial. Voisine de l'Assam, elle fut la capitale du royaume tribal de Kachari au XIIIe siècle. Les **ruines de Kachari** sont décorées de gigantesques symboles phalliques.

Le ***Tourist Lodge*** *(☎ 26355)* dispose de simples/doubles confortables avec s.d.b. à un prix raisonnable (150/220 Rs). L'***Hotel Saramati*** *(☎ 20560)* possède des chambres avec s.d.b. à partir de 325/475 Rs (comptez plus cher avec clim.).

Dimapur constitue une importante plaque tournante pour les transports aériens. Indian Airlines (☎ 20114) dessert Kolkata (90 $US) plusieurs fois par semaine, souvent *via* Tezpur (35 $US).

Des bus se rendent régulièrement à Kohima, à Imphal et à Guwahati.

Rajasthan

Le Rajasthan, pays des Seigneurs, représente l'Inde dans ses aspects les plus insolites et les plus pittoresques avec ses forteresses encore marquées de l'empreinte des batailles, ses palais d'une splendeur à couper le souffle, ses couleurs vives, sa fierté et son romantique sens de l'honneur.

L'État se divise, selon une ligne diagonale, en une région de montagnes accidentées au sud-est et un désert aride au nord-ouest, le désert de Thar qui s'étend jusqu'au Pakistan. Il renferme quantité de villes historiques, de citadelles de légende et de purs joyaux à la beauté époustouflante, comme Udaipur. Certains lieux attirent des touristes du monde entier, tels Pushkar et son lac sacré ou Jaisalmer, cité du désert qui semble tout droit surgie des *Mille et Une Nuits*.

Chacun rapporte du Rajasthan des souvenirs inoubliables, des objets superbes et un carnet d'adresses bien rempli.

Histoire

Cet État fort divers est le domaine des Rajput, guerriers organisés en clans qui ont contrôlé la région pendant un millénaire selon un code d'honneur comparable à celui des chevaliers européens du Moyen Age. Si les alliances temporaires et les mariages de convenance marquaient jadis la vie quotidienne, orgueil et indépendance constituaient des valeurs suprêmes. Ainsi, les Rajput se révélèrent incapables de présenter un front uni face à l'agresseur. Ils gaspillèrent leur énergie dans des escarmouches internes qui les affaiblirent jusqu'à devenir des États vassaux de l'Empire moghol. Néanmoins, la bravoure et le sens de l'honneur des Rajput demeurent sans rivaux.

Ces guerriers se battaient envers et contre tous et, lorsque l'espoir n'était plus qu'un vain mot, ils déclaraient le *jauhar* (suicide collectif), conformément au code chevaleresque : obéissant à un rite impitoyable, femmes et enfants s'immolaient sur un gigantesque bûcher funéraire, tandis que les hommes, vêtus de costumes safran, affrontaient l'ennemi jusqu'à la mort. Des centaines de milliers de Rajput perdirent ainsi la vie. Ainsi à trois reprises, durant la longue histoire de Chittorgarh, les femmes se jetè-

En bref

Population : 51,5 millions d'habitants
Superficie : 342 239 km^2
Capitale : Jaipur
Principales langues : hindi, rajasthani
Meilleure saison : mi-octobre à mi-mars

Cartes du chapitre :

- Jaisalmer – Se perdre dans sa citadelle médiévale dressée à l'orée du désert
- Pushkar – Admirer le reflet de la cité dans le lac ; voir la foire aux dromadaires
- Udaipur – S'étourdir de temples, de palais grandioses et succomber au fabuleux Lake Palace
- Jodhpur – Rêver dans la ville bleue, traversée par le puissant Meherangar
- Keoladeo Ghana – Parcourir une réserve ornithologique inscrite au Patrimoine mondial de l'Unesco
- Ranthambhore et Sariska – Apercevoir les tigres des parcs nationaux
- Shekhawati – Flâner dans les cours des *haveli*, ornés de fresques
- Mt Abu – S'émerveiller devant les sculptures délicates des temples jaïna de Dilwara

RAJASTHAN

rent dans les flammes pendant que les hommes couraient au supplice. Nombre de citadelles connurent la même tragédie. On comprend pourquoi Akbar persuada les Rajput de conduire son armée et pourquoi, après lui, les empereurs moghols eurent tant de peine à dominer cette partie de leur empire.

Avec le déclin de l'Empire moghol, les Rajput retrouvèrent leur indépendance après une série de victoires spectaculaires, mais une nouvelle force entra alors en lice – celle des Britanniques. Avec l'expansion du Raj, la plupart des États rajput signèrent des alliances avec les Anglais, qui leur permirent de préserver leur autonomie, chacun sous l'autorité d'un maharaja, tout en restant soumis à certaines contraintes politiques et économiques.

A l'instar des Moghols, les Britanniques ne s'étaient implantés en Inde que pour la dominer et contrôler son économie.

Ces alliances signèrent la fin des souverains rajput. Complaisance et prodigalité l'emportèrent bientôt sur l'esprit chevaleresque. Au début du XXe siècle, les maharajas passaient le plus clair de leur temps à voyager à travers le monde, accompagnés d'une armée de concubines et de domestiques. Ils jouaient au polo, aux courses, et occupaient des étages entiers dans les hôtels les plus prestigieux d'Europe et d'Amérique. Si les Anglais acceptaient cet état de fait, l'énorme gaspillage des richesses du Rajputana (le pays des Rajput) se révéla préjudiciable du point de vue social et économique. Lorsque l'Inde acquit son indépendance, l'espérance de vie et le

Palace on wheels, le train des maharajas

Le *Palace on wheels* (palais roulant) de la RTDC est l'un des derniers trains de luxe au monde. Il effectue des circuits hebdomadaires au Rajasthan. De septembre à fin avril, il quitte Delhi tous les mercredis et fait étape à Jaipur, Chittorgarh, Udaipur, Sawai Madhopur (au Ranthambhore National Park), Jaisalmer, Jodhpur, Bharatpur (au Keoladeo Ghana National Park) et à Agra. Il couvre de fort longues distances en 8 jours mais circule surtout de nuit.

A l'origine, il était constitué d'anciens wagons ayant appartenu à des maharajas. Aujourd'hui délabrés, ils ont été remplacés par de nouvelles voitures climatisées, aménagées comme les anciennes. Ce véritable palace roulant vous laissera de fabuleux souvenirs si votre temps, à l'inverse de vos ressources, est compté. Le train est équipé de deux wagons-restaurants et d'un bar bien approvisionné. Chaque voiture, sous la responsabilité d'un capitaine et d'un garçon en superbe livrée, comporte quatre compartiments (avec lit double ou lits jumeaux) dotés de s.d.b. privées.

Le tarif comprend le circuit, l'entrée sur les sites, l'hébergement à bord en pension complète. D'octobre à mars, comptez 260 $US par personne et par jour en triple (on dispose un lit pliant pour le 3e occupant), 325 $US en double et 460 $US en simple. En septembre et en avril, le prix baisse à 215/270/370 $US. Vu le succès de cette formule, il faut réserver à l'avance au Tourist Reception Centre de la RTDC (☎ 011-3381884, fax 3382823), Bikaner House, Pandara Rd, New Delhi 110011, ou à l'Hotel Swagatam Campus de la RTDC (☎ 0141-202152, fax 201145, rtdc@jp1.dot.net.in), Near Train Station, Jaipur 302006. Si vous n'avez pas les moyens de vous offrir ce fabuleux périple, le site Internet www.palaceonwheels.net, vous montrera tout ce que vous allez manquer.

taux d'alphabétisation du Rajasthan figuraient parmi les plus bas du sous-continent. Lors de l'Indépendance, le parti du Congrès, alors au pouvoir, dut conclure un marché avec les États rajput indépendants afin d'obtenir leur adhésion à l'Inde nouvelle. Les chefs furent autorisés à conserver leurs titres et leurs biens et obtinrent la garantie d'un revenu annuel proportionnel à leur statut.

Cette situation privilégiée ne pouvait perdurer ; Indira Gandhi y mit un terme au début des années 70 en abolissant titres et revenus et en séquestrant leurs biens. Certains chefs sortirent de l'impasse en transformant leurs palais en hôtels de luxe, mais beaucoup n'ont pas réussi à s'adapter aux exigences économiques de la fin du XXe siècle.

Hébergement

Le Rajasthan dispose d'hébergements qui conviendront à la plupart des budgets, qu'il s'agisse d'anciens palais convertis en hôtels ravissants ou de pensions de famille bon marché (pour obtenir la liste des familles participantes, contactez la Rajasthan Tourism Development Corporation (RTDC) de la ville qui vous intéresse). En sus du prix indiqué, une taxe de luxe de 10% s'applique à toutes les chambres de plus de 750 Rs.

Comment circuler

Le Rajasthan possède un réseau étendu de bus et de trains, ces derniers étant moins utiles dans des zones telles que le Shekhawati. Certains services ferroviaires, notamment aux environs d'Udaipur, dans le sud, utilisent encore les voies pour trains lents, à écartement réduit. L'adoption généralisée de l'écartement large est en cours, toutefois le processus est loin d'être achevé. Notez que les tarifs ferroviaires de l'Indian Railways indiqués dans ce chapitre n'incluent pas les frais de réservation de 20/25 Rs en couchette/couchette avec clim. sur 2 ou 3 niveaux (2A et 3A).

Pour circuler, de plus en plus de voyageurs louent un taxi privé avec chauffeur. Les tarifs commencent à 4 Rs du kilomètre. N'oubliez pas que vous devrez verser au chauffeur le prix de son retour à son point de départ.

Est du Rajasthan

JAIPUR

☎ 0141 • 1 860 000 habitants

Jaipur, la vibrante capitale du Rajasthan, doit son surnom de “ville rose” à la couleur des édifices de sa merveilleuse vieille ville. Cette

JAIPUR

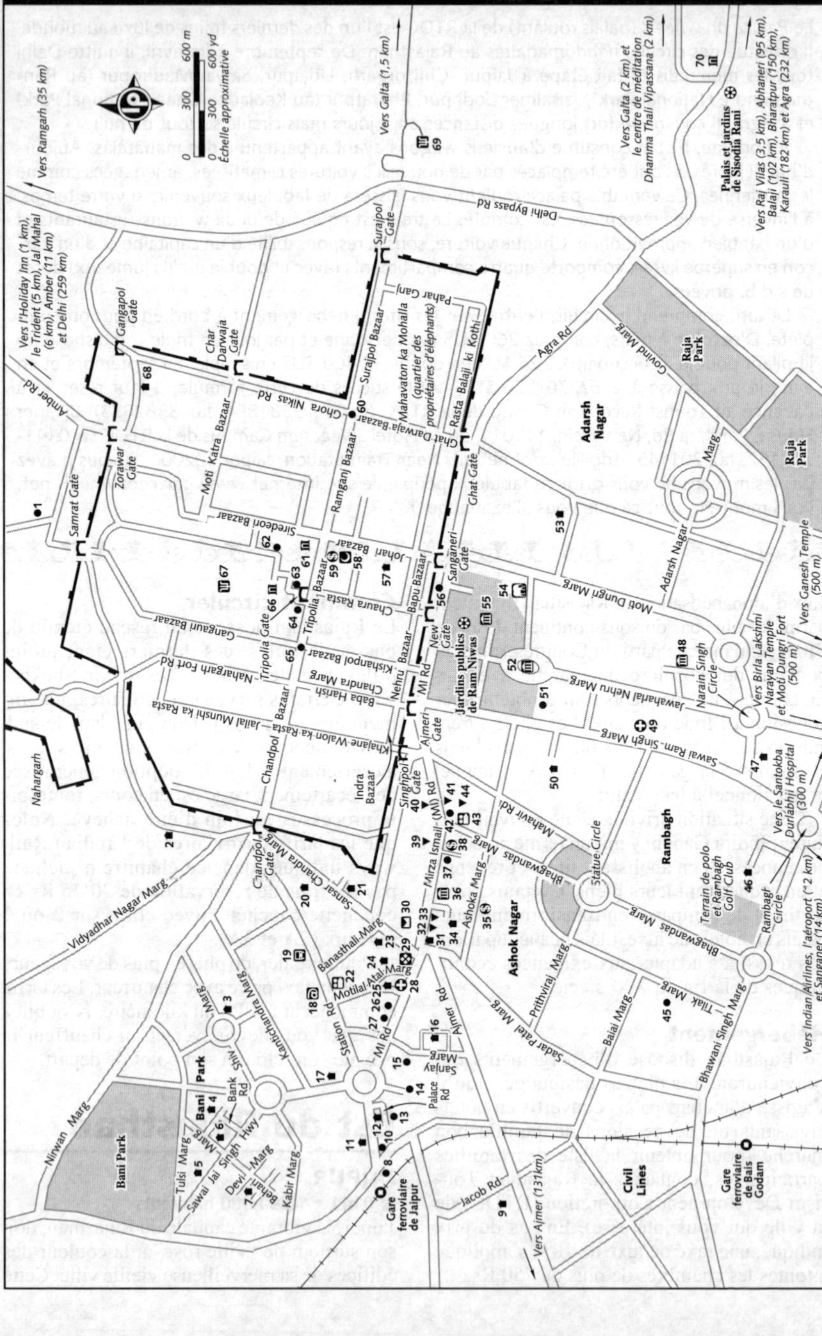
Échelle approximative
0 300 600 m
0 300 600 yd
Vers Ramgarh (35 km)
Vers Galta (1,5 km)
Vers Galta (3 km) et le centre de méditation Dhamma Thali Vipassana (2 km)
Vers Raj Vilas (3,5 km), Abhaneri (95 km), Balaji (102 km), Bharatpur (150 km), Karauli (182 km) et Agra (232 km)
Palais et jardins de Sisodia Rani
Vers l'Holiday Inn (1 km), le Trident (5 km), Jal Mahal (6 km), Amber (11 km) et Delhi (259 km)
Delhi Bypass Rd
Amber Rd
Gangapol Gate
Char Darwaja Gate
Surajpol Gate
Pahar Ganj
Zorawar Gate
Samrat Gate
Moti Katra Bazaar
Chora Nikas Rd
Surajpol Bazaar
Mahavaton ka Mohalla (quartier des propriétaires d'éléphants)
Ghat Darwaja Bazaar
Rasta Balaji ki Kothi
Ghat Gate
Agra Rd
Govind Marg
Raja Park
Adarsh Nagar
Sireḍeori Bazaar
Ramganj Bazaar
Johari Bazaar
Bapu Bazaar
Sanganeri Gate
Moti Dungri Marg
Vers Ganesh Temple (500 m)
Chaura Rasta
Tripolia Bazaar
Tripolia Gate
Gangauri Bazaar
Nahargarh Fort Rd
Kishanpol Bazaar
Chandra Marg
Baba Harish
Nehru Bazaar
New Gate
MI Rd
Jardins publics de Ram Niwas
Jawaharlal Nehru Marg
Narain Singh Circle
Vers Birla Lakshmi Narayan Temple et Moti Dungri Fort (500 m)
Jallal Munshi ka Rasta
Khajane Walon-ka-Rasta
Chandpol Bazaar
Indra Bazaar
Ajmeri Gate
Sawai Ram Singh Marg
Nahargarh
Singhpol Gate
Mirza Ismail (MI) Rd
Mahavir Rd
Bhagwandas Marg
Statue Circle
Rambagh
Vers le Santokba Durlabhji Hospital (300 m)
Chandpol Gate
Sansar Chandra Marg
Vidyadhar Nagar Marg
Ashoka Marg
Ashok Nagar
Terrain de polo et Rambagh Golf Club
Rambagh Circle
Banasthali Marg
Motilal Atal Marg
Station Rd
Kantichandra Marg
Prithviraj Marg
Tilak Marg
Vers Indian Airlines, l'aéroport (12 km) et Sanganer (14 km)
Nirwan Marg
Bani Park
Bank Rd
Ajmer Rd
Sanjay Marg
Palace Rd
Sardar Patel Marg
Bajaj Marg
Bhawani Singh Marg
Tulsi Marg
Sawai Jai Singh Hwy
Devi Marg
Kabir Marg
Gare ferroviaire de Jaipur
Jacob Rd
Vers Ajmer (131 km)
Civil Lines
Gare ferroviaire de Bais Godam

JAIPUR

OÙ SE LOGER
2 Hotel Bissau Palace
3 Jaipur Inn
4 Umaid Bhawan Guest House
5 Hotel Meghniwas
6 Madhuban, Madhavanand Ashram
7 Shahpura House
9 Jai Mahal Palace Hotel
11 Hotel Swagatam de la RTDC, bureau central des réservations de la RTDC
12 Rajputana Palace Sheraton
16 Hotel Pearl Palace
17 Hotel Teej de la RTDC
20 Alsisar Haveli
21 Hotel Arya Niwas
23 Mansingh Hotel, Central Bank of India
24 Hotel Neelam, Karni Niwas
25 Atithi Guest House, Aangan Guest House
31 Tourist Hotel de la RTDC, Tourist Reception Centre, Rajasthali Emporium, Rajasthan Handloom House
34 Evergreen Guest House, Hotel Pink Sun, Ashiyana Guest House
46 Rambagh Palace, Bank of Rajasthan, Polo Bar
47 Narain Niwas Palace Hotel
50 Hotel Diggi Palace
53 Nana ki Haveli
57 LMB Hotel & Restaurant
68 Samode Haveli

OÙ SE RESTAURER
32 Copper Chimney
33 Handi Restaurant
39 Chanakya Restaurant
40 Lassiwala, Goyal Colour Lab, Charmica
41 Niro's, Surya Mahal, Natraj Restaurant
44 Bake Hut

DIVERS
1 Royal Gaitor
8 Bureau des réservations ferroviaires
10 Location de bicyclettes
13 Crown Tours
14 Office du tourisme national, Hotel Khasa Kothi
15 Hotel Gangaur de la RTDC
18 Mewar Cyber Cafe & Communication
19 Gare routière principale
22 Cinéma Polo Victory
26 Jaipur Towers, Thomas Cook, Satyam Travels & Tours, Communicator, Web-Struk Cafe
27 British Airways
28 Galundia Clinic, Chic Chocolate, Tata Finance, Amex
29 Ganpati Plaza, Swaad, Pizza Hut, Celebrations, Baskin 31 Robbins, Rajasthan Travel Service, Cybarea, Ganpati Books, Sentosa Colour Lab
30 Poste principale
35 HDFC Bank (DAB 24h/24)
36 Juneja Art Gallery (Lakshmi Complex)
37 DHL Worldwide Express
38 Andhra Bank
42 Books Corner
43 Cinéma Raj Mandir
45 Anokhi Showroom
48 Museum of Indology
49 Sawai Mansingh Hospital
51 Maharaja College
52 Central Museum (Albert Hall)
54 Zoo
55 Ravindra Rangmanch Modern Art Gallery
56 Lufthansa, Singapore Airlines
58 Jama Masjid
59 Bank of Baroda
60 Ramganj Chaupar
61 Hawa Mahal
62 Jantar Mantar (observatoire)
63 Rajasthan Astrological Council & Research Institute
64 Iswari Minar Swarga Sal (minaret perçant le ciel)
65 Choti Chaupar
66 City Palace & Maharaja Sawai Mansingh II Museum
67 Temple de Govind Devji
69 Temple du dieu soleil (Monkey Temple)
70 Vidyadharji ka Bagh

bouillonnante métropole, véritable émerveillement pour les yeux, est riche en contrastes. Des charrettes de légumes tirées par des dromadaires se fraient un passage dans les rues encombrées de voitures, de vaches, de rickshaws, de vélos, de motos et de piétons. Vêtus du costume traditionnel, les hommes rajput aux turbans colorés et à la moustache impressionnante discutent politique devant des restaurants qui servent des spaghettis bolognaise et des crèmes glacées à l'américaine. Les échoppes branlantes qui vendent des *jooti* (chaussures traditionnelles du Rajasthan) côtoient les boutiques kitsch où s'entassent les bibelots modernes les plus divers.

Jaipur, qui a dépassé depuis longtemps les limites de la vieille ville, est l'une des cités les plus polluées et les plus animées du Rajasthan. Vous pourrez parfois ressentir l'impression que les habitants sont à l'affût des touristes. Malgré cela, elle déçoit rarement les visiteurs qui la découvrent.

Histoire

La cité doit son nom, sa fondation et son agencement judicieux au grand guerrier-astronome, le maharaja Jai Singh II (1693-1743). Jai Singh s'employa à entretenir les bonnes relations que ses prédécesseurs avaient nouées avec les Moghols.

En 1727, voyant décliner la puissance moghole, Jai Singh pensa qu'il était temps de quitter sa forteresse bâtie à flanc de colline à proximité d'Amber, et de descendre dans la plaine. Il dessina la cité, avec ses remparts extérieurs et ses blocs rectangulaires, selon les principes prônés dans le *Shilpa Shastra*, ancien traité hindou d'architecture. En 1728, il construisit le remarquable observatoire (Jantar Mantar) qui demeure l'un des principaux centres d'intérêt de Jaipur.

Orientation

La vieille ville fortifiée se situe au nord-est de Jaipur, tandis que la ville nouvelle s'étend au sud et à l'ouest. Les sites touristiques sont regroupés dans la vieille ville, dont le principal centre commerçant est le Johari Bazaar, le marché des joailliers.

La nouvelle ville est sillonnée par trois artères principales : Mirza Ismail Rd (MI Rd), Station Rd et Sansar Chandra Marg. Le long de ces artères, ou à proximité, sont installés la plupart des restaurants et des hôtels pour petits budgets et de catégorie moyenne, les principales gares ferroviaire et routière et de nombreuses banques.

Renseignements

Offices du tourisme. Le RTDC Central Reservations Office (☎ 202152, fax 201145, rtdc@jp1.dot.net.in), situé derrière l'Hotel Swagatam, ouvre de 10h à 17h tous les jours sauf le dimanche. Il dispose d'une documentation complète et son personnel est très serviable. La ville compte deux autres offices du tourisme : l'un dans la gare ferroviaire, sur le quai n°1 (☎ 315714), ouvert tous les jours de 7h à 18h, et l'autre à l'extérieur du RTDC Tourist Hotel (☎ 375466). L'office du tourisme national (☎ 372200 ou 1323), aménagé au rez-de-chaussée de l'Hotel Khasa Kothi, vous fournira quelques brochures intéressantes bien qu'anciennes ; néanmoins, son utilité reste limitée. Il est ouvert de 9h à 18h en semaine et de 9h à 16h30 le samedi.

Argent. Thomas Cook (☎ 360940), au rez-de-chaussée de la Jaipur Tower sur MI Rd, accepte la plupart des devises et les chèques de voyage (ouvert de 9h30 à 18h tous les jours). A proximité, toujours sur MI Road, se trouve Tata Finance Amex (☎/fax364223), le représentant local d'American Express. Pratique pour ses horaires d'ouverture, la minuscule Bank of Rajasthan (☎ 381416), installée dans le Rambagh Palace, effectue des opérations de change tous les jours de 7h à 20h.

Sur Ashoka Marg, HDFC Bank possède un DAB en service 24h/24, moyen le plus pratique pour retirer de l'argent avec les cartes Visa, MasterCard et Cirrus.

L'Andhra Bank (☎ 369906), MI Rd, délivre des avances sur les cartes MasterCard, Visa et JCB (Japanese Credit Bureau). La Central Bank of India (☎ 317419), Anand Bldg, Sansar Chandra Marg, assure le même service sur les cartes MasterCard et Visa (100 $US minimum).

Poste et communications. La poste centrale (☎ 368740), MI Rd, est efficace. A l'entrée, un homme fait les paquets et les scelle à la cire. Elle est ouverte au public de 10h à 17h, du lundi au samedi.

DHL Worldwide Express (☎ 362826), est situé dans une allée proche de MI Rd, C-scheme, G-7A Vinobha Marg. Il livre du fret par avion dans le monde entier. Les tarifs s'échelonnent de 4 000 Rs pour un paquet de 10 kg à 6 000 Rs pour un "maxi- colis" de 25 kg à destination de l'Europe ou des États-Unis. N'oubliez pas – à moins de vouloir faire une mauvaise surprise au destinataire – de demander à payer à l'avance tous les droits de douane pour le pays concerné.

Si Jaipur est inondée d'hôtels et de cafés dotés d'un accès à Internet, les coûts varient considérablement (entre 45 Rs et 180 Rs l'heure), tout comme la qualité de la connexion. Par ailleurs, beaucoup affichent le tarif de 1 Rp la minute, mais facturent au minimum 30 Rs. Communicator (☎ 360760, fax 374413, pravin@jp1.dot.net. in), au rez-de-chaussée de la Jaipur Tower, sur MI Rd, est le meilleur marché de tous (45 Rs l'heure). Parmi les autres bonnes adresses figurent le Web-Struk Cafe (☎ 373333, webstruk@usa.net) situé dans le même bâtiment, le Cybarea (☎ 379644, Ganpati Plaza, cybarean@hotmail.com) et le Mewar Cyber Cafe & Communication (☎ 204734, fax 206042, mewar@jp1.dot.net. in, Station Rd), à deux pas du terminus principal des bus. Ils facturent tous 60 Rs l'heure. Idéal pour les insomniaques et les fêtards, le Mewar Cyber Cafe est ouvert 24h/24.

Photo. Goyal Colour Lab, sur MI Rd près de Lassiwala, et Sentosa Colour Lab (☎ 388748) sur Ganpati Plaza, compte parmi les meilleures boutiques pour l'achat de pellicules et le développement. Sentosa Colour Lab effectue également les développements des films diapositives 36 poses, généralement en 24 heures, pour 300 Rs (cadre inclus).

Librairies. Si vous êtes en panne de lecture, un vaste choix de livres en anglais, ainsi que des magazines et des cartes sont en vente au Books Corner (☎ 366323), MI Rd (près du restaurant Niro's) ainsi qu'au Ganpati Books (☎ 388762). Ces deux librairies disposent d'un petit assortiment des guides *Lonely planet.* Au Books Corner, on peut aussi se procurer le *Jaipur Vision*, qui fournit des informations très utiles sur la ville.

Services médicaux. Installée sur MI Rd en face d'All India Radio, la Galundia Clinic (☎ 361040) est chaudement recommandée par de nombreux voyageurs. Si l'établissement ne paie pas de mine, le service dirigé par le Dr Chandra Sen est extrêmement professionnel et habitué à traiter les maux des voyageurs. Information précieuse : vous pouvez joindre le médecin 24h/24 sur son portable (☎ 9829061040) et recevoir sa visite à votre hôtel. Il collabore avec la plupart des assurances de voyage. Une simple consultation revient à 300 Rs. Appeler cette clinique doit donc être votre premier réflexe. Toutefois, les lits sont en nombre restreint ; en cas d'hospitalisation, vous serez peut-être transféré au Sawai Mansingh Hospital (☎ 560291), sur Sawai Ram Singh Marg, ou au Santokba Durlabhji Hospital (☎ 566251), sur Bhawani Singh Marg.

Urgences. Les numéros des services d'urgence sont les suivants : police ☎ 100, pompiers ☎ 101 et ambulance ☎ 102. Vous pouvez également joindre la police en appelant le ☎ 369796.

Vieille ville (Pink City)

En 1876, le maharaja Ram Singh fit repeindre toute la vieille ville en rose, couleur de l'hospitalité, afin d'accueillir le prince de Galles (le futur roi Edouard VII). Depuis, la tradition s'est perpétuée. La vieille ville est en partie ceinturée d'un rempart crénelé ponctué de plusieurs portes, dont les principales sont Chandpol, Sanganeri et Ajmeri. De vastes avenues de plus de 30 m de large divisent la cité en rectangles parfaits. Au crépuscule, les bâtiments rose et orange diffusent un éclat magique que rehaussent les vêtements chatoyants des Rajasthani.

Le principal repère de la vieille ville est l'**Iswari Minar Swarga Sal** (minaret perçant le paradis), près de Tripolia Gate. Du sommet, la vue sur la vieille ville est magnifique. Vous pouvez y accéder entre 9h et 16h30 pour 5 Rs (plus 10/50 Rs pour l'utilisation d'un appareil photo/Caméscope). Vous trouverez l'entrée à l'arrière (prenez l'allée située à 50 m à l'ouest du minaret, sur Chandpol Bazaar).

TRUDI CANAVAN

Scène royale, panneau d'ivoire sculpté du XVIIIe siècle

Les principaux **bazars** de la vieille ville sont Johari Bazaar, Tripolia Bazaar, Bapu Bazaar et Chandpol Bazaar.

Hawa Mahal. Construit en 1799, le Hawa Mahal (palais des vents) est l'un des édifices les plus intéressants de Jaipur, bien qu'il se réduise à une simple façade. Avec ses fenêtres roses semi-octogonales et délicatement ajourées, cette fantaisie architecturale de cinq étages dominant la rue principale de la cité ancienne constitue une merveilleuse illustration du talent des Rajput. Il fut conçu à l'origine pour permettre aux dames du harem royal d'observer le spectacle de la rue et les processions. Du sommet du Hawa Mahal, on découvre une vue tout à fait surprenante sur la cité. Le palais, bâti par le maharaja Sawaj Pratap Singh, fait partie de l'ensemble du City Palace.

L'entrée du Hawa Mahal se trouve à l'arrière de l'édifice. Pour y accéder, allez à l'intersection située sur votre gauche lorsque vous faites face au Hawa Mahal, tournez à droite, puis empruntez la première rue à droite, sous une arche. Il ouvre tous les jours de 9h à 16h30 (2 Rs). Les Indiens/étrangers acquittent en outre un droit de 10/30 Rs pour un appareil photo et de 20/70 Rs pour un Caméscope.

City Palace. Au cœur de la vieille ville, le City Palace occupe une vaste superficie et se compose de cours, de jardins et de bâtiments. Le mur extérieur fut élevé par Jai Singh, mais certains ajouts sont beaucoup plus récents, parfois du début du XXe siècle. Aujourd'hui le palais est un mélange d'architectures moghole et rajasthanie. Le fils de l'ancien maharaja et sa famille vivent dans une partie du palais.

Avant d'accéder au palais proprement dit, vous pourrez admirer le **Mubarak Mahal** (palais de bienvenue), édifié à la fin du XIXe siècle par le maharaja Sawai Madho Singh II. Destiné aux visiteurs de marque, il fait aujourd'hui partie du **musée du maharaja Sawai Mansingh II**, qui abrite une collection de costumes royaux et de superbes châles, certains en *pashmina* (laine de chèvre) du Cachemire. Parmi les pièces présentées figure l'impressionnante garde-robe de Sawai Madho Singh Ier, qui mesurait 2 m et pesait 250 kg !

Dans le palais, ne manquez pas le **Diwan-i-Am**, salle des audiences publiques, avec ses fines décorations et ses manuscrits en persan et en sanskrit, le **Diwan-i-Khas**, salle des audiences privées, avec sa galerie de marbre, et l'élégante **Peacock Gate** (porte des paons), dans la cour du Chandra Mahal.

A l'extérieur des bâtiments, vous remarquerez deux imposantes jarres d'argent dans lesquelles un maharaja transportait l'eau sacrée du Gange en Angleterre. Ce fervent hindou préférait ne pas se risquer à boire de l'eau anglaise !

Le palais et le musée ouvrent tous les jours de 9h30 à 16h30. Vous paierez 150 Rs, visite de Jaigarh incluse – voir la rubrique *Environs de Jaipur* –, et le billet reste valable 2 jours. Les enfants de 5 à 12 ans paient 80 Rs. Les photos sont interdites dans les musées. Pour les autres parties du palais, les Indiens/étrangers paient 100/150 Rs pour un Caméscope. Fait paradoxal, seuls les Indiens acquittent un droit de 50 Rs pour les appareils photo ! Les services d'un guide à l'intérieur du palais reviennent à 150 Rs.

Jantar Mantar. Le Jantar Mantar, ou observatoire, bâti par Jai Singh en 1728, jouxte l'entrée du City Palace. La passion de Jai Singh pour l'astronomie était plus connue encore que ses prouesses de guerrier et, avant d'en entreprendre la construction, il envoya des spécialistes à l'étranger pour étudier différents observatoires. Celui de Jaipur, le plus vaste et le mieux conservé des cinq qu'il fit bâtir, fut restauré en 1901. Le plus ancien, datant de 1724, se trouve à Delhi, deux autres à Varanasi et à Ujjain. Le cinquième, celui de Muttra (Mathura), a disparu.

A première vue, le Jantar Mantar apparaît comme un étrange ensemble de sculptures, mais, en réalité, chaque édifice possède une fonction : mesurer la position des étoiles, l'altitude et les azimuts, ou calculer les éclipses. L'instrument le plus étonnant est le cadran solaire avec son gnomon de 27 m de haut. L'ombre qu'il projette se déplace de 4 m en 1 heure.

L'observatoire ouvre de 9h à 16h30 (entrée : 4 Rs, gratuite le lundi ; appareil photo : 20/50 Rs pour les Indiens/étrangers, Caméscope : 50/100 Rs).

Central Museum

Ce musée quelque peu poussiéreux occupe l'Albert Hall, à l'architecture impressionnante, construit dans les jardins publics de Ram Niwas, au sud de la vieille ville. Il renferme notamment des mannequins dans diverses postures de yoga, des objets tribaux, des dioramas sur les danses rajasthanies et des salles consacrées aux arts décoratifs, aux costumes, aux dessins et aux instruments de musique. Le musée ouvre tous les jours sauf le vendredi de 10h à 16h30 (entrée : 5/30 Rs pour les Indiens/étrangers, gratuit le lundi). Les photos sont interdites.

Nahargarh

Également appelé Tiger Fort (fort du tigre), Nahargarh surplombe la cité depuis une arête escarpée au nord ; il est illuminé la nuit. Construit en 1734, il fut agrandi en 1868. La route serpente sur 8 km à travers les collines depuis Jaipur et le fort se trouve au bout d'un sentier sinueux de 2 km. Le superbe panorama justifie largement l'effort de la montée. L'endroit est idéal pour contempler le coucher du soleil (entrée : 10 Rs, plus 30/70 Rs pour un appareil photo/Caméscope).

Un petit restaurant (doté de toilettes) est installé au sommet. Vous pourrez même loger dans le fort (voir *Où se loger*).

Royal Gaitor

Les **cénotaphes** de la famille royale, dont celui du maharaja Jai Singh II, particulièrement impressionnant, s'élèvent devant les remparts de la ville (entrée libre, 10/20 Rs par appareil photo/Caméscope).

Les cénotaphes des maharani de Jaipur se situent dans Amber Rd, à mi-chemin entre Jaipur et Amber. Non loin de là, le **Jal Mahal** (palais d'eau) se dresse au milieu d'un lac. On y accède par une chaussée.

Autres curiosités

Dans les jardins publics de Ram Niwas, les pensionnaires du **zoo** ont l'air bien malheureux (ouvert tous les jours sauf le mardi de 8h à 17h, 5 Rs). Tout près, la **galerie d'art moderne** de Jaipur occupe un ancien théâtre, au 1er étage du Ravindra Rangmanch Building (entrée libre, fermée le dimanche). L'excellente **Juneja Art Gallery** (☎ 367448, fax 204237) dans le Lakshmi Complex, MI Rd, mérite une visite pour ses expositions permanentes d'artistes contemporains, essentiellement du Rajasthan.

Assez délabré, le **Museum of Indology** (musée d'indologie) rassemble une étonnante collection privée d'artisanat populaire et d'objets les plus divers : carte de l'Inde peinte sur un grain de riz, manuscrits (dont un écrit d'Aurangzeb), ornements tribaux, fossiles, monnaies anciennes, horloges, etc. Le musée est indiqué à partir de J. Nehru Marg, au sud du Central Museum. Il ouvre tous les jours de 8h à 18h (40 Rs, services d'un guide compris). Appareils photo et caméras sont interdits.

Plus au sud dans Jawaharlal Nehru Marg, le **Moti Dungri** (fermé au public) surplombe la rue à votre gauche. Au pied de ce petit fort se dresse le grand et moderne **Lakshmi Narayan Temple**, édifié par la famille Birla. Le **musée** attenant ouvre tous les jours de 8h à 12h et de 16h à 20h (entrée libre).

Méditation et yoga

Le Dhamma Thali Vipassana Meditation Centre (☎ 641520), à Galta (voir la rubrique *Environs de Jaipur*), donne des cours de méditation. Les dons sont acceptés à l'issue des sessions. Des cours de yoga sont dispensés à l'ashram de Madhavanand (☎ 200317), C-19 Behari Marg, Bani Park.

Astrologie

Le Dr Vinod Shastri (☎ 663338, 551117, vshastri@jp1.dot.net.in) est le secrétaire général du Rajasthan Astrological Council & Research Institute. Il reçoit dans sa boutique, près du City palace, Chandani Chowk, Tripolia Gate. La consultation de 20 min revient à 300 Rs. Vous devrez fournir l'heure exacte et le lieu de votre naissance pour obtenir votre horoscope sur ordinateur. Les prédictions sur 5 ans reviennent à 900 Rs. Pour découvrir 30 ans de votre avenir, vous devrez débourser 3 000 Rs. Il est préférable de prendre rendez-vous. Les consultations ont lieu tout les jours de 14h à 20h.

Circuits organisés

La RTDC propose des circuits d'une journée (de 9h à 18h, 135 Rs) incluant les principaux sites de Jaipur et de ses environs (dont Amber Fort). La pause déjeuner à Nahargarh n'ayant lieu parfois qu'à 15h, selon les dires de certains voyageurs, mieux vaut prendre un petit déjeuner copieux. Les circuits d'une demi-journée (90 Rs), un peu précipités, se cantonnent aux limites de la ville (de 8h à 13h, de 11h30 à 16h30, et de 13h30 à 18h30). L'accès aux sites n'est pas compris dans les tarifs. Les circuits partent tous les jours de la gare ferroviaire (en fonction de la demande), collectant les participants le long de la route au RTDC Hotel Teej, à l'Hotel Gangaur et au Tourist Hotel. Pour tous renseignements, contactez les agences de la RTDC (reportez-vous au paragraphe *Offices du tourisme* sous la rubrique *Renseignements* un peu plus haut dans ce chapitre). Le Central Office n'est pas ouvert le dimanche. Bien que les circuits soient organisés par le gouvernement, n'espérez pas échapper aux arrêts shopping prolongés dans les magasins qui jalonnent la route.

Alternative onéreuse, le Rajasthan Travel Service (☎ 365408, fax 376935, dilip@datainfosys.net), situé sur Ganpati Plaza, offre néanmoins davantage de liberté. Pour 750/625 Rs, un chauffeur vous emmènera sur tous les sites dans une voiture avec/sans clim.

Manifestations annuelles

Jaipur accueille un grand nombre de fêtes hautes en couleur. Célébré en l'honneur du mariage de Lord Shiva et de Parvati, **Teej** annonce l'arrivée de la mousson. Durant la fête (11 et 12 août 2002, 1 et 2 août 2003), des balançoires recouvertes de fleurs sont suspendues aux arbres à travers la ville.

Pendant l'**Elephant Festival** (28 mars 2002, et 17 mars 2003), vous assisterez à des parades de pachydermes dans les rues, à une partie de polo entre éléphants, ainsi qu'à une étrange lutte acharnée entre animaux et humains.

Commémorant également l'amour de Lord Shiva et de Parvati, **Gangaur** est célébré à l'échelle régionale, mais avec une effervescence particulière à Jaipur. Durant la fête, les parades bariolées sont à l'ordre du jour (15 et 16 avril 2002, et 4 et 5 avril 2003).

Où se loger

A Jaipur, rejoindre l'hôtel de son choix relève parfois de la mission impossible. Dès la descente du train, la plupart des voyageurs sont assaillis par les chauffeurs d'auto-rickshaws (ce qui est moins le cas si vous arrivez en bus). Choisissez le moins pressant de tous. Si vous optez pour un autre hôtel que celui que votre chauffeur vous propose, ce dernier refusera de vous prendre ou demandera au moins le double du tarif normal. Si vous vous rangez à sa décision, attendez-vous à payer un supplément de 30% par personne pour l'hébergement – surplus qui ne diminuera pas les nuits suivantes ! Certains chauffeurs de rickshaw déclarent ouvertement leur intérêt financier vis-à-vis d'un établissement précis, une attitude agréablement honnête au vu de la concurrence. Ignorez la foule des "10 roupies n'importe où dans Jaipur" – "n'importe où" signifiant le lieu de leur choix, ou une brusque augmentation du prix.

Pour échapper à ces pratiques, rendez-vous directement aux guichets des auto-rickshaws prépayés dans les gares ferroviaire et routière, où les tarifs sont fixés par le gouvernement. Certains hôtels viendront vous chercher si vous les prévenez à l'avance.

La plupart des établissements disposent d'un accès à Internet ; quant aux autres, ils le proposeront sans doute à l'heure où vous lirez ces lignes. Si vous souhaitez être hébergé dans une famille indienne, contactez le président du Jaipur's Paying Guest House Scheme, M. SK Bhanot (☎ 200970) pour obtenir la liste complète des participants.

Où se loger – petits budgets

Depuis son ouverture, l'***Hotel Pearl Palace*** *(☎ 373700, fax 214415, pearlpalaceindia@yahoo.com, Hari Kishan Semani Marg)*, près de Sanjay Marg, est toujours l'objet de témoignages élogieux. Ses agréables simples/doubles (toutes avec s.d.b., certaines avec balcon) commencent à 250/350 Rs. L'établissement projette de transformer en restaurant son agréable toit en terrasse (d'où la vue sur le petit Hathroi Fort, tout proche, est superbe). La nourriture est excellente et bon marché (40 Rs le thali), et la cuisine l'une des plus propres qu'il vous sera donné de voir en Inde.

Le ***Jaipur Inn*** *(☎ 201121, fax 204796, jaipurinn@hotmail.com, B17 Shiv Marg, Bani Park)* jouit depuis longtemps de la faveur des voyageurs. Les simples/doubles étroites et spartiates avec s.d.b. commune reviennent à 100/200 Rs, et celles plus agréables avec s.d.b. à 350/400 Rs. Les lits en dortoir coûtent 80 Rs. Vous pouvez même camper sur la pelouse (50 Rs par personne) si vous disposez d'une tente. La location d'une moustiquaire coûte 15 Rs par jour. L'établissement prépare des repas, et la vue depuis le toit en terrasse est sensationnelle.

Installée entre MI Rd et Station Rd, l'***Atithi Guest House*** *(☎ 378679, fax 379496, tanmay@jp1.dot.net.in, 1 Park House Scheme Rd)* constitue l'une des meilleures adresses pour les petits budgets. Impeccables, les agréables simples/doubles avec s.d.b. commencent à 400/450 Rs. Malgré son emplacement central, l'établissement est calme. Il propose des repas végétariens, et dispose d'une terrasse sur le toit ainsi que d'un petit jardin en façade. Les chauffeurs de rickshaws détestent cet endroit (ce qui est bon signe) car le propriétaire refuse de leur verser une commission.

Si l'***Aangan Guest House*** *(☎ 373449, fax 204796, aangan25@hotmail.com, Park House Scheme Rd)*, toute proche, est d'une qualité inférieure, ses tarifs sont également moins élevés. Les chambrettes avec s.d.b. reviennent à 175/250 Rs.

Autre bonne adresse, l'accueillant ***Karni Niwas*** *(☎ 365433, fax 375034, karniniwas@hotmail.com, C5 Motilal Atal Marg)* est aménagé dans une ruelle à l'arrière de l'Hotel Neelam. Les chambres, particulièrement agréables avec leurs jolis balcons en terrasse, s'échelonnent entre 275/300 Rs et 650/700 Rs (avec TV et clim.). Toutes possèdent leur propre s.d.b. Le propriétaire sera heureux de venir vous chercher et de vous ramener à votre bus ou votre train. L'établissement sert des repas faits maison.

Lui aussi très fréquenté, l'***Hotel Arya Niwas*** *(☎ 372456, fax 361871, aryahotl@jp1.*

dot.net.in), tout près de Sansar Chandra Marg, propose des simples/doubles propres avec s.d.b. à partir de 350/450 Rs (néanmoins, certaines sont à déconseiller aux claustrophobes). Cet établissement bien géré possède une pelouse en façade, un restaurant végétarien en self-service ainsi qu'un service de blanchisserie. Si l'on excepte les nombreux rabatteurs en faction dans les environs, les raisons d'y séjourner sont légion.

L'***Evergreen Guest House*** *(☎ 362415, fax 204234, evergreen34@hotmail.com)* est installée tout près de MI Rd, dans le quartier du Chameliwala Market. L'endroit, idéal pour rencontrer d'autres voyageurs, possède un agréable jardin abrité, une petite piscine et un restaurant. Les spacieuses simples/doubles (parfois propres) avec s.d.b. commencent à 150/175 Rs. On y séjourne plus pour le cadre que pour la qualité des chambres.

Si le décor de l'Evergreen ne vous convient pas, l'***Ashiyana Guest House***, à deux pas *(☎ 375414)*, propose des chambres – pas très nettes – à 80/120 Rs avec/sans s.d.b. (pas de repas). Son voisin, l'***Hotel Pink Sun***, a une approche particulièrement décontractée de l'intimité. A déconseiller aux femmes seules (et peut-être même aux autres voyageurs).

L'***Hotel Diggi Palace*** *(☎ 373091, fax 370359, diggihtl@datainfosys.net)*, tout près de Sawai Ram Singh Marg, à 1 km au sud d'Ajmer Gate, constitue un autre repaire de voyageurs à petit budget. Ancienne résidence du thakur de Diggi, l'établissement est agrémenté d'une jolie pelouse et son ambiance est reposante. Les simples correctes avec s.d.b. commune coûtent 375/425 Rs. Si la plupart des clients sont satisfaits, certains ont trouvé l'accueil particulièrement froid.

Pratique pour accéder à la gare ferroviaire, l'***Hotel Swagatam*** *(☎ 200595)* dispose de lits à 50 Rs dans un dortoir poussiéreux. Il propose également une consigne à bagages (5 Rs l'unité). L'***Hotel Teej*** *(☎ 205482)* offre, lui aussi, des lits en dortoir au même prix. Quant au ***Tourist Hotel*** *(☎ 360238)*, sans doute grandiose autrefois, il est aujourd'hui négligé et en piètre état. Les simples/doubles reviennent à 150/250 Rs. Tous trois appartiennent à la RTDC.

Les ***retiring rooms*** de la gare ferroviaire sont très pratiques si vous devez prendre un train tôt le matin. Comptez 100/250 Rs pour une simple/double avec s.d.b. commune, 150/300 Rs avec s.d.b., et 500 Rs avec clim. Les réservations peuvent se faire par téléphone en appelant les renseignements (☎ 131).

Où se loger – catégorie moyenne

Si vous rêvez d'une ambiance familiale loin de tout tracas, nous vous recommandons chaudement le ***Madhuban*** *(☎ 200033, fax 202344, madhuban@usa.net, D237 Behari Marg, Bani Park)*. Serviables, "Dicky" et sa famille louent des simples/doubles entre 440/550 Rs et 900/1 000 Rs. Les chambres les plus chères sont joliment meublées, tout comme quelques autres, meilleur marché. On viendra vous accueillir gratuitement aux gares routière et ferroviaire si vous prévenez à l'avance. Les repas sont servis à l'intérieur ou dans le plaisant jardin, où se tiennent parfois des spectacles de marionnettes.

Derrière le Collectorate en passant par Bank Rd, l'***Umaid Bhawan Guest House*** *(☎ 206426, fax 201276, umaidbhawan@yahoo.com, D1-2A Bani Park)* est une affaire de famille marquée d'une agréable touche personnelle. Les simples/doubles confortables (certaines immenses) commencent à 450/550 Rs. Lors de notre passage, l'établissement était en cours de rénovation, ce qui devrait le rendre encore plus plaisant. En façade se trouvent une jolie piscine et un bar.

A la ***Shahpura House*** *(☎ 202293, fax 201494, shahpurahouse@usa.net, D257 Devi Marg, Bani Park)*, un établissement joliment restauré dans une rue tranquille, les prix commencent à 500 Rs, pour atteindre 2 200 Rs pour une suite deluxe.

L'***Alsisar Haveli*** *(☎ 368290, fax 364652, alsisar@satyam.net.in, Sansar Chandra Marg)* occupe une gracieuse demeure du XIXe siècle dans de magnifiques jardins. S'il est plus onéreux que les autres établissements de sa catégorie, il reste un excellent choix, avec ses chambres agrémentées de meubles pittoresques à 1 550/1 850 Rs (plus les taxes) et sa piscine. Les cartes de crédit ne sont pas acceptées.

Tout aussi conseillé, l'***Hotel Meghniwas*** *(☎ 202034, fax 201 420, e@meghniwas.com, C9 Sawai Jai Singh Hwy, Bani Park)* propose des simples/doubles avec clim. à partir de 1 000/1 100 Rs. Les chambres n°s201 et 209 (1 650/1 750 Rs) sont de véritables petits appartements, parfaits pour un long séjour. L'établissement comporte une piscine, une pelouse pour jouer au croquet et un bon restaurant. Il accepte les principales cartes de crédit.

L'***Hotel Bissau Palace*** *(☎ 304391, fax 304628, sanjai@jp1.dot.net.in)*, au nord de Chandpol Gate, fut construit par le *rawal* ("seigneur") de Bissau. Les chambres les moins chères valent 990 Rs, les prix augmentant en fonction de la taille (certaines ont davantage de cachet que d'autres). Vous aurez le choix entre deux restaurants (l'un, aménagé sur le toit en terrasse, offre une vue superbe), d'une piscine, d'une bibliothèque fournie et d'une agence de voyages, chaleureusement recommandée mais chère.

Autrefois grandiose, le ***Narain Niwas Palace Hotel*** *(☎ 561291, fax 561045, Narain Singh Rd)* est aujourd'hui un peu défraîchi. Il loue des simples/doubles à 1 925/2 395 Rs (plus taxe) et comporte une piscine ainsi qu'un joli jardin.

Près de Moti Dungri Marg, le ***Nana-ki-Haveli*** *(☎ 615502, fax 605481, Fateh Tiba)* est agréable, en dépit de l'activité sonore du dépôt de transports, tout proche. Les propriétaires avenants proposent des chambres plaisantes à partir de 1 095/1 195 Rs.

Au cœur de la vieille ville, dans Johari Bazaar, le ***LMB Hotel*** *(☎ 565844, fax 562176)* est correct bien que bruyant. Les simples/doubles comment à 1 075/1 375 Rs.

Établissement romantique aménagé dans l'une des enceintes du fort, derrière le restaurant, le ***Nahargarh***, ou ***Tiger Fort***, propose une seule double (500 Rs). Du lit, la vue sur Jaipur est incomparable. Les réservations s'effectuent auprès du Tourist Reception Centre (☎ 0141-202152).

Où se loger – catégorie supérieure

Le ***Raj Vilas*** *(☎ 640101, fax 640202, reservations@rajvilas.com, Goner Rd)*, à 8 km environ du centre-ville, constitue l'établissement le plus haut de gamme de Jaipur, pour ne pas dire du Rajasthan. Cet hôtel sophistiqué de la chaîne Oberoi a su donner à ses 71 chambres une touche personnelle. Installé dans un parc de 12 ha doté de vergers et de fontaines, il propose des chambres deluxe immaculées et décorées avec goût (260/280 $US), des tentes fastueuses à 300 $US et des villas (toutes avec piscine privée) de 600 $US à 1 000 $US.

Ancienne résidence du maharaja de Jaipur, le ***Rambagh Palace*** *(☎ 381919, fax 381098, rambagh@jp1.dot.net.in, Bhawani Singh Marg)* appartient aujourd'hui au Taj Group. Dans ce magnifique hôtel aux allures de palais, les simples/doubles standard reviennent à 185/205 $US. Les plus onéreuses sont aussi les plus somptueuses : si vous avez 775 $US de côté, essayez donc la "suite du maharaja". Si vous n'avez pas les moyens d'y séjourner, offrez-vous au moins un rafraîchissement en soirée au Polo Bar (consultez la rubrique *Où sortir* plus loin dans cette section).

A l'angle de Jacob Rd et d'Ajmer Rd, le ***Jai Mahal Palace Hotel*** *(☎ 223636, fax 220707)* propose des chambres agréables (135/155 $US plus 20% de taxe), certaines surplombant les jardins moghols de l'hôtel, merveilleusement soignés. L'édifice lui-même remonte à plus de 250 ans.

Le ***Samode Haveli*** *(☎ 632407, fax 631397, Ganga Pol)* figure parmi les établissements les plus romantiques de sa catégorie. Dans cet édifice bicentenaire vivait autrefois le rawal de Samode, également ancien premier ministre de Jaipur. Les simples/doubles élégantes reviennent à 1 950/2 750 Rs (prix en baisse de mai à septembre). Époustouflante, la suite deluxe (3 950 Rs) est entièrement recouverte de miroirs d'époque.

A 5 km environ au nord de la ville, le ***Trident*** *(☎ 670101, fax 670303)*, moderne, abrite néanmoins des chambres d'un certain cachet (4 000/4 500 Rs), toutes avec coffre électronique et balcon privé offrant une vue superbe. Demandez une chambre donnant sur le Jal Mahal (palais d'eau). L'hôtel dispose également d'une piscine.

Le ***Mansingh Hotel*** *(☎ 378771, fax 377582, mansingh.jaipur@mailcity.com)*, près de Sansar Chandra Marg dans le centre-ville, propose des chambres à partir de 1 995/3 000 Rs (plus taxe). Les installations comprennent une piscine, un club de remise en forme et deux restaurants. Ses chambres modernes ont davantage de caractère que certaines autres de la même gamme de prix.

Entre Station Rd et Palace Rd, le ***Rajputana Palace Sheraton*** *(☎ 360011, fax 367848)* du Welcomgroup n'est pas un palais, contrairement à ce que son nom suggère, mais bien un établissement moderne aménagé autour d'une piscine. Les simples/doubles standard coûtent 130/140 $US. Un café, un bar, deux restaurants, une discothèque et un club de remise en forme complètent ses installations.

Où se restaurer

La plupart des meilleurs restaurants sont situés sur MI Rd.

Moins cher que ne le suggèrent son décor et son service, le ***Chanakya Restaurant*** *(☎ 376161)*, installé sur la partie nord de MI Rd, est chaudement recommandé. Son personnel attentif vous expliquera volontiers la composition des mets végétariens. Les plats occidentaux s'échelonnent de 60 Rs à 150 Rs, et le prix des tandoori est généralement inférieur à 70 Rs. Mieux vaut réserver.

Fondé en 1949, le ***Niro's*** *(☎ 374493)* remporte autant de succès auprès des Indiens que des Occidentaux. La carte, très complète, propose des plats indiens végétariens ou non, chinois et occidentaux. L'escalope de poulet au poivre vaut 130 Rs, et le soda avec crème glacée à l'américaine la bagatelle de 60 Rs. Comme il est souvent complet, notamment le week-end (même si certains prétendent qu'il se repose sur ses lauriers d'antan), mieux vaut réserver. Tout proche et d'un meilleur rapport qualité/prix, le ***Surya Mahal*** *(☎ 369840)* est spécialisé dans la nourriture d'Inde du Sud, excellente (70 Rs maximum).

A deux pas du Niro's, le ***Natraj Restaurant***, *(☎ 375804)*, très bon établissement végétarien (plats entre 30 et 90 Rs), est également prisé pour ses douceurs et ses en-cas épicés. Ses spécialités du Nord de l'Inde sont succulentes et son curry de légumes fait un malheur (70 Rs). Pour un lassi épais et crémeux à se damner, rendez-vous au ***Lassiwala***, à l'opposé du Niro's (10/20 Rs le petit/grand verre).

En face de la poste principale, le ***Handi Restaurant*** *(☎ 364839)* se niche à l'arrière de Maya Mansions. Si le cadre n'a rien d'exceptionnel, le barbecue est succulent. Les prix des tandoori et de la cuisine mughlai restent raisonnables.

A proximité, le ***Copper Chimney*** *(☎ 372275)* propose de la cuisine végétarienne ou non, continentale et chinoise, dans un cadre agréable (de 50 à 100 Rs pour les principaux plats végétariens, et de 85 à 200 Rs pour les non végétariens). Goûtez le *lal maas*, plat rajasthani à base de mouton dans un épaisse sauce épicée (85 Rs). En dépit du nom de l'établissement, il est interdit de fumer.

Pour un festin peu coûteux, rendez-vous au ***Swaad*** *(Ganpati Plaza, MI Rd)*. Vous y dégusterez de la cuisine indienne, occidentale et chinoise variée. Les voyageurs affectionnent tout particulièrement le *subz malaai kofta-palak* (fromage blanc aux herbes arrosé de sauce aux épinards) à 60 Rs et les plats poêlés (de 95 à 170 Rs). Pour un dessert, comptez un minimum de 45 Rs (105 Rs l'omelette norvégienne). Dans le même bâtiment, le ***Celebrations***, plus chic mais moins fréquenté, ne sert que des plats végétariens.

Sur MI Rd au coin de l'Atithi Guest House, le ***Chic Chocolate*** *(☎ 204138)* sert d'excellents toasts au fromage (15 Rs) et de délicieux *trifles* (diplomates aux fruits) (16 Rs). Cette pâtisserie très propre cuit elle-même son pain. Le ***Bake Hut*** *(☎ 369840)*, à proximité du Niro's, offre toute une gamme de douceurs, telles que beignets au chocolat (9 Rs) et petites tartes au citron (11 Rs). Il prépare des gâteaux d'anniversaire à la demande.

Aménagé dans Johari Bazaar, le ***LMB*** *(Laxmi Mishthan Bhandar)* vit dans un décor pittoresque des années 70, avec serveurs en habit et sandales. Bien que réputé depuis 1954, il ne présente plus la qualité d'antan pour la cuisine et le service. Les principaux plats valent entre 35 et 80 Rs. A l'extérieur, un comptoir sert en-cas et pâtisseries indiennes colorées.

Le ***Jaipur Inn*** (voir la rubrique *Où se loger – petits budgets*) s'enorgueillit de posséder l'un des rares restaurants en terrasse de la ville, offrant une vue exceptionnelle sur Jaipur. Le soir, le buffet végétarien vaut 100 Rs (réservez si vous n'y logez pas).

Où sortir

Les sorties à Jaipur sont limitées, malgré les concerts et les spectacles de danse ou de marionnettes proposés en soirée par de nombreux hôtels.

Aménagé dans le Rambagh Palace Hotel, le ***Polo Bar*** est l'établissement de Jaipur le plus animé. Une grande bouteille de bière revient à 165 Rs et les cocktails tournent autour de 250 Rs.

Si vous avez prévu de voir au moins un film hindi pendant votre séjour en Inde, ren-

Pierres qui brillent n'amassent pas mousse...

En dépit des avertissements figurant dans les éditions précédentes, un grand nombre de voyageurs continue de succomber à l'achat de pierres précieuses à Jaipur, contre la promesse de pouvoir les revendre chez eux avec un profit important. Ne tombez pas dans le piège de l'argent facile. Pour davantage de renseignements, consultez l'encadré *Attention !* sous la rubrique *Achats* dans le chapitre *Renseignements pratiques*.

Ceux qui ont recours à de telles pratiques parviennent facilement à berner les âmes confiantes. Invariablement très amicaux, ils raccompagnent souvent les voyageurs à leur hôtel et insistent pour leur offrir repas et entrées aux sites visités. Prenant ce comportement affable pour de la simple hospitalité indienne, les voyageurs sans méfiance commencent à faire confiance à leur nouvel ami. Quelques jours plus tard, le prix demandé de 500 $US, voire 10 000 $US, pour un sac de pierres précieuses leur semble encore trop beau pour être vrai. Ce qui est le cas. Les pierres ne valent généralement qu'une infime fraction du prix payé ; ou si elles sont supposées arriver par bateau, elles ne leur parviendront jamais, même si elles ont été expédiées sous leurs yeux. Chaque année, les revendeurs de pierres précieuses des pays occidentaux prêtent une oreille compatissante aux victimes de telles mésaventures – au final, peu rentables pour leurs affaires.

Contées pour vous émouvoir, les histoires malheureuses quant à l'impossibilité d'obtenir une licence pour l'exportation ne vous concernent en aucun cas ; alors ne laissez pas votre désir d'argent facile obscurcir votre jugement.

dez-vous au ***Raj Mandir Cinema*** *(☎ 379372)*, tout près de MI Rd. Ce somptueux cinéma, véritable attraction touristique à lui tout seul, affiche souvent complet en dépit de ses vastes salles. Les réservations peuvent s'effectuer à l'avance (de 13h à 14h et de 16h à 17h) aux guichets 7 et 8 : c'est votre meilleure chance d'obtenir une place (néanmoins, les premiers jours de la sortie d'un film, n'y pensez même pas). Autre solution : 45 min avant la levée du rideau, à l'ouverture des guichets, rejoignez la file d'attente et jouez des coudes. Les billets sont vendus entre 20 et 60 Rs ; évitez les places les moins chères, trop proches de l'écran. Les séances sont programmées à midi, 15h, 18h15 et 21h30.

Le ***Rambagh Golf Club*** *(☎ 384482)*, près du Rambagh Palace hotel, facture 25 $US la partie de golf. Comptez un supplément de 5 $US pour les équipements et 100 Rs pour un caddie (rien n'est prévu pour les gauchers).

Achats

Jaipur est l'*endroit* où faire ses achats jusqu'à épuisement des fonds ! On y trouve de l'artisanat en tout genre, depuis les marionnettes en papier mâché jusqu'aux ravissants meubles sculptés. Vous devrez discuter ferme, car les marchands sont habitués aux touristes aisés et pressés. Les boutiques des quartiers les plus touristiques, comme celles du City Palace et de l'Hawa Mahal, affichent des prix souvent plus élevés.

Jaipur est spécialement renommée pour ses pierres précieuses, qui semblent moins chères qu'ailleurs en Inde, mais surtout pour ses pierres semi-précieuses. De nombreuses boutiques pratiquent des prix compétitifs, mais vous devez connaître les pierres. Statues de marbre, bijoux et tissus imprimés sont également des spécialités de Jaipur.

Géré par l'État, le Rajasthali Emporium, face au RTDC Tourist Hotel (à l'opposé de la poste principale) offre un beau choix d'artisanat de tout l'État. Une visite vous donnera une idée juste des prix, avant de vous rendre dans le bazar. La Rajasthan Handloom House, à l'étage (lors de notre visite, il avait dû momentanément déménager en face du Ganpati Plaza) est spécialisée dans les textiles. Autre adresse recommandée pour les textiles : la salle d'exposition Anokhi, 2 Tilak Marg, non loin du Secretariat, possède des produits de grande qualité : tissus imprimés, nappes, couvre-lits et trousses de toilette.

Kripal Kumbh, B-18A Shiva Marg à Bani Park, est tout indiqué pour les célèbres céramiques bleues de Jaipur. On peut acheter des jooti (chaussures traditionnelles) de qualité à Charmica, MI Rd, en face du restaurant Natraj (de 150 à 350 Rs).

Nombre de rickshaw-wallahs fonctionnent à la commission. Ne vous laissez pas entraîner dans les boutiques de leur choix.

Quitter la ville

Avion. Indian Airlines propose des vols quotidiens entre Jaipur et Delhi (55 $US), Mumbai (155 $US), Udaipur (80 $US) et Jodhpur (80 $US), d'autres trois fois par semaine pour Jaisalmer (125 $US), ainsi que des vols pour Kolkata tous les jours sauf le dimanche (220 $US) *via* Ahmedabad (105 $US, trois fois par semaine). Jet Airways dessert nombre de ces destinations pour des tarifs analogues.

Pour les vols intérieurs, vous pouvez réserver auprès d'une agence de voyages, comme Satyam Travels & Tours (☎ 378794, fax 375426), au rez-de-chaussée des Jaipur Towers, Rajasthan Travel Service (☎ 365408, fax 376935) sur la Ganpati Plaza, ou Crown Tours (☎ 363310, fax 371751, crown@jp1.dot.net.in), face au Rajputana Palace Sheraton (ouvert le dimanche). Un peu excentrée, l'agence d'Indian Airlines (☎ 514500) est installée sur Tonk Rd, dans le prolongement de Sawai Ram Singh Marg vers le sud.

Bus. Les bus de la Rajasthan State Transport Corporation (RSTC) quittent chaque jour la gare routière principale de Station Rd ; ils prennent aussi des passagers à Narain Singh Circle. La gare dispose d'une consigne (5/10 Rs par petit/gros bagage pour 24 heures) et d'une station d'auto-rickshaws prépayés. Les bus deluxe partent du quai n°3, au fond de la gare, dans l'angle droit ; réservez à l'avance au guichet situé sur ce quai (☎ 205790) On vous renseignera sur les autres bus au ☎ 206143.

Les bus deluxe desservent de nombreuses destinations, dont Delhi (206 Rs, 5 heures 30), Jodhpur (161/98 Rs, voyage de jour/nuit, 7 heures), Kota (120 Rs, 5 heures), Ajmer (66 Rs, 2 heures 30), Udaipur (201 Rs, 10 heures), Bikaner (168/99 Rs, 8 heures), Bharatpur (88 Rs, 4 heures 30), Bundi (102 Rs, 5 heures), Mt Abu (247 Rs, 13 heures), Jaisalmer (288/178 Rs, 15 heures), Chittorgarh (125 Rs, 7 heures) et Jhunjhunu (88 Rs).

Train. Le bureau de réservation (☎ 135), assez efficace, se situe dans le bâtiment sur votre droite à la sortie de la gare ferroviaire principale. Il ne s'occupe que des réservations faites à l'avance, du lundi au samedi de 8h à 20h (fermé entre 14h et 14h15) et le dimanche de 8h à 14h. Prenez la file d'attente devant le guichet n°769 (Freedom Fighters and Foreign Tourists). Pour les départs le jour même, il faut acheter son billet dans la gare. Les renseignements répondent au ☎ 131 (consultez le tableau *Principaux trains au départ de Jaipur*).

Voiture. Le RTDC facture 4,80 Rs du kilomètre (250 km au minimum). Comptez au moins 100 Rs par jour supplémentaire. Les tarifs incluent le carburant mais pas les taxes. Des taxis privés vous prendront 4 Rs le kilomètre (tarif négociable). N'oubliez pas qu'en cas d'aller simple, le retour du chauffeur à son point de départ est à votre charge.

Comment circuler

Desserte de l'aéroport. Il n'existe aucun service de bus entre l'aéroport et la ville. Un auto-rickshaw/taxi vous coûtera au moins de 150/200 Rs pour couvrir les 15 km jusqu'au centre-ville. Pour diminuer les frais, partagez votre véhicule.

Auto-rickshaw. Des stations d'auto-rickshaws prépayés sont installées devant les gares routière et ferroviaire. N'essayez pas de marchander : les tarifs sont fixés par le gouvernement. Louer un auto-rickshaw pour faire le tour de la ville vous reviendra à 150/300 Rs la demi-journée/journée (visite d'Amber comprise, mais pas celle de Nahargarh). Soyez prêt à discutez pour ne pas payer le prix fort appliqué aux touristes. Le cyclo-pousse est une solution plus avantageuse.

Bicyclette. On peut en louer auprès de la plupart des hôtels et des boutiques de bicyclettes, notamment celle située sur votre droite à la sortie de la gare ferroviaire principale, face au bureau des réservations (3/20 Rs par heure/jour).

ENVIRONS DE JAIPUR

Amber

A quelque 11 km au nord de Jaipur sur la route de Delhi, Amber était jadis la capitale de l'État de Jaipur. La construction du palais-forteresse fut entreprise en 1592 par le maha-

Principaux trains au départ de Jaipur

Destination	N° et nom du train	Départ	distance (kms)	durée (heures)	Tarif (Rs)
Abu Road	9106 *Ahmedabad Mail*	4h40	441	8 heures 30	99/154/173*
Agra	2308 *Howrah Jodhpur Exp*	23h15	310	7 heures 15	77/120/564*
Bikaner	4737 *Bikaner Exp*	21h	517	10 heures	113/176/831*
Delhi	2015 *Shatabdi Exp*	17h55	308	4 heures 15	495/985#
Delhi	2414 *Delhi-Jaipur Superfast*	6h20		5 heures 30	77/120/564*
Jodhpur	2465 *Intercity Exp*	17h30	320	5 heures 15	79/237•
Udaipur	9615 *Chetak Express*	22h10	431	12 heures 15	96/149/692*

*éco/couchette/couchette(clim.) • éco/siège 1re (clim.) # siège 1re (clim.)/siège classe affaire(clim.)

raja Man Singh, commandant rajput de l'armée d'Akbar. Il fut ensuite agrandi par les Jai Singh avant leur installation à Jaipur. La forteresse, superbe exemple d'architecture rajput, est magnifiquement située à flanc de colline, surplombant un lac dans lequel se reflètent les terrasses et les remparts.

Vous pouvez grimper à pied de la route à la forteresse en quelque 10 min. L'aller-retour en jeep revient à 120 Rs par personne. La montée à dos d'éléphant, très apprécié, reste coûteuse : 400 Rs l'aller-retour pour un éléphant (qui peut transporter 4 personnes). Cependant, les propriétaires d'éléphants préfèrent vous faire marcher au retour, la descente, très raide, étant difficile pour les animaux.

Un imposant escalier conduit au **Diwan-i-am**, ou salle des Audiences publiques, doté d'une double colonnade et de galeries. A droite, des marches mènent au petit **Kali Temple**.

Les appartements du maharaja sont situés sur la terrasse supérieure. On y accède par un portail décoré de mosaïques et de sculptures. Le **Jai Mandir** (salle de la victoire), est célèbre pour ses moulures et son plafond à miroirs, abîmés dans les années 70 et 80, mais en cours de restauration. Le Jai Mandir fait face au **Sukh Niwas** (salle du plaisir), où vous pourrez admirer une porte en bois de santal incrustée d'ivoire, ainsi qu'une canalisation traversant la salle qui acheminait jadis de l'eau fraîche. Depuis le Jai Mandir, vous bénéficierez de perspectives splendides sur les remparts et le lac.

Le palais d'Amber ouvre tous les jours de 9h à 16h30 (entrée 50 Rs, appareil photo/Caméscope 25/100 Rs). Les services d'un guide reviennent à 75/230/380 Rs pour 1 heure 30/une demi-journée/une journée (quatre personnes maximum) ; adressez-vous à l'office du tourisme, à l'entrée du fort. Des bus rallient fréquemment Amber depuis le Hawa Mahal à Jaipur (5 Rs, 25 min).

Jaigarh

L'imposant fort de Jaigarh, bâti en 1726 par Jai Singh, ne tomba jamais aux mains ennemies et a traversé les siècles quasiment intact. Ses réservoirs d'eau, ses appartements, le théâtre de marionnettes et son canon – Jaya Vana – méritent une visite. Accessible à pied depuis Amber, il offre, depuis la tour de guet de Diwa Burj, une vue superbe sur la plaine et ouvre tous les jours de 9h à 17h (entrée : 15 Rs, plus 50 Rs par voiture, 25 Rs pour un appareil photo et de 100 Rs pour un Caméscope).

Galta

En parcourant 2,5 km à l'est de Jaipur, en direction de l'est on accède au temple du dieu du Soleil, également connu sous le nom de Monkey Temple. Arrivé à Galta, il faut entreprendre une ascension de 100 m au-delà de la Surajpol (porte du soleil). Un défilé parsemé de temples se cache derrière le sanctuaire et le panorama sur la plaine environnante est superbe.

Ramgarh

A quelque 35 km de Jaipur, cette verte oasis renferme un beau lac (sur lequel on peut naviguer), un terrain de polo (calendrier des matchs au ☎ 0141-374791 à Jaipur) et un ancien temple de Durga.

Meilleur hébergement du lieu, le ***Ramgarh Lodge*** *(☎ 01426-2217, fax 0141-381098)* occupe un ancien pavillon de chasse royal qui surplombe le lac (1 600/2 300 Rs en simple/double). L'intérieur est "décoré" d'animaux empaillés et d'un lamentable porte-plante en trompe d'éléphant !

Des bus quotidiens relient Jaipur à Ramgarh (9 Rs, une heure).

Abhaneri

Ce petit village, situé à quelque 95 km de Jaipur sur la route d'Agra, possède un *baori* (puits souterrain) parmi les plus impressionnants du Rajasthan. A côté s'élève un petit palais en ruine, où logent désormais des pigeons et des chauves-souris.

Depuis Jaipur, prenez un bus pour Sikandra où vous louerez une jeep pour parcourir les 10 km restants jusqu'à Abhaneri (200 Rs l'aller-retour avec 30 min sur le site). Sinon, un bus de Jaipur vous dépose à Gular, à 5 km de marche d'Abhaneri.

Balaji

A 102 km à l'est de Jaipur, l'extraordinaire temple hindou de Balaji, consacré aux pratiques exorcistes, s'élève à 1,5 km environ de la route Jaipur-Agra. Le rituel s'exerce parfois de manière très violente et ceux qui l'ont vécu n'hésitent pas à conter leur expérience. Les exorcismes ont lieu principalement le mardi et le samedi (à l'étage). Retirez vos chaussures avant d'entrer dans le temple (photos interdites). De nombreux bus locaux se rendent de Jaipur à Balaji (26 Rs, 2 heures 30).

BHARATPUR

☎ 05644 • 1 700 000 habitants

Bharatpur est célèbre pour sa réserve ornithologique répertoriée au Patrimoine mondial de l'Unesco, le Keoladeo Ghana National Park. A visiter absolument, cette réserve ravira même le profane. Aux yeux de beaucoup, elle constitue le clou d'un voyage au Rajasthan.

Aux XVIIe et XVIIIe siècles, la ville était une importante citadelle jat. Les Jat, qui occupaient la région avant l'arrivée des Rajput, réussirent à préserver leur autonomie grâce à leurs prouesses guerrières et à leurs alliances avec la noblesse rajput. Ils repoussèrent les Moghols à plusieurs reprises et le fort de Bharatpur, édifié au XVIIIe siècle, résista à une attaque britannique en 1805, ainsi qu'à un long siège en 1825. Ce dernier aboutit finalement à la signature du premier traité d'amitié entre les États indiens du nord-ouest de l'Inde et l'East India Company.

La ville proprement dite, ceinturée d'un rempart courant sur 11 km et dont il ne reste que des ruines, présente peu d'intérêt. Pensez à vous prémunir contre les moustiques.

Orientation et renseignements

Le Keoladeo Ghana National Park s'étend à 3 km au sud du centre-ville. On y accède aisément en rickshaw.

Le Tourist Reception Centre (☎ 22542), efficace, se situe en face de l'Hotel Saras de la RTDC, à 700 m environ de l'entrée du parc. Il ouvre tous les jours de 10h à 17h, sauf le dimanche et le deuxième samedi du mois. Vous pourrez vous y procurer un plan relativement pratique de Bharatpur (2 Rs) et l'utile *Birds of Barathpur-A checklist* (50 Rs). Un bon plan du parc est disponible à l'entrée (compris dans le prix du billet). Une librairie, installée à l'intérieur du parc à 1,5 km de la porte principale, propose également des ouvrages d'ornithologie.

Vous pourrez changer de l'argent à la State Bank of Bikaner & Jaipur, près de la Binarayan Gate.

Keoladeo Ghana National Park

La période d'octobre à fin février est idéale pour visiter ce parc qui abrite alors de nombreux oiseaux migrateurs. La grue sibérienne, notamment, est une espèce très menacée : seules deux d'entre elles ont été observées dans le parc en octobre/novembre au cours des dix dernières années. Leur nombre ne cesse de diminuer en raison de la chasse pratiquée au Pakistan et en Afghanistan, mais aussi de la concurrence que se livrent les villageois pour les ressources rares et, selon certains experts, de l'industrie du tourisme. Les derniers recensements font état de 354 espèces d'oiseaux, un chiffre remarquable étant donné que ce superbe parc ne couvre que 29 km^{2}. Vous verrez également des grues antigones (les plus grands volatiles du parc), des hérons, des aigrettes, des oies, des hiboux, des cormorans, des martins-pêcheurs et même des pythons.

La magnifique réserve était autrefois une vaste étendue semi-aride. Gorgée d'eau pendant la mousson, elle s'asséchait ensuite très rapidement. Pour y remédier, le maharaja de Bharatpur dévia l'eau d'un canal d'irrigation proche et, quelques années plus tard, les oiseaux commencèrent à s'installer en grand nombre. Ce n'était guère le souci de l'environnement qui motivait le maharaja mais plutôt le gibier d'eau destiné à ses parties de chasse et à sa table. Keoladeo servit de garde-manger aux maharajas jusqu'en 1965. Dans le parc, une inscription laissée sur une colonne, près du petit temple, atteste de leur goût immodéré pour la chasse : plus de 5 000 canards pouvaient être abattus en une seule journée !

Le parc ouvre tous les jours de 6h à 18h (25/200 Rs pour les Indiens/étrangers, une seule entrée par jour) ; si vous envisagez d'y passer la journée, demandez un panier repas à votre hôtel. Vous pouvez photographier librement, mais prévoyez 200 Rs pour l'usage d'un Caméscope.

Seuls les rickshaws agréés par le gouvernement, reconnaissables à leur plaque jaune à l'avant, sont autorisés à l'intérieur du parc. Comptez 30 Rs l'heure, plus le pourboire (le conducteur entre gratuitement). Certains chauffeurs, devenus fins connaisseurs, vous aideront à reconnaître les oiseaux. Un tonga tiré par un cheval coûte 60 Rs l'heure (6 personnes maximum). Si vous préférez recourir à un ornithologue expérimenté, il vous en coûtera 35 Rs l'heure environ jusqu'à cinq personnes et 75 Rs au-delà. Les guides attendent à l'entrée du parc. De nombreux hôtels vous proposeront des guides qualifiés, pour le même prix.

Un bon moyen de visiter le parc consiste à le parcourir à vélo (en location à l'entrée pour 20 Rs par jour, ainsi que dans quelques hôtels). Vous éviterez ainsi les embouteillages aux sites de nidification des grands oiseaux et vous pourrez observer de près les nombreux martins-pêcheurs, que le bruit et l'agitation effraient. Essayer de visiter la réserve tôt le matin (le meilleur moment). Le sud du parc est moins fréquenté par les touristes, mais pendant les années de sécheresse, les oiseaux aussi s'y font rares.

A l'entrée principale, une exposition présente des photographies, des oiseaux empaillés, des nids et les espèces aquatiques qui peuplent les lacs (entrée libre). Un petit snack-bar est installé au centre du parc, près du Keoladeo Temple.

Lohagarh

Lohagarh (fort de fer), bâti au début du XVIIIe siècle, tire son nom de ses défenses supposées imprenables. Le maharaja Suraj Mahl, constructeur du fort et fondateur de Bharatpur, éleva deux tours à l'intérieur des remparts, la Jawahar Burj et la Fateh Burj, pour commémorer ses victoires sur les Moghols et les Britanniques. Le fort occupe la totalité de la petite île artificielle au centre de la ville. Les trois palais situés dans l'enceinte sont dans un état de délabrement avancé. L'entrée revient à 50 Rs. L'un d'eux abrite un musée qui expose des sculptures, des peintures, des armes et des trophées de chasse poussiéreux. Il ouvre tous les jours, excepté le vendredi, de 10h à 16h30 (entrée : 3 Rs, gratuite le lundi, plus 10/20 Rs pour un appareil photo/Caméscope).

Où se loger et se restaurer

Le redoutable système des commissions commence à sévir à Bharatpur : ne vous laissez pas influencer par les rabatteurs qui opèrent dans les gares routière et ferroviaire.

Près du parc. Du fait de leur proximité de l'entrée du parc, les établissements ci-dessous jouissent de la faveur des voyageurs.

Le ***Spoonbill Hotel & Restaurant*** *(☎ 23571, fax 29359, hotelspoonbill @ rediffmail.com)*, pratiquement face à l'office du tourisme, propose des simples/doubles correctes avec s.d.b. à 150/200 Rs, des lits en dortoirs à 50 Rs, ainsi qu'une plus vaste pièce d'un bon rapport qualité/prix (400/500 Rs). Il possède un restaurant et prépare un feu de camp en hiver.

Dans le même quartier, la ***Falcon Guest House*** *(☎ 23815)* constitue un établissement familial et bien tenu qui loue de belles simples/doubles avec s.d.b. à 150/200 Rs. Pour 400/500 Rs, vous bénéficierez d'une plus grande chambre avec matelas moelleux et balcon privé. Un petit restaurant est installé dans le jardin.

Un peu plus rudimentaire, l'***Evergreen Guest House*** *(☎ 25917)* est néanmoins une bonne adresse peu onéreuse, avec un restaurant en jardin qui sert de délicieux repas faits maison. Les chambres valent entre 100 et 150 Rs. Quant au personnel, une fois que vous le connaîtrez, il se montrera amical ; Viro, le propriétaire, se révèle un excellent guide à l'intérieur du parc.

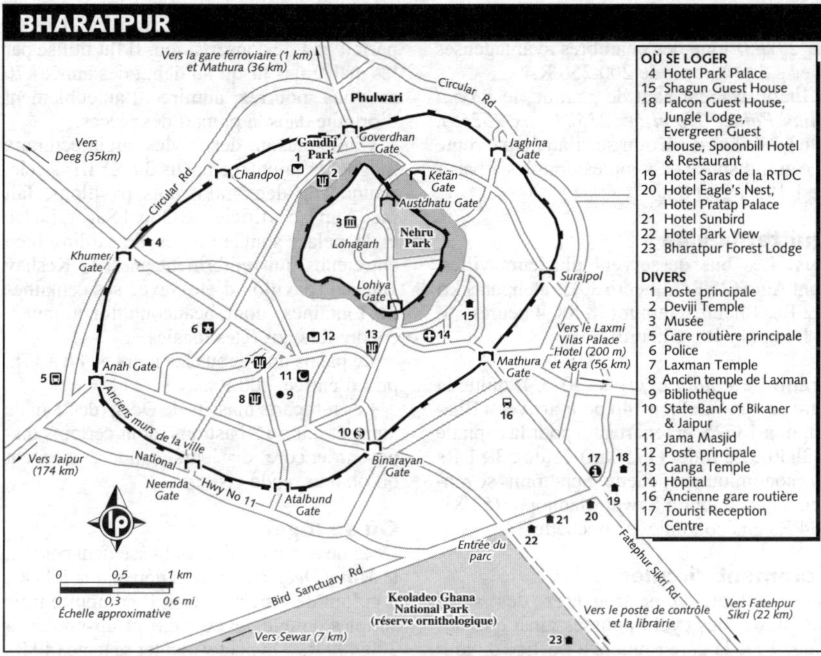

A deux pas, le ***Jungle Lodge*** *(☎ 25622)* loue de petites chambres confortables avec s.d.b. à partir de 125/200 Rs, et d'autres plus agréables à 250/300 Rs. Vous pourrez profiter de la bibliothèque et de l'agréable jardin.

Près de l'entrée du parc, l'***Hotel Park View*** *(☎ 20802, fax 27800, bharatpur007@yahoo.com)* est d'un bon rapport qualité/prix. Il propose des chambres dans un donjon avec s.d.b. commune à 40/60 Rs, et d'autres avec s.d.b. entre 80 et 150 Rs. Le restaurant est agréable ; l'*aloo deera* rajasthani (pommes de terre légèrement assaisonnées au cumin) coûte 25 Rs et le curry de poulet 45 Rs.

Si l'***Hotel Pratap Palace*** *(☎/fax 25093, Bird Sanctuary Rd)* est un peu défraîchi, il possède des chambres très spacieuses à 200/300 Rs sans/avec s.d.b. Les chambres deluxe avec TV par satellite reviennent à 600/700 Rs. Le restaurant propose un menu à la carte, ainsi qu'un buffet pour le déjeuner et le dîner d'un bon rapport qualité/prix (135 Rs). Plus loin sur Bird Sanctuary Rd, l'***Hotel Sunbird*** *(☎ 25701, fax 25265, sunbird@jp1.dot.net.in)*, bien tenu et populaire, affiche souvent complet. Les simples/doubles correctes avec s.d.b. commencent à 300/500 Rs, petit déjeuner compris. Les chambres plus récentes à l'arrière sont tranquilles, bien qu'un peu étroites (550/750 Rs). Le restaurant sert un grand choix de plats.

L'***Hotel Eagle's Nest*** *(☎ 25144, fax 22310)* loue des chambres confortables avec TV par satellite pour 500/650 Rs et d'autres à 650/800 Rs avec clim.

Dirigé par l'Indian Tourism Development Corporation (ITDC), le ***Bharatpur Forest Lodge*** *(☎ 22760, fax 22864)* est installé à l'intérieur du parc, à 1 km de l'entrée. Assez confortable, il est néanmoins un peu fané. Les simples/doubles standard reviennent à 1 995/3 000 Rs. Les non-résidents peuvent profiter du restaurant (buffet midi et soir à 250 Rs, ou légers en-cas).

Bharatpur. Vous pouvez opter pour la ***Shagun Guest House*** *(☎ 29202)*, dans une ruelle à l'intérieur de Mathura Gate. L'établissement, sommaire mais bon marché, facture 50/70 Rs ses lits (huttes en branchages plus que rudimentaires). Sympathique, son propriétaire, Rajeev, est une mine de connaissances sur le parc, en matière d'ornithologie. Non loin de la gare routière principale et du brouhaha qui s'ensuit, l'*Hotel Park Palace* (☎ *23783)* loue des chambres avantageuses avec s.d.b. à partir de 200/250 Rs.

Établissement haut de gamme, le *Laxmi Vilas Palace Hotel* (☎ *23523, fax 25259)*, situé à Kakaji-ki-Kothi sur l'ancienne route d'Agra, dispose de simples/doubles à partir de 1 195/1 250 Rs.

Quitter la ville

Bus. Les bus desservent plusieurs villes, dont Agra (25 Rs, 1 heure 30), Fatehpur Sikri (12 Rs, 1 heure), Jaipur (78 Rs, 4 heures 30) et Deeg (15 Rs, 1 heure).

Train. Le *Janata Express* (9023/4) quitte la gare de New Delhi à 14h pour arriver à Bharatpur à 18h25, et repart à 8h pour la capitale (13h30). Le trajet (175 km) coûte 52/81 Rs en économique/couchette. Sept trains se rendent chaque jour à Sawai Madhopur (52/81/234 Rs en économique/couchette/3A).

Comment circuler

A Bharatpur, vous trouverez des auto-rickshaws, des cyclo-pousses ainsi que des tongas. De la gare routière à l'office du tourisme ou à la majorité des hôtels, un auto-rickshaw vous reviendra à 15 Rs environ, et à 25 Rs de la gare ferroviaire.

DEEG

☎ 05641 • 41 300 habitants

Peu de voyageurs s'aventurent jusqu'à Deeg, à 36 km au nord de Bharatpur. Pourtant, c'est une petite ville bien plus attrayante que Bharatpur (en dehors de la réserve ornithologique), avec ses fortifications massives, son superbe palais et son marché animé. C'est aussi une excursion facile d'une journée à partir de Bharatpur, d'Agra ou de Mathura.

Édifiée par Suraj Mahl au milieu du XVIIIe siècle, Deeg fut la deuxième capitale de l'État de Bharatpur et le théâtre d'un combat célèbre, au cours duquel les forces du maharaja résistèrent avec succès à une armée moghole et marathe composée de 80 000 hommes. Huit ans plus tard, le maharaja eut la témérité d'attaquer le fort Rouge de Delhi ! Le butin qu'il emporta comprenait un bâtiment de marbre, toujours en place.

Palais de Suraj Mahl

L'un des édifices les plus prestigieux et les mieux proportionnés d'Inde, le palais de Suraj Mahl, ou Gopal Bhavan, est dans un parfait état de conservation. Il fut utilisé par les maharajas jusqu'au début des années 70 et vous pourrez admirer l'ameublement d'origine dans la plupart des pièces.

Combinaison des styles architecturaux moghol et rajput, ce palais du XVIIIe siècle, flanqué de deux ravissants pavillons, fait face à un lac artificiel, le Gopal Sagar. Le lac et le palais sont entourés de jardins bien entretenus qui renferment aussi le Keshav Bhavan (pavillon d'été), avec ses centaines de fontaines, dont beaucoup fonctionnent encore lors des fêtes locales.

Le palais ouvre tous les jours de 8h à 17h, prix d'entrée, 200 Rs.

Les **remparts** massifs de Deeg (de 28 m de haut) et leurs 12 bastions, dont certains disposent encore de leurs canons, méritent qu'on leur rende visite.

Où se loger

Deeg ne compte qu'un établissement correct, le *Motel Deeg* (☎ *21000)*, géré par la RTDC, non loin de l'arrêt de bus. Il comporte trois simples/doubles avec s.d.b et air-cooler. à 300/400 Rs. On peut y planter sa tente (40 Rs par personne) et prendre ses repas (55 Rs le thali végétarien).

Quitter la ville

Des bus locaux/express relient fréquemment Deeg à Alwar (23/30 Rs, 3 heures/2 heures 30). Des bus partent toutes les 30 min pour Bharaptur (1 heure, 12/15 Rs). Chaque jour, un bus direct rallie Agra (45 Rs).

ALWAR

☎ 0144 • 258 600 habitants

Jadis important État rajput, Alwar émergea au XVIIIe siècle sous Pratap Singh, qui repoussa les seigneurs de Jaipur vers le sud, les Jat de Bharatpur vers l'est et résista aux Marathes. Ce fut l'un des premiers États rajput à signer un accord avec l'Empire britannique, mais cette alliance ne fut pas toujours des plus amicales. Le Tourist Reception Centre (☎ 21868), proche de la gare ferroviaire, ouvre du lundi au samedi, de 10h à 13h30 et de 14h à 17h. On peut changer des devises à la State Bank of Bikaner & Jaipur, près de l'arrêt de bus.

Bala Quila

Cette imposante citadelle, ceinturée de 5 km de remparts, se dresse à 300 m au-dessus de la cité. Antérieure à Pratap Singh, c'est l'une des rares places fortes du Rajasthan datant d'avant les Moghols. Elle abrite aujourd'hui une station radio et ne peut se visiter que sur autorisation du superintendant de la police (☎ 337453).

Palace complex

En dessous du fort s'étend l'immense ensemble du Palais royal, ses entrées massives et son lac bordé de ghats et de pavillons. Aujourd'hui, cet ensemble est en partie occupé par des administrations mais l'ancien palais abrite un **Government Museum** intéressant. Celui-ci ouvre tous les jours, excepté le vendredi, de 10h à 16h30 (entrée : 3 Rs, gratuite le lundi). Les photos sont interdites. Parmi les pièces exposées figurent des armes étonnantes, des pantoufles royales en ivoire et d'anciens instruments de musique.

Où se loger et se restaurer

Quelques hôtels bon marché se font face autour d'une cour centrale, à environ 500 m à l'est de la gare routière, derrière Manu Marg : l'***Ankur*** *(☎ 333025)*, le ***New Alankar*** *(☎ 20027)*, l'***Atlantic*** *(☎ 21581)*, l'***Akash Deep*** *(☎ 22912)* et l'***Ashoka*** *(☎ 21780)*. Ces établissements appartiennent respectivement aux cinq frères d'une même famille. Sans vouloir froisser les autres, l'Ashoka semble le meilleur, avec des simples/doubles avec s.d.b. (3 Rs le seau d'eau chaude) à 100/150 Rs, et 200/250 Rs avec chauffe-eau. Néanmoins, les différences ne sont pas énormes et les prix sont comparables à ceux des autres hôtels.

Près de la gare, l'***Hotel Aravali*** *(☎ 332883, fax 332011)* propose des lits en dortoir à 100 Rs, et des simples/doubles avec s.d.b. à partir de 200/250 Rs (demandez une chambre calme). Vous pourrez profiter du restaurant, du bar et de la piscine (en été seulement).

Établissement respectable de catégorie moyenne, l'***Hotel Meenal*** *(☎ 22852)* de la RTDC loue des simples/doubles nettes à partir de 300/400 Rs. Il abrite un petit restaurant qui sert des thali, végétariens ou non, à 55/70 Rs.

Au milieu d'un jardin ombragé, l'***Alwar Hotel*** *(☎ 20012, fax 332250, 26 Manu Marg)* offre des chambres correctes avec s.d.b à partir de 300/450 Rs. Il possède un bon restaurant.

A proximité de Ganesh Talkies, le ***Narula's*** sert de la cuisine indienne, chinoise et occidentale. Cet agréable restaurant, en contrebas d'un escalier, propose tout un choix de plats, dont des légumes sautés (45 Rs) et des milk-shakes à la fraise (25 Rs).

Comment circuler

Vous aurez le choix entre les rickshaws, les auto-rickshaws, les tempos et les tonga. La course en rickshaw de la gare ferroviaire au centre-ville revient à 10 Rs.

Vous pouvez aussi louer un vélo à la gare ferroviaire (20 Rs par jour).

Quitter la ville

Des bus locaux/express relient fréquemment Alwar à Sariska (9/14 Rs, 1 heure/1 heure 30), Bharatpur (29/45 Rs, 4 heures 30/ 3 heures 30), Deeg (23/30 Rs, 2 heures 30/3 heures) et Jaipur (45/61 Rs, 2 heures 30/2 heures).

Le très confortable *Shatabdi Express* (2015/6) dessert Alwar tous les jours sauf le dimanche. Il part d'Alwar pour Ajmer (480/950 Rs en classe économique/affaires, 4 heures) à 8h34, avec un arrêt à Jaipur (145/315 Rs, 2 heures). Pour Delhi, le départ est à 7h41 (350/670 Rs, 2 heures 30). Vous devez être rapide : le train ne s'arrête à Alwar que deux minutes dans chaque sens.

SARISKA TIGER RESERVE ET NATIONAL PARK

☎ 0144

Située dans une vallée boisée, à 107 km de Jaipur et à 200 km de Delhi, cette réserve est entourée de montagnes dénudées. Gérée par le Project Tiger (projet visant à protéger les tigres) depuis 1979, elle couvre 800 km² (dont une partie centrale de 498 km²) et abrite des sambars, des daims, des sangliers et surtout des tigres.

Comme le Ranthambhore National Park (voir plus loin dans ce chapitre), également au Rajasthan, ce parc contient des temples en ruine, ainsi qu'un fort et des pavillons édifiés par les maharajas d'Alwar. Il se visite toute l'année, mais la meilleure période pour découvrir la faune s'étend de novembre à juin. Les animaux apparaissent surtout le soir, bien que les tigres se montrent de plus en plus souvent dans la journée. Juillet et août ne sont guère propices à l'observation de la faune.

Le parc ouvre en hiver (d'octobre à fin février) de 7h à 16h, et le reste de l'année de 6h30 à 17h. Le plus pratique est de louer une jeep auprès du Forest Reception Office (☎ 41333) sur la route de Jaipur, en face de l'Hotel Sariska Palace, pour 500/600 Rs le véhicule diesel/essence (cinq personnes maximum). Le droit d'entrée s'élève à 125 Rs par jeep plus 25/200 Rs pour les Indiens/étrangers et 200 Rs pour un Caméscope (photos gratuites). Les Indiens jouissent d'un accès libre le mardi et le samedi de 8h à 15h ; évitez ces jours, particulièrement encombrés. Les services d'un guide reviennent à 50 Rs l'heure.

Où se loger et se restaurer

Près de l'entrée du parc, l'***Hotel Sariska Palace*** *(☎ 41322, fax 41323)*, ancien pavillon de chasse des maharajas d'Alwar, demande 2 000/3 000 Rs pour des chambres très agréables. Il comporte une bibliothèque, un restaurant (déjeuner et dîner à 350 Rs) et un service de location de jeeps.

Moins cher, l'***Hotel Tiger Den*** *(☎ 41 342)*, géré par la RTDC, possède un jardin charmant mais des chambres un peu délabrées. Comptez 50 Rs pour un lit en dortoir, 500/600 Rs pour une simple/double avec air-cooler et s.d.b., ou 700/800 Rs avec clim. Des voyageurs recommandent de se munir d'une moustiquaire et d'antimoustique. Un thali végétarien revient à 65 Rs.

Comment s'y rendre

A 35 km d'Alwar, Sariska offre un point de chute pratique pour visiter la réserve. Des bus circulent fréquemment entre Sariska et Alwar (14 Rs, une heure). Le trajet depuis Jaipur dure environ 3 heures (48 Rs). Les bus s'arrêtent devant le Forest Reception Office.

RÉGION DU SHEKHAWATI

La région semi-désertique du Shekhawati s'étend dans un triangle formé par Delhi, Jaipur et Bikaner. Réputée pour ses *haveli* (demeures) ornés de magnifiques peintures, édifiés par de riches familles marchandes entre le XVIIIe et le XXe siècles, elle est surnommée la "galerie en plein air du Rajasthan". Elle abrite également des forts, quelques châteaux mineurs, des baori (puits souterrains) ainsi que des *chhatri* (petits kiosques moghols surmontés de dômes). Fatehpur, Nawalgarh, Mandawa, Ramgarh et Jhunjhunu constituent les principales villes dignes d'intérêt dans la région – bien que pratiquement chaque cité possède encore quelques haveli. La plupart étaient autrefois d'importants centres de négoces, sur la route des caravanes provenant des ports du Gujarat.

Ramgarh

La ville de Ramgarh (à ne pas confondre avec celle du même nom, à 35 km au nord-est de Jaipur fut fondée en 1791 par la très riche famille commerçante des Poddar. Ceux-ci avaient quitté leur village de Churu à la suite d'un désaccord avec le thakur. A son apogée au milieu du XIXe siècle, la ville était l'une des plus riches de la région.

Les **Ram Gopal Poddar Chhatri**, près de l'arrêt de bus, et les **Poddar Haveli**, à proximité de la Churu Gate méritent le détour. La ville est aussi réputée pour son artisanat.

Fatehpur

Fondée en 1451 par les *nababs* musulmans (princes régnants ou propriétaires terriens puissants) qui en firent leur capitale, la ville passa aux mains des Rajput du Shekhawati au XVIIIe siècle. Parmi les principaux haveli, les plus intéressants figurent le **Mahavir Prasad Goenka Haveli**, le **Geori Shankar Haveli**, le **Nand Lal Devra Haveli** et le **Harikrishnan Das Sarogi Haveli**.

L'***Hotel Haveli*** *(☎ 01571-20293)* de la RTDC, à 500 m au sud de la gare routière, dispose de lits en dortoir à 50 Rs et de simples/doubles avec s.d.b. à partir de 150/250 Rs. Dans sa salle à manger, vous pourrez déguster du poulet au curry à 50 Rs ou un lassi au concombre (15 Rs).

Mandawa

Cette petite cité marchande très animée, fortifiée par les riches familles de négociants, date du XVIIIe siècle. C'est dans cette bourgade tranquille qu'un nombre croissant de voyageurs désirant découvrir la région du Shekhawati séjournent.

L'un des haveli, le **Binsidhar Newatia**, dans l'enceinte de la State Bank of Bikaner & Jaipur, arbore de curieuses peintures sur le mur extérieur est : un garçon se servant d'un téléphone et une Européenne dans une voiture conduite par un chauffeur. Le **Gulab Rai Ladia** comporte quelques fresques érotiques dégradées. Quelques superbes **baori** sont également éparpillés autour du village.

RÉGION DU SHEKHAWATI

Où se loger. A proximité de la gare routière de Subhash Chowk, l'***Hotel Heritage Mandawa*** *(☎ 01592-23742, fax 23243)*, aménagé dans un ancien haveli attrayant, propose des simples/doubles propres avec s.d.b. à partir de 300/400 Rs. Les chambres plus vastes et plus élégantes s'échelonnent de 700 à 1 200 Rs. Un déjeuner/dîner savoureux vous reviendra à 150/175 Rs (servis également aux non-résidents). L'établissement envisage de construire une piscine dans son arrière-cour. Dirigé par les mêmes propriétaires, l'ancien haveli ***Gayatri Niwas*** (vieux de 142 ans) constituera un bon choix lorsque les rénovations seront achevées. Les chambres devraient coûter entre 150 et 300 Rs.

A deux pas de Sonathia Gate, l'***Hotel Mandawa Haveli*** *(☎ 01592-23088, hotelmandawahaveli@yahoo.com)* est également excellent. Situées dans un adorable haveli du XIXe siècle, les simples/doubles aménagées autour d'une cour intérieure se louent 600/1 000 Rs (petit déjeuner compris). L'hôtel propose par ailleurs une superbe suite à 1 000 Rs. Des repas rajasthanis traditionnels sont servis sur le toit en terrasse, et vous pourrez profiter d'une petite salle de lecture.

Haut de gamme et impersonnel, l'***Hotel Castle Mandawa*** *(☎ 01592-23124, fax 23171)* dispose de chambres décorées avec goût à 1 800/2 200 Rs (3 995 Rs pour la suite royale). Toutes ne possédant pas le même charme, mieux vaut en visiter quelques-unes avant de vous décider. Les petits déjeuners/déjeuner/dîner reviennent à 250/400/450 Rs.

Les haveli

Selon certains, les haveli (demeures) ornés de fresques colorées furent construits pour égayer le paysage desséché du désert environnant. D'après une théorie plus mondaine, les riches marchands de la région auraient édifié ces vastes demeures pour faire étalage de leur toute nouvelle opulence.

L'entrée principale consiste généralement en une imposante porte en bois qui ouvre sur une petite cour conduisant elle-même à une cour plus grande. Les demeures les plus vastes comptaient jusqu'à quatre cours et six niveaux.

Les familles faisaient décorer leurs maisons de peintures murales. Parmi les grands thèmes figurent la mythologie hindoue, les légendes, l'histoire, l'érotisme (scènes aujourd'hui souvent abîmées ou détruites) et, plus curieusement, des étrangers et leurs inventions modernes, comme les avions et les gramophones.

Nombre de haveli sont aujourd'hui désertés par leurs propriétaires, et leur entretien est confié aux bons soins de gardiens locaux et de leurs familles, qui ne disposent que de maigres ressources. Tous ne sont pas ouverts au public, demandez toujours la permission avant de flâner à l'intérieur. D'après les coutumes de la région, vous devez retirer vos chaussures en entrant dans la cour intérieure d'un haveli, certains étant par ailleurs interdits aux hommes.

Le développement touristique montre ici aussi son revers : la folie des objets anciens. Dans plusieurs villes, des boutiques d'antiquités vendent des objets arrachés aux haveli, notamment des portes et des encadrements de fenêtres. En achetant ces pièces authentiques, vous contribuez au pillage du patrimoine de cette région.

Nawalgarh

Le principal édifice de la ville est la **forteresse**, édifiée en 1737, mais défigurée aujourd'hui par des ajouts modernes. Parmi les **haveli** dignes d'intérêt figurent l'Aath, l'Hem Raj Kulwal, le Bhagton-ki-Haveli et le Khedwal Bhavan. Le Podar Haveli Museum, construit dans les années 20 sur la rive orientale de la ville, a été magnifiquement restauré à l'aide de superbes et vibrantes peintures murales. Il abrite une petite collection de costumes de mariage rajasthanis et de peintures miniatures (30 Rs l'entrée).

Où se loger et se restaurer

Près du Maur Hospital, le ***Ramesh Jangid's Tourist Pension*** *(☎ 01594-24060, fax 24061)* propose un hébergement bon marché et chaleureux dans une atmosphère très familiale. Les belles chambres simples/doubles avec s.d.b. (seau d'eau chaude gratuit) valent entre 180/200 Rs et 280/300 Rs. On peut y prendre des repas végétariens (thali à 60 Rs), participer à des circuits organisés et louer des bicyclettes.

Son propriétaire, Ramesh, possède également l'***Apani Dhani*** *(☎ 01594-22239, fax 24 061)*, ou Eco Farm, près de la tour de télévision, sur le côté ouest de la route principale de Jaipur. Les chambres, décorées dans le style traditionnel, avec toitures en chaume et murs en torchis, valent 600/750 Rs. L'établissement utilise essentiellement de l'énergie alternative.

A 1 km du port, l'établissement le plus luxueux de tous, le ***Roop Niwas Palace*** *(☎ 01594-22008, fax 23388)*, offre des chambres à 1 150/1 300 Rs. Toutes n'ayant pas le même charme, jetez un coup d'œil avant de vous décider. L'hôtel possède un restaurant et une piscine.

Parsurampura

A 20 km au sud-est de Nawalgarh, ce petit village abrite les peintures les plus anciennes et les mieux préservées du Shekhawati. Celles qui ornent l'intérieur du dôme du **chhatri du thakur Sardul Singh** datent du milieu du XVIIIe siècle et méritent le détour, de même que le **Shamji Sharaf Haveli** et le **Gopinathji Mandir**, un petit temple du XVIIIe siècle érigé par Sardul Singh.

Jhunjhunu

Jhunjhunu, l'une des principales villes du Shekhawati, est le chef-lieu du district. Elle fut fondée par les nababs Kaimkhani au milieu du XVe siècle et resta sous leur contrôle jusqu'à ce que le Rajput Sardul Singh s'en empare en 1730.

C'est à Jhunjhunu que les Britanniques installèrent leur brigade du Shekhawati. Formée dans les années 1830, cette brigade devait mettre un terme aux activités des *dacoïts* (bandits), en majorité des petits chefs locaux voleurs.

Le Tourist Reception Centre (☎ 01592-32909), excentré sur la route de Churu, dans Mandawa Circle, ouvre du lundi au vendredi et un samedi sur deux de 10h à 17h.

A voir. La principale curiosité est le **Khetri Mahal**, un petit palais datant des années 1770. Malgré son mauvais état de conservation, il s'agit de l'un des édifices les plus raffinés de la région. De son sommet, on jouit d'une vue magnifique sur la ville. Datant de la même période, le **Sri Bihariji Temple** renferme de superbes fresques qui ont, hélas, souffert avec le temps. Les haveli **Modi** et **Kaniram Narsinghdas Tibrewala**, dans le grand bazar, sont abondamment décorés.

Où se loger et se restaurer. A l'est du centre-ville, l'***Hotel Shiv Shekhawati*** *(☎ 01592-32651, fax 38168)* jouit d'une popularité méritée auprès des voyageurs. Il loue des chambres d'une propreté immaculée à 350/400 Rs avec s.d.b. et à 600/800 Rs avec clim. (prix parfois négociables). On peut y prendre ses repas (petit déjeuner/déjeuner/dîner végétariens à 75/150/150 Rs, ou menu à la carte).

L'***Hotel Jamuna Resort*** *(☎ 01592-32871, fax 38168)* ne possède que 4 chambres, ainsi qu'une piscine (accès autorisés aux non-résidents pour 50 Rs). Les simples/doubles, certaines décorées de miroirs ouvragés, reviennent à 700/ 800 Rs. Dans un cadre reposant, un restaurant en plein air, également ouvert au public, propose un repas fixe, végétarien ou non, à150/200 Rs.

Situé dans le quartier de la gare routière, l'***Hotel Sangam*** *(☎ 01592-32544, fax 33086)* abrite des simples/doubles avec s.d.b. (seau d'eau chaude) à partir de 125/250 Rs. Les chambres doivent être libérées au bout de 24 heures.

A deux pas, l'***Hotel Shekhawati Heritage*** *(☎ 01592-35757, fax 33077, Shekhawati_Heritage@yahoo.com)* peut être considéré comme le meilleur du quartier. Les chambres avec chauffe-eau commencent à 400/500 Rs (celles avec supplément de 100 Rs sont plus agréables).

Mahansar

Assez pauvre en haveli peints, ce village tranquille possède le charme d'antan. Visitez le **Raghunath Temple**, qui date du milieu du XIXe siècle, le **haveli Sona-ki-Dukan** et le **chhatri de Sahaj Ram Poddar**.

Installé dans l'ancien fort, le ***Narayan Niwas Castle*** *(☎ 01595-64322)* est un authentique château décrépit, dénué du mercantilisme des autres palais-hôtels. Le prix des simples/doubles débute à 700/900 Rs ; visitez quelques chambres avant de choisir car toutes n'ont pas le même caractère.

Comment s'y rendre

De Jaipur ou Bikaner, on peut aisément se rendre dans la région du Shekhawati. Les villes de Sikar (à l'orée de la région, mais dépourvue de beaux haveli) et de Fatehpur, situées sur l'axe Jaipur-Bikaner, sont bien desservies par les bus.

Churu se trouve sur la principale voie ferrée Delhi-Bikaner. Plusieurs trains quotidiens relient Sikar, Nawalgarh et Jhunjhunu à Jaipur et Delhi.

Comment circuler

D'étroites routes goudronnées sillonnent la région du Shekhawati. Des bus publics et privés desservent toutes les villes. Les bus locaux ralliant les petites bourgades sont souvent surchargés et voyager sur le toit est alors toléré (il n'y a pas d'autre possibilité !).

A quatre ou cinq personnes, la location d'un taxi pour la journée s'avère rentable. On en trouve aisément dans les villes qui possèdent des hôtels, mais peu de chauffeurs parlent anglais. Le tarif officiel s'élève à 4 Rs le kilomètre avec un minimum de 300 km par jour. Vous pouvez aussi choisir un safari à dos de cheval ou de dromadaire ; renseignez-vous à votre hôtel.

AJMER

☎ 0145 • 493 000 habitants

A 130 km au sud-ouest de Jaipur, Ajmer, cité en plein essor sur la rive de l'Ana Sagar, est cernée de collines dénudées. Historiquement, la ville eut une grande importance stratégique et fut pillée par Mohammed de Ghur lors d'une de ses incursions périodiques

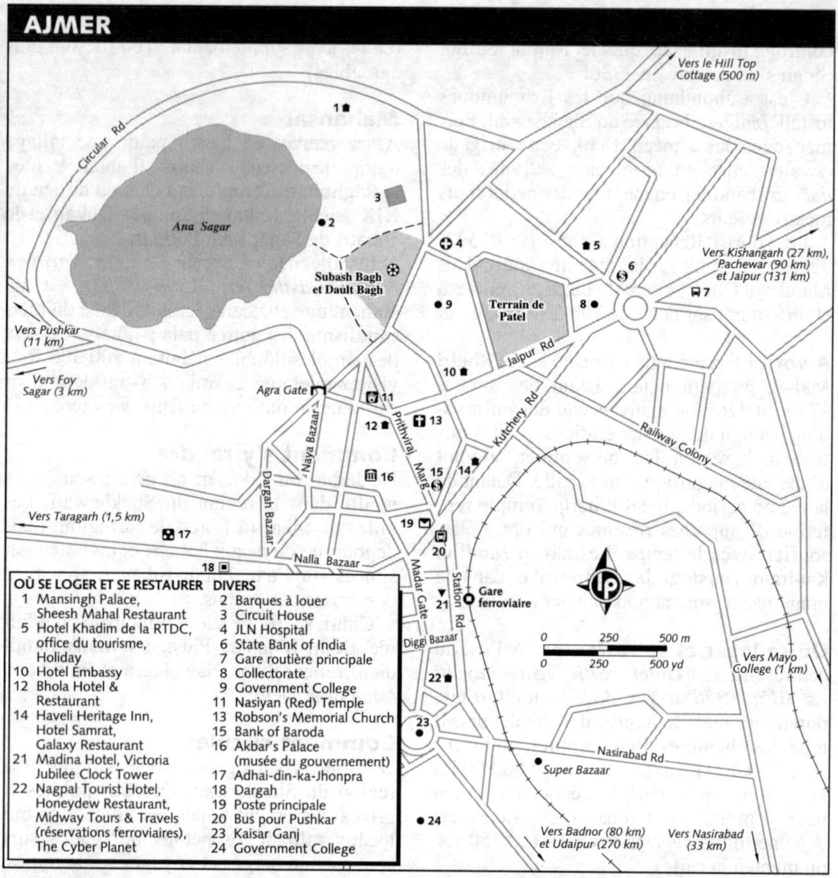

depuis l'Afghanistan. Par la suite, Ajmer devint la résidence favorite des Moghols. L'un des premiers contacts entre les Moghols et les Britanniques y fut noué, lors de la rencontre de sir Thomas Roe et de Jehangir, en 1616.

Ajmer fut ensuite prise par les Scindia avant d'être rendue aux Britanniques, en 1818, pour devenir l'une des rares cités du Rajasthan placées sous leur contrôle direct. Les Britanniques y installèrent le Mayo College, une école prestigieuse qui ouvrit ses portes en 1875. Autrefois exclusivement réservée aux princes indiens, elle est aujourd'hui accessible à tous ceux qui peuvent payer les frais de scolarité. Dotée de quelques superbes exemples d'architecture musulmane, la ville est un centre de pèlerinage important pour les musulmans pendant le jeûne du ramadan. Toutefois, Ajmer ne constitue qu'une étape rapide pour la plupart des voyageurs en route pour Pushkar, toute proche.

Orientation et renseignements

Le principal arrêt de bus se trouve au nord-est de la ville. La gare ferroviaire et la plupart des hôtels se regroupent dans la partie est d'Ajmer.

L'office du tourisme (☎ 627426), dans le bâtiment de l'Hotel Khadim, ouvre tous les jours, excepté le dimanche, de 8h à 12h et de 15h à 18h. La State Bank of India, en face du Collectorate, change des chèques de voyage et des espèces. La Bank of Baroda, dans Prithviraj Marg en face de la poste centrale, n'accepte que les chèques de voyage mais délivre des espèces sur les cartes MasterCard et Visa.

Pratique, le Cyber Planet (☎ 628721, faakhirmoini@usa.net), installé à 100 m au sud de la gare ferroviaire de Station Rd, propose un accès à Internet pour 35 Rs l'heure (ouvert de 11h30 à 22h30 tous les jours sauf le vendredi, où il n'ouvre qu'à 14h30).

Ana Sagar

La construction d'un barrage sur la Luni au XIIe siècle créa ce lac artificiel. Sur la rive, un beau parc, le **Dault Bagh**, renferme plusieurs pavillons en marbre, érigés en 1637 par Shah Jahan. Derrière le Dault Bagh, la vue de la colline est superbe, notamment juste avant le coucher de soleil, lorsque le panorama sur Ajmer est merveilleux. Il est possible de louer des bateaux à rames pour 15 Rs par personne (deux passagers au minimum). On vous fournira des gilets de sauvetage – bien qu'en cas de chute, l'eau polluée constitue sans doute un danger plus à redouter que la noyade.

Le lac s'assèche lorsque la mousson est faible ; l'approvisionnement en eau de la cité provient alors de **Foy Sagar**, à 3 km en amont.

Dargah

Au pied d'une colline dénudée dans la vieille ville, c'est l'un des plus importants lieux de pèlerinage musulmans. Le Dargah est le tombeau d'un saint soufi, Khwaja Muin-ud-din Chishti, qui arriva de Perse en 1192. La construction du sanctuaire fut achevée par Humayun et la porte ajoutée par le nizam (titre héréditaire des souverains d'Hyderabad). Akbar effectuait ce pèlerinage une fois par an, depuis Agra.

Vous devrez vous couvrir la tête à certains endroits. N'oubliez pas d'emporter une écharpe ou un chapeau (vous pourrez en acheter au bazar proche).

En entrant dans la cour, après vous être déchaussé, vous remarquerez à droite une mosquée édifiée par Akbar. Les grands chaudrons en fer sont destinés aux offrandes, que se partagent les familles chargées de l'entretien du sanctuaire. Dans une cour intérieure, vous découvrirez une autre mosquée de marbre blanc à onze arches, construite par Shah Jahan. Une inscription en persan court sur toute la largeur du bâtiment.

Le tombeau du saint, surmonté d'une coupole en marbre, se dresse au centre de la deuxième cour. A l'intérieur, la tombe proprement dite est entourée d'une plate-forme en argent. Les fers à cheval fixés sur les portes du sanctuaire sont des offrandes de prospères marchands de chevaux ! Ignorez les "guides" qui quêtent autour du Dargah, munis de faux livres de dons ou "registres des visiteurs" (visitors registers') – vous devrez verser un don substantiel si vous signez. Le tombeau attire chaque année des centaines de milliers de pèlerins à la date anniversaire de la mort du saint, l'Urs, au 7e mois de l'année lunaire (renseignez-vous sur les dates auprès de l'office du tourisme). Cette fête intéressante attire les foules. Outre les pèlerins, des soufis venus de toute l'Inde convergent vers Ajmer.

Adhai-din-ka-Jhonpra et Taragarh

Après le Dargah, à la sortie de la ville, s'étendent les ruines de la mosquée Adhai-din-ka-Jhonpra ("Deux jours et demi"). Selon la légende, sa construction, en 1153, n'aurait pris, comme son nom l'indique, que deux jours et demi. On raconte également que son nom viendrait d'une fête qui aurait duré deux jours et demi. Édifiée pour servir de collège sanskrit, elle fut convertie en mosquée par Mohammed de Ghur qui, après la prise d'Ajmer en 1198, ajouta un mur à sept arcades devant la salle aux piliers.

Bien qu'une rénovation s'impose, la mosquée constitue une pièce d'architecture unique avec ses piliers tous différents.

A 3 km de la mosquée, par une montée abrupte d'une heure et demie, la Taragarh, ou forteresse de l'Étoile (accessible en voiture), offre un panorama superbe sur la cité. Cette forteresse fut construite par Ajaipal Chauhan, le fondateur de la ville. Théâtre de nombreuses opérations militaires pendant l'occupation moghole, elle fut ensuite utilisée comme sanatorium par les Britanniques.

Palais d'Akbar

Dans la cité, non loin de la poste centrale, cette imposante bâtisse fut édifiée par Akbar en 1570. Elle abrite aujourd'hui le musée gouvernemental, qui expose des sculptures de pierre, dont certaines sont d'un intérêt exceptionnel, des armes anciennes et des miniatures. Le musée ouvre tous les jours, sauf le vendredi, de 10h à 16h30 (entrée :

3 Rs, gratuite le lundi, plus 10/20 Rs pour un appareil photo pour les Indiens/étrangers et 20/50 Rs pour une caméra vidéo).

Nasiyan Temple (temple Rouge)

Cet édifice jaïna, dans Prithviraj Marg, date du siècle dernier. Son hall à deux étages renferme une fascinante série de grandes statues de bois doré appartenant à la mythologie jaïna et illustrant ses conceptions de l'ancien monde. Il ouvre tous les jours de 8h30 à 18h (3 Rs).

Où se loger

A quelques exceptions notables, les hôtels d'Ajmer sont généralement médiocres, en particulier durant la Camel Fair (foire aux dromadaires) de Pushkar, lorsque certains établissements augmentent considérablement leurs prix. Les voyageurs à petit budget sont plutôt mal servis.

L'***Haveli Heritage Inn*** *(☎ 621607)* représente sans doute le meilleur choix d'Ajmer. Installé dans un haveli centenaire, l'établissement constitue une oasis bienvenue au cœur de la ville. Les chambres, spacieuses et bien entretenues (toutes avec s.d.b. et air-cooler), sont agrémentées de superbes et hauts plafonds. La cour intérieure est agréable, et l'atmosphère familiale s'accorde tout à fait avec les repas faits maison. Les chambres s'échelonnent de 300 à 600 Rs.

Adossé au centre commercial, le ***Hill Top Cottage*** *(☎ 623984, 164 Shastri Nagar)* présente des qualités analogues, en dépit de son emplacement excentré. Loin de la foule et de la poussière, il propose des simples/doubles avec s.d.b. à 350/400 Rs, tandis qu'une suite avec deux lits revient à 600 Rs.

A 150 km au sud de la gare ferroviaire, le ***Nagpal Tourist Hotel*** *(☎ 429503)*, d'un bon rapport qualité/prix, manque néanmoins de caractère. Il loue des chambres avec s.d.b. à partir de 350/450 Rs, et d'autres plus spacieuses et confortables à 650/900 Rs. Les chambres doivent être libérées au bout de 24 heures.

Au sud-est d'Agra Gate, le ***Bhola Hotel*** *(☎ 432844)* – un des rares établissements s'adressant aux petits budgets – dispose de 5 simples/doubles indescriptibles avec s.d.b. (seau d'eau chaude gratuit) à 150/200 Rs.

Proche de la gare routière principale, l'***Hotel Khadim*** *(☎ 627490, fax 431330)* de la RTDC propose des chambres avec s.d.b. à partir de 300/400 Rs, et des lits en dortoir à 50 Rs.

Établissement moderne, l'***Hotel Embassy*** *(☎ 623859, hotelembassy@satyam.net.in, Jaipur Rd)* loue de belles simples/doubles à 450/550 Rs.

Seul hôtel de luxe d'Ajmer, le ***Mansingh Palace*** *(☎ 425702, fax 425858, mansingh.ajmer@mailcity.com, Circular Rd)*, surplombe Ana Sagar. En dépit de sa situation excentrée, les chambres (1 995/3 000 Rs) présentent un certain attrait et vous profiterez d'un agréable jardin à l'arrière, d'un bar et d'un restaurant (consultez *Où se restaurer*).

Où se restaurer

Le ***Bhola Hotel*** possède un bon restaurant végétarien installé en haut d'un escalier délabré. Outre de succulents thali à 35 Rs, la carte comporte tout un choix de plats, tels que le *paneer kofta* (40 Rs).

Près du Nagpal Tourist Hotel, l'***Honeydew Restaurant*** sert un large éventail de plats indiens, végétariens ou non, chinois et occidentaux, ainsi que des pizzas (de 45 à 60 Rs), et – pour les plus téméraires – des pakora à la cervelle (40 Rs). Le lassi à la banane (20 Rs) est très rafraîchissant.

Pour un petit festin, rendez-vous au ***Sheesh Mahal***, installé dans le Mansingh Palace. Il prépare de la cuisine indienne, chinoise et occidentale, dont des tikka masala de poulet (160 Rs), ainsi que, de façon irrégulière, des buffets à 200 Rs (petit déjeuner) ou 400 Rs (déjeuner ou dîner).

Face à la gare, le ***Madina Hotel***, petit établissement pratique en attendant le train, cuisine des plats bon marché (végétariens ou non).

A quelques pas du Haveli Heritage Inn, le ***Galaxy Restaurant*** offre peu de choix mais vaut néanmoins le détour. L'ambiance – climatisée – est agréable. Une moitié de *makhanwala* (poulet au beurre) revient à 80 Rs.

Quitter la ville

Bus. Des bus publics relient Jaipur à Ajmer toutes les demi-heures, certains sans marquer d'arrêt (51 Rs, 2 heures 30). Le voyage de 9 heures vers Delhi revient à 163 Rs.

Parmi les autres destinations desservies dans le Rajasthan figurent Jodhpur (81 Rs, 210 km), Udaipur (111 Rs, 303 km), Bundi (66 Rs, 165 km), Bharatpur (121 Rs,

305 km), Bikaner (111 Rs, 277 km) et Jaisalmer (140 Rs, 490 km). Par ailleurs, des bus se rendent à Ahmedabad (211 Rs, 526 km) et Agra (152 Rs, 388 km). Contactez les renseignements au ☎ 431615.

Nombre de ces destinations sont également desservies par des bus privés (la plupart des compagnies possèdent leurs agences sur Kutchery Rd).

Sur le bas-côté, à 150 m au nord de la gare ferroviaire, à l'intersection de Station Rd et de Kutchery Rd, des bus partent fréquemment pour Pushkar (6 Rs, 30 min). Si vous arrivez à Ajmer par bus privés, certains conducteurs tenteront de vous convaincre que les bus pour Pushkar partent du passage à niveau, ce qui est faux : vous y serez attendu par des chauffeurs de taxi.

Train. La plupart des trains depuis Ajmer ne proposant pas de quotas pour touristes, mieux vaut réserver dès que possible. Midway Tours & Travels (☎ 628744) s'occupera pour vous des billets couchette/couchette 1re classe pour 15/25 Rs.

Ajmer étant située sur la ligne Delhi-Jaipur-Ahmedabad-Mumbai, la majorité des trains s'y arrêtent. Le confortable *Shatabdi Express* (2016/5) circule tous les jours sauf le dimanche entre Ajmer et Delhi (630/1 250 Rs en économique/affaires) *via* Jaipur (320/615 Rs). Il quitte Delhi à 6h15 pour arriver à Ajmer à 12h45, puis repart d'Ajmer à 15h30 pour Jaipur (17h25) et Delhi (22h15).

Autre train utile, le *Delhi-Ahmedabad Mail* (9105/6) part d'Ajmer à 20h33 et arrive à Delhi à 5h20 (99/154/446 Rs en économique/couchette/3A). En direction du Gujarat, il quitte Ajmer à 7h35 et entre en gare d'Ahmedabad à 17h20 (107/166/482 Rs).

Comment circuler

Ajmer compte de nombreux auto-rickshaws, rickshaws et tonga. Dans les limites de la ville, une course en auto-rickshaw vous coûtera quelque 15 Rs.

PUSHKAR

☎ 0145 • 13 500 habitants

Malgré l'essor du tourisme, la bourgade de Pushkar conserve un charme enchanteur. Elle s'étend à la lisière du désert, à seulement 11 km d'Ajmer dont elle est séparée par le Nag Pahar, la montagne du Serpent.

Cette ville accueillante, construite sur la rive du petit lac de Pushkar, compte de nombreux ghats et temples. Pour les hindous, c'est un haut lieu de pèlerinage et l'on y rencontre de nombreux *sadhu*.

Pushkar est mondialement connue pour sa **Camel Fair** (foire aux dromadaires) qui se déroule chaque année en octobre-novembre, lors de la pleine lune de Kartik Purnima. Cet événement rassemble un nombre impressionnant de dromadaires et d'autres têtes de bétail, d'éleveurs, de pèlerins, de touristes et de cinéastes. Si vous vous trouvez à proximité, ne manquez pas cet événement (lire l'encadré *La foire aux dromadaires)*.

La consommation d'alcool, de viande et d'œufs est interdite à Pushkar, considérée comme un lieu saint.

Renseignements

Si Pushkar ne dispose pas d'office du tourisme (sauf durant la foire aux dromadaires), il est néanmoins facile de se repérer. Lors de notre passage, la State Bank of Bikaner & Jaipur (ouverte de 10h à 14h en semaine et de 10h à 12h le samedi) ne changeait que les chèques de voyage (pas les espèces) ; l'attente pouvait être longue et le personnel plutôt revêche. Sur Sadar Bazaar Rd, une boutique sur deux fait également office de bureau de change, acceptant aussi bien les devises que les chèques de voyage aux taux en vigueur ; toutefois, renseignez-vous tout d'abord sur la commission. Sur la même route sont installées de nombreuses boutiques Internet (aux connexions parfois terriblement lentes).

Pour des développements de qualité (photos uniquement), rendez-vous au Rajasthan Colour Lab (qui vend également des livres), sur Sadar Bazaar Rd (5 Rs la photo).

Temples

Si Pushkar compte de nombreux temples, peu sont anciens. Beaucoup furent détruits par Aurangzeb et reconstruits par la suite. Le plus célèbre est le **Brahma Temple**, considéré comme l'un des seuls temples au monde dédiés à ce dieu, qui aurait personnellement choisi Pushkar. Le temple est marqué d'une flèche rouge et sa porte d'entrée est surmontée de *han* (oies sacrées de Brahma).

L'ascension d'une heure jusqu'au **Savitri Temple**, perché sur la colline surplombant le lac, se fait de préférence le matin. Du som-

La foire aux dromadaires

La foire aux dromadaires de Pushkar constitue un grand événement en Inde. Chaque année, jusqu'à 200 000 personnes (dont seulement 6 000 touristes) se pressent à Pushkar, amenant avec elles quelque 50 000 dromadaires et têtes de bétail pour plusieurs jours de pèlerinage, de transactions de bétail et de chevaux, et de festivités religieuses. Musiciens, mystiques, comédiens, touristes, négociants, animaux et dévots convergent vers la petite localité, qui connaît un soudain regain d'activités. Une véritable fête pour les yeux.

Pour la liste des événements, notamment les animations culturelles et les concours de dromadaires très disputés, adressez-vous aux tentes du RTDC Tourist Information (pendant la durée de la foire uniquement) à l'intérieur de l'Hotel Sarovar du RTDC et à l'extérieur du stade. C'est également là, ainsi que dans d'autres agences de voyage de la ville, que vous pourrez réserver un vol en montgolfière.

La date exacte de la foire dépend du calendrier lunaire ; dans la chronologie hindoue, elle tombe à la pleine lune de Kartik Purnima, lorsque les dévots se lavent de leurs péchés dans le lac sacré. Il est fortement conseillé d'arriver sur place plusieurs jours avant l'inauguration officielle afin de mieux observer les transactions. Les contrats sont parfois signés deux jours avant le début de la foire. Malgré l'ambiance de fête, les éleveurs prennent la foire très au sérieux et viennent de tout le pays pour procéder à ces échanges. La vente d'un bon dromadaire peut rapporter plusieurs dizaines de milliers de roupies – une part vitale du revenu de nombreux villageois.

Nous avons eu vent d'un groupe de voyageurs qui, pris par l'ambiance de la fête de 2000, ont acheté un ou deux dromadaires ainsi qu'un chariot pour leurs bagages, et sont partis de Pushkar pour Jaisalmer à travers le désert.

Unique au monde, cette foire a fait l'objet de nombreux reportages (magazines, récits de voyage et films). Comme les nuits peuvent être animées, mieux vaut apporter des boules Quiès si vous avez le sommeil léger, ainsi que des médicaments appropriés en cas d'allergie à la poussière ou aux poils d'animaux.

La foire se tiendra du 16 au 19 novembre 2002 et du 5 au 8 novembre 2003. Ces dates étant susceptibles de changer, vérifiez-les à l'avance.

met, vous bénéficierez d'un panorama grandiose. La vue du **Pap Mochani Temple**, tout proche (accessible par le chemin escarpé situé derrière la gare routière de Marwar), mérite elle aussi quelques efforts.

Ghats

De nombreux ghats bordent le lac et les pèlerins se baignent dans ses eaux sacrées. Si vous désirez vous joindre à eux, n'oubliez pas que c'est un lieu saint : déchaussez-vous, ne fumez pas, abstenez-vous de plaisanter et ne prenez pas de photos. Des prêtres, certains authentiques, d'autres non, vous aborderont près des ghats, offrant de faire un *puja* (prière) pour laquelle vous recevrez un "passeport de Pushkar" (un ruban de poignet rouge).

Malheureusement, de plus en plus de touristes se plaignent de l'insistance pénible de certains prêtres. Ne vous laissez pas extorquer un don exorbitant et mettez-vous d'accord sur le prix avant de commencer le rituel. Autre combine de ces "prêtres" : ils donnent une fleur aux voyageurs qui, s'ils l'acceptent, doivent alors la jeter dans le lac sacré – en échange d'une somme d'argent ! Pour éviter une scène, mieux vaut refuser toute fleur que l'on vous offre.

Massage et yoga

Pour le reiki, le yoga et le shiatsu, rendez-vous au Honeymoon Hotel, non loin de la gare routière de Marwar, où est installé le Reiki Master Roshi Hiralal Verma (☎ 773298). Des voyageuses nous ont fait part de leur véritable sentiment de bien-être dans l'établissement.

Tailleurs

Pushkar est idéale pour se faire couper des vêtements. Navjyoti Tailors (☎ 772589, yogeshnavjyoti@hotmail.com), face au Lake View (voir *Où se loger – petits budgets*)

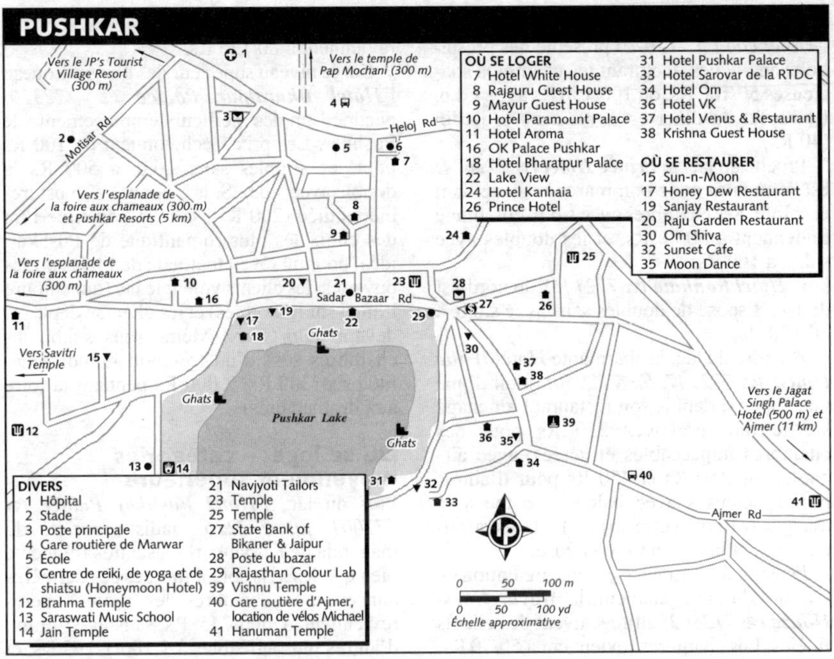

constitue l'une des boutiques les plus fiables, recommandée par de nombreux voyageurs. Des yogis détendus confectionnent à peu près tout ce que vous désirez en un ou deux jours, pour des tarifs très raisonnables.

Écoles de musique

La Saraswati Music School (☎ 773124) est une école excellente pour s'initier aux arts classiques des *tabla* (percussions) et du chant. Fort de plus de 12 ans d'expérience, Birju facture 100 Rs la leçon d'une heure et 600 Rs les 3 jours. Il ouvre pratiquement tous les jours de 10h à 22h et présente souvent des spectacles de 20h à 21h30.

Où se loger

Si la plupart des hôtels de Pushkar n'ont rien d'extraordinaire, ils sont généralement propres et régulièrement blanchis à la chaux. Demandez à voir quelques chambres avant de vous décider, car beaucoup ressemblent à de véritables cellules, avec de minuscules fenêtres (ou pas d'ouverture du tout). Pendant la foire aux dromadaires, lorsque la demande est exceptionnellement élevée, les tarifs grimpent de façon vertigineuse. Pour obtenir la chambre de votre choix, mieux vaut alors réserver à l'avance (bien qu'on finisse parfois par en trouver).

Où se loger – petits budgets

L'***Hotel VK*** *(☎ 772174)* attire de nombreux voyageurs à petit budget. Il loue des simples convenables à 75 Rs et des doubles à 125 Rs (avec s.d.b. commune), ainsi que des doubles avec s.d.b. à 175 Rs. Pour 200 Rs, vous obtiendrez une chambre avec balcon. L'hôtel a des projets d'extension (qui, espérons-le, n'empiéteront pas sur le bon restaurant en terrasse aménagé sur le toit).

A deux pas sur la rue principale, l'***Hotel Venus*** *(☎ 772323, venushotel@yahoo.com)* offre des doubles avec s.d.b. à 150 Rs. Jouissant d'un jardin ombragé, il dispose d'un restaurant très apprécié à l'étage.

Si la ***Krishna Guest House*** *(☎ 772461)*, la "meilleure pension du monde" selon son directeur, n'est pas tout à fait à la hauteur de cette auto-appréciation, il s'agit néanmoins d'un endroit très agréable. Les très petites chambres valent entre 40 et 60 Rs, et la plupart, avec s.d.b. commune, coûtent 80/100 Rs (100/150 Rs avec s.d.b).

Dirigé par un propriétaire décontracté, l'*Hotel Om* (☎ *772672*) présente des prestations analogues, facturant les chambres spacieuses 50/100 Rs, ou 100/150 Rs avec s.d.b. Le buffet du dîner est servi dans le jardin (40 Rs).

Proche du lac, le *Prince Hotel* (☎ *772674*) est sommaire mais bon marché, accueillant et calme. Ses chambres avec s.d.b. commune reviennent à 50/80 Rs, et les doubles avec s.d.b. à 100 Rs.

L'*Hotel Kanhaia* (☎ *772146*), au nord-est du lac, dispose de doubles sans/avec s.d.b. à 80/100 Rs.

Au nord du lac, la charmante *Hotel White House* (☎ *772147, fax 772950*), jouit d'une vue superbe depuis son restaurant aménagé sur le toit. Prévoyez 250 Rs pour des chambres impeccables et aérées, avec aircooler, ou 350 Rs et 450 Rs pour d'autres plus spacieuses avec balcon. Le thé à la mangue (offert à votre arrivée) est très rafraîchissant, et la cuisine savoureuse.

Pension décontractée et sans prétention en bordure du lac également, la *Mayur Guest House* (☎ *772302*) attire souvent des clients fidèles. Les chambres reviennent à 50/70 Rs, ou 90/125 Rs avec s.d.b.

Très bien situé au-dessus des ghats, le *Lake View* (☎ *772106, fax 772106*) bénéficie d'une vue magnifique sur le lac depuis le toit (doubles entre 150 et 200 Rs avec balcon donnant sur le lac, ou entre 200 et 300 Rs avec s.d.b.). D'autres chambres reviennent à 100 Rs.

Autre établissement agréable avec vue superbe sur la ville, l'*Hotel Paramount Palace* (☎ *772428, fax 772244*) loue des doubles avec s.d.b. entre 100 et 450 Rs (selon la taille) ; les plus chères (n°s 106, 108, 109 et 111), dotées de balcons, sont particulièrement plaisantes.

A deux pas, l'*OK Palace Pushkar* (☎ *772868*), particulièrement bon marché, possède des simples/doubles à 40/80 Rs, et des doubles avec s.d.b. à 100 Rs.

L'*Hotel Aroma* (☎ *772729, fax 772244*), établissement avenant très proche de l'emplacement de la foire aux dromadaires, offre des doubles nettes à 100 Rs.

Paisible et avenante, la *Rajguru Guest House* (☎ *772879, fax 772102*), près de la Mayur Guest House, loue des chambres un peu étriquées avec seau d'eau chaude gratuit. Le petit jardin est agréable et le propriétaire très serviable. Les doubles sans/avec s.d.b. reviennent à 80/125 Rs.

Sur le niveau supérieur des ghats à l'ouest, l'*Hotel Bharatpur Palace* (☎ *772320*) occupe l'un des meilleurs emplacements de Pushkar. Les prix s'échelonnent de 100 Rs pour les simples sans s.d.b. à 500 Rs la double avec s.d.b. Si la chambre n° 5 est très bien située (200 Rs), la n° 1 constitue l'un des choix les plus romantique de Pushkar, idéal pour un réveil matinal : du lit, les portes ouvertes, les clients voient le lac (qui entoure l'hôtel sur trois côtés) et les ghats se déployer devant leurs yeux. Même sans s.d.b., les chambres sont d'un très bon rapport qualité/prix (300 Rs, 2 000 Rs pendant la foire aux dromadaires).

Où se loger – catégories moyenne et supérieure

Près du lac, l'*Hotel Pushkar Palace* (☎ *772001, fax 772226*), jadis propriété du maharaja de Kishangarh, reste très fréquenté bien que les avis soient mitigés ces dernières années. Les chambres les moins chères reviennent à 600/745 Rs sans/avec clim., d'autres plus agréables à 1 100/1 195 Rs, et les plus onéreuses (1 900/1 995 Rs) offrent une vue extraordinaire sur le lac, qui vous reviendra à 175 $US pendant la foire aux dromadaires.

Adossé à l'Hotel Pushkar Palace, mais doté d'une entrée différente, l'*Hotel Sarovar* (☎ *772040*) de la RTDC est aménagé sur un terrain spacieux à l'extrémité la plus éloignée du lac. Doté d'un restaurant, il possède davantage de cachet que la plupart des autres établissements de la RTDC ; néanmoins, certains clients se sont plaints du service désinvolte. Les simples/doubles coûtent 100/200 Rs, ou 300/400 Rs avec s.d.b., et 500/600 Rs avec vue sur le lac (lits en dortoir à 50 Rs).

Légèrement excentré, le *Jagat Singh Palace Hotel* (☎ *772953, fax 772952*), l'un des établissements les plus luxueux de Pushkar, fut conçu comme un fort, puis transformé en hôtel pour touristes. Il dispose de chambres agréablement meublées à 1 100/1 195 Rs, et possède un vaste jardin ainsi qu'un restaurant.

Également luxueux, le *Pushkar Resorts* (☎ *772017, fax 772946, pushkar@pushkarresorts.com*), à 5 km de la ville, loue 40 bungalows modernes, confortables mais dépourvus de caractère (avec clim. et TV). Tous reviennent à 1 895/2 195 Rs (simples/doubles). L'établissement possède une salle à manger (pour les clients uniquement), une piscine, ainsi que deux télescopes pour l'observation des étoiles.

Lui aussi un peu excentré, le ***JP's Tourist Village Resort*** *(☎ 772067, fax 772026)* jouit d'un grand calme. Ses confortables doubles avec s.d.b. s'échelonnent de 500 à 750 Rs. Vous pourrez dormir dans la cabane perchée dans un arbre (200 Rs par personne), et profiter de la piscine et du restaurant.

Tourist Villages. Lors de la foire aux dromadaires, la RTDC et de nombreux opérateurs privés installent d'innombrables tentes près du terrain où se déroule l'événement (*mela*). Prévoyez des vêtements chauds – car les nuits peuvent être froides – ainsi qu'une lampe-torche. La demande étant forte, réservez longtemps à l'avance.

Au ***Tourist Village*** *(☎ 772074)* de la RTDC, comptez 7 $US par personnes en tente-dortoir, et 4 000/4 500 Rs pour une tente simple/double rudimentaire avec s.d.b. commune (pension complète). Les luxueuses tentes suisses avec s.d.b. reviennent à 5 000/5 500 Rs. Si durant la foire les chalets deluxe coûtent 5 500/6 000 Rs (repas compris), ils valent bien moins cher le reste de l'année (entre 150 et 400 Rs). Pour réserver, contactez le General Manager, Central Reservations (☎ 0141-202152, fax 201145, rtdc@jp1.dot.net.in), RTDC Hotel Swagatam Campus, Near Railway Station, Jaipur, ou le RTDC Hotel Sarovar à Pushkar. Pour confirmer votre réservation, vous devez régler le séjour 45 jours à l'avance.

Les ***Royal Tents*** du maharaja de Jodhpur affichent des tarifs à la hauteur du luxe offert : 175/225 $US la simple/double avec s.d.b. (seau d'eau chaude), en pension complète. Réservez à l'avance à l'Umaid Bhawan Palace (☎ 0291-433316, fax 635373) de Jodhpur.

Plus éloigné du champ de foire, le ***Royal Desert Camp*** *(☎ 772957)* constitue une bonne alternative, avec des tentes à 85/100 $US avec s.d.b. et douches, et d'autres à 115/125 $US. Les tentes avec s.d.b. commune sont moins onéreuses. Le tarif inclut la pension complète et la "navette à dos de dromadaire" jusqu'à la foire. Réservez longtemps à l'avance au camp ou à l'Hotel Pushkar Palace (☎ 772001, fax 772226) situé dans la ville.

Où se restaurer

Pushkar regorge de restaurants tout à fait abordables, bien que le respect des normes d'hygiène laisse parfois à désirer. Si le végétalisme très strict limite la gamme des ingrédients utilisés, il attise parfois l'imagination des cuisiniers : certains proposent des omelettes sans œufs, et d'autres des spaghettis végétariens à la bolognaise. Évitez les plats occidentaux, plutôt décevants. De nombreux établissements proposent des buffets à volonté, une formule très prisée entre 35 et 45 Rs.

Souvent, le site et la vue sont meilleurs que les établissements. C'est le cas de l'***Hotel Pushkar Palace*** (voir *Où se loger – catégories moyenne et supérieure*) : s'il est idéal pour un verre au coucher du soleil (lassi de mangue à 25 Rs), mieux vaut manger ailleurs.

Le ***Venus Restaurant***, offrant une vue privilégiée sur la rue principale et ses activités fascinantes, sert des pancakes au chocolat avec banane et miel (25 Rs).

Quant au ***Sanjay Restaurant***, il dispose d'une vue superbe sur le lac.

Sur les ghats orientaux, le ***Sunset Café***, rendez-vous de voyageurs idéal pour échanger des histoires sur Goa, Katmandou ou d'autres destinations, est aussi plaisant que le service est lent. Ce simple café propose un menu comportant l'habituel choix de mets variés (dosas à 20 Rs et plats poêlés entre 50 et 75 Rs), et possède une German Bakery (boulangerie). Le site, en bordure du lac, est parfait pour admirer le coucher du soleil.

L'***Om Shiva***, près de la State Bank of Bikaner & Jaipur, dresse un savoureux buffet à prix raisonnable (45 Rs). Trois autres établissements au moins portent le même nom, ce qui contribue à sa popularité.

Le ***Moon Dance*** ne suscite que des commentaires positifs. Il dispose ses tables dans un jardin décontracté et sert un grand choix d'excellents plats indiens, mexicains, italiens et israéliens. Spectaculaire, l'enchilada d'épinards et de champignons vaut 55 Rs, le savoureux hamburger – aux épinards et champignons également – 50 Rs, la succulente bruschetta 20 Rs, et l'apaisant thé à la cannelle 5 Rs. L'établissement possède une table de billard, et l'on s'assoit à table ou sur des coussins. La cuisine indienne est étonnamment inégale et le service parfois lent.

Le ***Raju Garden Restaurant*** sert un méli-mélo de plats occidentaux, chinois et indiens. Les prix sont un peu élevés mais le choix est varié. Si votre estomac réclame de la simplicité, goûtez les pommes de terre au four (45 Rs). Pour déguster un gâteau d'anniversaire, commandez à l'avance (du prix acceptable de 65 Rs à celui insensé de 1 000 Rs !).

Non loin du Brahma Temple, le ***Sun-n-Moon***, calme, installe ses tables autour d'un banian. Il propose toute une gamme de plats occidentaux et indiens tels que des hamburgers cachemiri (45 Rs), sert de copieux petits déjeuners (de 55 à 75 Rs), et prépare la "meilleure tarte aux pommes de Pushkar" (45 Rs).

Sur la partie occidentale de Sadar Bazaar Rd, l'***Honey Dew Restaurant***, confortable, cuisine des thali à un prix très correct (25 Rs).

Achats

Pour acheter souvenirs et cadeaux, rien ne vaut le grand bazar de Pushkar, dédale d'étroites ruelles bordées de petites échoppes pleines de trésors. Vous y trouverez de tout, des boutiques de vêtements en vogue à la fin des années 60 aux turbans rajasthanis, en passant par les instruments de musique, les bâtons d'encens, les statues de Ganesh ou encore les romans de Salman Rushdie. Parmi les articles les plus intéressants figurent bijoux, tentures murales et autres tissus brodés, sacs en bandoulière superbes, marionnettes rajasthanies, et musiques traditionnelles. Les articles viennent en grande partie de la région de Barmer, au sud de Jaisalmer, et d'autres endroits du Rajasthan. Vous devrez marchander, les vendeurs ayant l'habitude de traiter avec des clients disposant de beaucoup d'argent et de peu de temps. Rendez-vous dans plusieurs boutiques et comparez les prix. De nombreuses boutiques vendent les inévitables vêtements des années 70.

Les magasins de musique intéresseront ceux qui veulent rapporter de la musique indienne traditionnelle ou contemporaine.

De nombreuses librairies proposent un grand choix de romans d'occasion en plusieurs langues et les rachètent à environ 50% du prix d'achat.

Comment s'y rendre

Les bus circulent fréquemment entre Ajmer et Pushkar ; le trajet coûte 6 Rs (à cause du péage) et 4 Rs en sens inverse. En voiture, le péage s'élève à 25 Rs. Ces tarifs aussi augmentent pendant la foire.

Quelques agences de voyages proposent des billets de bus privés pour différentes destinations ; comparez les prix avant de vous décider. Ces bus partent généralement d'Ajmer, mais les agents se chargent du transport gratuit jusque-là. Les bus quittant Pushkar s'arrêtent généralement une heure ou davantage à Ajmer. Certains (notamment ceux *via* Jodhpur) ne vont pas jusqu'au terminus, en dépit des promesses initiales – ce qui implique un changement de bus et un supplément de prix. Pour les destinations, reportez-vous à *Comment s'y rendre* sous la rubrique *Ajmer* un peu plus haut. Des bus privés desservent Jaisalmer (180 Rs, 10 heures 30), Jodhpur (100 Rs, 5 heures 30), Udaipur (120 Rs, 8 heures), Delhi (160 Rs, 10 heures 30), Jaipur (80 Rs, 4 heures) et Agra (160 Rs, 9 heures).

Des agences de voyages se chargent des réservations ferroviaires à partir d'Ajmer pour quelque 50 Rs (y compris le transport en jeep jusqu'à Ajmer).

Comment circuler

Fort heureusement, les auto-rickshaws ne circulent pas dans le centre-ville où l'on se déplace facilement à pied. Vous pouvez louer un vélo (5 Rs l'heure ou 25 Rs par jour). Un wallah portera vos bagages sur une charrette à bras depuis/vers l'arrêt de bus pour 10 Rs environ.

RANTHAMBHORE NATIONAL PARK

☎ 07462

Près de la ville de Sawai Madhopur, à mi-chemin entre Bharatpur et Kota, le Ranthambhore National Park figure parmi les premières initiatives du Project Tiger au Rajasthan. Malheureusement, il démontre aussi l'échec de ce programme. C'est en effet dans ce parc que certains membres du gouvernement se sont livrés à un juteux braconnage de tigres, destiné à alimenter la pharmacopée chinoise. En 2000, la visite du président américain Bill Clinton a généré pour le parc un regain de popularité, tout en mettant en lumière ses problèmes : Bumbram, le tigre admiré par le président, fut introuvable à la réouverture du parc en octobre 2000, après la mousson, faisant craindre que l'animal, devenu soudainement célèbre, n'ait été tué par des braconniers. Afin de dédramatiser la situation, les responsables du parc réfutèrent les allégations, mais des doutes subsistent.

Au regard du recensement de 1999, le parc abrite 42 tigres (32 adultes et 10 petits). Il n'est pas exclu que vous en aperceviez un lors de votre visite, mais, pour cela, mieux vaut prévoir deux ou trois safaris. Même si les tigres se cachent, les paysages à eux seuls valent le déplacement. En Inde, vous n'avez pas souvent l'occasion de parcourir une si vaste étendue de brousse vierge.

La réserve couvre quelque 1 334 km² et ses paysages sont splendides. Lacs et rivières se succèdent, dominés par des escarpements abrupts.

Au sommet de l'un d'eux, se dresse le fort de Ranthambhore, construit au Xe siècle. En bas, brousse et forêt vierge alternent, parsemées de pavillons de chasse en ruine, de *chhatri* et de "caches" qui rappellent que ce territoire servait jadis de terrain de chasse aux maharajas.

Si le Parlement indien a approuvé la loi permettant de rebaptiser le parc en Rajiv Gandhi National Park, la mise en œuvre effective de la décision ne cesse d'être repoussée.

Orientation et renseignements

Dix kilomètres séparent Sawai Madhopur de la première entrée, où l'on achète les billets. Il faut parcourir encore 3 km pour atteindre la grille principale et le fort de Ranthambhore. Des hôtels jalonnent la route qui relie la ville au parc.

Le Tourist Reception Centre (☎ 20808) est installé dans le Vinayak Tourist Complex de la RTDC. Il ouvre tous les jours, sauf le dimanche, de 10h à 13h30 et de 14h à 17h. La State Bank of Bikaner & Jaipur, à Sawai Madhopur, ne change que les chèques de voyage.

Le bureau du Project Tiger (☎ 20223, 21142) se situe à 500 m de la gare ferroviaire.

Safaris

La meilleure saison pour visiter le parc s'étend d'octobre à avril. Il ferme pendant la mousson, du 1er juillet au 1er octobre. L'aube et la fin d'après-midi sont les meilleurs moments pour observer la faune.

Vu la densité des sous-bois, parfois très sombres, prévoyez des pellicules 400 ou 800 ASA.

L'entrée coûte 25/200 Rs pour les Indiens/étrangers, plus 100 Rs pour une caméra vidéo.

A moins de réserver deux mois à l'avance et de payer le montant de la location (750 Rs), il est presque impossible d'obtenir une jeep, la demande étant très supérieure à l'offre : le nombre de véhicules est limité et le gouvernement souhaite réduire la circulation dans le parc. Si vous pouvez planifier vos vacances à l'avance, contactez l'agence du Project Tiger (☎ 20223, 21142) ou le Tourist Reception Centre (☎ 20808), ou bien trouvez une agence de voyage qui s'occupera de la réservation et du paiement. Les occupants des jeeps doivent verser 125 Rs par véhicule lors de l'accès au parc.

A votre arrivée, vous pouvez réserver un siège dans un grand camion découvert, ou *canter* (80 Rs par personne). Pour avoir moins l'impression d'assister à un spectacle de cirque, demandez plutôt un mini-canter. Pour augmenter vos chances d'apercevoir un tigre, contactez l'agence du Project Tiger ou le Tourist Reception Centre le jour précédant le safari : ils vous indiqueront le lieu où des félins ont été observés récemment. Négociez ensuite pour un canter empruntant l'itinéraire correspondant. Si cette technique ne fonctionne pas toujours, cela vaut la peine d'essayer, notamment si votre temps est compté. La plupart des hôtels, le Tourist Reception Centre et l'agence du Project Tiger peuvent se charger des réservations.

Les services d'un guide, obligatoires, sont inclus dans le billet de camion. En jeep, vous devrez ajouter 150 Rs. Les camions et jeeps démarrent à 7h et 14h30 en hiver (d'octobre à février), et à 6h30 et 15h30 en été (de mars à juin). Le safari dure 3 heures. Réservez au bureau du Project Tiger – la veille entre 16 et 17h pour les safaris du matin, le jour même entre 11h et 12h pour ceux de l'après-midi. Toutefois, de nombreux hotels peuvent effectuer vos réservations en dehors de ces horaires.

Où se loger et se restaurer

Si les meilleurs établissements sont installés sur Ranthambhore Rd, ceux de Sawai Madhopur, peu engageants (très sales et très bruyants), conviennent mieux aux petits budgets.

Ranthambhore Road. A 5 km de la gare principale, l'***Hotel Ranthambore Resort*** *(☎ 21645, fax 21430)*, le moins cher de la rue, est un hôtel simple mais propre, qui offre des doubles de taille correcte avec s.d.b. et eau chaude en permanence (250 Rs). Propriété de l'établissement, le ***City Heart Restaurant*** attenant devait ouvrir juste après notre passage, et proposer de la cuisine punjabie, chinoise, tandoori et d'Inde du Sud.

A 4 km de la gare, l'***Hotel Tiger Safari Resort*** *(☎ 21137, fax 22391)* dispose d'agréables doubles avec s.d.b. très propres à partir de 300 Rs. Son restaurant en terrasse, aménagé sur le toit, sert des plats à la carte pour des tarifs raisonnables.

Très apprécié, l'***Ankur Resort*** *(☎ 20792, fax 23303, ankur@ranthambor.com)*, à 3 km de la gare, loue toutefois ses chambres un peu chères : doubles à partir de 600 Rs, et deluxe à 1 200/1 500 Rs (les plus chères avec TV par satellite).

A deux pas, l'***Hotel Ranthambore Regency*** *(☎ 21176, fax 22299, ranthamboreregency@ranthambor.com)* dispose de plaisantes simples/doubles à 600/800 Rs, et de cottages avec clim. à 1 300/1 500 Rs.

Ancien pavillon de chasse royal, le ***Castle Jhoomar Baori*** *(☎ 20495)* de la RTDC jouit d'une situation exceptionnelle à flanc de colline, à 7 km de la gare ferroviaire. Sans être vraiment luxueuses, les chambres ont beaucoup de caractère. Comptez 700/800 Rs pour une simple/double standard, 900/1 100 Rs pour une suite "panthère", et 1 200/1 500 Rs pour une suite "tigre" ou "léopard".

Plus loin sur la route, le ***Vinayak Tourist Complex*** *(☎ 21333)* de la RTDC dispose de chambres convenables à 550/600 Rs, ainsi que d'une belle pelouse et d'un feu de camp en hiver.

A 3 km de la gare, le ***Sawai Madhopur Lodge*** *(☎ 20541, fax 20718)* appartenait autrefois au maharaja de Jaipur. Géré par le Taj Group, c'est un établissement luxueux, avec piscine (ouverte aux non-résidents pour 300 Rs), bar, restaurant, bibliothèque, et 6 hectares d'agréables jardins. Il facture ses chambres 2 500/3 500 Rs, et 2 800 Rs la double en tente de luxe avec s.d.b.

Sawai Madhopur. L'***Hotel Chinkara*** *(☎ 20340, 13 Indira Colony, Civil Lines)* propose des chambres spacieuses avec s.d.b. et eau chaude par intermittence à 125/200 Rs.

Autre bonne adresse toute proche, le ***Rajeev Resort*** *(☎ 21413, fax 33138)* offre des prestations analogues : 125/200 Rs la chambre correcte avec s.d.b.

Ne retenez les établissements ci-dessous que si le prix est votre préoccupation majeure. Dans les deux cas, il sera sans doute nécessaire de faire changer les draps.

Au ***Vishal Hotel*** *(☎ 20504)*, dans le grand bazar, vous débourserez 60 Rs pour une simple humide avec s.d.b. et de 80 à 175 Rs pour une mauvaise double avec s.d.b. (seau d'eau chaude gratuit).

L'***Hotel Pink Palace*** *(☎ 20722, plot A1, Bal Mandir Colony)* loue des chambres plutôt sommaires avec s.d.b. commune (seau d'eau chaude gratuit) à 60/100 Rs, ou 125/150 Rs avec s.d.b. Comptez 200/250 Rs pour des toilettes avec chasse d'eau, chauffe-eau et la TV par satellite (dont le fonctionnement est aléatoire).

Achats

A 3 km de l'entrée du parc, sur Ranthambore Rd, le Dastkar Craft Centre mérite le détour. Parmi les objets artisanaux – tous produits par des femmes de basse caste dans les villages locaux – figurent dessus de lit, vêtements et autres articles textiles.

Quitter la ville

Bus. Des bus se rendent, entre autres destinations, à Jaipur (45 Rs, 4 heures 30) et Kota (45 Rs, 4 heures). Ceux passant par Tonk partent de la petite gare routière située près de la station service, non loin du pont autoroutier. *Via* Dausa (sur la route Jaipur-Bharatpur), les bus démarrent du rond-point de la poste principale. Comme un trajet par Bharatpur signifie invariablement un changement à Dausa, mieux vaut voyager par train.

Train. La gare dispose d'un bureau de réservation informatisé, ouvert de 8h à 20h du lundi au samedi, et jusqu'à 14h le dimanche.

Pour Delhi, le *Golden Temple Mail* (2903) quitte Sawai Madhopur à 13h pour arriver à 19h35 (84/131/378 Rs en économique/couchette/3A). Il passe à Bharatpur à 15h35 (52/81/234 Rs). Sept trains par jour desservent Kota, le plus pratique étant l'*Avadh Express* (5063), qui part de Sawai Madhopur à 9h55 et arrive à 11h35 (36/56/183 Rs).

Comment circuler

Vous pouvez louer une bicyclette pour quelque 15 Rs par jour dans les boutiques situées près de l'entrée principale de la gare ferroviaire et à l'extrémité est du grand bazar.

Sud du Rajasthan

BUNDI

☎ 0747 • 80 000 habitants

Visiter Bundi ressemble à un retour dans le passé. Cette petite ville pittoresque et captivante a plus ou moins conservé une atmosphère médiévale. Bundi ne compte pas parmi les principaux sites touristiques, ce qui fait une grande partie de son charme. Le soir, ses habitants se pressent vers les marchés colorés et animés qui jalonnent les ruelles. Dans cette bourgade accueillante, vous ne serez pas harcelé par d'insistants vendeurs, contrairement à la plupart des villes du Rajasthan.

L'héritage rajput est bien conservé dans l'imposant fort de Taragarh, qui domine la ville, et l'immense palais situé en contrebas. Ce dernier contient les célèbres peintures murales de Bundi.

Autrefois capitale d'un important État princier pendant l'âge d'or des Rajput, sa prééminence déclina avec l'avènement de la ville voisine de Kota, à l'époque moghole. Cependant, la ville conserva son indépendance jusqu'à son intégration dans l'État du Rajasthan, en 1947.

Renseignements

Le petit office du tourisme (☎ 442697), implanté dans l'enceinte de la Circuit House, ouvre du lundi au samedi de 10h à 13h30 et de 14h à 17h. Mukesh Mehta, dans le Haveli Braj Bhushanjee (voir *Où se loger et se restaurer*) est une mine d'informations et son site web (www.kiplingsbundi.com) mérite le coup d'œil. Lors de notre passage, aucune banque ne changeait de devises. Pratique si vous êtes à cours d'argent, le petit agent de change au sud du palais accepte des dollars, pour un tarif en roupies toutefois légèrement inférieur au taux du marché. Le Haveli Braj Bhushanjee ainsi que le Cyber Dream, tout proche, proposent un accès à Internet.

Taragarh

Laissé à l'abandon, le fort de Taragarh ou fort de l'Étoile, édifié en 1354, offre de belles promenades. Une route escarpée monte à flanc de colline jusqu'à l'énorme porte, couronnée d'éléphants. Prenez le chemin situé derrière le Chittra Sala, à l'intérieur des remparts, et longez-les à l'est, puis tournez à gauche et montez la rampe de pierre, juste avant le petit bâtiment désaffecté à 200 m du palais.

A l'intérieur des remparts, vous découvrirez d'immenses réservoirs taillés dans la roche ainsi que le Bhim Burj, le plus grand rempart, sur lequel est monté un canon célèbre. Le panorama sur la ville (beaucoup de bâtiments sont peints en bleu, comme à Jodhpur) et ses environs est particulièrement beau au coucher du soleil. Il est fort dommage que la radio nationale, Doordarshan, ait élevé à côté une horrible tour de béton.

Bundi palace

A l'extrémité nord-ouest du bazar, une abrupte rampe pavée mène à l'immense porte en bois du palais. Seule une partie du périmètre extérieur, le Chittra Sala, est ouverte au public. Pour admirer les célèbres **peintures murales de Bundi** (découvertes dans le Chattra Mahal et le Badal Mahal), contactez le secrétaire du maharaja de la ville. La plupart des hôtels pourront vous aider. Du côté sud de Nawal Sagar, la vue sur le palais et Taragarh est magnifique.

Baori et réservoirs

On dénombre plusieurs beaux *baori* (puits souterrains) dans le centre-ville. Rehaussé de superbes sculptures, le **Raniji-ki-Baori**, l'un des plus imposants, atteint une profondeur de 46 m. Il fut construit en 1699 par la rani Nathavatji. Le **Nagar Sagar Kund**, formé de deux puits identiques, est situé à l'extérieur de la Chogan Gate à l'entrée de la vieille ville, au centre de la cité.

Du fort, on peut admirer le lac artificiel carré de **Nawal Sagar**. Au centre se dresse un temple dédié à Varuna, le dieu aryen de l'eau. Le **Bhora-ji-ka-Kund** et le **Dhabhai Kund** méritent également le détour.

Autres curiosités

Flânez dans la vieille ville pour vous imprégner de son ambiance médiévale et visitez le pittoresque **marché aux légumes (sabzi)**, entre le Raniji-ki-Baori et le Nagar Sagar Kund (n'oubliez pas votre appareil photo).

Sans moyen de transport, les autres curiosités de Bundi, toutes à l'extérieur de la ville, restent d'accès difficile. A plusieurs kilomètres sur la route d'Ajmer, le **Phool Sagar Palace**, un palais moderne agrémenté d'un beau lac artificiel et de jardins, demeurait fermé au public lors de notre visite.

Plus près de la ville au bord du superbe Jait Sagar, un palais plus petit, le **Sukh Mahal**, héberge désormais l'Irrigation Rest House. A côté, le **Sar Bagh**, passablement délabré, abrite un certain nombre de cénotaphes royaux aux sculptures parfois terrifiantes. Le **Shikar Burj**, un ancien pavillon de chasse royal, se situe sur la route qui longe le nord du Jait Sagar. Au sud de la ville, au milieu d'un jardin, l'étonnant **cénotaphe aux 84 colonnes** mérite incontestablement une visite, surtout le soir lorsqu'il est illuminé.

Le village de Garardha, à quelque 32 km de Bundi, contient d'anciennes **peintures rupestres** sur des rochers qui bordent la rivière. Elles dateraient de 15 000 ans environ et représentent des scènes de chasse et, plus curieux, un homme juché sur un oiseau gigantesque. Mieux vaut venir avec un guide qui connaît bien le site – adressez-vous à Mukesh Mehta au haveli Braj Bhushanjee (voir *Où se loger et se restaurer*).

Où se loger et se restaurer

Bundi propose un vaste choix d'hébergements (on souhaiterait qu'il en soit de même à Chittorgarh). Le système des commissions fait rage ; ne vous laissez pas influencer par les chauffeurs de taxis ni les auto-rickshaws.

Aménagé à quelques pas de la gare routière, l'***Ishwari Niwas*** (☎ *442414, fax 442486, in_heritage@timesofindia.com,*

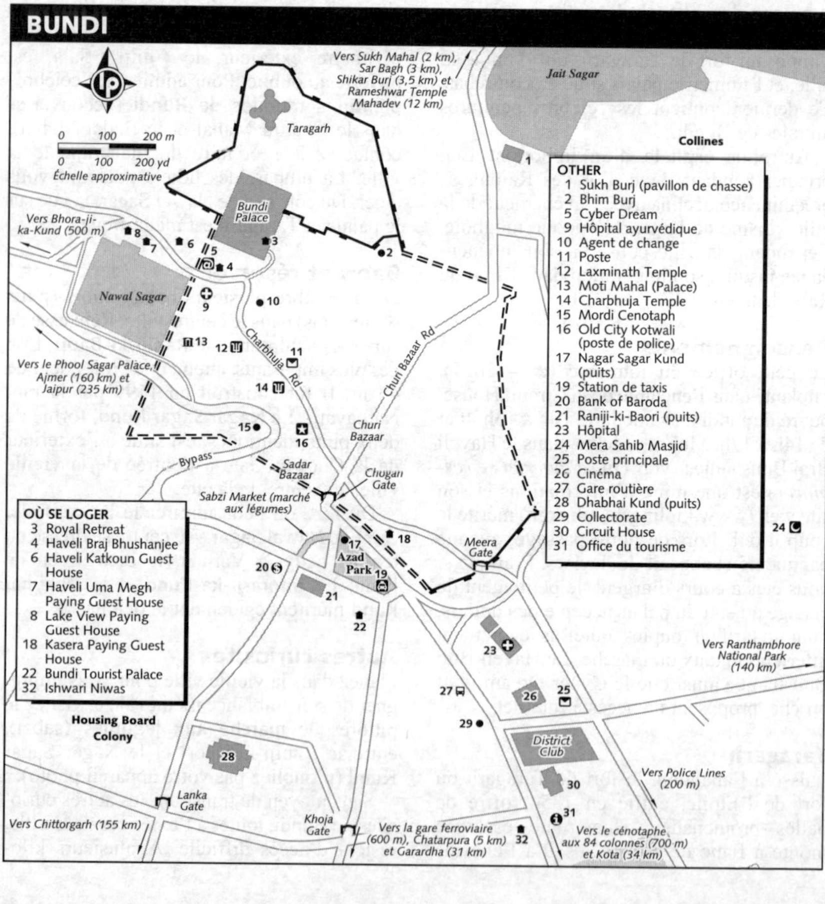

1 Civil Lines) fait face à l'office du tourisme. Ce vieil édifice colonial plein de charme, doté de hauts plafonds et d'un agréable jardin, loue des chambres propres et nettes à partir de 200/250 Rs, ainsi qu'une suite à 500 Rs. Bien que le site soit quelconque, le rapport qualité/prix est excellent. Les déjeuners et les dîners, végétariens ou non, reviennent à 150/175 Rs.

A proximité de Chogan Gate dans le grand bazar, la ***Kasera Paying Guest House*** *(☎ 444679, fax 443126, kaserapayingguesthouse@usa.net)* est une autre bonne adresse. Aménagées dans un ancien haveli superbe, ses doubles douillettes (avec s.d.b. commune et seau d'eau chaude) reviennent à 250 Rs. Le restaurant sur le toit propose un délicieux menu très varié. Le *paneer pulao* revient à 45 Rs, les épinards frits avec fromage indien à 25 Rs, et le caramel à la mangue (en saison) à 50 Rs.

Plus près du palais, la ***Haveli Katkoun Guest House*** *(☎ 444311, raghunandansingh@yahoo.com)* facture 150/200 Rs ses chambres propres et agréables, et 200/250 Rs celles légèrement plus spacieuses, toutes avec s.d.b. Son petit restaurant installé dans le jardin sert, entre autres, de bons petits déjeuners, du poulet masala (100 Rs) et de la bière (80 Rs).

Non loin de là, la ***Lake View Paying Guest House*** *(☎ 442326, lakeviewbundi@yahoo.com)* possède des simples/doubles (la plupart avec s.d.b. commune) à 100/150 Rs. Certaines jouissent d'une vue sur le lac, et la n° 1 (150 Rs) est particulièrement agréable. Vous bénéficierez de repas faits maison.

A deux pas, la ***Haveli Uma Megh Paying Guest House*** *(☎ 442191)* loue toute une gamme de chambres, de la petite simple avec s.d.b. commune (75 Rs) à la double avec s.d.b., toilettes avec chasse d'eau et vue sur le lac (350 Rs). Certaines des moins chères offrent également de beaux panoramas. Un charmant restaurant est installé en bordure du lac dans le jardin.

Face à l'hôpital ayurvédique au pied du palais, l'***Haveli Braj Bhushanjee*** *(☎ 442322, fax 442142, res@kiplingsbundi.com)* abrite des chambres agréables avec plus ou moins de caractère (de 350 à 1 400 Rs, avec s.d.b. et chauffe-eau). Si l'établissement accepte les cartes de crédit, il préfère les paiements en roupies. Complets, mais onéreux, les menus végétariens fixes, servis dans une salle à manger pleine de charme, reviennent à 250 Rs. Prévenez à l'avance pour qu'on vienne vous chercher (gratuitement) aux gares routière ou ferroviaire.

Établissement apprécié et parfaitement situé – dans l'enceinte du palais –, le ***Royal Retreat*** *(☎ 444426)* entoure une paisible cour (chambres à partir de 350/550 Rs).

Plutôt rudimentaire, le ***Bundi Tourist Palace*** *(☎ 442650)*, face à Azad Park, est néanmoins propre et accueillant. Les petites simples/doubles reviennent à 70/120 Rs avec s.d.b. commune et seau d'eau chaude. S'il existe de meilleurs établissements, celui-ci est néanmoins pratique pour des départs aux aurores depuis la gare routière.

Quitter la ville

Les routes à l'est et à l'ouest de Bundi étant dans un état épouvantable, le voyage vers Chittorgarh et Sawai Madhopur est particulièrement fatigant. Des bus semi-réguliers desservent Ajmer (67 Rs, 5 heures), Kota (15 Rs, 1 heure), Sawai Madhopur (44 Rs, 4 heures 30), Udaipur (122 Rs, 8 heures 30), Jodhpur (146 Rs, 10 heures), Bikaner (171 Rs, 10 heures), Jaipur (83 Rs, 5 heures) et Indore dans le Madhya Pradesh (147 Rs, 12 heures).

KOTA

☎ 0744 • 662 000 habitants

Si Kota constitue l'une des villes les moins attirantes du Rajasthan, son palais et ses jardins méritent néanmoins le détour. La plupart des voyageurs préfèrent visiter Kota en circuit d'une journée à partir de Bundi.

Après la conquête de la région par les Rajput au XIIe siècle, Bundi fut choisie comme capitale et le souverain offrit Kota à son fils aîné. En 1624, Kota devint un État autonome, avant d'être intégré au Rajasthan, après l'Indépendance.

La fondation de la cité date de 1264, après la défaite des Bhil, mais Kota n'atteignit ses dimensions actuelles qu'au XVIIe siècle, lorsque Rao Madho Singh, fils du rajah de Bundi, fut désigné seigneur de Kota par l'empereur moghol Jehangir. Les dirigeants qui lui succédèrent ont tous participé à l'édification de la forteresse et des palais qui subsistent aujourd'hui.

De nos jours, Kota est devenue un quartier général de l'armée. C'est aussi le centre industriel du Rajasthan (industries chimiques principalement), qui fonctionne grâce aux centrales hydro-électriques de la Chambal – seule rivière de l'État au cours constant – et à la centrale nucléaire située à proximité.

Orientation et renseignements

Kota s'étend le long de la rive est de la Chambal. La gare ferroviaire se situe tout au nord. Plusieurs hôtels et l'arrêt de bus sont établis au centre.

Le Tourist Reception Centre (☎ 327695), dans l'Hotel Chambal de la RTDC, ouvre du lundi au samedi de 10h à 17h. La State Bank of Bikaner & Jaipur, Industrial Estate (face au Rajasthan Patrika), change les chèques de voyage et (parfois) les espèces.

City Palace et fort

A côté du barrage de Kota, dominant la Chambal, le City Palace et le fort représentent l'un des plus importants ensembles architecturaux de ce type au Rajasthan. Certains bâtiments sont désormais occupés par des écoles, mais la majeure partie est ouverte au public. L'entrée se fait par la **Naya Darwaza**, ou Nouvelle Porte, au sud.

Le **Rao Madho Singh Museum**, dans le City Palace, est superbe. Il est situé à droite de l'immense cour centrale et on y accède par une porte couronnée d'éléphants. A l'intérieur, vous pourrez admirer des collections d'armes, de costumes anciens, d'animaux empaillés et certaines des peintures murales les mieux préservées de l'État. Le musée ouvre tous les jours, sauf le vendredi, de 10h à 16h30 (entrée : 7/50 Rs pour les Indiens/étrangers, plus 50/75 Rs pour un appareil photo/Caméscope).

Jagmandir

Entre le City Palace et l'Hotel Chambal s'étend le pittoresque lac de Kishore Sagar, aménagé en 1346. Au milieu du lac, sur un îlot, se dresse le merveilleux petit palais de Jagmandir. Bâti en 1740 par l'une des maharani de Kota, il semble encore plus charmant aux premières heures de la matinée. Bien qu'il soit actuellement fermé au public, on peut s'en approcher en bateau, tous les jours, sauf le lundi, de 10h à 17h (60 Rs le bateau pour 15 min).

Musée du palais de Brij Vilas

Près du Kishore Sagar, ce petit musée gouvernemental, moins intéressant que celui du City Palace, expose une collection d'idoles de pierre et des fragments de sculptures provenant essentiellement des sites archéologiques de Baroli et de Jhalawar. Il ouvre tous les jours, sauf le vendredi, de 10h à 16h30 (entrée : 3 Rs, gratuite le lundi). Les photos sont interdites.

Jardins

Kota s'enorgueillit de plusieurs jardins bien entretenus – un soulagement pour la vue dans cette ville industrielle. Sur les rives de la Chambal, au sud du Fort, s'étendent les **Chambal Gardens**. La principale attraction est l'étang boueux peuplé de crocodiles. Autrefois nombreux dans la rivière, ceux-ci ont été pratiquement exterminés par les chasseurs au milieu du XXe siècle. On peut aussi voir quelques rares gharials (crocodiles à museau fin, mangeurs de poissons).

Tout près de l'Hotel Chambal, les **Chhattar Bilas Gardens** contiennent une collection insolite mais impressionnante de cénotaphes royaux à l'abandon.

Manifestation annuelles

Le **Dussehra Mela**, qui commémore la victoire de Rama sur Ravana, revêt à Kota une signification toute particulière. Les festivités donnent lieu à un immense *mela* ou foire. Du 13 au 15 octobre 2002, et du 3 au 5 octobre 2003, la ville s'animera à l'occasion d'une foire rendant hommage à Rama, avec l'embrasement d'effigies de 22,5 m.

Où se loger et se restaurer

Les possibilités d'hébergement bon marché, très limitées, ne présentent rien d'extraordinaire. On peut se sustenter à moindre frais dans les échoppes préparant omelettes et en-cas qui s'installent en début de soirée sur le chemin longeant la poste principale. Les moustiques constituant un vrai problème dans certains hôtels de Kota, n'oubliez pas votre moustiquaire ni votre produit anti-moustiques.

L'***Hotel Navrang*** *(☎ 323294, fax 450 044)*, près de la poste principale, est une bien meilleure adresse que ne le suggère sa façade : les chambres (certaines avec plus ou moins de caractère), disposées autour d'une cour intérieure, possèdent toutes une s.d.b. Les simples/doubles reviennent à 300/400 Rs avec air-cooler, ou 650/880 Rs avec clim. (ces prix n'incluent pas la taxe de 10%). Il dispose d'un restaurant végétarien.

KOTA

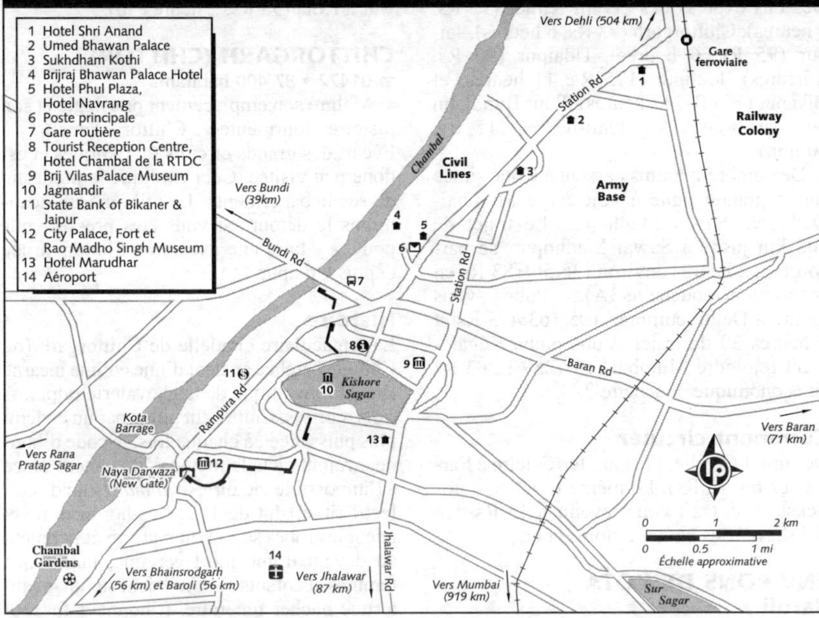

Son voisin, l'***Hotel Phul Plaza*** *(☎ 329350, fax 322 614)*, offre toute une gamme de chambres avec s.d.b. à partir de 275/350 Rs. Son bon restaurant végétarien ne propose rien à moins de 40 Rs.

Aménagé dans un bâtiment rose à 100 m de la gare ferroviaire, sur le trottoir opposé, l'***Hotel Shri Anand*** *(☎ 441157)* est pratique pour prendre un train tôt le matin. Les minuscules chambres pourraient certes être plus propres, mais elles sont bon marché (150/200 Rs avec s.d.b. et toilettes à la turque). Vous pouvez commander des repas végétariens.

Rose lui aussi, l'***Hotel Marudhar*** *(☎ 326186, fax 324415, Jhalawar Rd)*, entre le fort et Kishore Sagar, loue de petites chambres avec s.d.b. à 225/250 Rs, ou 350/400 Rs avec clim. L'hôtel donne sur une route bruyante : demandez une chambre calme.

Modeste, le ***Brijraj Bhawan Palace Hotel*** *(☎ 450529, fax 450057)* se perche sur une hauteur surplombant une rivière, la Chambal. Cet établissement paisible, le meilleur de Kota, porte le nom du maharaja actuel de la ville, Brijraj Singh (qui y vit encore). Comptez 1 050/1 450 Rs pour des chambres attrayantes, ou 1 800 Rs pour une suite magnifique. Contrairement à la plupart des palais, il s'agit d'un endroit familial plutôt que grandiose. Les menus fixes pour le déjeuner et le dîner, servis dans une salle à manger douillette, reviennent à 240 Rs (pour les clients uniquement).

L'***Umed Bhawan Palace*** *(☎ 325262, fax 451110, Station Rd)* est un établissement plus grandiose encore (néanmoins, un examen approfondi révèle un manque d'attention dans les détails). Entouré de jardins luxuriants, ce gracieux palais abrite un restaurant, un bar et une salle de billard. Les simples/doubles les moins chères reviennent à 1 190/1 790, celles de luxe à 1 390/2 190 Rs, et la chambre royale à 1 990/2 990 Rs.

Au ***Sukhdham Kothi*** *(☎ 320081, fax 327781)*, vous bénéficierez de chambres confortables à partir de 735/875 Rs. Installé dans la jolie propriété des Civil Lines, ce bâtiment centenaire pratique des réductions de 30% lorsqu'il est peu fréquenté. Petit déjeuner, déjeuner et dîner fixes reviennent à 110/200/225 Rs.

Quitter la ville

Des bus express desservent Ajmer (75 Rs, 6 heures), Chittorgarh (73 Rs, 6 heures), Jaipur (95 Rs, 6 heures), Udaipur (90 Rs, 6 heures), Jodhpur (175 Rs, 11 heures) et Bikaner (175 Rs, 12 heures). Pour Bundi, un bus part toutes les demi-heures (15 Rs, 50 min).

De nombreux trains passent à Kota, située sur la grande ligne à voie large Mumbai-Delhi *via* Sawai Madhopur. Le trajet de 108 km jusqu'à Sawai Madhopur, se parcourt en 2 heures environ (36/56/183 Rs en économique/couchette/3A). Pour vous rendre à Delhi, comptez 105/163/473 Rs et 8 heures 30 de trajet. Vous pouvez également rejoindre Mumbai (167/259/1 203 Rs en économique/couchette/2A).

Comment circuler

Des minibus relient la gare ferroviaire à l'arrêt des bus (2 Rs). Le même trajet en autorickshaw devrait vous revenir à 15 Rs. Un rickshaw vous coûtera moins cher.

ENVIRONS DE KOTA

Baroli

L'un des plus anciens ensembles de temples du Rajasthan se situe à Baroli, à 56 km au sud-ouest de Kota. Nombre de temples furent pillés par les armées musulmanes, mais leurs vestiges méritent une visite. Quelques sculptures de ces temples du IXe siècle ont été regroupées dans le Brij Vilas Palace Museum de Kota.

De Kota, des bus partent toutes les heures pour Baroli (15 Rs, 1 heure 30).

Jhalrapatan

Située à 94 km au sud de Kota, Jhalrapatan – la "cité des temples à cloches" – abrite les ruines d'un immense temple du Xe siècle dédié à Surya (le dieu soleil), d'impressionnantes sculptures, ainsi que l'une des statues du dieu les mieux conservées d'Inde. Le **Shantinath Jain Temple** du XIIe siècle mérite la visite, tout comme l'imposant **Gagron Fort**, à 10 km de Jhalawar (cette ville, toute proche de Jhalrapatan, offre quelques possibilités d'hébergements).

Chaque année (19 au 21 novembre 2002, 8 au 12 novembre 2003), Jhalrapatan accueille la **Chandrabhaga Fair** : durant cette foire au bétail, des centaines de pèlerins se baignent dans le fleuve sacré de Chandrabhaga. Des bus semi-réguliers relient Jhalawar à Kota (38 Rs, 2 heures 30).

CHITTORGARH (CHITTOR)

☎ 01472 • 87 400 habitants

Malgré son emplacement privilégié et son histoire tourmentée, Chittor demeure à l'écart des grands circuits touristiques et est donc peu visitée. Ceci explique la modestie de ses hébergements. La ville mérite néanmoins le détour. Si vous êtes pressé, vous pouvez y faire une excursion d'une journée depuis Udaipur.

Histoire

La tentaculaire citadelle de Chittorgarh (ou Chittor) perchée en haut d'une colline incarne l'idéal romantique de la chevalerie rajput. A trois reprises, Chittor fut pillée par un ennemi plus puissant et, à chaque fois, le code d'honneur rajput dicta le même dénouement : face à l'impossible victoire, le *jauhar* (suicide collectif rituel) fut déclaré. Les hommes revêtaient les robes safran du martyre et partaient au devant d'une mort certaine, tandis que femmes et enfants s'immolaient sur un gigantesque bûcher funéraire. L'honneur fut toujours plus important que la mort.

Chittor connut sa première défaite en 1303, lorsque Ala-ud-din Khilji, roi pathan de Delhi, assiégea la citadelle pour capturer la belle Padmini. Lorsque la défaite parut inévitable, les femmes rajput nobles, y compris Padmini, accomplirent le jauhar et les défenseurs de Chittor se sacrifièrent dans un dernier assaut. En 1535, ce fut Bahadur Shah, le sultan du Gujarat, qui assiégea le fort et une fois de plus, le même code ancestral s'appliqua. Cette fois, le carnage fut gigantesque : 13 000 femmes et 32 000 hommes périrent.

Le dernier sac de Chittor survint 33 ans plus tard, en 1568, lorsque l'empereur moghol Akbar s'empara de la ville. Le fort fut défendu héroïquement et, là encore, les femmes pratiquèrent le jauhar, les portes du fort furent ouvertes et 8 000 guerriers rajput chevauchèrent vers la mort. Le maharaja Udai Singh II s'enfuit à Udaipur pour y établir sa capitale. En 1616, Jehangir rendit Chittor aux Rajput, mais aucune tentative de repeuplement ne fut entreprise.

Orientation et renseignements

Le fort se dresse sur un site de 280 ha au sommet d'une colline abrupte de 180 m, qui s'élève au-dessus de la plaine. Jusqu'en 1568, la cité de Chittor se trouvait dans l'enceinte du fort ; la ville moderne d'aujourd'hui, ou ville basse, s'étend à l'ouest de la colline. Une rivière la sépare de l'arrêt des bus, de la voie ferrée et du reste de la ville.

Le Tourist Reception Centre (☎ 41089), près de la gare ferroviaire, ouvre du lundi au samedi de 10h à 17h (fermé de 13h à 14h). Vous pourrez changer de l'argent à la State Bank of Bikaner & Jaipur.

Fort

Selon la légende, Bhim, l'un des Pandava du *Mahabharata*, serait à l'origine de la construction du fort. Toutes les curiosités de Chittor sont rassemblées à l'intérieur de l'enceinte. Une montée en lacets d'un kilomètre conduit à travers sept portes jusqu'à l'entrée principale du côté ouest, la Rampol. Durant la montée, vous passez devant deux chhatri, marquant les emplacements où Jaimal et Kalla, héros du siège de 1568, tombèrent pendant le combat contre Akbar. L'entrée principale, à l'est du fort, s'appelle Surajpol (porte du soleil). A l'intérieur, une route circulaire fait le tour des ruines, tandis qu'un parc aux cerfs s'étend au sud. De l'extrémité ouest du fort, vous aurez une belle vue sur la ville et la campagne alentour, ainsi que sur l'énorme usine de ciment.

Aujourd'hui, le fort de Chittor n'est plus qu'une ruine désertée. Il en subsiste néanmoins des vestiges impressionnants. Les principaux sites se visitent en une demi-journée (si vous n'êtes pas à pied ; voir la rubrique *Comment circuler*).

L'entrée est libre. Des guides attendent habituellement au Rana Kumbha Palace (200 Rs environ).

Rana Kumbha Palace. En entrant dans le fort, puis en tournant à droite, vous arrivez presque aussitôt aux ruines d'un palais. Il contient des écuries à éléphants et à chevaux, ainsi qu'un temple dédié à Shiva. L'un des jauhar aurait eu lieu dans une cave voûtée. De l'autre côté du palais se trouvent le musée archéologique et le bâtiment du trésor ou Nau Lakha Bhandar. Le **Singa Chowri Temple** est tout proche.

Fateh Prakash Palace. Derrière le Rana Kumbha Palace, ce palais, beaucoup plus moderne (le maharaja Fateh Singh est mort en 1930), abrite un **musée** très modeste ; le reste du bâtiment est fermé. Le musée ouvre tous les jours, sauf le vendredi, de 10h à 16h30 (entrée : 3 Rs, gratuite le lundi).

Jaya Stambh. Vers le sud, près du fort, se dresse la caractéristique Jaya Stambh (tour de la victoire), érigée par Rana Kumbha entre 1458 et 1468. Haute de 37 m et de 9 étages, elle n'est accessible que jusqu'au 8e étage, par un étroit escalier. L'entrée de la tour, ouverte de 8h à 19h, coûte la bagatelle de 25 Rs/5 $US pour les Indiens/étrangers. Bien qu'agréable, la vue d'en haut ne mérite pas la dépense, d'autant que le plus impressionnant reste la façade, dotée d'exquises sculptures hindoues. Vous pouvez flâner librement tout

CHITTORGARH (CHITTOR)

OÙ SE LOGER
11 Bhagwati Hotel
13 Natraj Tourist Hotel
16 Hotel Pratap Palace
20 Shalimar Hotel
21 Hotel Chetak
22 Hotel Meera

DIVERS
1 Mahavir Temple, Kirti Stambha (tour de la Renommée)
2 Fateh Prakash Palace, musée
3 Musée archéologique et bureau
4 Rana Kumbha Palace, Singa Chowri Temple
5 Chhatris of Jaimal & Kalla
6 Kumbha Shyam Temple, Meera Temple
7 Temple of Neelkanth Mahadev
8 Jaya Stambh (tour de la Victoire)
9 Mahasati Temple, Sammidheshwar Temple
10 Rawat Bagh Singh Memorial
12 Gare routière
13 State Bank of India
14 State Bank of Bikaner & Jaipur
15 Poste principale
17 Kalika Mata Temple
18 Padmini's Palace
19 Tourist Reception Centre

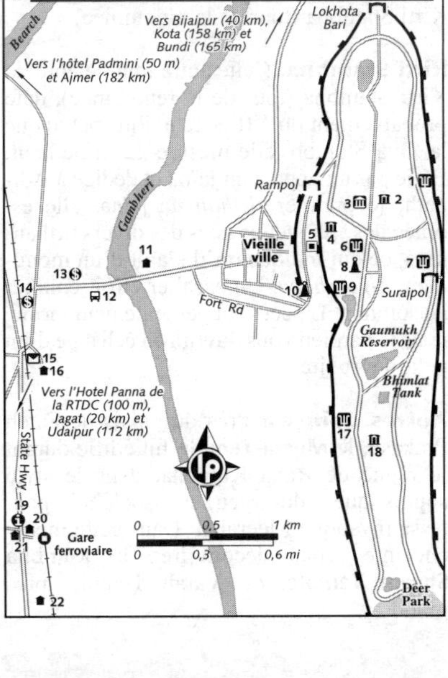

autour. Le dôme, endommagé par la foudre, a été réparé au XIXe siècle. Si vous vous décidez à grimper, attention à votre tête.

Près de la tour s'étend le Mahasati, où fut pratiqué le sacrifice du jauhar. De nombreuses pierres de *sati* rappellent les veuves immolées sur le bûcher funéraire de leur époux. L'impressionnant **Sammidheshwar Temple** se situe à proximité.

Réservoir de Gaumukh. Derrière le temple, au bord de la falaise, un grand réservoir est alimenté par une source qui sort du muffle (*gaumukh*) d'une vache sculptée dans le rocher. L'ouverture conduit à la grotte dans laquelle Padmini et ses consœurs auraient pratiqué le jauhar.

Palais de Padmini. En continuant vers le sud, vous arrivez au palais de Padmini, construit à côté d'un vaste bassin. Au milieu se dresse un pavillon. Selon la légende, Padmini était assise dans ce pavillon lorsque Ala-ud-din aperçut son reflet dans un miroir du palais. Il décida alors de détruire Chittor pour s'emparer d'elle. Les portes de bronze du pavillon, emportées par Akbar, sont actuellement conservées au fort d'Agra.

La route circulaire passe ensuite devant le parc aux cerfs, le réservoir de Bhimlat, la Surajpol (porte du soleil) et le temple de Neelkanth Mahadev, avant d'arriver à la Kirti Stambha (tour de la renommée).

Kirti Stambha. Cette autre tour célèbre, la Kirti Stambha (tour de la renommée), date probablement du XIIe siècle. Plus petite que la Jaya Stambh, elle mesure 22 m de haut. Bâtie par un négociant jaïna et dédiée à Adinath, le premier *tirthankar* jaïna, elle est ornée des silhouettes nues des divers tirthankara, ce qui indique qu'il s'agit d'un monument *digambara*. Un escalier étroit conduit au sommet. L'accès est généralement fermé, mais le gardien vous ouvrira en échange d'un petit pourboire.

Autres édifices. Près du palais de Fateh Prakash, le **Meera Temple** fut édifié durant le règne de Rana Kumbha, dans le style sophistiqué indo-aryen, et associé à la poétesse mystique Meerabai. Dans cette même enceinte, vous découvrirez le **Kumbha Shyam Temple**, ou Varah Temple, plus grand.

En face du palais de Padmini s'élève le **Kalika Mata Temple**, du VIIIe siècle, dédié à Surya, puis à la déesse Kali. A l'extrémité nord du fort s'ouvre la porte **Lokhota Bari**, tandis qu'à l'extrémité sud une petite ouverture servait à précipiter dans l'abîme les criminels et les traîtres.

Où se loger et se restaurer

Dans l'ensemble, les hôtels de Chittor sont décevants : la propreté et le service sont inférieurs à la moyenne, nombre d'établissements bon marché renferment de misérables s.d.b. avec toilettes à la turque, tous sont effroyablement bruyants, et les femmes seules se sentiront généralement plutôt mal à l'aise.

Près de la gare ferroviaire, le ***Shalimar Hotel*** *(☎ 40842)* propose de tristes simples/doubles à 125/175 Rs avec s.d.b. (seau d'eau chaude gratuit).

Tout proche, l'***Hotel Chetak*** *(☎ 41588)* est d'une qualité légèrement supérieure. Les chambres avec s.d.b. commencent à 150/275 Rs, et les deluxe à 300/400 Rs, ou 400/500 Rs avec clim. Certaines sont un peu confinées. Le restaurant au rez-de-chaussée sert des plats végétariens indiens et chinois ainsi que des spécialités d'Inde du Sud (thali végétarien à 35 Rs).

Dans le même quartier, l'***Hotel Meera*** *(☎ 40266)* constitue un choix correct (simples/doubles avec s.d.b. de 250/325 Rs à 700/800 Rs). Les prix indiqués n'incluent pas la "taxe du gouvernement", dont aucun autre établissement ne semble avoir entendu parler. Les chambres sont plutôt mornes mais disposent presque toutes d'un chauffe-eau. L'hôtel sert des repas.

De l'autre côté du fleuve face à la gare routière, le ***Bhagwati Hotel*** *(☎ 46226)*, bien que le meilleur du quartier, n'a néanmoins rien de grandiose. Les simples avec s.d.b. et seau d'eau chaude coûtent 100/150 Rs.

Plus proche de la ville (et donc plus éloigné du fort), l'***Hotel Panna*** *(☎ 41238)* de la RTDC offre des lits en dortoir à 50 Rs, et des simples/doubles avec s.d.b. à partir de 150/250 Rs. Plus agréables, les chambres avec air-cooler reviennent à 300/400 Rs. L'hôtel abrite un petit bar un peu terne ainsi qu'un restaurant (thali, végétarien ou non, à 45/55 Rs).

L'***Hotel Pratap Palace*** *(☎/fax 40099)* jouit de la faveur des voyageurs. Vous débourserez 550/625 Rs au moins pour une simple/double avec air-cooler et s.d.b. Les meilleures chambres commencent à 850 Rs (mais ne sont pas tout à fait du goût de l'auteur). Son restaurant, située près du plaisant jardin, sert un demi-poulet tandoori pour 100 Rs et un *malai kofta* pour 35 Rs. Il organise des safaris dans les villages ainsi que des visites au château de Bijaipur (voir *Environs de Chittorgarh* ci-dessous).

Un peu excentré, en bordure de la Bearch, l'***Hotel Padmini*** *(☎ 41718, fax 47115)* constitue toutefois l'établissement le plus tranquille et le plus agréable de Chittor. Les jolies chambres avec air-cooler se louent 490/600 Rs, et celles avec clim., plus plaisantes mais surévaluées, 1 000/1 200 Rs. Certaines possèdent un balcon. Les réductions peuvent atteindre 15% si les affaires sont calmes. Le restaurant végétarien sert des spécialités du Punjab, du Sud de l'Inde et de Chine (*palak paneer* à 35 Rs).

Quitter la ville

Bus. Les bus express desservent de nombreuses destinations, notamment Delhi (225 Rs, 14 heures, un bus quotidien à 20h45), Ajmer (75 Rs, 4 heures), Jaipur (125 Rs, 8 heures), Udaipur (45 Rs, 3 heures) et Bundi (68 Rs, 4 heures 30).

Train. Le *Jaipur Express* (9770) quitte Chittor à 5h50 pour arriver à Jaipur à 14h (79/123/580 Rs en économique/couchette/2A). L'*Ajmer Express* (9672) part à l'heure indue de 3h (53/83/426 Rs). Pour Udaipur, le *Chetak Express* (9615) démarre à 6h50 et arrive à 10h25 (36/56/350 Rs) ; dans la direction opposée, le départ est à 22h et l'arrivée à Delhi à 13h10 (132/205/951 Rs). L'*Ahmedabad Express* (9943) part à 13h45 pour arriver à destination à 6h35 (95/148/684 Rs).

Comment circuler

Comptez environ 100 Rs en auto-rickshaw pour un trajet aller-retour de la gare routière au fort (temps d'attente aux différents sites inclus). Un rickshaw entre les gares routière et ferroviaire revient à peu près à 15 Rs.

Il est possible de louer une bicyclette près de la gare ferroviaire (30 Rs par jour) pour visiter le fort. La plupart n'ayant pas de vitesses, il vous faudra la pousser jusqu'au sommet, mais elle se révélera utile en haut ainsi que pour la descente – n'oubliez pas de vérifier les freins !

ENVIRONS DE CHITTORGARH

Bijaipur

A 40 km de Chittorgarh, le ***Castle Bijaipur*** a aménagé d'agréables chambres dans un palais du XVIe siècle (simples/doubles de 800/850 Rs à 1 350/1 500 Rs). Les propriétaires, très chaleureux, organisent des safaris en jeep et à cheval dans les villages avoisinants. Réservez par l'intermédiaire de l'Hotel Pratap Palace à Chittor (☎/fax 01472-40099). Des bus relient fréquemment Chittor à Bijaipur (20 Rs, 1 heure 30).

UDAIPUR

☎ 0294 • 378 000 habitants

Aucune cité du Rajasthan ne peut rivaliser avec le romantisme d'Udaipur, surnommée la "Venise de l'Orient", dont la vieille ville est parcourue d'un dédale de rues sinueuses.

Fondée en 1568 par le maharaja Udai Singh II après l'ultime pillage de Chittorgarh par l'empereur moghol Akbar, Udaipur égale les créations mondialement célèbres des Moghols par sa fantaisie et son raffinement dignes des Rajput. En dehors du Lake Palace (palais du lac), sans conteste l'un des derniers fleurons de ce déploiement culturel unique, Udaipur regorge de palais, de temples et de haveli (demeures ornées de fresques), des plus modestes aux plus extravagants. Foyer du théâtre, de la danse, de la peinture et de l'artisanat, la cité peut s'enorgueillir de son héritage culturel.

Le Mewar Festival (15 et 16 avril 2002, et 4 et 5 avril 2003) constitue le moment idéal pour séjourner dans la ville et admirer les femmes d'Udaipur revêtues de leurs plus beaux atours.

Comme dans la plupart des grandes villes en Inde, la zone urbaine et industrielle d'Udaipur s'étend bien au-delà de ses limites originelles et le spectacle des maintes pollutions qui la rongent peut s'avérer décourageant. C'est cette première impression qui vous assaillira si vous arrivez à Udaipur par le train ou le bus. Passez outre, et gagnez la vieille ville, où un monde bien différent vous attend.

Orientation

La vieille ville, entourée des vestiges du rempart, s'étend à l'est du lac Pichola. Les gares

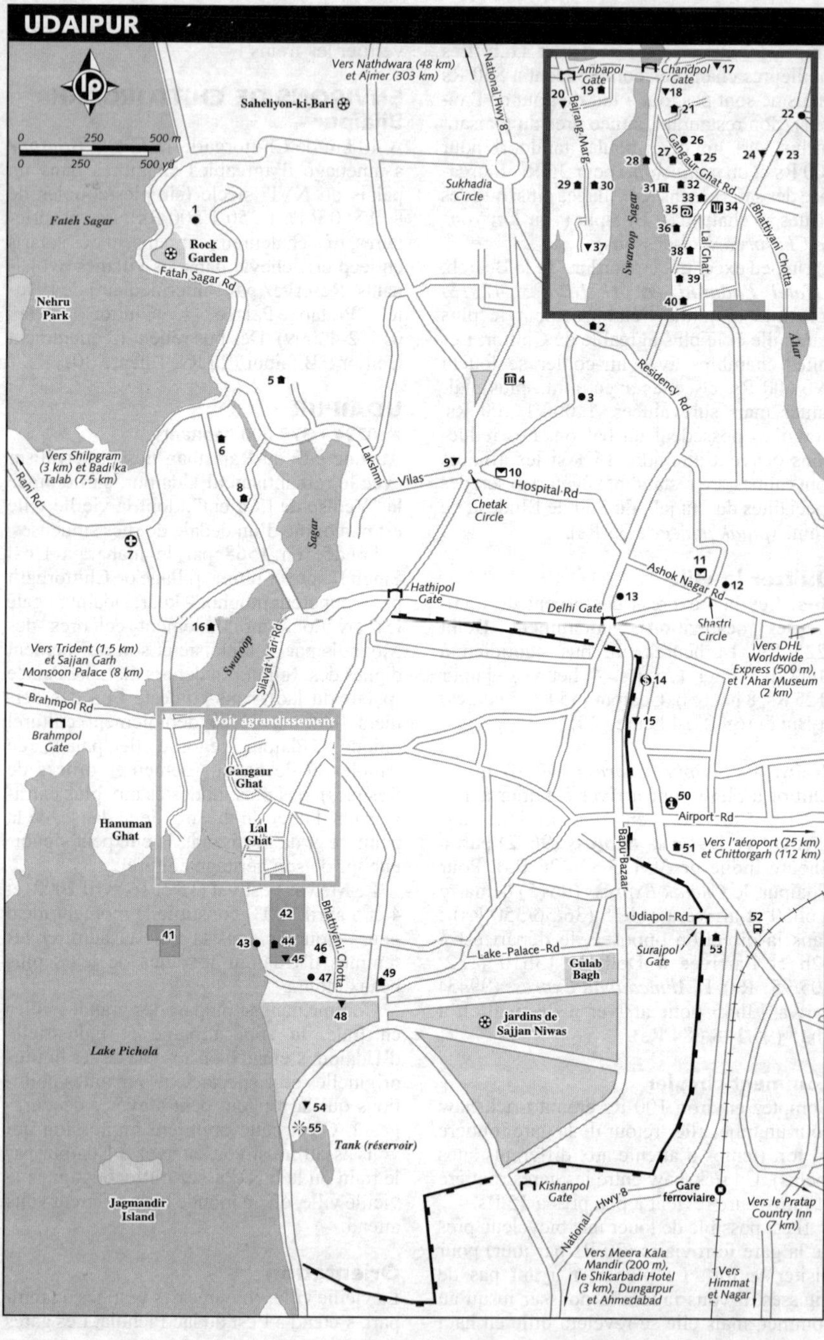
UDAIPUR
0 250 500 m
0 250 500 yd
Vers Nathdwara (48 km) et Ajmer (303 km)
Saheliyon-ki-Bari
National Hwy 8
Sukhadia Circle
Fateh Sagar
Rock Garden
Fatah Sagar Rd
Nehru Park
Vers Shilpgram (3 km) et Badi ka Talab (7,5 km)
Rani Rd
Lakshmi Vilas
Sagar
Chetak Circle
Hospital Rd
Residency Rd
Ashok Nagar Rd
Shastri Circle
Vers DHL Worldwide Express (500 m), et l'Ahar Museum (2 km)
Hathipol Gate
Delhi Gate
Swaroop
Silavat Vari Rd
Vers Trident (1,5 km) et Sajjan Garh Monsoon Palace (8 km)
Brahmpol Rd
Brahmpol Gate
Voir agrandissement
Gangaur Ghat
Lal Ghat
Hanuman Ghat
Airport Rd
Bapu Bazaar
Vers l'aéroport (25 km) et Chittorgarh (112 km)
Udiapol Rd
Surajpol Gate
Lake Palace Rd
Gulab Bagh
Bhattiyeni Chotta
jardins de Sajjan Niwas
Lake Pichola
Tank (réservoir)
Jagmandir Island
Kishanpol Gate
National Hwy 8
Gare ferroviaire
Vers le Pratap Country Inn (7 km)
Vers Meera Kala Mandir (200 m), le Shikarbadi Hotel (3 km), Dungarpur et Ahmedabad
Vers Himmat et Nagar
Ambapol Gate
Chandpol Gate
Bajrang Marg
Swaroop Sagar
Gangaur Ghat Rd
Bhattiyani Chotta
Lal Ghat
Ahar

UDAIPUR

OÙ SE LOGER
2 Mewar Inn
5 Laxmi Vilas Palace Hotel
6 Hotel Hilltop Palace
8 Pahadi Palace
16 Hotel Natural
19 Dream Heaven Guest House
20 Queen Cafe & Guest House
21 Nukkad Guest House
25 Hotel Badi Haveli, LeharPaying Guest House,Heera Cycle Store
27 Hotel Gangaur Palace
28 Jheel Guest House
29 Udai Kothi
30 Lake Pichola Hotel, Lake Shore Hotel
32 Jag Niwas Guest House
33 Poonam Haveli, Coffee.com
36 Lalghat Guest House, Restaurant Natural View
38 Lake Ghat Guest House, Hotel Caravanserai
39 Kankarwa Haveli, Jagat Niwas Palace Hotel, Hotel Jagat Niwas & Restaurant
40 Lake Corner Soni Paying Guest House
44 Shiv Niwas Palace Hotel, Fateh Prakash Palace Hotel, Gallery Restaurant
46 Hotel Raj Palace
49 Rang Niwas Palace Hotel, LKP Forex
51 Apsara Hotel
53 Parn Kulti Hotel

OÙ SE RESTAURER
9 Berry's Restaurant
15 Park View
17 Savage Garden Restaurant
18 Cafe Edelweiss
20 Queen Café & Guest House
23 Anna Restaurant
24 Maxim's Cafe
37 Ambrai Restaurant
45 Sunset View Terrace
48 Samor Bagh Restaurant
54 Cafe Hill Park

DIVERS
1 Pratap Smarak (Moti Magri)
3 Jet Airways
4 Bhartiya Lok Kala Museum
7 Madan Mohan Malvai Ayurvedic College & Hospital
10 Poste principale
11 Poste Restante
12 Hotel Kajri de la RTDC
13 Indian Airlines
14 Bank of Baroda
22 Tour de l'horloge
26 Prem Musical Instruments
31 Bagore-ki-Haveli
34 Jagdish Temple
35 Mewar International
41 Jagniwas Island (Lake Palace Hotel)
42 City Palace, musées, WWF, Vijaya Bank, Thomas Cook, agence de réservation des Heritage Hotels
43 Bansi Ghat (embarcadère du City Palace)
47 Billetterie des sorties en bateau
50 Tourist Reception Centre
52 Gare routière
55 Sunset Point

routière et ferroviaire sont situées de l'autre côté du rempart, au sud-est.

Renseignements

Offices du tourisme. Le Tourist Reception Centre (☎ 411535) est installé dans le Fateh Memorial Building, non loin de Surajpol, à moins de 1 km de la gare routière. Il ouvre de 10h à 13h30 et de 14h à 17h du lundi au samedi (fermé le second samedi du mois). Source d'informations bien plus pratique, *Out & About in Udaipur* est un bimensuel extrêmement intéressant disponible dans la plupart des librairies (10 Rs), ou à votre hôtel.

Argent. De nombreux établissements effectuent le change, comme la Vijaya Bank et Thomas Cook, tous deux dans le complexe du City Palace. A 200 m au sud-est de Delhi Gate, la Bank of Baroda change des dollars US et des livres sterling, et délivre des avances sur les cartes Visa, MasterCard et Bobcard (ouverte de 10h à 14h30 en semaine, et de 10h à 12h30 le samedi). La Vijaya Bank, ouverte de 10h à 14h en semaine et jusqu'à 12h le samedi, pratique également l'avance sur cartes de crédit (Visa et MasterCard uniquement). A proximité du Rang Niwas Palace Hotel, sur Lake Palace Rd, LKP Forex (☎ 524746) change les principales devises (ainsi que d'autres, moins courantes) sans faire de difficultés.

Poste et communications. La poste centrale se situe au nord de la vieille ville, à Chetak Circle. Le service de poste restante se trouve dans le bureau de Shastri Circle. Une petite poste ouvre devant le musée du City Palace. DHL Worldwide Express (☎/fax 414388) est établi 380 Ashok Nagar Rd, Shree Niketan Building (près d'Ayer Bridge).

Une kyrielle de boutiques vous permettent de surfer sur Internet, notamment dans le quartier du Lal Ghat. Comptez 1 Rp la minute. Mewar International (One Stop Shop, ☎ 419810) propose les connexions les plus rapides, mais attention aux suppléments lors des réservations de bus et de train.

Lac Pichola

Le paisible lac Pichola fut agrandi par le maharaja Udai Singh II, après qu'il eut fondé la cité et construit un barrage, le Badipol. Le lac mesure actuellement 4 km de long sur 3 km de large, mais, peu profond, il s'assèche lors des graves – et rares – sécheresses. Le City Palace s'étend sur la rive orientale. Au nord du palais, vous pouvez longer le lac bordé de ghats destinés aux bains et aux *dhobi* (lessives). Les eaux du lac sont parfois infestées de jacinthes d'eau.

Deux îles, Jagniwas et Jagmandir, émergent du lac. Des **promenades en bateau** partent à heures fixes (de 10h à 16h) de l'embarcadère du City Palace, le Bansi Ghat. Comptez 100 Rs pour 30 min, 200 Rs pour 1 heure (y compris la visite de de Jagmandir). Les billets s'achètent au kiosque installé sur la route qui passe au sud du City Palace, à 100 m à l'ouest du Samor Bagh restaurant.

Île Jagniwas. Jagniwas, l'île du Lake Palace Hotel, couvre une superficie de 1,5 ha. Édifié par le maharaja Jagat Singh II en 1754, le palais occupe toute l'île. Cet ancien palais royal d'été a été transformé en un hôtel d'un luxe inégalé avec cours ombragées, bassins de lotus et même une petite piscine sous un manguier. C'est le lieu idéal pour tomber amoureux, mais les simples curieux ne sont guère bienvenus. L'accès des non-résidents est limité au déjeuner ou au dîner, si l'hôtel n'est pas complet, c'est-à-dire rarement. Faute de réservation, on ne vous laissera pas monter sur le bateau, à moins de payer votre repas sur le débarcadère (votre nom figurera alors sur la liste). L'hôtel organise des traversées vers l'île à partir de l'embarcadère du City Palace.

Derrière Jagniwas, se cache une île beaucoup plus petite, **Arsi Vilas**, récemment utilisée comme plate-forme pour hélicoptères.

Île Jagmandir. L'autre palais du lac, Jagmandir, entrepris par le maharaja Karan Singh, doit son nom au maharaja Jagat Singh (1628-1652), qui y fit de nombreux ajouts.

L'empereur moghol Shah Jahan aurait emprunté à ce palais certaines de ses idées pour la construction du Taj Mahal. Bordée par une impressionnante rangée d'éléphants en pierre, l'île abrite un remarquable chhatri sculpté dans une pierre gris-bleu.

City Palace et musées

Le gigantesque City Palace, qui surplombe le lac, est le plus vaste ensemble palatial du Rajasthan. Une étonnante unité de style préside à l'ensemble des édifices ajoutés par les différents maharajas. La construction fut entreprise par le maharaja Udai Singh II, fondateur de la cité.

On entre dans le palais au nord par la Baripol (construite en 1600) et la Tripolia Gate (1725) avec ses huit arches de marbre sculpté. Selon la tradition, une fois par an, le maharaja était pesé sous la porte et son poids en or ou en argent était distribué à la population.

La majeure partie du palais est devenue un musée. Vous verrez le **Mor Chowk** et ses superbes mosaïques de paons, le **Manak (ou Ruby) Mahal**, ses verreries et ses miroirs, et la remarquable collection de miniatures du **Krishna Vilas**. Le **Bari Mahal** s'orne d'un agréable jardin. Le **Moti Mahal** est recouvert de miroirs et le **Chini Mahal**, de céramiques. Le rez-de-chaussée renferme une armurerie. Dans le **Zenana Mahal**, vous admirerez des peintures et une grande cage à tigre à côté de l'entrée. Vous y verrez également la minuscule boutique du WWF (World Wide Fund for Nature).

Le musée ouvre de 9h30 à 16h30 tous les jours (35 Rs). Entrez par le côté nord (sur la colline à partir du Jagdish Temple), ou vous devrez payer les frais de visite de 75 Rs. Ajoutez 75 Rs par appareil photo et 300 Rs (!) par caméra vidéo. Les services d'un guide méritent bien les 70 Rs demandées (jusqu'à 5 personnes). Comptez un supplément de 25 Rs pour une visite en langue étrangère.

Vous pourrez également visiter le **Government Museum** (3 Rs, gratuit le lundi) dans l'enceinte du palais. Dans la vaste cour qui précède le City Palace sont installées des boutiques d'artisanat, un bureau de change, un kiosque et des échoppes qui vendent des pellicules.

L'autre partie du palais, près du lac, a été transformée en deux hôtels de luxe, le Shiv Niwas Palace et le Fateh Prakash Palace (voir *City Palace* sous *Où se loger - Catégorie supérieure*).

Une étonnante **Crystal Gallery** est installée dans le Fateh Prakash Palace. Cette rare collection de cristal d'Osler, commandée en Angleterre par le maharana Sajjan Singh en 1877, regroupe des chaises, des tables et même des lits en cristal ! Elle ouvre tous les jours de 10h à 13h et de 15h à 20h (entrée : 250 Rs, y compris un soda, un thé ou un café). Les photographies sont interdites.

Cette galerie de cristal surplombe le somptueux **Durbar hall** décoré de chandeliers imposants. Nombre de palais indiens possèdent un durbar hall, ou salle d'audience, qui servait autrefois tant aux réceptions officielles qu'aux réunions privées. Celui-ci est incontestablement l'un des plus splendides du pays. Aux murs sont exposés des armes royales et de remarquables portraits des anciens maharajas du Mewar. Les illustres seigneurs du Mewar formeraient la plus ancienne dynastie régnante au monde, couvrant 76 générations.

La première pierre du Durbar hall fut posée en 1909 par Lord Minto, alors vice-roi des Indes, sous le règne du maharaja Fateh Singh. En son honneur, on le baptisa Minto Hall. Le dernier étage est entouré de galeries d'où les femmes du palais pouvaient observer les festivités.

Il est désormais ouvert aux visiteurs, moyennant 50 Rs (gratuit pour les clients du Fateh Prakash Palace Hotel et du Shiv Niwas Palace Hotel). Pouvant accueillir des centaines de personnes, il se loue pour diverses occasions, conférences et réceptions.

Jagdish Temple

A 150 m au nord de l'entrée du City Palace, ce splendide temple indo-aryen, édifié par le maharaja Jagat Singh en 1651, abrite une statue de pierre noire de Vishnu représenté sous les traits de Jagannath, seigneur de l'univers. Une statue en laiton de Garuda est conservée dans un oratoire devant le temple, qui ouvre tous les jours de 5h à 14h et de 16h à 22h.

Bagore-ki-Haveli

Cet ancien haveli charmant, situé au bord de l'eau dans le quartier du Gangaur Ghat, fut construit par l'ancien premier ministre à la fin du XVIIIe. Récemment ouvert au public, il renferme plus de 100 pièces ainsi que des cours, des terrasses et d'élégants balcons. Les miroirs et la verrerie sont admirables, tout comme les fresques des Chambers of the Royal Ladies. Il ouvre tous les jours de 10h à 17h (10 Rs). Le soir, vous assisterez peut-être à un spectacle de danses traditionnelles rajasthanies.

Fateh Sagar

Au nord du lac Pichola, ce lac, entouré de collines et rendez-vous des amoureux, fut aménagé en 1678 par le maharaja Jai Singh. De fortes pluies détruisirent le barrage qui fut reconstruit par le maharaja Fateh Singh. Au milieu s'étend le parc Nehru, un jardin très fréquenté et agrémenté d'un café en forme de bateau. Vous pouvez prendre une embarcation au pied de la Moti Magri pour 10 Rs. La course en auto-rickshaw depuis la vieille ville revient à 20 Rs (aller simple).

Bhartiya Lok Kala Museum

L'intéressante collection exposée dans ce petit musée, fondé pour la préservation et la promotion des arts populaires, comprend des poupées, des masques, des instruments de musique, des peintures et des marionnettes. Il ouvre tous les jours, de 9h à 17h30 (entrée : 10 Rs, plus 20/50 Rs pour un appareil photo/Caméscope). Des spectacles de marionnettes sont présentés deux fois par jour (13h et 18h, 30 Rs). Pour plus de détails, appelez le ☎ 529296.

Saheliyon-ki-Bari

Le Saheliyon-ki-Bari, (jardin des demoiselles d'honneur), au nord de la ville, est un petit jardin d'agrément doté de fontaines, de kiosques, d'éléphants en marbre et d'un charmant bassin de lotus. Il ouvre tous les jours de 9h à 18h (5 Rs, plus 5 Rs pour ouvrir les fontaines).

Shilpgram

Shilpgram, un village consacré à l'artisanat à 3 km à l'ouest de Fateh Sagar, regroupe des maisons traditionnelles du Rajasthan, du Gujarat, de Goa et du Maharashtra. Musiciens, danseurs ou artisans de ces États s'y produisent. L'animation bat son plein durant les périodes de fête (en général début décembre ; vérifiez auprès du Tourist Reception Centre), mais il s'y passe quelque chose à toute époque de l'année. Il ouvre tous les jours de 11h à 19h (entrée : 5/10 Rs pour les Indiens/étrangers).

Près du site, le ***Shilpi Restaurant*** sert de bons plats indiens, occidentaux et chinois. Sa piscine est ouverte de 11h à 16 h (100 Rs). Non loin, le ***Woodland Restaurant*** se révèle bien moins séduisant.

Depuis la vieille ville, l'aller-retour à Shilpgram revient à 80 Rs en auto-rickshaw (avec 30 min sur place).

Sajjan Garh (Monsoon Palace)

Au loin sur une chaîne montagneuse, ce palais à l'abandon fut érigé par le maharaja Sajjan Singh à la fin du XIXe siècle. Aujourd'hui propriété du gouvernement, il est officiellement fermé au public (néanmoins, on serait tenté de considérer comme officielles également les 10 Rs réclamées depuis si longtemps par le gardien). Pour entrer dans la réserve naturelle de Sajjan Garh, au pied de la colline, vous paierez 40 Rs, plus 15 Rs pour un rickshaw. La vue époustouflante, notamment au coucher du soleil, constitue l'attrait principal du site. La nuit, le palais est illuminé et semble, de loin, sorti tout droit d'un conte de fées. Le trajet du retour prend environ une heure en voiture (180 Rs en auto-rickshaw, attente comprise).

Autres curiosités

Le **Sunset Point**, près du Café Hill Park, est effectivement charmant au coucher du soleil (entrée : 5 Rs). Un concert est donné chaque soir au kiosque.

Le **Madan Mohan Malvai Ayurvedic College & Hospital**, dans Ambamata Scheme près de Fateh Sagar, prescrit des remèdes naturels et dispense des cours d'ayurveda.

A quelque 5 km au-delà de Shilpgram, le **Badi ka Talab** (lac du tigre), fournit le cadre idéal pour un pique-nique. Cet immense lac artificiel flanqué de collines est apprécié des crocodiles : évitez la baignade !

Leçons de musique

Au Prem Musical Instruments (☎ 430599), de nombreux voyageurs nous ont recommandé Bablu pour ses cours de sitar, de tabla et de flûte (100 Rs l'heure environ). Il vend également des instruments, les répare, et programme ses récitals à la demande.

Circuits organisés

Une visite de la ville en 4 heures part tous les jours à 8h de l'Hotel Kajri de la RTDC (73,50 Rs, sans les entrées aux sites). Pour les circuits en bateau, reportez-vous à la rubrique *Lac Pichola*, plus haut.

Où se loger

Le quartier le plus romantique se situe en bordure du lac, à l'ouest du Jagdish Temple. Vous y trouverez tout un éventail d'établissements pour toutes les bourses. Les quelques excellents hôtels et pensions aménagés de l'autre côté du lac, dans le quartier d'Hanuman Ghat, sont plus calmes et offrent généralement une plus belle vue.

Supervisés par la police, les kiosques d'auto-rickshaws prépayés, situés à l'extérieur des gares routière et ferroviaire de l'État, vous permettent d'accéder plus facilement à l'établissement de votre choix. Si certains conducteurs peu scrupuleux tentent malgré tout de vous emmener à leur hôtel de prédilection, n'oubliez pas qu'ils n'obtiendront pas leur part tant que vous ne leur aurez pas remis la facture à la fin du trajet. Adressez toutes plaintes concernant les rickshaws (notez leur numéro d'immatriculation) ou les hôtels à la police (☎ 413949, ou ☎ 100 en cas d'urgence) ou au Tourist Reception Centre (☎ 411535).

Pionnière de la formule d'hébergement chez l'habitant au Rajasthan, Udaipur compte aujourd'hui plus de 75 familles d'accueil. Comptez entre 100 Rs et 600 Rs la nuit. Le Tourist Reception Centre possède la liste des familles participantes.

Où se loger – petits budgets

Quartier de Lal Ghat. Si vous réservez dans un hôtel près du lac Pichola, demandez une chambre avec vue sur l'eau (généralement un peu plus chère). La plupart jouissent de panoramas superbes et leur situation centrale est idéale.

Néanmoins, ce paradis a son revers. Sur les berges du lac, croupissent des déchets, dont la quantité ne cesse de croître, notamment en raison de la prolifération des hôtels dans le quartier. Encouragez activement votre établissement à se débarrasser de ses détritus d'une manière plus écologique, afin d'éviter que ce site magnifique ne soit gâché.

De la gare routière au Jagdish Temple, un auto-rickshaw vous coûtera 25 Rs.

Établissement tranquille près du lac, la ***Lalghat Guest House*** *(☎ 525301, fax 418508, 33 Lal Ghat)* dispose d'une terrasse sur le toit avec vue superbe sur le lac, et d'une autre à l'arrière surplombant les ghats. Il propose toute une gamme d'hébergements, des lits en dortoir à 50 Rs aux chambres avec s.d.b. à 200/250 Rs, en passant par les petites simples/doubles avec s.d.b. commune à 75/100 Rs, et des doubles plus spacieuses à 150 Rs. La meilleure (double) coûte 350 Rs. Toutes sont dotées de ventil. et de moustiquaires. Une petite cuisine permet de préparer ses repas.

Excellente adresse, l'***Hotel Gangaur Palace*** *(☎ 422303, fax 561121, 3 Gangaur Ghat Rd)* loue des vastes doubles propres avec s.d.b. à partir de 250 Rs (350 Rs pour une vue sur le lac), ainsi que quelques chambres avec s.d.b. commune à 80/150 Rs. Celles donnant sur la rue sont un peu bruyantes. A proximité de la réception, une pâtisserie vend des croissants (10 Rs), des parts de tarte aux pommes (30 Rs) et des gâteaux à la noix de coco (4 pour 10 Rs).

Également apprécié, l'***Hotel Badi Haveli*** *(☎ 412588, Gangaur Ghat Rd)* offre des simples/doubles sommaires à 150/200 Rs et des chambres avec peintures murales, plus agréables, à 200/350 Rs. Ces dernières disposent presque toutes de s.d.b. impeccables. Il renferme une adorable cour verdoyante et abritée, entourée de murs blanchis à la chaux, et jouit d'une vue spectaculaire depuis le toit. Le restaurant végétarien prépare des thali à 55 Rs.

Dans la ***Lehar Paying Guest House*** attenante *(☎ 417651, 86 Gangaur Ghat Rd)*, les simples avec s.d.b. commune reviennent à 80 Rs. Comptez 100/150 Rs pour une plus belle vue sur la ville. Un petit restaurant est aménagé sur le toit en terrasse.

De l'autre côté de la route, face au Lalghat Guest House, la ***Lake Ghat Guest House*** *(☎ 521636, fax 520023)* facture 100/150 Rs ses simples/doubles correctes avec s.d.b. (certaines avec balcon) et 200/250 Rs ses meilleures chambres. Vous bénéficierez d'une vue splendide du toit ainsi que d'un bon restaurant.

A la ***Jag Niwas Guest House*** *(☎ 416022, 21 Gangaur Ghat Rd)*, petit établissement au personnel hospitalier, les doubles propres avec s.d.b. commencent à 150 Rs. Comptez 300 Rs pour une adorable chambre avec salon. Le toit en terrasse accueille un restaurant végétarien.

Dans le quartier du Lal Ghat à côté du City palace, la ***Lake Corner Soni Paying Guest House*** propose des chambres avec s.d.b. commune et toilettes à la turque à 80/100 Rs, et d'autres avec s.d.b. à 100/125 Rs.

Juchée au sommet de la colline près du ghat, la ***Jheel Guest House*** *(☎ 421352, 56 Gangaur Ghat)* se trouve dans un ancien haveli. Les doubles sommaires à l'arrière coûtent 100 Rs, et celles plus agréables avec vue sur le lac (dans le nouveau bâtiment de l'autre côté de la rue) reviennent à 450 Rs. Les tarifs sont parfois négociables.

La ***Nukkad Guest House*** *(56 Ganesh Ghati Rd)* dispose de chambres très bon marché présentant un bon rapport qualité/prix : 40/60 Rs avec s.d.b. commune et 80/100 Rs avec s.d.b. L'établissement sert des repas.

Quartier de la gare routière. Pour loger dans ce quartier très bruyant et pollué, il faut être désespéré, manquer totalement d'imagination, ou avoir un bus à prendre à l'aube.

L'***Apsara Hotel*** *(☎ 420400)*, au nord de la gare routière, propose de lugubres simples/doubles avec une morne s.d.b. attenante (eau froide) et des toilettes à la turque à 100/150 Rs.

Le ***Parn Kulti Hotel*** *(☎ 586314, fax 521403)* facture 300/450 Rs ses chambres plutôt désordonnées mais correctes, avec TV par satellite.

Hanuman Ghat. Directement de l'autre côté du lac, face au quartier du Lal Ghat, figurent quelques très bons établissements.

La ***Dream Heaven Guest House*** *(☎ 431038, 22 Bhim Permashever Marg)* constitue une adresse merveilleuse. Comptez 80 Rs pour une chambre simple et propre avec s.d.b., jouissant éventuellement d'une vue. Celles à 150 Rs sont dotées d'un balcon, d'où la perspective sur le lac et Udaipur est incomparable.

Autre adresse à recommander, la ***Queen Cafe & Guest House*** *(☎ 430875)*, à proximité, dispose de deux chambres simples avec s.d.b. commune à 100 Rs et 150 Rs. Vous pouvez également dormir sur le toit.

Véritable havre loin du brouhaha et de la cohue, le ***Lakeshore Hotel*** est plutôt rudimentaire mais correct. Il ne possède que quelques chambres ainsi qu'une terrasse offrant une perspective splendide sur l'eau. Les simples/doubles avec s.d.b. commune reviennent à 75/150 Rs. Comptez 350 Rs pour une double plus spacieuse avec s.d.b. et vue sur le lac. La meilleure coûte 500 Rs.

Autres quartiers. Plus éloigné du lac Pichola, l'***Hotel Natural*** *(☎ 431979, natural@hotmail.com, 55 Rang Sagar)* loue des chambres rudimentaires mais élégantes avec s.d.b. (seau d'eau chaude) à 100/150 Rs. Beaucoup possèdent un balcon commun.

Au ***Pahadi Palace*** *(☎ 481699, 18 Ambargarh, Swaroop Sagar)*, non loin de là, les chambres impeccables présentent un excellent rapport qualité/prix : doubles bien tenues avec s.d.b. à partir de 150 Rs (certaines avec une vue superbe sur le lever du soleil), et chambres avec fenêtres en alcôve à 450/600 Rs sans/avec clim.

Si le ***Mewar Inn*** *(☎ 522090, fax 525002, mewarinn@hotmail.com, 42 Residency Rd)* n'a rien d'extraordinaire, il est néanmoins bon marché et jouit de la faveur des voyageurs. Les simples/doubles rudimentaires avec s.d.b. commune ne valent que 39/49 Rs, et celles avec s.d.b. entre 79 et 99 Rs. Les membres de la YHA bénéficient d'une réduction. Un restaurant végétarien est aménagé sur le toit, et il est possible de louer des bicyclettes (20 Rs par jour).

Paisible pension retirée dans le village de Titaradi, le ***Pratap Country Inn*** *(☎ 583138, fax 583058)* se trouve à 7 km environ d'Udaipur. Les doubles avec s.d.b. s'échelonnent de 300 à 1 200 Rs.

Où se loger – catégorie moyenne

Quartier du Lal Ghat. Les établissements étant rapidement complets pendant la saison touristique (notamment les chambres avec vue sur le lac), il est recommandé de louer à l'avance.

Au ***Kankarwa Haveli*** *(☎ 411457, fax 521403, 26 Lal Ghat)*, les doubles sont d'une propreté immaculée (de 400 à 1 200 Rs). Les plus onéreuses donnent sur le lac Pichola.

Au bord du lac, le ***Jagat Niwas Palace Hotel*** *(☎ 420133, fax 520023, jagat@jp1.dot.net.in, 25 Lal Ghat)*, charmant haveli reconverti, propose des chambres sans vue aux tarifs exagérés de 1 250 Rs à 1 895 Rs. Les chambres à 1 400 Rs avec perspective sur le lac sont d'un meilleur rapport qualité/prix.

L'***Hotel Jagat Niwas*** *(☎ 415547, fax 560414, jagatniwas@yahoo.com)* offre des chambres à 450 Rs, et d'autres à 1 000/1 200 Rs avec vue sur le lac sans/avec clim. De son délicieux restaurant (voir *Où se restaurer*), vous profiterez d'un panorama imprenable sur le plan d'eau.

Au ***Poonam Haveli*** *(☎ 410303, poonamhaveli@usa.net, 39 Lal Ghat)*, les chambres, très jolies, manquent toutefois de meubles (300/350 Rs). La chambre 007, dotée d'élégantes arcades, revient à 450/500 Rs.

Agréable, l'***Hotel Caravanserai*** *(☎/fax521252, 14 Lal Ghat)* loue des chambres bien tenues à 1 195/1 300 Rs.

Quartier de Lake Palace Road. Le ***Rang Niwas Palace Hotel*** *(☎ 523 890, fax 527884, rangniwas75@hotmail.com, Lake Palace Rd)* compte parmi les meilleurs hôtels de sa catégorie, avec ses charmants jardins et sa piscine, son ambiance détendue et son souci du détail. Joliment meublées, les doubles avec s.d.b. s'échelonnent de 550/770 Rs à 2 200/2 500 (suite). Seul inconvénient : le personnel a tendance à orienter les voyageurs vers les chambres les plus chères.

Autre choix excellent, l'***Hotel Raj Palace*** *(☎ 410364, fax 410395, 103 Bhattiyani Chotta)* dispose de doubles confortables de 400 à 1 200 Rs, toutes avec alcôves sur lesquelles sont étendus des matelas. Certaines en façade sont un peu bruyantes. Le restaurant installé dans la cour verdoyante constitue un endroit parfait pour se rafraîchir avec une bière.

Hanuman Ghat. L'***Udai Kothi*** *(☎ 432810, fax 430412, udaikothi@yahoo.com)* figure parmi les meilleures adresses d'Udaipur. Agréablement décorées, ses chambres de style commencent à 750 Rs (995/1 195 Rs pour la plupart). Les doubles deluxe reviennent à 1 295 Rs, et les suites à 1 495 Rs. Le toit en terrasse offre un panorama circulaire des plus spectaculaires ; vous pouvez y dîner très correctement, et nager dans la *seule* piscine en terrasse d'Udaipur

Directement en face, le ***Lake Pichola Hotel*** *(☎ 431197, fax 410575)*, qui jouit lui aussi d'une superbe perspective, loue des simples/doubles à 975/1 000 Rs. Ses chambres deluxe avec balcon et vue sur le lac méritent les 1 150/1 195 Rs demandés. Vous profiterez également d'un bon bar et d'un restaurant.

Où se loger – catégorie supérieure

Bien que mal situé, au-delà de Chandpol, le ***Trident*** *(☎ 432200, fax 432211, reservations@tridentudp.com)* est l'hôtel le plus élégant en matière de service et de souci du détail. Nichée dans les collines, cette résidence moderne, propriété de la chaîne Oberoi, propose des simples/doubles charmantes de 140 $US à 225 $US. L'excellent restaurant (ouvert aux non-résidents) cuisine des plats de tous horizons et sert même un cappuccino mémorable. Parmi les autres installations figurent une piscine, un bar, un salon de beauté ainsi qu'un club de remise en forme. La chaîne Oberoi projette d'ouvrir une boutique haut de gamme, l'Udai Vilas (analogue au Raj Vilas de Jaipur) ainsi que neuf piscines. Pour davantage de détails, contactez le bureau de Delhi (☎ 011-2914841, fax 2929800).

Établissement quatre-étoiles de l'ITDC, le ***Laxmi Vilas Palace Hotel*** *(☎ 529711, fax 526273, gmlvp@jp1.dot.net.in)* domine une colline entre Swaroop Sagar et Fateh Sagar. Ses prestations incluent des chambres avec clim. à partir de 3 300/4 000 Rs, un bar, un restaurant et une piscine.

Hôtel moderne au sommet d'une autre colline, dans le même quartier, l'***Hotel Hilltop Palace*** *(☎ 432245, fax 432136, hilltop@ad1.vsnl.net.in)* loue des chambres modernes à partir de 1 350/2 100 Rs. Vous bénéficierez là aussi d'une piscine, d'un bar et d'un restaurant. Si l'ambiance est plutôt inexistante, l'hôtel jouit d'un superbe panorama.

City Palace. Paraissant flotter au milieu du lac Pichola, le ***Lake Palace Hotel*** *(☎ 528800, fax 528700, lakepalace.udaipur@tajhotels.com)*, l'un des plus spectaculaires du monde, paraît tout droit sorti d'un roman. Qui n'aimerait pas y séjourner ? Cet imposant palais blanc possède un bar, plusieurs restaurants (voir *Où se restaurer*), une petite galerie marchande, des cours en plein air, des bassins avec lotus, et une petite piscine ombragée. Les doubles les moins chères reviennent à 230 $US (vue sur une mare avec nénuphars). Comptez 290 $US pour un panorama sur le lac. Les suites somptueuses coûtent entre 350 $US et 600 $US. Réservez longtemps à l'avance.

Au ***Shiv Niwas Palace Hotel*** *(☎ 528016, fax 528006, sales@udaipur.hrhindia.com)*, autre établissement de rêve, les chambres doubles les moins chères (125 $US) ne présentent pas un très bon rapport qualité/prix : optez plutôt pour celles disposées autour de la piscine (à partir de 300 $US la double). Pour une suite luxueuse, comptez une petite fortune. Si la vue de la suite lotus (n° 19, 600 $US) n'est pas extraordinaire, la chambre est très romantique. Vous aurez accès à un bon restaurant (voir *Où se restaurer*), un bar, un centre de remise en forme, et à une piscine en marbre (ouverte aux non-résidents pour 300 Rs, serviette comprise).

Le ***Fateh Prakash Palace Hotel*** *(☎ 528008, 528019, fax 528006, sales@udaipur.hrhindia.com)* fut édifié au début du XXe siècle sous le règne du maharaja Fateh Singh. La moins chère des doubles, située hors de l'aile principale, revient à 125 $US. Les suites plus ornementées (certaines avec vue sur le lac), dotées de meubles de palais traditionnels, valent entre 250 $US et 300 $US.

Où se restaurer

Des cafés bon marché sur les toits ensoleillés à la cuisine raffinée des grands hôtels, le choix ne manque pas à Udaipur. Nombre de restaurants jouissent d'une vue magnifique sur le lac. Certains préparent des spécialités de toutes origines ; néanmoins, leurs chefs se distinguent davantage pour la cuisine indienne que pour les plats occidentaux. Quelques restaurants d'Udaipur servent des lassi au bhang (voir l'encadré correspondant sous la rubrique *Désagréments et dangers* du chapitre *Renseignements pratiques*).

Quantité de restaurants bon marché tentent d'attirer les clients en projetant la vidéo d'*Octopussy*, un James Bond tourné en partie dans la ville. Plus récemment, d'autres films cultes ont fait leur apparition.

Parfaitement situé, sur une terrasse surplombant le lac Pichola, le ***Sunset View Terrace*** constitue l'endroit par excellence pour admirer le coucher du soleil. Aménagé à proximité du Fateh Prakash Palace Hotel dans le bâtiment du City Palace, cet établissement mérite le détour ne serait-ce que pour sa vue (n'oubliez pas votre appareil photo). En fin d'après-midi, vous pourrez assister à des concerts de musique classique indienne. La carte comporte tout un choix d'en-cas : pizzas (125 Rs), hamburgers (100 Rs) et milk-shakes (60 Rs).

Le site superbe et la nourriture excellente de l'***Ambrai Restaurant***, dans le quartier d'Hanuman Ghat, valent également le détour. Installé juste après le Lake Pichola Hotel, au-delà de Chandpol, l'établissement est idéal pour se retirer avec une bière fraîche ou un thé masala chaud. Assis au niveau de l'eau – cela ne peut se produire dans les autres restaurants –, vous pourrez savourer des plats indiens, chinois et occidentaux. Le tikka masala de poulet vaut 100 Rs.

A proximité du Jagdish Temple, le ***Maxim's Café*** constitue sans doute le meilleur restaurant du quartier. Au menu figurent paneer tikka (25 Rs) et pizza rajasthanie (30 Rs).

A deux pas, l'***Anna Restaurant*** prépare une cuisine savoureuse et bon marché. Le menu propose de la cuisine indienne, occidentale et chinoise, ainsi que tout un choix de gâteaux à 30 Rs environ (délicieux avec une tasse de thé à la menthe à 8 Rs).

Près de Chandpol, le ***Savage Garden*** compte parmi les rares établissements servant du café fraîchement moulu (25 Rs). La nourriture attire également des commentaires élogieux (aubergines à la tomate à 85 Rs).

Le ***Samor Bagh***, près de l'entrée du City Palace donnant sur Lake Palace Rd, prépare des plats indiens, chinois et occidentaux (légèrement onéreux). Goutez le *paneer pasanda* (50 Rs) – sa spécialité –, le poulet *achari* (85 Rs), ou encore le tikka de poisson (80 Rs). Assis dans une hutte spacieuse ou dans le jardin, vous pouvez également assister en soirée à des spectacles de marionnettes et de danse (vers 19h30).

Au ***Restaurant Natural View***, à côté de la Lalghat Guest House, sur le toit de l'Evergreen Guest House, vous bénéficierez d'une superbe vue sur le lac tout en dégustant de bons plats indiens, chinois et occidentaux (palak de poulet à 50 Rs, curry de poisson à 60 Rs, ou aubergines à la tomate à 25 Rs seulement). Le gâteau au chocolat (35 Rs) est une véritable félicité.

Sur Hanuman Ghat, le ***Queen Café*** sert un large choix de plats. Pour moins de 50 Rs, vous dégusterez un plat indien fait maison, de qualité analogue à celle des autres établissements.

Installé sur une colline surplombant le lac, au sud-ouest des Sajjan Niwas Gardens, le ***Cafe Hill Park*** plaît davantage pour la vue qu'il permet de découvrir que pour sa cuisine. Dans un décor passablement délabré, il sert des plats indiens, occidentaux et chinois (les cheeseburgers sont à 35 Rs et le curry de poulet à 45 Rs).

En face d'un petit parc en centre-ville, le ***Park View***, l'un des plus vieux restaurants d'Udaipur, ne jouit, en fait, d'aucune vue. En revanche, cet établissement sombre, mitonne une excellente cuisine du Nord du pays et attire de nombreuses familles indiennes de classe moyenne. Un tandoori de poisson revient à 80 Rs, et un curry de poulet à 55 Rs. Vous pourrez également goûter à la soupe de poulet crémeuse et au cheese naan.

En dépit de son ambiance morne, le ***Berry's Restaurant***, sur Chetak Circle, prépare des plats indiens savoureux, très appréciés de la population locale (demi-poulet au beurre – irrésistible – à 95 Rs, et plats sautés entre 85 et 135 Rs).

Parmi les boulangeries qui ont fait leur apparition dans la ville, le ***Cafe Edelweiss***, près de Chandpol, et le ***Coffee.com***, voisin du Poonam Haveli hotel, constituent sans doute les meilleurs établissements.

Imbattable pour sa vue fantastique de la terrasse, son personnel attentif et sa nourriture succulente, l'***Udai Kothi*** présente un excellent rapport qualité/prix. Le tikka paneer/au poulet vaut 75/120 Rs. Essayez le poisson à la Udai Kothi (125 Rs), particulièrement savoureux.

L'***Hotel Jagat Niwas*** *(☎ 415547)* abrite un restaurant absolument exquis offrant une vue superbe sur le lac, le tout pour une dépense minime. S'il sert des plats occidentaux un peu onéreux, le prix de la cuisine indienne reste très raisonnable (palak paneer à 50 Rs et spaghetti bolognaise à 95 Rs), et les plats de poisson particulièrement succulents. Mieux vaut réserver (notamment pour le dîner), car l'endroit se remplit en un clin d'œil.

Si vous souhaitez être dorloté, rendez-vous au restaurant du ***Shiv Niwas Palace Hotel*** *(☎ 528016)*. Particulièrement féerique en soirée, il dispose de sièges à l'intérieur ainsi que d'une agréable cour en plein air, près de la piscine. La cuisine indienne constitue sa spécialité : goûtez l'*aloo chutneywale*, des pommes de terre fourrées au fromage blanc local et agrémentées de chutney de mangue et de menthe (90 Rs). Chaque soir, un concert de musique classique indienne a lieu à côté de la piscine, créant une ambiance réellement magique. Les non-résidents sont acceptés (toutefois, vous ne passerez pas la porte sans avoir déboursé les 75 Rs requis pour les visiteurs). Réservez, notamment pour le dîner.

Le ***Gallery Restaurant*** du Fateh Prakash Palace Hotel prépare un déjeuner/dîner occidental à 550/650 Rs. Pour un en-cas moins cher, prenez le thé, servi tous les après-midi entre 15 et 17h : le thé complet (avec scones, crème et confiture) vaut 150 Rs, les biscuits et les gâteaux faits maison 100 Rs, et la tasse de chocolat avec crème fouettée 65 Rs.

C'est le ***Lake Palace Hotel*** qui réserve la soirée la plus exceptionnelle ; toutefois, rien ne garantit que vous pourrez y entrer. Le somptueux buffet pour le dîner revient à

750 Rs (traversée en bateau comprise). Avant le repas, vous pouvez prendre un verre au bar, très sophistiqué. Une bouteille de vin avec votre dîner coûte 1 000 Rs environ (sans oublier la taxe démesurée de 60%). Mieux vaut y aller l'estomac vide. Il est indispensable de réserver et de se présenter en tenue correcte. Dans un style différent, son autre restaurant installé sur un petit ***ponton flottant*** sur le lac Pichola prépare des déjeuners/dîners à 40 $US (4 personnes au maximum). Pour ne pas être dérangé par le serveur, demandez un téléphone sans fil, au cas où vous auriez besoin de quelque chose. Les soirs d'hiver, couvrez-vous.

Où sortir

Avant le dîner, prenez un verre au somptueux ***Paanera Bar***, en bordure de piscine. Enfoncé dans un sofa moelleux, dégustez une tequila (180 Rs) pour vous remettre d'une difficile journée, ou offrez-vous du champagne (le Moet vaut la bagatelle de 5 000 Rs !).

D'août à avril, des représentations d'une heure de musique et de danses traditionnelles du Rajasthan se déroulent tous les jours, sauf le dimanche, à 19h au ***Meera Kala Mandir*** *(☎ 583176, Sector 11, Hiran Magari)*, près du Paras Cinema (60 Rs par personne). La course en auto-rickshaw depuis le City Palace revient à 25 Rs. Plus proche de la ville, le Bagore-ki-Haveli, sur Gangaur Ghat, organise des spectacles analogues presque tous les soirs.

De nombreux hôtels organisent pour leurs clients des spectacles de marionnettes, de danses et de musique traditionnelles du Rajasthan.

Achats

Udaipur compte d'innombrables petits magasins où l'on peut acheter tout et n'importe quoi, des vêtements occidentaux aux bijoux anciens traditionnels. La ville est réputée pour son artisanat local, notamment les miniatures de style rajput-moghol. Ces boutiques sont rassemblées principalement dans Lake Palace Rd, à côté du Rang Niwas Palace Hotel et près du Jagdish Temple. Préparez-vous à marchander ferme, car la plupart annoncent des prix ridiculement élevés aux touristes. On y achète aussi des livres reliés en cuir et du papier artisanal. Les librairies ont en stock un large éventail de titres ; néanmoins, les prix offerts pour la revente ne correspondent sans doute pas tout à fait à ce que vous pourriez attendre.

Quitter la ville

Avion. L'agence Indian Airlines (☎ 410 999, fax 410248), à Delhi Gate, ouvre du lundi au samedi de 10h à 13h et de 14h à 17h, et le dimanche de 10h à 14h. La compagnie dessert Delhi (105 $US) *via* Jodhpur (80 $US) et Jaipur (85 $US). Il existe également un vol quotidien pour Mumbai (125 $US). Jet Airways (☎ 561105, fax 561106), situé dans le Blue Circle Business Centre près de la poste principale, propose tous les jours des vols pour Delhi *via* Jaipur, et pour Mumbai (sauf le samedi) aux mêmes tarifs que l'Indian Airlines.

Bus. Parmi les destinations desservies par les bus RSTC figurent Jaipur (153/226 Rs en ordinaire/deluxe, 9 heures), Ajmer (111/163 Rs, 6 heures), Jodhpur (115/146 Rs, 7 heures), Chittorgarh (43/61 Rs, 3 heures) et Delhi (275/404 Rs, 14 heures).

Quelques compagnies privées rallient Ahmedabad (100 Rs, 6 heures), Mumbai (300 Rs, 16 heures), Delhi (250 Rs, 14 heures), Indore (200 Rs, 10 heures) et Mt Abu (90 Rs, 5 heures). Pour Jaisalmer (200 Rs), il sera sans doute nécessaire de changer de bus à Jodhpur (90 Rs, 6 heures).

Train. Les lignes passant par Udaipur possèdent encore des voies étroites, mais il est prévu de les équiper de voies larges – nul ne sait quand. Il s'avère souvent plus rapide de circuler en bus.

Le *Chetak Express* (9616), qui part à 18h10, met 19 heures pour rejoindre Delhi (145/225/1 044 Rs en économique/couchette/2A) et dessert Chittorgarh (35/55/348 Rs, arrivée à 21h40), Ajmer (77/120/564 Rs, arrivée à 2h15) et Jaipur (99/154/713 Rs, arrivée à 5h45). L'*Ahmedabad Express* (9943) part à 21h15 pour arriver à la capitale du Gujarat à 6h35 (73/114/543 Rs).

Taxi. De nombreux chauffeurs vous montreront sans doute une liste des "tarifs officiels" pour des villes comme Mt Abu, Chittor et Jodhpur. Renseignez-vous et n'hésitez pas à marchander (4 Rs du km paraît une bonne base de négociation). Si vous sortez de la ville, sachez que les taxis comptent généralement le retour, même dans le cas d'un aller simple.

Comment circuler

Desserte de l'aéroport. L'aéroport se situe à 25 km de la ville. Il n'existe aucun bus, et un auto-rickshaw/taxi revient à 180/220 Rs minimum.

Auto-rickshaw. Les auto-rickshaws étant dépourvus de compteur, convenez d'un prix avant de monter. Il existe des kiosques d'auto-rickshaws prépayés aux gares routière et ferroviaire. Sinon, le tarif standard réservé aux touristes pour les courses en ville tourne autour de 20 Rs. La location d'un auto-rickshaw pour une visite de la ville d'une demi-journée coûte 180 Rs.

Le système des commissions fait rage. Si un conducteur de rickshaw prétend que l'hôtel de votre choix a brûlé, fermé brusquement, ou que son propriétaire est décédé dans un accident insolite, déclinez poliment son offre de vous conduire ailleurs. A moins que vous n'ayez choisi le prépaiement, demandez le Jagdish Temple à votre arrivée : c'est un bon endroit pour chercher un hébergement.

Bicyclette et moto. Des bicyclettes sont à louer dans toute la ville pour 25 Rs par jour. Heera Cycle Store (☎ 523525), près de l'Hotel Badi Haveli, loue des bicyclettes/vélomoteurs/motos pour 25/150 /300 Rs par jour.

ENVIRONS D'UDAIPUR

Kumbhalgarh

Situé à 84 km au nord d'Udaipur, c'est le fort le plus important du Mewar après celui de Chittorgarh. Édifié par le maharaja Kumbha au XVe siècle, sa difficulté d'accès et son isolement – à 1 100 m au sommet de la chaîne des Aravalli – firent qu'il ne tomba qu'une seule fois dans son histoire. Encore fallut-il les efforts conjugués des armées de l'empereur moghol Akbar, et de celle d'Amber et du Marwar pour qu'il cédât. C'est là que les dirigeants du Mewar se retiraient en cas de danger. Les murailles de la forteresse, totalisant 36 km de longueur, renferment de nombreux temples, palais, jardins et réservoirs d'eau.

Un grand **Wildlife Sanctuary**, célèbre pour ses loups, abrite aussi des *chowsingha* (une espèce rare d'antilopes à quatre cornes), des léopards et des ours. Pour visiter cette réserve naturelle, il faut se procurer une autorisation à l'office des forêts de Kelwara, tout proche, ou auprès du Deputy Chief Wildlife Warden à Udaipur (☎ 0294-421361).

L'***Aodhi Hotel*** *(☎ 02954-4222, réservations au ☎ 0294-528016, fax 528006)* à Udaipur) est de loin la meilleure adresse. Les simples/doubles de ce paisible hôtel reviennent à 1 195/3 300 Rs. Il possède un bar, un restaurant (ouvert aux non-résidents), une piscine et organise des safaris à cheval et en jeep. Non loin, le ***Kumbhalgarh Fort Hotel*** *(☎ 02954-42372, fax 525106)* propose des simples/doubles à 1 195/2 395 Rs.

L'***Hotel Ratnadeep*** *(☎ 02954-42217)*, à Kelwara, compense son éloignement du fort par des tarifs peu élevés, à partir de 400 Rs la double avec s.d.b. (la plupart avec toilettes à la turque) et 100 Rs le lit en dortoir.

Plusieurs bus RSTC relient chaque jour Udaipur à Kumbhalgarh (30 Rs, 3 heures 30) et un express circule tous les matins (38 Rs, 2 heures 30).

Ranakpur

Le superbe ensemble de Ranakpur, l'un des plus vastes et des plus importants temples jaïna d'Inde, mérite absolument la visite. Il s'étend dans une vallée reculée de la chaîne des Aravalli, à 60 km d'Udaipur.

L'édifice principal, le **Chaumukha Temple** (temple aux quatre visages), est dédié à Adinath. Édifié en 1439, ce gigantesque sanctuaire de marbre, bien entretenu et superbement ouvragé, compte 29 salles reposant sur 1 444 colonnes, toutes différentes. L'enceinte renferme deux autres temples jaïna dédiés à **Neminath** et à **Parasnath** et, un peu plus loin, un temple du soleil. A 1 km du complexe, se dresse l'**Amba Mata Temple**.

L'ensemble est ouvert tous les jours aux jaïna de 6h à 20h30 et aux non-jaïna de 11h à 17h. Laissez à l'entrée vos chaussures et tout article de cuir (entrée gratuite, 40/150 Rs pour un appareil photo/Caméscope).

Où se loger et se restaurer

Établissement le plus plaisant, le ***Maharani Bagh Orchard Retreat*** *(☎ 02934-85151, réservations au 0291-433316, fax 635373)*, à 4 km de Ranakpur, est installé sous des manguiers verdoyants. Il propose un hébergement en bungalows à partir de 1 600/ 1 800 Rs, et de 2 100/2 390 avec clim. Son buffet généreux (355 Rs) est également accessible aux non-résidents.

A un emplacement pratique, près des temples, l'***Hotel Shilpi*** *(☎ 02934-85074)* de la RTDC facture ses chambres avec s.d.b. à partir de 250/400 Rs, et ses lits en dortoir – pour les économes – 50 Rs. Un thali végétarien dans la salle à manger revient à 55 Rs.

The Castle *(☎ 02934-85133)*, aménagé sur un vaste terrain, loue des simples/doubles à 600/700 Rs.

Le ***Roopam Restaurant*** *(☎ 02934-3921)* possède quelques jolies chambres avec s.d.b. à 550/650 Rs. Le restaurant propose un buffet (150 Rs) ainsi qu'une carte (de 35 à 60 Rs le plat).

Comment s'y rendre. Quatre bus deluxe partent chaque jour d'Udaipur (35 Rs, 3 heures ; lors de notre passage, les départs s'effectuaient à 5h30, 15h, 22h et 22h30). Si la location d'un taxi privé (500 Rs, temps d'attente compris) est onéreuse, cette solution vous permet de profiter de la beauté du paysage, et de faire un détour par Kumbhalgarh.

Deogarh

L'attrayante petite bourgade de Deogarh - prononcez *Devgar* (château des dieux), à 135 km au nord d'Udaipur, est entourée de lacs, de collines et d'un paysage au relief mouvementé. Idéal pour se reposer entre deux trajets difficiles, Deogarh permet de nombreuses promenades agréables. La ville est renommée pour son école de peinture miniature. Le petit temple d'**Anjaneshwar Mahadev**, construit dans une grotte et dédié à Lord Shiva, serait vieux de quelque 2 000 ans. Gagnez le haut de la colline pour embrasser du regard la campagne alentour.

L'exquis ***Deogarh Castle*** *(☎ 02904-52777, fax 52555, deogarh@infosys.net)* propose des doubles de caractère à partir de 2 500 Rs et jusqu'à 3 995 Rs pour une suite. Très bien tenu par une famille, le château comprend également un excellent restaurant. Depuis Udaipur, prenez un bus deluxe (60 Rs, 3 heures). Une correspondance ferroviaire dessert Udaipur.

Jaisamand Lake

Ce lac artificiel, l'un des plus grands d'Asie, s'étend dans un site privilégié à 48 km au sud-est d'Udaipur. Créé grâce à un barrage sur la Gomti, il fut aménagé par le maharaja Jai Singh au XVIIe siècle. Près de l'embarcadère, chacun des superbes chhatri en marbre est orné d'un éléphant.

Le ***Jaisamand Island Resort*** *(☎ 02906-2222, réservations au ☎ 0294-415100, fax 523898, resort@ad1.vsnl.net.in)*, un établissement moderne et isolé à 20 min de bateau sur l'autre rive du lac, loue ses chambres à partir de 1 800/2 700 Rs. Il est parfois possible de négocier.

Des bus RSTC partent fréquemment d'Udaipur (17 Rs, 1 heure 30).

Dungarpur

Fondée au XIIIe siècle, Dungarpur, la Cité des collines est située à 110 km environ au sud d'Udaipur. Entre 9h et 16h tous les jours, vous pouvez visiter le vieux palais désert, **Juna Mahal**, après vous être procuré un ticket (100 Rs) auprès de l'hôtel Udai Bilas Palace. L'ancien pavillon de chasse royal, sur une colline voisine, offre une vue sensationnelle sur la ville et ses nombreux temples.

Le superbe **Deo Somnath Temple**, à 25 km environ de la ville, remonte au XIIe siècle.

L'***Udai Bilas Palace*** *(☎ 02964-30808, fax 31008)*, palais du XVIIIe siècle partiellement reconverti en hôtel, propose des simples/doubles à 1 450/1 900 Rs, beaucoup dans le style Arts décos (certaines avec balcon privé et vue sur le lac). Les suites reviennent à 2 600 Rs.

L'***Hotel Pratibha Palace*** *(☎ 02964-30775, Shastri Colony)* offre de petites simples/doubles avec s.d.b. (toilettes à la turque et seau d'eau chaude) entre 50/100 Rs et 150/250 Rs. S'il ne sert pas de repas, les environs comptent de nombreux *dhaba* (boutiques de rue) bon marché.

Des bus RSTC relient fréquemment Udaipur à Dungarpur (35 Rs, 3 heures). Un train lent dessert aussi la ville (78/184 Rs en 2e/1re classe).

MT ABU

☎ 02974 • 18 600 habitants • 1 200m

Mt Abu, l'unique station climatique du Rajasthan, s'étend au sud de l'État, près de la frontière du Gujarat. Particulièrement agréable lorsque la chaleur écrase les plaines, Mt Abu vit à un rythme paisible mais peut être bondée en été et lors de certaines fêtes comme Diwali et Noël.

La ville renferme des temples remarquables, dont le fabuleux ensemble de temples jaïna de Dilwara, à 5 km. Lieu de pèlerinage important, il comporte des sculptures de marbre parmi les plus raffinées du Rajasthan, voire de l'Inde. A l'instar d'autres stations climatiques, Mt Abu s'orne d'un lac autour duquel se regroupe l'activité.

Si vous voyagez à travers le Rajasthan au milieu de l'année, sachez que Mt Abu accueille une fête d'été (du 1er au 3 juin), consacrée aux musiques classique et populaire de l'État.

Orientation et renseignements

Mt Abu se situe sur un plateau de 22 km de long et de 6 km de large, à 27 km de la gare ferroviaire la plus proche (Abu Road). La ville s'étend en partie le long de la route qui relie Abu Road au lac de Nakki.

Le Tourist Reception Centre (☎ 43151), à l'angle de l'arrêt des bus privés, ouvre du lundi au samedi, de 10h à 13h30 et de 14h à 17h. La State Bank of Bikaner & Jaipur et l'Union Bank of India possèdent des guichets de change.

Nakki Lake

Ce petit lac, très fréquenté par les touristes, doit son nom à la légende selon laquelle il fut creusé par un dieu avec ses ongles, ou *nakh*. Vous en ferez facilement le tour à pied et remarquerez de curieuses **formations rocheuses**. La plus connue, Toad Rock, ressemble à un crapaud prêt à bondir dans le lac. Sur la rive se dresse le **Raghunath Temple**, datant du XIVe siècle. Vous pouvez louer un bateau 2 places pour 50 Rs la demi-heure.

Brahma Kumaris Spiritual University et Museum

Le Brahma Kumaris enseigne que toutes les religions mènent à Dieu et qu'elles se valent toutes ; il faut donc apprendre les principes de chacune d'elles. Le but affiché de cette université est l'établissement de la paix universelle par "la transmission des connaissances spirituelles et la pratique de la méditation sous forme d'un raja-yoga accessible à tous". Plus de 4 500 filiales se répartissent dans 70 pays. Vous pouvez suivre un cours d'initiation (7 cours, 3 jours minimum) pendant votre séjour à Mt Abu. L'organisation est exclusivement subventionnée par des dons.

En ville, un musée (gratuit) reprend les grandes lignes de l'enseignement de l'université et propose des séances de méditation. Il ouvre tous les jours de 8h à 20h.

Dilwara Temples

Ces remarquables temples jaïna, principales curiosités de Mt Abu, sont parmi les plus beaux exemples d'architecture jaïna du sous-continent indien. L'ensemble comprend deux temples dans lesquels l'art de la sculpture sur marbre a atteint son apogée.

Le plus ancien, le **Vimal Vasahi**, fut construit en 1031 et dédié au premier tirthankar, Adinath. Le sanctuaire central abrite une statue d'Adinath tandis qu'autour de la cour 52 cellules identiques renferment chacune une statue aux jambes croisées évoquant le Bouddha. Quarante-huit élégantes colonnes ouvragées marquent l'entrée de la cour. Devant le temple, s'élève la **maison des Éléphants**, représentant des éléphants marchant en procession vers l'entrée du temple.

Plus tardif, le **Tejpal Temple**, dédié à Neminath – le 22e tirthankar – fut bâti en 1230 par les frères Tejpal et Vastupal, alors ministres du souverain du Gujarat. Il se distingue par le raffinement de ses sculptures en marbre, si délicates que, par endroits, le marbre en devient presque transparent. La fleur de lotus, en particulier, suspendue au centre de la coupole, constitue un remarquable chef-d'œuvre. On a peine à imaginer le bloc de marbre d'origine. Plusieurs sculpteurs travaillent à temps complet à l'entretien et à la restauration du temple. Une fête est célébrée en juin (en fonction du calendrier lunaire).

L'enceinte ouvre de 12h à 18h (les jaïna peuvent s'y rendre de l'aube au coucher du soleil). Les photos sont interdites. Comme dans tous les temples jaïna, on doit se déchausser et laisser à l'entrée tout article de cuir (1 Rp). Dilwara est accessible à pied en moins d'une heure ou en taxi collectif depuis le centre-ville (voir plus loin *Comment circuler*).

Circuits organisés

La RTDC propose la visite des principaux sites en 5 heures. Comptez 36 Rs, plus les droits pour l'entrée des sites et pour les appareils photo. Les réservations peuvent s'effectuer au guichet renseignement du principal arrêt de bus (☎ 43434), d'où partent les circuits à 8h30 et 13h30. Le tour de l'après-midi se termine à Sunset Point.

Où se loger

Mt Abu offre une ribambelle d'hôtels. La haute saison s'étend de la mi-avril à la mi-novembre, période durant laquelle les prix augmentent considérablement. Durant Diwali (octobre/novembre), il est impossible de trouver une chambre sans réservation préalable et le niveau élevé des prix frise le ridicule. La tranquillité de Mt Abu faisant tout son charme, mieux vaut alors rester loin de la ville

En basse saison (à l'exception des fêtes de fin d'année), les réductions atteignent parfois 50%, les hébergements de catégorie moyenne devenant ainsi très avantageux. N'hésitez pas à négocier avec le personnel. Les chambres doivent généralement être libérées à l'heure peu charitable de 9h.

A toutes époques de l'année, nombre de rabatteurs sont en faction dans la gare routière et les stations de taxis. Si vous pouvez les ignorer sans scrupule en basse saison, en période d'affluence, ils vous épargneront de longues marches car ils savent exactement où trouver des chambres libres.

Où se loger – petits budgets

En haut de la colline en direction de l'ancien palais d'été du maharaja de Jaipur, le ***Shri Ganesh Hotel*** *(☎ 37292, s_ganesh@datainfosys.net)* jouit d'une bonne réputation méritée auprès des voyageurs. Les chambres sont d'un rapport qualité/prix très correct : à partir de 100 Rs en basse saison, et la plupart à 150/175 Rs toute l'année, avec eau chaude en permanence. Il propose un service de

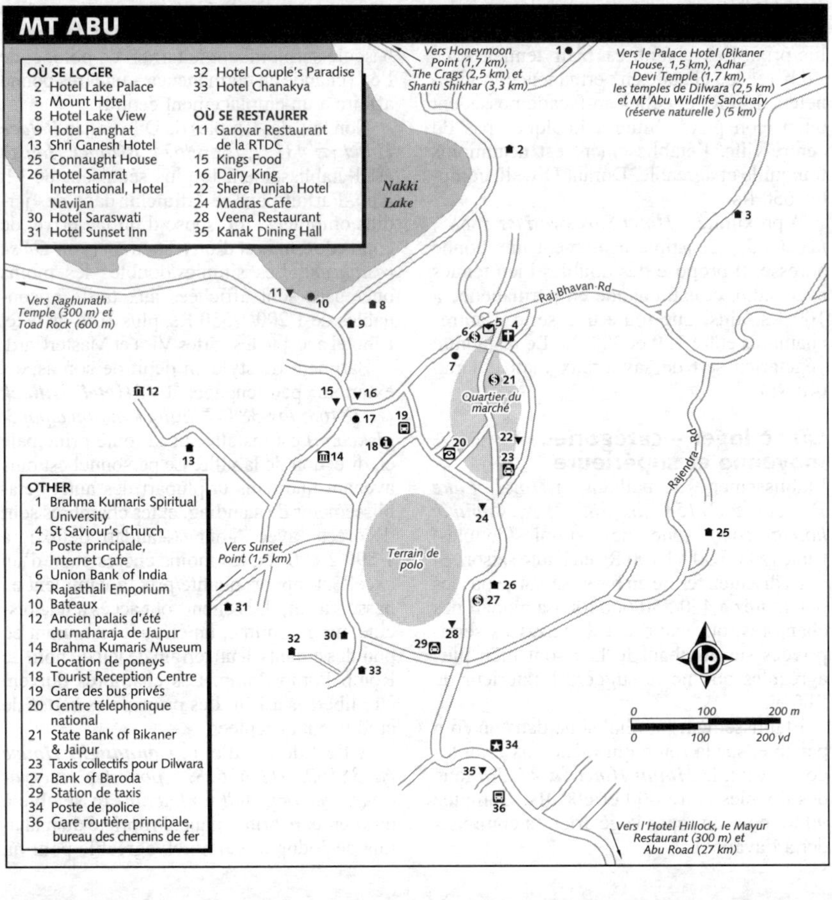

blanchisserie, un accès à Internet (100 Rs l'heure), une cuisine pour les clients, et un restaurant qui sert des plats maison à prix raisonnables (thali végétarien à 40 Rs).

Surplombant le pittoresque lac Nakki, l'***Hotel Lake View** (☎ 38659)* loue des chambres avec s.d.b. à des prix corrects en basse saison (à partir de 100/200 Rs) qui, selon certaines sources, atteindraient le niveau outrancier de 2 000/2 500 Rs pendant Diwali. L'eau chaude est disponible entre 7h et 11h.

Tout proche, l'***Hotel Panghat** (☎ 38886)* facture ses chambres entre 125 Rs (petites, à déconseiller aux claustrophobes) et 200 Rs (plus spacieuses). Toutes possèdent s.d.b. et eau chaude (entre 7h et 10h). Les prix doublent en haute saison.

A 300 m à l'ouest de la station de taxi dans Akshay Colony, l'***Hotel Couple's Paradise** (☎ 43504)*, ouvert aux couples et aux familles, est d'un excellent rapport qualité/prix. Les chambres bien tenues avec s.d.b. (et eau chaude en permanence) reviennent à 150 Rs et celles en façade possèdent un balcon privé. Situé à quelques pas du centre-ville, l'établissement est néanmoins tranquille et agréable. Durant Diwali, comptez 650 Rs.

A proximité, l'***Hotel Saraswati** (☎ 38887, fax 38337)* constitue également une bonne adresse. Il propose des doubles bien tenues avec s.d.b. et eau chaude en permanence à 100 Rs, ainsi que toute une série d'autres chambres entre 150 et 300 Rs. Le restaurant végétarien sert de savoureux thali gujarati (40 Rs).

Où se loger – catégories moyenne et supérieure

Établissement accueillant, l'***Hotel Lake Palace** (☎ 37154, fax 38817, savshanti@hotmail.com)* loue des simples/doubles/triples à 800/900/1 100 Rs en haute saison. Si vous discutez ferme en basse saison, vous les obtiendrez à 450/550/660 Rs. La plupart des chambres, qui disposent de terrasses semi-privées surplombant le lac, sont bien plus agréables que ne le suggère l'extérieur de l'hôtel.

Établissement familial situé dans un coin paisible, sur la route qui mène aux temples de Dilwara, le ***Mount Hotel** (☎ 43150)* loue des doubles entre 400 et 600 Rs. Comptez 90 Rs pour un repas végétarien (à commander à l'avance).

L'***Hotel Chanakya** (☎ 38154)* facture 600/700 Rs en basse saison la double moyenne/spacieuse avec s.d.b. privée et eau chaude (entre 7h et 10h).

Dans l'***Hotel Sunset Inn** (☎ 43194, fax 43515)*, hôtel moderne à la lisière ouest de Mt Abu, une double satisfaisante vous reviendra à 990/1 100 Rs (taxes comprises). Cet établissement est l'un des rares qui n'augmente pas ses prix d'une saison à l'autre, ce qui le rend intéressant en période d'affluence. Vous pouvez réserver en appelant le bureau d'Ahmedabad (☎ 079-6403906, fax 6469876).

L'***Hotel Samrat International** (☎ 43153)* et l'***Hotel Navijan** (☎ 43173)*, situés sur la route principale, forment en fait le même hôtel. Les chambres attrayantes et spacieuses valent 650 Rs en basse saison (demandez à jeter un coup d'œil). Certaines disposent d'un sofa, d'un vaste balcon abrité avec fauteuil à bascule surplombant le terrain de polo, et de l'eau chaude en permanence – une très bonne affaire à un emplacement central.

Non loin des temples de Dilwara, le ***Palace Hotel** (☎ 43121, fax 38674, Bikaner House)* est l'établissement le plus séduisant de Mt Abu. Parfait pour se rafraîchir dans des jardins ombragés, il dispose d'un lac privé, de courts de tennis et d'un restaurant (voir *Où se restaurer*). Les simples/doubles les moins onéreuses sont affichées aux tarifs raisonnables de 1 200/1 550 Rs, plus 10% de taxe. L'hôtel accepte les cartes Visa et MasterCard.

Bâtiment de style en dépit de son aspect extérieur peu engageant, l'***Hotel Hillock** (☎ 38463, fax 38467, hillock.mtabu@pop3.gtsl.co.in)* est installé sur la route principale en direction dc la villc. Le personnel est plus avenant que dans la plupart des autres établissements de standing, et les chambres sont décorées avec goût (standard/deluxe à 1 590/2 490 Rs, les moins chères étant d'un excellent rapport qualité/prix, notamment en basse saison). Les clients ont accès à une piscine, un bar intime, un élégant restaurant et, pour les enfants, à un terrain de jeu du nom de Romp Pomp Pomp. Les chambres doivent être libérées à 12h. Les principales cartes de crédit sont acceptées.

A l'est de la ville, la ***Connaught House** (☎ 38560, 011-6561875 pour les réservations, welcom@ndf.vsnl.net.in)* ressemble à une demeure britannique. Propriété du maharaja de Jodhpur, cet hôtel, agréable pour un séjour, est installé au milieu de plaisants jardins, parfaits pour s'asseoir avec un bon livre. Les chambres de l'ancien bâtiment (1 400/1 750 Rs) ont davantage de cachet que celles de la nouvelle aile. L'établissement sert petit déjeuner (150 Rs), déjeuner et dîner (250 Rs).

Où se restaurer

Très prisé, le ***Kanak Dining Hall***, près de la gare routière principale, prépare sans doute les meilleurs thali gujarati de Mt Abu pour 45 Rs (service à volonté, possibilité de s'installer à l'intérieur ou à l'extérieur).

Plus haut sur la colline, aménagé près du carrefour au bout du terrain de polo, le ***Veena Restaurant*** *(☎ 43448)* propose lui aussi d'excellents thali gujarati (40 Rs).

Dans le bazar, le ***Shere Punjab Hotel*** offre de la cuisine punjabie et chinoise à prix raisonnables. Ses plats à base de cervelle préparés avec soin (curry à 35 Rs) côtoient des mets plus conventionnels.

Au ***Madras Cafe*** *(☎ 43294)*, dans le même quartier, le régime est exclusivement végétarien (assortiment de plats indiens et occidentaux). Les pizzas jaïna, sans ail, oignon ni fromage, reviennent à 35 Rs.

Situé sur la route qui descend vers le lac, le ***Kings Food*** propose l'habituel menu varié, avec de bons plats chinois, punjabis et d'Inde du Sud bon marché. En face, le ***Dairy King*** prépare tout un choix de crèmes glacées pour 30 Rs environ.

Au ***Sarovar Restaurant*** de la RTDC, au bord de l'eau, si la nourriture n'a rien d'exceptionnel (en-cas et plats d'Inde du Sud à 40 Rs maximum), l'endroit – surplombant le lac – est agréable. Mais la musique de rock hindi qui s'échappe des haut-parleurs gâche un peu l'ambiance. A l'intérieur, vous pourrez jouer au billard pour 50 Rs l'heure.

Le ***Palace Hotel*** *(☎ 43121, Bikaner House)* constitue le meilleur établissement pour prendre un repas spécial. Le déjeuner et le dîner fixes coûtent 235 Rs (végétarien) ou 295 Rs (non végétarien). Mieux vaut réserver. Le ***Mayur Restaurant*** de l'Hotel Hillock est également conseillé pour un repas dispendieux.

Comment s'y rendre

A l'entrée de Mt Abu, on franchit un péage où les passagers des bus et des voitures doivent acquitter une taxe de 5 Rs, plus 5 Rs par véhicule. Si vous arrivez en bus, vous devrez attendre que le contrôleur recueille le péage auprès de chaque passager (préparez de la petite monnaie).

Bus. A partir de 6h, des bus effectuent régulièrement les 27 km de montée qui séparent la gare d'Abu Road de Mt Abu (15/13 Rs en bus express/local, 1 heure). Ils partent de l'extérieur de la gare routière principale, près de la billetterie. Certains bus RSTC vont jusqu'à Mt Abu, tandis que d'autres s'arrêtent à Abu Road. Dans la plupart des cas, il est plus rapide et plus pratique d'emprunter un bus direct que de descendre à la gare d'Abu Road et d'attendre le train. Les bus RSTC deluxe (renseignements au ☎ 43434) se rendent à Jaipur (201 Rs, 11 heures), Ajmer (152 Rs, 8 heures), Udaipur (75 Rs, 5 heures), Jodhpur (121 Rs, 8 heures), Ahmedabad (85 Rs, 6 heures), Jaisalmer (176 Rs, 12 heures) et Delhi (305 Rs, 15 heures). Quant aux bus des compagnies privées, ils partent de la gare des bus privés.

Train. Abu Road, la gare de Mt Abu, se trouve sur la ligne à voie large qui relie Delhi à Mumbai *via* Ahmedabad.

A Mt Abu, la Railway Out Agency (☎ 38697), près du principal arrêt de bus (en face du poste de police), dispose de quotas sur la plupart des express quittant Abu Road. Elle ouvre tous les jours de 10h à 13h et de 14h à 16h (jusqu'à 12h le dimanche).

D'Abu Road, l'*Ahmedabad Mail* (9106) part à 13h05 et arrive à Ahmedabad à 17h20 (52/81/234 Rs en économique/couchette/3A). Dans la direction opposée, il quitte Abu Road à 13h20 pour arriver à Jaipur à 23h25 (99/154/446 Rs) et à Delhi à 5h20 (147/228/662 Rs). Il existe d'autres liaisons pour Jodhpur. Pour Bhuj et le reste de la péninsule de Kathiawar dans le Gujarat, changez de train à Palanpur, à 53 km au sud d'Abu Road.

Les retiring rooms de la gare ferroviaire sont pratiques si vous attrapez un train tôt le matin (120 Rs la double). Le thali végétarien y revient à 40 Rs.

Taxi. Depuis Abu Road vers la ville, un taxi collectif (cinq personnes) coûte 200 Rs. Certains chauffeurs, prétendant que cette somme correspond au trajet jusqu'à la gare routière, demandent un supplément (jusqu'à 50 Rs) pour vous mener à votre hôtel. Louer une jeep pour visiter les alentours revient à 70/600 Rs par heure/jour (en discutant ferme, vous obtiendrez peut-être une réduction).

Comment circuler

Depuis la gare routière, des bus desservent les différents sites aux alentours de Mt Abu. Planifiez votre parcours à l'avance pour éviter les attentes interminables. Il est parfois plus pratique de participer au circuit de cinq heures (voir *Circuits organisés* plus haut). Pour Dilwara, mieux vaut prendre un taxi collectif (jeep) ; dès qu'ils sont complets, ils partent du centre-ville, en face du Madras Cafe (3 ou 4 Rs par personne, en fonction du nombre de passagers, ou 30 Rs pour vous seul). Vous ne trouverez pas d'auto-rickshaws à Mt Abu, mais la ville se visite facilement à pied.

ENVIRONS DE MT ABU

Guru Shikhar

Situé à 15 km de Mt Abu, Guru Shikhar est le point culminant du Rajasthan (1 721 m). Une route conduit presque jusqu'au sommet où se dresse l'**Atri Rishi Temple**, avec un beau panorama sur les environs.

Mt Abu Wildlife Sanctuary

Couvrant 290 km^2, cette réserve, à 5,5 km au nord-est de Mt Abu, est peuplée de panthères, de sambars, de renards, d'ours et de sangliers. Elle ouvre tous les jours de 8h à 17h (entrée : 5/40 Rs pour les Indiens/étrangers et 15/125 Rs par moto/voiture).

Ouest du Rajasthan

JODHPUR

☎ 0291 • 795 000 habitants

Deuxième ville du Rajasthan à la limite du désert de Thar, Jodhpur est dominée par une forteresse massive, Meherangarh, qui couronne une crête rocheuse au centre de la ville. Du fort, la vue sur les édifices bleus de l'ancienne cité est l'une des plus spectaculaires du Rajasthan. On distingue avec clarté les limites de la nouvelle ville et de l'ancienne : cette dernière, aux ruelles sinueuses propices à la flânerie, ceinturée par un rempart de 10 km de long (érigé un siècle après la fondation de la ville) communique par huit portes avec l'extérieur.

Jodhpur fut fondée en 1459 par Rao Jodha, chef du clan rajput des Rathor. Ses descendants régnèrent sur la ville ainsi que sur plusieurs autres États princiers rajput. Le royaume des Rathor s'appelait jadis le Marwar (pays de la mort). Chaque année (du 19 au 20 octobre 2002, et du 8 au 9 octobre 2003), le **Marwar Festival** célèbre les héros du Rajasthan par des musiques et des danses.

Orientation

Le Tourist Reception Centre, les gares ferroviaires et la gare routière sont regroupés à l'extérieur de la vieille ville. High Court Rd part de la gare ferroviaire de Raika Bagh, passe devant les jardins d'Umaid et l'Hotel Ghoomar de la RTDC avant de continuer le long du rempart vers la gare ferroviaire principale.

Renseignements

Office du tourisme. Le Tourist Reception Centre (☎ 545083), installé dans l'Hotel Ghoomar, ouvre du lundi au samedi de 7h à 20h.

L'International Tourists Bureau (☎ 439 052), dans la gare ferroviaire principale, délivre avec serviabilité des informations touristiques et offre de confortables fauteuils, une douche et des toilettes. Il reste ouvert jusqu'à 23h15, l'heure du départ du train pour Jaisalmer

Argent. La State Bank of India (agence d'High Court Rd) change espèces et chèques

Jodhpur, la cité bleue

Les habitants du Rajasthan ont su égayer le morne paysage d'une mosaïque de couleurs vives. Outre les Rajasthani eux-mêmes, vêtus de tenues très colorées, la plupart des grandes cités ont adopté des teintes qui leur sont propres – rose à Jaipur, or à Jaisalmer et bleu à Jodhpur.

Jodhpur doit son surnom de cité bleue aux façades indigo des maisons de la vieille ville. Le meilleur endroit pour les découvrir sont les remparts de l'imposant fort de Meherangarh, qui domine l'effervescence de la ville.

Le bleu, symbole des demeures brahmaniques, est aujourd'hui utilisé par tous. En plus d'apporter une tonalité fraîche et gaie, il repousserait efficacement les moustiques.

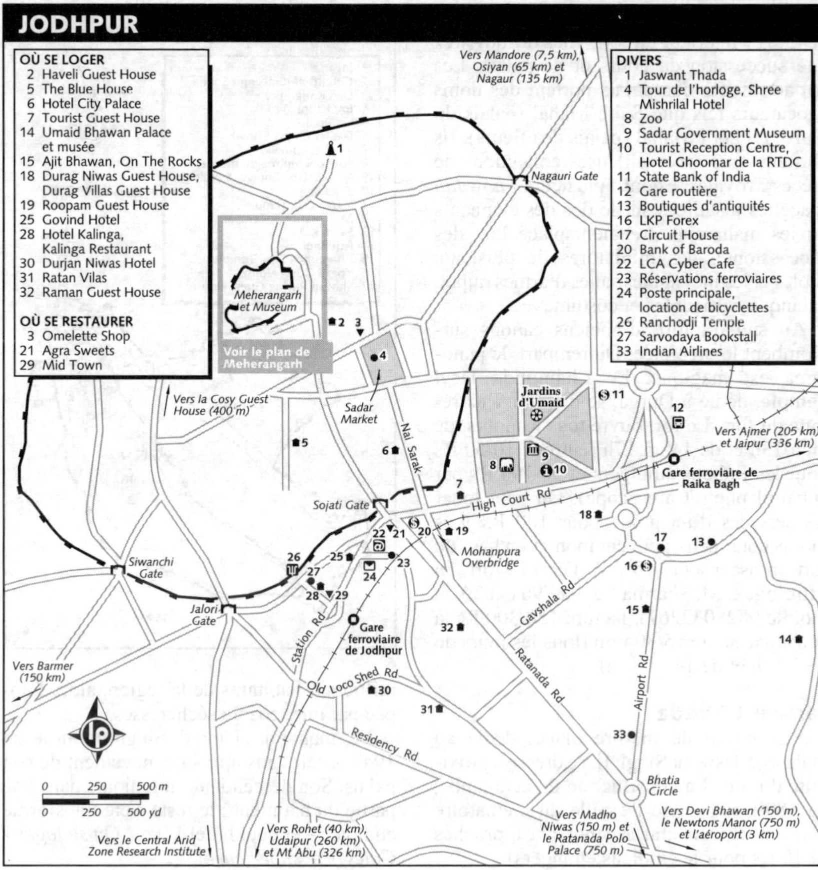

de voyage. La Bank of Baroda, au coin d'Agra Sweets, accepte les chèques de voyage et, lors de notre passage, avançait des espèces sur présentation d'une carte Visa ou MasterCard. Parmi les agents privés fiables qui changent un large éventail de devises figure LKP Forex (☎ 512532), face à la Circuit House.

E-mail et accès Internet. Dans une ruelle face à la Sojati Gate (même bâtiment que l'école Lucky Bal Niketan), le LCA Cybercafe (☎ 617825) – boutique Internet la moins chère du centre-ville (30 Rs par heure) – dispose d'une connexion généralement assez rapide.

De nombreuses autres boutiques sont dispersées dans la ville.

Meherangarh

Toujours propriété du maharaja de Jodhpur, Meherangarh, le Majestic Fort, mérite bien son nom. Perchée sur une colline à 125 m d'altitude, c'est la citadelle la plus impressionnante du Rajasthan. Une route en lacets monte jusqu'à l'entrée depuis la cité, à 5 km en contrebas. La deuxième des sept portes montre encore les traces de coups de canon. La **Jayapol** fut construite par le maharaja Man Singh en 1806, après qu'il l'eut emporté sur les armées de Jaipur et de Bikaner. La **Fatehpol** (porte de la victoire), fut érigée par le maharaja Ajit Singh pour commémorer sa victoire sur les Moghols.

A côté de la dernière porte, **Lohapol** (porte de fer), on remarque 15 empreintes de main, celles des veuves du maharaja Man Singh

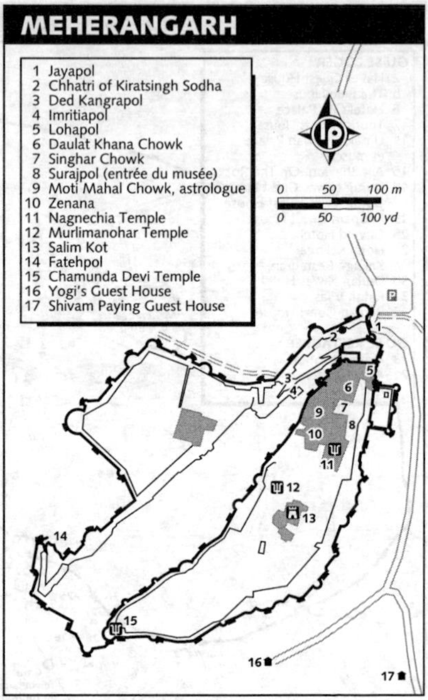

qui s'immolèrent sur son bûcher funéraire en 1843. A l'intérieur du fort, vous découvrirez une succession de cours et de palais. Les **appartements des palais** portent des noms évocateurs tels que Sukh Mahal (palais du plaisir), Phool Mahal (palais des fleurs). Ils abritent une merveilleuse collection de pièces royales, dont plusieurs *howdah* (nacelles installées sur le dos des éléphants où les maharajas prenaient place lors des processions), des miniatures de plusieurs écoles et les inévitables salles d'armes rajput, palanquins, meubles et costumes.

Au sud du fort, d'anciens canons surplombent le précipice. Du rempart, le panorama est magique. Le **Chamunda Devi Temple**, dédié à Durga, se dresse à l'extrémité du fort. Le fort ouvre tous les jours, de 9h à 13h et de 14h à 17h (entrée : 10/50 Rs pour les Indiens/étrangers et 50/100 Rs par appareil photo/Caméscope). On peut louer les services d'un guide pour 100 Rs. Les moins courageux peuvent monter en haut du fort en ascenseur (10 Rs). Dans le fort, un **astrologue**, M. Sharma (☎ 548790 ext 39 ou mobile 9828032261), facture 150/300 Rs la consultation de 15/30 min (tous les jours de 9h à 13h et de 14h à 17h).

Jaswant Thada

Ce mémorial de marbre blanc, dédié au maharaja Jaswant Singh II, se dresse à proximité du fort. La construction du cénotaphe, en 1899, fut suivie de celle du crématoire royal et de trois autres cénotaphes, proches (5/10 Rs pour les Indiens/étrangers).

Tour de l'horloge et marchés

La tour de l'horloge constitue un repère dans la vieille ville. Du marché de Sardar, proche de la tour, d'étroites ruelles mènent aux bazars où l'on vend légumes, épices, pâtisseries indiennes, tissus, argenterie et artisanat – un quartier où il fait bon flâner.

Umaid Bhawan Palace et Museum

De marbre et de grès rose, cet immense palais est aussi connu sous le nom de Chhittar Palace, du nom du grès utilisé. Commencé en 1929 et conçu par le président du British Royal Institute of Architects pour le maharaja Umaid Singh, il fut achevé 15 ans plus tard. Selon certains, sa construction avait pour but de fournir des emplois à des milliers d'habitants de la région, alors frappée par une terrible sécheresse.

Le maharaja Umaid Singh mourut en 1947, quatre ans après l'achèvement de son palais. Son descendant vit toujours dans une partie du bâtiment ; le reste a été transformé en hôtel – et quel hôtel ! (voir *Où se loger - Catégorie supérieure*).

Le palais abrite un **musée** très intéressant, exposant des possessions du maharaja : armes, fascinantes pendules anciennes, vaisselle fine, et trophées de chasse. Les gardiens veilleront à ce que vous ne vous égariez pas dans l'hôtel, vous faisant clairement comprendre que vous n'avez rien à y faire. Le droit d'entrée s'élève à 10/40 Rs pour les Indiens/étrangers.

Umaid Gardens et Sadar Government Museum

Les agréables jardins d'Umaid abritent le Sadar Museum, la bibliothèque et le zoo. Le musée présente des animaux empaillés et mités, des armes anciennes et des sculptures, sans aucune indication. Il ouvre tous les jours, sauf le vendredi, de 10h à 16h30 (3/1 Rs pour les adultes/étudiants).

Circuits organisés et excursions dans les villages

Le Tourist Reception Centre organise des visites quotidiennes de la ville, de 9h à 13h et de 14h à 16h (85 Rs par personne, droits d'entrée en sus). Elles comprennent les principales curiosités, dont le palais d'Umaid Bhawan, Meherangarh, Jaswant Thada et les jardins de Mandore (voir *Environs de Jodhpur*, plus loin dans ce chapitre).

Jodhpur est réputée pour l'intérêt de ses excursions. Vous découvrirez notamment les villages des Bishnoi, une communauté jaïna qui vénère la nature et se préoccupe de préserver la faune et la flore depuis le XVe siècle.

Presque tous les hôtels organisent des excursions de qualité variée. Parmi les établissements recommandés figurent les pensions Madho Niwas (☎ 434486), Durag Niwas (☎ 510692) et Durag Villas (☎ 512298). La plupart facturent 400 Rs environ la journée, transport et repas compris. Le Govind Hotel (☎ 622758) propose des tarifs individuels dégressifs (repas et eau minérale compris), à partir de 375 Rs (deux personnes minimum) jusqu'à 275 Rs pour cinq – solution avantageuse si vous parvenez à former un groupe.

Où se loger – petits budgets

Si la plupart des établissements promettent de superbes vues sur le fort, la réalité est souvent différente.

A Makrana Mohalla, dans l'enceinte de la cité, la ***Haveli Guest House*** *(☎ 614615)* présente un excellent rapport qualité/prix (doubles avec s.d.b. de 200 Rs à 800 Rs). Le restaurant végétarien aménagé sur le toit (repas à 80 Rs environ) offre une vue imprenable sur le fort, Jaswant Thada et la cité bleue. Les chambres de la façade, en cours de rénovation lors de notre passage, jouiront de perspectives superbes et devraient être parées de quelques meubles d'époque (de 400 à 500 Rs).

La ***Shivam Paying Guest House*** *(☎ 610688, shivamgh@hotmail.com)*, non loin de la tour de l'horloge, est idéal pour profiter d'une atmosphère familiale traditionnelle. Les chambres sans/avec s.d.b. valent 150/200 Rs.

Au cœur de l'ancienne cité, ***The Blue House*** *(☎/fax 621396, house36@hotmail.com)*, également une bonne adresse, propose des chambres agréables de 200 Rs (petite double) à 600 Rs (chambre plus spacieuse avec terrasse à partager).

Installée au pied du fort et signalée depuis les ruelles adjacentes, la ***Yogi's Guest House*** *(☎ 643436, fax 619808)* est également recommandée pour son ambiance intime. Les chambres, aménagées dans le Rajpurohitji-ki-Haveli vieux de 5 siècles, sont simples mais propres (de 100 à 150 Rs, et de 250 à 350 Rs – en fonction de la taille – avec s.d.b. et eau chaude en permanence).

La ***Cosy Guest House*** *(☎ 612066, Novechokiya Rd, Brahm Puri, Chuna-ki-Choki)*, autrefois nommée la Joshi's Blue House, est un agréable petit établissement situé dans l'ancienne cité. Dans ce bâtiment bleu qui a gardé son authenticité (n'y cherchez pas de gadgets modernes), les simples/doubles rudimentaires avec s.d.b. commune commencent à 90/150 Rs (seau d'eau chaude gratuit).

Hors de l'ancienne cité, sur High Court Rd, la ***Tourist Guest House*** *(☎ 541235, udaibedi@hotmail.com)* constitue un choix excellent. Les chambres standard reviennent à 150/250 Rs avec s.d.b. L'élégante et spacieuse chambre en façade à 300 Rs est d'un très bon rapport qualité/prix (et elle le restera, même une fois que la s.d.b., en construction lors de notre passage, sera achevée et que le prix aura augmenté).

A l'opposé de Kesar Bagh sur Shiv Rd, la ***Raman Guest House*** *(☎ 513980)* est de plus en plus appréciée (chambres de 150/200 Rs à 450 Rs).

Le ***Govind Hotel*** *(☎ 622758, govindhotel2000@yahoo.com)*, face au bureau des réservations de train, n'est qu'à cinq minutes de marche de la gare ferroviaire – un emplacement idéal pour un départ tôt le matin. Les chambres sont sommaires, mais bon marché et propres (lits en dortoir à 60 Rs, simples/doubles avec s.d.b. et seau d'eau chaude à 200/250 Rs, et double avec eau chaude en permanence à 300 Rs).

Mal placé car loin du centre, le ***Madho Niwas*** *(Bhenswara House, ☎ 512486, fax 512086, New Airport Rd, Ratanada)* est néanmoins plaisant et familial. Il dispose d'une pelouse agréable et de doubles avec s.d.b. de 300 à 500 Rs.

Établissement familial, la ***Durag Niwas Guest House*** *(☎ 510692, 1 Old Public Park)* propose des doubles de 200 à 250 Rs, ainsi qu'une immense chambre à 500 Rs, qui peut accueillir huit personnes.

Établissement voisin, la ***Durag Villas Guest House*** *(☎ 512298)* présente un bon rapport qualité/prix : simples/doubles avec s.d.b. à partir de 150/200 Rs, et autres chambres plus élégantes à 250/300 Rs. L'endroit est calme et décontracté.

La ***Roopam Guest House*** *(☎ 627374, 7 Jagannath Bldg, Mohanpura Overbridge)* comporte une chambre avec s.d.b. commune à 200/250 Rs, et trois autres avec s.d.b. à 400/500 Rs.

Où se loger – catégorie moyenne

Charmante villa familiale située dans un agréable jardin, la ***Ratan Vilas*** *(☎/fax 614418, Old Loco Shed Rd, Ratanada)* propose de confortables doubles bien arrangées de 750 à 950 Rs, ainsi qu'une suite à 1 500 Rs. Elle sert de délicieux repas dans le style banquet (175 Rs).

Chaudement recommandé, le ***Devi Bhawan*** *(☎ 511067, fax 512215, devibhawan@satyamonline.com, 1 Ratanada Area)* est très avantageux, en dépit de son emplacement peu pratique. Cette oasis de verdure dispose de simples/doubles à 700/750 Rs, de bungalows à 850 Rs, d'un bon restaurant, et d'un des plus beaux jardins de Jodhpur.

Près d'Old Loco Shed Rd, le ***Durjan Niwas Hotel*** *(☎ 649546, fax 616991)* loue des chambres élégantes et tranquilles à 1 195/1 500 Rs (tarifs généralement négociables si les affaires sont calmes).

Le ***Newtons Manor*** *(☎ 430686, fax 610603, info@newtonsmanor.com, 86 Jawahar Colony, Ratanada)* jouit également d'une atmosphère agréable, bien que certains lecteurs aient déploré l'accueil peu chaleureux et l'emplacement incommode. Il loue 5 chambres à partir de 1 095 Rs et propose de somptueux repas faits maison.

Pratique en raison de sa proximité de la gare ferroviaire, l'***Hotel Kalinga*** *(☎ 627338, fax 627314, kalingahotel@satyam.net.in)* propose des chambres tristes, mais confortables et spacieuses, à partir de 490/700 Rs et 540/800 Rs (petit déjeuner continental compris). Elles doivent être libérées au bout de 24 heures.

A l'***Hotel City Palace*** *(☎ 649911, fax 639033, 32 Nai Sarak)*, vous trouverez des simples/doubles agréables à partir de 990/1 190 Rs et de 1 040/1 290 Rs (petit déjeuner compris). Plus tranquilles, les chambres de l'étage situées à l'arrière offrent une belle perspective sur l'ancienne cité.

Depuis longtemps prisé des voyageurs, l'***Ajit Bhawan*** *(☎ 511410, fax 510674, abhawan@del3.vsnl.net.in, Airport Rd)* dispose de bungalows modernes en pierre, joliment meublés, situés derrière l'élégant bâtiment principal autour d'un adorable jardin (1 895/2 295 Rs).Un restaurant, une piscine fabuleuse (250 Rs pour les non-résidents) et une boutique de cadeaux parachèvent l'ambiance des lieux. Parmi les autres services proposés figurent la garde des enfants (100 Rs l'heure), l'accès à Internet, ainsi qu'une merveilleuse collection de voitures d'époque, à louer contre une petite fortune (Chevrolet cabriolet de 1939 à 2 400/4 000 Rs la demi-journée/journée).

Où se loger – catégorie supérieure

L'***Umaid Bhawan Palace*** *(☎ 433316, fax 635373)* enchantera tous ceux qui aiment le luxe. Ce très élégant palais comporte une piscine couverte, un court de tennis, une salle de billard, de vertes pelouses et plusieurs restaurants (voir *Où se restaurer*). Pour une chambre standard, comptez 165/185 $US, et pour une suite entre 325$US et 750 $US (la suite maharani). Si vos moyens vous le permettent, optez pour une suite : bien que les chambres bon marché soient confortables, elles ne sont guère dignes d'un palais.

Implanté dans une vaste propriété, le ***Ratanada Polo Palace*** *(☎ 431910, fax 433118, Residency Rd)* manque un peu de caractère. Il possède une piscine, un restaurant et des chambres à 1 800/2 400 Rs.

Où se restaurer

Profitez de votre séjour à Jodhpur pour goûter un verre de *makhania lassi*, boisson nourrissante, très rafraîchissante, aromatisée au safran.

Si le ***Shree Mishrilal Hotel***, près de la tour de l'horloge, ne paie pas de mine, il sert néanmoins les meilleurs lassi de la ville. Un délicieux verre de lassi makhania spécial, crémeux à souhait, revient à 10 Rs.

Autre adresse à recommander pour ses lassi (10 Rs), l'***Agra Sweets***, face au Sojati Gate, prépare de savoureuses spécialités de Jodhpur pour le dessert, telles que le *mawa ladoo* (5 Rs) et le *mawa kachori* (9 Rs), qui ressemble au baklava.

Derrière la tour de l'horloge sur le côté nord de la place, de l'autre côté de la porte, l'***Omelette Shop*** se flatte de servir plus de 1 000 œufs par jour. Ce petit établissement fréquenté par la population locale est généralement bondé. Les deux œufs bouillis épicés reviennent à 5 Rs, et l'omelette (2 œufs) avec piment, coriandre et 4 morceaux de pain est également très bon marché (12 Rs).

Près de la gare ferroviaire, le ***Kalinga Restaurant***, dans l'hôtel du même nom, offre de savoureux plats indiens, chinois et occidentaux, végétariens ou non, dans un cadre agréable (curry de poulet à 65 Rs). Il ouvre tous les jours de 7h à 22h30. Tout proche, le ***Mid Town*** affiche des tarifs excessifs mais la cuisine est bonne. Parmi les plats proposés (entre 40 et 65 Rs) figurent quelques spécialités rajasthanies, telles que le *chakki-ka-sagh* (sorte de gâteau à base de farine de blé, cuit dans une riche sauce) à 55 Rs et les thali rajasthani à 60 Rs.

Très apprécié de la population locale, ***On the Rocks***, à proximité de l'Ajit Bhawan hotel, sert une savoureuse cuisine indienne en terrasse (kebabs aux champignons à 55 Rs). Le service peut se révéler très lent, notamment lorsque l'établissement est bondé. Dans le même bâtiment se trouvent un bar ainsi qu'une délicieuse boulangerie (pâtisseries à 15 Rs). Le restaurant ouvre de 12h30 à 15h et de 19h à 23h.

L'Umaid Bhawan Palace gère quatre restaurants : le ***Marwar Hall***, grandiose (qui propose un buffet néanmoins décevant) ; ***The Pillars***, surplombant la pelouse arrière dans un cadre informel et aéré, recommandé pour un en-cas léger ; le ***Risala***, plus haut de gamme ; et le ***Kebab Konner***, un restaurant en plein air intéressant pour son barbecue à l'indienne (tarif modéré, le soir uniquement). Vous pouvez aussi vous contenter d'un verre au ***Trophy Bar***.

Au 1er étage de la gare ferroviaire principale, la ***refreshment room*** offre des repas, végétariens ou non, de qualité, à savourer en attendant le train (thali végétarien/non végétarien à 16/22 Rs).

Achats

Les boutiques de Jodhpur proposent l'artisanat traditionnel du Rajasthan, mais la ville se spécialise dans les antiquités. Les antiquaires sont principalement regroupés sur la route qui relie l'Ajit Bhawan à l'Umaid Bhawan Palace. Ils sont bien connus des antiquaires occidentaux et vous aurez du mal à faire la moindre affaire. De nombreux magasins vendent aussi des copies d'objets anciens, nettement moins chères. Lonely Planet condamne vivement le commerce des éléments architecturaux anciens, qui contribue à appauvrir le patrimoine culturel indien. La plupart des boutiques peuvent fabriquer des meubles de style ancien pour un prix correct. Les coûts de transport par bateau commencent à 150 $US par mètre cube. N'oubliez pas de vous renseigner sur le montant des droits de douane pour le pays de destination.

Quitter la ville

Air. Indian Airlines (☎ 510757), au sud du centre-ville sur Airport Rd, ouvre tous les jours de 10h à 13h15 et de 14h à 16h30. Des vols quotidiens partent pour Delhi (105 $US) *via* Jaipur (85 $US) à 19h20, et pour Mumbai (150 $US) *via* Udaipur (65 $US) à 8h30. Jet Airways (☎ 625094) dessert également Delhi (*via* Jaipur) et Mumbai (*via* Udaipur).

Bus. Toute la journée, des bus RSTC partent régulièrement de la gare routière, notamment pour Jaisalmer (92 Rs, (5 heures), Udaipur (105 Rs, 8 heures), Jaipur (130 Rs, 7 heures), Ajmer (82 Rs, 4 heures), Bikaner (101 Rs, 5 heures), Delhi (220 Rs, 12 heures 30) et Ahmedabad (170 Rs, 10 heures). Pour tous renseignements, faites le ☎ 544686.

Les agences de bus privés se situent en face de la gare ferroviaire et dans la rue menant au Ranchodji Temple.

Train. Le bureau des réservations informatisées se situe dans Station Rd, entre la gare et Sojati Gate. Il possède un quota pour touristes (guichet n° 788) et ouvre tous les jours de 8h à 20h (jusqu'à 13h45 le dimanche).

Le *Jodhpur-Jaisalmer Express* (4810) part chaque nuit à 23h15, pour arriver à Jaisalmer vers 5h30 (82/130 Rs en économique/couchette). Le *Mandore Express* (2462) quitte Jodhpur à 19h30 pour arriver à Delhi à 6h15 (131/204/590 Rs en économique/couchette/3A). Pour Jaipur, le départ de l'*Intercity Express* (2466) a lieu à 5h45 et l'arrivée à 10h35 (104/162/749 Rs).

Comment circuler

Desserte de l'aéroport. Cinq kilomètres seulement séparent l'aéroport du centre-ville. Comptez environ 50/110 Rs en auto-rickshaw/taxi.

Taxi et auto-rickshaw. Une station de taxis fait face à la gare ferroviaire principale. En ville, une course en auto-rickshaw ne vous coûtera pas plus de 25 Rs.

ENVIRONS DE JODHPUR

Mandore

Mandore, à 9 km au nord de Jodhpur, était la capitale du Marwar jusqu'à la fondation de Jodhpur. Aujourd'hui, ses vastes **jardins** aux hautes terrasses rocheuses en font un lieu d'attraction pour la population locale. Ils contiennent les cénotaphes des seigneurs de Jodhpur, dont celui du maharaja Dhiraj Ajit Singh.

Le **Hall of Heroes** (hall des héros) comporte 15 représentations de héros locaux chevauchant des divinités, sculptées dans un mur rocheux. Le sanctuaire des 33 Crore (330 millions) de dieux est décoré de peintures représentant les dieux et les esprits.

La ***Mandore Guest House*** *(☎ 0291-545620, fax 546959)* offre un hébergement délicieux dans un jardin ombragé. Les simples/doubles avec s.d.b. présentent un très bon rapport qualité/prix à 350/500 Rs.

Rohet

Bruce Chatwin séjourna et écrivit au ***Rohet Garh*** *(☎ 02936-68231)*, un charmant hôtel installé dans ce petit village à 40 km au sud de Jodhpur. Les belles chambres débutent à 1 100/1 700 Rs. On peut y prendre ses repas, se baigner dans une piscine superbe et participer à un safari dans les villages.

Osiyan

L'ancienne ville d'Osiyan, située dans le grand désert de Thar à 65 km au nord de Jodhpur, était un important centre de commerce du VIIIe au XIIe siècle, lorsqu'elle était sous la domination des jaïna. La prospérité des habitants leur permit de bâtir de luxueux temples richement sculptés, dont la plupart ont résisté à l'épreuve du temps. Les sculptures des temples d'Osiyan rivalisent avec celles des temples hoysala du Karnataka et du temple du Soleil de Konarak, en Orissa.

The Camel Camp *(☎/fax 0291-437023 à Jodhpur)* a installé ses tentes sur une dune de sable isolée qui surplombe Osiyan. Il demande 300 Rs en double avec s.d.b. commune, mais vous pouvez opter pour une tente plus luxueuse, avec s.d.b. et douche. Un bar domine les temples. Il est possible d'effectuer des safaris à dos de dromadaire. Réservez impérativement (adressez-vous au Safari Club, High Court Colony, Jodhpur).

Bhanu Prakash Sharma, un brahmane, possède une ***Guesthouse*** *(☎ 02922-74232)*, dont les chambres (200 Rs) peuvent accueillir jusqu'à 5 personnes.

Des bus relient régulièrement Jodhpur à Osiyan (22 Rs, 1 heure 30).

Nagaur

Nagaur, à 135 km au nord-est de Jodhpur, abrite l'**Ahhichatragarh**, une forteresse ancienne en cours de restauration (entrée 5/15 Rs pour les Indiens/étrangers et 25/50 Rs par appareil photo/Caméscope). La **Nagaur Cattle fair** (foire au bétail ; 19-22 février 2002, 8-12 février 2003), version réduite de celle de Pushkar, attire des milliers de paysans.

Pendant la foire, les luxueuses ***Royal Tents*** sont proposées à 175/225 $US en simple/double. Il faut réserver à l'avance auprès de l'Umaid Bhawan Palace, à Jodhpur (☎ 0291-433316, fax 635373).

Le ***Kurjan Nagaur*** de la RTDC propose deux bonnes chambres à 300/400 Rs avec s.d.b. (40/53 $US pendant la foire). Pour plus d'informations, contactez le service central des réservations (☎ 0141-202152, fax 201145) au RTDC Hotel Swagatam Campus de Jaipur.

L'***Hotel Mahaveer International*** *(☎ 01582-43158)* loue des chambres à partir de 250/350 Rs avec chauffe-eau et TV couleur, ainsi que des doubles avec clim. à 725 Rs.

JAISALMER

☎ 02992 • 48 000 habitants

Jaisalmer semble sortir tout droit d'un rêve et n'a pas son équivalent dans toute l'Inde. Ce fascinant avant-poste militaire implanté en plein désert doit son surnom de "cité dorée" à la teinte de miel que prend la pierre des remparts au coucher du soleil. Le spectacle de l'imposante citadelle paraissant surgir du désert aride pour s'élancer vers le ciel est inoubliable. La magie ne s'estompe pas à mesure que vous vous approchez de ses murs et de ses bastions, pour vous perdre ensuite dans son dédale de ruelles et de bazars. Ce fort abrite plusieurs centaines d'habitants. En dépit de quelques signes de décrépitude, il semble encore tout droit sorti des *Mille et Une Nuits*.

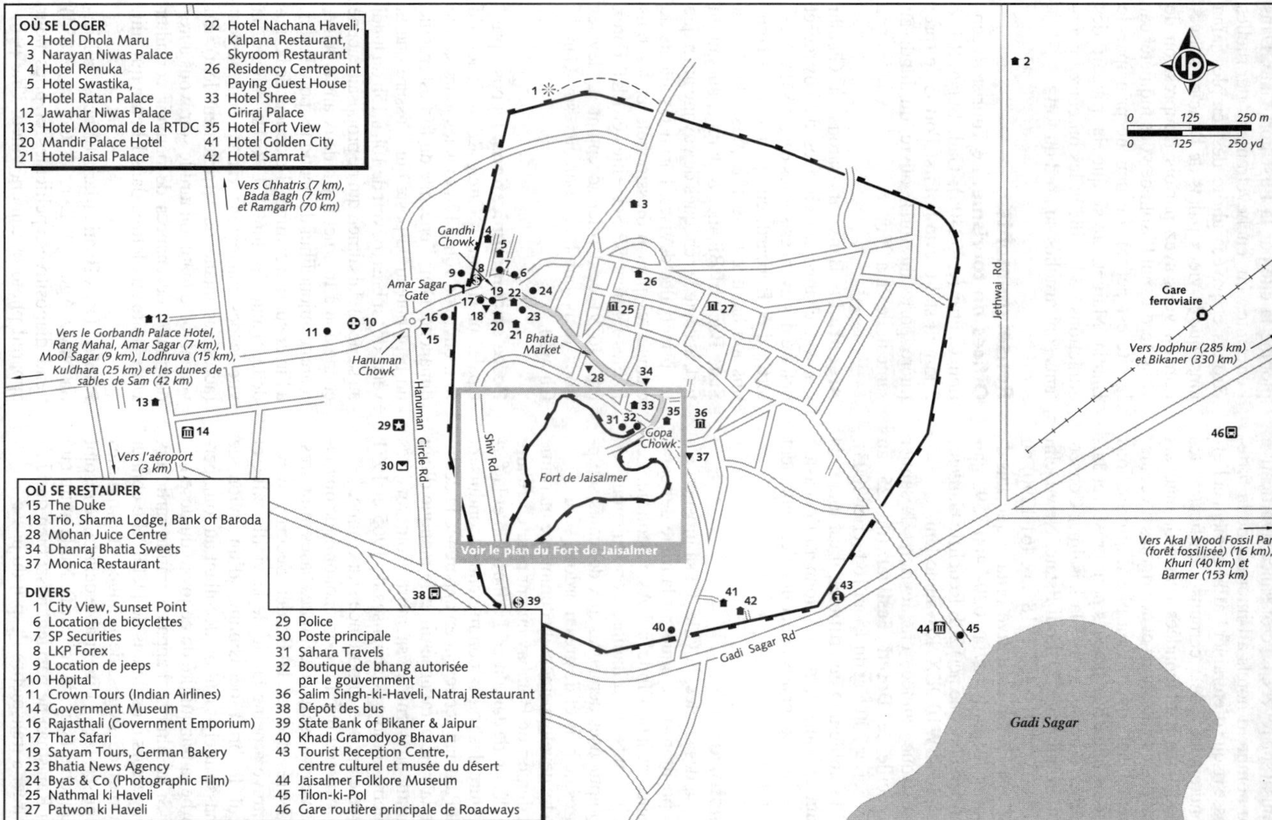
JAISALMER
0 125 250 m
0 125 250 yd
OÙ SE LOGER
2 Hotel Dhola Maru
3 Narayan Niwas Palace
4 Hotel Renuka
5 Hotel Swastika, Hotel Ratan Palace
12 Jawahar Niwas Palace
13 Hotel Moomal de la RTDC
20 Mandir Palace Hotel
21 Hotel Jaisal Palace
22 Hotel Nachana Haveli, Kalpana Restaurant, Skyroom Restaurant
26 Residency Centrepoint Paying Guest House
33 Hotel Shree Giriraj Palace
35 Hotel Fort View
41 Hotel Golden City
42 Hotel Samrat
OÙ SE RESTAURER
15 The Duke
18 Trio, Sharma Lodge, Bank of Baroda
28 Mohan Juice Centre
34 Dhanraj Bhatia Sweets
37 Monica Restaurant
DIVERS
1 City View, Sunset Point
6 Location de bicyclettes
7 SP Securities
8 LKP Forex
9 Location de jeeps
10 Hôpital
11 Crown Tours (Indian Airlines)
14 Government Museum
16 Rajasthali (Government Emporium)
17 Thar Safari
19 Satyam Tours, German Bakery
23 Bhatia News Agency
24 Byas & Co (Photographic Film)
25 Nathmal ki Haveli
27 Patwon ki Haveli
29 Police
30 Poste principale
31 Sahara Travels
32 Boutique de bhang autorisée par le gouvernment
36 Salim Singh-ki-Haveli, Natraj Restaurant
38 Dépôt des bus
39 State Bank of Bikaner & Jaipur
40 Khadi Gramodyog Bhavan
43 Tourist Reception Centre, centre culturel et musée du désert
44 Jaisalmer Folklore Museum
45 Tilon-ki-Pol
46 Gare routière principale de Roadways
Vers Chhatris (7 km), Bada Bagh (7 km) et Ramgarh (70 km)
Vers le Gorbandh Palace Hotel, Rang Mahal, Amar Sagar (7 km), Mool Sagar (9 km), Lodhruva (15 km), Kuldhara (25 km) et les dunes de sables de Sam (42 km)
Vers l'aéroport (3 km)
Gandhi Chowk
Amar Sagar Gate
Hanuman Chowk
Bhatia Market
Hanuman Circle Rd
Shiv Rd
Gopa Chowk
Fort de Jaisalmer
Voir le plan du Fort de Jaisalmer
Jethwai Rd
Gare ferroviaire
Vers Jodhpur (285 km) et Bikaner (330 km)
Vers Akal Wood Fossil Park (forêt fossilisée) (16 km), Khuri (40 km) et Barmer (153 km)
Gadi Sagar Rd
Gadi Sagar

Le succès touristique de Jaisalmer, destination parmi les plus courues du Rajasthan, a aussi son revers. La croissance significative du nombre d'hôtels à l'intérieur de la forteresse risque d'entraîner l'affaissement et l'effondrement de certains édifices, les fondations étant inondées à cause du mauvais état des canalisations et des rigoles d'écoulement à ciel ouvert. Pour plus d'informations sur les initiatives lancées pour préserver Jaisalmer, adressez-vous à la Jaisalmer Conservation Initiative, 71 Lodi Estate, New Delhi 110 003 (☎ 011-463 1818, fax 461 1290) ou à l'association caritative britannique Jaisalmer in Jeopardy (☎/fax 020-7460 8592, jaisalmer@lineone.net) 20E Redcliffe Gardens, London SW10 9EX, Royaume-Uni.

Chaque année en février, Jaisalmer accueille le **Desert Festival** (du 25 au 27 février 2002, et du 15 au 16 février 2003). S'il semble un peu artificiel, il est toutefois haut en couleur, et vous donnera l'occasion de vous essayer aux concours d'enroulement de turban.

Histoire

Il y a des siècles, la ville dut sa prospérité à sa position stratégique sur la route des caravanes reliant l'Inde à l'Asie centrale. Les négociants et citadins construisirent de somptueuses demeures aux délicates sculptures de bois et de grès mordoré.

Le développement du commerce maritime et du port de Bombay eurent pour corollaire le déclin de Jaisalmer. La Partition et la fermeture des routes commerciales conduisant au Pakistan scellèrent en apparence le destin de la ville caravansérail et le manque d'eau aurait pu signifier sa mort. Toutefois, les guerres indo-pakistanaises de 1965 et 1971 révélèrent son importance stratégique.

Aujourd'hui, l'apport économique du tourisme rivalise avec celui des bases militaires. La présence de la Border Security Force entrave à peine la vie de la vieille ville, et seul le bruit occasionnel d'un avion de chasse atterrissant ou décollant au loin, perturbe la tranquillité de ce joyau du désert.

Si Jaisalmer échappa en grande partie aux empereurs musulmans de Delhi, elle connut sa part de sièges, de pillages et à maintes reprises, face à l'inévitable défaite, se résolut au jauhar (suicide collectif). Nulle autre cité au Rajasthan ne parvient aussi bien que Jaisalmer à transmettre l'esprit du passé.

Orientation

On pénètre dans la massive citadelle qui surplombe la cité par la First Fort Gate. Dans l'enceinte, un enchevêtrement de ruelles étroites et pavées abrite des temples jaïna ainsi que le vieux palais de l'ancien souverain (si vous avez parfois l'impression de vous perdre, nul besoin de vous inquiéter car la cité est petite). Le marché principal, le Bhatia Market, ainsi que la plupart des attractions de la ville et les bureaux importants sont installés au nord du fort.

Renseignements

Offices du tourisme. Le Tourist Reception Centre (☎ 52406), Gadi Sagar Rd, à 2 km au sud-est de la First Fort Gate (première porte du fort), ouvre du lundi au samedi, de 7h à 20h.

Argent. La Bank of Baroda, à Gandhi Chowk, change les chèques de voyage et délivre des avances sur les cartes Visa, MasterCard et Bobcard, en appliquant la commission habituelle de 1%, plus 100 Rs. La State Bank of Bikaner & Jaipur, au sud du fort, accepte les chèques de voyage ainsi que les principales devises. Parmi les agents de change les plus professionnels et les plus fiables figurent SP Securities et LKP Forex (☎ 53679), ce dernier acceptant 32 devises (tous deux ont leurs bureaux sur Gandhi Chowk).

Poste et communications. La poste principale sur Hanuman Circle Rd, à l'ouest du fort, ouvre de 10h à 17h tous les jours sauf le dimanche. Dans l'enceinte du fort est installé un petit bureau de poste qui n'assure que la vente de timbres (ouvert de 10h à 15h du lundi au samedi). Jaisalmer, qui ne proposait aucune connexion à Internet il y a deux ans à peine, regorge aujourd'hui de boutiques pour surfer, à l'intérieur tout comme à l'extérieur de la citadelle. Toutes facturent 1 Rp la minute, la vitesse des connexions variant énormément (accès instantané ou terriblement lent). En venant tôt le matin ou tard le soir, vous aurez davantage de chances de pouvoir consulter votre boîte aux lettres dans l'heure qui suit.

Photo. Dans Bhatia Market (face à la Bhatia News Agency), Byas & Co (☎ 51884) vend diapositives, pellicules et piles pour appareil photo et caméra vidéo. Une pellicule photo Fuji 36 poses revient à 90 Rs, et son développement (généralement en 3 heures) à 15 Rs, plus 3/4 Rs par photo petit/moyen format. Une pellicule diapositive coûte 220 Rs. La boutique propose également des cassettes V8 (250 Rs) et des minicassettes vidéo numériques (750 Rs).

Librairies. Journaux anciens et cartes postales sont en vente à la Bhatia News Agency, dans Bhatia Market, bien achalandée. Elle propose également un excellent choix d'ouvrages récents (notamment des romans), ainsi que des livres d'occasion en français (entre autres langues), à acheter ou à échanger.

Teinture au henné et massage ayurvédique. Situé dans le fort, Bobby Henna Art Painting & Herbal House (☎ 54468) est tenu par des femmes, ce qui mettra en confiance les voyageuses. Cet endroit accueillant facture entre 50 Rs et 100 Rs la teinture au henné, 250 Rs le massage intégral du corps avec huile, et – idéal après quelques jours passés sur un dromadaire – 300 Rs le massage ayurvédique intégral avec 32 herbes (visage compris).

Fort de Jaisalmer

Le fort de Jaisalmer est le plus vivant de tous les forts, palais et musées que vous pourrez visiter en Inde. Demeures et hôtels se cachent dans les ruelles, échoppes et étals disparaissent sous les miroirs kaléidoscopiques et les broderies des superbes étoffes rajasthani. Malheureusement le fort, qui souffre de l'affluence touristique et de l'indifférence du gouvernement, figure sur la liste des 100 sites menacés dans le monde (voir la rubrique *Tourisme responsable* dans le chapitre *Renseignements pratiques*).

Construite en 1156 par le roi rajput Jaisala et consolidée par ses successeurs, la citadelle couronne la colline de Trikuta, à 80 m de hauteur. Le quart environ des habitants de la vieille ville réside dans son enceinte, jalonnée de 99 bastions. L'accès à la citadelle est commandé par plusieurs portes massives donnant sur une vaste cour où l'on découvre l'imposant **palais** du maharaja, s'élevant sur sept étages. La cour servait à la revue des troupes, à l'audition des requêtes et aux spectacles extravagants destinés aux hôtes de marque. Une partie du palais est ouverte au public. Si l'intérieur ne présente guère d'intérêt, le panorama à 360° qui s'offre du sommet est spectaculaire. Le fort ouvre de 8h à 17h tous les jours en été, et à partir de 9h en hiver. L'entrée revient à 10 Rs (20/50 Rs par appareil photo/Caméscope).

Temples jaïna

Dans l'enceinte de la citadelle, vous pourrez admirer sept temples jaïna magnifiquement

JAISALMER FORT

OÙ SE LOGER
1 Hotel Shree Giriraj Palace
2 Hotel Fort View
5 Ishar Palace Paying Guest House
10 The Surya
13 Hotel Paradise
16 Hotel Shreenath Palace
18 Hotel Chandra Niwas, Hotel Laxmi Niwas (Old)
20 Desert Boys Guest House
21 Deepak Rest House
23 Hotel Suraj, Hotel Temple View
25 Hotel Jaisal Castle

OÙ SE RESTAURER
9 Little Tibet
11 8th July Restaurant
12 Refreshing Point Rooftop Restaurant
17 Vyas Meal Service
19 Ristorante Italiano La Purezza

DIVERS
3 Boutique de bhang autorisée par le gouvernement
4 Sahara Travels
6 Bobby Henna Art Painting & Herbal House
7 Laxminath Temple
8 Rajmahal (palais et musée du maharaja)
14 Ganesh Travels
15 Light of the East
22 Jain Temples
24 Poste

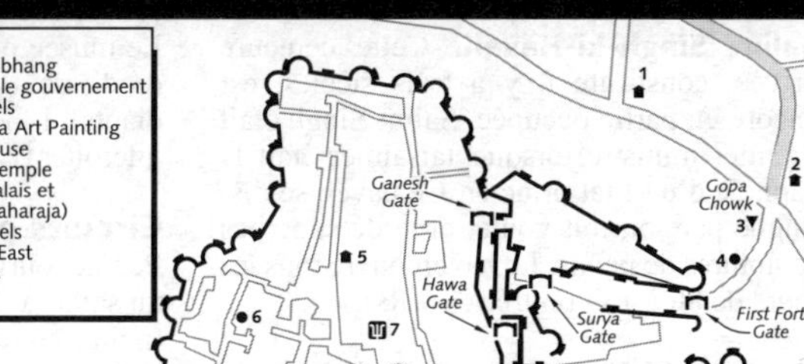

sculptés, construits entre le XIIe et le XVe siècle. Certains, très élégants, sont dédiés à Rikhabdev et à Sambhavanth. Un ensemble de couloirs et de chemins permet de les relier. Deux seulement sont ouverts aux non-jaïna, de 7h à 12h (10 Rs l'entrée, plus 50/100 Rs par appareil photo/Caméscope).

Laxminath Temple

Cet édifice hindou situé au centre même du fort offre davantage de simplicité que les temples jaïna, bien que le tambour du dôme présente quelques peintures intéressantes. Les dévots offrent des céréales, distribuées ensuite hors du temple. Une architrave en argent repoussé entoure l'entrée donnant sur un sanctuaire intérieur, où est conservée une statue abondamment ornée.

Haveli

Ces splendides demeures de grès ont été bâties par les négociants fortunés de Jaisalmer. Plusieurs d'entre elles sont en bon état de conservation.

Patwon-ki-Haveli. Ce haveli, le plus ouvragé et le plus magnifique de Jaisalmer, se dresse dans une étroite ruelle. Construit entre 1800 et 1860 par cinq frères jaïna qui avaient fait fortune dans le commerce des bijoux et des brocarts fins, il est plus impressionnant vu de l'extérieur. Néanmoins, de son toit, la vue sur le fort est magnifique (2 Rs l'entrée).

Salim Singh-ki-Haveli. Cette demeure privée, construite il y a trois siècles, est encore en partie occupée. Salim Singh était Premier ministre lorsque Jaisalmer était la capitale d'un État princier. Ce haveli se distingue par son toit voûté, orné de superbes sculptures de paons. Le haveli ouvre tous les jours de 8h à 18h (entrée : 15 Rs).

Nathmal-ki-Haveli. Ce haveli de la fin du XIXe siècle était également la demeure d'un Premier ministre. Les ailes gauche et droite de la construction, sculptées par des frères, se ressemblent mais ne sont pas identiques.

Gadi Sagar

Ce réservoir, au sud des remparts, assurait autrefois l'approvisionnement en eau de la cité. Une grande variété d'oiseaux aquatiques s'y rassemblent en hiver.

Il est entouré de petits temples et d'oratoires. La splendide porte qui y conduit aurait été bâtie par une prostituée célèbre. Lorsqu'elle proposa de financer cette construction, le maharaja refusa, prétendant qu'il devrait passer dessous pour aller au lac, ce qui serait inconvenant. Elle profita de son absence pour passer outre et la fit surmonter d'un temple dédié à Krishna afin que le roi ne puisse la détruire.

Musées

A côté du Tourist Reception Centre, le **Désert Culture Centre & Museum** (musée et centre culturel du désert) expose, entre autres, des textiles, d'anciennes pièces de monnaie, des fossiles et des instruments traditionnels du Rajasthan. Il s'est fixé pour objectif de préserver le patrimoine culturel rajasthani et d'entreprendre des recherches sur l'histoire locale. Il ouvre tous les jours de 10h à 19h30 et propose en soirée un spectacle de marionnettes (de 18h30 à 19h30, 30 Rs). Le billet d'entrée (5/10 Rs pour les Indiens/étrangers) donne aussi accès au **Jaisalmer Folklore Museum** (musée des arts populaires) sur la route qui descend vers le lac (ouvert tous les jours de 9h à 19h). Installez-vous sur la colline proche du musée pour admirer le coucher de soleil.

Près de l'Hotel Moomal de la RTDC, le petit **Government Museum** (musée national) abrite une collection de fossiles, réduite mais passionnante – certains datent du jurassique (160 à 180 millions d'années !)
Le musée ouvre tous les jours, sauf le vendredi, de 10h à 16h30 (entrée : 3 Rs, étudiants 1 Rp, gratuite le lundi, photos interdites).

Circuits organisés

Peu de touristes visitent Jaisalmer sans faire un safari à dos de dromadaire dans le désert (pour plus de détails, voir plus loin l'encadré *Safaris à dos de dromadaire*).

Le Tourist Reception Centre propose une visite de la ville le matin (groupe de 4 personnes minimum, départ de l'agence à 8h, 75 Rs par personne) ainsi que des excursions quotidiennes aux dunes de Sam au coucher du soleil (départ à 15h et retour après le coucher du soleil, 120 Rs par personne). Sur demande, vous pouvez descendre à Kanoi, à 5 km des dunes, et continuer à dos de dromadaire (50 Rs).

Où se loger

Si les hôtels situés dans l'enceinte de la forteresse constituent les choix les plus romantiques, d'autres établissements de qualité analogue sont installés hors des remparts. Les véhicules motorisés étant généralement interdits dans les ruelles étroites au-delà de la place principale, vous devrez traîner vos bagages dans ce dédale (marche de 10 min au maximum). A Jaisalmer, les chambres doivent être libérées à 9h, un horaire que d'aucuns jugeront peu généreux.

On peut déplorer que bon nombre d'hôtels cherchent avant tout à vendre des safaris en dromadaire. Certains se montreront tout à fait déplaisants si vous réservez un tel safari auprès d'un autre établissement. Ils refuseront de porter vos bagages, allant parfois jusqu'à vous mettre dehors !

En période de fête, les prix s'envolent et les hébergements de toutes sortes deviennent difficiles à trouver.

Où se loger – petits budgets

En ville. La ruelle située au nord de Gandhi Chowk offre un bon choix d'hôtels.

Établissement familial d'un bon rapport qualité/prix, l'***Hotel Renuka*** *(☎ 52757)* loue des chambres avec s.d.b. commune à 80/100 Rs, et d'autres avec s.d.b. à 130/150 Rs (180/200 Rs pour la meilleure avec balcon). Du toit en terrasse, qui abrite un restaurant, la vue est splendide. Le propriétaire, Sunny, est très serviable. La même famille tient l'***Hotel Ratan Palace*** *(☎ 53615)*, près de Gandhi Chowk sur la même rue, avec une approche similaire de l'hospitalité. Les chambres, plus spacieuses et plus récentes, coûtent entre 250 et 350 Rs.

L'***Hotel Swastika*** *(☎ 52483)* jouit également d'une popularité méritée auprès des voyageurs. Il dispose de simples/doubles bien tenues avec s.d.b. commune à 90/150 Rs et d'une série d'autres chambres (dont une plus spacieuse) avec s.d.b. à 220/250 Rs.

Au sud, dans l'enceinte de la cité près de Gadi Sagar Rd, l'***Hotel Golden City*** *(☎/fax 51664, khangazi@hotmail.com)*, établissement décontracté, s'adresse avant tout aux voyageurs. Les simples/doubles, sommaires mais propres, valent 40/50 Rs, ou 55/110 Rs avec s.d.b.

Dans le même quartier, l'***Hotel Samrat*** *(☎ 51498)* pratique également des prix modérés, les petites chambres très propres coûtant 30 Rs et les plus vastes avec s.d.b. 60/90 Rs. Un lit en dortoir revient à 10 Rs seulement.

L'***Hotel Fort View*** *(☎ 52214)*, près de l'entrée du fort, offre des chambres (parfois minuscules) avec s.d.b. à 60/80 Rs. La meilleure, avec vue sur la citadelle, coûte 300/350 Rs. Au dernier étage est installé un restaurant très prisé.

Un peu plus à l'ouest, près de Bhatia Market, l'***Hotel Shree Giriraj Palace*** *(☎ 52268)*, établissement bon marché et avenant, facture 100/120 Rs ses simples/doubles avec s.d.b. commune, et 150/200 Rs celles avec s.d.b. et seau d'eau chaude.

Familiale et avenante, la ***Residency Centrepoint Paying Guest House*** *(☎/fax 52883)*, près de Patwon-ki-Haveli, dispose de cinq doubles propres et spacieuses avec s.d.b. (200 Rs). Bien aménagée, la chambre n°101, possède un adorable balcon ancien. Sur le toit en terrasse qui jouit d'une vue superbe sur le fort, l'établissement sert de bons repas faits maison.

Quartier de la citadelle. Hôtel très fréquenté intégré dans le rempart ouest, la ***Deepak Rest House*** *(☎ 52665, fax 52070)* propose des chambres différentes pour la plupart (simples entre 40 et 120 Rs, et doubles entre 80 et 350 Rs). Les chambres avec vue et balcon (n°s 8, 14, 17 et 21) reviennent à 200/250 Rs. La meilleure (n°9), à 300/350 Rs, est souvent occupée. Un lit en dortoir vaut 25 Rs.

Très apprécié, l'***Hotel Paradise*** *(☎ 52674)* possède 23 chambres aménagées autour d'une cour ombragée. Son toit offre une perspective superbe. Les simples/doubles avec s.d.b. commune coûtent 150/200 Rs, et les doubles avec s.d.b. entre 350 et 650 Rs.

Accueillant, l'***Hotel Chandra Niwas*** *(☎ 53277)* ne compte qu'une poignée de doubles bien tenues, s'échelonnant de 150 Rs (s.d.b. commune) à 250 Rs (avec s.d.b.)

Installée près du Laxminath Temple, la ***Ishar Palace Paying Guest House*** *(☎ 53062)* dispose de chambres spartiates mais nettes : 100 Rs la double avec toit en bambou et s.d.b. à l'étage supérieur, et 50 Rs le lit en dortoir. Au XIXe siècle, cet établissement appartenait au Premier ministre Ishar Singh, comme l'attestent les statues d'éléphants devant le bâtiment. Vous pouvez même dormir dans sa chambre, modeste mais pleine de charme, dotée d'un balcon duquel il s'adressait à ses quémandeurs (150/200 Rs). A proximité, l'annexe, idéale pour une famille, peut accueillir 5 personnes (50 Rs chacune).

Simple pension, l'***Hotel Temple View*** *(☎ 52832)* propose des chambres petites mais correctes (100/200 Rs avec s.d.b. commune, et 250/300 Rs avec s.d.b.).

Niché dans le coin oriental du fort, ***The Surya*** *(☎ 50647)*, charmant établissement familial, facture ses doubles (toutes avec s.d.b. commune) à partir de 100 Rs. Exposée à l'est, la chambre à 270 Rs offre une vue superbe.

Où se loger – catégorie moyenne

En ville. L'***Hotel Nachana Haveli*** *(☎ 51910, Gandhi Chowk)* occupe un charmant haveli de 280 ans reconverti en hôtel. Les confortables chambres coûtent 750/900 Rs, et les deluxe 1 100/1 350 Rs (toutes avec air-cooler). Commandez vos repas à l'avance.

A deux pas, l'***Hotel Jaisal Palace*** *(☎ 52717, fax 50257)*, établissement propre et bien tenu, loue de petites simples/doubles à partir de 700/850 Rs. Les chambres exposées plein sud sont dotées d'un balcon faisant face au fort. Pour profiter de la vue, vous pouvez aussi vous asseoir dans une balancelle sur le toit en terrasse.

A l'intérieur des remparts, le ***Mandir Palace Hotel*** *(☎ 52788, fax 51677, Gandhi Chowk)* est un palais royal encore occupé partiellement par la famille souveraine d'antan. La délicate dentelle de pierre est exquise, et les chambres, dotées de meubles et de commodités à l'ancienne, dégagent toutes un charme suranné. Celles avec air-cooler commencent à 850/1 350 Rs et les deluxe avec clim. reviennent à 1 250/2 000 Rs.

Quartier de la citadelle. Près des temples jaïna, un superbe haveli ancien abrite l'***Hotel Shreenath Palace*** *(☎ 52907)*. Dotées parfois d'une vue superbe sur les temples, les chambres de cet établissement familial exhalent un véritable charme, avec leurs petites alcôves et leurs balcons. Omjee, le propriétaire, serait un descendant de l'un des anciens Premiers ministres de la ville. Les chambres (toutes des doubles) avec s.d.b. commune et seau d'eau chaude gratuit se louent 350 Rs.

Autre vieil haveli enchanteur, l'***Hotel Suraj*** *(☎ 51623)*, tout proche, présente une façade délicatement sculptée ainsi qu'un toit offrant une vue merveilleuse. Les chambres, toutes différentes, possèdent une s.d.b. avec douche et eau chaude (à partir de 300/350 Rs).

L'***Hotel Jaisal Castle*** *(☎ 52362, fax 52 101, narayan@jp1.vsnl.net.in)*, dans un haveli restauré, se situe dans le coin sud-ouest du fort. Dominant le désert du haut des remparts – un emplacement qui constitue son principal attrait – il dispose de chambres à 700/850 Rs (les moins chères) et sert des repas, végétariens ou non.

A deux pas, la ***Desert Boys Guest House*** *(☎ 53091, desert_p@yahoo.com)* loue des doubles confortables entre 250 et 750 Rs, toutes dotées d'un salon privé et décorées avec goût.

Où se loger – catégorie supérieure

Dans un somptueux bâtiment à 2,5 km du fort, le ***Rang Mahal*** *(☎ 50907, fax 51305)* propose de magnifiques chambres à partir de 1 500/1 850 Rs, et des suites deluxe divines à 3 800 Rs. La construction d'une piscine est en projet.

Autre établissement haut de gamme, le ***Gorbandh Palace Hotel*** *(☎ 51511, fax 52 749)*, tout proche, présente des installations modernes mais aussi des éléments traditionnels. Courant tout autour de l'hôtel, les frises en grès local sont l'œuvre d'artisans de la région. Les simples/doubles valent 1 999/3 300 Rs, et une suite deluxe 5 500 Rs. L'hôtel possède un café, un bar, un restaurant, une agence de voyages ainsi qu'une superbe piscine (ouverte aux non-résidents pour 200 Rs).

Palace en grès époustouflant se dressant, solitaire, au milieu des sables, le ***Jawahar Niwas Palace*** *(☎ 52208, fax 52288, jawaharniwaspalace@yahoo.com)*, à environ 1 km à l'ouest du fort, dispose de chambres élégantes et spacieuses à 2 000/2 750 Rs. Celles à l'étage et en façade offrent les meilleures perspectives sur le fort (en dépit de la distance). Les déjeuners/dîners fixes reviennent à 400/450 Rs.

Plus proche du fort, le ***Narayan Niwas Palace*** *(☎ 52408, fax 52101, narayan@jp1.vsnl.net.in)* se flatte d'avoir accueilli autrefois la princesse Anne d'Angleterre.

Arrivée à Jaisalmer

Bien avant de parvenir à Jaisalmer, vous comprendrez qu'il s'agit d'un haut lieu touristique. Dès Bikaner ou Jodhpur, on vous abordera peut-être pour vous proposer un hôtel ou un safari en dromadaire. Les voyageurs circulant en bus voient généralement le nombre des passagers augmenter brusquement une heure avant l'arrivée : les rabatteurs n'ignorent pas qu'ils bénéficient là d'une audience disponible.

Ces dernières années, les autorités locales ont mis en œuvre diverses mesures afin de tenir les rabatteurs à distance. Dans la plupart des wagons des trains de nuit, au moins deux soldats sont en faction pour vous assurer une nuit paisible.

A Jodhpur, des patrouilles veillent également sur le quai du train pour Jaisalmer, avec une vigilance plus ou moins rigoureuse. Vous vivrez sans doute l'expérience la plus surréaliste à votre descente du train, dans la lumière de l'aube : une ribambelle de propriétaires d'hôtels vous attendent en brandissant leur pancarte, rongeant leur frein derrière une barricade à 20 m de la sortie.

Une fois cette ligne franchie, attendez-vous à être pris d'assaut.

Ne croyez pas le premier venu qui offre de vous emmener "où vous voulez" pour quelques roupies seulement, et prétend que l'hôtel de votre choix est complet, fermé, médiocre, ou a subi quelque sort peu glorieux. Si un représentant de l'hôtel en question est présent, acceptez le trajet gratuit. Sinon, prenez un rickshaw, en espérant tomber sur un conducteur honnête (ils existent). Ne payez pas plus de 30 Rs.

Aujourd'hui, les commentaires des voyageurs sont mitigés. Les simples/doubles surévaluées reviennent à 1 500/2 500 Rs, et les suites à 2 650 Rs. La piscine couverte est plutôt lugubre.

Au nord-est des remparts, l'***Hotel Dhola Maru*** *(☎ 52863, fax 53124, Jethwai Rd)* est distant de quelques kilomètres de l'entrée du fort. Très prisé en dépit de sa situation peu propice, il compense cet inconvénient par des chambres confortables (1 300/2 000 Rs avec clim.). Son petit bar, niché dans un décor de racines d'arbres, est extraordinaire. L'établissement possède un restaurant.

Où se restaurer

En ville. Non loin de la porte du fort, le ***Monica Restaurant***, apprécié des voyageurs, propose une carte très variée de plats indiens (notamment rajasthanis), occidentaux et chinois. Pour goûter d'authentiques spécialités locales, essayez le thali rajasthani (70 Rs). Le poulet au gingembre (50 Rs) et le curry de pois et de pommes de terre (38 Rs) sont délicieux.

A quelques pas du Monica, le ***Natraj Restaurant*** est également une bonne adresse. Le poulet masala revient à 65 Rs, le paneer kofta à 55 Rs, et la bière coûte la bagatelle de 80 Rs. Pour les amateurs de douceurs, tarte aux pommes et crème glacée flambée figurent au menu des desserts (35 Rs chacun). De l'étage en plein air, la vue sur la partie supérieure du Salim Singh-ki-Haveli, tout proche, et sur le sud de la ville est superbe.

Ouvert depuis des années, le ***Trio***, à proximité d'Amar Sagar Gate, mérite le détour. Un peu plus onéreux que ses voisins, ce restaurant indien et occidental accueille des musiciens en soirée et sert une cuisine excellente : mouton *saagwala* (avec épinards à la crème) à 90 Rs – véritable délice – et purée de pommes de terre (35 Rs) pour les estomacs plus délicats. Le menu comporte par ailleurs un bon thali tandoori non végétarien (205 Rs).

Sur Gandhi Chowk, le ***Skyroom Restaurant*** propose une carte plus réduite mais jouit d'une vue plutôt agréable. Un demi-poulet tandoori coûte 80 Rs, un pancake à la banane 35 Rs, et une bouteille de bière 80 Rs. Les petits déjeuners s'échelonnent de 50 à 70 Rs.

Dans le même quartier, le ***Kalpana Restaurant*** sert de bons lassi de banane (15 Rs) et des sandwiches au poulet grillé (30 Rs).

Établissement sans prétention situé en dessous du restaurant Top Deck, le ***Sharma Lodge*** (panneau en hindi) sert des thali indiens roboratifs pour 25 Rs.

La ***German Bakery*** est une petite boutique toute simple aménagée près de Satyam Tours sur Gandhi Chowk. Parmi les produits

Safari à dos de dromadaire

Explorer les alentours de Jaisalmer en safari à dos de dromadaire constitue peut-être la meilleure façon de goûter à la vie du désert. A condition que vous suiviez quelques précautions simples avant le départ, cette expérience sera sans doute l'apogée de votre séjour en Inde. La meilleure période s'étend d'octobre à février.

Avant le départ

Les organisateurs se livrent une concurrence féroce et les conditions varient considérablement. Aucun hôtel ne possède de dromadaire, les hôteliers et les agences de voyages servant uniquement – à une exception près (voir Ganesh Travels sous *Agences de safari*, plus loin) – d'intermédiaires avec leur propriétaire.

Les chameliers reçoivent généralement 150 Rs par dromadaire et par jour et, lorsque vous payez 200 Rs ou même 250 Rs la journée, il reste bien peu pour les repas et la marge de l'organisateur. Même si c'est inscrit au programme, ne vous attendez pas à faire trois vrais repas par jour. Beaucoup de voyageurs se sont sentis grugés lorsque la nourriture ne correspondait pas à leurs attentes.

Prenez garde aux opérateurs qui prétendent offrir des safaris de trois journées (qu'ils facturent en conséquence), alors que le retour s'effectue en fait après le petit déjeuner du troisième jour.

Par précaution, l'office du tourisme suggère de demander la carte d'identité du conducteur de la jeep ou du chamelier et de noter le numéro d'enregistrement (écrit en rouge). S'ils sont incapables de la produire, allez voir ailleurs.

Le tarif minimal d'un safari se monte à quelque 350 Rs par personne et par jour. Pour ce prix, vous aurez un petit déjeuner (flocons d'avoine, thé et toasts), un déjeuner et un dîner (riz, dhal et chapati). Les couvertures sont souvent fournies, mais vous devrez emporter votre eau minérale. Rien ne vous empêche de payer davantage si vous souhaitez plus de confort : tentes, lits de camp, meilleurs repas, bière, etc. Quelle que soit la somme dépensée, vérifiez bien les prestations offertes et le matériel avant le départ. Assurez-vous également de la destination. Inutile d'espérer un remboursement au retour pour des prestations non fournies.

Soyez vigilant avec vos affaires, surtout sur le chemin du retour. Une pratique courante consiste à vous suggérer de marcher jusqu'à des ruines proches pendant que les chameliers surveillent vos sacs. La police de Jaisalmer a été saisie de nombreuses plaintes pour vols dans les bagages mais ne semble pas trop s'en préoccuper. Si vous désirez porter plainte, adressez-vous au Superintendent of Police (☎ 52233) ou au Tourist Reception Centre (☎ 52406)

Si vous voyagez seul, joignez-vous à un groupe d'au moins 4 personnes pour effectuer un safari. Les organisateurs constituent des groupes, mais 4 jours, c'est long si vous devez les partager avec des personnes avec lesquelles vous n'avez aucune affinité. En règle générale, une seule personne est prévue par dromadaire, mais vérifiez avant de réserver, car certaines agences n'hésitent pas à faire des économies en louant moins de dromadaires. Partager votre monture avec un chamelier ou le cuisinier ne se révèle pas nécessairement des plus agréables.

A emporter

Prévoyez un siège, si vous voulez éviter les courbatures, ainsi qu'un chapeau à larges bords (ou un turban rajput). Les femmes apprécieront le confort d'un soutien-gorge de sport, après plusieurs heures de trot. Certains conseillent par ailleurs le port de sous-vêtement en nylon. Emportez des pantalons longs, de la crème solaire et une bouteille d'eau personnelle. Enfin, les nuits peuvent être particulièrement froides, aussi un sac de couchage n'est pas superflu, même si on vous affirme que des couvertures sont prévues.

Safari à dos de dromadaire

Agences de safari

Plusieurs agences indépendantes (sans liens avec les hôtels) sont recommandées. Propriété exclusive de chameliers en activité et au repos, Ganesh Travels (☎ 50138), installée à l'intérieur de la citadelle, jouit immanquablement de la faveur des voyageurs. Sahara Travels (☎ 52609), autre agence près du First Fort Gate, est gérée par M. Bissa, alias Mister Desert. Dans ces deux établissements, le circuit standard revient à 350 Rs par jour (de 2 à 4 jours). N'oubliez pas qu'aucune agence n'est parfaite : nos recommandations ne doivent pas vous empêcher de rechercher vous-même ce qui convient le mieux à vos envies et à votre budget. Dans les éditions précédentes, nous avions conseillé Satyam Tours (☎ 50773) et Thar Safari (☎/fax 52722), toutes deux sur Gandhi Chowk. Si les avis sont essentiellement élogieux à leur égard, certains participants ont néanmoins été déçus.

Au moment de réserver votre safari, demandez que tous les déchets soient rapportés à Jaisalmer et non abandonnés dans les dunes de Sam ou dans les villages éloignés où le vent voudra bien les charrier.

En chemin

Les rênes étant fixées au museau de l'animal, celui-ci est facile à diriger. Le désert est curieusement très peuplé et parsemé de ruines. A tout instant surgissent là un champ de millet, ici des fillettes ramassant des baies ou des gamins accompagnant les troupeaux de chèvres dont les clochettes tintinnabulent dans le silence du désert.

Lors des arrêts, les dromadaires sont laissés sans entraves, tandis que les chameliers préparent le repas ou du chai (thé au lait). C'est le moment où chacun cherche un peu de repos, à l'ombre d'un arbre, ou près d'un réservoir ou d'un puits.

Camper la nuit dans les dunes, se rassembler autour d'un feu sous les étoiles, écouter les récits des chameliers feront autant de souvenirs magnifiques.

Au retour, n'oubliez pas de donner un cadeau ou un pourboire au chamelier.

La plupart des safaris durent entre trois et quatre jours – le strict minimum pour visiter les sites les plus intéressants, à moins que vous ne disposiez d'une jeep. Le circuit habituel passe par Amar Sagar (jardin et temple jaïna ; 25/50 Rs par appareil photo/Caméscope) ; Lodhruva ; Mool Sagar (jardin et temple de Shiva ; 5 Rs) ; Bada Bagh (oasis fertile dotée d'un vieux barrage immense, et chhatri royal avec plafonds exquisément sculptés,10 Rs) ; Sam, ainsi que divers villages abandonnés.

Une journée à dos de dromadaire ne suffit pas pour atteindre les dunes de Sam. En un jour et demi, on peut s'y rendre en jeep, passer la nuit sur place, et de là, partir à dos de dromadaire pour Kuldahra ou Kanoi et rentrer à Jaisalmer en jeep. Si votre temps est compté, optez pour un safari d'une demi-journée (avec transferts en jeep).

En deux jours et demi, on peut aller jusqu'à Lodhruva à dos de dromadaire, passer la deuxième nuit aux dunes de Sam et rentrer à Jaisalmer en jeep. Si vous disposez de davantage de temps, optez pour le pas du dromadaire pour découvrir sereinement la région, et oubliez la jeep.

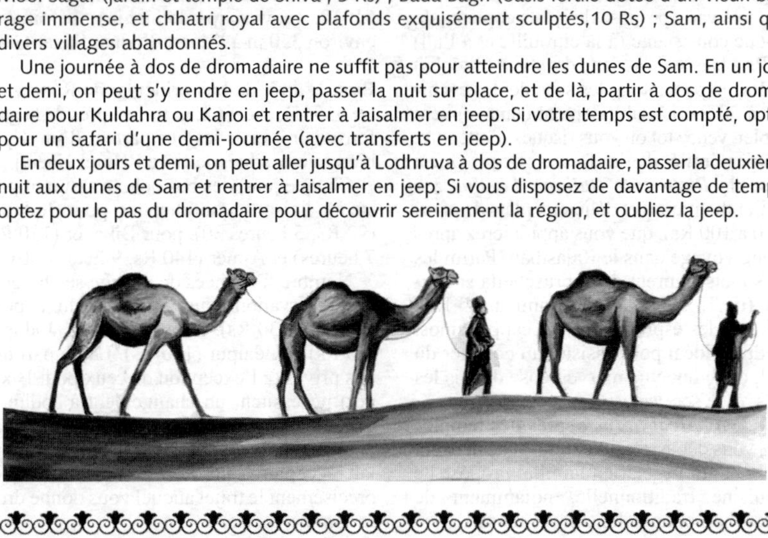

MARTIN HARRIS

proposés figurent croissants (10 Rs), gâteaux aux cacahuètes (10 Rs) et autres pâtisseries variées (25 Rs la part).

Le ***Mohan Juice Centre***, sur Bhatia Market, prépare tout un assortiment de lassi originaux, notamment à la pomme (12 Rs), au miel (13 Rs) et même au chocolat (10 Rs). Un verre de jus d'orange frais revient à 15 Rs.

Au ***Bhang Shop***, près de la First Fort Gate, non loin de Sahara Travels, la consommation de bhang est officiellement autorisée ! L'établissement sert des verres de lassi moyens/forts à 30/35 Rs et prépare gâteaux, pâtisseries et bonbons au bhang sur commande. Méfiez-vous des effets de cette substance (voir l'encadré *Attention !* dans le chapitre *Renseignements pratiques*).

Dans Sadar Bazaar sur Bhatia Market, le ***Dhanraj Bhatia Sweets*** vend des douceurs depuis 10 générations. Sa renommée dépasse Jaisalmer pour ses spécialités locales telles que le *ghotua* et le *panchadhari ladoos* (4,50 Rs chacun). Cette simple petite boutique mérite la visite, ne serait-ce que pour observer les confiseurs à l'œuvre.

The Duke, à côté de Hanuman Chowk, prépare un excellent lassi aux fruits (25 Rs).

Quartier de la citadelle. Certains des meilleurs restaurants de la ville sont situés à l'intérieur du fort. Le ***Little Tibet***, à l'est de la place principale, jouit d'une agréable salle à manger et d'un personnel attentionné. Le menu très varié propose des plats copieux, de la soupe consistante (à la citrouille et à l'ail) à 25 Rs à la grande assiette de *momo* (raviolis) à 40 Rs, en passant par les succulentes enchiladas à 50 Rs. L'établissement étant souvent complet, venez tôt ou vous risquez d'attendre.

A proximité de la Desert Boys Guest House, le ***Ristorante Italiano La Purezza*** sert d'authentiques et délicieux plats de pâtes (de 70 à 100 Rs), que vous apprécierez après un long voyage dans le Rajasthan. Parmi les autres mets figurent de la bruschetta savoureuse (de 15 à 30 Rs), du tiramisu (45 Rs), ainsi que des espressos et des cappuccinos. L'endroit, idéal pour assister au coucher du soleil, offre une vue merveilleuse depuis les tables, et le service est impeccable.

Au ***Vyas Meal Service***, près des temples jaïna, vous dégusterez d'exquis plats maison. Ce restaurant végétarien familial propose de la cuisine traditionnelle, notamment de solides thali et un délicieux thé masala.

Parfaits pour observer la circulation des hommes et du bétail, le ***8th July Restaurant*** et le ***Refreshing Point Rooftop Restaurant***, tous deux au-dessus de la place principale du fort, servent des nourritures de qualité aléatoire. Le second établissement abrite une petite boulangerie qui vend, entre autres, des croissants au chocolat et à la banane (20 Rs) et du gâteau au fromage blanc (35 Rs la tranche).

Achats

Broderies, miroirs rajasthanis, tapis, couvertures, sculptures anciennes et antiquités font la réputation de Jaisalmer. Soyez vigilants lors de l'achat d'articles en argent, le métal pouvant être falsifié avec du bronze. Les tissus confectionnés selon la méthode du nouer-lier-teindre (châles en laine) et d'autres étoffes (taies et draps en coton) sont fabriqués au Khadi Gramodyog Bhavan (Seemagram), à Dhibba Para, non loin du fort.

A l'intérieur de la citadelle, dans la ruelle qui mène aux temples jaïna dans l'enceinte du fort, le Light of the East vend des cristaux et des minerais, dont des zéolites, qui peuvent atteindre 5 000 Rs en fonction de la qualité.

Quitter la ville

Avion. Alliance Air, filiale d'Indian Airlines, propose trois vols hebdomadaire de Jaisalmer à Delhi (155 $US) *via* Udaipur (100 $US) et Jaipur (125 $US). Crown Tours, agence d'Indian Airlines (☎/fax 51912, crown@jp1.dot.net.in), se situe à environ 350 m à l'ouest d'Amar Sagar Gate.

Bus. L'arrêt de bus principal de Roadways (☎ 51541), excentré, se trouve près de la gare ferroviaire, mais les bus partent d'un dépôt bien mieux situé, derrière l'Hotel Neeraj.

Chaque jour, des bus deluxe assurent plusieurs liaisons quotidiennes pour Jodhpur (92 Rs, 5 heures 30), pour Bikaner (130 Rs, 7 heures) et Ajmer (140 Rs, 9 heures 30).

Nombre d'agences de voyage se chargent des réservations sur les bus deluxe pour Bikaner (130 Rs), Jaipur (175 Rs), Jodhpur (80 Rs) et Udaipur (150 Rs). La plupart des bus privés (à l'exception de ceux pour Bikaner) nécessitent un changement à Jodhpur. Certains voyageurs se sont retrouvés à Jodhpur avec un billet aller qu'aucun bus ne voulait accepter : faites-vous donc expliquer précisément le trajet auquel vous donne droit la somme versée.

Train. Le bureau des réservations de la gare ferroviaire ouvre tous les jours de 8h à 20h.

Le *Jodhpur Express* quitte tous les jours Jaisalmer à 22h25 pour arriver à Jodhpur à 5h30 (82/130 Rs en économique/couchette). Le *Jaisalmer Express* part de Jodhpur à 23h15 pour Jaisalmer (vers 5h30). Il existe également des trains quotidiens circulant dans la journée pour ces destinations.

Comment circuler

Auto-rickshaw. Le trajet de l'entrée du fort à Gadi Sagar en auto-rickshaw revient à 15 Rs environ. Pour vous rendre à l'aéroport depuis la citadelle, comptez 30 Rs. Négociez ferme pour contrer l'avidité des chauffeurs !

Jeep. On peut louer une jeep à la station de Gandhi Chowk. Pour vous rendre à Khuri ou Sam, comptez 300 Rs l'aller-retour, une heure sur place. Pour Lodhruva, vous devrez débourser 150 Rs l'aller-retour, une heure sur place. Pour réduire les frais, partez à plusieurs (5 personnes par jeep, maximum).

Bicyclette. La bicyclette offre un moyen de locomotion fort pratique. On peut en louer dans de nombreux endroits, notamment à Gandhi Chowk, dans la ruelle juste en face du Skyroom Restaurant (3/20 Rs par heure/journée).

ENVIRONS DE JAISALMER

Lodhruva

Les ruines désertées de cette ancienne capitale se dressent à 15 km au nord-ouest de Jaisalmer. Les **temples jaïna**, restaurés à la fin des années 70, constituent les seuls vestiges de la splendeur passée de la ville. Le temple principal abrite la statue de Parasnath, le 23e tirthankar, délicatement ouvragée en argent et entourée de gracieuses sculptures. L'entrée aux temples est gratuite (40/70 Rs par appareil photo/Caméscope). Trois bus quotidiens relient Jaisalmer à Lodhruva (5 Rs).

Dunes de sable de Sam

Un parc national a été créé dans le désert de Thar, près du village de Sam. L'une des excursions les plus prisées consiste à se rendre dans les dunes de sable à la lisière du parc, à 42 km de Jaisalmer, sur une très bonne route (entretenue par l'armée indienne).

Il s'agit du désert de type saharien le plus proche de Jaisalmer. Mieux vaut y aller au lever ou au coucher du soleil. Nombre de safaris prévoient un arrêt pour la nuit dans les dunes. Ce lieu étant devenu une attraction touristique majeure, ne vous attendez pas à vivre une expérience en solitaire. Néanmoins, le site reste magique et vous pourrez prendre des clichés de dromadaires isolés sur fond de dunes lointaines. Les détritus jonchant le sol sont la conséquence tragique de l'augmentation du nombre de visiteurs. N'y contribuez pas ! La visite des dunes revient à 2 Rs.

Trois bus quotidiens se rendent à Sam (15 Rs, 1 heure 30).

Khuri

Petit village à 40 km au sud-ouest de Jaisalmer, Khuri possède ses propres dunes dans le désert. Moins à la mode que les dunes de Sam (du moins pour l'instant), il devient néanmoins de plus en plus apprécié pour les safaris en dromadaire/jeep. Dans ce paisible village, les maisons en pisé sont décorées de motifs évoquant les tapis persans. Il n'existe – heureusement – pas de rues saturées de boutiques et de restaurants proposant des pancakes à la banane. A vous la solitude du désert et le magnifique ciel étoilé de la nuit.

Où se loger et se restaurer

Les hôtels de Khuri offrent un hébergement sommaire, avec *charpoi* (lit en corde) et seau d'eau chaude. Tous fournissent le repas et beaucoup organisent des safaris à dos de dromadaire. Les établissements sont en nombre limité et il est inutile de chercher un bon rapport qualité/prix. Vous paierez en fait le cadre paisible et tranquille plutôt que les installations, minimales.

A gauche sur la rue principale en entrant dans le village, la ***Khuri Guest House*** offre des chambres conventionnelles avec s.d.b. commune aux prix raisonnables de 75/100 Rs. La hutte simple/double avec s.d.b. commune revient à 100/125 Rs (300 Rs la double avec s.d.b.).

A la ***Mama's Guest House***, qui regroupe plusieurs huttes à toit de chaume disposées en demi-cercle autour d'un feu de camp, l'hébergement le moins cher coûte malgré tout 350 Rs (s.d.b. commune, repas et seau d'eau chaude compris), et 200 Rs en basse saison (la chaleur est alors diabolique). D'autres huttes plus agréables valent 450 Rs, et celles de qualité supérieure 750 Rs (avec ventil.). Les chambres conventionnelles (mais moins romantiques) avec s.d.b. commune valent 300 Rs.

La ***Sodha Guest House*** dispose de doubles avec s.d.b. commune à 150 Rs. Le déjeuner/dîner revient à 100 Rs par personne.

La ***Gangaur Guest House*** loue des huttes de 150 à 300 Rs. Vous pouvez y prendre le déjeuner/dîner (150 Rs).

Barmer

Le seul intérêt de Barmer, à 153 km au sud de Jaisalmer, réside dans son artisanat (sculptures sur bois, tapis, broderies et tissus imprimés), renommé dans tout le Rajasthan. Les étals colorés du Sadar Bazaar permettront de vous faire une idée et vous pourrez même aller à la rencontre d'artisans au travail dans leurs arrière-boutiques.

Le **Barmer Thar Festival** a lieu chaque année début mars, et la foire au bétail de Barmer, qui se tient non loin de là à Tilwara, en mars/avril. Pour plus de détails, contactez le Tourist Reception Centre de Jaisalmer (☎ 52406).

Le ***Khartal*** *(☎ 02982-22956)*, de la RTDC, offre 4 simples/doubles avec s.d.b. à 300/400 Rs. L'***Hotel Krishna*** *(☎ 02982-20785)* loue ses chambres à partir de 100/200 Rs. Le ***Kailash Sarover Hotel*** *(☎ 02982-20730)* pratique des prix encore plus bas.

Chaque jour, des bus express rallient fréquemment Jaisalmer et Jodhpur.

Pokaran

Au croisement des routes de Jaisalmer, Jodhpur et Bikaner, à 110 km de Jaisalmer, le **fort de Pokaran** surgit du désert, abritant un dédale de ruelles étroites bordées de maisons avec balcons. Il mérite le détour, d'autant qu'une halte à Pokaran permet de se reposer du long trajet entre Jodhpur et Jaisalmer. Le fort est ouvert de 7h à 19h tous les jours (20 Rs, plus 10 Rs pour un appareil photo ou un Caméscope).

En mai 1998, l'Inde procéda à 5 essais nucléaires à Pokaran.

L'hébergement laisse à désirer. Pratique, le ***Motel Godavan*** *(☎ 02994-22275)* de la RTDC loue des chambres avec s.d.b. pour 6 heures (200 Rs) ou pour la nuit (300 Rs).

Des bus RSTC se rendent fréquemment à Jaisalmer (2 heures 30, 30 Rs).

Khichan

Ce petit village se profile à quelques kilomètres de la grande ville de Phalodi, entre Jodhpur et Jaisalmer. Bien que non classé comme réserve naturelle, c'est un paradis pour les ornithologues. De fin août-début septembre à fin mars, les centaines de demoiselles de Numidie (grues) qui s'abattent sur les champs alentour offrent un spectacle fabuleux.

BIKANER

☎ 0151 • 510 000 habitants

Située au nord de l'État, cette ville du désert dotée d'un superbe fort attire de plus en plus les voyageurs qui veulent échapper à l'affluence touristique de Jaisalmer. Bikaner offre à ses visiteurs de merveilleux temples jaïna et une vieille ville pittoresque. C'est aussi une bonne étape avant un départ pour un safari à dos de dromadaire ou encore la visite, à 30 km au sud, de l'extraordinaire Karni Mata Temple où sont vénérés des milliers de rats sacrés. Bikaner fut fondée en 1488 par Rao Bika, un descendant de Jodha, le fondateur de Jodhpur. Comme beaucoup d'anciennes cités du Rajasthan, elle est entourée d'un haut rempart crénelé et, à l'instar de Jaisalmer, fut jadis une étape importante sur la route des caravanes. Le Ganga Canal, édifié entre 1925 et 1927, irrigue les alentours, autrefois arides.

Chaque année en janvier, Bikaner accueille son propre **Camel Festival** (cette foire aux dromadaires est prévue du 27 au 29 janvier 2002 et du 17 au 18 janvier 2003). Même si l'événement n'est pas aussi spectaculaire que celui de Pushkar, il mérite malgré tout le coup d'œil.

Orientation et renseignements

La cité ancienne est entourée d'une muraille de 7 km de long avec 5 entrées, construite au XVIIIe siècle. Le fort et le palais se trouvent à l'extérieur des remparts, vers le nord-est.

Bien organisé, le Tourist Reception Centre (☎ 544125), installé sur le domaine de l'Hotel Dhola Maru de la RTDC, vous fournira la liste des médecins locaux, tout comme les horaires détaillés des bus et des trains. Il propose également un petit nombre de brochures et de plans. Il ouvre de 10h à 17h tous les jours sauf le dimanche.

La State Bank of Bikaner & Jaipur (ouverte de 12h à 16h en semaine), sur

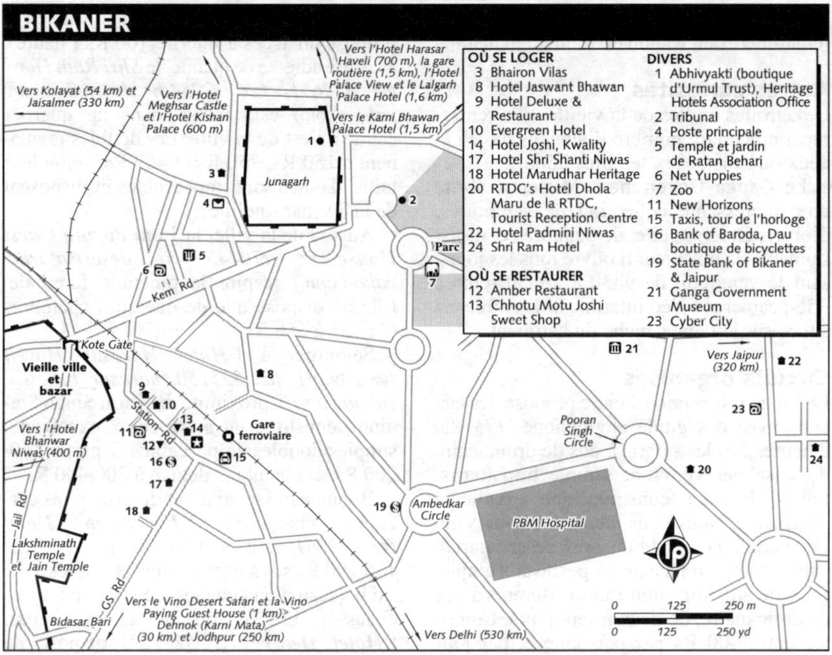

Ambedkar Circle, et son agence du parc public près de Junagarh (de 10h à 14h) changent des dollars US et des livres sterling (espèces et chèques de voyage). La Bank of Baroda (au 1er étage), face à la gare ferroviaire, n'accepte que les chèques de voyage. Lors de notre passage, aucune banque ne délivrait d'avances sur cartes de crédit.

Net Yuppies (☎ 540560), derrière Natraj près de Kem Rd propose un accès à Internet (65 Rs l'heure, ouvert de 9h30 à 22h30). Cyber City (☎ 529076), dans l'est de la ville, sert des en-cas convenables et facture 75 Rs l'heure. Vous pouvez également essayer New Horizons, près de Station Rd. Un nombre croissant d'hôtels disposent de connexions à Internet.

Junagarh

Édifié entre 1588 et 1593 par le raja Rai Singh, général de l'armée de l'empereur moghol Akbar, ce fort impressionnant possède un rempart de 986 m de long, doté de 37 bastions, de douves et de deux entrées. La Surajpol (porte du soleil), est l'entrée principale. Les palais situés à l'intérieur du fort, au sud, forment un bel ensemble de cours, de balcons, de kiosques, de tours et de fenêtres, superbement sculptés. Les intérieurs comptent parmi les plus exquis qui soient donné de voir en Inde.

Ne manquez pas le Diwan-i-Khas, le Phool Mahal (palais des fleurs), orné de peintures et de panneaux de marbre sculpté, le Hawa Mahal, le Badal Mahal et l'Anup Mahal.

Le fort est ouvert de 10h à 17h tous les jours (fermeture des guichets à 16h30). L'entrée revient à 10/50 Rs pour les Indiens/étrangers, avec un supplément de 30/100 Rs par appareil photo/Caméscope. Le prix du billet comprend les services d'un guide, obligatoire. Pour la visite du musée, ajoutez 25 Rs, plus 20 Rs par appareil photo.

Lalgarh Palace

A 3 km au nord du centre-ville, ce palais de grès rouge, qui mérite un intérêt mesuré, fut édifié par le maharaja Ganga Singh (1881-1942) en mémoire de son père, le maharaja Lal Singh. Il s'agit d'un imposant palais, orné de balcons et de délicates dentelles de pierre.

Le **Sri Sadul Museum** occupe tout le 1er étage. Il ouvre tous les jours, sauf le mercredi, de 10h à 17h (entrée : 5 Rs). Les photos sont interdites. Devant le palais, vous remarquerez un wagon du train du maharaja.

Autres curiosités

Les étroites ruelles de la vieille ville renferment un certain nombre d'anciens haveli et deux ou trois beaux **temples jaïna**.

Le **Ganga Government Museum** abrite une intéressante collection de sculptures, d'objets en terre cuite, de peintures et d'instruments de musique. Il ouvre tous les jours, sauf le vendredi, de 9h30 à 16h30 (entrée 3 Rs, caméras vidéo interdites). L'entrée est située sur le flanc gauche du bâtiment.

Circuits organisés

Le Tourist Reception Centre propose des circuits avec des guide anglophones (75 Rs, 2 heures). Si les safaris à dos de dromadaire de Jaisalmer vous ont semblé trop touristiques, Bikaner constitue une excellente alternative. Nous vous recommandons Vino Desert Safari (☎ 204445, vino_desertsafari@yahoo.com), en face du Gopeshwar Temple. Il existe au moins huit treks différents à dos de dromadaire, de deux à sept jours. Comptez entre 400 Rs par personne et par jour (trek de courte durée avec six personnes au minimum) et 800 Rs. Consultez le site web (www.vinodesertsafari.com).

Où se loger – petits budgets

Les hôtels les moins chers jalonnent Station Rd – extrêmement bruyante –, près de la gare ferroviaire. Les meilleurs hébergements bon marché se situent au nord de la ville.

Très apprécié des voyageurs, l'***Hotel Meghsar Castle*** *(☎ 527315, fax 522041, MeghsarCastle@yahoo.com, 9 Gajner Rd)*, au nord, dispose de simples/doubles propres avec s.d.b. à partir de 250/300 Rs. Les chambres en façade subissent le bruit de la circulation. Cet endroit bien tenu propose un accès à Internet ainsi que des repas servis dans le jardin.

Son voisin, l'***Hotel Kishan Palace*** *(☎ 527762, fax 522041)*, ne présente pas le même attrait mais le confort est identique. Le prix des chambres (150/300 Rs) peut chuter à 80/200 Rs en cas de faible fréquentation.

Excellent choix qui conviendra à la plupart des bourses, l'***Hotel Marudhar Heritage*** *(☎ 522524, GS Rd)* loue des chambres douillettes et d'un bon rapport qualité/prix de 250/350 Rs à 900/999 Rs (eau chaude de 7h à 13h uniquement). Cet établissement avenant jouit d'une superbe vue depuis le toit et propose un accès à Internet (60 Rs l'heure).

Autre adresse de qualité, le ***Shri Ram Hotel*** *(☎ 522651, fax 522548, shriramhotel@yahoo.com)* est installé dans un quartier calme à l'est de la ville. Les doubles reviennent à 150 Rs, 250 Rs et 400 Rs, selon leur taille. Toutes sont impeccables et disposent de la TV par satellite.

Au sud de la ville, la ***Vino Paying Guest House*** *(☎ 270445, vino_desertsafari@yahoo.com)* respire la quiétude familiale. Elle ne dispose que de quelques chambres (de 125 à 350 Rs).

Séjourner à l'***Hotel Harasar Haveli*** *(☎ 209891, fax 525150, harasar_haveli@yahoo.com)*, à proximité du Karni Singh Stadium, constitue un autre choix excellent : simples/doubles impeccables à partir 150/200 Rs, et chambres deluxe à 300/400 Rs.

Bonne adresse en dépit du bruit dans certaines chambres, l'***Evergreen Hotel*** *(☎ 542061)*, sur Station Rd, facture 125/175/200 Rs ses simples/doubles/ triples avec s.d.b. (seau d'eau chaude à 5 Rs). Le rez-de-chaussée abrite un restaurant. A deux pas, l'***Hotel Deluxe*** *(☎ 528127)* dispose de chambres rudimentaires et (généralement) propres à 100/150 Rs.

Installé sur GS Rd, du côté opposé à la gare ferroviaire, l'***Hotel Shri Shanti Niwas*** *(☎ 542320, fax 524231)* offre des chambres sommaires mais nettes à 115/165 Rs.

A l'***Hotel Dhola Maru*** *(☎ 529621)* de la RTDC, à 1 km à l'est du centre-ville, vous trouverez des lits en dortoir à 50 Rs.

Où se loger – catégorie moyenne

Presque en face de la porte principale, le ***Bhairon Vilas*** *(☎/fax 544751, hbhairon@rediffmail.com)* constitue le choix le plus original de la ville. Les doubles étonnantes commencent à 500/800 Rs.

Hotel le plus proche du Lalgarh Palace, l'agréable ***Hotel Palace View*** *(☎ 543625, fax 522741)* loue des chambres propres à 750/850 Rs, et de plus petites à 400/500 Rs.

A l'***Hotel Padmini Niwas*** *(☎ 522794, 148 Sadul Ganj)*, comptez 325/400 Rs pour des simples/doubles propres et agréables, et 500/750 Rs pour des chambres avec clim. Le propriétaire est décontracté, le restaurant plutôt bon, et la petite pelouse très plaisante.

Près de la gare ferroviaire, l'***Hotel Joshi*** *(☎ 527700, fax 521213)* offre des prestations supérieures à celles des autres établissements de la rue. Les simples/doubles avec air-cooler commencent à 300/375 Rs. Il abrite un restaurant végétarien.

Agréable et pratique en raison de sa proximité de la gare ferroviaire – sans toutefois présenter les désagréments de Station Rd –, l'***Hotel Jaswant Bhawan*** *(☎/fax 521834)* loue d'attrayantes doubles à 400 Rs et propose un accès à Internet.

Où se loger – catégorie supérieure

Aménagé dans le Rampuri Haveli, près du *kotwali* (poste de police) dans la vieille ville, l'***Hotel Bhanwar Niwas*** *(☎ 529323, fax 200880)* est une excellente adresse. Ce superbe bâtiment en grès rose dispose d'immenses chambres, disposées autour d'une cour intérieure, à 1 999/3 200 Rs. Les prix chutent de 30% entre mai et juillet.

A 3 km au nord du centre-ville, le ***Lalgarh Palace Hotel*** *(☎ 540201, fax 522253)*, installé dans le palais moderne du maharaja, propose des simples/doubles joliment arrangées à 43/85 $US (40/70 $US du 15 avril au 15 septembre). Un bar, un restaurant, une salle de billard, une piscine couverte, un astrologue (600 Rs par consultation) et un masseur (150 Rs la demi-heure) sont à la disposition de la clientèle.

Affreux, mais paisible et confortable, le ***Karni Bhawan Palace Hotel*** *(☎ 524701, fax 522408)*, dans Gandhi Colony près du Lalgarh Palace Hotel, facture ses chambres 1 999/3 300 Rs et sa suite immense, 5 500 Rs. Le restaurant sert des repas savoureux.

Où se restaurer

Bikaner est réputée pour ses en-cas épicés, ou *namkin*, vendus, entre autres, dans les échoppes qui bordent Station Rd.

Le ***Deluxe Restaurant***, dans l'hôtel du même nom sur Station Rd, présente une carte réduite de plats végétariens bon marché (spécialités d'Inde du Sud et de Chine), tous à moins de 40 Rs, ainsi qu'un large choix de crèmes glacées.

Sur le côté opposé du Deluxe, l'***Amber Restaurant*** est également prisé pour sa cuisine végétarienne : paneer korma à 42 Rs, dosa d'Inde du Sud à 26 Rs et toast au fromage à 22 Rs.

La salle à manger de l'***Hotel Bhanwar Niwas*** accueille les non-résidents sur réservation. Les petit-déjeuner/déjeuner/dîner fixes reviennent à 150/300/325 Rs. Vous pouvez aussi vous contenter d'un rafraîchissement dans la cour.

Excellent, le ***Lalgarh Palace Hotel*** sert des petit-déjeuner/déjeuner/dîner fixes à 8/10/12 $US, ou des plats à la carte.

Meilleure pâtisserie de Bikaner, le ***Chhotu Motu Joshi Sweet Shop***, sur Station Rd, présente un assortiment de douceurs indiennes. Les prix varient (100 Rs le kilo en moyenne).

Le ***Kwality***, à deux pas de l'Hotel Joshi, sert de bonnes crèmes glacées.

Quitter la ville

Bus. La gare routière se situe à 3 km au nord du centre-ville, presque en face de la route menant à Lalgarh Palace Hotel. Si votre bus arrive par le sud, demandez au chauffeur de vous déposer près du centre-ville. Des bus express desservent plusieurs destinations, dont Udaipur (180 Rs, 10 heures, 10h30), Ajmer (88 Rs, 5 heures), Jaipur (*via* Fatehpur et Sikar, 115 Rs, 7 heures), Jodhpur (85 Rs, 5 heures 30), Jaisalmer (110 Rs, 8 heures), Agra (199 Rs, 11 heures, 5h) et Delhi (137 Rs, 11 heures) *via* Jhunjhunu (75 Rs).

Train. Pour Jaipur, le *Jaipur-Bikaner Express* (4737/8) part à 20h30 (113/176/831 Rs en économique/couchette/2A, 11 heures), et l'*Intercity Express* (2468/7) quitte Bikaner à 15h pour arriver à 21h15 (113/348 Rs en siège économique/confort). Le départ du *Ranakpur Express* (4707) pour Jodhpur s'effectue à 9h35 (70/109/525 Rs en économique/couchette/2A, 5 heures 30).

Pour Delhi (Sarai Rohilla station), le *Sarai Rohilla Express* (4790) quitte Bikaner à 8h30 pour entrer dans la capitale à 19h (104/162/749 Rs en économique/couchette/2A).

Comment circuler

La course en auto-rickshaw de la gare ferroviaire au palais vaut 15 Rs, mais on vous demandera certainement davantage. On peut louer des vélos au Dau Cycle Shop, en face du poste de police de Station Rd (2/10 Rs par heure/journée pour une vieille bicyclette, 3/15 Rs pour une neuve).

ENVIRONS DE BIKANER

Deshnok

La visite du fascinant **Karni Mata Temple**, dans ce village à 30 km au sud de Bikaner

Le temple des rats

Le Karni Mata Temple de Deshnok est l'un des plus déconcertants et des plus fascinants temples de l'Inde. D'après la légende, au XIVe siècle, Karni Mata – incarnation de Durga – demanda au dieu de la mort, Yama, de rendre la vie au fils d'un conteur affligé. Devant le refus de Yama, Karni Mata réincarna tous les conteurs défunts en rats, afin d'arracher à Yama les âmes des hommes, plus tard prenant à nouveau forme humaine.

La vision de ces quelques centaines de rongeurs sacrés, ou *kabas*, est déconseillée aux âmes sensibles. Une fois que vous avez admiré les portes argentées et les sculptures en marbre, dons du Maharaja Ganga Singh, vous plongez dans le domaine des rats. Il ne vous reste qu'à espérer que l'un d'entre eux gambadera sur vos pieds – signe de bon augure. Ouvrez l'œil pour apercevoir un des rares rongeurs blancs (autre promesse d'heureuse fortune). Se nourrir avec le *prasad* (offrandes de nourriture consacrées aux divinités) mâchées par les rats porterait également chance, selon les fidèles (la plupart des voyageurs préfèrent les croire sur parole).

Le temple constitue un lieu de pèlerinage important. Ce qui semble inhabituel à vos yeux d'Occidental est vénéré par les dévots ; n'oubliez pas qu'il ne s'agit pas d'un spectacle mais d'un lieu d'adoration.

constituera un temps fort de votre passage dans cette partie du Rajasthan (lire l'encadré *Le temple des rats*). Au moins deux bus par heure partent de la gare routière de Bikaner pour Deshnok (10 Rs, 40 min). De la gare ferroviaire, vous pouvez louer un rickshaw à 100 Rs (généralement 150 Rs), mais le retour sera plutôt lent. Le taxi (250 Rs) constitue une solution plus agréable et plus sûre.

Kolayat

Souvent appelé mini-Pushkar, ce petit temple aménagé autour d'un lac, à 54 km au sud de Bikaner, n'en possède pas le caractère mais attire nettement moins de touristes. Une fête y est organisée à la même époque que la foire aux dromadaires de Pushkar (sans dromadaires ni bétail, mais avec une foule de sadhu).

Si Kolayat possède de nombreuses dharmasala, beaucoup n'acceptent pas les touristes. La ***Bhaheti Dharamsala***, située sur le ghat principal près du lac, mérite d'être essayée. Les chambres sommaires avec s.d.b. commune reviennent à 100 Rs.

Tous les matins à 8h40, un bus se rend à Kolayat en 2 heures (11 Rs). Des bus (15 Rs, 1 heure) partent plus fréquemment tout au long de la journée de la gare routière de Bikaner ou de l'ancienne gare près des remparts.

Gujarat

Situé sur la côte occidentale, l'État de Gujarat ne figure pas parmi les destinations les plus touristiques de l'Inde – alors qu'il est facile de s'y arrêter entre Mumbai (Bombay) et les cités du Rajasthan. Pourtant, cet État abonde en sites passionnants.

Centre majeur du jaïnisme, le Gujarat compte de nombreux temples, notamment ceux de Palitana et de Girnar Hill, près de Junagadh. Les jaïna forment une communauté influente et dynamique, faisant de l'État l'un des plus industrialisés du sous-continent. Les Gujarati constituent une bonne part des émigrés indiens à travers le monde. Ainsi, environ 40% de ceux habitant actuellement la région de New York sont originaires du Gujarat. Aujourd'hui, leur surnom habituel de "Patel" désigne d'ailleurs communément l'ensemble des Indiens.

Outre ses temples jaïna, le Gujarat permet au visiteur de découvrir les derniers lions d'Asie, dans la forêt de Gir, et la fascinante architecture indo-musulmane d'Ahmedabad. Et pour des plaisirs plus immédiats, vous pourrez choisir les plages vierges de Diu, au large de la côte sud du Gujarat.

Géographiquement, le pays se divise en trois grandes régions. A l'est, le Gujarat continental est constitué de plaines généralement fertiles où se sont développées les grandes cités d'Ahmedabad, de Surat et de Vadodara (Baroda). Le Kathiawar, ou Saurashtra, forme une grande péninsule entre le golfe de Cambay et celui de Kutch. Le golfe de Kutch sépare le Saurashtra du Kutch (Kachchh), sorte d'îlot coupé du reste du Gujarat et du Pakistan au nord par les *rann* (déserts) du Kutch, qui s'étendent à basse altitude.

En janvier 2001, le Gujarat s'est retrouvé sur le devant de la scène lorsqu'un séisme de grande envergure a entraîné la destruction généralisée du district du Kutch et de ses environs (voir l'encadré *Le jour où la terre trembla* plus loin dans ce chapitre et la rubrique concernant le Gujarat dans le chapitre *Renseignements pratiques*).

Histoire

Si l'on en croit une vieille légende, le temple de Somnath daterait de la création de l'Univers ! Quant à la côte sud du Gujarat, elle est jalonnée de lieux attachés aux principaux événements de la vie de Krishna.

Une cité florissante du temps de la civilisation de l'Indus, ou de Harappa, existait il y a plus de 4 000 ans sur le site de Lothal. Les principaux vestiges de cette culture très ancienne se trouvent aujourd'hui au Pakistan. Le Gujarat est cité dans la relation des exploits du grand empereur bouddhiste Ashoka, dont vous pourrez voir les édits gravés dans le roc, près de Junagadh.

Par la suite, le Gujarat fut envahi par les musulmans, conduits par Mahmud de Ghazni, puis par les empereurs moghols, et il

En bref

Population : 50,6 millions d'habitants
Superficie : 196 024 km^2
Capitale : Gandhinagar
Langue principale : gujarati
Meilleure saison : d'octobre à mars

Cartes du chapitre :

- Diu, une petite station balnéaire décontractée avec sa forteresse en ruine
- Le Sasan Gir Wildlife Sanctuary : dernier refuge des lions d'Asie
- La fascinante architecture indo-musulmane d'Ahmedabad
- Palitana et Junagadh, points d'accès aux magnifiques temples dressés sur des collines

GUJARAT

Attention

En raison du tremblement de terre qui a frappé le Gujarat en janvier 2001, certaines des informations de ce chapitre peuvent être erronées. Notre passage au Gujarat a précédé de peu le séisme et nous avons, depuis, contacté de nombreux hôtels, restaurants et autres sites afin d'identifier ceux ayant été endommagés. Hormis le district du Kutch, sévèrement touché, l'impact sur les infrastructures touristiques a été minime. Néanmoins, de nombreuses villes du Gujarat ont été affectées.

Les dégâts à Ahmedabad ont été considérables (d'après certaines sources, le nombre d'édifices effondrés ou sérieusement touchés se monterait à plus de 300). Toutefois, les dommages concernent essentiellement les tours récemment construites dans la banlieue périphérique. L'ancienne cité et le centre d'Ahmedabad ont échappé en grande partie aux destructions. Sur les 53 monuments historiques de la ville, 8 ont été endommagés, notamment le Bhadra Fort, le Teen Darwaja, la Jama Masjid et la Raj Babri Mosque. Les réparations n'interviendront, bien entendu, qu'après la reconstruction de la plupart des bâtiments résidentiels et l'emménagement des habitants. En raison de l'instabilité des structures, l'accès aux monuments reste pour l'heure interdit, jusqu'à ce que la sécurité des visiteurs soit assurée.

Par ailleurs, quelques dégâts ont eu lieu à Rajkot, Jamnagar, Junagadh et Surat. Néanmoins, sont concernées avant tout les périphéries de ces villes qui, elles-mêmes, ont été heureusement largement épargnées. En raison de sa faible densité de population, le Little Rann of Kutch n'a guère subi de pertes humaines, bien que des dégâts soient à déplorer dans la ville de Dhrangadhra. En matière de transport, les liaisons, notamment celles entre les districts du Kutch et le reste de l'État, ont été sévèrement touchées et il est probable que l'accès à nombre de ces itinéraires restera limité un certain temps. Ailleurs, la plupart des services ferroviaires ont été rétablis dans les semaines qui ont suivi le désastre.

fut le théâtre des combats entre Moghols et Marathes. Cette région, qui avait établi très tôt des contacts avec l'Occident, vit la naissance du premier comptoir français à Surat. Quant à Daman et à Diu, elles conservèrent jusqu'en 1961 leur statut d'enclaves portugaises à l'intérieur du pays.

Le Saurashtra, qui ne fit jamais partie de l'Inde britannique, survécut jusqu'à l'Indépendance sous la forme de plus de 200 États princiers. En 1956, ils furent tous intégrés à l'État de Mumbai, avant d'être partagés, en 1960, entre le Maharashtra et le Gujarat, selon des critères linguistiques.

Est du Gujarat

AHMEDABAD

☎ 079 • 5,68 millions d'habitants

Principale ville du Gujarat, Ahmedabad (connue aussi sous le nom d'Amdavad) est l'une des plus grandes cités industrielles de l'Inde, et ses nombreuses manufactures de textile et ses cheminées lui ont valu le surnom de "Manchester de l'Orient". Ahmedabad est une ville très bruyante et très polluée. Lorsque l'on s'y rend pendant la saison chaude, le surnom que lui avait donné l'empereur moghol Jehangir : Gardabad, ou "cité de la poussière", paraît tout particulièrement justifié. Relief Rd remporte haut la main le titre de la route la plus polluée et la plus embouteillée du pays, où règne une grande confusion.

Néanmoins, cette ville peu visitée possède un certain nombre de centres d'intérêt touristiques, notamment d'excellents musées et l'ashram de Sabarmati (ou de Gandhi). C'est également un lieu parfait pour étudier la richesse du mélange architectural hindou et islamique. Si vous arrivez du Rajasthan, vous apprécierez le fait que sourires et salutations soient généralement purement gratuits.

Durant Makar Sakranti (du 13 au 15 janv.), vous assisterez à un étonnant festival international de cerfs-volants.

Histoire

Au fil des siècles, Ahmedabad a connu tour à tour des périodes de grandeur et de déclin. Fondée en 1411 par Ahmed Shah (de qui elle tire son nom), la ville devint, au XVIIe siècle, l'une des plus prestigieuses cités de l'Inde.

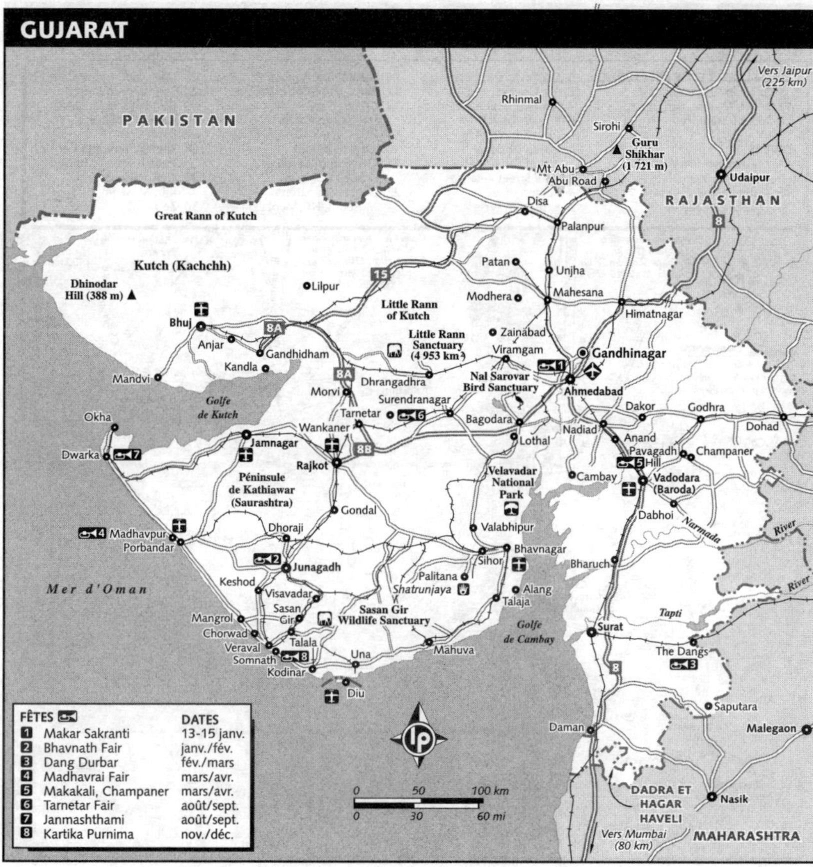

En 1615, selon l'ambassadeur anglais sir Thomas Roe, c'était une "cité aussi grande que Londres" mais, au XVIIIe siècle, elle traversa une phase de déclin. A partir de 1915, son essor industriel lui assura une nouvelle prospérité. Ghandi y fonda un ashram.

Orientation

La ville est coupée en deux par la Sabarmati, qui se réduit à un simple filet d'eau pendant la saison sèche. Sur la rive est, deux grandes routes, Relief Rd et Mahatma Gandhi Rd, rejoignent la gare ferroviaire, située à 3 km de là. Ashram Rd s'étire le long de la berge ouest. Cette voie très animée est la principale artère menant à l'ashram de Sabarmati. L'aéroport est installé au nord-est de la ville. Pratiquement tous les murs de la vieille ville ont été démolis, mais certaines portes sont encore debout.

Renseignements

Office du tourisme. Très utile, le Gujarat Tourism – agence du tourisme officielle de l'État – (☎ 6589172, fax 6582183, ahmedabad@gujarattourism.com) est installé dans une ruelle à proximité immédiate d'Ashram Rd, de l'autre côté du fleuve en venant du centre-ville. Demandez aux conducteurs de rickshaw la HK House ou bien le magasin BATA (un repère plus connu encore). L'agence ouvre de 10h30 à 13h30 et de 14h à 18h (elle ferme le dimanche, ainsi que le deuxième et le quatrième samedi du mois). Entre 11h et 13h du lundi au vendredi, demandez le professeur H. Pradhan : ce res-

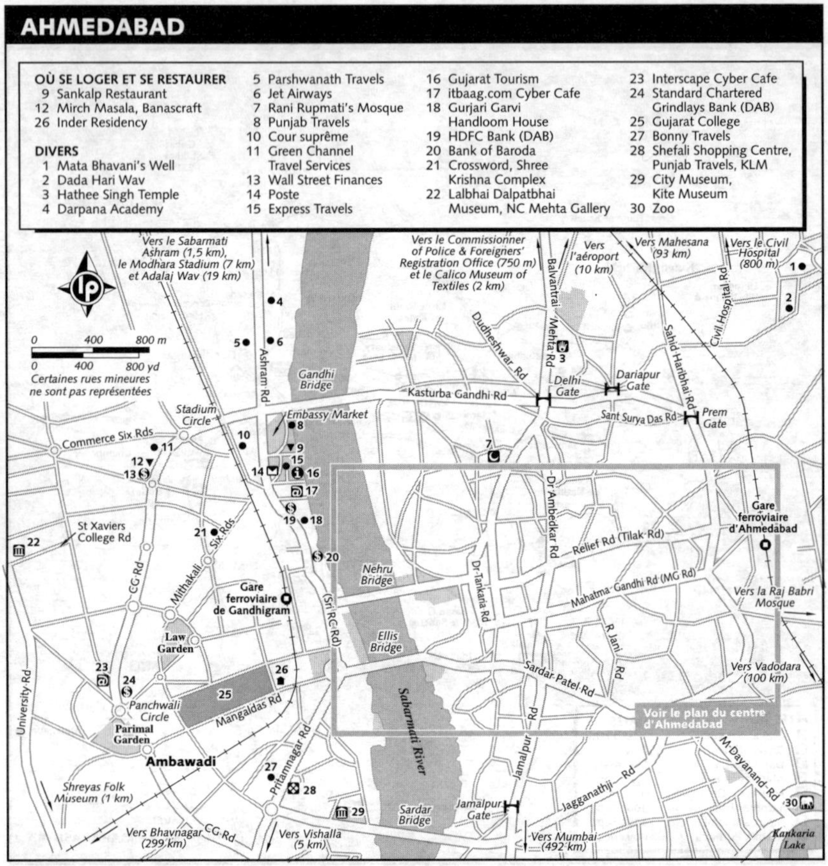

ponsable de l'agence, particulièrement avenant, est une véritable mine d'informations. Vous trouverez de bonnes brochures ainsi que des plans d'Ahmedabad et de l'État du Gujarat, pourrez louer des voitures, ou encore vous inscrire à des excursions. Ces dernières se révèlent intéressantes si votre temps est limité (circuit rapide de cinq jours au Saurashtra pour 2 100 Rs, ou dans le Nord du Gujarat et le Sud du Rajasthan pour 2 300 Rs). Les prix indiqués incluent le transport, l'hébergement et le guide.

Consultez l'excellent site web de l'agence (www.gujarattourism.com).

Argent. L'agence de la State Bank of India (au premier étage), près de Lal Darwaja (la gare routière locale), et la Bank of Baroda, dans la partie ouest de Relief Rd, procèdent au change des devises. Pour un service plus rapide, essayez Green Channel Travel Services (☎ 6560489) – représentant local d'American Express – ou Wall Street Finances (☎ 6426682), tous deux sur CG Rd, près du Mirch Masala Restaurant. Sur Ashram Rd, la Bank of Baroda délivre des avances sur les cartes Visa, tandis que le DAB de la HDFC Bank, sur Ashram Rd, accepte Visa, MasterCard et Cirrus.

Poste et communications. La poste principale est située dans le centre-ville, un peu en retrait de Relief Rd. Le Central Telegraph Office (bureau central des télégraphes) est installé juste au sud de la mosquée Sidi Saiyad.

E-mail et accès Internet. Interscape Cyber Cafe (☎ 6404131, fax 6404134, espey@interscapeworld.com), ouvert 24h/24, propose les meilleures connexions. Situé au premier étage du grand bâtiment blanc face à la Standard Chartered Grindlays Bank sur Panchwati Circle, il facture 30 Rs l'heure. Autre bonne adresse, itbaag.com Cyber Cafe (☎ 6585873, itbaag@itbaag.com), à deux pas de l'office du tourisme, demande 25 Rs l'heure. Sur le côté est du fleuve, vous pouvez essayer l'agence de téléphone privée (☎ 5507498), à 20 m au nord de l'Advance Cinema sur le trottoir d'en face (60 Rs l'heure).

Librairies. Installée dans le bâtiment du Shree Krishna, Mithakali Six Rd, la librairie Crossword offre un large choix d'ouvrages, des CD, des cartes et un coffee shop. Elle ouvre tous les jours de 10h30 à 20h30.

Bibliothèques et centres culturels. L'Alliance française (☎ 6441551) est implantée sur la rive ouest de la Sabarmati.

Services médicaux et urgences. Le Civil Hospital (☎ 2123721) se trouve à quelque 2,5 km au nord de la gare ferroviaire d'Ahmedabad. Composez le ☎ 102 pour faire venir une ambulance.

Bhadra Fort et Teen Darwaja

La citadelle de Bhadra, bâtie en 1411 par Ahmed Shah, tient son nom de la déesse Bhadra, une incarnation de Kali. Elle abrite aujourd'hui des bureaux administratifs. S'y trouvent notamment l'ancien palais d'Azam Khan – qui héberge un bureau de poste. Si certains bastions de l'enceinte du fort ont été détruits au cours du séisme de 2001, la structure d'ensemble est restée intacte. A l'est, se trouve la Triple Porte, ou Teen Darwaja, d'où les sultans regardaient les processions s'acheminer du palais à la Jama Masjid. Elle aussi a été endommagée par les secousses (l'un de ses balcons s'est effondré).

Mosquées et mausolées

La **Jama Masjid**, édifiée en 1423 par Ahmed Shah, donne sur Mahatma Gandhi Rd, juste à l'est de la Teen Darwaja. Le toit est soutenu par 260 piliers. Les deux minarets oscillants ("shaking minarets") flanquant le porche furent détruits par les séismes de 1819 et de 1957. De surcroît, le séisme de 2001 a engendré d'importantes fissures dans les dômes et les piliers. Elle fut en partie construite avec des matériaux provenant de temples hindous et jaïna.

La **Tomb of Ahmed Shah**, construite en 1442, peu de temps après sa mort, s'élève près du porche est de la Jama Masjid. Le tombeau contient aussi les cénotaphes de son fils et de son petit-fils. L'entrée de la chambre centrale est interdite aux femmes. De l'autre côté de la rue, sur une plateforme, se trouve le mausolée des reines – transformé en marché –, en mauvais état.

Datant de 1414, l'**Ahmed Shah's Mosque**, l'une des plus anciennes de la cité, fut sans doute érigée sur le site d'un temple hindou. La mosquée est située au sud-ouest de la citadelle.

La **Sidi Saiyad's Mosque** se dresse près de l'extrémité de Relief Rd, côté rivière. Érigée en 1573 par Sidi Saiyad, esclave du sultan, elle est remarquable par ses fenêtres de marbre finement ciselé, figurant les branches entremêlées d'un arbre que l'on peut admirer depuis l'extérieur (l'entrée est interdite aux femmes).

Un peu au nord du centre-ville, la **Rani Rupmati's Mosque**, probablement bâtie entre 1430 et 1440, porte le nom de l'épouse hindoue d'un sultan. Les minarets furent en partie détruits par le grand séisme de 1819. Comme nombre de mosquées anciennes d'Ahmedabad, celle-ci constitue une belle synthèse des styles hindou et musulman.

Située au sud-est de la ville, la petite **Rani Sipri's Mosque**, d'une rare élégance, est également connue sous le nom de Masjid-e-Nagira, ou "mosquée-joyau", en raison de son raffinement. Elle aurait été commandée en 1514 par l'épouse du sultan Mahmud Begara.

Au sud de la gare ferroviaire, près de Sarangpur Gate, la **Sidi Bashir Mosque** est célèbre pour ses deux *jhulta minar* ou **minarets oscillants**, qui auraient pour fonction d'assurer une protection en cas de séisme.

Cette même technique n'a pas permis de sauver les minarets oscillants de la **Raj Babri Mosque**, au sud-est de la gare ferroviaire dans la banlieue de Gomtipur. L'un d'eux fut en partie démonté par un Anglais curieux dans une tentative manquée d'en comprendre les mécanismes. Il fut recons-

GUJARAT

truit, mais tous s'effondrèrent de nouveau en janvier 2001 sous l'effet des secousses. Déterminées, les autorités municipales envisagent de reconstruire les minarets.

Temples

Installé près de la Delhi Gate, au nord de la vieille ville, le **Hathee Singh Temple**, comme la plupart des temples jaïna, est construit en marbre blanc. Dédié à Dharamanath, le quinzième *tirthankar* (professeur), il date de 1848. Enfoncez-vous ensuite dans les ruelles de la vieille ville à la recherche du **Swami Narayan Temple**, aux couleurs éclatantes et sculpté en bois. Situé dans une vaste enceinte, il date de 1850.

Baoli

Les *baoli* (puits à galeries) sont de curieuses constructions caractéristiques du Nord de l'Inde. Celui de **Dada Hari Wav**, parmi les plus beaux, bâti en 1501 par l'une des épouses du sultan Begara, comporte une série de marches donnant accès à un puits octogonal aux parements sculptés. Ce plan d'eau frais, même par temps chaud, devait autrefois être magnifique. Aujourd'hui, il est totalement à l'abandon et souvent à sec, mais les étages de galeries s'élevant au-dessus et le petit portique ont gardé toute leur magie.

Le moment idéal pour le visiter et le photographier se situe entre 10h et 11h, lorsque le soleil inonde de lumière les différents niveaux de galeries. Vous pourrez y entrer gratuitement. Le bus n°111 (2,50 Rs) passe non loin de là.

Le **Mata Bhavani's Well**, à quelque 200 m au nord du précédent, est un puits bien plus ancien et moins décoré. C'est aujourd'hui un temple hindou.

Musées

Le **City Museum** (☎ 6578369), à l'ouest de Sardar Bridge, présente très clairement les différents aspects historiques de la ville, avec des sections concernant chacune de ses communautés religieuses, la littérature gujaratie, ainsi que la lutte pour l'indépendance. On trouve quelques jolies photos, des exemples d'art local et contemporain, ainsi que des tissus et des sculptures superbes. Cet excellent musée ouvre de 11h à 20h du mardi au dimanche (entrée gratuite). Au rez-de-chaussée est installé le **Kite Museum** (même horaire d'ouverture, gratuit lui aussi).

L'excellent **Calico Museum of Textiles** (☎ 7868172) abrite une très belle collection de tissus anciens et modernes, dont quelques tapisseries, tentures et costumes précieux. D'anciens métiers à tisser sont exposés. Le musée est installé dans la Sarabhai House, un *haveli* (demeure traditionnelle en bois) des Shahi Bagh Gardens, à environ 4,5 km au nord de la ville. L'entrée est libre mais les visites guidées sont obligatoires. Elles débutent à 10h30 et 14h45 (le musée ferme le mercredi). Comme dans certains autres musées, prendre des photos y est interdit. Les bus n^{os}101, 102 et 105 (3 Rs) passant par la Delhi Gate, s'y arrêtent. La course en auto-rickshaw devrait vous revenir à 30 Rs.

Le **Lalbhai Dalpatbhai Museum** (☎ 6306883), sur University Rd près de la Gujarat University, abrite une élégante collection de sculptures en pierre, en marbre et en bois provenant de toute l'Inde, des bronzes, des peintures sur tissus, ainsi que des monnaies. Parmi les sculptures figure la statue en grès du dieu Rama, originaire du Madhya Pradesh et datée du VIe siècle.

Sur le même campus se trouve la **NC Mehta Gallery** (☎ 6302463, ext. 31), qui renferme une importante collection de manuscrits et de miniatures illustrées issus de tout le pays. Ce musées est notamment renommé pour son *Chaurapanchasika* – cinquante poèmes d'amour d'un voleur –, attribué à Vilhana, un poète cachemiri du XIe siècle condamné à la pendaison pour avoir aimé la fille du roi. Peu avant son exécution, il composa ces poèmes, impressionnant ainsi le roi qui lui donna sa fille en mariage. On trouve également quelques miniatures rajasthanies des écoles de Mewar, Bundi, Kota et Bikaner. Ces deux musées, gratuits, ouvrent de 10h30 à 17h30 (fermés le lundi). En été, il arrive que les musées n'ouvrent que de 8h à 13h (mieux vaut appeler avant).

Le **Shreyas Folk Museum** (fermé le mercredi), à 2,5 km à l'ouest de la Sabarmati, dans la banlieue d'Ambavadi, présente l'artisanat du Gujarat, et plus particulièrement des textiles et des vêtements. Vous pouvez vous y rendre de 9h à 12h et de 15h à 17h. Pour y aller, prenez les bus n^{os}34 ou 200 (3 Rs).

Sabarmati Ashram

A quelque 5 km du centre-ville, sur la rive ouest de la Sabarmati, cet ashram (connu également sous le nom d'ashram de Satyagraha)

GUJARAT

servit de quartier général à Gandhi durant sa longue lutte pour l'indépendance de l'Inde. Fondé en 1915, il fut aménagé sur son site actuel quelques années plus tard. C'est de là, le 12 mars 1930, que Gandhi débuta sa célèbre Marche du sel vers le golfe de Cambay. Il protestait ainsi contre le monopole de la production et de la vente du sel exercé par le gouvernement, jurant de ne pas retourner à l'ashram tant que l'Inde ne serait pas libre. Objets d'artisanat, papier et rouets sont encore fabriqués sur place. Le logement spartiate de Gandhi a été transformé en petit musée et abrite une excellente collection de photos des événements majeurs de sa vie. Une librairie vend des œuvres écrites par le Mahatma et d'autres le concernant. La bibliothèque renferme la lettre qu'il envoya à Hitler le 23 juill. 1939, lui demandant de se retirer de la guerre.

L'ashram est ouvert de 8h30 à 18h (19h entre avr. et sept.). L'entrée est gratuite. Un spectacle son et lumière a lieu tous les jours à 19h en gujarati (65 min, 5 Rs), et à 20h30 (en anglais le dimanche, le mercredi et le vendredi, et en hindi les autres soirs). La billetterie (☎ 7556073) ouvre à partir de 14h. L'accès se fait par bus (n°81, n°83/1 ou 84/1) pour 3 Rs, ou par auto-rickshaw pour 25 Rs.

Circuits organisés

Tous les jours, la municipalité (☎ portable 982 4032866) organise des circuits à pied ayant pour thème le patrimoine de la vieille ville (25 Rs). Le départ s'effectue du temple de Swami Narayan à 8h et le retour près de la Jama Masjid vers 10h30. Inutile de réserver : présentez-vous simplement un peu avant l'heure dite. Certains voyageurs nous ont recommandé ces circuits, moyens excellents pour s'imprégner de l'ambiance de la ville. Les commentaires sont en anglais, précédés parfois d'une rapide projection de diapositives. Des brochures sont diffusées par le Gujarat Tourism (voir la rubrique *Renseignements* un peu plus haut dans ce chapitre).

Où se loger

Quantité d'hôtels bon marché jalonnent Relief Rd et ses alentours. Les moins chers, face à la gare ferroviaire, souffrent d'un vacarme assourdissant et de la pollution atmosphérique. Si le quartier de la mosquée de Sidi Saiyad, dans la partie ouest de Relief Rd, constitue un lieu plus agréable, il est néanmoins loin d'être paisible. Beaucoup d'hôtels louent leurs chambres pour 24h, à l'exception de certains établissements de luxe, peu complaisants, dont les chambres doivent être libérées à 9h. Hormis dans les hôtels bas de gamme, attendez-vous à payer une taxe de 15%, voire 30% pour ceux de catégorie supérieure.

Où se loger – petit budget

Face à la gare ferroviaire, l'***A-One Hotel*** (☎ *2149823*) propose, selon son propriétaire, des "chambres luxueusement meublées" – une allégation résolument ambitieuse. Les simples/doubles rudimentaires reviennent à 90/140 Rs, ou 175/250 Rs avec douche et eau froide. En ce qui concerne l'eau chaude, le directeur vous rétorquera qu'Ahmedabad est une ville torride – ce en a quoi il n'a pas tort.

L'***Hotel Naigra*** (☎ *384977*), tout près de Relief Rd, dispose de deux chambres assez tranquilles mais étroites, étouffantes et plutôt sinistres. Une simple avec s.d.b. commune revient à 100 Rs, ou 160/180 Rs avec s.d.b. (seau d'eau chaude).

Installée près de la mosquée de Sidi Saiyad, l'***Hotel Roopalee Guest House*** (☎ *5503135, Dr Tankaria Rd*) est une solution d'hébergement correcte. Simples mais plaisantes et propres, les chambres avec seau d'eau chaude et TV coûtent 150/200 Rs. Vous pouvez aussi opter pour un lit en dortoir (55 Rs). Le personnel est accueillant et nombre de voyageurs nous ont recommandé cet établissement.

De l'autre côté de l'allée, l'***Hotel Gulmarg*** (☎ *5507202*) propose une série de chambres à partir de 150/250 Rs, également avec TV et eau chaude. Lorsque l'ascenseur est en panne (ce qui est fréquent), l'accès au cinquième étage est plutôt fatigant.

A deux pas de Lal Darwaja, l'***Hotel Natraj*** (☎ *5506048*) offre des chambres d'une qualité légèrement supérieure : 130/ 220/300 Rs la simple/double/triple sommaire avec s.d.b. sans douche (seau d'eau chaude le matin). Certaines sont dotées d'un balcon surplombant les agréables jardins de la mosquée d'Ahmed Shah.

Pour quelques roupies supplémentaires, l'***Hotel Sahil*** (☎ *5507351*), face à l'Advance cinema près de Lal Darwaja, présente un bon rapport qualité/prix. Les chambres commencent à 200/270 Rs ; pour 250/325 Rs, vous obtiendrez une double deluxe avec ventil.,

CENTRE D'AHMEDABAD

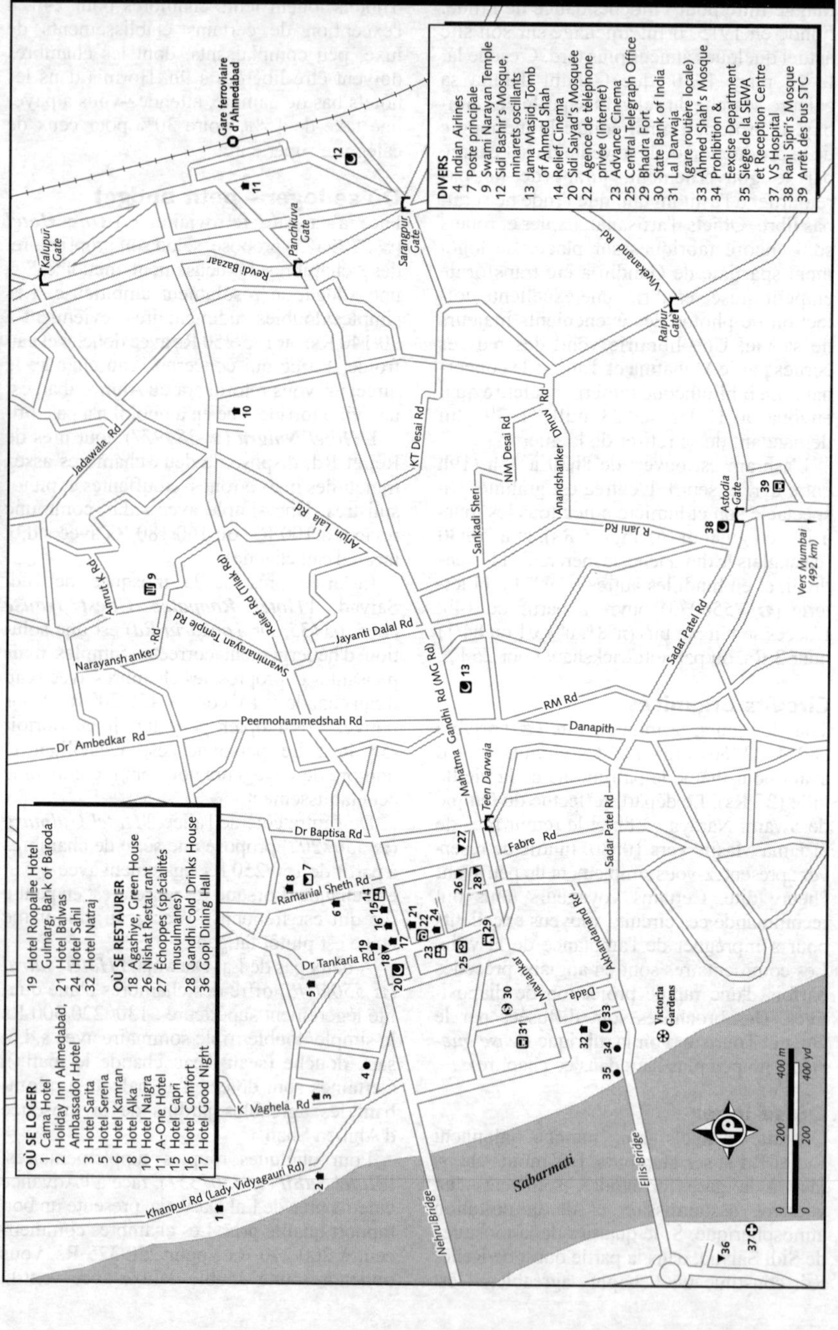

TV par satellite, s.d.b. (chauffe-eau) et toilettes à la turque. Certaines chambres sont plus plaisantes que d'autres.

L'***Hotel Mukam*** (☎ *5509080, Khanpur Rd*), près du Nehru Bridge, constitue également un bon choix au sommet de sa catégorie. Les chambres correctes avec TV par satellite et ventil. commencent à 275/370 Rs (un peu plus avec clim.).

Où se loger – catégorie moyenne

Sans doute la meilleure adresse de sa catégorie, l'***Hotel Serena*** (☎ *5510136, Dr Tankaria Rd*), non loin de la mosquée Sidi Saiyad, loue des chambres agréables, propres et modernes à partir de 325/450 Rs (gratuites pour les enfants de moins de 12 ans). Il possède un excellent restaurant.

Le groupe d'hôtels proches de l'intersection de Relief Rd et de Dr Tankaria Rd loue des chambres propres et confortables, les plus onéreuses étant aussi les plus plaisantes. La plupart des chambres sont dotées de s.d.b., de TV par satellite et d'eau chaude 24h/24.

L'***Hotel Good Night*** (☎ 5507181, fax 5506998) propose des chambres dépourvues de charme à partir de 325/450 Rs, ou de 475/600 Rs avec clim.

Légèrement supérieur mais également plus cher, l'***Hotel Capri*** (☎ *5507143, fax 5506646*), installé à l'angle, loue des chambres à partir de 425/500 Rs. La direction accepte les cartes Visa.

Aménagé dans la même rue que l'Hotel Capri, l'***Hotel Comfort*** (☎ *5503014*) facture 300/400 Rs ses jolies chambres sans clim. (pour certaines il suffit d'ouvrir la fenêtre).

De l'autre côté de la rue, l'***Hotel Balwas*** (☎ *5507135, fax 5506320*) est sans conteste le meilleur des établissements précités. Ses chambres deluxe présentent un rapport qualité/prix particulièrement intéressant : 450/575 Rs avec balcon (si vous n'échappez pas au tumulte de Relief Rd, vous pourrez au moins observer d'en haut son spectacle incessant). Néanmoins, le bruit reste un problème majeur.

Autre établissement dont les chambres les plus chères constituent un bon investissement, l'***Hotel Kamran*** (☎ *5509586, fax 5509586*) est installé près de la poste. Vous ferez une bonne affaire en louant la suite executive, à 800/900 Rs. Les chambres les moins chères reviennent à 330/440 Rs.

Aménagé un peu au nord de la poste, sur la même rue, l'***Hotel Alka*** (☎ *5500830, fax 5501002*) facture 375/475 Rs ses chambres standard, plus agréables que ne le suggère la façade. Installé dans un quartier résidentiel paisible à proximité de l'agence de l'Indian Airlines, l'***Hotel Sarita*** (☎ *5501569*) offre des chambres spacieuses et plutôt modernes à 325/375 Rs, ou 500/550 Rs avec clim.

A l'***Ambassador Hotel*** (☎ *5502490, fax 5502327, Khanpur Rd*), à deux pas de la Sabarmati, les chambres commencent aux prix raisonnables de 450/550 Rs. Vous bénéficierez d'une navette entre l'hôtel et l'aéroport.

Où se loger – catégorie supérieure

Tous les établissements répertoriés ci-dessous acceptent les principales cartes de crédit.

L'***Holiday Inn Ahmedabad*** (☎ *5505505, fax 5505501, Khanpur Rd*) défie toute concurrence en termes de luxe, si tant est que la vue plongeante sur les cahutes précaires qui jalonnent les berges du fleuve ne vous dérange pas. Les chambres somptueuses s'échelonnent de 4 100/4 800 Rs au prix vertigineux de 9 000 Rs pour la suite palatiale. Les tarifs (négociables) incluent le buffet pour le petit déjeuner et, entre autres installations, piscine couverte, jacuzzi, sauna, coffee shop ouvert 24h/24, et restaurant.

Plus au nord, le ***Cama Hotel*** (☎ *550 5281, fax 5505285, Khanpur Rd, camahotel@vsnl.com*) loue des chambres spacieuses joliment meublées, beaucoup avec vue sur la Sabarmati et l'étendue de pelouse, à partir de 3 000/3 300 Rs (buffet pour le petit déjeuner compris). A votre arrivée, vous serez accueilli par un verre de bienvenue, un panier de fruits et, si vous avez opté pour l'une des suites les plus onéreuses, des chocolats. Les prestations incluent un restaurant, un coffee shop, une piscine, une librairie, et une navette pour l'aéroport (tarif de 1 700/2 000 Rs entre 9h et 18h).

L'***Inder Residency*** (☎ *6565222, fax 656 0407, inderresidency@ad1.vsnl.net.in*), établissement cinq-étoiles situé presque en face, compte une piscine et un club de remise en forme parmi ses prestations. Les chambres commencent à 2 970/3 600 Rs.

Où se restaurer

Le végétarisme rigoureux des jaïna a contribué au développement d'une cuisine régio-

Alcool et autorisation

Aujourd'hui, il est possible d'obtenir une boisson alcoolisée dans l'État du Gujarat. Les étrangers assoiffés pourront acheter et consommer de l'alcool sur présentation d'une autorisation. Officiellement, il vous suffit de vous rendre à l'agence du Gujarat Tourism (☎ 2854095) à l'aéroport d'Ahmedabad, ou au Prohibition and Excise Department, face aux Victoria Gardens à l'est d'Ellis Bridge. Processus bien plus simple : montrez votre visa touristique dans l'une des boutiques d'alcool de certains hôtels, et on vous délivrera une autorisation. Le Cama Hotel, sur Khanpur Rd, fournit ce genre de service pour ses clients et les non-résidents. Si tout cela vous semble trop compliqué, allez à Diu.

nale spécifique au Gujarat. Ahmedabad représente le lieu idéal pour goûter à la version gujaratie du *thali* : un repas végétarien traditionnel à volonté, avec une plus grande variété de plats qu'à l'ordinaire, dont certains exagérément sucrés.

Les excellentes ***spécialités musulmanes*** (non végétariennes) vendues près de la Teen Darwaja sur Bhathiyar Gali, une petite rue parallèle à Gandhi Rd, conviendront parfaitement aux bourses plates. Chaque soir, pour 25 Rs, des échoppes vous offrent un choix succulent de viandes halal, de poissons et de plats végétariens.

Dans le même quartier, le ***Nishat Restaurant*** (*☎ 5507335, Khas Bazaar*), établissement avenant, sert de savoureux tandoori à moins de 40 Rs (ou économisez pour vous offrir un poulet entier, à 72 Rs).

Très fréquentée par la population locale, la ***Gandhi Cold Drinks House***, installée de l'autre côté de la route, prépare des lassi et des glaces.

Dans la partie ouest d'Ellis Bridge, près du VS Hospital, est installé l'un des meilleurs spécialistes du thali, le ***Gopi Dining Hall***. L'excellent thali gujarati à volonté revient à 45 Rs (déjeuner) ou 55 Rs (dîner).

Le ***Sankalp Restaurant*** (*☎ 6583550*), près d'Ashram Rd, dans le quartier de l'Embassy Market, vaut le détour. Ce restaurant climatisé se targue de servir l'un des plus longs dosa de l'Inde : 1,20 m pour 400 Rs. Les thali d'Inde du Sud à 40 Rs vous changeront de la cuisine sucrée du Gujarat.

L'***Agashiye*** (*☎ 5506946, fax 5506535, vcvl@vsnl.com, Dr Tankaria St*), en face de la mosquée Sidi Saiyad, est l'une des meilleures adresses pour un dîner au cœur de la ville. Aménagé en haut de l'un des manoirs les plus exquis de la ville (datant du début du XXe siècle), ce charmant établissement en terrasse offre un service sans faute ainsi que des buffets quotidiens pour le déjeuner (135 Rs de midi à 14h30) et le dîner (170 Rs de 19h à 23h). Le menu du dîner, nouveau chaque jour, inclut jus de fruit préliminaire, entrée, multitude de plats végétariens, douceurs, et crèmes glacées. Endroit idéal pour déguster de la cuisine gujaratie de qualité, il vous fera oublier que vous êtes dans l'une des villes les plus embouteillées du pays. Ne tardez pas : l'édifice court malheureusement le risque d'être démoli par les autorités municipales, le propriétaire projetant la construction d'un hôtel touristique et d'un café Internet.

Installée au même endroit mais au niveau de la rue, dans un jardin abrité, la ***Green House*** présente un niveau de qualité analogue, bien qu'elle ne serve que des en-cas (de 11h à 23h). Le tikka à la noix de coco et à la coriandre (35 Rs) est sensationnel, et les lassi à l'ananas sont également savoureux (35 Rs).

Pour un dîner "à thème", essayez le ***Vishalla***, à l'extrémité sud de la ville, à Vasana. Dans une atmosphère évocatrice d'un village gujarati, vous pourrez dîner à l'indienne, assis sur le sol dans des huttes rustiques en bois. Le bâtiment abrite des échoppes d'artisans, un spectacle de marionnettes ainsi que l'Utensils Museum. Le déjeuner (de 11h à 14h) revient à 125 Rs, et le dîner, accompagné de musique et de danse (de 19h30 à 23h), vaut 190 Rs. Le repas, fixe, se compose d'un buffet végétarien (dessert en sus). Le bus n°31 vous déposera à deux pas. Depuis le centre-ville, un auto-rickshaw revient à 30 Rs ; par contre, attendez-vous à payer 50 Rs environ pour le retour.

Le ***Mirch Masala*** (*CG Rd*) évoque, lui aussi, un village gujarati, par ses peintures murales de couleurs vives. Le menu à la carte est conseillé pour le dîner (à partir de 75 Rs), et les spécialités végétariennes/non végétariennes (85/125 Rs) présentent un excellent rapport qualité/prix. Vous en aurez pour votre argent avec une salade, des pappadam, cinq plats (un véritable festin si vous êtes tout seul !), une glace, des douceurs et du babeurre à volonté (on finit par l'apprécier !). Accueillant, l'établissement ouvre de midi à 15h30. Il accepte les cartes Visa et MasterCard. Comme il s'agit d'une véritable institution à Ahmedabad, peut-être y aura-t-il une file d'attente.

Achats

Sur Ashram Rd, juste au sud de l'office du tourisme, vous découvrirez le Gurjari (☎ 6589505), emporium d'État du Gujarat. A l'arrière est aménagée la Garvi Handloom House. Pour des tissus peints à la main et autres textiles, la Self-Employed Women's Association ou SEWA (voir l'encadré correspondant) possède un magasin, Banascraft (☎ 405784, bdmsa@ad1.vsnl.net.in), au 8 Chandan Complex, au-dessus du Mirch Masala Restaurant. Consultez son site web sur www.banascraft.org.

Achats au Gujarat

Avec ses usines textiles modernes, le Gujarat est un État où l'on trouve des étoffes en tous genres. Superbes et souvent très chers, les saris en soie, appelés *patola*, sont toujours fabriqués par une poignée de maîtres artisans de Patan. Les *zari*, ou brocarts d'or, ainsi que beaucoup de saris en soie viennent de Surat. Les impressions d'Ahmedabad, exécutées à l'aide de tampons sculptés en bois, sont moins prestigieuses mais néanmoins très belles.

Jamnagar est connue pour ses étoffes réalisées selon une méthode ancestrale répandue dans tout le Saurashtra. Cette région est réputée pour ses broderies paysannes, ses châles en laine, ses couvertures et ses tapis, tandis que les coffres en bois recouverts de cuivre sont fabriqués à Bhavnagar, et d'exquises broderies (enjolivées de miroirs), dans le Kutch.

Comment s'y rendre

L'édition de la ville du *Times of India* donne des informations mises à jour sur les transports aériens et ferroviaires en page 2.

Avion. L'aéroport d'Ahmedabad accueille des vols internationaux et intérieurs. De nombreuses agences de voyages s'occupent des réservations. Nous vous recommandons Parshwanath Travels (☎ 7544142, fax 7544144, parshtrvl@wilnetonline.net), presque en face de l'agence de la Jet Airways sur Ashram Rd, et Express Travels (☎ 6588602, fax 6582533, express@wilnetonline.net), à l'angle de Gujarat Tourism. Ces deux agences acceptent les principales cartes de crédit.

Vols internationaux. Air India (☎ 6585644), dans Premchand House, est près de la Cour suprême sur Ashram Rd, propose des vols vers New York (cinq par semaine) et Chicago (deux par semaine) *via* Mumbai et London. Le billet simple/aller-retour pour les États-Unis coûte 27 000/40 000 Rs, et 22 000/ 31 000 Rs pour Londres.

Indian Airlines (☎ 5503061, agence de l'aéroport ☎ 2869233), installée sur Relief Rd, près du Nehru Bridge, assure deux liaisons hebdomadaires pour Sharjah (10 300/18 700 Rs le billet simple/aller-retour) et Kuweit (12 500/22 700 Rs), et trois vols hebdomadaires pour Mascate (10 300/18 700 Rs). A destination de l'Europe, Indian Airlines combine certains de ses vols avec d'autres de la KLM et de British Airways.

Vols intérieurs. Indian Airlines dessert régulièrement Chennai (Madras, 235 $US) *via* Mumbai (75 $US, liaison avec Goa deux fois par semaine), Delhi (120 $US), Kolkata (Calcutta, 205 $US) et Jaipur (95 $US).

Jet Airways (☎ 7543304), sur Ashram Rd, propose deux vols quotidiens pour Mumbai (75 $US) et Delhi (120 $US).

Bus. Des bus de la State Transport Corporation, ou STC (☎ 2144764), relient la gare routière près de la mosquée de Rani Sipri à, entre autres, Vadodara (45/52 Rs en "standard/semi-deluxe", 2 heures 30), Palitana (68/77 Rs, 5 heures), Jamnagar (95/101 Rs, 8 heures), Bhavnagar (65/74 Rs, 4 heures) et Rajkot (122 Rs en semi-deluxe uniquement, 6 heures 30).

Pour les longues distances, prenez un bus privé, plus onéreux mais bien plus rapide. Nombre des agences de compagnies privées

La SEWA

La Self-Employed Women's Association (Association des femmes créatrices d'entreprises) est surtout connue sous son acronyme, la SEWA. Elle compte plus de 215 000 membres en Inde dont 148 000 dans le seul Gujarat, ce qui en fait le plus important syndicat de cet État. Créée en 1972, la SEWA comporte trois types de travailleuses : les colporteuses et les marchandes ; les ouvrières à domicile, qui fabriquent tissus, poteries ou *bidis* (cigarettes artisanales) ; et les travailleuses manuelles, prestataires de services pour les travaux des champs, la construction, la blanchisserie ou le ménage chez des particuliers.

Adhérant à la philosophie de Gandhi, qui prônait le changement par des moyens non violents, la SEWA a pour objectif de permettre aux femmes de participer activement à la vie économique et d'acquérir un pouvoir à travers leur indépendance financière. Elle les soutient donc dans la formation de syndicats et de coopératives devant leur permettre, à terme, de bénéficier du fruit de leur propre labeur. Les programmes de la SEWA portent sur des domaines tels que la santé et la protection infantile, l'alphabétisation, le logement et l'indépendance financière. La SEWA Academy prodigue des stages de direction pour ses membres. L'organisation est également active dans une campagne en faveur d'un salaire minimum de 125 Rs par jour. L'adhésion annuelle revient à 5 Rs par an.

La SEWA a fondé une banque, qui permet à de nombreuses femmes pauvres d'accéder pour la première fois de leur vie à un organisme d'épargne et de prêt, les banques traditionnelles rechignant à s'occuper de clients aux revenus aussi limités.

Le SEWA Reception Centre (☎ 079-5506444, fax 5506446, sewamahila@wilnetonline.net) est installé à l'extrémité est d'Ellis Bridge, face aux Victoria Gardens. Il dispose de toute une gamme de brochures. Les visiteurs sont les bienvenus (ouverture de 10h à 20h du lundi au samedi).

sont installées à l'est de l'arrêt des bus STC. Punjab Travels (☎ 6589200), sur Embassy Market à deux pas d'Ashram Rd, près du Gujarat Tourism, dessert notamment Ajmer (220 Rs, 13 heures), Aurangabad (300 Rs, 15 heures), Jaipur (250 Rs, 16 heures), Jodhpur (200 Rs, 15 heures), Mt Abu (140 Rs, 7 heures) et Udaipur (100 Rs, 8 heures). Punjab Travels possède une autre agence sur Pritamnagar Rd dans le Shefali Shopping Centre. Bonny Travels (☎ 6579265), sur Pritamnagar Rd, assure des liaisons avec Jamnagar (120 Rs) et Rajkot (90 Rs) plusieurs fois par jour.

Train. Un bureau de réservations informatisées (☎ 135) vous attend sur votre gauche en sortant de la gare ferroviaire d'Ahmedabab. Il est ouvert du lundi au samedi de 8h à 20h et le dimanche de 8h à 14h. Le guichet n°6 gère le quota réservé aux touristes étrangers. Vous pouvez essayer de réserver avec votre carte de crédit au guichet n°7. Notez que tous les prix indiqués n'incluent pas les frais de réservation de 20/25 Rs prélevés par l'Indian Railways pour les couchettes ou les couchettes à 2 ou 3 niveaux avec clim. (2A ou 3A).

Comment circuler

Desserte de l'aéroport. L'aéroport est situé à quelque 10 km au nord de la ville. Un auto-rickshaw coûte approximativement 90 Rs. Un bus local (n^{os}102 ou 105, 5 Rs), à prendre à Lal Darwaja, revient nettement moins cher.

Auto-rickshaw. La plupart des conducteurs utilisent leur compteur (le cadran situé près de leur genou gauche) ; néanmoins, assurez-vous qu'ils le remettent bien à zéro. Comptez 10 Rs pour relier la gare ferroviaire d'Ahmedabad à la mosquée de Sidi Saiyad. Certains facturent davantage, notamment à partir de la gare.

Des bus locaux partent de Lal Darwaja. Les détails des itinéraires, les destinations et les tarifs sont libellés en gujarati.

ENVIRONS D'AHMEDABAD

Adalaj Wav

A 19 km au nord d'Ahmedabad, Adalaj Wav est l'un des plus beaux baoli (puits) du Gujarat, avec ses sculptures représentant des motifs complexes de fleurs et d'oiseaux. Le principal couloir abrite quatre pavillons et le puits est profond de cinq étages, décorés cha-

Principaux trains au départ d'Ahmedabad

Destination	Numéro et Nom du train	Heure de départ	Distance (km)	Durée approx.	Prix (Rs)
Bhavnagar	9910 *Shetrunji Exp*	17h10	299	5 heures 30	73/231 •
Delhi	9105 *Delhi Mail*	10h00	938	19 heures 15	261/761 +
Dwarka	9005 *Saurashtra Mai*	6h15	453	10 heures	162/468 +
Gandhidham	9031 *Kutch Exp*	2h00	300	6 heures 30	114/329 +
Mumbai	2902 *Gujarat Mail*	22h00	492	8 heures 45	166/482 +
Udaipur	9944 *Sarai Rohila* Exp	23h00	297	9 heures	114/329 +
Vadodara (Baroda)	2010 *Shatabdi Exp*	14h45	100	1 heure 30	230/455 *

* "Executive/Chair class" (executive/siège)
• "General/Chair class" (économique/siège)
+ "Sleeper/Air-con 3-tier sleeper" (couchette/couchette 3 niveaux avec clim.)

cun d'exquises sculptures en pierre. Construit en 1499 par la reine Rudabai, il constituait un refuge plein de fraîcheur durant les mois les plus chauds. Le bus Ahmedabad-Gandhinagar vous déposera à proximité (demandez au conducteur de vous indiquer où descendre).

Nal Sarovar Bird Sanctuary

A 60 km au sud-ouest d'Ahmedabad, la réserve ornithologique de Nal Sarovar – un lac d'une superficie de 116 km^2 – est le refuge d'importantes colonies d'oiseaux indigènes et migrateurs. Le matin et le soir, on peut observer des canards, des oies, des pélicans et des flamants roses. Pour visiter cette réserve, prévoyez la journée et prenez un taxi : les bus sont en effet peu fréquents et le parc n'offre pas d'hébergement. Appelez le Conservator of Forests à Gandhinagar (☎ 02712-21951) qui vous indiquera si la Forest Rest House est réouverte.

Lothal

A 85 km au sud-ouest d'Ahmedabad en direction de Bhavnagar, vous accéderez à Lothal, site archéologique de grand intérêt mis en chantier en 1954. Les vestiges d'une cité et d'un port remontant à 4 500 ans y ont été mis au jour, manifestement apparentés aux civilisations de Mohenjo Daro et de Harappa, au Pakistan. Elle présente en effet des traits communs : tracé des rues, assemblage minutieux des briques ou encore système sophistiqué de drainage.

Lothal signifie "tertre des morts" en gujarati, comme Mohenjo Daro en sindhi. A son apogée, c'était sans doute l'un des ports les plus importants du sous-continent, pratiquant probablement des échanges commerciaux avec la Mésopotamie, l'Égypte et la Perse.

Sur le site, le **musée archéologique** présente des bijoux, des pots et d'autres vestiges (ouvert de 10h à 17h, fermé le dimanche).

Les possibilités d'hébergement sont rares à Lothal. Cependant, vous pourrez passer la nuit à l'***Utelia Palace***, hôtel coûteux situé à 7 km du site, au bord de la Bhugavo.

La visite de Lothal peut constituer une longue excursion d'une journée à partir d'Ahmedabad (au minimum 3 heures de voyage dans chaque sens). Vous y accéderez en train, en descendant à Bhurkhi, sur la ligne Ahmedabad-Bhavnagar, d'où vous pourrez prendre un bus.

Modhera

Malheureusement fort délabré, le splendide **Sun Temple of Modhera**, dédié à Surya, le dieu du Soleil, fut édifié par le roi Bhimdev Ier (1026-1027). Il ressemble à celui, beaucoup plus célèbre, de Konark dans l'État de l'Orissa érigé deux siècles plus tard. Il fut lui aussi conçu de manière que le soleil levant éclaire l'image de Surya au moment des équinoxes. Comme le temple de Somnath, celui-ci fut pillé par Mahmud de Ghazni. Il est ouvert tous les jours, de 8h à 18h.

Un train de luxe

Si vous souhaitez visiter le Gujarat rapidement et luxueusement, le *Royal Orient*, train spécialement destiné aux touristes, dessert plusieurs villes du Gujarat et du Rajasthan. Géré par la Tourism Corporation du Gujarat et par Indian Railways, il n'est pas sans rappeler le *Palace on Wheels* de la RTDC, au Rajasthan.

Le train quitte Delhi le mercredi pour un voyage de huit jours qui vous emmène à Chittorgarh, Udaipur, Junagadh, Veraval, Sasan Gir, Delwada, Palitana, Sarkhej, Ahmedabad et Jaipur.

Le tarif est de 175 $US par personne pour une cabine triple et de 200 $US pour une cabine double. Les enfants de 5 à 12 ans paient demi-tarif (voyage gratuit pour les moins de 5 ans) et une réduction de 25% est appliquée en avril et en septembre. Le prix comprend le circuit, l'entrée aux sites, l'hébergement dans le train et tous les repas. Les réservations se font auprès de Gujarat Tourism (pour plus de détails, voir la rubrique *Renseignements* dans ce chapitre) ou des agences de voyage spécialistes de l'Inde dans le monde entier.

Néanmoins, les vestiges sont impressionnants, ce qui n'est guère surprenant puisque l'ouvrage fut réalisé par des tailleurs de pierre de Silavat, renommés pour leur habileté à transformer les pierres les plus dures en sculptures délicates.

La partie principale renferme le **Surya Kund**, un baoli extraordinaire contenant plus de 100 sanctuaires. Ceux dédiés à Ganesh, à Vishnou et à la réincarnation de Shiva encadrent le réservoir sur trois côtés, tandis que le temple le plus vaste ferme le rectangle de ses 52 piliers représentant des scènes du *Ramayana* et du *Mahabharata*. A l'intérieur du temple, les parois du hall sont dotées de 12 niches abritant les différentes manifestations du dieu soleil pour chacun des 12 mois. L'ensemble comporte également de vastes panneaux de sculptures érotiques.

Ici, l'hébergement peut poser un réel problème. Bien qu'il existe quelques rest houses économiques, les étrangers ont souvent du mal à y obtenir un lit.

Modhera se situe à 102 km au nord-ouest d'Ahmedabad, et des bus directs vous y conduiront (30 Rs, 3 heures 30). Vous pouvez aussi prendre le train jusqu'à Mahesana, puis un bus pour Modhera (26 km).

Patan

A 130 km au nord-ouest d'Ahmedabad, Patan fut une capitale hindoue avant d'être pillée par Mahmud de Ghazni, en 1024. Elle est aujourd'hui l'ombre de ce qu'elle était, mais compte une centaine de **temples jaïna**, et elle est connue pour la fabrication de somptueux **saris en soie**, ou patola.

Le **Rani-ki-Vav**, un baoli rénové, possède quelques-unes des plus délicates sculptures du Gujarat. Construit en 1050, c'est l'un des plus anciens de l'État, remarquablement bien préservé – fruit d'un travail de restauration achevé dans les années 80 pour remédier à des siècles d'ensablement. L'eau du baoli constituait autrefois un système de refroidissement naturel des chambres destinées aux membres de la famille royale, qui y cherchaient refuge durant la chaleur estivale. Très impressionnant, le site mérite indubitablement la visite.

Pour un hébergement bon marché, cherchez près des gares routière et ferroviaire ; néanmoins, dans l'ensemble l'offre est peu attirante.

Patan est à 25 km au nord-ouest de Mahesana. Depuis Ahmedabad, le trajet en bus prend 3 heures 30 et revient à 40 Rs.

GANDHINAGAR

☎ 912 depuis Ahmedabad, ☎ 02712 depuis les autres localités • 393 000 habitants

Ahmedabad devint la capitale du Gujarat lorsque l'ancien État de Mumbai fut partagé, mais une nouvelle capitale fut bientôt établie à 32 km au nord-est sur la rive ouest de la Sabarmati. Baptisée Gandhinagar en hommage au Mahatma Gandhi – né dans le pays –, c'est la deuxième ville planifiée de l'Inde après Chandigarh. Le Corbusier, architecte de Chandigarh, a participé à la construction de Gandhinagar, qui a débuté en 1965. Le Secretariat s'y est installé en 1970.

L'unique curiosité touristique de la ville est le magnifique **Akshardham Temple** de la secte hindoue Swaminarayan, pour la construction duquel 6 000 tonnes de grès rose ont été nécessaires. Le temple se trouve Ja Rd, dans le secteur 20.

La ***Youth Hostel*** (*☎ 22364, secteur 16*) demande 50 Rs pour un lit. L'auberge de jeunesse propose aussi des repas pour un prix modique.

D'une catégorie supérieure, l'***Hotel Haveli*** (*☎ 23905, fax 24057, secteur 11*) est une option plus haut de gamme. Les chambres standard/deluxe coûtent 1 600/2 000 Rs, tandis que les suites valent la bagatelle de 2 500 Rs. Toutes doivent être libérées à midi. L'établissement comporte un bon restaurant.

Comment s'y rendre

Des bus pour Gandhinagar (10 Rs) partent toutes les 15 min à l'angle nord-ouest de Lal Darwaja (la gare routière locale), ou de l'un des nombreux arrêts qui jalonnent Ashram Rd.

VADODARA (BARODA)

☎ 0265 • 1,86 million d'habitants

Ancienne capitale de l'État princier des Gaekwad jusqu'à l'Indépendance, Vadodara (100 km au sud d'Ahmedabad) est aujourd'hui une agréable ville moyenne, aérée par de vastes parcs et agrémentée de musées et de galeries d'art.

Orientation et renseignements

La gare ferroviaire, l'arrêt des bus et quelques hôtels bon marché sont regroupés sur la rive ouest de la rivière Vishwarmurti. L'office du tourisme d'État, le Gujarat Tourism (☎ 427489), au rez-de-chaussée du Narmada Bhavan, Jail Rd, vous accueille tous les jours de 10h30 à 18h, excepté le dimanche et les deuxième et quatrième samedis de chaque mois.

Le Municipal Tourist Office, ou office du tourisme municipal (☎ 794456), ouvert tous les jours de 9h30 à 18h, est installé en face de la gare ferroviaire. Le personnel parle un anglais rudimentaire, mais vous pourrez vous y procurer *Know Valdora*, une brochure d'information fort utile (25 Rs). Tilak Rd relie la gare à la partie principale de la ville. La State Bank of India, Tilak Rd, change de l'argent, tandis que la Bank of Baroda, RC Dutt Rd (à l'ouest de la gare) accorde des avances en espèces sur les cartes Visa.

Sayaji Bagh

Le soir, ce vaste parc, entouré d'une petite ligne de chemin de fer, est un lieu de promenade très prisé. Il est doté de plusieurs centres d'intérêt, dont le plus important est le **Baroda Museum & Art Gallery**, ouvert tous les jours de 10h à 17h (1 Rp). Outre quelques belles sculptures et gravures indiennes, le musée et la galerie permettent de découvrir des expositions zoologiques et une salle égyptienne ; la galerie présente des miniatures mogholes et une collection de peintures européennes d'un intérêt limité. Le **planétarium** organise des démonstrations à 17h (en anglais) et à

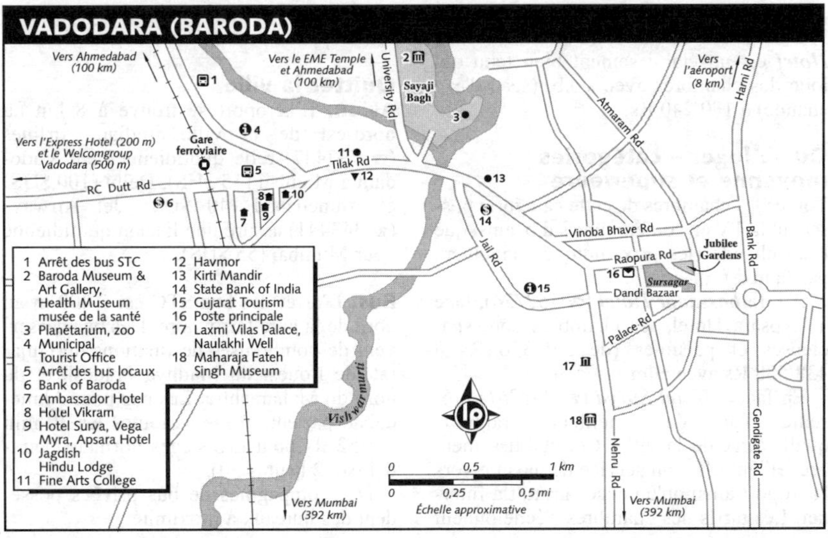

18h (en hindi). Il est ouvert du vendredi au mercredi et le prix d'entrée est de 5 Rs. Un petit **zoo** accueille les visiteurs de 9h à 17h du vendredi au mercredi (5 Rs). Enfin, vous pourrez visiter le **Health Museum** (gratuit).

Autres curiosités

Le **Naulakhi Well**, un superbe baoli, est situé 50 m au nord du **Laxmi Vilas Palace** dans Nehru Rd. A environ 5 km au nord du centre-ville se trouve l'inhabituel **EME Temple**, un temple hindou arborant un toit en aluminium en forme de dôme.

Circuits organisés

L'office du tourisme municipal propose des visites de la ville les mardi, mercredi et vendredi, de 14h à 18h (25 Rs par personne, réserver). Le Gujarat Tourism vous renseignera sur les excursions d'une journée dans la région.

Où se loger – petits budgets

Au ***Jagdish Hindu Lodge*** (☎ *361495*), dans le district de Sayaji Gunj près de la gare ferroviaire, les chambres, plutôt lugubres, sont disposées autour d'une cour mal entretenue. Les simples/doubles avec s.d.b. reviennent à 70/100 Rs.

L'***Hotel Vikram*** (☎ *361918*), dans la même rue, s'avère légèrement meilleur. Il propose des simples avec s.d.b. et eau froide à 125 Rs, et des chambres avec clim. pour 236/350 Rs.

Dans la rue suivante, à l'ouest, l'***Apsara Hotel*** est un établissement bien tenu qui loue des chambres avec s.d.b. (seau d'eau chaude) à 180/240 Rs.

Où se loger – catégories moyenne et supérieure

Toutes les chambres de cette catégorie possèdent la TV en couleur, une s.d.b. ainsi que l'eau chaude (les prix indiqués n'incluent pas la taxe).

A l'***Ambassador Hotel*** (☎ *362726*), face à l'Apsara Hotel, les chambres sont spacieuses et paisibles (de 225/336 Rs à 438/538 Rs avec clim.).

En face, l'***Hotel Surya*** (☎ *361361*) présente l'un des meilleurs rapports qualité/prix de la ville. Cet établissement accueillant offre un service de navette vers l'aéroport ainsi qu'un accès gratuit à Internet. Les tarifs des chambres s'échelonnent de 475/700 Rs à 700/900 Rs avec clim. (buffet pour le petit déjeuner compris).

L'***Express Hotel*** (☎ *337001, RC Dutt Rd*), à environ 1,5 km à l'ouest de la gare ferroviaire, possède des chambres avec clim. à 1 250/1 500 Rs, ainsi que des chambres "executive" plus agréables à 1 450/2 050 Rs. Il dispose d'un coffee shop et de deux restaurants.

Le ***Welcomgroup Vadodara*** (☎ *330033, fax 330050*), tout proche, est l'hôtel le plus luxueux de la ville. Les chambres joliment aménagées, avec clim., commencent à 2 000/3 300 Rs. Vous bénéficierez également d'une agence de voyages, d'une piscine, d'un coffee shop ouvert 24h/24 et d'un excellent restaurant indien.

Où se restaurer

A l'***Havmor*** (*Tilak Rd*), près de la rivière, vous aurez le choix entre cuisines indienne, occidentale et chinoise à prix raisonnables. Les plats végétariens/non végétariens coûtent entre 55 et 125 Rs. La rue compte un grand nombre de marchands de glace.

L'Hotel Surya possède deux restaurants : le ***Vega***, avec des buffets à 75 Rs, et le ***Myra***, pour déguster d'excellents thali gujaratis, bien consistants, à 75 Rs.

Pour un festin, le ***Ruchika***, installé dans l'hôtel Welcomgroup, sert une délicieuse cuisine, indienne végétarienne ou non, dans un cadre agréable. Préparez-vous à débourser au moins 200 Rs. Sinon, essayez le coffee shop, aux prix plus avantageux.

Quitter la ville

Avion. L'aéroport se trouve à 8 km au nord-est de la ville. Indian Airlines (☎ 797447) relie quotidiennement Vadodara à Mumbai (55 $US), Delhi (100 $US) et Ahmedabad (40 $US). Jet Airways (☎ 343441) assure une liaison quotidienne pour Mumbai (55 $US).

Bus. L'arrêt des bus STC est à 400 m au nord de la gare ferroviaire. Des bus desservent de nombreuses destinations du Gujarat, de l'ouest du Madhya Pradesh et du nord du Maharashtra. Les bus pour Ahmedabad partent au moins toutes les 30 min (45/52 Rs pour des sièges normaux/semi-deluxe, 2 heures 30).

Des compagnies de bus privées possèdent des bureaux à proximité.

Train. L'*Ahmedabad Express* (9129) quitte Vadodara à 18h10 pour arriver à Ahmedabad à 20h40 (34/53 Rs en "general/sleeper class" ; économique/couchette). En prenant le *Shatabdi Express* (2009), le départ a lieu à 11h35 et l'arrivée à 13h20 (230/455 Rs en "executive/chair class" ; executive/siège). Le *Mumbai Express* (2964) part à 7h20 et entre en gare de Bandra, à Mumbai, à 13h50 (89/138/401 Rs en "general/sleeper/3A class" ; économique/couchette/3A).

ENVIRONS DE VADODARA (BARODA)

Champaner (Pavagadh)

La cité de Champaner, à 47 km au nord-est de Vadodara, fut prise en 1484 par le sultan Mahmud Begara qui la baptisa Muhammadabad.

La **Jama Masjid**, l'une des plus belles mosquées du Gujarat, ressemble à la Jama Masjid d'Ahmedabad. Datée de 1513, elle possède une magnifique entrée sculptée, une cour imposante entourée de galeries, de charmantes arcades et des minarets élancés.

La **Hill of Pavagadh** (colline de Pavagadh) s'élève sur trois niveaux à côté de Champaner. En 1553, les Moghols, conduits par Humayun, escaladèrent les remparts au moyen de crampons en fer et s'emparèrent du fort qui la couronnait – une partie des remparts subsiste encore aujourd'hui – et de la cité. Selon la légende hindoue tirée d'un épisode du *Ramayana*, la colline serait un morceau du versant himalayen que le dieu-singe Hanuman aurait transporté jusqu'à Lanka... D'où son nom de Pavagadh, signifiant "quart d'une montagne".

Malheureusement, en raison du manque d'entretien du site et de la forte fréquentation touristique, la colline a été classée par le World Monuments Watch de New York dans la liste des 100 monuments les plus menacés au monde.

Pendant le mois de Chaitra (mars/avr.), une grande **fête** est organisée au pied de la colline de Pavagadh en l'honneur de la déesse Makakali.

Dirigé par le Gujarat Tourism, l'***Hotel Champaner*** (☎ *02676-45641*) propose une chambre avec quatre lits – pouvant faire office de dortoir – à 75 Rs par personne (eau chaude uniquement vers 7h). Les simples/doubles reviennent à 269/400 Rs, ou 431/591 Rs avec clim.

Comptez 1 heure 30 de bus à partir de Vadodara : prenez un bus, fréquent, jusqu'à Halol, puis un minibus jusqu'à Champaner.

BHARUCH (BROACH)

• 213 000 habitants

Cette très ancienne cité est mentionnée dans des chroniques datant de près de 2 000 ans. Elle se trouve sur la grande ligne de chemin fer qui relie Vadodara et Surat, à une heure de voyage de l'une ou de l'autre. Une **forteresse** (fort), dominant la Narmada témoigne de son très lointain passé ; au pied de celle-ci s'élève la **Jama Masjid**. Au bord du fleuve, à l'extérieur de la cité vers l'est, se dresse le **Bhrigu Rishi Temple**, qui a donné son nom à la ville, Bhrigukachba, plus tard raccourci en Bharuch.

La construction d'un grand barrage, le Sardar Sarovar, en amont de Bharuch près du village de Manibeli, a valu à la Narmada de défrayer la chronique locale et internationale (voir l'encadré *Débats houleux autour des barrages* dans le chapitre *Présentation du pays*).

SURAT

☎ 0261 • 2,38 millions d'habitants

Cette ville aménagée sur les rives de la Tapti, fut autrefois l'un des principaux ports et centres commerciaux de l'ouest de l'Inde. Aujourd'hui, rares sont les raisons qui pourraient pousser les voyageurs à s'y rendre.

Les parsis furent les premiers à s'installer à Surat au XIIe siècle ; puis les Moghols, les Britanniques, les Hollandais et les Français choisirent le site durant plusieurs siècles pour sa situation géographique de port.

La zone portuaire a perdu son importance d'antan, mais Surat est aujourd'hui un centre industriel considérable, spécialisé notamment dans la fabrication de textiles, de produits chimiques et dans le traitement et la finition des diamants. La ville est probablement plus connue pour avoir enregistré les premiers cas de peste pneumonique en 1994.

Cette année-là, Surat était considérée comme la cité la plus sale de l'Inde. Depuis, elle serait devenue la cité la plus propre et la plus salubre, après Chandigarh. Difficile à croire lorsque l'on a un aperçu du vacarme, de la pollution et de la pagaille automobile qui règnent aux alentours de la gare ferroviaire.

A voir et à faire

Édifié en 1546 par le sultan du Gujarat, le **château** se dresse sur la rive du fleuve, près du Tapti Bridge. Occupé en partie par des bureaux, l'édifice n'offre plus d'intérêt, en dehors d'un panorama sur la cité et le fleuve du haut de ses bastions.

Surat compte plusieurs mosquées et des temples jaïna, hindous et parsis.

Où se loger – petits budgets

Plusieurs hôtels bruyants et plutôt médiocres sont installés immédiatement à gauche de la gare ferroviaire.

Très sommaire, la ***Rupali Guest House*** (☎ *423874*) défie toute concurrence, avec ses lits en dortoir à 40 Rs, ses simples avec s.d.b. commune à 80 Rs, et ses doubles avec s.d.b. à 150 Rs.

De qualité légèrement supérieure, la ***Simla Guest House*** (☎ *442339*) reste néanmoins quelconque. Ses simples/doubles avec s.d.b. reviennent à 240/340 Rs, et ses simples avec s.d.b. commune à 120 Rs.

Au sommet de la catégorie, le ***Sarvajanik Hotel*** (☎ *426159*) loue des chambres avec s.d.b. à 190/285 Rs.

Où se loger – catégories moyenne et supérieure

Installé en face de la gare ferroviaire, l'***Hotel Central Excellency*** (☎ *425325, fax 441271*) propose des chambres avec s.d.b. et TV à partir de 550/750 Rs, ou de 775/1 250 Rs avec clim. Il dispose d'un restaurant.

L'***Hotel Yuvraj*** (☎ *413001, Station Rd*), tout proche, loue des chambres avec clim. à partir de 850/1 050 Rs. Celles à 1 175/1 400 Rs incluent les services d'un chauffeur pour une visite des environs (pour 70 km ou 7 heures). L'hôtel abrite un restaurant gujarati et un autre proposant des plats divers.

Son voisin, l'***Embassy Hotel*** (☎ *443170, fax 443173, Station Rd*), plus récent et légèrement plus onéreux, loue des chambres à 990/1 200 Rs.

Les tarifs des trois hôtels ci-dessus incluent le petit déjeuner.

A proximité de Bharti Park dans Athwa Lines, à 6 km du centre-ville, l'***Holiday Inn Hotel*** (☎ *226565, fax 227294*) est le meilleur établissement de Surat. Les chambres avec clim., remplies de boutons électriques et d'interrupteurs, valent 3 375/4 675 Rs. Parmi les installations figurent une piscine, un club de remise en forme, un coffee shop et un restaurant.

Où se restaurer

Tout proche de l'Hotel Central Excellency, le ***Sher-e-Punjab*** cuisine de bons plats chinois et punjabis, végétariens ou non, à partir de 30 Rs.

L'excellent restaurant de l'***Holiday Inn Hotel*** prépare une délicieuse (bien qu'onéreuse) cuisine indienne. L'hôtel héberge également un coffee shop qui sert un buffet pour le dîner à 250 Rs.

Comment s'y rendre

Surat est située sur la ligne de chemin de fer Mumbai-Ahmedabad. Pour Mumbai, le trajet de 263 km dure de 4 heures 30 à 6 heures 30, et revient à 67/104 Rs en “general/sleeper” ; économique/couchette. Pour Ahmedabad, le voyage de 229 km prend environ 4 heures. Le billet coûte 61/95 Rs.

ENVIRONS DE SURAT

A 29 km au sud de Surat, **Navsari** est le centre d'une communauté de parsis, établis ici depuis leur arrivée en Inde. **Udvada**, à 10 km au nord de Vapi (la gare de Daman), possède le feu sacré parsi le plus ancien du pays. Le feu aurait été apporté de Perse à Diu, de l'autre côté du golfe de Cambay, au VIIIe siècle. C'est dans le petit port de **Sanjan**, à l'extrême sud de l'État, que les parsis débarquèrent. Une colonne marque le site.

Pendant la semaine qui précède Holi (fév./mars), les adivasi organisent la grande fête de **Dang Durbar** dans la région forestière appelée Dang, à l'est de Surat, près de la frontière du Maharashtra.

DAMAN

☎ 02602 • 90 000 habitants

Située à l'extrême sud du Gujarat, la petite enclave de Daman (56 km^2 de superficie) fut reprise en 1961 (tout comme Diu et Goa) aux Portugais qui s'en étaient emparés en 1531. Le shah de Bahadur, dernier grand sultan du Gujarat, leur avait cédé officiellement la région en 1559. Gouvernées pendant un temps depuis Goa, Daman et Diu forment aujourd'hui le Territoire unifié de Daman et de Diu, administré par Delhi. Petite ville retirée, Daman exhale un parfum tropical, en dépit d'une certaine monotonie et de la saleté de ses plages. Si la ville a conservé une atmosphère portugaise, avec ses anciens forts élégants et ses églises, il ne s'agit toutefois pas d'une version de Goa en taille réduite.

Les rues de la ville sont bordées de bars vendant de la bière, ainsi que du "Finest Scotch Whisky – made in India" et d'autres alcools, tels que le *feni* (obtenu par la fermentation de noix de cajou et de noix de coco). Il est interdit d'importer de l'alcool de Daman au Gujarat, à moins d'obtenir une autorisation (consultez à cet effet l'encadré *Alcool et autorisation* dans ce chapitre). Vous serez contrôlé par la police à la sortie de Daman et l'alcool transporté sans autorisation sera confisqué.

Renseignements

Le Tourist Office, ou office du tourisme (☎ 55104), près de l'arrêt des bus, est ouvert du lundi au vendredi, de 9h30 à 13h30 et de 14h30 à 18h.

Aucune banque ne change d'espèces. Cependant, Executive Travels & Tours, dans l'arcade qui se trouve sous l'Hotel Maharaja, change les chèques de voyage à un taux inférieur de 50 p seulement à celui des banques. La poste principale est installée au sud de la rivière dans la Moti Daman, mais vous disposez d'une succursale plus pratique dans la Nani Daman, près du pont.

Nani Daman

Vous pouvez faire le tour des remparts du **Fort of St Jerome** de Nani Daman, d'où

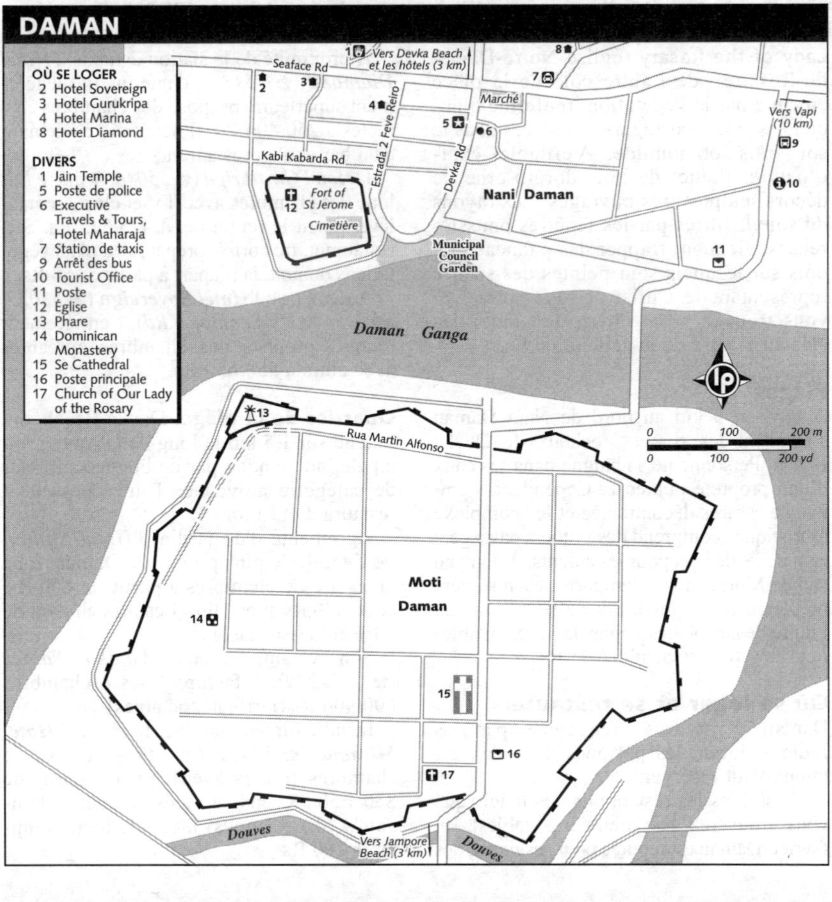

vous découvrirez le marché au poisson et la petite flottille de bateaux de pêche ancrée dans le port.

Au nord se dresse un remarquable **Jain Temple** (temple jaïna). A l'intérieur, les murs sont totalement recouverts de fresques du XVIIIe siècle figurant la vie de Mahavira, qui vécut vers 500 av. J.-C. Allez au bureau du temple afin de trouver un gardien qui pourra vous guider.

Moti Daman

Il est très agréable de flâner dans les larges rues paisibles situées dans l'enceinte fortifiée. Du haut des remparts, près du phare, vous jouirez d'une jolie vue jusqu'à Nani Daman, sur l'autre rive.

La **Se Cathedral** date du XVIIe siècle. D'inspiration intégralement ibérique et récemment rénovée, elle est particulièrement impressionnante. La **Church of Our Lady of the Rosary** (église Notre-Dame-du-Rosaire), de l'autre côté de la place envahie par la végétation, renferme d'anciennes stèles portugaises insérées dans le sol frais et humide. Véritable chef-d'œuvre, l'autel de bois doré s'orne de décors sculptés très ouvragés. Les rayons du soleil, filtrés par les fenêtres poussiéreuses, viennent frapper des panneaux de bois sur lesquels sont peintes des scènes représentant le Christ et ses apôtres. Si vous trouvez porte close, demandez les clés au vicaire de la cathédrale Se.

Plages

A environ 3 km au nord de Nani Daman s'étendent les rivages rocheux de Devka Beach. Personne ne se baigne dans ses eaux d'une propreté douteuse. Cependant, l'ambiance est très décontractée et le "complexe touristique" comprend des sentiers paysagers et une aire de jeux pour les enfants. A 3 km au sud de Moti Daman, Jampore Beach s'avère meilleure (sans plus). Pour aller à l'une ou l'autre de ces plages depuis la ville, un auto-rickshaw vous reviendra à 25 Rs.

Où se loger et se restaurer

Daman étant très fréquentée par les Indiens durant les périodes de vacances, mieux vaut réserver.

C'est dans les restaurants des hôtels que vous trouverez les meilleures tables. En février, Daman est réputée pour ses *papri*, des pois chiches bouillis salés emballés dans du papier journal. Octobre est la saison des crabes et des homards. Enfin, le *tari*, un vin de palme, est une boisson très appréciée vendue dans des pots en terre cuite.

Une bière Kingfisher ne coûte que 25 Rs dans les cafés de Daman ; par contre, la plupart des hôtels la facturent 35 Rs ou davantage. Si vous avez envie de porto, sachez que les bars vendent la bouteille 100 Rs.

Centre-ville. La majorité des hôtels bon marché sont installés sur Seaface Rd. Tous disposent de s.d.b.

L'***Hotel Marina*** (*☎ 54420*), tout près de Seaface Rd, est aménagé dans l'une des rares demeures portugaises qui subsistent encore. Il présente un bon rapport qualité/prix, avec des simples/doubles à 150/175 Rs et des chambres deluxe à 175/200 Rs. L'étage abrite un bar et un restaurant.

A proximité de la station de taxis, l'***Hotel Diamond*** (*☎ 55135*), d'une qualité légèrement supérieure, propose des chambres correctes à 250/400 Rs. Il bénéficie également d'un bar et d'un restaurant.

L'***Hotel Gurukripa*** (*☎ 55046, Seaface Rd*) loue des chambres avec TV et clim., sentant légèrement le renfermé, à 475/575 Rs. Son restaurant, très prisé, prépare des plats végétariens ou non, la plupart à partir de 50 Rs.

A deux pas, l'***Hotel Sovereign*** (*☎ 55023, fax 54433, Seaface Rd*), entièrement rénové, propose des chambres agréables avec clim. à 550/650 Rs.

Quartier de la plage. Devka Beach, qui s'étend sur 1,5 km le long de la route principale, ne manque par de bonnes adresses de catégorie moyenne. Toutes possèdent restaurant et s.d.b.

Agrémenté d'un jardin, l'***Hotel Shilton*** (*☎ 54558*), le plus proche de Daman, loue une série de chambres à partir de 600 Rs, et de 800 Rs avec clim. Les prix chutent de 50% en basse saison.

Son voisin, l'***Hotel Ashoka Palace*** (*☎ 54239*), facture ses chambres 600/900 Rs (tarifs négociables).

Installé directement sur la plage, l'***Hotel Miramar*** (*☎ 54471, fax 54934*) dispose de chambres (toutes avec clim.) à partir de 850/1 500 Rs en haute saison. Pour un bungalow (4 personnes) face à la mer, comptez 1 700 Rs.

Le ***Sandy Resort*** (*☎/fax 54644*), l'une des meilleures adresses, est un établissement avenant doté d'une piscine, d'un restaurant et d'une discothèque. Les chambres confortables avec clim. coûtent 1 475 Rs en haute saison (trois repas par jour compris).

Comment s'y rendre

La gare de Vapi est à 170 km de Mumbai et à 90 km de Surat, et sa gare, située sur la ligne principale de chemin de fer, dessert Daman, à quelque 10 km de là. Des taxis collectifs (10 Rs par personne) stationnés devant la gare ferroviaire font régulièrement le trajet entre Vapi et Daman en 20 min. De vieilles guimbardes font fonction de bus (5 Rs).

Saurashtra

Les plaines souvent mornes du Saurashtra, dans la péninsule de Kathiawar, sont habitées par une population accueillante mais réservée. Les gens de la campagne se distinguent par leurs costumes traditionnels. Les hommes portent des turbans blancs, des vestes courtes à manches longues, des jodhpurs et, souvent, des pendentifs dorés. Les femmes sont habillées de vêtements presque aussi colorés qu'au Rajasthan et arborent des *choli* (hauts de sari) brodés, décolletés dans le dos, appelés *kanjeri*.

La péninsule, à l'écart des principaux itinéraires touristiques, doit son nom aux membres de la tribu kathi qui rôdaient la nuit pour dérober tout ce qui n'était pas à l'abri dans les *kot* (forts des villages).

BHAVNAGAR

☎ 0278 • 775 000 habitants

Fondée en 1743, Bhavnagar est toujours un important centre de commerce spécialisé dans les cotonnades du Gujarat. En apparence, il ne présente guère d'intérêt pour les touristes, qui s'y aventurent peu. Pourtant, son bazar mérite une visite, avec ses balcons de bois suspendus et ses myriades de petites boutiques.

Orientation et renseignements

Bhavnagar est une cité étendue dans laquelle les quartiers anciens et nouveaux sont nettement séparés. L'arrêt des bus se trouve dans la partie récente et la gare ferroviaire à l'autre bout de la vieille ville, à 2,5 km. Pour changer votre argent, allez à la State Bank of India, dans la vieille ville.

A voir et à faire

Perché sur une petite colline, le **Takhteshwar Temple** ne présente guère d'intérêt si ce n'est qu'il offre une belle vue sur la ville, jusqu'au golfe de Cambay.

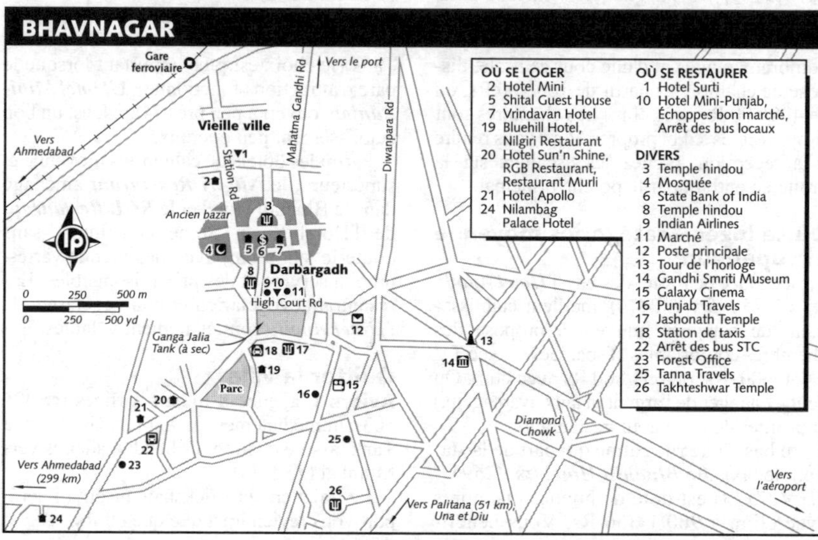

Au nord-est, près de la tour de l'horloge, se dresse le **Gandhi Smriti Museum**, qui abrite une petite collection de souvenirs de Gandhi et de statues religieuses (gratuit, fermé les dimanches et les deuxième et quatrième samedis du mois).

Si vous êtes friand de couleur locale, flânez dans les pittoresques rues marchandes de la vieille ville, près de la State Bank of India.

Où se loger – petits budgets

Les seuls hôtels bon marché se situent dans le quartier de l'ancien bazar.

Installé dans la vieille ville près de la gare ferroviaire, l'***Hotel Mini*** (☎ *512915, Station Rd*) est l'un des meilleurs établissements de sa catégorie. Avenant, propre et calme, il loue des simples/doubles assez spacieuses avec s.d.b. (vérifiez d'abord que la douche fonctionne) à 125/225 Rs (25 Rs de moins sans TV). Les chambres doivent être libérées au bout de 24 heures. L'établissement peut servir petits déjeuners et thali.

Aménagé au cœur du quartier du bazar, la ***Shital Guest House*** (☎ *428360, Amba Chowk*) est une adresse correcte. L'entrée se fait par l'arrière du bâtiment. Les simples avec s.d.b. commune reviennent à 75 Rs, tandis que les doubles, sommaires mais propres, avec s.d.b., seau (eau chaude le matin) et toilettes à la turque valent 150 Rs.

Non loin du Shital, le ***Vrindavan Hotel*** (☎ *519149, Darbargadh*) est installé dans une ruelle à l'est de la grande State Bank of India. Cet établissement immense, doté de nombreux étages et d'une cour centrale, dispose de chambres à partir de 100/200 Rs, ou de 400/500 Rs avec clim. Les chambres sont simples et les s.d.b. propres. Pour vous rendre à la réception, prenez les escaliers sur la droite en entrant par le porche principal.

Où se loger – catégories moyenne et supérieure

Juste en face de l'arrêt des bus, l'***Hotel Apollo*** (☎ *425252, fax 412440*), meilleur établissement de catégorie moyenne, propose des chambres confortables et spacieuses avec TV à 450/600 Rs, ou 650/800 Rs avec clim. On peut y changer de l'argent (à taux avantageux) et profiter du savoureux restaurant.

En bas d'une rue calme qui part de la station de taxis, le ***Bluehill Hotel*** (☎ *426951, fax 427313*) est doté de bonnes chambres avec clim. à 900/1 350 Rs. Vous bénéficierez de deux restaurants végétariens et d'une belle vue sur le parc (depuis la plupart des chambres).

L'***Hotel Sun'n Shine*** (☎ *516131, fax 516130*) possède des chambres dignes du luxe auguré par le hall d'entrée, à 900/1 100 Rs, soit un très bon rapport qualité/prix dans la catégorie supérieure. Il est doté de deux restaurants, d'un service de chambre 24h/24, d'un accès à Internet ainsi que d'un club de remise en forme.

A l'ouest de l'arrêt des bus situé sur la route d'Ahmedabad, le ***Nilambag Palace Hotel*** (☎ *424241, fax 428072*) vaut la visite – du moins si votre bourse le permet. Cet ancien palais de maharaja, moins impressionnant que d'autres palaces, reste néanmoins somptueux. Les chambres dans le palais reviennent à 1 990/3 500 Rs et celles du “cottage royal” à 1 200/1 800 Rs. Vous bénéficierez également d'une piscine et d'un restaurant.

Où se restaurer

La ville offre de nombreuses possibilités de déguster des thali. L'***Hotel Surti***, presque en face de l'Hotel Mini, en prépare au prix raisonnable de 30 Rs ; l'***Hotel Mini*** lui-même présente également un bon rapport qualité/prix (nourriture à volonté pour 35 Rs). Les thali du ***Vrindavan Hotel*** coûtent 50 Rs. Enfin, si vous êtes prêts à payer pour avoir des serveurs en habit, rendez-vous au ***Restaurant Murli*** (60 Rs).

De nombreuses ***échoppes*** bon marché sont installées sur le côté nord de Ganga Jalia Tank (le choix est plus important lorsque le parc d'attractions fonctionne). L'***Hotel Mini-Punjab***, ouvert à peu près 24h/24, est un bon établissement peu onéreux.

Parmi les hôtels de catégories moyenne et supérieure, le ***Nilgiri Restaurant*** aménagé dans le Bluehill Hotel et le ***RGB Restaurant*** de l'Hotel Sun'n Shine constituent sans doute le summum, avec des menus variés, un bon service et des prix raisonnables. Les restaurants végétarien et non végétarien de l'***Hotel Apollo*** sont également valables.

Quitter la ville

Avion. L'agence d'Indian Airlines (☎ 426 503), immédiatement au nord du Ganga Jalia Tank, assure quatre vols hebdomadaires vers Mumbai (75 $US).

Le trajet en auto-rickshaw jusqu'à l'aéroport vous reviendra à quelque 60 Rs.

Bus. Des bus d'État relient Bhavnagar à Ahmedabad ainsi qu'à d'autres grands centres de la région. Des départs ont lieu régulièrement tout au long de la journée en direction d'Una (pour Diu, 63 Rs, 5 heures) et de Palitana (18 Rs, 1 heure 30). D'autres s'effectuent toutes les demi-heures pour Ahmedabad (65 Rs, 4 heures).

Parmi les compagnies de bus privées, on peut citer Punjab Travels (☎ 424582), en face du cinéma Galaxy, et Tanna Travels (☎ 420477), non loin de là. Toutes deux proposent une liaison régulière avec Ahmedabad en bus deluxe (80 Rs, 4 heures) et un service quotidien pour Mumbai (300 Rs, 13 heures).

Train. Il existe au moins trois trains quotidiens pour Ahmedabad (6 heures environ). Le *Shetrunji Express* (9909) part à 5h40 (73/231 Rs en "general/chair class" ; économique/siège), tandis que pour l'*Ahmedabad Express* (9935) et le *Link Express* (9947), les départs s'effectuent respectivement à 15h30 et 23h10 (73/384 Rs en "general/1st class" ; économique/ 1re classe). Trois trains par jour se rendent à Palitana distante de 51 km (10 Rs, 1 heure 30).

ENVIRONS DE BHAVNAGAR

Alang

Sur la côte entre Bhavnagar et Talaja se trouve Alang, le plus grand site de démolition de navires d'Inde, où supertankers, bateaux de transport, navires de guerre et autres vaisseaux sont démantelés – pour ainsi dire à la main – par quelque 20 000 ouvriers travaillant jour et nuit. Assister à cette scène dantesque est quasiment impossible pour les touristes.

Selon une note interne des autorités portuaires du Gujarat, celles-ci auraient constaté "l'entrée de touristes étrangers dans le port afin de le visiter et de prendre des photos, sous prétexte d'être intéressés par l'achat d'équipements". Vous pouvez tenter de contacter les autorités (☎/fax 0278-563132) pour obtenir une autorisation ; toutefois, elles risquent de vous orienter vers un dédale administratif qui vous conduira à Gandhinagar, *via* Ahmedabad, pour vous ramener à votre point de départ – à moins, bien sûr, que vous n'ayez réellement l'intention d'acheter un bateau. Si quelques voyageurs sont parvenus à se faufiler par le portail dans un bus local bondé, davantage ont été ramenés au corps de garde. Ce site extraordinaire méritant la visite, renseignez-vous auprès des autorités portuaires pour voir si le règlement a changé. Toutefois, il y a de fortes chances pour que l'accès reste interdit dans les années à venir.

Velavadar National Park

Situé à 65 km au nord de Bhavnagar, ce parc est célèbre pour ses antilopes, protégées au cœur d'une réserve. Elles arborent d'impressionnantes cornes spiralées qui peuvent atteindre 60 cm de long chez les mâles adultes. La meilleure époque pour visiter le parc s'étend d'octobre à juin. Renseignez-vous sur le règlement en vigueur auprès de la Forest Office (☎ 0278-428644) ou du responsable de la réserve (☎ 0278-426425), près de l'arrêt des bus de Bhavnagar. Ce dernier numéro vous permet également de réserver un hébergement au ***Tourist Lodge***, dans le parc (doubles à 300 Rs).

Il est possible de s'y rendre en bus depuis Bhavnagar (changez à Valabhipur), mais pour une visite d'une journée, vous devrez louer un taxi (700 Rs maximum).

PALITANA

☎ 02848 • 48 000 habitants

On ne traverse cette modeste bourgade située à 51 km au sud-ouest de Bhavnagar que pour se diriger vers le lieu de pèlerinage de Shatrunjaya.

Shatrunjaya

Composé de 863 temples, le complexe de Shatrunjaya ("lieu de la victoire"), dressé au sommet d'une colline, est l'un des hauts lieux de pèlerinage jaïna. Les temples furent édifiés durant quelque 900 ans sur une montagne entièrement dédiée aux dieux. Au crépuscule, même les prêtres quittent les temples, les laissant déserts.

Dans ce haut lieu du jaïnisme, les temples de cette "montagne sacrée" sont répartis en neuf *tunk*, enceintes renfermant chacune un édifice religieux central entouré d'autres plus petits. Élevés, pour certains, au XIe siècle, ils furent en partie détruits par les musulmans aux XIVe et XVe siècles, et constamment restaurés ou construits depuis le XVIe siècle.

Du sommet, la vue est superbe et, par temps dégagé, on peut distinguer le golfe de Cambay derrière Bhavnagar. Le sanctuaire le plus renommé est dédié à **Shri Adishwara**, l'un des tirthankar jaïna les plus prestigieux. Remarquez la frise représentant des dragons qui l'entoure. Juste à côté s'élève le sanctuaire musulman d'**Angar Pir**, où les femmes stériles apportent en offrande des berceaux miniatures, dans l'espoir d'une maternité.

Construit en 1618 par un riche marchand jaïna, le temple de **Chaumukh**, ou sanctuaire aux "quatre faces", comporte une statue d'Adinath à quatre visages tournés vers les points cardinaux. Parmi les temples importants, figurent aussi ceux de Kumar Pal, de Sampriti Raj et de Vimal Shah.

Les temples sont ouverts de 6h30 à 17h30. Une autorisation de photographier vous sera délivrée juste après l'entrée principale, moyennant 50 Rs. Il existe deux entrées : on atteint la principale en prenant l'embranchement de gauche avant d'arriver au sommet, l'autre par celui de droite. Il faut enlever ses chaussures à l'entrée du site, où l'on ne doit porter aucun objet de cuir (ni sacs ni ceintures).

Le trajet en carriole jusqu'au pied de la colline coûte 20 Rs. Vous pouvez vous y rendre à pied, en quelque 30 min depuis l'arrêt des bus de Palitana. Partez tôt, car il peut faire très chaud en fin de matinée. De l'eau (mais pas en bouteilles) est en vente en différents points du trajet. Un excellent lait caillé est proposé dans des bols en terre à l'entrée du site au prix de 10 Rs.

Le dénivelé de 600 m jusqu'en haut de la colline représente une ascension de 2 km, soit plus de 3 000 marches. A un rythme modéré, cette montée devrait vous prendre près d'une heure. Vous pouvez aussi vous faire transporter en *doli* (chaise), moyennant 200 à 700 Rs, en fonction du confort de la chaise (un mode de transport choisi par quelques riches pèlerins obèses ou âgés). La première vision que l'on a en parvenant au sommet est celle des porteurs de doli, exténués, se reposant à l'ombre.

Où se loger et se restaurer

Palitana regorge de *dharmasala* (refuges pour pèlerins) dans lesquels vous n'aurez guère de chance d'être accepté si vous n'êtes pas jaïna.

Géré par le Gujarat Tourism, l'***Hotel Sumeru*** (☎ *2327, Station Rd*), à 200 m de l'arrêt des bus en direction de la gare ferroviaire, constitue le meilleur choix. Les simples/doubles valent 377/538 Rs, ou 578/807 Rs avec clim. (taxes comprises), et les lits en dortoir 50 Rs. Les prix diminuent presque de moitié du 15 juin au 15 septembre. Le restaurant végétarien sert des thali gujaratis (45 Rs), ainsi que des plats punjabis et occidentaux.

Face à l'arrêt des bus, l'***Hotel Shravak*** (☎ *2428*) offre un confort rudimentaire. Les simples avec s.d.b. commune valent 100 Rs, les doubles/triples (avec s.d.b.) 200/300 Rs, et les lits en dortoir (pour hommes uniquement) 40 Rs. Les chambres doivent être libérées au bout de 24h, et les lits en dortoir à 9h30.

De l'autre côté de l'allée, le ***Jagruti Restaurant***, snack-bar très animé, propose 24h/24 *puri* (beignet plat qui gonfle lorsqu'il est frit), *sabzi* (curry de légumes), lait caillé, poivrons grillés et *ganthia* (beignets variés).

Vous trouverez le ***Havmor***, un glacier très prisé, sur votre droite en direction de la colline de Shatrunjaya.

Comment s'y rendre

Bus. Les bus STC font la navette avec Bhavnagar toutes les heures (18 Rs, 1 heure 30). Il existe aussi des départs réguliers vers Ahmedabad (68 Rs, 5 heures).

Quelques bus, peu fréquents, se rendent à Talaja, d'où vous pourrez prendre une correspondance pour Una ou Diu. Le trajet jusqu'à Talaja prend 6 heures au total. Il faut avoir le cœur bien accroché pour supporter ce voyage sur des petites routes accidentées à bord de véhicules tout juste bons pour la casse.

Train. La tranquille gare de Palitana se trouve à quelque 800 m de l'arrêt des bus en s'éloignant de la colline de Shatrunjaya. La seule liaison assurée est celle avec Bhavnagar (un arrêt à Sihor permet cependant de prendre une correspondance pour Ahmedabad). Les trains quittent Palitana à 9h00, 18h05 et 20h30 et Bhavnagar à 6h30, 14h45 et 18h45 (10 Rs, 1 heure 30).

DIU

☎ 02875 • 66 200 habitants

Pour beaucoup, Diu constitue le point fort d'un séjour au Gujarat, avec son rythme de vie décontracté, ses édifices portugais délabrés, son immense fort et ses paisibles plages.

Comme Daman et Goa, Diu fut un comptoir portugais avant de passer sous contrôle

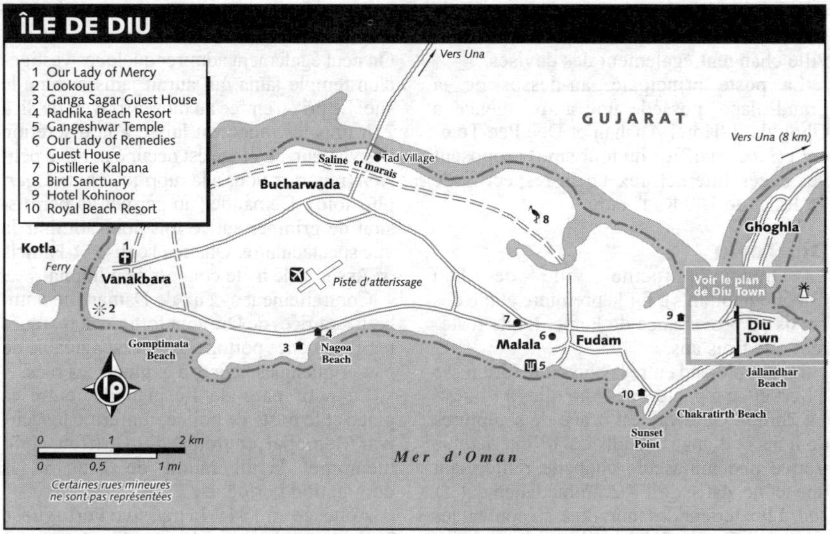

de l'Union indienne en 1961. Le territoire, comme celui de Daman, est administré depuis Delhi et non en tant que région du Gujarat. L'ancienne colonie comprend l'île de Diu, longue de 13 km sur 3 km de large, séparée de la côte par un étroit chenal, ainsi que deux minuscules enclaves sur le continent. Lorsque l'on arrive de la ville d'Una, on accède à Diu par l'une d'elles, dans laquelle se trouve le village de Ghoghla.

Le nord de l'île, face au continent, est formé d'un ensemble de marais et de salines, tandis qu'au sud alternent falaises de calcaire, criques rocheuses et plages sablonneuses.

La pêche est la principale activité, suivie par la production d'alcool et de sel. La distillerie Kalpana, à Malala, fabrique du rhum à partir de canne à sucre. Les nombreux bars de Diu permettront aux visiteurs en provenance du continent, où l'alcool est interdit, de se désaltérer en buvant une bière fraîche.

Si les plages de Diu ne peuvent se mesurer à celles de Goa, elles sont idéales pour se détendre. La longue randonnée pour y arriver vaut largement la peine.

Histoire

Du XIVe au XVIe siècle, Diu fut un prestigieux centre de commerce et une base stratégique d'où les Turcs ottomans contrôlaient les voies maritimes au nord de la mer d'Oman.

Après une vaine tentative pour s'en emparer en 1531, alors que Bahadur Shah, sultan du Gujarat, était assisté par la marine turque, les Portugais en prirent finalement le contrôle en 1535, mettant à profit un différend entre le sultan et l'empereur moghol Humayun.

Victime de pressions de la part des Portugais et des Moghols, Bahadur conclut un traité de paix avec les premiers, en échange d'un contrôle sur le port de Diu. Le traité fut bientôt rompu et, malgré l'opposition de Bahadur Shah et du sultan Mahmud III – son successeur –, le traité finalement conclu en 1539 cédait au Portugal l'île de Diu et l'enclave de Ghoghla. Peu après la signature, les Portugais entreprirent la construction de la forteresse.

L'opération Vijay, en 1961, mit un terme à la domination portugaise.

Orientation et renseignements

Le Tourist Office, ou office du tourisme (☎ 52653) se situe Bunder Rd, l'artère principale qui s'étire parallèlement au bord de mer. On vous y fournira des cartes (gratuites), ainsi que des renseignements sur les moyens de transport. Le bureau est ouvert du lundi au samedi de 9h30 à 13h30 et de 14h30 à 18h.

La State Bank of Saurashtra, près du Town Square, ou grand-place, vous permet de changer de l'argent, néanmoins à un taux moins avantageux que sur le continent. Par ailleurs, elle rechigne à accepter les grosses sommes. Nombre de boutiques du centre-ville changent également des devises.

La poste principale, au-dessus de la grand-place, possède une autre agence à Ghoghla. L'Hotel Alishan et Dee Pee Telecom (face à l'office du tourisme) proposent des accès Internet aux tarifs respectifs de 75 Rs et de 100 Rs l'heure.

Diu Town

La tranquille petite ville de Diu (38 500 habitants), fut la première étape des parsis en provenance de Perse. Ils ne restèrent que trois ans.

La cité s'étend entre la puissante forteresse à l'est et de gigantesques murailles à l'ouest. La **Zampa Gateway** est ornée de sculptures de lions et d'anges, tandis qu'à l'intérieur se trouve une minuscule chapelle renfermant une icône, datée de 1702. Immédiatement au sud, à l'extérieur des murailles, s'écoulent les chutes de **Zampa Waterfall**, curieuses créations artificielles illuminées la nuit.

L'église **St-Paul** est le seul édifice religieux de la ville qui continue d'assurer sa fonction initiale auprès de la toute petite communauté chrétienne de l'île. A deux pas, la St-Thomas' Church abrite le **Diu Museum**, qui présente une intéressante collection de statues catholiques. Si vous trouviez le panthéon hindou plutôt compliqué, jetez donc un coup d'œil sur l'étonnante collection de saints chrétiens. On peut également admirer quelques vestiges d'un temple jaïna qui aurait jadis occupé le site. Le prix d'entrée au musée, ouvert de 8h à 21h tous les jours, est laissé à la discrétion des visiteurs. L'étage est occupé par une pension (reportez-vous à la rubrique *Où se loger*, plus loin). Demandez au gardien la permission de grimper sur le toit pour admirer la vue spectaculaire. Quant à l'église **St-Francis of Assisi**, elle a été convertie en hôpital.

Contrairement à ceux de Daman, de nombreux édifices de Diu sont fortement marqués par l'influence portugaise et il est agréable de passer quelques heures à explorer les rues.

Le petit parc de l'esplanade, entre la place et le poste de police, renferme le **Marwar Memorial**, couronné d'un griffon, commémorant la libération de l'île de la domination portugaise.

Achevée en 1541, la massive **Portuguese Fort**, dotée de deux douves (dont une alimentée par les marées), devait jadis être inexpugnable. Toutefois, l'érosion et le manque d'entretien de la forteresse ont entraîné sa dégradation progressive, à tel point qu'elle semble promise à l'effondrement. Des amas de boulets jonchent le sol et, sur les remparts, apparaît une superbe enfilade de canons dont certains en bon état.

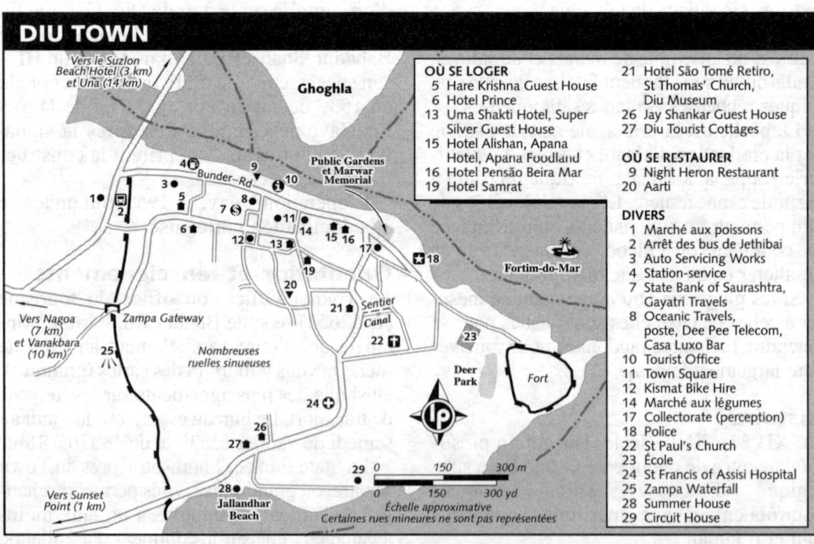

Une petite chapelle contient des fragments de stèles gravées. La forteresse fait également office de prison. Elle se visite gratuitement de 7h à 18h. Il est permis de prendre des photographies.

Autour de l'île

Pour se reposer des temples et des forts, les voyageurs se rendaient autrefois à **Nagoa**. Malheureusement, la plage étant bordée de palmiers et sans danger pour la baignade, elle est maintenant très fréquentée et les Occidentales sont souvent importunées par les nombreux jeunes Indiens présents. A l'ouest s'étend **Gomptimata**, une plage de sable relativement déserte, avec de gros rouleaux. Les plages auxquelles on peut accéder facilement depuis Diu sont, d'est en ouest, **Jallandhar**, **Chakratirth** et la magnifique plage de **Sunset Point**.

A proximité de Diu, le village de **Fudam** possède une grande église, Our Lady of Remedies, devenue une pension pour voyageurs.

A l'extrémité ouest de l'île, **Vanakbara** comprend aussi une église (Our Lady of Mercy), une forteresse, un phare, un petit bazar, un bureau de poste et une flotte de pêche. Ce petit village de pêcheurs mérite une visite.

Où se loger

La plupart des hôtels pratiquent des réductions en basse saison. Le reste de l'année, n'hésitez pas à marchander : les tarifs peuvent chuter de 60% lorsque les affaires sont calmes, a fortiori si vous séjournez plus de deux jours. Les prix indiqués ici s'appliquent à la haute saison (d'oct. à juin). Sauf mention contraire, les chambres sont équipées de salles de bain (très ordinaires, d'ailleurs) avec eau froide et de toilettes à la turque. Il faut généralement les libérer à midi.

Diu Town. Du côté ouest de la ville, la ***Hare Krishna Guest House*** (☎ *52 213*) dispose de petites simples/doubles/triples pour seulement 75/100/150 Rs. Certaines chambres sont plus agréables que d'autres. Nous vous recommandons la chambre n°4, à l'angle.

Tout proche, l'***Hotel Prince*** (☎ *52765*) facture ses doubles 300 Rs. Celles du second étage, dotées de balcons, jouissent de vues superbes.

A deux pâtés de maisons au sud de la grand-place, l'***Hotel Samrat*** (☎ *52354*) possède des chambres très plaisantes avec s.d.b. correctes, balcon et TV par satellite, à 350 Rs. Les simples/doubles avec clim. reviennent à 500/650 Rs. L'établissement propose un service d'étage, un bon restaurant et un bar. Quand le chef n'est pas trop débordé, il accepte de cuisiner les poissons achetés par les clients au marché, moyennant 50 Rs.

Établissement récent et impeccable, la ***Super Silver Guest House*** (☎ *52020*) est installée à un pâté de maisons au sud du marché aux légumes. Particulièrement complaisant, le propriétaire propose des chambres spacieuses (avec s.d.b. très correcte) à 200/300 Rs (tarif négociable).

Son voisin, l'***Uma Shakti Hotel*** (☎ *52150*), une autre bonne adresse, offre des chambres satisfaisantes à 200/600 Rs sans/avec clim. Le service est effectué par l'habituelle ribambelle de "frères" faisant fonction de personnel. Dans le charmant bar-restaurant installé sur le toit en terrasse, vous pourrez prendre un repas, une bière, ou encore un petit déjeuner (l'omelette au fromage, à 30 Rs, est particulièrement savoureuse).

Au sommet de la catégorie moyenne, l'***Hotel Pensão Beira Mar*** (☎ *53031, Bunder Rd*) est aménagé dans une ancienne villa portugaise convertie en hôtel, à mi-chemin entre la grand-place et la forteresse. Ce lieu abritait autrefois le Baron's Inn, l'Hotel Sanman, puis le Fun Club, au nom tout à fait trompeur. Conscient de la surévaluation des doubles (1 000 Rs), confortables mais dépourvues d'attraits, le personnel vous les laissera sans tergiverser à 400 Rs, même en haute saison. Les suites commencent à 1 200 Rs. Vous bénéficierez d'un restaurant en terrasse, sur le toit, et d'un bar.

Son voisin, l'***Hotel Alishan*** (☎ *52340, fax 52190, Bunder Rd*), présente un meilleur rapport qualité/prix, avec des chambres satisfaisantes dotées d'une TV et d'un balcon. Les doubles avec vue reviennent à 200/500 Rs en basse/haute saison, ou à 600/800 Rs avec clim. Les chambres à l'arrière du bâtiment sont moins chères. Enfin, l'hôtel propose un restaurant, un bar et un accès à Internet. Le restaurant prépare un savoureux tandoori de poisson (100 Rs).

L'***Hotel São Tome Retiro*** estb l'un des choix les plus judicieux. Situé à la lisière sud de Diu Town, au-dessus de la St-Thomas' Church, il possède cinq chambres spacieuses et charmantes, la plupart bénéficiant d'une vue magnifique. Cet établissement familial et paisible loue les plus petites chambres à 175/200 Rs pour des séjours courts/longs, et les autres plus vastes à 200/300 Rs. Presque tous les soirs, George D'Souza, le jeune et accueillant directeur, prépare un barbecue. Le reste du temps, sa famille cuisine des plats du Portugal et de Goa (75 Rs, à commander le matin).

Jallandhar Beach. Ce quartier très agréable se situe à une bonne dizaine de minutes à pied du centre de Diu Town. Le point de vue du Summer House se trouve à quelques pas de là.

Au ***Diu Tourist Cottages*** (☎ *52654*), établissement dégageant une impression de bien-être, vous bénéficierez d'agréables et spacieux cottages (bungalows) avec lits doubles ou jumeaux à 650/800 Rs sans/avec clim. De nombreuses chambres jouissent d'une vue sur la mer. Aménagé dans l'établissement, le Pelican Bar & Restaurant est agréable, mais mieux vaut se faire servir sur les balcons privés. On trouve également quelques tables de billard. La même famille dirige le ***Royal Beach Resort*** (☎ *52654*) à Sunset Point, où la double se loue à 400 Rs.

Près du Diu Tourist Cottages, la ***Jay Shankar Guest House*** (☎ *52420*) présente un bon rapport qualité/prix, avec des doubles de 100 à 250 Rs (balcon et vue sur la mer). Contigu, le Nilkanth Restaurant sert de délicieux plats de poisson ; le reste de la cuisine est plutôt médiocre. Le personnel peut se charger des réservations de bus.

Entre Fudam et Nagoa Beach. Sur la route de Fudam, l'***Hotel Kohinoor*** (☎ *52209, fax 52613*) se compose de jolies villas bien équipées, regroupées autour d'une piscine et d'un jacuzzi. Comptez entre 1 250 et 1 650 Rs pour une chambre (toutes avec clim.), dotée d'une baignoire et d'un grand lit, et 2 500 Rs pour une suite. L'établissement dispose d'un bon restaurant, d'une pâtisserie, d'une discothèque et de salles de jeu.

A la ***Ganga Sagar Guest House*** (☎ *52249*) directement sur la plage de Nagoa, les petites simples/doubles disposées autour d'un jardin en bordure du sable reviennent à 100/300 Rs avec s.d.b. commune (seau d'eau chaude) et à 500 Rs avec s.d.b. individuelle. Hormis le snack-bar sommaire, le restaurant propose le choix habituel de plats chinois et indiens à prix modérés.

A faible distance sur la route principale, le ***Resort Hoka*** (☎ *53036*) loue des doubles à 350 Rs. La direction est toujours prête à vous satisfaire.

Nombre de voyageurs recommandent chaleureusement le ***Radhika Beach Resort*** (☎ *52555*), également à proximité. Vous bénéficierez de chambres très confortables à 1 000/1 750 Rs, d'une jolie piscine (réservée à la clientèle) et d'un bon restaurant aux prix modérés.

Ghoghla. Le ***Suzlon Beach Hotel*** (☎ *52 212*) se trouve dans le village de Ghoghla, sur le continent, où s'étend une belle plage. Ce bâtiment rénové, le premier de Diu après la barrière délimitant la frontière avec le Gujarat, loue des doubles avec clim. à 1 400 Rs et une suite à 1 600 Rs. Un agréable restaurant ainsi qu'un bar surplombent la mer.

Où se restaurer

Bières et boissons sont délicieusement abordables à Diu (à partir de 30 Rs pour une grande Kingfisher ou même une Fosters). Si le poisson est généralement savoureux, le reste de la nourriture est rarement mémorable. Outre les restaurants présentés sous la rubrique *Où se loger*, Diu en compte quelques autres.

L'***Apana Foodland***, contigu à l'Hotel Apana, constitue probablement le meilleur des restaurants d'hôtel. Aménagé dans un cadre extérieur plaisant surplombant l'eau, il sert absolument de tout, du petit déjeuner et des mets du Sud de l'Inde (de 20 à 30 Rs) à la nourriture punjabie et chinoise, en passant par les plats de poisson.

En bordure de l'eau près de l'office du tourisme, l'excellent ***Night Heron Restaurant*** propose des plats entre 40 et 80 Rs, ainsi qu'un fabuleux choix pour le petit déjeuner. Le personnel est avenant et l'endroit très relaxant.

Restaurant pour voyageurs, l'***Aarti*** baigne dans une ambiance décontractée, avec tentures murales et musiques occidentales. Il cuisine de succulentes pizzas (à partir de 50 Rs) ainsi que de savoureuses spécialités de poisson.

Pour prendre un verre, nous vous conseillons le ***Casa Luxo Bar***, tout près de l'Oceanic Travels.

La plage de Gomptimata ne compte aucun café ; n'oubliez pas votre nourriture.

Quitter la ville

Avion. Jet Airways part pour Mumbai (95 $US) à 12h15 tous les jours sauf le samedi. Oceanic Travels, l'agence locale de Jet Airways (☎ 52180), est installée sur la grand-place près de la poste.

Bus. Les départs des bus STC de l'arrêt des bus de Jethibai s'avèrent peu pratiques. Les bus pour Rajkot, *via* Veraval, partent à 4h15, 5h et 14h15 (30 Rs). Pour Jamnagar et Ahmedabad, le départ a lieu à 6h, pour Porbandar à 13h et pour Bhavnagar à 7h. Des départs plus fréquents – à des horaires moins astreignants – s'effectuent à partir d'Una. Si vous vous rendez à Diu et arrivez par Una, il reste encore une dizaine de kilomètres à parcourir pour Ghoghla et Diu. Les bus partent toutes les 30 min de l'arrêt des bus d'Una entre 7h30 et 20h (9 Rs, 40 min). En dehors de ces périodes, parcourez à pied le kilomètre qui sépare l'arrêt des bus de Tower Chowk (demandez votre chemin), où vous pourrez partager un rickshaw bondé qui vous déposera à Ghoghla ou à Diu pour sensiblement le même prix qu'un billet de bus. Un auto-rickshaw au départ d'Una coûte environ 100 Rs.

Des bus vont jusqu'à Mumbai à 10h (350 Rs, 22 heures), et Ahmedabad à 19h (150 Rs, 10 heures 30). Vous pouvez réservez notamment auprès de Gayatri Travels (☎ 52346).

Train. Située entre Una et Ghoghla, à 8 km à peine de Diu, Delwada est la gare la plus proche. En partageant un auto-rickshaw jusqu'à Ghoghla, vous débourserez 5 Rs. Il existe un train direct reliant Delwada à Veraval, qui part à 6h (96 km, 32/173 Rs "general/1st class" ; économique, 1re classe). Enfin, un service quotidien dessert Junagadh (48/233 Rs, 164 km) en passant par Sasan Gir.

Comment circuler

Pour relier la ville de Diu à Una, les conducteurs d'auto-rickshaw demandent au minimum 100 Rs (et généralement davantage). Pour vous rendre n'importe où dans la ville, 15 Rs devraient suffire. Comptez 30 Rs pour Nagoa Beach et 20 Rs pour Sunset Point. Un rickshaw collectif pour Ghoghla revient à 3 Rs par personne.

Les routes étant plutôt désertes et en bon état, le vélomoteur est un moyen idéal pour flâner sur l'île. Le tarif en vigueur se monte à 100 Rs par jour (carburant en sus), et à 150 Rs pour une mobylette avec vitesses au niveau des pédales. La plupart des hôtels s'occupent de la location de vélomoteurs – de qualité variable. Essayez Kismat Bike Hire (☎ 52971, derrière la grand-place), qui loue également des vélos, ou encore l'accueillant Auto Servicing Works (☎ 52824), en face de la pompe à essence, sur Bunder Rd. On vous demandera généralement un dépôt de 500 Rs.

Les bus locaux reliant la ville à Nagoa Beach et à Vanakbara quittent l'arrêt des bus de Jethibai à 7h, 11h et 16h. De Nagoa, ils partent pour Diu à proximité du poste de police à 13h, 17h30 et 19h (4 Rs).

GUJARAT

VERAVAL

☎ 02876 • 135 000 habitants

Sur la côte sud du Saurashtra, Veraval était le port d'embarquement des pèlerins pour La Mecque, avant le développement de Surat. Hormis la visite du port, et un rapide coup d'œil (de l'extérieur) sur l'inquiétant **Old Nawab's Palace** à l'ouest de la ville, Veraval ne présente guère d'intérêt ; elle a toutefois conservé une certaine importance en tant que l'un des principaux ports de pêche de l'Inde (avec plus de 1 000 *dhow* ou bateaux). Elle peut servir de point de départ à la visite du temple de Somnath, à 6 km à l'est – ce qui constitue d'ailleurs son principal intérêt.

Pour changer de l'argent, la State Bank of India vous enverra à la State Bank of Saurashtra, qui elle-même vous orientera vers JP Travels International (☎ 20110), tout proche. Il est possible de changer des dollars US (espèces et chèques de voyage acceptés) à un taux peu avantageux, mais sans commission.

Où se loger

Un large choix d'hôtels jalonnent ST Rd entre l'arrêt des bus et la tour de l'horloge. Tous disposent d'eau chaude uniquement le matin.

Juste en face de l'arrêt des bus, au milieu d'un vacarme assourdissant, la ***Chetna Rest House*** (☎ *20688*) loue des simples/doubles

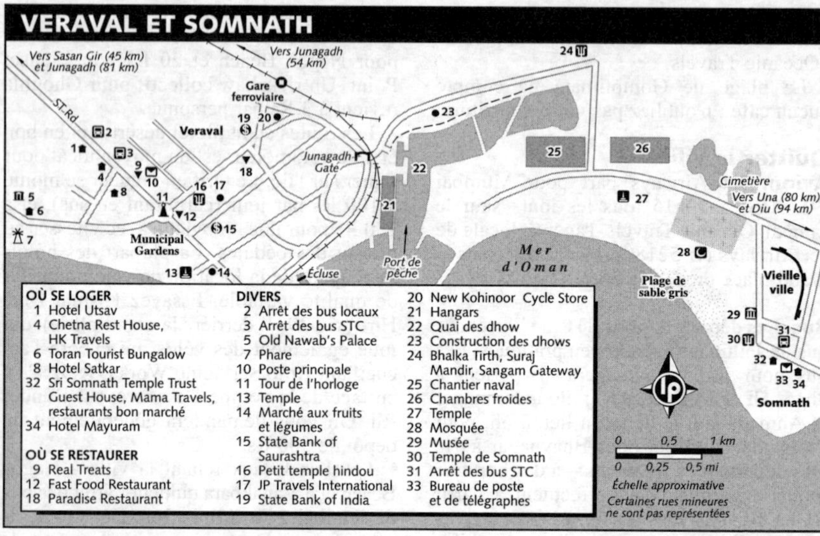

propres et sommaires à 65/130 Rs avec s.d.b. et eau froide, ou à 55/110 Rs avec seau pour la douche et toilettes communes à la turque. Un lit en dortoir (pour hommes uniquement) vaut 35 Rs.

A l'angle, l'***Hotel Satkar*** (☎ *20120, fax 43114*) propose téléphone et TV (vérifiez s'ils fonctionnent) dans la plupart des chambres. Les tarifs s'échelonnent de 100/150 Rs pour une chambre étroite à 200/300 Rs pour une plus spacieuse, ou 400 Rs avec clim. Toutes possèdent une s.d.b. Le personnel est très serviable.

Situé à un emplacement peu commode, non loin du phare, le ***Toran Tourist Bungalow*** (☎ *46588*) reste néanmoins un établissement calme mieux tenu que la plupart de ceux gérés par le Gujarat Tourism. Les simples ordinaires/deluxe/avec clim. reviennent à 225/275/425 Rs, et les doubles correspondantes à 350/450/650 Rs. Très douillettes, les chambres deluxe sont dotées d'un balcon avec balancelle, d'où vous jouirez de la vue sur le coucher de soleil et l'océan. Les chambres doivent être libérées à 9h. Le restaurant sert de la cuisine gujaratie et punjabie. Les odeurs qui émanent de l'usine de produits chimiques située à proximité sont le principal inconvénient ; d'ailleurs, si le vent souffle dans la mauvaise direction, vous n'y échapperez peut-être pas où que vous soyiez dans la ville.

A l'***Hotel Utsav*** (☎ *22306*), un peu plus haut que l'arrêt des bus, les doubles plaisantes avec TV par satellite valent 350/500 Rs sans/avec clim.

Où se restaurer

Si ***Real Treats*** annonce de la nourriture occidentale et chinoise, il ne sert en fait que de bons thali gujaratis copieux pour 40 Rs. La salle à manger avec clim. est agréable.

A côté de la tour de l'horloge, sur la route menant à la gare, le ***Fast Food Restaurant*** prépare une cuisine végétarienne simple pour 25 Rs environ.

Le ***Paradise Restaurant*** (☎ *41357*), presque en face de la State Bank of India, sert des plats chinois étonnamment succulents pour des prix modérés. Dans cet établissement avenant, la soupe won ton (50 Rs) est délicieuse. Il ne propose guère de choix en matière de plats végétariens.

Quitter la ville

Bus. Des bus STC quittent l'arrêt des bus pour Junagadh toutes les demi-heures dès 5h45 (30 Rs, 2 heures), pour Porbandar à 6h (43 Rs, 3 heures), et pour Rajkot à 6h également (58 Rs, 5 heures). Des départs réguliers ont lieu pour Sasan Gir (15 Rs, 1 heure 30) et Ahmedabad (100 Rs, 10 heures). Des bus directs pour Diu partent à 7h30, 9h30 et 16h40 (30 Rs,

3 heures). Les départs sont plus fréquents si vous changez à Una.

Les agences des compagnies privées sont installées en face de l'arrêt des bus, notamment HK Travels (☎ 21934), qui propose au moins un bus de nuit pour Ahmedabad (130/170 Rs en "ordinary/sleeper berth" ; économique/couchette).

Train. 431 km séparent Ahmedabad de Veraval. Les tarifs pour ce voyage de 11 heures 30 se montent à 96/146/504 Rs en "general/sleeper/1st floor" ; économique/couchette/1re classe. Le *Somnath Mail* (9923) quitte Veraval à 17h et le *Girnar Express* (9945) à 19h30. Le *Rajkot Mail* démarre à 11h30 pour arriver à Rajkot à 16h50 (186 km, 52/273 Rs en "general/1st floor" ; économique/1re classe). Il existe également des trains pour Sasan Gir à 10h et à 21h20 (10 Rs, 1 heures 15). Un service voyageur quotidien à destination de Delwada (pour Diu) est assuré (départ à 15h50 et arrivée à 19h55, 16 Rs).

Le bureau des réservations (☎ 131) est ouvert de 8h à 20h du lundi au samedi, et de 8h à 14h le dimanche.

Comment circuler

On peut louer des bicyclettes au New Kohinoor Cycle Store, en face de l'entrée de la gare ferroviaire, pour 3/20 Rs par heure/jour.

Le trajet pour Somnath (6 km) en auto-rickshaw devrait vous coûter 25 Rs environ, bien que les conducteurs réclament habituellement le double à partir de Veraval. Des bus locaux desservent Somnath pour 3,50 Rs. L'arrêt des bus locaux se situe non loin de celle des bus STC longues distances, sur la même route.

SOMNATH

☎ 02876

Somnath organise une grande **fête** (fair) à l'occasion de la pleine lune de Kartika Purnima en nov./déc. La plupart des voyageurs préfèrent loger à Veraval, à 6 km de là, où ils bénéficient d'un plus grand choix d'hébergements, de possibilités de restauration et de transports.

Temple de Somnath

Ce temple, situé près de Veraval, à 80 km de Junagadh, a connu un passé très tourmenté. Son histoire se confond avec la légende. En effet, il aurait été bâti en or par Somraj, le dieu de la Lune, reconstruit en argent par Rawana, puis en bois par Krishna et en pierre par Bhimdev. La description qu'en fit Al Biruni, un voyageur arabe, était si belle qu'elle attira un "touriste" indésirable : Mahmud de Ghazni. A l'époque, le temple était si riche qu'il comptait 300 musiciens, 500 danseuses et 300 barbiers qui rasaient les pèlerins.

Mahmud de Ghazni – que ses pillages en Inde ont rendu tristement célèbre –, partit de son royaume afghan et prit la ville au bout de deux jours de combat. Après s'être emparé des fabuleuses richesses du temple, il le détruisit. Se succédèrent alors, pendant des siècles, des reconstructions par les hindous et des destructions par les musulmans. Le temple fut saccagé en 1297, en 1394 et, enfin, en 1706 par Aurangzeb.

Après cette dernière démolition, le temple resta en l'état jusqu'en 1950. A l'extérieur, en face de l'entrée, se dresse la statue de S. V. Patel (1875-1950), chargé de sa reconstruction.

Le temple actuel fut érigé, selon une conception traditionnelle, sur le site originel près de la mer. Il renferme l'un des douze *jyoti linga* (reliques de Shiva) de l'Inde ; mais il est interdit de prendre des photos. La plage de sable gris à l'extérieur du temple fait partie du charme de l'endroit.

Musée

En descendant la route venant du temple, vous trouverez un musée ouvert de 8h30 à 12h15 et de 14h30 à 18h (fermé le mercredi et les 2e et 4e samedi du mois). Sont exposés quelques vestiges du temple sous forme de vieilles pierres gravées.

Autres sites

A mi-chemin entre Veraval et Somnath se trouve le site sacré de **Bhalka Tirth**, lieu où Krishna fut blessé d'une flèche, alors qu'il dormait enveloppé dans une peau de cerf. Il est situé au confluent de trois rivières, et on y accède par le *sangam* appelé Nana ou "petite porte". Au nord, le **Suraj Mandir**, consacré au dieu du Soleil, fut également détruit par Mahmud de Ghazni. Ce temple très ancien, dont les murs sont ornés d'une frise de lions et de trompes d'éléphants, daterait de la même époque que le premier temple de Somnath.

Où se loger et se restaurer

A Somnath, l'eau chaude se fait rare.

Passablement décrépite, la ***Sri Somnath Temple Trust Guest House*** (☎ *20212*) arbore une enseigne en gujarati. Rendez-vous d'abord au bureau des réservations, juste en face de l'arrêt des bus. Les chambres les moins chères, assez lugubres, valent 60/100 Rs pour une double/triple. Les meilleures se louent 350 Rs, ou 550 Rs avec clim. Cet établissement est essentiellement fréquenté par des pèlerins.

En bas de la route venant du temple, l'***Hotel Mayuram*** (☎ *31286*) propose des doubles à 400 Rs, et d'autres avec clim. et trois lits à 700 Rs.

Des dizaines de ***restaurants bon marché*** jalonnent le chemin entre le temple et l'Hotel Mayuram.

Comment s'y rendre

Bus. Somnath est moins bien desservie que sa voisine Veraval, cependant des bus STC se rendent à Jamnagar (72 Rs), Porbandar (48 Rs) et Dwarka (72 Rs). Un service est assuré quotidiennement pour Diu (35 Rs) à 10h et Rajkot (63 Rs) à 17h. Les horaires sont disponibles en anglais. Les bus de Mama Travels (☎ 22286), en face de l'arrêt des bus, se rendent à Ahmedabad tous les jours à 21h (130 Rs, 10 heures).

SASAN GIR WILDLIFE SANCTUARY

☎ 0285

Le dernier refuge des lions d'Asie (*Panthera Leo persica*) s'étend à 59 km de Junagadh en passant par Visavadar. La réserve, qui couvre 1 400 km^2, fut aménagée pour protéger le lion et son habitat : depuis 1980, le nombre des animaux est passé de moins de 200 à environ 325 en mai 2000. Mais si les lions y ont gagné, les éleveurs du coin (*maaldhari*) ont perdu d'importantes étendues sur lesquelles ils faisaient paître leurs troupeaux. Les tentatives des autorités du Madhya Pradesh de transférer dans leur État 200 lions (dans la réserve naturelle de Pulpur Kuno) ont été repoussées à une date indéfinie par le gouvernement du Gujarat. Pourtant, il n'existe aucun programme concret permettant de remédier aux rivalités engendrées par la rareté des ressources.

Les lions se déplacent parfois loin des limites de la réserve. Une troupe de lions a ainsi été retrouvée sur les plages de Diu en décembre 1995, et une autre au zoo de Junagadh, occupée à répondre aux appels des mâles ! Outre les lions, plus de trente espèces d'animaux peuplent le parc, dont des léopards (268 en 1995), des hyènes (137), des ours sauvages, ainsi que quelques espèces de daims et d'antilopes. Parmi les cervidés figurent la plus grande des antilopes indiennes (nilgai ou taureau bleu), la gracieuse gazelle chinkara, le chowsingha (antilope tétracère) et le muntjac (cerf). Vous croiserez peut-être des perroquets, des paons, des crocodiles et des singes.

Pour visiter la réserve, fermée du 16 juin au 15 oct., la meilleure période se situe entre déc. et avr. En cas de mousson importante, la réserve peut rouvrir un peu plus tard.

Renseignements

Pour obtenir davantage d'informations sur le parc, rendez-vous au Gir Orientation Centre, près du Forest Office sur le domaine du Sinh Sadan Lodge. Très bien organisé, ce centre propose des affichages instructifs, des descriptions des habitants du parc, ainsi qu'une réplique de hutte maaldharie. En appuyant sur un bouton, vous entendrez même des rugissements de lions et les cris d'autres animaux. A l'extérieur, la Gir Welfare Association vend cartes postales, T-shirts et casquettes. Un vieux film sur le parc est projeté tous les jours à 19h.

Safaris

Bien que les lions soient plutôt insaisissables, vous seriez vraiment malchanceux de ne pas réussir à en voir un au cours d'un safari. Néanmoins, pour maximiser vos chances, prévoyez deux sorties. Durant les périodes de vacances en Inde, lorsque des convois entiers de jeeps sillonnent le parc, les lions se mettent – bien naturellement – à l'abri. Optez pour un safari le matin plutôt que l'après-midi. Enfin, sachez que la qualité des guides locaux varie considérablement et que la plupart ne parlent qu'un anglais approximatif.

Le gouvernement du Gujarat a considérablement augmenté le coût de nombreux services du parc, ce qui signifie qu'un séjour au Sasan Gir se révèle assez cher. Avant de partir, vous devez vous procurer une autorisation. Délivrée sur-le-champ au bureau du Sinh Sadan Forest Lodge (voir la rubrique *Où se loger et se restaurer*), elle coûte

Les derniers lions en liberté hors d'Afrique

Au XIXe siècle, le territoire du lion d'Asie s'étendait de son refuge actuel dans la forêt de Gir, dans le Gujarat, à l'est du Bihar. Une chasse généralisée décima la colonie léonine, les derniers animaux ayant été aperçus près de Delhi en 1834, au Bihar en 1840 et au Rajasthan en 1870. On enregistra la mort du dernier lion en liberté en Inde, hors de la péninsule de Kathiawar, dans le Gujarat en 1884. Comment ont-ils survécu au Gujarat ? Ils ont failli ne pas en réchapper. En raison de la chasse, le lion de Gir était en voie d'extinction, avec seulement 12 animaux dans les années 1870. Au début du XXe siècle, le nabab illuminé de Junagadh décida d'instaurer une zone de protection ; c'est alors que la population léonine commença à augmenter lentement. Cette zone est aujourd'hui couverte par le Sasan Gir Wildlife Sanctuary.

Séparé de son homologue africain (*Panthera leo leo*) depuis des siècles, le lion asiatique a développé des traits caractéristiques qu'on ne retrouve qu'au sein de la petite colonie de lions de Gir. La crinière de la *Panthera leo persica* est moins luxuriante, ne couvrant pas le sommet de la tête ni les oreilles, tandis qu'un pli proéminent de la peau s'étend le long de son abdomen. Sa peau est légèrement plus claire. Les lions de Gir sont exclusivement des prédateurs et ne se nourrissent jamais de charognes, contrairement aux lions d'Afrique.

30 Rs/5 $US pour les Indiens/étrangers et reste valable pour la journée. L'entrée avec un véhicule revient à 50 Rs/10 $US pour 4 heures, avec un supplément de 50 Rs/5 $US pour un appareil photo et la somme rondelette de 2 500/200 $US pour un Caméscope non professionnel. Pour un groupe, les services d'un guide reviennent à 50 Rs/10 $US. Si le vôtre s'est montré zélé, un pourboire sera très apprécié. Les jeeps se louent 10 $US auprès du bureau du parc, de 6h à 10h et de 15h à 17h tous les jours en hiver (d'oct. à fév.) ; les horaires d'ouverture sont plus réduits de mars à juin. Bien que les prix soient indiqués en dollars US, le paiement s'effectue exclusivement en roupies.

Les véhicules privés fonctionnant au diesel sont interdits pour visiter la réserve. Quoi qu'il en soit, prenez une jeep et non un minibus : ce dernier se cantonne aux pistes principales, tandis qu'une jeep emprunte les chemins plus étroits, où vous êtes bien plus susceptible de rencontrer des lions.

Gir Interpretation Zone

A Devalia, à 12 km du village de Sasan dans les installations de la réserve, s'étend la **Gir Interpretation Zone**. Ce domaine de 4,12 km^2 abrite des spécimens de chaque animal présent dans la réserve de Gir. Vous serez donc sûr d'y observer un lion si vous avez joué de malchance lors du safari. Le prix d'entrée, comprenant une jeep, l'autorisation et un guide, revient à 1 050 Rs par personne. Les petits safaris en minibus, meilleur marché, ne coûtent que 590 Rs. Pour s'y rendre depuis Sasan Gir, empruntez l'un des véhicules qui passent sur la route principale pour 150 Rs. En dépit de la forte probabilité d'y voir un lion, le site est un peu artificiel et les 30 à 45 min d'observation de la faune ne méritent pas forcément la dépense.

Où se loger et se restaurer

Le village de Sasan Gir ne compte que quelques hébergements. Mieux vaut réserver, car les chambres peuvent se remplir rapidement.

A 5 min de marche de la gare ferroviaire, le ***Sinh Sadan Forest Lodge*** (☎ *85540*) se trouve au cœur de l'action. Néanmoins, il pratique des prix outranciers : 30/50 $US, plus la taxe pour une chambre sans/avec clim. (500/1 000 Rs pour les Indiens). Même un lit en dortoir vous reviendra à 5 $US (50 Rs pour les Indiens). L'endroit, certes agréable, n'a toutefois rien d'extraordinaire. Les repas végétariens reviennent à 70 Rs/5 $US pour les Indiens/étrangers, ceux non végétariens à 110 Rs/5 $US, et le petit déjeuner à 40 Rs/2 $US. Thé et café coûtent la bagatelle de 7 Rs/1 $US.

Quelques solutions meilleur marché existent en ville. Toutefois, les employés du parc, à l'affût du profit, essaieront de vous pousser vers le Sinh Sadan. La ***Rajeshri Guest House*** (☎ *85740*), face au portail du Sinh Sadan, facture 300 Rs ses doubles avec s.d.b. en dehors des vacances (500 Rs pendant la fête de Diwali).

Signalé depuis la route principale à 100 m à l'ouest, l'***Hotel Umang*** (☎ *85728*) présente un bon rapport qualité/prix. Les simples/doubles paisibles se louent 500/800 Rs. Le directeur s'occupera pour vous de la location d'une jeep.

En contrebas de la rivière à 200 m du Sinh Sadan Forest Lodge, le ***Gir Lodge*** (☎ *85521, fax 85528*) est un agréable hôtel luxueux géré par le Taj Group. Toutefois, il n'est pas tout à fait à la hauteur des autres établissements de la chaîne. Les chambres bien équipées mais dépourvues d'intérêt reviennent, sans les taxes, à 60/110 $US, ou 71/120 $US avec clim. (trois repas inclus). Elles doivent être libérées à midi. Le restaurant est ouvert aux non-résidents si les affaires sont calmes, à condition d'avoir réservé. La direction peut s'occuper de la location d'une jeep pour 25 $US – un tarif certes élevé, mais intéressant si vous souhaitez être libre de vos mouvements durant la haute saison.

La rue principale du village de Sasan est jalonnée d'échoppes de nourriture, d'épiceries et de quelques restaurants n'offrant guère d'autres choix que les thali. L'***Hotel Gulmohal***, à l'extrémité ouest, constitue sans doute la meilleure adresse, avec des plats d'Inde du Sud et du Punjab à prix raisonnables. La ***Murlidhar Parotha House***, plus rudimentaire, reste néanmoins correcte.

Comment s'y rendre

Des bus STC et des bus express reliant Junagadh à Veraval passent régulièrement par Sasan Gir durant la journée. Le trajet de 45 km jusqu'à Veraval prend 1 heure 30 (15 Rs). Pour Junagadh, les 59 km nécessitent environ 2 heures de route (18 Rs). Des trains se rendent à Veraval (10 Rs, 1 heure 15) à 11h54 et 15h53 ; à Delwada (pour Diu, 16 Rs, 3 heures) à 9h04 ; et à Junagadh (15 Rs, 2 heures 30) à 17h25.

JUNAGADH

☎ 0285 • 233 000 habitants

Cité authentique lovée au pied du Girnar Hill, jalonnée de temples, Junagadh est aussi le point de départ des excursions vers la forêt de Gir. Avec ses vieilles maisons, c'est un endroit fascinant à découvrir, où peu de touristes s'aventurent. Les demeures les plus intéressantes se trouvent sur les rues et les places autour du Durbar Hall Museum.

La ville tire son nom de la citadelle qui renfermait l'ancienne cité (*jirna* veut dire vieux). Datant de 250 av. J.-C., l'inscription rupestre d'Ashoka, près de Junagadh, témoigne de l'ancienneté du site. Au moment de la Partition, le nabab de Junagadh choisit de rattacher son minuscule État au Pakistan. Mais il se retrouva vite isolé au milieu de la population en majorité hindoue.

La **Bhavnath Fair** (fête de Bhavnath) se tient durant le mois de Magha (janv./fév.). Des spectacles de musiques folkloriques et de danse ont lieu, et nombre de *sadhu* convergent vers la ville. On prétend que la première fête fut organisée par Krishna afin de rendre hommage à Arjuna, héros du *Mahabharata*, alors qu'il avait atteint Saurashtra.

Renseignements

M. Sorathia, propriétaire du Relief Hotel – faisant office de centre touristique pour la ville – constitue la meilleure source d'informations. La State Bank of India, près de Diwan Chowk, change de l'argent de 11h à 14h. D'autres banques sont installées dans les environs, et certains voyageurs nous ont signalé l'efficacité de la Bank of Baroda, à côté de l'arrêt des bus locaux. A Junagadh, vous pourrez généralement utiliser votre carte de crédit.

Située à un emplacement peu pratique, au sud du centre-ville à Gandhigram, la poste principale dispose d'une agence, installée dans une ruelle près de MG Rd et de l'arrêt des bus locaux. Le bureau des télégraphes se trouve sur Jhalorapa Rd, à deux pas d'Ajanta Talkies. Le Net@Cafe (☎ 628422, netcafe@lovemail.com, 30 Rs l'heure), au rez-de-chaussée de l'Hotel Ashiyana, et le Cyber Point (☎ 625655), non loin de Geeta Lodge, disposent d'accès à Internet.

Uperkot Fort

Cette citadelle très ancienne se dresse à l'est de Junagadh. Elle aurait été bâtie en 319 av. J.-C. par Chandragupta, avant d'être reconstruite et agrandie à plusieurs reprises au fil des siècles. Par endroits, ses remparts atteignent 20 m de hauteur, et on y accède par une triple porte décorée. La citadelle aurait été assiégée pendant douze années consécutives et, en tout, à seize reprises. Après avoir été abandonnée du VIIe au Xe siècle, elle fut redécouverte, enfouie sous la végétation. Le plateau qui forme le sommet est recouvert de

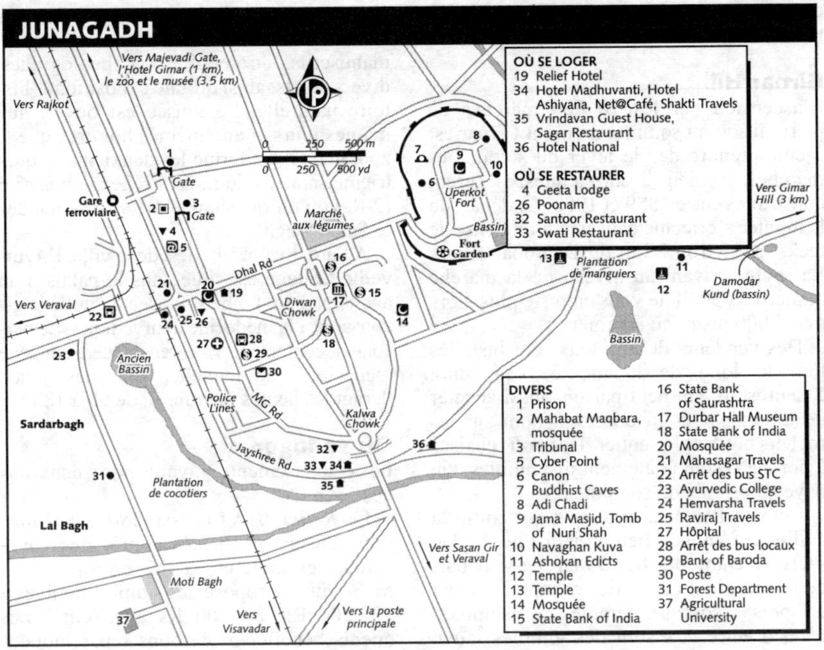

lantaniers. Le fort se visite tous les jours de 7h à 18h30 et l'entrée coûte 1 Rp.

La **Jama Masjid**, mosquée située à l'intérieur de la forteresse, fut édifiée avec les matériaux de temples hindous. Parmi les autres centres d'intérêt, citons la **Tomb of Nuri Shah** et deux beaux baoli, appelés **Adi Chadi** et **Navaghan Kuva**. Le premier doit son nom aux deux jeunes esclaves qui allaient y puiser de l'eau. On accède au Navaghan Kuva par un magnifique escalier en spirale taillé dans la pierre.

Près de la mosquée, des **Buddhist Caves** (grottes bouddhiques) creusées à flanc de colline, dateraient d'au moins 1 500 ans. L'entrée dans les grottes revient à 5 Rs/5 $US pour les Indiens/étrangers.

La citadelle est très prisée des touristes indiens durant les périodes de vacances – où vous aurez d'ailleurs l'impression d'être la principale attraction du site.

Mahabat Maqbara

Cet impressionnant mausolée resplendissant, propriété d'un nabab de Junagadh, se distingue par sa complexe architecture indo-islamique, l'une des plus raffinée du Gujarat, avec portes en argent et minarets encerclés d'escaliers en colimaçon. L'édifice, construit en 1892, est souvent fermé, mais vous pouvez essayer d'obtenir la clé à la mosquée voisine.

Durbar Hall Museum

Ce musée abrite la collection habituelle d'armements datant de l'époque des nababs, ainsi que toutes sortes d'objet leur appartenant : chaînes et lustres en argent, canapés et trônes, *howdah* et palanquins, coussins et costumes, ainsi que d'immenses tapis.

Le musée ouvre tous les jours (sauf le lundi et les 2e et 4e samedi du mois) de 9h à 12h et de 15h à 18h (5 Rs).

Ashokan Edicts

Sur le chemin des temples du Girnar Hill, vous passerez devant un bloc de granit sur lequel l'empereur Ashoka fit graver 14 édits en pali, vers 250 av. J.-C. Des inscriptions en sanscrit furent ajoutées vers l'an 150 de notre ère par l'empereur Rudradama et vers l'an 450 par Skandagupta, dernier empereur des Maurya. Les édits d'Ashoka constituent des leçons de morale, tandis que les inscriptions postérieures font référence aux inondations qui ravageaient régulièrement les rives du lac Sudershan, disparu aujourd'hui.

Girnar Hill

L'ascension par les 10 000 marches de pierre jusqu'au sommet du mont Girnar est à entreprendre dès le lever du soleil. Les marches, bien entretenues, furent construites entre 1889 et 1908. Le départ de la montée s'effectue dans une forêt dense de tecks, à environ 2 km du Damodar Kund. La route arrivant au niveau de la marche numéro 3 000, il ne vous en reste plus alors que 7 000 jusqu'au sommet !

Des vendeurs de boissons sont installés tout le long de la montée, qui dure 2 heures 30. On peut parfois aussi acheter de la craie pour inscrire son nom sur les rochers bordant le sentier. Des *doli* (chaises à porteurs) sont également disponibles. On paye au prorata de son poids.

Comme Palitana, le temple qui coiffe la colline est un haut lieu du jaïnisme. Le lac sacré de **Damodar Kund** marque le départ de l'ascension. Le sentier grimpe à travers un bois jusqu'aux temples du sommet. Cinq d'entre eux sont des temples jaïna, dont le plus grand et le plus ancien, datant du XIIe siècle, le **Temple of Neminath**, le vingt-deuxième tirthankar.

A côté, le **Temple of Mallinath**, dix-neuvième tirthankar, fut construit en 1177 par deux frères. Pendant les fêtes, il est le lieu de réunion favori des sadhu et une grande foire s'y tient lors de la fête de Kartika Purnima. Au sommet du promontoire se dresse le **Temple of Amba Mata** où les nouveaux époux viennent chercher la bénédiction de la déesse.

Le bus n°3 ou 4, à partir de l'arrêt local, vous conduira à Girnar Taleti, au pied du mont. Les bus, qui partent toutes les heures à partir de 6h, coûtent 2 Rs et passent devant les édits d'Ashoka. Un auto-rickshaw depuis la ville revient à 30 Rs.

Autres curiosités

Si vous ne pouvez pas aller jusqu'au Sasan Gir Wildlife Sanctuary, le **zoo** de Junagadh, installé à Sakar Bagh, à 3,5 km du centre-ville sur la route de Rajkot, abrite quelques lions d'Asie. Ce zoo, qui fut créé en 1863 par le nabab afin de sauver ces fauves de l'extinction, héberge également des tigres et des léopards. Vous pouvez le visiter de 9h à 18h30 (fermé le mercredi), moyennant 10 Rs. Près du zoo, le joli **museum** renferme peintures, manuscrits, trouvailles archéologiques, divers objets, ainsi qu'une exposition d'histoire naturelle. Le musée est ouvert aux mêmes jours et aux mêmes horaires que le zoo, mais il est fermé les deuxième et quatrième samedis du mois. Prenez le bus n° 6 (2 Rs) ou un rickshaw (15 Rs) – demandez le Sakar Bagh.

A Sardarbagh, à l'ouest de la ville, l'**Ayurvedic College** est situé dans le palais d'un ancien nabab. Le petit musée du collège est consacré à la médecine ayurvédique. Le personnel, compétent, vous renseignera sur cette médecine traditionnelle, tous les jours, durant les heures ouvrables, de 9h à 18h.

Où se loger

Les établissements suivants possèdent tous des s.d.b.

Le ***Relief Hotel*** (☎ *620280, Dhal Rd*), remporte un vif succès auprès des voyageurs. Serviable et érudit, le propriétaire, M. Sorathia, propose des simples/doubles à 125/200 Rs, ou 500 Rs avec clim. Les clients bénéficient de bons repas, notamment du "meilleur biryani du Gujarat", comme le décrit un journal indien. Les résidents possédant leur propre véhicule pourront le garer au parking surveillé.

Situé à 2 km de la ville, l'***Hotel Girnar*** (☎ *621201, Majewadi Darwaja*) est géré par Gujarat Tourism. Il loue des chambres à 225/400 Rs, ou 425/650 Rs avec clim. (thé et petit déjeuner compris). Choisissez plutôt l'une des chambres spacieuses avec balcon. Les prix chutent de 40% du 15 juin au 15 sept. Le restaurant vous servira des thali gujaratis à 40 Rs.

Les ***retiring rooms*** de la gare ferroviaire proposent des lits à 50/100 Rs, ou à 30 Rs en dortoir. Sommaire mais plutôt avenante, la ***Vrindavan Guest House*** (☎ *622777, Jayshree Rd*) ne facture que 70/125 Rs ses petites chambres avec eau chaude.

Le bâtiment d'en face abrite deux hôtels. Au 1er étage, l'***Hotel Madhuvanti*** (☎ *620087, Jayshree Rd*) dispose de grandes doubles propres au prix un peu élevé (mais négociable) de 300 Rs. Au même étage est installée une salle de billard. A l'***Hotel Ashiyana*** (☎ *620706, Jayshree Rd*), qui occupe le second étage, le prix des chambres correctes avec TV commence à 150/250 Rs.

GUJARAT

L'***Hotel National*** (☎ 627891), près de Kalwa Chowk, offre des chambres s'échelonnant de 350 Rs (la double) à 700 Rs avec clim. Les plus chères sont particulièrement confortables et spacieuses, tandis que les autres (et c'est aussi le cas du service) s'attirent des commentaires mitigés de la part des voyageurs.

Où se restaurer

Junagadh est réputée pour ses fruits, notamment la mangue (*kesar*) et la sapotille (*chiku*), toutes deux très appréciées en milk-shakes en nov./déc.

Au ***Geeta Lodge***, près de la gare ferroviaire, vous profiterez de thali à volonté pour 35 Rs.

Le ***Santoor Restaurant*** (☎ *625090, MG Rd*) dispose d'un service rapide, d'une nourriture végétarienne savoureuse (de 20 à 40 Rs) et de milk-shakes à la mangue délicieux (15 Rs). Le *paneer tikka masala* (35 Rs) est particulièrement succulent. Cet établissement est très apprécié de la population locale – ce qui est toujours un bon signe.

Le ***Sagar Restaurant*** (☎ *623661*) et le ***Swati Restaurant*** (☎ *625296*), tous deux sur Jayshree Rd, proposent une qualité et des prix analogues au Santoor Restaurant. Durant la haute saison touristique, il peut être nécessaire de réserver auprès du Swati Restaurant.

En bas d'une rue transversale face à la Raj Guest House, le ***Poonam*** est un autre restaurant végétarien qui sert des thali à 25 Rs. Situé au-dessus d'un centre téléphonique STD, il arbore une enseigne en gujarati.

Quitter la ville

Bus. Les horaires de l'arrêt des bus STC sont libellés – pour changer – en gujarati. Des bus partent toutes les heures pour Rajkot (35 Rs, 2 heures) et pour Sasan Gir (28 Rs, 2 heures), et d'autres départs réguliers ont lieu pour Porbandar (42 Rs), Veraval (45 Rs), Una (pour Diu, 37 Rs), Jamnagar (45 Rs) et Ahmedabad (100 Rs).

Plusieurs compagnies de bus privées sont installées non loin, sur Dhal Rd, à deux pas des voies de chemin de fer. Les minibus de Raviraj Travels (☎ 626988) desservent Rajkot toutes les demi-heures (25 Rs, 2 heures). Hemvarsha Travels (☎ 620681), dont l'enseigne est en gujarati, possède des bus pour Ahmedabad (110 Rs) et Mumbai (300 Rs). Shakti Travels (☎ 621913) et Maharsagar Travels (☎ 629919) sont des bons choix pour les trajets longues distances.

Train. Le bureau des réservations (☎ 131) ouvre de 8h à 11h et de 15h à 17h30.

Le *Girnar Express* quitte Junagadh à 21h13 pour arriver à Ahmedabad à 6h05 (377 km, 88/137/462 Rs en "general/sleeper/1st class" ; économique/couchette/1re classe). Rares sont les trains partant de Junagadh, mais beaucoup desservent cette gare en direction de Rajkot (39/205 Rs en "general/1st class" ; économique/ 1re classe) et Veraval (23/173 Rs). Ils ne s'arrêtent guère plus de deux minutes à la gare : soyez donc prêt à bondir pour monter ou descendre. Un train part à 6h pour Sasan Gir (15 Rs, 2 heures 30) et continue ensuite jusqu'à Delwada (pour Una et Diu), où il arrive à 12h50 (27 Rs en classe économique uniquement).

GUJARAT

PORBANDAR

☎ 0286 • 189 300 habitants

C'est à Porbandar, sur la côte sud-est, à mi-chemin entre Veraval et Dwarka, que naquit le Mahatma Gandhi. C'est d'ailleurs le seul centre d'intérêt de l'endroit.

Jadis, la cité s'appelait Sudamapuri et le commerce avec l'Afrique et le golfe Persique y était florissant. Les liens avec l'Afrique semblent évidents vu le nombre de Noirs indianisés, les Siddi, qui forment la caste presque autonome des Dalit.

La State Bank of India, face à l'Hotel Flamingo, et la State Bank of Saurasthra, dans Manek Chowk, rechignent à changer de l'argent si vous n'êtes pas détenteur d'un compte chez eux, mais cèderont si vous insistez. Autre solution : essayez Divyaraj Foreign Exchange, au sud de Jynbeeli Bridge, ou Thankys Tours and Travels sur MG Rd (reportez-vous à la rubrique *Quitter la ville*, un peu plus loin).

Sur la côte, à Madhavpur, près de Porbandar, la **Madhavrai Fair** célèbre, pendant le mois de Chaitra (mars/avr.), la fuite de Krishna avec Rukmini.

Kirti Mandir

Construit en 1950 à la mémoire de Gandhi, ce bâtiment abrite une petite librairie et une exposition de photos (on y accède par l'escalier qui se trouve près de l'entrée). La maison voisine, haute de trois étages et

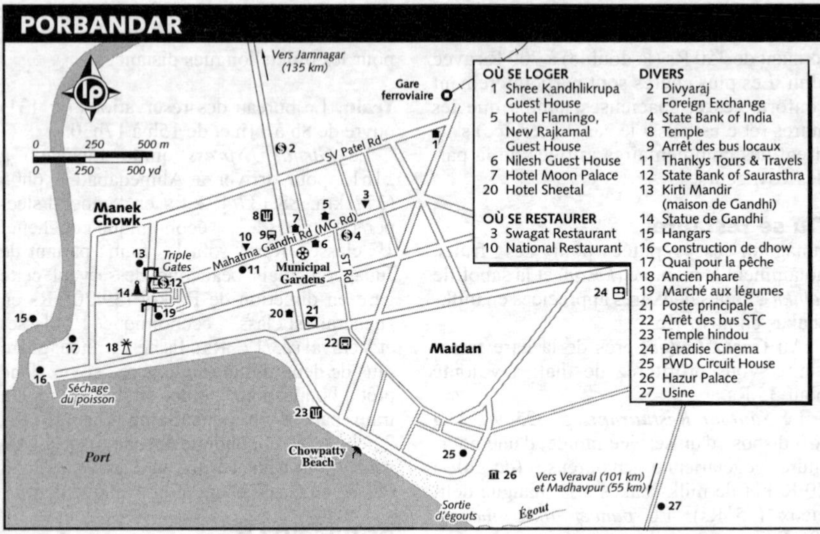

vieille de 300 ans, a vu naître Gandhi. Une swastika indique le lieu où le grand homme est né, le 2 oct. 1869. L'entrée est gratuite.

Où se loger

La ***New Rajkamal Guest House*** (☎ *242674, MG Rd*) ne diffère guère de l'ancienne pension du même nom : sale, bon marché, et destinée aux petits budgets. Une simple revient à 40 Rs, et une simple/double avec s.d.b. pas très nette et seau pour la douche d'eau froide à 50/80 Rs.

A la ***Nilesh Guest House*** (☎ *252200, MG Rd*) vous bénéficierez de doubles avec s.d.b., eau chaude et TV à 150 Rs.

En face, l'***Hotel Flamingo*** (☎ *247 123, MG Rd*), établissement accueillant jouissant d'un bon restaurant, dispose de chambres à partir de 100/150 Rs, et d'autres plus agréables avec TV par satellite à 200/250 Rs. Les prix incluent (parfois) le petit déjeuner. Certaines chambres disposent d'un balcon avec vue immédiate sur un mur. Les clients doivent libérer les lieux à 10h.

L'***Hotel Sheetal*** (☎ *247596, fax 241821*), en face de la poste principale, présente une qualité légèrement supérieure : chambres avec TV et eau chaude à partir de 150/250 Rs, et jusqu'à 500 Rs pour une double avec clim. Une fois les travaux de restauration achevés, les prix devraient augmenter de 50 à 100 Rs. L'établissement propose un service d'étage 24h/24 et peut garer les véhicules privés dans un parking surveillé.

La ***Shree Kandhlikrupa Guest House*** (☎ *246655, SV Patel Rd*), à l'angle à proximité de la gare ferroviaire, dispose de chambres agréables avec s.d.b. et eau froide à 100/200 Rs, ou 400 Rs avec clim. et balcon. Guettez la pancarte "Welcome", seule indication en anglais.

Si vous recherchez davantage de confort, nous vous recommandons l'***Hotel Moon Palace*** (☎ *241172, fax 243248, moonpalace@mail.com*). Les quelques simples reviennent à 125 Rs, bien que la plupart commencent à 180/200 Rs. La direction rechigne à céder les chambres les moins chères aux étrangers. La suite deluxe, la plus somptueuse de Porbandar, présente un bon rapport qualité/prix (600/700 Rs).

Où se restaurer

Le ***National Restaurant*** (*MG Rd*) ne sert que des plats non végétariens, simples mais corrects.

Très apprécié, le ***Swagat Restaurant***, sur la partie est de MG Rd, prépare de la cuisine punjabie à partir de 20 Rs.

Ouvert au non-résidents, l'***Hotel Flamingo*** possède un bon restaurant climatisé qui offre un grand choix de mets punjabis, chinois et d'Inde du Sud. Les plat coûtent entre 30 et 60 Rs.

GUJARAT

Quitter la ville

Avion. Gujarat Airways propose des vols pour Mumbai (110 $US/5 005 Rs tous les jours sauf le samedi), bien que personne ne sache combien de temps encore ils seront assurés. Faites les réservations auprès de Thankys Tours & Travels (☎ 244344, fax 245128, thankys@vsnl.com) sur MG Rd.

Un auto-rickshaw pour aller ou revenir de l'aéroport revient à 30 Rs.

Bus. L'arrêt des bus STC se trouve à 4 min de marche de MG Rd. Un service régulier dessert Dwarka (52 Rs), Jamnagar (55 Rs), Veraval (50 Rs) et Junagadh (41/52 Rs pour les bus locaux/express). Les compagnies privées possèdent leurs bureaux sur MG Rd, non loin de l'Hotel Flamingo.

Train. Le *Saurasthra Express* (9216) quitte Porbandar à 20h tous les jours et se rend à Mumbai (170/264/1 224 Rs en "general/sleeper/2A class" ; économique/couchette/2A, 23 heures 30, 959 km), *via* Rajkot (59/92/464 Rs, 4 heures 30) et Ahmedabad (104/162/749 Rs, 10 heures).

DWARKA

☎ 02892 • 54 000 habitants

A l'extrême ouest de la péninsule de Kathiawar, Dwarka, l'une des sept villes sacrées de l'hindouisme, est directement liée à la légende de Krishna. Celui-ci y établit en effet sa capitale après s'être enfui de Mathura.

Les non-hindous peuvent pénétrer dans le **Dwarkanath Temple**, consacré à Krishna, à condition de remplir un formulaire. Cependant, l'extérieur, avec sa haute flèche de cinq étages soutenue par 60 colonnes, se révèle beaucoup plus intéressant que l'intérieur.

Les sculptures du **Rukmini Temple**, à environ 1 km à l'est, méritent également le coup d'œil, tout comme le **Sabha Mandapa**, aux nombreux piliers qui remonteraient à plus de 2 500 ans, et le **Nageshwar Mandir**, avec sa chambre souterraine.

Le **phare**, ouvert au public de 16h à 18h, offre une magnifique vue panoramique (1 Rp) ; c'est un endroit reposant.

Des fouilles ont révélées la présence de cinq villes antérieures, toutes submergées. Dwarka est accueille le populaire **Janmashthami Festival**, qui a lieu en août ou sept., et célèbre l'anniversaire de Krishna.

Légèrement au nord de Dwarka, un ferry relie Okha à l'**Island of Bet**, où Vishnu aurait tué un démon. L'île comporte quelques temples modernes dédiés à Krishna ainsi qu'une plage déserte sur sa côte nord.

Où se loger et se restaurer

La plupart des établissements accordent facilement des réductions significatives, à moins que la ville ne soient bondée de pèlerins.

Géré par l'État, le ***Toran Tourist Bungalow*** (☎ *34013*) propose des lits en dortoir à 50 Rs et des simples/doubles à 200/300 Rs.

Sur la route principale qui mène à la ville, le ***Meera Hotel*** (☎ *34031*) demande 100/200 Rs pour ses chambres avec s.d.b. La salle à manger sert de succulents thali (25 Rs).

La ***Maruti Guest House*** (☎ *34722*), à proximité de Teen Bati Chowk, loue des chambres sommaires à 75/150 Rs, certaines sans fenêtre.

Si les ***échoppes*** de rue ne vous inspirent pas, essayez le ***Shetty's Fast Food***, tout proche, l'un des restaurants les moins chers de la ville. Au ***Kant Restaurant***, l'un des serveurs est absolument convaincu que le philosophe allemand du même nom était un sadhu.

Quitter la ville

Des trains se rendent à Jamnagar (41/365 Rs en "general/2A class" ; économique/2A, 132 km), et d'autres à Mumbai (170/1 224 Rs, 945 km), en passant par Rajkot (61/470 Rs, 207 km) et Ahmedabad (104/749 Rs, 453 km).

Les bus STC desservent toutes les destinations du Saurashtra ainsi qu'Ahmedabad.

JAMNAGAR

☎ 0288 • 635 000 habitants

Avant l'Indépendance, l'État princier de Jamnagar était sous la domination des Rajput du clan Jadeja. La cité fut bâtie autour du petit lac Ranmal, au centre duquel se dresse un minuscule palais accessible par une chaussée.

Jamnagar est riche d'une longue tradition de pêche aux perles et de *bandhani*, une technique fastidieuse consistant à faire des centaines de nœuds minuscules dans un morceau de tissu préalablement replié plusieurs fois. Le tissu est ensuite teint en différentes étapes à l'aide de couleurs variées. Les nœuds sont défaits, et le tissu, une fois déplié, présente un motif répétitif dans toute

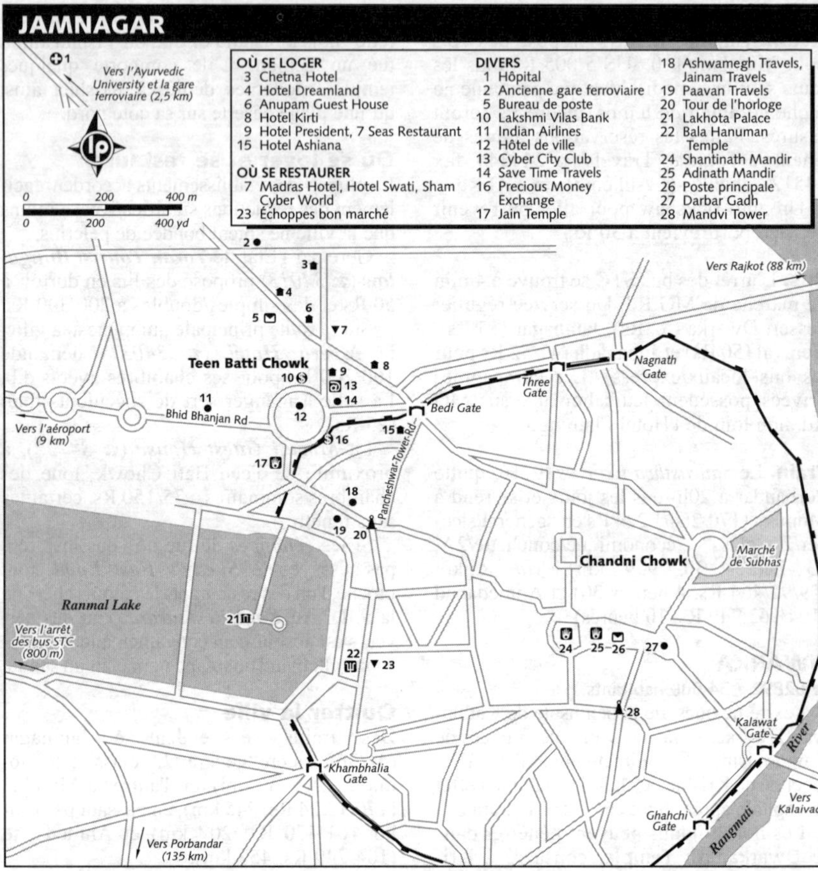

une gamme de nuances. Ce procédé, qui aurait été utilisé dans la région depuis 5 000 ans, est appliqué aux saris, aux chemises, aux châles et à d'autres articles.

Cependant, la ville est aussi célèbre aujourd'hui pour son Ayurvedic University, seule université ayurvédique du pays, et pour son temple. Connue sous le nom de Chandni Chowk, la partie ancienne de la ville compte de nombreux édifices impressionnants et est très colorée. Le centre, appelé Darbar Gadh, est un lieu de rassemblement semi-circulaire où l'ancien maharaja de Nawanagar tenait des conseils publics.

Orientation et renseignements

Teen Batti Chowk, le centre de la partie récente de la ville, abrite la plupart des hébergements. La vieille ville se trouve au sud-est. L'arrêt des bus STC et la nouvelle gare ferroviaire sont assez éloignés, situés respectivement à l'ouest et au nord-ouest.

La Lakshmi Vilas Bank, au nord de la mairie, est le meilleur établissement pour changer des devises. Vous pouvez également essayer Precious Money Exchange, un peu plus loin sur le rond-point. L'Hotel President accepte de changer dollars US, livres sterling, euros, mais uniquement contre des espèces.

Le Cyber City Club (☎ 676772), simplement signalé comme "Cyber Cafe" face à la mairie, facture 30 Rs l'heure, tandis que le Sham Cyber World (☎ 672228), au premier étage à côté de l'Hotel Swagat, demande 35 Rs. Tous deux ouvrent de 9h à minuit.

Lakhota Palace

Ce minuscule palais, ancienne propriété du maharaja de Nawanagar, abrite aujourd'hui un petit **musée** dans lequel sont exposées des pièces provenant des sites archéologiques de la région. On y accède par une petite chaussée à partir de la rive nord du lac Ranmal. Il est ouvert de 10h30 à 13h et de 15h à 17h30, tous les jours (sauf le mercredi et le 2e et 4e samedi du mois), moyennant 2 Rs.

Bala Hanuman Temple

Au temple de Bala Hanuman, au sud-est du lac Ranmal, on entend, 24h/24 depuis le 1er août 1964, la même incantation. Ce rituel a fait entrer le temple dans le *Livre Guiness des records*. La fin de l'après-midi y est particulièrement animée.

Jain Temples

Deux temples jaïna, Shantinath Mandir et Adinath Mandir, se dressent en face de la poste principale à Darbar Gadh. Ces bâtiments aux couleurs vives, surmontés d'un dôme, s'ornent de belles peintures murales. Dédiés respectivement au seizième et au premier tirthankars, ces temples saisissants sont situés au cœur de la vieille ville. Le Shantinath Mandir, d'une beauté étonnante, s'orne de colonnes aux couleurs chatoyantes et d'un dôme constitué de cercles concentriques dorés sur tranche dans le sanctuaire principal. Les heures d'ouverture varient ; néanmoins l'un des gardiens vous laissera probablement entrer.

Ces temples forment le centre de la vieille ville, tout comme les charmants édifices en bois et en pierres, ornés de volets écaillés aux teintes pastel et de balcon délabrés en bois. Comptez deux ou trois heures pour explorer les ruelles de Chandni Chowk.

Où se loger

L'***Anupam Guest House*** (☎ *675107, Teen Batti Chowk*) propose des simples/doubles plutôt sales, soi-disant semi-deluxe, pour 125/150 Rs, avec une s.d.b. ne contenant qu'un seau. Les toilettes communes sont indescriptibles. Les deluxe, légèrement supérieures, reviennent à 150/250 Rs ; néanmoins, négociez auprès du directeur. Cet établissement n'étant qu'un asile de nuit déprimant, si vos moyens le permettent, cherchez ailleurs.

Près de Teen Batti Chowk, l'***Hotel Kirti*** (☎ *557121*) présente un excellent rapport qualité/prix. Les quelques simples sans clim. se louent 200 Rs, tandis que les autres chambres impeccables et très confortables commencent à 300/400 Rs. L'établissement dispose d'un parking.

Installé au nord de Teen Batti Chowk, l'***Hotel Dreamland*** (☎ *557598*) se trouve à l'écart de la rue, au calme la plupart du temps. Les chambres sont louées aux prix raisonnables de 225/300 Rs ou 400/500 Rs avec clim. Le restaurant en plein air est agréable.

Au ***Chetna Hotel*** (☎ *678951*), dans le même quartier, vous bénéficierez de simples/doubles/triples à 200/300/360 Rs avec TV par satellite, s.d.b. (douche et eau chaude) et toilettes avec chasse d'eau. L'établissement propose également des lits en dortoir (60 Rs) ainsi qu'un restaurant qui prépare d'excellents thali.

L'***Hotel Ashiana*** (☎ *559110, fax 551155*), vaste établissement aux formes désordonnées au sommet du bâtiment occupé par le nouveau supermarché, présente des chambres à différents prix en fonction de la qualité : semi-deluxe très ordinaires à 200/300 Rs, deluxe à 325/375 Rs et super deluxe très spacieuses, confortables et d'un excellent rapport qualité/prix. Certaines possèdent un balcon. Le restaurant prépare des plats végétariens.

L'***Hotel President*** (☎ *557491, fax 558491, president@wilnetonline.net, Teen Batti Chowk*) est sans conteste le meilleur hôtel de Jamnagar. Les chambres avec s.d.b., eau chaude et TV valent 450/560 Rs, ou 650/790 Rs avec clim. Nombre de chambres sont très plaisantes et dotées d'un balcon. La direction accepte les principales cartes de crédit et peut vous fournir un accès à Internet. Un bon restaurant fait également partie du complexe.

Où se restaurer

Pour dîner sur le pouce et à moindres frais, essayez l'une des échoppes installées près Bala Hanuman Temple.

Non loin de Teen Batti Chowk, l'***Hotel Swati*** sert de nombreux plats végétariens ainsi que toute une gamme de mets d'Inde du Sud (dosa masala à 30 Rs), jaïna (navratna korma sucré à 40 Rs) et punjabis. L'établissement est ouvert de 10h à 15h et de 17h à 22h.

Installé à proximité, le ***Madras Hotel*** est spécialisé dans les cuisines d'Inde du Sud et du Punjab, ainsi que dans les pizzas (40 Rs).

Le *7 **Seas Restaurant*** de l'Hotel President prépare de la nourriture savoureuse, notamment des mets occidentaux. Les plats, végétariens ou non, commencent à 40/60 Rs.

Quitter la ville

Avion. Indian Airlines (☎ 550211) propose des vols quotidiens vers Mumbai (95 $US) *via* Bhuj (40 $US). Son agence de Bhid Bhanjan Rd est ouverte tous les jours de 10h30 à 18h05. Save Time Travels (☎ 553137), entre Bedi Gate et l'hôtel de ville, s'occupe également des réservations.

Bus. Des bus STC partent toutes les heures pour Rajkot (35 Rs) et toutes les 30 min pour Junagadh (41 Rs). D'autres se rendent à Dwarka, Porbandar et Ahmedabad.

La ville compte plusieurs compagnies privées : beaucoup sont installées dans les bâtiments à l'ouest de la tour de l'horloge. Jaïnam Travels (☎ 674224) propose des bus pour Mumbai (350 Rs), Ahmedabad (120 Rs), Bhavnagar (120 Rs) et Rajkot (35 Rs). Pour des tarifs analogues, Ashwamegh Travels offre sept départs quotidiens pour Ahmedabad et un pour Mumbai à 14h35. Paavan Travels (☎ 552002) est située à deux pas.

Train. Parmi les nombreux trains qui relient Jamnagar et Ahmedabad (79/123/356 Rs en "general/sleeper/3A class" ; économique/couchette/3A, 6 heures 30), le *Saurasthra Mail* (9006) quitte Jamnagar tous les jours à 14h30, puis continue vers Mumbai (157/244/707 Rs, 17 heures 30). D'autres trains se rendent à Dwarka et Rajkot.

Comment circuler

Il n'existe aucun service de minibus pour l'aéroport, situé loin de la ville, et les conducteurs d'auto-rickshaws vous demanderont au moins 100 Rs. Le parcours en rickshaw de l'arrêt des bus vers la Bedi Gate coûte 10 Rs. Quant au trajet jusqu'à la nouvelle gare ferroviaire, à environ 4 km au nord du centre-ville, il vous reviendra à 25 Rs depuis Teen Batti Chowk.

RAJKOT

☎ 0281 • 1,17 million d'habitants

Cette ville animée, jadis capitale de l'État princier du Saurashtra, est aussi un ancien quartier général du gouvernement britannique. Le Mahatma Gandhi y passa les premières années de sa vie. Une statue s'élève devant l'école qu'il fréquentait.

Le prestigieux Rajkumar College, datant de la deuxième moitié du XIXe siècle, est considéré comme l'une des meilleures écoles privées du pays. C'était l'un des établissements scolaires ouverts par les Anglais pour les fils de la noblesse (*rajkumar* signifie prince).

Renseignements

Rajkot dispose d'un Tourist Office, ou office du tourisme (☎ 234507) particulièrement efficace, dissimulé derrière l'ancienne State Bank of Saurashtra, Jawahar Rd, pratiquement en face du Galaxy Hotel. Il est ouvert en semaine, ainsi que les 1er et 3e samedis du mois, de 10h30 à 13h30 et de 14h à 18h.

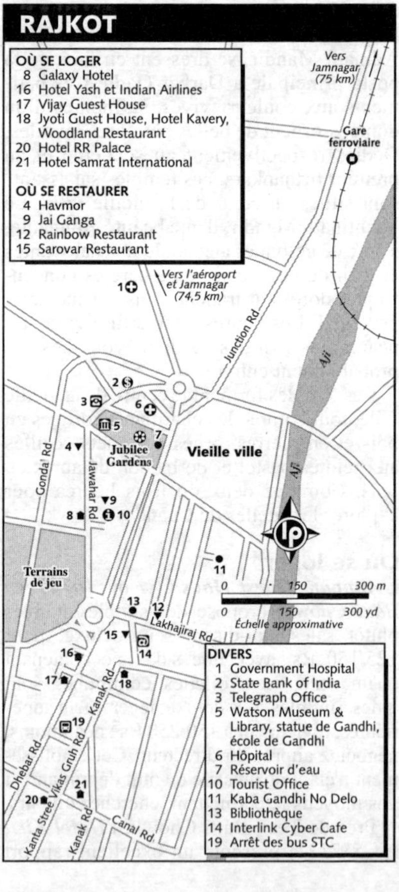

La State Bank of India, au nord des Jubilee Gardens (jardins du jubilé), pratique le change. L'entrée se fait par l'arrière du bâtiment. Certains hôtels de catégorie supérieure changent de l'argent, généralement pour leurs clients uniquement.

Pour un accès à Internet, rendez-vous à l'Interlink Cyber Cafe (☎ 227237, interlinkindia@rajkotonline.com), dans une ruelle en face du Sarovar Restaurant. Une heure de connexion revient à 30 Rs (ouvert de 9h à minuit).

Watson Museum & Library

Le musée et la bibliothèque Watson, dans les Jubilee Gardens, sont dédiés au colonel John Watson, figure politique de 1886 à 1889.

L'entrée est flanquée de deux lions impériaux et les pièces exposées sont variées : copies d'objets de Mohenjodaro, sculptures du XIIIe siècle, statues provenant de temples, expositions d'histoire naturelle et dioramas présentant les maisons et les costumes des adivasi.

Le musée est ouvert tous les jours (sauf le mercredi) de 9h à 13h et de 14h à 18h. Vous acquitterez 2 Rs de droit d'entrée.

Kaba Gandhi No Delo

La maison de Gandhi, qui abrite aujourd'hui une exposition permanente de souvenirs, se trouve dans la vieille ville, Ghee Kanta Rd. Une petite école de tissage rend hommage à la passion du mahatma pour cette activité. L'exposition se visite gratuitement de 9h à 12h et de 15h à 17h30, du lundi au samedi (horaires variables). La vieille ville elle-même est un endroit pittoresque où il fait bon flâner.

Où se loger – petits budgets

Au nord de l'arrêt des bus, dans une ruelle près de Dhebar Rd, la ***Vijay Guest House*** (*☎ 236550*) dispose de chambres sommaires mais accueillantes (70/130/200 Rs la simple/double/triple). Toutes possèdent leur propre s.d.b. avec seau d'eau chaude.

Au nord-est de l'arrêt des bus, la ***Jyoti Guest House*** (*☎ 225472, Kanak Rd*) est un établissement calme et d'un bon rapport qualité/prix dans sa catégorie. Les chambres, rudimentaires mais propres, avec s.d.b. et toilettes avec chasse d'eau, se louent 150 Rs. Le dortoir est réservé aux hommes (40 Rs).

A l'***Hotel Yash*** (*☎ 223574, Dhebar Rd*), établissement récent à 5 min de marche de l'arrêt des bus, les chambres agréables renferment TV, téléphone et s.d.b. ; néanmoins, la plupart sont sans fenêtre. Les deux petites, très simples, valent 195 Rs, et les autres 245/345 Rs, ou 345/586 Rs avec clim. Le service d'étage 24h/24 compense en partie l'absence de restaurant.

Où se loger – catégories moyenne et supérieure

Toutes les chambres de cette catégorie possèdent la TV par satellite et doivent être libérées à midi.

Au sud de l'arrêt des bus, l'***Hotel Samrat International*** (*☎ 442234, 37 Karanpara Rd*) offre des chambres bien aménagées pour les tarifs – particulièrement précis – de 322,50/483,75 Rs (taxe comprise), ou 605/806,25 Rs avec clim. Les deluxe, plus chères, reviennent à 920/1 100 Rs. Les chambres bon marché, attrayantes et spacieuses, présentent un excellent rapport qualité/prix. Le restaurant sert de savoureux plats végétariens.

A l'***Hotel RR Palace*** (*☎ 241473*), à deux pas, les chambres modernes et très plaisantes manquent néanmoins de caractère (250/400 Rs, ou 400/550 Rs avec clim.). Les chambres en façade se révèlent parfois un peu bruyantes.

Situé au 3e étage du Galaxy Commercial Centre, sur Jawahar Rd, le ***Galaxy Hotel*** (*☎ 222904, fax 227053, galaxyhotel@wilnetonline.net*) est un excellent hôtel, dans un cadre prestigieux. Les chambres, impeccables et spacieuses, reviennent à 440/660 Rs, ou 675/1 010 Rs avec clim. Le personnel avenant de cet établissement, en dépit de l'absence de restaurant, semble capable de vous servir tout ce que vous souhaitez à n'importe quelle heure (service d'étage 24h/24). L'agréable terrasse sur le toit dispose de fauteuils à bascule.

Où se restaurer

Très prisé le soir, le ***Rainbow Restaurant*** (*Lakhajiraj Rd*) sert de la cuisine du Sud de l'Inde succulente et bon marché. L'étage est climatisé. Vous bénéficierez d'un impressionnant choix de glaces (essayez donc de résister aux "Nuts in Love" !)

A proximité du Jubilee Gardens, l'***Havmor*** cuisine des plats indiens, chinois et occidentaux à partir de 40 Rs (végétarien ou non). Le ***Jai Ganga***, face au Galaxy Hotel, et le ***Sarovar Restaurant***, au nord de l'arrêt de bus, présentent une qualité analogue.

La qualité et l'ambiance du ***Woodland Restaurant*** (*Kanak Rd*), aménagé dans l'Hotel Kavery, donnent une impression de grand standing. Néanmoins, les prix restent très raisonnables, avec des plats végétariens à partir de 25 Rs. Le thali gujarati revient à 65 Rs.

Quitter la ville

Avion. Indian Airlines propose des vols quotidiens entre Rajkot et Mumbai (75 $US, départ à 17h50). L'agence de l'Indian Airlines (☎ 227916, fax 233329) se trouve sur Dhebar Rd.

Bus. Les bus STC (☎ 235025) relient Rajkot à Jamnagar (35 Rs), Junagadh (35 Rs), Porbandar (60 Rs), Veraval (58 Rs) et Ahmedabad (122 Rs).

De nombreuses compagnies de bus privées desservent Ahmedabad, Bhavnagar, Una (pour Diu), Mt Abu, Udaipur et Mumbai. Leurs bureaux sont installés sur Kanak Rd, à côté de l'arrêt des bus.

La route de Rajkot à Bhuj ayant été particulièrement endommagée par le séisme, les liaisons vers la région du Kutch risquent de rester problématiques pendant quelque temps encore.

Train. Quatre trains quotidiens au minimum relient Rajkot à Ahmedabad (62/97/279 Rs en "general/sleeper/3A class" ; économique/couchette/3A, 6 heures, 246 km). Des trains desservent Jamnagar (28/44 Rs en "general/sleeper class" ; économique/couchette, 2 heures, 75 km), Porbandar (59/464 Rs en "general/2A" ; économique/2A, 4 heures 30, 221 km) et Mumbai (145/225/653 Rs en "general/sleeper/3A" ; économique/couchette/3A, 19 heures, 738 km). Enfin, un train pour Veraval circule sur une voie à écartement d'un mètre (52/273 Rs en "general/1st class" ; économique/1re classe, 5 heures 30, 186 km). Pour tous renseignements, faites le ☎ 443535 ou le ☎ 131.

Comment circuler

Un rickshaw du centre-ville à l'aéroport coûte environ 50 Rs. Pour la gare ferroviaire, comptez 15 Rs.

ENVIRONS DE RAJKOT

Tarnetar

Chaque année durant le mois de Bhadra (vers septembre), le Trineteshwar Temple, à 65 km au nord-est de Rajkot, accueille la **Tarnetar Fair**, qui dure trois jours (août/sept.). Très animée, elle est célèbre pour les différents *chhatri* fabriqués pour la circonstance, mais aussi comme occasion de trouver l'époux ou l'épouse idéal(e) : l'un de ses principaux buts est en effet de permettre aux villages de la communauté Bharwad d'établir des alliances matrimoniales. Les candidats et les candidates au mariage revêtent donc leurs plus beaux atours, ce qui fait de la foire un spectacle extraordinairement coloré.

Des bus d'État assurent une liaison spéciale avec Rajkot pendant la foire.

Kutch

Formant la partie occidentale du Gurajat, le Kutch (également appelé Kachchh) est séparé de la péninsule de Kathiawar par le golfe portant son nom. Au nord, il est isolé du Sind, au Pakistan, par le Great Rann of Kutch, et à l'est par le Little Rann of Kutch.

Pendant la saison sèche, le Rann se réduit à une vaste étendue de boue durcie. Avec l'arrivée de la mousson, en mai, il est d'abord inondé par l'eau de mer, puis par l'eau des rivières en crue.

Le sel présent dans le sol rend cette région marécageuse de basse altitude pratiquement stérile. Seuls quelques "îlots" éparpillés émergeant au-dessus du sel abritent la végétation éparse, sous forme d'herbes grossières, qui fournissent du fourrage pour la rare faune de la région. Ces herbages sont menacés par le *gando baval*, plante qui se propage dans le Rann à une vitesse alarmante, risquant de détruire son écosystème fragile.

Autrefois, l'Indus coulait à travers le Kutch, jusqu'à ce qu'un séisme modifie son cours en 1819, laissant derrière lui un désert de sel. Le tremblement de terre destructeur de janvier 2001 a, lui aussi, altéré la trame de la vie du Kutch.

Les villages du Kutch ont longtemps été renommés pour leur artisanat de grande qualité (notamment d'exquises broderies ornées de miroirs). Ces objets d'art ainsi que la culture traditionnelle kachchhi qu'ils illustrent, furent préservés par de nombreuses coopératives veillant à ce que les artisans perçoivent une part juste des profits. Parmi elles figurent la Kutch Mahila Vikas Sangathan – une organisation comprenant 4 000 femmes, qui verse à ses membres un dividende des bénéfices et investit également dans l'aide sociale aux villageois –, Shrujan, la Kala Raksha Trust, et Kutchcraft, représentant local de SEWA (voir l'encadré *La SEWA* plus haut dans ce chapitre). Si les communautés responsables de ces organisations ont été anéanties, vous rencontrerez des ramifications de ces groupes un peu partout au Gujarat, tentant d'assurer la relève.

De nombreux villages du Kutch situés autour de l'épicentre du séisme furent rasés, et certains entièrement rayés des cartes. Dans un proche avenir, la plupart resteront interdits aux voyageurs. Comme la région panse actuellement ses plaies, une autorisation est nécessaire pour s'y rendre : adressez votre demande à l'Office of the District Superintendent of Police (Foreigners Registration Office) à Bhuj.

BHUJ

Principale ville du Kutch, et la plus proche de l'épicentre, Bhuj se résume aujourd'hui à des décombres. Environ 90% des édifices ont été détruits ou sont devenus inhabitables, et si les chiffres officiels ne seront peut-être jamais connus, on estime que 10% des 150 000 âmes que comptait sa population ont perdu la vie. Une grande partie des survivants ont fui Bhuj et ses environs.

Avant le séisme, Bhuj était l'un des hauts lieux du Gujarat. Cette vieille cité en partie entourée de murailles présentait un dédale inextricable de rues et d'allées, de superbes portails crénelés, de vieux palais et de temples hindous somptueusement décorés. La ville était le point de départ idéal pour partir à l'exploration des villages tribaux de la région du Kutch.

On ignore quels sites touristiques sont restés intacts à Bhuj (s'il en reste). La majorité des chefs-d'œuvre architecturaux se regroupaient dans la vieille ville, aujourd'hui démolie. Parmi eux figuraient le magnifique Aina Mahal (ancien palais) et sa somptueuse salle des miroirs, ainsi que le Kachchh Museum – le plus ancien musée du Gujarat fondé en 1877 –, à l'extérieur de l'enceinte. Le séisme a également réduit en ruines certaines tombes royales, ou chhatri, au sud-ouest du Hamirsar Tank. Certains témoins oculaires signalent que la remarquable tour de l'horloge en grès du Prag Mahal (nouveau palais), au cœur même de la vieille ville, serait encore debout – un phénomène digne d'être mentionné.

ENVIRONS DE BHUJ

Gandhidham

La nouvelle ville de Gandhidham, près de Kandla, fut créée pour accueillir les réfugiés du Sind à la suite de la Partition. Elle fut sévèrement touchée par le séisme de 2001. La ville n'a jamais présenté beaucoup d'intérêt pour le voyageur, si ce n'est qu'elle était – et sera de nouveau – un point de départ pour la ville voisine de Bhuj.

MANDVI

Avant le séisme, Mandvi se présentait comme une station balnéaire, avec une plage assez agréable, longue et propre, bien que, tout comme dans de nombreuses villes de la côte, la pollution soit un problème croissant. Les parties les plus propres sont celles audelà du terrain d'éoliennes, en bas du temple. Ville à la longue tradition de construction navale, Mandvi est une plaisante bourgade de bord de mer aux habitants accueillants, ainsi qu'un endroit idéal pour se détendre. Étonnamment, elle est restée relativement épargnée par le séisme qui a ravagé Bhuj, à 60 km au nord-est. Auparavant, Kutch et la ville de Bhuj constituaient les seules portes d'accès à Mandvi ; en raison des dégâts généralisés qu'ont subis les routes de la région, la ville restera difficile à atteindre pendant quelque temps encore. La situation changera lorsque le ferry tant controversé, destiné à relier Mandvi et Jamnagar, finira par fonctionner.

Où loger et se restaurer

Pleine de fantaisie mais plaisante, la ***Rukmavati Guest House*** (☎ *20558*) est toujours ouverte. Cet ancien hôpital a conservé ses lits d'origine, et son propriétaire vous fera visiter la ville en ambulance ! Les simples/doubles propres reviennent à 150/300 Rs (seau d'eau chaude), et les lits en dortoir aux prix exagérés de 100 Rs. Les chambres doivent être libérées au bout de 24 heures.

Essayez la ***Maitri Guest House*** (☎ *20183, Bunder Rd*), recommandée par des voyageurs. Les chambres propres avec s.d.b. et eau chaude reviennent à 150/200 Rs.

Le jour où la terre trembla

A 8h46, le 26 janvier 2001, alors que se déroulaient de nombreuses célébrations commémorant la création de la République d'Inde, un séisme de grande envergure frappa le Gujarat. Atteignant 7,9 sur l'échelle de Richter (dans la confusion qui suivit le séisme, certaines sources rapportèrent une magnitude de 6,9 à 8,1), avec un épicentre situé à une vingtaine de kilomètres au nord-est de Bhuj, il causa des ravages considérables. Hormis Bhuj, les villes de Bhachau (l'une des plus proches de l'épicentre), Anjar, Surendranagar et d'innombrables villages du Rann du Kutch furent détruits. Peu de bâtiments restèrent debout et on déplore des dizaines de milliers de morts. Au-delà, plus d'un millier de personnes périrent à Ahmedabad, une centaine respectivement à Morvi et à Jamnagar, plus de 300 à Rajkot, et près de 50 à Surat.

Ce séisme fut un désastre dont le Gujarat se serait volontiers passé. A l'image de la majeure partie de l'Inde occidentale, l'État souffrait déjà depuis deux ans des conséquences irrémédiables de la sécheresse. En raison de l'absence de récoltes et de la rareté des ressources en eau, nombre de paysans traditionnels et d'autres villageois avaient déjà quitté cette région, où leurs ancêtres ont travaillé depuis des générations. Beaucoup s'étaient installés en ville, faisant naître de précaires banlieues satellites autour de villes telles qu'Ahmedabad, renforçant la pression sur les ressources déjà très sollicitées et modifiant le paysage démographique du Gujarat. Dans le sillage du séisme, après que 147 secousses ultérieures ont ébranlé la région entre le 26 janvier et le 1er février (notamment une d'entre elles, atteignant 5,9 sur l'échelle de Richter, deux jours après le séisme), des dizaines de milliers de Kachchhi quittèrent de nouveau la région. Les travaux de reconstruction destinés à la population restante stagnent, et l'ampleur du traumatisme ainsi que la dislocation du tissu social de l'État tout entier qui perdureront bien après la fin des secousses sont inimaginables.

Les autorités du Gujarat et, dans une moindre mesure, le gouvernement de l'Inde, furent mis en cause pour la lenteur de leur réaction face au désastre et pour avoir contribué à son étendue en tolérant les pratiques de promoteurs peu scrupuleux. Nombre d'habitants de Bhuj et de Gandhidham rendirent coupables les architectes des pertes importantes, arguant que ceux-ci avaient ignoré les lois locales relatives à l'habitat, limitant à deux étages la hauteur des nouvelles constructions. Suite au séisme, le principal problème ne portait pas sur le manque de matériaux de secours, mais davantage sur l'incompétence en matière de coordination et de distribution des fournitures, mettant en lumière le manque de préparation des autorités face à un désastre d'une telle ampleur. Pourtant, plus d'un an avant cette catastrophe, le Premier ministre du Gujarat, de pair avec des sismologues, avait annoncé publiquement pour le Kutch l'imminence d'un tremblement de terre de forte amplitude.

Tandis que les partis politiques se livraient à d'inconvenantes chamailleries, ce fut la réaction de l'Indien de la rue qui permit de ne pas perdre espoir. Tandis que les survivants du séisme fuyaient le Kutch, nombre d'Indiens firent le chemin inverse afin de participer aux secours – tâche qui consistait généralement à retirer les gravats à mains nues. Les Kachchhi expatriés dans tout le pays (notamment la grande communauté de Mumbai) et des membres de l'importante communauté gujaratie du monde entier contribuèrent généreusement aux efforts de secours. Ils furent rejoints par des équipes de sauvetage en provenance de Suisse et de Russie, ainsi que par des milliers de bénévoles. La communauté internationale, notamment le Pakistan, participa également à l'aide d'urgence à hauteur de plusieurs millions de dollars. En dépit de tout, la bravoure, la résistance et la solidarité des Gujarati ne laissent aucun doute quant à la reconstruction prochaine de la région.

Au cœur de la ville, la ***Sahara Guest House*** (☎ *20272*) est également une bonne adresse. Les chambres se louent à 100/175 Rs avec eau chaude et TV.

Au ***Zorba the Buddha***, dans le centre, vous dégusterez des thali bon marché à 30 Rs.

LITTLE RANN OF KUTCH

Le Little Rann du Kutch, une étendue désertique (ou plus exactement de plaines de sel) qui sépare la région orientale du Kutch du reste du Gujarat, fut décrite par un voyageur comme un "fabuleux désert de boue, de sel et

Dharamanath : la désolation du Kutch

Les légendes du Kutch parlent souvent de dévastation, ce qui n'est guère surprenant au vu du paysage désertique et des événements tragiques récents.

Une de ces légendes parle d'un combattant spirituel nomme Dharamanath parti dans le Kutch au XIIe siècle pour y trouver un coin tranquille où faire pénitence. Il s'installa sous un arbre, près de Raipur où, concentré sur sa quête salvatrice, il s'en remit aux habitants du village pour assurer ses besoins matériels. Toutefois, constatant que les villageois n'étaient pas de la meilleure volonté, il résolut de les punir et leur lança une malédiction. Dès lors, le village connut la désolation et ses habitants s'enfuirent vers Mandvi. Accablé de remords, Dharamanath décida d'escalader la plus haute colline qu'il put trouver et de faire pénitence à la mesure de sa malveillance. Après avoir été rejeté de deux collines qui refusaient de porter le poids de sa culpabilité, il en escalada à reculons une troisième (Dhinodar). Parvenu au sommet, il s'installa tête en bas, une position qu'il conserva pendant douze ans. Touchés par son repentir, les dieux le supplièrent de mettre fin à cette pratique. Dharamanath finit par céder, à condition toutefois que toutes les régions où son regard se poserait s'assécheraient. Il marcha ensuite en regardant droit devant lui : les mers alors se retirèrent, faisant place à un paysage sec et désolé : le Grand Rann de Kutch.

Sur le plus haut sommet de Dhinodar, un petit sanctuaire dédié à Dharamanath renferme une pierre tachée de rouge qui, paraît-il, supporta la tête de l'ascète durant son extraordinaire acte de pénitence.

Dharamanath fonda la communauté des sadhu de Than, appelés *kanphata* (oreille fendue) car ils devaient se fendre l'oreille pour en devenir membre. Aujourd'hui, ils portent un lourd anneau.

de mirages". Il abrite les derniers *khur* (âne sauvage asiatique) d'Inde. L'endroit compte également une vaste avifaune, notamment des flamants roses : la région est l'une des rares d'Inde où ils se reproduisent dans la nature. Ces deux espèces sont protégées dans la Little Rann Sanctuary, une réserve de 4 953 km^2, à laquelle on accède depuis Dhrangadhra (pour plus de renseignements sur les zones touchées par le séisme de janvier 2001, lire plus haut l'encadré *Attention*).

Les ânes sauvages d'Asie, au nombre de 2 100 dans la réserve, survivent grâce aux étendues herbeuses, ou îlots connus sous le nom de *bet*, qui apparaissent durant la mousson. Cet animal remarquable est capable de courir à la vitesse moyenne de 24 km/h pendant 2 heures, pouvant même atteindre des pointes de vitesse à 70 km/h sur de courtes distances.

La petite ville de **Zainabad**, à 105 km au nord-est d'Ahmedabad, est proche du Little Rann of Kutch. Desert Coursers (☎/fax 02757-41333, à Ahmedabad, ☎ 079-6752883), une compagnie familiale, y organise des safaris et des visites culturelles. Les prix se montent environ à 1 900 Rs par jour.

Cette même famille gère le ***Camp Zainabad***, qui propose des *kooba* (huttes traditionnelles avec toit de chaume) avec s.d.b. dans un cadre agréable. La nuit revient à 1 800 Rs par personne, comprenant le petit déjeuner et le dîner... ainsi qu'un safari sur place. Il est conseillé de réserver.

Des voyageurs nous ont recommandé Devji Bhai Dhamechs, un guide photographe spécialiste de la faune, basé à Dhrangadhra (☎ 02754-50560, fax 50300). Vous pouvez dormir chez lui en échange de 1 200 Rs pour deux nuits, nourriture comprise (il est indispensable de le prévenir). Autre solution : essayez la ***Government Rest House***.

Une autorisation est nécessaire pour entrer dans la réserve. Contactez le Deputy Conservator of Forests à Dhrangadhra (☎ 02754-23016). Dhrangadhra se trouve sur la liaison ferroviaire Gandhidham-Ahmedabad, à 170 km (3 heures 30) de Gandhidham et à 130 km (3 heures) d'Ahmedabad.

Pour se rendre à Zainabad par la route en venant d'Ahmedabad, vous pouvez prendre un bus à Dasada, à 12 km au nord-est de Zainabad (28 Rs, 2 heures 30). De là, Desert Coursers propose des pick-up gratuits ; il existe également des bus locaux et d'autres directs à partir de Rajkot. Desert Coursers s'occupe également de réserver un taxi pour 2,50 Rs le kilomètre.

Madhya Pradesh et Chhatisgarh

Le Madhya Pradesh, centre géographique du pays, a perdu depuis peu une partie de sa superficie. En effet, après des années de pressions exercées par les députés de l'Assemblée du Madhya Pradesh, le nouvel État de Chhatisgarh (ou Chhattisgargh) a été créé en novembre 2000, avec Raipur pour capitale.

Constitué de la partie sud-est de l'ancien État, le Chhatisgarh souffre d'un grand retard sur le plan industriel et d'une infrastructure médiocre ; la sécheresse représente un problème majeur, et rares sont les sites susceptibles d'attirer les touristes. Le nouveau gouvernement s'est cependant engagé à privilégier l'éducation, tout particulièrement l'alphabétisation, pour tenter de remédier aux nombreux problèmes auxquels doit faire face le nouvel État.

Le Madhya Pradesh se compose essentiellement d'un plateau élevé, soumis à un climat chaud et très sec en été, et si on compte le Chhatisgarh, ils comprennent à eux deux la plus forte densité de forêts du pays et une faune très variée, dont 22% de la population mondiale de tigres. Les principales étapes de l'histoire indienne ont laissé des traces au Madhya Pradesh, connu historiquement sous le nom de Malwa. Les adivasi (populations tribales) pré-aryennes Gond et Bhil y sont bien représentées, bien que la population soit en majorité indo-aryenne.

Certains sites touristiques de l'État sont géographiquement isolés, tels Khajuraho, au nord, et Jabalpur, près du centre, célèbre pour ses rochers de marbre. Le Kanha National Park, renommé pour ses tigres, se situe à 160 km au sud-est de Jabalpur.

Les autres sites se trouvent pour la plupart le long de la ligne ferroviaire Delhi-Mumbai (Bombay) ou à proximité. En partant d'Agra, au nord de l'État, vous pouvez aller vers le sud *via* Gwalior et sa superbe forteresse et Sanchi, Bhopal, Ujjain, Indore et Mandu.

Histoire

Bien que les peintures rupestres des grottes de Bhimbetka, près de Bhopal, attestent d'une présence humaine remontant à 12 000 ans, l'histoire du Madhya Pradesh remonte au IIIe siècle av. J.-C., date à laquelle le grand empereur bouddhiste

En bref

Population : 60,4 millions d'habitants (Madhya Pradesh), 20,8 millions d'habitants (Chhatisgarh)
Superficie : 443 446 km^2
Capitales : Bhopal (Madhya Pradesh) et Raipur (Chhatisgarh)
Langue principale : hindi
Meilleure saison : de sept. à fév.

Cartes du chapitre :

- Khajuraho – des temples sublimes dont les sculptures raffinées du Kamasutra décrivent l'amour et la vie quotidienne à la fin du premier millénaire
- Orchha – des palais fortifiés sur une île fluviale et des temples magnifiques
- Sanchi – d'anciens stupa révèlent l'origine indienne du bouddhisme
- Bhimbetka – des peintures rupestres de plus de 12 000 ans évoquant l'Inde préhistorique
- Mandu – une immense cité fortifiée, loin de la frénésie des villes voisines
- Kanha National Park et Bandhavgarh National Park – une excellente occasion de se promener à dos d'éléphant ou d'apercevoir un tigre

MADHYA PRADESH ET CHHATISGARH

Ashoka prit le contrôle de l'Empire maurya au Malwa.

A Sanchi, le centre bouddhique fondé par Ashoka constitue l'héritage le plus important laissé par ce monarque en Inde. Aux Maurya succédèrent les Sunga, puis les Gupta, avant l'arrivée des Huns. Vers la fin du premier millénaire, les Parmara régnèrent sur le sud-ouest du Madhya Pradesh ; Raja Bhoj donna son nom à la cité de Bhopal et étendit sa domination sur Indore et Mandu.

Entre 950 et 1050, les Chandela édifièrent les prestigieux temples de Khajuraho, au nord de l'État. Entre le XIIe et le XVIe siècle, la région fut en proie aux luttes incessantes entre les souverains hindous et les envahisseurs musulmans. La cité fortifiée de Mandu, au sud-ouest, fut le théâtre de nombreux combats, mais les Moghols finirent par anéantir la résistance hindoue et contrôler la région. Ils durent ensuite se soumettre aux Marathes qui, à leur tour, capitulèrent devant les Britanniques.

Suite au States Reorganisation Act de 1956, plusieurs anciens États furent regroupés pour former le Madhya Pradesh.

Nord du Madhya Pradesh

GWALIOR

☎ 0751 • 830 720 habitants

A quelques heures d'Agra par le train ou la route, Gwalior est connue pour son imposante citadelle qui comprend plusieurs temples et palais en ruine. L'histoire mouvementée de cette forteresse date de plus d'un millénaire.

Histoire

L'origine légendaire de Gwalior remonte à la rencontre de Suraj Sen et de l'ermite Gwalipa, qui vivait sur la colline où se juche la citadelle. L'ermite soigna Suraj Sen de la lèpre, puis lui donna un nouveau nom – Suhan Pal – et lui affirma que ses descendants resteraient au pouvoir tant qu'ils garderaient le nom de Pal. C'est ce que firent les 83 premiers descendants ; le 84e se fit appeler Tej Karan et perdit le royaume.

La dynastie des Tomara arriva au pouvoir à Gwalior en 1398. Au cours des siècles suivants, intrigues et différends entre les puissances voisines ponctuèrent la vie de la citadelle. En 1516, la forteresse fut assiégée par Ibrahim Lodi après un long siège. Plus tard, les Moghols, conduits par Babur, conquirent le fort et le conservèrent jusqu'en 1754, date à laquelle les Marathes s'en emparèrent.

Pendant les cinquante ans qui suivirent, la forteresse changea de mains à plusieurs reprises. Les Britanniques la prirent deux fois, avant qu'elle ne devint la propriété des Scindia. Lors de la mutinerie indienne de 1857, le maharaja, contrairement à ses troupes, demeura fidèle aux Britanniques ; en 1858, le fort connut les derniers moments, et les plus tragiques, de la mutinerie. Lors du dernier assaut, la rani de Jhansi fut tuée (lire à ce sujet la rubrique *Jhansi*, plus loin dans ce chapitre), et c'est aux alentours du fort que les Britanniques vainquirent finalement Tantia Topi.

Orientation et renseignements

Gwalior est dominée par la forteresse, ou *kila*, qui s'élève au sommet de la colline située au nord de Lashkar, la nouvelle ville. La vieille ville se blottit contre cette colline, au nord-est du fort. Le marché principal, Jayaji Chowk, marque le centre de Lashkar. Bada Chowk, proche, abrite la poste et la State Bank of India.

MP Tourism, ouvert du lundi au vendredi (☎ 340370, fax 340371), est installé dans l'Hotel Tansen, à 500 m au sud-est de la gare ferroviaire. Un autre office du tourisme, implanté dans cette dernière, n'offre guère de renseignements pratiques.

Vous pourrez envoyer des e-mails depuis l'excellent Cyber point 'n' Cafe Joint, Ashiana Complex, Moti Palace, Lashkar (25 Rs l'heure). Il est situé près de la route principale et ouvre de 8h30 à 22h30. Raja Cyber, près de l'Hotel Safari, propose également des liaisons Internet à des tarifs légèrement plus élevés.

Fort

Sur une colline se dressant à 100 m au-dessus de la ville, la forteresse mesure 3 km de long. Sa largeur varie de près de 1 km à moins de 200 m. Des remparts massifs hauts de 10 m encerclent la quasi-totalité du sommet de la colline.

Vous accéderez au fort par le sud ou le nord-est. Le sentier du nord-est part du musée archéologique et suit un tracé large et sinueux jusqu'à l'entrée du palais de Man Singh. L'entrée sud, Urbai Gate, se trouve au bout d'une route qui monte progressivement et longe des sculptures rupestres jaïna.

Chaque soir, un spectacle son et lumière a lieu dans un amphithéâtre en plein air devant le palais de Man Singh (150 Rs, en hindi à 18h30, en anglais à 19h30).

La forteresse et ses alentours recèlent plusieurs curiosités, bien que la plus grande partie de l'espace clos soit occupé par des champs et par la prestigieuse Scindia School, une école privée. L'entrée pour tous les monuments s'élève à 5 $US (230 Rs), plus 25 Rs pour un Caméscope (ouvert de 8h à 17h tous les jours). A l'entrée, des guides proposent leurs services (environ 100 RS pour 2 ou 3 heures).

Sculptures jaïna. La longue ascension par le côté sud part d'un ravin jusqu'à l'entrée du fort. Les parois rocheuses qui bordent la route s'ornent de sculptures jaïna, dont certaines assez imposantes. Taillées dans la falaise au milieu du XVe siècle, elles furent mutilées par les armées de Babur en 1527, puis restaurées.

Les statues sont réparties en cinq groupes principaux et numérotées. Dans le groupe d'Arwahi, la statue 20, de 17 m de haut, représente Adinath, le 1er *tirthankar*, et la statue 22, haute de 10 m, Nemnath, 22e tirthankar.

Le groupe du sud-est, le plus important, compte plus de vingt statues et couvre presque 1 km de paroi rocheuse.

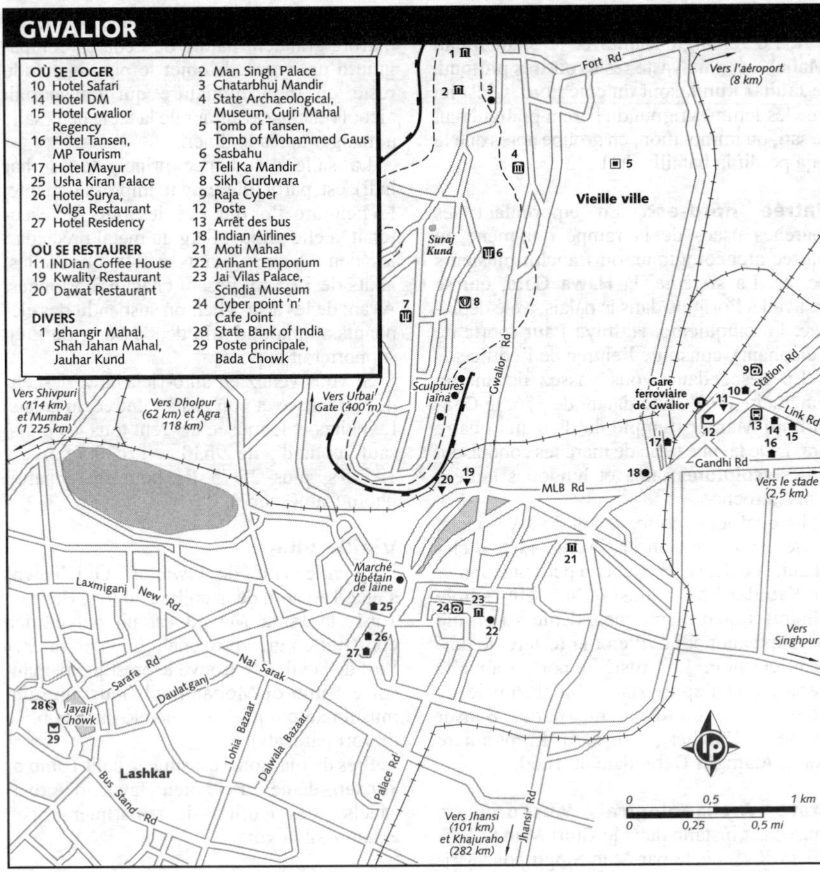

Teli-ka-Mandir. Datant probablement du IXe siècle, ce temple insolite a été restauré. Entièrement recouvert de sculptures, il arbore un toit dravidien avec des décorations indo-aryennes. Un garuda (aigle, monture de Vishnu) surmonte la porte d'entrée haute de 10 m.

Entre le Teli-ka-Mandir et les temples Sasbahu se dresse un **gurdwara** (temple) **sikh** moderne, d'un blanc lumineux.

Sasbahu Temples. Les temples de la "belle-mère" et de la "belle-fille" se dressent près du rempart est. De style semblable, ils datent des IXe-XIe siècles. Le plus grand est orné d'un socle richement sculpté ; des statues de Vishnu coiffent ses entrées et quatre gros pilastres soutiennent le toit.

Man Singh Palace. Ce palais, délicieusement baroque, porte aussi le nom de Chit Mandir (palais peint), en raison des céramiques et des peintures figurant des canards, des éléphants et des paons. Peint en bleu, vert et doré, il a encore fière allure.

Édifié par Man Singh entre 1486 et 1516, il fut restauré en 1881. Il comporte quatre niveaux, tous désertés. Les deux sous-sols servirent de prison pendant la période moghole. Près du palais, un petit **musée** abrite des sculptures et des gravures provenant des alentours du fort. Il ouvre tous les jours, sauf le vendredi, de 10h à 17h (entrée : 2 Rs).

Autres palais. D'autres palais sont disséminés dans l'enceinte du fort. Le **Karan Palace**, ou Kirti Mandir, est un édifice long et étroit de deux étages sur le côté ouest du fort. Le **Jehangir Mahal** et le **Shah Jahan Mahal**, qui a un vaste réservoir très profond, le **Jauhar Kund**, sont du côté nord. C'est ici que les femmes rajput du harem pratiquèrent le sati, ou immolation, en groupe après que le raja perdit la bataille de 1232.

Entrée nord-est. En empruntant les marches usées de la rampe qui mène au musée archéologique, on franchit plusieurs portes. La sixième, la **Hawa Gate**, qui se trouvait à l'origine dans le palais, a été déplacée. La cinquième, **Hathiya Paur** (porte de l'éléphant), constitue l'entrée de l'édifice.

En descendant, vous passez devant un sanctuaire de Vishnu datant de 876, le **Chatarbhuj Mandir** (temple du dieu aux quatre bras). De là, une série de marches conduisent à des **sculptures** jaïna et hindoues taillées dans la roche.

La quatrième porte, datant du XVe siècle, porte le nom de Ganesh, le dieu à tête d'éléphant. A côté, se dressent un petit pigeonnier ou **Kabutar Khana** ainsi qu'un petit **temple hindou** à quatre colonnes, dédié à l'ermite Gwalipa auquel la ville et la forteresse doivent leur nom. La troisième porte s'appelle **Badalgarh**, d'après Badal Singh, oncle de Man Singh. La deuxième porte, Bansur (porte de l'archer), a disparu. La première porte, **Alamgiri Gate**, date de 1660.

State Archaeological Museum. Ce musée est installé dans le **Gujri Mahal**. Édifié au XVe siècle par Man Singh pour Mrignayni, sa reine favorite, ce palais est aujourd'hui en mauvais état. Il conserve une importante collection de sculptures hindoues et jaïna, ainsi que des reproductions des fresques des grottes de Bagh (Bagh Caves). Il ouvre tous les jours, sauf le lundi, de 10h à 17h (entrée : 2 Rs, plus 2 Rs pour un appareil photo).

Jai Vilas Palace et Scindia Museum

Bien que le maharaja actuel habite toujours dans le palais de la famille Scindia, 35 pièces ont été converties en musée, rempli de ces objets insolites que les maharajas aimaient collectionner, notamment des meubles belges en cristal (dont un fauteuil à bascule), et une quantité inimaginable de tigres empaillés et mités. Une petite pièce expose des sujets érotiques, dont une statue en marbre grandeur nature de Léda en compagnie d'un cygne. L'objet le plus inattendu reste un train miniature qui transportait alcools et cigares autour de la table de la salle à manger après le dîner.

La salle d'audience principale (durbar hall) est particulièrement impressionnante. La peinture d'or qui revêt les murs représenterait, à elle seule, 58 kg du métal précieux ; les deux lustres géants à 248 chandelles, hauts de 12,5 m, pèsent chacun 3,5 tonnes. Avant de les accrocher, on suspendit des éléphants au plafond afin de s'assurer qu'il en supporterait le poids.

Si vous venez en auto-rickshaw, descendez au musée et non pas à l'entrée du palais. Le palais et le musée ouvrent tous les jours, sauf le lundi, de 9h30 à 17h30 (entrée : 175 Rs, plus 25/75 Rs pour un appareil photo/Caméscope).

Vieille ville

La vieille ville de Gwalior (Old Town) s'étend au nord de la colline du fort. Bâtie en 1661, la **Jama Masjid** est un bel édifice construit en grès provenant de la colline. A l'est de la ville, se trouve le prestigieux mausolée **Tomb of Mohammed Gaus**, un saint musulman qui joua un rôle clé dans la prise du fort par Babur.

Près du mausolée est situé le petit **Tomb of Tansen**, dédié au chanteur favori d'Akbar. Mâcher des feuilles du tamarinier voisin éclaircirait la voix.

Manifestations annuelles

En oct./nov., le **Tansen Music Festival** attire des musiciens et des interprètes classiques venus de tout le pays. Des représentations gratuites ont généralement lieu près du tombeau de Tansen dans la vieille ville.

Où se loger – petits budgets

La majorité des hôtels de cette catégorie sont accessibles à pied de la gare ferroviaire ou de l'arrêt des bus.

L'***Hotel Mayur*** *(☎ 325559, Padav)*, le meilleur des établissements bon marché, est bien placé dans une ruelle tranquille de l'autre côté du pont, à quelques minutes à pied de la gare ferroviaire. Un lit (non superposé) en dortoir spacieux avec ventil. coûte 55 Rs. Le dortoir dispose de deux s.d.b. et de casiers sous chaque lit. Les simples/doubles impeccables avec ventil. et s.d.b. valent de 120/150 Rs à 300/350 Rs (avec clim.). Un seau d'eau chaude est fourni, et les toilettes sont à la turque.

L'***Hotel Safari*** (☎ *340638, Station Rd*), au-dessus de boutiques dans une rue très passante, offre plutôt un bon rapport qualité/prix. Les chambres relativement propres avec air-cooler et s.d.b. (toilettes à la turque) valent 135/170 Rs, les chambres deluxe avec TV et eau chaude à 200/235 Rs.

Plus calme, l'***Hotel DM*** *(☎ 342083, Link Rd)* est à l'écart de l'animation quoique proche de l'arrêt des bus. Les simples/doubles avec s.d.b. sont à un tarif intéressant (135/185 Rs), tout comme les chambres plus grandes avec TV (185/225 Rs). L'hôtel comprend un restaurant.

L'excellent ***Hotel Residency*** (☎ *320743, Inder Ganj, Lashkar*) est un établissement central où les chambres propres avec eau chaude en permanence sont à un prix raisonnable. Comptez à partir de 275/300 Rs pour une chambre de belle taille avec air-cooler.

Où se loger – catégories moyenne et supérieure

Géré par MP Tourism, l'***Hotel Tansen*** du MP Tourism *(☎ 340370, fax 340371, 6A Gandhi Rd)*, est agréablement situé dans un quartier ombragé, à environ 1 km au sud-est de la gare ferroviaire. Spacieuses, les chambres n'offrent pas un très bon rapport qualité/prix – 390/450 Rs (plus 50 Rs avec air-cooler) ou 650/750 Rs avec la clim. Comme beaucoup d'établissements du MP Tourism, cet hôtel semble particulièrement apprécié des moustiques. Il comporte un restaurant et un bar. Les chambres se libèrent à midi.

L'***Hotel Surya*** *(☎ 331183, fax 310083, Jayendra Ganj, Lashkar)* propose des chambres banales mais confortables avec air-cooler pour 275/350 Rs et d'autres climatisées pour 375/450 Rs.

A l'**Hotel Gwalior Regency** *(☎ 340670, fax 343520, Link Rd)*, les chambres élégantes et climatisées commencent à 750/975 Rs. Parmi les installations figurent un club de remise en forme et une piscine.

Meilleur hôtel de la ville, l'***Usha Kiran Palace*** *(☎ 323993, fax 321103, Jayendra Ganj, Lashkar)* occupe l'ancien palais d'un maharaja. Les vastes chambres superbement meublées coûtent à partir de 65/120 $US.

Où se restaurer

Bonne adresse pratiquant de petits prix, l'***Indian Coffee House***, en bas de l'Hotel India, sert des masala dosa (15 Rs) et d'autres en-cas végétariens. Les serveurs attentifs portent un turban en forme d'éventail.

Havre climatisé près de la porte sud du fort, le ***Kwality Restaurant*** *(MLB Rd)* propose une nourriture fraîche, un service agréable et des prix raisonnables (plats végétariens copieux à partir de 38 Rs).

Dans la même rue, le ***Dawat Restaurant*** est plus élégant que le Kwality et pratique des prix légèrement supérieurs.

Le ***Volga Restaurant*** (qui n'a rien de russe) de l'Hotel Surya prépare une excellente cuisine indienne.

Très stylé, le restaurant de l'***Usha Kiran Palace*** mitonne de savoureux plats moghols et dresse parfois un buffet ; à la carte, les plats valent à partir de 110 Rs.

Achats

L'Arihant Emporium, magasin approuvé par le gouvernement, est une bonne adresse pour trouver de l'artisanat local. Les bijoux semi-précieux en argent sont sa spécialité. Une simple bague peut coûter 80 Rs et un collier plus raffiné jusqu'à 10 000 Rs. Il vend également des objets en argent sculptés. Dans une tout autre ambiance et pour de meilleurs prix, allez faire un tour vers le Jayaji Chowk.

Comment s'y rendre

Avion. Indian Airlines (☎ 326872), MLB Rd, assure ordinairement un vol en provenance de Delhi (70 $US) qui continue à Bhopal (80 $US), Indore (105 $US) et Mumbai (160 $US). L'avion quitte Delhi les lundi et vendredi et revient les mêmes jours.

Bus. Depuis l'arrêt des bus gouvernementaux dans Link Rd, des services réguliers partent pour Agra (56 Rs, 3 heures), Jhansi (46 Rs, 3 heures) et Shivpuri (50 Rs, 2 heures 30). Quelques bus rejoignent Ujjain (187 Rs), Indore (224 Rs), Bhopal (175 Rs) et Jabalpur (200 Rs). Deux bus quotidiens partent à 7h et 8h30 pour Khajuraho (129 Rs, 9 heures), mais mieux vaut prendre le train jusqu'à Jhansi et continuer en bus.

Train. Gwalior se situe sur la ligne principale Delhi-Mumbai. Le *Shatabdi Express*, très rapide, relie Gwalior à Delhi (3 heures 15,

495/985 Rs en siège/executive), Agra (1 heure 15, 255/505 Rs), Jhansi (1 heure, 230/455 Rs) et Bhopal (4 heures 30, 545/1 110 Rs). Si vous disposez de plus d'argent que de temps, prenez ce train au départ d'Agra pour passer une journée à Gwalior.

Les autres express mettent 5 heures pour rejoindre Delhi (317 km, 79/415 Rs en 2e/1re), 2 heures pour Agra (118 km, 36/189 Rs), 12 heures pour Indore (652 km, 205/693 Rs en couchette/1re) et 24 heures pour Mumbai (1 225 km, 310/1 050 Rs).

Les trains de passagers sont lents mais pratiques pour faire étape à Sonagir ou Datia sur la route de Jhansi, ou à Dholpur sur la route d'Agra.

Comment circuler

Desserte de l'aéroport. Le trajet de 8 km jusqu'à l'aéroport revient à quelque 90 Rs en auto-rickshaw et à 200 Rs en taxi.

Transports locaux. Gwalior, étendue et encombrée par la circulation, ne se prête guère à la promenade. Les auto-rickshaws sont légion mais leurs compteurs, purement décoratifs. Comptez 10 Rs pour un court trajet. De la gare ferroviaire à Bada Chowk, la principale place de Lashkar, vous paierez 20 Rs après marchandage. Les *tempo*, pratiques et bon marché, sont de gros auto-rickshaws ; ils vous seront utiles si vous êtes familiers avec leurs itinéraires (6 Rs de la gare ferroviaire à Bada Chowk).

ENVIRONS DE GWALIOR

Shivpuri

☎ 07492

Ancienne capitale d'été des Scindia, Shivpuri se situe à 114 km au sud-ouest de Gwalior et à 94 km à l'ouest de Jhansi. Les **chhatri** (tombeaux), dressés dans des jardins à la française, en constituent la principale curiosité. Dotés de pavillons moghols et de *sikhara* (haute tour surmontant un temple hindou), ces superbes mausolées des souverains scindia sont incrustés de *pietra dura* (pierres semi-précieuses), à l'instar du Taj Mahal.

A côté s'étend le **Madhav National Park**, refuge de cervidés (150 Rs). A la lisière du parc, le Sakhya Sagar Lake abrite des crocodiles. Évitez de vous y baigner !

Dans Shivpuri, le ***Chinkara Motel*** du MP Tourism *(☎ 21297)* loue des simples/doubles pour 350/450 Rs.

A quelques kilomètres du parc national, le ***Tourist Village*** *(☎ 23760)*, près de Bhadaiya Kund, propose des chambres confortables dans de jolis cottages à 390/490 Rs, ou 590/690 Rs avec clim.

Des bus fréquents circulent entre Gwalior (50 Rs, 2 heures 30) et Jhansi (40 Rs, 4 heures).

CHANDERI

A l'apogée de Mandu, Chanderi était un lieu important, comme l'indiquent les nombreux palais, *serai* (auberges), mosquées et tombeaux en ruine, tous de style pathan, comme à Mandu. Le **Koshak Mahal**, palais musulman en ruine, est toujours entretenu.

Aujourd'hui, la ville est surtout connue pour ses brocarts d'or et ses saris. Parmi les hébergements, la ***Circuit House*** et la ***Rest House*** se situent près de l'arrêt des bus. Chanderi se trouve à 33 km à l'ouest de Lalitpur, qui est à 90 km au sud de Jhansi sur la principale ligne ferroviaire.

JHANSI

☎ 0517 • 456 895 habitants

Jhansi, à 101 km au sud de Gwalior, fait partie de l'Uttar Pradesh. Comme elle est située à la frontière, nous l'incluons dans ce chapitre par souci de commodité.

Bien que Jhansi ait joué un rôle important dans l'histoire indienne, elle ne représente pour la plupart des visiteurs qu'un point de transit pratique vers Khajuraho et Orchha, à 18 km.

A la mort du dernier raja en 1853, la rani (Rani Lakshmibai) fut contrainte de se retirer, les Britanniques ayant très pragmatiquement imposé une loi qui leur permettait de prendre le contrôle de tout État princier dont le souverain mourait sans laisser de descendant mâle.

Lorsque l'insurrection indienne éclata quatre ans plus tard, la rani Lakshmibai, offensée par cette usurpation, prit la tête de la rébellion à Jhansi. Le contingent britannique stationné dans la ville fut intégralement massacré, mais, l'année suivante, les querelles intestines des insurgés permirent à l'occupant de reprendre la cité.

La rani s'enfuit à Gwalior où, déguisée en homme, elle livra un dernier et courageux combat contre les Britanniques et y trouva la mort. Elle figure depuis parmi les héros de l'Indépendance.

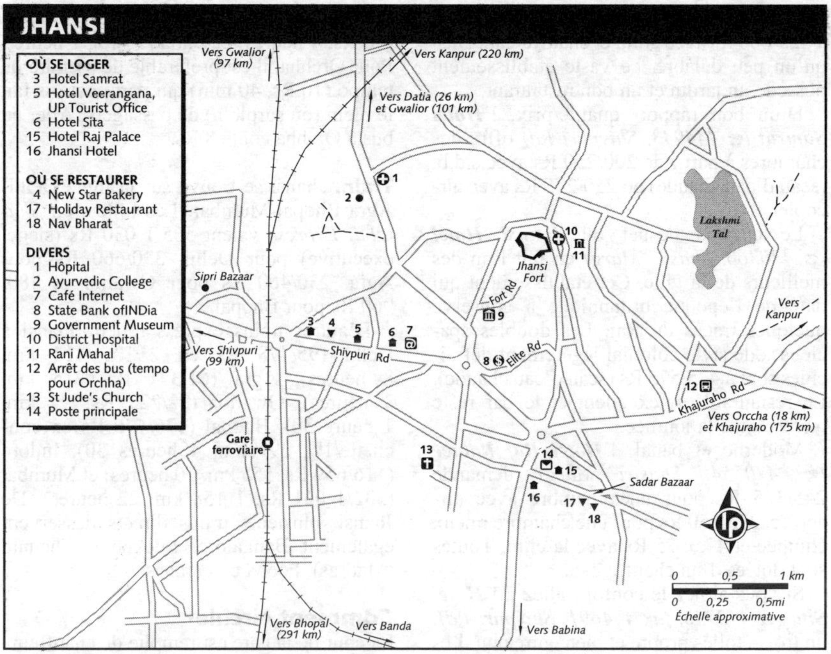

Orientation et renseignements

La cité ancienne se situe derrière la forteresse, à 3 km de la gare ferroviaire. La ville est étendue, aussi est-il préférable de se déplacer en auto-rickshaw.

Les gouvernements de l'Uttar Pradesh et du Madhya Pradesh ont installé des kiosques d'information touristique à la gare ferroviaire. Ils ne brillent guère par leur efficacité. Le UP Tourist Office (☎ 441267), ouvert de 10h à 17h du lundi au vendredi, efficace, est installé dans l'Hotel Veerangana.

La State Bank of India ne change que les chèques de voyage American Express en $US. Pour les espèces, essayez l'Hotel Sita ou le Jhansi Hotel.

Bien indiqué, le café Internet, voisin de l'Hotel Sita demande 60 Rs l'heure (ouvert jusqu'à 23h).

A voir

Autrefois utilisé par l'armée indienne, le **Jhansi Fort** fut bâti en 1613 par le maharaja Bir Singh Deo d'Orchha. Il offre peu d'intérêt, hormis son superbe panorama depuis les remparts. Des guides vous le feront visiter (50 Rs) en vous racontant de fabuleuses légendes. La forteresse ouvre tous les jours, du lever au coucher du soleil (entrée : 5 $US ou 230 Rs).

Ancien palais de la rani Lakshmibai, composé de salles voûtées entourant une cour, le **Rani Mahal** date du XVIIIe siècle. Le palais, transformé en musée, expose des centaines de sculptures du IXe au XIIe siècle. Il ouvre tous les jours de 9h30 à 17h30 (25 Rs, 25 Rs en sus pour appareil photos ou Caméscope).

Manifestations annuelles

Événement artistique et culturel, le **Jhansi Festival** se déroule en fév./mars. Cette manifestation locale comprend musique, arts et danse. Jhansi est également célèbre pour sa **Feast of St Jude**, le 28 oct. Ce jour-là, des milliers de pèlerins chrétiens convergent vers la St-Jude's Church pour implorer le saint patron des causes perdues. Une neuvaine de 10 jours précède la fête.

Où se loger

La plupart des hébergements de Jhansi sont éparpillés le long de Shivpuri Rd.

L'***Hotel Veerangana*** d'UP Tourism *(☎ 442402, Shivpuri Rd)* loue des dortoirs à

60 Rs et des simples/doubles de 200/275 Rs à 525/600 Rs avec clim. et chauffe-eau. Bien qu'un peu délabré, ce vaste établissement possède un jardin et un bon restaurant.

D'un bon rapport qualité/prix, l'***Hotel Samrat*** *(☎ 444943, Shivpuri Rd)* offre des chambres à partir de 200/250 Rs avec s.d.b. (seau d'eau chaude) ou 250/275 Rs avec air-cooler et TV.

Le charme désuet du ***Jhansi Hotel*** *(☎ 470360, Shastri Marg)* en fait l'un des meilleurs de la ville. Cet établissement qui date de l'époque britannique a conservé quelques traces du Raj. Les doubles spacieuses de style colonial légèrement défraîchies sont à 475/575 Rs (seau d'eau chaude). Le restaurant est excellent et le bar reste ouvert toute la journée.

Moderne et banal, l'***Hotel Raj Palace*** *(☎ 470554, Shastri Marg)* demande 245/325 Rs pour une chambre avec air-cooler, 275/350 Rs pour une chambre mieux équipée et 475/525 Rs avec la clim. Toutes sont dotées d'un chauffe-eau.

Si vous aimez le confort, allez à l'***Hotel Sita*** *(☎ 442956, fax 444691, Shivpuri Rd)*, un trois-étoiles propre et bien entretenu. Les simples/doubles avec TV, téléphone et eau chaude en continu reviennent à 550/600 Rs, ou 875/925 Rs avec clim.

Où se restaurer

La majorité des hôtels comportent un restaurant – ceux du ***Jhansi Hotel*** et du ***Veerangana*** sont particulièrement recommandés.

Le ***Holiday Restaurant***, dans le Sadar Bazaar près du Jhansi Hotel, est apprécié pour son choix de plats du Nord de l'Inde ou chinois (plats végétariens entre 20 et 35 Rs). Le thé est servi dans de la porcelaine raffinée.

Au deuxième rang vient le ***Nav Bharat***, entouré (comme le Holiday) d'excellents glaciers.

La ***New Star Bakery*** (*Shivpuri Rd*) confectionne de délicieuses pâtisseries que vous accompagnerez d'un expresso, vendu juste en face.

Quitter la ville

Bus. Des bus deluxe pour Khajuraho partent de la gare ferroviaire à 5h30 et 11h (85 Rs, 4 heures 30). Les bus locaux (75 Rs, 5 heures 30) partent plus fréquemment de l'arrêt des bus situé à l'est de la ville, d'où sont desservies également d'autres villes comme Gwalior (40 Rs, 3 heures), Shivpuri (40 Rs, 4 heures) et Datia (15 Rs, 1 heure). Pour Orchha, il est préférable de prendre un tempo (10 Rs, 40 min) qui part une fois fait le plein (ou surplein) de passagers. Aller en bus à Orchha coûte 8 Rs.

Train. Jhansi se trouve sur la ligne Delhi-Agra-Bhopal-Mumbai. Les billets en *Shatabdi Express* valent 565/1 030 Rs (siège/executive) pour Delhi, 330/660 Rs pour Agra, 230/460 Rs pour Gwalior et 480/960 Rs pour Bhopal.

D'autres trains express relient Jhansi à Delhi (95/478 Rs en 2e/1re, 414 km, 8 heures), Agra (61/371 Rs, 215 km, 3 heures), Gwalior (32/223 Rs, 97 km, 1 heure 30), Bhopal (176/476 Rs en couchette/1re, 291 km, 4 heures 30), Indore (116/659 Rs, 555 km, 10 heures) et Mumbai (332/1 061 Rs, 1 158 km, 22 heures). De Jhansi, plusieurs trains directs desservent également Bangalore, Lucknow, Chennai (Madras), Poona et Varanasi.

Comment circuler

La cour de la gare est remplie de chauffeurs d'auto-rickshaws particulièrement gourmands. Ils demandent environ 25 Rs jusqu'à l'arrêt de bus (6 Rs en tempo surchargé).

ORCHHA

☎ 07680

Jadis capitale des Bundela, Orchha (lieu caché) n'est aujourd'hui qu'un village au milieu d'un superbe ensemble de temples et de palais bien conservés. Les principaux palais, protégés par des remparts, se dressent sur une île de la Betwa. A l'instar des voyageurs qui la découvrent, de plus en plus nombreux, ne manquez pas la paisible beauté d'Orchha. Les circuits organisés la visitent en quelques heures. C'est pourtant un lieu idéal où se reposer des fatigues du voyage et loger dans un palais.

Histoire

Fondée en 1531, Orchha demeura la capitale d'un puissant royaume rajput jusqu'en 1783, quand Tikamgarh, voisine, la remplaça. Bir Singh Deo régna depuis Orchha entre 1605 et 1627 et construisit la forteresse de Jhansi. Favori du prince moghol Salim, il se querella avec Akbar et, en 1602, échappa de peu à la disgrâce ; son royaume fut presque ruiné

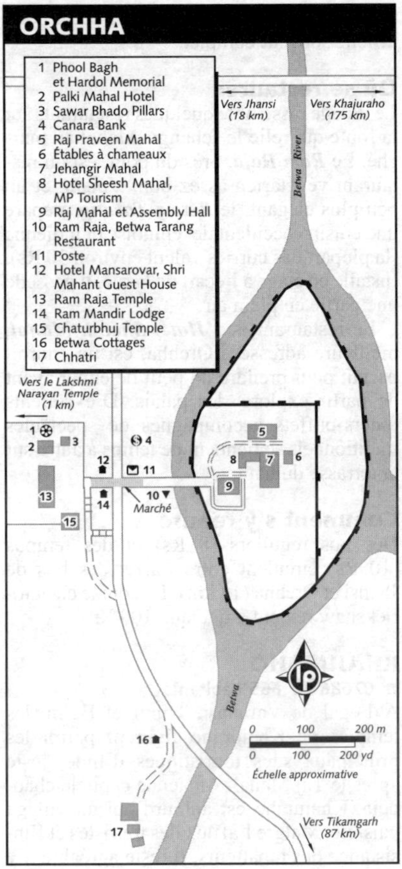

par les forces d'Akbar. En 1605, le prince Salim devint l'empereur Jehangir et, pendant les vingt-deux années qui suivirent, Bir Singh fut un puissant personnage. En 1627, Shah Jahan accéda au pouvoir et écarta Bir Singh. Sa tentative de révolte fut déjouée par Aurangzeb, alors âgé de 13 ans.

Orchha vécut une période florissante pendant la première moitié du XVIIe siècle. Lorsque Jehangir visita la cité en 1606, un palais, le Jehangir Mahal, fut édifié à son intention. Plus tard, Shah Jahan et Aurangzeb pillèrent la cité.

Renseignements

L'efficace office du tourisme du MP est installé à l'Hotel Sheesh Mahal. La Canara Bank, dans la rue principale, change espèces et chèques de voyage. Le montant autorisé est limité à 100 $US par jour.

L'entrée aux sites d'Orchha coûte 30 Rs, prix très intéressant comparé aux tarifs de plus en plus élevés réclamés dans d'autres lieux similaires de l'État – veillez à conserver votre billet, qui comprend l'entrée dans tous les palais, les temples et le musée. L'utilisation d'un appareil photo/Caméscope revient à 20/50 Rs. Tous les sites sont ouverts de 9h à 17h.

Palais

Traversez le pont sur la Betwa menant à l'île fortifiée pour arriver aux trois palais du XVIIe siècle. L'imposant **Jehangir Mahal** surplombe la campagne. Son rez-de-chaussée abrite l'**archaeological museum**. A proximité, le **Raj Mahal** recèle de magnifiques fresques. En contrebas du Jehangir Mahal, le **Raj Praveen Mahal** est érigé près d'un jardin. Le hammam et les étables à chameaux sont installés à proximité. Le MP Tourism met des baladeurs à la disposition des visiteurs. Suivez les flèches peintes sur le sol des palais, synchronisées avec les commentaires. Les effets sonores et la musique d'ambiance de cet enregistrement animent les salles vides (50 Rs, plus 500 Rs de caution).

De l'autre côté du village, le **Dinman Hardol's Palace** (ou **Palki Mahal**), près du temple de Ram Raja, est également intéressant. Le fils de Bir Singh Deo (Dinman Hardol), accusé de liaison adultérine avec sa belle-sœur, s'y suicida pour prouver son innocence. Cet acte lui valut le statut de héros.

Temples

Les temples d'Orchha, impressionnants, datent du XVIe siècle. Des milliers de dévots s'y rendent régulièrement. Au centre du village moderne se dresse le **Ram Raja Temple**, agrémenté de flèches. Tout proche, le **Chaturbhuj Temple** cache une statue de Rama derrière ses portes d'argent. Le **Lakshmi Narayan Temple**, relié au Ram Raja par un sentier de 1 km, comporte des fresques bien conservées.

Autres curiosités

Les jardins entourés de remparts de **Phool Bagh**, à proximité du Palki Mahal, sont dédiés à Dinman Hardol. Ne manquez pas les impressionnants **chhatri** (cénotaphes) des souverains d'Orchha, sur les berges de la Betwa, à 500 m au sud du village.

Où se loger

Orchha compte de plus en plus de bons établissements, dont le fabuleux Hotel Sheesh Mahal.

Tenu par la Special Area Development Authority (SADA), l'***Hotel Mansarovar*** *(☎ 52628, Main Market)* ne paie pas de mine mais dispose de chambres propres à 50/75 Rs avec s.d.b. commune (toilettes à la turque).

A côté, et ouverte depuis peu, la Shri ***Mahant Guest House*** (☎ 52715), est probablement la meilleure adresse bon marché d'Orchha. Les chambres impeccables avec s.d.b. carrelée (et seau d'eau chaude) coûtent 150, 200 ou 250 Rs (selon l'espace désiré). Certaines sont équipées de toilettes à la turque. L'endroit est très accueillant et le balcon est un lieu de rencontre idéal.

Le ***Palki Mahal Hotel***, autre établissement de la SADA (réception à l'Hotel Mansarovar), occupe une partie de l'ancien palais de Dinmann Hardol – mais les chambres n'ont rien de royal. Comptez 90 Rs en double sommaire avec s.d.b. commune ou 15 Rs pour un lit en dortoir. Il est très fréquenté par les voyageurs à petits budgets.

Le ***Ram Mandir Lodge*** (☎ *52669*), en face du Mansarovar, loue des doubles rudimentaires mais propres avec s.d.b. commune (seau d'eau chaude et toilettes à la turque) à partir de 100 Rs. Le balcon surplombe la rue principale.

MP Tourism gère deux établissements plutôt élégants.

Installé au calme en bordure de rivière, à 500 m du village, les ***Betwa Cottages*** *(☎ 52618)* occupent un jardin spacieux bien entretenu offrant de belles vues sur le palais. Simples/doubles à 490/590 Rs ou 690/790 Rs avec clim.

L'***Hotel Sheesh Mahal*** *(☎ 52624)*, dans une aile réaménagée du Jehangir Mahal, est sans doute l'endroit le plus romantique du Madhya Pradesh. Les chambres ordinaires avec grande s.d.b., mobilier colonial et vue sur la cour du palais reviennent à 490/590 Rs, plus taxe. Le vrai luxe se trouve dans l'appartement royal (2 290 Rs), doté de sa propre véranda et salle à manger, d'une immense s.d.b. en marbre et d'une vue somptueuse sur Orchha. La chambre située à l'étage inférieur, tout aussi somptueuse, revient à 1 990 Rs. Réservez, car l'hôtel affiche souvent complet.

Où se restaurer

Le village rassemble quelques restaurants sur la route qui relie le Jehangir Mahal au marché. Le ***Ram Raja***, près du pont, est un restaurant végétarien assez bon. Voisin, et un peu plus élégant, le ***Betwa Tarang*** prépare une cuisine occidentale, chinoise et indienne (la plupart des curries valent environ 30 Rs). Installé en étage à l'écart de la rue, il possède une partie en plein air.

Le restaurant de l'***Hotel Sheesh Mahal***, meilleure adresse d'Orchha, est un endroit parfait pour prendre un petit déjeuner avant de partir explorer les palais. D'excellents dîners-buffets accompagnés de spectacles traditionnels se tiennent de temps à autre sur la terrasse du haut.

Comment s'y rendre

Des bus réguliers (8 Rs) et des tempos (10 Rs) circulent entre l'arrêt des bus de Jhansi et Orchha (18 km). La course en auto-rickshaw revient à quelque 100 Rs.

KHAJURAHO

☎ 07686 • 7 665 habitants

A l'égal de Varanasi, Jaipur et Delhi, les temples de Khajuraho figurent parmi les principaux sites touristiques d'Inde, juste après le Taj Mahal. Ancienne capitale chandela, Khajuraho est aujourd'hui un village paisible. Malgré l'afflux des touristes et l'insistance des rabatteurs, il reste agréable d'y séjourner quelques jours.

De nombreux visiteurs viennent en fév./mars pour assister au spectaculaire festival de la danse (voir la rubrique *Manifestations annuelles*).

Orientation

Le Khajuraho moderne, près des temples du groupe ouest, regroupe restaurants, hôtels, boutiques et échoppes. A 1 km environ à l'est de l'arrêt des bus, l'ancien village se niche au milieu des temples du groupe est ; plus au sud se dressent deux autres groupes de sanctuaires.

Renseignements

Offices du tourisme. Le Government of India Tourist Office (☎ 72347, goito@bom6.vsnl.net.in), ouvert en semaine de 9h30 à

KHAJURAHO

OÙ SE LOGER
1 Tourist Village
2 Hotel Payal
14 Hotel Casa Di William
15 Yogi Lodge & Guesthouse
16 Hotel Marble Palace
28 Hotels Jain, Surya et Gem Palace
29 Hotel Harmony, Restaurant Shivam
30 Hotel Zen
31 Hotel Lakeside
47 Hotel Jhankar
49 Hotel Jass Trident
50 Hotel Chandela
52 Hotel Clarks Bundela
53 Holiday Inn

OÙ SE RESTAURER
11 Raja's Cafe
13 Blue Sky Restaurant
17 Mediterraneo Restaurant
20 Safari Restaurant
32 Shiva Janti, Paradise

DIVERS
3 Chandela Cultural Centre, MP Tourism
12 Government ofINDia Tourist Office
18 Chhatri
19 State Bank ofINDia
26 Archaeological Museum
10 Nandi
21 Lakshmi
22 Lakshmana
23 Chausath Yogini
24 Matangesvara
25 Varaha
33 Hanuman
34 Brahma
35 Vamana
36 Javari
37 Ghantai
39 Adinath
40 Parsvanath
41 Shanti Nath
54 Duladeo
27 Internet Hut
38 Jain Museum
42 Poste de police
43 Arrêt des bus
44 Canara Bank
45 Kandariya Art & Culture
46 Shilpgram
48 Poste principale
51 INDian Airlines

TEMPLES
4 Chitragupta
5 Devi Jagadamba
6 Mahadeva
7 Kandariya Mahadev
8 Parvati
9 Vishvanath

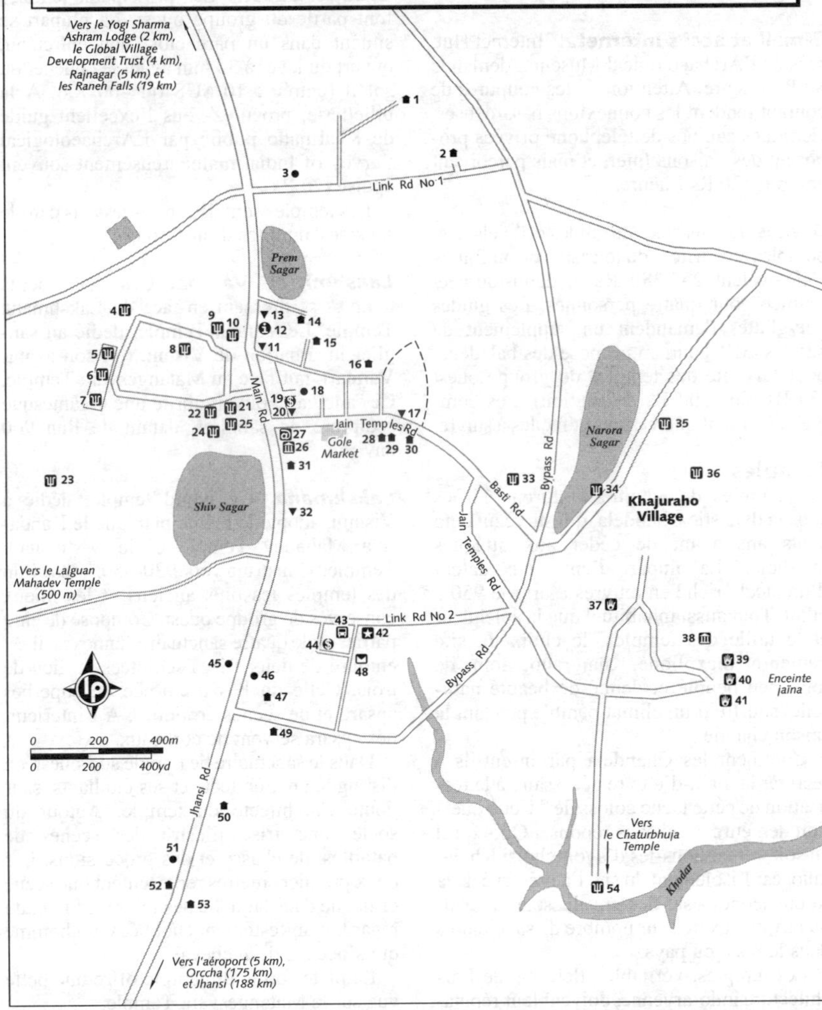

18h, fournit de précieuses informations. Un autre bureau de tourisme est installé à l'aéroport. Celui de MP Tourism, caché dans le Chandela Cultural Centre, ne justifie pas vraiment le déplacement.

Argent. La State Bank of India est le meilleur endroit pour changer de l'argent – montant limité à 200 $US par jour. La Canara Bank, derrière l'arrêt des bus, est moins fréquenté. Dans le village, quelques officines privées proposent des taux de change plus bas que les banques.

E-mail et accès Internet. L'Internet Hut, près de l'Archaeological Museum, demande 80 Rs l'heure. Attention – les coupures de courant rendent les connexions hasardeuses. Certaines cabines de téléphone privées proposent des liaisons Internet mais perçoivent environ 120 Rs l'heure.

Guides. Les services de guides officiels, disponibles aux offices du tourisme ou au Raja's Café, valent 255/380 Rs la demi-journée/journée pour quatre personnes. Les guides polyglottes demandent un supplément de 125 Rs. MP Tourism propose des baladeurs pour la visite des temples du groupe ouest (50 Rs plus 500 Rs de caution). Les commentaires sont intéressants et faciles à suivre.

Temples

Les temples de Khajuraho furent édifiés sous la dynastie Chandela, qui survécut cinq cents ans avant de céder aux attaques mogholes. La plupart d'entre eux datent d'un siècle riche en œuvres d'art, de 950 à 1050. Tout aussi inhabituel que la splendeur et la taille des temples, le choix du site demeure inexpliqué. Khajuraho, loin de tout, peu peuplé et dénué de beauté naturelle, souffre d'un climat pénible pendant la saison chaude.

Comment les Chandela parvinrent-ils à recruter la main-d'œuvre nécessaire à la réalisation de cette tâche colossale ? Cette question demeure aussi sans réponse. Quoi qu'il en soit, remercions-les d'avoir choisi Khajuraho, car l'isolement du site l'a préservé de la fureur iconoclaste des envahisseurs musulmans qui s'exerça sur nombre de sanctuaires dans le reste du pays.

Les temples, véritables fleurons de l'architecture indo-aryenne, doivent leur réputation à leurs sculptures magnifiquement ouvragées, qui représentent maints aspects de la vie indienne au premier millénaire : dieux et déesses, guerriers et musiciens, animaux réels et mythologiques.

Deux thèmes, fort détaillés, prédominent : les femmes et la sexualité. Des statues en pierre d'*apsara* (jeunes filles célestes) figurent sur tous les temples. Les *mithuna*, ou statues érotiques, illustrent toutes les postures du *Kamasutra*.

Groupe ouest. Les principaux temples font partie du groupe ouest. La plupart se situent dans un parc clos bien entretenu, ouvert du lever à 30 min avant le coucher du soleil (entrée : 10 $US ou 460 Rs). A la billetterie, procurez-vous l'excellent guide de Kharujaho publié par l'Archaeological Survey of India, malheureusement souvent épuisé (20 Rs).

Les temples sont décrits ci-dessous dans le sens des aiguilles d'une montre.

Lakshmi et Varaha. Ces deux petits temples se dressent en face du Lakshmana Temple. Le Varaha Temple, dédié au sanglier incarnation de Vishnu (ou son avatar Varaha), fait face au Matangesvara Temple. Ce sanctuaire ouvert abrite une gigantesque sculpture du sanglier, datant de l'an 900 environ.

Lakshmana. Ce grand temple, dédié à Vishnu, adopte le même plan que le Kandariya Mahadev Temple et le Vishvanath Temple. Construit vers 930-950, c'est l'un des temples les plus anciens et les mieux conservés du groupe ouest. Composé de cinq parties et de quatre sanctuaires annexes, il est entouré de deux frises sculptées au lieu de trois. Celle du bas est ornée de superbes apsara et de scènes érotiques. A l'intérieur, des apsara servent de corbeaux.

Dans le sanctuaire de l'angle sud-ouest, on distingue un architecte et ses étudiants, sans doute l'architecte du temple. Autour du socle, une frise illustre des scènes de batailles, de chasse et des processions. Les deux premiers mètres représentent une scène orgiaque dans laquelle des femmes fuient du regard, manifestement choquées, un homme qui s'occupe d'un cheval.

La plate-forme du temple offre une belle vue sur le Matangesvara Temple.

Terminologie des temples

Les temples sont tous conçus selon un plan en trois ou cinq parties, caractéristique de Khajuraho.

On pénètre dans les temples par un porche, ou *ardhamandapa,* qui ouvre sur une salle, ou *mandapa.* Celle-ci conduit au hall principal, le *mahamandapa,* reposant sur des pilastres et entouré d'un corridor. Un vestibule, ou *antarala*, mène ensuite au *garbhagriha,* ou sanctuaire intérieur, qui abrite la statue de la divinité à laquelle est dédié le temple. Un déambulatoire, le *pradakshina,* entoure le sanctuaire. Les temples en trois parties ne possèdent ni mandapa ni pradakshina.

Extérieurement, les temples apparaissent comme une succession de tours de plus en plus hautes qui s'achève par un *sikhara*, ou flèche élancée et curviligne, couronnant le sanctuaire. Les tours inférieures surmontant le mandapa ou le mahamandapa sont pyramidales. Ces éléments verticaux, au style ouvragé, voire baroque, sont équilibrés par les frises sculptées courant autour du temple, éléments horizontaux également sophistiqués.

Le temple entier repose sur une haute terrasse appelée *adisthana.* L'entrée finement ciselée du temple s'appelle *torana* et les petites tours disposées autour du sikhara principal portent le nom d'*urusringa.*

Les temples sont presque tous alignés d'est en ouest, l'entrée faisant face à l'est. Les plus anciens étaient en granit, ou en granit et grès, mais ceux de la période classique de Khajuraho sont entièrement en grès.

Kandariya Mahadev. Le premier des temples situés sur la plate-forme commune, à l'arrière du groupe ouest, n'est pas seulement le plus grand temple de Khajuraho, mais aussi le plus achevé sur le plan artistique et architectural. Construit entre 1025 et 1050, il constitue le fleuron de l'art chandela. Les quatre sanctuaires annexes ont depuis longtemps disparu, mais le sanctuaire central, en parfait état, est bâti selon le plan en cinq parties caractéristique de Khajuraho.

La flèche principale mesure 31 m de haut. Le temple est richement décoré. L'archéologue anglais Cunningham dénombra 226 statues à l'intérieur et 646 à l'extérieur, dont la plupart mesurent presque 1 m de haut. Les trois frises qui entourent le temple représentent des dieux, des déesses, des femmes sublimes, des musiciens et, bien sûr, des scènes érotiques, parmi les plus osées de Khajuraho.

Mahadeva. Ce petit temple, presque en ruine, se dresse sur la même plate-forme que le Kandariya Mahadev et le Devi Jagadamba. Bien qu'insignifiant en comparaison de ses imposants voisins, il abrite l'une des plus belles sculptures de Khajuraho – une superbe *sardula* (bête mythique) caressant un lion.

Devi Jagadamba. Le troisième temple de cette plate-forme, un peu plus ancien que le Kandariya Mahadev, suit un plan plus simple, en trois parties. Il fut dédié à l'origine à Vishnu, puis plus tard à Parvati et ensuite à Kali. Pour certains, il serait toujours dédié à Parvati et la statue de Kali (ou Jagadamba) représenterait Parvati, peinte en noir. Les sculptures forment trois frises autour du temple. La plupart des statues des deux frises inférieures représentent Vishnu. Des sardula ornent les niches intérieures. Sur la frise supérieure, apparaissent de nouveau les mithuna.

Chitragupta. Le quatrième temple, à l'arrière du groupe ouest, ne partage pas la plate-forme commune. De conception identique à celle du Devi Jagadamba, mais un peu plus récent, c'est le seul temple de Khajuraho dédié à Surya, le dieu du Soleil.

Malgré des tentatives de restauration, il n'est pas en aussi bon état que les autres édifices. Il compte néanmoins de belles sculptures parmi lesquelles des processions, des danseuses, des combats d'éléphants et des scènes de chasse. Dans le sanctuaire intérieur, on voit Surya conduisant un char attelé à sept chevaux et, dans la niche principale du côté sud, une statue de Vishnu à 11 têtes. La tête centrale est celle de Vishnu, les 10 autres sont ses incarnations.

Parvati. On arrive ensuite au Parvati Temple à droite. Le nom paraît incorrect, car ce petit temple d'un faible d'intérêt, dédié à l'origine à Vishnu, possède aujourd'hui une statue de Ganga chevauchant un crocodile.

Vishvanath et Nandi. Ce temple, qui daterait de 1002, est construit selon le plan en cinq parties du grand Kandariya Mahadev Temple. Il a conservé deux de ses quatre sanctuaires annexes. A l'autre extrémité de la plate-forme commune, la grande statue du véhicule de Shiva, le taureau Nandi, fait face au temple. Les marches conduisant à la haute terrasse sont flanquées de lions au nord et d'éléphants au sud.

Les frises ornant le temple reproduisent les scènes typiques de Khajuraho et les sculptures de femmes sont remarquables. On les voit occupées à écrire des lettres, caresser un bébé, jouer de la musique et, peut-être plus que dans tout autre temple, elles affichent des postures provocantes.

Matangesvara. A côté du Lakshmana Temple, ce temple n'est pas inclus dans l'enceinte clôturée car, contrairement aux autres temples anciens, il est toujours utilisé. Sans doute le plus simple (et probablement l'un des premiers édifiés), il renferme un lingam poli de 2,5 m de haut.

Aux premières heures de la matinée, des vendeurs de fleurs proposent des guirlandes que les dévots déposent sur la statue de Ganesh, à l'extérieur. Après leur départ, les vendeurs ôtent les guirlandes pour les revendre !

MADHYA PRADESH

Chausath Yogini et Lalguan Mahadev. Situé derrière le lac, à l'écart des autres temples du groupe ouest, ce temple en ruine est sans doute le plus ancien de Khajuraho, datant des années 900 ou plus. C'est aussi le seul entièrement en granit et qui n'est pas orienté est-ouest. Chausath signifie 64 – le temple possédait jadis 64 cellules correspondant aux statues des 64 *yogini* (servantes) qui assistaient la déesse Kali. Une 65e cellule abritait Kali.

A quelque 500 m à l'ouest, le Lalguan Mahadev Temple, un petit sanctuaire en ruine dédié à Shiva, est construit en granit et en grès.

Groupe est. Cet ensemble se subdivise en deux groupes. Le premier comprend des temples jaïna situés à l'intérieur de l'enceinte. Les quatre autres temples sont éparpillés dans l'ancien village de Khajuraho.

Parsvanath. Le plus grand temple jaïna de l'enceinte est aussi l'un des plus beaux de Khajuraho. Beaucoup plus modeste que les temples du groupe ouest par ses dimensions et ses représentations érotiques, il est remarquable par la qualité, la finesse de sa construction et la beauté de ses sculptures. On y trouve certaines des plus célèbres statues de Khajuraho, dont celle, classique, d'une femme enlevant une épine de son pied et celle d'une autre se maquillant les yeux. Bien que dédié à l'origine à Adinath, une statue de Parsvanath le remplaça au XIXe siècle et donna son nom au temple.

Adinath. Jouxtant le Parsvanath Temple, le petit Adinath Temple a été en partie restauré au fil des siècles. Il est orné de superbes sculptures formant trois frises et, comme le précédent, ressemble beaucoup aux temples hindous de Khajuraho. Seule la curieuse statue noire, dans le sanctuaire intérieur, indique qu'il est jaïna.

Shanti Nath. Ce temple relativement moderne, construit il y a un siècle, contient des pièces provenant de temples anciens des environs de Khajuraho. La statue d'Adinath, de 4,5 m de haut, daterait de 1028. Des pèlerins jaïna *digambara* ("vêtus de ciel", ou nus) séjournent parfois dans le *dharamasala* (hébergement pour pèlerins).

Ghantai. En quittant le groupe des temples jaïna, à l'est, pour rejoindre le village de Khajuraho, on arrive à ce petit temple jaïna en ruine, dont il ne subsiste qu'une structure sur piliers. Son intérêt réside dans ses colonnes délicates et travaillées et dans la statue de la déesse jaïna chevauchant un garuda, à l'entrée.

Javari. Traversez le village jusqu'à ce temple datant d'environ 1075-1100. Dédié à Vishnu, il constitue un superbe exemple de l'architecture de Khajuraho, à une échelle réduite. L'extérieur comporte des statues de jeunes femmes.

Vamana. A 200 m au nord du Javari Temple, ce temple est dédié à Vamana, incarnation de Vishnu sous forme de nain.

L'érotisme de Khajuraho

Quelle signification donner à cet érotisme ? C'est la question que se posent bien souvent les visiteurs. Selon certains, les scènes érotiques constitueraient des illustrations du *Kamasutra*, initiation destinée aux jeunes brahmanes élevés dans des écoles spéciales, à l'écart du monde. Pour d'autres, les statues auraient pour fonction de protéger les temples de la foudre et d'apaiser le dieu de la pluie Indra.

Hypothèse plus convaincante : ces représentations seraient des images tantriques. D'après ce culte, la satisfaction des instincts primordiaux serait un moyen d'enrayer les maux de l'Univers et de parvenir à la délivrance finale. Le *bhoga* (plaisir physique) et le *yoga* (exercice spirituel) sont considérés comme faisant partie intégrante de la quête du nirvana.

Plus probablement, les sculpteurs de Khajuraho voulurent reproduire la vie telle qu'elle était conçue par les hommes de leur temps, non entravés par la morale. Il ne s'agit en aucun cas de pornographie. Les scènes érotiques sont nombreuses, mais la vie quotidienne au sens large est également présente. Les sculptures de Khajuraho devraient être simplement considérées comme de joyeuses célébrations de tous les aspects de la vie.

Un peu plus ancien que le Javari Temple, il se dresse tout seul au milieu d'un champ. Le dessin relativement simple de son sikhara est remarquable. Les magnifiques sculptures extérieures mettent en scène de nombreuses "demoiselles célestes" adoptant toutes sortes de poses.

Brahma et Hanuman. En repartant vers l'ouest et le village moderne, vous passerez devant le Brahma Temple, temple de granit et de grès, l'un des plus anciens de Khajuraho. Il était en fait dédié à Vishnu et non à Brahma.

Empruntez la route qui conduit du village moderne à l'enceinte jaïna pour parvenir au temple abritant une statue de Hanuman. Cette statue du dieu-singe, de 2,5 m de haut, porte une inscription datant de 922.

Jain Museum. Installée à l'extérieur de l'enceinte jaïna, cette galerie circulaire moderne renferme les statues des 24 tirthankara. Il ouvre tous les jours, sauf le dimanche, de 8h à 17h (2 Rs).

Groupe sud. Ce groupe ne comprend que deux temples.

Duladeo. Un chemin de terre conduit à ce temple plus récent et isolé, à 1 km au sud de l'enceinte jaïna. Ses sculptures, moins originales, témoigneraient, selon les spécialistes, du déclin du talent des artisans. Il n'en demeure pas moins gracieux, avec ses beautés adoptant diverses poses et ses couples mithuna.

Chaturbhuja. Au sud de la rivière, à 3 km du village par une piste, ce temple en ruine possède une belle statue de Vishnu de 3 m de haut.

Archaeological Museum

A proximité de l'enceinte ouest, ce petit musée renferme une belle collection de statues et de sculptures retrouvées dans les environs de Khajuraho. Malheureusement, le droit d'entrée coûte la rondelette somme de 10 $US, faisant de ce lieu l'un des plus chers du Madhya Pradesh. A moins d'être féru d'archéologie, abstenez-vous d'y aller. Il est ouvert tous les jours (sauf vendredi) de 10h à 17h.

Manifestations annuelles

En fév./mars, le **Khajuraho Festival of Dance** dure une semaine et attire les meilleurs danseurs classiques indiens. Les représentations ont lieu dans l'enceinte ouest, en plein air sur fond de temples illuminés. Consultez le programme au www.mptourism.com.

Depuis trois ans, il existe aussi un nouveau festival de musique, qui se déroule les 28 et 29 novembre et devrait être régulier.

Où se loger – petits budgets

En arrivant à l'arrêt des bus, vous serez assiégé par les habituels rickshaw-wallahs qui vous proposeront un trajet à 5 Rs – comme ils perçoivent des commissions, vous aurez du mal à négocier un tarif s'ils vous emmènent dans un hôtel.

Bon marché et très prisé, le ***Yogi Lodge & Guesthouse*** *(☎ 74158)* loue des simples/

doubles avec s.d.b. à partir de 80/120 Rs. D'autres chambres plus chères sont dotées d'un chauffe-eau et d'un accès Internet (80 Rs l'heure). Pour plus de calme, demandez qu'on vous indique le ***Yogi Sharma Ashram Lodge***, une grande maison avec jardin située à 2 km du village. Les chambres claires à 80/120 Rs ou les lits en dortoir à 40 Rs disposent tous d'une s.d.b. commune. Des cours de méditation gratuits sont dispensés chaque matin par le yogi Ramprakash Sharma.

Plusieurs hôtels très bon marché se succèdent dans Jain Temples Rd. L'***Hotel Gem Palace*** *(☎ 74100)* possède des simples/doubles à 100/200 Rs et des chambres plus grandes à 150/250 Rs, toutes avec s.d.b. et eau chaude en permanence. L'***Hotel Harmony*** *(☎ 74135)* offre également un bon rapport qualité/prix et demande 200/250 Rs pour des chambres confortables avec s.d.b. Le petit jardin clos, entouré de murs, est lumineux et extrêmement soigné.

A côté, l'***Hotel Surya*** *(☎ 74145)* possède un grand verger et organise des cours de yoga à l'aube. Les chambres convenables avec s.d.b. sont à 150/200 Rs, celles avec balcon à 250/350 Rs. L'***Hotel Jain*** *(☎ 72352)*, une affaire familiale appréciée depuis longtemps des voyageurs, comporte des chambres à partir de 80/125 Rs, dont certaines avec balcon.

L'***Hotel Lakeside*** *(☎ 74120, Main Rd)* dispose de chambres propres réparties autour d'une cour centrale. Comptez à partir de 80 Rs dans une simple banale et 150/250 Rs dans une simple/double avec s.d.b. et air-cooler. Vous bénéficierez d'une belle vue au lever et au coucher du soleil depuis le toit en terrasse.

Le ***Tourist Village*** du MP Tourism *(☎ 74128)* réunit plusieurs cottages un peu délabrés, décorés de tapis et de meubles locaux (250 Rs). Cet endroit tranquille se trouve au nord du village.

Où se loger – catégorie moyenne

L'***Hotel Marble Palace*** *(☎ 74353)* porte bien son nom avec ses sols en marbre et son escalier en colimaçon. Les chambres spacieuses et confortables avec baignoire sont très agréables mais un peu chères à 450/550 Rs (750 Rs avec clim.).

Impeccable, l'***Hotel Zen*** *(☎ 74228, fax 72408, Jain Temples Rd)* possède un plaisant jardin intérieur et des doubles à partir de 150 Rs, ou 350 Rs avec baignoire et balcon donnant sur le jardin.

Une initiative écologique

Le Global Village Development Trust (☎ 74237, 72250), globalvillage@indiatimes.com), Rajnagan Rd, Khajuraho, est une nouvelle organisation non gouvernementale (ONG) qui se consacre à sauvegarder l'environnement fragile de Khajuraho, soumis à rude épreuve par l'accroissement du tourisme.

Le Global Village est né d'une frustration collective devant l'inefficacité du gouvernement à agir concrètement sur les problèmes croissants que connaît la région. Il s'est lancé dans un programme d'éducation local dans le but d'aider la communauté de Khajuraho à lutter contre le gâchis de plastique, le tarissement des ressources en eau et la pollution automobile.

Son principal objectif consiste à rechercher des matières alternatives pour remplacer les produits domestiques non biodégradables qui exercent un effet néfaste sur l'environnement.

Si vous souhaitez participer à ce projet en faisant une donation ou en travaillant comme bénévole, contactez M. Ajay Awasthi ou M. Sharlesh Singh à l'adresse ci-dessus. Le Global Village recommande aux clients des plus grands hôtels de réclamer des produits biodégradables auprès de la direction.

Dans une rue latérale, juste après l'office du tourisme, l'***Hotel Casa Di William*** *(☎ 74244, fax 72252)* dégage une atmosphère méditerranéenne avec ses sols de marbre et ses balustrades chaulées. Il facture 300/600 Rs les doubles confortables avec air cooler/clim. et eau chaude en continu. Un bon restaurant prépare des spécialités indiennes et italiennes.

Près du Tourist Village, l'***Hotel Payal*** *(☎ 74064)*, un établissement délabré dans un vaste jardin, offre des simples/doubles propres avec eau chaude et TV pour 340/390 Rs ou 590/690 Rs avec clim.

Au sud du village, l'***Hotel Jhankar*** du MP Tourism *(☎ 74063, fax 74194)* dispose de chambres un peu vieillottes, toutes avec s.d.b. et eau chaude permanente, à 340/390 Rs (590/690 Rs avec clim.). Son restaurant sert des bières fraîches.

Où se loger – catégorie supérieure

La plupart des hôtels de luxe rivalisent entre eux pour se surpasser et sont installés au sud du village moderne. Malgré son aspect massif, l'***Hotel Jass Trident*** *(☎ 72344, d_bhatial@indiatimes.com)* possède un certain charme et des simplesdoubles à 44/88 $US. Sa piscine est ouverte aux non-résidents moyennant 150 Rs. Des spectacles de danse folklorique sont organisés d'août à avril (150 Rs). Tout au long de l'année, une représentation de marionnettes et un récital de sitar et de tabla, tous deux gratuits, animent les soirées.

L'***Hotel Chandela*** *(☎ 72355, fax 72366, Jhansi Rd)* comporte des chambres climatisées dotées de lits confortables et d'une baignoire (42/70 $US). Parmi les activités au programme figurent le tennis, le yoga, le tir à l'arc, le croquet et le badminton. L'hôtel dispose d'une bonne librairie, de deux excellents restaurants et d'un café.

Au sud du Chandela, l'***Hotel Clarks Bundela*** *(☎ 72386, fax 72385, Jhansi Rd)* demande 45/85 $US et comprend une piscine (ouverte aux non-résidents pour 100 Rs). Des réductions jusqu'à 50% sont consenties en basse saison.

Encore plus au sud, l'***Holiday Inn*** *(☎ 72301, hi.khajuraho@vsnl.com, Jhansi Rd)* loue des chambres meublées avec goût (40/75 $US) et d'un personnel attentionné. Ce luxueux cinq-étoiles abrite une piscine, un bar et deux restaurants.

Où se restaurer

Géré depuis une vingtaine d'années par une Suissesse, le ***Raja's Cafe*** est un point de rencontre apprécié pour sa belle cour ombragée et la vue superbe sur les temples depuis la terrasse. On vous fournira des informations touristiques et les services de guides.

Derrière l'office du tourisme, le sympathique ***Blue Sky Restaurant*** sert une excellente cuisine indienne, japonaise et italienne. Un kofta végétarien revient à 30 Rs, les thali à partir de 20 Rs.

Le minuscule ***Shivam Restaurant*** *(Jain Temples Rd)* prépare des thali ordinaires à 20 Rs et de succulents thali gujarati à 30 Rs.

En face de l'Internet Hut, le ***Safari Restaurant*** est parfait pour prendre un petit déjeuner à prix raisonnable.

Le ***Mediterraneo Restaurant*** *(Jain Temples Rd)* compte parmi les nombreuses adresses prisées pour leur cuisine italienne.

Le long de Main Rd, plusieurs restaurants corrects disposent de terrasses surplombant le petit Shiv Sagar, fort agréables au crépuscule. ***Shiva Janti***, sans prétention, jouit d'une belle vue sur le lac. Plus calme que d'autres, le ***Paradise*** propose une bonne carte et vous concoctera quelques autres plats qui n'y figurent pas. Les crêpes aux mangues valent 40 Rs.

Recommandé par différents lecteurs, le ***Gaylord Restaurant*** est situé entre les temples du groupe ouest et l'aéroport.

Tous les hôtels de luxe possèdent de bons restaurants. Attendez-vous à débourser autour de 250 Rs par personne, boisson non comprise.

Où sortir

Un excellent ***sound-and-light-show*** (spectacle son et lumière ; 200 Rs) a lieu chaque soir aux temples du groupe ouest à 19h. Il illustre l'histoire et la culture de Khajuraho sur 4 000 ans.

Kandariya Art & Culture (☎ *74031*), à droite dans Main Rd en venant du village, présente chaque soir des danses folkloriques de différents États de l'Inde dans un confortable théâtre couvert. Ces spectacles d'une heure commencent à 19h et 20h30 (250 Rs).

Établissement public situé juste en face, le ***Shilpgram*** (☎ *771606*) se fixe pour objectif de promouvoir la culture indienne, classique et folklorique. Le calendrier de la programmation vous sera communiqué par téléphone. L'entrée coûte en général autour de 100 Rs.

L'***Hotel Jass Trident*** (voir ci-dessus *Où se loger – catégorie supérieure*) accueille des manifestations culturelles et musicales variées.

Comment s'y rendre

Situé à l'écart des grands axes, Khajuraho est difficilement accessible. Inclure sa visite sur l'itinéraire Varanasi-Agra implique de prendre des bus lents qui circulent sur des petites routes de campagne. Le trajet en avion est une bonne solution.

Avion. Indian Airlines (☎ 74035) assure un vol quotidien aller-retour Delhi-Agra-Khajuraho-Varanasi. C'est probablement le vol touristique le plus demandé et toutes les places sont souvent réservées par des tour-opérateurs. Il part de Khajuraho à 17h10 les lundi, mercredi, vendredi et dimanche et à

16h10 les mardi, jeudi et samedi à destination de Delhi (100 $US), Agra (80 $US) et Varanasi (80 $US). Le tarif jusqu'à Mumbai, *via* Delhi, s'élève à 275 $US. Indian Airlines, près de l'Hotel Clarks Bundela, ouvre tous les jours de 10h à 17h.

Bus et train. Jhansi (75/90 Rs, économique/deluxe, de 4 heures 30 à 6 heures) est la gare ferroviaire la plus proche sur la ligne principale Delhi-Mumbai. Une demi-douzaine de bus effectuent quotidiennement ce trajet. Il existe aussi une liaison directe Agra-Gwalior (190 Rs).

Il n'existe pas de liaison directe entre Varanasi et Khajuraho. Satna est la gare ferroviaire la plus proche pour les voyageurs en provenance de Varanasi et de l'est du pays. Située sur la ligne Mumbai-Allahabad, elle dessert de nombreuses destinations. Cinq bus par jour relient Satna à Khajuraho (55 Rs, 4 heures). Toutefois, il est impossible d'effectuer le trajet Varanasi-Khajuraho en une journée, car le dernier bus quitte Satna à 15h30. La meilleure solution consiste à prendre le *Muzaffarpur Lokmanya Tilak Express* qui quitte Varanasi à 23h30 et arrive à Satna à 6h30.

De Varanasi, vous pouvez aussi prendre un train jusqu'à Mahoba (160 Rs, couchette), à 60 km au nord de Khajuraho, puis un bus (35 Rs, 2 heures).

Un bus quotidien part pour Jabalpur à 6h (135 Rs, 11 heures), mais le train, depuis Satna, est plus confortable. Des bus réguliers desservent Panna (21 Rs, 1 heure) *via* Madla (pour le Panna National Park).

Le Madhur Cold Drinks Stand, un stand de boissons fraîches, à l'arrêt des bus, vous fournira des renseignements sur les bus et les trains.

Taxi collectif. Ce moyen offre une bonne alternative si vous pouvez partager le prix de la course avec d'autres voyageurs. Le trajet revient à environ 5/10 Rs le kilomètre en voiture non climatisée/climatisée. Les taxis climatisés vous emmèneront à Satna (1 000 Rs), Varanasi (3 500 Rs) et Agra (4 000 Rs).

Comment circuler

Desserte de l'aéroport. Comptez 80 Rs pour ce court trajet (3 km) en taxi et 40 Rs en rickshaw.

Transports locaux. Le meilleur moyen de se déplacer dans Khajuraho est le vélo. La location, largement répandue, coûte 20 Rs par jour. Les tarifs des rickshaws sont généralement astronomiques. Sachez que le trajet jusqu'aux temples du groupe est représente une longue marche.

Il vous en coûtera quelque 100 Rs pour louer un rickshaw pour une demi-journée ; assurez-vous que la visite des temples du sud est incluse, de même que les attentes.

ENVIRONS DE KHAJURAHO

Panna National Park

La route de Satna traverse ce parc de 543 km² qui longe la Ken, à 32 km de Khajuraho. Ses vastes forêts vierges abritent une faune variée, dont des léopards, des chitals (cerfs tachetés), des entelles et des cerfs sambars. Environ 22 tigres vivent dans le parc ; ils ne sont pas pistés (comme à Kanha), donc difficiles à observer.

L'entrée du parc vaut 150 Rs (10 Rs pour les Indiens) plus 25/200 Rs pour un appareil photo/Caméscope. A l'intérieur du parc, on ne circule qu'en "Gypsys", en location à l'entrée du parc à Madla ou à Khajuraho (voir plus loin la rubrique *Comment s'y rendre*).

Les mois les plus frais sont les plus propices à la visite. L'été, la chaleur peut être infernale. Le parc est fermé du juin à oct.

Les excursions d'une journée à partir de Khajuraho (48 km) comprennent souvent la visite des **mines de diamant** de Majhgawan, du **Rajgarh Palace**, des cascades de **Ranah Falls** et des **temples** de Panna.

Où se loger. A 3 km de l'entrée du parc, au bord de la Ken, la ***Giles Tree House*** constitue l'hébergement le plus agréable, se composant d'une plate-forme construite dans un arbre et de quelques huttes. Comptez 300 Rs pour une hutte rudimentaire, 500 Rs pour une chambre et 800 Rs pour une chambre au bord de la rivière (s.d.b.). Réservez au Raja's Cafe à Khajuraho.

A Madla, la ***Forest Rest House*** offre des équipements sommaires pour 275 Rs par personne. Réservez au bureau à l'entrée du parc ou auprès du directeur au village de Panna *(☎ 07732-52135)*. Il faut apporter ses provisions. Une autre ***Forest Rest House*** (mêmes modes de réservation) est installée de l'autre côté du parc, à Hinouta, à environ 50 km de Khajuraho.

Comment s'y rendre. Des bus locaux réguliers relient Khajuraho à Panna (15 Rs, 1 heure) *via* Madla (45 min). Pour le parc, descendez à Madla.

Les excursions d'une journée (en Gypsy à six places exclusivement) sont organisées par des agents de voyages de Khajuraho ou par le Raja's Cafe. Comptez environ 1 500 Rs, plus les droits d'entrée et les services de guides.

SATNA

☎ 07672

Satna peut constituer une étape pratique sur la route de Khajuraho. Le MP Tourism est installé dans la gare ferroviaire.

Où se loger et se restaurer

Le choix se réduit à la proximité de l'arrêt des bus ou de la gare ferroviaire. Tous les hôtels fournissent gratuitement des seaux d'eau chaude.

Adresse correcte derrière l'arrêt des bus, l'***Hotel India** (☎ 51012, Rewa Rd)* loue des simples/doubles assez propres avec s.d.b. à 95/126 Rs ; le bon restaurant économique du rez-de-chaussée fait partie de la chaîne ***Indian Coffee House***.

A quelque 500 m de la gare ferroviaire, l'***Hotel Chanakya** (☎ 25026, Station Rd)* propose des chambres spacieuses et soignées avec TV pour 225/330 Rs (385/495 Rs avec clim.).

L'***Hotel Khajuraho** (☎ 23330)* derrière la route qui part de la gare ferroviaire, demande 250/350 Rs pour des chambres agréables avec air-cooler et s.d.b.

Le ***Saloni Restaurant** (Rewa Rd)*, en face de l'arrêt des bus, sert des plats végétariens dans une salle climatisée. De nombreuses ***échoppes*** sont installées dans le marché autour de l'arrêt des bus.

Quitter la ville

Quatre bus partent pour Khajuraho (45 Rs, 4 heures) entre 6h30 et 14h30. Pour rejoindre le Bandhavgarh National Park, empruntez le bus jusqu'au minuscule hameau de Gorsari, où vous dégusterez thé et samosa en compagnie des habitants en attendant le bus local qui vient de Rewa et rallie Tala. Sinon, vous devrez faire le trajet en taxi (environ 1 000 Rs).

Des trains directs relient Satna à Varanasi (123/415 Rs en couchette/1re, 316 km, 8 heures) et Jabalpur (53/279 Rs en 2e/1re, 189 km, 3 heures). D'autres trains express directs desservent Allahabad, Kolkata (Calcutta), Mumbai et Chennai.

Centre du Madhya Pradesh

BHOPAL

☎ 0755 • 1 278 030 habitants

Capitale du Madhya Pradesh, Bhopal a été construite sur l'emplacement de l'ancienne cité de Bhojapal. Elle fut fondée au XIe siècle par le légendaire raja Bhoj, auquel on attribue la création des lacs autour desquels s'organise la ville.

Aujourd'hui, Bhopal présente plusieurs facettes. La vieille ville (Old Bhopal) offre des marchés animés, d'immenses mosquées et les palais des anciennes bégum qui régnèrent de 1819 à 1926. Au nord, s'étendent les tentaculaires faubourgs industriels et les bidonvilles qu'ils génèrent inévitablement dans le pays. Au sud s'est développée la nouvelle ville (New Bhopal) avec ses larges avenues, ses immeubles de bureaux et ses quartiers résidentiels.

Dans le centre de la ville, deux lacs sont des aires de loisirs infestées de moustiques. Malgré son atmosphère détendue, cette ville figure rarement sur les itinéraires touristiques. Pourtant, elle recèle plusieurs sites culturels et constitue une bonne base pour d'excellentes excursions.

Orientation

La gare ferroviaire et l'arrêt des bus sont tous deux proches du quartier des hôtels, le long de Hamidia Rd dans Old Bhopal. Si vous arrivez par le train, sortez de la gare par les quais n°4 ou 5 pour rejoindre cette rue.

La ville nouvelle, qui englobe TT Nagar, le quartier des grandes banques et l'office du tourisme, est en revanche éloignée des gares. Old Bhopal et New Bhopal sont séparées par le Lower Lake et l'Upper Lake.

Renseignements

Offices du tourisme. Des comptoirs d'information touristique, compétents et efficaces, sont installés à la gare ferroviaire et à l'aéroport. Le siège du MP Tourism (☎ 778383, fax 774289, mail@mptourism.

com) se trouve dans le Gangotri Complex, 4e étage, TT Nagar et le Regional Tourist Office (☎ 553006) dans l'Hotel Palash. MP Tourism s'occupera de vos réservations dans ses propres hôtels dans tout l'État ; mieux vaut vous y prendre au moins cinq jours à l'avance. Son site web est le suivant : www.mptourism.com.

MP Tourism loue des voitures avec chauffeur à partir de 4,50 Rs le kilomètre ou 500 Rs par jour.

Argent. Vous devrez vous rendre à TT Nagar pour changer de l'argent ou des chèques de voyage. La State Bank of India (près du cinéma Rangmahal Talkies), la State Bank of Indore (en bas de l'Hotel Panchanan) ou l'Allahabad Bank, Bhadbhada Rd, possèdent toutes trois un guichet de change.

Poste et communications. La poste principale se trouve dans Sultania Rd, Old Bhopal, près de la Taj-ul-Masjid.

Computera, dans Hamidia Rd, non loin de l'arrêt des bus, offre des connexions Internet rapides à 40 Rs l'heure. Si vous résidez à New Bhopal, essayez Eventure.com, entre l'Indian Coffee House et l'Allahabad Bank, ouvert 24h/24 ; envoyer des e-mails revient à 35 Rs l'heure (le jour) et seulement à 25 Rs à partir de 23h.

Librairies. Bhadbhada Rd, près de MP Tourism au nord de TT Nagar, compte deux librairies comportant un petit rayon d'ouvrages en anglais. Variety Book House offre la meilleure sélection (ainsi que des cartes routières) et Books World rassemble de nombreux livres d'occasion.

Centres culturels. L'Alliance française (☎ 466595, afbpl@bom.vsnl.net.in) est située dans le quartier d'Arena Colony. Les voyageurs pourront y consulter journaux et magazines. Derrière la Variety Book House, la British Council Library (☎ 553767), GTB Complex, TT Nagar, dispose d'une salle de lecture bien pourvue et ouvre du mardi au samedi de 11h à 19h.

Services médicaux. Meilleur hôpital de la ville, le Hamidia Hospital (☎ 511446), Royal Market Rd, surplombe Old Bhopal. De

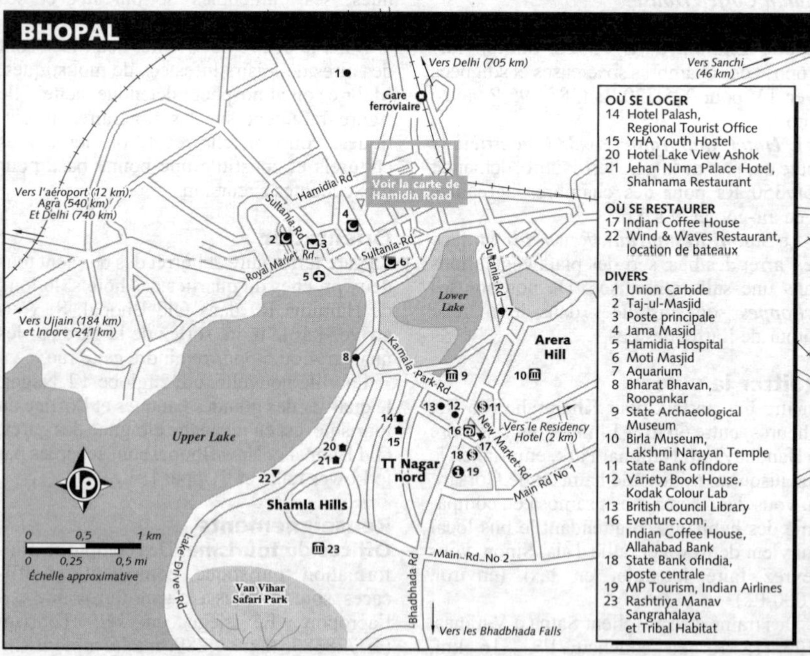

La catastrophe de Bhopal – un scandale traité avec négligence

La nuit du 3 décembre 1984, 40 tonnes d'isocyanate de méthyle, un gaz toxique utilisé dans la fabrication des pesticides par Union Carbide (une multinationale basée aux États-Unis) se sont déversées sur Bhopal. Portées par les vents, les vapeurs léthales enveloppèrent bientôt la ville endormie.

Actuellement, le bilan des victimes est estimé à 16 000 personnes, et plus d'un demi-million d'habitants souffrent d'une détérioration définitive de leur état de santé – mais les chiffres exacts ne seront sans doute jamais connus. Un rapport établi par une équipe internationale d'experts médicaux a conclu : "Une importante fraction de la population de Bhopal [souffre] d'une affection de longue durée", les victimes présentant des symptômes étrangement similaires à ceux du sida.

Scandalisées par le montant ridicule des indemnités financières versées avec une extrême lenteur par le gouvernement, des associations de survivants et de familles des victimes ont saisi la justice américaine à la fin de 1999. La plainte déposée vise à inculper Union Carbide et son ancien président Warren Anderson pour avoir commis de graves violations à la loi internationale et aux droits de l'homme en faisant preuve d'une "indifférence irresponsable et dépravée à l'égard de la vie humaine".

Aujourd'hui, seul le monument à la mémoire des victimes érigé devant l'usine désaffectée, au nord de Hamidia Rd, témoigne de cette tragédie.

Union Carbide (qui dirige aussi Everyday Industries) demeure une entreprise prospère ; elle continue à vendre dans toute l'Inde des piles issues de ses usines. Si vous êtes amené à en acheter au cours de votre séjour, vérifiez soigneusement la marque.

nombreuses pharmacies des alentours sont bien approvisionnées.

Urgences. Il faut composer ☎ 100 pour appeler la police et ☎ 102 pour une ambulance.

Taj-ul-Masjid

Commencé sous le règne de la bégum Shah Jahan (1868-1901), mais jamais terminée, la Taj-ul-Masjid figure parmi les plus grandes mosquées d'Inde. Sa construction a été reprise en 1971. Ses trois coupoles, ainsi que les dômes des deux minarets, tout blancs, tranchent sur le rose de l'édifice principal. On y accède par l'entrée de Royal Market Rd, artère animée. Elle est fermée aux non-musulmans le vendredi.

Autres mosquées

La **Jama Masjid**, érigée en 1837 par la bégum Qudsia, se dresse en plein cœur du bazar ; elle se distingue par ses minarets curieusement massifs. La **Moti Masjid** fut bâtie en 1860 par la bégum Sikander Jahan, fille de la bégum Qudsia. De style identique à la Jama Masjid de Delhi mais de dimensions plus modestes, elle arbore deux minarets rouge foncé.

Lacs

Le plus grand des deux lacs, l'Upper Lake, s'étend sur 6 km^2 ; un pont le sépare du Lower Lake, plus petit. Une véritable flottille de bateaux de location attend sur l'Upper Lake, dont des barques (50 Rs la demi-heure), des pédalos (60 Rs l'heure) et des bateaux à voiles (100 Rs l'heure) – uniquement pendant l'été. Le bureau de location se trouve au bout de l'allée qui mène au Wind & Waves Restaurant.

Près de Lower Lake, un petit **aquarium** relativement terne ouvre de 15h à 20h tous les jours, à l'exception des lundis (2 Rs).

Lakshmi Narayan Temple et Birla Museum

Le Lakshmi Narayan Temple, ou Birla Mandir, offre une vue superbe sur les lacs et la vieille ville. A côté, sur l'Arera Hill, le musée expose une collection relativement modeste, mais remarquable, de sculptures locales datant essentiellement de l'époque Paramana. Le musée ouvre tous les jours, sauf le lundi, de 10h à 17h (entrée : 3 Rs).

State Archaeological Museum

A proximité du Lower Lake, ce musée recèle une petite collection de sculptures hindoues datant du VIe au Xe siècle, des bronzes, des pièces préhistoriques et des copies des peintures des grottes de Bagh. Il ouvre tous les jours, sauf le lundi, de 10h à 17h (entrée libre).

Bharat Bhavan

Ce centre d'art (☎ 540353), conçu par le célèbre architecte Charles Correa, a été inauguré en 1982. Il est aujourd'hui considéré comme l'un des bastions des arts traditionnels. Outre les ateliers et théâtres, il abrite la **Roopankar Gallery**, scindée en deux parties. A droite de l'entrée, de superbes peintures et sculptures anciennes sont dues à des artistes adivasi anonymes. Parmi les pièces les plus impressionnantes, figurent les fresques représentant des animaux et des scènes villageoises. De l'autre côté de la cour centrale, la seconde galerie contient des photographies et des sculptures contemporaines de toute beauté. Le Bharat Bhavan ouvre tous les jours, sauf le lundi en hiver, de 14h à 20h (5 Rs).

Rashtriya Manav Sangrahalaya

Cet ensemble culturel et religieux de 40 ha aménagé dans les collines surplombant l'Upper Lake tente ambitieusement de montrer la vie, la culture, l'art et la religion des multiples populations tribales indiennes. Cette tentative débuta par le **Tribal Habitat (musée de l'Homme)**, une exposition en plein air comportant quelque 25 maisons tribales agencées selon la configuration traditionnelle. Les éléments plus récents, le **Coastal Village** (qui borde la rive est du lac), le **Desert Village** et le **Rock Heritage**, sont conçus de la même façon. Des roches préhistoriques sont disséminées dans le parc. Un immense musée couvert et une galerie exposent des costumes, des bijoux et des ornements adivasi, un site multimédia et une base de données.

Le but de ce complexe est avant tout éducatif. Il possède deux centres d'information, un atelier de poterie et d'artisanat et projette un film le samedi à 16h (1 heure). L'entrée aux expositions et à la projection est gratuite. Le centre ouvre tous les jours, sauf le lundi, de 11h à 18h30. Un auto-rickshaw vous demandera environ 100 Rs pour vous y conduire, attente comprise.

Van Vihar Safari Park

Ce parc de 445 ha s'apparente davantage à un zoo, bien qu'on fasse état de son "environnement naturel". Si vous vous trouvez dans le Nord pendant la période de la mousson, lorsque tous les parcs nationaux sont fermés, vous pourrez tout de même apercevoir ici des tigres, des lions, des léopards et des crocodiles. Le parc est ouvert tous les jours (sauf vendredi) de 7h à 11h et de 15h à 17h30 (100 Rs, gratuit pour les handicapés). L'accès en auto-rickshaw/voiture revient à 10/20 Rs. Un tour dans le parc en rickshaw (depuis le centre-ville) vous coûtera quelque 120 Rs.

Où se loger

Hamidia Rd, dans Old Bhopal, regroupe la plupart des établissements de la ville. S'il n'est pas facile de dénicher un bon hôtel à petit prix, vous en trouverez d'excellents de catégorie moyenne à prix raisonnables.

Où se loger – petits budgets

La majorité des hôtels mentionnés ci-dessous offrent des chambres avec s.d.b.

Près de l'Hotel Palash, la ***YHA Youth Hostel*** *(☎ 550899, TT Nagar)* est une auberge de jeunesse très bon marché mais elle ne répond pas vraiment aux normes YHA. Les membres paient 20 Rs pour un lit en dortoir crasseux et 60 Rs en double. Les non-membres paient deux fois plus.

Le plus prisé dans cette catégorie, l'***Hotel Ranjit*** *(☎ 533511, ranjit@bom6.vsnl.net.in, 3 Hamidia Rd)* loue des simples/doubles avec air-cooler à 150/200 Rs ou climatisées à 325/375 Rs.

Tout proche, l'***Hotel Rama International*** *(☎ 535542, Hamidia Rd)*, spacieux mais un peu délabré, demande 150/200 Rs, ou 250/300 Rs avec clim.

A l'***Hotel Meghdoot*** *(☎ 713407)*, les chambres plutôt ternes démarrent à 126/172 Rs ; celles deluxe à 150/240 Rs sont plus agréables (seau d'eau chaude et toilettes à la turque).

Près de Hamidia Rd et du Ranjit, l'***Hotel Manjeet*** *(☎ 536168)* propose des petites simples/doubles immaculées à partir de 200/250 Rs, des chambres plus confortables à 250/275 Rs et d'autres climatisées à 425/465 Rs. Le personnel est accueillant et la direction efficace.

Où se loger – catégorie moyenne

En retrait de l'animation de Hamidia Rd, l'***Hotel Sonali*** *(☎ 533880, fax 510337, Radha Talkies Rd)* présente le meilleur rap-

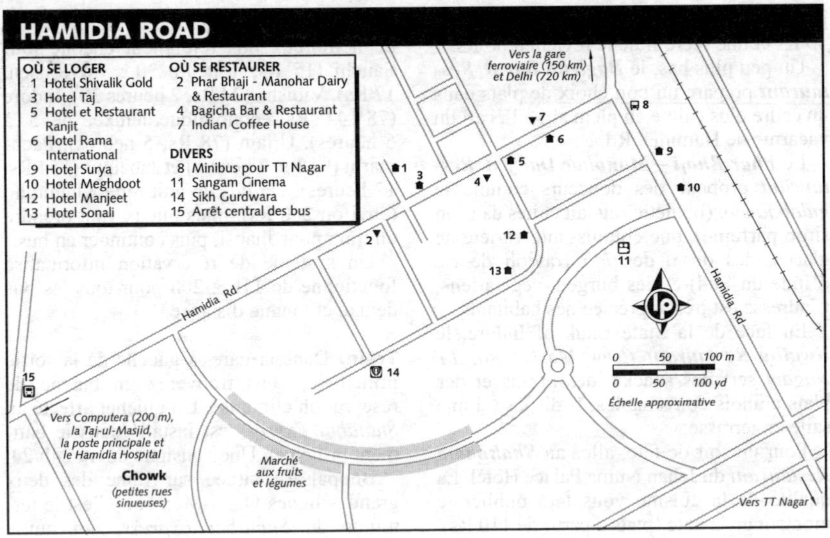

port qualité/prix en ville. Les chambres les moins chères avec eau chaude, service en chambre et balcon sont une véritable affaire à 210/285 Rs. Les chambres deluxe reviennent à 250/325 Rs ou à partir de 450/525 Rs avec clim.

Grand hôtel ancien doté d'une cour centrale et d'un restaurant, l'***Hotel Taj*** *(☎ 533162, 52 Hamidia Rd)* loue des chambres un peu défraîchies mais bon marché à 200/350 Rs, ou 600/750 Rs avec clim. (plus 20% de taxe).

Derrière le Taj, l'***Hotel Shivalik Gold*** *(☎ 536000, fax 710224, 40 Hamidia Rd)* a connu des temps meilleurs, mais propose des chambres confortables à partir de 250/325 Rs, ou 450/550 Rs avec clim.

Moderne et bien tenu, l'***Hotel Surya*** *(☎ 741701, Hamidia Rd)* facture ses chambres standard à compter de 250/300 Rs (500/600 Rs avec clim.). Il comporte un bon restaurant.

Géré par MP Tourism, l'***Hotel Palash*** *(☎ 553006, TT Nagar)* est pratique si vous souhaitez loger à New Market et à proximité du lac. Les chambres n'ont cependant rien de bon marché (550/650 Rs, ou 790/890 Rs avec clim.).

Où se loger – catégorie supérieure

Si vous en avez les moyens, logez sur les collines.

Le ***Residency Hotel*** *(☎ 556001, 208 Zone 1, MP Nagar)* est un quatre-étoiles avec piscine et club de remise en forme. Les chambres standard valent 1 140/1 490 Rs, celles deluxe 1 595/1 945 Rs (25% de taxe en sus).

Dans les Shamla Hills, l'***Hotel Lake View Ashok*** *(☎ 660090, fax 660096)*, un trois-étoiles très bien aménagé, comprend un excellent restaurant. Les chambres, confortables, disposent toutes d'un balcon et de vues sur le lac. Comptez 1 600/2 200 Rs et 2 800 Rs en double deluxe.

A quelques pas de là, le ***Jehan Numa Palace Hotel*** *(☎ 661100, fax 661720)*, un ancien palais du XIXe siècle et le plus bel hôtel de Bhopal, loue ses chambres à partir de 2 200/2 750 Rs, ou 4 300 Rs en double deluxe (plus 10% de taxe). Un restaurant et un bar vous accueilleront sur place.

Où se restaurer

Les endroits les moins onéreux sont les échoppes de rue autour de la gare ferroviaire et de l'arrêt des bus. Nombre d'hôtels situés dans Hamidia Rd abritent de bons restaurants/bars.

L'***Indian Coffe House***, toujours agréable et peu chère, dispose de succursales dans Old et New Bhopal. Certains restaurants réservent des sections aux femmes et aux familles.

L'***Hotel Ranjit*** jouit d'une excellente réputation (méritée). La plupart des plats de la carte – interminable – tournent autour de 40 Rs et une bière fraîche revient à 60 Rs.

Un peu plus bas, le ***Bagicha Bar & Restaurant*** prépare un bon choix de plats dans un cadre plus calme en plein air, à l'écart du vacarme de Hamidia Rd.

Le ***Phar Bhaji – Manohar Dairy & Restaurant*** propose des douceurs comme le *gulab jamun* (boulettes au lait cuites dans un sirop parfumé), une éblouissante variété de glaces, des dosa, des *idli* (ravioli de riz d'Inde du Sud) et des burgers végétariens. L'adresse est très appréciée des habitants.

En face de la State Bank of Indore, le ***Kwality Restaurant*** *(New Market Rd, TT Nagar)* sert des snacks, des pizzas et des plats chinois convenables. Il dispose d'une salle en terrasse.

Pour un soir de fête, allez au ***Shahnama Restaurant*** du Jehan Numa Palace Hotel. La qualité de la cuisine vous fera oublier le montant de la note (plats à partir de 110 Rs).

Plutôt ordinaire, le ***Wind & Waves Restaurant*** est un snack où vous pourrez prendre une boisson fraîche (ou une bière) en contemplant l'Upper Lake. Il reste ouvert jusqu'à 23h.

Achats

Les deux quartiers commerçants sont ceux du New Market, dans New Bhopal, et du *chowk*, dans Old Bhopal. Les produits offerts sont similaires, mais les prix sont nettement plus raisonnables dans le chowk, près de Hamidia Rd et de l'arrêt des bus. Flâner dans ce dédale de ruelles est déjà un plaisir en soi. Les sacs en bandoulière fabriqués à Jari sont une spécialité de Bhopal. Il sont tissés en coton et ornés de motifs colorés. Vous en verrez au vieux marché pour environ 35 Rs.

Mrignayni est le label officiel de l'artisanat du Madhya Pradesh que l'on trouve surtout sur les textiles et les sculptures en argile ou en cuivre – ces objets vous coûteront de 50 à 2 000 Rs, selon l'article et vos talents de négociateur. De nombreuses boutiques vendent des articles estampillés Mrignayni.

Quitter la ville

Avion. Indian Airlines (☎ 770480) assure un vol quotidien vers Mumbai (130 $US), Indore (55 $US) et Delhi (120 $US), ainsi que deux vols hebdomadaires vers Gwalior (80 $US). L'agence jouxte MP Tourism, dans TT Nagar.

Bus. Depuis l'arrêt des bus de Hamidia Rd, de nombreux bus rejoignent chaque jour Sanchi (15 Rs, 1 heure 30 ; *via* Raisen, 17 Rs), Vidisha (24 Rs, 2 heures 30), Indore (78/144 Rs économique/deluxe, de 5 à 6 heures), Ujjain (78 Rs, 5 heures), Pachmarhi (91 Rs, 7 heures) et Jabalpur (154 Rs, 12 heures). Un bus de nuit relie Khajuraho (environ 200 Rs), mais mieux vaut prendre un train pour Jhansi, puis continuer en bus.

Un système de réservation informatisé fonctionne de 11h à 20h pour tous les bus deluxe et longue distance.

Train. Dans la gare, à gauche de la sortie principale, vous trouverez un bureau de réservation climatisé. Un guichet affecté au *Shatabdi Express* est installé dans le bâtiment principal. Une consigne ouvre 24h/24.

Bhopal est située sur l'une des deux grandes lignes Delhi-Mumbai. C'est le terminus du *Shatabdi Express*, qui quitte chaque jour la gare de New Delhi. Les billets les moins chers (siège avec clim.) reviennent à 480 Rs pour Jhansi (3 heures), 545 Rs pour Gwalior (4 heures 15) et 850 Rs pour Delhi (7 heures 45). D'autres trains express relient Bhopal à Delhi (221/746 Rs en couchette/1re, 705 km, 12 heures), Mumbai (265/830 Rs, 837 km, 14 heures), Agra (174/588 Rs, 506 km, 8 heures 30), Jhansi (112/378 Rs, 291 km, 4 heures 30) et Ujjain (53/279 Rs en 2e/1re, 188 km, 3 heures). Des trains express partent pour Sanchi (21 Rs en 2e, 46 km, 1 heure) à 8h et 14h40.

Comment circuler

Desserte de l'aéroport. L'aéroport se situe à 16 km d'Old Bhopal. Des tarifs fixes sont appliqués aux taxis (180 Rs) et aux rickshaws (100 Rs).

Transports locaux. Les conducteurs d'auto-rickshaw utilisent presque toujours leur compteur (un vrai luxe !), sauf la nuit où vous devrez négocier le tarif. Des minibus bondés partent toutes les 2 min de Hamidia Rd, près de l'Hotel Red Sea Plaza, pour TT Nagar (n°2, 3 ou 9 ; 2 Rs). Un rickshaw revient à 30 Rs environ.

ENVIRONS DE BHOPAL

Bhojpur

Le légendaire raja Bhoj (1010-1053) aménagea, outre les lacs de Bhopal, celui de Bhojpur – estimé à 400 km² – à 28 km au sud-est de la capitale de l'État.

Il fut malheureusement détruit par Hoshang Shah, souverain de Mandu, au début du XVe siècle. Aujourd'hui subsiste l'immense **Bhojeshwar Temple**, inachevé, qui dominait le lac.

Quelques bus locaux rejoignent Bhojpur depuis l'arrêt des bus de Bhopal. Vous pouvez aussi emprunter un bus à destination de Hoshangabad (12 Rs) et descendre à l'embranchement de Bhojpur, d'où vous prendrez un tempo (2 Rs).

Bhimbetka

Ne manquez pas les prestigieuses peintures rupestres (*cave paintings*) des grottes de Bhimbetka, qui n'ont rien à envier à celles de Lascaux. Un millier d'abris sous roche, ou rock shelters, ont été découverts à 45 km au sud de Bhopal, au milieu des forêts de tecks et de sals, dans un décor de falaises escarpées ressemblant étrangement à un paysage africain.

Grâce à l'emploi de pigments naturels rouges et blancs, les couleurs se sont remarquablement bien conservées et il est évident que, dans certaines grottes, la même surface fut utilisée par les habitants qui s'y succédèrent. On trouve les représentations les plus diverses : buffles (gaurs), rhinocéros, ours et tigres, scènes de chasse, naissance, cérémonies d'initiation, danses, rites religieux et inhumations.

L'étendue et l'importance archéologique du site n'ont été estimées que récemment et la datation est toujours incomplète. Les peintures les plus anciennes remonteraient à 12 000 ans tandis que certaines représentations grossières et géométriques ne dateraient que du Moyen Âge.

Les grottes ne sont pas difficiles à trouver. Quinze d'entre elles sont accessibles par un sentier bétonné et signalées. La présence d'un guide local (environ 20 Rs) peut s'avérer utile pour expliquer les peintures les plus obscures. Le **Zoo Rock Shelter**, l'une des premières auxquelles on accède, est célèbre pour ses peintures d'animaux. La Rock Shelter (cave) n°15 comporte un énorme bison rouge attaquant une personne sans défense. Apportez une bouteille d'eau, car vous ne trouverez rien sur place.

Comment s'y rendre. De Bhopal, située à 45 km, prenez n'importe quel bus pour Hoshangabad ou Itarsi (15 Rs) *via* Obaidullaganj, à 50 min au sud de Bhopal. Descendez du bus 6,5 km après Obaidullaganj, près du panneau indiquant la droite et portant "3.2" ainsi qu'une inscription en hindi (demandez au chauffeur). Suivez la signalisation, traversez la ligne de chemin de fer, puis parcourez 3 km à pied jusqu'aux collines, en face. N'hésitez pas à demander votre chemin aux habitants si vous n'êtes pas sûr de la bonne direction.

Au retour, vous pourrez arrêter un camion ou un bus sur la route. Vous pouvez aussi prendre un rickshaw à Obaidullaganj. Si vous souhaitez visiter Bhimbetka et Bhojpur, mieux vaut prendre un taxi ou louer une voiture avec chauffeur au MP Tourism de Bhopal (environ 500 Rs par jour).

SANCHI

☎ 07482

A côté de la ligne ferroviaire, à 46 km au nord de Bhopal, une colline se dresse au-dessus de la plaine, couronnée de monuments bouddhiques parmi les plus anciens et les plus fascinants d'Inde. Le grand empereur Ashoka, célèbre converti bouddhiste, y édifia les premiers stupas au IIIe siècle av. J.-C. ; divers édifices religieux furent ajoutés au fil des siècles.

Avec l'assimilation du bouddhisme par l'hindouisme, le site déclina progressivement avant d'être abandonné. En 1818, un officier britannique le redécouvrit et des archéologues amateurs, chasseurs de trésors, causèrent d'énormes dommages avant que ne commencent les travaux de restauration, en 1881. Entre 1912 et 1919, les monuments furent reconstruits dans leur état actuel par sir John Marshall.

Orientation et renseignements

Sanchi n'est guère plus qu'un petit village au pied d'une colline. Le site ouvre de l'aube au crépuscule. Un kiosque, situé à l'extérieur du musée, délivre les billets d'entrée (10 $US, 460 Rs) qui donnent également accès au musée ; pour assister au lever du soleil, achetez votre billet la veille. Procurez-vous le guide *Sanchi*, publié par l'Archaeological Survey of India (12 Rs).

Archaeological Museum

Ce musée renferme une petite collection de sculptures trouvées sur le site. Les pièces les plus intéressantes sont le chapiteau aux lions provenant du pilier d'Ashoka, ou Ashoka pillar, une statue de *yakshi* (jeune fille) suspendue à un manguier et un magnifique bouddha de grès rouge. Le musée ouvre tous les jours, sauf le vendredi, de 10h à 17h.

Great Stupa

Le stupa n°1, indiqué ainsi sur le site, est le principal monument de la colline. Bâti par Ashoka au IIIe siècle av. J.-C., ce Grand Stupa fut ensuite agrandi, et la construction d'origine en brique fut enfermée dans un stupa plus vaste en pierre. Dans sa forme actuelle, il mesure 16 m de haut et 37 m de diamètre. Une clôture l'entoure et compte quatre portiques magnifiquement sculptés, ou *torana*. Ces derniers, les plus belles œuvres d'art de Sanchi, constituent aussi les plus prestigieux exemples d'art bouddhique en Inde.

Torana. Datant d'environ 35 av. J.-C., les quatre portiques étaient détruits lorsque commença la restauration du stupa. Les scènes sculptées sur les piliers et leurs trois architraves sont tirées des *jataka*, épisodes des vies du Bouddha. A ce stade de l'art bouddhique, le Bouddha n'était jamais directement représenté mais évoqué par des symboles. Le lotus figure sa naissance, le banyan sacré son illumination, la roue ses enseignements, l'empreinte de pied et le trône sa présence. Le stupa est lui-même un symbole du Bouddha.

Contournez le stupa dans le sens des aiguilles d'une montre, comme tous les monuments bouddhiques.

Portique nord. Coiffé d'une roue de la loi brisée, c'est le torana le mieux conservé. Une scène dépeint un singe offrant un bol de miel au Bouddha dont la présence est indiquée par le banyan sacré. Sur un autre panneau, le "miracle de Sravasti", le Bouddha (représenté une fois encore par l'arbre sacré) gravit une route jusqu'aux cieux. Des éléphants, faisant face aux quatre points cardinaux, supportent les architraves qui surmontent les piliers, tandis que des chevaux portant des cavaliers et d'autres éléphants remplissent les espaces entre les architraves.

Portique est. L'un des piliers du portique représente l'entrée du Bouddha dans le nirvana. Sur l'architrave médiane, dans le "grand départ", le Bouddha (symbolisé par un cheval sans cavalier), en quête de l'illumination, renonce à la vie terrestre. Le rêve de Maya – un éléphant sur la lune – est illustré sur l'un des piliers. La statue d'une yakshi suspendue à l'une des architraves est l'une des plus renommées de Sanchi.

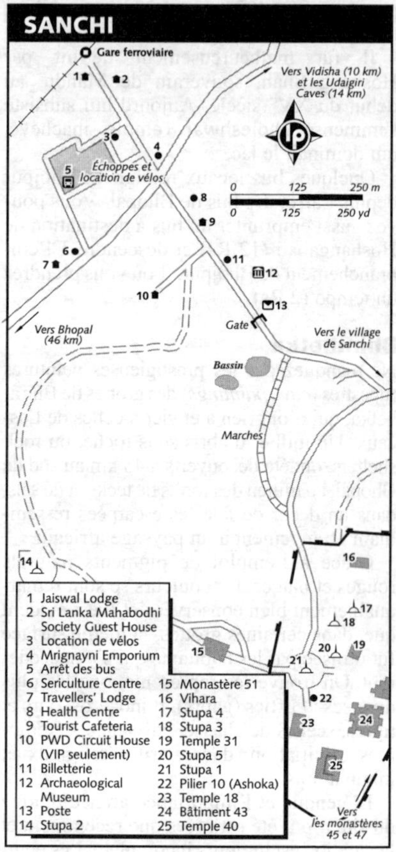

Portique sud. Ce portique, le plus ancien, illustre des scènes de la naissance du Bouddha et des événements tirés de la vie d'Ashoka. Derrière l'architrave, une autre fresque sculptée évoque le "grand départ". Comme sur le portique ouest, y figure la légende du Chhaddanta Jataka.

Portique ouest. Les architraves sont supportées par des nains, et il comprend certaines des scènes les plus étonnantes du site. Sur la face arrière d'un pilier, le Bouddha est représenté aux prises avec Mara (la tentation) tandis que des démons s'enfuient et que des anges applaudissent sa résistance. Le sommet de l'architrave supérieure montre le Bouddha dans sept de ses incarnations, trois fois sous forme de stupa, quatre sous forme d'arbre.

Les événements du Chhaddanta Jataka sont relatés sur le devant de l'architrave inférieure. Dans ce récit, le Bouddha, lors d'une incarnation, prit la forme d'un éléphant à six trompes mais l'une de ses deux femmes devint jalouse. Elle réussit à se réincarner sous la forme d'une reine et fit tuer l'éléphant à six trompes. La simple vue des trompes sciées par le chasseur la fit mourir de remords !

Autres stupa

La colline est parsemée de nombreux stupa, dont certains n'atteignent pas 1 m de haut. Des huit édifiés par Ashoka, il n'en reste que trois, dont le Grand Stupa. Le **stupa n°2**, l'un des petits stupa les plus intéressants, se dresse à mi-pente vers l'ouest. Si vous êtes arrivé de Sanchi par l'itinéraire principal, vous pouvez repartir par le stupa n°2. Il ne comprend pas de portiques, mais les "médaillons" qui rehaussent le mur d'enceinte sont remarquables par leur dessin naïf, plein de vitalité et de fantaisie. Fleurs, animaux, personnages – dont certains mythologiques – constituent les principaux motifs.

Le **stupa n°3**, au nord-est du Grand Stupa, plus petit que ce dernier, présente néanmoins une parenté de style. Il ne possède qu'un seul portique et aurait été construit peu après le Grand Stupa. Le stupa n°3 renfermait jadis les reliques de deux grands disciples du Bouddha, qui furent emportées à Londres en 1853, rapportées à Sanchi en 1953 et aujourd'hui exposées dans le vihara moderne.

Le stupa n°4, situé derrière le stupa n°3, date du IIe siècle av. J.-C. Il est en partie détruit. Entre le stupa n°1 (Grand Stupa) et le stupa n°3, le stupa n°5 possédait jadis un bouddha, exposé aujourd'hui dans le musée.

Piliers

Le site est jonché de piliers et de restes de piliers, dont le plus important, le **pilier n°10**, érigé par Ashoka, se dresse près de l'entrée sud du Grand Stupa. Seul subsiste le socle de ce pilier de facture et de proportions superbes. Vous pourrez admirer le chapiteau au musée. Les quatre lions dos à dos qui surmontaient jadis le pilier sont un magnifique exemple de l'art gréco-bouddhique de cette période. Ils représentent aujourd'hui l'emblème de l'Inde et figurent sur tous les billets de banque.

Le **pilier n°25**, datant de l'ère sunga au IIe siècle av. J.-C., et le **pilier n°35**, datant du Ve siècle, sont moins beaux que le pilier n°10, plus ancien.

Temples

Juste au sud du stupa n°1 se trouve le **temple n°18**, un *chaitya* (temple bouddhique, salle de prière ou salle d'assemblée) au style architectural étonnamment proche de celui des édifices grecs à colonnes de l'époque classique. Il date du VIIe siècle, mais les vestiges d'une construction en bois, plus ancienne, ont été découverts au niveau des fondations. Juste à côté, le petit **temple n°17** évoque également la Grèce antique. Au sud-est, le grand **temple n°40** remonte en partie à la période ashoka.

Le **temple n°31**, érigé à l'origine au VIe ou VIIe siècle, fut reconstruit au cours du Xe ou du XIe siècle. Il jouxte le stupa n°5. Cet édifice rectangulaire, au toit plat, abrite une remarquable statue du Bouddha, sans doute originaire d'un autre temple car elle ne s'ajuste pas parfaitement au piédestal.

Monastères

Les monastères de bois, les plus anciens du site, ont disparu depuis longtemps. Leur plan consistait habituellement en une cour centrale entourée de cellules monastiques. Les **monastères n°s45** et **47** se dressent sur le versant est, le plus élevé de la colline. Datant de la dernière période de Sanchi, qui correspond à la transition entre le bouddhisme et l'hindouisme, ils comportent des éléments hindous.

Le **monastère n°51** se trouve à mi-pente à l'ouest de la colline, vers le stupa n°2. A côté, taillé dans un rocher, le **Great Bowl** (grand bol) recueillait la nourriture et les offrandes destinées aux moines. Le **vihara** moderne a été construit pour abriter les reliques du stupa n°3, à leur retour à Sanchi.

Manifestations annuelles

Chaque année, à la fin du moins de novembre, la **Chethiyagiri Vihara Festival** attire des centaines de moines bouddhistes et des pèlerins. Les reliques de deux premiers disciples de Bouddha, Sari Puttha et Maha

MADHYA PRADESH

Moggallana, découvertes dans le stupa n°3 en 1853, sont à présent conservées dans le vihara. Ils sont exposés au cours de la fête.

Où se loger et se restaurer

Vous pouvez visiter Sanchi en deux ou trois heures, mais la localité est si paisible qu'il est agréable d'y passer la nuit.

Hébergement à petits prix le plus plaisant, la ***Sri Lanka Mahabodhi Society Guest House*** *(☎ 62739)* accueille les moines de passage. Les chambres spartiates aménagées autour d'un jardin tranquille coûtent 50 Rs avec s.d.b. (eau froide uniquement). Plus loin sur la route, le ***Jaiswal Lodge*** *(☎ 63908)* comporte cinq chambres à 60 Rs.

A Sanchi, MP Tourism possède deux établissements, tous deux dotés de restaurants servant des plats standard. La ***Tourist Cafeteria*** *(☎ 62743)* loue des chambres propres avec s.d.b. et vent. à 200/290 Rs (plus 50 Rs avec air-cooler). Plus agréable, mais un peu éloigné des stupa, le ***Travellers' Lodge*** *(☎ 62723)*, sur la route principale de Bhopal à environ 250 m du carrefour, demande 250/350 Rs, ou 350/450 Rs en chambre deluxe.

Le quartier du marché regroupe des ***échoppes*** de snacks et de fruits frais ainsi que quelques ***restaurants*** sans prétention.

Comment s'y rendre

Bus. Des bus locaux relient Bhopal à Sanchi (ainsi qu'à d'autres villes et villages de la région) toutes les heures environ, de l'aube au crépuscule. Ils empruntent deux itinéraires. Le plus long (route principale) passe par Raisen (68 km, 3 heures, 17 Rs). Le plus court suit la ligne de chemin de fer Sanchi-Bhopal (1 heure 30, 15 Rs).

Les bus à destination de Vidisha partent toutes les 30 min (5 Rs). En rickshaw, vous devriez payer 25 Rs environ.

Train. Sanchi est située sur la ligne principale Delhi-Mumbai, à 46 km au nord de Bhopal. Les trains de passagers peuvent mettre plus de 2 heures pour rejoindre Bhopal (10 Rs). Deux express quotidiens partent de Bhopal à 8h et à 14h40 (1 heure, 21 Rs) et reviennent à 10h18 et 16h, ce qui permet de visiter Sanchi dans la journée.

Comment circuler

Sanchi s'explore facilement à pied. Si vous souhaitez faire une excursion à Vidisha (10 km) ou aux Udaigiri Caves (14 km), vous pourrez louer un vélo au marché de Sanchi pour environ 20 Rs par jour.

ENVIRONS DE SANCHI

Les alentours de Sanchi comportent d'autres sites bouddhiques, toutefois moins importants et moins bien préservés que celui de Sanchi. La plupart sont accessibles à vélo. **Sonari**, à 10 km au sud-ouest de Sanchi, possède huit stupa, dont deux grands. A **Sat-dhara**, à l'ouest de Sanchi sur la rive de la Beas, se dressent deux stupa, dont l'un mesure 30 m de diamètre. A 8 km au sud-est de Satdhara se trouve **Andher**, où vous pourrez découvrir trois petits stupa bien conservés. Ils furent tous découverts en 1851, après Sanchi.

Vidisha

• 109 695 habitants

Vidisha jouissait d'une certaine importance à l'époque d'Ashoka. Puis la cité prit le nom de Besnagar et devint la plus grande ville de la région. Les ruines du sanctuaire brahmanique du IIe siècle av. J.-C. portent des traces de mortier, la forme la plus ancienne de ciment en Inde. Les trouvailles mises au jour sur le site sont exposées dans le **musée**, près de la gare ferroviaire.

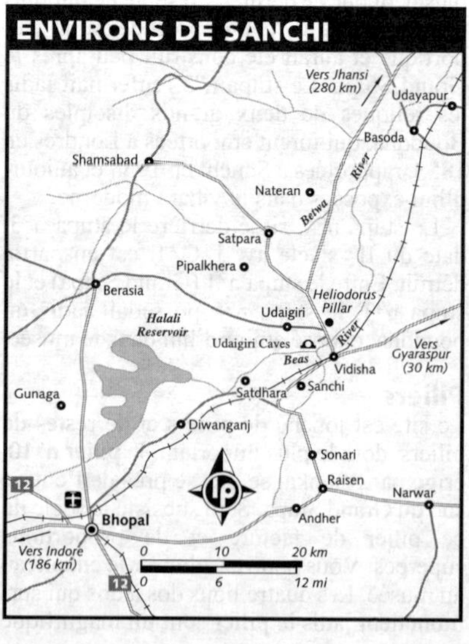

Vidisha est accessible de Sanchi en vélo (voir la rubrique suivante *Udaigiri Caves* pour l'itinéraire), en bus (4 Rs, toutes les 30 min), en train (15 Rs) ou en rickshaw (35 Rs).

Udaigiri Caves

Taillées dans une colline de grès, à environ 5 km de Vidisha, les grottes comptent vingt sanctuaires gupta datant de 320 à 606. Deux sont jaïna, les dix-huit autres hindous. La grotte n°5 contient une superbe statue de Vishnu représenté sous forme de sanglier. La grotte n°7 fut creusée pour l'usage personnel du roi Chandragupta II. La grotte n°20 est remarquable pour ses fines sculptures jaïna. Le sommet de la colline est couronné de ruines d'un temple gupta datant du VIe siècle.

De Bhopal ou de Sanchi, prenez un bus ou un train jusqu'à Vidisha, puis un tonga ou un auto-rickshaw jusqu'aux grottes. Pour accéder aux grottes à vélo en partant de Sanchi, prenez la direction de Vidisha jusqu'à la rivière (6 km). Après 1 km environ, tournez à gauche (ou continuez tout droit pour visiter d'abord Vidisha). Au bout de 3 km, vous arriverez à un carrefour dans le bazar, où vous tournerez encore à gauche. A 1 km de là, tournez de nouveau à gauche. Cette route vous mènera aux grottes (3,5 km) et à l'**Heliodorus Pillar** (colonne d'Héliodore), 1 km plus loin, dédiée à Vishnu et érigée au IIe siècle av. J.-C.

Raisen

Sur l'une des routes de Bhopal, à 23 km au sud de Sanchi, l'immense **Fort of Raisen**, perché sur une colline, rassemble des temples, des canons, 3 palais, 40 puits et un vaste réservoir. De Sanchi, des bus locaux desservent la forteresse toutes les heures (12 Rs). De l'arrêt de bus de Bhopal, les départs sont réguliers (14 Rs).

Gyaraspur

Cette ville, située à 51 km au nord-est de Sanchi, comporte des réservoirs, des temples et une citadelle datant du IXe ou du Xe siècle. La cité doit son nom à la grande foire, Gyaras, qui s'y tenait pendant le 11e mois. Depuis Sanchi, changez de bus à Vidisha.

Udayapur

Udayapur se trouve à quelque 65 km au nord de Sanchi. Le grand **Neelkantheswara Temple** daterait de 1059. Disposé de manière à ce que les premiers rayons du soleil éclairent le lingam de Shiva, il est magnifiquement décoré de quatre frises sculptées courant autour du sikhara.

De Sanchi ou de Vishisha, prenez un train pour Basoda, puis un bus local pour Udayapur.

PACHMARHI

☎ 07578 • 14 700 habitants

Cette tranquille station climatique du Madhya Pradesh se niche à 1 067 m d'altitude dans le Satpura Ranges National Park, à 210 km au sud-est de Bhopal.

Pachmarhi est un lieu très séduisant, détendu, peu visité par les touristes étrangers, attirant une poignée d'artistes et de gourous.

Les collines environnantes offrent de belles vues, des bassins et des cascades où se baigner, des peintures rupestres (*cave paintings*) et de belles promenades dans les forêts de sals.

Orientation et renseignements

L'arrêt des bus se trouve à l'extrémité nord du petit village. La route principale continue ensuite vers le sud pendant 3 km environ jusqu'au carrefour de sept voies appelé Jaistambha, qui constitue un excellent repère. Les hébergements sont dispersés et vous devrez emprunter un taxi, à moins de séjourner dans le village même.

Un bureau de tourisme régional (☎ 52100), à côté de l'Hotel Amaltas, est ouvert en semaine. Vous trouverez là des brochures, des cartes rudimentaires et pourrez louer les services d'un guide. Pachmarhi ne possède pas de bureau de change.

Un centre Internet (65 Rs l'heure) permet de se connecter à partir de 11h.

A voir et à faire

Construit par le capitaine Forsyth en 1862, le **Bison Lodge** est le premier pavillon forestier de Pachmarhi, aujourd'hui converti en musée sur l'histoire de la région et sur la flore et la faune des Satpura. Un documentaire sur les animaux sauvages est projeté dans le théâtre de plein air tous les jours, sauf le lundi, à 18h (entrée libre).

Vous pourrez faire de belles et courtes **randonnées** dans les environs de Pachmarhi, ainsi que des treks plus longs pour lesquels un guide sera précieux. **Jatashankar** est un temple rupestre situé dans une gorge à moins de 2 km de l'arrêt des bus. Le petit sanctuaire de Shiva se cache derrière une énorme formation rocheuse.

Les **Bee Falls** sont les chutes les plus accessibles de la région (entrée : 100 Rs, 10 Rs pour les Indiens). Depuis la route principale, à environ 1 km au sud de Jaistambha, un sentier mène à l'entrée du parc, puis des marches conduisent aux chutes.

A environ 2 km à l'est de Jaistambha, les **Pandav Caves** datent de cinq millénaires et surplombent un beau jardin. Selon la légende, les Pandava s'y seraient abrités pendant leur douze années d'exil.

Une longue randonnée d'une journée vous mènera au sanctuaire de **Chauragarh**, juché sur une colline à 4 km de Mahadeo. En route, vous pourrez admirer les peintures rupestres de **Mahadeo**.

Manifestations annuelles

En fév./mars, quelque 100 000 pèlerins shivaïtes, sadhu et adivasi assistent à la **Shivaratri Mela** qui se déroule au temple de Mahadeo, à 10 km au sud de Pachmarhi. Cette fête commémore le seigneur Shiva, et les participants apportent des tridents symboliques qu'ils plantent au sommet de la colline de Chauragarh.

Où se loger

La plupart des hébergements sont gérés par le MP Tourism ou la SADA (Special Area Development Authority), mais vous trouverez quelques établissements privés dans le village. La haute saison s'étend d'avr. à juill. et de déc. à janv.

Où se loger – petits budgets

Dans le village, l'***Hotel Pachmarhi*** *(☎ 52170, Patel Marg)* loue des simples/doubles correctes avec toilettes à la turque à partir de 250/350 Rs (réduction de 40% en basse saison).

L'***Hotel Utkarsh*** *(☎ 52162)*, à une courte distance à pied de l'arrêt des bus, près de la route principale, propose des doubles avec s.d.b. et chauffe-eau pour 250 Rs (125 Rs hors saison).

Le ***Holiday Homes*** *(☎ 52099)* est l'hôtel le meilleur marché géré par MP Tourism. Les chambres propres avec s.d.b., TV et chauffe-eau coûtent 290 Rs. Il est situé à environ 1 km de l'arrêt des bus en allant vers Piparya.

A 4 km du village, le ***New Hotel*** *(☎ 52017, Mahadeo Rd)*, un grand établissement géré par la SADA, offre un vaste choix de chambres entre 125 et 130 Rs (avec TV) – 25% de réduction en basse saison.

Où se loger – catégories moyenne et supérieure

Les établissements suivants sont gérés par le MP Tourism, à l'exception du Nilamber (SADA).

Le ***Satpura Retreat*** *(☎ 52097)*, un ancien bungalow du Raj plein de charme, est doté d'une grande véranda et de chambres confortables avec s.d.b. spacieuses. Il est situé dans un endroit calme sur la route de Mahadeo. Les doubles standard valent 690 Rs et les meilleures chambres 1 390 Rs.

Perché sur une petite colline à environ 3 km au sud du village, les ***Nilamber Cottages*** *(☎ 52039)* offrent un séjour parfait. Les vérandas réservent de superbes vues est-ouest. Le prix de 770 Rs en double avec s.d.b., chauffe-eau et TV est pleinement justifié.

En contrebas, le ***Rock End Manor*** *(☎ 52079)* est l'adresse la plus élégante de Pachmarhi. Ancienne résidence secondaire du maharaja local reconvertie en hôtel, il comporte des doubles tout confort avec vue panoramique à 1 590 Rs (1 990 Rs avec clim.).

Où se restaurer

Les meilleures tables se trouvent dans les restaurants, notamment le ***China Bowl*** des Panchavati Huts & Cottages et ***The Club*** du Rock End Manor. Quelques restaurants corrects et de nombreux cafés bon marché sont regroupés dans le quartier du bazar, vers l'arrêt des bus.

Le ***Mahfil Restaurant***, près de l'arrêt des bus, sert des dosa et de bons burgers végétariens à petits prix. Au bord du lac, le ***Khalsa Restaurant*** possède une salle agréable en plein air et propose une bonne cuisine, végétarienne ou non.

Quitter la ville

Depuis l'arrêt des bus, quatre services rallient Bhopal (91 Rs, 7 heures). Le minibus direct du MP Tourism part à 14h30 (110 Rs, 5 heures). Des bus desservent Pipariya toutes les deux ou trois heures (25 Rs, 1 heure 30).

Comment circuler

Près de l'arrêt des bus, des jeeps attendent les passagers pour se rendre aux points de vue de Pachmarhi. Un circuit d'une demi-journée revient à 300 Rs minimum. Les taxis locaux demandent 20 Rs pour un court trajet. Le vélo est un bon moyen d'explorer les alentours. Vous pourrez en louer un dans la petite boutique installée au nord du bazar pour 25 Rs par jour.

PIPARIYA

☎ 07576

Pipariya est le carrefour routier et ferroviaire le plus proche de Pachmarhi, à 47 km. Si vous devez y passer la nuit, le ***Tourist Motel*** du MP Tourism *(☎ 22299)*, à environ 200 m de la gare ferroviaire, offre des doubles à 150 Rs et possède un restaurant.

De l'arrêt des bus situé derrière la gare ferroviaire, des bus locaux et des jeeps partent régulièrement pour Pachmarhi. Un bus local depuis/vers Bhopal coûte 65 Rs (6 heures).

Ouest du Madhya Pradesh

UJJAIN

☎ 0734 • 433 465 habitants

A 56 km d'Indore, Ujjain est l'une des cités indiennes les plus vénérées par les hindous. Son caractère sacré est lié à un récit mythologique selon lequel dieux et démons auraient exploré les océans à la recherche de l'élixir d'immortalité. Lorsque fut enfin découvert le vaisseau de l'élixir tant convoité, une course éperdue s'engagea à travers les cieux pour s'en emparer. Quatre gouttes tombèrent respectivement à Haridwar, Nasik, Ujjain et Prayag (Allahabad). Ujjain est donc l'un des sites du Kumbh Mela, qui s'y tient tous les douze ans et attire des millions de dévots qui se baignent dans la Shipra.

Ujjain rivalise avec d'importants centres religieux tels que Varanasi, Gaya et Kanchipuram. Elle s'anime durant Navratri (sept./oct.). Toutefois, les non-hindous la trouveront un peu morne une fois qu'ils auront fait le tour des temples et des ghats.

Histoire

Située sur une ancienne route commerciale, Ujjain eut une histoire mouvementée, dont les origines se perdent dans la nuit des temps. Ce fut une cité prestigieuse, appelée Avantika, sous le règne du père d'Ashoka. Plus tard, Chandragupta II (380-414) la choisit aux dépens de la capitale actuelle, Pataliputra. C'est à sa cour que Kalidasa, l'un des plus prestigieux poètes hindous, écrivit *Meghdoot*, qui décrit en termes lyriques la cité et ses habitants.

Sous les Gupta et les Parmara, Ujjain devint le centre de la lutte pour le contrôle de la région du Malwa. Siladitya, le dernier des Parmara, fut capturé par les sultans musulmans de Mandu et Ujjain passa alors aux mains des vassaux moghols.

En 1234, une invasion d'Altamish entraîna la profanation de nombreux temples. Elle cessa sous le règne de Baz Bahadur de Mandu, qui fut détrôné par l'empereur moghol Akbar. Sous le règne d'Aurangzeb, des subsides furent accordés pour financer la reconstruction des temples.

Après la disparition de la puissance moghole, le maharaja Jai Singh devint gouverneur du Malwa et fit édifier l'observatoire d'Ujjain ainsi que plusieurs temples. La ville connut de nouveaux troubles avec les Marathes, puis les Scindia s'en emparèrent en 1750. Lorsque la capitale scindia fut déplacée à Gwalior en 1810, le rôle commercial d'Ujjain déclina rapidement.

Orientation et renseignements

La voie ferrée sépare la cité en deux. La partie ancienne, située au nord-ouest, comprend le bazar et la plupart des temples tandis que la nouvelle ville se trouve au sud-est. Les hôtels bon marché se regroupent en face de la gare ferroviaire. Pour obtenir des informations touristiques, adressez-vous à la gare (MP Tourism) ou à l'Hotel Shipra. Vous ne trouverez aucun bureau de change à Ujjain ; les plus proches sont à Indore ou Bhopal.

Temples

Mahakaleshwar Mandir. Ce temple, le plus important d'Ujjain, est dédié à Shiva. Il abrite l'un des douze *jyoti linga* du pays, lingam naturels contenant des courants d'énergie (*shakti*) par opposition à ceux investis rituellement de *mantra-shakti* par les prêtres.

Le mythe du *jyothirlingam* (lingam de lumière) vient d'une longue lutte de pouvoir entre Brahma et Vishnu pendant laquelle la terre s'ouvrit, laissant apparaître une colonne de lumière incandescente. Pour trouver l'origine de cette colonne, Vishnu se transforma en sanglier et creusa la terre tandis que Brahma s'envolait dans les airs sous la forme

MADHYA PRADESH

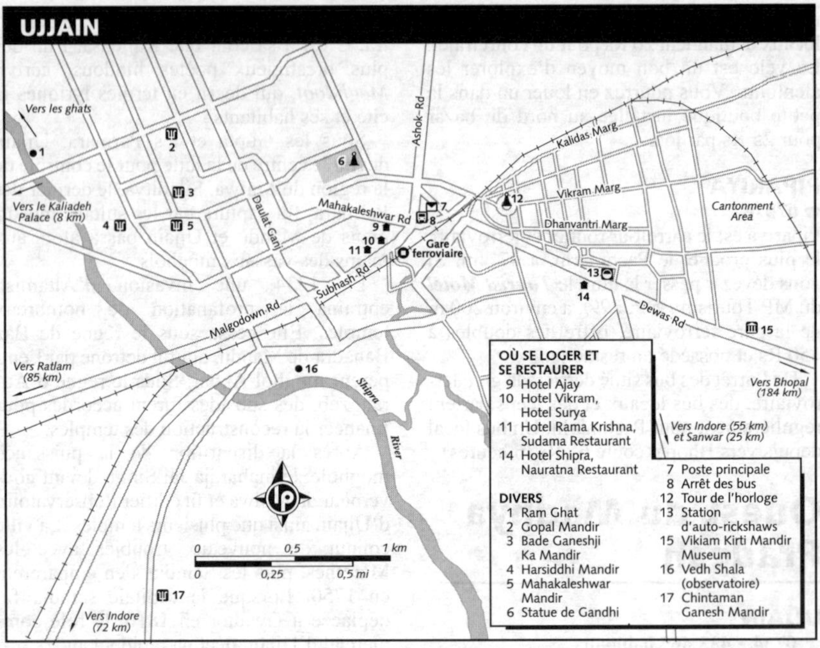

d'un aigle. Après un millénaire de vaines recherches, Shiva sortit du lingam de lumière et Brahma et Vishnu le reconnurent comme le plus grand des dieux.

Le temple fut détruit par Altamish de Delhi en 1235 et restauré par les Scindia au XIXe siècle. Les non-hindous sont invités à faire le tour, avec la foule des dévots, des nombreux minitemples de cette enceinte pour assister éventuellement à la fin d'un puja.

Près du Mahakaleshwar Mandir, en surplomb du bassin, la grande statue ouvragée de Ganesh fait du **Bade Ganeshji-ka-Mandir** un lieu de pèlerinage populaire.

Harsiddhi Mandir. Datant de l'époque marathe, ce temple abrite une représentation célèbre de la déesse Annapurna. Les deux grands pilastres ornés de lampes, caractéristiques de l'art marathe, sont superbes lorsqu'ils sont illuminés à l'occasion de Navratri (Dussehra) en sept./oct.

Gopal Mandir. Très bel exemple d'architecture marathe, cet édifice, surmonté d'une flèche de marbre, fut construit au XIXe siècle par l'épouse du maharaja Daulat Rao Scindia.

Les portes plaquées d'argent du sanctuaire furent transportées du temple de Somnath, dans le Gujarat, à Ghazni, en Afghanistan, puis à Lahore par Mohammed Shah Abdati. Elles furent alors sauvées par Mahadji Scindia et installées peu après dans le temple.

Chintaman Ganesh Mandir. Situé sur la rive opposée de la Shipra, ce temple serait très ancien. Les piliers de la salle de réunion datent de la période Paramara.

Ghats

Les ghats présentent davantage d'intérêt que les temples, relativement récents pour la plupart. Le principal est le Ram Ghat, près du Harsiddhi Mandir. Les autres sont situés au nord, très loin du centre.

Vedh Shala (observatoire)

Depuis le IVe siècle av. J.-C., Ujjain, traversée par le premier méridien de longitude, est le Greenwich indien. Le maharaja Jai Singh y fit élever, entre 1725 et 1730, l'un de ses curieux observatoires. On peut s'y procurer l'éphéméride astronomique de l'année en anglais et en hindi.

Kaliadeh Palace

Sur une île de la Shipra, à 8 km au nord de la ville, se dresse le palais d'eau des sultans de Mandu, bâti en 1458. L'eau de la rivière passe au-dessus de cloisons de pierre dans le palais. Le pont menant à l'île est orné de sculptures provenant du temple du Soleil qui s'élevait jadis à cet emplacement. Le dôme central du palais est un bel exemple d'architecture persane.

Après la chute de Mandu, le palais tomba progressivement en ruine, puis fut restauré par Madhav Rao Scindia en 1920.

Où se loger

Quelques hôtels bon marché sont installés en face de la gare ferroviaire. Bien que rudimentaires, toutes leurs chambres sont équipées d'une s.d.b.

L'un des meilleurs en catégorie petits budgets, l'***Hotel Ajay** (☎ 550856, 12 Dewas Gate, Mahakaleshwar Rd)* est situé au coin de la rue où sont rassemblés les hôtels, en face de la gare ferroviaire. Les simples/doubles avec s.d.b. (seau d'eau chaude et toilettes à la turque) reviennent à 100/150 Rs, ou 200/300 Rs avec TV et air-cooler.

Devant la gare, l'***Hotel Vikram** (☎ 562220, Subhash Rd)* propose des petites chambres à 60/80 Rs et d'autres plus spacieuses avec TV à 100/140 Rs. L'endroit est assez lugubre – évitez les cellules sinistres avec s.d.b. commune (seau d'eau chaude et toilettes à la turque).

A côté, l'***Hotel Surya** (☎ 560747)* propose de meilleures chambres avec eau chaude disponible (en théorie) en permanence à 95/110 Rs, ou 150/200 Rs avec TV.

Un peu plus propre que ses voisins, l'***Hotel Rama Krishna** (☎ 557012, Subhash Rd)* demande 125/150 Rs, ou 240/300 Rs avec TV et clim.

Les ***retiring rooms*** de la gare ferroviaire louent des lits en dortoir à 30 Rs et des chambres à 100 Rs.

Dans un coin calme et très agréable près de Dewas Rd, l'***Hotel Shipra** (☎ 551495)* du MP Tourism possède un hall en marbre impressionnant et des chambres extrêmement spacieuses. Comptez à partir de 350/390 Rs, ou 690/790 Rs avec clim., plus taxe. Il abrite un ***restaurant,*** assez bon, et un bar.

Où se restaurer

Plusieurs restaurants font face à la gare.

Le ***Sudama Restaurant*** prépare de bons plats végétariens à moins de 35 Rs, mais les petits déjeuners sont à éviter.

Le ***Nauratna Restaurant*** de l'Hotel Shipra sert de la bonne cuisine. Le curry Nav Ratan (45 Rs) vous plaira si vous aimez les plats peu épicés. Les sandwiches coûtent environ 25 Rs.

Quitter la ville

Bus. Toutes les 20 min, des bus (plus rapides que le train) rejoignent Indore (24 Rs, 2 heures). Les bus pour Bhopal (78/86 Rs économique/deluxe) passent par Dewas. Pour aller à Mandu, vous devrez changer à Indore. Tôt le matin, un bus relie Ujjain à Kota, au Rajasthan (100 Rs, 256 km).

Train. Le *Malwa Express*, qui part à 14h35, est le moyen le plus rapide d'atteindre Delhi (270/871 Rs en couchette/1re, 885 km, 17 heures 30), en passant par Bhopal (104/298 Rs en 2e/1re, 184 km, 4 heures), Jhansi (183/577 Rs en couchette/1re, 475 km, 9 heures), Gwalior (210/666 Rs en couchette/1re, 572 km, 10 heures 30) et Agra (234/750 Rs en couchette/1re, 690 km, 13 heures).

Le *Narmada Express* relie Ujjain à Indore (29/173 Rs en 2e/1re, 2 heures 15), puis continue vers l'est : Bhopal (104/ 298 Rs en 2e/1re, 184 km, 4 heures), Jabalpur (117/615 Rs en 2e/1re, 540 km, 12 heures 30) et Bilaspur (261/882 Rs en couchette/1re, 929 km, 25 heures).

L'*Avantika Express*, seul train direct pour Mumbai (158/268 Rs en 2e/couchette, 11 heures 30), part à 17h20.

Le *Bhopal-Rajkot Express* à destination d'Ahmedabad (102/179 Rs en 2e/couchette, 9 heures 30) part à 23h.

Comment circuler

Les principaux sites d'Ujjain sont éloignés du centre-ville et vous devrez emprunter des auto-rickshaws ou des tonga, carrioles à cheval plus romantiques. A votre demande, les conducteurs de rickshaws seront obligés de passer par les guichets de contrôle installés à la gare ferroviaire et à l'arrêt des bus. Vous pouvez aussi choisir de négocier ; la course de la gare ferroviaire au Mahakaleshwar Mandir revient à quelque 10 Rs (20 Rs en tonga).

INDORE

☎ 0731 • 1 278 690 habitants

Indore ne présente guère d'intérêt mais constitue une bonne base pour visiter Mandu. La ville est un grand centre du textile, et Pithampur, à 35 km, abrite les usines de Hindustan Motors, de Kinetic Honda, de Bajaj Tempo et d'Eischer.

Orientation et renseignements

La partie ancienne de la ville se trouve à l'ouest de la voie ferrée, la nouvelle à l'est. Si vous arrivez en train, sortez de la gare par le quai n°1 pour vous rendre à l'est de la ville, par le quai n°4 pour rejoindre l'ouest.

L'office du tourisme (☎ 528653) se trouve à côté du Tourist Bungalow, derrière le RN Tagore Natya Griha Hall, dans RN Tagore Rd. Il ouvre de 10h à 17h.

Vous pouvez changer espèces et chèques de voyage auprès de la principale succursale de la State Bank of India, à proximité de la poste principale.

Le centre multimédia d'Indore Telecom (Central Telegraph Office), dans le Nehru Park, offre un service Internet et e-mail. Déchaussez-vous avant d'entrer dans cette salle climatisée et impeccable. Les tarifs sont raisonnables (30 Rs l'heure). Le centre ouvre tous les jours, sauf le dimanche, de 10h à 18h.

La Badshah Book Shop, dans le City Centre Shopping Complex, MG Rd, propose un bon choix de titres (y compris des livres d'occasion).

A voir

Dans Jawahar Rd s'élève le **Kanch Mandir** ou Seth Hukanchand Temple. Très simple extérieurement, l'intérieur de ce temple jaïna est entièrement recouvert de scènes de pécheurs subissant les tortures de l'au-delà.

Le **musée**, près de la poste principale, renferme l'une des plus prestigieuses collections de sculptures hindoues du Madhya Pradesh, datant du Moyen Age et de la période antérieure. Il est ouvert tous les jours, sauf lundi, de 10h à 17h (entrée libre).

Au sud-ouest de la ville, entouré de jardins, s'étend le grandiose **Lal Bagh Palace** édifié entre 1886 et 1921, qui se distingue par ses grilles rappelant celles de Buckingham Palace. Il se visite tous les jours, sauf lundi, de 10h à 18h (entrée : 2 Rs ; plus

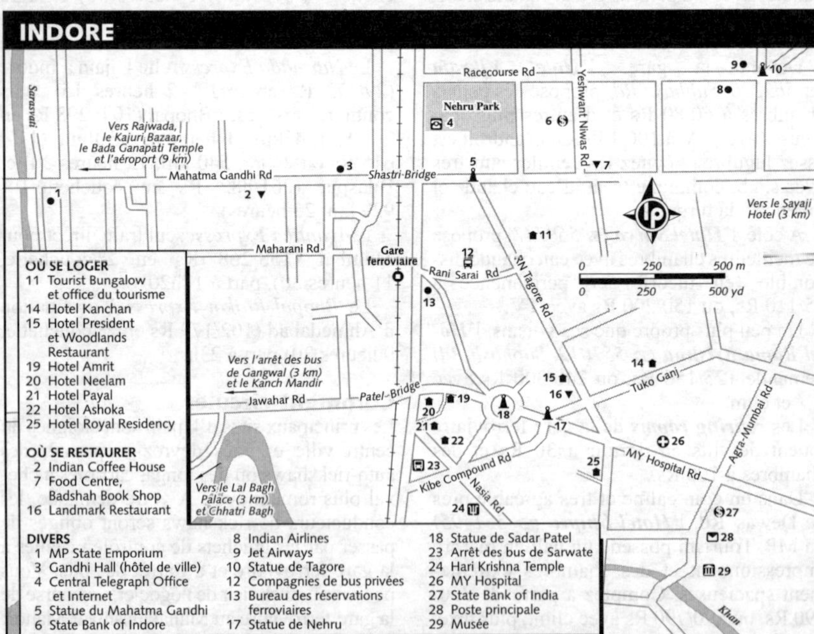

10/50 Rs si vous voulez utiliser votre appareil photo/Caméscope).

Le somptueux **Gandhi Hall** (hôtel de ville) est ouvert aux visiteurs tous les jours de 10h à 17h. L'édifice accueille parfois des expositions.

A l'extrémité ouest de MG Rd, le **Bada Ganapati Temple** renferme une statue de Ganesh orange vif de 8 m de haut, considérée comme la plus grande du monde.

Dans la partie ancienne de la ville, la porte à niveaux multiples du **Rajwada** domine la place principale bordée de palmiers dans le quartier toujours bondé du Kajuri Bazaar.

Circuits organisés

MP Tourism (☎ 528653) organise des excursions d'une journée à Mandu (225 Rs) de juill. à sept. (et en dehors de cette période si le nombre de participants est suffisant) – la mousson correspond à la haute saison pour le tourisme local. Les conditions sont les mêmes pour les excursions à Ujjain, Maheshwar et Omkareshwar (225 Rs). Ces circuits comprennent le déjeuner et le thé de l'après-midi. Un minimum de 10 personnes est requis.

Où se loger – petits budgets

La gare ferroviaire et l'arrêt des bus de Sarwate sont à 5 min de marche l'une de l'autre. C'est dans ce quartier animé (et passablement pollué) que sont rassemblés les hôtels bon marché. Les établissements suivants disposent de chambres avec s.d.b. louées pour 24h.

Juste derrière l'arrêt des bus, l'***Hotel Ashoka*** *(☎ 465991, 14 Nasia Rd)* facture 150/200 Rs une simple/double correcte avec chauffe-eau au 4e étage (sans ascenseur), ou 185/235 Rs à un étage inférieur.

Le petit ***Hotel Payal*** *(☎ 478460, Patel Bridge)* affiche des prix raisonnables – 200/250/300 Rs en simple/double/triple avec TV et air-cooler (seau d'eau chaude gratuit).

Tout proche, l'***Hotel Amrit*** *(☎ 465876, Patel Bridge)* présente un bon rapport qualité/prix avec des chambres à partir de 100/150 Rs, ou 350/450 Rs avec TV et clim.

A l'angle du Payal, l'***Hotel Neelam*** *(☎ 466001, 33/2 Patel Bridge Corner)* est beaucoup plus élégant et offre des tarifs avantageux (180/230 Rs avec TV et eau chaude). Les chambres sont impeccables, mais les carrelages blancs donnent l'impression de dormir dans une salle de bains.

Où se loger – catégories moyenne et supérieure

Indore comporte un bon choix d'hôtels confortables en catégorie moyenne, comme on peut s'y attendre dans une ville industrielle de cette taille.

Derrière le Tagore Natya Griha Hall, le ***Tourist Bungalow*** *(☎ 521818, RN Tagore Rd)* loue des chambres très confortables à 300/350 Rs, ou 390/490 Rs avec clim.

L'***Hotel Royal Residency*** *(☎ 764633, 225 RN Tagore Rd)* se compose de chambres standard bien équipées au prix intéressant de 450/600 Rs (à partir de 750/900 Rs avec clim.).

Le petit ***Hotel Kanchan*** *(☎ 270871, kanchan@bom4.vsnl.net.in, Kanchan Bagh)* est sans doute le meilleur de sa catégorie. Les chambres propres et confortables valent 400/500 Rs, ou 500/700 Rs avec clim. Il possède un bar et un restaurant.

A l'***Hotel President*** *(☎ 528866, fax 512230, RN Tagore Rd)*, les chambres sont un peu défraîchies, mais vous profiterez d'un club de remise en forme et d'un sauna. Les chambres climatisées reviennent à partir de 875/1 075 Rs, petit déjeuner inclus.

A 4 km du centre-ville, l'immense ***Sayaji Hotel*** *(☎ 552121, fax 553131, Vijay Nagar)* est le plus huppé d'Indore. Les installations comprennent une piscine, une piste de bowling, des courts de tennis et de squash, un club de remise en forme et des chambres luxueuses (à partir de 1 450/1 700 Rs).

Où se restaurer

Indore est réputée pour son choix de *namkin* (petits en-cas épicés à grignoter) – ceux de la marque Prakash sont les meilleurs. Si vous êtes là au moment des fêtes, attention au *bhang gota* – des samosa contenant une épice supplémentaire aux effets planants !

Toujours bonne et peu chère, l'***Indian Coffee House*** est installée dans MG Rd, près de Gandhi Hall.

Dans le City Centre Shopping Complex, le ***Food Centre*** est une cafétéria animée qui sert une savoureuse cuisine du Sud de l'Inde.

Le ***Landmark Restaurant***, près de l'Hotel President dans RN Tagore Rd, prépare de délicieuses spécialités occidentales comme on en trouve rarement en Inde, tel l'agneau rôti. Le service est attentif et les prix raisonnables (compte tenu de la qualité).

La majorité des grands hôtels possèdent des restaurants et des bars. Le ***Woodlands***

Restaurant de l'Hotel President représente un excellent choix à prix très corrects.

Quitter la ville

Avion. Indian Airlines (☎ 431595), Racecourse Rd, assure des vols chaque soir pour Mumbai (90 $US) et chaque matin pour Delhi (135 $US), *via* Bhopal (55 $US) et Gwalior (105 US, les lundi et vendredi uniquement).

Bus. De l'arrêt des bus de Sarwate, des bus partent toutes les demi-heures pour Ujjain (27 Rs, 1 heure 30) et Bhopal (78/87 Rs économique/deluxe, 5 heures). Pour Mandu, prenez un bus jusqu'à Dhar (28 Rs, 2 heures), puis une correspondance (15 Rs, 1 heure 30). Des bus partent vers Dhar à 5h, 6h, 7h45, 8h30 et 9h.

Les bus directs pour Omkareshwar (34 Rs, 3 heures) démarrent en général avant 11h. Deux services rallient Aurangabad (pour Ajanta Caves et Ellora Caves) à 5h et 21h30 (182 Rs, 13 heures) ; celui du matin s'arrête à Ajanta, celui de nuit est direct jusqu'à Aurangabad. Un bus quotidien rejoint Mumbai (244/368 Rs économique/deluxe, 16 heures) à 5h et à 6h30.

De l'arrêt des bus de Gangwal, 3 km à l'ouest le long de Jawahar Rd, des bus desservent Dhar toutes les 30 min.

Train. Indore est reliée aux principales lignes entre Delhi et Mumbai par des voies venant de Nagda *via* Ujjain à l'ouest et Bhopal à l'est. Le *Malwa Express*, quotidien, quitte Indore à 12h30 en direction de New Delhi (287/903 Rs en couchette/1re, 969 km, 19 heures), en passant par Ujjain (29/173 Rs, 80 km, 1 heure 30), Bhopal (67/352 Rs, 264 km, 5 heures 30), Gwalior (199/672 Rs, 652 km, 12 heures 30) et Agra (149/783 Rs, 770 km, 14 heures). Vers Mumbai, l'*Avantika Express* part à 15h50 et arrive à 6h50 le lendemain matin.

Une ligne à voie étroite traverse Indore. Des trains en provenance de Jaipur (Rajasthan) s'arrêtent à Indore (160/225 Rs en 2e/couchette) et continuent sur Khandwa et Purna.

Voiture. Pour échapper à la lenteur des transports publics, louez un taxi ou une voiture avec chauffeur pour vous rendre à Mandu, Omkareshwar et Maheshwar. MP Tourism (☎ 528653) propose des voitures à 4,50 Rs le kilomètre (minimum 250 km par jour). Si vous partez pour deux jours (obligatoire pour la visite des trois sites), la nuit vous sera facturée comme une journée supplémentaire. Vous devriez obtenir un meilleur tarif en louant un taxi devant la gare ferroviaire ou l'arrêt des bus.

Comment circuler

Desserte de l'aéroport. L'aéroport se trouve à 9 km de la ville. La course coûte 80 Rs en auto-rickshaw et 250 Rs en taxi. Faire une réservation depuis votre hôtel devrait vous revenir moins cher.

Transports locaux. Les auto-rickshaws pratiquent des tarifs très modérés (généralement moins de 10 Rs la course) et utilisent souvent leur compteur. Les tempo empruntent des itinéraires fixes (3 à 5 Rs d'un arrêt à l'autre). Les principaux arrêts se trouvent en face de la gare ferroviaire et à Gandhi Hall.

ENVIRONS D'INDORE

Omkareshwar

Le village s'étend sur la rive gauche de la Narmada et sur une île. Il attire les pèlerins hindous depuis des siècles en raison de son jyothirlingam, l'un des douze existant en Inde, qui se trouve dans le **Temple of Shri Omkar Mandhata** (à propos du mythe du jyothirlingam, voir le paragraphe *Mahakaleshwar Mandir* dans la rubrique *Ujjain*, plus haut dans ce chapitre).

La nature tendre de la pierre a permis aux artisans d'atteindre un haut degré de raffinement, notamment dans les frises qui ornent les parties supérieures du bâtiment.

Le cadre est extraordinaire. L'île, couronnée d'un ancien palais, semble surgir de la rivière. Empruntez la passerelle qui relie le village à l'île ou, sur les ghats, prenez un bateau à moteur (5 Rs). Le chemin montant au temple est bordé d'échoppes vendant la bimbeloterie chère aux pèlerins : guirlandes de soucis, noix de coco, colliers de perles et autres offrandes. La foule se rassemble pour le puja, trois fois par jour.

L'île compte d'autres temples, dont celui de **Siddhnath**, bel exemple d'architecture brahmanique du début du Moyen Age, ainsi qu'un groupe de temples hindous et jaïna.

Où se loger et se restaurer. Simple bloc de béton, l'***Hotel Aishwarya*** *(☎ 07280-71325)*, le seul du village, est un établissement

MADHYA PRADESH

confortable où les chambres propres avec s.d.b. et seau d'eau chaude valent 250/350 Rs. Le restaurant sert des plats végétariens simples et bon marché. Situé de l'autre côté du village en venant de l'arrêt des bus, l'hôtel est bien indiqué depuis la route principale.

Un peu difficile à trouver, l'***Holkar Guesthouse*** est un bâtiment jaune défraîchi, perché sur un escarpement rocheux offrant une vue magnifique sur Omkareshwar Island. Demandez qu'on vous indique le chemin sur la place du marché. Les doubles rudimentaires sont à 100 Rs.

Près de l'arrêt des bus, la ***Yatrika Guest House*** loue des chambres banales mais propres avec s.d.b. et seau d'eau chaude pour 250 Rs. Plusieurs ***échoppes*** vendent les snacks habituels autour de l'arrêt des bus.

Quitter la ville. Cinq bus quotidiens rejoignent directement Indore (35 Rs, 3 heures). D'Indore, des bus partent vers Sarwate à intervalles réguliers jusqu'à 11h. Quatre bus directs rallient Maheshwar par des routes éprouvantes (35 Rs, 2 heures 30). Vous pouvez aussi emprunter un bus régulier à destination de Barwaha, puis une correspondance.

Maheshwar

Centre culturel et politique important à l'aube de la civilisation hindoue, Maheshwar est citée dans le *Ramayana* et le *Mahabharata* sous son ancien nom, Mahishmati. Elle resta dans l'ombre pendant plusieurs siècles avant de refleurir avec la reine holkar, la rani Ahilyabai d'Indore, à la fin du XVIIIe siècle. La plupart des temples et la forteresse datent de cette période.

Les principales curiosités sont le **Fort**, ou forteresse, aujourd'hui un musée qui abrite des reliques de la dynastie Holkar, les trois **ghats** qui longent les rives de la Narmada et les **temples**, remarquables par leurs balcons suspendus et leurs entrées ouvragées.

Les saris de Maheshwar sont célèbres dans tout le pays pour leur tissage unique et leurs motifs élaborés. La Rewa Society, au sein du fort, dirige une **fabrique de saris** où vous pourrez observer les tisserands. Les saris sont en vente à la fabrique (environ 1 000 Rs pour un sari en soie et 500 Rs en coton) ou au marché.

Maheshwar, facilement accessible d'Omkareshwar et de Mandu, possède peu d'hébergements. L'***Akashdeep Rest House***, sur la route montant au fort, propose des doubles sans prétention à 50 Rs. L'***Ahilya Trust Guesthouse*** est également proche du fort.

Un bus part d'Indore l'après-midi (4 heures). Des bus locaux desservent régulièrement Maheshwar depuis Barwaha et Dhar, toutes deux facilement accessibles en bus local depuis Indore.

MANDU

☎ 07292

L'immense forteresse de Mandu, aujourd'hui en partie abandonnée, est l'un des sites les plus évocateurs du centre de l'Inde. Elle est perchée sur un escarpement rocheux séparé du plateau, au nord, par une vallée large et profonde, au-dessus de laquelle une chaussée naturelle mène à l'entrée principale de la cité. Au sud, des à-pics plongent jusqu'à la plaine et le panorama est superbe. Des ravins profonds entaillent les versants du plateau de 20 km^2 occupé par le fort.

Bien qu'une excursion d'une longue journée à partir d'Indore suffise pour la visiter, Mandu mérite que l'on s'y attarde.

Histoire

Surnommée la "cité de la joie", Mandu a connu une existence tourmentée. Forteresse et retraite fondée au Xe siècle par le raja Bhoj, elle fut conquise en 1304 par les seigneurs musulmans de Delhi. En 1401, lorsque les Moghols envahirent et prirent Delhi, l'Afghan Dilawar Khan, gouverneur du Malwa, créa son propre royaume et Mandu entama son âge d'or.

Dilawar Khan fit de Mandu un royaume indépendant, mais c'est son fils, Hoshang Shah, qui déplaça la capitale de Dhar à Mandu et porta la cité à son apogée.

Le fils de Hoshang ne régna qu'un an avant d'être empoisonné et remplacé par Mohammed Shah, qui régna pendant 33 ans.

En 1469, le fils de Mohammed Shah, Ghiyas-ud-din, monta sur le trône et consacra les 31 années qui suivirent aux femmes et à la chanson, avant d'être empoisonné à l'âge de 80 ans par son fils, Nasir-ud-din. En 1526, Bahadur, Shah du Gujarat, conquit Mandu, puis fut battu, en 1534, par Humayun, le Moghol.

Un officier de l'ancienne dynastie s'empara alors du pouvoir. Plusieurs événements conduisirent finalement à la prise du pouvoir par Baz Bahadur en 1554. En 1561, celui-ci

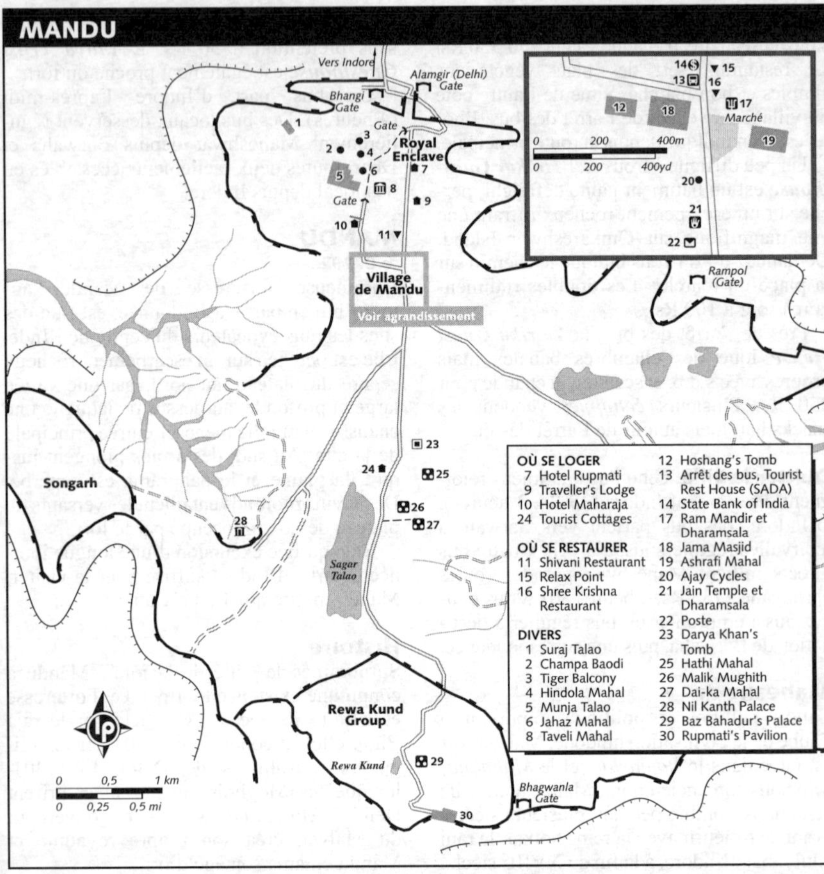

s'enfuit de Mandu plutôt que d'affronter les troupes d'Akbar. Bien qu'annexée par Akbar à l'Empire moghol, elle conserva une large autonomie jusqu'à ce qu'elle tombe entre les mains des Marathes. La capitale du Malwa fut de nouveau installée à Dhar, et Mandu devint une ville fantôme. Elle demeure cependant grandiose et imposante et recèle les plus beaux exemples d'architecture afghane en Inde.

Orientation et renseignements

Les édifices de Mandu se répartissent en trois groupes. La Royal Enclave, le plus beau groupe de temples, se tient à l'extrémité nord du fort, mais n'est accessible qu'en traversant le village de Mandu et en arrivant par le sud.

Le village, où vit la majorité de la population, se trouve à quelque 2 km de l'entrée. Les bâtiments forment le Village Group. On atteint ensuite le Rewa Kund Group, à l'extrémité sud du fort.

Au Taveli Mahal dans la Royal Enclave, procurez-vous l'excellent guide *Mandu*, publié par l'Archaeological Survey of India (11 Rs).

Pour changer de l'argent, la banque la plus proche se trouve à Indore – un voyageur nous a cependant affirmé avoir pu changer un chèque de voyage à la State Bank of India, près de l'arrêt des bus.

Royal Enclave Group

Ce sont les seuls temples de Mandu pour lesquels vous devrez acquitter un droit d'entrée (5 $US ou 230 Rs, plus 25 Rs si vous voulez utiliser un Caméscope). L'enceinte est ouverte du lever au coucher du soleil.

Le **Jahaz Mahal** (palais du bateau), est sans doute l'édifice le plus réputé de Mandu. En forme de navire, et flanqué de deux lacs à l'est et à l'ouest qui renforce cette impression, il mesure 120 m de long sur 15 m de large. Ghiyas-ud-din, fils de Mohammed Shah, le construisit pour son harem, célèbre pour regrouper plus de 15 000 jeunes femmes. Le Jahaz Mahal, avec ses arches, ses salles fraîches et son ravissant bassin leur servait de terrain de jeux.

Au sud du Jahaz Mahal, le **Taveli Mahal** est un ancien palais occupé aujourd'hui par l'Archaeological Survey of India Antiquity Gallery. Cette petite galerie-musée est ouverte du lever au coucher du soleil (l'entrée à la Royal Enclave comprend l'accès à ce musée). Les expositions présentent des fragments d'ustensiles et de vaisselle retrouvés sur le site ainsi que des figurines en pierre.

Au nord de l'imposante coupole de Ghiyas se trouve un hall en forme d'église, le **Hindola Mahal**, ou "palais oscillant", appelé ainsi en raison de l'inclinaison de ses murs. La large rampe qui ondule à l'extrémité nord du bâtiment aurait été aménagée pour permettre au souverain d'être transporté jusqu'au sommet à dos d'éléphant.

A l'ouest des deux premières structures de la Royal Enclave, le **Champa Baodi** est un puits qui descend sur la rive nord du lac. Dans ses souterrains avaient été creusés des puits et des salles de bains qui, de toute évidence, offraient un refuge agréable par temps chaud.

Citons encore la "maison et boutique" de Gada Shah et la **Mosque of Dilawar Khan**, datant de 1405, l'un des plus anciens édifices musulmans de Mandu.

Village Group

Jama Masjid. Cette immense mosquée datant de 1454 domine le village de Mandu. Elle constituerait le plus beau et le plus grand exemple d'architecture afghane en Inde. Sa construction fut entreprise par Hoshang Shah, sur le modèle de la grande mosquée omeyyade de Damas, en Syrie. Elle ouvre tous les jours de 8h30 à 17h30.

Hoshang's Tomb. Juste derrière la mosquée, se dresse l'imposant mausolée en marbre de Hoshang, mort en 1435. Considérée comme la construction de marbre la plus ancienne du pays, elle est accessible par un porche en forme de dôme. L'intérieur est éclairé par des *jali* (claires-voies de marbre), caractéristiques de l'influence hindoue. Le mausolée est doté d'une double arche et d'un dôme central entouré de quatre petits dômes. Shah Jahan aurait envoyé ses architectes à Mandu pour étudier la conception du mausolée avant d'entreprendre la construction du Taj Mahal.

D'un côté de l'enceinte court une longue colonnade basse, dont la largeur est divisée en trois par des piliers. Derrière, un hall long et étroit, doté d'un plafond en berceau de facture musulmane, servait d'abri pour les pèlerins.

Ashrafi Mahal. Les ruines de cet édifice s'élèvent en face de la Jama Masjid. A l'origine *madrasa* (collège islamique), il fut ensuite agrandi et transformé par son constructeur, Mohammed Shah, pour devenir son mausolée. L'ambition des bâtisseurs dépassant leur compétence, l'édifice s'effondra. Mohammed Shah fit également ériger une tour circulaire de la Victoire, à sept étages, qui s'écroula elle aussi.

Jain Temple. Cet ensemble moderne regroupe de nombreux bâtiments. Les temples, richement décorés, sont ornés de tirthankar en marbre, argent et or, dont certains dotés d'yeux de jade étincelants. Vers l'arrière de l'ensemble, un **musée** jaïna, dans le

Une parfaite escapade

L'une des choses les plus merveilleuses à Mandu est l'impression de tranquillité qui semble se dégager des anciens palais. Après plusieurs jours de voyage dans le centre de l'Inde, séjourner quelques jours dans la "cité de la joie" pour échapper au tumulte et à la frénésie des villes laisse un souvenir inoubliable. Les palais sont encore suffisamment intacts pour se faire une idée de ce qu'a pu être l'époque de Dilawar Khan à Mandu – les échos de cette période résonnent encore à travers les immenses vestibules en pierre. Par chance, le nombre de touristes n'a pas encore atteint les proportions qui risqueraient de priver ces lieux de leur magie. Flâner dans un palais désert dépourvu de toit où vivaient jadis des milliers de personnes et admirer l'ingéniosité de la construction est une activité passionnante et reposante, surtout en fin de journée.

style des parcs à thème, comprend une réplique du Shatrunjaya, un des temples de Palitana (Gujarat) édifié au sommet d'une colline, et une fresque plutôt kitsch d'homélies jaïna. Un panneau très explicite montre les tourments affreux qui attendent les buveurs d'alcool et les carnivores.

Rewa Kund Group

Cet ensemble se situe à 3 km au sud du Village Group, après le grand Sagar Talao.

Baz Bahadur's Palace. Le palais de Baz Bahadur, dernier souverain indépendant de Mandu, fut construit vers 1509 près du Rewa Kund, dont l'eau était acheminée au palais par un dispositif situé au nord du réservoir. Le palais, curieux mélange de styles rajasthani et moghol, fut, en fait, bâti bien avant l'arrivée au pouvoir de Baz Bahadur.

Rupmati's Pavilion. A l'extrémité de la forteresse, perché sur la colline dominant la plaine, se dresse le pavillon de Rupmati. Selon la légende, Baz Bahadur convainquit cette jolie chanteuse hindoue de quitter sa maison dans la plaine pour venir y habiter. De la terrasse, Rupmati pouvait admirer la Narmada, maintenant endiguée.

Cette construction romantique se prêtait parfaitement à une idylle, mais le dénouement fut malheureux. On raconte que l'empressement d'Akbar à conquérir Mandu était dû en partie à la beauté de Rupmati. Lorsqu'il marcha sur le fort, Baz Bahadur s'enfuit et Rupmati s'empoisonna.

Darya Khan's Tomb et Hathi Mahal

Ces deux constructions sont situées à l'est de la route, entre le Rewa Kund et le village. Le Hathi Mahal (palais de l'éléphant) doit son nom aux piliers massifs, évoquant des pattes d'éléphant, qui supportent la coupole.

Nil Kanth Palace

On accède au palais, situé à l'extrémité de l'un des ravins qui entaillent le versant, par des marches taillées à flanc de colline. Cet ancien sanctuaire shivaïte devint, sous les Moghols, un agréable palais agrémenté d'une cascade.

En haut des marches, des villageois vendent des graines de baobab. Mandu est l'un des rares lieux en Inde où l'on trouve cette essence.

Circuits organisés

Les circuits comprenant la visite de Mandu sont organisés à partir d'Indore de juillet à septembre, et en tout temps si les participants sont au nombre de 10 au minimum. Des guides locaux offrent leurs services aux abords de l'arrêt des bus.

Où se loger

Sur un site paisible entre le village et la Royal Enclave, l'***Hotel Maharaja*** *(☎ 63288, Jahaz Mahal Rd)* est la meilleure adresse pour les petits budgets. Les doubles sommaires avec s.d.b. valent 125/200 Rs (5 Rs le seau d'eau chaude). Le personnel est accueillant et le restaurant sans prétention.

Morne établissement géré par la SADA, la ***Tourist Rest House***, en face de la Jama Masjid, propose des chambres défraîchies avec s.d.b. à 125 Rs (toilettes à la turque et seau d'eau chaude).

Pour être sûr d'obtenir une chambre dans les établissements suivants tenus par MP Tourism, réservez auprès du ***tourist office*** d'Indore (☎ 0731-528653). Comparé au Rumpati voisin, le ***Traveller's Lodge*** *(☎ 63221)* fait un peu pâle figure, mais loue des chambres assez confortables avec s.d.b. et eau chaude pour 290/390 Rs. Très bien situés en surplomb du Sagar Talao, les ***Tourist Cottages*** *(☎ 63235)* demandent 350/450 Rs, ou 750/850 Rs avec clim. Les petits déjeuners et dîners sont servis dans le restaurant en plein air, ouvert aux non-résidents.

Meilleure adresse de Mandu, l'***Hotel Rupmati*** *(☎ 63270)* compte dix chambres spacieuses avec vue sur la gorge depuis les patios arrière. Modernes et confortables, elles reviennent à 325/400 Rs, ou 750 Rs en double climatisée.

Où se restaurer

Les restaurants du Rumpati et des hôtels du MP Tourism constituent les meilleures tables. D'autres restaurants bon marché sont installés dans le village. Au marché, vous verrez les graines vertes à cosse dure du baobab. Les habitants en raffolent, bien qu'à notre avis cela fasse un peu l'effet de mâcher de la poussière de craie.

Le ***Relax Point*** sert des boissons et possède une boutique, mais ne prépare pas à manger, ce que fait apparemment très bien son voisin, le ***Shree Krishna Restaurant***.

Plus au nord, le ***Shivani Restaurant*** propose de bons plats végétariens à prix raisonnables (entre 20 et 45 Rs) et des petits déjeuners.

Quitter la ville

Chaque jour, six bus directs relient Mandu à Indore (40 Rs, 3 heures 30) ; en sens inverse, il faut changer à Dhar.

Un bus dessert Maheshwar à 7h30 (25 Rs, 2 heures 30).

Pour Bhopal, prenez le bus de 6h jusqu'à Indore, puis un bus ou un train. Les bus s'arrêtent près de la Jama Masjid dans le village.

Vous pouvez aussi louer une voiture (voir plus haut le paragraphe *Quitter la ville* de la rubrique *Indore*).

Comment circuler

Vous pouvez louer un vélo à Ajay Cycles, au sud de la Jama Masjid, ou dans le marché (3 Rs l'heure ou 25 Rs les 24 heures). Le terrain étant plat, c'est le meilleur moyen de visiter les sites, assez éloignés les uns des autres. Il est également assez agréable de marcher.

Mandu ne compte qu'un seul auto-rickshaw, disponible pour la visite des sites en trois à quatre heures (150 Rs). Ainsi, l'aller-retour du village au pavillon de Rupmati revient à 20 Rs.

Est du Madhya Pradesh

JABALPUR

☎ 0761 • 1 065 025 habitants

Au sud de Khajuraho et à l'est de Bhopal, la grande ville de Jabalpur est célèbre pour les gorges de la Narmada, appelées Marble Rocks (rochers de marbre). C'est aussi le point de départ des visites du Kanha National Park (160 km) et du Bandhavgarh National Park (197 km).

L'office du tourisme (☎ 322111), dans la gare ferroviaire, ouvre tous les jours de 7h à 21h. Il s'occupe des réservations dans les hébergements MP Tourism du Kanha National Park (paiement à la réservation) et de Marble Rocks.

Vous pourrez changer de l'argent à la State Bank of India, en face de l'Hotel Rishi Regency, et au Jackson's Hotel.

Les liaisons Internet depuis Jabalpur sont lentes durant la journée, mais bon marché. Cyber Estate, près du Jackson's Hotel, reste ouvert jusqu'à 21h (30 Rs l'heure).

Rani Durgavati Museum

Au sud du bazar, à proximité de l'arrêt des tempo, ce musée mérite une visite. Au rez-de-chaussée, vous verrez des sculptures des Xe et XIe siècles provenant des temples du district de Jabalpur. Des lettres et des photos se rapportant au Mahatma Gandhi sont exposées à l'étage et une salle contient des maquettes et des photos consacrées aux Gond. Le musée ouvre tous les jours, sauf le lundi, de 10h à 17h (entrée gratuite).

Où se loger – petits budgets

Les hébergements les moins chers se concentrent pour la plupart autour de l'arrêt des bus, à environ 3 km de la gare ferroviaire. Le racket à la commission est très activement pratiqué par les rickshaw-wallahs de Jabalpur.

Bon marché et propre, l'***Hotel Mayur*** *(☎ 310035, Malviya Chowk)*, à quelques minutes à pied de l'arrêt des bus, loue des simples/doubles économiques à 120/220 Rs et d'autres chambres deluxe plus agréables à 150/250 Rs, toutes avec s.d.b., toilettes à la turque et seau d'eau chaude.

Bonne adresse au cœur du bazar, l'***Hotel Vijan Palace*** *(☎ 310972, 313 Vijan Market)* demande 250/300 Rs pour une chambre sommaire avec s.d.b. (500/600 Rs avec clim.). Essayez de négocier pour obtenir un meilleur tarif.

Le ***Swayam Hotel*** (*☎ 325377, Guru Nanak Market*), assez médiocre mais bon marché, propose des chambres de taille correcte à 65/130 Rs (s.d.b. avec toilettes à la turque et seau d'eau chaude).

A côté, l'***Hotel Rahul*** *(☎ 325525)* est à peine mieux avec des chambres à 100/130 Rs ou 150/200 Rs avec TV et seau d'eau chaude.

Où se loger – catégories moyenne et supérieure

Très prisé, l'***Hotel Roopali*** *(☎ 625566, Station Rd)* est le plus plaisant de la rue. Les chambres propres valent à partir de 300/350 Rs (600/700 Rs avec clim.).

Le ***Jackson's Hotel*** *(☎ 322320, fax 322066, Civil Lines)* a probablement été le

MADHYA PRADESH

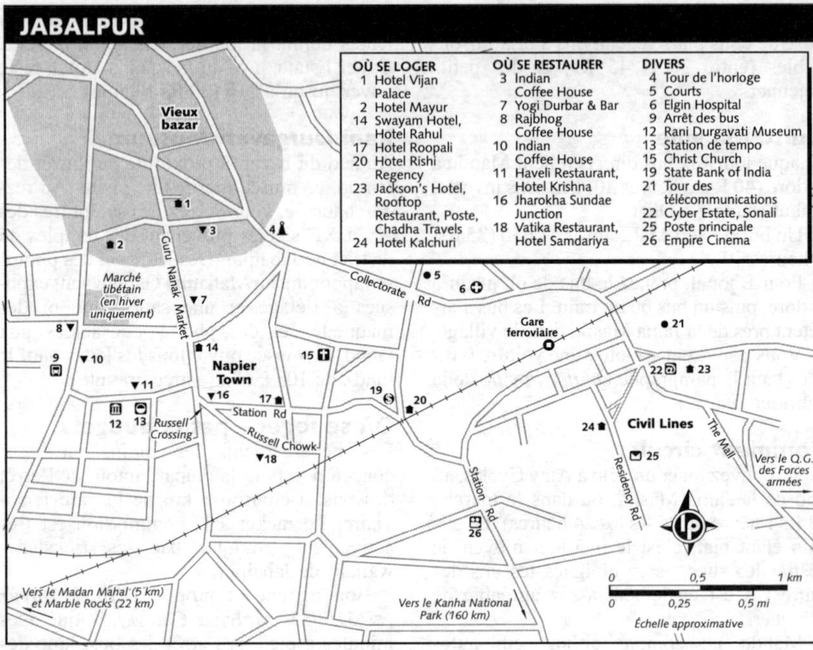

plus bel établissement de la ville à une époque, mais il est aujourd'hui un peu défraîchi et infesté de moustiques – ce qui n'empêche pas les voyageurs de l'apprécier. Les grandes chambres fatiguées avec s.d.b. et douche (chaude) reviennent à 450/500 Rs, ou 950/1 200 Rs avec clim. Vous pourrez changer des chèques de voyage sur place et laisser vos bagages à la consigne pour aller visiter le Kanha National Park. L'hôtel est seulement à 10 min à pied de la gare ferroviaire.

Géré par MP Tourism, l'***Hotel Kalchuri*** *(☎ 321491, Civil Lines)*, à proximité de la gare ferroviaire, comporte des chambres bien tenues avec chauffe-eau et balcon à 450/550 Rs (780/850 Rs avec clim.).

L'***Hotel Rishi Regency*** *(☎/fax. 321804, Civil Lines)*, un trois-étoiles proche de la State Bank of India, demande 550/750 Rs ou 895/1 095 Rs avec clim. Dans les chambres les moins chères, les toilettes sont à la turque.

Où se restaurer

La majorité des hôtels possèdent leur propre restaurant.

Le ***Rooftop Restaurant*** du Jackson's Hotel offre un grand choix de plats convenables, des sièges confortables et de la bière fraîche. Agréable également, le ***Haveli Restaurant*** de l'Hotel Krishna est un peu plus cher. Le ***Vatika Restaurant*** de l'Hotel Samdariya jouit d'une bonne réputation.

La ***Rajbhog Coffee House***, près de l'arrêt des bus, est parfaite pour un snack (masala dosa à 14 Rs). Les serveurs portent des turbans en forme d'éventail et de larges ceintures hindoues. Dans un genre similaire, l'***Indlan Coffe House*** offre un très bon rapport qualité/prix.

Au ***Yogi Durbar & Bar***, apprécié malgré un éclairage peu engageant, la cuisine est bonne et les prix raisonnables. Un poulet tandoori entier vous reviendra à 80 Rs et la plupart des plats de 25 à 35 Rs.

Le ***Jharokha Sundae Junction***, à côté de l'Hotel Arihant Palace, est idéal pour déguster des glaces. Pour vous régaler d'alléchantes douceurs, allez au ***Sonali***.

Comment s'y rendre

Bus. Des bus desservent Jabalpur depuis Allahabad, Khajuraho, Varanasi, Bhopal, Nagpur et d'autres villes importantes. Préférez les bus privés pour les trajets de nuit, les bus publics du MP étant fort délabrés. Les bus privés stationnent devant leurs agences respectives, situées à côté et en face de l'arrêt des bus. Un bus part tous les jours à 10h pour Khajuraho (125 Rs, 11 heures), mais il est plus confortable de prendre un train jusqu'à Satna, puis un bus pour le parcours cahoteux vers Khajuraho (55 Rs, 4 heures).

Train. Des trains directs relient Jabalpur à Satna (84/279 Rs en couchette/1re, 189 km, 3 heures), Varanasi (174/588 Rs, 505 km, 13 heures) et Bhopal (126/426 Rs, 336 km, 7 heures 30) .Pour vous rendre aux grottes d'Ajanta et Ellora, prenez un train sur la ligne de Mumbai pour Bhusaval (tous les trains s'y arrêtent), puis un autre pour Jalgaon d'où partent des bus pour les grottes.

Comment circuler

Les rickshaw-wallahs vous harcèleront dès votre arrivée à la gare ferroviaire ou à l'arrêt des bus et vous proposeront un tarif très bas pour vous emmener à votre hôtel. Fixez le prix avant de monter. Si vous arrivez en bus, sachez que la plupart des hôtels pour petits budgets ou de catégorie moyenne sont à 10 min à pied de l'arrêt.

Des tempo circulent dans la ville ; vous ne les utiliserez sans doute que pour aller à Marble Rocks (8 Rs). Leur station jouxte l'arrêt des bus, en face de l'Hotel Krishna.

ENVIRONS DE JABALPUR

Marble Rocks

Connues localement sous le nom de Bhedaghat, les gorges de la Narmada se trouvent près du village du même nom, à 22 km à l'ouest de Jabalpur. Les parois blanches lustrées, parfois roses, brunes ou noires, offrent un spectacle impressionnant, particulièrement la nuit. Évitez les week-ends et les nuits de pleine lune, quand le site est pris d'assaut par les touristes locaux. Des barques emmènent les touristes dans ces gorges longues de 2 km (10 Rs par personne dans un bateau de 20 passagers ; le bateau peut être loué pour 210 Rs). D'oct. à juin, elles partent tous les jours de la jetée, dès qu'elles sont pleines. Après 500 m sans grand intérêt, les massifs rochers de marbre naturellement sculptés se pressent autour de vous, dégageant une atmosphère saisissante.

Parcourez 1 km à pied depuis la jetée pour admirer la **Dhuandhar** (cascade de fumée). Tout autour, des centaines d'étals proposent des sculptures de marbre. Sur le chemin, vous verrez un édifice circulaire, le **Chausath Yogini**, ou temple de Madanpur, qui abrite d'anciennes effigies très endommagées des 64 yogini, suivantes de la déesse Kali.

Géré par MP Tourism, le ***Motel Marble Rocks*** *(☎ 0761-83424)*, très agréable, surplombe le pied des gorges. Cet ancien bungalow colonial dispose d'un jardin bien entretenu, d'un excellent restaurant et de quatre doubles à 450 Rs. Vous pouvez réserver auprès de l'office du tourisme (☎ 322111) de Jabalpur. Le village compte de nombreux ***cafés*** bon marché.

Des tempo desservent Marble Rocks depuis leur station, près du musée à Jabalpur (8 Rs).

Narsinghpur

A 84 km à l'ouest de Jabalpur, Narsinghpur, bourgade somnolente, ne mérite le détour que si vous voulez suivre les traces de Sleeman (voir l'encadré *Les thugs*).

Vous pourrez visiter le **Narsingh Mandir**, un ancien temple sous lequel est creusé un dédale de tunnels. Le gardien vous montrera peut-être la pièce où Sleeman enferma certains chefs thugs.

La ***Lunawat Inn*** *(☎ 07792-30034)* propose des simples/doubles avec s.d.b. et TV à 250/450 Rs. Elle se trouve à 100 m de la gare ferroviaire (tournez à droite en sortant).

Les thugs

C'est de Narsinghpur que, au début du XIXe siècle, le colonel Sleeman déclara la guerre au curieux culte hindou thuggee qui, depuis 500 ans, avait fait au moins un million de victimes. Depuis le début du XIVe siècle, ses adeptes (les thugs) rôdaient sur les routes indiennes et, selon leur rite, étranglaient les voyageurs avec une écharpe de soie jaune en l'honneur de la déesse Kali.

Pour en savoir plus, lisez Confessions d'un thug (Phébus, 1995), l'excellent récit de Philip Meadows Taylor, fondé sur des témoignages recueillis à la fin du XIXe siècle, ou encore Le Voyageur étranglé, de Martine van Wœrkens (Albin Michel, 1995), un ouvrage savant et très documenté qui s'attache à démêler la vérité historique du mythe.

Narsinghpur est située sur la principale ligne ferroviaire Jabalpur-Mumbai/Bhopal. Quelques express s'y arrêtent.

KANHA NATIONAL PARK

☎ 07649

Kanha, à 160 km au sud-est de Jabalpur, figure parmi les plus grands parcs nationaux d'Inde avec ses 1 945 km^2, dont une zone centrale de 940 km^2. Site choisi par Kipling pour *Le Livre de la jungle*, c'est une superbe région de forêts de sals et de pâturages légèrement boisés, arrosée de cours d'eau. Il fait partie du Project Tiger.

Les animaux bénéficièrent d'une protection limitée dès 1933, mais la création du parc national ne date que de 1955. La politique de protection de la faune des 30 dernières années a permis l'augmentation régulière du nombre de tigres, de léopards, de chitals (cerfs tachetés), de barasinghas (cerfs des marais) et de gaurs (bisons indiens). Au dernier recensement (1997), on dénombrait 114 tigres et 86 léopards.

Vous avez de bonnes chances d'apercevoir des tigres, des gaurs et plusieurs herbivores. Kanha est l'un des meilleurs endroits du Madhya Pradesh pour l'observation des oiseaux.

Orientation et renseignements

Entre le 1er juill. et le 31 oct., Kanha est complètement fermé en raison de la mousson. Bien que les animaux soient visibles pendant toute la saison d'ouverture, les meilleures chances de les apercevoir se situent en mars et en avril, lorsque la chaleur les pousse à rechercher l'eau. Les mois les plus chauds sont mai et juin, lorsque la température peut atteindre 42°C l'après-midi. Décembre et janvier sont les plus froids et, bien qu'il fasse assez doux pendant la journée, dès que le soleil se couche, le thermomètre descend rapidement à 0°C et en dessous.

Le village de Khatia, à l'entrée ouest de Kanha, est la meilleure base pour visiter le parc. L'entrée principale se trouve à Kisli, 3 km plus loin (200 Rs, plus 25/200 Rs pour un appareil photo/Caméscope).

Vous ne trouverez pas de bureau de change, mais Kisli possède un téléphone, une petite boutique et une station-service. La luminosité étant faible tôt le matin et en soirée, prévoyez des pellicules rapides (400 ASA et plus). Ne manquez pas le marché local qui se tient le vendredi à **Sarekha**, où vous rencontrerez des adivasi Baiga. Plus proche, le marché de **Mocha**, à 5 km de Khatia, a lieu le mercredi.

Visitor Centres. Trois excellents centres d'accueil des visiteurs sont installés à Kanha (dans le parc), à Khatia et à Mukki. Ils présentent des expositions de qualité, notamment à Kanha où le centre possède cinq galeries et une salle de recherche. Vous pourrez assister

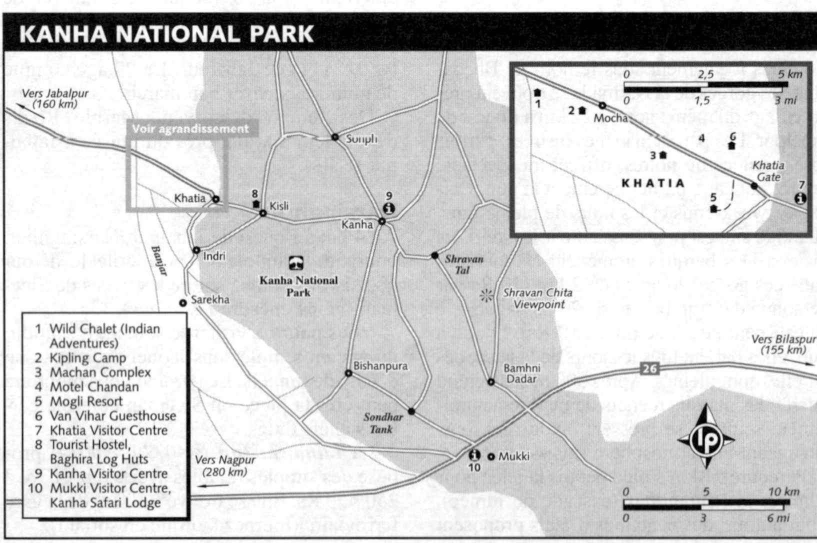

Sur la piste du tigre

Les visiteurs du Kanha National Park espèrent probablement que le hasard leur fera rencontrer un tigre, mais ce hasard est bien organisé !

Chaque matin, des gardes forestiers montés sur des éléphants dressés pistent les tigres. Ils écoutent les appels des cerfs et des singes signalant la proximité d'un prédateur, puis suivent les empreintes laissées par le félin. Une fois le tigre localisé, ils appellent le centre d'accueil des visiteurs de Kanha où attendent patiemment les jeeps et leurs passagers. Les chauffeurs s'empressent alors de regagner une base (Kisli par exemple) pour prendre un ticket qui permet de se mettre dans la file d'attente. Les voitures se garent à une certaine distance du tigre (en espérant qu'il n'a pas bougé) puis les passagers montent sur le dos d'un éléphant (300 Rs par personne) qui les emmène à travers les broussailles. Les excursions de l'après-midi laissent plus de chance au hasard, bien que les guides sachent souvent où trouver le fauve.

au spectacle son et lumière "Encounters in the Dark" (Rencontres dans l'obscurité).

Des livres et des cartes postales sont en vente dans les centres, ouverts tous les jours de 8 à 12h et de 15h à 19h30 (les horaires peuvent varier en fonction de la saison). Chaque soir, un film est gratuitement projeté en plein air au centre de Khatia.

Wildlife Safaris

Les excursions dans le parc ont lieu tôt le matin et en soirée ; la circulation est interdite la nuit. La plupart des hébergements proposent des jeeps dont le coût est calculé en fonction du kilométrage. Prévoyez environ 500 Rs (6 passagers maximum), 90 Rs pour les services du guide (obligatoire), plus les droits d'entrée au parc (pour la journée). En haute saison, le nombre des jeeps ne satisfait pas la demande ; réservez dès votre arrivée.

Du 1er nov. au 15 fév., les portes du parc ouvrent du lever du soleil à 12h et de 15h au coucher du soleil ; du 16 fév. au 15 avr., du lever du soleil à 12h et de 16h au crépuscule ; du 16 avr. au 30 juin, du lever du soleil à 11h et de 17h au coucher du soleil.

Pensez à prendre des vêtements chauds pour les sorties matinales. Choisissez votre tenue avec soin ; un panneau au Khatia Visitor Centre (centre d'accueil des visiteurs) précise : "Évitez les couleurs vives, les contrevenants seront poursuivis !"

Où se loger et se restaurer

Les hôtels sont éparpillés sur 6,5 km le long de la route de Jabalpur – mieux vaut donc savoir précisément à quel endroit descendre du bus. La plupart se concentrent autour de Khatia, des pensions bon marché aux établissements à prix élevés proposant des formules "jungles plans", tout compris. Hormis les restaurants des hôtels, deux ou trois *dhaba* (gargotes) servent des plats végétariens devant Khatia Gate. Sachez que les tarifs des hébergements augmentent considérablement (de 40% à 50%) en haute saison.

Khatia. La ***Van Vihar Guesthouse***, à 400 m de la route de Khatia Gate, est la pension la moins chère. Les doubles rudimentaires avec s.d.b. (toilettes à la turque et seau d'eau chaude) coûtent 100 Rs par personne. L'endroit est sympathique et la famille qui le gère prépare une cuisine bonne et bon marché.

Spartiate, le ***Machan Complex*** demande 30/150 Rs pour un lit en dortoir/une double avec s.d.b. (seau d'eau chaude et toilettes à la turque assez repoussantes). La carte du restaurant comporte un glossaire hindi très pratique.

Le ***Motel Chandan*** *(☎ 77220)* offre de meilleures doubles avec s.d.b. (100 ou 250 Rs) et des chambres deluxe spacieuses avec chauffe-eau (300 Rs). Le restaurant sert de délicieux thali à 30 Rs.

Moderne, le ***Mogli Resort*** *(☎ 77228)* possède un petit côté "jungle" et loue des chambres propres et confortables. Comptez 850/1 400 Rs pour une excellente double avec air-cooler/clim. et s.d.b., et 850 Rs pour un charmant cottage avec vent. et baignoire. Un autre cottage, plus petit, revient à 500 Rs. Le "jungle plan" qui comprend tous les repas et les safaris est le meilleur du genre.

Le ***Wild Chalet*** *(☎ 77203)*, à environ 5 km de Khatia au bord de la rivière, est un endroit paisible où le personnel est sympathique et bien informé. Il propose des doubles en chalet avec s.d.b. pour 87 $US par personne (30% de plus en simple), repas et transports jusqu'au parc compris (plus deux sorties en voiture par jour pour observer la faune). Le personnel organise également des circuits-nature et d'observation des oiseaux. Réservez auprès d'Indian Adventures (☎ 022-642 8244), 257 SV Rd, Bandra, Munbai 400050, ou adressez-vous directement au Wild Chalet pour bénéficier d'une réduction de 10%.

Le ***Kipling Camp*** *(☎/fax 77219)* ne manque pas de charme – tenu par des Britanniques pleins d'enthousiasme, il est dirigé par Bob Wright, que l'on peut contacter par l'intermédiaire du Tollygunge Club (☎ 033-473 4539, fax 473 1903), 120 DP Sasmal Rd, Calcutta 700033. Réservez ; le séjour revient à 4 500 Rs par jour (moins si vous séjournez trois nuits ou plus ; réductions en basse saison).

Kisli. Kisli se compose de la Forestry Office et de deux hôtels du MP Tourism. Le ***Tourist Hostel*** dispose de trois dortoirs de huit lits à 250 Rs par personne, un prix bien trop élevé qui comprend tous les repas (végétariens) et des douches (chaudes).

Dotées d'un restaurant, les ***Baghira Log Huts*** louent des doubles avec air-cooler convenables à 690 Rs. On peut réserver auprès des bureaux MP Tourism suivants à condition de payer à l'avance :

Bhopal
(☎ 0755-778383) 4e étage, Gangotri, TT Nagar

Delhi
(☎ 011-334 1187) 2e étage, Kanishka Shopping Plaza, 19 Ashoka Rd

Kolkata
(☎ 033-247 8543) 6e étage, Chitrakoot Bldg, 230A, AJC Bose Rd,

Mumbai
(☎ 022-218 7603) 74 World Trade Centre, Cuffe Parade, Colaba

Si vous voulez réserver moins de cinq jours avant votre arrivée, contactez l'office du tourisme (☎ 0761-322111) à la gare ferroviaire de Jabalpur.

Mukki. Autre établissement du MP Tourism, le ***Kanha Safari Lodge*** occupe un site agréable mais isolé, à 36 km de Khatia. Ce peut être une bonne solution si vous venez de Bilaspur ou de Kawardha ; autrement, mieux vaut séjourner à Khatia. L'hôtel demande 490 Rs en double (690 Rs avec clim.) et possède un restaurant. Reportez-vous ci-dessus à la rubrique *Kisli* pour les réservations.

Comment s'y rendre. Des bus publics (50 Rs) relient l'arrêt des bus de Jabalpur à Khatia Gate trois fois par jour – à 8h (6 heures), 11h (7 heures) et 14h (7 heures). Ces mêmes bus repartent de Kisli vers 8h et 12h30. Ils sont bondés et d'une lenteur épouvantable. D'autres bus privés effectuent le même trajet pour 70 Rs.

BANDHAVGARH NATIONAL PARK

Ce parc se trouve à 197 km au nord-est de Jabalpur dans les monts Vindhyan. Bien plus petit que Kanha, il se targue d'abriter la plus forte densité de tigres du pays, avec 46 à 52 fauves. Il compte aussi 27 léopards.

Le parc s'étend sur 448 km², dont 105 km² qui constituent la partie centrale (*core area*). Celle-ci possède un écosystème fragile mais recèle une faune variée, dont des nilgauts, des sangliers, des chacals, des gaurs, des sambars et des porcs-épics. Les remparts de son fort sont le refuge des vautours. Bandhavgarh reçoit moins de visites que Kanha bien qu'il ne soit pas rare d'y observer un tigre.

Orientation et renseignements

On accède au parc par le village de Tala, meilleur endroit où séjourner. Le MP Tourism dispose d'un bureau au White Tiger Forest Lodge (voir la rubrique *Où se loger et se restaurer*). Un petit centre d'accueil des visiteurs est installé à l'entrée du parc. Tala ne compte aucun bureau de change.

Comme à Kanha, l'accès au parc pour les circuits en jeeps de location est limité au matin et en soirée. Vous devrez débourser 100 Rs si vous venez avec votre propre véhicule. L'entrée revient à 200 Rs (20 Rs pour les Indiens), plus 25/200 Rs pour un appareil photo/Caméscope. Louer une jeep (6 passagers maximum) coûte environ 550 Rs, services d'un guide compris. Bandhavgarh est fermé du 1er juil. au 31 oct., et le mardi le reste de l'année. L'indicatif téléphonique de Tala est le ☎ 07653.

Bhaghela Museum

Jouxtant le Bandhavgarh Safari Camp de Tala, ce musée fait partie de la collection privée du maharaja de Rewa. Outre le tigre blanc empaillé, Mohan, la collection comprend l'habituel attirail de chasse et militaire, un jeu d'échecs en ivoire et argent ainsi qu'un extravagant fauteuil à bascule belge en verre et argent. Le musée ouvre tous les jours de 10h à 15h et de 17h à 20h (5 Rs).

Promenades à dos d'éléphant

Des éléphants promènent les visiteurs dans le parc en fin d'après-midi (300 Rs l'heure par personne, 4 personnes maximum). Renseignez-vous à la Forestry Office, près de l'entrée d'Umaria Rd.

Où se loger et se restaurer

La plupart des hébergements sont répartis le long d'Umaria Rd dans Tala.

Le ***Tiger Lodge***, à côté de l'arrêt des bus, est le moins cher des environs. Les doubles ordinaires avec s.d.b. d'une propreté douteuse valent 150 Rs. Le ***dhaba*** du rez-de-chaussée sert de bons thali pour 25 Rs et des petits déjeuners qui n'ont rien d'exceptionnel.

Bonne adresse à petits prix, le ***Kum Kum Home*** *(☎ 65324)* dispose de quatre doubles propres avec s.d.b. spacieuse (et chauffe-eau) à 200 Rs.

Plus confortable, mais toujours raisonnable, le ***V Patel*** *(☎ 65323)* représente un bon choix. Situé en retrait d'Umaria Rd, il propose des simples/doubles agréables pour 300/400 Rs, ou 65/120 $US en pension complète avec transports et droits d'entrée au parc compris.

Bon établissement du MP Tourism, le ***White Tiger Forest Lodge*** *(☎ 65308)* possède de plaisants bungalows donnant sur la rivière où se baignent les éléphants. Comptez 590/690 Rs en simple/double avec s.d.b., ou 790/890 Rs (plus 10% de taxe) pour les chambres climatisées plus loin de la rivière. Il comporte un bon restaurant et un bar. Mieux vaut réserver.

L'hôtel le plus cher, le ***Bandhavgarh Jungle Lodge*** *(☎ 65317)* offre un "jungle plan" dans lequel repas, entrées au parc et safaris sont compris. Caché près de l'entrée du parc, il loue des bungalows rustiques en paille et terre battue à 125 $US la nuit. Réservez au Tiger Resorts (☎ 033-6853760, fax 6865212, T-Resorts@indiantiger.com), suite 206, Rakeesh Deep, 11 Commercial Complex, Gulmohar Enclave, New Delhi.

Quitter la ville

Umaria, à 23 km sur la ligne ferroviaire Katni-Bilaspur, est la gare la plus proche. De là, des bus locaux desservent Tala (14 Rs, 1 heure). Des jeeps relient Tala à Umaria lorsque la demande est suffisante.

De Satna, un bus, peu pratique, effectue la liaison en passant par Rewa. Mieux vaut prendre un taxi à plusieurs ; le trajet revient à environ 1 100 Rs. En direction de l'ouest, le seul train au départ d'Umaria est le *Bilaspur-Indore Express* qui s'arrête à Katni, Jabalpur et Bhopal.

Chhatisgarh

BILASPUR

☎ 07752 • 282 230 habitants

Au nord du nouvel État de Chhatisgarh, Bilaspur est une ville très animée mais dépourvue de sites touristiques. Vous pourrez y faire étape entre le Khana National Park et Puri, dans l'Orissa.

Près de l'arrêt des bus, le ***Natraj Hotel*** *(Link Rd)*, bien situé dans l'artère principale, facture ses simples/doubles à partir de 220/270 Rs.

Plus confortable, l'***Hotel Centrepoint*** *(☎ 24004, Anand Marg)* loue des chambres à partir de 300/400 Rs (600/650 Rs avec clim.).

De l'arrêt des bus du centre-ville, des bus partent régulièrement pour Kawardha, Nagpur, Raipur et Mukki (pour le Kanha National Park).

Le train relie Bilaspur à Jabalpur, Raipur, Bhopal, Sambalpur, Puri, Kolkata et Delhi. La gare ferroviaire se trouve à 3 km du centre-ville.

Mumbai (Bombay)

Mumbai est le cœur financier de l'Inde, le moteur économique du pays, la capitale de la production cinématographique en hindi et le centre d'industries aussi variées que le textile et la pétrochimie. Mais si elle aspire à ressembler à Singapour, elle attire également les plus démunis du monde rural. Ce sont ces nouveaux immigrants qui remodèlent sans cesse la ville à leur propre image, veillant à ce qu'elle conserve un pied dans son arrière-pays tandis qu'elle avance l'autre sur le marché mondial.

Pour de nombreux visiteurs, Mumbai évoque les paillettes du cinéma bollywoodien, le cricket joué sur les *maidans* (vastes pelouses), le *bhelpuri* (en-cas local à la fois épicé et sucré) sur la plage de Chowpatty, une architecture coloniale remarquable ainsi que les bus rouges à impériale. Mais c'est aussi le terrible quartier chaud de Kamathipura et les plus grands bidonvilles d'Asie, le "communalisme" (la conscience identitaire fondée sur des critères ethniques propres à une communauté religieuse) et la prégnance du pouvoir mafieux. Cette lutte acharnée pour l'âme de la ville, se livre dans un décor pompeux d'architecture victorienne, qu'on attendrait plus dans une prospère cité industrielle anglaise du XIXe siècle que dans une cité ouverte sur la mer d'Oman.

La plupart des voyageurs passent à côté du meilleur de Mumbai en restant confinés dans le quartier de Colaba et en n'y séjournant que le temps d'organiser leur trajet jusqu'à Goa. Pourtant, Mumbai est une ville pleine de charme et de caractère qui mérite d'être découverte. Ses rues sont très animées, sa vie nocturne intense, et elle compte plus de bazars que vous ne pourrez jamais en sillonner. Plus que toute autre métropole indienne, Mumbai détient le pouvoir de vous envoûter.

En bref

Population : 16 millions d'habitants
Superficie : 440 km^2
Capitale du Maharashtra
Langues principales : hindi, marathi et gujarati
Indicatif téléphonique : 022
Meilleure saison : octobre à février

Cartes du chapitre :

- Embarquez sur un bateau-navette pour Elephanta Island, admirez la vue sur le port et rendez visite au Shiva à trois têtes
- Immergez-vous dans les bazars animés de Kalbadevi et de Bhuleshwar
- Découvrez la vie nocturne indienne, en savourant une bière au Leopold's ou en vous mêlant à la jeunesse "hype" de Mumbai au Fashion Bar
- Promenez-vous au coucher du soleil le long de Chowpatty Beach, avant de déguster un bhelpuri et d'essayer un massage de la tête

HISTOIRE

Les îles qui forment aujourd'hui Mumbai étaient autrefois occupées par des pêcheurs, les Koli, dont les cabanes bordent encore la ville. Leur présence remonterait au IIe siècle av. J.-C. Ces îles furent gouvernées par une succession de dynasties hindoues depuis le VIe siècle, envahies par les musulmans au XIVe siècle, puis cédées au Portugal par le sultan du Gujarat en 1534. Les Portugais en tirèrent peu de profit avant que la principale île soit incluse dans la dot de Catherine de Bragance lors de son mariage avec Charles II d'Angleterre en 1661. En 1665, le gouvernement britannique prit possession des îles qu'il loua trois ans plus tard à la Compagnie des Indes orientales, moyennant un montant annuel de 10 livres sterling or.

Dès lors appelée Bombay, la région commença à se développer en tant que port commercial. Grâce à la promesse des Britanniques d'accorder la liberté de religion ainsi que des terres, les marchands affluèrent du pays tout entier. Vingt ans plus tard, lorsque la présidence de la Compagnie des Indes fut transférée de Surat à Bombay, la

De Bombay à Mumbai

Bombay a officiellement été rebaptisée Mumbai en janvier 1996, un changement qui figurait sur l'agenda du Shiv Sena, alors élu démocratiquement, depuis des dizaines d'années. Celui-ci estime que cette nouvelle dénomination fait partie de l'héritage de la ville, et voit en elle le symbole du rejet de son passé colonial. D'autres discernent dans ce changement l'affirmation de l'identité marathi (Mumbai est le nom marathi pour Bombay), ce qui semble peu approprié pour une ville construite et habitée par des Indiens venus des quatre coins du pays.

Selon les partisans de "Mumbai", ce nom viendrait de la déesse Mumba, vénérée par les premiers habitants koli du temple de Mumbadevi, qui se dressait autrefois à la place de Victoria Terminus. A leur arrivée, les Portugais appelèrent le port Bombaim, appellation qui pourrait découler de "buan bahia", qui signifie "bonne baie" en portugais ou, plus vraisemblablement, d'une déformation du nom koli original. Lorsque les îles furent offertes aux Anglais, ces derniers anglicisèrent Bombaim en Bombay.

Le changement s'étend aux noms de rues et de bâtiments publics. Les noms de rues à dénomination coloniale, tels que Marine Drive et Colaba Causeway, font toujours partie de l'usage courant, bien que les rues en question aient été officiellement rebaptisées avec des noms marathi à rallonge (respectivement Netaji Subhashchandra Bose Rd et Shahid Bhagat Singh Rd). Nous avons choisi dans ce chapitre de nous en tenir aux noms communément employés. Les deux aéroports (Santa Cruz et Sahar) ainsi que Victoria Terminus (VT) ont tous trois été renommés d'après le grand chef marathi Chhatrapati Shivaji, comme ce devrait bientôt être le tour du Prince of Wales Museum.

ville devint très vite le centre du négoce de toute la côte occidentale indienne.

Un fort fut construit dans les années 1720. Ensuite, les projets d'extension des terres sur la mer permirent à la fin du siècle de réunir les sept îles d'origine en un seul territoire. En dépit de sa croissance régulière au XVIIIe siècle, Bombay demeura isolée de l'arrière-pays jusqu'à la victoire des Britanniques sur les Marathes et l'annexion d'importantes régions de l'Inde occidentale en 1818. Le développement fut ensuite stimulé par l'arrivée de bateaux à vapeur et la construction de la première ligne de chemin de fer d'Asie qui relia Bombay à Thana en 1853. Des fabriques de coton furent installées l'année suivante et la guerre de Sécession américaine, qui absorba la totalité de l'offre britannique de coton, déclencha ensuite un fantastique boom à Bombay. En 1864, les remparts du fort furent démantelés et la ville se lança dans une vaste entreprise de construction afin de se donner une image correspondant à ses nouvelles richesses. Bombay contribua à la lutte pour l'Indépendance, d'abord en accueillant la première session du parti du Congrès, en 1885, puis en participant au lancement de la campagne du "Quit India" en 1942. Après l'Indépendance, la ville devint la capitale de l'État de Bombay qui, en 1960, fut divisée selon des critères linguistiques entre le Maharashtra et le Gujarat. Bombay devint la capitale du Maharashtra.

Cette situation favorisa l'émergence du Shivaji's Army, un mouvement régionaliste promarathi, chapeauté par le Shiv Sena, qui ébranla les fondations pluriculturelles de la ville en faisant preuve de discrimination envers les non-Maharashtrais et les musulmans.

Le Shiv Sena remporta les élections municipales de 1985. Les tensions entre communautés s'exacerbèrent et l'image cosmopolite que la ville voulait présenter au monde fut ternie par la mort de près de 800 personnes lors des émeutes provoquées par la destruction de la Babri Masjid (mosquée de Babur) à Ayodhya, en décembre 1992 et janvier 1993. Ces incidents furent suivis, le 12 mars 1993, par une douzaine d'attentats à la bombe qui coûtèrent la vie à plus de 300 personnes et endommagèrent des lieux phares tels que la Bourse de Bombay et le bâtiment d'Air India.

En 2000, le parti du Congrès a remporté les élections et a remplacé la coalition BJP-Shiv Sena à la tête du gouvernement, atténuant quelque peu – mais pas entièrement – l'influence du Sena à Mumbai.

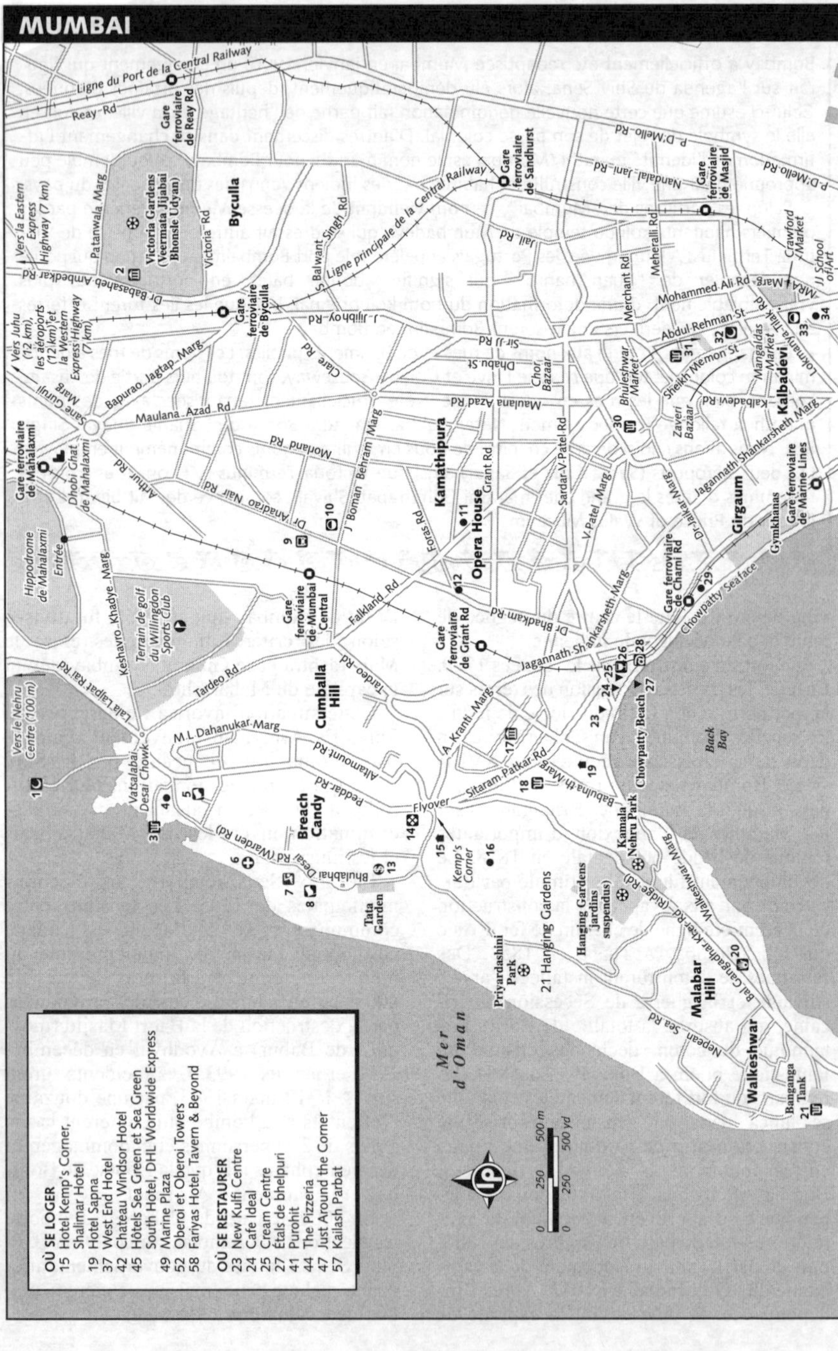
MUMBAI
OÙ SE LOGER
15 Hotel Kemp's Corner, Shalimar Hotel
19 Hotel Sapna
37 West End Hotel
42 Chateau Windsor Hotel
45 Hôtels Sea Green et Sea Green South Hotel, DHL Worldwide Express
49 Marine Plaza
52 Oberoi et Oberoi Towers
58 Fariyas Hotel, Tavern & Beyond
OÙ SE RESTAURER
23 New Kulfi Centre
24 Cafe Ideal
25 Cream Centre
27 Étals de bhelpuri
41 Purohit
44 The Pizzeria
47 Just Around the Corner
57 Kailash Parbat
Mer d'Oman
Back Bay
Byculla
Victoria Gardens (Veermata Jijabai Bhonsle Udyan)
Hippodrome de Mahalaxmi
Terrain de golf du Willingdon Sports Club
Breach Candy
Cumballa Hill
Kamathipura
Opera House
Girgaum
Kalbadevi
Malabar Hill
Walkeshwar
Priyadarshini Park
Hanging Gardens (Jardins suspendus)
Kamala Nehru Park
Chowpatty Beach
Kemp's Corner
Tata Garden
Vatsalabai Desai Chowk
Gare ferroviaire de Mahalaxmi
Gare ferroviaire de Mumbai Central
Gare ferroviaire de Grant Rd
Gare ferroviaire de Charni Rd
Gare ferroviaire de Marine Lines
Gare ferroviaire de Byculla
Gare ferroviaire de Sandhurst
Gare ferroviaire de Masjid
Gare ferroviaire de Reay Rd
Ligne du Port de la Central Railway
Ligne principale de la Central Railway
Vers le Nehru Centre (100 m)
Vers Juhu (12 km), les aéroports (12 km) et la Western Express Highway (7 km)
Vers la Eastern Express Highway (7 km)
Crawford Market
JJ School of Art
Chor Bazaar
Bhuleshwar Market
Zaveri Bazaar
Mangaldas Market
Banganga Tank
Gymkhanas
Dhobi Ghat de Mahalaxmi
21 Hanging Gardens
0 250 500 m
0 250 500 yd

MUMBAI

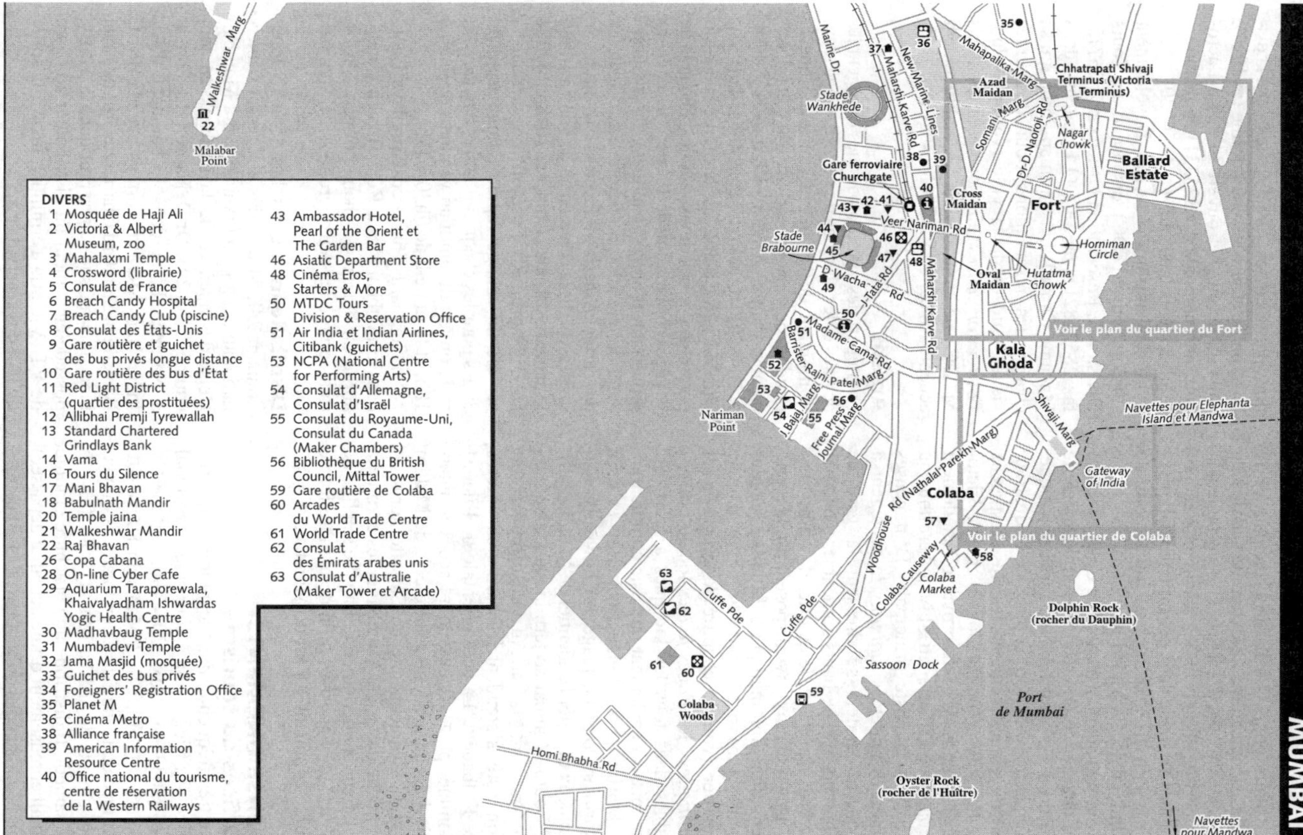
MUMBAI
DIVERS
1 Mosquée de Haji Ali
2 Victoria & Albert Museum, zoo
3 Mahalaxmi Temple
4 Crossword (librairie)
5 Consulat de France
6 Breach Candy Hospital
7 Breach Candy Club (piscine)
8 Consulat des États-Unis
9 Gare routière et guichet des bus privés longue distance
10 Gare routière des bus d'État
11 Red Light District (quartier des prostituées)
12 Allibhai Premji Tyrewallah
13 Standard Chartered Grindlays Bank
14 Vama
16 Tours du Silence
17 Mani Bhavan
18 Babulnath Mandir
20 Temple jaina
21 Walkeshwar Mandir
22 Raj Bhavan
26 Copa Cabana
28 On-line Cyber Cafe
29 Aquarium Taraporewala, Khaivalyadham Ishwardas Yogic Health Centre
30 Madhavbaug Temple
31 Mumbadevi Temple
32 Jama Masjid (mosquée)
33 Guichet des bus privés
34 Foreigners' Registration Office
35 Planet M
36 Cinéma Metro
38 Alliance française
39 American Information Resource Centre
40 Office national du tourisme, centre de réservation de la Western Railways
43 Ambassador Hotel, Pearl of the Orient et The Garden Bar
46 Asiatic Department Store
48 Cinéma Eros, Starters & More
50 MTDC Tours Division & Reservation Office
51 Air India et Indian Airlines, Citibank (guichets)
53 NCPA (National Centre for Performing Arts)
54 Consulat d'Allemagne, Consulat d'Israël
55 Consulat du Royaume-Uni, Consulat du Canada (Maker Chambers)
56 Bibliothèque du British Council, Mittal Tower
59 Gare routière de Colaba
60 Arcades du World Trade Centre
61 World Trade Centre
62 Consulat des Émirats arabes unis
63 Consulat d'Australie (Maker Tower et Arcade)
Walkeshwar Marg
Malabar Point
Marine Dr
Stade Wankhede
Maharshi Karve Rd
New Marine Lines
Mahapalika Marg
Azad Maidan
Somani Marg
Dr D Naoroji Rd
Chhatrapati Shivaji Terminus (Victoria Terminus)
Nagar Chowk
Ballard Estate
Gare ferroviaire Churchgate
Cross Maidan
Fort
Veer Nariman Rd
Horniman Circle
Stade Brabourne
Oval Maidan
Hutatma Chowk
D Wacha Rd
J Tata Rd
Voir le plan du quartier du Fort
Madame Cama Rd
Barrister Rajni Patel Marg
Kala Ghoda
Shivaji Marg
Navettes pour Elephanta Island et Mandwa
Nariman Point
J Bajaj Marg
Free Press Journal Marg
Woodhouse Rd (Nathalal Parekh Marg)
Gateway of India
Colaba
Voir le plan du quartier de Colaba
Colaba Causeway
Colaba Market
Cuffe Pde
Dolphin Rock (rocher du Dauphin)
Sassoon Dock
Port de Mumbai
Colaba Woods
Homi Bhabha Rd
Oyster Rock (rocher de l'Huître)
Navettes pour Mandwa

ORIENTATION

Mumbai est une île reliée au continent par plusieurs ponts. La partie principale de la ville est concentrée à l'extrémité sud de l'île appelée Colaba. C'est là que se regroupent la plupart des hôtels et des restaurants économiques ainsi que deux des principaux repères de la ville : le Gateway of India (porte de l'Inde) et le Taj Mahal Hotel.

Immédiatement au nord de Colaba s'étend un quartier commercial surpeuplé appelé le Fort, où s'élevait l'ancien fort britannique. Aux extrémités nord et ouest de ce quartier, se trouvent les bâtiments les plus prestigieux de l'époque coloniale, dont la gare de Victoria Terminus (VT ; désormais officiellement rebaptisée Chhatrapati Shivaji Terminus ou CST) et la poste principale. D'immenses pelouses appelées *maidans* le protègent à l'ouest. Au-delà se dressent la gare de Churchgate et les hauts immeubles modernes de Nariman Point, le quartier des affaires.

De nombreux pays disposent d'une représentation diplomatique à Mumbai, et plusieurs ambassades sont regroupées dans le quartier (voir le chapitre *Renseignements pratiques* ; les *Pages jaunes* locales, disponibles dans tous les kiosques à journaux, fournissent également une liste complète).

Marine Drive longe Back Bay et relie Nariman Point à la plage de Chowpatty et au luxueux quartier résidentiel de Malabar Hill.

South Mumbai se termine aux alentours de Crawford Market. Au nord, offrant un fort contraste, s'étendent les bazars encombrés de Kalbadevi. La côte orientale de l'île est dominée par les docks, dont l'accès est interdit. Plus au nord, de l'autre côté de Mahim Creek, l'ancienne île de Salsette abrite la banlieue du Grand Mumbai et les aéroports intérieur et international. La ville satellite de New Mumbai est en train de prendre forme sur le continent, à l'est de Mumbai.

RENSEIGNEMENTS

Offices du tourisme

Le très fréquenté mais néanmoins très efficace office du tourisme national (☎ 2033144, fax 2014496, gitobest@bom5vsnl.net.in), 123 Maharshi Karve Rd, en face de la gare de Churchgate, est ouvert en semaine de 8h30 à 18h, et de 8h30 à 14h le samedi. Il distribue une brochure gratuite (malheureusement d'une actualité dépassée) sur Mumbai ainsi qu'un plan de la ville, mais dispose également d'une base de données à partir de laquelle il peut fournir des informations plus récentes. Il met également à la disposition des touristes une hot line (☎ 1913), ainsi qu'un guichet ouvert 24h/24 à l'aéroport international (☎ 8325331) et un autre à celui des vols intérieurs (☎ 6156920).

La Maharashtra Tourism Development Corporation (MTDC) dispose d'un Tours Division & Reservation Office (☎ 2026713, fax 2852182) situé à CDO Hutments, dans Madame Cama Rd, à Nariman Point, qui se charge des réservations pour différentes visites guidées de la ville (voir plus loin *Voyages organisés*) ainsi que pour les hôtels MTDC de tout l'État. L'établissement accepte les cartes Visa et MasterCard.

Argent

La plupart des grandes banques changent les devises et les chèques de voyage. Cependant le montant de la commission ainsi que la rapidité du service varient d'un établissement à l'autre. American Express (AmEx, ☎ 2048291), près du cinéma Regal dans Shivaji Marg, à Colaba, est le meilleur endroit pour changer des devises et des chèques de voyage (commission de 1% pour les chèques provenant d'autres banques). L'établissement délivre aussi du liquide aux détenteurs de cartes American Express. Il ouvre de 9h30 à 18h30 la semaine, et de 9h30 à 14h30 le samedi. Thomas Cook (☎ 2048556), 324 Dr D. Naoroji Rd, Fort, offre également un service de change rapide (commission de 30 Rs pour les chèques d'autres banques), et reste ouvert du lundi au vendredi de 9h30 à 18h, et le samedi de 9h30 à 17h.

La Standard Chartered Grindlays Bank, dans Bhulabhai Desai Rd à Breach Candy, abrite un bureau de change ouvert 24h/24, tout comme les deux aéroports de Mumbai.

Distributeurs. Le nombre de DAB fonctionnant 24h/24 et reliés aux réseaux internationaux augmente rapidement à Mumbai. Deux des agences de la Citibank en sont équipées : au 293, Dr D. Naoroji Rd, Fort, et à Nariman Point dans le bâtiment d'Air India. Dans MG Rd, Fort, essayez la HSBC Bank ou la Standard Chartered Grindlays, un bloc plus au sud. Très pratique, la HSBC possède également un distributeur à la gare de VT (Victoria Terminus), juste à la sortie du hall des réservations.

Poste

La poste principale (☎ 2621671) occupe un imposant immeuble près de VT. Elle reste ouverte de 9h à 20h du lundi au samedi, et de 10h à 17h le dimanche. Le guichet de la poste restante, le n°4, est ouvert de 9h à 18h du lundi au samedi. Faites-vous adresser votre courrier Poste Restante, Mumbai GPO, Mumbai 400 001. Pour retirer vos lettres, munissez-vous de votre passeport. Un guichet EMS Speedpost, à gauche de celui des timbres, vous accueille pour vos colis de 11h à 16h (fermé entre 13h et 13h30) du lundi au samedi. Vous pouvez envoyer vos paquets ordinaires du bureau des colis, situé dans un bâtiment séparé derrière la poste principale.

Juste en face du bureau de poste, vous trouverez un groupe de *parcel-wallahs* (préposés aux colis) qui pour 30 Rs se chargeront de faire votre paquet. Ils parlent très bien anglais et vous donneront des informations utiles sur les services postaux. Il existe également un bureau de poste à Colaba, dans Henry Rd.

Pour envoyer des colis à l'étranger par avion, contactez DHL Worldwide Express (☎ 2837187), au Sea Green South Hotel, 145A Marine Drive.

Téléphone et fax

A Colaba et au Fort, des centres privés de téléphone et de fax (STD/ISD ou PCO) sont très pratiques pour les appels nationaux et internationaux. Le centre des télécommunications internationales, géré par Videsh Sanchar Nigam Limited (VSNL ; ☎ 2624020, fax 2624027), se trouve dans Bhaurao Patil Marg, dans le quartier du Fort. Ouvert tous les jours de 8h à 20h, il offre principalement les services Home Country Direct, PCV et "rappel", mais dispose également des meilleurs tarifs internationaux (48 Rs la minute vers les États-Unis, 40 Rs vers le Royaume-Uni). Vous pouvez aussi envoyer des fax pour 110 Rs la page et accéder à l'Internet.

E-mail et accès Internet

South Mumbai compte de nombreux cybercafés, principalement dans les quartiers du Fort, de Colaba et de Marine Drive. Les tarifs vont de 40 à 100 Rs l'heure de connexion, mais la concurrence aidant, les prix devraient baisser.

Plutôt commode, le Mahender Chambers, juste au sud de VT, est un immeuble qui regroupe trois cybercafés. Tous vous paraîtront un peu exigus, mais sont équipés de l'air conditionné. Ils fournissent des prestations plutôt bon marché pour Mumbai. Netsurf est ouvert tous les jours de 8h à 13h, et l'heure de connexion est à 45 Rs. Kishco Cyber Plaza facture l'heure 40 Rs et vous accueille de 10h à 22h. Cyber.com, au 2e étage, est indéniablement le plus agréable (48 Rs/heure ; ouvert de 9h à minuit).

Le meilleur cybercafé de Colaba est le moderne et spacieux Satyam-i-way, situé au-dessus du Kamat Restaurant (l'entrée est au coin de J.A. Allana Marg). Comptez 48 Rs l'heure de connexion. Le quartier dénombre d'autres établissements plus petits, notamment Access Infotech, au bout d'une ruelle près du Cafe Churchill's. Dans Marine Drive, le On-Line Cyber Cafe (50 Rs/heure) fait face à Chowpatty Beach.

Prorogations de visas

Le foreigners' Registration Office (☎ 2620446) est situé dans l'Annexe Building N°2, CID, 3e étage, Say-ed Badruddin Rd, près du Police Commissioner's Office. Prenez Dr D. Naoroji Rd vers le nord et tournez à gauche dans la ruelle à côté de la passerelle menant à VT. Officiellement, ce bureau ne délivre pas de prorogation pour un visa touristique de six mois – même en cas d'urgence, il vous dirigera vers Delhi. Toutefois, nous avons pu constater qu'un voyageur avait réussi à obtenir une prolongation exceptionnelle, grâce, il est vrai, à beaucoup de patience et à la coquette somme de 40 $US.

Agences de voyages

Pour des informations et des conseils pratiques, nous vous recommandons Transway International (☎ 2626066, transintl@vsnl.com), dans un bureau minuscule au 3e étage de Pantaki House, 8 Maruti Cross Lane, près de Maruti St, dans le quartier du Fort. Trouver l'agence relève de l'exploit, car aucune enseigne ne figure sur l'immeuble, mais la qualité du service vaut bien un minimum de recherche. Transway vous fournira des renseignements sur les bus et les trains mais ne pourra pas vous délivrer de billets.

Nous vous suggérons également Thomas Cook et AmEx (voir le paragraphe *Argent* pour plus de détails). Magnum International Travel & Tours (☎ 2840016), 10 Henry Rd, est une option pratique pour les voyageurs qui logent à Colaba.

Matériel photo

Colour Vision (☎ 2612468), Image House, W. Hirachand Marg, Fort, près de l'Hotel City Palace, propose un service de développement numérique, des pellicules photo et diapo, des cassettes vidéo et des accessoires pour appareils photo. Vous pourrez également faire développer sur place vos tirages noir et blanc et diapo.

Librairies

Crossword (☎ 4920253), au 1er étage du 22 Bhulabhai Desai Rd, Breach Candy est sans doute la meilleure librairie de la ville. Strand Book Stall (☎ 2661994), à deux pas de Sir P. Mehta Rd, dans le quartier du Fort, bénéficie également d'un large choix (fermée le dimanche).

Shankar Book Stall, devant le Cafe Mondegar dans Colaba Causeway, propose un assortiment de livres de poche, de plans et de guides. Divers bouquinistes jalonnent Veer Nariman Rd, entre Flora Fountain et les maidans.

Journaux et magazines

Le *Times of India* et l'*Indian Express* publient tous deux une édition locale ; le *Mid-Day* est le principal journal local de langue anglaise. Le seul magazine gay indien est le *Bombay Dost*, que vous pourrez vous procurer auprès de marchands ambulants dans Veer Nariman Rd. Le *Mumbai : This Fortnight* est un bimensuel gratuit qui publie des informations sur les spectacles ainsi que sur les boutiques de la ville. Vous le trouverez dans de nombreux hôtels ou à l'office du tourisme.

Bibliothèques et centres culturels

Vous pourrez lire les journaux français et feuilleter des ouvrages gratuitement à l'Alliance française (☎ 2036187), au 40 New Marine Lines, de 9h30 à 17h30 la semaine et jusqu'à 13h le samedi. L'Alliance dispose également d'un accès Internet et organise régulièrement des manifestations culturelles. L'abonnement annuel coûte 650 Rs.

Vous ne pourrez accéder librement à la bibliothèque du British Council (☎ 2823560), Mittal Tower A Wing, 1er étage, Barrister Rajni Patel Marg, Nariman Point. L'abonnement minimum d'un mois coûte 250 Rs (600 Rs pour l'année). La bibliothèque dispose d'un large choix d'ouvrages, de journaux britanniques et d'un accès Internet. Elle est ouverte du mardi au samedi de 10h à 18h.

Services médicaux et urgence

En cas d'urgence, vous pouvez appeler une ambulance au ☎ 102, et la police au ☎ 100. Autres adresses utiles :

Apollo Pharmacy (☎ 2829707) 18 K. Dubash Marg, Fort. Pharmacie ouverte 24h/24

Breach Candy Hospital (☎ 3685406) 60 Bhulabhai Desai Rd, Breach Candy

COLABA

Cette banlieue chic et animée occupe l'extrémité sud de la ville et en constitue le pôle d'attraction touristique. **Colaba Causeway** (Shahid Bhagat Singh Marg) est un quartier commerçant animé qui s'étend sur la majeure partie du promontoire.

Il longe le **Sassoon Dock**, qui s'anime à l'aube lorsque les femmes des pêcheurs koli, vêtues de costumes colorés, trient la marée, déchargée sur le quai.

Le poisson qui sèche au soleil est le *bombil*, que l'on fait frire pour préparer le Bombay duck. Il est interdit de prendre des photos sur le dock à moins d'avoir obtenu la permission du Mumbai Port Trust (☎ 2614321, fax 2611011). Les touristes ont l'habitude de fréquenter l'extrémité nord de Colaba, mais c'est plus au sud, dans les ruelles de **Colaba Market**, que l'activité est la plus intense.

Gateway of India

La Porte de l'Inde est un héritage colonial pompeux conçu à la suite de la visite du roi George V en 1911. L'arc de triomphe en basalte jaune, qui présente des traits architecturaux des styles musulmans du XVIe siècle caractéristiques du Gujarat, se dresse à l'extrémité de Mumbai Harbour au bout d'Apollo Bunder. Officiellement inauguré en 1924, il devint superflu à peine vingt-quatre ans plus tard, lorsque le dernier régiment britannique quitta l'Inde en grand équipage après l'avoir traversé. Aujourd'hui, c'est un emblème populaire et le lieu de rassemblement préféré des habitants de la ville le soir et le week-end. C'est aussi le point de départ des bateaux pour Elephanta Island. Les vendeurs ambulants, les marchands de ballons et les charmeurs de serpents lui confèrent un air de bazar. Non loin se dressent les statues du réformateur religieux Swami Vivekananda et du chef marathi Shivaji sur son cheval.

Taj Mahal Hotel

Le majestueux **Taj Mahal Hotel** surplombe l'Apollo Bunder, et le bar, situé au dernier étage, offre une superbe vue sur la porte. Cet établissement, presque une institution, fut construit en 1903 par JN Tata, industriel parsi ; on dit qu'on lui aurait refusé l'entrée de l'un des hôtels européens de la ville en raison de ses origines ''indigènes''. La vieille aile de ce magnifique hôtel abrite un grand escalier central qui mérite le coup d'œil. A proximité se trouve le majestueux **Royal Bombay Yacht Club**, où le temps semble s'être arrêté à la fin du XIXe siècle.

KALA GHODA

Kala Ghoda est le nom donné à la zone coincée entre Colaba et le Fort, qui renferme les principaux musées et galeries d'art de Mumbai ainsi qu'une profusion de bâtiments coloniaux, dont certains sont malheureusement laissés à l'abandon. L'Institut des sciences, l'Elphinstone College et la David Sassoon Library comptent parmi les édifices les plus impressionnants qui bordent l'extrémité sud de MG Rd.

La **Kala Ghoda Fair**, une exposition d'art et d'artisanat régionaux, se tient chaque dimanche de novembre à juin le long de K. Dubash Marg. Le quartier tire son nom d'une statue du roi Édouard IV représenté sur un cheval noir (*Kala Ghoda*) qui, érigée ici autrefois, a depuis été transférée dans les Victoria Gardens.

National Gallery of Modern Art

Le Musée d'art moderne (☎ 2852457), installé dans le Sir Cowasji Jehangir Public Hall dans MG Rd, est un superbe espace clair et moderne abritant différentes expositions qui tournent régulièrement. Au dernier étage, la Dome Gallery accueille une petite collection permanente d'art moderne indien. Le musée est ouvert tous les jours de 11h à 18h, sauf le lundi (5 Rs). Des visites guidées sont organisées gratuitement à midi et à 16h.

Prince of Wales Museum

Construit entre Colaba et le Fort pour commémorer la première visite en Inde en 1905 du prince de Galles, le futur roi George V, ce musée (☎ 2844519) ne fut inauguré qu'en 1923. Conçu par George Wittet dans le style indo-musulman, il est installé dans un jardin ornemental et arbore un impressionnant vestibule coiffé d'un immense dôme, inspiré, dit-on, du Golgumbaz de Bijapur (Karnataka).

Il contient d'impressionnantes sculptures provenant d'Elephanta Island, du Gujarat et du Karnataka, des figurines en terre cuite de la vallée de l'Indus, des miniatures, des objets en porcelaine et des armes, ainsi qu'une section d'histoire naturelle et une collection de peintres européens. Le musée est ouvert tous les jours de 10h15 à 18h, excepté le lundi. L'entrée coûte 150 Rs pour les étrangers et 10 Rs pour les Indiens. Les étudiants étrangers ne paient que 6 Rs avec une International Student Identity Card (ISIC) en cours de validité. Vous devrez débourser en plus 30/200 Rs pour un appareil photo/Caméscope. Il faut laisser son sac au vestiaire, près de l'entrée. Le musée pourrait bientôt être rebaptisé Chhatrapati Shivaji Museum à la demande du Shiv Sena.

Jehangir Art Gallery

La galerie Jehangir (☎ 2048212), 161B MG Rd, autrefois le plus grand musée de la ville, accueille désormais des expositions hebdomadaires d'artistes indiens. La plupart des œuvres présentées sont à vendre. La galerie est ouverte tous les jours de 11h à 19h (l'entrée est gratuite). Vous trouverez dans le même immeuble la **galerie Chermould**, l'insignifiante **Terrace Art Gallery** ainsi qu'un agréable café (fermé le dimanche).

LE QUARTIER DU FORT

Flora Fountain

Cette fontaine de peu d'intérêt se tient dans le centre des affaires de Mumbai. Bien que portant le nom de la déesse romaine de l'abondance, elle fut érigée en 1869 en l'honneur de Sir Bartle Frere, le gouverneur de Bombay responsable du démantèlement du fort et de l'aspect du Mumbai moderne.

La déesse côtoie aujourd'hui un monument à la mémoire des Indiens morts dans la lutte pour la formation de l'État du Maharashtra à partir de la Bombay Presidency, d'où le nouveau nom donné au quartier : Hutatma Chowk ou place des Martyrs.

Horniman Circle

Cet ensemble de bâtiments à arcades érigés dans les années 1860, autour de ce qui fut autrefois Cotton Green, résulte de l'une des tentatives répétées des Britanniques pour imposer une certaine discipline dans le désordre du quartier du Fort.

La place est dominée à l'est par le **Town Hall** (l'hôtel de ville) de style néoclassique qui abrite la bibliothèque de l'auguste Asiatic Society of Bombay, réservée exclusivement à ses membres, et la bibliothèque centrale de Mumbai. Derrière, sur le no man's land des docks, s'élèvent le **Mint** (hôtel des monnaies) ainsi que les vestiges du premier **Bombay Castle** (chateau de Bombay).

A faible distance, la belle **cathédrale Saint-Thomas**, aux murs blanchis à la chaux, est le plus vieil édifice anglais de Mumbai encore debout. Sa construction débuta en 1672 pour s'achever en 1718.

Victoria Terminus (VT)

L'édifice de style gothique le plus exubérant de la ville ressemble davantage à une cathédrale ou à un palais richement décoré qu'à une simple gare – n'attendez pas d'avoir un train à prendre pour la découvrir. Dessinée par Frederick Stevens pour accueillir le siège de la Great Indian Peninsular Railway Company, elle fut achevée en 1887, 34 ans après le départ du premier train indien pour la ville voisine de Thana. Des sculptures représentant des paons, des gargouilles, des singes et des lions se mêlent à des arcs-boutants, des dômes, des tourelles, des flèches et des vitraux. Pour couronner le tout, une peinture de 4 m de haut représente le Progrès, alors que le reste de l'édifice semble davantage célébrer le tohu-bohu ambiant. En 1998 la gare a été officiellement rebaptisée Chhatrapati Shivaji Terminus (CST), mais tout le monde la connaît sous le nom de VT.

Bombay University et High Court (Cour suprême)

Bon nombre des impressionnants bâtiments victoriens de Mumbai furent construits le long d'Oval Maidan durant la fièvre immobilière qui s'empara de la ville dans les années 1860 et 1870. A l'époque, les maidans s'étendaient en bord de mer et un ensemble d'édifices grandioses, dont le Secretariat, l'université de Bombay, la Cour suprême et le bâtiment de la Western Railway, donnaient directement sur la mer d'Oman.

La palme du grandiose revient à l'université, dessinée par Gilbert Scott, célèbre architecte de St Pancras Station (à Londres). Semblable à un chef-d'œuvre italien du XVe siècle posé au milieu de la métropole indienne, elle comprend la splendide **University Library**, le **Convocation Hall** et la **Rabajai Tower**, haute de 80 m, dont l'horloge jouait autrefois toutes les heures *God save the queen* et *Home sweet home*.

A côté, la Cour suprême fut manifestement conçue pour dissiper tous les malentendus sur l'autorité de la justice dispensée à l'intérieur. Les tailleurs de pierre, qui travaillaient souvent à leur compte, voyaient certainement les choses différemment puisqu'ils ont sculpté, sur l'un des piliers, la balance de la justice tenue par un singe borgne.

AUTRES CENTRES D'INTÉRÊT

Marine Drive

Aménagé sur les terres asséchées de Back Bay en 1920, Marine Drive (Netaji Subhashchandra Bose Rd) longe la mer d'Oman depuis Nariman Point jusqu'à Chowpatty Beach puis Malabar Hill. Cette large avenue bordée d'immeubles de style Art déco aurait bien besoin d'un ravalement de fond. C'est l'une des promenades les plus populaires de la ville, au coucher du soleil, et pendant les festivités célébrant Diwali, ce sont les violents crépitements et la fumée âcre des pétards qui envahissent l'air.

Les brochures touristiques aiment surnommer cette promenade Queen's Necklace (le collier de la reine) en raison de la courbe spectaculaire que dessinent, la nuit, les lumières des lampadaires, et qui peut être admirée du Kamala Nehru Park sur Malabar Hill, ou, de l'autre côté de la baie, depuis les étages supérieurs de l'Ambassador Hotel ou des Oberoi Towers.

Vous trouverez aussi sur Marine Drive, près de Chowpatty Beach, le **Taraporewala Aquarium**, sans grand intérêt. Il ouvre tous les jours (sauf le lundi) de 10h à 19h, et de 10h à 20h le dimanche. L'entrée coûte 4 Rs. L'aquarium devrait bientôt être rénové et totalement réorganisé, ce qui pourrait le rendre plus attrayant.

Chowpatty Beach

Même si la plupart des "éléments indésirables" qui faisaient autrefois le charme de cette plage ont disparu, Chowpatty demeure le soir le rendez-vous préféré des amoureux, des familles, des amateurs de réunions politiques, ou tout simplement des habitants venus prendre un bol d'air. Goûter aux bhelpuri vendus sur les nombreux étals installés en bordure de la plage, le soir (voir *Où se restaurer*), et s'offrir un vigoureux massage de la tête, dispensé par un *malish-wallah* (masseur de tête), font partie des incontournables de Mumbai. Mais n'envisagez pas de venir en journée pour vous baigner ou prendre un bain de soleil.

La fête de **Ganesh Chaturthi** (août/septembre) s'avère le meilleur moment de l'année à Chowpatty, lorsque des hordes de spectateurs se rassemblent pour voir des effigies de Ganesh, dieu de la Prospérité à tête d'éléphant, portées dans les rues puis immergées dans les flots.

Malabar Hill

Sur le promontoire qui se dresse au nord de Back Bay s'étend le quartier résidentiel de Malabar Hill, qui offre de beaux points de vue sur la baie. Les petits pavillons coloniaux du XVIIIe siècle disséminés à flanc de colline ont cependant cédé la place à des immeubles occupés par les nouveaux riches.

Les merveilleux marchés de Mumbai

Crawford Market

Le marché couvert coloré de Crawford Market, officiellement appelé Phule Market, constitue le dernier bastion du Bombay britannique avant le tumulte du bazar central. Des bas-reliefs réalisés par le père de Rudyard Kipling, Lockwood Kipling, ornent les façades gothiques, et une fontaine au décor exubérant placée au centre du marché disparaît la plupart du temps sous l'amoncellement des cagettes. Derrière, le marché animalier aligne ses cages étroites où s'entassent toutes sortes d'animaux, des teckels aux cacatoès. Le marché à la viande est réservé aux plus courageux, car c'est un endroit peu commun, où l'on vous accoste pour vous proposer une tête de chèvre sanguinolente. Le marché aux poissons se trouve juste de l'autre côté de MRA Marg.

Au sud du marché, sur le trottoir opposé de Dr D. Naoroji Rd, s'élève la J.J. School of Art, qui a joué un rôle central dans l'épanouissement de l'art indien. Rudyard Kipling y naquit en 1865 ; sa maison est désormais la résidence du doyen de l'école.

Les bazars de Kalbadevi et Bhuleshwar

La visite de Mumbai serait incomplète sans une incursion dans les bazars de Kalbadevi et de Bhuleshwar, au nord de Crawford Market. Leurs étroites ruelles, où l'étonnante densité de la foule va jusqu'à bloquer la circulation, offrent un contraste saisissant avec le quartier relativement ordonné de South Mumbai.

Explorez en priorité Mangaldas Market, Zaveri Bazaar, Bhuleshwar Market et Chor Bazaar (voir la rubrique *Achats* plus loin dans ce chapitre). N'hésitez pas non plus à visiter la Jama Masjid (mosquée) et l'intéressant Mumbadevi Temple élevé en l'honneur de la déesse tutélaire des premiers habitants koli de l'île.

La meilleure solution consiste à parcourir le quartier sans but précis ; lorsque vous en aurez assez d'errer dans les bazars, il vous suffira de vous diriger vers l'est jusqu'à ce que vous tombiez sur Mohammed Ali Rd, principale artère du quartier. Pour alles dans ces bazars, vous pouvez prendre le bus n^{os}1, 3 ou 21 depuis Colaba ou Flora Fountain.

Sur la route qui monte jusqu'à Malabar Hill se dresse un exubérant **temple jaïna**, érigé en 1904 et dédié à Adinath, le premier *tirthankar* (maître) jaïna.

Les **Hanging Gardens** (Pherozeshah Mehta Gardens, ou jardins suspendus), au sommet de la colline, peuvent constituer un but de promenade, bien que les plus belles vues sur la plage de Chowpatty, Marine Drive et la ville soient offertes par le petit **Kamala Nehru Park**, de l'autre côté de la route. Des panneaux indiquent qu'il est interdit de faire du sport ou de manger dans ces deux parcs (dommage).

Derrière les Hanging Gardens, soigneusement cachées à la vue, se dressent les **tours du Silence**, érigées par les Parsis. Ces derniers considèrent le feu, la terre et l'eau comme des éléments sacrés, et n'enterrent donc ni n'incinèrent leurs morts. Ils déposent le corps des défunts dans les tours, les livrant ainsi à l'appétit des vautours. De nombreuses précautions sont prises pour éloigner les voyeurs, aussi ne vous attendez pas à voir quoi que ce soit. Les Parsis doivent parfois recourir à des produits chimiques pour faire disparaître les corps, en effet les vautours sont de moins en moins nombreux.

Au sud du promontoire s'étend le **Banganga Tank**, lac artificiel sacré où viennent se baigner les pèlerins. D'anciens *dharamsala* (gîtes pour pèlerins), une douzaine de temples et des bandes de gamins curieux transforment les lieux, coincés entre de grands immeubles gris, en oasis. C'est ici que se déroule en janvier le **Banganga Festival**, organisé par la MTDC et prétexte à des animations musicales.

Sur la rive ouest du bassin est construit le plus grand temple du quartier, le **Walkeshwar Mandir** (le temple du Dieu de sable). Selon le poème épique hindi du *Ramayana*, Rama aurait fait construire sur ce site un lingam de sable alors qu'il se rendait à Lanka pour secourir sa femme Sita. Le temple d'origine aurait été construit il y a mille ans, mais l'édifice actuel, peu impressionnant, remonte aux années 50.

A l'extrémité du promontoire, le très protégé **Raj Bhavan**, ancienne demeure du gouverneur britannique, est aujourd'hui la résidence du gouverneur du Maharashtra.

Mani Bhavan

La maison où le Mahatma Gandhi a séjourné lors de ses visites à Bombay entre 1917 et 1934 abrite aujourd'hui un petit, mais néanmoins passionnant, musée. La chambre de Gandhi est demeurée intacte, et le musée renferme une très belle exposition de photos qui retrace sa vie, ainsi que des documents originaux tels que des lettres qu'il avait écrites à Hitler et à Roosevelt. Mani Bhavan (☎ 3805864) est située 19 Laburnum Rd, près de l'August Kranti Maidan, où fut lancée en 1942 la campagne "Quit India" destinée à persuader les Britanniques de quitter le pays. Elle se visite librement tous les jours de 10h à 17h30.

Mosquée de Haji Ali

Située à l'extrémité d'une longue digue construite sur la mer d'Oman, cette mosquée blanchie à la chaux, sortie tout droit d'un conte de fées, abrite le tombeau du saint musulman Haji Ali. Au retour d'un pèlerinage à La Mecque, ce riche homme d'affaires local aurait renoncé au monde matériel pour méditer sur un promontoire voisin. La mosquée et le tombeau furent construits par des fidèles au début du XIXe siècle. Selon d'autres versions, Haji Ali serait mort durant son pèlerinage à La Mecque et son cercueil serait miraculeusement revenu en flottant jusqu'à cet endroit.

La mosquée se transforme en île à marée haute ; le reste du temps, on y accède par une digue envahie par les mendiants et les changeurs de devises.

Mahalaxmi Temple

Ce temple très fréquenté, dédié à la déesse de la Fortune, est perché sur un promontoire non loin de la mosquée de Haji Ali. Il est le centre des célébrations de Navrati (Dussehra) qui se tiennent à Mumbai en septembre/octobre.

Victoria Gardens

Ces jardins, officiellement rebaptisés "Veermata Jijabai Bhonsle Udyan", renferment le **Victoria & Albert Museum** (Dr Bhau Daji Lad Museum) ainsi que le zoo. Le musée (☎ 3757943) est un beau bâtiment ancien qui expose un ensemble hétéroclite d'œuvres à vocation pédagogique et sans grand intérêt, pour la plupart des maquettes représentant la vie en communauté, les temples et l'architecture. Les pièces les plus intéressantes sont de vieux plans de Bombay, un modèle réduit d'une tour du Silence parsie, ainsi qu'une statue de cuivre de Ganesh. Le musée est ouvert tous les jours, sauf le mercredi, de 10h30 à 16h30 (2 Rs). Pour entrer avec un appareil photo, vous devrez payer 30 Rs, et pour un Caméscope, vous devrez débourser la somme exorbitante de 1 500 Rs.

Le **zoo** (☎ 3725799) s'étend dans des jardins soignés, et les enclos des animaux sont pour la plupart plutôt bien entretenus. Cependant, des voix se sont déjà élevées réclamant le transfert du zoo vers un terrain plus vaste en dehors du centre-ville. Il est ouvert tous les jours, excepté le mercredi, de 9h à 18h (4 Rs ; 5/20 Rs pour un appareil photo/Caméscope).

Les jardins sont situés à Byculla, au nord du centre-ville. Pour vous y rendre, prenez les bus n^{os}1, 4, 6, 7 ou 8 à partir de Colaba ou de Flora Fountain, ou un train à destination de Byculla depuis Victoria Terminus.

Mahalaxmi Dhobi Ghat

La blanchisserie municipale de Mumbai, ou *dhobi ghat*, à Mahalaxmi, accueille tous les jours quelque 5 000 hommes qui lavent dans des bassins à ciel ouvert les milliers de kilos de linge venus des quatre coins de la ville. La meilleure vue est celle qu'offre le pont situé de l'autre côté de la ligne de chemin de fer, près de la gare de Mahalaxmi, où l'on peut se rendre à partir de Churchgate. Les ghats méritent une photo, mais la présence de mendiants insistants peut parfois décourager les amateurs (voir l'encadré *Les magiciens lavandiers de l'Inde* dans le chapitre *Renseignements pratiques*).

Juhu Beach

Il y a encore une dizaine d'années, les hôtels de luxe donnant sur la plage de Juhu étaient auréolés d'un immense prestige pour les milieux cinématographiques opulents de Mumbai. Bien que son charme se soit émoussé, sa réputation reste assez vivante pour en faire un passage obligé pour tous les touristes indiens séjournant dans la ville.

Ce n'est pas un endroit pour se baigner ou se faire dorer au soleil. Cependant, les après-midi et les soirs de week-end, la plage est prise dans une atmosphère de fête foraine lorsque les habitants et les touristes arrivent en masse pour barboter dans l'eau, jouer au cricket, monter à cheval et prendre l'air parmi les étals proposant des en-cas et des fruits, les manèges, les vendeurs de jouets, les diseuses de bonne aventure et toutes les distractions habituelles d'une plage indienne.

Non loin, l'ensemble **Iskon** (tenu par la secte Hare Krishna) mérite une visite (ouvert de 7h15 à 13h et de 16h à 21h).

Juhu se trouve à 25 km au nord du centre-ville, à une faible distance des aéroports. Prenez le bus n°231 à la gare de Santa Cruz ou un auto-rickshaw à la gare de Vile Parle.

ACTIVITÉS

Piscines

Toute l'année, il fait chaud et humide à Mumbai, mais ne succombez pas à l'attrait de Back Bay ni même à celui de la mer à Juhu, vous pourriez le regretter. Si vous avez envie de faire trempette sans pour autant loger dans un hôtel de luxe, vous devrez vous contenter du petit bassin du Fariyas Hotel de Colaba (330 Rs) ou du Breach Candy Club (☎ 3674381) dans Bhulabhai Desai Rd. Ce dernier possède une piscine qui a la forme de l'Inde. L'entrée du club (qui n'est ouvert qu'aux membres et aux étrangers) coûte pour la journée 200 Rs en semaine, 300/500 Rs le samedi/dimanche.

Yoga

Le Khaivalyadham Ishwardas Yogic Health Centre (☎ 2818417, kaivalya@bom7.vsnl.net.in) dans Marine Drive, à Chowpatty, est un établissement sérieux qui dispense des cours de yoga. Il est ouvert tous les jours sauf le dimanche. L'abonnement coûte au minimum 300 Rs pour un mois, pendant lequel vous devrez assister à une heure de cours tous les jours de la semaine. Avant de vous inscrire, vous serez obligé(e) de passer une visite médicale de routine et de vous déplacer pour prendre rendez-vous (impossible de le faire par téléphone). Le yoga est ici enseigné pour ses vertus médicales et curatives.

Cours d'hindi

Davar's College (☎ 2042007), au 3e étage du Jehangir Building, à Flora Fountain, propose des cours d'hindi et de marathi pour débutants. L'établissement offre une initiation à l'hindi d'un mois à 4 500 Rs, avec des cours de grammaire élémentaire et d'oral, à raison de 45 min par jour en semaine.

CIRCUITS ORGANISÉS

La MTDC organise tous les jours des visites guidées (pas très excitantes) de la ville à 14h (60 Rs), et de ses environs à 9h15 et 18h (120 Rs), frais d'inscription non inclus. Elle propose également, les soirs de week-end, un circuit d'une heure des bâtiments illuminés de Mumbai en bus ouvert, à 19h et 20h30 (50 Rs). Réservez auprès de l'agence MTDC dans Madame Cama Rd.

L'office national du tourisme propose des guides polyglottes si vous souhaitez explorer Mumbai à votre rythme. Comptez 255/380 Rs pour la demi-journée/journée, plus 125 Rs pour un guide parlant une autre langue que l'anglais.

Une promenade en bateau dans le port de Mumbai est un bon moyen d'échapper à la ville, et offre la possibilité d'admirer le Gateway of India tel que l'ont voulu ses bâtisseurs. Une croisière en ferry de 30 min coûte 25 Rs.

MANIFESTATIONS ANNUELLES

Mumbai est le lieu de nombreuses fêtes. En voici quelques-unes parmi les plus populaires :

Banganga 8-9 janvier – manifestations musicales, Banganga Tank
Elephanta Festival février – fêtes de danses traditionnelles et de musique, Elephanta Island
Kala Ghoda Arts Festival février – 14 jours de démonstrations artistiques, Kala Ghoda
Nariyal Poornima août – célèbre le début de la saison de la pêche, Colaba et Versova
Ganesh août/septembre – 10 jours de parades dans les rues, Chaturthi Chowpatty Beach
Diwali octobre/novembre – festivités très animées et bruyantes, Marine Drive
Kala Ghoda Fair chaque dimanche de novembre à janvier – démonstrations artistiques, K. Dubash Marg

OÙ SE LOGER

Mumbai est la ville la plus chère de l'Inde sur le plan hôtelier, ce qui n'a rien d'étonnant car les prix de l'immobilier sont ici parmi les plus élevés du monde. La demande en chambres est très forte aux alentours de Noël, il est donc préférable de réserver longtemps à l'avance. Entrent ici dans la catégorie petits budgets les établissements offrant des doubles à moins de 1 000 Rs, mais il est possible de trouver des chambres correctes pour la moitié de cette somme.

La plupart des voyageurs trouvent un hébergement à Colaba, qui regroupe de nombreux hôtels de catégorie économique et moyenne. C'est en outre un quartier très animé et bien placé. Nous vous conseillons également les alentours du Fort, où les riverains sont bien trop absorbés par leurs affaires pour prêter attention aux étrangers. Si vous souhaitez loger chez l'habitant, l'office national du tourisme dispose d'une liste d'adresses offrant cette possibilité d'hébergement.

OÙ SE LOGER – PETITS BUDGETS

Colaba

Le ***Salvation Army Red Shield Hostel*** *(☎ 2841824, 30 Mereweather Rd)* est l'adresse la moins chère du quartier, et la meilleure option si vous voyagez seul(e) avec un budget serré. Le lit en dortoir non mixte coûte 130 Rs avec petit déjeuner ou 190 Rs en pension complète. L'établissement a quelque peu des allures d'internat, et certains voyageurs signalent la présence de punaises. La double avec s.d.b. vaut 400 Rs en pension complète, taxes incluses. Les lits en dortoir sont attribués selon le système du premier arrivé, premier servi. Le séjour est limité à une semaine et les chambres doivent être libérées à 9h. Des casiers de consigne sont disponibles (5 Rs par jour).

L'***Apollo Guest House*** *(☎ 2045540, fax 2883991, 43/45 Mathuradas Estate Building, 1er étage, Colaba Causeway)* dispose de simples/doubles petites mais propres avec s.d.b. commune pour 338/440 Rs, et de doubles bien tenues avec s.d.b. pour 728 Rs ou 832 Rs avec clim., taxes comprises.

L'***Hotel Volga II*** *(☎ 2824755, Rustam Manzil, 1er étage, Nawroji F. Rd)*, tout près du Leopold's, propose des doubles avec s.d.b. commune/privée pour 450/600 Rs. Précisons toutefois que cet établissement ne doit sa survie qu'à son bon emplacement.

L'immeuble Kamal Mansion dans Arthur Bunder Rd regroupe trois établissements petits budgets. Le ***Sea Shore Hotel*** *(☎ 2874237, 1/49 Kamal Mansion, 4e étage, Arthur Bunder Rd)* possède des chambres spartiates et dépourvues de fenêtre, avec TV et s.d.b. commune, à 320/420 Rs, ainsi que des doubles plus confortables avec vue (limitée) sur le port à 500 Rs. Les simples sont un peu exiguës, mais l'hôtel est bien tenu.

Malgré ses chambres rudimentaires séparées par des cloisons en Isorel qui n'atteignent pas le plafond, l'***India Guest House*** *(☎ 2833769, 1/39 Kamal Mansion, 3e étage, Arthur Bunder Rd)* affiche souvent complet. Les prix des chambres avec s.d.b. commune sont un peu excessifs (370/420 Rs), et une simple minuscule vaut 250 Rs. Comptez un peu plus cher pour une chambre avec fenêtre.

L'***Hotel Sea Lord*** *(☎ 2845392)*, au 2e étage du même immeuble, offre des doubles sans fenêtre pour 350 Rs, et des simples/doubles avec clim., TV, fenêtre et douche (pas de W.C.) pour le prix très raisonnable de 500/600 Rs.

Le bâtiment qui abrite l'***Hotel Prosser's*** *(☎ 2841715, 2 Henry Rd)* paraît quelque peu délabré, mais les chambres sont bien tenues et bon marché. Les doubles/triples avec s.d.b. commune coûtent 400/600 Rs. Les s.d.b. sont équipées de l'eau chaude et de w.c.

Le ***Bentley's Hotel*** *(☎ 2841474, fax 2871846, bentleyshotel@hotmail.com, 17 Oliver Rd)* est un endroit accueillant et très fréquenté qui dispose de deux annexes, ainsi que d'une ***guesthouse*** (☎ 2881706) moins chère située à un bloc d'immeubles dans Henry Rd. Les doubles avec TV et petit déjeuner vont de 650 à 970 Rs, taxes incluses. Les chambres les plus chères sont spacieuses et d'un très bon rapport qualité/prix. Nous vous recommandons tout particulièrement celles sans s.d.b., immenses. Pour une chambre avec clim., vous devrez payer un supplément de 150 à 200 Rs. Pensez à réserver. Les deux établissements offrent un service de réservation par Internet et acceptent les principales cartes de crédit.

L'***Hotel Whalley's*** *(☎ 2821802, 41 Mereweather Rd)* offre un large choix de chambres un peu vieillottes mais bien tenues à partir de 500/600 Rs avec s.d.b. commune, et de 650/750 Rs avec s.d.b. Une double immense coûte 1 000 Rs, et 1 200 Rs avec clim. Le prix comprend les taxes et le petit déjeuner.

Quartier du Fort

L'***Hotel Lawrence*** *(☎ 2843618, 3e étage, 33 Sri Sai Baba Marg)* est une bonne option

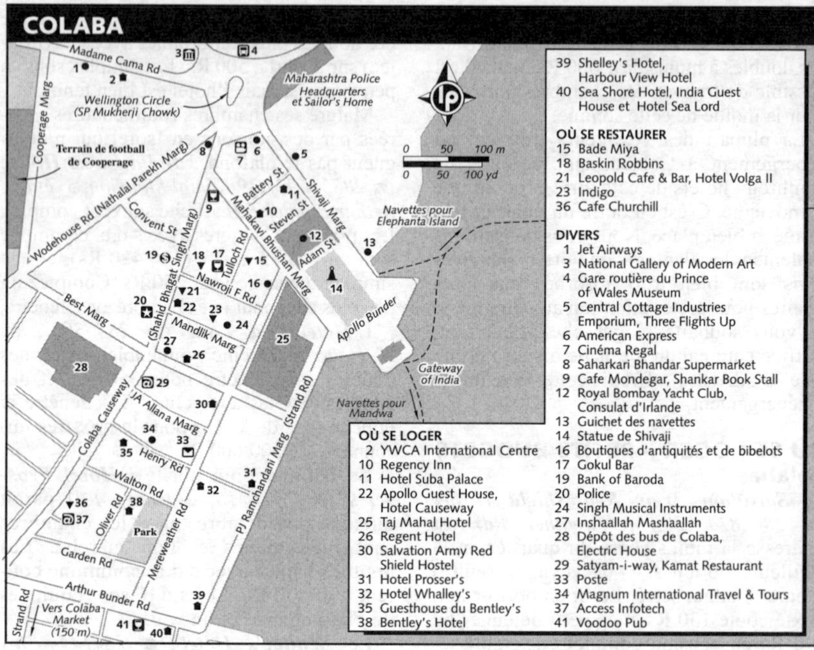

économique où les simples/doubles/triples propres et sans prétention avec s.d.b. commune valent 300/400/600 Rs, taxes comprises. Réservez. L'hôtel est situé au bout d'une ruelle, autrefois connue sous le nom de Rope Walk Lane, derrière le Prince of Wales Museum.

L'***Hotel City Palace*** *(☎ 2615515, fax 2676897, 121 City Terrace, W. Hirachand Marg)* manque un peu d'espace, mais les chambres sont propres et étonnamment calmes compte tenu de l'emplacement. Les simples/doubles/triples avec s.d.b. et TV coûtent 750/900/1 100 Rs. Pour la clim., vous devrez débourser un supplément de 350 Rs. L'endroit fait face à VT et constitue un bon choix si vous ne faites que passer à Mumbai.

Entre VT et les maidans, l'***Hotel Outram*** *(☎ 2094937, Marzaban Rd)* est tranquille bien que central. Les chambres avec s.d.b. sont correctes (malgré les moisissures sur les murs), et disposent de l'eau chaude à toute heure. Les simples/doubles sont à 600/700 Rs, et une petite chambre avec s.d.b. commune vaut 310/415 Rs.

Le ***Residency Hotel*** *(☎ 2625525, fax 2619164, residencyhotel@vsnl.com, 26 Rustom Sidhwa Marg)* compte parmi les quelques adresses confortables au cœur du quartier. Le hall d'entrée est en marbre, et les simples/doubles climatisées et d'une propreté impeccable débutent à 1 200/1 300 Rs avec s.d.b. et TV. Nous vous conseillons de réserver.

Le ***Benazeer Hotel*** *(☎ 2611725, benazeer@bom7.vsnl.net.in, 16 Rustom Sidhwa Marg)* possède des chambres correctes avec clim., s.d.b. et TV pour 832 Rs.

L'***Hotel Manama*** *(☎ 2613412, fax 2613860, 221/225 P D'Mello Rd)* dispose de doubles ordinaires avec TV et s.d.b. commune/attenante pour 400/600 Rs, ou 750 Rs avec la clim., taxes incluses. Une bonne adresse économique et proche de VT.

Le ***Railway Hotel*** *(☎ 2610705, fax 2658049, 249 P D'Melo Rd)* est un établissement propre avec des chambres moquettées un peu kitsch. Les simples/doubles coûtent à partir de 800/1 100 Rs avec s.d.b., TV et frigo, et de 1 100/1 500 Rs avec la clim.

Aéroport

Vile Parle (prononcez "Vilai Parlai"), banlieue bourgeoise située près de l'aéroport de Santa Cruz, compte deux hôtels pour petits budgets.

Le ***Shangri-La*** *(☎ 6128983, Nanda Patkar Rd, Vile Parle East)* est l'adresse la plus économique des abords de l'aéroport, et l'on comprend vite pourquoi. Les doubles très simples avec s.d.b. commencent à 390 Rs, taxes incluses. Celles avec la clim. valent 780 Rs. Au carrefour qui se trouve devant l'aéroport, suivez Nehru Rd vers l'ouest et prenez la deuxième à gauche. L'hôtel est à 10 min à pied du terminal. Vous pouvez également vous y rendre en auto-rickshaw (10 Rs).

L'***Hotel Aircraft International*** *(☎ 6121419, fax 6182942, 179 Dayaldas Rd, Vile Parle East)* est installé en face de l'entrée de l'aéroport, juste à la sortie de la Western Express Hwy. Il propose des simples/doubles propres et climatisées avec s.d.b. et TV pour 1 000/1 150 Rs, ce qui est plutôt raisonnable pour le quartier. Les chambres se louent pour 24h à compter de votre heure d'arrivée

.

OÙ SE LOGER – CATÉGORIE MOYENNE

Sauf indication contraire, toutes les chambres de cette rubrique sont dotées de la clim., d'une s.d.b., d'une TV et d'un frigo.

Colaba

Le ***Shelleys Hotel*** *(☎ 2840229, fax 2840385, shelleyshotel@vsnl.com, 30 P.J. Ramchandani Marg)* surplombe le port de Mumbai. Cette excellente adresse, qui évoque un peu l'époque coloniale, propose des doubles à partir de 1 415 Rs, et jusqu'à 1 900 Rs avec vue sur l'eau (taxes comprises).

Rénové avec goût, le ***Harbour View Hotel*** *(☎ 2821089, parkview@bom3.vsnl.net.in, 4ᵉ étage, 25 P.J. Ramchandani Marg)* loue des doubles d'une propreté irréprochable à partir de 2 190 Rs, et jusqu'à 2 475 Rs pour une chambre avec vue sur le port (plus 20% de taxes). Le restaurant sur le toit est un atout non négligeable de l'établissement.

Le ***Regency Inn*** *(☎ 2020292, fax 2855226, 18 Lansdowne House, Mahakavi Bhushan Marg)*, d'un bon rapport qualité/prix, vous offre le choix entre des chambres petites avec s.d.b. commune à 750 Rs, ou des plus spacieuses avec s.d.b. à 1 200/1 490 Rs, taxes incluses.

L'***Hotel Suba Palace*** *(☎ 2020636, fax 2020812, subapalace@hotmail.com, Battery St)* dispose de simples/doubles modernes et confortables avec la clim. pour 1 450/1 950 Rs, plus 14% de taxes. L'hôtel est bien placé, et les voyageurs en disent beaucoup de bien. Il est conseillé de réserver.

Le ***Regent Hotel*** *(☎ 2871854, fax 2020363, hotelregent@vsnl.com, 8 Best Marg)* est un peu plus haut de gamme. Il offre des simples/doubles correctes de type motel pour 2 080/2 388 Rs, taxes comprises.

L'***Hotel Causeway*** *(☎ 2817777, fax 2810999, 43/45 Mathuradas Estate Building, 3ᵉ étage, Colaba Causeway)* est central et possède des chambres convenables avec la clim. à partir de 1 000/1 200 Rs.

Quartier du Fort

Bien qu'il ne soit pas à la hauteur de son nom, le ***Grand Hotel*** *(☎ 2618211, grandh@bom3.vsnl.net.in, 17 Shri Shiv Sagar Ramgulam Marg, Ballard Estate)* propose des simples/doubles propres et spacieuses, à l'ameublement démodé, pour 1 980/2 392 Rs taxes comprises (pas de frigo).

Le ***West End Hotel*** *(☎ 2039121, fax 2057506, westhotel@vsnl.com, 45 New Marine Lines)* possèdes des chambres immenses un peu vieillottes mais impeccables. Les simples/doubles toutes simples se louent à partir de 2 160/2 622 Rs (taxes comprises), et les suites coûtent 4 800 Rs.

Marine Drive

Bien tenu, le ***Chateau Windsor Hotel*** *(☎ 2044455, fax 2026459, munshi@vsnl.com, 5ᵉ étage, 86 Veer Nariman Rd, Churchgate)* dispose de chambres très propres et équipées de ventilateurs, avec s.d.b. commune, pour 940/1 190 Rs, et de simples/doubles avec s.d.b. pour 1 190/1 440 Rs. Les doubles climatisées valent 1 890 Rs.

Le ***Sea Green Hotel*** *(☎ 2822294, fax 2836158, 145 Marine Drive)* et le ***Sea Green South Hotel*** *(☎ 2821613, fax 2836303, sgsh@vsnl.com, 145A Marine Drive)* sont deux établissements similaires, aux chambres vastes mais spartiates facturées 1 500/1 775 Rs (avec clim.), plus 20% de taxes. Demandez une chambre avec vue sur la mer, elles sont au même prix que celles donnant sur Marine Drive.

Chowpatty et Kemp's Corner

En face de Bharatiya Vidhya Bhavan, l'***Hotel Sapna*** *(☎ 3670041, fax 3619115, Pandita Ramabai Marg, Chowpatty)*, malgré l'exiguïté et des tarifs un peu excessifs, demeure une adresse intéressante car proche de Chowpatty Beach et de Mani Bhavan. Les simples/doubles commencent à 1 395/1 645 Rs, plus 20% de taxes. La brochure indique "n'accueille que les familles et les hommes d'affaires", mais l'établissement semble n'attirer ni les unes, ni les autres !

L'***Hotel Kemp's Corner*** *(☎ 3634646, fax 3634732, 131 August Kranti Marg)* dispose de chambres très propres et lumineuses, avec clim. et TV. Il vous en coûtera 1 050 Rs pour une petite simple, 1 300/1 400 Rs pour une simple/double plus spacieuse, et 1 500/1 600 Rs pour une deluxe. Il est préférable de réserver.

Le ***Shalimar Hotel*** *(☎ 3631311, shalimar@giasbm01.vsnl.net.in, August Kranti Marg)* est un établissement correct avec clim. et trois restaurants. Les chambres sont plutôt chères : 100/120 $US, plus 20% de taxes.

Juhu Beach

Le ***Juhu Hotel*** *(☎ 6184012, fax 6192578, juhuhotel@vsnl.com, Juhu Tara Rd)* est un petit hôtel de plain-pied installé sur le front de mer. Ses doubles, agencées comme un appartement mais un peu vieillottes, valent entre 1 150 et 2 800 Rs (plus les taxes). Les chambres les plus chères sont vastes, mais les ordinaires sont un peu exiguës. L'hôtel attire une clientèle jeune et branchée, et sa discothèque (le Raspberry Rhinocerous) est très appréciée.

L'***Iskcon*** *(☎ 6206860, fax 6205214, guest.house.bombay@com.bbt.se, 111 Hare Krishna Land)* est installé dans une tour. Malgré une décoration de mauvais goût, l'établissement est très bien tenu. Les simples/doubles équipées de ventilateurs et de s.d.b. coûtent 960/1 150 Rs ; celles avec clim. valent 1 050/1 440 Rs, plus 4% de taxes (pas de TV ni de frigo). Pensez à réserver.

Aéroport

Une demi-douzaine d'hôtels de catégorie moyenne sont regroupés dans Nehru Rd Extension à proximité de l'entrée du terminal des vols intérieurs. Les chambres valent le double de celles proposées en ville, et vous n'avez aucune raison de séjourner dans le quartier de Vile Parle, à moins d'attendre une correspondance. Mieux vaut réserver. La plupart de ces endroits disposent d'une navette qui vient vous chercher gratuitement à l'aéroport.

L'***Hotel Bawa International*** *(☎ 6113636, fax 6107096, Nehru Rd Extension, Vile Parle East)* est un établissement moderne et bien équipé qui possède un restaurant, un coffeeshop ainsi qu'une discothèque (ouverte le week-end à partir de 22h). Les chambres, avec TV, frigo et clim., confortables, sont à 3 300/3 800 Rs, plus 20% de taxes.

Face à l'aéroport international de Sahar, le ***Kumaria Presidency*** *(☎ 8352601, fax 8373850, kumaria@bom2.vsnl.net.in, Anderhi-Kurla Rd)* loue des chambres correctes pour 2 145/2 420 Rs.

OÙ SE LOGER – CATÉGORIE SUPÉRIEURE

Les établissements de cette catégorie facturent généralement une taxe de luxe de 10%, plus une autre du même montant pour le service. Ils acceptent les principales cartes de crédit. Les prix mentionnés n'incluent pas les taxes.

Colaba

Près de la Gateway of India, le ***Taj Mahal Hotel*** *(☎ 2023366, fax 2872711, gateway@bom4.vsnl.net.in, Apollo Bunder)* compte parmi les meilleurs hôtels du pays. Dans la magnifique partie ancienne du bâtiment, les simples/doubles valent à partir de 310/330 $US, et peuvent aller jusqu'à 330/345 $US avec vue sur le port, plus 20% de taxes. Dans l'aile moderne, les prix baissent de 20%. Le Taj accueille l'élite de Mumbai ct offrc tous les services possibles, dont trois excellents restaurants, plusieurs bars, un café très chic ouvert 24h/24, une piscine, une salle de sports et une discothèque.

Le ***Fariyas Hotel*** *(☎ 2042911, fax 2834992, info@fariyas.com, 25 Justice Devshanker V. Vijas Marg)* est un quatre-étoiles moderne et confortable offrant des chambres élégantes à partir de 125 $US. Il possède une minuscule piscine, un restaurant et un bar très réputé.

Marine Drive

L'***Oberoi*** *(☎ 2325757, fax 2043282, reservations@oberoi-mumbai.com, Marine Drive, Nariman Point)* rivalise avec le Taj Mahal pour le titre d'hôtel le plus luxueux de South

Mumbai. Dominant la mer d'Oman, cet établissement haut de gamme moderne et accueillant, fréquenté par les hommes d'affaires, propose des chambres à partir de 300/320 $US, et jusqu'à 325/345 $US avec vue sur la mer. Il abrite une piscine, un gymnase, trois restaurants et un bar.

L'***Oberoi Towers*** *(☎ 2324343, Marine Drive, Nariman Point)* attire les voyageurs aisés, les hommes d'affaires et les équipages des compagnies d'aviation, séduits pour la plupart par la magnifique vue sur Back Bay et sur la ville qu'offrent les étages supérieurs. Le prix des chambres commence à 275/290 $US. L'hôtel dispose d'une piscine, d'un gymnase, de deux restaurants et d'un bar. Il est relié à l'Oberoi, et les clients peuvent profiter des équipements des deux établissements. L'adresse e-mail et le numéro de fax sont les mêmes que pour l'Oberoi.

Le ***Marine Plaza*** *(☎ 2851212, fax 2828585, 29 Marine Drive, Nariman Point)* est un cinq-étoiles moderne de style Art déco. Ses chambres élégantes sont facturées 250 $US minimum avec vue sur la mer. Ses prestations incluent un gymnase, un restaurant, un coffee-shop et un bar très fréquenté.

Juhu Beach

Face à la plage, l'***Holiday Inn*** *(☎ 6704444, fax 6701710, hib@holidayinnbombay.com, Balraj Sahani Marg)* offre une piscine correcte et un excellent coffee-shop ouvert 24h/24, le tout dans une ambiance très détendue. Il loue de belles chambres à partir de 220 $US avec buffet au petit déjeuner. L'établissement dispose également d'une navette gratuite reliant l'aéroport.

Aéroport

Situé en face de l'aéroport international, le ***Leela Kempinski*** *(☎ 6911234, fax 6911455, leela.bom@leela.sprintrpg.ems.vsnl.net.in)* est le seul cinq-étoiles de Mumbai capable de rivaliser avec l'Oberoi et le Taj. Les simples/doubles débutent à 315/345 $US.

The Orchid *(☎ 6164040, info@orchidhotel.com)*, à deux pas de Nehru Rd Extension, à Vile Parle East, est un cinq-étoiles élégant situé à côté du terminal des vols intérieurs. C'est un hôtel respectueux de l'environnement (il a été le premier en Inde à recevoir le label "ecofriendly"). Le prix de ses chambres, excellentes, débute à 250 $US.

OÙ SE RESTAURER

Mumbai compte parmi les meilleures tables de l'Inde. L'incroyable diversité des plats proposés permettrait presque de retracer l'histoire culturelle de la métropole : *dhansaak* parsi (viande avec riz et lentilles au curry), *thali* gujarati (repas complets), kebabs musulmans, *vindaloo* de Goa, fruits de mer de Mangalore. Vous pouvez déguster sans crainte les délicieux fruits de mer de la ville, y compris pendant les mois de mousson (de la mi-juin à début septembre). Bien que très peu de restaurants le servent, sachez que le Bombay duck (canard de Bombay) est en fait un *bombil* (petit poisson) séché au soleil et frit.

N'oubliez pas de goûter à la spécialité locale, le *bhelpuri* (savoureux en-cas à base de nouilles croustillantes, de riz soufflé, de légumes épicés, de chutney et de piments). La nuit, pendant le ramadan, d'extraordinaires échoppes de nourriture bordent Mohammed Ali Rd et Merchant Rd.

La plupart des restaurants et cafés bon marché sont ouverts tous les jours, du petit déjeuner jusqu'à environ 23h. Les établissements plus chic n'accueillent généralement les clients que pour le déjeuner et le dîner, et acceptent les cartes de crédit. Un pourboire de 5 à 10% suffit si vous êtes satisfait du service.

Pour obtenir des renseignements supplémentaires sur les restaurants de Mumbai, appelez le ☎ 8888888 (en service 24h/24).

Si vous préparez vous-même vos repas, vous trouverez au marché de Colaba, dans Lala Nigam St, des fruits et légumes frais à profusion. Pensez aussi au ***Saharkari Bhandar Supermarket*** *(☎ 2022248)*, au nord de Colaba Causeway. Le ***Suryodaya*** *(☎ 2040979)* est un autre supermarché bien approvisionné, non loin de la gare de Churchgate dans E Road. Il est ouvert de 7h30 à 20h30.

Colaba

Au coin de Colaba Causeway et de Nawroji F. Rd, le ***Leopold Cafe & Bar*** *(☎ 2020131)* est, depuis 1871, une véritable institution locale. L'établissement est très prisé des voyageurs et l'on y observe un défilé permanent de visiteurs fraîchement débarqués d'autres régions de l'Inde. Il offre une carte extrêmement variée (plats indiens, chinois et occidentaux) et un excellent bar à jus de fruits. La nourriture est succulente. Les soupes et sandwiches coûtent environ 45 Rs, et les plats de résistance indiens et chinois entre 70 et 160 Rs (plus 12% de taxes).

Le ***Cafe Churchill*** *(☎ 2844689, 103B Colaba Causeway)* figure parmi les meilleures adresses du quartier. L'endroit, minuscule, est divisé en petits boxes, et il est souvent difficile de trouver une table en soirée. Il propose de délicieux sandwiches (50 Rs), des plats de pâtes corrects ainsi que des desserts originaux, comme la tarte au miel et aux noix (40 Rs). L'établissement sert également un copieux petit déjeuner, mais malheureusement il n'ouvre pas avant 11h.

Le ***Bade Miya*** *(☎ 2841649)*, réputé dans toute la ville, est une échoppe installée en permanence le soir dans Tulloch Rd. Vous pourrez déguster des kebabs, des tikkas et des rotis excellents, debout dans la rue ou assis aux tables disposées sur le trottoir.

Autre légende locale, le ***Kailash Parbat*** *(☎ 2874823, 5 Sheela Mahal, 1st Pasta Lane)* est célèbre pour ses en-cas végétariens d'inspiration sindhi bon marché, ainsi que pour ses desserts plus qu'appétissants.

L'***Indigo*** *(☎ 2856316, 4 Mandlik Rd)* est le nouvel endroit branché de Colaba, et il est préférable de réserver pour le soir. C'est un restaurant chic et moderne à la décoration épurée, qui possède une salle de dîner sur le toit – mais la plupart des clients préfèrent l'ambiance de la salle du bas. La cuisine est principalement occidentale et plutôt chère : le premier plat de résistance est un filet mignon de premier choix à 275 Rs.

Quartier du Fort

Dans le centre de Mumbai, le ***Wayside Inn*** *(☎ 2844324, 38 K. Dubash Marg)* est un lieu historique où il fait bon s'arrêter, à l'instar du Dr Ambedkar qui a couché ici sur le papier la première ébauche de la Constitution indienne. Le décor, avec ses fenêtres à petits carreaux et ses nappes à damier rouge et blanc, fait penser à un bistrot de village italien, et le menu ressemble à celui d'une gargote anglaise. Vous pourrez manger un assortiment de grillades (mixed-grill) pour 140 Rs, ainsi que des saucisses aux oignons ou un fish and chips pour 85 Rs. La bière est servie fraîche : raison de plus pour y tuer quelques heures l'après-midi (ça vous changera du Leopold's). L'établissement est ouvert tous les jours de 9h à 19h, sauf le dimanche.

Le ***Chetana*** *(☎ 2844968, 34 K. Dubash Marg)*, fondé un an avant l'Indépendance, a joué un grand rôle dans le développement de l'art contemporain indien. L'endroit, très fréquenté à l'heure du déjeuner, est idéal pour s'initier aux saveurs des thali végétariens de l'Inde du Nord (150 à 185 Rs).

Le ***Mocambo Cafe & Bar*** *(☎ 2870458, 23A Sir P. Mehta Rd)*, ouvert sur la rue, vous permet de baigner dans l'atmosphère du Fort. Une adresse à retenir pour un petit déjeuner, un sandwich ou une bière bien fraîche. La plupart des plats valent moins de 40 Rs.

Pour déguster les fruits de mer de Mangalore, rendez-vous au ***Mahesh Lunch Home*** *(☎ 2870938, 8B Cawasji Patel St)*, réputé pour ses lady-fish, ses brèmes de mer (pomfret) et ses crabes. Le *rawas tikka* (saumon blanc mariné) et le tandoor de pomfret sont délicieux.

Autre spécialiste des fruits de mer de Mangalore, l'***Apoorva Restaurant & Bar*** *(☎ 2870335, Noble Chambers, S.A. Brelvi Rd)* propose des crabes appétissants et des *gassi* de crevettes (curry à base de noix de coco) réputés dans tout South Mumbai. Les plats de fruits de mer, y compris le Bombay duck, vont de 50 à 375 Rs. Le prix des homards et des crabes varie selon leur poids.

Le ***Trishna*** *(☎ 2672176, 7 Sai Baba Marg)* est un restaurant haut de gamme spécialisé dans les fruits de mer qui mérite bien une petite folie. Le service et l'ambiance sont à la hauteur du contenu de l'assiette. Les prix s'échelonnent entre 100 et 650 Rs. Nous vous conseillons de réserver.

Le ***Sanuk Thai*** *(☎ 2044233, 30 K. Dubash Marg)* est un restaurant thaï très chic sur deux niveaux situé derrière le Prince of Wales Museum. Le green curry vaut 250 Rs, le pad thaï 220 Rs et la bouteille de bière 100 Rs.

Situé en face de VT, le ***McDonald's*** est toujours bondé le midi. Il possède une terrasse très agréable. Le Mac Maharaja coûte 54 Rs.

Churchgate

The Pizzeria *(☎ 2843646, Soona Mahal, 143 Marine Drive)* prépare de bonnes pizzas que l'on mange en admirant la vue sur Back Bay et les lumières de Malabar Hill la nuit. Les prix des pizzas s'échelonnent entre 110 et 350 Rs.

Malgré son aspect récent, le ***Purohit*** *(☎ 2049231, Veer Nariman Rd)* accueille une clientèle végétarienne depuis plus de 60 ans. Goûtez en priorité aux thali gujarati (120 Rs) ou faites votre choix parmi les nombreux plats de la carte (80 Rs environ).

Spécialiste de la cuisine thaï, japonaise et chinoise, le ***Pearl of the Orient*** *(☎ 2041131, Veer Nariman Rd)*, à l'Ambassador Hotel, est un restaurant panoramique tournant plutôt cher mais qui vaut le détour pour sa vue magnifique.

Face au cinéma Eros, le ***Just Around the Corner*** *(☎ 2886737)* est un bar à crudités qui propose également des soupes et des sandwiches. Les plats sont en libre-service, n'hésitez donc pas à remplir votre assiette (une salade vaut 125 Rs).

Starters & More *(☎ 2814124, 42 Maharshi Karve Rd)* est un nouveau restaurant de style Art déco qui domine Oval Maidan. Les plats sont indiens et internationaux, et un buffet est installé à l'heure du déjeuner (225 Rs). L'établissement dispose également d'un petit bar à cocktails.

Chowpatty Beach et Malabar Hill

Les ***étals*** de Bhel Plaza à Chowpatty Beach ouvrent le soir et constituent le cadre idéal pour déguster un bhelpuri (10 Rs), un *panipuri* (roti frit rempli de dhal) ou une glace.

Le ***Cafe Ideal*** *(☎ 3630943, Fulchand Niwas, Chowpatty Seaface)* est un café animé, du style de ceux popularisés par les Parsis iraniens au début du XXe siècle. La musique est assurée par un juke-box à CD, et la cuisine est chinoise et occidentale. La plupart des plats valent environ 50 Rs ; la bière est très prisée (75 Rs).

Les kulfi du ***New Kulfi Centre***, au coin de Chowpatty Seaface et de Sardar V. Patel Rd, comptent parmi les meilleurs de Mumbai (12 à 30 Rs). Les parts de 100 g sont coupées en cubes, puis servies dans des assiettes aux clients qui se pressent sur le trottoir.

L'emblématique ***Cream Centre*** *(☎ 3692025, Chowpatty Seaface)*, snack-bar végétarien et glacier, est l'un des lieux phares de Chowpatty depuis plus de 40 ans. Il sert de délicieux *puri* (légères galettes frites), des samosa et des sandwiches, ainsi que des sundaes dont vous pouvez varier la composition avec les parfums de votre choix (60 Rs environ).

OÙ SORTIR

Le quotidien de langue anglaise *Mid-Day* publie un cahier intitulé *The List*, qui est un guide des manifestations culturelles de Mumbai.

Bars et night-clubs

Comparée à la plupart des autres villes indiennes, Mumbai affiche une attitude plutôt tolérante vis-à-vis de l'alcool et des distractions nocturnes. Dans certains clubs, l'entrée est réservée aux couples ou aux femmes. Toutefois, les étrangers qui se présentent à jeun et bien habillés peuvent espérer contourner cette règle. Comptez entre 70 et 100 Rs pour une bouteille de bière dans un bar ou un restaurant (et plus dans un night-club ou un endroit branché).

Le ***Cafe Mondegar*** *(☎ 2020591, Metro House, 5A Colaba Causeway)* est un petit bar-café doté d'un juke-box et très apprécié des voyageurs. Il est ouvert tous les jours à partir de 8h.

Le ***Leo's Square***, au-dessus du Leopold's (une porte y mène au fond du café), avec sa déco moderne et sa musique occidentale, est un endroit agréable pour prendre un verre. Il vous accueille jusqu'à minuit.

Le ***Gokul Bar*** *(☎ 2848428)*, dans Tulloch Rd, attire une clientèle indienne exclusivement masculine. L'ambiance peut être très animée et la bière est bon marché (à partir de 45 Rs). Il est ouvert tous les jours à partir de 11h.

Le ***Voodoo Pub*** *(☎ 2841959, 2/5 Kamal Mansion, Arthur Bunder Rd, Çolaba)* est un bar grunge peu éclairé et plutôt sélect. Le samedi soir est réservé aux gays. Il ouvre tous les soirs à partir de 19h30. Après 20h30, vous devrez acquitter un droit d'entrée de 120 Rs.

Le ***Tavern & Beyond*** *(☎ 2042911, 25 Justice Devshanker V. Vijas Marg, Colaba)*, au Fariyas Hotel, est un bar climatisé essentiellement fréquenté par des trentenaires indiens. Il est ouvert de 12h à 0h.

Le ***Three Flights Up*** *(☎ 2829934, Narang House, 1er étage, 34 Shivaji Marg, Colaba)* est un club installé au-dessus du Central Cottage Industries Emporium. Cet ancien entrepôt se targue de posséder le plus long bar du pays. Les hommes paient l'entrée 200 Rs en semaine et 400 Rs le vendredi et le samedi (qui servent d'avoir au bar).

The Garden Bar *(☎ 2041131, 14e étage, Ambassador Hotel, Veer Nariman Rd,*

Le rêve bollywoodien

Bien que Mumbai soit le centre de l'énorme industrie cinématographique hindi, la production est aujourd'hui tombée de 200 longs métrages par an il y a une dizaine d'années, à environ 120 ; la ville n'a donc plus le monopole des films à succès. Mumbai doit une grande partie de la fascination qu'elle exerce sur la population à son statut d'usine à rêves nationale.

Bollywood, comme on l'appelle, produit des fantaisies mélodramatiques spectaculaires, surnommées "films masala" en raison du mélange d'ingrédients variés qui compose invariablement leur scénario et dont le mariage se révèle détonnant : action, violence, musique, danse, romantisme et moralisme. Les films de Bollywood sont exubérants et n'ont qu'un but : divertir le public. Ce sont avant tout les stars, la partition musicale, la chorégraphie et les chanteurs (tous en play-back) qui font leur succès, et non le message qu'ils véhiculent.

Il n'existe malheureusement pas de visites guidées des studios de Mumbai, et il est pratiquement impossible de franchir les grilles de l'entrée sans raison valable. Vous pouvez toutefois espérer obtenir la permission de vous rendre sur les plateaux en faisant les yeux doux aux responsables des relations publiques de Film City (☎ 8401533) à Goregaon East ; de RK Studio (☎ 5563252) à Chembur-Sion ; ou de Kamal Amrohi Studio (☎ 8371160), 6 Jogeshwari Vikhroli Link Rd, à Andheri (East). Sinon, faites comme les habitants de Mumbai : feuilletez les magazines de cinéma tels *Cineblitz*, regardez la chaîne de télévision Zee Cinema ou rendez-vous dans l'un des cinémas du centre-ville.

Pour plus de renseignements, voir l'encadré *Dans les coulisses du cinéma indien* dans le chapitre *Présentation de l'Inde*.

Churchgate) était fermé pour rénovation au moment de la rédaction de ce guide, mais lorsqu'il rouvrira, la superbe vue panoramique (360°) qu'il offre sur la baie et la ville devrait valoir le coup d'œil.

Le ***Fashion Bar*** *(☎ 2077270, 1er étage, Dhiraj Chambers Annex, 16 Marzaban Rd, Fort)* reste l'un des endroits les plus branchés de la ville. Le prix d'entrée de 200 Rs (300 Rs le vendredi et le samedi) sert d'avoir au bar. Il ouvre tous les jours à 19h et n'accepte que les couples.

Le ***Copa Cabana*** *(☎ 3680274, Darya Vihar, 39 Chowpatty Seaface)*, night-club bruyant à l'ambiance latino, sert de bonnes margaritas (200 Rs) dans un espace restreint. Une bière à la pression vaut 60 Rs. L'établissement est ouvert tous les jours de 18h30 à 0h30 (entrée gratuite).

Cinéma

Mumbai compte bien plus d'une centaine de cinémas. Dans le quartier du Fort, le ***Regal*** *(☎ 2021017, Colaba Causeway)* et le ***Sterling*** *(☎ 2075187, Marzaban Rd)* passent des films anglais en première exclusivité (60 à 87 Rs). Pour voir un succès de Bollywood, essayez l'***Eros*** *(☎ 2822335)*, en face de la gare de Churchgate, ou le ***Metro*** *(☎ 2030303)*, dans MG Rd (35 à 80 Rs).

Il est préférable de réserver les billets, surtout le week-end. Ils sont vendus jusqu'à une semaine avant la projection. Si vous choisissez de ne pas réserver, sachez que les billets sont généralement disponibles une heure avant la séance. Les places les moins chères sont celles de l'orchestre, mais les meilleures sont au balcon et dans la corbeille.

Musique, danse et théâtre

Le ***National Centre for the Performing Arts*** *(NCPA ; ☎ 2833737)*, à l'extrémité de Nariman Point, est le centre des spectacles de musique, de danse et de théâtre de Mumbai. Selon les semaines, on peut assister à une pièce marathi, à des danses du Bihar, au spectacle d'une troupe européenne ou à un concert de musique classique indienne. Le centre abrite aussi le ***Tata Theatre***, qui monte parfois des pièces en anglais, et l'***Experimental Theatre***. Le bureau des réservations (☎ 2824567), à l'extrémité sud de Nepa Marg, est ouvert de 9h à 13h30 et de 16h30 à 18h30. Le prix des places varie entre 30 et 200 Rs.

La plupart des centres culturels (voir la rubrique *Bibliothèques et centres culturels* plus haut) accueillent des spectacles de musique, de danse et de théâtre.

Des artistes régionaux se produisent dans K. Dubash Marg tous les dimanches soirs à l'occasion de la Kala Ghoda Fair, qui se déroule de novembre à janvier.

Le ***Nehru Centre*** *(☎ 492 8086)*, Dr Annie Besant Rd, à Worli, présente des pièces de théâtre en anglais. A la plage de Juhu, le ***Privthi Theatre*** *(☎ 614 9546)* est l'endroit idéal pour assister à des représentations théâtrales en anglais ou en hindi.

Planet M *(☎ 2600271)*, dans l'immeuble du *Times of India* dans Dr D. Naoroji Rd, est un magasin de disques qui organise des concerts et des lancements d'albums, notamment de pop stars hindi et de groupes occidentaux. Il dispose également de sa propre station de radio, d'un juke-box à CD et d'un café en mezzanine. Le magasin est ouvert tous les jours de 10h30 à 21h. Consultez le *Times of India* pour connaître le programme.

MANIFESTATIONS SPORTIVES

Le *Times of India* publie la liste des événements sportifs dans un encadré, à la dernière page.

Cricket

La saison de cricket dure d'octobre à avril. Des matchs d'entraînement et des rencontres internationales se déroulent plusieurs fois par an au stade Wankhede (☎ 2811795), à deux pas de Marine Drive. Reportez-vous au paragraphe *Manifestations sportives* du chapitre *Renseignements pratiques* pour l'achat des billets.

Vous pouvez assister gratuitement à des matchs entre équipes locales aux maidans de South Mumbai, en particulier à l'Oval Maidan.

Courses hippiques

A Mumbai, la saison s'étend de novembre à avril. Les courses ont lieu les dimanches et jeudis après-midi (ainsi que le samedi et le dimanche vers la fin de la saison) à l'hippodrome de Malahaxmi (☎ 3071401). Les grandes courses, comme l'Indian Derby, sont l'occasion d'importantes manifestations sociales. L'entrée sur la pelouse coûte 12 Rs, et 70 Rs dans l'enceinte réservée aux abonnés (il faut qu'un membre vous inscrive en tant qu'invité). Pour y accéder, les hommes doivent porter une chemise avec une veste ou une cravate, un costume indien traditionnel ou, bien sûr, une tenue saharienne.

Football

Le terrain de football de Cooperage (☎ 202 4020), dans Maharshi Karve Rd, Colaba, accueille entre novembre et février des matchs auxquels vous pourrez assister moyennant 25 Rs.

ACHATS

Mumbai compte parmi les meilleurs endroits pour faire ses emplettes. Chaque dimanche, entre novembre et janvier, K. Dubash Marg accueille la Kala Ghoda Fair, célébration des arts et de l'artisanat, avec vente de nourriture et d'objets artisanaux.

Marchés

Dans les bazars encombrés du nord du Fort, on peut acheter pratiquement tout. Les principaux marchés sont Crawford Market (fruits et légumes), Mangaldas Market (soieries et tissus), Zaveri Bazaar (bijoux), Bhuleshwar Market (fruits et légumes) et Chor Bazaar, le "marché des voleurs" de Mumbai (antiquités).

Certaines rues sont consacrées à un même produit : à Kalbadevi, voyez en particulier Shamsheth Lane, à deux rues au nord de Jama Masjid (dentelles). A Chor Bazaar, Dhabu St est spécialisée dans les objets en cuir, tandis que Mutton St est le paradis des antiquités, des reproductions et des gadgets divers.

Tout le long de Colaba Causeway s'alignent des échoppes. L'insistance redoutable des vendeurs devrait rapidement vous porter sur les nerfs, mais vous pourrez dénicher des vêtements et des objets artisanaux à petits prix. Les magasins qui bordent la chaussée proposent des vêtements de meilleure qualité, notamment des articles de sport de marque.

Artisanat et cadeaux

Vous pouvez acheter des souvenirs provenant de tout le pays dans les emporiums fédéraux du World Trade Centre Arcade, près de Cuffe Parade, et dans Sir P. Mehta Rd, dans le Fort. Le Central Cottage Industries Emporium (☎ 202 7537), Shivaji Marg, Colaba, propose la plus large sélection d'objets de grande distribution.

Pour des objets qui ne vous paraîtront pas irrémédiablement ringards à peine rentré chez vous, essayez le Bombay Store (☎ 288 5048), Sir P. Mehta Rd, dans le quartier du

Fort. Vous trouverez tapis, tissus, objets de décoration et tout un bric-à-brac.

Antiquités et brocante

Derrière le Taj Mahal Hotel, Mereweather Rd est bordée de petites boutiques d'antiquités et de bibelots. Les prix sont assez élevés, mais la qualité est largement supérieure à celle des emporiums. Pour des objets de l'époque coloniale, essayez le Chor Bazaar (voir la rubrique *Marchés*).

Vêtements et grands magasins

Vous ferez de très bonnes affaires dans "Fashion Street", longue série d'étals jalonnant MG Rd entre Cross maidan et Azad maidan. Les boutiques de Colaba Causeway proposent des vêtements bon marché, de style occidental.

Pour une mode un peu plus branchée, voyez les boutiques de Kemp's Corner, entre l'autopont et le carrefour avec Nepean Sea Rd. Les créations de couturiers indiens se vendent à un prix de moitié inférieur à celui des vêtements de grande distribution en Occident.

Les vêtements indiens traditionnels se trouvent au Khadi Village Industries Emporium (☎ 207 3280), 286 Dr D. Naoroji Rd, Fort, où le temps semble s'être arrêté dans les années 40.

L'Asiatic Department Store (☎ 287 2815), Veer Nariman Rd, Churchgate, combine produits pharmaceutiques, labo photo.

Le Vama Department Store (☎ 387 1450), 72 Peddar Rd, Kemp's Corner, diffuse des marques occidentales telles que Benetton, Levi's et Nike.

Divers

On peut trouver d'assez jolies ceintures et des porte-monnaie sur les étals installés dans Dr D. Naoroji Rd. S'il est toujours intéressant de tenter sa chance dans Dhabu St, à Kalbadevi, les objets en cuir les moins chers se trouvent désormais à Dharavi, au nord de la ville, en direction de Juhu.

Inshaallah Mashaallah (☎ 204 9495), Best Marg, à Colaba, vend toutes sortes de parfums et dispose d'un personnel compétent.

Les magasins de disques, qui vendent CD, cassettes audio et vidéo de musique hindi et occidentale, de films de Bollywood et musique classique indienne, font actuellement fureur à Mumbai. Planet M (☎ 262 0271), dans le bâtiment du *Times of India* situé dans Dr D. Naoroji Rd, possède sa propre station de radio et un café. Groove (☎ 2812206), dans Tata Rd en venant de la gare de Churchgate, dispose d'un large choix. Vous pouvez également flâner dans les rayons de Rythm House (☎ 2842835), près de Jehangir Art Gallery.

Singh Musical Instruments (☎ 284 1373), à Ram-Nimi, Mandlik Marg, Colaba, vend des tablas, des sitars et des guitares, ainsi que des manuels d'utilisation.

COMMENT S'Y RENDRE

Avion

Mumbai, véritable porte aérienne internationale de l'Inde, possède également le plus important réseau de lignes intérieures du pays. L'aéroport international, officiellement appelé CST, mais mieux connu sous le nom de Sahar, se trouve à environ 4 km du terminal des vols intérieurs de Santa Cruz. Pour vos correspondances, sachez qu'une navette gratuite relie les deux aéroports. Ceux-ci sont respectivement situés à 30 km et 26 km au nord de Nariman Point (centre de Mumbai).

Dans le hall des arrivées de Sahar, vous trouverez une boutique duty free, plusieurs bureaux de change offrant des taux corrects, une agence de l'Office national du tourisme (☎ 832 5331), un guichet de réservation de chambres d'hôtels (☎ 615 5239) et une station de taxis prépayés. Tous ces services sont ouverts 24h/24. Les consignes sont situées dans le parking, à environ 200 m à gauche de la sortie du hall des arrivées.

Si vous quittez l'Inde depuis Mumbai, n'oubliez pas de confirmer votre billet 3 jours avant votre départ.

L'aéroport des vols intérieurs, Santa Cruz Domestic Airport, comporte deux terminaux situés à 2 min à pied l'un de l'autre. Le terminal A est réservé aux vols d'Indian Airlines tandis que le terminal B accueille ceux de Jet Airways et Sahara Airlines. Départs et arrivées commencent à l'aube et s'arrêtent aux alentours de minuit. Présentez-vous 1 heure avant le départ. Ces deux terminaux possèdent des bureaux de change, des guichets de vente de billets et un bar-restaurant. Les consignes, ouvertes 24h/24, se trouvent à mi-chemin entre les deux terminaux. Notez que vols intérieurs d'Air India partent de l'aéroport international.

Lignes intérieures

Voici les adresses des compagnies desservant Mumbai :

Indian Airlines
(☎ 2023031, réservations 24h/24 ☎ 141) Air India Building, Nariman Point

Jet Airways
(☎ 838 6111) Amarchand Mansion, Madame Cama Rd

Sahara Airlines
(☎ 2855788) 7 Tulsiani Chambers, Free Press Journal Marg, Nariman Point

Vols intérieurs au départ de Mumbai. Des vols desservent plus de 30 villes indiennes. Il existe notamment des départs quotidiens pour Bangalore (140 $US), Kolkata (Calcutta, 230 $US), Chennai (Madras, 160 $US), Delhi (175 $US), Goa (85 $US) et Varanasi (235 $US). Les voyageurs de moins de 30 ans peuvent bénéficier de tarifs "jeunes", à savoir une réduction de 25%. Si vous voyagez avec Indian Airlines et que vous n'avez que des bagages à main, vous pouvez directement vous présenter à l'agence de Mumbai pour l'enregistrement. Ceci est également valable pour les passagers de sa filiale Alliance Air.

Bus

De nombreuses compagnies assurent des liaisons longue distance entre Mumbai et le reste du pays. Les compagnies privées offrent un service plus rapide, un meilleur confort et un système de réservation plus simple.

Les bus longue distance privés partent de Dr Anadrao Nair Rd, près de Mumbai Central. Des bus deluxe (non climatisés) desservent Goa (Panaji ; 200 Rs, 14 à 18 heures), Pune (180 Rs, 6 heures), Aurangabad (200 Rs, 10 heures), Mahabaleshwar (200 Rs, 7 heures), Ahmedhabad (250 Rs, 13 heures), Udaipur (400 Rs, 16 heures) et Bangalore (500 Rs, 24 heures). Des bus-couchettes rallient également Goa (400 Rs). A noter : les tarifs pour des destinations très prisées telles que Goa augmentent de 25% pendant les vacances scolaires (Diwali et Noël). Pour connaître les heures de départ et le prix des billets, rendez-vous à National Travels dans Dr Anadrao Nair Rd (☎ 3070780).

Des bus privés desservent Goa depuis MG Rd, immédiatement au sud du cinéma Metro : départs toutes les 30 min environ, entre 14h et 18h. Pour l'Inde du Sud, quelques bus partent de MRA Marg, à l'arrière de Crawford Market. Mieux vaut acheter les billets directement aux nombreux agents installés dans ces quartiers.

Les bus longue distance gérés par les gouvernements des différents États partent de la gare routière régionale à proximité de Mumbai Central. Ils desservent les grandes villes du Maharashtra et des États voisins.

Les tarifs sont un peu moins élevés que ceux pratiqués par les compagnies privées, et les départs plus nombreux, mais les bus sont vieux et généralement bondés. Le bureau des renseignements (☎ 3074272), très utile, se trouve au 1er étage et reste ouvert tous les jours de 8h à 20h.

Le bureau des réservations de la MTDC, dans Madame Cama Rd, propose des départs quotidiens pour Mahabaleshwar (230 Rs) et Ganpatipule (230 Rs).

Train

Deux réseaux ferroviaires relient Mumbai au reste du pays. Celui de la Central Railways (renseignements au ☎ 134) assure les liaisons avec l'est et le sud, plus quelques-unes avec le nord. Les départs s'effectuent de Chhatrapati Shivaji Terminus (CST), mieux connu sous le nom de Victoria Terminus (VT). Le centre des réservations se trouve à l'arrière de la gare, là où les taxis sont stationnés. Il est ouvert du lundi au samedi de 8h à 20h, et le dimanche jusqu'à 14h. Le guichet n°7 s'occupe des places réservées aux touristes – ou quotas, qui peuvent être entièrement épuisés plusieurs semaines à l'avance pendant la haute saison – ainsi que des cartes Indrail (fermé le dimanche).

Quelques trains de la Central Railways partent de Dadar (D), à une demi-douzaine d'arrêts de VT ou de Churchgate, notamment le *Chennai Express*, le train le plus rapide pour Chennai. D'autres trains express partent de Lokmanya Tilak (T), à 16 km au nord de VT sur la principale ligne de banlieue. Vous pouvez réserver pour tous ces trains à VT.

Le second réseau, celui de la Western Railways (☎ 131), relie Mumbai au nord de l'Inde (y compris le Rajasthan) depuis Mumbai Central, que l'on appelle toujours communément Bombay Central. Le meilleur endroit pour réserver est le centre de réservation (presque toujours bondé) de la Western Railways, installé en face de la gare de

Arriver la nuit

La plupart des vols internationaux arrivent au milieu de la nuit. Beaucoup de voyageurs attendent le lever du jour à l'aéroport ou descendent dans l'un des hôtels fort coûteux installés à proximité. Vous pouvez éviter cette dépense inutile en réservant une chambre en ville et en informant l'hôtel de votre heure d'arrivée, ou en appelant un hôtel depuis l'aéroport. Une autre solution consiste à s'adresser à l'agence de l'Office national du tourisme ou au guichet de réservation des chambres d'hôtels, tous deux ouverts 24h/24.

Bien que tous les hôtels prétendent disposer d'une réception ouverte 24h/24, il vous faudra, dans certains établissements bon marché, tambouriner à la porte ou réveiller le gardien pour obtenir une chambre.

Churchgate. Il est ouvert tous les jours de 8h à 20h. Le guichet des places réservées aux touristes (ouvert de 9h30 à 16h30 la semaine et jusqu'à 14h le samedi) se trouve à l'étage, à côté de l'office du tourisme national. Notez que ces places ne sont vendues que 24 heures avant le départ, et que vous devrez les régler en devises étrangères.

Pour plus de détails sur les trains, voyez l'encadré *Principaux trains au départ de Mumbai*. Le dépliant *Trains at a glance*, très utile, est disponible dans les kiosques à journaux de VT, Churchgate et Mumbai Central (25 Rs). Les guichets automatiques situés dans les halls des réservations de VT et de Churchgate se révèlent utiles si vous souhaitez vérifier le nombre de places encore disponibles ainsi que l'évolution de votre demande si vous êtes en surréservation.

COMMENT CIRCULER

Desserte de l'aéroport international

Il existe à l'aéroport international un guichet de taxis prépayés, avec des prix fixes pour diverses destinations en ville. Pour Colaba, le Fort et Marine Drive, le tarif est de 260 Rs pendant la journée (325 Rs pour un véhicule climatisé), plus 5 Rs par bagage. Comptez 25% de plus entre minuit et 5h. Le trajet prend environ 1 heure la nuit et 1 heure 30 à 2 heures le jour. Une course pour Juhu vous coûtera 93 Rs en journée, 225 Rs pour Chowpatty et 191 Rs pour la gare de Mumbai Central. Ces prix peuvent avoir changé, car les chauffeurs de taxis se mettent régulièrement en grève pour réclamer une augmentation des tarifs. N'essayez pas de prendre un auto-rickshaw pour vous rendre en ville depuis l'aéroport : ils n'ont pas le droit d'accéder au centre et ne vous déposeraient que quelques kilomètres plus loin, à Mahim Creek : une véritable manne pour les taxis qui attendent dans les environs.

Une solution bon marché consiste à prendre un auto-rickshaw jusqu'à la gare ferroviaire d'Andheri (environ 25 Rs), puis un train de banlieue pour Churchgate ou VT (5 Rs, 45 min). Il est toutefois peu probable que vous en ayez le courage après un vol long courrier, et encore moins pendant les heures de pointe (surtout le matin entre 7h et 10h environ) ou si vous êtes encombré(e) de lourdes valises. Au moins, achetez un billet en première classe (56 Rs).

Devant le hall des arrivées, des minibus vous emmènent gratuitement jusqu'aux hôtels des alentours du terminal des vols intérieurs ou de Juhu. Air India offre également une navette gratuite entre les deux aéroports.

Entre le centre-ville et l'aéroport international, un taxi revient à environ 300 Rs, plus un supplément pour les bagages ; les chauffeurs de taxi de Colaba demandent habituellement 350 Rs. Comptez 30% de plus entre minuit et 5h.

Desserte des vols intérieurs

Taxis et auto-rickshaws font la queue devant les deux terminaux de l'aéroport. Il n'y a pas de guichet de taxis prépayés, mais la police est là pour surveiller ; assurez-vous que le chauffeur se sert de son compteur. Un taxi met entre 1 heure et 1 heure 30 pour atteindre le centre-ville et revient à environ 250 Rs, plus un supplément pour les bagages.

Si vous n'êtes pas trop chargé(e), le bus n°2 vous prend non loin, dans Nehru Rd, en face de la bifurcation pour Nandar Patkar Rd, et vous dépose au Prince of Wales Museum, tout près de Colaba. Dans l'autre sens, depuis la ville, il s'arrête sur l'autoroute en face de l'aéroport.

Prenez plutôt un auto-rickshaw de l'aéroport jusqu'à la gare ferroviaire de Vile Parle

Principaux trains au départ de Mumbai

Destination	Nom et n° du train	Heure de départ	Distance (km)	Durée (heures)	Tarif (Rs)
Agra	2137 *Punjab Mail*	19h10 CST	1 344	21 heures 30	326/945
Ahmedabad	2009 *Shatabdi exp*	6h25 MC	492	7 heures	630/1 270
	2901 *Gujarat Mail*	21h50 MC	492	9 heures	165/477
Aurangabad	1003 *Devagiri Exp*	21h20 CST	374	7 heures 30	137/638
	7617 *Tapovan Exp*	6h10 CST	374	7 heures 30	88/267
Bangalore	6529 *Udyan Exp*	7h55 CST	1 210	24 heures 30	310/1 440
Bhopal	2137 *Punjab Mail*	19h10 CST	831	14 heures	244/707
Chennai	6011 *Chennai Exp*	14h CST	1 279	26 heures 30	314/1 455
Kolkata	2859 *Gitanjali Exp*	6h00 CST	1 968	33 heures 30	393/1 139
	8001 *Howrah Mail*	20h15 CST	1 968	36 heures	393/1 139
Delhi	2951 *Rajdhani Exp*	16h55 MC	1 384	17 heures	1 485/2 405
	2925 *Paschim Exp*	11h35 MC	1 384	23 heures	329/954
	2137 *Punjab Mail*	19h10 CST	1 538	25 heures 15	343/995
Goa	0111 *Konkan Kanya Exp*	22h40 CST	588	12 heures	193/558
	0103 *Mandavi Exp*	5h15 CST	588	13 heures	125/375
Hyderabad	7001 *Hussainsagar Exp*	21h55 CST	790	15 heures 15	235/680
Indore	2961 *Avantika Exp*	19h25 MC	829	14 heures 30	244/707
Jaipur	2955 *Jaipur Exp*	19h05 MC	1 200	17 heures 30	304/882
Kochi	6345 *Netravati Exp*	23h T	1 314	29 heures 30	321/932
	1081 *Kaniya Kumari Exp*	15h35 CST	1 817	39 heures	380/1 103
Pune	2123 *Deccan Queen*	17h10 CST	191	3 heures 30	83/170
	1007 *Deccan Exp*	6h35 CST	191	4 heures 30	53/170
Varanasi	1065 *Gorakhpur Exp*	6h35 D	1 490	30 heures 15	340/986

Abréviations : CST – Chhatrapati Shivaji Terminus, MC – Mumbai Central, T – Lokmanya Tilak, D – Dadar

Note : Tarifs en wagon-lit/wagon climatisé à 3 (ou 2) couchettes superposées pour les trajets de nuit, sauf pour les *Shatabdi* et *Rajdhani Express*, dont les wagons climatisés sont équipés de sièges (les repas sont inclus dans le prix).

(15 Rs), puis un train de banlieue jusqu'à Churchgate ou VT (5 Rs, 45 min). Évitez cette solution pendant les heures de pointe. Notez que c'est Vile Parle, et non la gare de Santa Cruz, qui est la station la plus proche de l'aéroport de Santa Cruz. La plupart des hôtels du quartier de l'aéroport et de Juhu disposent d'un service de navettes gratuites.

Bus

Les bus rouges simples ou à impériale de Mumbai sont l'un des meilleurs moyens de parcourir de faibles distances en ville, à condition d'éviter les heures de pointe. Dans South Mumbai, le billet coûte moins de 5 Rs ; ayez toujours de la petite monnaie sur vous et payez le conducteur une fois monté(e) à bord. Les bus sont gérés par la société BEST, dont le dépôt principal est situé à Colaba (☎ 4143611).

Le numéro de la ligne et les destinations sont indiqués à l'avant du bus, en marathi, tandis que les panneaux en anglais sont sur les côtés. A l'arrêt, postez-vous de façon à

Les principaux bus de Mumbai

Destination	N° du bus
Breach Candy	132, 133
Chowpatty	103, 106, 107, 123
Churchgate	70, 106, 123, 132
Haji Ali	83, 124, 132, 133
Hanging Gardens	103, 106, 107
Mani Bhavan	123
Cinéma Metro	103, 124, 125
Mohammed Ali Rd	1, 3, 21
Mumbai Central Train Station	124, 125
Zoo	3, 6, 7
CST (VT) et Crawford Market	1, 3, 21, 103, 124
Walkeshwar	103, 106, 107

Note : ces bus partent tous de Colaba Causeway et marquent un arrêt à Flora Fountain.

pouvoir les lire lorsque le bus s'arrête. Vous trouverez dans l'encadré ci-dessus quelques destinations et numéros de lignes.

Train

Mumbai et sa banlieue sont desservies par un excellent réseau de trains, malheureusement bondés. C'est pratiquement la seule ville d'Inde où vous aurez intérêt à utiliser ce moyen de transport intra-muros.

Il n'existe que trois grandes lignes, ce qui simplifie nettement les choses. La plus pratique part de Churchgate et se dirige vers le nord en desservant des gares telles que Charni Rd (plage de Chowpatty), Mumbai Central, Mahalaxmi (Dhobi Ghats), Vile Parle (aéroport de Santa Cruz), Andheri (aéroport international de Sahar) et Borivali (Sanjay Gandhi National Park). Deux autres lignes de banlieue partent de VT et desservent entre autres Dadar, et vont jusqu'à Neral (pour Matheran). Les premiers trains circulent à partir de 4h, et le trafic ne s'interrompt que peu avant 1h. Depuis Churchgate, un billet en 2e/1re classe coûte 3/15 Rs pour Mumbai Central, 5/56 Rs pour Vile Parle et 8/82 Rs pour Borivali.

Évitez les heures de pointe, où les trains sont archibondés, même en 1re classe. Il est conseillé aux femmes de profiter des voitures qui leur sont réservées. Les trains ne s'arrêtant qu'une dizaine de secondes dans les gares de banlieue, tâchez de descendre rapidement. Pour vos objets de valeur, prenez les précautions habituelles.

Taxi et auto-rickshaw

A Mumbai, une voiture sur deux est un taxi Premier noir et jaune (la version indienne d'une Fiat des années 50) : aucun problème donc pour en trouver un. Les taxis constituent le moyen de locomotion le plus commode en ville, et dans South Mumbai les chauffeurs utilisent presque toujours leur compteur et rendent correctement la monnaie. En revanche, les auto-rickshaws sont limités aux faubourgs situés au nord de Mahim Creek.

Les compteurs étant obsolètes, les chauffeurs se servent de petites tables de conversion pour calculer le tarif. En général, le taux de conversion en journée correspond à environ 13 fois la distance affichée au compteur. Le tarif minimal (en anglais, *flagfall*) s'élève à 13 Rs pour le premier 1,6 km, puis 7 Rs pour chaque kilomètre supplémentaire. Entre minuit et 6h, vous paierez environ 25% de plus. La forte augmentation du prix de l'essence survenue fin 2000 va probablement entraîner une hausse de ces tarifs.

Cool Cabs (☎ 8246216) propose des taxis bleus, climatisés, avec compteurs bien réglés. Ils pratiquent des prix plus élevés d'environ 33% et peuvent être réservés par téléphone.

Si vous êtes au nord de Mahim Creek et ne vous dirigez pas vers la ville, mieux vaut circuler en auto-rickshaw. Équipés de compteurs, ils se servent également de tables de conversion. Le prix correspond à environ 7,5 fois la distance indiquée au compteur.

Voiture

Les voitures se louent généralement pour 8 heures et pour un maximum de 80 km. Au-delà, des frais supplémentaires vous sont facturés.

Les agents du guichet de billets de l'Apollo Bunder, près du Gateway of India, proposent des Maruti non climatisées avec chauffeur pour 600 Rs la demi-journée. Les chauffeurs de taxis ordinaires de ce quartier acceptent un prix similaire.

Affilié à Hertz, Autoriders International (☎ 4921838), 139 Autoworld, Tardeo Rd, à Tardeo, offre des Maruti climatisées pour 1 750 Rs pour 24 heures et sans chauffeur (âge minimum : 25 ans), ou pour 1 650 Rs avec chauffeur (8 heures, 80 km).

Moto

Mumbai n'est pas un endroit conseillé pour apprendre à faire de la moto, mais ce moyen de locomotion se révèle pratique pour faire un peu de tourisme. Pour louer ou acheter une moto, contactez Allibhai Premji Tyrewallah (☎ 3099313, apt@premjis.com), au 205 Lamington Rd, Opera House, près de la gare de Grant Rd. La location coûte par semaine environ 2 500 Rs pour une Enfield de 350 cc ou 500 cc, ou 2 000 Rs pour un scooter de 100 cc. On vous conseillera d'acheter une moto et de la revendre ensuite au magasin, ce qui, sur une période de 2 mois ou plus, revient de toute façon moins cher. Vous pouvez vous procurer une Enfield d'occasion pour moins de 53 000 Rs, qui vous sera reprise au bout de 3 mois à environ 18 000 Rs de moins que son prix d'achat.

Bateau

Depuis le Gateway of India, des bateaux-navettes se rendent à Elephanta Island (voir *Environs de Mumbai*) et à Mandwa, sur le continent. Cette dernière ville est un point d'accès pratique pour rejoindre Murud-Janjira et d'autres endroits de la côte du Konkan en bus (voir le chapitre *Maharashtra*).

Environs de Mumbai

ELEPHANTA ISLAND

Les temples rupestres de l'île d'Elephanta, à 9 km au nord-est du Gateway of India, constituent la principale curiosité touristique de Mumbai. Leur origine reste assez mystérieuse, mais on pense qu'ils datent de 450 à 750 av. J.-C., époque à laquelle l'île portait le nom de Gharapuri (l'endroit des grottes). Les Portugais la rebaptisèrent Elephanta en raison d'un gigantesque éléphant de pierre qui dominait la mer. La statue s'effondra en 1814 et les fragments furent transportés dans les Victoria Gardens par les Britanniques. Une grande grotte abrite d'imposants panneaux sculptés dédiés à Shiva. Le panneau le plus célèbre est le Trimurti, ou Shiva tricéphale, sur lequel le dieu apparaît sous la forme du destructeur, du créateur et du sauveur. Le buste central de Shiva, les yeux fermés dans une éternelle contemplation, offre une image d'une grande sérénité.

Les grottes sont ouvertes tous les jours, sauf le lundi, de 9h à 17h30, moyennant un droit d'entrée de 460 Rs. Pour emporter un Caméscope, vous acquitterez 25 Rs supplémentaires. Les visiteurs porteurs d'un billet de navette deluxe bénéficient des services d'un guide en anglais. Les visites partent du guichet toutes les heures, à la demie.

Vous trouverez également un petit musée, dont les panneaux vous renseigneront sur l'origine de ces grottes ainsi que sur l'histoire de l'architecture rupestre maharashtra.

La MTDC organise tous les ans (généralement en février) l'Elephanta Festival, qui donne lieu à des spectacles de musique classique et de danse devant la grotte du temple.

Après la visite des grottes, vous pouvez vous reposer sur la terrasse du ***Chalukya***

AGGLOMÉRATION DE MUMBAI

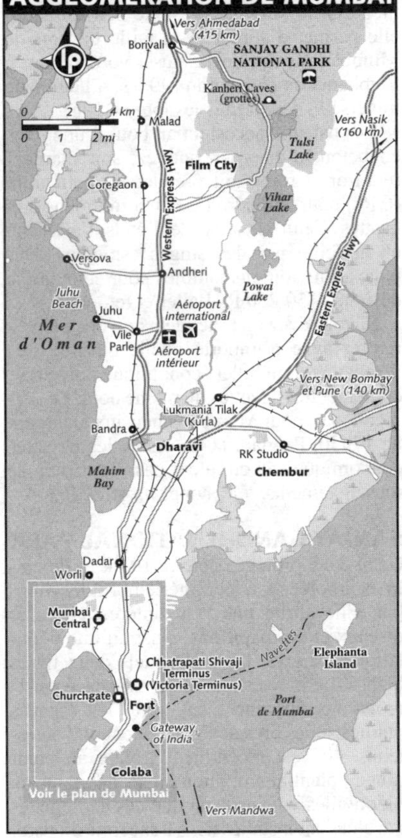

MUMBAI

Restaurant & Beer Bar (☎ *2848323*), tenu par la MTDC. Bien que l'établissement fasse également office d'hôtel, les visiteurs n'ont pas le droit de dormir sur l'île.

Comment s'y rendre

Les navettes partent de la Gateway of India. L'aller-retour coûte 65 Rs en petit bateau économique, et 85 Rs en navette deluxe, plus spacieuse. Les billets sont vendus par des rabatteurs au Gateway ainsi qu'aux guichets qui bordent l'extrémité sud de Shivaji Marg à l'Apollo Bunder, mais les prix sont partout les mêmes. Les navettes économiques partent du quai situé à gauche (nord) de la Gateway, tandis que les deluxe mouillent en face de la Gateway.

Les navettes partent toutes les demi-heures de 9h à 14h30 environ du mardi au dimanche. La traversée dure un peu plus d'1 heure, et même si le paysage présente peu d'intérêt, elle permet d'apprécier la taille du port de Mumbai. Vous pouvez aussi vous rendre à Elephanta en catamaran (90 Rs, 4 heures de traversée ; départ tous les jours à 10h).

Les bateaux accostent au bout d'une jetée en béton, d'où vous pouvez, soit marcher (environ 3 min) soit prendre un petit train (6 Rs) pour atteindre l'escalier qui mène aux grottes. Celui-ci est bordé d'étals d'artisanat et surveillé par des singes espiègles. Des palanquins sont disponibles pour ceux qui le désirent (150/250 Rs l'aller/et retour).

Si vous avez un billet deluxe, vous pouvez rentrer avec n'importe quelle navette. Les détenteurs d'un billet économique doivent se contenter des navettes du même nom. Le dernier départ pour Mumbai a lieu aux alentours de 17h30. Pendant la mousson, les navettes économiques ne circulent pas. Pour plus de renseignements, téléphonez au ☎ 2026364.

SANJAY GANDHI NATIONAL PARK

Cette zone protégée couvre 104 km² de collines arborées à la périphérie nord de Mumbai. Elle abrite une flore intéressante, des oiseaux et des papillons, ainsi qu'une population de tigres, parmi lesquels deux tigres blancs. Ce parc est gravement menacé par la croissance urbaine ; en outre, les espaces publics situés près de l'entrée sont mal entretenus. Il s'est récemment trouvé au cœur d'une polémique impliquant les habitants de bidonvilles voisins ainsi que des écologistes qui s'étaient installés dans l'enceinte du parc.

La Bombay Natural History Society gère le **Conservation Education Centre** (centre de formation à la protection de l'environnement, ☎ 8421174), situé près de l'entrée sud. A l'entrée principale, un centre d'informations ouvert tous les jours (sauf le lundi) de 7h30 à 19h30 (4 Rs) abrite une exposition sur la faune et la flore du parc. Pour observer les oiseaux, la meilleure période est d'octobre à avril. Pour les papillons, venez entre août et novembre.

Pour de nombreux visiteurs (essentiellement des familles indiennes), le **safari lions et tigres** constitue la principale attraction. Celui-ci part du Tiger Orientation Centre (une exposition gratuite qui explique les raisons de l'extinction des tigres), à environ 1 km de l'entrée nord à l'intérieur du parc. Vous devrez payer 30 Rs pour une visite éclair de 20 min en bus à travers les deux zones distinctes qui abritent les lions et les tigres. Les bus pour le safari partent environ toutes les 20 min de 9h à 12h40 et de 14h à 17h20, tous les jours sauf le lundi. Vous pourrez utiliser librement votre appareil photo, mais vous devrez payer un supplément de 500 Rs pour un Caméscope.

Autre passage obligé du parc : les 109 **Kanheri Caves** creusées dans le roc à flanc de ravin, à 5 km de l'entrée nord. Du IIe au IXe siècle, elles servirent aux moines bouddhistes de *vihara* (monastère) et de *chaitya* (temple).

La grotte la plus impressionnante, la n°3, baptisée grande grotte Chaitya, flanquée de deux immenses statues de Bouddha, abrite une longue colonnade de piliers décorés ainsi qu'un *dagoba* haut de 5 m situé en retrait. Les grottes sont ouvertes tous les jours (sauf le lundi) de 9h30 à 17h30. L'entrée coûte 5 $US pour les étrangers. Vous pouvez marcher de l'entrée nord du parc jusqu'aux grottes (environ 2 heures), ou bien prendre une voiture (450 Rs environ l'aller-retour, avec une heure pour visiter les grottes).

Comment s'y rendre

Prenez le train de Churchgate à Borivali (8 Rs, 1 heure). De là, vous pouvez faire le reste du trajet à pied (10 min), prendre un auto-rickshaw (10 Rs) ou emprunter n'importe quel bus jusqu'à l'entrée du parc. Les parcs de safari se trouvent à 10 min à pied de l'entrée.

Vous pouvez également visiter les parcs et les grottes lors du circuit des environs de Mumbai qu'organise la MTDC. Reportez-vous à *Circuits organisés* plus haut.

Maharashtra

Vaste et peuplé, le Maharashtra est également un État important sur le plan économique. De Mumbai (Bombay), la capitale, la plupart des voyageurs partent vers les plages de Goa, au sud, vers Pune, au sud-est, ou vers les temples rupestres d'Ajanta et d'Ellora classés au Patrimoine mondial, au nord-est. Cet État compte aussi quelques beaux forts en ruine, datant pour la plupart de l'époque des Marathes.

Les Ghats occidentaux s'étirent parallèlement à la côte. Au sud de Mumbai, la côte du Konkan, une étroite bande de terre entre les Ghats (collines) et la mer d'Oman, abrite quelques plages magnifiques, quasiment vierges. Le reste de l'État s'étend sur près de 800 km vers l'est, sur le haut plateau du Deccan, et comprend deux stations climatiques, Matheran et Mahabaleshwar.

En bref

Population : 96,8 millions d'habitants
Superficie : 307 690 km^2
Capitale : Mumbai
Langue principale : marathi
Meilleure saison : octobre à mars (sur la côte) ; septembre à mi-juin (montagnes)

Cartes du chapitre :

- Admirez les étonnantes sculptures du Kailasa Temple d'Ellora et les grottes taillées dans le roc
- Appréciez le site splendide d'Ajanta et l'art bouddhique extraordinaire qui orne les grottes creusées par les hommes
- Prenez le toy train jusqu'à la station climatique de Matheran, interdite à la circulation, et contemplez des vues superbes
- A Nasik, quasiment ignorée des touristes occidentaux, regardez les rites hindous sur les ghats qui bordent la Godavari et découvrez le *Ramayana*
- A Sevagram, passez quelques jours à rêver et à méditer dans le célèbre ashram de Ghandi
- Profitez de la vie nocturne de Pune

Histoire

Au XVIe siècle, les Moghols dominaient la majeure partie du Centre et du Sud de l'Inde, jusqu'à ce que le Deccan (littéralement "sud") devienne le centre de l'Empire marathe au XVIIe siècle. Doté d'une armée relativement modeste, le légendaire chef marathe Shivaji s'installa à Pune, puis à Raigad, d'où il gouverna le Deccan. Dès le début du XVIIIe siècle, l'Empire marathe passa sous la tutelle des Peshwa, jusqu'à ce que ces derniers se soumettent aux Britanniques en 1817.

Après l'Indépendance, le Maharashtra occidental et le Gujarat furent réunis pour former l'État de Bombay. L'actuel Maha-rashtra a été créé en 1960, lorsque ces deux régions ont de nouveau été séparées selon leur dominante linguistique, le marathi ou le gujarati.

En 1999, le Congrès a remporté les élections dans l'État, malgré l'alliance des fondamentalistes hindous du BJP et du Shiv Shena.

Sud du Maharashtra

CÔTE DU KONKAN

La côte du Konkan, étroite bande de terre entre les Ghats occidentaux et la mer d'Oman, est une région de plages désertes bordées de cocotiers et de bananiers, de forts abandonnés et de villages de pêcheurs isolés.

L'achèvement de la ligne ferroviaire du Konkan a facilité l'accès à la région, mais elle reste difficile à découvrir en empruntant les transports publics car la voie ferrée court

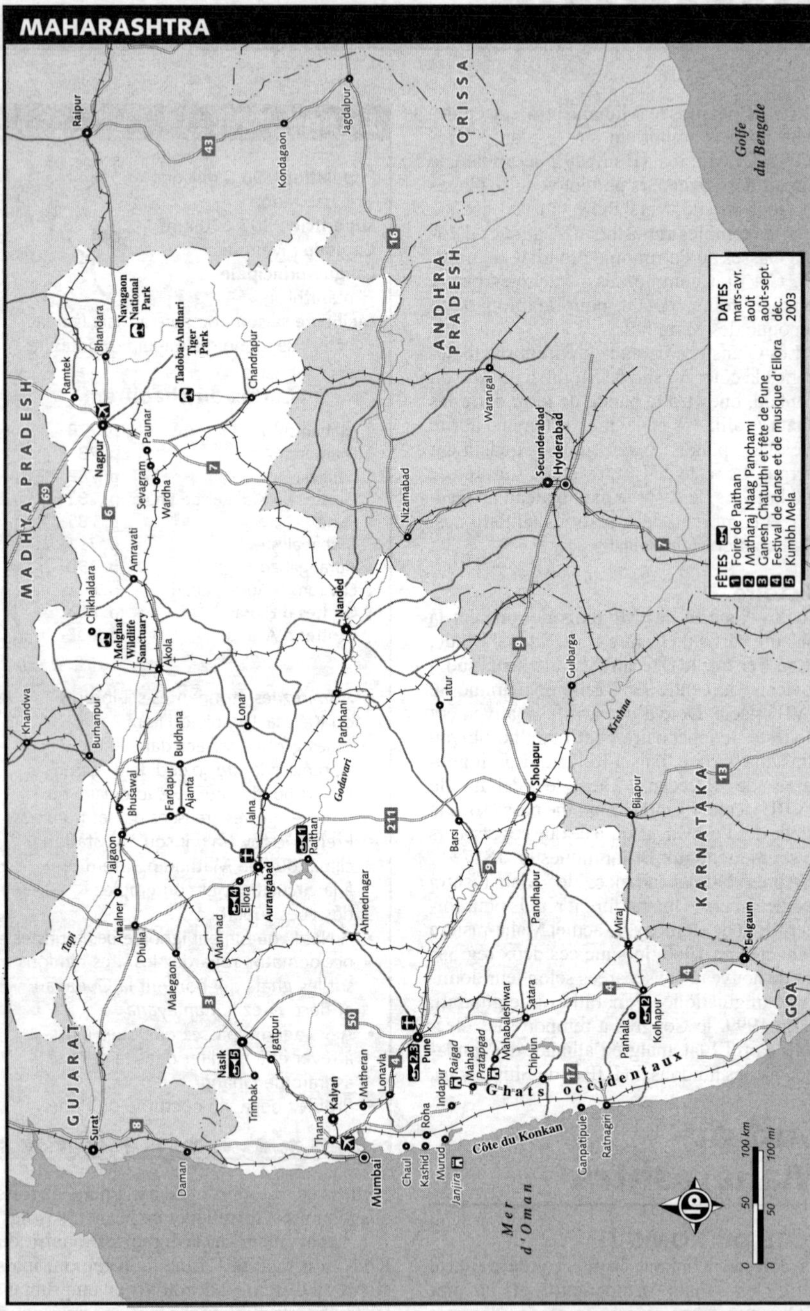
MAHARASHTRA
FÊTES
1 Foire de Paithan
2 Matharaj Naag Panchami
3 Ganesh Chaturthi et fête de Pune
4 Festival de danse et de musique d'Ellora
5 Kumbh Mela
DATES
mars-avr.
août
août-sept.
déc.
2003
MADHYA PRADESH
GUJARAT
ANDHRA PRADESH
ORISSA
KARNATAKA
GOA
Golfe du Bengale
Mer d'Oman
Côte du Konkan
Ghats occidentaux
Godavari
Krishna
Tapi
Raipur
Jagdalpur
Kondagaon
Navagaon National Park
Tadoba-Andhari Tiger Park
Bhandara
Ramtek
Nagpur
Paunar
Sevagram
Wardha
Chandrapur
Amravati
Chikhaldara
Melghat Wildlife Sanctuary
Akola
Khandwa
Burhanpur
Buldhana
Lonar
Nanded
Nizamabad
Warangal
Secunderabad
Hyderabad
Parbhani
Latur
Gulbarga
Bhusawal
Fardapur
Ajanta
Jalna
Jalgaon
Amalner
Dhulia
Malegaon
Manmad
Ellora
Aurangabad
Paithan
Ahmednagar
Barsi
Sholapur
Bijapur
Pandhapur
Miraj
Belgaum
Nasik
Igatpuri
Trimbak
Kalyan
Thana
Mumbai
Daman
Surat
Matheran
Lonavla
Pune
Chaul
Kashid
Roha
Murud
Janjira
Indapur
Mahad
Raigad
Pratapgad
Mahabaleshwar
Satara
Chiplun
Ganpatipule
Ratnagiri
Panhala
Kolhapur
100 km
100 mi

à l'écart de la côte. Les bus locaux, en piteux état, permettent de parcourir cette côte peu visitée, un effort largement récompensé.

Murud

☎ 021447

Bourgade de pêcheurs assoupie à 160 km au sud de Mumbai, Murud mérite le détour pour la majestueuse forteresse de **Janjira**, érigée sur une île, à 5 km au sud.

Construite en 1140 par Siddi Jahor, la forteresse devint au XVIe siècle la capitale des Siddi de Janjira, descendants des navigateurs-marchands de la Corne de l'Afrique. Curieusement, ses occupants continuèrent à y vivre jusqu'à l'Indépendance, en 1947, date à laquelle ils emménagèrent dans le Murud Palace.

Bien que la forteresse soit bâtie sur une île, ses murailles de 12 m de haut semblent surgir tout droit de la mer. Cette particularité en fit une citadelle imprenable, même par les Marathes ; le prince Shivaji (1627-1680) tenta de la conquérir par la mer et son fils, Sambhaji, essaya de creuser un tunnel pour y accéder. Envahi par la végétation, l'intérieur de la forteresse tombe en ruine, mais vous pourrez longer les murailles extérieures, explorer les 22 tours de guet, les remparts, les vestiges des canons rouillés et vous imprégner de l'atmosphère étrange de cette place-forte insulaire.

La seule façon de rallier Janjira est de prendre un bateau local (9,50 Rs, 10 min) à Rajpuri Port, à quelque 5 km au sud de Murud. Les bateaux circulent tous les jours entre 7h et 18h avec un minimum de 20 passagers. Les week-ends et les jours fériés, vous n'attendrez pas longtemps. Pour rejoindre Rajpuri, prenez un auto-rickshaw (30 Rs l'aller) ou louez un vélo (3 Rs l'heure) à la petite boutique installée au cœur du bourg, en face du temple.

Où se loger et se restaurer. A Murud, quelques établissements bordent la route de la plage, mais aucun n'est vraiment bon marché.

Sur la route de la plage, au nord du sanctuaire, ***The Nest*** *(☎ 76144, Darbar Rd)* se compose de cabanes de bambou, disséminées parmi les palmiers et proches de la plage. Dotées d'une s.d.b. (seau d'eau chaude), elles reviennent à 350 Rs en double. Vous devriez obtenir une réduction lorsque les clients se font rares.

Bien situé en front de mer, le ***Golden Swan Beach Resort*** *(☎ 4078, beachresort@goldenswan.com, Darbar Rd)* possède un restaurant correct et propose d'agréables bungalows doubles, avec s.d.b., à 750/950 Rs en semaine/week-end.

Comment s'y rendre. De Mumbai, le meilleur moyen de rejoindre Murud consiste à prendre un bateau de la Gateway of India (Colaba) à Mandwa, puis un bus. Des ferries réguliers (45 Rs, 1 heure) et des catamarans (de 75 à 100 Rs, 45 min) effectuent la liaison. Le billet comprend une navette gratuite jusqu'à Alibag (30 min), d'où vous pouvez emprunter l'un des bus locaux qui longent la côte jusqu'à Murud, *via* Chaul et Kashid.

Sinon, de Mumbai Central, des bus rallient Murud en 5 heures.

Roha, la gare ferroviaire la plus proche sur la ligne du Konkan, est accessible en bus (21 Rs, 2 heures).

Ganpatipule et Ratnagiri

Ganpatipule, à 375 km au sud de Mumbai sur la côte, possède plusieurs kilomètres de plages immaculées où il est agréable de se baigner. Le **Swayambhu Ganpati**, un Ganesh monolithique "sculpté par la nature" attire des milliers de pèlerins hindous.

Le ***Resort*** de la MTDC *(☎ 02357-35248, fax 35328)*, agréablement niché au milieu des palmiers de la plage, constitue le seul hébergement convenable de Ganpatipule ; il offre un ***Tent Resort*** *(☎ 02357-35348)*, où les tentes à 2/4 lits valent 300/400 Rs, et un choix de doubles à partir de 700 Rs, jusqu'à 2 000 Rs les bungalows climatisés avec vue sur la mer. Les tarifs baissent de 30% hors saison.

Meilleure adresse du lieu, le ***Tarang Restaurant*** de la MTDC propose un choix de spécialités à base de poissons locaux (à partir de 50 Rs), comme le Bombay duck et le curry de poisson Malvani.

La Maharashtra Tourism Development Corporation (MTDC) fait circuler un bus de nuit direct semi-deluxe entre Mumbai et Ganpatipule (230 Rs) ; il part de l'agence de Nariman Point à 20h30 et de Ganpatipule à 19h30.

A quelque 50 km au sud de Ganpatipule, **Ratnagiri**, située sur la ligne ferroviaire du Konkan, est la plus grande ville de la côte sud du Maharashtra et le principal carrefour des transports. C'est ici que naquit le militant indépendantiste du début du XXe siècle Lokmanya Tilak (dont la maison se visite), et que les Britanniques emprisonnèrent le dernier roi birman, Thibaw, de 1886 jusqu'à sa mort, en 1916.

L'***Hotel Kanchen*** *(☎ 02352-28250, P55 Mirjole Block)* est l'établissement le plus proche de la gare ferroviaire (à environ 2 km). Doté d'un restaurant et d'une piscine, il dispose de doubles propres, avec s.d.b., à 350 Rs.

La toute récente gare ferroviaire de Ratnagiri, où s'arrêtent tous les trains express, se trouve à 6 km de la gare routière. Des bus gouvernementaux partent de la gare routière à destination de Kolhapur (58 Rs, 4 heures) et Goa (80 Rs, 6 heures). Des bus desservent Ganpatipule (21 Rs, 1 heure 45) toutes les heures jusque vers 18h.

MATHERAN

☎ 02148 • 6 000 habitants
• 803 m d'altitude

Matheran, qui signifie "couronnée par la jungle", est la station climatique la plus proche de Mumbai et la plus plaisante du Maharashtra. Située au sommet d'une colline onduleuse et boisée, elle est entourée de chemins de randonnée qui conduisent à des points de vue dominant les plaines.

Hugh Malet, percepteur du district de Thane, aurait "découvert" Matheran en 1850 alors qu'il gravissait le sentier appelé Shivaji's Ladder (échelle de Shivaji) ; l'endroit devint rapidement une station fort appréciée des Britanniques.

Matheran doit sa tranquillité à l'interdiction totale de véhicules (y compris les vélos), ce qui n'empêche pas les habitants de Mumbai d'y venir nombreux passer le week-end.

La haute saison s'étend d'avril à juin et pendant les fêtes de Diwali et de Noël ; la station est alors bondée et le prix des hôtels monte en flèche. Durant la mousson (de mi-juillet à début octobre), le village est quasiment fermé et la boue envahit les chemins de randonnée et les routes.

Le trajet jusqu'à Matheran représente déjà un véritable plaisir ; à la gare de Nera Junction, vous montez à bord d'un *toy train* (train miniature) qui grimpe jusqu'au cœur de la station (21 km). Deux heures durant, il serpente le long des pentes abruptes, au milieu d'un superbe paysage.

Renseignements

La ville de Matheran prélève un droit d'accès de 20 Rs (10 Rs pour les enfants) que vous payez en arrivant à la gare ferroviaire ou au parking de Dasturi. Sachez que les "coolies" (porteurs) et les rabatteurs qui essaient de vous entraîner dans un hôtel visent avant tout une forte commission.

La station est dépourvue d'office du tourisme, mais quelques hôtels et magasins offrent un plan sommaire de Matheran. L'Union Bank of India, dans MG Rd, l'artère principale qui traverse le bazar, change uniquement les chèques de voyage.

Promenades et points de vue

La plupart des points de vue sont accessibles en quelques heures de marche. Vous bénéficierez des meilleures conditions tôt le matin ou une heure avant le coucher du soleil. Louisa Point (Sunset View), Panorama Point, Porcupine Point et Little Chouk Point offrent les plus beaux panoramas. Vous pouvez rejoindre la vallée au-dessous de One Tree Hill par le **Shivaji's Ladder**, un sentier que le chef marathe aurait emprunté.

La location d'un poney pour rejoindre les points de vue revient à 100 Rs l'heure.

Où se loger

Quelques établissements bon marché se regroupent près de la gare ferroviaire, mais la plupart des resorts (hôtels de villégiature) de catégories moyenne et supérieure se trouvent à 10 ou 20 min de marche. A Matheran, les chambres se libèrent de bonne heure (parfois même à 7h). Sauf mention contraire, les tarifs indiqués ci-dessous ne s'appliquent pas à la haute saison (Noël, Diwali, etc.). Si vous venez à ces périodes de l'année, attendez-vous à une majoration de 30% à 200%.

Un peu délabré mais au personnel empressé, le ***Khan's Hotel*** *(☎ 30240, khansparkview@india.com, MG Rd)*, offre une simple minuscule avec eau courante (mais sans s.d.b.) à 120 Rs et des petites doubles avec s.d.b. à 200 Rs (louées jusqu'à 12h). Son restaurant sert de la cuisine végétarienne et non végétarienne.

Le ***Hope Hall Hotel*** *(☎ 30253, MG Rd)* devrait être votre premier choix de cette catégorie. Tenue par une famille charmante, cette demeure biscornue et accueillante, installée dans un joli jardin, comprend de grandes simples/doubles propres, au sol carrelé, à

MATHERAN

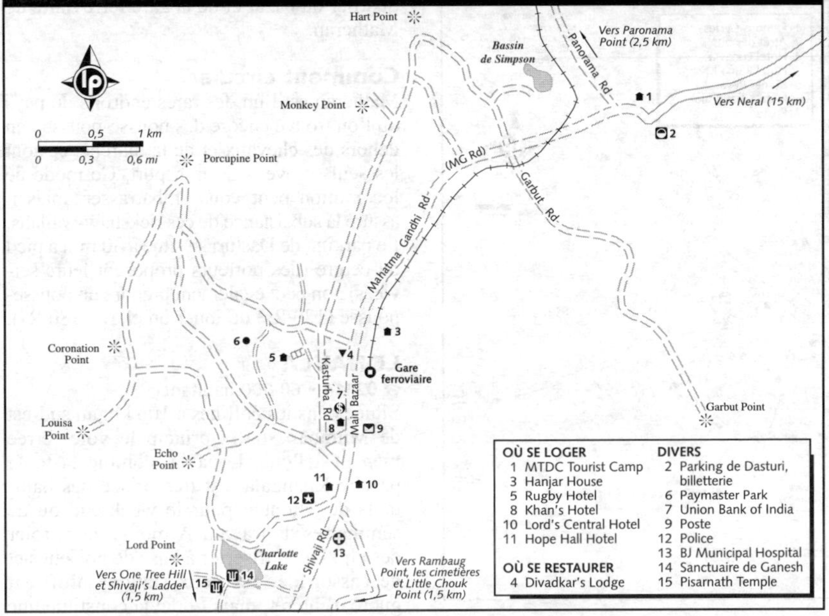

190/250 Rs et une chambre à 5 lits à 375 Rs. Les chambres disposent toutes de s.d.b. (avec seau d'eau chaude).

Au nord de la gare routière, du même côté, la ***Hanjar House** (☎ 30536, Usman Valge Rd)*, une affaire familiale, possède des doubles impeccables, avec s.d.b. et TV câblée, à 300 Rs (pas de simples), ou 1 200 Rs (!) en saison.

Dans un endroit paisible et boisé, le ***MTDC Tourist Camp** (☎ 30277)*, près du parking de Dasturi, à 2,5 km à l'est de la gare ferroviaire, pratique des prix assez élevés, à 520 Rs la double la moins chère, avec s.d.b. et TV. L'adresse est pratique si vous venez en voiture.

Le ***Lord's Central Hotel** (☎ 30228, fax 30595, lord@wspl.net.in ; ☎ 022-386 7776 à Mumbai)*, présidé par le génial M. Lord, est de loin l'hôtel le plus charmant de Matheran. Il facture 1 225/1 700 Rs en pension complète les simples/doubles standard, 1 650/2 200 Rs celles avec vue sur la vallée et 2 800 Rs les suites (en double uniquement). L'hôtel possède une piscine idéalement située, une petite bibliothèque, un bar et une salle à manger.

Où se restaurer

La plupart des hôtels de villégiature proposent un service de restauration pour leurs clients, mais le bazar abrite de nombreux petits établissements. Le ***Lord's Central Hotel*** mérite la visite ; les non-résidents peuvent y déjeuner ou dîner à toute heure, profiter du somptueux buffet dressé le samedi soir dans le jardin (250 Rs) et du barbecue organisé en milieu de semaine au bord de la piscine. Le ***Divadkar's Lodge*** abrite un restaurant correct et un bar.

Matheran est réputée pour son miel et ses *chikki,* des confiseries à base de *gur* (cassonade) et de noisettes rappelant le nougat dur, vendus dans les nombreux "chikki marts" et des boutiques de MG Rd.

Comment s'y rendre

Train. Le toy train quitte la gare ferroviaire de Neral Junction à 8h40, 11h et 17h ; en sens inverse, il part de Matheran à 5h45, 13h10 et 14h35. En avril et en mai, un service supplémentaire est assuré à 10h20 de Neral et à 16h10 de Matheran. Durant la mousson, le trafic se réduit à un train par jour (départ de Neral à 8h40 et de Matheran à

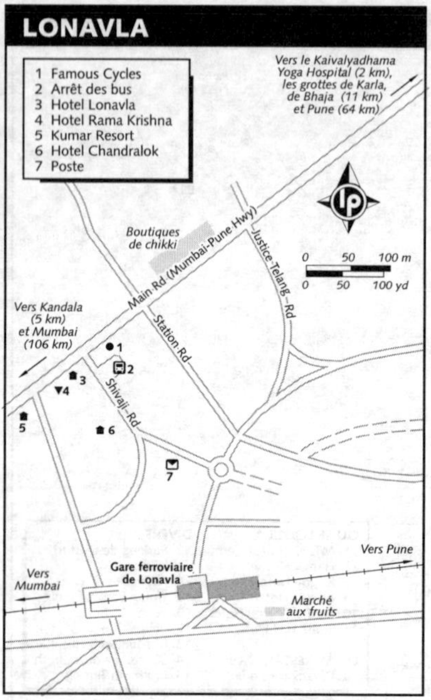

13h10). Le tarif s'élève à 24/190 Rs en 2e/1re classe. Vous pouvez réserver à Mumbai ou à Pune, ce que nous vous recommandons en haute saison. A Neral et à Matheran, on peut réserver jusqu'à trois jours à l'avance, mais les billets pour le jour même ne sont vendus que 45 min avant le départ.

De Mumbai CST, seuls quelques express à destination de Pune s'arrêtent à Neral Junction, dont le *Deccan Express* (6h35, correspondance avec le toy train de 8h40) et le *Konya Express* (8h45, correspondance avec le toy train de 11h). Presque tous les express en provenance de Mumbai s'arrêtent à Karjat, après Neral, et vous pouvez revenir en arrière par l'un des fréquents trains locaux. Le billet pour Neral revient à 30 Rs en 2e classe. Sinon, prenez un train de banlieue de Mumbai CST en direction de Karjat et descendez à Neral (16/133 Rs en 2e/1re classe, 2 heures 30).

Taxi. Un taxi de Neral à Matheran coûte environ 250 Rs (5 passagers) et met de 20 à 30 min. En taxi collectif, le trajet revient à 50 Rs, mais il faut attendre qu'il se remplisse (1 à 2 heures selon la saison). Les taxis s'arrêtent au parking de Dasturi, à 2,5 km du quartier du bazar et de la gare ferroviaire de Matheran.

Comment circuler

Matheran est l'un des rares endroits du pays où l'on trouve encore des pousse-pousse ; en dehors des chevaux et de la marche, ce sont les seuls moyens de transport. Ce mode de locomotion peut vous embarrasser, mais il assure la subsistance de ces rickshaw-wallahs. Le parking de Dasturi se situe à 30 min à pied du centre (des porteurs proposent leurs services) ; on peut également prendre un pousse-pousse (120 Rs) ou louer un cheval (80 Rs).

LONAVLA

☎ 02114 • 60 000 habitants

Située dans les collines à 106 km au sud-est de Mumbai, sur la principale voie ferrée menant à Pune, Lonavla, comme la toute proche Khandala, est très prisée des habitants de Mumbai pour le week-end ou de séminaires de travail. A moins de raffoler des chikki, confiseries à base de noisettes et de cassonade, ces deux stations n'offrent guère d'intérêt, mais Lonavla constitue une base pratique pour visiter les grottes de Karla et de Bhaja.

Les hôtels, les restaurants et la route qui mène aux grottes se trouvent au nord de la gare ferroviaire (en sortant du quai n°1), mais la ville de Lonavla, notamment le marché animé, s'étend principalement au sud de la gare.

Pensez à changer de l'argent à Mumbai ou à Pune, car aucune banque ne possède de guichet de change. Vous pourrez vous connecter à Internet au Kumar Resort (60 Rs l'heure).

Famous Cycles, sur la route principale, loue des vélos pour 5 Rs l'heure.

Kaivalyadhama Yoga Hospital

Situé à environ 2 km de Lonavla, sur la route des grottes de Karla et de Bhaja, cet ashram est fréquenté par les Indiens qui cherchent la guérison par le yoga. Fondé en 1924 par Swami Kuvalayanandji, il dispense des cours de yoga et abrite un centre de recherche et de formation. Un stage dure au minimum 8 jours et le forfait (tout compris) coûte 10/15 $US par jour en simple avec s.d.b. commune/privée, ou 16/20 $US en double. Les Indiens payent un peu moins cher. Il est conseillé de réserver (☎ 73039, fax 71983).

Où se loger et se restaurer

L'***Hotel Chandralok*** *(☎ 72921, hotelchandralok@vsnl.com)*, propre, sympathique et commodément situé, loue des simples/doubles, avec s.d.b. (eau chaude) et TV, pour 390/490 Rs et des doubles avec clim. pour 600/790 Rs. Les chambres se libèrent à 10h.

En face de la route Mumbai-Pune, l'***Hotel Lonavla*** *(☎ 72914)*, nouveau et pimpant, offre un bon rapport qualité/prix pour ses chambres spacieuses, avec eau chaude et TV. Comptez 595/895 Rs pour une double sans/avec clim.

Le ***Kumar Resort*** *(☎ 73091, kumar_resort@vsnl.com ; ☎ 022-604 5669 à Mumbai)* dispose d'un choix de grandes chambres climatisées de 1 850 à 2 750 Rs, d'un parc de loisirs, d'une piscine à vagues et d'un bar.

Les meilleurs restaurants demeurent ceux des hôtels.

A l'***Hotel Rama Krishna*** *(☎ 73600)* et au ***Kumar Resort***, sur l'ancienne route Mumbai-Pune, d'excellents restaurants sont installés en plein air (un peu chers). Le ***Chandralok*** prépare un somptueux thali gujarati très copieux (70 Rs) au déjeuner et au dîner.

Vous trouverez un beau ***marché de fruits*** dans le bazar, au sud de la gare ferroviaire. Comme Matheran, Lonavla est réputée pour ses chikki, en vente pratiquement partout.

Comment s'y rendre

Lors de notre passage, la voie express Mumbai-Pune était ouverte entre Lonavla et Pune et le dernier tronçon devait être bientôt achevé. En attendant, les bus vétustes de la MSRTC (Maharashtra State Road Transport Corporation) rallient Mumbai en 4 heures ; le train, quoique bondé, est plus rapide. Des bus locaux desservent fréquemment Pune (28 Rs), ainsi que les bus Asiad, plus confortables (45 Rs). Ceux qui empruntent la voie express ne mettent pas plus d'une heure.

Tous les trains express Mumbai-Pune s'arrêtent à Lonavla. Le trajet jusqu'à Mumbai (3 heures) revient à 39/61 Rs en 2ᵉ/couchette. Pour Pune, vous avez le choix entre les express (26/41 Rs, 1 heure) et les navettes qui partent toutes les heures (12 Rs, 2 heures).

GROTTES DE KARLA ET DE BHAJA

Proches de Lonavla, ces superbes grottes taillées dans le roc datent du IIᵉ siècle av. J.-C. et comptent parmi les plus anciens et les plus remarquables temples bouddhiques du pays. De Mumbai ou de Pune, on peut les visiter dans la journée en louant un auto-rickshaw à Lonavla. Le droit d'entrée aux deux grottes s'élève à 10 $US ; si vous souhaitez n'en visiter qu'une, sachez que Karla est la plus impressionnante, mais Bhaja, plus plaisante à visiter.

GROTTES DE KARLA ET DE BHAJA

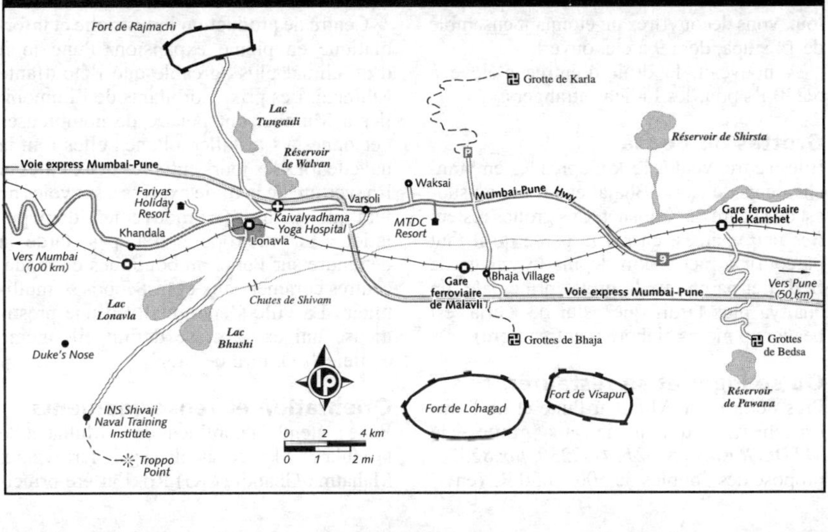

Grotte de Karla

Du parking, un escalier de pierre abrupt conduit en 20 min à la grotte de Karla, le plus vaste *chaitya* (sanctuaire) bouddhique hinayana d'Inde. Achevé en 80 av. J.-C., ce sanctuaire, de 40 m de long et de 15 m de haut, a été creusé dans le roc par des moines et des artisans, qui ont reproduit l'architecture plus familière des édifices de bois. Un "puits de lumière" semi-circulaire filtre les rayons qui éclairent la représentation du Bouddha – un *dagoba*, ou stupa, protégé par une ombrelle en bois sculpté. Les 37 piliers qui forment les bas-côtés sont chacun surmontés d'éléphants agenouillés. Des poutres de teck, qui seraient d'origine, étayent la voûte. Les têtes d'éléphant sculptées qui ornent les parois du vestibule arboraient autrefois des défenses en ivoire.

La grotte ouvre de 9h à 17h et le droit d'entrée est aussi raide que les marches (5/230 Rs pour les Indiens/étrangers, plus 25 Rs pour un Caméscope).

Grottes de Bhaja

Les 18 grottes de Bhaja se situent à 3 km (de marche ou en rickshaw) de la route principale, en passant au-dessus de la nouvelle voie express, dans un environnement plus verdoyant et plus paisible que la grotte de Karla. Taillées vers 200 av. J.-C., 10 d'entre elles sont des *vihara* (monastères) et la plus vaste, la grotte n°12, un chaitya plus ancien que celui de Karla, qui contient un simple dagoba mais aucune sculpture. Un peu plus loin, vous découvrirez un étonnant ensemble de 14 stupa, dont 9 à ciel ouvert.

A nouveau, le droit d'entrée s'élève à 5/230 Rs pour les Indiens/étrangers.

Grottes de Bedsa

Elles se trouvent à 15 km après les embranchements de Karla/Bhaja, et à 6 km au sud-est de la gare de Kamshet. Ces grottes restent très peu visitées, en partie parce qu'il faut parcourir à pied 3 km depuis le village de Bedsa et parce que la grotte principale, un chaitya plus tardif que celui de Karla, est beaucoup moins élaborée (entrée libre).

Où se loger et se restaurer

Près de la route Mumbai-Pune et de l'embranchement qui mène aux grottes, le ***MTDC Resort*** *(☎ 02114-82230, fax 82370)* propose des doubles de 500 à 850 Rs (environ 20% de réduction hors saison). Doté d'un bar et d'un restaurant, il conviendra aux familles avec des enfants ; on peut canoter sur le lac privé et profiter du parc aquatique (activités payantes).

Comment s'y rendre

Des bus locaux circulent une douzaine de fois par jour, entre Lonavla et Karla (6 Rs, 12 km). Si la marche ne vous rebute pas, vous pouvez visiter les grottes dans la journée avec les transports publics. Prenez le bus de 8h ou de 9h de Lonavla à Karla, marchez jusqu'à Bhaja (5 km, 1 heure 30), puis rejoignez la gare ferroviaire de Malavli (3 km, 1 heure) et revenez à Lonavla par un train local. Vous pouvez raccourcir cette longue marche en prenant un auto-rickshaw de Karla à Bhaja (environ 60 Rs).

Les auto-rickshaws ne manquent pas et leurs tarifs incluent généralement l'attente sur les sites (3 heures en tout). Le trajet aller-retour de Lonavla aux grottes de Karla et de Bhaja coûte de 250 à 300 Rs selon la saison, un peu plus si vous ajoutez Bedsa.

PUNE (POONA)

☎ 020 • 2,8 millions d'habitants

Le grand chef marathe Shivaji fut élevé à Pune (parfois écrit Poona), ville cédée à son grand-père en 1599. La cité fut par la suite dominée par la dynastie des Peshwa. Les Britanniques s'en emparèrent en 1817 et en firent leur capitale régionale pendant la mousson.

Centre de production industrielle et informatique en pleine expansion, Pune jouit d'un climat plus agréable que l'étouffante Mumbai. Les prix exorbitants de l'immobilier à Mumbai ont poussé de nombreuses personnes à s'installer à Pune ; elles font la navette tous les jours entre les deux villes et l'ouverture de la route express à six voies ne fera que renforcer ce mouvement de population. La métropole n'a pas tardé à déteindre sur Pune, où boutiques de mode, centres commerciaux et fast-foods se multiplient. La ville s'enorgueillit d'une prestigieuse université et se définit elle-même comme "l'Oxford de l'Est".

Orientation et renseignements

Pune s'étend au confluent de la Mutha et de la Mula. A 1 km au sud de la gare ferroviaire, Mahatma Ghandi (MG) Rd, l'artère princi-

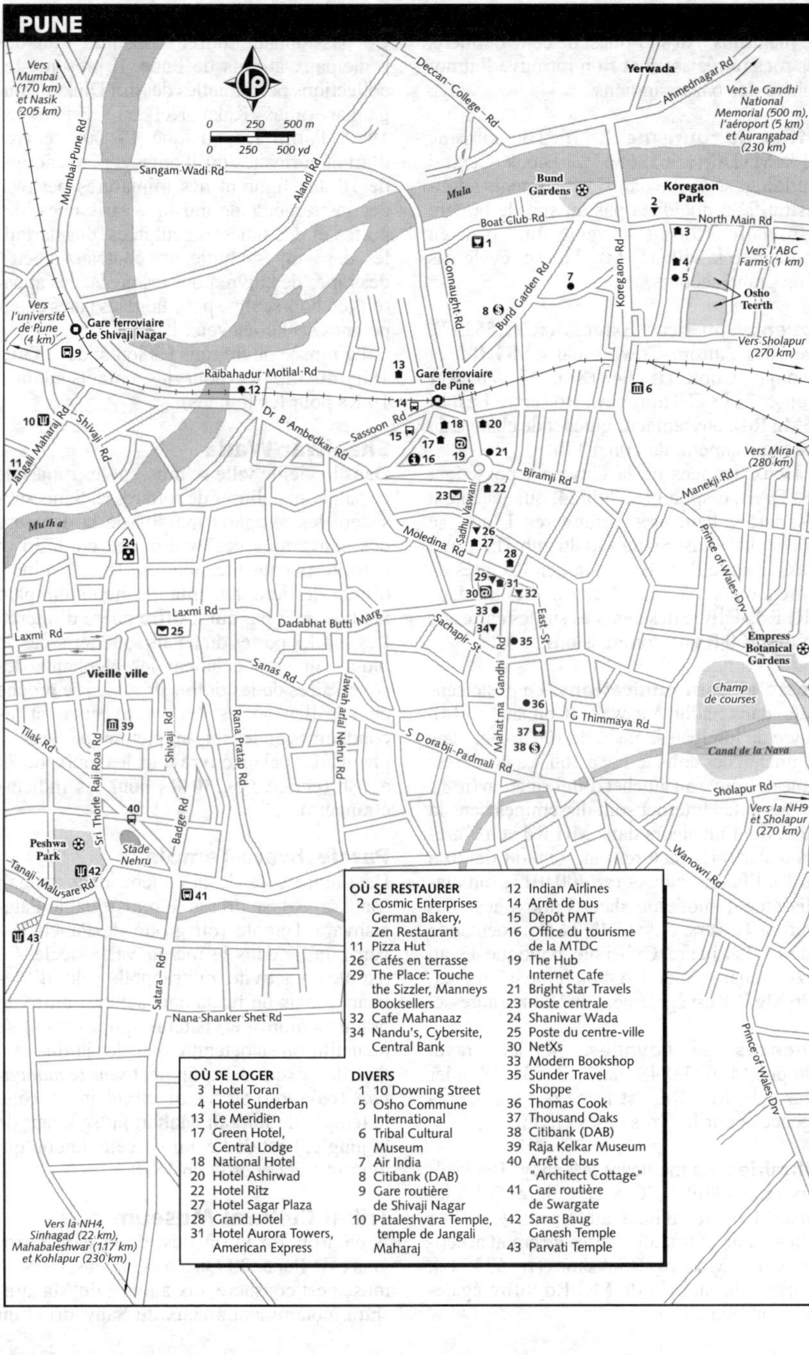
PUNE
0 250 500 m
0 250 500 yd
Vers Mumbai (170 km) et Nasik (205 km)
Yerwada
Vers le Gandhi National Memorial (500 m), l'aéroport (5 km) et Aurangabad (230 km)
Ahmednagar Rd
Deccan College Rd
Mumbai-Pune Rd
Alandi Rd
Sangam Wadi Rd
Mula
Bund Gardens
Koregaon Park
Boat Club Rd
North Main Rd
Vers l'ABC Farms (1 km)
Connaught Rd
Bund Garden Rd
Koregaon Rd
Osho Teerth
Vers Sholapur (270 km)
Vers l'université de Pune (4 km)
Gare ferroviaire de Shivaji Nagar
Raibahadur Motilal Rd
Gare ferroviaire de Pune
Sassoon Rd
Dr B Ambedkar Rd
Shivaji Rd
Jangali Maharaj Rd
Vers Mirai (280 km)
Biramji Rd
Manekji Rd
Sadhu Vaswani
Mutha
Moledina Rd
Prince of Wales Drv
East St
Laxmi Rd
Dadabhat Butti Marg
Sachapir St
Empress Botanical Gardens
Vieille ville
Sanas Rd
Mahatma Gandhi Rd
Champ de courses
Shivaji Rd
Rana Pratap Rd
Jawaharlal Nehru Rd
G Thimmaya Rd
Tilak Rd
Sri Thorle Raji Roa Rd
S Dorabji-Padmali Rd
Canal de la Nava
Sholapur Rd
Badge Rd
Vers la NH9 et Sholapur (270 km)
Peshwa Park
Stade Nehru
Tanaji Malusare Rd
Wanowri Rd
Satara Rd
Nana Shanker Shet Rd
Vers la NH4, Sinhagad (22 km), Mahabaleshwar (117 km) et Kohlapur (230 km)
OÙ SE RESTAURER
2 Cosmic Enterprises German Bakery, Zen Restaurant
11 Pizza Hut
26 Cafés en terrasse
29 The Place: Touche the Sizzler, Manneys Booksellers
32 Cafe Mahanaaz
34 Nandu's, Cybersite, Central Bank
OÙ SE LOGER
3 Hotel Toran
4 Hotel Sunderban
13 Le Meridien
17 Green Hotel, Central Lodge
18 National Hotel
20 Hotel Ashirwad
22 Hotel Ritz
27 Hotel Sagar Plaza
28 Grand Hotel
31 Hotel Aurora Towers, American Express
DIVERS
1 10 Downing Street
5 Osho Commune International
6 Tribal Cultural Museum
7 Air India
8 Citibank (DAB)
9 Gare routière de Shivaji Nagar
10 Pataleshvara Temple, temple de Jangali Maharaj
12 Indian Airlines
14 Arrêt de bus
15 Dépôt PMT
16 Office du tourisme de la MTDC
19 The Hub Internet Cafe
21 Bright Star Travels
23 Poste centrale
24 Shaniwar Wada
25 Poste du centre-ville
30 NetXs
33 Modern Bookshop
35 Sunder Travel Shoppe
36 Thomas Cook
37 Thousand Oaks
38 Citibank (DAB)
39 Raja Kelkar Museum
40 Arrêt de bus "Architect Cottage"
41 Gare routière de Swargate
42 Saras Baug Ganesh Temple
43 Parvati Temple

pale, est bordée de banques, de restaurants et de magasins. Au sud-ouest de cette dernière, les rues rétrécissent et l'on retrouve l'atmosphère des bazars indiens.

Office du tourisme. L'office du tourisme de la MTDC (☎ 6126867), I Block, Central Building, se cache dans les bâtiments administratifs, à quelques pas au sud de la gare ferroviaire. Hormis la vente d'un plan en couleur de la ville (5 Rs), il ne se révèle pas d'un grand secours.

Argent. American Express (☎ 6055337), près des Aurora Towers dans MG Rd, et Thomas Cook (☎ 648188), 13 Thacker House, 2418 G Thimmaya Rd (entre East St et Mg Rd), ouvrent leur guichet de change du lundi au samedi, de 10h à 17h.

Deux agences de la Citybank possèdent des DAB, disponibles 24h/24, qui acceptent les cartes bancaires étrangères. L'une se trouve dans East St, au sud du pub Thousand Oaks, l'autre dans Bund Garden Rd, près de Koregaon Park. La Central Bank, dans MG Rd, délivre des avances sur les cartes de crédit (100 Rs de commission).

Poste et communications. La poste centrale, dans Sadhu Vaswani (Connaught Rd), ouvre du lundi au samedi, de 10h à 18h, mais le guichet des colis ferme à 16h. La poste restante se trouve au guichet d'information (n°8).

Des cafés Internet sont disséminés dans la ville, dont plusieurs dans MG Rd et à Koregaon Park. Ils facturent en général de 20 à 30 Rs l'heure. NetXs (☎ 4004013), un établissement moderne dans l'aile ouest des Aurora Towers, ouvre 24h/24 et ne demande que 15 Rs l'heure. Cybersite, boutique 43, au rez-de-chaussée de l'Ashok Vijay Complex, 326 Mg Rd, est également une bonne adresse.

Agences de voyages. Sunder Travel Shoppe (☎ 6131848, fax 6131534), Sunder Plaza, 19 MG Rd, est l'une des meilleures agences pour les vols et les circuits.

Librairies. La meilleure, Manneys Booksellers (☎ 6131683), Clover Centre, 7 Moledina Rd, ouvre du lundi au samedi, de 9h30 à 13h30 et de 16h à 20h (cartes de crédit acceptées). La Modern Bookshop (☎ 633597), Radiant Plaza, près de MG Rd, offre également un bon choix.

Raja Kelkar Museum

Ce passionnant musée constitue l'un des principaux attraits de Pune. Il présente les collections personnelles de Shri Dinkar Gangadhar (alias Kaka Kelkar), disparu en 1990. Parmi les quelque 17 000 œuvres d'art et curiosités qu'il amassa pendent plus de 70 ans figurent des miniatures peshwa, des instruments de musique rarissimes, des portes et des fenêtres sculptées, des narguilés, des lampes à huile, des couteaux à bétel, des râpes de cuivre pour les pieds, des appareils en bois sculpté pour faire les pâtes et des peignes sèche-cheveux !

Le musée ouvre tous les jours, de 8h30 à 18h (40/120 Rs pour les enfants/adultes, 10 Rs pour les Indiens).

Shaniwar Wada

Dans la vieille ville se dressent les ruines de ce palais aux allures de forteresse. Seuls subsistent les remparts massifs de la demeure des souverains peshwa, érigée en 1736 et détruite par un incendie en 1828. Aujourd'hui, derrière les murs s'étend un parc négligé de 2 ha, qui n'offre guère d'intérêt. Les solides portes du palais sont hérissées de piques qui empêchaient les éléphants des adversaires de les défoncer ; une rue proche était le lieu où les Peshwa exécutaient les condamnés en les faisant piétiner par les éléphants. Le palais ouvre tous les jours, de 8h à 18h (entrée : 5/230 Rs pour les Indiens/étrangers).

Pataleshvara Temple

De l'autre côté de la rivière, dans Jangali Maharaj Rd, se dresse le remarquable Pataleshvara Temple (ou grotte de Panchalesvara), taillé dans le roc au VIIIe siècle. Ce temple en activité, qui rappelle celui d'Elephanta mais ne fut jamais achevé, attire un grand nombre de visiteurs qui viennent se recueillir ou se détendre dans les jardins. En face de l'excavation, on peut voir le *mandapam* (pavillon) de Nandi, circulaire. A côté, le temple de **Jangali Maharaj** ("seigneur de la jungle") est dédié à un ascète hindou qui mourut à cet endroit en 1818.

Tribal Cultural Museum

A environ 1,5 km à l'est de la gare ferroviaire de Pune, 28 Queens Gardens, ce beau musée est consacré aux adivasi du Maharashtra, notamment à ceux du Sahyadri et du

Gondwana. Il ouvre tous les jours, de 10h30 à 17h30 (entrée gratuite).

Gandhi National Memorial

A Yerwada, de l'autre côté de la rivière, au cœur d'un parc de 6,5 ha, ce superbe mémorial fut construit en 1892 par l'imam sultan Muhammad Sha Agha Khan III. Palais de l'Agha Khan jusqu'en 1956, il fut converti en école, avant d'être offert à l'Inde en 1969 par l'Agha Khan IV.

Après l'adoption de la Quit India Resolution à Bombay en 1942, les Britanniques internèrent le Mahatma Gandhi et d'autres leaders indépendantistes pendant deux ans. Kasturba Gandhi, l'épouse du Mahatma, et Mahadoebhai Desai, qui fut son secrétaire pendant 35 ans, moururent pendant leur détention. Dans le jardin, des *samadhi* (mausolées) conservent leurs cendres.

Une exposition de photographies retrace certains faits marquants de la longue carrière de Gandhi, mais ce sont ses effets personnels et les épisodes tragiques qu'il vécut durant cette période qui sont le plus émouvants. Le mémorial ouvre tous les jours, de 9h à 17h45 (entrée : 5 Rs).

Jardins

Les **Empress Botanical Gardens** (Jardins botaniques de l'impératrice) abritent de beaux arbres tropicaux, ainsi qu'un petit zoo. Entouré de douves, le Saras Baug Ganesh Temple se dresse dans le **Peshwa Park** (ouvert de 9h30 à 17h30 ; 2 Rs). Le soir, des douzaines d'échoppes de restauration s'installent à l'extérieur.

Circuits organisés

Des circuits en bus d'une journée partent tous les jours à 9h du dépôt de Pune Municipal Transport (PMT), près de la gare ferroviaire, pour la visite des principaux sites (100 Rs). Réservez au bureau du PMT ou renseignez-vous à l'office du tourisme.

Manifestations annuelles

Si **Ganesh Chaturthi** est célébrée dans tout le pays, cette fête revêt un éclat particulier à Mumbai et à Pune. Au début du XXe siècle, Lokmanya Tilak, le militant indépendantiste, utilisa cette fête, familiale à l'origine, pour rassembler les foules en faveur du mouvement de libération. Après tout, Ganesh est "celui qui supprime les obstacles".

Pour clore cette manifestation, qui dure 11 jours en août ou septembre, des effigies de Ganesh en plâtre ou en argile pouvant atteindre 6 m de haut et des *mandal* (sanctuaires) de rue sont portés en procession puis immergés dans la rivière.

La procession de Ganesh marque l'apogée de la **fête de Pune**, très populaire, qui voit se succéder des spectacles de danse, des concerts classiques, des courses de chars et des compétitions de lutte. La cérémonie d'ouverture présente certains des meilleurs musiciens et danseurs du pays. En 2002, cette fête aura lieu du 10 au 20 septembre.

En août, le **Matharaj Naag Panchami**, une fête en l'honneur des serpents, se déroule à Pune et à Kolhapur.

Où se loger

Si Pune compte de multiples hôtels, il est difficile d'en trouver un qui soit à la fois bon marché et convenable.

Où se loger – petits budgets

Plusieurs hôtels bon marché sont regroupés en face de la gare ferroviaire, dans le quartier de Wilson Garden. La plupart sont sinistres mais on en trouve d'acceptables.

Bonne adresse en face de la gare ferroviaire, le ***National Hotel*** *(☎ 6125054, 14 Sassoon Rd)* occupe une vieille demeure coloniale délabrée avec vérandas et hauts plafonds, entourée d'un beau jardin. Lors de notre passage, la plupart des chambres devaient être rénovées. Il facturait 450/550 Rs les doubles/triples avec s.d.b. et 400 Rs les petits bungalows (d'anciennes écuries) avec s.d.b. et véranda.

Dans un bâtiment georgien qui ne manque pas de caractère, le ***Green Hotel*** *(☎ 6125229, 16 Wilson Gardens)* propose des chambres tristes et négligées, à 200 Rs en simple avec s.d.b. commune, et 250/350 Rs en doubles/triples avec s.d.b. L'eau chaude fonctionne le matin et les chambres se libèrent à 17h.

Le ***Central Lodge*** *(☎ 6121313, 13 Wilson Gardens)*, guère accueillant mais bon marché, offre des doubles/triples avec s.d.b. commune à 140/180 Rs et des lits en dortoir à 60 Rs.

Vieil établissement délabré, le ***Grand Hotel*** *(☎ 6360728, MG Rd)* demande 100 Rs pour des "cabines" (lits séparés par des cloisons) en simple avec s.d.b. commune et 320 Rs pour les doubles dépouillées, avec s.d.b. (seau d'eau chaude), qui rappellent les quartiers des domestiques au temps des colonies ! Cet endroit sympathique et détendu, doté d'un bar à bière, d'un patio et d'un restaurant, conviendra aux voyageurs peu fortunés.

Bonne adresse dans l'agréable quartier de Koregaon Park, l'***Hotel Toran*** *(☎ 6137171, 23 North Main Rd)* dispose de simples/doubles à 150/250 Rs ou à partir de 300/400 Rs avec s.d.b.

Où se loger – catégorie moyenne

Ajoutez entre 5% et 20% de taxes aux prix indiqués pour les hôtels de catégories moyenne et supérieure.

En face de la poste, l'***Hotel Ritz*** *(☎ 6122955, fax 6136191, 6 Sadhu Vaswani Path)* offre le meilleur rapport qualité/prix dans cette catégorie. Vieil hôtel de caractère, classé et rénové, il possède des simples/doubles confortables, avec TV et douche chaude, à 950/1 100 Rs, ou 1 199/1 550 Rs avec clim. (plus 14% de taxe). Demandez une chambre en façade, avec balcon, au 1er étage. Son restaurant de plein air dans l'agréable jardin et celui qui sert d'excellents thali gujaratis ajoutent à son charme (cartes de crédit acceptées).

Proche de la gare ferroviaire, l'***Hotel Ashirwad*** *(☎ 6128585, fax 6126121, 16 Connaught Rd)* loue des chambres propres, avec balcon et TV, pour 850/1 000 Rs, ou 1 100/1 400 Rs avec clim. Le restaurant adjacent prépare des plats végétariens corrects.

Dans un grand jardin, l'***Hotel Sunderban*** *(☎ 6124949, fax 6123535, 19 Koregaon Park)*, une propriété classée relativement bien tenue, dispose d'un large choix de chambres désuètes à partir de 600 Rs, ou de 975 Rs avec s.d.b., et de chambres deluxe, bien trop chères, à partir de 2 100 Rs. Réduction de 25% de mai à octobre.

Où se loger – catégorie supérieure

L'***Hotel Sagar Plaza*** *(☎ 622622, fax 622633, sparkplaza@wmi.co.in, 1 Bund Garden Rd)*, près de Moledina Rd, propose des chambres climatisées bien aménagées à partir de 2 700/3 100 Rs, petit déjeuner-buffet compris. Il comporte un bar, un café, un restaurant, une petite piscine et une librairie.

L'***Hotel Aurora Towers*** *(☎ 631818, fax 631826, hotelaurora@usa.net, 9 Moledina Rd)*, au carrefour de MG Rd, offre des simples/doubles climatisées à 1 850/2 350 Rs et des suites à partir de 3 500 Rs. Les installations comprennent une galerie marchande, une piscine sur le toit avec vue sur la ville, un bar, deux restaurants et un café ouvert 24h/24.

Derrière la gare ferroviaire, ***Le Meridien*** *(☎ 6050505, fax 6050506, meridien@pn2.vsnl.net.in, RMB Rd)*, un nouvel hôtel somptueux de style moghol et rajput, mais fort sombre à l'intérieur, possède des chambres de taille modeste et confortables (chambres standard à 150 $US).

Où se restaurer

En face des Aurora Towers dans MG Rd, le ***Cafe Mahanaaz***, animé et détendu, abrite une boulangerie. Excellente adresse pour le petit déjeuner (le pain grillé est délicieux), aucun plat ne dépasse 17 Rs.

Au sud de la poste, le long de Lothion Rd, se succèdent des ***cafés en terrasse*** où vous pourrez dîner sans grever votre budget. Ils offrent une belle variété de plats indiens et chinois, ainsi que des jus de fruits frais. Les rabatteurs agitent la carte sous votre nez et vous invitent à prendre place. ***Le Nandu's***, au bout d'une ruelle proche de MG Rd, est renommé pour ses *paratha* (pain) et ses plats végétariens punjabis.

The Place: Touche the Sizzler *(☎ 6134632, 7 Moledina Rd)*, un restaurant climatisé à deux étages, se spécialise dans les grillades (à partir de 125 Rs), mais sert également des plats indiens, des tandoori, des poissons et de la cuisine occidentale à prix moins élevés. Les glaces maison (de 40 à 65 Rs) sont un vrai régal. Il ouvre midi et soir.

La ***Cosmic Enterprises German Bakery***, à Koregaon Park, prépare un muesli, du café, des pâtisseries et des lassi délicieux. Sa popularité est telle que des écriteaux demandent de "ne pas s'attarder aux tables".

Juste derrière, le ***Zen Restaurant*** est parfait pour dîner.

A quelque 2 km à l'est, dans North Main Rd, l'***ABC Farms*** *(☎ 676555)*, une laiterie qui produit du fromage rassemble cinq restaurants très différents : thaïlandais, suisse, japonais, hyderabadi et italien/mexicain. C'est un endroit haut de gamme et plaisant en soirée.

Où sortir

Pune compte plusieurs pubs et clubs animés. Le ***Thousand Oaks*** *(☎ 6343194, 2417 East St)*, un pub confortable, passe la musique des DJ

Trains au départ de Pune

Destination	N° et nom du train	Heure de départ	Distance (km)	Durée (heures)	Tarif (roupies)
Bangalore	6529 *Udyan Exp*	12h00	1 019	20,30	284/1 318
Chennai	6011 *Chennai Exp*	18h15	1 088	22,30	290/1 347
Delhi	1077 *Jhelum Exp*	17h35	1 595	27,45	346/1 615
Hyderabad	7031 *Hyderabad Exp*	16h50	600	13,30	194/900
Mumbai CST	2124 *Deccan Queen*	7h15	191	3,30	83/170
	2028 *Shatabdi Exp*	17h35	191	3,15	365/720

Ces tarifs s'appliquent aux couchettes/2-tier climatisées, sauf pour le *Deccan Queen* (2e/chair car) et le *Shatabdi Express* (chair clim./executive)

occidentaux et possède une agréable terrasse. Il ouvre tous les jours, de 12h à 15h et de 19h à 24h. Le samedi soir, seuls les couples sont admis au bar, les autres sont relégués à la terrasse. Non loin de Koregaon Park, le ***10 Downing Street*** *(☎ 6128343, 2e étage, Gera Plaza, Boat Club Rd)*, un autre pub, comporte une discothèque pleine d'ambiance à l'étage, ouverte les vendredis et samedis soir (entrée : 200 Rs par couple).

Dans l'ABC Farms, le ***Jazz Garden*** *(☎ 6817412, North Main Rd)* accueille des musiciens, de jazz et autres musiques, et comprend un restaurant en plein air et un bar ; il ouvre de 19h à 23h30.

Comment s'y rendre

Avion. Parmi les compagnies aériennes représentées à Pune, citons :

Air India
(☎ 6216990), 4 Hermeskunj Mangaldas Rd
India Airlines
(☎ 140 ou 141), 39 Dr B Ambedkar Rd
Jet Airways
(☎ 6127524), 243 Century Arcade, Naurangi Baug Rd

Indian Airlines assure des vols quotidiens pour Delhi (205 $US) et quatre vols hebdomadaires pour Bangalore (145 $US). Jet Airways propose deux ou trois départs par jour à destination de Mumbai (85 $US), ainsi que des vols quotidiens pour Bangalore (145 $US) et Delhi (205 $US).

Bus. Pune dispose de trois gares routières. Celle qui se trouve à la gare ferroviaire assure les liaisons avec Mumbai et le Sud, notamment Goa, Belgaum, Kolhapur et Mahabaleshwar ; celle de Shivaji Nagar dessert les villes du Nord et du Nord-Est : Ahmednagar, Aurangabad, Lonavla et Nasik. Enfin, de la gare routière de Swargate partent des bus à destination de Sinhagad, Bangalore et Mangalore. Toutes les 15 min, des bus deluxe font la navette entre l'arrêt de bus de la gare ferroviaire et Dadar (Mumbai ; 110 Rs).

Les bus de la MSRTC sont assez délabrés et souvent à peine moins chers que les bus privés. Pour Mumbai (et les villes sur cet itinéraire) et Kolhapur, le train est un meilleur choix. De nombreux bus deluxe privés desservent la plupart des centres, dont Goa (250 Rs, 300 Rs en couchette, 12 heures), Nasik (120 Rs, 5 heures) et Aurangabad (120 Rs, 6 heures). La majorité des agences sont fiables, mais assurez-vous de ne pas vous retrouver dans un bus MSRTC et demandez où le bus vous déposera (en direction de Mumbai, certains bus privés ne vont pas plus loin que Borivali). Essayez Bright Star Travels (☎ 6139666), dans Connaught Rd, dont les bus partent de la station-service proche du rond-point.

Train. Pune est un important nœud ferroviaire, avec des correspondances pour de nombreuses destinations dans l'État. La billetterie informatisée se situe dans le bâtiment à gauche de la gare lorsque vous faites face à l'entrée.

Les trains les plus rapides à destination de Mumbai, le *Deccan Queen*, le *Sinhagad* et le *Pragati Express*, font le trajet en 3 ou 4 heures.

Si vous allez à Matheran, le seul express qui s'arrête à Neral, le *Sahyadri Express*, part de Pune à 7h35. Pour plus de détails, voir plus haut la rubrique *Matheran*.

Taxi. Les taxis collectifs longue distance (quatre passagers) relient jour et nuit Pune et Dadar, à Mumbai. Ils partent de la station de taxis en face de la gare ferroviaire de Pune (220 Rs la place, 4 heures). Un service similaire opère de la gare ferroviaire de Shivaji Nagar jusqu'à Nasik (220 Rs) et Aurangabad (240 Rs).

Comment circuler

L'aéroport se trouve à 8 km au nord-est de la ville (60 Rs en auto-rickshaw, 150 Rs en taxi). Les bus urbains, très lents, partent du dépôt de Pune Municipal Transport (PMT), en face de la gare ferroviaire. Ceux qui vous seront le plus utile sont le n°4 pour Swargate, le n°5 pour la gare routière de Shibaji Nagar et le n°159 pour Koregaon Park et le palais de l'Aga Khan. Les auto-rickshaws sillonnent les rues et c'est la meilleure solution pour la plupart des déplacements en ville ; les conducteurs utilisent généralement leur compteur et le barème de conversion. Les tarifs officiels sont fixés à 6 Rs pour le premier kilomètre, plus 4 Rs par kilomètre supplémentaire (soit environ cinq fois le chiffre inscrit sur les compteurs périmés). Si vous séjournez quelques jours, procurez-vous un tableau de conversion dans un magasin ou un kiosque à journaux (5 Rs). La nuit, vous devrez sans doute négocier le prix de la course.

Le trajet de la gare ferroviaire à Koregaon Park revient à quelque 15 Rs.

ENVIRONS DE PUNE

Sinhagad

Sinhagad, le fort du Lion, à 24 km au sud-ouest de Pune, constitue une agréable excursion d'une journée. Un fort, presqu'en ruine, se dresse au sommet d'une colline escarpée, où se nichent plusieurs vieux bungalows, dont celui où Gandhi rencontra Tilak, le militant indépendantiste, en 1915.

De Pune, le bus urbain n°50 dessert fréquemment le village de Sinhagad, de5h25 à la tombée de la nuit. Il part de Swargate ou de l'arrêt "Architect College", en face du stade Nehru (12,50 Rs, 45 min). Du village, vous devrez grimper à pied jusqu'au fort (1 heure 30 à 2 heures).

MAHABALESHWAR

☎ 02168 • 12 000 habitants • 1 372 m d'altitude

Les collines en terrasses de la station climatique la plus fréquentée du Maharashtra sont un véritable refuge, loin des bruits et de la pollution de Mumbai et de Pune. De plaisantes promenades mènent à de beaux panoramas, et l'histoire de la région est étroitement liée à celle de Shivaji.

A l'instar de toutes les stations d'altitude, Mahabaleshwar se met en sommeil pendant la mousson (de fin juin à mi-septembre). Un revêtement de *kulum*, une herbe qui fait écran aux pluies torrentielles, protège les bâtiments. La ville est bondée pendant les vacances scolaires d'été (d'avril à juin) et lors des fêtes de Noël et de Diwali ; mieux vaut éviter ces périodes.

Orientation et renseignements

L'essentiel de l'animation se déroule dans le grand bazar (Main Rd, également appelée Dr Sabane Rd), une rue longue de 200 m bordée de glaciers, de boutiques de chikki, de salles de jeux vidéo, d'enseignes lumineuses et de stands vieillots. La gare routière occupe l'extrémité ouest. Vous devrez acquitter une taxe de 5 Rs pour entrer dans la ville.

Le petit kiosque d'information touristique (☎ 60271), près de la gare routière, distribue un plan médiocre et n'est pas d'un grand secours.

La Bank of Maharashtra, dans le Main Rd, change des espèces et des chèques de voyage. Vedant (☎ 60237), dans le bazar, propose l'accès à Internet pour 60 Rs l'heure.

A voir et à faire

Dans la ville, de nombreux bâtiments, rénovés ou délabrés, des demeures et des hôtels coloniaux du XIXe siècle témoignent encore de l'époque du Raj. Autrefois magnifique, le **Mount Malcolm**, construit en 1829 pour servir de résidence au gouverneur "Boy" Malcolm, est aujourd'hui à l'abandon, envahi par la végétation et un peu effrayant. Vous pourrez le visiter en montant à **Wilson's Point**, un joli point de vue à courte distance à pied de la ville. Le **Morarji Castle**, où résida le Mahatma Gandhi en 1945, mérite le détour.

Elphinstone's Point, Babington's Point, Bombay's Point et Kate's Point offrent de belles **vues** du plateau boisé sur la plaine en contrebas. **Arthur's Seat**, le plus beau point de vue à 12 km de Mahabaleshwar, surplombe un à-pic de 600 m sur la côte du Konkan. Vous découvrirez d'agréables **cascades** aux alentours de la ville, comme celles de Chinaman, de Dhobi et de Lingmala, et vous pourrez canoter sur le **lac Venna**.

Dans le village d'**Old Mahabaleshwar**, deux temples anciens méritent la visite. Le Krishnabai, ou Panchganga Mandir, recélerait les sources de cinq rivières, dont la Krishna sacrée, qui jaillit du mufle d'une vache sculptée allaitant un veau. L'intérêt du Mahabaleshwar Mandir réside dans son lingam naturel.

Circuits organisés

En haute saison, la MTDC propose la visite de Mahabaleshwar et des excursions au fort de Pratapgad et à Panchgani, ou à la petite station au-dessus de Mahabaleshwar, chacune à 70 Rs par personne. Vous pouvez réserver au kiosque touristique. Le reste de l'année, les chauffeurs de taxi se font concurrence pour un circuit de Mahaba-leshwar en 14 sites (280 Rs) ; celui-ci se résume à un aller-retour jusqu'à Arthur's Seat avec un arrêt à Old Mahabaleshwar. Vous pouvez aussi choisir le circuit des points de vue au sud de la ville (280 Rs) ou une excursion à Panchgani (300 Rs).

Où se loger

Les prix varient en fonction de la demande et montent en flèche durant la haute saison (Noël, Diwali et les vacances scolaires d'avril-mai). En dehors de ces périodes, plusieurs établissements pour petits budgets et

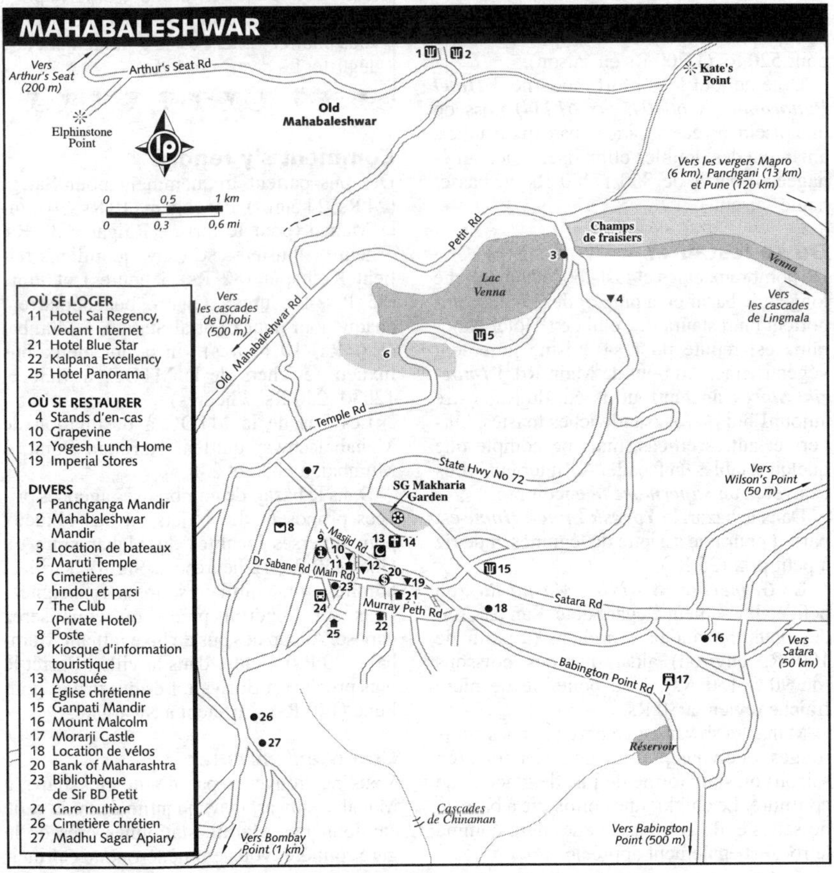

de catégorie moyenne offrent un bon rapport qualité/prix. La plupart des hôtels bon marché se regroupent autour du bazar principal, près de la gare routière, et dans les deux rues parallèles. Des dizaines d'hôtels de villégiature (qui proposent souvent la pension complète) sont éparpillés dans le bourg.

L'***Hotel Blue Star*** *(☎ 60678, 114 Main Rd)* dispose de doubles correctes, avec TV, s.d.b. et eau chaude le matin, à 200 Rs (1 200 Rs en pleine saison).

L'***Hotel Sai Regency*** *(☎ 60157, Main Rd)* possède des chambres spacieuses, avec TV câblée, d'un très bon rapport qualité/prix. Il facture ses doubles/triples 250/350 Rs (750/950 Rs en haute saison).

Au sud du bazar, le ***Kalpana Excellency*** *(☎ 60419, Murray Peth Rd)*, l'un des meilleurs établissements qui bordent cette rue, loue ses chambres, réparties autour d'un patio, à partir de 400 Rs et les plus agréables pour 520 Rs (1 200 Rs en saison).

Doté de tout le confort moderne, l'***Hotel Panorama*** *(☎ 60404, fax 61234)* possède une piscine avec cascade et bateaux à aubes, ainsi que des doubles climatisées bien aménagées à partir de 850/1 400 Rs en basse/haute saison.

Où se restaurer

De nombreux cafés et fast-foods bon marché longent le bazar et la plupart des hôtels comportent un restaurant. Celui de l'Hotel Panorama est réputé pour sa cuisine purement végétarienne. Au bout de Main Rd, l'***Imperial Stores***, ancien fournisseur du Raj, offre aujourd'hui pizzas, sandwiches toastés, burgers et autres en-cas, mais ne compte que quelques tables en façade. A l'intérieur, vous trouverez un ***supermarché*** encombré.

Dans le bazar, le ***Yogesh Lunch Home*** est parfait pour une assiette de légumes et de riz à petit prix (25 Rs).

Le ***Grapevine*** *(☎ 61100, Masjid Rd)*, un petit établissement élégant doté d'un bar, sert des plats thaïlandais et indiens (à partir de 100 Rs environ) ainsi que des poissons (de 90 à 150 Rs). Une bouteille de bière fraîche revient à 80 Rs.

Mahabaleshwar est célèbre pour ses fruits rouges, que vous pourrez déguster frais (en saison) ou sous forme de jus, de glace et de confiture. Le chikki, une confiserie à base de noisettes et de gur (cassonade) dure comme le roc, est également apprécié.

Fraises à perte de vue

Mahabaleshwar et Panchgani sont réputées pour leurs fraises, parmi les meilleures d'Inde, leurs framboises, leurs mûres et leurs groseilles.

Le long de la route qui relie les deux stations climatiques, des fraisiers de diverses variétés s'étendent sur quelque 5 km. La culture commence dès la fin de la mousson et la récolte a lieu de fin novembre à juin, les meilleurs fruits étant ceux de février. On peut visiter les fermes et acheter des fruits sur place ou au bazar de Mahabaleshwar, où les marchands assis en tailleur veillent sur les belles pyramides de fruits rouges. La région produit également des jus de fruits, des bonbons, des caramels et des confitures. Le principal producteur, Mapro (☎ 40112) est implanté près de Panchgani ; vous pourrez visiter l'usine gratuitement et déguster les divers produits.

Comment s'y rendre

Des bus partent fréquemment pour Satara (24 Rs, 2 heures), Panchgani (10 Rs, 30 min) et Mahad (pour le fort de Raigad ; 33 Rs, 1 heure). Plusieurs services quotidiens rallient Kolhapur (82 Rs, 5 heures) et Pune (65 Rs, 4 heures). Quatre bus démarrent chaque jour pour Central Station, à Mumbai (120 Rs, 10 heures), ainsi que deux bus luxueux et chers de la MTDC, à 9h30 et 12h30 (230 Rs, 7 heures).

Les bus de la MTDC à destination de Mahabaleshwar quittent Nariman Point, à Mumbai, à 6h30 et 23h.

Dans le bazar, de nombreuses agences privées proposent des trajets en bus luxueux pour diverses localités du Maharashtra ou Goa (330 Rs, 12 heures *via* Surul). Tarifs et horaires sont similaires, mais renseignez-vous sur l'endroit précis où vous serez déposé. Aucun des bus de luxe ralliant Mumbai (200 Rs) n'entre dans la ville ; l'arrêt le plus proche est Borivali. Les bus privés pour Pune (140 Rs) s'arrêtent à Swargate.

Comment circuler

Vous ne trouverez pas d'auto-rickshaws à Mahabaleshwar, mais quantité de taxis et de camionnettes Maruti, stationnés près de la gare routière, vous emmèneront aux principaux points de vue ou à Panchgani (voir plus haut *Circuits organisés*).

La bicyclette est un bon moyen de locomotion car la circulation est clairsemée. Toutefois, les ruelles étroites comportent de nombreux angles morts et il faut se montrer particulièrement prudent sur la route des points de vue. Vous pourrez louer des vélos corrects dans la boutique située à l'extrémité est de Main Rd (5 Rs l'heure).

ENVIRONS DE MAHABALESHWAR

Forts de Pratapgad et de Raigad

De Mahabaleshwar, vous pouvez visiter deux forts imposants associés à Shivaji.

Construit en 1656, le fort de Pratapgad domine une haute crête, à 24 km à l'ouest de Mahabaleshwar, et fut le cadre d'une des légendes les plus tenaces attachées au chef marathe. En 1659, Shivaji accepta de rencontrer le général bijapuri Afzal Khan au pied des remparts du fort afin de débloquer la situation. Malgré la trêve, les deux hommes arrivèrent armés et Shivaji éviscéra son ennemi à l'aide d'un *waghnakh* (griffes de tigre) de fer. Un tombeau marque l'endroit de la rencontre et une tour a été érigée au-dessus de la tête du khan (chef).

Du sommet du fort, que l'on atteint après avoir gravi 500 marches, on découvre une vue spectaculaire. La façon la plus économique de parvenir à Pratapgad de Mahabalelshwar consiste à prendre le bus public de 9h30 (44 Rs l'aller-retour, 1 heure). Il stationne 1 heure devant le site avant de repartir. L'aller-retour en taxi revient à quelque 450 Rs.

Le fort de Raigad, à 80 km au nord-ouest de Mahabaleshwar, offre aussi un beau panorama du sommet de la colline isolée sur laquelle il se perche. On y accède par un long chemin escarpé. C'est ici que Shivaji fut couronné en 1648 et qu'il mourut en 1680. Raigad est plus facilement accessible de Mahad, à 27 km de la route Mumbai-Goa. Le droit d'entrée s'élève à 5 $US pour les étrangers. La MTDC possède une ***pension** (☎ 02145-22898),* rudimentaire, dans l'enceinte fortifiée, où un emplacement dans le dortoir (sans lits) vaut 35 Rs et les doubles, 150 Rs.

KOLHAPUR

☎ 0231 • 480 200 habitants

Autrefois capitale d'un important État marathe, Kolhapur est désormais célèbre pour former certains des meilleurs lutteurs du pays et produire les plus jolies *chappal* (sandales) de cuir. Le **Matharaj Naag Panchami**, une fête dédiée aux serpents également célébrée à Pune, s'y déroule en août. Kolhapur mérite qu'on lui consacre un jour ou deux.

Renseignements

L'office du tourisme de la MTDC (☎ 652935), dans Station Rd à côté de l'Hotel Tourist, ouvre du lundi au samedi, de 10h à 18h, et vend un plan de la ville (5 Rs).

La State Bank of India, au sud-est de la gare ferroviaire, près de Hutatma Park (10 Rs en auto-rickshaw), possède un guichet de change.Kolhapur compte de nombreux cafés Internet, qui facturent environ 20 Rs l'heure. Internet Zone (☎ 680246), près du bureau de la MTDC, ouvre 24h/24.

Nakoda Travels (☎ 651031), en face de la gare routière, organise chaque jour une visite de Kolhapur et de Panhala, qui débute à 9h (100 Rs) – une bonne solution si vous manquez de temps.

Maharaja's Palace

Le "nouveau" palais du maharaja, achevé en 1881, abrite le **Shahaji Chhatrapati Museum** (☎ 656020), où l'on peut admirer une étonnante collection de souvenirs. Conçu par "Mad" Charles Mant, l'architecte britannique à l'origine du style colonial indo-musulman, le bâtiment évoque une gare victorienne (horloge incluse).

Parmi les surprenantes possessions du dernier maharaja, vous verrez des vêtements, des photos de chasse, des selles d'éléphant en argent, ainsi que les sinistres témoignages de la passion du maharaja pour la chasse : trophées aux yeux vides, peaux de bête sur le sol, pattes de tigres et d'éléphants transformées en cendrier ou en guéridon, lampes montées sur des pattes d'autruche ou de zèbre. Parmi la variété d'animaux empaillés, une famille entière de tigres est installée dans une forêt factice.

Le palais se situe à quelques kilomètres au nord du centre-ville (15 Rs en auto-rickshaw). Le musée ouvre tous les jours, de 9h30 à 12h30 et de 14h30 à 17h30 (entrée : 22 Rs ; billets en vente à l'entrée du parc, et non au palais lui-même).

Autres curiosités

Le **Mahalaxmi Temple**, dédié à la déesse Amba Bai, domine la vieille ville ; remarquez le plafond sculpté du mandapam à colonnes. A côté, la famille du maharaja habite toujours l'**Old Palace** (Rajwada), mais le rez-de-chaussée, avec son atrium aéré (ouvert tous les jours de 10h à 18h), est devenu un temple dédié à la déesse Bhawani.

Une ruelle mène du palais au célèbre **terrain de lutte**, une arène de terre rouge dans un stade naturel. Kolhapur a produit plusieurs champions de lutte et vous pourrez assister à leur entraînement presque tous les jours, tôt le matin ou en soirée, dans l'un des clubs locaux. Demandez le *kusti akhada* (terrain de lutte) ou le Kasbagh Maidan.

Construit par Mant en 1872-1876, l'hôtel de ville abrite un petit **musée** (☎ 520481) qui expose une intéressante collection de poteries et de bronzes mis au jour lors des fouilles archéologiques de Brahmapuri Hill, ainsi que des peintures, des sculptures et des armes. Il ouvre tous les jours, sauf le lundi, de 10h30 à 13h et de 13h30 à 17h30 (entrée : 3 Rs).

Où se loger

La plupart des hôtels et des restaurants se regroupent autour de la place, en face de la gare routière, à 10 ou 15 min de marche à l'est du centre-ville et de la gare ferroviaire.

Installé au-dessus des boutiques du côté ouest de la place, le ***City Lodge*** *(☎ 651748)*, bon marché et assez propre, propose des chambres avec s.d.b. (eau chaude) à 170/210 Rs (louées pour 24 heures).

Très raisonnable pour le confort offert, l'***Hotel Maharaja*** *(☎ 652140, Station Rd)* affiche souvent complet, mais n'accepte pas les réservations. Il dispose de simples/doubles à 75/150 Rs, ou 150/250 Rs avec s.d.b. (eau chaude le matin). Les chambres en façade possèdent un petit balcon avec une vue surprenante sur la gare routière.

A quelques minutes à pied de la gare routière, l'***Hotel Tourist*** *(☎ 650421, tourist@pn3.vsnl.net.in, Station Rd)*, dans la catégorie supérieure pour son confort et son service, offre des simples/doubles spacieuses et bien aménagées, avec baignoire, TV et téléphone, à 275/325 Rs, ou à partir de 400/450 Rs avec clim. Les principales cartes de crédit sont acceptées et les chambres se libèrent à 12h. L'établissement comporte un bar et un restaurant convenables.

Deux hôtels de catégorie moyenne sont installés plus à l'est. L'***Hotel International*** *(☎ 652441, fax 652446, 517 A1 Shivaji Park)* loue ses chambres avec TV et téléphone à partir de 350/400 Rs, ou 600/675 Rs avec clim.

Au bord du lac et à 5 km au sud-ouest des gares routière et ferroviaire, l'***Hotel Shalini Palace*** *(☎ 620401, fax 620407, Lake Rankala)*, l'ancien palais d'été du maharaja, est le meilleur établissement de Kolhapur. Bien que datant des années 30, il ne manque pas de superbe avec ses chambres immenses, ses balcons de marbre et ses lits à baldaquin. Comptez 800/1 150 Rs pour une chambre standard ouvrant sur les balcons et 2 100 Rs pour les suites fastueuses du maharaja ou de la maharani.

Où se restaurer

Les restaurants bon marché sont rassemblés autour de la place de la gare routière. Le ***Subraya Restaurant*** sert de la cuisine d'Inde du Nord, végétarienne ou non, ainsi que des thali. En face, en dessous de l'Hotel Sayhadri, le ***Surabhi***, un restaurant végétarien très fréquenté, propose des spécialités kolhapuries comme le *misal* (un en-cas épicé qui rappelle le bhelpuri), des dosa, des jus de fruit frais et des lassi.

Installé dans un agréable jardin, le ***Harvest Garden Bar & Restaurant*** de l'Hotel International offre une carte végétarienne exceptionnelle, avec des spécialités de 55 à 80 Rs.

Le soir, des dizaines de ***stands d'en-cas*** s'installent en face de la gare routière, là où d'autres stands vendent des jus de fruit pendant la journée. En face de l'Old Palace, le ***Shetkari Bazaar***, un supermarché bien approvisionné, ouvre tous les jours, sauf le samedi.

Comment s'y rendre

Des bus publics rallient régulièrement Pune (108 Rs, 5 heures), *via* Satara (63 Rs), Mahabaleshwar (75 Rs, 4 heures) et Ratnagiri (58 Rs, 4 heures) ; des services directs desservent Belgaum et Bijapur. Pour Mumbai, Goa, Aurangabad, Bangalore et d'autres destinations longue distance, mieux vaut prendre les bus privés deluxe. La plupart des compagnies privées sont implantées du côté ouest de la place, à Mahalaxmi Chambers, en face de la gare routière. Des bus de nuit climatisés rejoignent Mumbai (300 Rs, 10 heures ; 450 Rs en couchette) et Aurangabad (250 Rs, 10 heures) ; des bus de nuit non climatisés partent pour Panaji, à Goa

(150 Rs, 5 heures 30) et Bangalore (300 Rs, 11 heures).

La gare ferroviaire se situe à 10 min de marche à l'ouest de la gare routière, en direction du centre-ville. Chaque jour, trois trains express desservent Mumbai (113/509 Rs en couchette/three-tier clim., 13 heures) *via* Pune (123/356 Rs, 8 heures).

Nord du Maharashtra

NASIK

☎ 0253 • 834 000 habitants.

Cette ville passionnante, parsemée de centaines de temples et de ghats d'ablution colorés, borde les rives de la Godavari, l'un des fleuves les plus sacrés du Deccan.

Nasik est fortement associée à l'épopée hindoue du *Ramayana*. C'est ici que Rama et son épouse Sita furent exilés et que Lakshmana aurait coupé le nez (*nasika*) de la sœur de Ravana, d'où le nom de la ville.

Point de départ apprécié pour le pèlerinage à Trimbak (voir plus loin *Environs de Nasik*) ou à Shirdi (lieu de naissance de Sai Baba), Nasik n'est pas une ville touristique, ce qui la rend d'autant plus intéressante. Le plus grand événement est l'extraordinaire Khumb Mela, qui se déroule ici tous les 12 ans ; le prochain aura lieu en 2003.

Orientation et renseignements

MG Rd, à quelques centaines de mètres au nord de la gare routière centrale, forme le centre de Nasik. La Godavari, bordée de temples et de ghats, traverse la ville à l'est de MG Rd.

Efficace, l'office du tourisme de la MTDC (☎ 570059), à 1,5 km au sud de la gare routière, vous fournira un plan de la ville. La State Bank of India, à moins de 100 m de la gare routière, dans Old Agra Rd, change des espèces et parfois des chèques de voyage.

Ramkund

Ce bassin d'ablution sacré, à 1,5 km au nord-est du centre-ville au bord de la Godavari, rassemble les pèlerins qui se pressent à Nasik. Entouré de ghats et d'un **marché** animé, c'est un endroit vivant, intéressant et particulièrement agréable en début de matinée.

Comme celle du Gange à Varanasi, son eau sacrée procurerait le *moksha* (libération de l'âme) à ceux dont les cendres y sont immergées ; Indira Gandhi et Jawaharlal Nehru ont eu ce privilège.

Le Kumbh Mela

Le Khumb Mela – le plus grand rassemblement religieux au monde – a attiré le nombre époustouflant de 30 millions de pèlerins hindous à Allahabab en 2001 (estimation peut-être un peu exagérée) ; il se déroulera à Nasik et Trimbak en 2003. Selon les mythes hindous de la création, les dieux et les démons livrèrent jadis un féroce combat pour s'approprier le *kumbh* (cruche) contenant le nectar de l'immortalité. Vishnu s'en empara puis disparut, mais, durant sa fuite, quatre gouttes du précieux liquide tombèrent sur la Terre, à Allahabad, Haridwar, Nasik et Ujjain. Après 12 jours de combat, les dieux finirent par triompher et burent le nectar, scène souvent représentée dans les illustrations de la mythologie hindoue.

L'événement attire un nombre impressionnant d'ascètes, notamment les sadhu nus, ou *naga*, des ordres monastiques militants.

Le Kumbh Mela n'est l'apanage d'aucune caste ou croyance particulière. Cette fête, plus que toute autre en Inde, reflète le complexe mélange de valeurs religieuses et culturelles qui se confondent pour former le tissu de la société indienne.

L'ouvrage *No Full Stops in India* de Mark Tully comporte un chapitre passionnant sur les aspects à la fois politiques et logistiques et sur la signification du Kumbh Mela qui s'est tenu à Allahabad en 1989.

A Nasik, la manifestation se concentre au bassin sacré du Ramkund, que traverse la Godavari, mais la plupart des festivités, d'une durée d'un mois, se déroulent à Trimbak, à 33 km, où le Trimbakeshwar Temple renferme l'un des douze *jyoti linga* (lingam de formation naturelle) du pays.

Kala Rama Mandir

A quelques minutes de marche à l'est du Ramkund, le Kala Rama, ou Rama noir, est le temple le plus sacré de Nasik. Entouré d'une enceinte à 96 arches, ce temple de pierre noire renferme des effigies de Rama, de Sita et de Lakshmana, ainsi qu'une énorme cloche.

Autres curiosités

A proximité du Kala Rama se trouve la **grotte de Sita Gumpa** où, selon le *Ramayana*, Sita, déesse de l'agriculture et épouse de Rama, aurait été enlevée par le roi démon Ravana pour être séquestrée sur l'île de Lanka.

Parmi les innombrables temples de Nasik, le **Sundar Narayan Temple**, à l'extrémité ouest du Victoria Bridge, mérite la visite. Le **Muktidham Temple**, près de la gare ferroviaire, à environ 7 km au sud-est de la ville, est un vaste bâtiment récent en marbre blanc. Les murs intérieurs sont ornés des 18 chapitres de la *Bhagavad Gita*.

Circuits organisés

Un circuit d'une (longue) journée permet de découvrir Nasik, Trimbak et Pandu Lena ; il part tous les jours de la gare routière centrale à 7h30 (63 Rs). Le guide parle uniquement marathi, mais c'est un bon moyen d'explorer quelques-uns des 2 000 temples de la ville.

Où se loger et se restaurer

L'***Hotel Panchavati*** *(☎ 575771, 430 Vakilwadi)*, près de MG Rd, est un vaste complexe en plein centre de Nasik. Il comporte trois types d'hébergement : à l'arrière du complexe, la ***Panchavati Guest House*** *(☎ 581071)*, la moins chère, loue des lits en quadruple pour 150 Rs par personne et des simples/doubles correctes, avec s.d.b. et TV, pour 300/395 Rs. Le ***Panchavati Yatri*** *(☎ 572290)* facture ses chambres 440/590 Rs, ou 630/720 Rs avec clim. Dans le bâtiment principal, comptez 540/740 Rs. Le complexe abrite deux excellents restaurants, un glacier et un bar

En face de la gare routière centrale, le ***Rajmahal Lodge*** *(☎ 580501, rajmahallodge@vsnl.com, Sharanpur Rd)* offre un choix de chambres propres, avec s.d.b. (eau chaude) et TV, à partir de 300/350 Rs, et une simple avec s.d.b. commune à 190 Rs.

Plusieurs hôtels se regroupent autour du Dirwa Circle, au croisement des routes de Mumbai et de Pune, à 2 km du centre-ville. Les chambres disposent toutes de s.d.b.

La ***Sun Moon Guest House*** *(☎ 596748)* possède un dortoir malpropre avec des lits à 40 et 50 Rs, des petites doubles à 200 Rs et des chambres plus propres, avec s.d.b. (eau chaude) et TV, à 200/300 Rs.

De l'autre côté de la ruelle, l'***Hotel Blue Moon*** *(☎ 590548)*, un nouvel établissement, propose des chambres impeccables, avec TV, à partir de 300/350 Rs, ou 500/600 Rs avec clim.

Près de Shivaji Rd, le ***Tandoor***, un restaurant d'Inde du Nord sans prétention, sert des plats tandoori à prix raisonnables, comme le poulet dans un panier à 33 Rs.

Le restaurant de l'***Hotel Samrat*** *(☎ 577211, Old Agra Rd)* prépare de délicieux thali gujaratis. L'hôtel comporte aussi un bar.

Comment s'y rendre

Bus. Nasik est un important carrefour de transports, d'où de fréquents bus publics partent virtuellement 24h/24 pour Mumbai (90 Rs, 6 heures), Pune (110 Rs, 5 heures) et Aurangabad (102 Rs, 5 heures). Des services réguliers rallient Shirdi (45 Rs, 3 heures). Toutes les 30 min, des bus partent de l'arrêt situé en face de la gare routière à destination de Trimbak (13 Rs, 1 heure).

De nombreux agents de compagnies privées sont installés près de la gare routière et la plupart des bus partent d'Old Agra Rd. Ils desservent Pune (120 Rs), Mumbai (120 Rs, 200 Rs en bus clim.), Aurangabad (120 Rs ; départs à 16h30 et 23h30). Le trajet de nuit jusqu'à Ahmedabad dure 11 heures et vous pouvez prendre un bus avec couchettes (350 Rs) ou un bus régulier (300 Rs). Si vous allez à Mumbai, demandez où le bus s'arrête, car la plupart ne dépassent pas Dadar.

Train. La gare ferroviaire de Nasik Rd se situe à 8 km du centre-ville, mais vous trouverez un bureau de réservation très utile dans une ruelle proche de Deshpande Peth, au nord de MG Rd (ouvert du lundi au samedi, de 8h à 14 et de 16h15 à 20h, et le dimanche, de 8h à 14h). Le *Panchvati Express*, le train le plus rapide à destination de Mumbai, part à 7h02 (53/170 en 2e/chair class, 4 heures). Seul train direct vraiment pratique pour Aurangabad, le *Tapovan Express* part à 10h08 (52/161 Rs, 3 heures 30). Des bus locaux font la navette entre la gare ferroviaire de Nasik Rd et la gare routière (5 Rs). Un auto-rickshaw coûte environ 50 Rs.

ENVIRONS DE NASIK

Pandu Lena

A flanc de colline à 8 km au sud de Nasik, près de la route de Mumbai, 24 grottes bouddhiques hinayana datent du Ier siècle av. J.-C. au IIe siècle de notre ère. Un escalier en pierre y conduit en 10 min (entrée : 5/230 Rs pour les Indiens/étrangers). Des bus locaux partent du deuxième arrêt au nord de la gare routière centrale, dans Old Agra Rd, et passent par les grottes (5 Rs). L'aller-retour en rickshaw revient à quelque 80 Rs, attente comprise.

Trimbak

Prenant sa source en haut d'une colline escarpée au-dessus de Trimbak, à 33 km à l'ouest de Nasik, la Godavari se déverse dans le **bassin d'ablution de Gangasagar**, dont les eaux ont la réputation d'effacer les péchés. Le fleuve traverse ensuite le pays jusqu'au golfe du Bengale.

Le **Trimbakeshwar Temple**, l'un des plus sacrés du pays, renferme l'un des 12 jyoti linga de Shiva. L'accès du temple est réservé aux hindous, mais il est possible de jeter un coup d'œil dans la cour du sanctuaire, où les pèlerins pratiquent leurs rites autour du bassin principal.

La randonnée jusqu'au sommet de **Brahmagiri Hill** constitue une belle promenade d'une journée. Continuez la route après le MTDC Resort et comptez 2 heures de marche jusqu'aux temples qui surplombent la ville.

Le ***MTDC Resort*** demande 250/300 Rs pour des simples/doubles surévaluées. De l'arrêt qui se trouve à côté de l'Hotel Padma à Nasik, des bus réguliers rallient Trimbak (13 Rs, 1 heure).

Igatpuri

A 44 km au sud de Nasik, sur la ligne ferroviaire de Mumbai, le village d'Igatpuri serait sans grand intérêt pour les voyageurs s'il n'abritait pas le plus grand centre vipassana au monde, la **Vipassana International Academy**.

Appelé également Dhamma Giri, ce centre (☎ 02553-84076) peut recevoir jusqu'à 600 étudiants et organise régulièrement des stages de 10 jours pour pratiquer cette forme rigoureuse de méditation bouddhiste. Les cours sont gratuits (ou payables par don), mais les étudiants doivent résider sur place et observer un "noble silence" afin de parvenir à la "purification mentale". Le vipassana fut enseigné par Gautama Bouddha au VIe siècle av. J.-C., puis réintroduit en Inde par le professeur SN Goenkar dans les années 60.

Huit trains relient chaque jour Mumbai à Igatpuri (64 Rs en couchette, 3 heures). Le trajet en train ou en bus de Nasik ne dure qu'une heure. Le Dhamma Giri se situe à 15 min de marche de la gare, mais vous trouverez sur place de nombreux auto-rickshaws.

AURANGABAD

☎ 0240 • 682 000 habitants

Aurangabad est la ville du centre du Maharashtra la plus visitée car elle sert de point de départ pour les célèbres grottes d'Ellora et d'Ajanta.

La cité d'origine fut fondée en 1610 sur le site du village de Khirki par Malik Ambar, Premier ministre du murtaza Nizam Shah II. Fateh Khan, fils d'Ambar, succéda au trône en 1626 et renomma la ville Fatehpur, avant qu'Aurangzeb en fasse sa capitale en 1653. C'est de ce dernier que la ville tire son nom.

Aurangabad devient un centre industriel : à 10 km de la ville, l'usine Bajaj-Kawasaki est le plus important producteur de motos du pays. Au moins une demi-douzaine de brasseries fournissent en bière la majeure partie du Maharashtra.

Orientation et renseignements

La gare ferroviaire, l'office du tourisme, les hôtels et les restaurants bon marché se regroupent au sud de la ville. La gare routière se situe à 1,5 km au nord, dans Station Rd West. Au nord-est de là, vous trouverez la vieille ville, avec ses rues étroites et encombrées, et le quartier musulman.

Offices du tourisme. Le Government of India tourist office (☎ 331217), Station Rd West, fournit un choix correct de brochures et s'efforcera de répondre à vos questions. Le directeur, M. Yadav, très bien informé, se passionne pour son métier. Le bureau ouvre en semaine, de 8h30 à 18h, et le samedi, jusqu'à 13h30. L'office du tourisme de la MTDC (☎ 331513), Station Rd East, n'est efficace que pour réserver des circuits ou des hébergements de

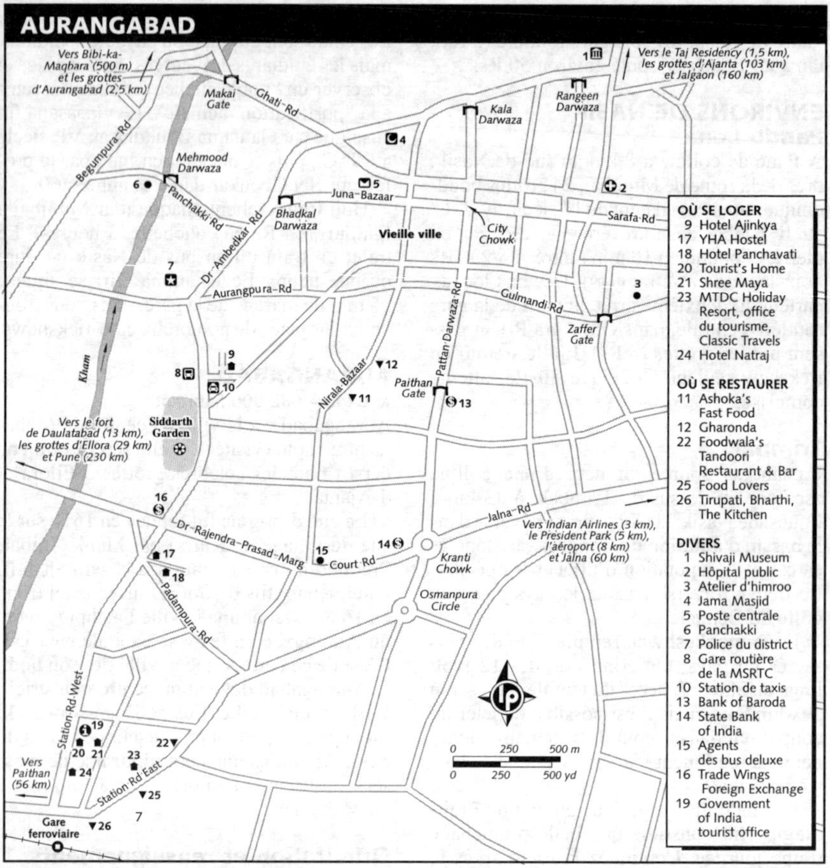

la MTDC ; il ouvre de 7h à 22h. Des guichets d'information sont installés à l'aéroport et à la gare ferroviaire.

Argent. Trade Wings Foreign Exchange (☎ 357480), en face de l'Hotel Printravel dans Station Rd West, est l'endroit où changer rapidement devises et chèques de voyage, moyennant un commission de 50 Rs ; il ouvre tous les jours, de 8h à 19h. La Bank of Baroda, près de Paithan Gate dans Pattan Darwaza Rd, délivre des espèces sur les cartes Visa et MasterCard, en semaine, de 13h à 14h30, et le samedi, de 10h30 à 12h30.

Poste et communications. La poste centrale, à Juna Bazaar, très fréquentée, ouvre son service de poste restante du lundi au samedi, de 10h à 17h. Aurangabad compte de nombreux cafés Internet, notamment dans les prolongements est et ouest de Station Rd. Ils facturent en moyenne 20 Rs l'heure.

Agences de voyages. Classic Travels (☎ 335598, classictours@vsnl.com), installé dans l'hôtel MTDC, est une bonne adresse pour réserver des titres de transport, des circuits et même des hébergements. Trade Wings (☎ 357480) peut également organiser vos déplacements.

Bibi-ka-Maqbara

Surnommé le "Taj Mahal du pauvre", ce mausolée fut édifié en 1679 pour l'épouse d'Aurangzeb, Rabia-ud-Daurani. Modeste réplique du Taj, tant pour la conception que pour la réalisation, ce monument reste impressionnant, surtout la nuit, quand il est illuminé. Si vous ne voulez pas payer l'entrée, vous apercevrez l'extérieur et les jardins depuis le porche, ou grimpez au sommet de la petite colline derrière le Bibi-ka-Mabara pour l'admirer d'en haut.

Le mausolée ouvre du lever du soleil à 22h (entrée : 5/235 Rs pour les Indiens/étrangers).

Panchakki

Panchakki ("roue à eau") tient son nom du moulin que l'on considéra, en son temps, comme une merveille mécanique. Tirant l'eau d'une rivière située à 6 km grâce à un système de tuyaux en terre, il moulait le grain pour les pèlerins. Toujours en activité, il se dresse sur la droite, à l'entrée du premier bassin.

Baba Shah Muzaffar, saint soufi et guide spirituel d'Aurangzeb, est enterré ici et le jardin, agrémenté de bassins poissonneux, lui sert de mémorial. Il ouvre tous les jours de 8h à 20h (entrée : 5 Rs).

Shivaji Museum

Ce nouveau musée spacieux est consacré à la vie du héros marathe, Shivaji, et s'intéresse essentiellement à ses prouesses militaires. Les collections, qui proviennent en grande partie de l'ancien Purwar Museum, comprennent une cotte de maille datant de 500 ans, une copie du Coran de la main d'Aurangzeb et un sari paithani (de la ville de Paithan) vieux de 800 ans.

Il ouvre tous les jours, sauf le lundi, de 10h30 à 13h30 et de 15h à 18h (entrée : 5 Rs).

Atelier d'himroo

Caché dans la vieille ville, près de Zaffar Gate, ce petit atelier (☎ 351745) est l'un des rares de la cité qui continue à produire des châles himroo tissés à la main avec des fils de coton, de soie et d'argent.

Cet art s'est développé pour remplacer les *kam khab*, luxueux et coûteux brocarts de soie et de fils d'or tissés pour la famille royale au XIVe siècle. Aurangabad est réputée pour son himroo et vous trouverez des châles et des saris dans la plupart des boutiques du marché. La plupart des articles sont produits industriellement, mais vous découvrirez à l'atelier, uniquement destiné aux touristes, la méthode de fabrication traditionnelle. Les motifs s'inspirent des fresques d'Ajanta.

Les magnifiques saris de soie paithani, avec leur brocarts d'or et d'argent, proviennent également de cet atelier. Un sari himroo vaut au moins 500 Rs (coton et soie mélangés) et un sari paithani de 6 000 à 300 000 Rs. L'atelier ouvre tous les jours, de 10h à 17h.

Grottes d'Aurangabad

Aurangabad possède ses propres grottes, à 2 km au nord du Bibi-ka-Maqbara, mais elles sont éclipsées par celles d'Ellora. Taillées à flanc de colline vers le VIe ou VIIe siècle, ces dix grottes bouddhiques sont réparties en deux groupes, distants d'environ un kilomètre.

Toutes celles du groupe ouest sont des vihara, à l'exception de la grotte n°4, un chaitya hinayana plus ancien au toit nervuré. Dans le groupe est, la grotte n°6, bien conservée, présente des sculptures de femmes remarquables par leurs coiffures et leurs parures exotiques. La grotte n°7 est la plus intéressante, en particulier pour ses sculptures : les représentations féminines, peu vêtues mais somptueusement parées de bijoux, indiquent l'essor du bouddhisme tantrique.

Vous pouvez grimper à pied du Bibi-ka-Maqbara ou prendre un auto-rickshaw jusqu'au groupe est, descendre en marchant au groupe ouest, puis couper à travers champs pour rejoindre le Bibi-ka-Maqbara.

Malheureusement, le droit d'entrée (235 Rs) dissuadera sans doute bon nombre d'étrangers de visiter ces grottes.

Circuits organisés

La MTDC (☎ 331513) et la MSRTC (☎ 331647) proposent chaque jour des excursions quasi identiques aux grottes d'Ajanta et d'Ellora, services d'un guide compris mais pas les droits d'entrée. La visite d'Ellora inclut les sites majeurs d'Aurangabad – le fort de Daulatabad, le Grishneshwar Temple, le tombeau d'Aurangzeb, Bibi-ka-Maqbara et Panchakki –, soit beaucoup trop en une seule journée.

L'excursion de la MTDC à Ellora commence à 9h et se termine à 17h30 (115 Rs), celle à Ajanta dure de 8h à 18h (150 Rs), partant et revenant au MTDC Holiday Resort. Les excursions de la MSRTC à Ellora (68 Rs) et Ajanta (162 Rs) partent de la gare routière centrale à 8h.

Où se loger – petits budgets

Les ***retiring rooms*** de la gare ferroviaire louent des lits en dortoir pour 50 Rs.

La ***YHA Hostel*** *(☎ 334892, Station Rd West)*, propre, accueillante et sûre, propose des lits en dortoir non mixte à 50 Rs (30 Rs pour les membres de la YHA) et des doubles à 100 Rs. Les chambres sont rudimentaires, avec des sommiers en fer, mais l'établissement, bien tenu, dispose d'un salon, d'une salle commune et d'une salle à manger où vous pourrez prendre des repas à petits prix. L'eau chaude fonctionne le matin, les chambres se libèrent à 9h et couvre-feu est instauré à 22h.

Des hôtels bon marché corrects bordent Station Rd West, au nord de la gare ferroviaire.

L'***Hotel Natraj*** *(☎ 324260, Station Rd West)*, tenu par une famille, offre des simples/doubles avec s.d.b., réparties autour d'une cour, à 100/150 Rs.

Le ***Tourist's Home*** *(☎ 337212)* dispose de chambres sommaires, mais propres et spacieuses, avec s.d.b., à 100/150 Rs Ces deux hôtels sont équipés de toilettes à la turque et fournissent un baquet d'eau chaude le matin.

L'***Hotel Panchavati*** *(☎328755, Padampura St)*, près de l'auberge de jeunesse, loue des chambres avec s.d.b. (eau chaude le matin), d'un bon rapport qualité/prix à 100/150 Rs. Le confort est spartiate, mais le personnel, sympathique. L'établissement possède un bon restaurant et un bar.

Le ***Shree Maya*** *(☎ 333093, Bharuka Complex)*, à quelques pas de la gare ferroviaire, est incontestablement le meilleur de cette catégorie. Très bien tenu et accueillant, il facture 275 Rs ses doubles spacieuses, avec s.d.b. (eau chaude le matin) et TV, ou 350 Rs avec clim. A défaut de simple, il possède une triple à 145 Rs le lit. Le petit déjeuner-buffet (45 Rs) servi sur la terrasse est imbattable.

Pour trouver des hébergements corrects près de la gare routière, descendez la ruelle qui lui fait face et tournez à gauche dans Nehru Place. L'***Hotel Ajinkya*** *(☎ 335601, Nehru Place)*, le meilleur choix, offre des chambres à partir de 160/210 Rs, ou 500/550 Rs avec clim.

Où se loger – catégories moyenne et supérieure

Installé sur un terrain ombragé, le ***MTDC Holiday Resort*** *(☎ 331513, Station Rd East)* comprend des doubles spacieuses et confortables, avec s.d.b., à 500 Rs dans la section "Ajanta" ou 550 Rs dans la partie "Ellora". Curieusement, les premières, moins chères, sont plus agréables. Comptez 600/700 Rs pour une chambre climatisée. Le tarif est le même en simple et il faut libérer les lieux à 8h. Un restaurant, un bar et une agence de voyages sont installés sur place.

Un peu plus loin vers l'aéroport, le ***President Park*** *(☎ 486201, fax 484823, hpp@bom4.vsnl.net.in, Jalna Rd)*, un trois-étoiles luxueux d'un excellent rapport qualité/prix, demande 1 500/2 000 Rs. Une piscine semi-circulaire, au cœur du jardin et bordée d'un bar, ajoute à son charme. Vous y trouverez également une agence de voyages, une salle de remise en forme, un restaurant multicuisine et un café.

Véritable oasis à la périphérie nord de la ville, le ***Taj Residency*** *(☎ 381106, fax 381053, Ajanta Rd)* s'organise autour d'un jardin parfaitement entretenu et d'une piscine. Les prix des chambres, bien aménagées, commencent à 1 995/2 495 Rs.

Où se restaurer

Une série de petits restaurants bon marché bordent Station Rd East, dont le ***Tirupati***, le ***Bharthi*** et ***The Kitchen***, tous trois spécialisés dans les plats d'Inde du Sud. Les ***stands*** installés aux abords de la gare routière préparent de délicieuses omelettes. Le Nirala Bazaar, à l'ouest de Paithan Gate, est le quartier des fast-foods où la jeunesse d'Aurangabad se retrouve devant des plats indo-américains, souvent végétariens et un peu épicés.

L'***Ashoka Fast Food***, l'un des plus fréquentés, possède une terrasse et une salle. La plupart des plats valent de 20 à 40 Rs, mais vous pouvez commander un kilo de gâteau "forêt noire" pour 160 Rs !

Dans le même quartier, le ***Gharonda***, un restaurant climatisé de bonne réputation, prépare une délicieuse cuisine indienne et chinoise ; comptez environ 200 Rs par personne.

Près de la gare ferroviaire, le ***Food Lovers***, un restaurant-jardin, se distingue par son atmosphère : sol en terre, murs de chaume et ingénieux système de rafraîchissement les jours de grosse chaleur. Vous vous régalerez d'une savoureuse cuisine punjabie et chinoise (ouvert jusqu'à 24h).

Le ***Foodwalas Tandoori Restaurant & Bar***, plus loin dans Station Rd East, sert des tandoori corrects.

Comment s'y rendre

Avion. L'aéroport se trouve à 10 km à l'est de la ville, sur la route de Jalna. En chemin, vous croiserez les agences d'Indian Airlines (☎ 485421) et de Jet Airways (☎ 441770), quasiment en face. Indian Airlines propose des vols quotidiens pour Mumbai (65 $US) et Delhi (175 $US). Jet Airways assure un service quotidien pour Mumbai (69 $US).

Bus. Les bus de la MSRTC relient régulièrement Aurangabad à Pune (101 Rs, 6 heures), Nasik (105 Rs, 5 heures) et Mumbai (201 Rs, 10 heures). Les agents des bus deluxe se regroupent près du carrefour où Dr Rajendra Prasad Marg devient Court Rd, mais quelques-uns sont plus proches de la gare routière, dans Station Rd.

Le trajet en bus de nuit deluxe jusqu'à Mumbai, Ahmedabad ou Nagpur revient à 250 Rs.

Vers les grottes d'Ellora et d'Ajanta. Des bus locaux desservent Ellora toutes les 30 min (12 Rs, 45 min), quatre bus directs rallient Ajanta le matin (50 Rs, 3 heures). Un bus part toutes les heures pour Jalgaon (66 Rs, 4 heures 30) et pourra vous déposer à Fardapur, le village le plus proche des grottes d'Ajanta.

Train. Aurangabad n'est pas située sur une ligne principale, mais deux trains quotidiens directs la relient à Mumbai (375 km) ; ils sont souvent complets. Le *Tapovan Express* part à 14h40 et arrive à Mumbai CST à 22h50 (88/267 Rs en 2e/chair car, seules classes disponibles). En sens inverse, ce train part de Mumbai à 6h10. Le train de nuit *Divgari Express* quitte Auranganbad à 21h05 et arrive à Munbai CST à 5h35 (135/627 Rs en couchette/two-tier climatisé).

Vous pouvez également prendre un bus ou un train local jusqu'à la gare de Manmad, sur la ligne principale, à 113 km au nord-ouest d'Aurangabad, d'où des express plus fréquents rallient Mumbai.

Pour Hyderabab (Secunderabad), le *Manmad Express* part tous les jours d'Aurangabad à 6h22 (132/951 Rs en couchette/two-tier climatisé, 12 heures).

Pour rejoindre le Nord ou l'Est de l'Inde (Dehli ou Kolkata par exemple), prenez un bus jusqu'à Jalgaon où vous emprunterez l'un des principaux trains.

Comment circuler

La station de taxis se trouve à côté de la gare routière. Les jeeps collectives qui desservent les environs, notamment Ellora et Daulatabad, partent aussi de cet endroit.

La bicyclette se révèle pratique pour explorer la ville ; on peut en louer dans les échoppes proches de la gare routière.

ENVIRONS D'AURANGABAD

Daulatabad

A mi-chemin (13 km) entre Aurangabad et les grottes d'Ellora, le superbe **fort** de Daulatabad, entouré de solides remparts de 5 km de long, couronne une colline de 200 m de haut, appelée à l'origine Devagiri ou colline des Dieux.

Au XIVe siècle, Mohammed Tughlaq lui donna le nom de Daulatabad, ou cité de la Fortune. Ce sultan de Delhi, à l'esprit dérangé, avait décidé de construire une nouvelle capitale à cet endroit et d'y transférer toute la population de Delhi (à 1 100 km au nord !). Ses malheureux sujets périrent en nombre lors de cette marche forcée et, 17 ans plus tard, le sultan repartit à Delhi en compagnie des survivants.

Du sommet, un superbe panorama embrassse la campagne environnante. Lors de la montée au fort, on franchit une succession de défenses ingénieuses et complexes, dont plusieurs portes plantées de pointes pour décourager les charges des éléphants. Une magnifique tour de la victoire, la **Chand Minar** (tour de la Lune), édifiée en 1435, se dresse sur 60 m de haut.

On découvre ensuite le **Chini Mahal**, couvert de faïences bleues, où le dernier roi de Golconda fut emprisonné pendant 13 ans jusqu'à sa mort, puis un **canon** de 6 m, fabriqué avec cinq métaux différents et gravé du nom d'Aurangzeb. Enfin, un tunnel hélicoïdal totalement obscur, d'où les défenseurs du fort lançaient des charbons ardents sur les envahisseurs, et une grotte habitée par des chauves-souris mènent au sommet.

Si vous participez à une excursion en bus de la MTDC à Daulatabad et Ellora, vous n'aurez pas le temps de monter jusqu'au sommet. Le fort ouvre jusqu'à 18h (entrée : 5/230 Rs pour les Indiens/étrangers).

Khuldabad

Khuldabad (le "Paradis"), une cité entourée de murailles, se trouve à 3 km d'Ellora. C'est

ENVIRONS D'AURANGABAD

le Karbala, ou sanctuaire, des musulmans du Deccan. De nombreux personnages historiques y sont inhumés, dont Aurangzeb, le dernier grand empereur moghol. Sa tombe se réduit à un carré de terre dans une cour de l'**Alamgir Dargah**, au centre de la ville.

PAITHAN

A 56 km au sud d'Aurangabad, Paithan est célèbre pour ses saris de soie paithani, brochés de fils d'or pur. Très recherchés, ils demandent jusqu'à un an et demi de travail. Outre le centre de tissage paithani, le principal intérêt de la ville réside dans les Gyaneshwar Gardens, les plus vastes jardins du Maharashtra. La fête de Paithan, dédiée à Eknath, un poète du XVIe siècle, dure 10 jours en mars ou en avril. Des bus locaux de la MSRTC relient Aurangabad à Paithan. Le circuit d'une demi-journée organisé le lundi par la MTDC (115 Rs) inclut la visite de Paithan.

ELLORA

Classées au Patrimoine mondial, les grottes d'Ellora, situées à quelque 30 km d'Aurangabad, constituent le joyau de l'architecture rupestre du Deccan.

Pendant cinq siècles, des générations de moines bouddhistes, hindous et jaïna, excavèrent des monastères, des chapelles et des temples sur un escarpement de 2 km de long et les décorèrent d'une profusion de sculptures où l'imagination rivalise avec le sens du détail. Grâce à la faible déclivité, contrairement à celles d'Ajanta, de nombreuses grottes comportent une cour travaillée devant le sanctuaire principal.

Le site d'Ellora compte 34 grottes : 12 bouddhiques (600-800), 17 hindoues (600-900) et 5 jaïna (800-1000). Ellora illustre la renaissance de l'hindouisme sous les dynasties Chalukya et Rashtrakuta, le déclin du bouddhisme indien et une brève résurgence du jaïnisme. Les sculptures témoignent de l'influence croissante du tantrisme dans ces trois grandes religions, tandis que leur coexistence sur un même site atteste d'une longue période de tolérance religieuse.

Chef-d'œuvre d'Ellora, l'étonnant Kailasa Temple (grotte n°16), dédié à Shiva, est la plus haute sculpture monolithique au monde. Creusé dans la roche par 7 000 ouvriers, il fut achevé au bout de 150 ans. Pendant trois jours, en décembre, il accueille le **festival de danse et de musique d'Ellora**.

L'entrée à Ellora est gratuite, à l'exception du Kailasa Temple (10 $US pour les étrangers, 10 Rs pour les Indiens). Les grottes sont fermées le lundi.

On peut louer les services d'un guide officiel (245 Rs, 4 heures maximum) à la billetterie, devant le Kailasa Temple. Les guides parlent assez bien l'anglais et connaissent parfaitement l'architecture des grottes. Une sélection de guides illustrés est disponible sur place.

Grottes bouddhiques

Les 12 grottes les plus au sud sont toutes des vihara bouddhiques, à l'exception de la grotte n°10, qui est un chaitya. Si les plus anciennes sont d'une grande simplicité, les grottes n^os^11 et 12 se révèlent plus ambitieuses, sans doute pour rivaliser avec les temples hindous.

La **grotte n°1**, le vihara le plus simple, servait peut-être de grenier. L'intérêt de la **grotte n°2** réside dans ses piliers décorés et son imposant bouddha assis face au soleil levant, ses gigantesques pieds solidement plantés dans le sol. Les **grottes n°s3 et 4**, plus anciennes et plus simples, sont moins bien conservées.

La **grotte n°5**, le plus grand vihara du groupe, mesure 18 m de large sur 36 m de long ; les rangées de bancs en pierre laissent supposer qu'il s'agissait peut-être d'une salle de réunion ou d'un réfectoire.

La **grotte n°6**, un vihara ouvragé, contient de remarquables effigies de Tara (à gauche), l'épouse du bodhisattva Avalokiteshvara, et de la déesse bouddhique de la connaissance, Mahamayuri, qui ressemble étonnamment à sa consœur hindoue, Saraswati. La façade de la **grotte 9** est ornée de superbes bas-reliefs.

La **grotte n°10**, la Viswakarma ou "grotte du Charpentier", est le seul chaitya du groupe bouddhique et l'un des plus raffinés du pays. Son nom provient du dessin du plafond, imitation de poutres de bois. A gauche de la cour, des marches mènent à un balcon et à une galerie d'où l'on voit de plus près le plafond et les bas-reliefs érotiques. Une petite fenêtre décorative éclaire doucement un immense bouddha.

On pénètre dans la **grotte n°11**, la Do Thal ("à deux étages"), par une cour en sous-sol, au troisième niveau, qui ne fut découverte qu'en 1876. Comme la grotte n°12, elle doit probablement sa taille à la rivalité avec les grottes hindoues de la même période, plus imposantes.

Une cour mène à la **grotte n°12**, l'énorme Tin Thal ("à trois étages"). Le sanctuaire (fermé) de l'étage supérieur abrite un gigantesque bouddha assis, flanqué de ses sept précédentes incarnations. Comme dans les grottes hindoues, des bas-reliefs ornent les murs.

Grottes hindoues

Si les grottes bouddhiques invitent au calme et à la méditation, l'énergie caractérise celles du groupe hindou (n^os^13 à 29), au milieu de l'escarpement. Leur dimension, leur conception et le talent qui présida à leur exécution les différencient totalement de leurs voisines bouddhiques et jaïna.

GROTTES D'ELLORA

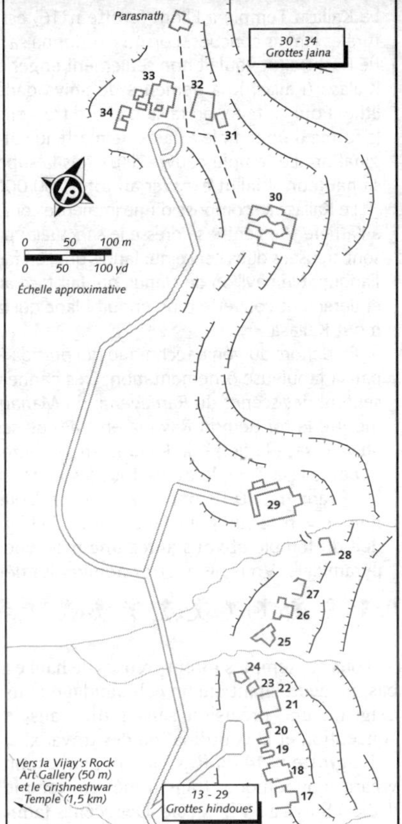

Kailasa – temple des dieux

Le Kailasa Temple à Ellora (grotte n°16) est l'une des plus audacieuses réalisations architecturales jamais conçues. Lorsqu'il ordonna sa construction en 760, le roi Krishna Ier de la dynastie Rashtrakut voulait non seulement ériger une gigantesque représentation sculptée du mont Kailasa (Kailash), la demeure de Shiva dans l'Himalaya, mais aussi la créer dans un monolithe. Pour ce faire, on tailla d'abord trois énormes tranchées dans la falaise, puis on lui donna la forme d'un temple à l'aide de marteaux et de burins. L'échelle de l'entreprise dépasse l'imagination. Le temple couvre deux fois la superficie du Parthénon et mesure une fois et demie sa hauteur. Il fallut excaver au total 200 000 tonnes de roche !

Le Kailasa se compose d'une immense cour de 81 m de long sur 47 m de large et 33 m de haut à l'arrière. Au centre se dresse le sanctuaire principal relié à l'extérieur par un pont. Des galeries sont creusées dans l'enceinte tandis que, en façade, deux grands éléphants et deux mâts de pierre flanquent le pavillon de Nandi, qui fait face au sanctuaire principal. A l'origine, la structure était entièrement couverte d'un enduit blanc qui la faisait davantage ressembler au pic enneigé du mont Kailasa.

En dehors du génie technique qui présida à sa réalisation, le Kailasa Temple est remarquable par sa fabuleuse ornementation. Des panneaux spectaculaires et délicatement sculptés représentent des scènes du *Ramayana*, du *Mahabharata* et des aventures de Krishna. Le plus beau montre le roi-démon Ravana en train de secouer le mont Kailasa. Nullement impressionné, Shiva écrase la fierté de Ravana en se contentant de plier un orteil.

Le Kailasa Temple ouvre tous les jours, sauf le lundi, de 6h à 18h (entrée : 10 $US pour les étrangers, 10 Rs pour les Indiens). Vous pouvez emprunter gratuitement le sentier qui grimpe vers le sud pour faire le tour de la grotte par le haut. De là, vous apprécierez l'étendue du temple et vous aurez une belle vue du toit, surmonté de quatre lions et d'une tour pyramidale. Vous ne pourrez admirer les délicates sculptures sans acquitter le droit d'entrée.

Tous ces temples furent creusés de haut en bas, ne nécessitant aucun échafaudage mais exigeant une précision sans faille dans la conception et la coordination des travaux.

La **grotte n°14**, la Ravana-ki-Khai, est un vihara bouddhique transformé en temple dédié à Shiva au VIIe siècle. Des scènes familières montrent Shiva dansant le *tandava*, la danse de la victoire sur le démon Mahisa, Shiva jouant aux échecs avec son épouse Parvati, ou Durga triomphant du démon-buffle. Vishnu fait plusieurs apparitions, dont une sous la forme de Varaha, le sanglier.

La Das Avatara ("les dix incarnations de Vishnou"), la **grotte n°15**, est l'une des plus belles d'Ellora. On accède au temple à deux étages par la cour et un long escalier. Nombre de scènes familières représentent Shiva, dont un époustouflant Shiva Nataraja et Shiva émergeant d'un lingam tandis que Vishnu et Brahma lui rendent hommage.

Les autres grottes hindoues paraissent insignifiantes comparées à la majesté du Kailasa, mais plusieurs méritent le coup d'œil. La **grotte n°21**, ou Ramesvara, comporte de nombreuses interprétations de scènes shivaïtes familières, illustrées dans les temples plus anciens. Les déesses Ganga et Yamuna apparaissent également. Ne manquez pas la statue de Ganga, debout sur son crocodile ou *makara*.

L'immense **grotte n°29**, la Dumar Lena, constituerait une sorte de transition entre les grottes plus simples et les temples élaborés, comme le Kailasa.

Grottes jaïna

Les grottes jaïna marquent la phase finale d'Ellora. Moins grandioses que les plus beaux temples hindous, elles offrent en compensation une exceptionnelle richesse dans le détail. Les cinq temples jaïna se situent à 1 km au nord du dernier temple hindou (grotte n°29), au bout de la route asphaltée.

La **grotte n°30**, le Chota Kailasa ou Petit Kailasa, réplique médiocre du grand Kailasa Temple, se tient isolée, à l'écart des autres temples jaïna.

La **grotte n°32**, l'Indra Sabha (salle de réunion d'Indra) est le plus beau des temples jaïna. L'étage, auquel on accède par un escalier, est aussi richement décoré que le rez-de-chaussée est sobre. Vous y verrez les effigies des *tirthankar* jaïna Parasnath et Gomateshvara, ce dernier entouré de végétation et d'animaux sauvages. Le sanctuaire abrite une statue assise de Mahavira, le 24e et dernier tirthankar, fondateur de la religion jaïna.

La **grotte n°31** constitue une extension de la grotte n°32. La **grotte n°33**, Jagannath Sabha, au plan comparable à celui de la n°32, renferme des sculptures particulièrement bien conservées. Le dernier temple, la petite **grotte n°34**, recèle aussi des sculptures intéressantes. Au sommet de la colline, au-dessus des temples jaïna, une statue de Parasnath, haute de 5 m, surplombe Ellora.

Où se loger et se restaurer

Proche des grottes, l'***Hotel Kailas** (☎ 02437-44543, fax 44467, kailas@bom4.vsnl.net.in)*, seul véritable hôtel d'Ellora, loue de charmants bungalows pour 700 Rs en double, ou 1 000 Rs avec vue sur les grottes (réduction de 20% en simple). L'annexe comporte deux doubles rudimentaires avec s.d.b. à 250 Rs. Son restaurant, moins cher que le ***restaurant de la MTDC*** voisin, sert des plats indiens et chinois.

Sur la route du Kailasa Temple, à quelques minutes à pied, la ***Vijay's Rock Art Gallery** (☎ 02437-44552)* propose des chambres spartiates et négligées, de 250 à 350 Rs, installées derrière la galerie et l'atelier de l'artiste Vijay Kulkarni ; ce dernier n'a qu'une seule passion : reproduire les fresques d'Ajanta.

Comment s'y rendre

Des bus réguliers relient Aurangabad à Ellora (12 Rs), avec un dernier retour d'Ellora vers 19h. Des jeeps collectives partent de la gare routière d'Aurangabad lorsqu'elles sont bondées (11 Rs). Le circuit en auto-rickshaw/taxi jusqu'à Ellora, avec plusieurs haltes en cours de route, revient à quelque 300/500 Rs.

AJANTA

Antérieures à celles d'Ellora, les grottes bouddhiques d'Ajanta, à 166 km au nord-est d'Aurangabad et à 60 km au sud de Jalgaon, furent réalisées entre 200 av. J.-C. et 650 de notre ère. Avec le développement d'Ellora et le déclin du bouddhisme, elles furent abandonnées et progressivement oubliées. Il fallut attendre 1819 pour qu'elles soient redécouvertes par un groupe de soldats britanniques. L'isolement a contribué à préserver certaines de leurs peintures. Ajanta est inscrite au Patrimoine mondial de l'Unesco.

Renseignements

Les grottes ouvrent touss les jours, sauf le lundi, de 9h à 17h30 (entrée : 10 $US pour les étrangers, 10 Rs pour les Indiens, plus 5 Rs pour l'éclairage et 25 Rs pour un Camé-scope). L'utilisation d'un flash est interdite dans les grottes nos1, 2, 16 et 17.

La plupart des grottes sont sombres et une torche électrique se révèle indispensable. Évitez de visiter Ajanta les week-ends et les jours fériés, lorsque les touristes indiens se pressent dans les grottes. Vous n'échapperez pas aux vendeurs qui, pour la plupart, proposent des guides illustrés et des morceaux de cristal ; si vous ne voulez rien acheter, n'acceptez aucun "cadeau" et abstenez-vous de "juste regarder".

A l'entrée, un vestiaire gratuit est à la disposition des visiteurs. Vous pourrez y laisser vos bagages en sécurité si vous arrivez de Jalgaon par un bus du matin pour visiter les grottes et repartir en fin d'après-midi vers Aurangabad (ou vice versa).

Les guides du Government of India tourist office se tiennent près de la billetterie (environ 245 Rs). Ils vous expliqueront les histoires complexes qui ont inspiré les fresques.

Grottes

Les 29 grottes sont taillées dans la paroi abrupte des gorges de la Whagore. Leur numérotation correspond à l'ordre géographique et non chronologique. Les plus anciennes sont, pour la plupart, situées au centre, les plus récentes à chaque extrémité.

Cinq de ces grottes sont des chaitya et les autres des vihara. Les grottes nos8, 9, 10, 12 et 13, plus anciennes, datent de la période hinayana, les autres appartiennent au mahayana (à partir du Ve siècle av. J.-C. environ). Dans le style sobre, presque austère, de l'école hinayana, le Bouddha est représenté par un symbole, empreinte du pied ou roue de la loi.

Grotte n°1. Ce vihara mahayana est l'une des grottes les plus récentes et les plus décorées d'Ajanta.

En façade, une véranda mène à une large salle ornées de sculptures travaillées et de fresques narratives. On remarquera l'utilisation de la perspective dans les peintures, leurs descriptions détaillées de l'habillement et de la vie quotidienne et les physionomies expressives des personnages. Les couleurs proviennent de minéraux locaux, à l'exception du bleu intense fabriqué à partir de lapislazuli d'Asie centrale.

Des fresques représentent des scènes inspirées des *jataka* (récits des diverses vies du Bouddha) et des portraits des bodhisattva Padmapani (tenant une fleur de lotus) et Vajrapani. Parmi les sculptures les plus étonnantes figure celle de quatre cerfs partageant une même tête.

Ne quittez pas la grotte n°1 sans avoir vu les trois aspects de la statue du Bouddha prêchant dans le parc aux Cerfs (demandez à un gardien de faire pivoter l'éclairage).

Grotte n°2. Également mahayana, ce vihara contient une profusion de colonnes, de chapiteaux et quelques belles peintures. Le plafond est orné de motifs géométriques et floraux. Les fresques illustrent plusieurs jataka et des événements liés à la naissance du Bouddha, dont le rêve de sa mère à qui un éléphant à six trompes annonce la naissance de Gautama.

Grotte n°4. Ce vihara, le plus grand d'Ajanta, repose sur 28 piliers. Bien qu'il n'ait jamais été achevé, il abrite de superbes sculptures, dont plusieurs représentent des personnes fuyant les "huit périls" et se réfugiant près du disciple du Bouddha, Avalokiteshvara. Les grottes n°3 et 5 n'ont jamais été terminées.

Grotte n°6. L'étage inférieur de ce vihara, le seul à deux étages d'Ajanta, s'est en partie effondré. Il renferme un bouddha assis et une porte délicatement sculptée conduisant au sanctuaire. A l'étage, des cellules aux portes délicatement peintes entourent la salle.

Grotte n°7. La grotte n°7 est conçue selon un plan insolite : des porches précèdent la véranda, qui donne directement sur les quatre cellules et sur le sanctuaire richement sculpté.

Grotte n°9. Ce chaitya hinayana est l'un des plus anciens d'Ajanta. Les deux statues qui flanquent l'entrée furent sans doute ajoutées à la période mahayana. Des colonnades courent de part et d'autre de la grotte et tout autour du dagoba, haut de 3 m. En façade, une fenêtre en fer à cheval surmonte l'entrée et le plafond voûté garde des traces de poutres de bois.

Grotte n°10. De conception analogue à la grotte n°9, ce chaitya, le plus vaste et sans doute le plus ancien (200 av. J.-C.), fut le premier redécouvert par des soldats britanniques. La façade s'est effondrée et les peintures ont été endommagées, parfois par des graffitis datant de la période suivant la la découverte. Les encoches dans le sol, près du mur gauche, servaient à mélanger les pigments.

Grotte n°16. Ce vihara, l'un des plus récents, renferme certaines des plus belles peintures d'Ajanta. Cette grotte, avec sa belle vue sur la rivière, formait peut-être à l'origine l'entrée de l'ensemble. La peinture la plus célèbre est celle de la "princesse mourante". Sundari, l'épouse de Nanda, le demi-frère du Bouddha, se serait évanouie en apprenant que son mari renonçait à la vie matérielle (et à elle-même) pour devenir moine. Nanda figure sur plusieurs autres peintures, dont celle illustrant sa conversion par le Bouddha.

Les sculptures semblent soutenir le plafond, à la manière de détails architecturaux en bois. On peut aussi admirer une statue du Bouddha assis sur un lion et enseignant le huitième sentier.

Grotte n°17. Cette grotte abrite les plus belles peintures d'Ajanta, les mieux préservées, les plus nombreuses et les plus variées. De jolies femmes sont représentées sur la voûte, tandis que des nains supportent les piliers. Une des scènes les plus célèbres d'Ajanta montre une princesse, entourée de servantes, en train de se maquiller. Une peinture décrit une procession royale, une autre dépeint un prince amoureux versant du vin à sa bien-aimée. Sur un panneau, le Bouddha, de retour chez lui après son illumination, supplie sa femme et son fils, étonné.

Un panneau détaillé relate l'histoire de l'expédition du prince Simhala au Sri Lanka. Avec 500 compagnons, il échoue sur une île où des ogresses leur apparaissent sous les traits de jolies femmes. Simhala s'enfuit sur un cheval volant puis revient conquérir l'île.

GROTTES D'AJANTA

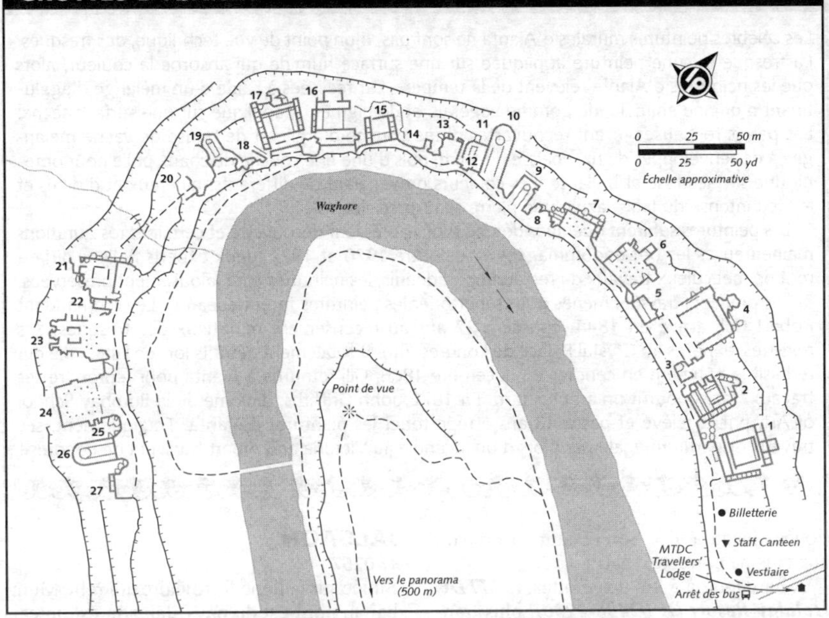

Grotte n°19. La façade remarquablement détaillée de ce splendide chaitya est rehaussée par une imposante fenêtre en fer à cheval. Deux beaux bouddhas debout flanquent l'entrée. A l'intérieur, une statue du Bouddha précède un dagoba à trois étages.

A l'extérieur, à l'ouest, l'une des sculptures les plus impressionnantes représente le roi Naga, la tête entourée de sept coiffes de cobra. Sa femme, parée d'une seule coiffe de cobra, est assise à ses côtés.

Grotte n°24. Si elle avait été achevée, cette grotte aurait constitué le plus grand vihara d'Ajanta. Elle permet de comprendre comment les grottes furent construites : en creusant de longues galeries parallèles dans la roche, puis en perçant la paroi qui les séparait.

Grottes n°s26 et 27. La façade du quatrième chaitya s'est effondrée et presque toute trace de peinture a disparu. Néanmoins subsistent de superbes sculptures. Sur le mur de gauche, un gigantesque bouddha couché se prépare à atteindre le nirvana. Plusieurs scènes représentent la tentation du Bouddha par Mara. La grotte n°27, un vihara, est relié au chaitya de la grotte n°26.

Points de vue

Deux sites offrent un beau panorama sur l'ensemble de la gorge en fer à cheval dans laquelle furent excavées les grottes d'Ajanta. Pour rejoindre le premier point de vue, à 10 min de marche, franchissez la rivière en dessous de la grotte n°27 en suivant le sentier qui descend de la grotte n°16 (à travers un petit parc) au pont en béton.

De là, une montée de 20 min conduit à l'endroit où le groupe de soldats britanniques découvrit les grottes. On peut aussi atteindre ce point de vue en taxi du parking devant les grottes.

Où se loger et se restaurer

D'Aurangabad, la visite d'Ajanta demande une longue journée et la plupart des visiteurs préfèrent séjourner à proximité. Toutefois, les hôtels de la MTDC ont fortement augmenté leurs prix.

A l'entrée des grottes, le ***MTDC Travellers' Lodge*** (*☎ 02438-4226*) propose des chambres avec s.d.b. commune à 200/250 Rs

Les "fresques" d'Ajanta

Les célèbres peintures murales d'Ajanta ne sont pas, d'un point de vue technique, des fresques. La fresque est une peinture appliquée sur une surface humide qui absorbe la couleur, alors que les peintures d'Ajanta relèvent de la tempera, car réalisées à l'aide d'un mélange d'agglutinant d'origine animale, de gomme végétale et de pigments, appliqué sur une surface sèche. Les parois rocheuses furent recouvertes d'une couche d'argile et de bouse de vache mélangée à des enveloppes de riz, épaisse de 1 cm, puis d'une fine couche de chaux polie pour obtenir une surface lisse et brillante. Les couleurs provenaient de différents minéraux et d'ocres et le bleu intense du lapis-lazuli, une pierre semi-précieuse.

Les peintures subirent quelques dégradations après leur découverte et certaines restaurations malheureuses les ont endommagées, mais entre 1920 et 1922, deux experts italiens dirigèrent de méticuleux travaux de restauration ; depuis, les peintures sont jalousement préservées.

Les premiers travaux menés pour répertorier les peintures furent anéantis. Le commandant Robert Gill, arrivé en 1844, consacra 27 ans au recensement minutieux des fresques. Ses registres, exposés au Crystal Palace de Londres, furent totalement détruits lors de l'incendie qui réduisit le bâtiment en cendres en décembre 1866. Gill retourna à Ajanta pour reprendre ses travaux, mais mourut un an plus tard. En 1872, John Griffiths, diplômé de la Bombay School of Art, prit la relève et passa 13 ans à répertorier les peintures d'Ajanta. Tragiquement, ses travaux disparurent également lors d'un incendie au Victoria and Albert Museum de Londres !

(louées jusqu'à 9h). Son restaurant prépare une cuisine correcte.

A Fardapur, à 5 km des grottes, le ***MTDC Holiday Resort*** *(☎ 02438-4230)*, plus tranquille, offre de plus jolies chambres, avec TV et douche chaude, à 520 Rs en double, ou 624 Rs avec clim. Il possède un restaurant très quelconque. A côté de la billetterie des grottes, la ***staff canteen*** (cantine du personnel), ouverte à tous, sert de bons thali et des en-cas végétariens à petits prix, ainsi que des boissons fraîche ; les employés font tout leur possible pour attirer les clients.

Comment s'y rendre

Pour tous renseignements sur les bus en provenance d'Aurangabad ou de Jalgaon, reportez-vous à ces rubriques. Les bus s'arrêtent devant l'entrée des grottes et les horaires sont affichés au MTDC Travellers' Lodge. Le dernier bus à destination d'Aurangabad part à 17h45 et à 17h35 pour Jalgaon. Les grottes se trouvent à 4 km de la route Aurangabad-Jalgaon, et Fardapur, à 1 km en direction de Jalgaon. Si vous ne trouvez pas un bus direct pour Ajanta, vous devrez attendre un bus local à Fardapur ou prendre un auto-rickshaw (30 Rs).

Des taxis ou des jeeps collectifs font la navette entre les grottes, Fardapur et Jalgaon. Les prix sont négociables, mais comptez environ 10 Rs d'Ajanta à Fardapur et 500 Rs pour le véhicule complet jusqu'à Jalgaon.

JALGAON

☎ 0257

Située sur la ligne ferroviaire qui relie Mumbai au nord-est du pays, Jalgaon est un carrefour ferroviaire qui dessert toutes les directions. C'est une étape pratique, voire obligée, sur le chemin des grottes d'Ajanta, à 60 km au sud.

Où se loger et se restaurer

Les ***retiring rooms*** de la gare présentent un bon rapport qualité/prix, avec des lits en dortoir à 40 Rs et des doubles à 60 Rs par personne. Jalgaon possède en outre plusieurs hôtels très convenables en face de la gare ferroviaire.

A 150 m en amont de la gare sur la gauche, l'***Hotel Plaza*** *(☎ 227354, Station Rd)*, l'un des hôtels bon marché les plus propres et les plus accueillants du Maharashtra, dispose de chambres impeccables, au sol carrelé de blanc, avec TV câblée et s.d.b., à 150 ou 180 Rs en simple, 220 ou 280 Rs en double. Le propriétaire, très chaleureux, est une mine d'informations.

Sur la droite après l'arrêt des auto-rickshaws, l'***Anjali Guest House*** *(☎ 225079, Station Rd)*, également très bien tenue, propose des chambres à partir de 200/225 Rs. Un bon restaurant végétarien occupe le rez-de-chaussée. A 2 km de la gare ferroviaire, l'***Hotel Galaxy*** *(☎ 223578, Jilha Rd)* jouxte la gare routière. Il offre des chambres correctes, avec TV, à 250/300 Rs, une simple plus petite à 190 Rs et des doubles climatisées à 550 Rs.

Comment s'y rendre

Plusieurs trains express reliant Mumbai à Dehli ou Kolkata (Calcutta) font un bref arrêt à Jalgaon. Le trajet Jalgaon-Mumbai (8 heures, 420 km) revient à 148/428 Rs en couchette/three-tier climatisé. Aucun train n'arrive de Mumbai à une heure commode, sauf si vous partez des gares de Dadar ou de Lokmanya Tilak. L'*Amritsar Express* part à 6h35 à destination d'Agra et de Dehli.

Des bus relient toutes les heures Jalgaon à Fardapur (26 Rs, 2 heures), puis continuent vers Aurangabad (66 Rs, 4 heures). Si vous voulez vous rendre directement aux grottes, trois bus directs desservent Ajanta le matin, à 6h20, 8h45 et 10h30. Les gares ferroviaire et routière de Jalgaon sont distantes d'environ 2 km (15 Rs en auto-rickshaw). Dans Station Rd, quantité de compagnies de bus de luxe rallient Mumbai (200 Rs, 11 heures), Nagpur (220 Rs, 10 heures) et Aurangabad (120 Rs, 3 heures 30).

LONAR METEORITE CRATER

Près du village de Lonar, dans une plaine à 140 km à l'est d'Aurangabad, se trouve un gigantesque cratère météorique. Il daterait d'environ 50 000 ans et mesure 2 km de diamètre et 170 m de profondeur. Un petit lac en occupe le fond. Les scientifiques pensent que la météorite se trouve toujours enfouie à 600 m sous la bordure sud-est du cratère.

Plusieurs **temples hindous** sont érigés au fond du cratère. Des entelles, des gazelles, des paons et divers oiseaux peuplent les buissons qui bordent le lac. Vous passerez un agréable après-midi à explorer les alentours. Le cratère se trouve à 15 min de marche de la gare routière – demandez la direction du Lonar Tank (bassin de Lonar).

Lors de notre passage, la MTDC construisait une ***pension*** près du cratère, qui sera certainement l'hébergement le plus confortable. Contactez la MTDC d'Aurangabad ou de Fardapur pour les tarifs et les réservations.

Comment s'y rendre

Des bus directs relient Aurangabad à Lonar (70 Rs, 5 heures), mais vous pouvez prendre un train ou un bus jusqu'à Jalna, puis une correspondance. De Fardapur, prenez un bus jusqu'à Buldhana, où vous devrez changer.

Lonar se visite dans la journée d'Aurangabad, à condition de louer une voiture avec chauffeur. Classic Travels (☎ 337788), à Aurangabad, loue des véhicules pour 1 400 Rs (2 000 Rs avec la nuit à Lonar). Vous pouvez également vous adresser aux taxis qui stationnent devant la gare routière.

NAGPUR

☎ 0712 • 1,8 million d'habitants

Située sur la Nag, dans l'angle nord-est de l'État, Nagpur est la capitale de la première région productrice d'oranges du sous-continent indien. Jadis capitale de la province centrale, elle fut plus tard intégrée au Maharashtra. Les tribus aborigènes gond la dominèrent jusqu'au début du XVIIIe siècle ; de nombreux Gond habitent toujours la région Son intégration définitive au Maharashtra n'est pas encore entérinée ; Nagpur est au centre de la région Vidarbha, où un mouvement milite activement pour un État séparé.

Chaque année, le 18 octobre, la ville accueille des milliers de bouddhistes venus célébrer l'anniversaire de la conversion, en 1956, du Dr Ambedkar. Le principal centre du mouvement bouddhiste se trouve à **Digsha Bumi**, où se dresse un gigantesque stupa blanc.

Nagpur ne présente d'intérêt que pour les voyageurs qui se rendent à l'ashram de Ghandi, à Sevagram, ou aux parcs nationaux reculés de Navagaon et de Tadoba.

Renseignements

A l'agence de la MTDC (☎ 533325), le personnel vous annoncera d'emblée qu'il n'y a rien à voir ou à faire dans les environs. Il se situe à Sanskritik Bachat Bhavan, Sitabuldi (en face de l'Hotel Hardeo).

La State Bank of India, dans Kingsway, à 2 min à pied à l'ouest de la gare ferroviaire est l'endroit le plus fiable pour changer de l'argent.

Si vous allez au Madhya Pradesh, le bureau MP Tourism (☎ 523374), 4e étage, Lokmat Bhavan, vous informera utilement. Le Cyber Den Internet Cafe est installé au même étage.

Dans Central Avenue, deux centres Internet facturent 20 Rs l'heure. Computrek (☎ 727435), 18 Central Avenue, ouvre tous les jours de 7h à 21h.

La conversion du Dr Ambedkar

Le Dr Bhimrao Ramji Ambedkar, un hindou de basse caste, ministre de la Justice et leader des castes répertoriées, est l'une des figures emblématiques de l'histoire récente du Maharashtra.

Né dans une famille de dalit (intouchables) du district de Ratnagiri en 1891, le Dr Ambedkar fit ses études au Elphinstone College de Bombay avant d'avoir l'opportunité d'étudier en Grande-Bretagne et aux États-Unis, où il acquit des diplômes impressionnants. A son retour en Inde en 1923, sa vie professionnelle devint insupportable lorsque ses collègues refusèrent de lui remettre directement tout document par crainte de souillure rituelle. L'année suivante, il entama son combat juridique et politique pour les droits des dalit et, durant vingt ans, utilisa toute son habileté à obtenir devant la Cour l'égalité pour les classes rejetées. Parmi ses démarches les plus fracassantes, il entreprit, en 1927, une marche jusqu'à Mahad pour que les intouchables aient le droit de boire aux points d'eau publics et prit la tête d'un mouvement au Kalaram Temple, à Nasik, réclamant l'accès au temple pour les dalit.

Le Dr Ambedkar lutta pour qu'un quota de postes soit réservé pour les dalit au parlement. Il est considéré comme l'un des principaux fondateurs de la Constitution indienne, un document qui, officiellement, mettait fin au statut d'intouchable dans le pays.

Malgré ces succès, le Dr Ambedkar cessa de croire à la fin de la discrimination hindoue envers les dalit. Le 14 octobre 1956, il se convertit au bouddhisme à Digsha Bumi, à Nagpur, bientôt imité par quelque 3 millions d'hindous de basse caste. Il mourut quelques semaines plus tard, le 6 décembre 1956.

Où se loger

La plupart des hôtels pour petits budgets et de catégorie moyenne se regroupent dans Central Avenue, à 15 min à pied de la gare ferroviaire. Tournez à droite en sortant de la gare, puis encore à droite en traversant le pont qui enjambe les voies ferrées et débouche dans Central Avenue. Si vous arrivez en bus, la course en auto-rickshaw jvous reviendra à 20 Rs environ.

Probablement la meilleure adresse pour les petits budgets, l'***Hotel Blue Diamond*** *(☎ 727461, bluediamond@nagpurkhoj.com, 113 Central Ave)* propose des petites simples/doubles à 100/150 Rs, 130/200 Rs avec s.d.b. et 350/450 Rs avec clim. Air-coolers et TV sont disponibles moyennant un supplément. L'hôtel possède un restaurant et un bar.

Vétuste mais accueillant, l'***Hotel Blue Moon*** *(☎ 726061, micron@bom3.vsnl.net.in)*, l'un des premiers en venant de la gare ferroviaire, dispose de simples/doubles, avec s.d.b. et TV, à partir de 225/400 Rs, ou 550/650 Rs avec clim.

Plus à l'est et plus agréable, l'***Hotel Skylark*** *(☎ 724654, fax 726193, 119 Central Ave)* offre des simples/doubles, avec s.d.b. et TV, à 350/450 Rs, ou 600/700 Rs avec clim.

Assez confortable, l'***Hotel Pal Palace*** *(☎ 724725, fax 722337, 25 Central Ave)* facture ses simples/doubles de 250/350 Rs à 550/650 Rs (avec clim.), et ses suites 1 200 Rs. Ajoutez 14% de taxe à ces prix.

Où se restaurer

En face de la gare ferroviaire, des dizaines de *dhaba* (snack-bar) et de stands d'alimentation bon marché s'animent, pour la plupart, en soirée.

Le ***Krishnum***, dans Central Ave, propose des dosa, des samosa, des pizzas végétariennes et des thali à prix doux (de 25 à 45 Rs), ainsi que des glaces, des jus de fruit frais et des milk-shakes. La ***boulangerie*** et la confiserie du rez-de-chaussée offrent également un bon choix.

Le ***Host Restaurant*** de l'Hotel Pal Palace prépare un bel éventail de plats indiens, chinois et occidentaux, dont quelques raretés comme le poulet à la Kiev (90 Rs).

The Grill, à l'Hotel Skylark, est également une bonne adresse.

Comment s'y rendre

Avion. Indian Airlines (☎ 533962), dans RN Tagore, Civil Lines, assure deux liaisons quotidiennes avec Mumbai (130 $US), une avec Dehli (150 $US) et des vols à destination de Hyderabad (115 $US) et de Kolkata (165 $US) les mercredi, vendredi et dimanche.

Bus. Le principal arrêt des bus de la MSRTC se trouve à 2 km au sud de la gare ferroviaire et du quartier des hôtels. Des départs réguliers desservent Wardha (33 Rs, 2 heures) et Ramtek (21 Rs, 1 heure 30). Deux bus quotidiens rallient Jalgaon (179 Rs, 10 heures) et des bus deluxe rejoignent Hyderabad (300 Rs, 12 heures). Les bus à destination du Madhya Pradesh partent d'un autre arrêt de bus, à environ 500 m à l'ouest de la gare ferroviaire, dont des services réguliers pour Jabalpur (115/137 Rs ordinaire/deluxe, 7 heures) et deux bus quotidiens pour Bhopal (187 Rs, 12 heures) et Indore (278 Rs, 16 heures).

Train. La gare ferroviaire de Nagpur Junction, un bâtiment imposant en plein centre-ville, se trouve sur la ligne Mumbai-Howrah et accueille chaque jour plusieurs trains express dans chaque direction. Le train de nuit *Vidharba Express*, qui se forme à Nagpur, part pour Mumbai CST à 15h (244/707 Rs en couchette/three-tier climatisé, 15 heures). En sens inverse, il quitte Mumbai tous les soirs à 19h35.

En direction du nord vers Kolkata, le *Mumbai Howrah Mail* part de Nagpur à 11h30 et arrive à Howrah à 7h40 (297/860 Rs).

Cinq trains express à destination de Mumbai s'arrêtent à Jalgaon (pour les grottes d'Ajanta). Nagpur est également bien reliée à Bangalore, Dehli et Hyderabad.

ENVIRONS DE NAGPUR

Ramtek

A 40 km au nord-est de Nagpur, Ramtek regroupe plusieurs beaux **temples** vieux de six siècles, superbement situés au sommet de la colline de Rama qui domine la ville. Rama aurait séjourné ici avec Sita et Lakshmi, épisode relaté dans le *Ramayana*.

Sur la route qui mène aux temples, un **mémorial** est dédié au dramaturge sanscrit Kalidasa. A l'est de la colline de Rama, des ghats d'ablution et des petits temples bordent le Ramsagar Tank (bassin de Ramsagar). Un auto-rickshaw vous demandera 30 Rs de l'arrêt des bus aux temples (5 km), mais nous vous conseillons de revenir à pied par l'escalier qui descend derrière le temple et traverse le village.

Au sommet de la colline, le ***Rajkamal Resort*** *(☎ 07114-55620)* offre des doubles propres, avec douche chaude et TV, à 400 Rs et possède un restaurant banal.

Environ toutes les 30 min, des bus circulent entre Ramtek et l'arrêt des bus de la MSRTC à Nagpur (21 Rs, 1 heure 30). Le dernier repart pour Nagpur à 20h30.

SEVAGRAM

Si vous vous intéressez à la vie du Mahatma Gandhi, vous apprécierez le long voyage jusqu'à Sevagram, au cœur de l'Inde, où Gandhi établit son ashram en 1933. Jusqu'à l'Indépendance, ce fut en quelque sorte la capitale officieuse de l'Inde.

L'ashram englobe 40 ha de terres cultivables, ainsi que des résidences et des centres de recherche. On a conservé les premières cabanes en adobe, ainsi que les effets personnels du Mahatma, notamment son célèbre rouet et ses lunettes.

En face de l'ashram, de l'autre côté de la route, une intéressante exposition de photos retrace les événements de la vie du Mahatma.

Des prières ont lieu tous les jours à 4h45 et à 18h sous le figuier planté par Gandhi en 1936. Les membres de l'ashram observent des règles de vie strictes et, si les visiteurs ne sont pas obligés de travailler, on les encourage à filer le coton une demi-heure par jour et à arriver à l'heure aux repas. Le reste du temps, la vie à Sevagram est extrêmement reposante.

De l'étoffe tissée à la main (*khadi*) est en vente à l'ashram, ainsi que des écrits du Mahatma.

Où se loger et se restaurer

L'hébergement dans l'ashram, spartiate mais propre, est très bon marché.

Le ***Rustam Bhavan*** loue quatre doubles avec s.d.b. pour 25 Rs par personne. Contactez l'ashram (☎ 07152-43526) pour vous assurer qu'il n'est pas complet. Les repas végétariens, servis dans la salle à manger commune, ne grèveront pas votre budget.

Le ***MTDC Holiday Resort*** *(☎ 07152-43872)*, à Wardha, en face de l'arrêt des bus, propose des chambres plus confortables à 150/220 Rs. Tournez à droite en sortant de la gare ferroviaire, puis marchez 5 min.

Comment s'y rendre

On peut rejoindre l'ashram des gares ferroviaires de Wardha ou de Sevagram, toutes deux sur le Central Railway. Des trains express relient Nagpur à Sevagram (76 km, 28 Rs en 2e classe) en un peu plus d'une heure. Des bus express de la MSRTC circulent fréquemment entre Nagpur et Wardha (33 Rs, 2 heures).

Des bus locaux relient régulièrement Wardha à l'ashram (3 Rs, 20 min, 8 km). Un auto-rickshaw vous demandera 40 Rs.

ENVIRONS DE SEVAGRAM

Paunar

L'ashram de Vinoba Bhave se situe à Paunar, à 3 km de Sevagram, sur la route de Nagpur. Ce disciple de Gandhi sillonna le pays avec ferveur pour persuader les riches propriétaires de céder des terres aux plus démunis et réussit à leur faire remettre 1,6 million d'hectares.

L'ashram, presque entièrement tenu par des femmes, est dédié à la *swarajya*, l'autosuffisance rurale. Il fonctionne d'une manière particulièrement intéressante, fondée sur un système social de consensus, sans direction centralisée. On peut y loger pour une somme minime et, même si les femmes sont mieux acceptées, il est ouvert à tous.

Goa

Ancienne enclave portugaise, l'État de Goa – et ses plages bordées de cocotiers, sa réputation de tolérance et sa fameuse "scène touristique" – attire depuis des années les voyageurs. Néanmoins, les temps changent pour cette destination de vacances décontractée. La législation du gouvernement central interdisant la musique bruyante dans les lieux publics après 22h a mis fin aux "rave parties" bien connues des nuits goanaises. Parallèlement, l'augmentation du nombre de charters et de voyages organisés a entraîné le développement effréné de nombreuses stations balnéaires.

Cet État a cependant beaucoup plus à offrir que soleil, mer et sable. Bien que libéré depuis plus de quarante ans de la tutelle lusitanienne, Goa reste très marqué par la religion catholique. On y croise beaucoup plus de femmes en jupe qu'en sari, et la population fait montre d'une nonchalance toute tropicale, émaillée d'indulgence, d'humour et de courtoisie.

Églises typiquement portugaises aux façades d'un blanc éclatant, rizières et palmeraies exubérantes, ou forts en ruine veillant sur les promontoires escarpés forment le magnifique paysage de Goa. Les marchés déploient leurs étals bigarrés et joyeux, et la sieste, durant les heures chaudes, est élevée au rang d'institution. La passion de Goa pour la fête se traduit par un nombre incalculable de festivités de toutes sortes.

L'agriculture, la pêche, le tourisme et les mines de fer constituent la base de l'économie de l'État, bien que ces deux dernières ressources se révèlent parfois nocives. Les prospections ont endommagé les rizières tandis que les hôtels cinq-étoiles, avec leurs piscines, vampirisent les réserves d'eau, vitales pour les paysans.

En bref

Population : 1,3 million d'habitants
Superficie : 3 701 km^2
Capitale : Panaji
Principales langues : konkani, marathi, anglais et hindi
Meilleure saison : d'octobre à mars

Cartes du chapitre :

- Le vieux quartier portugais de Panaji et ses ruelles, où il fait bon flâner, siroter une bière ou un feni sur le balcon de l'Hotel Venite
- Les magnifiques cathédrales d'Old Goa, ville déchue qui rivalisait jadis avec Lisbonne
- Le célèbre marché aux puces du mercredi et les fêtes du Shore Bar à Anjuna
- Palolem, l'une des plages les plus idylliques de Goa, idéale pour se détendre sous les cocotiers
- Circuler à moto ou en scooter, le meilleur moyen d'explorer la ville à son propre rythme
- Le carnaval, l'une des exubérantes festivités de Goa, avant le Carême, à ne pas manquer

Histoire

L'histoire de Goa commence au IIIe siècle av. J.-C. ; elle dépendait alors de l'empire des Maurya. Elle passa ensuite sous le contrôle de la dynastie des Satavahana de Kolhapur, puis, plus tard, sous celui des Chalukya de Badami (580-750). En 1312, pour la première fois, l'État tomba aux mains des musulmans, qui furent chassés, en 1370 par Harihara Ier, empereur de Vijayanagar. Cette dynastie, qui avait fait de Hampi – dans l'actuel Karnataka – sa capitale, devait gouverner Goa pendant près d'un siècle. Ses ports prospérèrent

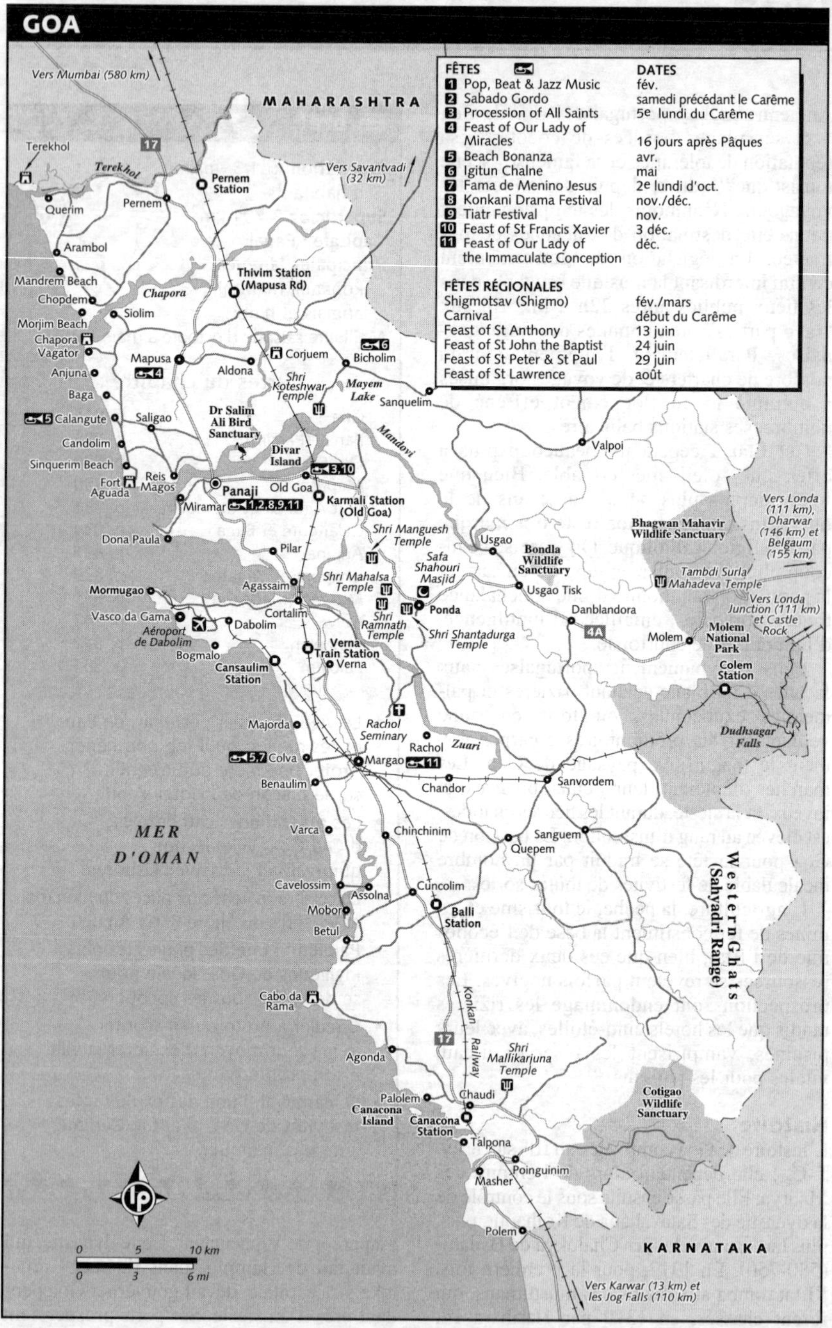
GOA
FÊTES
DATES
1 Pop, Beat & Jazz Music — fév.
2 Sabado Gordo — samedi précédant le Carême
3 Procession of All Saints — 5e lundi du Carême
4 Feast of Our Lady of Miracles — 16 jours après Pâques
5 Beach Bonanza — avr.
6 Igitun Chalne — mai
7 Fama de Menino Jesus — 2e lundi d'oct.
8 Konkani Drama Festival — nov./déc.
9 Tiatr Festival — nov.
10 Feast of St Francis Xavier — 3 déc.
11 Feast of Our Lady of the Immaculate Conception — déc.
FÊTES RÉGIONALES
Shigmotsav (Shigmo) — fév./mars
Carnival — début du Carême
Feast of St Anthony — 13 juin
Feast of St John the Baptist — 24 juin
Feast of St Peter & St Paul — 29 juin
Feast of St Lawrence — août
Vers Mumbai (580 km)
MAHARASHTRA
17
Terekhol
Terekhol
Vers Savantvadi (32 km)
Pernem Station
Pernem
Querim
Arambol
Mandrem Beach
Chapora
Thivim Station (Mapusa Rd)
Chopdem
Siolim
Morjim Beach
Chapora
Vagator
Mapusa
4
Aldona
Corjuem
6
Bicholim
Anjuna
Shri Koteshwar Temple
Mayem Lake
Sanquelim
Baga
5 Calangute
Saligao
Dr Salim Ali Bird Sanctuary
Mandovi
Candolim
Divar Island
Valpoi
Sinquerim Beach
3,10
Fort Aguada
Reis Magos
Panaji
1,2,8,9,11
Old Goa
Karmali Station (Old Goa)
Miramar
Vers Londa (111 km), Dharwar (146 km) et Belgaum (155 km)
Bhagwan Mahavir Wildlife Sanctuary
Shri Manguesh Temple
Dona Paula
Pilar
Safa Shahouri Masjid
Usgao
Bondla Wildlife Sanctuary
Tambdi Surla Mahadeva Temple
Shri Mahalsa Temple
Usgao Tisk
Agassaim
Mormugao
Vers Londa Junction (111 km) et Castle Rock
Ponda
Cortalim
Shri Ramnath Temple
Danblandora
Vasco da Gama
Dabolim
Aéroport de Dabolim
Shri Shantadurga Temple
4A
Molem
Molem National Park
Verna Train Station
Bogmalo
Verna
Colem Station
Cansaulim Station
Rachol Seminary
Dudhsagar Falls
Majorda
Rachol
Zuari
5,7 Colva
Margao
11
Benaulim
Chandor
Sanvordem
MER D'OMAN
Varca
Chinchinim
Sanguem
Quepem
Western Ghats (Sahyadri Range)
Cavelossim
Assolna
Cuncolim
Mobor
Balli Station
Betul
Cabo da Rama
Konkan Railway
17
Agonda
Shri Mallikarjuna Temple
Cotigao Wildlife Sanctuary
Palolem
Chaudi
Canacona Island
Canacona Station
Talpona
Poinguinim
Masher
Polem
KARNATAKA
0 5 10 km
0 3 6 mi
Vers Karwar (13 km) et les Jog Falls (110 km)

Aperçu des plages

Pour les visiteurs occidentaux, les plages constituent l'intérêt majeur de Goa. Le littoral, les villages et les stations balnéaires se sont transformés au fil des ans, mais toutes conservent un cachet particulier. Voici un bref aperçu des plages de l'État, répertoriées du nord au sud.

Arambol. Ce village paisible doté d'un promontoire rocheux, dans un cadre saisissant, connaît un essor rapide. Nombre de voyageurs y louent des chambres pour un long séjour.

Mandrem et Morjim. Les plages sont propres mais banales. Néanmoins, il s'agit d'un secteur paisible, loin des sentiers battus. Ce site, qui compte quelques établissements très agréables pour séjourner, sera sans doute le prochain Arambol.

Chapora et Vagator. La plage et le cap rocheux pittoresques, à côté d'un village retiré, attirent voyageurs, hippies au long cours et ravers.

Anjuna. Une longue bande sablonneuse s'étire à proximité du marché aux puces. Anjuna reste prisée des adeptes de fêtes, bien que ces dernières se fassent plus rares.

Baga et Calangute. Bondée, cette longue plage est surchargée de paillotes et de matelas pour bains de soleil. Bien qu'elle soit le lieu de rendez-vous des groupes en voyage organisé, nombre de routards continuent de préférer son atmosphère plus joyeuse que celle des plages du nord.

Candolim. Lieu du tourisme haut de gamme, il jouit de plages plus calmes que Calangute.

Bogmalo. Cette petite plage huppée, principal centre de plongée de Goa, propose divers sports aquatiques.

Colva et Benaulim. La plage, analogue à celle de Calangute, est toutefois plus calme et possède une industrie de pêche bien visible. Elle accueille voyages organisés, touristes indiens et routards.

Varca et Cavelossim. Les luxueuses stations cinq-étoiles sont entourées de plages relativement désertes.

Agonda. Si le site n'offre qu'une plage banale, Agonda constitue toutefois un lieu idéal pour passer quelques jours loin de l'agitation. Il attire notamment les voyageurs décontractés, venus se reposer.

Palolem. Le "paradis perdu" de Goa reste la plage la plus idyllique de l'État. Néanmoins, elle connaît un rapide afflux de voyageurs et les petits commerces s'y multiplient. L'hébergement se fait essentiellement en paillotes de plage et en maisons de village.

grâce aux navires convoyant les chevaux arabes destinés à renforcer la cavalerie vijayanagar de Hampi.

Bénéficiant de ports naturels et de cours d'eau navigables, Goa était une base idéale pour les conquérants portugais, qui débarquèrent en 1510, bien décidés à maîtriser la route des épices et à propager la foi chrétienne. Des missionnaires jésuites, sous l'égide de saint François Xavier, débarquèrent à Goa en 1542. Pendant un certain temps, la zone d'influence portugaise se limita à la vieille ville et à ses environs immédiats, mais, dès le milieu du XVIe siècle, elle s'étendait jusqu'aux provinces de Bardez et de Salcete.

Les profits engendrés par la route des épices permirent à Goa de connaître son âge d'or. La colonie devint le siège des vice-rois de l'empire portugais. Toutefois le déclin ne tarda pas. Au XVIIe siècle, les Portugais ne résistèrent pas à la concurrence acharnée des Britanniques, des Français et des Hollandais.

Vers la fin du XVIIIe siècle, les Marathes faillirent avoir raison des Portugais et, au cours des guerres napoléoniennes, l'État connut une brève occupation britannique. Il faudra cependant attendre 1961 pour que les Portugais, chassés par les troupes indiennes, abandonnent définitivement le sous-continent.

Désagréments et dangers

Comme dans de nombreuses enclaves touristiques, on peut parfois rencontrer des problèmes de sécurité. Prenez garde au vol dans les chambres, notamment pendant les nuits de fête à Anjuna et à Vagator. La prudence est de rigueur également si vous louez une paillote sur la plage. Ne laissez jamais argent, passeport ni autres objets de valeur dans la chambre. Nombre de pensions et d'hôtels mettent des coffres à la disposition de leurs clients.

Des agressions ont eu lieu, en particulier dans des ruelles désertes – et non éclairées –

à l'écart de la plage. Évitez de vous trouver seul la nuit. Plus préoccupant : des agressions de jeunes filles ont été signalées. Il est conseillé aux femmes non accompagnées de ne pas se promener sur la plage la nuit ni dans les ruelles sombres. Depuis quelques années, dans des villages tels que Colva et Benaulim, de nombreuses voies publiques ont été pourvues d'éclairage ; néanmoins leur utilité reste limitée si les rues sont désertes.

La mer d'Oman se révèle parfois décevante et Goa déplore un certain nombre de noyés chaque année. Si, dans l'ensemble, les principales plages restent sûres, il n'existe toutefois aucune surveillance : mieux vaut donc s'informer de la présence éventuelle de courants marins auprès de la population locale. Le bain de minuit n'est guère conseillé, notamment si vous avez bu, et mieux vaut éviter la mer durant la mousson. Prenez garde aux méduses qui remontent de temps à autre des eaux profondes.

Les rabatteurs travaillant au profit des hôtels et des taxis sont l'un des désagréments majeurs des stations balnéaires de Goa. Un chauffeur vous affirmant que l'établissement que vous avez choisi est complet, fermé ou a brûlé récemment, cherche en fait à vous conduire là où il recevra une commission. Méfiez-vous des rabatteurs et exigez toujours d'être conduit avant tout à l'établissement de votre choix.

Problèmes juridiques

Drogues. Acides, ecstasy et marijuana – drogues préférées des amateurs de nuits folles – sont illégales (bien qu'aisément disponibles) et leur achat est lourd de dangers potentiels. Dans la prison de Fort Aguada, quelques étrangers purgent de longues peines pour des délits liés aux stupéfiants ; c'est le résultat de la ligne dure qu'ont adoptée les autorités depuis un certain temps.

La possession de la moindre quantité de *charas* (haschisch) peut vous valoir 10 ans d'emprisonnement. Par ailleurs, il est arrivé que des policiers menacent d'infortunés touristes de placer de la drogue sur eux, de façon à les inculper s'ils ne leur versaient pas immédiatement une grosse somme d'argent. Si cela vous arrivait, tentez la persuasion, mais, en cas d'échec, payez le bakchich. Dans le même temps, enregistrez mentalement les traits distinctifs du maître-chanteur policier et, immédiatement après l'incident, relatez exactement ce qui s'est passé dans une lettre que vous enverrez au Government of India tourist office de Panaji (et non pas au Goan Tourist Department), ainsi qu'à l'un des trois quotidiens en anglais de Goa (ou bien à tous) et à l'Office indien du tourisme de votre pays.

Les amateurs de bain de soleil ne doivent pas oublier que le nudisme (et le monokini pour les femmes) est illégal à Goa.

Manifestations annuelles

Goa ayant longtemps été une colonie portugaise, un grand nombre de festivités suivent le calendrier religieux chrétien. Outre ces principales fêtes (Noël, Pâques, etc.), les Goanais célèbrent d'autres événements, notamment l'arrivée de la mousson.

L'**Igitun Chalne**, qui se tient au temple de Sirigao du *taluka* (district) de Bicholim au mois de mai, est l'une des fêtes les plus marquantes de Goa. Son nom signifie "marche sur le feu" et le clou de la fête est le moment où les adeptes de la déesse Lairaya foulent un lit de charbons ardents pour témoigner de leur foi.

La **Feast of St Anthony** (fête de saint Antoine), en juin, est très populaire. On dit que si la mousson n'est pas arrivée à cette date, une statue du saint doit être plongée dans le puits familial pour y attirer la pluie. La Feast of St John, ou fête de saint Jean, également en juin, est une journée d'actions de grâces pour l'arrivée de la mousson. Les puits se remplissent à nouveau et, pour marquer l'événement, de jeunes hommes sautent dans l'eau. Traditionnellement, le propriétaire du puits doit fournir aux baigneurs du *feni* (liqueur distillée à partir de lait de coco ou du fruit de la noix de cajou), ce qui ne fait qu'égayer les esprits.

Shigmotsav (Shigmo) of Holi est la version goanaise de la fête hindoue de Holi, manifestation qui marque le début du printemps. On jette de l'eau colorée et de la poudre rouge sur les passants et certaines grandes villes organisent des défilés.

Durant le **Carnival** (carnaval) de Goa, Panaji célèbre le samedi gras – celui qui précède le Carême – par un cortège de chars et de fêtes de rue tapageuses.

Hébergement

Les tarifs hôteliers fluctuent considérablement selon la saison, en particulier dans les établissements de catégories moyenne et supérieure. La haute saison va de mi-déc. à fin janv., la demi-saison, d'oct. à mi-déc. et de fév. à juin et la basse saison, de juill. à sept. Les prix indiqués dans ce chapitre (sauf indication contraire) s'appliquent à la haute saison. Si vous vous rendez à Goa en dehors de cette période, comptez 25% de réduction en saison intermédiaire et jusqu'à 60% en basse saison. Les tarifs grimpent encore, parfois dans des proportions astronomiques, aux alentours de Noël ; du 22 déc. au 3 janv. approximativement. Cette augmentation s'applique généralement aux courts séjours, notamment dans les hôtels accueillant les voyages organisés. Quelle que soit la saison, l'État applique une taxe de luxe de 8% sur les chambres de plus de 100 Rs (12% à partir de 800 Rs). En ce qui concerne les établissements économiques, les prix indiqués incluent généralement les taxes, ce qui n'est pas le cas des hôtels de catégories moyenne et supérieure.

Alimentation et boissons

Vous trouverez plusieurs spécialités locales, dont le porc vindaloo, très réputé. Parmi d'autres préparations à base de porc, citons notamment le saucisson goanais, ou *chourisso*, et le plat de foie, *sorpotel*. Le *xacuti* est à base de poulet épicé ou de viande ; *bangra* est le nom du maquereau ; les *sanna* sont des sortes de petits-fours à la farine de riz, macérés dans du vin de palme avant cuisson ; enfin, les *dodol* et les *bebinca* (faites avec plusieurs épaisseurs de crêpes sucrées) sont des douceurs servies à Noël.

Les alcools du commerce sont en vente partout à bas prix et les Goanais distillent leurs propres crus. Le plus répandu est le feni. Dans les magasins de spiritueux, une bouteille de feni coûte à peine plus cher qu'une bière consommée dans un restaurant. Le feni étant très fort, aussi bien au goût que dans les effets qu'il produit, mieux vaut le mélanger à une boisson non alcoolisée (du Limca par exemple). On trouve aussi quelques vins locaux. Le blanc n'est pas mauvais ; quant au rouge, il se rapproche beaucoup du porto.

Comment s'y rendre

Avion. L'aéroport de Goa, Dabolim, se situe à 29 km de Panaji, sur le littoral à proximité de Vasco da Gama. Il est relié aux principaux aéroports du pays par les lignes intérieures indiennes. Des compagnies de charters assurent des liaisons directes avec le Royaume-Uni et l'Allemagne. Dabolim a été déclaré aéroport international en 2000. Cependant, les vols charters entrant et sortant de Goa sont contrôlés (il est illégal de pénétrer en Inde sur un vol régulier et d'en sortir sur un charter). Si vous réservez un vol international à Goa, vous devrez prendre un vol intérieur jusqu'à Mumbai (Bombay ; autre aéroport international), puis une correspondance.

Il existe de nombreuses liaisons aériennes entre Goa et Mumbai. Indian Airlines en propose une chaque jour pour 85 $US, et Jet Airways trois quotidiennes (deux seulement le mardi et le samedi) pour 93 $US. Sahara Airlines offre des vols directs pour Mumbai (85 $US) et Delhi (235 $US).

Indian Airlines propose des vols quotidiens directs pour Delhi (235 $US), Bangalore (105 $US) et Pune (120 $US), deux vols hebdomadaires pour Chennai (Madras ; 140 $US), Cochin (125 $US) et Calicut (105 $US), ainsi qu'un vol pour Agra les mardi et samedi (230 $US). Pour Pune et Agra, le service ne fonctionne que pour l'aller (pas de vols directs entre Agra et Goa).

Bus. Sur les itinéraires longue distance inter-États, des bus assurent la liaison de/vers Panaji, Margao, Mapusa et Vasco. Pour davantage de renseignements, reportez-vous aux rubriques correspondantes.

Train. Depuis l'achèvement, en 1998, de la ligne de chemin de fer du Konkan (Konkan Railway) qui relie Mumbai à Mangalore (760 km), il est possible d'accéder à Goa en train. La principale gare de Goa se nomme Margao, mais les express et les trains de voyageurs s'arrêtent dans la plupart des gares situées le long de la ligne.

Deux express par jour relient Mumbai CST à Margao (ainsi que deux autres provenant de Lokmanya Tilak, à 16 km au nord de Mumbai CST). De Mumbai CST, le *Konkan Kanya Express* de nuit constitue la meilleure solution (193/558 Rs en couchette/3 tier air-con, 12 heures). Il existe sept express entre Margao et Mangalore, la plupart s'arrêtant à la gare Kankanadi de Mangalore (4 heures 30, 317 km).

Les trains de la South Central Railway partent de Vasco da Gama et desservent Pune, Delhi et Bangalore, *via* Margao et

Londa. Pour vous rendre à Delhi par le *Nizamuddin-Goa Express* (2 200 km), comptez environ 41 heures (410/1 939 Rs en couchette/2 tier air-con).

Vous pouvez retenir un siège ou une couchette dans les gares de Margao et de Vasco da Gama, ou bien au bureau des réservations ferroviaires de l'arrêt des bus de Kadamba, à Panaji. Sur la ligne de Konkan, les autres gares utiles au voyageur sont Pernem, pour se rendre à Arambol, Thivim (Mapusa Road) pour Mapusa et les plages du Nord, Karmali (Old Goa) pour Panaji, et Canacona pour Palolem.

Comment circuler

Bus. La Kadamba, principale compagnie de bus, gérée par l'État de Goa, doit affronter une sérieuse concurrence privée. Les bus locaux, généralement bon marché, desservent pratiquement tous les points de la région. Leurs destinations sont indiquées en anglais aux arrêts des bus, et des guichets d'information sont installés aux principaux terminus. En revanche, leurs fréquents arrêts les rendent plutôt lents.

Voitures. Vous n'aurez aucun mal à louer une voiture sans chauffeur à Goa, à condition d'y mettre le prix. Sai Service dispose d'un guichet à l'aéroport (☎ 514817) et d'une agence à Alto Porvorim (☎ 417063, fax 417064). Pour une voiture Maruti sans clim., comptez 900 Rs pour 24 heures (150 km par jour). Louer un taxi ou une voiture avec chauffeur est généralement meilleur marché pour une excursion ou une visite d'une journée. Dans les stations balnéaires de Goa, votre sang-froid risque d'être mis à rude épreuve par les chauffeurs de taxi : vous ne pourrez faire quelques mètres sans être sollicité.

Motos. Goa est l'une des rares régions d'Inde où la location d'une moto ou d'un scooter est aisée et bon marché. Les distances étant assez réduites, se déplacer ainsi est un jeu d'enfant. Selon de nombreux voyageurs, disposer de son propre moyen de transport constitue la seule manière de profiter réellement de Goa. Parmi les modèles disponibles, vous pourrez choisir entre de vieilles Enfield, des Yamaha 100, plus récentes, et des scooters Kinetic Honda sans embrayage. A de rares exceptions près, n'espérez pas en avoir plus que pour votre argent. En haute saison (notamment à Noël), comptez, à la journée, 300 Rs pour un scooter, 400 Rs pour les motos les moins puissantes et 500 Rs pour une Enfield. En dehors de cette période, lorsque les motos disponibles sont légion, notamment dans les stations balnéaires du nord, vous ne devriez pas payer plus de 100/250/350 Rs par jour pour un scooter/une petite moto/une Enfield (location d'une semaine au minimum). Généralement, on ne vous demandera aucun dépôt en espèces, mais uniquement les renseignements figurant sur votre passeport (ne laissez votre passeport sous aucun prétexte) ainsi que le nom de votre hôtel. S'il est pratique de louer une moto auprès des pensions et des hôtels, vous trouverez également quantité d'offres dans la rue.

Les motos sont plus ou moins bien assurées. Cependant, en cas d'accident, vous devrez sans doute rembourser, au minimum, le montant des dégâts à l'agence de location.

Si les ruelles de Goa – ainsi que la principale voie rapide – sont plus sûres que la plupart des routes du pays, les étrangers inexpérimentés et sans casque sont très vulnérables. Chaque saison, un certain nombre de voyageurs meurent sur la route. N'oubliez pas non plus que le code de la route, sur les grandes nationales, se résume souvent à la loi du plus fort. Sur une moto, vous vous trouvez tout en bas de la hiérarchie. Au moment de la location, assurez-vous que l'engin a été régulièrement entretenu et qu'il dispose d'un klaxon, de clignotants et de freins en état de marche. Le port du casque est désormais obligatoire pour tous les conducteurs de moto ainsi que leurs passagers. Cette disposition oblige les loueurs de motos ainsi que les moto-taxis à fournir un casque à leurs passagers. Au moment de la rédaction de ce guide, la nouvelle loi se heurtait à une farouche opposition de la part des moto-taxis de la ville.

Vous devez garder sur vous, en permanence, tous les documents de rigueur (permis de conduire international, carte grise et assurance) ; les policiers contrôlent d'autant plus volontiers les étrangers que ceux-ci représentent une source potentielle de bakchichs. Les alcootests ont fait leur apparition à Goa en 2000 – une raison supplémentaire de ne pas prendre votre moto si vous avez l'intention de faire la fête.

Moto-taxi. Goa est le seul État de l'Inde où les motos sont autorisées à faire office de taxi. Ce mode de locomotion est de loin le plus économique et les sacs à dos ne posent pas de difficultés. Ces motos sont facilement repérables grâce à leur garde-boue avant jaune. Le soir, sur les plages du nord, les jeunes Goanais possédant une moto se font un peu d'argent de poche en transportant les fêtards (tarifs négociables).

Bicyclette. Dans toutes les villes importantes et dans les complexes touristiques des plages de Goa, vous trouverez des vélos à louer. Comptez environ 40 Rs la journée.

Bateau. Un des plaisirs que vous réserve Goa est la traversée en bac (passagers et véhicules) de nombreuses rivières. Généralement, un départ a lieu toutes les demi-heures, de l'aube jusqu'à tard dans la soirée. La traversée est gratuite pour les piétons et revient à 4 Rs pour les motos. On compte plus de 20 bacs assurant un service quotidien ; à long terme, la construction de ponts sur de nombreuses rivières finira par entraîner la suppression de ce service. Les principaux bacs utiles aux voyageurs sont les suivants : Siolim-Chopdem pour Arambol, Mandrem et les sites du nord ; Querim-Terekhol pour Terekhol Fort ; Old Goa-Divar Island ; Ribandar-Chorao pour la réserve ornithologique Dr Salim Ali Bird Sanctuary ; et Cavelossim-Assolna, pour une promenade sur la côte, de Benaulim à Palolem.

Nord de Goa

L'État de Goa ne comprend que deux districts : celui du Nord et celui du Sud. Le premier englobe Panaji (la capitale actuelle), Old Goa, l'ancienne capitale connue pour ses églises et ses cathédrales chargées d'histoire, ainsi que les plages qui jalonnent la côte jusqu'au Maharashtra.

PANAJI (PANJIM)

93 000 habitants

Panaji est l'une des plus petites et des plus agréables capitales régionales du pays. Érigée sur la rive sud d'une large rivière, la Mandovi, elle acquit le statut officiel de capitale en 1843, lorsqu'Old Goa fut définitivement abandonnée. La plupart des voyageurs ne font que traverser Panaji pour rejoindre les plages ou se rendre à Old Goa. La ville mérite pourtant qu'on s'y attarde.

Renseignements

Offices du tourisme. L'office du tourisme de la Goan Tourist Development Corporation (GTDC, également appelée Goa Tourism ; ☎ 225583, gtdc@goa.goa. nic.in) se trouve dans les bâtiments du Patto Tourist Home, géré par l'État, entre l'arrêt des bus de Kadamba et l'Ourem Creek. Elle dispose de cartes correctes de Goa et de Panaji (12 Rs). Néanmoins, le guichet de la GTDC (☎ 225620), installé à l'arrêt des bus de Kadamba, constitue une source de renseignements plus précieuse. Le bureau du Government of India Tourist Office, ou office national du tourisme (☎ 223412, goitour@goa.goa.nic.in), situé dans le Communidade Building, Church Square, propose des cartes utiles et des informations sur les destinations éloignées.

Argent. Panaji compte un grand nombre de bureaux de change efficaces. L'agence Thomas Cook (☎ 221312), dans Dayanand Bandodkar Marg, ouvre du lundi au samedi de 9h30 à 18h et le dimanche, de 10h à 17h (d'oct. à mars uniquement). Vous pourrez obtenir des espèces avec votre carte Visa ou MasterCard à la Bank of Baroda, dans Azad Maidan de 10h à 13h du lundi au vendredi, et de 10h à 11h le samedi (comptez 100 Rs de frais plus 1% de commission).

La HDFC Bank, située 18th June Rd, propose des distributeurs automatiques de billets (DAB) qui fonctionnent 24h/24 et acceptent les cartes internationales MasterCard, Cirrus, Maestro et Visa (les DAB sont en face de la banque). La Centurion Bank, sur MG Rd, possède également un DAB pour cartes MasterCard et Cirrus.

Poste et communications. La poste principale, sur MG Rd, propose un service rapide (Speedpost) pour l'envoi de colis. La poste restante fonctionne de 9h à 17h du lundi au samedi. Pour les appels internationaux, rendez-vous au Central Telegraph Office (bureau central des télégraphes) ouvert 24h/24, sur Dr A. Borkar Rd. Il existe également de nombreuses agences privées STD/ISD proposant des tarifs analogues.

GOA

L'abbé Faria, célèbre magnétiseur, est immortalisé dans la pierre à Panaji

A Panaji, les cybercafés sont en plein essor et nombre d'agences STD/ISD disposent de quelques terminaux. Le Clasik Cybercafe (☎ 222237), face aux Municipal Gardens (jardins municipaux ; à l'arrière du Kamat Hotel, à l'étage) facture 55 Rs l'heure.

Little.dot.com Cyber Cafe (☎ 420550), dans le Padmavati Towers Shopping Complex sur 18th June Rd, demande 40 Rs l'heure ; il est ouvert de 9h30 à minuit. Shrut Communications, en bas de l'Hotel Venite, possède quelques ordinateurs.

Librairies et bibliothèques. Les hôtels Mandovi et Fidalgo possèdent de bonnes librairies où vous pourrez vous procurer des magazines étrangers. Le Goa Book Centre, en bas d'une ruelle partant de 18th June Rd, dispose également un bon choix d'ouvrages. La Central Library (bibliothèque centrale) de Panaji se situe à l'ouest de l'Azad Maidan, à côté du quartier général de la police.

Church of Our Lady of the Immaculate Conception

Cet imposant édifice d'un blanc immaculé, principale église de Panaji, se dresse au-dessus de la place centrale. L'église originelle fut consacrée en 1541. Panaji étant la première escale des navires en provenance de Lisbonne, les marins portugais montaient jusqu'à l'église, rendaient grâce pour être arrivés à bon port et poursuivaient leur route vers Old Goa. Des messes sont célébrées quotidiennement en anglais, en konkani et en portugais.

Goa State Museum

Le musée d'État est un vaste bâtiment moderne (☎ 226006), qui comporte diverses galeries consacrées à l'art chrétien, aux sculptures et bronzes hindous et jaïna, à côté de peintures provenant de toute l'Inde. Vous remarquerez particulièrement les deux immenses machines rotatives de loterie, renfermant des milliers de boules en bois. Le premier tirage eut lieu en 1947. Le musée, installé dans un quartier retiré près de l'arrêt des bus, est ouvert de 9h30 à 17h30 en semaine (entrée libre).

Fontainhas et Sao Tomé

A l'ouest de l'Ourem Creek, ces vieux quartiers portugais sont les plus intéressants de Panaji. Leurs ruelles étroites pavées de galets sont bordées de maisons aux toits de tuile, aux volets clos et aux minuscules balcons suspendus. Les hommes y sirotent du feni dans de petits bars. C'est dans ces quartiers que vous trouverez les meilleures pensions.

A Fontainhas, la **Chapel of St Sebastian** se cache au fond d'une pittoresque venelle. La chapelle ne remonte qu'aux années 1880 mais abrite quelques objets dignes d'intérêt, dont un impressionnant crucifix qui, à l'origine, ornait le palais de l'Inquisition à Old Goa.

Autres curiosités

Également intéressant, le **Secretariat Building** est un monument qui date du XVIe siècle. Ancien palais d'Adil Shah, chef de la dynastie des Adil Shahi de Bijapur, il devint la résidence officielle du vice-roi en 1759. Tout à côté, une **statue** insolite représente un homme qui semble sur le point d'étrangler une femme : il s'agit de l'abbé Faria, célèbre magnétiseur, et de son assistante. Né à Candolim en 1756, celui-ci émigra en France où ses talents de médium lui valurent une grande notoriété.

Le récent **Mahalaxmi Temple** rappelle l'existence d'une communauté hindoue prospère à Panaji. Pour profiter d'une belle vue sur la cité, montez jusqu'au quartier d'**Altinho**, accessible à pied depuis Fontainhas (vers le sud), ou en suivant la route qui monte devant l'église Our Lady of the Immaculate Conception.

Circuits organisés

Le Goa Tourism, ainsi que diverses agences privées, proposent des circuits organisés. Leurs programmes d'une journée sont trop chargés et on finit par ne plus rien voir, ou presque.

Le North Goa Tour comprend la visite de Panaji, Mapusa, Mayem Lake, Vagator, Anjuna, Calangute et Fort Aguada. Le South Goa Tour vous emmène à Miramar, Dona Paula, Colva, Margao, Shantadurga Temple, Mangesh Temple, Ancestral Goa et Old Goa. Les circuits valent 90 Rs (ou 110 Rs dans des bus climatisés) en haute saison et débutent à 9h30 tous les jours, avec un retour à Panaji à 18h (20h pour le South Goa Tour). Il est possible de partir deux jours à Dudhsagar Falls et au Bondla Wildlife Sanctuary, comprenant une nuit à Molem (400 Rs).

Goa Tourism propose également des croisières de 1 heure tous les jours sur la Mandovi à bord de la *Santa Monica*, à 18h (Sunset Cruise) et à 19h15 (Sundown Cruise). Pour un prix raisonnable (90 Rs), vous aurez droit à un orchestre et à un spectacle culturel de chants et de danses goanaises. Des boissons et des snacks sont à votre disposition. Les nuits de pleine lune, une croisière de 2 heures est organisée (départ à 20h30, 130 Rs repas compris). Les bateaux partent de la jetée de Santa Monica, à côté de l'immense pont sur la Mandovi. C'est aussi à cet endroit que sont vendus les billets. Des compagnies privées proposent des croisières au départ de Santa Monica tous les soirs (100 Rs), de même que des "dolphin cruises", pour observer les dauphins en pleine mer, de 10h à 13h (500 Rs). Les embarcations sont plus grandes et plus bruyantes que la *Santa Monica*.

La ville propose également une visite en bus de Goa la nuit, "Goa By Night", englobant une croisière sur la rivière ainsi que le tour des sites illuminés (120 Rs, départ à 18h30).

Manifestations annuelles

En novembre et en décembre, à la Panaji's Kala Academy, le **Konkani Drama Festival** propose des concours de musique, de danse, et de théâtre konkani, avec remise de prix au meilleur groupe. Dans le cadre du **Tiatr Festival**, en novembre, la Kala Academy accueille également des compétitions théâtrales et artistiques.

Vers le 8 décembre, à l'occasion de la **Feast of Our Lady of the Immaculate Conception** (fête de Notre-Dame de l'Immaculée-Conception), une grande célébration ainsi qu'un service religieux ont lieu dans l'église du même nom.

Le **Pop, Beat & Jazz Music Festival** se tient chaque année en février.

Sabado Gordo, fête chrétienne avec procession de chars, est organisée le samedi précédant le Carême.

Où se loger – petits budgets

La ***Youth Hosel*** *(☎ 225433)* est installée à Miramar, à 3 km à l'ouest de Panaji, dans un jardin ombragé planté de chênes au bord de la rivières. L'ambiance de l'auberge de jeunesse est un peu formelle et l'établissement occupe un emplacement peu pratique. Vous devrez respecter le couvre-feu de 22h, puis libérer votre chambre à 8h. Les lits en dortoir reviennent à 20 Rs (40 Rs pour les non-membres).

L'***Udipi Boarding & Lodging*** *(☎ 228047)* fait partie des quelques établissements bon marché aménagés dans la vieille ville. Il propose des doubles sommaires avec s.d.b. commune à 100 Rs. L'***Hotel Venite*** *(☎ 225537, 31st January Rd)*, plus connu pour son restaurant, loue deux doubles (avec s.d.b. commune) à 150 Rs.

Derrière le Tourist Hotel, la ***Mandovi White House*** *(☎ 223928)* dispose de quatre chambres. Les doubles avec s.d.b. reviennent à 250 Rs (495 Rs aux environs de Noël). Les chambres doivent être libérées à 8h30.

Du balcon du ***Republica Hotel*** *(☎ 224 630, Jose Falcao Rd)*, établissement ancien plein de charme, la vue sur la rivière, le Secretariat et les toits en tuile est superbe. Comptez 150/259 Rs pour une simple/double claire avec des vitres teintées.

Installée dans la même rue que la chapelle Saint-Sébastien, l'accueillante ***Afonso Guest House*** *(☎ 222359)* propose des doubles impeccables avec eau chaude à un tarif un peu élevé pour cette catégorie, mais qui méritent néanmoins les 380 Rs demandés (760 Rs à Noël).

Aménagée dans une ancienne demeure portugaise de charme, le ***Park Lane Lodge*** *(☎ 220238, pklaldg@goatelecom.com)* loue toute une gamme de chambres. Les avis des voyageurs sont mitigés. Vous devrez débourser 300 Rs (450 Rs à Noël) pour une double avec s.d.b. Le tarif est un peu moins élevé pour les deux doubles – que vous pourrez également louer en tant que simples – avec s.d.b. commune.

GOA

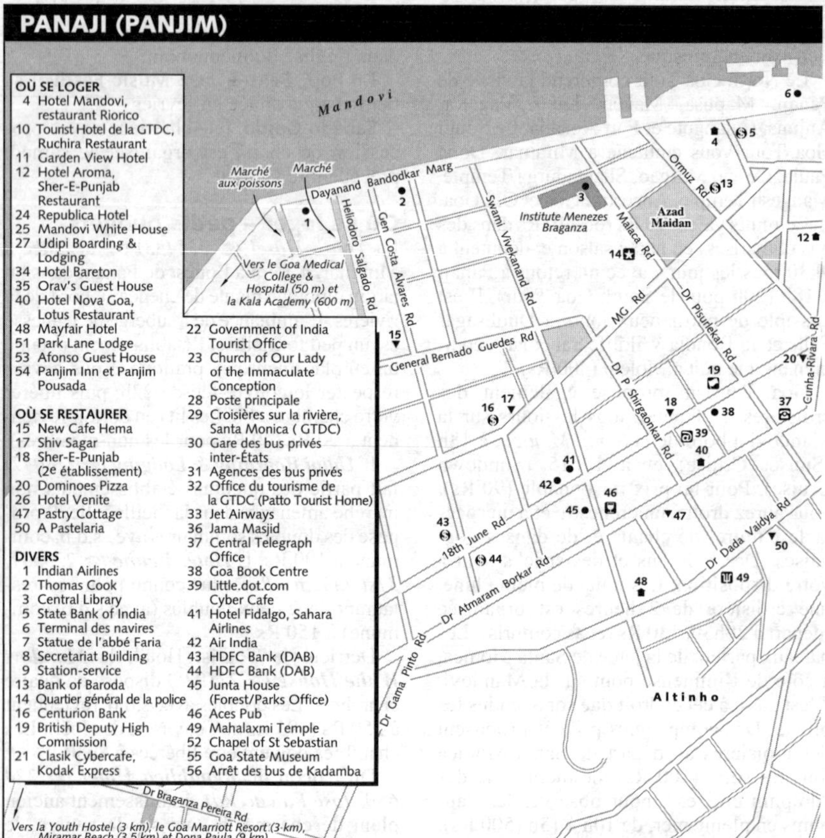

Propre et familiale, l'***Orav's Guest House*** *(☎ 426128, 31st January Rd)* est un établissement convenable en dépit de son manque de caractère. Les simples/doubles avec s.d.b. reviennent à 200/300 Rs (300/550 Rs à Noël) et les chambres en façade sont dotées de petits balcons.

Où se loger – catégorie moyenne

Établissement de loin le plus charmant de sa catégorie, le ***Panjim Inn*** *(☎ 226523, panjimin@goa1.dot.net.in, 31st January Rd)* est installé dans un manoir vieux de trois siècles, avec une vaste véranda au 1er étage et un jardin ombragé. Toutes les chambres renferment lits à baldaquins et mobilier colonial. En haute saison, comptez 720/990 Rs (900/1 130 Rs du 28 déc. au 3 janv.). Comme elles sont toutes différentes, demandez à en voir quelques-unes avant de vous décider. Les gérants de l'hôtel dirigent également le ***Panjim Pousada*** (de l'autre côté de la rue), lui aussi confortable et meublé de façon charmante. Les chambres (à partir de 675/900 Rs) présentent peut-être même plus d'agrément que celles du Panjim Inn.

Le ***Mayfair Hotel*** *(☎ 223317, mayfair@goatelecom.com, Dr Dada Vaidya Rd)* est un hôtel avenant et bien établi. Les murs du hall d'entrée présentent des mosaïques murales. Les chambres standard, petites mais propres, avec quelques touches régionales (telles que des montants de fenêtres recouverts de coquilles d'huître), reviennent à 350/480 Rs. Comptez 600 Rs avec clim., et 700 Rs pour des doubles durant la période de Noël.

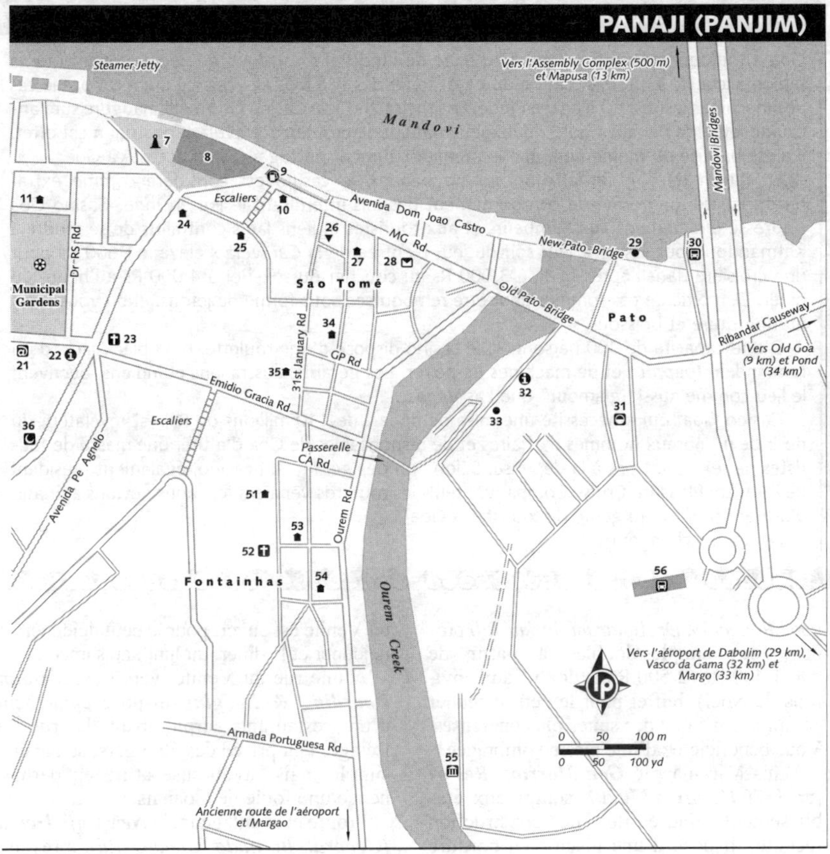

Aménagé dans un cadre agréable au-dessus des jardins municipaux, le ***Garden View Hotel*** *(☎ 227844, Diogo de Couto Rd)* loue des doubles sommaires mais de taille convenable à 300 Rs, et d'autres avec clim. à 500 Rs.

Petit établissement installé dans Sao Tomé, l'***Hotel Bareton*** *(☎ 226405, Luis Menezes Rd)* facture ses doubles correctes à partir de 425 Rs (850 Rs à Noël).

Sans charme mais prisé des voyageurs, le ***Tourist Hotel*** *(☎ 227103, MG Rd)* de la GTDC se situe sur une route animée. Ses doubles reviennent à 500 Rs, ou 650 Rs avec clim. (750 Rs en façade). Il bénéficie d'un restaurant en terrasse, d'un bar et d'une librairie.

Moderne, l'***Hotel Aroma*** *(☎ 43 519, Cunha-Rivara Rd)* fait face aux jardins municipaux. Propres et aérées, les doubles avec s.d.b. (à 450 Rs) présentent un rapport qualité/prix plutôt avantageux.

Où se loger – catégorie supérieure

L'***Hotel Mandovi*** *(☎ 426270, fax 225451, mandovi@goatelecom.com, Dayanand Bandodkar Marg)* est le meilleur des établissements centraux de sa catégorie. Dans cet hôtel colonial, les chambres avec clim. se louent 1 000/1 300 Rs (1 400/1 750 Rs aux alentours de Noël). Celles faisant face à la rivière sont plus onéreuses. L'hôtel abrite un bon restaurant au 1er étage, ainsi qu'un agréable bar en balcon.

Plus moderne et anonyme, l'***Hotel Nova Goa*** *(☎ 226231, fax 224958, novagoa@*

Le casino flottant de Goa

Goa a toujours été un peu à part du reste de l'Inde. Il n'est donc guère surprenant que la région accueille le premier casino du pays. Jouer des sommes élevées (ce qui n'est pas le cas des machines à sous) est illégal en Inde. En janvier 2000, le Casino Goa a été inauguré sur l'ancienne jetée de Panaji, à bord du luxueux bateau de croisière *Caravela*. Construit à cet effet, il a été baptisé du même nom que le premier bâtiment portugais ayant accosté à Goa.

En raison de sont installation sur un bateau, le casino est considéré comme extra-territorial, ce qui permet le contournement des lois interdisant le jeu en Inde. Casino Goa s'adresse directement aux flambeurs et aux touristes indiens jadis contraints de se rendre à Katmandou pour assouvir leur soif du jeu. L'entrée de la *Caravela* s'élève à 1 600 Rs pour une croisière dans l'après-midi, à 3 000 Rs au coucher du soleil et à 4 000 Rs à l'heure du dîner. La moitié de ces sommes peut être remboursée sous forme de jetons, et on vous fournit nourriture et boissons.

D'une capacité de 300 personnes, le casino dispose d'une roulette, d'un black-jack, d'un rami indien (*papplu*) et de machines de poker. Les gérants, australiens et indiens, décrivent le lieu comme aussi "glamour" que Las Vegas.

Casino Goa, qui a nécessité une mise de départ de 110 millions de Rs, est révélateur du désir de nombreux hommes d'affaires et de responsables de Goa d'attirer une masse de touristes ne regardant pas à la dépense. Selon l'un des gérants du casino, également président de l'Advani Pleasure Cruise Company, "seuls les routards venaient ici ; nous devions agir afin d'attirer un nouveau genre de touristes à Goa".

Les temps changent...

goa1.dot.net.in, Dr Atmaram Borkar Rd) propose des simples/doubles à partir de 990/1 400 Rs (2 500 Rs la double aux environs de Noël), buffet pour le petit déjeuner compris, ainsi que des suites plus onéreuses. Vous bénéficierez d'une piscine ombragée.

Dans Miramar, le ***Goa Marriott Resort*** *(☎ 437001, fax 437020)*, somptueux établissement cinq-étoiles de construction récente, dispose d'une piscine en bordure de rivière, d'un bar, de deux restaurants, d'un club de remise en forme, ainsi que de courts de squash et de tennis. Le luxe se paie : comptez au minimum 114 $US pour une double (262 $US entre le 28 décembre et le 2 janvier).

Où se restaurer

L'***Hotel Venite*** *(31st January Rd, Sao Tomé)* est l'un des établissements de Goa les plus charmants. Avec ses quatre petits balcons surplombant la rue et son décor portugais rustique, l'endroit est idéal pour prendre un repas ou une simple bière à l'heure de la sieste. Excellents, les plats et les fruits de mer de Goa reviennent plutôt chers selon les standards du pays (80 Rs environ). Parmi les spécialités locales figurent les saucisses de Goa, le poulet *cafrial* et les crevettes tigrées. L'Hotel Venite est ouvert pour le petit déjeuner, le déjeuner et le dîner, du lundi au samedi.

A une rue du Venite, vers l'est, l'***Udipi Boarding & Lodging*** dispose également d'un restaurant surplombant la rue, à l'étage. Peu prisée des étrangers, sa cuisine simple mais savoureuse attire en permanence une foule de Goanais.

Propre et avantageux, le ***New Cafe Hema*** *(General Bernado Guedes Rd)*, près du marché municipal, sert un bon curry de poisson avec du riz pour 20 Rs, ainsi que des en-cas végétariens peu onéreux à 10 Rs.

Nous vous recommandons le ***Shiv Sagar*** *(☎ 436308, MG Rd)*, exclusivement végétarien, qui prépare des en-cas d'Inde du Sud (de 15 à 30 Rs) et des plats d'Inde du Nord (45 Rs).

Installé à l'étage du Tourist Hotel, le ***Ruchira Restaurant*** dispose d'une agréable véranda surplombant la Mandovi, ainsi que d'une salle à manger fermée avec clim. Le balcon est particulièrement fréquenté à l'heure du petit déjeuner. Si le service est un peu lent, la nourriture est correcte.

A l'Hotel Aroma, le ***Sher-E-Punjab***, tape-à-l'œil, prétend servir les meilleurs tandoori de la ville. Il dispose d'un autre établissement sur 18th June Rd.

Considéré comme le meilleur restaurant de cuisine goanaise de la ville grâce à ses plats de grande qualité, le ***Riorico*** de l'Hotel Mandovi propose néanmoins un service très moyen. Les crevettes *balchao* coûtent 125 Rs, le *peixe caldeirada* (poisson et pommes de terre marinés dans du vin) 140 Rs, et les fruits de mer de Goa 650 Rs – une véritable folie. Sur l'agréable balcon surplombant la Mandovi, on ne vous servira que les boissons.

Dans Miramar, le ***Palmeira Restaurant*** *(☎ 437014)*, installé dans le Marriott, propose tous les jours un buffet complet (300 Rs pour le déjeuner et 450 Rs pour le dîner). Pour 430 Rs , taxes non comprises, vous pourrez également profiter du brunch (buffet) dominical avec champagne à volonté, et accès à la piscine.

Panaji possède plusieurs pâtisseries, parmi lesquelles le ***Pastry Cottage***, à deux pas de l'Hotel Nova Goa, ou encore l'***A Pastelaria*** sur Dr Dada Vaidya Rd. Le ***Dominoes Pizza*** *(☎ 1600-111123 pour les livraisons)* dispose d'un restaurant dans le centre-ville face aux jardins municipaux.

Où sortir

La ***Kala Academy*** *(☎ 223280, Dayanand Bandodkar Marg)*, dans la partie ouest de la ville, propose un programme culturel de danses, de musiques et d'expositions artistiques tout au long de l'année, ainsi que d'occasionnelles productions en anglais. Quelques pubs, fréquentés par la jeunesse locale plutôt que par les touristes étrangers, constituent un agréable changement par rapport aux bars des stations balnéaires. Minuscule établissement aménagé sur deux niveaux, l'***Aces Pub***, face à la Junta House, ressemble à un bar à cocktails. Comptez 20 Rs pour une bière pression, et entre 60 et 150 Rs pour un cocktail. Le bar est ouvert jusqu'à 23h.

Comment s'y rendre

Avion. L'agence d'Indian Airlines (☎ 223 826) se trouve dans le Dempo Building, Dayanand Bandodkar Marg et Air India (☎ 224081), à côté de l'Hotel Fidalgo, dans 18th June Rd. Les autres compagnies représentées à Panaji sont : Jet Airways (☎ 431472), Shop 7-9, Sesa Ghor, Patto Plaza et Sahara Airlines (☎ 230237), installée dans l'Hotel Fidalgo. Pour les vols desservant Goa, consultez la rubrique *Comment s'y rendre* au début de ce chapitre.

Bus. A Panaji, les bus d'État partent de l'arrêt des bus de Kadamba (☎ 225401) et desservent Mumbai (300 Rs, entre 15 et 18 heures), Mangalore (175 Rs, 11 heures), Bangalore (300 Rs, 14 heures), Mysore (250 Rs, 16 heures), Hospet (90 Rs, 9 heures) et Pune (285 Rs, 12 heures).

Des bus se rendent également à Londa (35 Rs) – où vous trouverez des trains directs pour Mysore et Bangalore –, à Hubli (65 Rs), nœud ferroviaire de la ligne Mumbai-Bangalore avec des trains à destination de Gadag (pour Bijapur et Badami), et de Belgaum (55 Rs).

Les agences de nombreuses compagnies privées, à privilégier pour les trajets longue distance, sont installées à l'extérieur de l'arrêt des bus, près de l'entrée. Elles proposent des bus deluxe avec clim. pour Mumbai, Bangalore, Hampi et d'autres destinations. La plupart des bus inter-États partent et arrivent d'une autre gare routière, près de Mandovi Bridge.

Paulo Tours & Travel (☎ 223736), au nord de la gare, propose un service de nuit pour Hampi (400 Rs), Mumbai (300 Rs) et Bangalore (350 Rs). Notez que les prix sont fluctuants. Leur manque de confort, la conduite indienne hasardeuse et les routes mal carrossées rendront votre sommeil aléatoire. Pour vous rendre à Mumbai en bus ordinaire sans clim., comptez 200 Rs, et pour Hampi 350 Rs. Pour un bus deluxe, il est possible de réserver auprès des agences de Margao, de Mapusa et des stations balnéaires. Néanmoins, les départs s'effectuent toujours de Panaji.

Voici quelques-uns des itinéraires les plus prisés à l'intérieur de Goa (départ de Panaji).

Calangute – De nombreux bus assurent la liaison dans la journée et le soir. Le trajet dure 45 min (8 Rs).

Mapusa – Des bus partent souvent pour Mapusa. Les billets sont vendus au guichet des services express de l'arrêt des bus de Kadamba (25 min, 6 Rs).

Margao – Le trajet en bus ordinaire/express coûte 10/15 Rs et prend environ 1 heure. Les minibus partent du quai 11. Changez à Margao pour rejoindre les plages du sud.

Old Goa – Empruntez l'un des bus directs pour Old Goa, très fréquents (25 min, 5 Rs).

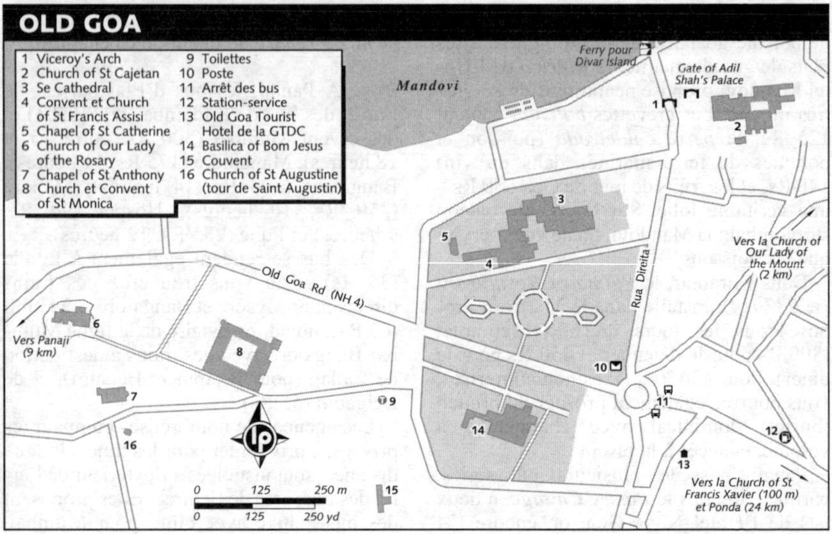

Vasco da Gama – Le trajet en bus ordinaire/express nécessite une heure et revient à 10/15 Rs. Les minibus partent du quai 10. Le bac pour Mormugao n'étant plus en service, aucun bus ne dessert cette destination *via* Cona Paula.

Train. Le trajet en train pour Mumbai et Mangalore est plus confortable qu'en bus (voir *Comment circuler* au début de ce chapitre). La gare la plus proche de Panaji est celle de Karmali, à 11 km à l'est, près d'Old Goa. Un bureau de réservation est installé à l'étage de l'arrêt des bus de Kadamba (ouvert de 9h à 13h et de 15h à 17h), toujours très animé.

Comment circuler

Il n'est guère facile d'obliger les chauffeurs de taxi et d'auto-rickshaws à utiliser leur compteur. Avant de vous mettre en route, négociez le tarif. Vous pourrez facilement louer une moto ou un scooter à Panaji. Toutefois, si vous avez l'intention de passer la majorité de votre temps dans les stations balnéaires, mieux vaut louer sur place. Vous ne trouverez aucune boutique officielle : renseignez-vous auprès de votre pension, ou des motards rassemblés en face de la poste principale, sur MG Rd.

OLD GOA

A 9 km à l'est de Panaji, l'ancienne capitale portugaise rivalisait jadis de magnificence avec Lisbonne. De cette glorieuse époque, il ne reste plus, aujourd'hui, qu'une demi-douzaine d'églises aux dimensions imposantes, qui figurent parmi les plus grandes de toute l'Asie. Certains des anciens bâtiments, transformés en musées, sont entretenus par l'Archaeological Survey of India. Celui-ci a d'ailleurs publié un excellent ouvrage sur les monuments de la vieille ville : *Old Goa* (10 Rs). Vous pourrez vous le procurer à l'Archaeological Museum d'Old Goa.

Histoire

Bien avant l'arrivée des Portugais, Old Goa, déjà prospère, jouissait du statut de deuxième capitale des Adil Shahi de Bijapur. A cette époque, c'était une forteresse protégée par des murs d'enceinte, des tours et des douves, qui abritait des temples et des mosquées ainsi que le vaste palais d'Adil Shah.

Sous la domination portugaise, la ville se développa et s'embellit rapidement, en dépit de l'épidémie de 1543, qui devait décimer une fraction importante de la population. Cette splendeur fut néanmoins de courte durée. Les menées de l'Inquisition et une nouvelle terrible épidémie en 1635 précipitèrent le déclin de la ville. Sans le traité anglo-portugais, Goa serait sans doute tombée aux mains des Hollandais ou aurait été absorbée par l'Empire indo-britannique. En 1843, Panaji lui déroba cet honneur.

Se Cathedral

La construction du plus grand édifice religieux d'Old Goa, la cathédrale de Sé, a été entreprise en 1562, sous le règne de Dom Sebastião (1557-1578). Elle ne devait s'achever qu'en 1619, à l'exception des autels, terminés en 1652.

L'architecture de l'édifice appartient au gothique portugais ; l'extérieur reflète l'influence toscane tandis que l'intérieur se rapproche du style corinthien. La tour restante abrite une cloche bien connue, l'une des plus grosses de Goa, surnommée "la cloche d'or" pour la richesse de sa sonorité.

Convent et Church of St Francis of Assisi

Cette église, l'une des plus intéressantes d'Old Goa, recèle des sculptures en bois doré, un étonnant *reredos* (écran ornemental posé derrière l'autel), d'anciennes peintures murales relatant la vie de saint François, ainsi qu'un sol presque entièrement constitué de pierres tombales armoriées, datant du début du XVIe siècle. Une première église fut construite par huit moines franciscains, arrivés à Goa en 1517. Elle contenait trois autels et un chœur. Elle fut détruite par la suite et l'église actuelle fut érigée sur le même emplacement, en 1661.

Situé derrière l'église, le couvent abrite aujourd'hui l'**archaeological museum** (ouvert du samedi au jeudi, de 10h à 17h, entrée : 5 Rs). Le musée expose de nombreux portraits des vice-rois portugais, maladroitement restaurés pour la plupart, des fragments de sculpture provenant d'anciens temples hindous, et quelques statues Vetal en pierre, témoignant de ce culte animiste qui prospéra dans cette partie de l'Inde il y a des siècles.

Basilica of Bom Jesus

Cette basilique, célèbre dans le monde catholique, renferme le tombeau et les reliques de saint François Xavier qui se vit confier, en 1541, la tâche d'évangéliser les sujets des colonies portugaises de l'Est. Les missions en Orient de cet ancien disciple de saint Ignace de Loyola (fondateur de l'ordre des jésuites) devinrent rapidement légendaires.

A l'exception des autels richement décorés, l'intérieur se distingue par sa simplicité. C'est le seul édifice religieux dont les murs extérieurs ne soient pas chaulés (ils l'étaient à l'origine). Sa construction, entreprise en 1594, ne s'acheva qu'en 1605. Le chef-d'œuvre de la basilique demeure, bien sûr, le tombeau en marbre de saint François Xavier. Commandé en 1688 par le duc de Toscane au sculpteur florentin Giovanni Batista Foggini, sa réalisation exigea 10 ans de travail. La dépouille mortelle repose dans un cercueil d'argent, autrefois rehaussé de pierres précieuses.

La **Professed House** (maison des religieux profès) à côté de la basilique, est une construction de latérite à deux étages, blanchie à la chaux. Elle fut inaugurée en 1585, en dépit de la vigoureuse opposition des jésuites. Une partie du bâtiment fut détruite par un incendie en 1633 et reconstruite en 1783. La **galerie d'art**, attenante à la basilique, est de conception moderne.

Church of San Cajetan

Inspirée du modèle originel de Saint-Pierre-de-Rome, cette église a été édifiée par des moines italiens de l'ordre des théatins, mandatés par le pape Urbain III pour la christianisation du royaume de Golconde (près de Hyderabad). Faute d'obtenir l'autorisation de s'implanter à Golconde, les moines se replièrent sur Old Goa en 1640. La construction de l'église date de 1655.

Church of St Augustine Ruins

Il ne reste de l'église Saint-Augustin qu'une tour monumentale de 46 m de haut, jadis intégrée dans la façade et qui faisait office de beffroi. Cet édifice, construit en 1602 par des moines augustiniens débarqués à Goa en 1587, fut abandonné en 1835, la politique de répression du gouvernement portugais ayant abouti à l'éviction de plusieurs ordres religieux. L'église, privée d'entretien, tomba peu à peu en ruine. En 1842, la voûte s'effondra, suivie de la façade et, en 1931, d'une partie de la tour.

Church et Convent of St Monica

Cet immense édifice en latérite, à trois étages, fut achevé en 1627 et brûla 9 ans plus tard. Les travaux de reconstruction commencèrent dès l'année suivante et les bâtiments actuels datent de cette époque. Connu autrefois sous le nom de "monastère royal" en raison des hautes protections dont il jouissait, le couvent, appartenant à présent à l'institut Mater Dei, a été inauguré en 1964.

La dépouille incorruptible de saint François Xavier

Missionnaire infatigable, le saint patron de Goa, François Xavier, passa dix ans de sa vie à sillonner l'Asie du Sud-Est. Il mourut sur l'île de Sancian, le 2 décembre 1552, au large des côtes chinoises. Un serviteur déversa, dit-on, quatre sacs de chaux vive dans son cercueil pour consumer ses chairs, au cas où le corps devrait être rapatrié à Goa.

Deux mois plus tard, le cadavre fut transféré à Malacca où l'on constata qu'il était demeuré intact, malgré la chaux. L'année suivante, la dépouille transportée à Goa, toujours en parfait état de conservation, commença à susciter des rumeurs : à n'en pas douter, il s'agissait d'un miracle.

L'Église hésita à l'admettre et ordonna un examen médical aux fins de prouver que le corps n'avait pas été embaumé. En 1556, le médecin du vice-roi délivra un certificat attestant que les organes internes étaient entiers et qu'on ne décelait pas de trace d'agents conservateurs. Ayant remarqué une légère blessure sur la poitrine, il avait demandé aux deux jésuites qui l'assistaient d'y enfoncer leurs doigts. "Lorsqu'ils les retirèrent", nota-t-il, "ils étaient couverts de sang, lequel, après l'avoir senti moi-même, se révélait absolument pur et non corrompu".

TAMSIN WILSON

Le corps du patron de Goa, saint François Xavier, continue à attirer les pèlerins

Il fallut attendre 1662 pour que la canonisation soit officialisée. Entre-temps, les profanateurs de reliques saintes s'étaient mis à l'œuvre sur le corps "intact" : en 1614, les jésuites du Japon et de Rome se partagèrent le bras droit du saint après l'avoir sectionné ; en 1636, une partie de l'omoplate et les organes internes furent dispersés aux quatre coins de l'Asie du Sud-Est. Vers la fin du XVIIe siècle, le corps était dans un état de dessiccation avancé et le miracle avait pris fin. Les jésuites décidèrent alors d'enfermer la dépouille dans un cercueil de verre, à l'abri des regards. Ce n'est qu'au milieu du XIXe siècle que fut prise la décision de la montrer tous les dix ans. En 1994-1995, au cours des 54 jours que dura l'exposition, plus d'un million de pèlerins défilèrent devant les macabres reliques.

La prochaine exposition n'aura lieu qu'en novembre 2004. D'ici là, si vous vous trouvez dans les parages un 3 décembre, ne manquez pas la fête votive du saint ; elle vaut le déplacement.

Autres édifices

Parmi les autres monuments de moindre intérêt de la ville, citons le Viceroy's Arch (arche du vice-roi), la Gate of Adil Shah's Palace (porte du palais d'Adil Shah), la Chapel of St Anthony (chapelle Saint-Antoine), la Chapel of St Catherine (chapelle Sainte-Catherine) et la Church of Our Lady of the Rosary (église Notre-Dame-du-Rosaire).

Manifestations annuelles

La **Procession de tous les Saints**, le 5e lundi du Carême, est unique en son genre (à l'exception de Rome). Le défilé, qui réunit 30 statues de saints sorties pour l'occasion de leur entrepôt, traverse les villages avoisinants. La **Fête de Saint François-Xavier**, le 3 décembre, constitue une fête majeure dans la ville, précédée par une neuvaine.

Où se loger

La plupart des voyageurs visitent Old Goa en une journée, mais vous trouverez toutefois un hôtel, le ***Old Goa Tourist Hotel*** *(☎ 286127)*, géré par la GTDC, qui dispose de doubles rudimentaires à 170 Rs/250 Rs.

Comment s'y rendre

Des bus partent fréquemment de l'arrêt des bus de Panaji pour Old Goa (25 min, 5 Rs) et s'arrêtent sur le côté est du principal rond-point.

MAPUSA

34 800 habitants

Mapusa (prononcez "Mapsa"), la ville la plus peuplée des *takula* (districts) du nord de l'État, sera votre principal centre d'approvisionnement si vous séjournez à Anjuna ou à Vagator. Mis à part le marché du vendredi (de 8h à 14h) qui vaut le détour, vous ne trouverez rien d'exceptionnel. La Feast of Our Lady of Miracles, à la fois hindoue et chrétienne, a lieu 16 jours après Pâques.

Où se loger et se restaurer

Les hébergements offerts près des plages d'Anjuna, de Vagator et de Calangute sont bien préférables à ceux de Mapusa.

L'***Hotel Vilena*** *(☎ 263115, Feira Baixa Rd)*, propre et agréable, propose des doubles avec s.d.b. commune à 200 Rs (300 Rs avec s.d.b.) ainsi qu'un restaurant et un bar corrects.

Adresse bon marché, l'***Hotel Suhas*** *(☎ 262700)* dispose de lits en dortoir à 60 Rs et de doubles avec s.d.b. à 150 Rs. En haute saison, les dortoirs se transforment en chambres à quatre lits, à 360 Rs.

Sur le rond-point sud, le ***Tourist Hotel*** *(☎ 262794)* de la GTDC, très apprécié, loue des simples/doubles à 220/300 Rs, et des chambres à quatre lits à 400 Rs.

Près du Maruti Temple sur le rond-point nord, l'***Hotel Satyaheera*** *(☎ 262849, satya@goa.dot.net.in)* est la meilleure adresse de Mapusa. Les doubles à 400 Rs (750 Rs avec clim.) sont toutes dotées de TV avec s.d.b. Installé au dernier étage, le ***Ruchira Bar & Restaurant*** *(☎ 263869)* est aussi un excellent établissement.

A proximité des Municipal Gardens, le ***Vrundavan*** sert de savoureux thali bon marché. Il est fermé le mardi.

Comment s'y rendre

Lorsque l'on vient de Mumbai, Mapusa est l'endroit où il faut descendre pour les plages du nord. Depuis l'arrêt des bus de Kadamba, des bus partent dans l'après-midi et en soirée pour Mumbai (17 heures, 255 Rs en bus deluxe), ainsi que Pune, Hubli et Belgaum. Les compagnies privées disposent de bureaux près de la station de taxis et d'auto-rickshaws et se rendent uniquement à Mumbai et Pune (200 Rs les deux).

Vous trouverez des bus fréquents pour Panaji (25 min, 5 Rs) et toutes les demi-heures pour Calangute et Anjuna (5 Rs pour les deux destinations). D'autres bus vous mèneront jusqu'à Chapora, Candolim et Arambol (12 Rs). En moto-taxi, le trajet jusqu'à Anjuna ou Calangute coûte 50 Rs.

Thivim, à 12 km au nord-est de la ville, est la gare ferroviaire la plus proche sur la ligne du Konkan. Des bus locaux vont à la rencontre des trains (5 Rs). La course en auto-rickshaw revient à 80 Rs environ.

FORT AGUADA ET CANDOLIM

Les plages du nord de Goa s'étendent, à partir de Fort Aguada, en une bande sablonneuse presque ininterrompue jusqu'à la frontière du Maharashtra. Sinquerim, située au pied du fort, et Candolim sont très fréquentées par la clientèle des voyages organisés. Plus paisibles que Calangute, elles peuvent accueillir des voyageurs indépendants mais conviennent mal à un budget serré.

Protégeant l'estuaire de la Mandovi, la forteresse de **Fort Aguada** fut construite par les Portugais en 1612. Du haut de la colline, les ruines des douves vous offriront un beau panorama, notamment depuis l'ancien phare et vous pourrez explorer les donjons. Non loin de là, le nouveau **phare** accueille les visiteurs de 16h à 17h30 ; il n'est pas permis de prendre des photos.

Dans l'**Aguada Jail**, la prison, à l'est du fort, la majorité des détenus (dont plusieurs Occidentaux) sont inculpés de délits liés à la drogue. Ils n'ont droit qu'à une visite par mois, aussi, assurez-vous qu'en leur procurant le plaisir d'un contact avec le monde extérieur, vous ne les privez pas d'une entrevue attendue. Adressez-vous à votre ambassade, qui vous procurera la liste des prisonniers.

Thunderwave, sur la plage en dehors du Taj Holiday Village, propose toute une gamme de **sports nautiques** onéreux, notamment du parachute ascensionnel (1 300 Rs) et du jet ski (750 Rs) à partir de la pointe sud de Sinquerim Beach. Pour nager, préférez Candolim Beach : vous serez bien plus tranquille.

Vous pourrez choisir entre de nombreuses **croisières**. Thunderwave en organise une pour aller observer les dauphins (350 Rs). Plus loin, derrière Candolim Beach, John's Boat Trips (☎ 277780) propose des sorties analogues d'une demi-journée, avec déjeuner et bière à bord, pour 550 Rs. Il existe toute une gamme d'autres promenades nautiques, telles que la sortie "Crocodile Dun-

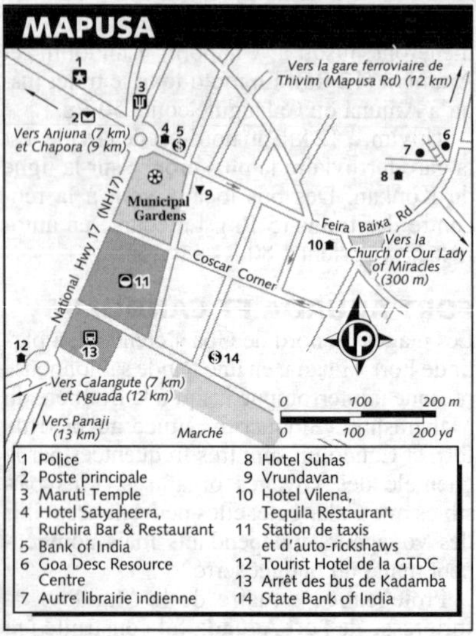

dee" sur la rivière (950 Rs la journée, déjeuner dans une famille goanaise compris).

Où se loger

L'hébergement se résume pour l'essentiel à des hôtels de catégorie moyenne proposant des chambres surévaluées aux touristes en voyages organisés. Vous trouverez également deux hôtels cinq-étoiles ainsi qu'une pension de famille, véritable petit bijou. Les prix indiqués ici s'appliquent aux doubles avec s.d.b. en haute saison, mais hors période de Noël (de nombreux établissements sont alors entièrement pris d'assaut par les groupes de voyages organisés).

A l'extrémité de Calangute se trouve tout un groupe d'établissements offrant des chambres de 500 à 700 Rs, à un emplacement idéal (proximité immédiate de la plage). Parmi eux figure le ***Dona Florina Beach Resort*** *(☎ 275051, fax 276878)*, qui loue ses chambres à 550/650 Rs.

Plus au sud, le dédale de ruelles – accessibles par la route qui fait face à la poste – constitue un bon endroit si vous recherchez une pension de famille. Parmi les établissements louant des doubles avantageuses (entre 250 et 350 Rs) figurent la ***Manuel Guest House*** *(☎ 277729)*, le ***Moonlight Bar & Restaurant*** *(☎ 279249)* et l'***Ave Maria*** *(☎ 277336)*. Charmante, la ***Pretty Petal Guest House*** *(☎ 276184)* jouit d'un grand jardin et de simples/doubles spacieuses à partir de 350/500 Rs. Les chambres plus vastes avec balcon et réfrigérateur reviennent à 600 Rs.

Excellente adresse, le ***Tropicano Beach Resort*** *(☎ 277732, 835B Camotim Vaddo)* offre de plaisantes chambres à 250 Rs (450 Rs avec petit déjeuner). Il bénéficie d'un jardin ombragé, et les portes vernissées de cette demeure traditionnelle sont recouvertes de coquilles de fruits de mer.

Plus au sud sont installés quelques hôtels avec piscine, dans une fourchette de prix se situant entre 500 et 850 Rs. Le ***Sea Shell Inn*** *(☎ 276131, seashellgoa@hotmail.com)*, sur la rue principale, facture 650 Rs ses chambres confortables aménagées dans une vieille demeure coloniale (900 Rs autour de Noël). Familial, le ***Per Avel*** *(☎ 277074, fax 277074)* demande 850 Rs.

La ***Villa Ludovici Tourist Home*** *(☎ 275684)*, maison goanaise traditionnelle, dispose de quatre chambres familiales au style suranné, à 350 Rs.

La ***Marbella Guest House*** *(☎ 275551, fax 276509)*, l'un des établissements les plus agréables de la région, est une villa portugaise superbement restaurée, nichée dans une ruelle paisible derrière le Fort Aguada Beach Resort. Les six chambres aérées, toutes décorées avec charme dans un style différent (notamment rajasthani ou moghol), se louent entre 1 000 et 1 950 Rs (de 850 à 1 700 Rs en mi-saison), taxes comprises.

Le Taj Group *(☎ 276201, fax 276044, village.goa@tajhotels.com)* dirige trois hôtels cinq-étoiles de luxe situés à côté de Sinquerim Beach. A la lisière de la plage, le ***Taj Holiday Village*** facture 125/ 140 $US ses chambres standard. Dans l'enceinte extérieure du vieux fort, le ***Fort Aguada Beach Resort*** propose des simples/doubles à 135/150 $US. Au-dessus se trouve le luxueux ***Aguada Hermitage***, avec des chambres à 225 $US (475 $US aux environs de Noël et du Nouvel An !) exposées au nord.

Où se restaurer

La plupart des hôtels possèdent un restaurant, et la plage compte de nombreuses paillotes servant les traditionnels petits déjeuners occidentaux, plateaux de fruits de mer et boissons fraîches. Candolim Beach, au bout de la rue face à la poste, possède tout un éventail de cabanons.

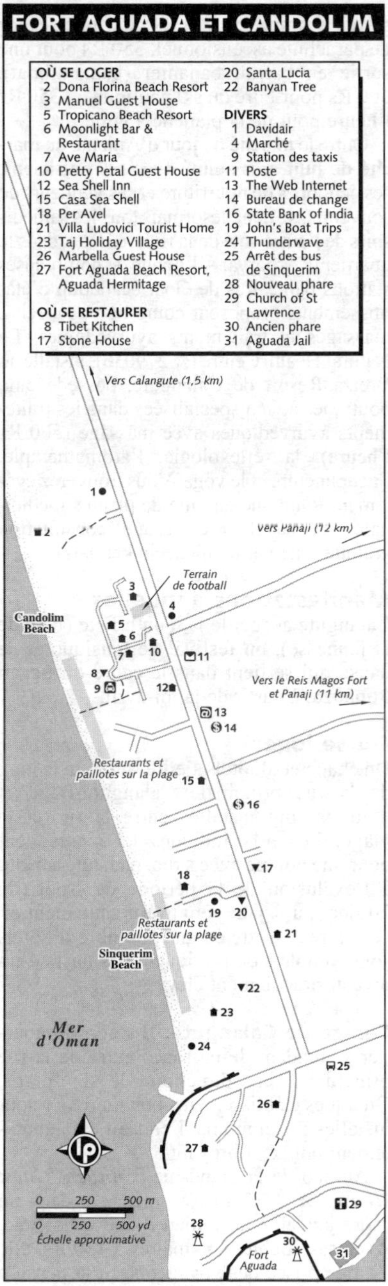

La *Tibet Kitchen*, près de la station de taxis plus bas sur la même rue, propose un large choix de fruits de mer et de *momo*. Grâce à ses filtres à eau, vous pourrez remplir directement vos bouteilles au robinet.

Sur la rue principale de Calangute, la ***Stone House***, endroit douillet qui dispose de tables dans un jardin, n'ouvre que pour le dîner.

Établissement italien (doté d'un chef suisse), le ***Santa Lucia*** est l'un des meilleurs de Candolim côté nourriture et ambiance. Les pâtes coûtent entre 85 et 130 Rs, et le buffet – de pâtes également – revient à 150 Rs.

Installé sur le domaine du Taj Holiday Village, le ***Banyan Tree*** est un restaurant à moitié en plein air servant de délicieux plats thaïs et chinois à partir de 150 Rs.

Comment s'y rendre

Les bus en provenance de Panaji s'arrêtent à Sinquerim (14 km) et continuent vers le nord, jusqu'à Calangute. La course en taxi depuis l'aéroport, à payer d'avance, revient à 450 Rs.

CALANGUTE ET BAGA

L'époque de Calangute en tant que haut lieu du mouvement hippy est révolue. Le village est devenu La Mecque des voyages organisés, notamment en provenance de Grande-Bretagne. Aujourd'hui – en haute saison tout au moins –, le centre de Calangute est le lieu le plus branché, le plus cher et le plus surchargé de Goa, ainsi que le théâtre de rixes occasionnelles. Bien trop fréquentée selon de nombreux voyageurs, la longue plage de sable, jonchée de matelas, de transats et de corps se dorant au soleil, est loin de figurer parmi les plus belles de Goa. On y trouve toutefois pléthore d'activités, d'hôtels et de bons restaurants. Près de l'embouchure de la rivière, Baga est plus agréable et pratique pour qui désire de profiter de la vie nocturne d'Anjuna et de Vagator.

Orientation et renseignements

La plupart des services touristiques sont rassemblés dans une même rue, où vous trouverez aussi le marché et l'arrêt des bus.

Vous obtiendrez quelques renseignements auprès du GTDC Calangute Tourist Resort (☎ 276024). La Rama Bookshop offre un grand choix de livres dans plusieurs langues et vous pourrez y échanger des livres. Non

Goa la verte

L'accroissement du tourisme ainsi que la surexploitation de l'eau et des ressources naturelles sont autant de menaces pour l'environnement de Goa. En tant que voyageur, vous pouvez apporter votre aide en jetant vos déchets dans les endroits appropriés, en utilisant l'eau avec parcimonie lors de vos douches, et en fréquentant la poignée de restaurants qui ont installé des filtres à eau. Les bouteilles en plastique, qui constituent un problème majeur, ont suscité la création du projet Clean Up Calangute en l'an 2000. Depuis son inauguration en 1986, la Goa Foundation, principal groupe de pression écologique de l'État, a développé de nombreux projets de préservation de l'environnement, tout en éditant plusieurs publications en la matière. Pour en savoir davantage, vous pouvez contacter ses membres à l'Other India Bookstore de Mapusa (☎ 263305). Le People Tree de Calangute abrite toute une série de publications émanant de la fondation.

loin, MGM International Travels (☎ 276 249) est une agence de voyages qui jouit d'une bonne réputation.

La Bank of Baroda, sur la route principale d'Anjuna à proximité du marché, pratique des avances sur cartes MasterCard et Visa, et de nombreux agents de change aux alentours – dont une succursale de Thomas Cook – acceptent espèces et chèques de voyage. La Centurion Bank, à 100 m au sud de la rue principale, dispose d'un DAB fonctionnant 24h/24 et acceptant les cartes MasterCard et Cirrus, mais pas Visa.

Calangute compte de nombreux cybercafés et beaucoup d'hôtels offrent des accès Internet à leurs hôtes (le tarif standard est de 1 Rs la minute).

A voir et à faire

Le Kerkar Art Complex, dans le sud de Calangute, abrite une galerie de peintures et de sculptures. Les œuvres du propriétaire (le Dr Kerkar) et d'artistes locaux y sont à vendre. A mi-chemin entre Calangute et Baga sur la plage, Goan Bananas (☎ 276362) et Atlantis proposent tous deux des **sports nautiques** ainsi que des **croisières**. Comptez 1 000 Rs pour une séance de parachute ascensionnel, 350 Rs pour une sortie en bateau bananier (banana-boat), 600 Rs pour faire du ski nautique, et 350 Rs l'heure pour de la planche à voile.

Outre le **marché de jour** d'Anjuna, un **marché de nuit**, très animé avec ses musiciens, ses échoppes de nourriture et ses vendeurs de souvenirs, se tient désormais tous les samedis soirs de l'autre côté de la rivière Baga, dans le quartier d'Arporva. A l'image de nombreuses stations balnéaires de Goa, beaucoup d'établissements proposent cours de yoga, reiki, massages et traitements ayurvédiques. Le Natural Health Centre (☎ 279036), installé au Breiza Resort de Calangute, possède cinq boutiques à Goa spécialisées dans les traitements ayurvédiques avec massage (500 Rs l'heure), la réflexologie, l'aromathérapie, l'acupuncture et le yoga. Vous trouverez également toute une gamme de plantes médicinales et bénéficierez d'une consultation gratuite faite par un médecin kéralais.

Manifestations annuelles

Calangute accueille la Youth Fete (Fête de la jeunesse), un festival de musique et de danse qui se tient dans le cadre du **Beach Bonanza**, à partir de la mi-avril.

Où se loger

Un chapelet d'hôtels s'étire sur 3 km le long de la rue principale Calangute-Baga et d'autres sont installés entre la rue et la plage. Les prix indiqués ici s'entendent pour une double avec s.d.b. en haute saison, à l'exclusion de la période de Noël (du 20 déc. au 3 janv. environ), sauf mention contraire ; à cette époque, nombre d'hôtels sont complets ou pratiquent des tarifs d'un niveau ridiculement élevé.

Centre de Calangute. Il s'agit du quartier s'étendant de part et d'autre de la rue principale, en direction de la plage. Quelques établissements bon marché y sont installés ; néanmoins, l'endroit est généralement bondé et bruyant.

Au sud de la grand-rue, l'***Angela Guest House*** *(☎ 277269)* est aménagée dans un cadre agréable au milieu d'une cocoteraie. Avec ses doubles sommaires à 150 Rs, elle est très prisée des voyageurs. Si la pension affiche complet, vous trouverez d'autres établissements à proximité, dont l'***Alfa Guest***

House (☎ *275986*) plus loin sur la route principale, qui dispose de doubles à 300 Rs. A deux pas, le ***Coco Banana*** (☎ *279068*) présente une qualité bien supérieure. Dirigé par un sympathique et serviable couple helvético-goanais, il offre des chambres impeccables, sûres, dotées de lits confortables, et disposées autour d'une cour tranquille. Comptez 500 Rs pour une double (850 Rs de la mi-déc. à la mi-janv.).

L'horrible bâtiment du ***Calangute Tourist Resort*** (☎ *276024*) de la GTDC, au bout de la route de la plage, présente un rapport qualité/prix peu avantageux (double à 450 Rs). Son annexe (☎ 276009) dispose de lits en dortoir à 60 Rs.

Situé au cœur de l'action, le ***Garden Court Resort*** (☎ *276054*), sur le rond-point d'où part la route Calangute-Baga, est un vieil établissement charmant géré par une famille qui apprécie les voyageurs. Vous trouverez deux chambres pour petits budgets à 250 et 300 Rs ; toutefois, les meilleures coûtent 800 Rs (1 000 Rs avec clim.). L'établissement propose également une chambre avec coin cuisine à 600 Rs.

Bonne adresse, l'***Albenjoh*** (☎ *276422*) loue ses chambres propres avec eau chaude entre 300 et 600 Rs. Les plus onéreuses disposent d'un balcon et certaines d'un réfrigérateur.

Sud de Calangute. Dans l'ensemble, les chambres sont plus calmes qu'au nord, mais aussi plus rustiques. Il ne reste qu'une minorité d'établissements bon marché. La ***NV Guest House*** (☎ *279749*) bénéficie d'une situation excellente, à proximité de la plage. Dirigée par une famille avenante, elle propose toute une gamme de chambres. Les plus récentes, avec balcon et eau chaude, reviennent à 350 Rs (500 Rs à Noël), tandis que celles pour petits budgets valent 100 Rs. Le restaurant, à quelques mètres de la plage seulement, sert des fruits de mer frais.

Dans une fourchette de prix oscillant entre 500 et 1 000 Rs, on trouve tout un groupe de petits hôtels, dignes d'intérêt uniquement en raison de leur proximité de la plage. L'***Hotel Golden Eye*** (☎ *277308*), sur la plage, facture 325/650 Rs ses simples/ doubles (500/1 000 Rs à Noël). Il bénéficie d'un restaurant sur le front de mer. Le ***Dona Cristalina*** (☎ *279012*) et la ***White House*** (☎ *277938*), de style méditerranéen, présentent tous deux un excellent rapport qualité/prix, avec des chambres doubles, propres et confortables, respectivement à 450 et 500 Rs.

Plus à l'écart de la plage, la ***Gabriel's Guest House*** (☎ *279486*), établissement familial, loue des chambres à 500 Rs. Ses plats goanais et italiens sont chaudement recommandés.

Hôtel de style, le ***Kerkar Retreat*** (☎ *276017, subodhkerkar@satyam.net.in*) n'abrite que six chambres aux décorations variées. Comptez 1 000 Rs pour une double (2 500 Rs durant la période de Noël).

De Calangute à Baga. Dans ce secteur, de nombreux hôtels ont été rénovés afin d'attirer la clientèle des voyages organisés ; il n'est donc guère surprenant qu'ils affichent des tarifs relativement élevés.

Proche de la plage, le ***Johnny's Hotel*** (☎ *277458, johnnys@rediffmail.com*) est aménagé dans l'une des premières ruelles en direction du nord. Cette demeure de deux étages abrite toute une série de chambres propres à partir de 250/300 Rs (600 Rs la double à Noël).

Tenue par une famille avenante, la ***Stay Longer Guest House*** (☎ *277460*), est l'un des établissements les plus petits sur la route principale en direction du nord. Les doubles sommaires valent 200 Rs (350 Rs en haute saison).

Ancienne demeure portugaise, la ***Venar Holiday Home*** (☎ *276827*) offre trois doubles spacieuses à 200 Rs (toute l'année). Elle constitue un agréable changement par rapport aux hôtels modernes environnants.

La ***Casa Esmeralda*** (☎ *277194*), dans la ruelle suivante, toujours vers le nord, présente un rapport qualité/prix très correct en dehors de la période de Noël : les chambres se louent 350 Rs (contre 1 500 Rs au plus haut de la saison). Vous trouverez également un savoureux restaurant.

L'***Hotel Linda Goa*** (☎ *276066, lindagoa@hotmail.com*) compte parmi les nombreux établissements de la route principale destinés aux voyages organisés et affichant des prix raisonnables. Excepté la période de la mi-déc. au début de janv., les chambres reviennent à 450/550 Rs (650/750 Rs avec clim.). L'hôtel bénéficie d'une piscine, d'une salle de jeu, d'un bar et d'un restaurant. Établissement clair et avenant, l'***Hotel Hacienda*** (☎ *277348*), dans une ruelle à l'écart de la

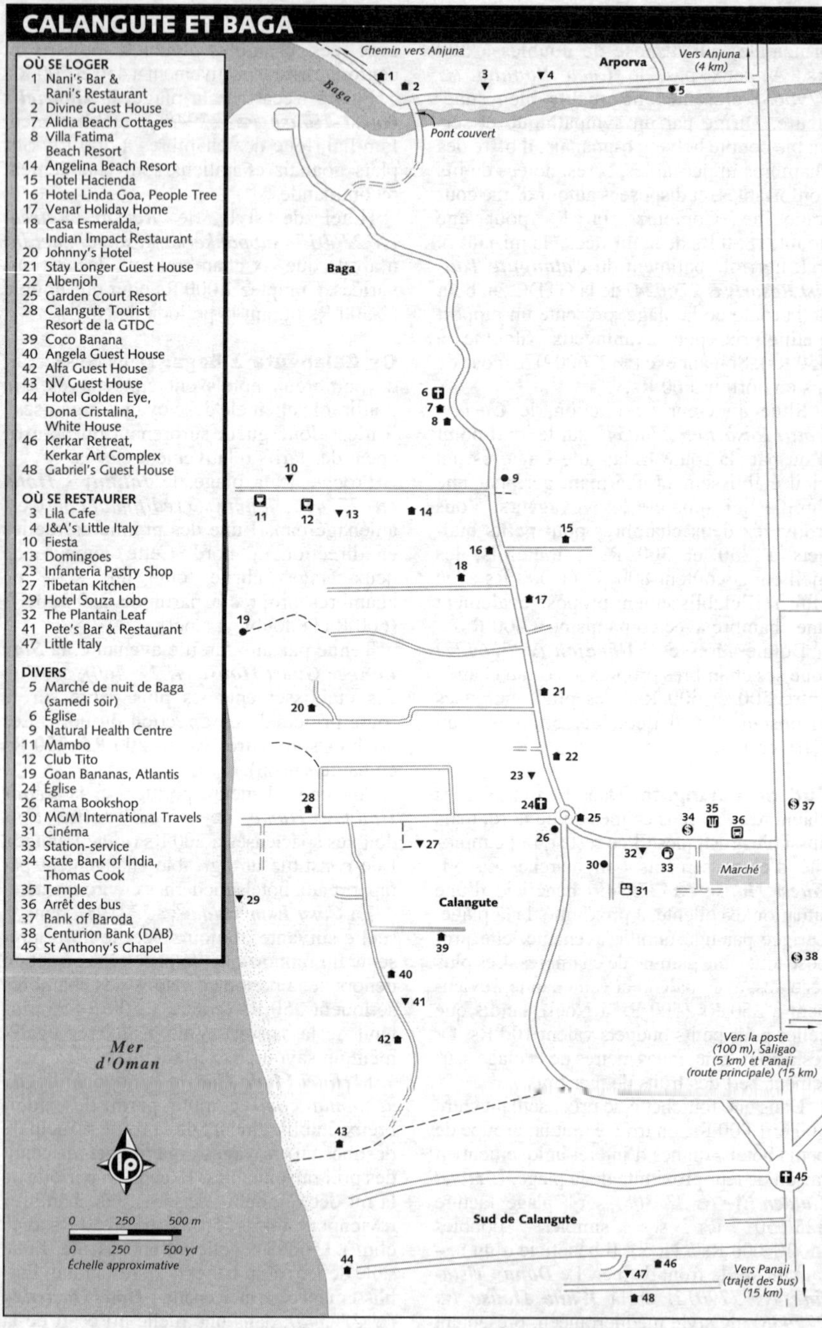
CALANGUTE ET BAGA
OÙ SE LOGER
1 Nani's Bar & Rani's Restaurant
2 Divine Guest House
7 Alidia Beach Cottages
8 Villa Fatima Beach Resort
14 Angelina Beach Resort
15 Hotel Hacienda
16 Hotel Linda Goa, People Tree
17 Venar Holiday Home
18 Casa Esmeralda, Indian Impact Restaurant
20 Johnny's Hotel
21 Stay Longer Guest House
22 Albenjoh
25 Garden Court Resort
28 Calangute Tourist Resort de la GTDC
39 Coco Banana
40 Angela Guest House
42 Alfa Guest House
43 NV Guest House
44 Hotel Golden Eye, Dona Cristalina, White House
46 Kerkar Retreat, Kerkar Art Complex
48 Gabriel's Guest House
OÙ SE RESTAURER
3 Lila Cafe
4 J&A's Little Italy
10 Fiesta
13 Domingoes
23 Infanteria Pastry Shop
27 Tibetan Kitchen
29 Hotel Souza Lobo
32 The Plantain Leaf
41 Pete's Bar & Restaurant
47 Little Italy
DIVERS
5 Marché de nuit de Baga (samedi soir)
6 Église
9 Natural Health Centre
11 Mambo
12 Club Tito
19 Goan Bananas, Atlantis
24 Église
26 Rama Bookshop
30 MGM International Travels
31 Cinéma
33 Station-service
34 State Bank of India, Thomas Cook
35 Temple
36 Arrêt des bus
37 Bank of Baroda
38 Centurion Bank (DAB)
45 St Anthony's Chapel
Chemin vers Anjuna
Vers Anjuna (4 km)
Arporva
Baga
Pont couvert
Baga
Marché
Calangute
Mer d'Oman
Vers la poste (100 m), Saligao (5 km) et Panaji (route principale) (15 km)
Sud de Calangute
Vers Panaji (trajet des bus) (15 km)
0 250 500 m
0 250 500 yd
Échelle approximative

plage, dispose d'un jardin ombragé et de doubles avec véranda à 350 et 400 Rs.

L'***Angelina Beach Resort*** *(☎ 279268)* compte parmi les bons établissements familiaux aménagés dans la ruelle suivante qui mène à la plage (avant le Tito's). Plutôt calme, installé un peu à l'écart, il loue des doubles impeccables à 300 Rs (500 Rs en haute saison).

Baga. Aujourd'hui, difficile de dire où s'achève Calangute et où débute Baga.

En retrait de la rue, la ***Villa Fatima Beach Resort*** *(☎ 277418)* est un établissement bien géré très apprécié des routards. Pour une double avec s.d.b., comptez une fourchette de 200 à 600 Rs. Vous profiterez d'un restaurant et d'une salle de TV, et pourrez louer un coffre pour 100 Rs.

Autre adresse excellente, l'***Alidia Beach Cottages*** *(☎ 276835)* offre des chambres à l'écart de la rue et face à la plage. Un cottage avec véranda vous coûtera 600 Rs (800 Rs à Noël). De l'autre côté de la rivière Baga (traversez par le pont couvert, particulièrement inesthétique, puis tournez à gauche) se trouvent plusieurs charmants établissements familiaux.

A la ***Divine Guest House*** *(☎ 279546)*, les chambres impeccables se louent 250 ou 350 Rs (à l'étage). Vous bénéficierez d'un plaisant restaurant en jardin.

Plus loin près de la même rue, le ***Nani's Bar & Rani's Restaurant*** *(☎ 276313)* est installé dans une vaste et vieille demeure portugaise. Simples et rustiques, les huit chambres, toutes différentes, commencent à 200 Rs (le premier venu est le premier servi). L'établissement jouit d'un adorable jardin et les repas se dégustent sous la véranda.

Où se restaurer

Au cours des ans, les restaurants de Calangute se sont considérablement améliorés et la ville abrite aujourd'hui quelques-uns des meilleurs établissements de Goa. Les petits restaurants s'entassent sur la moindre parcelle disponible, et sont le lieu idéal pour admirer le coucher du soleil, tout en sirotant une bière fraîche accompagnée d'un plateau de fruits de mer.

Au nord de la Baga, le ***Lila Cafe*** *(☎ 279843)* est le meilleur établissement de Goa pour prendre un petit déjeuner. Sa boulangerie allemande propose croissants alléchants, müesli, jus de fruits frais et confiture maison, le tout servi dans un jardin agréable. Bien que l'endroit ne figure pas parmi les plus avantageux, quelques hippies côtoient les touristes en voyage organisé. Le restaurant est ouvert de 8h30 à 18h30.

Non loin du rond-point situé au centre de Calangute, l'***Infanteria Pastry Shop*** est également une excellente adresse, avec son buffet à volonté à 80 Rs.

Restaurant bien établi, face à la plage principale, l'***Hotel Souza Lobo*** *(☎ 276463)* est très fréquenté, bien qu'un peu onéreux, et les fruits de mer présentent une qualité inégalable. Le curry de poisson revient à 60 Rs, les crevettes avec pommes frites à 190 Rs et le homard culmine à 700 Rs.

A côté de l'Angela Guest House, le ***Pete's Bar & Restaurant***, bon marché et apprécié des voyageurs, vous permettra de siroter une bière fraîche.

A la ***Tibetan Kitchen***, vous dégusterez momo et autres spécialités tibétaines dans un cadre décontracté. Près du marché, ***The Plaintain Leaf***, meilleur restaurant du coin, sert des thali exclusivement végétariens à partir de 35 Rs.

Le ***Little Italy***, restaurant sicilien onéreux, est installé dans le sud de Calangute. De l'autre côté de la rivière, le ***J&A's Little Italy*** (sans lien aucun avec le précédent) prépare également une authentique cuisine italienne un peu chère, dans une agréable salle à manger. Pour les gourmets, nous recommandons les pizzas cuites au feu de bois (à partir de 150 Rs). Vous pouvez commander une carafe de vin et le patron vous fournira gratuitement de l'eau minérale filtrée.

Simple cabane en feuilles de palmier, le ***Domingoes***, aménagé près de la ruelle qui mène au Tito's, est le spécialiste des pâtes maison (70 Rs environ). Il prépare également l'un des meilleurs steaks de Calangute (110 Rs). L'établissement ouvre à 18h30.

A deux pas dans la même rue, le ***Fiesta***, l'une des adresses les plus prisées pour sa cuisine et son ambiance, sert les repas dans une salle à manger en plein air surplombant la plage. Le menu comporte essentiellement de la cuisine méditerranéenne, telle que paella (185 Rs) et tiramisu (95 Rs). La plupart des plats oscillent entre 125 et 185 Rs.

Où sortir

Le ***Kerkar Art Complex*** *(☎ 276017)* accueille des concerts de musique indienne classique et des spectacles de danse le mardi à 20h30 (250 Rs).

La nuit, hormis les bars sur la plage et les petits pubs (qui ferment pour la plupart vers minuit), les activités de Calangute restent limitées. Longtemps, le ***Club Tito*** a constitué le cœur de la vie nocturne. Il propose un bar en jardin, un grand écran sur lequel sont projetés des films récents, ainsi qu'une petite discothèque (en piètre état) ouverte jusqu'à 3h (200 Rs). Des incidents auraient souvent lieu tard dans la nuit : si vous êtes seul, la prudence est de rigueur (en particulier pour les femmes).

Tout proche de la plage, le ***Mambo*** est un bar animé.

Le ***Club West End*** *(☎ 98230809)* est un nouvel établissement installé à Saligao, à 7 km de Calangute à l'intérieur des terres. Le vendredi, généralement, jusqu'aux premières lueurs de l'aube, le club organise des fêtes avec le concours de DJs goanais. Renseignez-vous auprès des chauffeurs de taxi.

Comment s'y rendre

Depuis l'arrêt des bus de Calangute, en face du marché principal, des bus très fréquents rejoignent Panaji (8 Rs, 35 min) et Mapusa (6 Rs). En taxi, comptez 30 min et 150/200 Rs depuis Calangute ou Baga jusqu'à Panaji. Un bateau relie Baga Beach à Anjuna chaque mercredi, jour du marché aux puces (50 Rs).

ANJUNA

Célèbre dans tout Goa pour son *flea market*, ou marché aux puces, chaque mercredi, Anjuna reste un point de rencontre très apprécié des voyageurs, des amateurs de rave venus d'Europe et des éternels hippies. Néanmoins, les temps changent : hôtels de confort et tourisme de masse commencent à prendre pied. En dépit des tentatives pour contourner les nouvelles lois en vigueur, les fêtes données à l'occasion de la pleine lune et les raves parties ont pratiquement été éradiquées. Anjuna reste un lieu plus reposant que Calangute, Baga ou Colva, bien que nombre de voyageurs qui en faisaient autrefois une halte privilégiée se dirigent désormais vers des plages plus éloignées, telles qu'Arambol au nord ou Gokarna au sud, dans le Karnataka.

Renseignements et orientation

Le village d'Anjuna est très étendu et la plupart des terres situées au-delà des plages sont cultivées. On distingue trois quartiers : le carrefour principal et l'arrêt des bus, d'où les chemins mènent à la plage ; la partie à l'intérieur des terres où se trouvent la poste et les commerces de proximité ; enfin le marché aux puces, du côté Sud, qui correspond également à l'extrémité méridionale de la plage.

Plusieurs agences de voyages vous permettent de faire des réservations, de confirmer vos vols et de changer des devises étrangères. MGM Travels (☎ 274317), sur la rue principale, et Kwick Travels (☎ 273477) dans la Manali Guest House constituent toutes deux de bonnes adresses.

De nombreux établissements proposent des accès à Internet, notamment la Manali Guest House et Colours Internet. Comptez environ 1 Rp la minute.

La Bank of Baroda pratique des avances d'espèces sur cartes Visa et MasterCard.

Anjuna Flea Market

Ce marché aux puces, qui a lieu le mercredi, attire de nombreux visiteurs venus de toutes les plages de Goa. Il offre un merveilleux spectacle où se mêlent marchands tibétains et cachemiris, femmes des tribus gujarati et hippies à la mode des années 60. Quels que soient vos besoins, vous trouverez ici de tout : livres de poche d'occasion, bijoux, sculptures, T-shirts, sarongs, shiloms, épices et moult autres articles.

Il faut marchander opiniâtrement pour obtenir un prix raisonnable, car de nombreux touristes aisés parcourent le marché et les vendeurs fixent leurs tarifs très haut. C'est également le lieu idéal pour un piercing, un massage ou une séance de chiromancie.

On y trouve également une excellente cuisine indienne et occidentale, ainsi que quelques bars et, lorsque la fatigue se fait sentir, des tentes improvisées permettent de se rafraîchir au bord de la plage. A Baga et à Arambol, vous pouvez prendre un bateau de pêche traditionnel pour vous rendre au marché.

Le marché débute le matin mais l'ambiance ne s'installe vraiment qu'en milieu d'après-midi pour durer jusqu'à la nuit tombée.

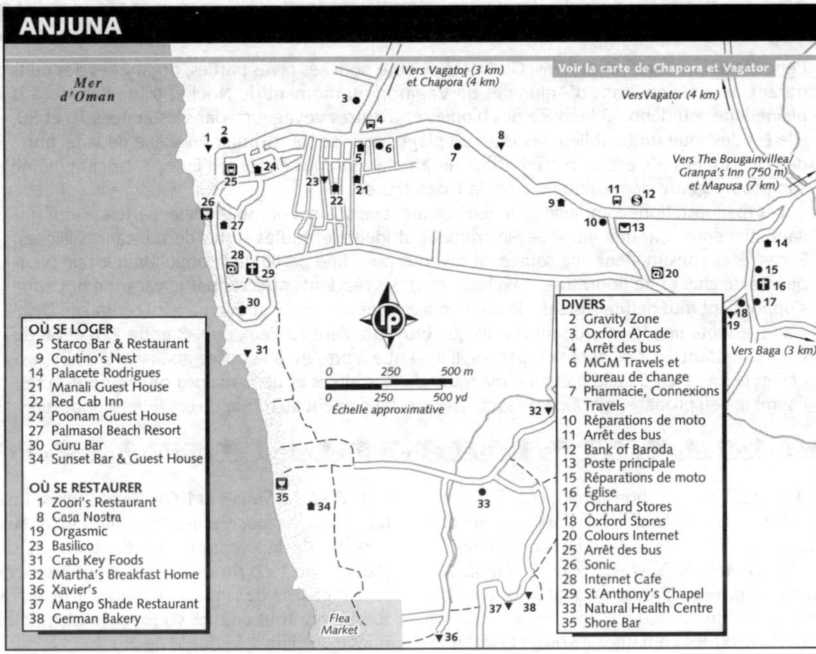

Bungee Jumping

Gravity Zone, vers la plage non loin de l'arrêt des bus, propose des sauts en élastique depuis une grue de 25 m de haut (500 Rs). Vous trouverez un café, un bar et, occasionnellement, vous assisterez à des fêtes nocturnes. L'établissement ouvre de 10h à 13h30 et de 15h à 21h45.

Où se loger

En dépit des nombreuses pensions qui parsèment le village, trouver un hébergement constitue parfois un problème en haute saison. Si vous envisager de rester un certain temps, repérez les pancartes "To let" (à louer) sur les maisons : elles sont légion dans les ruelles menant au marché aux puces. Si vous arrivez avant le 15 déc., vous devriez trouver des chambres libres.

Jolie maison dotée d'un jardin central, la ***Poonam Guest House*** *(☎ 273247)* propose quelques-unes des plus agréables chambres d'Anjuna – toutefois plutôt onéreuses. Pour une double avec s.d.b. sans vue, comptez 600 Rs ; les chambres plus récentes et celles à l'étage commencent à 800 Rs.

Certains des bars et des restaurants installés sur le chemin qui part de l'arrêt des bus vers le Sud disposent de quelques chambres (de 150 à 350 Rs). Parmi ces établissements figurent le ***Guru Bar*** *(☎ 273319)* et le ***Crab Key*** *(☎ 274554)*. En continuant vers le Shore Bar, vous tomberez sur la ***Sunset Bar & Guesthouse*** *(☎ 273917)*, qui loue de grandes chambres avec s.d.b. commune à 100 et 150 Rs.

Véritable affaire, le ***Palmasol Beach Resort*** *(☎ 273258)* facture 314 Rs (410 Rs à Noël) ses chambres confortables avec s.d.b. et eau chaude.

Au ***Red Cab Inn*** *(☎ 274427)*, vous trouverez quelques chambres et cottages originaux, bien que plutôt désordonnés. Prévoyez un minimum de 300 Rs pour une double avec s.d.b., et 600 Rs pour une chambre spacieuse à deux niveaux. Vous bénéficierez d'un bon bar, d'un restaurant et d'un personnel serviable.

Le ***Starco Bar & Restaurant*** loue toute une gamme de bungalows douillets à 400/500 Rs (simple/double), ainsi que quelques petites doubles à 300 Rs en déc./janv.

Fêtes hors-la-loi

Pendant de nombreuses années, Goa a été célèbre pour ses raves parties, organisées des nuits durant dans les environs d'Anjuna et de Vagator, au moment de Noël et toute l'année à la pleine lune. Au début, à l'arrivée des hippies et d'autres voyageurs, dans les années 70 et 80, elle est devenue un haut lieu des fêtes de plage, pour se transformer en scène de la techno : dans les années 90, elle a en effet attiré des amateurs venus de toute l'Europe, lançant même son propre genre de musique dance, la Goan trance.

Les manifestations commençaient généralement vers 23h, pour se terminer parfois le jour suivant, alimentée par une musique électronique stridente et toutes sortes de substances illicites. Si ces fêtes constituaient une source de revenus pour une partie de la population locale (vendeuses de chai et de nourriture, bakchich, etc.), les résidents affectés par le vacarme nocturne s'opposaient tout naturellement à le subir année après année. Le gouvernement central de Delhi a ainsi adopté une loi interdisant la musique bruyante dans les lieux publics entre 22h et 6h du matin, mettant fin à ce genre de parties. Il incombe à présent à la police goanaise de faire respecter la loi ; bien qu'elle prétende manquer de ressources et de la main-d'œuvre nécessaires, il semble peu probable que Goa n'assiste pas prochainement au retour de ces fêtes si populaires.

Centrale et d'un bon rapport qualité/prix, la ***Manali Guest House*** *(☎ 273477)* loue des chambres à 150 Rs avec s.d.b. commune.

Au ***Coutino's Nest*** *(☎ 274386)*, établissement propre sur la route menant à Anjuna, les chambres avec s.d.b. commune coûtent 150 Rs (300 Rs en haute saison), et de 250 à 600 Rs avec s.d.b. Dirigé par une famille accueillante, il jouit d'une plaisante terrasse.

Dans les faubourgs d'Anjuna, le ***Palacete Rodrigues*** *(☎ 273358)* est aménagé autour d'une cour dans une adorable vieille demeure coloniale. Les doubles spacieuses et joliment meublées présentent un excellent rapport qualité/prix. Comptez 650 Rs, ou 750 Rs pour la suite.

The Bougainvillea *(☎ 273273, fax 274370, granpas@hotmail.com)*, connu également sous le nom de Granpa's Inn, est aménagé à l'écart de la plage, sur la route menant à Mapusa. Dans cet établissement haut de gamme règne une atmosphère de station balnéaire d'antan. Les chambres confortables se louent entre 1 250 et 1 900 Rs (entre 1 950 et 2 950 Rs à Noël). L'hôtel dispose d'une piscine ainsi que d'un jardin agréable.

Où se restaurer

Si, à la différence de Calangute, aucune échoppe n'est installée sur la plage, vous aurez par contre le choix entre plusieurs restaurants en front de mer. La ville abrite une gamme d'établissements agréablement variés.

L'***Oxford Stores*** et l'***Orchard Stores***, installés face à face, répondent parfaitement aux besoins de la communauté d'expatriés, de même que l'***Oxford Arcade***, établissement récent proche de la plage. Ces magasins vous fourniront tout ce que vous souhaitez, de la miche de pain à la dinde de Noël.

La rue menant au marché aux puces accueille quelques établissements intéressants. Parfaite pour commencer la journée, la ***Martha's Breakfast Home*** *(☎ 273365)* prépare des petits déjeuners, un peu onéreux mais excellents, servis dans un jardin plaisant et ombragé. L'établissement loue également des chambres. L'***Orgasmic*** *(☎ 273990)* est un restaurant végétarien tibétain, plutôt stylé. Il abrite également une boutique vendant des huiles ayurvédiques, des herbes et des livres.

Plus loin sur la route menant au marché aux puces, la ***German Bakery*** sert thés aux herbes, café expresso et pains frais. L'endroit est idéal pour se détendre, lire ou se retrouver entre amis. Le ***Mango Shade Restaurant***, autre adresse prisée, se situe derrière le marché.

Le chemin reliant l'arrêt des bus à la plage est bordé d'établissements. Le ***Crab Key Foods*** est réputé pour ses sandwiches (moins de 30 Rs) ainsi que ses fruits de mer frais : vous pourrez choisir directement dans le bassin situé au centre de la salle à manger. Le crabe farci revient à 130 Rs.

En contrebas d'une falaise, non loin de l'arrêt des bus, le ***Zoori's Restaurant***, établissement décontracté avec coussins au sol, jouit d'un emplacement privilégié. Les petits déjeuners constituent sa spécialité, de même que les sushi (de 130 à 160 Rs).

Une kyrielle de cafés et de restaurants, bons mais dépourvus de cachet, sont installés au niveau du carrefour, dans la partie principale du village et le long de la route menant à Mapusa. La ***Casa Nostra*** prépare des mets italiens plutôt savoureux. Comptez environ 100 Rs pour un plat de pâtes, que vous pourrez arroser de vin rouge. Autre adresse italienne méritant la visite, le ***Basilico*** se niche derrière le Red Cab Inn. Tous deux n'ouvrent que pour le dîner.

Caché derrière le marché aux puces, le ***Xavier's*** est réputé servir les meilleurs fruits de mer d'Anjuna. Ouvert à partir de 19h, il prépare des plats oscillant entre 150 et 350 Rs.

Où sortir

Au ***Shore Bar,*** on vient traditionnellement déguster quelques bières devant un coucher de soleil. Les jours de marché, une fête a généralement lieu le soir jusqu'à 22h. Plus près du village, le ***Guru Bar*** et le ***Sonic*** sont des concurrents sérieux. Il n'en reste pas moins qu'une bonne partie de la vie nocturne s'est déplacée vers Vagator et Chapora.

Comment s'y rendre

Presque toutes les heures, des bus relient Mapusa à Anjuna (7 Rs). Vous les trouverez garés au bout de la rue de la plage. Ils continuent ensuite vers Vagator, Chapora et Arambol. De nombreux moto-taxis sont rassemblés sur le rond-point central, d'où il est également facile de louer scooters et motos.

CHAPORA ET VAGATOR

Ces deux plages figurent parmi les plus belles et les plus intéressantes du littoral goanais. La plupart des quartiers résidentiels se nichent à l'abri de voûtes formées par d'épais bosquets de cocotiers. Le village de Chapora est dominé par un promontoire rocheux où se dresse un ancien **fort** portugais. Depuis les remparts, la vue est spectaculaire.

De petites criques sablonneuses jalonnent le flanc nord de la falaise, tandis que les plages de Vagator s'ouvrent, à l'ouest, vers la mer d'Oman. Très prisée, Little Vagator, la plage du Sud, reste épargnée par les infrastructures touristiques – en grande partie grâce à la présence des falaises.

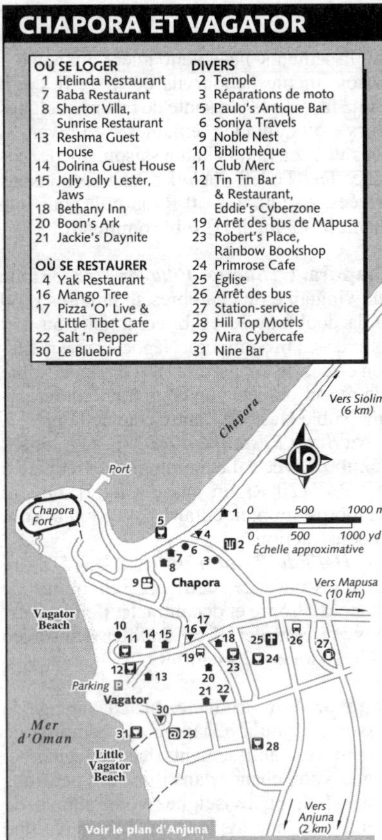

Renseignements

Vous trouverez des cabines téléphoniques STD/ISD dans la rue principale de Chapora, de même qu'un petit kiosque à journaux. Toujours à Chapora, Soniya Travels (☎ 273344) offre un service efficace de réservations, de change et d'accès à Internet (60 Rs l'heure). L'agence est également une succursale de la Western Union. A Vagator, on peut surfer sur le web à plusieurs endroits à proximité de la plage (essayez Eddie's Cyberzone ou Mira Cybercafe) et dans d'autres établissements plus avant dans le village.

Où se loger

La plupart des étrangers s'y rendent pour de longs séjours et occupent des chambres bon marché. Si vous venez en groupe, louez une maison : le prix est dérisoire. Bien que les établissements ne soient guère luxueux – parfois même dépourvus de lit –, il s'agit d'une façon très plaisante de passer quelques jours – ou quelques semaines – en hiver. Si vous venez avant la haute saison, guettez les pancartes "To let" ("à louer") sur les maisons privées, et comptez 50 Rs la nuit pour une chambre sommaire (s.d.b. commune).

Chapora. La ***Shertor Villa*** *(☎ 274335)* loue une vingtaine de chambres sommaires (160 Rs la double avec s.d.b. commune, ou 250 Rs avec s.d.b. contiguë). Négociez une réduction en cas de long séjour. S'il n'y a personne à la réception, jetez un coup d'œil au restaurant Noble Nest, de l'autre côté de la rue.

Au ***Baba Restaurant*** *(☎ 273213)*, les six chambres avec s.d.b. commune reviennent à 150 Rs (120 Rs en basse saison). Quatre chambres supplémentaires avec s.d.b. sont en construction.

L'***Helinda Restaurant*** *(☎ 274345)* offre quelques-unes de meilleures chambres de Chapora. Propre et décontracté, l'endroit est souvent complet. Les doubles sans/avec s.d.b. se louent 200/300 Rs.

GOA

Vagator. Vous trouverez bien davantage de possibilités qu'à Chapora, y compris de nombreux établissements haut de gamme. Tentez votre chance dans l'une des pensions ci-dessous, ou renseignez-vous auprès de l'un des restaurants locaux. Dirigée par une famille avenante, non loin de la plage, la ***Dolrina Guest House*** *(☎ 273382)* propose un large éventail de chambres. Les doubles avec/sans s.d.b. individuelle aménagées dans la partie ancienne coûtent 350/275 Rs, et les nouvelles chambres, impeccables, 450 Rs.

De l'autre côté de la rue en descendant la ruelle, la ***Reshma Guest House*** *(☎273 568)* propose des doubles avec s.d.b. commune entre 150 à 300 Rs, ou 400 Rs avec s.d.b. individuelle.

Derrière son restaurant, le ***Jolly Jolly Lester*** *(☎ 273620)* loue des doubles plus agréables avec s.d.b. à 500 Rs (800 Rs à la période de Noël).

Au ***Bethany Inn*** *(☎ 273731)*, plus à l'écart de la plage, vous bénéficierez de doubles propres et spacieuses, ainsi que de prix fluctuants en fonction de la saison. A notre connaissance, les doubles se louent entre 250 et 500 Rs. L'établissement dispose de deux chambres avec quatre lits (plus un réfrigérateur et un balcon) d'un excellent rapport qualité/prix (600 Rs). A deux pas sur la même rue, le ***Boon's Ark*** *(☎ 274045)* est un hôtel récent avec de plaisantes chambres de style cottage de 400 à 500 Rs (entre 800 et 1 000 Rs à Noël).

La rue menant à Little Vagator Beach compte plusieurs établissements. Au ***Jackie's Daynite*** *(☎ 274320)*, les chambres neuves et immaculées reviennent à 600/400 Rs avec/sans s.d.b. individuelle. L'établissement, dirigé par une famille accueillante, possède également un bar et un restaurant réputés.

Où se restaurer

Si sur la rue principale du village de Chapora sont installés quantité de petits restaurants, les meilleurs se trouvent à Vagator.

A Chapora, le ***Baba*** et l'***Helinda*** constituent des établissements prisés. Le ***Sunrise Restaurant***, à deux pas de la Shertor Villa, ouvre à 7h pour le petit déjeuner. Le ***Yak Restaurant***, en face de Soniya Travels, sert des plats thaïs, tibétains, chinois, israéliens et occidentaux (notamment italiens), ainsi que d'excellents hamburgers. Toutefois, certains mets figurant au menu ont tendance à ne pas être disponibles – ce qui n'est guère surprenant.

Installé au sommet de la colline de Vagator, le ***Pizza 'O' Live & Little Tibet Cafe*** prépare une authentique cuisine italienne : bruschetta, antipasti et pizzas cuites au feu de bois (de 45 à 90 Rs). Comptez entre 70 et 110 Rs pour un plat de pâtes. L'après-midi, il est possible de commander quelques spécialités tibétaines, telles que des momo. Le ***Mango Tree***, tout proche, offre un large éventail de plats, un barbecue de fruits de mer ainsi qu'un bar à cocktails.

La ruelle qui mène à Little Vagator Beach abrite tout un assortiment d'établissements invitant au farniente, pour un après-midi ou une soirée, notamment le ***Salt'n Pepper*** et le ***Jackie's Daynite***, deux des plus fréquentés depuis longtemps.

Dirigé par un Français, ***Le Bluebird*** *(☎ 273695)* constitue l'un des meilleurs restaurants des environs. La nourriture est fraîche et les plats de l'Hexagone particulièrement succulents : ratatouille à 90 Rs, poulet à l'orange à 120 Rs, ou grosses crevettes au poivre et au whisky à 250 Rs. Essayez également le menu du petit déjeuner, délicieux, ou encore l'un des nombreux plats végétariens, accompagné de vin (en bouteille ou en carafe).

Où sortir

Vagator est le centre de la scène festive de Goa – en particulier depuis que l'avenir des raves parties, notamment celles du Bamboo Forest, est remis en question. Par ailleurs, la rue principale de Chapora est bordée de quelques excellents petits bars.

La soirée débute généralement au ***Nine Bar***, qui surplombe Little Vagator Beach. Vers 22h, la fête se déplace au ***Primrose Cafe***, ou au ***Robert's Place***, plus petit, de l'autre côté de la rue.

Le ***Hill Top Motels*** organise souvent des fêtes en plein air. Proche de la plage de Vagator, le ***Club Merc*** est le dernier lieu en vogue (lors de la rédaction de ce guide, il parvenait à contourner certaines des restrictions relatives à la musique nocturne).

La nuit, le ***Jaws*** à Vagator et le ***Noble Nest*** à Chapora projettent les films récemment sortis. Des groupes de musique s'y produisent occasionnellement. Peut-être préférerez-vous une simple partie de billard au ***Tin Tin Bar & Restaurant*** de Vagator. Minuscule, le ***Paulo's Antique Bar*** de Chapora jouit d'une atmosphère amicale et propose des bières bon marché (15 Rs la petite King's).

Comment s'y rendre

Toute la journée, des bus assez fréquents relient Mapusa à Chapora et à Vagator, pour la plupart *via* Anjuna. L'arrêt des bus est situé à proximité du carrefour dans Chapora. Les voyageurs louent généralement une moto pour se déplacer ; renseignez-vous auprès des hôtels et des restaurants.

DE CHAPORA A ARAMBOL

En remontant la côte de Chapora jusqu'à Arambol, faites un détour par les plages quasi désertes. Le trajet nécessite la traversée de la rivière Chapora par bac à Siolim. En voie d'être achevé – depuis des années –, un pont colossal reliant Siolim à Chopdem y mettra malheureusement fin.

De Chopdem, rendez-vous à **Morjim Beach**, vers l'est, qui compte quelques huttes de plage ainsi que plusieurs hôtels installés à son extrémité nord. Comme de rares tortues Ridley de couleur verte viennent pondre à l'extrémité de Morjim Beach, de sept. à fév., la zone est protégée.

En continuant vers le nord en direction de **Mandrem Beach**, vous traverserez **Asvem Beach**, zone paisible comptant quelques établissements très agréables. A l'image de Morjim, la plage n'est guère idyllique ; néanmoins, elle constitue une retraite parfaite – tout au moins pour l'instant.

Demeure de style portugais, la ***River Cat Villa*** *(☎ 297346)* propose de vastes chambres à 600 Rs, ou 700 Rs avec s.d.b. Au ***Dunes*** *(☎ 297219, dunes13@rediffmail.com)*, établissement récent retiré au milieu des palmiers, vous trouverez un vaste choix de tipis (150 Rs), de cabanes avec toit de paille (250 Rs) et de chambres dans des cottages en pierre (250 Rs). Le propriétaire a l'intention d'organiser des cours de yoga et de naturopathie. Plus au nord, le ***Sea Paradise*** propose six huttes en chaume situées derrière la plage, avec électricité, ventil. et moustiquaire (250 Rs la double en haute saison).

ARAMBOL (HARMAL)

Bien que la plage d'Arambol soit l'une des plus reculées de Goa, elle attire les voyageurs depuis des années, entraînant ainsi la multiplication d'infrastructures touristiques. L'endroit reste idéal pour s'éloigner de la foule – mais pas si vous recherchez la solitude complète.

La plage, assez propre, se résume à une vaste étendue de sable presque déserte, dotée d'un promontoire rocheux à l'extrémité septentrionale. Si elle est idéale pour nager, vous trouverez par contre des criques plus attrayantes au-delà du cap.

Le village d'Arambol, paisible et accueillant, ne compte qu'une petite centaine d'habitants, pêcheurs pour la plupart. Il comporte tout un choix d'hébergements plutôt rudimentaires, ainsi que de nombreux restaurants, des agences de voyages (pratiquant le change), des boutiques Internet ainsi que d'autres services, regroupés pour la plupart sur la route menant à l'extrémité nord de la plage. Le village abrite quelques échoppes.

Le cap d'Arambol est très prisé pour le **parapente** (paragliding). L'équipe du Relax Inn (sur la plage) vous facturera 900 Rs le vol à deux ; elle propose également des cours certifiés.

Les bus de Mapusa s'arrêtent sur la rue principale d'Arambol, où se dressent une église et quelques boutiques. De là, une rue adjacente mène au village (à 1 km). La plage est distante de 500 m.

Où se loger et se restaurer

Les petits ***bungalows*** aménagés dans la crique située au-delà de la plage principale, vers le Nord, constituent l'hébergement le plus plaisant. Rudimentaires, ils disposent néanmoins pour la plupart de s.d.b., de l'eau courante, et d'une vue magnifique sur la mer. En haute saison, comptez de 300 à 400 Rs pour une double ; négociez une réduction le reste de l'année. Parmi les bonnes adresses figure l'***Om Ganesh*** *(☎ 297657)* ; pour les autres, renseignez-vous auprès des cafés situés sur le côté nord du cap.

Niché au milieu du groupe de restaurants sur la ruelle menant à la plage, le ***Welcome Inn*** *(☎ 297733)* propose neuf doubles propres avec s.d.b., eau chaude en permanence et ventil., de 100 Rs à 350 Rs en fonction de la saison.

A 1 km au Sud, tout près du village, l'***Ave Maria Guest House*** *(☎ 297674, avemaria_goa@hotmail.com)* est installée dans une vieille demeure robuste, dirigée par une famille sympathique. Elle propose des simples/doubles avec s.d.b. commune à 120/150 Rs, une double avec s.d.b. à 200 Rs, ainsi que des lits en dortoir à 30 Rs. Le toit en terrasse abrite un bon restaurant.

Plusieurs bars et cabanons bordent la plage principale et le nombre des restaurants convenables ne cesse de croître sur la route qui conduit au village. Le ***Garden of Meals*** offre un menu différent chaque soir. Pour de la cuisine italienne, rendez-vous au ***Fellini***.

TEREKHOL FORT

A Terekhol (Tiracol), au nord de la rivière du même nom, se dresse un fort portugais de dimensions modestes doté d'une petite église. Il est aujourd'hui transformé en établissement hôtelier, l'***Hotel Tiracol Fort Heritage*** *(☎ 02366-68248 ou 0832-782240, tiracol@usa.net)* qui est un endroit calme et plaisant. Le cadre est spectaculaire et les chambres aménagées dans l'ancien fort, uniques. Les simples/doubles coûtent 800/850 Rs, les suites deluxe (avec une immense baignoire ronde), 1 750 Rs. Les propriétaires organisent des excursions en bateau sur la rivière.

Le fort est un agréable but de balade en moto pour le panorama qu'il offre, d'autant que, sur le chemin, vous pourrez vous baigner à la **Querim Beach**, déserte.

De rares bus partent de Mapusa, Pernem et Arambol à destination de Querim, située sur la rive sud de la rivière, en face de Terekhol. Le ferry effectue la traversée entre Querim et le fort toutes les demi-heures, de 6h à 21h30.

Sud de Goa

Bien que le littoral sud de l'État englobe des centres de villégiature tels que Colva et Benaulim, et que les complexes hôteliers de luxe soient en plein essor, le développement touristique demeure moins sensible que dans le nord. Margao, capitale de la région, joue un rôle important dans les communications routières. L'aéroport de Goa, Dabolim, est situé à proximité de Vasco da Gama.

MARGAO (MAGDAON)

79 800 habitants

Capitale de la province de Salcete, Margao est le centre le plus peuplé du sud de Goa, et sans doute le plus animé de l'État.

Elle ne présente pas grand intérêt pour les voyageurs, encore que la **Church of the Holy Spirits**, richement décorée, mérite une visite. Son **marché couvert** passe pour le plus beau de tout Goa. Vers le 8 déc., Margao organise la grande **Fête de Notre-Dame de l'Immaculée Conception**.

Orientation et renseignements

L'office du tourisme (☎ 715204) est installé dans le bâtiment du Tourist Hostel de la GTDC, au centre de Margao. La State Bank of India fait face aux Municipal Gardens (jardins municipaux). Vous obtiendrez des espèces grâce à vos cartes Visa ou MasterCard à la Bank of Baroda, près du marché couvert. Le DAB de la HDFC Bank, au rez-de-chaussée du Caro Centre face aux jardins municipaux, fonctionne 24h/24. La Centurion Bank met également à votre service un DAB (pour MasterCard et Cirrus uniquement) près de Luis Miranda Rd.

La poste principale est implantée au nord des jardins municipaux ; la poste restante (ouverte de 8h30 à 10h30 et de 15h à 16h30) dispose de bureaux séparés, à 100 m de là. Cyber Inn, dans le Kalika Chambers, propose un accès à Internet (45 Rs l'heure) de 9h à 20h en semaine. Cyberlink, dans le Caro Centre, demande 30 Rs l'heure.

Où se loger

Parmi les établissements bon marché mais peu séduisants regroupés dans le quartier du bazar, le ***Rukrish Hotel*** *(☎ 721709)* est sans doute le meilleur. Ses simples/doubles plutôt propres avec s.d.b. commune reviennent à 90/130 Rs, et ses doubles avec s.d.b. minuscules à 238 Rs. Les chambres sont louées pour 24h.

D'une qualité supérieure, mais néanmoins rudimentaire, l'***Hotel Greenview*** *(☎ 715 489)*, de l'autre côté de la rue face à l'ancienne gare ferroviaire, facture 130/190/250 Rs les simples/doubles/triples avec s.d.b.

Avenant, l'***Hotel La Flor*** *(☎ 731402, fax 731382, Erasmo Carvalho St)* possède un emplacement central mais paisible. Les chambres avec TV et s.d.b. se louent 350/420 Rs, ou 460/520 Rs avec clim. (plus 18% de taxe).

Le ***Goa Woodlands Hotel*** *(☎ 705121, fax 738732, woodland@goa1.dot.net.in, Miguel Loyola Furtado Rd)* est l'un des meilleurs établissements de Margao – ce qui, de toutes façons, ne constitue pas forcément une référence. Vous pourrez choisir parmi un large éventail de chambres, des simples/doubles sommaires avec s.d.b., TV et balcon (à 240/300 Rs) à la suite avec clim. (610/670 Rs). Il dispose d'un bar et d'un restaurant.

MARGAO (MADGAON)

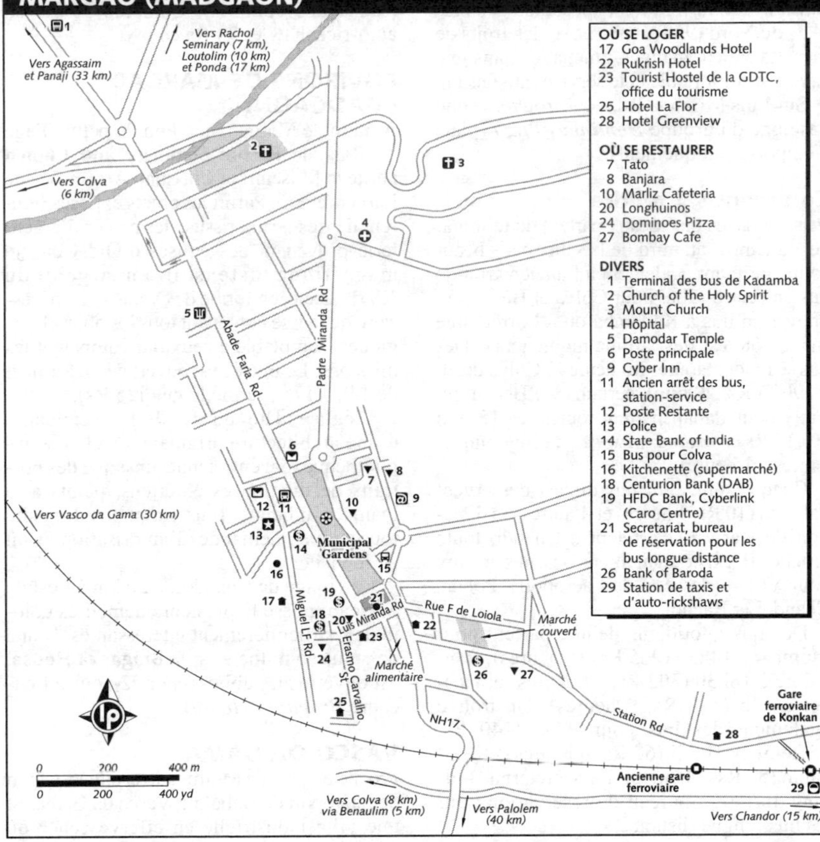

Où se restaurer

Établissement végétarien animé, le ***Bombay Cafe*** sert des en-cas bon marché, tels que samosa et dosa, pour moins de 8 Rs. A l'est des jardins municipaux, le ***Tato***, autre restaurant végétarien, prépare d'excellents thali à 22 Rs dans un cadre impeccable.

A l'heure de la sieste, reposez-vous en sirotant une bière fraîche au ***Longhuinos*** *(☎ 739908, Luis Miranda Rd)*, face au Tourist Hotel de la GDTC. Dans une ambiance surannée, vous pourrez déguster ses célèbres spécialités goanaises – chourisso (35 Rs) ou crevettes vindaloo (60 Rs). Il propose également des pâtisseries.

Établissement moderne dont la devanture ouverte donne sur le centre-ville animé, la ***Marliz Cafeteria*** est idéal pour déguster un café ou un gâteau.

Meilleur restaurant indien de Margao, le ***Banjara*** *(☎ 714837)* est spécialisé dans les plats du Nord (95 Rs environ) et les fruits de mer. La salle à manger, aménagée dans une cave, est confortable et le service satisfaisant.

Sur Luis Miranda Rd, vous trouverez une enseigne du groupe ***Dominoes Pizza*** (plats à emporter uniquement).

Comment s'y rendre

Bus. Tous les bus locaux partent du terminal de Kadamba, au nord de la ville, mais beaucoup s'arrêtent également à l'ancien arrêt de bus en centre-ville. Pour Colva et Benaulim, prenez un bus à Kadamba ou à l'arrêt situé sur le côté est des jardins municipaux. Des bus se rendent toutes les heures à Colva de 7h à 19h (5 Rs, 20 min), certains *via* Benaulim. Ceux pour Panaji partent toutes les 15 min (10/15 Rs en *ordinary/express* ; économique/ express, 1 heure).

Chaque jour, huit bus directs desservent Palolem (10 Rs, 1 heure) et d'autres, en direction de Karwar, s'arrêtent à Chaudi, toute proche. Il existe également des bus locaux pour Vasco (desserte de l'aéroport), Ponda, Chandor et Rachol.

Des bus quotidiens deluxe partent pour Mumbai à 14h30 (265 Rs, 16 heures), Bangalore à 18h30 (302 Rs, 14 heures) et Hospet à 19h (120 Rs, 9 heures). On trouve également des bus pour Pune (240 Rs, 15 heures), Hubli (67 Rs, 6 heures) et Belgaum (57 Rs, 5 heures). Le Secretariat Building abrite un bureau de réservation pour les bus longue distance.

Les agences privées sont installées dans le centre-ville, non loin du Tourist Hostel de la GDTC.

Train. La nouvelle gare de Margao est située à environ 1,5 km à l'est du centre-ville ; on y accède par la route qui se trouve au sud de la ligne de chemin de fer, et non pas, comme on pourrait l'imaginer, par Station Rd (qui conduit à l'ancienne gare, aujourd'hui fermée). Si vous vous y rendez à pied, vous pourrez toutefois traverser les voies de l'ancienne gare par une passerelle. Un bureau de réservation est installé dans le bâtiment principal et on peut se renseigner au ☎ 712790. Pour plus de détails sur les trains, consultez la rubrique *Comment s'y rendre* au début de ce chapitre.

Taxi. Une moto-taxi vous emmènera jusqu'à Colva ou Benaulim pour 30 Rs environ (sac à dos compris). Comptez 50 Rs en auto-rickshaw et 70 Rs en taxi.

ENVIRONS DE MARGAO (MADGAON)

A 6 km de Margao, non loin du petit village de Raia, le **Rachol Seminary and Church** abrite le Museum of Christian Art (musée de l'art chrétien). Parmi les objets exposés figurent de très beaux tissus, des pièces d'argenterie provenant des églises d'Old Goa, un magnifique ostensoir en argent du XVIIe siècle, en forme de cygne, et un nécessaire de messe contenant tous les objets liturgiques, semblable à ceux qui équipaient les missions. Le musée est ouvert de 9h à 13h et de 14h à 17h ; fermé le lundi (5 Rs).

L'église date de 1610. Le séminaire, d'une architecture originale, recèle une bibliothèque mal entretenue ainsi que des portraits de dignitaires chrétiens, peints à la manière indienne. Il ne s'agit pas d'un site touristique ; demandez l'autorisation avant de le visiter.

Le village de Chandor, à 20 km à l'est de Margao, possède plusieurs demeures coloniales particulièrement intéressantes. L'une des plus somptueuses, la **Braganza House**, est ouverte au public (reportez-vous à l'encadré *Braganza House*).

VASCO DA GAMA

Proche du port de Mormugao et située à 3 km de l'aéroport de Dabolim, Vasco da Gama est une ville industrielle en effervescence où

Braganza House

La Braganza House, qui occupe tout un côté de la place du village, devant l'église, regroupe en fait deux maisons. Construite par deux frères, les ailes orientale et occidentale s'étendent de part et d'autre d'une entrée commune, conférant à la place une façade incroyablement longue.

Depuis sa construction il y a 400 ans, le bâtiment a fait l'objet d'extensions : on accède aujourd'hui aux parties neuves de chaque maison par un escalier central. Au fil des ans, le nom des familles a changé : l'aile orientale abrite la famille Braganza Pereira, tandis que l'aile occidentale accueille les Menezes Braganza, l'un des noms les plus célèbres à Goa (Luis de Menezes Braganza, journaliste, fut l'un des leaders du mouvement indépendantiste de Goa).

L'entrée est gratuite. Cependant, comme les propriétaires supportent les coûts d'entretien, une contribution est toujours bienvenue (50 Rs au minimum). Les deux maisons sont ouvertes aux horaires habituels (ce qui signifie qu'il est inutile de se présenter à l'heure de la sieste). Toutefois, mieux vaut demander à l'office du tourisme la plus proche d'appeler pour vous, afin de vous assurer que la demeure est bien ouverte. Des bus se rendent fréquemment du terminal de bus de Kadamba (à Margao) à Chandor

L'aile orientale, ou **Braganza Pereira House**, est moins bien préservée que l'aile occidentale. Toutefois, son apparence un peu délabrée ainsi que l'amas de bric-à-brac récolté par la famille au cours des ans lui donnent un air de magnificence surannée.

La première pièce renferme quantité de meubles en bois de rose sculptés, de production locale, avec des chaises dont le dos présente les initiales de la famille. Parmi les autres objets figure une table avec plateau en marbre importée d'Italie. La salle de bal, en dépit de son plafond plutôt endommagé et de son mobilier poussiéreux, était sans doute magnifique autrefois. Au-dessus, la galerie rassemble un fatras d'objets de collection, depuis des peaux de crocodiles et de serpents jusqu'aux anciens disques 78 tours, en passant par une photo fanée d'Elizabeth Taylor et deux vieux palanquins qui servaient au transport des membres de la famille.

L'arrière de la maison abrite une petite chapelle familiale, d'aspect plutôt dépouillé, mais néanmoins fascinante. Une pièce adjacente contient des vêtements sacerdotaux vieux de deux siècles, des calices ainsi que d'autres objets servant pour le service religieux tenu à l'occasion dans la chapelle. La famille se targue de posséder sa propre relique de saint François-Xavier, un ongle, dissimulé avec précaution dans la maison.

Restaurée en grande partie, l'aile occidentale, ou **Menezes Braganza House**, est en bien meilleur état. Des meubles sculptés, là encore en bois de rose, remplissent pratiquement toutes les pièces, ainsi que nombre de porcelaines chinoises – certaines à simples motifs bleu et blanc provenant de Macao, d'autres multicolores. Quelques céramiques, telles que le grand vase de la salle de bal, furent commandées tout spécialement pour la demeure.

Derrière les vestibules, deux vaste pièces abritent l'immense bibliothèque du Dr Menezes Braganza. En les dépassant, on parvient au bureau du journaliste, avant d'arriver dans la salle de bal, magnifiquement rénovée. Nul autre lieu de Goa ne vous permettra de vous faire une meilleure idée du mode de vie de propriétaires terriens au summum de leur fortune. La salle est pavée de marbre italien et ornée d'immenses miroirs aux cadres dorés ainsi que de chandeliers de Belgique. Les arches de la porte sont décorées de feuilles d'or. Immense, la salle à manger officielle est située à l'arrière de la demeure et ses fenêtres donnent sur le verger.

règne une atmosphère plutôt sordide – sans parler de son célèbre quartier de prostitution. Alors que Margao, dotée d'une nouvelle gare, devient la principale destination ferroviaire, peu de voyageurs s'aventurent dans cette ville sans grand intérêt. Si vous prenez l'avion pour Goa, vous devrez peut-être passer une nuit à Vasco, à moins de terminer votre trajet en taxi.

Le Vasco Tourist Hotel de la GTDC abrite un bureau de renseignements touristiques (☎ 512673). La HDFC Bank dispose d'un DAB fonctionnant 24h/24 sur Swatantra Path.

Où se loger et se restaurer

Situé près de l'arrêt principal des bus, le ***Twiga Lodge** (☎ 512682)* est une bonne adresse pour petits budgets. Dirigée par une famille accueillante, cette ancienne demeure portugaise délabrée ne propose que cinq doubles sommaires avec s.d.b. à 100 Rs.

Spacieux et central, le ***Vasco Tourist Hotel*** *(☎ 513119)* de la GTDC est cependant un peu négligé. Comptez 200/260 Rs pour une simple/double avec s.d.b.

Haut de gamme, l'***Hotel Karma Plaza*** *(☎ 518928, karmahotel@123india.com, Rajendra Prasad Ave)* constitue un choix judicieux, avec ses doubles standard à 800 Rs et ses deluxe à 1 000 Rs, toutes avec clim. L'hôtel fait partie d'un centre commercial, qui abrite des fast-foods et un cybercafé.

Adresse correcte et bon marché, l'***Hotel Annapurna*** *(☎ 513375, D. Deshpande Rd)* sert des thali végétariens à moins de 20 Rs.

Le Karma Plaza Shopping Centre, sur Rajendra Prasad Ave, abrite des restaurants propres et modernes, notamment le ***Ginza*** (servant des plats chinois et japonais) et le ***Temptations*** (spécialiste des hamburgers).

Quitter la ville

Des minibus express directs se rendent de l'arrêt des bus, au nord de la gare ferroviaire, à Margao (10 Rs) et Panaji (15 Rs). Pour ces deux trajets, comptez 45 min. D'autres bus partent également pour l'aéroport (3 Rs) et Bogmalo (5 Rs). Un service régulier relie l'arrêt principal des bus à Margao, Panaji, et – pour les liaisons inter-États – à Mumbai (265 Rs, 15 heures), ainsi qu'à Bangalore (312 Rs, 16 heures). Pour les trajets longue distance, les réservations sur des bus privés s'effectue en dehors de la gare ferroviaire.

La course en taxi jusqu'à l'aéroport vous reviendra à 60 Rs et à 50 Rs en auto-rickshaw.

BOGMALO

Située à 8 km de Vasco da Gama et à 4 km de l'aéroport, Bogmalo est une petite crique de sable dominée par le Bogmalo Beach Resort, un grand établissement cinq étoiles qui a échappé à la réglementation empêchant toute construction d'hôtel à moins de 500 m de la plage.

Bogmalo se limite à une plage plaisante et plutôt huppée, dotée de plusieurs cafés onéreux installés dans des cabanons, à des installations pour la pratique de sports nautiques, sans compter le petit village en lui-même.

Au Goa Diving (☎ 555117, goadivin@goatelecom.com), basé à la Joets Guest House, la plongée avec une bouteille revient à 1 300 Rs, tandis que le brevet "open water" de PADI (Professional association of diving instructors) coûte 14 000 Rs.

De nombreux bus font la navette entre Bogmalo et Vasco da Gama (5 Rs), d'où vous pouvez prendre des correspondances vers Margao et Panaji.

Où se loger et se restaurer

Aménagée sur la plage, la ***Saritas Guest House*** *(☎ 555965, saritas@expl.com)* propose des chambres impeccables mais sans charme à 550 Rs (1 100 Rs durant la période de Noël).

Plus loin sur la plage, la ***Joets Guest House*** *(☎ 555036)* est un établissement agréable qui loue ses doubles 700 Rs. Elle est généralement prise d'assaut par les groupes en voyage organisé.

Nouveau complexe élégant retiré au milieu d'une cocoteraie, le ***Coconut Creek*** *(☎ 556100, fax 556300 joets@goal.dot.net.in)* bénéficie d'une piscine ombragée, entourée de dix cottages à deux niveaux. Les chambres avec clim. au rez-de-chaussée sont facturées 2 500 Rs (3 500 Rs à Noël) et celles avec ventil. à l'étage reviennent à 2 000 Rs (3 000 Rs à Noël). Vous profiterez d'un savoureux restaurant qui prépare des plats italiens et goanais.

COLVA ET BENAULIM

Il y a seulement 20 ans, rien ne venait troubler la douce quiétude de Colva, à l'exception des pêcheurs locaux qui, chaque matin, attrapaient leurs proies à la main et de quelques hippies installés ici pour plusieurs mois ou même plusieurs années. Comme il n'existait alors que quelques cottages ou bungalows à louer, la plupart des étrangers dormaient sur la plage ou dans des cabanes en feuilles de palmier, qu'ils construisaient eux-mêmes.

Cette époque est révolue (bien que le développement soit plus discret que dans le nord). Sur la plage principale, vous aurez encore l'occasion d'apercevoir des bateaux de pêche ainsi que quelques rares pêcheurs réparant leur filet ; la plupart possèdent aujourd'hui des bateaux à moteur qui mouillent au large.

Le village de Colva lui-même a dû endurer l'apparition d'horripilantes boutiques, d'hôtels et d'étals de souvenirs regroupés au bout de la route de Margao. Au cœur de la haute saison, ce quartier est bondé de vacanciers. Si vous parcourez 2 km de part et d'autre de cette zone, vous pourrez vous faire une idée de la région telle qu'elle était avant l'arrivée des bétonneuses. Benaulim, à 2 km au sud de Colva, compte davantage de pensions de famille que de complexes hôteliers et a conservé son atmosphère de village très paisible. A partir de la mi-avril, Colva accueille un festival de musique et de danse, **Beach Bonanza**. Durant **Fama de Menino Jesus**, qui se tient le deuxième lundi d'octobre, une procession rend hommage au Menino Jesus (une statue de l'enfant Jésus réputée avoir accompli des miracles).

Moins fréquenté que les plages du nord, Benaulim est parfois le théâtre de vols qui sont commis dans ses ruelles paisibles, en dépit de l'ajout d'éclairages publics. La nuit, mieux vaut éviter de rentrer seul de la plage.

Renseignements

La poste la plus proche, au village de Colva, reçoit le courrier en poste restante. Une petite agence de la Bank of Baroda est installée à côté de l'église, et plusieurs bureaux de voyage à Colva et Benaulim changent espèces et chèques de voyage : essayez le Meeting Point Travel (☎ 710413) à Colva. Quelques petites boutiques sur la plage principale de Colva proposent un accès à Internet.

Circuits organisés

Si vous ne comptez pas vous rendre sur les plages du nord, il est intéressant de faire une excursion d'une journée à Anjuna pour découvrir le marché aux puces du mercredi. Le voyage coûte environ 75 Rs ; vous trouverez des annonces dans les bars de la plage. Si vous empruntez les transports publics, prévoyez de changer de bus à trois ou quatre reprises. Dominick's (consultez la rubrique *Où se restaurer*) organise des sorties en bateaux jusqu'à la plage de Palolem tous les dimanches (et certains vendredis). Comptez 375 Rs (buffet pour le déjeuner et boisson compris). La promenade dure 2 heures 30 et vous aurez de grandes chances d'apercevoir des dauphins (voyage de retour en bus).

Où se loger

Vous trouverez facilement des locations à long terme aussi bien à Colva qu'à Benaulim, notamment si vous arrivez tôt dans la saison. Renseignez-vous auprès des restaurants et des boutiques. La plupart des

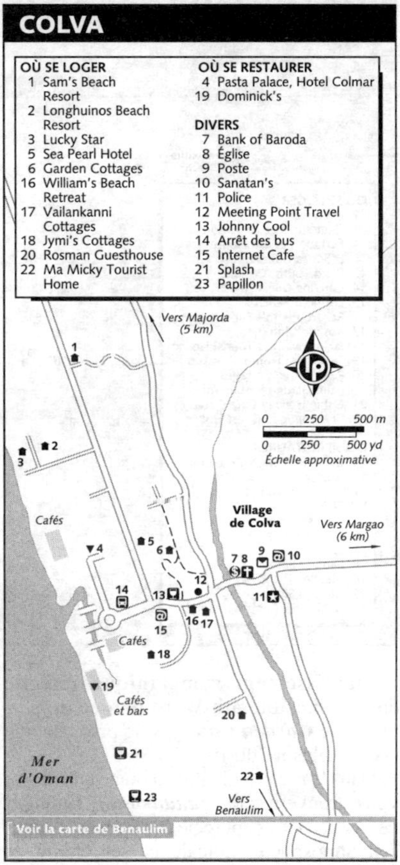

établissements se situent à une vingtaine de minutes à pied de la plage.

Colva. A 1 km au nord de la rue principale, le ***Sam's Beach Resort*** *(☎ 735304)* dispose de chambres agréables et calmes, aménagées autour d'une cour avec jardin. D'un bon rapport qualité/prix, il loue des doubles avec s.d.b. à 200 Rs.

Non loin de la plage, le ***Lucky Star*** *(☎ 788 071, pradorbarad@hotmail.com)* offre un choix de doubles confortables avec s.d.b. à partir de 350 Rs (toutes avec coffre). Il abrite également un bon restaurant et un bar.

Au ***Sea Pearl Hotel*** *(☎ 730070)*, les doubles impeccables et spacieuses avec balcon coûtent 265 Rs. Très prisé, le restaurant sert d'excellents fruits de mer.

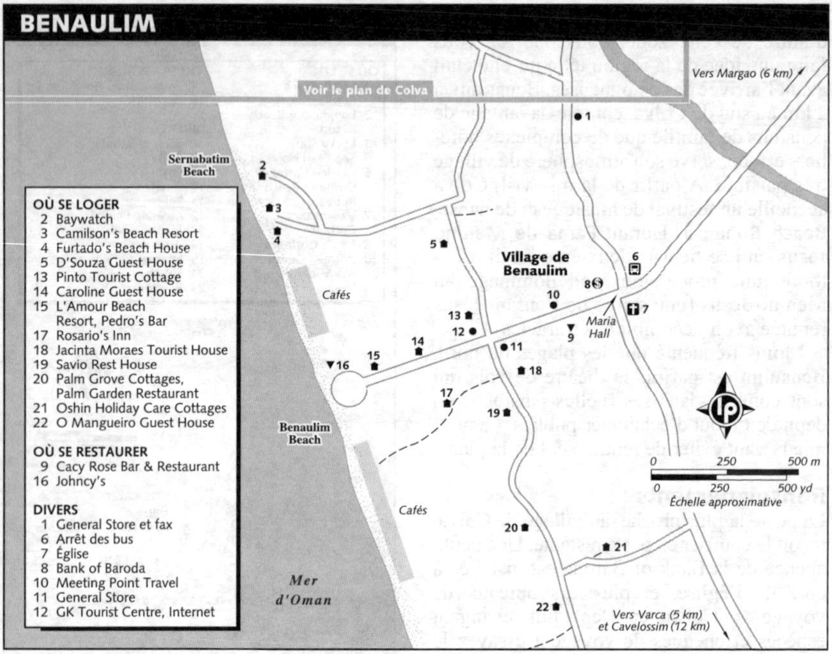

Établissement sympathique installé dans la paisible 4th Ward bordée de palmiers, le ***Garden Cottages*** ne propose que six doubles à 200 Rs.

Dans la rue principale qui mène à la plage, vous trouverez le ***Vailankanni Cottages*** *(☎ 788584)*, très apprécié des voyageurs pour son atmosphère amicale et ses chambres impeccables avec s.d.b. de 150 à 250 Rs.

Niché au sud de la rue principale non loin de la plage, le ***Jymi's Cottages*** *(☎ 788016)*, tenu par une famille avenante, propose des doubles avec s.d.b. plutôt sommaires à 250 à 350 Rs.

La rue qui conduit à Benaulim est bordée d'un chapelet de petites pensions familiales. Accueillante, la ***Rosman Guesthouse*** *(☎ 788735)* facture 150/100 Rs ses chambres avec/sans s.d.b. individuelle. Autre établissement charmant, la ***Ma Mickey Tourist Home*** *(☎ 788190)* dispose de simples/doubles à 100/150 Rs, toutes avec s.d.b. commune.

Hôtel de catégorie supérieure où règne néanmoins une ambiance familiale, le ***William's Beach Retreat*** *(☎ 788153, wbretreat@satyam.net.in)* bénéficie de chambres confortables en rez-de-chaussée, disposées autour d'une piscine, à 650 Rs, ou 850 Rs avec clim., petits déjeuners et taxes compris (les prix augmentent durant la période des fêtes). Les non-résidents peuvent utiliser la piscine – dotée d'un bar coquet – pour 50 Rs la demi-journée.

Admirablement situé près de la plage, le ***Longhuinos Beach Resort*** *(☎ 788068, fax 788070, lbresort@goatelecom.com)* comporte des chambres d'une grande sobriété, mais dotées pour la plupart d'un balcon avec vue sur la mer. Comptez 800/900 Rs (1 200/1 400 Rs à Noël) pour une chambre avec eau chaude et TV par satellite (petit déjeuner inclus). Son petit jardin donne directement sur la plage.

Benaulim. Situé à moins de 2 km de Colva, Benaulim est bien plus paisible et plus rustique, avec de nombreuses pensions et des petits hôtels répartis sur un domaine assez vaste.

Plusieurs établissements parsèment la plage à 1 km du village de Benaulim. Notez que les numéros de téléphone devaient changer au début 2000. Renseignez-vous au ☎ 197.

A un emplacement idéal, en bordure de plage, la ***Furtado's Beach House*** *(☎705265)* propose un restaurant ainsi que 10 chambres doubles sommaires avec s.d.b. à 300 Rs. A 50 m vers le Nord, le ***Camilson's Beach Resort*** *(☎ 788722)* offre toute une gamme de chambres aménagées dans un vaste jardin, juste à l'arrière de la plage. Les doubles avec s.d.b. coûtent entre 300 et 600 Rs (de 350 à 800 Rs à Noël).

Le ***Baywatch*** *(☎ 730075, Sernbabatim Beach)*, plus onéreux, propose d'excellentes installations : tentes safari avec s.d.b. (toilettes et douche) et électricité pour 800 Rs (1 200 Rs à Noël), ainsi que des chambres propres et spacieuses à 600 Rs. Vous bénéficierez d'un bar, d'un restaurant et, de temps à autre, d'une discothèque.

Dans la catégorie moyenne, L'***Amour Beach Resort*** *(☎ 737960)*, doté d'un jardin bien entretenu, loue des chambres défraîchies avec s.d.b. à partir de 400 Rs.

La plupart des autres établissements, généralement plus abordables, sont dispersés autour du village de Benaulim, à 1 km de la plage. Installée dans un bâtiment d'aspect décrépit, la ***Savio Rest House*** *(☎ 736249)* constitue néanmoins une bonne adresse, avec des tarifs imbattables. Les doubles correctes reviennent à 80/95 Rs sans/avec s.d.b., et certaines des chambres de l'étage possèdent un balcon. Non loin de là, la ***Jacinta Moraes Tourist House*** *(☎ 770187)*, gérée par une famille accueillante, dispose de jolies chambres à 100/90 Rs avec/sans s.d.b. individuelle.

Grand établissement tenu par une sympathique famille, le ***Rosario's Inn*** *(☎ 734 167)*, installé près du terrain de football, offre des chambres avec véranda et s.d.b. à 250 Rs, et d'autres moins onéreuses avec s.d.b. commune.

Plaisante maison familiale, la ***Caroline Guest House*** *(☎ 739649)*, sur la route menant à la plage, loue des doubles aérées avec s.d.b. à 250 Rs, ainsi que quelques chambres avec s.d.b. commune à 150 Rs.

A deux pas au Nord, sur la route menant à Colva, la ***D'Souza Guest House*** *(☎ 734364)* est une petite pension haut de gamme – souvent complète – installée dans un bungalow goanais au milieu d'un immense jardin. Comptez 350 Rs pour une chambre impeccable (contre la moitié seulement hors saison). Sur la même route, le ***Pinto Tourist Cottage*** *(☎ 710744)* dispose de quelques doubles à 150 Rs.

En direction du sud, le ***Palm Grove Cottages*** *(☎ 770059, palmgrovecottages@yahoo.com)* propose des chambres aménagées dans un jardin paisible et ombragé, ainsi qu'un délicieux restaurant. Vous aurez le choix entre des doubles sommaires à 300 Rs et des chambres élégantes et spacieuses, dotées d'un balcon et d'une douche avec eau chaude, entre 700 et 750 Rs.

A l'***O Mangueiro Guest House*** *(☎ 734 164)*, les chambres (avec s.d.b. commune) situées dans la demeure familiale se louent 150 Rs et les doubles de la nouvelle aile, impeccables et dotées de s.d.b., reviennent à 400 Rs. Un jardin est en cours de réalisation.

A 100 m en retrait de la rue principale, l'***Oshin Holiday Care Cottages*** *(☎ 770069)*, paisible et bien tenu, propose des simples/doubles avec s.d.b. à 250/400 Rs.

Où se restaurer

Colva. Les restaurants en bois qui jalonnent la plage de part et d'autre de la route sont appréciés leurs terrasses en plein air. Les plats sont en général variés et excellents, et une grande place est faite aux produits de la mer, les meilleurs étant ceux achetés frais au marché de Margao. Les restaurateurs connaissent à merveille les goûts des Occidentaux en matière de petit déjeuner, et vous pourrez également commander une bière fraîche dans la journée. Parmi les cabanons de plage figure le ***Dominick's***, à la cuisine savoureuse et d'une qualité constante. A l'heure du dîner, Dominick vous apporte toute une gamme de produits frais, vous permettant ainsi de faire votre choix.

La plage compte de nombreux autres établissements. Le ***Pasta Palace*** de l'Hotel Colmar *(☎ 788053)* prépare des plats indiens corrects. Réputé pour ses fruits de mer, le ***Sea Pearl Hotel*** jouit d'une cuisine impeccable et d'un éventail de plats impressionnant. Sur la plage, le ***Lucky Star*** dispose d'un restaurant et d'un bar agréables.

Benaulim. Les cabanons de plage, répartis sur un plus vaste périmètre qu'à Colva, servent également de savoureux produits de la mer ainsi que des bières fraîches. Au bout de la rue principale du village de Benaulim, le ***Johncy's*** est depuis longtemps un lieu de rendez-vous très couru.

GOA

La plupart des hôtels et des pensions de famille possèdent leur propre restaurant. L'*Amour Beach Resort*, tout proche, propose un menu varié de plats goanais, indiens et chinois. *Le Palm Garden Restaurant* du Palm Grove Cottages est idéal pour le petit déjeuner.

Établissement sympathique et familial, le *Cacy Rose Bar & Restaurant* représente l'un des rares bons restaurants installés dans le village proprement dit.

Où sortir

Comparés aux plages du nord, Colva et surtout Benaulim sont très calmes en soirée, la plupart des voyageurs se contentant de dîner et de siroter des boissons. En haute saison, certains complexes hôteliers accueillent des groupes de musique ainsi que des spectacles.

Le quartier de la plage situé au sud du rond-point de Colva reste assez animé. Le *Splash* propose une piste de danse sur la plage, des tables de billard ainsi qu'un bar rustique. Tard la nuit, la prudence est de rigueur pour les femmes seules. Plus au sud sur la plage, le *Papillon* est un bar plus décontracté, où vous avez plus de chance d'entendre Bob Marley que la techno d'Ibiza.

Sur la route principale de Colva, le *Johnny Cool*, petit bar dissimulé derrière deux hôtels récents, propose un bon choix de bières. A Benaulim, le *Baywatch (☎ 730075)*, un peu isolé sur Sernabatim Beach, jouit d'un bar agréable et d'une discothèque.

Comment s'y rendre

Des bus circulent entre Colva et Margao toutes les demi-heures environ (5 Rs, 20 min). Le premier bus quitte Colva à 7h30 et le dernier part à 19h. Les bus assurant la liaison Margao-Benaulim sont fréquents eux aussi ; certains d'entre eux poursuivent leur route vers le sud jusqu'à Varca et Cavelossim.

Les bus arrivent et partent du rond-point situé au bout de la route qui mène à la plage. A Benaulim, les bus s'arrêtent au carrefour Maria Hall.

DE BENAULIM A PALOLEM

La plage magnifique, très préservée, qui s'étend sur 10 km au sud de Benaulim, est devenue la station balnéaire chic de Goa. Une douzaine de grands hôtels, plus ou moins luxueux, s'y sont implantés. **Varca** est à 5 km au sud de Benaulim et, en continuant encore sur 7 km, vous trouverez **Cavelossim** et son impressionnante église.

Si vous avez l'intention de vous rendre à Palolem, empruntez la route, plus agréable que la voie rapide nationale qui part de Margao. Vous pourrez admirer quelques sites en chemin. Pour traverser l'estuaire, il vous faudra prendre le ferry de Cavelossim à Assolna. Tournez à gauche au panneau indiquant le "village panchayat Cavelossim" avant d'arriver à Mobor, puis continuez pendant 2 km jusqu'à la rivière. De là, vous pouvez continuer jusqu'au village de pêcheurs de **Betul**.

La route de Betul à Agonda, parfois à peine carrossable, serpente entre les collines. Faites un détour par l'ancien fort portugais de **Cabo da Rama**. S'il ne présente guère d'intérêt en lui-même, la vue sur les remparts en ruine vaut le coup d'œil.

Le village suivant, **Agonda**, jouit d'une étendue de sable déserte de 2 km et dispose de quelques hébergements. Pour cet endroit, très prisé des voyageurs désireux d'échapper aux complexes balnéaires, la paix ne durera sans doute pas – Palolem est déjà de plus en plus pris d'assaut. A 1 km du village, sur la route de la plage, vous trouverez une kyrielle de petites pensions de famille.

Le *Dersy Bar (☎ 647503)* propose des doubles immaculées à 300 Rs, avec trois chambres contiguës se partageant une s.d.b. En traversant, vers la mer, vous trouverez des huttes de plage, à louer pour 150 à 200 Rs. Bien établi, le *Dunhill Bar and Restaurant (☎ 647328)* dispose de 12 chambres de style cottage avec s.d.b. à 250 Rs (350 Rs à Noël) et de 2 autres avec s.d.b. commune à 150 Rs. Vous bénéficierez d'un bar ombragé et d'un restaurant.

Au *Fatima Restaurant (☎ 647377)*, les quelques chambres avec s.d.b. se louent entre 200 et 250 Rs.

PALOLEM

Palolem est sans doute la plage la plus belle de Goa. Reste à savoir si la construction de cabanons n'a pas gâché quelque peu le site. Son vaste rivage en forme de croissant blanc bordé d'une frange ombragée de cocotiers est digne d'une carte postale. A chaque extrémité, la plage est cernée de rochers, et à marée basse, vous pourrez

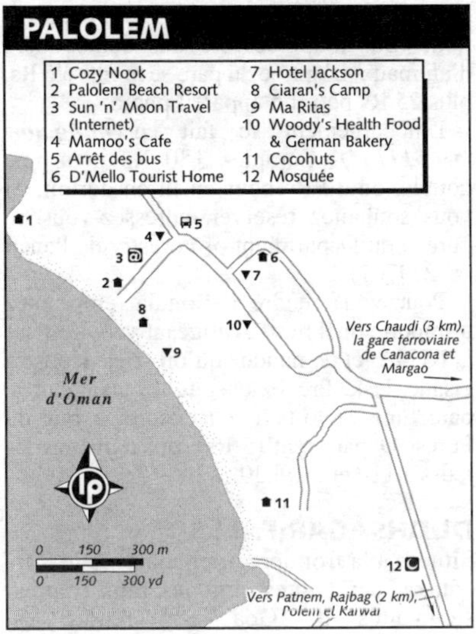

rejoindre à pied la petite île de Green Island, près de la pointe nord.

Palolem, la plus méridionale des plages touristiques de Goa, est plutôt retirée ; toutefois, ces dernières années, les voyageurs la fréquentent assidûment. En haute saison, elle est bondée de promeneurs venant de Colva et de Cavelossim pour la journée.

Néanmoins, le développement reste très modéré et l'hébergement se fait en cabanons rudimentaires (bien que de plus en plus sophistiqués), chez l'habitant, ou encore dans les pensions disséminées aux alentours. Niché au milieu des palmiers derrière la plage, le village de Palolem dispose de toutes les installations dont vous aurez besoin : accès à Internet, restaurants corrects, location de moto et possibilité de change (*via* certaines agences de voyages).

Où se loger et se restaurer

En bordure de plage, vous trouverez plusieurs groupes de huttes en bambou ou en feuilles de palmiers à 150 Rs (200 Rs en haute saison). Flânez tout simplement sur la plage pour choisir un endroit qui vous semble agréable. Pour une chambre chez l'habitant dans le village, comptez entre 50 et 150 Rs.

Excellent et situé idéalement à la pointe nord de la plage, le ***Cozy Nook*** *(☎ 643550)* propose des huttes plus onéreuses qu'ailleurs mais douillettes. Les solides huttes en bambou et les cabanes dans les arbres reviennent à 350 Rs. Comme Aggy – le propriétaire – a l'intention de construire d'autres s.d.b., les prix risquent d'augmenter. Vous trouverez également un bon bar et un restaurant.

A mi-chemin en bordure de plage, le ***Ciaran's Camp*** *(☎ 643477, johnciaran@hotmail.com)* ressemble quelque peu à un camp de vacances britannique. Les huttes en bambou dotées d'un verrou, de l'électricité et d'un sol en dur reviennent à 350 Rs, et les chambres dans un bâtiment séparé (avec s.d.b.) à 600 Rs.

A l'extrémité sud de la plage, le ***Cocohuts*** *(☎ 643296)* bénéficie de huttes doubles, solidement ancrées sur leurs pilotis, quelque peu surévaluées (400 Rs, ou 450 Rs à Noël).

Plus chic, mais pas trop cher, le ***Palolem Beach Resort*** *(☎ 643054)* propose des cottages avec s.d.b. commune à 350 Rs, des tentes avec sol en dur et électricité à 300 Rs, et des chambres avec s.d.b. (à l'arrière du complexe) à 400 Rs.

Le village compte plusieurs pensions, dont la ***D'Mello Tourist Home*** *(☎ 643057)*, qui loue ses doubles entre 200 et 350 Rs.

Avec le nombre croissant de touristes, Palolem a vu l'ouverture de toutes sortes de restaurants. Vous pourrez désormais déguster des plats italiens, mexicains, chinois, continentaux et goanais tout à fait corrects, ainsi que – bien sûr –, des produits de la mer.

Petit restaurant excellent en bordure de plage, ***Ma Rita's*** *(☎ 643674)* sert de délicieux poissons et crustacés. L'endroit est idéal pour admirer le légendaire coucher de soleil de Palolem. Sur la route derrière la plage, l'***Hotel Jackson***, qui jouit d'une bonne réputation pour sa cuisine de la mer, affiche généralement complet.

Pour le petit déjeuner, rendez-vous au ***Woody's Health Food & German Bakery***. Vous profiterez d'un grand choix de pains frais, de gâteaux et de fromages. L'endroit disposant d'un filtre à eau, vous pourrez remplir gratuitement votre bouteille si vous mangez sur place. A proximité de l'arrêt des bus, le ***Mamoo's Cafe*** prépare une cuisine italienne convenable, notamment des lasagnes, très appréciées.

Comment s'y rendre

Toutes les heures, de l'arrêt des bus situé sur la rue principale qui mène à la plage, des bus partent pour Margao (15 Rs, 1 heure). Un service régulier dessert Chaudi, la ville la plus proche ; vous pouvez descendre en cours de route pour vous rendre à la gare de Canacona, sur la ligne de Konkan. Deux express, qui relient Marago à Mangalore, s'arrêtent à Canacona.

Des auto-rickshaws et des moto-taxis déambulent à l'entrée de la plage, où vous pouvez par ailleurs louer des motos.

PONDA ET SES ALENTOURS

La ville, située à l'intérieur des terres, ne présente guère d'intérêt hormis les temples hindous, uniques en leur genre, dispersés dans la campagne environnante.

Cinq d'entre eux, rebâtis après leur destruction par les Portugais, présentent des tours avec lanterne, signes caractéristiques de Goa. Le temple de **Shri Manguesh**, dédié à Shiva, se trouve à Priol-Ponda Taluka, à 22 km de Panaji (5 km de Ponda). Perché au sommet d'une colline, ce minuscule édifice du XVIIIe siècle, avec sa tour blanche, est bien connu dans la région. A moins de 2 km en contrebas se dresse le **Shri Mahalsa**, consacré à Vishnu.

A proximité de Shri Manguesh se trouvent deux temples, **Shri Ramnath** et **Shri Shantadurga**. Dédié à Shantadurga, la déesse de la paix, ce dernier présente une structure insolite évoquant une pagode, avec un toit couvert de grandes lauzes.

La plus ancienne mosquée de Goa, la **Safa Shahouri Masjid**, située à la lisière de Ponda, fut construite par Ali Adilshah en 1560.

Des bus relient régulièrement Panaji et Margao à Ponda. Néanmoins, pour accéder aux temples, mieux vaut disposer de votre propre moyen de transport. Ces destinations sont comprises dans le circuit de la GTDC "North Goa Tour" (reportez-vous à *Circuits organisés* sous la rubrique *Panaji* de la section *Nord de Goa*).

BONDLA WILDLIFE SANCTUARY

S'étendant sur les contreforts luxuriants des ghats occidentaux (Western Ghats), Bondla constitue la plus petite des réserves goanaises (8 km^2), mais aussi la plus facile d'accès, à 52 km de Panaji et à 38 km de Margao.

Elle comporte un jardin botanique, un parc clôturé réservé aux cerfs, et un zoo. La faune, en liberté, comprend gaurs (bisons indiens) et cerfs sambars ; toutefois, à moins de passer plusieurs jours dans les tours d'observation, vous n'apercevrez sans doute guère d'animaux. L'entrée du parc se monte à 5 Rs, plus 25 Rs pour un appareil photo.

L'hébergement se fait en ***bungalow*** *(☎ 611144)*. Comptez 150 Rs pour une double, ou 30 Rs pour un lit en dortoir. Si vous souhaitez réserver, adressez-vous au bureau du Department of Forestry de Panaji (☎ 229701).

Pour vous rendre à Bondla, empruntez n'importe quel bus se dirigeant vers l'est sur la NH4A, et demandez qu'on vous dépose à Usgao Tisk. Prenez ensuite un taxi pour le parc, une moto-taxi, ou encore le bus du Forest Department (5 Rs), qui part tous les jours à 11h et à 19h30.

DUDHSAGAR FALLS

Situées à la frontière orientale avec le Karnataka, ces chutes sont les plus impressionnantes de Goa. S'y rendre est cependant aujourd'hui difficile et onéreux, car le train de Margao ne s'arrête pas à Dudhsagar. Vous devez vous rendre à la gare de Colem et payer la somme exorbitante de 1 800 Rs pour qu'une jeep (jusqu'à 5 personnes) vous amène aux chutes. L'accès est peu aisé et comprend la traversée de plusieurs rivières.

BHAGWAN MAHAVIR SANCTUARY ET COTIGAO WILDLIFE SANCTUARY

Pour arriver à ces deux réserves, plus étendues que Bondla, vous devrez disposer de votre propre véhicule. Bhagwan Mahavir englobe le Molem National Park, et le village du même nom constitue le meilleur point de départ. A Cotigao, un observatoire a été aménagé à la cime d'un arbre, mais les animaux (gaurs, sambars, léopards, cerfs tachetés et serpents), soigneusement tapis, sont difficiles à surprendre. Vous pouvez partir de Cotigao, à 9 km seulement de Palolem, et vous rendre au parc pour la journée.

A Molem, il est possible de loger au ***Forest Resort*** *(☎ 612238)* de la GTDC, qui propose des simples/doubles à 180/220 Rs. Commandez à l'avance si vous souhaitez prendre vos repas. La réserve de Cotigao comporte trois tentes (50 Rs par personne) situées à l'entrée du parc. Pour davantage de renseignements, contactez le Department of Forestry de Panaji (☎ 229701).

Karnataka

Le Karnataka présente un mélange équilibré de sites naturels et architecturaux. Il attire pourtant beaucoup moins de visiteurs que les États voisins de Goa, du Kerala et du Tamil Nadu.

Le Karnataka se compose d'une étroite bande de littoral, délimitée par les Ghats occidentaux sur lesquels s'abat la mousson, et d'un plateau intérieur, plus frais, qui devient semi-aride à l'extrémité nord. Important producteur de café, d'épices et de noix de bétel, l'État fournit également 60% de la soie du pays. Sa bouillonnante capitale, Bangalore, centre national de l'industrie scientifique, informatique et technologique, compte parmi les villes en plus forte expansion de l'Asie.

En bref

Population : 52,8 millions d'habitants
Superficie : 191 791 km^2
Capitale : Bangalore
Langues principales : kannara, ourdou, telougou
Meilleure saison : de septembre à février

Cartes du chapitre :

- Flâner entre palais et bazars de Mysore et s'enivrer de l'odeur omniprésente du santal
- Parcourir les plantations et les collines de Kodagu
- S'émerveiller à Belur et à Halebid devant des temples délicatement sculptés
- Observer la ferveur des pèlerins de Sravanabelgola se pressant vers la statue d'un saint jaïna de 17 m de hauteur
- Contempler le roulis des vagues s'échouant sur la plage de Gokarna
- A Hampi, visiter à bicyclette les ruines envoûtantes de l'ancienne capitale Vijayanagar
- Découvrir à Badami les grottes et des temples anciens nichés au flanc des falaises rouges

Histoire

Le Karnataka a connu une succession de religions, de cultures et de royaumes, dont celui de Vijayanagar, qui fut le dernier grand empire hindou. Au IIIe siècle av. J.-C., Chandragupta Maurya, premier grand empereur indien, se retira à Sravanabelgola après avoir renoncé aux biens matériels pour adhérer au jaïnisme. Les Chalukya édifièrent au VIe siècle certains des premiers temples hindous de l'Inde, non loin de Badami.

D'autres prestigieuses dynasties indiennes, telles celles des Chola et des Ganga, jouèrent un rôle non négligeable dans l'histoire du Karnataka, mais ce sont les Hoysala, souverains régnants du XIe au XIVe siècle, qui érigèrent les fameux temples de Somnathpur, de Belur et de Halebid – véritables joyaux de l'architecture indienne –, dont les délicates sculptures comptent parmi les splendeurs de l'Inde.

En 1327, Halebid fut prise par l'armée musulmane de Mohammed Tughlaq, dont le triomphe fut de courte durée puisque, en 1346, la ville fut annexée par le royaume hindou de Vijayanagar. Cette dynastie atteignit son apogée au début des années 1550, avant de tomber, en 1565, entre les mains des princes musulmans du Deccan. Bijapur devint alors la plus importante cité de la région.

Les vainqueurs ne purent empêcher la formation de plusieurs petites principautés, dont émergea, en 1610, le royaume hindou des Wodeyar (derniers souverains de l'État de Mysore), qui établit sa domination sur une large portion du Sud de l'Inde. Ils choisirent pour capitale Srirangapatnam et réussirent à maintenir leur souveraineté jusqu'en

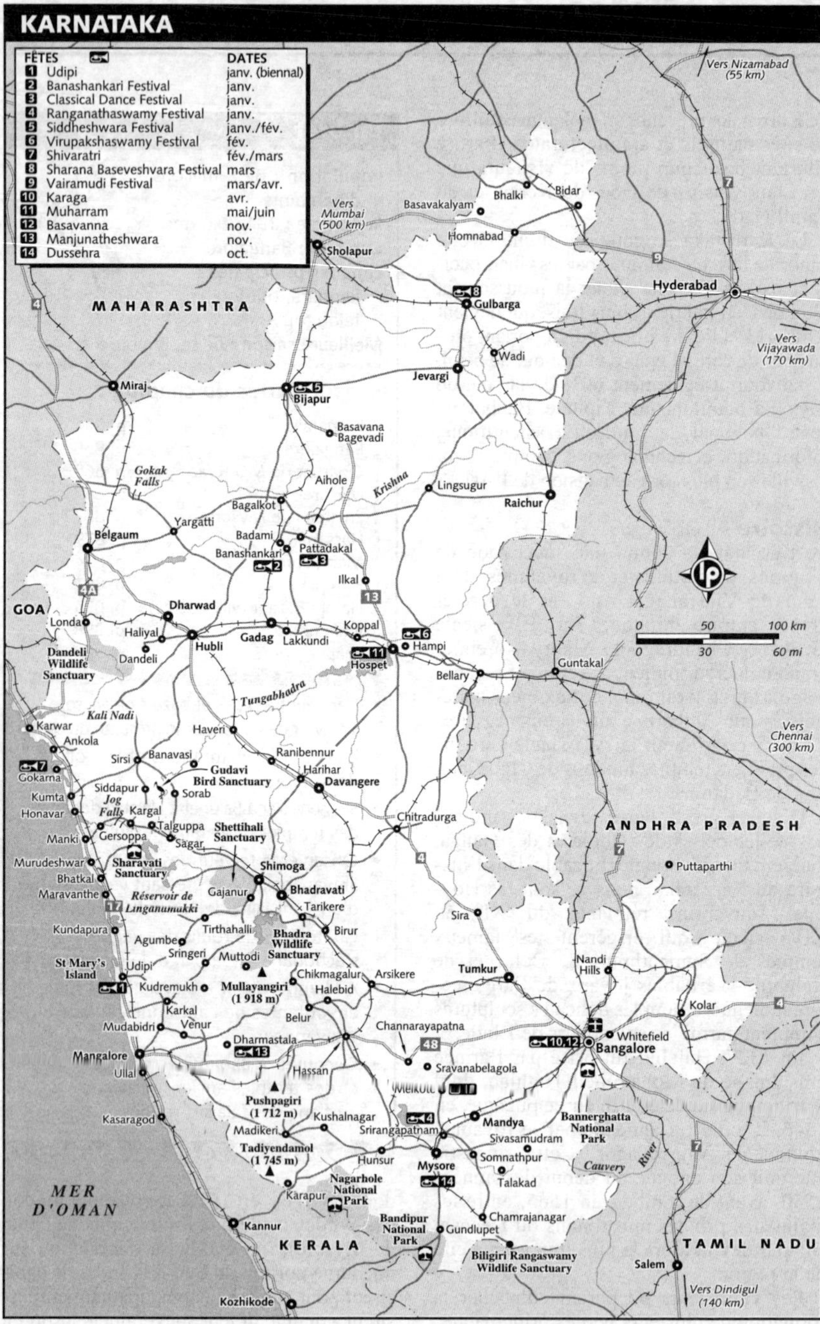
KARNATAKA
FÊTES
DATES
1 Udipi janv. (biennal)
2 Banashankari Festival janv.
3 Classical Dance Festival janv.
4 Ranganathaswamy Festival janv.
5 Siddheshwara Festival janv./fév.
6 Virupakshaswamy Festival fév.
7 Shivaratri fév./mars
8 Sharana Baseveshvara Festival mars
9 Vairamudi Festival mars/avr.
10 Karaga avr.
11 Muharram mai/juin
12 Basavanna nov.
13 Manjunatheshwara nov.
14 Dussehra oct.
Vers Nizamabad (55 km)
Vers Mumbai (500 km)
Sholapur
Basavakalyam
Bhalki
Bidar
Homnabad
Hyderabad
Gulbarga
MAHARASHTRA
Vers Vijayawada (170 km)
Wadi
Jevargi
Miraj
Bijapur
Basavana Bagevadi
Gokak Falls
Krishna
Aihole
Lingsugur
Raichur
Bagalkot
Yargatti
Badami
Pattadakal
Belgaum
Banashankari
Ilkal
GOA
Dharwad
Londa
Haliyal
Hubli
Gadag
Lakkundi
Koppal
Hampi
Dandeli Wildlife Sanctuary
Dandeli
Hospet
Bellary
Guntakal
0 50 100 km
0 30 60 mi
Tungabhadra
Kali Nadi
Karwar
Ankola
Haveri
Vers Chennai (300 km)
Ranibennur
Sirsi
Banavasi
Gokarna
Gudavi Bird Sanctuary
Harihar
Davangere
Siddapur
Sorab
Kumta
Jog Falls
Kargal
Honavar
Talguppa
Chitradurga
ANDHRA PRADESH
Manki
Gersoppa
Sagar
Shettihali Sanctuary
Murudeshwar
Sharavati Sanctuary
Shimoga
Puttaparthi
Bhatkal
Maravanthe
Réservoir de Linganamukki
Gajanur
Bhadravati
Tarikere
Kundapura
Tirthahalli
Birur
Sira
Agumbe
Bhadra Wildlife Sanctuary
Sringeri
Muttodi
St Mary's Island
Udipi
Nandi Hills
Tumkur
Chikmagalur
Arsikere
Kudremukh
Mullayangiri (1 918 m)
Halebid
Kolar
Karkal
Belur
Mudabidri
Venur
Channarayapatna
Whitefield
Bangalore
Dharmastala
Mangalore
Ullal
Hassan
Sravanabelagola
Melkote
Pushpagiri (1 712 m)
Kasaragod
Kushalnagar
Mandya
Bannerghatta National Park
Madikeri
Srirangapatnam
Sivasamudram
Tadiyendamol (1 745 m)
Hunsur
Mysore
Somnathpur
Cauvery River
Talakad
MER D'OMAN
Karapur
Nagarhole National Park
Chamrajanagar
Kannur
Bandipur National Park
Gundlupet
KERALA
TAMIL NADU
Biligiri Rangaswamy Wildlife Sanctuary
Salem
Vers Dindigul (140 km)
Kozhikode

KARNATAKA

1761, date à laquelle ils furent déposés par l'un de leurs généraux, Hyder Ali.

Les Français aidèrent Hyder Ali et son célèbre fils, Tippu Sultan, à consolider leur emprise sur la région en échange de leur soutien dans la lutte contre les Britanniques. En 1799, ces derniers vainquirent Tippu Sultan, annexèrent une partie de son royaume et restaurèrent la dynastie des Wodeyar.

Les Wodeyar continuèrent à régir l'État de Mysore jusqu'à l'Indépendance. Très progressistes, ils étaient tellement appréciés de leurs sujets que le maharaja fut nommé premier gouverneur de l'État.

Les frontières de l'État de Mysore furent redéfinies en 1956 selon des critères linguistiques, donnant naissance à l'État du Grand Mysore, avec pour langue officielle le kannara. Cet État fut rebaptisé Karnataka en 1972. La langue principale d'environ 66% de la population de l'État est le kannara. Parmi les autres langues majeures figurent l'ourdou (10%) et le telougou (7,4%).

Sud du Karnataka

BANGALORE

☎ 080 • 6 millions d'habitants

La capitale du Karnataka, en plein essor, se tient aux avant-gardes de la nouvelle économie de l'Inde. Les caractéristiques de cette gracieuse ville de garnison britannique se transforment peu à peu pour se modeler sur les envies d'une classe moyenne, adepte de la consommation.

Socialement, c'est une des villes les plus progressistes et libérales en Inde. Le contraste avec les autres villes du pays est saisissant autour de MG Rd, où abondent fast-foods, restaurants branchés et centres commerciaux tapageurs.

Les brochures touristiques qui qualifient Bangalore de "Cité jardin" sont bien loin de la réalité. L'agglomération est souvent asphyxiée par la circulation et offre peu de sites intéressants. En revanche, elle possède de bonnes liaisons de transports qui permettent d'organiser la visite des parcs nationaux et des réserves naturelles de la région. La ville en elle-même mérite qu'on lui consacre deux jours.

Histoire

Bangalore devrait son nom à une vieille femme des environs qui aurait servi un modeste plat de haricots bouillis à un souverain hoysala égaré. La "ville des haricots bouillis" fut officiellement fondée au début du XVIe siècle par Kempegowda. Deux siècles plus tard, sous Hyder Ali et Tippu Sultan, Bangalore devint une importante ville fortifiée ; il reste toutefois fort peu de vestiges de cette période, en dehors des jardins botaniques de Lalbagh et d'un petit palais. Lorsque les Britanniques transférèrent leur siège administratif de Srirangapatnam à Bangalore, en 1831, la ville adopta l'aspect ordonné caractéristique des cantonnements anglais.

La croissance rapide de Bangalore débuta dans les années 60, lorsque le gouvernement décida d'y implanter ses principaux établissements de recherche en défense et en télécommunications. Au cours des décennies suivantes, la cité est devenue le centre scientifique et technologique du pays et a attiré de nombreuses sociétés multinationales. D'une certaine manière, la ville est aujourd'hui victime de son propre succès. La croissance rapide de sa population pèse fortement sur ses infrastructures et sur son environnement.

Orientation

Bangalore est une agglomération très étendue où il est difficile de s'orienter. Les quartiers qui intéressent les touristes se limitent toutefois à Gandhi Nagar, à l'ouest, et à Mahatma Gandhi (MG) Rd, à 4 km à l'est.

Les gares routière (Central) et ferroviaire (City) sont situées en bordure de Gandhi Nagar. Les rues bondées de ce quartier animé mais peu avenant accueillent une multitude de boutiques, de cinémas et d'hôtels bon marché.

Le quartier délimité par MG Rd, Brigade Rd, St Marks Rd et Residency Rd constitue le centre commercial, culturel et social des classes aisées et de la population estudiantine de la ville. Hôtels de luxe et bon marché, fast-foods, cybercafés, bars, librairies et boutiques d'artisanat y abondent.

Les quelques vestiges historiques dont Bangalore puisse se targuer sont regroupés au sud de City Market, dans la vieille ville. Quant à la ville datant de l'époque britannique, avec ses charmantes rues bordées d'arbres, ses demeures grandioses, ainsi que son inévitable terrain de golf et de courses hippiques, elle se situe pour l'essentiel au nord de Cubbon Park.

BANGALORE

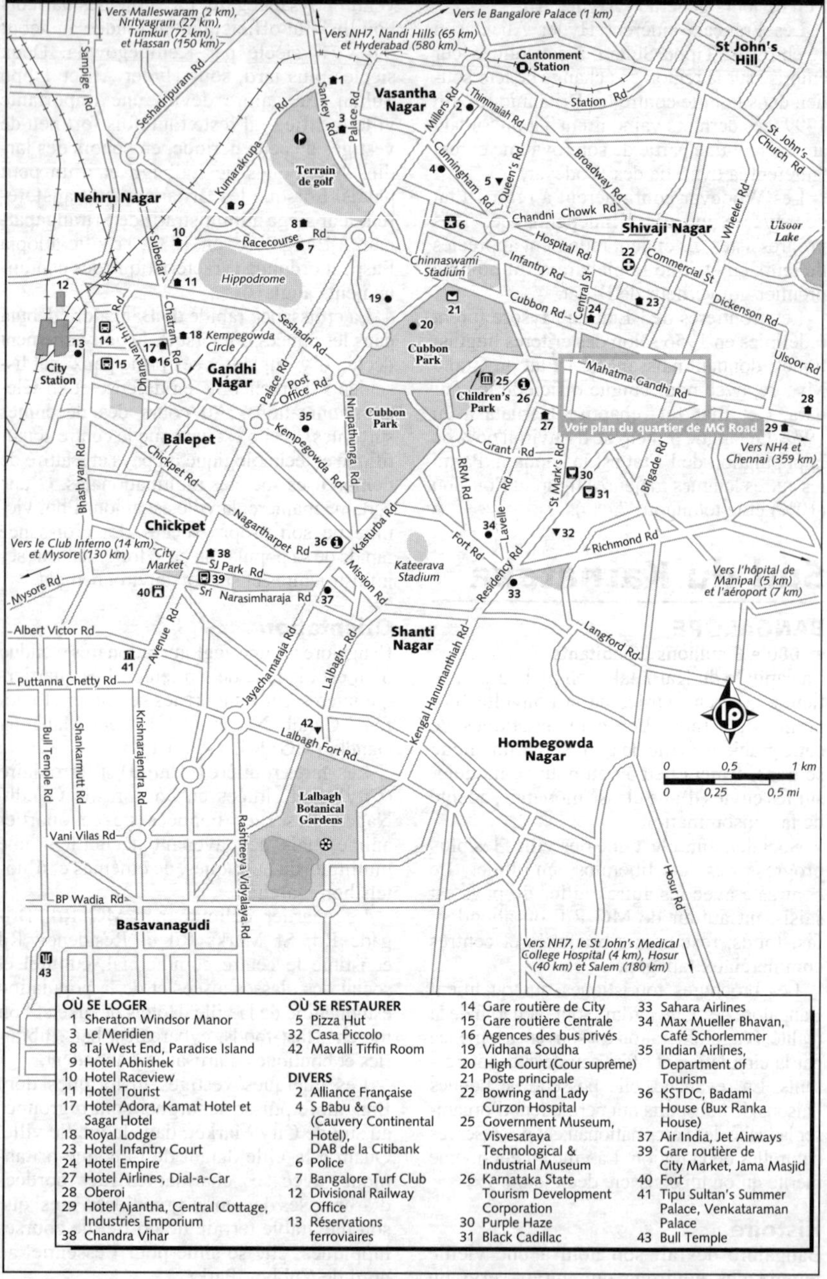
Vers Malleswaram (2 km), Nrityagram (27 km), Tumkur (72 km), et Hassan (150 km)
Vers le Bangalore Palace (1 km)
Vers NH7, Nandi Hills (65 km) et Hyderabad (580 km)
Cantonment Station
St John's Hill
Vasantha Nagar
Nehru Nagar
Gandhi Nagar
Balepet
Chickpet
Shivaji Nagar
Shanti Nagar
Hombegowda Nagar
Basavanagudi
Terrain de golf
Hippodrome
Chinnaswami Stadium
Cubbon Park
Children's Park
Kateerava Stadium
Lalbagh Botanical Gardens
City Station
City Market
Ulsoor Lake
Kempegowda Circle
Sampige Rd
Seshadripuram Rd
Kumarakrupa Rd
Sankey Rd
Palace Rd
Millers Rd
Thimmaiah Rd
Cunningham Rd
Queen's Rd
Station Rd
St John's Church Rd
Broadway Rd
Wheeler Rd
Chandni Chowk Rd
Hospital Rd
Infantry Rd
Commercial St
Central St
Cubbon Rd
Dickenson Rd
Ulsoor Rd
Mahatma Gandhi Rd
Racecourse Rd
Subedar Chatram Rd
Dhanvantri Rd
Seshadri Rd
Post Office Rd
Kempegowda Rd
Nrupathunga Rd
Chickpet Rd
Nagartharpet Rd
Kasturba Rd
Mission Rd
Grant Rd
RRM Rd
St Mark's Rd
Brigade Rd
Lavelle Rd
Fort Rd
Residency Rd
Richmond Rd
Langford Rd
Hosur Rd
Bhashyam Rd
Mysore Rd
SJ Park Rd
Sri Narasimharaja Rd
Avenue Rd
Albert Victor Rd
Puttanna Chetty Rd
Jayachamaraja Rd
Lalbagh Rd
Kengal Hanumanthiah Rd
Lalbagh Fort Rd
Bull Temple Rd
Shankarmutt Rd
Krishnarajendra Rd
Rashtreeya Vidyalaya Rd
Vani Vilas Rd
BP Wadia Rd
Voir plan du quartier de MG Road
Vers NH4 et Chennai (359 km)
Vers l'hôpital de Manipal (5 km) et l'aéroport (7 km)
Vers le Club Inferno (14 km) et Mysore (130 km)
Vers NH7, le St John's Medical College Hospital (4 km), Hosur (40 km) et Salem (180 km)
0 0,5 1 km
0 0,25 0,5 mi
OÙ SE LOGER
1 Sheraton Windsor Manor
3 Le Meridien
8 Taj West End, Paradise Island
9 Hotel Abhishek
10 Hotel Raceview
11 Hotel Tourist
17 Hotel Adora, Kamat Hotel et Sagar Hotel
18 Royal Lodge
23 Hotel Infantry Court
24 Hotel Empire
27 Hotel Airlines, Dial-a-Car
28 Oberoi
29 Hotel Ajantha, Central Cottage, Industries Emporium
38 Chandra Vihar
OÙ SE RESTAURER
5 Pizza Hut
32 Casa Piccolo
42 Mavalli Tiffin Room
DIVERS
2 Alliance Française
4 S Babu & Co (Cauvery Continental Hotel), DAB de la Citibank
6 Police
7 Bangalore Turf Club
12 Divisional Railway Office
13 Réservations ferroviaires
14 Gare routière de City
15 Gare routière Centrale
16 Agences des bus privés
19 Vidhana Soudha
20 High Court (Cour suprême)
21 Poste principale
22 Bowring and Lady Curzon Hospital
25 Government Museum, Visvesaraya Technological & Industrial Museum
26 Karnataka State Tourism Development Corporation
30 Purple Haze
31 Black Cadillac
33 Sahara Airlines
34 Max Mueller Bhavan, Café Schorlemmer
35 Indian Airlines, Department of Tourism
36 KSTDC, Badami House (Bux Ranka House)
37 Air India, Jet Airways
39 Gare routière de City Market, Jama Masjid
40 Fort
41 Tipu Sultan's Summer Palace, Venkataraman Palace
43 Bull Temple

Renseignements

Offices du tourisme. L'office du tourisme du gouvernement indien (☎ 558 5417), installé dans le KFC Building, 48 Church St, se révèle très utile. Il accueille le public en semaine de 9h30 à 18h et le samedi de 9h à 13h.

La Karnataka State Tourism Development Corporation (KSTDC, ☎ 2212901), implantée au 2e étage des Mitra Towers, 10/4 Kasturba Rd, Queen's Circle, est ouverte tous les jours, sauf le dimanche, de 10h à 17h30. La KSTDC dispose également d'agences à Badami House (☎ 227 5869), à la gare ferroviaire de City et à l'aéroport.

Le Government of Karnataka Department of Tourism (☎ 221 5489) est installé au 1er étage de F block, Cauvery Bhavan, Kempegowda (KG) Rd, derrière l'agence d'Indian Airlines.

Tous les offices du tourisme distribuent gratuitement des plans corrects de Bangalore. Vous pouvez également acheter de bons plans dans les librairies de MG Rd.

Très pratique, le guide des spectacles *Bangalore This Fortnight* est mis à la disposition des touristes dans les offices du tourisme et les hôtels. Le *Deccan Herald*, principal journal de Bangalore, annonce la plupart des manifestations locales.

Argent. Thomas Cook, 55 MG Rd, est le plus performant des bureaux de change. Néanmoins, il prélève une commission pour les chèques de voyage autres que les siens. Pour les travellers cheques American Express, allez chez Weizman Foreign Exchange dans Residency Rd. La Bank of Baroda, 72 MG Rd, ou la proche Canara Bank, 8 MG Rd, vous permettront de tirer du liquide si vous êtes détenteur d'une carte Visa ou MasterCard.

Citibank met à votre disposition des distributeurs DAB. Le bureau central se trouve au Prestige Meridian, MG Rd ; un distributeur plus facile d'accès est situé à l'extérieur du grand magasin Nilgiri, dans Brigade Rd. Un autre distributeur est disponible au nord du centre, dans Cunningham Rd.

Poste. La poste principale, Cubbon Rd, est ouverte du lundi au samedi de 8h à 19h et le dimanche de 10h30 à 13h30. Le service de poste restante, très efficace, fonctionne du lundi au samedi de 10h30 à 16h, au guichet de renseignements n°22. Il existe également un bureau de poste dans Brigade Rd.

Téléphone et fax. Depuis le bureau du télégraphe, à côté de la poste principale, vous pouvez envoyer des fax à l'étranger et passer des appels 24h/24. Pour trouver un numéro de téléphone, faites le ☎ 3333333.

E-mail et accès à Internet. De nombreux cybercafés figurent dans le quartier de MG Rd. Les moins chers sont installés dans le complexe de Brigade Gardens sur Church St., notamment le Lake2Net (10 Rs l'heure, connexions rapides). Aux environs de Brigade Rd, le Cyber Alley rivalise avec le Cyber Club et le Cyber Space.

Le Coffee Day Cyber Café (13-15 Brigade Rd), l'un des tout premiers, est plus onéreux (60 Rs l'heure). Néanmoins, l'endroit est spacieux et le café plutôt bon.

Librairies. Il en existe d'excellentes en ville. Gangaram's Book Bureau, 72 MG Rd, abrite un grand choix de livres ainsi que de la papeterie et des cartes postales. Premier Bookshop, à l'angle du Berrys Hotel propose des livres traitant de tous les sujets possibles et imaginables, empilés du sol au plafond. Au 68 MG Rd, vous trouverez une succursale de la chaîne Higginbothams.

Centres culturels. L'Alliance française (☎ 225 8762), implantée Thimmaiah Rd près de la gare ferroviaire de Cantonment, possède une bibliothèque qui reçoit la presse française et ouvre du lundi au vendredi de 9h à 13h et de 15h à 19h ; les samedis, elle n'ouvre que le matin. Elle organise des expositions, des projections de films, des activités culturelles et propose des cours de français.

Le Max Mueller Bhavan (☎ 2214964), sur Lavelle Rd, comprend une bibliothèque allemande et organise des expositions gratuites ainsi que des conférences sur des thèmes culturels. Il abrite également un merveilleux café. Il ouvre de 9h à 13h et de 14h à 17h30 en semaine.

Services médicaux. En cas d'urgence, faites le ☎ 102. Pour des soins médicaux sans gravité, vous avez le choix entre le Bowring and Lady Curzon Hospital géré par le gouvernement (☎ 5591325), Hospital Rd, le St John's Medical College Hospital

La Silicon Valley indienne

Bangalore a connu un développement fulgurant, fondé sur l'émergence des nouvelles technologies. Au cours des 30 dernières années, la ville a accueilli une multitude d'entreprises, notamment dans le secteur florissant des logiciels informatiques.

Tout a commencé en 1958, avec l'installation couronnée de succès de Texas Instrument. D'autres multinationales ont suivi, arrivant en rang serré à Bangalore pour profiter d'un personnel extrêmement bien formé, issu des établissements d'enseignement technique du Sud de l'Inde.

C'est là Bangalore que s'est développée la plus grande société de logiciels du pays, Infosys. La ville doit faire face à la sévère concurrence livrée par Mumbai, Chennai et Hyderabad ; néanmoins, elle reste l'épicentre des investisseurs et des entrepreneurs misant sur les technologies de l'informatique. Quelque 60% des exportations de logiciels indiens proviennent de Bangalore, et d'immenses parcs de nouvelles technologies, prenant plutôt la forme de campus universitaire high-tech sous haute surveillance, ont surgi à travers la ville.

(☎ 5530725), Sarjapur Rd, Koramangala (près d'Hosur Rd), ou encore le Manipal Hospital (☎ 5287751), établissement privé, sur Airport Rd.

Parcs nationaux. Pour que le Forest Department organise votre hébergement dans le Bandipur National Park, contactez le Chief Wildlife Warden (☎ 334 1993), Aranya Bhavan, 18th Cross, Malleswaram, Bangalore. Ce type d'hébergement est également proposé à Mysore (voir cette rubrique). Il est aussi possible d'effectuer une réservation pour le Nagarhole National Park depuis Bangalore, bien qu'il soit préférable de le faire depuis Hunsur. Voir la rubrique *Nagarhole National Park*, plus loin dans ce chapitre, pour plus de détails concernant l'hébergement dans le parc.

Jungle Lodges & Resorts Ltd (☎ 559 7025, fax 558 6163, infodesk@karnatakatourism.com), dans le Shrungar Shopping Centre, entre MG Rd et Church St, peut organiser un hébergement (excellent mais onéreux) au sein du Nagarhole National Park ainsi que dans d'autres réserves naturelles du Karnataka.

Vidhana Soudha

Situé au nord-ouest du Cubbon Park, c'est l'un des bâtiments les plus étonnants de Bangalore. De style néodravidien, il fut bâti par des prisonniers en 1954 pour abriter le Parlement de l'État du Karnataka et son gouvernement. Le bâtiment est illuminé le soir pendant le week-end, mais n'est pas ouvert au public.

Lalbagh Botanical Gardens

Ce superbe parc dessiné au XVIIIe siècle par Hyder Ali et son fils Tippu Sultan, de la banlieue sud de Bangalore, couvre 96 ha. Les jardins tirent leur nom de la profusion de roses rouges qu'ils abritent (*lalbagh* signifiant "jardin rouge"). Vous y rencontrerez des arbres centenaires (étiquetés pour la plupart), l'une des plus grandes collections de la flore tropicale et subtropicale de l'Inde, une serre réalisée sur le modèle du Crystal Palace de Londres, l'une des tours de garde de Kempegowda et une horloge de gazon surréaliste entourée de Blanche-Neige et des Sept Nains. Ce spectacle romantique convient tout particulièrement aux jeunes couples d'amoureux.

D'importantes expositions florales sont organisées durant la semaine précédant la fête de la République (26 janvier) ainsi que pendant celle précédant la fête de l'Indépendance (15 août). Les jardins sont ouverts du lever au coucher du soleil (2 Rs).

Cubbon Park et musées

Principal "poumon" de la ville, ce parc mal entretenu de 120 ha date de 1864. Il comprend des bâtiments néo-classiques superbement restaurés : la cour suprême (High Court), la grande bibliothèque municipale, deux musées municipaux et un aquarium un peu triste.

Le **Government Museum**, qui date de 1886, est l'un des musées les plus anciens de l'Inde. Il présente des collections de sculptures sur pierre, de poteries, d'armes et de peintures ainsi que quelques très belles pièces provenant de Halebid. Il ouvre tous les jours, sauf le lundi, de 10h à 17h ; l'entrée coûte 4 Rs.

Le **Visvesvaraya Technological & Industrial Museum** (musée des Sciences et de l'Industrie) attire de nombreux enfants. Il est ouvert tous les jours de 10h à 18h (10 Rs).

City Market

Ce marché animé, au sud-ouest du Cubbon Park, comprend un marché de primeurs abrité par des bâches, un marché aux épices, de nombreux vendeurs de guirlandes, des échoppes de vêtements et une rue entière bordée de boutiques de tailleurs. Dans ce quartier vivant se trouve également l'imposante Jama Masjid (mosquée blanche).

Fort et palais de Tippu Sultan

Situé près du City Market, ce fort fut, à l'origine, bâti en pisé et en brique par Kempegowda, au XVIe siècle. Il fut ensuite reconstruit en pierre par Hyder Ali, puis par Tippu Sultan au XVIIIe siècle. C'est un petit fort solide, bien qu'en partie détruit pendant les guerres contre les Britanniques.

A 5 min à pied au sud-ouest du City Market, le modeste palais de Tippu Sultan présente de remarquables et élégants piliers en teck. Entrepris par Hyder Ali, il fut achevé par Tippu en 1791.

Il vous en coûtera 5 Rs pour entrer et 25 Rs de plus pour filmer avec un Caméscope. A côté du palais figure le Venkataraman Temple, petit et très décoré, datant de 250 ans.

Bull Temple

Situé sur Bugle Hill, à l'extrémité sud de Bull Temple Rd, le temple du Taureau est l'un des temples les plus anciens de Bangalore. Édifié par Kempegowda dans le style dravidien au XVIe siècle, il abrite un énorme nandi monolithique en granit. Les non-hindous sont autorisés à rentrer dans le temple et les prêtres – bien que prompts à quêter un don – se montrent accueillants. Le *puja* de base (littéralement "vénération", avec offrandes ou prières) revient à 10 Rs.

Ce temple est particulièrement intéressant le week-end, car il accueille des musiciens, des processions de mariage et même des puja organisés en l'honneur de l'achat de voitures neuves. Les bus n^{os}31, 31E, 35 et 49 desservent le temple du Taureau depuis la gare routière.

Bangalore palace

On ne s'attend guère à trouver une réplique du château de Windsor au beau milieu de l'Inde. Pourtant, c'est le cas de ce palais doté de tourelles en granit et de tours crénelées. Il fut construit en 1880, puis acheté et agrandi par les rajas Wodeyar de Mysore. Le domaine, immense, comporte un jardin bien entretenu. La famille Wodeyar et le gouvernement du Karnataka se livrant une lutte incessante pour établir qui de l'une ou de l'autre est le véritable propriétaire de ce précieux domaine, le palais n'est pas ouvert officiellement. Néanmoins, le gardien laisse les curieux jeter un coup d'œil sur les jardins lorsque les Wodeyar ne se trouvent pas dans la résidence. Ce palais est installé – comme il se doit – sur Palace Rd, au nord de la ligne de chemin de fer.

Natation

Une piscine publique (100 Rs d'inscription) est ouverte au lac d'Ulsoor, imposant des horaires différents pour les hommes et les femmes. Les hôtels suivants permettent aux non-résidents d'utiliser leur bassin : Le Meridien (350 Rs) et le Taj West End (500 Rs).

Circuits organisés

La KSTDC propose un très vaste choix de visites à réserver dans ses agences. Les visites partent de Badami House, deux fois par jour (7h30 et 14h, 80 Rs). Le parcours comprend les principaux centres d'intérêt de Bangalore et un arrêt obligatoire à l'emporium d'État, un peu ennuyeux si vous ne vous intéressez pas aux soieries et à l'artisanat.

Il existe un circuit quotidien pour Srirangapatnam, Mysore et les jardins de Brindavan. Le départ est à 7h15 et le retour à 23h (230 Rs en bus sans clim., ou 300 Rs avec clim., frais d'entrée inclus). Enfin, vous pouvez participer à une excursion pour Belur, Halebid et Sravanabelgola, ainsi qu'à un week-end organisé à Hampi (le trajet est long et vous aurez juste le temps de prendre quelques rapides photos).

Manifestations annuelles

La **Basavanna**, ou foire à la cacahuète, a lieu en novembre. La **Karaga**, fête en l'honneur de la déesse Draupadi, se tient en avril.

Où se loger – petits budgets

Au Karnataka, on applique aux chambres une taxe qui varie en fonction du tarif : 5% pour les chambres de moins de 200 Rs, 10% entre 200 et 399 Rs, 12,5% entre 400 et 599 Rs, et 15% pour plus de 600 Rs

Quartier de la gare routière. Une bonne dizaine d'hôtels bordent Chatram Rd (SC Rd), au cœur de Gandhi Nagar, à l'est de la gare routière.

Le ***Royal Lodge*** *(☎ 2266575, 251 SC Rd)*, l'un des moins onéreux, des plus spacieux et des plus anciens établissements, dispose de simples/doubles propres avec s.d.b. commune à 110/150 Rs, et de doubles avec s.d.b. et eau chaude le matin à 275 Rs.

Presque en face, l'***Hotel Adora*** *(☎ 2872280, 47 SC Rd)* propose des chambres correctes avec s.d.b. à 168/275 Rs.

Un peu plus loin, l'***Hotel Tourist*** *(☎ 226 2381, 5 Racecourse Rd)* présente un bon rapport qualité/prix : ses chambres avec s.d.b. et eau chaude le matin reviennent à 80/140 Rs.

Quartier de MG Rd. Situé dans un cadre paisible, l'***Hotel Ajantha*** *(☎ 5584321, MG Rd)* affiche des prix corrects par rapport à la qualité. Le personnel, avenant, vous fera également les honneurs d'un restaurant et d'une petite boutique. Fonctionnelles, spacieuses et propres, les chambres avec TV se louent 190/325 Rs, et les doubles avec clim. 600 Rs.

A l'écart de la rue, dans un décor verdoyant, l'***Airlines Hotel*** *(☎ 2273783, 4 Madras Bank Rd)* offre toute une gamme de prestations, notamment un restaurant en jardin, une boulangerie et un cybercafé (40 Rs l'heure). Les simples/doubles avec s.d.b. et eau chaude le matin commencent à 125/250 Rs, ou 330/450 Rs pour les deluxe (avec TV). Toutefois, en raison de la popularité de l'établissement, il est impératif de réserver 10 à 15 jours à l'avance.

Au ***Brindavan Hotel*** *(☎ 5584000, 108 MG Rd)*, comptez au minimum 200/300 Rs pour des chambres correctes avec s.d.b., et 400 Rs pour une double avec clim. Assez calme, car aménagé à quelque distance de la rue, l'hôtel est souvent complet (réservez 10 jours à l'avance).

Nouvel établissement installé sur une rue animée, l'***Hotel Empire*** *(☎ 5592821, hotelempire@usanet, 78 Central St)* loue des chambres d'un bon rapport qualité/prix à 400/550 Rs, et des doubles avec clim. à 750 Rs. Au rez-de-chaussée, le restaurant est

QUARTIER DE MG ROAD

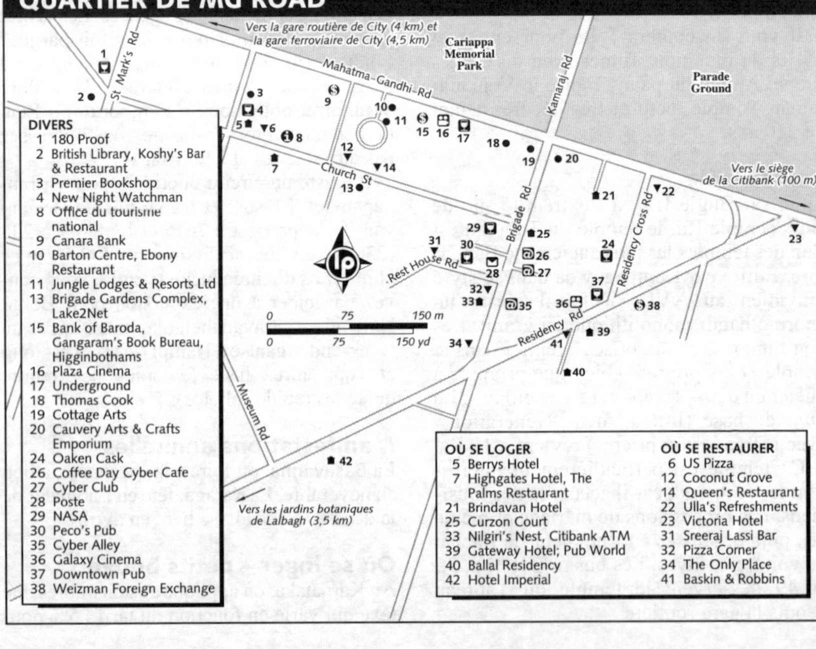

plutôt tape-à-l'œil. Les chambres sont louées par tranche de 24 heures. L'*Hotel Imperial* (☎ *5585473, 93-94 Residency Rd*), à ne choisir qu'en tout dernier ressort, propose des simples/doubles avec s.d.b. à 180/320 Rs. Le quartier est bruyant et le personnel essentiellement absorbé par le restaurant.

Quartier du city market. Si vous appréciez la foule des bazars animés, ce quartier est celui qu'il vous faut. Il se situe à 25 min de marche au sud de la gare ferroviaire de City.

Le *Chandra Vihar* (☎ *2224146, Avenue Rd*) facture 168/303 Rs ses chambres propres, de taille convenable, avec s.d.b. et eau chaude le matin, ou 145 Rs les simples plus petites. Certaines jouissent d'une vue magnifique sur le marché.

Où se loger – catégorie moyenne

La plupart des hôtels de cette gamme de prix sont installés autour de MG Rd, quelques-uns se situant non loin de l'hippodrome, un quartier plutôt morne à une courte distance en auto-rickshaw de la gare ferroviaire de City et de la gare routière centrale.

Quartier de MG Rd. Vaste et confortable, la *Ballal Residency* (☎ *559 7277, fax 559 7276, ballalry@bgl.vsnl.net.in*) est aménagée à l'écart de Residency Rd, en contrebas de l'allée, à côté du glacier Baskin & Robbins. Les chambres spacieuses et impeccables, toutes avec clim., se louent 1 400/1 750 Rs. Le café installé dans le jardin sert de la nourriture exclusivement végétarienne.

Établissement trois-étoiles moderne et de bon goût, l'*Highgates Hotel* (☎ *5597172, fax 559 7799, 33 Church St*) se classe au sommet de sa catégorie. Les chambres douillettes avec clim., TV, réfrigérateur et s.d.b. reviennent à 1 595/1 995 Rs. Un restaurant, un salon de thé et un patio complètent ce cadre confortable. Mieux vaut réserver.

Très confortable et bien géré, l'*Hotel Infantry Court* (☎ *5591800, fax 5592276, hotelic@vsnl.com, 66 Infantry Rd*) appartient à la chaîne Comfort Inn. Les chambres modernes avec clim. reviennent à 1 950/2 250 Rs, petit déjeuner compris.

Au cœur de l'action, le *Nilgiri's Nest* (☎ *5588401, fax 5585348, nilgirisnest@vsnl.net, 171 Brigade Rd*) est aménagé au 3e étage du supermarché du même nom. Il loue des chambres propres, spacieuses et aérées avec TV et s.d.b. à 900/1 200 Rs, ou à 1 100/1 450 Rs avec clim. Néanmoins, l'établissement ne propose aucune prestation exceptionnelle justifiant de tels prix. La location s'effectue par tranche de 24 heures à partir de l'heure d'arrivée.

Le *Berrys Hotel* (☎ *5587211, 46/1 Church St*), établissement vaste et standard, propose de meilleures chambres que ne le suggère la réception en piteux état. Rarement complet, il est bien situé. Les chambres correctes avec TV et eau chaude sont facturées 500/600 Rs, et la suite 600/675 Rs.

Installé à un emplacement central, le *Curzon Court* (☎ *5582997, fax 558 2278, 10 Brigade Rd*) manque de clarté et de gaieté, mais les chambres sont confortables (de 800/1 000 Rs avec clim., TV et eau chaude, à 850/1 200 Rs pour la suite).

Quartier de l'hippodrome. L'*Hotel Raceview* (☎ *2203401, 25 Racecourse Rd*) ne propose que des doubles à partir de 500 Rs. Les parieurs seront heureux d'apprendre que certaines des chambres les plus onéreuses jouissent d'une excellente vue sur le champ de course.

A l'*Hotel Abhishek* (☎ *2262713, fax 226 8953, hotelabhishek@vsnl.net, 19/2 Kumarakrupa Rd*), les simples/doubles avec TV et s.d.b. coûtent 810/900 Rs, ou 900/990 Rs avec clim.

Où se loger – catégorie supérieure

Bangalore étant un important centre industriel et commercial, les hôtels de luxe y sont légion. Ils sont généralement installés aux alentours de MG Rd ou dans la partie nord de la ville, plus paisible, à deux pas du terrain de golf et de l'hippodrome. L'Oberoi et le Sheraton Windsor Manor rivalisent pour le titre de meilleur hôtel de la ville.

Le quatre-étoiles *Gateway Hotel* (☎ *5584545, fax 5584030, gateway.bangalore@tajhotels.com, 66 Residency Rd*) appartient au Taj Group. Ses excellentes simples/doubles commencent à 85/95 $US, petit déjeuner compris. Les installations incluent une piscine et un restaurant spécialisé dans la cuisine de la côte de Malabar.

Hôtel cinq-étoiles standard offrant toutes les prestations de sa catégorie, *Le Meridien* (☎ *2262233, fax 2267676, leme@vsnl.com, 28 Sankey Rd*) dispose de chambres à 145/165 $US.

Installé dans un superbe manoir ancien, le ***Sheraton Windsor Manor*** *(☎ 2269898, fax 2264941, 25 Sankey Rd)* propose des chambres à 130/140 $US. Celles de la tour adjacente commencent à 200 $US. Consultez le site Internet de l'établissement à l'adresse www.welcomgroup.com.

L'***Oberoi*** *(☎ 5585858, fax 5585930, unitresvn@oberoiblr.com, 37-39 MG Rd)* dispose de chambres luxueuses donnant sur un immense et paisible jardin (standard à 230/255 $US et deluxe à 285/315 $US). Toutefois, il souffre quelque peu de la pollution de MG Rd. Outre la piscine, l'hôtel offre tout le confort d'un cinq-étoiles.

Établissement cinq-étoiles également, le ***Taj West End*** *(☎ 2255055, fax 2200010, westend.bangalore@tajhotels.com, Racecourse Rd)* gère un manoir du XIXe siècle ainsi que plusieurs villas – certaines non restaurées – dans le cadre d'un superbe jardin de 8 ha. Vous débourserez au minimum 195/215 $US.

Où se restaurer

MG Rd Area. De nombreux restaurants sont installés dans les environs, la plupart onéreux et n'offrant que de pâles imitations des pizzerias ou des fast-foods occidentaux. L'attrait qu'ils exerceront sur vous dépendra probablement du temps que vous avez déjà passé en Inde.

Au 1er étage de General Hall, sur MG Rd, l'***Ulla's Refreshments*** jouit de la faveur de la population locale. Cette excellente adresse pour des en-cas et des plats végétariens d'Inde du Sud dispose d'une salle à manger et d'une vaste terrasse conviviale.

Le ***Coconut Grove*** (Church St), restaurant avenant en partie en plein air, sert un choix alléchant de plats traditionnels locaux mais aussi du Kerala et de Goa. Les paravents en bambou, le service attentif et la salle à manger paisible contribuent au plaisir du repas (plats entre 85 et 100 Rs).

Les louanges des voyageurs pleuvent à propos du ***Casa Piccolo*** *(131 Residency Rd)*. En dépit de son style occidental, l'ambiance est agréable et les prix restent raisonnables (pizzas et steaks à 80 Rs).

The Only Place *(Royal Arcade, Brigade Rd)* sert d'excellents steaks avec des plats de légumes très corrects (aux alentours de 100 Rs). Les lasagnes sont particulièrement appréciées.

L'***US Pizza*** *(Church St)* prépare d'honorables pizzas à partir de 100 Rs, et sa véranda abrite une agréable salle à manger. Si ***Pizza Hut*** *(Queen's Rd)* reste sans surprise, vous apprécierez le service, irréprochable. La populaire chaîne ***Pizza Corner*** possède une enseigne sur Brigade Rd qui cuisine des pizzas à 105 Rs (livraison gratuite au ☎ 3446111).

Véritable institution de Bangalore, le ***Koshy's Bar & Restaurant*** *(St Mark's Rd)* est dirigé par la même famille depuis trois générations. Il propose tout un choix de plats indiens, chinois et occidentaux à des prix très raisonnables. Goûtez leur spécialité du jour.

Le ***Victoria Hotel*** *(47-48 Residency Rd)* abrite un restaurant en jardin ainsi qu'une salle à manger à l'ancienne, tous deux agréables pour se restaurer ou simplement étancher sa soif.

Le ***Queen's Restaurant*** *(Church St)* exhale une atmosphère rustique, avec murs en terre, décorations tribales et mobilier en rotin. Très prisé, il sert des plats indiens et chinois à prix modérés.

Au 13e étage de l'imposant Barton Centre, avec ses tables en terrasse surplombant la ville, l'***Ebony*** *(MG Rd)* prépare de la cuisine thaïlandaise, française et parsie (plat principal à 120 Rs et salades à 70 Rs).

Le ***Baskin & Robbins*** *(Residency Rd)* constitue une valeur sûre pour déguster une crème glacée. Le ***Sreeraj Lassi Bar*** *(Rest House Rd)* concocte de délicieux lassi. La seule difficulté consiste à choisir parmi les nombreux parfums proposés.

Autres quartiers. Le ***Kamat Hotel*** et le ***Sagar Hotel*** constituent les deux meilleures options de Subedar Chatram Rd, dans Gandhi Nagar. Le premier prépare des plats végétariens, et le second de la cuisine andhra.

A deux pas des jardins botaniques, le ***Mavalli Tiffin Room*** propose des dosa (crêpes à la farine de lentille) réputées, des thali et des en-cas. La nourriture est particulièrement savoureuse au déjeuner.

Le ***Paradise Island***, au Taj West End, constitue le plus intéressant des restaurants cinq-étoiles. Aménagé dans un superbe pavillon de jardin, il sert d'excellents plats thaïlandais et chinois.

Le ***Café Schorlemmer***, situé sur le toit du Max Mueller Bhavan sur Lavelle Rd, est un café séduisant qui propose pâtisseries fraîches, café et déjeuners (de 80 à 120 Rs). Il ouvre jusqu'à 20h du lundi au samedi.

Où sortir

Bars. Les pubs de Bangalore sont très prisés par les Indiens de classe moyenne. Bars clinquants, discothèques et pubs font la joie des jeunes gens aisés et des employés de bureau. Les bars ouvrent à l'heure du déjeuner et de 17h à 23h. La bière pression coûte généralement autour de 35 Rs le demi, 80 Rs la pinte et de 150 à 175 Rs la bouteille. Presque tous les bars servent des en-cas.

Le ***Peco's Pub***, sur Rest House Rd, est un sans doute l'un des tout premiers bar de la ville. Il s'agit d'un petit établissement dans le style hard-rock des années 60, quelque peu décrépit mais très agréable. Il occupe plusieurs étages, jusqu'au toit aménagé en jardin.

Le ***Pub World***, à côté du Gateway Hotel, parvient à réunir un pub anglais, une brasserie allemande, un saloon du Far West et un bar à cocktails de Manhattan ; vous aurez sans doute du mal à vous y retrouver.

Quelque peu sur le déclin, le ***NASA*** *(Church St)* présente un décor de vaisseau spatial où sont organisés des spectacles laser. Si vous aimez cet endroit, vous apprécierez également l'***Underground*** *(MG Rd)* construit sur le modèle d'une station de métro londonienne.

Près du Berrys Hotel, vous pourrez prendre une bière au ***New Night Watchman***, plutôt guindé, disposant de bancs cubistes dans un décor qui ne développe heureusement aucun thème.

Le ***Oaken Cask***, juste à l'angle de Residency Rd, est un pub de style anglais plus calme que la plupart des autres.

Au ***Black Cadillac*** *(50 Residency Rd)*, les boissons coûtent plus cher mais la musique est plus calme. Les vendredi et samedi soir, l'entrée est payante.

En face, le ***Purple Haze*** attire une foule mélangée, adepte de Queen et de Bon Jovi.

Au ***Downtown Pub***, en face du Gateway Hotel, vous trouverez plusieurs billards et écouterez de la bonne musique dans une atmosphère détendue.

Les deux adresses les plus agréables pour boire une bière sont la véranda du ***Victoria Hotel*** et le salon de thé du ***Koshy's Bar & Restaurant*** *(St Mark's Rd)*, à l'ambiance désuète.

Night-clubs. La scène nocturne de Bangalore est particulièrement mouvante. ***180 Proof***, sur St Mark's Rd, constitue le night-club le plus clinquant et le plus cher ; le week-end, mettez-vous sur votre trente et un et apprêtez-vous à faire la queue pendant au moins une heure. Si les boissons sont onéreuses, le décor élégant et les équipements sonores soutiennent la comparaison avec les adresses à succès de Mumbai. A 14 km du centre-ville environ, sur Mysore Rd, le ***Club Inferno*** est également très prisé. Régulièrement, la police ferme les night-clubs situés hors du centre-ville, soi-disant pour outrages aux bonne mœurs (tels que des couples en train de danser ou de boire). Des esprits réalistes voient dans ces fermetures intempestives d'autres motifs d'ordre financier.

Cinéma. Le ***Plaza*** *(MG Rd)* et le ***Galaxy*** *(Residency Rd)* présentent des films en anglais en première exclusivité. Des bandes de jeunes excités prennent d'assaut les projections tardives.

Pour apprécier les films locaux, rendez-vous dans les cinémas de KG Rd, dans le quartier de Gandhi Nagar.

Manifestations sportives

Courses de chevaux. La saison d'hiver de Bangalore s'étend de novembre à février, la saison d'été de mai à juillet. Les courses se déroulent généralement le vendredi ou le week-end ; c'est souvent très amusant. Pour plus de détails, contactez le Bangalore Turf Club (☎ 226 2391).

Cricket. Si vous souhaitez découvrir la passion indienne pour le sport, le Chinnaswami Stadium de Bangalore accueille régulièrement des matchs. Pour plus d'information, contactez la Karnataka Cricket Association (☎ 286 4487). Bien que l'on vende de nombreux billets chaque jour, vous n'échapperez pas aux files d'attente, inévitables. Comptez 100 Rs pour un bon siège dans une zone non bondée.

Achats

On trouve à Bangalore des soieries, des objets en bois de santal ou en bois de rose ainsi que des bijoux de la tribu des Lambani.

Il existe de nombreuses boutiques d'artisanat sur MG Rd et Commercial St au nord

Principaux trains au départ de Bangalore

Destination	Numéro et nom du train	Heure de départ	Distance (km)	Durée	Tarifs (Rs) (2e/1re)
Chennai	2608 *Lalbagh Exp*	6h30	361	5 heures 30	266 A
	2640 *Brindavan Exp*	14h30		5 heures 45	
	2008 *Shatabdi Exp*	16h25		5 heures	530/1 075 B
Dehli	2627 *Karnataka Exp*	18h25	2 444	11 heures 45	436/1 265 C
	2429 *Rajdhani Exp*	6h35 lun, mer, jeu et dim		34 heures 30	2 205/6 385 D
Ernakulam	6526 *Kanniyakumari Exp*	21h00	638	13 heures	193/893 E
Hospet	6592 *Hampi Exp*	22h	491	10 heures	163/756 E
Hyderabad	7086 *Secunderabad Exp*	17h05	790	13 heures 30	242/702 E
Kolkata	5625 *Guwahati Exp*	23h30 mer, ven	2 025	38 heures	397/1 152 E
Mumbai	6530 *Udyan Exp*	20h30	1279	24 heures	310/1 440 E
Mysore	6222 *Mysore Exp*	7h10	139	2 heures 30	41/365 F
	6206 *Tipu Exp*	14h25			41/138 A
	6216 *Chamundi Exp*	18h15			41/138 A
	2007 *Shatabdi Exp*	11h		2 heures	280/550 B
Thiruvananthapuram	6526 *Kanniyakumari Exp*	21h00	851	18 heures 15	242/1 124 E

A - siège 2e B - siège clim./classe affaire C - Couchette 2e/3A clim.
D - 3A clim./2A clim. E - couchette/2A clim. F - 2e /2A clim.
(2A/3A : couchette 1re à 2/3 niveaux)

de MG Rd. Cauvery Arts & Crafts Emporium, au n°23 MD Rd, présente le même choix de statues, bijoux, céramiques, tapis et *agarbathi* (encens) que ce que vous aurez vu dans les autres villes touristiques du pays. Cottage Arts, au n°52 MG Rd, et Central Cottage Industries Emporium, au n°144 MG Rd, proposent également l'éventail habituel de produits artisanaux.

De nombreux magasins autour de MG Rd vendent de la musique occidentale et hindi gravée sur CD et cassettes bon marché. Les cassettes coûtent environ 100 Rs.

Quitter la ville

Avion. L'agence d'Indian Airlines (☎ 221 1914) est installée dans les Housing Board Buildings, Kempegowda (KG) Rd. L'agence de la Jet Airways (☎ 2226617) est installée dans les Unity Buildings, sur Jayachamaraja Rd, et Sahara Airlines se trouve dans le Sahara Nirvana Building, Richmond Circle, Richmond Rd (☎ 2246435).

Des vols quotidiens desservent Mumbai (Bombay, 140 $US), Kolkata (265 $US), Delhi (255 $US), Hyderabad (105 $US) et Chennai (Madras, 95 $US).

Il existe également des vols pour Ahmedabad (200 $US), Goa (105 $US), Kochi (80 $US), Mangalore (80 $US), Pune (145 $US) et Thiruvananthapuram (120 $US).

Les compagnies internationales représentées à Bangalore sont :

Air France
Sunrise Chambers, 22 Ulsoor Rd (☎ 558 9397)
Air India
Unity Bldgs, Jayachamaraja Rd (☎ 227 7747)
British Airways
7 St Mark's Rd (☎ 227 1205)

GREG ELMS

NEIL SETCHFIELD

CHRISTINE NIVEN

LINDY HICKMAN

GREG ELMS

Une région d'abondance : le marché d'Anjuna (province de Goa) est le rendez-vous des marchands comme des voyageurs, que vous cherchiez des objets artisanaux (en haut à droite) ou des produits frais.

PAUL BEINSSEN

EDDIE GERALD

PAUL BEINSSEN

PAUL BEINSSEN

Les fêtes sont légion au Kerala : l'une des plus importantes, le Pooram Festival de Thrissur, et la parade des éléphants **(en haut)** ; tambours endiablés **(au milieu à droite)**, danseurs de kathakali **(en bas)** et acteurs de théâtre grimés **(au milieu à gauche)** se disputent la vedette.

KLM
West End Hotel, Racecourse Rd (☎ 226 8703)
Lufthansa
44/2 Dickenson Rd (☎ 558 8791)
Malaysia Airlines
Parvathi Plaza, Richmond Rd (☎ 2215326)
Singapore Airlines
51 Richmond Rd (☎ 221 3833)

Bus. Immense et bien organisée, la gare routière de Central est installée à proximité de la gare ferroviaire de City. Tous les bus réguliers de l'État sont gérés par la Karnataka State Road Transport Corporation (KSRTC, ☎ 287 3377). Les bus inter-États se partagent entre la KSRTC, l'APSRTC, la compagnie d'État de l'Andhra Pradesh (☎ 287 3915 ; quai 15), la JJTC du Tamil Nadu (☎ 287 6974 ; quai 14) et la Kadamba Transport Corporation de Goa. Il est possible de réserver pour les bus superdeluxe et les express de la KSRTC ainsi que pour les bus des compagnies des États voisins, qui ont toutes un guichet dans le bureau central des réservations.

La KSRTC dispose de bus extrêmement rapides qui partent toutes les 15 min pour Mysore, de 5h à minuit (46/73 Rs ordinaire/deluxe, 3 heures, quais n°17 et n°18). Il existe également 6 départs par jour à destination d'Ernakulam (16 heures), 12 pour Hospet (9 heures), 4 pour les Jog Falls (8 heures), 10 pour Chennai (8 heures), 3 pour Mumbai (24 heures), 3 pour Ooty (8 heures) et 2 pour Panaji (15 heures). La KSTDC propose un bus deluxe à destination de Hospet, avec un départ tous les matins de Badami House.

Les bus Kadamba partent pour Panaji à 18h (243 Rs, 11 heures). L'APSRTC propose de nombreux bus à destination d'Hyderabad (244 Rs, 12 heures) ; l'un part à 7h45, les autres le soir. JJTC organise de fréquents départs sur Madurai (10 heures) et Coimbatore (11 heures), ainsi que 9 bus quotidiens pour Chennai (149 Rs, 8 heures).

Outre ces divers bus d'État, des compagnies privées affrètent des véhicules plus confortables, et à peine plus chers, entre Bangalore et les autres grandes villes du Sud et du Centre de l'Inde. Vous les trouverez facilement dans la rue en face de la gare routière. La plupart des bus privés partent en début de soirée.

Train. Bangalore compte deux gares. C'est à la principale, City, qu'il faut prendre ses réservations. Celle de Cantonment est pratique pour l'arrivée à Bangalore, surtout si vous logez dans le quartier de MG Rd.

Les réservations de train sont informatisées à Bangalore mais, comme il n'existe pas de quotas de touristes, les trains sont très chargés quelle que soit la destination. D'un autre côté, il est généralement possible pour les voyageurs de s'intégrer dans le quota des urgences. Pour cela, il faut d'abord acheter un billet (sur liste d'attente), puis remplir un formulaire dans le bâtiment du Divisional Office, à gauche de la gare de City. Environ 6 heures avant le départ, vous saurez si votre démarche a abouti, et si ce n'est pas le cas, votre billet vous sera remboursé. Le bureau de réservations qui possède un guichet pour les touristes étrangers se trouve sur la gauche, quand on fait face à la gare. Il est ouvert du lundi au samedi, de 8h à 20h, ainsi que le dimanche, de 8h à 14h. Pour les bagages, une consigne est à votre disposition dans la gare de City.

Bangalore est quotidiennement reliée à toutes les grandes villes du Sud et du Centre de l'Inde par trains express.

Pour vous rendre à Goa, prenez le *Ranichennamma Express* (n° 6589) qui part à 20h et changez de train à Londa. Le trajet (10 heures 30) revient à 185/857 Rs en 2e couchette/1re couchette 2 niveaux avec clim. La seule liaison perturbée par la transformation de la voie (passage de l'écartement étroit à l'écartement large des rails) concerne le tronçon entre Hassan et Mangalore.

Reportez-vous au tableau *Principaux trains au départ de Bangalore*.

Comment circuler

Desserte de l'aéroport. L'aéroport est aménagé à 13 km à l'est de la gare ferroviaire de City et à environ 9 km à l'est du quartier de MG Rd. Un taxi prépayé jusqu'au centre-ville revient à 150 Rs. Dans le sens inverse, il vous faudra sans doute marchander pour le prix de la course : comptez environ 130 Rs pour un taxi ou 50 Rs pour un auto-rickshaw. Les bus n°13 et n°333 relient la gare routière de City à l'aéroport (8 Rs environ).

Bus. Bangalore dispose d'un vaste réseau de bus locaux souvent bondés, notamment aux heures de pointe. La population locale suggère aux femmes seules de réfléchir à deux fois avant d'emprunter un bus une fois la nuit tombée. La plupart des bus locaux (bleu clair) partent de la gare routière de City, à côté de celle de Central. Quelques-uns, en direction du Sud, quittent la ville depuis la gare routière de City Market.

Pour vous rendre de la gare ferroviaire de City au quartier de MG Rd, prenez un bus du quai n°17. Pour le marché de City, empruntez les n°s31, 31E, 35 ou 49 depuis le quai n°8.

Voiture. A Bangalore, nombreuses sont les agences proposant des locations de voitures avec ou sans chauffeur – si vous êtes téméraire. Pour une voiture Hindustan Ambassador, le tarif standard s'élève à 4,5 Rs le kilomètre pour un minimum de 250 km, sans oublier 100 Rs pour le chauffeur (soit 1 225 Rs par jour). Parmi les autres agences figurent Europcar (☎ 221 9502), 85 Richmond Rd, ainsi que Dial-a-Car (☎ 5261737), aux tarifs intéressants, qui dispose d'une agence dans l'Airlines Hotel.

Auto-rickshaw. La loi oblige les conducteurs d'auto-rickshaw de la ville à mettre en marche leur compteur (évidemment bien réglé), et la population locale insiste sur ce point. Imitez-la ! A la tombée de la nuit, il vous faudra marchander ou payer 50% de plus que le tarif affiché au compteur. La prise en charge se monte à 8,80 Rs ; comptez ensuite 4 Rs le kilomètre. Un kiosque d'auto-rickshaws prépayés est aménagé dans la gare ferroviaire de City, sur le côté gauche de la cour après la sortie. Pour vous rendre dans le quartier de MG Rd, comptez environ 25 Rs.

KARNATAKA

ENVIRONS DE BANGALORE

Nrityagram

Ce petit village, situé à 30 km au nord-ouest de Bangalore, fut créé au début des années 90 pour faire revivre la danse classique. Sous les auspices d'une célèbre danseuse de l'Orissa, Protima Gauri, on y enseigne notamment la danse classique indienne. Le village accueille et héberge les touristes. Les circuits organisés à 250 Rs incluent le déjeuner, des démonstrations de danse et une courte conférence. Contactez le Nrityagram's Bangalore office (☎ 8466314). Contactez le bureau de Nrityagram à Bangalore (☎ 846 6314).

Nandi Hills

☎ 08156 • 1 615m

Nandi Hills, à 68 km de Bangalore, est un des plus beaux sites de la région. C'était déjà un lieu de résidence estivale très fréquenté à l'époque de Tippu Sultan. Le **Tipu's Drop**, profond de 600 m, offre un superbe panorama sur la plaine environnante. Vous y découvrirez deux remarquables **temples chola**, ouverts tous les jours (25 Rs). Évitez le dimanche, jour très fréquenté.

Où se loger et se restaurer. Le ***Nehru Nilaya Guest House*** *(☎ 78621)* propose des doubles propres à 150 Rs et un pavillon pittoresque à 200 Rs. La KSTDC gère l'***Hotel Mayra Pine Top*** *(☎ 78624)*, en mauvais état – ce qui est bien dommage vu son emplacement remarquable, ne compte que deux chambres, d'où l'utilité de réserver, soit directement auprès de l'hôtel, soit auprès de l'agence KSTDC à Bangalore (☎ 2212901). Les simples/doubles coûtent 190/220 Rs. Ces deux hôtels ont leur propre restaurant.

Comment s'y rendre. Environ 6 bus KSRTC partent chaque jour pour Nandi Hills (19 Rs, 2 heures) de la gare routière Central à Bangalore.

MYSORE

☎ 0821 • 735 000 habitants

Cette plaisante cité jouit d'une grande popularité en raison de ses dimensions humaines, de son climat agréable et de son patrimoine très bien préservé. Elle est renommée pour ses soieries ainsi que pour son bois de santal et son encens. Jusqu'à l'Indépendance, la ville était le siège des maharajas de Mysore, État princier qui couvrait environ un tiers de l'actuel Karnataka.

Histoire

Le nom de Mysore provient de Mahisuru, lieu mythique où la déesse Chamundi tua le démon Mahishasura. L'État du Mysore fut fondé en 1399 et dirigé par la dynastie des Wodeyar, qui, jusqu'au milieu du XVIe siècle, fut loyale envers l'empereur de Vijayanagar. Avec la chute de l'empire en 1565, les souverains de Mysore furent parmi les premiers à déclarer leur indépendance.

Hormis une courte période à la fin du XVIIIe siècle, lorsque Hyder Ali et Tippu Sultan usurpèrent le pouvoir, les Wodeyar ont continué à régner jusqu'à l'Indépendance, en 1947. En 1956, lorsque le nouvel État fut constitué, l'ancien maharaja fut élu gouverneur.

MYSORE

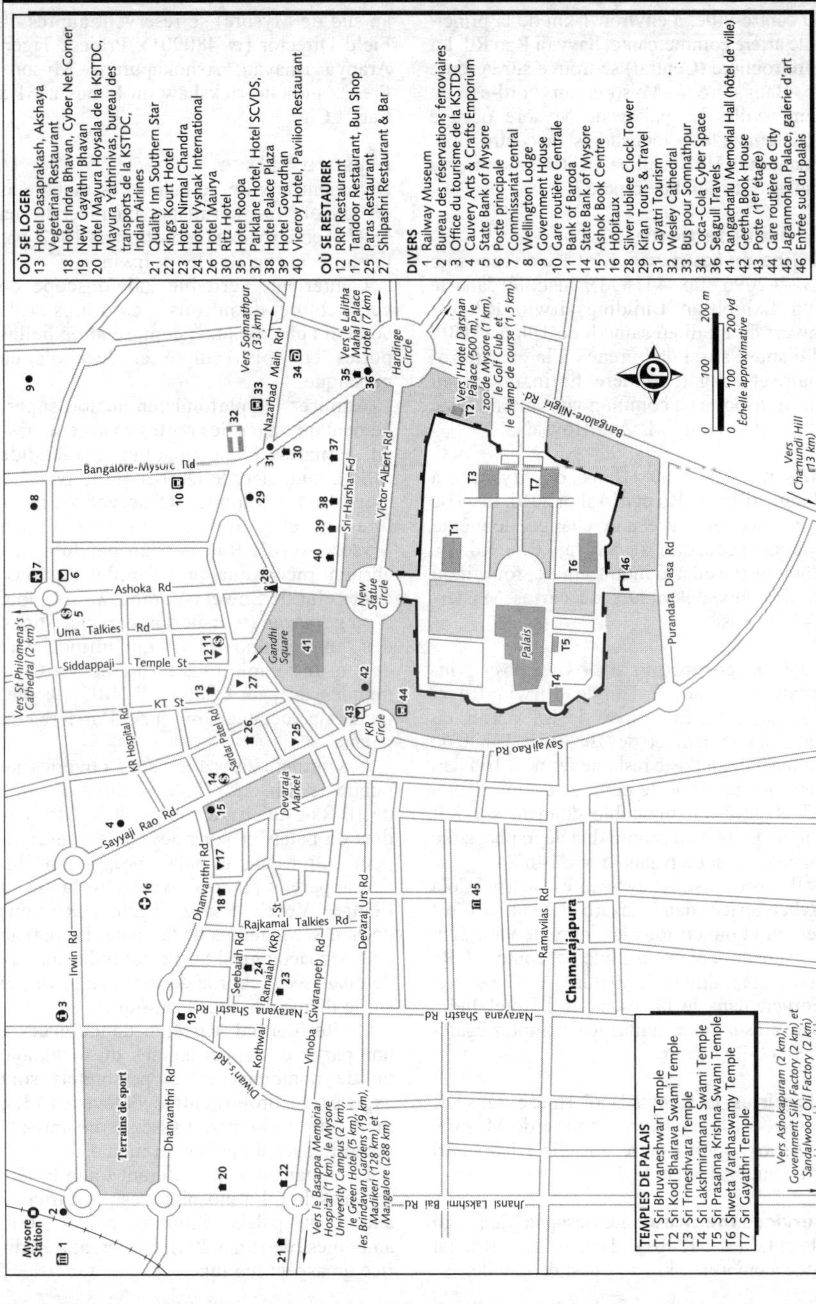
OÙ SE LOGER
13 Hotel Dasaprakash, Akshaya Vegetarian Restaurant
18 Hotel Indra Bhavan, Cyber Net Corner
19 New Gayathri Bhavan
20 Hotel Mayura Hoysala de la KSTDC, Mayura Yathrinivas, bureau des transports de la KSTDC, Indian Airlines
21 Quality Inn Southern Star
22 Kings Kourt Hotel
23 Hotel Nirmal Chandra
24 Hotel Vyshak International
26 Hotel Maurya
30 Ritz Hotel
35 Hotel Roopa
37 Parklane Hotel, Hotel SCVDS,
38 Hotel Palace Plaza
39 Hotel Govardhan
40 Viceroy Hotel, Pavilion Restaurant
OÙ SE RESTAURER
12 RRR Restaurant
17 Tandoor Restaurant, Bun Shop
25 Paras Restaurant
27 Shilpashri Restaurant & Bar
DIVERS
1 Railway Museum
2 Bureau des réservations ferroviaires
3 Office du tourisme de la KSTDC
4 Cauvery Arts & Crafts Emporium
5 State Bank of Mysore
6 Poste principale
7 Commissariat central
8 Wellington Lodge
9 Government House
10 Gare routière Centrale
11 Bank of Baroda
14 State Bank of Mysore
15 Ashok Book Centre
16 Hôpitaux
28 Silver Jubilee Clock Tower
29 Kiran Tours & Travel
31 Gayatri Tourism
32 Wesley Cathedral
33 Bus pour Somnathpur
34 Coca-Cola Cyber Space
36 Seagull Travels
41 Rangacharlu Memorial Hall (hôtel de ville)
42 Geetha Book House
43 Poste (1er étage)
44 Gare routière de City
45 Jaganmohan Palace, galerie d'art
46 Entrée sud du palais
TEMPLES DE PALAIS
T1 Sri Bhuvaneshwari Temple
T2 Sri Kodi Bhairava Swami Temple
T3 Sri Trineshvara Temple
T4 Sri Lakshmiramana Swami Temple
T5 Sri Prasanna Krishna Swami Temple
T6 Shweta Varahaswamy Temple
T7 Sri Gayathri Temple
Mysore Station
Terrains de sport
Vers St Philomena's Cathedral (2 km)
Vers Somnathpur (33 km)
Vers le Lalitha Mahal Palace Hotel (7 km)
Vers l'Hotel Darshan Palace (500 m), le zoo de Mysore (1 km), le Golf Club et le champ de course (1,5 km)
Vers Chamundi Hill (13 km)
Vers Ashokapuram (2 km), et Government Silk Factory (2 km) et Sandalwood Oil Factory (2 km)
Vers le Basappa Memorial Hospital (1 km), le Mysore University Campus (2 km), le Green Hotel (5 km), les Brindavan Gardens (19 km), Madikeri (128 km) et Mangalore (288 km)
Échelle approximative
0 100 200 m
0 100 200 yd
Bangalore-Mysore Rd
Nazarbad Main Rd
Hardinge Circle
Victor Albert Rd
Sri Harsha Rd
New Statue Circle
Gandhi Square
Ashoka Rd
Uma Talkies Rd
Siddappaji Temple St
KT St
KR Hospital Rd
Sardar Patel Rd
Sayyaji Rao Rd
Devaraja Market
KR Circle
Dhanvanthri Rd
Irwin Rd
Rajkamal Talkies Rd
Seebaiah Rd
Ramaiah (KR) St
Narayana Shastri Rd
Kothwal
Vinoba (Sivarampet) Rd
Devaraj Urs Rd
Diwan's Rd
Palais
Purandara Dasa Rd
Bangalore-Nilgiri Rd
Ramavilas Rd
Chamarajapura
Jhansi Lakshmi Bai Rd
KARNATAKA

Orientation

La gare ferroviaire est installée au nord-ouest du centre-ville, à environ 1 km de la principale artère commerçante, Sayyaji Rao Rd. La gare routière (Central) se trouve sur la route de Bangalore à Mysore, au nord-est du centre-ville. Le palais de Mysore occupe entièrement le secteur sud-est du centre-ville. Chamundi Hill (colline de Chamundi), au sud, sert de point de repère.

Renseignements

Office du tourisme. L'office du tourisme (☎ 442096, fax 441833), installé dans le Old Exhibition Building, Irwin Rd, est ouvert du lundi au samedi de 10h à 17h30. Il dispose aussi de bureaux à la gare ferroviaire et à la gare routière. Enfin, un bureau des transports en commun vous attend juste à côté de l'Hotel Mayura Hoysala.

Argent. La State Bank of Mysore, à l'angle d'Irwin Rd et d'Ashoka Rd, dispose d'un excellent bureau de change, de même que sa succursale de Sayyaji Rao Rd. La Bank of Baroda, Gandhi Square, fournit du liquide aux détenteurs de cartes MasterCard et Visa.

Poste et communications. La poste principale est située à l'angle d'Irwin Rd et d'Ashoka Rd. Elle ouvre de 10h à 18h, du lundi au samedi et de 10h30 et 13h30 le dimanche. La poste restante ferme à 16h. Un petit bureau de poste pratique est installé au 1er étage d'un immeuble donnant sur KR Circle. Le bureau central du télégraphe, situé du côté ouest du palais, ouvre 24h/24.

Il existe plusieurs cybercafés : le CocaCola Cyber Space, dans Nazarbad Main Rd, est central et ouvert tous les jours de 9h à 22h. L'heure de connexion à Internet coûte 100 Rs (avec un minimum de 30 min). Au Cyber Net Corner, dans le bâtiment de l'Hotel Indra Bhavan sur Dhanvanthri Rd, comptez également 60 Rs l'heure.

Librairies. La Geetha Book House, dans KR Circle, est la meilleure librairie de Mysore. L'Ashok Book Centre, installé Dhanvantri Rd, vaut également le détour.

Services médicaux. Le Basappa Memorial Hospital (☎ 512401), dans Hunsur Rd, est situé à environ 2 km à l'ouest de la ville.

Parcs nationaux. L'hébergement et le transport au Bandipur national Park (80 km au sud de Mysore) se réservent auprès du Field Director (☎ 480901), Project Tiger, Aranya Bhavan, Ashokapuram, Mysore. Prenez un auto-rickshaw ou le bus n°61 à l'arrêt City.

Mysore Palace

Dominant la ville, le palais des maharajas de Mysore fut détruit par un incendie en 1897 et entièrement reconstruit en 1912, par l'architecte anglais Henry Irwin.

L'intérieur, véritable kaléidoscope de verre coloré, de miroirs, de dorures et de couleurs chatoyantes, comprend de belles portes en bois sculpté et des sols en mosaïque.

Admirez les plafonds en acajou superbement ouvragés, les portes en argent massif, le marbre blanc au sol et la splendide salle d'audience, le Durbar Hall, avec ses magnifiques colonnes. Observez les peintures du début du siècle illustrant la vie à Mysore sous le Raj. Les jardins du palais abritent même quelques temples hindous, dont celui de Shweta Varahaswamy, doté d'un *gopuram* (tour-portail caractéristique des temples dravidiens) qui influença le dessin du temple plus tardif de Sri Chamundeswari, sur Chamundi Hill. L'actuel maharaja occupe toujours l'arrière du palais.

Les principales salles sont ouvertes au public de 10h30 à 17h30. Le billet d'entrée de 10 Rs est délivré à la porte sud des jardins du palais et vous devrez le conserver pour entrer dans le palais proprement dit. Les appareils photo doivent être laissés à l'entrée. Vous devrez également vous déchausser le temps de la visite. Le bureau de l'Archaeological Survey of India, au rez-de-chaussée, déborde de livres (à la vente) sur le thème des sites historiques.

Le **Residential Museum** donne accès à une partie des appartements du maharaja, où de nombreux effets personnels sont exposés. Le droit d'entrée s'élève à 15 Rs, mais cette visite paraît assez terne après la magnificence du palais lui-même.

Le dimanche soir et durant toute la fête de Dussehra, l'atmosphère est au carnaval autour du palais, illuminé par 97 000 ampoules (de 19h à 20h), conférant à l'édifice un aspect féerique.

Chamundi Hill

Surplombant Mysore à 1 062 m d'altitude, au sommet de la colline de Chamundi, le **Sri Chamundeswari Temple** est le prétexte à une agréable demi-journée d'excursion. Les pèlerins ont le devoir de gravir à pied les quelque 1 000 marches qui y mènent, mais on peut se contenter de les redescendre. Une route atteint en effet le sommet. Le bus n°201 part de l'arrêt des bus de City toutes les 40 min et coûte 3 Rs. En taxi, depuis Mysore, comptez 200 Rs.

Avant de visiter le temple, faites une petite halte au **Godly Museum** (gratuit), près du parking. Il vous fera réfléchir au prix à payer pour racheter vos péchés !

Le Chamundeswari Temple est dominé par un gopuram de sept étages, haut de 40 m. La déesse Chamundi était la protectrice du maharaja. Le temple ouvre de 6h à 14h, de16h à 20h

Après avoir visité le temple, rejoignez le parking pour trouver, derrière la statue de Mahishasura, l'escalier signalé par un panneau *Way to Big Bull* ("vers le grand taureau"). Sa descente constitue une promenade agréable, avec un panorama superbe sur la ville et la campagne environnante. Au tiers du parcours, vous parviendrez au fameux **nandi** (le taureau de Shiva). Taillé en 1659 dans un bloc de granit de 5 m de haut. Il s'agit de l'un des plus vastes édifices de l'Inde, visité par des hordes de pèlerins venus effectuer des *prasad* (cérémonies religieuses avec offrandes de nourritures) auprès des prêtres du temple. Sous ses guirlandes, la statue est entièrement enduite d'une pâte de charbon de coque de noix de coco mélangée à du ghee (beurre clarifié).

Une fois en bas, il vous restera 1 ou 2 km à parcourir pour rejoindre le centre de Mysore. En général, des auto-rickshaws attendent les piétons pour les reconduire en ville moyennant 35 Rs.

Marché Devaraja

Ce pittoresque marché de fruits et légumes, qui s'étend le long du côté ouest de Sayyaji Rao Rd, au sud de Dhanvanthri Rd, est l'un des plus riches et des plus colorés du pays.

Jaganmohan Palace et galerie d'art

Juste à l'ouest du palais de Mysore, la Jayachamarajendra Art Gallery du palais de Jaganmohan regroupe un bric-à-brac d'objets divers ayant notamment appartenu aux Wodeyar, une série de machines musicales aussi étranges que merveilleuses, des instruments de musique très rares, ainsi que des peintures de Raja Ravi Varma. Le palais, construit en 1861, servait d'auditorium royal. Il est ouvert tous les jours de 8h à 12h et de 14h30 à 17h (10 Rs).

Zoo de Mysore

Mysore possède l'un des zoos les mieux tenus de toute l'Inde. Aménagé dans des jardins un peu secs mais jolis, à l'est du centre-ville, il possède un couple de tigres blancs et plusieurs tigres du Bengale, ainsi que des primates, des éléphants, des ours, des oiseaux et des rhinocéros. Venez le matin ou le soir si vous voulez voir les lions se promener dans leur enclos.

Le zoo est ouvert tous les jours de 8h à 11h30 et de 14h à 18h, sauf le mardi ; l'entrée s'élève à 10 Rs.

Musée du Rail

De l'autre côté de la voie ferrée, à l'est de la gare ferroviaire, ce petit musée, datant de 1889, conserve, entre autres curiosités, le wagon-salon de la maharani. Il se visite tous les jours de 8h à 11h30 et de 14h à 18h, moyennant 2 Rs de droit d'entrée.

Folklore Museum (musée des Arts et Traditions populaires)

Ce petit musée se trouve sur le campus de l'université de Mysore, au nord-est du centre-ville. Parmi les objets exposés se trouve une remarquable collection de figurines en bois sculpté provenant de villages du Karnataka, des masques décoratifs, des coiffes de cérémonie, et des marionnettes en cuir *(thogalu bomba)* utilisées pour les représentations du *Ramayana* et du *Mahabharata,* similaires aux *wayang kulit* de Java, en Indonésie. Le musée renferme également des marionnettes en bois, dont une du démon Ravana à dix têtes.

Le musée est ouvert tous les jours, sauf le dimanche (et un samedi sur deux), de 10h à 13h30 et de 14h30 à 17h30 (gratuit). Il se trouve dans l'édifice situé derrière le restaurant universitaire.

Autres curiosités

Mysore regorge de magnifiques bâtiments et monuments de styles divers. Datant de

1805, entourée de 20 ha de jardins, la **Government House**, par exemple, est un bel édifice de style dorique toscan. A l'ouest de la Government House, le **Wellington Lodge** fut la résidence d'Arthur Wellesley (le futur duc de Wellington) après la défaite de Tippu Sultan.

Face à l'entrée nord du palais de Mysore, une **statue** de 1920 du maharaja Chamarajendar Wodeyar s'élève dans le New Statue Circle, face au **Silver Jubilee Clocktower**, un clocher érigé en 1927. Si le maharaja jetait un coup d'œil sur le côté, il verrait l'imposant hôtel de ville, le **Rangacharlu Memorial Hall**, de 1884. Le rond-point suivant, à l'ouest, ou **Krishnaraja Circle** (K R Circle), a été construit dans les années 50 et agrémenté d'une statue du maharaja Krishnaraja Wodeyar.

Édifiée entre 1933 et 1941, la monumentale **Cathédrale Sainte-Philomène**, de style néo-gothique, est l'une des plus vastes églises de l'Inde. Située sous l'autel, une chapelle souterraine abrite une relique de sainte Philomène, martyre du IIIe siècle qui aurait réalisé plusieurs miracles après sa mort.

The Royal City, de TP Issar, disponible dans les librairies de Mysore, présente de façon détaillée l'architecture de la ville.

Circuits organisés

La KSTDC organise des visites de la ville. Elles débutent chaque matin à 7h30 et s'achèvent à 20h30. Les tarifs s'élèvent à 115 Rs. L'excursion, un peu hâtive, inclut, parfois sans aucun avertissement, une interminable halte dans un grand magasin d'artisanat.

Cet organisme propose également une excursion à Belur, Halebid et Sravanabelgola, les mardi, mercredi, vendredi et dimanche (et tous les jours en haute saison), au prix de 210 Rs. Départ à 7h30, retour à 21h. Des bus partent de l'Hotel Mayura Hoysala de la KSTDC. Adoptez cette solution si votre séjour est bref. Néanmoins, vous passerez davantage de temps dans le bus (9 heures !) que sur les sites.

Manifestation annuelle
Dussehra Festival

Début octobre, Mysore fête **Dussehra.** Pendant 10 jours, le palais s'illumine tous les soirs et, le dernier jour, l'ancien maharaja conduit l'une des processions les plus fastueuses de l'Inde.

Où se loger

Il est difficile de trouver une chambre durant la fête de Dussehra : si vous arrivez en octobre, réservez.

Où se loger – petits budgets

Mysore dispose de nombreux hôtels bon marché, notamment dans les environs de Gandhi Square et dans le quartier situé entre Dhanvanthri Rd et Vinoba Rd.

Faisant davantage fonction de restaurant que d'hôtel, le ***Parklane Hotel*** *(☎ 434340, fax 428424, 2720 Sri Harsha Rd)* ne possède que huit chambres. Néanmoins, il présente un bon rapport qualité/prix, avec des simples/doubles à 125/149 Rs. Aux périodes de pointe, mieux vaut réserver.

Vaste établissement proposant des chambres à partir de 149/190 Rs, l'***Hotel Govardhan*** *(☎ 434118, Sri Harsha Rd)* constitue une bonne solution de secours, en dépit de son manque de caractère.

Plutôt correct, l'***Hotel Maurya*** *(☎ 26677, Hanumantha Rao St II)* dispose de simples/doubles/triples avec s.d.b. et seau d'eau pour la douche à 105/195/280 Rs. Les chambres donnent sur une cour.

L'***Hotel Dasaprakash*** *(☎ 442444, Gandhi Square)* fait partie d'une chaîne hôtelière de l'Inde du Sud. Immense et aéré, l'établissement est construit autour d'une cour centrale, avec des chambres rudimentaires mais correctes, dotées de s.d.b., à partir de 145/300 Rs. La location des chambres s'effectue par tranches de 24 heures. Vous profiterez d'un restaurant végétarien, d'un glacier, d'une agence de voyages et, sur appel pour les cas d'urgence, d'un chiromancien-astrologue. Le quartier de Dhanvanthri Rd abrite une ribambelle d'hôtels qui ne se distinguent guère les uns des autres.

Pratique pour prendre le train, le ***New Gayathri Bhavan*** *(☎ 421224, Dhanvanthri Rd)* est un vaste établissement bon marché et accueillant. Les doubles avec s.d.b. commencent à 185 Rs.

A deux pas, l'***Hotel Nirmal Chandra*** *(☎ 432238, 58 Kothwal Ramaiah St)*, agréable pavillon, loue des simples/doubles/triples à 125/175/225 Rs.

A l'***Hotel Indra Bhavan*** *(☎ 423933, Dhanvanthri Rd)*, les chambres sommaires et propres, avec balcon, sont dotées de mobilier en rotin. Les simples/doubles avec s.d.b. se louent 170/180 Rs.

Où se loger – catégorie moyenne

A quelques centaines de mètres de la gare routière centrale, le ***Ritz Hotel*** *(☎ 422668, Bangalore-Mysore Rd)*, au charme colonial, dispose de quatre chambres immenses avec lits à baldaquin. Les doubles spacieuses avec moustiquaires et eau chaude 24h/24 se louent 300 Rs, tandis qu'une chambre à quatre lits revient à 450 Rs. Réservez. Vous bénéficierez d'un délicieux restaurant et d'un bar au rez-de-chaussée, ainsi que d'une salle à manger confortable à l'étage, réservée à la clientèle.

Bon établissement de la KSTDC situé hors du centre-ville, l'***Hotel Mayura Hoysala*** *(☎ 425349, 2 Jhansi Lakshmi Bai Rd)* jouit d'une ambiance détendue, de jardins paisibles et de chambres très correctes (avec s.d.b. immenses) à 350/400 Rs. Il comprend également un bar et un restaurant.

Bâtiment moderne, l'***Hotel Palace Plaza*** *(☎ 430034, fax 421070, Sri Harsha Rd)* propose toute une gamme de chambres s'échelonnant de 400/500 Rs (avec TV et s.d.b.) à 650 Rs (avec clim.).

Non loin, le ***Viceroy Hotel*** *(☎ 428001, fax 433391, Sri Harsha Rd)* accueille une clientèle d'hommes d'affaires. Vous serez choyé sans pour autant dépenser une fortune : chambres à 625/775 Rs, ou 1 075/1 175 Rs avec clim.

Établissement récent, l'***Hotel Vyshak International*** *(☎ 421777, Seebaiah Rd)* dispose de chambres standard à 400/500 Rs et d'autres deluxe à 600/700 Rs.

En dernier recours, essayez l'***Hotel SCVDS*** *(☎ 421379, fax 426297, Sri Harsha Rd)*, près du Parklane Hotel. Ses doubles sont dotées de moustiquaires, de TV et de s.d.b. (250 Rs, ou 550 Rs avec clim.). Certaines chambres étant un peu défraîchies, mieux vaut jeter un coup d'œil au préalable.

Où se loger – catégorie supérieure

Palais centenaire, le ***Green Hotel*** *(☎ 512536, fax 516139, grenhotl@glasbg01.vsnl.net.in, Vinoba Rd, Jayalakshmipuram, Mysore)* était autrefois la résidence champêtre des princesses Wodeyar. Son souci de l'environnement a valu à cet établissement plusieurs récompenses, et il reverse par ailleurs ses profits à des œuvres de charité. Le lieu a conservé son atmosphère d'élégance, avec une bibliothèque, des jeux d'échec, une pelouse pour le croquet et un bar. Les doubles dans le palace coûtent entre 3 000 et 3 500 Rs, tandis que les chambres deluxe de l'aile moderne, face au jardin, reviennent à 1 400/1 700 Rs, et les chambres ordinaires à 1 100/1 300 Rs. L'hôtel étant situé à 5 km à l'ouest du centre-ville, une voiture viendra vous chercher à condition de prévenir. Comptez 40 Rs pour un auto-rickshaw.

Établissement spacieux et moderne, le ***Kings Kourt Hotel*** *(☎ 421142, fax 438384, kingskourt@vsnl.com, Jhansi Lakshmi Bai Rd)* facture ses chambres 650/750 Rs, ou 1 390/1 690 Rs avec clim. (certaines en meilleur état que d'autres).

Chic et moderne, le ***Quality Inn Southern Star*** *(☎ 426426, fax 421689, southernstar@vsnl.com, 13-14 Vinoba Rd)* dispose d'une piscine, d'un club de remise en forme, d'un barbecue au bord de l'eau, d'un restaurant et d'un café. Entièrement climatisé, il propose des chambres à 2 100/3 200 Rs.

Le ***Lalitha Mahal Palace Hotel*** *(☎ 571265, fax 571770)*, à 7 km du centre-ville, comptait jadis parmi les palais du maharaja. Géré aujourd'hui par le gouvernement, il ne jouit plus du service ni de l'entretien qu'il mériterait. Les chambres standard reviennent à 154/176 $US, et quelques autres, étriquées, aménagées dans des tourelles à 66/77 $US (ajoutez 25% de taxe pour toutes). Celles situées dans la partie la plus ancienne présentent davantage de cachet ; toutefois, certaines sont lugubres et sans balcon. Parmi les installations figurent une piscine très ordinaire, un court de tennis, et un vaste bar agrémenté de "la meilleure table de billard du pays".

Où se restaurer

Excellent, le ***Shilpashri Restaurant & Bar*** *(Gandhi Square)* pratique des prix raisonnables. Son toit en terrasse constitue un lieu charmant pour passer une soirée. Le service est diligent (même lors des retransmissions de matchs de cricket). Le restaurant sert un petit déjeuner occidental et des plats indiens, chinois et occidentaux à 50 Rs environ.

Le ***Ritz Hotel*** mérite également la visite, avec ses repas indiens et occidentaux d'un bon rapport qualité/prix (plats végétariens ou non à partir de 40/65 Rs) dans le cadre d'une arrière-cour. L'établissement propose par ailleurs de l'alcool.

Au ***RRR Restaurant*** *(Gandhi Square)*, vous dégusterez une cuisine végétarienne typique. Les voyageurs raffolent de ses thali à volonté.

Restaurant convivial aménagé en terrasse, le ***Parklane Hotel*** *(Sri Harsha Rd)* jouit depuis longtemps de la faveur des voyageurs. Généralement complet, il sert de tout, du poulet tandoori au chop suey, en passant par des sandwiches et de la bière.

Le ***Paras Restaurant*** *(Sayyaji Rao Rd)*, apprécié de la population locale, cuisine des thali du Sud (22 Rs) et du Nord de l'Inde (45 Rs) à l'heure du déjeuner.

Petit établissement, le ***Tandoor Restaurant*** *(Dhanvanthri Rd)* sert des plats punjabis ainsi qu'un petit déjeuner occidental bon marché. Pour un déjeuner léger, le ***Bun Shop***, non loin, vend des petits pains de pomme de terre savoureux.

Élégant, le ***Pavilion Restaurant*** du Viceroy Hotel propose des plats à partir de 60 Rs.

L'***Akshaya Vegetarian Restaurant***, situé dans l'Hotel Dasaprakash, sert des repas à partir de 25 Rs. Un bon glacier est installé dans la cour.

Au ***Quality Inn Southern Star***, le buffet pour le déjeuner revient à 175 Rs.

Le ***Lalitha Mahal Palace Hotel*** offre son cadre au restaurant le plus somptueux de la ville, dans un décor bleu pâle de style Wedgwood. Comptez 600 Rs pour un dîner pour deux (boissons non comprises). En haute saison (en hiver), le menu à la carte est remplacé par un buffet.

KARNATAKA

Achats

Mysore est renommée pour ses articles en bois de santal, sa marqueterie, ses saris de soie, son encens et ses jouets en bois. La meilleure boutique pour tout cela (bien qu'elle ne soit pas bon marché) est le Cauvery Arts & Crafts Emporium de Sayyaji Rao Rd. Les cartes de crédit, les devises étrangères et les chèques de voyage sont acceptés. La boutique s'occupe aussi de l'emballage et des expéditions à l'étranger.

Un certain nombre d'autres boutiques de souvenirs et d'artisanat sont aménagées dans le palais de Jaganmohan ainsi que le long de Dhanvanthri Rd. Pour trouver de la soie, allez dans les boutiques qui bordent Devaraj Urs Rd.

Vous pouvez acheter des soieries et regarder travailler les tisserands à la Government Silk Factory de Jhansi Lakshmi Bai Rd. L'usine est ouverte aux visiteurs de 10h30 à 12h00 et de 14h30 à 16h ; vous devez être muni d'une autorisation qui vous sera délivrée à la porte principale. Mysore est l'un des plus grands centres de production d'encens en Inde. Des dizaines de petites fabriques familiales d'encens (*agarbathi*) exportent leurs produits dans le monde entier.

Vous pouvez visiter une usine d'extraction d'huile de bois de santal, dans la banlieue d'Ashokapuram, à environ 2 km au sud-est du palais de Mysore, et acheter de l'huile et de l'encens.

Comment s'y rendre

Avion. On ne peut pas aller en avion à Mysore, mais Indian Airlines (☎ 421846) dispose tout de même d'un bureau juste à côté de l'Hotel Mayura Hoysala du KSTDC, ouvert du lundi au samedi, de 10h à 13h30 et de 14h15 à 17h.

Bus. Tous les bus longue distance de la KSRTC partent de la gare routière de Central. L'arrêt des bus de City, sur KR Circle, concerne les bus de la ville et ceux de Srirangapatnam et de Chamundi Hill. Les agents pour les bus privés longue distance sont regroupés près du carrefour situé non loin de Wesley Cathedral.

Des bus directs KSRTC partent toutes les 15 min pour Bangalore (47/67 Rs ordinaire/semi-deluxe, 3 heures). Pour Belur, Halebid et Sravanabelgola, les départs s'effectuent toutes les 30 min, généralement depuis Hassan (40 Rs, 3 heures). Il existe seulement 4 bus à destination de Sravanabelgola, à 12h30 (24 Rs, 2 heures 30), en revanche, il en part toutes les 30 min pour Channarayapatna (20 Rs); de là, vous pouvez prendre une correspondance. Trois bus desservent Hospet (145 Rs, 12 heures), où vous prenez la correspondance pour Hampi. Treize bus assurent tous les jours la liaison avec Ooty (54 Rs, 5 heures) *via* le Bandipur National Park. De nombreux bus desservent Mangalore (80 Rs, 7 heures), tandis que 4 vont à Ernakulam (195 Rs, 12 heures). Un bus part pour Gokarna (220 Rs, 14 heures) à 6h et 2 pour Chennai (superdeluxe, 178 Rs, 10 heures) à 17h.

Outre les bus KSRTC, de nombreuses compagnies privées desservent Bangalore, Mumbai, Goa, Hyderabad, Chennai, Mangalore, Ooty et Pune. Les prix sont un peu plus élevés, mais les véhicules nettement plus confortables que ceux de la KSRTC. Pour acheter vos billets, essayez Gayatri Tourism, en face du Ritz Hotel, ou encore, non loin de là, Kiran Tours & Travel.

De la gare routière de City, les bus n^{os}301, 304, 305 et 306 se rendent aux jardins de Brindavan (4,50 Rs), avec un départ toutes les 30 min. Les bus n^{os}313 et 316 partent toutes les 40 min de Srirangapatnam (5 Rs). Un bus privé direct pour Somnathpur (1 heure 30) passe par Nazarabad Main Rd vers 11h45 (14 Rs) ; d'autres se rendent toutes les heures à Tirumakudal Narsipur et à Bannur, où vous pourrez prendre la correspondance pour Somnathpur.

Train. Le bureau des réservations est ouvert de 8h à 14h et de 14h15 à 20h du lundi au samedi, ainsi que de 8h à 14h le dimanche. Quatre trains express se rendent tous les jours à Bangalore (41/138 Rs en 2e/1re, 3 heures), de même que le rapide *Shatabdi Express* climatisé (250/550 Rs en 1re/classe affaire, 2 heures), qui part à 14h10 tous les jours sauf le mardi. Le *Shatabdi* continue vers Chennai (630/1 270 Rs en en 1re/classe affaire, 7 heures). Six autres trains passagers desservent Bangalore tous les jours (25 Rs, 2e classe uniquement, 3 heures 30), avec un arrêt à Srirangapatnam (3 Rs).

Deux trains de passagers se rendent tous les jours à Arsikere et à Hassan, et un express part pour Mumbai le samedi à 6h.

Comment circuler

Bus. Depuis la gare de City, le bus n°201 se rend à Chamundi Hill (3,50 Rs) toutes les 40 min environ.

Voiture. Si vous avez l'intention d'explorer les différents sites des environs de Mysore en voiture, de nombreuses agences dans des hôtels et aux environs de la ville louent des voitures à partir de 3,80 Rs du kilomètre, pour un minimum de 250 km par jour (plus 100 Rs avec chauffeur).

Taxi et auto-rickshaw. Les auto-rickshaws sont nombreux et leurs conducteurs sont généralement disposés à utiliser leur compteur. La prise en charge se monte à 7 Rs pour le premier kilomètre. Comptez ensuite 3 Rs par kilomètre. Les taxis sont beaucoup plus chers et n'ont pas de compteur. Négociez les tarifs.

ENVIRONS DE MYSORE

Somnathpur

☎ 08227

Le **Keshava Temple** s'élève à l'orée du paisible village de Somnathpur, à 33 km à l'est de Mysore. Construit en 1268, à l'apogée des rois Hoysala, c'est un splendide édifice en parfait état, moins grand toutefois que les temples hoysala de Belur et de Halebid, au nord-ouest de Mysore. Reportez-vous à l'encadré *L'architecture hoysala* pour de plus amples détails.

Le temple est construit en forme d'étoile et ses murs sont recouverts de superbes sculptures représentant diverses scènes extraites du *Ramayana*, du *Mahabharata*, et de la *Bhagavad Gita*, ainsi que de la vie des rois Hoysala. On ne trouve pas deux frises identiques. La frise sculptée, qui fait le tour du temple, comporte six bandes : en partant du bas, on découvre les éléphants, puis les chevaux, les fleurs, les scènes de vie, les crocodiles et les lions, et enfin les oies.

ENVIRONS DE MYSORE

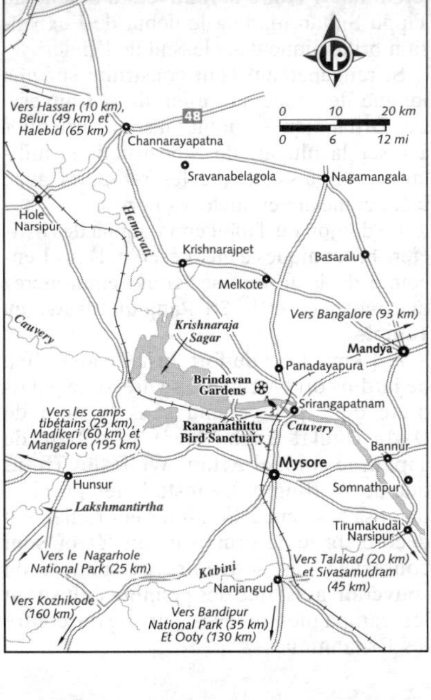

Le temple est ouvert tous les jours de 9h à 17h30 (5$US en roupies). Somnathpur est située à quelques kilomètres au sud de Bannur et à 10 km au nord de Tirumakudal Narsipur. Vous pouvez facilement visiter la ville en une journée depuis Mysore. Consultez *Comment s'y rendre*, plus haut dans ce chapitre, pour tous les détails sur les transports publics.

Talakad et Sivasamudram

Les vestiges de la capitale des IVe et Ve siècles de la dynastie Ganga, construite sur les rives de la Cauvery à Talakad, sont désormais ensevelis sous le sable. Quelques édifices, dont un temple hoysala du XIIe siècle, affleurent encore. Une fois tous les 12 ans, ce temple surréaliste est dégagé pour le Panchalinga Darshan, mais le sable reprend ensuite très rapidement ses droits. Talakad se trouve à 50 km au sud-est de Mysore.

Srirangapatnam

A 16 km de Mysore, sur la route de Bangalore, s'étendent les ruines de la capitale de Hyder Ali et de Tippu Sultan, d'où ils dirigèrent une partie du sud de l'Inde au XVIIIe siècle. En 1799, les Britanniques, avec l'aide de chefs locaux et d'un traître, remportèrent une victoire définitive. La défaite de Tippu Sultan marqua le début de l'expansion britannique dans le Sud de l'Inde.

Srirangapatnam était construite sur une longue île située au milieu de la Cauvery. Les Britanniques mirent un soin particulier à raser la plupart des constructions militaires, ne laissant que les **remparts** avec leurs créneaux et quelques portes.

Le donjon où Tippu emprisonna des officiers britanniques a été préservé. Dans l'enceinte de la forteresse, vous remarquerez une mosquée et le **Sri Ranganathaswamy Temple**.

A 1 km à l'est du fort, installé au milieu de jardins ornementaux, se dresse le palais d'été de Tippu, connu sous le nom de **Daria Daulat Bagh**. Après la défaite de Tippu, le colonel Arthur Wellesley (futur duc de Wellington) y installa temporairement sa résidence. Son intérieur richement décoré abrite désormais un **musée** où sont conservés des souvenirs personnels du souverain ainsi que des peintures illustrant les campagnes menées par Tippu contre les Britanniques.

Le musée est ouvert tous les jours de 10h à 17h, sauf le vendredi ; l'entrée coûte 5 $US en roupies. A 2 km plus à l'est s'élève l'impressionnant dôme du **Gumbaz**, ou mausolée, de Tippu Sultan et de son père, Hyder Ali.

Où se loger. Le meilleur établissement est l'***Hotel Mayura River View*** *(☎ 08236-52114)* de la KSTDC, situé à quelques kilomètres des gares routière et ferroviaire. Il jouit d'un cadre paisible près de la Cauvery et propose des doubles bien entretenues, disséminées dans 8 bungalows, pour 500 Rs (pas de simples), ainsi qu'un restaurant-bar (avec service en terrasse et à l'intérieur). Il est possible d'organiser des promenades en canot avec la population locale, mais évitez de vous baigner car vous risqueriez de servir d'appât aux crocodiles.

Comment s'y rendre. Des dizaines de bus empruntent la route reliant Mysore à Bangalore. On peut aussi prendre un train pour se rendre à Srirangapatnam. Pour plus de détails, reportez-vous au paragraphe *Comment circuler* de la rubrique *Mysore*.

Comment circuler. Les sites étant assez distants les uns des autres, l'idéal consiste à louer une bicyclette dans la rue principale de la citadelle, à 500 m de l'arrêt des bus. Des tonga et des auto-rickshaws sont également disponibles. Comptez 75 Rs pour la location d'un tonga, pendant 3 heures

Ranganathittu Bird Sanctuary (Réserve ornithologique)

Cette réserve est située sur l'une des trois îles de la Cauvery, à 3 km en amont de Srirangapatnam. Vous y observerez des cigognes, des ibis, des aigrettes, des spatules blanches et des cormorans.

La réserve est ouverte tous les jours de 9h à 18h. Il est conseillé d'arriver tôt le matin, ou en fin d'après-midi pour pouvoir observer les oiseaux. Le tarif d'entrée pour les étrangers est de 100 Rs. La meilleure période pour visiter la réserve (ouverte toute l'année) s'étend de juin à novembre. Il est possible de louer des bateaux à l'intérieur de la réserve.

Brindavan Gardens

Les jardins ornementaux de Brindavan, aménagés près du gigantesque barrage de Krishnaraja Sagar, constituent un lieu de pique-nique très apprécié, où la foule vient le soir admirer les fontaines illuminées. Le spectacle, sur fond de musique de film, a lieu de 18h30 à 19h25 en semaine (ou de 19h à 19h55 en été) et jusqu'à 20h25 (20h55 en été) durant le week-end. L'entrée coûte 5 Rs, plus 25 Rs pour un appareil photo. Si vous arrivez en voiture après 16h30 ou sans réservation d'hôtel, vous devrez faire à pied un agréable parcours de 1,5 km jusqu'aux jardins.

Où se loger. L'*Hotel Mayura Cauvery (☎ 08236-57252)* est le seul hôtel à votre disposition. Les chambres, rudimentaires mais propres, avec s.d.b. et vue partielle sur le jardin reviennent à 135/200 Rs. Le restaurant propose une carte limitée.

Comment s'y rendre. Les jardins s'étendent à 19 km au nord-ouest de Mysore ; l'un des circuits de la KSTDC s'y arrête brièvement. Pour plus de détails sur les transports publics, reportez-vous plus haut au paragraphe *Comment s'y rendre* de *Mysore*.

Camps de réfugiés tibétains

De nombreux camps de réfugiés tibétains sont implantés à l'ouest de Mysore, dans les basses collines onduleuses entre Hunsur et Madikeri. Autour de **Bylakuppe** on dénombre ainsi une vingtaine de villages. Ces derniers étant disséminés, il s'avère pratique de disposer de son propre véhicule. Vous pourrez ainsi rester quelques jours et vous déplacer à votre guise. Le village de **Sera** abrite les monastères de Sera Je et Sera Mey où vivent 2 500 moines. A 8 km environ en suivant la route principale, vous arriverez à la guesthouse du camp et à un immense hall de prières. L'activité artisanale environnante inclut des fabriques de tapis et d'encens. Il existe d'autres monastères dans les environs des camps, notamment le monastère Tashi Lhunpo, édifié il y a 25 ans, qui compte quelque 500 moines.

La ***Sera-Jhe Health Care Committee Guest House*** *(☎/fax 08223-54672)* dispose de 10 chambres propres avec s.d.b. à 125 Rs, et d'un bon restaurant au rez-de-chaussée. L'atmosphère est très chaleureuse.

District de Mandya

Le district de Mandya, au nord et à l'est de Mysore, compte de magnifiques temples hoysala. A 50 km au nord de Mysore (par Pandavapura), le Cheluvarayaswami Temple de **Melkote**, édifié au XIIe siècle, passa sous la protection des maharajas de Mysore et même de Tippu Sultan. Dans cet important centre religieux se déroule chaque année en mars-avril le **Vairamudi Festival,** à l'occasion duquel une partie du temple est ornée de bijoux appartenant aux anciens maharajas de Mysore.

Au nord de Melkote, **Nagamangala** fut une cité importante à l'époque des Hoysala. Sa principale curiosité est le Saumyakeshava Temple, datant du XIIe siècle, auquel les rois de Vijayanagar firent des ajouts.

A environ 20 km à l'ouest de Melkote, non loin de Krishnarajpet, vous découvrirez le village de **Hosaholalu**, où subsiste un superbe exemple d'architecture hoysala du XIIIe siècle, sous la forme du Lakshminarayana Temple, qui rivalise en finesse avec les merveilleux édifices de Belur et Halebid.

A 25 km au nord de Mandya, dans le village de **Basaralu**, vous pourrez admirer le ravissant Mallikarjuna Temple. Datant du XIIe siècle, et révélateur du style de la première période hoysala, il est rehaussé de superbes sculptures dont un Shiva à seize bras dansant sur la tête d'Andhakasura, et Ravana soulevant le mont Kailash.

Pour accéder à ces bourgades, vous devrez emprunter l'un des nombreux bus locaux. Renseignez-vous, car les horaires sont en kannara. Mysore est le meilleur point de départ pour toutes ces destinations, sauf pour Basaralu, pour laquelle Mandya s'avère plus appropriée. Là, vous aurez le choix entre quelques hôtels modestes.

BANDIPUR NATIONAL PARK

A 80 km au sud de Mysore, sur la route d'Ooty, cette réserve est un ancien terrain de chasse des maharajas et couvre 865 km^{2}. Elle constitue une partie d'un parc beaucoup plus vaste, comprenant les réserves de Mudumalai au Tamil Nadu et de Wayanad au Kerala.

Bandipur est célèbre pour ses troupeaux de gaurs (grands bœufs sauvages), ses chitals (cerfs tachetés), ses éléphants, ses sambars, ses ours jongleurs et ses entelles. Il abriterait 75 tigres, mais on les voit rarement. La végétation mixte comprend des essences caducifoliées et à feuillage persistant, ainsi que des zones broussailleuses.

Renseignements

Si mars-avril est la meilleure période pour observer la faune, les mois de novembre à février constituent la saison la plus agréable pour visiter le parc. Celui-ci est parfois fermé en raison des activités de banditisme menées par Veerappan et sa bande (voir l'encadré *Activement recherché...* dans le chapitre *Tamil Nadu*).

Le droit d'entrée s'élève à 150 Rs (pour les étrangers), plus 30 Rs pour un appareil photo et 100 Rs pour un Caméscope. Le seul moyen de visiter le parc est de monter à bord du bus du Forest Department qui part toutes les heures de 6h à 9h, et de 16h à 18h (15 Rs l'heure). Vous pouvez également effectuer une promenade à dos d'éléphant (30 Rs l'heure par personne, avec un minimum de 4 personnes). Les véhicules privés ne sont pas autorisés à circuler dans le parc. Évitez de venir en fin de semaine (particulièrement le dimanche), lorsque les hordes de touristes, arrivant de Mysore et de Ooty, viennent troubler la sérénité du parc.

Il est préférable de réserver les circuits en bus et l'hébergement. Adressez-vous soit au Chief Wildlife Warden (☎ 080-334 1993), Aranya Bhavan, 18th Cross, Malleswaram, à Bangalore, soit au Field Director (☎ 0821-480901), Aranya Bhavan, Ashokapuram, à Mysore.

Où se loger et se restaurer

Les immenses ***bungalows*** deluxe du Forest Department disposent de s.d.b. avec eau chaude (sauf en cas de restriction d'eau) à 400 Rs. Le gardien vous préparera des repas si vous le prévenez. Les réservations s'effectuent auprès des agences du Department's Wildlife de Mysore ou de Bangalore.

Propriété de la KSTDC, l'***Hotel Mayura Prakruti*** *(☎ 08229-7301)* est installé sur la route de Mysore, à 3 km du parc. Les simples/doubles dans de charmants cottages reviennent à 300/400 Rs, et d'autres doubles sont aménagées dans le bâtiment principal. Réservez directement, ou auprès des offices du tourisme de Mysore ou de Bangalore.

Le ***Bush Betta*** est un complexe privé à environ 4 km du centre de réception de Bandipur, près de la route pour Mudumalai. Ses simples/doubles reviennent à 100/180 $US, tarif qui inclut les repas, une promenade à dos d'éléphant et un safari en jeep. Réservez auprès de l'agence de l'établissement à Bangalore (☎ 080-5512631, fax 5593451, bushbetta@vsnl.com) à Gainnet, Raheja Plaza, rez-de-chaussée, Richmond Rd. On viendra vous chercher au centre de réception de Bandipur.

Le ***Tusker Trails*** est situé en bordure est du parc près du village de Mangala. Dirigé par la fille d'un maharaja, il abrite 12 cottages avec lits jumeaux et une piscine, le tout dans une atmosphère intime. Comptez 88 $US pour une double en pension complète avec excursion de 2 heures dans le parc. Les réservations doivent se faire auprès de l'Hospital Cottage (☎ 080-3342862, fax 3342862), Bangalore Palace, à Bangalore.

Comment s'y rendre

Tous les bus circulant entre Mysore (2 heures 30) et Ooty (3 heures) s'arrêtent à Bandipur, à Gundlupet et à l'Hotel Mayura Prakruti. Si vous souhaitez aller ailleurs, vous devrez vous y rendre par vos propres moyens.

NAGARHOLE NATIONAL PARK

Cette réserve naturelle de 643 km² (également connue sous le nom de Rajiv Gandhi National Park) forme un îlot isolé de la région du Kodagu, à 93 km au sud-ouest de Mysore. Actuellement, la réserve abrite de 55 à 60 tigres, des léopards et des éléphants, mais vous aurez plus de chance de voir des gaurs, des muntjacs (cerfs aboyeurs), des dingos, des macaques à bonnet, et des entelles. Si les équipements sont rudimentaires, la luxuriance de la forêt est néanmoins bien plus attrayante que la végétation broussailleuse de Bandipur.

La meilleure période pour observer les animaux se situe d'avril à mai ; néanmoins, l'hiver est la saison la plus agréable (novembre à février). Les étrangers doivent acquitter 150 Rs par jour, prix qui comprend le circuit en bus.

Où se loger et se restaurer

A Nagarhole, ***deux dortoirs*** du Forest Department (20 Rs par lit) vous attendent, ainsi que de charmants ***bungalows*** rustiques (entre 100 et 150 Rs pour une double). Procédez aux réservations deux semaines à l'avance, auprès du Deputy Conservator of the Forest & Wildlife Division (☎ 08222-52041).

Près de Karapur, sur la route de Mysore à Mananthavadi, le ***Kabini River Lodge*** est

KARNATAKA

aménagé dans un ancien pavillon de chasse de maharaja. Pour une double, comptez 110 $US par personne en pension complète, safari compris. L'établissement, situé en bordure méridionale du parc, à environ 65 km du centre de réception de la réserve, permet d'accéder à un périmètre du parc bien plus vaste que l'hébergement proposé par le Forest Department. Pour réserver, adressez-vous au Jungle Lodges & Resorts (☎ 080-5597025, fax 5586163, infodesk@karnatakatourism.com) dans le centre commercial de Shrungar, MG Rd, à Bangalore.

Comment s'y rendre

Les bus directs à destination de Nagarhole partent de la gare routière centrale, à Mysore, à 7h et 13h30. Le trajet jusqu'au parc dure 4 heures. Jungle Lodges & Resorts Ltd peut s'occuper du transport privé jusqu'au Kabini River Lodge.

MADIKERI (MERCARA)

☎ 08272 • 31 200 habitants

Cette bourgade est la capitale de la région du Kodagu (Coorg), une zone montagneuse et verdoyante du sud-ouest du Karnataka. Madikeri n'est pas une très jolie ville mais elle constitue un bon point de départ pour les treks, et elle est entourée de collines aux routes bordées de haies, d'arbres en fleur, de plantations d'épices et de café. On perd ici le sentiment d'être au Karnataka car le Kodagu est demeuré un mini-État à part entière jusqu'en 1956. Certains politiciens locaux militent en faveur de la restauration de l'indépendance, ou tout au moins d'une plus grande autonomie.

Orientation et renseignements

La ville s'étend le long d'une succession d'arêtes. L'arrêt des bus et la majorité des hôtels sont concentrés dans le périmètre du centre-ville. Vous trouverez un office du tourisme pratique au PWD Bungalow, assez mal signalisé, dans le premier virage sur la route de Mysore. Le paragraphe *Trekking* ci-dessous vous renseignera sur les randonnées possibles dans la région.

La Canara Bank, dans Gandhi Chowk, change du liquide et des chèques de voyage. L'Otto Cyber Centre, situé en contrebas du fort sur la route menant à la gare routière, facture 60 Rs l'heure.

A voir

Un modeste **fort**, construit en 1812 par Raja Lingarajendra II abrite aujourd'hui le siège administratif de la municipalité. L'austère **Omareswara Temple**, en contrebas du fort, est accessible par les escaliers, en descendant vers le poste de police. Il offre un intéressant mélange de styles architecturaux kerala et musulman. La superbe vue depuis le **Raja's Seat**, jardins et point de vue situés à côté de l'hôtel de la KSTDC, donne une idée de ce que réserve un trek dans les environs. Non loin des jardins, vous aborderez un intéressant petit **temple** de style kodava. Les belles **Abbi Falls** (chutes d'Abbi) se trouvent à 8 km du centre-ville. De là, vous rejoindrez à pied les **Raja's Tombs** (tombeaux) ; un auto-rickshaw vous coûtera environ 120 Rs aller-retour.

Trekking

La région du Kodagu offre de superbes parcours. Les équipements sont réduits, mais plusieurs personnes à Madikeri et dans les guesthouses des environs pourront vous procurer guide, nourriture, transport et hébergement. La plupart des treks ne durent pas plus de 2 ou 3 jours, mais il est possible de partir 10 jours. L'hébergement se fait généralement chez l'habitant ou dans les écoles ; sur l'un des circuits, vous passez même la nuit dans un ancien palais.

La saison de trekking s'étend de novembre à mars. La présence d'un guide s'impose car l'on se perd facilement dans le labyrinthe des sentiers forestiers.

Certains parcours exigent l'obtention d'un permis auprès du Forestry Department, ce qui demande en général 2 jours.

Les treks les plus pratiqués, jusqu'aux pics de Tadiyendamol et de Pushpagiri (1 700 m), ou vers le pic, plus petit, de Kotebetta, ne nécessitent aucune autorisation.

Ganesh Aiyanna, installé dans l'Hotel Cauvery, organise des treks pour 500 Rs par jour (tous frais compris), à condition de réserver quelques jours à l'avance. A l'Hotel Chitra, vous trouverez un guide anglophone, M. Muktar, qui suscite des commentaires élogieux.

Raja Shekhar, Project Coordinator of the YHA propose également d'organiser des treks. On peut le trouver chez Friends Tours & Travels (☎ 29974), College Rd ou, s'il est parti en randonnée, en contactant Rao Ganesh au Sri Ganesh Automobile, Hill Rd, juste au-dessus de l'arrêt des bus privés. Il n'organise que des treks de un à trois jours avec guide, à quelque 200 Rs par jour et par personne (2 personnes au minimum), plus hébergement et nourriture (comptez environ 120 Rs). Les petites randonnées ne demandent pas plus de un ou deux jours de préparation. Autre possibilité, vous pouvez également vous adresser au Coorg Tourist Travel Agency (☎ 25817), au Vinayaka Lodge.

Où se loger

Propre et avenant, l'***Hotel Cauvery*** *(☎ 25492, School Rd)* présente un bon rapport qualité/prix. Comptez 150/300 Rs pour une simple/double avec s.d.b. (eau chaude le matin). L'établissement est central, proche de la gare routière principale, et le propriétaire organise des treks et des visites chez l'habitant. Juste à côté de la gare routière principale, le ***Vinayaka Lodge*** *(☎ 29830)* constitue une solution correcte pour petit budget. Les chambres rudimentaires avec s.d.b. se louent 130/275 Rs.

Établissement plus luxueux, l'***Hotel Chitra*** *(☎ 25191, School Rd)*, non loin de Cauvery, loue des chambres propres et spacieuses à 275/330 Rs.

Tenu par la KSTDC, l'***Hotel Mayura Valley View*** *(☎ 28387, MG Rd)* est situé à 20 min de marche du centre-ville, près du Raja's Seat. Les chambres avec s.d.b. sont surévaluées en haute saison (300/400 Rs), mais redescendent à 275/330 Rs en basse saison (de mi-juin à mi-septembre). D'aspect négligé, l'établissement dispose néanmoins de chambres correctes et gère également un restaurant. Le panorama environnant est superbe.

Complexe charmant, magnifiquement situé au milieu des plantations de café, de cardamome, de poivre et d'agrumes, le ***Capitol Village Resort*** *(☎ 25929, Chettali-Siddapur Rd)*, à 8 km de Madikeri, loue des lits à 250 Rs dans un confortable dortoir. Les pavillons modernes avec s.d.b. reviennent à 750 Rs (double, avec possibilité de pension complète). Pour vous y rendre, empruntez un bus de Madikeri (toutes les heures) ou un auto-rickshaw (40 Rs). L'établissement pouvant être complet, appelez (ou réservez à l'Hotel Cauvery).

Moderne, l'***Hotel Rajdarshan*** *(☎ 29142, fax 29142, hrdvij@vsnl.net, 116/2 MG Rd)*, en direction de Raja's Seat, est le meilleur établissement de la ville. Parmi les installations figurent la Peg House, "un bar bien pourvu qui vous rendra fou !". Les chambres confortables reviennent à 600/700 Rs, et les suites à 1 150 Rs.

Où se restaurer

Un peu morne, le restaurant de l'***Hotel Cauvery*** sert la spécialité locale, un curry de *pandhi* (porc) absolument délicieux. Les porcs sont élevés sur le domaine du propriétaire. Plus onéreux, le restaurant de l'***Hotel Rajdarshan*** jouit d'une atmosphère plus gaie. Il propose les plats habituels indiens et chinois.

Pour des restaurants exclusivement végétariens, rendez-vous à l'***Hotel Veglands***, près du fort, ou au ***Guruprasad***, non loin de la gare routière. Tous deux sont très appréciés.

Le ***Chitra Lodge*** et l'***Hotel Mayura Valley View*** possèdent chacun un hôtel-restaurant standard (et un bar). Surplombant la vallée, la terrasse du Mayura constitue un cadre grandiose pour le petit déjeuner.

Comment s'y rendre

L'arrêt des bus du KSRTC se trouve à proximité du centre-ville. Il est desservi de 6h30 à 23h, toutes les 30 min environ, par des bus à destination de Bangalore (86/114 Rs semi-deluxe/super-deluxe, 6 heures), de Mysore (40/46 Rs, 3 heures). Des bus ordinaires relient également Mangalore (46/61 Rs, 4 heures), Hassan (40 Rs, 3 heures 30), et Shimoga (86 Rs, 7 heures).

L'arrêt des bus privés sert essentiellement aux bus locaux desservant la région de Kodagu. Tôt le matin, les bus sont moins bondés et le paysage se révèle magnifique.

ENVIRONS DE MADIKERI

Plusieurs pensions et complexes hôteliers, chaudement recommandés par les voyageurs, ont ouvert dans les **Kodavu Hills**. Les propriétaires peuvent organiser des visites des plantations et vous conseiller des itinéraires de randonnées. Le site est idéal pour se livrer à l'observation des oiseaux – ainsi qu'à sa variante tropicale : celle des insectes.

Kakkabe

Situé à 35 km de Madikri, le village de Kakkabe est tout proche des pensions aménagées au cœur des plantations. L'une d'elles, l'***Honey Valley Estate*** *(☎ 08272-38339)* est installée au milieu de la forêt – difficile de trouver plus paisible. L'établissement propose des chambres à 200/350 Rs et dispose d'une petite bibliothèque. Il n'est accessible que par jeep ou à pied. Prévenez afin que l'on vienne vous chercher.

Yavakapudi

A Yavakapudi, le ***Palace Estate*** *(☎ 08272-38446)* est chaudement recommandé pour son hospitalité et sa cuisine maison. Les chambres reviennent à 200/300 Rs. Comptez 50 Rs pour y accéder en jeep.

Bittangala

Non loin de Virajpet, à 35 km au sud de Madikeri, la ***Cicada Trails Guesthouse*** *(☎ 08272-54826, 57399)* est située dans le village de Bittangala. Elle possède des doubles à 600 Rs et des lits en dortoir à 175 Rs, ainsi que d'une spacieuse véranda en contrebas pour se relaxer. La pension organise des treks.

Ammathi

Plantation de café de 26 ha, l'***Alath-Cad Estate Bungalow*** *(☎ 08274-52190, fax 52589, alathcd@vsnl.com)* se trouve à 28 km de Madikeri, et à 1,5 km de la ville d'Ammathi. Les doubles aménagées dans la maison centenaire se louent entre 750 Rs et 900 Rs.

Gallibedu

La ***Mojo Plantation Guesthouse*** *(☎ 08272-24136, fax 28638, wapred.india@vsnl.com)* est aménagée dans une plantation à 12 km de Madikeri, non loin de Gallibedu. Elle dispose de deux doubles confortables à 1 500 Rs et d'une immense collection de musique de blues. Vous pourrez vous livrer à l'observation des oiseaux, effectuer des randonnées, et en apprendre davantage sur les activités écologiques locales. Nombre de voyageurs français nous ont vanté sa cuisine.

Siddapur

Le village de Siddapur, à 32 km au sud de Madikeri, abrite l'***Orange County Resort***, chaudement recommandé. Situés sur une plantation de 120 ha, ses cottages d'inspiration Tudor sont tous dotés d'équipements modernes. La Dubare Reserve Forest adjacente s'étend jusqu'au Nagarhole National Park, mais sert rarement de point de départ pour les visiteurs. Les cottages jumeaux se louent de 4 290 à 5 270 Rs (taxes comprises), tandis que ceux pour quatre reviennent à 9 950 Rs. Réservez auprès du Ramapuram Holiday Resorts *(☎ 558 2380, fax 558 2435, rhrl@vsnl .com)* à Bangalore.

HASSAN

☎ 08172 • 121 000 habitants

Par tradition, Hassan est le point de départ le plus pratique pour explorer Belur (38 km), Halebid (33 km) et Sravanabelgola (48 km), sa gare ferroviaire et ses hotels étant équidistants des trois sites. Néanmoins, la liaison ferroviaire vers Mangalore est très perturbée depuis plusieurs années, en raison des travaux destinés à élargir l'écartement des rails. Voir le paragraphe *Comment s'y rendre*.

En attendant l'amélioration de la liaison ferroviaire, de nombreux bus assurent l'intérim. Hormis quelques hôtels bon marché, Hassan ne présente pas un grand intérêt.

Renseignements

L'office du tourisme (☎ 68862), installé dans le bâtiment de Vartha Bhavan sur la Bangalore-Mangalore Rd, est ouvert de 10h à

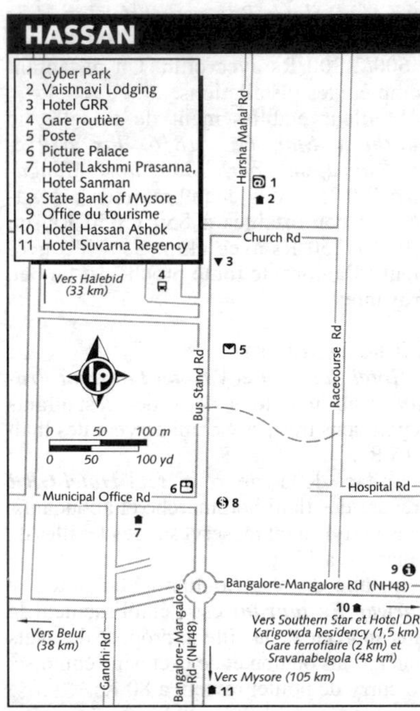

17h30 tous les jours sauf le dimanche. Pour le change, rendez-vous à la State Bank of Mysore sur Bus Stand Rd. Cyber Park, près de Vaishnavi Lodging sur Harsha Mahal Rd, facture 35 Rs l'heure l'accès à Internet.

Où se loger

A une minute de marche de la gare routière, le ***Vaishnavi Lodging*** *(☎ 67413, Harsha Mahal Rd)* présente un bon rapport qualité/prix, avec des simples/doubles propres avec s.d.b. à 110/170 Rs.

L'***Hotel Lakshmi Prasanna*** *(☎ 68391, Subhas Square)*, dans le centre de la ville, propose des chambres correctes bon marché avec s.d.b. et seau d'eau chaude à 95/140 Rs.

Situé sur Bangalore-Mangalore Rd, l'***Hotel DR Karigowda Residency*** *(☎ 65406)* est un excellent choix. Les chambres spacieuses, propres et paisibles, reviennent à 200/250 Rs seulement.

Légèrement plus luxueux, l'***Hotel Suvarna Regency*** *(☎ 64006, fax 63822, Bangalore-Mangalore Rd)* reste avantageux, avec des chambres à 275/400 Rs, et des doubles avec clim. à 550 Rs.

Géré par le gouvernement, l'***Hotel Hassan Ashok*** *(☎ 68731, fax 68324, Bangalore-Mangalore Rd)* est surévalué. Les chambres se louent 1 200/1 600 Rs, ou 1 600/2 300 Rs avec clim. Un restaurant complète les installations.

Meilleur établissement de la ville, le ***Southern Star*** *(☎ 51816, fax 68916, sshassan@vsnl.com, Bangalore-Mangalore Rd)* loue des chambres bien aménagées et confortables à 850/1 050 Rs, ou 1 050/1 250 Rs avec clim. Seul inconvénient : l'autoroute toute proche est un peu bruyante.

Où se restaurer

L'***Hotel Sanman*** et l'***Hotel Lakshmi Prasanna*** abritent tous deux des restaurants végétariens très prisés, qui servent des thali à 15 Rs.

En face de la gare routière, l'***Hotel GRR*** prépare des thali bon marché et abondants, dans le style andhra, servi sur des feuilles de bananier, à 15 Rs.

Installé dans le Southern Star hotel, le ***Karwar Restaurant*** est l'établissement le plus apprécié de la ville. Il propose des plats végétariens ou non et de la cuisine chinoise. Le curry de poulet revient à 80 Rs.

Comment s'y rendre

Bus. Si vous avez l'intention de partir de Hassan pour visiter Belur et Halebid le même jour, mieux vaut commencer par Halebid, car les bus reliant Belur à Hassan sont plus fréquents et le dernier part bien plus tard le soir.

Toutes les heures, des bus vont de Hassan à Halebid (11 Rs, 1 heure). Le premier part à 7h15, le dernier à regagner Hassan quitte Halebid à 18h30. Beaucoup de bus effectuent également le trajet entre Hassan et Belur (13 Rs, 1 heure 30). Le premier part d'Hassan à 6h et des bus démarrent de Belur pour Hassan jusque tard dans la soirée. Pour Sravanabelgola (15 Rs, 1 heure 30), 4 bus directs partent chaque jour de Hassan, mais le premier n'est qu'à 12h45. Mieux vaut prendre l'un des fréquents bus pour Channarayapatna (13 Rs, 1 heure), puis un autre ou un minibus pour Sravanabelgola.

De nombreux bus desservent Mysore (31 Rs, 3 heures) et Bangalore (48 Rs, 4 heures). Le premier pour chacune de ces villes part à 5h15 et le dernier à 19h45.

Train. La gare se trouve à environ 2 km à l'est du centre-ville (10 Rs en auto-rickshaw). Des trains pour voyageurs partent pour Mysore à 6h et 18h30 (22 RS, 3 heures). En attendant que la voie pour Mangalore adopte l'écartement large, aucun train ne dessert la ville.

Taxi. De nombreux taxis attendent juste au nord de l'arrêt des bus, et il est facile de négocier un bon prix pour effectuer le tour de Belur et d'Halebid. Attendez-vous à payer autour de 500 Rs pour la journée. Un taxi jusqu'à Sravanabelgola vous coûtera environ 300 Rs.

BELUR ET HALEBID

☎ 08177

Les temples hoysala de Belur et de Halebid (Halebeed, Halebidu), tout comme celui de Somnathpur, à l'est de Mysore, constituent les plus précieux témoignages de l'une des périodes artistiques les plus riches de la culture hindoue. Les sculptures de ces superbes édifices rivalisent même avec celles des temples de Khajuraho (Madhya Pradesh) et de Konark (Orissa).

Belur

Le **Channekeshava Temple** est le seul des trois principaux sites hoysala encore ouvert au culte. Commencé en 1116 pour commémorer la victoire des Hoysala sur les Chola à Talakad, il fallut un siècle pour qu'il soit achevé. A l'extérieur, les frises inférieures ne sont pas aussi travaillées que celles des autres temples hoyasala, mais la partie supérieure offre une grande finesse d'exécution et de très belles sculptures. Représentant des femmes en train de danser ou dans des poses rituelles, les moulures situées dans les angles sont remarquables. Les piliers intérieurs et les linteaux sont également magnifiquement décorés. Chaque grande divinité de l'hindouisme serait ici représentée. Datant du XIVe siècle, le gopuram à sept étages est orné de sculptures aux poses sensuelles.

Le temple est ouvert tous les jours, du lever au coucher du soleil et l'entrée est gratuite. Essayez d'être présent pour les cérémonies quotidiennes de 10h et de 19h. Les non-hindous peuvent pénétrer à l'intérieur, mais pas dans le sanctuaire. Pour 50 Rs, un guide vous renseignera sur la signification de chaque sculpture.

Les deux autres temples de Belur, moins intéressants, sont les **temples de Chennigaraya** et **de Viranarayana**.

Où se loger et se restaurer. Doté de sols en marbre et de lits moelleux, le nouvel ***Hotel Vishnu Regency*** *(☎ 23011, Kempegowda Rd)* propose des simples/doubles peu onéreuses d'un bon rapport qualité/prix (125/250 Rs) et des doubles plus larges à 300 Rs, ou 400 RS avec clim. De la gare routière, remontez Temple Rd puis, arrivé au niveau de la statue, tournez à gauche, et marchez encore 150 m environ. L'établissement comprend un restaurant servant des spécialités du Nord de l'Inde.

Sommaire mais en bon état, l'***Hotel Mayura Velapuri*** *(☎ 22209, Temple Rd)* de la KSTDC possède des simples/doubles à 160/190 Rs (certaines en meilleur état que d'autres). Un restaurant/bar plutôt accueillant propose des plats végétariens ou non ainsi qu'un petit déjeuner occidental. L'hôtel est installé entre la gare routière et le temple.

Aménagé sur la rue principale, à deux pas de la gare routière, le ***Sri Vishnu Krupa*** *(☎ 22263)* loue des doubles peu onéreuses – mais ternes – avec s.d.b. à 125 et 250 Rs (avec TV), et d'autres petites chambres meilleur marché, dotées de matelas durs, pour 50/75 Rs. Il gère également un restaurant végétarien.

A 200 m du temple, l'***Hotel Shankar*** constitue le plus apprécié des restaurants standard, parmi la poignée d'établissements que compte la ville. Vous trouverez l'***Indian Coffee House*** à côté de l'entrée du temple.

Halebid

La construction de l'**Hoysaleswara Temple** à Halebid, commença vers l'an 1121 mais, en dépit de 80 années de travail, il ne fut jamais achevé. C'est pourtant l'exemple le plus extraordinaire de l'art Hoysala. Les murs sont couverts de bas-reliefs représentant d'innombrables dieux et sages hindous, des animaux et des oiseaux stylisés, ainsi que de frises dépeignant la vie des souverains hoysala. Le temple est construit dans un jardin bien entretenu et un petit musée, situé juste à côté, présente une collection de sculptures. Le temple ouvre tous les jours de l'aube au crépuscule ; l'entrée est gratuite. Le musée se visite tous les jours, sauf le vendredi, de 10h à 17h.

Halebid compte également un temple plus petit, connu sous le nom de **Kedareswara**, ainsi qu'un ensemble de trois **temples jaïna** *(basti)*, peu visité, qui abrite de belles sculptures.

Où se loger et se restaurer. Le seul hébergement est le paisible ***Mayura Shantala*** *(☎ 73224)*, tenu par la KSTDS, au milieu d'un jardin agréable, de l'autre côté de la route par rapport au temple Hoysaleswara. Il comporte 4 chambres propres avec s.d.b. à 150/200 Rs, et une chambre à 100/150 Rs. Le restaurant sert des repas simples, mais vous pourrez opter pour l'une des échoppes plutôt rustiques qui proposent de quoi se nourrir le long de la route principale.

Comment s'y rendre

Halebid et Belur ne sont distantes que de 16 km. Des camionnettes bondées font la navette entre les deux bourgades toutes les 30 min, de 6h à 21h environ (5 Rs). Voir plus haut la rubrique *Hassan* pour connaître les détails sur les bus qui s'y rendent. Quelques bus partent chaque jour de Halebid pour Mysore et de nombreux bus desservent Mysore depuis Belur. Belur est situé à un carrefour pour les transports, avec des bus directs pour Bangalore, Mangalore, Dharmastala, Sravanabelgola (11h30) et Arsikere (pour prendre un train allant à Bangalore). Pour vous rendre à Hampi, prenez un bus de

L'architecture hoysala

Les Hoysala, qui dominèrent cette partie du Deccan du XIe au XIIIe siècle, étaient originaires des tribus des Ghats occidentaux. Longtemps feudataires des Chalukya, ils n'acquirent leur véritable indépendance que vers 1190, même s'ils avaient déjà affirmé leur puissance sous la conduite de Tinayaditya (1047-1078), qui profita du déclin des Ganga et des Rashtrakuta. Avec Bittiga (1110-1152), plus connu sous son nom ultérieur de Vishnuvardhana, ils étendirent encore leur autorité et c'est du règne de ce dernier que datent les magnifiques temples de Belur et de Halebid.

En règle générale, ces temples sont des bâtiments massifs bâtis selon un plan en forme d'étoile, installés sur des plates-formes leur donnant un peu de hauteur. Ils sont de dimensions plus humaines que ceux que l'on peut voir partout ailleurs en Inde, mais la modestie de leur taille est compensée par la finesse extrême de leurs sculptures.

Il apparaît vite, à l'observation de ces sculptures, que la musique et la danse étaient tenues en haute estime sous les Hoysala. Cette époque semble également avoir connu une relative liberté sexuelle et une participation active des femmes aux affaires publiques.

Les Hoysala se convertirent au jaïnisme au Xe siècle, puis à l'hindouisme au XIe siècle. C'est pourquoi les représentations de Shiva et de Vishnu cohabitent avec les divinités jaïna dans les temples hoysala.

Halebid à Shimoga (3 heures), puis la correspondance pour Hospet (5 heures).

SRAVANABELGOLA

☎ 08176 • 4 000 habitants

Sravanabelgola ("ermite du lac blanc") est l'un des plus vieux et des plus importants centres religieux du jaïnisme et le site d'une statue colossale de Gomateshvara (Bahubali), énorme rocher de granit de 17 m de haut, considéré comme le plus grand monolithe taillé du monde. La statue domine la paisible petite cité campagnarde de Sravanabelgola du sommet pelé de Vindhyagiri Hill. Sa sobriété et sa sérénité contrastent vivement avec le raffinement et l'énergie des sculptures des temples de Belur et de Halebid.

KARNATAKA

Histoire

Le long passé de Sravanabelgola remonte au IIIe siècle av. J.-C., lorsque le roi maurya Chandragupta arriva à cet endroit avec son maître jaïna Bhagwan Bhadrabahu Swami, et renonça à son royaume pour mener une vie d'ascète.

Au fil du temps, les disciples de Bhadrabahu propagèrent son enseignement dans toute la région. Le jaïnisme bénéficia de la protection des Ganga, qui régnèrent sur le sud de l'actuel Karnataka entre le IVe et le Xe siècle, époque à laquelle il atteignit son apogée.

Renseignements

Le très utile office du tourisme est installé au pied de l'escalier menant au sommet de Vindhyagiri Hill ; il ouvre tous les jours, sauf le dimanche, de 10h à 17h30. L'entrée du site est gratuite mais vous pouvez laisser un don.

Statue de Gomateshvara

La statue en granit de Gomateshvara (Bahubali) fut érigée lors du règne du roi ganga Rachamalla. Elle fut commandée par un chef militaire au service du roi et exécutée par le sculpteur Aristenemi en 981. Bahubali était le fils de l'empereur Vrishabhadeva, qui devint le premier *tirthankar* (maître jaïna vénéré, dont le nom signifie littéralement "passeur de gué"), Adinath. Bahubali et son frère Bharatha s'affrontèrent pour la succession de leur père, mais, au moment de remporter la victoire, Bahubali prit conscience de la futilité de cette lutte et renonça à son royaume. Il se retira dans la forêt pour méditer dans la solitude, jusqu'à l'Éveil. Des pampres de vigne s'enroulent autour des jambes de la statue, et une fourmilière se trouve à ses pieds, en signe de détachement total. La galerie alentour comporte de nombreuses petites représentations de tirthankara jaïna.

La statue se dresse au sommet de Vindhyagiri Hill, auquel on accède par 614 marches taillées dans la roche. Il faut laisser ses chaussures au pied de la colline, ce qui peut se révéler très pénible en été lorsque les marches sont brûlantes. Vous n'êtes pas supposé porter des chaussettes, elles pourraient cependant s'avérer utiles.

Tous les 12 ans, la statue de Bahubali est recouverte de lait de coco, yaourt, ghee, bananes, dattes, amandes, graines de pavot, lait, safran et santal durant la cérémonie du Mahamastakabhisheka. La prochaine aura lieu en 2005.

Temples

Outre la statue de Bahubali, vous pourrez admirer plusieurs *basti* jaïna (temples) ainsi que des *matha* (monastères) très intéressants dans la ville et sur Chandragiri Hill, la moins élevée des deux collines entre lesquelles se niche Sravanabelgola.

Deux d'entre eux, le **Bhandari Basti** et l'**Akkana Basti**, sont de style hoysala. Un troisième, le **Chandragupta Basti**, aurait été édifié par l'empereur Ashoka. Dans l'un de ces temples, des peintures bien préservées, vieilles de 600 ans, relatent l'histoire des jaïna.

Où se loger et se restaurer

La SDJMI, l'organisation jaïna locale, gère pratiquement tous les hébergements de Sravanabelgola. Son agence centrale *(☎ 57258)* s'occupe des réservations de 21 pensions dans la ville, la plupart dirigées avec efficacité. Quasiment analogues, elles offrent généralement des doubles à 135 Rs. Le ***Yatri Nivas***, le plus cher de sa catégorie, facture 160/210 Rs la double/triple. L'agence d'hébergement est installée derrière la Vidyananda Nilaya Dharamsala, avant la gare routière en direction de la ville.

A 50 m de l'escalier qui mène à Vindhyagiri Hill, l'***Hotel Raghu*** *(☎ 57238)* est le seul établissement privé de la ville. Pour une simple/double/triple sommaire mais avec s.d.b. et eau chaude le matin, comptez 50/100/150 Rs. Le rez-de-chaussée abrite un restaurant végétarien très apprécié.

Des boutiques de chai et des restaurants végétariens ordinaires jalonnent la rue qui conduit aux pieds de Vindhyagiri Hill.

Comment s'y rendre

Quatre bus par jour se rendent à Hassan (14 Rs, 1 heure), 3 bus vont à Belur (28 Rs, 2 heures 30), 3 à Bangalore (41 Rs, 3 heures) et un bus rejoint Mysore (24 Rs, 2 heures 30) à 7h30. Presque tous les bus longue distance partent le matin ou à l'heure du déjeuner ; le trafic s'arrête pratiquement après 14h.

Si vous ratez l'un des bus matinaux, prenez un bus local à 10 km au nord-ouest en direction de Channarayapatna, sur la route principale de Bangalore à Mangalore, où les correspondances sont nombreuses.

Côte et Ghats occidentaux

MANGALORE

☎ 0824 • 480 000 habitants

Mangalore représentait jadis le principal port du royaume de Hyder Ali. Aujourd'hui, c'est à la fois un centre d'exportation du café et des noix de cajou et une base pour la production des tuiles orangées de Mangalore. Dans cette ville, où règne une langoureuse atmosphère tropicale, habite une importante communauté catholique remontant à l'arrivée des Portugais, en 1526. Dans le district, on parle le tulu, une langue dravidienne se rapprochant du malayali et du kannada. Mangalore peut constituer une halte pratique pour une nuit, et les environs offrent quelques sites intéressants.

Orientation

Construite sur une colline accidentée, Mangalore présente des rues tortueuses et ventées. Par chance, tous les hôtels et les restaurants, la gare routière et la gare ferroviaire sont regroupés au centre. La gare routière des bus KSRTC longue distance se trouve à 3 km au nord ; il faut prendre un auto-rickshaw (environ 15 Rs).

Renseignements

L'office du tourisme (☎ 442946) est installé dans l'ancien Hotel Indraprastha. Il est ouvert tous les jours sauf le dimanche, de 10h30 à 17h30.

Il est possible de faire du change dans plusieurs banques. La plus efficace (pour les chèques de voyage) est l'agence de voyages Trade Wings, Lighthouse Hill Rd. A proximité, la Bank of Baroda, Balmatta Rd, vous permettra de retirer du liquide avec les cartes Visa et MasterCard pour la somme habituelle de 100 Rs, plus 1% de commission.

Pour un accès Internet, adressez-vous au I-Net 107 Cyber Cafe, KS Rao Rd, qui est

décoré avec goût et ouvre tous les jours de 9h à 23h30. Le tarif est de 60 Rs l'heure. Le Kohinoor Computer Zone, Lighthouse Hill Rd, facture l'heure 50 Rs, mais l'endroit est encombré et il y fait très chaud.

L'Athree Book Centre, dans Balmatta Rd, propose des livres sur un large éventail de sujets.

A voir

Pour vous rendre à la **Sultan's Battery**, une ancienne tour de guet, prenez le bus n° 16, depuis le centre ville et descendez 4 km plus loin, à la pointe du vieux port.

Vous pourrez admirer le **Shreemanthi Bai Memorial Government Museum**, à environ 1 km de l'arrêt des bus de la KSRTC – ouvert tous les jours, sauf le lundi, de 9h à 17h (empruntez le bus n°19). La ville compte quelques beaux temples. Le **Kadri Manjunatha Temple**, de style keralais, renferme une statue de Lokeshwara réputée pour être l'un des plus beaux bronzes de l'Inde (bus n°3, 4 et 6). Jetez donc également un coup d'œil aux peintures du plafond de la **St Aloysius College Chapel**, ouverte de 8h30 à 10h, de 12h30 à 13h et de 15h30 à 18h.

S'il vous reste un peu d'énergie, allez voir la **Rosario Cathedral**, le **Sri Gokarnanatha Temple** ou le **Mangladevi Temple**, qui a donné son nom à la ville.

Où se loger – petits budgets

A l'***Hotel Manorama*** *(☎ 440306, KS Rao Rd)*, vous bénéficierez de simples/doubles propres et spacieuses avec s.d.b. à partir de 145/231 RS. Les doubles avec clim. reviennent à 450 Rs.

L'***Hotel Roopa*** *(☎ 421271, Balmatta Rd)* offre des chambres correctes avec s.d.b. à 125/184 Rs, et des doubles avec clim. à 450 Rs. Vous y trouverez deux délicieux restaurants.

Où se loger – catégories moyenne et supérieure

Bâtiment massif situé à un pâté de maisons de KS Rao Rd, l'***Hotel Srinivas*** *(☎ 440061, GHS Rd)* propose toute une gamme de chambres. Les simples/doubles commencent à 250/300 Rs, et les doubles avec clim. reviennent à 600 Rs.

L'***Hotel Mangalore International*** *(☎ 444 860, KS Rao Rd)* accueille une clientèle d'affaires. Pour une chambre bien aménagée, comptez 530/630 Rs, ou 750/850 Rs avec clim., petit déjeuner compris. Le complexe abrite deux restaurants ainsi que des fast-foods ; l'alcool y est prohibé. La location s'effectue par tranche de 24 heures.

Meilleur établissement de la ville, le ***Taj Manjarun Hotel*** *(☎ 420420, fax 420585, manjarun.mangalore@tajhotels.com, Old Port Rd)* facture 30/45 $US minimum ses chambres avec clim., et 95 $US pour une suite. Un bon restaurant et une piscine agrémentent les lieux.

Installé à 13 km au sud de Mangalore, sur la plage déserte d'Ullal, le ***Summer Sands Beach Resort*** *(☎ 467690, fax 467693, summer@satyam.net.in)* propose des chambres agréables en bungalow à 580/780 Rs, et des suites à 695/865 Rs. Vous devrez avancer 25 Rs pour passer la journée sur la plage (cette somme est remboursable au restaurant). Pour un auto-rickshaw de Mangalore, comptez 65 Rs, ou empruntez le bus n°44D à la gare routière de City.

Où se restaurer

En dépit de son port de pêche et de la renommée des crustacés cuisinés à la mode de Mangalore dans des villes comme Mumbai, vous aurez bien des difficultés à trouver de savoureux fruits de mer. Fast-foods, glaciers et quelques restaurants bordent KS Rao Rd.

Installé dans l'Hotel Shaan Plaza, le ***Janatha Deluxe*** s'avère un excellent restaurant végétarien, bon marché qui plus est.

A l'angle de KS Rao Rd et de Lighthouse Hill Rd, le ***Dhanyavad***, établissement végétarien populaire, sert des en-cas durant le journée et des repas bon marché le soir.

Au 1er étage du Poonja International, le ***Yuvraj Restaurant*** prépare de savoureux plats indiens et occidentaux dans une salle climatisée.

Installé dans le Taj Manjarun Hotel, le ***Galley Restaurant*** constitue l'un des rares établissements cuisinant des spécialités de Mangalore, telles que le *ladyfish* (banane de mer). Dans le même hôtel, ***Le Bistro*** est à conseiller pour le petit déjeuner ou pour un festin à l'heure du déjeuner.

Quitter la ville

Avion. Les bureaux d'Indian Airlines (☎ 455259) sont situés à environ 3,5 km de la ville, dans Hathill Rd. La compagnie vous accueille du lundi au samedi de 9h25 à 13h et de 13h45 à 16h. Le siège de Jet Airways (☎ 441181) se trouve dans le complexe de Ram Bhavan, près de KS Rao Rd.

Indian Airlines assure un vol quotidien vers Mumbai (115 $US) et dessert Chennai (95 $US) trois fois par semaine *via* Bangalore (70 $US). Jet Airways propose deux vols quotidiens vers Mumbai (115 $US) et un vers Bangalore (70 $US).

Bus. La gare routière des bus longue distance de la KSRTC se trouve à environ 3 km au nord du centre-ville. Assez calme, elle est bien organisée. Des bus deluxe partent tous les jours pour Bangalore (117/186 Rs pour un bus ordinaire/deluxe, 9 heures), Panaji (193 Rs, bus deluxe, 10 heures), Hassan (67/90 Rs, 4 heures), Madikeri (46/73 Rs, 4 heures), Mysore (86/134 Rs, 7 heures) et Kochi (250 Rs, bus deluxe, 10 heures). Des départs pour Mumbai, Chennai et Hospet existent également.

Des bus privés assurent la liaison avec d'autres villes, notamment Udipi, Sringeri, et Mudabidri. Ils partent de l'arrêt de bus qui se trouve juste en face de la gare routière.

Plusieurs compagnies privées sont installées sur Falnir Rd.

Train. La gare ferroviaire est située au sud du centre-ville. Néanmoins les trains de la Konkan Railway s'arrêtent à la gare de Kankanadi, à 5 km à l'est de la ville. Le *Matsyagandha Express*, seul train se dirigeant vers le nord à partir de Mangalore, part à 14h50 et arrive à Margao (État de Goa) à

19h30, puis à la gare Lokmanya Tilak (Kurla) de Mumbai à 6h40. En direction du sud, le *Malabar Express* quitte Mangalore à 17h, pour arriver à Thiruvananthapuram au Kerala à 9h25, le lendemain matin.

Les deux express de Mangalore en direction de Chennai partent respectivement à 11h15 et 20h10 (250/1 160 Rs en couchette clim. 2e/ 1re 2 A, 19 heures), faisant une boucle au sud afin de contourner les travaux de conversion des voies.

Courses de buffles

Le Kambla, course de buffles, est devenu un sport populaire au début du Xe siècle – les paysans faisaient alors courir leurs buffles après la journée de travail –, mais l'engouement pour ces courses ne date que des années 50, et certaines rassemblent actuellement jusqu'à 50 000 spectateurs. Un buffle de course peut coûter plus de 300 000 Rs et reçoit les mêmes attentions qu'un pur-sang.

Les courses se déroulent tous les ans dans la région de Dakshina Kannada, entre octobre et mars, lorsque les champs de courses sont gorgés d'eau, mais elles se tiennent parfois hors saison, car il est maintenant possible de préparer le terrain artificiellement. La piste, d'une longueur de 120 m, peut être parcourue en 14 secondes par une paire de buffles attelés bien entraînés, soulevant boue et eau sur leur passage. Il existe deux formules : soit un homme court aux côtés des bovidés, soit il monte sur une planche fixée au soc d'une charrue. C'est un spectacle vraiment impressionnant !

Comment circuler

Desserte de l'aéroport. L'aéroport se situe à 20 km du centre-ville. Les bus n°47b et 47c, à prendre à l'arrêt des bus locaux de la ville, vous y mèneront. Il existe aussi un bus qui s'arrête devant le bureau d'Indian Airlines, partant à 7h les mardi, jeudi et samedi et à 9h les autres jours (20 Rs). Le trajet en taxi coûte 200 Rs environ.

Bus et auto-rickshaw. L'arrêt des bus de la ville est situé en face de la State Bank of India, non loin du Taj Manjuran Hotel. Il existe de nombreux auto-rickshaws – demandez au chauffeur d'utiliser son compteur. La prise en charge est de 7 Rs, puis vous payerez 4,20 Rs le kilomètre. Un auto-rickshaw pour la gare de Kankanadi coûte environ 40 Rs.

KARNATAKA

ENVIRONS DE DE MANGALORE

Udipi

A 58 km au nord de Mangalore par la route côtière, Udipi (ou Udupi) est un important centre de pèlerinage du vishnouisme. C'est ici qu'au XIIIe siècle vivait et prêchait le philosophe et réformateur religieux Madhvacharya. La ville moderne est un amalgame d'hôtels peu séduisants et de centres commerciaux.

Le Krishna Temple n'a rien d'exceptionnel mais vaut le détour à l'heure où se déroule l'une des quatorze cérémonies quotidiennes. Vous verrez les pèlerins se rassembler, les éléphants du temple barrir et un cortège de moines défiler en chantant.

Des bus fréquents desservent Mangalore avant de poursuivre vers le nord.

Sringeri

Le siège méridional de la hiérarchie hindoue orthodoxe est installé à Sringeri, petite bourgade nichée au milieu des caféiers de Chikmagalur, à environ 100 km au nord-est de Mangalore. Le superbe Vidyashankar Temple se distingue par ses piliers décorés de signes du zodiaque et sa vaste cour pavée. Un autre temple est dédié à Sharada (Sarasvati), la déesse de la connaissance. La Tunga coule au pied de l'enceinte du temple et des centaines de poissons s'agglutinent près des ghats où les pèlerins les nourrissent. Des logements bon marché sont mis à la disposition des pèlerins ; renseignez-vous (☎ 50123) au centre d'accueil, à côté de l'entrée du temple pour obtenir une chambre.

Dharmastala

A 75 km à l'est de Mangalore, Dharmastala compte plusieurs basti (temples jaïna) dont le célèbre Manjunatha Temple. Vous y verrez une statue de Bahubali de 40 m de haut, érigée en 1973 et vous pourrez visiter un musée (1 Rp). La saison des fêtes commence avec Diwali, et se poursuit avec le **Manjunatheshwara Festival**, qui se déroule 3 jours durant, en novembre. Dharmastala est desservi par des bus, depuis Mangalore.

Venur

Situé à quelque 50 km au nord-est de Mangalore, Venur possède 8 basti et les ruines d'un temple consacré à Mahadeva (Shiva). Une **statue de Bahubali**, mesurant 11 m de haut, s'élève sur la rive sud de la Gurupur, où elle fut érigée en 1604.

Mudabidri

Ce site, que l'on rencontre à 35 km au nord-est de Mangalore, rassemble 18 basti. le plus ancien, le Chandranatha Temple, avec sa salle aux "mille piliers", date du XVe siècle.

Karkal

A 20 km au nord de Mudabidri, à Karkal, vous découvrirez plusieurs temples et un Gomateshvara (Bahubali) de 13 m de haut, dont la sculpture fut achevée en 1432. La statue se dresse sur une petite et paisible colline dans les faubourgs de la ville. L'ascension vous permettra d'embrasser le merveilleux panorama des Ghats occidentaux.

JOG FALLS

☎ 08186

Les cascades de Jog sont les plus hautes chutes d'eau de toute l'Inde, même si ce ne sont pas les plus spectaculaires. En effet, le barrage sur la rivière Sharavati réduit considérablement le flux des eaux. Les chutes sont plus importantes lors de la mousson. Néanmoins, la meilleure période pour s'y rendre est l'hiver (de décembre à février). Il existe quatre chutes différentes ; la chute Raja est la plus haute, avec une dénivellation de 253 m.

Le point de vue est magnifique et des randonnées faciles peuvent être entreprises. Vous pouvez descendre au pied des chutes en suivant les marches situées à proximité de l'arrêt des bus, mais attention aux sangsues durant la saison des pluies.

Où se loger et se restaurer

Deux *forest resthouses* proposent des chambres à 75 Rs par personne. L'une est située sur la gauche, à 1 km des chutes en descendant la route vers la côte ; l'autre est à 300 m plus en contrebas, à droite, derrière une barrière bleu et vert (elle n'est pas signalée).

Aménagé dans un cadre magnifique, à 150 m du parking, l'***Hotel Mayura Gerusoppa*** *(☎ 44732)* de la KSTDC surplombe les chutes. Il loue des chambres calmes à 150/200 Rs et dispose d'un restaurant. Néanmoins, comme pour la plupart des hôtels de la KSTDC, l'entretien laisse à désirer.

Le ***Woodlands Hotel*** *(☎ 47325)* propose des chambres sommaires de 65/150 Rs à 150/250 Rs.

Près des chutes, une douzaine ***d'échoppes de chai*** bordent l'un des côtés du parking. Elles servent de succulentes omelettes bon marché, des thali, des pâtes et du riz sautés, ainsi que des boissons chaudes et fraîches.

Comment s'y rendre

Bus. Les Jog Falls sont étonnamment bien desservies par les bus. Les deux routes qui serpentent entre les chutes et la côte sont terriblement tortueuses. La route qui part de Manki offre un plus beau panorama que celle de Bhaktal, plus facile.

Des bus partent toutes les 45 min à destination de Shimoga (2 heures 30), trois fois par jour à destination de Siddapur, deux fois par jour pour Karwar et une fois seulement pour Gokarna (*via* Kumta) et Bhatkal.

Train. Talguppa, la gare ferroviaire la plus proche, est située entre Sagar et les Jog Falls. Chaque jour, deux trains particulièrement lents se rendent à Shimoga sur une voie à écartement étroit, dans un paysage néanmoins pittoresque.

GOKARNA

☎ 08386

La bourgade de Gokarna ("oreille de la vache"), à 50 km au sud de Karwar, attire un incroyable mélange de pèlerins hindous, d'érudits sanskrits, d'amateurs de plage et de hippies purs et durs qui ont fui Goa. Pour les hindous, Gokarna est l'un des lieux les plus sacrés du Sud de l'Inde. Dans cette charmante ville endormie, des maisons en bois bordent la rue principale, tandis que quelques autres, également intéressantes, se trouvent sur les allées à proximité. Si certains des habitants considèrent que l'afflux d'étrangers a dégradé l'atmosphère de sainteté, d'autres sont plutôt satisfaits des revenus supplémentaires ainsi générés.

Renseignements

Vous pouvez changer du liquide et des chèques de voyage à un taux peu intéressant à l'Om Lodge. L'agence Pai STD, dans Main St, propose des taux légèrement plus avantageux. Vous devrez aller jusqu'à Karwar pour trouver une banque. Un petit bureau de poste est situé au carrefour de Car St et de Main St. Plusieurs cabines STD/ISD vous donnent la possibilité de passer des appels internationaux par l'automatique. Une connexion – difficile – à l'Internet depuis l'Om Lodge revient à 60 Rs l'heure.

Temples

Car St (vers l'ouest) mène au **Mahabaleshwara Temple**, demeure sacrée du lingam de Shiva. A proximité se trouve le **Ganapati Temple**, en l'honneur de Ganesh. Près du temple stationnent deux énormes **chars**, tirés le long de la rue principale à l'occasion de Shivaratri en février/mars, célébrant la nuit au cours de laquelle Shiva exécuta la danse cosmique du *tandava*.

A l'extrémité est de la rue, vous déboucherez sur le **Venkatamaran Temple**. A quelques centaines de mètres au sud, se trouve le bassin du temple, **Koorti Teertha**, où la population locale, les pèlerins et les brahmanes viennent faire leurs ablutions, sur les ghats juste à côté des dhobi-wallahs (les hommes chargés de faire la lessive).

Plages

Les voyageurs commencent à s'intéresser à Gokarna, séduits par ses plages, nettement plus agréables que celles de Goa. Bien que le village de Gokarna dispose d'une plage, **Kudle Beach** (prononcez "koud-li") est plus agréable, à 20 min de marche au sud. Suivez le sentier qui part du côté sud du Ganapati Temple et se dirige vers le sud (si vous arrivez au ghat, c'est que vous avez pris le mauvais chemin). Il atteint rapidement une hauteur qui permet de découvrir un magnifique panorama sur la mer. Au sud s'étendent quatre plages en croissant bordées de promontoires derrière lesquels se dressent les Ghats occidentaux. Vous trouverez 5 ou 6 vendeurs de chai à Kudle Beach qui proposent des en-cas simples, des boissons et des logements.

Au sud de Kudle Beach, un chemin monte jusqu'au promontoire et 20 min de marche supplémentaires vous mèneront à **Om Beach**. Un chemin de terre ne permet qu'un accès difficile aux voitures. Cette plage est encore presque déserte en semaine. Le week-end, les Indiens affluent et paradent le long de la plage en maillot de bain, à la recherche d'étrangères qu'ils imaginent en quête d'aventure. Vous trouverez quelques vendeurs de chai et des huttes de plage. Les autres plages (**Half-Moon Beach** et **Paradise Beach**) s'enchaînent à 30 min de marche au sud, chacune plus isolée que la précédente. Sur Paradise Beach, vous pourrez louer quelques huttes en feuilles de palmier, mais vous ne trouverez rien de certain sur Half-Moon Beach. Se promener sur les plages et dans Gokarna à la nuit tombée est risqué : on peut facilement se perdre et des agressions ont déjà été signalées. Mieux vaut laisser objets de valeur et sacs volumineux aux pavillons Vaibhav Niwas et Nimmu de Gokarna, qui vous demanderont une somme minime pour la consigne.

Où se loger

A Gokarna, vous aurez le choix entre des huttes rudimentaires sur la plage ou des hébergements en ville, également sommaires mais plus confortables. L'avantage de loger sur la plage est évident. Le trajet depuis la ville étant assez long, vous vous retrouvez dans une bienfaisante solitude – situation qu'apprécient particulièrement les voyageurs fervents de shilom au petit déjeuner.

Plages. Sur la plage, notamment entre Kudle et Om, les cabanes sommaires avec toit en feuilles de palmier reviennent à 30 Rs, et celles en torchis ou en brique et fermant à clé à 75 Rs en haute saison (de décembre à janvier). Elles consistent pour l'essentiel en un espace suffisant pour poser votre équipement et dormir sur le sol : n'oubliez pas votre sac de couchage ou votre matelas. On vous fournira des cadenas et les huttes sont sûres. Les douches et les toilettes communes sont spartiates, mais vous disposerez d'eau douce.

Parmi les exceptions figurent le ***Shiva Prasad***, à l'extrémité sud de Kudle beach, et le ***Namaste***, sur Om Beach. Tous deux proposent des chambres sommaires avec s.d.b. à 100 Rs.

Gokarna. La ville compte une poignée de pensions correctes. Située derrière la plage de la ville, la ***Nimmu House*** *(☎ 56730, amithgn@blr.vnsl.net.in)* est un établissement familial décontracté, installé sur une rue adjacente au Mahabaleshwara Temple. Les doubles sommaires avec s.d.b. commune se louent de 70 à 100 Rs, tandis que celles de l'étage avec s.d.b. reviennent à 125 Rs. Les propriétaires pratiquent des réductions en basse saison. Pour vous connecter à l'Internet, comptez 100 Rs l'heure.

Pension douillette et détendue derrière la rue principale menant au centre-ville, le ***Vaibhav Niwas*** *(☎ 46714)* loue des chambres petites mais correctes, avec s.d.b. commune, à 40/75 Rs, et des doubles avec s.d.b. de 100 à 125 Rs.

Au ***New Prasad Nilaya*** *(☎ 57135)*, hôtel moderne à l'accueil avenant, les chambres ordinaires avec s.d.b. coûtent 150 Rs, et celles plus vastes avec balcon 200 Rs. L'établissement est installé sur une ruelle adjacente à la rue principale, près de la gare routière.

A deux pas sur la même ruelle, l'***Om Lodge*** *(☎ 56445)* dispose de doubles médiocres avec s.d.b. à 100 Rs et de chambres à quatre lits à 200 Rs.

Solution correcte et bon marché, la ***Shastri Guest House*** *(☎ 56220, Main St)* est installée à côté de la gare routière. Les chambres spacieuses avec balcon reviennent à 50/100/160 Rs.

A 500 m de la gare routière, sur la rue principale, l'***Hotel Gokarn International*** *(☎ 56622)* est un établissement récent très correct, fréquenté essentiellement par une clientèle d'Indiens. Comptez 150/200 Rs pour une chambre, 300 Rs pour une double deluxe, et 600 Rs pour une double avec clim. Un bar, deux petits restaurants (végétarien et non végétarien) et un glacier animent les lieux.

Où se restaurer

Les ***échoppes de chai*** qui jalonnent toutes les plages préparent les en-cas et repas habituels.

A la pointe nord de Kudle Beach, le ***Ganga Café*** est un endroit agréable pour prendre un repas ou une boisson fraîche. Le ***Namaste Café***, au début d'Om Beach, est également recommandé ; il propose parfois des fruits de mer ainsi que de la bière fraîche.

Installé à l'étage, dans l'allée proche du Mahabaleshwara Temple, le ***Prema Restaurant*** prépare un succulent masala dosa (13 Rs), des milk-shakes au café, ainsi que des plats à l'intention des voyageurs, tels que pâtes fraîches (40 Rs) et porridge à la papaye. Le ***Vaibhav Niwas*** prépare une cuisine similaire. Le ***Pai Restaurant***, à mi-chemin sur Main St, propose de légers repas végétariens ainsi que des masala dosa.

Comment s'y rendre

Bus. Gokarna possède une nouvelle gare routière surdimensionnée, juste en sortant de Main St lorsque vous entrez dans la ville.

Des bus directs partent tout les heures vers Karwar (20 Rs, 1 heure 30). Il est aussi possible de prendre l'un des fréquents bus privés pour Ankola et de changer pour un bus local à destination de Karwar. Depuis Karwar, un bus direct dessert Goa. Il existe 4 bus pour Hubli le matin et un l'après-midi. Un bus direct part à 6h45 pour Mangalore. Si vous le ratez, prenez un bus local pour Kumta (25 km au sud), puis l'un des bus plus fréquents à destination de Mangalore. Un bus deluxe rallie Bangalore (242 Rs, 12 heures), un autre rejoint Hospet (pour Hampi, 105Rs, 10 heures) à 7h, et un dernier bus deluxe se rend à Mysore (225 Rs, 12 heures).

Train. La Kongan Railway dessert bien Goa, Mangalore et toutes les autres villes se trouvant sur la ligne. Seul un petit nombre de trains lents s'arrêtent à la gare de Gokarna Road, à 9 km de la ville. Un bus part de la ville à 11h et vous dépose à l'heure pour prendre le train de 11h30 en direction de Margao. Le train à destination du sud part de Gokarna Road à 16h45. Les auto-rickshaws demandent environ 75 Rs pour vous mener à la gare. Nombre d'hôtels ainsi que les petites agences de voyage de Main St peuvent réserver vos billets.

Les trains express s'arrêtent à Ankola et Kumta, deux villes situées à environ 25 km de Gokarna et reliées par des bus locaux.

KARWAR

☎ 08382

Non loin du sud de Goa, Karwar est une paisible ville portuaire qui s'étend près de l'embouchure de la Kali Nadi. Si la ville présente peu d'intérêt, les paysages des environs sont magnifiques car les Ghats occidentaux plongent vers le littoral, formant des promontoires séparés par de jolies plages de sable. Cette tranquillité risque de disparaître totalement lorsqu'une nouvelle base navale entrera en service.

Vous pouvez prendre le bateau sur la Kali Nadi jusqu'au Devbag Forest Beach Resort (50 Rs par personne), bien que la plage n'ait rien d'exceptionnel. Le pont sur la Kali Nadi, à 3 km au nord de la ville, est un endroit populaire offrant un splendide point de vue sur le coucher du soleil. La course vous coûtera 20 Rs en auto-rickshaw.

L'Indian Bank de Karwar change les chèques de voyage, mais pas l'argent liquide.

Où se loger et se restaurer

Près de la gare routière, l'***Anand Lodge*** *(☎ 26156)* dispose de doubles (uniquement) correctes avec s.d.b. et balcon à 120 Rs.

Au sud de Kali Nadi Bridge, l'***Hotel Bhadra*** *(☎ 25212)* propose des doubles avec s.d.b. à 250 Rs, et d'autres avec clim. à 600 Rs. Il possède également un restaurant et un bar.

Administré par l'agence du Jungle Lodges & Resorts installée face à l'Hotel Bhadra, le ***Devbag Forest Beach Resort*** *(☎ 26596, infodesk@karnatakatourism.com)* est un complexe paisible (accessible par bateau en 10 min). L'hébergement dans de confortables huttes sur pilotis est un peu cher. Le forfait comprenant les repas et l'utilisation des équipements de loisir revient à 60 $US la nuit (1 000 Rs pour les Indiens). Vous aurez la possibilité de faire de la plongée avec bouteille.

Les restaurants de l'***Udipi Hotel*** et de l'***Hotel Savita***, situés tous deux sur Main Rd, sont des spécialistes d'en-cas et thali végétariens impeccables.

Non loin de là, l'***Hotel Sitara*** dispose d'un confortable restaurant climatisé à l'étage, servant une kyrielle de plats indiens, chinois et occidentaux. La salle à manger prend ses aises sur le balcon.

Comment s'y rendre

Karwar est une gare importante sur la ligne de la Konkan Railway et la majorité des express s'y arrêtent. Vers le sud, un express allant à Mangalore (Kankanadi) part à 9h05. Vers le nord, il existe deux express pour Margao à 9h11 et à 19h30.

L'arrêt de bus de Karwar se trouve au sud du centre ville. De nombreux bus desservent Panaji (4 heures) et Mangalore (84 Rs). Il existe deux départs par jour à destination des Jog Falls (52 Rs, 5 heures), un départ pour Hassan et un bus direct pour Hospet à 9h30 (95 Rs, 8 heures). Cinq bus directs de la KSRTC se rendent quotidiennement à Gokarna (20 Rs), mais des bus privés plus fréquents assurent la liaison entre Karwar et Ankola, où vous pouvez changer pour Gokarna.

Comment circuler

La gare ferroviaire est à 8 km de la ville. Un bus local (3 Rs) assure la correspondance avec les trains, mais la majorité des bus pour Karwar s'arrêtent sur la route principale à une cinquantaine de mètres de la gare.

Vous trouverez de nombreux auto-rickshaws, mais la bicyclette constitue un bon moyen de se rendre au pont sur la Kali Nadi ou aux plages autour de Karwar. Vous pourrez louer un vélo, à 2 Rs l'heure, dans plusieurs magasins de Main St.

ENVIRONS DE KARWAR

Les plages les plus proches de Karwar sont **Binaga** et **Arga**, respectivement à 3 et 5 km au sud de la ville. Ces deux croissants de sable sont généralement déserts.

La ***Krishna Rest House*** *(☎ 21613)*, en retrait de la plage, à Binaga, remportera vos suffrages si vous désirez être au calme. Tenue par une famille, cette pension très simple abrite quelques chambres avec s.d.b. commune et un petit pavillon, tous au prix de 150 Rs. Vous pouvez préparer vos repas ou vous arranger avec le propriétaire en le prévenant. De Karwar, vous dépenserez 40 Rs en auto-rickshaw, 4 Rs en bus.

La petit localité d'**Ankola**, 37 km au sud de Karwar abrite depuis le XVe siècle, le fort du roi Sarpamalika, dont il ne reste qu'un mur d'enceinte en ruine. Le Sri Venkataraman Temple date de la même période. Les Ghats occidentaux de Karwar abritent quelques intéressantes communautés tribales. Les Suddha, d'origine africaine, furent amenés à Goa par les marchands d'esclaves portugais pour être vendus à des souverains locaux.

Centre du Karnataka

HAMPI

☎ 08394 • 1 000 habitants

Les ruines de Vijayanagar, près du village de Hampi, sont l'un des sites historiques les plus fascinants de l'Inde du Sud. Ces vestiges, d'une grande beauté, sont en outre situés dans un décor insolite et grandiose, parsemé d'énormes rochers arrondis.

Hampi est un centre touristique prospère où la plupart des visiteurs aiment s'attarder. Si vous êtes pressé, vous pouvez visiter les

Les ruines de Vijayanagar

Vijayanagar (Hampi) fut la capitale de l'un des plus vastes empires hindous de l'histoire de l'Inde. Fondée en 1336 par les princes telougou Harihara et Bukka, elle atteignit son apogée sous le règne de Krishnadevaraya (1509-1529), qui contrôlait toute la région située au sud des rivières Krishna et Tungabhadra, à l'exception de comptoirs de commerce répartis le long de la côte de Malabar.

Comparable à la Delhi du XIVe siècle, la cité, d'une superficie de 33 km², était entourée de sept fortifications concentriques et sa population atteignait le demi-million. D'après l'ambassadeur persan Abdul Razak, la ville était défendue contre les États musulmans du Nord par une armée de mercenaires de plus d'un million d'hommes, et, paradoxalement, cette armée comptait en son sein des archers montés musulmans.

La prospérité de Vijayanagar provenait du commerce des épices au sud et de l'industrie du coton au sud-est. Centre du négoce international, ses bazars animés étaient comparés par les voyageurs européens à des villes commerçantes portugaises.

L'empire fut anéanti en 1565, après la désastreuse bataille de Talikota lors de laquelle la ville fut mise à sac par la confédération des sultans du Deccan (Bidar, Bijapur, Golconda, Ahmednagar et Berar).

principaux sites en une journée, soit à bicyclette, soit, si vous partez tôt, à pied. La signalisation laisse à désirer mais vous ne pouvez pas vraiment vous perdre. Il est déconseillé de s'aventurer dans les ruines seul à l'aube ou au crépuscule, en particulier sur le chemin qui monte vers Matanga Hill.

Orientation

On peut accéder au site soit par Hampi Bazaar, soit par le petit village de Kamalapuram, au sud. Kamalapuram est un village paisible doté d'un hôtel de la KSTDC et d'un musée. La plupart des voyageurs préfèrent commencer par Hampi Bazaar, un village animé possédant une kyrielle de pensions bon marché et de restaurants, avec le Virupaksha Temple en surplomb. Les ruines se divisent en deux parties : la ville sacrée, autour de Hampi Bazaar, et la ville royale, au sud, autour de Kamalapuram.

Renseignements

L'office du tourisme (☎ 51339), dans la grand-rue de Hampi Bazaar, ouvre tous les jours de 10h à 17h30, sauf le dimanche. Il vend des plans du site et propose des guides à 450 Rs par jour ou 250 Rs la demi-journée. De nombreux ouvrages et des plans de bonne qualité sont vendus à l'Aspiration Stores, près de l'entrée du Virupaksha Temple, à Hampi Bazaar.

Pour le change, le meilleur endroit est la Canara Bank à Hampi Bazaar, ouverte de 11h à 14h en semaine (sauf le mercredi) et de 11h à 12h30 le samedi. De nombreux bureaux de change patentés, dans la rue principale, proposent des taux un peu moins intéressants. La ville compte de nombreux cybercafés, aux connexions néanmoins peu fiables.

A leur arrivée, les étrangers doivent se faire enregistrer au poste de police situé dans le Virupaksha Temple. La gare, à l'entrée immédiate du temple sur la droite, présente toute une série de portraits de criminels.

Hampi Bazaar et Virupaksha Temple

Depuis que la population locale a investi les maisons de l'ancien bazar bordant la rue principale, Hampi Bazaar est une bourgade animée. A l'ouest, le Virupaksha Temple constitue l'un des édifices les plus anciens de la ville. Le gopuram principal, de près de 50 m de haut, fut érigé en 1442, puis un gopuram plus petit fut ajouté en 1510. Le temple principal est dédié à Virupaksha, une des formes de Shiva.

Vittala Temple

Depuis l'est de Hampi Bazaar, un chemin praticable seulement à pied mène, à gauche, au Vittala Temple, à environ 2 km. Datant du XVIe siècle, les magnifiques ruines du Vittala Temple ont été classées au Patrimoine mondial de l'humanité. Le temple est bien conservé, même si l'on peut émettre des réserves sur les colonnes en

HAMPI

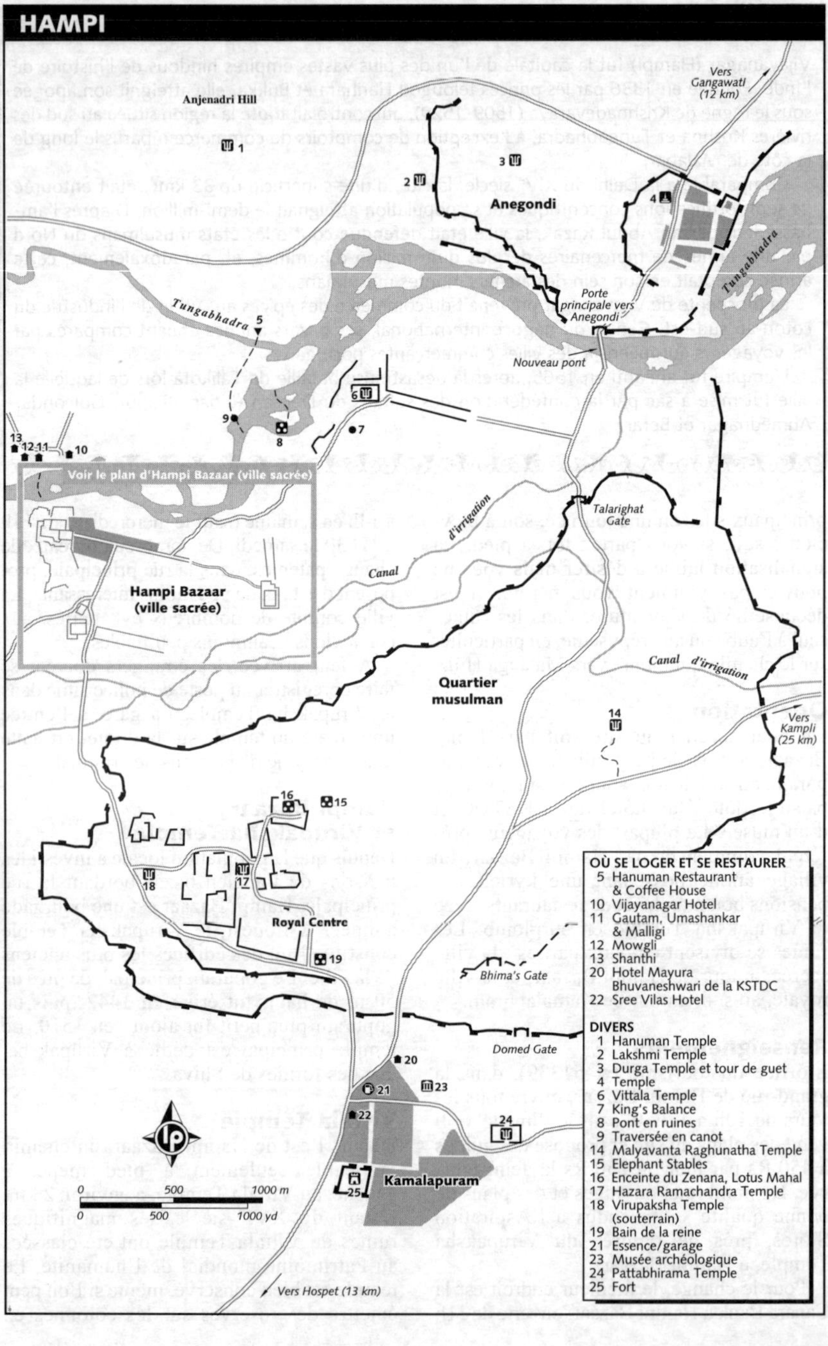

OÙ SE LOGER ET SE RESTAURER

5 Hanuman Restaurant & Coffee House
10 Vijayanagar Hotel
11 Gautam, Umashankar & Malligi
12 Mowgli
13 Shanthi
20 Hotel Mayura Bhuvaneshwari de la KSTDC
22 Sree Vilas Hotel

DIVERS

1 Hanuman Temple
2 Lakshmi Temple
3 Durga Temple et tour de guet
4 Temple
6 Vittala Temple
7 King's Balance
8 Pont en ruines
9 Traversée en canot
14 Malyavanta Raghunatha Temple
15 Elephant Stables
16 Enceinte du Zenana, Lotus Mahal
17 Hazara Ramachandra Temple
18 Virupaksha Temple (souterrain)
19 Bain de la reine
21 Essence/garage
23 Musée archéologique
24 Pattabhirama Temple
25 Fort

ciment érigées pour prévenir l'effondrement de la structure principale.

On pense que la construction du temple a débuté sous le règne de Krishnadevaraya (1509-1529), et même si elle n'a jamais été achevée, les sculptures somptueuses que porte le temple sont l'expression la plus pure de l'art vijayanagar. Les piliers extérieurs sont appelés "piliers musicaux" car ils résonnent lorsqu'on les frappe. Mais cette pratique n'est pas encouragée afin de ne pas abîmer davantage les ruines. Dans la cour du temple, un char en pierre décoré arbore une représentation de Garuda. Les roues de ce char pouvaient autrefois tourner. L'entrée dans l'enceinte du temple coûte 10 $US en roupies.

Sule Bazaar Achyutaraya Temple

A mi-chemin entre Hampi Bazaar et le Vittala Temple, un sentier mène au très désert Sule Bazaar, qui donne une idée de ce à quoi Hampi Bazaar aurait pu ressembler s'il n'avait pas été repeuplé. Au sud de Sule Bazaar se trouve l'Achyutaraya Temple. Son isolement au pied de la colline Mantaga lui confère une atmosphère encore plus envoûtante que celle du Vittala Temple.

Ville royale

Ce secteur de Hampi est assez différent de la partie nord. En effet, la majorité des grosses pierres rondes, qui abondaient autrefois sur le site, ont été utilisées pour construire une muraille impressionnante. Une marche de 2 km permet d'y accéder depuis l'Achyutaraya Temple, le long d'un sentier. La plupart des gens s'y rendent par la route qui relie Hampi Bazaar à Kamalapuram. Un chemin praticable à bicyclette conduit à son centre.

Plusieurs enceintes entourées de murs en pierre abritent les vestiges des principaux sites de Hampi, notamment le **Lotus Mahal** et l'**Étable des éléphants**. Le Lotus Mahal est un superbe bâtiment dans l'enceinte du zenana. Son architecture est une synthèse des styles hindou et musulman et il tire son nom du lotus gravé au centre du plafond voûté. L'entrée dans l'enceinte du zenana coûte 10$US en roupies.

L'Étable des éléphants forme un long bâtiment constitué de salles voûtées qui abritaient autrefois les éléphants royaux.

Plus au sud se trouvent l'enceinte royale avec ses divers temples, le souterrain **Virupaksha Temple** et l'impressionnant **Bain de la reine.**

Musée

L'entrée du musée archéologique de Kamalapuram revient désormais à 10 $US, payables en roupies, une fortune par rapport à l'ancien tarif de 2 Rs (0,04 $US). Il semble qu'il n'abrite qu'une modeste collection de sculptures, ainsi qu'une grande maquette au sol des vestiges de Vijayanagar.

Anegondi

Au nord de la rivière se trouve le bastion fortifié d'Anegondi. Il n'en reste plus grand-chose aujourd'hui, bien que les murailles soient presque intactes. Les petits temples sont nombreux, dont l'**Hanuman Temple**, perché en haut d'un piton rocheux.

Pour vous rendre à Anegondi, il vous faut traverser la rivière à bord d'un canot, puis suivre la route en terre battue vers le nord.

Où se loger

Hampi Bazaar. Les allées adjacentes à la route principale sont bordées de dizaines d'établissements sommaires mais corrects. Les tarifs indiqués sont ceux appliqués en haute saison ; toutefois, attendez-vous à une augmentation de 50% minimum durant la quinzaine la plus animée, autour du Nouvel An.

La ***Shanthi Guest House*** *(☎ 51368)*, refuge privilégié des voyageurs, loue ses chambres nues avec s.d.b. commune, quelque peu surévaluées, à 100/120 Rs. Toutefois, le lieu est bien tenu et vous profiterez d'un agréable jardin.

Dans une atmosphère familiale et amicale, la ***Vishnu Guest House*** *(☎ 41611)* propose des doubles avec s.d.b. et seau d'eau chaude à 150 Rs.

La ***Raju Guest House***, située en face de la Shanti Guest House de l'autre côté de la rue, dispose de chambres simples et propres avec s.d.b. commune à 60/80 Rs. Si vous vous sentez à l'étroit dans votre chambre, installez-vous sur le toit en terrasse pour vous détendre tout en vous restaurant.

Au sud de la gare routière, dans la rue parallèle au bazar, la ***Rahul Guest House*** *(☎ 41648)* est un établissement populaire

HAMPI BAZAAR (VILLE SACRÉE)

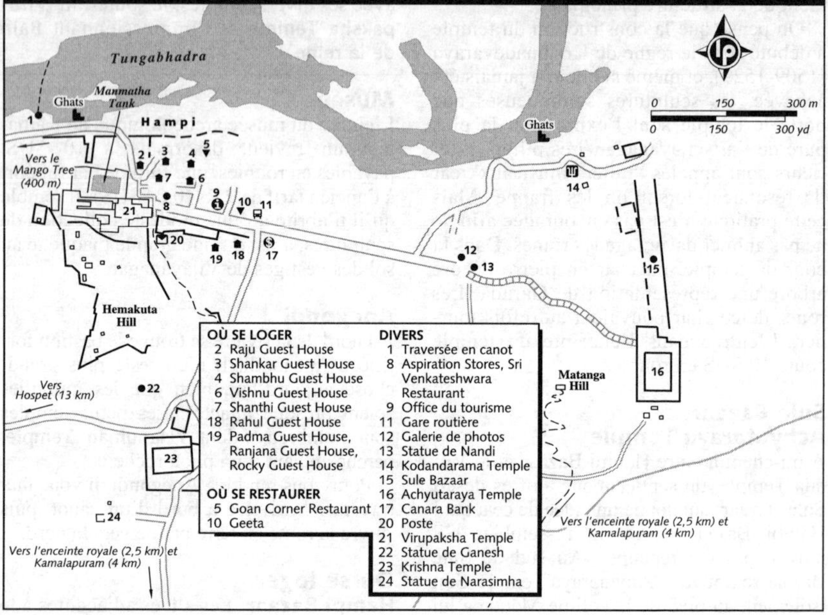

doté de conviviales parties communes. Les chambres propres et spartiates avec matelas sur le sol et s.d.b. commune reviennent à 50 Rs, celles avec lits à 75 Rs et les doubles avec clim. à 300 Rs.

Ce quartier compte deux autres bonnes adresses. La ***Ranjana Guest House*** *(☎ 41696)*, dirigée par des femmes, loue trois doubles impeccables avec s.d.b. (et douche) pour 200 Rs. La ***Padma Guest House*** *(☎ 41331)*, petit établissement avenant, loue cinq doubles avec s.d.b. à 250 Rs.

Parmi les autres établissements figurent la ***Shankar Guest House*** et la ***Shambhu Guest House***, qui offrent toutes deux des chambres à 100/150 Rs. La dernière dispose d'un restaurant sur le toit. La ***Rocky Guest House*** facture 80/100 Rs la simple (5 chambres en tout) et gère un bon petit restaurant.

Au Nord de la rivière. Le quartier le plus retiré de Hampi se trouve de l'autre côté du fleuve, où une ribambelle de pensions accueillent les voyageurs qui trouvent Hampi Bazaar trop bruyant. Pour vous y rendre, prenez un canot (5 Rs) sur les ghats au nord de Virupaksha Temple. Durant la mousson, lorsque le niveau monte, les bateaux ne peuvent pas toujours effectuer la traversée.

Premier établissement sur votre chemin, le ***Vijayanagar Hotel*** propose des chambres rudimentaires dans un bâtiment en dur à 30/60 Rs, de petites huttes en paille à 30 Rs, ainsi qu'un restaurant. L'ensemble est spacieux et le gérant accueillant.

Plus à l'ouest, le ***Gautam*** est dirigé par une famille de fermiers locaux. Il propose des paillotes rustiques en torchis avec toit en chaume à 40/50 Rs, ainsi qu'un petit café. Les pensions ***Umashankar*** et ***Malligi*** offrent des prestations analogues.

De conception plus élaborée, ***Mowgli*** dispose de huttes sommaires avec s.d.b. en commun à partir de 80/100 Rs, et d'autres plus spacieuses avec s.d.b. à 250 Rs. L'établissement jouit d'un espace agréablement ombragé.

Détendu et accueillant, son voisin, le ***Shanthi***, comporte toute une gamme de chambres et de paillotes. Comptez 70/100 Rs pour les moins chères, et 250 Rs pour les huttes récentes avec s.d.b. La cuisine prépare des thali et des pizzas admirables.

Kamalapuram. Installé à la lisière nord de Kamalapuram, l'***Hotel Mayura Bhuvaneshwari*** *(☎ 41574)* de la KSTDC, moderne et plutôt bien entretenu, bénéficie d'un vaste domaine. Une simple/double correcte avec s.d.b. et moustiquaire vous reviendra à 250/300 Rs, ou à 400/450 Rs avec clim. (taxes comprises). L'hôtel abrite un restaurant pour végétariens et non-végétariens, ainsi qu'un bar sommaire.

Où se restaurer

La rue principale d'Hampi Bazaar aligne quelques restaurants simples. Vous trouverez des établissements plus récents parmi les pensions des rues poussiéreuses situées derrière l'office du tourisme. Elles ne présentent guère de différences : destinées exclusivement aux voyageurs, elles préparent quelques standards de la cuisine indienne et occidentale. En dépit de leurs menus apparemment variés, l'offre réelle se révèle plutôt limitée.

Le restaurant le plus renommé de la ville, le ***Sri Venkateshwara***, est installé à droite en direction du Virupaksha Temple. Il sert des plats légers et des en-cas occidentaux pour le déjeuner, ainsi que des thali pour le dîner. Le ***Geeta*** constitue une alternative très appréciée, tout comme le ***Goan Corner Restaurant***, au nord du bazar. La plupart des pensions disposent d'agréables restaurants aménagés sur leur toit.

A l'écart de la foule, vous trouverez le ***Mango Tree*** à 400 m à l'ouest des ghats, en bas d'un chemin qui traverse une plantation de bananes. Sur la terrasse en terre battue, vous mangerez de succulents thali servis sur des nattes.

Kamalapuram compte quelques établissements modestes, notamment le ***Sree Vilas Hotel***, en face de la gare routière. Il ferme à 19h30.

En raison de l'importance de la religion à Hampi, l'alcool est interdit – ce qui ne vous empêchera pas de pouvoir commander discrètement une bière ou deux. Pour une boisson dans un cadre légal, rendez-vous au bar de l'***Hotel Mayura Bhuvaneshwari*** à Kamalapuram.

Comment s'y rendre

Des bus privés au départ de Goa et de Bangalore vous déposeront à Hampi. En revanche, il faut se rendre à Hospet pour prendre un bus au retour, car les conducteurs d'auto-rickshaws se sont plaints du manque à gagner que les bus directs représentaient pour eux. Toutes les heures environ, des bus locaux relient Hampi Bazaar à Hospet (10 Rs, 30 min). Le premier part d'Hospet à 6h30, le dernier quitte Hampi à 20h30. Le trajet en rickshaw s'élève à 80 Rs.

Si vous venez de Goa, le bus de nuit (400 Rs) est une solution économique. Notez que, en chemin, un certain nombre d'arrêts bruyants et certains virages quelque peu effrayants peuvent rendre votre sommeil plutôt chaotique. Les voyageurs solitaires devront partager leur banquette. Plusieurs agents de voyage dans Hampi Bazaar peuvent effectuer des réservations de bus, de train et d'avion ou vous trouver une voiture et un chauffeur.

Comment circuler

Il est fortement conseillé de louer une bicyclette pour explorer les ruines après avoir visité les temples de Vittala et d'Achyutaraya ainsi que Sule Bazaar. La route entre Hampi Bazaar et Kamalapuram permet aussi de rejoindre les ruines ; les principaux monuments sont indiqués de façon fantaisiste. La location de bicyclettes coûte environ 30 Rs par jour à Hampi Bazaar.

La marche est l'unique moyen d'explorer tous les recoins du site, mais préparez-vous à parcourir au moins 7 km, ne serait-ce que pour la visite des principaux monuments. Sinon, des auto-rickshaws et des taxis vous déposeront aussi près qu'ils le pourront des ruines. La visite de 5 heures en auto-rickshaw coûte 300 Rs.

Des circuits organisés partent d'Hospet. Voir cette rubrique pour plus de renseignements.

HOSPET

☎ 08394 • 151 900 habitants

L'atmosphère d'Hospet, centre régional en effervescence, n'est en rien semblable à celle de Hampi. Néanmoins, vous devrez vous y rendre pour prendre des correspondances. Hormis ses quelques hébergements haut de gamme, vous ne trouverez aucune raison de séjourner dans la ville.

Renseignements

L'office du tourisme (☎ 28537), aménagé sur Old Bus Stand Rd (ouverte de 7h30 à

La fête de Muharram

Hospet s'anime lors de la fête de Muharram, qui commémore (en mai ou juin, la date varie d'une année sur l'autre) le martyre du petit-fils de Mahomet, l'imam Hussain. Si vous vous y trouvez à ce moment-là, ne manquez pas la cérémonie de la marche sur les braises qui se prolonge un jour et une nuit. La ville entière participe à cet événement dont le point fort se situe vers minuit. Contrairement aux fêtes musulmanes traditionnelles, les préparatifs mélangent rites musulmans et hindous.

22h10 tous les jours) fournit plans et informations sur Hampi ainsi que sur les sites du nord du Karnataka. L'Hotel Malligi change les chèques de voyages, tandis que l'Andhra Bank, sur Station Rd près du petit canal, pratique des avances sur les cartes Visa et MasterCard.

Circuits organisés

La KSTDC organise chaque jour un circuit sur les trois grands sites de Hampi (Hampi Bazaar, Vittala Temple et l'enceinte royale), ainsi qu'au barrage de Tungabhadra. Le départ se fait à 9h30, le retour à 17h, et le prix s'élève à 80 Rs. Quant aux guides, tout est question de chance : vous pouvez tomber sur un érudit tout comme sur un accompagnateur pressé de parcourir les ruines. Pour les réservations, rendez-vous à l'office du tourisme d'Hospet ou à l'Hotel Malligi.

On peut réserver à l'office du tourisme de Hospet, ou au Malligi Tourist Home.

Où se loger et se restaurer

A proximité du canal sud qui traverse Hospet, l'***Hotel Malligi*** *(☎ 28101, fax 27038, malligi@blr.vsnl.net.in, 6/143 Jabunatha Rd)* dispose d'une aile moderne dotée de chambres avec clim. entre 550 et 2 250 Rs. La partie ancienne du bâtiment, bien moins onéreuse, ne présente aucun cachet – mieux vaut loger à Hampi. L'accès à la piscine revient à 25 Rs pour les non-résidents.

Nouvellement construit, l'***Hotel Karthik*** *(☎ 24938, Sardar Patel Rd)* loue des doubles bien aménagées à 250 Rs. Les chambres deluxe reviennent à 300 Rs, et celles avec clim. à 500 Rs.

Au ***Madhu Paradise*** de l'Hotel Malligi, vous dégusterez des plats végétariens d'Inde du Sud et du Nord ou encore des petits déjeuners occidentaux, le tout à des prix raisonnables.

Le restaurant ***Waves***, face au Malligi, surfe sur une carte multicuisine. A côté de l'office du tourisme rendez-vous au ***Shanbagh Hotel***, pour un repas végétarien tout à fait correct.

Comment s'y rendre

Bus. Très animé, l'arrêt des bus de Hospet est assez bien organisé. En revanche, les bus circulant dans la région sont toujours bondés et il faut se battre pour monter. Si vous voyagez avec un gros sac à dos, le trajet risque de ne pas être agréable du tout.

Les bus pour Hampi partent du quai n°10 toutes les demi-heures (5 Rs).

Plus de 10 bus express rejoignent quotidiennement Bangalore (117/166 Rs ordinaire/deluxe, 9 heures). Pratiquement tous partent le matin ou le soir, aucun ne dessert Bangalore entre 13h et 21h30. Les bus deluxe de nuit de la KSTDC à destination de Bangalore démarrent tous les jours à 22h (160 Rs). Des bus publics desservent fréquemment Hubli (42 Rs, 4 heures).

Trois bus rallient quotidiennement Badami. Vous pouvez également monter dans l'un des nombreux bus pour Gadag ou Ilkal, puis prendre la correspondance pour Badami. Le voyage dure 5 heures *via* Gadag et près de 6 heures *via* Ilkal. Le voyage en train s'avère plus confortable.

Quatre bus desservent Bijapur (77 Rs, 6 heures) ; cinq Hyderabad (143 Rs, 9 heures) et il existe des départs quotidiens pour Hassan, Mangalore et Shimoga. Deux bus se rendent tous les matins à Gokarna (107 Rs, 8 heures), à 1h et 9h.

Train. La gare d'Hospet se trouve à 20 min à pied du centre-ville, un trajet qui revient à 10 Rs en auto-rickshaw. Un train direct dessert tous les jours Bangalore à 20h20 (151/531 Rs en couchette/1re classe, 10 heures 30). Sinon, allez jusqu'à Guntakal (3 heures) où de nombreux autres express partent pour Bangalore, et deux pour Hubli (4 heures). Pour vous rendre à Badami et Bijapur, prenez le train pour Hubli, descendez à Gadag et prenez la correspondance.

EDDIE GERALD

GREG ELMS

GREG ELMS

Au Karnataka, sensualité et spiritualité ne font qu'un : à Hampi, deux jeunes mariés sont parés des plus belles soies et de magnifiques colliers de fleurs **(en haut)** ; de la poudre *tikka* aux couleurs criardes est vendue aux dévots hindous pour qu'ils en marquent leur front **(en bas à droite)** ; et d'odorantes guirlandes sont proposées sur un étal à Mysore **(en bas à gauche)**

PAUL BEINSSEN

MARTIN HUGHES

MARTIN HUGHES

EDDIE GERALD

Douceur de vivre au Kerala : une femme porte de l'eau près de Kottayam **(en haut à droite)** ; une embarcation traditionnelle navigue entre Alappuzha et Kollam **(en bas)** ; des femmes tamisent du gingembre à Mattancherry, dans la baie de Kochi **(au milieu à gauche)** ; un éléphant et son *mahout* se reposent avant de participer à la parade du Pooram Festival à Thrissur **(en haut à gauche)**

HUBLI

☎ 0836 • 778 000 habitants

Hubli est un important nœud ferroviaire entre Mumbai et Bangalore, Goa et le nord du Karnataka. C'est là son seul intérêt pour le voyageur.

Les principaux services (hôtels, restaurants, etc.) sont regroupés près de la gare ferroviaire. L'arrêt des bus est situé Lamington Rd, soit à 15 min de marche de la gare ferroviaire.

Où se loger

A 500 m de la gare ferroviaire, l'***Ashoka Towers Hotel*** *(☎ 362271, Lamington Rd)* loue des simples/doubles avec s.d.b. à 130/175 Rs, et des doubles avec clim. à 350 Rs.

Face à l'Ashoka, l'***Hotel Kailash*** *(☎ 352235, Lamington Rd)*, plus chic, dispose de chambres confortables avec eau chaude et TV à 300/450 Rs. Comptez 630 Rs pour une double avec clim.

A deux pas de la rue principale, l'***Hotel Ajanta*** *(☎ 362216)* est visible de la gare routière. Compte tenu de ses dimensions, vous êtes assuré de toujours trouver une chambre libre. Comptez en moyenne 60/100 Rs pour une chambre avec s.d.b. commune, ou 110/160 Rs avec s.d.b. (location effectuée par tranche de 24 heures).

Meilleur hôtel des environs de la gare routière, l'***Hotel Ayodhya*** *(☎ 351951, Station Rd)* loue des simples/doubles à 150/220 Rs.

Situé sur les rives du lac, à 5 km du centre-ville, l'***Hotel Naveen*** *(☎ 372283, fax 372730, Poona-Bangalore Rd, Unkal)* constitue le summum à Hubli. Comptez au moins 1 230/1 500 Rs pour une chambre, et 6 000 Rs pour une suite spacieuse. Vous pourrez profiter de la piscine et d'un restaurant proposant une cuisine variée.

Où se restaurer

Dans la rue face à la gare ferroviaire, le ***Parag Bar & Restaurant*** joue les pubs anglais. Il sert également des plats corrects, chinois et indiens (végétariens ou non) sur la terrasse installée sur le toit.

Le ***Royal Palace***, aménagé dans une rue adjacente à l'Ashoka Towers Hotel, se pose comme le meilleur restaurant de son quartier. Les plats de l'Inde du Nord reviennent à 60 Rs. Vous trouverez de nombreuses échoppes de nuit autour des gares routière et ferroviaire.

Comment s'y rendre

Bus. Hubli possède une vaste gare routière et un guichet de réservation efficace et bien organisé, dans un bâtiment à part. La KSRTC dispose de nombreux bus deluxe à destination de Bangalore (169 Rs, 9 heures) et d'Hospet (42 Rs, 4 heures). Mumbai est desservie par 4 bus quotidiens (194 Rs, 15 heures), 3 bus vont à Mysore (161 Rs, 10 heures), 2 à Mangalore (128 Rs, 10 heures) et vous trouverez au moins un bus au départ en direction de Bijapur, Gokarna et les Jog Falls.

Quatre bus de la KSRTC rejoignent Panaji (55 Rs, 5 heures) et la compagnie de Goa Kadamba Transport Corporation assure également un certain nombre de liaisons.

En face de la gare routière, de nombreuses compagnies privées proposent des bus deluxe à destination de Bangalore, Bijapur, Goa, Mangalore, Mumbai et Pune.

Train. Le bureau des réservations ouvre tous les jours de 8h à 20h. Pour vous rendre à Hospet (4 heures), il existe des express à 13h et à 20h. Pour Bijapur, il faut prendre l'un de ces trains et changer à Gadag (1 heure).

Chaque jour, 2 ou 3 express desservent Bangalore (162/749 Rs en couchette/2A clim., 9 heures) et 2 se rendent à Mumbai (205/951 Rs en couchette/2A clim., 17 heures) *via* Londa (30 RS en 2e classe, 2 heures). Londa est la gare de correspondance la plus proche de Goa.

Nord du Karnataka

BADAMI

☎ 08357 • 18 200 habitants

Nichée dans un cadre magnifique au pied d'une étonnante crête de grès rouge, la bourgade rurale de Badami fut autrefois la capitale de l'empire Chalukya, qui couvrit la majeure partie du centre du Deccan du IVe au VIIIe siècle. A Badami et dans les villages voisins d'Aihole et de Pattadakal, vous pourrez découvrir certains des exemples les plus beaux et les plus anciens des grottes et des temples dravidiens, dont les formes et les sculptures inspirèrent les empires hindous qui dominèrent ensuite le sud de la péninsule.

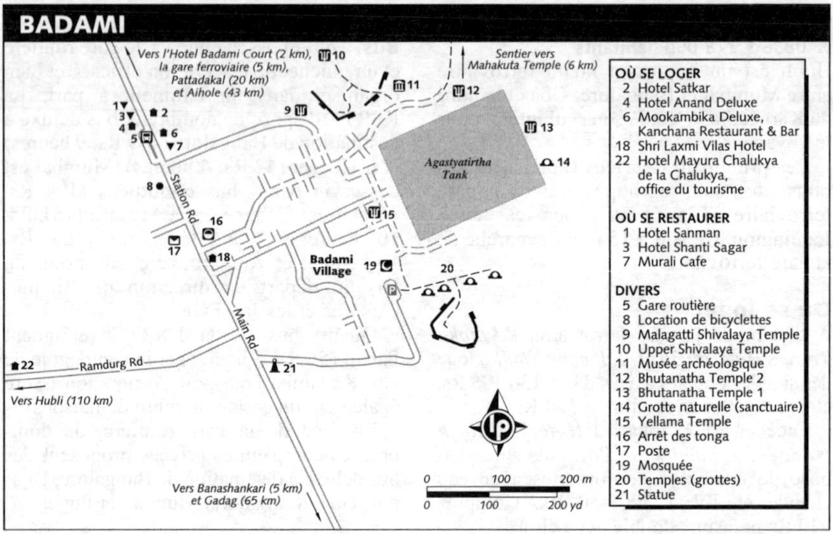

Histoire

Badami eut rang de capitale de 540 à 757. Sur tous les versants et les sommets des collines environnantes, on découvre des temples, des fortifications, des sculptures et des inscriptions datant non seulement de la période chalukya, mais aussi d'autres époques, lorsque le site servait de forteresse. Après avoir succombé aux Rashtrakuta, Badami fut successivement occupée par les Chalukya de Kalyan (branche des Chalukya de l'Ouest), les Kalachurya, les Yadav de Devagiri, l'empire de Vijayanagar, les rois Adil Shahi de Bijapur et les Marathes.

Tous ces occupants ont laissé des traces de leur présence, et l'on peut même voir une inscription pallava remontant à l'an 642, date à laquelle le roi Narasimha Varman Ier domina pour un temps les Chalukya et occupa Badami durant 13 ans, avant d'en être délogé à son tour.

KARNATAKA

Renseignements

La rue principale de Badami (Station Rd) est jalonnée par quelques hôtels et restaurants et le village se trouve enserré entre cette artère et les grottes du haut de la colline. L'office du tourisme (☎ 65414), ouvert du lundi au samedi, de 10h à 17h30, est installé dans la nouvelle aile de l'Hotel Mayura Chalukya de la KSTDC sur Ramdurg Rd.

Les hotels Badami Court et Mookambika Deluxe acceptent de changer les travellers cheques, moyennant une forte commission.

Grottes

La ville est surtout célèbre pour ses splendides temples troglodytiques. Taillées dans le grès rouge à flanc de colline, 4 grottes témoignent de la multiplicité des obédiences religieuses qui se sont épanouies sur le sol indien. Elles sont ouvertes de 6h à 18h (entrée à 5$US en roupies). Pour les visiter, un guide vous reviendra à 150 Rs, ou à 350 Rs si vous voulez voir tout le site.

Première grotte. Située au-dessus de l'entrée du site, cette grotte dédiée à Shiva est la plus ancienne des quatre et aurait été sculptée au VIe siècle. Sur le mur à droite de l'entrée, un superbe Nataraja est représenté dans 81 postures de danse ; au bout de ses 18 bras, il tient, entre autres choses, un serpent, un instrument de musique et un *trishula* (trident).

A droite de l'entrée se dresse une gigantesque sculpture d'Ardhanarishvara, dotée d'attributs de Shiva (cheveux emmêlés et troisième œil) sur la moitié droite et de Parvati (cheveux tressés et ornements) sur la moitié gauche. Sur le mur d'en face se trouve un immense Harihara, dont la partie gauche évoque Shiva et la partie gauche Vishnu. Un nandi sans tête trône au milieu de la grotte, face à un minuscule sanctuaire sculpté dans le mur du fond.

Deuxième grotte. De conception plus simple, elle est dédiée à Vishnu. Comme dans la première et la troisième grottes, l'avant du socle est décoré de nains bedonnants dans diverses poses. La véranda est soutenue par quatre piliers, dont le sommet se compose d'une potence sculptée en forme de *yali* (créature mythique prenant la forme d'un lion). Sur le mur de gauche, le Vahara à tête de cochon, une incarnation de Vishnu, est l'emblème de l'empire Chalukya ; à sa gauche se trouve Naga, le serpent. Sur le mur de droite, un grand Trivikrama, autre avatar de Vishnu, chasse un démon et tient différentes armes dans ses huit mains, dont un disque, un arc et un sabre. Les panneaux du plafond montrent Vishnu chevauchant Garuda, des *gandharva* (divinités de l'eau), des swastikas et des poissons tournant dans une roue.

Entre la deuxième et la troisième grottes, deux escaliers montent vers la droite. Le premier mène à une **grotte naturelle**, dont le mur côté est abrite une petite sculpture bouddhique de Padmapani (une incarnation du Bouddha). Le second escalier conduit au **South Fort** (fort du sud), au sommet de la colline ; malheureusement, l'accès à ce dernier est barré par une grille.

Troisième grotte. Également dédiée à Vishnu, cette grotte a été sculptée sur ordre de Mangalesha, frère du roi Kirtivarnma, en 578. Elle renferme certaines des plus belles sculptures du site.

Sur le mur de gauche, vous verrez une imposante sculpture de Vishnu, assis sur les anneaux du serpent ; à côté est représenté Varaha, avec ses quatre mains. Les piliers, entièrement sculptés, comportent des potences en forme de yali. Sur les panneaux du plafond figurent des représentations de Vishnu, d'Indra à dos d'éléphant, de Shiva chevauchant un taureau et de Brahma sur un cygne.

Quatrième grotte. Dédiée au jaïnisme, la plus petite des quatre grottes a été sculptée entre le VIIe et le VIIIe siècles. Les piliers, ornés de yali rugissants, sont d'une facture similaire à ceux des autres grottes. Sur le mur de droite, une sculpture commémore Suparshvanatha (le 7e tirthankar ou maître jaïna), entouré d'une vingtaine de ses confrères. Le sanctuaire renferme une représentation d'Adinath, le 1er tirthankar.

Autres curiosités

Les grottes surplombent le superbe **Agastyatirtha Tank** (bassin artificiel) aux eaux vertes, construit au Ve siècle et les paisibles **temples de Bhutanatha**. De l'autre côté du bassin, le **musée archéologique** regroupe de magnifiques exemples de sculptures locales, notamment de remarquables *lajja-gauri* servant au culte de la fertilité qui se développa dans les environs. Il est ouvert tous les jours de 10h à 17h sauf le vendredi (2 Rs). Derrière le musée, un escalier monte jusqu'à des portes fortifiées qui donnent sur divers temples ainsi que sur les ruines du **fort du Nord**. Depuis le fort, vous bénéficiez d'une vue exceptionnelle sur les toits de la bourgade chaleureuse de Badami. Prenez le temps de vous promener dans ses ruelles, observez les plus anciennes maisons, les vestiges de l'époque des Chalukya et les petites places où vaquent paisiblement les animaux domestiques.

Où se loger

L'***Hotel Anand Deluxe*** *(☎ 20074, Station Rd)* dispose de toute une gamme de chambres : simples étriquées situées dans l'arrière du bâtiment à 70 Rs, doubles s'échelonnant de 120 à 250 Rs, et doubles avec clim. et TV à 300 Rs. Jetez un coup d'œil à plusieurs chambres avant de vous décider.

Au ***Shri Laxmi Vilas Hotel*** *(☎ 20077, Station Rd)*, près de l'arrêt des tonga, les doubles rudimentaires et bon marché reviennent à 125 Rs. Un restaurant occupe le rez-de-chaussée.

L'***Hotel Mayura Chalukya*** *(☎ 20046, Ramdurg Rd)* de la KSTDC est installé à 500 m de Station Rd. Cet établissement dans un état convenable bénéficie d'un jardin tranquille et de simples/doubles/triples à 160/190/250 Rs.

Solution de dernier recours, l'***Hotel Satkar*** *(☎ 20417, Station Rd)* propose le confort succinct de matelas durs, de chambres douteuses et de toilettes à la turque pour 70/100 Rs. Vous trouverez un bar juste à côté.

Face à la gare routière, le ***Mookambika Deluxe*** *(☎ 65067, Station Rd)* s'est transformé en établissement haut de gamme, figurant désormais dans la catégorie deluxe. En haute saison, il facture 300 Rs les chambres standard propres, ou 500 Rs celles avec TV et baignoire. Modernes, les s.d.b. disposent d'eau chaude en permanence.

Dans la campagne, à 2 km du centre-ville en direction de la gare ferroviaire, l'***Hotel Badami Court*** *(☎ 20230, fax 20207, Station Rd)* est le meilleur établissement de la ville. Les simples/doubles avec clim., baignoire, et TV reviennent à 42/54 US$ (taxes comprises). La piscine est ouverte aux non-résidents, moyennant 100 Rs. Pour davantage d'informations, consultez le site Internet de l'hôtel (www.hotelbadamicourt.com).

Où se restaurer

Si le ***Kanchana Restaurant & Bar***, contigu au Mookambika Deluxe, n'est pas le moins cher de la ville, il sert toutefois un large éventail de plats végétariens ou non (biryani de légumes à 50 Rs) ainsi qu'un petit déjeuner à l'occidentale. Il bénéficie d'une terrasse plaisante à l'étage.

Tout proche, l'***Hotel Sanman*** est apprécié des voyageurs et de la population locale. Vous pourrez déguster une cuisine bon marché, végétarienne ou non, ou siroter une bière fraîche.

Simple restaurant végétarien, le ***Murali Café*** propose des thali au déjeuner.

L'***Hotel Shanti Sagar***, à côté de l'Hotel Anand Deluxe, prépare de succulentes spécialités végétariennes d'Udipi.

Le ***Pulikeshi Dining Room*** de l'Hotel Badami Court est un restaurant très chic, avec couverts en argent, où l'on sert de la cuisine internationale. Comptez environ 200 Rs par personne pour un dîner.

Comment s'y rendre

Bus. Six bus quotidiens desservent Bijapur (4 heures) et Hubli (3 heures), quatre rejoignent Bangalore (150 Rs en bus deluxe, 12 heures). Cinq bus directs se rendent tous les jours à Hospet (5 heures), mais vous pouvez prendre n'importe quel bus à destination de Gadag (2 heures) ou d'Ilkal (2 heures), afin d'avoir la correspondance pour Hospet.

Train. Les seuls trains qui s'arrêtent à Badami sont ceux qui assurent la liaison avec Gadag et Bijapur (ce sont presque tous des trains de 2e classe, qui restent plus confortables que les bus). Les billets sont vendus environ 30 min avant l'arrivée du train. Cinq trains desservent Bijapur (24 Rs, 4 heures) et cinq autres rallient Gadag, où vous pouvez prendre une correspondance pour Hospet et Hubli.

Comment circuler

La gare ferroviaire de Badami se trouve à 5 km de la ville. La course en tonga jusqu'à la ville coûte 25 Rs. Pour vous rendre du centre à la gare, vous avez le choix entre un tonga, un auto-rickshaw (35 Rs) et un taxi (55 Rs). Il est possible de louer des vélos à Badami pour 3 Rs l'heure.

Les bus locaux sont le meilleur moyen de découvrir les environs car ils sont relativement fréquents et respectent à peu près les horaires. Vous pouvez ainsi visiter Aihole et Pattadakal en une journée au départ de Badami si vous partez tôt. Mieux vaut commencer par Aihole car le dernier bus d'Aihole à Badami part à 16h30 ; le dernier bus part de Pattadakal à 18h. De nombreux bus de Badami desservent Aihole (15 Rs, 2 heures). A Aihole, deux bus partent en principe à 11h30 et à 13h (l'horaire est très fluctuant) pour Pattadakal (30 min), d'où les bus et les minibus retournent toutes les heures à Badami. Emportez de quoi manger et boire.

Pour un circuit d'une journée en taxi, englobant Pattadakal, Aihole et Mahakuta, comptez entre 500 et 600 Rs – un bon rapport qualité/prix si 3 ou 4 participants partagent le véhicule. Les hôtels de Badami peuvent s'occuper des réservations.

ENVIRONS DE BADAMI

Pattadakal

Situé à 20 km de Badami, ce village ne fut pas seulement la seconde capitale des Chalukya de Badami mais aussi le site choisi pour les cérémonies de couronnement. Il connut son apogée au cours des VIIe et VIIIe siècles, où la plupart des temples furent construits. Les vestiges les plus anciens datent des III et IVe siècles, parmi lesquels un temple jaïna de la période Rashtrakuta (IXe siècle). Pour les étrangers, le tarif d'entrée se monte à 10 $US (!), mais la vue est assez belle.

Pattadakal, comme Aihole, fut le berceau de l'architecture des temples du Sud de l'Inde. Deux styles majeurs de temples y furent développés. D'une part on trouve les sikhara, tours curvilignes des temples de Kasivisvesvara, Jambulinga et Galaganatha. D'autre part, les temples de Mallikarjuna,

Sangamesvara et Virupaksha possèdent un toit carré bordés de pans inclinés.

Le monument le plus important du site est le **Virupaksha Temple**. Ses robustes colonnes sont couvertes de sculptures représentant des épisodes du *Ramayana* et du *Mahabharata*, des scènes de guerre, des amants et des éléments décoratifs. Autour du toit du hall se dressent des têtes d'éléphants et de lions. A l'est, face au temple, un pavillon abrite un énorme nandi. L'extérieur du temple, entièrement sculpté et décoré, est assez bien conservé.

Un **festival de danse classique** se tient à Pattadakal, normalement vers la fin janvier.

Aihole

Capitale régionale des Chalukya du IVe au VIe siècle, Aihole permet d'admirer l'architecture hindou à son stade embryonnaire, depuis les temples de l'ensemble de Kontigudi et le très précoce Ladkhan Temple jusqu'aux structures plus tardives et plus complexes du Meguti Temple.

Au centre du village, un site entouré d'un mur d'enceinte abrite l'un des monuments les plus intéressants d'Aihole, le **Durga Temple**, construit au VIIe siècle. Ce temple est remarquable par son abside semi-circulaire, copiée de l'architecture bouddhique, et par les vestiges du sikhara curviligne. En outre, les imposantes sculptures couvrant le passage à colonnades autour du sanctuaire méritent la plus vive attention.

Le petit **musée** derrière le temple de Durga conserve d'autres exemples des œuvres des sculpteurs chalukya. Il est ouvert de 10h à 17h (fermé le vendredi). Pour les étrangers, l'entrée dans l'enceinte revient à 5 $US, payables en roupies.

Au sud du temple de Durga, vous débouchez sur plusieurs ensembles d'édifices parmi les plus anciens d'Aihole, dont les ensembles de Gandar, de Ladkan, de Kontigudi et de Hucchapaya. A 600 m au sud-est, vous admirerez le **Meguti Temple**, perché au sommet d'une petite colline.

D'un excellent rapport qualité/prix, le ***Tourist Home*** *(☎ 08351-34541)* propose des lits en dortoir à 40 Rs et des chambres à 100/200 Rs (les moins chères sont situées dans l'ancienne aile). L'établissement est bien géré et son responsable, très serviable, s'occupe des réservations de guides pour la visite de quelques temples, parmi la dizaine éparpillée aux alentours (200 Rs par jour). L'hôtel est installé à 1 km du centre du village, sur la route d'Amingad. Prévenez le personnel si vous souhaitez prendre vos repas.

Mahakuta Temple

Environ à 10 km à l'est de Badami, cet édifice est facilement accessible depuis la route d'Aihole. Le temple, sacré car le sage Agastya y vécut, est un lieu de pèlerinage. Dans la cour entourée de murs se trouvent deux temples principaux, de part et d'autre d'un ancien bassin. Le premier, près de l'entrée, sert toujours au culte, tandis que l'autre est désormais déserté. De nombreux petits autels consacrés à Shiva occupent le pourtour de l'enceinte.

Banashankari

Ce petit village, à environ 5 km au sud-est de Badami, renferme un magnifique temple avec un immense bassin entouré de colonnes. Banashankari vaut particulièrement le détour pendant la **fête annuelle du temple** qui a normalement lieu en janvier. Pendant plusieurs jours, les rues avoisinant le site s'animent d'une grande foire qu'il est plus agréable de visiter en soirée.

BIJAPUR

☎ 08352 • 217 500 habitants

La ville atteignit son apogée il y a 400 ans, et semble n'avoir cessé de décliner depuis. Toutefois, elle s'honore de posséder une riche architecture musulmane remontant au XVe et au XVIIe siècles. Palais et fortifications, mosquées, mausolées, dont le célèbre mausolée Golgumbaz, remarquable par son vaste dôme (le 3e plus grand au monde), font partie de son inventaire. L'élégance austère des monuments de Bijapur contraste vivement avec l'exubérance des sculptures des temples chalukya et hoysala plus au sud.

La ville fut la capitale de la dynastie des Adil Shah (1489-1686), l'un des cinq États-satellites formés lorsque le royaume musulman de Bahmani s'effondra en 1482. Constitués à la même époque, les autres étaient Bidar, Golconda, Ahmednagar et Gulbarga. Si la ville conserve une empreinte musulmane marquée, elle est également le centre du lingayat, dérivé du shivaïsme. Inspirée du révolutionnaire religieux Basavanna

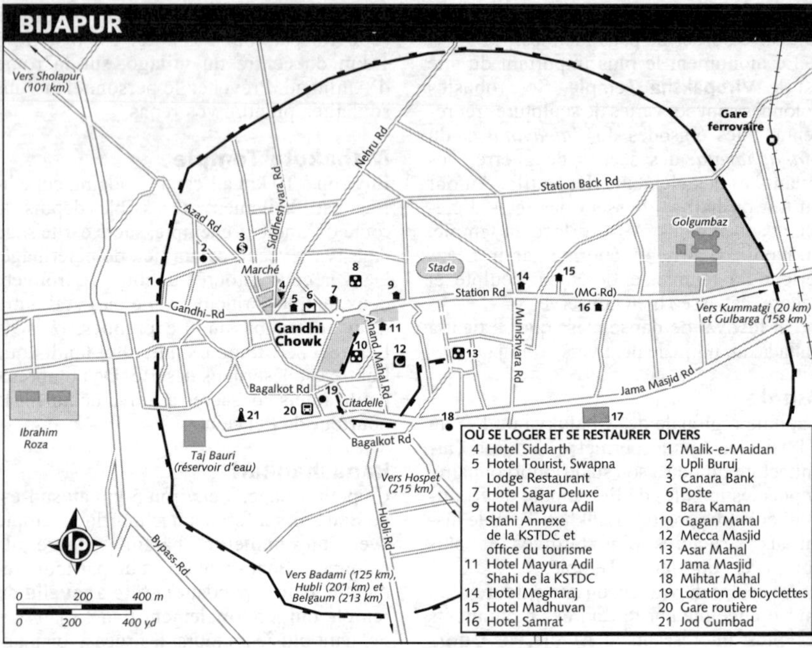

(Basaveshwara) du XIIe siècle, la foi lingayat met l'accent sur un seul dieu personnalisé, le "linga élu". Les poèmes et les hymnes à Basavanna tournent en ridicule les rituels et les légendes de l'hindouisme védique.

Orientation

Les deux principales curiosités, le Golgumbaz et l'Ibrahim Roza, se situent aux deux extrémités de la ville et sont reliées par Station Rd (MG Rd), où se trouvent la plupart des hôtels et des restaurants. L'arrêt des bus est à 5 min à pied de Station Rd, la gare ferroviaire à 2 km à l'est du centre.

Renseignements

L'office du tourisme de Station Rd, derrière l'Hotel Mayaura Adil Shari Annexe du KSTDC, est assez peu efficace et ne propose aucun circuit dans la ville. Le bureau de poste, également dans Station Rd, est ouvert du lundi au samedi de 8h30 à 18h.

Pour changer les chèques de voyage, adressez-vous à la Canara Bank, au nord du marché. Il faudra fournir des photocopies des pages de votre passeport sur lesquelles figurent votre nom et votre photo.

Golgumbaz

L'édifice le plus imposant et le plus célèbre de Bijapur est le Golgumbaz. Bâti en 1659, ce bâtiment massif et mal proportionné, qui abrite une immense salle, est renforcé à chaque angle par des tours octogonales de sept étages. Cette structure est couronnée par une immense coupole de 38 m de diamètre qui serait parmi les plus grandes du monde.

A la base de la coupole, surplombant la grande salle, court une "galerie des murmures" : si vous parlez près du mur, une personne se trouvant de l'autre côté peut vous entendre clairement. L'acoustique est telle que chaque son se répercute dix fois. On accède à la galerie par un escalier étroit dans la tour sud-est et l'on jouit d'une belle vue sur Bijapur depuis l'extérieur du dôme. Mieux vaut venir tôt le matin pour en bénéficier, et c'est également le meilleur moment pour tester l'acoustique, avant le rush des écoliers.

Le mausolée est ouvert de 6h à 18h, moyennant 5 $US en roupies pour les étrangers. Il faut se déchausser à l'entrée.

Un **musée archéologique**, situé dans les jardins ornementaux du mausolée, ouvre tous les jours de 10h à 17h, excepté le vendredi.

Mausolée d'Ibrahim Roza

Le superbe mausolée d'Ibrahim Roza fut édifié à l'âge d'or de Bijapur par Ibrahim Adil Shah II (1580-1626) pour son épouse. Contrairement au Golgumbaz qui n'impressionne que par sa taille, il se distingue par son raffinement. Ses minarets, hauts de 24 m, auraient inspiré ceux du Taj Mahal. C'est l'un des rares monuments de Bijapur rehaussé de sculptures élaborées.

Il abrite les sépultures d'Ibrahim Adil Shah, de la sultane, Taj Sultana, de sa fille, de ses deux fils et de sa mère, Haji Badi Sahiba. Le droit d'entrée s'élève à 5 $US en roupies. Vous devrez quittez vos chaussures pour accéder à la plateforme.

Citadelle

Au centre de la cité, la citadelle est entourée de murs fortifiés et d'une large douve. Elle renfermait les palais, les jardins et le durbar (salle d'audience publique) des souverains Adil Shah, aujourd'hui presque tous en ruine. Quelques fragments superbes subsistent cependant. Le plus beau, le **Gagan Mahal**, fut construit par Ali Adil Shah Ier vers 1561 pour servir à la fois de résidence royale et de durbar.

A côté, le **Sat Manzil**, palais à sept étages de Mohammed Adil Shah, est très dégradé. De l'autre côté de la route, vous pourrez admirer le **Jala Manzil**, un petit kiosque bâti au centre d'un bassin qui était entouré de cours et de jardins. De l'autre côté de Station Rd se dressent les gracieuses arches du **Bara Kaman**, mausolée en ruine d'Ali Roza.

Jama Masjid

Cette mosquée aux proportions remarquables comporte d'élégantes arches, une superbe coupole et une vaste cour intérieure pouvant accueillir 2 250 fidèles. L'espace alloué à chacun est délimité en noir sur le sol. Le toit plat est accessible par plusieurs escaliers. Cette mosquée fut construite par Ali Adil Shah Ier (qui régna de 1557 à 1580), qui fit aussi édifier les murs fortifiés de la ville, le Gagan Mahal, ainsi qu'un système d'égout.

Autres monuments

A l'est de la citadelle, l'**Asar Mahal** fut érigé par Mohammed Adil Shah vers 1646 pour servir de tribunal. Le bâtiment abritait aussi deux poils de barbe du Prophète. Les salles à l'étage sont ornées de fresques en façade et agrémentées d'un bassin carré. Les femmes ne sont pas autorisées à pénétrer à l'intérieur. Au sud, le **Mihtar Mahal**, noirci mais richement décoré, sert de porte ornementale à une petite mosquée.

Upli Buruj, la tour de garde de 24 m de haut, date du XVIe siècle. Elle a été construite près des remparts occidentaux de la ville. Un escalier extérieur mène au sommet, où sont installés deux énormes canons et d'où la vue sur la ville et les plaines est superbe.

Le **Malik-e-Maidan** (monarque des plaines) est un gigantesque canon mesurant plus de 4 m de long, près de 1,5 m de diamètre et pesant 55 tonnes. Coulé en 1549, il fut apporté à Bijapur comme trophée de guerre avec l'aide de 10 éléphants, de 400 bœufs et de centaines d'hommes.

Selon la légende, les tireurs préféraient sauter dans les douves après avoir allumé la mèche, plutôt que d'être assourdis par le bruit de la détonation. Détail futile : la tête du canon est en forme de tigre (symbole islamique), dont les dents affûtées comme des couteaux se referment sur un éléphant comique aux yeux protubérants (symbolisant l'hindouisme) tentant de s'échapper.

Au sud-ouest de la ville se dressent les tombes jumelles de **Jod Gumbad**, et leurs superbes dômes en forme de bulbe, abritant les sépultures du général Adil Shahi et de son conseiller spirituel, Abdul Razzaq Qadiri. Les jardins constituent un lieu de pique-nique populaire. Le **Taj Bauri**, tout proche, est un vaste réservoir d'eau polluée dont l'accès est marqué par une porte élégante.

Manifestation annuelle

A Bijapur, le **Lingayat Siddeshwara Festival** se déroule durant huit jours en janvier/février.

Où se loger

Meilleure option pour les petits budgets, l'***Hotel Sagar Deluxe*** *(☎ 59234, Barakaman Rd)*, en centre-ville, dispose de chambres exiguës mais propres et confortables. Les simples/doubles reviennent à 125/150 Rs (comptez un supplément de 50 Rs pour une TV), et la suite avec clim. à 750 Rs.

Plus à l'ouest, l'***Hotel Tourist*** *(☎ 20655, Gandhi Rd)* est très sommaire mais en bon état, en dépit de quelques taches sur les murs. Comptez 120 Rs pour une double ordinaire.

D'un niveau analogue, l'***Hotel Megharaj*** *(☎ 51458, Station Rd)* propose des doubles

KARNATAKA

ordinaires à 130 Rs, d'un meilleur rapport qualité/prix que les deluxe à 210 Rs.

Les chambres acceptables avec s.d.b. de l'***Hotel Samrat*** *(☎ 21620, Station Rd)* reviennent à 120/150 Rs, et les doubles deluxe avec TV et air-cooler à 220 Rs.

Un peu décrépit, l'***Hotel Mayura Adil Shahi Annexe*** *(☎ 50401, Station Rd)* propose des chambres spacieuses. Les doubles avec clim. reviennent à 445 Rs. Les chambres de l'***Hotel Mayura Adil Shahi***, sur Anand Mahal Rd, sont rébarbatives et infestées de moustiques. Ces deux établissements sont gérés par la KSTDC.

Moderne et très confortable, l'***Hotel Madhuvan*** *(☎ 55571, fax 53254, madhuvan_hotel@yahoo.com, Station Rd)* est installé à l'écart de la rue principale. Les simples/doubles avec TV et s.d.b. coûtent 25/29 $US, ou 31/41 $US avec clim. Les résidents peuvent y changer de l'argent.

Où se restaurer

Au 2e étage du bâtiment adjacent à l'Hotel Tourist, le ***Swapna Lodge Restaurant*** sert de la cuisine végétarienne ou non ainsi que de la bière fraîche. Sa terrasse en plein air est idéale pour un dîner.

Situé dans le marché animé au nord de Station Rd, l'***Hotel Siddharth*** constitue l'un des meilleurs établissements végétariens de Bijapur.

Si l'***Hotel Mayura Adil Shahi*** de la KSTDC est agréable pour siroter une bière dans la cour aménagée en jardin, la nourriture est toutefois décevante et le service très lent.

Sans doute l'un des plus agréables restaurants de la ville, l'***Hotel Madhuvan*** sert les plats indiens, chinois et occidentaux habituels, dans une salle climatisée.

Comment s'y rendre

Bus. Six bus desservent quotidiennement Badami (46 Rs, 4 heures), Belgaum (56 Rs, 5 heures), Gulbarga (55 Rs, 4 heures), Bidar (70 Rs, 7 heures), Hubli (55 Rs, 4 heures 30) et Sholapur (44 Rs, 2 heures). Le soir, il existe 6 bus ralliant Bangalore (203 Rs, 12 heures en "ultra-deluxe") *via* Hospet, 4 pour Hyderabad et Pune, et 2 pour Bidar.

Près de la gare routière, des bus privés relient Bangalore et Mumbai.

Train. Entre Bijapur et Sholapur, la ligne a été mise au nouvel écartement mais les travaux continuent en direction de Gadag. Lorsque le service normal reprendra, il devrait être aisé de rejoindre Sholapur et Gadag (*via* Badami) en train express. A Sholapur, vous pouvez prendre les correspondances pour Mumbai, Hyderabad et Bangalore ; à Gadag, les correspondances pour Hospet, Hubli et Bangalore. La gare de Bijapur dispose d'un bon quota de couchettes sur les principaux express. Le train qui part à 12h10 de Gadag permet d'obtenir la correspondance avec le *Hampi Express* pour Bangalore.

Comment circuler

Généralement peu chargés, les bus locaux ne suivent qu'un seul itinéraire utile : ils vont de la gare à la porte située à l'ouest de la ville, en passant par Station Rd. Ils passent toutes les 15 min.

Les chauffeurs d'auto-rickshaw demandent ce qu'ils imaginent qu'il vous est possible de payer ; après un intense marchandage, vous devriez obtenir de vous faire conduire de la gare au centre-ville pour 20 Rs. La brève course du Golgumbaz à Ibrahim Roza coûte 25 Rs. Les chauffeurs de tonga vous demanderont plus ou moins le même prix.

Vous pouvez louer des vélos au magasin situé juste en face de la gare routière ou devant l'Hotel Sandman à 2 Rs l'heure.

NORD-EST

Gulbarga

☎ 08472 • 349 500 habitants

Cette ville sale et poussiéreuse fut la capitale de la dynastie des Bahmani de 1347 jusqu'à son déplacement à Bidar en 1428. Le **fort** de Gulbarga est en piteux état. Il abrite la **Jama Masjid**, mosquée réputée avoir été construite, entre la fin du XIVe et le début du XVe siècle, par un architecte maure qui aurait imité la grande mosquée de Cordoue, en Espagne. Gulbarga compte aussi un certain nombre d'imposants **tombeaux** de rois bahmani, un sanctuaire dédié à un important saint musulman ainsi que le **Sharana Basaveshwara Temple** qui attire plus de 100 000 personnes au cours des 15 jours de la **fête de Shiva**, au mois de mars.

Où se loger et se restaurer

A l'***Hotel Pariwar*** *(☎ 21421, Station Rd)*, vous disposerez de chambres propres avec eau chaude en permanence et d'un restaurant végétarien standard. Les chambres ordinaires avec TV se louent 250/350 Rs.

Niché entre le réservoir et le fort, l'***Hotel Southern Star*** *(☎ 24093, SB Temple Rd)* facture 220 Rs ses doubles sommaires mais correctes, ou 500 Rs avec clim.

Impeccable, le ***Kamat Café***, sur Station Bazaar, le rond-point à l'extrémité sud de Station Rd, sert une savoureuse cuisine végétarienne. Il dispose d'une salle à manger climatisée.

Comment s'y rendre. De nombreux bus publics desservent Bijapur (55 Rs, 5 heures) et Bidar (33 Rs, 3 heures) ; un bus de nuit se rend par ailleurs à Bangalore. Quatre bus partent le soir pour Hyderabad.

Un nombre incalculable de trains express traversent Gulbarga, ce qui permet d'obtenir des correspondances pour Mumbai, Bangalore et Hyderabad.

Bidar

☎ 08482

Cette petite ville fortifiée, située à l'extrême nord-est de l'État, fut la capitale du royaume Bahmani à partir de 1428, puis celle de la dynastie des Barid Shahi. Elle présente un magnifique **fort** du XVe siècle abritant les vestiges évocateurs des **palais** de Rangin Mahal, de Takht Mahal et de Tarkash Mahal. Le fort est doté de triple douves creusées dans la roche, de remparts labyrinthiques et d'une porte imposante, le tout parfaitement conservé.

En plein cœur de la ville, le **Khwaja Mahmud Gawan Madrasa** a conservé quelques vestiges colorés de ses mosaïques islamiques. Les **tombeaux** en forme de dôme des rois bahmani et barid méritent eux aussi une visite.

Bidar a donné son nom au fameux *bidriware* (reportez-vous à l'encadré *Le bidriware de Bidar*).

Où se loger et se restaurer. Vous trouverez l'***Hotel Kailash*** *(☎ 27727)* à droite de l'ancienne gare routière. Propre, sûr et confortable, dirigé par un gérant serviable, il offre des doubles ordinaires à 130 Rs et d'autres deluxe à 230 Rs. Les doubles avec clim. se louent 410 Rs.

Quoiqu'un peu négligé, l'***Hotel Ashoka*** *(☎ 26249)*, près du Deepak Theatre, reste d'un bon rapport qualité/prix. Comptez 130/170 Rs pour une chambre, et 400 Rs pour une double avec clim.

L'établissement bénéficie d'un bar-restaurant très prisé, avec cabines privées, qui sert de généreuses portions de plats d'Inde du Nord et de mets sino-indiens (nouilles sautées par exemple).

Parmi les hôtels pour petits budgets, l'***Hotel Prince*** *(☎ 25747)* constitue sans doute le moins médiocre. Les simples/doubles avec s.d.b. se louent à partir de 60/90 Rs. L'établissement est situé à un pâté de maisons de l'Hotel Kailash, non loin de deux petits cybercafés.

Établissement propre face à la gare routière, l'***Hotel Mayura Restaurant*** propose de la nourriture végétarienne, ou non, à prix raisonnables ainsi que de la bière fraîche.

Au carrefour principal, l'***Udipi Krishna Restaurant*** offre des repas exclusivement végétariens. Il dispose d'une pièce réservée aux femmes.

Comment s'y rendre. Bidar dispose de nombreuses correspondances routières pour Gulbarga et Hyderabad, ainsi que de quelques bus à destination de Bijapur et de Bangalore.

Le *bidriware* de Bidar

Durant l'âge d'or de l'islam, les artisans perses de Bidar mirent au point une forme de damasquinage aujourd'hui connue sous le nom de *bidriware*. Des alliages pleins d'imagination, faits de zinc noirci, de cuivre, de plomb et/ou d'étain, sont modelés, puis estampés, recouverts ou incrustés d'argent pur.

Dans leur conception et leur décoration, ces objets se sont toujours largement inspirés des motifs de l'art musulman. Ainsi en trouve-t-on de finement ciselés, surtout à usage domestique, comme des *hookah* (coupes), des boîtes à *paan* et des bracelets, rehaussés de façon exquise de motifs de fleurs ou de plantes entremêlés, et parfois encadrés de lignes géométriques. Des artisans continuent de se consacrer à cet art dans les ruelles de Bidar, ainsi que dans la ville voisine de Hyderabad (Andhra Pradesh).

Andhra Pradesh

L'Andhra Pradesh est situé dans le sud du plateau du Deccan, une des plus anciennes formations géologiques de l'Inde. Deux puissants fleuves, la Godavari et la Krishna, coupent le plateau et se jettent dans le golfe du Bengale en formant de larges deltas.

Récemment, un centre de haute technologie a vu le jour et, depuis, l'Andhra Pradesh s'est autoproclamé "N°1 State". Pourtant la région demeure pauvre. Plus de la moitié de la population est illettrée. Rares sont les voyageurs qui s'aventurent dans l'Andhra Pradesh, effrayés par les longues distances et le manque d'infrastructures. En revanche, l'État attire un grand nombre de fidèles à Tirumala et Puttaparthi, dans le Sud, deux des lieux de pèlerinage les plus fréquentés au monde.

Hyderabad-Secunderabad, la capitale formée de deux villes jumelées, constitue également un centre d'intérêt en raison de son héritage musulman. Dans le reste de l'État, Warangal, Vijayawada et Nagarjunakonda présentent les vestiges des sociétés hindou-bouddhistes primitives et de l'architecture ancienne.

Histoire

Au Ier siècle, la dynastie Satavahana régnait sur l'ensemble du plateau du Deccan. Ce peuple descendait des Andhra, dont la présence dans le Sud de l'Inde remonterait à 1000 av. J.-C. Au IIIe siècle av. J.-C., les Andhra se tournèrent vers le bouddhisme et édifièrent d'énormes monuments en l'honneur de cette religion. L'architecture de style dravidien, que l'on retrouve dans toute la région, mais surtout sur la côte, est l'œuvre des Chalukya qui occupèrent ces terres, seuls du VIIe au Xe siècle, puis avec les Chola au siècle suivant. Ils furent finalement renversés par les Kakatiya, qui marquèrent l'architecture religieuse du Sud de l'Inde par l'introduction de colonnes. L'empire hindou de Vijayanagar, d'un raffinement remarquable, succéda aux Kakatiya.

Au XVIe siècle, la dynastie des Qutb Shahi s'établit à Hyderabad, important la splendeur musulmane. Les nizam de Hyderabad, souverains de la ville et successeurs des Qutb Shahi, parvinrent à maintenir leur suprématie durant les XVIIe et XVIIIe siècles, alors que les Britanniques et les Français cherchaient à prendre le contrôle du commerce dans le secteur. La région entra dans l'Inde indépendante en 1947, et, en 1956, l'État de l'Andhra Pradesh fut créé, selon un critère linguistique (l'ensemble des régions parlant le telougou).

En bref

Population : 76 millions d'habitants
Superficie : 276 754 km²
Capitale : Hyderabad
Langue principale : telougou
Meilleure saison : d'oct. à fév.

Cartes du chapitre :

- Les escaliers en colimaçons vieux de plus de quatre siècles du Charminar, à gravir pour admirer la vue époustouflante sur Hyderabad
- Les bazars colorés d'Hyderabad, en particulier Laad Bazaar
- Les saveurs aromatiques pilées et mélangées pendant le ramadan, à goûter après le jeûne
- Golconda Fort, pour un pique-nique au sommet de ruines du XVIe siècle
- Tirupath, où les pèlerins coupent leurs cheveux en hommage à leur divinité
- La splendeur des sculptures antiques du temple de Lepakshi

Manifestations annuelles

Aucune autre région d'Inde n'accueille de fêtes et de festivals aussi fervents. Le **Samkranti Harvest Festival**, en janv., marque la fin de la saison des récoltes. A l'entrée de leur demeure, les femmes confectionnent des

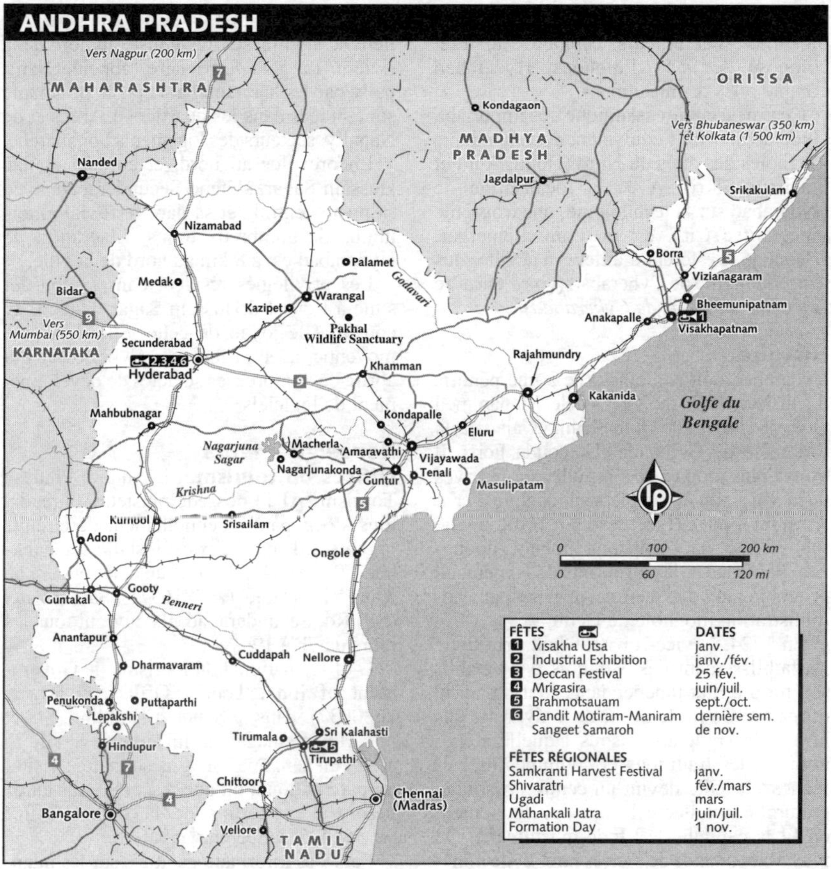

kolam (dessins colorés en farine de riz, connus également sous le nom de *rangoli*) et l'on fait voler des cerfs-volants dans les lieux publics.

En fév./mars, lorsque la lune n'est pas visible, **Shivaratri** célèbre la nuit de Shiva. On rend hommage à la divinité par des prières et des mets réalisés en son honneur. Il s'agit d'un temps de réflexion, l'obscurité nocturne symbolisant les contraires : de même que la nuit suit le jour, la mort succède à la vie. Le succès et la prospérité sont à l'honneur, mais l'on doit se garder de faire montre d'arrogance et d'égoïsme.

Mars est le mois d'**Ugadi**, le Nouvel An telougou. Les fidèles font des *puja* (offrandes) et dégustent des sucreries ainsi que des plats préparés pour l'occasion. En juin/juill., on honore la déesse Kali, puissante et courroucée, par la fête de **Mahankali Jatra**. Au cours de processions hautes en couleur, les pèlerins transportent des récipients de nourriture, offrandes en hommage à la divinité. Le 1er nov., l'État célèbre le **Formation Day**, qui commémore la création de l'Andhra Pradesh.

HYDERABAD ET SECUNDERABAD

☎ 040 • 4,3 millions d'habitants

La métropole composée de Hyderabad et de la ville satellite de Secunderabad, capitale de l'Andhra Pradesh, a reçu des influences à la fois musulmanes et hindouistes. Bruyante et animée, l'agglomération est contrastée : les allées étroites débouchent sur des artères saturées de véhicules et d'anciens monuments musulmans côtoient des bâtiments modernes. Par ailleurs, capitale d'un État composé de 95% d'hindous, Hyderabad compte 50% de musulmans.

Centre de culture islamique très important, Hyderabad offre l'équivalent des splendeurs mogholes des cités du Nord (Delhi, Agra et Fatehpur Sikri). Avec la focalisation de Hyderabad sur la technologie, une troisième ville, Hitec City, est en train d'émerger. D'aucuns se réfèrent d'ailleurs à la ville sous le pseudonyme de Cyberabad (voir l'encadré *Les contradictions de Cyberabad*).

Histoire

Hyderabad doit son existence à une pénurie d'eau. Vers la fin du XVIe siècle, Mohammed Quli, de la dynastie Qutb Shahi, vivait dans la forteresse de Golconde (Golconda Fort). Il trouva plus propice de s'installer sur les rives de la Musi afin de suppléer au manque d'eau. Ainsi fut fondée Hyderabad. En 1687, la ville fut renversée par l'empereur moghol Aurangzeb. Par la suite, les dirigeants de Hyderabad prirent le rang de vice-rois, instauré par l'administration moghole de Delhi.

En 1724, le vice-roi Asaf Jahi profita de l'affaiblissement des Moghols pour établir son propre État indépendant, dont il était le dirigeant. Ce fut le début de la dynastie des nizam de Hyderabad, sous laquelle s'épanouirent les traditions et coutumes musulmanes. La ville devint un centre artistique, culturel et intellectuel ; son développement en fit la capitale de l'Inde musulmane. De plus, l'abondance de pierres rares et de minerais dans la région permit aux nizam de s'enrichir considérablement.

Au tournant du XXe siècle, les Britanniques installèrent une caserne à Secunderabad, nommée ainsi d'après le nizam de l'époque, Sikander Jah. Lors de l'Indépendance, en 1947, le nizam de Hyderabad, Osman Ali Khan, envisagea de s'unir au Pakistan. Cependant, les tensions entre musulmans et hindouistes étaient telles que l'armée dut intervenir. Elle prit ce prétexte pour imposer l'intégration de Hyderabad dans l'Union indienne.

Orientation

Hyderabad est constituée de trois quartiers distincts. La ville ancienne, à proximité de la Musi, possède des bazars animés ainsi que de nombreux sites intéressants, notamment Charminar. Imlibun, la principale gare routière de la ville, se trouve juste au nord de la rivière. La gare ferroviaire (appelée Nampally par les habitants) et la poste principale sont situées dans les quartiers d'Abids et de Napally, secteurs des logements bon marché.

Encore plus au nord, et au-delà du lac Hussain Sagar, s'étend Secunderabad, avec sa poste centrale et sa gare ferroviaire, terminus de nombreux trains. L'aéroport de Hyderabad est à 8 km au nord de la ville.

Les privilégiés résident dans le quartier situé à l'ouest d'Hussain Sagar. Hitec City constitue le joyau de cette ville de classe moyenne, avec la fameuse Cybertower qui abrite de nombreuses sociétés de développement de logiciels.

Renseignements

Offices du tourisme. L'Andhra Pradesh Tourism (APT) possède plusieurs bureaux, tous s'occupant essentiellement de circuits organisés. L'un d'eux est installé sur Tankbund Rd (☎ 3453036), et un autre encore au Yatri Nivas Hotel (☎ 7816375), Sardar Patel (SP) Rd, Secunderabad. Ils ouvrent tous les jours de 7h à 19h.

L'office national du tourisme, le Government of India Tourist Office (GITO, ☎ 7630037), dans le Sandozi Building, Street n°1, Himayatnagar, est lui aussi ouvert de 7h à 19h en semaine. Si vous souhaitez visiter un parc national ou une réserve, vous aurez besoin d'un permis de la Forest Office (☎ 3544355), Secretariat Rd.

Pour des informations utiles sur les manifestations en cours, procurez-vous un exemplaire de *Channel 6* (12 Rs) ou de *Prism* (10 Rs) dans n'importe quel kiosque.

Argent. Vous pouvez changer des espèces à la State Bank of India sur Bank St, ou à la State Bank of Hyderabad sur MG Rd. Thomas Cook (☎ 3231988) est installé au 1er étage de Nasir Arcade, AG's Office Rd. Très pratique, le DAB de la HDFC Bank, pratiquement à l'angle de MG Rd et de SP Rd, accepte la plupart des cartes de retrait (il fonctionne 24h/24).

Poste et communications. La poste principale se trouve à Abids Circle, à Hyderabad. Elle est ouverte pour les affaires courantes tous les jours, de 9h30 à 20h. Le service de la poste restante fonctionne en semaine de 10h

HYDERABAD ET SECUNDERABAD

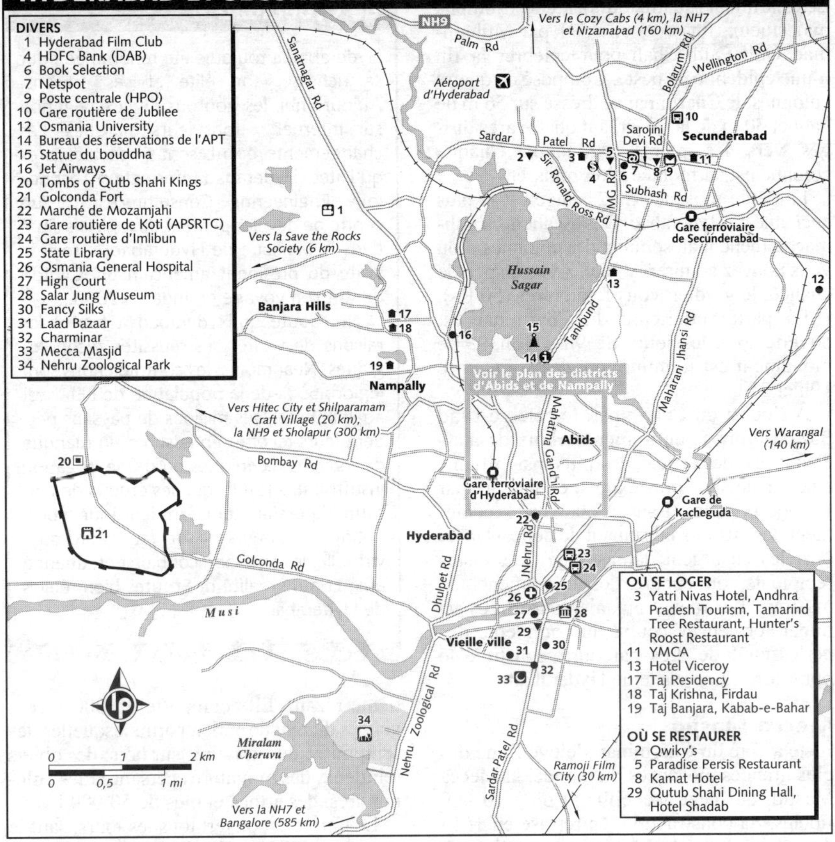

à 15h et le samedi jusqu'à 13h. La poste centrale (Head Post Office, HPO) est située à Secunderabad, Rashtrapati Rd, et pratique les mêmes horaires.

De nombreuses boutiques de téléphones et de fax parsèment la ville. Les connexions à Internet sont parfois extrêmement lentes, les meilleurs établissements étant généralement situés dans les quartiers huppés. A Secunderabad, essayez le Netspot, Shop 35, Chandralok Complex, Sarojini Dev (SD) Rd. Dans Abids, l'Aura Studio, à proximité de l'office national du tourisme, propose un service très convenable. Tous deux facturent 30 Rs l'heure.

Librairies et centres culturels. Il existe de nombreuses librairies à Hyderabad. Située MG Rd (également appelée Abids Rd), la librairie AA Hussain & Co est une bonne adresse, tout comme Book Selection, S.D. Rd à Secunderabad.

L'Alliance française (☎ 3236646, fax 3231684) jouxte le planétarium de Birla. Elle programme chaque semaine des films en français et divers événements culturels y ont lieu.

La British Library (☎ 3230774), sur Secretariat Rd, est parfaite pour vous mettre au courant de l'actualité. Dotée de nombreux journaux et magazines britanniques, elle ouvre de 11h à 19h (fermée le dimanche et le lundi).

La bibliothèque (State Library ; ☎ 4600107) renferme quelque 3 millions d'ouvrages. Elle est ouverte tous les jours de 8h à 20h, sauf le vendredi et les jours fériés.

Charminar et bazars

Le Charminar (quatre tours), arc de triomphe majestueux, fut érigé en 1591 par Muhammad Quli Qutb Shah pour célébrer la fin d'une épidémie de peste. Composé de quatre colonnes, le Charminar se dresse sur 56 m de haut et 30 m de large, créant quatre arcs dirigés vers les points cardinaux. Chaque colonne est surmontée d'un minaret.

La petite mosquée du 2e étage est la plus ancienne de Hyderabad. Des escaliers en colimaçon mènent au sommet des colonnes d'où vous pouvez admirer la ville. Avec un peu de chance, le gardien vous fera entrer (50 Rs).

La partie inférieure du Charminar est ouverte tous les jours de 9h à 16h30. Le monument est illuminé tous les soirs entre 19h et 21h.

A l'ouest du Charminar, le célèbre **Laad Bazaar** propose un immense choix de marchandises, des articles les plus insignifiants aux parfums les plus exquis, en passant par les bijoux et les tissus. Vous verrez également des artisans fabriquant de délicats *bidri* (articles en argent damasquiné), de vastes récipients, ou encore des instruments de musique. Les ruelles aux alentours du Charminar forment le centre du commerce des perles en Inde. Les parcourir constitue le point fort d'une visite de Hyderabad.

Mecca Masjid

Juste à côté du Charminar s'élève l'une des plus grandes mosquées du monde, la Mecca Masjid, qui peut accueillir jusqu'à 10 000 fidèles. Sa construction, entreprise en 1614 durant le règne de Muhammad Quli Qutb Shah, ne s'acheva qu'en 1687, alors que l'empereur moghol Aurangzeb avait déjà annexé le royaume de Golconde. A l'origine, les minarets devaient être plus hauts mais, comme pour le Bibi-qa-Maqbara d'Aurangabad, Aurangzeb sacrifia l'esthétique à l'économique.

A gauche de la mosquée, une enceinte renferme les tombeaux de Nizam Ali Khan, mort en 1803, et ceux de ses successeurs.

Les non-musulmans ne sont pas autorisés à pénétrer dans la Mecca Masjid.

Salar Jung Museum

Les plus anciennes pièces du musée remontent au Ier siècle. La collection fut rassemblée par Mir Yusaf Ali Khan (Salar Jung III), le Premier ministre – ou grand vizir – du septième nizam. Elle comporte 35 000 pièces venues du monde entier, parmi lesquelles des sculptures, des gravures sur bois, des objets religieux, des miniatures persanes, des enluminures, des armes et plus de 50 000 livres.

Le musée est ouvert tous les jours, sauf le vendredi, de 10h à 17h. Évitez de préférence les dimanches, jour de grande affluence. L'entrée coûte 5 Rs. Si vous venez d'Abids, le bus n°7 vous déposera au Musi River Bridge ; traversez la rivière et prenez la première à gauche.

Les contradictions de Cyberabad

Hyderabad a toujours été renommée pour sa richesse, son élite et ses artisans. Aujourd'hui, les gourous de la navigation sur Internet y font leurs marques. Les changements récents sont si spectaculaires qu'Hitec (Hyderabad Information Technology Engineering Consulting) City, un centre de développement de logiciels situé dans la banlieue de Hyderabad, a reçu la visite du président américain Bill Clinton durant son voyage en Inde en 2000.

Nul doute qu'Hyderabad a toutes les raisons de vanter ses réussites technologiques. Néanmoins, les contradictions sont légion. 55% de la population de l'État est analphabète. Des millions de paysans perdent leurs récoltes en raison d'un manque de moyens techniques ou d'une irrigation insuffisante. Tandis que les érudits de l'informatique s'abritent dans leur tour cybernétique, voyageant sur leur autoroute virtuelle, les sans-abri connaissent, quant à eux, la dure réalité des routes bien réelles de Hyderabad.

Birla Mandir Temple et planétarium

Le Birla Mandir Temple, construit en 1976 en marbre blanc du Rajasthan, orne l'une des deux collines rocheuses, Kalabahad (la montagne noire) surplombant l'extrémité sud du Hussain Sagar. Du sommet de l'édifice, le panorama sur la ville est magnifique, surtout au coucher du soleil. Dédié à Lord Venkatesvara (du nom du mécène indien qui le finança), c'est un lieu de pèlerinage célèbre. Les non-hindous y ont accès. Il est ouvert de

DISTRICTS D'ABIDS ET DE NAMPALLY

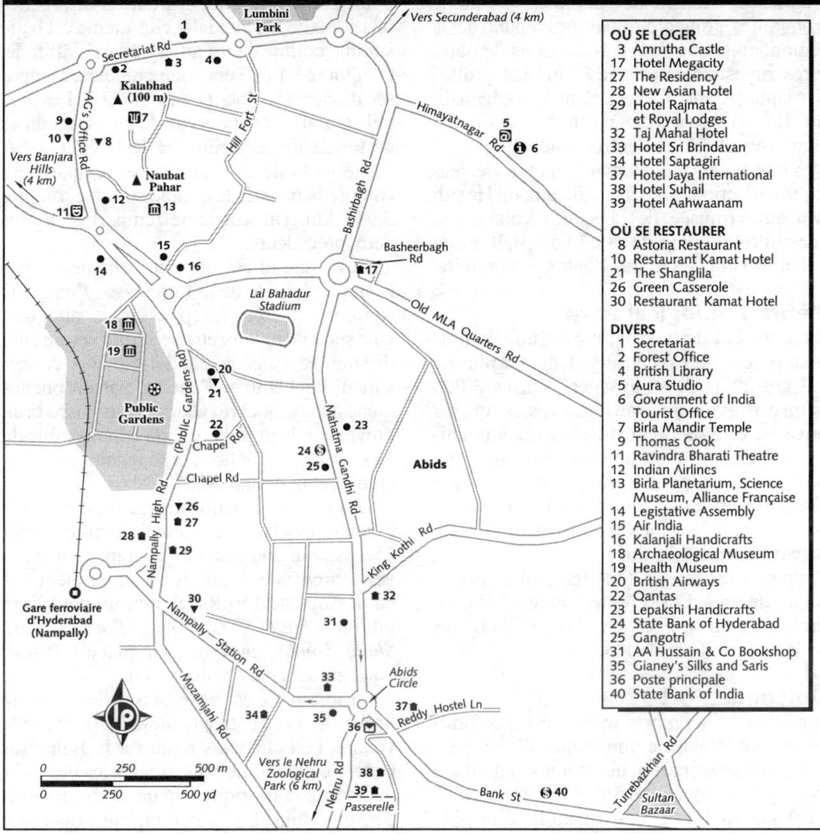

7h à 12h et de 14h à 21h. Sur la colline voisine, Naubat Pahar (le rocher du tambour), se trouvent le Birla Planetarium et le Science Museum (☎ 3235081).

Le planétarium de Birla organise des présentations en anglais (10 Rs). Le musée est ouvert de 10h30 à 20h15 tous les jours (sauf le dernier mardi du mois) ; l'entrée s'élève à 6 Rs.

Bouddha Statue et Hussain Sagar

Hyderabad est très fière de posséder l'un des plus grands bouddhas du monde. C'est en 1985, à Raigir, à 50 km de Hyderabad, que l'on commença à travailler à ce projet. Il fut achevé en 1990. De Raigir, la statue monolithique de 17,5 m, pesant 350 tonnes, fut transportée jusqu'à Hyderabad et chargée sur une barge pour la traversée du lac Hussain Sagar afin d'être érigée sur le barrage.

Malheureusement, la statue sombra dans le lac et séjourna 2 ans au fond, avant d'être repêchée par une entreprise de Goa. Elle fut installée sur un socle au milieu du lac.

De fréquents bateaux effectuent la promenade de 30 min jusqu'à la statue depuis le **Lumbini Park**, de 10h à 20h (20 Rs par personne). Il faut acquitter 2 Rs pour pénétrer dans le parc, doté d'une aire de jeux, en outre, c'est un agréable endroit pour assister au coucher du soleil (ouvert du mardi au dimanche, de 9h à 21h).

Le Tankbund, qui longe la rive orientale de l'Hussain Sagar, offre un magnifique point de vue sur le bouddha.

Archaeological Museum

Ce musée renferme une petite collection de trouvailles archéologiques provenant de la région, ainsi que des reproductions de peintures rupestres retrouvées dans les grottes d'Ajanta (Ajanta Caves), dans le Maharashtra. Il ouvre de 10h30 à 17h tous les jours, sauf le vendredi, et l'entrée coûte 1 Rp.

Vous pouvez également visiter l'éclectique collection d'objets médicaux du **Health Museum** (musée de la santé) voisin, qui accueille le public de 10h30 à 13h30 et de 14h à 17h tous les jours ; l'entrée est gratuite.

Nehru Zoological Park

Situé au sud de la ville, c'est l'un des plus grands zoos de l'Inde : il s'étend sur plus de 1,2 km^2 de jardins paysagers, où les 3 000 animaux évoluent dans de vastes enclos ouverts. Une section est consacrée aux animaux préhistoriques, une autre aux animaux nocturnes, un petit train parcourt le parc (2 Rs, départ toutes les 15 min) et un safari-photo parmi les lions est organisé (10 Rs, départ toutes les 15 min).

Le zoo est ouvert tous les jours, sauf le lundi, de 9h à 17h. L'entrée coûte 2 Rs, ou prenez les bus n°74, 94A, 95K, 95P ou 95S de la gare routière de Koti.

Golconda Fort

Il ne faut à aucun prix manquer cette forteresse du XVIe siècle, imprégnée d'histoire.

La majeure partie des ruines datent de l'époque des rois Qutb Shahi (XVIe et XVIIe siècles), mais la construction d'origine remonterait aux premiers hindous, à l'époque où les Yadava, puis les Kakatiya, régnaient sur la région.

Pendant près de 80 ans, Golconde fut la capitale de l'État indépendant de Telangana, mais, en 1590, le sultan Quli Qutb Shah abandonna la forteresse pour s'installer dans la nouvelle cité de Hyderabad.

En deux occasions au XVIIe siècle, les armées mogholes furent envoyées de Delhi pour contraindre le roi de Golconde à payer son tribut. Abul Hasan, dernier roi Qutb Shahi, résista 7 mois durant au siège d'une armée moghole commandée par l'empereur Aurangzeb en personne, mais finit par céder en 1687 à cause de la traîtrise d'Abdullah Khan Pani. Après la mort d'Aurangzeb, au début du siècle suivant, ses vice-rois (les futurs nizam) abandonnèrent Golconde pour Hyderabad.

Du haut du fort, il est aisé de s'imaginer pourquoi les Moghols furent aussi proches de la défaite : la citadelle elle-même est bâtie sur une colline de granit, à 120 m d'altitude, et entourée d'une enceinte crénelée, composée d'énormes blocs de maçonnerie. Les portails massifs sont pourvus de grosses pointes de fer destinées à refouler les éléphants. A l'extérieur s'élève un autre rempart qui entoure la base de la colline sur un périmètre de 11 km. Un troisième rempart cerne les deux précédents.

Ces murailles ne constituaient pas l'unique défense de la forteresse : l'eau et le son contribuèrent à repousser les attaques. Une série de tuyaux en terre cuite vernie était dissimulée dans la citadelle. Ceux-ci servaient à acheminer l'eau et, par un phénomène acoustique, révélaient le moindre bruit provenant du grand portique à l'ensemble du fort, grâce à un écho. Toute tentative de discrétion était donc vaine.

Des guides bien informés se rassemblent à l'entrée. Les tarifs demandés commencent à 250 Rs pour une visite de 90 min. Vous pouvez marchander mais ils ne descendent pas en dessous de 150 Rs. Sinon, un petit livre intitulé *Guide to Golconda Fort & Qutb Shahi Tombs*, en vente sur place (10 Rs), vous guidera dans votre visite.

La forteresse est ouverte tous les jours de 8h à 18h30 et l'entrée coûte 2 Rs (gratuite le vendredi). Pour vous rendre à la Balahisar Gate, l'entrée principale, prenez les bus indiqués dans la rubrique *Comment circuler* un peu plus loin. La course en auto-rickshaw depuis Abids coûte environ 150 Rs aller-retour, attente comprise. Les groupes arrivent vers 11h, il est donc préférable de s'y rendre tôt le matin.

Un spectacle son et lumière est organisé dans la forteresse. Pour plus d'informations, consultez le paragraphe *Circuits organisés*.

Tombs of Qutb Shahi Kings

Ces élégants mausolées, entourés de jardins, s'élèvent à environ 1,5 km au nord-ouest de la Balahisar Gate. La nécropole royale est ouverte tous les jours, sauf le vendredi, de 9h30 à 16h30. L'entrée coûte 2 Rs.

Ramoji Film City

Située à 35 km au sud-est de Hyderabad, ce complexe de 800 ha se targue d'attirer la production de films de Mumbai (Bombay). Si

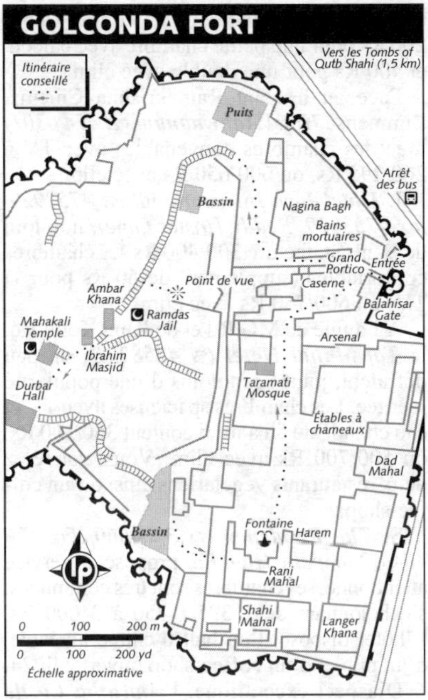

vous ne rechignez pas à être promené comme du bétail au milieu d'un large troupeau (pendant 4 heures) pour voir des plateaux de tournage défraîchis, le site vaut le détour. Pour vous y rendre, prenez le bus n°205 de Koti (8 Rs, 1 heure). Il vous faudra attendre à l'arrêt des bus, face à l'Osmania University Women's College, à 100 m de la gare routière de Koti. La Ramoji Film City est ouverte de 9h à 18h (mieux vaut arriver avant 14h). L'entrée coûte 150 Rs (200 Rs le week-end). Le "royal package" (650 Rs) inclut le transport en minibus à l'intérieur de la ville ainsi que le déjeuner dans un hôtel cinq-étoiles.

Hitec City et Shilparamam Craft Village

Si les tours de verre abritant des sociétés de logiciels vous attirent, prenez un bus pour Hitec City (30 km à l'ouest). Le Shilparamam Craft Village, jardin adjacent (2 Rs l'entrée) aménagé dans un cadre agréable, offre la possibilité de faire du bateau. Il expose également des objets artisanaux et présente à l'occasion des spectacles. Le bus n°10H de Secunderabad vous y mènera (voir l'encadré *Les contradictions de Cyberabad* dans ce chapitre).

Circuits organisés

L'APT organise de nombreux circuits dans la ville (100 Rs la demi-journée et 130 Rs la journée), ou vous amène à la Ramoji Film City (350 Rs), et pour des excursions plus longues vers Nagarjuna Sagar (225 Rs) et Tirupathi (950 Rs, 3 jours). Le soir, la visite de la ville (100 Rs) englobe Hitec City, Shilparamam Craft Village, ainsi qu'un spectacle son et lumière dans la forteresse de Golconde. Vous pouvez également assister au spectacle par vos propres moyens pour 20 Rs. Il commence à 18h30 (de nov. à fév.) ou à 19h (de mars à oct.). Certaines représentations sont en anglais. Pas de spectacle le lundi.

Manifestations annuelles

Hyderabad est un lieu de rendez-vous populaire pour les festivals culturels, les manifestations, les foires aux livres et les rallyes automobiles. Pour connaître les détails, consultez le guide de la ville, *Channel 6,* ou les journaux quotidiens. En janv./fév., l'immense **Industrial Exhibition** présente machines, appareils et tissus provenant de tout le pays. Le **Deccan Festival**, le 25 février, accueille des manifestations culturelles, tandis que **Pandit Motiram-Maniram Sangeet Samaroh** célèbre la musique hindoustani par un festival de musique et de danse de quatre jours (dernière semaine de nov.). **Mrigasira Hyderabad**, en juin/juill., marque le début de la mousson. La fête, qui consiste en l'administration d'un traitement médicamenteux à des milliers de personnes souffrant d'asthme, est un événement fascinant. Cette tradition de plus de 150 ans repose sur l'ingestion de poissons vivants, ayant eux-mêmes consommé un remède spécifique à base de plantes. Ce remède aurait été dévoilé par un sage aux ancêtres des médecins qui le dispensent aujourd'hui.

Où se loger – petits budgets

Les meilleurs hôtels bon marché se concentrent tous dans le quartier de Nampally/Abids, entre Abids Circle et la gare ferroviaire de Hyderabad (Nampally).

Les ***Royal Home***, ***Royal Hotel*** *(☎ 320 1194)* et ***Neo Royal Hotel*** *(☎ 3201029)* sont bâtis autour d'une cour en face de la gare de Nampally High Rd (Public Gardens Rd). Ils pratiquent des tarifs semblables : 130/230 Rs les simples/ doubles avec s.d.b. manquant de propreté, toilettes à la turque et eau chaude le matin uniquement.

L'***Hotel Rajmata*** *(☎ 3204111, fax 320 4133)* présente un rapport qualité/prix avantageux, avec des chambres deluxe, dotées d'une TV et d'un téléphone, à 390/490 Rs. Son restaurant prépare, entre autres, des plats végétariens.

Également surnommé l'Asian Lodge, le ***New Asian Hotel*** *(☎ 3202655)* est une pension typique. Les chambres, assez exiguës, avec toilettes à la turque et eau froide reviennent à 100/150 Rs.

Situé près d'Abids Circle, l'***Hotel Sri Brindavan*** *(☎ 320970)* propose des prestations avantageuses. Pour ses simples/doubles avec toilettes à la turque et eau chaude entre 4h et 7h30, comptez 250/300 Rs. Les chambres sont aménagées autour d'une cour assez calme.

Paisible, l'***Hotel Suhail*** *(☎ 4610299, 4-1-527 Troop Bazaar)* propose des chambres standard à 120/175 Rs, des deluxe à 180/250 Rs et des doubles avec clim. à 450 Rs. Toutes possèdent la TV et la plupart bénéficient d'un balcon.

Le ***YMCA*** *(☎ 7564670)*, qui accueille aussi bien les hommes que les femmes, dispose de six établissements. Celui de Secunderabad, à l'extrémité nord de Station Rd, loue 70/100 Rs ses chambres avec s.d.b. commune et toilettes à la turque.

Seule la gare ferroviaire de Secunderabad dispose de ***retiring rooms***. Pour une chambre avec clim., les prix se montent à 175/250 Rs (75/100 Rs sans clim.). Un lit en dortoir revient à 40 Rs pour 24 heures.

Où se loger – catégorie moyenne

Le ***Yatri Nivas Hotel*** *(☎ 7816881, fax 7729129, Sardar Patel Rd)*, à Secunderabad, abrite des chambres propres et spacieuses à 425/550 Rs, ou 650/750 Rs avec clim. Il dispose de deux bons restaurants, d'un pub branché et d'un office du tourisme.

A l'***Hotel Megacity*** *(☎ 3229267, fax 3229969, Basheerbagh Rd)*, les chambres nettes et convenables se louent 375/450 Rs. Agréable, le bar-restaurant contigu propose un menu très varié et pratique des prix raisonnables.

Les installations de l'***Hotel Saptagiri*** *(☎ 4603601, Nampally Station Rd)* présente un bon rapport qualité/prix : comptez 150/200 Rs pour une petite chambre avec balcon, et 400 Rs pour une double avec clim.

Face au bruyant Ramakrishna Cinema, l'immense ***Hotel Aahwaanam*** *(☎ 474 0301)* loue des chambres convenables avec TV à 260/295 Rs, ou 600/650 Rs avec clim.

L'***Hotel Jaya International*** *(☎ 4752929, fax 4753919, Reddy Hostel Lane)*, non loin de Bank St, facture 300/400 Rs ses chambres confortables (supplément de 50 Rs pour la TV) ou 600/750 Rs avec clim.

A l'angle de MG Rd et de King Kothi Rd, le ***Taj Mahal Hotel*** *(☎ 4758221)*, un peu défraîchi, jouit néanmoins d'une popularité méritée. Les chambres spacieuses avec TV et eau chaude de 5h à midi coûtent 350/500 Rs, ou 500/700 Rs avec clim. Vous trouverez deux restaurants végétariens ainsi qu'un coffee-shop.

Si ***The Residency*** *(☎ 3204060, fax 320 4040, Nampally High Rd)* propose un service attentionné, ses chambres sont très communes, s'échelonnant de 1 395/1 750 à 3 000 Rs. L'hôtel dispose d'un hall d'entrée agréable, d'un pub et d'un coffee-shop ouvert 24h/24.

D'aspect excentrique, l'***Amrutha Castle*** *(☎ 3299899, fax 3241850, Secretariat Rd)* présente un intérieur tout à fait ordinaire. Les prix commencent à 1 200/1 600 Rs pour une chambre, atteignant 3 000 à 5 000 Rs pour une suite. Toutes les chambres possèdent un fax. Vous pourrez profiter du restaurant, de la salle de gym et de la piscine sur le toit.

Où se loger – catégorie supérieure

L'***Hotel Viceroy*** *(☎ 7538383, fax 753 8797)*, dans le Tankbund, propose des simples/doubles surévaluées mais douillettes et bien meublées : comptez 2 200/2 600 Rs, ou 2 500/2 900 Rs pour une vue sur le lac, buffet compris. Cet établissement climatisé offre tout le confort habituel, notamment un accès à Internet (également pour les non-résidents). Sauf pour réserver une voiture de location, l'agence de voyages ne vous sera pas d'un grand secours.

Les hôtels cinq-étoiles sont installés sur Road n°1, à Banjara Hills. Entièrement climatisés, ils possèdent d'excellents restaurants ainsi que des galeries marchandes. Tous appliquent une taxe de 20%.

Au ***Taj Residency*** *(☎ 3993939, fax 3992684)*, les chambres s'échelonnent de 2 600 à 7 500 Rs, petit déjeuner compris.

Des hommes aux fourneaux

Si vous voyagez dans l'Andhra Pradesh durant le mois du ramadan (connu localement sous le nom de ramazan), guettez les fours en argile ou *bhatti*. Vos oreilles vous avertiront sans doute avant même que vos yeux ne les voient. Des hommes rassemblés frappent tour à tour le *haleen* (un mélange de viande et de farine) contenu dans des petits récipients réalisés à cet effet. A la tombée de la nuit, les choses sérieuses commencent avec la dégustation. Laissez-vous tenter !

Pour le ***Taj Krishna*** *(☎ 3392323, fax 3393079)*, comptez entre 120/140 Rs et 500 $US (suite présidentielle).

Palais transformé en hôtel, le ***Taj Banjara*** *(☎ 3399999, fax 3392218)* propose des chambres à 2 600/2 900 Rs pour les résidents indiens et à 90/105 $US pour les étrangers. La suite présidentielle se loue 10 000 Rs (ou 300 $). L'un de ses quatre restaurants est installé en plein air, en bordure d'un petit lac.

Où se restaurer

Les Moghols du Nord et les palais de l'ancien Nizam local ont influencé la cuisine de l'Andhra Pradesh, apportant les savoureux biryani de viande épicée, de légumes et de riz, le *haleen* (blé concassé avec du mouton ; consultez l'encadré *Des hommes aux fourneaux*) et les kebabs. La cuisine de la région allie légumes et épices, notamment le piment et la moutarde. Le fameux pickle local (à base de piment, de zeste de citron et de mangue) est très prisé. Le marché de Mozamjahi, à l'angle de Mukkarramjahi Rd et de Jawaharlal Nehru Rd, est idéal pour se procurer fruits et légumes divers. Remarquez au passage son architecture séduisante.

Dans l'Hotel Saiprakash, Nampally Station Rd, le ***Woodland*** prépare petits déjeuners végétariens d'Inde du Sud, en-cas et repas, tous succulents.

Les établissements de la chaîne ***Kamat Hotel*** servent des plats savoureux et bon marché (comptez entre 15 et 30 Rs). L'un d'eux est situé dans Secunderabad sur Sarojini Devi Rd, un autre dans Abids sur AG's Office Rd, et un troisième sur Nampally Station Rd.

Face au Kamat Hotel sur AG's Office Rd, l'***Astoria Restaurant***, installé en plein air, est très prisé.

Le ***Green Casserole*** sert tous ses plats dans de la vaisselle verte. Le menu présente un vaste choix de cuisine végétarienne. Comptez en moyenne 45 Rs.

The Shanglila propose de bons plats de toutes origines.

Sur High Court Rd, au Madina Circle, le ***Qutub Shahi Dining Hall*** (au rez-de-chaussée) et l'***Hotel Shadab*** (à l'étage) préparent de succulents mets de l'Andhra Pradesh et du Nord de l'Inde, à partir de 45 Rs.

Pour déguster d'authentiques spécialités de la ville, attablez-vous au ***Paradise Persis Restaurant*** (à l'angle de SD Rd et de MG Rd à Secunderabad), le point de rencontre des gastronomes. Cet établissement est aménagé sur un dédale de niveaux, agrémentés de petites lumières clignotantes dans une ambiance un peu irréelle. Au comptoir installé sur le trottoir, essayez les kebabs juteux à 100 Rs.

Reposants et séduisants, le ***The Hunter's Roost*** et le ***Tamarind Tree*** sont des restaurants en plein air rattachés au Yatri Nivas. Le premier propose une cuisine diversifiée et dispose d'un bar. La chaîne américaine ***Qwiky's*** possède un établissement sur SP Rd, offrant des cocktails ou du café (40 Rs). Bien que convenable, ce breuvage est néanmoins loin d'égaler le savoureux café d'Inde du Sud servi dans d'autres lieux.

Les hôtels de catégorie supérieure abritent d'excellents restaurants et coffee-shops, notamment le ***Firdau*** au Taj Krishna. Attendez-vous à débourser entre 250 et 500 Rs par personne. Moins formel et installé en plein air près d'un petit lac, le ***Kabab-e-Bahar*** du Taj Banjara prépare des barbecues, des kebabs, ainsi que de délicieux plats, végétariens ou non (500 Rs environ).

Où sortir

Le ***Ravindra Bharati Theatre*** organise régulièrement des concerts, des pièces de théâtre et des spectacles de danse. Vous trouverez tous les renseignements dans les journaux locaux.

Depuis l'assouplissement de la réglementation sur l'alcool, de nombreux hôtels proposent aujourd'hui musique et pistes de danse. S'il existe plusieurs pubs, notamment à l'***Hotel Residency*** et au ***Yatri Nivas***, il s'agit essentiellement de clubs enfumés que fréquente une clientèle d'habitués.

Les cinémas projetant des films en tamoul et en telougou pullulent à Hyderabad. Pour les productions étrangères, parfois en partenariat avec l'Alliance française, rendez-vous à l'***Hyderabad Film Club*** *(☎ 3730265, 7-1-209/3 Ameerpet)*.

Si vous êtes passionné par les pierres, ***Save the Rocks Society*** *(☎ 3552923, 1236 Rd, No 60 Jubilee Hills)* organise des randonnées à travers les fantastiques paysages de la région. Son but est de sensibiliser aux dommages causés par l'exploitation intensive des carrières.

Achats

Les bazars situés près du Charminar constituent les lieux les plus intéressants pour faire des achats. Vous y trouverez perles fines, soies et autres tissus. Les boutiques de soie et de saris se concentrent dans la partie basse de Nampally Station Rd, toute proche. Parmi les plus grandes figurent Gianey's Silks and Saris ; Fancy Silks, 21-2-28, Pathergatti, mérite également la visite.

Pour les objets d'art et d'artisanat indiens, rendez-vous à Kalanjali, sur Nampally High Rd, l'une des meilleures adresses. Sur MG Rd sont installés les magasins d'État de l'Uttar Pradesh et de l'Andhra Pradesh : Gangotri (qui propose du beau mobilier et des objets d'art) et Lepakshi, doté d'un large éventail d'objets artisanaux de l'Andhra Pradesh.

Comment s'y rendre

La plupart des grandes villes indiennes sont desservies à partir de Hyderabad, soit par avion, soit par train, ou encore par la route. Certaines villes à l'étranger sont également accessibles.

Avion. L'agence d'Air India (☎ 7811395) est située en face de l'assemblée régionale (Legislative Assembly), Assembly Rd. Des vols partent pour le Koweït (2 par semaine), Mascate (3 par semaine) et Sharjah (2 par semaine). Air India dessert Mumbai (6 par semaine.

A côté, le bureau d'Indian Airlines (☎ 3299333), est ouvert tous les jours de 10h à 13h et de 14h à 17h25. Cette compagnie propose un vol quotidien entre Hyderabad et Bangalore (3 055 Rs/105 $US pour les indiens/étrangers), trois vols par jour pour Mumbai (3 490 Rs/120 $), un par jour pour Kolkata (Calcutta, 6 405 Rs/ 210 $US), deux par jour pour Delhi (6 075 Rs/ 205 $US), un par jour pour Chennai (3 005 Rs/105 $US) et pour Vizag (3 175 Rs/110 $), et deux par semaine pour Tirupathi (2 410 Rs/85 $US).

Jet Airways (☎ 3301222), qui pratique des prix analogues, dessert tous les jours Bangalore, Chennai, Delhi, Kolkata, Mumbai, Tirupathi et Vizag. Les compagnies suivantes disposent également d'agences à Hyderabad.

British Airways (☎ 3241802) 5-9-88/4 Chapel Rd
Qantas (☎ 3298495) 3-A4-9-93 Chapel Rd

Bus. Hyderabad compte plusieurs arrêts de bus et trois gares routières principales, Imlibun, Jubilee et Koti (connues également sous le nom d'Andhra Pradesh State Road Transport Corporation ou gare de l'APSRTC). Des bus partent de la gare routière d'Imlibun (☎ 4613955) pour desservir toutes les régions de l'Andhra Pradesh ainsi que d'autres États. Ils sont bien organisés, avec des horaires affichés en anglais et un guichet de réservations informatisé ouvert tous les jours de 8h à 21h. De la gare de Jubilee, à Secunderabad (☎ 7802203), le service est similaire, mais les bus sont à destination du nord et de l'ouest seulement. De la gare routière de Koti, vous prendrez des bus desservant les localités environnantes. Consultez à cet effet l'encadré *Bus au départ de Hyderabad*.

Quelques compagnies privées proposent des voyages en bus superdeluxe avec vidéo, vers des villes comme Bangalore, Mumbai, Chennai, Nagpur ou Tirupathi. Elles ont pour la plupart leurs bureaux dans Nampally High Rd, près de la gare ferroviaire de Hyderabad. Ces compagnies proposent généralement un départ par jour, souvent en fin d'après-midi. Pour Bangalore ou Nagpur, le trajet dure 12 heures et coûte 220 Rs. Pour Mumbai ou Chennai, comptez 14 heures et 250 Rs.

Train. Hyderabad possède trois grandes gares : Secunderabad, Hyderabad (ou Nampally) et Kacheguda. La gare de Secunderabad vous sera sans doute la plus utile. La plupart des trains s'arrêtent à Kacheguda, ce qui est pratique pour se rendre à Abids et à la vieille ville.

Les réservations se font soit à la gare de Hyderabad, soit à celle de Secunderabad, du lundi au samedi, de 8h à 20h, et jusqu'à 16h le dimanche. Les deux gares disposent de guichets pour touristes. Pour tous renseigne-

Bus au départ de Hyderabad

Destination	Distance (km)	Fréquence (par jour)	Tarif (Rs)
Bangalore	574	12*	210
Chennai	700	1•	240
Guntur	311	6	105
Medak	96	19	35
Tirupathi	550	7	200
Vijayawada	276	44	120

* le soir essentiellement • 16h30

ments gnraux, appelez le = 1131 ; pour rserver, le = 1345.

Comment circuler

Du fait de ses adresses plusieurs chiffres, Hyderabad nest pas une ville o il est facile de sorienter. De plus, les habitants ne parlent que trs rarement dautres langues que le telougou, lhindi ou lourdou. Toutefois, laide et la bonne volont locale compensent largement ces inconvnients et de nouveaux panneaux indiquant le nom des rues et les num ros ont t installs.

Desserte de l'aéroport. Laroport s tend 8 km au nord dAbids, Begampet. Aucun bus ne le dessert. Le trajet en auto-rickshaw vous reviendra environ 40 Rs (25 Rs seulement si vous tes un bon ngociateur). Un taxi vous prendra 120 Rs.

Bus. Les bus qui peuvent vous tre utiles sont les suivants :

N° 2C, 2R, 2U, 2V, 8A, 8B, 8C, 8D et 8U
De la gare de Jubilee Charminar.

N° 1, 2J, 7C, 7U, 8A, 8B et 8D
De la gare de Jubilee Afzalgang ; empruntez-les si vous vous rendez Abids car ils passent par Tankbund et Nehru Rd, *via* la poste principale.

N° 8C, 8D, 8N, 8S, 8U, 8V, 20P, 20N et 20V
De la gare de Jubilee celle de Hyderabad

N° 65G, 66P et 66G
De Charminar la forteresse de Golconde

N° 65G et 142K
De Koti la forteresse de Golconde

N° 2G et 5G
De la gare de Jubilee la forteresse de Golconde

Le TravelAsYouLikeTicket permet de prendre le bus volont, dans les limites de la ville. Il est valable le jour o vous lachetez. Vous vous le procurerez dans les gares routires et la gare ferroviaire de Secunderabad.

Voiture. Vous pouvez louer une voiture avec chauffeur auprs du Cozy Cabs (= 7762023), Karan Apartments, Begumpet. Ltablissement propose des chauffeurs de confiance, gratifis dune bonne connaissance de la rgion. Pour circuler dans lenceinte de la ville, comptez 500 Rs la demi-journe. Au dehors, les tarifs au kilomtre varient entre 4 et 6 Rs (avec clim.).

Auto-rickshaw. Pour les auto-rickshaws, la prise en charge slve 7 Rs pour les deux premiers kilomtres, plus 3 Rs le kilomtre. Le tarif minimal est de 7 Rs. Sachez que la plupart des chauffeurs prfrent ngocier un forfait que de brancher le compteur. Entre 22h et 5h on vous demandera parfois un supplment de 50%.

Trains principaux au départ de Hyderabad

Destination	Train n° et nom	Départ	Distance (km)	Durée (heures)	Tarif (Rs) (2e/1re)
Bangalore	5092 *G/S-Bangalore Exp**	18h20 S	790	15h45	235/793
Chennai	7054 *Hyderabad-Chennai Exp*	15h30 H	794	14h30	236/798
	2760 *Charminer Exp*	19h H	794	14h15	236/798
Delhi	2723 *Andhra Pradesh Exp*	6h40 H	1397	26h15	329/1113
	7021 *Dakshin Exp*	21h30 H	1397	31h	329/1113
Kolkata	7046 *East Coast Exp*	7h H	1591	30h	346/1209
Mumbai	7032 *Hyderabad-Mumbai Exp*	20h40 H	800	15h30	236/798
Tirupathi	7497 *Venkatadri Exp*	18h55 K	741	13h	228/772

S = Secunderabad, H = Hyderabad, K = Kacheguda
* *Gorakhpur/Secunderabad-Bangalore Express*

NAGARJUNAKONDA

☎ 08680

Nagarjunakonda est située à 150 km au sud-est de Hyderabad. Des traces remontant à la préhistoire laissent à penser que l'activité humaine de la région aurait commencé il y a 200 000 ans. Du IIe siècle av. J.-C. au IIIe siècle de notre ère, Nagarjunakonda, ainsi qu'Amaravathi, furent occupées par de puissants empires bouddhistes et hindouistes.

Nagarjunakonda tiendrait son nom actuel de Nagarjuna, l'un des moines bouddhistes les plus révérés. Ce moine gouverna le *sangha* (monastère) pendant près de 60 ans au début du IIe siècle. L'école de Madhyamika qu'il fonda étudiait et développait l'enseignement du bouddhisme mahayana.

Le site fut découvert en 1926 par l'archéologue A.R. Saraswathi. En 1950, l'endroit fut choisi pour la construction de l'immense barrage de **Nagarjuna Sagar**, qui devait servir à irriguer la région et à produire de l'électricité.

Dans les années 50 à 60, des fouilles ont mis au jour les vestiges de stupa, de *vihara* (monastères), de *chaitya* (temples) et de *mandapam* (pavillons à piliers), ainsi que de remarquables sculptures, dont certaines de marbre blanc, illustrant la vie du Bouddha. Malheureusement, une inondation eut lieu en 1960, submergeant le site. De nombreux monuments ont toutefois été retirés des eaux et reconstitués sur une île au milieu du lac de retenue.

Le **Nagarjunakonda Museum**, également sur l'île, abrite des pioches, des houes et des lances de l'âge de pierre, de même que des sculptures représentant des femmes aux formes voluptueuses, et de superbes statues du Bouddha.

Le musée est ouvert tous les jours, sauf le vendredi, de 9h à 16h. Les navettes partent de Vijayapuri, sur les rives du Nagarjuna Sagar, à 9h30 et à 13h30. La traversée de 1 heure coûte 10/20 Rs par enfant/adulte.

Chaque navette quitte l'île 30 min après son arrivée. Afin de faire honneur au site, mieux vaut arriver le matin pour repartir avec la navette de l'après-midi. On vous dira qu'un permis est nécessaire, mais ce n'est pas le cas. Durant les week-ends et les vacances, le site est bondé, aussi des navettes supplémentaires sont-elles mises en circulation. Elles prennent 20/30 Rs. Sur l'île, vous ne trouverez que des boissons.

Où se loger

Nagarjunakonda étant très prisé, les hébergements vacants se font rares durant les vacances scolaires du mois de mai. Par ailleurs, ils sont plutôt rudimentaires et se résument généralement à un simple drap.

Le ***Vijay Vihar Complex*** *(☎ 77362)* de l'APT est un vaste établissement qui semble tomber en ruine et dont les lits auraient bien besoin d'être renouvelés. Les simples/doubles reviennent à 500/600 Rs. Au rez-de-chaussée, le restaurant sert tout un éventail de plats, végétariens ou non.

La ***Project House*** *(☎ 76540)*, également gérée par l'APT, est installée à 3 km de la jetée, dans un jardin paysager de Hill Colony. Elle propose des chambres sommaires à 300/500 Rs, ainsi qu'un restaurant végétarien convenable.

Hill Colony abrite également une ***Youth Hostel*** correcte. Comptez entre 15 et 25 Rs pour loger dans cette auberge de jeunesse, selon la taille de la chambre.

De nombreuses ***chambres*** privées, rudimentaires mais propres, sont louées pour 100 Rs environ à proximité de la Project House. Renseignez-vous auprès du Suranthi Wine Shop.

Comment s'y rendre

La façon la plus simple de visiter Nagarjunakonda depuis Hyderabad consiste à choisir le circuit organisé de l'APT (☎ 040-3453036). Celui-ci part chaque jour (si le nombre de participants est suffisant) à 6h45 devant le Yatri Nivas Hotel. Le retour est prévu à 21h45 et le tout coûte 150/225 Rs par enfant/adulte. Vous visiterez également (l'entrée n'est pas incluse dans le prix) le Nagarjunakonda Museum (fermé le vendredi), Nagarjuna Sagar et les cascades d'Ethipothala Waterfalls.

Si vous préférez vous y rendre seul, des bus réguliers relient Hyderabad, Vijayawada et Guntur à Nagarjuna Sagar. La gare ferroviaire la plus proche est celle de Macherla (22 km à l'ouest, sur une voie secondaire en provenance de Guntur), d'où des bus réguliers vous emmèneront à Nagarjuna Sagar.

WARANGAL

☎ 08712 • 537 000 habitants

Située à 157 km au nord-est de Hyderabad, Warangal était autrefois la capitale du royaume kakatiya, qui couvrait la majeure partie de l'actuel Andhra Pradesh entre le début du XIIe siècle et sa conquête par les Tughlaq de Delhi (au début du XIVe siècle). Le règne des Kakatiya, hindous, mécènes et grands bâtisseurs, marqua l'aboutissement du style chalukya dans l'architecture et l'ornementation des temples.

Vous trouverez sur place des possibilités d'hébergement, mais vous pouvez aussi vous y rendre pour la journée à partir de Hyderabad. Un marché du coton à lieu à Warangal, et, durant la période la plus fraîche de l'année, un pittoresque **marché de la laine** (wool market) se tient à proximité de l'arrêt des bus.

Orientation et renseignements

Les principaux centres d'intérêt sont Warangal, Hanamkonda (3 km au nord-ouest de Warangal) et Kazipet (10 km au sud-ouest).

La gare ferroviaire et l'arrêt des bus sont en face l'une de l'autre. La plupart des services, dont le bureau de poste et le commissariat, se situent dans Station Rd, à gauche en sortant de la gare. Main Rd rejoint Warangal et Hanamkonda. A Kazipet, l'embranchement de la ligne ferroviaire qui va vers le nord, vous verrez un kiosque d'information touristique. Le Regional Tourist Information Bureau (bureau régional d'information touristique) se trouve à 3 km au nord, à la Tourist Resthouse ; le Forest Department est situé non loin. Ils sont toutefois peu utiles.

Les banques sont ouvertes du lundi au vendredi de 10h30 à 14h30 (jusqu'à 12h30 le samedi). Pour changer de l'argent, allez à la State Bank of Hyderabad (fermée le week-end) en face du Regional Tourist Information Bureau. Peu d'endroits acceptent les cartes bancaires. Warangal est pourvue de nombreux kiosques téléphoniques d'où vous pouvez appeler en Inde et vers l'international par l'automatique. Certains ouvrent 24h/24.

Fort

L'énorme forteresse de Warangal est composée de trois enceintes entourées de douves. Quatre belles portes sculptées s'ouvrent sur des chemins dirigés selon les points cardinaux et menant au centre de la forteresse, où se dressait un temple de Shiva aujourd'hui disparu. Les portes sont encore visibles, mais l'ensemble de la construction est en ruine.

La forteresse se situe dans les environs de Warangal, à Mantukonda. Elle est facilement accessible par bus ou par auto-rickshaw.

Hanamkonda

Situé sur un versant de Hanamkonda Hill, à 400 m du carrefour de Hanamkonda, le **1000-Pillared Temple** (temple aux mille piliers), fut construit en 1163. Bel exemple d'architecture chalukya, l'édifice est dédié à trois divinités (Shiva, Vishnu et Surya). Sa restauration, très soignée, met en valeur ses colonnes minutieusement gravées et son impressionnant nandi. Le temple est ouvert de 6h à 18h.

Au pied de la colline, à 3 km sur la droite, vous trouverez le petit **Siddheshwarawaya Temple**. Le **Bhadrakali Temple**, sur un monticule entre Warangal et Hanamkonda, abrite une statue en pierre de Kali assise, une arme dans chacune de ses huit mains.

Palampet

A 60 km au nord-est de Warangal, se dresse le **Ramappa Temple** (ouvert de 6h à 18h30 tous les jours). Bâti en 1234, le temple est un bel exemple d'architecture kakatiya : ses colonnes sont richement sculptées et ses avant-toits abritent d'élégantes statues aux courbes féminines.

Le **Ramappa Cheruvu**, à 1 km au sud du temple, est un lac artificiel qui s'intègre dans le paysage. Sur ses rives, la ***Vanavihar Guesthouse*** propose des chambres doubles pour 15 Rs par personne. Réservez auprès du bureau d'information touristique de Kazipet et pensez à apporter vos provisions.

Où se loger

Les possibilités d'hébergement sont modestes. Outre le prix des chambres, plusieurs hôtels réclament une taxe supplémentaire pour les séjours d'une nuit, pouvant s'élever à 30 Rs.

A 3 min de la gare ferroviaire sur Station Rd, le ***Vijaya Lodge*** *(☎ 61781)* présente un rapport qualité/prix convenable, avec des chambres à 75/120 Rs, ou à 110 Rs pour une double avec téléphone. Vous aurez de l'eau chaude le matin.

L'***Ashok*** *(☎ 85491, Main Rd)*, à Hanamkonda, se trouve à 7 km de la gare ferroviaire de Warangal. Ses simples/doubles se louent 200/275 Rs, ou 380/450 Rs avec clim. L'établissement, spacieux mais bruyant, dispose occasionnellement d'eau chaude. L'un de ses deux excellents restaurants sert de l'alcool.

L'***Hotel Ratna*** *(☎ 60645, fax 60096)* facture 250/320 Rs les simples/doubles, ou 550 et 750 Rs les doubles avec clim. Les cartes MasterCard et Visa sont acceptées.

L'*AP Tourist Resthouse (☎ 32312)* est installée sur la route principale (3 km avant la gare routière de Kazipet) face au Regional Engineering College. Les doubles (aucune simple), rudimentaires mais spacieuses, reviennent à 150 Rs. Un dortoir pour six vous coûtera 350 Rs en tout. L'établissement possède un bon restaurant végétarien et abrite le Regional Tourist Information Bureau.

Pour une ***retiring room*** à la gare ferroviaire de Warangal, vous débourserez 50/75 Rs (sans clim.) et 85/130 Rs (avec clim.). La gare ferroviaire de Kazipet est également pourvue de ***retiring rooms***.

Où se restaurer

Warangal compte plusieurs échoppes vendant des en-cas, mais peu d'établissements pour se restaurer. L'*Ashok* et l'*Hotel Ratna* disposent de restaurants qui servent une cuisine savoureuse. Sur Station Rd, le ***Ruchi Restaurant*** cuisine des plats non végétariens. Au ***Kapila Restaurant***, installé au carrefour d'Hanamkonda, les plats végétariens commencent à 25 Rs et les autres à 100 Rs.

Comment s'y rendre

Des bus circulent entre Warangal et Hyderabad, Nizamabad et d'autres grandes agglomérations. Des liaisons locales sont assurées entre Warangal, Kazipet et Hanamkonda.

Warangal est un important carrefour ferroviaire et des trains à destination de grandes villes comme Delhi, Chennai, Hyderabad ou Secunderabad (3 heures, 152 km, 46/242 Rs en 2e/1re classe) et Vijayawada (4 heures, 209 km, 90/306 Rs) s'y arrêtent. Le trajet depuis Hyderabad ne dure que 3 heures, aussi est-il possible de venir pour une journée.

Comment circuler

L'arrêt des bus se situe juste en face de l'entrée de la gare ferroviaire. Le bus n°28 effectue le trajet jusqu'à la forteresse, à Mantukonda. Des bus réguliers desservent tous les autres sites. Sur Station Rd, vous pourrez louer des vélos (5 Rs l'heure, 20 Rs la journée). Rickshaws et auto-rickshaws constituent une autre possibilité.

VISAKHAPATNAM

☎ 0891 • 1,15 million d'habitants

Cette ville côtière représente le cœur commercial et industriel de l'angle nord-est de l'Andhra Pradesh. Assez isolée du reste du territoire, elle possède l'un des plus grands chantiers de construction navale du pays.

Orientation et renseignements

La gare ferroviaire et l'arrêt des bus sont distants de 1,5 km, tous deux à 2 km du centre-ville, près du marché de Poorna. Les hôtels balnéaires sont situés à Waltair (l'endroit le plus agréable où loger dans les environs). L'office du tourisme dispose de peu d'informations.

A voir et à faire

Aujourd'hui, Visakhapatnam (plus familièrement appelée Vizag) n'offre guère d'attrait pour les touristes. Le site le plus connu est un promontoire qui surplombe le port, le **Dolphin's Nose** (le nez du dauphin), ouvert tous les jours, de 15h à17h. Les collines des environs de Waltair sont bordées de longues plages donnant sur le golfe du Bengale et la voie maritime entre Kolkata et Chennai.

Sur Simhachalam Hill, à 16 km au nord-est de la ville, s'élève le très beau **Vishnu Temple**, de style orissi datant du XIe siècle. Il est ouvert de 6h à 10h et de 16h à 18h tous les jours et l'entrée pour admirer Vishnu sous l'aspect de l'homme-lion coûte entre 2 et 30 Rs. La meilleure plage, **Rushikonda**, s'étend à 10 km au nord-est.

L'APT (☎ 596761) organise des **city tours**, des visites d'une journée (incluant le temple de Vishnu) pour 125 Rs par personne. Des excursions existent aussi pour les grottes de l'**Araku Valley** et des **Borra Caves** (300 Rs).

Où se loger et se restaurer

Quel que soit votre budget, les hôtels ne manquent pas. Les ***retiring rooms*** comportent des dortoirs réservés aux hommes à 20 Rs et des doubles confortables à 180 Rs.

Pour un hébergement bon marché, optez pour le quartier de Main Rd, près du marché de Poorna.

Centre-ville. L'*Hotel Poorna (☎ 502 344)*, près de Main Rd, propose des chambres proprettes à partir de 100/180 Rs (plus une taxe de 30 Rs en cas de séjour d'une nuit).

A l'***Hotel Daspalla*** *(☎ 564825, fax 563141)*, une chambre (avec clim.) se loue 650/775 Rs et une plus luxueuse 750/875 Rs. Cet hôtel trois-étoiles abrite des restaurants servant des spécialités chinoises et occidentales, des tandoori ainsi que des plats épicés.

Établissement quatre-étoiles très central, le ***Dolphin Hotels Limited*** *(☎ 567000, fax 567555)* dispose d'une piscine et de trois restaurants (plats d'Inde du Sud, cuisine internationale et coffee-shop ouvert 24h/24). Ses chambres s'échelonnent entre 695/895 Rs et 1 195/1 325 Rs. Le petit déjeuner est inclus dans le prix des chambres de plus de 895 Rs.

Plages. Vieux et délabré, le ***Palm Beach Hotel*** *(☎ 754026)* est néanmoins convenable pour ceux qui souhaitent séjourner près de la plage. Comptez 450/500 Rs pour une chambre, ou 600/800 Rs avec clim.

Son voisin, le ***Park Hotel*** *(☎ 754488 ; fax 754181)*, ne paie pas de mine. Pourtant, il est moderne, accueillant et confortable. Les chambres avec clim., jouissant toutes d'une vue sur la mer, se louent 1 850/ 2 100 Rs. Il possède une piscine et trois restaurants.

Le ***Taj Residency*** *(☎ 567756, fax 564370)*, le meilleur de Vizag, est un hôtel luxueux à étages installé à flanc de colline, au-dessus de Beach Rd. Il propose une piscine, un restaurant, et des chambres de 2 000 à 5 500 Rs.

Comment s'y rendre

Avion. L'aéroport de Vizag est situé à 13 km à l'ouest de la ville. Comptez 150 Rs en auto-rickshaw. Indian Airlines (☎ 546501) dessert Chennai (3 360 Rs/220 $US pour les Indiens/étrangers) et Kolkata (4 195 Rs/145 $US) les lundi, mercredi, vendredi et dimanche. Des vols se rendent à Hyderabad tous les jours (3 175 Rs/110 $US).

Train. La gare ferroviaire de Visakhapatnam Junction se trouve sur la ligne Kolkata-Chennai. Pour Kolkata (250/846 Rs en $2^e/1^{re}$ classe, 15 heures, 879 km), la meilleure solution consiste à prendre le train de nuit *Coromandel Express*. En direction du sud, ce train se rend à Vijayawada (128/431 Rs, 5 heures 30, 352 km) et à Chennai Central (235/793 Rs, 15 heures, 784 km).

Bus. Depuis l'arrêt des bus, bien organisé, l'APSRTC (☎ 546400) dessert Puri (Orissa) et les villes de l'État.

Bateau. Tous les deux mois un bateau part pour Port Blair, dans les îles Andaman. Le trajet dure 56 heures et vous pouvez réserver votre billet au Shipping Office, AV Bhanoji Row (☎ 565597, fax 566507), dans le port. Pour d'autres détails, reportez-vous à la rubrique *Port Blair* dans le chapitre *Îles Andaman et Nicobar*.

VIJAYAWADA

☎ 0866 • 853 300 habitants

Sur le delta de la puissante rivière Krishna, Vijayawada est un important nœud ferroviaire sur la ligne de la côte est reliant Kolkata à Chennai. Situé à 265 km à l'est de Hyderabad et à 70 km de la côte, ce grand centre industriel est une ville trépidante.

Vijayawada est souvent considérée comme le cœur de la culture et de la langue de l'Andhra. Ses temples, parmi lesquels certains sont rupestres, constituent le principal intérêt de la ville.

Vous pourrez toujours essayer d'obtenir des informations touristiques auprès du kiosque de la gare ferroviaire, ainsi qu'au Krishnaveni Motel (reportez-vous à la rubrique *Où se loger et se restaurer*). On trouve de nombreux accès à Internet ; optez pour le District Telecom Office : les connexions sont rapides et reviennent à 40 Rs l'heure. Il est possible de changer de l'argent à la State Bank of Hyderabad et au Millennium Foreign Exchange (ouvert de 10h à 20h30, sauf le dimanche). L'établissement applique une commission de 2% sur les chèques de voyage. Le Lepakshi Handicrafts Emporium (☎ 573129) est installé dans Ghandinagar près de l'Hotel Ilapuram.

Kanaka Durga Temple

Perché sur Indrakila Hill, ce temple est dédié à la déesse protectrice de la ville. Selon la légende, celle-ci aurait débarrassé la région de puissants démons. Aujourd'hui encore, elle reçoit toute la gratitude de ses disciples, qui lui attribuent le développement prospère de Vijayawada.

Cave Temples

A environ 8 km à l'ouest de Vijayawada, à **Undavalli**, des temples hindouistes du VIIe siècle abritent une immense statue de Vishnu étendu. Demandez au gardien de vous ouvrir, il placera une bougie de manière à éclairer la statue. Les autres temples sont dédiés à la Trimurti (trinité hindoue : Brahma, Vishnu et Shiva). Vous pouvez accéder à ces temples en bus depuis Vijayawada.

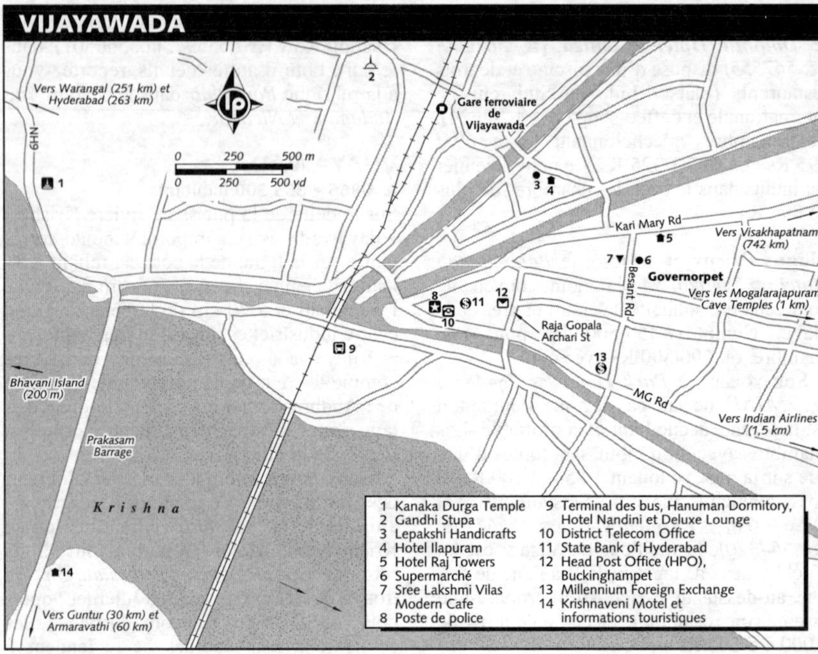

Amaravathi

A 30 km à l'ouest de Vijayawada s'étend Amaravathi, autrefois un important centre bouddhique et la capitale de l'Andhra. Y subsistent les vestiges d'un **stupa** vieux de 2 000 ans : une motte d'herbe et quelques pierres. Le **musée** voisin en contient une réplique. Il est ouvert tous les jours, sauf le vendredi et les jours fériés, de 10h à 17h. L'entrée est gratuite. Les plus belles sculptures se trouvent cependant au musée de Chennai. Pour accéder au site de Vijayawada, vous devrez faire 30 km jusqu'à Guntur, puis 30 km de plus pour Amaravathi. Des bus font le parcours (*via* Guntur) toutes les heures, entre 6h et 21h.

L'APT organise des excursions en bus pour 65 Rs, et en bateau pour 80 Rs l'aller-retour. Renseignez-vous auprès de l'office du tourisme de Vijayawada. Il n'y a aucun hôtel à Amaravathi et peu d'endroits pour acheter des boissons ou des en-cas.

Où se loger et se restaurer

Le ***Sree Lakshmi Vilas Modern Cafe*** *(☎ 572525, Besant Rd)*, à Governorpet, loue des simples/doubles avec s.d.b. commune à 90/100 Rs, ou 135/175 Rs avec s.d.b. et baquet pour la douche. L'hôtel abrite un bon restaurant végétarien et organise un service de transport vers la gare ferroviaire et le terminal des bus.

Au ***Krishnaveni Motel*** *(☎ 426382)*, les simples/doubles reviennent à 300/400 Rs. A l'écart du brouhaha de la ville, l'établissement jouit d'une vue sur la rivière Krishna. Vous pouvez louer un bateau pour faire un tour sur la peu attrayante Bhavani Island. Comptez 10/15 Rs pour un enfant/ adulte ou 90 Rs par personne sur un bateau à moteur pour quatre.

A 1,5 km de la gare ferroviaire, l'***Hotel Raj Towers*** *(☎ 571311, Congress Office Rd, Governorpet)* facture 325/420 Rs ses chambres avec s.d.b., et 465/500 Rs celles avec clim. L'hôtel dispose d'un restaurant végétarien et d'un bar. Notez que Congress Office Rd est également connue sous le nom de Kari Mary Rd.

A l'***Hotel Ilapuram*** *(☎ 571262, Bessant Rd)*, le meilleur de la ville, les prix des chambres standard se montent à 750/850 Rs. Les deluxe spacieuses reviennent à 850/ 950 Rs. L'établissement accepte les princi-

Venkateshwara Temple

Les pèlerins se pressent à Tirumala pour visiter l'antique temple de Venkateshwara, avatar de Vishnu. Parmi les vastes pouvoirs attribués à Venkateshwara figure la réalisation des vœux faits devant sa statue à Tirumala. Se faire raser le crâne pendant une visite au temple porterait bonheur, dit-on. Aussi les "coiffeurs" se comptent-ils par centaines.

On ne rencontre jamais moins de 5 000 pèlerins, quel que soit le moment de la journée. Il arrive qu'ils soient au nombre de 100 000, et, à lui seul, le personnel du temple regroupe près de 18 000 employés. Avec une telle fréquentation, on ne s'étonnera pas que ce temple soit l'un des plus riches de l'Inde, son revenu annuel avoisinant le milliard de roupies. Cet argent est géré par une société qui investit des fonds dans la construction de centaines de *choultries* (hébergements pour pèlerins) et s'occupe d'œuvres caritatives.

pales cartes de crédit. Ne confondez pas Bessant Rd avec Besant Rd en centre-ville.

Le ***Hanuman Dormitory***, au terminal des bus, est réservé aux hommes. Les lits à 25 Rs se louent pour 24 heures. Prévoyez un supplément de 3 Rs pour la douche. Son voisin, le ***Deluxe Lounge***, dispose d'une salle de TV mixte (3 Rs l'heure).

Bien tenues, les ***retiring rooms*** de la gare ferroviaire reviennent à 100/200 Rs, les doubles avec clim. à 320 Rs, et les suites avec clim. à 350 Rs. Pour les dortoirs (réservés aux hommes), comptez 40 Rs, ou 125 Rs avec clim.

Au terminal des bus, l'***Hotel Nandini*** (à l'étage) prépare des repas végétariens d'Inde du Sud, de 10h à 15h et de 19h à 22h. Le restaurant du rez-de-chaussée est ouvert 24h/24.

Comment s'y rendre

L'immense terminal des bus est implanté à 1,5 km de la gare ferroviaire. Bien organisé, il offre de nombreux services aux voyageurs : dortoirs, vestiaire, salles d'attente et restaurant. Tous les panneaux sont en telougou, mais le bureau d'information est très serviable si vous ne maîtrisez pas cette langue. De la gare, on peut se rendre aux quatre coins de l'Andhra Pradesh. Il y a un départ toutes les 30 min pour Hyderabad (6 heures, 130 Rs), toutes les 45 min pour Amaravati (17 Rs), huit par jour pour Warangal (6 heures, 115 Rs) et deux par jour pour Chennai (10 heures, 150 Rs).

Vijayawada se trouve sur les grandes lignes reliant Chennai à Kolkata et à Delhi ; tous les express s'y arrêtent. Le train le plus rapide allant de Vijayawada à Chennai (140/473 Rs en 2e/1re classe, 7 heures) est le *Coromandel Express*. Le même train à destination de Kolkata (20 heures) coûte 312/1 056 Rs.

De nombreux trains desservent Hyderabad (104/352 Rs, 6 heures 30) *via* Warangal ; l'un des plus rapides est le *2073 Falaknuma Express* (131/441 Rs). Le *Tamil Nadu Express*, qui se rend à New Delhi (27 heures), revient à 374/1 309 Rs.

Pour Tirupathi, le *Howrah-Tirupathi Express* fonctionne tous les jours. Le voyage dure 7 heures et vaut 137/462 Rs. Pour aller à Puri (Orissa), au nord, prenez le *Howrah-Tirupathi Express* jusqu'à Khurda Rd (32 heures), puis un train omnibus ou un bus pour parcourir les 44 derniers kilomètres jusqu'à Puri.

Il existe aussi des trains directs pour Kanyakumari et Bangalore une fois par semaine, pour Varanasi quatre fois par semaine et pour Thiruvananthapuram (Trivandrum) tous les jours.

TIRUMALA ET TIRUPATHI

☎ 08574 • 191 000 habitants

La "colline sacrée" de Tirumala, à l'extrême sud-est de l'Andhra Pradesh, et son temple de Venkateshwara, serait l'un des lieux de pèlerinage les plus animés du monde, éclipsant Jérusalem, Rome et La Mecque par le nombre de pèlerins.

Ces derniers sont pris en main par l'efficace Tirumala Tirupathi Devasthanams (TTD). La plupart sont logés dans des *choultries* (hébergements pour pèlerins) à Tirumala et à Tirupathi (à 20 km du temple, au pied de la colline). Aussi des innombrables bus ne cessent-ils d'effectuer la navette entre le haut et le bas de la colline, commençant avant le lever du jour et s'arrêtant tard dans la soirée.

Tirumala est un site fascinant. Il figure parmi les rares temples indiens dont l'entrée du sanctuaire sacré est autorisée aux non-hindous, qui restent peu nombreux à s'y aventurer. L'endroit vaut le détour, que vous soyez pèlerin ou non (consultez à ce sujet l'encadré sur le temple de Venkateshwara). Un autre temple se dresse plus bas sur la colline : le **Sri Padmavathi Amma Vari Temple**, dédié à Lakshmi, déesse de l'abondance.

Le **Brahmotsavam**, une fête annuelle de 9 jours, se tient en sept./oct. Au cours de l'événement, instauré par Brahma lui-même, le temple est décoré. Puja spéciaux et processions de chars colorés constituent une part importante des festivités.

Circuits organisés

L'APT organise chaque week-end une visite à Tirupathi à partir de Hyderabad. Le départ a lieu le vendredi à 15h30, le retour, le lundi à 7h et le tarif de 600/700 Rs par enfant/adulte comprend l'hébergement et le "*darshan* spécial" (la "vue sur un dieu", qui vous donne en fait la priorité pour accéder au temple). Vous pouvez prendre le bus (ce n'est pas très conseillé) : on ne paie alors que 175 Rs (aller simple). La meilleure solution pour aller à Tirupathi est de partir de Chennai (voir la rubrique *Circuits organisés* du chapitre *Chennai*).

Où se loger et se restaurer

Le prix des hôtels varie ; pendant les fêtes, l'augmentation peut être considérable.

Tirumala. Vous trouverez ici toute une gamme d'hébergements sur Tirumala Hill, près du temple. Bien organisée et plaisante, la ville possède une poste, plusieurs centres commerciaux et un hôpital.

La plupart des pèlerins séjournent dans les vastes ***dortoirs*** entourant le temple (les lits sont gratuits pour les fidèles). Si ce mode d'hébergement vous tente, adressez-vous au Central Reception Office, juste à côté de l'arrêt des bus : on vous attribuera un lit ou une chambre. Mieux vaut éviter les week-ends, lorsque le lieu est surpeuplé.

Les hébergements en ***guesthouses*** (pensions) et en cottages, organisés par le Central Reception Office, vont de 250 Rs pour une suite à 8 000 Rs pour une maison entière.

Pour réserver un hébergement, écrivez (ne téléphonez pas) en indiquant vos exigences détaillées, joignez une traite bancaire de 100 Rs, et adressez le tout à l'Assistant Executive Officer (Reception-I), TTD, Tirumala 517504. Durant les fêtes, aucune réservation n'est possible. Tous les jours, les immenses ***salles à manger*** (dining halls) de Tirumala préparent des milliers de repas gratuits pour les pèlerins. De nombreux restaurants, excellents, servent des plats végétariens.

Tirupathi. Située en contrebas de la colline, Tirupathi constitue un centre urbain et un carrefour de communications routières et ferroviaires. Comme la ville dispose de quantité d'hôtels et de logements, vous n'aurez aucune difficulté à trouver un hébergement. Beaucoup se regroupent autour du principal arrêt des bus, à 500 m du centre-ville. Par ailleurs, la gare ferroviaire abrite des ***retiring rooms***.

Accueillant, le ***Vasantha Vihar Lodge*** *(☎ 20460, 141 G Car St)* se situe à quelques mètres de la gare ferroviaire. Ses petites simples/doubles spartiates avec ventil. et douche se louent 65/90 Rs.

A l'***Hotel Bhimas Paradise*** *(☎ 25747, fax 25568, Renigunta Rd)*, les doubles ne coûtent que 450 Rs, ou entre 750 et 950 Rs avec clim. Outre la taxe de 10%, l'hôtel applique une taxe de séjour de 100 Rs.

A un pâté de maisons, l'***Hotel Bhimas*** *(☎ 25744, 42 G Car St)* propose des chambres à 185/275 Rs et des doubles avec clim. à 600 Rs.

En face, le ***Bhimas Deluxe Hotel*** *(☎ 25521, 34-38 G Car St)*, visiblement sans rapport avec son homonyme, est un établissement deux-étoiles disposant de chambres avec clim. à 540/650 Rs. Toutes bénéficient d'une s.d.b., d'une TV et d'une superbe perspective sur les collines.

Établissement trois-étoiles, l'***Hotel Mayura*** *(☎ 25925, fax 25911, 209 TP Area)* est aménagé non loin de l'arrêt des bus. Le prix des chambres avec s.d.b. se monte à 475 Rs, ou 700/750 Rs avec clim. Il comprend un restaurant et jouit de quelques beaux panoramas.

Plus récent, l'***India Quality Inn Bliss*** *(☎ 21650, fax 29514)* offre des simples/doubles à 395/475 Rs, ou 750/950 Rs avec clim. Toutes possèdent la TV. Vous profiterez de deux restaurants, d'une pâtisserie et d'un bar. De l'hôtel, la vue est splendide.

Le ***Lakshmi Narayana Bhavan*** est un bon établissement végétarien installé face au principal arrêt des bus de Tirupathi.

Très prisé, le restaurant en sous-sol du ***Bhimas Deluxe Hotel*** sert des plats du Nord et du Sud de l'Inde jusque tard dans la nuit.

Le dieu mégalomane

Si la petite ville de Puttaparthi compte environ 20 000 habitants, plusieurs fois par an ce nombre monte à plus de 50 000. Sai Baba en constitue le centre d'intérêt : Puttaparthi, sa ville natale, abrite également son ashram principal, Prasanthi Nilayam.

Difficile de surestimer le pouvoir d'attraction de cet homme qui, à l'âge de 14 ans, se déclara être la réincarnation d'un saint du nom de Sai Baba, mort en 1918.

En novembre 2000, un million de fidèles se seraient réunis dans l'ashram et tout autour pour célébrer les 75 ans de Sai Baba. Cet événement de poids concurrençait la cérémonie d'ouverture de Jeux olympiques de Sydney. Décoré avec soin, Sai Gita – l'éléphant de Sai Baba – conduisait un défilé de groupes de musique, de troupes de danseurs et de porteurs de drapeau originaires de 165 pays. Nombre de fidèles considèrent Sai Baba comme un véritable avatar.

Tout en Sai Baba est démesuré. Parmi ses fidèles figurent des grands noms : stars de cinéma, politiciens, et autres "dieux", tels que l'actuelle superstar du cricket en Inde, Sachin Tendulkar. Il injecte de grosses sommes d'argent (plusieurs millions de dollars) dans l'hôpital local, les écoles et l'université. Enfin, la controverse qu'il suscite atteint une ampleur non négligeable. De graves allégations d'abus sexuels ont conduit certains fidèles à perdre leur foi. Néanmoins, d'autres croyants considèrent cette polémique comme une nouvelle épreuve terrestre pour leur avatar.

Comment s'y rendre

Il est possible de visiter Tirupathi en une journée au départ de Chennai, mais il vaut mieux y passer la nuit. Si vous voyagez en train ou en bus, procurez-vous les "link tickets" qui comprennent le voyage jusqu'à Tirupathi et le trajet jusqu'à Tirumala.

Avion. L'agence d'Indian Airlines (☎ 22 349) est installée dans l'Hotel Vishnupriya, en face du principal arrêt des bus de Tirupathi. Les lundi et vendredi, des vols arrivent de Hyderabad (2 410 Rs/85 $US pour les Indiens/étrangers). Jet Airways propose le même type de vol aux mêmes horaires.

Bus. L'APSRTC propose des bus depuis Chennai, à partir de 5h (il y a 30 départs par jour). Les bus économiques ("ordinary") sont plus fréquents mais aussi bien plus lents. En express, il faut environ 5 heures pour parcourir les 150 km qui séparent les deux villes, au prix de 55 Rs. On peut réserver sa place à Chennai. Pour Chennai, des bus express quittent le principal arrêt des bus de Tirupathi toutes les 20 min (dès 2h30 le matin).

Des bus express et deluxe se rendent à Hyderabad (450 Rs, 12 heures) ; d'autres bus moins chers – et moins confortables – font aussi le trajet. Il existe des départs toutes les heures pour Vijayawada (140 Rs), plus encore pour Vellore (185 Rs, 2 heures 30), dans le Tamil Nadu, et pour la plupart des grandes villes de l'Andhra Pradesh et du Tamil Nadu.

Train. Tirupathi est bien desservie par les express. Trois trains quotidiens se rendent à Chennai (147 km, 3 heures), qui coûtent 67/226 Rs en 2e/1re classe. Le *Venkatadri Express* se rend tous les jours à Secunderabad (741 km, 17 heures 30, 228/772 Rs) et trois express quotidiens rallient Vijayawada (389 km, 9 heures, 138/468 Rs). Un express relie Madurai (663 km, 18 heures, 208/704 Rs) *via* Vellore, Chidambaram et Tiruchirappalli, et deux trains par semaine relient Mumbai (1 132 km, 31 heures, 297/1 003 Rs).

Comment circuler

Bus. Les bus Tirumala Link partent des deux arrêts de bus de Tirupathi : le principal, située à 500 m du centre-ville, et celui de Tirumala, près de la gare ferroviaire. Le trajet de 20 km prend 45 min et revient à 15/25 Rs en aller simple/aller-retour en bus économique ou 25/45 Rs en bus express.

Pour prendre un bus à Tirupathi ou à Tirumala, il faut passer par un système de cages grillagées vivement déconseillé aux claustrophobes. Durant les week-ends et les périodes de fêtes, il faut parfois y patienter deux heures avant de pouvoir monter dans un bus. Si vous séjournez à Tirupathi, achetez directement un billet aller-retour, qui vous fera gagner du temps. Pour éviter d'attendre dans les "cages", prenez le bus au principal arrêt des bus de Tirupathi. Afin de trouver la file d'attente de votre bus à Tirumala, traversez le choultry (hébergement) jusqu'aux cages grillagées et aux guichets. Le choultry se trouve à 200 m de l'entrée de la gare ferroviaire de Tirupathi (tournez à droite en sortant de celle-ci), en face de la passerelle qui traverse la voie ferrée.

Si vous êtes pressé, ou si vous ne supportez pas ce système de cages, il existe des taxis collectifs disponibles en permanence. La place coûte environ 55 Rs selon le nombre de passagers. Si vous êtes seul, vous paierez 350 Rs l'aller simple.

Vous pouvez monter jusqu'au temple avec les pèlerins, en suivant un sentier de 15 km. Vous mettrez de 4 à 6 heures. Laissez vos bagages à la barrière de péage, à Alipiri, près de la statue de Hanuman. Ils seront transportés au centre de réception gratuitement. La marche est plus agréable en soirée, quand il fait plus frais. Toutefois, plusieurs aires abritées du soleil, et même une cantine, vous permettront de faire des pauses en chemin.

PUTTAPARTHI

☎ 08555

Prasanthi Nilayam, ou "demeure de la paix suprême", le principal ashram de Sri Sathya Sai Baba, est situé dans l'angle sud-ouest de l'Andhra Pradesh, à Puttaparthi. Les nombreux adeptes de Sai Baba sont majoritairement des Indiens, mais des Occidentaux en font partie. Sai Baba a monté son ashram il y a 40 ans, et il y passe quasiment toute l'année, même s'il se rend parfois, lors de la saison chaude, au Whitefields Ashram près de Bangalore ou à Kodaikanal dans le Tamil Nadu.

Où se loger et se restaurer

La plupart des visiteurs logent à l'***ashram*** *(☎ 87583)*, un petit village aux nombreux aménagements. Bien que spartiates, les hébergements sont bien tenus, confortables et bon marché. Il n'est pas possible de réserver. Le prix des repas est particulièrement bas, commençant à 2 Rs pour le petit déjeuner.

Hors de l'ashram, les logements sont souvent dirigés par les fidèles de Sai Baba. Le règlement est alors similaire à celui de l'ashram (pas d'alcool, coucher tôt). L'***Hotel Sai Sree Nivas*** *(Main Rd)* en est un exemple typique. Les simples/doubles basiques avec s.d.b. coûtent 175/350 Rs (mais les prix varient en fonction de la demande). A 2 km de l'ashram en direction de l'aéroport, le ***Sri Sathya Sai Village***, récent, dispose de nombreux équipements et d'un restaurant servant une cuisine internationale. Les prix varient de 750 Rs (double uniquement) à 1 250 Rs (double en pension complète), et toutes les chambres bénéficient de la clim. Les réservations s'effectuent à Chennai (☎ 044-4896060, fax 4896069).

Au ***Big Pizza – Long Noodles Restaurant***, dans le Sai Jyothi Complex tout près de Chitravanthi Rd, les omelettes reviennent à 24 Rs et les pâtes à 26 Rs. Délicieux, le paneer du ***Sai Bestways*** se vend 35 Rs, et le dhal 15 Rs.

Comment s'y rendre

Pour atteindre Puttaparthi, la solution la plus simple est prendre un bus à Bangalore. Au départ de Bangalore ou de Hyderabad, un train vous mènera à Dharmavaram d'où vous pourrez prendre un bus régulier pour Puttaparthi. De Bangalore le trajet en train dure 4 heures (97/326 Rs en 2e/1re classe, 235 km). Nombreux sont ceux qui prennent un taxi depuis Bangalore (de 850 Rs à 1 200 Rs).

En venant de Chennai, vous voyagerez sur le bus "high-tech" de nuit, très confortable. Il part tous les jours de Parry's Corner à 19h (11 heures, 195 Rs). Les mercredis et dimanches, Indian Airlines assure des vols pour Puttaparthi à partir de Mumbai (4 095 Rs/140 $US pour les Indiens/étrangers).

Comment circuler

Puttaparthi est une ville bien organisée et vous ne devriez rencontrer aucune difficulté pour circuler. Pour aller au-delà, des bus réguliers desservent les environs (notamment Dharmavaram ou Hindupur), à partir de la grande gare routière. Les horaires sont inscrits en anglais. De nombreux auto-rickshaws circulent et vous pouvez louer une voiture dans les agences de voyages, dont Sri Sai Ravitheja (☎ 87429), en face de l'ashram, sur Main Rd.

LEPAKSHI

Le **Veerbhadra Temple** à Lepakshi vaut un détour si vous voyagez entre Puttaparthi et Bangalore. A l'entrée de la ville se dresse un énorme nandi (taureau sacré de Shiva) monolithique. A 500 m se trouve le temple. Des livrets sur le temple sont disponibles en hindi et en telougou mais l'un des guides parle anglais.

Kerala

Le Kerala forme une étroite frange côtière fertile au sud-ouest de l'Inde, entre la mer des Laquedives et les Ghats occidentaux. Avec leurs denses forêts tropicales et leurs interminables crêtes, les Ghats ont protégé la région des envahisseurs venus des terres, alors que la longue côte a favorisé les contacts maritimes avec le reste du monde, entraînant un fascinant brassage de cultures.

L'enclavement de l'État a permis l'essor de coutumes, d'arts et de fêtes spécifiques. Le plus grand événement culturel du Kerala, la fête d'Onam ou fête de la moisson, commémore l'âge d'or du roi mythique Mahabali Kerala et dure quatre jours, fin août ou début septembre ; on peut alors assister à des processions d'éléphants, des représentations culturelles et des courses de bateaux, tandis que des fleurs ornent les maisons où se déroulent des fêtes privées. Outre ses traditions culturelles élaborées, le Kerala offre des plages splendides, des lagunes et des canaux paisibles à explorer en bateau, des stations climatiques et des réserves naturelles. Avec un taux d'alphabétisation élevé et une relative prospérité, cet État donne une vision de l'Inde plus douce et plus détendue.

Histoire

Des négociants ont fait voile vers le Kerala depuis au moins trois millénaires pour chercher des épices, du bois de santal et de l'ivoire. Connue des Phéniciens, des Romains, des Arabes et des Chinois, cette côte constituait une étape pour l'acheminement des épices en provenance de l'archipel indonésien des Moluques ; ce fut aussi par son intermédiaire que les inventions et les produits chinois parvinrent en Occident.

Le royaume des Chera s'étendit jusqu'au début du Moyen Âge sur la majeure partie du Kerala. Bonnes et mauvaises fortunes se succédèrent au cours des guerres territoriales et commerciales qui l'opposèrent aux royaumes et fiefs voisins.

L'arrivée de Vasco de Gama, en 1498, inaugura l'ère des échanges avec l'Europe. Portugais, Néerlandais et Britanniques se heurtèrent aux commerçants arabes, puis se battirent entre eux pour contrôler le commerce des épices.

En bref

Population : 32 millions d'habitants
Superficie : 38 864 km^2
Capitale : Thiruvananthapuram
Langue principale : malayalam
Meilleure saison : d'octobre à mars

Cartes du chapitre :

- Explorez les backwaters de Kollam à bord d'un *kettuvallam* (house-boat)
- Vibrez lors de la Nehru Cup Snake Boat, une célèbre régate à Alappuzha
- Profitez du soleil et rassasiez-vous de poisson à Kovalam et Varkala, des stations balnéaires animées
- Tentez d'apercevoir la faune du Periyar Wildlife Sanctuary lors d'une randonnée dans la jungle, à pied ou en bateau
- Promenez-vous aux alentours de Munnar pour découvrir les vues sur les montagnes et les plantations de théiers
- A Kochi, admirez les architectures portugaise, néerlandaise et de l'Inde du Sud
- Paressez sur les superbes atolls frangés de palmiers des Laquedives

KERALA

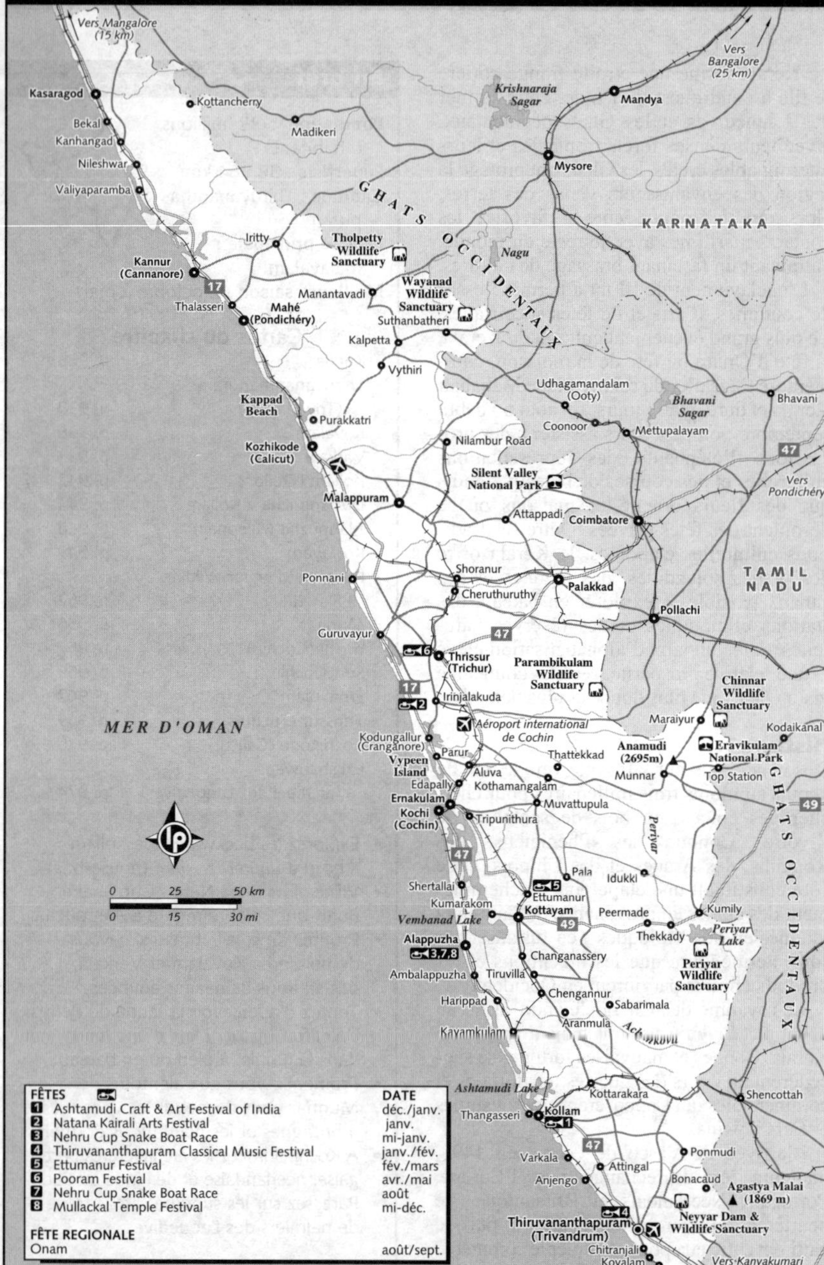
Vers Mangalore (15 km)
Vers Bangalore (25 km)
Kasaragod
Kottancherry
Madikeri
Krishnaraja Sagar
Mandya
Bekal
Kanhangad
Nileshwar
Valiyaparamba
Mysore
GHATS OCCIDENTAUX
KARNATAKA
Iritty
Tholpetty Wildlife Sanctuary
Nagu
Kannur (Cannanore)
17
Manantavadi
Wayanad Wildlife Sanctuary
Thalasseri
Mahé (Pondichéry)
Suthanbatheri
Kalpetta
Vythiri
Udhagamandalam (Ooty)
Bhavani
Bhavani Sagar
Kappad Beach
Purakkatri
Coonoor
Mettupalayam
Kozhikode (Calicut)
Nilambur Road
47
Vers Pondichéry
Silent Valley National Park
Malappuram
Attappadi
Coimbatore
Shoranur
Ponnani
Cheruthuruthy
Palakkad
TAMIL NADU
Pollachi
Guruvayur
47
6
Thrissur (Trichur)
Parambikulam Wildlife Sanctuary
17
2
Irinjalakuda
Chinnar Wildlife Sanctuary
Maraiyur
Kodaikanal
MER D'OMAN
Aéroport international de Cochin
Kodungallur (Cranganore)
Parur
Thattekkad
Anamudi (2695m)
Eravikulam National Park
Vypeen Island
Aluva
Munnar
Top Station
Edapally
Kothamangalam
Ernakulam
Muvattupula
49
Kochi (Cochin)
Tripunithura
Periyar
47
Pala
Idukki
0 25 50 km
0 15 30 mi
Shertallai
5
Ettumanur
Kumarakom
Kottayam
Peermade
Kumily
Vembanad Lake
49
Thekkady
Periyar Lake
Alappuzha
3,7,8
Changanassery
Periyar Wildlife Sanctuary
Ambalappuzha
Tiruvilla
Chengannur
Harippad
Sabarimala
Aranmula
Achankovil
Kayamkulam
Ashtamudi Lake
Kottarakara
Shencottah
Thangasseri
Kollam
1
47
Ponmudi
Varkala
Attingal
Anjengo
Bonacaud
Agastya Malai (1869 m)
4
Neyyar Dam & Wildlife Sanctuary
Thiruvananthapuram (Trivandrum)
Chitranjali
Kovalam
Vizhinjam
Vers Kanyakumari (40 km)
FÊTES
DATE
1 Ashtamudi Craft & Art Festival of India déc./janv.
2 Natana Kairali Arts Festival janv.
3 Nehru Cup Snake Boat Race mi-janv.
4 Thiruvananthapuram Classical Music Festival janv./fév.
5 Ettumanur Festival fév./mars
6 Pooram Festival avr./mai
7 Nehru Cup Snake Boat Race août
8 Mullackal Temple Festival mi-déc.
FÊTE REGIONALE
Onam août/sept.

L'actuel État du Kerala fut constitué en 1956 par la réunion des États de Travancore, Cochin et Malabar. L'intérêt traditionnel des Kéralais pour les arts et l'éducation en fit, après l'Indépendance, l'un des États les plus progressistes du pays. Le Kerala fut aussi le premier État au monde à élire librement un gouvernement communiste, en 1957. Le système démocratique a favorisé une distribution plus équitable des terres et des revenus, une faible mortalité infantile et un taux d'alphabétisation de 91%. Les manifestations de rue témoignent de l'intérêt de la population pour la marche de l'État. Cependant, le militantisme des partis politiques et les fréquentes *hartal* (grèves) freinent sa croissance, bien que les indicateurs sociaux s'améliorent. De nombreux Malayalis (de langue malayalam) travaillent au Moyen-Orient et leurs subsides jouent un rôle significatif dans l'économie locale.

Sud du Kerala

THIRUVANANTHAPURAM (TRIVANDRUM)

☎ 0471 • 868 000 habitants

Édifiée sur sept collines, Thiruvananthapuram (cité du serpent sacré) garde un peu l'atmosphère du Kerala d'antan, avec ses bâtiments en forme de pagode coiffés de tuiles rouges et ses ruelles étroites et sinueuses. Bien que la modernisation urbaine apporte les problèmes inévitables, comme la pollution, la ville reste l'une des plus agréables du pays pour les piétons. Si vous souhaitez échapper aux sites trop touristiques, vous apprécierez de passer quelques jours dans cette ville.

Orientation

MG Rd, l'artère principale, court du nord au sud sur près de 4 km, des musées et du zoo au Sri Padmanabhaswamy Temple. Le Secretariat, un point de repère pratique, se trouve à mi-chemin. La gare routière des bus longue distance de la Kerala State Road Transport Corporation (KSRTC), la gare ferroviaire et la plupart des hôtels bon marché se regroupent dans le même quartier ; la gare routière municipale se situe près du temple.

Renseignements

Offices du tourisme. Le Tourist Facilitation Centre (☎ 321132), Museum Rd, offre des cartes et un bon accueil. Le Tourist Reception Centre (☎ 330031), en face du KTDC Hotel Chaithram, organise les visites guidées de la KTDC (Kerala Tourism Development Corporation). Un guichet d'information est installé à l'aéroport.

L'Alliance française (☎ 327776, fax 327 772), Mani Bhavan, Sasthamangalam, dispose d'une bibliothèque et propose des spectacles culturels.

Argent. La HSBC dispose d'un DAB à Vellayambalam Junction. La Canara Bank, près de l'hôtel South Park, et le comptoir de la Bank of India, installé à l'Hotel Chaithram, changent les chèques de voyage et accordent des avances sur les cartes de crédit. Efficace, TT Forex (☎ 332127), Niranjan Towers, Vellayambalam, aligne ses prix sur ceux de l'American Express.

Poste et communications. La poste centrale, dans MG Rd, ouvre du lundi au samedi, de 8h à 20h. De nombreux kiosques STD/ISD jalonnent la ville. Le Central Telegraph Office propose un service e-mail (32 Rs l'heure) pendant les heures d'ouverture habituelles, de même que Multidata, 3e étage, Kottarathil Buildings (derrière la Bank of Baroda). Le KTDC Hotel Chaithram offre ce service 24h/24 pour 60 Rs l'heure.

Agences de voyages. Tourindia (☎ 330437, fax 331407, tourindia@richsoft.com), MG Rd, organise des séjours dans les arbres (voir plus loin la rubrique *Wayanad Wildlife Sanctuary*). Kerala Travels Interserve (☎ 324158, fax 323154, keralt@md2.vsnl.net.in), Vellayambalam Junction, propose des treks à Periyar (voir plus loin la rubrique *Periyar Wildlife Sanctuary*).

Librairies et bibliothèques. La State Public Library (bibliothèque publique d'État) occupe un bâtiment classique dans MG Rd, sur lequel figure encore l'inscription "Victoria Diamond Jubilee Library" ; elle ouvre tous les jours, de 8h à 20h.

De nombreuses librairies bordent MG Rd, dont Current Books, DC Books, Modern Book Centre, CLS Books et Priya Books. La Kerala Book Marketing Society, à VJT Hall, se tient près de la mosquée.

Services médicaux et urgences. L'hôpital général (☎ 443870) se situe dans Sta-

Changements de noms

De nombreuses localités ont reçu des noms malayalis, mais ils restent actuellement peu employés :

Ancien nom	Nouveau nom
Alleppey	Alappuzha
Calicut	Kozhikode
Cannanore	Kannur
Changanacherry	Changanassery
Cochin	Kochi
Palghat	Palakkad
Quilon	Kollam
Sultan's Battery	Sulthanbatheri
Tellicherry	Thalasseri
Trichur	Thrissur
Trivandrum	Thiruvananthapuram

tue Rd, à 1 km à l'ouest de MG Rd. De nombreux centres dispensent des soins ayurvédiques, comme le Sreedhari Ayurveda Kendrum (☎/fax 331138), Narasimhavilasam Buildings, à la porte sud du Secretariat, et le CVN Kalari Sangham (voir plus loin).

En cas d'urgence, vous pourrez joindre la police au ☎ 100, les pompiers au ☎ 101 et demander une ambulance au ☎ 102.

Sri Padmanabhaswamy Temple

Vieux de 260 ans, ce temple couvre une superficie de 2 400 m². Sa porte principale, le *gopuram* est, construite dans le style dravidien, mesure plus de 30 m de haut. Dans le sanctuaire, la divinité Padmanabha repose sur le serpent sacré.

Bien que le temple ne soit ouvert qu'aux hindous, les visiteurs sont parfois autorisés à pénétrer s'ils portent un sari et un chemisier (pour les femmes) ou un dhoti (pour les hommes).

Puthe Maliga Palace Museum

Le musée du palais Puthe Maliga est installé dans le palais des maharajas de Travancore, vieux de 200 ans. Remarquable par son architecture kéralaise, la construction du palais a nécessité 4 ans de travaux et 5 000 ouvriers. Les expositions sont essentiellement consacrées au commerce des épices avec la Chine et l'Europe.

Le musée ouvre tous les jours, sauf le lundi, de 8h30 à 12h30 et de 15h30 à 17h30 (entrée : 20 Rs, plus 25 Rs pour un appareil photo). Le palais accueille chaque année un **festival de musique classique**, du 27 janvier au 3 février.

Veli Tourist Park

Ce parc touristique bien agencé abrite de belles sculptures de Canai Kunuram, un artiste local. Ses œuvres illustrent un sens particulier de l'équilibre et de l'harmonie, mêlé parfois d'érotisme. Situé sur la rive du Veli Lagoon, à 8 km à l'ouest du centre ville, et ouvert tous les jours de 10h à 18h, ce parc mérite une visite.

CVN Kalari Sangham

Proche du Sri Padmanabhaswamy Temple, le CVN Kalari Sangham (☎ 474128) a été construit en 1956. Ses fondateurs jouèrent un rôle majeur dans le renouveau du *kalarippayattu*, un art martial du Kerala.

On peut assister gratuitement aux séances d'entraînement tous les jours, sauf le dimanche, de 6h30 à 8h30. Des soins de médecine ayurvédique (en particulier pour soigner les blessures tissulaires légères) y sont prodigués du lundi au samedi, de 10h à 13h et de 17h à 19h30, et le dimanche, de 10h à 13h. Pour participer à l'entraînement, vous devez vous inscrire à une session (3 mois minimum, 500 Rs par mois). Hébergement, repas et transport restent à votre charge.

Autres curiosités

Un parc situé au nord de la ville renferme un zoo et plusieurs musées. Ces derniers ouvrent du mardi au dimanche, de 10h à 17h (à partir de 13h le mercredi). Le ticket délivré au Natural History Museum (5 Rs) donne accès aux autres musées.

Installé dans un bâtiment de style kéralais construit en 1880, le **Napier Museum** regroupe un assortiment éclectique de bronzes, de véhicules de procession, de sculptures sur ivoire et de figures grandeur nature de danseurs de kathakali parés de tous leurs atours.

Le **Natural History Museum** (musée d'Histoire naturelle) présente une collection ethnographique sommaire et une intéressante maquette d'une *tharawad*, maison de bois traditionnelle d'une famille nayar.

La **Sri Chitra Art Gallery** abrite des peintures des écoles rajpoute, moghole et tanjore, ainsi que des œuvres de Ravi Varma, de Svetoslav et de Nicholas Roerich.

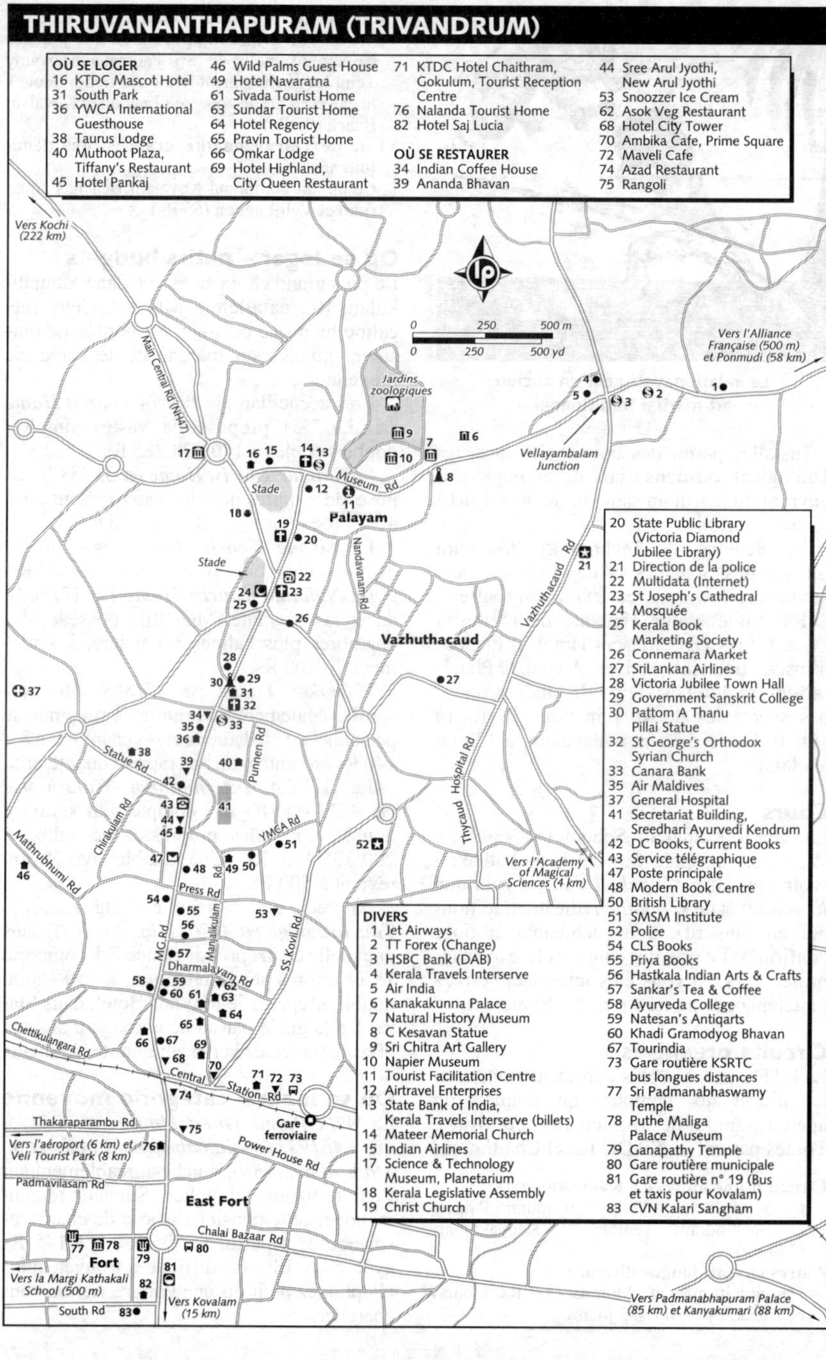
THIRUVANANTHAPURAM (TRIVANDRUM)
OÙ SE LOGER
16 KTDC Mascot Hotel
31 South Park
36 YWCA International Guesthouse
38 Taurus Lodge
40 Muthoot Plaza, Tiffany's Restaurant
45 Hotel Pankaj
46 Wild Palms Guest House
49 Hotel Navaratna
61 Sivada Tourist Home
63 Sundar Tourist Home
64 Hotel Regency
65 Pravin Tourist Home
66 Omkar Lodge
69 Hotel Highland, City Queen Restaurant
71 KTDC Hotel Chaithram, Gokulum, Tourist Reception Centre
76 Nalanda Tourist Home
82 Hotel Saj Lucia
OÙ SE RESTAURER
34 Indian Coffee House
39 Ananda Bhavan
44 Sree Arul Jyothi, New Arul Jyothi
53 Snoozzer Ice Cream
62 Asok Veg Restaurant
68 Hotel City Tower
70 Ambika Cafe, Prime Square
72 Maveli Cafe
74 Azad Restaurant
75 Rangoli
Vers Kochi (222 km)
0 250 500 m
0 250 500 yd
Vers l'Alliance Française (500 m) et Ponmudi (58 km)
Jardins zoologiques
Main Central Rd (NH47)
Museum Rd
Stade
Palayam
Vellayambalam Junction
Nandavanam Rd
Vazhuthacaud Rd
Vazhuthacaud
Punnen Rd
Statue Rd
Chirakulam Rd
Mathrubhumi Rd
YMCA Rd
Press Rd
Manjalikulam Rd
MG Rd
SS Kovil Rd
Dharmalayam Rd
Thycaud Hospital Rd
Vers l'Academy of Magical Sciences (4 km)
Chettikulangara Rd
Central Station Rd
Thakaraparambu Rd
Gare ferroviaire
Vers l'aéroport (6 km) et Veli Tourist Park (8 km)
Power House Rd
Padmavilasam Rd
East Fort
Chalai Bazaar Rd
Fort
Vers la Margi Kathakali School (500 m)
South Rd
Vers Kovalam (15 km)
Vers Padmanabhapuram Palace (85 km) et Kanyakumari (88 km)
20 State Public Library (Victoria Diamond Jubilee Library)
21 Direction de la police
22 Multidata (Internet)
23 St Joseph's Cathedral
24 Mosquée
25 Kerala Book Marketing Society
26 Connemara Market
27 SriLankan Airlines
28 Victoria Jubilee Town Hall
29 Government Sanskrit College
30 Pattom A Thanu Pillai Statue
32 St George's Orthodox Syrian Church
33 Canara Bank
35 Air Maldives
37 General Hospital
41 Secretariat Building, Sreedhari Ayurvedi Kendrum
42 DC Books, Current Books
43 Service télégraphique
47 Poste principale
48 Modern Book Centre
50 British Library
51 SMSM Institute
52 Police
54 CLS Books
55 Priya Books
56 Hastkala Indian Arts & Crafts
57 Sankar's Tea & Coffee
58 Ayurveda College
59 Natesan's Antiqarts
60 Khadi Gramodyog Bhavan
67 Tourindia
73 Gare routière KSRTC bus longues distances
77 Sri Padmanabhaswamy Temple
78 Puthe Maliga Palace Museum
79 Ganapathy Temple
80 Gare routière municipale
81 Gare routière n° 19 (Bus et taxis pour Kovalam)
83 CVN Kalari Sangham
DIVERS
1 Jet Airways
2 TT Forex (Change)
3 HSBC Bank (DAB)
4 Kerala Travels Interserve
5 Air India
6 Kanakakunna Palace
7 Natural History Museum
8 C Kesavan Statue
9 Sri Chitra Art Gallery
10 Napier Museum
11 Tourist Facilitation Centre
12 Airtravel Enterprises
13 State Bank of India, Kerala Travels Interserve (billets)
14 Mateer Memorial Church
15 Indian Airlines
17 Science & Technology Museum, Planetarium
18 Kerala Legislative Assembly
19 Christ Church

Le kalarippayattu est un ancien art martial traditionnel

Installés parmi des bois et des lacs, les **Zoological Gardens** (jardins zoologiques) ouvrent du mardi au samedi, de 9h à 17h15 (entrée : 4 Rs).

Le **Science & Technology Museum** (musée des Sciences et des technologies) ouvre tous les jours, de 10h à 17h (entrée : 2 Rs). Situé à une centaine de mètres à l'ouest du KTDC Mascot Hotel, il dispose d'installations interactives. A côté, le **Planétarium** (☎ 446976), fermé le lundi, propose des spectacles de 40 min pour 10 Rs (à 10h30, 15h et 17h en malayalam, à 12h en anglais).

Cours

La Margi Kathakali School (☎ 434066), West Fort, propose des cours de kathakali (voir l'encadré *Kathakali* dans la rubrique *Kovalam*) et de *kootiattam* (théâtre traditionnel en sanskrit), pour débutants et pour confirmés. Le prix des cours est fixé avec les professeurs. Si vous êtes intéressé, écrivez ou téléphonez au trésorier, M. Ramaiyer.

Circuits organisés

La KTDC propose plusieurs excursions dans la ville et aux alentours, qui donnent un aperçu rapide des principales curiosités. Toutes partent du KTDC Hotel Chaithram :

Circuit d'une journée à Kanyakumari
Ce circuit inclut le Padmanabhapuram Palace, le Suchindram Temple et Kanyakumari (230 Rs).

Autres circuits longue distance
Des circuits mènent à Munmar (475 Rs, 3 jours) et Thekkady (370 Rs, 2 jours).

Circuit d'une journée à Ponmudi (195 Rs).

Visite de Thiruvananthapuram en une journée
Ce circuit inclut le Sri Padmanabhaswamy Temple (généralement fermé aux non-hindous), la galerie d'art, le zoo, Veli Lagoon et Kovalam Beach (95 Rs).

Visite de Thiruvananthapuram en une demi-journée
Ce circuit comprend Kovalam Beach, l'aquarium et Veli Lagoon (65 Rs).

Où se loger – petits budgets

Le plus grand choix se trouve dans Manjalikulam Rd, parallèle à MG Rd. Cette rue, calme bien que centrale, est bordée de plusieurs hôtels bon marché et de catégorie moyenne.

Très accueillant, le ***Pravin Tourist Home*** *(☎ 330753)* propose de vastes simples/doubles/triples à 140/220/285 Rs.

Le ***Sundar Tourist Home*** *(☎ 330532)* dispose de simples/doubles sans prétention à 40/75 Rs, ou 80/115 Rs avec s.d.b.

Le ***Sivada Tourist Home*** *(☎ 330320)* offre des chambres avec s.d.b. à 100/180 Rs.

Le ***Nalanda Tourist Home*** *(☎ 471864)*, dans la bruyante MG Rd, possède des chambres plus calmes à l'arrière, à seulement 70/100 Rs.

L'***Omkar Lodge*** *(☎ 451803, MG Rd)* souffre également du bruit de la rue, mais le personnel est chaleureux et ses chambres à 85/140 Rs présentent un bon rapport qualité/prix.

La ***YWCA International Guesthouse*** *(☎ 477308, MG Rd)* compte huit simples/doubles/familiales propres, avec s.d.b., à 200/305/400 Rs. Une double avec clim. revient à 500 Rs.

Apprécié des visiteurs en long séjour, le ***Taurus Lodge*** *(☎ 477071, fax 331704)*, dans une ruelle calme près de Statue Rd, comporte 18 chambres sans prétention, à 150 Rs en double. Repérez le Mayfair Hotel, dans Statue Rd (signalé par un néon rouge indiquant "Bar"), traversez la rue et remontez la ruelle.

Où se loger – catégorie moyenne

La ***Wild Palms Guest House*** *(☎ 471175, fax 461971, wildpalm@md3.vsnl.net.in, Mathrubhumi Rd)*, ranche agréablement sur l'environnement hôtelier. Souvent recommandée, cette pension dispose de chambres spacieuses à partir de 595 Rs, à 1 145 Rs avec clim. Elle est difficile à trouver, mais téléphonez pour qu'une voiture vienne vous chercher.

Le ***KTDC Hotel Chaithram*** *(☎ 330977, fax 331446, Central Station Rd)*, proche de la gare routière longue distance de la KSRTC, se révèle bruyant. Il facture ses chambres 475/575 Rs, ou 750/900 Rs avec clim. Parmi ses aménagements figurent une agence de la Bank of India, un bar, un bon restaurant végétarien climatisé et un restaurant non végétarien décent.

L'***Hotel Highland*** *(☎ 333200, fax 332645, Manjalikulam Rd)* propose un grand choix de chambres à partir de 225/280 Rs, ou 480/580 Rs avec clim. (supplément pour la TV). Son restaurant climatisé sert toutes sortes de cuisine.

L'***Hotel Regency*** *(☎ 331541, fax 331696, hotelregency@satyam.net.in, Manjalikulam Cross Rd)*, comprenant un restaurant, loue des chambres confortables pour 250/400 Rs, ou 750/950 Rs avec clim.

Doté d'un personnel accueillant, d'un bar et d'un restaurant, l'***Hotel Residency Tower*** *(☎ 331661, fax 331311, Press Rd)* demande 390/590 Rs pour ses chambres propres et confortables, ou 790/990 Rs avec clim.

L'***Hotel Navaratna*** *(☎ 333494, YMCA Rd)*, très prisé des hommes d'affaires, offre des chambres à 250/280 Rs, des suites avec clim. à 700 Rs, un restaurant et un café.

Où se loger – catégorie supérieure

Le ***Muthoot Plaza*** *(☎ 337733, fax 337734, muthoot@eth.net, Punnen Rd)*, un hôtel d'affaires ultramoderne très bien équipé, dispose d'un restaurant somptueux et d'un café ouvert 24h/24. Comptez 40/50 $US pour une chambre et 70$US pour une suite.

Le ***South Park*** *(☎ 333333, fax 331861, mail@thesouthpark.com)*, un établissement luxueux et climatisé dans MG Rd, facture ses chambres de 60/70 $US à 110/120 $US. Il possède l'un des meilleurs restaurants de la ville, un café, une succulente pâtisserie et un bar.

L'***Hotel Pankaj*** *(☎ 464645, fax 465020, hlpankaj@md5.vsnl.net.in, MG Rd)*, entièrement climatisé, loue des chambres à partir de 35/45 $US jusqu'à 75 $US en suite. Si les moins chères sont petites et humides, les chambres deluxe offrent un bon rapport qualité/prix. Il comporte un bar et des restaurants.

Installé dans un affreux bâtiment, l'***Hotel Saj Lucia*** *(☎ 463443, fax 463347, sajlucia@md2.vsnl.net.in)*, à East Fort, propose des chambres climatisées banales à partir de 40/50 $US, un bar, un restaurant, un café, une librairie, un centre d'affaires et une piscine.

Le ***KTDC Mascot Hotel*** *(☎ 318990, fax 317745, Museum Rd)*, grand établissement géré par le gouvernement un peu défraîchi, dispose de chambres climatisées à partir de 995/1 195 Rs, d'un restaurant, d'un café et d'un bar au bord de la piscine.

Où se restaurer

Le ***Maveli Cafe***, un Indian Coffee House, sert une savoureuse cuisine bon marché dans une superbe tour en spirale.

L'***Ambika Cafe***, au croisement de Central Station Rd et de Manjalikulam Rd, se révèle parfait pour un petit déjeuner à prix doux.

A côté, le ***Prime Square***, très fréquenté, comporte des restaurants végétariens et non végétariens d'un bon rapport qualité/prix.

Un peu plus au nord dans Manjalikulam Rd, l'***Asok Veg Restaurant*** propose des menus à prix raisonnables.

L'***Indian Coffee House*** se trouve près de MG Rd, derrière le Spencer's Store.

Près du pont de chemin de fer, l'***Hotel City Tower*** *(MG Rd)*, également populaire, offre des *thali* à 15 Rs.

Plusieurs bons restaurants végétariens à petits prix se regroupent en face du Secretariat, dans MG Rd, dont le ***Sree Arul Jyothi***, le ***New Arul Jyothi*** et l'***Ananda Bhavan***.

Le ***Rangoli***, au sud de la voie ferrée dans MG Rd, est renommé pour ses petits déjeuners kéralais.

A quelques mètres au nord, l'***Azad Restaurant***, propre et climatisé, présente un bon rapport qualité/prix.

De nombreux hôtels possèdent leur restaurant. Le ***City Queen Restaurant*** de l'Hotel Highland, dans Manjalikulam Rd, prépare une savoureuse cuisine indienne, chinoise et occidentale, tout comme le ***Tiffany's*** du Muthoot Plaza. Le ***Gokulum***, situé dans le KTDC Hotel Chaithram, est un bon restaurant végétarien climatisé. Le ***Mascot Hotel***, l'***Hotel Pankaj*** et surtout le ***South Park*** proposent des déjeuners-buffets très appréciés. L'***Hotel Regency*** dispose, lui aussi, de son restaurant.

Pour échapper à la chaleur de midi, installez-vous au ***Snoozer***, un glacier dans Press Rd.

Où sortir

L'***Academy of Magical Sciences*** *(☎ 345910, fax 345920, Poojapurra)* a été créée en 1996 pour faire revivre la magie traditionnelle de l'Inde. Sous la direction de Gopinath Muthukad, elle présente régulièrement des spectacles et accueille volontiers les visiteurs. Téléphonez pour les horaires.

Achats

Le SMSM Institute, YMCA Rd, un magasin d'artisanat subventionné par l'État, vend des sculptures en bois de santal, des textiles et des bronzes. Natesan's Antiqarts et Khadi Gramodyog Bhavan, en face du collège ayurvédique dans MG Rd, proposent des bronzes et des meubles kéralais. Hastkala Indian Arts & Crafts, près de MG Rd, présente l'habituel artisanat cachemiri. Vous trouverez des fruits secs, du thé et du café à Sankar's Tea & Coffee, dans MG Rd.

Comment s'y rendre

Avion. Indian Airlines (☎ 438288) se trouve dans Museum Rd, à côté du KTDC Mascot Hotel. Jet Airways (☎ 325267) est installé à Akshaya Towers, Sasthamangalam Junction. Parmi les autres compagnies aériennes offrant des vols à partir de Thiruvananthapuram, citons :

Air India (☎ 328767)
Air Maldives (☎ 461315)
Gulf Air (☎ 328003)
Kuwait Airways (☎ 328651)
Air Lanka (☎ 328767)

Jet Airways rallie quotidiennement Mumbai (Bombay ; 195 $US) et Chennai (Madras ; 105 $US), tandis qu'Indian Airlines assure des vols vers Bangalore (120 $US, tous les jours) et Delhi (360 $US, deux fois par jour). Gulf Air, Kuwait Airways, Air India et Indian Airlines desservent le golfe Persique. Air Lanka propose une liaison quotidienne avec Colombo et Indian Airlines, deux par semaine (2 535 Rs). Air Maldives et Indian Airlines offrent quatre vols hebdomadaires pour Malé, aux Maldives (3 150 Rs).

Vous pouvez réserver auprès d'Airtravel Enterprises (☎ 327627, fax 331704, ate@vsnl.com), New Corporation Building, Palayam, très compétent.

Bus. De la gare routière de la KSRTC (☎ 323886), plutôt chaotique et située en face de la gare ferroviaire, des bus partent pour Varkala (21 Rs, 1 heure 15), Kollam (25 Rs, 1 heure 30), Alappuzha (55 Rs, 3 heures 30), Ernakulam (65 Rs, 5 heures) et Thrissur (105 Rs, 7 heures 30). Des bus démarrent toutes les heures en direction de Kanyakumari (2 heures). Le matin, deux bus desservent Tekkady (85 Rs, 8 heures), pour le Periyar Wildlife Sanctuary.

La plupart des services à destination du Tamil Nadu sont assurés par la State Express Transport Corporation (SETC) ; son bureau est installé à l'extrémité est de la gare routière longue distance. Des bus rallient Chennai (17 heures, 8 par jour), Madurai (7 heures, 10 par jour) et Pondichéry (16 heures, 1 par jour), ainsi que Nagercoil et Erode.

Le bus n°111 part pour Kovalam Beach (5 Rs) toutes les 30 min entre 5h30 à 21h30 d'East Fort, arrêt n°19, dans MG Rd.

Train. Le bureau des réservations (ouvert du lundi au samedi, de 8h à 20h, et le dimanche, de 8h à 14h) se trouve au 1er étage de la gare ferroviaire. Réservez le plus tôt possible, car les trains sont souvent bondés. En revanche, il est inutile de réserver si vous longez la côte par petites étapes ou si vous allez à Kochi.

De nombreux trains suivent la côte jusqu'à Thrissur *via* Kollam et Ernakulam. Certains bifurquent près de Kollam pour rejoindre Shencottah. Au-delà de Thrissur, d'autres se dirigent vers le Tamil Nadu, à l'est, *via* Palakkad (Palghat). Le trajet jusqu'à Coimbatore dure 9 heures (436 km, 96/149/692 Rs en 2e/couchette/two-tier climatisé) ; de là, des correspondances rejoignent Udhagamandalam (Ooty).

Parmi les trains qui continuent le long du littoral jusqu'à Mangalore, dans le Karnataka, le *Parsuram Express* part tous les jours à 6h (16 heures) et le *Malabar Express*, à 17h45. Tous deux passent par Ernakulam (pour Kochi), également desservie par d'autres express quotidiens, dont le *Shoranur Venad Express* (départ à 5h) et le *Cannanore Express* (départ à 21h).

Thiruvananthapuram se trouve à 42 km, en train, de Varkala (21/114 Rs en 2e/chair class, 45 min), 65 km de Kollam (26/114 Rs, 1 heure 15), 224 km d'Ernakulam (61/275 Rs en 2e/three-tier climatisé, 5 heures) et 414 km de Kozhikode (95/148/428 Rs en 2e/couchette/three-tier climatisé, 10 heures).

A 87 km au sud de Thiruvananthapuram, on rejoint Kanyakumari (30/159 Rs en 2e/three-tier climatisé, 2 heures). Enfin, l'*Him-*

sagar Express part chaque lundi vers Jammu Tawi *via* Delhi.

Comment circuler

L'aéroport, à 6 km du centre-ville et à 15 km de Kovalam Beach, est desservi par le bus urbain n°14 (3 Rs), qui part de l'arrêt municipal. En taxi prépayé, le trajet de l'aéroport au centre-ville coûte 100 Rs et de 200 à 240 Rs jusqu'à Kovalam.

Les auto-rickshaws constituent le meilleur moyen de transport en ville. Comptez 8,50 Rs de prise en charge, plus 4,5 Rs le kilomètre.

De nombreuses agences de voyages louent des voitures avec chauffeur, notamment Kerala Travels Interserve (☎ 324158, fax 323154), près de Vellayambalam Junction. Les prix s'élèvent en moyenne à 4,5 Rs le kilomètre, ou 7 Rs pour une voiture climatisée, pour un minimum de 200 km par jour, plus 100 Rs par jour pour le chauffeur.

ENVIRONS DE THIRUVANANTHAPURAM

Ponmudi et les Cardamom Hills

Petite station climatique à 61 km au nord-est de Thiruvananthapuram, Ponmudi constitue une agréable excursion. Vous pouvez loger à la ***Government Guest House*** *(☎ 0471-890230)*, qui dispose de chambres et de bungalows de 250 à 600 Rs, en appelant le directeur au préalable. La KTDC possède un restaurant-bar à bière, très apprécié des jeunes gens. Sur la route de Ponmudi, vous passerez l'embranchement du **Neyyar Dam** (réservoir de Neyyar) et du **Neyyar Wildlife Sanctuary** (réserve naturelle de Neyyar). But d'excursion et de pique-nique populaire, cette réserve abrite un parc réservé aux lions et un centre d'élevage de crocodiles. On peut louer un bateau (de 10 à 40 Rs selon la taille) pour observer les cerfs et les autres animaux sauvages qui peuplent l'île du réservoir.

Tout près du Neyyar Dam, le **Sivananda Yoga Vedanta Dhanwantari Ashram** (☎/fax 0472-273093, yogaindia@sivananda.org), fondé en 1978, organise des cours de hatha yoga. Les frais (sous forme de don) pour un stage de deux semaines s'élèvent de 300 à 400 Rs selon le type d'hébergement, cours et repas compris. Réservez au moins 15 jours à l'avance.

Comment s'y rendre. Six bus de la KSRTC partent quotidiennement de la gare routière longue distance pour Ponmudi. Vous changerez à Nedumangad pour un bus plus petit, capable de négocier les virages. En taxi, l'excursion d'une journée coûte environ 900 Rs. La KTDC organise des circuits comprenant Ponmudi et le Neyyar Dam (195 Rs).

Padmanabhapuram Palace

Ce palais fut la demeure des souverains du Travancore, un État princier qui perdura plus de 400 ans et dont le territoire englobait une large partie de l'actuel Kerala et la côte occidentale du Tamil Nadu. Cette superbe construction en teck et en granit, à l'architecture délicate, remonte à 1550 pour ses parties les plus anciennes. Le palais comporte des plafonds en bois de rose, sculptés de motifs floraux ; les fenêtres sont incrustées de mica à l'aspect de pierres précieuses et les planchers, polis avec un composé spécial de coquillages et de noix de coco broyés, mélangés à du blanc d'œuf et au suc de plantes locales.

A l'étage, les peintures murales du XVIIIe siècle ornant la salle de prière, parfaitement conservées, surpassent celles de Mattancherry, à Kochi.

Les marchands chinois vinrent ici durant des siècles vendre leur thé et acheter des épices et leur influence est perceptible ; des sièges et des paravents en bois de rose abondamment sculpté, ainsi que de grandes jarres chinoises ornent le palais. Les salles de réception, la salle d'audience, les appartements des femmes et les galeries font de ce lieu un site à ne pas manquer.

Le palais ouvre du mardi au samedi, de 9h à 16h30 (entrée : 6 Rs).

Comment s'y rendre. Padmanabhapuram se trouve au Tamil Nadu, à 65 km au sud-est de Thiruvananthapuram. A Thiruvananthapuram (ou à Kovalam Beach), prenez un bus local à destination de Kanyakumari et descendez à Thuckalay ; le palais se trouve à quelques minutes en rickshaw (ou à 15 min de marche). Vous pouvez aussi le visiter au cours d'un circuit de la KTDC (voir *Circuits organisés* dans la rubrique *Thiruvananthapuram*) ou louer un taxi (environ 900 Rs l'aller-retour).

KOVALAM

☎ 0471 • 18 000 habitants

Il y a une trentaine d'années, Kovalam était un rendez-vous hippy : une plage tropicale et un village de pêcheurs offrant du poisson,

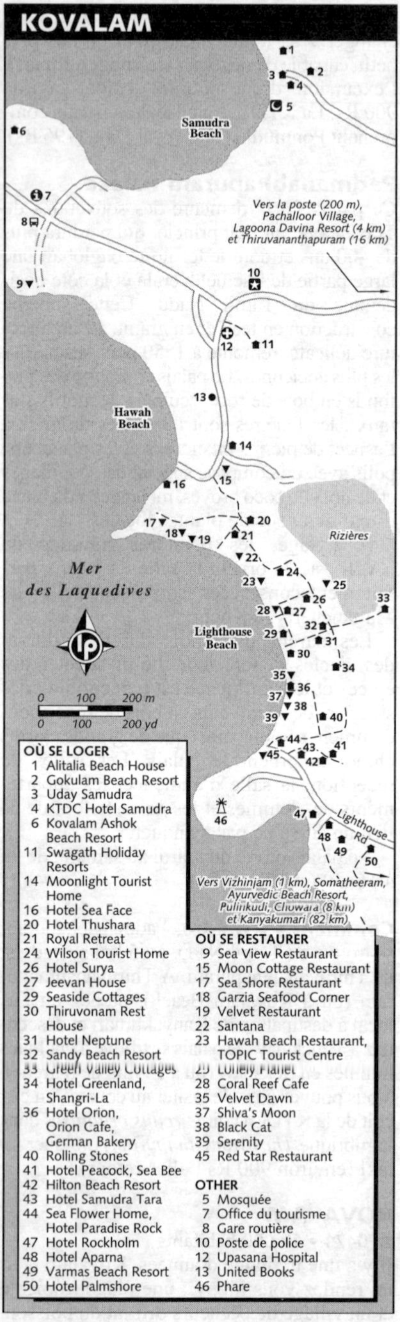

des fruits et du *toddy* (bière de noix de coco). Aujourd'hui, cette plage minuscule est devenue un piège à dollars et accueille des milliers de touristes qui viennent bronzer et vivre une "expérience" indienne aseptisée de deux semaines. Prix exorbitants, afflux de marchands pressés de s'enrichir, développement chaotique du front de mer et monceaux de détritus ont ruiné l'idyllique image de carte postale. Si vous rêvez d'un "fish and chips" accompagné d'une bière (discrètement servie) et que la compagnie des étrangers vous manque, vous pouvez y passer quelques jours, mais Kovalam n'est en rien représentatif de l'Inde.

Orientation

Kovalam se compose de deux criques (Lighthouse Beach et Hawah Beach), séparées des plages moins fréquentées, au nord et au sud, par des promontoires rocheux. Le cap sud est occupé par un phare, le cap nord, par le Kovalam Ashok Beach Resort. Le trajet de l'un à l'autre représente 15 min de marche.

Renseignements

Un office du tourisme efficace est installé à l'entrée de l'Ashok Beach Resort et un autre, dans le Hawah Beach Restaurant.

De nombreux bureaux de change bordent la plage. Le Wilson Tourist Home possède un bureau de change officiel, de même que Pournami Handicrafts.

La poste centrale ouvre tous les jours, de 9h à 17h et vous trouverez des services STD/ISD, de fax et d'e-mail.

Les multiples agences de voyages se chargent des réservations de transport, proposent des circuits et louent des voitures. Comparez avant de vous décidez.

Désagréments et dangers

Selon un journal local, les vacanciers seraient importunés sur la plage toutes les 3 min en moyenne par les marchands ambulants, même lorsqu'ils dorment.

Des vols ont lieu dans les hôtels et sur la plage. Fermez bien portes et fenêtres de votre chambre et ne laissez pas vos affaires sans surveillance lorsque vous vous baignez.

Chaque année, de violents courants aux deux pointes de Lighthouse Beach emportent des nageurs imprudents. Cantonnez-vous à la zone délimitée par les drapeaux, surveillée par des maîtres nageurs.

Kovalam souffre de fréquentes coupures de courant et les sentiers derrière Light-house Beach ne sont pas éclairés ; munissez-vous d'une lampe torche à la tombée de la nuit.

Où se loger

Kovalam compte d'innombrables hôtels. La haute saison s'étend du 15 décembre au 7 janvier ; en dehors de cette période, le client est roi et les prix peuvent baisser de 50% à 75%. Les tarifs indiqués ici correspondent à la haute saison (taxes de 10% à 20% non comprises).

Où se loger – petits budgets

Le ***Green Valley Cottages*** *(☎ 480636)*, installé dans un cadre paisible et superbe, à proximité des rizières, offre des chambres bien tenues et colorées, avec s.d.b., à 500 Rs.

L'***Hotel Greenland***, également à l'écart de la plage, jouxte le célèbre restaurant Shangri-La. Il propose des chambres propres et sans prétention à 300 Rs (en simple ou double).

La ***Jeevan House*** *(☎/fax 480662)*, derrière le Coral Reef Cafe, dispose d'un choix de chambres de 350 Rs à 1 200 Rs.

Le ***Sandy Beach Resort*** *(☎ 480012)*, doté d'un restaurant, facture ses doubles de 300 Rs à 500 Rs.

Essayez également l'***Hotel Surya*** *(☎ 481012)*, derrière la plage, avec des chambres à partir de 240 Rs, le ***Sea Flower Home*** *(☎ 480554, fax 481069)*, un peu trop proche de la sortie des égouts, mais propre et accueillant, dont les chambres du rez-de-chaussée valent 250 Rs et celles de l'étage, avec balcon, 450 Rs, ou encore l'***Hotel Paradise Rock*** *(☎ 480658)*, à proximité, qui loue des petites chambres propres pour 120/160 Rs.

Le ***Seaside Cottages*** *(☎ 481937)* demande 260 Rs en simple ou en double. La ***Thiruvonam Rest House*** *(☎ 480661)* présente un rapport qualité/prix correct, avec des chambres de 350 Rs à 550 Rs (avec balcon) et un supplément de 130 Rs pour un air-cooler. Le ***Rolling Stones*** comporte des chambres rudimentaires à 250 Rs (simple et double).

L'***Hotel Samudra Tara*** *(☎ 481608)*, plus loin dans Lighthouse Rd en direction de la plage, loue des chambres propres et confortables pour 400 Rs, 500 Rs avec balcon et 1 000 Rs avec clim.

Accueillant, ***l'Hotel Orion*** *(☎ 480999)* surplombe Lighthouse Beach, à 20 m de l'eau à marée haute. Vous pourrez y prendre vos repas, mitonnés par la propriétaire (doubles à 400 Rs).

Où se loger – catégorie moyenne

La plupart des hôtels de cette catégorie bordent Lighthouse Rd.

L'***Hotel Rockholm*** *(☎ 480306, fax 480607, rockholm@techpark.net)*, dans Lighthouse Rd en s'éloignant de la plage, constitue un excellente choix. Il jouit de vues superbes sur la petite crique au-delà du phare et facture ses chambres 1 100/1 250 Rs (25% de réduction hors saison).

L'***Hotel Aparna*** *(☎ 480950)*, un charmant petit établissement, dispose de huit chambres à 800/1 000 Rs.

Les balcons du ***Varmas Beach Resort*** *(☎ 480478, fax 276022, varmabeach@hotmail.com)* ouvrent sur une petite crique. Comptez 800/1 200 Rs pour une double sans/avec clim.

L'***Hotel Palmshore*** *(☎ 481481, fax 480495)* domine une plage de sable privée au sud de la pointe du phare, mais les chambres sentent un peu le renfermé (doubles à 2 000 Rs, ou 2 400 Rs avec clim.).

Le ***Hilton Beach Resort*** *(☎/fax 481476)*, près de Lighthouse Rd, possède des chambres climatisées mais défraîchies à 850/1 300 Rs.

L'***Hotel Peacock*** *(☎ 481395)* facture ses chambres 350 Rs, ou 950 Rs avec clim. et réfrigérateur et dispose d'un restaurant, le Sea Bee.

L'***Hotel Neptune*** *(☎ 480222, fax 460187, replica@vsnl.com)*, derrière Lighthouse Beach, offre des chambres standard à 550 Rs, des chambres avec balcon à 600 Rs et des suites climatisées à 1 100 Rs.

Le ***Wilson Tourist Home*** *(☎/fax 480051, wilson6@vsnl.net.in)*, spacieux et accueillant, propose un choix de chambres à partir de 500 Rs, ainsi que des chambres climatisées donnant sur la cour à 1 000 Rs.

L'***Hotel Thushara*** *(☎ 480692, fax 481693, thushara@shyamnet.com)*, caché dans la cocoteraie, compte de ravissants bungalows joliment meublés à 800 Rs.

A côté, la ***Royal Retreat*** *(☎ 481080)* se compose de bungalows climatisés flambant neufs de 850 à 1 000 Rs en double, ainsi que de simples sans clim. de 350 à 800 Rs.

Très fréquenté et impeccablement tenu, le ***Moonlight Tourist Home*** *(☎ 480375, fax 481078)*, à 300 m au sud de l'Upasana Hospital, possède des chambres spacieuses, agrémentées de lits à baldaquin. Les doubles,

Le kathakali

Célèbre art théâtral du Kerala, le kathakali découlerait d'anciennes méthodes d'art dramatique du IIe siècle. Toutefois, sa forme actuelle remonte au XVIIe siècle.

Kathakali signifie littéralement "pièce contant une histoire". Le répertoire originel comptait plus de 100 versions, mais seule une trentaine sont encore représentées. Toutes s'inspirent des épopées du *Ramayana* et du *Mahabharata*, ainsi que des *Purana*. Les thèmes sont classiques : vice et vertu, faiblesse et courage, pauvreté et richesse, guerre et paix, histoires du monde terrestre et céleste. Dans chaque pièce se côtoient des personnages aux sentiments complexes. Par le biais de délicats mouvements, gestes et expressions, les danseurs de kathakali mettent en scène les traits des différents personnages, tandis que les chanteurs et les musiciens narrent l'histoire.

Traditionnellement, les épopées durent de longues heures, mais ce sont des versions courtes qui sont présentées aux touristes. Vous aurez l'occasion d'assister à des représentations de kathakali dans plusieurs villes du Kerala et, plus particulièrement, à Kovalam, à Varkala et à Kochi. Des représentations traditionnelles sont données à Kochi ainsi que dans le Sree Vallabha Temple, à Tiruvilla.

dont certaines dotées d'un petit balcon, reviennent à 900 Rs, ou 1 000/1 400 Rs avec clim. Vous pourrez louer une moto sur place.

Où se loger – catégorie supérieure

Le ***Kovalam Ashok Beach Resort*** *(☎ 480101, fax 481522)*, merveilleusement situé sur le promontoire de la deuxième crique, est entièrement climatisé. Il comporte un bar, des restaurants, trois piscines, des installations sportives et de massage, une banque et une librairie. Le prix des chambres s'élève à 5 000/6 000 Rs, celui des bungalows, sans charme, à 4 000/5 000 Rs ; une suite dans le "modeste" Halcyon Palace, construit par les maharajas de Travancore, vous reviendra à 14 000 Rs. L'établissement pourrait être cédé dans un proche avenir à une chaîne hôtelière de luxe.

L'***Hotel Sea Face*** *(☎ 481835, fax 481320)*, au bord de Hawah Beach, dispose de chambres standard à 2 250 Rs (2 650 Rs avec clim.), de chambres deluxe à 3 500 Rs et de suites à 5 000 Rs. La piscine surplombe la plage.

Installé dans un jardin soigneusement entretenu, le ***Swagath Holiday Resorts*** *(☎ 481148, fax 330990, prsrajcot@usa.net)* jouit d'une vue qui s'étend de la cocoteraie au phare. Il demande de 850 à 1 750 Rs pour une chambre confortable et 3 500 Rs pour une suite avec clim. (pas de réduction hors saison). Le restaurant, excellent, sert une grande variété de cuisines, dans la salle ou à l'extérieur. Sachez que les chambres qui donnent sur le phare sont balayées toute la nuit par des signaux lumineux.

Où se restaurer

Des restaurants en plein air sont installés le long de la plage et disséminés dans la cocoteraie. La plupart offrent un menu standard : porridge, müesli, œufs, pain grillé, *idli* et *dosa* au petit déjeuner, curries ou poisson, frites et salade pour le dîner.

Le soir, longez le front de mer et choisissez votre poisson : barracuda, loup de mer, poisson-chat, crevettes, gambas ou crabe, puis le mode de cuisson : au *tandoor* (délicieux, mais un peu sec), sauté avec de l'ail et des herbes ou grillé, mais faites-vous toujours confirmer le prix avant de commander. Un poisson accompagné de frites et de salade coûte de 100 à 150 Rs, selon la variété et la quantité ; des gambas feront monter l'addition à plus de 400 Rs.

La concurrence est rude, n'hésitez pas à négocier. La qualité fluctue ; renseignez-vous auprès d'autres voyageurs. La plupart des restaurants servent de la bière (80 Rs).

Le ***Hawah Beach***, le ***Coral Reef Cafe***, le ***Velvet Dawn***, le ***Velvet Restaurant*** jouissent d'une bonne réputation. Selon les visiteurs en long séjour, le ***Santana*** est le meilleur restaurant de poisson, suivi du ***Garzia Seafood Corner*** et du ***Sea Shore Restaurant***. Vous devrez généralement attendre une trentaine de minutes pour la préparation.

A l'extrémité sud de la plage, le ***Serenity*** propose un menu destiné aux voyageurs, comme le ***Black Cat,*** le ***Shiva's Moon*** et le ***Sea View Restaurant***, installés aux alentours. A la ***German Bakery***, sur le toit-terrasse de l'Hotel Orion, vous vous régalerez d'un cappuccino, accompagné d'un strudel aux pommes ou d'un croissant.

Le ***Red Star Restaurant***, sans doute la dernière relique du Kovalam d'antan, se compose d'une simple cabane et d'une table en plein air (thali à 15 Rs).

Quelques restaurants, implantés à l'écart de la plage, ne se spécialisent pas dans le poisson.

Agréablement situé au bord d'un bassin couvert de nénuphars, le restaurant végétarien ***Lonely Planet*** prépare une excellente cuisine du Sud et du Nord de l'Inde, ainsi que des plats occidentaux ; de plus, il met à la disposition des clients un bon choix de magazines. Signalons toutefois que Lonely Planet n'a rien à voir avec cet établissement et n'envisage pas de se reconvertir dans la restauration !

Vous pouvez également essayer le ***Shangri-La*** et le ***Moon Cottage Restaurant***.

Les restaurants des hôtels de catégorie moyenne, mieux équipés que les établissements de plage, vous serviront plus rapidement des plats d'une qualité constante.

Si vos finances le permettent, allez à ***l'Ashok Beach Resort*** ou au ***Swagath Holiday Resorts***, mais une tenue débraillée vous vaudra un accueil glacial ; n'oubliez pas qu'un gin tonic, ou toute autre boisson alcoolisée, fera grimper l'addition de façon astronomique.

Sur la plage, des vendeuses proposent des fruits et vous entendrez tout au long de la journée : "Hello ! Mango ? Papaya ? Coconut ?" Une fois que vous aurez négocié un prix, elles se souviendront de vous et, si vous vous adressez toujours à la même vendeuse, les autres vous laisseront tranquille. Elles ont rarement la monnaie, mais la rapportent toujours un peu plus tard. Vous pourrez également acheter du toddy (bière de noix de coco).

Où sortir

Pendant la haute saison, une version abrégée du kathakali est présentée tous les soirs, sauf le dimanche, de 18h45 à 20h15 (100 Rs) ; le lundi, le mercredi et le samedi, la représentation a lieu à l'***Hotel Neptune*** ; le mardi et le vendredi, à l'***Ashok Beach Resort***. Vous pouvez assister au maquillage et à l'habillage des danseurs de 17h à 18h45.

Le week-end, des programmes culturels de musique et de danse sont parfois organisés sur la plage ; ils sont annoncés par des banderoles bien visibles.

Quelques restaurants passent en soirée des vidéos de films occidentaux. Kovalam ne compte aucune discothèque ; les gens se retrouvent dans les bars et boivent un verre en écoutant du reggae, de la transe et du rock classique.

Achats

Kovalam Beach abrite de nombreuses boutiques d'artisanat, de tapis (généralement importés du Tibet, du Cachemire et du Rajasthan), de vêtements (prêt-à-porter et sur mesure), ainsi que plusieurs librairies d'occasion et des magasins qui vendent de tout, des céréales aux crèmes solaires. Vous y trouverez aussi des agences de voyages et des écoles de yoga. Sur la plage, des vendeurs proposent des *lungi* (sarongs) en batik, des nattes, des lunettes de soleil et des peintures réalisées avec des feuilles d'arbre.

Comment s'y rendre

Bus. Le bus urbain n°111 circule entre Thiruvananthapuram et Kovalam Beach toutes les 30 min de 5h30 à 21h30 (5 Rs). Il part de l'arrêt n°19 dans MG Rd, East Fort, à 100 m au sud de la gare routière municipale. A Kovalam, l'arrêt des bus se situe devant l'entrée de l'Ashok Beach Resort.

Un service direct dessert Ernakulam (68 Rs, 5 heures 30) et Kanyakumari (24 Rs, 1 heure 30, 4 départs quotidiens), une bonne façon d'éviter les encombrements de Thiruvananthapuram. Tous les matins, un bus part pour Thekkady, dans le Periyar Wildlife Sanctuary (100 Rs, 8 heures 30). Des bus directs rallient Kollam (22 Rs, 2 heures).

Taxi et auto-rickshaw. Le trajet en taxi de Thiruvananthapuram à Kovalam Beach revient à quelque 250 Rs et à 100 Rs environ en auto-rickshaw. Mieux vaut se faire déposer du côté du phare (Vizhinjam), plus proche des hôtels et moins envahi par les rabatteurs. Un taxi prépayé de l'aéroport de Thiruvananthapuram à la plage coûte de 190 à 225 Rs. Le trajet ne revient pas forcément moins cher en rickshaw.

ENVIRONS DE KOVALAM

Pulinkudi et Chowara

A 8 km au sud de Kovalam s'étendent plusieurs jolies plages moins bondées. Les prix des hébergements indiqués ci-dessous sont ceux pratiqués en haute saison (taxe de 20%

non comprise). Hors saison, ils peuvent baisser de moitié.

Le ***Surya Samudra Beach Garden*** *(☎ 480413, fax 481124, suryasamudra@vsnl.com)* est un petit complexe de bungalows, dont beaucoup sont constitués de maisons kéralaises traditionnelles (de 80 à 280 $US). Il comporte des plages privées et une piscine creusée dans la roche et propose des spectacles culturels en soirée.

Un peu plus au sud, à Chowara, le ***Somatheeram Ayurvedic Beach Resort*** *(☎ 481600, fax 480600, soma@md2.vsnl.net.in)* permet de combiner les plaisirs de la plage aux soins ayurvédiques. Les prix des chambres s'échelonnent de 40 à 200 $US et l'on peut choisir parmi les divers forfaits de traitement. L'établissement dispose d'une succursale, le ***Manaltheeram***, installé dans les environs.

Samudra Beach et Pozhikkara Beach

A 4 km au nord de Kovalam, Samudra Beach compte plusieurs complexes hôteliers qui empiètent sur les terres des villages de pêcheurs. Pentue et sauvage, la plage incite moins à la baignade que celles situées plus au sud.

Havre de paix par rapport à Kovalam, le ***KTDC Hotel Samudra*** *(☎ 480889, fax 480242, samudra@md3.vsnl.net.in)*, installé sur un vaste terrain, possède un bar, un restaurant et des simples/doubles climatisées à 2 290/ 5 200 Rs.

L'***Uday Samudra*** *(☎ 481654, fax 481578, udaykov@md4.vsnl.net.in)*, un nouvel établissement en bordure de plage, dispose de doubles climatisées à 2 900 Rs et de suites à 3 900 Rs.

L'***Alitalia Beach House*** *(☎ 480042)*, tenu par le sympathique Shah Jahan, propose des simples à 500 Rs et des doubles à 1 000 Rs.

Le ***Gokulam Beach Resort*** *(☎ 481624, gokulam_kovalam@usa.net)* offre quatre chambres dans une maison familiale, simple mais confortable. Comptez 800 Rs pour une double, ou 1 500 Rs avec clim.

A 5 km au nord de Kovalam, derrière Pozhikkara Beach, le ***Lagoona Davina*** *(☎ 380049, fax 462935, davina@india.com)*, dans le village de Pachalloor, est un petit établissement huppé, doté de six doubles à 5 500 Rs, de tentes de maharajas à 3 500 Rs et de quelques chambres en bungalows à 2 900 Rs. Vous pouvez venir y dîner ; un repas à la carte, arrosé de vin français, revient à 700 Rs par personne.

VARKALA

☎ 0472 • 41 400 habitants

La plage de Varkala rappelle le Kovalam d'antan, mais, de toute évidence, on y répète les mêmes erreurs. Des constructions incongrues enlaidissent déjà le paysage et de nombreux hôtels surgissent çà et là. Cependant, le coucher du soleil sur la mer d'Oman depuis le haut de la falaise vous laissera un souvenir inoubliable et Papanasham Beach n'est pas encore envahie de badauds et de marchands ambulants. Bien que la mer semble idyllique, les courants sont très violents et la plage n'est pas surveillée ; des surfeurs expérimentés ont été emportés, alors soyez prudent.

Orientation et renseignements

La ville et la gare ferroviaire se trouvent à 2 km de la plage. Le poste de secours de la police et l'office du tourisme du District Tourism Promotion Council (DTPC ; ouvert tous les jours, de 8h30 à 18h30) sont installés à l'héliport. Le bureau de change (☎ 602749), à Temple Junction, change les chèques de voyage ; il propose un service STD/ISD, un accès à l'Internet (60 Rs l'heure), ainsi que les horaires des bus et des trains. Il ouvre tous les jours, de 9h à 22h,

Près de la poste, un centre d'information touristique privé s'occupe essentiellement des réservations de billets et de circuits.

En haut de la falaise, des boutiques vendent des produits alimentaires et des articles de base (savon, piles, etc.).

A voir et à faire

Varkala est avant tout une ville-temple. Les non-hindous ne sont pas autorisés à pénétrer dans le **Janardhana Temple**, dans Beach Rd, mais peuvent parfois visiter le parc, qui abrite un immense banian ainsi que des sanctuaires dédiés à Ayyappan, Hanuman et d'autres divinités hindoues.

Le **Sivagiri Mutt** est le siège du Sree Narayana Dharma Sanghom Trust (☎ 602 221, fax 550651), l'ashram dédié à Sree Narayana Guru (1855-1928), qui prônait “une seule caste, une seule religion et un seul Dieu pour tous les hommes”.

Varkala compte de nombreux centres de **yoga** et de **massages**, dont les prestations sont très variables.

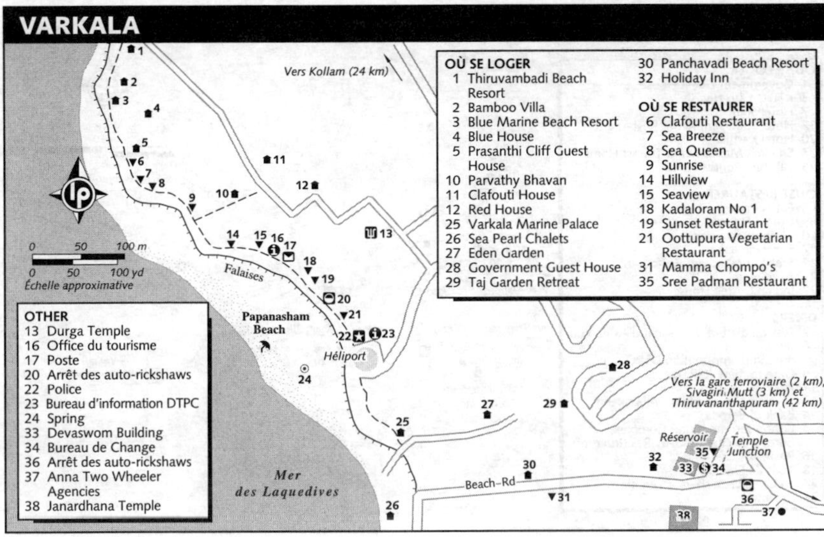

Où se loger

La plupart des hébergements, regroupés sur la plage, peuvent disparaître pendant la mousson pour réapparaître avec l'arrivée massive des touristes. Généralement, les établissements pour petits budgets et de catégorie moyenne offrent un excellent rapport qualité/prix, tout comme les hôtels de catégorie supérieure hors saison. Si vous cherchez la tranquillité, allez plutôt vers l'intérieur des terres, à l'extrémité nord de la falaise, ou dans Beach Rd. Les prix indiqués ci-dessous correspondent à la haute saison (de décembre à février). Hors saison, vous bénéficierez d'importantes réductions.

Où se loger – petits budgets

L'***Holiday Inn*** *(Beach Rd)* possède de petites simples/doubles propres à 100/150 Rs.

Le ***Varkala Marine Palace*** *(☎ 603204)* propose des chambres de 200 à 500 Rs et s'agrémente d'un restaurant tandoor en plein air avec vue sur la plage.

A l'intérieur des terres près de la Taj Garden Retreat, la ***Government Guest House*** *(☎ 602227)* occupe un ancien palais des rajas de Travancore. L'endroit est spacieux et calme, mais l'entretien laisse à désirer. Comptez 150 Rs pour une chambre sombre dans le bâtiment principal et 100 Rs pour une cabane très sommaire. Sur les falaises, à 10 min à pied vers le nord, vous trouverez des petits hôtels et des chambres chez l'habitant. Certains de ces hébergements n'ont pas encore de nom et vous devrez chercher la ***maison bleue*** ou la ***maison rouge***, avec des chambres de 100 à 300 Rs.

La ***Prasanthi Cliff Guest House*** *(☎ 604716)* dispose de trois petites chambres joliment décorées, avec s.d.b. commune, à 250 Rs.

De nombreuses pensions ont ouvert dans les environs. L'une des moins chères, la ***Parvathy Bhavan***, offre trois doubles sans prétention à 200 Rs.

Plus au nord le long de la falaise, les constructions se raréfient, sans doute pour peu de temps encore.

Le ***Blue Marine Beach Resort*** *(☎ 606085)* loue 100 Rs les simples avec s.d.b. commune et de 150 à 200 Rs les doubles avec s.d.b. La douceur des prix compense la dureté des lits !

La ***Bamboo Villa***, tenue par une famille accueillante non anglophone, se compose de quatre charmantes petites huttes de bambou, avec s.d.b., de 150 Rs à 200 Rs, selon la demande.

Où se loger – catégories moyenne et supérieure

L'***Eden Garden*** *(☎ 603910, fax 481004, edengarden2000@hotmail.com)*, remarquablement bien situé en surplomb des rizières, comporte 10 doubles, assez petites et basses

KOLLAM (QUILON)

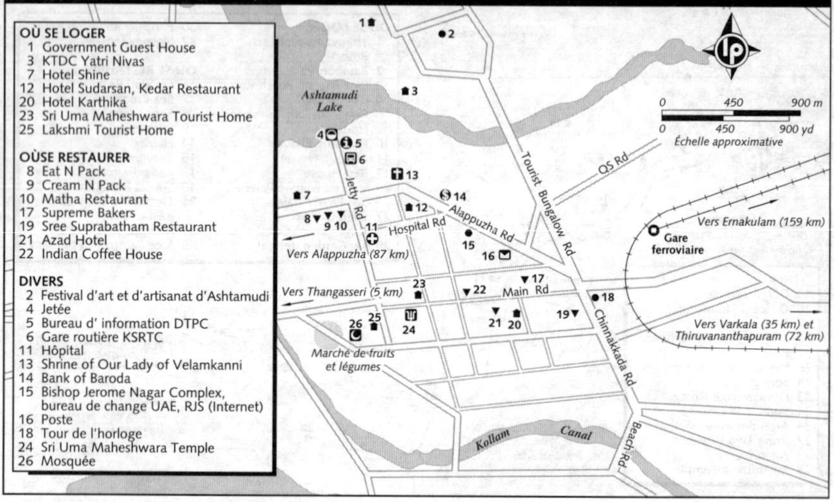

de plafond, à 350 et 450 Rs. L'établissement offre des massages et des soins ayurvédiques appréciés.

Le ***Panchavadi Beach Resort*** *(☎ 600200)*, un endroit sûr tenu par une Française, compte cinq chambres, petites mais confortables, à 300 Rs et deux chambres familiales (à deux grands lits chacune) à 500 Rs.

Une atmosphère intime et familiale règne à la ***Clafouti House*** *(☎ 601414)*, parfumée de bonnes odeurs de pâtisserie française. Elle facture 500 Rs ses doubles propres.

Le ***Sea Pearl Chalets*** *(☎ 605875)* a planté ses bungalows en béton sur le promontoire au sud de Beach Rd. Prévoyez 600 ou 800 Rs, ou 1 000 Rs pour une double avec vue sur la mer.

A l'extrémité nord de la falaise, le ***Thiruvambadi Beach Resort*** *(☎ 601028, fax 604345)* occupe une villa construite dans le style grandiose qu'affectionnent les Malayalis qui ont fait fortune dans les pays du Golfe. Une confortable double dans l'annexe, avec eau chaude, hamac et jardin, vous reviendra à quelque 600 Rs.

Surplombant la plage, la ***Taj Garden Retreat*** *(☎ 603000, fax 602296, retreat.varkala@tajhotels.com)* offre des chambres climatisées standard de 95/105 à 115/125 $US. Elle s'agrémente d'un restaurant, d'un bar, d'une piscine, de courts de tennis et d'un club de remise en forme.

Où se restaurer

Bien que Varkala soit une ville sans alcool, on vous servira un "spécial tea", un "pop juice" ou l'on utilisera d'autres euphémismes.

Perché au bord du bassin à Temple Junction, le ***Sree Padman Restaurant*** est tout aussi fréquenté par la population locale que par les voyageurs.

Le ***Clafouti*** *(☎ 601414)* sert de délicieuses pâtisseries françaises et un excellent café.

Beaucoup d'établissements installés en haut de la falaise n'ouvrent qu'en saison, de novembre à février, dans la partie nord de Varkala Beach. Le ***Sea Breeze***, le ***Sea Queen***, le ***Hillview***, le ***Seaview***, le ***Rajadhani***, le ***Kadaloram N°1*** et le ***Sunrise*** offrent un confort similaire (tables et chaises branlantes), des plats identiques (poisson frais exposé le soir) et un service d'une lenteur désespérante. Une petite portion de thon tandoori accompagnée de riz ou de frites et de salade coûte environ 100 Rs.

Le ***Panchavadi Beach Resort***, dans Beach Rd, prépare une bonne cuisine. Tout près, le ***Mamma Chompo's***, un restaurant italien bien tenu, se compose de pavillons au toit de chaume. Les végétariens trouveront leur bonheur à l'***Oottupura***.

Où sortir

En décembre et janvier, des représentations de kathakali ont lieu dans le beau cadre de l'ancien Devaswom les dimanche, mercredi et vendredi (100 Rs). Le maquillage et l'habillage s'effectuent de 17h à 18h45, suivis de la représentation commentée en anglais, de 18h45 à 20h15.

Comment s'y rendre

Varkala se trouve à 41 km au nord de Thiruvananthapuram par le train (21/114 Rs en 2ᵉ/chair class, 45 min) et à 24 km au sud de Kollam (18/114 Rs, 35 min). Des bus réguliers depuis/vers Thiruvananthapuram (21 Rs, 90 min) et Kollam s'arrêtent à Temple Junction.

De Varkala, on peut rejoindre Kollam assez tôt le matin pour prendre le bateau qui traverse les backwaters jusqu'à Alappuzha (voir plus loin l'encadré *Les backwaters*). Un taxi de Thiruvananthapuram à Varkala coûte environ 550 Rs (650 Rs de Kovalam).

Comment circuler

Un auto-rickshaw de la gare ferroviaire à Temple Junction revient à 20 Rs. La course en taxi jusqu'à la plage coûte 60 Rs. Anna Two Wheeler Agencies loue des Enfield Bullet 350 cm^3 (350 Rs par jour) et d'autres motos.

KOLLAM (QUILON)

☎ 0474 • 362 572 habitants

Entourée de plantations de cocotiers et d'anacardiers, au bord de l'Ashtamudi Lake (lac Ashtamudi), Kollam, toujours appelée Quilon (prononcez "koïlone"), est une bourgade commerçante animée. A l'écart des artères principales encombrées, des ruelles sinueuses se bordent de vieilles maisons de bois aux toits de tuiles rouges.

La fondation de Kollam, au IXᵉ siècle, marque le début de l'ère malayalam.

Porte sud des backwaters du Kerala, la ville est connue pour la croisière sur le canal Kollam-Alappuzha.

Renseignements

Compétent, le centre d'information touristique du DTPC (ouvert tous les jours de 8h à 19h) se trouve près de l'arrêt des bus KSRTC ; un autre est installé à la gare ferroviaire.

Vous pouvez des chèques de voyage à la Bank of Baroda ou au centre d'information touristique du DTPC, plus rapide (guichet ouvert de 10h à 14h). UAE Money Exchange, dans le Bishop Jerome Nagar Complex, change des espèces et délivre des avances sur les cartes de crédit. Plusieurs cafés Internet efficaces sont implantés dans ce complexe, dont RJS (40 Rs l'heure).

A voir et à faire

Souhaitant faire de Kollam autre chose qu'un embarcadère pour les croisières sur les canaux, le DTPC propose un grand choix d'activités pour tous budgets. Le **Festival d'art et d'artisanat indien d'Ashtamudi**, du 26 décembre au 10 janvier, accueille des artistes de tout le pays. Ateliers, démonstrations et expositions sont présentés à l'Asraman Maidan (entrée libre).

La cité compte plusieurs belles églises, dont l'extraordinaire **Shrine of Our Lady of Velamkanni** (église Notre-Dame de Velamkanni). **Thangasseri**, à 5 km du centre-ville, abrite des édifices du XVIIIᵉ siècle.

Circuits organisés

Le DTPC propose des visites guidées (à partir de 300 Rs par personne avec un minimum de 2 participants) à travers la myriade de sentiers et de canaux de la **Monroe Island**, sur l'Ashtamudi Lake.

Outre l'observation des oiseaux, on peut découvrir des centres d'élevage de crevettes et de pisciculture, la production du *coir* (fibre de coco) et la fabrication d'allumettes.

Où se loger – petits budgets

Vestige classique du Raj, la ***Governement Guest House*** *(☎ 743620)*, à 3 km au nord du centre, au bord de l'Ashtamudi Lake, propose des chambres immenses, récemment rénovées, à 165 Rs par personne. Cependant, la pénurie d'auto-rickshaws rend parfois difficile de rejoindre le centre-villes.

L'***Hotel Karthika*** *(☎ 745538)*, grand établissement fréquenté, construit autour d'une cour centrale, dispose de chambres correctes, avec s.d.b., à 140/225 Rs, ou 350 Rs avec clim.

Le ***Lakshmi Tourist Home*** *(☎ 741067)*, un lodge sans prétention, offre des chambres propres, avec s.d.b., à 70/130 Rs.

Le ***Sri Uma Maheswara Tourist Home*** *(☎ 743712)*, propre et accueillant, mais très rudimentaire, facture ses doubles avec s.d.b. 145 Rs.

L'***Hotel Shine*** *(☎ 752452)* loue des chambres avec s.d.b. pour 130/180 Rs.

La gare ferroviaire possède des ***retiring rooms***.

Où se loger – catégories moyenne et supérieure

D'un bon rapport qualité/prix, l'***Hotel Sudarsan*** *(☎ 744322, fax 740480)* demande 9/10 $US pour ses chambres, toutes avec TV, et à partir de 15/18 $US avec clim. Celles donnant à l'arrière sont plus calmes. L'accueil est plaisant et vous pourrez profiter d'un bar et des restaurants.

Bien situé au bord de la rivière, le ***KTDC Yatri Nivas*** *(☎ 745538, fax 314406)* pèche par le manque d'expérience de son personnel et des chambres un peu humides. Comptez de 165/200 Rs à 220/275 Rs, ou 440 Rs en double avec clim. La vedette de l'hôtel ou un auto-rickshaw vous emmèneront à l'embarcadère pour 20 Rs.

Où se restaurer

Le ***Matha Restaurant***, l'une des adresses préférées des rickshaw-wallahs, sert un poulet très épicé. Voisin, l'***Eat N Pack*** propose des thali à 12 Rs. Le ***Cream N Pack***, à côté de Hello Footwear, vend des glaces délicieuses.

L'***Azad Hotel***, tout pimpant, prépare des repas végétariens ou non. L'***Indian Coffee House*** se situe dans Main Rd.

Le ***Sree Suprabatham Restaurant*** offre un service rapide et d'excellents repas.

Le ***Kedar Restaurant***, dans l'Hotel Sudarsan, agréablement climatisé, mitonne une bonne cuisine, parfois un peu fade.

Supreme Bakers, en face de la poste, est idéal pour un café accompagné d'une pâtisserie.

Kollam est un centre de production de noix de cajou et vous pourrez en faire provision.

Comment s'y rendre

Bus. Kollam se situe sur l'itinéraire Thiruvananthapuram-Kollam-Alappuzha-Ernakulam, bien desservi. Les bus super-express (réservations possibles) rallient Thiruvananthapuram (30 Rs, 1 heure 30), Alappuzha (33 Rs, 1 heure 45) et Ernakulam (65 Rs, 3 heures 30).

Train. Kollam se trouve à 159 km au sud d'Ernakulam (47/212 Rs en 2ᵉ/three-tier climatisé, de 3 à 4 heures). Le *Trivandrum Mail* en provenance de Chennai traverse Kollam, tout comme le *Mumbai-Kanyakumari Express* et les trains Mangalore-Thiruvananthapuram.

Bateau. Consultez l'encadré *Les backwaters* pour des détails sur les croisières à Ala-

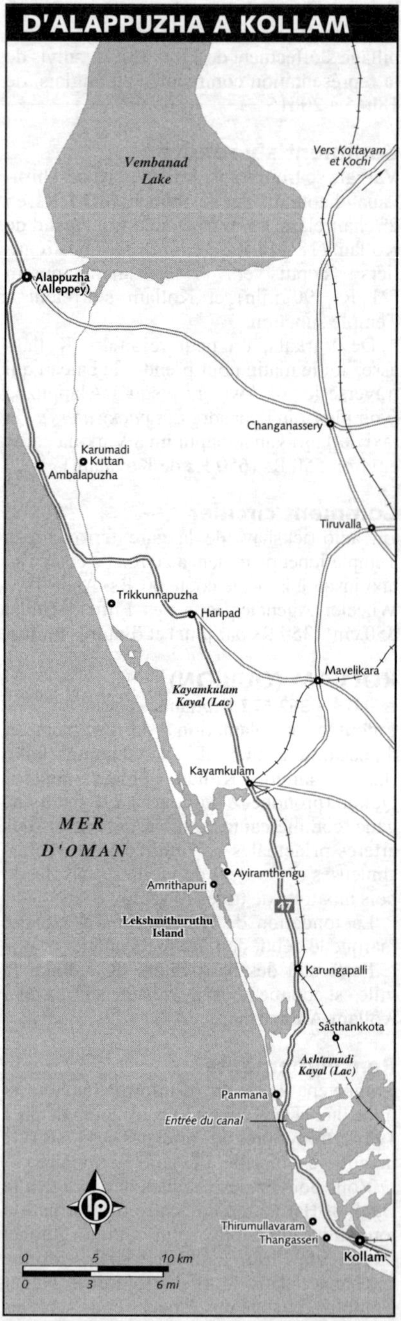

puzzha. Des ferries publics traversent l'Ashtamudi Lake pour rejoindre Guhanandapuram (1 heure), Muthiraparam (2 heures 30) ou Perumon (2 heures 30) ; comptez environ 6 Rs l'aller-retour.

Les bateaux touristiques de l'ATDC (Allepey Tourism Development Cooperative) et du DTPC partent chaque jour pour Alappuzha ; on peut réserver dans les hôtels de la ville, mais des réductions importantes sont accordées si l'on s'adresse directement aux organismes. Les étudiants et les retraités bénéficient également de remises.

Les croisières commencent par un trajet en bus de l'arrêt des bus KSRTC, ou directement de l'un des embarcadères de la ville.

Comment circuler

L'arrêt des bus KSRTC et l'embarcadère sont proches, mais la gare ferroviaire se situe de l'autre côté de la ville. Les auto-rickshaws utilisent volontiers leur compteur et le trajet de la gare ferroviaire à l'embarcadère revient à 15 Rs environ.

ENVIRONS DE KOLLAM (QUILON)

Krishnapuram Palace Museum

A 2 km au sud de Kayamkulam (entre Kollam et Alappuzha), le Krishnapuram Palace, entièrement restauré, est un bel exemple d'architecture kéralaise et mérite la visite. Aujourd'hui transformé en musée, ce palais de deux étages conserve des peintures, des meubles anciens et des sculptures. Ses fresques de 3 m de hauteur dépeignent le Gajendra Moksha, ou libération de Gajendra (le chef des éléphants), tel qu'il est conté dans le *Mahabharata*.

Des bus partent de Kollam toutes les 3 min pour Kayamkulam (12 Rs). Descendez à l'arrêt situé près de la porte du temple, à 2 km avant Kayamkulam. De là, un sentier mène au palais, à 600 m. Ce dernier ouvre tous les jours, sauf le lundi, de 10h à 13h et de14h à 17h (entrée : 2 Rs).

ALAPPUZHA (ALLEPPEY)

☎ 0477 • 264 969 habitants

Cette agréable ville commerçante, entourée de cocoteraies, s'étire le long de canaux et contient de nombreux exemples d'architecture kéralaise. Vers la mi-décembre, les festivités du **Mullackal Temple** donnent l'occasion d'écouter quelques-uns des meilleurs musiciens religieux du pays. En août, ne manquez pas la **Nehru Cup Snake Boat Race**. Enfin, vous pourrez choisir entre les nombreux circuits sur les backwaters (consultez l'encadré *Les backwaters*).

Orientation et renseignements

La gare routière et l'embarcadère sont proches l'un de l'autre et de la plupart des hôtels bon marché. La gare ferroviaire se trouve à 4 km au sud-ouest du centre-ville. Le DTPC Tourist Reception Centre et l'ATDC sont tous deux très compétents. La Bank of India, dans Mullackal Rd, change les chèques de voyage.

Nehru Cup Snake Boat Race

Cette célèbre régate se tient chaque année, le second samedi d'août, sur le Vembanad Lake (lac Vembanad) et commémore les traditions maritimes et guerrières de l'ancien Kerala. A cette occasion, d'innombrables *chundan vallam* (bateaux-serpent), conduits par une centaine de rameurs protégés d'ombrelles de soie aux couleurs éclatantes, s'affrontent sous les yeux de milliers de spectateurs.

Le prix des billets, en vente dans les multiples billetteries, varie de 10 Rs pour une place debout à 500 Rs pour un siège dans le Tourist Pavilion, qui domine l'arrivée. La régate se répète pendant la saison touristique, à la mi-janvier.

Pensez à emporter nourriture et boissons, ainsi qu'un parapluie pour vous protéger des pluies de mousson ou du soleil écrasant.

Où se loger – petits budgets

La ***YMCA*** *(☎ 245313)* loue la plupart de ses chambres à des étudiants, mais accepte également les visiteurs. Dotée d'un restaurant, elle offre des doubles, sommaires mais propres, à 200 Rs, ou 300 Rs avec clim. Il n'y a personne à l'accueil les jours fériés.

Le ***Komala Hotel*** *(☎ 243631)*, au nord du North Canal, dispose de simples/doubles/triples à 120/172/195 Rs et de simples/doubles avec clim. à 495/605 Rs.

Derrière le Komala, le ***Sheeba Lodge*** *(☎ 244871)*, bon marché et correct, demande 100/150 Rs, mais le voisinage bruyant de la mosquée peut se révéler gênant.

Meilleure adresse de cette catégorie, le ***St George's Lodging*** *(☎ 251620, CCNB Rd)*, en face du South Canal, facture ses chambres 45/80 Rs, ou 67/115 Rs avec s.d.b.

Les backwaters

Un vaste réseau de lagunes, de lacs, de rivières et de canaux borde la côte du Kerala et s'enfonce loin dans les terres. On ne peut visiter le Kerala sans consacrer du temps à naviguer sur ces backwaters. Les grands bateaux sont motorisés, mais il existe quantité de petites barques propulsées à l'aide d'une longue perche de bambou. Vous traverserez des lacs peu profonds bordés de palmiers, ponctués de carrelets de pêche chinois et vous naviguerez le long d'étroits canaux ombragés où vous assisterez au chargement du *coir* (fibre de coco), du coprah (amande de coco séchée) et des noix de cajou. Les villageois vivent sur d'étroites bandes de terre gagnées sur les eaux et parviennent à élever vaches, porcs, poulets et canards et à cultiver de minuscules jardins potagers. On y fait aussi l'élevage de crevettes et de poissons, notamment du *karimeen*, très prisé ; les coquillages sont dragués à la main, avant d'être brûlés à la poussière de charbon pour obtenir de la chaux.

Les offices du tourisme disposent d'une brochure, *The Backwaters of Kerala Tourist Guide*, qui publie la liste exhaustive des circuits sur les backwaters, leurs prix et les contacts téléphoniques. Vous pouvez aussi consulter le site Internet de Kerala Tourism, www.keralatourism.org.

Croisières touristiques

La croisière la plus appréciée est celle qui relie Kollam à Alappuzha en 8 heures. Des croisières quotidiennes identiques sont organisées un jour sur deux par l'ATDC et le DTPC. A Alappuzha, le bureau de l'ATDC se trouve dans Komala Rd, celui du DTPC, dans le Tourist Reception Centre. A Kollam, le DTPC est installé près de l'arrêt des bus KSRTC. De nombreux hôtels de Kollam et d'Alappuzha s'occupent des réservations pour les excursions de ces deux organismes. De décembre à mars, le coût d'un aller simple s'élève à 150 Rs (100 Rs pour les étudiants dotés d'une carte ISIC). Les croisières partent à 10h30 et se terminent à 18h30. D'avril à novembre, le prix grimpe à 250 Rs.

Les bateaux ne font généralement que deux haltes, l'une pour le déjeuner et l'autre dans l'après-midi pour un chai ; Ayiramthengu ou Thrikkunnappuha, un village produisant du coir, constituent l'une des étapes. Vous déjeunerez sur l'île de Lekshmithuruthu où vous pourrez voir une démonstration de la gestuelle et des expressions du kathakali. Cette introduction, un peu trop chère (250 Rs par personne), aide à comprendre le spectacle. Vous pouvez passer la nuit sur place (200 Rs la double rudimentaire), assister à la représentation qui débute à 17h30, et prendre le bateau du lendemain après-midi. Pour réserver, appelez le ☎ 0476-826449. Sur le bateau, l'équipage vend des fruits, des sodas et des bières entreposés dans une glacière, mais vous pouvez apporter vos propres provisions. Pensez à emporter une crème solaire et un chapeau.

Des bateaux s'arrêtent à Amrithapuri, à la Matha Amrithanandamayi Mission (☎ 0476-621279), la résidence de Matha Amrithanandamayi, l'une des rares femmes gourous du pays, également appelée la "Hugging Mother" (la "mère qui étreint"). Les visiteurs doivent porter une tenue correcte et respecter de strictes règles de conduite. Vous pouvez loger à l'ashram (150 Rs par jour, repas végétariens compris) et reprendre un bateau, dans l'un ou l'autre sens, un ou deux jours plus tard. Les bateaux longent le Kumarakody Temple ; aux abords d'Alappuzha, vous apercevrez, près de la rive, le Bouddha Karumadi Kuttan, qui date du XIe siècle.

Organisée par la Bharath Tourist Service Society (BTSS ; ☎ 0477-262262), installée à Alappuzha dans le Raiban Shopping Complex, Boat Jetty Rd, la croisière d'Alappuzha à Kottayam suit un itinéraire plus long que le ferry public (environ 4 heures 30, 100 Rs l'aller). Les bateaux quittent Alappuzha à 9h30 et Kottayam à 14h30. Le DTPC propose également une croisière de 4 heures, qui part d'Alappuzha à 10h et revient à 14h. Cette excursion, quotidienne en

D'un rapport qualité/prix raisonnable, l'***Hotel Brothers*** *(☎ 251653)* propose des chambres un peu défraîchies, mais équipées de lits confortables, à 100/200/280 Rs et des doubles climatisées, récemment rénovées et plus agréables, à 300 Rs. Il comprend un restaurant, végétarien et non végétarien.

L'***Hotel Raiban Annexe*** *(☎ 261017)*, face à l'embarcadère, comporte des chambres de 80/160 Rs, et des doubles climatisées à 350 Rs.

Les backwaters

décembre et en janvier, se limite aux week-ends le reste de l'année (100 Rs, 60 Rs pour les étudiants et les enfants).

House-boats et location de bateaux

Une option appréciée, mais trop chère à certaines périodes de l'année, consiste à louer un house-boat, bateau dérivé d'un *kettuvallam*, qui servait autrefois au transport du riz. Disponibles auprès du DTPC à Kollam et à Alappuzha, ces bateaux peuvent accueillir des groupes (jusqu'à 8 personnes) ou des couples (1 ou 2 chambres doubles). On peut les louer à la journée (3 500 Rs le bateau) ou pour 2 jours (5 000 Rs), ce qui permet de faire tranquillement le trajet Kollam-Alappuzha. Les repas (et les services d'un cuisinier) reviennent à 400 Rs supplémentaires par personne. Le DTPC propose aussi des bateaux à moteur pour 4 personnes (300 Rs l'heure), ou 6 personnes (200 Rs). A Alappuzha, les bateaux touristiques mouillent dans le North Canal, sur la rive opposée à l'embarcadère. L'aller simple jusqu'à Kottayam coûte environ 500 Rs. Vous pouvez également vous adresser à des compagnies privées, comme Penguin Tourist Boat Service (☎ 0477-261522), Boat Jetty Rd, qui propose une vaste choix d'itinéraires à partir d'Alappuzha. Vembanad Tourist Services (☎ 0477-251395) et Blue Lagoon (☎ 0477-260103), tous deux à Alappuzha, louent aussi des bateaux.

Croisières avec visite des villages

Ces croisières concernent généralement des petits groupes (moins de 10 personnes), accompagnés d'un guide qualifié, qui voyagent à bord d'un bateau ouvert ou d'un kettuvallam couvert. Elles durent de 2 heures 30 à 6 heures et s'arrêtent dans les villages pour découvrir l'extraction du coir, la fabrication des bateaux, le brassage du toddy et la pisciculture. Lors des longs circuits, on vous offrira un repas kéralais traditionnel.

Ferries publics

Dans l'ensemble, les passagers qui effectuent la croisière de 8 heures de Kollam à Alappuzha sont des Occidentaux. Si vous préférez côtoyer des Indiens, ou si ce voyage vous paraît trop long, prenez un bateau du State Water Transport d'Alappuzha à Kottayam (6 Rs, 2 heures 30, 6 bateaux par jour) et Changanassery (9 Rs, 3 heures, 2 bateaux par jour).

L'itinéraire jusqu'à Kottayam traverse le Vembanad Lake et des paysages plus variés que la croisière d'Alappuzha. Changanassery, à 18 km au sud de Kottayam et à 78 km au nord de Kollam, offre de bonnes correspondances routières et ferroviaires.

JENNY BOWMAN

Des adeptes viennent du monde entier pour rencontrer Matha Amrithanandamayi

Où se loger – catégories moyenne et supérieure

L'***Hotel Raiban*** *(☎ 251930)*, au sud du South Canal, offre des chambres à 160/225 Rs et des doubles climatisées à 650 Rs.

Le ***Yatri Nivas*** *(☎ 244460)*, à 2 km au nord de la ville, loue des doubles sommaires et propres, avec s.d.b., pour 250 Rs, ou 400 Rs avec clim. Récemment rénové, l'***Hotel Arcadia*** *(☎ 251735)*, en face du débarca-

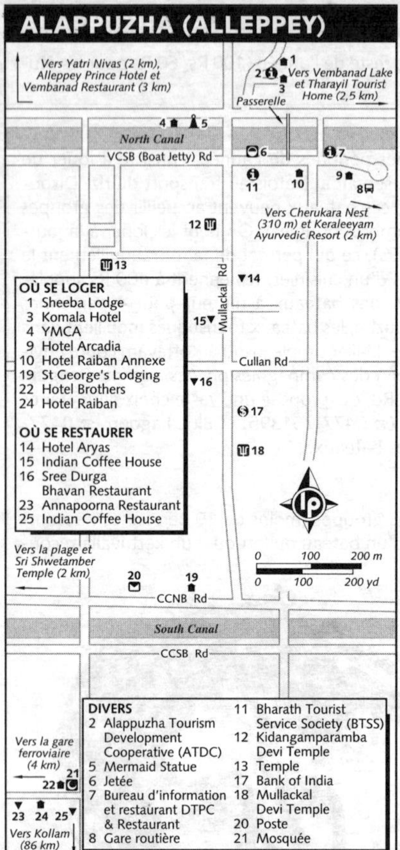

dère, possède un restaurant et un bar. Comptez 200/300 Rs, ou 600 Rs pour une double avec clim.

A 3 km au nord du centre-ville, l'***Alleppey Prince Hotel*** *(☎ 243752, fax 243758, alleppeyprincehotel@indiaatbest.com, AS Rd)*, entièrement climatisé, pratique des prix un peu exagérés. Doté d'un bar, d'un restaurant (ouvert à partir de 19 h) – où des musiciens jouent les succès *filmi* (chansons de films) et du classique indien – et d'une belle piscine, il facture ses chambres coûtent 1 000/1 275 Rs et les suites 1 700 Rs.

Les pensions, des maisons particulières reconverties, rencontrent de plus en plus de succès auprès des voyageurs et conviennent tout particulièrement aux familles. Le ***Cheruka Nest*** *(☎ 251509, fax 243164, zachs@md4.vsnl.net.in)*, une élégante maison centenaire, comporte plusieurs doubles spacieuses à partir de 550 Rs et des chambres deluxe à 950 Rs.

Le ***Tharayil Tourist Home*** *(☎ 236745, 233543, Lake Punnamada Rd, Thathampally)*, se trouve à 2,5 km au nord-est de la ville, près de l'arrivée de la Nehru Cup Snake Boat Race. Très apprécié à juste titre, il dispose de chambres propres et lumineuses à 350 et 400 Rs, ou 750 Rs avec clim. De la ville, le trajet en auto-rickshaw coûte environ 15 Rs.

Où se restaurer

Bien tenu et bon marché, le restaurant du ***Tourist Reception Centre*** du DPTC, North Canal, propose des menus variés.

L'***Indian Coffee House*** possède une succursale dans Mullackal Rd et une autre au sud du South Canal.

L'***Hotel Aryas*** *(Mullackal Rd)* sert de bons repas végétariens à des prix doux. L'***Hotel Rajas*** possède un restaurant, végétarien/non végétarien sans originalité.

Le ***Sree Durga Bhavan***, très accueillant, prépare un délicieux *masala dosa* à 10 Rs seulement.

Le ***Komala Hotel*** et l'***Hotel Raiban*** disposent de restaurants corrects. Vous trouverez deux restaurants végétariens ***Annapoorna*** : l'un à côté de l'Hotel Raiban, l'autre dans Boat Jetty Rd.

Dans l'Alleppey Prince Hotel, le ***Vembanad Restaurant*** climatisé et confortable, sert des plats végétariens et non végétariens décents dans la salle ou au bord de la piscine.

Comment s'y rendre

Bus. Des bus circulent fréquemment sur la route Thiruvananthapuram-Kollam-Alappuzha-Ernakulam. Des bus super-rapides/express relient Thiruvananthapuram à Alappuzha (47/65 Rs, 3 heures 15) et Alappuzha à Ernakulam (20/27 Rs, 1 heure 45). Jusqu'à Kottayam, le trajet en bus super-rapide coûte 18 Rs.

Train. La gare ferroviaire se trouve à 4 km au sud-ouest du centre-ville ; le trajet en auto-rickshaw revient à 30 Rs. Les trains mettent 1 heure pour rejoindre Ernakulam, à 57 km (24/158 Rs en 2e/three-tier climatisé). De nombreux trains desservent Kayamkulam (21/158 Rs).

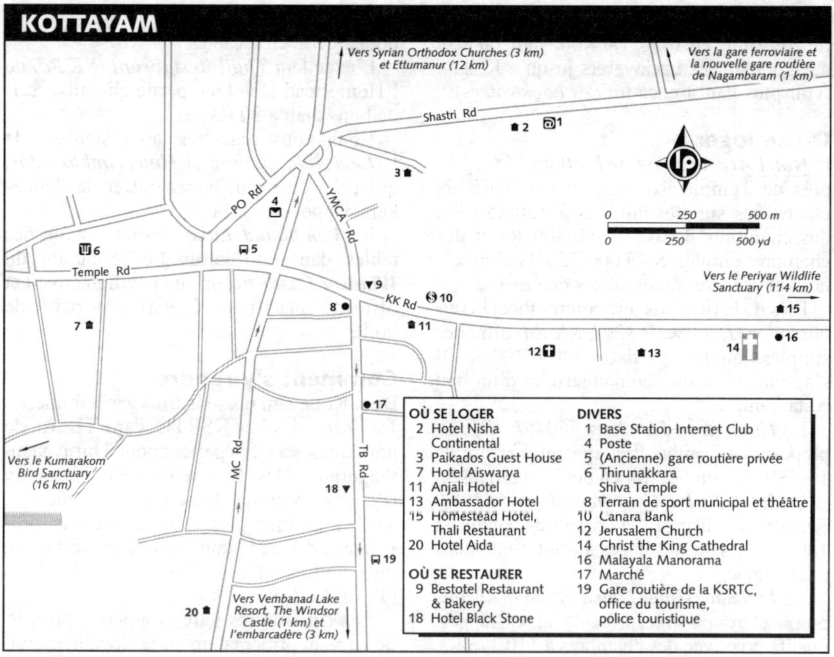

Bateau. A l'instar de Kollam, Alappuzha est un point de départ pour explorer les canaux (voir plus haut l'encadré *Les backwaters*).

KOTTAYAM

☎ 0481 • 166 552 habitants

Au XIVe siècle, lorsque les Portugais commencèrent à forcer les chrétiens kéralais à adopter le catholicisme, la hiérarchie orthodoxe se réfugia à l'intérieur des terres, à Kottayam. Perchée entre les contreforts des Ghats occidentaux et le réseau des backwaters, la ville abrite aujourd'hui des églises et des séminaires et contribue activement à la production de caoutchouc. Le centre-ville, un affreux enchevêtrement de bâtiments de béton, embouteillé, contraste avec les agréables quartiers résidentiels verdoyants.

Le district de Kottayam, le premier du pays à atteindre un taux d'alphabétisation de 100%, abrite le siège du quotidien de langue malayalam, le *Malayala Manorama*, publié à 1,2 million d'exemplaires et lu par 8 millions de lecteurs. Arundhati Roy, l'auteur à succès du *Dieu des petits riens* a passé son enfance près de Kottayam.

Orientation et renseignements

La gare ferroviaire, l'embarcadère et l'arrêt des bus KSRTC se situent à quelques kilomètres du centre. La KSRTC dispose d'un bureau d'information touristique compétent. La police touristique est installée au même endroit. Le Base Station Internet Club, efficace, propose un service e-mail (60 Rs l'heure). La Canara Bank, dans KK Rd, change les chèques de voyage et accorde des avances sur les cartes Visa.

A voir

Le **Thirunakkara Shiva Temple**, à l'architecture typiquement kéralaise, est réputé pour son théâtre traditionnel en sanskrit, le kootiattam. Les visiteurs y sont parfois admis, plus facilement s'ils portent une tenue adéquate (sari pour les femmes, dhoti pour les hommes). Le **Municipal Stage** (théâtre municipal), dans le centre-ville, donne régulièrement des représentations gratuites. A environ 3 km au nord-ouest du centre, vous découvrirez deux églises syriennes orthodoxes. La première, **Cheriapally** ou église Sainte-Marie, possède une élégante façade ; à l'intérieur, les fresques datent de 400 ans. A 100 m, la seconde, **Valiyappaly**, fut construite en 1550. De Kottayam, on peut naviguer sur les **backwaters** jusqu'à Kollam (voir plus haut l'encadré *Les backwaters*).

Où se loger

L'***Hotel Aiswarya*** *(☎ 581440, fax 581254)*, près de Temple Rd, répartit sur plusieurs étages des simples/doubles à 150/250 Rs, des chambres deluxe à 300/400 Rs et des chambres climatisées à 600/750 Rs. Son restaurant prépare toutes sortes de cuisine.

Près de la rue dans une contre-allée, l'***Ambassador Hotel*** *(☎ 563293, KK Rd)* offre des simples/doubles spartiates à 150/300 Rs. Il s'agrémente d'une boulangerie et d'un bon restaurant.

Le ***Homestead Hotel*** *(☎ 560467, KK Rd)* propose des chambres très agréables à partir de 154/316 Rs, ou 687 Rs en double climatisée.

L'***Hotel Nisha Continental*** *(☎ 563984, Shastri Rd)* dispose de chambres banales à 180/250 Rs et d'un restaurant tout aussi quelconque.

La ***Paikados Guest House*** *(☎ 584340)*, très propre et très paisible, présente un bon rapport qualité/prix avec des chambres à 110/175 Rs.

L'***Hotel Aida*** *(☎ 568391, fax 568399, MC Rd)* loue des chambres très confortables pour 300/600 Rs, ou 450/750 Rs avec clim. Il possède un bar, un excellent restaurant et un bureau de change réservé aux clients.

Bien qu'un peu lugubre, l'***Anjali Hotel*** *(☎ 563661, fax 563669, casino@vsnl.com, KK Rd)* appartient à la chaîne locale renommée Casino. Le prix des chambres varie de 850/1 250 Rs à 1 250/1 400 Rs. L'établissement comporte un bar, un café et un restaurant.

Situé dans un cadre plaisant au bord du lac, le ***Vembanad Lake Resort*** *(☎ 564866)*, à 2 km au sud du centre-ville, se compose de bungalows à 750 Rs, ou 900 Rs avec clim.

Tout près du Vembanad, le ***Windsor Castle*** *(☎ 303623, fax 303624, wcastle@satyam.net.in)* occupe un bâtiment pompeux où les chambres valent 1 950/2 300 Rs. De jolis bungalows, inspirés du style kéralais traditionnel, sont répartis dans un vaste jardin (3 700 Rs). L'hôtel compte une piscine et plusieurs restaurants.

Où se restaurer

L'***Hotel Black Stone*** *(TB Rd)* prépare des plats végétariens tout simples. Le ***Bestotel Restaurant & Bakery*** *(KK Rd)*, spécialisé dans la cuisine d'Inde du Sud, possède une boulangerie en façade.

L'excellent ***Thali Restaurant*** *(KK Rd)* de l'Homestead Hotel, en partie climatisé, sert de bons thali à 20 Rs.

Vous vous régalerez au restaurant de l'***Hotel Aida***, comme à l'***Hotel Ambassador***, qui propose un déjeuner-buffet de délices kéralais pour 100 Rs.

Le ***Vembanad Lake Resort*** installe des tables dans son jardin. Le restaurant du ***Windsor Castle*** occupe un pavillon ouvert et offre des plats non végétariens à partir de 90 Rs.

Comment s'y rendre

Bus. Kottayam possède trois gares routières. De l'arrêt des bus KSRTC, dans TB Rd, de nombreux services partent pour Thiruvananthapuram. Des bus rejoignent Thekkady (Periyar Wildlife Sanctuary ; 4 heures, 38 Rs). Chaque jour, 7 bus express en provenance d'Ernakulam traversent Kottayam, puis continuent vers Thekkady ou Madurai (Tamil Nadu).

Les deux autres gares routières, privées, desservent principalement les localités environnantes dans un périmètre de 10 à 30 km. Toutefois, de la nouvelle gare routière de Nagambaram, des bus rallient Munnar et Kumily.

Train. Kottayam est bien desservie par les trains express qui circulent entre Thiruvananthapuram (48/216 Rs en 2e/three-tier climatisé, 3 heures, 165 km) et Ernakulam (26/158 Rs, 2 heures, 65 km).

Bateau. L'embarcadère se trouve à 3 km environ du centre-ville. Six ferries se rendent chaque jour à Alappuzha (6 Rs, 2 heures 30). Vous pouvez aussi participer à la croisière de la BTSS (100 Rs, 4 heures 30 ; voir plus haut l'encadré *Les backwaters*).

Comment circuler

La course en auto-rickshaw de la gare ferroviaire à l'embarcadère (demandez la "jetty") revient à 35 Rs et à 20 Rs jusqu'à l'arrêt des bus KSRTC.

ENVIRONS DE KOTTAYAM

Le **Kumarakom Bird Sanctuary** (réserve ornithologique de Kumarakom), en bordure du Vembanad Lake, se trouve à 16 km à l'ouest de Kottayam. D'octobre à février, des cormorans et des canards viennent y nicher. De février à juillet, les hérons de nuit et les cigognes de Sibérie prennent la relève. Le matin, vers 6h30, est le moment le plus propice à l'observation des oiseaux.

Plusieurs complexes hôteliers luxueux sont installés dans la réserve. Le ***KTDC Kumarakom Tourist Village*** *(☎ 524258)* loue des house-boats pour 1 500 Rs (1 chambre double) et 2 500 Rs (2 chambres doubles).

Situé dans un cadre splendide, le ***Coconut Lagoon Resort*** *(☎ 524491, fax 524495, casino@vsnl.com)* appartient à la chaîne de luxe Casino. Il propose des chambres en bungalow à 110/120 $US ou dans un manoir à 120/130 $US.

La ***Taj Garden Retreat*** *(☎ 524371 ; à Kochi ☎ 0484-668377)*, petite mais somptueuse, pratique les mêmes tarifs.

Des bus réguliers circulent entre Kottayam et Kumarakom.

Ettumanur

Le **Shiva Temple**, à Ettumanur, à 12 km au nord de Kottayam, porte des inscriptions qui datent de 1542, mais certaines parties du temple sont peut-être encore plus anciennes. Ne manquez pas ses superbes sculptures sur bois et ses fresques, qui rappellent celles du Mathancherry Palace de Kochi. En février-mars, la statue de Shiva, sous sa forme destructrice, est exposée lors de la **fête** annuelle, qui donne lieu à des défilés d'éléphants.

Vijnana Kala Vedi Centre

Ce centre culturel implanté à Aranmula, à 10 km de Chengannur, organise des cours d'arts indiens sous la direction de spécialistes. Parmi les disciplines proposées figurent le kathakali, le mohiniattam (danse classique), la musique carnatique (musique classique du Sud de l'Inde), la sculpture sur bois, la peinture, la cuisine kéralaise, les langues, les *kolam* (décorations destinées à attirer la bonne fortune) et le kalarippayattu (art martial kéralais). Les visiteurs peuvent également rencontrer des experts en médecine ayurvédique, en astrologie, en religion et en mythologie.

Les tarifs, qui incluent l'hébergement en pension complète et deux matières enseignées, débutent à 200 $US la semaine (tarifs dégressifs), avec un minimum souhaité d'un mois. Pour tout renseignement, contactez The Director, Vijnana Kala Vedi Cultural Centre (☎ 0473-314483, fax 0479-452668, www.vijnanakaladevi.org), Tarayil Mukku Junction, Aranmula 689533, Kerala.

Sree Vallabha Temple

A 2 km de Tiruvilla, ce temple présente presque tous les soirs un spectacle traditionnel de **kathakali**. Tiruvilla, à 35 km au sud de Kottayam, se trouve sur la ligne ferroviaire Ernakulam-Thiruvananthapuram. Le ***DTPC Complex***, à 100 m avant le temple, loue des doubles spartiates pour 60 Rs.

Ghats occidentaux

PERIYAR WILDLIFE SANCTUARY

☎ 0486

Periyar, la réserve naturelle la plus fréquentée d'Inde du Sud, s'étend sur 777 km^2 et comprend un lac artificiel de 26 km^2, créé par les Britanniques en 1895. Elle abrite des buffles, des antilopes, des sambars, des sangliers, des entelles, quelque 750 éléphants et une population de tigres estimée à 35 individus. Le paysage montagneux, un tour sur le lac et une promenade dans la jungle en font une agréable excursion, mais évitez la foule des week-ends. Emportez des vêtements chauds et imperméables.

Orientation et renseignements

A 4 km de la réserve, Kumily, la bourgade la plus proche, se résume à une allée d'hôtels, de boutiques d'épices et d'emporiums cachemiris. Thekkady, le centre installé dans la réserve, comprend les hôtels de la KTDC et l'embarcadère. Lorsque les gens du pays parlent de la réserve, ils citent indifféremment Kumily, Thekkady ou Periyar, ce qui peut prêter à confusion.

Un centre d'informations sur la faune (Wildlife Information Centre) est implanté à Thekkady et si vous êtes familiarisé avec les DTPC, KTDC, ATDC, etc., mémorisez l'IDTIO (Idduki District Tourist Information Office) et le TTDC (Thekkady Tourist Development Council). DC Books offre une belle sélection de titres et la Nature Shop (☎ 322763) vend des articles du Worldwide Fund for Nature (WWF). On peut changer de l'argent à la State Bank of Travancore, derrière l'arrêt des bus, se faire masser à l'Ayur-

KUMILY ET PERIYAR WILDLIFE SANCTUARY

OÙ SE LOGER ET SE RESTAURER
5 Hotel Regent Tower, Maharani
6 Muckumkal Tourist Home, Little Chef Restaurant
9 Lake Queen Tourist Home, Lakeland Restaurant
11 Rolex Tourist Home, Thekkady Tourism Development Council
17 Michael's Inn
19 Spice Village
20 Taj Garden Retreat
21 Claus Garden
23 Hotel Ambadi
25 Coffee Inn
28 Periyar House
29 Aranya Nivas

DIVERS
1 Gare routière du Tamil Nadu
2 State Bank of Travancore
3 Gare routière et taxis touristiques
4 Poste
7 Mosquée
8 Rissas Communications
10 Lourdes Church
12 Idukki District Tourist Information Office
13 St George Orthodox Church
14 Ayurvedic Hospital
15 DC Books
16 Kumily Central Hospital
18 Ninja Tailoring & Spices
22 Wildlife Preservation Office
24 Nature Shop
26 Poste
27 Entrée du Parc
30 Wildlife Information Centre
31 Embarcadère

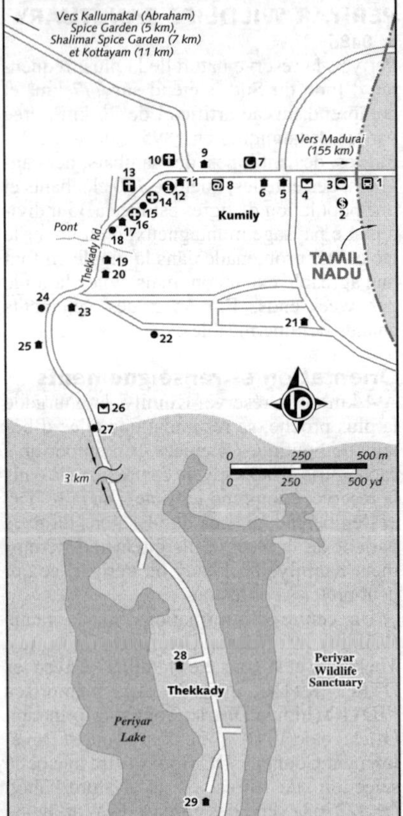

vedic Hospital, ou visiter un jardin d'épices. La poste se trouve près de l'entrée de la réserve et de nombreux kiosques STD/ISD jalonnent le bourg. Rissas Communications propose un service e-mail dans son arrière-salle dont le toit fuit (60 Rs l'heure).

Visite du parc

Le droit d'entrée au parc s'élève à 60 Rs pour les étrangers, plus 10 Rs par visite supplémentaire (gardez votre billet).

On visite généralement la réserve en faisant une **promenade en bateau** de 2 heures sur le lac. L'entrée du parc ne garantit pas la place dans le bateau ; si vous le ratez, restez aux alentours et cherchez d'autres solutions ; il arrive qu'une place se libère miraculeusement ! Les billets coûtent 40/80 Rs sur le pont inférieur/supérieur des grands bateaux de la KTDC, ou 15 Rs à bord des embarcations moins pimpantes du Forest Department. La KTDC organise cinq croisières par jour, à 7h, 9h30, 11h30, 14h et 16h ; le Forest Department en propose quatre (aux mêmes horaires à partir de 9h30). Le premier et le dernier départ offrent les meilleures chances d'apercevoir les animaux. La solution idéale consiste à former un petit groupe et à louer un bateau ; le prix varie selon la taille, à partir de 600 Rs pour une embarcation de 12 personnes. L'utilisation d'un Caméscope revient à 25 Rs, à régler au Wildlife Information Centre ; n'essayez pas de tricher, vous serez sûrement contrôlé.

Les **promenades guidées dans la jungle** commencent à 7h30, 10h et 14h et durent environ 3 heures (60 Rs par personne). Des informations insuffisantes et des groupes souvent trop importants et bruyants ont déçu beaucoup de visiteurs. Vous pourrez vous enfoncer plus avant dans la réserve en louant les services d'un guide auprès du Wildlife Information Centre. Après la pluie, n'espérez pas échapper aux sangsues.

La Nature Shop organise des **treks** plus sérieux, mais mieux vaut les planifier à Thiruvananthapuram, avant de partir pour Thekkady. Contactez Kerala Travels Interserve (☎ 0471-324158, fax 323154), Mangala Saudham, Vellayambalam. Les prix commencent à 250 $US par personne pour 2 jours.

Pour augmenter ses chances de voir la faune, on peut aussi passer la nuit dans une tour d'observation ou dans une rest house (voir *Où se loger*). Amusantes, les promenades à dos d'éléphant (30 Rs la demi-heure pour 2 personnes) ne vous permettront guère d'apercevoir des animaux.

La meilleure période pour visiter la réserve se situe entre septembre et mai. Toutefois, pendant la saison chaude (de février à mai), moins agréable, l'assèchement des points d'eau pousse les animaux à se rassembler autour du lac.

Jardins d'épices

La quasi-totalité des boutiques d'épices proposent des excursions dans les plantations d'épices (Spice Tours ; 3 heures 30, 400 Rs). Contactez le TTDC, dans le Rolex Tourist Home, ou Ninja Tailoring & Spices.

Où se loger et se restaurer

Les prix indiqués correspondent à la haute saison (du 21 décembre au 20 janvier). Des réductions sont consenties hors saison.

A l'intérieur de la réserve. La KTDC possède trois hôtels dans le parc, tous assez chers compte tenu des prestations. Mieux vaut réserver (auprès de n'importe quel bureau ou hôtel de la KTDC), en particulier pour le week-end.

La ***Periyar House*** *(☎ 322026, fax 322526)*, la plus abordable, dispose de chambres à partir de 550/750 Rs, en demi-pension. Elle offre en outre une location de vélos, des massages et un service de change.

L'***Aranya Nivas*** *(☎ 322023, fax 322282, aranyanivas@vsnl.com)* facture ses chambres 2 425/3 500 Rs et les suites climatisées 2 800/4 000 Rs, des prix largement surévalués. Il possède un bar, un restaurant (où, d'après des lecteurs, le service laisse à désirer) et un jardin.

A l'écart de l'agitation touristique, le ***Lake Palace*** *(réservations à l'Aranya Nivas ; ☎ 322024, fax 322282, ktdc@vsnl.com)* occupe un ancien pavillon de chasse du maharaja et compte six suites à 4 000/6 000 Rs, en pension complète. Les clients doivent arriver à 16h à l'embarcadère de Thekkady (le dernier départ de la journée) pour être conduits à l'hôtel.

Dans la réserve, des ***rest houses*** sont installées à Manakavala (à 8 km de Kumily), à Mullakudy (à 39 km) et à Edappalayam (à 5 km), mais affichent presque toujours complet. Pour réserver, adressez-vous au Wildlife Preservation Office (☎ 322028) de Kumily. Comptez 200/300 Rs et 60 Rs supplémentaires pour la pension complète.

En principe, vous pouvez réserver une ***tour d'observation*** (175 Rs) auprès du Wildlife Information Centre (☎ 322028). Ces installations rudimentaires (parfois mal entretenues) offrent les meilleures chances d'apercevoir la faune ; vous devrez apporter votre nourriture et votre matériel de couchage.

A l'extérieur de la réserve. Quelques nouveaux établissements bordent la route menant au parc. Ce sont, pour la plupart, des hôtels luxueux qui jurent avec le paysage environnant. Nous n'en citons que quelques-uns.

La ***Coffe Inn*** *(☎ 322763, coffeeinn@satyam.net.in)* offre un choix d'hébergements rudimentaires, des huttes de bambou sur pilotis à 75 Rs par personne aux chambres en bungalows avec s.d.b. et eau chaude à 250 Rs. Son café, sans prétention, sert des spaghettis et du pain maison.

Le ***Lake Queen Tourist Home*** *(☎ 322084)* comporte 54 chambres à partir de 120/200 Rs. Géré par l'Église catholique, ses bénéfices financent des œuvres de charité. Le ***Lakeland Restaurant*** occupe le rez-de-chaussée.

Le ***Muckumkal Tourist Home*** *(☎ 322070)* dispose de chambres avec s.d.b. à 100/200 Rs. Choisissez-en une éloignée du groupe électrogène. Le ***Little Chef Restaurant*** prépare une cuisine correcte.

Non loin, l'***Hotel Regent Tower*** *(☎ 322570)* facture ses chambres 150/250 Rs et comprend un restaurant, le ***Maharani***.

Le ***Rolex Tourist Home*** *(☎ 322081)* propose des simples/doubles propres et spartiates, avec s.d.b., à 100/250 Rs, ainsi qu'un bungalow dans une plantation à 600 Rs.

A 2 km de Kumily, le ***Claus Garden***, une maison particulière, loue quelques chambres rustiques pour 100/180 Rs. Vous pouvez préparer vos repas dans la cuisine. Pour y parvenir, de Kumily-Tekkady Rd bifurquez en direction du réservoir ; de là, parcourez 100 m jusqu'au sommet de la colline, puis tournez à droite et marchez encore une centaine de mètres.

Dotée d'un restaurant, la ***Michael's Inn*** *(☎ 322355, fax 322356)* compte 15 chambres impeccables à 600/800 Rs, ou 1 300 Rs en double climatisée.

L'***Hotel Ambadi*** *(☎ 322193, fax 322192, info@hotelambadi.com)* possède des bungalows humides de 425 à 690 Rs et des chambres dans un nouveau bâtiment à 990 Rs. Son restaurant, très correct, prépare une belle variété de plats.

La ***Taj Garden Retreat*** *(☎ 322041, fax 322106)* offre les prestations habituelles de la luxueuse chaîne Taj et des chambres à 105/120 $US pour les étrangers.

Le ***Spice Village*** *(☎ 322314, fax 322317, casino@vsnl.com)*, outre un service attentif, propose de charmants bungalows répartis dans un joli jardin, à 115/125 $US ou 150 $US (deluxe). Dans l'agréable restaurant, le buffet du déjeuner ou du dîner revient à 400 Rs.

Vous pourrez vous restaurer à prix doux dans l'artère principale de Kumily.

Aux alentours de Periyar. A 7 km de Kumily et à 3 km de la route de Kottayam, le ***Shalimar Spice Garden*** *(☎ 322132, shalimar_resort@vsnl.com)* se compose de luxueux bungalows, tous différents, de 70/80 à 90/105 $US. Le restaurant prépare des spécialités indiennes et italiennes. On peut aussi choisir un forfait ayurvédique.

A 20 km de Kumily sur la route de Munnar, le ***Carmelia Haven*** *(☎ 370252, fax 370268, carmelia@eth.net)* dispose de chambres à partir de 1 750/2 000 Rs et de cabanes dans les arbres à 4 000 Rs. Le domaine s'étend sur 20 ha et comprend une piscine et un court de tennis.

Comment s'y rendre

Le terminus des bus de Periyar se trouve à l'Aranya Nivas, mais tous s'arrêtent aussi à l'arrêt de bus de Kumily, à l'extrémité est du bourg.

Au moins 10 services circulent chaque jour entre Ernakulam et Kumily (57 Rs, 6 heures) et des bus partent toutes les demi-heures pour Kottayam (114 km, 38 Rs, 4 heures).

Tous les jours, au moins deux bus directs desservent Thiruvananthapuram (86 Rs, 8 heures). Un bus rallie Kovalam (9 heures) et un autre Kodaikanal, dans le Tamil Nadu (6 heures 30). Seuls les bus privés rejoignent Munnar (41 Rs, 4 heures 30). Tous partent de Kumily dans la matinée, entre 6h et 9h45.

Comment circuler

De Kumily, une agréable promenade de 4 km dans le parc ombragé conduit au Periyar Lake ; on peut aussi prendre le bus semi-régulier (presque aussi rare que les tigres), un auto-rickshaw (35 Rs plus 5 Rs de droit d'entrée pour le véhicule) ou louer une bicyclette (à la Periyar House ou à l'Aranya Nivas, 25 Rs par jour).

MUNNAR

☎ 0486

Entourée du spectaculaire paysage montagneux de ce qu'on appelait autrefois la haute chaîne de Travancore, la ville de Munnar (1 524 m) est le centre marchand de quelques plantations de théiers parmi les plus élevées au monde.

Ses pics escarpés, ses cultures soignées et son air vivifiant font de Munnar un agréable séjour. Si le centre-ville se révèle bruyant et négligé, des hébergements plaisants sont installés en périphérie.

Renseignements

La ville compte plusieurs offices du tourisme, mais le Tourist Information Service (☎ 530349), un organisme privé situé en face de la statue de Gandhi, vous fournira toutes les informations dont vous avez besoin. M. Joseph Iype propose des cartes, un choix de guides à 50 Rs et vous conseillera des randonnées dans les environs. Le petit Munnar Tourist Information Centre (☎ 531136) organise des circuits. Le DTPC Tourist Information Office, quant à lui, fonctionne à peine.

Des kiosques STD/ISD sont installés dans toute la ville, mais les fax, rares, ne sont pas raccordés à l'international. Alpha Internet, près du Misha Tourist Home, facture 60 Rs l'heure.

La Federal Bank ne change que les chèques de voyage. Le Wildlife Warden's Office (bureau des gardes de la réserve) se trouve juste après la PWD Guest House.

A voir et à faire

Édifice de pierre de 1910, la **Christ Church** (église du Christ), administrée par l'Église d'Inde du Sud, s'orne de beaux vitraux et de plaques de cuivre à la mémoire des planteurs de thé.

Les **randonnées** aux alentours de Munnar offrent des vues spectaculaires. Prenez un auto-rickshaw (125 Rs l'aller-retour) jusqu'à l'**Eravikulam National Park**, à 16 km, où vous verrez des *nilgiri tahr*, des chèvres des montagnes, très rares mais presque apprivoisées, et pourrez vous promener dans les collines de Rajamala (entrée : 10/50 Rs pour les Indiens/étrangers). A 10 km de Munnar en direction de Top Station, le **Mudapetty Dam** (réservoir de Mudapetty) ouvre tous les jours et l'on peut y canoter ou faire de courtes balades à cheval.

Visible de nombreux endroits dans Munnar, l'**Anamudi** (2 695 m) est le point culminant de l'Inde du Sud. Classé zone forestière protégée, il ne peut être gravi que pour des missions de recherche. Reportez-vous à la rubrique *Environs de Munnar* pour la description des sites aux alentours de la ville.

Où se loger

La plupart des hôtels appartiennent aux catégories moyenne et supérieure. Les quelques établissements pour petits budgets se concentrent dans le quartier bruyant du bazar. En règle générale, quelle que soit la catégorie, les chambres n'ont rien d'exceptionnel.

Le ***Misha Tourist Home*** (*☎ 530376, AM Rd*), un hôtel indien standard, loue des chambres banales pour 150/280 Rs et quelques doubles plus récentes pour 450 Rs.

Le ***Krishna Lodge*** (*☎ 530669*), dans le bazar, offre des chambres sommaires, avec s.d.b., à 100/200 Rs.

Installé dans un bungalow entouré de plantations de thé, le ***Zena Cottages*** (*☎ 530349*) est tenu par M. Iype du Tourist Information Service. Il comporte trois doubles à 500 Rs et fournit de l'eau chaude. Vous jouirez d'un calme absolu.

Le ***Poopada Tourist Home*** (*☎ 530223*), à 400 m environ à l'ouest du DTPC, dispose de doubles à partir de 460 Rs (550 Rs les plus confortables) et d'un bon restaurant à prix doux.

Confortable et bien tenue, la ***Royal Retreat*** (*☎ 530240, fax 530440*) facture ses chambres à partir de 850/950 Rs. Son restaurant, douillet, mitonne de bons petits plats.

L'***Edassery Eastend*** (*☎ 530451, fax 530227*) propose des doubles dans une aile moderne à 850 Rs et des chambres dans la demeure de la plantation à partir de 1 250 Rs.

Le ***High Range Club*** (*☎ 530253, fax 530333*), très britannique, ne plaisante pas avec la tenue vestimentaire (chemise à col pour les hommes). Des trophées de chasse décorent le bar et seuls les planteurs peuvent adhérer au club. Le commun des mortels peut néanmoins loger dans l'un des 10 confortables bungalows moyennant 1 950 à 2 250 Rs. Réservez au moins un mois à l'avance.

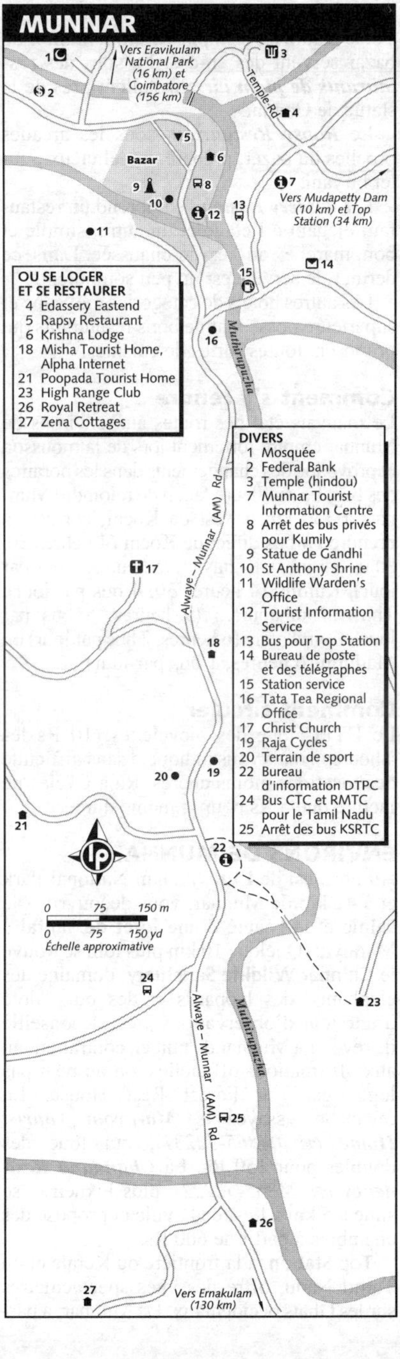

Où se restaurer

Tôt le matin, les ***échoppes d'alimentation*** du bazar servent des en-cas. Le soir, des ***restaurants de plein air*** s'installent près de la statue de Gandhi.

Le ***Rapsy Restaurant***, sous les arcades proches du bazar, prépare un délicieux poulet biryani.

L'***Edassery Eastend*** comprend un restaurant élégant à l'étage et un autre, simple et bon marché, au rez-de-chaussée. Dans ce dernier, le service est un peu somnolent.

Les autres hôtels de catégories moyenne et supérieure possèdent de bons restaurants qui proposent toutes sortes de cuisines.

Comment s'y rendre

Le mauvais état des routes aux environs de Munnar empire fortement lors de la mousson et provoque des changements dans les horaires des bus. La meilleure façon de rejoindre Munnar, à 130 km à l'est de Kochi, consiste à prendre un bus direct de Kochi (4 heures 30, 8 bus par jour), Kottayam (5 heures, 7 bus par jour), Kumily (4 heures 30, 4 bus par jour), Thiruvananthapuram (9 heures, 5 bus par jour), Coimbatore (6 heures, 2 bus par jour) ou Madurai (6 heures, 1 bus par jour).

Comment circuler

Le DTPC loue des bicyclettes (10 Rs les 4 heures), mais vous indiquera sans difficulté des locations moins chères. Raja Cycles ne facture que 5 Rs pour la même durée.

ENVIRONS DE MUNNAR

Au nord-est de l'Eravikulam National Park et à 42 km de Munnar, vous découvrirez le calme et la beauté d'une **forêt de santal** à Maraiyur. Quelque 10 km plus loin se trouve le **Chinnar Wildlife Sanctuary**, domaine des éléphants, des léopards et des ours, doté d'une tour d'observation. Il est déconseillé de revenir à Munnar de nuit et, contrairement aux affirmations officielles, on ne peut pas loger dans la Forest Rest House. En revanche, essayez le ***Marayoor Tourist Home*** *(☎ 04865-52231)*, qui loue des doubles pour 150 Rs. La ***Chandana Residency*** *(☎ 04865-52222)*, plus luxueuse, se situe à 5 km à l'est de la ville et propose des chambres à partir de 600 Rs.

Top Station, à la frontière du Kerala et du Tamil Nadu, offre des vues spectaculaires sur les Ghats occidentaux. De Munnar, à partir de 7h30, huit bus quotidiens effectuent la montée escarpée jusqu'au site (32 km, 1 heure environ, 11 Rs). On peut aussi louer une jeep (600 Rs par jour) ou un rickshaw (300 Rs) dans l'artère principale de Munnar pour l'aller-retour.

Le **Thattekkad Bird Sanctuary** abrite des calaos gris de Malabar, des piverts, des perruches, ainsi que quelques espèces plus rares comme le podarge du Sri Lanka ou le rollier à bec rose. Ce parc de 25 km², créé en 1983 par le célèbre ornithologue Salim Ali, est un important centre de recherche (entrée : 5/25 Rs pour les Indiens/étrangers). Le meilleur moment pour observer les oiseaux se situe entre 5h et 6h, d'octobre à mars.

Thattekkad se situe à 15 km au nord-est de Kothamangalam, qui se trouve à mi-chemin sur la route d'Ernakulam à Munnar. Un bungalow de surveillance et un dortoir sont installés à Thattekkad. Le ***Hornbill Bungalow*** offre des doubles à 300 Rs, des lits en dortoir à 50 Rs et peut préparer des repas.

Pour rejoindre Thattekkad, prenez un bus direct d'Ernakulam à Kothamangalam, ou un service plus fréquent pour Muvattupula, où vous changerez pour Kothamangalam, à 8 km de là. De Kothamangalam, empruntez le bus de Thattekkad pour effectuer les quinze kilomètres suivants (30 min environ). Ensuite, un ferry transporte le bus sur la Periyar jusqu'à Thattekkad.

PARAMBIKULAM WILDLIFE SANCTUARY

La réserve naturelle de Parambikulam s'étend sur 285 km², à 135 km de Palakkad (*via* Pollachi), autour des barrages de Parambikulam, de Thunakadavu et de Peru-varipallam. Elle abrite des éléphants, des buffles, des gaurs, des ours, des sangliers, des sambars, des chitals, des crocodiles, ainsi que quelques tigres et léopards. Elle est ouverte toute l'année mais mieux vaut éviter la période de la mousson, entre juin et août.

La direction de la réserve est installée à Thunakadavu, où le Forest Department possède une ***Forest Rest House*** et une cabane aménagée au faîte d'un arbre ; réservez auprès du Forest Inspection Bungalow (☎ 0425-367233), à Thunakadavu. A Parambikulam, vous pourrez loger à la ***PWD Rest House*** ou au ***Tamil Nadu Government Inspection Bungalow*** (réservez auprès du Junior Engineer, Tamil Nadu PWD, Parambikulam). La réserve compte deux **tours d'observation**, l'une à Anappadi (à 8 km de Thunakadavu) et l'autre à Zungam (à 5 km de Thunakadavu).

Le meilleur moyen d'accéder à la réserve consiste à prendre un bus à Pollachi (à 40 km de Coimbatore et à 49 km de Palakkad). Quatre bus circulent chaque jour dans les deux directions entre Pollachi et Parambikulam *via* Anamalai ; le trajet dure 2 heures.

Centre du Kerala

KOCHI (COCHIN)

☎ 0484 • 1,7 million d'habitants

Riche de son passé historique, bâtie sur un groupe d'îles et d'étroites péninsules, la ville de Kochi reflète à la perfection l'éclectisme du Kerala. Vous y découvrirez la plus ancienne église du pays, des ruelles sinueuses bordées de mosquées et de maisons portugaises vieilles de 500 ans, des carrelets de pêche chinois, une communauté juive aux origines très anciennes, une synagogue du XVIe siècle et un palais construit par les Portugais et offert au raja de Cochin.

Les quartiers plus anciens de Fort-Cochin et de Mattancherry présentent un mélange insolite de Portugal médiéval, de Hollande et de campagne anglaise avec, en toile de fond, la côte tropicale de Malabar, contrastant fortement avec les enseignes lumineuses d'Ernakulam, sur le continent.

Kochi est l'un des plus grands ports indiens et une base navale importante. D'énormes cargos jettent l'ancre près de Fort-Cochin en attendant de pouvoir accoster aux docks de Willingdon Island, une île artificielle créée à partir des matériaux dégagés lors de l'agrandissement du port. Des dauphins s'ébattent fréquemment dans le port.

Orientation

Kochi est constituée d'Ernakulam sur le continent, des îles de Willingdon, Bolgatty et Gundu dans le port, de Fort-Cochin et de Mattancherry sur la péninsule sud, et de Vypeen Island, au nord de Fort-Cochin. Tout au long du jour, des ferries font la navette entre ces diverses parties de Kochi et des ponts relient Ernakulam à Willingdon Island et à la péninsule de Fort-Cochin/Mattancherry. Des banques, la principale gare ferro-

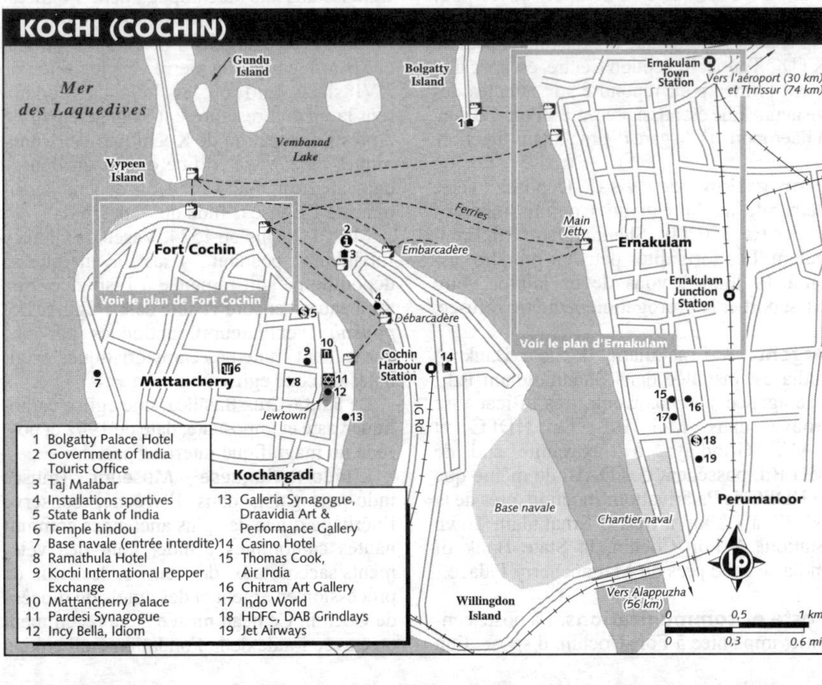

viaire, la gare routière et le Tourist Reception Centre se regroupent à Ernakulam.

La quasi-totalité des sites historiques se concentrent à Fort-Cochin et à Mattancherry, des quartiers plus tranquilles qu'Ernakulam. Deux des meilleurs hôtels sont installés sur Willingdon Island. Le nouvel aéroport, national et international, se situe à 30 km au nord-est de Kochi, à Nedumbassery.

Renseignements

Offices du tourisme. Ouvert tous les jours de 8h à 19h, le KTDC Tourist Reception Centre (☎ 353234), Shanmugham Rd, Ernakulam, organise des croisières dans le port. Au guichet touristique (☎ 371761) du principal embarcadère des ferries d'Ernakulam, M. P.J. Varghese, véritable mine d'information, vous sera d'une aide précieuse ; le guichet ouvre tous les jours, de 9h à 19h et on peut y réserver des chambres et des circuits. Le DTPC Tourist Information Centre (☎ 381743) se tient dans Park Ave, à Ernakulam.

Le Government of India tourist office (☎ 668352), près du Taj Malabar Hotel sur Willingdon Island, dispose d'un choix de brochures et de cartes. Le guichet d'information touristique de l'aéroport ouvre pour l'arrivée des vols.

La police touristique d'Ernakulam, près du KTDC Tourist Reception Centre, est spécialement formée pour répondre aux attentes des visiteurs. Elle est aussi présente à Fort-Cochin, à l'aéroport et à la gare d'Ernakulam Junction.

Prorogation de visa. Déposez votre demande au bureau du Commissioner of Police (☎ 360700), Shanmugham Rd, Ernakulam. Les formalités peuvent prendre jusqu'à 10 jours ; vous devez laisser votre passeport et la prorogation peut être refusée.

Argent. A Ernakulam, la State Bank of India est installée dans Shanmugham Rd ; une agence Thomas Cook, très efficace, se trouve dans MG Rd. La HDFC et l'ANZ Grindlays, à l'extrémité sud de MG Rd, possèdent des DAB, de même que la HDFC de Palarivattom Junction, près de la NH47, à 1,2 km à l'est d'Ernakulam Town Station. A Fort-Cochin, la State Bank of India se situe près du Mattancherry Palace.

Poste et communications. La poste centrale, implantée à Fort-Cochin, dispose d'un service de poste restante. On peut également se faire expédier du courrier à la poste d'Hospital Rd, à Ernakulam, en spécifiant l'adresse de ce bureau. Vous trouverez des kiosques STD/ISD dans toute la ville. Parmi les cafés Internet qui surgissent dans de nombreux quartiers, citons Raiyaan Communication, Raiyaan Complex, Padma Junction, MG Rd, Ernakulam, et le Rendez Vous Cyber Cafe, Burgher St, Fort-Cochin.

Librairies. L'excellente Idiom Bookshop, installée à Fort-Cochin et à Mattancherry, propose un vaste choix d'ouvrages sur l'art, la culture, la littérature et la religion du pays. En face d'Idiom, dans le quartier de Jewtown à Mattancherry, Incy Bella offre une sélection d'ouvrages de référence sur l'Inde. A Ernakulam, Current Books et Cosmo Books, dans Press Club Rd, disposent de titres en anglais, de même que Bhavi Books, dans Convent Rd, Higginbothams, dans Chittoor Rd, et DC Books, dans Banerji Rd.

Fort-Cochin

La **San Francisco Church** (église Saint-François) fut édifiée, en 1503, par des moines franciscains qui accompagnaient l'expédition conduite par Pedro Alvarez Cabrál.

La structure de bois d'origine fut remplacée par un édifice en pierre vers le milieu du XVIe siècle. En 1663, les Hollandais conquirent la ville et restaurèrent l'église en 1779. Après l'occupation de Kochi par les Britanniques en 1795, l'édifice devint un lieu de culte anglican. Saint-François dépend désormais de l'Église d'Inde du Sud.

Mort à Cochin en 1524, Vasco de Gama y fut inhumé pendant 14 ans, avant que sa dépouille ne soit ramenée à Lisbonne. Son tombeau est encore visible dans l'église. Les *punkah* (ventilateurs), actionnés par une corde, sont l'une des caractéristiques originales de cette église.

La **Santa-Cruz Basilica**, une église catholique vaste et imposante, date de 1902 et possède un magnifique intérieur pastel.

L'**Indo-Portuguese Museum** (musée indo-portugais), dans l'Évêché, conserve l'héritage d'une des plus anciennes communautés catholiques d'Inde, dont des vêtements sacerdotaux, des statues, des croix de procession en argent et des autels du diocèse de Cochin. Ce beau musée a été récemment créé avec l'aide de la Fondation Gulbenkian

FORT-COCHIN

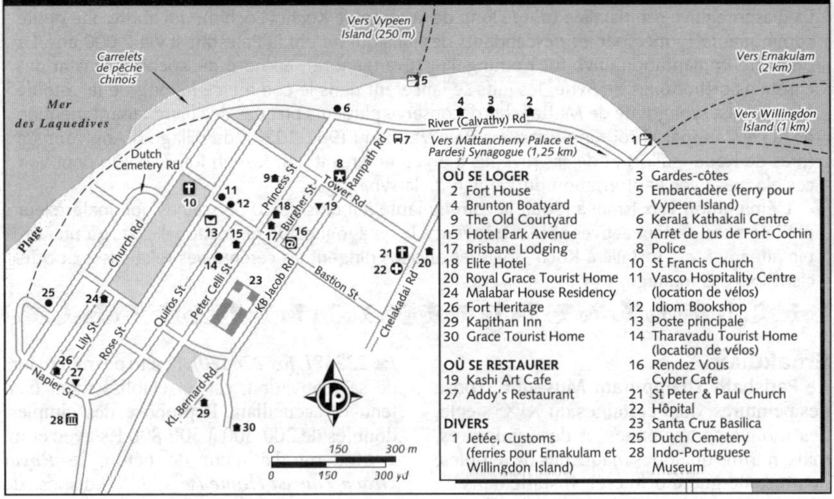

du Portugal. Il ouvre tous les jours, sauf le lundi, de 10h à 18h (entrée : 10/25 Rs pour les Indiens/étrangers).

Disposés à l'extrémité de Fort-Cochin, les **carrelets de pêche chinois** furent introduits au Kerala par des marchands de la cour de Kublai Khan. Appelés *cheena vala* en malayalam, vous les verrez aussi le long de nombreux canaux. Essentiellement utilisés à marée haute, ils requièrent au moins quatre hommes pour manœuvrer le système de contrepoids.

Le **Dutch Cemetery** (cimetière hollandais), consacré en 1724, contient de nombreuses tombes d'Européens.

Mattancherry Palace

Édifié par les Portugais en 1555, ce palais fut offert à Veera Kerala Varma (1537-1561), le raja de Cochin, en gage de bonne volonté (et sans doute pour conserver leurs privilèges commerciaux).

Les Hollandais le rénovèrent en 1663, d'où son autre nom : "Dutch Palace" (palais hollandais). Cet édifice de deux étages entoure une cour où se dresse un temple hindou.

Le hall central, au 1er étage, était la salle de couronnement des rajas. Les fabuleuses **peintures murales**, qui dépeignent des scènes du *Ramayana*, du *Mahabharata* et des légendes puraniques, font partie des merveilles de l'Inde. La chambre des dames, au rez-de-chaussée, abrite un joyeux Krishna lutinant huit vachères à l'aide de ses six mains et de ses deux pieds.

Le palais ouvre du samedi au jeudi, de 10h à 17h (entrée : 2 Rs). Les photos sont interdites.

Pardesi Synagogue

Fondée en 1568, la synagogue fut détruite par les Portugais en 1662, puis reconstruite deux ans plus tard lorsque les Hollandais prirent la ville. Le sol est couvert de carreaux de faïence bleue peints à la main, apportés de Canton (Chine) au milieu du XVIIIe siècle par Ezekial Rahabi, qui fit également construire le clocher qui surmonte l'édifice.

Une synagogue édifiée en 1344 dans le quartier de Kochangadi (à 1 km au sud de la Pardesi) a depuis disparu, mais on peut en voir une dalle de pierre portant une inscription en hébreu, insérée dans la face interne du mur qui entoure la synagogue de Mattancherry.

Appelé **Jewtown**, le quartier de la synagogue est l'un des centres du commerce des épices à Kochi. Des dizaines de petites entreprises s'entassent les unes à côté des autres dans de vieux bâtiments délabrés, d'où s'échappent des effluves de gingembre, de cardamome, de cumin, de curcuma et de clous de girofle.

La synagogue ouvre habituellement du dimanche au vendredi, de 10h à 12h et de 15h à 17h (entrée : 2 Rs).

Les juifs de Kochi

La diaspora juive est installée tout le long de la route de Kochi (Cochin), qui abrite une petite communauté formée par les descendants des juifs qui fuirent la Palestine il y a 2 000 ans. La première implantation juive fut Kodungallur (Cranganore), au nord de Kochi. A l'instar des chrétiens orthodoxes de Syrie, les juifs se lancèrent dans le commerce le long de la côte de Malabar. La synagogue de Mattancherry conserve plusieurs plaques de cuivre faisant mention de la cession, par le roi King Bhaskara Ravi Varman I (962-1020), du village d'Anjuvannam (près de Kodungallur) et de ses revenus à un commerçant juif, Joseph Rabban. On peut voir ces plaques avec l'autorisation du gardien de la synagogue.

L'émigration vers Israël a réduit la communauté à moins de 20 personnes qui, malgré leur petit nombre, restent actives et se retrouvent à la synagogue. On ne se rappelle pas qu'un rabbin ait jamais été installé à Kochi, mais les anciens dirigent les cérémonies religieuses et officient lors des mariages.

Ernakulam

Le **Parishath Thampuram Museum** expose des peintures, dont certaines du XIXe siècle, des monnaies anciennes et des sculptures, mais, hormis quelques maquettes de temples, ne présente guère d'intérêt. Installé dans un bâtiment kéralais traditionnel, dans Durbar Hall Rd, il ouvre du mardi au dimanche, de 10h à 12h30 et de 14h à 16h30 (entrée libre).

Vypeen Island

Des ferries font la navette sur l'étroit bras de mer qui sépare Fort-Cochin de Vypeen Island. Des kilomètres de belles **plages**, propices au surf, bordent l'île, mais les baigneurs préféreront **Cherai Beach**, à 5 km du débarcadère, agrémentée de quelques cafés et pensions sommaires. Le trajet en rickshaw coûte environ 25 Rs. Vous pourrez visiter le **phare** situé à Ochanthuruth (ouvert tous les jours, de 15h à 17h) et le **fort de Pallipuram**, construit au début du XVIe siècle (ouvert le jeudi).

Où se loger

Ernakulam offre un plus grand choix d'hébergements que Fort-Cochin et, malgré son agitation apparente, abrite de nombreuses oasis de tranquillité. Fort-Cochin succombe peu à peu à la commercialisation, qui affecte la structure de la société, et se révèle d'un séjour moins agréable qu'Ernakulam. Willingdon Island comprend un établissement de catégorie moyenne et deux de catégorie supérieure. En décembre/janvier, les hôtels affichent souvent complet.

Où se loger – petits budgets

Fort-Cochin. Au coin de Bastion St et de Peter Celli St, l'***Hotel Park Avenue*** *(☎ 222671, fax 224670)*, revêtu de marbre lors de sa rénovation, est un établissement bien tenu et accueillant. Il propose des simples/doubles de 200/300 à 500/800 Rs avec clim.

Moderne bâtiment de béton, le ***Royal Grace Tourist Home*** *(☎ 223584)* dispose de grandes doubles avec s.d.b. à partir de 150 Rs (au rez-de-chaussée), à 250 Rs (à l'étage, aérées et plus claires) ou à 560 Rs (avec clim.). Au sud de la basilique, le ***Grace Tourist Home*** *(KB Jacob Rd)*, plus petit et dirigé par le même propriétaire, pratique des prix équivalents. Les chambres se libèrent à 10 h.

L'***Elite Hotel*** *(☎/fax 225733, Princess St)*, une adresse appréciée de longue date, offre des doubles avec s.d.b. de 150 à 300 Rs.

A deux pas, le ***Brisbane Lodging*** *(☎ 225962)* loue des chambres acceptables de 150 à 175 Rs.

La ***Kapithan Inn*** *(☎ 226560, fax 228037, KL Bernard Rd)*, une maison familiale d'une propreté scrupuleuse, comporte sept chambres et deux bungalows, à partir de 250 Rs en simple, et de 400 à 600 Rs en double.

Ernakulam. Claire, propre et accueillante, la ***YMCA International House*** *(☎ 353479, fax 364641, Chittoor Rd)* comprend des chambres avec s.d.b. à 150/200 Rs (économiques), 250/300 Rs (affaires) et 500/650 Rs (climatisées). Le restaurant prépare différentes sortes de cuisine.

Le petit ***Basoto Lodge*** *(☎ 352140, Press Club Rd)*, chaleureux, sans prétention et très apprécié, affiche rapidement complet. Vous paierez 70 Rs en simple avec s.d.b. commune et 140 Rs en double avec s.d.b.

L'***Hotel Seaking*** *(☎ 355341, fax 370073, MG Rd)* possède un restaurant et de belles chambres à 200/330 Rs, ou 500 Rs avec clim.

Le ***Maple Tourist Home*** *(☎ 355156, fax 371712, Cannon Shed Rd)* offre des doubles d'un bon rapport qualité/prix, de 250 à 350 Rs, ou 450 Rs avec clim. Sur le toit, un jardin domine la jetée.

Agréable établissement, le ***Bijus Tourist Home*** *(☎ 381881, au coin de Cannon Shed Rd et de Market Rd)* facture ses chambres 165/300 Rs et ses doubles climatisées 550 Rs.

La ***Queen's Residency*** *(☎ 365775, fax 352845, Narakathara Rd, Shenoys Junction)*, un bel hôtel suranné et aéré, propose des chambres à partir de 165/220 Rs, ou à 550 Rs avec clim.

L'***Hotel KK International*** *(☎ 366010, Caravara Rd)*, d'un bon rapport qualité/prix, loue ses chambres 162/270 Rs.

Le ***Geetha Lodge*** *(☎ 352136, MG Rd)* dispose de chambres sans prétention à 180/280 Rs.

Doté d'un restaurant et d'un salon TV, l'***Hotel Luciya*** *(☎ 381177)* se révèle d'un bon rapport qualité/prix avec des chambres à 130/250 Rs, ou 250/375 Rs avec clim. La gentillesse et l'efficacité du personnel ajoutent à son charme.

Où se loger – catégorie moyenne

Fort-Cochin. En plus des établissement mentionnés ci-dessous, certains hôtels pour petits budgets proposent des chambres de cette catégorie.

La ***Fort House*** *(☎ 226103, fax 222066, Calvathy Rd)*, agrémentée d'une jolie cour verdoyante, loue des doubles propres et confortables pour 850 Rs, taxes et petit déjeuner inclus.

The Old Courtyard *(☎ 226302, kuruvi@md3.vsnl.net.in, Princess St)* occupe une demeure bicentenaire et comporte huit vastes doubles, avec parquet et lit à baldaquin, de 1 000 à 1 500 Rs.

Installé dans un vieux bâtiment hollandais, le ***Fort Heritage*** *(☎ 225333, fax 221455, hapynest@satyam.net.in, Napier St)*, tenu par la même famille depuis des années, propose des chambres spacieuses, décorées de meubles anciens en bois de rose, à 55/65 $US, petit déjeuner compris. Un excellent restaurant prépare, entre autres, des plats tandoori, et dispose des tables dans le jardin, derrière la maison.

Ernakulam. Le ***Paulson Park Hotel*** *(☎ 382170, fax 370072, Carrier Station Rd)* offre des chambres plaisantes à 280/500 Rs, ou 540/800 Rs avec clim. Vous pouvez choisir entre le restaurant de cuisine internationale et celui de tandoori.

L'***Hotel Sangeetha*** *(☎ 368487, fax 354261, gaanam@md3.vsnl.net.in, Chittoor Rd)* compte un grand nombre de chambres à partir de 500/600 Rs, ou 880/990 Rs avec clim., petit déjeuner inclus.

Le ***Woodlands Hotel*** *(☎ 368900, fax 382080, MG Rd)*, doté d'un restaurant végétarien et d'un jardin sur le toit, facture ses chambres 425/600 Rs, ou 625/850 Rs avec clim.

L'***Hotel Aiswarya*** *(☎ 364454, Warriom Rd)*, plaisant établissement d'un bon rapport qualité/prix, dispose de chambres propres, avec eau chaude et TV, à 260/360 Rs, ou 900 Rs avec clim., y compris le thé ou le café du matin.

Au sud de Jos Junction, l'***Hotel Excellency*** *(☎ 374001, fax 374009, Nettipadam Rd)*, un trois-étoiles un peu défraîchi, possède des chambres confortables à partir de 450/500 Rs, 750/850 Rs avec clim.

La ***Yuvarani Residency*** *(☎ 370040, fax 352780, hotel@yuvaraniresidency.com, MG Rd)*, un établissement pimpant suffisamment en retrait de la rue pour échapper au bruit, loue des chambres propres, aménagées avec goût, pour 650/800 Rs, ou 900/1 100 avec clim.

Accueillant, tranquille et climatisé, ***The Metropolitan*** *(☎ 3699931, fax 382227, Caravara Rd)*, doté d'un service efficace, propose de belles chambres à partir de 750/1 200 Rs.

Où se loger – catégorie supérieure

La ***Malabar House Residency*** *(☎ 221199, fax 221599, malabarhouse@eth.net, Parade Rd)*, de l'autre côté du terrain de sport, en face de San Francisco Church à Fort-Cochin, est sans doute l'hôtel le plus branché du pays. Décoré jusqu'au moindre détail par un marchand d'art allemand, il dispose de chambres merveilleusement meublées à 120 $US et de suites à 150 $US. Son restaurant est excellent.

Également à Fort-Cochin, le ***Brunton Boatyard*** *(☎ 222557, fax 222562, casino@vsnl.com, River Rd)*, un nouvel hôtel imposant, reproduit fidèlement l'architecture portugaise et hollandaise des XVIe et XVIIe siècles. Il facture ses chambres à partir de

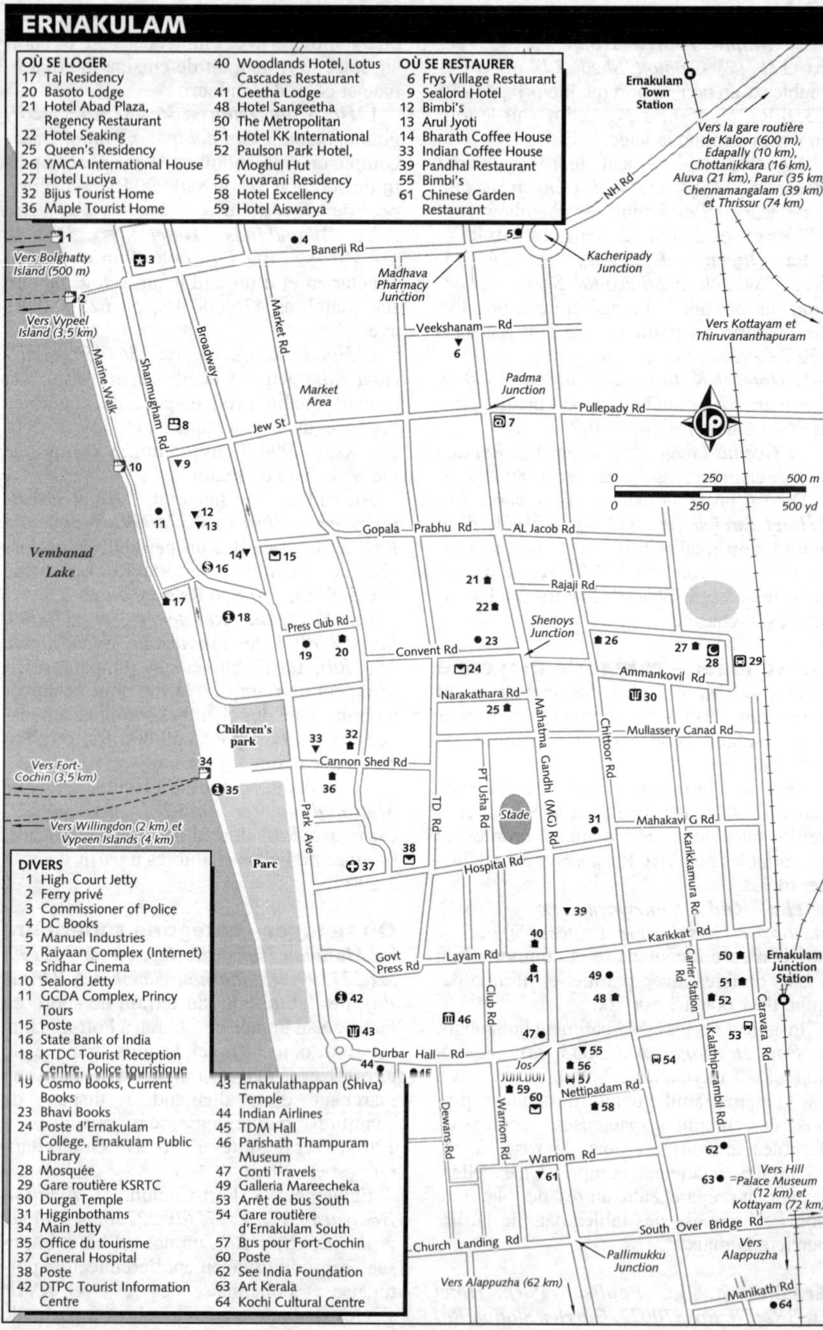
ERNAKULAM
OÙ SE LOGER
17 Taj Residency
20 Basoto Lodge
21 Hotel Abad Plaza, Regency Restaurant
22 Hotel Seaking
25 Queen's Residency
26 YMCA International House
27 Hotel Luciya
32 Bijus Tourist Home
36 Maple Tourist Home
40 Woodlands Hotel, Lotus Cascades Restaurant
41 Geetha Lodge
48 Hotel Sangeetha
50 The Metropolitan
51 Hotel KK International
52 Paulson Park Hotel, Moghul Hut
56 Yuvarani Residency
58 Hotel Excellency
59 Hotel Aiswarya
OÙ SE RESTAURER
6 Frys Village Restaurant
9 Sealord Hotel
12 Bimbi's
13 Arul Jyoti
14 Bharath Coffee House
33 Indian Coffee House
39 Pandhal Restaurant
55 Bimbi's
61 Chinese Garden Restaurant
DIVERS
1 High Court Jetty
2 Ferry privé
3 Commissioner of Police
4 DC Books
5 Manuel Industries
7 Raiyaan Complex (Internet)
8 Sridhar Cinema
10 Sealord Jetty
11 GCDA Complex, Princy Tours
15 Poste
16 State Bank of India
18 KTDC Tourist Reception Centre, Police touristique
19 Cosmo Books, Current Books
23 Bhavi Books
24 Poste d'Ernakulam College, Ernakulam Public Library
28 Mosquée
29 Gare routière KSRTC
30 Durga Temple
31 Higginbothams
34 Main Jetty
35 Office du tourisme
37 General Hospital
38 Poste
42 DTPC Tourist Information Centre
43 Ernakulathappan (Shiva) Temple
44 Indian Airlines
45 TDM Hall
46 Parishath Thampuram Museum
47 Conti Travels
49 Galleria Mareecheka
53 Arrêt de bus South
54 Gare routière d'Ernakulam South
57 Bus pour Fort-Cochin
60 Poste
62 See India Foundation
63 Art Kerala
64 Kochi Cultural Centre
Ernakulam Town Station
Vers la gare routière de Kaloor (600 m), Edapally (10 km), Chottanikkara (16 km), Aluva (21 km), Parur (35 km), Chennamangalam (39 km) et Thrissur (74 km)
NH Rd
Kacheripady Junction
Banerji Rd
Madhava Pharmacy Junction
Vers Bolghatty Island (500 m)
Vers Vypeel Island (3,5 km)
Vers Kottayam et Thiruvananthapuram
Veekshanam Rd
Market Rd
Broadway
Shanmugham Rd
Marine Walk
Market Area
Padma Junction
Pullepady Rd
Jew St
0 250 500 m
0 250 500 yd
Vembanad Lake
Gopala Prabhu Rd
AL Jacob Rd
Rajaji Rd
Press Club Rd
Shenoys Junction
Convent Rd
Ammankovil Rd
Narakathara Rd
Mullassery Canad Rd
Children's park
Cannon Shed Rd
Vers Fort-Cochin (3,5 km)
Vers Willingdon (2 km) et Vypeen Islands (4 km)
Mahatma Gandhi (MG) Rd
Chittoor Rd
PT Usha Rd
TD Rd
Stade
Park Ave
Parc
Mahakavi G Rd
Karikkamura Rd
Hospital Rd
Karikkat Rd
Govt Press Rd
Layam Rd
Club Rd
Carrier Station Rd
Ernakulam Junction Station
Kalathiparambil Rd
Caravara Rd
Durbar Hall Rd
Jos Junction
Nettipadam Rd
Dewans Rd
Warriom Rd
Vers Hill Palace Museum (12 km) et Kottayam (72 km)
South Over Bridge Rd
Church Landing Rd
Pallimukku Junction
Vers Alappuzha
Vers Alappuzha (62 km)
Manikath Rd

170/180 $US et 280 $US les suites qui surplombent l'entrée du port.

Merveilleusement situé sur Willington Island, le ***Taj Malabar*** *(☎ 666811, fax 668297, malabar.cochin@tajhotels. com)*, un cinq-étoiles, jouit d'une vue imprenable sur le port. Il offre toutes les prestations attendues, dont une piscine et des massages ayurvédiques. Comptez un minimum de 120 /130 $US, 140/160 $US pour une chambre avec vue sur le port et 250 $US pour une suite.

Le ***Casino Hotel*** *(☎ 668421, fax 668001, casino@vsnl.com, Willingdon Island)* propose également une excellente gamme de services, dont une piscine. Les prix restent raisonnables, à 72/82 $US, mais la proximité de la gare ferroviaire et des entrepôts l'empêche de rivaliser avec le Brunton Boatyard.

L'***Hotel Abad Plaza*** *(☎ 381122, fax 370729, abad@vsnl.com, MG Rd, Ernakulam)*, un hôtel d'affaires moderne et climatisé, comporte des chambres à partir de 1 190/ 1 490 Rs, des restaurants, un café, un club de remise en forme et une piscine sur le toit, dotée d'une vue magnifique sur la ville.

Située sur le front de mer, la ***Taj Residency*** *(☎ 371471, fax 371481, Marine Drive, Ernakulam)* vise plutôt la clientèle des hommes d'affaires. Équipé de toutes les installations modernes (à l'exception d'une piscine), il s'agrémente du Harbour View Bar et demande 95/105 $US, ou 120/ 140 $US avec vue sur la mer.

Sur Bolgatty Island, le ***Bolgatty Palace Hotel***, construit en 1744 par les Hollandais, devint par la suite une résidence britannique. Lors de notre passage, il était fermé pour rénovation et devait rouvrir en 2002.

Où se restaurer

Fort-Cochin. Ancienne demeure hollandaise dans Napier St, l'***Addy's Restaurant***, tenu par le jovial Trevor D'Cruz, propose du poisson grillé à 90 Rs ou du porc vindaloo à 85 Rs. En saison, des musiciens s'installent dans l'arrière-cour.

Le restaurant du ***Ramathula Hotel***, près du croisement d'Irimpichi Rd et de New Rd, à Mattancherry, est plus connu sous le nom du chef, Kaika, qui prépare d'excellents biryani (plats de riz et de viande à la musulmane) à partir de 40 Rs.

Café artistique branché, le ***Kashi Art Cafe***, dans Burgher St, ouvre à 8h30 et sert un choix de plats, ainsi que des pâtisseries maison. Fervent défenseur de l'art contemporain, son responsable organise et accueille des expositions, des ateliers et des spectacles de théâtre. Les artistes intéressés peuvent s'adresser au café pour un hébergement et des contacts.

Les hôtels de catégorie supérieure possèdent des restaurants de qualité. La ***Malabar House Residency*** sert de succulentes spécialités indiennes et italiennes (plats à quelque 150 Rs). Le chef philippin de ***The Old Courtyard*** propose un menu international ; les prix sont élevés, de 300 à 400 Rs le repas, mais justifiés. Le ***Fort House*** est réputé pour ses produits de la mer, mais il faut réserver deux heures à l'avance.

Derrière les carrelets de pêche chinois se tiennent quelques ***poissonniers***. Après avoir acheté ce qui vous tente (poisson, crevettes, langoustines, homard, etc., de 50 à 300 Rs le kilo), vous apportez votre achat dans une cuisine où on le fera cuire avant de vous le servir (environ 30 Rs pour un gros poisson). Soyez vigilant sur la fraîcheur des prises.

Le restaurant de l'***Elite Hotel*** sert les plats internationaux habituels, préparés avec plus ou moins de soin. C'est un endroit intéressant pour rencontrer d'autres voyageurs et échanger des informations.

Ernakulam. Au coin de Cannon Shed Rd et de Park Ave, l'***Indian Coffee House***, avec ses serveurs vêtus d'un uniforme désuet à large ceinture, toujours très fréquenté, propose des en-cas et des petits déjeuners.

Le ***Bimbi's*** *(Shanmugham Rd)*, un self-service moderne, offre des plats du Nord et du Sud de l'Inde, des snacks occidentaux, ainsi que des desserts. Un délicieux masala dosa coûte 12 Rs. Il possède une succursale près de Jos Junction.

Le ***Lotus Cascades*** *(MG Rd)* du Woodlands Hotel sert d'excellents thali végétariens à 30 Rs.

Au ***Frys Village Restaurant*** *(Veekshanam Rd)*, près de Padma Junction, vous découvrirez l'authentique cuisine kéralaise.

Le ***Pandhal Restaurant*** *(MG Rd)* mitonne d'excellentes spécialités d'Inde du Nord et des plats de poisson.

Le ***Chinese Garden Restaurant*** *(Warriom Rd)* propose une cuisine et un service de qualité.

L'***Arul Jyoti*** *(Shanmugham Rd)* sert des menus végétariens à partir de 15 Rs, tout comme le ***Bharath Coffe House*** *(Broadway)*.

Le ***Sealord Hotel*** *(Shanmugham Rd)* comporte deux restaurants, l'un chinois, l'autre indien/occidental. Les prix sont raisonnables et la qualité constante. Vous pourrez choisir entre la salle climatisée, avec musique de rock live, et le toit, où le bruit de la circulation et ses odeurs accompagneront votre repas.

Élégant, le ***Regency Restaurant*** *(MG Rd)* de l'Hotel Abad Plaza offre une bonne cuisine indienne, chinoise et occidentale et pratique des prix raisonnables.

Près de la gare ferroviaire d'Ernakulam Junction, le Paulson Park Hotel a installé dans son atrium central le ***Moghul Hut***, un restaurant tandoori.

Où sortir

Le ***Sridhar Cinema*** *(Shanmugham Rd, Ernakulam)* diffuse des films en malayalam, hindi, tamoul et anglais.

Des troupes de kathakali se produisent dans plusieurs centres (consultez l'encadré *Kathakali* dans la section *Kovalam*).

Art Kerala *(☎ 366238)*, près de la See India Foundation, à Ernakulam, organise des représentations sur le toit (100 Rs). Le maquillage commence à 18h et le spectacle se déroule de 19h à 20h30.

Le ***Kochi Cultural Centre*** *(☎ 368153, Souhardham, Manikath Rd)*, au sud de la gare ferroviaire d'Ernakulam Junction, accueille les danseurs dans un théâtre climatisé, conçu comme la cour d'un temple. Le maquillage débute à 17h, suivi des danses, de 18h30 à 20h (125 Rs).

Le ***Kerala Kathakali Centre*** organise des représentations au Cochin Aquatic Club, River (Calvathy) Rd, à Fort-Cochin, près de la gare routière. Le maquillage débute à 17h et la représentation dure de 18h30 à 19h30 (100 Rs). Le dernier ferry de Fort-Cochin à Ernakulam part à 21h30.

La ***See India Foundation*** *(☎ 371571, Devan Gurukalum, Kalathiparambil Rd)* est installée près de la gare ferroviaire d'Ernakulam Junction. Le spectacle commence par une extraordinaire entrée en matière assurée par P.K. Devan, qui présente l'historique de la danse et tente de simplifier les principaux éléments de l'hindouisme. Le maquillage commence à 18h, suivi de la représentation, de 18h45 à 20h, et d'un temps pour les questions (125 Rs).

Si, après avoir assisté à l'une de ces représentation, vous souhaitez explorer plus longuement cet art fascinant, laissez-vous tenter par un spectacle traditionnel, qui dure toute la nuit. Une fois par mois, l'***Ernakulam Kathakali Club*** organise, dans le TDM Hall, Durbar Hall Rd, à Ernakulam, des représentations longues réalisées par des artistes réputés (don de 100 Rs). Une semaine auparavant, les offices du tourisme distribuent un programme expliquant le déroulement de l'action en anglais.

Achats

Plusieurs emporiums d'artisanat et d'antiquités bordent MG Rd, au sud de Durbar Hall Rd, à Ernakulam. Dans Jew St, à Mattancherry, une multitude de boutiques vendent des antiquités et des copies d'anciens.

L'un des projets les plus intéressants de Kochi est le soutien apporté aux artistes contemporains, dont certains sont originaires de la ville. Leurs œuvres sont exposées et mises en vente au Kashi Art Cafe, dans Burgher St, Fort-Cochin, à la Draavidia Art & Performance Gallery, Jew St, Mattancherry, et à la Galleria Synagogue, également à Mattancherry.

A Ernakulam, la Galleria Mareecheka, Chittoor Rd, et la Chitram Art Gallery, en face d'Air India, à l'extrémité sud de MG Rd, exposent des œuvres d'artistes débutants ou renommés.

Si vous souhaitez acheter un sitar ou des tabla, rendez-vous à Manuel Industries, Banerji Rd, Ernakulam. Comptez environ 3 500 Rs pour un sitar et 1 500 Rs pour des tabla.

Comment s'y rendre

Avion. L'agence Indian Airlines (☎ 352065) se trouve dans Durbar Hall Rd à Ernakulam, près du Bharat Hotel. Air India (☎ 351295) est installée dans MG Rd, en face de Thomas Cook. JetAirways (☎ 369212), MG Rd, propose des vols quotidiens vers Mumbai (150 $US), Chennai (120 $US) et Bangalore (80 $US). Indian Airlines rallie ces trois destinations tous les jours pour des prix similaires, et offre deux liaisons hebdomadaires avec Goa (125 $US).

Bus. La gare routière KSRTC (☎ 372033), ou gare routière centrale, se situe près de la voie ferrée à Ernakulam, entre les gares ferroviaires. Kochi se trouvant au centre du Kerala, de nombreux bus commencent leur trajet dans une autre ville avant de s'arrêter à Ernakulam ; on ne peut pas réserver, mais on parvient parfois à trouver une place assise après participé à la bousculade qui intervient dès que le bus apparaît. En revanche, on peut réserver 5 jours à l'avance sur la plupart des bus qui partent d'Ernakulam. Les horaires sont indiqués en anglais et en malayalam ; le personnel de la gare vous aidera du mieux possible.

La ville possède des gares routières privées : celle de Kaloor, au nord-est de la gare ferroviaire d'Ernakulam Town, et celle d'Ernakulam South, devant l'entrée de la gare ferroviaire d'Ernakulam Junction.

Sauf mention contraire, les tarifs et les temps de trajet qui suivent concernent les bus super-express qui partent de la gare routière KSRTC. Les services super-rapides sont généralement un peu moins chers et s'arrêtent plus souvent.

Vers le sud. Deux itinéraires rejoignent Thiruvananthapuram (221 km) : le premier *via* Alappuzha et Kollam, le second *via* Kottayam. Chaque jour, plus de 60 bus KSRTC empruntent l'itinéraire Alappuzha-Kollam. Les super-express mettent 4 heures 30 pour rejoindre Thiruvananthapuram (85 Rs). Les tarifs, les durées et les distances des destinations intermédiaires sont les suivants : Alappuzha (27 Rs, 1 heure 30, 62 km), Kollam (65 Rs, 3 heures, 150 km) et Kottayam (35 Rs, 1 heure 30, 76 km). Au moins deux bus directs quotidiens desservent Kanyakumari, dans le Tamil Nadu (118 Rs, 9 heures, 302 km).

Vers l'est. Quatre bus directs quotidiens au minimum partent pour Madurai (122 Rs, 9 heures 15, 324 km). Les plus résistants pourront prendre un bus direct pour Chennai (250 Rs, 16 heures, 690 km).

Les bus à destination de Madurai traversent Kumily, proche du Periyar Wildlife Sanctuary, à la frontière du Tamil Nadu (57 Rs en bus rapide, 6 heures, 192 km) ; ils partent à 7h30, 8h15, 20h15 et 21h30. On peut réserver sur les bus du matin, mais il faut payer le billet jusqu'à Kumbam (en fin de section), même si vous descendez à Kumily.

Plusieurs bus KSRTC se rendent chaque jour à Munnar (46 Rs).

Vers le nord. Des bus partent toutes les demi-heures vers Thrissur (30 Rs, 2 heures, 74 km) et Kozhikode (83 Rs, 5 heures, 219 km). Trois bus quotidiens remontent la côte au-delà de Kozhikode jusqu'à Kannur (Cannanore), Kasaragod et Mangalore.

Chaque jour, une demi-douzaine de bus express rallient Bangalore (220 Rs, 15 heures, 565 km) *via* Kozhikode, Sultanbatheri et Mysore.

Outre les bus d'État KSRTC, plusieurs compagnies privées proposent des bus quotidiens super-deluxe, avec vidéo, jusqu'à Bangalore, Mumbai et Coimbatore. Renseignez-vous à Princy Tours (☎ 354712), GCDA Complex, Shanmugham Rd, ou à Conti Travels (☎ 353080), à Jos Junction, dans MG Rd.

Train. Ernakulam possède deux gares ferroviaires, Ernakulam Junction et Ernakulam Town ; vous n'utiliserez probablement que la seconde. Toutes les réservations s'effectuent à Ernakulam Junction. Aucun des trains directs desservant les grands itinéraires ne passe par la gare de Cochin Harbour, sur Willingdon Island.

Des trains réguliers circulent de Thiruvananthapuram à Ernakulam *via* Kollam et Kottayam ; ils continuent parfois jusqu'à Thrissur, Kozhikode, Thalasseri et Kasaragod. Reportez-vous à l'encadré *Principaux trains au départ d'Ernakulam Town.*

Comment circuler

Desserte de l'aéroport. L'aéroport international de Kochi se trouve à Nedumbassery, à 30 km au nord-est d'Ernakulam. La course en taxi revient à 200 Rs.

Transports locaux. Aucun service de bus pratique ne circule entre Fort-Cochin et le Mattancherry Palace ou la synagogue, mais une agréable promenade à pied d'une demi-heure vous fera traverser le quartier animé des entrepôts, le long de Bazaar Rd.

Les auto-rickshaws représentent le mode de transport le plus commode à Ernakulam. Des gares ferroviaire ou routière au Tourist Reception Centre, dans Shanmugham Rd, comptez environ 25 Rs.

Les bus locaux sont confortables et bon marché. Si vous devez aller à Fort-Cochin en dehors des horaires des ferries, prenez un bus à Ernakulam, dans MG Rd, au sud de Durbar Hall Rd (3 Rs). Un auto-rickshaw demande au moins 80 Rs après la fin du service des ferries, vers 22h.

Les taxis facturent l'aller-retour entre les îles, même si vous ne faites qu'un aller simple. Tard le soir, le trajet d'Ernakulam à Willingdon Island peut coûter jusqu'à 150 Rs.

Principaux trains au départ d'Ernakulam Town

Destination	Numéro et nom du train	Départ	Distance (en km)	Durée (heures)	Tarif (Rs)
Bangalore	6525 *Kanniyakumari-Bangalore Express*	14h40	637	14	193/893 *
Chennai	6320 *Chennai-Trivandrum Mail*	19h10	697	13	211/980 *
Delhi	2625 *Kerala Express*	15h50	2 833	48	489/1 418 ♦
Mangalore	6329 *Malabar Express*	23h05	414	9,30	148/684 *
	6349 *Parasuram Express*	10h50		10	94/298 †
Mumbai	6332 *Kanniyakumari-Mumbai Express*	12h30	1 815	41	380/1 103 ♦
Thiruvananthapuram	6350 *Parsuram Express*	13h55	224	5	61/199 †

* couchette/two-tier climatisé ♦ couchette/three-tier climatisé † 2e/chair class

On peut louer des bicyclettes à Fort-Cochin, au Vasco Hospitality Centre (5 Rs l'heure ou 35 Rs la journée) et au Tharavadu Tourist Home (35 Rs la journée).

Bateau. Les ferries sont le principal moyen de transport entre les différentes parties de Kochi. Les arrêts portent presque tous un nom, ce qui facilite leur identification. L'arrêt situé à l'est de Willingdon Island se nomme Embarkation, celui sur la côte ouest, en face de Mattancherry, Terminus. L'arrêt principal de Fort-Cochin s'appelle Customs.

A Ernakulam, trouver le bon ferry implique parfois de passer par plusieurs autres bateaux avant de trouver celui qui vous mènera à destination. Assurez-vous auprès du capitaine que vous êtes sur le bon bateau. Les tarifs ne dépassent pas 2 Rs.

D'Ernakulam. Des bateaux partent pour Fort-Cochin toutes les 45 min, de 6h à 21h30, de Main Jetty (l'embarcadère principal). Une agréable promenade à pied (20 min) mène de la jetée de Fort-Cochin à Mattancherry. Chaque jour, six ferries font la navette depuis/vers Mattancherry. La billetterie d'Ernakulam ouvre 10 min avant chaque départ.

De Main Jetty, un ferry part toutes les 20 min, de 6h à 22h, pour les îles de Willingdon et de Vypeen. Des ferries desservent Vypeen Island (parfois *via* Bolgatty Island) de l'embarcadère de High Court, dans Shanmugham Rd. Les ferries à destination de Bolgatty Island partent de ce même embarcadère toutes les 30 min, entre 6h15 et 22h30. Comptez 5 min de marche de l'embarcadère public au Bolgatty Palace Hotel.

De Fort-Cochin. Des ferries circulent entre l'embarcadère de Customs et celui du Taj Malabar/office du tourisme, sur Willingdon Island, environ 18 fois par jour, sauf le dimanche, de 6h30 à 21h.

Des ferries rallient presque continuellement Vypeen Island entre 6h et 22h. Un car ferry circule environ toutes les demi-heures.

Location de bateau. On peut louer des bateaux à moteur de différentes tailles à l'embarcadère de Sealord ou au petit dock adjacent à Main Jetty, à Ernakulam, et visiter ainsi le port de Kochi à son rythme et en toute tranquillité (à partir de 300 Rs l'heure). Des barques à rames vous transporteront entre Willingdon Island et Fort-Cochin ou Mattancherry pour 40 Rs environ.

ENVIRONS DE KOCHI (COCHIN)

Tripunithura

Le **Hill Palace Museum** de Tripunithura, à 12 km au sud-est d'Ernakulam, sur la route de Kottayam, expose les collections des familles royales de Cochin et de Travancore.

Il ouvre du mardi au dimanche, de 9h à 12h30 et de 14h à 16h30 (entrée : 1 Rp). Prenez le bus n°51 ou 58 dans MG Rd.

Edapally

Le **Museum of Kerala History** (musée d'Histoire du Kerala) se trouve à Edapally, à 10 km au nord-est d'Ernakulam, sur la route d'Aluva (Alwaye) et de Thrissur. Il ouvre du mardi au dimanche, de 10h à 12h30 et de 14h à 16h (entrée : 5 Rs). Le bus n°22 part de MG Rd à destination d'Edapally.

Parur et Chennamangalam

A environ 35 km au nord de Kochi, Parur, véritable concentré des cultures et des religions de la région, abrite une synagogue poussiéreuse, de la même époque que celle de Mattancherry, une église orthodoxe syrienne, un temple dédié à Krishna et un autre consacré à la déesse Mookambika. Près de la synagogue, des brahmanes tamouls se sont regroupés dans un *agraharam* (quartier réservé aux brahmanes), une ruelle bordée de maisons blotties les unes contre les autres.

A 4 km de Parur, Chennamangalam possède la plus ancienne **synagogue** du Kerala, qui se désagrège lentement, ainsi qu'une **église jésuite** et les ruines d'un collège jésuite. Les premiers jésuites arrivèrent à Chennamangalam en 1577 et, peu après, le premier livre en tamoul (la langue écrite alors utilisée dans cette partie du Kerala) fut publié par John Gonsalves. Vous pouvez rejoindre à pied le **temple hindou** érigé sur la colline qui surplombe la Periyar. En chemin, vous passerez devant une **mosquée** du XVIe siècle et des **cimetières** musulman et juif.

Parur est ramassé et les villageois vous indiqueront facilement le chemin ; par contre, mieux vaut visiter Chennamangalam en compagnie d'un guide. Indo World (☎ 0484-370127, fax 380968), 39/4155 Heera House, MG Rd, Ernakulam, peut organiser le transport et propose les services d'un guide local, ancien professeur d'histoire.

Pour vous rendre à Parur, prenez un bus à la gare routière KSRTC à Kochi. De Parur, vous pouvez rejoindre Chennamangalam en bus ou en auto-rickshaw.

THRISSUR (TRICHUR)

☎ 0487 • 275 053 habitants

Longtemps considérée comme la capitale culturelle du Kerala, Thrissur continue de remplir ce rôle avec ses nombreuses fêtes, ses écoles d'art et ses institutions culturelles. La ville abrite une communauté de chrétiens nestoriens, une confession qui remonte au IIIe siècle.

Orientation et renseignements

Thrissur s'étend autour du temple de Vadakkunathan Kshetram, entouré de rues qui portent le nom des quatre points cardinaux. Le DPTC Tourist Information Centre, dans Palace Rd, ne vous sera pas d'un grand secours.

La State Bank of India, dans Town Hall Rd, change les chèques de voyage American Express et Thomas Cook. La HDFC Bank, dans Palace Rd, possède un DAB qui accepte les cartes de crédit étrangères. La Canara Bank, dans Round South, accorde des avances sur les cartes Visa.

IRS Computers & Communications offre un service e-mail (45 Rs l'heure).

A voir

Au centre de Thrissur, le temple de **Vadakkunathan Kshetram**, exclusivement réservé aux hindous, est renommé pour la finesse de ses ornements. A l'ouest et à l'est se dressent les **temples de Thiruampady et de Paramekkavu**, moins connus. Plusieurs fêtes se déroulent dans les temples. L'une des plus importantes, la **fête de Pooram**, au cours de laquelle ont lieu de superbes défilés d'éléphants richement parés, se tient en avril-mai.

La ville compte plusieurs belles églises, dont la vaste **Our Lady of Lourdes Cathedral**, la **Puttanpalli Church** et la **Chaldean (Nestorian) Church**. L'**Archeological Museum**, dans Museum Rd, mérite une visite. Il renferme des maquettes de temples, des bas-reliefs de pierre, des objets gandhara et quelques reproductions des peintures murales de Mattancherry. Il ouvre de 10h à 17h (fermé le lundi).

Où se loger

La ***Ramanilayam Government Guest House*** *(☎ 332016)*, au coin de Palace Rd et de Museum Rd, offre un excellent rapport qualité/prix à 45/50 Rs en simple/double, ou 175/275 Rs avec clim. Téléphonez avant de venir, car elle affiche souvent complet.

Tout près, le ***KTDC Yatri Nivas*** *(☎ 332333, Stadium Rd)*, doté d'un restaurant et d'un bar, dispose de chambres à 100/150 Rs, ou 350/400 Rs avec clim.

Le ***Chandy's Tourist Home*** *(☎ 421167, Railway Station Rd)* offre des chambres à 80/150 Rs, ou 150/300 Rs avec s.d.b. Dans les environs, plusieurs lodges pratiquent des prix identiques pour des prestations similaires.

A l'angle, le ***Jaya Lodge*** *(☎ 423258, Kuruppam Rd)*, guère attrayant mais bon marché, facture ses chambres 70/100 Rs, ou 120 Rs les doubles avec s.d.b.

Le ***Pathan's*** *(☎ 425620, Chembottil Lane)* demande 175/250 Rs et 300 Rs pour les doubles plus spacieuses, d'un bon rapport qualité/prix.

En face, l'***Hotel Elite International*** *(☎ 421033, fax 442057)* loue ses chambres pour 210/260 Rs, ou 420/500 Rs avec clim. Il comporte un bar et un restaurant.

L'***Hotel Luciya Palace*** *(☎ 424731, fax 427290, Marar Rd)* comprend deux restaurants, l'un climatisé et l'autre dans le jardin, et un bar. Comptez 350/475 Rs pour une chambre confortable, ou 575/675 Rs avec clim. Si la réception vous demande un dépôt de garantie, réclamez un reçu.

A l'angle de TB Rd et de Veliyannur Rd, le ***Siddhartha Regency*** *(☎ 424773, fax 425116)*, entièrement climatisé, offre des chambres agréables à 650/800 Rs et dispose d'un bon restaurant et d'un bar.

Accueillant et plaisant, le ***Casino Hotel*** *(☎ 424699, fax 442037, TB Rd)*, récemment rénové, propose des chambres à 450/550 Rs, ou 600/750 Rs avec clim.

Où se restaurer

Le soir, quelques ***échoppes d'en-cas*** s'installent à l'angle de Round South et de Round East.

L'***Indian Coffe House*** possède des succursales dans Round South, PO Rd et Kuruppam Rd.

A l'étage du ***Pathan's***, un bon restaurant végétarien comprend une salle climatisée. Au-dessus, le ***Ming Palace*** prépare des spécialités chinoises.

Plus loin dans Chembottil Lane, l'***Hotel Bharath***, très fréquenté, prépare d'excellent plats végétariens.

Les hôtels de catégories moyenne et supérieure disposent généralement de restaurants corrects et climatisés. Très prisé, celui du ***Luciya Palace*** est installé dans un jardin.

Achats

Thrissur offre un vaste choix d'objets en métal. Le Nadavaramba Metal Emporium (☎ 421679), Round West, en présente un bel échantillon.

La Kerala State Handicraft Apex Society (☎ 420865), dans Round West, propose de l'artisanat kéralais et ouvre du lundi au samedi, de 10h à 19h30.

Comment s'y rendre

Bus. Thrissur possède trois gares routières : celle des bus KSRTC et celle de Sakthan Tampuran se situent au sud, celle de Priyadarshini (ou North) est installée au nord.

Des bus KSRTC desservent Thiruvananthapuram (105 Rs, 7 heures 30), Ernakulam (30 Rs, 2 heures), Kozhikode (43 Rs, 3 heures 30) et Palakkad (24 Rs, 1 heure 30). Des services rallient Ponnani, Kottayam et Prumpavoor (pour les correspondances vers Munnar).

De la grande gare privée de Sakthan Tampuran, des bus partent pour les villes plus proches, comme Kodungallor, Irinjalakuda et Guruvayur (8 Rs, 1 heure). Plus petite, la gare privée de Priyadarshini propose de nombreux départs pour Shoranur et Palakkad (15 Rs, 2 heures), ainsi que Pollachi et Coimbatore.

Train. Le trajet en train jusqu'à Ernakulam, à 74 km au sud, dure environ 1 heure 30 (28/158 Rs en 2e/three-tier climatisé), alors qu'il faut 3 heures pour atteindre Kozhikode, à 143 km au nord (42/199 Rs). Des trains desservent également Palakkad (30/158 Rs) *via* Shoranur. La gare ferroviaire se trouve à 1 km au sud-ouest du centre-ville.

ENVIRONS DE THRISSUR (TRICHUR)

Réservé aux hindous, le **Sri Krishna Temple** de Guruvayur, à 33 km au nord-ouest de Thrissur, est l'un des plus célèbres du Kerala et un lieu de pèlerinage populaire. Les éléphants du temple vivent dans un vieux palais zamorin (les Zamorin étaient les souverains locaux), le **Punnathur Kota**. Le site mérite amplement le détour.

Situé à 32 km au nord-est de Thrissur, à Cheruthuruthy, le **Kerala Kalamandalam** (☎ 0488-462418, fax 462019, kalamndm@md4.vsnl.net.in, www.kalamandalam.com) a beaucoup contribué à la renaissance des arts traditionnels du Kerala. Les étudiants suivent des cours intensifs de kathakali, de mohiniattam, de kootiattam, de percussions, de chant et de violon.

THRISSUR (TRICHUR)

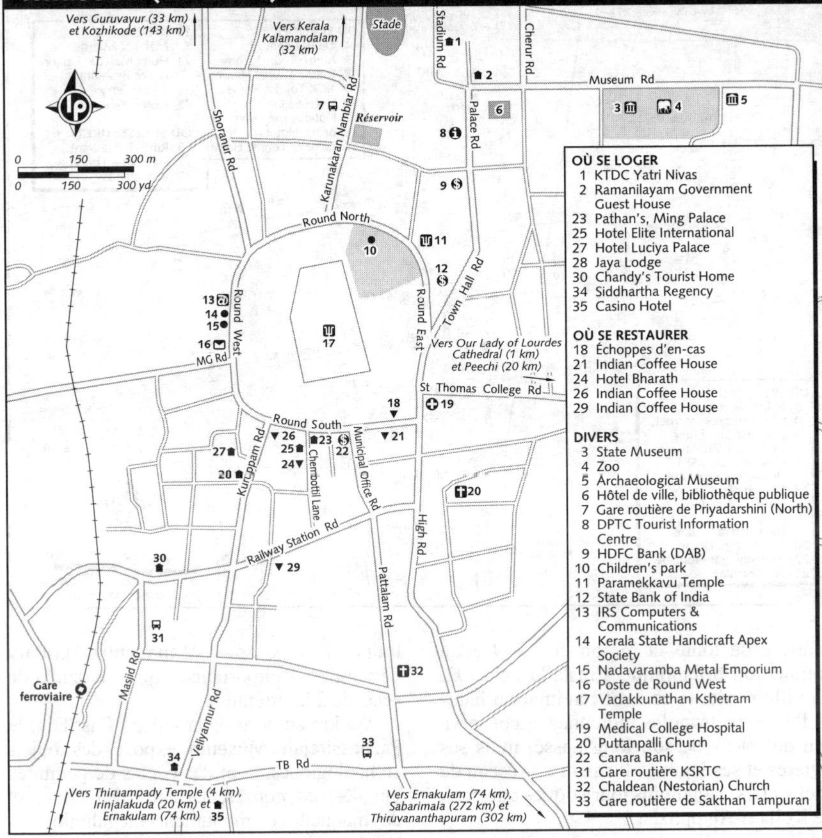

Les visiteurs, accueillis de 9h à 12h et de 15h à 17h, peuvent se promener librement entre les bâtiments ouverts et observer le déroulement des cours (une autorisation est requise pour filmer ou prendre des photos).

Des programmes courts (de 6 à 12 mois) sont proposés aux étrangers pour environ 1 000 Rs par mois (plus 1 000 Rs pour l'hébergement).

Le **Natana Kairali Research & Performing Centre for Traditional Arts** (☎ 0488-825559), à 20 km au sud de Thrissur, près d'Irinjalakuda, offre des cours d'arts traditionnels, dont des formes rares de théâtre de marionnettes et de danse. Le centre organise un **festival** de 12 jours en janvier. Les étrangers peuvent suivre un stage-découverte de courte durée (1 mois en général).

Pour le programme des spectacles ou l'inscription, téléphonez ou écrivez au Director, Natana Kairali Research & Performing Centre for Traditional Arts, Ammannu Thakyar, Mathom, Irinjalakuda, Thrissur District.

Nord du Kerala

KOZHIKODE (CALICUT)

☎ 0495 • 801 190 habitants

L'arrivée de Vasco de Gama près de Kozhikode en 1498 marqua le début de la colonisation portugaise en Inde. Les Portugais tentèrent de conquérir Kozhikode et de soumettre les souverains locaux, les Zamorin, mais leurs attaques, en 1509 et en 1510, furent repoussées. Tipu Sultan prit le

KOZHIKODE (CALICUT)

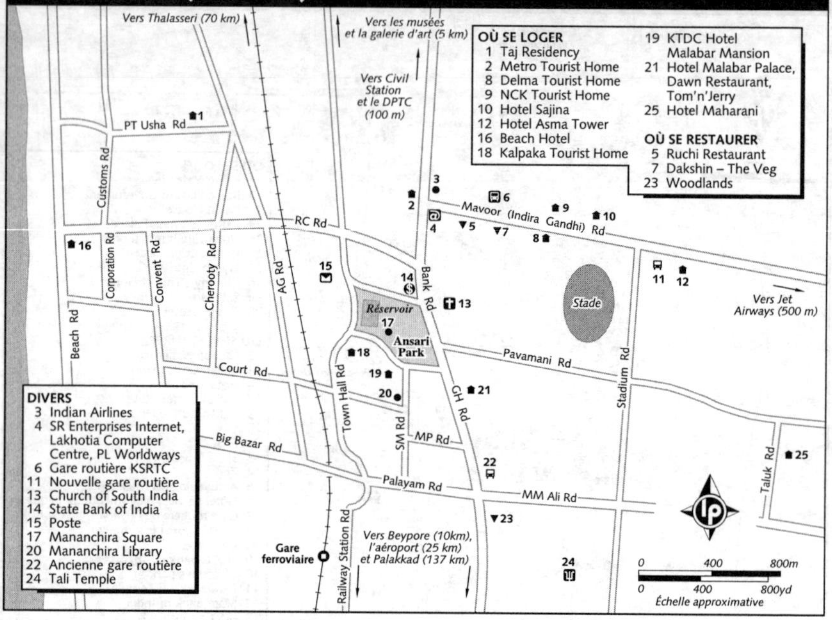

contrôle de toute la région en 1789 et la domination britannique s'installa en 1792. La ville moderne connaît l'animation habituelle des métropoles indiennes et conserve peu de traces de son long passé, mais ses rivières et ses lagunes forment un réseau de backwaters bien moins touristiques que ceux de Kollam-Alappuzha.

Renseignements

On peut changer de l'argent à la State Bank of India, dans Bank Rd, ou au PL Worldways, Lakhotia Computer Centre, plus rapide. La ville compte de multiples kiosques STD/ISD et un nombre croissant de cafés Internet. SR Enterprises, au coin de Mavoor (Indira Gandhi) Rd et de Bank Rd, facture 60 Rs l'heure.

A voir

Peu de monuments rappellent le glorieux passé de Kozhikode. **Mananchira Square** était autrefois la cour des Zamorin. Temples, mosquées et églises témoignent de la diversité des religions dans la région ; ne manquez pas le **Tali Temple** (réservé aux hindous), la **Kuttichira Mosque** et la **Church of South India**. L'imposante **Mananchira Library** démontre l'importance que Kozhikode accorde à la littérature.

A 5 km au nord de la ville, à East Hill, le **Pazhassirajah Museum** expose des objets archéologiques, dont des copies de peintures murales, des bronzes, des pièces de monnaie et des maquettes de monuments mégalithiques – les plus anciens monuments du Kerala. A côté, le **Krishna Menon Museum** abrite des souvenirs de cet ancien ministre des Affaires étrangères, tandis que la **galerie d'art** présente des peintures de Raja Ravi Varma (1848-1906), un artiste de renommée internationale.

Ces trois musées ouvrent du mardi au dimanche, de 10h à 17h ; le mercredi, le Krishna Menon Museum et la galerie d'art ouvrent à 12h.

Malabar Houseboats (☎ 452045, fax 765066, malabarhouseboat@hotmail. com) propose des croisières sur les backwaters (7 heures 30, 2 personnes, 3 000 Rs, ou 24 heures, 6 250 Rs). Parmi les destinations les plus prisées figurent la rivière Kallai et le canal de Canoli. Malabar Houseboats assure le transport aller-retour de votre hôtel à l'embarcadère de Purakkatri, à 12 km au nord de Kozhikode.

Où se loger – petits budgets

Tous les hôtels mentionnés ci-dessous possèdent des chambres avec s.d.b.

Le ***Metro Tourist Home*** *(☎ 766029)*, au coin de Mavoor Rd et de Bank Rd, propose des simples/doubles à 130/200 Rs et des chambres avec clim. et TV à 500 Rs.

L'***Hotel Sajina*** *(☎ 722975, Mavoor Rd)* offre des chambres rustiques à 145/250 Rs.

Le ***NCK Tourist Home*** loue des doubles (sans eau chaude) pour 145 Rs. En face, le ***Delma Tourist Home***, déconseillé aux femmes, facture 200 Rs.

Un peu à l'écart dans une rue tranquille, l'***Hotel Maharani*** *(☎ 722541, Taluk Rd)* dispose de chambres à 150/185 Rs, de doubles climatisés à 470 Rs, d'un bar et d'un jardin.

Le ***KTDC Hotel Malabar Mansion*** *(☎ 722391, Mananchira Square)* comprend des chambres à 185/235 Rs, ou 370/420 Rs avec clim., ainsi qu'un restaurant et un bar à bière.

Tenu par des femmes, le ***Kalpaka Tourist Home*** *(☎/fax 720222, Town Hall Rd)* possède des chambres à 180/225 Rs, ou 550 Rs avec clim., et un restaurant correct.

Où se loger – catégories moyenne et supérieure

L'ancien Malabar British Club abrite aujourd'hui le ***Beach Hotel*** *(☎ 365363, beachhotel@rediffmail.com)*, un confortable petit établissement de 10 chambres. Comptez 500 Rs pour une chambre standard climatisée et 1 200 Rs pour une suite ouvrant sur la plage.

L'***Hotel Asma Tower*** *(☎ 723560, Mavoor Rd)*, accueillant et d'un bon rapport qualité/prix, facture ses chambres 250/300 Rs, ou 375/475 Rs avec clim.

L'***Hotel Malabar Palace*** *(☎ 721511, fax 721794, GH Rd)*, entièrement climatisé, offre des chambres à 1 150/1 475 Rs.

La ***Taj Residency*** *(☎ 765354, fax 766448, tajclt@md3.vsnl.net.in, PT Usha Rd)* propose des chambres à partir de 45/75 $US.

Où se restaurer

L'immeuble White Lines, facilement repérable dans GH Rd, abrite le ***Woodlands***, un restaurant végétarien pimpant.

Le ***Dakshin – The Veg*** et le ***Ruchi Restaurant*** *(Mavoor Rd)*, tout proche, servent une excellente cuisine végétarienne.

Les restaurants du ***Metro Tourist Home***, du ***Kalpaka Tourist Home*** et de l'***Hotel Malabar Mansion*** pratiquent des prix raisonnables. Au Malabar Palace, le ***Dawn Restaurant***, climatisé, prépare de bons plats ; à l'extérieur, le ***Tom'n'Jerry*** propose des glaces.

Le restaurant de plein air du ***Beach Hotel*** mitonne une bonne cuisine et sert des bières fraîches.

Comment s'y rendre

Avion. Jet Airways (☎ 356518), 29 Mavoor Rd, assure des vols quotidiens pour Mumbai (140 $US). Indian Airlines (☎ 766243), Eroth Centre, Bank Rd, propose des liaisons quotidiennes vers Mumbai, Coimbatore (40 $US) et Chennai (90 $US).

Bus. La gare routière KSRTC se situe dans Mavoor Rd, près du croisement de Bank Rd. La nouvelle gare routière, plus à l'est dans Mavoor Rd, dessert les bus longue distance des compagnies privées. L'ancienne gare routière, au croisement de GH Rd et de MM Ali Rd, accueille les bus locaux. Des bus réguliers rallient Alappuzha, Bangalore, Coimbatore, Kochi, Kottayam, Madurai, Mangalore, Mysore, Ooty, Pondichéry et Thiruvananthapuram.

Train. La gare ferroviaire se trouve au sud de Mananchira Square, à environ 2 km de la nouvelle gare routière. Des trains desservent Mangalore (242 km, 62/279 Rs en 2e/three-tier climatisé, de 4 heures 30 à 5 heures 30), Ernakulam (190 km, 53/239 Rs, 5 heures) et Thiruvananthapuram (414 km, 95/424 Rs, de 9 heures 30 à 11 heures).

En direction du sud-est, des trains rallient Coimbatore (52/234 Rs) *via* Palakkad (41/188 Rs), puis continuent vers le nord, en direction de Bangalore, Chennai et Delhi.

Comment circuler

Kozhikode compte de nombreux auto-rickshaws, qui utilisent leur compteur. Prévoyez environ 10 Rs de la gare ferroviaire à la gare routière KSRTC ou jusqu'à la plupart des hôtels.

WAYANAD WILDLIFE SANCTUARY

Également appelée Muthanga Wildlife Sanctuary, la réserve de Wayanad est une forêt tropicale isolée, reliée au Bandipur National Park (Karnataka) et au Mudumalai Sanctuary (Tamil Nadu). Wayanad n'est pas conçue pour accueillir les visiteurs. Le personnel du Forest Department se montre très accueillant, mais vous n'obtiendrez sans doute rien de plus qu'une courte promenade en jeep à l'orée de la réserve, parmi les plantations.

Si pourchasser les gardes pour obtenir un permis se révèle trop compliqué, vous pourrez essayer les cabanes dans les arbres du ***Green Magic Nature Resort***, à Vythiri, à 65 km au nord-est de Kozhikode, mais vous devrez apporter le matériel de base. L'hébergement pour deux revient à 150 $US en pension complète, dans une hutte perchée au sommet d'un arbre, à 40 m du sol. Le complexe propose des randonnées guidées dans la forêt de Wayanad. Les réservations doivent être effectuées auprès de Tourindia (☎ 0471-330437, fax 331407, tourindia@richsoft.com), dans MG Rd, à Thiruvananthapuram.

KANNUR (CANNANORE)

☎ 0497 • 463 962 habitants

Kannur connut ses jours de gloire sous les rajas de Kolathiri. Marco Polo mentionna son importance en tant que port marchand pour le commerce des épices. A partir du XVe siècle, elle subit l'influence de diverses puissances coloniales, portugaise, hollandaise et britannique. De nombreux artistes de cirque sont installés à Kannur.

Renseignements

Le DTPC (☎ 706336) ne vous sera d'aucune aide. En face, la State Bank of Travancore accepte les chèques de voyage American Express. La State Bank of India, dans Fort Rd, change les autres marques de chèques de voyage et délivre des avances sur les cartes de crédit.

A voir

Les Portugais bâtirent le **St Angelo Fort** en 1505 sur le promontoire qui se dresse au nord-ouest de la ville. Les Britanniques en firent une grande base militaire et, aujourd'hui, l'armée indienne occupe le cantonnement voisin du fort. Du centre ville, comptez 10 Rs en rickshaw pour rejoindre le fort (entrée gratuite). Ses solides fortifications de latérite furent remaniées par les Britanniques, qui transformèrent bon nombre des bâtiments intérieurs.

La **Kanhirode Weavers Co-operative** (☎ 851259, fax 851865), à 13 km au nord-est de Kannur, compte 385 tisserands qui produisent des étoffes d'ameublement, des saris, des dhotis et des soies d'excellente qualité. Les visiteurs (appelez le secrétariat pour un rendez-vous) peuvent acheter les articles sur place, 20% moins cher que dans les magasins.

De Kannur, on peut facilement se rendre à la coopérative, sur la route Kannur-Mysore, en bus ; demandez à descendre à Kudukkimotta. En rickshaw, comptez 200 Rs.

A 4 km de là, plus loin sur la route Mysore, la **Dinesh Beedi Co-op**, acteur essentiel de l'économie kéralaise, fabrique les célèbres *beedi*. Les visiteurs sont les bienvenus.

D'octobre à février, des représentations de teyyam (danse sacrée) se déroulent de 4h à 9h au **Parasinikadavu Temple**, à 18 km au nord-est de Kannur. Les dates et les horaires varient ; renseignez-vous auprès de la population locale.

Où se loger et se restaurer

La ***Government Guest House*** *(☎ 706426)*, réservée aux fonctionnaires, accueille les visiteurs s'il reste de la place. Meilleur établissement de la ville, elle présente un excellent rapport qualité/prix à 150 Rs la double. Appelez au préalable.

Le ***Centaur Tourist Home*** *(☎ 768270)*, en face de l'entrée de la gare ferroviaire dans MA Rd, loue des simples/doubles sommaires pour 120/193 Rs. Alentour, une multitude de lodges offrent des prestations similaires.

La ***Malabar Residency*** *(☎ 765456, fax 778817, Thavakkara Rd)* propose des chambres climatisées dont les balcons surplombent une rue animée (800/950 Rs). Son café ouvre 24h/24 et le restaurant prépare plusieurs sortes de cuisines.

Le ***Parkin's***, New Subway, Thavakkara, un restaurant chinois, sert des repas très copieux à prix raisonnables.

Comment s'y rendre

Des bus directs relient Kannur à Mysore et des bus réguliers desservent Mangalore et Kozhikode. Kannur se situe sur la ligne ferroviaire principale entre Mangalore et Kozhikode.

BEKAL

☎ 0499

Tout au nord de l'État, Bekal possède de longues plages frangées de palmiers, ainsi qu'un cap rocheux que surmonte un fort gigantesque, bâti entre 1645 et 1660. L'origine de ce fort, qui offre de belles vues de ses remparts nord et sud, reste obscure, mais il appartint aux rajas de Kolathiri, puis à l'Empire vijayanagar. Les Britanniques l'occupèrent un temps après la défaite de Tipu Sultan. Des projets d'installation de complexes touristiques sont en cours. La plage de sable fin et les eaux calmes incitent à la baignade, mais méfiez-vous des bancs de sables mouvants.

Où se loger et se restaurer

Dans l'enceinte du fort, le ***Tourist Bungalow*** propose deux doubles avec s.d.b. à 60 Rs et des simples à 40 Rs. Pour réserver, appelez le District Collector (☎ 430400) à Kasaragod. L'établissement dispose de boissons fraîches, mais vous devrez prendre vos repas dans les villages situés au nord du fort. Le soir, munissez-vous d'une lampe de poche.

Tout près, l'***Hotel Sri Sistha***, un restaurant plutôt rudimentaire, est l'un des rares ouverts pendant le ramadan. Un repas vous reviendra à moins de 10 Rs.

A 2 km au nord de Bekal, l'***Eeyem Lodge*** *(☎ 736343)*, près de Kappil Beach, offre un bon rapport qualité/prix, de 100/150 Rs à 300 Rs la vaste double. Il possède un restaurant climatisé.

Le ***Fortland Tourist Home*** *(☎ 736600, Main Rd)*, à quelques kilomètres plus au nord dans le village d'Udma, loue des chambres confortables pour 75/125 Rs, ou 400 Rs avec clim. Il comporte un bon restaurant, le ***Sealord***.

Le long de la route, à 14 km au sud de Bekal, le ***Nalanda Resort*** *(☎ 782662, fax 780199, nalanda@md5.vsnl.net.in)*, un beau complexe hôtelier en bord de rivière, facture ses chambres de 500/800 à 800/1 100 Rs avec clim. Il peut organiser des sorties de pêche, des randonnées dans les Ghats occidentaux et la visite d'un temple lors des danses sacrées.

Comment s'y rendre

La gare ferroviaire la plus proche du fort de Bekal est celle de Kotikulum, dans le village de Palakunnu, et des trains s'y arrêtent régulièrement. De nombreux bus circulent entre Bekal et Kasaragod (de 3 à 5,50 Rs), la ville la plus proche. A Bekal Junction, vous trouverez assez facilement un auto-rickshaw ou un bus pour Palakunnu et Udma.

KASARAGOD

☎ 0499 • 60 000 habitants

Kasaragod se situe à 20 km au nord de Bekal et à 47 km au sud de Mangalore. Chandragiri, tout proche, abrite un petit fort du XVIIe siècle. Comme beaucoup de villes du nord du Kerala, Kasaragod compte une importante communauté musulmane qui vit de la pêche et des subsides envoyés par les expatriés qui travaillent au Moyen-Orient.

Où se loger et se restaurer

Plusieurs hôtels bordent MG Rd, près du croisement de la National Highway 17.

L'***Enay Tourist Home*** *(☎ 421164)* propose des simples/doubles avec douche à 100 Rs. Le ***Ceeyel Tourist Home*** *(☎ 430177)* et l'***Aliya Lodge*** *(☎ 430666)*, derrière la poste, offrent des prestations similaires.

Au bout de MG Rd, près de la gare routière, l'***Hotel City Tower*** *(☎ 430562, fax 430235)*, un grand bâtiment vert et crème, facture ses chambres 200/280 Rs, ou 495 Rs avec clim. Son restaurant sert des plats végétariens et non végétariens.

L'***Hotel Apsara Regency*** *(☎ 430124)*, en face de la gare routière KSRTC, dispose de belles chambres à 160/260 Rs, ou 360/495 Rs avec clim. Celles donnant sur l'arrière sont plus calmes. Il possède un excellent restaurant, le ***Sri Nivas***.

Comment s'y rendre

Des bus privés partent de la gare routière municipale, près de l'Hotel City Tower, pour Bekal et Mangalore. Des services plus réguliers démarrent de la gare routière KSRTC, à 1,5 km au sud de la gare municipale. Les bus à destination de Kahangad s'arrêtent à Udma, Palakunnu et Bekal.

La gare ferroviaire se trouve à quelques kilomètres au sud de la ville. Des trains express circulent entre Kasaragod et Mangalore (22 Rs, 1 heure 30).

Archipel des Laquedives

☎ 0484 • 58 000 habitants

Les Lakshadweep (Laquedives), un chapelet d'îles couvertes de palmiers dispersées sur 4 200 km^{2} d'océan, ne représentent qu'une superficie de 32 km^{2}. Situé à 300 km à l'ouest du Kerala, l'archipel se compose des îles Amindivi au nord, du groupe des Laccadive au centre, et de Minicoy, isolée, au sud. Outre la station balnéaire de Bangaram, seules 10 de ces 35 îles sont habitées. La population, majoritairement de langue malayalam,

LAKSHADWEEP (ARCHIPEL DES LAQUEDIVES)

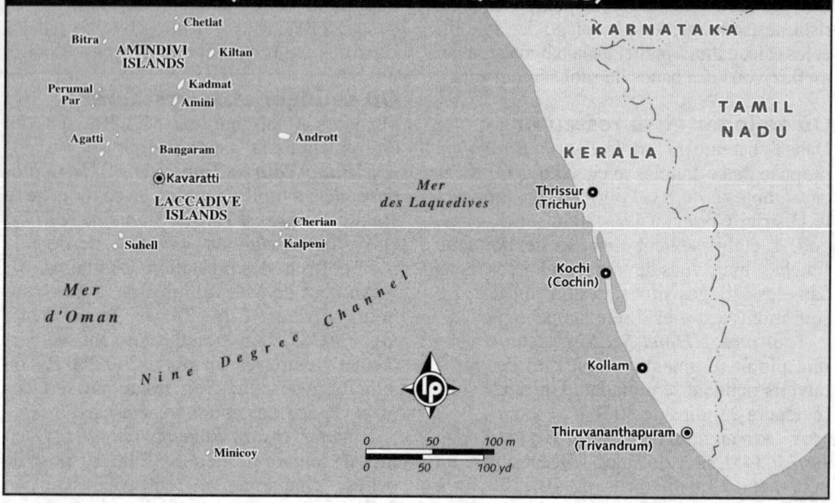

compte 93% de musulmans sunnites ; toutefois, celle de l'île méridionale de Minicoy parle le mahl, comme aux Maldives, toutes proches. La pêche et la production de coir constituent les principales ressources. La société est régie par un système de castes : les *koya* (propriétaires terriens), les *malmi* (marins) et les *melachery* (cultivateurs).

Malgré l'ouverture récente de plusieurs îles aux visiteurs, les étrangers ne peuvent les visiter que dans le cadre de croisières d'une journée (à Kalpeni et Minicoy), ou séjourner dans des hôtels de luxe (à Bangaram, Agatti et Kadmat). Les tour-opérateurs se chargent d'obtenir le permis spécial, indispensable pour se rendre aux Lakshadweep.

L'eau pure des lagons, des récifs coralliens préservés et une température moyenne oscillant entre 24 et 34°C de novembre à mars font de l'archipel un paradis pour les plongeurs.

Histoire

La légende veut que ces îles aient été découvertes lorsque le roi mythique du Kerala, Cheraman Perumal, se convertit à l'islam et partit pour La Mecque. Sa famille envoya des émissaires pour le ramener, mais leurs bateaux s'échouèrent sur Bangaram Island. Après avoir réparé les navires, les marins regagnèrent la côte et racontèrent leur découverte ; la famille royale les remercia en leur octroyant le droit de s'installer sur les îles. Toutefois, aucun élément concret n'indique qui furent réellement les premiers habitants des Laquedives.

Vers le XIIe siècle, les îles passèrent sous le contrôle des rajas Ali de Cannanore. La brutale occupation portugaise commença en 1525. Lorsque la puissance portugaise s'affaiblit, les rajas Ali s'y rétablirent avec tout autant de violence et, en 1783, Hyder Ali régentait la région. Les Britanniques s'emparèrent des îles après avoir vaincu son fils, Tipu Sultan et, en 1908, le territoire des Ali fut cédé à la Couronne britannique.

En 1956, près de 10 ans après l'Indépendance, les Laquedives passèrent sous la tutelle administrative de Delhi et devinrent un Territoire de l'Union. En 1973, elles prirent officiellement le nom de Lakshadweep.

Renseignements

La Society for the Promotion of Recreational Tourism & Sports est le principal organisme touristique. Ses bureaux (☎ 0484-668387, fax 668155) se trouvent dans IG Rd, Willingdon Island, Kochi, 682003.

Où se loger et se restaurer

Le ***Bangaram Island Resort*** appartient à la chaîne des hôtels Casino, qui le gère depuis son établissement de Kochi *(☎ 0484-668221, fax 668001, casino@vsnl.com)*. Il dispose de 30 chambres et peut accueillir 60 personnes.

Plongée aux Lakshadweep

Le meilleur moment pour plonger aux Lakshadweep se situe entre octobre et mi-mai. Si, pendant la mousson, la plongée reste envisageable dans les lagons et parfois au-delà des récifs, le temps peut fortement limiter ces opportunités.

L'archipel des Laquedives compte deux centres de plongée, tous deux gérés par l'école de plongée Lacadives ; l'un est installé au Bangaram Island Resort, l'autre sur Kadmat Island. Les plongeurs confirmés disposent d'un choix de formules et certaines s'adressent aux débutants. Un forfait "resort course" pour débutant, comprenant deux leçons suivies d'une plongée dans un récif, revient à 150 $US et un brevet de plongée en pleine mer, à 300 $US. Les plongeurs expérimentés débourseront 250 $US pour un forfait de 6 plongées, 450 $US pour 12 plongées et 600 $US pour 18 plongées. Il est interdit de descendre sous la barre des 35 m. Renseignez-vous auprès du bureau du Casino Hotel (☎ 0484-668221, 668421, fax 668001, casino@vsnl.com), à Kochi.

Lacadives dirige également l'école de plongée de Kadmat Island. Un forfait d'une semaine comprenant 2 plongées par jour, l'hébergement, les repas et les transferts aériens, coûte 1 500 $US. Réservez auprès du bureau de Mumbai (☎ 022-4942723, fax 4951644, lacadives@rediffmail.com), E20, Everest Building, Tardeo, Mumbai, 400034. Lacadives peut également se charger du transport et des permis, à condition d'en faire la demande au moins deux mois à l'avance pour Kadmat. Les visiteurs peuvent rejoindre l'île ou le continent en bateau, sur le *Tipu Sultan*.

Compte tenu des restrictions sur le poids des bagages en avion, la plupart des plongeurs utilisent l'équipement disponible sur les îles. Ceux qui se rendent à Bangaram Island peuvent toutefois demander une franchise de bagages complémentaire au bureau du Casino Hotel.

De mi-décembre à mai, comptez 240 $US (plus 10% de taxe) pour une double en pension complète, 230 $US en simple et 500 $US pour un bungalow deluxe à quatre lits. Les prix baissent hors saison. Renseignez-vous avant de partir, certains tour-opérateurs négociant des tarifs intéressants avec la chaîne.

L'établissement possède un restaurant et un bar, mais vous ne trouverez ni TV, ni journaux, ni téléphone. L'île, ourlée de sable immaculé, couvre 51 ha ; le spectacle de la lune glissant à l'horizon, au-dessus du lagon, justifie à lui seul le séjour. Parmi les activités proposées figurent la plongée, la pêche sous-marine et la voile. La chaîne Casino s'occupe des permis à condition d'en faire la demande un mois à l'avance.

L'***Agatti Island Beach Resort*** *(☎ 0484-362232, fax 362234, aiber@md4.vsnl.net.in)* propose un choix de forfaits : 150 $US par personne pour trois nuits, 225 $US pour cinq nuits et 300 $US pour sept nuits. Doté d'un restaurant de 20 couverts, le complexe comporte 10 bungalows de plain-pied sans prétention, installés sur la plage et bien conçus pour pallier l'absence de climatisation. Sur cette île de 2,7 km^2, un village abrite plusieurs mosquées que vous pourrez visiter si vous êtes décemment vêtu. Vous ne trouverez pas d'alcool sur l'île. Vous pourrez plonger ou louer un bateau pour explorer les îles voisines.

De modestes bungalows, gérés par Sports, et quelques government guest-houses sont installés sur les autres îles. A Kadmat Island, l'école de plongée Lacadives se trouve dans le Tourist Cottage (pour plus de détails, voir l'encadré *Plongée aux Lakshadweep*).

Comment s'y rendre

Indian Airlines propose des vols quotidiens (sauf le dimanche) de Kochi à Agatti Island (300 $US l'aller-retour). Du 16 septembre au 15 mai, des minuscules Dornier 228 à hélices partent de Goa les lundis, mercredis et vendredis (310 $US l'aller-retour) ; les bagages autorisés se limitent à 10 kg. Si vous devez loger à Bangaram, vous pourrez laisser votre excédent de bagages au Casino Hotel de Kochi. Le transfert en bateau d'Agatti à Bangaram dure 1 heure 30 (30 $US) ; si la mer est mauvaise, vous devrez prendre un hélicoptère (80 $US).

Le *Tipu Sultan* effectue des croisières de 5 jours (de 6 500 à 11 000 Rs). Le bureau de Sports, à Willingdon Island, vous communiquera les horaires.

Chennai (Madras)

Quatrième ville de l'Inde et capitale du Tamil Nadu, Chennai s'est constituée par l'agglomération de plusieurs petits villages, dont celui de Madraspatnam, d'où elle tire son ancien nom. On continue d'ailleurs de l'appeler Madras, bien que Chennai soit désormais son nom officiel. S'étendant sur plus de 70 km^2, la ville a conservé sa structure d'origine, avec plusieurs petits centres.

Dès votre arrivée, vous serez frappé par la débauche d'affiches dans les rues. Expression de la culture populaire, ces gigantesques images qui dissimulent les bâtiments assurent la promotion de tous les produits possibles et imaginables – du savon aux chaussures en passant par le cinéma. Chennai est en effet le haut lieu de la production de films tamouls.

De nombreuses langues sont parlées à Chennai, mais la principale reste le tamoul. Les Tamouls défendent avec vigueur leur langue et leur culture et ils ont compté parmi les plus virulents opposants à l'adoption de l'hindi comme langue officielle.

Forte de nombreuses institutions éducatives réputées et d'une tradition particulièrement virulente de la presse et de l'édition, Chennai est le théâtre de débats publics en tous genres.

La pollution peut atteindre des niveaux extrêmement élevés, au point que l'on a parfois peur de respirer. La ville donne cependant une impression d'espace et de bien-être.

Chennai fera le bonheur des voyageurs qui portent un intérêt à l'histoire coloniale. Bien desservie par les transports, elle peut servir de point de départ à la visite du reste du pays.

En bref

Population : 5,9 millions d'habitants
Superficie : 174 km^2
Capitale du Tamil Nadu
Langue principale : tamoul
Indicatif téléphonique : 044
Meilleure saison : de nov. à fév.

Cartes du chapitre :

- Assistez aux spectacles de danses traditionnelles exécutées avec brio au Kalakshetra Arts Village
- Chinez dans les marchés, véritables labyrinthes où l'on négocie à bon prix de fines étoffes de soie
- Tentez votre chance aux Film Studios pour participer à une superproduction
- Prenez un auto-rickshaws en négociant le prix de la course : l'occasion idéale pour tester votre capacité à marchander

HISTOIRE

Depuis plus de deux mille ans, la région attire les marins, les négociants en épices et les marchands d'étoffes. Au XVIe siècle, elle vit débarquer les Portugais, suivis des Hollandais. En 1639, la Compagnie britannique des Indes orientales fonda un comptoir dans le village de pêcheurs de Madraspatnam.

Autour du Fort St George, édifié pendant une quinzaine d'années et achevé en 1653, se développa la ville de George Town, qui se vit accorder sa première charte municipale par James II en 1688. Elle fut ainsi la première municipalité de l'Inde.

Au cours des XVIIIe et XIXe siècles, négociants anglais et français se disputèrent la suprématie en Inde. L'un des acteurs principaux, du côté britannique, fut Robert Clive. A la tête d'une armée d'environ 2 000 *sepoy* (soldats engagés localement), il lança une série d'offensives militaires, dans le cadre des guerres carnatiques, qui assurèrent la victoire de la Grande-Bretagne. En 1756, les Français durent se retirer à Pondichéry, laissant le Fort St George aux mains de leur ennemi.

Au XIXe siècle, la ville devint le siège de la présidence de Madras, l'une des quatre provinces impériales de l'Inde britannique.

ORIENTATION

Bordée à l'est par le golfe du Bengale, Chennai est composée de différents petits quartiers, ou districts. Au nord, à proximité du port, se trouve George Town. Dans ses

Les codes de Chennai

Zone	Code
Adyar	600020
Ashok Nagar	600083
Besant Nagar	600090
Broadway	600108
Egmore	600008
Ethiraj Rd	600105
George Town	600073
Jafferkhanpet	600095
Kilpauk	600010
Mylapore	600004
Saidapet	600093
St Thomas Mount	600016
T Nagar	600017

rues étroites se regroupent les compagnies maritimes, les hôtels bon marché, les bazars et la poste principale. Le centre le plus animé du quartier, Parry's Corner, se situe à l'intersection de Prakasam Rd (ou Popham's Broadway) et de NSC Bose Rd, où la plupart des bus de la ville ont leur terminus. Les gares routières de la SETC sont installées non loin de là, Esplanade Rd.

Sur la rue principale, Anna Salai (ou Mount Rd), sont installés des compagnies aériennes, les offices du tourisme, les hôtels et restaurants de catégorie supérieure, et les deux principales gares ferroviaires, Egmore Station et Central Station. La première dessert la plupart des destinations du Tamil Nadu, tandis que la seconde assure les liaisons avec les autres États. Les abords de la gare d'Egmore regroupent de nombreux hôtels pour petits budgets et de catégorie moyenne.

Les consulats et plusieurs compagnies aériennes sont implantés à Nungambakkam, au sud-ouest de la gare d'Egmore. Plus loin au sud-ouest, le district de Theagaraya Nagar regorge de marchés et de boutiques, tandis que le quartier de Triplicane, au sud-est d'Egmore, comprend la longue plage de Marina et des hôtels bon marché très courus des touristes.

On se déplace plus aisément dans Chennai, notamment en auto-rickshaw, quand on connaît le code de sa destination (PIN codes). Les codes comportent six chiffres dont on ne cite généralement que les deux ou trois derniers. Ainsi, pour Ashok Nagar, on dit Chennai 83.

RENSEIGNEMENTS

Offices du tourisme

Il est prévu de transférer tous les bureaux de l'office national du tourisme dans un nouveau bâtiment, situé Wallajah Rd. En attendant, les adresses ci-dessous restent valables.

Le Government of India Tourist Office (l'office national du tourisme ; ☎ 8461459, 1913, pour des informations enregistrées 24h/24, fax 8460193), 154 Anna Salai, ouvre de 9h15 à 17h45 du lundi au vendredi, de 9h à 13h le samedi et les jours fériés (fermé le dimanche).

Le personnel, très efficace, se charge des réservations pour les circuits organisés par l'Indian Tourism Development Corporation (ITDC).

L'office national dispose de guichets d'information touristique aux terminaux des lignes intérieures et internationales de l'aéroport.

L'ITDC (☎ 8460285), 29 Victoria Crescent, vous accueillera de 5h30 à 19h du lundi au samedi et seulement le matin le dimanche. L'agence se charge des réservations pour les circuits qu'elle organise et qui partent de là.

La Tamil Nadu Tourism Development Corporation (TTDC ; ☎ 5389132), en face de la Central Station, 4 EVR Salai, concentre son activité sur la réservation de circuits et d'hébergements. La TTDC dispose d'antennes aux gares ferroviaires de Central Station et d'Egmore Station.

Argent

Il existe de nombreux agents de change qui pratiquent des horaires étendus et des taux corrects, sans commission. Les bureaux d'American Express (AmEx, ☎ 8523638) sont installés G17 Spencer Plaza. Ils ouvrent de 9h30 à 18h30 en semaine et de 9h30 à 14h30 le samedi. Thomas Cook prélève une commission de 1% (20 Rs minimum) sur les chèques de voyage émanant des autres banques. Voici les adresses de ses différentes agences :

Egmore (☎ 8553276) 45 Montieth Rd, du lundi au samedi de 9h30 à 18h.

George Town (☎ 5342374) 20 Rajaji Salai, du lundi au samedi de 9h30 à 18h.

Nungambakkam (☎/fax 8274941) Eldorado Bldg, 112 MG Rd, de 9h30 à 13h et de 14h à 18h30 en semaine et le samedi de 9h30 à 12h.

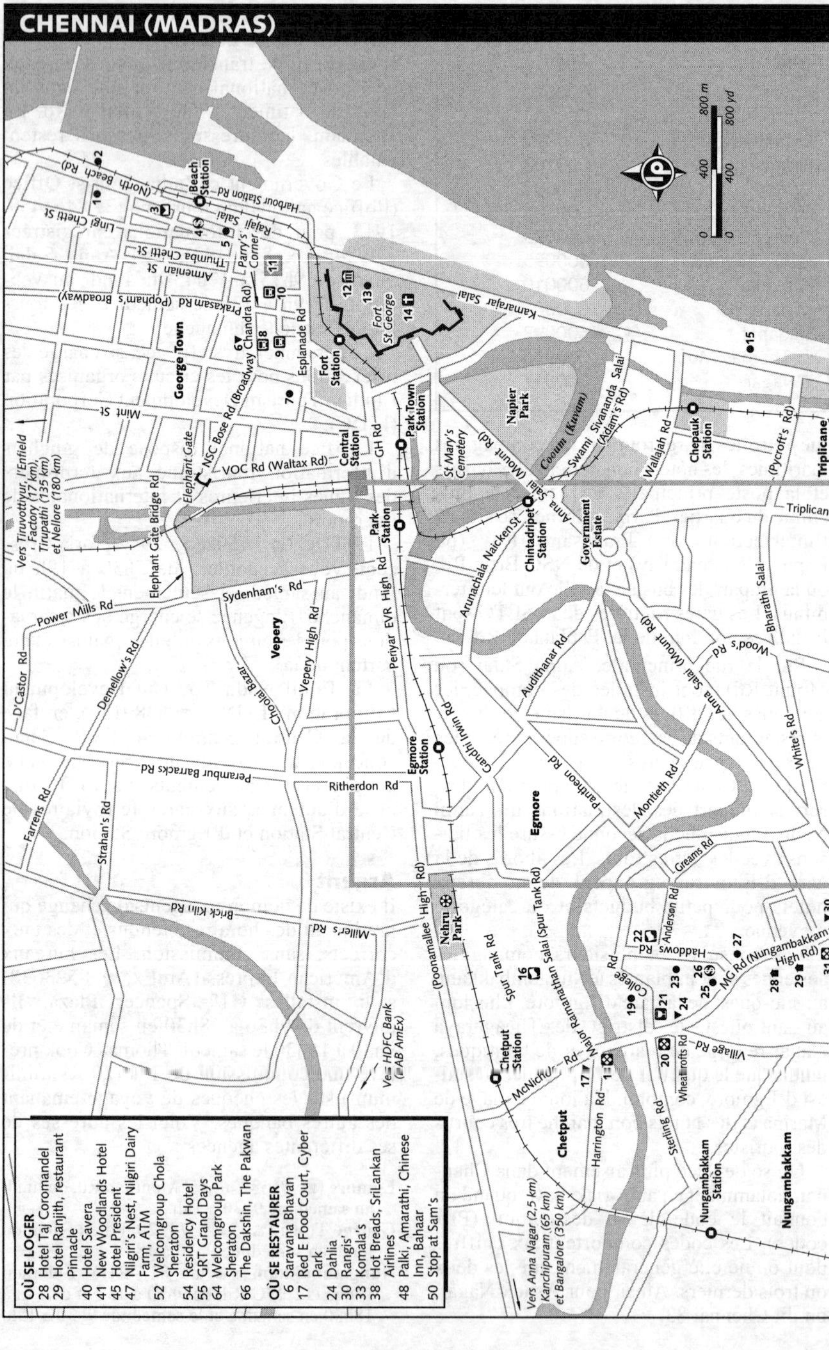
CHENNAI (MADRAS)
OÙ SE LOGER
28 Hotel Taj Coromandel
29 Hotel Ranjith, restaurant Pinnacle
40 Hotel Savera
41 New Woodlands Hotel
45 Hotel President
47 Nilgiri's Nest, Nilgiri Dairy Farm, ATM
52 Welcomgroup Chola Sheraton
54 Residency Hotel
55 GRT Grand Days
64 Welcomgroup Park Sheraton
66 The Dakshin, The Pakwan
OÙ SE RESTAURER
6 Saravana Bhavan
17 Red E Food Court, Cyber Park
24 Dahlia
30 Rangis'
33 Komala's
38 Hot Breads, SriLankan Airlines
48 Palki, Amarathi, Chinese Inn, Bahaar
50 Stop at Sam's
George Town
Fort St George
Beach Station
Fort Station
Park Town Station
Central Station
Park Station
Egmore Station
Chintadripet Station
Chepauk Station
Chetput Station
Nungambakkam Station
Vepery
Egmore
Chetput
Nungambakkam
Triplicane
Napier Park
Government Estate
St Mary's Cemetery
Nehru Park
Cooum (Kuvam)
Kamarajar Salai
Anna Salai (Mount Rd)
Periyar EVR High Rd
Poonamallee High Rd
NSC Bose Rd (Broadway Chandra Rd)
Prakasam Rd (Popham's Broadway)
VOC Rd (Waltax Rd)
Elephant Gate
Elephant Gate Bridge Rd
Sydenham's Rd
Power Mills Rd
Demellow's Rd
D'Castor Rd
Perambur Barracks Rd
Ritherdon Rd
Gandhi Irwin Rd
Pantheon Rd
Montieth Rd
Greams Rd
Wallajah Rd
Bharathi Salai
White's Rd
Wood's Rd
Swami Sivananda Salai (Adam's Rd)
MG Rd (Nungambakkam High Rd)
Major Ramanathan Salai (Spur Tank Rd)
Spur Tank Rd
McNichol Rd
Village Rd
College Rd
Haddows Rd
Anderson Rd
Harrington Rd
Sterling Rd
Wheatcrofts Rd
Brick Kiln Rd
Miller's Rd
Strahan's Rd
Farrens Rd
Choolai Bazar
Vepery High Rd
Arunachala Naicken St
Audithanar Rd
Esplanade Rd
Mint St
Armenian St
Thumba Chetti St
Lingi Chetti St
Rajaji Salai
Parry's Corner
Harbour Station Rd
(North Beach Rd)
GH Rd
(Pycroft's Rd)
Vers Tiruvottiyur, l'Enfield Factory (17 km), Tirupathi (135 km) et Nellore (180 km)
Vers HDFC Bank (AB AmEx)
Vers Anna Nagar (2,5 km) Kanchipuram (65 km) et Bangalore (350 km)
0 400 800 m
0 400 800 yd

CHENNAI (MADRAS)

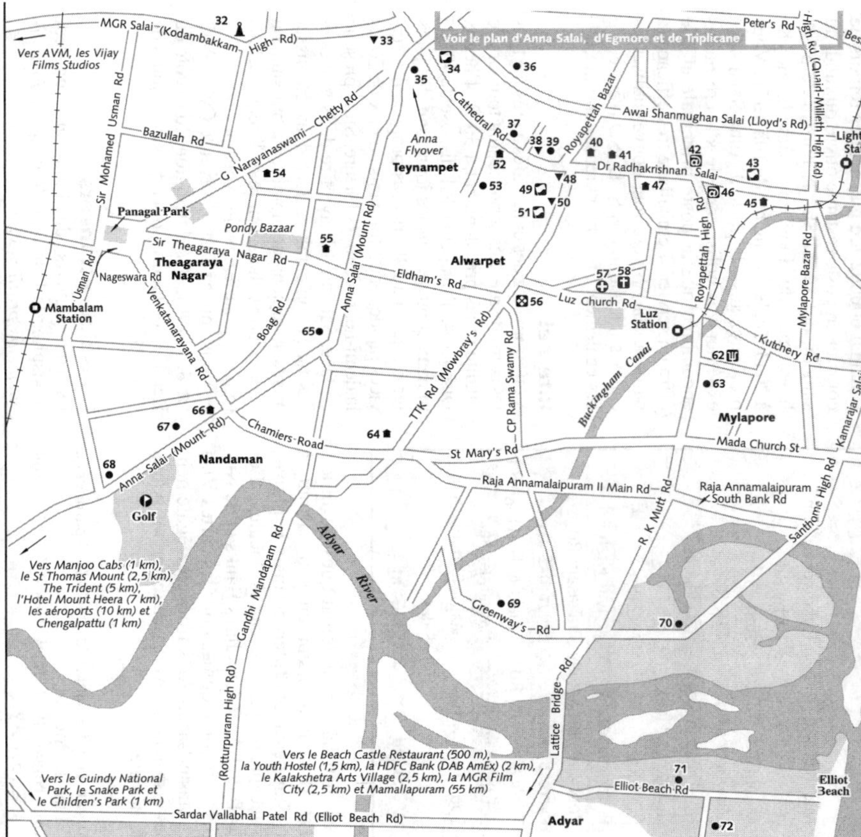

DIVERS

1 Douanes
2 Directorate of Shipping Services
3 Poste principale
4 State Bank of India
5 Thomas Cook
7 Handloom House
8 Gare routière (pour Mamallapuram et Kanchipuram)
9 Gare routière SETC
10 Gare routière SETC (bus intra-État/Inter-États)
11 High Court
12 Fort Museum
13 Secretariat; Legislative Assembly
14 St Mary's Church, Clive House
15 Aquarium
16 Consulat du Japon
18 Shopper's Stop
19 Alliance Française
20 Gee Gee Plaza and Gee Gee Emerald Plaza
21 Hell Freezes Over (Quality Inn Arjuna)
22 Consulat du Royaume-Uni
23 Foreigners' Registration Office
25 Akshaya India
26 ANZ Grindlays Bank (DAB)
27 Thomas Cook et Qantas
31 Apex Plaza, Landmark Books
32 Valluvar Kottam
34 Consulat des États-Unis, American Center Library, USIS
35 Wildlife Warden's Office
36 ICCR
37 Kalpa Druma (artisanat)
39 Music Academy
42 Dishnet
43 Consulat de Singapore et Singapore Airlines
44 Ice House et Vivekananda House
46 Satyam I Way
49 Consulat du Sri Lanka, Saravana Bhavan
51 Consulat de Malaisie
53 Centre culturel russe
56 Life Style Complex
57 St Isabel's Hospital
58 Luz Church
59 Phare
60 Consulat de Russie
61 San Thome Cathedral
62 Kapaleeshwarar Temple
63 Ramakrishna Mutt Library
65 Malaysia Airlines
67 Central Cottage Industries Emporium, Thai Airways
68 Conservator of Forests
69 Krishnamurti Foundation
70 Kuchipudi Art Academy
71 Theosophical Society
72 Adyar Library

Le nom des rues change

Chennai n'est pas la seule ville à avoir été rebaptisée. Les rues changent aussi (fréquemment) de nom. Cela entraîne une certaine confusion car les habitants de la ville ont gardé l'habitude d'employer les anciens noms. Voici quelques-unes de ces rues :

Ancien nom	Nouveau nom
Adam's Rd	Swami Sivananda Salai
Broadway	NSC Chandra Bose Rd
Chamiers Rd	Pasumpon Murthuramalingam Salai
C-in-C Rd	Ethiraj Rd
Harris Rd	Audithanar Rd
Lloyd's Rd	Awai Shanmughan Salai
Marshalls Rd	Rukmani Lakshmi Pathy Rd
Mount Rd	Anna Salai
Mowbray's Rd	TTK Rd
North Beach Rd	Rajaji Salai
Nungambakkan High Rd	MG Rd
Poonamallee	Periyar High Rd
Popham's Broadway	Prakasam Rd
Pycroft's Rd	Bharathi Salai
Triplicane High Rd	Quaid-Milleth High Rd
South Beach Rd	Kamarajar Salai
Spur Tank Rd	Major Ramanathan Salai
Waltax Rd	VOC Rd

Les distributeurs automatiques de billets (DAB) se multiplient un peu partout, à l'instar des accès Internet, mais la plupart n'acceptent que les cartes locales. Les DAB de l'ANZ Grindlays Banks et de Nilgiris Net sont équipés pour les cartes Visa et MasterCard. Vous trouverez également des distributeurs AmEx en différents points de la ville :

Adyar HDFC Bank, Arunachala Apartments, Plot 12, MG Rd.

Anna Nagar HDFC Bank, Block Y, N°206, Plot 4522, 5th Ave.

L'agence principale de la State Bank of India est située Rajaji Salai, à George Town. Cette banque possède des agences sur Anna Salai, et à l'aéroport dans le terminal des lignes internationales (ouvertes 24h/24) et le terminal des lignes intérieures (ouverte de 5h à 20h).

Plusieurs banques de Spencer Plaza accordent des avances sur les cartes MasterCard et Visa.

Poste et communications

La poste principale se trouve sur Rajaji Salai. D'autres bureaux sont établis Kennet Lane, près de la gare d'Egmore, et Anna Salai. Pour la poste restante, mieux vaut choisir le bureau de poste d'Anna Salai. L'adresse complète se libelle comme suit : Poste restante Anna Salai (Mount Rd), Post Office, Anna Salai, Chennai 600002. Le guichet des retraits de courrier en poste restante ouvre du lundi au samedi, de 10h à 18h ; le bureau de poste lui-même, du lundi au samedi, de 8h à 20h30, et le dimanche, de 10h à 17h. Vous préférerez aussi la poste d'Anna Salai pour expédier vos colis, car elle s'avère moins encombrée que la poste principale et elle offre un service d'emballage très efficace (à partir de 10h). Sinon, vous pouvez utiliser les cabines téléphoniques STD/ISD (service de fax également), très nombreuses en ville.

Internet

Vous trouverez des cybercafés à presque tous les coins de rue. Les services sont toujours de qualité et les prix débutent à 30 Rs l'heure. Dishnet, 45 Royapettah Rd, dispose de 40 terminaux et ouvre tous les jours, sauf les jours fériés, de 6h à 24h. Il vous propose des services rapides et performants au prix de 20 Rs la demi-heure et 30 Rs l'heure. Situé presque en face, Satyam I Way offre des services et des tarifs comparables. Ces deux établissements comptent de nombreux bureaux où vous pourrez choisir entre différents forfaits (plus vous surfez, moins vous payez).

Vous pouvez aussi essayer le Cyber Park (☎ 8251790), 107 Harrington Rd (à côté du Red E Food Court), ouvert tous les jours de 9h à 23h.

Consulats étrangers

Ils sont ouverts du lundi au vendredi (consultez la liste dans le chapitre *Renseignements pratiques*).

CHENNAI

ANNA SALAI, EGMORE ET TRIPLICANE

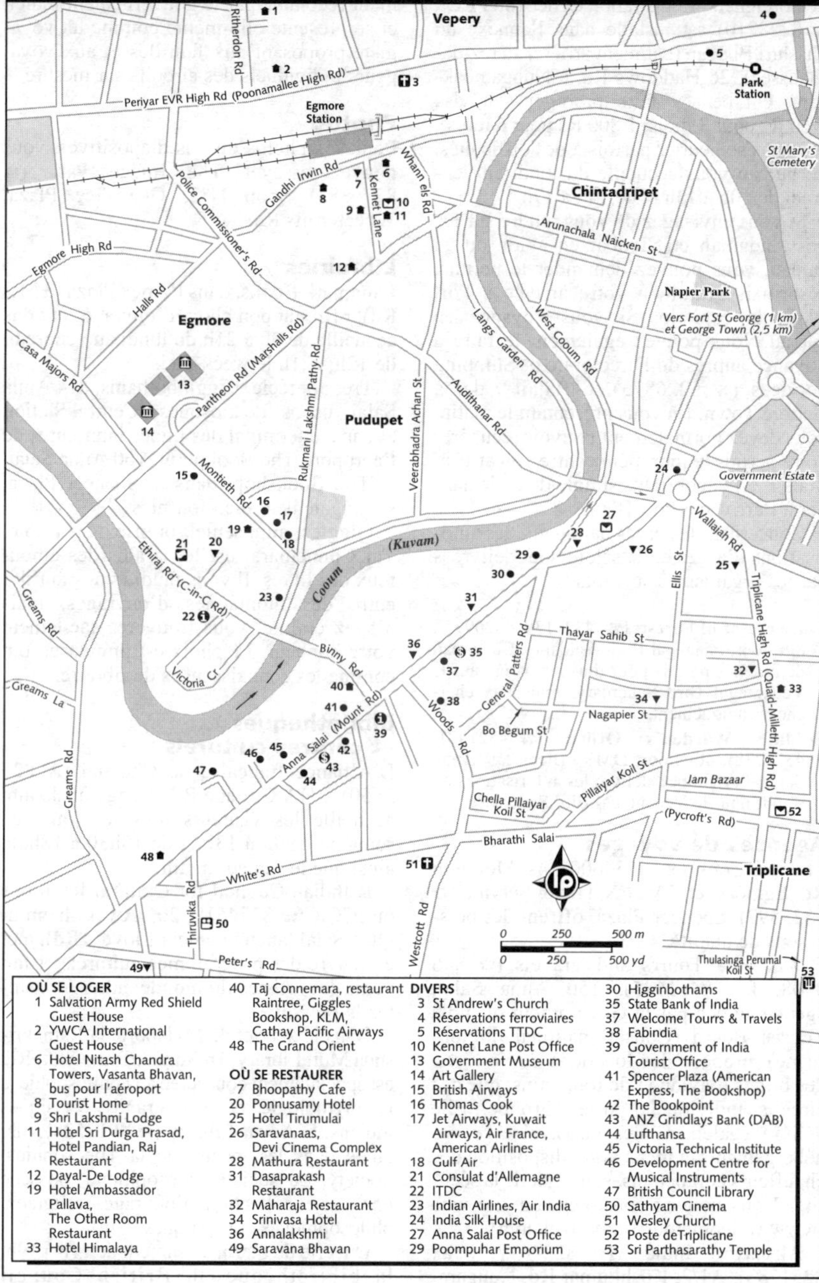

OÙ SE LOGER
1 Salvation Army Red Shield Guest House
2 YWCA International Guest House
6 Hotel Nitash Chandra Towers, Vasanta Bhavan, bus pour l'aéroport
8 Tourist Home
9 Shri Lakshmi Lodge
11 Hotel Sri Durga Prasad, Hotel Pandian, Raj Restaurant
12 Dayal-De Lodge
19 Hotel Ambassador Pallava, The Other Room Restaurant
33 Hotel Himalaya
40 Taj Connemara, restaurant Raintree, Giggles Bookshop, KLM, Cathay Pacific Airways
48 The Grand Orient

OÙ SE RESTAURER
7 Bhoopathy Cafe
20 Ponnusamy Hotel
25 Hotel Tirumulai
26 Saravanaas, Devi Cinema Complex
28 Mathura Restaurant
31 Dasaprakash Restaurant
32 Maharaja Restaurant
34 Srinivasa Hotel
36 Annalakshmi
49 Saravana Bhavan

DIVERS
3 St Andrew's Church
4 Réservations ferroviaires
5 Réservations TTDC
10 Kennet Lane Post Office
13 Government Museum
14 Art Gallery
15 British Airways
16 Thomas Cook
17 Jet Airways, Kuwait Airways, Air France, American Airlines
18 Gulf Air
21 Consulat d'Allemagne
22 ITDC
23 Indian Airlines, Air India
24 India Silk House
27 Anna Salai Post Office
29 Poompuhar Emporium
30 Higginbothams
35 State Bank of India
37 Welcome Tourrs & Travels
38 Fabindia
39 Government of India Tourist Office
41 Spencer Plaza (American Express, The Bookshop)
42 The Bookpoint
43 ANZ Grindlays Bank (DAB)
44 Lufthansa
45 Victoria Technical Institute
46 Development Centre for Musical Instruments
47 British Council Library
50 Sathyam Cinema
51 Wesley Church
52 Poste deTriplicane
53 Sri Parthasarathy Temple

Prorogations de visas et permis

Le Foreigners' Registration Office (ou FRO ; ☎ 8278210) est installé dans l'annexe du Shashtri Bhavan (bâtiment arrière, au rez-de-chaussée), 26 Haddows Rd, à Nungambakkam. On peut y faire proroger son visa (960 Rs pour 3 mois, 1 800 Rs pour 6 mois), non sans se heurter parfois à des difficultés. Le bureau vous accueille du lundi au vendredi de 10h à 13h et de 14h à 17h.

Si vous envisagez de vous rendre sur les îles Andaman et Nicobar en avion ou en bateau, vous pouvez demander le permis, désormais gratuit, à votre arrivée à Port Blair, la capitale. Si vous voyagez en bateau, vous pouvez également le faire à l'avance auprès du Directorate of Shipping Services (☎ 5226873), 6 Rajaji Salai à George Town. En vous présentant le matin, vous devez normalement pouvoir récupérer votre permis le jour même entre 16h et 17h. Mais il est encore plus simple de le demander à l'arrivée à Port Blair.

Concernant les parcs nationaux, les autorisations d'accès et de séjour sont délivrées par les organismes suivants :

Conservator of Forests (☎ 4321139, 4320994), 8th floor, Panangal Bldg, Saidapet. Ce bureau délivre des permis pour tous les parcs sauf le Vedantagal Bird Sanctuary, mais aux chercheurs uniquement.

Wildlife Warden's Office (☎ 4321471, 4321738), 4th floor, DMS office, 259 Anna Salai, Teynampet, délivre les autorisations de séjour pour le Vedantagal Bird Sanctuary.

Agences de voyages

Thomas Cook (☎ 8554600), 45 Montieth Rd, Egmore, et l'AmEX Travel Service (☎ 8523592), Spencer Plaza, offrent des prestations de qualité.

Welcome Tourrs and Travels (☎ 846 0908, fax 8461645), 150 Anna Salai, agence agréée par le Government of India Tourist Board (Conseil national du tourisme), propose des locations de voitures, des billets d'avion et de train, ainsi que des circuits individuels ou en groupe. Elle délivre également des visas, réserve des hébergements et met à votre disposition des chauffeurs compétents, soucieux de la sécurité. Vous pouvez consulter son site web (www.welcometourrsandtravel.com).

Akshaya India (☎ 8224617, fax 8251783), A1/2, Kushkumar Rd, Nungambakham, www.akshayaindia.com, est également reconnue par le gouvernement indien et se présente elle-même comme un voyagiste proposant aux familles et aux voyageurs individuels des circuits sur mesure.

Photos

Pour vos photos ou vos diapositives, vous pouvez essayer The Image Park (☎ 8276383) Shop N°2, Gee Gee Plaza, Wheatcrofts Rd.

Librairies

Landmark Books, dans l'Apex Plaza (3 MG Rd), offre un bon choix d'ouvrages et vous accueille de 9h à 21h du lundi au vendredi, de 12h à 21h le week-end.

Très apprécié, Higginbothams, 814 Anna Salai, dispose de kiosques à Central Station et dans le terminal des lignes intérieures de l'aéroport. The Bookpoint, 160 Anna Salai, et The Bookshop, dans le Spencer Plaza, sont également bien fournies.

Giggles, minuscule librairie dans l'hôtel Taj Connemara, est le paradis des amoureux des livres. Il vous faudra vous faufiler entre des montagnes d'ouvrages, mais n'ayez crainte, vous trouverez facilement votre bonheur. Le choix est immense, tout comme les connaissances du libraire.

Bibliothèques et centres culturels

L'Alliance française de Chennai (☎ 827 2650), 3/4A College Rd, Nungambakkam, accueille les visiteurs tous les jours en semaine de 9h à 13h et de 15h30 à 18h30, ainsi que le samedi matin.

L'Indian Council for Cultural Relations ou ICCR (☎ 8274519, 201 Awai Shanmughan Salai (anciennement Lloyd's Rd), met en œuvre des programmes culturels et fait venir des artistes du monde entier (consultez la presse).

Dans le district de Mylapore, la Ramakrishna Mutt Library, 16 Ramakrishna Mutt Rd, est spécialement consacrée à la philosophie, à la mythologie et aux grands classiques indiens. L'Adyar Library (☎ 4913528), installée dans les locaux de la Theosophical Society, ou société théosophique, possède une vaste collection d'ouvrages religieux, philosophiques et mystiques.

Ouverte du mardi au samedi de 11h à 19h, la bibliothèque du British Council

CHENNAI

(☎ 8525002), 737 Anna Salai, accepte les adhérents temporaires (100 Rs pour un mois).

Services médicaux et urgences

Le service des urgences fonctionne 24h/24 au St Isabel's Hospital (☎ 4991081), 18 Oliver Rd, Mylapore. Il existe d'innombrables opticiens chez qui vous pouvez obtenir en un ou deux jours de nouvelles lunettes ou des lentilles à partir de 1 250 Rs (ou moins si vous avez une ordonnance).

En cas d'urgence, appelez la police : ☎ 100, les pompiers : ☎ 101, ou l'ambulance : ☎ 102.

LIEUX DE CULTE

St Mary's Church

L'église, construite entre 1678 et 1680, fut la première église anglaise de Madras et demeure la plus ancienne église anglicane de l'Inde. Elle contient des objets ayant appartenu à Clive, marié devant son autel en 1753, ainsi qu'à Elihu Yale, premier gouverneur de Madras, dont le nom a été donné à la célèbre université qu'il créa aux États-Unis. Le cimetière s'étend à Pallavan Salai, à 1 km environ à l'ouest de l'église.

St Andrew's Church

Non loin de la gare d'Egmore, l'église St Andrew, achevée en 1821, affiche un style classique pur. A l'intérieur, on peut admirer un imposant dôme bleu parsemé d'étoiles dorées et bénéficier d'une vue superbe du haut des 55 m du clocher. Les messes dominicales sont célébrées à 9h et à 18h.

Sri Parthasarathy Temple

Ce temple fut érigé au VIIIe siècle sous le règne des Pallava, puis restauré au XVIe siècle par les Vijayanagar. Il s'agit de l'un des plus vieux temples de Chennai, ouvert tous les jours de 6h à 12h et de 14h à 20h.

Pour vous y rendre, vous pouvez prendre les bus n°27 ou 27B qui partent d'Egmore Station, le n°1 ou 4E à partir de Central Station ou les n°6D et PP42 au départ de Fort St George.

San Thome Cathedral

Édifiée en 1504, puis reconstruite en style néogothique en 1893, cette église catholique, installée non loin du temple de Kapaleeshwarar, renfermerait les reliques de l'apôtre saint Thomas. On accède à la crypte par un escalier situé juste avant l'autel.

Kapaleeshwarar Temple

Dressé près de Kutchery Rd à Mylapore, cet ancien temple de Shiva, de pur style dravidien, présente les mêmes éléments architecturaux – *gopuram*, *mandapam* et bassins – que les temples mieux connus des villes saintes du Tamil Nadu.

L'édifice est ouvert tous les jours pour les *puja*, de 4h à 12h et de 16h à 20h.

Luz Church

Cette église du XVIe siècle, la plus ancienne de Chennai, fut élevée à Notre-Dame de la Lumière (Our Lady of Light) par des marins portugais convaincus de lui devoir la vie.

Les travailleurs de l'ombre

Ils quittent leurs taudis vers 5h du matin pour commencer à travailler à 6h. Ils filent en silence à travers les rues de la ville, toujours dans l'ombre, généralement par deux. Ce sont les ramasseurs d'ordures, pour la plupart des femmes, mais parfois aussi des enfants. Ils passent jusqu'à 10 heures par jour à fouiller dans des monceaux de déchets domestiques et industriels, triant les objets métalliques, le plastique, le papier ou les vêtements qui peuvent être recyclés. La plupart du temps, ils les vendent à des intermédiaires qui les revendent à leur tour aux entreprises de recyclage. Ce travail dangereux et sale leur rapporte environ 45 Rs par jour. Avec l'aide d'ONG, certains ont constitué des coopératives, ce qui leur permet d'éviter les intermédiaires et d'accroître leurs possibilités de gains.

Ces ramasseurs d'ordures exercent leur métier dans la plupart des grandes villes indiennes. Personne ne sait vraiment combien ils sont à Chennai, sans doute entre 2 000 et 3 000. Les autorités elles-mêmes reconnaissent que leur travail contribue largement à créer un environnement plus propre et plus durable.

CHENNAI

De nombreux bus passent par Luz Church. De Broadway, vous avez le choix entre le n°PP51 et le 60E et entre les n°21B, 21D, 21E et PP25 si vous venez de Parry's Corner.

Little Mount Church

Connue sous le nom de Chinnamalai, cette petite grotte aurait abrité saint Thomas à son arrivée en Inde, vers 58. On y accède par une petite église portugaise édifiée en 1551.

L'office est célébré tous les jours à 6h30, 7h le dimanche. Vous pouvez prendre le bus n°18E qui part de Parry's Corner mais aussi tous les bus de la série 88 depuis Broadway ou les autres arrêts de bus de la ville. Il est également possible de faire le trajet en train (au départ de Central Station et à destination de St Thomas Mount Station), puis de parcourir le dernier kilomètre à pied, en bus ou en rickshaw.

MUSÉES ET GALERIES

Government Museum

Installé sur Pantheon Rd, entre Egmore Station et Anna Salai, ce musée mérite une visite. Les murs appartenaient autrefois au Pantheon Committee, association d'éminents citoyens britanniques dont la mission était d'améliorer les conditions de vie des Britanniques résidant à Madras.

Le bâtiment principal renferme une excellente **archaeological section**, dont les pièces majeures proviennent des grandes époques de l'Inde du Sud, en remontant jusqu'aux empires des Chola, des Vijayanagar, des Hoysala et des Chalukya. Ses collections ethnologiques sont remarquables. La **bronze gallery** (galerie des bronzes) détient une superbe collection de bronzes d'art datant des Chola.

Le musée est ouvert de 9h30 à 17h, sauf le vendredi et les jours fériés (3 Rs).

Valluvar Kottam

Le Valluvar Kottam, à l'angle de MGR Salai et de Village Rd, rend hommage à Thiruvalluvar, illustre poète tamoul. Il aurait composé son recueil classique, le *Kural*, voici près de deux milliers d'années. Créé en 1976, le Valluvar Kottam reproduit l'ancienne architecture tamoule, avec les 1 330 vers du *Kural* inscrits sur ses murs. Il vous accueille tous les jours de 8h à 18h (1 Rp).

Development Centre for Musical Instruments

Des instruments de musique indienne, anciens et modernes, sont fabriqués et présentés dans ce centre de développement d'instruments de musique, implanté dans les locaux de Tamil Nadu Handicrafts, 759 Anna Salai (ouvert du lundi au vendredi de 9h30 à 18h et le samedi de 9h30 à 13h).

AUTRES CURIOSITÉS

High Court Building

Cette énorme bâtisse rouge de style indo-musulman, qui se dresse à Parry's Corner, est le principal monument de George Town. Construit en 1892, la Cour suprême passe pour être le plus vaste palais de justice du monde, après celui de Londres.

Fort St George

Construit aux alentours de 1653 par la Compagnie des Indes orientales, le fort a subi depuis lors de nombreuses transformations. Il abrite aujourd'hui le Secrétariat et l'Assemblée législative. Le mât de 46 m de haut, à l'entrée de l'édifice, a été récupéré après un naufrage survenu au XVIIe siècle.

Le **Fort Museum** expose une fascinante collection de vestiges des Compagnies des Indes orientales française et britannique, ainsi que des objets datant du Raj et de l'époque musulmane. Il est ouvert tous les jours, sauf le vendredi, de 9h à 17h (2 Rs).

Marina et aquarium

La longue plage de Marina Beach s'étire sur 13 km. Au sud de l'aquarium, sans grand intérêt, l'**Ice House** servait autrefois au stockage d'énormes blocs de glace importés d'Amérique du Nord par bateau. C'est de cet édifice que Vivekananda prêcha plus tard sa philosophie ascétique. Résistez à la tentation de faire trempette dans les eaux de Marina Beach. La mer se montre extrêmement dangereuse et de nombreuses personnes se sont noyées.

Guindy National Park, Snake Park et Children's Park

Ces sites adjacents se situent à 1 km de la gare ferroviaire de Guindy. Ne comptez pas découvrir une profusion d'animaux dans le parc national, dont on vante pourtant la qualité.

Le Children's Park, de dimensions réduites, est un endroit agréable qui abrite plus de 30 espèces d'animaux, dont des paons, des hyènes, des loutres et des porcs-épics. Au fond, à une centaine de mètres, vous découvrirez deux beaux éléphants jalousement surveillés par leur cornac. Deux aires de jeu proposent des balançoires, des toboggans et des structures à escalader. Les parcs sont ouverts de 8h30 à 17h tous les jours, sauf le mardi (entrée : 2 Rs, 10 Rs avec un appareil photo).

Le Snake Park, ou parc aux Serpents, avec ses lézards, ses crocodiles et ses tortues, offre beaucoup plus d'intérêt. Ses pensionnaires évoluent dans de vastes espaces bien entretenus. Des panneaux explicatifs démythifient les reptiles. Toutes les heures, vous pourrez assister à une démonstration de pythons ! Les horaires d'ouverture sont les mêmes que pour les autres sites (entrée : 3 Rs, 5 Rs avec un appareil photo).

Un train relie la gare d'Egmore à celle de Guindy. Il reste ensuite 1 km à parcourir vers l'est, à pied ou en auto-rickshaw.

Film Studios

L'industrie cinématographique de Chennai se pose désormais en sérieuse rivale de celle de Bollywood, à Mumbai. Seul l'un des plus grands studios, MGR Film City (☎ 2352212), accueille régulièrement le public. Si vous avez toujours rêvé de jouer les stars, sachez qu'il engage parfois des figurants. Téléphonez ou rendez-vous sur place.

Les studios MGR Film City, ouverts tous les jours de 8h à 20h (15 Rs), se situent à Indira Nagar, à 10 km au sud d'Egmore.

Musique de l'Inde du Sud

Le Festival de musique et de danse carnatiques se consacre à la musique classique du Sud de l'Inde, avec des chants exécutés dans les principales langues de la région – tamoul, telougou, malayalam et kannada. La plupart des spectacles sont introduits par une conférence et une démonstration. Les concerts s'ouvrent généralement par un *varnam*, introduction donnant le tempo, suivi de plusieurs chants, *kirti* ou *kirtana*, avant le morceau principal. La musique carnatique se fonde sur le *raga* (gamme ascendante ou descendante de cinq à sept notes).

Les principaux instruments utilisés sont le violon, la flûte en bois, le *veena* (un grand instrument à cordes), le *gottuvadyam* (semblable au veena mais dépourvu de frettes), le *nagaswaram* (pipeau), le *thavil* (instrument de percussion), le *mridangam* (tambour) et même le *ghatam* (pot en terre). Les programmes sont fournis dans la presse quotidienne.

Enfield Factory

A Tiruvottiyur, à 17 km au nord de Chennai, sont installées les usines de fabrication des motos Enfield. On peut les visiter en s'adressant au chef de la production (☎ 544442, fax 545720, www.royalenfield. com).

CIRCUITS ORGANISÉS

La TTDC et l'ITDC organisent des circuits touristiques dans Chennai et ses environs. Pour des détails sur l'endroit où réserver, reportez-vous au début de ce chapitre à la rubrique *Offices du tourisme*. Les circuits de la TTDC peuvent aussi se retenir auprès du guichet de Central Station (☎ 535 3351).

Parmi les circuits proposés, notons le City Sightseeing Tour, le Cultural & Spiritual Tours, le Kanchipuram & Mamallapuram Tour, ainsi que le Tirupathi Tour.

MANIFESTATIONS ANNUELLES

Concerts de musique classique et contemporaine, théâtre, expositions artistiques et foires commerciales, les manifestations ne manquent pas à Chennai. Les quotidiens en publient le programme. Le **Festival of Carnatic Music & Dance**, ou fête de la musique et de la danse carnatiques, qui se déroule de mi-déc. à mi-janv., compte parmi les plus grands du genre au monde (voir l'encadré *Musique de l'Inde du Sud* dans ce chapitre).

Le Kalakshetra Arts Village (Temple of Art), à Tiruvanmiyur, organise un **Arts Festival** de dix jours entre déc. et janv. Les billets sont vendus dans la journée au Bharata Kalakshetra Auditorium (de 20 à 100 Rs). On y accède par la grille principale, côté nord, face à l'auditorium. Pendant le festival, certains hôtels mettent en place des navettes gratuites entre la ville et le Kalakshetra (renseignez-vous à l'office du tourisme).

OÙ SE LOGER

Il n'est jamais facile de se loger à Chennai. Mieux vaut donc réserver. La plupart des éta-

CHENNAI

blissements pour petits budgets se situent à Egmore, autour de Kennet Lane. Mais vous trouverez peut-être George Town et Triplicane moins chaotiques. Les hôtels chics longent plutôt Anna Salai et les rues adjacentes. Si vous préférez loger chez l'habitant, demandez une liste au Government of India Tourist Office. Les prix varient de 100 à 600 Rs par personne et par semaine.

Sauf indication contraire, toutes les chambres ci-dessous disposent de s.d.b., d'eau chaude en permanence et de toilettes à l'occidentale. Seuls les paiements en espèces sont acceptés.

OÙ SE LOGER – PETITS BUDGETS

Egmore

La ***Salvation Army Red Shield Guest House*** *(☎ 5321821, 15 Ritherdon Rd)*, calme et chaleureuse, réserve un bon accueil aux voyageurs à petit budget. Le lit en dortoir (10 lits) coûte 70 Rs (eau froide uniquement). Les doubles/triples avec eau chaude et toilettes sont au prix de 250/280 Rs. Vous pourrez louer une chambre avec clim pour 500 Rs. Les chambres doivent être libérées avant 9h.

Au ***Tourist Home*** *(☎ 8250079, 21 Gandhi Irwin Rd)*, on propose des simples/doubles à 130/160 Rs et des doubles avec clim. à 250 Rs.

Le ***Shri Lakshmi Lodge*** *(☎ 8254576, 16 Kennet Lane)* est bien tenu et affiche des chambres donnant toutes sur une cour intérieure très calme à 175/350 Rs ou 140/199 Rs sans clim. A proximité, l'***Hotel Sri Durga Prasad*** *(☎ 8253881, 10 Kennet Lane)* pratique des prix similaires. Ces deux établissements disposent uniquement de toilettes à la turque et mettent à votre disposition un seau d'eau chaude.

A l'extrémité est de Kennet Lane, la ***Dayal-De Lodge*** *(☎ 8227328, 486 Pantheon Rd)* propose des chambres correctes de 185 à 299 Rs.

L'***Hotel Masa*** *(☎ 8252966, 15 Kennet Lane)* loue des simples/doubles/triples avec s.d.b. à partir de 258/330/375 Rs. Il compte aussi des doubles/triples avec clim. à 450/500 Rs. Les simples comptent uniquement des toilettes à la turque. L'endroit idéal pour ceux qui ne supportent pas le silence.

Les ***retiring rooms*** de Central Station et d'Egmore Station disposent de doubles à partir de 175 Rs, 350 Rs avec clim. Pour 90 Rs, les hommes peuvent louer pendant 12 heures un lit en dortoir, calme, propre et climatisé.

Triplicane

Situé dans l'ancienne Triplicane High Rd, l'***Hotel Himalaya*** *(☎ 8547522, 54 Quaid-Milleh High Rd)* n'est pas un mauvais choix, avec des simples/doubles/triples à partir de 345/425/510 Rs ainsi que quelques chambres avec clim. Vous disposez de téléphone direct, de TV et d'un restaurant végétarien.

Indira Nagar

La ***Youth Hostel*** *(☎ 4420233, 2nd Ave, Indira Nagar)* est installée à 10 km environ au sud d'Egmore, dans une zone résidentielle tranquille. Les lits en dortoir coûtent 20/40 Rs (membres/non membres), mais vous pouvez également camper dans le jardin. Des repas sont disponibles sur demande (10 Rs le thali). Appelez l'auberge de jeunesse pour réserver et demander des indications sur l'itinéraire, et prévoyez un cadenas pour votre placard.

OÙ SE LOGER – CATÉGORIE MOYENNE

Egmore

Située sur l'ancienne Poonamallee High Rd, la ***YWCA International Guest House*** *(☎ 5324234, fax 5324263, 1086 Periyar EVR High Rd)* propose des chambres spacieuses et claires. Impeccables, les simples/doubles sont au prix de 450/580 Rs, les triples à 800 Rs et les simples/doubles avec clim. à 630/750 Rs, petit déjeuner compris. Une adhésion de 20 Rs (valable un mois) est demandée pour les hôtes de passage. Le restaurant prépare des plats indiens, chinois et occidentaux. L'auberge compte plusieurs coins salon, dont un espace TV très confortable. En raison de son statut d'association, l'établissement perçoit une taxe de 5% seulement pour le service.

Taxes hôtelières

Les taxes hôtelières appliquées au Tamil Nadu sont parmi les plus élevées du pays : 15% sur les chambres de 100 à 199 Rs, 20% au-delà. Les hôtels de catégorie supérieure prélèvent une taxe supplémentaire pour le service, de 5% à 10%. Les prix indiqués ci-dessous n'incluent pas ces différentes taxes.

Cependant, certaines règles sont à respecter : les visiteurs ne sont pas admis dans les chambres, le déjeuner et le dîner au restaurant sont à commander à l'avance, on ne sert pas d'alcool et le dîner se termine à 21h.

A l'***Hotel Pandian*** *(☎ 8252901, fax 825 8459, 9 Kennet Lane)*, très apprécié, la bonne humeur est garantie. Vous trouverez de petites simples/doubles confortables à 450/550 Rs, à partir de 800/950 Rs avec clim. Les chambres deluxe (1 200 Rs) disposent d'un petit réfrigérateur. Trois heures d'eau chaude sont assurées le matin et le soir. L'hôtel abrite un excellent restaurant, certains plats sont végétariens, et un bar.

L'***Hotel Nitash Chandra Towers*** *(☎ 823 3344, fax 8251703, 9 Gandhi Irwin Rd)* s'ouvre sur un hall luxueux qui contraste avec les simples/doubles avec clim. un peu exiguës à 1 095/1 295 Rs. L'établissement met à votre disposition un bon restaurant, un coffee-shop ouvert 24h/24, ainsi qu'un bar.

Mylapore

Le ***New Woodlands Hotel*** *(☎ 8113111, fax 8110460, 72-75 Dr Radhakrishnan Salai)* est un vaste complexe à la direction chaleureuse et anticonformiste de 170 chambres, parfait pour entamer un premier séjour en Inde. Les simples sont disponibles à partir de 300 Rs et les doubles avec clim. à 675 Rs. Comptez 975 Rs pour les spacieuses deluxe. L'hôtel dispose d'une salle de billard et d'une solide réputation pour ses délicieuses spécialités végétariennes. Il propose une piscine correcte (75 Rs pour deux entrées par jour), des massages ayurvédiques et vous donnera peut-être l'occasion d'assister à un mariage haut en couleur. La MasterCard est acceptée.

Au ***Nilgiri's Nest*** *(☎ 8115222, fax 811 0214, 58 Dr Radhakrishnan Salai)*, vous trouverez des simples/doubles de 950/1 300 à 1 500/2 250 Rs, avec le petit déjeuner. L'hôtel offre un bon restaurant. Un supermarché est installé juste à côté et une cohorte d'auto-rickshaws est prête à vous emmener n'importe. Les principales cartes de crédit sont acceptées.

Nungambakkam

Situé dans l'ancienne Nungambakkam High Rd, l'***Hotel Ranjith*** *(☎ 8270521, fax 8277688, 9 MG Rd)* offre l'avantage d'être proche des consulats et des compagnies aériennes. Les chambres, avec téléphone direct et TV, coûtent 750/950 Rs ou 1 250/1 380 Rs avec clim. Vous avez le choix entre plusieurs restaurants (celui en terrasse sur le toit est excellent) et un bar. Les principales cartes sont acceptées.

Aéroport

L'***Hotel Mount Heera*** *(☎ 2349563, fax 233 1236, 287 MKN Rd, Alandur)*, au personnel charmant, propose des simples/doubles à 677/800 Rs (taxes comprises). Il se trouve à 20 min en taxi de l'aéroport.

OÙ SE LOGER – CATÉGORIE SUPÉRIEURE

Tous les hôtels que nous indiquons acceptent les principales cartes de crédit et disposent des équipements suivants : climatisation, piscine, restaurants servant différents types de cuisine et bar.

Le ***Grand Orient*** *(☎ 8524111, fax 852 3412, 693 Anna Salai)* loue d'agréables chambres à partir de 1 195/1 800 Rs.

Le ***Residency Hotel*** *(☎ 8253434, fax 8250085, resmds@vsnl.com, 49 GN Chetty Rd, Theagaraya Nagar)*, très apprécié, est confortable et chaleureux. Il propose des simples/doubles à partir de 1 900/2 300 Rs et des suites à 3 600 Rs, certaines avec vue sur la ville.

A l'***Hotel Savera*** *(☎ 8114700, fax 811 3475, 69 Dr Radhakrishnan Salai)*, les chambres bien aménagées mais un peu défraîchies coûtent de 2 000/2 400 à 7 000 Rs. Vous y trouverez un club de remise en forme et des restaurants très corrects.

Le grand bâtiment de l'***Hotel President*** *(☎ 8532211, fax 8532299, 16 Dr Radhakrishnan Salai)* abrite des chambres spacieuses à partir de 1 250/1 575 Rs et dispose d'un coffee-shop ouvert 24h/24.

The Dakshin *(☎ 4330866, fax 4322639, 35 Venkatanarayana Rd)*, agréable hôtel, est doté d'un personnel charmant. Les simples/doubles standard (avec tapis élimé) sont affichées à partir de 1 295/1 800 Rs et les suites à 2 700 Rs. Il n'y a pas de piscine, mais un excellent restaurant et un coffee-shop ouvert 24h/24.

Le ***GRT Grand Days*** *(☎ 8220500, fax 8230778, grtgranddays@vsnl.com, 120 Sir Theagaraya Rd, Pondy Bazaar)* est un luxueux havre de paix au milieu des marchés trépidants de Theagaraya. Il propose des chambres de qualité à partir de

2 950 Rs et des suites à 5 500 Rs. L'accès à Internet (250 Rs l'heure) est disponible dans toutes les chambres.

Parmi ses nombreux services, l'***Hotel Ambassador Pallava*** *(☎ 8554476, fax 8554492, 53 Montieth Rd)* vous offre un gâteau pour votre anniversaire. La qualité générale de l'établissement laisse cependant à désirer. Les chambres se louent de 80 à 100 $US.

Chennai ne manque pas de cinq-étoiles qui proposent des chambres à partir de 150/200 $US. Le ***Taj Connemara*** *(☎ 8520123, fax 8523361, Binny Rd)*, derrière Anna Salai, allie charme et confort. Les simples/doubles coûtent de 3 950/4 550 à 8 000/9 500 Rs. Il compte une galerie marchande et un centre d'affaires.

Le luxueux ***Taj Coromandel*** *(☎ 827 2827, fax 8257104, 37 MG Rd)* affiche des prix à partir de 195 $US et jusqu'à 750 $US pour la suite présidentielle.

The Trident *(☎ 2344747, fax 2346699, 1/24 GST Rd)* est l'hôtel de luxe le plus proche de l'aéroport (5 km), mais par conséquent, il se trouve bien loin du centre-ville. Il propose des chambres de 5 000 à 7 500 Rs (plus 35% de taxes).

Le ***Welcomgroup Chola Sheraton*** *(☎ 8280101, fax 8278779, 10 Cathedral Rd)*, plus proche du centre que le Park Sheraton, offre des chambres de 3 500/3 800 à 6 500/6 800 Rs. Le ***Welcomgroup Park Sheraton*** *(☎ 4994101, 132 TTK Rd, Alwarpet)* incarne à lui seul l'opulence issue de la réussite économique. Pour une chambre, il faut compter de 3 500/3 800 Rs à 6 500/6 800 Rs et de 8 500 à 22 000 Rs pour une suite.

OÙ SE RESTAURER

Chennai compte une multitude de restaurants végétariens, depuis les petites échoppes servant des thali sur une feuille de bananier pour moins de 20 Rs, jusqu'aux somptueux restaurants des grands hôtels, vingt fois plus chers. Dans les restaurants de catégorie moyenne, ouverts dès le petit jour, vous pourrez goûter un petit déjeuner composé de *dosa*, d'*idli*, de *curd* et de café.

Pour découvrir les excellentes spécialités végétariennes, essayez l'un des établissements de la chaîne ***Saravanaas/Saravana Bhavan***. Elle regroupe d'impeccables self-services bon marché, mais aussi des restaurants plus sélects, qui ouvrent généralement de 7h à 23h30. On y sert des plats de l'Inde du Nord et du Sud, des préparations chinoises et des pizzas.

Les restaurants non végétariens se multiplient pour faire face à une hausse croissante de la demande.

George Town

Les bonnes adresses ne sont pas légion. Vous trouverez ***Saravana Bhavan***, sur NSC Bose Rd.

Egmore

La plupart des restaurants sont installés Gandhi Irwin Rd, en face de la gare de chemin de fer. Le ***Bhoopathy Cafe***, face à la gare, connaît un certain succès.

A l'angle de Gandhi Irwin Rd et de Kennet Lane, vous trouverez le ***Vasanta Bhavan***, où vous pourrez dîner à l'étage parmi une nuée de serveurs.

Le ***Raj Restaurant*** de l'Hotel Pandian sert de la bonne cuisine, végétarienne ou non, pour 55 à 90 Rs.

Au ***Ponnusamy Hotel*** *(Wellington Estate, 24 Ethiraj Rd)* la carte affiche des curries de viande ou de poisson et des biryani à partir de 35 Rs, ainsi que quelques plats végétariens.

Triplicane

Les voyageurs à petit budget apprécient le ***Maharaja Restaurant***, Triplicane High Rd, qui propose un menu végétarien très varié jusqu'à minuit.

L'***Hotel Tirumulai***, Triplicane High Rd, excelle dans les thali enveloppés de feuilles de bananier (30 Rs) et les copieux dosa. Le ***Srinivasa Hotel*** *(Ellis St)* est également à recommander.

Anna Salai

Saravanaas dispose d'un établissement dans la cour du Devi Theatre, à Anna Salai. Pour manger sur le pouce, l'endroit est idéal. L'équivalent haut de gamme se trouve 293 Peter's Rd. Au rez-de-chaussée, vous trouverez les produits habituels de cette chaîne, tandis qu'aux 2e et 3e étages, vous pourrez vous installer pour un dîner stylé, devant des couverts en argent. Au ***Swathi*** *(2e étage du Devi Theatre)*, il faut compter 60 Rs pour un thali et 110 Rs pour une version limitée mais très consistante du "special thali". Au 3e étage, le ***Swayam*** propose un buffet : 500 g de nourriture de votre choix pour 100 Rs. Quel que soit l'étage, la nourriture est excellente. Le ***Mathura Restaurant*** *(2e étage, Tarapore Tower)* est un délicieux végétarien, assez chic. Son thali de Madras (60 Rs) compte parmi ses multiples spécialités raffinées.

Autre endroit sélect, le ***Dasaprakash Restaurant*** *(806 Anna Salai)*, également appelé AVM Dasa, qui évoque le style brasserie. Il propose des spécialités végétariennes, dont certaines étonnantes, comme les crêpes aux brocolis.

Dans l'Hotel Ambassador Pallava, ***The Other Room*** brille par son service, mais pas par ses plats ni ses prix élevés (1 500 Rs pour deux). On y sert parfois un buffet au bord de la piscine au prix forfaitaire de 500 Rs.

A l'***Annalakshmi*** *(804 Anna Salai)*, végétarien, il faut compter au minimum 150 Rs pour un repas. Tenu par les adeptes de Swami Shantanand Saraswati, fondateur de l'association éducative Shivanjali, l'Annalakshmi est ouvert de 12h à 15h et de 19h30 à 22h tous les jours, sauf le lundi. Si cela vous dit et que vous avez l'argent, vous pouvez même acheter les meubles.

Le ***Komala's*** *(3A MGR Salia)* fait flotter sur Chennai un petit air de Singapour. Il propose des en-cas végétariens (idli et vadai de 12 à 15 Rs) et des repas (thali et biryani de 25 à 45 Rs).

La chaîne de café américaine ***Qwiky's*** compte plusieurs points de vente à Chennai, dont le Life Style Complex et le Gee Gee Emerald Plaza.

Le ***Taj Connemara*** propose dans son coffee-shop un buffet-déjeuner à 350 Rs. Son restaurant ***Raintree*** ouvre le soir (comptez environ 650 Rs). Ses tables en terrasse offrent un cadre idéal, avec, à l'occasion, des soirées de danse ou de musique classique.

Mylapore

Le ***Welcomgroup Chola Sheraton*** sert un magnifique buffet à 450 Rs (taxes incluses).

Le restaurant du ***New Woodlands Hotel*** est très fréquenté par les habitants de Chennai qui apprécient ses dosa, ses tandoori et ses *burfi* au lait (un délicieux dessert à base de noix de coco, de noix et parfois d'œufs et de fruits).

En face de la Music Academy, vous trouverez de nombreux bons restaurants. Le ***Palki*** est spécialisé dans la cuisine de l'Inde du Nord et l'***Amarathi*** rend un savoureux hommage à l'Andhra Pradesh. La ***Chinese Inn*** sert d'excellents plats du Sichuan (60 Rs) et le ***Bahaar*** prépare en plein air des grillades à la façon d'Hyderabad.

Le ***Stop at Sam's***, TTK Rd, est un endroit dans le vent rappelant les cafés occidentaux avec de la musique en direct et des œuvres d'art contemporain (à vendre). On peut y manger de la cuisine indienne ou occidentale pour environ 60 Rs.

Nungambakkam et Chetput

Au ***Pinnacle***, le restaurant en terasse sur le toit de l'Hotel Ranjith, un plat de tandoori suffit pour deux personnes.

Le ***Rangis'*** *(142 Uttamar Gandhi Salai)*, face au Landmark Books, est un petit restaurant chinois qui sert des plats à saveur locale (de 30 à 60 Rs).

Le ***Dahlia*** *(Kaveri Complex, 96 et 104 Nungambakkam High Rd, MG Rd)*, l'un des rares restaurants japonais de la ville, sert de la bonne cuisine à prix occidentaux (environ 500 Rs par personne).

Pour manger en vitesse des plats indiens, chinois, mexicains ou occidentaux, vous pouvez aller au ***Red E Food Court*** *(107 Harrington Rd)*.

Le ***Hot Breads*** fabrique du pain frais (de type baguette), d'alléchantes pâtisseries et, dans certains de ses points de vente, on y sert du bon café. Vous trouverez également des magasins de la chaîne à Nilgiri's et à côté de SriLankan Airlines.

Ailleurs

Sur la plage, le ***Beach Castle Restaurant*** *(34 Elliot Beach Rd)* n'a pas été rénové dans le style local. Les cocas et les pizzas ont fait leur apparition, mais il devrait continuer à servir ses délicieux fruits de mer.

Au ***Pakwan*** du Dakshin Hotel, juste au coin de Central Cottage Industries Emporium, la carte propose différents types de cuisine de qualité. Pour un repas composé de deux plats, comptez environ 250 Rs. La cafétéria ouverte 24h/24 est moins attrayante.

On peut se procurer des produits laitiers, du thé, du café et d'autres produits alimentaires au supermarché ***Nilgiri Dairy Farm***, (fermé le mardi), près du Nilgiri's Nest Hotel.

Si vous cherchez des fruits, des légumes ou des épices, suivez Ellis St en direction du sud, jusqu'au croisement avec Bharathi Salai. Là, vous découvrirez le pittoresque ***Jam Bazaar***.

OÙ SORTIR

Bars et discothèques

A Chennai, les discothèques disparaissent aussi vite qu'elles apparaissent. Certains hôtels de luxe disposent de bars, parfois sombres et lugubres. Le bar du ***Taj Connemara*** affiche des prix aussi luxueux que le décor et ne lésine pas sur les décibels.

L'endroit le plus branché de la ville est le très agréable ***Hell Freezeth Over*** *(☎ 8259090, 144 Sterling Rd)* dans la Quality Inn Arjuna. Le droit d'entrée s'élève à 300 Rs pour un couple (une femme et un homme ou deux femmes). L'ambiance commence vraiment à chauffer vers 23h, jusqu'à 2h du matin.

Musique et danse classiques

La ***Music Academy*** *(☎ 8115619)*, à l'angle de TTK Rd et de Dr Radhakrishnan Salai, reste la référence en matière de concerts de musique carnatique et de spectacles de danse bharata natyam. Certains journaux publient les programmes. Comptez 200 Rs environ pour être bien placé, cependant de nombreuses représentations sont gratuites.

Autre salle de concert, le ***Kalakshetra Arts Village*** *(☎ 4911169, fax 4914359)* fut fondé en 1936 pour faire revivre la danse et la musique classiques ainsi que les traditions du tissage et de la fabrication d'étoffes. L'institut organise régulièrement des spectacles et accepte les visiteurs dans ses cours (du lundi au vendredi de 9h à 11h15).

Le ***Kuchipudi Art Academy*** *(☎ 493 7260, 105 Greenway's Rd)* fut créé en 1963 par le Dr Vempati Chinna Satyam, un éminent professeur. Les danses de Kuchipudi, gracieuses et vigoureuses, viennent de l'Andhra Pradesh. L'académie dispense des cours gratuits et héberge les étudiants qui s'investissent sérieusement.

Cinéma

Chennai compte une centaine de salles, témoins de la bouillonnante industrie cinématographique. Si la plupart projettent des films tamouls, certains proposent une programmation en langue étrangère. Le ***Devi Complex*** *(☎ 8555660, Anna Salai)* et le ***Sathyam Cinema*** *(☎ 8523813, 8 Thiruvika Rd)* passent souvent des films en anglais.

L'***Alliance française*** et le ***British Council*** *(737 Anna Salai)* présentent une séance hebdomadaire. Des festivals de cinéma sont organisés à l'***United States Information Service*** *(ou USIS, ☎ 8273040, 220 Anna Salai)* et au ***Centre culturel russe*** *(☎ 4982320, 27 Kasturi Ranga Rd)*. On peut aussi voir des films indiens et étrangers au ***Madras Film Club*** *(☎ 854 0984)*.

ACHATS

Les boutiques à Chennai offrent de quoi satisfaire tous les goûts : vêtements sur mesure et prêts à porter, artisanat des quatre coins de l'Inde, antiquités authentiques, bijoux, instruments de musique et étoffes de qualité.

Les magasins d'État qui jalonnent Anna Salai vendent des souvenirs à prix fixe (sculptures, bronzes, etc.). Ils ouvrent généralement du lundi au vendredi de 10h à 18h (fermeture à 13h le samedi). Nous recommandons le Poompuhar Emporium, 818 Anna Salai, le Victoria Technical Institute, 765 Anna Salai (le bénéfice de certains produits est reversé à des associations caritatives) et le plus sophistiqué Central Cottage Industries Emporium, dans les Temple Towers, 672 Anna Salai, à Nandanam. On vous aidera efficacement dans vos achats, y compris pour les expédier à l'étranger.

Les emporiums privés, où le marchandage est de rigueur, ferment à 21h. Tous les conducteurs d'auto-rickshaws se précipiteront pour vous emmener, même gratuitement. On peut donc imaginer que ces emporiums leur versent une commission avantageuse… qui vient s'ajouter à votre facture. Certains magasins privés ont adopté des appellations trompeuses ("cottage industries", etc.) qui portent à croire qu'il s'agit d'établissements collectifs ou publics.

Pour éviter toute cette agitation, vous pouvez vous rendre au Kalpa Druma (☎ 8267652), 61 Cathedral Rd, face au Chola Sheraton, qui propose une superbe gamme de tissus, d'objets d'artisanat et de meubles à prix fixes.

Vous trouverez les plus belles soieries et cotonnades à l'Handloom House, 7 Rattan Bazaar, George Town (ouverte tous les jours, sauf le dimanche, de 10h à 13h et de 15h à 20h) ou à l'India Silk House d'Anna Salai, plus chère.

Si vous aimez les grands complexes climatisés, allez au Spencer Plaza, au Shopper's Stop (Harrington Rd), au Life Style (coincé entre CP Rama Swamy Rd, TTK Rd et Luz Church Rd), ou bien au Gee Gee

Emerald Plaza (MG Rd). Tous abritent de multiples boutiques de vêtements, de livres, de musique, de tissus ou divers articles pour les enfants. Pour les tissus, essayez également Fabindia, 3 Woods Rd, qui offre un choix restreint mais soigneusement sélectionné de tissus.

Le district de Theagaraya Nagar (appelé le T Nagar) est idéal pour faire ses achats, avec notamment le Pondy Bazaar et les marchés fort animés autour de Panagal Park. Pour les soieries et les cotonnades, les saris, les satins et les mousselines, allez chez Pothys, Usman Rd et, tout près, chez Nalli, Nageswara Rd, vers Panagal Park.

COMMENT S'Y RENDRE

Avion

Atterrir ou décoller de l'aéroport international d'Anna ne pose aucun problème. Le terminal des lignes intérieures, relativement récent, se trouve juste à côté.

La taxe de départ, lorsque vous quittez l'Inde, s'élève à 150 Rs pour les vols à destination du Sri Lanka ou des Maldives, et à 500 Rs pour les vols internationaux.

Lignes intérieures

Voici les adresses des compagnies assurant les liaisons intérieures depuis Chennai :

Indian Airlines (☎ 8553039, fax 8555208) 19 Rukmani Lakshmi Pathy Rd (ancienne Marshalls Rd), Egmore. Ouvert de 8h à 20h du lundi au samedi.

Jet Airways (☎ 8414141) 43 Montieth Rd, Egmore.

Jet Airways pratique sur certaines destinations des réductions pour les jeunes de l'ordre de 15%. Cela vaut donc la peine de se renseigner.

Lignes internationales

Voici les coordonnées des compagnies aériennes internationales implantées à Chennai :

Air France (☎ 8554899) Thapar House, 43-44 Montieth Rd, Egmore

Air India (☎ 8554477) 19 Rukmani Lakshmi Pathy Rd, Egmore

American Airlines (☎ 8592915) Thapar House, 43-44 Montieth Rd, Egmore

British Airways (☎ 8554680) Alsamall, Khaleeli Centre, Montieth Rd, Egmore

Cathay Pacific Airways (☎ 8522418) Taj Connemara, Binny Rd

Gulf Air (☎ 8553091) Indian Red Cross Bldg, 52 Montieth Rd, Egmore

KLM-Royal Dutch Airlines (☎ 8524427) Taj Connemara, Binny Rd

Kuwait Airways (☎ 8554111) Thapar House, 43-44 Montieth Rd, Egmore

Lufthansa Airlines (☎ 8525095) 167 Anna Salai

Malaysia Airlines (☎ 4349651, fax 434 9958) Karumuttu Centre, 498 Anna Salai

Qantas Airways (☎ 8278680, fax 824 0608) G3, Eldorado Bldg, 112 MG Rd (anciennement Nungambakkam High Rd)

Singapore Airlines (☎ 8522871) West Minster, 108 Dr Radhakrishnan Salai

SriLankan Airlines (☎ 8261535) Cathedral Rd

Thai Airways International (☎ 4330098) Stic Travels, Temple Towers, 476 Anna Salai

Bus

Toutes les gares routières se situent à proximité de la High Court (Cour suprême), à George Town. Les bus longue distance partent de la gare routière de la State Express Transport Corporation (SETC), de part et d'autre de Prakasam Rd.

La gare située côté est dessert les destinations les plus lointaines. Les bureaux de réservation, informatisés, pour les bus intra-État (☎ 5341835) et inter-États (☎ 5341836) sont situés à l'étage. Là, on vous accueille de 7h à 21h tous les jours. Il faut payer 5 Rs de frais de réservation, plus 0,25 Rs pour le formulaire.

Outre le service de la SETC, la Karnataka et l'Andhra Pradesh State Road Transport Corporations assurent un service à destination de leur État respectif au départ de la gare routière de la SETC.

Pour plus de renseignements, reportez-vous à l'encadré *Bus au départ de Chennai*. La gare du côté ouest de Prakasam Rd sert surtout de garage, mais elle continue à assurer quelques départs. Dans ces deux gares, bien organisées, vous trouverez toujours quelqu'un pour vous aider, que ce soit au guichet ou au moment du départ pour trouver votre bus, moyennant parfois quelques roupies.

Des bus à destination de Mamallapuram et Kanchipuram partent de la gare située en face de Saravana Bhavan. Le terminus des bus urbains est installé non loin, à Parry's Corner. Des sociétés privées, aux tarifs analogues, et dont les agences sont regroupées

Vols intérieurs au départ de Chennai

Destination	Fréquence	Compagnie aérienne	Durée	Tarif Rs/$US
Bangalore	3j	IC/CD	45 min	2 010/65
	5j	9W	45 min	2 315/65
Bhubaneswar	4s	IC	2 h 30	5 905/200
Coimbatore*	2s	IC	1 h	2 745/90
Coimbatore	7s	CD	2 h	
	1j	9W		3 005/90
Delhi	2j	IC	2 h 30	7 720/260
	4s	CD	5 h 30	7 720/260
	3j	9W	3 h à 4 h	8 480/260
Goa	2s	IC	2 h 45	4 075/140
Hyderabad	2j	IC	1 h	3 005/105
	1j	9W		3 290/105
Kochi (Cochin)*	9s	IC	1 h à 2 h	3 430/120
	1j	9W		3 760/120
Kolkata	1j	IC	2 h	6 725/200
	1j	9W		7 385/220
Kozhikode (Calicut)	4s	IC	2 h 15	2 745/90
Madurai	1j	IC	1 h	2 625/90
Mumbai (Bombay)	3j	IC	1 h 45	4 825/160
	4j	9W		5 295/160
Port Blair	4s	IC	2 h	5 920/195
	1j	9W		5 920/367
Thiruvananthapuram	1j	IC	1 h 15	3 500/155
	1j	9W		3 840/105
Tiruchirappalli (Trichy)*	5s	IC	50 min	2 185/80
Visakhapatnam	4s	CD	1 h	3 360/120

Les tarifs correspondent à un aller simple. Les tarifs en Rs s'appliquent uniquement aux voyageurs indiens.
j = jour ; s = semaine
Codes compagnies
aériennes : IC = Indian Airlines CD = Alliance Air 9W = Jet Airways
*Départs de l'aéroport international

en face d'Egmore Station, proposent des services quotidiens en bus superdeluxe avec vidéo, à destination de Bangalore, Coimbatore, Madurai et Trichy.

Train

Le bureau des réservations de la gare de Central (Central Station) se trouve au 1er étage du bâtiment adjacent (renseignements généraux au ☎ 131/132 – assistance d'un opérateur –, en anglais au ☎ 1361). Vous pourrez aussi y réserver vos places sur les trains au départ d'autres villes importantes. Le Foreign Assistance Tourist Cell, au bureau des renseignements de Central Station, s'occupe des Indrail Pass et des quotas de réservation pour les touristes.

Le bureau des réservations est ouvert du lundi au samedi de 8h à 14h et de 14h15 à 20h ; de 8h à 14h le dimanche. A la gare

Bus au départ de Chennai

Destination	N° de ligne quotidienne	Fréquence (par jour)	Distance (en km)	Durée	Tarif (en Rs)
Bangalore	628, 831, 863	30	351	8 h	140
Chidambaram	300	8	240	7 h	56
Kanyakumari	282S, 282T	7	705	16 h	189
Kodaikanal	461	1	511	12 h	120
Madurai	135, 137 (S&F)	37	447	10 h	125
Mysore	863	2	497	11 h	167
Ooty	468S, 860	2	565	15 h	157
Pondichéry	803, 803F	37	162	5 h	43
Rameswaram	166	1	570	13 h	153
Thanjavur	323 (F&S)	18	321	18 h	87
Thiruvananthapuram	794	6	752	17 h	237
Tiruchirappalli	123 (A&F), 124	46	319	8 h	93
Tirupathi	902/911, 811, 848, 863	83	150	4 h	52
Vellore	831, 863	26	145	4 h	47

d'Egmore (Egmore Station), le bureau des réservations (☎ 5353545) est placé dans la gare même ; les heures d'ouverture sont identiques à celles de la gare de Central. Reportez-vous au tableau *Principaux trains au départ de Chennai*.

Bateau

Les services à destination des îles Andaman étant sujets à de fréquentes modifications, nous vous conseillons de vérifier soigneusement les horaires. Le *Nancowry* relie Chennai à Port-Blair tous les 14 jours (50 à 60 heures). Les étrangers ne peuvent l'emprunter entre mai et oct. Une fois par mois, ce bateau fait le détour *via* Car Nicobar, ce qui rallonge le voyage de 2 jours.

Vous pouvez choisir entre des cabines en catégorie deluxe à 4 140 Rs par personne (deux couchettes, ou "berth"), en 1re classe à 3 420 Rs (généralement deux couchettes), en 2e classe A à 2 700 Rs (quatre à six couchettes) ou en 2e classe B à 2 070 Rs (quatre à six couchettes plus petites). Certains bateaux proposent une place en dortoir avec clim. pour 1 449 Rs. Si vous optez pour un ticket en classe économique (*bunk class*), il vous reviendra à 1 150 Rs. Les personnes résidant sur les îles bénéficient de 40% de réduction. On peut prendre ses repas à bord (thali au petit déjeuner, au déjeuner et au dîner) pour 120 Rs par jour environ. Pour adoucir la traversée, surtout si vous voyagez en dortoir ou en classe économique, nous vous conseillons de prévoir au moins un drap.

Les billets sont délivrés à l'Andaman Shipping Service Office, au Directorate of Shipping Services (☎ 522 6873), 6 Rajaji Salai (en face du bureau des douanes, ou Customs House, dans le petit bureau à côté de la porte 5), à George Town.

Les étrangers peuvent demander un permis à Chennai ou en arrivant aux îles (consultez *Prorogations de visas et permis,* au début de ce chapitre).

COMMENT CIRCULER

Desserte de l'aéroport

Les terminaux des lignes intérieures et internationales se trouvent à 16 km du centre-ville. Le train assurant la liaison entre Egmore et Tirusulam (à 500 m des terminaux de l'aéroport, de l'autre côté de la rue) reste le meilleur moyen pour s'y rendre. Il circule de 4h15 à 23h45, le trajet dure environ 40 min et revient à 7/85 Rs en 2e/1re classe. A l'exception des heures de pointe, ces trains ne sont pas bondés.

Ne croyez pas que le bus offre une bonne solution, surtout si vous êtes chargé. Vous pouvez cependant emprunter les lignes n°18J, 52, 52A/B/C/D ou 55A qui partent de Parry's Corner et passent par Anna Salai.

Principaux trains au départ de Chennai

Destination	N° et nom du train	Départ	Distance (en km)	Durée	Tarif (Rs) 2e/1re cl.
Bangalore	2007 *Shatabdi Exp*[1]	6h00 CC	356	5 h	530/–
	6007 *Bangalore Mail*	22h15 CC		7 h 15	87/457
Kolkata	2842 *Coromandel Exp*	9h05 CC	1669	28 h	366/1 255
	6004 *Howrah Mail*	22h30 CC		32 h 15	366/1 062
Coimbatore	2675 *Kovai Exp*	6h15 CC	494	6 h 30	107/562
Delhi	2621 *Tamil Nadu Exp*	22h00 CC	2194	34 h	410/1 545
Hyderabad	2759 *Charminar Exp*	18h10 CC	794	14 h 15	222/751
Kanyakumari	6119 *Nellai Exp*	19h15 CE	744	16 h 30	225/762
Kochi (Cochin)	6041 *Alleppey Exp*	19h45 CC	700	13 h 30	214/725
Madurai	6717 *Pandian Exp*	20h00 CE	556	10 h 15	166/562
Mettuppalayam	6605 *Nilgiri Exp*	20h15 CC	630	9 h 15	205/693
Mumbai	1064 *Chennai Exp*	6h40 CC	1279	30 h	315/1 066
	6010 *CST Mail*	21h30 CC		30 h	315/1 462
Mysore	2007 *Shatabdi Exp*[1]	6h00 CC	500	7 h	630/–
Rameswaram	6713 *Sethu Exp*[3]	13h00 CE	656	17 h 30	210/709
Thanjavur	6853 *Cholan Exp*[3]	8h45 CE	351	9 h	131/441
Thiruvananthapuram	6319 *Trivandrum Mail*	19h00 CC	921	19 h	259/887
Tiruchirappalli	2635 *Vaigai Exp*[2]	12h25 CE	337	5 h 15	145/489
Tirupathi	6057 *Saptagiri Exp*	6h25 CC	147	3 h	46/242
Varanasi	6039 *Varanasi Exp*[4]	17h30 CC	2144	37 h	407/1 518

Abréviations pour les gares : CC = Chennai Central et CE = Chennai Egmore
[1] Ne circule pas le mardi, climatisé, repas et boissons compris dans le tarif
[2] Ne circule pas le mercredi, climatisé, repas et boissons compris dans le tarif
[3] Correspondance à Tambaram (jusqu'à la fin des travaux en cours)
[4] Lundi et samedi seulement

Un service de minibus fait également la navette entre l'aéroport et les grands hôtels pour 100 Rs (60 Rs en journée). Mieux vaut ne pas être pressé, mais c'est un moyen de transport convivial. Le guichet de réservation se trouve juste à côté de celui des taxis, au terminal international. Si vous arrivez après la fermeture du guichet, allez voir si le bus n'est pas à l'extérieur, même si les chauffeurs de taxi vous disent le contraire. Vous achèterez alors votre ticket auprès du conducteur.

La course en auto-rickshaw entre la ville et l'aéroport devrait coûter 150/250 Rs (jour/nuit). Un taxi reviendra à 250 Rs. Au guichet des taxis situé dans l'aéroport international, vous pouvez acheter un ticket pour Chennai moyennant 200 à 250 Rs. Un autre guichet se trouve près de la zone d'arrivée des bagages au terminal des vols intérieurs.

Bus

Le réseau de bus de Chennai est géré par la Metropolitan Transport Corporation (MTC). Ils sont moins surchargés que dans d'autres métropoles indiennes, mais évitez toutefois les heures de pointe.

Consultez la liste de l'encadré *Bus dans Chennai* pour vous déplacer dans Chennai.

Train

Le train de banlieue est un excellent moyen pour circuler entre Egmore Station et Central Station (2,5 Rs) ou George Town (2,5 Rs) et se rendre à Guindy (5 Rs) ou à l'aéroport (5 Rs). Les compartiments "ladies" sont relativement peu bondés. Pour vous déplacer rapidement, utilisez la toute nouvelle liaison nord-sud du MRTS (Mass Rapid Transport System). Quel que soit le trajet effectué, vous

Bus dans Chennai

De	Vers	Bus n°
Central Station	Egmore Station	M4
Egmore Station	Anna Salai	16, 23C, 27, 27B, 27D, 29, 29A
High Court	Guindy	21G
Parry's Corner	Little Mount	18C
Parry's Corner	St Thomas Mount	18E
Mylapore	T Nagar	5B
Parry's Corner	Adyar	5LSS, 21B
Parry's Corner	Anna Salai	11, 11A, 11B, 11D, 17A, 8, 8J
Parry's Corner	Central Station et Egmore Station	9, 9A, 9B, 10, 17D, 17E, 17K
Parry's Corner	T Nagar	9, 10, 11

paierez le billet 2,50 Rs. Le MRTS marque un arrêt aux gares de Beach, Fort, Park Town, Chintadripet, Chepauk, Lighthouse et Luz, mais des extensions sont déjà prévues.

Voiture

A de rares exceptions près, les voitures se louent avec chauffeur. Il est plus prudent de passer par une agence de voyages agréée par les autorités ou par l'un des nombreux hôtels proposant ce service. Les tarifs varient, mais il vous en coûtera en moyenne 800 Rs par jour si vous circulez en ville (8 heures). Si vous devez quitter Chennai, le prix est de 5 Rs le kilomètre (7 Rs avec clim.) avec un minimum de 250 km par jour. Souvent, les frais de nourriture et d'hébergement du chauffeur ne sont pas inclus (jusqu'à 125 Rs par jour). Consultez aussi la rubrique *Agences de voyages*, plus haut. Si vous préférez aider une coopérative constituée de chauffeurs entreprenants qui ont placé leurs économies dans l'achat de leur propre voiture, contactez Manjoo Cabs (☎ 4851083, fax 4852533, manjoocabs@yahoo.com), 1 Subramaniyaswamy Koil West St, Saidapet.

Moto

On peut louer des mobylettes chez U-Rent (☎ 4910838), n°1 1st St, Main Rd, Gandhinagar. Il vous en coûtera 175 Rs par jour, mais il faut aussi acheter la carte de membre valable un an (250 Rs). Comptez 35 Rs par jour pour le casque et l'assurance, obligatoires. Un permis international est généralement nécessaire, mais votre permis national peut suffire. Vous devrez présenter votre passeport, deux photos et le nom de deux personnes de la région se portant garantes.

Taxi

Le tarif est fixé à 25 Rs pour le premier 1,5 km et 5 Rs pour chaque kilomètre supplémentaire. La plupart des chauffeurs préfèrent convenir d'un prix plutôt que d'utiliser le compteur. Négociez ferme. Une majoration s'applique la nuit, le dimanche et les jours fériés.

Auto-rickshaw

En théorie, le prix est de 7 Rs pour le premier kilomètre (au compteur) et 3,50 Rs par kilomètre supplémentaire. Dans la pratique, il faut négocier ferme. Un kiosque de vente de tickets prépayés est installé devant Central Station. Les prix sont majorés de 25% au moins après 22h. Les conducteurs touchent de fortes commissions des grands magasins, même si vous n'achetez rien. Certains vont jusqu'au harcèlement (en vous prenant parfois gratuitement) pour obtenir leur commission. Vous aurez tout intérêt à vous éloigner quelque peu de votre hôtel avant de héler un auto-rickshaw.

Tamil Nadu

A l'extrême sud de l'Inde, le Tamil Nadu est considéré comme le berceau de l'antique culture dravidienne, qui se distingue par des coutumes spécifiques. Ses symboles transparaissent dans le patrimoine de la région, depuis les temples immenses surmontés de *gopuram* (tours-portails) richement sculptés jusqu'à la musique évocatrice et à la danse classique élaborée. Les pèlerins affluent de tout l'État vers les sites anciens de Kanchipuram, Chidambaram, Kumbakonam, Tiruchirappalli, Thanjavur, Madurai, Kanyakumari et Rameswaram. Ces noms figurent sur les itinéraires touristiques, mais c'est leur signification culturelle qui guide les pèlerins pour la célébration de leur terre et de ses légendes.

Complexes hôteliers et charmants villages de pêcheurs jalonnent la côte, tandis que les villes de montagne, telles Udhagamandalam (Ooty) et Kodaikanal, constituent des havres de fraîcheur en été.

La Tamil Nadu Tourist Commission dispose d'un site Web (www.tamilnadutourism.com) sur lequel on peut obtenir des renseignements et effectuer des réservations.

De nombreuses villes du Tamil Nadu ont changé de nom, mais on continue à utiliser les anciens ; dans ce chapitre, nous mentionnons les deux appellations.

En bref

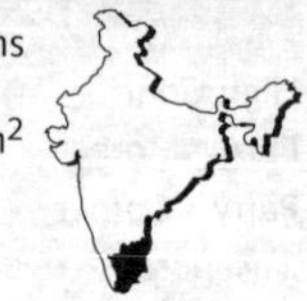

Population : 62,1 millions d'habitants
Superficie : 130 058 km²
Capitale : Chennai (Madras)
Langue principale : tamoul
Meilleure saison : de décembre à février

Cartes du chapitre :

- Admirez les sculptures rupestres uniques de Mamallapuram et l'habileté de ses artisans
- Flânez à Madurai et contemplez à loisir le sublime Sri Meenakshi Temple
- Méditez au point de convergence de deux océans, à Kanyakumari, tout au bout du sous-continent
- Partez en randonnée dans les fraîches forêts de shola des Nilgiri, près d'Ooty
- Prenez le train miniature, de la fournaise des plaines à la station climatique d'Ooty

Histoire

Le Tamil Nadu est le pays des Tamouls et de la culture dravidienne. L'origine et l'époque de l'installation des premiers Dravidiens demeurent incertaines ; certains pensent qu'ils faisaient partie des premières civilisation de l'Indus et qu'ils seraient arrivés au sud vers 1500 av. J.-C., mais la présence humaine dans la région remonterait à 300 000 ans. Vers 1200 av. J.-C., l'Inde du Sud abritait une civilisation créatrice d'immenses sculptures de pierre. En 300 av. J.-C., la région était dominée par trois grandes dynasties : les Chola à l'est, les Pandya au centre et les Chera à l'ouest. Ce fut le début de la période classique de la littérature tamoule – l'ère Sangam – qui dura jusqu'au VIe siècle.

Les territoires de ces trois dynasties changèrent maintes fois au cours des siècles, et leurs souverains durent parfois céder la place à d'autres royaumes. La dynastie des Pallava fut particulièrement influente aux VIIe et VIIIe siècles, époque à laquelle elle fit construire nombre des

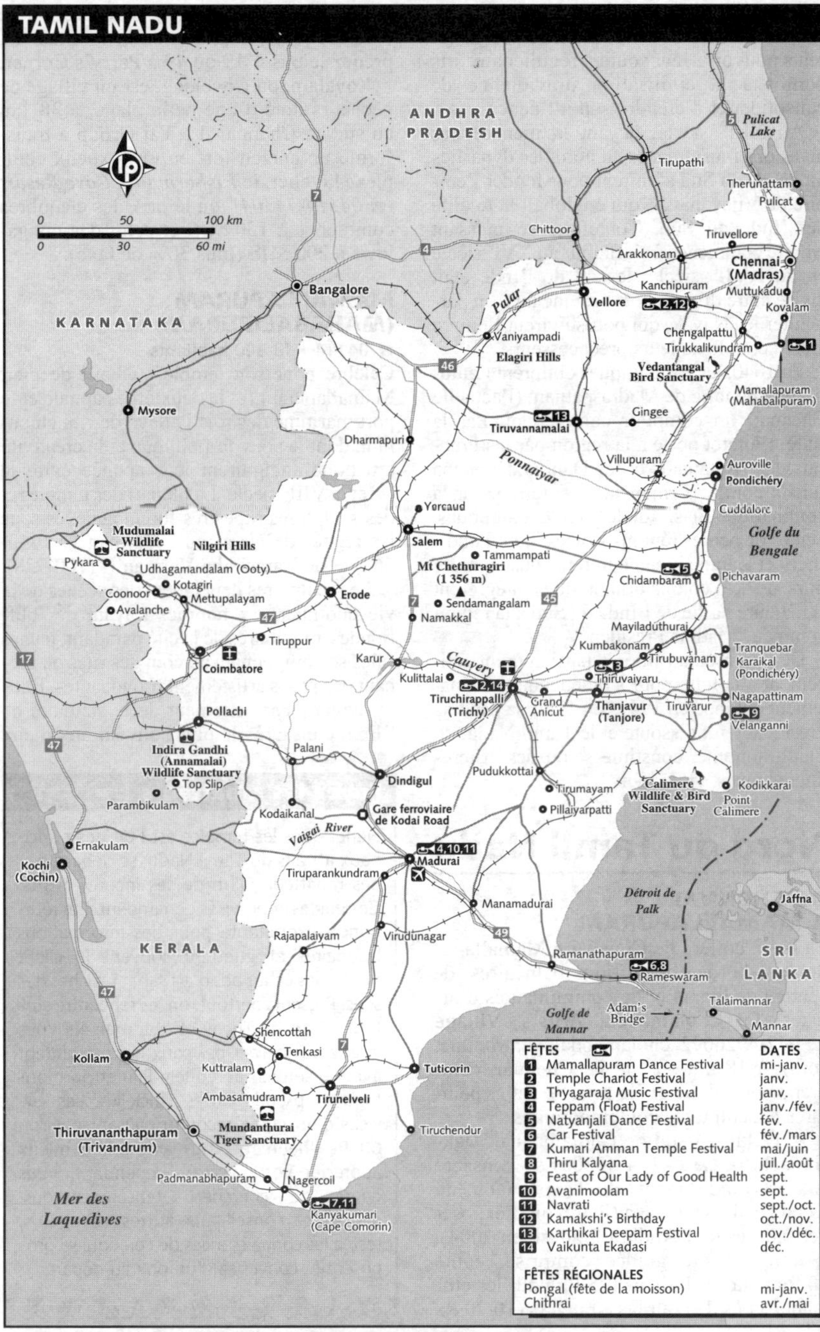
TAMIL NADU
ANDHRA PRADESH
KARNATAKA
KERALA
SRI LANKA
0 50 100 km
0 30 60 mi
Tirupathi
Pulicat Lake
Therunattam
Pulicat
Chittoor
Tiruvellore
Arakkonam
Chennai (Madras)
Kanchipuram
Muttukadu
Kovalam
Bangalore
Vellore
2,12
Palar
Vaniyampadi
Chengalpattu
Tirukkalikundram
1
Elagiri Hills
Vedantangal Bird Sanctuary
Mamallapuram (Mahabalipuram)
Mysore
13
Tiruvannamalai
Gingee
Dharmapuri
Ponnaiyar
Villupuram
Auroville
Pondichéry
Yercaud
Cuddalore
Golfe du Bengale
Mudumalai Wildlife Sanctuary
Nilgiri Hills
Salem
Tammampati
Pykara
Udhagamandalam (Ooty)
Mt Chethuragiri (1 356 m)
5
Chidambaram
Pichavaram
Kotagiri
Coonoor
Mettupalayam
Erode
Avalanche
Sendamangalam
Namakkal
Tiruppur
Mayiladuthurai
Kumbakonam
Tranquebar
Coimbatore
Karur
Cauvery
3
Tirubuvanam
Karaikal (Pondichéry)
Kulittalai
2,14
Thiruvaiyaru
Tiruchirappalli (Trichy)
Grand Anicut
Thanjavur (Tanjore)
Tiruvarur
Nagapattinam
Pollachi
9
Velanganni
Indira Gandhi (Annamalai) Wildlife Sanctuary
Palani
Top Slip
Parambikulam
Dindigul
Pudukkottai
Tirumayam
Calimere Wildlife & Bird Sanctuary
Kodikkarai
Point Calimere
Kodaikanal
Gare ferroviaire de Kodai Road
Pillaiyarpatti
Vaigai River
Ernakulam
Kochi (Cochin)
4,10,11
Madurai
Tiruparankundram
Détroit de Palk
Jaffna
Manamadurai
Rajapalaiyam
Virudunagar
Ramanathapuram
6,8
Rameswaram
Talaimannar
Golfe de Mannar
Adam's Bridge
Mannar
Shencottah
Tenkasi
Kollam
Kuttralam
Tuticorin
Tirunelveli
Ambasamudram
Mundanthurai Tiger Sanctuary
Thiruvananthapuram (Trivandrum)
Tiruchendur
Padmanabhapuram
Nagercoil
Mer des Laquedives
7,11
Kanyakumari (Cape Comorin)
FÊTES DATES
1 Mamallapuram Dance Festival mi-janv.
2 Temple Chariot Festival janv.
3 Thyagaraja Music Festival janv.
4 Teppam (Float) Festival janv./fév.
5 Natyanjali Dance Festival fév.
6 Car Festival fév./mars
7 Kumari Amman Temple Festival mai/juin
8 Thiru Kalyana juil./août
9 Feast of Our Lady of Good Health sept.
10 Avanimoolam sept.
11 Navrati sept./oct.
12 Kamakshi's Birthday oct./nov.
13 Karthikai Deepam Festival nov./déc.
14 Vaikunta Ekadasi déc.
FÊTES RÉGIONALES
Pongal (fête de la moisson) mi-janv.
Chithrai avr./mai

monuments de Mamallapuram. Malgré les escarmouches incessantes entre ces différents pouvoirs, leur soutien régulier aux arts permit à la civilisation dravidienne de consolider et d'étendre son influence.

Au XIIIe siècle, devant la menace des invasions musulmanes au nord, les dynasties hindoues du Sud s'unirent pour fonder l'empire de Vijayanagar, qui englobait la totalité de l'Inde du Sud. Toutefois, ce puissant empire commença à s'affaiblir au XVIe siècle et, au XVIIe siècle, le sud de l'Inde était divisé entre divers chefs provinciaux, en particulier les Nayak, qui poursuivirent l'œuvre architecturale de leurs prédécesseurs.

En 1640, les Britanniques obtinrent l'autorisation de faire de Madraspatnam (l'actuelle Chennai) un comptoir commercial. Par la suite, l'intérêt porté à la région par les Français, les Hollandais et les Danois déboucha sur un conflit permanent et, à terme, sur la domination quasi totale des Britanniques. Seules de petites régions isolées, dont Pondichéry et Karaikal, demeurèrent sous contrôle français. Les colons britanniques intégrèrent la majeure partie de l'Inde du Sud à la région nommée "Madras Presidency".

De nombreux Tamouls participèrent activement à la lutte pour l'Indépendance, finalement obtenue en 1947. En 1956, la Madras Presidency fut dissoute et le Tamil Nadu, un État autonome, constitué selon des critères linguistiques, vit le jour.

TAMIL NADU

Nord du Tamil Nadu

DE CHENNAI A MAMALLAPURAM

La route côtière de Chennai à Mamallapuram est bordée de stations balnéaires, de centres de loisirs et de communautés d'artistes. Le **Cholamandal Artists' Village** (☎ 077-4926092, cholamandal@kmronline.com), à 18 km au sud de Chennai, comprend une galerie qui expose de belles peintures et sculptures contemporaines.

A 12 km au sud de Cholamandal, **Dakshinachitra** (☎ 04114-45303) se consacre aux arts traditionnels du Tamil Nadu, du Kerala et du Karnataka (il prévoit d'exposer des œuvres de l'Andhra Pradesh en 2004). L'entrée, visite guidée comprise, coûte 50 Rs pour les Indiens (25 Rs pour les étudiants), 175 Rs pour les étrangers (10/70 Rs pour les enfants/étudiants). Le village ouvre tous les jours, sauf le mardi. A Chennai, prenez le bus n°19 ou 49 à Parry's Corner.

Kovalam, ou Covelong, est un village de pêcheurs doté d'une belle plage, à 38 km au sud de Chennai. Le Taj Group a transformé un ancien fort en un luxueux complexe hôtelier, le ***Fisherman's Cove Resort*** *(☎ 04114-74304)*, où le prix des chambres commence à 150 $US et celui des bungalows à 200 $US (plus 30% de taxe).

MAMALLAPURAM (MAHABALIPURAM)

☎ 04114 • 13 300 habitants

Célèbre pour son temple en bord de mer, Mamallapuram fut la deuxième capitale et le port maritime des rois Pallava de Kanchipuram, dont le pouvoir politique et la créativité artistique atteignirent leur apogée entre le Ve et le VIIIe siècle. La plupart des temples et des sculptures rupestres furent achevés sous les règnes de Narasimha Varman Ier (630-668) et de Narasimha Varman II (700-728).

Les sculptures dépeignent des scènes de la vie quotidienne : femmes trayant des bufflonnes, dignitaires de la cité paradant, jeunes filles se pomponnant au coin des rues ou prenant des poses artistement provocantes. Elles se démarquent nettement de la statuaire de l'État, consacrée le plus souvent aux dieux

Fuyez les rabatteurs !

Flâner dans les temples est l'un des principaux attraits du Tamil Nadu, se débarrasser des rabatteurs, l'un de ses inconvénients. Ces guides improvisés demandent une rétribution exorbitante pour des informations lacunaires et guettent souvent le client devant les échoppes d'artisanat proches des sites. Présents partout, on les rencontre surtout à Kanchi, Trichy et Madurai. Ne vous laissez pas berner par ceux qui prétendent avoir le soutien de Lonely Planet ou montrent de pseudo-cartes officielles. Les services d'un guide reconnu coûtent environ 60 Rs l'heure et vous aideront à mieux apprécier votre visite ; cependant, vous devrez le chercher. Renseignez-vous, demandez conseil aux autres voyageurs, testez les connaissances de ceux qui se proposent et convenez d'un prix au départ.

MAMALLAPURAM (MAHABALIPURAM)

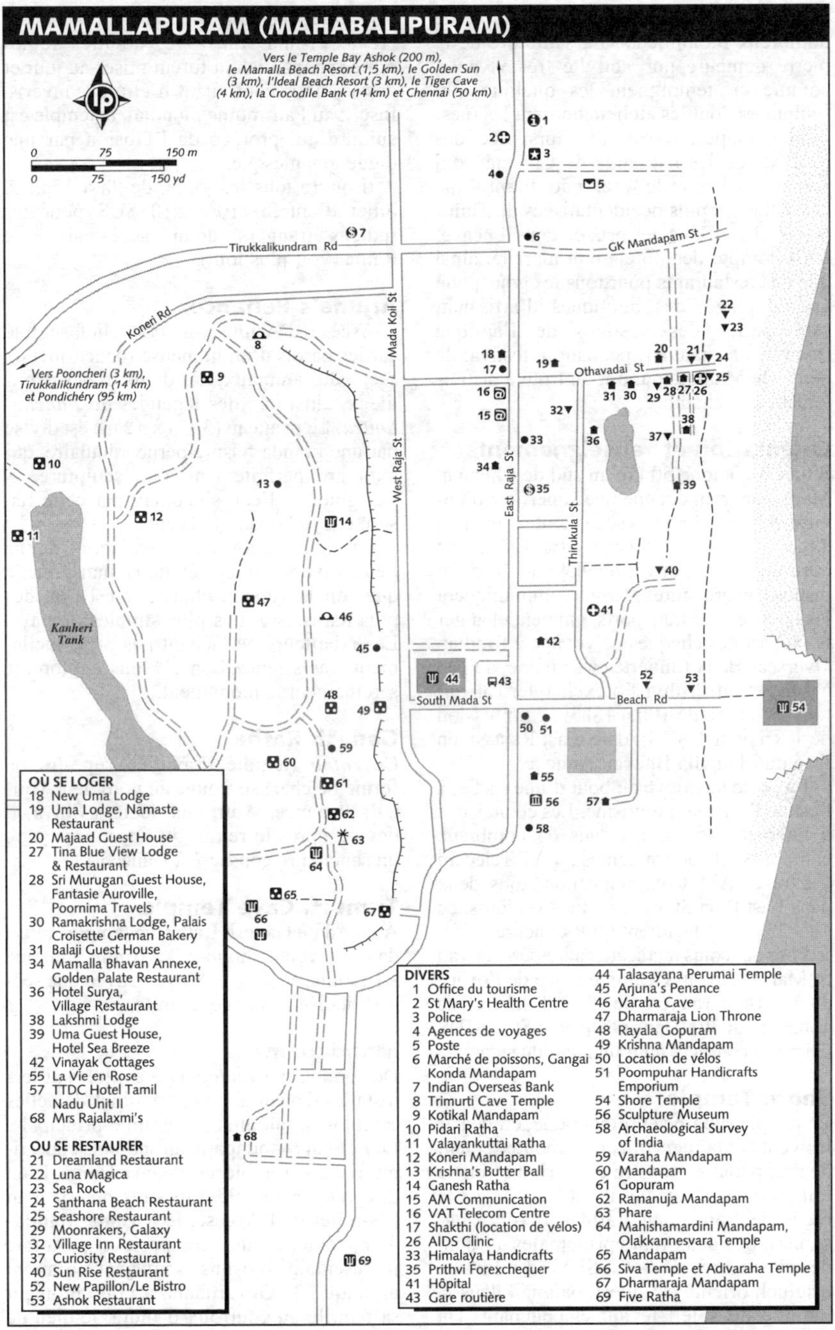

OÙ SE LOGER
- 18 New Uma Lodge
- 19 Uma Lodge, Namaste Restaurant
- 20 Majaad Guest House
- 27 Tina Blue View Lodge & Restaurant
- 28 Sri Murugan Guest House, Fantasie Auroville, Poornima Travels
- 30 Ramakrishna Lodge, Palais Croisette German Bakery
- 31 Balaji Guest House
- 34 Mamalla Bhavan Annexe, Golden Palate Restaurant
- 36 Hotel Surya, Village Restaurant
- 38 Lakshmi Lodge
- 39 Uma Guest House, Hotel Sea Breeze
- 42 Vinayak Cottages
- 55 La Vie en Rose
- 57 TTDC Hotel Tamil Nadu Unit II
- 68 Mrs Rajalaxmi's

OU SE RESTAURER
- 21 Dreamland Restaurant
- 22 Luna Magica
- 23 Sea Rock
- 24 Santhana Beach Restaurant
- 25 Seashore Restaurant
- 29 Moonrakers, Galaxy
- 32 Village Inn Restaurant
- 37 Curiosity Restaurant
- 40 Sun Rise Restaurant
- 52 New Papillon/Le Bistro
- 53 Ashok Restaurant

DIVERS
- 1 Office du tourisme
- 2 St Mary's Health Centre
- 3 Police
- 4 Agences de voyages
- 5 Poste
- 6 Marché de poissons, Gangai Konda Mandapam
- 7 Indian Overseas Bank
- 8 Trimurti Cave Temple
- 9 Kotikal Mandapam
- 10 Pidari Ratha
- 11 Valayankuttai Ratha
- 12 Koneri Mandapam
- 13 Krishna's Butter Ball
- 14 Ganesh Ratha
- 15 AM Communication
- 16 VAT Telecom Centre
- 17 Shakthi (location de vélos)
- 26 AIDS Clinic
- 33 Himalaya Handicrafts
- 35 Prithvi Forexchequer
- 41 Hôpital
- 43 Gare routière
- 44 Talasayana Perumai Temple
- 45 Arjuna's Penance
- 46 Varaha Cave
- 47 Dharmaraja Lion Throne
- 48 Rayala Gopuram
- 49 Krishna Mandapam
- 50 Location de vélos
- 51 Poompuhar Handicrafts Emporium
- 54 Shore Temple
- 56 Sculpture Museum
- 58 Archaeological Survey of India
- 59 Varaha Mandapam
- 60 Mandapam
- 61 Gopuram
- 62 Ramanuja Mandapam
- 63 Phare
- 64 Mahishamardini Mandapam, Olakkannesvara Temple
- 65 Mandapam
- 66 Siva Temple et Adivaraha Temple
- 67 Dharmaraja Mandapam
- 69 Five Ratha

et aux déesses. Mamallapuram compte de nombreux monuments. La sculpture de la pierre demeure une activité très vivante, comme en témoignent les quelque 200 sculpteurs dont les ateliers bordent les rues.

Mamallapuram est très appréciée des routards et des habitants de Chennai, qui viennent y passer le week-end. Étant l'une des villes les plus occidentalisées du Tamil Nadu, elle affiche des prix en conséquence, mais compte des hôtels bon marché, ainsi que des restaurants pour tous les goûts, une grande plage, des boutiques d'artisanat, sans parler des vestiges de l'antique royaume. En janvier, pendant le festival de danse de Mamallapuram, on trouve difficilement une chambre.

Orientation et renseignements

Située à quelque 50 km au sud de Chennai, Mamallapuram occupe une superficie d'environ 8 km^2 et les sites se visitent facilement à pied. L'office du tourisme (☎ 42232), au nord de la ville, ouvre de 9h45 à 17h45 ; il dispose de brochures et vous communiquera les horaires des transports. On peut changer la plupart des chèques de voyage à l'Indian Overseas Bank (ouverte en semaine, de 10h à 14h) et au Prithvi Forexchequer (ouvert tous les jours, de 10h à 18h30, commission de 1 Rp pour 1 $US), dans East Raja St, en face du Mamalla Bhavan Annexe.

La poste se trouve au bout d'une ruelle, à l'est de l'office du tourisme. Les connexions à Internet, disponibles dans de nombreux endroits, sont souvent lentes ; VAT Telecom Centre et AM Communication, tous deux dans East Raja St, ouvrent tous les jours, de 7h à 23h30, et facturent 60 Rs l'heure.

Pour des soins médicaux, adressez-vous au St Mary's Health Centre, en face de l'office du tourisme (ouvert de 9h à 12h30 et de 16h30 à 18h30). Dans Othavadai St, l'AIDS Clinic se consacre au traitement du sida.

Shore Temple

Ce temple superbe et romantique, érodé par les vents et la mer, illustre l'aboutissement de l'art pallava. Construit à l'origine vers le milieu du VIIe siècle, il fut rebâti sous le règne de Narasimah Varman II (ou Rajasimha). Ses deux tours principales abritent des sanctuaires dédiés à Shiva. Le lingam originel, orienté est-ouest, baignait dans la lumière du soleil levant et couchant. Un troisième sanctuaire, plus ancien, est consacré à Vishnu. En 1996, d'autres ruines représentant Vishnu furent mises au jour et des vestiges continuent d'être découverts. Inscrit au Patrimoine mondial, le temple est aujourd'hui protégé de l'érosion par une digue gigantesque.

Il ouvre tous les jours, de 9h à 17h. Le billet d'entrée (10 Rs/10 $US pour les Indiens/étrangers) donne accès aux Five Ratha (voir plus loin).

Arjuna's Penance

L'Ascèse d'Arjuna, un bas-relief sculpté sur les parois d'un immense rocher, met en scène des animaux, des dieux et des demi-dieux, ainsi que des légendes du *Panchatantra*. Le panneau (30 m x 12 m) est divisé par une grande fissure perpendiculaire, qui s'intègre parfaitement à la sculpture. A l'origine, de l'eau s'écoulait par cette fissure et symbolisait le Gange.

La signification de ce bas-relief donne lieu à diverses interprétations, mais, quelle que soit la version choisie, c'est l'un des plus réalistes et des plus simples du pays. Les rabatteurs ne lâchent pas prise facilement, mais tenez bon et vous explorerez sereinement le monument.

Ganesh Ratha

Ce *ratha* (temple dravidien rupestre en forme de char) se trouve au nord de l'Arjuna's Penance. Autrefois dédié à Shiva, il devint, après le retrait du lingam originel, un sanctuaire consacré à Ganesh.

Trimurti Cave Temple

Au nord du Ganesh Ratha, ce temple creusé dans la roche honore la trinité hindoue – Brahma, Vishnu et Shiva –, avec une section dédiée à chaque divinité.

Mandapam

De nombreux *mandapam* (pavillon à piliers installés devant un temple), ornés de belles sculptures, jalonnent la colline principale. Le **Kotikal Mandapam**, au sud-ouest du Trimurti Cave Temple, est dédié à Durga. L'un des premiers temples rupestres, antérieur au bas-relief de l'Ascèse, le **Krishna Mandapam**, renferme une composition pastorale représentant Krishna soulevant le mont mythique du Govardhana afin de protéger sa famille du courroux d'Indra, le dieu de la pluie. En revanche, il reste peu de choses du **Ramanuja Mandapam** et du **Dharmaraja Mandapam**, sans doute le plus ancien des monuments de Mamallapuram. Tous deux contiennent des sanctuaires dédiés à Brahma, Shiva et Vishnu.

Le **Mahishamardini Mandapam** et l'**Olakkannesvara Temple** se trouvent à quelques mètres au sud-ouest du phare. Les scènes des *Purana* (récits en sanskrit du Ve siècle) décrites sur le mandapam comportent l'une des plus belles sculptures de Durga.

Les ruines de l'Olakkannesvara Temple, érigé au VIIIe siècle, se dressent au-dessus de ce mandapam. Le site offre des vues spectaculaires sur Mamallapuram, mais les photos sont interdites "pour des raisons de sécurité" (une centrale nucléaire est installée à quelques kilomètres au sud).

Five Ratha

A 300 m de la mer et sculptés dans le roc, ces temples en forme de char constituent un autre bel exemple de l'architecture pallava. Enfouis dans le sable, ils furent dégagés par les Britanniques il y a 200 ans. Le musée expose des photos décrivant la progression des fouilles.

Les Cinq Ratha doivent leur nom aux héros du *Mahabharata*, les Pandava et leur épouse commune, Draupadi.

Le premier, le **Draupadi Ratha**, sur la gauche après la porte d'entrée, est consacré à la déesse Durga. A l'intérieur, la déesse se tient sur un lotus devant ses adeptes à genoux, en pleine adoration. Un imposant lion de pierre se dresse fièrement devant le temple.

Derrière ce sanctuaire, un énorme nandi (le taureau de Shiva) annonce le char suivant, l'**Arjuna Ratha**, dédié à Shiva. De nombreuses divinités, dont Indra, le dieu de la pluie, ornent les murs extérieurs.

Le temple suivant, le **Bhima Ratha**, est consacré à Vishnu. Une grande sculpture du dieu repose à l'intérieur.

L'extérieur du **Dharmaraja Ratha,** le plus imposant et le plus au sud, représente une quantité de divinités, dont Surya, le dieu du soleil, et Indra. Le dernier char, le **Nakula-Sahadeva Ratha**, est consacré à Indra. Sa monture est représentée par l'éléphant délicatement sculpté installé à côté du temple. En venant du nord après avoir franchi la porte d'entrée, on aperçoit tout d'abord l'arrière-train de l'animal, d'où son nom : **gajaprishthakara** (le derrière de l'éléphant). Cette représentation grandeur nature est considérée comme l'une des meilleures sculptures d'éléphant du pays.

Sculpture Museum

Dans East Raja St, le musée de la Sculpture expose plus de 3 000 œuvres réalisées par des artisans locaux, qui travaillent le bois, le métal, le cuivre et même le ciment, ainsi que quelques belles peintures. Il ouvre tous les jours, de 9h à 18h (entrée : 0,50 Rp).

Plage

La vaste plage, au nord du Shore Temple et à 200 m du village, accueille les bateaux des pêcheurs locaux et sert de toilettes publiques. En s'éloignant du Shore Temple vers le nord ou le sud, elle devient plus propre et vous pourrez y faire de longues promenades. Soyez prudent si vous vous baignez ; les courants sont dangereux et font de nombreuses victimes.

Massages, yoga et médecine ayurvédique

De nombreux centres proposent des massages, du reiki, du yoga et autres pratiques ayurvédiques. Comptez 350 Rs pour 30 à 45 min de soins. Krishna, de la Sri Murugan Guest House, nous a été recommandé. De multiples praticiens proposent leurs services ; les prix et la durée des séances varient. Renseignez-vous auprès d'autres voyageurs et, au moindre doute, abstenez-vous.

Cours

Vous pourrez apprendre à jouer d'un instrument de musique traditionnel auprès de K. Saikumar, dans School St, Pooncheri Village, à 3 km de Mamallapuram sur la route de Chengalpattu. Le New Papillon Le Bistro vous donnera tous les détails et vous trouvera un interprète.

Manifestations annuelles

En janvier, pendant quatre semaines, le **festival de danse de Mamallapuram** programme des danses de tout le pays, dont le bharata natyam (Tamil Nadu) et la danse tribale du kuchipudi (Andhra Pradesh), ainsi que des spectacles de kathakali (Kerala), de marionnettes et de musique classique. La plupart de ces événements se déroulent devant l'Arjuna's Penance. Vous trouverez une brochure à l'office du tourisme ou à Chennai. Les hôtels locaux pourront vous fournir le programme et des billets.

Où se loger

Si le confort n'est pas votre préoccupation première, vous pouvez loger ***chez l'habitant*** près des Five Ratha. Les chambres sont sommaires, mais nous avons eu de bons échos. Les prix se situent habituellement autour de 50 Rs par jour ou 300 Rs par semaine. Les rabatteurs vous trouveront un hébergement dans le village, mais vous le paierez plus cher. Bien que les hôtels soient nombreux, ils affichent souvent complet en période de vacances. Lors de votre arrivée à la gare routière, ne croyez pas les rickshaw-wallahs qui affirment que votre hôtel est complet. Vérifiez vous-même les disponibilités.

Où se loger – petits budgets

L'hôtel de ***Mrs Rajalaxmi's***, chaleureux, familial et bien tenu, mérite toujours son excellente réputation. Il offre des chambres, avec ventil. et électricité, à 50 Rs et des toilettes communes. Pour vous doucher, vous devrez remplir un seau d'eau au puits. L'hôtel prépare des repas à la demande.

Également accueillante et familiale, la ***Majaad Guest House*** *(☎ 42908, 44 Othavadai St)* propose de petites chambres, sommaires mais correctes, avec eau froide, à 100/150 Rs en simple/double.

Près de la plage, le ***Lakshmi Lodge*** *(☎ 42059, fax 42511)*, très apprécié, dispose de chambres claires et aérées de 150 à 250 Rs, de bungalows à 450 Rs, ou 750 Rs avec clim. (seau d'eau chaude à la demande de 6h à 22h). Il sert des plats indiens ou occidentaux sur les terrasses privées ou sur le toit, à la belle étoile.

Installé dans un jardin ombragé, le ***Tina Blue View Lodge & Restaurant*** *(☎ 42319, 34 Othavadai St)* loue des chambres sans prétention pour 100/198 Rs (30 Rs le lit supplémentaire). Des seaux d'eau chaude sont disponibles à toute heure. L'hôtel comporte une agréable salle de musique et de jeux, idéale pour les familles ou pour rencontrer d'autres voyageurs, ainsi qu'un restaurant, à l'étage, plaisant pour un repas ou pour s'attarder devant une bière.

Dans le même quartier, l'***Uma Lodge*** *(☎ 42322)* facture ses doubles sans/avec s.d.b. (seau d'eau chaude) 100/150 Rs. Il abrite le Namaste Restaurant (ancienne Pumpernickel Bakery).

Un peu plus haut de gamme que le précédent, le ***New Uma Lodge*** *(☎ 43369, 10 East Raja St)* comprend des chambres assez propres à 125/150/190 Rs en simples/doubles/grandes doubles (eau froide seulement).

L'***Uma Guest House*** *(☎ 42697, 11 Othavadai Cross St)* témoigne du succès d'Uma. Comptez de 150 à 190 Rs pour une double (avec seau d'eau chaude), ou 480 Rs avec clim. et eau chaude courante (pas de simples).

D'un bon rapport qualité/prix, le ***Vinayak Cottages*** *(☎ 42445)* est parfois victime des rabatteurs, qui prétendent qu'il n'existe pas. Il offre des bungalows à toit de chaume, à l'ancienne, à 250 Rs, et d'autres plus récents et spacieux (avec s.d.b. plus propre) de 250 à 450 Rs, ou 600 Rs avec clim.

L'agréable ***Balaji Guesthouse*** *(☎ 42546, fax 42511, 9 Othavadai St)* propose de petites doubles (pas de simples) à 200 Rs et de grandes chambres familiales à 400 Rs.

Près de la plage, la ***Sri Murugan Guest House*** *(☎ 42662, 42 Othavadai St)* dispose de chambres propres, à 150 Rs au rez-de-chaussée et 250 Rs à l'étage (doubles seulement). Un masseur ayurvédique y officie.

Populaire à juste titre, le ***Ramakrishna Lodge*** *(☎ 42431, 8 Othavadai St)*, propre et accueillant, loue ses chambres à partir de 100/150 Rs (avec seau d'eau chaude), mais les prix grimpent en saison. Une excellente boulangerie-restaurant, la Palais Croisette German Bakery, occupe le toit-terrasse.

Où se loger – catégories moyenne et supérieure

Toujours très prisé, le ***Mamalla Bhavan Annexe*** *(☎ 42260, fax 42160, mamalla@vsnl.com, 104 East Raja St)* compense les lacunes de sa plomberie et de son installation électrique par un personnel attentif. Les prix des chambres, toutes doubles avec téléphone et TV, s'échelonnent de 350 à 550 Rs (avec clim.). Vous pourrez prendre vos repas dans le restaurant végétarien, sur les balcons ou dans la cour. L'hôtel accepte les cartes MasterCard, Visa et AmEx.

Sous les cocotiers, l'***Hotel Sea Breeze*** *(☎ 43035, fax 43065, seabreezehotel@hotmail.com)*, doté d'une piscine, affiche un bon rapport qualité/prix, à 250/450 Rs en simple/double et 700 Rs en double avec clim.

La Vie en Rose *(☎ 42522)*, plus connu pour son restaurant, loue quelques chambres plaisantes et propres pour 250/300 Rs.

L'***Hotel Surya*** *(☎ 42292, Thirukula St)*, tenu par un archéologue, garantit un séjour intéressant. Cet endroit chaleureux comporte des chambres très propres à partir de 200/350 Rs. Une double avec balcon, surplombant le jardin décoré de sculptures ou le lac, revient à 400/450 Rs, ou 750 Rs avec clim. et 850 Rs pour une chambre deluxe.

Près de Beach Rd, dans un jardin ombragé, le ***TTDC Hotel Tamil Nadu Unit II*** *(☎ 42287)* propose des bungalows doubles de 300 à 350 Rs, des lits en dortoir (de 12 à 15) à 50 Rs et des tentes à 100 Rs. Au nombre de ses prestations figurent un bar, un restaurant et un terrain de jeu pour les enfants.

Les autres établissements de catégories moyenne et supérieure s'échelonnent sur plusieurs kilomètres vers le nord, le long de la route de Chennai. Chacun occupe une étroite bande de terre, à 300 m environ de la route et aussi près que possible de la plage. Ils disposent généralement d'une piscine, d'un bar, d'un ou de plusieurs restaurants et acceptent les cartes de crédit.

Le ***Temple Bay Ashok Beach Resort*** *(☎ 42251, fax 42257, tbabr@md3.vsnl.net.in)* se situe à 200 m de la ville, dans un joli jardin agrémenté d'un terrain de jeu pour les enfants. Comptez 1 995/3 900 Rs en simple/double climatisée, dans le bâtiment principal ou dans les bungalows individuels, dont certains avec sol en ardoise et toit de chaume. Les non-résidents peuvent utiliser la petite piscine pour 100 Rs par jour.

Plus au nord et moins proche de la mer, le ***Mamalla Beach Resort*** *(☎ 42375, fax 42160)* possède des doubles propres de 500 à 600 Rs, ou 780 Rs avec clim. Le personnel du restaurant, végétarien/non végétarien, se montre particulièrement sympathique.

A 3 km de Mamallapuram, le ***Golden Sun Beach Resort*** *(☎ 42245, fax 044-4982669 à Chennai)* facture ses chambres à partir de 800/850 Rs, 1 100/1 200 Rs avec clim. et 1 400/1 500 Rs avec vue sur la mer. Doté d'un club de remise en forme et d'une piscine, l'établissement, apprécié, affiche souvent complet.

L'une des meilleures adresses, l'***Ideal Beach Resort*** *(☎ 42240, fax 42243)* se trouve également à 3 km de la ville. Suffisamment petit, il a conservé l'atmosphère chaleureuse et intime voulue par le propriétaire. Comptez 1 350/1 500 Rs pour une chambre/bungalow. La cuisine est délicieuse et la piscine, ouverte aux non-résidents moyennant 100 Rs.

Où se restaurer

Mamallapuram ravira les gastronomes. Dans une ambiance détendue, les restaurants du littoral servent des fruits de mer joliment présentés. Assurez-vous du prix avant de commander. Dans de nombreux restaurants, vous pouvez adapter le menu à votre budget et à votre appétit. Les bières coûtent habituellement 50 Rs dans les bars de plage et 35 Rs dans les nombreuses boutiques de spiritueux.

Sur la plage, le ***Seashore Restaurant***, le ***Santhana Beach Restaurant***, le ***Luna Magica*** et le ***Sea Rock*** proposent d'excellents produits de la mer, dont des langoustines (50 Rs pièce), des homards, des crabes (200 Rs le petit) et des poissons entiers (200 Rs). Les autres plats valent de 40 à 50 Rs.

Tenu par trois frères sympathiques, le ***Moonrakers*** (*Othavadai St*) reste ouvert tard le soir et facilite la rencontre d'autres voyageurs. Vous apprécierez tout autant sa cuisine que son ambiance. Voisin, le ***Galaxy*** propose une carte similaire, un excellent café et des crêpes.

Le ***Village Inn Restaurant*** possède une salle et une terrasse intime, protégée par des cocotiers. Il prépare toutes sortes de cuisines et des produits de la mer ; les prix s'échelonnent de quelques roupies à 500 Rs.

Un peu plus loin que le Village Inn, le ***Village Restaurant***, à côté de l'Hotel Surya dans Thirukula St, sert différentes spécialités.

Bonne adresse, surtout aux heures chaudes de la journée, le ***Tina Blue View Lodge & Restaurant***, ombragé, capte la moindre brise. Son atmosphère détendue compense la lenteur du service et l'on peut commander une bière.

Le ***Dreamland Restaurant***, en face du Tina Blue, possède aussi une salle à l'étage et présente une carte variée.

Sur la terrasse de l'Uma Lodge, le ***Namaste Restaurant*** se révèle fort plaisant à toute heure de la journée. Tenu par un Népalais, il offre des pâtisseries françaises et allemandes, des pâtes italiennes et des spécialités indiennes.

Dirigé par une équipe enthousiaste, le minuscule ***New Papillon/Le Bistro***, sur la route du Shore Temple, sert des petits déjeuners tôt le matin et des bières fraîches.

Derrière le New Papillon, de l'autre côté du terrain de jeu, le ***Sun Rise Restaurant*** propose un grand choix de plats de poisson d'un bon rapport qualité/ prix.

Le ***Curiosity Restaurant***, en face du Lakshmi Lodge, prépare une bonne cuisine et d'excellents petits déjeuners, mais ses prix restent élevés.

Tenu en partie par un Français, ***La Vie en Rose*** occupe le premier étage d'un bâtiment à l'extrémité sud d'East Raja St. Ce charmant petit restaurant propose un menu (non végétarien) différent chaque jour, des plats principaux à quelque 70 Rs et un bon café.

Dans le Mamalla Bhavan Annexe, le ***Golden Palate Restaurant***, un excellent restaurant végétarien, prépare, entre autres, de savoureuses aubergines masala sautées, nappées d'une sauce aux noix de cajou (25 Rs).

Dans un agréable jardin près du Shore Temple, l'***Ashok Restaurant*** sert un petit déjeuner accompagné de dosa, à partir de 15 Rs.

Achats

Mamallapuram fait revivre les techniques ancestrales des sculpteurs pallava et, tous les matins, la ville s'éveille au son des ciseaux mordant dans les blocs de granit. Ces sculptures sont exportées dans le monde entier et vous en trouverez au Poompuhar Handicrafts Emporium (prix fixes, en théorie), géré par l'État, ou dans les nombreuses boutiques d'artisanat qui bordent les artères principales (prix négociables). Les prix s'échelonnent de 300 Rs (pour une petite statue) à 400 000 Rs pour un immense Ganesh qu'il faudra déplacer à l'aide d'une grue. L'expédition par bateau vers l'Europe ou les États-Unis prend trois mois et son coût varie selon le poids. A chaque coin de rue, des magasins proposent des statuettes de divinités hindoues en stéatite, des bois sculptés, des bijoux, des hamacs, ainsi que l'habituel artisanat cachemiri. Fantasie Auroville, dans la Sri Murugan Guest House, offre un très bel artisanat. Pour échanger des livres, adressez-vous à Himalaya Handicrafts, East Raja St.

Comment s'y rendre

Les bus n°s188 et 188A/B/D/K empruntent l'itinéraire le plus direct depuis/vers Chennai (25 Rs, 2 heures, 50 km, 20 bus par jour). A Chennai, ils stationnent en face du Saravana Bhavan, près de Parry's Corner. Les bus n°s19C et 119A partent de la gare routière au coin d'East Raja St et de South Manda St et rejoignent Chennai *via* Kovalam (26 bus par jour). Le bus n°108B (12 bus par jour) rallie Chennai *via* l'aéroport.

Les bus n°s188 et 188A desservent Pondichéry (30 Rs, 3 heures 30, 95 km, 9 bus par jour). Cinq fois par jour, le bus n°212A/H part pour Kanchipuram (12 Rs, 2 heures, 65 km) *via* Tirukkalikundram et Chengalpattu (Chingleput). Vous pouvez aussi prendre un bus pour Chengalpattu, puis changer.

Pour Madurai, prenez un bus jusqu'à Chengalpattu (1 heure), puis le train (576/167 Rs en 1re/2e classe, 15 heures).

Des taxis stationnent à la gare routière. Pour une longue course, préparez-vous à un marchandage serré avant d'obtenir un tarif raisonnable. Comptez environ 450 Rs jusqu'à l'aéroport de Chennai.

Comment circuler

La marche constitue la meilleure façon de se déplacer. Plusieurs boutiques louent des vélos, notamment le magasin de cycles proche de la gare routière (25 Rs par jour). Le Lakshmi Lodge, Shakthi, 137 East Raja St, et Poornima Travels (☎ 42463), 33 Othavadai St, louent des mobylettes pour quelque 175 Rs par jour (casques non fournis) ; vous n'avez pas besoin de permis et ne devrez pas laisser votre passeport.

Dans cette ville touristique, les auto-rickshaws ne sont guère disposés à négocier leurs prix. De l'avis de nombreux voyageurs, la location d'un taxi à plusieurs constitue une bonne solution pour visiter les alentours.

ENVIRONS DE MAMALLAPURAM

A près de 5 km au nord de Mamallapuram, dans le village de Salavankuppam, la **Tiger Cave** (grotte du Tigre), un sanctuaire rupestre, daterait du VIIe siècle. Dédié à Durga, il possède un petit mandapam orné d'une couronne de têtes de *yali* (lion mythique) sculptées.

A 14 km de Mamallapuram, **Tirukkalikundram** est un centre de pèlerinage ; le temple consacré à Shiva se juche au sommet d'une colline. Selon la légende, deux aigles viennent chaque jour à midi de Varanasi (Benarès), mais nul ne les aperçoit !

Cinq cents marches, à gravir pieds nus, mènent au temple, qui abrite deux superbes sanctuaires. Mieux vaut s'y rendre en dehors des heures d'ouverture, car le gardien vous laissera entrer moyennant une petite contribution. Le reste du temps, l'insistance des prêtres pour obtenir un don en échange d'une prière tourne au harcèlement. Au sommet, la vue s'étend sur le grand Bhaktavatsaleshavra Temple, les montagnes rocheuses et les rizières. De Mamallapuram, on peut rejoindre le site en bus ou en bicyclette. Le temple ouvre de 8h30 à 13h et de 17h à 19h (entrée : 2 Rs).

VEDANTANGAL BIRD SANCTUARY

A environ 52 km de Mamallapuram, cette réserve ornithologique est un important site de nidification pour les oiseaux aquatiques. Cormorans, aigrettes, hérons, cigognes, ibis, spatules, grèbes et pélicans l'habitent d'octobre à mars. En pleine saison des amours (décembre-janvier), on dénombre jusqu'à 30 000 oiseaux. Le meilleur moment pour les observer se situe en tout début de matinée ou en fin d'après-midi. La réserve ouvre tous les jours, de 6h à 18h (entrée : 1 Rp).

La ***Forest Department Resthouse***, à 500 m de la réserve, offre un hébergement rudimentaire pour 30 Rs par personne. Réservez auprès du Wildlife Warden (☎ 044-413947), 4e étage, DMS Office, Teynampet, Chennai ; sans réservation, vous obtiendrez un lit en fonction des disponibilités.

Pour rejoindre Vedantangal, prenez un bus de Chengalpattu jusqu'à l'arrêt de Vedantangal, puis parcourez à pied le dernier kilomètre, en direction du sud. Les bus font souvent le détour jusque-là. Vous pouvez aussi emprunter un bus en provenance d'une grande ville qui rejoint Madurantakam, le bourg le plus proche, puis louer un moyen de transport pour les huit derniers kilomètres.

KANCHIPURAM

☎ 04112 • 184 000 habitants

Kanchipuram, ville poussiéreuse et insignifiante, doit sa célébrité à ses temples et à ses soieries. L'afflux des pèlerins et des touristes a entraîné une culture du harcèlement, particulièrement virulente dans certains temples et magasins de soie. Des tour-opérateurs ont passé des accords avec les manufactures de soie : plus ils amènent de clients, plus leur commission est élevée. Si quelqu'un vous conduit dans une boutique, n'oubliez pas que sa commission sort de votre poche. Dans les temples, prêtres, guides, cireurs et gardes divers demandent tous un petit billet. Tous les temples ferment de 12h à 16h.

Histoire

Au IIIe siècle, Kanchipuram était une cité raffinée où cohabitaient diverses langues et cultures. C'était une ville importante pour l'enseignement du bouddhisme, mais l'hindouisme et le jaïnisme y avaient également leur place. Lorsqu'elle devint la capitale des Pallava (du VIe au VIIIe siècle), les arts, en particulier la littérature, la musique et la danse, s'épanouirent et les premiers temples de pierre d'Inde du Sud furent construits. Les dynasties suivantes, dont celles des Chola et des Pandya, continuèrent à assurer la prospérité de Kanchipuram. De nouveaux temples furent érigés et les anciens, rénovés.

Aujourd'hui, le commerce de la soie et le tourisme prédominent, jusque dans l'enceinte sacrée des temples.

Orientation et renseignements

Kanchipuram, ou Kanchi, se situe sur la route principale de Chennai à Bangalore, à 76 km au sud-ouest de Chennai.

Le comptoir d'information touristique de l'Hotel Tamil Nadu (☎ 22461) se consacre à la promotion des marchands de soie amis. La poste se trouve dans Station Rd et vous pourrez vous connecter à Internet à Dishnet, 81C Kamaraja St (ou Kossa St). Les banques refusent les chèques de voyage ; quelques hôtels (et magasins de soie) acceptent les cartes de crédit.

Kailasanatha Temple

Dédié à Shiva, ce temple est le plus ancien de Kanchi. Érigé par le roi pallava Rayasimha à la fin du VIIe siècle, il illustre les débuts de l'architecture dravidienne ; la façade fut ajoutée plus tard par son fils, le roi Varman III.

Les vestiges des peintures murales du VIIIe siècle donnent une idée de sa splendeur passée. Il contient 58 petits sanctuaires consacrés à Shiva, à Parvati et à leurs fils, Ganesh et Murugan.

Le temple, entretenu par le département d'archéologie, autorise les non-hindous à

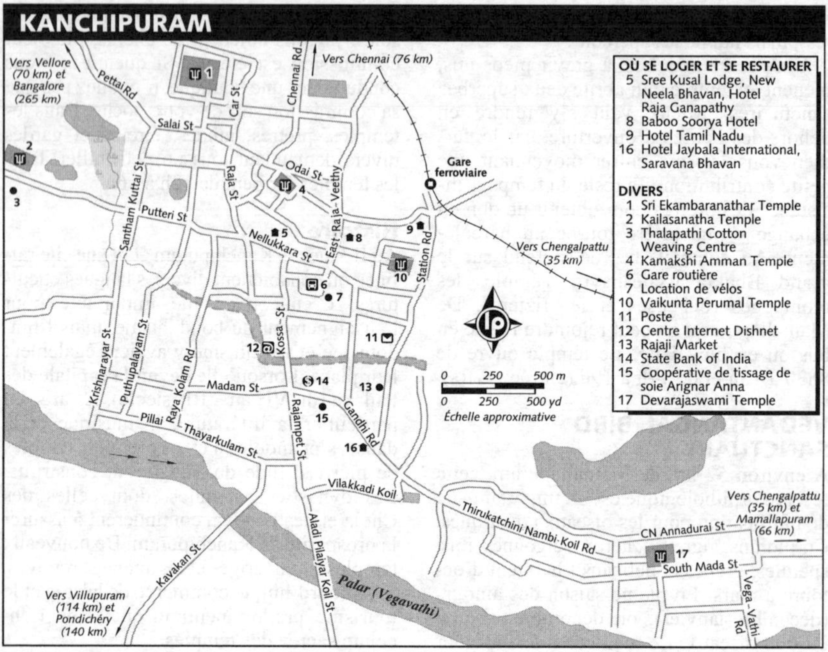

accéder au sanctuaire central, qui recèle un lingam en forme de prisme – le plus grand de Kanchi et le troisième d'Asie. Le guide et le prêtre vous fourniront des informations détaillées ; l'absence de rabatteurs en fait le temple le plus agréable à visiter.

Sri Ekambaranathar Temple

L'un des plus vastes de Kanchipuram, ce temple dédié à Shiva couvre 12 ha. Son gopuram de 59 m de haut et son mur d'enceinte massif, en pierre, furent érigés en 1509 par Krishnadevaraya, de l'empire de Vijayanagar. Ses structures d'origine, édifiées sous le règne des Pallava, furent agrandies par les Chola. Le nom du temple proviendrait d'une déformation d'Eka Amra Nathar, "le seigneur du manguier". Il abrite un manguier, dont les quatre branches maîtresses représentent les quatre *Veda*. Une plaque apposée à proximité lui attribue 3 500 ans d'âge.

Les non-hindous ne sont pas admis dans le sanctuaire. Les solliciteurs en tout genre abondent ici plus qu'ailleurs ; ne vous laissez pas berner par les soi-disant représentants officiel…

Kamakshi Amman Temple

Ce temple est consacré à Parvati sous la forme de Kamakshi, la déesse qui accède à toutes les requêtes. A droite de l'entrée se trouve la salle de mariage aux piliers richement décorés. En face de l'entrée, le sanctuaire principal est recouvert d'or. En février-mars, les chars de bois portant les statues des divinités sont tirés à travers les rues dans une procession colorée. En octobre-novembre, on célèbre l'anniversaire de la déesse.

Devarajaswami Temple

Dédié à Vishnu, ce monument colossal, érigé par les Vijayanagar, comporte un hall aux piliers magnifiquement sculptés, ainsi qu'une salle de mariage commémorant l'union de Vishnu et de Lakshmi. Parmi ses trésors, remarquez l'énorme chaîne façonnée dans un seul bloc de pierre. Tous les 40 ans, le bassin du temple est vidé et laisse apparaître une immense statue de Vishnu. Vous devrez attendre jusqu'en 2019.

Vaikunta Perumal Temple

Dédié à Vishnu, ce temple fut construit peu après celui de Kailasanatha. A l'intérieur du mur d'enceinte, le vimana se compose de piliers sculptés de lions, et préfigure l'évolution architecturale qui devait donner naissance aux célèbres mandapam à mille piliers. Le sanctuaire principal, sur trois étages, abrite des représentations de Vishnu debout, assis et allongé.

Où se loger et se restaurer

La plupart des établissements bon marché (et bruyants) se regroupent dans le centre-ville, à quelques minutes à pied de la gare routière.

Le ***Sree Kusal Lodge*** (*☎ 23342, Nellukkara St*) propose des simples/doubles carrelées de marbre, avec toilettes, à partir de 120/180 Rs et des doubles climatisées à 450 Rs (eau chaude le matin).

L'***Hotel Tamil Nadu*** (*☎ 22553, Station Rd*) dispose de chambres spacieuses, assez bien tenues, avec toilettes, à partir de 350 Rs, ou 500 Rs avec clim. (pas de simples). Une chambre deluxe climatisée, un peu plus vaste, revient à 650 Rs. L'hôtel comprend un bar, un restaurant et un bureau de change.

Le ***Baboo Soorya Hotel*** (*☎/fax 22555, 85 East Raja Veethy*), un établissement élégant au personnel sympathique, offre des chambres propres à 300/375 Rs, ou 450/525 Rs avec clim. (eau chaude de 5h à 9h). Les clients peuvent utiliser le téléphone, la TV et un bon restaurant végétarien.

L'***Hotel Jaybala International*** (*☎ 24348, 504 Gandhi Rd*) facture ses chambres de 125/350 à 450/500 Rs avec clim. Les draps sont propres, mais les s.d.b. négligées (eau chaude de 6h à 10h et douche dans les chambres climatisées). L'hôtel, doté de la TV et d'un service e-mail, accepte les principales cartes de crédit. Il abrite la meilleure table de la ville, le ***Saravana Bhavan***.

Près du Sree Kusal Lodge, le ***New Neela Bhavan*** et l'***Hotel Raja Ganapathy***, très fréquenté, préparent de bons plats végétariens d'Inde du Sud à prix doux.

Comment s'y rendre

Bus. La gare routière est bien conçue. Cherchez les bus directs Point-to-Point, les plus rapides ; le n°76B rallie Chennai (14 Rs, 1 heure 30). Le bus n°212A par cinq fois par jour pour Mamallapuram (12 Rs, 2 heures environ). Sinon, prenez l'un des bus, plus fréquents, à destination de Chengalpattu, puis une correspondance. La State Express Transport Corporation (SETC) relie Kanchipuram à Tiruchirappalli (n°122), Chennai (n°828) et Bangalore (n°828).

De nombreux bus régionaux desservent Chennai, Vellore et Tiruvannamalai ; des bus privés se rendent à Pondichéry.

Train. De la gare ferroviaire d'Egmore à Chennai, prenez un train pour Chengalpattu (Chingleput), puis changez pour Kanchipuram. Les trains sont rares et mieux vaut prendre un bus.

Comment circuler

Vous pourrez louer un vélo dans des boutiques près de la gare routière (5 Rs l'heure ou 50 Rs la journée). Des rickshaws et autorickshaws vous conduiront à Mamallapuram pour 500 Rs.

VELLORE

☎ 0416 • 330 200 habitants

A 145 km à l'ouest de Chennai, cette bourgade commerçante mérite le détour pour son fort et son temple vijayanagar, très bien préservés. Vellore est renommée pour son hôpital, le CMC Hospital, un établissement de pointe en matière de soins et de recherche. La poste se trouve près de Minny St. La State Bank of India possède un guichet de change.

Vellore Fort

Construit au XVIe siècle, le fort de Vellore tomba en 1676 aux mains des Marathes, qui le conservèrent durant une courte période. Les Britanniques l'investirent en 1760, après la défaite de Srirangapatnam et la mort de Tipu Sultan. Ouvert tous les jours, de 7h à 19h, il abrite aujourd'hui divers services administratifs et des bureaux privés.

Dans l'enceinte du fort, un petit **musée** (fermé le vendredi) expose des sculptures datant des périodes pallava et chola.

Jalakanteshwara Temple

Ce temple, joyau de l'architecture vijayanagar tardive, fut construit vers 1550. Pendant les invasions successives des Adil Shah de Bijapur, des Marathes et des nababs carnatiques, le temple, occupé par une garnison, cessa ses activités rituelles. Il a depuis retrouvé sa destination première.

A l'intérieur, le mandapam à colonnades, réputé pour ses sculptures de yali et autres créatures mythiques, est considéré comme l'un des chefs-d'œuvre de son époque. De

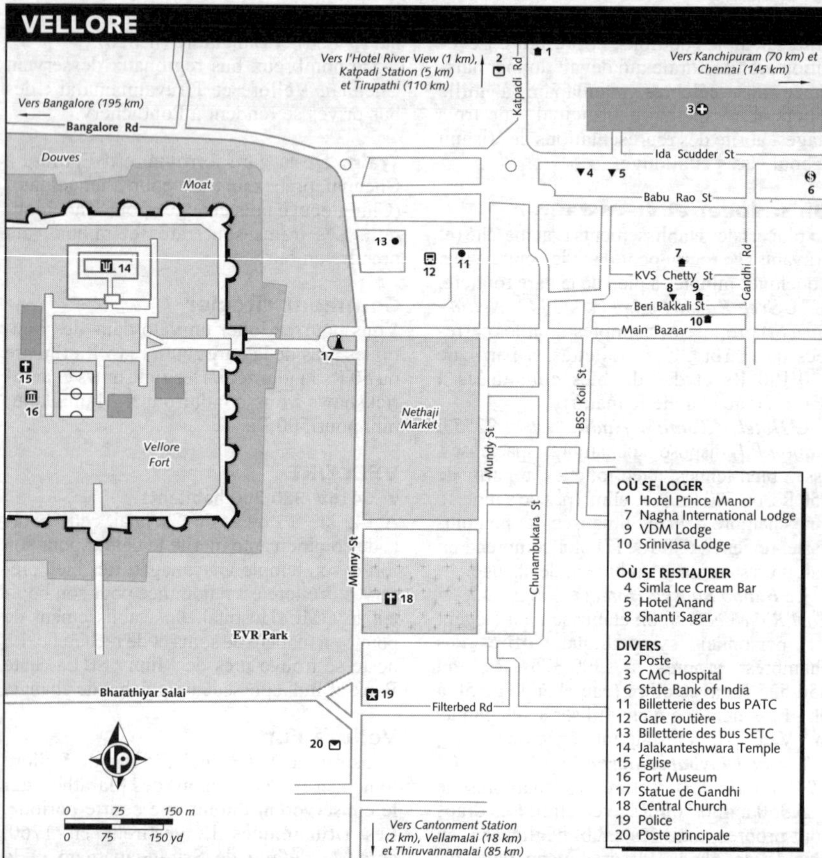

grandes statues de Ganesh ornent l'entrée et le mandapam. Le temple ouvre tous les jours, de 6h à 13h et de 15h à 20h.

Où se loger

Les hôtels bon marché se regroupent aux alentours de l'hôpital.

Bien tenu et accueillant, le ***Srinivasa Lodge*** (☎ *26389, 14 Beri Bakkali St*) offre des simples/doubles à partir de 120/150 Rs (eau chaude le matin).

Le ***VDM Lodge*** (☎ *24008, 13 Beri Bakkali St*), vaste établissement, propose des chambres ordinaires à 100/150 Rs et des chambres deluxe, avec TV, à 250/300 Rs (eau chaude le matin).

Grand et moderne, le ***Nagha International Lodge*** (☎ *26731, 13 KVS Chetty St*) facture ses chambres de 150/200 Rs à 550 Rs la double avec clim.

A 1 km au nord du centre-ville, l'***Hotel River View*** (☎ *25251, Katpadi Rd*), moderne et propre, dispose de chambres à 370/420 Rs, ou 550/650 Rs avec clim. Il comprend trois restaurants, un bar et un jardin.

L'***Hotel Prince Manor*** (☎ *27726, Katpadi Rd*), un établissement haut de gamme, loue ses doubles à partir de 650 Rs, ou 950 Rs avec clim. Il possède trois restaurants, végétariens ou non, et un jardin sur le toit.

D'autres hôtels, de toutes catégories, sont installés dans Filterbed Rd, au sud de la ville.

Où se restaurer

Le ***Simla Ice Cream Bar*** (*Ida Scudder St*) n'est pas un glacier mais un excellent café végétarien d'Inde du Nord. A côté du VDM Lodge, le ***Shanti Sagar*** (*Beri Bakkali St*), un restaurant végétarien animé, possède une agréable cour en plein air. L'***Hotel Anand*** (*Ida Scudder St*), un restaurant végétarien élégant, dispose d'une salle climatisée.

Le ***River Room***, l'un des trois restaurants de l'Hotel River View, sert du poisson et des frites pour 70 Rs et un steak au poivre à 80 Rs.

Comment s'y rendre

Bus. Les bus SETC n°139 et 280 rallient Chennai (33 Rs), le n°104, Tiruchirappalli (58 Rs), les n°168, 866 et 983, Madurai (72 Rs). Tous partent de Vellore et l'on peut réserver des places aux billetteries des gares routières. D'autres bus, en provenance de Chennai et de Bangalore (parfois complets), continuent vers Bangalore, Tirupathi (2 heures 30), Thanjavur et Ooty. Trente bus desservent quotidiennement Kanchipuran (12 Rs, 2 heures 30) à partir de 5h.

Des bus stationnent devant la gare ferroviaire de Katpadi et le trajet jusqu'à Vellore (2 Rs) dure de 15 à 30 min. Les auto-rickshaws demandent 60 Rs.

Train. La principale gare ferroviaire de Vellore se situe à 5 km au nord, à Katpadi. Le trajet Katpadi-Bangalore (4 heures 30, 228 km) coûte 321/95 Rs en 1re/2e classe. Jusqu'à Chennai (2 heures, 130 km), comptez 205/39 Rs. Pour Tirupathi (3 heures), un train part à 2h20 et un autre à 22h30, qui arrive à 2h.

TIRUVANNAMALAI

☎ 04175 • 100 000 habitants

A 85 km au sud de Vellore, la petite ville de Tiruvannamalai se niche au pied d'Arunachala Hill. Dans cet important centre, Shiva est vénéré sous la forme d'Arunachaleswar, un aspect du feu. A la pleine lune, des milliers de pèlerins font le tour de la montagne.

L'**Arunachaleswar Temple**, l'un des plus grands temples du pays, occupe quelque 10 ha. Il date du XIe siècle, mais sa structure a été réalisée en grande partie entre le XVIIe et le XIXe siècle. Il compte quatre imposants gopuram, érigés aux quatre points cardinaux, et celui de l'est s'élève à 66 m. Le temple ouvre de 6h à 13h et de 17h30 à 22h. Le petit **Sri Ramanasramam Ashram**, à 2 km au sud-ouest de Tiruvannamalai, reçoit les adeptes de Sri Ramana Maharishi, un gourou décédé en 1950 après 50 années de contemplation. On peut visiter l'ashram dans la journée, mais seuls les adeptes peuvent y loger en faisant la demande par écrit au moins 3 mois à l'avance au President, Sri Ramanasramam, PO Tiruvannamalai. Les bureaux (☎/fax 22491) ouvrent de 8h à 11h et de 14h à 17h.

La poste se situe près de la route de Gingee. Shree Super Shop, 81B Krishnan St, à côté de la State Bank of India, dispose de l'Internet.

Où se loger et se restaurer

Plusieurs hôtels sont installés aux abords du temple. En période de fête (novembre-décembre), les prix peuvent grimper de 1 000% et il faut négocier farouchement pour obtenir une réduction.

Le ***Swathi Lodge*** (*☎ 26426, 27 Othavadai St*) propose des simples/doubles à 100/150 Rs, ou 350 Rs avec clim. (seau d'eau chaude disponible à toute heure). Les chambres les plus chères possèdent téléphone et TV.

Le lingam de feu

Selon la légende, Shiva serait apparu au sommet d'Arunachala Hill, à Tiruvannamalai, sous la forme d'une colonne de feu, créant ainsi le symbole du lingam. Lors de la pleine lune de novembre-décembre, la fête de Karthikai Deepam, l'une des plus anciennes du pays, célèbre ce mythe dans l'Inde entière, mais prend un sens tout particulier à Tiruvannamalai : un feu colossal, alimenté par une mèche de 30 m de haut plongée dans 2 000 litres de ghee (beurre clarifié), embrase le sommet d'Arunachala Hill pendant plusieurs jours. Dans les maisons, on allume des lampes en l'honneur de Shiva et de son lingam. Le feu symbolise la lumière de Shiva, chassant les ténèbres et le démon.

En période de fête, près de 500 000 fidèles viennent à Tiruvannamalai pour escalader la montagne ou faire le tour de sa base (14 km) en l'honneur de Shiva. Sur le chemin du sommet, les marches cèdent très vite la place à à des pierres acérées et instables. Le soleil est implacable et l'ascension doit se faire pieds nus, par respect envers la divinité. Rien de tout cela ne décourage les milliers de pèlerins qui, sereinement et joyeusement, grimpent jusqu'à la demeure du dieu.

A 500 m à l'est du temple, le ***Trishul Hotel*** (☎ *22219, 6 Kanakaraya Mudali St*), doté d'un bon restaurant végétarien, dispose de chambres confortables à 450/495 Rs, ou 650/700 Rs avec clim. Le personnel se montre particulièrement serviable.

Meilleure adresse tant pour l'hébergement que pour la restauration, l'***Hotel Ramakrishna*** (☎ *25004, fax 25008, 34F Polur Rd*), à quelques kilomètres de la ville, facture ses doubles de 195 à 475 Rs (avec clim., TV et téléphone). L'eau chaude est disponible de 4h à 11h. L'hôtel offre un service e-mail et un transfert gratuit des gares ferroviaire et routière.

Comment s'y rendre

Le *Tirupati-Trichy Express* (n°6801) s'arrête tous les jours par Tiruvannamalai, à 21h13 en direction du sud et à 23h en direction du nord. Des bus partent pour Chennai toutes les 15 min (49 Rs) et des bus express toutes les heures. Des bus réguliers desservent Pondichéry et les grandes villes.

GINGEE (SENJI)

Le fort de Gingee (prononcez "chinedji") se situe à 37 km à l'est de Tiruvannamalai. Construit au XVIe siècle par les Vijayanagar (quelques structures datent du XIIIe siècle), il fut occupé par diverses armées, dont celles d'Adil Shah de Bijapur et des Marathes, qui s'en emparèrent en 1677. En 1698, le fort passa aux mains des Moghols. Puis les Français s'y installèrent jusqu'à ce que les Britanniques les écrasent à Pondichéry.

Aujourd'hui, le fort n'accueille plus que les promeneurs et les ouvriers qui le restaurent. Son exploration peut prendre une journée entière. Parmi les différents bâtiments, vous verrez une resserre à grain, un temple de Shiva et une mosquée ; ne manquez pas la salle d'audience, récemment rénovée. Le fort ouvre de 9h à 17h (entrée : 2/250 Rs pour les Indiens/étrangers).

A 1,5 km à l'est de la ville, sur la route principale, le ***Devi Lodge*** *(☎ 04145-22210)*, très accueillant, offre des chambres sommaires, dont certaines avec vue sur le fort, à 60/80 Rs. Plus élégant, l'***ANA Hotel*** *(☎ 04145-22699, 191 Tiruvannamalai NH Rd)* propose des chambres standard à 215/410 Rs et des chambres avec clim., TV et téléphone à 260/495 Rs. Il possède un excellent restaurant.

Des bus partent presque toutes les heures de Tiruvannamalai. Demandez que l'on vous dépose au fort ("the fort"), à 2 km avant Gingee. De Pondichéry, on peut faire l'excursion dans la journée.

PONDICHÉRY

☎ 0413 • 789 416 habitants

En janvier 1673, un militaire français acheta au sultan de Bijapur, pour le compte de la Compagnie française des Indes, un village du nom de Poudouchéry, sur la côte est du sous-continent. Ainsi débutait l'épopée de la France "aux Indes", aussi fugace que riche en rebondissements, et dont Pondichéry demeure le symbole.

"Je ne puis comprendre à quel dessein les premiers Français qui sont venus ici se sont fixés dans un endroit de si difficile accès du côté de la mer … et si incommode pour la vie", relatait un voyageur de retour du nouveau comptoir, vers 1690. La raison en est simple : cette petite ville de pêcheurs offrant un abri médiocre sur une côte marécageuse fut tout ce que put obtenir l'escadre de Perse. Dépêchée par Louis XIV pour développer le négoce français en Inde, celle-ci eut maille à partir avec les Hollandais, déjà solidement implantés dans le sous-continent.

La nouvelle position française fournit une excellente base pour le commerce, fenêtre ouverte sur l'Orient et ses richesses. Cette fenêtre, François Martin saura l'entrouvrire. Véritable fondateur de Pondichéry, nommé en 1685 "directeur de la côte de Coromandel, Bengale, et des lieux du Sud où la Compagnie porterait son commerce", il posera les bases de la future prospérité du comptoir.

A partir de 1726, la ville s'embellit, prospère, obtient le droit de battre monnaie. En 1735, elle compte 100 000 habitants et attire les riches commerçants malabar. Elle est alors le siège des établissements français de l'Inde.

Rues à noms variables

nom de la rue	autre nom
Mission St	Cathedral St
Ambour Salai	HM Kasim St
AH Madam St	Kosakadai St
Beach Rd	Goubert Ave
La Bahabhur St	Bussy St
Gingee Salai	NC Bose St

PONDICHÉRY

OÙ SE LOGER
1 Anandha, Hotel Surguru
4 Surya Swastika Guest House
18 Amala Lodge
26 International Guest House
39 Hotel de l'Orient
40 Patricia Guest House I
43 Park Guest House
51 Patricia Guest House II
52 Villa Pondicherry
53 Pondicherry Tourism Department Guest House, Le Cafe

OÙ SE RESTAURER
9 Le Cafe
14 Hotel Aristo
19 India Coffee House
23 Hot Breads
24 Bamboo Hut
33 Le Cafe (bord de mer)
38 Rendezvous, Satsanga
41 Blue Dragon Chinese Restaurant
42 Le Club, Le Bistro
44 Seagulls Restaurant
45 La Terrasse
46 China Town

DIVERS
2 Fabrique artisanale de papier Sri Aurobindo
3 Clinique Nallam
5 Raji Internet Corner
6 Vijay Arya (location de mobylettes)
7 Sri Aurobindo Ashram
8 Consulat de France
10 Sterling Holiday Financial Services
11 Sri Manakula Vinayagar Temple
12 Police et musée de la Police, La Boutique d'Auroville
13 Net Info Kiosk
15 Magasin de la Handloom (Tamil Nadu) Cooperative
16 Église Notre-Dame-de-l'Immaculée-Conception
17 Focus Books
20 Andhra Bank
21 Info-Graphics
22 Higginbothams
25 Cottage Industries
27 Poste principale
28 Bibliothèque et musée de Pondichéry
29 Splendour
30 Ancien phare
31 Gandhi Square
32 Location de vélos
34 Hôtel de Ville
35 Direction de la police
36 Église Notre-Dame-des-Anges
37 Office du tourisme
47 Bibliothèque de l'Alliance Française
48 Alliance Française
49 Location de vélos
50 Église du Sacré-Cœur

Cette prospérité bénéficiera au début du XVIIIe siècle d'un levier inattendu : l'affaiblissement de l'Empire moghol, qui régnait alors sur la quasi-totalité du sous-continent indien. Britanniques et Français se jettent dans la brèche et se disputent la suprématie commerciale en Inde. Bien introduits auprès des dignitaires locaux – à qui le commerce fructueux de Pondichéry apporte la richesse –, les Français marquent des points. Le comptoir commerce fructueusement avec la France, mais aussi "d'Inde en Inde", c'est-à-dire avec le Bengale, l'Arabie, l'Extrême-Orient, la Chine…

C'est dans ce climat prospère qu'est nommé gouverneur, en 1742, celui dont le nom est indissociable de l'histoire des comptoirs français en Inde : Joseph François Dupleix. C'est à lui que reviendra la tâche de gérer les retombées des lointains conflits européens, et notamment la guerre de succession d'Autriche, dans laquelle s'engage Louis XV. Celle-ci oppose la France à la Grande-Bretagne, dont les comptoirs sur la côte de Coromandel, Madras en tête, isolent rapidement Pondichéry et menacent son commerce. Face à la situation, Paris dépêche une escadre commandée par La Bourdonnais, alors gouverneur des Mascareignes. En 1746, ce dernier prend la ville de Madras, avant de refaire voile vers le large. Pondichéry reste victorieuse, mais seule. C'est maintenant à son tour d'être menacée par la puissante flotte anglaise, qui l'assiège en 1748.

Dupleix est dès lors convaincu que Pondichéry ne peut survivre, dans cette Inde qui attire toutes les convoitises, qu'en étendant ses positions sur terre et son influence dans les affaires indiennes. Cette politique porte ses fruits : Pondichéry devient rapidement une cité réputée et fastueuse ; l'argent y coule à flot ; les navires y mouillent en grand nombre. En 1753, les ventes de la Compagnie française des Indes égalent presque celles de sa rivale britannique.

Mais la splendeur du comptoir sera éphémère. Non seulement parce que son succès fait de plus en plus d'ombre au commerce britannique, mais aussi parce que l'interventionnisme croissant de Dupleix dans les affaires intérieures indiennes irrite les frileux actionnaires de la Compagnie et la cour.

Sur la base des principes selon lesquels "la Compagnie ne doit pas devenir puissance de terre par des possessions trop étendues et trop difficiles à garder", et que "la paix, en général, est l'âme du commerce", Dupleix est désavoué et remplacé par Godeheu, dont la mission est de recentrer le comptoir sur le commerce et de signer des traités de paix avec les Britanniques, afin de limiter la concurrence des compagnies des Indes française et anglaise. En fait, ses instructions reviennent à couper les ailes de Pondichéry.

Donnant raison au visionnaire Dupleix, cette nouvelle politique se solde par un échec. Paris ne s'est en effet pas rendu compte que les cartes ont changé et que, au-delà du commerce, c'est maintenant la suprématie sur les Indes que Français et Britanniques se partagent. Les traités signés par Godeheu feront long feu : dès 1756, les rivalités franco-britanniques reprennent avec la guerre de Sept Ans. Pondichéry sera prise le 16 janvier 1761, rasée et brûlée. En 1763, le traité de Paris rendra aux Français les ruines de ce qui fut un riche et prospère comptoir. Pondichéry ne sera plus qu'une modeste escale sur la route d'Indochine, avant d'être tardivement restituée à l'Inde, en 1956.

L'influence française s'y fait sentir encore aujourd'hui. Une Alliance française, un lycée français et un remarquable institut français d'Indologie (dépendant de l'EFEO, École française d'Extrême-Orient), où sont notamment étudiées la civilisation et les langues indiennes, en sont les principales marques. La bibliothèque Romain-Rolland compte plus de 60 000 livres, dont certains ouvrages français très rares.

En 2001, 6 500 Français d'origine tamoule étaient inscrits au consulat de Pondichéry.

Les maisons et institutions situées dans les rues entre la mer et le canal laissent encore voir des jardins resplendissants d'arbres en fleur et de bougainvillées. Certains bâtiments dénotent un manque d'entretien évident, donnant à la cité un charme un peu désuet. Mais l'impression dominante est celle de résidences soignées, blanchies à la chaux, et d'une qualité de vie contrastant vivement avec celle du reste de l'Inde.

Plus que les soieries, les épices et les cotonnades, c'est maintenant l'ashram de Sri Aurobindo et sa ville-satellite, Auroville, à 10 km, qui attirent les visiteurs vers la ville.

Orientation et renseignements

S'orienter dans la ville ne présente aucune difficulté, sinon que nombre de rues changent de nom d'une extrémité à l'autre (voir l'encadré *Rues à noms variables*).

La brochure *Experience! Pondicherry* (20 Rs en librairie) publie le programme des festivités et des spectacles ; ses bénéfices sont reversés aux associations caritatives.

Office du tourisme. L'office du tourisme de Pondy (☎ 339497), dans Goubert Ave (Beach Rd), ouvre tous les jours, de 8h45 à 17h. Il organise des circuits d'une demi-journée (52,50 Rs) qui incluent le musée, Auroville et l'ashram. Il propose également des circuits d'une journée en fonction du nombre de participants (63 Rs, six personnes minimum). Ces excursions partent de l'office du tourisme à 9h30 et 14h (journée et demi-journée).

Argent. L'Andhra Bank, dans Mission St, est, de l'avis de nombreux voyageurs, le meilleur endroit pour changer de l'argent. Vous pouvez aussi vous adresser à Sterling Holiday Financial Services Ltd (☎ 346390), 29 St Louis St, ouvert en semaine, de 9h30 à 17h, et le samedi, jusqu'à 13h30.

Poste et communications. La poste centrale, dans Rangapillai St, ouvre du lundi au samedi, de 10h à 19h30. La ville compte de nombreux kiosques STD/ISD/fax. Le Raji Internet Corner, 143A MG Rd, offre un service e-mail, de même que Net Info Kiosk et Info-Graphics, dans Nehru St.

Librairies. La librairie Kailash (☎ 331872, fax 343663), 169 Lal Bahabhur St, possède de nombreux ouvrages en français sur l'Inde, tout comme la librairie française de Suffren St. Higginbothams et Focus Books possèdent toutes deux des succursales à Pondichéry.

Bibliothèques. La bibliothèque, dans Rangapillai St, ouvre de 8h30 à 20h30 (fermée le lundi).

Centres culturels. L'Alliance française (☎ 338146), 38 Suffren St, propose des cours de français, d'anglais et de tamoul. Sa lettre d'information mensuelle, *Le Petit Journal*, détaille le programme des manifestations. La bibliothèque (☎ 334351) ouvre tous les jours, de 9h à 12h et de 14h à 19h. La carte de membre temporaire (valable un mois) revient à 100 Rs.

Services médicaux. Si vous avez besoin d'un médecin, adressez-vous à la clinique Nallam (☎ 335463), 74 Iswaran Koil St (ou ID St).

Ashram de Sri Aurobindo

Fondé en 1926 par Sri Aurobindo et une Française appelée "la Mère", cet ashram propose un enseignement spirituel qui se veut une synthèse du yoga et de la science moderne. Après la mort d'Aurobindo, l'autorité spirituelle revint à la Mère, disparue à son tour en 1973, à l'âge de 97 ans. Aujourd'hui, l'ashram promeut de nombreuses activités culturelles.

Son bâtiment principal ouvre tous les jours, de 8h à 12h et de 14 à 18h. Le *samadhi* (tombe vénérée en tant que sanctuaire), toujours fleuri, d'Aurobindo et de la Mère se trouve dans la cour centrale. En face du bâtiment central, le centre pédagogique propose parfois un film, une projection de diapositives, un spectacle ou une conférence. L'entrée de l'ashram est libre (les enfants de moins de 3 ans ne sont pas admis), mais on peut vous demander un don.

Autres curiosités

Le **musée de Pondichéry**, dans Rangapillai St, près de la bibliothèque, renferme une collection éclectique, des sculptures pallava au lit où dormait Dupleix. Il ouvre du mardi au dimanche, de 9h40 à 13h et de 14h à 17h30. Si l'équipement policier des XIXe et XXe siècles vous intéresse, ne manquez pas le **musée de la Police**, dans Nehru St.

Pondichéry compte plusieurs églises et temples. Dans Mission St, l'**église Notre-Dame-de-l'Immaculée-Conception**, achevée en 1791, illustre l'architecture pseudomédiévale caractérisant la plupart des constructions jésuites de l'époque. Exécutée dans le style gothique, l'**église du Sacré-Cœur**, dans Subbayah Salai, offre un saisissant spectacle, avec ses vitraux et ses tons blanc et brun.

Le **Sri Manakula Vinayagar Temple**, dans Manakula Vinayagar Koil St, est dédié à Ganesh. Son sanctuaire a été orné de marbre du Rajasthan et son *vimana* (tour qui surplombe le sanctuaire), recouvert d'un toit d'or. Ce temple abrite plus de 40 frises délicatement peintes. Entreprise prospère appartenant à l'ashram éponyme, la **fabrique artisanale de papier Sri Aurobindo** (☎/fax 334763), 50 SV Patel Salai, produit un papier de qualité. Les visiteurs peuvent circuler librement dans la fabriques. Elle ouvre du lundi au samedi, de 8h30 à 12h.

Créés par les Français en 1826, les **jardins botaniques** constituent un lieu paisible où flâner et découvrir une grande variété de plantes.

Les meilleures **plages**, Quiet et Reppo (surveillées par des maîtres-nageurs), se trouvent à moins de 6 km de Pondy.

Où se loger – petits budgets

De loin l'hébergement le moins cher de la ville, la ***Pondicherry Tourism Department Guest House*** *(☎ 358276, Dr Ambedkar Rd)*, ou Tourist Home, propose des simples/doubles, sommaires mais propres, à 25/35 Rs. Elle s'agrémente d'un jardin et d'un restaurant, Le Cafe, qui sert des plats végétariens et non végétariens.

L'***Amala Lodge*** *(☎ 338910, 92 Rangapillai St)*, bien tenu par une famille sympathique, loue des chambres rustiques pour 70/130 Rs, ou 80/150 avec s.d.b. (eau chaude le matin et toilettes à la turque).

La ***Surya Swastika Guest House*** *(☎ 343092, 11 Iswaran [Eswaran] Koil St)*, une petite pension désuète et accueillante, offre des chambres à 70/110 Rs, ou 80/100 Rs avec s.d.b. Un lit supplémentaire revient à 20 Rs. Il faut rentrer avant 22h.

Les ***retiring rooms*** de la gare ferroviaire, tranquilles, valent 40/70 Rs.

Où se loger – catégories moyenne et supérieure

Fort bien tenues et situées dans le quartier le plus agréable de la ville, les pensions de l'ashram Aurobindo accueillent en priorité ses dévots, mais acceptent les voyageurs s'il reste de la place et s'ils respectent les règles : couvre-feu à 22h30, pas de tabac ni d'alcool. La ***Park Guest House*** *(☎ 334412, Goubert Ave)*, la mieux située et la mieux aménagée, dispose de doubles de 200 à 400 Rs (réduction en simple) et d'un restaurant végétarien. Toutes les chambres en façade possèdent un balcon et ouvrent sur la mer. L'***International Guest House*** *(☎ 336699, Gingy St)* facture les simples/doubles de l'aile ancienne à partir de 80/110 Rs. Dans la nouvelle aile, vous paierez 200 Rs pour une double, ou 400 Rs avec clim. (eau chaude à la demande).

Les établissements suivants n'appartiennent pas à l'ashram. L'***Hotel Surguru*** *(☎ 339022, fax 334377, 104 SV Patel Salai)*, apprécié à juste titre, demande de 410/540 Rs à 620/780 Rs pour des chambres propres et claires, avec TV satellite, téléphone, sans/avec clim. Celles donnant sur l'arrière sont plus calmes. L'hôtel abrite un bon restaurant végétarien et accepte les cartes MasterCard et Visa.

La ***Patricia Guest House I*** *(Romain Rolland St)* et la ***Patricia Guest House II*** *(Dr Ambedkar Salai)*, deux charmants établissements coloniaux, offrent un choix de chambres (avec ou sans s.d.b.) de 400 à 1 600 Rs. Vérandas privées et jardins ajoutent à leur charme. Vous pouvez réserver dans l'une ou dans l'autre au ☎ 335130, fax 332776.

Autre jolie résidence coloniale, la ***Villa Pondicherry*** *(☎ 334677, fax 334230, 23 Dr Ambedkar Salai)* loue des chambres avec s.d.b. commune à partir de 525 Rs, ou 850 Rs avec clim.

Meilleur hôtel de la ville, l'***Anandha*** *(☎ 330711, fax 331241, SV Patel Salai)* occupe un bâtiment néo-classique clinquant, doté de multiples installations, dont un bar, de bons restaurants végétariens et non végétariens et une agence de voyages efficace. Comptez 1 300/1 650 Rs pour une chambre climatisée. Les principales cartes sont acceptées.

Dans un grand bâtiment colonial français rénové et meublé avec goût, l'***Hotel de l'Orient*** *(☎ 343067, fax 227829, orient1804@satyam.net.in)* comporte dix chambres, toutes différentes, avec lits à baldaquin, meubles anciens confortables, *dhurries* (tapis) de Jaipur et belles gravures (simples/doubles de 1 000/1 500 à 2 000/2 500 Rs). Un jardin ajoute à son charme.

Où se restaurer

Pondichéry compte d'excellents restaurants, dont certains en plein air ; la plupart servent de la bière à prix modique. Si manger sans avoir le droit de dire un mot vous séduit, achetez un ticket (15 Rs) à l'***ashram*** et vous pourrez déjeuner ou dîner dans le silence sépulcral de sa salle à manger.

The Hotel Aristo *(Nehru St)* possède un restaurant très prisé sur son toit-terrasse fleuri ; la plupart des plats valent de 40 à 55 Rs. L'***India Coffee House*** *(Nehru St)* offre des petits déjeuners et des en-cas d'un bon rapport qualité/prix.

Le ***Bamboo Hut*** *(3 Rangapillai St)* sert des spécialités chinoises à prix raisonnables sur son toit-jardin.

Le Cafe *(Marine St)*, un snack-bar en face du consulat de France, sert un thé et des samosa excellents. Ne le confondez pas avec Le Cafe du front de mer ou Le Cafe de la Pondicherry Tourism Development Guest House.

Le Cafe *(Goubert Ave)* est un établissement délabré, apprécié pour son pop-corn et ses glaces.

En bord de mer, le ***Seagulls Restaurant*** *(19 Dumas St)* ne prépare que quelques-uns des plats annoncés sur la carte, mais sa multicuisine reste honnête. Vous pourrez commander une bière (30 Rs) ou un cocktail (150 Rs).

Le ***Blue Dragon Chinese Restaurant*** *(33 Dumas St)* mitonne de bons plats, tout comme le ***China Town*** *(Suffren St)*. ***La Terrasse*** *(5 Subbayah Salai)*, en plein air, doit sa réputation à ses pizzas, mais offre également de la multicuisine ; elle ouvre de 8h30 à 22h (fermée le mercredi).

Le ***Rendezvous*** *(30 Suffren St)* rappelle la campagne française, avec ses chaises en paille et ses nappes à carreaux, et comprend une agréable terrasse sur le toit. Vous vous régalerez d'une bouillabaisse (70 Rs), de crevettes grillées (170 Rs) ou de plats tandoori. Il ouvre de 8h à 11h, de 12h à 15h et de 18h à 22h30.

Le ***Hot Breads*** *(Ambour Salai)*, près d'Higginbothams, propose du café, des gâteaux et des baguettes.

Tenu par un Français, le ***Satsanga*** *(Suffren St)* prépare une excellente cuisine. Goûtez la soupe de poisson (55 Rs) ou la terrine de lapin (60 Rs) et ponctuez votre repas d'une délicieuse crème caramel, suivie d'un bon café. Des tables sont installées dans le jardin.

Le Club *(33 Dumas St)*, dans une demeure ancienne, a conservé son atmosphère incomparable et un service irréprochable, mais la qualité de la cuisine a beaucoup baissé et ne mérite pas les prix demandés (160 Rs le plat soi-disant français et 60 Rs le dessert). Dans le jardin, ***Le Bistro*** sert des spécialités vietnamiennes d'un rapport qualité/prix bien supérieur.

Achats

La fabrique Sri Aurobindo vend du beau papier artisanal et La Boutique d'Auroville, dans Nehru St, propose des bijoux, des batiks, des dessins *kalamkari* (similaires au batik), des tapis et des sculptures sur bois. Le magasin de la Handloom (Tamil Nadu) Cooperative se trouve également dans Nehru St. Cottage Industries, dans Rangapillai St, offre un bon choix d'objets artisanaux. Splendour, 16 Goubert Ave, vend des cartes postales originales (fermé le mercredi).

Comment s'y rendre

Bus. La gare routière se situe à 500 m à l'ouest de la ville.

Destination	Fréquence quodienne
Bangalore	6 départs
Chennai	80 départs
Chidambaram	50 départs
Coimbatore	4 départs
Kanchipuram	5 départs
Karaikal	10 départs
Kumbakonam	5 départs
Mamallapuram	5 départs
Nagapattinam	3 départs
Tiruchirappalli	4 départs
Tirupathi	2 départs
Tiruvannamalai	9 départs
Vellore	7 départs

Train. Chaque jour, quatre trains rejoignent Villupuram (9 Rs, 1 heure) où vous pouvez prendre des correspondances. Ils quittent Pondichéry à 5h, 7h45, 16h05 et 17h20. De Villupuram, ils partent à 6h10, 11h45, 15h45 (sauf le dimanche) et 22h20 (sauf le dimanche) ; ces horaires varient et mieux vaut les vérifier. La billetterie informatisée de la gare couvre tout le réseau sud.

Taxi. Le trajet en taxi de Pondichéry à Chennai revient à 1 100 Rs et à 1 000 Rs jusqu'à l'aéroport de Chennai.

Comment circuler

La marche est l'un des meilleurs moyens de visiter la ville. De tricycles font la navette entre la gare routière et Gingy St (5 Rs), mais ils sont plus que bondés. Les rickshaws et les auto-rickshaws abondent. Ces derniers ne respectent guère les tarifs officiels, affichés aux principales stations (7 Rs de prise en chage et 3,5 Rs par kilomètre).

La bicyclette est le moyen de locomotion favori, une solution pour visiter Auroville. Les boutiques de location sont nombreuses, notamment dans MG Rd, Mission St, Subbayah Salai et Goubert Ave. Les prix s'élèvent généralement à 5 Rs l'heure et 20 Rs la journée, mais peuvent grimper à 70 Rs.

Vijay Arya (☎ 336179), 9 Aurobindo St, près du croisement d'Ambour Salai, loue des mobylettes pour 120 Rs par jour. Vous devrez laisser votre passeport ou un permis de conduire et une caution de 500 Rs.

AUROVILLE

☎ 0413

Auroville abrite une communauté internationale dont l'objectif est de développer un environnement harmonieux par la réalisation de projets utiles à la société.

La Cité de l'Aurore, conçue par un architecte français, Roger Anger, avait pour vocation d'"être le lieu d'une vie communautaire internationale, où hommes et femmes apprendraient à vivre en paix, dans une parfaite harmonie, au-delà de toutes croyances, opinions politiques et nationalités". Le président de la République indienne, ainsi que les représentants de 121 pays assistèrent à son inauguration en 1968 ; chacun versa une poignée de terre de son sol natal dans une urne, en signe de fraternité universelle.

Auroville comprend 80 villages, disséminés sur 20 km, et quelque 1 500 résidents (dont deux tiers d'étrangers). Parmi ces communautés, citons Forecomers (agriculture et technologies de substitution) ; Aurelec (informatique) ; Fertile, Nine Palms et Meadows (reboisement et agriculture) ; Fraternity (communauté artisanale travaillant en collaboration avec des villageois tamouls) et Aspiration (projet concernant l'éducation, la santé et l'activité du village).

Auroville n'est pas une attraction touristique, mais les voyageurs peuvent se présenter à l'accueil pour visiter dans la journée le centre de méditation. Si vous envisagez plus qu'une simple visite, assurez-vous des possibilités au préalable.

Renseignements

A Pondichéry, La Boutique d'Auroville (☎ 337264), dans Nehru St, fournit des informations sur la communauté ; si vous souhaitez y séjourner, c'est ici que vous devrez réserver votre hébergement. A Auroville même, vous trouverez un centre d'accueil (☎ 622373) près de Bharat Nivas, où une exposition permanente rend compte des

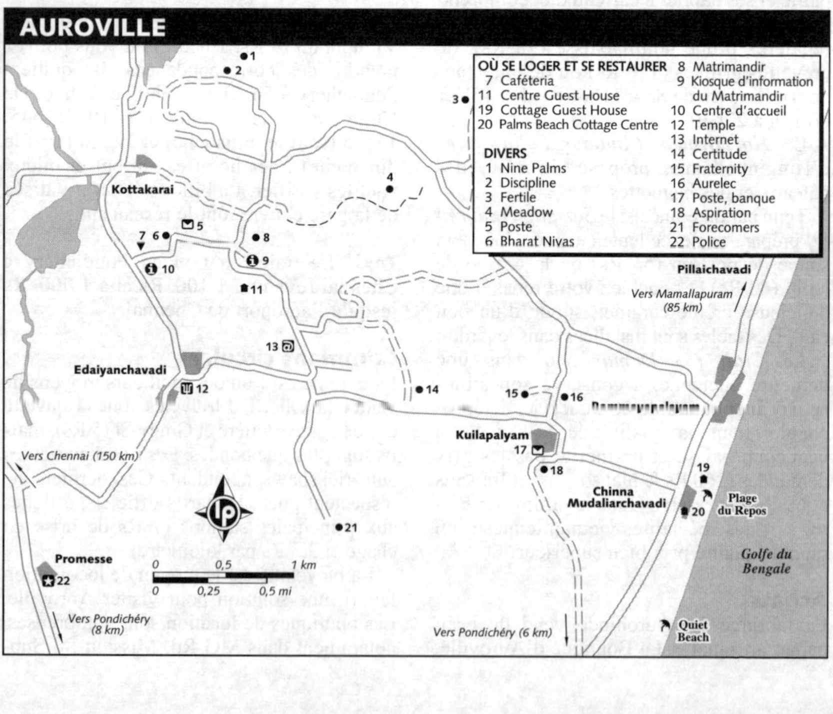

activités. Le personnel répondra volontiers à vos questions. Le centre, ouvert tous les jours, de 9h30 à 17h30, avoisine une boutique d'objets artisanaux fabriqués à Auroville (fermée le dimanche) et une cafétéria.

The Auroville Handbook, disponible à l'accueil, offre un descriptif complet de la communauté, de son histoire et de ses projets. Ces informations sont également disponibles sur le site d'Auroville, www.auroville.org.

Matrimandir

Le Matrimandir constitue le centre spirituel et physique d'Auroville. La salle de méditation et le bâtiment principal sont achevés et l'ensemble des travaux arrive à sa fin.

La salle de méditation, aux murs couverts de marbre blanc, abrite un cristal plein (qui serait le plus grand au monde) de 70 cm de diamètre. Les rayons du soleil sont dirigés vers le cristal par un miroir installé sur le toit. Les jours de pluie, des lampes solaires prennent le relais. On peut se promener dans les jardins de 9h30 à 15h30. Le kiosque d'information délivre, entre 15h30 et 16h30, une autorisation qui permet d'entrer dans le Matrimandir de 16h à 16h45 ; les visiteurs doivent observer un silence complet. Le Matrimandir est fermé quand il pleut et les photos sont interdites.

Où se loger et se restaurer

Le ***Palms Beach Cottage Centre*** se trouve à Chinna Mudaliarchavadi, sur la route de Pondichéry à Auroville. Il offre des simples/doubles à 90/160 Rs, des repas à 50 Rs environ et un belvédère où l'on peut manger et se reposer.

Un peu plus loin, au bout d'un sentier, sur la droite en face de l'embranchement d'Auroville, la ***Cottage Guest House*** propose des chambres rustiques, avec s.d.b. commune, dans un bâtiment de béton à toit de chaume (70/140 Rs). Dans la nouvelle aile, les doubles avec s.d.b. reviennent à 200 Rs.

Ceux qui portent un réel intérêt aux projets d'Auroville peuvent séjourner dans l'une des 40 communautés pendant une semaine, ni plus, ni moins. Travailler n'est pas obligatoire, mais grandement apprécié. Les communautés n'ont pas les moyens d'offrir un hébergement gratuit en échange d'un travail. Les conditions et le coût du logement varient énormément, du spartiate au confort et de 100 à 400 Rs. La ***Centre Guest House*** *(☎ 622155)*, près du Matrimandir, dispose de quelques chambres. Le centre d'accueil fournit une liste complète des hébergements, avec un plan et des explications détaillées.

La cafétéria pimpante, proche du centre d'accueil, est le seul endroit où les visiteurs peuvent se restaurer. Elle ouvre tous les jours pour le déjeuner (30 Rs), le vendredi et le samedi pour le dîner, et sert d'excellents gâteaux et en-cas, du thé et du café.

Comment s'y rendre

La meilleure façon d'accéder à Auroville consiste à suivre la route côtière jusqu'au village de Chinna Mudaliarchavadi. Demander votre chemin car la signalisation est défaillante. Vous pouvez aussi prendre la route Pondichéry-Chennai, puis tourner à l'embranchement (signalé), 1 km après le poste de police, pour arriver près de Promesse.

YERCAUD

☎ 04281

Nichée au cœur des plantations de caféiers des collines de Servaroyan, cette station climatique (1 500 m d'altitude), à 33 km de Salem, est idéale pour se reposer, se promener, ou canoter sur le lac artificiel.

Où se loger

Si vous recherchez la solitude, éloignez-vous du lac, où retentit en permanence une musique assourdissante. Accueillant, l'***Hotel Tamil Nadu*** *(☎ 22273, Yercaud Ghat Rd)*, près du lac, offre des doubles correctes de 350 à 500 Rs (450 et 650 Rs en haute saison) et des lits en dortoir à 75 Rs. Il possède un terrain de jeu, des installations nautiques, un restaurant et un bar qui, malgré les plantations environnantes, ne sert que du café instantané.

L'***Hotel Shevaroys*** *(☎ 22288, fax 22387, Hospital Rd)* loue ses doubles/suites à partir de 475/1 225 Rs en basse saison (575/1 475 Rs en haute saison). Il abrite deux restaurants de spécialités indiennes et chinoises, un bar, un centre de remise en forme et un supermarché. Les cartes de crédit sont acceptés.

Centre du Tamil Nadu

CHIDAMBARAM

☎ 04144

A 60 km au sud de Pondichéry se dresse l'un des fleurons de l'architecture dravidienne, le superbe Nataraja (Shiva dansant)

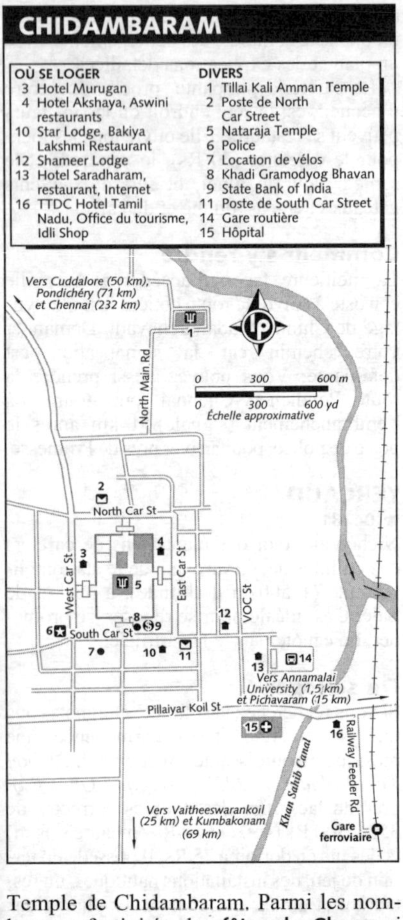

Temple de Chidambaram. Parmi les nombreuses festivités, les **fêtes du Char**, qui durent une dizaine de jours, se déroulent en avril-mai et en décembre-janvier. En février, le **festival de danse de Natyanjali** attire des artistes de tout le pays.

Cette petite ville rayonne à partir du Nataraja Temple, et les rues qui l'entourent portent le nom des quatre points cardinaux. On peut aisément s'y déplacer à pied car la plupart des hôtels sont installés à proximité du temple. Les bureaux de poste, dans North Car St et South Car St, ouvrent du lundi au samedi, de 10h à 15h. L'Hotel Saradharam est le meilleur endroit pour se connecter à Internet. Aucune banque ne dispose d'un guichet de change.

Les gares routière et ferroviaire sont proches de la ville. L'office du tourisme (☎ 22739), dans le TTDC Hotel Tamil Nadu, ouvre en semaine, de 9h à 17h, mais le personnel brille souvent par son absence. Si vous voulez faire des achats, explorez le petit Khadi Gramodyog Bhavan.

Dans South Car St, une boutique de location de vélos (d'hommes uniquement) facture 5 Rs l'heure et ne demande pas de caution.

Nataraja Temple

Chidambaram fut une capitale chola de 907 à 1310 et c'est vers la fin de cette période que fut érigé le Nataraja Temple. Cette enceinte de 22 ha comporte quatre grands gopuram ornés de statues finement sculptées de divinités hindoues. Renommé pour ses exemples parfaits d'art chola, le temple fut subventionné par de nombreuses dynasties.

La cour du temple et ses nombreux sanctuaires ouvrent tous les jours, de 4h à 12h, et de 16h30 à 21h. Le *puja* (prière) quotidien a lieu à 17h. Les non-hindous ne sont, en principe, pas autorisés à pénétrer dans le sanctuaire intérieur.

Pichavaram

A quelque 15 km à l'est de Chidambaram, la station balnéaire de Pichavaram, avec ses lagunes et ses palétuviers, est un endroit rêvé pour de paisibles promenades en bateau. En compagnie d'un guide (pour ne pas vous perdre), vous pourrez parcourir ses 4 000 canaux et découvrir 1 700 îles. En attendant que s'achève la restauration du Tourist Complex, seul hôtel du lieu, vous ne pourrez venir que pour la journée.

Où se loger

La plupart des hébergements de Chidambaram occupent des petites maisons, dotées de balcons et de jolies vues sur le village et bien situées, à l'écart du bruit.

Les ***retiring rooms*** de la gare ferroviaire sont en travaux pour une durée indéterminée. Le ***Star Lodge*** *(☎ 22743, 101-102 South Car St)*, accueillant, propose des simples/doubles correctes à 60/80 Rs, des quadruples à 150 Rs et possède un bon restaurant.

Le ***Shameer Lodge*** *(☎ 22983, Venugopal Pillai St)*, d'un bon rapport qualité/prix, facture 70/100/150 Rs ses chambres aux draps propres. L'***Hotel Murugan*** *(☎ 20419, West Car St)* affiche les horaires des trains et des bus et vous réserve un accueil chaleureux. Comptez 70/150 Rs pour une chambre sommaire et 250 Rs pour une double avec clim. ou pour le dortoir à cinq lits (intéressant pour une famille).

Le ***TTDC Hotel Tamil Nadu*** *(☎ 38056, fax 38061, Railway Feeder Rd)* dispose de lits en dortoir à 50 Rs, de chambres rustiques à 150/200 Rs, ou 460/900 Rs avec clim. Certaines chambres possèdent téléphone et TV, ou vous pouvez en louer une pour 60 Rs. L'établissement comprend un restaurant multicuisine et un bar.

L'***Hotel Akshaya*** *(☎ 20192, fax 22265, akshayahotel@satyam.net.in, 17-18 East Car St)*, agrémenté d'un personnel serviable, offre des chambres à 175/199 Rs, ou 480 Rs avec clim. Il comporte un restaurant multicuisine, un bar et une boutique de cadeaux.

Meilleure adresse de la ville l'***Hotel Saradharam*** *(☎ 21336, fax 22656, hsrcdm@vsnl.com, 19 VGP St)*, doté d'un café Internet, facture ses chambres standard, avec TV, 300/450 Rs, ou 500/575 Rs avec clim. Ces tarifs sont majorés de 30% pour les étrangers. Les principales cartes de crédit sont acceptées.

Où se restaurer

Au rez-de-chaussée du Star Lodge, le ***Bakiya Lakshmi Restaurant*** (anciennement Babu Restaurant) prépare de bons repas végétariens.

Le ***TTDC Hotel Tamil Nadu*** compte des restaurants végétariens et non végétariens, et un agréable bar sur le toit (bière à 75 Rs).

Les excellents restaurants végétariens et non végétariens de l'***Hotel Saradharam*** pratiquent des prix très raisonnables et offrent un service de qualité. Le bar sert une bière délicieusement fraîche. Vu leur fréquentation, mieux vaut s'y rendre de bonne heure.

A côté de l'Hotel Tamil Nadu, ***The Idli Shop*** accueille les amateurs d'idli du matin au soir.

Les restaurants ***Aswini***, végétarien et non végétarien, de l'Hotel Akshaya préparent des plats savoureux (30 à 70 Rs, 65 Rs la bière). Un restaurant est installé sur le toit.

Comment s'y rendre

La gare ferroviaire se trouve à 20 min de marche au sud-est du temple ; le trajet en rickshaw revient à 25 Rs. Des express et des trains de passagers rallient Chennai (six fois par jour), Kumbakonam, Thanjavur (deux fois par jour), Tiruchirappalli et Madurai.

Plus centrale, la gare routière accueille les bus SETC et les bus locaux. Le bus n°157 (sept par jour) est le plus rapide pour Chennai. Les bus n^{os}300, 324 et 326 partent pour Chennai toutes les demi-heures (42 Rs, 7 heures) *via* Pondichéry. Pour Madurai, prenez le bus n°521 (64 Rs, 8 heures).

KUMBAKONAM

☎ 0435

Cette ville commerçante, animée et poussiéreuse, nichée sur la rive de la Cauvery à 37 km au nord-est de Thanjavur, est renommée pour ses temples ornés de sculptures lestes et colorées. Le **Sarangapani Temple** est le plus grand sanctuaire de Kumbakonam dédié à Vishnu, tandis que le **Kumbeshwara Temple** est le plus vaste consacré à Shiva. Le **Nageshwara Temple** honore Shiva sous la forme de Nagaraja, le roi serpent. A 600 m au sud-est se trouve le **Mahamakham Tank**, un bassin parfaitement symétrique. Une croyance affirme que les eaux du Gange le remplissent tous les 12 ans. Une fête marque cet événement ; la prochaine aura lieu début 2004. Tous les temples ferment entre 12h et 16h30.

Séjourner à Kumbakonam permet de visiter deux remarquables temples des environs, à Dharasuram et à Gangakondacholapuram (voir plus loin *Environs de Kumbakonam*).

Où se loger et se restaurer

Le ***New Diamond Lodge*** *(☎ 30870, 93 Ayikulam Rd)* offre des simples/doubles rudimentaires à 60/85 Rs, ou 100/150 Rs avec s.d.b. (eau chaude le matin). Les chambres donnant sur l'arrière jouissent d'une vue magnifique sur le Nageshwara Temple.

Le ***Pandiyan Hotel*** *(☎ 30397, 52 Sarangapani East St)* facture ses chambres 80/130 Rs. Très prisé, il affiche souvent complet.

L'***Hotel ARR*** *(☎ 21234, 21 TSR Big St)*, vaste et accueillant, dispose d'un bar et de doubles à 250 Rs, ou 550 Rs avec clim.

L'***Hotel Athitya*** *(☎ 23262, Ayikulam Rd)* possède de belles chambres, de 300/325 Rs à 450/475 Rs avec clim., et deux restaurants.

L'***Hotel Raya's*** *(☎ 22545, 28-29 Post Office Rd)*, le plus élégant de la ville, propose des doubles/triples à partir de 350/475 Rs, ou 450/600 Rs avec clim. Des miroirs tapissent la chambre n°101 ou "chambre

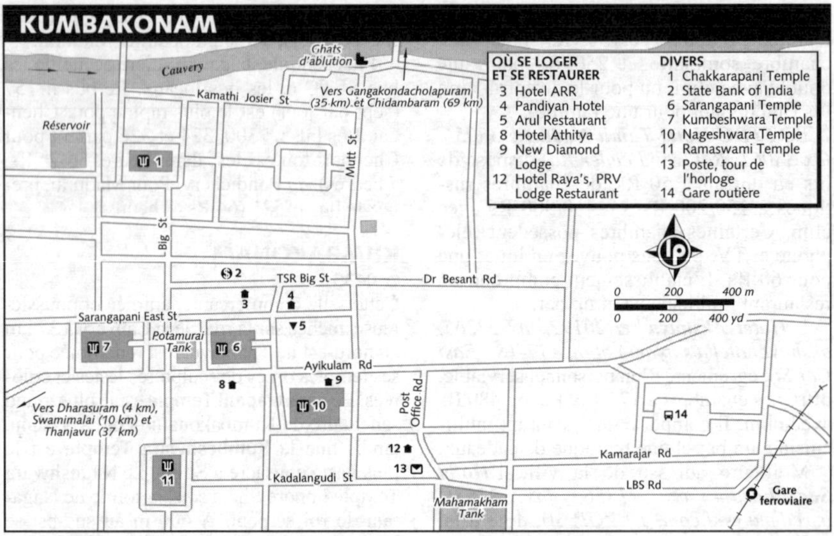

des amoureux" (600 Rs). Un restaurant non végétarien propose des plats de 35 à 45 Rs.

En face de l'Hotel Pandiyan, l'***Arul Restaurant*** mitonne une excellente cuisine végétarienne, avec un choix de thali de 10 à 45 Rs ; il dispose d'une salle climatisée à l'étage.

Le ***PRV Lodge Restaurant***, près de l'Hotel Raya's, prépare de bons plats végétariens à partir de 15 Rs, des spécialités à 20 Rs et un pain délicieux.

Comment s'y rendre

Les gares routière et ferroviaire se trouvent à 2 km à l'est du centre-ville.

La SETC dessert Chennai quatre fois par jour (n°303, 60 Rs, 7 heures) et propose des services fréquents pour Thanjavur *via* Dharasuram et Gangakondacholapuram. D'autres bus font étape sur la route de Madurai, Coimbatore, Bangalore, Tiruvannamalai, Pondichéry et Chidambaram. Le bus n°159 relie Kumbakonam à Karaikal.

Quatre trains express rejoignent quotidiennement Chennai *via* Chidambaram ; quatre autres rallient Madurai et trois desservent Thanjavur et Tiruchirappalli.

ENVIRONS DE KUMBAKONAM

Non loin de Kumbakonam, Dharasuram et Gangakondacholapuram abritent deux temples chola, restaurés par l'Archeological Survey of India. Des guides très compétents vous les feront visiter. Ces temples n'attirent pas les foules et vous pourrez les explorer en toute tranquillité.

Dharasuram

La petite ville de Dharasuram se situe à 4 km à l'ouest de Kumbakonam. L'**Airatesvara Temple**, édifié par Raja Raja II (1146-1163), est un superbe exemple de l'architecture chola du XIIe siècle.

Sur la façade, des colonnes s'ornent de sculptures miniatures d'une facture unique. Au XIVe siècle, les grandes statues qui entouraient le temple furent remplacées par des effigies de brique et de ciment, semblables à celles du Thanjavur Temple. Ces statues remarquables représentent, entre autres, Shiva sous la forme de Kankalamurti, le mendiant, ainsi que des scènes tirées des épopées.

Dans le sanctuaire principal, la lumière du jour éclaire un immense lingam travaillé, de l'aube à la tombée de la nuit.

Un prêtre, qui parle anglais, vous guidera moyennant une obole, tous les jours de 8h à 20h. Dharasuram est desservie par des bus (5 Rs) et par les trains de la ligne Chennai-Thanjavur (5 Rs).

Gangakondacholapuram

A 35 km au nord de Kumbakonam, ce temple fut érigé par l'empereur chola Rajendra Ier (1012-1044) dans le style du Brihadishwara

Temple de Thanjavur, construit par son père. Les ajouts du XVe siècle sont dus aux Nayak. La tour, richement ornée, mesure presque 55 m de haut et pèserait 80 tonnes. A l'intérieur du temple, des niches abritent nombre de statues magnifiques, dont celles de Ganesh, Nataraja et Harihara.

Le temple ouvre tous les jours, de 6h à 12h et de 16h à 20h ; un guide très compétent offre ses services.

Près du temple, un petit **musée** (fermé le vendredi) expose les vestiges du palais qui se dressait autrefois aux alentours.

Des bus relient la gare routière de Kumbakonam au temple (10 Rs).

KARAIKAL (KARIKAL)

☎ 04368

Cet important centre de pèlerinage hindou abrite le **Darbaranyeswar Temple**, dédié à Shiva, et l'**Ammaiyar Temple**, consacré à Punithavathi, une sainte shivaïte promue au rang de déesse. Ancienne enclave française, Karaikal fait aujourd'hui partie du Territoire de l'Union de Pondichéry.

Une **plage** déserte, balayée par les vents, s'étend à 1,5 km de la ville et vous pourrez faire du bateau dans l'estuaire tout proche. Les hôtels, les restaurants, l'office du tourisme et l'arrêt des bus bordent l'artère principale, Bharathiar Rd.

CAUVERY DELTA

Tranquebar (Tharangambadi)

A 80 km au sud de Chidambaram, Tranquebar est une ancien comptoir danois, établi en 1620. Les Britanniques s'emparèrent du **Danesborg Fort** en 1801 ; il renferme aujourd'hui un musée passionnant, consacré à l'histoire de la présence danoise (fermé le vendredi).

Velanganni (Vailankanni)

☎ 04365

A Velanganni, la **Basilica of Our Lady of Good Health** (basilique de Notre-Dame-de-la-Bonne-Santé), une structure blanche néo-gothique, a été élevée au rang de basilique en 1962, lors de la visite du pape. Tous les ans s'y déroule une fête qui dure 9 jours et culmine le 8 septembre, anniversaire de Marie.

L'***Hotel Picnic** (☎ 63510)*, dans l'artère principale, près de la basilique, loue des doubles rudimentaires mais propres pour 180 Rs, ou 260 Rs avec clim.

Meilleur établissement de la ville, ***The Retreat** (☎/fax 63534, 64 Nagapattinam Main Rd)*, propose des chambres bien tenues et un service agréable. En haute saison, comptez 550/650 Rs pour une double sans/avec clim. et 750/900 Rs pour un bungalow.

Calimere Wildlife & Bird Sanctuary

☎ 614807

Également appelée Kodikkarai, cette réserve de 333 km^2 se situe à 90 km au sud-est de Thanjavur. Célèbre pour les oiseaux aquatiques migrateurs qui s'y rassemblent en hiver par milliers, Calimere occupe une zone de laisses balayée par les marées et accueille, de novembre à janvier, des nuées de sarcelles, souchets, courlis, mouettes,

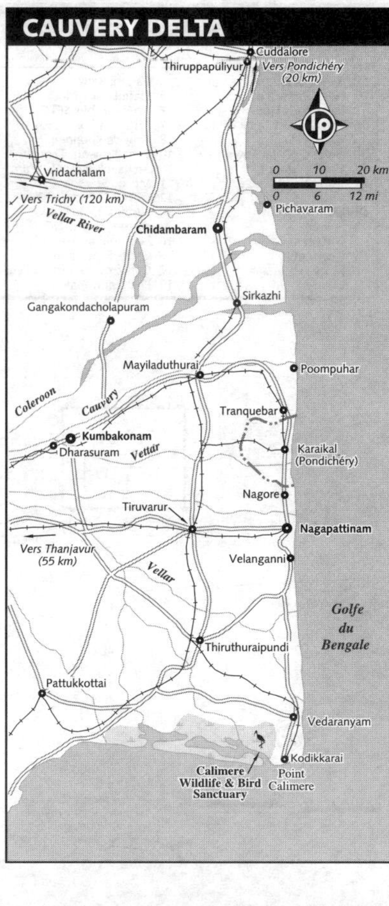

sternes, pluviers, bécasseaux et hérons. En février-mars, la profusion de baies sauvages fait le bonheur des koels, des mainates et des barbets.

La réserve ouvre tous les jours, de 6h à 18h (entrée : 5 Rs). La ***Forest Department Resthouse*** *(☎ 72424)* offre un hébergement spartiate à 20 Rs par personne. Officiellement, il faut réserver auprès du Wildlife Warden à Nagapattinam (☎ 22349), mais de nombreux voyageurs obtiennent une chambre sans cette formalité.

Le meilleur moyen de se rendre à Calimere consiste à prendre un bus (5 Rs, toutes les heures) ou un taxi à Vedaranyam, l'agglomération la plus proche (12 km), desservie par des bus fréquents en provenance de Nagapattinam et Thanjavur.

THANJAVUR (TANJORE)

☎ 04362 • 217 000 habitants

Thanjavur fut l'ancienne capitale des monarques Chola, dont l'origine (comme celle des Pallava, des Pandya et des Chera) remonte au début de l'ère chrétienne. Des luttes incessantes déchirèrent ces dynasties, qui s'emparèrent du pouvoir à tour de rôle. Les Chola régnèrent de 850 à 1270 et, à l'apogée de leur puissance, ils contrôlaient la quasi-totalité de la péninsule, une partie du Sri Lanka, ainsi que le royaume de Srivijaya, qui englobait la Malaisie et Sumatra.

Deux empereurs chola marquèrent profondément leur époque. Raja Raja (985-1014), qui érigea le Brihadishwara Temple (principal monument de Thanjavur) et son fils, Rajendra Ier (1014-1044), dont la

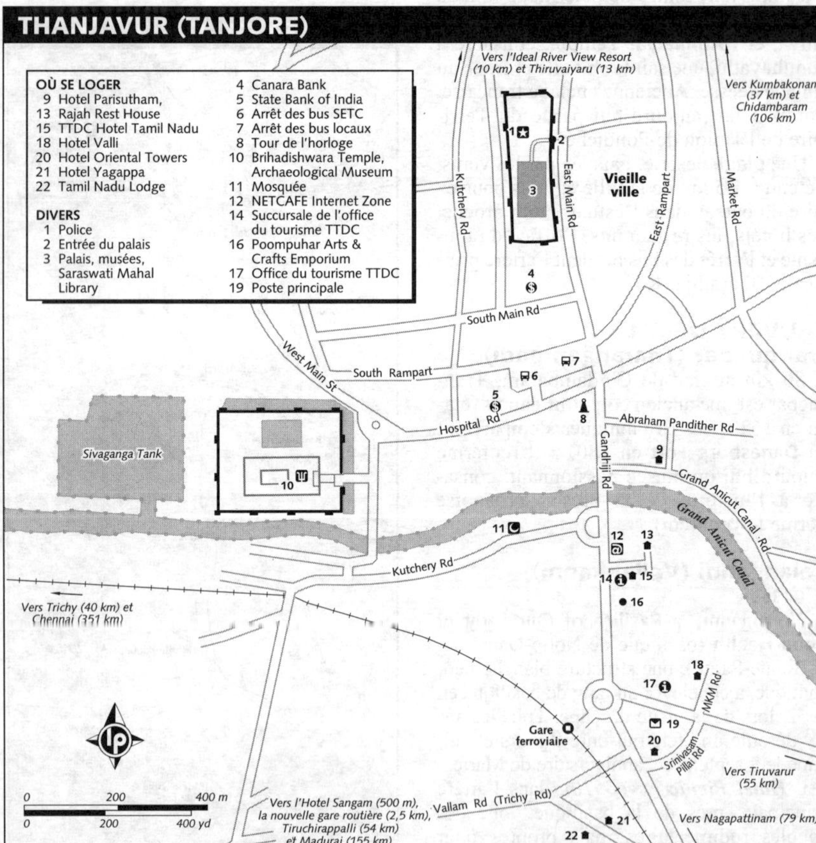

marine concurrença les Arabes pour la maîtrise des voies commerciales dans l'océan Indien. Les Chola édifièrent également les temples de Thiruvaiyaru, Gangakondacholapuram et Dharasuram, et contribuèrent à la construction de l'immense complexe religieux de Srirangam, près de Tiruchirappalli, sans doute le plus vaste du pays.

Thanjavur est célèbre pour son art très particulier, qui mélange surfaces peintes et en relief. Krishna, la divinité la plus populaire, est ici représentée avec la peau blanche plutôt que bleu-noir comme le veut la tradition. Installée sur un delta fertile, Thanjavur est un centre agricole important et les festivités de Pongal (fête de la moisson), en janvier, y revêtent un faste particulier.

Orientation et renseignements

L'artère principale, Gandhiji Rd (ou Railway Station Rd), court du nord au sud et compte la plupart des hôtels et des restaurants. La gare ferroviaire et la nouvelle gare routière sont installées au sud, le Brihadishwara Temple, au centre-ouest et le Royal Palace Museum, au nord.

L'office du tourisme de la Tamil Nadu Tourism Development Corporation (TNDC ; ☎ 23017), à Jawans Bhavan, ouvre en semaine, de 9h à 16h45. Il possède une succursale dans le TTDC Hotel Tamil Nadu, ouverte tous les jours. Vous y trouverez des brochures et toutes informations utiles.

La State Bank of India change les chèques de voyage, de même que les hôtels de catégorie supérieure, mais ces derniers pratiquent un taux moins favorable. La Canara Bank délivre des avances sur les cartes de crédit.

La poste centrale, proche de la gare ferroviaire, ouvre du lundi au samedi, de 10h à 16h, et le dimanche à partir de 12h. Le Netcafe Internet Zone (☎ 38148), Shop 30, Gandhiji Shopping Complex, Gandhi Rd, offre des accès rapides à l'Internet (40 Rs l'heure).

La police (☎ 30451) se trouve près du Royal Palace Museum.

Brihadishwara Temple & Fort

Érigé en 1010 sous le règne de Raja Raja, le Brihadishwara Temple est le joyau de l'architecture sacrée chola. Ce superbe et prestigieux édifice figure sur la liste du Patrimoine mondial et mérite plusieurs visites.

Installé sur un vaste terrain, le temple abrite plusieurs salles et sanctuaires à colonnades, ainsi que 250 lingam enchâssés dans les murs d'enceinte. Des inscriptions rappellent les noms de danseurs, de musiciens et de poètes. Un gigantesque nandi (6 m de long et 3 m de haut, 25 tonnes), taillé dans un seul bloc de pierre, fait face au sanctuaire, dans la cour intérieure.

Taillée dans un bloc de granit pesant quelque 80 tonnes, la coupole fut hissée sur une rampe de 4 km, semblable à celles utilisées par les Égyptiens pour les pyramides.

Contrairement à la plupart des temples d'Inde du Sud où les gopuram forment les structures les plus élevées, à Brihadishwara, une tour de 13 étages, haute de 66 m, surplombe le sanctuaire. Le toit doré est d'origine. Le sanctuaire renferme un lingam de 4 m de haut et de 7 m de circonférence.

Le temple est actuellement géré par l'Archaeological Survey of India, mais le culte a repris ses droits. Il ouvre tous les jours, de 6h à13h et de 15h à 20h.

Du côté sud de la cour, l'**Archeological Museum** expose quelques belles sculptures et des photos du temple avant sa restauration, ainsi que des schémas et des cartes illustrant l'histoire de l'Empire chola. Il ouvre tous les jours, de 9h30 à 13h et de 15h à 19h. Un petit ouvrage fort bien documenté, *Chola Temples*, de C. Sivaramamurti, consacré aux temples de Thanjavur, Dharasuram et Gangakondacholapuram, est en vente à l'accueil (20 Rs).

Thanjavur Palace et musées

Véritable labyrinthe, ce palais, avec ses larges corridors, ses vastes salles, ses tours de guet et ses cours ombragées, fut construit en partie par les Nayak de Madurai (vers 1550), en partie par les Marathes. Après des années d'abandon, de nombreuses sections tombent en ruine, mais une lente restauration tente de réparer les dommages.

Suivez les pancartes jusqu'au **Royal Palace Museum**, qui expose une collection éclectique de souvenirs royaux, datant pour la plupart du début du XIXe siècle, époque du règne de Serfoji II. Le musée ouvre tous les jours, de 9h à 18h (entrée : 1 Rp). Une signalisation mène au splendide **Durbar Hall**, l'une des salles d'audience ; elle n'a pas été restaurée mais est en bon état (entrée : 2 Rs).

Le **Museum of Art**, adjacent au Royal Palace Museum, abrite une superbe collection de bronzes chola du IXe au XIIe siècle ; il ouvre de 9h à 13h et de 15h à 18h (entrée :

3 Rs). A proximité, la **Bell Tower** (tour de la cloche) a rouvert après une restauration malencontreuse ; du sommet, la vue est superbe (entrée : 2 Rs).

Fondée au début du XVIIIe siècle, la **Saraswati Mahal Library**, entre les deux musées, recèle plus de 30 000 manuscrits sur feuilles de palmier et papier, en langues indiennes et européennes. La bibliothèque est fermée au public, mais vous pourrez visiter son intéressant **musée**, ouvert tous les jours, sauf le mercredi et les jours fériés, de 10h à 13h et de 13h30 à 17h30 (entrée gratuite).

Où se loger – petits budgets

Dans une rue tranquille, près de Gandhiji Rd, la ***Rajah Rest House*** *(☎ 30515)* sera une meilleure adresse après la fin des travaux d'entretien. Elle possède de vastes chambres rudimentaires, de 60 Rs en simple à 100/150/200 Rs en simple/double/triple avec s.d.b. (seau d'eau chaude).

Derrière la gare ferroviaire, près de Trichy Rd, le ***Tamil Nadu Lodge*** *(☎ 31088)* propose des chambres monacales, mais correctes, à 90/150/190 Rs.

Proche de Trichy Rd et de la gare ferroviaire, l'***Hotel Yagappa*** *(☎ 30421)* loue des doubles/triples (pas de simples) pour 345/414 Rs (taxes incluses), ou 460 Rs avec clim. et 600 Rs avec TV et téléphone.

L'***Hotel Valli*** *(☎ 31584, 2948 MKM Rd)*, l'un des meilleurs de cette catégorie, offre des chambres propres à partir de 165/199 Rs, ou 264 Rs la double avec TV (480 Rs avec clim.). Il compte aussi des chambres à 3, 4 et 7 lits. L'eau chaude courante fonctionne de 5h à 10h. Si vous manifestez une préférence pour une chambre calme et ventilée, on tiendra compte de ces "excentricités d'étranger".

Les ***retiring rooms*** de la gare ferroviaire valent 60 Rs, ou 120 Rs la double climatisée.

Où se loger – catégories moyenne et supérieure

Sauf mention contraire, ces hôtels acceptent le paiement par carte.

Le ***TTDC Hotel Tamil Nadu*** *(☎ 31421, fax 31970, Gandhiji Rd)* pratique des prix trop élevés pour les prestations offertes. Les chambres spacieuses de cette ancienne auberge de raja se répartissent autour d'une cour calme et ombragée. Comptez 375 Rs pour une double, 600 Rs avec clim. et 50 Rs de supplément pour la TV. L'établissement possède un restaurant, un bar et accueille une succursale de l'office du tourisme. Il n'accepte que les espèces.

L'***Hotel Parisutham*** *(☎ 31801, fax 30318, hotel.parisutham@vsnl.com, 55 Grand Anicut Canal Rd)* continue d'offrir un service irréprochable. Il comprend une grande et piscine (ouverte aux non-résidents moyennant 15 $US), des pelouses soigneusement entretenues, deux restaurants et un bar. Une simple/double (souvent avec réfrigérateur garni) vous reviendra à 55/90 $US et la "suite nuptiale", à 120 $US (petit déjeuner compris).

L'***Hotel Sangam*** *(☎ 39451, fax 36695, hotelsangam@vsnl.com)*, un grand établissement récent, clinquant et climatisé dans Trichy Rd, facture ses chambres (avec baignoire et douche) à 45/88 $US (77/134 $US en pension complète). Il s'agrémente d'une belle piscine (150 Rs pour les non-résidents), d'une salle de danse, d'un service d'e-mail et d'un restaurant multicuisine, animé par des musiciens de veena.

L'***Hotel Oriental Towers*** *(☎ 30724, fax 30770, hotelorientaltowers@vsnl.com, 2889 Srinivasam Pillai Rd)*, moderne et climatisé, a su reconstituer le charme d'antan. Outre des chambres à 37/47 $US, il abrite un supermarché, une salle de gymnastique, un sauna, un centre de soins et de massage (150/250 Rs avec des huiles/herbes) et une piscine (ouverte aux non-résidents moyennant 100 Rs).

A 10 km au nord-ouest de la ville, l'***Ideal River View Resort*** *(☎ 50533, fax 51113, ideal@md2.vsnl.net.in)*, installé dans un jardin paisible en bord de rivière, se compose de spacieux bungalows, dotés de larges balcons, à 950/1 100 Rs (plus 250 Rs pour un lit supplémentaire). Son restaurant, excellent, utilise les produits du jardin. Vous profiterez d'une grande piscine et pourrez passer vos appels téléphoniques de la réception. L'établissement préfère les paiements en espèces.

Où se restaurer

Le supermarché de l'Hotel Oriental Towers vend des produits d'alimentation. De nombreux restaurants végétariens sont installés près de la gare routière des bus locaux et dans Gandhiji Rd.

Le ***Golden Restaurant*** *(Hospital Rd)* sert de bons repas végétariens à 25 Rs. Le ***Sathars*** *(Gandhiji Rd)* propose un grand choix de plats savoureux, végétariens (à partir de 20 Rs) et non végétariens (à partir de 40 Rs), et offre un service excellent. Il ouvre jusqu'à 24h.

Près du rond-point, le ***Swagath*** *(Gandhiji Rd)*, non végétarien, présente un bon rapport qualité/prix (thali à 15 Rs).

L'***Hotel Yagappa*** possède un vaste restaurant qui prépare une cuisine correcte, dont un poulet au gingembre (45 Rs). Le bar, très agréable, sert de la bière (55 Rs).

Le restaurant multicuisine de l'***Hotel Sangam*** présente une carte variée et s'agrémente de concerts de veena.

L'Hotel Parisutham compte deux restaurants : ***Les Repas***, non végétarien, sert des plats indiens et chinois (60 Rs environ) ; le ***Geetham***, végétarien, semble avoir perdu en qualité depuis qu'il s'est adapté au goût occidental. Le bar est très fréquenté en soirée.

Achats

Les nombreuses boutiques de Gandhiji Rd, dont les emporiums cachemiris, vendent de tout, des beaux objets d'artisanat aux articles kitsch et bon marché. Poompuhar pratique des prix fixes et les vendeurs vous laisseront choisir en paix.

Comment s'y rendre

Bus. Les arrêts de bus de la ville servent aux bus SETC et aux bus locaux. La SETC dispose d'une billetterie informatisée, ouverte de 7h30 à 21h30. Chaque jour, 24 bus desservent Chennai ; le plus rapide et le plus cher est le n°323 FP Bye-Pass Rider (90 Rs, 7 heures 30). On peut réserver sur le bus n°851, quotidien, pour Tirupathi (100 Rs), le bus n°725 pour Ooty (90 Rs) et le bus n°928, quotidien, pour Pondichéry (départ à 24h, 177 km). De nombreux bus passent par Thanjavur pour rejoindre Tiruchirappalli (14 Rs, 1 heure 30) et Madurai.

La nouvelle gare routière, à 2,5 km au sud du centre-ville, dessert les localités environnantes, comme Tiruchirappalli (12 Rs, 55 km, toutes les 4 min), Dindigul (30 Rs, 150 km, 9 bus par jour) et Chidambaram (30 Rs, 127 km, toutes les 30 min).

Train. Le train de nuit *6702-Rameswaram Express* part à 20h25 pour Chennai (9 heures, 431/128 Rs en 1re/2e classe, 351 km). Pour le même prix, vous pouvez prendre le *Cholan Express* qui part à 9h20. Jusqu'à Villupuram (pour Pondichéry), le billet coûte 279/83 Rs et le trajet dure 5 heures. Pour Tiruchirappalli (1 heure 30, 50 km), vous paierez 173/22 Rs. Comptez 1 heure jusqu'à Kumbakonam et 2 heures 30 pour Chidambaram.

ENVIRONS DE THANJAVUR

A 13 km au nord de Thanjavur, Thiruvaiyaru accueille, en janvier, le **festival international de musique**, organisé en l'honneur du saint compositeur Thyagaraja. Ce dernier naquit à **Tiruvarur**, à 55 km à l'est de Thanjavur, où le Thyagararajaswami Temple possède le plus grand char sacré du Tamil Nadu. Celui-ci est tiré dans les rues pendant les dix journées de la fête du Char, en avril-mai. De Thanjavur, des bus réguliers desservent Tiruvarur (2 Rs).

TIRUCHIRAPPALLI (TRICHY)

☎ 0431 • 770 800 habitants

L'histoire de Trichy remonte à un lointain passé, antérieur à l'ère chrétienne, au temps où elle était une forteresse chola. Pendant le premier millénaire, les Pallava et les Pandya s'en emparèrent à maintes reprises, avant que les Chola ne la reprennent au Xe siècle. Après la chute de leur empire, elle tomba sous la domination des empereurs Vijayanagar de Hampi jusqu'à leur défaite, en 1565, face aux forces des sultans du Deccan. La ville et son célèbre Rock Fort Temple furent bâtis par les Nayak de Madurai. Au XVIIIe siècle, Trichy devint l'un des principaux théâtres des guerres que se livrèrent Français et Britanniques pour la domination de l'Inde.

Orientation et renseignements

Trichy est très étendue mais la plupart des hôtels et des restaurants, les gares routière et ferroviaire, l'office du tourisme et la poste centrale se trouvent à quelques minutes de marche du quartier de Junction. Le Rock Fort Temple se situe à 2,5 km plus au nord et les autres temples, à 3 ou 5 km plus loin.

L'office du tourisme (☎ 460136), 1 Williams Rd, ouvert en semaine seulement, dispose de succursales à la gare ferroviaire et à l'aéroport. Son personnel est serviable et bien informé. La poste centrale, dans Dindigul Rd (State Bank Rd), ouvre du lundi au samedi, de 8h à 19 h. Mas Media offre un service e-mail à 60 Rs l'heure. La State Bank of India, dans Dindigul Rd, possède un guichet de change et la HDFC Bank, 10th Cross, Thillai Nagar, dispose d'un DAB.

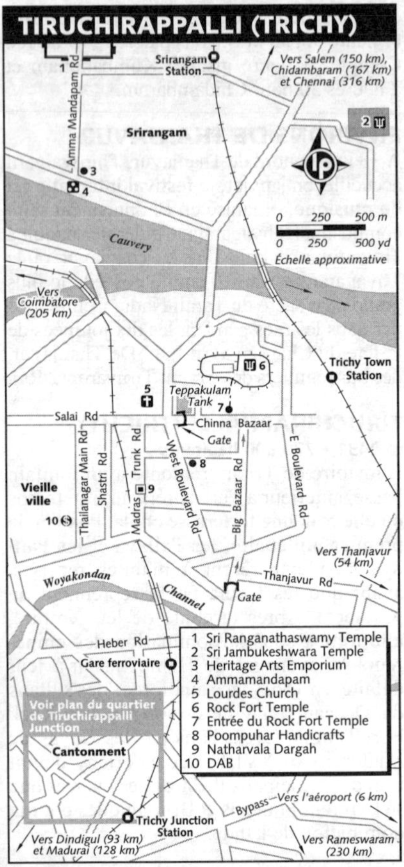

Pour les soins médicaux, adressez-vous au Seahorse Hospital (☎ 462660) ou à l'Infant Jesus Hospital (☎ 411663), spécialisé en pédiatrie.

Rock Fort Temple

Le spectaculaire Rock Fort Temple se perche sur un promontoire rocheux de 83 m de haut. Les Pallava furent les premiers à s'attaquer à cette roche pour y creuser, sur le flanc sud, de petits mandapam rupestres, mais l'idée d'utiliser cette forteresse naturelle revient aux Nayak. Le site compte deux grands temples : le **Sri Thayumanaswamy Temple**, à mi-chemin et dédié à Shiva, et un second, érigé au sommet et voué à **Vinayaka** (Ganesh), qui justifie la montée ardue des 437 marches taillées dans la pierre. Les visiteurs non hindous ne sont, en principe, pas admis dans ces temples. L'enceinte ouvre tous les jours, de 6h à 20h (entrée : 1 Rp).

Sri Ranganathaswamy Temple (Srirangam)

A Srirangam, à quelque 3 km au nord du Rock Fort, ce temple est un immense ensemble religieux vishnouite. Bien qu'il soit mentionné dans le *Sangam* par la première académie des poètes tamouls, les inscriptions du temple font remonter son existence au Xe siècle. De nombreuses dynasties ont participé à sa construction, notamment les Chera, les Pandya, les Chola, les Hoysala, les Vijayanagar et les Nayak, et les travaux continuent ! Le plus grand des gopuram, qui constitue l'entrée principale, n'a été achevé qu'en 1987 et mesure 73 m de haut.

S'étendant sur 60 ha, entouré de 7 enceintes concentriques et surmonté de 21 gopuram, l'ensemble de Srirangam est sans doute le plus vaste du pays. Les non-hindous peuvent aller jusqu'à la sixième enceinte, mais ne sont pas autorisés à pénétrer dans le sanctuaire au toit couvert d'or. Moyennant 3 Rs (plus 20 Rs pour un appareil photo), vous pouvez admirer les temples du haut de l'enceinte. Évitez les guides avides (voir plus haut l'encadré *Fuyez les rabatteurs*) qui réclament des sommes exorbitantes et se prétendent recommandés par Lonely Planet. Ne suivez pas ceux qui souhaitent vous emmener faire des achats ; les prix seront majorés de leur commission.

Lors de la **fête du Char sacré**, en janvier, les statues des divinités défilent sur un char superbe. La fête la plus importante, **Vaikunta Ekadasi** (fête du paradis), a lieu à la mi-décembre et dure 21 jours ; le célèbre texte vishnouite, le *Tiruvaimozhi*, est déclamé devant une représentation de Vishnu. Un petit **musée** expose des sculptures, ainsi que des figurines et des plaques de bronze. La zone au-delà de la quatrième enceinte est fermée tous les jours de 22h à 6h.

Sri Jambukeshwara Temple

Non loin, le Sri Jambukeshwara Temple, contemporain du précédent, est consacré à Shiva et Parvati. Il fait partie des cinq temples voués aux éléments – ici, l'eau – et son sanctuaire est bâti autour d'un lingam en partie immergé. Officiellement, les non-hindous ne sont pas admis dans le sanctuaire. Un guide compétent vous fera visiter le site. Le temple ouvre tous les jours, de 6h à 12h30 et de 16h à 20h30.

Autres édifices religieux

Achevée en 1896, la **Lourdes Church** (église de Lourdes) est inspirée de la basilique néogothique de Lourdes et a été rénovée en janvier 1998. Une procession a lieu le 11 février pour la fête de Notre-Dame-de-Lourdes. Bâtie en 1812, la **St John's Church** (église Saint-Jean), dans le quartier de Junction, se distingue par ses portes latérales à claire-voie qui, une fois ouvertes, la transforment en un pavillon lumineux. Appelez le gardien pour entrer. Le **Natharvala Dargah**, tombeau du saint musulman vénéré Nath-her, est un monument imposant, surmonté d'un dôme de 20 m de haut orné de pinacles ; il attire un grand nombre de pèlerins de toutes confessions.

Où se loger

Il est facile de se loger à Trichy, mais les abords de la gare routière sont bruyants.

Où se loger – petits budgets

Les ***retiring rooms*** de la gare ferroviaire de Trichy Junction disposent de lits en dortoir à 50 Rs et de doubles sans/avec clim. à 150/350 Rs. L'***Hotel Diamond*** *(ancien Hotel Aristo ; ☎ 415860, 2 Dindigul Rd)*, malgré de sérieux problèmes d'entretien, reste populaire grâce à son jardin ombragé, son accueil chaleureux et son ambiance détendue. Il facture les simples/doubles 130/195 Rs, les quadruples, 350 Rs et les bungalows doubles climatisés, 450 Rs. Certaines chambres possèdent une TV.

Bonne adresse en retrait de la rue, l'***Hotel Arun*** *(☎ 461421, 24 Dindigul Rd)* propose des chambres propres, avec TV et téléphone, à 160/185 Rs, ou 350/400 Rs avec clim. Son restaurant sert des thali à 15 Rs.

Au cœur d'un jardin ombragé, l'***Ashby Hotel*** *(☎ 460652, 17A Junction Rd)* a conservé l'atmosphère d'antan. Il offre des chambres spacieuses à 175/287 Rs, ou 460/630 Rs avec clim. (taxes comprises). Un bar plaisant et un restaurant en plein air ajoutent à son charme.

L'***Hotel Ajanta*** *(☎ 415501, Junction Rd)* loue de belles chambres pour 165/210 Rs,

TAMIL NADU

QUARTIER DE TIRUCHIRAPPALLI JUNCTION

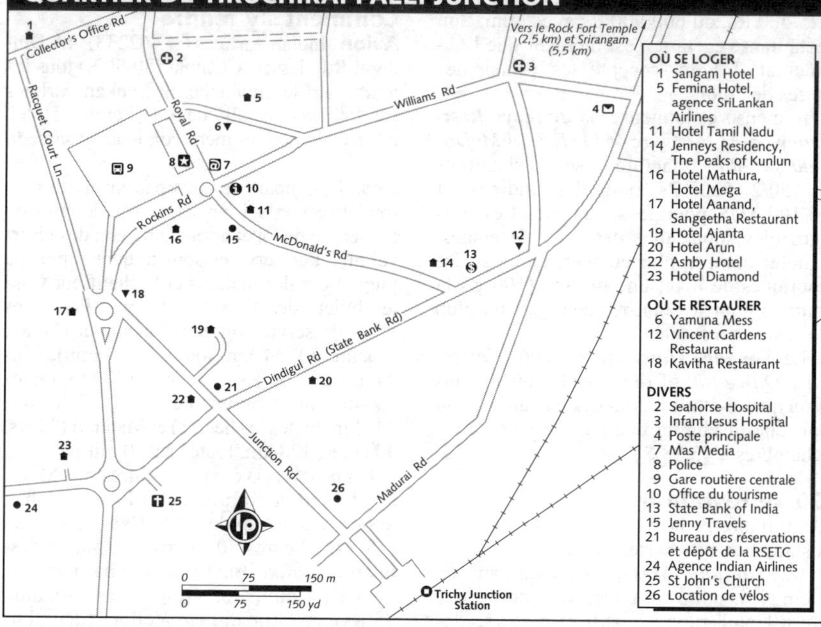

ou 350/450 Rs avec clim. (eau chaude courante de 5h à 8h ; TV moyennant un supplément de 40 Rs). L'établissement comprend un bon restaurant végétarien.

L'***Hotel Aanand*** *(☎ 460545, 1 Racquet Court Lane)*, l'une des meilleures adresses de cette catégorie, dispose de chambres à 250/260 Rs, ou 500 Rs la double avec clim., et d'un excellent restaurant en plein air.

Où se loger – catégories moyenne et supérieure

L'***Hotel Mega*** *(☎ 414092, 8B Rockins Rd)* offre de belles simples/doubles, avec téléphone et TV, à 170/200 Rs, ou 350/400 Rs avec clim. (seau d'eau chaude de 4h à 9h). Il comporte un restaurant multicuisine et un bar.

L'Hotel Mathura *(☎ 414737, Rockins Rd)* propose des chambres propres et confortables, avec TV et téléphone, à 250/300 Rs, ou 400/500 Rs avec clim. (seau d'eau chaude de 5h à 8h). Il s'agrémente d'un agréable salon de lecture, de restaurants et d'un bar et accepte le paiement par carte.

Le vaste ***Femina Hotel*** *(☎ 414501, fax 410615, femina@md3.vsnl.net.in, 14C Williams Rd)*, doté d'une piscine, dispose de chambres, avec TV et téléphone, à 225/400 Rs, ou 600/900 Rs avec clim. Son restaurant végétarien est meilleur que l'occidental. L'hôtel accepte les principales cartes de crédit.

Immense et luxueuse, la ***Jenneys Residency*** *(☎ 414414, fax 461451, 3/14 McDonald's Rd)* facture ses chambres 1 150/2 500 Rs pour les Indiens et 30/100 $US pour les étrangers. Les plus agréables sont celles des 4e et 5e étages. L'hôtel compte plusieurs restaurants, des boutiques de luxe, une piscine (100 Rs la journée pour les non-résidents) et un club de remise en forme.

Le ***Sangam Hotel*** *(☎ 414700, Collector's Office Rd)* offre toutes les prestations d'un quatre-étoiles, dont des restaurants, un bar, une piscine et une galerie marchande (chambres à 45/88 $US).

Où se restaurer

De nombreux hôtels possèdent de bons restaurants, aux cartes variées.

Le ***Yamuna Mess***, un restaurant en plein air installé sur un parking derrière le Guru Hotel, ouvre le soir et pratique des prix doux. Le service est sympathique et la musique, agréable.

Le ***Sangeetha Restaurant*** *(1 Racquet Court Lane)* de l'Hotel Aanand est également plaisant pour dîner en plein air. La plupart des plats, dont le *gobi fry* (chou-fleur sauté épicé), reviennent à 25 Rs.

Le ***Vincent Gardens Restaurant*** *(Dindigul Rd)*, un établissement élégant installé dans un grand jardin, offre un menu multicuisine (et des moustiques), et jouit d'une bonne réputation.

Le ***Kavitha Restaurant*** prépare d'excellents thali à 25 Rs et possède une salle climatisée.

The Peaks of Kunlun, dans la Jenneys Residency, mitonne une multicuisine correcte et sert des bières (un peu tièdes) à 70 Rs.

Achats

Flânez dans les marchés qui longent Big Bazaar Rd. Pour l'artisanat et les cadeaux, rendez-vous à Poompuhar Handicrafts, West Boulevard Rd, ou à l'Heritage Arts Emporium, 5 Amma Mandapam Rd, Srirangam, réputé pour ses bronzes de qualité. Ce dernier possède des succursales à la Jenneys Residency et au Femina Hotel.

Comment s'y rendre

Avion. Indian Airlines (☎ 462233), 4A Dindigul Rd, dessert Chennai (80 $US) tous les jours, sauf le dimanche. SriLankan Airlines (☎ 460844), installé dans le Femina Hotel, rallie Colombo les mercredi, jeudi et samedi.

Bus. La plupart des bus partent de la gare routière centrale. L'ancienne gare de Junction Rd sert de dépôt et abrite le bureau des réservations. Les services sont fréquents pour la plupart des destinations et le chauffeur vend les billets dès l'arrivée du bus. Parmi les villes desservies figurent Thanjavur (14 Rs, 1 heure 30, 54 km, toutes les 5 min), Chidambaram (50 Rs, 4 heures, 150 km, toutes les 45 min), Coimbatore (90 Rs, 7 heures, 244 km, toutes les heures) et Madurai (35 Rs, 4 heures, 128 km, toutes les 20 min).

On peut réserver sur les autres bus SETC à la billetterie informatisée. Pour Chennai, le bus le plus rapide est le Bye-Pass Rider (75 Rs, 7 heures 30). Parmi les autres destinations, citons Bangalore (10 bus par jour, 90 Rs), Coimbatore (toutes les 30 min, 38 Rs), et Tirupathi *via* Vellore (deux bus par jour, 68 Rs, 9 heures 30). Des compagnies privées, comme Jenny Travels, en face de l'Hotel Tamil Nadu, ou KPN Travels, en dessous de l'Hotel Mathura, proposent des services superdeluxe, à destination de Chennai (110/120 Rs de jour/de nuit) et Bangalore (130/150 Rs).

Train. Trichy se situe sur les lignes principales Chennai-Madurai et Chennai-Rameswaram et possède une billetterie informatisée. Quelques trains directs desservent Chennai, d'autres passent par Chidambaram et Thanjavur. Les trains les plus rapides en direction de Chennai (337 km, 5 heures 15), le *Vaigai Express* et le *Pallavan Express*, coûtent 489/145 Rs en 1re/2e classe. Le *Vaigai Express*, le plus rapide à destination de Madurai, quitte Trichy à 17h45 (242/46 Rs, 2 heures 15). Le trajet jusqu'à Rameswaram (7 heures, 265 km) revient à 352/67 Rs.

Pour Mamallapuram, prenez un train en direction de Chennai jusqu'à Chengalpattu, puis un bus.

Comment circuler

Desserte de l'aéroport. La course de l'aéroport au centre-ville (7 km) revient à 250 Rs en taxi et à 100 Rs en auto-rickshaw. Les bus n°7, 59, 58 et 63 desservent l'aéroport (30 min).

Bus. Le réseau des bus urbains est excellent. De l'arrêt des bus SETC, le n°1 (A ou B) circule fréquemment entre la gare ferroviaire, la poste centrale, le Rock Fort Temple, l'entrée principale du Sri Ranganathaswamy et les abords du Jambukeshwara Temple.

Bicyclette. La ville, très plate, s'explore facilement à vélo. Dans Junction Rd, deux boutiques en louent pour 5 Rs l'heure. N'oubliez pas que Big Bazaar Rd, incroyablement encombrée, est à sens unique (direction sud-nord).

Sud du Tamil Nadu

MADURAI

☎ 0452 • 1,23 million d'habitants

Pèlerins, mendiants, hommes d'affaires, charrettes et rickshaws se pressent dans les rues de Madurai, l'une des plus anciennes cités de l'Inde du Sud, centre d'enseignement et de pèlerinage depuis des siècles.

Au cœur de la vieille ville, le Sri Meenakshi Temple offre un exemple éclatant de l'architecture dravidienne la plus débridée et draine une foule permanente ; quelque 10 000 visiteurs s'y pressent chaque jour.

Histoire

Des textes tamouls et grecs du IVe siècle av. J.-C citent Madurai, alors renommée pour le commerce, notamment celui des épices. La cité abritait le *Sangam*, l'académie des poètes tamouls, dont les œuvres célèbrent la beauté de Madurai. Au fil des siècles, la ville passa aux mains des Chola, des Pandya, des envahisseurs musulmans à l'époque de Malik Kafur, des rois hindous Vijayanagar et des Nayak, qui la gouvernèrent jusqu'en 1781. Le Meenakshi Temple fut construit sous le règne de Tirumalai Nayak (1623-1655) et Madurai devint alors le centre culturel des Tamouls et joua un rôle essentiel dans l'évolution de leur langue.

Puis la Compagnie britannique des Indes orientales prit le contrôle de la ville et, en 1840, rasa les fortifications qui l'entouraient et combla les douves. Quatre larges artères, les Veli, furent tracées sur ces vestiges et délimitent aujourd'hui la vieille ville.

Orientation et renseignements

La plupart des services, dont la poste centrale, l'office du tourisme, les hôtels bon marché et de catégorie moyenne, se trouvent près du temple. Les noms multiples des rues prêtent parfois à confusion ; ainsi, les Avani Streets sont souvent appelées Avani Moola et Dindingul Rd se transforme en Nethaji Rd.

Offices du tourisme. Ouvert en semaine, de 10h à 17h45, l'office du tourisme de Madurai (☎ 734757), 180 West Veli St, très compétent, fournit des brochures et des plans ; il vous renseignera sur les dernières escroqueries et, au besoin, vous aidera. Des comptoirs d'information touristique sont installés à la gare ferroviaire (☎ 742888) et à l'aéroport. Le Foreigners' Reporting Office (☎ 744007), à la porte sud du Sri Meenakshi Temple, reçoit les plaintes des touristes.

Argent. La State Bank of India, dans West Veli St, change les chèques de voyage.

MADURAI

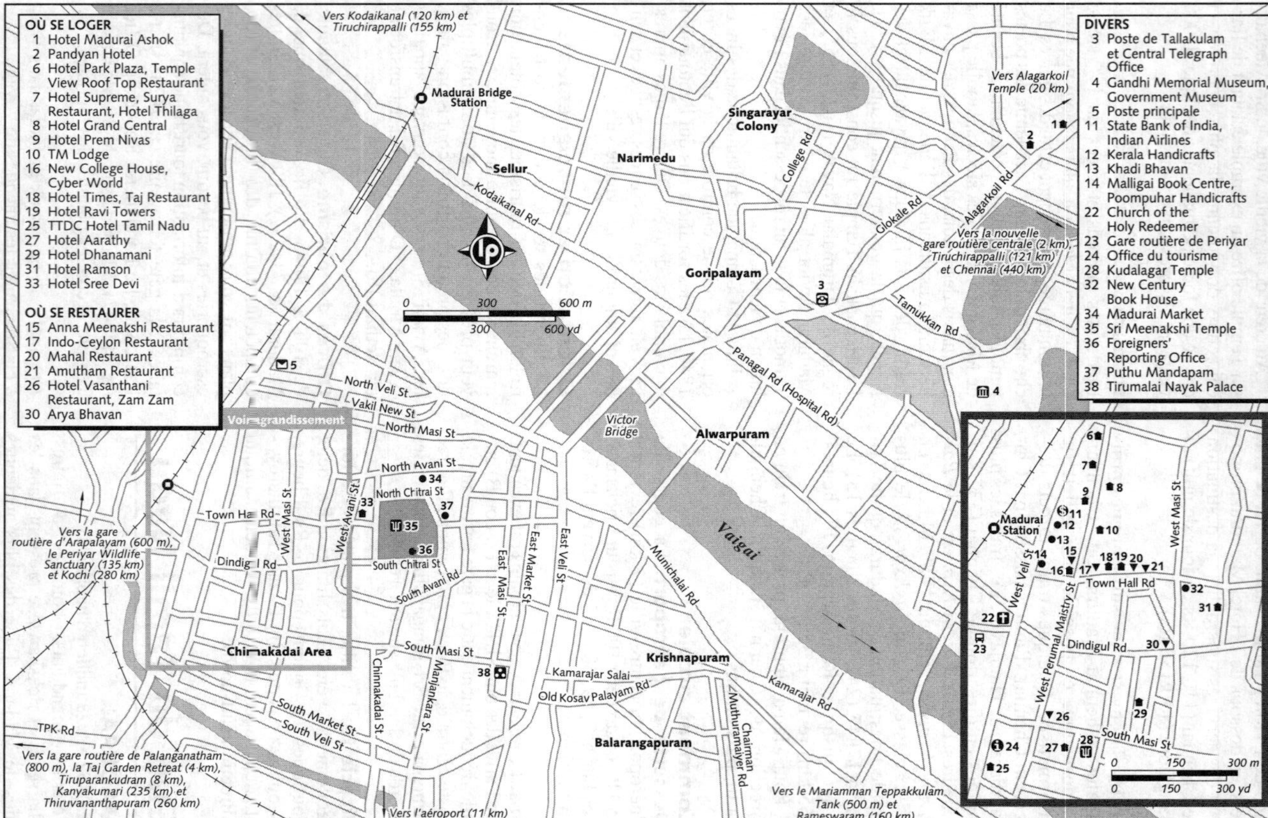
OÙ SE LOGER
1 Hotel Madurai Ashok
2 Pandyan Hotel
6 Hotel Park Plaza, Temple View Roof Top Restaurant
7 Hotel Supreme, Surya Restaurant, Hotel Thilaga
8 Hotel Grand Central
9 Hotel Prem Nivas
10 TM Lodge
16 New College House, Cyber World
18 Hotel Times, Taj Restaurant
19 Hotel Ravi Towers
25 TTDC Hotel Tamil Nadu
27 Hotel Aarathy
29 Hotel Dhanamani
31 Hotel Ramson
33 Hotel Sree Devi
OÙ SE RESTAURER
15 Anna Meenakshi Restaurant
17 Indo-Ceylon Restaurant
20 Mahal Restaurant
21 Amutham Restaurant
26 Hotel Vasanthani Restaurant, Zam Zam
30 Arya Bhavan
DIVERS
3 Poste de Tallakulam et Central Telegraph Office
4 Gandhi Memorial Museum, Government Museum
5 Poste principale
11 State Bank of India, Indian Airlines
12 Kerala Handicrafts
13 Khadi Bhavan
14 Malligai Book Centre, Poompuhar Handicrafts
22 Church of the Holy Redeemer
23 Gare routière de Periyar
24 Office du tourisme
28 Kudalagar Temple
32 New Century Book House
34 Madurai Market
35 Sri Meenakshi Temple
36 Foreigners' Reporting Office
37 Puthu Mandapam
38 Tirumalai Nayak Palace
Vers Kodaikanal (120 km) et Tiruchirappalli (155 km)
Madurai Bridge Station
Sellur
Narimedu
Singarayar Colony
Goripalayam
Alwarpuram
Krishnapuram
Balarangapuram
Vers Alagarkoil Temple (20 km)
Vers la nouvelle gare routière centrale (2 km), Tiruchirappalli (121 km) et Chennai (440 km)
Kodaikanal Rd
College Rd
Glokale Rd
Alagarkoil Rd
Tamukkan Rd
Panagal Rd (Hospital Rd)
North Veli St
Vakil New St
North Masi St
North Avani St
North Chitrai St
South Chitrai St
South Avani Rd
West Avani St
West Masi St
Town Hall Rd
Dindigul Rd
Chinnakadai Area
East Masi St
East Market St
East Veli St
South Masi St
Chinnakadai St
Manjankara St
South Market St
South Veli St
Kamarajar Salai
Old Kosav Palayam Rd
Kamarajar Rd
Chairman Muthuramaiyer Rd
Munichalai Rd
Victor Bridge
Vaigai
TPK Rd
Voir agrandissement
0 300 600 m
0 300 600 yd
Vers la gare routière d'Arapalayam (600 m), le Periyar Wildlife Sanctuary (135 km) et Kochi (280 km)
Vers la gare routière de Palanganatham (800 m), la Taj Garden Retreat (4 km), Tiruparankudram (8 km), Kanyakumari (235 km) et Thiruvananthapuram (260 km)
Vers l'aéroport (11 km)
Vers le Mariamman Teppakkulam Tank (500 m) et Rameswaram (160 km)
Madurai Station
West Veli St
West Perumal Maistry St
0 150 300 m
0 150 300 yd

Poste et communications. La poste centrale, à l'extrémité nord de West Veli St, ouvre de 7h à 19h30 (de 10h à 17h le dimanche). Le guichet de la poste restante (n°8) délivre le courrier de 10h à 17h. De nombreux kiosques STD/ISD offrent un excellent service.

Cyber World (☎ 742162), au 2e étage de College House, propose un accès Internet pour 60 Rs l'heure. L'Hotel Supreme Complex assure des connexions très fiables.

Librairies. Malligai Book Centre, 11 West Veli St, dispose d'une bonne sélection de livres, de cartes et de cassettes. La New Century Book House, 79-80 West Tower St, offre également un vaste choix.

Sri Meenakshi Temple

Conçu en 1560 par Vishwanatha Nayak, ce temple fut érigé sous le règne de Tirumalai Nayak, mais ses origines remontent à 2 000 ans, au temps où Madurai était une capitale pandya. L'ensemble sacré couvre une superficie de 6 ha et compte 12 tours, hautes de 45 à 50 m.

Dans l'enceinte du temple, le **Temple Art Museum** occupe le mandapam aux mille colonnes. Il présente des frises, des effigies de pierre et de cuivre, et une très belle collection de divinités hindoues. Le musée ouvre tous les jours, de 7h à 19h (entrée : 1 Rp).

Consacrez du temps à la visite de ce temple et venez plutôt en début de matinée ou en fin de journée pour éviter la foule. Les "guides du temple" vous demanderont rarement moins de 200 Rs. Négociez fermement (voir plus haut l'encadré *Fuyez les rabatteurs !*). Les guides guettent souvent le client devant les emporiums et les échoppes des tailleurs, où ils essaieront de vous entraîner pour toucher une forte commission, qui grèvera d'autant le prix de vos achats.

Le temple ouvre de 5h à 12h30 et de 16h à 21h30 (entrée : 10 Rs, plus 30 Rs pour un appareil photo). Les Caméscopes sont interdits.

Marché de Madurai

Au nord du temple, avant de parvenir à North Avani St, vous traverserez le marché de Madurai, un labyrinthe de ruelles animées, embaumées des effluves de plantes aromatiques. A côté, à l'étage d'un banal immeuble de béton, le marché aux fleurs présente des pyramides de soucis et de fleurs de jasmin.

Pongal, une fête en ébullition

L'époque de la moisson, synonyme de fêtes et d'actions de grâce, est celle de Pongal, une fête séculaire à laquelle tout le monde participe. Pongal signifie ébullition et le riz qui bout dans les marmites d'argile neuves symbolise la prospérité et l'abondance des récoltes. Pour beaucoup, cette fête commence par des prières au temple, suivies d'une réunion familiale. On rend ensuite hommage aux animaux, en particulier aux vaches, qui ont contribué à la récolte. La vocation agricole du Tamil Nadu fait de Pongal une festivité majeure, surtout dans les villages.

Si vous voyagez pendant cette période (mi-janvier), essayez d'assister à cette fête dans un village pour en découvrir l'authenticité.

Tirumalai Nayak Palace

Situé à 1,5 km au sud-est du Meenakshi Temple, ce palais indo-musulman fut édifié en 1636 par le souverain dont il porte le nom. Aujourd'hui, il n'en subsiste que le portail, le hall principal et la salle de bal, qui valent toutefois le détour. La cour rectangulaire, de 75 m sur 52 m, appelée Swargavilasa (pavillon céleste), témoigne de la splendeur passée du lieu, considéré comme l'un des plus beaux bâtiments laïques d'Inde du Sud.

Lord Napier, gouverneur de Madras (1866-1872), en entreprit la restauration partielle. L'entrée se trouve à l'extrémité est des bâtiments. Le palais ouvre tous les jours, de 9h à 13h et de 14h à 17h (entrée : 1 Rp).

Un spectacle son et lumière, qui se résume à quelques lumières de couleur et à une bande sonore assourdissante et altérée, se déroule tous les soirs, à 18h30 en anglais et à 20h en tamoul (de 2 à 5 Rs).

Le palais se trouve à 20 min de marche du Meenakshi Temple.

Musées

Installé dans l'ancien palais de Rani Mangammal, dans un environnement paisible, le **Gandhi Memorial Museum** retrace remarquablement l'histoire de la lutte pour l'Indépendance. Le **Madurai Government Museum** se trouve sur le même site, ainsi qu'une petite librairie bien fournie en ouvrages concernant Gandhi. Les musées ouvrent tous les jours de 10h à 13h et de 14h à 17h30 ; le second ferme le vendredi et le deuxième samedi du mois (entrée gratuite).

Mariamman Teppakkulam Tank

Ce bassin, à 5 km à l'est de la vieille ville, couvre une superficie presque équivalente à celle du Meenakshi Temple et accueille chaque année la fête de Teppam, un événement populaire qui a lieu en janvier-février. Asséché la plupart de l'année, il sert de terrain de cricket aux enfants. Aménagé en 1646 par Tirumalai Nayak, il est relié à la Vaigai par des conduites souterraines.

Fêtes

De nombreuses festivités ponctuent la vie de Madurai. Leurs dates et leurs horaires sont fixés par les astrologues des temples ; renseignez-vous auprès de la direction des temples ou de l'office du tourisme. Outre **Teppam**, les principales fêtes sont **Pongal** (fête de la moisson), **Avanimoolam** et **Navrati**.

L'événement le plus important de Madurai, la **fête de Chithrai** (avril-mai), commémore les noces de Meenakshi et de Sundareshwara (Shiva) et dure 14 jours. Les effigies des divinités sont promenées aux environs du temple dans d'immenses chars au cours de processions hautes en couleur.

Où se loger – petits budgets

A Madurai, grand centre de pèlerinage, nombre d'hôtels bon marché ne sont que des asiles de nuit mal tenus. Les meilleurs établissements se trouvent, pour la plupart, le long de Town Hall Rd et de Dindigul Rd.

La ***New College House*** *(☎ 742971, fax 741844, 2 Town Hall Rd)*, grand et plaisant établissement en rénovation, offre des simples/doubles à 135/195 Rs et des chambres climatisées à 430 Rs. Il abrite un centre d'affaires (service e-mail à 30 Rs l'heure) et de bons restaurants végétariens.

L'***Hotel Ravi Towers*** *(☎ 741961, 9 Town Hall Rd)* propose de belles chambres propres à 150/275 Rs, ou 350/500 Rs avec clim. Un supplément de 50 Rs est demandé pour la TV.

Malgré son apparence luxueuse, l'***Hotel Ramson*** *(☎ 740407, 9 Permal Tank St)* pratique des tarifs très raisonnables, à 100/150 Rs la chambre. En janvier, il résonne au rythme des festivités de Pongal.

L'***Hotel Sree Devi*** *(☎ 747431, 20 West Avani St)*, bien tenu, dispose de chambres (pas de simples) à partir de 180 Rs, ou 500 Rs avec clim. (seau d'eau chaude à toute heure). Évitez la chambre sans fenêtre. Sur le toit, une grande chambre jouit d'une vue extraordinaire sur le temple (600 Rs, taxes comprises).

L'***Hotel Grand Central*** *(☎ 743940, fax 740656, 47 West Perumal Maistry St)* semble plus cher qu'il ne l'est. Propre et chaleureux, il loue des chambres spacieuses, avec téléphone et TV, pour 175/200 Rs et des doubles climatisées pour 500 Rs. (seau d'eau chaude).

L'***Hotel Dhanamani*** *(☎ 742701, 20 Sunnambukara St)* possède des simples à 95 Rs, des simples/doubles avec s.d.b. à 100/160 Rs et des doubles climatisées à 300 Rs.

Propre et accueillant, l'***Hotel Times*** *(☎ 742651, 15-16 Town Hall Rd)* présente un excellent rapport qualité/prix pour ses chambres à 150/250 Rs, ou 500 Rs la double deluxe avec clim.

Les ***retiring rooms*** de la gare ferroviaire de Madurai, bruyantes, valent 70/150 Rs et les lits en dortoir (hommes seulement), 25 Rs.

Où se loger – catégorie moyenne

L'***Hotel Aarathy*** *(☎ 537461, 9 Perumal Koil West Mada St)* propose des simples/doubles confortables à 250/370 Rs, ou 400/500 Rs avec clim. La plupart des chambres possèdent un balcon avec une belle vue sur le temple. Un agréable restaurant végétarien, en plein air, est installé dans la cour.

Le ***TTDC Hotel Tamil Nadu*** *(☎ 537461, fax 627945, West Veli St)* offre des chambres d'un bon rapport qualité/prix, à partir de 150/195 Rs, ou 260/400 Rs avec clim. et TV. Il s'agrémente d'un bar et d'un bon restaurant.

Très apprécié et bien équipé, l'***Hotel Prem Nivas*** *(☎ 742532, fax 743618, 102 West Perumal Maistry St)* facture ses chambres, avec TV et téléphone, 195/300 Rs et ses doubles climatisées, 460 Rs. L'établissement compte un restaurant végétarien climatisé et accepte les cartes de crédit.

Le ***TM Lodge*** *(☎ 741651, 50 West Perumal Maistry St)*, chaleureux et bien tenu (draps propres), demande 195/260 Rs, ou 375 Rs pour une double avec clim. et TV (seau d'eau chaude de 4h à 9h). Les chambres des étages supérieurs sont plus claires et plus aérées et, à partir du 5e étage, jouissent d'une vue sur le temple. Les paiements par carte (sauf AmEx) sont acceptés.

L'***Hotel Supreme*** *(☎ 742637, 110 West Perumal Maistry St)* offre des doubles sombres (pas de simples) à partir de 400 Rs, ou 730 Rs avec clim., mais de bonnes prestations : l'eau chaude matin et soir (ou en seau à tout moment), un accès Internet, un bar et un excellent restaurant végétarien sur le toit. Il accepte les paiements par carte.

Bien tenu et d'un bon rapport qualité/prix, l'***Hotel Thilaga*** *(☎ 740762, 111 West Perumal Maistry St)* comprend des chambres avec TV à 180/200 Rs et des doubles climatisées à 500 Rs.

Entièrement climatisé, l'***Hotel Park Plaza*** *(☎ 742112, fax 743654, 114 West Perumal Maistry St)*, similaire au Supreme, affiche des prix élevés par rapport aux services offerts. Comptez un minimum de 775/1 000 Rs (petit déjeuner compris) pour une chambre confortable, avec TV et eau chaude matin et soir (en seau à tout moment). Il organise régulièrement des "happy hours" et comporte un restaurant sur le toit.

Où se loger – catégorie supérieure

Les trois hôtels de luxe de Madurai se situent loin du centre-ville.

L'***Hotel Madurai Ashok*** *(☎ 537531, fax 537530, Alargakoil Rd)* loue ses chambres à partir de 1 350/2 100 Rs. Les non-résidents ont accès à la piscine moyennant 75 Rs.

Le ***Pandyan Hotel*** *(☎ 537090, fax 533 424, bhasker@md3.vsnl.net.in, Alargarkoil Rd)*, entièrement climatisé, facture ses chambres 40/55 $US. Il dispose d'un bar, d'un restaurant et d'un jardin soigné, havre de paix à l'écart du tumulte de la ville.

A 4 km au sud-ouest de la cité, la ***Taj Garden Retreat*** *(☎ 601020)*, le meilleur hôtel de Madurai, propose des simples/doubles à partir de 110/120 $US pour les étrangers, 3 100/3 450 Rs pour les Indiens. Elle offre les prestations habituelles des établissements de luxe, plus un fort relent d'égout !

Où se restaurer

L'***Indo-Ceylon Restaurant*** *(6 Town Hall Rd)* est apprécié, tout comme l'***Amutham Restaurant***, presque à l'angle de West Masi St. La ***New College House*** propose de bons thali à prix raisonnables. Au coin de West Masi St et Dindigul Rd, l'***Arya Bhavan*** prépare de gigantesques dosa.

L'***Anna Meenakshi Restaurant***, spacieux et clair, sert de bons repas végétariens.

A l'***Hotel Vasanthani***, vous dégusterez des thali et des déjeuners à petit prix. A proximité, le ***Zam Zam*** est renommé pour ses pâtisseries et ses savoureux en-cas.

Le ***Taj Restaurant*** *(10 Town Hall Rd)* affiche une carte variée avec quelques spécialités occidentales, dont des puddings et des pêches Melba ! A quelques pas, le ***Mahal Restaurant*** *(Town Hall Rd)* occupe une confortable salle climatisée et sert une délicieuse cuisine variée, dont de l'agneau rôti. Les prix s'échelonnent de 30 à 60 Rs.

Sur le toit de l'Hotel Supreme, le ***Surya Restaurant*** *(110 West Perumal Maistry St)* offre une superbe vue agrémentée d'une petite brise. Il ouvre pour le petit déjeuner de 6h à 11h. A l'heure du déjeuner, vous pourrez vous régaler d'un excellent thali (40 Rs) et le soir, de 17h à 24h, vous aurez le choix entre des plats végétariens indiens, chinois et occidentaux (environ 40 Rs).

Le ***Temple View Roof Top Restaurant*** de l'Hotel Park Plaza offre une vue semblable à celle du Surya et une cuisine, végétarienne ou non, d'un bon rapport qualité/prix. Choisissez un poulet frit à l'ail (40 Rs) ou un poulet tandoori, particulièrement savoureux.

La ***Taj Garden Retreat***, idéale pour un repas de gala, propose une excellente carte de multicuisine. Le samedi et le dimanche, en soirée, son buffet (300 Rs) remporte un succès mérité.

Achats

Madurai, centre textile de longue date, regorge d'échoppes de vêtements et de tailleurs. Vous trouverez un grand choix de cotonnades et d'imprimés au Puthu Mandapam, l'ancienne entrée à colonnades, du côté est du Sri Meenakshi Temple ; des tailleurs, tous affairés sur leur machine à coudre, sont capables d'exécuter en une ou deux heures la réplique exacte d'un vêtement que vous leur apportez (ne choisissez pas, cependant, un modèle trop compliqué).

La qualité et les tarifs varient beaucoup d'un endroit à l'autre et vous aurez un mal fou à vous débarrasser des rabatteurs. Il est important de connaître un peu les tissus, leur qualité et le métrage nécessaire.

Les magasins d'État, Poompuhar, Khadi Bhavan et Kerala Handicrafts, se regroupent dans West Veli St. Les rabatteurs, les rickshaw-wallahs, les "guides" et le frère du tailleur vous emmèneront tous dans les boutiques cachemiries de North Chitrai St, près du temple. Une fois de plus, n'oubliez pas que vous payez leur commission !

Comment s'y rendre

Avion. Indian Airlines (☎ 741234), dans West Veli St, propose un vol quotidien pour Chennai (90 $US) et quatre vols hebdomadaires pour Mumbai (160 $US).

Bus. Le réseau de bus de Madurai a été réorganisé. Tous les bus arrivent et partent de la nouvelle gare routière centrale, à 6 km au nord-est de la vieille ville. Officiellement appelée Mattuthavani (le marché aux vaches), elle a conservé son nom d'origine car il était politiquement trop difficile de la rebaptiser. La plupart des gens la désignent sous l'appellation de *central*, *city* ou *new bus station*. Bien organisée, elle fonctionne 24h/24. Des bus font la navette avec le centre-ville toutes les quelques minutes (2 Rs). En rickshaw, le trajet revient à 25 Rs.

Pendant la mousson, la route de Kodaikanal est parfois emportée par les inondations ; les bus font alors un détour par Palani, ce qui rallonge le trajet d'une heure ou deux.

Des compagnies privées proposent des services en superdeluxe avec vidéo à destination de Chennai et de Bangalore. Néanmoins, prenez garde lorsque vous achetez vos billets. De nombreuses agences vendent des billets pour toutes les destinations, mais vous pourrez vous retrouver entassé dans un bus d'État alors que vous avez payé le prix fort pour un voyage plus confortable.

Destination	Fréquence quotidienne	Prix (Rs)
Bangalore	6	141
Chennai	toutes les 30 min	113
Chidambaram	3	48
Coimbatore	35	36
Kanyakumari	20	50
Kodaikanal	15	25
Mysore	2	119
Palani	13	20
Pondichéry	2	85
Rameswaram	30	31
Thiruvananthapuram	2	97
Tirupathi (*via* Vellore)	4	124
Tiruchendur	20	27

Train. La gare ferroviaire de Madurai se situe dans West Veli St. Consultez le tableau *Principaux trains au départ de Madurai* pour les trains les plus fréquents.

De plus, des trains partent de Madurai pour Bangalore (deux par jour), Ernakulam (deux par jour), Kollam (deux par jour), Nagercoil (plusieurs par jour), Trichy (sept par jour), Villapuram (sept par jour) et Chennai (six par jour). Des services réguliers rallient New Delhi et Kolkata (Calcutta).

Comment circuler

L'aéroport se trouve à 12 km au sud de la ville ; les taxis demandent 250 Rs jusqu'au centre ville et les auto-rickshaws, de 150 à 200 Rs. Le bus n°10A relie la gare routière centrale à l'aéroport, mais ne vous fiez pas à ses horaires.

Principaux trains au départ de Madurai

Destination	Numéro et nom du train	Départ	Distance (km)	Durée	Tarifs (Rs) ($2^e/1^{re}$)
Chennai	6718 *Pandian Exp.*	19h25	490	10 heures 30	166/562
	2636 *Vaigai Exp.*	6h45		9 heures 45	107/562
Coimbatore	6782 *Coimbatore-Quillon Exp.*	6h40	229	5 heures 00	61/321
Kanyakumari	6121 *Chennai-Kanniya Kumari Exp.*	4h15	242	5 heures 45	62/326
Rameswaram	6115 *Coimbatore-Rameswaram Exp.*	5h40	164	5 heures 00	48/252

Dans la vieille ville, la gare routière de Periyar est toujours utilisée par les bus urbains. C'est de là que partent les bus à destination des sites locaux, comme les musées et le réservoir. Cependant, la situation risque de changer et mieux vaut vous renseigner auprès de votre hôtel ou de l'office du tourisme.

Les rickshaw-wallahs annoncent le prix le plus élevé possible. Prenez votre temps et discutez ferme ; ils reviennent parfois à la raison. Sinon, souvenez-vous que Madurai se visite facilement à pied.

RAMESWARAM

☎ 04573 • 35 750 habitants

Surnommée la Varanasi du Sud, Rameswaram est un important centre de pèlerinage shivaïte et vishnouite. C'est ici que Rama (l'une des incarnations de Vishnu et héros du *Ramayana*) rendit grâce à Shiva. Au cœur de la ville, le Ramanathaswamy Temple est l'un des sanctuaires majeurs de l'Inde du Sud.

Rameswaram s'étend sur une île du golfe de Mannar, reliée par un viaduc ferroviaire à Mandapam, sur le continent, ainsi que par le pont Indira-Gandhi, l'une des prouesses de la technologie indienne, inauguré par Rajiv Gandhi en 1988. La ville se situe sur la rive orientale de l'île. La proximité du Sri Lanka, où s'éternise le conflit entre le LTTE (mouvement séparatiste tamoul) et les forces gouvernementales, entraîne une très forte présence militaire. Toutefois, Rameswaram conserve une atmosphère résolument détendue.

Orientation et renseignements

La plupart des hôtels et des restaurants se regroupent autour du Ramanathaswamy Temple. Des bus fréquents relient la gare routière, à 2 km à l'ouest, au centre-ville.

Le personnel de l'office du tourisme (☎ 21371), East Car St, conte volontiers l'histoire et la mythologie de l'île. Le comptoir touristique de la gare ferroviaire pratique des horaires fantaisistes et ferme le dimanche. Le centre d'information du temple vend des livrets et vous indiquera un guide officiel.

La State Bank of India, dans West Car St, dispose d'un guichet de change. Prévoyez de la lecture ; l'opération prend un temps fou !

Aux abords du TTDC Hotel Tamil Nadu, des rabatteurs proposent des promenades d'une heure sur un "bateau luxueux" pour

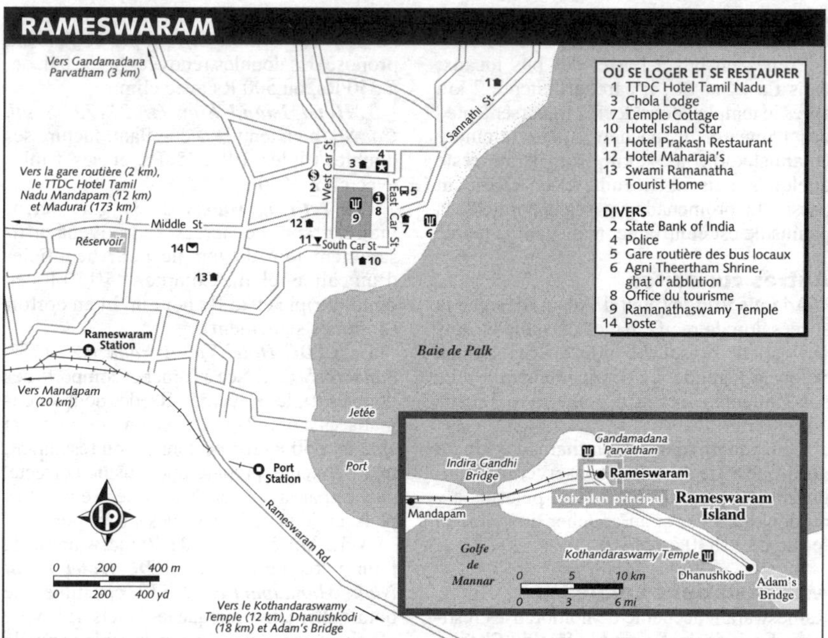

300 Rs, location de tuba et repas de poisson compris. Vous risquez de vous retrouver sur une barque de pêche en mauvais état, sans matériel de plongée, devant les rogatons de la pêche du matin ! De plus, aucun des organisateurs qui proposent ces sorties n'est officiellement agréé.

Ramanathaswamy Temple

Superbe exemple de l'architecture dravidienne tardive, ce temple est renommé pour ses quatre splendides corridors bordés de colonnes finement sculptées. La construction de l'édifice, qui s'étend sur 1,2 km, commença au XIIe siècle. Parmi les ajouts postérieurs figure le gopuram, haut de 53 m. Les fidèles attribuent des vertus particulières aux 22 *theertham* (bassins) que compte le temple. Seuls les hindous sont autorisés à pénétrer dans le sanctuaire.

Le temple ouvre de 5h à 12h et de 16h à 22h, mais, lorsqu'il est fermé, on peut déambuler dans les longs corridors.

Kothandaraswamy Temple

A 12 km au sud-est de la ville, ce temple a été épargné par le cyclone qui ravagea le village en 1964. Selon la légende, il se dresse sur l'emplacement où Vibhishana, le frère de Ravana – qui enleva Sita –, se rendit à Rama.

Prenez un bus à l'arrêt des bus locaux, dans East Car St ; il parcourt encore 2 km après le temple. Vous devrez traverser à pied des hameaux de pêcheurs pour atteindre **Dhanushkodi**, à 4 km, où il ne reste quelques maisons en ruine et un charmant bassin. La promenade jusqu'à la pointe de la péninsule est étouffante, mais vaut la peine.

Autres curiosités

L'**Adam's Bridge** (pont d'Adam) désigne la succession de récifs, bancs de sable et îlots qui relient presque l'Inde au Sri Lanka. Selon la légende, ce serait le chemin créé par Hanuman lorsqu'il poursuivit Ravana pour secourir Sita.

Le **Gandamadana Parvatham**, à 3 km au nord-ouest de la ville, conserverait l'empreinte du pied de Rama. Les pèlerins s'y rendent au lever et au coucher du soleil (il ferme de 11h30 à 15h30).

Manifestations annuelles

Rameswaram accueille de nombreuses festivités. Les principales sont la **fête du Char** en février-mars et **Thiru Kalyana** (fête du mariage) en juilllet-août. Pour la première, des processions accompagnent un immense char décoré sur lequel sont exposées les statues des divinités. La seconde commémore le mariage céleste de Shiva et de Parvati. Renseignez-vous après de l'office du tourisme.

Où se loger et se restaurer

Les hôtels, tous un peu vieillots, visent principalement la clientèle des pèlerins et affichent souvent complet en période de fête. La plupart de ceux mentionnés ci-dessous fournissent des seaux d'eau chaude le matin. Près du temple, la musique retentit tous les jours dès 4h30.

Le ***Temple Cottage*** *(☎ 21223, Sannathi St)*, à côté du temple, offre des simples/doubles spartiates, avec seau d'eau chaude, à 50/75 Rs et un réveil en fanfare à l'aube !

Le ***Chola Lodge*** *(☎ 21307, North Car St)* dispose de doubles (pas de simples) à 150 Rs et de chambres familiales (jusqu'à 5 lits) à 300 Rs.

Le ***Swami Ramanatha Tourist Home*** *(☎ 21217)* présente une belle collection historique et loue des doubles propres pour 200 Rs. Bonne adresse, l'***Hotel Maharaja's*** *(☎ 21271, 7 Middle St)*, propre et plaisant, propose des doubles rénovées, avec balcon, à 250 Rs, ou 500 Rs avec clim.

L'***Hotel Island Star*** *(☎ 21472, South Car St)*, bien tenu et accueillant, facture ses doubles/triples 195/275 Rs et ses triples avec clim., 650 Rs.

Les ***retiring rooms*** de la gare ferroviaire, grandes et aérées, se trouvent suffisamment loin du temple pour bénéficier d'un calme relatif. Comptez 95/150 Rs en double/triple et 25 Rs pour un lit en dortoir (hommes seulement).

Le ***TTDC Hotel Tamil Nadu*** *(☎ 21277, Sannathi St)* fait face à la mer et comporte des doubles/triples à 300/350 Rs, des doubles climatisées à 650 Rs et des chambres à cinq et six lits, à 50 Rs par personne. Son restaurant, très fréquenté, prépare une cuisine correcte, gâchée par la lenteur du service. Le bar, fort plaisant, jouit de belles vues sur la mer.

A 12 km à l'ouest de Rameswaram, de l'autre côté du pont, le ***TTDC Hotel Tamil Nadu Mandapam*** *(☎ 41512)* constitue une bonne alternative lorsque les hôtels de la ville affichent complet. La plage de sable se révèle plus séduisante que les chambres, installées dans des bungalows de ciment rappelant des bunkers. Vous paierez 300 Rs pour une double sommaire côté plage et 50 Rs pour un lit en dortoir.

Le long de West Car St, plusieurs restaurants végétariens (dont certains assez lugubres) servent des thali (de 10 à 15 Rs). L'***Hotel Prakash Restaurant*** *(South Car St)* propose un grand choix d'excellents plats végétariens à prix doux.

Comment s'y rendre

Bus. Les bus SETC rallient Madurai (38 Rs, 4 heures) et Kanyakumari quatre fois par jour, et Chennai (127 Rs, 13 heures) trois fois par jour. Des bus locaux, plus fréquents, plus lents et moins chers, desservent également Madurai. Des bus rejoignent Pondichéry et Thanjavur *via* Madurai.

Train. Chaque jour, deux trains express, le *Sethu Express* et le *Rameswaram Express*, circulent depuis/vers Chennai (709/210 Rs en 1re/2e classe, 17 heures 30, 666 km). Ils empruntent la ligne directe *via* Manamadurai et Trichy et ne passent pas par Madurai. Le train direct de Madurai à Rameswaram (252/48/27 Rs en 1re/2e/3e classe, 5 heures, 164 km) part à 5h40 ; en sens inverse, il quitte Rameswaram à 16h10.

Comment circuler

Les bus urbains (1 Rp) circulent entre le temple et la gare routière, de l'aube jusque tard le soir. En ville, ils s'arrêtent au gopuram ouest et en face de l'office du tourisme. Rickshaws et auto-rickshaws sont disponibles à toute heure.

Circuler à bicyclette se révèle une bonne solution. Les nombreux loueurs facturent 5 Rs l'heure.

KANYAKUMARI (CAP COMORIN)

☎ 04652 • 18 900 habitants

Tout au bout du sous-continent, là où se mêlent les eaux de l'océan Indien et de la mer d'Oman, Kanyakumari bénéficie d'une situation unique, mais ne resemble en rien aux plages du Kerala. Au moment de Chaitrapurnima (la pleine lune d'avril), on peut admirer au même instant le coucher du soleil et le lever de la lune.

Kanyakumari revêt, pour les hindous, une grande signification spirituelle. La ville est dédiée à Devi Kanya, une incarnation de Parvati. Les pèlerins viennent visiter le temple et se baigner dans les eaux sacrées.

De nombreux touristes y viennent de Kovalam, au Kerala, pour la journée. Les pèlerins arrivent en grand nombre le week-end et pour les fêtes, et il faut alors faire la queue pendant des heures pour pénétrer dans les principaux sites.

Orientation et renseignements

Le temple principal se trouve à la pointe de Kanyakumari et tous les services sont installés dans un rayon de 1 km. La poste est installée dans Main Rd. L'office du tourisme, proche du temple, ouvre en semaine, de 10h à 17h30. La gare ferroviaire se situe à 1 km au nord du temple et la gare routière, à 500 m à l'ouest. La Canara Bank et la State Bank of Travancore disposent de guichets de change. Une succursale de l'emporium d'État Poompuhar jouxte le temple.

Kumari Amman Temple

Selon la légende, Devi (la déesse) vainquit seule les démons et rendit au monde sa liberté. Les pèlerins viennent la remercier de leur avoir donné sécurité et liberté.

En mai-juin, durant la fête du Char, une effigie de la déesse est promenée dans les rues. En septembre-octobre, la fête de Navratri (neuf nuits) célèbre la victoire de Devi sur les démons.

Le temple ouvre tous les jours, de 4h30 à 11h45, et de 17h30 à 20h30. Les hommes doivent ôter leur chemise et l'on doit déposer les appareils photo à l'entrée.

Gandhi Memorial

Cet émouvant monument recueillit un peu des cendres du Mahatma avant qu'elles ne soient dispersées dans la mer. Le 2 octobre (anniversaire de Gandhi), les rayons du soleil frappent l'endroit précis où elles étaient conservées. Le mémorial ouvre tous les jours, de 7h à 12h30, et de 15h à 19h.

Vivekananda Puram – The Wandering Monk

Ce musée retrace le long voyage du philosophe indien Swami Vivekananda (surnommé le moine errant) à travers le sous-continent. Sa philosophie se voulait une synthèse entre les dogmes de l'hindouisme et des concepts de justice sociale.

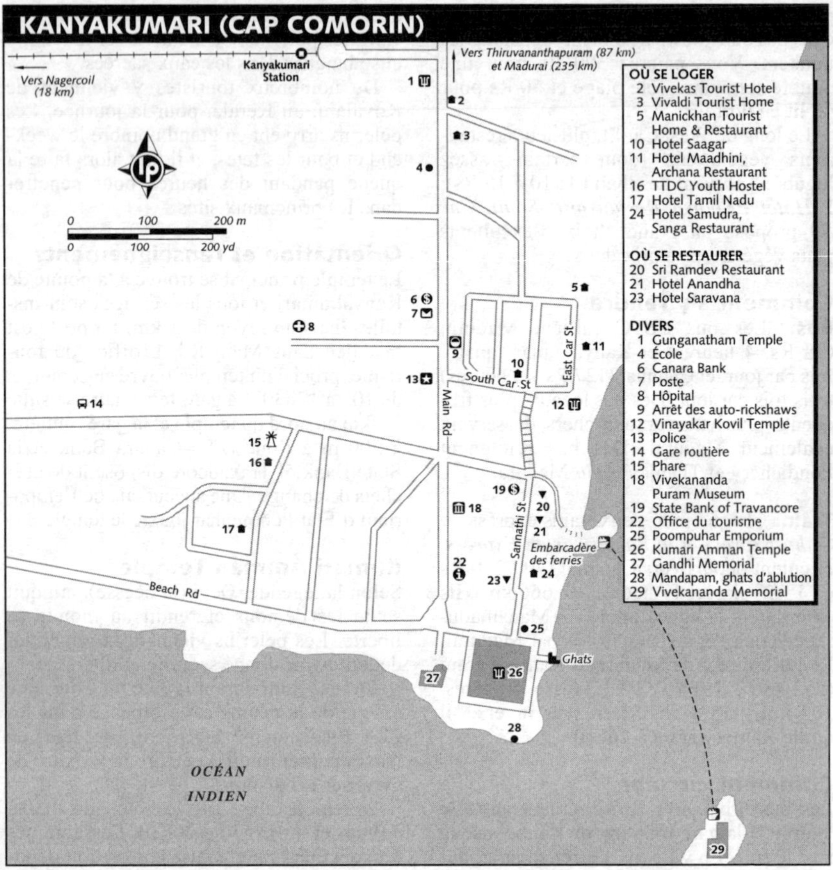

Le musée ouvre tous les jours, de 8h à 12h et de 16h à 20h (entrée : 2 Rs). Un vestiaire permet d'entreposer ses affaires en toute sécurité de 6h à 22h.

Vivekananda Memorial

Ce mémorial occupe deux îlots rocheux, à 400 m de la côte, où Swami Vivekananda vint méditer en 1892, avant de devenir l'un des plus grands missionnaires religieux du pays. Un ferry fait la navette jusqu'à l'île toutes les demi-heures (8 Rs). Le mémorial ouvre de 7h à 11h et de 14h à 17h (entrée : 5 Rs).

Où se loger

Malgré la multiplication des hôtels, la demande reste forte. Certains d'établissements pratiquent des tarifs saisonniers ; en avril et mai et d'octobre à décembre, les prix peuvent doubler par rapport à ceux indiqués ici. Peu d'hôtels possèdent des chambres simples.

Bonne adresse, l'***Hotel Saagar*** *(☎ 71325, South Car St)* propose des doubles de 195 à 250 Rs (pas de simples).

La ***TTDC Youth Hostel***, à l'entrée de l'Hotel Tamil Nadu, loue 45 Rs ses lits en dortoir et affiche rarement complet.

Les ***retiring rooms*** de la gare ferroviaire comportent des lits en dortoir de six personnes à 20 Rs et des simples/doubles à 60/100 Rs.

Le ***Vivekas Tourist Hotel*** *(☎ 71192, Main Rd)* dispose de chambres propres et gaies à partir de 195/250 Rs en double/triple.

Le ***Manickhan Tourist Home*** *(☎ 71387)* offre des doubles à 250 Rs, ou 320 Rs avec vue sur la mer.

Propre et bon marché, le ***Vivaldi Tourist Home*** *(☎ 71972, Main Rd)* facture ses doubles/triples 150/200 Rs. Les lits doubles conviendront à des couples d'une minceur extrême !

L'***Hotel Maadhini*** *(☎ 71787, fax 71657, East Car St)*, un peu plus élégant, possède des balcons qui surplombent le village et des doubles aérées et propres à 400 Rs, ou 500/950 Rs sans/avec clim. et vue sur l'océan

L'***Hotel Tamil Nadu*** *(☎ 71257)*, bien tenu, comprend des doubles rustiques à 150 Rs et d'autres, bien plus agréables, avec s.d.b., à 400 Rs, ou 600 Rs avec clim. Il compte également des bungalows et des chambres familiales. Les chambres disposent pour la plupart d'un balcon et d'une belle vue à l'est sur le Gandhi Memorial.

Proche du temple, l'***Hotel Samudra*** *(☎ 71162)* demande de 450 Rs à 620 Rs en double et 990 Rs pour la double climatisée, avec vue et très bien aménagée.

Où se restaurer

L'***Hotel Saravana,*** l'un des plus fréquentés, prépare des spécialités chinoises et d'Inde du Sud (à partir de 20 Rs), ainsi que d'excellents dosa.

L'***Hotel Anandha*** jouit d'une vue splendide sur l'océan et sert de la cuisine végétarienne à partir de 25 Rs.

Sur sa minuscule terrasse en plein air, le ***Sri Ramdev Restaurant*** offre un choix limité de plats végétariens d'Inde du Nord.

Le ***Sanga Restaurant***, élégant établissement végétarien, se trouve dans l'Hotel Samudra.

L'***Archana Restaurant*** de l'Hotel Maadhini mitonne de bons plats, végétariens ou non (à partir de 40 Rs). La terrasse ouvre de 19h à 22h. Le petit déjeuner et le déjeuner sont servis dans la salle, qui donne sur l'océan.

Meilleure table de la ville, le ***restaurant*** du Manickhan Tourist Home facture ses plats à partir de 60 Rs (fermé en basse saison).

Comment s'y rendre

Bus. La gare routière, à 5 min de marche du centre-ville, possède des horaires en tamoul et en anglais, des restaurants, et des salles d'attente. Le bureau des réservations ouvre de 7h à 21h.

Des bus SETC desservent Madurai (75 Rs, 6 heures, 253 km, toutes les heures), Chennai (165 Rs, 16 heures, 679 km, neuf par jour), Thiruvananthapuram (3 heures, six par jour) et Rameswaram (9 heures, sept par jour).

Des bus locaux rallient Nagercoil, Thiruvananthapuram, Kovalam, et Padmanabhapuram, où s'élève le palais des anciens rois de Travancore (voir le chapitre *Kerala*).

Train. Le *Nellai Express* part tous les jours à 19h15 pour Chennai (16 heures 30, 762/225 Rs en 1re/2e classe).

Les trains à destination de Thiruvananthapuram démarrent à 4h45, 6h35 et 12h45 (87 km, de 2 à 3 heures, 173/30 Rs en 1re/2e classe).

Le *Kanyakumari Express*, quotidien, part pour Mumbai à 4h45 (2 155 km, 48 heures, 1 525/410 Rs en 1re/2eclasse) ; il s'arrête à Thiruvananthapuram et à Ernakulam (8 heures).

Une fois par semaine, le 6317 *Himsagar Express* rejoint Jammu Tawi, dans le Jammu-et-Cachemire (3 734 km, 74 heures). Ce train, qui effectue le plus long parcours dans le pays, quitte Kanyakumari le vendredi à 12h45 et passe par Coimbatore (12 heures), Vijayawada (29 heures) et Delhi (60 heures).

KUTTRALAM (COURTALLAM)

☎ 04633

A 135 km au nord-ouest de Kanyakumari, Kuttralam est très prisé des familles qui viennent se baigner dans les cascades. Les hommes portent un sarong et peuvent se faire masser, les femmes restent entièrement vêtues.

En haute saison, de juin à août, le village est littéralement bondé ; en basse saison, il arrive que les cascades s'assèchent. Malheureusement, les monticules de détritus gâchent la beauté du paysage.

Les **Main Falls**, hautes de 60 m, se trouvent dans le village même. La paroi rocheuse, visible en saison sèche, est sculptée d'anciens symboles hindous. Des bus font la navette vers les huit autres chutes, à 8 km de là.

Kuttralam n'offre que des hébergements très rudimentaires et souvent complets. Vous pouvez aussi loger à Tenkasi, à 5 km au nord. Le ***Krishna Tourist Home*** *(☎ 23125)*, proche de l'arrêt des bus, loue des doubles pour 250 Rs, ou 550 Rs avec clim. L'***Hotel***

Anandha Classic (☎ 23303, 116-A/7 Courtallam Rd) pratique des prix similaires et possède un restaurant végétarien correct.

Tenkasi, la gare ferroviaire la plus proche de Kuttralam, n'est pas sur la ligne Madurai-Kollam. Pour la rejoindre, il faut prendre un train jusqu'à Shencottah (Sengottai), où un express rallie quotidiennement Tenkasi (6 km). Des bus, plus rapides et plus fréquents, effectuent ce trajet.

Ghats occidentaux

Peuplés de plusieurs minorités ethniques, les Ghats occidentaux s'étendent sur près de 1 400 km, du nord de Mumbai à la pointe méridionale du Tamil Nadu, en traversant le Maharashtra, Goa, le Karnataka et le Kerala. D'une altitude moyenne de 915 m, ces montagnes sont couvertes de forêts tropicales et tempérées à feuillage persistant, ainsi que de forêts mixtes à feuilles caduques. Tous les grands fleuves de l'Inde du Sud y prennent leur source, y compris la Cauvery et la Krishna. Les Ghats occidentaux constituent en outre une véritable oasis biologique et écologique, abritant une grande diversité de plantes (27% des végétaux à fleurs et 60% des plantes médicinales du pays) et de nombreuses espèces animales endémiques. Les naturalistes estiment que les Ghats occidentaux restent l'une des plus grandes régions forestières et montagneuses préservées d'Asie.

Les Nilgiri Hills (monts Nilgiri), qui font partie des Ghats occidentaux, offrent de nombreuses possibilités de randonnées et d'autres activités de plein air.

KODAIKANAL

☎ 04542 • 31 200 habitants

Environnée de pentes boisées (plus clairsemées aujourd'hui), de cascades et de pics rocheux, Kodaikanal, fréquemment appelée Kodai, se perche à 2 100 m d'altitude sur la crête sud des Palani Hills, à 120 km de Madurai. Des paysages fabuleux bordent la route qui y mène.

Seule station climatique créée par les Américains, elle abrite une école fondée par des missionnaires américains pour les enfants européens vers 1840, devenue depuis la Kodaikanal International School, l'un des établissements scolaires privés les plus prestigieux du pays.

Des *kurinji*, arbustes endémiques des Ghats occidentaux, poussent dans la région ; leurs fleurs légères, bleu-violet, ne s'épanouissent que tous les 12 ans. Les plantations de gommiers bleus d'Australie, qui fournissent l'huile d'eucalyptus vendue sur les étals de Kodai, et le développement touristique menacent l'environnement et ont entraîné des réactions au niveau local. Vous remarquerez les sacs en papier (le plastique est prohibé dans la région), une victoire des écologistes.

Kodaikanal constitue un agréable refuge, loin de la chaleur et de la brume des plaines, et offre de belles randonnées dans les paisibles *shola* (forêts). Les meilleures périodes pour y séjourner se situent entre avril et juin (la haute saison) et d'août à octobre. Les températures varient de 11 à 20°C en été, de 8 à 17°C en hiver. Dans cette région montagneuse, de fortes pluies peuvent survenir à tout moment.

Orientation et renseignements

Pour une station d'altitude, Kodai est étonnamment peu étendue. Les artères principales partent de Seven Roads Junction. La plupart de l'activité se concentre dans Anna Salai (l'ancienne Bazaar Rd) et Poet Theagarayar Rd (ou PT Rd, l'ancienne Hospital Rd). Les employés de l'office du tourisme désertent souvent leur bureau (☎ 41675). Adressez-vous à CLS Bookshop, de l'autre côté de la rue, où le personnel se montre serviable et compétent.

La State Bank of India, ouverte en semaine, de 10h à 14h, est le meilleur endroit pour changer des chèques de voyage. La Canara Bank délivre des avances sur les cartes Visa. Glen Travels, Seven Roads Junction, ouvert tous les jours, de 9h30 à 21h30, propose les mêmes services moyennant une lourde commission de 8%. La poste se montre efficace. De multiples kiosques offrent un service e-mail, mais les connexions sont lentes. Pioneer Internet, dans Anna Salai, ouvert de 9h à 22h, facture 75 Rs l'heure ; Cybernet, Woodville Rd, demande 60 Rs l'heure et ouvre de 8h45 à 18h.

Pour vos travaux photo, vous trouverez plusieurs laboratoires dans PT Rd.

Flora & Fauna Museum

Aménagé dans le Sacred Heart College, dans Law's Ghat Rd à Shembaganur, ce musée mérite la visite. Une promenade de 6 km, tout

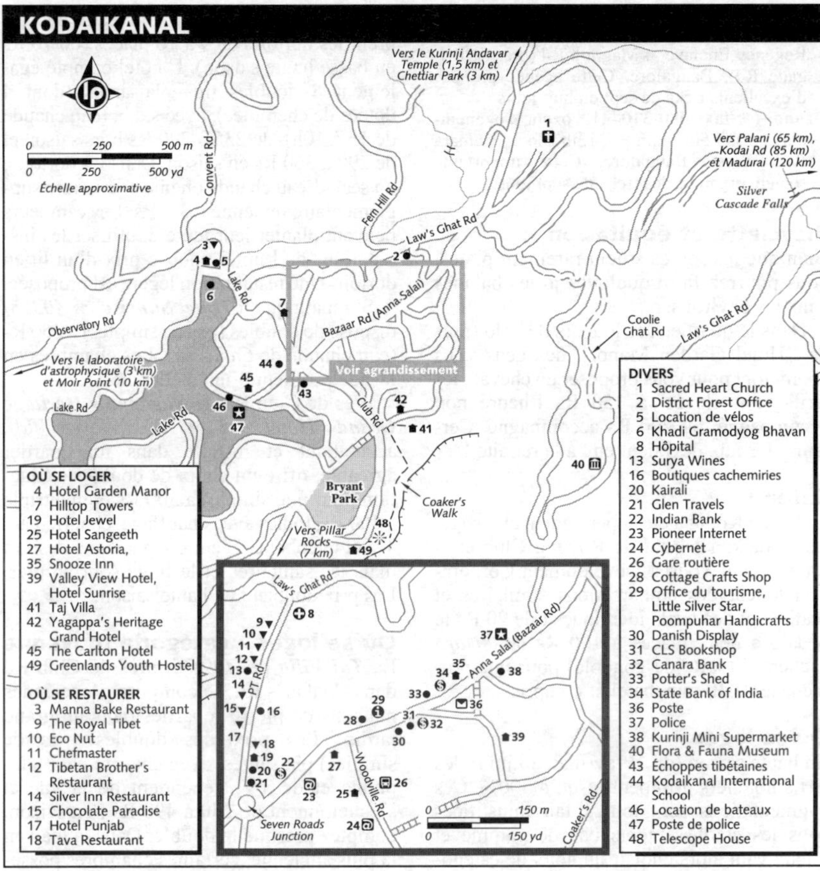

en montée au retour, vous y conduira. Le musée ouvre tous les jours, sauf le dimanche, de 10h à 12h et de 15h à 17h (entrée : 1 Rp).

Parcs et cascades

Près du départ de Coaker's Walk (sentier de Coaker), le **Bryant Park** doit son nom au fonctionnaire britannique qui l'a conçu. Au **Chettiar Park**, à 3 km au dessus de Kodai et à 1,5 km après le Kurinji Andavar Temple, vous verrez quelques kurinji en fleurs. Parmi les nombreuses cascades, la plus spectaculaire, la **Silver Cascade** (cascade d'argent), se trouve sur la route de Kodai.

Promenades

De belles vues jalonnent **Coaker's Walk**, qui possède un observatoire doté d'un télescope (Telescope House ; entrée : 1 Rp), ainsi que le parcours de **Pillar Rocks**, une marche de 7 km (l'itinéraire débute près du Bryant Park). La Greenlands Youth Hostel et la Taj Villa organisent des randonnées guidées.

Procurez-vous le livret *Sholas For Survival*, disponible au District Forest Office (DFO) ; il décrit 17 randonnées dans les environs, mais ses estimations de durée et de difficulté restent floues et la plupart des itinéraires se situent dans des zones à accès restreint. La Greenlands Youth Hostel indiquera d'autres parcours et vous pourrez louer les services d'un guide au Palani Hills Conservation Council (☎ 40711), Amarville House, Lower Shola Rd. Vous pouvez contacter les agences citées ci-dessous, de préférence avant votre arrivée à Kodaikanal.

Clipper Holidays (☎ 080-5599032, fax 5599833, info@clipperholidays.com), Suite 406, Regency Enclave, 4 Magrath Rd (près de Brigade Rd), Bangalore. Cette agence propose d'excellents treks de sept ou huit jours.

Ozone (☎/fax 080-310441, ozone@ozoneindia.com), 5 5th Main Rd, 12th Block, Kumara Park West, Bangalore. Cette importante société organise des treks de sept jours.

Bicyclette et équitation

Bien que les routes soient rarement plates, vous pourrez faire quelques jolies balades dans les environs.

Dans le quartier des loueurs de vélo (près de l'Hotel Garden Manor), des gens vous aborderont pour vous proposer un cheval ; les tarifs sont élevés, à 150 Rs l'heure non accompagné, ou 200 Rs accompagné. Certains chevaux devraient être à la retraite !

Bateau

Le lac de Kodai a été superbement aménagé. Le Kodaikanal Boat, le Rowing Club et la Tamil Nadu Tourist Development Corporation louent des embarcations similaires et pratiquent des tarifs identiques : de 20 Rs le pédalo à deux places à 100 Rs la *shikara* cachemiri (sorte de gondole) pour une promenade de 30 min, batelier compris.

Où se loger

En haute saison (du 1er avril au 30 juin), les tarifs hôteliers grimpent jusqu'à 300%. Ces augmentations sont tout à fait injustifiées dans les établissements bas de gamme et mieux vaut alors choisir un hôtel de catégorie moyenne, dont les prix varient peu.

La plupart des hôtels ne disposent pas de chambres simples et, en saison, ne réduisent pas volontiers leurs tarifs pour les personnes seules. A cette période de l'année, ils demandent souvent de libérer les chambres entre 9h et 10h. Le reste du temps, ils les louent habituellement pour 24 heures.

La propreté n'est pas la qualité première de l'hôtellerie de Kodaikanal.

Où se loger – petits budgets

Près de Coaker's Walk, le ***Greenlands Youth Hostel** (☎ 40899)* jouit de vues superbes. Les voyageurs émettent des avis contradictoires ; certains se plaignent du personnel, d'autres le trouvent charmant. La direction affirme qu'elle a du mal à obtenir le respect des règles : silence de 22h à 6h et pas de drogue. Des lits superposés à trois niveaux encombrent les dortoirs de 9 à 10 places (60/70 Rs en basse/haute saison). L'hôtel compte également 8 doubles très plaisantes (dont 4 dotées de cheminée), avec s.d.b. (eau chaude de 7h à 10h), de 235 à 290 Rs hors saison et de 290 à 360 Rs en saison. Dans les dortoirs, un seau d'eau chaude ou une couverture supplémentaire reviennent à 5 Rs. Les campeurs peuvent planter leur tente et utiliser les installations de l'hôtel pour le prix d'un lit en dortoir. Une restauration légère est proposée.

Sympathique, l'***Hotel Sunrise** (☎ 40358)* dispose de doubles (pas de simples) à 250 Rs (eau chaude de 6h à 18h). Les chambres en façade profitent d'une belle vue.

Près de Club Rd, le ***Yagappa's Heritage Grand Hotel** (☎ 41235, Noyce Rd)*, accueillant et installé dans un quartier agréable, offre un choix de doubles (réduction pour une simple) à 300 Rs et une triple à 400 Rs, toutes avec chauffage, chauffe-eau, TV et téléphone. L'entretien laisse à désirer, mais les sanitaires et le linge sont propres. Les prix doublent en haute saison.

Où se loger – catégorie moyenne

La ***Taj Villa** (☎ 40940)*, près de Club Rd dans Coaker's Rd, se compose d'anciennes maisons de pierre réparties dans un grand jardin. Les prix des doubles (pas de simples) plaisantes, avec chauffe-eau, téléphone et de TV, dépendent de la vue et s'échelonnent de 250 à 490 Rs ; en saison, comptez presque le double. Dans la maison la plus ancienne, certaines chambres possèdent une cheminée. L'établissement s'agrémente d'un service Internet (80 Rs l'heure), d'un restaurant et d'une boutique d'artisanat (fermée le dimanche).

La ***Snooze Inn** (☎ 40837, Anna Salai)*, accueillante et bien tenue, propose des doubles (pas de simples) propres, avec TV et téléphone, à 250/500 Rs en basse/haute saison, ainsi que des chambres deluxe et familiales. Vous pouvez payer par carte Visa en prévenant à l'avance.

L'***Hotel Sangeeth** (☎ 40456)* présente un bon rapport qualité/prix avec des doubles à 200/450 Rs en basse/haute saison. L'***Hotel Astoria** (☎ 40524)* facture ses doubles ordinaires 350/650 Rs et ses doubles deluxe 450/800 Rs en basse/haute saison. L'eau chaude fonctionne de 16h à 11h30 et les chambres sont équipées d'une

TV et d'un téléphone. Son restaurant jouit, à juste titre, d'une excellente réputation.

L'***Hotel Jewel*** *(☎ 41029, PT Rd)*, d'un bon rapport qualité/prix, comprend des chambres bien meublées, avec moquette et TV. Comptez 275/450 Rs pour une double ordinaire en basse/haute saison et 300/650 Rs pour une double deluxe.

Dans un quartier plaisant et central, proche de la Kodai International School, le ***Hilltop Towers*** *(☎ 40413, Club Rd)* est doté d'un personnel sympathique et attentif. Une double revient à 490/990 Rs en basse/haute saison. L'hôtel accepte les principales cartes de crédit.

L'***Hotel Garden Manor*** *(☎ 40461, fax 42187, sealord@vsnl.com, Lake Rd)* porte bien son nom. Installé sur de beaux jardins en terrasse, il surplombe le lac et offre des chambres spacieuses de 1 000 à 1 500 Rs hors saison et de 1 500 à 1 900 Rs en saison. Toutes possèdent un chauffe-eau, un téléphone et une TV. Le chauffage coûte 100 Rs par jour. Vous pourrez prendre vos repas au restaurant, dans votre chambre ou dans le jardin.

Où se loger – catégorie supérieure

Le ***Valley View Hotel*** *(☎ 40181)* est un grand établissement moderne dans Post Office Rd. Les chambres sont bien équipées et celles situées en façade ouvrent sur la vallée. En basse saison, vous paierez 400/600 Rs en simple/double. En haute saison, les prix grimpent à 1 350/1 650 Rs mais incluent la pension complète. L'hôtel abrite un bon restaurant végétarien.

Plus bel hôtel de Kodaikanal, ***The Carlton Hotel*** *(☎ 40071, Lake Rd)*, un cinq-étoiles, surplombe le lac. L'ancien bâtiment de bois, de style colonial, a été reconstruit il y a quelques années et le résultat est superbe. En basse saison, comptez 1 800/3 000 Rs en simple/double et demi-pension, et 2 200/4 000 Rs en saison. Vous pouvez aussi choisir une suite ou un bungalow, plus chers. L'établissement comporte un bar, un excellent restaurant, un terrain de jeu pour enfants, une salle de gymnastique, un sauna, une salle de massage (480 Rs les 30 min) et des bateaux (120 Rs l'heure).

Où se restaurer

PT Rd abrite la plupart des restaurants bon marché, où se retrouvent les voyageurs et les étudiants de la Kodai International School. Vous aurez le choix entre divers types de cuisine et pourrez prendre un petit déjeuner tardif dans PT Rd.

Le ***Tava Restaurant*** propose de bons plats végétariens et l'***Hotel Punjab*** d'excellentes spécialités tandoori.

Le ***Silver Inn Restaurant*** est une bonne adresse pour le petit déjeuner et sert également des pizzas et d'autres plats occidentaux.

Le ***Tibetan Brothers Restaurant*** est apprécié pour sa cuisine tibétaine occidentalisée.

Repaire des voyageurs à petit budget, ***The Royal Tibet*** offre des plats végétariens et non végétariens. Un soir de fraîcheur, la copieuse soupe de nouilles vous réchauffera, mais évitez le café !

Le ***Chefmaster*** prépare des spécialités chinoises, kéralaises et occidentales ainsi que des chocolats maison.

L'***Eco Nut*** vend une belle variété de produits bio (pain complet, fromage, huiles essentielles, etc.). Goûtez les *nutri balls,* un mélange de jagré, de cacahuètes, de noix de coco et de dhal.

Les amateurs de chocolat se régaleront au ***Chocolate Paradise***. Le ***Little Silver Star***, à l'étage du grand bâtiment qui abrite l'office du tourisme, propose le meilleur poulet tandoori de Kodai (95 Rs le demi-poulet)

Le ***Manna Bake Restaurant***, dans Bear Shola Falls Rd, sert des plats végétariens occidentaux. Goûtez son pain complet et son *apple crumble*, réputés. Il ouvre dès 7h30 jusque tard dans la soirée. Si vous souhaitez y dîner, réservez avant 15h.

Parmi les hôtels, la ***Taj Villa*** propose un menu multicuisine, servi au restaurant, dans les chambres ou dans le jardin.

L'***Hotel Astoria*** mitonne une excellente cuisine végétarienne d'Inde du Nord et du Sud. ***The Carlton Hotel*** offre un excellent buffet de 19h30 à 22h (500 Rs, taxes comprises). Vous pourrez ensuite vous détendre au bar.

Si vous préparez vos repas, vous pourrez faire vos courses au ***Kurinji Mini Market***, tout proche de la poste. Kodai est environné de vergers et, selon la saison, les étals proches de la gare routière vendent des poires, des avocats, des goyaves, des durians et des pamplemousses. La ville compte plusieurs magasins de spiritueux, dont ***Surya Wines***, dans PT Rd, qui ouvre tôt le matin.

Achats

La plupart des magasins d'artisanat offrent des produits de qualité. La Cottage Crafts Shop, dans Anna Salai, propose toutes sortes d'objets. Gérée par le Corsock (Coordinating Council for Social Concerns in Kodai), cette organisation à but non lucratif vend des objets fabriqués par des bénévoles et utilise les bénéfices pour venir en aide aux déshérités. Poompuhar Handicrafts dispose d'une succursale. En face, vous trouverez Danish Display et Potter's Shed, qui vendent un bel artisanat et des poteries. Kairali et plusieurs boutiques cachemiries sont installées dans PT Rd. Une succursale de Khadi Gramodyog Bhavan est implantée au nord de Lake Rd. Au bord de la route qui part au sud, vers le lac, des Tibétains s'installent parfois pour vendre des vêtements chauds, des châles et des tissus.

Comment s'y rendre

Dès votre arrivée, des rabatteurs se précipiteront pour vous proposer un moyen de transport ou un hébergement. Comme d'habitude, résistez !

Bus. La gare routière, très bien organisée, affiche des informations en plusieurs langues.

Un bus semi deluxe de la KSRTC part tous les jours à 18h pour Bangalore (125 Rs, 12 heures, 480 km).

Des bus privés desservent Ooty (195 Rs, 8 heures, deux par jour), Coimbatore (175 Rs, 5 heures, deux par jour), Madurai (100 Rs, 3 heures, deux par jour), Chennai (300 Rs, 11 heures, un bus de nuit) et Bangalore (300 Rs, 11 heures, un bus de nuit). Demandez les horaires dans les hôtels et les agences de voyages.

Évitez l'entourloupe des bus privés à destination d'Ernakulam. On vous promet le luxe, vous payez le prix fort et vous vous retrouvez dans un bus ordinaire !

Train. Les gares ferroviaires les plus proches sont Palani, au nord (sur la ligne Coimbatore-Madurai-Rameswaram) et Kodai Road, à l'est (sur la ligne Madurai-Trichy-Chennai). Toutes deux se trouvent à 3 heures de bus.

Vous pouvez réserver dans n'importe laquelle des nombreuses agences de voyages de Kodai.

Comment circuler

Les taxis sont particulièrement chers, alors qu'une bonne moitié d'entre eux restent inoccupés la plupart de la journée. Le prix minimum se monte à 60 Rs et atteint 600 Rs pour la journée. Inutile de marchander : il n'y a pas de concurrence et les tarifs sont fixés par la puissante association des chauffeurs de taxis. Les rickshaws n'ont pas droit de cité.

Devant le Carlton Hotel, une échoppe loue des VTT pour 7/45 Rs l'heure/la journée. Le loueur de cycles, en face de l'Hotel Garden Manor, ouvre de 7h à 19h et propose des vélos (ordinaires et pour enfant) pour 10 Rs par jour ou 20 Rs (avec vitesses). Vérifiez bien l'état des freins.

INDIRA GANDHI WILDLIFE SANCTUARY (ANNAMALAI WILDLIFE SANCTUARY)

Annamalai, l'une des trois réserves des Ghats occidentaux, s'étend le long de la frontière du Tamil Nadu et du Kerala. Elle couvre près de 1 000 km^2 et abrite des éléphants, des gaurs, des tigres, des panthères, des cerfs tachetés, des sangliers, des ours,

Bus au départ de la gare routière de Kodaikanal

Destination	Fréquence	Tarif (Rs)	Durée	Distance (km)
Chennai	tous les jours à 6h30	173	14 heures	513
Dindigul	toutes les 90 min	22	3 heures	90
Kanyakumari	tous les jours à 8h30	96	9 heures	356
Madurai	toutes les heures	26	3 heures 30	121
Palani	toutes les 2 heures	15	3 heures	65
Tiruchirappalli	à 13h30, 15h30 et 17h30	45	5 heures	197

Activement recherché...

Mais qu'ont donc en commun les éléphants, le bois de santal et les stars du cinéma indien ? Tous sont la proie de Veerappan, le bandit insaisissable, et des 30 membres de sa bande qui se cachent dans l'épaisse forêt des Nilgiri. Cela fait longtemps qu'ils n'ont plus braconné d'éléphants ; il n'en reste guère ! Mais le bois de santal demeure un commerce lucratif, surtout grâce à la complicité présumée de nombreux fonctionnaires. Quant aux stars du grand écran, lorsque Veerappan enleva Rajkumar, l'idole du cinéma du Sud, et le garda trois mois en otage, jusqu'en novembre 2000, tout le monde reconnut que c'était son forfait le plus audacieux.

Les circonstances de la libération de Rajkumar restent mystérieuses. Une rançon faramineuse fut-elle payée ? Existe-t-il des liens entre Veerappan et le LTTE (Front de libération des Tigres de l'Eelam tamoul qui lutte pour un État indépendant) ? Envisage-t-il une carrière politique ? Et comment se fait-il que certains hommes politiques et les médias aient aussi facilement accès à ce prétendu hors-la-loi alors que l'armée elle-même, dotée des équipements les plus modernes, s'est révélée incapable de le débusquer ? Deux certitudes demeurent. La première est que sa chronique alimente l'industrie des médias, les rumeurs politiques et le commerce des armes. L'autre, que son destin, son nom et ses actes feront à jamais partie du "folklore" de l'Inde du Sud.

des porcs-épics, des civettes. On peut aussi apercevoir des tahrs du Nilgiri, ou ibex (bouquetin des Alpes), ainsi que de nombreuses espèces d'oiseaux. Six groupes tribaux y cultivent une agriculture de subsistance : les Kadar, les Malai, les Malasar, les Eravalar, les Puliyar et les Muthuvar.

Renseignements

L'accès à la réserve est restreint : la faune et la flore sont prioritaires et au moins 90% du parc est fermé aux touristes.

Le centre d'accueil et la plupart des lodges se trouvent à 35 km au sud-ouest de Pollachi, à Topslip, où doivent se présenter les visiteurs qui viennent pour la journée (entrée : 5 Rs).

Sans réservation d'hébergement, on ne peut rester dans la réserve que de 6h à 18h. La rareté des bus en complique l'accès. Si vous disposez de votre propre véhicule, vous devrez le laisser à l'entrée et vous joindre aux circuits organisés en camionnette, qui circulent de 8h à 13h et de 15h à 17h (1 heure, 14 km, 30 Rs par personne). Des promenades à dos d'éléphant (100 Rs par personne, 1 heure) sont parfois proposées.

A Topslip, vous pourrez organiser une randonnée dans la réserve, de 4 heures maximum et accompagnée d'un guide (60 Rs par personne, salaire du guide compris).

La réserve ouvre toute l'année, mais ferme parfois en mars-avril, du fait des pénuries d'eau et des risques d'incendie. La saison humide – juin-juillet et novembre-décembre – se révèle la plus propice à l'observation des animaux. Les chances de les apercevoir sont très faibles. Cependant, soyez heureux de découvrir la flore qui vous entoure et espérez que, derrière ces arbres, des animaux sauvages vivent en paix. Mieux vaut s'y rendre en semaine lorsque le personnel est suffisamment disponible pour répondre à vos attentes et prendre vos réservations.

Où se loger et se restaurer

Les hébergements proches de Topslip sont souvent limités à une nuit, avec un maximum de trois nuits. Il faut réserver auprès du Wildlife Warden's Office (☎ 04259-25356), Meenkarai Rd, Pollachi. Le bureau ouvre en semaine, de 9 h à 17 h (aucune réservation possible le week-end ou les jours fériés). On peut vous faire passer un entretien afin de déterminer si vous êtes apte à séjourner dans la réserve. Cette sélection a lieu entre 10h et 12h. Les disponibilités et les prix varient constamment et mieux vaut s'informer au préalable par téléphone. Ces hébergements se résument à deux dortoirs, quelques suites, des lodges et une petite maison.

A 2 km du centre d'accueil, l'***Ambuli Illam***, la meilleure adresse, dispose de trois "suites", à 50 Rs par personne, et d'une cantine, le seul endroit du parc où vous pourrez prendre un repas correct. La ***Hornbill House*** compte quatre lits à 350 Rs.

A Parambikulam, la ***resthouse***, très rustique, ne possède pas de cuisine et vous ne trouverez que quelques gargotes à proximité. Nous conseillons plutôt aux visiteurs qui viennent pour la journée d'apporter un pique-nique.

Si vous devez passer la nuit à Pollachi (ce qui peut arriver vu les horaires irréguliers du Wildlife Warden's Office), vous pourrez loger au ***Sakthi Hotels*** (*☎ 04259-23060, Coimbatore Rd*), qui héberge les acteurs lors des tournages à Topslip. Il dispose de doubles à 250 Rs, ou 500 Rs avec clim., et d'un grand restaurant, excellent mais très bruyant. Dans la même rue, le ***Ramesh Lodge***, moins cher, facture ses doubles 150 Rs (pas de simples).

Comment s'y rendre

La réserve se trouve entre Palani et Coimbatore. Des bus réguliers partent de ces deux agglomérations à destination de Pollachi, la localité la plus proche, sur la ligne ferroviaire Coimbatore-Dindigul. Des bus quittent Pollachi pour Topslip à 6h et à 15h30 et reviennent à 8h30 et à 18h. La course en taxi de Pollachi revient à 600 Rs l'aller simple.

COIMBATORE

☎ 0422 • 1,23 million d'habitants

Grand centre industriel et commercial, Coimbatore accueille en outre de nombreux séminaires médicaux, éducatifs, commerciaux et technologiques. Guère pourvue d'attraits touristiques, la ville, bien organisée et accueillante, constitue une halte plaisante sur la route d'Ooty ou des autres stations climatiques des Nilgiri.

Orientation et renseignements

Les trois principales gares routières sont proches l'une de l'autre, assez centrales et à 2 km au nord de la gare ferroviaire. Les établissements bon marché se regroupent, pour la plupart, autour des gares routières et les hôtels plus élégants bordent Avanashi Rd (dont le nom s'orthographie de plusieurs façons).

Le guichet de poste restante de la poste centrale ouvre du lundi au samedi, de 10h à 15h. Pour envoyer e-mail et fax, rendez-vous au Best Business Centre (☎ 235538, fax 233894), dans Kalingarayan St, où le personnel se montre très efficace. Vous trouverez des services d'e-mail dans toute la ville, et plus particulièrement près des gares routières. Blazenet, dans Nehru St, et Dishnet, dans l'immeuble de la HDFC Bank, facturent 30 Rs l'heure.

Officiellement, l'office du tourisme du Tamil Nadu, à la gare ferroviaire, ouvre tous les jours, de 10h à 17h45. Dans la pratique, inutile de vous présenter de bonne heure, mais votre éventuelle attente sera récompensée par quantité de renseignements utiles.

Vous pouvez changer des espèces (dollars US et livres sterling) et des chèques de voyage à la State Bank of India ainsi qu'à la HDFC Bank, dont le DAB, accessible 24h/24, accepte les principales cartes de crédit. Le marché tibétain, tout près l'Hotel Tamil Nadu, vend des vêtements chauds.

Où se loger – petits budgets

L'***Hotel Sivakami*** *(☎ 210271, Dave & Co Lane)*, accueillant et serviable, loue des simples/doubles sommaires pour 150/200 Rs. Plusieurs établissements similaires bordent cette rue relativement paisible, en face de la gare ferroviaire.

L'***Hotel Shree Shakti*** *(☎ 234225, 11/148 Sastri Rd)*, un grand hôtel plaisant proche de la gare routière, dispose de chambres bien tenues à 175/199 Rs (eau chaude de 6h30 à 8h30).

Les ***retiring rooms*** de la gare ferroviaire proposent des lits en dortoir (pour hommes uniquement) à 70 Rs, des doubles à 300 Rs, ou 400 Rs avec clim., et une suite climatisée à 350 Rs. Un panneau électronique indique les chambres occupées.

Où se loger – catégories moyenne et supérieure

L'***Hotel Blue Star*** *(☎ 230635, Nehru St)* offre des simples/doubles bien aménagées à 250/ 350 Rs. Celles donnant sur l'arrière sont plus calmes. Il comprend un restaurant végétarien et non végétarien et un bar au sous-sol.

Bien situé près de la gare routière centrale, l'***Hotel Tamil Nadu*** *(☎ 302176, fax 303511, tourism@kovai.tn.nic.in)* aurait besoin de quelques travaux, mais son hospitalité est sans faille. Il facture 195/325 Rs ses chambres standard, avec téléphone, TV et radio, et 400/600 Rs celles avec clim. Attention : l'eau est chaude, mais les robinets, brûlants ! L'hôtel abrite un restaurant et un bar.

L'***Hotel City Tower*** *(☎ 230681, fax 230103, hcitytower@hotmail.com, Sivasamy Rd)*, grand mais chaleureux, pré-

COIMBATORE

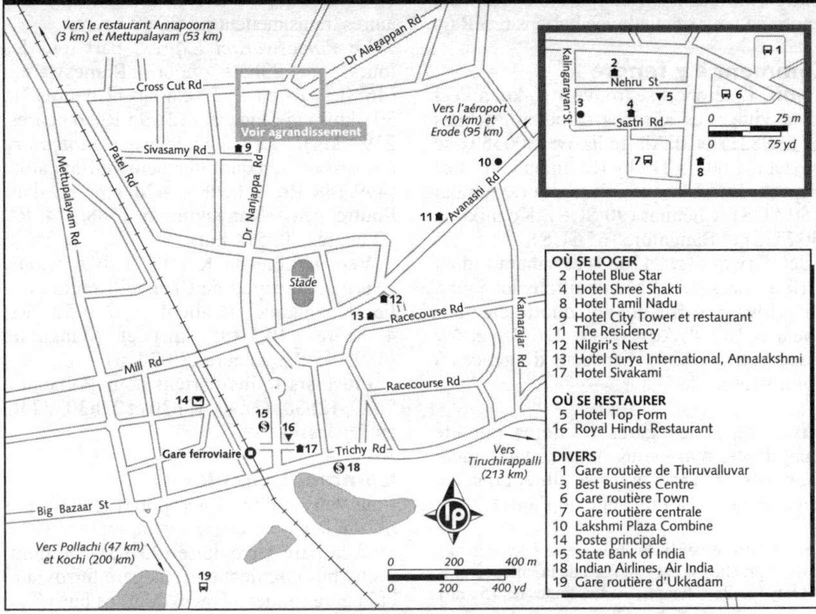

sente un bon rapport qualité/prix. Ses chambres propres, avec TV satellite, téléphone et réfrigérateur, valent 500/650 Rs, ou 800/900 Rs avec clim. Certaines disposent d'un minuscule balcon. L'hôtel comporte deux excellents restaurants et accepte les principales cartes de crédit.

Le ***Nilgiri's Nest*** *(☎ 217247, fax 217131, 739A Avanashi Rd)*, agréable, bien tenu et climatisé, offre des prestations de haut niveau. Comptez 970/1 200 Rs pour une chambre confortable, petit déjeuner compris. L'établissement comprend un bar, un restaurant hors pair, un supermarché et des boutiques de fruits, de fleurs et de glaces dans l'entrée. Il accepte les cartes de crédit.

L'***Hotel Surya International*** *(☎ 217755, fax 216110, 105 Racecourse Rd)* possède des chambres standard luxueuses, dotées de tout le confort moderne, à 1 100/1 300 Rs, petit déjeuner inclus. L'accès Internet revient à 100 Rs l'heure. Les principales cartes de crédit sont acceptées.

The Residency *(☎ 201234, fax 201414, rescbe@vsnl.com, 1076 Avanashi Rd)*, l'hôtel le plus élégant de la ville, offre toutes les prestations d'un hôtel de luxe et des chambres à partir de 1 800/2 000 Rs. Il abrite un centre d'affaires, avec services e-mail et fax, accessible aux non-résidents. Dans le hall, laissez-vous tenter par les alléchantes gourmandises du café et faites un tour à la librairie.

Où se restaurer

Dans le quartier de la gare ferroviaire, de nombreux établissements servent des thali à partir de 25 Rs.

Le ***Royal Hindu Restaurant*** *(Nehru St)* et l'***Hotel Top Form***, près de la gare, tous deux très fréquentés, préparent de savoureux plats végétariens.

L'***Hotel City Towers*** possède un agréable restaurant sur le toit, idéal pour un repas de fête.

Près de l'Hotel Surya International, l'***Annalakshmi***, le meilleur restaurant végétarien de la ville, ouvre du lundi au samedi, de 12h à 15h et tous les jours, de 18h45 à 21h45. Tenu par les adeptes de Swami Shatanand Saraswati, fondateur de l'association Shivanjali pour l'accès à l'éducation des enfants défavorisés, il sert une délicieuse cuisine (menus fixes à partir de 250 Rs). Un succursale est installée à Chennai.

L'*Annapoorna*, à 3 km au nord-ouest du centre-ville dans Mettupalayan Rd, est renommé pour ses thali végétariens (25 Rs)

Comment s'y rendre

Avion. L'aéroport se trouve à 10 km à l'est de la ville. Les agences d'Indian Airlines (☎ 399821) et d'Air India (☎ 300559) se jouxtent, 1 604/5 Trichy Rd. Indian Airlines propose des vols quotidiens pour Mumbai (150 $US), Chennai (90 $US), Kozhikode (40 $US) et Bangalore (65 $US).

Jet Airways (☎ 212034) et Sahara Indian Airlines desservent Mumbai tous les jours. Jet Airways offre un vol quotidien pour Chennai. British Airways (☎ 216418) et Air France (☎ 200836) disposent d'agences à Coimbatore.

Bus. Toutes les gares routières ont été rebaptisées, mais vous devriez facilement vous repérer. Trois gares se situent dans le centre-ville, à 100 m l'une de l'autre.

Gare routière centrale. Elle dessert les destinations proches situées au nord de la ville, comme Ooty (25 Rs, 3 heures, 90 km, toutes les 15 min).

Gare routière de Thiruvallur. C'est de là que partent les bus intra-État et inter-États. Elle dispose d'un bureau de réservations (ouvert de 9h à 21h), quai 1. Dix bus quotidiens rejoignent Bangalore (95 Rs, 9 heures, 312 km) et trois rallient Mysore (55 Rs, 205 km).

Gare routière Town. Elle dessert l'ensemble de la ville.

TAMIL NADU

Une autre gare routière est installée à Ukkadam, au sud de la ville. Elle dessert les destinations proches du sud, dont Pallani (toutes les 20 min de 4h à 23h30), Pollachi (toutes les 3 min de 6h à 21h), Madurai (toutes les 30 min de 5h30 à 23h30) et Dindigul (sept fois par jour). Des compagnies privées proposent de nombreux bus longue distance avec vidéo. Renseignez-vous auprès des agences de voyages.

Train. Coimbatore est un important nœud ferroviaire. Pour Ooty, prenez le *Nilgiri Express*, quotidien, de 5h25 qui arrive à Mettupalayam à 6h25, à temps pour le train miniature de 7h10. Le voyage aller-retour jusqu'à Ooty dure 6 heures 30 (173/30 Rs en 1re/2e classe).

De nombreux trains circulent tous les jours entre Coimbatore et Chennai. Le plus rapide, le *Kovai Express*, part à 13h40 (562/107 Rs en 1re/2e classe, 6 heures 15, 494 km). Les autres trains mettent jusqu'à 9 heures.

Le *Rameswaram Express* part tous les jours à 23h30 pour Rameswaram (468/138 Rs en 1re/2e classe, 11 heures 30, 393 km) *via* Madurai (321/95 Rs, 6 heures, 229 km). Le *Kanyakumari-Bangalore Express* dessert quotidiennement Bangalore (499/148 Rs, 9 heures, 424 km) et, dans l'autre sens, Kanyakumari (588/174 Rs, 12 heures 30, 514 km).

Vers la côte du Kerala, le *West Coast Express*, au départ de Chennai Central, rallie Kozhikode (Calicut ; 273/52 Rs, 4 heures 30, 185 km) et Mangalore (489/145 Rs, 9 heures, 407 km).

Plusieurs trains partent pour Pollachi à 7h40, 12h30, 13h40, 18h30 et 23h30 (22 Rs en 2e classe).

Comment circuler

Pour vous rendre à l'aéroport, prenez le bus n°20 à la gare routière Town, ou le n°10 ou 16 à la gare ferroviaire (25 Rs). De nombreux bus circulent entre la gare ferroviaire et la gare routière Town, dont les bus nosJJ, 24, 55 et 57 (1,50 Rs).

Les auto-rickshaws demandent 25 Rs pour effectuer le trajet entre les gares routières et ferroviaire ; vous pouvez acheter un ticket prépayé dans les différents kiosques de la ville.

NILGIRI HILLS

Coonoor

☎ 0423 • 48 000 habitants

A 1 850 m d'altitude, Coonoor est la première des trois stations climatiques des Nilgiri à laquelle on parvient en venant des plaines du sud ; les deux autres sont Udhagamandalam (Ooty) et Kotagiri. Coonor, comme Ooty, se trouve sur la ligne du train miniature qui part de Mettupalayam.

La ville est animée et il faut s'éloigner de l'agitation du quartier du marché et grimper sur les hauteurs pour retrouver une atmosphère paisible. Les hôtels les plus plaisants sont installés dans Upper Coonoor (haut Coonor), à 1 ou 2 km du centre.

A voir et à faire. Le **Sim's Park**, dans Upper Coonoor, s'étend sur 12 ha et compte plus d'un millier d'espèces végétales, dont des magnolias, des camélias, des fougères

NILGIRI HILLS

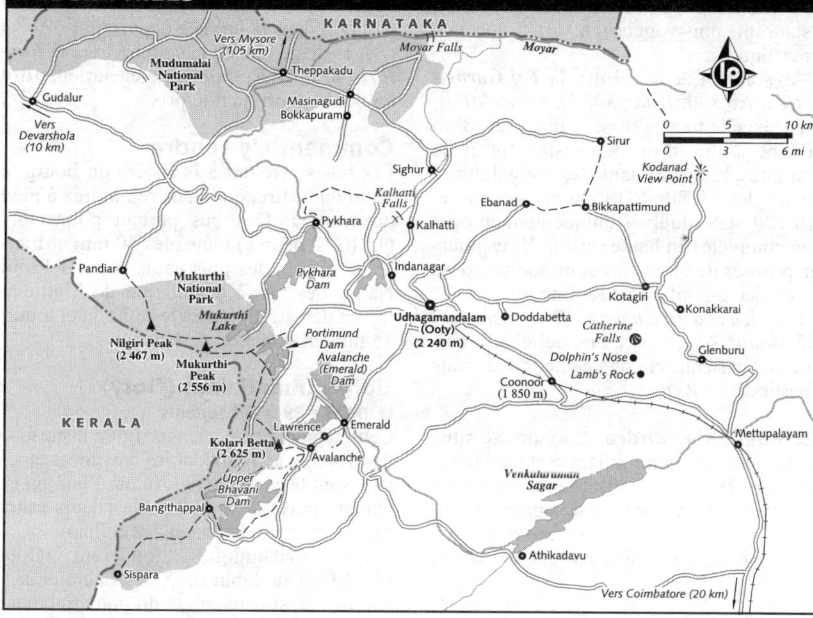

arborescentes et plusieurs variétés de pins. Le **Dolphin's Nose**, à une dizaine de kilomètres de la ville, offre un large panorama qui englobe les Catherine Falls (chutes Catherine). Sur la route de Dolphin's Nose, vous pourrez faire halte à **Lamb's Rock**, un site qui porte le nom du capitaine britannique qui traça un court sentier vers ce lieu de pique-nique. La vue porte jusqu'à la ville de Mettupalayam.

Upper Coonoor est un endroit parfait pour se détendre et suivre un cours de **yoga**. Le Dr A.R. Hiruthayaraj ("Raj") est un professeur de yoga et un naturopathe qualifié. Il utilise quatre techniques pour accentuer la relaxation et le bien-être (exercices doux, postures, respiration et méditation). Les cours s'adressent à des personnes de tout âge, débutantes ou expérimentées (150 Rs l'heure, ou 2 100 Rs pour une session de 7 jours). De nombreux étudiants/patients, indiens ou étrangers, témoignent du sérieux de ses méthodes.

Où se loger et se restaurer. La *YWCA Guesthouse* (☎ *34426*), dans Upper Coonoor, est le meilleur choix pour les petits budgets. Ne croyez pas les rabatteurs ou les chauffeurs de taxis et d'auto-rickshaws qui prétendent qu'elle affiche complet ou qu'elle est trop chère. Appelez pour vous renseigner. Cet établissement conserve, à juste titre, les faveurs des voyageurs. Dans cette belle maison coloniale, dotée de terrasses en bois qui surplombent Coonoor, vous vous sentirez immédiatement chez vous. Elle offre des simples/doubles spacieuses, propres et meublées à l'ancienne à 200/400 Rs (moins, hors saison). Son cours de yoga (1 heure, 120 Rs) est apprécié. Prenez un bus urbain jusqu'à Bedford, puis marchez pendant 5 min.

La ***Vivek Tourist Home*** *(☎ 30658, sur la route en lacets)* se trouve au coin de la YWCA. Cette grande pension accueillante propose des chambres, petites mais correctes, avec téléphone, à partir de 190/250 Rs, et des chambres deluxe, avec TV, plus chères. Sauf dans les suites, l'eau chaude est disponible de 6h30 à 9h30.

Le ***Blue Hills*** *(☎ 30103, Mount Rd)*, avec ses murs rayés marron et gris et son toit bleu, est une bonne référence. Il facture ses petites chambres, confortables et moquettées, de 300/400 Rs à 500/700 Rs (pas de simples) en basse/haute saison. Le restaurant, non végétarien, offre une vue fantastique.

Au sommet de la colline, la ***Taj Garden Retreat*** *(☎ 30021, fax 32775, Church Rd)*, une excellente adresse, dispose d'un superbe jardin, d'un bon restaurant et de chambres, réparties dans des bungalows, à partir de 70/80 $US hors saison et 110/120 $US (doubles uniquement en pension complète) en haute saison. Vous pourrez profiter de toutes les commodités, dont un service e-mail à 100 Rs l'heure.

Le ***Ramachandra Restaurant*** *(32 Mount Rd)* prépare une délicieuse cuisine végétarienne et non végétarienne (plats à partir de 15 Rs).

Comment s'y rendre. Coonoor se situe sur la ligne du train miniature entre Mettupalayam (28 km) et Ooty (18 km). Pour plus de détails, reportez-vous à la rubrique *Comment s'y rendre* de *Ooty*. Des bus à destination de Kotagiri (8 Rs) partent toutes les 15 min.

Kotagiri

☎ 0423 • 25 600 habitants

Kotagiri, petite bourgade paisible à 28 km à l'est d'Ooty, est la plus ancienne des trois stations climatiques des Nilgiri. Poussiéreuse, terne et moins agitée qu'Ooty ou Coonoor, Kotagiri est entourée de plantations de théiers et de hameaux kota.

Aux alentours, vous pourrez découvrir les **Catherine Falls**, à 8 km du bourg et près de la route de Mettupalayam (les trois derniers kilomètres se parcourent à pied), les **Elk Falls** (6 km) et le **Kodanad Viewpoint** (22 km), où le panorama s'étend sur les plaines de Coimbatore et le plateau de Mysore. Un bus ou un taxi (500 Rs l'aller-retour depuis Ooty) vous y conduira. Assurez-vous d'avoir suffisamment d'espèces, car vous ne trouverez aucun service de change.

A Kotagiri, une coopérative de femmes, près de Ramchand Square, vend de l'artisanat, dont les broderies toda traditionnelles. Une partie des bénéfices est consacrée à la sauvegarde de la culture toda.

Très spartiates, le ***Majestic Lodge***, le ***Blue Star*** et l'***Hotel Ramesh Vihar*** louent des doubles à partir de 130 Rs ; apportez vos draps. Jusqu'à ce que les conditions d'hébergement s'améliorent, mieux vaut visiter Kotagiri dans la journée depuis Ooty.

A la diagonale de la coopérative, le ***Kasturi Paradise Restaurant***, végétarien, offre un bon rapport qualité/prix.

Comment s'y rendre

Les bus s'arrêtent à la lisière du bourg, à 1 km du centre, que vous rejoindrez à pied ou en taxi. Des bus partent pour Ooty (15 Rs, 2 heures) toutes les 40 min et franchissent l'un des plus hauts cols du Tamil Nadu. Les bus à destination de Mettupalayam démarrent toutes les 30 min et toutes 15 min en direction de Coonor.

Udhagamandalam (Ooty)

☎ 0423 • 89 000 habitants

Cette région est l'ancien territoire historique des Toda, une tribu dont les croyances et les rites sont liées au buffle. Aujourd'hui, on ne compte plus que 1 500 Toda ; leurs sanctuaires coniques jalonnent les collines.

Les Britanniques fondèrent Ooty (2 240 m) au début du XIXe siècle pour y établir la résidence d'été du gouvernement de Madras (Chennai). Les petites maisons de pierre, les jardins fleuris, les ruelles sinueuses et ombragées et les hauts eucalyptus évoquent les villages du Sud de l'Angleterre.

Aujourd'hui, le développement touristique a complètement transformé la cité, mais elle conserve un certain charme. La vie s'y déroule paisiblement et les rabatteurs se font plus rares qu'ailleurs. A quelques kilomètres, calme et silence règnent dans les montagnes, où sont installés plusieurs hôtels, dont un ancien palais de maharaja. Le voyage en train miniature jusqu'à Ooty offre des vues époustouflantes ; essayez de vous asseoir du côté gauche. La ville est agréable tout au long de l'année : d'avril à juin, sa fraîcheur repose de la fournaise des plaines ; en hiver, d'octobre à mars, l'air est vif et le ciel, dégagé. Prenez des vêtements chauds car la température peut descendre jusqu'à 0°C la nuit.

Orientation. Très étendue, Ooty s'étire sur collines et vallées. La gare ferroviaire et la gare routière se trouvent à mi-chemin du champ de courses et du lac, à 10 min de marche du bazar, et à 20 min de

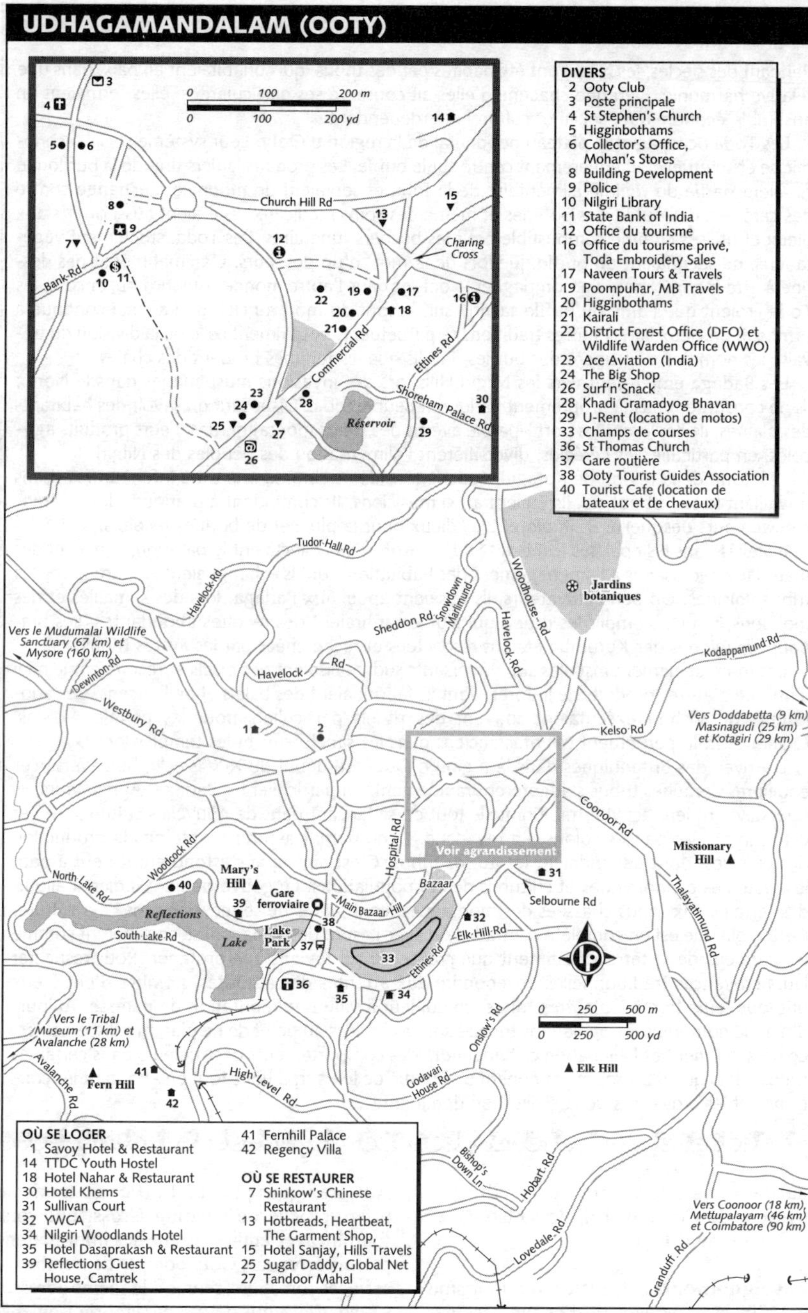
UDHAGAMANDALAM (OOTY)
DIVERS
2 Ooty Club
3 Poste principale
4 St Stephen's Church
5 Higginbothams
6 Collector's Office, Mohan's Stores
8 Building Development
9 Police
10 Nilgiri Library
11 State Bank of India
12 Office du tourisme
16 Office du tourisme privé, Toda Embroidery Sales
17 Naveen Tours & Travels
19 Poompuhar, MB Travels
20 Higginbothams
21 Kairali
22 District Forest Office (DFO) et Wildlife Warden Office (WWO)
23 Ace Aviation (India)
24 The Big Shop
26 Surf'n'Snack
28 Khadi Gramadyog Bhavan
29 U-Rent (location de motos)
33 Champs de courses
36 St Thomas Church
37 Gare routière
38 Ooty Tourist Guides Association
40 Tourist Cafe (location de bateaux et de chevaux)
OÙ SE LOGER
1 Savoy Hotel & Restaurant
14 TTDC Youth Hostel
18 Hotel Nahar & Restaurant
30 Hotel Khems
31 Sullivan Court
32 YWCA
34 Nilgiri Woodlands Hotel
35 Hotel Dasaprakash & Restaurant
39 Reflections Guest House, Camtrek
41 Fernhill Palace
42 Regency Villa
OÙ SE RESTAURER
7 Shinkow's Chinese Restaurant
13 Hotbreads, Heartbeat, The Garment Shop,
15 Hotel Sanjay, Hills Travels
25 Sugar Daddy, Global Net
27 Tandoor Mahal
0 100 200 m
0 100 200 yd
Church Hill Rd
Charing Cross
Bank Rd
Commercial Rd
Ettines Rd
Shoreham Palace Rd
Réservoir
Tudor Hall Rd
Havelock Rd
Woodhouse Rd
Jardins botaniques
Vers le Mudumalai Wildlife Sanctuary (67 km) et Mysore (160 km)
Dewinton Rd
Sheddon Rd
Snowdown Marlimund
Havelock Rd
Kodappamund Rd
Havelock Rd
Westbury Rd
Vers Doddabetta (9 km), Masinagudi (25 km) et Kotagiri (29 km)
Kelso Rd
Coonoor Rd
Voir agrandissement
Hospital Rd
Woodcock Rd
Missionary Hill
North Lake Rd
Mary's Hill
Gare ferroviaire
Bazaar
Selbourne Rd
Main Bazaar Hill
Reflections Lake
Lake Park
South Lake Rd
Elk Hill Rd
Thalayatimund Rd
Ettines Rd
0 250 500 m
0 250 500 yd
Onslow's Rd
Vers le Tribal Museum (11 km) et Avalanche (28 km)
Avalanche Rd
Fern Hill
High Level Rd
Godavari House Rd
Elk Hill
Bishop's Down Ln
Hobart Rd
Vers Coonoor (18 km), Mettupalayam (46 km) et Coimbatore (90 km)
Lovedale Rd
Granduff Rd

TAMIL NADU

Les tribus montagnardes des Nilgiri

Pendant des siècles, les Nilgiri ont été habités par des tribus, qui cohabitaient en paix, dans une relative harmonie. Bien que chacune d'elles ait conservé ses particularités, elles formaient un ensemble économique, social et culturel interdépendant.

Les Toda occupaient le plateau occidental de la région d'Ooty. Leur système social, économique et spirituel était entièrement centré sur le buffle. Les produits laitiers tirés de la bufflonne faisaient partie du régime alimentaire de la tribu et servaient de monnaie d'échange contre des céréales, des outils, des poteries et même des soins médicaux. Ils étaient aussi offerts aux dieux et utilisés comme combustible pour les bûchers funéraires. Les Toda, strictement végétariens, ne sacrifiaient un buffle que lors de la mort d'un des leurs. L'animal n'était pas destiné à être mangé, mais à accompagner le défunt dans l'autre monde. Aujourd'hui encore, les Toda croient que l'âme du buffle sacrifié suit l'esprit du mort au ciel, où l'animal continue à offrir son précieux lait. D'autres traditions se perpétuent, notamment celle de la division du travail : les hommes s'occupent des buffles, tandis que les femmes brodent des châles.

Les Badaga émigrèrent vers les Nilgiri Hills lors des invasions musulmanes dans le Nord ; ils ne constituent pas, à proprement parler, un peuple tribal. Disposant du savoir des habitants des plaines, ils devinrent les porte-parole avertis des tribus montagnardes. Leurs produits agricoles, en particulier les céréales, diversifièrent l'alimentation des peuples des Nilgiri.

Les Kota, de la région de Kotagiri, étaient considérés comme une tribu inférieure. Artisans travaillant le cuir et potiers, ils étaient aussi musiciens. Ils continuent à pratiquer des cérémonies au cours desquelles ils implorent les dieux pour la pluie et de bonnes récoltes.

Installés dans les épaisses forêts du Sud, les Kurumba collectaient le bambou, le miel et des matériaux nécessaires à l'aménagement des habitations, qu'ils échangeaient en partie avec les tribus voisines. Un peu cultivateurs, ils faisaient appel aux Badaga, lors des semailles et des moissons, pour accomplir les rituels qui leur garantiraient des récoltes abondantes. Les pratiques magiques des Kurumba étaient respectées et recherchées par les autres tribus.

Les Irulu, également installés sur les versants sud, réalisaient des outils et récoltaient le miel ainsi que d'autres produits de la forêt, dont ils fabriquaient des balais et de l'encens. Ces adorateurs de Vishnu exécutaient souvent des rituels particuliers pour les peuples voisins. Quelques Irulu perpétuent ces rites anciens dans les sanctuaires et les temples locaux.

L'arrivée des Britanniques dans la région d'Ooty, au début du XIXe siècle, bouleversa cet équilibre. Certaines tribus s'adaptèrent rapidement, en particulier les Badaga. Agriculteurs, ils poursuivirent leur activité traditionnelle tout en se lançant dans de nouvelles cultures (thé et café), imposées par les colons. En revanche, ils ne purent assurer longtemps la production des céréales, dont dépendaient les autres tribus. C'est ainsi que s'effondrèrent petit à petit les systèmes économiques et culturels de ces populations. Le gouvernement indien a alloué des terrains aux tribus chassées des montagnes, contraintes de se recycler dans l'agriculture. Cette politique est en complète contradiction avec l'esprit des Toda, qui se considèrent comme les gardiens de la terre et estiment que creuser le sol revient à le profaner. Pour respecter leurs croyances traditionnelles et répondre aux attentes des autorités, nombre d'entre eux ont loué leurs terres à d'autres tribus, ce qui leur a valu une réputation de paresse. Aujourd'hui, de nombreuses populations tribales sont assimilées au point de ne plus être discernables. Le déracinement et l'aliénation ont engendré des comportements destructeurs dans certaines tribus, alors que d'autres maintiennent une partie de leurs traditions tout en adoptant les coutumes et les croyances de la civilisation dominante.

Charing Cross, le centre de la ville (au carrefour de Coonoor Rd, de Kelso Rd et de Commercial Rd).

Renseignements. L'office du tourisme (☎ 443977) ne vous sera d'aucun secours. Adressez-vous plutôt à l'office du tourisme privé, proche de Charing Cross, qui vous fournira avec enthousiasme des informations parfois erronées. Ooty compte de nombreux services forestiers, réunis à la même adresse. Ce sont eux qui délivrent (laborieusement) les permis d'accès aux zones forestières environnantes, réservés aux chercheurs.

Le Wildlife Warden Office (WWO ; ☎ 444098) gère, entre autres sites, le Mudumalai National Park. Il est installé à côté des services forestiers et s'occupe des réservations dans les hébergements du parc (voir plus loin la rubrique correspondante).

La poste centrale ouvre du lundi au samedi, de 9h à 17h. Parmi les nombreux établissements offrant un service e-mail, citon :

Global Net (☎ 447611), 29 Baffna Complex, Commercial Rd. Ouvert tous les jours, de 8h30 à 23h (50 Rs l'heure).

Heartbeat (☎ 446098), 7 Charing Cross, et **The Garment Shop**, voisin. Ouverts tous les jours, de 10h à 20h30 (40 Rs l'heure).

Surf'n'Snack, Commercial Rd (en face de Global Net). Ouvert de 9h à 22h (50 Rs l'heure).

La State Bank of India dispose d'un guichet de change. The Big Shop, commode et rapide, pratique un taux un peu moins intéressant (environ 1 Rs pour 1 $US) et prélève une commision de 20 Rs ; elle ouvre tous les jours, de 9h30 à 21h. N'oubliez pas votre reçu de change.

Higginbothams emploie des vendeurs particulièrement compétents et possède deux librairies, dans Commercial Rd et près du Collector's Office (perception).

Dans Bank Rd, la Nilgiri Library (fermée le vendredi), un havre de tranquillité au charme suranné, offre plus de 40 000 ouvrages, dont des titres rares sur les Nilgiri et les tribus montagnardes. La carte de membre temporaire coûte 20 Rs.

Pour joindre la police, composez le ☎ 100, pour l'hôpital, le ☎ 2212 et pour les pompiers, le ☎ 2999.

Tribal Research Centre. Sous l'égide du Tribal Research Centre (TRC ; Centre de recherches tribales), cet intéressant petit musée compte de nombreuses expositions, dont des maquettes des différents habitats tribaux. Soigneusement construite, chacune contient les ustensiles et les outils propres à la tribu. Une petite section est consacrée aux tribus des îles Andaman. A l'étage, une belle exposition de photos décrit certains rituels. Si vous avez la chance qu'un chercheur toda vous guide, vous garderez de cette visite un souvenir mémorable. Le musée se trouve après M. Palada, à 11 km d'Ooty, sur la route d'Emerald ; il ouvre en semaine, de 10h à 17h (fermé les jours fériés). Avant d'arriver au musée, vous devrez passer au TRC pour obtenir le droit d'entrer (gratuit). Les photos sont interdites. Prenez un bus Emerald (plusieurs par jour) jusqu'à l'arrêt TRC, juste après M. Palada.

Botanical Gardens. Créés en 1848, ces jardins botaniques, soigneusement entretenus, abritent de nombreuses espèces de plantes, ainsi qu'un tronc d'arbre qui serait vieux de 20 millions d'années. A l'extrémité est des jardins, dans un *mund* (village) toda, des membres de la tribu dévoilent certains aspects de leur culture à des touristes crédules. Ce "zoo humain" n'a rien à voir avec la vie quotidienne des Toda dans leurs villages des Nilgiri.

Les jardins ouvrent de 8h à 18h45 (entrée : 2/5 Rs pour les enfants/adultes.

St Stephen's Church. Érigée en 1829, l'église Saint-Stéphane est la plus ancienne des Nilgiri. Ses deux immenses poutres de bois proviennent du palais de Tipu Sultan à Srirangapatnam et furent tractées sur 120 km par un troupeau d'éléphants.

Promenades à pied. Les randonnées pédestres vous permettront d'apprécier la beauté naturelle d'Ooty. Si vous souhaitez vous écarter des sentiers battus, mieux vaut faire appel à un guide. Trouver un accompagnateur fiable et connaissant bien la région n'est pas facile. Pour éviter les désillusions, adressez-vous aux organismes suivants :

Camtrek (réservations auprès de la Reflections Guest House, ☎ 443834, North Lake Rd, ou de Mohan's Stores, ☎ 442736). Randonnées en forêt d'une demi-journée/journée, en compagnie d'un guide qualifié, pour 300/600 Rs par personne.

The Ooty Tourist Guides Association (☎ 445222), en face de la gare routière. Promenades essentiellement dans la zone urbaine pour 200 Rs la journée (prix négociable).

YWCA (☎ 442218, Ettines Rd). Promenades d'une demi-journée à quelque 200 Rs.

Trekking. Les randonnées plus sérieuses, avec bivouac, doivent être organisées à l'avance (de préférence avant votre arrivée à Ooty). Assurez-vous que vos desiderata sont bien compris. Mieux vaut vous adresser à une agence ou à un hôtel de bonne réputation (voir plus loin *Bokkapuram* dans la rubrique *Où se loger et se restaurer* du *Mudumalai National Park*). Les organismes suivants organisent des treks :

Camtrek (voir les détails ci-dessus).

Clipper Holidays (☎ 080-5599032, fax 5599833, info@clipperholidays.com), Suite 406, Regency Enclave, 4 Magrath Rd (près de Brigade Rd), Bangalore. Cette agence propose d'excellents treks de 7 et 8 jours.

Ozone (☎/fax 080-310441, ozone@ozoneindia.com) 5 5th Main Rd, 12th Block, Kumara Park West, Bangalore. Cette importante agence organise des treks de 8 jours.

YHA Chennai (☎ 412882), 2nd Ave, Indira Nagar, Chennai. Elle dispose de 20 sites de campement dans les Nilgiri et peut organiser des treks à partir de 250 Rs par personne et par jour (y compris les services d'un guide, la nourriture, le matériel de camping et de cuisine).

Équitation. Vous pouvez louer un cheval au Tourist Cafe, sur la rive nord du lac, et partir seul ou avec un guide. La promenade se résume essentiellement à une courte chevauchée sur le bitume. Choisissez l'animal avec soin car certains chevaux semblent plutôt mal en point. Les prix, fixes, s'échelonnent de 30 Rs la courte chevauchée à 150 Rs l'heure. La photo souvenir revient à 10 Rs. Pour une longue randonnée, adressez-vous à la Regency Villa. Tous les matins, un palefrenier propose de solides poneys pour un circuit de 3 heures dans les collines et la visite d'un village toda. La chevauchée, endiablée (déconseillée aux débutants), revient à 150 Rs l'heure. Toutefois, la rencontre avec la tribu rappelle le "bon vieux temps" des colonies !

Bateau. Au bord du lac, le Tourist Cafe, ouvert de 9h à 18h, loue des barques à rames. En haute saison, la foule peut rendre le canotage pénible. Les tarifs s'élèvent de 50 Rs le pédalo à 2 places à 250 Rs le bateau à moteur pour 15 personnes. Des autotamponneuses (20 Rs les 3 min) et un mini-train (5 Rs le tour) font la joie des enfants.

Parapente. Parapente, parachute ascensionnel et ULM donnent un autre vision d'Ooty. Les pilotes confirmés peuvent faire une randonnée aérienne. Contactez Ace Aviation India (☎ 442313), installé à Catwalk, en face de Tandoor Mahal, dans Commercial Rd.

Courses hippiques. La saison des courses commence le 14 avril et dure jusqu'au mois de juin. Certains jugent le champ de courses d'Ooty délabré et les paris décevants, mais ce n'en est que plus amusant.

Circuits organisés. L'office du tourisme organise une excursion au Mudumalai National Park, *via* le Pykhara Dam (barrage de Pykhara) pour 200 Rs, plus 30 Rs d'entrée au parc. La visite de Coonoor comprend les jardins botaniques d'Ooty, Doddabetta, le Sim's Park et Dolphin's Nose (120 Rs). Naveen Tours & Travels (☎ 443747), près de l'Hotel Nahar, et Hills Travels (☎ 442090), à l'Hotel Sanjay, font partie des nombreuses agences qui proposent des circuits touristiques.

MB Travels (☎ 442604, fax 444912), dans Commercial Rd, organise des excursions et s'occupe des réservations d'avion.

Où se loger. En haute saison (du 1er avril au 15 juin), la forte demande incite les hôteliers à doubler les prix, ce que la qualité des prestations ne justifie pas. En général, il faut libérer les chambres à 9h. En ville, la proximité des services compense le bruit et la pollution. Toutefois, paix et tranquillité règnent à quelques kilomètres.

Où se loger – petits budgets. La ***TTDC Youth Hostel*** *(☎ 443665, Charing Cross)*, correcte, loue des lits en dortoir (15 lits superposés doubles par dortoir) pour 125/175 Rs en basse/haute saison et en demi-pension et des doubles pour 200/450 Rs. Le linge et les chambres sont plus propres que dans de nombreux établissements de cette catégorie et l'eau chaude fonctionne de 6h à 10h. L'auberge comporte un restaurant et un bar.

Agréablement située, la ***YWCA*** *(☎ 442218, Ettines Rd)* mérite d'être recommandée. Proche du centre, elle en est malgré tout suffisamment éloignée pour profiter du calme des montagnes. Les chambres sont spacieuses et bien tenues ; certaines disposent d'eau chaude en permanence, les autres, de 6h30 à 8h30. Les taxes sont presque toujours incluses dans le prix. Comptez 66/77 Rs pour un lit en dortoir en basse/haute saison, de 214/286 Rs (hors saison) à 214/390 Rs (en saison) pour une simple/double et 850/1 200 Rs pour un bungalow en basse/haute saison. L'auberge possède une bibliothèque, ainsi qu'un salon de lecture et de musique avec une cheminée. Le restaurant propose trois menus multicuisine à 70 Rs. Même si vous ne logez pas dans cet établissement accueillant, c'est une bonne adresse pour organiser un trek.

Charmante, la ***Reflections Guest House*** *(☎ 443834, North Lake Rd)* jouit de belles vues sur le lac et dispose de doubles à 200 Rs (300 Rs en saison). Vous pouvez loger dans le bâtiment principal ou dans des chambres indépendantes, à flanc de colline (eau chaude le matin ou le soir). Selon certains, cette deuxième option serait à déconseiller aux femmes seules. De délicieux petits déjeuners et des en-cas sont servis dans les chambres ou sur la terrasse verdoyante. Mme Dique, la sympathique propriétaire, vous racontera l'histoire de la région et vous aidera à organiser une excursions ou un trek.

Où se loger – catégorie moyenne. L'***Hotel Khems*** *(☎ 444188, Shoreham Palace Rd)*, bien aménagé et d'un bon rapport qualité/prix, propose des doubles standard/supérieures, avec TV, à 475/675 Rs. La serviabilité du personnel compense le manque d'amabilité de la direction. L'hôtel comprend un restaurant multicuisine et accepte les cartes de crédit (sauf AmEx).

Témoin de l'époque du Raj, le ***Nilgiri Woodlands Hotel*** *(☎ 442551, fax 442530, Ettines Rd)*, doté d'un beau jardin et de vues sur la ville, conserve un charme certain malgré une plomberie défaillante et un besoin de rénovation. Il comporte des chambres dans le bâtiment principal et plusieurs bungalows. En basse saison, il facture les doubles 400 Rs, les bungalows 750 Rs et les suites 1 100 Rs. En haute saison, les prix s'échelonnent de 500 à 1 300 Rs. Ajoutez 20% de taxe et 20% de service. Il existe de nombreuses possibilités de forfaits. L'hôtel accepte les cartes de crédit.

Établi, lui aussi, de longue date, l'***Hotel Dasaprakash*** *(☎ 442434, Ettines Rd)* offre des doubles de 300 à 500 Rs en basse saison et de 450 à 700 Rs en saison, ainsi que des chambres familiales à 6 lits à 420/600 Rs.

Grand établissement situé à Charing Cross, l'***Hotel Nahar*** *(☎ 442173, fax 445173)* propose des doubles moquettées, agréables et bien tenues, avec TV, de 900 à 1 400 Rs (30% de plus en haute saison). Le restaurant multicuisine surplombe un agréable jardin.

La ***Regency Villa*** *(☎ 443608, fax 443097)*, propriété du maharaja de Mysore, se situe dans le parc boisé de 8 ha du Fernhill Palace. Les plantes en pot, les chaises en osier et les photographies jaunies des parties de chasse rappellent le Raj. Dans cette atmosphère délicieusement surannée, les personnes travaillant aux relations publiques se montrent plus dynamiques que le personnel chargé de l'entretien. Les meilleures chambres, très spacieuses, disposent de grandes baies, d'une s.d.b. victorienne entièrement carrelée et d'une cheminée. Les simples/doubles du bâtiment principal valent 900/1 200 Rs hors saison et 1 300/1 600 Rs en saison. Pour un bungalow, comptez 500/700 Rs et 800/900 Rs en haute saison. Bien que l'hôtel offre de nombreux services, téléphone, TV, équitation, golf, pêche et randonnées, les prix semblent exagérés. Le directeur, M. Kannan, se présente comme quelqu'un de souple et vous pourrez peut-être négocier.

Où se loger – catégorie supérieure. Très confortable, le ***Savoy Hotel*** *(☎ 444142, fax 443318, 77 Sylks Rd)* appartient au Taj Group et s'agrémentent de pelouses impeccables et de haies bien taillées. Comptez 85/130 $US en basse/haute saison pour une double avec baignoire, meubles de bois et cheminée. Le bar ouvre 24h/24 et le restaurant multicuisine est excellent.

Le ***Sullivan Court*** *(☎ 441416, fax 441417, wgsull@md5.vsnl.net.in, 123 Selbourne Rd)*, l'un des établissements les plus récents et les plus élégants de la ville, comprend plusieurs restaurants, des salles de jeu, un terrain de jeu pour enfants, une salle de gymnastique et de massage (pour hommes uniquement). Le prix des chambres (doubles seulement) s'échelonne de 1 150/2 000 Rs à 2 600 Rs.

Le ***Fernhill Palace*** *(☎ 442555, fax 443097)*, fermé pour rénovation lors de notre passage, promet d'ouvrir prochainement. Propriété du maharaja de Mysore, il fut construit à l'époque de sa splendeur. Lorsqu'il rouvrira ses portes (en avril 2001, si tout va bien), il sera sans doute le meilleur hôtel d'Ooty et proposera des prestations et des prix en conséquence.

Où se restaurer. La plupart des hôtels possèdent un restaurant. De nombreuses gargotes végétariennes bordent Commercial Rd et Main Bazaar Rd.

Le restaurant végétarien de l'***Hotel Nahar*** donne sur le jardin. Un snack-bar, très fréquenté, sert des glaces et des milk-shakes.

L'***Hotel Sanjay***, vaste et très animé, propose des plats copieux, végétariens ou non.

Le ***Tandoor Mahal*** *(Commercial Rd)* prépare de savoureuses spécialités végétariennes à quelque 35 Rs et des plats non végétariens à 50 Rs. Le service est efficace et vous pourrez commander une bière (65 Rs).

Également appelé Zodiac Room, le ***Shinkow's Chinese Restaurant*** *(30 Commissioner's Rd)* mitonne une excellente cuisine (plats à quelque 50 Rs).

Très fréquenté, l'***Hotel Dasaprakash*** est renommé pour ses copieux thali, servis à l'heure du déjeuner (30 Rs).

Le ***Savoy Hotel***, idéal pour un bon repas, propose midi et soir un buffet à volonté (300 Rs, taxes non comprises). Dans la salle à manger, très agréable, un feu ronflant réchauffe les fraîches soirées.

Le ***Sugar Daddy***, dans Commercial Rd, vous pemettra de faire une pause après avoir surfé sur Internet.

Le ***Hot Breads*** offre un choix époustouflant : 20 sortes de pain, 50 pâtisseries (croissants, strudels, éclairs, etc.) et 35 pies, végétariens ou non.

Achats. Commercial Rd, la principale rue commerçante, abrite plusieurs boutiques cachemiries et les magasins d'État Poompuhar, Kairali et Khadi Gramadyog Bhavan. Faites un tour à The Big Shop, qui propose un superbe choix d'objets en or et en argent, bijoux, statues, etc. Vous trouverez de l'artisanat tribal à Toda Embroidery Sales.

Comment s'y rendre

Bus. Les compagnies de bus d'État disposent de bureaux de réservation à la gare routière, ouverts tous les jours, de 9h à 17h30. Chaque jour, six bus desservent Mysore (55 Rs, 5 heures) et la plupart continuent jusqu'à Bangalore (120 Rs, 8 heures). Des bus partent toutes les 10 min pour Coimbatore (20 Rs, 3 heures), toutes les 10 ou 15 min pour Mettupalayam (15 Rs, 2 heures) et quatre bus rallient Chennai (120 Rs, 15 heures). Des services directs rejoignent Kanyakumari (14 heures), Thanjavur (10 heures) et Tirupathi (14 heures).

La plupart des compagnies privées sont installées à Charing Cross. Les bus sont un peu plus chers que les bus d'État, mais plus confortables.

Pour le Mudumalai National Park (22 Rs, 2 heures 30, 67 km), prenez un bus pour Mysore ou l'un des petits bus qui empruntent la route étroite et sinueuse de Sighur Ghat. La plupart de ces antiquités ne s'aventurent pas plus loin que Masinagudi, d'où des bus partent toutes les deux heures pour Theppakadu (à Mudumalai). Les bus qui traversent le parc exigent parfois des passagers un supplément de 30 Rs, le droit d'entrée du parc. Des bus privés desservent Mysore, *via* Theppakadu (100 Rs).

Des bus locaux partent toutes les heures pour Kotagiri (10 Rs, de 1 heure à 1 heure 30) et toutes les 20 min pour Coonoor (9 Rs, 1 heure). Les bus à destination de Doddabetta (12 Rs) quittent Ooty toutes les 90 min.

Train. Le train miniature, le meilleur moyen de rejoindre Ooty, offre des vues superbes tout au long du parcours. Les horaires de départ et d'arrivée à Mettupalayam coïncident généralement avec ceux du *Nilgiri Express*, qui circule entre Mettupalayam et Chennai. Il part de Chennai Central à 20h15 et arrive à Mettupalayam à 6h20, à temps pour prendre le train miniature de 7h10 à destination d'Ooty (114/22 Rs en $1^{re}/2^{e}$ classe, 5 heures, 46 km). Pour avoir une place assise au départ d'Ooty, présentez-vous au moins 45 min à l'avance.

En sens inverse, le train miniature quitte Ooty à 15h ; le trajet dure 3 heures 30 environ. En haute saison, un service supplémentaire est parfois assuré dans les deux sens ; renseignez-vous sur place.

Comment circuler. De nombreux auto-rickshaws stationnent aux abords de la gare routière. En haute saison, les conducteurs pratiquent des tarifs exorbitants. Vous trouverez également des taxis.

Vous pourrez facilement louer un vélo dans le quartier du marché, mais n'oubliez pas que la plupart des rues sont très pentues. U-Rent (☎ 442128), dans le bâtiment de l'Hotel Sapphire, dans Ettines Rd, loue des motos et ouvre tous les jours de 9h à19h. Une 100 cm^3 coûte 380 Rs pour 24 heures (ou 75 Rs la première heure, puis 50 Rs l'heure), assurance et réparations comprises (essence en sus). Vous devrez verser 550 Rs de caution et présenter un permis de conduire international ou national. Les casques ne sont pas fournis.

Mudumalai National Park

☎ 0423

Situé sur les contreforts des Nilgiri, ce parc couvre 321 km^2 et fait partie de la Nilgiri Biosphere Reserve (3 000 km^2), qui englobe Bandipur (Karnataka) et Wyanad (Kerala). Sa végétation va des forêts mixtes aux prairies. La forêt de Mudumalai abrite des chitals, des gaurs, des tigres, des panthères, des sangliers et des ours. Otaries et crocodiles peuplent la Moyar. On estime à 600 individus la population d'éléphants sauvages. Toutefois, vous ne verrez probablement que leurs frères domestiqués, dressés pour le transport du bois.

La période la plus propice pour visiter le parc se situe entre décembre et juin, mais il ferme parfois ses portes durant la saison sèche (février-mars). Octobre et novembre sont généralement très pluvieux.

Orientation et renseignements. Les principaux services de la réserve sont regroupés à Theppakadu, sur la grand-route qui relie Udhagamandalam (Ooty) à Mysore. Vous y trouverez le centre d'accueil (☎ 56235), ouvert tous les jours, de 6h30 à 18h, quelques hébergements spartiates et un camp d'éléphants.

L'entrée du parc coûte 2/5 Rs pour les enfants/adultes et l'alcool y est interdit.

On peut louer une jeep à Masinagudi (550 Rs la demi-journée).

Visites du parc. La promenade à pied et les véhicules privés sont interdits dans le parc, où l'on ne peut circuler qu'en minibus, en jeep ou à dos d'éléphant. Le circuit en minibus parcourt 15 km à la périphérie du parc (45 min, matin ou après-midi, 25 Rs par personne). Les promenades à dos d'éléphant peuvent se réserver au WWO d'Ooty, ou au centre d'accueil de Theppakadu (1 heure, 140 Rs).

Où se loger et se restaurer. Des bungalows bon marché sont installés dans le parc, à Theppakadu ; Masinagudi, à 8 km de Theppakadu, abrite des hôtels de catégorie moyenne. Enfin, Bokkapuram, à 4 km au sud de Masinagudi, possède de luxueux complexes hôteliers.

A l'intérieur du parc. Si vous souhaitez loger à l'intérieur du parc, réservez auprès du WWO, à Ooty (reportez-vous au paragraphe *Renseignements* d'*Ooty*). Vous pouvez tout au plus y rester une nuit, mais, en période creuse, on parvient à prolonger le séjour d'une ou de deux nuits.

Le ***Morgan Dormitory*** offre deux quadruples propres, avec s.d.b. (eau froide), à 20 Rs par personne. Le ***Minivet***, un agréable dortoir, propose des prestations similaires à des prix identiques.

Au bord de la Moyar, à Theppakadu, le ***Sylvan Lodge*** dispose de petites simples/doubles, sans prétention mais propres, à 200/300 Rs (repas à 25 Rs). Près du Sylvan Lodge, la ***Theppakadu Log House***, l'hébergement le plus charmant du parc, surplombe la rivière. Confortable, bien tenu et d'un excellent rapport qualité/prix, il possède de grandes chambres lambrissées et moquettées à 200/300 Rs. Un petit restaurant et des cuisiniers sympathiques ajoutent à son charme.

L'***Hotel Tamil Nadu*** *(☎ 56249)* comporte des chambres correctes, mais son environnement est gâché par la disparition des arbres et de l'herbe et la multiplication des détritus. Il facture 50 Rs les lits en dortoir et 350 Rs les grandes chambres familiales (à 3 lits). Son restaurant sert la meilleure cuisine de Theppakadu et des boissons fraîches.

Le parc abrite d'autres établissements, mal tenus, qu'il vaut mieux éviter.

Masinagudi. Plusieurs hôtels et restaurants bordent l'artère principale de Masinagudi. Plus agréable qu'il n'y paraît, l'***Hotel Dreamland*** *(☎ 56127)*, au-dessus du supermarché, propose des chambres presque propres, avec TV, à 250 Rs en double. Les prix se discutent en fonction de la durée du séjour. Sur le toit, au milieu des piments en train de sécher, vous pourrez vous dorer au soleil et profiter de la vue.

La ***Mountania Resthouse*** *(☎ 56337)*, sur un terrain sec derrière l'artère principale, facture ses doubles (pas de simples) 420 Rs (seau d'eau chaude à toute heure) et les repas de 30 à 40 Rs. A 2 km à l'ouest de Masinagudi, le ***Green Park Resorts*** *(☎ 56351, fax 56446, Singara Rd)* offre un rapport qualité/prix correct. Les bungalows comportent des chambres minuscules, le téléphone et une TV. Comptez de 400 Rs en double à 1 600 Rs pour 8 personnes. Admirez le décor, mauve, vert fluo et les chauffe-eau rouges !

Bokkapuram. C'est ici que sont installés la plupart des beaux établissements. Nombre d'entre eux sont tenus par une famille et jouissent d'une atmosphère chaleureuse et douillette. Tous offrent des services de qualité et des vues splendides. On viendra souvent vous chercher dans l'une des villes voisines (à partir de 500 Rs, moins si on vous trouve sympathique). Sinon, vous devrez disposer de votre propre moyen de transport. Mieux vaut réserver. Chacun propose un choix de services, dont :

- des visites du Mudumalai National Park, y compris une promenade à dos d'éléphant,
- des randonnées avec un guide (à partir de 100 Rs par personne et par heure),
- des circuits touristiques,
- des parties de pêche,
- des activités équestres.

Si vous avez des souhaits particuliers en matière de randonnée (bivouac, marche nocturne, observation d'animaux, etc.) précisez-le lors de votre réservation.

Les prix indiqués ne concernent que le logement. Pour les repas, comptez à partir de 100 Rs.

A 1,5 km de Masinagudi, le ***Bamboo Banks*** *(☎/fax56222)* est l'un des plus anciens lodges privés de la région. Ses propriétaires, anciens planteurs et chasseurs, vous conteront mille anecdotes et adorent discuter. Agréable et très confortable, l'hôtel dispose de chambres et de bungalows à 1 800/2 000 Rs en simple/double. La carte propose de nombreuses spécialités indiennes et occidentales.

La ***Forest Hills Guest House*** *(☎ 56216)*, d'un bon rapport qualité/prix, offre des simples/doubles/triples spacieuses à partir de 750/950/1 250 Rs. Suivez les indications à partir de la Jungle Hut Guest House.

Dans un cadre verdoyant, la ***Jungle Hut Guest House*** *(☎/fax56240)* possède de très jolies chambres à 900/1 000/1 200 Rs. Un petit terrain de jeu et quelques animaux de ferme (canards, oies, cochons, etc.) feront la joie des enfants. Vous pourrez pêcher dans les mares à canards ou faire trempette dans la petite piscine.

Tout près, la ***Jungle Retreat*** *(☎ 56470, fax 56469, jungleretreat@yahoo.com)* comprend un choix d'hébergements, du camping à la chambre luxueuse. Il possède également une cabane dans un arbre (600 Rs), fermée pendant la mousson (de juin à août). Dans les bungalows de pierre couverts de tuiles rouges, les doubles/triples (pas de simples) reviennent à 1 000/1 200 Rs . Les plus grandes chambres disposent d'un bar et d'un réfrigérateur. Vous pouvez choisir une cabane de bambou, écologique, à 600 Rs ou planter la tente et utiliser les installations de l'hôtel pour 200 Rs par personne.

La ***Belmont Retreat Guest House*** *(☎ 56253, fax 44242)*, plus simple mais charmante, loue des doubles standard de 500 à 700 Rs et des chambres plus vastes à 900 Rs.

Connu de longue date comme l'un des établissements les plus respectueux de l'environnement, le ***Chitral Walk*** *(Jungle Trails Lodge ; ☎ 56256)*, au cœur de la jungle, facture ses chambres rustiques 800 Rs en double.

Comment s'y rendre. Les bus qui relient Ooty à Mysore, à Bangalore ou à Hassan (Karnataka) s'arrêtent à Theppakadu.

D'Ooty, un intéressant raccourci consiste à prendre l'un des petits bus d'État qui empruntent la route sinueuse de Sighur Ghat (36 km, 1 heure 30). Les virages sont si serrés et les pentes si abruptes que les grands bus ne s'y hasardent pas. L'itinéraire *via* Gudalur, plus long, est également pittoresque et moins périlleux (67 km, 2 heures 30).

Des bus circulent toutes les 2 heures entre Theppakadu et Masinagudi. Un taxi-jeep demande 200 Rs pour ce trajet.

Îles Andaman et Nicobar

En bref

Population : 356 265 habitants
Superficie : 8 248 km²
répartis sur environ 500 îles
Capitale : Port Blair
Langues : hindi, bengali, tamoul et dialectes tribaux
Meilleure saison : de décembre à début avril

Cartes du chapitre :

- Prélassez-vous sur d'innombrables plages de sable fin
- Plongez avec ou sans bouteille parmi de magnifiques récifs coralliens et une faune et flore sous-marines des plus colorées
- Méditez sur la victoire de l'âme humaine sur la brutalité au pénitencier de Cellular Jail, sinistre vestige de l'histoire de Port Blair

Situés dans le golfe du Bengale, à un millier de kilomètres au large des côtes orientales de l'Inde, les archipels Andaman et Nicobar regroupent près de 500 îles tropicales, inhabitées pour la plupart, qui renferment une faune unique au monde, des forêts luxuriantes, des plages de sable fin et des coraux magnifiques. Les voyageurs las de sillonner le continent pourront goûter sur ces îles un délicieux repos ou se livrer à maintes activités telles la randonnée et la plongée sous-marine.

Les îles Andaman constituent les sommets émergés d'une longue chaîne de montagnes enfouie sous les flots, qui s'étire sur près de 1 000 km entre le Myanmar (Birmanie) et Sumatra. Couvrant une superficie totale de 8 248 km², elles culminent à Saddle Peak (732 m), sur North Andaman (Andaman nord). La première des îles Nicobar se profile à 50 km au sud de Little Andaman (Petite Andaman).

Bien que plus proche du Myanmar sur les plans géographique et ethnique, ces îles font partie de l'Union indienne.

Jusqu'à la mise en place de l'administration coloniale, les îles Andaman étaient principalement peuplées de tribus indigènes noires. Les Onge et les Jarawa, qui vivent à l'intérieur de South Andaman (Andaman sud), ont préservé certains aspects de leur mode de vie traditionnel. Toutefois, la majorité des 300 000 habitants actuels viennent du continent ou descendent d'anciens immigrés. Ils se regroupent dans la capitale, Port Blair (South Andaman) et aux alentours.

Les populations indigènes des îles Nicobar sont vraisemblablement originaires de Malaisie et du Myanmar. Elles parlent des dialectes appartenant à la famille môn-khmère.

On se rend sur les îles en bateau ou en avion depuis Chennai (Madras) et Kolkata (Calcutta) ; un bateau moins fréquent assure une liaison avec Visakhapatnam. Des vols charter internationaux pourraient être mis en place en 2002. Ne vous laissez pas décourager par les nombreuses restrictions de séjour qui s'appliquent aux étrangers, car les deux archipels regorgent de sites et d'activités à découvrir.

Histoire

La date à laquelle les premiers habitants mirent le pied sur les îles Andaman et Nicobar demeure méconnue, mais leur existence fut signalée au IIe siècle par Ptolémée, puis par Xuan Zang au VIIe siècle.

A la fin du XVIIe siècle, ces îles furent annexées par les Marathes, dont l'empire couvrait de vastes régions de l'Inde. Les Britanniques s'en emparèrent deux siècles plus tard pour y implanter une colonie pénitentiaire. Destinée à l'origine aux criminels de droit commun du continent, celle-ci accueillit ensuite des prisonniers politiques, essentiellement des militants pacifistes pour l'Indépendance. C'est pour eux que fut construit le célèbre pénitencier de Cellular Jail. Achevé en 1908, il devint le cadre d'épouvantables atrocités (voir plus loin la rubrique *Cellular Jail National Memorial*). Pendant la Seconde Guerre mondiale, les îles connurent l'occupation japonaise. L'attitude des habitants face au nouvel envahisseur fut ambiguë : certains s'opposèrent par la gué-

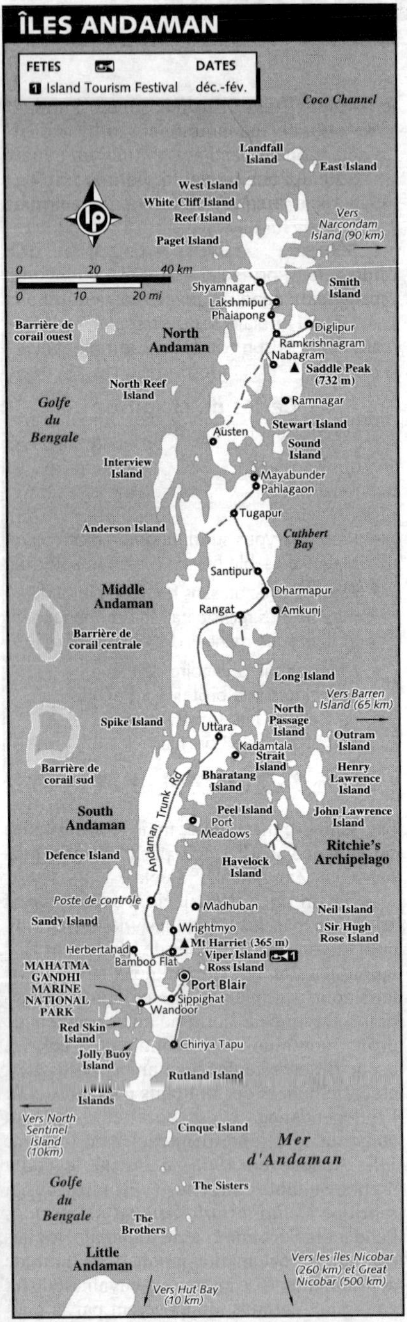

rilla, tandis que d'autres voyaient le moyen de se libérer du joug britannique. Quand l'Inde acquit son indépendance en 1947, les îles furent intégrées à l'Union. Depuis lors, une immigration massive en provenance du continent a fait passer la population des archipels de quelques milliers à plus de 300 000, le plus souvent au mépris des droits des indigènes et de la sauvegarde de l'environnement. Les administrateurs aujourd'hui en poste sur les îles sont pour la plupart nommés par Delhi, et leur mandat est souvent considéré comme un véritable sacerdoce. Beaucoup sont ici contre leur gré ; d'autres apportent quelques innovations symboliques au nom du progrès, avant de retourner au plus vite sur le continent. Ainsi, parmi les "innovations" les plus surprenantes figurent le vélodrome (l'un des quatre de l'Inde), la piscine ultramoderne (toujours vide) et l'Andaman Grand Trunk Road (surnommée "route de nulle part"), qui coupe la réserve d'une tribu pour relier des destinations déjà bien desservies par les bateaux.

Climat

Les brises marines maintiennent des températures constantes allant de 23°C à 31°C pour 80% d'humidité. Les moussons du sud-ouest atteignent les îles entre la mi-mai et juin ; celles du nord-est entre nov. et déc. La période la plus propice pour les visiter se situe entre déc. et début avr. Les mois de déc. et de janv. correspondent à la haute saison touristique.

Écologie et environnement

L'extrême isolement des îles Andaman et Nicobar a donné naissance à de nombreuses espèces endémiques animales et végétales. Sur les 62 espèces de mammifères recensées, 32 vivent exclusivement dans ces archipels. Citons parmi eux le cochon sauvage d'Andaman, le singe crabier, la civette palmiste à masque et plusieurs espèces de tupaïas (musaraigne arboricole) et de chauves-souris. Près de la moitié des 250 sortes d'oiseaux que l'on dénombre ici sont uniques. Les îles sont peuplées d'aigles, de mégapodes, de salanganes, de colombes, de sarcelles et de calaos. Les plages désertes constituent un lieu de reproduction idéal pour les tortues. Même si les dauphins sont encore nombreux, les dugongs ont presque totalement disparu, laissant les scientifiques inquiets et les pêcheurs en manque de proies.

Les tribus insulaires

Les tribus des îles Andaman et Nicobar ne représentent plus à l'heure actuelle que 10% de la population et, dans la majorité des cas, leur nombre ne cesse de décroître. Les Onge, les Sentinelliens, les Andamanais et les Jarawa vivent sur les îles Andaman, tandis que les Shompen et les Nicobarais sont implantés dans les îles Nicobar.

Les Onge. Une étude anthropologique, menée dans les années 70, attribue le déclin des tribus Onge à un phénomène de démoralisation collective, provoqué par la perte de leurs terres. Le Forest Department s'est en effet emparé des deux tiers de leur territoire sur Little Andaman pour y établir des "colonies" en 1977. La centaine d'Onge survivants sont confinés dans une réserve de 100 km^2, à Dugong Creek. Le gouvernement indien poursuit son objectif et cautionne la construction de routes, de jetées et d'une manufacture d'allumettes.

Les Sentinelliens. A la différence d'autres tribus, les Sentinelliens ont farouchement repoussé toute tentative de rapprochement ou de contact avec les étrangers. Tous les ans, des groupes de contact, animés des meilleurs sentiments, débarquent sur les plages, les bras chargés de présents – noix de coco, bananes, cochons et seaux en plastique – et, tous les ans, ils sont accueillis par des volées de flèches. La tribu ne compte plus que quelque 120 membres, et Sentinel Island (la Sentinelle) demeure leur territoire exclusif.

Les Andamanais. Au nombre d'une trentaine seulement, les Andamanais semblent voués à l'extinction définitive. Ils étaient 5 000 lors de l'arrivée des Britanniques dans l'île. Leur tolérance à l'égard des colonisateurs a entraîné leur perte et, au début du XXe siècle, la tribu fut décimée par des épidémies successives de rougeole, de syphilis et de grippe. Ils sont regroupés sur la petite Strait Island.

Les Jarawa. Les 250 survivants de cette tribu vivent dans une réserve de 750 km^2, à cheval sur South Andaman et Middle Andaman. Leur territoire ne cesse de reculer sous les assauts de l'Andaman Trunk Rd, de la déforestation et de l'invasion des colonisateurs et des touristes. Même si les autorités le démentent formellement, les récits de l'hostilité des Jarawa envers les étrangers sont bien réels. Rappelons toutefois qu'en 1953 le Chief Commissioner avait réclamé un hydravion armé afin de bombarder les villages jarawa. Désormais ce sont les touristes qui bombardent les Jarawa. Les autorités s'inquiètent cependant du fait que la plus grande tolérance dont font aujourd'hui preuve les indigènes ne favorise un peu plus l'avancée des colons et des touristes.

Les Shompen. Il ne reste que quelque 200 Shompen ; réfugiés dans les forêts de Great Nicobar (la Grande Nicobar). Vivant de chasse et de cueillette, ils ont résisté à toute tentative d'intégration et évitent les régions occupées par les colons indiens.

Les Nicobarais. Les 30 000 Nicobarais sont les seuls habitants d'origine dont la population ne décroît pas. Ces paysans, en partie assimilés à la communauté chrétienne et à la société indienne contemporaine, vivent dans des villages, sous l'autorité d'un chef, cultivent noix de coco, ignames et bananes, et pratiquent l'élevage de porcs. Répartis dans plusieurs îles, ils habitent essentiellement sur Car Nicobar.

Élément essentiel de la flore des archipels, la mangrove forme une barrière naturelle qui protège à la fois les terres et la mer. Un peu plus au cœur des îles, les forêts tropicales humides aux feuillages caducs et celles aux feuillages persistants recèlent de nombreuses variétés d'arbres, notamment le très recherché padauk, dont le bois dur est un mélange de teintes claires et de couleurs plus sombres.

Le débat politique et social dans l'archipel est fortement marqué par les conflits d'intérêt qui opposent développement, protection du patrimoine et de l'environnement, stratégies de défense et simple cupidité des dirigeants. La survie ainsi que les droits des tribus indigènes sont menacés par l'accroissement de la population, le développement touristique à outrance, les activités militaires et le braconnage. La marine indienne tente

Camping

Le camping est autorisé dans de nombreuses régions des îles Andaman. Il convient cependant de respecter un certain nombre de règles. Souvenez-vous que l'écosystème de l'archipel est extrêmement fragile, et qu'une conduite irresponsable peut avoir de graves conséquences sur la faune et la flore, en particulier sur les tortues qui utilisent les plages pour pondre et couver leurs œufs. Voir l'encadré *Trekking responsable* dans le chapitre *Renseignements pratiques* pour une attitude respectueuse de l'environnement.

de patrouiller régulièrement dans ces zones afin d'intercepter les trafiquants d'armes et de drogue ainsi que les pilleurs de corail qui sillonnent la mer d'Andaman. Ces activités de contrebande, associées à l'augmentation des navires marchands et militaires qui croisent dans ces eaux, endommagent sérieusement les récifs de coraux, fragilisant ainsi un écosystème déjà très vulnérable.

Permis

Les étrangers doivent obtenir une autorisation pour visiter les îles Andaman. L'accès aux îles Nicobar est strictement réservé aux Indiens, chercheurs, fonctionnaires ou négociants. Le permis de 30 jours maximum (qui peut parfois être prolongé jusqu'à 45 jours) vous autorise à séjourner dans la capitale, Port Blair, et à effectuer de courtes visites dans d'autres régions (reportez-vous aux rubriques *Environs de Port Blair* et *Autres îles* pour plus de détails).

Obtenir un permis de séjour était autrefois un véritable casse-tête administratif, mais cette époque est aujourd'hui révolue. Même les frais d'obtention ont été supprimés. Ceux qui voyagent par avion n'ont qu'à remplir un formulaire à leur arrivée à l'aéroport de Port Blair dans le tout nouveau bureau de l'immigration. Si vous n'avez pas de billet retour sur un vol confirmé, on ne vous accordera qu'un permis de 10 à 15 jours, susceptible toutefois de prolongation jusqu'à 30 jours.

Si vous venez par bateau, vous pouvez également faire votre demande en arrivant à Port Blair. Cette solution reste la plus simple, même s'il est possible d'obtenir le précieux papier avant votre départ pour les îles Andaman. Vous devez pour cela contacter le Foreigners' Registration Office de Chennai (☎ 8278210) ou de Kolkata (☎ 2473301) ; comptez 5 heures d'attente, voire plus si votre demande est enregistrée en fin de journée. Vous pouvez également vous adresser à une ambassade indienne à l'étranger, mais les délais sont souvent prohibitifs. Si vous atteignez Port Blair en bateau, vous devrez immédiatement vous présenter au bureau du Deputy Superintendent of Police, dans l'Aberdeen Bazaar. Vous aurez sinon toutes les peines du monde, au moment du départ, à prouver que vous n'êtes pas resté plus de 30 jours.

Pour visiter d'autres îles, des autorisations supplémentaires sont nécessaires, que vous pourrez obtenir à Port Blair auprès du Chief Wildlife Warden (CWW ; ☎ 33549), Haddo Rd, Haddo. Vous devrez écrire une lettre précisant votre demande, le nom du bateau sur lequel vous voyagez ainsi que les dates concernées. Votre démarche aura plus de chances d'aboutir si vous citez la date et le numéro du document publié par le ministère de l'Intérieur qui stipule que les îles sont ouvertes aux touristes (7 January 1966, File F. N° 15011/4/94-F.1). Le permis vous sera délivré dans l'heure, mais vous ne serez pas encore au bout de vos peines.

Si vous souhaitez visiter les îles situées au sud de Mayabunder, vous devrez présenter votre autorisation au Deputy Conservator of Forests (DCF), WL-I, Haddo (juste à côté du CWW). Ceux qui veulent se rendre au nord de Mayabunder se feront enregistrer dans cette ville auprès du DCF, WL-II, Mayabunder, dès leur arrivée. C'est ici qu'interviennent les fonctionnaires locaux ; mais pas d'inquiétude, on vous expliquera tout au CWW lors de votre demande.

Toutes les administrations citées ouvrent en semaine de 8h30 à 16h, avec une pause entre 12h et 13h. Les permis coûtent 10 Rs par personne et par jour. Pour un appareil photo, vous devrez débourser 100 Rs par jour, et pour faire de la plongée, 1 000 Rs par jour (et ce n'est que le prix du permis de plongée). Les Indiens paient moitié moins cher.

L'utilisation d'un Caméscope dans les îles Andaman requiert une autorisation spéciale délivrée par le ministère de l'Intérieur à Delhi, et qui revient à 1 500 Rs par jour. Si vous optez pour un voyage organisé, l'opérateur se chargera lui-même d'obtenir les permis auprès du CWW.

PORT BLAIR

☎ 03192

La capitale s'organise autour du port, sur la côte orientale de South Andaman. La ville est très tranquille, et si vous vous êtes déjà fait une idée précise de ce que doit être la vie sur l'archipel vous risquez fort d'être déçu. Il faut s'aventurer hors de Port Blair pour découvrir la véritable nature de ces îles. On peut y trouver la plupart des produits indispensables (eau minérale et antimoustiques, par exemple), à des prix à peine supérieurs à ceux pratiqués sur le continent. Toutefois, la ville connaît souvent des coupures d'eau et d'électricité et le réseau d'égouts ne suffit plus. Port Blair fonctionne au maximum de ses capacités et toute croissance non accompagnée d'un développement des infrastructures s'avérerait désastreux. Bien que les îles Andaman soient à 1 000 km à l'est du sous-continent, elles suivent l'heure indienne ; il est 17h lorsque la nuit tombe et 4h quand le soleil se lève.

Orientation

La plupart des hôtels, la gare routière, l'embarcadère (Phoenix Bay Jetty) et la Shipping Corporation of India (SCI) sont regroupés dans le quartier central de l'Aberdeen Bazaar. L'aéroport est situé à 5 km au sud de la ville, et la plage la plus proche, Corbyn's Cove, à 7 km au sud de l'Aberdeen Bazaar.

Renseignements

Rien de plus facile que de trouver des informations sur l'archipel ; encore faut-il que celles-ci soient fiables. En effet, quelle que soit votre question, qu'elle porte sur les horaires des bateaux, les réservations des circuits organisés ou, plus compliqué, sur les permis de séjour, vous pouvez la poser à autant de personnes que vous le souhaitez (même les plus qualifiées), vous êtes sûr d'obtenir à chaque fois une réponse différente. Même si vous pensez avoir acquis l'expérience suffisante au cours de vos pérégrinations indiennes, les excentricités observées sur le continent vous paraîtront bien pâles au vu de celles rencontrées sur les îles.

Offices du tourisme. L'office national du tourisme (Government of India Tourist Office ; ☎ 33006), au 2e étage, 189 Junglighat Main Rd, vous renseignera sur les îles accessibles aux étrangers et les moyens de vous y rendre. Ouvert en semaine de 8h30 à 17h, il est installé au-dessus de Super Shoppe, à 1 km environ du centre-ville.

Ultramoderne, l'Andaman & Nicobar Tourism Office (A&N, ☎ 32694, fax 30933) se situe à l'angle opposé d'Indian Airlines. Le personnel de l'office du tourisme, chaleureux, vous accueille en semaine de 8h30 à 17h30. Attention, les tarifs et les horaires affichés correspondent rarement à la réalité.

La bibliothèque, près de la poste principale, possède une petite collection d'ouvrages sur l'histoire, la géographie, la flore et la faune ainsi que sur les tribus des îles.

Argent. On peut changer chèques de voyage et espèces à la State Bank of India (ouverte de 9h à 13h en semaine), de même qu'à Island Travels (plus rapide, tous les jours de 14 à 16h, sauf le dimanche). Certains des grands hôtels effectuent aussi le change. Rares sont les établissements qui acceptent les cartes de crédit étrangères.

Poste et communications. La poste principale se trouve à 750 m au sud de l'Aberdeen Bazaar. Le Telegraph Office, ou bureau des télégraphes (fax 21318), juste à côté, se charge de l'envoi et de la réception des fax et des appels internationaux, de 10h à 17h, du lundi au samedi. Vous trouverez de nombreuses cabines dans l'Aberdeen Bazaar. Des cafés Internet poussent comme des champignons ; la connexion la plus rapide étant disponible au Cyber Cafe, de l'Holiday Resort (60 Rs l'heure).

En cas d'urgence. Le commissariat d'Aberdeen (☎ 33077, 32100) se trouve à proximité de la poste principale. Le GB Pant Hospital (☎ 32102) jouxte le pénitencier.

Cellular Jail National Memorial

Achevé en 1890 après 18 ans de construction, et dédié plus tard à la mémoire des combattants indiens de la liberté, le pénitencier (Cellular Jail) attire aujourd'hui une foule de touristes. Sur les sept ailes qui rayonnaient autrefois autour de la tour centrale, seules trois subsistent. Elles n'en donnent pas moins un aperçu de l'enfer vécu par les détenus.

Chaque soir (dimanche excepté), un spectacle son et lumière permet de découvrir l'histoire – passionnante – du pénitencier (à 18h en hindi, 19h15 en anglais, 10 Rs). Il n'a pas toujours lieu pendant la mousson.

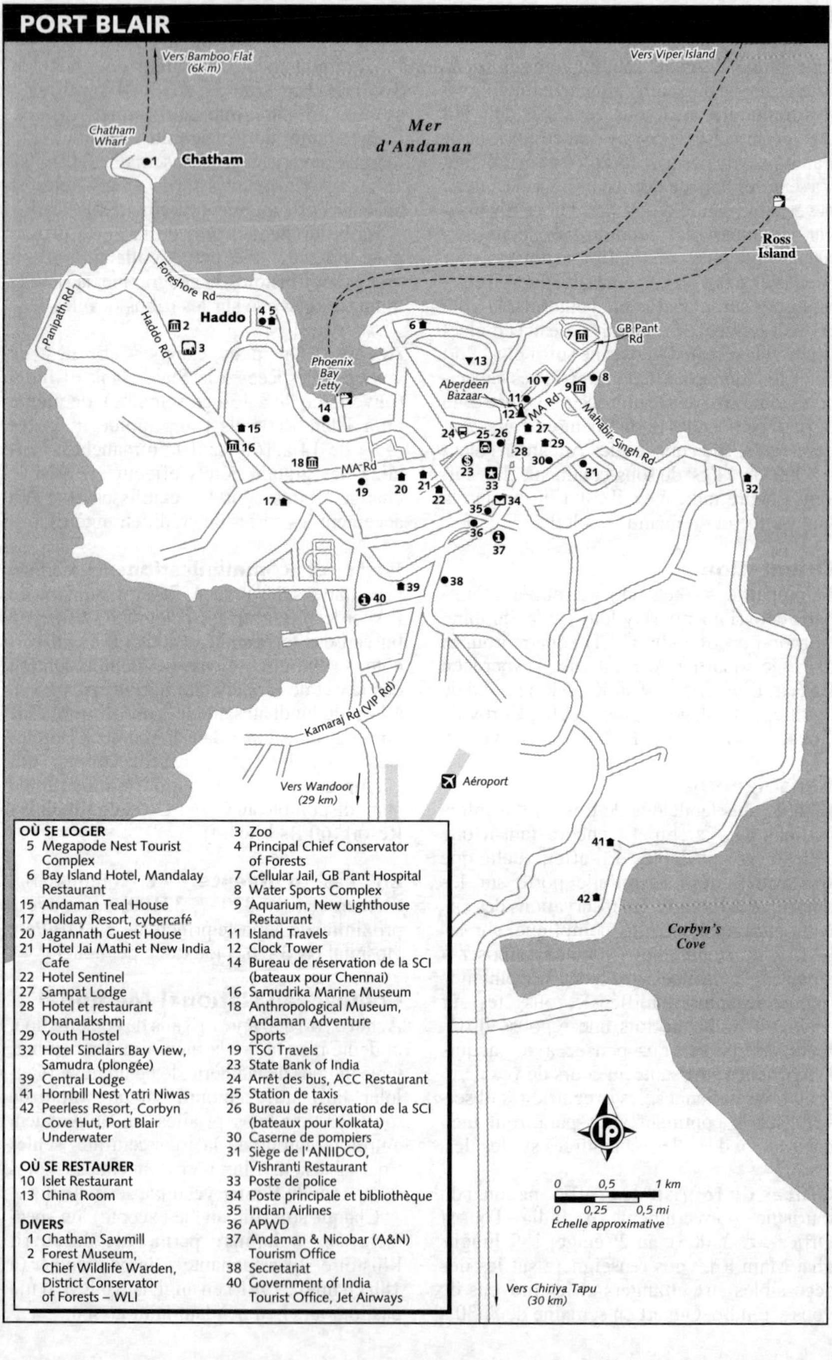
PORT BLAIR
Vers Bamboo Flat
(6k m)
Vers Viper Island
Mer
d'Andaman
Chatham
Wharf
Chatham
Ross
Island
Foreshore Rd
Panipath Rd
Haddo Rd
Haddo
Phoenix
Bay
Jetty
Aberdeen
Bazaar
GB Pant
Rd
MA Rd
MA Rd
Mahabir Singh Rd
Kamaraj Rd (VIP Rd)
Vers Wandoor
(29 km)
Aéroport
Corbyn's
Cove
Vers Chiriya Tapu
(30 km)
0 0,5 1 km
0 0,25 0,5 mi
Échelle approximative
OÙ SE LOGER
5 Megapode Nest Tourist Complex
6 Bay Island Hotel, Mandalay Restaurant
15 Andaman Teal House
17 Holiday Resort, cybercafé
20 Jagannath Guest House
21 Hotel Jai Mathi et New India Cafe
22 Hotel Sentinel
27 Sampat Lodge
28 Hotel et restaurant Dhanalakshmi
29 Youth Hostel
32 Hotel Sinclairs Bay View, Samudra (plongée)
39 Central Lodge
41 Hornbill Nest Yatri Niwas
42 Peerless Resort, Corbyn Cove Hut, Port Blair Underwater
OÙ SE RESTAURER
10 Islet Restaurant
13 China Room
DIVERS
1 Chatham Sawmill
2 Forest Museum, Chief Wildlife Warden, District Conservator of Forests – WLI
3 Zoo
4 Principal Chief Conservator of Forests
7 Cellular Jail, GB Pant Hospital
8 Water Sports Complex
9 Aquarium, New Lighthouse Restaurant
11 Island Travels
12 Clock Tower
14 Bureau de réservation de la SCI (bateaux pour Chennai)
16 Samudrika Marine Museum
18 Anthropological Museum, Andaman Adventure Sports
19 TSG Travels
23 State Bank of India
24 Arrêt des bus, ACC Restaurant
25 Station de taxis
26 Bureau de réservation de la SCI (bateaux pour Kolkata)
30 Caserne de pompiers
31 Siège de l'ANIIDCO, Vishranti Restaurant
33 Poste de police
34 Poste principale et bibliothèque
35 Indian Airlines
36 APWD
37 Andaman & Nicobar (A&N) Tourism Office
38 Secretariat
40 Government of India Tourist Office, Jet Airways

Musées

Samudrika Marine Museum. Géré par la Marine nationale, ce musée présente l'histoire et la géographie des îles. Il est ouvert du mardi au dimanche, de 9h à 12h et de 14h à 17h30 (10 Rs).

Anthropological Museum. Sur MA Rd, ce musée expose des outils, des costumes et des photographies des populations indigènes des îles (un nouveau musée est en construction à proximité). Au-dessus du musée se niche une petite bibliothèque d'une grande richesse, réservée aux chercheurs. On peut consulter les ouvrages mais non les emprunter. Le musée ouvre ses portes tous les jours sauf le dimanche et les jours fériés, de 10h à 12h30 et de 13h30 à 16h (entrée libre).

Zoo et Forest Museum. Le petit zoo recèle certaines des 200 espèces animales qui vivent exclusivement sur les îles, dont le pigeon impérial vert de Nicobar et le cochon d'Andaman – aliment de base de certaines tribus. L'élevage des crocodiles "de mer" s'est avéré une réussite et nombre de ces reptiles sont retournés à l'état sauvage. Le zoo est ouvert du mardi au dimanche, de 8h à 17h (0,50 Rp).

Non loin de là, le petit **Forest Museum** expose quelques-unes des essences les plus caractéristiques des îles, dont le fameux padauk. Le musée accueille les visiteurs tous les jours, sauf le dimanche de 8h à 12h, et de 14h30 à 17h (entrée libre).

Aquarium. Cet intéressant aquarium doublé d'un musée (anciennement Fisheries Museum, ou musée des Pêcheries) abrite une partie des 350 espèces qui peuplent les eaux de la mer d'Andaman. Il vous accueille tous les jours, sauf le lundi et les jours fériés, de 9h à 13h30 et de 14h à 17h30.

Chatham Sawmill

Gérée par l'État, il s'agit de la plus grande usine de traitement du bois d'Asie. Elle est implantée sur Chatham Island, à 5 km au nord-ouest de l'Aberdeen Bazaar. Construite par les Britanniques à partir de 1836, elle emploie aujourd'hui quelque 2 000 personnes qui travaillent en équipe 24h/24. La plupart du bois est destiné au continent.

La scierie se visite du lundi au samedi, de 6h30 à 14h30. L'entrée est libre mais n'oubliez pas de donner une petite récompense au guide.

Water Sports Complex

Près de l'aquarium s'est ouvert un complexe de sports nautiques, où vous pourrez louer des canots, des équipements de surf et des dinghies (hors-bord). Le ski nautique revient à 75 Rs le quart d'heure, le windsurf à 50 Rs la demi-heure. La location d'un tuba coûte 25 Rs l'heure à utiliser exclusivement sur place.

Plongée sous-marine

Les îles Andaman offrent de nombreux sites propices à la plongée avec et sans bouteille (snorkeling). Néanmoins, peu de touristes profitent de l'opportunité, et l'infrastructure locale en est encore à ses balbutiements.

Des centres de plongée ouvrent et ferment chaque année, il est donc important avant de débourser la moindre roupie de s'assurer du statut officiel du centre, par exemple s'il est agréé par la Professional Association of Diving Instructors (PADI). Cette organisation garantit le professionnalisme des instructeurs ainsi que le respect des normes. Les prix varient selon le site, le nombre de participants ainsi que la durée de la leçon. Dans les parcs nationaux, vous devrez verser 1 000 Rs supplémentaires par personne et par jour, payables directement au parc. Les tarifs vont habituellement de 2 500 Rs pour deux plongées autour de Port Blair, à 3 500 Rs et plus (à Wandoor ou d'autres endroits). Le cours de préparation au certificat PADI (PADI Open Water Certificate ; 4 ou 5 jours) vous coûtera environ 15 000 Rs, et le degré supérieur, 10 000 Rs. Le certificat est reconnu au niveau international. On dénombre actuellement aux Andaman trois centres agréés par la PADI :

Andaman Adventure Sports (☎/fax 03192-30295) MA Rd, Port Blair

Port Blair Underwater (☎ 03192-85389, 21358, fax 040-3392718 à Chennai) Peerless Resort, Corbyn's Cove

Samudra (☎ 03192-33159, 32937, fax 32038, manavi_th@hotmail.com) Hotel Sinclairs Bay View, Port Blair

Circuits organisés

Les nombreuses agences de voyages de l'Aberdeen Bazaar proposent de nombreux circuits. Island Travels (☎ 32358) jouit d'une bonne réputation ; un peu plus loin, nous vous recommandons aussi l'Andaman Teal House (☎ 32642). La plupart ne fonctionnant qu'avec un minimum de participants, ils sont souvent annulés – rien de plus frustrant pour

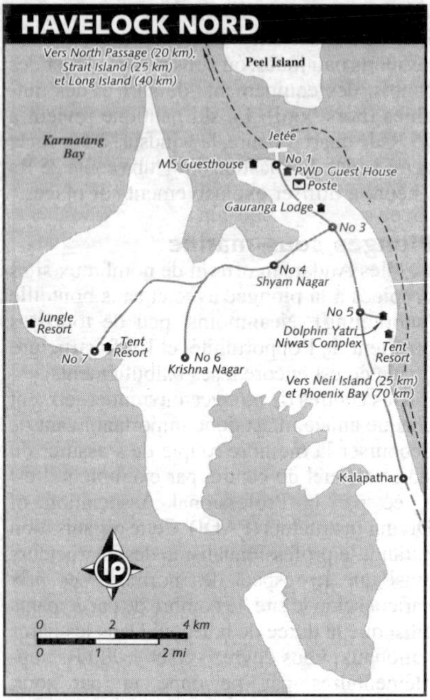

les voyageurs pressés par le temps. Face aux difficultés rencontrées lorsque l'on voyage selon ses propres moyens, notamment en termes de transport, d'hébergement et de permis de séjour, vous vous sentirez peut-être obligé de vous joindre à l'un de ces circuits organisés. Toutefois, ces derniers étant très aléatoires, nous vous conseillons de planifier vous-même votre séjour.

Tous les jours à 15h, un bateau quitte la Phoenix Bay Jetty pour une promenade de 1 heure 30 (25 Rs), avec une escale sur Viper Island où se dressent encore les vestiges de la tour des potences (gallows tower) érigée par les Britanniques.

Manifestations annuelles

Port Blair organise l'**Island Tourism Festival** qui dure 10 jours entre déc. et fév., avec des troupes de danseurs venues des îles voisines et du continent, et un curieux spectacle de chiens d'Andaman. Les tour- opérateurs profitent de l'occasion pour proposer leurs offres.

Où se loger

La plupart des hôtels pour petits budgets et de catégorie moyenne n'imposent pas de taxes. Toutefois, certains établissements de catégorie supérieure majorent leurs tarifs de 10% pour le service. Il faut généralement libérer les chambres à 7h.

Où se loger – petits budgets

La ***Youth Hostel*** *(☎ 32459)* dispose de lits en dortoir à 50 Rs et de doubles à 80 Rs (les membres des auberges de jeunesse bénéficient d'une remise de 50%). Les s.d.b. sont communes, avec des toilettes à la turque et de l'eau froide seulement. Les résidents peuvent aussi profiter d'un restaurant convenable.

Le ***Central Lodge*** *(☎ 33632, Middle Point)*, un bâtiment en bois rudimentaire construit en retrait de la route, est l'un des établissements les plus populaires de la catégorie économique, avec des simples/doubles à partir de 60/90 Rs avec s.d.b. commune, et de 120 Rs pour une double avec s.d.b. privée. Vous pouvez également camper dans le jardin pour 40 Rs.

Le ***Sampat Lodge*** *(☎ 30752, aberdeen Bazaar)* est plutôt sommaire. Les chambres valent 100/150 Rs avec s.d.b. commune, 130/175 Rs avec s.d.b. privée, et 200 Rs avec balcon. L'hôtel possède des toilettes à la turque et classiques, et des seaux d'eau chaude sont disponibles de 7h à 9h.

La ***Jagannath Guest House*** *(☎ 32148, MA Rd)* est une bonne option, avec des simples/doubles/triples à 200/300/450 Rs. Les toilettes sont à la turque ou classiques, mais il n'y a pas d'eau chaude. Tenue par un gérant accueillant, elle est proche de l'arrêt des bus et de la Phoenix Bay Jetty.

Autre établissement rudimentaire mais correct, l'***Hotel Jai Mathi*** *(☎ 30836, 78 MA Rd)* offre des chambres à 100/150/175 Rs. Il dispose de toilettes classiques et à la turque, et des seaux d'eau chaude sont disponibles le matin.

Où se loger – catégorie moyenne

Il est possible de marchander dans la plupart des hôtels de cette gamme lorsqu'ils n'affichent pas complet. Sauf indication contraire, toutes les chambres sont dotées de s.d.b. et de toilettes classiques.

Plus propre que bien d'autres établissements de sa catégorie, l'***Holiday Resort*** *(☎ 30516, fax 34231, Prem Nagar)* est très agréable. Les chambres coûtent 350/ 450 Rs, et 600/800 Rs avec la clim. Il possède également un bar et un restaurant, ainsi que le meilleur cybercafé de la ville.

L'***Hotel Dhanalakshmi*** *(☎ 33953, fax 34964, Aberdeen Bazaar)* propose des chambres correctes pour 300/500 Rs, ou 600/700 Rs avec la clim. (celles situées à l'arrière sont les plus calmes), ainsi qu'un restaurant.

Géré par l'A&N Tourism, le ***Hornbill Nest Yatri Niwas*** *(☎ 32018)* est situé à 1 km environ de Corbyn's Cove, mais malheureusement il ne jouit pas des superbes vues sur la mer auxquelles on pourrait s'attendre. Les chambres désuètes et étouffantes avec 2/4/6 lits valent 260/330/ 400 Rs. L'établissement possède un petit restaurant, mais certains plats doivent être commandés à l'avance et le service est d'une lenteur exaspérante. Les réservations se font auprès d'A&N Tourism (voir plus haut *Offices du tourisme*).

L'***Andaman Teal House*** *(☎ 34060)* est également géré par l'office du tourisme. Les doubles spacieuses coûtent 260 Rs, ou 450 Rs avec la clim. Là aussi, adressez-vous à l'A&N Tourism pour les réservations.

Offrant probablement le meilleur rapport qualité/prix, le ***Megapode Nest Tourist Complex*** *(☎ 320207, fax 21227)*, à Haddo, domine la baie depuis la colline. Les chambres, souvent avec vue sur le port, valent 1 000 Rs pour une vaste double et 1 400 Rs pour un bungalow semblable à une yourte, tous deux climatisés. Le petit déjeuner est compris, ce qui paraît la moindre des choses au vu du pauvre *idli* (galette de riz d'Inde du Sud) et du pain ramolli que l'on vous sert. Le restaurant s'améliore pour le déjeuner et le dîner, et il est agréable de s'asseoir dans le jardin pour siroter une bière fraîche, qui vous aidera peut-être à oublier la gestion désordonnée de l'hôtel. L'établissement accepte la plupart des cartes de crédit, sauf l'American Express.

Où se loger – catégorie supérieure

Les hôtels suivants acceptent les principales cartes de crédit :

L'***Hotel Sinclairs Bay View*** *(☎ 32937, fax 31824)* loue des chambres offrant une vue magnifique sur la mer, à 1 500/ 1 800 Rs, ou 1 900/2 200 Rs avec la clim. et le petit déjeuner. Bien qu'établi sur la côte, il ne possède pas de plage. L'établissement est immense et dispose d'un bon restaurant (seul inconvénient, le service est affreusement lent). Vous pouvez réserver au bureau de la chaîne Sinclairs à Chennai (☎ 044-8526296, fax 8522506).

Le ***Peerless Resort*** *(☎ 33462, fax 33463)*, à Corbyn's Cove, est situé face à la plage (bien que celle-ci ne soit pas visible de l'établissement). Les simples/doubles ordinaires avec la clim. sont exiguës et les tarifs excessifs (1 850/ 2 600 Rs). Les chambres dans des bungalows climatisés coûtent 3 000/3 600 Rs. Vous pourrez profiter d'un bar, d'un restaurant et d'un service de change, louer un bateau ou prendre des leçons de plongée.

L'hôtel le plus chic de Port Blair, le ***Bay Island Hotel*** *(☎ 34101, fax 31555)*, bénéficie d'une vue sur la mer. Toutefois, les chambres déçoivent, comparées au superbe hall : elles sont relativement petites et ne valent pas les 4 150/4 950 Rs demandés, même en pension complète. On ne peut pas louer de simples en déc. et janv. L'établissement comporte un restaurant, un bar et une piscine à l'eau de mer.

L'***Hotel Sentinel*** *(☎ 37914, fax 32425)*, juste derrière l'APWD (Andaman Public Works Department), est un bâtiment neuf et prestigieux, mais qui malheureusement n'est pas assez entretenu. Les doubles débutent à 1 500 Rs, et à 2 800 Rs avec la clim. Des suites sont disponibles pour 4 500 Rs. Mauvais point : l'hôtel ne possède ni plage ni vue.

Où se restaurer

L'Aberdeen Bazaar regorge de petits restaurants. La plupart des hôtels en possèdent aussi. Vous pouvez vous laisser tenter par les fruits de mer, mais ils sont parfois difficiles à trouver.

La décoration du ***Vishranti Restaurant***, situé à côté de l'immeuble de l'Aniidco, peut paraître impersonnelle avec ses meubles en bambou parfaitement agencés, mais c'est un endroit très accueillant. La carte, très variée, propose des plats indiens et occidentaux à partir de 40 Rs. Les fruits de mer sont la spécialité du lieu (350 Rs). L'établissement dispose aussi d'un bar, et vous pouvez manger à l'intérieur ou sur la terrasse.

Le restaurant ***Dhanalakshmi***, dans l'hôtel du même nom, reste ouvert tard le soir. Les plats indiens et chinois tournent autour de 65 Rs.

Le ***New India Cafe***, au-dessous de l'Hotel Jai Mathi, prépare de bons repas simples et peu onéreux, dont des thali à 25 Rs, et sert dès 7h des petits déjeuners indiens ou occidentaux.

L'***Islet Restaurant*** offre de savoureux plats bon marché, végétariens ou non, ainsi qu'une vue sur la baie. Profitez du petit balcon un soir où il fait chaud.

Installé dans une sorte de tour faisant face à la mer (d'où son nom), le ***New Lighthouse Restaurant*** propose les meilleurs poissons frais de la ville. Vous n'avez qu'à choisir celui que vous voulez ainsi que la cuisson désirée. Nous vous recommandons aussi cet établissement pour une bière le soir ou pour un petit déjeuner (indien ou occidental).

Le ***China Room*** *(☎ 30759)* sert d'excellents repas dans l'une des pièces et dans le jardin d'une maison particulière. Certains fruits de mer (homards et crabes cuits à la vapeur) doivent être commandés 24h à l'avance.

Le ***Mandalay Restaurant*** du Bay Island Hotel propose des buffets corrects. La salle en plein air permet de profiter de la brise marine et de la vue sur la baie.

Sur la plage de Peerless Resort, le ***Corbyn Cove Hut*** est parfait pour un en-cas ou une bière fraîche. Vous pourrez vous y relaxer en regardant la mer.

Achats

Les îles Andaman ne sont pas l'endroit rêvé pour faire du shopping. Vous pourrez toutefois acheter des souvenirs, comme des coquillages et des coraux, principalement dans l'Aberdeen Bazaar à Port Blair. Vous trouverez des photos de tribus indigènes, prises et vendues illégalement. Nous vous déconseillons d'acheter de tels articles, car vous encouragez ainsi l'exploitation des ressources sous-marines et du patrimoine.

Comment s'y rendre

Avion. Jet Airways (☎ 36911) assure un vol quotidien entre Chennai et Port Blair (départ à 5h30) ; Indian Airlines (☎ 33108) quatre vols par semaine entre Chennai ou Kolkata et Port Blair (aller et retour le même jour). Sur tous ces vols, comptez 2 heures de trajet et 200 $US environ l'aller. Les billets d'Indian Airlines peuvent être inclus dans un forfait aérien de 2 ou 3 semaines. Indian Airlines accorde une remise de 25% aux jeunes.

L'instauration de vols quotidiens a mis fin au problème des réservations non garanties, et le nouveau terminal de Port Blair permet d'assurer un trafic fluide et sans encombre.

Bateau. La Shipping Corporation of India, ou SCI (☎ 33347, fax 33778), assure habituellement deux à quatre liaisons par mois entre Port Blair et Chennai ou Kolkata. Une autre liaison, moins fréquente (tous les deux mois), dessert Visakhapatnam (Andhra Pradesh). Contactez la SCI pour obtenir des renseignements à jour. Il vaut mieux acheter directement un aller-retour. La longueur de la traversée dépend des conditions climatiques. Dans le meilleur des cas, comptez 60 heures au départ de Chennai et 56 heures à partir de Kolkata ou de Visakhapatnam.

L'hébergement s'effectue soit en cabine deluxe (4 140 Rs, 2 couchettes), soit en 1re classe (3 420 Rs, 2 couchettes en général), soit en 2e classe de catégorie A (2 700 Rs, 4 à 6 couchettes) ou de catégorie B (2 070 Rs, même nombre de couchettes qu'en catégorie A, mais plus petites). Certains bateaux comprennent un dortoir climatisé (1 449 Rs). Si vous parvenez à obtenir un billet en classe économique, vous débourserez 1 150 Rs. Les habitants des îles Andaman et Nicobar bénéficient d'une réduction de 40%. Pour la nourriture (thali aux trois repas), prévoyez 120 Rs par jour environ. Emportez autre chose (des fruits en particulier), pour compléter ces repas.

La SCI possède les bureaux suivants :

Chennai (☎ 044-5226873) Rajaji Salai (face au bureau des douanes, ou Customs House)
Kolkata (☎ 033-2842354) 1er étage, 13 Strand Rd
Port Blair (☎ 33347) Aberdeen Bazaar (face à l'Hotel Dhanalakshmi) ; les réservations s'effectuent deux jours seulement avant le départ
Visakhapatnam (☎ 0891-565597, fax 566507) AV Bhanoji Row (dans le complexe du port)

Comment circuler

Port Blair dispose de bus, de taxis et d'auto-rickshaws. Les taxis utilisent rarement leur compteur, et il est souvent difficile de marchander avec eux. Les auto-rickshaws, fraîchement débarqués sur l'île, pratiquent habituellement des tarifs plus réalistes. Depuis l'aéroport, la course pour l'Aberdeen Bazaar revient entre 50 et 70 Rs (moins cher pour Corbyn's Cove). Un bus de l'office du tourisme effectue la navette entre l'aéroport et les arrêts de bus de la ville (25 Rs).

De la gare routière de Port Blair, des bus desservent régulièrement les principales destinations : quatre départs quotidiens pour Wandoor (7 Rs, 90 min) ; quatre également pour Chiriya Tapu (8 Rs, 90 min) ; un bus pour Diglipur les mercredi, vendredi et dimanche, qui part à 5h30, et le trajet dure souvent beaucoup plus que les 8 heures prévues (195 Rs aller-retour) ; un départ quotidien à 6h pour Rangat (60 Rs, 6 heures). Il existe aussi des bus privés qui assurent ces liaisons aux mêmes tarifs et avec des horaires plus pratiques.

Pour bien explorer l'île, l'idéal est de disposer d'un véhicule. On peut louer des bicyclettes pour 40 Rs par jour dans l'Aberdeen Bazaar. TSG Travels (☎ 32894) propose mobylettes, scooters et motos pour 120 Rs par jour. Une caution de 500 Rs vous sera demandée (les casques sont rares). La Jagannath Guest House offre aussi quelques motos (150 Rs).

Les tour-opérateurs pratiquent des tarifs exorbitants sur la location de bateaux – aux alentours de 10 000 Rs par jour.

ENVIRONS DE PORT BLAIR

Viper Island

Dès votre arrivée, vous serez accueilli par un panneau signalant les potences "Way to the Gallows". Un sentier mène aux vestiges de la prison de brique et aux potences édifiées par les Britanniques en 1867. Celles-ci offrent une vue magnifique, rendant les lieux plus cruels encore. Le nom de l'île provient de celui d'un navire de commerce britannique qui échoua non loin de là au XIXe siècle.

A moins de disposer d'un bateau privé, le meilleur moyen pour visiter l'île consiste à participer à la croisière qui part de la Phoenix Bay Jetty. L'escale ne dure parfois que 15 min, mais vous pouvez négocier avec le capitaine.

Mont Harriet et Madhuban

Le mont Harriet, au nord de Port Blair, de l'autre côté du détroit, dispose d'un chemin naturel qui grimpe jusqu'au sommet (365 m). Muni d'un permis de l'office des Forêts (Forest Department), vous pourrez peut-être passer la nuit dans la confortable ***Forest Guest House*** (peu de voyageurs ont la chance d'obtenir ce permis).

Prenez le ferry (passagers ou véhicules) sur les docks de Chatham, jusqu'à Bamboo Flat (1,50 Rp, 10 min). De là, une route longe la côte, puis monte vers la cime du mont Harriet (7 km). Les chauffeurs des jeeps réclament la somme astronomique de 500 Rs pour vous y conduire, prétendant que les taxis (qui coûtent deux fois moins cher) n'arrivent pas jusqu'en haut, ce qui est faux. Si vous avez le temps de monter à pied, prévoyez de l'eau car vous n'en trouverez pas en chemin.

Au nord s'étend le Mt Harriet National Park et Madhuban, où l'on dresse parfois les éléphants pour le transport du bois. Madhuban est également accessible par bateau. L'office du tourisme et les agences de voyages y programment de temps à autre des visites organisées.

Ross Island

A 2 km à l'est de Port Blair, cette île sinistre et désertée abritait autrefois le quartier général de l'administration britannique. On l'appelait alors le Paris de l'Orient. Les vastes salles de bal et les superbes jardins furent détruits lors d'un tremblement de terre en 1941. Six mois plus tard, après l'entrée en guerre des Japonais, les Britanniques transférèrent leur QG à Port Blair.

Des ferries partent de la Phoenix Bay Jetty tous les jours, sauf le mercredi, à 8h30, 10h, 12h30 et 14h. Dans l'autre sens, ils quittent Ross Island à 8h45, 10h40, 12h40, 14h10 et 16h40 (20 min de trajet, 17 Rs aller-retour, plus 10 Rs de droit d'entrée). Ross appartenant à la Marine, vous devrez signer un registre à l'arrivée. Le musée, près du débarcadère, retrace grandeur et décadence d'une époque.

Corbyn's Cove

Cette plage, la plus proche de Port Blair, s'étire à 7 km au sud de la ville et à 4 km à l'est de l'aéroport. C'est une promenade assez longue, quoique agréable et facile, depuis la capitale le long de la falaise.

Au large, la petite **Snake Island** est entourée d'une ceinture de corail. A l'occasion, un pêcheur vous emmènera en faire le tour. Il est déconseillé de nager dans les parages, en raison des forts courants. Si vous visitez l'île, attention aux serpents !

Sippighat Farm

Sur la route de Wandoor, à 15 km de Port Blair, cette ferme expérimentale d'État effectue des recherches sur des épices telles que la cannelle, le poivre, la noix de muscade et le clou de girofle. Les visites ont lieu du lundi au samedi, de 8h à 17h30 (entrée libre).

Wandoor

Le Mahatma Gandhi National Marine Park, le parc national océanographique, placé sous les auspices de la Marine, englobe 15 îles et s'étend sur 280 km². Le paysage, très varié, comprend des criques de mangroves, des forêts tropicales et des récifs arborant plus de 50 espèces de coraux. Des bateaux partent du village de Wandoor, à 29 km au sud-ouest de Port Blair, tous les jours vers 10 h (sauf le lundi) à destination des îles Jolly Buoy ou Red Skin. Bien que la découverte des coraux soit passionnante (vous pourrez louer des tubas à bord pour 100 Rs), vous ne passerez que peu de temps en ces lieux. Sur Jolly Buoy, vous découvrirez les plus beaux coraux à gauche du point de débarquement, et non à droite comme il est indiqué. Faites attention aux courants très forts.

Le trajet en bus de Port Blair à Wandoor coûte 8 Rs, puis, de là, la traversée jusqu'à Jolly Buoy revient à 125 Rs. Les horaires des bus privés sont généralement plus pratiques que ceux des transports publics pour la correspondance avec le bateau. Avant de monter à bord, vous devrez acheter un permis pour le parc (10 Rs par personne ; 25 Rs pour un appareil photo) sur la jetée de Wandoor. Il vous faudra à cette occasion fournir votre numéro de passeport. Les plages de Wandoor sont très belles et certaines offrent d'excellentes possibilités de snorkeling, mais prenez soin de ne pas marcher sur les coraux, découverts à marée basse.

Chiriya Tapu

Ce petit village de pêcheurs, à 30 km au sud de Port Blair, compte de jolies plages et des forêts de palétuviers. Sur place, vous pourrez louer des bateaux pour visiter Cinque Island. A 2 km au sud de Chiriya Tapu s'étend l'une des plages les plus propices au snorkeling de la région. Quatre bus assurent la liaison Port Blair-Chiriya Tapu (8 Rs, 1 heure 30).

AUTRES ÎLES

L'A&N Tourism a déjà jeté son dévolu sur une demi-douzaine d'îles, mais l'infrastructure y reste encore très limitée. Il s'agit de Bharatang, North Passage, Narcondam, Interview, The Brothers, The Sisters et Barren Island. Aucun navette régulière ne dessert ces îles, vous devrez donc louer un bateau. Sachez toutefois qu'il est interdit de débarquer à Barren Island. Il vous faudra par ailleurs un permis délivré par le CWW (voir plus haut la rubrique *Permis*).

En attendant l'ouverture discutable des complexes hôteliers en construction, il faudra vous contenter de l'établissement de l'Andaman Public Works Department (APWD) ou des Forest Guesthouses (comptez 60 Rs par personne en chambre double). Les réservations doivent être effectuées soit auprès de l'APWD de Port Blair, soit au Chief Wildlife Warden (☎ 31371) à Haddo. Certains voyageurs emportent leur tente ou un hamac (confectionnés par les tailleurs de l'Aberdeen Bazaar) et campent sur les plages. A Port Blair, vous pourrez louer une tente pour deux personnes, moyennant 40 Rs par jour, à l'Andaman Teal House. Pensez à emporter vos déchets avec vous plutôt que de les enterrer. Toutes les îles ouvertes au tourisme en portent aujourd'hui malheureusement les traces, et des monticules de détritus se remarquent un peu partout. Les feux étant interdits, prenez un Camping-gaz, que vous pourrez vous procurer à Port Blair.

Neil Island

A 40 km au nord-est de Port Blair, l'île Neil est peuplée de colons bengalis. Les sites de plongée sont magnifiques, mais certains coraux ont été endommagés par la pêche à la dynamite. Les plages sont numérotées : la plage n°1, à 40 min de marche à l'ouest de la jetée et du village, attirait les campeurs, qui installaient leurs hamacs sous les arbres ; cette pratique est maintenant prohibée. Un peu plus loin, un puits fournit de l'eau potable. Les meilleurs sites de plongée sont situés à l'extrémité de la plage, où viennent nager de très gros poissons. A marée basse, il est difficile de passer la barrière de corail pour rejoindre l'eau.

Où se loger et se restaurer. Dans le village, vous découvrirez un marché, quelques boutiques et deux restaurants rudimentaires qui servent des *dosa* (crêpes fourrées), du poisson frit, des légumes et du riz. L'eau minérale et les boissons fraîches viennent souvent à manquer dans les échoppes et les magasins.

Le ***Hawabill Nest Yatri Niwas*** propose des doubles climatisées à 400 Rs et des doubles deluxe à 800 Rs. Vous pouvez également louer une chambre de 4 lits pour 300 Rs, ou 75 Rs le lit. Les réservations se font à l'office de l'A&N Tourism de Port Blair. L'***APWD Guest House*** ne possède que deux doubles ordinaires (60 Rs par personne).

Comment s'y rendre. Des ferries quittent Phoenix Bay, à Port Blair, pour Neil Island à 6h trois à quatre fois par semaine (12/17 Rs sur le pont/en classe supérieure, 3 heures), puis continuent jusqu'à Havelock Island. De temps à autre, ils s'arrêtent d'abord à Havelock.

Havelock Island

A 54 km au nord-est de Port Blair, l'île de Havelock s'étend sur 100 km² ; elle a été colonisée par les Bengalis. Vous y découvrirez des plages de sable blanc et des eaux turquoise, idéales pour le snorkeling. Ici, ce sont moins les récifs coralliens qui retiennent l'attention que la faune marine : dauphins, tortues et poissons rares. Quant aux éléphants, introduits sur l'île pour des travaux de force, ils sont désormais employés à des fins touristiques (ils ne sont pas toujours visibles).

Un tiers de l'île seulement, côté nord, est habité. Les villages sont désignés par des numéros. Les embarcadères se trouvent dans le village n°1 ; le bazar principal, à 2 km de là, dans le n°3.

Disposer d'un moyen de transport vous sera utile : apportez votre vélo depuis Port Blair ou louez-en un, pour 40 Rs par jour, dans le village n°3, ou à l'échoppe du marchand de *paan* (un mélange de noix et de feuilles, à mâcher), près du Dolphin Yatri Niwas. Quelques scooters (180 Rs) sont disponibles au Narayan Paan Store du village n°3. Un bus local assure la liaison entre les villages, à raison d'un toutes les heures, qui relie également la plage du village n°7 (la meilleure de l'île). Un bus touristique va à la rencontre du ferry.

Où se loger et se restaurer. Pour séjourner au Dolphin Yatri Niwas ou aux Tent Resorts, vous devrez réserver à l'office de l'A&N Tourism à Port Blair. Tous les établissements cités ci-dessous ne disposent que de l'eau froide.

Le ***Dolphin Yatri Niwas Complex*** dispose de cottages très agréables, près d'une magnifique plage retirée qui, toutefois, ne permet pas de pratiquer la plongée. Les chambres reviennent à 300 Rs pour une double ordinaire, 800 Rs pour une deluxe et 1 500 Rs pour une double climatisée. Le restaurant sert des plats basiques mais corrects.

Vous trouverez un ***Tent Resort*** près de la plage n°5. Une double vaut 150 Rs, et il est possible de manger au restaurant du Dolphin Yatri Niwas.

Le ***Tent Resort*** de l'A&N, à côté de la plage n°7, possède huit tentes spacieuses (avec lits jumeaux) installées sous les arbres. Elles coûtent 150 Rs la double, et le séjour est limité à 4 jours. Il existe deux toilettes, mais pour se laver il faut se contenter de l'eau des puits. Vous pourrez vous faire servir des thali de poisson (30 Rs) ainsi que des boissons (thé, café, sodas et eau minérale). Certains emportent leur propre tente ou hamac pour camper sur la plage. La police vérifie de temps à autre que personne ne fait de feu ni ne pratique le nudisme. Les sites de plongée sont très beaux et la plage, paradisiaque, s'étend sur plusieurs kilomètres. Les puces de mer rendent toutefois les bains de soleil impossibles.

Également proche de la plage n°7, le ***Jungle Resort*** *(☎ 37656, fax 37657)* est le meilleur hébergement de l'île. Les cottages, sortes de chaumières hexagonales en bambou, vont de 3 100 à 5 100 Rs pour une chambre avec 4 lits. Les repas, simples mais délicieux, sont inclus. Si le prix des bungalows dépasse votre budget, vous pouvez loger dans l'une des cases très prisées pour 300 Rs la nuit. Le restaurant vous sera également ouvert, où vous pourrez déguster une bière.

La ***MS Guest House***, installée à 500 m à l'ouest de la jetée, près du village n°1, offre des chambres avec s.d.b. à 150 Rs, 50 Rs le lit en dortoir.

Le ***Gauranga Lodge***, bâtiment tout en bois peint en vert et sans enseigne, à mi-chemin entre les villages n°1 et n°3, propose des doubles à 75 Rs.

Comment s'y rendre. Des ferries quittent Phoenix Bay, à Port Blair, pour Havelock tous les jours à 6h. La traversée, qui dure de 4 à 6 heures, coûte 12/17 Rs sur le pont inférieur/supérieur. Les navettes regagnent Port Blair le lendemain (habituellement vers midi), sauf le dimanche où elles repartent le jour même.

Long Island

Cette petite île au large des côtes sud-est de Middle Andaman compte un unique village et des plages de sable idéales pour le camping. La ***Forest Rest House*** offre la seule possibilité d'hébergement.

Les mercredis et samedis, le ferry de Port Blair et de Havelock y fait escale (12/25 Rs sur le pont inférieur/supérieur, 8 heures), avant de rallier Rangat. Le vélo demeure le principal moyen de locomotion sur Long Island.

Middle Andaman

Andaman Grand Trunk Rd part du nord de Port Blair et traverse Bharatang Island pour rejoindre Middle Andaman. De fréquents ferries assurent aussi la liaison. Cette route longe les réserves Jarawa, sur le littoral de South Andaman et de Middle Andaman. Les Jarawa, qui ont été contraints de céder une partie de leur territoire aux colons indiens, ont par le passé fait preuve d'hostilité envers les étrangers, c'est pourquoi il était fortement déconseillé de s'aventurer seul dans ces régions. La situation s'est aujourd'hui nettement améliorée, et la plupart des récits que vous pourrez entendre seront probablement exagérés. En cas de doute, renseignez-vous auprès des autorités (voir l'encadré *Les tribus insulaires*). Les motos ne peuvent circuler au-delà du poste de contrôle situé à 40 km de Port Blair. Vous pourrez résider à Rangat et à Mayabunder, mais toute l'île est maintenant ouverte aux étrangers.

Il est possible de se rendre à **Rangat** depuis Port Blair par le ferry de Havelock, de Neil ou de Long Island (17/38 Rs pont inférieur/supérieur, 9 heures) ou en bus (60 Rs, 6 heures). Le ***Hare Krishna Lodge*** (100/150 Rs) et la ***PWD Guest House*** (100 Rs) offrent un hébergement rudimentaire. Un bus part de Cuthbert Bay pour le ***Hawksbill Nest*** de l'A&N Tourism (80 Rs le lit en dortoir de quatre, 400/250 Rs la double avec/sans clim.). Pour ce dernier, réservez à l'office de l'A&N Tourism de Port Blair.

Mayabunder, à 71 km au nord de Rangat, est ralliée quotidiennement par un bus de Port Blair (90 Rs, 9 heures, 190 Rs en bus deluxe) et quelques ferries. L'***APWD Guest House*** possède 18 lits. Le ***Swiftlet Nest***, à Karmatang Bay, 13 km au nord-est de Mayabunder, facture 75 Rs le lit en dortoir de quatre et 400/250 Rs la double avec/sans clim.

North Andaman

Diglipur est l'unique endroit de l'île où les étrangers sont autorisés à séjourner. La bourgade est desservie par un ferry, hebdomadaire depuis Port Blair et quotidien depuis Mayabunder, ou par un bus qui part de Port Blair à 5h30 les mercredis, vendredis et dimanches. Ce dernier coûte 95 Rs et le trajet dure 17 heures. L'***APWD Guest House*** dispose de 12 lits. Une double avec clim. au ***Turtle Resort*** revient à 400 Rs. Réservez à l'APWD ou à l'office de l'A&N Tourism de Port Blair.

Cinque Island

Les îles inhabitées de North et South Cinque, juste après Rutland Island, font partie de la réserve de Wandoor. Encerclées de récifs coralliens, ces îles figurent parmi les plus belles des Andaman.

Les bateaux doivent être amarrés au large de South Cinque. Des dinghies (hors-bord) transfèrent ensuite les passagers sur la plage. Les fonds sous-marins regorgent de merveilles.

Seules les visites d'une journée sont normalement autorisées et, à moins de vous joindre à un circuits organisés, vous devrez demander un permis au Forest Department. Comptez 2 heures de bateau depuis Chiriya Tapu ou 3 heures 30 depuis Wandoor. Il vaut mieux partir de Wandoor, car on accède aux bateaux depuis une jetée. En revanche, de Chiriya Tapu, il faut emprunter un hors-bord – ce qui peut s'avérer risqué une fois la nuit tombée.

Little Andaman

La centaine de membres de la tribu des Onge qui subsistent sont rassemblés dans une réserve au sud de l'île. Depuis que le nord de l'île est colonisé et ouvert aux étrangers, le temps est compté pour cette tribu.

Les ferries arrivent à Hut Bay, sur la côte est. Il est possible de s'approvisionner en produits de base au village, à 2 km au nord. Un kilomètre plus loin, l'***APWD Guest House*** offre l'unique possibilité d'hébergement (réservez à l'APWD à Port Blair). Un peu moins de 2 km au nord de la pension, le poste de police enregistrera votre arrivée. Ensuite, il reste 15 km à parcourir vers le nord pour arriver à la plage principale de Butler Bay, où certains campent. L'endroit est idéal pour nager mais pas pour plonger.

La réserve, au sud, est interdite aux étrangers. N'essayez pas d'entrer en contact avec les Onge – devenir une curiosité touristique ne servirait en rien leur cause.

Des bateaux assurent la liaison entre Port Blair et Hut Bay (18/38 Rs sur le pont inférieur/supérieur, 8 heures) une à deux fois par semaine.

Langue

Il n'existe pas à proprement parler de langue nationale "indienne", ce qui explique que l'anglais soit encore très largement parlé 50 ans après le départ des Britanniques et qu'il demeure la langue officielle de la justice.

La Constitution reconnaît officiellement 18 langues réparties en deux grands groupes, l'*indic*, ou indo-aryen, et le dravidien, et plus de 1 600 langues mineures et dialectes ont été répertoriés lors du dernier recensement.

Les langues indo-aryennes appartiennent au groupe des langues indo-européennes (dont le français fait partie) et étaient parlées par les peuples d'Asie centrale qui envahirent l'Inde. Les langues dravidiennes sont quant à elles originaires de l'Inde du Sud, mais elles ont subi l'influence du sanskrit et, plus tard, de l'hindi.

La plupart des langues indiennes possèdent leur propre alphabet. Toutefois, l'anglais demeure fréquemment employé à l'écrit dans certains États : en Himachal Pradesh par exemple, presque toutes les inscriptions sont en anglais, tandis qu'au Gujarat la langue de Shakespeare est pratiquement bannie.

Pour un aperçu des différents alphabets, jetez un coup d'œil aux billets de 5 Rs et plus, sur lesquels quatorze langues sont représentées. En plus de l'hindi et de l'anglais, figurent, de haut en bas : l'assamais, le bengali, le gujarati, le kannada, le cachemiri, le malayalam, le marathi, l'oriya, le penjabi, le sanskrit, le tamoul, le télougou et l'ourdou (voir l'encadré *Les langues officielles de l'Inde*).

De gros efforts ont été déployés pour remplacer l'anglais par l'hindi et en faire la langue nationale. Le principal blocage vient de ce que, si l'hindi reste la langue prédominante dans le Nord, il s'avère très différent des langues dravidiennes du Sud, où il est rarement utilisé. C'est donc dans les régions méridionales de l'Inde, et particulièrement dans l'État du Tamil Nadu, que la résistance à l'hindi et la volonté de maintenir l'anglais ont été les plus fortes.

L'anglais est pratiquement la première langue de beaucoup d'Indiens cultivés, et pour les nombreux autres qui parlent plus d'une langue, il arrive souvent en deuxième position. Vous n'aurez donc aucun problème à vous déplacer en Inde si vous parlez anglais, bien qu'il soit toujours préférable de connaître un minimum de la langue du pays visité.

Hindi

L'hindi s'écrit de gauche à droite en alphabet devanagari. Même si ce dernier n'a rien à voir avec l'alphabet romain, l'hindi comporte de nombreuses tournures grammaticales qui seront familières aux anglophones.

Pour plus de détails, procurez-vous le guide de conversation *Hindi & Urdu Phrasebook* de Lonely Planet (en anglais).

Prononciation

La plupart des sons hindi correspondent aux lettres romaines utilisées pour la translittération.

Voyelles et diphtongues

Faites attention à la prononciation des voyelles, et particulièrement à leur longueur. Un tiret au-dessus d'une voyelle (**ā**, **ī**, **ū**) indique un son long, tandis que le symbole ~ (**ā̃**, **ĩ**, **ī̃**, **ũ**, **ū̃**) précise que la voyelle doit être prononcée avec le nez.

a un peu comme dans "œuf" (en fait plutôt comme le "u" de l'anglais "sun")
ā comme dans "gare"
e comme dans "frère"
i "i" court comme dans l'anglais "sit'
ī "i" long comme dans l'anglais "feet"
u "ou" court comme dans "poule"
ū "ou" long comme l'anglais "pool"
ai comme dans l'anglais "care"
o comme dans "pot"
au comme le "aw" de l'anglais "law"

Notez que **ai** se prononce comme une diphtongue lorsqu'elle est suivie par **ya**, tout comme **au** lorsqu'elle est suivie par **va**.

ai comme dans "ail"
au comme le "ow' de l'anglais "now"

Les langues officielles de l'Inde

Assamais. Langue officielle de l'Assam, qui remonte au XIIIe siècle, parlée par près de 60% de la population de l'État.

Bengali. Langue qui s'est développée au XIIIe siècle, utilisée aujourd'hui par environ 200 millions de personnes – principalement au Bangladesh. Langue officielle du Bengale-Occidental.

Cachemiri. Langue indo-aryenne dont l'écriture est arabo-persane. Les locuteurs cachemiris représentent environ 55% de la population du Jammu-et-Cachemire.

Gujarati. Langue du Gujarat, qui appartient à la famille des langues indo-aryennes.

Hindi. Appartenant à la famille indo-aryenne, l'hindi est la principale langue indienne, bien qu'elle ne constitue la langue maternelle que d'un cinquième de la population. Parlée essentiellement dans la région connue sous les noms de "Hindi belt", "cow belt" ou Bimaru, qui comprend le Bihar, le Madya Pradesh, le Rajasthan et l'Uttar Pradesh. Elle est la langue officielle du gouvernement indien, des États précités, ainsi que de l'Haryana et de l'Himachal Pradesh.

Kannada. Langue officielle du Karnataka, parlée par près de 65% de la population de l'État.

Konkani. Langue dravidienne parlée par les habitants de la région de Goa.

Malayalam. Langue dravidienne du Kerala.

Manipuri. Langue indo-aryenne parlée dans le Nord-Est du pays.

Marathi. Langue indo-aryenne datant des alentours du XIIIe siècle. C'est la langue officielle du Maharashtra.

Népalais. Langue prédominant au Sikkim, où 75% de la population est d'origine népalaise.

Oriya. De la famille indo-aryenne, c'est la langue officielle de l'Orissa, parlée par 87% de la population.

Ourdou. Langue officielle du Jammu-et-Cachemire. Tout comme l'hindi, elle s'est développée dans le Delhi des débuts. Tandis que les Hindous adoptaient largement l'hindi, les musulmans optèrent pour l'ourdou ; c'est pourquoi celui-ci utilise l'alphabet arabo-persan et renferme de nombreux mots d'origine perse.

Penjabi. Langue indo-aryenne du Penjab. Bien que s'appuyant sur l'alphabet devanagari (celui de l'hindi), elle utilise une graphie du XVIe siècle connue sous le nom de gurumukhi, élaborée par le gourou sikh Angad Dev.

Sanskrit. Une des langues les plus anciennes au monde, et la langue de l'Inde classique. Tous les *Veda* ainsi que les textes du *Mahabharata* et du *Ramayana* ont été rédigés dans cette langue indo-aryenne.

Sindhi. Langue notamment parlée au Pakistan, mais c'est en Inde que l'on trouve le plus grand nombre de locuteurs. L'écriture utilisée au Pakistan est l'arabo-persan, tandis qu'en Inde c'est la devanagari.

Tamoul. Langue dravidienne vieille d'au moins 2 000 ans parlée par 65 millions de personnes. Langue officielle du Tamil Nadu.

Télougou. Langue dravidienne la plus utilisée, c'est la langue officielle de l'Andhra Pradesh.

Consonnes

La plupart des consonnes utilisées pour la translittération se prononcent comme en français, sauf les exceptions suivantes :

c comme le "tch" de "tchèque"
g toujours comme dans "gant", jamais comme dans "gentil"
ṭ la langue doit être un peu plus en arrière que pour le "t" français. Repliez la langue en arrière vers le palais.
ḍ prononcé avec la langue repliée en arrière vers le palais.
r légèrement roulé
ṛ la langue, placée près du palais, se rabat rapidement puis revient toucher le palais
q comme le "k" de "kaki", mais prononcé un peu plus au fond de la gorge
y comme dans "yack"
kh semblable au "ch" de l'écossais "loch"
gh comme le "g" de "gare", mais prononcé un peu plus au fond de la gorge

Les consonnes aspirées sont suivies d'un h. Exceptions : **sh** (qui se prononce comme dans "chat"), **kh** et **gh**.

Conversation

Bonjour.	*namaste/namskār*
Au revoir.	*namaste/namskār*
Oui.	*jī hā̃*
Non.	*jī nahī̃*

Le "s'il vous plaît" est généralement sous-entendu dans la forme de politesse de l'impératif, ou dans d'autres expressions. Les formules et les mots que nous donnons ici respectent cette forme de politesse.

Merci.	*shukriyā/dhanyavād*
De rien.	*koī bāt nahī̃*
Pardon/Excusez-moi.	*kshamā kījiye*
Comment allez-vous ?	*āp kaise/ī haī ?* (m/f)
Bien, et vous ?	*bas āp sunāiye* (m/f)
Comment vous appelez-vous ?	*āp kā shubh nām kyā hai ?*

Difficultés de compréhension

Parlez-vous anglais ?	*kyā āp ko angrezī ātī hai ?*
Quelqu'un ici parle-t-il anglais ?	*kyā kisī ko angrezī ātī hai ?*
Je comprends.	*maī samjhā/ī*
Je ne comprends pas.	*maī nahī̃ samjhā/ī*
Pourriez-vous parler moins vite ?	*dhīre dhīre boliye*
Pourriez-vous l'écrire ?	*zarā likh dījiye*

Comment circuler

Comment va-t-on à ... ?	*... kaise jāte haī ?*
A quelle heure est le ... bus ?	*... bas kab jāegī ?*
premier	*pehlā/pehlī*
prochain	*aglā/aglī*
dernier	*ākhirī*

A quelle heure le/la ... ?	*... kitne baje jāyegā/ jāyegī ?* (m/f)

A quelle heure le/la ... ... arrive-t-il/elle ?	*...kitne baje pahũcegā/ pahũcegī ?* (m/f)
avion	*havāī jahāz* (m)
bateau	*nāv* (f)
bus	*bas* (f)
train	*relgāṛī* (f)

Panneaux en hindi

प्रवेश/अन्दर	**Entrée**
निकार/बाहर	**Sortie**
खुला	**Ouvert**
बन्द	**Fermé**
अन्दर आना [निषिि/मना] है	**Interdiction d'entrer**
धूम्रपान करना [निषिि/मना] है	**Interdiction de fumer**
निषिि	**Interdit**
गर्म	**Chaud**
ठंडा	**Froid**
शोचालय	**Toilettes**

Je voudrais un billet...	*mujhe ek ... ṭikaṭ cāhiye*
aller	*ek-tarafā*
aller/retour	*do-tarafā*

1re classe	*pratham shrēni*
2e classe	*dvitīy shrēni*

Hébergement

Où est l'hôtel (le meilleur/moins cher) ?	*sab se (acchā/sastā) hoṭal kahā̃ hai ?*
Pourriez-vous m'écrire l'adresse ?	*zarā us kā patā likh dījiye*
Avez-vous des chambres ?	*kyā koī kamrā khālī hai ?*
Combien pour... ?	*... kā kirāyā kitnā hai ?*
une nuit	*ek din*
une semaine	*ek hafte*

Je voudrais une ...	*... mujhe ... cāhiye*
simple	*singal kamrā*
double	*ḍabal kamrā*
chambre avec... s.d.b.	*ghusalkhānevālā kamrā*

Je voudrais un lit en dortoir.	*maī ḍorm mē ṭheharnā cāhtā/ī hū̃* (m/f)
Puis-je le/la voir ?	*kyā maī kamrā dekh saktā/ī hū̃* (m/f)
Y a-t-il d'autres chambres ?	*koī aur kamrā hai ?*
Où est la s.d.b. ?	*ghusalkhānā kahā̃ hai ?*

En cas d'urgence (hindi)

A l'aide !	*mada kījiye !*
Stop !	*ruko !*
Au voleur !	*cor !*
Appelez un médecin !	*ḍākṭar ko bulāo !*
Appelez une ambulance !	*embulains le ānā !*
Appelez la police !	*pulis ko bulāo !*
Je suis perdu(e).	*maĩ rāstā bhūl gayā/gayī hũ* (f/m)
Où se trouve(nt)... ?	*... kahā̃ hai ?*
le poste de police	*thānā*
les toilettes	*ghusalkhānā*
Je voudrais contacter mon ambassade/consulat.	*maĩ apne embassy ke sebāt katnā logõ cāhtā/cāhtī hũ* (f/m)

avec fenêtre	*khiṛkīvālā*
clé	*cābī*
couverture	*kambāl*
douche	*shāvar*
eau (froide/chaude)	*pānī (ṭhandā/garam)*
lit	*palang*
papier toilette	*ṭāilet pepar*

En ville

Où se trouve le/la ... ?	*... kahā̃ hai ?*
ambassade	*dūtāvās*
banque	*baink*
bureau de poste	*ḍākkhānā*
consulat	*kaũnsal*
grand-place	*cauk*
mosquée	*masjid*
téléphone public	*sārvajanik fon*
temple hindou	*mandir*
temple sikh	*gurudvārā*
toilettes publiques	*shaucālay*
Est-ce loin/près d'ici ?	*kyā voh yahā̃ se dūr/nazdik hai ?*

Achats

Où est le/la...le/la plus proche ?	*sab se qarib ... kah hai ?*
épicerie	*dukān*
lavandier	*dhobī*
librairie	*kitāb kī dukān*
marché	*bāzār*
pharmacie	*davāī kī dukān*
Où puis-je acheter ... ?	*maĩ ... kah kharīd sakta hũ ?*
Je voudrais acheter…	*mujhe ...kharidnā hai*
du dentifrice	*manjan*
un journal (en anglais)	*(angrezī kā) akhbār*
de la lessive	*kapṛre dhone kā sābun*
des magazines	*patrikāẽ*
des objets artisanaux	*hāth kī banī cīzẽ*
une pellicule photo	*rangin film*
un rasoir	*ustarā*
du savon	*sābun*
des vêtements	*kapṛe*
une enveloppe	*lifāfā*
du papier	*kāghaz*
un timbre	*ṭikaṭ*
un plan	*naqshā*

grand/gros	*baṛā*
petit	*choṭā*
plus	*aur*
un peu	*thoṛā*
trop	*bahut/adhik*
assez	*kāfī*

Combien cela coûte-t-il ?	*is kā dām kyā hai ?*
Je trouve cela trop cher.	*yeh bahut mahẽgā/i hai* (m/f)
Pouvez-vous baisser le prix ?	*is kā dām kam kījiye ?*
Acceptez-vous les cartes de crédit ?	*kyā āp vizā kārḍ vaghairah lete ha ?*

Santé

Où se trouve le/la... ?	*... kahā̃ hai ?*
clinique	*davākhānā*
docteur	*ḍākṭar*
hôpital	*aspatāl*

Je suis malade.	*maĩ bīmār hũ*
antibiotiques	*ainṭībayoṭik*
antiseptique	*ainṭīsepṭik*
aspirine	*(esprin) sirdard kī davā*
contraceptifs	*garbnirodhak*
diarrhée	*dast*
médicament	*davā*
nausée	*ghin*
préservatifs	*nirodhak*
seringue	*sūī*
tampons	*ṭaimpon*

Heure et jours

Quelle heure est-il ?	*kitne baje haĩ ?/ ṭāim kyā hai ?*
Il est (dix) heures.	*(das) baje haĩ*
deux heures et demie	*ḍhāī baje haĩ*
Quand ?	*kab ?*
aujourd'hui	*āj*
demain/hier (selon le contexte, soit l'un soit l'autre)	*kal*
maintenant	*ab*
matin	*saverā/subhā*
soir	*shām*
nuit	*rāt*
jour	*din*
semaine	*haftā*
mois	*mahīnā*
année	*sāl/baras*
lundi	*somvār*
mardi	*mangalvār*
mercredi	*budhvār*
jeudi	*guruvār/brihaspativār*
vendredi	*shukravār*
samedi	*shanivār*
dimanche	*itvār/ravivār*

Nombres

Au lieu de compter en dizaines, centaines, milliers, millions et milliards, les Indiens comptent en dizaines, centaines, milliers, centaines de milliers et dizaines de millions. 100 000 correspond à 1 *lākh* et 10 millions à 1 *crore*. Les Indiens utiliseront 10 lakh plutôt que 1 million et 1 crore plutôt que 10 millions. Les chiffres reflètent également cette manière de compter : à partir des milliers, on laisse un espace tous les deux chiffres et non tous les trois chiffres (trois cent mille s'écrit donc 3 00 000).

1	*ek*
2	*do*
3	*tīn*
4	*cār*
5	*pā̃c*
6	*chai*
7	*sāt*
8	*āṭh*
9	*nau*
10	*das*
11	*gyārah*
12	*bara*
13	*terah*
14	*caudah*
15	*pandrah*
16	*solah*
17	*satrah*
18	*aṭṭhārah*
19	*unnīs*
20	*bīs*
21	*ikkīs*
22	*bāīs*
30	*tīs*
40	*cālīs*
50	*pacās*
60	*sāṭh*
70	*sattar*
80	*assī*
90	*nabbe/navve*
100	*sau*
1 000	*hazār*
100 000 (s'écrit 1 00 000)	*ek lākh*
10 million (s'écrit 1 00 00 000)	*ek crore*

Alimentation

petit déjeuner	*nāshtā*
déjeuner	*din kā khānā*
dîner	*rāt kā khānā*
fourchette	*kā̃ṭā*
couteau	*churī*
verre	*glās*
assiette	*pleṭ*
Je suis végétarien.	*maĩ shākāhārī hū̃*
nourriture	*khānā*
pain	*roṭī*
pain frit	*parā̃ṭhā*
pain cuit au tandoor	*nān* ou *tandūrī roṭī*
pain à l'occidentale	*ḍabal* (double) *roṭī*
beurre	*makkhan*
fromage	*panīr*
piments	*mirc*
(sans piments)	*(mirc ke binā)*
riz	*cāval*
riz frit	*pulāv*
sel	*namak*
épices	*masāle*
sucre	*cīnī*
yaourt	*dahī*

Légumes

légume	*sabzī/sāg*
chou	*band gobhī*
citrouille	*kaddū*
épinard	*pālak*
lentilles	*dāl*
pois	*maṭar*
pomme de terre	*ālū*
tomate	*ṭamāṭar*

Fruits

abricot	*khubānī*
banane	*kelā*
fruit	*phal*
mandarine	*santarā*
mangue	*ām*
orange	*nārangi*
pêche	*ārū*
pomme	*seb*

Viandes et volailles

bœuf	*gāy kā māns*
chèvre	*bakrī kā māns*
mouton	*beṛ kā māns*
poisson	*machlī*
poulet	*murgh*
viande	*māns/gosht*

Boissons

boisson non alcoolisée	*sauft ḍrink*
café	*kāfi*
eau (bouillie)	*(ūblā) pānī*
lait	*dūdh*
(tasse de) thé	*cāy*
thé avec du lait	*dūdhvālī cāy*
thé avec du sucre	*cīnī ke sāth*

Panneaux en tamoul

Entrée
valli ullë வழி உள்ளே

Sortie
valli veliyë வழி வெளியே

Ouvert
tirantulladur திறந்துள்ளது

Fermé
adekkappatulladur
அடைக்கப்பட்டுள்ளது

Chambres disponibles
arekãl untu அறைகள் உண்டு

Complet
illë, ல்லை,
kãli illë காலி ல்லை

Renseignements
tahavwel தகவல்

Interdit
anumadì-illë அனுமதி இல்லை

Poste de police
kãv'l nilayem காவல நிலையம்

Toilettes
kãlippadem மலசலகூடம்
Hommes *ãn* ஆண்
Femmes *pen* பெண

Tamoul

Le tamoul est la langue officielle de l'État du Tamil Nadu dans le Sud de l'Inde ainsi que du Territoire de Pondichéry. Le recensement de 1991 a montré qu'au seul Tamil Nadu environ 56 millions d'habitants parlaient tamoul. Les tamoulophones sont également nombreux au Sri Lanka et en Malaisie, et constituent des minorités non négligeables à Singapour, aux Fidji et à l'île Maurice. Au total, près de 71 millions de personnes parlent cette langue dans le monde. Le tamoul est l'une des principales langues dravidiennes d'Inde du Sud. Même si l'on connaît mal l'origine exacte de cette famille de langues, on estime qu'elle aurait pénétré en Inde par le Nord-Ouest vers 4000 av. J.-C., pour se diviser par la suite en quatre branches. Plus tard, face à l'essor des langues indo-aryennes telles que l'hindi dans le nord, le tamoul s'est retrouvé cantonné dans le Sud du pays.

Tout comme le sanskrit, le tamoul est considéré comme la langue classique de l'Inde, du fait de la richesse de son passé historique qui remonte à plus de 2 000 ans. On distingue en effet trois formes de cette langue : le tamoul ancien (de 200 av. J.-C. à 700), le tamoul moyen (de 700 à 1600) et le tamoul moderne (de 1600 à nos jours).

Le tamoul moderne a la particularité d'être diglossique, c'est-à-dire qu'il possède deux formes distinctes : littéraire ou classique (utilisée principalement à l'écrit et dans un discours soutenu), et orale (conversation de tous les jours). Cette dernière variante est composée d'une large variété de dialectes, qui diffèrent selon les catégories sociales et culturelles des locuteurs ainsi que selon les régions.

Il existe cependant une version "standard" orale du tamoul qui ignore toutes ces

En cas d'urgence (tamoul)

A l'aide !	*utavi !*
Laissez-moi tranquille !	*ennai taniyāka irukkavitu !*
Allez-vous en !	*tolaintu pō !*
Appelez un médecin !	*tāktarai kùppi tavum !*
Appelez la police !	*pōlìsai kùppitavum !*

disparités et qui est largement employée dans les médias et par tous les Tamouls dans leur vie quotidienne.

Alphabet et translittération

Le tamoul possède son propre alphabet, que nous n'avons pas retranscrit ici. Nous avons simplifié le système de translittération de façon à représenter les sons du tamoul par des lettres de l'alphabet romain. Comme tous les systèmes de ce genre, il n'est pas parfait et doit donc être considéré comme un manuel approximatif de prononciation du tamoul.

Prononciation

Voyelles

Les voyelles se distinguent entre elles par leur longueur. Les longues sont ici représentées par un tiret au-dessus de la lettre ; prononcez-les comme des voyelles courtes mais en les allongeant.

Courte		**Longue**
a	comme dans "gare"	**ā**
e	comme dans "frère"	**ē**
i	comme dans "riz"	**ī**
o	comme dans "bol"	**ō**
u	comme dans "roue"	**ū**

Combinaisons de voyelles

ai comme dans "ail"
au comme dans l'anglais "how"

Consonnes

La plupart des consonnes sont semblables au français. Celles qui pourraient prêter à confusion sont :

g comme dans "gare"
k comme dans "kaki"
ñ comme "gn" dans "oignon"
s comme dans "sac"
zh comme le "g" de "orange"

D'autres consonnes présentent plus de difficultés car elles représentent des sons qui n'existent pas en français. Les plus courantes sont les consonnes rétroflexes : la langue est retournée et dirigée vers l'arrière de la bouche de sorte que la pointe vienne toucher les alvéoles dentaires (la partie du palais située derrière les dents). Les consonnes rétroflexes sont ici symbolisées par un point sous la lettre (ḷ, ṇ et ṭ). Rassurez-vous, même si vous ne parvenez pas à maîtriser cette gymnastique linguistique, vous parviendrez toujours à vous faire comprendre en prononçant les lettres comme en français.

Conversation

Bonjour.	*vaṇakkam*
Au revoir.	*pōyiṭṭu varukirēn*
Oui/Non.	*ām/illai*
S'il vous plaît.	*tayavu seytu*
Merci.	*nanri*
C'est bien./De rien.	*nallatu varuka*
Pardon/Excusez-moi.	*mannikkavum*
Parlez-vous anglais ?	*nīnkal ānkilam pēsuvīrkalā ?*
Combien cela coûte-t-il ?	*atu evvalavu ?*
Comment vous appelez-vous ?	*unkal peyar enna ?*
Je m'appelle …	*en peyar …*

Comment circuler

Où se trouve... ?	*... enkē irukkiratu ?*
Allez tout droit.	*nērāka sellavum*
Tournez à gauche/à droite.	*valatu/itatu pakkam tirumbavum*
près	*arukil*
loin	*tūram*
Quand le prochain	*eppozhutu atutta …*
… part/arrive-t-il ?	*varum/sellum ?*
bateau	*paṭaku*
bus (urbain)	*pēruntu (nakaram/ullūr)*
bus (interurbain)	*pēruntu (veliyūr)*
tramway	*trām*
train	*rayil*
Je voudrais un billet aller/aller-retour.	*enakku oru vazhi/iru vazhi ṭikkeṭ vēṇum*
1re/2e classe	*mutalām/irantām vakuppu*
consigne	*tavara vitta sāmān*
horaires	*kāla attavanai*

arrêt de bus/tram	*pēruntu nilayam*
gare ferroviaire	*rayil nilayam*
Je voudrais louer ...	*enakku ... vātakaikku vēnum*
une voiture	*kāra*
une bicyclette	*saikkil*

En ville

A quelle heure ouvre/ferme-t-il ?	*tirakkum/mūtum nēram enna ?*
maison de la presse	*niyūs ējensi*
ambassade de ...	*... tūtarakam*
banque	*vangi*
bureau de poste	*tabāl nilayam*
marché	*mārkkeṭ*
mon hôtel	*en unavu vituti*
office du tourisme	*surrulā seyti totarpu aluvalakam*
papeterie	*elutuporul vanikar*
pharmacie	*aruntukkataikkārar/ maruntakam*
téléphone public	*potu tolaipēsi*

Hébergement

Avez-vous des chambres disponibles ?	*araikal kitaikkumā ?*
pour 1/2 personne(s)	*oruvar/iruvarukku*
pour 1/2 nuit(s)	*oru/irantu iravukal*
Combien cela coûte-t-il par nuit/personne ?	*oru iravukku/oru nabarukku evallavu ?*
Le petit déjeuner est-il compris ?	*kālai sirruṇṭiyuṭan sērttā ?*
hôtel	*hōtal/vituti*
chambre d'hôte	*viruntinar vituti*
auberge de jeunesse	*ilaiñar vituti*
terrain de camping	*tangumitam*

Mots utiles

gros/grand	*periya*
petit	*siriya*
beurre	*vennai*
café	*kāppi*
eau	*nīr*
fruit	*pazham*
glace	*ais*
lait	*pāl*
légumes	*kāykarikal*
médicament	*maruntu*
œuf	*muttai*
pain	*roṭṭi*
riz	*arisi*
sucre	*sakkarai*
thé	*tēnīr*

Heure et jours

Quelle heure est-il ?	*mani ettanai ?*
jour	*pakal*
nuit	*iravu*
semaine	*vāram*
mois	*mātam*
aujourd'hui	*inru*
demain	*nālai*
hier	*nērru*
matin	*kālai*
après-midi	*matiyam*
lundi	*tinkal*
mardi	*sevvāy*
mercredi	*putan*
jeudi	*viyāzhan*
vendredi	*velli*
samedi	*sani*
dimanche	*ñāyiru*

Nombres

0	*būjyam*
1	*ondru*
2	*iranyu*
3	*mūnru*
4	*nānku*
5	*aintu*
6	*āru*
7	*ēzhu*
8	*ettu*
9	*onpatu*
10	*pattu*
100	*nūru*
1 000	*āyiram*
2 000	*irantāyiram*
100 000	*latsam*
un million	*pattu latsam*
dix millions	*kōti*

Glossaire

Le glossaire suivant passe en revue différents termes et expressions que vous serez probablement amené à rencontrer au cours de vos pérégrinations indiennes. Pour connaître la définition d'un plat ou d'une boisson, reportez-vous au glossaire *Alimentation* situé à la fin.

Glossaire général

abbi – cascade.
Abhimani – fils aîné de *Brahma*.
Abhimanyu – fils d'*Arjuna*.
acha – "d'accord" ou "je comprends".
acharya – professeur révéré ; à l'origine, guide spirituel.
Adivasi – terme désignant un membre de tribu.
agarbathi – encens.
Agasti – sage légendaire vénéré dans le Sud de l'Inde où on lui attribue l'introduction de l'hindouisme et l'élaboration de la langue tamoule.
Agni – l'une des principales divinités des *Veda* ; médiateur entre les hommes et les dieux ; également le feu.
ahimsa – non-violence.
AIR – All India Radio, la radio nationale.
air cooler – ou rafraîchisseur d'air ; système de ventilation par évaporation dont certaines chambres d'hôtel sont équipées, et qui fonctionne grâce à un gros aérateur avec réserve d'eau, très bruyant, encastré dans le mur.
amir – aristocrate musulman.
amrita – immortalité.
Ananda – cousin et premier disciple du *Bouddha* ; désigne également le bonheur.
Ananta – serpent supportant *Vishnu* couché.
Andhaka – démon à mille têtes tué par *Shiva*.
angrezi – étranger.
anikut – barrage.
anna – unité monétaire équivalant à 1/16 de roupie ; n'a plus cours mais est parfois utilisée dans la conversation sur les marchés.
Annapurna – forme de *Durga*, vénérée comme dispensatrice de nourriture.
Apsara – nymphe céleste.
APSRTC – Andhra Pradesh State Road Transport Corporation.
APTTDC – Andhra Pradesh Travel & Tourist Development Corporation.
Aranyani – déesse des Forêts.
Ardhanari – *Shiva* hermaphrodite.
Arishta – *daitya* qui, après s'être transformé en taureau, attaqua *Krishna* mais fut tué par lui.
Arjuna – ce guerrier, héros du *Mahabharata*, épousa *Subhadra*, terrassa les démons, dialogua avec *Krishna* dans la *Bhagavad Gita*, conduisit les funérailles de Krishna à Dwarka, et se retira finalement dans l'Himalaya.
Aryens – terme d'origine sanskrite signifiant "nobles" ; désigne les peuples qui s'établirent dans le Nord de l'Inde en provenance de Perse.
ashram – lieu de retraite ou communauté spirituelle.
ashrama – système selon lequel la vie comporte essentiellement trois stades que seules les trois plus hautes castes peuvent atteindre : le *brahmachari*, le *grihastha* et le *sanyasin*.
attar – huile essentielle de fleurs servant de base pour les parfums.
auto-rickshaw – petit triporteur au moteur bruyant transportant des passagers sur de courtes distances ; moins chers que les taxis, on en trouve partout dans le pays.
Avalokiteshvara – dans le bouddhisme du *Mahayana*, *Bodhisattva* symbolisant la compassion ; appelé Kannon au Japon et Kuan Yin en Chine.
avatar – incarnation d'une divinité, généralement de *Vishnu*.
ayah –femme s'occupant des enfants.
ayurveda – science ancienne et très complexe de la médecine traditionnelle indienne à base de plantes.
azan – appel des musulmans à la prière.

baba – maître religieux ou père, marque de respect.
babu – petit employé de bureau (dénigrant).
bagh – jardin.
bahadur – brave, chevaleresque ; titre honorifique.
bakchich – pourboire, pot-de-vin, don.
Balarama – frère de *Krishna*.
bandar – singe.
bandh – grève générale.
banian – T-shirt ou maillot de corps.
baniya – prêteur sur gages.
banyan – figuier indien.
baoli – voir *baori*.
baori – puits généralement doté d'escaliers, de paliers et de galeries ; au Gujarat on le désigne plutôt sous le nom de *baoli*.

baradari – résidence d'été.
bazar – quartier occupé par un marché ; une ville de marché est également appelée un bazar.
bearer – domestique.
beedi – voir *bidi*.
begum – musulmane de haut rang.
Bhadrakali – autre nom de *Durga*.
Bhagavad Gita – poème philosophique sanskrit du "Chant du Seigneur", inséré dans le *Mahabharata* ; enseignements de *Krishna* à *Arjuna*, qui ont pour fonction d'encourager la philosophie de la *bhakti*.
Bhairava – le Terrible ; huitième incarnation démoniaque de *Shiva*.
bhajan – chant de prière.
bhakti – dévotion aux dieux ; foi.
bhang – feuilles séchées et fleurs de marijuana.
bhangra – musique disco originaire du Punjab.
Bharat – Inde en hindi.
Bharata – demi-frère de *Rama* ; régna à la place de Rama quand ce dernier était en exil.
bhavan – maison ; s'écrit également *bhawan*.
bheesti – voir *bhisti*.
bherra – grand, important.
Bhima – héros du *Mahabharata* ; il est le frère d'*Hanuman* et est célèbre pour sa force extraordinaire.
bhisti – porteur d'eau.
bhoga-mandapa – salle pour les offrandes aux divinités dans les temples de l'Orissa.
bhojanalya – restaurant sommaire ou snack-bar, également appelé *dhaba*.
bidi – petite cigarette faite de feuilles roulées à la main.
bindi – marque sur le front portée par les femmes.
BJP – Bharatiya Janata Party
Bodhi (arbre de la) – arbre sous lequel le *Bouddha* atteignit l'Éveil.
Bodhisattva – littéralement "celui dont l'essence est la sagesse parfaite" ; dans le bouddhisme primitif, désigne le *Bouddha* entre le moment où celui-ci décida d'atteindre l'Éveil et le moment où il y parvint ; dans le bouddhisme du *Mahayana*, celui qui renonce au *nirvana* pour aider les autres à y parvenir
Bollywood – le pendant indien à Hollywood ; l'industrie du film à Mumbai (Bombay).
Bouddha – "l'Éveillé" ; à l'origine du bouddhisme, il est considéré par les hindous comme la neuvième réincarnation de *Vishnu*.
bouddhisme primitif – désigne toutes les écoles bouddhiques établies juste après la mort du Bouddha et avant l'apparition du *Mahayana* ; sa forme moderne est le *Theravada* (Doctrine des Anciens) pratiqué au Sri Lanka et dans le Sud-Est asiatique ; le bouddhisme primitif différait du *Mahayana* en ce qu'il n'enseignait pas l'idéal du *Bodhisattva*.
bouddhisme tantrique – bouddhisme tibétain renfermant de fortes connotations sexuelles et occultes.
Brahma – dieu hindou vénéré comme la première divinité de la *Trimurti* (trinité hindoue).
brahmachari – premier stade des *ashrama*, celui de l'étudiant chaste.
brahmanisme – forme primitive de l'hindouisme issue du védisme (voir *Veda*) ; doit son nom aux prêtres brahmanes et au dieu *Brahma*.
brahmane – membre de la caste des prêtres, la caste hindoue la plus élevée.
BSTDC – Bihar State Tourist Development Corporation.
bugyal – prairie de haute altitude.
bund – remblai ou digue.
burkha – vêtement d'une seule pièce qui recouvre entièrement les femmes musulmanes.
bustee – bidonville.

cantonment – quartier administratif et militaire des villes à l'époque du Raj.
caravansérail – refuge traditionnel des caravanes de chameaux.
caste – classe sociale héréditaire.
chaam – danse masquée rituelle pratiquée par les moines bouddhistes dans les *gompa* pour célébrer la victoire du bien sur le mal et du bouddhisme sur les religions préexistantes.
chaitya – forme sanskrite de "cetiya", qui signifie sanctuaire ou relique ; désigne aujourd'hui un temple, et plus spécifiquement une "chapelle" dont la nef centrale est séparée des deux ailes latérales par une rangée de colonnes, et où se dresse un *stupa* à une extrémité.
chakra – centre du pouvoir spirituel de l'individu ; arme en forme de disque utilisée par *Vishnu*.
chalo, chalo, chalo – "allons-y, allons-y…".
Chamunda – une des formes redoutables de *Durga* ; elle est armée d'un cimeterre, d'une corde et d'une massue, et revêtue d'une peau d'éléphant ; elle eut pour mission de tuer les démons Chanda et Munda, d'où son nom.
chance list – liste d'attente sur les vols d'India Airlines.
chandra – la lune ou la déesse-Lune.
Chandragupta – souverain indien du IIIe siècle av. J.-C.
chappal – sandales.

Char Dham – les quatre lieux de pèlerinage de Badrinath, Kedarnath, Yamunotri et Gangotri.
charas – résine de la plante de marijuana ; haschisch.
charbagh – littéralement "quatre jardins" ; ancien jardins perses divisés en quatre parties.
charpoy – lit indien en corde.
chauri – tapette à mouches.
chedi – voir *chaitya*.
chela – disciple ou adepte ; George Harrison était par exemple le *chela* de Ravi Shankar.
chhatri – cénotaphe moghol (littéralement "ombrelle").
chikan – étoffe brodée.
chilom (ou shilom) – partie en forme de pipe du *houka* ; désigne couramment les pipes utilisées pour fumer la *ganja*.
chinkara – gazelle.
chital – cerf tacheté.
chogyal – roi.
choli – boléro fermé porté sous le sari.
chomo – nonnes tibétaines bouddhistes.
chorten – terme tibétain pour *stupa*.
choultry – refuge pour pèlerins ; également appelé *dharamsala*.
chowk – place, carrefour ou marché.
chowkidar – gardien de nuit.
chuba – robe des femmes tibétaines.
Cong (I) – parti du Congrès ; connu également sous le nom de Congress (I).
CPI – Communist Party of India.
CPI (M) – Communist Party of India (Marxist).
crore – dix millions.
cutcherry – bureau ou immeuble abritant une administration.

dacoït – voleur, bandit (souvent armé).
dagoba – voir *stupa*.
daitya – démon ou géant qui se battait contre les dieux.
dak – point de ravitaillement ; hôtel tenu par l'État.
dalit – terme recommandé pour désigner les intouchables ; voir également *harijan*.
Damodara – autre nom de *Krishna*.
dargah – sanctuaire ou lieu où sont enterrés les saints musulmans.
darshan – offrande ou audience ; vision d'une divinité.
darwaza – porte ou entrée.
Dasaratha – père de *Rama* dans le *Ramayana*.
Dattatreya – saint brahmanique représentant la *Trimurti*.
deul – sanctuaire d'un temple.
devadasi – danseur de temple.
Devi – épouse de *Shiva*.
dhaba – voir *bhojanalya*.
dham – lieux de pèlerinage les plus saints en Inde.
dharamsala – refuge pour pèlerins.
dharma – terme utilisé à la fois par les hindous et les bouddhistes pour désigner leurs devoirs moraux respectifs.
dharna – protestation non violente.
dhobi – laveur de vêtements.
dhobi ghat – lieu où les vêtements sont lavés.
dholi – "chaise" de porteurs ; certains touristes âgés utilisent encore ce moyen de transport.
dhoti – ressemble au *lungi*, mais la pièce d'étoffe est passée entre les jambes ; porté par les hommes.
dhurrie – tapis.
digambara – littéralement "les vêtus du ciel" ; secte jaïna dont les adeptes montrent leur détachement du monde en vivant nus.
dikpala – gardien de temple.
Din-i-Ilahi – philosophie exposée par Akbar ; proclame la vérité commune à toutes les religions.
diwan – officier principal d'un État princier, d'une cour royale ou d'un conseil.
diwan-i-Am – salle d'audiences publiques.
diwan-i-Khas – salle d'audiences privées.
dowry – dot remise par les parents de la mariée à la famille de son époux ; pratique illégale, mais presque incontournable dans les mariages arrangés (le cas le plus fréquent).
Draupadi – épouse des cinq princes pandava du *Mahabharata*.
Dravidiens – l'une des ethnies aborigènes indiennes repoussées au sud par les Indo-Européens (Aryens), auxquels elles se sont mélangées.
dukhang – salle de prière tibétaine.
dun – vallée.
dupatta – long foulard souvent porté avec le *salwar* et la *kameez*.
durbar – cour royale ; désigne aussi le gouvernement.
Durga – "l'Inaccessible" ; l'une des formes de l'épouse de *Shiva*, *Devi*, belle femme redoutable chevauchant un tigre ; l'une des principales déesses du culte de la *Shakti*.
dwarpal – gardien de porte ; sculpture placée à côté de l'entrée des sanctuaires hindous ou bouddhiques.

elatalam – petites cymbales.
election symbols – symboles permettant d'identifier les différents partis politiques, et visant à récupérer les voix des illettrés.

emporium – grand magasin.
État d'urgence (Emergency) – période des années 70 au cours de laquelle Indira Gandhi suspendit de nombreux droits politiques.
eve-teasing – harcèlement sexuel.
export guru –gourou dont les disciples sont essentiellement occidentaux.

fakir – musulman ayant fait vœu de pauvreté ; s'applique aussi aux ascètes hindous tels que les *sadhu*.
filmee – bande originale ou tout autre élément d'un film indien.
firman – ordre royal ou concession.

gabba – tapis du Cachemire avec des motifs appliqués.
gaddi – trône d'un prince hindou.
Ganesh – dieu très populaire, symbole de la Prospérité ; fils à tête d'éléphant de *Shiva* et de *Parvati* ; également connu sous le nom de Ganpati, il se déplace sur un rat.
Ganga – déesse hindoue représentant le fleuve sacré du Gange, qui selon la légende s'écoule de l'orteil de *Vishnu*.
ganga aarti – cérémonie de dévotion au fleuve.
ganj – marché.
ganja – extrémités séchées de la plante de marijuana.
gaon – village.
garh – forteresse.
gari – véhicule ; le "motor gari" est une voiture, le "rail gari", un train.
Garuda – homme-oiseau, monture de *Vishnu*.
gaur – buffle indien.
Gayatri – vers sacrés du *Rig Veda*, que les brahmanes répètent mentalement deux fois par jour.
geyser – chauffe-eau généralement situé dans la s.d.b.
ghat – marches ou paliers au bord d'une rivière, d'un lac ou d'un bassin.
ghazal – chant ourdou issu de la poésie ; chanson d'amour triste.
gherao – action syndicale où les ouvriers séquestrent la direction.
giri – colline.
Gita Govinda – poème érotique de Jayadeva relatant les débuts de la vie de *Krishna* sous les traits de *Govinda*.
GITO – Government of India Tourist Office.
GMVN – Garhwal Mandal Vikas Nigam, organisation touristique du Garhwal.
godmen – gourous à l'esprit commercial ; voir aussi *export guru*.
godown – entrepôt.
gompa – monastère bouddhique tibétain.
Gond – Indiens aborigènes qui subsistent surtout dans les jungles du centre de l'Inde.
goonda – voyou ; les partis politiques les emploient parfois en bande.
Gopala – voir *Govinda*.
gopi – jeune vachère ; selon la légende, les gopi auraient été les maîtresses de *Krishna*.
gopuram – tour-portail de forme pyramidale dans un temple dravidien.
Govinda – matérialisation de *Krishna* en vacher ; tout simplement vacher.
grihastha – deuxième stade des *ashrama*, celui du maître de maison qui doit remplir son devoir envers ses ancêtres en fondant une famille et en faisant des sacrifices aux dieux.
gufa – grotte.
gumbad – dôme sur une tombe musulmane ou une mosquée.
gurdwara – temple sikh.
gourou – maître ou personne vénérée (du sanskrit *goe*, "obscurité", et *roe*, "dissiper").
Guru Granth Sahib – livre saint des Sikh.

haj – pèlerinage musulman à La Mecque.
haji – musulman qui a accompli le *haj*.
hammam – bain turc.
Hanuman – dieu-singe figurant dans le *Ramayana*, au service de *Rama*.
Hara – l'un des noms de *Shiva*.
Hari – autre nom de *Vishnu*.
harijan – "enfants de Dieu" ; nom donné par Gandhi aux *intouchables* (son emploi n'est plus toléré).
hartaal – grève.
haschisch – voir *charas*.
hathi – éléphant.
haveli – demeures traditionnelles ouvragées, caractéristiques du Rajasthan et du Gujarat.
havildar – officier de l'armée.
hijra – eunuque.
Hinayana – bouddhisme dit du "Petit Véhicule" ; voir *Bouddhisme primitif*.
hindola – balançoire.
Hiranyakasipu – roi *daitya* tué par *Narasimha*.
houka – pipe à eau utilisée pour fumer la *ganja*.
howdah – nacelle destinée au transport à dos d'éléphant.
HPTDC – Himachal Pradesh Tourist Development Corporation.
Hypothèque – équivalent indien de location ou d'emprunt ; vous verrez parfois sur des taxis ou des auto-rickshaw de petits panneaux précisant que le véhicule est "hypothéqué" auprès d'une banque ou d'un autre établissement.

idgah – enceinte ouverte à l'ouest d'une ville où des prières sont récitées durant la fête musulmane d'Id al-Adha.
ikat – tissu fabriqué avec des fils qui sont noués et teints avant d'être tissés.
imam – chef religieux musulman.
indo-sarrasin – style d'architecture coloniale qui mélange influences occidentales, musulmanes, hindoues et jaïna.
Indra – le plus important et prestigieux des dieux védiques ; le dieu de la Pluie, du Tonnerre, de la Foudre et de la Guerre.
intouchables – membres de la caste la plus basse, ou "hors-caste", auxquels sont réservées les tâches les plus déshonorantes ; on les appelle ainsi car les membres des castes supérieures n'osent les toucher de peur d'être souillés ; autrefois appelés *harijan*, ils sont aujourd'hui des *dalit*.
Ishwara – autre nom de *Shiva* ; seigneur.

Jagadhatri – mère de l'Univers ; autre nom de *Devi*.
Jagamohan – salle de rassemblement.
Jagannath – Seigneur de l'Univers ; forme de *Krishna*.
Jalasayin – "dormant sur les eaux" ; nom donné à *Vishnu* tandis qu'il dort sur l'eau pendant la mousson.
jali – écran perforé en marbre sculpté décorant les ouvertures des fenêtres ; désigne aussi les aspérités produites lors de la sculpture du bois.
Janaka – père de *Sita*.
janata – peuple ; le Janata Party est le parti du Peuple.
Jataka – récit tiré des vies du *Bouddha*.
jauhar – suicide collectif au cours duquel les femmes *rajput* s'immolaient lors d'une défaite militaire pour éviter d'être déshonorées par les vainqueurs.
jawan – soldat ou policier.
jheel – marécage.
jhuggi – bidonville ; également appelé *bustee*.
Jhula – pont.
ji – titre honorifique qui peut s'ajouter à n'importe quel nom : 'Babaji', 'Memji', 'Gandhiji', etc.
JKLF – Jammu and Kashmir Liberation Front.
jooti – chaussures traditionnelles à bout pointu du Rajasthan.
juggernaut – char de procession aux décorations extravagantes promené dans les rues pendant les fêtes hindoues.
jumkah – boucles d'oreilles.
jyoti linga – les douze principaux sanctuaires dédiés à *Shiva*.

kabaddi – jeu traditionnel (semblable au jeu du chat).
kachairri – voir *cutcherry*.
Kailasa – montagne sacrée de l'Himalaya ; refuge de *Shiva*.
Kali – la Noire ; forme terrible de *Devi* souvent représentée avec une peau noire, dégoulinante de sang, entourée de serpents et portant un collier de crânes.
Kalki – le Cheval blanc ; future incarnation (dixième) de *Vishnu*, qui apparaîtra au terme de Kali-Yuga, à la fin du monde ; Kalki a été comparé à *Maitreya* dans la cosmogonie bouddhique.
Kama – dieu hindou de l'Amour.
Kameez – chemise de femme.
Kanishka – roi majeur de l'empire kushana qui régna au début de l'ère chrétienne.
Kanyakumari – la Jeune Vierge ; autre nom de *Durga*.
Kapali – récipient sacré en crâne humain.
Karma – dans la philosophie hindoue et bouddhique, principe de la juste rétribution des actions passées.
Karmachario – ouvriers.
Kartikiya – dieu de la Guerre, fils de *Shiva*.
Kata – châle de prière tibétain que les pèlerins offrent au lama lorsque ce dernier les reçoit.
Kathputli – marionnettiste ; également appelé *putli wallah*.
Kedarnath – nom de *Shiva* et de l'un des douze *jyoti linga*.
Khadi – étoffe tissée à la main ; Gandhi encourageait les Indiens à tisser leurs propres khadi plutôt que d'acheter les tissus anglais.
Khalistan – nom donné par les sécessionnistes sikhs à un Punjab indépendant.
Khalsa – communauté des Sikh.
Khan – titre musulman honorifique.
khatakali – pièce de théâtre ou épopée jouée à l'aide de paroles et de mimes et de danses.
Kho-kho – jeu traditionnel (jeu du chat).
Khur – âne sauvage asiatique.
Kiang – âne sauvage du Ladakh.
Kibla – direction vers laquelle se tournent les musulmans pour la prière, souvent indiquée par une niche creusée dans le mur de la mosquée.
Kirtan – hymne sikh.
KMVN – Kumaon Mandal Vikas Nigam, organisation touristique du Kumaon.
Koil – temple hindou.

Kompu – trompette en forme de C.
Kos minar – borne kilométrique.
Kot – forteresse.
Kothi – résidence, maison.
Kotwali – poste de police.
Krishna – huitième incarnation de *Vishnu*, souvent représentée en bleu ; il révéla la *Bhagavad Gita* à *Arjuna*.
Kshatriya – caste de soldats ou d'administrateurs ; deuxième caste dans la hiérarchie.
Kund – lac ou bassin ; village toda.
Kurta – longue chemise, avec un petit col ou sans col.
Kusa – l'un des deux fils jumeaux de *Rama*.

Lakshmana – demi-frère et assistant de *Rama* dans le *Ramayana*.
Lakshmi – épouse de *Vishnu*, déesse de la Richesse ; elle sortit de l'océan en tenant une fleur de lotus.
Lama – moine bouddhiste tibétain.
Lathi – gros bâton en bambou utilisé par la police indienne.
Laxmi – voir *Lakshmi*.
Lehanga – jupe très ample ceinturée à la taille par une corde.
Lhamo – opéra tibétain.
Lingam, linga – symbole phallique de *Shiva*.
Lok – peuple.
Lok Dal – parti politique ; l'un des composants du Janata Party.
Lok Sabha – chambre basse du Parlement indien (Chambre du Peuple) ; équivalent de l'Assemblée nationale.
Loka – royaume.
Losar – nouvel an tibétain.
Lungi – pièce d'étoffe large et colorée ressemblant à un sarong, portée par les hommes ajustée à la taille.

Machaan – tour d'observation.
Madrasa – école islamique.
Mahabharata – grand poème védique épique de la dynastie bharata ; contient près de 100 000 stances décrivant le conflit entre les Pandava et les Kaurava.
Mahabodhi Society – fondée en 1891 pour encourager les études bouddhiques.
Mahadeva – le Grand Dieu ; *Shiva*.
Mahadevi – la Grande Déesse ; *Devi*.
Mahakala – le Grand Temps ; *Shiva* et l'un des douze *jyoti linga*.
Mahal – maison ou palais.
Maharaja, maharana, maharao, maharawal – souverain ou prince.
Maharani – femme du prince, ou princesse régnant elle-même.
Mahatma – littéralement "Grande Ame".
Mahavir – dernier *tirthankar*.
Mahayana – bouddhisme du "Grand Véhicule" ; adaptation plus tradive des enseignements du *Bouddha* ; met l'accent sur l'idéal du *Bodhisattva* et prône la renonciation au *nirvana* (paix absolue et non-réincarnation) afin d'aider les autres à atteindre l'Éveil.
Mahayogi – le Grand Ascète ; *Shiva*.
Maheshwara – le Grand Seigneur ; *Shiva*.
Mahisa – démon hindou.
Mahout – celui qui conduit ou possède un éléphant.
Mahratta – voir *Maratha*.
Maidan – pelouse publique ou terrain de sport.
Maitreya – futur Bouddha.
Makara – créature marine mythique, monture de *Varuna* ; crocodile.
Mali – jardinier.
Mandal – sanctuaire.
Mandala – cercle ; symbole de l'Univers dans l'art hindou et bouddhique.
Mandapam – pavillon à piliers devant un temple.
Mandi – marché.
Mandir – temple.
Mani, pierre – pierre gravée du mantra bouddhique tibétain "Om mani padme hum" ("Salut au joyau du lotus").
Mani, murs – murs de pierre tibétains recouverts d'inscriptions sacrées.
Mantra – syllabes ou mots sacrés prononcés par les bouddhistes ou les hindous pour favoriser la concentration ; psaumes versifiés dans les *Veda*.
Mara – personnification bouddhique du Tentateur, souvent représenté avec des dizaines de bras ; également le dieu de la Mort.
Maratha – peuple de l'Inde centrale qui, à plusieurs reprises, a contrôlé une grande partie de l'Inde et combattu les *Moghols* et les *Rajput*.
Marg – route principale.
Marut – dieux hindous de la Tempête.
Masjid – mosquée.
Mata – mère.
Math – monastère.
Maund – unité de poids très peu utilisée aujourd'hui (environ 20 kg).
Mehndi – henné ; motifs peints au henné sur les mains et les pieds des femmes à l'occasion des fêtes importantes et des cérémonies (mariages).

Mela – foire.
Memsahib – femme mariée occidentale, venant de “madam-sahib”.
Meru – montagne mythique située au centre de la terre, sur laquelle s’étend *Swarga*.
Mihrab – niche creusée dans le mur d’une mosquée, indiquant la direction de La Mecque ; voir aussi *kibla*.
Mithuna – couple homme-femme que l’on retrouve souvent dans les sculptures des temples.
Moghols – dynastie musulmane d’empereurs indiens, de Babur à Aurangzeb.
Mohini – incarnation féminine de *Vishnu*.
Moksha – délivrance finale du cycle du *samsara*.
Mollah – érudit, chef religieux musulman.
Morcha – marche de protestation.
Mousson – saison des pluies.
MTDC – Maharashtra Tourism Development Corporation.
Mudra – mouvements symboliques des mains dans les danses religieuses hindoues ; gestuelle du *Bouddha*.
Muezzin – celui qui appelle les musulmans à la prière depuis le minaret.
Mujtahid – théologien.
Mund – village.
Munshi – écrivain, secrétaire ou professeur de langues.

Nadi – rivière.
Naga – serpents mythiques capables de prendre forme humaine.
Namaz – prières musulmanes.
Nanda – le vacher qui éleva *Krishna*.
Nandi – taureau, monture de *Shiva*.
Narasimha – incarnation mi-homme mi-lion de *Vishnu*.
Narayan – incarnation de *Vishnu* le Créateur.
Narsingh – voir *Narasimha*.
Natamandir – salle de danse.
Nataraja – *Shiva* le danseur cosmique.
Nautch – danse.
Nautch girls – danseuses.
Nawab – ou nabab, prince ou grand propriétaire musulman.
Naxalites – mouvement d’extrême gauche apparu dans le village de Naxal, au Bengale occidental, comme expression de révolte des paysans ; caractérisé par une grande violence, il est toujours actif dans l’Uttar Pradesh, au Bihar et dans l’Andhra Pradesh.
Nilakantha – forme de *Shiva* figuré avec une gorge bleue pour avoir avalé le poison qui risquait de détruire l’humanité.
Nilgai – antilope.
Nirvana – le but suprême des bouddhistes, l’état où l’on quitte enfin le cycle des réincarnations.
Niwas – maison, immeuble.
nizam – titre héréditaire des souverains de Hyderabad.
noth – le Seigneur (jaïna).
NRI – Non-Resident Indian ; Indien travaillant à l’étranger ; diaspora très importante pour l’économie du pays.
nullah – fossé ou ruisseau.

Om – invocation sacrée représentant l’essence absolue du principe divin ; répétée de nombreuses fois et avec la concentration nécessaire, elle permettrait selon les bouddhistes de se vider totalement de son corps et de son esprit.
Osho – Bhagwan Rajneesh ; gourou controversé qui fit une synthèse entre la “pop-psychology” californienne et le mysticisme indien.
OTDC – Orissa Tourism Development Corporation.

pacha – vert, pur.
padma – lotus ; l’autre nom de la déesse *Lakshmi*.
padyatra – “voyage à pied” que font les hommes politiques dans les villages pendant leurs campagnes électorales.
pagoda – voir *stupa*.
palanquin – siège ou litière clos dans une sorte de boîte portée par quatre hommes.
pali – langue proche du sanskrit, dans laquelle furent rédigées les Écritures bouddhiques ; les érudits se réfèrent toujours à ces textes originaux.
palia – mémorial.
palli – village.
Panchatantra – récits hindous traditionnels sur la nature, le comportement humain et la survie.
panchayat – conseil villageois.
pandal – grande tente.
pandit – professeur ou sage ; terme désignant parfois un rat de bibliothèque.
Parasurama – *Rama* à la hache ; sixième incarnation de *Vishnu*.
parsi – adepte du zoroastrisme ; Perse.
Parvati – autre forme de *Devi*.
patachitra – peinture sur soie de l’Orissa.
PCO – Public Call Office ; téléphone public, d’où vous pouvez généralement aussi passer vos appels nationaux et internationaux.

peepul – figuier ; arbre bo ou pippal, c'est-à-dire sacré.
peon – grade le plus bas des employés de bureau.
pietra dura – travail d'incrustation du marbre, dont le Taj Mahal est caractéristique.
pinjrapol – hôpital vétérinairejaïna.
POK – Pakistan Occupied Kashmir ; partie du Cachemire sous administration pakistanaise.
pradesh – État.
pranayama – contrôle du souffle.
prasad – offrande de nourriture au cours de cérémonies religieuses.
puja – littéralement "respect" ; offrandes et/ou prières.
pukka – convenable, correct ; terme issu de l'époque coloniale.
pukkah sahib – gentleman européen de bonne famille.
punka – éventail en tissu actionné par une corde.
Purana – les dix-huit récits sanskrits à vocation encyclopédique rédigés en vers concernant la trinité hindoue, datant du Ve siècle.
purdah – isolement dans lequel sont tenues certaines femmes musulmanes ; coutume reprise par de nombreux Hindous, surtout les *Rajput*.
Purnima – pleine lune ; considérée comme une période propice.
putli wallah – marionnettiste ; également appelé *kathputli*.

Qawwali – chants de prière sufi.
qila – forteresse.

Radha – maîtresse favorite de *Krishna* lorsqu'il vivait sous les traits de *Govinda*.
raga – l'un des thèmes rythmiques servant de base à l'improvisation musicale.
railhead – terminus d'une ligne de chemin de fer.
raj – loi ou souveraineté (renvoie souvent à l'époque de la souveraineté britannique).
raja, rana – roi.
rajkumar – prince.
Rajput – caste de guerriers hindous ; régnaient autrefois sur l'Inde occidentale.
Rajya Sabha – chambre haute du Parlement indien (Assemblée des représentants des États).
rakhi – amulette.
Rama – septième incarnation de *Vishnu*.
Ramayana – histoire de *Rama* et de *Sita* et de leur conflit avec *Ravana* ; l'une des légendes indiennes les plus connues, reprise dans presque toute l'Asie du Sud-Est.
rangoli – dessins à la craie sur le sol.
rani – souveraine ou épouse du roi.
rann – étendue désertique.
rasta roko – barrage élevé lors de manifestations.
rath – char de procession utilisé lors des fêtes religieuses.
ratha – temples rupestres *dravidiens*.
Ravana – roi-démon de Lanka (actuel Sri Lanka) ; ravisseur de *Sita*, son combat avec *Rama* est relaté dans le *Ramayana*.
rawal – noble.
rickshaw – ou cyclo-pousse ; véhicule léger tiré par un homme sur une bicyclette, destiné au transport des personnes.
Rig-Veda – le texte d'origine et le plus long des quatre *Veda*, ou Écritures sanskrites.
rishi – à l'origine, sage auquel furent révélés les hymnes des *Veda* ; aujourd'hui, poète, philosophe, saint ou sage.
Road – gare ferroviaire qui dessert une ville à l'écart de la voie de chemin de fer, comme Mt Abu et Abu Road.
rudraksh mala – colliers de perles utilisés lors du *puja*.
Rukmini – épouse de *Krishna ;* elle mourut sur le bûcher funéraire de son mari.

sadar – principal.
sadhu – ascète, saint, celui qui essaie d'atteindre l'Éveil ; on l'appelle en général "swamiji" ou "babaji".
sagar – lac, réservoir.
sahib – terme de respect par lequel on s'adresse aux personnes importantes, et souvent aux Européens.
salai – route.
salwar – pantalons larges habituellement portés avec une *kameez*.
samadhi – dans l'hindouisme, état d'extase souvent décrit comme un "état de transe, de communion avec Dieu" ; pour les bouddhistes, désigne la concentration ; également le lieu de crémation des saints, vénéré comme un sanctuaire.
sambalpuri – fabrique de l'Orissa.
sambar – daim.
samsara – les bouddhistes et les hindous croient que la vie sur terre est un cycle infini de naissances et de renaissances conditionnées par le *karma* de nos vies antérieures.
sangam – confluent de deux rivières.
sangha – communauté ou ordre de prêtres bouddhistes.
Sankara – *Shiva* le Créateur.

sanyasin – ascète errant qui a renoncé, comme le *sadhu*, aux choses matérielles et est entré dans le dernier stade des *ashrama*.
Saraswati – épouse de *Brahma*, déesse de la Parole et de la Connaissance ; elle est représentée assise sur un cygne blanc et tenant une *vina*.
sardar – voir *sirdar*.
Sati – épouse de *Shiva* qui devint sati ("femme honorable") en s'immolant ; rite parfois encore pratiqué, bien qu'interdit depuis plus d'un siècle.
satra – monastère hindou shivaïte et centre artistique.
satsang – discours d'un *swami* ou d'un *gourou*.
satyagraha – "recherche de la vérité" en sanskrit ; manifestation non violente accompagnée d'une grève de la faim, rendue populaire par Gandhi.
Scheduled Castes – terme officiel désignant les *intouchables* ou *dalit*.
sepoy – autrefois, soldat dans l'infanterie du Raj britannique.
serai – hébergement pour les voyageurs.
shahadah – profession de foi musulmane : "Il n'y a de dieu que Dieu et Mahomet est son prophète".
shakti – énergie créatrice perçue en tant que divinité féminine ; le shaktisme est le culte correspondant.
Sheshnag – certains pensent que c'est le serpent sur lequel *Vishnu* est allongé.
shikara – bateau en forme de gondole utilisé sur les lacs de Srinagar au Cachemire.
shikhar – partie de chasse.
shirting – étoffe dans laquelle sont taillées les chemises.
Shiva – le Destructeur mais aussi le Créateur ; c'est sous cette dernière forme qu'il est symbolisé par le *lingam*.
shivaïte – ou shaivite ; adepte de *Shiva* ; le shivaïsme est le culte correspondant.
shola – forêt vierge.
shri, shree, sri, sree – préfixe honorifique, aujourd'hui l'équivalent indien de Monsieur ou Madame.
shruti – l'audition.
shudra –voir *sudra*.
sikhara – temple hindou, ou haute tour le surmontant.
singh – littéralement "lion" ; surnom adopté par les *Rajput* et les Sikhs.
sirdar – chef ou commandant.
Sita – déesse hindoue de l'Agriculture, plus souvent associée au *Ramayana*.
sitar – instrument à cordes indien.
Siva – voir *Shiva*.
Skanda – autre nom de *Kartikiya*.
smriti – mémoire, tradition.
sonam – karma obtenu à la suite de réincarnations successives.
soufisme – courant mystique de l'islam.
stupa – édifice religieux bouddhique composé d'une structure hémisphérique surmontée d'une sorte de flèche ; contient des reliques du *Bouddha* ; porte aussi les noms de *dagoba* ou *pagoda*.
Subhadra – sœur incestueuse de *Krishna*.
Subrahmanya – autre nom de *Kartikiya*.
sudra – caste d'ouvriers.
suiting – étoffe dans laquelle sont coupés les costumes.
Sulh-i-Kul – la paix pour tous.
Surya – soleil ; divinité importante dans les *Veda*.
sutra – chaîne ; ensemble de règles exprimées en vers.
swami – titre de respect accordé aux moines hindous initiés ; signifie "seigneur du Soi".
swaraj – indépendance.
swarga – paradis d'*Indra*.
sweeper – serviteur de rang inférieur à qui sont attribuées les tâches les plus ingrates.
syce – jeune marié.

tabla – jeu de deux percussions.
tal – lac.
taluk – district.
tandava – danse hindoue célébrant la victoire sur *Mahisa*.
tank – réservoir, lac artificiel.
tatty – tapis d'herbes tressées, humidifié et suspendu aux fenêtres pour rafraîchir.
tempo – véhicule de transport public bruyant, à trois roues, plus gros qu'un auto-rickshaw.
thakur – noble.
thangka – peinture tibétaine rectangulaire sur tissu.
theertham – bassin dans un temple.
Theravada – littéralement "doctrine des anciens" ; bouddhisme orthodoxe pratiqué au Sri Lanka et en Asie du Sud-Est, caractérisé par son adhésion à la tradition *pali*.
thiru – saint.
thug – secte d'adorateurs de *Kali* ; pratiquaient des meurtres rituels au siècle dernier au Madhya Pradesh.
tikka – point que les dévots hindous se dessinent sur le front ; également appelé *tilak*.
tirthankara – les 24 grands maîtres jaïna.
tonga – calèche à deux roues.

topi – casque colonial porté à la période du Raj.
torana – architrave surmontant l'entrée d'un temple.
toy train – petit train sur voie à faible écartement.
trekker – jeep.
Trimurti – Triple Forme ; la trinité hindoue : *Brahma*, *Shiva* et *Vishnu*.
Tripitaka – Écritures du bouddhisme du *Theravada*, divisées en trois parties, les "Trois Corbeilles".
tripolia – triple entrée.

Uma – lumière ; épouse de *Shiva*.
Unesco – Organisation des Nations Unies pour l'éducation, la science et la culture.
Upanishad – doctrine ésotérique ; textes anciens faisant partie des *Veda*, ils traitent de sujets aussi fondamentaux que la nature de l'Univers et de l'âme.

Valmiki – auteur du *Ramayana*.
Vamana – cinquième incarnation de *Vishnu* sous la forme d'un nain.
varku – flûte sacrée creusée dans un fémur.
varna – concept de caste.
Varuna – dieu védique suprême.
Veda – livres sacrés hindous ; ensemble d'hymnes composés en sanskrit préclassique au IIe millénaire av. J.-C., et divisés en quatre livres : *Rig-Veda*, Yajur-Veda, Sama-Veda et Atharva-Veda.
vina – instrument à cordes.
vihara – monastère bouddhique, généralement doté d'une cour ou salle centrale sur laquelle s'ouvrent les cellules des moines, et où se dresse à un bout un sanctuaire dédié au *Bouddha*.
vikram – grand *tempo*.
vimana – partie principale d'un temple hindou.
vipassana – technique de méditation du *Theravada*, dans laquelle le corps et l'esprit sont considérés comme des phénomènes changeants.
Vishnu – troisième divinité de la trinité hindoue ; le Préservateur et Restaurateur compte jusqu'à présent neuf avatars : le poisson Matsya, la tortue Kurma, le sanglier Naraha, *Narasimha*, *Vamana*, *Parasurama*, *Rama*, *Krishna* et *Bouddha*.

wallah – "celui qui fait" ; personne exerçant une tâche spécifique : *dhobi*-wallah (laveur de vêtements), *rickshaw*-wallah, etc.
wav – puits pourvu d'escaliers en Inde du Nord.
wazir – Premier ministre.

yagna – automortification.
yakshi – jeune fille.
yali – créature mythique prenant la forme d'un lion.
yantra – plan géométrique censé créer de l'énergie.
yatra – pèlerinage.
yatri – touriste.
yogini – assistantes de la déesse *Durga*.
yoni – symbole de fertilité féminine.

zakat – le troisième "pilier de l'islam", l'aumône, sous forme d'impôt sur le revenu.
zamindar – propriétaire terrien.
zenana – partie d'une demeure musulmane de haut rang où les femmes sont tenues isolées ; existe toujours dans certains palais indiens.

Alimentation

Les aliments et boissons définis ici sont ceux que vous rencontrerez le plus souvent. Pour plus de renseignements, voir la section *La cuisine indienne*.

aloo tikka – pâté de purée de pommes de terre, souvent fourré de légumes ou de viande.
appam – gâteau de riz d'Inde du Sud.
arak – boisson alcoolisée obtenue à partir de lait de coco, de pommes de terre ou de riz.
arec, noix d' – voir *bétel*.

barfi – sucrerie à base de lait ressemblant à du caramel.
bati – boule de farine complète cuite au four.
bebinca – dessert originaire de Goa ; gâteau aux œufs, riche en ghee et en lait de coco.
besan – farine de pois chiches.
besan gate – beignet de *besan* épicé cuit à la vapeur et relevé d'une sauce au curry.
bétel – les feuilles de ce poivrier grimpant, légèrement enivrantes, sont garnies de noix d'arec et chiquées sous forme de *paan* pour leurs vertus digestives et stimulantes.
bhajia – beignet de légumes.
bhang lassi – mélange de *lassi* et de *bhang* (dérivé de marijuana).
bhelpuri – fins beignets de riz soufflé, lentilles, oignons émincés, herbes, jus de citron et chutney.

biryani – riz parfumé cuit à la vapeur avec de la viande et des légumes.
bombil – poisson séché au soleil et frit servant à la préparation du Bombay Duck.
bonda – pâté de purée de pommes de terre.
boti – spécialité du Punjab ; morceaux d'agneau désossés et épicés.

chaat – en-cas.
chai – thé (toujours très sucré).
chang – riz tibétain ou bière de millet.
chapati – pain indien sans levain.
chatni – chutney.
cheiku – petit fruit marron et sucré qui ressemble à une pomme de terre.
chicken cafreal – plat originaire de Goa ; dés de poulet enrobés d'une pâte verte légèrement épicée.
chikki – noisette et caramel de *jagré*, spécialités de la gare de Lonavla, au Maharashtra.
chota – un doigt de... (mesure utilisée pour les boissons alcoolisées).
country liquor – boisson locale alcoolisée.
cuisine moghole – influencée par les Moghols, qui régnèrent sur le Nord du pays du XVIe au XVIIIe siècle.
curd – lait caillé.

dahi – lait caillé.
dhaba – restaurant proposant des plats à emporter ou snack-bar ; déjeuners livrés dans une boîte aux employés de bureaux.
dhal – purée de pois secs ou de haricots (souvent de lentilles).
dhal makhani – lentilles noires et haricots rouges avec de la crème et du beurre.
dhansak – mets parsi ; viande, généralement du poulet, avec des lentilles au curry et du riz.
dosa – crêpe très fine à base de farine de lentilles.
dum pukht – cuisson à la vapeur dans une marmite en argile.

falooda – boisson musulmane parfumée à la rose, à base de lait, de crème, de noix et de vermicelles.
faluda – nouilles à base de farine de pois chiches.
farsan – délicieux amuse-gueules.
feni – boisson alcoolisée de Goa fabriquée à partir de lait de coco ou de noix de cajou.

ghanto tarkari – plat de l'Orissa ; mélange de colocase, de feuilles de taro, d'igname, de pois, de pommes de terre, de choux-fleurs et d'aubergines, assaisonné de *gram* et de noix de coco râpée.
ghee – beurre clarifié.
gram – légumineuses (pois, haricots, lentilles, etc.).
gulab jamun – boules de pâte frites imbibées d'eau de rose.
gyarhacee – célèbre ragoût tibétain.

haleen – blé pilé accompagné d'une sauce au mouton.
halwa – confiserie à base de légumes, de céréales, de lentilles, de noix et de fruits.
harissa – porridge de blé accompagné d'agneau.

idli – galette de riz fermenté d'Inde du Sud.
IMFL – Indian Made Foreign Liquor ; boisson alcoolisée ou bière occidentale fabriquée en Inde.

jagré (jaggery) – sorte de sucre dur et brun confectionné à partir de la sève de palmier.
jal jeera –boisson rafraîchissante à base de jus de citron, de cumin, de menthe et de sel gemme, vendue dans des pots en terre cuite dans la rue ou les restaurants.
jhaal – spécialité bengali ; curry de poisson à base de graines de moutarde et de piments.

kachauri – petit déjeuner indien composé de *puri* et de légumes.
kakori kebab – spécialité de Lucknow.
katori – bol ou plat dans lequel sont servis les *thali*.
khaja – pâtisserie du Bihar à base de pâte feuilletée.
khataie – biscuits, spécialité de Fatehpur Sikri.
kheer – gâteau de riz d'Inde du Nord.
khichdi – sorte de risotto parfois accompagné de lentilles, de pommes de terre et de cacahuètes.
khoya – lait réduit.
korma – plat braisé semblable à un curry.
kulcha – pain cuit sur la braise.
kulfi – sorte de glace aromatisée, le plus souvent à la pistache.
kumbh – cruche.

ladoo – confiserie ronde à base de farine de *gram* et de semoule.
lait badam – boisson tonifiante parfumée au safran et aux amandes, servie au petit déjeuner.

lassi – boisson lactée très rafraîchissante.

mahua – alcool fabriqué à partir des fleurs de l'arbre du même nom.

masala – mélange (souvent d'épices).

masala dosa – plat d'Inde du Sud ; *dosa* fourrée de pommes de terre préparées avec des oignons et des feuilles de curry.

masala soda – soda vendu aux étals de boissons.

mattar paneer – pois et fromage non fermenté en sauce.

meen – curry de poisson du Kerala préparé dans un pot en terre cuite où il est maintenu jusqu'au moment d'être servi avec du riz.

misthi dhoi – sucrerie bengali ; *curd* sucré au *jagré*.

mitha – sucré (*mitha paan*, etc.).

mithai – bonbons.

molee – spécialité du Kerala ; morceaux de poisson pochés dans du lait de coco et des épices.

momo – raviolis tibétains frits ou à la vapeur garnis de légumes ou de viande.

naan – pain plat.

namkin – sachet d'amuse-gueules, souvent épicés.

nihari – bouillon de chèvre épais .

paan – feuilles de bétel farcies de noix d'arec et de chaux que l'on chique pour digérer.

pakora – dés de légumes roulés dans une pâte à base de farine de pois chiches et frits.

palak paneer – fromage non fermenté et sauce aux épinards.

paneer – fromage non fermenté.

pappadam – fine galette croustillante que l'on déguste avec un curry ou comme en-cas.

paratha – pain préparé avec du beurre clarifié et cuit sur une plaque chaude.

peitha – spécialité d'Agra ; sucrerie à base de potiron enrobé de sucre cristallisé.

pilaf – voir *Pulou*.

pinda – gâteau d'offrande aux défunts

pulou – riz cuit dans un bouillon et épicé ; connu sous le nom de *pilaf* en Occident.

puri – pâte qui gonfle lorsqu'elle est plongée dans l'huile ; s'écrit également *poori*.

rabri – confiserie au lait.

raita – yaourt (légèrement épicé et parfois agrémenté de concombre râpé, d'ananas, etc.) qui sert d'accompagnement.

ras gulla – petite boule de fromage frais sucré et parfumé à l'eau de rose.

ras malai – sucrerie à base de lait.

rasam – plat d'Inde du Sud ; bouillon de légumes clair parfumé au tamarin.

reshmi kebab – tendre poulet kebab cuisiné dans le *tandoor*.

rogan josh – spécialité du Cachemire ; curry d'agneau très épicé.

rumali roti – grand *chapati* très fin.

saadha – simple, ordinaire (par ex., *saadha paan*).

saag – légumes verts à feuilles.

sabzi – légumes.

sambar – mets d'Inde du Sud ; dhal accompagné de dés de légumes et de purée.

sattu – spécialité de l'Orissa ; farine de *gram* grillé.

sev – savoureux amuse-gueules.

shami – en chausson (kebab).

sheekh – en brochette (kebab).

soma – boisson enivrante provenant de la sève d'une plante.

sonf – graines anisées aux vertus digestives apportées avec l'addition à la fin d'un repas.

tandoor – four en argile.

tangri – pilons de poulet du Punjab.

tenga – ragoût de poisson de l'Assam.

thali – plat traditionnel, servi à volonté, originaire du Sud de l'Inde et du Gujarat.

thugpa – soupe de nouilles tibétaines.

tiffin – récipient, le plus souvent en acier inoxydable, permettant de transporter un repas ou un en-cas.

tikka – dés de poulet, de *paneer*, d'agneau, etc., épicés, souvent marinés, et parfois présentés en brochette.

toddy – boisson alcoolisée à base d'extraits de sève de palmier.

tongba – bière de millet himalayenne.

toran – plat du Kerala ; légumes verts sautés.

tsampa – plat de base tibétain préparé avec de la farine d'orge grillé.

vermicelle – pâtes de riz très fines.

vindaloo – spécialité de Goa ; curry très épicé mariné dans du vinaigre et de l'ail.

Remerciements

Merci à tous les voyageurs qui ont pris le temps et la peine de nous écrire leurs expériences.

R. Ackermann, Ariabod Arash, David Arrospide-Dumont, Jean-François Aymond, Frédéric Bailleul, Béatrice de Barolet, Émilie Barry, Agnès Barthes, Stéphane Berciaud, Thierry Bernardoux, Romain Besson, Jean-Daniel Bloch, M. et Mme Bonneau, Pascal Bonnet, Jean Bordeaux Montrieux, Martine Borgna, Henri Boubaker, Séverine Boucher, J. Bournisien, P. Boyer, Charlotte Bracke, Claude Buridant, Jérôme Callay, Astrid Canada et J.-Jacques Schaub, Marc Canton, Thierry Carquet, Jean Michel Cartier, Sylvie Catala, Letty Cavinato, Olivier et Christiane Chanson, J. Chanuc, Odile Chaudey, Henri Chauveau, Christine Corsini, Monique Courson, Joel Charpentier, Odile Chaudey, Henri Chauveau, David Cholet, Marie-Anne Clabé, Eric Cloux, Mathilde et Bertrand Collette, Sandra Darriceau, Patrick Daumas, Delphine Defallin, Emmanuel Dehu, Jean-Claude Del Col, Gérard Decq, Pierre et Elizabeth Diaz Pedregal, Pierre Dillac, Geneviève Didier, Vincent Doppler, Gérard Dorget, Dan Enjal, Stéphanie Ejzenbuch, Jean-Pierre Feneyrou, Claude Ferrer, Lisa Fouquet, Cécile Fresneau, Flavien Garapon, Wa Chenheim Gardet, Pauline Gaudry, Christian Germain, Laurence Gillen et Thomas Kauffmann, Jérôme Glicenstein, Anne-Cécile Grimal, Charles Gutierrez, Frédéric Heckmann, Yves et Katia Henry de Hassonville, Anne Heurtaux et Julien Demenois, Brigitte Horrenberger, Daniel Ibanez, Chloé Jantzen, Arnaud Josse, Philippe et Kim Anh Joubert, Thomas Kauffmann, Sandrine Kerampran, Bernard Kuchukian, Pomme Kuntawong, Patricia Lachaud, Sylvie Lalanne, Samuel Lardeau, M. et Mme Larignon-Uno, Sylvie Lavergne, Pierre Laviron, Marie-Christine Lecomte, Lionel Lelong, Caroline Le Roux, Simon Letort, Catherine Lombard, Evelyne Lozeron, Élisabeth Marcel, Pascale Marion, Chantal Maronani, Christele et G. Pinet Martynciw, Gaëlle Mathieu, Christiane et Raymond Matthey, Bettina Mau, Youma Megarbane, Jean-Luc Mercier, Lauren Meyer, Romain Miguel-Montanes, Dagmar de Mora, Patrice Mottier, M. et Seri Architecture Muchir, Prithwindra Mukherjee, Marion Napoly, Françoise Neyroud Favre, Mlle Nitecki, Nicolas Pannatier, David Parmentelot, Chantal et Michel Parrain, Trent Paton, Magali et Marie-Laure Pequay, Odile Pfauvadel, Carole Pither, Essendilène Prolonge, Carlos Quilis, Marie Renan, Lino Righetto, Laurent Roché, Laurent Rohaut, Martine de Roulhac, Véronique et Dominique Roussel, Joce et Lolo Royer-Roussel, J.-P. Sajdera, Guy Sanlias, Christine Schall-Pascoët, H. Schmadike, Christophe Schneiter, Gérard Ségura, Patricia Sergent, Maud Serriere, Mohamed Siraj, Marie-Claire et Jacques Sire, Bruno Stabarin, K. N. Swami, Martine et Bernard Taine, Isabelle et Georges Thaller, Stéphane Tiberghien, Sylvie Tigroudfa, Jean-François Tisseyre, Yvon Toreau, Philippe Tulkens, Diane Van Der Straten, Philippe Verga, Mohanlal Verhomal, J. Vezolles, Gregory Vivien, Ivo et Christiane Vonlanthen, Geneviève Walter, Claudie Wernet, Amy Willis, M. et Mme Wurtz, Laurence Yohann, Reine Zala,,,

Index

Texte

Les références des cartes sont indiquées en **gras**.

Les références des cartes sont indiquées en **gras**.

Les références des cartes sont indiquées en **gras**.

Encadrés

Arts et culture

Histoire et société

Nature et environnement

Population et ethnies

Transports

Vie pratique et anecdotes

Religion et spiritualité

Désagréments et dangers

LÉGENDE DES CARTES

ROUTES

Villes **Régionales**

Autoroute
Auto. payante
Nationale
Départementale
Cantonale
Non goudronnée
Rue piétonne
Escalier
Tunnel
Randonnée
Promenade
Sentier

TRANSPORTS

Gare
Station de métro
Trajet bus
Trajet ferry

LIMITES ET FRONTIÈRES

Internationale
Province
Département
Non certifiée

HYDROGRAPHIES

Bande côtière
Rivière ou ruisseau
Lac
Lac intermittent
Lac salé
Canal
Source, rapide
Chute
Marais

TOPOGRAPHIE

Marché
Édifice
Campus
Cimetière
Terrain de sport
Jardin
Terrain de golf
Parc
Place
Sable
Oasis
Mangrove

SYMBOLES

CAPITALE NATIONALE
Capitale régionale
Grande ville
Ville Moyenne
Petite ville
Village, lieu-dit

Où se loger
Où se restaurer
Centre d'intérêt

Canoë, kayak
Ancrage, mouillage
Plage

Aérodrome
Aéroport
Site archéologique, ruines
Banque
Café
Champs de bataille
Location de vélo
Poste frontière
Zoo
Gare routière
Téléphérique, funiculaire
Terrain de camping
Château
Cathédrale
Grotte

Stupa
Cinéma
Site de plongée
Ambassade, consulat
Passerelle
Fontaine
Station-service
Hôpital
Information touristique
Cybercafé
Phare
Point de vue
Accessibilité
Monument
Montagne

Musée
Observatoire
Parc
Parking
Col
Aire de pique-nique
Poste de police
Piscine
Bureau de poste
Bar, pub
Caravaning
Refuge
Épave
Parc national
Ornithologie

Piste de ski
Belle demeure
Surf
Temple
Temple Tao
Borne de taxi
Téléphone
Théâtre
Toilette publique
Tombeau
Chemin de randonnée
Pagode
Transports
Volcan
Vignoble

Note : tous les symboles ne sont pas utilisés dans cet ouvrage

BUREAUX LONELY PLANET

Australie
Locked Bag 1, Footscray, Victoria 3011
☎ (03) 8379 8000 ; Fax (03) 8379 8111
e-mail : talk2us@lonelyplanet.com.au

États Unis
150 Linden Street, Oakland, CA 94607
☎ (510) 893 8555 ; Fax (510) 893 85 72
N° Vert : 800 275-8555
e-mail : info@lonelyplanet.com

Royaume-Uni et Irlande
10 A Spring Place, London NW5 3BH
☎ (020) 7428 4800 ; Fax (020) 7428 4828
e-mail : go@lonelyplanet.co.uk

France
1, rue du Dahomey,
75011 Paris
☎ 01 55 25 33 00 ; Fax 01 55 25 33 01
e-mail : bip@lonelyplanet.fr

World Wide Web : http://www.lonelyplanet.fr et http://www.lonelyplanet.com
Lonely Planet Images : lpi@lonelyplanet.com.au